MANUEL
DU LIBRAIRE

ET

DE L'AMATEUR DE LIVRES

CONTENANT

1° UN NOUVEAU DICTIONNAIRE BIBLIOGRAPHIQUE

Dans lequel sont décrits les Livres rares, précieux, singuliers, et aussi les ouvrages les plus estimés en tout genre, qui ont paru tant dans les langues anciennes que dans les principales langues modernes, depuis l'origine de l'imprimerie jusqu'à nos jours; avec l'histoire des différentes éditions qui en ont été faites; des renseignements nécessaires pour reconnaître les contrefaçons, et collationner les anciens livres. On y a joint une concordance des prix auxquels une partie de ces objets ont été portés dans les ventes publiques faites en France, en Angleterre et ailleurs, depuis près d'un siècle, ainsi que l'appréciation approximative des livres anciens qui se rencontrent fréquemment dans le commerce ;

2° UNE TABLE EN FORME DE CATALOGUE RAISONNÉ

Où sont classés, selon l'ordre des matières, tous les ouvrages portés dans le Dictionnaire, et un grand nombre d'autres ouvrages utiles, mais d'un prix ordinaire, qui n'ont pas dû être placés au rang des Livres ou rares ou précieux;

PAR JACQUES-CHARLES BRUNET

Chevalier de la Légion d'honneur.

CINQUIÈME ÉDITION ORIGINALE ENTIÈREMENT REFONDUE ET AUGMENTÉE D'UN TIERS
PAR L'AUTEUR.

TOME DEUXIÈME

PARIS

LIBRAIRIE DE FIRMIN DIDOT FRÈRES, FILS ET Cie

IMPRIMEURS DE L'INSTITUT, RUE JACOB, 56

—

1861

MANUEL

DU LIBRAIRE

ET

DE L'AMATEUR DE LIVRES

—

TOME II

-

CIACCONIUS. — GYRON

Paris. — Typographie de Firmin Didot frères, fils et Cie, rue Jacob, 56.

Nous croyons faire plaisir aux souscripteurs à la nouvelle édition du *Manuel du Libraire et de l'Amateur de livres* en choisissant parmi les articles qui ont paru en France, en Angleterre et en Allemagne au sujet de ce livre, ce qu'un critique aussi éminent par son savoir que par l'élégance de son style, et qui est, en outre, un bibliophile du goût le plus délicat, a écrit dans le *Journal des Débats*, en y annonçant cette édition, publiée pour la cinquième fois par M. Jacques-Charles Brunet avec un dévouement infatigable.

A.-F. Didot.

L'auteur de l'ouvrage intitulé : *Manuel du libraire et de l'amateur de livres,* M. Charles Brunet, donne une nouvelle édition de son excellent livre. Ce sera, de compte fait, la cinquième. Le public, ce public d'élite qui aime les livres, ne s'est pas lassé d'acheter l'ouvrage de M. Brunet; M. Brunet ne s'est pas lassé d'améliorer son œuvre, l'augmentant, la développant, sachant même se plier, quoique sans complaisance servile, à la mode et aux fantaisies des bibliophiles. Ainsi le modeste ouvrage qui parut pour la première fois en 1809 sous la simple forme d'un manuel, et qui en a conservé le titre, est devenu un répertoire immense de la science bibliographique.

Cette nouvelle édition enchérit beaucoup sur la quatrième, qui elle-même avait effacé les précédentes. Trois livraisons en ont déjà paru. L'ouvrage entier formera six volumes, divisés chacun en deux parties. Il sort des presses de Firmin Didot. C'est assez dire que les caractères en sont nets et agréables à l'œil, le papier excellent, et qu'il n'y manquera rien de ce qui peut constituer un chef-d'œuvre de typographie. M. Brunet en pousse lui-même l'impression avec vigueur; l'âge, en ajoutant à ses vastes connaissances bibliographiques et en lui donnant ce besoin du fini et du parfait que la jeunesse éprouve peu, n'a d'ailleurs rien diminué de ses forces, de son zèle, je dirais presque de sa passion. Le feu sacré vit toujours dans cette âme vouée à l'amour des livres et des lettres!

Car M. Brunet n'est pas seulement un bibliographe; c'est encore un bibliophile, un lettré. En travaillant pour les autres, il travaille pour lui-même. Il satisfait son goût, en nous donnant les moyens de satisfaire les nôtres. Son cabinet est un des plus beaux et des plus riches de Paris. Si quelquefois il semble blâmer les hauts prix auxquels la concurrence des amateurs a porté les raretés, les curiosités, les reliures aux armes, ne l'en croyez pas trop sur parole; c'est un hommage que sa raison se croit obligée de rendre à la morale bibliographique et aux principes sévères; la passion n'y perd rien. M. Brunet a fait ses folies comme nous tous, et serait très-capable d'en faire encore. Je l'ai vu dans les salles de vente, en proie à toutes les passions qui agitent les plus simples mortels, tantôt affecter l'indifférence et tourner le dos pendant qu'un mandataire inconnu, mais fidèle, poussait l'enchère pour lui; tantôt se rapprocher de la table par un mouvement involontaire; trahir son secret enfin, et lever le masque, luttant lui-même avec vaillance contre un concurrent acharné, jusqu'à ce qu'un dernier coup lui eût assuré le livre, qu'il emportait triomphalement sous son bras, après l'avoir obtenu, il est vrai, à un prix trois fois, dix fois plus élevé peut-être que celui qu'il comptait y mettre. Je l'ai vu aussi, mais rarement, sortir vaincu et atterré. La morale reprenait le dessus alors; triste consolation! Les paroles étaient superbes, le cœur était plein de dépit. Qu'il vaut bien mieux pouvoir dire : Je l'ai payé trop cher, c'est vrai, mais je l'ai!

Si ce sont là des faiblesses, elles n'en rendent M. Brunet que plus aimable et plus cher aux bibliophiles, ses confrères, et je ne doute pas qu'elles n'aient d'ailleurs grandement contribué à la popularité toujours croissante et à la perfection de son livre. Il y a mille choses que M. Brunet n'aurait pas vues si M. Brunet ne les avait pas aimées. La passion seule voit tout, comprend tout, vivifie tout, même un dictionnaire bibliographique. Il y a tel mot qui ne vous dit rien à vous, lecteur indifférent, et qui me dit tout, à moi, parce qu'il exprime un sentiment là où le simple bibliographe n'aurait énoncé qu'un sec jugement. Combien de fois ne m'a-t-il pas semblé, en feuilletant par plaisir le livre de M. Brunet, que tous ces amateurs fameux des siècles passés se relevaient devant moi, les Grolier, les de Thou, les comtes d'Hoym, les La Vallière, les Mac-Carthy; qu'ils m'introduisaient eux-mêmes dans leurs bibliothèques et qu'ils en exposaient sous mes yeux les richesses; ou bien que j'assistais à leur vente, et que, disposant d'une bourse intarissable, je faisais mon choix parmi ces livres qui sont les pierres précieuses, les fleurons délicats, les ravissantes superfluités de la science et de la littérature! C'est le côté séducteur de l'ouvrage de M. Brunet; c'est la part qui en revient au goût et à l'imagination. Le côté utile en est assez connu. Quel est le bibliothécaire qui puisse se passer du fameux *Manuel*? Quel est le libraire qui ne le consulte pas à toutes les heures du jour? Livre nécessaire, tout le monde en convient. Livre aimable et charmant, les bibliophiles seuls le sentent, et j'ai le courage de le dire.

Revenons à cette cinquième édition. On assure qu'elle sera augmentée de plus d'un tiers. La partie classique en formera toujours la base aussi riche que solide. C'est le fond inébranlable qui supporte tout le reste. Les littératures étrangères y tiendront plus de place, et ce n'est que juste, puisqu'elles en ont pris une immense, à tort ou à raison, dans l'éducation et dans les études. Nous sommes tous devenus un peu Allemands et un peu Anglais, ce qui ne serait pas un mal si nous ne risquions pas, en même temps, de devenir un peu moins Français. Par compensation peut-être, toute cette vieille littérature française que nos pères, dans leur intolérance classique, méprisaient trop, je crois, a repris faveur; vieilles poésies, vieux romans, satires, contes, fabliaux, pamphlets de toute espèce : la nouvelle édition du *Manuel* leur sera plus largement ouverte. Les éditions originales de nos grands écrivains, qui traînaient sur les quais il y a peu d'années encore, se sont élevées tout à coup à la dignité de livres rares et recherchés, éditions originales de Corneille, de Racine, de La Fontaine, de Bossuet, de La Bruyère, et non sans raison; car ces éditions originales offrent souvent des variantes précieuses. On y retrouve le premier jet, la première pensée des auteurs, quelquefois même un texte plus pur. Il était naturel que M. Brunet leur donnât droit de cité dans son *Manuel*. Les livres de science, de critique, d'histoire, ont subi comme les autres leurs révolutions. M. Brunet en tient compte. Il ne me paraît un peu rigoureux que pour la littérature contemporaine; il l'était du moins dans les éditions précédentes; mais ce n'est pas à moi de le lui reprocher. Ajournons la littérature contemporaine à une sixième édition.

Lorsque la première édition du *Manuel* parut en 1809, un savant illustre, M. Boissonade, qui en rendit compte dans ce journal même, s'exprimait ainsi : « Je commencerai « cet article par l'éloge du livre dont je dois rendre compte; c'est commencer comme « il faudrait finir. Je prévois que l'aridité du sujet m'ôtera beaucoup de lecteurs, et je « désire que ceux qui lisent au moins mes premières lignes sachent que j'ai la plus « grande estime pour la science bibliographique de M. Brunet, et que son ouvrage est « excellent. » Que dirait donc aujourd'hui M. Boissonade? Il dirait sans doute que l'ouvrage de M. Brunet, perfectionné d'édition en édition, fruit de cinquante années d'études patientes et d'observations minutieuses, est devenu le manuel classique, le chef-d'œuvre de la bibliographie; il rendrait un juste hommage à cette vie modeste et laborieuse, vouée à la plus douce des études; il féliciterait M. Brunet d'avoir parcouru si noblement sa carrière, et, à un âge où le repos est un droit, quelquefois une nécessité, de conserver encore toute l'ardeur de son âme, toute la fraîcheur de ses facultés. Ce qu'aurait certainement dit dans cette occasion M. Boissonade, j'ai tâché de le dire de mon mieux; je l'ai dit de tout mon cœur; mais ma signature n'a pas l'autorité de la sienne, et voilà mon regret!

S. DE SACY.

Paris. — Typographie de Firmin Didot frères, fils et comp., rue Jacob. 56.

NOUVEAU

DICTIONNAIRE

BIBLIOGRAPHIQUE

CIACCONIUS — CIAMPINI

CIACCONIUS (*Alphonsus*). Vitæ et res gestæ pontificum romanorum et cardinalium, ab initio nascentis ecclesiæ ad Clementem IX, ex recognitione August. Oldoini. *Romæ*, 1677, 4 vol. in-fol. fig. [21605]

La première édition est de Rome, 1630, 2 vol. in-fol.

— Eædem vitæ, etc., a Clemente IX usque ad Clementem XII, scriptæ a Mario Guarnacci. *Romæ*, 1751, 2 vol. in-fol. fig.

Ces deux ouvrages sont ordinairement réunis. Vend. 61 fr. Reina; 100 fr. Daunou; 69 fr. Libri, en 1857; en Gr. Pap. 121 fr. Soubise et La Serna.

Il faut y joindre l'article suivant :

VITÆ et res gestæ sum. pontific. et cardinal. ad Ciacconii exemplum continuatæ, quibus accedit appendix, quæ vitas cardinalium perficit a Guarnaccio non absolutas, auct. Tob. Pide Cinque et Raph. Fabrino, *Romæ*, 1787, in-fol.

— Historia utriusque belli dacici a Trajano Cæsare gesti, ex simulacris quæ in columna ejusdem Romæ visuntur, collecta. *Romæ*, 1616, in-fol. 130 pl. obl. 12 à 18 fr. [29478]

Vend. 21 fr. de Cotte.

— Colonna trajana scolpita con l' historia della guerra dacica, ec., disegnata da Pietro Sante Bartoli, con l' espositione latina d' Alf. Ciaccone compendiata nella volgare lingua, accresciuta da Gio.-Pietro Bellori. *Roma; de Rossi*, in-fol. obl. fig. [29480]

Ce vol. contient 9 pl. prélim., y compris le frontispice et l'épître dédicat. à Louis XIV, 119 pl. formant le corps de l'ouvrage, et 9 ff. de texte. Ce morceau manque quelquefois. Vend. en *m. r.* 48 fr. La Vallière; 62 fr. de Cotte; en *v. br.* 41 fr. ancienne vente Renouard.

On place quelquefois à côté de cet ouvrage le volume intitulé :

PETRI CIACONII Toletani opuscula in columnæ rostratæ inscriptionem, de ponderibus, de mensuris de nummis, *Romæ, typogr. vaticana*, 1608, pet. in-8.

— ORTHOGRAPHIA columnæ Trajanæ 134 æneis tabulis insculpta utriusque belli dacici historiam continens, nunc denuo a C. Losi edita. *Romæ*, 1778, gr. in-fol. obl. Annoncé sous ce titre et porté à 8 thl. dans un catal. de Weigel.

CIADYRGY (*Ant.*). Voy. MENINSKI.

CIAKCIAK. Dizionario armeno-italiano, composto dal P. Emman. Ciakciak. *Venezia, tipografia mechitaristica di S. Lazzaro*, 1837, in-4. de 25 pp. prélim. et 1508 pp. [11718]

Le même Père avait déjà publié un *Nuovo Dizionario italiano-armeno-turco*, Venezia, tipogr. armena, 1829, in-8.

CIAMPI (*Seb.*). Vita Caroli Magni. Voyez TURPIN.

CIAMPINI (*Joan.*). Vetera monimenta, in quibus præcipue musiva opera, ædium structura, ac nonnulli ritus dissertationibus illustrantur. *Romæ*, 1690-99,

---

Ciampi (*Seb.*). Notizie inedite, 9187. — Res polonicæ, 27832. — Vita di Cino da Pistoja, 30710. — Memorie di Carteromaco, 30722. — Bibliografia delle antiche corrispondenze dell' Italia colla Russia, etc., 31661.

, Ciacconius (*P.*). De Triclinio, 29179.

2 tom. en 1 vol. in-fol. fig. 18 à 24 fr. [29253]

Ce recueil, assez important, devait avoir 4 parties, mais il n'en a paru que deux. Vend. 31 fr. Reina.

— Synopsis historica de sacris ædificiis a Constantino Magno constructis, etc. *Romæ*, 1693, in-fol. fig. 10 à 15 fr. [29468]

Vend. 15 fr. 50 c. Reina.

On trouve quelquefois dans ce volume l'ouvrage suivant du même auteur :

DISSERTATIO historica de collegii abbreviatorum de parco majori erectione, etc. *Romæ*, 1691, in-fol.

Les trois vol. ont été réimpr. à *Rome*, en 1747, sous le titre de *Ciampini Opera, editio novissima cæteris correctior et auctior : accedunt ejusdem Ciampini opuscula quædam selectiora ; item appendix seu notæ et auctoris vita.*

— Examen libri pontificalis Anastasii, 21600.

CIATTI (*Fel.*). Memorie, annali et istoriche delle cose di Perugia, raccolte dal R. P. M. Felice Ciatti, distinte in tre parti, nelle quali si descrive con varia eruditione, Perugia, etrusca, romana et augusta. *Perugia, Angelo Bartoli*, 1638, in-4.

Haym dit qu'il n'a paru qu'un seul volume de cet ouvrage; cependant l'exempl. vendu 28 fr. Libri, en 1857, en contenait un second, dans lequel, à la vérité, le titre et les derniers feuillets qui, dit-on, n'ont pas été imprimés, manquaient.

CIBALDONE. Opera utilissima a conservarsi sano. (*absque nota*), in-4. [14871]

Livret très-rare, composé de 20 ff. seulement, impr. en beaux caract. romains, sans chiffr., réclam. ni signat., vers la fin du XVe siècle. La première page est entièrement remplie par la description du contenu du vol., et commence ainsi :

Opera de lexcellentissimo physico magistro Cibaldone electa fuori de libri autentici di medicina utilissima a conservarsi sano.

Ensuite sont deux petits poëmes, l'un en *terza rima*, commençant :

Questa e uerace autentica doctrina

l'autre en *sestine*, commençant :

A noter scruar la sanitade.

Ce précieux opuscule n'a été vend. que 13 sh. 6 d. Pinelli (IV, n° 1893), mais il vaut davantage maintenant. Il y en a un exempl. porté dans la *Biblioth. crofts.*, n° 2474, sous la date *dell'an.* M. D.

— Libro tertio de lo Almansore chiamato Cibaldone. *Stampato per Martio Zano da Trino in Venetia* (*senz' anno*), in-4. de 6 ff. à 2 col. sig. A. fig. en bois.

Opuscule impr. vers la fin du XVe siècle ou au commencement du XVIe. C'est un traité d'hygiène en vers qui paraît avoir beaucoup de rapports avec l'ouvrage précédent, si ce n'est le même avec quelques changements dans la rédaction. La première page est ornée d'un encadrement et de diverses figures. 69 fr. *mar. r.* Libri, en 1847.

— Incomincia il libro tertio dello Almansore overo Cibaldone. — *Brixie per Da-*

mianū et Jacobū Philippū. (s. d.), in-4. de 6 ff. à 2 col., 44 vers par page, caract. demi-goth.

Édition du commencement du XVIe siècle. (Molini, *Operette*, p. 113.)

Une autre édition de ce *Libro tertio*, imprimée à *Brescia, per d. Bapt. de Farfengo*, sans date, in-4. de 4 feuillets à 2 col. en caract. goth., est décrite dans *Della Tipografia bresciana Memorie* de M. Lechi, p. 80.

CIBOLE (*Rob.*). La sainte meditation de lhomme sur soimeme. *Imprime pour Simon Vostre a Paris* (1510), pet. in-fol. goth. de 86 ff. à 2 col. [1701]

A la fin du vol. se lit la souscription latine ainsi conçue : *Finis hujus operis quod... dicitur completum Arzileriis anno dni millesimo quingentesimo decimo.*

Un frère Pierre Le Febvre, confesseur de Charles-Quint, a donné de ce livre une seconde édition augmentée (d'un traité des grâces et opérations du Saint-Esprit) sous le titre suivant :

LIVRE très-utile de sainte méditation de l'homme sur soy mesme, etc. *Louvain, Ant.-Mar. Bergangne*, 1556, in-4.

Édition remarquable surtout par ses lettres grises qui représentent différents animaux fort hardiment dessinés (catal. Crevenna, n° 850).

— La perfection de la vie chrestienne. (à la fin) : *Cy fine la perfection* (sic) *de la vie chrestienne fait par Robert Cybole īdigne maistre en theologie* (sic).... *imprime a paris par Gilles Couteau* (sans date), in-4. goth., signat. A—PIII. avec une grav. sur bois. Anc. Catal. de la Bibl. du roi, *Théol.*, D. 6306. [1701]

Le titre porte la marque que nous donnons ici réduite :

M. Quicherat a donné dans les tomes III et V du Procès de la Pucelle (voy. PROCÈS) des extraits des

---

Cianfogni (*P.-N.*). Basilica di S. Lorenzo, 21480 et 25550.
Ciarlante (*G.-V.*). Sannio, 25771.

Cibber (*Colley*). Works, 16903.

consultations, de Rob. Cybole en faveur de cette grande victime des Anglais.

CICALAMENTI del Grappa intorno al sonetto : *Poi che mia speme è lunga a venir troppo;* dove si ciarla allungo delle lodi delle donne e del mal francioso. *In Mantova, nel* xxxxv (1545), pet. in-8. de 28 ff. dont le dernier est blanc. [14986]

Petit ouvrage facétieux et original, dont les exemplaires sont rares : vend. 58 fr. *mar. r.* Le Blond ; 95 fr. *mar. r.* Libri, et quelquefois moins.

Voici le titre d'un autre ouvrage qui sert de pendant au précédent, et qui se trouve plus difficilement encore :

     COMMENTO nella canzone del Firenzuola in lode della salsiccia. *Mantova,* 1545, in-8. 85 fr. *m. bl.* Libri.

CICALMENTO in Canzonette. V. CANTU.

CICARELLI (*Antonio*). Vite de' Pontifici, con le loro effigie intagliate da Gio.-Batt. de' Cavallieri. *Roma, Basilio Basa,* 1588, in-4. 5 à 10 fr. [21604]

Édition recherchée à cause des figures, lesquelles avaient déjà été publiées à Rome, en 1580 (voy. de CAVALLERIIS). L'ouvrage a été réimpr. avec une continuation par Fr. Tamasuccio, *Venezia, Barezzi,* 1643, in-4., et avec une nouvelle continuation par Girol. Brusoni. *Venez., Menafoglio,* 1674, aussi en 1685, in-4. Dans cette dernière édition la continuation comprend l'histoire du pape Innocent XI.

— LE VITE degli Imperatori romani d'Ant. Cicarelli, con le figure intagliate da Gio.-Batt. de' Cavallieri. *Roma, Dom. Basa,* 1590, in-4. fig. 8 à 10 fr. [22953]

CICCARELLUS (*Alphonsus*). Opusculum de tuberibus, cum opusculo de clitumno flumine. *Patavii, Lud. Bosettus,* 1564, pet. in-8. [5375]

Cette dissertation sur les truffes a été traduite en français sous ce titre :

     OPUSCULE sur les truffes, traduction libre du latin d'Alphonse Ciccarellus, auteur du xvie siècle ; avec annotations sur le texte et un préambule historique par P. I. Amoreux. *Montpellier,* 1813, in-8. de 180 pp.

CICCEIDE legitima, in questa secunda impressione accresciuta. *Parigi(Italia),* 1692, in-12. [14998]

L'auteur, nommé J.-Fr. Lazzarelli da Gubbio, a voulu ridiculiser, dans ce poëme, Bonav. Arrighini de Lucques, sous le nom de D. Ciccio.

Cette édition est rare : 4 à 6 fr. La 3e, impr. in-12, sans lieu ni date, contient plusieurs sonnets qui ne sont pas dans la 2e, et doit lui être préférée ; elle a été vendue en *mar. citr,* 30 fr. Randon de Boisset, et quelquefois beaucoup moins. Il y en a une sous la rubrique : *All' Haja,* 1766, pet. in-8. de 224 pp., et une autre de Florence sous la date de *Londra,* 1772, in-8.

CICERI. Album (Vues de la Suisse). *Paris, Engelmann,* 1830, gr. in-4.

Contenant 40 pl. color. Vend. 48 fr. en 1832.

CICERO (*Marcus-Tullius*).

I. — ÉDITIONS COLLECTIVES.

CICERONIS opera. *Mediolani, per Alex. Minutianum et Guielmos fratres,* 1498 et 1499, 4 vol. in-fol. [18935]

Cette première édition des Œuvres de Cicéron réunies en un seul corps, est devenue fort rare. Le premier tome a 12 ff. prélim. qui contiennent une épitre de Minutianus à Jean-Jacq. Trivulce, la vie de Cicéron, extr. de Plutarque, en latin, par Léonard Aretin, et le discours *De Petitione consulatus;* le corps du volume est de 177 ff.; le 2e vol. a 250 ff.; le 3e, 176 (il commence par le f. 2, et le dernier est chiffré 175), le 4e, 144 ff. Vend. bel exemplaire en *m. r.* 394 fr. Gaignat; 150 fr. Crevenna; 27 liv. 10 sh. Sykes.

Nous venons de dire qu'il se trouvait au commencement du premier vol. une épitre dédicatoire de *Minutianus* à Jean-Jacq. Trivulce ; mais nous devons ajouter que cette épitre, impr. au verso du premier f., portant la date du 15 octobre 1499, a dû être donnée postérieurement à la publication du prem. vol. et en même temps que les deux derniers; que d'ailleurs cette pièce a été supprimée l'année même de sa publication, au retour de Louis Sforce à Milan, et qu'il n'est pas étonnant, d'après cela, qu'elle manque dans une partie des exemplaires qui se sont conservés des quatre volumes. Elle n'était pas dans celui de Sykes.

L'édition ici décrite est impr. sur un papier fort et d'une grande dimension; mais il s'en trouve des exempl. plus rognés les uns que les autres, et cela a donné lieu à plusieurs bibliographes de distinguer un grand et un petit papier, quoique, selon toute apparence, il n'y en ait peut-être pas de deux sortes.

Le texte de l'édition de Milan ci-dessus a été reproduit à Paris, *in ædibus ascensianis,* en 1510 et 1511, également en 4 vol. in-fol., savoir : *Opera rhetorica, oratoria et forensia,* de 4 ff. prélim. et 138 ff.; *Orationes et de petitione consulatus,* 6 ff. prél. et 262 ff.; *Opera epistolica,* de 11 ff. prél. et 181 ff.; *Opera philosophica,* de 8 ff. prél. et 172 ff. On a ajouté quelques variantes sur les marges.

La seconde édit., impr. par Badius Ascensius, 1521-25, en 4 part. in-fol., donne le texte des éditions aldines, publiées jusqu'alors, mais avec les variantes de la précédente.

— Ciceronis opera, castigatissima nunc primum in lucem edita, ex recognitione et cum notis Petri Victorii. *Venetiis, in officina Lucæ-Ant. Juntæ,* 1534 à 1537, 4 vol. in-fol.

Belle édition qui a été longtemps la meilleure que l'on eût de cet auteur. Les exempl. n'en sont pas rares, et l'on ne recherche guère aujourd'hui en France que ceux qui sont parfaitement conservés : reliés en mar. ils valent de 120 à 200 fr. Vend. (superbe exempl. de Grolier, 5 vol. *mar. viol.*) 1485 fr. de Cotte ; 902 fr. F. Didot, et 47 liv. à Londres, en 1835 ; autrement, 60 à 80 fr.

Junte publia, en 1538, 8 pages à 3 col. et impr. en très-petits caractères italiques, contenant *Variæ lectiones collectæ hoc anno* 1538, *ex antiquis exemplaribus, in orationibus M. T. Ciceronis quæ leguntur in secundo tomo editionis Lucæ Antonii Juntæ...* Mais ces 8 pp., dont les bibliographes n'avaient pas fait mention, ne se trouvaient dans aucun exemplaire connu à Paris, au moment où M. Van Praet en fit l'acquisition pour la Bibliothèque impériale dans le courant de 1810. L'exempl. en *cuir de Russie*, vend. 4 liv. 10 sh. Heber, les contenait.

— Opera (studio et labore Rob. Stephani redintegrata). *Paris., excudebat Rob. Stephanus*, 1538-39, 6 tom. en 2 vol. in-fol.

Réimpression de l'édition précédente. Quoique bien exécutée, elle n'est pas chère : 18 à 24 fr. ; 68 fr. *mar. r. dent. l. r.* F. Didot; revend. 4 liv. 18 sh. Hibbert.

Le même Rob. Estienne a imprimé, en 1543-44, une édition des œuvres de Cicéron, 13 tom. en 8 ou 9 vol. in-8. en caractères italiques : 18 à 30 fr. Vend. 4 liv. *mar. bl.* Butler.

L'édition de Ch. Estienne, 1555, 4 tom. en 2 vol. in-fol., quoique fort belle, n'est ni chère, ni bien recherchée. Elle a été faite, ainsi que l'in-8. ci-dessus, sur le texte de celle de Paul Manuce qui est l'objet de l'article suivant.

— Epistolæ familiares, 1540, 1 vol. — Epistolæ ad Atticum, ad Brutum et ad Quintum, 1540, 1 vol. — Orationes, 1540, 3 vol. — Officiorum lib. III; Cato major; Lælius; paradoxa; somnium Scipionis, 1541, 1 vol. — De Philosophia, 1541, 2 vol. (hæc omnia ex edit. Pauli Manutii). *Venetiis, apud Aldi filios*, 8 vol. in-8.

Ces 8 vol. ainsi réunis forment, en y ajoutant le vol. contenant *Libri rhetorici*, qui n'a paru qu'en 1546, le premier Cicéron complet, publié par P. Manuce. C'est une édition fort estimée et qu'il est difficile de trouver complète et bien conservée; elle vaudrait au moins de 80 à 120 fr. Les 8 vol. en *mar. citr.* armes d'Hoym, 10 liv. 10 sh. Renouard, à Londres.

La Bibliothèque impériale conserve un magnifique exemplaire de ces huit vol. en Gr. Pap., moins les *Epistolæ ad Atticum*.

La première partie des *Opera philosophica*, de 1541, en Gr. Pap., a été vendue 6 liv. 15 sh. White Knights.

Les réimpressions faites en 1546 et 1548 forment une nouvelle édition en 10 vol. ou en 10, en y comprenant le vol. suivant :

IN EPISTOLAS Ciceronis ad Atticum Pauli Manutii commentarius. *Venetiis, apud Aldi filios,* 1547, in-8.

Pour les différentes parties de Cicéron, impr. par les Alde, de 1502 à 1523, voy. ci-après, col. 16.

— Opera omnia. *Parisiis, Sim. Colinæus*, 1543-47, 10 vol. in-16, bas prix.

Les amateurs prennent les exemplaires de cette édition et de celle de *Lyon, Gryphius*, 1546-51, 10 vol. in-16, quand ils les trouvent bien conservés. Un bel exemplaire de l'édition de Colines, *mar. bl.*, 44 flor. Meerman. Les deux imprimeurs que nous venons de nommer ont impr. les parties des œuvres de Cicéron sous différentes dates et en plusieurs formats; mais ces éditions ne conservent de valeur que quand une reliure extraordinaire leur en donne.

— Opera omnia quæ extant, a Dion. Lambino ex codd. mss. emendata et aucta; ejusdem Lambini annotationes sive emendationum rationes, index et fragmenta omnia quæ extant, a viris doctis non ita pridem undique collecta. *Lutetiæ, apud Bernard. Turrisanum, sub Aldina bibliotheca*, 1565-66, 4 tom. en 2 vol. in-fol.

Cette édit. est belle et assez rare; il y en a même des exemplaires en Gr. Pap. Le texte a été revu par un savant distingué dont le travail a eu du succès, et s'est reproduit plusieurs fois depuis : malgré tous ces avantages, c'est un livre de peu de valeur, et dont il n'y a de recherchés que les exemplaires avec le nom de *Bernard Turrisan*, l'ancre et le mot *Aldus* sur le frontispice, et que, pour ce seul nom, quelques personnes réunissent à la collection aldine. On lit à la fin du 4e vol. : *Lutetiæ excudebat Floricus Præuotius anno* CIƆ. IƆ. LXVI. *mense februario, sumptibus Jac. a Puteo, Bern. Turrisani, Ph.-Galt. Rouilij* : ce qui explique pourquoi les frontispices des exemplaires portent seulement le nom de l'un ou de l'autre de ces trois libraires.

Quant à l'édition de Paris, 1572-73, *apud Benenatum*, 8 tom. en 10 vol. in-8., elle renferme de nouvelles notes de Lambin; mais au texte qu'avait donné ce savant on a substitué un autre texte fort inférieur; c'est néanmoins sur cette édition de 1572 qu'ont été faites les différentes réimpressions que nous avons du Cicéron de Lambin.

— Cicero Manucciorum commentariis illustratus antiquæq; lectioni restitutus. *Venetiis, apud Aldum*, 1583, 10 part. en 4 ou 5 vol. in-fol.

Cette édition est formée de la réunion des différents vol. de Cicéron, imprimés par Alde le jeune de 1578-83, et auxquels on a mis de nouveaux frontispices; on n'en recherche que les exempl. à la fois complets et bien conservés, ce qui est assez difficile à trouver : 40 à 60 fr. Vend. 70 flor. Meerman, et l'exemplaire de de Thou en *m. v.*, 120 fr. Soubise; 380 fr. Mérigot; un exempl. *non rogné* 9 liv. Libri, en 1859; en *mar.* par Padeloup, 6 liv. même vente.

Voici l'ordre dans lequel sont rangées les parties de cette collection et la date de leur publication : *Rhetorica*, 1583, part. 1 et 2; *Orationes*, 1578 et 1579, part. 3, 4 et 5 ; *Epistolæ familiares*, 1579, part. 6; *Epistolæ ad Atticum, etc.*, 1582, part. 7; *Philosophica*, 1583, part. 8 et 9 ; *De Officiis, etc.*, 1581, part. 10. M. Renouard cite un exemplaire des Orationes, 3 vol. en Gr. Pap.

— Opera, ex sola fere codd. mss. fide emendata, studio et industria J. Gulielmii et Jani Gruteri; additis notis et indicibus. *Hamburgi, ex Bibliop. frobeniano*, 1618 et 1619, 4 tom. en 2 vol. in-fol.

Quoiqu'elle soit mal imprimée et sur mauvais papier, cette édition mérite d'être citée comme une des principales de notre auteur. Elle a servi de base à presque toutes celles qui ont paru dans le xviie siècle et le commencement du xviiie. C'est d'ailleurs la première où le texte de Cicéron soit divisé par chapitres.

— Opera, cum optimis exemplaribus accurate collata. *Lugd.-Batav., ex officina elzeviriana*, 1642, 10 vol. pet. in-12.

Cette édition, faite sur le texte de Gruter, est très-jolie et fort recherchée ; les exemplaires en sont plus ou moins chers, selon le degré de conservation et la grandeur des marges. Les plus grands que j'aie vus portent 138 millim. de hauteur; tels étaient les 3 exemplaires vend. 1° *m. bl. d. de m. citr.* 300 fr. Gouttard; 77500 fr. en assignats, Anisson, en janvier 1796, et revendu 52 liv. 10 sh. à Londres, en 1835 (un semblable, mais avec quelques vol. plus courts que les autres, 341 fr. Chalabre); 2° *mar. bl. dent. tab.* rel. de Derome, 40 liv. 19 sh. Hanrott; 3° *m. r. tab.* rel. du même, 277 fr. Mac-Carthy, et 599 fr. Labédoy...; 4° *mar. citr. d. de mar. r.* aux armes du comte d'Hoym, 61 liv. Libri, en 1859; d'autres un peu moins grands, 177 fr. *v. br.* de Cotte ; 201 fr. *m. r.* Caillard, etc. Les exempl. inférieurs sont ordinairement vend. de 60 à 120 fr. Celui qui se trouvait dans la bibliothèque de J.-J. De Bure a été vendu 300 fr. quoiqu'il n'eût que 4 p. 8 lig. de hauteur, mais il était rel. en *mar. r. doublé de mar.* par Du Seuil.

Il existe une si grande différence entre certains exempl. de cette jolie édition, pour la grandeur des marges, et même, en apparence, pour la qualité du papier, que je ne serais pas éloigné de croire qu'elle a été tirée sur deux sortes de papier. On sait que le 9ᵉ vol., qui renferme le traité *De Officiis*, n'est pas terminé de même dans tous les exempl.; toutefois, ayant eu occasion de comparer entre eux les deux sortes d'exemplaires, j'ai reconnu qu'ils étaient absolument semblables jusqu'à la page 238 inclusivement. La différence est donc seulement que, dans une partie des exempl., les pages 229 à 237 répétées, qui viennent après la page 238, contiennent le *Somnium Scipionis*, morceau imprimé dans le volume intitulé *Fragmenta* (pag. 56 et suiv.), tandis que dans d'autres on a mis en place de ce fragment inutile le traité intitulé *Consolatio Ciceroni adscripta*, qui occupe depuis la page 229 répétée jusqu'à la p. 301. Ainsi il est tout à fait inutile d'avoir ce volume double; mais il faut choisir un exemplaire en 301 pages.

Voici une anecdote qui se rapporte à cette édition de Cicéron, et qui prouve qu'au commencement du XVIIIᵉ siècle on attachait déjà du prix aux exemplaires *non rognés* des éditions elséviriennes. On a vendu à l'inventaire de M. de La Galissonnière, vers 1725, le Cicéron de 1642, *en blanc*, 200 fr., et cela se trouve noté comme une chose remarquable sous le nº 17183 de mon exemplaire du Catal. Colbert, à l'occasion du même Cicéron, rel. en *m. r.*, annoncé sous ce numéro, et vendu seulement 75 fr.

— Opera omnia, cum Gruteri et variorum notis et indicibus; accurante ·C. Schrevelio. *Amstel., Lud. Elzevirius*, 1661, 2 vol. in-4. 20 à 30 fr.

Belle édition, recommandable et par sa belle exécution typographique et par les variantes qu'elle contient. Vend. bel exempl. *m. r. d. de m.* 78 fr. Renouard; 119 fr. Jourdan; 200 fr. Labédoy... et même condition 210 fr. De Bure; 275 fr. Giraud.

— Ciceronis Opera varia, cum notis variorum. 21 vol. in-8., scilicet :

EPISTOLÆ ad familiares, ex recens. J.-G. Grævii. *Amstel.*, 1677 seu 1693, 2 vol. in-8. 12 à 18 fr.

EPISTOLÆ ad Atticum, ex recens. J.-G. Grævii. *Ibid.*, 1684, 2 vol. in-8. 12 à 20 fr.

DE OFFICIIS lib. III, Cato major, Lælius, Paradoxa et Somnium Scipionis, ex recens. Grævii. *Ibid.*, 1688, in-8. 8 à 10 fr. L'édit. de 1710 est moins belle que celle-ci. Vend. 30 fr. *non rogné*, Caillard.

ORATIONES, ex recensione Grævii. *Ibid.*, 1699, 3 tom. en 6 vol. in-8. 30 à 40 fr. Vend. 130 fr. *non rogné*, Caillard.

ÉPISTOLARUM ad Quintum fratrem lib. III, et ad Brutum lib. I, cum notis variorum. *Hagæ-Comit.*, 1725, in-8. 8 à 10 fr. [18678]

LIBER de claris oratoribus, cum notis Jac. Proust. *Oxonii*, 1716, in-8. Rare. 12 à 15 fr. Vend. en Gr. Pap. *m. r.* 121 fr. F. Didot, et moins depuis. [12039]

DE DIVINATIONE et de fato; recensuit et suis animadvers. illustravit et emendavit Jo. Davisius : accedunt notæ; edit. 2ª. *Cantabr.*, 1730, in-8. L'édit. de 1721 est inférieure à celle-ci. Il y en a des exempl. en Gr. Pap.

ACADEMICA; recensuit, variorum notis suas immiscuit, et Turnebi Petrique Fabri comment. adjunxit Jo. Davisius; edit. 2ª. *Cantabr.*, 1736, in-8. [3424] La première édition est de Cambridge, 1725, in-8. Il y en a des exempl. en Gr. Pap.

TUSCULANARUM quæstionum lib. V, cum comment. Davisii et emendat. R. Bentleii; edit. 4ª. *Ibid.*, 1738, in-8.

Les trois premières édit. sont de 1709, 1723 et 1730; celle de 1723 existe en Gr. Pap.

DE FINIBUS bonorum et malorum lib. V, ex recensione Davisii, cum ejusdem animadvers. et notis variorum; edit. 2ª. *Cantabr.*, 1741, in-8. La première édit. de 1728 a été tirée en Gr. Pap.

DE NATURA deorum lib. III, cum notis varior., recensuit, suisque animadversionibus illustravit et emendavit Jo. Davisius; edit. 4ª. *Ibid.*, 1744, in-8. Les trois premières édit. sont de 1718, 1723 et 1733 : celles de 1718 et 1723 existent en Gr. Pap.

DE LEGIBUS lib. III, recensuit ac variorum notis suas adjecit Jo. Davisius; edit. 2ª. *Ibid.*, 1745, in-8. Vend. 73 fr. *non rogné*, Caillard. On a tiré du Gr. Pap. de la première édit. de 1727.

Ces 6 volumes donnés par Davisius (surtout les deux derniers) sont rares et valent de 8 à 10 fr. chacun des quatre premiers, et de 12 à 18 fr. chacun des deux autres, quand ils sont des dernières éditions que nous venons d'indiquer et qu'ils se trouvent bien conditionnés. Vend. les 6 vol. *m. r.* 6 liv. 12 sh. Hibbert. On n'en connaît pas d'exemplaires en Gr. Pap. Les premières édit. n'ont pas, à beaucoup près, cette valeur, à moins qu'elles ne soient en Gr. Pap.

Les trois volumes intitulés De Natura deorum, Tusculanæ questiones, et De Finibus, etc., ont été réimprimés à Oxford de 1805 à 1809, et ces réimpressions, dont on a tiré des exemplaires en Gr. Pap., sont belles et soignées; on a même ajouté aux Tusculanes des observations inédites de Bentley.

CICERONIS (vel incerti auctoris) rhetoricorum ad Herennium lib. IV, et de inventione lib. II, curante P. Burmanno secundo. *Lugduni-Batav.*, 1761, in-8. 8 à 10 fr.

AD QUINTUM fratrem dialogi tres de oratore, cum not. Zach. Pearce. *Londini*, 1746 seu 1771, in-8. 12 à 15 fr.

Ces 21 vol. forment ce qu'on appelle le Cicéron *cum notis variorum*, suite qu'il est difficile de trouver uniformément reliée : vend. 320 fr. *v. f.* et *vélin*, F. Didot, en 1811, et plusieurs fois de 120 à 150 fr. Un exempl. en 25 vol. *v. f.* rel. par Derome, 185 fr. De Bure; — un autre, 28 vol., dont 25 *non rognés*, et plusieurs en Gr. Pap. 400 fr. Renouard.

Les articles suivants y sont quelquefois réunis :

J.-AUG. ERNESTI clavis ciceroniana. *Halæ*, 1777, in-8. 5 à 6 fr.

EPISTOLA ad Conyers Middleton, in qua recensionem Ciceronis epistolarum ad Atticum ab O. fratrem desiderari ostenditur ; auctore Jac. Tunstall. *Cantabr.*, 1741, in-8., 6 à 8 fr.

CICERONIANUM lexicon, gr.-lat., etc. *Augustæ-Taurin.*, 1743, in-8. 6 à 8 fr.

TH. WOPKENS lectiones tullianæ. *Amstelod.*, 1730, in-8. 5 à 7 fr.

MANUTII (*Pauli*) comment. in M.-T. Ciceronis epistolas ad diversos, curavit Richter. *Lipsiæ*, 1779, 2 vol. in-8.

J.-A. ERNESTI præfationes et notæ ad Ciceronis operum editionem majorem. *Halæ*, 1806, 2 vol. in-8.

— OPERA omnia, ex codd. mss. fide emendata, stud. Jani Gulielmii et Jani Gruteri. *Londini*, 1680-81, 4 tom. en 2 vol. in-fol. 18 à 24 fr., et plus en Gr. Pap.

Édition plus belle, mais moins correcte que celle de 1618, dont elle est une réimpression.

— EADEM, ex mss. emendata et cum notis Jani Gulielmii et Jani Gruteri, denuo recognita a Jac. Gronovio, cum emendationibus ejusdem. *Lugd.-Batav.*, 1692, 4 tom. en 2 vol. in-4. 15 à 24 fr.

— EADEM, cum Asconio et scholiaste veteri ac notis integris variorum. Is. Verburgius collegit, disposuit, recensuit, varr. lectt. apposuit. *Amstelod.*, *Wetsten.*, 1724, 2 vol. in-fol. Édition assez estimée, quoiqu'elle n'ait pas été faite avec autant de soin qu'on pourrait le désirer : elle

a pour base le texte de Gruter. 20 à 30 fr.; vend.
50 fr. Dutheil.

— Eadem editio. *Amstelod.*, 1724, 4 vol. in-4. 30 à
40 fr.

— Eadem editio. *Amstelod.*, 1724, 12 tom. en 16 vol.
pet. in-8. 30 à 40 fr.

— Eadem opera, cum delectu commentariorum (studio Jos. Oliveti). *Parisiis,
Jo.-Bapt. Coignard et Guerin,* 1740-
42, 9 vol. gr. in-4.

Le texte de cette édition a été formé sur ceux de
Victorius, de Manuce, de Lambin et de Grævius,
dont l'abbé d'Olivet a choisi les leçons qui lui ont
paru préférables, en donnant toutefois, comme variantes, celles qu'il n'adoptait pas. Ernesti et plusieurs autres savants ont prouvé qu'on pouvait obtenir un meilleur texte que celui-ci, et l'on a
reconnu que le choix des notes fait par d'Olivet
était insuffisant pour l'intelligence de l'auteur. Cependant la réputation de l'éditeur, et surtout la
beauté de l'exécution typographique et la correction
du livre, avaient acquis à cette édition une célébrité
qu'elle semble ne devoir pas conserver. Les exempl.
qui se payaient de 300 à 500 fr. il y a quelques
années, se donnent aujourd'hui pour moins de
150 fr. — Un très-bel exempl. en *mar. r.* 440 fr.
Giraud.

Les exempl. en Gr. Pap. (pet. in-fol.) sont fort rares,
et les amateurs les recherchent avec empressement.
Vend. beaux exempl. rel. en *m. r.* 525 fr. Daguesseau, revend. 1900 fr. Caillard, et 2290 fr. Labédoy...; 1180 La Valliere, revend. 1985 fr. F. Didot,
et 71 liv. sterl. Dent; 1500 fr. Barthélemy, revend.
2222 fr. en 1821 ; 99 liv. sterl. (exempl. de de Boze)
à Londres, en 1835 ; 1805 fr. (seconde rel. *m. bl.*)
en 1816; 73 liv. 10 sh. (rel. en *veau*) Hibbert.

Une note autographe de feu Delatour, imprimeur,
gendre et successeur d'Hipp.-L. Guérin, l'un des
deux intéressés dans l'impression du Cicéron de
d'Olivet, nous fournit les particularités suivantes,
relativement à cette belle entreprise.

L'édition ne fut tirée qu'à 650 exempl. en tout, dont
25 en Gr. Pap. Les 9 vol. se vendaient 108 fr., et
en Gr. Pap. 300 fr. L'abbé d'Olivet, qui cultivait les
lettres plus par amour pour elles que par intérêt,
et qui d'ailleurs était flatté de pouvoir élever un
monument à la gloire de l'illustre orateur romain,
objet de ses plus chères affections, ne demanda
aucune rétribution pour le travail aussi long que
pénible que lui occasionna cette édition. De leur
côté, les libraires Coignard et Guérin ne se mon-
trèrent guère moins généreux que le savant éditeur, en fixant un prix aussi modique à un ouvrage
qui leur avait nécessité des avances considérables
et des soins multipliés. Cependant une entreprise
aussi honorable pour la librairie française que l'était
celle-ci, fut malheureusement sans succès pour les
intéressés, car l'édition ne fut épuisée qu'au bout pe
trente-sep ans, et elle serait restée même plus longtemps en magasin si la moitié des exempl. n'eussent
été achetés par Vaillant, libraire de Londres, qui
trouva probablement un grand avantage à ce marché.

Il serait difficile, sans doute, de rencontrer aujour-
d'hui des imprimeurs aussi désintéressés que l'étaient
ceux que nous venons de nommer; mais peut-être
des gens de lettres aussi généreux que l'abbé d'O-
livet se trouveraient-ils plus difficilement encore.

— Ciceronis Opera, ex edit. Jos. Oliveti, adjectis ad
oratorias partitiones nunc primum adnotationibus
Jac. Facciolati, nonnullisque ejusdem lucubrationibus, ad philosophica illustranda, etc. *Patavii*, 1753,
9 vol. in-4.

Édition peu recherchée en France : 24 à 30 fr.

Celles de *Padoue*, 1787, en 16 vol. pet. in-8., et de
Venise, 1772, 9 vol. in-4., étant fort mal imprimées,
se vendent encore moins cher.

— Eadem, edebat Jos. Olivetus ; edit. 3ª, emendatissima. *Genevæ, Cramer,* 1758, 9 vol. in-4.

Cette édition est bien inférieure à celle de Paris; mais
elle a cela de commode, que les notes y sont placées
au bas du texte, au lieu d'être rejetées à la fin des
volumes, comme dans l'édition originale : 40 à
50 fr. Il y a des exemplaires dont les titres portent :
Genevæ, apud hæred. Cramer, et Fr. Philibert,
1743-46.

— Eadem (ex edit. Jos. Oliveti). *Glasguæ, Rob. et
Andr. Foulis,* 1749, 20 vol. pet. in-12. 40 à 50 fr.

Édition fort jolie, et dont on recherche surtout les
exemplaires en papier fort. Vend. tel et rel. en
m. v., 127 fr. F. Didot, en 1808.

— Opera ; recensuit J.-N. Lallemand. *Parisiis, Barbou,* 1768, 14 vol. in-12. 42
à 56 fr.

Un bon texte, des notes rédigées avec une habile con-
cision, et de plus une impression soignée, ont assuré le succès de cette édition, due au modeste Lallemand. Il y a des exempl. en pap. fin qui sont un
peu plus chers; 151 fr. *m. r.* (rel. de Derome)
Jourdan, et 200 fr. en 1838. On trouve quelquefois
des exempl. dont les premiers vol. sont datés de
1766.

— Eadem, ex nova recens. Jos.-Aug. Ernesti, cum
clave ciceroniana. *Halæ-Saxon.*, 1776-77, 5 tom.
en 8 vol. in-8.

Édition très-correcte, mais imprimée sur mauvais
papier : 25 à 30 fr. Il y a des exempl. en pap. collé,
et quelques-uns en pap. fort.

Ernesti donna sa première édition des œuvres de Cicéron à *Halle* et à *Leipzig*, de 1737 à 1739, et la
seconde en 1757, 4 tom. en 6 vol. in-8., y compris
la *Clavis ciceroniana;* ces deux éditions sont encore moins chères que la troisième.

— Opera, scilicet Rhetorica ad Herennium; De Inventione lib., 2 vol. — Orationes, 9 vol. — De Officiis,
Cato major, Lælius, Paradoxa, et Somnium Scipionis, 2 vol. — Epistolæ ad familiares, 4 vol. (hæc
omnia) cum notis varior. (cura Caspari Garatoni).
Neapoli, 1777-87, 17 vol. gr. in-8.

Bonne réimpr. du Cicéron *Variorum,* avec de nouvelles observations de l'éditeur : elle devait avoir
33 vol.; mais malheureusement elle n'a pas été continuée. Vend. 80 fr. Villoison, et beaucoup moins
cher depuis.

— Opera, cum indicibus et variis lectionibus. *Oxonii, e typ. clarend.*, 1783, 10 vol. gr. in-4. 50 à
60 fr.

Édition conforme à celle de d'Olivet, quant au texte
de Cicéron et à l'arrangement de ses ouvrages,
mais où il manque plusieurs morceaux importants,
dont on n'est pas assez dédommagé par la collation des mss. d'Oxford et d'York, et par l'index
d'Ernesti, ajoutés à cette réimpression, qui est fort
inférieure à l'édition de Paris pour l'exécution typographique. Afin de la compléter on y ajoute :
Josephi Oliveti delectus commentariorum in
M.-T. Ciceronis opera omnia. *Oxonii,* 1821, in-4.

Volume publié par les soins de M. Talboys, et tiré à
100 exempl. seulement.

— Opera omnia. *Matriti, ex regia typogr., operas
dirijente P.-I. Pereyra,* 1797, 14 vol. pet. in-4.,
avec 24 portraits.

Belle édition du texte de d'Olivet. On y a ajouté les
Academica de Pierre de Valence et la *Clavis ciceroniana* d'Ernesti.

— Opera omnia, ex recensione J.-Aug. Ernesti. *Oxonii, Collingwood,* 1810, 8 vol. in-8. 30 à 40 fr.

Cette édition est un peu plus belle, mais moins correcte que celle de *Leipzig*, 1776, qui lui a servi de
modèle.

La *Clavis ciceroniana* d'Ernesti a été réimprimée
aussi à Oxford, en 1811, in-8.

— Eadem, ex recens. Ernesti, cum ejusdem notis et
clave ciceroniana. *Londini, typis excudebat Dove,
apud R. Priestley,* 1819, 8 vol. in-8. : même prix.

Autre réimpression, plus élégamment exécutée que

celle d'Oxford, 1810, mais manquant également de correction. L'éditeur y a joint les deux articles suivants :

DELECTUS commentariorum in M.-T. Ciceronis opera omnia, ad editionem Ernesti accommodatus: ex edit. Jo. Oliveti, 1819, 3 vol. in-8. 15 à 20 fr.

LEXICON ciceronianum Marii Nizolii... juxta editionem Jac. Facciolati, 1819, 3 vol. in-8. 30 à 36 fr.

Il y a des exempl. des 14 vol. en Gr. Pap., qui ont été trop répandus pour devenir jamais bien rares.

— OPERA, recensuit, cum var. lectionibus, notis criticis, indicibus rerum et verborum locupletiss., C.-G. Schütz. *Lipsiæ*, 1814-23, 20 vol. in-8. 70 à 80 fr.

Édition mal imprimée, et dont le texte a été quelquefois corrigé avec trop de hardiesse. Elle se distingue principalement par des index étendus, qui occupent 4 vol., savoir : tome XVII, *Index geogr. et histor.;* — XVIII, part. 1 et 2, XIX, part. 1, 2 et 3, *Index latinitatis;* — XX, *Index græco-lat., Index rerum et chronolog.* Le tome V est en 2 part., et les tomes VIII et XVI ont chacun 3 part.; la dern. contient le traité *De Republica.*

— OPERA, ex editionibus Oliveti et Ernesti. *Londini, Rodwell,* 1820, 12 vol. gr. in-18. pap. vélin. 36 à 40 fr.

Jolie édition, soignée par Jean Carey.

— OPERA, ex recensione Jac.-Vict. Le Clerc, edidit J.-A. Amar, *Parisiis, Lefèvre,* 1823-25, 18 vol. gr. in-32. pap. vél. 30 fr., et plus en Gr. Pap.

Cette édition reproduit le texte latin de l'édition latine et française de M. Jos.-Victor Le Clerc (voy. ci-après), et les notes latines de ce savant, avec des arguments et des tables par M. Amar. Elle contient tous les fragments de Cicéron qu'on avait pu recueillir jusqu'alors.

— OPERA omnia. *Parisiis, Lemaire,* 1827-32, 19 vol. in-8.

Cette édition est divisée en cinq parties, qui portent les titres suivants : PARS PRIMA, sive opera rhetorica et oratoria, textum, collatis optimis editionibus, recensuit, varietate lectionum et notis Ernesti Schütziique fere integris, aliorum selectis exornavit et suas addidit J.-W. Rinn. 2 vol. — PARS SECUNDA, sive orationes omnes ad optimos codices et editionem J.-V. Le Clerc recensitæ... 6 vol. — PARS TERTIA, sive opera philosophica... cum selectis veterum ac recentiorum notis, curante et emendante M. N. Bouillet, 6 vol. (le 5ᵉ est en deux part.). — PARS QUARTA, sive epistolarum omnium libri ad optimos codices et editionem J.-V. Le Clerc recensiti, cum selectis veterum ac recentiorum notis, curante et emendante N.-E. Lemaire, 3 vol. — 5° FRAGMENTA, 1831, 1 vol. — Il y a de plus : *Indices,* 1832, 1 vol.

— OPERA, ex editione Ernesti, cum notis et interpretatione in usum Delphini. *Londini, Valpy,* 1830, 12 part. en 17 vol. in-8.

Cette édition forme les nᵒˢ 130 à 141 de la collection de Valpy. Elle renferme les ouvrages suivants : *Libri rhetorici,* 4 vol. — *Orationes,* 7 vol. — *Epistolæ ad diversos,* 2 vol. — *Opera philosophica,* 3 vol. — *Aug. Ernesti Clavis ciceroniana,* 1 vol.

— Opera quæ supersunt omnia ac deperditorum fragmenta, recognovit et singulis libris ad optimam quamque recensionem castigatis, cum varietate Lambiniana MDLXV, Grævio-Gronoviana, Ernestiana, Beckiana, Schütziana ac præstantissimarum cujusque libri editionum integra reliqua, vero accurato delectu brevique adnotatione critica edidit Jo.-Casp. Orellius. *Turici, Orell,* 1826-37, 8 vol. en 12 part. in-8. 26 thl. 8 gr. — Pap. fin, 36 thl., prix qui ont été réduits de beaucoup.

Les 4 prem. vol. en 7 part. donnent le texte de Cicé-

ron; le 5ᵉ en 2 part. les *scoliastes;* les trois derniers ont pour titre particulier : *Onomasticon Tullianum continens M.-T. Ciceronis vitam, historiam litter., indicem geograph. et histor., indicem legum et formularum, indicem græco-latinum, fastos consulares : curaverunt J.-C. Orellius et Jo.-Geor. Baiterus;* ils se vendent séparément 9 et 11 th.

La nouvelle édition commencée en 1845 a été interrompue à la mort de J.-Gasp. Orelli, et il n'en parut d'abord que le 1ᵉʳ vol. (*Libri rhetorici*), et le 3ᵉ (*Epistolæ*); mais de 1854 à 1856 on a mis au jour le 2ᵉ vol. en 2 part., publié par J.-G. Bacterus et C. Halm, qui ont contient *Orationes ad codd. ex magna parte primum aut iterum coll. emendatæ.*

— OPERA omnia uno volumine comprehensa, curis secundis emendata et adnot. indicibusque aucta. Edidit G.-Fr.-A. Nobbe. *Lipsiæ, Tauchnitz,* 1849-50, in-4. avec portr. 20 fr.

Nouveau tirage sur des clichés dont on s'était déjà servi en 1817. Le même texte a été publ. en 11 vol. in-16, 24 fr., pap. vél. 36 fr.

— SCRIPTA quæ mansuerunt omnia. Recognovit Reinh. Klotz. *Lipsiæ,* 1851-56, 6 tom. en 11 vol. pet. in-8. 24 fr. pap. vél. 34 fr.

II. — OUVRAGES PHILOSOPHIQUES.

Nous avons placé ici les parties des ouvrages de Cicéron dans le même ordre que dans notre table méthodique, mais ils sont rangés différemment dans les éditions des œuvres complètes.

— Ciceronis Opera philosophica. *Romæ, Conradus Sweynheym et Arnoldus Pannartz,* 1471, 2 vol. in-fol. [3420]

Nous désignons sous ce titre collectif un recueil des *ouvrages philosophiques de Cicéron,* impr. à Rome, et qui se compose de 370 ff. en tout, à 36 et 38 lig. par page (y compris 2 ff. bl.). Il est ordinairement relié en 2 vol.; cependant l'exempl. de la Biblioth. impériale est en un seul vol., dont voici la description :

La première partie commence de cette manière

M. Tullii Ciceronis ad Marcum filium In librum de Officiis primum prefatio.

Elle contient *De Officiis ; Paradoxa; De Amicitia et De Senectute.* Ce dernier traité finit au recto du 75ᵉ f. par la souscription suivante :

Hoc Conradus opus Suueynheym ordine miro Arnoldusq simul Pannartz una æde colendi Gente Theotonica : Rome expediere sodales. Anno Xpi. M. CCCC. LXXI. die uero .xxvii. mensis Aprilis. Rome in domo magnifici uiri Petri de [*Maximo.*

Les vers des XII sages commencent au verso du 75 f. et continuent jusqu'au 77ᵉ et dernier f. recto.

La seconde partie commence ainsi : *M. Tul. Ciceronis in dialog̃ De Natura deorum ad Brutum prefatio;* elle contient : *de natura Deorum,* 48 ff.; *de Divinatione,* 39 ff.; *Quæstiones tusculanæ,* 65 ff.; *De Finibus bonorum et malorum,* 65 ff.; *De Fato, De Petitione consulatus; pars libelli de philosophia ; De Essentia mundi,* ensemble 24 ff.; *Academicæ quæstiones,* et *De Legibus,* ensemble 50 ff. Au recto du 293ᵉ et dern. f. (y compris les 88ᵉ et 154ᵉ blancs) se lit la souscription avec les huit vers : *Aspicis illustris lector, etc.,* suivis de la date ainsi disposée :

M. CCCC. LXXI.
DIE. XX. SEPT.

On ne trouve presque jamais ce recueil entier, mais on en rencontre quelquefois des parties séparées, qui, étant complètes en elles-mêmes, ne laissent pas que d'être précieuses; — un volume contenant les 205 derniers ff. de la 2ᵉ partie, vend. 340 flor. Crevenna; un autre moins ample, 100 fr. seulement,

Brienne-Laire, et 178 d'Ourches. Le recueil entier ne vaudrait pas moins de 800 à 1000 fr., car il est de la plus grande rareté.

— Opera philosophica quædam (*Parisiis, Udalricus Gering, etc.*, 1471), pet. in-fol. lettres rondes, sans chiffres, récl. ni signat.

Ce recueil se compose de deux parties : la première contient : *Officiorum libri tres; De Amicitia liber; De Senectute libri tres; Somnium Scipionis, et Paradoxa*. Elle commence par 7 ff. qui renferment deux lettres de Guil. Fichet à Jean de la Pierre, éditeur du recueil, quelques vers latins, la table des chapitres, etc. L'épître de Fichet est datée de l'année 1471, *Nonis Martii*. Les Offices occupent les ff. 8-73; le traité de l'Amitié, les ff. 74 à 92 ; celui de la Vieillesse, les ff. 93 à 109; le Songe, les ff. 110 à 115 ; et les Paradoxes, les ff. 116 à 123; en tout 123 ff. à 31 lig. par page, non compris deux ff. blancs qui sont placés entre les ff. 115 et 116. Vend. bel exempl. (ayant de plus que les autres une lettre d'envoi de Jean de la Pierre à Georges de Bades, évêque de Metz, impr. sur un f. de VÉLIN) : 450 fr. La Vallière; et avec les Tusculanes, sorties des mêmes presses, 452 fr. Brienne-Laire, et 480 fr. en octobre 1825; sans les Tusculanes, 25 liv. 14 sh. 6 d. Sykes, et 8 liv. 18 sh. 6 d. Heber.

Ce que nous appelons la seconde partie de ce recueil est un vol. pet. in-fol. de 87 ff. à 31 lig. par page (impr. avec les mêmes caractères de Gering et de ses deux associés, sans indication de lieu ni de date), contenant *Quæstiones tusculanæ*. Il commence par le prologue intitulé : *M. T. C. oratoņ Homeri prologus, etc.*, et il finit sur le dernier f. recto, par quinze vers, après lesquels sont les mots : *vale lector studiose.*

Erhardus, auteur des sept distiques latins qui se lisent au verso de l'avant-dernier f., est le même qu'Erhardus Windsberg qui présidait à l'imprimerie de Gering, en qualité de correcteur.

— Opera philosophica. — *Impressi Parisius in vico sancti Iacobi, sub ītersignio viridis follis prope predicatores, Anno. M CCCC. Lxxvij, mensis Augusti,* in-fol. de 246 ff. non chiffr. à 34 lig. par page, caractères presque ronds.

On trouve très-difficilement ce recueil complet. Il doit contenir :

1° *Officia, Paradoxa, De Amicitia, De Senectute, Somnium Scipionis, Versus decem sapientum*, 97 ff., au verso du dernier desquels se lit la souscript. dont nous avons rapporté la fin ci-dessus.

2° *De Finibus bonorum et malorum*, en 69 ff.

3° *Tusculanæ quæstiones* en 80 ff., à la fin les 15 vers lat. qui terminent l'édit. de Gering, et au verso du dernier f. cette souscription en une seule ligne : *Opus (impressŭ Parisius in vico sancti Iacobi) finē habet.*

A l'occasion de cette édit., M. Van Praet a fait la remarque suivante dans son Catalogue in-fol., p. 393.

« On ne connaît pas l'imprimeur de cette édit. : il avait sa demeure en 1476, 1477, 1478 et 1479, dans la rue Saint-Jacques, près du couvent des Jacobins, et son enseigne était un soufflet vert. Il paraît qu'il devint propriétaire de l'imprimerie de Pierre Cesaris et Jean Stoll, après que ceux-ci, qui avaient commencé à imprimer à Paris dès 1473, eurent terminé leur carrière typographique, le 25 mai 1476 ; car non-seulement ses caractères sont absolument semblables à ceux dont se servirent constamment ces deux imprimeurs, mais encore il est constaté qu'aucun de ses livres ne porte une date antérieure au jour où cessèrent d'en publier ses prédécesseurs. »

Chacune des parties de ce recueil se trouve quelquefois séparément. Il existe de la première une édit. impr. avec les mêmes caractères que celle de 1477, mais sans date, et dont les pages n'ont que 33 lignes.

— M.-T. Ciceronis de philosophia volumina duo. *Venetiis, in ædibus Aldi,* 1523, 2 vol. in-8.

Ces deux vol. complètent les anciennes collections aldines de Cicéron impr. avant celles de Paul Manuce. Le premier vol. a 8 ff. prélim., 251 ff., plus à la fin 5 ff. blancs, dont les deux derniers contiennent la souscription et l'ancre. Le second est de 214 ff. suivis de 2 ff. pour la souscription et l'ancre : vend. 16 sh. Pinelli ; 35 fr. *mar. bl.* Chénier ; 31 fr. Riva; un exempl. en Gr. Pap. se conserve dans la Biblioth. roy. de Dresde.

Les œuvres philosophiques de Cicéron, édition de Paul Manuce, 1541, 2 vol. in-8., font partie de la collection des œuvres de ce grand orateur, décrite ci-dessus (col. 7); elles ont été reproduites par les presses aldines, en 1546, 1552, 1555-56, 1562 et 1565, également en 2 vol. in-8.

La première édition aldine des différents ouvrages de Cicéron pour une collection d'une extrême rareté ; voici ce qui la compose : *Libri oratorii*, 1514, in-4.; *Orationes*, 1519, 3 vol. in-8.; *Epistolæ ad Atticum*, 1513, in-8.; *Epistolæ familiares*, 1502; — *Opera philosophica*, 1523, 2 vol.; *De Officiis*, 1517, 1 vol.; tous in-8., à l'exception du premier article.

— Ciceronis Opera philosophica, cum interpretatione et notis Fr. l'Honoré, ad usum Delphini. *Parisiis, apud viduam Claudii Thiboust,* 1689, in-4.

Des circonstances restées jusqu'ici inconnues sont venues interrompre l'impression de cette partie du Cicéron *ad usum*, de laquelle le seul volume existant n'aura probablement pas été mis en vente, et aura même été détruit, à l'exception de quelques exemplaires. Voilà pourquoi ce volume (il s'agit de *l'édition originale*) est certainement le plus rare de tous ceux de la série des *ad usum;* il n'est pas toujours dans les collections complètes, et il ne se trouve guère séparément. Vend. 330 fr. Gaignat; 530 fr. Paris de Meyzieu ; 461 fr. salle Silvestre, en 1806. Il n'aurait peut-être pas un si haut prix maintenant.

Ce livre, dont le titre porte *tomus primus*, contient 1° 17 ff. prélim. pour le frontispice, l'épître dédicatoire et la préface; 2° *Academicæ quæstiones*, 86 pp.; 3° *De Finibus bonorum et malorum*, 172 pp.; 4° *Tusculanæ quæstiones*, 196 pp.; 5° *De Natura deorum*, 160 pp.; 6° *De Officiis liber primus*, 55 pp., et *liber secundus*, 32 pp. Ces deux premiers livres des Offices de Cicéron n'ont point été réimprimés dans la seconde édition de ce volume, laquelle se reconnaît facilement, parce que les pages y sont chiffrées sans interruption jusqu'à la page 614 et dernière.

— CICERONIS opera philosophica, ex recens. J. Davisii, et cum ejus commentario, edidit R.-G. Rath. *Halis*, 1804-18, 6 vol. in-8.

Réimpression des éditions dont nous avons parlé col. 9 et 10. Chaque volume coûtait de 8 à 9 fr., et en pap. fin, 12 à 13 fr. Le 6e vol. a été publié par Schütz, après la mort de Rath.

— PHILOSOPHICA omnia, ex scriptis recens collatis editisque libris castigatius et explicatius edidit Jo.-Aug. Goerenz. *Lipsiæ*, 1809-10-13, 3 vol. in-8., 12 à 15 fr.

Ces trois volumes, dont on a tiré du pap. vél., offrent un nouveau et savant travail : ils ne contiennent que *De Legibus, Academica,* et *De Finibus;* aussi devaient-ils être suivis de trois autres.

— OPERA moralia. *Mediolani, e typogr. mussiana,* 1806, gr. in-fol.

Tome Ier, le seul publié, et dont il n'a été tiré qu'un très-petit nombre d'exemplaires.

—Officiorum libri tres ; paradoxa et versus XII sapientum. *Johannes Fust mogũtinus, ciuis... Petri manu pueri mei feliciter effeci, finitum anno* M. CCCC. LXV, pet. in-fol. goth. de 88 ff. non chiffrés, à 28 lig. par page. [3421]

.Première édition, très-rare. Les exemplaires ne sont pas tous semblables, car les uns ont sur le dern. f., à la suite de l'ode d'Horace, *Diffugere niues*, les écussons des imprimeurs, tirés en rouge, tandis que dans d'autres les écussons ne se trouvent pas. La souscription : *Presens Marci tulij clarissimũ opus. Johannes fust...* se lit au verso de l'avant-dernier f. Vend. sans les écussons, 275 flor. Crevenna; et sur VÉLIN, avec les écussons, 425 fr. Gaignat; 1450 fr. La Valliere; et une huit dern. ff. très-tachés, 801 fr. Mac-Carthy; 43 liv. 1 sh. Sykes; 82 liv. 19 sh. Hibbert; 53 liv. Hanrott; un bel exemplaire, 3450 fr. Giraud; autre, 1950 flor. malgré quelques piqûres de vers (double de Munich) Butsch. M. Van Praet cite 23 exemplaires sur VÉLIN de cette édit. de 1465, et 25 de celle de 1466. Le nombre des exemplaires sur papier qui se sont conservés jusqu'à nous n'est pas connu, mais nous le croyons inférieur à celui de ces exempl. sur VÉLIN.

Les différences qui ont été remarquées entre plusieurs exemplaires de ce livre, datés de 1465, ne prouvent pas, comme paraissait le croire l'auteur de la Bibliogr. instr., l'existence de quatre éditions sous la même date, mais tout au plus quatre tirages différents de quelques feuilles d'une même édit., à chacun desquels on aura fait des corrections. Il paraît, en effet, qu'à cette époque on ne corrigeait pas exactement les épreuves d'une feuille avant de la mettre sous presse, mais que les corrections se faisaient au fur et à mesure qu'on avait tiré quelques exemplaires : ce qui suppose qu'on gardait, au moins quelque temps, les formes toutes composées. D'ailleurs, on a bien pu compléter des exemplaires à la date de 1465 par des feuilles tirées de l'édition de 1466.

Cette édition de 1465 et celle de Lactance, imprimée à Subbiaco sous la même date, sont les premières où la typographie ait fait usage de caractères grecs; mais ces caractères sont gravés d'une manière fort grossière, et les citations où on les a employés très-incorrectes.

—De officiis libri. *Joannes Fust... manu Petri de gerns'hem pueri mei feliciter effeci, finitum. Anno* M. CCCC. LXVI, *quarta die mensis februarij*, pet. in-fol. goth. de 88 ff. non chiffrés, à 28 lig. par page.

Édition copiée sur la précédente, mais avec quelques différences dans le texte. Vend. 187 fr. Gaignat; 45 liv. à Londres, en avril 1804; 1010 fr. De Bure; et des exemplaires imprimés sur VÉLIN, 408 fr. Gaignat; 774 fr. La Valliere; 651 fr. (sans le dern. f.) d'Ourches; 1190 fr. Mac-Carthy; 73 liv. 10 sh. Willett; 42 liv. Sykes; 37 liv. 16 sh. Hanrott; 59 liv. Heber.

— Officiorum lib. III. (*absque nota*), pet. in-4. goth. de 60 ff. non chiffrés.

Édition très-rare, imprimée à longues lignes au nombre de 34 à la page, avec les caract. d'Ulric Zel, vers 1466. Le volume commence ainsi, sans intitulé : (Q) *Uamq̃ te marce fili......* On lit au verso du dernier f.:

Explicit liber tullij de officijs
Laus deo optimo ceterisq̃ celitib'

Vend. 163 fr. de Servais; 121 fr. d'Ourches, et jusqu'à 52 liv. 10 sh. Sykes.

— De officiis lib. III; paradoxa ; de amicitia, de senectute, et XII sapientum versus. *Romæ, in domo Petri de Maximo* (*per Conrad. Sweynheym et Arn. Pannartz*), M. CCCC. LXIX, *die uero xxiiii mensis Ianuarii*, gr. in-4. de 104 ff. non chiffrés, à 32 lig. par page.

Vend. 178 fr. Gaignat; 701 fr. La Valliere; 17 liv. 17 sh. Heber.

Le vol. commence par ces mots du texte : (q) *Vanq̃ te Marce fili, etc.* On trouve au verso du 101e f. la souscription : *Hoc Conradus opus Suueynheym, etc.;* ensuite deux ff. contenant *Versus duodecim sapientum*, terminent l'ouvrage.

— De officiis lib. III; paradoxa; somnium Scipionis; Lælius; Cato major. *Romæ, per Ulricum Han de Wienna, anno* M. CCCC. LXIX, *die prima aprilis*, gr. in-4.

Plusieurs bibliographes annoncent cette édit. comme formant la première partie d'un recueil d'ouvrages philosophiques de Cicéron, dont les Tusculanes, de 1469, I. *Aprilis*, indiquées ci-après, col. 23, seraient la deuxième partie. Mais cette première partie n'a point de date, et ce n'est autre chose que l'article suivant, lequel, n'ayant pas la même justification que les Tusculanes, ne paraît pas devoir être nécessairement réuni à ce dernier traité. Ainsi l'édition de 1469 ci-dessus est fort douteuse.

— De officiis libri tres. (*absque nota*), pet. in-fol. ou gr. in-4.

Vend. 5 liv. 10 sh. Pinelli.

Volume de 54 ff. de texte, à 32 lig. par page entière, impr. sans lieu ni date, sans chiffres, réclames ni signatures, avec le plus petit caract. romain d'Ulric Han (vers 1469). La première ligne du texte de chaque livre est en gros caractères gothiques; les passages grecs sont omis.

Le texte commence au recto du premier feuillet, de la manière suivante :

Uanq̃s te marce fili ānũ

et se termine au verso du 54e feuillet par ces deux lignes :

Marci Tullii Ciceronis officiorum liber feliciter explicit Tercius & Vltimus ·|·

Cette édition, décrite dans les *Ædes althorp.*, II, n° 1086, est un fragment des Œuvres philosophiques, édit. de Ulric Han, vers 1469, ainsi que le traité *De Senectute*, opuscule de 13 ff., impr. d'une manière conforme à la présente édit. du *De Officiis*. Le texte du *De Senectute* commence ainsi :

tite si quid ego te adiuto

et la dernière page est terminée par cette autre ligne :

·|· *M.T.C. Liber de Senectute feliciter explicit.*

Le traité *De Amicitia*, en 15 ff. impr. de même, commence par ces trois mots en grosses lettres gothiques :

Uintus   mutius   augur.

Hain, 5251, décrit un exemplaire plus complet, lequel renferme 97 ff. en tout, savoir : *De Officiis*, 56 ff. dont le 38e est tout blanc; *Paradoxa*, ff. 57 à 63, verso (le 64e f. est blanc); *De Amicitia*, ff. 65 à 79, recto (le 80e est blanc); *De Senectute*, ff. 81 à 93 ; *Somnium Scipionis*, ff. 94 à 97, recto ; la dernière page n'a que 29 lignes, et se termine ainsi : *M.T.C. de Somno* (sic) *Scipionis Liber feliciter Explicit.*

— Officiorum libri III; paradoxa; de amicitia; de senectute; somnium Scipionis;

versus XII sapientum. *Venetiis, per Vindelinum de Spira*, 1470, gr. in-4. de 133 ff. non chiffr., à 30 lignes par page.

Édition rare : vend. 108 fr. *mar. r.* Gaignat; 92 fr. (gâté) La Valliere; 11 liv. 11 sh. bel exempl. Pinelli ; 140 fr. en 1822.

Après la souscription (*Anno christi. M. CCCC. lxx. Die uero xiii. mèsis Augusti : Venetiis, etc.*) placée à la fin du *Somnium Scipionis*, sur le 131e f. recto, on doit trouver les *Versus XII sapientum*, impr. sur deux feuillets.

Pour l'édition de Paris, 1471, voy. ci-dessus, col. 15.

— Ciceronis de Officiis. Paradoxa. Lælius siue de Amicitia. Cato Maior vel de Senectute, 1472, gr. in-4.

Édition peu connue, mais conforme au Salluste de 1474, également sans lieu d'impression ni nom d'imprimeur. Elle a en tout 104 ff. (dont le 1er, le 70e et le dernier sont blancs), sans chiffres, réclames, ni signatures, à 35 lignes par page, en caractères ronds. L'exemplaire de cette même édition que possède la Bibliothèque impériale n'a que 100 ff. imprimés. Nous y avons reconnu les caractères du *Servius in Virgilium*, de Florence, 1472. La date M.CCCC.LXXII est au recto de l'avant-dernier f.; au verso et sur les deux pages du feuillet suivant se lisent les *Versus XII sapientum*, un passage d'*Apollonius Rhetor*, et enfin le mot : F : I : N : I : S.

— Officiorum libri III, etc. *Venetiis, per Vindelinum de Spira*, 1472, *die iiii. mensis Iulii*, gr. in-4. de 133 ff. non chiffr., à 33 lig. par page.

Cette édition, assez rare, contient les mêmes ouvrages que celle de 1470 : vend. 6 liv. 15 sh. Pinelli, et moins cher depuis.

— Officia, paradoxa et versus XII sapientum. — *Pns marci Tulii clarissimū opus.... Per.... inclite Argentiñ ciuitatis ciuē dūm Heinricū Eggesteyn, sūma cū diligentia impssum ē Anno dñi M. cccc. lxxij*, gr. in-4. goth.

Édition copiée sur celle de Mayence, 1466, et qui consiste en 92 feuillets imprimés sans chiffres, réclames ni signatures, à 27 lignes par page. La souscription, tirée en rouge, comme l'est l'intitulé, se trouve au verso de l'avant-dernier f., après les vers des XII sages. Le dernier feuillet, qui manque quelquefois, contient l'ode d'Horace : *Diffugere nives*. Vend. 89 fr. *v. br.* d'Ourches ; 105 fr. *m. bl.* Jourdan ; 11 liv. 15 sh. Sykes ; 80 fr. Giraud.

— Officiorum libri III; de senectute; de amicitia; paradoxa. — *Volumen hoc impressit Mediolāi Antonius Zarotus parmensis* MCCCCLXXIIII, pet. in-fol. de 87 ff. non chiffr., à 33 lig. par page.

L'édition des mêmes traités, *Mediolani, Zarotus*, 1476, etc., in-fol., a été vend. 2 liv. 5 sh. Pinelli.

— De officiis, de senectute, etc. *Venetiis, Joan. de Colonia*, 1474, gr. in-4. de 119 ff. à 32 lig. par page, avec des réclames. Belle édition.

On lit au bas du 111e f., verso, la souscription suivante : *Finis libri M. T. Ciceronis de officiis ...qui poptime emendatus : impressus extat Venetiis ductu q̄ expēsis Iohannis de Colonia agripinēsi ac Iohānis māthen de Gherresthē āno M. cccc. lxxiiii*; vient ensuite le *Liber de essentia mundi*, sur les ff. 112-119 ; et on lit à la fin : LAVS DEO.

Cette édition pourrait bien être la même que celle de Venise, *per Johannem Manthen*, 1474, pet. in-fol., rapportée par *Panzer*, tome III, p. 101.

— De officiis, etc. — *Neapol' ĩpressum. Anno... Mº.CCCCº. Lxxiiii Die vero vigesima quarta Decembris*, gr. in-4. de 121 ff. non chiffr., à 34 lig. par page. (*Biblioth. impériale.*)

Belle édition, imprimée en caractères ronds, les mêmes que ceux du *Liber cibalis Math. Salvatici*, de Naples, 1474 ; ou que ceux d'un Térence, sans lieu ni date, portant le nom de l'imprimeur Hugues de Gengenbach. Les trois premiers ff. renferment une Vie de Cicéron, tirée de Plutarque. Le *De Officiis* commence au 4e f., et finit au 73e ; ensuite viennent *Paradoxa*, f. 74e ; *De Amicitia*, f. 82e; *De Senectute*, f. 100e ; *Versus XII Sapientum*, f. 120e, et sur le dernier f. la souscription, avec le registre au verso.

— Officiorum lib. III: paradoxorum liber ; de amicitia dialogus ; de senectute; somnium Scipionis ; versus XII sapientum ; de legibus lib. III. (*absque nota*), pet. in-fol. de 143 ff.

Édition impr. sans chiffr., récl. ni signat., à longues lig., au nombre de 36 à la page. Les caract. sont les mêmes que ceux de l'Ausone et du Virgile, 1472, sans nom d'imprimeur. Denis (Suppl., II, p. 544), par méprise, l'a attribuée à Ulric Han, parce que l'exemplaire de Vienne qu'il a décrit est accompagné des Philippiques, impr. sans date par ce typographe romain. Vend. 201 fr. *m. r.* La Valliere.

Le traité *De Officiis* commence sur le recto du 1er f. et finit au recto du 67e, après quoi se trouvent les *Paradoxa*. Le traité *De Amicitia* commence au verso du 74e f.; le *De Senectute* au verso du 92e ; le *Somnium Scipionis* au verso du 107e; les *Versus XII sapientum* au verso du 111e. Le *De Legibus* commence au recto du 113e f., et finit au recto du dernier f. par cette ligne :

tradita. Sic pfecto cēseo id ipū quæ dicis expecto.

— Officiorum libri III (96 ff.). — Cato major (22 ff.). — De amicitia liber (24 ff.). — Somnium Scipionis, paradoxà, et versus XII sapientum (20 ff.). (*absque nota*), pet. in-4. goth.

Volume rare, impr. à longues lignes au nombre de 27 à la page. Les caractères sont ceux dont Rich. Paffroet s'est servi pour imprimer à Deventer, en 1477, *Berchorii reductorium morale.*

— De officiis lib. III ; de amicitia, in somnium Scipionis. *Parmæ*, 1477, 11 *jan.*, in-fol. de 94 ff. à 34 lig. par page.

Édition sans indication d'imprimeur, mais exécutée avec les mêmes caractères qu'a employés Etienne Corallus dans son Ovide de 1477.

— De officiis ; paradoxa; de amicitia, de senectute, de somno Scipionis : necnon de Essentia mundi : ac XII sapientum, etc. *Venetiis, Jac. Lunensis de Fivizano*, 1477, in-fol. de 89 ff. non chiffrés, à 36 lig. par page.

Vend. bel exempl. 100 fr. *m. r.* La Valliere, et quelquefois de 20 à 30 fr.

L'édition de Venise, *per Philippum quondam Petri, M. cccc. lxxx die* VIII *maii*, in-fol. de 89 ff. non chiffrés, à 36 lig. par page, lettres rondes, est une réimpression de la précédente. Le verso du dern. f. contient le registre sur trois colonnes. 40 fr. *m. r.* La Valliere.

Nous citerons encore l'édition de Milan, Phil. Lavagnia, 1478, in-fol. — Celle de Naples, 1478, in-fol.,
indiquée par Giustiniani, et dont la souscription se
rapporte parfaitement, à un chiffre près (v pour x)
dans la date, à celle de l'édition de Naples, 1483.
Cette dernière, qui est à la Biblioth. impér., a 111 ff.
non chiffr., à 34 lignes par page. — Une autre de
Naples, Moravus, 1479, in-fol., a été vend. 5 liv.
15 sh. Willett.

— DE OFFICIIS, cum interpretatione Petri Marsi ; de
amicitia cum interpretatione Omniboni Leoniceni ;
de senectute cum Martini Philetici commentariis ;
Paradoxa. (à la fin) : *Venetiis, per Baptistam de
tortis*, M. ccccccxxxij, *die* XXVI *septembris*, 2 tom.
en 1 vol. in-fol. de 236 ff., sign. A—aa.
A la fin de la première partie (*De Officiis*), au verso
du 173 ff., se trouve une souscription particulière
sous la date de M. ccccclxxxi, *die* XII *octobris*.

— IIDEM libri. Venales reperiuntur in domo Joannis
Alexandri librarii Andegavis in vico, Gallico vocabulo, à la chaussée sainct Pierre. (à la fin) : *Parisiis, opera Georgii Wolff & Thielmanni Kerver,
millesimo quadringentesimo nonagesimo octavo.
XVII Kalend. Decemb. Quæ omnia per Paulum
Malleolum novissime sunt exacte revisa et recognita*, in-fol., lettres rondes.
Le titre de ce livre porte cette devise : DIEV GART LE
ROY ET LA NOBLE CITTE DANGIERS ET VNIVERSITE,
avec un monogramme des deux initiales de
• Jean Alexandre, avec le mot BEBOVGNE, ou plutôt DE DOVGNE, qui est le nom d'un libraire d'Angers, nommé dans une édition des coutumes d'Anjou que nous décrivons à l'article COUTUMES. (Maittaire, 1, 667.)

— DE OFFICIIS cum interpretatione Petri Marsi ; Pa-
radoxa , de amicitia et de senectute. *Lovanii, per
Joan. de Westphalia*, 1483, in-fol.
Vend. 2 liv. bel exempl. Heber.
Pour les autres éditions de ce recueil faites à la fin du
XVe siècle, voir Hain, nº 5273 et suiv.

— Opera M. T. Cic. de officiis, de amicitia , de senectute , de somno (*sic*) Scipionis, Paradoxa (et Rhetorica, i. e. ad
Herennium libri IV. et de inventione libri II). *Venetiis, per Joan. et Greg.
de Gregoriis*. M. CCCC II, *die* VI *men.
Aprilis*, pet. in-8., feuillets non chiffrés. (Graesse, II, p. 174.)
Édition qui a été faite sur un manuscrit. Il faut y
réunir les Tusculanes impr. également en 1502 par
les soins de Gregorius (voir ci-dessous).

— Opera M.-T. C. de officiis, de amicitia ,
de senectute. Paradoxa. (*absque nota*),
pet. in-8. de 127 ff.
Édition exécutée avec les mêmes caractères que la
Rhétorique de Cicéron, impr. par Phil. Junta en
1508. La Bibliothèque impér. en possède un exemplaire impr. sur VÉLIN. Il y en avait un semblable
chez Mac-Carthy ; mais comme il y manquait le
cahier N, il n'a été vendu que 40 fr. Ph. Junta a
réimprimé le même recueil en 1513, in-8. de 2 et
CXVI ff., et en 1517, in-8. de 4 et 157 ff. Cet imprimeur a également donné une édition des autres
parties des œuvres philosophiques de Cicéron, en
1516, in-8. de 351 ff.
Il existe une édit. des mêmes traités (*De Officiis, etc.*)
in-8., sans lieu ni date , mais impr. à Lyon, vers
1508, à l'instar des productions des presses aldines :
17 sh. *m. bl.* Butler. C'est peut-être la même édition
que celle qui est annoncée comme impr. par Ph.
Junta, en 1508, dans la *Biblioth. pinelliana*, I,
p. 253.

— Ciceronis officiorum libri III. Lælius
seu de amicitia liber I. Cato major, seu

de senectute liber I. Paradoxa , liber I.
Somnium Scipionis ex VI de Rep. *Ve-
net., in œdib. Alexandri Paganini,
1515, in-24.
Édition en petits caractères d'une forme singulière.
C'est un livre devenu fort rare. 75 fr. Renouard.

— M.-Tullii Ciceronis officiorum libri III ;
Cato major ; Lælius sive de amicitia ;
Somnium Scipionis , ex VI de rep. excerptum. ΠΑΡΑΔΟΞΑ ΘΕΟΔΩΡΟΥ, etc. *Venetiis, in œdib. Aldi*, 1517, in-8.
Cette édition, qui est rare, commence par 7 ff. non
chiffrés, et un f. blanc ; il y a ensuite 158 ff. chiffrés, suivis de deux autres blancs dont le dernier
porte l'ancre. Vend. 19 fr. *m. bl.* Chardin ; 2 liv.
15 sh. Hibbert ; 1 liv, Butler.
Un exempl. impr. sur VÉLIN, et annoncé par erreur
sous la date de 1514, a été vendu 17 liv. 17 sh. Pâris ; 63 fr. Williams.
Il y a une édition de 1519, in-8., laquelle a le même
nombre de ff. et n'est pas beaucoup plus commune
que celle-ci : 16 fr. *m. bl.* Chardin ; 20 flor. Meerman ; 16 sh. *m. r.* Butler.
Le même recueil a été reproduit plusieurs fois dans
l'impr. des Alde ; mais de toutes ces édit. nous ne
citerons que celle de 1541, in-8., dont le Muséum
britannique possède un exemplaire impr. sur VÉLIN.
Un exemplaire de l'édition de 1548, également sur
VÉLIN, et le seul connu, a été payé 43 liv. à la vente
Butler.

— TRES de Officiis libri et aureum illud de Amicitia
Senectuteque volumen una cum Paradoxa hoc habentur Pugillari (cura L. Victoris Fausti). *Venetiis, Lazarus Sardus impressit*, 1511, in-12, en
caract. cursifs, pag. encadrées. 13 sh. Libri, en 1859.

— TULLIUS de officiis : de amicitia : de senectute :
necnon Paradoxa eiusdè : opus Benedicti Brugnoli,
studio emaculatum, etc. *Tusculani, apud Bena-
cum in œdibus Alex. Paganino, mense maii* 1523,
in-4. de 8 ff. et 252 pp., format allongé.
Édition imprimée en caractères italiques singuliers.
Le texte y est entouré de commentaires, savoir de
celui de P. Marsi sur le traité *De Officiis*, de ceux de
Leonicenus sur le *De Amicitia* et les *Paradoxa*,
et de M. Phileticus sur le *De Senectute*. 12 fr. 20 c.
m. r. La Valliere.

— OFFICIA, Lælius et Cato major ; Paradoxa et Somnium Scipionis ; Theodori Gazæ traductio græca senectutis et somnii, ab Erasimo Roterod. et Conrado
Coclenio omnia restituta, adnotat. item Erasmi et
Ph. Melanchthonis adjunctis. *Lugduni, in œdibus
Melch. et Gasp. Trechsel fratrum*, 1533, in-8.
Un exemplaire en *mar. noir*, à compart. avec la devise et le nom de Grolier sur le dos : catal. Solar,
nº 322.

— DE OFFICIIS libri tres , Cato major, Lælius, Paradoxa, etc., ex optimis exemplaribus recensuit, selectisque variorum notis nonnullas etiam suas adjecit Th. Tooly. *Oxonii, e Th. sheldon.*, 1717, in-8.
Cette édit. n'a de valeur qu'en Gr. Pap. : 1 liv. 1 sh.
mar. Hibbert, en même prix Williams. Nous en dirons autant de celle du *De Officiis* avec les notes de
Zach. Pearce, *Londini*, 1745, in-8.

— DE OFFICIIS libri tres , ad fidem codd. mss. emendati (cur. J.-W. Huber). *Coloniæ (Basileæ), Mar-
tellus*, 1748, in-8.
Ce livre n'a en lui-même que fort peu de valeur ;
néanmoins un exemplaire annoncé C. M., et rel.
en *mar.*, a été vendu 72 fr. chez Courtois, sans
doute à cause de la note suivante, qui le recommandait : *Édition donnée par Huber de Bâle,
à ses frais, et dont il n'a été tiré que peu d'exemplaires.*

— DE OFFICIIS. *Lutetiæ-Parisior.*, *Barbou*, 1773,
in-32, 6 à 9 fr. quand le vol. est rel. en *mar.*

— De Officiis libri III : ad solam priscorum exemplarium fidem, recensuit, adjectisque J.-M. Heusingeri et suis adnotationibus, explicatiores editurus erat J.-F. Heusinger. *Brunsvigæ*, 1783, in-8. de plus de 800 pp. 6 à 9 fr. et plus en pap. fort.

Cette édition, publiée par Conrad Heusinger, après la mort de son père, est, au jugement des savants, un chef-d'œuvre de critique.

— De Officiis libri tres (edente H. Homer). *Londini, T. Payne*, 1791, in-12.

Jolie édition en pap. vél., mais d'un prix médiocre.

— De Officiis, de senectute, etc. *Parisiis, Didot natu major*, impensis A.-Aug. Renouard, 1796, in-4. pap. vél. 6 à 10 fr.

Tiré à 163 exemplaires, plus 4 en Gr. Pap. (22 fr. Renouard), et autant sur VÉLIN (100 fr. le même).

— De Officiis. Recensuit, et scholiis Jac. Facciolati suisque animad. instruxit Aug.-G. Gernhard. *Lipsiæ*, 1811, in-8. 6 fr., pap. fin, 8 fr.

— De Officiis libri, de senectute et de amicitia. *Londini, Pickering*, 1821, in-48 de 4 ff. et 155 pp. 5 sh.

Il y a 6 exempl. sur VÉLIN et 20 sur pap. de Chine.

— De Officiis libri tres, ad probatiss. quorumque exemplarium fidem emend. et cum comment. editi a C. Beier. *Lipsiæ*, 1820-21, 2 vol. in-8. 12 à 15 fr.

Bonne édition.

— De Officiis libri ad solam priscor. exemplarium fidem recensiti, adjectis Jo.-Mich. Heusingeri et suis adnott. explicatiores editurus erat Jac.-Frid. Heusinger; editionem a Conr. Heusingero, Jac.-Fred. filio, curatam repetivit suisque animadv. auxit Car. Timot. *Brunsvigæ*, 1838, in-8. 12 fr.

— De Fato, de legibus, liber ad Hortensium de disciplina militari, de finibus bonorum et malorum, de petitione consulatus et somnium Scipionis. (au recto du dernier f.) : *Quatuor opuscula... impressit Bononiæ Caligula Bazalerius : Regii autem alia septem opuscula impressa fuere non minori solertia......* Anno M. CCCC. XXXXVIIII (1499), in-fol. de 80 ff. en caract. rom.

Caligula Bazalerius annonce dans cette souscription qu'il avait déjà impr. à Regio sept autres opuscules. De ce nombre est le traité *De Natura deorum*, de 1498, in-fol. de 31 ff., et *De Divinatione*, 1499, in-fol. de 22 ff.

— Ciceronis Tusculanarum quæstionum libri V. — *Rome per Magr̃m Vlricum han de wienna Anno dñi M cccc lxviiii Die uero Prima mensis Aprilis*, gr. in-4. [3422]

Édition fort rare : 177 fr. Gaignat ; 230 fr. *mar. r.*, La Valliere ; 235 flor. Crevenna ; 22 liv. 1 sh. double de lord Spencer, en 1821.

Les PP. Laire et Audiffredi regardaient ce volume comme faisant la dernière partie d'un recueil de quelques ouvrages philosophiques de Cicéron, imprimés ensemble par *Ulric Han*, dans la même année, et avec les mêmes caractères. M. Dibdin, *Biblioth. spenc.*, est d'un autre avis, et l'édition lui paraît être une production séparée. Elle se compose de 69 ff. à 35 lig. par page, au verso du dernier desquels est impr. la souscription : *Finiti sunt Libri Tullii, etc.*

Pour l'édition de Paris, vers 1471, voyez ci-dessus, col. 15.

— Iidem libri. *Venetiis, per Nic. Jenson*, M. CCCC. LXXII, gr. in-4. de 85 ff. à 33 lig. par page.

Édition belle et rare : vend. 65 fr. Gaignat ; 174 fr. La Valliere ; 75 flor. Crevenna ; 6 liv. 10 sh. Pinelli ; 1 liv. 3 sh. Heber, et avec initiales peintes, et rel. en *mar. r.* 10 liv. 15 sh. Libri, en 1859.

Le volume commence par cet intitulé, imprimé en lettres capitales : *Marci Tullii Ciceronis tusculanarum quæstionum liber primus.*

La souscription que l'on trouve à la fin est aussi imprimée en capitales.

La biblioth. Magliabechi et celle du Musée britannique possèdent chacune un exempl. de cette édit. impr. sur VÉLIN, et il en existe deux autres.

L'édit. de Venise, *per Phil. quondam Petri*, 1480, pet. in-fol. de 66 ff. à 36 lig. par page, a été vend. 18 fr. La Valliere ; et celle de Venise, *per Joan. de Forlivio*, 1482, in-fol. de 70 ff. non chiffrés, 39 fr. en *mar. bl.* chez le même.

— M. T. C. Tusculanæ quæstiones. — *Venetiis, p. Ioannè. et Grego. de grego.* M. cccc ii, in-8. sig. a—p, caract. rom.

Édition peu connue (*Biblioth. grenvill.*, p. 150). On peut la réunir aux autres ouvrages philosophiques de Cicéron, exécutés en 1502 par le même imprimeur. Voy. ci-dessus *De Officiis*, etc.

— Tusculanarum quæstionum ad Marcum Brutum libri V. *Florentiæ, opera et impensâ Phil. Giuntæ, anno... D. VIII supra mille* (1508), *mense septembris*, in-8. de 97 ff.

Cette édition peu commune semble confirmer l'existence de cette édit. du *De Officiis* et autres traités philosoph. de Cicéron, impr. par le même Junte en 1508, laquelle est annoncée dans le catal. de Pinelli.

Les Tusculanes ont été réimpr. à Florence, chez Phil. Junta, en 1514, *mense octobri*, in-8. de 95 ff., plus le titre et 8 ff. d'index.

— Tusculanæ disputationes, cum commentario Davisii, Bentleii emendationibus, Lallemanni animadversionibus integris, reliquorum interpretum selectis. Ad Codd. mss. recens collatorum editionumque veterum fidem denuo recognovit aliorum ineditam suamque annotationem, excursus et indices adjecit Geo.-Henr. Moser. *Hanoveræ, Hahn*, 1836-37, 3 part. in-8. 6 thl. 8 gr.

— De Natura Deorum lib. III ; de divinatione lib. II ; de fato ; de legibus ; academic. quæstionum lib. secundus ; (Modestus) de disciplina militari, et M.-T. Ciceronis vita ex dictis Plutarchi breviter excerpta. *Venetiis, per Vindelinum de Spira*, 1471, gr. in-4. [3423]

Édition fort rare, vend. 176 fr. Gaignat ; 600 fr. La Valliere ; 14 liv. 3 sh. 6 d. Pinelli ; 201 fr. Mac-Carthy ; 13 liv. 13 sh. Sykes ; 14 liv. Hibbert ; 350 fr. *mar. r.* Giraud, et avec des notes marginales à la main, 6 liv. Libri, en 1859.

Ce volume, composé de 187 ff. en tout (à 34 lig. par page), dont les 151e et 152e sont tout blancs, commence par 4 ff. prélim., qui contiennent la vie de Cicéron, extraite de Plutarque, et 25 vers latins de Severus Cornelius, avec la date M. CCCC. LXXI. On lit au verso du dernier f. 6 vers latins, précédés de cet intitulé :

Raphael Iouenzonius Ister. p. Aluiso Donato Patric. Ven. D. D.

— De Natura deorum libri tres, ad librorum manuscriptor. partim nondum adhibitorum fidem recensuit et emendavit Lud.-Frid. Heindorf. *Lipsiæ*, 1815, in-8.

Fort bonne édit. : 9 fr. Il y a du pap. vélin : 15 fr.

— Libri tres de natura deorum, ex recens. Ernesti et cum omnium eruditorum notis, quas J. Davisii editio ultima habet ; acced. apparatus criticus ex XX amplius codd. mss. digestus a G.-H. Mosero ; notas crit. Wyttenbachii suasque animadversiones adjecit Fr. Creuzer. *Lipsiæ*, 1818, in-8. 12 fr.

— DE NATURA deorum liber quartus : e pervetusto cod. ms. membr. nunc primum edidit P. Seraphinus. *Bononiæ*, 1811 (*Berolini, Dümmler*), in-8. de VIII et 100 pp. 2 fr.

Ouvrage supposé dont on ne connaît pas bien exactement le véritable nom de l'auteur. Ce pastiche a été réimpr. à Londres, en 1813.

— DE DIVINATIONE et de fato libri, cum omnium eruditorum adnotationibus quas Joan. Davisii editio ultima habet ; textum denuo ad fidem complurium codd. mss., editionum vett. aliorumque adjumentorum recognovit, Frid. Creuzeri et Caroli Philippi Kaiseri suasque animadversiones addidit G.-Henr. Moser. *Francofurti ad Mænum, Broenner*, 1828, in-8. de xxvj et 770 pp. 18 fr. et plus en pap. vél.

Cette édition se recommande par la pureté du texte, par un très-grand nombre de notes philologiques et historiques, et par le soin qu'on a pris d'y rassembler toutes les variantes, dont plusieurs n'étaient pas encore connues. Les courtes et savantes remarques dont M. Creuzer l'a enrichie contiennent des rapprochements utiles à quiconque voudra faire une étude sérieuse et profonde de ces deux ouvrages de Cicéron. (*Journal des Savans*, 1828, p. 703.)

— Cicero DE AMICITIA, de senectute ; somnium Scipionis. (*absque nota*), in-fol. [3425]

Édition fort rare, que M. Dibdin, *Biblioth. spencer.*, tome I, page 375, attribue à Ulric Zell ; elle commence ainsi :

Uinⱼus mutius augur

et finit au recto du 33e f. (ou 4e f. du dernier traité) par cette ligne :

M. T. C. *de Somno Scipionis Liber feliciter Explicit* ∴

Les pages entières ont 32 lignes, mais la première n'en a que 30.

— De amicitia et paradoxa. (*absque nota*), pet. in-4. caract. goth. d'Ulric Zell.

Le texte du traité *De Amicitia*, sans aucun intitulé ou sommaire, est au commencement du volume ; il finit à la 11e ligne du 26e f. verso, de cette manière : *Finit liber Ciceronis de amicicia* ; suivent trois ff. contenant les vers des XII sages ; les *Paradoxa* occupent 13 ff., mais cette partie n'est pas toujours jointe au traité *De Amicitia*. Le texte dont les pages entières ont 25 lignes, finit à la 12e ligne du dernier f. verso, et finit ainsi :

Inopes, ac pauperes estimandi sunt.
Marci Tulii Ciceronis
Paradoxa explicit.

Vend. 140 fr. (sans les *Paradoxa*) d'Ourches.

L'exemplaire décrit dans les *Ædes althorp.*, II, n° 1088, paraît être d'une autre édit. que celle-ci ; le traité *De Amicitia* n'y a que 25 ff., quoique d'ailleurs le nombre des lignes des pages soit le même.

— CICERONIS de Amicitia dialogus, ex recens. J.-G. Grævii. *Parisiis, Bauche*, 1750, in-32, avec une fig. 3 à 6 fr.

Il y a quelques exempl. de ce volume tirés en encre rouge.

L'édition de *Barbou*, 1771, in-32, a le même prix.

— DE AMICITIA, mit einem Commentar zum Privatgebrauche für reifere Gymnasialschüler und angehende Philologen bearb. von Moritz Seyffert. *Brandenburg, Müller*, 1844-45, in-8., 10 fr.

— M. Tulii (*sic*) Ciceronis ad D. Brutum paradoxa incipiunt.(au verso du dernier f.) : *Laus deo atqꝫ virg. glor. Marie*, in-fol. de 34 ff. à 35 lig.

Édition sans chiffres, récl. ni signat., impr. en carac-

tères ronds, soit par Eust. Gallus, soit par Henri de Colonia, à Brescia, avant 1480. Le premier f. est blanc, le verso du second commence par le sommaire rapporté ci-dessus ; au verso du 8e commence le traité *De Amicitia* ; au verso du 21e le *Cato major*, au verso du 31e le *Somnium Scipionis* (Lechi, *Tipografía bresc.*, p. 77, n° 18).

CICERONIS Paradoxa ; ad codd. mss. fidem recognovit, prolegomena, annotationem veterum et recentiorum suamque adjecit G.-H. Moser. *Gottingæ, Dieterich*, 1846, in-8. : 7 fr.

—Incipit Tullius DE SENECTUTE, in-4. goth. [3426]

Volume de 24 ff., ayant 26 lig. à la page, caractères d'Ulric Zell.On lit au recto du dernier f. : *Explicit Tullius de senectute*. Vend. 39 flor. Rover ; 126 fr. de Servais ; 120 fr. d'Ourches.

Il existe deux éditions de ce même traité impr. sans date par Ulric Zell, l'une et l'autre de 24 ff. ; la prem. a 27 lig. par page et finit après la 10e lig. du 24e f. verso ; l'autre n'a que 26 lig. par page et se termine à la 8e ligne du 24e f. recto.

— Incipit Tullius de Senectute. (*Absque loci, anni et typographi indicatione*), pet. in-4. goth.

Édition sans chiffr., récl. ni signat., composée de 22 ff., et dont les pag. entières ont 27 lig. ; les caract. paraissent être ceux avec lesquels Jean Weldener a impr., vers 1475, *Consolatio peccatorum Jacobi de Theramo* (voy. ce nom). 72 fr. mar. r. d'Ourches.

On connaît une autre édit. du même traité, également sans lieu ni date, pet. in-4. goth. de 24 ff. non chiffrés, à 26 lig. par page, impr. avec les caractères de Conrad de Homborch, à Cologne, vers 1475.

— CATO MAJOR, seu de senectute. *Lutetiæ-Parisior., Barbou*, 1758, in-32, portr. de Cicéron par Ficquet. 4 à 6 fr.

— DE SENECTUTE et Paradoxa. Recensuit et scholiis Jac. Facciolati, suisque animad. instruxit Aug.-Gott. Gernhard. *Lipsiæ*, 1819, in-8., 7 fr.

— CATO MAJOR seu de senectute dialogus ; ad codd. mss. magnam partem nunc primum collat. et editionum fidem recensuit, var. lectt. omnes enotavit et selectis Gernhardi aliorumque adnott. addidit suas Frid.-Guil. Otto ; accedunt duo excursus, etc. *Lipsiæ*, 1830, in-8. 5 fr. ; pap. fin, 7 fr.

— Græca Theodori Gazæ traductio in Ciceronis de senectute dialogum ; ejusdem versio in somnium Scipionis. *Lutetiæ, apud Sim. Colinæum*, 1523, in-12.

Ce petit livre est devenu fort rare.

— ACADEMICA sive academicorum veterum disputationes de natura et imperio cognitionis humanæ emendata... acc. rerum imprimis rationis habita illustrata studio Frid. Hülsemanni. *Magdeburgi*, 1806, in-8. 8 fr. ; pap. fin, 9 fr.

— ACADEMICORUM libri duo, et de Finibus bonorum libri V. cum integra var. Victor., Lambin., Davis., Lallemand, Ernest., Bremi., Goerenz., et Schueltziana reliquæque accurato delectu edidit Joa.-Casp. Orellius : acced. Aur. Augustini adversus academicos libri III ; Petri Valeriani Camers, Durandi curæ posteriores ineditæ ; Morelii adnotationes criticæ in libris de Finibus. *Turici*, 1817, in-8., 6 fr.

— M.-T. Ciceronis DE FINIBUS bonorū et malorū (libri V) liber primus incipit feliciter, in-4. goth. [3427]

Ancienne édition, sans chiffres, signat. ni récl.; à longues lig., au nombre de 27 à la page, caractères d'Ulric Zell. Il y a au bas du 119e et dern. f. recto.

M. Tulij Ciceronis de finibus bonorū ⁊ malorum liber quintus desinit.

Panzer et Dibdin n'indiquent que 117 ff.; mais nous en avons compté 119, plus un f. blanc dans l'exemplaire que nous avons eu sous les yeux. Vend. 600 fr. La Valliere; 168 fr. (exempl. médiocre) de Servais; 250 fr. d'Ourches; 12 liv. 12 sh. Sykes, et 5 liv. Heber; 350 fr. Renouard.

— De finibus bonorum et malorum lib. V. — *Venetiis*, M.CCCC.LXXI... *Joanne ex Colonia agrippinensi ministrante..... impressum*, gr. in-4. de 89 ff. non chiffr. à 32 lig. par page.

Vend. 120 fr. Gaignat; 250 fr. La Valliere et Brienne-Laire; 6 liv. 15 sh. Pinelli; 14 liv. Sykes: 7 liv. 15 sh. Hibbert.

On trouve en tête du vol. 2 ff. qui contiennent une épître dédicat., intitulée : *Georgius Alexandrinus Ludovico Fuscareno, etc.* La souscription est placée au recto du dernier f. Indépendamment des 89 ff. impr. il y en a quatre restés en blanc, savoir : le 1er, le 40e et les deux derniers.

— De finibus bonorum et malorum. (in fine) : *Impressum per Philippum condam petri venetiis*, M. CCCC. LXXXV *die* VI *nouembris*, pet. in-fol. de 77 ff. non chiffrés, à 36 lig. par page.

— DE FINIBUS bonorum et malorum lib. V. Recensuit et enarravit J.-N. Madvigius. *Hauniæ*, 1838, in-8. Très-bonne édition, 12 fr.

— DE REPUBLICA quæ supersunt, edente Angelo Maio. *Romæ, Bourlié*, 1822, in-8. fig. 18 fr. [3923]

Première édition de ces fragments. Il y en a des exempl. en pet. et en Gr. Pap.; d'autres de format in-4. et même de format in-fol. Un de ces derniers, 3 liv. 3 sh. *m. r.* Hibbert. Il a paru simultanément en 1823 plusieurs réimpressions de cet ouvrage, parmi lesquelles on distingue celle de *Paris, Renouard* (*impr. de Crapelet*), in-8. 5 fr. en Gr. Pap. vél. 12 fr. Il y en a deux exempl. impr. sur VÉLIN. Mais toutes ces édit. ont été effacées par celle dont le titre suit.

DE REPUBLICA libri ab Ang. Maio nuper reperti et editi, cum ejusdem præfatione et commentariis, textum denuo recognovit, fragmenta pridem cognita, et somnium Scipionis ad codd. mss. et edd. vett. fidem correxit, versionem Somnii græcam emendatius edidit, et indices auxit Georg.-Henr. Moser : accedit Frid. Creuzeri adnotatio; cum specimine codicis Vaticani palempsesti lithographo. *Francof. ad Mœn., Broenner*, 1826, in-8. 12 fr. Pap. vél. 20 fr.

— LIBRORUM de republica, quantum superest in palimpsesto biblioth. Vatic. præcipue repertum ord. et prolegomenis scholiisque illustr., edidit Ang. Majo. *Romæ*, 1846, in-8.

— DE REPUBLICA librorum fragmenta recensuit et adnotationibus criticis instruxit Fr. Osann. *Gottingæ*, 1847, in-8. 10 fr.

— Cicero DE LEGIBUS. (*absque nota*), in-fol. [2331]

Ancienne édition impr. en caract. romains, sans chiffr., récl. ni signat.; vend. 12 liv. 12 sh. Askew.

Les lettres *a* et *g*, d'une forme singulière, et le *que* abrégé que l'on remarque dans cette édition ont tant de conformité avec les mêmes lettres employées dans la première édition d'Horace, qu'il y a grande apparence que les deux ouvrages sont sortis de la même presse. Cependant la comte Spencer pensait que ce traité *De Legibus* était une partie séparée du recueil : *Officia, Paradoxa, etc.*, in-fol. à 36 lig. par page, que nous avons décrit ci-dessus, col. 19.

— DE LEGIBUS libri tres, cum Adriani Turnebi commentario ejusdemque apologia et omnium erudi-

torum notis quas Joan. Davisii editio ultima habet : textum denuo rencensuit suasque animadversiones adjecit Geor.-Henr. Moser : accedunt copiæ criticæ ex codd. mss. nondum antea collatis, itemque annotationęs ineditæ P. Victorii, L.-G. Grævii, D. Wyttenbachii, et aliorum : ap aratum codicum et ineditorum congessit suasque notas addidit Fridericus Creuzer. *Francof. ad Mœnum, e typographeo borniano*, 1824, in-8. de xxxij et 798 pp. 12 fr. — Pap. vél. 18 fr.

Bonne édition avec une préface de M. Creuzer, et une planche représentant le territoire d'Arpino.

— DE LEGIBUS. Recensuit, varietate lectionis et annotatione instruxit Joh. Bakius. *Lugd.-Batavor., Luchtmans*, 1842, in-8.

III. — OUVRAGES SUR LA RHÉTORIQUE.

— M.-T. Ciceronis de Oratore ad Quintum fratrem libri III, cum commentario Omniboni Leoniceni; ejusdem Ciceronis de perfecto oratore ad Brutum liber, Topica ad Trebatium, Partitiones oratoriæ, de Claris oratoribus, de Petitione consulatus, et de optimo genere oratorum. Orationes Æschinis et Demosthenis pro Ctesiphonte, ex versione Leonardi aretini. *Universi operis finis per Bartholomeum Alexandrinũ : & Andreã Asulanũ impressi Venetiis, Anno... MCCCCLXXXV. III nonas martias,* in-fol. de 211 ff.

Ce recueil, qui a eu pour éditeur Eronymus Squarzaficus, est amplement décrit par Hain, n° 5107. Il a été vendu 9 flor. 5 sh. Crevenna.

— RHETORICORUM ad Herennium lib. IIII, de inventione lib. II; de oratore lib. III; de claris oratoribus lib. I; orator ad Brutum, Topica; oratoriæ Partitiones, de optimo genere oratorum præfatio quædam. *Venetiis, in ædib. Aldi et Andreæ soceri*, 1514, pet. in-4.

245 ff. chiffrés; de plus, au commencement, 6 ff. non chiffrés, et à la fin, 3 ff. qui contiennent les errata et l'ancre : 10 sh. Pinelli; 9 flor. 50 c. Röver; 1 liv. Butler.

Réimpr. en 1522 (bon exempl. 21 fr. Bearzi) et 1533 de même format, et *apud Aldi filios*, 1546, in-8., volume qui complète les œuvres de Cicéron, édit. aldine, de 1540-41, voy. ci-dessus col. 7. Un exemplaire en Gr. Pap. ayant 20 centim. de hauteur, 265 fr. Custabili; 29 liv. Libri en 1859.

M. Van Praet indique un exemplaire de l'édition de 1514, impr. sur VÉLIN, et un exemplaire également sur VÉLIN, de l'édition aldine du même recueil, 1554, 2 vol. in-8.

— Libri oratorii. *Florentiæ, Phil. Junta,* 1514, *mense octobri*, pet. in-8. de 8 ff. prélim. (dont 2 bl.), 249 ff. de texte et 4 ff. à la fin.

Vend. 8 sh. *mar.* Heber; un exempl. impr. sur VÉLIN, 455 fr. Mac-Carthy.

A ce recueil des *Libri oratorii* doit être joint le vol. intitulé : *Utraque Ciceronis rhetorica*, imprimé chez Phil. Junta, en 1515, pet. in-8. de 11 et 136 ff., et qui est une réimpression de l'édition sortie des mêmes presses en 1508. Voy. ci-après, col. 30.

— Ciceronis omnes qui ad artem oratoriam pertinent libri, cum interpr. et notis Jac. Proust, ad usum Delphini. *Parisiis, vidua Cl. Thiboust*, 1687, 2 vol. in-4. 15 à 20˙ fr. [12033]

— Editio altera. *Oxonii, e typogr. clarend.*, 1714-18, 3 vol. in-8. 20 à 24 fr.

Ces trois volumes, qui renferment le *De Oratore*, le *De claris oratoribus* (déjà cité à l'article du Cicéron *Variorum*), et *Rhetorica ad Herennium*, se trouvent difficilement. Les exemplaires en Gr. Pap. en sont rares. Vend. 64 fr. m. bl. Chateaugiron; 3 liv. 16 sh. Drury; 5 liv. 5 sh. Williams.

— OPERA RHETORICA, recensuit et illustravit Ch.-Guil. Schütz. *Lipsiæ*, 1804-8, 6 part. 3 vol. in-8. 18 à 24 fr.

Il y a des exemplaires en papier vélin.

— RHETORICORUM lib. IV, et de inventione lib. II (ex recens. Omniboni Leoniceni). (*Venet., Nic. Jenson*), 1470, très-gr. in-4. de 138 ff. non chiffr., à 30 lig. par page. [12034]

Édition belle et rare: vend. 100 flor. Crevenna; 18 liv. 18 sh. Willett; 160 fr. (piqué de vers) en 1822; 2 liv. 7 sh. Heber; 69 fr. Boutourlin; 120 fr. mar. r. Cailhava, 130 fr. Salmon; et sur VÉLIN, 415 fr. Gaignat; 1100 fr. La Valliere.

Le volume commence, sans intitulé, par le texte de Cicéron, de cette manière : (E) *TSI Negociis familiaribus impediti*. On lit à la fin, au recto du 138ᵉ et dernier feuillet, les vers :

> *Emendata manu sunt, etc.*,

suivis de la souscription, en capitales : *Marci Tullii Ciceronis oratoris clarissimi Rhetoricorum veterum liber ultimus feliciter explicit.*

> M. CCCC. LXX.

(Le catalogue de M. Van Praet en a indiqué six exempl. impr. sur VÉLIN.)

-- Rhetorica vetus et nova, 1475, 2 tom. en 1 vol. gr. in-4. de 111 ff. à 32 lig. par page.

Édition sans chiffres ni réclames, mais avec des signatures. Les caractères sont les mêmes que ceux d'une autre édition des deux mêmes ouvrages, impr. à Venise *per Philippum Condam Petri*, en 1479, in-fol. de 95 ff. à 36 lig. par page, et qui a été vend. 1 liv. 11 sh. 6 d. chez Pinelli.

La première partie de l'édition de 1475 a 57 ff., au recto du dernier desquels se lisent les deux vers : *Emendata manu sunt...* la souscription et la date. La seconde partie (de 54 ff.) ne porte point de date, et se termine au verso du dernier feuillet par cette ligne :

> *Herennium liber Vltimus finit.*

La Biblioth. impér. possède un exemplaire de ce livre impr. sur VÉLIN.

Panzer cite cette même édition de deux manières, tome III, p. 107, et tome IV, p. 12. Le même bibliographe, tome IV, p. 14, nous fait connaître une autre édition des deux mêmes traités de Cicéron, impr. en 1476, in-fol. de 66 ff. (ou 67 selon Hain), à 45 lig. par page, avec des signatures de *a—l*. On lit aussi à la fin de la première partie les deux vers *Emendata manu sunt...* ainsi que la date.

— Rhetorica Tvllii. M. T. Ciceronis... Rhetorices libri quattuor (*sic*) ad C. Herenniũ. incipiunt fœliciter. ac eiusdem Ciceronis de inuentione libri duo ab omni mẽdo terse e nitide castigati. (*absque nota*), pet. in-8. avec un lis rouge sur le titre.

— Rhetoricorum commentarii in Hermagoram, et ad Herennium. *Florentiæ, Phil. Giunta*, 1508, in-8. de 72 et 76 ff.

Ph. Junta a réimpr. ce vol. en 1515. (Voir ci-dessus, col. 28.)

— Ciceronis utraque rhetorica hoc volumine clauduntur. — *Alex. Paganinus, mense octob.* M.DXXI, in-32.

Édition imprimée avec les mêmes caractères ital. que Paganini a employés dans plusieurs autres petits volumes publiés par lui à Toscolano, etc.

— RHETORICA ad Herennium et de inventione. *Venetiis, ex unitorum societate*, 1585, in-8.

Édition rare et qui appartient à la collection aldine : 1 liv. 6 sh. mar. Butler.

— Ciceronis vel incerti auctoris rhetorica ad Herennium lib. IV. Ciceronis rhetoricorum seu de inventione rhetorica libri II ; cum Oudendorpii, Lambini, Ursini, M. Bruti, Gruteri, Gronovii, Grævii, P. Burmanni sec. aliorumque et suis notis edidit Fried. Lindemann. *Lipsiæ, Hinrichs*, 1828, in-8., 6 à 8 fr.

Réimpression augmentée de l'édition de Leyde, 1761, in-8., qui fait partie des œuvres de Cicéron cum notis variorum. (Voy. ci-dessus, col. 10.) Il y a des exemplaires en papier collé et en papier de Hollande.

— Artis rhetoricæ ad Herennium liber primus (libri IV). — *Impressus quoque est hic..... Romæ, per me Vuendellinum de Vuila...* M. CCCC. LXXIIII, pet. in-fol. de 50 ff. non chiffr., à 34 lig. par page.

Vend. 151 fr. La Valliere, et 6 liv. 6 sh. Pinelli.

M. Dibdin (*Bibliotheca spenceriana*) donne 51 ff. à ce volume rare.

— Rhetorica ad Herennium. *Mediolani, per Ant. Zarotum*, 1474, *die 12 mensis augusti*, pet. in-fol. de 52 ff. non chiff. à 33 lig. par page, plus un f. bl. au commencement et un autre à la fin.

Vend. 1 liv. 5 sh. Pinelli; 1 liv. 2 sh. Heber; 60 fr. m. r. Libri.

Denis indique une édition de *Naples, Arnoldus de Bruxella*, 1472, in-fol., dont l'existence n'est pas encore bien constatée.

— Rhetorica ad Herennium. (*Neapoli, absque anno*) *Sixtus Riessinger*, gr. in-4. de 51 ff. non chiffr., à 36 lig. par page.

Édition en lettres rondes, semblables à celles qu'a employées Riessinger en 1471, dans le *Bartholi lectura super codice*, in-fol. (Biblioth. impér.)

Les noms *Sixtus Riessienger* sont impr. en gros caractères gothiques, au verso du dernier feuillet.

— Editio altera. (*absque nota*), pet. in-4. goth.

Édition très-rare, qui, selon Panzer, tome IX, page 320, appartient au premier temps de l'imprimerie. Le volume, composé de 60 ff., est imprimé sans chiffres, réclames ni signatures. Il commence, sans intitulé, au recto du prêmier f., par ces mots du texte : (e) *Tsi negotiis familiaribus, etc.*, et finit au dernier f. recto, par ces mots en deux lignes :

> MARCI T. C. *Oratoris Clarissimi ad Herē|nium Rhetoricorṃ novoꝝ Liber vltimus felicĩꞇ Explicit.*

Je crois que cette édition est celle que Van Praet a décrite à la page 180 de son Catalogue in-fol., et dont les pages portent 28 lignes, à l'exception de la dernière (recto), qui n'en a que 24. On y remarque des réclames placées perpendiculairement à la fin de chaque cahier, en lettres goth. du même genre que celles qu'employait Zarot en 1474. Il est possible que Panzer ne les ait pas aperçues.

Une ancienne édition in-fol. goth. sans indication, avec des signatures (de a—g), et dont les deux derniers ff. contiennent deux lettres d'Æneas Silvius, a été vend. 5 liv. 10 sh. Pinelli; elle renferme en tout 51 ff., et elle a 34 lignes sur les pages entières. (*Biblioth. spencer.*, I, 253.)

— Ciceronis oratoris clarissimi linguæ latinæ facile principis Rhetorices libri quatuor (curante Nic. Chappusoto). — *Impressum est hoc opus Parrhisiis per Guillermum Rubeum expensis honesti viri Dionisii Roce*, 1512, pet. in-8.

Édition imprimée avec ce caractère italique d'une forme singulière qui a fait remarquer le Lucain donné également en 1512, par le même Le Rouge.

— CORNIFICI rhetoricorum ad C. Herennium libri IV. Recensuit et interpr. est C.-L. Kaiser. *Lipsiæ*, 1854, in-8. 10 fr.

Même ouvrage que le précédent, mais donné ici sous le nom de *Cornificus*.

— Rhetorica nova. — *Andegavi, Joan. de Turre et Morelli*, 1476, pet. in-4.

Édition très-rare, qui a l'avantage d'être le plus ancien livre imprimé à Angers, avec date, que l'on connaisse. Le volume est en lettres rondes, sans chiffres, réclames, ni signatures, et il commence par cet intitulé en capitales : *Incipit Rhetorica, nova Marci Tullii Ciceronis*. A la fin on lit : *Anno incarnacionis domini* M.CCCC.LXX VI *die quita mensis febroarii fuit hoc opus completum andegaui, per Jo. de turre atq3 morelli impressores.* (M.)

Nous citerons encore les éditions suivantes de la *Rhetorica nova* :

CICERONIS rethorica (sic) noua *Napoli impressa. Per mgfm Mathiam Moravum...* (absque anno), in-fol. avec des signatures de a—h par 8 (le dernier cah. en 6 ff.); décrit dans la *Biblioth. spencer.*, VII, n° 58.

— *Papiæ, per Jac. de Sancto Petro*, 1477, in-fol.

— *Parisiis, in vico S. Jacobi, juxta domum prædicatorum*, 1477, *quarto Kal. nov.*, in-fol. Vend. 79 fr. en 1825.

— *Parisiis, in intersignio follis viridis*, 1478, *quarto kal. januarii*, in-fol.

— Ciceronis de ORATORE libri III. (*absque nota*), gr. in-4. [12036]

Cette édition, très-rare, et regardée comme la première de ce traité, a été exécutée avec les mêmes caractères qui ont servi à l'impression du Lactance, sorti des presses de Sweynheym et Pannartz, dans le monastère de Subbiaco, en 1465.

Le volume impr. à longues lig., au nombre de 30 sur les pages entières, consiste en 108 ff. impr. dont le premier commence ainsi :

(C)OGITANTI MIHI SEPENVME (sic)

et le dernier finit par cette ligne :

tionis animos nostros curāq3 laxemus.

ET SIC FINIS.

Vend. 116 fr. Gaignat; 603 fr. La Valliere; 320 flor. Crevenna; 53 flor. (gâté) Rover.

— De oratore libri III, ad Q. fratrem.

Romæ, per Ulricum Han de Wieña, 1468, gr. in-4. de 91 ff. non chiffrés, à 36 lig. par page.

Vend. 101 fr. Gaignat; 27 liv. 6 sh. vente des doubles de lord Spencer, en 1821; 375 fr. Bearzi; 12 liv. 12 sh. Libri, en 1859.

Le volume commence par ces mots :

(C)OGITANTI MIHI SEPE NU-

et finit par la souscription :

FINITI ET CŌTINUATI SUNT SUPRA DICTI LIBRI M. T. C. ROME PER ME ULRICUM. HAN. DE WIÈNA, etc.

— Ciceronis ad Q. fratrem de oratore libri III; Brutus, sive de claris oratoribus; ad M. Brutum orator. *Anno xp̄i* M. CCCC. *lxix. die uero. xii. mensis Ianuarii. Rome in domo..... Petri de Maximo*, gr. in-4.

Vend. 93 fr. Gaignat; 730 Brienne.

Le volume commence par le texte, et finit par la souscription. Il a 187 ff. en tout, dont 109 pour le premier traité, à 32 lig. par page. Ce premier traité, qui ne porte pas de date, a été vendu séparément 116 fr. *mar. r.* Libri. La seconde partie donne la première édition du *Brutus*.

— De oratore libri III. (*absque nota*), pet. in-fol. ou gr. in-4. de 108 ff. à 32 lig. par page.

Édition sans aucune indication, mais exécutée avec les caract. dont Vindelin de Spire se servait à Venise, en 1470, pour l'impression de *la Cité de Dieu*. Vend. 9 liv. 9 sh. Pinelli; 5 liv. 15 sh. 6 d. Sykes.

Voici le commencement de ce volume rare :

M. T. Ciceronis ad Quintum fratrem in libros de oratore prefatio incipit foeliciter.

(C)OGITANTI MIHI SAE-
pe numero...

Il y avait dans la Biblioth. de Gaignat un exemplaire de cette même édition, sans date, à la fin duquel se trouvait un fragment des *Opera philosophica* (*Cato major* et *somnium Scipionis*), de l'édition de Venise, par Vindelin de Spire, 1470; et c'est ce qui a fait annoncer, dans le catal. de cet amateur, n°1468, une édition du *De Oratore, etc., per Vindelinum Spirensem*, 1470. Cet exempl., acheté 67 fr. Gaignat, a été revendu 272 fr. Mac-Carthy; 250 fr. Libri en 1847.

Panzer, tome IV, p. 470, indique du même traité *De Oratore*, une édition in-4. de 109 ff. commençant comme celle-ci. C'est peut-être la même édition annoncée de deux manières.

— De oratore lib. III. *Venetiis, Christoph. Valdarfer*, 1470, in-fol. de 72 ff. non chiffrés, à 40 lig. par page.

Première production des presses de Valdarfer, lequel, en 1474, les transporta à Milan. Vend. 116 fr. Brienne-Laire, mais susceptible d'un plus haut prix, car c'est un livre fort rare.

On lit à la fin, sur le 72e et dernier f., la date ANNO. DO. M. CCCC. LXX, suivie d'une souscription de 6 vers, commençant ainsi :

Si quem oratoris perfecti...

La *Biblioth. spencer.* n'indique que 71 ff.

Un exempl. imprimé sur VÉLIN, le seul que l'on connaisse, a passé du comte de Golowkin au prince Mich. Galitzin, qui est mort en 1859.

— De oratore. (*absque nota*), pet. in-fol.

de 76 ff. non chiffrés, à 36 lig. par page (Bibliothèque impériale).

Édition impr. en jolis caract. ronds, qui sont les mêmes que ceux du Philocolo de Bocace, Naples, 1478, par Sixte Riessinger. Les sommaires sont en grosses lettres gothiques.

Citons encore l'édition de Milan, *impensis Phil. Lavagniæ*, 1477, in-fol. de 91 ff. à 36 lig. par page, et celle de Venise, Andreas Catharensis, 1478, in-fol.

— Commentarii Omniboni Leoniceni in Ciceronis oratorem. *Vicentiæ, anno Salvatoris* 1476, in-fol. [12037]

Ce volume a dû signat. de A—U : vend. en *mar. r.* 39 fr. La Vallière ; 15 flor. Crevenna.

— De oratore libri III, Jac.-Lod. Strebæi comment. illustrati. *Paris., Vascosanus,* 1540, pet. in-fol.

Un exempl. en *m. viol. doublé de m. citr. dent. t. r.* a été vend. 60 fr. La Vallière, à cause de sa belle condition : autrement cette édition n'a point de valeur, quoique le commentaire qu'elle donne soit fort estimé. Vascosan l'a réimprimée en 1557.

— DE ORATORE libri III, ex recens. Th. Cockman. *Oxonii, e Theatro sheld.*, 1696, in-8.

Édition peu estimée en elle-même, mais dont il y a du Gr. Pap. Vend. 30 fr. *m. bl.* F. Didot ; 1 liv. 7 sh. Williams.

— AD QUINTUM fratrem dialogi III de oratore, ex recens. Zach. Pearce. *Cantabr.*, 1732, in-8. 3 à 4 fr.

Vend. en Gr. Pap. 60 fr. Mac-Carthy ; 1 liv. 19 sh. Williams.

Ce traité a été réimpr. à Londres, en 1746, in-8. avec quelques augmentations dans les notes, et c'est sur cette dernière édit. qu'a été faite celle de 1771, que nous citons à l'art. du Cicéron *Variorum*, col. 10.

— IIDEM dialogi, cum integris notis Zach. Pearce, edidit et aliorum interpretum animadversiones excerpsit suasque adjecit Christ. Harles. *Gottingæ*, 1816, in-8. 8 à 10 fr. — Pap. vél. 15 fr.

— DE ORATORE libri tres, ex editione Jo.-Aug. Ernesti, cum notis variorum. *Oxonii, e typogr. clarend.*, 1809, in-8.

Volume dont il y a du Gr. Pap.

— DE ORATORE, cum integris notis Zach. Pearce edidit et aliorum interpretum animadversiones exc. suasque adjecit G.-Chr. Harles. *Lipsiæ*, 1816, in-8. 6 fr., et plus en pap. fort ou en pap. vél.

— DE ORATORE, recensuit illustr. aliorum suasque animadversiones adjecit O. M. Muller. *Lipsiæ et Zullich.*, 1819, in-8. 5 fr.

— DE ORATORE libri tres, recensuit, emendavit, interpr. est Fr. Ellendt. *Regiomontani*, 1840, 2 vol. in-8. 20 fr.

— De claris oratoribus, et Leonardi Aretini in libros morales Aristotelis ysagogicum. *Lovanii, per Johannem de Westphalia*, 1475, in-fol.

Édition citée par Wisser d'après la Biblioth. harleiana, tome I, n° 5045.

— DE CLARIS ORATORIBUS, Oratoriæ Partitiones et Topica, curante Stewart. *Edinburgi*, 1812, in-8. 4 sh., et plus en Gr. Pap. [12039]

— DE CLARIS ORATORIBUS liber qui dicitur, cum notis J.-A. Ernesti aliorumque interpretum selectis edidit suasque adjecit Fr. Ellendt. Præf. est succincta eloquentiæ romanæ historia. *Regiomonti*, 1826, in-8. 5 fr., et plus en pap. fort ou en pap. vélin.

Pour l'édit. d'Oxford, 1716, voy. ci-dessus col. 9.

— ORATOR. Recensuit et illustravit Fr. Goeller. Acc. discrepantia scriptionis in editione romana princ. et tribus mss. Guelferb. *Lipsiæ*, 1838, in-8. 9 fr.

— Marci. Tullii. Ciceronis de ptitionibus

oratoriis ad Ciceronem filium liber. (in fine) : *Anno Domino Mcccclxxii.. Ecce finis partitionum oratoriarum : quas Gabriel fontana placentinus non indiligenter recognouit*, in-4. de 27 ff. non chiffrés, à 26 lig. par page. [12038]

On prétend que les caractères de cette édition rarissime sont ceux de Zarót, dans l'imprimerie duquel Fontana, éditeur de ce traité de Cicéron, paraît avoir eu un intérêt. Maittaire a décrit un exemplaire de cet opuscule auquel se trouvait jointe par hasard l'édition des *Topica*, dont nous allons parler, mais qui est impr. avec un autre caractère que les *Partitiones*. De ce dernier traité il existe une édition, sans lieu ni date, d'environ l'an 1475. C'est un pet. in-fol. de 17 ff. à 30 lig. par page, avec des signat., et impr. en caract. ronds et d'une belle forme.

La plus ancienne édition que l'on connaisse des *Topica* est un pet. in-4. de 20 ff. non chiffrés, à 25 lig. par page, impr. en beaux caract. ronds, mais sans date, et sans indication, soit de lieu, soit d'imprimeur. En voici le commencement et la fin :

Incipit Præfatio Ciceronis (sic) *In Librum Topicorum.*

E xplicit Liber Topicorum Ciceronis.

Les autres anciennes éditions de ces deux traités n'ont point de valeur.

— Liber de ꝓprietatibus terminoꝝ Ciceronis juxta ordinē alphabeti compendiose editus. in-4.

Édition sans lieu ni date, mais impr. avec les caractères d'*Ulric Zel*. Elle se compose de 32 ff. en tout, sans chiffres, réclames ni signatures, et les pages entières portent 27 lignes.

Une édition d'Augsbourg, *per Ant. Sorg*, 1488, in-4. de 35 ff. à 30 lig. par page, annoncée faussement comme la première de ce traité attribué à Cicéron, a été vend. 6 liv. 6 sh. Roscoe, mais elle n'a pas, à beaucoup près, cette valeur.

Hain (n° 5345 et suiv.) indique plusieurs autres éditions anciennes de ce traité, lesquelles n'ont qu'un prix fort médiocre. Il y en a une, pet. in-4. de 48 ff. en caractères romains, sous ce titre :

De Verborum copia et elegantia libri II, et avec cette souscription à la fin : *Impressum Romæ per... Eucharium Silber, alias Franck. Anno Domini* M.CCCC.LXXXVII, *Quinto Idus Iulii*, et une autre édit. donnée par le même impr. *du* XXI *Martii...* M.CCCC.XCI. pet. in-4. de 46 ff.

— QUÆ vulgo feruntur Synonyma ad L. Veturium, secundum editionem romanam denuo excudi curavit G.-L. Mahne. *Lugduni-Batavor.*, 1850, in-8. 5 fr.

IV. — DISCOURS.

— Ciceronis ORATIONES. *Venetiis, Christoph. Valdarfer*, 1471, in-fol. de 275 ff. non chiffrés, à 40 lig. par page. [12128]

Cette belle édition, qui est peut-être tout aussi ancienne que la suivante, ne renferme que 32 discours de Cicéron, plus *Sallustii invectiva et responsio*, mais elle a été faite sur un bon manuscrit. 165 fr. Gaignat ; 700 fr. La Vallière ; 215 flor. Crevenna ; 210 fr. Brienne ; 12 liv. 12 sh. Sykes ; 240 fr. en 1824.

On en connaît trois exemplaires imprimés sur VÉLIN. Celui de la Bibliothèque impériale a été acquis au prix de 3555 fr. à la vente de Brienne, en 1792. M. Renouard en possédait un semblable, qui à sa vente a été porté à 9200 fr.

En tête du volume se trouve un f. qui contient la table des discours ; la souscription de 14 vers, pla-

cée au verso du dernier f., est ainsi terminée :
M. CCCC. LXXI. *Lodo Carbo.*

Ce Carbo a mis son nom à plusieurs édit. impr. par Valdarfer, chez qui il était correcteur. Tiraboschi en a parlé dans sa *Storia della letteratura italiana*, tome VI, p. 934, de l'édit. de Modène.

— Orationes. *Romæ, Conrad. Sweynheym et Arn. Pannartz*, 1471, gr. in-fol. de 356 ff. non chiffrés, à 46 lig. par page.

Édition plus complète, plus rare que la précédente, et qui lui dispute la priorité de publication. Elle commence par une épître de Jean André, évêque d'Aleria, à Paul II, laquelle occupe 5 ff. : sur un 6e f. est une table des oraisons qui renvoie aux chiffres des ff., quoique le volume ne soit pas chiffré. (Nous ferons observer que ces numéros de renvoi ne sont pas exacts, car le dernier porte CCCLVIII au lieu de CCCXLVIII.) Après cette table commence le texte qui occupe 350 ff., et qui est terminé au recto du dernier f. par la souscription :

Aspicis illustris lector.....

Vend. 26 liv. Sykes ; 221 flor. Meerman, et quelquefois moins.

Un fragment de 10 ff. tiré de cette édition a été vendu 84 fr. La Serna, parce qu'il était annoncé comme une édit. complète et très-rare de trois oraisons de Cicéron.

— Orationes. *Adam Ambergau*, 1472, in-fol.

Édition rare et bien exécutée ; elle est sans indication de lieu d'impression, mais M. Van Praet la regardait comme une production allemande. Elle a été faite d'après l'édition de Valdarfer, et il y manque également les Philippiques. Le volume commence ainsi :

M. T. C. pro magno Pompeio Luculentissima ad Quirites Oratio foeliciter incipit.

On lit au verso du dernier f. la souscription de 4 vers, commençant ainsi :

Hoc ingens Ciceronis opus, etc.

suivie de la date : M. CCCC. LXXII.

Vend. 200 fr. La Vallière ; 80 flor. Crevenna ; 193 fr. Brienne-Loire ; 13 liv. 13 sh. Talleyrand ; 6 liv. 6 sh. Sykes ; 6 liv. Heber.

Il existe une autre édition in-fol. sans indication et sans chiffres, récl. ni signat., ayant 36 ou 37 lignes à la page, caract. ronds (impr. vers 1472) ; elle commence par cette ligne :

(m) *Arci tulii Ciceronis oratio p Cn. Pompeio incipit.*

et finit au 275e f. verso, par ces mots :

Finiût orationes Tulli sumpte de exemplari vetustissimo...

Un 276e f. contient le registre des cahiers à 2 et 3 colonnes.

J'ai vu un exemplaire commençant ainsi :

Pro Cn. pompeio
incipit.

Cette édition, sans date, qui ne s'est vend. que 21 fr. chez Brienne, ne renferme pas les Philippiques.

— Orationes. *(absque nota)*, in-fol.

Édition impr. en beaux caractères romains, sans chiffres, réclames ni signatures ; elle a 36 lig. par page. Le volume se compose de 278 ff. en tout, dont l'avant-dernier contient le registre, et le dernier est blanc. Le texte commence au second f. par ce sommaire :

(m) *Arci tulii Ciceronis oratio p Cn. Pompeio incipit.*

suivi immédiatement du texte, lequel finit au recto du 276e f. par la souscription suivante, en quatre lignes :

Finiût Orationes Tulli sumpte de exem‖plari uetustissimo diligentissimeq. ‖iam emendate et correcte per do‖minû. guarinû veronesem.

Comme cette édition ne donne que 28 discours, tandis que celle de Venise, 1471, en contient 32, il est bien probable qu'elle a été imprimée avant la publication de cette dernière :

M. Molini, qui en a donné la description à la p. 255 de ses *Aggiunte al Brunet*, d'après l'exemplaire du comte d'Elci, conservé aujourd'hui dans la Bibliothèque palatine de Florence, n'a pas reconnu dans ce précieux volume les caractères de Th. Ferrando, imprimeur à Brescia, que M. d'Elci avait cru y remarquer.

Cette édition, nous avons lieu de le croire, pourrait bien être la même que la précédente, et dans ce cas l'exemplaire de Brienne, qui n'a que 275 ff., se serait trouvé incomplet.

— Orationes. *(absque nota)*, gr. in-fol. de 310 ff. non chiffrés.

Belle édition impr. de 1478 à 1480, avec les caract. ronds qu'Ant. Zarot a employés en 1480 dans son édit. de Tite-Live. Elle a des signat. de a—u et de A—S (et 312 ff. selon Ebert) ; les pages entières portent 50 lig., mais la première n'en a que 49 et la dernière 36. Vend. 27 flor. Meerman.

L'édition de 1480, *per Nicolaum G. (Girardengum)*, *uenetiis impraese* (sic), in-fol. de 286 ff. à 38 et 39 lignes par page ; 1 liv. 2 sh. Pinelli.

— Orationes (quas selegit Julianus Majus). *Impressit Mathias Moravus... Neapoli* M. CCCC. LXXX, *Anno parum salubri : Turcarû incursione infesto* XVII *nouembris*, in-fol. de 107 ff. à 35 lig. par page, sans chiffres, signat. ni réclam., caract. rom. Le recto du 1er f. est blanc.

4 liv. Sykes ; 4 liv. 5 sh. Libri, en 1859.

— Orationes per Philippum Beroaldum recognitæ ac diligenter correctæ, addita in calce oratione adversus Valerium quæ hactenus incognita fuit. (in fine) : *Impressit Benedictus Hector Bononiensis ea diligentia qua si omnes formandis operibus uterentur, bene·cum litteris ageretur. Bononiæ, Anno* M. CCCC. LXXXXIX, in-fol. de 272 ff. à 40 lig. par page, caractères romains.

Vend. 41 fr. *mar. r.* La Vallière.

Belle édition contenant tous les discours. Quant à l'*Oratio adversus Valerium*, qu'on y a donné pour la première fois, ce serait, selon Orelli (*præfatio ad orationem pro Plancio*, page VIII), l'ouvrage d'un philologue français du XVe siècle. — Réimpr. *Venetiis, per Christoforum de pensis, die* XX *mensis Decembris* MCCCCCV., in-fol.

→M.-T. Ciceronis orationes a Nicolao Angelio Bucinensi nuper maxima diligentia recognitæ. *Florentiæ, sumptu Phil. Juntæ, anno* D. XV *a christiana salute supra mille mense Martii*, pet. in-8. de 7 ff. prél., 451 ff. chiffrés, plus 3 ff.

Un exempl. imprimé sur VÉLIN, et partagé en 4 vol. 200 fr. Mac-Carthy. pour la Biblioth. impér.

Ce vol. ne renferme que 32 oraisons, mais on peut y joindre les Philippiques et les Verrines que le même imprimeur a données séparément, en 1515, les premières en 108 ff., les secondes en 216 ff.

Nous citerons ici deux éditions lyonnaises des *Orationes*, in-8., sans les Philippiques ni les Verrines ;

l'une de 413 ff., sous la date *anno domini mille-simo. cccc viij. die vero ultima octobris* : 7 sh. (sans titre) Butler ; l'autre faite (avec quelques augmentations) sur l'édit. juntine de 1515, et avec cette souscription : *Impressum Lugduni sumptu Bartholomei Trot Anno* M. D. XV. *die ultima octobris.* 1 liv. 14 sh. (titre réimpr.) Butler.

— Orationes (edente Andrea Naugerio). *Venetiis, in ædibus Aldi,* 1519, 3 vol. in-8.

Édition belle et rare, dans laquelle les discours sont rangés dans leur ordre chronologique : vend. 1 liv. 5 sh. Pinelli ; 50 fr. en 1824, et quelquefois beaucoup moins. La bibliothèque de Sainte-Geneviève, à Paris, en possède un exemplaire impr. sur VÉLIN, et lord Spencer un en Gr. Pap.

Description. Tome I, 12 ff. prélim. dont un blanc, 305 ff. chiffrés, plus 1 f. pour la souscription et 2 ff. blancs. — II, 7 ff. prél. dont un bl., texte ff. 4 à 281, un f. pour la souscription et 2 ff. blancs. — III, 6 ff. prélim. dont le 6e blanc, texte ff. 3 à 275, plus 5 ff. dont 2 bl. (les ff. 152, 266 et 267 sont blancs).

Comme il se trouve des exemplaires du 3e volume qui diffèrent des autres dans plusieurs mots du texte, il est à présumer que ce volume aura été réimprimé, soit entièrement, soit en partie, par Alde ou par ses héritiers.

Les éditions aldines de ces trois volumes, faites en 1546 et en 1554, existent aussi en Gr. Pap. Un exemplaire de cette dernière sur ce papier supérieur, 17 liv. Butler.

— ORATIONUM post Venetam editionem iterum recognitarum volumina tria. *Florentiæ, hæredes Phil. Juntæ,* 1521, 3 vol. in-8. 8 ff. prél., 301, 250 et 275 ff.

— EDITIO altera. *Parisiis, apud Sim. Colinæum,* 1525, 3 vol. in-8.

Un exemplaire en *m. bl.* aux armes de C. d'Hoym, a été payé 40 fr. Libri, et 101 fr. Giraud. En reliure ordinaire on ne l'eût pas vendu plus de 10 fr.

— ORATIONES interpretatione et notis illustravit Car. de Merouville, ad usum Delphini. *Paris., Thierry,* 1684, 3 vol. in-4. 15 à 20 fr.

— ORATIONES notis et dissertationibus illustratæ a Nic. Desjardins. *Parisiis, Giffart,* 1738, in-4.

Premier volume d'une édition qui devait en avoir quatre, mais qui n'a pas été continuée. Malgré sa rareté il n'a pas de valeur.

— SÄMMTLICHE Reden. krit. berichtet und erläut. von Rhd. Klotz. *Leipzig,* 1835-39, 3 vol. in-8. qui coûtaient 14 thl.

— QUÆ vulgo feruntur orationes IV ; ad optimos libros recognovit atque animadversiones integras Jerem. Marklandi et J.-M. Gesneri, suasque adjecit Fr.-A. Wolff. *Berolini,* 1801, in-8. 6 fr. — pap. fin, 8 fr. — pap. vél., 10 fr.

— Ciceronis ORATIONES PHILIPPICÆ (ex recogn. Joan.-Ant. Campani). (*Romæ*) *Udalricus Gallus* (*circa* 1470), gr. in-4. de 112 ff. non chiffrés, à 32 lig. par page. [12132]

Édition très-rare, commençant par un f. séparé qui contient au verso l'épître de Campanus au cardinal de Sienne (*Senensi meo*). Le texte commence au recto du f. suivant, de cette manière :

ANTEQVAM DE REPV
blica Patres Cõscripti dicam : ea

et il finit sur le 111e feuillet, par la souscription de 6 vers :

. *Anser Tarpeii custos Jovis...*

après quoi l'on trouve le registre des cahiers sur un dernier f.: vend. 139 fr. Gaignat; 455 fr. La Vallière; 180 flor. Crevenna.

Quoique cette édit. ne porte point de date, il est cer-tain qu'elle a dû être exécutée au plus tôt en 1469, et au plus tard dans le cours de 1470, attendu que Campanus commença vers le milieu de 1469 à présider à l'imprimerie d'Ulric Han ou Gallus, et qu'il partit de Rome dans les premiers jours de 1471 (M. Van Praet dit *avant le mois d'août*), pour accompagner un légat en Allemagne. L'épigramme *Anser Tarpeii, etc.,* qui termine cette édition, est de Campanus, et elle se trouve à toutes celles qu'il a dirigées ; mais, après le départ de ce savant, l'imprimeur cessa de l'employer et changea de souscription. Cette observation peut servir de règle générale pour fixer la date approximative des édit. non datées de cet imprimeur où se trouvent les vers : *Anser Tarpeii custos.*

— Eædem. (in fine) : *M. Tullii Ciceronis in M. Antonium Orationes quæ philippicæ nuncupantur : cura & sollicitudine Iohannis de Colonia agripinensi necnõ Iohannis Manthẽ de Gherretshem Venetiis impressæ,...* M. CCCC. LXXIIII. gr. in-4. à 34 lig. par page.

Autre édition rare ; elle a des signat. de a—14, et se compose de 88 ff. non chiffrés, y compris 2 ff. blancs au commencement du 1er cahier, et un autre à la fin du dernier. Vend. 6 liv. Pinelli ; 300 fr. Brienne-Laire ; 7 liv. 17 sh. 6 d. Sykes, et 150 fr. *mar. r.* Libri.

Celle de *Rome, Sweynheym et Pannartz,* 1472, in-fol., citée par quelques bibliographes, n'est pas bien avérée.

— Orationes philippicæ. *Impressum Londini, opera et sumptu Richardi Pynsonii,* XV. *Aprilis* 1521, in-12, sig. b à r. (Lowndes, 2e édit., p. 462.)

— CICERONIS orationes philippicæ in Antonium ; textum castigavit, notis variorum editionis Grævianæ, integro Casp. Garatonii commentario nondum edito et suis animadversionibus instruxit, denique Manutii commentario et indices adjecit G. Wernsdorf. *Lipsiæ, Fleischer,* 1821-22, 2 vol. in-8. 20 fr.

Ces deux volumes sont destinés à faire suite au Cicéron en 17 volumes in-8. impr. à Naples, de 1777-87, et publié par Gasp. Garatoni (voyez ci-dessus, col. 12).

— Marci Tullij Ciceronis IN CATILINAM invectivarum liber primus incipit, oratio habita in Senatu. — Crispi Salustii in Tulliũ oratio incipit dicta in Senatu. — M. Tullii Ciceronis Invectiva in eundẽ Salustium incipit. (*absque nota*), in-4. goth. de 42 ff. non chiffrés, à 26 lignes par page.

Tels sont les intitulés des trois discours contenus dans ce volume, lequel est imprimé avec les caractères de Conrad de Hoemborch, à Cologne, vers 1475, caractères qui ressemblent beaucoup aux plus petits d'Ulric Zell. La dernière page, qui est un verso, n'a que 19 lignes, et se termine ainsi :

Marci Tulij Ciceronis Jn Salustium
Oracio explicit.

— Orationes V. Ciceronis contra Catilinam ; oratio invectiva contra Ciceronem ; oratio Crispi Sallustii contra Ciceronem ; M. Tull. Ciceronis oratio responsiva contra Sallustii invectivam, edente Philippo Beroaldo. (*absque nota*), in-4. avec sign. de a—ev.

Édition impr. avec les caract. de Gering, à Paris. Elle finit au verso par une page de 26 lignes. 17 fr. Brienne-Laire.

M. T. CICERONIS in Catilinam invectivæ, Sallustii in Ciceronem. M. CCCCLXXII (sans nom de ville ni d'imprimeur), in-4.

— IN CATILINAM orationes quatuor. *Paris., Renouard*, 1795, in-18.

M. Renouard, ayant reconnu que cette édit. était très-fautive, en donna, dans la même année, une seconde beaucoup plus correcte, et à laquelle il ajouta : *Porcii Latronis in Catilinam declamatio.* Il a été tiré de chacune de ces deux éditions des exempl. en pap. fin de Hollande, et deux exempl. sur VÉLIN.

— Orationes. In Verrem. *Bononiæ, per Bazalerum de Bazaleris,* 1490, in-fol. de 67 ff.

Édition citée par Hain, 5132, lequel en indique une première des Verrines de 1486, in-fol. sans lieu d'impression, et une autre : *Venetiis, per Bartholomeum de Zanis,* 1496, 26 januar.

— CICERONIS VERRINARUM libros septem ad fidem manuscriptorum recensuit et explicavit C.-G. Zumptius. *Berolini, Dümmler,* 1831, in-8. de près de 1200 pp., avec une carte de la Sicile et un plan de Syracuse. 20 fr.—Pap. à écrire, 25 fr.

— ORATIO de Prætura siciliensi sive de Judiciis, quæ est orat. Verrinarum Actionis secundæ secunda. Mit neu durchges. und nach d. besten Hülfsm. bericht. Texte, Einl., Uebersicht, krit., sprachl. und sacherläut. Anm. Excursen, etc., von Fr. Creuzer und G.-H. Moser. *Götting.,* 1847, in-8. 10 fr.

— ORATIO pro Plancio, ad opt. codd. fidem emendata et interpretationibus tam suis tam aliorum explanata ab Ed. Wundero. *Lipsiæ, Hartman,* 1830, in-4. 14 fr. — pap. fin, 20 fr.

— M. TULLII Ciceronis trium orationum, pro Scauro, pro Tullio, pro Flacco, partes ineditæ, cum antiquo scholiaste, item inedito, ad orationem pro Scauro. Invenit, recensuit, notis illustravit Angelus Maius. *Mediolani, typis Pirotæ,* 1814, in-8. 4 fr.

— TRIUM orationum in Clodium et Curionem, de ære alieno Milonis, de rege alexandrino fragmenta inedita. Item ad tres prædictas orationes, et ad alias tullianas quatuor editas, commentarius antiquus ineditus, qui videtur Asconii Pediani. Scholia insuper antiqua et inedita, quæ videntur excerpta e commentario deperdito ejusdem Asconii Pediani, ad alias rursus quatuor Ciceronis editas orationes. Omnia ex antiquissimis mss. cum criticis notis edidit Angelus Maius. *Mediolani,* 1814, in-8. 5 fr.

L'éditeur de ces fragments, examinant un manuscrit du poëte chrétien Sedulius, dans la collection de Bobbio, de la Bibliothèque ambrosienne, y aperçut quelques traces d'une plus ancienne écriture, et en suivant cette découverte il parvint à recouvrer des parties de trois discours de Cicéron, qui n'avaient pas encore été publiées. Le manuscrit de Sedulius qui les cachait est jugé un peu antérieur au Xᵉ siècle, mais l'écriture du Cicéron est beaucoup plus ancienne, et, d'accord sur ce point avec plusieurs antiquaires italiens, l'éditeur la croit du second, ou tout au moins du troisième siècle. Les fragments spécifiés sur le titre du second de ces deux opuscules ont été découverts de la même manière dans un *Codex palimpsestus* contenant les actes du concile de Chalcédoine, et vraisemblablement un peu moins ancien que le manuscrit du Sedulius. Voy. *Museum criticum,* juin 1815, page 141.

— SEX ORATIONUM partes; editio altera, ad codices ambrosianos diligenter retractata, emendata, atque aucta centum circiter locis; cum descriptione tullianorum codicum CXLIX, etc., accedunt breves commentationes de editionibus principibus mediolanensibus Ciceronis atque Frontonis. *Mediolani,* 1817, in-8. 9 fr.

Il y a des exemplaires tirés in-4.

— ORATIONUM pro Fonteio et pro Rabirio fragmenta ; T. Livii libri XII fragmentum plenius, et emendatius ; L. Senecæ fragmenta, etc., ex membranis biblioth. vaticanæ edita a F.-C. Niebuhrio. *Romæ, Bourlié,* 1820, gr. in-8. pap. vél., avec un spécimen. 5 fr.

— ORATIONUM pro Scauro, pro Tullio, et in Claudium fragmenta inedita ; pro Cluentio, pro Cœlio, pro Cæcina variantes lectiones, orationem pro Milone a lacunis restitutam, ex membranis palimpsestis bibliothecæ taurinensis Athenæi edidit, et cum ambrosianis parium orationum fragmentis composuit Amedeus Peyron. *Stutgardiæ, Cotta,* 1824, in-8. 8 à 10 fr.

Réimprimé avec des notes et des corrections de Ch. Beier. *Lipsiæ,* 1825, in-8. 5 à 6 fr.

— Voy. ASCONIUS Pedianus.

V. — RECUEILS ÉPISTOLAIRES.

— Ciceronis epistolæ quæ extant ad Atticum, ad Quintum fratrem et quæ vulgo ad familiares dicuntur, temporis ordine dispositæ ; recensuit selectisque superior. interpret. suisque annotat. illustravit C.-G. Schütz. *Halæ,* 1809-12, 6 vol. in-8. 30 fr. — pap. collé, 40 fr., et plus en pap. vélin. [18675]

— Ciceronis epistolæ AD FAMILIARES. *Romæ, per Conradum Suueynheym et Arnoldum Pannartz, in domo Petri de Maximo,* 1467, gr. in-4. de 246 ff. non chiffrés, à 31 lig. par page.

La plus ancienne édition connue où paraissent les noms de Sweynheym et Pannartz : 430 fr. Gaignat ; 931 fr. La Valliere ; 325 fr. Crevenna.

Le volume commence sans intitulé, par ces mots du texte : (E)*Go omni offitð ac potius pietate,* et il finit sur le 246ᵉ f. recto par cette souscription :

Hoc Conradus opus suueynheym ordine miro Arnoldusq; simul pannartz una æde colendi Gente theotonica : romæ expediere sodales. in domo Petri de Maxio. M. CCCC. LXVII.

La *Bibliotheca spenceriana* n'indique que 244 ff. ; nous en avons certainement compté 246 dans l'exemplaire de la Biblioth. impér.

— Epistolæ ad familiares. *Venet., Johannes de Spira,* 1469, in-fol. de 125 ff. non chiffrés, à 40 et 41 lignes par page.

Cette édition, la première où figure le nom de l'imprimeur Jean de Spire, est regardée comme la plus ancienne production des presses vénitiennes. Sur trois cents exempl. qui en furent tirés, à peine nous en est-il resté une douzaine, y compris six exemplaires impr. sur VÉLIN.

Ce volume précieux commence par cette ligne du texte :

(e)*Go oñi offitio : ac potius pietate : erga te: cęteris* [satisfacio

et au verso du dernier f. se lit une souscription de 4 vers commençant ainsi :

Primus in Adriaca formis impressit aenis.

plus bas la date M. CCCC. LXVIIII.

Vend. 601 fr. La Valliere ; 235 flor. Crevenna ; 28 liv. 7 sh. Pinelli; impr. sur VÉLIN, 2000 fr. Brienne-Laire ; 1320 Mac-Carthy.

— Epistolæ ad familiares. *Venet., Johannes de Spira,* 1469, in-fol. de 135 ff. à 41 lig. par page.

Édition différente de la précédente. Le mot *cæteris* qui en termine la première ligne y est impr. avec *ae*, au lieu d'*e*, et la souscription finale en six vers qui est placée au recto du dernier feuillet commence ainsi :

Hesperiæ quondam Germanus quoqj libellos

Quoiqu'elle ait été tirée à 300 exempl., comme la première, cette seconde édition de Jean de Spire est la plus rare des deux. Les vers qui la terminent nous apprennent qu'elles ont été l'une et l'autre exécutées dans l'espace de quatre mois. La première avait paru avant le 18 septembre, date du privilége qui en fait mention ; et vraisemblablement la seconde aura précédé celle de Rome, 1469, dont nous allons parler. 405 fr. *mar. r.* Renouard ; 415 fr. Bearzi.

— Epistolæ ad familiares. Jo.-Andrea episcopus aleriensis recognovit. *Romæ, per Conradum Suueynheym et Arnoldum Pannartz,* 1469, gr. in-fol. de 161 ff. non chiffrés, à 38 lig. par page.

Vend. 310 fr. La Valliere ; 230 flor. Crevenna ; 32 liv. 11 sh. Sykes.
Édition non moins rare que la précédente de Rome, 1467. Elle commence ainsi :

M. Tul. Ciceronis ad P. Lentulū impatorē,... etc.
et finit au recto du dernier f. par une souscription en deux lignes ainsi conçue : *Io. An. Episcopus Alerien recognouit. prid.* | *Nonas Nouemb. Rome.* M. CCCC. LXIX ; et suivie de 8 vers :

Aspicis illustris lector, etc.

— M. Tulii Ciceronis epistolarum liber primus incipit ad Lentulum proconsulem M. T. C. proconsuli salutem dicit. (*in fine*) : M. CCCC LXX, in-fol. de 135 ff. non chiffrés, à 41 lig. par page.

Belle édition faite avec les caractères de Vindelin de Spire, les mêmes que ceux dont cet imprimeur a fait usage pour la Cité de Dieu, donnée par lui en 1470. Le volume ici décrit commence par le sommaire ci-dessus impr. en capitales, en quatre lignes. La date de l'impression se trouve au recto du dern. f., au bas de six lignes de texte. Vend. 11 liv. 11 sh. Pinelli ; 145 fr. Brienne ; 16 liv. Sykes, et 4 liv. Heber.
Un exemplaire imprimé sur VÉLIN se conserve à la Bibliothèque impériale.

— M. Tullii Ciceronis epistolarum familiarium liber primus (libri XVI)... (*in fine*) : M. CCCC. LXXI. *Opus... a Nicolao Jenson gallico... impressum feliciter finit,* gr. in-4. de 203 ff. à 35 lig. par page.

Édition non moins belle que la précédente : vend. 11 liv. 15 sh. Askew ; 95 flor. Crevenna ; 201 fr. Brienne-Laire ; 151 fr. Mac-Carthy ; 81 flor. Meerman ; 270 fr. Costabili.

— Eædem epistolæ, 1471, in-fol.

Volume de 135 ff. à longues lignes, au nombre de 41 à la page, mêmes caractères que dans le traité *De Officiis,* impr. par *Vindelin de Spire,* en 1470. Il commence par cet intitulé :

M. TULLII CICERONIS EPISTOLARVM FA | MILIARIVM LIBER PRIMVS INCIPIT AD | LENTVLVM PROCONSVLEM.

On trouve au verso du dern. f. : *Epistola ad Tironem,* avec la date :

M. CCCC. LXXI.

Vend. 81 fr. Costabili.

— Eædem epistolæ. (*Mediol., Ant. Zarot*), 1471, in-fol., caractères romains.

Vend. 150 fr. La Serna.

Cette édition, différente de la précédente, consiste en 146 ff. ; les pages entières ont 40 lig., et quelques-unes 39 seulement. Elle est impr. avec les mêmes caractères que ceux d'une autre édition des mêmes lettres, qu'a donnée Ant. Zarot, en 1470. Le volume commence par cet intitulé, impr. en lettres capitales, et formant quatre lignes :

M. Tvllii Ciceronis, epistolarvm fami | *liarivm liber primvs incipit ad Lcn* | *tvlvm proconsvlem M. T. C. P. Lent.* | *proconsvli salvtem dicit.*

On trouve au verso du dernier f. quatre vers, dont voici le commencement :

Tullivs ingenva præfvlgens, etc.

Ils sont suivis de la date M. CCCC. LXXI.

— Ciceronis epistolæ familiares quædam (LXIX) selectæ. (in fine) : *Marci. T. C. familiares Epistolæ feliciter Expliciunt,* in-4.

Édition sans chiffres, récl. ni signat., composée de 52 ff. à 26 lig. par page. Au commencement se lit une lettre de *Petrus Bartolacius* à *Alvarus de Cosma,* datée de Naples, 1471 ; et si, à cela, on ajoute que les caractères de ce livre sont précisément ceux de l'édition des lettres de Phalaris, portant le nom de Riessinger, premier imprimeur à Naples, il reste démontré que ce précieux volume a été imprimé dans cette même ville, et probablement entre 1471 et 1473. *Biblioth. spencer.,* VII, n° 55.

Il existe une autre édition de ce choix de lettres, pet. in-4. de 43 ff. non chiffrés, à 26 lig. par page, laquelle commence par cette ligne :

M. T. C. Epistolarum. Liber primus incipit.

et se termine ainsi :

M. T. C. Familiares Epi- stole feliciter Explicivnt.

Cette dernière, également sans date ni lieu d'impression, présente les mêmes caractères que le Térence, impr. par Hugues Gengenbach, à Naples, vers 1474.

— M.-Tul. Ciceronis ad P. Lentv. imperatorem Po. Ro. epistolarvm familiarivm liber primvs (libri XVI). (*Fulginei, Emilianus de Orfinis et Joan. Numeister,* circa 1470), pet. in-fol. de 242 ff. (ou peut-être même 243) à 29 lig. par page.

Édition rare, qui a été exécutée avec les caractères qu'ont employés les deux imprimeurs nommés ci-dessus, d'abord en 1470 pour le *Leonardus Aretinus de Bello italico,* ensuite en 1472, pour un Dante. Le livre ici décrit commence par un sommaire, en capitales, qui occupe quatre lignes et demie ; au recto du dernier f. se lit une souscription de 6 vers, dont voici le premier :

Emilianus auctor fulginas : ⁊ *fratres una*

Selon cette souscription, il n'aurait été tiré que 200 exemplaires de ces lettres.

Vend. 12 liv. 12 sh. Pinelli ; 135 flor. Crevenna ; 27 fr. 50 c. Boutourlin.

— Epistolæ ad familiares. (*Mediolani, per Philippum de Lavagna*), M. CCCC. LXXII, *viij kl. apriles,* pet. in-fol. ou gr. in-4. de 216 ff. non chiffrés, à 32 lig. par page.

Volume très-rare, lequel commence par cette ligne, en capitales :

(*M*) *Arci Tvlii Ciceronis episto-*

et se termine, au verso, par une longue mais curieuse souscription, suivie de 4 vers, dont voici le premier :

Barbara cum Marci uerbis admixta legebas

Vend. 18 liv. 18 sh. Pinelli ; 3 liv. 11 sh. Heber.

La Biblioth. impériale en conserve un exempl. impr. sur VÉLIN. Hain compte 217 ff.

— Eædem. (*absque loci et typographi nomine*) , 1472 , in-fol. de 124 ff. non chiffrés, à 40 lig. par page.

Cette édition, impr. en beaux caractères romains, commence sans aucun intitulé, par le texte : (e)*Go omni officio*... On lit à la fin (en 3 lignes) :

EXPLICIT. LIBER. XVIII. EPISTOLARVM. FAMI-
LIARIVM. MARCI. TVLII. CICERONIS.

M. CCCC. LXXII.

Vend. 10 liv. 10 sh. Pinelli.

— Eædem. *Romæ, Conr. Suueynheym et
Arn. Pannartz, 1472, die v. Septem-
bris,* in-fol. de 161 ff. non chiffrés, à 38 lignes par page.

Troisième édition romaine. On trouve à la fin la sous-cription : *Aspicis illustris lector....,* suivie de la date M. CCCC. LXXII. *die v septembris.*

— Eædem. *Impresse in civitate Neapolis... anno.....* M. CCCC. LXXIIII *die septima mensis augusti..... per Arnaldum de Bruxella expliciunt,* in-fol.

Très-rare. Panzer, tome IV, page 368.

— Eædem. — (*Venetiis*) *a Nicolao Jenson gallico..... impressum fœliciter finit.* M. CCCC. LXXV., gr. in-4. de 196 ff.
à 34 lignes par page.

Vend. 11 sh. Heber.

On connaît quatre exempl. de cette édit., impr. sur VÉLIN. Celui de Brienne a été vendu 1801 fr. La Biblioth. impériale en possède un semblable.

— M. Tullij Ciceronis epistolarum familia-
rium liber primus jncipit | ad Lentulū
procōsulē : M. T. C. P. Lent. procōsuli
Salutē dicit. (*absque nota*), in-tol. goth.
de 146 ff. non chiffrés, à 38 lig. par
page.

Édition sans chiffres, récl. ni signat.; elle est impr. à longues lignes, avec les caractères dont Jean Vel-dener s'est servi dans les premiers livres qui sont sortis de ses presses, vers 1475 ; elle commence par le sommaire ci-dessus, en deux lignes, et se ter-mine au verso du dernier f. par 4 vers (*Tullius in-genua...*) qui sont les mêmes que dans l'édition de 1471, sans nom d'imprimeur (voir ci-dessus, col. 41).

— Epistolæ ad familiares, 1475 (*absque
loco*), in-fol.

Édition sortie des presses vénitiennes ; elle a 177 ff. et 34 lig. par page ; au verso du dernier f. se lit la souscription suivante :

M. CCCC. LXXV

*Opus Præclarissimum M. T. Ciceronis Epistola-
rum Fa | miliariū Impressum Fœliciter Finit.*

FINIS

après quoi l'on trouve la lettre que les consuls ro-mains, Fabricius et Æmilius, écrivirent à Pyrrhus, en lui donnant avis d'une conspiration formée contre sa personne. Vend. 2 liv. Heber.

— Epistolæ ad familiares. *Mediolani Anno
M. cccclxxv. Duodecimo Kalendas Octobres... hoc opus... Impressit Antonius*

Zarotthus, in-fol. de 146 ff. à 41 lignes
par page.

Cette édition, peu connue, est décrite dans la *Biblioth.
spencer.,* VII, n° 218. L'édit. de *Milan, Ant. Za-
rot,* 1476, *octavo kl. Decembres,* in-fol. de 138 ff., paraît être une simple copie de celle-ci, et elle a également 41 lig. par page : 300 fr. *m. r.* La Val-liere, et seulement 12 fr. exemplaire médiocre. Boutourlin. Celle de M. CCCC. LXXVI., sans nom d'imprimeur, in-fol., a 117 ff. non chiffrés, à 45 lig. par page, signat. *aij-r.* (selon le catal. Boutourlin). Vend. 96 fr. La Valliere, et 10 fr. Boutourlin.

M. Graesse cite, d'après Orelli, une édit. in-fol. à 42 lig. par page, sans date, nom de lieu ni d'im-primeur, à laquelle, par suite d'une faute d'impres-sion, il ne donne que 12 ff.

— Eædem. *Venetiis, Jacobus de Fivizano
Lunensis,* 1477, in-fol.

Un bel exempl., avec les ornements peints, et rel. en *m. r.* 250 fr. à Paris, en 1825, sans avoir cette va-leur.

— Marci Tvllii Ciceronis epistolarvm fa ||
miliarivm liber primvs (libri XVI). (in
fine) : *M. T. C. epistolæ familiares accuratissime impressæ Mediolani op
& impensa solertissimoᴙ uiroᴙ Benini
& Iohannis Antonii fraᴙ.... Feliciter
expliciunt VI idus Februarii. 1480.
Iohanne Galeazio, sexto principe iu-
cundissimo ac duce nostro inuictissimo,* in-fol. feuillets non chiffrés, sig.
a—r., caract. rom.

Cette édition, peu connue, est une copie ligne pour ligne de celle de Milan, Zarot, 1476, avec cette dif-férence que les citations en grec y sont à leurs places et en caractères grecs. Elle commence par l'intitulé du premier livre impr. en lettres capitales, et elle finit au recto du 9e f. du cahier r par la sous-cription ci-dessus. Ce 9e f. devait probablement être accompagné d'un f. blanc. L'exempl. qui se conserve à Milan dans la bibliothèque de Brera porte bien la date de 1480 ; mais dans celui que pos-sède la *Magliabechiana,* à Florence, la date pré-sente, en place du chiffre 8, une espèce de 7 incliné qui fait lire 1470 au lieu de 1480. Cette particularité a donné lieu à une assez longue dissertation de M. Jos. Molini, imprimée dans ses *Operette biblio-grafiche,* p. 346 et suiv.

Nous citerons encore les éditions suivantes :

1° *Bononiæ, Sigismundus a Libris,* 1477, in-fol.

2° *Mediolani , Philip. de Lavagnia,* 1477, *kl.
aprilis,* in-fol.

3° Autre du même imprimeur, 1478, in-fol.

4° *Parisiis, sub intersignio viridis follis ,* 1477, in-fol.

5° *Vicentiæ, Herm. Lichtesten,* 1479, in-fol.

Vend. 1 liv. 4 sh. Pinelli.

6° *Absque loco,* 1479, 9 *Julii,* in-fol.

7° *Venetiis , impensis Andreæ de Asula,* 1483, pet. in-fol. Un exempl. de cette dernière, impr. sur VÉLIN, 31 liv. 10 sh. Williams ; 23 liv. 10 sh. Butler.

— M. Tullii Ciceronis Epistolæ familiares
cum tribus commentis. (in fine) : *Impressus Venetiis Anno Domini* M. CCCC
LXXXXI. *die xx septembris,* in-fol. de
4 ff. non chiffrés et 239 ff. chiffrés, caract. rom.

Les trois commentaires que donne cette édition sont ceux d'Ubertus Clericus Crescentinus, de Geor. Me-rulla, et de Mart. Phileticus. Ils ont été réimpr. dans l'édit. de Venise, *per Barthol. de Zanis*, 1492, in-fol., et dans plusieurs autres que décrit Hain, n° 5203 et suiv., mais qui n'ont qu'un prix médiocre.

— Epistole familiares M. T. C.—*Impressum Veneliis per Joannem et gregorium de gregoriis fratres, Anno Domini* M. CCCCC I *die secunda mensis Martii,* in-8. de 299 ff. non chiffrés.

Cette édition, donnée par Raphael Regius, est devenue fort rare.

— M.-T. C. epistolæ familiares. *Venetiis, in ædibus Aldi, mense aprili,* 1502, in-8. de 267 ff. et 1 f. blanc.

Édition très-rare : vend., avec les lettres initiales peintes, 1 liv. 16 sh. Pinelli, et jusqu'à 500 fr. MacCarthy ; 53 flor. Meermann ; 15 liv. 5 sh. Heber ; 3 liv. 18 sh. mauvais exempl. Butler ; 165 fr. *mar. r.* Bearzi, et 12 liv. Libri, en 1859. M. Renouard a eu un exempl. impr. sur VÉLIN.

Une édition de 1503, in-8., est citée dans la *Serie dell' edizioni aldine*, Firenze, 1803, in-8., où le rédacteur de ce catalogue dit avoir vu deux exemplaires de ce livre, qu'il regarde comme plus rare même que le Virgile de 1501, et qu'il estime 500 pauls (275 fr. à peu près). Malgré cela, je crois qu'il y a erreur dans cette annonce, et qu'on a voulu parler de l'édition de 1502, ou de toute autre, avec la date falsifiée.

— Epistolæ familiares. (*absque nota*), pet. in-8. de 1 et 266 ff. non chiffrés.

Édition faite à Lyon à l'instar de celles des Alde. Un exempl. impr. sur VÉLIN : 168 fr. La Valliere ; 21 liv. Paris ; 151 fr. Mac-Carthy : ce dernier exempl. a été acquis pour la Biblioth. impériale. M. Van Praet l'a décrit dans son Catal. des livres impr. sur VÉLIN, IV, 462, où il a supposé que l'édit. était sortie des mêmes presses que le *Cicero de officiis,* impr. chez Phil. Junta à Florence, en 1508. Toutefois, en parlant du même livre dans son second Catal., II, n° 553, ce bibliographe l'a donné pour une contrefaçon lyonnaise.

— Epistolæ familiares. *Florentiæ, ex oficina Phil. Junlæ, quingentesimo decimo supra mille,* in-8.

Cette édition, citée par Maittaire, Index, I, 286, est rare, comme le sont en général tous les classiques impr. par Phil. Junta dans les douze premières années du XVIe siècle.

— M.-T. C. Epistolæ familiares accuratius recognitæ .M. D. XII. Index etiam ad inveniendum, quota nam charta habeantur singulæ quæq3 epistolæ. (in fine) : *Venet., apud Aldum, etc.,* pet. in-8.

Il existe deux éditions aldines de cet ouvrage sous la même date : toutes les deux également rares, et entre lesquelles, selon M. Renouard, il n'y a point de choix à faire. L'une finit par ce mot : *declinatioi,* et l'autre, impr. avec un caractère plus neuf, par le même mot abrégé de cette manière : *declatioi.* Le volume a 267 ff. chiffrés ; à la fin un index en 7 pp. non chiffrées, et sur une 8e page la souscript., puis un f. bl.; 20 fr. Renouard ; 2 liv. 5 sh. avec des notes de Melanchthon, Butler. Une autre édit. de ces lettres, sortie des presses aldines, au mois de juin 1522, in-8. de 267 et 5 ff., est décrite par M. Renouard ; vend. 15 sh. et 1 liv. 5 sh. Butler. Un exempl. *en mar. noir à compart. avec les devises de Grolier,* 995 fr. Coste ; un autre exempl. en *mar. brun à compart.,* également avec la devise de Grolier, mais avec le titre restauré dans les marges, 450 fr. Libri en 1847.

— Epistolæ ad familiares cum Jod. Badii interpretationibus. *Parisiis, in ædibus Joannis Parvi* (*impress. per Nicolaum de Pratis* M D XV, kal. Julias), pet. in-4. ou gr. in-8. de 4 ff. non chiffrés et 314 ff. chiffr.

Édition peu commune.

—Epistolæ familiares. *Bononiæ, per Franciscum de Bononia,* 1516, 20 *decembr.,* in-32.

Cette édition, imprimée en lettres cursives, est fort rare : c'est, à ce qu'il paraît, la cinquième et dernière production de François de Bologne, qui mourut en janvier 1517, peu de jours après l'avoir achevée (voy. notre article PANIZZI).

— EÆDEM. *Florentiæ, per heredes Phil. Juntæ,* M. D. XXVI, *mense maio,* in-8. de 256 ff. Prix médiocre.

— EÆDEM, ex antiquis recentioribusque exemplariis invicem collectæ, dilig. recognitæ. Annotationes in aliquot epistolarum loca obscuriora. *Moguntiæ, ex ædib. Joan. Schoefferi,* 1528, 3 id. *Septembr.,* in-8. de 629 pp.

— EÆDEM, nuper accuratius et recognitæ, et emendatæ, etc. *Venetiis, in ædib. hæredum Aldi Manutii et Andreæ soceri,* 1533, in-8.

Cette édit. donnée par Paul Manuce, a 4 ff. prél., texte ff. 2 à 267, 2 ff. non chiffrés, 14 ff. de table, plus 1 f. pour la date et un autre pour l'ancre : 1 liv. 10 sh. bel exempl. Butler.

—EÆDEM epistolæ. *Apud Aldi filios, Venetiis,* 1540, in-8. Vend. 10 sh. Butler.

Des exempl. en Gr. Pap. de chacune de ces deux édit., sont indiqués dans le catal. Pinelli ; celui de 1540 y est marqué 2 liv. 5 sh. Un semblable, quoique imparfait de 4 ff., a été vendu 204 fr. de Cotte. On en connaît plusieurs autres. Les Alde ont réimpr. ces lettres en 1543, et aussi en 1546, pet. in-8. Cette dernière édition : 18 sh. *mar.* Butler, et en Gr. Pap. *mar.* 11 liv. le même.

— Eædem epistolæ. *Venetiis, apud Aldi filios,* 1548, in-8.

Cette édition est sans doute rare, mais pas, à beaucoup près, autant qu'on pourrait le croire d'après une note que M. Renouard a conservée dans la seconde édition des *Annales des Alde,* oubliant qu'il avait ce livre dans sa bibliothèque, et qu'il l'avait même porté à la page 87 du 2e vol. du *Catalogue d'un amateur.* Cet oubli de M. Renouard (réparé dans la 3e édition des Annales) a été cause qu'un exempl. de l'édit. ci-dessus s'est vendu 240 fr. à Paris, en décembre 1827, quoiqu'il valût à peine 24 fr. (1 liv. 6 sh. Butler.)

Nous indiquerons encore les éditions aldines de 1552 1550, 1560, 1561, 1564, 1565, 1572, 1574, 1575, etc., qui ont quelque prix pour les collecteurs de ces sortes de livres, ainsi qu'on peut le voir par les n°s 498 et suiv. du catal. Butler, où un exempl. de l'édition de 1560, *incut,* est porté à 2 liv. 7 sh. M. Renouard les a toutes décrites, sans en excepter celle de 1561.

— M. T. Ciceronis epistolarum familiarium libri XVI, cum commentariis Iod. Badii Ascensii. *Venetiis, Aldus,* 1550, in-fol. à 2 col.

Cette édition, à la fin de laquelle se lit *Venetiis, apud Jo. Gryphium,* 1549, n'a en elle-même aucune importance, puisque ce n'est qu'une des nombreuses réimpressions qui existent de ce commentaire, publié pour la première fois à Paris en 1507 ; mais ce qui donne du prix aux exemplaires qui portent avec la date de 1550 le nom et l'ancre d'Alde, c'est qu'on les annexe à la collection aldine. Le premier exemplaire de ce genre qui ait été signalé à l'attention des *aldophiles*, était rel. en *mar. r.*, et il a été payé 260 fr. à la vente Libri, en 1847. Ajoutons que sous son premier titre, avec le nom de Jo. Gryphius et la date de 1549, ce livre ne se vendrait peut-être pas 5 fr.

— EÆDEM epistolæ ; interpretatione et notis illustravit Philibert. Quartier, in usum Delphini. *Parisiis*, 1685, in-4. 8 à 10 fr. — Pour l'édition d'*Amsterd.*, 1677, *cum notis variorum*, voy. ci-dessus, col. 9.

— Eædem, cum notis, a Joan. Ross editæ. *Cantabrigiæ*, 1749, 2 vol. in-8.

Édition belle et correcte, avec des notes en anglais. 10 à 12 fr. Il en existe des exemplaires en Gr. Pap., qui sont rares et chers, 5 liv. 7 sh. 6 d. *m. r.* Williams ; 3 liv. 16 sh. Hibbert.

— Epistolæ ad M. Brutum, ad Ciceronis Q. fratrem, ad Octavium, et AD ATTICUM ; ex recognitione Jo. Andreæ. *Impress. Romæ opus in domo Petri et Franc. de Maximis,... presidentibus Conr. Suueynheym et Arn. Pannartz*, M. CCCC. LXX, in-fol. [18676]

Édition précieuse, contenant 199 ff. (ou 198 seulement selon M. Van Praet), à 38 lig. par page. Elle commence au verso du premier f. par l'épitre de Jean André à Paul II, dont voici les premiers mots :

Carthaginenses ad Romanos legati...

et finit par la souscription :

Impressû Rome opus In domo Petri & Frācisci de Maxis...

Ce volume n'a été vendu que 111 fr. chez Gaignat ; mais un très-bel exempl. a été payé 189 liv. sterl. chez le duc de Roxburghe, à Londres, en 1812, puis revendu 91 liv. Sykes ; un autre moins beau, 31 liv. 10 sh. Willett ; rel. en *mar. par Bauzonnet*, 700 fr. Libri ; autre, 501 fr. Bearzi.

— Ciceronis epistolæ ad Atticum, Brutum, etc. *Venetiis, Nic. Jenson*, 1470, in-fol. de 181 ff. à 39 lig. par page.

Le volume commence sans intitulé, par cette ligne en capitales :

(C)*lodivs Tribv. Ple. designatvs*

Il y a à la fin huit vers, suivis de la souscription suivante en 2 lignes, dont la prem. est en capitales :

Marci T. C. epistolæ ad Atticvm Brvtvm : Et Quintum Fratrem super ipsius Attici uita feliciter Expliciunt
M. CCCC. LXX.

Vend. 540 fr. La Valliere ; 400 fr. Mac-Carthy ; 299 fr. *mar. r.* Libri ; 9 liv. 19 sh. 6 d. Hibbert ; 1 liv. 11 sh. Heber.

Il y a à la Bibliothèque impériale un exempl. de cette édition sur VÉLIN. Un semblable a été vend. 1707 fr. Brienne ; 1350 fr. Mac-Carthy, et 80 liv. Hibbert.

— Eædem epistolæ, ex recognitione Barthol. Saliceti et Ludov. Regii. *Romæ, per Eucharium Silber*, 1490, in-fol. de 198 ff.

Édition faite sur celle de Jenson ; le consul Smith en avait un exempl. impr. sur VÉLIN, qui a passé au Muséum britannique.

— Epistolarum ad Atticum, ad Brutum, ad Quintum fratrem, libri XX. *Venetiis, in ædibus Aldi et Andreæ soc.*, 1513, in-8. de 16 ff. non chiffrés, et 331 ff. chiffrés, plus 1 f. pour l'ancre.

Édition peu commune : 21 fr. 50 c. *m. bl.* Chardin ; 14 sh. Heber, et 7 sh. Butler ; 50 fr. *mar. r.* Bearzi. Un exempl., impr. sur VÉLIN, provenant de M. de Wlassoff, faisait partie de la collection du prince Mich. Galitzin. Un autre se trouve chez lord Spencer. L'édition sortie des mêmes presses, en 1521, in-8., a le même nombre de ff. que celle de 1513 ; mais l'index grec y est plus ample : 4 liv. 1 sh. Hibbert ; 16 sh. Butler.

— Epistolarum ad eosdem libri XX, nuper recogniti ; index eorum, etc., cum latina vocabulorum interpretatione, quæ græce scribuntur. *Florentiæ, ex offic. Phil. Juntæ*, MDXIV, in-8. de 12 et 325 ff., et 1 f. pour le lis.

L'exempl. sur VÉLIN, partagé en 2 vol., qui est indiqué dans le catal. d'Hohendorf, 3e partie, nº 1575, a passé dans la Bibliothèque impériale à Vienne.

— Epistolæ ad eosdem, summa diligentia castigatæ, etc., Pauli Manutii in easdem epistolas scholia. *Venetiis, apud Aldi filios*, 1540, in-8.

Vend. 13 sh. Butler. Un exempl. sur VÉLIN, 63 flor. Crevenna ; un autre en Gr. Pap. rel. en *mar.* par Capé, et avec des ornements à la Grolier, 44 liv. 10 sh. Libri, en 1859.

Il y a de ce volume une édition de *Venise, Paul Manuce*, 1544, in-8., dont un exempl. en très Gr. Pap. a été acheté 601 fr. à la vente de Cotte, par M. Renouard ; et aussi une édition de 1548, in-8., dont un très-médiocre exempl. en Gr. Pap. fut successivement vend. 62 flor. Rover ; 360 fr. d'Ourches.

— In epistolas Ciceronis ad Atticum Pauli Manutii commentarius. *Venetiis, apud Aldi filios*, 1547, in-8.

La collection de M. Renouard renfermait un exemplaire de ce vol. en très Gr. Pap. formé de deux.

Ce commentaire estimé a été réimpr. par les Alde, en 1553, 1557, 1561, et encore depuis. Un exemplaire de l'édition de 1557 (annoncé sous la date de 1558), rel. en *m. r.* 10 flor. Rover ; un autre 5 flor. Meerman ; 15 sh. Butler.

On peut placer à côté de ces différentes éditions le *Commentaire de Paul Manuce*, sous les mêmes dates.

— EPISTOLÆ ad Atticum, ad M. Brutum et ad Quintum fratrem, e bibliotheca P. Victorii. *Florentiæ, apud Juntas*, 1571, in-8. 4 à 6 fr.

Texte rétabli sur le manuscrit de Florence, dit de Pétrarque. Le vol. a 8 ff. prél. 1 f. pour le *Sen. cons.* ; texte pp. 9 à 656, et 18 ff. pour les *interpretationes gr.*, et 1 f. pour la souscription.

— EPISTOLÆ ad Atticum, ex fide vetustiss. codicum emendatæ studio et opera Sim. Bosii, prætoris lemovicensis, additis ejusdem animadversionibus. *Ratiasti Lemovicum, apud Hugonem Barbou*, 1580, in-8.

Édition peu commune, mais dont le texte a été corrigé d'après des mss. interpolés, et sur des conjectures qui ne sont pas toujours heureuses.

Pour l'édit. de 1684, *cum notis varior.*, voyez ci-dessus, col. 9.

VI. — FRAGMENTS ET EXTRAITS DE CICÉRON, ET OUVRAGES PUBLIÉS SOUS SON NOM.

— Ciceronis FRAGMENTA variis in locis dispersa Car. Sigonii diligentia collecta et scholiis illustrata. *Venetiis, Jord. Zillettus*, 1559, in-8. de 189 ff., plus 2 pour les errata et 1 pour la marque.

Un exempl. en pap. fort, annoncé comme très-rare, a

été vend. 4 liv. 4 sh. Hibbert, et 1 liv. 7 sh. Butler.
Il existe une seconde édition de ce recueil impr.
chez Ziletti, en 1564, in-8., sous ce titre : *Fragmentorum Ciceronis tomi IIII, cum Andr. Patricii
annotationibus,* in-8. de 7 ff. prél., 193 ff. et 1 pour
la marque ; et une autre sous le titre suivant :

OMNIUM Ciceronis operum quæ desiderantur
fragmenta, tomis IV, uno volumine collecta, aucta,
emendata, et adnotationibus illustrata per Andream
Patricium : tertia editio auctior. *Venetiis, Franc.
Zilettus,* 1578, in-4.

— Ciceronis [Cæsaris Germanici] in Aratum Cilicium præfatio, in-4.

Première édition, et qui a été faite à Brescia, en
1473, selon le catal. du comte d'Elci, p. 34.

Pour le traité *De Republica,* voy. ci-dessus, col. 27 ; et
pour les *Orationes,* publiées par Maï, à la col. 39.

CICERO medicus, hoc est selectos e M.-T. Ciceronis operibus locos vel omnino medicos, etc., in
litterarum medicarum cultorum usum congessit
A.-M. Birkholz. *Lipsiæ,* 1806, in-8. 8 fr. [6505]

— Orpheus, sive de adolescente studioso
ad Marcum filium nuper inventus et in
lucem editus. *Venetiis, apud J.-Bapt.
Ciottium,* 1594, pet. in-8.

Ouvrage publié sous le nom de Cicéron, d'après un
manuscrit découvert à Venise dans la bibliothèque
de Saint-Marc. On a reconnu depuis que c'était une
production de quelque rhéteur du XIVe ou du XVe
siècle. (*Journal des Savans,* 1832, p. 124.) Néanmoins cette édit. de 1594, devenue fort rare, a été
vendue 1 liv. 12 sh. Pinelli, et portée à 11 liv. 19
10 sh. dans notre exemplaire du catalogue de Butler ; nous n'osons pourtant pas assurer que ce dernier prix soit exact. M. Graesse cite une seconde
édition de l'*Orpheus* publiée par Jul. Cæsar Glucia-
nus Scarcia (edente Fred. Monavio), *Elbingæ,* 1643,
in-8., et une autre édition faite sur la première par
les soins de Jo.-Andre Folierini, *Venetiis,* 1793,
kal. septembr., gr. in-4. tirée à 100 exempl.

— MARCI Tullii Ciceronis Orpheus. Editio altera. *Florentiæ, in archiepiscopali typographia,* 1831,
in-16 de viij et 52 pp.

L'éditeur de cet opuscule, M. Étienne Audin, annonce qu'il en a fait tirer seulement 96 exemplaires, y compris 6 sur VÉLIN, gr. in-8., dont 2 ne
sont imprimés que sur le recto.

M. TULLII Ciceronis commentarii rerum suarum
s. de vita sua. Accesserunt annales ciceroniani in
quibus ad suum quæque annum referuntur quæ in
his commentariis memorantur, auctore W.-H.-D.
Suringar. *Leidæ, Brill,* 1854, in-8. 18 fr. [30434]

Nous parlons ci-après (col. 56) du traité *De Consolatione,* publié pour la première fois à Venise, en
1583, in-8.

VII. — TRADUCTIONS DES OUVRAGES DE CICÉRON EN FRANÇAIS.

— OEuvres complètes de Cicéron, traduites
en français, avec le texte en regard, édit.
publiée par Jos.-Vict. Le Clerc. *Paris,
Lefèvre,* 1821-25, 30 vol. in-8. 150 fr.
— Gr. Pap. vél. 200 à 300 fr.

Cette édition, fort remarquable sous tous les rapports,
mérite bien le succès qu'elle a obtenu. Le texte
présente une nouvelle récension, pour laquelle
l'éditeur s'est aidé des variantes d'un grand nombre de manuscrits, et des secours que la philologie
lui a offerts si abondamment. Des notes latines,
placées au-dessous du texte, rendent compte des
motifs qui ont fait adopter de préférence telle ou
telle leçon. Les traductions des ouvrages de rhétorique, presque toutes nouvelles, sont dues à M. J.-
V. Le Clerc, Liez, Gaillard et Burnouf. Celles des

discours ont pour auteurs MM. Burnouf, Gueroult,
Naudet, Binet, Goubaux et l'abbé Auger : le travail
de ce dernier a été revu par l'éditeur, qui a également revu toutes les anciennes traductions recueillies dans sa collection. Pour les lettres familières et
les lettres à Atticus, on a conservé les traductions
de Prévost et de Mongault ; mais celle des lettres à
Quintus, à Brutus, etc., est de M. Le Clerc. Dans
les ouvrages philosophiques on retrouve les traductions de Regnier Desmarais, de d'Olivet et du prés.
Bouhier, ainsi qu'une partie de celles de Morabin,
et les Académiques par de Castillon. M. Le Clerc a
traduit les traités de la Divination et du Destin ; les
Lois sont de M. Ch. de Rémusat, et le traité des
Devoirs est de la traduction de Gallon-la-Bastide.
Tous les fragments nouvellement recueillis, et qui
sont ici réunis pour la première fois, ont pour traducteur M. Le Clerc lui-même. En outre, ce savant
éditeur a enrichi son édition d'un discours préliminaire, d'une Vie de Cicéron, traduite de Plutarque,
et accompagnée de suppléments extraits en partie
de Middleton. Dans le 30e vol. se trouvent plusieurs index, composés d'après ceux d'Ernesti.
Enfin M. Le Clerc a joint partout, aux ouvrages de
Cicéron, des introductions historiques, philologiques ou littéraires, et des notes critiques et explicatives d'un grand intérêt. Nous ne devons pas
oublier, non plus, de citer la Notice bibliographique
sur les éditions et sur les traductions françaises des
OEuvres de Cicéron, par C. Breghot du Lut et A.
Péricaud ; c'est un morceau curieux, placé à la fin
du premier volume. M. Péricaud a publié, comme
supplément aux OEuvres de Cicéron, un petit volume intitulé : *Plaidoyer pour Servius Sulpicius,
contre L. Murena,* composé en latin par *Aonius
Palearius,* et traduit pour la première fois en
français par A. Péricaud ; Paris, Lefèvre, 1826,
in-8. de VIII et 87 pp. 3 fr. Le même littérateur
avait déjà donné, conjointement avec M. Breghot
du Lut : *Ciceroniana, ou recueil des bons mots et
apophthegmes de Cicéron, suivi d'anecdotes et
de pensées tirées de ses ouvrages, et précédé d'un
abrégé de son histoire, avec des notes ;* Lyon,
impr. de Ballanche, 1822, in-8. de 239 pages sans
la préface. Ouvrage tiré à 100 exemplaires : quelques-uns seulement portent le nom des auteurs.
Vend. 15 fr. Chardin.

— LES MÊMES OEUVRES complètes de Cicéron, en
latin et en français, publiées par Jos.-Victor Le
Clerc ; seconde édition. *Paris, Lequien (impr. de
Crapelet),* 1823-27, 36 vol. gr. in-18. 48 à 72 fr., et
plus en Gr. Pap. vél.

Édition revue et corrigée par M. Le Clerc, mais où
ne se trouvent point les index de la première. La
bibliographie cicéronienne y a été améliorée.
Le 1er vol., en deux parties, porte la date de 1827.

— OEuvres complètes de Cicéron (en latin
et en français), traductions nouvelles par
MM. Andrieux, Agnant, Bompart,
Champollion-Figeac, Charpentier, Chevalier, Delcasso, E. Greslou, de Guerle,
de Golbéry, Du Rozoir, Ajasson de
Grandsagne, Gueroult, Liez, J. Man-
geart, Matter, C.-L.-F. Panckoucke,
Péricaud, Pierrot, Stiévenart. *Paris,
Panckoucke,* 1830-37, 36 vol. in-8., à
7 fr. le vol., et plus en pap. vélin.

Quoiqu'elle renferme plusieurs parties bien traduites,
cette nouvelle collection n'a point fait tomber le
prix de la précédente ; mais l'une et l'autre ont entièrement effacé celle que le libraire Ignace Fournier avait précédemment publiée sous le titre suivant :

OEUVRES complètes de Cicéron, traduites en
françois, le texte en regard, avec la vie de Cicéron.
Paris, 1816-18, 29 vol. in-8. ▭ Ernesti Clavis ciceroniana. *Paris,* 1818, 2 vol. in-8.

Cette dernière, dont il existe aussi des exempl. en pap. vél., ne méritait pas le succès qu'elle a momentanément obtenu ; car il est maintenant bien reconnu qu'elle présente un texte fort incorrect, que les traductions anciennes qu'on y a recueillies ont été choisies et revues sans beaucoup de discernement, et qu'enfin la plupart des nouvelles traductions manquent à la fois d'exactitude et d'élégance.

Une édition de œuvres de Cicéron, en latin et en français, formant 5 vol. gr. in-8. à 2 col., fait partie de la collection d'auteurs latins publiée par les soins de M. D. Nisard (voy. COLLECTION).

ŒUVRES de Cicéron, traduction nouvelle. *Paris*, 1783-89, 8 vol. in-12.

Cette collection n'a pas été continuée ; elle ne contient que les ouvrages de rhétorique, et environ la moitié des discours. Les quatre prem. vol. sont de Desmeuniers, les trois suivants de Clément de Dijon, et les deux frères Gueroult ont donné le huitième. L'édition en 3 vol. in-4., dont il a été tiré des exemplaires en Gr. Pap., ne reproduit que les 6 premiers volumes de l'in-12.

— ŒUVRES philosophiques. *Paris, de l'impr. de Didot jeune*, 1795, 10 vol. in-18.

Collection d'anciennes traductions, assez mal imprimée et de peu de valeur, même en pap. vél.

Depuis la publication des cinq éditions des œuvres complètes de Cicéron, en lat. et en franç., indiquées ci-dessus, on ne réunit plus les traductions publiées séparément, et dont la collection, jadis fort recherchée, ne forme pas moins d'une soixantaine de vol. in-12. Il est donc inutile de donner ici la liste complète de ces dernières ; et nous devons nous borner à celles de ces traductions qui ont conservé leur réputation, ou qui, comme livres rares, ont une certaine valeur dans les ventes.

— Sensuyt ung tres noble et eloquent liure nõme Marcus Tullius Cicero de officiis contenant troys volumes parlant de iustice et iniustice, et des quattre vertuz cardinalles. (au recto du dernier f., en 3 lig.) : *Sy finist ce present liure intitule Marcus Tullius Cicero..... Imprime a Lyon Lan M. cccc. lxxxxiii. le xi iour de feburier*, pet. in-fol. goth. de 65 ff. non chiffrés, à longues lig., au nombre de 42 sur les pages.

Édition fort rare, vend. 13 fr. La Valliere, mais qui serait beaucoup plus chère aujourd'hui. On y voit au verso du titre une grande fig. en bois, laquelle est répétée au commencement de chaque livre.

Le prologue commence ainsi : *Pour ce que lumain lignage applicque ses cures et labours en diuerses estudes et adapte sa vie en plusieurs manieres de viure...* Plus loin le traducteur dit qu'il a traduit ce livre *a la priere et requeste de Tãneguy du chastel seigneur de regenaz pour lors grant escuyer de france et de present grant maistre de lostel de bretaigne mon especial seigneur et amy.* Ce Tanneguy du Chastel vivait à la fin du XVe siècle ; ainsi le traducteur ne saurait être Laurent du Premier fait, comme nous l'avons dit anciennement d'après l'abbé de Saint-Léger.

— Autre édition sous le même titre : *Imprime a Lyon par moi Claude Daygne, le xv iour de ianvier lan de grace mil quatre cens nonante six*, pet. in-fol. goth., sur le titre est une vignette gr. en bois représentant Marcus Tullius et Marcus Cicero (M. Péricaud, d'après l'exempl. de la biblioth. de Besançon). L'édition de *Lyon, Jean Cleyne*, 1496, in-fol., citée par quelques bibliographes, est peut-être la même que la précédente.

— SENSUYT le liure Tulles des offices..., translate en françoys par....... Dauid miffant conseillier gouuerneur de la ville de Dieppe... *Paris, Michel le Noir*, 1502, in-4. goth. signat. A—PIII. (Catalogue de la Bibliothèque du roi, * E, n° 90.)

Le dernier feuillet porte sur le recto la marque de Michel Le Noir que nous avons donnée T. I, col. 1857.

Une édition de *Paris, Mich. Le Noir*, 1509, in-4. goth., est portée dans le catal. de La Valliere, par Nyon, n° 3715.

— SENSUYT Tulles des ofûces, c'est a dire, des operations humaines, vertueuses et honnestes, traduict en francoys, par lequel chascun peult apprendre la vertu de bonnes meurs et dresser sa forme et maniere de viure qui est le souuerin bien et la felicité humaine. *Imprime a Paris par maistre Pierre Vidoue pour Galliot du Pre*, 1529, pet. in-8. de 127 ff. chiffrés, et 4 ff. pour la table, lettr. rondes.

Nous croyons que cette traduction est la même que la précédente.

Citons encore :

LES TROIS LIVRES de Marc Tulle Cicero des ofûces, ou devoirs de bien vivre, par Loys Maigret. *Paris, Chrestien Wechel*, 1547, in-4. (Bibliogr. des traductions de Cicéron.)

LES TROIS LIVRES des devoirs de Marc Tulle Ciceron a Marc son fils, trad. en françois par le sieur J. de Maussac, conseiller du roi en sa cour de Parlement. *Tolose, Raymond Colomiès* (vers 1623), in-12.

Recommandable à cause du nom du traducteur.

— Le livre de amytie de Cicerõ, Träslate de Latin en Francoys : Auecques la table selon lordre de Lalphabete, ou sont declairees plusieurs dictions, motz, fables et hystoires Pour plus facile intelligence du liure, Traduicte en Francoys par I. Collin Licenssier en Loix.... *au Pallays... en la boutique de Vincent Sertenas, et... en la boutique de Arnoul et Charles les Angeliers frères*, 1537. (à la fin) : *Nouuellement imprime a Paris le cinquiesme iour de Mars* 1537 *par Anthoine Boñemere pour Vincent Sertenas et Arnoul Langelier, Libraires.* Pet. in-8., signat. A—F.

Au verso du titre de ce volume se trouve la Supplique de Vincent Sertenas à monsieur le Preuost de Paris. On lit au bas : « Il est permis, et deffeses iusques a « trois ans. Fait le XVIII iour de Iuillet, Mil cinq « centz XXXVI. I. Morin. » Il est donc fort douteux que l'édition de *Lyon, Fr. Juste*, 1537, in-8., citée par Du Verdier, soit la première de cette traduction et même qu'elle existe sous cette date.

— Le liure de l'amitie de Ciceron (trad. par Jehan Collin) nouuellement reueu et corrige oultre la premiere impression. *Paris, Jean Real* (sans date), pet. in-8. de 44 ff.

L'exemplaire de ce traité qui est porté dans le catal. de Courtois, n° 525, était relié avec trois autres, savoir :

DE L'ESTAT de la vieillesse, translaté du latin en francoys (par Laurens de Premier faict). *Paris, Denys Janot*, 1540. (Il y a aussi une édition impr. par Jean Real, sans date, in-8. de 60 ff.)

PARADOXES de Ciceron, nouuellement traduictes. *Paris , J. Real* (sans date), de 19 ff.

SONGE de Scipio, extraict de la Republique de M.-T. Cicero. *Paris, Jean Real* (sans date), pet. in-8.

Le recueil a été vendu 25 fr., et les Offices, *Paris, Arn. et Ch. L'Angelier*, 1538, pet. in-8., mar. bl. 16 fr. 50 c. Veinant.

— Les œuvres de M. T. Cicero Pere d'eloquence Latine... Les offices. Liures III. — Le liure d'Amitié. — Le liure de Vieillesse. — Les Paradoxes. — Le Songe de Scipio. — Le tout diligemmēt reueu, corrigé et amēdé selon le Latin, et de noueau imprimé *à Paris par Denys Ianot Libraire et Imprimeur. On les vēd en la grād Salle du Palais... par Galiot du Pré...* 1539, pet. in-8. avec grav. sur bois.

Jolie édition dont les cinq parties annoncées sur le titre ci-dessus ont chacune leur titre particulier avec un gracieux encadrement gravé sur bois et une pagination particulière, savoir :

1° Les Offices, 139 ff. chiffrés y compris le titre, 4 ff. non chiffrés pour la table, plus 1 f. blanc dont le verso porte dans un charmant encadrement la marque ci-dessous :

Nul ne　　　　f'y frot te.

2° Le liure de Amytié. 44 ff. y compris le titre Au verso du dern. feuillet on voit cette marque :

avec ces devises : à gauche, Patere || Avt ab || stine, et à droite, nvl ne || si frot || te.

3° De l'estat de Vieillesse. 60 ff. y compris le titre. Au verso du dernier feuillet, la marque précédente, mais sans devises.

4° Les Paradoxes... 21 ff. chiffrés, plus 1 f. blanc portant au verso la marque précédente avec les devises. On trouve au verso du titre le Permys d'imprimer pour les Paradoxes et le Songe de Scipion, lesquelz, y est-il dit, *ont esté traduictz de noueau de Latin en Francoys* ; il est daté du 24 janv. 1538.

5° Le Songe de Scipio. 14 ff. chiffrés. Au verso du dernier 10 vers adressés *au lecteur* et suivis de la souscription.

Vend. 19 fr. 50 c. *mar. r.* Heber, et se payerait plus cher aujourd'hui.

Cette traduction a été réimpr. à *Paris, D. Janot,* 1541, in-8. — *Paris, J. Ruelle,* 1550, et *Maur. Mesnier,* 1552, in-16, aussi à *Lyon, Fr. Gaillard,* 1567, in-16. — ajousté de nouveau la demande du consulat de Q. Cicero, avec le livre de l'université. *Paris, G. Buon,* 1583, in-16.

— Les questions tusculanes de M. T. Ciceron ; nouuellement traduites du latin en francoys par Estienne Dolet, natif d'Orleans. *A Lyon, chez Est. Dolet,* 1543, pet. in-8.

Cette édition peu connue est portée sous le n° 1258 du catal. de la ville de Dôle, par M. Pallu, où l'on lui donne 224 pages, en ajoutant que l'exemplaire contient les trois premiers livres seulement, et qu'il se pourrait que les deux autres manquassent ; cependant, comme l'édition de 1549, ci-dessous, n'a que ce même nombre de pages, il faut croire que Dolet n'en a pas donné davantage.

— Les Questions tusculanes de Marc-Tulle Ciceron, nouuellement traduites de lat. en franç. par Estienne Dolet. *Paris, J. Ruelle,* 1544, in-16 de 133 ff. chiffrés et une table des sommaires.

Recherché et peu commun : 12 fr. *m. bl.* La Vallière ; et avec les épîtres familières, 11 fr. Heber.

— Les mêmes questions Tusculanes, trad. par Dolet. *Lyon, chez Sulpice Sabon, pour Antoine Constantin,* 1549, in-8. de 8 ff. et 224 pp. 17 fr. *mar. r.* Coste.

Le titre porte cette marque :

La traduction des Tusculanes, par J. de Besse, *Paris, Denys Moreau,* in-12, est de 1634 et non pas de 1534, comme on l'a impr. dans la *Bibliographie des traduct. de Cicéron,* où, par suite de cette erreur, elle est placée avant la traduction de Dolet.

— Tusculanes, trad. par Bouhier et d'Olivet, avec des remarques. *Paris,* 1747 ou 1766, 2 vol. in-12.

La première édition, *Paris,* 1737, est en 3 vol. ; les remarques y sont placées à la fin de chaque livre, et on trouve, à la suite du premier, la traduction du *Songe de Scipion,* qui n'est pas dans les autres éditions ; mais, malgré cet avantage, celle-ci est inférieure aux éditions suivantes, qui ont été retouchées et augmentées en différents endroits.

— ENTRETIENS sur la nature des dieux, trad. par d'Olivet, avec des remarques du président Bouhier. *Paris*, 1721, 3 vol. in-12, ou 1749, 1752, 1766 et 1775, 2 vol. in-12.

On peut joindre aux dernières éditions de ces deux traductions les Remarques sur Cicéron, par le président Bouhier. *Paris*, 1746, 1 vol.

— Marc Tulle Cicero, de Divination, nagueres translaté de latin en francois, par Robert de Souchay. *On les vend a Paris, a l'enseigne du Phœnix, pres le college de Reims* (privilége en date du 12 Juing 1545), pet. in-8. de 124 ff.

Bibliographie des traductions de Cicéron, par M. Péricaud.

— Traités sur l'amitié et la vieillesse, trad. en français par l'abbé Mignot. *Paris, Didot l'aîné*, 1780, in-12.

Cette édition, tirée à petit nombre, n'a pas été mise dans le commerce. Vend. en pap. fin, 8 fr. Lamy ; 15 fr. 50 c. mar. bl. Chateaugiron, et quelquefois de 4 à 6 fr.

— Les Paradoxes de M. T. Ciceron, translatez de latin en frācoys, avec tout le texte et aulcūes additions. *Imprime a Paris en la maison de maistre Raoal cousturier, Lan* 1512... *pour Guil. eustace*, in-4. goth. de 54 ff.

Un exempl. sur VÉLIN à la Biblioth. impériale.

— Les Académiques, avec le texte latin et des remarques nouv. (trad. par Dav. Durand), suivies du comment. latin de P. Valence. *Londres, Paul Vaillant*, 1740, pet. in-8.

Édition rare, vend. 45 fr. d'Hangard ; 63 fr. mar. r. dent. tab. Coulon ; 15 sh. Hibbert, et quelquefois de 10 à 12 fr.

La réimpression procurée par M. Capperonnier, *Paris, Barbou*, 1796, 2 part. in-12, contient de plus la traduction du commentaire de P. Valence, par Castillon ; mais, comme elle est impr. sur mauvais papier, il faut en prendre les exempl. en pap. fin. Un exempl. imprimé sur VÉLIN, d'une qualité inférieure, 36 fr. Chardin.

— LES LIVRES académiques, trad. en franç. en éclaircis par Castillon, avec les académiques de P. Valentia. *Berlin*, 1779, 2 vol. in-8.

On recherche encore assez cette traduction, quoique le texte latin n'y soit pas joint.

LES TROIS LIVRES des loix de Ciceron, traduictz de latin en francoys par Jehan Collin, licencier es lois... demourant a Chaalons en Champaigne. 1541, *on les vend a Paris... par Denis Janot*, pet. in-8. de 44 ff.

Après le privilége et l'épître liminaire se trouvent le *Songe de Scipion*, ensuite les *Loix*. (Bibliogr. des trad. de Cicéron.)

— Autre édition, *Paris, Gautherot et Jehan Fouché*, 1541, auec le Songe de Scipion, extraict du sixiesme liuure de la Republique... 8 ff., 72 et 19 ff. — plus les Annotations cōntenantz l'expositio de plusieurs lieux des dictz liures et la declaraciō de plusieurs dictiōs, histoire & fables. Auec deux tables pour trouuer promtement tout ce qui est noté et marqué. 1541, in-8. de 136 ff.

— TRAITÉ des lois, trad. par Morabin. *Paris*, 1777, in-12.

L'édition de 1719 est plus belle que celle-ci.

— EXCELLANT opuscule de Marc Tulle Ciceron, par lequel il se console soy mesme sur la mort de sa fille Tullia, rempli d'une infinité de belles sentences confirmées par histoires et exemples de grands et signalés personnages tant grecs que latins, n'aguère trouvé et mis en lumière : traduit du latin en françois par Benoist de Troncy, controlleur du domaine du Roy et Secrétaire de la ville de Lyon. *Lyon, Benoist Rigaud*, 1584, pet. in-8. de 80 ff. (Bibliogr. des traduct. de Cicéron, tome I des œuvres, in-8., p. 468.)

— LA CONSOLATION ou moyen de diminuer le deuil, traduit par Nicolas de Malfilaste, sieur du Mesnil Martimbos. *Rouen*, 1596, pet. in-12.

— TRAITÉ de la consolation, traduit par Jacq. Morabin. *Paris*, 1753, in-12.

Cette traduction a été réimpr. avec la Divination, trad. par Régnier-Desmarais. *Paris, Barbou*, an III, in-12.

Tout le monde sait que le traité de la Consolation, tel que nous l'avons, a été composé par Ch. Sigonius, d'après des fragments de Cicéron, qu'il a coordonnés et complétés par des suppléments. L'ouvrage parut pour la première fois sous ce titre : *M. Tullii. Ciceronis. Consolatio. liber. quo. se. ipsum. de filiæ morte. consolatus. est. nunc. primum. repertus. et. in. lucem. editus.* (a Francesco Vianello, Veneto). Venetiis, apud Hieron. Polum, 1583, in-8., et il fut réimpr. la même année à *Plaisance*, à *Paris*, à *Strasbourg*, à *Francfort*, et en plusieurs autres villes.

LA RÉPUBLIQUE de Cicéron, d'après le texte inédit, récemment découvert et commenté par M. Maï, avec une traduct. française, un discours préliminaire et des dissertations historiques par M. Villemain. *Paris, Michaud*, 1823, 2 vol. in-8. 10 fr. — Gr. Pap. vél. 18 fr. Impr. en même temps en 3 vol. in-12, 6 fr. — Nouvelle édit., revue et corrigée, *Paris, Didier*, 1858, in-8. 7 fr., et revue de nouveau 1859, in-18, 3 fr. 50 c.

Avant que Maï eût publié sa restitution de la République de Cicéron, d'après le palimpseste du Vatican, le professeur Bernardi avait donné un ouvrage intitulé : *De la République ou du meilleur gouvernement*, trad. des fragments de Cicéron. *Paris*, 1798, in-8., et 2e édit., 1807, 2 vol. in-12.

— TRAITÉ de l'orateur, traduit en français, le texte vis-à-vis de la traduction, avec des notes, par l'abbé Colin. *Paris, De Bure*, 1805, in-12.

Cette édition est bonne, ainsi que toutes celles dans lesquelles on a mis le texte latin : la plus belle est celle de 1751. On a encore :

L'ORATEUR de M.-T. Cicéron, latin et français, traduct. nouvelle (par MM. Daru et Nougarède). *Amsterd.*, 1787, in-12 ; et aussi : Dialogue de l'orateur, trad. par Dallier. *Paris*, 1809, in-8.

— ORAISONS choisies, trad. (de Villefore) revue par Noël-Fr. de Wailly, avec le lat. et des notes. *Paris, Barbou*, 1772 ou 1786, 3 vol. in-12.

Souvent réimprimé.

La traduction de Villefore, dont ces trois volumes sont extraits, a été impr. à Paris, en 1732, en 8 vol. in-12.

PHILIPPIQUES de Démosthènes et Catilinaires de Cicéron, trad. par Jos. Thoullier d'Olivet. *Paris*, 1744 ou 1771, in-12.

Ce volume se joint aux trois précédents.

On a aussi : *Discours choisis de Cicéron, trad. par Auger*, Paris, 1786, 3 vol. in-12 ; et les *OEuvres posthumes d'Auger*, Paris, an II (1793), 10 vol. in-8., sont en grande partie composées de traductions des discours de Cicéron, par ce savant.

DISCOURS choisis de Cicéron, traduct. nouvelle avec le texte en regard, par P.-C.-B. Gueroult, *Paris, Renouard*, 1819, 2 vol. in-8. 12 fr.

— L'oraison que fit Cicéron à César pour

le rappel de Marcus Marcellus, mise en françois par l'Esleu Macault. *Paris, Ant. Augereau,* 1534, pet. in-8. de 29 ff.

Un exempl. impr. sur VÉLIN est indiqué dans le catal. de la Biblioth. impér.

LES ORAISONS de M. Tul Cicero, pere de l'eloquence latine, translatees de latin en francoys, par Estienne Le Blanc, conseiller du roy; aussi par l'Esleu Macault, notaire, secretaire et vallet de chambre du roy, et par Claude de Cuzzy. Le tout nouuellement imprime a Paris, *l'an mil cinq cens quarante et vng... On les vend a Paris par Simon de Colines et par Arnoul et Charles les Angeliers,* 1541, pet. in-8. de cxxiij ff.

Volume rare. L'édition de *Paris, Vivant Gauterot,* 1541, pet. in-8., portée sous le n° 410 du premier catalogue de Veinant, est peut-être la même que celle-ci. Il y en a une autre de *Paris, Jean Ruelle,* 1545, in-16.

— ORAISON que feit M. T. Ciceron, opinant pour les provinces consulaires; le premier livre des Epistres que Ciceron escrit à son frere Quinte, l'epistre que Ciceron escrit à Octavius, depuis appelé Auguste. *Paris, Sim. de Colines,* 1544, pet. in-8. (Catalogue de Veinant, 1856, n° 411.)

— Trois oraisons de Ciceron, pour Marcellus; pour eslire Pompée chef de l'armée contre Mithridate et Tigrane, pour Ligarius; trad. par Est. Leblanc. *Paris, Simon de Colinez,* 1544, in-8.

— Les Philippiques de M. T. Ciceron, translatees de latin en francoy par l'Eslu Macault. *On les vend a Poictiers, a l'enseigne du Pelican,* 1549, in-fol. de cij ff. non compris le frontispice et la dédicace.

Au verso du feuillet I se trouve une gravure sur bois représentant François Ier sur son trône. L'achevé d'imprimer est du XXIIII décembre MDXLVIII.

— Oraison ou epistre de M. Tulle Ciceron a Octave, depuis surnommé Auguste Cæsar, tournee en francois. *On les vend a Lyon, pour Pierre de Tours,* 1542, pet. in-8. goth.

Dans ce vol. se trouvent les vers de Corneil. Sévère, poète romain, sur la mort de Cicéron, trad. en vers français, avec le texte latin. Ces traductions sont attribuées à Barth. Aneau par Du Verdier, qui donne la date de 1543. — Vendu 50 fr. *mar. r.* Cailhava. Il y en a une édition de *Paris, Conrad Badius,* 1546, in-4.

— La premiere partie des epistres familieres de M. T. Cicero, pere de l'eloquence latine, en laquelle sont contenuez les huyt premiers liures traduictz de latin en francoys (par Guillaume Michel de Tours). *Paris, Denis Ianot,* 1537, pet. in-8. de 8 ff. non chiffrés, 171 ff. chiffrés, et 1 pour la marque.

Édition impr. en lettres rondes, avec un privilége en caractères goth.

— La seconde partie.... en laquelle sont contenus les huyt derniers liures, nouuellement traduictz de latin en francoys : auec les arguments et sommaires sur chascune epistre. *Paris, D. Ianot,* 1539, in-8. de 234 ff. chiffrés et 2 non chiffr.

Cette traduction de Mich. de Tours n'est citée ni par La Croix du Maine ni par Du Verdier, et M. Péricaud n'en a pas fait mention. On n'en trouve que difficilement les deux parties réunies.

— Les epistres familieres de Marc Tulle Cicero, pere d'eloquence Latine, nouuellement traduictes de Latin en Francoys, par Estienne Dolet, auec leurs sommaires et arguments, pour plus grande intelligence d'ycelles. *Lyon, Estienne Dolet,* 1542, in-8. de 207 ff. y compris les trois ff. prélimin., et un pour la marque que nous donnons ici réduite.

24 fr. *mar. r.* Monmerqué.

— La même traduction, *Lyon, chez Jehan et François Frellon freres,* 1543, in-16 de 3 ff. prél., 288 ff. chiffrés, plus un f. dont le verso porte: *à Lyon, à l'escu de Coloigne,* 1543.

Cette traduction a eu beaucoup de succès, car, outre les deux éditions ci-dessus, nous pouvons encore citer celle de *Paris, P. Vidoue,* 1542, et trois autres éditions faites dans la même ville en 1547, 1549 et 1566, in-12. Elles sont toutes plus ou moins rares, mais la première est la plus recherchée. Celle de *Paris, Jean Real,* 1547, a 307 ff., au recto du dernier desquels on lit: *imprime a Paris, par Guillaume Thiboust.*

LES EPISTRES familieres de M. T. Ciceron, contenues en seize livres traduits en françois, partie par Estienne Dolet et le reste par François de Belle-Forest, le latin et le françois correspondant fidelement l'un à l'autre, selon l'edition latine de Paulus Manutius et autres hommes doctes; avec les argumens sur chacune epistre, table et maniere d'entendre la date des latins; derniere edition. *Douay, Jean Bogard,* 1623, in-12 de 6 ff. prél. et 751 pp. à 2 col., le français en italique et le latin en romain.

Réimpression d'un livre qui avait déjà paru à *Paris, chez H. Le Bé,* en 1566, et à *Lyon, pour Loys Cloquemin,* en 1579, pet. in-12.

— LETTRES familières, en latin et en françois, trad. par l'abbé Prévost. *Paris, Didot*, 1745, 5 vol. in-12.

Belle édition. La réimpression, augmentée de notes par Goujon, *Paris*, 1801, 6 vol. in-8., y compris les *Lettres à Brutus*, n'est pas belle. Le même éditeur a pareillement donné en 6 vol. in-8. les *Lettres de Cicéron à Atticus*, traduites par Mongault.

— LETTRES à M. Brutus et de M. Brutus à Cicéron, avec une préface critique (en réponse à Tunstall), et des notes (trad. de l'anglais de Middleton), pour servir de suppl. à l'histoire de Cicéron (par l'abbé Prévost). *Paris, Didot*, 1744, in-12.

Ce volume est ordinairement joint à l'Histoire de Cicéron (trad. de l'anglais de Conyers Middleton, par l'abbé Prévost). *Paris, Didot*, 1743 ou 1747, 4 vol. in-12.

Ces 10 volumes, qui étaient fort chers il y a quarante ans, sont aujourd'hui à très-bas prix, même en Gr. Pap.

— Brief recueil des plus belles sentences et manieres de parler des epistres familiaires de M. T. Ciceron, pere d'eloquence, rendues en françois et en italien. Livre fort utile et necessaire a un chacun qui desyre avoir la cognoissance des trois langues... et conferer l'une avec l'autre, pour sçavoir la propriété. *Paris, Arnould L'Angelier*, 1556, pet. in-8.

17 fr. 50 c. *mar.* Audenet; 19 fr. 50 c. Baudelocque.

— LETTRES à Atticus, avec des remarques et le texte latin, par Nic.-Hubert de Mongault. *Paris*, 1738, 6 vol. in-12.

Édition préférée à celle de 1714, aussi complète, mais moins belle.

LETTRE de Brutus à Cicéron (trad. par André Morellet). *Paris (Barbou,* 1783), in-32. [18632]

On prétend que ce petit volume n'a été tiré qu'à 25 exempl. : 15 fr. *m. r.* Méon; 12 fr. 50 c. Chateaugiron, et quelquefois moins.

— Les sentences de Marc Tulle Ciceron, ausquelles sont adioustées plus graves et illustres sentences, recueillies des plus excellents autheurs en langue latine, traduites d'icelle en rythme francoyse, par Guillaume Gueroult. *Lyon, Balth. Arnoullet*, 1550, 2 part. en 1 vol. pet. in-8. de 470 pp. chiffrées jusqu'à 459.

9 fr. salle Silvestre, en 1841; 30 fr. *mar.* Coste.

Le seconde partie de ce volume, commençant à la page 337, a un titre particulier, ainsi conçu :

RECUEIL *d'aucunes sentences notables, extraites des plus graves et illustres poetes et orateurs latins, recueillies par Piere Lagnier, et depuis traduites en rythme francoise par Guillaume Gueroult.* Elle se trouve quelquefois séparément.

Le Recueil latin de P. Lagnier porte le titre suivant :

M. T. CICERONIS sententiæ illustres, Apophthegmata item et Parabolæ sive similia aliquot, præterea ejusdem sententiæ, authore Petro Lagnerio, compendiensi. *Parisiis, ex officina Roberti Stephani*, 1546 (réimpr. en 1548), pet. in-8.

L'épître dédicatoire de cette édition est datée de Toulouse, *septimo Calend.* 1541, ce qui fait supposer une édition antérieure à 1546. MM. B. et P., dans leur notice bibliogr. sur les trad. franç. de Cicéron (voir col. 50), citent une édit. de Fr. Estienne, 1543, in-8., dont M. Renouard ne fait pas mention. Il y en a une de *Paris, Prevosteau*, 1550, in-12; une de *Lyon, Seb. Gryphius*, 1552, pet. in-8., et plusieurs autres. La plus complète est la jolie édition

d'*Anvers, Christ. Plantin*, 1582, in-16 de 488 pp. et 28 pour l'index. On y trouve p. 343 à 426 : *Desideri Jacotii de Philosophorum doctrina libellus ex Cicerone.*

Le grand compilateur Fr. de Belleforest a donné la traduction française de ce recueil sous ce titre :

LES SENTENCES illustres de M. T. Ciceron, et les apophthegmes, avec quelques sentences de pieté recueillies des œuvres du même : aussi les plus remarquables sentences tant de Terence que de plusieurs autres autheurs, et les sentences de Demosthene de n'agueres tirées du grec et mises en latin : le tout traduit nouvellement de latin en francois, respondant l'une à l'autre, selon l'ordre des autheurs susmis, par Fr. de Belleforest. *Paris, Mich. Jullian*, 1574, in-16.

Réimpr. à *Lyon, Ant. de Harsy*, ou *Jean Lertout*, 1582, in-16, et aussi, *Paris, Abraham Saugrain*, 1605, in-16.

PENSÉES de Cicéron, trad. par d'Olivet; 6e édit. *Paris*, 1764, in-12, ou toute autre édit. ancienne.

Citons encore :

PENSÉES de Cicéron, traduction nouvelle (par Louis Le Roy). *Paris*, 1802, 3 vol. in-18.

HISTOIRE des quatre Cicéron (par Macé). *La Haye*, 1715, in-12.

HISTOIRE de l'exil de Cicéron, par Morabin. *Paris*, 1725, in-12.

VIII. — TRADUCTIONS DES OUVRAGES DE CICÉRON EN ITALIEN, EN ESPAGNOL ET EN PORTUGAIS.

— Opere di M. T. Cicerone recate in volgare con note, prolegomeni ed indici e col testo latino in riscontro. *Milano, Bettoni*, 1826 et ann. suiv. 40 vol. in-8. à 6 fr. le vol.

— OPUSCOLI volgarizzati nel buon secolo della lingua toscana. *Imola*, 1850, gr. in-8.

— VOLGARIZZAMENTO degli Ufficii : testo inedito del buon secolo della favella toscana, ora pubbl. da Franc. Palermo. *Napoli*, 1840, in-12.

— OPERE morali di M.-T. Cicerone; cioè tre libri degli uffici, dialoghi dell'amicitia e della vecchiezza, sei paradossi, tradotti da Feder. Vendramino; alli quali opere s'è aggiunto il sogno di Scipione; riveduti e corretti da Lod. Dolce. *Vinegia*, 1563 ovvero 1564, in-8.

Ces traductions furent d'abord impr. à *Venise*, 1528, in-4.

Les mêmes traités de morale de Cicéron ont été trad. en italien par Alex. Bandiera, *Venise*, 1780, 2 vol. in-8., réimpr. plusieurs fois, ainsi que la traduction des discours de cet orateur (Venise, 1750), en 3 vol. in-8., et celle des Lettres familières (Venise, 1773), aussi en 3 vol., par le même Bandiera.

— GLI OFFICI tradotti da Gio. Agostino Zeviani. *Verona*, 1737, in-8.

Réimpr. plusieurs fois.

— TRATTATI della Vecchiezza, dell'Amicizia, il Sogno di Scipione, e l' Epistola di Cicerone a Quinto fratello. *Roma, Cipicchia*, 1819, in-8.

Impr. sur d'anciens manuscrits, et à petit nombre, par les soins de Guil. Manzi.

— TULLIO dell' Amicizia, volgarizzamento del secolo XIV (pubblicato da Luigi Facchi). *Firenze*, 1809, in-8.

— VOLGARIZZAMENTO di alcuni scritti di Cicerone (il Sogno e i Paradossi) e di Seneca fatto per don Giov. dalle Celles testo di lingua pubblicato da Giu. Olivieri. *Genova*, 1825, in-8.

— LE TUSCULANE, trad. da Gianfr. Galeani Napione; seconda edizione. *Pavia, Capurro*, 1813, 2 vol. in-8. 8 fr., et plus en pap. vél.

— IL SOGNO di Scipione di M.-T. Cicerone, tradotto e corredato di note del cav. Luigi Mabil. *Milano, presso Ant.-Fortunato Stella*, 1815, in-8. de 62 pp.

Édition tirée à *douze* exemplaires seulement, non compris un seul sur VÉLIN, qui se conserve à la Bibliothèque impériale (*Catal. de M. Van Praet*, III, n° 16).

— IL SOGNO di Scipione, voltato in greco per Massimo Planude, e fatto volgare per M. Zanobi da Strata, coronato poeta florentino. *Pisa*, 1816, in-8. de VIII et 57 pp.

Édition publiée par Séb. Ciampi, et tirée à 30 exemplaires.

— RETTORICA di Cicerone, recata in volgar florentino da Brunetto Latini. *Roma, per M. Valerio Dorico et Luigi fratelli*, 1546, in-4. sig. A—N.

Traduction du premier livre du traité *De Inventione*. Elle a été publiée par Fran. Serfranceschi. 9 fr. Libri, en 1847, et un exemplaire *non rogné*, 1 liv. 6 sh. le même, en 1859.

— La elegantissima doctrina de lo excellentissimo Marco Tullio Cicerone chiamata rhetorica noua translatata di latino in vulgare : per lo eximio maestro Galeoto da bologna, opera vtilissima & necessaria a gli omini vulgari e indocti, in-4. de 56 ff.

Édition sans chiffres, réclam. ni signatures, exécutée vers 1472, à longues lignes, avec des caractères ronds qui ressemblent beaucoup à ceux de Nic. Jenson ; les pages entières ont 24 lignes.

Cet ouvrage n'est point une traduction, mais bien un extrait de Cicéron, très-mal digéré, et également mal écrit. On croit qu'il a été composé en 1257. Gamba (*Serie*, 4° édit. 570) l'a placé sous le nom de *fra Guidotto da Bologna*, et lui a donné pour titre : *Fiore di Rettorica*. Il ne pensait pas qu'il y en eût véritablement une édition de 1478, et il a dit qu'à l'exemplaire de celle-ci, qu'il a vu à la bibliothèque de St-Marc, cette date avait été ajoutée à la main. Il avait payé le sien 100 lire. Une édit. de Bologne, *per li fratelli di Campii*, 1490, in-4., sous ce titre : *La Rhetorica di Cicerone in vulgare*, est citée par Panzer, I, p. 223, d'après Denis.

— LE FIORE di rettorica di Guidotto, posto nuovamente in luce da Bartol. Gamba. *Venezia, Alisopoli*, 1821, in-8. 3 fr., et plus en Gr. Pap. vél.

— RHETORICA noua de Marcho Tullio Cicerone, vulgarizata nouamente. *Venetia, per Jacobo di Penci da Lecho, del* 1502, *adi* 24 *septembrio*, in-8.

Ouvrage différent du précédent. Le *Sonetto colla coda*, qui, au dire du P. Paitoni, doit se trouver après le frontispice, manquait à l'exemplaire porté dans le catal. Crevenna, édit. de 1789, vol. III, p. 51.

— I TRE libri dell' Oratore, trad. ed illustrati con note (dal P. Cantova). *Milano*, 1771, overo *Venezia*, 1794, 3 vol. in-8.

— LE ORATIONI di Cicerone, tradotte da Lod. Dolce. *Vinegia, Gabr. Giolito*, 1562, 3 vol. in-4. 15 à 20 fr.

Réimpr. à *Naples*, 1734, en 3 vol. in-4. 10 à 15 fr.

Le même Dolce a traduit en italien le Dialogue de l'orateur, *Venise*, 1547 ou 1555, pet. in-8. Réimprimé avec le *Dialogo dell' eloquenza di Dan. Barbaro*, Venezia, 1745, in-4.

La traduction ital. des Discours de Cicéron par Fausto da Longiano, *Venise*, 1556, 3 vol. pet. in-8., est rare et de quelque prix en Italie, ainsi que celle des Lettres familières par le même traducteur, *Venise, Valgrisio*, 1544, pet. in-8.

On peut citer aussi celle des mêmes discours par Aless. Bandiera. *Venezia, Bettinelli*, 1750-71, 3 part. en 7 tom. in-8., avec des notes.

— LE EPISTOLE famigliari di Cicerone, trad. di nuovo (da Guido Loglio), e quasi in infiniti luoghi corrette da Aldo Manutio. *Vinegia, Aldo*, 1559, in-8.

Édition préférable à celles qui l'ont précédée, parce qu'elle contient des corrections attribuées à Alde

Manuce, qui, alors âgé de 12 ans seulement, ne peut guère cependant en avoir été l'auteur. Les mêmes corrections se retrouvent dans les édit. de 1563 et 1573.

Cette traduction parut d'abord, en 1545, *nelle case de' figliuoli di Aldo*, in-8. de 333 ff. Vend. 18 fr. (en 1811) ; et la même année, il s'en fit une réimpression qui n'a que 305 ff. chiffrés. Il est inutile d'indiquer les autres éditions qui ne sont que des réimpressions de cette dernière ; mais nous devons faire mention de celle de *Venise*, 1736, 2 vol. in-8., très-estimée, et qui renferme les *Notizie de' Manuzj stampatori*, par Apostolo Zeno. Il s'en trouve des exempl. en Gr. Pap.

— Le pistole di Cicerone ad Attico, fatte volgari da Matteo Senarega. *Vinegia, figliuoli di Aldo*, 1555, in-8. 5 à 6 fr.

Un exempl. en Gr. Pap. 13 liv. 13 sh. Hibbert; 12 liv. Hanrott ; 11 liv. Butler.

Dans l'édition de cette traduction, impr. à Venise en 1741, en 2 vol. in-8., le style a été retouché par l'abbé Chiari.

— LETTERE disposte secondo l'ordine de' tempi, traduzione di Ant. Cesari (e di Pietro Marocco). *Milano, Stella*, 1826-1831, 10 vol. in-8. avec le texte latin.

Traduction préférée à celle de Louis Mabil, *Padova*, 1819-21, 13 vol. in-8.

— Libros de Marco Tulio Ciceron, en que tracta de los Officios, de la Amicicia y de la Senectud ; con la Economica de Xenophon, traducido de latin en Romance castellano, por Francisco Fhamara catedratico de Cadiz : anadieronse agora nueuamente los Paradoxos y el Sueño de Scipion, traduzidos por Iuan Iaraua. *En Anuers, en casa de Iuan Steelsio*. (à la fin : *Fue impresso en Emberes en casa de Iuan Lacio*), in-8. de 18 ff. non chiffrés, et ff. 1 à 239, plus la marque de Steelsius.

Ce volume ne porte pas de date, mais l'approbation impr. à la fin est du x octobre 1545. La première édit. *Enveres, Steelsio*, est datée de 1546, in-12; la seconde, augmentée de la traduction des Paradoxes et du Songe de Scipion, par J. Jaraua, d'Anvers, *en casa de Juan Steelsio*, 1549, in-16, a 24 ff. non chiffrés et 400 chiffrés... Il y en a une d'*Alcala*, 1549, in-8., et d'autres d'*Anvers*, 1550, pet. in-8.; de Salamanque, *en casa de Pedro Lasso*, 1582, in-8., et enfin de Valladolid, 1746 et 1774, pet. in-4.

— LOS OFICIOS con los dialogos de la Vejez, de la Amistad, las Paradojas, y el Sueño de Escipion; traducidos por D. Manuel de Valbuena; tercera edicion. *Madrid*, 1818, 2 vol. in-8. 10 fr.

La prem. édit. est de 1777, et la seconde de 1788, aussi en 2 vol. in-8.

— LIBRO llamado arte de Amistad con maravillosos exemplos, traducido en castellano por F. Miguel Cornejo, monge del Cistel. *Medina del Campo, Pedro de Castro*, 1548, in-4. goth.

Antonio n'a pas parlé de ce livre qui contient la traduction des dialogues de Cicéron et de Lucien sur l'amitié. 13 fr. Santander. Une traduction espagnole du traité de Cicéron, *De Amicitia*, par D. Fern. Casas, a été impr. à Cadix, en 1841, in-8.

ORACIONES selectas de Ciceron traducidas por L. P. Andres de Jesucristo. *Madrid*, 1776-81, 7 vol. in-12.

ORACIONES escogidas de Ciceron en latin y castellano por Rodrigo de Oviedo. *Madrid, Sancha*, 1785 (réimpr. en 1805 et en 1827), 2 vol. in-8.

QUATRO Oraciones de Ciceron contra Catilina, trad. en lengua española por Andr. de Laguna. *En Madrid, Fr. Martinez*, 1532, in-8. de 2 ff. non chiffrés et 55 ff. chiffrés.

Antonio ne parle pas de cette édition qu'indique M. Graesse; mais il cite celle d'Anvers, Ch. Plantin, 1557, in-8.

— EPISTOLAS ó Cartas, vulgarmente llamadas familiares, traducidas por el Dr Pedro Simon Abril, latin y español. *Valencia*, 1797, 4 vol. pet. in-8.

Une des meilleures traductions qui aient été faites en espagnol. Elle a d'abord été impr. à Valence, *en la impr. de Vicente Cabrera*, 1578, in-4.; ensuite à Madrid, *por Pedro de Madrigal*, 1589, in-8., et plusieurs fois depuis. Le même traducteur avait déjà donné une traduction espagnole en trois livres des Lettres choisies de Cicéron, avec le texte latin, *Tudelæ*, 1572, in-8.; réimpr. sous un titre espagnol à Saragosse, par Juan Solar, 1588, in-8., et à Barcelone, 1600, même format.

— TRATADOS da Amisade, Paradoxos e Sonho de Scipião de Cicero, traduzidos de latim em linguagem portugueza por Duarte de Resende. *Coimbra, por Germão Galharde aos* XXX *dias de Agosto*, 1531, in-4. goth.

LIBRO di M. T. Ciceram chamado Catão mayor ou de Velhice, traduzido por Damião de Goez. *Veneza, por Stevam Sabio*, 1534, in-8.

Ces deux traductions ont été réimprimées à Lisbonne, la première en 1790, in-8., et la seconde en 1845, in-8.

IX. — TRADUCTIONS DES OUVRAGES DE CICÉRON
EN ALLEMAND, EN ANGLAIS, ETC.

— Cicero's Werke, übers. von Verschiedenen. *Stuttgart*, 1827-43, in-16, tom. 1 à 70, et 77 à 79. En 1859 il ne paraissait encore que les vol. que nous indiquons, lesquels ont coûté 12 thl. 5 gr.

— AUSERLESENE Reden, übersetzt und erläutert von Fr.-C. Wolff. *Altona*, 1805-1819, 5 vol. in-8., 9 thal. 1/5. — Neue Sammlung auserlesener Reden, übersetzt und erläutert von F.-C. Wolff. *Ibid.*, 1823-24, 2 vol. in-8., 3 thl. 2/3.

— SÄMMTLICHE Briefe übers. und erläutert von C.-M. Wieland und fortges. von F.-D. Gräter. *Zürich*, 1808-21, 7 vol. in-8., 15 thal. — Réimpr. à *Leipzig*, 1840-41, 12 vol. in-16.

Il faut joindre à cette traduction les remarques de C.-Fr.-D. Moser, publiées par Fr.-Leb. Martz. *Ulm*, 1828, in-8.

— Ein Buch so M. T. Cicero der Römer zu seynem Sune Marco Von den tugentsamen ämptern vnd zugehörungen — in Latein greschriben Welchs auff begern Herren Johansen von Schwartzenbergs verteutschet vnd volgends Durch jne in zyerlicher Hochteutsch gebracht mit . vil Figuren vnd teutschen Reimen. *Augspurg, Henr. Stayner*, 1531, 16 *Febr*. in-fol. de 8 ff. préliminaires et 91 ff. chiffrés.

Première édition de cette version faite par J. Neuber, chapelain de Joh. von Schwartzenberg, lequel en a seulement corrigé le style. Il y en a deux autres édit. faites dans la même année 1531, l'une le 29 avril et l'autre du 7 décembre. Elles ont toutes les trois le même nombre de feuillets et elles sont ornées de 103 fig. sur bois, par H. Burgkmaier, au nombre desquelles il y a un portr. de Schwartzenberg, d'après Albert Dürer; malgré cela elles ne paraissent pas avoir une grande valeur en Allemagne, car le plus haut prix qu'en rapporte M. Graesse ne dé-

passe pas 12 flor. Ce bibliographe décrit sous le titre de *Der Teütsch Cicero, Augsp., Heinr. Stayner*, 7 Decbr. 1531, un in-fol. de 8 ff. prél. et 91 ff. avec fig. en bois par H. Scheufelein et Burgkmaier, ouvrage formant le second volume des Œuvres de Johann von Schwartzenberg, et il ajoute que cette édition, conservée à Wolfenbüttel, était restée inconnue aux bibliographes; ensuite il fait connaître les différentes édit. qui ont été faites tant de ce second volume que de la traduction du traité *De Officiis* dont nous venons de parler. Une autre version allemande de ce dernier traité, sans nom de traducteur, avait déjà été impr. à Augsbourg, par Hans Schobser, en 1488, in-fol. de 64 ff. sig., a—i. Elle a été payée 7 flor. 12 kr. à la vente Butsch.

La version allemande du même traité, faite par Chr. Garve, par ordre de Frédéric le Grand, a paru à Breslau, en 1783, en 4 vol. in-8.; il y en a une sixième édition, sous le titre d'*Abhandlung über die menschlichen Pflichten in drei Büchern*, Breslau, 1819, avec *Philos. Anmerkungen und Abhandl. zu Cicero's Büchern von den Pflichten*, Breslau, 1819, 3 vol. in-8.

M. Graesse termine son article sur les versions allemandes de Cicéron par la description d'un Manuel formulaire judiciaire (*Spiegel der wahren Rhetoric, Vss M. T. Cicero vnd andern getutscht*, Friburg in Briszgaw, d. frietrichen Riederer, 1493), in-fol. de 8 ff. non chiffrés et 180 ff. chiffrés à 43 lig. par page, et il renvoie, pour les autres traductions de ce célèbre orateur en allemand, à la liste assez complète qu'en ont donnée Schweiger, vol. II, p. 222 et suiv., et Engelmann dans sa *Biblioth. scriptorum classic.*, 1858, p. 437 et suiv.

THE LETTERS of M. Cicero to several of his friends, with remarks by Will. Melmoth. *London*, 1753, 3 vol. in-8.

Traduction fort estimée, et qui a été impr. plusieurs fois, soit en 3, soit en 2 vol. in-8.

Wil. Melmoth en a aussi donné une des traités de la Vieillesse et de l'Amitié, *Lond.*, 1773, 1777, 1785 et 1807, in-8. Les autres principales traductions anglaises de Cicéron sont : les Lettres à Atticus, par Guthrie, *London*, 1752, 2 vol. in-8. (et rev. par J. Jones, 1806, 3 vol. in-8.); — autre trad. par Wil. Heberden, 1806 ou 1826 et 1835, 2 vol. in-8., et avec les Lettres familières, trad. par Melmoth, 1847, le tout en un seul vol. gr. in-8.; les Lettres à Brutus, par Conyers Middleton, *London*, 1743, in-8.; les Académiques et le *De Finibus*, par Guthrie. *London*, 1744, in-8.; les Devoirs, etc., par le même, *London*, 1755 et 1820, in-8.; le traité de l'Orateur, et le Dialogue de l'Orateur, par Guthrie et Jones, 1755 ou 1808, 2 vol.; les Oraisons, par Guthrie, *London*, 1745, 3 vol. in-8., et 1806, 2 vol.; De la Nature des dieux, par Th. Franklin, *London*, 1741 ou 1775, et Oxford, 1829, in-8.

— The boke of Tulle of olde age translated out of latyn in to frenshe by laurence de primo facto... *and enprynted by me symple persone William Caxton in to Englysshe... the xij day of August the yere of our lord* .M. CCCC. *lxxxi*. pet. in-fol. goth.

Ce volume est distribué ainsi : de Senectute, z en 6 ff., le premier tout blanc ; a 6 ff., le 6e bl.; b à h, de 8 ff. chacun ; i 3 ff., *Tullius his book of friendship*, trad. par le comte de Wyrcestre (Worcester), sig. a—d4, par 8 ff. ; ensuite *two declarations made by Publius Cornelius Scipio and Caius Flaminius, competitors for the love of Lucresse, shewing wherein True Honour and Noblesse consists* (écrit par Banatusius Magno Montanus), d5 à f par 8 ff., en tout 120 ff.

Quoique ce livre ne soit pas aussi rare que la plupart

des autres impressions de Caxton, il a été vend.
13 liv. 12 sh. Askew; 115 liv. Roxburghe; 210 liv.
Willett, et 87 liv. White Knights ; ensuite 47 liv.
5 sh. Brockett, et revendu par Sotheby, 275 liv. en
décembre 1857 ; *the olde age,* seul, 30 liv. en 1851.
Il y a un exemplaire à la Biblioth. impériale.

Dans celui du *British Museum,* se trouve ajouté une
réimpression de la traduction du traité *De Amicitia,* du comte W. de Wyrcester, in-fol. de 18 ff.
goth., d'après l'édit. de Caxton, jusqu'au f. d 4.

— THE THREE bookes of Tullyes. Offyces, bothe in
latynge Tonge and in Englysshe, lately translated
by Roberte Whytenton. *London, by W. de Worde,*
1534, in-8., sig. jusqu'à X par 8 ff.

Cité par Herbert comme étant la plus ancienne impression pour laquelle W. de Worde ait fait usage de
caractères italiques. 3 liv. 15 sh. Hone Tooke.

— POLITICAL works (les traités des Lois et de la République, par Fr. Barham). *London,* 1846, 2 vol. in-8.

CICERO (*Q. Tullius*). Commentariolus de
petitione consulatus ad M. Tullium fratrem : accedunt aliæ quædam Quinti
scriptorum reliquiæ. Recensuit Chr.-
G.-G. Schwartze. *Altorfi,* 1719, in-8.

Opuscule réimpr. avec des notes de B.-Fr. Hummel,
à Nuremberg, en 1791, in-8., et avec des variantes
et des notes par J. Hoffa, à Leipzig, en 1837, in-8.

Le *Commentariolus* de Quintus a paru pour la première fois avec les *Orationes* de son frère, à Rome,
en 1471, in-fol.

CICERO relegatus. Voy. LANDO.

CICOGNA (*Emm.-Ant.*). Iscrizioni veneziane, raccolte ed illustrate da E.-A. Cicogna. *Venezia,* 1824-43, 5 vol. in-4.
60 fr. [25445]

— Saggio di bibliografia veneziana composto da Em. Ant. Cicogna. *Venezia,
tipogr. di Merlo,* 1847, in-4. ou gr.
in-8. de 950 pp. 25 fr.

Impr. aux frais de B. Valmarana.

— Biografia de' dogi di Venezia, 25459.

CICOGNARA (*Leopoldo*). Storia della
scultura dal suo risorgimento in Italia
sino al secolo di Napoleone, per servire
di continuazione alle opere di Winckelmann et di d'Agincourt. *Venezia, Picotti,* 1813-18, 3 vol. in-fol. avec 131 pl.
100 à 120 fr. [9672]

Cet ouvrage est un des meilleurs que l'Italie ait produits sur les beaux-arts. Cependant l'auteur n'est
pas exempt de préventions en faveur de son pays ;
c'est ce qu'a démontré M. Emeric David dans la
Revue encyclopédique, ann. 1819 et 1820. Il a été
tiré 20 exemplaires de ces trois vol. en pap. vél.,
et un seul en pap. vél. rose.

Une nouvelle édition, revue et augmentée par l'auteur,
a paru à *Prato,* chez les frères Giachetti, 1824, en
7 vol. in-8., avec un atlas in-fol. contenant 183 pl.,
77 fr. Libri, et coûte 100 fr. Il y en a aussi une de
Prato, 1823, 3 vol. in-fol. max., avec 185 pl. au
trait.

— Le Fabbriche più cospicue di Venezia

misurate, illustrate ed intagliate dai
membri della veneta reale Accademia
delle belle arti. *Venezia, tipogr. Alvisopoli,* 1815-20, 2 vol. in-fol. max.
[9905]

Ouvrage capital, contenant 250 pl., avec des descriptions pour lesquelles MM. Ant. Diedo et Ant. Selva
ont été les collaborateurs de M. Cicognara : 280 fr.
Vend. 195 fr. Boutourlin. Quelques exemplaires ont
les pl. au lavis.

Il y a une nouvelle édition, *con copiose note ed aggiunti di Fr. Zanotto,* Venezia, Antonelli, 1838
et ann. suiv., 2 vol. in-fol. : 300 fr. Le texte ital. y
est accompagné d'une version française et de nouvelles planches gravées.

— Catalogo ragionato dei libri d' arte e
d'antichità posseduti dal conte Cicognara.
Pisa, Capurro, 1821, 2 vol. in-8. 14 fr.

— Gr. Pap. vél. 28 fr. [31521]

La bibliothèque de M. Cicognara a été achetée par le
Pape, en 1824, et réunie à celle du Vatican. Elle
aurait pu être plus complète et surtout plus riche
en beaux ouvrages modernes; mais ce qui la distingue particulièrement, c'est une réunion nombreuse de dissertations sur des objets d'art et d'antiquités, imprimées récemment en Italie et peu connues hors de ce pays. Des notes très-curieuses,
rédigées avec goût et précision, rendent ce catalogue
fort intéressant. On regrette seulement qu'il se soit
glissé un trop grand nombre de fautes d'impression
dans les noms propres et dans les chiffres.

MEMORIE spettanti alla storia della calcografia,
del conte Leopoldo Cicognara. *Prato, fratelli
Giacchetti,* 1831, in-8. de 260 pp. et atlas in-fol. de
16 pl. 18 fr. [9513]

LE PREMIER siècle de la chalcographie, ou catalogue raisonné des estampes du cabinet du comte
Cicognara, avec un appendice sur les nielles du
même cabinet, par A. Zanetti. *Venise,* 1837, in-8.
avec 2. pl. (Ecole d'Italie.) 22 fr. [9559]

Le titre de ce livre annonce aussi : *École allemande,
flamande et française, par C. A.* (Charles Albrizzi),
de VIII et 154 pp.

OPERE di Leopoldo Cicognara, vol. 1; Belle arti
in generale. *Venezia,* 1834, in-8. 6 fr. 25 c. [9170]

Cette collection devait renfermer tous les ouvrages
de l'auteur, à l'exception de la *Storia della scultura,* mais elle n'a pas été continuée.

— De Bello, 9143.

CICOGNINI (*Jacopo*). Voy. l'article GALI-
LEI (*Galileo*).

CICQUOT. Les paraboles de Cicquot, en
forme d'avis, sur l'estat du roy de Navarre. *Paris, jouxte la copie impr. à
Lyon,* 1593, pet. in-8. de 64 pp. [23620]

Libelle facétieux et fort piquant contre Henri IV;
l'auteur s'y est caché sous le nom de Cicquot ou
Chicot, ou de cour vivant alors. 4 fr. La Vallière;
6 fr. Méon ; 12 fr. 65 c. mar. r. Chateaugiron.

CID Ruy Diaz (Cronica del). Voy. ci-dessus, tom. I, col. 1881-82, et au mot Es-
COBAR (*Juan* de).

CIEÇA de Leone (*Pedro*). Primera parte
de la chronica del Peru, que tracta la
demarcacion de sus provincias, la descripcion dellas, las fundaciones de las
nuevas ciudades, los ritos y costumbres
de los Indios, con otras cosas estrañas
dignas de saberse. *Sevilla, en casa de*

Clckx (*J.*). Flora bruxellensis, 5124.

Martin da Montesdoca, 1553, in-fol. goth. [28682]

Ouvrage rare : il devait avoir quatre livres , mais le premier seul a paru. Vend. 9 liv. 9 sh. Hibbert ; 4 liv. 10 sh. Heber ; 24 fr. Rætzel, 110 fr. en novembre 1857.

Ce livre a été réimpr. à Anvers, par Mart. Nucio, 1554, in-8. de 8 ff. prél. et 204 pp. chiffrées, avec fig. sur bois, dont plusieurs répétées. Vend. 11 fr. 50 c. Langlès ; 26 fr. Gohier ; 80 fr. *mar. r.* Duplessis ; 21 flor. Butsch. On cite aussi une édit. d'Anvers, Bellero, sous la même date.

— La prima parte della cronica del regno del Peru, tradotta dalla lingua spagnuola nella italiana da Agostino Cravaliz. *Roma, Valerio e Luigi Dorici,* 1555, in-8.

À la réimpression de cette traduction, qui a été faite à Venise, chez Giordano Ziletti, en 1560, pet. in-8., se réunissent les deux parties suivantes, lesquelles sont traduites de l'espagnol de Lopez de Gomara (voy. GOMARA).

LA SECONDA parte dell' historia del Peru, e delle Indie occidentali, nel quali, oltre all' imprese del Colombo e di Magallanes, si tratta particolarmente della presa del re Atalipa, delle perle , dell' oro, delle spetiere , ritrovate alle Molucche : e delle guerre civili tra gli Spagnuoli. *Venet., Giordano Ziletti,* 1564, pet. in-8.

Ces deux parties, 25 fr. Libri, en 1857.

LA TERZA parte delle historie dell' Indie, nel qual si tratta particolarmente dello scoprimento della provincia di Jucatan, e delle cose fatte da Spagnuoli nella conquista di Messico, ed altre provincie : nuovamente tradotte di lingua spagnuola , da Lucio Mauro. *Venet., Giord. Ziletti,* 1566, in-8.

Il est difficile de trouver les trois parties ensemble ; elles ont été réimprimées collectivement sous le titre d'*Historia delle nuove Indie occidentali ,* Venet., Camillo Franceschini, 1576, in-8.

Cette chronique a été trad. en anglais par John Stevens, sous ce titre :

THE SEVENTEEN years Travels of Peter de Cieza through the mighty kingdom of Peru and Popayan in South America. *London,* 1703, in-4.

CIECO (*Francesco*). Torneamento fatto in Bologna l' anno 1470, per ordine di Giovanni II Bentivoglio (in ottava rima). (*Bononiæ, Baltaz. Azzoguidi, circa* 1471), in-4. de 68 ff. à 24 lig. par page. [14663]

Opuscule très-rare, imprimé sans chiffres, réclames ni signatures ; il commence, sans aucun titre, par le vers suivant :

Per quello excelso e glorioso fructo.

L'auteur s'est nommé dans la pénultième octave de son poëme, de cette manière :

Io me chiamo francesco pouercllo
Cieco...

Vend. seulement 18 fr. Brienne-Laire, mais susceptible d'un plus haut prix. (Voy. *Catal. Capponi,* p. 120.) — Voy. SALA di Malagigi.

CIECO (*Fr.* BELLO detto il). Libro darme e damore nomato Mambriano composto per Francesco Cieco da Ferrara. — *Impressvm Ferrariæ per Ioannem Macciochivm Bondenvm , die .xx. Octob.*

M. D. IX , pet. in-4. à 2 col. sig. A—Z et *a—i,* fig. en bois, lettres ital. [14760]

Édition très-rare, et la première de ce poëme assez estimé, qui appartient au cycle de Charlemagne. Les cahiers y sont de 8 ff. chacun, excepté le dernier qui n'a que 6 ff. Vend. 130 fr. en 1829 ; 7 liv. 17 sh. 6 d. Heber ; 8 liv. Libri, en 1859.

— Il Mambriano. *Venezia, per Giorgio de' Rusconi,* 1511, in-4. fig. en bois.

Édition portée dans le catalogue Capponi, p. 120 (et dans la *Bibliografia* de Melzi, 221).

— Libro d'Arme e d'Amore nomato Mambriano. *Venetia, per Georgio di Rusconi,* 1513, in-4. fig. en bois.

Autre édition rare, comme le sont presque toutes celles que nous allons citer, vend. 4 liv. 8 sh. *m. r.* Heber.

— Mambriano istoriato composto per Francesco Cieco Ferrarese qual ne la lingua volgare obtene il primo loco.—*Impresso in Milano per magistro Gotardo da Ponte ad Instãtia de Io. Iacobo de legnano τ Fratelli. M. cccc. xvii. a di. iij de Zugno,* in-8. demi-goth. à 2 col. sig. A à Z et AA à II, fig. en bois.

Vend. 4 liv. 11 sh. Hibbert ; 5 liv. 5 sh. Heber. Réimprimé à Venise, chez Bindoni, en 1518, in-8.

— LIBRO d' Arme e d' Amore nomato Mãbriano. *Venetia, per Joanne Tachuino da Trino adi xvj. de Luio,* 1520, in-4. fig. en bois. En *mar. vert* par Duru, 8 liv. 15 sh. Libri en 1859.

— Libro Darme e Damore nomato Mambriano composto per Francesco Cieco da Ferrara. (à la fin) : *Impresso in Venetia p Benedetto τ Augustino fratelli de Bindoni. Adi. xxj. de Luio. M. d. xxiij.* in-8. goth. à 2 col. fig. en bois.

Vend. 14 fr. Floncel ; 6 fr. La Valliere.

— LO STESSO. *Venetia, Fr. d'Alessandro Bindoni e Maffeo Pasini,* 1528, pet. in-8.

Vend. 1 liv. 1 sh. Hibbert.

— LO STESSO. *Venetia, per Aurelio Pincio,* 1532 (in fine : 1533), in-8. à 2 col. (*M. Melzi*).

L'édition de Venise, *per Bartolomeo detto l'Imperadore,* 1549, in-8. goth. à 2 col. fig. sur bois, a été vend. 72 fr. *mar. r.* Libri, en 1847 ; 1 liv. 14 sh. en *vél.* Libri, en 1859 ; et avec l'*Orlandino,* édit. de 1550, 151 flor. Butsch, en 1858.

CIECO d'Ascoli. Voy. CECHO.

CIECO Veneto. Voy. GIOVANNE.

CIENTO novelle. Voy. CENTO.

CIFAR. Coronica d'l muy esforçado y esclarescido cauallero Cifar nueuamente impressa. En la qual se cuentan sus famosos fechos de caualleria. Por los q̃les τ por sus muchas τ buenas virtudes vino a ser rey del reyno de Menton. Assi mesmo eñesta hystoria se contiẽe muchas τ catholicas doctrinas τ buenos enxẽplos : assi para caualleros como para las otras personas de qualquier estado. Y esso mesmo se cuẽtan los señalados fechos en cauralleria de Garfin τ Roboan hijos del

---

Cieciaporcl (*Luc.-Ant.*). Storia fiorentina , 25509;
Cieco da Forli. Stanze, 14808.

Clenfúgos (*N.-Alv.* de). Obras, 15317.

cauallero Cifar. En especial se cuenta la historia de Roboan, el qual fue tal cauallero que vino a ser emperador del imperio de Tigrida.—*Fue impressa esta presente historia del cauallero Cifar en.... Seuilla por Jacobo cronberger. alemã. E acabosse a .ix. dias del mes de Junio año de mill. d. x xij. años* (1512), in-fol. goth. à 2 col. de C. (100) ff. chiffrés, y compris le titre et la table. [17540]

Roman mystique, très-rare, dont n'ont parlé ni Antonio ni Panzer : ce qui nous a engagé à en donner ici le titre *in extenso*, d'après l'exemplaire de la Biblioth. impér., acheté 250 fr. à la vente du card. de Loménie, en 1792.

CIGNANO (*Lodovico*). Quieta solitudine di varii ragionamenti, discorsi, et concetti, ove si narra quattro nauigationi fatte d' alcuni mercanti, e delle lor merci, et di sua fortuna, paesi, et popoli da lor veduti : &c. *Bologna*, *per Alessandro Benacci*, 1587, in-4.

Ouvrage très-peu connu (*Biblioth. grenvil.*, p. 154).

CIMBER. Archives curieuses de l'histoire de France, depuis Louis XI jusqu'à Louis XVIII, ou Collection de pièces rares et intéressantes, telles que chroniques, mémoires, pamphlets, lettres, vies, procès, testaments, exécutions, siéges, batailles, massacres, entrevues, fêtes, cérémonies funèbres, etc., publiées d'après les textes conservés à la Bibliothèque royale, et accompagnées de notices et d'éclaircissements, par M. L. Cimber et F. Danjou. *Paris, Beauvais*, 1834 et ann. suiv. in-8. [23291]

Ce recueil est divisé en deux séries : la 1re, de Louis XI à Louis XIII, est en 15 vol. — La 2e série, de Louis XIII jusqu'à la mort de Louis XIV, a 12 vol., dont le dernier, impr. en 1840, est terminé par une table alphabétique des pièces contenues dans cette série. Les 27 vol. 120 à 150 fr.

CIMBRIACI poetæ Encomiastica ad Federicum imp. et Maximilianum regem Romanor. *Venetiis, apud Aldum*, 1504, in-8. [12672]

Opuscule de 24 ff., très-rare. Les 5 petits poëmes qu'il contient ont été réimpr. *Argentinæ apud Schurerium mense maio* M. D. XII, in-4. de 22 ff. non chiffr., lettres rondes, et dans les *Scriptores rer. germanic.* de Freherus, édition de 1637, tome II, page 190, et édition de 1717, tome II, page 415. L'auteur, caché sous le nom de Cimbrianeus, se nommait Giovanni Stefano (*Biographie univers.*, première édit., LXIII, p. 26).

CIMONE. Il Marito frate e becco, novella di messer Cimone, scritta per divertire una brigata nel carnevale dell' anno 1787. *Venezia*, 1813, in-8. [17498]

Opuscule tiré à 50 exemplaires seulement : 17 sh. *mar. v.* Hibbert.

CINELLI Cardone (*Gio.-Nicola*). R sbadita sopra la potenza d'Amore. *Todi, Annibale Alvigi*, 1627, pet. in-8.

Poëme singulier dans lequel l'auteur a évité de faire usage de la lettre *r*. 4 sh. Libri.

CINELLI Calvoli (*Giov.*). Biblioteca volante, continuata da Dion.-And. Sancassani : edizione 2ª in migliore forma ridotta e arricchita (da Ang. Calogerà). *Venezia, Albrizzi*, 1734-47, 4 vol. in-4. [31661]

Vend. 31 fr. Floncel ; 20 fr. Libri, en 1857.

Ces notices d'opuscules de tous genres forment un recueil intéressant pour les bibliographes ; mais l'édition que nous citons, et qui est disposée par ordre alphabétique, n'est point complète, car elle ne renferme que 20 cases (ou *scanzie*). Il faut donc y joindre la 21e et la 22e case, impr. à *Rovereto*, en 1733 et 1736, in-8., ainsi que la 23e case, impr. à Rome, en 1739, in-8. La première édit. des 20 premières cases a paru partie par partie, à Florence, à Naples, à Rome, à Parme, etc., de 1677 à 1718, dans le format pet. in-8. ; on la trouve difficilement complète.

CINI (*Giovambatista*). La Vedova, commedia, Firenze, apresso i Giunti (à la fin : *Nella stamperia delli figluoli di Loranzo Torrentino...*), 1569, pet. in-8. de 4 et 176 pp. [16682]

Pièce en vers. Gamba la dit très-estimée et rare. Cependant il ne la porte qu'à 3 lire. — 5 sh. 6 d. Hibbert.

— Voy. AMBRA (*Fr.* d').

— Vita di Cosmo de Medici, 26535.

CINNAMUS (*Jos.*). V. BYZANTINA, n° 14.

CINO da Pistoja (*Sinibaldi*). Le sue rime, raccolte da Nic. Pilli. *Roma, Ant. Blado*, 1559, in-8. de 47 ff. [14454]

Édition rare et citée par l'Académie de la Crusca ; elle est ordinairement accompagnée des poésies de Bonaccorso da Montemagno : vend. 17 sh. Pinelli ; 45 fr. 50 c. Libri en 1847.

Les poésies de Cino de Pistoja avaient déjà été impr. en 1518 dans un recueil que nous indiquons à l'article DANTE, et en 1527 dans un autre recueil impr. chez Junta (voyez SONETTI). Il en existe une édition plus complète, en 2 livres, donnée par Faustino Tasso, *Venezia*, 1589, in-4. ; mais où l'on a inséré parmi les productions de Cino des poésies d'un auteur plus moderne.

VITA e poesie di messer Cino da Pistoja, novella edizione rivista ed accresciuta dal autore Seb. Ciampi. *Pisa, Capurro*, 1813, in-8. portr. 7 fr. et plus en pap. vél. [30710]

Il faut joindre à ce volume : *Supplimento, osia parte sesta*. Pisa, Prosperi, 1814, in-8. de 48 pp.

La première édit. de la vie de Cino a paru à Pise, en 1808. Il y en a une troisième, *rivista ed accresciuta, Pistoja, presso i Manfredini*, 1826, 2 vol. in-8.

DUE sonetti inediti di Cino da Pistoja, pubbl. per le nozze del sig. Donizio Fonti colla sig. Gius. Franchini, 1829, in-4. Impr. pour être distribué en cadeaux.

CINONIO (*Marcantonio* Mambelli). Osservazioni della lingua italiana ; conte-

---

Cimarelli (*V.-M.*). Istorie d' Urbino, 25600.

Cinagli (*A.*). Monete de' Papi, 21610.
Cinciarino (*P.*). Musica piana, 10144.

nenti il trattato delle particelle, e le annotazioni fatte al medesimo (ed il trattato de' verbi). *Verona, Berno,* 1722, 2 vol. in-4. 8 à 10 fr. [11085]

Ces deux ouvrages estimés sont du jésuite Marc-Antoine Mambelli, qui les donna sous son nom académique de *Cinonio,* qu'on a conservé dans les édit. faites depuis. La seconde partie a été publiée la première, par les soins de Giuliano Bezzi, sous ce titre :

DELLE Osservationi della lingua italiana, parte seconda, in cui si tratta delle particelle, *Ferrara,* per *Gius. Gironi,* 1644, in-12, et avec un nouveau titre ne portant pas les mots parte seconda, *Ferrara, Alf. è Gio.-Batt. Maresti,* 1659, in-12.

La première partie ne vit le jour qu'en 1685 ; elle a pour titre : *Osservazioni.... Parte prima, continente il trattato de' verbi.* Forli, per G. Selva, 1685 ; elle est accompagnée des observations d'Alessandre Baldraccani.

Les deux parties ont été réimpr. à Ferrare, chez *Bernardino Pomatelli,* 1709 et 1711, en 2 vol. in-4. avec de nombreuses notes de Barruffaldi, sous le nom d'un *Academico Intrepido.* C'est sur cette dernière qu'a été faite celle de 1722 ci-dessus, laquelle a été suivie de celle de Venise, 1739, aussi en 2 vol. in-4. Enfin il a paru, de 1809 à 1813, dans la collection des classiques de Milan, une édition des *Osservazioni di Cinonio* (les *Particelle* seulement) avec des observations et des augmentations de Louis Lamberti, qui est mort sans avoir terminé son travail. Elle forme 5 vol. in-8., et il en a été tiré 12 exempl. en Gr. Pap. vélin.

CINQ AUTEURS (les). La comédie des Tuilleries ; = l'Aveugle de Smyrne, tragi-comédie. *Paris, Ant. Courbé,* 1638, 2 part. in-4. [16429]

Les cinq auteurs de ces deux pièces sont, comme on le sait, Lemetel de Boisrobert, P. Corneille, Rotrou, Colletet et Lestoille, auxquels on peut ajouter le cardinal de Richelieu lui-même. La dédicace de chacun de ces deux ouvrages est signée Jean Baudouin, et le prologue des Tuilleries est de Desmarets. Les deux pièces, 21 fr. de Soleinne.

Il y a une édition de ces mêmes pièces, impr. dans un format in-12 très-petit et avec des caractères fort menus, et qui paraissent être les mêmes que ceux de la Bible dite de Richelieu. Ces pièces ne portent pas de nom de ville, mais elles ont paru à Paris, chez Aug. Courbé, en 1648, avec des titres gravés par Daret. La première des deux, rel. en *m. citr.* par Trautz, est portée à 70 fr. dans le catal. in-18 publié en 1859, chez M. Potier, et la seconde, reliée de la même manière, à 50 fr. dans ledit catalogue.

CINQUE (*Tob.* Pide). Voy. CIACCONIUS.

CINTHIO (*Gyraldi*). Voy. GIRALDI.

CIOFANI (*Herculis*) sulmonensis in P. Ovidii Nasonis halieuticon scholia ad Leonardum Salviatum. *Venetiis (Aldus),* 1580, pet. in-8. [12521]

Pièce de 8 ff. seulement, dont un exempl. impr. sur pap. bleu a été vend. 5 liv. 7 sh. 6 d. Heber ; 2 liv. 12 sh. 6 d. Butler.

On a du même auteur :

IN P. OVIDII Nasonis metamorphosin ex XVII. antiquis libris observationes. *Venetiis (Aldus),* 1575, in-8. de 22 ff. et 223 pp.

IN P. OVIDII elegias de nuce et de medicamine

faciei observationes. *Venetiis (Aldus),* 1581, in-8. de 30 pp. et 1 f. blanc.

IN OVIDII Nasonis fastorum libros (observationes). *Venetiis, Aldus,* 1579, in-8.

Ces différents opuscules de Ciofani sont rares, et surtout le dernier, lequel, réuni à deux autres (le premier et le troisième ci-dessus), a été vend. 9 liv. 9 sh. Butler.

CIONI (*Gaetano*). Novelle ; voy. GIBALDO Giraldi.

CIOTTI (*J.-B.*). Fiori di ricami ; voy. l'article OSTAUS.

CIPRIANI (*Gio.-Bat.*). Monumenti di fabbriche antiche, estratti dei più celebri autori. *Roma,* 1796, 1799 e 1803, 3 vol. gr. in-4. fig. [29354]

Les volumes de ce bel ouvrage se composent de parties séparées, qui ont chacune pour objet un édifice remarquable, et sont précédées d'un frontispice et d'un f. de texte gravé. Le premier volume donne la description de dix édifices, et contient 86 pl. ; le second a 79 pl. pour onze édifices, et le troisième 136 pl. pour quatorze. Vend. 81 fr. Hurtault ; 25 fr. 50 c. Boutourlin.

CIRBIED. Grammaire de la langue arménienne, où l'on expose les principes et les règles de la langue d'après les meilleurs grammairiens et les auteurs originaux, et selon les usages particuliers de l'idiome haïkien ; rédigée pour les élèves de l'école spéciale des langues orientales, par J.-Ch. Cirbied. *Paris, Everat et Barrois,* 1823, gr. in-8. 10 à 12 fr. [11711]

Il faut joindre à cette grammaire :

LETTRE de M. Cirbied à M. Klaproth, suivie de la réponse de M. Klaproth à M. Cirbied, 1823, in-8.
— LETTRE au sujet de la Grammaire de M. Cirbied, par M. Zohrab, publiée par M. Saint-Martin, 1823.
— RÉPONSE de M. Zohrab à une brochure publiée par M. Cirbied, 1823. — Le tout n'a été vendu que 13 fr. Saint-Martin, et 19 fr. Klaproth.
— Recherches, 28036.

CIRILLO. Voy. CYRILLI.

CIRINO (*Andreæ*) de venatione et natura animalium libri quinque ; eduntur insuper ex scriptura loca quæ ad venationem vel animantium naturam spectant ; venatorum acta, venatorumque deorum mythologiæ. *Panormi, Jos. Bisagni,* 1653, in-4. [10411]

Volume rare en France : 12 fr. Reina ; 7 fr. Huzard. La première édit., *Messanæ,* 1650, in-4., est intitulée : *Variarum lectionum, sive de venatione heroum libri duo, etc.*

On a du même auteur : *De Natura et solertia canum liber singularis,* Panormi, 1653, in-4. 10 fr. 50 c. Huzard ; 33 fr. en juin 1860. [5708], et *De Natura piscium,* même date, in-4.

Cippico (*Cam.*). Guerre de' Veneziani, 25468.

Circourt (le comte *Albert* de). Hist. der Mores Mudejares, etc., 26212.

Ciriacy (*F.* de). Histoire de l'art militaire chez les anciens, 8553.

Cirillo (*G.*). Aquila, 25787.

CIRINO d'Ancona ; voy. HISTORIA di Liombruno.

CIRNEO (*Pietro*), sacerdote d'Aleria. Istoria di Corsica, divisa in quattro libri ; recata per la prima volta in lingua italiana ed illustrata da Giov.-Carlo Gregorj. *Parigi, tip. di Pihan Delaforest*, 1834, in-8. [25877]

Édition tirée à petit nombre, et non destinée au commerce. Le texte latin qui y est joint a pour titre : *Petri Cyrnæi, clerici aleriensis, de rebus corsicis libri IV.*

CIRNI (*Ant. Franc.*). Commentarii divisi in IX libri, nei primi dei quali sono descritti alcune fatti delle guerre di religione accadute in Francia sotto il regno di Carolo IX ; la celebrazione del concilio di Trento ; il seccorso invitato da Filippo II, per liberare la fortezza d'Ornano ; e l'impresa dell' isola del Pignone, etc., sono con diligentia narrate le cose succedite nell' isola di Malta quando nel 1565 fu assidiata dall' armata di Solimano. *Roma*, 1567, in-4. [23068]

Recueil peu commun, dont l'auteur avait déjà publié : *Successi dell' armata catholica destinata all' impresa di Tripoli, di Barbaria, della presa delle Gerbe, e progressi dell' armata Turchesca.* Venet., 1560, in-8. — Réimpr. à Florence, en 1567, in-8. [28391]

CIRONGILIO. Los quatros libros del Cav. D. Cirongilio. Voy. VARGAS (*Bern.*).

CIRVELLUS Darocensis hispanus (*Petrus*). Tractatus arithmetice practice qui dicitur Algorismus. *Parisiis, per Guidonem Mercatorem*, 1495, in-4. de 14 ff. [7865]

41 fr. quoique piqué de vers, Libri, en 1857.
Réimpr. à Paris, en 1513, in-4.

— Cursus quatuor mathematicarum artium liberalium : hoc est arithmeticæ, geometriæ, perspectivæ ac musicæ. *Compluti, apud Michaelem de Eguia*, 1526, in-fol. goth. [7799]

Antonio cite cette édition et ajoute qu'il y en a peut-être une de 1523 ; mais il ne fait pas mention de celle de 1516, qui est portée dans le catal. de Salvá, n° 2705, ni de celle de 1577 (*Compluti, apud Andr. de Renaut*), in-fol.

— REPROBACION de las supersticiones y hechizerias. Libro muy utile y necessario a todos los buenos christianos, etc. *Salamanca, por Pierres Tovans*, 1540, in-4.

L'auteur établit dans cet ouvrage la différence qui existe entre la véritable astrologie et la fausse, qu'il rejette parmi les superstitions. Son livre a été réimprimé à Séville par André de Burgos, en 1547, et de nouveau, avec des additions de Pierre-Ant. Jofreu, à Barcelone, en 1628.

Pierre J. Ciruelo (en latin Cirvellus) a écrit soit en latin soit en espagnol un certain nombre d'ouvrages qui se rapportent à la théologie, à la philosophie ou aux mathématiques. Antonio en donne les titres

dans sa *Biblioth. nova*, II, p. 184-186. Pour son commentaire sur la *Sphæra mundi*, voy. SACROBUSTO.

CISIANUS. Disz ist der Cisianus tzu tutsch vnd ein yeglich wort gibt ainen Tag. (à la fin) : *Disz hat getruckt Gintherus tzainer von Reutlingen tzu Augspurg*, 1470, une feuille très-gr. in-fol.

Ce calendrier allemand en vers hexamètres est fort rare. On en a donné un pareil en latin dans le *Serapeum*, vol. IX, p. 36 et suiv., et, selon M. Grausse (II, p. 189), il en a paru un autre en Bohême, par W. Hanka, sous ce titre : *Nejstarsi posud zndmé Hexametry Ceske v Cisiojanu XIII věka.* n *Praze*, 1853, in-8. de 16 pp. avec fac-similé.

CISINGE (*J. de*). Voy. PANNONII opera.

CISSÉ (*Jacq.* de Courtin de). Ses Euvres poétiques (les amours de Rosine, diverses Odes, et les Hymnes de Synèse, trad. du grec eu vers françois). *Paris, Gilles Beys*, 1581, pet. in-12. [13815]

Vend. 7 fr. 75 c. Labey.

CITHARA. Nova longeque elegantissima Cithara ludenda carmina, cum gallica tum etiam germanica : Fantasiæ item, Passomezi, Gaillarde, Branles, Alemandes, etc., nunc primum ex musica in usum Citharæ traducta per Sebastianum Vreedman mechlinensem : his accessit luculenta quædam et perutilis institutio qua quisque citra alicuius subsidium artem Citharisandi facillime percipiet. *Lovanii, Excudebat Petrus Phalesius... anno 1568*, pet. in-4. obl. de 4 ff. et 52 pp. [10196]

Le second livre de ce recueil a été publié par le même imprimeur en 1569 ; il se compose de 46 ff.

CITO (*Giov.-Ant.*). Voy. CARACCIOLO (*Pascal*).

CIVERI (*Giov.-Pietro*). Quattro canti di Ricciardetto innamorato, con gli argomenti e allegorie, et le sue figure di messer Cipriano Fortebraccio. *Venetia, Agostino Zoppini, e nipote*, 1595, in-8. [14782]

Réimpr. *Piacenza, Giov. Bazachi*, 1602, in-8. — *Venet., Imberti*, 1605, in-12. — *Venet., Aless. Vecchi*, 1613, pet. in-8., catal. Crofts, n° 2998. — *Verona, Merlo*, 1619, in-12. — *Trevigi*, 1674, et *Viterbo*, 1683, pet. in-8.

Ciscar (*Fr.*). Reflexiones, 8486.
Citadella (*C.*). Il Ruggiero, 14793. — Pittori ferraresi, 31017.
Citonelli (*Aless.*). Lettere in difesa della lingua volgare, 11009. — La Tiposcomia, 18348.
Citry de La Guette (*B.-A.* de Broe, de). Histoire des deux triumvirats, 22946.
Cittadella (*G.*). Dominazione carrarese in Padova, 25419.
Cittadini (*Celso*). Opere, 11060.
Cittadini (*Luigi*). Storia di Arezzo, 25568.
Civiale. Organes génitaux urinaires, 7558. — Lithotritie, 7570-72.

Cirode (*P.-L.*). Arithmétique, 7877. — Algèbre et géométrie, 7880.

CIVILE honesteté pour les enfans, avec la manière d'apprendre à bien lire, prononcer et escrire qu'auons mise au commencement. *Paris, Richard Breton,* 1560, pet. in-8. de 32 ff. chiffrés. [3899]

Édition impr. en caractères cursifs français, lesquels, d'après le titre de l'ouvrage que nous venons d'indiquer, ont ensuite été nommés vulgairement *caractères de civilité*. Vend. (avec la *Sophonisba*, trad. du Trissino, édition de 1559, mêmes caractères) 1 liv. 3 sh. Heber, part. 1re, n° 6379. Depuis, les deux morceaux réunis dans cet exemplaire ayant été rel. séparément, ont été revendus, le premier en *mar*. *bl*. par Trautz-Bauzonnet, 320 fr. Veinant, et le second, en *mar. vert* par Duru, 160 fr. Veinant. Ainsi, au moyen d'une dépense d'environ 60 fr., ce qui n'avait coûté primitivement que 30 fr. au plus a produit une somme de 480 fr.

Le caractère cursif français, gravé par Nic. Granjon, à Lyon, en 1556, selon Fournier, a d'abord été employé dans cette ville par Robert Granjon, en 1557 (voy. notre article RHINGHIER). Danfrie et Richard Breton en firent aussi usage à Paris pour l'impression des *Divins oracles de Zoroastre*, par. Fr. Habert (voy. HABERT), et s'en sont servis plusieurs fois depuis pour la *Civile honesteté*. Nous n'avons pas eu occasion de vérifier si ce dernier ouvrage est le même que la *Civilité puérile* décrite ci-dessous; ou bien celui que La Croix du Maine attribue à Mathurin Cordier, et qui, suivant lui, après avoir paru sous le titre de *Miroir de la jeunesse pour la former à bonnes mœurs et civilité de vie*, à Poitiers, pour Pierre et Jean Moines frères, 1559, in-16 (et selon Du Verdier, *à Paris, chez Jean Bonfons*, sans date, in-16), aurait été réimprimé à *Paris, chez Jean Ruelle et autres*, en 1560, sous celui de *Civilité puérile*, titre que porte un ouvrage du même genre, qui, à dater de 1625, s'est réimpr. journellement dans toute la France et à l'usage des petites écoles.

CIVILITÉ (la) puerile distribuée par petitz chapitres et sommaires : a la quelle auons adjousté la discipline et Institution des enfans, traduitz par Jehan Loueueau. *En Anvers, chez Jehan Bellers a l'enseigne du Faucon, l'an Mil Vc lix.* (à la fin) : *de l'imprimerie d'Amé Tauernier*, pet. in-8. feuillets non chiffrés, sign. a—k par 8 et l par 4.

Volume imprimé en caractères cursifs imitant parfaitement l'écriture française en usage au milieu du XVIe siècle. C'est, à ce qu'il paraît, la réimpression de la *Civilité puérile*, traduite d'Erasme, *Lyon, Jean de Tournes*, 1559, in-16, que cite Du Verdier à l'article JEAN LOUVEAU. Le texte de l'édition d'Anvers est précédé d'une épître intitulée *à maistre Gabriel Meurier amateur de lettre et ami de vertu; Amé Tauernier desire Salut*, sous la date du 18 février 1559. La *Civilité* finit au recto du 8e f. du cah. G., et la *Discipline* commence au verso du même feuillet, et se termine au recto du 1er f. du cahier L. L'éditeur, *pour non vendre papier blanc*, a ajousté, à la suite de la Discipline, *Admonition à la jeunesse pour garder les commandemens de Dieu*, laquelle finit au recto du dernier f. où se voit la marque de l'imprimeur, c'est-à-dire un grand arbre avec la devise *Virtutis tempore flores*. *Mo rus*. Très-peu d'exemplaires de ce livre curieux se sont conservés ; celui que nous a communiqué M. le comte Léon de Laborde est même le seul que nous ayons vu, et il y manque le cahier f.

— LA CIVILITÉ puérile et Thresor de la jeunesse. *Lyon, Ben. Rigaud*, 1583, in-16 de 63 ff. chiffrés.

Pour un autre traité de *Civilité puerile et honneste*, impr. en 1537, voyez SALIAT.

M. Jérôme Pichon a donné dans les Mélanges de la *Société des bibliophiles françois* (1850) p. 330, un article curieux sur le caractère dit de Civilité.

CLADERA (D. *Christobal*). Investigaciones historicas sobre los principales descubrimientos de los Españoles en el mar Oceano, en el siglo XV y principios del XVI, en respuesta a la Memoria de M. Otto sobre el verdadero descubridor de America. *Madrid*, 1794, pet. in-4., avec 6 portr. 10 fr. et plus en Gr. Pap. [28472]

Le mémoire d'Otto ou Ottaö, auquel Chr. Cladera répond dans le présent livre, est inséré dans le 2e vol. des *Transacções filosoficas* dudit Otto, p. 263, n° 53.

CLAIN (*J.-T.*). Historia britannica, hoc est, de rebus gestis Angliæ commentarioli tres. *Ambergæ*, 1603, in-12.

Un exemplaire en *mar. r.*, annoncé comme extrêmement rare, est porté à 2 liv. 12 sh. 6 d. dans le gros catalogue de Bohn, 1841, n° 6573, où l'édit. d'Oxford, 1640, en *v. br.*, est cotée 10 sh. 6 d.

CLAIRVILLE (de). Entomologie helvét. Voy. SCHELLENBERG.

CLAMADES. La historia del muy valiente y esforçado cavallero Clamades, hijo del rey de Castilla, e de la linda Claramonda, hija del rey de Toscana. *En Burgos, por Alonso de Melgar*, 1521, pet. in-4. goth. de 20 ff. sign. A—C, titre gravé. [17534]

Édition très-rare, qui fait partie du Recueil décrit sous le n° 2248 du catal. Gaignat. Ce recueil, composé de 5 pièces, rel. en *mar.*, ne fut vendu que 18 fr. en 1769; mais le Clamades seul et sans reliure a été payé 230 fr., salle Silvestre, en juillet 1858.

Clamades a été réimpr. *à Alcala, en Casa de Juan Gracian*, 1603, in-4. de 20 ff.; et aussi à *Lerida*, sans date, in-4. Vend. 13 sh. chez Hibbert.

— Cy commence le livre de Clamades fils du roy despaigne et de la belle Clermonde, fille du roy Carnuant (trad. de l'espagnol par Ph. Camus). — *Cy finist Clamades livre tres excellēt et piteux*, pet. in-fol. [17088]

Ce roman de chevalerie appartient au cycle de Charlemagne ; il a été rédigé d'après un poème du roi Adenetz, resté inédit.

L'édition sans lieu ni date dont nous venons de donner le titre doit être la première de ce roman, car nous la jugeons imprimée à Lyon, vers 1480 : elle est à 2 col. de 26 lignes, en caractères goth., absolument semblables à ceux de la première édition des *Quinze joies du mariage*, indiquée ci-après (voy. QUINZE joyes). Les feuillets au nombre de 34 sont partagés en 5 cah., sous les signat. *a ij* jusqu'à *e ij* ; le prem. cah. a 7 ff., les trois suivants 8, et le dernier 3 seulement. La souscription finale est placée au milieu de la seconde colonne du dernier feuillet.

— Clamades. — *Cy finist Clamades ung liure tres excellent et piteux. Lyon, par Jean de la Fontaine, 1488, le* VIIIe *iour de nouembre*, pet. in-4. goth. de 37 ff. à longues lig., au nombre de 24 sur les pages, sign. *a—e.* (Biblioth. de l'Arsenal.)

Édition non moins rare que la précédente, et qui n'a cependant été vend. que 12 fr. Gaignat. Le prem. f. dont le recto est blanc porte au verso une gravure en bois. Le texte commence sans aucun sommaire.
L'édition de Paris, *Mich. Le Noir*, sans date, in-4. goth. a été payée 4 liv. 2 sh. White Knights, et 4 liv. 6 sh. (piqué de vers) Heber.

— Lhystoire et chronique du noble et vallāt clamades filz du Roy despagne et de la belle clermonde fille du roy Carnuant. *Imprime a Troyes, par guillaume le rouge demourant en la grant rue deuant la belle croix* (sans date) ; au recto du dernier f. : *Cy finist lhystoire du noble Clamades*, et au verso la marquè de Guillaume Le Rouge, in-4. goth. de 28 ff. avec fig. sur bois.

Cette édition, imprimée avant l'année 1512, est fort rare et d'un grand prix.

— La même histoire. (à la fin) : *Cy finist clamades liure excellent. Imprime a Vienne par maistre pierre Schenck.* (sans date), in-4. goth., sign. a—d par 8 et e par 7, avec une fig. sur bois au verso du dernier f.

M. Yemeniz a placé dans son riche cabinet un exemplaire incomplet de cette édit. jusqu'alors inconnue.

— Lhystoire et cronicq̄ du noble *z* vaillāt clamades..... — Cy fine lhistoire.... nouuellement imprime *a Paris en la rue neufue nostre Dame a lenseigne de lescu de france* (sans date), in-4. goth. à longues lignes, fig. sur bois.

245 fr. *mar. bl.* d'Essling.
L'édition de *Paris, Jean Bonfons* (sans date), in-4. goth. à 2 col. a aussi de la valeur. — Citons encore l'édition de *Lyon, Jacques Guichard*, 1590, et celle de *Lyon, Chastelard*, 1620, in-8., sous ce titre : *Histoire du noble et vaillant chevalier Clamades, fils de Marchaditas, roy de Sardine, et de la belle Clermonde, fille du très puissant roy Carnuat.*
Il existe un roman français sous cet autre titre :
AVENTURES de Clamades et de Clarmonde, tirées de l'espagnol par Me L. G. D. R. (le Gendre de Richebourg). *Paris*, 1733, in-12.

CLAMENGIS. Voy. CLEMENGIS.

CLAMORGAN (*Jean*). La chasse du loup nécessaire à la maison rustique, in-4. [10440]

Ce traité, que l'on trouve quelquefois séparément, fait partie de la Maison rustique, édition de *Paris et Lyon, Jacq. du Puys*, 1576, in-4., et de plusieurs autres éditions anciennes de ce livre (voy. LIGER). Nous n'en connaissons pas d'édit. imprimée à part ;

car celle de *Genève, par Gabr. Cartier*, 1597, in-8. de 43 pp., fig., dont un exemplaire, rel. en *mar. v.* par Trautz-Bauzonnet, a été vendu 91 fr. Veinant en 1860, était un morceau dépendant de la *Maison rustique*, sous la même date.

CLAPIS (*Petr.-Ant.* de). Oratio in laudem civitatis Heidelbergensis ac principis Corheni Palat. et Bavar. ducis ; carmen elegiacum Rob. Gaguini in laudem ejusdem civitatis et principis ; carmen sapphicum ad idem Joan. Gallinarii heidelb. ; Distica Jo. Gallinarii ad heidelbergenses. (*absque nota*), in-4. [26595]

La dédicace de Jo. Gallinard à Conr. Schelling est datée *non. octobr.* 1499.

CLAPPERTON. Journal of a second expedition into the interior of Africa, from Badagry in the Bright of Benin to Saccatoo, by the late captain Clapperton ; to which is added the journal of Richard Lander, from Kano to the sea coast, partly by a more eastern route. *London, Murray*, 1829, gr. in-4., avec une carte et le portrait de Clapperton. 15 à 18 fr. [20863]

Ce journal fait suite à la relation du voyage de Denham et Clapperton (voy. DENHAM). Il en a été donné une édition in-8., et ensuite une traduction française, sous ce titre :
SECOND VOYAGE dans l'intérieur de l'Afrique, depuis le golfe de Benin jusqu'à Sackatou, par le capitaine Clapperton, suivi du voyage de Richard Lander de Kano à la côte maritime ; trad. de l'anglais par MM. Eyriès et de La Renaudière. *Paris, Arth. Bertrand*, 1829, 2 vol. in-8., avec 2 cartes et un portrait. 12 fr.

CLAPPIERS (*Fr.* de), sieur de Vauvenargues. Généalogie des comtes de Provence depuis l'an 1577 jusqu'au règne d'Henri IV, traduite du latin (par Fr. du Fort). *Aix*, 1603, pet. in-4. [28868]

Cette traduction avait déjà été imprimée à la suite des *Statuta Provinciæ*, édit. d'Aix, 1598 (voy. dans notre article COUTUMES, le paragraphe *Provence*) ; et le texte latin avait paru sous ce titre :
DE PROVINCIÆ Phocensis comitibus, Francisci de Clapiers, domini de Vauvenargues.... brevis historia. *Aquis Sextis*, 1584, pet. in-8.

Il a été réimprimé dans la seconde édition des *Centuriæ causarum* du même auteur, à Lyon, 1589, in-fol., et aussi à Lyon, chez Masset, 1616, in-4. selon le P. Lelong, qui ne cite pas l'édition de 1603 de la traduction dont le catalogue Boullard, III, 4595, donne le titre. Le jurisconsulte auteur de cet ouvrage est plus connu sous le nom de Clapiers ou Clappier que sous celui de Vauvenargues auquel plus tard un de ses descendants devait procurer une illustration durable (voy. VAUVENARGUES).

CLARAC (M. le comte de). Musée de sculpture antique et moderne, ou description de ce que le Louvre, le Musée royal des antiques et les Tuileries renferment en statues, bustes, bas-reliefs, inscriptions ; accompagnée d'une iconographie grecque et romaine, et de plus de 1200 sta-

Clapmarius (*Arn.*). Res publicæ, 3962.

tues antiques, tirées des principaux musées et de diverses collections de l'Europe. *Paris, Victor Texier (de l'impr. royale)*, 1826-1853, 6 vol. de texte gr. in-8. et 6 vol. de pl. gr. in-4. oblong. [29526]

Cette importante collection a été publiée en seize livraisons, au prix de 20 fr. chacune, et en pap. vélin, 40 fr. Après la mort de l'auteur, elle a été continuée sur ses manuscrits par M. Alfred Maury, et achevée en 1853 sous la direction de M. Victor Texier, graveur, propriétaire de l'ouvrage. Nous joignons ici l'avis que cet éditeur a donné pour collationner ces douze vol. et en préparer la reliure. Cet avis était accompagné d'un nouveau titre ainsi conçu :

Musée de sculpture antique et moderne contenant la description historique et graphique du Louvre, les bas-reliefs, inscriptions, autels, cippes, etc., du musée du Louvre, les statues antiques des musées et collections de l'Europe, les statues modernes du Louvre et des Tuileries, une iconographie égyptienne, grecque, romaine et française, par feu M. le comte de Clarac, continué sur les manuscrits de l'auteur par M. Alfred Maury. *Paris, à l'imprimerie impériale*, M DCCC LIII.

L'avis suivant est nécessaire pour collationner les exemplaires qui ne sont pas reliés.

Texte.

Tome I. Titre et faux titre, avant-propos, p. I à LII, 11e livraison.
Partie technique, Histoire du Louvre, p. 1 à 688, 1re, 2e, 3e, 4e livraison.
Notes et corrections, p. 689 à 841, 11e livraison.
Tome II (1re partie). Titre et faux titre, 11e livraison.
Essai sur les bas-reliefs antiques, p. 1 à 160, 4e livraison, et p. 161 à 736, 5e, 6e, 7e, 8e et 9e livraison.
Les feuilles * 3, p. 33 à 48, et * 24, p. 737 à 800, sont dans la 10e livraison.
Tome II (2e partie). Titre et faux titre, 11e livraison.
Bas-reliefs de la galerie d'Angoulême, p. 801 à 1147, 10e et 11e livraison.
Appendice et index des inscriptions, p. 1148 à 1342, 13e et 14e livraison.
Nouveau cahier des inscriptions, 11e livraison. (Supprimer celui qui a été donné avec la 6e livraison.)
Ce volume est terminé par les inscriptions de l'Algérie, qui sont dans la 13e livraison.
Tome III. Titre et faux titre, 15e livraison.
Introduction, p. I à DXVIII, 11e et 12e livraison.
Supplément à la table, p. DXIX à DXXV, 16e livr.
Statues antiques de l'Europe, p. 1 à 308, 13e et 14e livraison. La feuille 20 et dernière, p. 305 à 319, est en tête de la 16e livraison.
Tome IV. Titre et faux titre, 15e livraison.
Statues antiques de l'Europe, p. 1 à 368, 14e et 15e livraison. La feuille 24 et dernière, p. 369 à 374, est en tête de la 16e livraison.
Tome V. Ce volume, p. 1 à 384, est aussi en entier dans la 16e livraison.
Les tomes IV et V peuvent se réunir.
Tome VI. Ce volume est en entier dans la dernière livraison.

Planches.

Les planches ci-après désignées ont été refaites et données dans des livraisons subséquentes, savoir :
Tome I. Planches 47 à 50 sur une plus grande échelle avec la 4e livraison.
Tome II. Planches 118, 119, 171, 203 données avec les restaurations, 6e livraison.
Tome III. Planches 283 et 294, dans la 12e. Sur la planche 283 renouvelée, la figure de Démosthène porte le n° 2099 A. Sur la planche 294 renouvelée, la figure d'Euripide porte le n° 2098 C, et le n° 465 pour l'inscription.

Tome IV. Planche 692, 9e livraison. Au n° 1032 est un groupe de Bacchus et un jeune Faune, du musée Borbonico, désigné par erreur comme étant du musée Saint-Marc.
Tome V. 8 planches dans la 12e livraison avec des n°s différents pour quelques statues : pl. 839—840, il faut 2112, Pyrrhus, 2105, Alexandre; pl. 841 A—842, il faut 2098 D, Euripide, 2099 C, Démosthène; pl. 843—844, il faut 2116, 2117, Zénon; pl. 845—846, il faut 2098 A, Homère.
Tome VI. La dernière livraison donne toutes les planches complémentaires, avec les titres et le tableau d'ordre des planches.
Les dernières de planches se relient in-4., sous la forme oblongue, et ont ainsi même hauteur que les volumes de texte.
Quand les planches sont reliées elles sont placées dans l'ordre suivant : Tomes I et II : statues et bas-reliefs du Louvre et des Tuileries, et partie du tome III, pl. 1 à 394. — Tome III, musées d'Europe, pl. 395 à 544. — Tome IV, musées d'Europe, pl. 545 à 780. — Tome V, pl. 781 à 1000. — Tome VI, divinités tirées des médailles grecques et iconographie romaine, pl. 1001 à 1169 ; Bustes du Musée du Louvre, pl. 1170 à 1336.
Un exempl. rel. en 12 vol. à dos de *mar. r.* par Capé, 330 fr. Léon Leclerc.
Autres ouvrages de M. le comte de Clarac :
Sur les fouilles de Pompéi. *Naples*, 1813, in-8. de 93 pp., avec 16 pl. dessinées par l'auteur : tiré à 300 exemplaires.
Vénus de Milo. *Paris, P. Didot*, 1821, in-4. fig.
Mélanges d'antiquités grecques et romaines. *Paris, F. Didot*, 1830, in-8.
Description des antiquités du Musée royal du Louvre, 1820, in-8., 2e édition revue et augmentée, 1820, in-12, refait depuis.
Manuel de l'histoire de l'art chez les anciens... *Paris*, 3 vol. in-12. 15 fr. ; Gr. Pap. vél. 22 fr. 50 c. [29336] — Description du Louvre et des Tuileries, 9924.

CLARAMONTIUS (*Scipio*) ou Chiaramonti. Opuscula varia mathematica. *Bononiæ, Zenerus*, 1653, in-4. [7806]
Volume rare où l'on trouve dans une de ses parties intitulée *De Usu speculi ad libellandum*, la description du *niveau réflecteur*, inventé de nouveau de nos jours par M. Burel. 45 fr. Arago ; 50 fr. Libri, en 1857, et 1 liv. 5 sh. en 1859.

— Cæsenæ historiæ libri XVI, ab initio civitatis ad hæc tempora, in qua totius interdum Italiæ status describitur. *Cesænæ, de Neris*, 1641, in-4. [25645]
Ouvrage recherché. 23 fr. Libri en 1857. Il faut y joindre :
Ariminensis Rubicon in Cæsenam Claramontii, autore Jac. Villanio. *Arimini, Symbonius de Symbonitis*, 1641, in-4. fig.
— Anti-Tycho, in quo contra Tychonem Brahe et nonnullos alios, rationibus eorum ex opticis et geometricis principiis solutis demonstratur cometas esse sublunares. *Venetiis*, 1621, in-4. [28259]
Tycho Brahé a répondu à cet ouvrage dans ses *Hysperaspistes* (voy. Brahe).
— Anti-Phylolaus, in quo Philolaus redivivus de terræ motu et solis ex fixarum quiete impugnatur, necnon positio eadem de re Copernici confutatur et Galilæi defensiones rejiciuntur. *Cæsena*, 1643, in-4.
Parmi les autres ouvrages de Chiaramonti, nous en remarquons un sous ce titre :
Della ragione di stato, di Scipione Chiaramonti, nel qual tratta de' primi principii dedotto, si scuoprono appieno la natura, le massime, e le specie de' governi buoni, e de' cattivi e mascherati. *Fiorenza, Pietro Nesti*, 1635, in-4. [3952]

CLARANTES. Ad Alexandrum Farnesium cardinalem... epitome Pauli Clarantis Interamnatis Nahartis in librum de Paschatis chronologia ejusdem auctoris. *Venetiis, Aldus,* 1576, in-4.

Opuscule de 28 pp., plus 2 ff. prélim. et à la fin 2 autres ff. contenant des corrections : 3 liv. 10 sh, non rogné et rel. en *m. r.* Butler.

CLARENDON (*Edward* Hyde, earl of). The History of the Rebellion, and civil wars in England, to which is added an historical view of the affairs of Ireland : a new edition exhibiting a faithful collation of the original Ms. with all the suppressed passages ; also the unpublished notes of bishop Warburton. *Oxford, Clarendon press,* 1826, 8 vol. in-8. 3 liv. 12 sh. [26958]

Cette édition, donnée par le Dr Bandinel, est la plus complète et la plus correcte qui ait encore paru de cette importante histoire. Il en a été tiré 50 exemplaires en Gr. Pap. 10 liv. — Vend, 14 liv. Williams.

Réimpr. à *Oxford,* 1849, en 7 vol. in-8. 2 liv. 10 sh., et aussi *London, Smith,* 1840, 2 vol. gr. in-8. avec 55 portr. 2 liv. 15 sh., et aussi en 1842, en un seul volume in-8. impérial. 18 sh.

La première édition de ces mémoires a paru à *Oxford,* de 1702 à 1704, en 3 vol. in-fol.; elle est peu recherchée parce que le texte n'en est ni fort exact ni entier : elle n'a donc qu'un prix ordinaire; les exemplaires en Gr. Pap. ne sont pas fort chers non plus. Il y a des exemplaires dont tous les titres portent le millésime 1704.

L'édition d'Oxford, 1707, également en 3 vol. in-fol., a peu de valeur ; cependant un exemplaire en Gr. Pap., rel., en 4 vol., *cuir de Russie,* a été vendu 288 fr. Mac-Carthy, sans doute à cause de la note de cet amateur, qui attestait qu'on n'avait tiré que 6 exemplaires sur ce papier : ce qui est inexact, car les exemplaires en Gr. Pap. de cette édit. sont communs et à bas prix en Angleterre. — Il y a aussi une édition d'Oxford, 1732, 3 parties in-fol.

Indépendamment de ces éditions in-fol., il en a été fait plusieurs in-8., en 3 tom. formant 6 vol., mais dont nous ne citerons que les dernières, savoir : *Oxford,* 1807, de laquelle il y a 50 exempl. en Gr. Pap. ; d'*Oxford,* 1810, dont il y a des exempl. in-4. en papier royal, et en pap. impérial ; de 1819, avec l'addition d'un *historical view of the affairs of Ireland.*

— HISTOIRE de la rébellion et des guerres civiles d'Angleterre, depuis 1641 jusqu'au rétablissement de Charles II (traduite de l'anglais). *La Haye,* 1704-9, 6 vol. in-12. 12 à 15 fr.

— The History of the reign of king Charles the second, from the restoration to the end of the year 1667. *Printed for M. Cooper* (not year, about 1755), 2 vol. in-4.

Cet ouvrage est une partie de l'article suivant (*The Life of Clarendon*). L'édition que nous indiquons contient une introduction attribuée au Dr Shebbeare. Les exemplaires en ont été rigoureusement supprimés. Vend. 14 liv. *m. r.* Sykes, et 7 liv. Bright en 1847.

— The Life of Edward earl of Clarendon, from his birth to his banishment in the year 1667, written by himself. *Oxford,* 1759, in-fol. [26959]

Cette biographie, qui se réunit à l'Histoire de la rébellion, a été réimprimée à *Oxford,* en 1759 et en 1760, en 2 vol. in-8. 12 à 15 fr. — Il y a du Gr. Pap. de l'édition in-fol.

On a aussi imprimé à *Londres,* en 1767, *Clarendon's state papers, containing the materials of his history of the rebellion,* 3 vol. in-fol.

THE LIFE of Edward earl of Clarendon... *Oxford, Clarendon press,* 1817, 2 vol. gr. in-4. 2 liv. et plus en Papier impérial.

Ces deux vol. se joignent à l'édition de la *Rébellion,* Oxford, 1816, en 6 vol. gr. in-4., déjà citée.

CLARENDON'S Life and continuation, with the suppressed passages. *Oxford, Clarendon press,* 1827, 3 vol. in-8. 1 liv. 10 sh. — Gr. Pap. 4 liv.

La traduction française des Mémoires de Clarendon, 4 vol. in-8., fait partie de la *Collection des Mémoires relatifs à la révolution d'Angleterre,* publiée à Paris, en 1823, par M. Guizot.

LIVES of the friends and contemporaries of lord chancellor Clarendon , illustrative of portraits in his gallery, by Lady Theresa Lewis. *London,* 1852, 3 vol. in-8. portr. 1 liv. 5 sh.

— RELIGION and civil policy, and the countenance and assistance each should give to the other : with a survey of the power of the Pope in the dominions of other princes. *Oxford, Clarendon press,* 1811, 2 vol. gr. in-8. 1 liv. 1 sh.

Il a été tiré 50 exemplaires en pap. impér. ; 2 liv. 2 sh. Dent ; 3 liv. 16 sh. Williams.

CLARENDON (*Henry* Hyde, second earl of). The Correspondence of Henry Hyde, earl of Clarendon, and of his brother Laurence Hyde, earl of Rochester : with the diary of lord Clarendon from 1687 to 1690... and the diary of lord Rochester during his embassy to Poland in 1676. Edited from the original Mss. with notes by Samuel Weller Singer. *London, H. Colburn,* 1828, 2 vol. gr. in-4., avec 10 pl. Prix réduit : 1 liv. 11 sh. 6 d. [26959]

Cette édition a entièrement effacé celle d'Oxford, 1763, en 2 vol. in-4., publiée par le Dr Douglas, évêque de Salisbury.

LIFE and administration of earl of Clarendon, with original correspondence and authentic papers never before published, by T.-H. Lister. *London,* 1838, 3 vol. in-8. portr. 1 liv. 1 sh.

CLARIAN de Landanis. Libro primero del esforzado caballero Clarian de Landanis hijo del noble rey Lautedon de Suecia. *Toledo por Juan de Villaquiran a 5 dias del mes noviembre de 1518,* in-fol. goth. à 2 col.

Édition fort rare qui se trouve à la Biblioth. impér. de Vienne.

— Libro primero del esforçado cauallero don Clarian de Landanis hijo del noble Rey Lantedon (sic) de Suecia dirigida a D. Carlos de Mingroval. *Sevilla, Jac. y Joan Cromberger,* 1527, in-fol. goth. à 2 col. [17545]

Très-rare.

— Don Clarian de Landanis. Libro primero del inuencible cauallero don Clariã de Landanis : en q̃ se tractan sus muy altos hechos de armas y aplazibles cauallerias : y la muy espantosa entrada en la gruta de Hercules : que fue vn hecho marauilloso que parece exceder a todas fuerças humanas. Ua dirigido a los muy prudentes lectores. M. D. xlij. :. — *la presente hystoria... Fue impressa en... Medina del Campo. En casa de Pedro de Castro impressor de libros. Año de mil e quinietos e qua-*

rêta ᴢ do años. *A costa ᴆl hõrrado varõ Juã tomas fabario milanes*, in-fol. goth. à 2 col. de ' IV et CXCVIJ ff. (*Biblioth. impériale*.)

— Secunda parte del esforzado cavallero D. Clarian de Landanis, y de su hijo Floramante de Colona. *Sevilla, Juan Vasquez de Alvila*, 1550, in-fol. goth. à 2 col.

La première partie est anonyme; mais dans celle-ci Jérôme Lopez, écuyer du roi de Portugal, s'en déclare le traducteur, et il suppose que l'original est en allemand.

— La quarta de don Clarian : Llamada Coronica de Lidaman de Ganayl.... — *Acabose la quarta parte de don Clariã llamada Coronica de Lidaman de Ganayl. nueuamente trasladada de alemã en nͬo vulgar Castellano. Impressa en la imperial ciudad de Toledo en Casa ᴆ Gaspar de auila. Acosta de Cosmo damian mercader de libros. acabose a veynte ᴢ dos dias del mes de Nouiẽbre. Año de mill ᴢ quinientos ᴢ veynte ᴢ ocho años* (1528), in-fol. goth.

Volume de CLXIX ff., y compris le titre, qui manque à l'exemplaire de la Biblioth. impér., d'après lequel est prise cette note.

L'édition de 1528 de la *quarta* en doit faire supposer une de la seconde partie au moins aussi ancienne, mais dont ne parle aucun bibliographe, que je sache. Ce roman est peu connu, et Antonio, qui le cite, n'en indique point la troisième partie, et nous n'en avons trouvé le titre nulle part. Elles sont toutes les quatre extraordinairement rares.

Selon Antonio, on a du même Jeronymo Lopez, auteur du Clarian : *Cronica de infante santo D. Henrique*, Lisboa, Cardosio, 1527, in-fol. : et d'après le *Summario da Biblioth. lusit.*, article *Jeroymo Lopez*, celui-ci a publié et augmenté la *Cronica do infante Santo D. Fernando, etc., por German Galhardo*, 1527 (voy. notre article ALVAREZ Joan).

CLARIBALTE. Libro del muy esforçado y inuencible cauallero de la fortuna propiamẽte llamado don claribalte ꝗ segũ su verdadera interpretaciõ quiere dezir don Felix o bienauenturado. Nueuamẽte imprimido y venido aesta lengua castellana : el qual procede por nueuo y galan estilo de hablar (por medio de Gonçalo Fernandez de Ouiedo alias de sobrepẽna vezino de la noble villa de' Madrid). — *Fenece el presente libro del inuencible y muy esforçado cauallero don Claribalte otramente llamado don Felix : el qual se acabo en Valencia a xxx de Mayo por Juan Viñao. M. D. xix* (1519), in-fol. goth. à 2 col. fig. en bois, de LXXIV (74) ff. en tout, y compris le titre et la table, à la fin de laquelle est la souscription. [17542]

Ce livre rare et précieux, que n'a pas connu Antonio, est à la Biblioth. impériale. Il n'a été vendu que 24 fr. chez Colbert; un autre rel. en *mar. r.* par Duru est offert pour 1000 fr. sous le n° 379 du catalogue in-18 publié chez M. Potier, en 1859. Le

nom de l'auteur n'est pas sur le frontispice, mais il se lit au commencement du prologue.

CLARIER (*Fr. de*). Voy. GARZONI.

CLARIODUS. Voy. CLARIADUS.

CLARKE (*Rob.*). Christiados, sive de passione Domini libri XVII, authore Roberto Clarke, cartusiano anglo. *Brugis, typis kerchovianis*, 1670, pet. in-8. 5 à 6 fr. [13091]

Ce poëme, qui est plutôt héroïque qu'épique, se fait remarquer et par la sage conduite de l'ensemble et par l'élégance des vers qui sont véritablement virgiliens. Il y en a une seconde édition, *Augustæ Vindelicorum et Dilingæ, apud Joan.-Casp. Bencard*, 1708, in-8.

Comme l'édition de Bruges porte, indépendamment d'une approbation en date de 1668, deux autres approbations, l'une du 27 septembre 1652 et l'autre du 13 juin, on a pu croire qu'il devait exister une édition antérieure à 1670, mais jusqu'ici on ne l'a pas encore rencontrée. Il a paru, il y a quelques années, une traduction allemande de la Christiade de R. Clarke dans laquelle l'original est rendu vers pour vers et presque mot pour mot; elle porte ce titre :

DIE CHRISTIADE von Robert Klarke metrisch übersetzt von Aloys Kassian Walthierer, Pfarrer zu Böhmfeld. *Ingolstadt* (1852), in-8. de XX et 410 pp.

CLARKE (*Sam.*). Traité de l'existence et des attributs de Dieu, trad. de l'anglais par Ricottier. *Amsterdam*, 1727, 3 vol. pet. in-8. 8 à 10 fr. [1792]

Bonne édition : vend. en *mar. bl.* 17 fr. 50 c. Renouard, et 28 fr. 50 c. Courtois; *mar. r.* armes du comte d'Hoym, 40 fr. La Vallière; revendu 89 fr. Nodier ; 86 fr. 50 c. de Chalabre, et 300 fr. Pixérécourt.

Le texte original anglais de cet excellent ouvrage a été impr. plusieurs fois en un seul vol. in-8. ; il fait aussi partie des différentes éditions de la collection des Sermons de l'auteur, savoir : celle de Londres, 1730-34, 11 vol. in-8. y compris la vie de Clarke; celles en 7 et en 8 vol. in-8. et en 11 vol. in-18., également complètes ; et enfin il se trouve dans les œuvres complètes de Sam. Clarke, Londres, 1738 (aussi 1742), 4 vol. in-fol. avec une préface par Benjamin Houadly, évêque de Winchester.

CLARKE (*James*). A Survey of the lakes of Cumberland, Westmorland and Lancashire, together with an account historical, topographical and descriptive of the adjacent country. *Lond.*, 1787, or 1789, in-fol. 18 sh. Une seule édition sous deux dates différentes. [27139]

Cet ouvrage, peu considérable par lui-même, devient assez précieux lorsqu'il s'y trouve réunies les 29 planch. sur le même sujet, grav. d'après les dessins de Jos. Farington, publ. par Byrne, en 1789 (voyez FARINGTON). 7 liv. 7 sh. *mar.* Edwards; 2 liv. 5 sh. Dent; — et vingt autres vues du lac de Cumberland, dessinées par J. Smith et gravées par F. Mérigot, de 1791 à 1795.

CLARKE (*Stanier*). The Life of admiral lord Nelson,... by James Stanier Clarke and John Mac Arthur. *London*, 1809, 2 vol. très-gr. in-4. fig. [27030]

Cette biographie a eu peu de succès, et le prix en est maintenant réduit à peu de chose ; cependant c'est un livre magnifique, et dont il a été tiré deux exempl. sur VÉLIN. Un de ces exemplaires, 31 liv. 10 sh. en 1824.

THE PROGRESS of maritime discovery from the earliest period to the close of the eighteenth century, forming an extensive system of hydrography. *London*, 1803, gr. in-4. fig. Tome premier, le seul publié. [19730]

On a du même auteur : *The Life of James the second*, London, 1816, 2 vol. in-4. 2 liv. 2 sh. Ouvrage rédigé d'après des mémoires écrits de la propre main du roi Jacques, et qui a été trad. en français par Jean Cohen, *Paris*, *A. Bertrand*, 1819, 4 vol. in-8. [26994]

CLARKE (*Edw.-Daniel*). Tour through the south of England, Wales and part of Ireland, made during the summer of 1791. *London*, 1793, in-8., avec pl. à l'aquatinta. [20314]

Cet ouvrage anonyme est la première production du célèbre voyageur Edw. Dan. Clarke, qui était encore mineur lorsqu'il l'écrivit. Les exemplaires en ayant été en grande partie détruits, sont devenus rares : 1 liv. 11 sh. Hibbert. Il y a douze exemplaires en Gr. Pap. in-4., et aussi quelques exemplaires en pap. fin, avec les pl. coloriées.

— Travels in various countries of Europa, Asia and Africa. *Cambridge* and *London*, *Cadell*, 1810-23, 6 vol. gr. in-4. fig. [19928]

Ces relations de voyages sont au nombre des plus instructives et des plus attrayantes que l'on ait publiées en Angleterre.

L'ouvrage a paru dans l'ordre suivant : Tome I. *Russia*, *Tartary*, *Turkey*, 1810. 2e édit., 1811. 3e édit., 1813. — Tome II. *Greece*, *Egypt*, *and the Holy Land : section the first*, 1812. 2e édit., 1813. — Tome III. *The same countries, section the second*, 1813. — Tome IV. *The same countries, sect. the third; to which is added a supplement*, respecting the author's journey from Constantinople to Vienna, 1816. — Tome V. *Denmark*, *Sweden*, *Lapland*, *Finland*, *Norway and Russia*, 1819.— Tome VI. *The same countries, with a description of the city of St-Petersbourg, during the tyranny of emperor Paul*, 1823.

Les 6 vol. ont coûté environ 26 liv., et en très Gr. Pap. 42 liv. Ces prix sont réduits à 10 liv. 10 sh. et 20 liv. La seconde édition du premier volume contient des additions qui ont été imprimées séparément. — Les 5 premiers vol. 290 fr. Langlès, et moins depuis.

L'édit. de Londres, 1816-20, en 11 vol. in-8., fig., 3 liv. 4 sh. Elle reproduit les 5 premiers vol. in-4., mais seulement avec un choix des planches.

Il faut réunir à cette collection : *The Life and remains of Edward-Dan. Clarke, by the rev. Wm. Otter*, London, Cowie, 1824, in-4. 1 liv. 1 sh. — ou 2 vol. in-8. 15 sh.

On a imprimé à Paris deux traductions françaises de la première partie de ce voyage, contenant la Russie, la Tartarie et la Turquie : l'une (qui est de M. Emman. de l'Aubespin), à l'*impr. impér.*, 1812, en 2 vol. in-8., mais que le gouvernement ne laissa

pas publier alors; l'autre, *Paris*, *Laurens aîné*, 1813, 3 vol. in-8.

— THE TOMB of Alexander ; a dissertation on the sarcophagus brought from Alexandria, and now in the British Museum. *Cambridge*, 1805, in-4., avec 5 pl. 10 sh. [29568]

Il faut joindre à cette dissertation la pièce suivante :

A LETTER addressed to the gentlemen of British Museum, by the author of the dissertation on the alexandrian sarcophagus. *Cambridge*, 1807, in-4. de 8 pp.

— GREEK marbles brought from the shores of the Euxine, Archipelago and Mediterranean, now at Cambridge. *Cambridge*, 1809, in-8. fig. 10 à 12 fr. [29543]

Le même ouvrage tiré in-4. 1 liv. 5 sh. Drury.
— Catalogus manuscr., 31435.

CLARKE (*Charles*). Architectura ecclesiastica Londini : or graphical survey of the cathedral, collegiate and parochial churches in London, Southwark, Westminster and some of the adjoining and contiguous parishes, alphabetically arranged. *London*, 1820, 2 part. très-gr. in-4., avec 122 pl. [10001]

Cet ouvrage a coûté 9 liv. — royal in-fol. 12 liv. 12 sh. — *Indian paper proofs*, 25 liv. 4 sh. ; mais il ne conserve pas ces prix élevés.

CLARKE (*William*), M. A. The Connexion of the roman, saxon, and english coins, deduced from observations on the saxon weights and money. *London*, 1767, in-4. [29835]

Ouvrage estimé qui se paye de 1 liv. 10 sh. à 2 liv. en Angleterre. Lowndes en cite un exemplaire avec un post-scriptum ou appendice vendu 2 liv. 3 sh. Brockett.

CLARKE (*Will.*). Voyez REPERTORIUM bibliographicum.

CLASSICAL journal (the), from march 1810 to december 1832. *Lond.*, *Valpy*, 92 nos en 46 vol. in-8. [18378]

Journal littéraire spécialement consacré à la philologie classique, et accidentellement à la critique biblique. Il en paraissait tous les trois mois un cahier ou demi-volume au prix de 6 sh.

CLASSICORUM autorum series. Voy. MAI.

CLAUDE. Histoire de la mission des pères capucins en l'isle de Maragnan et terres circonvoisines, par le P. Claude d'Abeville, capucin. *Paris*, *Fr. Huby*, 1614, pet. in-8. fig. [21596]

Ce volume, vendu 8 fr. 50 c. en 1837 (catal. Rætzel), et 23 fr. Libri, est rare, mais beaucoup moins que celui dont le titre commence à la col. suivante.

Clarkson (*Th.*). Quakerism, 22524. — Life of Will. Penn, 30995.

Claranum Hispanorum opuscula, 19451.

Clarorum virorum epistolæ ad J. Reuchlin, 18694. — Epistolæ centum, 18707. — Epistolæ CXVIII, 18708. — Venetorum, etc., epistolæ, 18711.

Clarus (*L.*). Darstellung der spanischen Literatur, 30109.

Clasio (*L.*). Favole, 14922.

Classiques de la table, 10291.

Claubergius (*Joh.*). Defensio, 3461. — Logica, 3521.

Clarke (*John*). Practical instructions in landscape painting, 9274.

SUITE de l'histoire des choses plus mémorables advenues en Maragnan ès années 1613 et 1614. *Paris, de l'imprimerie de François Huby*, 1615, 2 tom. en **1** vol. pet. in-8.

Cette dernière relation est du Père Ives d'Évreux, dont le nom est indiqué dans l'épître dédicatoire à Louis XIII. On a ajouté ces mots au titre de la seconde partie : *Second traité des fruits de l'Evangile qui tost parurent par le baptesme de plusieurs enfans.*

Il paraît que ce livre est resté dans un état d'imperfection ; et à ce sujet nous rapporterons un passage de l'épître dédicatoire adressée au roi, où l'éditeur, le sieur de Rasilly, officier français, s'exprime ainsi : « Sire, voicy ce que j'ay peu par subtils moyens recouvrir du révérend père Ives d'Evreux, supprimé par fraude et impiété, moyennant certaine somme de deniers entre les mains de Françoys Huby, imprimeur, que j'offre maintenant à vostre majesté, deux ans après sa première naissance, aussitôt estouffée qu'elle avoit veu le jour... Il ne manque que la plus grande part de la préface et quelques chapitres sur la fin, que je n'ay peu recouvrir. » M. Ferdinand Denis a donné dans la *Revue de Paris*, tome XX, 1835, août, pages 5 et suiv., un extrait de ce livre curieux.

CLAUDE (*Jean*). Voy. PLAINTES des Protestans.

CLAUDIANUS (*Claudius*). Opera, ex recensione Barn. Celsani. — *Impressit Jacobus Dusensis Milesimo quadrigentesimo* (sic) *octagesimo secūdo* (1482) *sex. cal. Iun. Vicentiæ*, in-fol. [12563]

Première édition : vend. 240 fr. *m. r.* La Vallière ; 120 flor. Crevenna ; 9 liv. 9 sh. Pinelli ; 150 fr. Mac-Carthy ; 140 fr. (*non rogné*, mais taché) de Tersan ; 3 liv. *mar.* Heber ; 8 liv. 2 sh. 6 d. Libri en 1859 ; 20 fr. *m. citr.* (avec quelques raccommodages) Librairie De Bure.

Ce volume, en tête duquel on trouve, sur un f. séparé, l'épître dédicat. de *Barnabas Celsanus* et la vie de Claudien, a des signat. de *a 2—13* ; il consiste en **101** ff., à 43 et 44 lig. par page.

— Opera, edidit Thadæus Ugoletus. *Parmæ, Angelus Ugoletus*, 9 kal. maii, 1493, in-4. de 141 ff., sig. *a—t* vi.

Édition plus complète que celle de 1482, et offrant une nouvelle récension du texte faite d'après plusieurs manuscrits. Quoique rare, elle n'est point très-chère (1 liv. 8 sh. Pinelli, et quelquefois moins). L'édition de Venise, *Jo. Tacuinus de Tridino*, 1495, in-4. goth., en est une réimpression.

— Opera, novissime per J. Camertem accuratissime recognita. *Viennæ-Austriæ, Victor et Singrenius*, 1510, in-4.

Texte revu de nouveau sur les manuscrits.

— Opera. *Florentiæ, per heredes Phil. Juntæ*, 1519, in-8. de 176 ff.

Édition rare, sans être fort chère, 5 à 8 fr.

— Claudiani Opera, diligentissime castigata (a Fr. Asulano). *Venetiis, in ædibus Aldi, etc.*, 1523, in-8. de 176 ff.

Vend. 25 fr. *m. r.* La Vallière ; 39 fr. première reliure, Giraud ; 16 sh. Butler ; 10 fr. Costabili ; un exemplaire *non rogné* 240 fr. Riva.

Claudel (*G.*). Aide-mémoire des ingénieurs, architectes, etc., 9783. — Introduction à la science de l'ingénieur, 8633.

— Opuscula recognita. *Parisiis, Sim. Colinæus*, 1530, in-8.

Les beaux exemplaires de cette édition ont quelque valeur : 3 à 5 fr.

— Opera, Theod. Pulmanni diligentia restituta (acced. ad Claudiani opera Mart.-Ant. Delrii notæ). *Antuerp., Plantinus*, 1571-72, 2 tom. en 1 vol. pet. in-12. 3 à 4 fr.

Le texte de l'édition de Pulmann a été réimprimé à Anvers, en 1585, 1596, 1602, et depuis pet. in-12.

— Opera serio emendata neque non aucta ex fide vett. codd. qui olim in bibliotheca cujatiaca, cum annotationibus perpetuis Steph. Claverii : Adjectum est coronis miscella, J. Parchasii selecta, et M. Ant. Delrii notæ. *Parisiis, Nic. Buon*, ou *Fouet*), 1602, in-4.

Cette édition a marqué lorsqu'elle parut, mais celle de P. Burmann l'a rendue inutile.

— Opera quæ extant, Casp. Barthius ope XVII mss. exemplarium restituit, commentario multo locupletiore illustravit. *Francof., apud Jo. Naumann*, 1650, in-4.

Le texte de l'édition de (Leyde) Raphelengius, 1603, in-24, a servi de base à celle-ci, laquelle est recherchée par rapport au commentaire : 5 à 6 fr. Il y a des exempl. sous la date de 1654.

— Quæ exstant, Nic. Heinsius, Dan. f., recensuit ac notas addidit. *Lugd.-Batav., ex offic. elzeviriana*, 1650, 2 tom. en 1 vol. pet. in-12.

Édition préférable à toutes les précédentes : 8 à 12 fr. Vend. beaux exempl. 24 fr. de Cotte ; 39 fr. *mar. bl.* F. Didot ; 27 fr. *mar.* Giraud.

Le papier ordinaire est généralement d'une teinte rousse, mais il y a des exempl. en pap. fin et blanc. Vend. *mar. r.* 36 fr. Camus de Limare ; 72 fr. *vél.* Caillard. Un exemplaire *non rogné*, rel. en *mar. bl. d. de mar.*, et dont le papier avait reçu une teinte azurée, 80 fr. Riva, et 3 liv. 5 sh. Libri, en 1859.

Les Elseviers ont donné sous la même date une édit. du texte, in-24, dont on fait peu de cas.

— Eadem, Nic. Heinsius recens. ac notas addidit : accedunt selecta variorum commentaria, accurante C. S. (Corn. Schrevelio). *Amstelod., ex offic. elzeviriana*, 1665, in-8.

Édition dite des *Variorum* : 8 à 10 fr. Vend. 31 fr. *m. viol.* Courtois ; 20 fr. *mar. v.* De Bure.

— Eadem, interpretatione et annotatione illustr. Guil. Pyrrho, in usum Delphini. *Parisiis, Fed. Léonard*, 1677, in-4.

Ce volume de la collection *ad usum Delphini* n'est pas commun : 10 à 15 fr., et jusqu'à 73 fr. *mar. r.* armes de Colbert, Giraud.

— EADEM, varietate lectionis, et perpet. adnotatione illustrata, a Jo.-Mat. Gesnero. *Lipsiæ, Fischer*, 1759, 2 tom. in-8.

Édition faite d'après le texte de Nic. Heinsius des éditions de 1650 et 1665. Elle contient de bonnes notes du nouvel éditeur : 10 à 12 fr. Le papier ordinaire est très-mauvais, mais il y a des exemplaires en papier fin. 40 fr. *mar.* Renouard.

— Eadem, quæ extant omnia, ad membranarum fidem castigata, cum notis integris Delrii, Claverii, Demsteri, auctioribus Nic. Heinsii, et ineditis P. Burmanni : accedit sylloge variar. lect. ex ingenti numero mss. a Nic. Heinsio collatorum digesta : subjungitur Lactantii elegia de Phœnice, vulgo Claudiano adscripta, cum curis secundis Nic. Heinsii et annotationibus P. Burmanni secundi. *Amstelodami, ex officina Schouteniana*, 1760, in-4.

Bonne édition, 12 à 15 fr. Vend. en Gr. Pap. 72 fr. *m. bl.* St-Martin; 36 flor. 75 c. Meermann, et moins cher depuis.

— Opera, ex editione P. Burmanni. *Lond., Rodwel et Martin*, 1819, gr. in-18. 5 fr.

Jolie édition de la collection du Régent.

— Opera omnia, ex edit. P. Burmanni, cum notis et interpretatione in usum Delphini, variis lectionibus et indice locupletissimo recensita. *Londini, Valpy*, 1821, 3 vol. in-8.

Formant la fin du n° 24 et les n°ˢ 25 et 26 de la collection de Valpy.

— Opera omnia ex optimis codd. et editionibus, cum varietate lectionum, selectis omnium notis et indice rerum ac verborum universo, recensuit N.-L. Artaud. *Parisiis, Lemaire, typ. Firm. Didot*, 1824, 2 vol. in-8. 8 à 10 fr.

Claudiani carmina, ex recensione Richardi Heber. *Londini, ex officina G. Bulmer*, 1836, 2 vol. in-12.

Cette édition, imprimée vers 1790, aux frais de R. Heber, était restée inachevée, et elle n'a été complétée et publiée qu'après la mort de l'éditeur : 10 fr. Il en a été tiré une cinquantaine d'exemplaires de format in-4.

— Claudiani siculi viri īprimis doctissimi de raptu Proserpine tragedia prima heroica īcipit felicit., in-fol. [12564]

Tel est le titre d'une ancienne édition (*absque nota*) de cet opuscule, sans chiffres, récl. ni signat., impr. à longues lignes, au nombre de 31 sur les pages entières, et qui ne consiste qu'en 16 ff. Vend. 150 fr. La Serna; 2 liv. 2 sh. *m. v.* Heber; 13 liv. Renouard, à Londres; 72 fr. de Soleinne; 51 fr. Borluut.

Nous avons vu un exemplaire de ce poëme à la suite duquel se trouvait un autre petit ouvrage impr. avec les mêmes caract., intitulé : *Maximiani philosophi ethica suavis et perjocunda incipit feliciter*. Ce dern. opuscule est de 12 ff., et finit par le mot *explicit;* il a également 31 lignes par page. Nous ajouterons que ce *Maximianus* est le même que Cornelius Gallus.

Les caract. de ces deux opuscules paraissent être tout semblables à ceux du *Comestor*, impr. à *Utrecht*, en 1473, par *Nic. Ketelaer* et *Ger. de Leempt*.

— Claudii Claudiani de raptu Proserpinæ (libri tres). *Romæ, Eucharius Argenteus (Silber)*, 1493, in-4.

Pièce de 24 ff. non chiffrés, à 26 vers par page, en caractères ronds.

— De raptu Proserpinæ libri duo : de fontibus Aponi. (*absque nota*), in-4. de 28 ff.

Édition impr. dans le xvᵉ siècle, en caract. rom., sans chiffr., récl. ni signat. (le f. 4 est cependant marqué a4). Le premier f. commence par le sommaire : PROEMIUM PRIMI LIBRI. La prem. page a 23 lig. et les autres en ont 24. Les deux dern. lignes du 28ᵉ f. recto sont ainsi :

Nostra gemat nithus numerosis funera ripis.

Finis :

Nous citerons aussi comme fort rare une édition in-4. de ce petit poëme, impr. à Pérouse, à la fin du xvᵉ siècle, sans nom d'imprimeur et sans date : elle consiste en 20 ff. sig. a—d, dont les pages entières ont 32 lignes, en caract. goth.

Au verso du feuillet d v se lit la souscription suivante :

Claudii Claudiani de raptu proserpine liber explicit.

Perusie.

— De raptu Proserpinæ, cum comment. Jani Parrhasii. *Mediolani, in œdibus Lucii Cottæ, pridie kal'. Sextiles*. M. DI. *dexteritate Guillelmorum le Signerre fratrum*, in-fol. de 60 ff., lettres rondes.

Un exempl. sur VÉLIN, 130 fr. La Vallière; 185 fr. Mac-Carthy.

Traductions.

Œuvres complètes de Claudien, trad. en franç. avec des notes, et le latin (par M. l'abbé Latour). *Paris*, an VI (1798), 2 vol. in-8. 6 à 8 fr.

Œuvres complètes de Claudien, traduction nouvelle par MM. Héguin De Guerle et Alphonse Trognon (avec le texte). *Paris, Panckoucke*, 1830-32, 2 vol. in-8. 12 fr.

Œuvres diverses de Claudien, traduites en vers français; par A.-M. Delteil; avec le texte en regard. *Paris, Aug. Delalain (imprim. de J. Didot)*, 1832, in-8. 6 fr.

L'Enlèvement de Proserpine, poëme de Claudien, trad. en prose françoise, avec un discours sur ce poëte et des remarques par de Merian. *Berlin*, 1777, in-8.

— Opere di Cl. Claudiano, trad. in versi, con annotazioni, da Nic. Beregani. *Venezia*, 1716, 2 vol. in-8. 5 à 6 fr.

— The whole works of Claudianus, transl. by A. Hawkins. *London, Murray*, 1817, 2 vol. in-8. 1 liv. 11 sh. 6 d.

CLAUDIANUS Mamertus. V. Mamertus.

CLAUS NARR. Sechshundert sieben vnd zwantzig Historien von Claus Narren. Feine Schimpfl. Wort vnd Reden, d. Erbare Ehrenleut Clausen abgemerckt haben. Mit. lustigen Reimen gedeutet vnd erklärt. *Eisleben bey Urban Gaubish*, 1572, in-8. [17910]

Recueil de dictons et historiettes du fou de cour de l'électeur de Saxe Jean-Frédéric. Il en a été fait un certain nombre d'éditions en Allemagne, où il est fort recherché. On en a cité une de 1551 que M. Graesse dit douteuse. Celle de 1572 a été payée 16 th. à la vente Hagen. Celle de *Francfort*, 1573, in-8. a 531 pp. non compris la table. Plusieurs autres ont paru en 1579, en 1587, en 1593, en 1602, 1616, 1617, 1655 et 1657, in-8.

CLAUSO (de). La complainte de la France sur la détention des enfans de François I, par Jean de Clauso. (*sans lieu ni date*), in-4. goth. [13374]

Opuscule en vers (ancien catal. de la Biblioth. du roi, Y, 4458, dans un recueil).

CLAVASIO (*Angelus* de). Voy. Angelus.

CLAVER (Fray *Martin*). El admirable y excelente martirio en el reyno de Japon de los benditos Padres fray Bart. Gutierrez, fray Fr. de Garçia, y fray Thomas de S. Augustin, y de otros compañeros suios, hasta el anno de 1637. *Manila,* 1638, in-4. [22311]

Livre curieux et fort rare, vend. 2 liv. . Heber, IX, n° 822.

CLAVERET (*Jean*). L'Écuyer, ou les faux nobles mis au billon, comédie du temps, dédiée aux vrais nobles de France. *Sur l'imprimée à Paris* (*Hollande*), 1665, pet. in-12. [16449]

Cette édition, qui peut entrer dans les collections elseviriennes, est plus recherchée que celle de Paris, 1665, in-12, qui se vendait au Palais. On a du même auteur *l'Esprit fort*, comédie, *Paris, Fr. Targa*, 1637, in-8., et *le Ravissement de Proserpine*, tragédie, *Paris, Ant. de Sommaville*, 1639, in-4. Les trois pièces réunies, 13 fr. de Soleinne. Claveret a écrit deux lettres à P. Corneille sur le Cid, 1637, in-12.

CLAVIER (*Étienne*). Histoire des premiers temps de la Grèce, depuis Inachus jusqu'à la chute des Pisistratides, pour servir d'introduction à la description de la Grèce de Pausanias, etc., seconde édition, revue et augmentée. *Paris, Bobée,* 1822, 3 vol. in-8., avec 10 portr. 21 fr. [22828]

La première édit. impr. en 1809 est en 2 vol. in-8. — Sus les Oracles, 22619.

CLAVIGERO (*Fr.-Xav.*). Historia antigua de Megico : sacada de los mejores historiados españoles, y de los manuscritos, y de las pinturas antiguas de los Indios : dividida en diez libros : adornada con mapas y estampas, e ilustrada con disertaciones sobre la tierra, los animales, y los habitantes de Megico. *Lond.,* 1826, 2 vol. gr. in-8. 1 liv. 10 sh. [28592]

Cet ouvrage fort curieux a d'abord paru en italien, sous le titre d'*Istoria antica del Mexico*, Cesene, 1780-81, 4 vol. in-4. fig. (30 fr. Reina) ; et ensuite il a été trad. en anglais, par Ch. Cullen, *Lond.*, 1787, 2 vol. in-4. Réimpr. à Philadelphie, 1804, 3 vol. in-8.

On a du même auteur : *Historia della California, opera postuma*, Venez., 1789, 2 vol. in-8. [28621]

CLAVIGNY (*Jacq.* de la Mariousse de), abbé de Gondan. Vie de Guillaume le Conquérant, duc Normandie et roi d'Angleterre. *Bayeux, Jean Briard*, 1675, pet. in-12 de 6 ff. et 147 pp. [26889]

Livre rare mais sans grande importance historique.

CLAVIJO (*Ruy Gonzalez* de). V. ARGOTE de Molina.

CLAVIJO. Voy. VIERA (de).

CLAVIS homerica, sive lexicon vocabulorum omnium quæ continentur in Homeri Iliade et potissima parte Odysseæ, etc., græce et latine, ex recens. Sam. Patrick. *Lond.,* 1758, in-8. 10 à 12 fr. [12325]

Édition la plus belle et la plus recherchée de cet ouvrage usuel, qui a été réimpr. à Londres en 1784, en 1798, et aussi à Edimbourg en 1811 et en 1822, in-8. Cette dernière édit. coûte 10 sh. L'édition de Lond., 1741, in-8., et en général toutes celles qui ont les augmentations de Patrick, conservent quelque prix, ainsi que l'édition de Rotterdam, 1673, pet. in-8., laquelle renferme les *Elogia Homeri*, qui ne sont ni dans l'édit. de *Gouda*, 1649, ni dans celle de *Rotterd.*, 1055, pet. in-8. La *Clavis homerica* de Geor. Perkins, qui fait le fond de l'ouvrage dont nous parlons, a été impr. pour la première fois à Londres, 1641, in-8. Il paraît qu'elle a beaucoup de similitude avec la *Clavis homerica*, d'Ant. Robert, jésuite anglais, impr. à Douai, 1636, in-8.

CLAVIS Salomonis. Voy. HAMA.

CLAVIUS (*Christ.*). Opera mathematica. *Moguntiæ, Eltz,* 1612, 5 vol. in-fol. fig. [7803]

Recueil des ouvrages d'un savant mathématicien à qui l'on doit une bonne version latine et un bon commentaire d'Euclide. Vend. 50 fr. 50 c. Labey.

Une partie de ces ouvrages avait d'abord été publiée séparément à Rome, savoir : *Gnomices libri VIII*, 1581 (aussi 1587), in-fol. — *Commentarii in Sphæram Jo. de Sacrobosco*, 1581, 1585, etc. — *Epitome arithmeticæ practicæ*, 1583, in-8. — *Algebra*, 1604 ou 1608, in-4. — *Geometria practica*, 1604, in-4. — *Sinus, lineæ tangentes, etc.*, 1586, in-4. — *Fabrica et usus instrumenti ad horologiorum descriptionem opportuni*, 1586, in-4. — *Astrolabium*, 1593. — *Horologiorum nova descriptio*, 1599, in-4. — *Novi kalendarii romani apologia adversus Mich. Maestlinum*, 1588, in-4. — *Adversus Jos. Scaligeri Elenchum et castigationem calendarii Gregor.*, 1591, in-8. — *Romani calendarii a Gregorio XIV explicatio*, 1603, in-fol.

CLEANTIS Hymnus in Jovem, edidit et illustravit F.-G. Sturtz ; editionem novam curavit J.-F.-L.-T. Merzdof. *Lipsiæ,* 1835, in-8. 1 fr. 50 c. [12384]

Le texte grec de cet hymne se trouve dans les *Gnomici poetæ græci* de Brunck, p. 141 (voy. GNOMICI), et il y est suivi de la version lat. de Jac. Duport, de la traduction en vers français par de Bougainville, et d'un autre en vers ital. par Girol. Pompei.

CLEAVER. V. RHYTHMO (de) Græcorum.

CLÈDE (de La). Voy. LA CLÈDE.

CLEF (la) de Nostradamus, isagoge, ou introduction au véritable sens des prophéties de ce fameux auteur, avec la critique, par un solitaire. *Paris,* 1710, in-12. 4 à 6 fr. [9016]

Livre curieux : vend. 30 fr. m. r. d'Ourches.

L'auteur, qui signe seulement *L. R.*, *ancien curé de Louvicamp*, se nommait *Leroux*, selon le catal. de la Bibliothèque du roi, Y, 4629.

CLEF des champs. Voy. LE MOYNE.

CLEF (la) du sanctuaire. Voy. SPINOSA.

CLEMANGIIS (*Nicolai* de), Catalaunen-

Clavering. Essay on chimneys, 9838.

sis, archidiaconi Baiocensis, Opera omnia, quæ partim ex antiquissimis editionibus, partim ex Ms. V. Cl. Theodori Canteri, descripsit, conjuncturis notisque ornavit, et primus edidit Joh. Martini Lydius; accessit ejusdem glossarium latinobarbarum, cum indice locupletissimo. *Lugduni - Batavorum, apud Johan. Balduinum, impensis Lud. Elzevirii et Henr. Laurencii*, cIɔ Iɔ CXIII (1613), in-4. 10 à 12 fr. [2055]

Il y a des exemplaires de cette édition dont le titre porte pour adresse, *apud Ludouicum Elzeuirium et Henr. Laurentium*, et la même date, mais n'a pas le cartouche en cuivre qui est aux autres exemplaires.

Plusieurs des ouvrages de Clemangis réunis dans ce volume ont encouru la censure ecclésiastique. Le plus connu est le traité *De corrupto ecclesiæ statu*. Il a paru pour la première fois impr. dans le 2e vol. des œuvres de Jean Gerson, édit. de Cologne, Jo. Koelhoff, 1483, in-fol., f. clxxiv à clxxxvii, sous ce titre : *Nicolai Clymengis de vitiis ministrorum ecclesiæ*; on l'a réimpr. ensuite d'après un autre manuscrit in-4., sans lieu ni date, mais avec une dédicace d'Ebulus Cordatus, terminée ainsi : *Datum Romæ, Calendis Juliis, anno* M. D. XIX.

On préfère à ces anciennes édit. celle qui a paru sous le titre suivant :

— DE CORRUPTO ecclesiæ statu liber vnus quem non immeritò appellaveris boni et mali pastoris speculum, usibus eorum, qui pietatis veritatisq sunt studiosi; imprimis inhonestam Pontificiorum vitam aversantur, nunc denuo separatim editus, studio Johannis a Fuchte : addita sunt nonnulla quæ in prioribus editionibus non extant. *Helmestadii, typis heredum Jacobi Lucii, sumptibus Zach Raben*, 1620, in-8.

CLÉMENCET (*D.*). Voy. HISTOIRE littéraire de la France.

CLEMENS alexandrinus (*T. Flavius*). Opera omnia, græce; ex bibliotheca medicea. *Cudebat Florentiæ Laur. Torrentinus*, 1550, in-fol. 10 à 15 fr. [867]

Première édition bien exécutée et peu commune : vend. bel exempl. 20 fr. de Cotte. Il faut y réunir la version latine par G. Hervet, sortie des mêmes presses, en 1551, in-fol. Les deux vol. 21 flor. Meerman.

— OPERA, gr. et lat., quæ extant. Dan. Heinsius textum gr. recensuit, interpretationem veterem locis infinitis meliorem reddidit : breves in fine emendationes adjecit : accedunt diversæ lectiones et emendationes a F. Sylburgio collectæ. *Lugd.-Batavor., excudit Io. Patius pro Bibliopolio commeliniano*, 1616, in-fol. 10 à 12 fr.

Réimpr. à Paris, *typ. regiis*, 1641, in-fol., et aussi à Cologne (Wittenberg), 1688, in-fol.

— Opera quæ extant, gr. et lat., recognita et illustrata per Joan. Potterum. *Oxonii, e Theatro sheldon.*, 1715, 2 vol. in-fol.

Bonne édition fort recherchée : 120 à 130 fr., et jusqu'à 150 fr. de Sacy; en Gr. Pap. dont les exempl. sont rares, 109 fr. La Valliere; 181 fr. *cuir de Russie*, F. Didot; 151 fr. *v. f.* de Cotte; 405 fr. *m. r. dent.* Mac-Carthy.

La réimpression faite à *Venise*, en 1757, 2 vol. in-fol., est peu recherchée en France, quoiqu'elle contienne de plus que l'édition d'Oxford quelques fragments tirés de la *Biblioth. gr.* de Fabricius, et la vie de S. Patrice : 60 fr. vél. Gianfilippi, en 1842, et plus cher en Gr. Pap.

L'édition de Wurtzbourg (*Herbipoli*), 1780, en gr. et en lat., 3 vol. in-8., donnée par Fr. Oberthur, a peu de valeur. Il y en a une autre en grec seulement, donnée par Reinhold Klotz, *Lipsiæ, sumptibus Schwickerti*, 1834, 4 vol. pet. in-8., dont le dernier volume contient les fragments, les notes et les index : 20 fr. — Celle qu'a donnée M. l'abbé Migne, *Montrouge*, 1856-57, en 2 vol. gr. in-8., coûte 20 fr.

CLEMENTIS alexandrini liber : quis dives salutem consequi possit (gr. et lat.), commentario illustr. a Car. Segaar. *Trajecti ad Rhen.*, 1816, in-8. 6 fr.

Édition peu correcte.

CLEMENS romanus (S.). Ad Corinthios epistolæ duæ (gr. et lat.), expressæ ad fidem Msti Cod. Alexandrini collati cum editione Junii a Millio et Grabio; illustratæ notis Junii et Coteleri, necnon Joh. Boisii non antehac editis. Cum Ms. codice accurate de novo contulit, notisque eas illustravit, et textum plurimis in locis emendavit, præfationem, ac dissertationes duas... præmisit Henr. Wotton. *Cantabrigiæ, typis academicis*, 1718, in-8. de ccxxxij ff. chiffrés, 2 ff. non chiffrés; 248 et 104 pp., plus 4 ff. pour l'index. [852]

Bonne édition, préférée à celle de *Lond.*, 1687 ou 1694, in-8. : 10 à 12 fr. Il y a quelques exempl. en Gr. Pap. qui sont rares : 80 fr. *mar. bl.* F. Didot; et le même exemplaire 15 fr. 50 c. Parison.

EPISTOLÆ SS. Patrum apostolicorum Clementis romani, Ignatii et Polycarpi, atque duorum posteriorum martyria, gr. et lat., cum variorum annotationibus et præfatione Jos.-Lud. Frey. *Basileæ*, 1742, in-8. 5 à 6 fr.

C'est à Patrice Junius que nous devons la première édition de la première lettre de S. Clément romain : *Oxonii*, 1633, in-4.

Les deux lettres se trouvent réimprimées dans les collections de Cotelier, de Russel et de Gallandi (voy. chacun de ces trois noms).

— S. CLEMENTIS romani, S. Ignatii, S. Polycarpi, Patrum apostolicorum, quæ supersunt : accedunt S. Ignatii et S. Polycarpi martyria, gr. : ad fidem codicum recens., adnotationibus varior. et suis illustravit, indicibus instruxit Gul. Jacobson. *Oxonii, e typ. clarend.*, 1838, 2 vol. in-8. 20 sh.

Édition recommandable.

LETTRES et monuments des trois Pères apostoliques : saint Clément, saint Ignace et saint Polycarpe, trad. avec des remarques, par Abrah. Ruchat. *Leyde*, 1741, 2 vol. in-12. 5 à 6 fr.

— DUÆ EPISTOLÆ S. Clementis romani quas e cod. ms. Novi Testamenti syriaci nunc primum erutas cum versione lat. edidit Jo.-Jac. Wetstein. *Lugd. Batav.*, 1752, in-fol.

Ces lettres, qui font partie de l'édit. du Nouveau-Testament grec donné par Wetstein (voy. TESTAMENTUM), se trouvent aussi séparément. Leur publication a donné lieu aux écrits suivants : *Nat. Lardner's dissertation upon the two epist. ascribed to Clement of Rome*, Lond., 1753, in-8. — *II. Venema triga epistolarum, de genuitate epistolar. Clementis*, Harlingæ, 1754, in-8.—*J.-J. Wetstenii epistola ad Venema*, Amst., 1754, in-8. — *J.-G. Freuden-*

bergeri Historia recentioris controversiæ de Clementis rom. epistolis, Lips., 1755, in-4. — Ces deux lettres, attribuées à saint Clément, mais dont l'authenticité reste fort douteuse, ont été trad. en franç. (par Et.-Fr. de Premagny). (*Rouen*), 1757 ; — seconde édition franç. et lat. (*Rouen*), 1763, in-8. de 76 pp. y compris les prolégomènes de Wetstein. Le traducteur y a ajouté une réponse aux journalistes de Trévoux, en 8 pp.

CLEMENTIS romani Epistolæ binæ de virginitate, syriace, quas ad fidem cod. mscr. amstelodamensis, additis notis criticis, philolog., theol., et nova interpretatione latina, edidit Joan.-Theod. Beelen ; accedunt fragmenta nonnulla exegetici argumenti ex eodem codice nunc primum edita. *Lovanii, Fonteyn et Valinthout*, 1855, gr. in-8. de xcvij et 327 pp. 15 fr. — 22 fr. 50 c.

CLEMENTIS rom. quæ feruntur homiliæ, textum recognovit, versionem lat. Cotelerii passim emendavit, annotationesque addidit Albert. Schwegler. *Stuttgartiæ*, 1847, in-8.

— HOMILIÆ XX, nunc primum integræ. Textum ad cod. ottobon. constituit, versionem latinam correxit et absolvit, notas subj. Alb.-R. Dressel. *Gottingæ*, 1853, in-8., avec fac-simile du manuscrit. 10 fr.

CLEMENTIS romani apostolicarum constitutionum et catholicæ doctrinæ libri VIII, Fr. Turriano interprete, e græco, cum ejusdem scholiis et observationibus ipsius doctrinæ catholicæ ad confirmanda dogmata orthodoxa contra hæreticos... Accesserunt canones concilii Nicæni LXXX ex arabico in latinum conversi et responsa Nicolai I ad consulta Bulgarorum. *Antuerpiæ, ex officina Chr. Plantin*, 1578, in-fol. de 276 et 57 pp. sans la préface et la table.

— CONSTITUTIONES sanctorum apostolorum, sive doctrina catholica, lib. VIII, græce; accedunt Fr. Turriani prolegomena, etc. *Venetiis, Jord. Ziletus*, 1563, in-4.

La traduction latine de cet ouvrage de saint Clément, par J.-Ch. Bovio, sortie des mêmes presses et dans la même année 1563, in-4., se joint au texte grec.

— EPITOME de rebus gestis, peregrinationibus atque concionibus S. Petri; ejusdem Clementis vita, gr. *Paris., Adr. Turnebus*, 1555, in-4. — Idem, latine, Joach. Perionio interprete. *Paris., Guil. Morellus*, 1555, in-4.

— Traduction franç. des œuvres de S. Clément rom., 868 ; — de ses discours, 869.

CLEMENS V, papa.

Clementis V constitutiones, una cum apparatu Joan. Andreæ. (in fine) : *Presens Clementis p̄pe quīti p̄ustitutionū codex..... per Johañeʒ fust ciuē Moguntiñ. Et petrū Schoiffher de Gerns'heim.... Anno domī. M. cccc. Sexagesimo .xxv. die Mensis Junij*, gr. in-fol. goth. [3174]

Première édit. très-rare ; elle commence par ces trois lignes impr. en rouge :

Jncipiāt p̄stitucões clemētis
p̄p v. vnacū apparatu dñi Jo. ·
andree.

La souscription, également tirée en rouge, est impr. au bas de la 2e col. du 48e f. verso, lequel est suivi d'un dernier f. contenant :

Constitucō execrabilis Johannis pape xxij.

Dans certains exemplaires on trouve aussi, après la souscription, la règle de saint François (autrement la bulle du pape Clément V) qui commence : *Exiui de paradiso*, etc., et occupe 2 ff.

Les exemplaires de ce livre impr. sur papier sont encore plus rares que les exempl. sur VÉLIN. Il nous a été conservé environ une douzaine de ces derniers. Vend. 340 fr. Gaignat, 852 fr. La Valliere ;

66 liv. 3 sh. Willett ; offert à 1100 fr. Mac-Carthy ; autre exempl beaucoup moins beau, 206 fr. Reina.

— Jncip̄. ʒstitucões cle. p̄pe v. vnacū apparatu dñi Jo. an. (in fine) : *Presens clementis quīti opus, etc..... per Petruʒ schoiffher de gerns'hem. Anno...* M. cccc. *lxvii, Octaua die mensis octobris*, gr. in-fol. goth. de 65 ff. en tout.

Édition presque aussi rare que la précédente. Après la souscription se trouvent 4 ff. qui contiennent la règle de saint François : *Exiui de paradiso*, et la constitution de Jean XXII. Vend. exempl. sur VÉLIN, 160 fr. Gaignat ; 572 fr. La Valliere ; 1501 fr. Brienne-Laire ; 700 fr. F. Didot ; offert à 800 fr. Mac-Carthy. Il en existe au moins douze.

— Eædem, *per Petrum schoiffher de gerns'hem...* M. cccc. *lxxi*, in-fol. goth. à 2 col.

Réimpression de l'édit. de 1467, contenant 61 ff. non compris les 4 qui suivent la souscription ; vend. en m. r. 73 fr. Brienne-Laire. Un exempl. impr. sur VÉLIN a été offert à 900 fr. Mac-Carthy, et un autre de même nature, mais piqué de vers, ne s'est vend. que 200 fr. Lair, et 66 flor. Meerman.

— Eædem. *Argentinæ, per Henr. Eggesteyn*, 1471, XI *kal. decembris*, in-fol. goth. de 74 ff. à 2 col. (la souscription est au recto).

Vend. 66 fr. m. r. Brienne-Laire.

Une édition in-fol. de 75 ff. à 2 col., sans lieu ni date, mais impr. avec les caract. de H. Eggesteyn, est décrite dans le *Repertorium* de Hain, n° 5407, et a été vend. 60 fr. Quatremère. En voici les quatre premières lignes :

( )*Oha | nes e | pisco | pus suus.*

— Constitutionum opus, cum glossis Jo. Andreæ. — *Per venerabiles viros Leonardum Pflugel et Georgium Lauer Rome impressum, anno Dñi* M. cccc. LXXII, *die vero decima quinta mensis junii*, in-fol. goth. de 96 ff. y compris les trois derniers, qui contiennent la règle : *Exiui de paradiso*, etc.

Une autre édit., donnée par les mêmes imprimeurs, *Anno dñi* M. cccc. LXXIII. *Die vero decima octaua Marcii*, in-fol. de 87 ff. Vend. 141 fr. Brienne-Laire ; 63 fr. de Servais, et moins depuis.

— Incipiunt constitutiones, una cum apparatu Joan. Andreæ. *Alma in urbe Roma... per Udalricum Gallum almanum et Simonem Nicolai de Luca, anno* M. CCCC. LXXIII, *die vero sexta mensis julii*, in-fol. goth. de 122 ff.

Vendu 37 fr., quoique gâté, La Valliere.

— Eædem constitutiones, cum glossis Joh. Andreæ. (*Ferrariæ, per Andr. Gallum*), 1473, gr. in-fol. de 97 ff.

Belle édition fort rare : vend. 120 fr. salle Silvestre, en 1809.

— Eædem, cum apparatu Joh. Andreæ. *Venetiis, per Nicol. Jenson gallicum*, 1476, in-fol. de 77 ff.

Un exemplaire impr. sur VÉLIN : 31 liv. 6 sh. Pinelli ; 501 fr. Brienne-Laire ; offert à 800 fr. Mac-Carthy ; 12 liv. 1 sh. 6 d. Hibbert.

L'édit. de *Mayence*, *P. Schoiffer*, 1476, in-fol. goth.
de 75 ff. a encore quelque valeur : vend. 80 fr. *m. r.*
La Vallière ; 30 fr. salle Silvestre, en 1807. La Bibliothèque impér. en possède un exemplaire impr.
sur VÉLIN.—D'autres éditions des *Clémentines*, impr.
de 1478 à 1500, sont décrites par Hain, n°s 5422 à
5447.

CLEMENS non papa. Liber primus cantionum sacrarum, vulgo Moteta vocant,
quatuor vocum, nunc primum in lucem
editus, auctore D. Clemente non Papa.
Lovanii, apud Petrum Phalesium...
M. D. LIX, pet. in-4. obl. [10196]

Ce premier livre a été suivi d'abord de cinq autres
du même compositeur, et sous le même titre ; ensuite d'un septième livre, *auctore Thoma Crequil-
lone*, et d'un huitième, en 1561. Ce dernier à 5 et
8 voix est des deux compositeurs ci-dessus, et de
cinq autres. Le premier livre renferme 15 motets,
le second en a 16, ainsi que le troisième ; le quatrième 17, le cinquième 15, le sixième 13 et le septième 14 (Schmid, p. 292-93).

P. Phalèse a publié à Louvain en 1557 un recueil de
messes musicales de Clément non Papa, en 4 tom.
gr. in-fol. ; et aussi dans la même ville, de 1558 à
1560, un autre recueil de messes en 2 tom. in-fol.
Dans l'exemplaire décrit par M. Schmid, p. 201 et
suiv., le premier tome est daté de 1563.

— Voy. à l'article PHALESIUS (*Petrus*).

CLÉMENT (*Nicolas*). Austriæ reges et du-
ces epigrammatis per Nicolaum Clementem Trœleum Mozellanum descripti.
Coloniæ, M. D. XCI, pet. in-4. de 4 ff.
limin. titre compris, et 130 pp. pour le
texte. [24865]

Les soixante-trois portraits, non compris le frontispice, qui font le principal mérite de ce volume,
ont été gravés par Pierre Wœiriot plusieurs années avant leur publication, retardée par la mort
de Nic. Clément, auteur des vers latins qui les accompagnent. En tête du livre une épître dédicatoire datée de Veselise, le 2 juin 1573. Dans un
petit nombre d'exemplaires le portrait de Charles III, le 63e et dernier, le représente coiffé d'une
toque de plumes, tandis que dans les autres ce prince
est représenté nu - tête ; il en est de même pour la
traduction française décrite ci-dessous. 53 fr. *m. v.*
Veinant ; 42 fr. *v. f.* Giraud.

On rencontre des exemplaires, avec texte latin, portant pour date : MDXIX, *Coloniæ*. Ils diffèrent des
premiers par le titre qui y est moins concis, et où
l'on a substitué une couronne ducale au beau cartouche, dont il était décoré ; les trois autres feuillets liminaires y ont aussi été changés. Quant aux
exemplaires à la date de 1593 et 1610, que citent
plusieurs bibliographes, nous ne les avons pas vus.

— Les rois et les ducs d'Austrasie de N.
Clement, traduits en françois par Gui-
baudet dijonnois. *A Coulongne*, M. D.
XCI, pet. in-4. 8 ff. prél. y compris le
frontispice, texte et gravures, p. 1 à 142.

55 fr. *mar. r.* Veinant ; 45 fr. *veau*, Borluut.

Cette traduction est accompagnée des mêmes planches que le texte latin, l'ouvrage ayant paru si-

multanément dans les deux langues. M. Robert Dumesnil a donné dans le VIIe volume de son *Peintre
graveur* (art. Wœiriot) la description de 64 pl.
de ce livre, sur lequel M. Beaupré (*Imprimerie
lorraine*, p. 315 et suiv.) nous fournit aussi de curieux détails. Ce savant magistrat doute qu'il ait été
véritablement imprimé à Cologne, comme le porte
le titre ; il parle peu avantageusement de l'édition
suivante de 1617, où les gravures en cuivre sont
remplacées par des planches sur bois fort médiocres,
ouvrage d'un sieur Ambroise Ambroise :

LES ROYS et les dvcs d'Austrasie depvis Theodo-
ric premier fils aisné de Clovis ivsque à Henry de
Lorraine II. a present Regnāt. faict par Nicolas
Clement, traduict en françois par François Gui-
baudet Dijonnois. *A Espinal, par Pierre Houion
imprimeur de Son Altesse*, 1617, pet. in-4., 8 ff.
prél. dont le dernier est blanc, texte et gravures
p. 1 à 145.

40 fr. *v. f. t. d.* Veinant, et quelquefois beaucoup
moins.

— Premices du jeune Nicolas Clément de
Vizelize... au comte de Vaudemont,
présentées l'an 1571 à Mgr le duc de
Lorraine. *A Heydelberg, par Michel
Schiras*, 1571, pet. in-8. de 66 pp., la
dernière cotée 57, plus un feuillet non
chiffré. [13795]

Ce petit recueil peu connu renferme diverses pièces
de vers adressées à des personnages éminents de la
Lorraine et de l'Allemagne, et, ce qui est plus curieux, *la Harangue d'un villageois habitant le ri-
vage du Danube, fait au sénat de Rome, du
temps de l'empereur*, morceau imité de Guevara,
et qui a été une seconde fois mis en vers par Gabr.
Fourmennois, Tournésien, en 1601 (voy. notre art.
GUEVARA, *Ant.* de). Un exemplaire des *Prémices*
de Nic. Clément, rel. en *mar. r.* par Duru, a été
vendu 118 fr. Veinant, en 1860.

CLÉMENT. Relation du voyage de Brême,
en vers burlesques (par Clément). *Leide,
la veuve de Daniel Boxe*, 1676, pet.
in-12. [14250]

Petit volume peu commun, vend. 11 fr. 65 c. Bérard.
Il y a des exempl. de cette même édition avec un
nouveau titre portant : *Relation d'un voyage de
Coppenhague à Breme en vers burlesques*, Breme,
Claude le Jeune, 1705. Un exemplaire *non rogné*,
30 fr. Bérard ; 60 fr. *mar. r.* Nodier, en 1827 ; 37 fr.
50 c. Bignon. Une édition de *Leyde, Pecker*, 1677,
in-12 (sous le premier titre), est dans le catalogue
La Vallière-Nyon, n° 15677.

CLÉMENT (*Dav.*). Bibliothèque curieuse,
ou catalogue raisonné de livres difficiles
à trouver. *Gottingen*, 1750-60, 9 vol.
in-4. [31328]

Ouvrage rangé par ordre alphabétique et qui s'arrête
à l'article *Hesiodus :* la suite aurait formé 7 ou 8
autres volumes. La Bibliothèque de Clément est un
répertoire utile, où parmi un trop grand nombre
d'articles insignifiants et rédigés de la manière la
plus prolixe, il s'en trouve de fort curieux, et qu'on
chercherait vainement ailleurs : 30 à 40 fr. Vend.
115 fr. *m. r.* Mac-Carthy.—Il en a été tiré quelques

exemplaires en Gr. Pap. Celui de M. Renouard a passé en Angleterre, et nous le trouvons porté à 21 liv. dans le catalogue de Payne et Foss, Lond., 1837.

CLÉMENT (D. F.). Voy. ART de vérifier les dates.

CLÉMENT. Voyez BULLETIN du tribunal révolutionnaire.

CLEMENTE Libertino. Voy. MELLO (Fr.-M. de).

CLEMENTE (Denis). Voy. VALERIANO da Ungaria.

CLEMENTINI (Cesare). Racconto istorico della fondazione di Rimino, et dell' origine e vite de' Malatesti. Rimino, 1617-27, 2 vol. in-4. [25655]

Ouvrage très-rare, dont il n'a paru que les XI premiers livres; il devait y en avoir XV : vend. 15 fr. Floncel, et beaucoup plus cher en Italie. Après le 5e livre doit se trouver Trattato de' luoghi pii, e de' magistrati di Rimino, partie qui manque dans plusieurs exemplaires.

CLENARDUS (Nicolaus). Tabulæ in grammaticam hebræam authore Nic. Clenardo, 1529. (in fine): Louanij, Cal. Aug. Anno M. D. XXIX, in-4. de 64 ff. sig. Aıj—Qij. [11509]

Cette grammaire, sortie des presses de Martin d'Alost, est remarquable sous le rapport typographique parce qu'on y a fait usage de caractères hébraïques grands et petits, de caract. romains pour les titres, et d'italique pour les explications latines; mais comme on ne s'en sert plus, elle n'a pas une grande valeur, et les réimpressions à Paris, 1564, à Cologne, en 1561 et 1567, in-8., en ont encore moins, malgré les notes qui y ont été ajoutées.

Les Institutiones linguæ græcæ du même savant ont été longtemps en usage et conservent encore de la réputation. La plus ancienne édition que nous en connaissions est celle de Louvain, ex officina Rutgeri Rescii, undecimo Cal. maii, 1531, in-4. Parmi les nombreuses réimpressions qui en ont été faites, nous remarquons celles qu'a données R. Estienne, en 1549, en 1551 et en 1578, celle de Venise, 1570, par Paul Manuce, et plus particulièrement celle de Paris, Henr. le Bé, 1581, in-4., cum scholiis et praxi P. Antesignani, et annot. Tuss. Bercheti, no 10629 de notre table. Il ne faut pas oublier les trois édit. des mêmes Institutiones impr. par les Elsevier d'Amsterdam, en 1650, en 1660 et en 1672, pet. in-8., lesquelles ont été revues et augmentées d'une nouvelle partie par Ger. Jos. Vossius. L'édit. de 1672 a 4 ff. prél. et 400 pp.; son titre porte : editio novissima, et multa accessione etiam post ultimam autoris manum locupletior reddita, indexque duplex plurimis modis adauctus.

— Epistolarum libri II quorum posterior jam primum in lucem prodit. Antuerpiæ, ex offic. Chr. Plantini, 1566, 2 tom. en 1 vol. pet. in-8. de 258 pp. et 2 ff. à la fin. [18741]

Quatrième édition de ces lettres curieuses; elle est aussi complète et plus belle que celle de Hanau, 1606, in-8. 7 fr. 50 c. Du Roure; 10 fr. Borluut, et un bel exempl. rel. en mar. citr. par Du Seuil, 39 fr. Parison.

L'édit. de Louvain, apud Hier. Wellæum, 1561, pet. in-8., vend. 10 fr. Borluut, a pour titre : Nic. Clenardi peregrinationum ac de rebus machometicis epistolæ elegantissimæ.

CLENK ou Klenk (Konrad von), voyez KLENK.

CLEOMEDES. ΚΥΚΛΙΚΗ ΘΕΩΡΙΑ ΕΙΣ ΒΙΒΛΙΑ Β, nunc primum typis excusa prodit. Parisiis, per Conr. Neobarium, 1539, in-4. de 44 ff. [4210]

Vend. en m. r. 10 fr. Brienne, en 1792; 5 sh. Hebér. M. Van Praet, dans son second catalogue, en cite un exemplaire sur VÉLIN.

— Meteora, gr. et lat., a Rob. Balforeo ex m s. cod. bibliothecæ cardin. Joyosii multis mendis repurgata, latine versa, et perpetuo commentario illustrata. Burdigaliæ, apud Simon. Milangium, 1605, in-4. de 8 ff. prél., 285 pp. et 4 ff. fig. 5 à 6 fr.

— Circularis doctrinæ de sublimibus libri duo, gr., recensuit, interpretatione latina instruxit, commentarium Rob. Balforei, suasque animadversiones addidit Janus Bake. Lugd.-Batav., Luchtmans, 1820, in-8. 18 fr.

Édition la meilleure de ce traité. M. Letronne en a rendu compte dans le Journal des Savans, décembre 1821. Il y a des exempl. in-4. pap. vél.

— Κλεομήδους κυκλικῆς θεωρίας μετεώρων βιβλία δύο, e Bakii recensione, cum potiore scripturæ varietate et brevi annotatione edidit C.-Chr.-Theoph. Schmidt. Lipsiæ, Hartmann, 1831, in-8. de 250 pp. 6 fr.

CIOMEDIS (sic pro Cleomedis) de contemplatione orbiū excelsorum disputatio. Aristidis & Dionis de concordia orationes. Plutarchi præcepta connubialia. Eiusdemq̄ de virtutibus morum. (in fine): Impræssum (sic) Brixiæ, per Bernardinum misintā sumptibus Angeli Britannici civis Brixiani anno M. cccc. lxxxxvii die iii Aprilis; in-4. sig. a—k iiii et 4 ff. pour les errata, caractère rom.

Ces trois opuscules sont des traduct. latines faites par Charles Valgulius, Brixianus (Audiffredi, Catal. editionum italor., p. 181-82).

CLEONICE, ou l'Amour temeraire, tragi-comédie pastorale (5 act. en vers). Paris, Nic. Rousset, 1630, pet. in-8. de 8 ff., 106 pp. et le privilège. [16409]

La dédicace au roi est signée P. B., ce qui, d'après une note écrite sur le titre de l'exemplaire de M. de Soleinne, désignerait un sieur Passart qui est nommé dans la table des Recherches de Beauchamps. L'exempl. en mar. r. vendu 20 fr. de Soleinne a été revendu seulement 2 fr. 75 c. Baudelocque; un autre en veau, 5 fr. de Soleinne.

CLEONIDES. Hoc in volumine hæc opera continentur. Cleonidæ harmonicum introductorium, interprete Geor. Valla; L. Vitruvii Pollionis de architectura libri decem; Sex. Julii Frontini de aquæductibus liber unus; Angeli Politiani opusculum quod Panepistemon inscribitur; ejusd. in priora analytica prælectio cui titulus est Lamia. — Impressum Venetiis per Simonem Papiensem dictum Biuilaquam... M. CCCC. LXXXXVII, die *tertio Augusti,* in-fol. de 94 ff., à 43 lig. par page.

Recueil assez rare : le premier f. présente le titre et la dédicace ; ensuite se trouvent : *Cleonides,* ff. 2 à 7, un f. bl. ; *Vitruvius,* ff. 9 à 72, avec la souscription au recto du 72ᵉ ; *Frontinus,* ff. 73 à 82, plus 12 ff. contenant les deux opuscules de Politien. 5 flor. Butsch.

CLÉOPATRE (par de Coste de la Calprenède). *Paris, Guil. de Luynes,* 1647-58, ou *Paris, Joly,* 1663, 12 vol. pet. in-8. 36 à 60 fr. [17174]

Depuis quelques années on est revenu à ce long roman qui, après avoir eu le plus grand succès dans sa nouveauté, était presque entièrement négligé ; il a paru successivement de 1647 à 1658, et les premiers volumes ont été réimprimés en 1652 et depuis.

L'édition imprimée sur la copie de Paris, *Leyde, Jean Sambix,* 1648 ou 1653, 12 vol. in-8., est plus jolie que l'édition originale. Dans tous les exempl. les tomes IX à XII sont sous les dates de 1657 et 1658. Vendu en *vélin,* 44 fr. Pixerécourt ; 53 fr. Renouard ; en *mar. bl.* 59 fr. Chenier ; 171 fr. Labedoyère ; en *mar. citr.* 120 fr. Busche.

On a un premier abrégé de la *Cléopâtre,* par J. C., *Paris, Cl. Jolly,* 1668, 3 vol. in-12, et un second par M. Benoist, *Paris,* 1789, 3 vol. in-12. Il existe une traduction italienne du même roman par Majolino Bisaccioni, *Venetia, Geo.-Batt. Indrich,* 1697, in-12, que le Catal. de la Bibliothèque du roi annonce en 6 vol.

CLEOPHILUS (*Fr.-Octavius*). Octavii Julia et epistolæ de amore. (in fine) : *Octauii Epistole de amore finiunt. Impresse Neapoli per magistrū Conraduȝ Guldemund. ope & impensa Basilii de Argentina. Anno dñi.M.cccc.Lxxviii. III. Idus Martias,* in-4. [12673]

Opuscule rare, lequel se compose de 24 ff. non chiffrés, y compris le premier, qui est tout bl. ; la souscription se trouve au recto du dernier f. ; l'édition, qui est imprimée en beaux caractères ronds, contient 22 pièces de vers et XVI lettres en prose. Le tout a été réimprimé dans un recueil publié à Venise en 1498, et dans un autre recueil imprimé à Strasbourg en 1509. Voy. l'article GREGORIUS Tiphernus.

L'opuscule de Cléophile, qui est sous le nom d'*Octavius* dans l'édition de Naples et dans les deux recueils que nous venons de citer, a été réimpr. sous celui de *Cillenius,* avec les *Catalecta* d'Ovide de l'édition donnée par Goldast, à Francfort, en 1610, in-8. ; et sous celui d'*Octavius,* dans les *Deliciæ poetarum italorum,* édition de Gruter. Il est à remarquer qu'à la fin des élégies, et avant les lettres en prose, on lit dans l'édition de 1509 déjà citée, feuillet Eiij, l'avis suivant : *Sunt qui has elegias cuidam Cilleno veronensi poetæ clarissimo ascribant. Tu vero, amice lector, vide ne hæ carminum blandiciæ te in libidinis perniciem trahant, etc.*

— Opera nunquam alias impressa; antropotheomachia; historia de bello fanensi, et quædam alia. (*Fani*), *Hieronymus Soncinus,* M. D. XVI, *die xxix mensis Januarii,* in-8. de 64 ff. non chiffrés.

Recueil rare et curieux : vend. 18 fr. Courtois ; 1 liv. 7 sh. Heber.

Le poëme le plus connu d'Octavius Cleophilus est celui qui a pour titre : *Libellus de cœtu poetarum;* il a été imprimé plusieurs fois, à la fin du XVᵉ siècle, soit en Italie, soit ailleurs : on en cite une édi-

tion in-4., de 14 ff. non chiffr., sans lieu ni date, et imprimée en caractères romains ; une autre in-4., également sans date, mais avec la marque de *Martinus Herbipolensis,* à Leipzig. Ce même poëme a aussi été imprimé à Paris, de format in-4., d'abord avec la souscription suivante, remarquable par une faute dans la date : *Impressum pro Alexandro Alyate de Mediolano, anno domini* M. CCCCXIX (pro 1499), *dic primo mensis Augusti;* puis réimprimé avec un commentaire de Jodocus Badius Ascensius, *Parisiis, Rob. Gourmont,* 1509; *Parisiis, Enguilb. de Marnef,* de 35 ff., avec la lettre d'Ascensius à Fauste, datée de 1509 (vend. 57 fr. Borluut), et de nouveau : *Rothomagi, ex officina Guillermi Gaullemier pro Petro Regnault* (absque nota), in-4. goth. de 14 ff.

— LE LIURE de Octavius Cleophilus de cœtu poetarum translaté de latin en rhetoricque françoye par Gulielme Griachet alias de Villebichot de Talent pres Dijon. *Lyon, par Parmentier,* 1543, pet. in-4. de 24 ff. [12674]

Malgré sa grande rareté, cet opuscule n'a été vendu que 6 sh. chez Heber. À la vente de cet amateur (tome Iᵉʳ du catal., nᵒˢ 1747 et 1748), se trouvaient les deux articles suivants, vend. 10 sh. 6 d. chacun :

CLEOPHILI (*Oct.*) Epistolarum de amoribus libellus (carmina). *Sine nota,* circa 1480, in-4.

— Ejusdem Stinchæ (de carcere Florentinorum) carmen; *sine nota,* circa 1480, in-4.

— OCTAVIUS Cleophilus Baptistæ Guarino: Antonio citadino : Nicolao Leoniceno : Petro bono : Ludovico carboni : Lucæ ripæ : Aristophilo Mamphredo : Beltramo constabuli : Ludovico pictorio : amicis iocundissimis. S. D. (Epistolæ). — *Ex urbe Roma, tertio Idus Aprilis a salute generis hominum ducentesimæ nonagesimæ quinto (sic) olympiadis anno tertio,* pet. in-4. de 18 ff. non chiffr., caract. romains.

Cette édition paraît avoir été imprimée à Rome, par Euch. Silber, vers 1480.

CLÉOPHON, tragédie conforme et semblable à celles que la France a vues, durant les guerres civiles, par J. D. F. *Paris, Fr. Jacquin,* 1600, pet. in-8. de 46 pp. et 2 ff. prélim. [16352]

Pièce rare : vend. 6 fr. La Valliere, et 30 fr. Méon, avec une figure relative à l'assassinat de Henri III.

CLERC (*Jean* de). Der Leken Spieghel, leerdicht van den jare 1330 door Jan Boendale, gezegd Jan de Clerc, Schepen-klerk te Antwerpen. Uitgeg. d. Dr. M. De Vries. *Leiden,* 1844-48, 3 vol. in-8. [15624]

— DIE DIETSCHE DOCTRINALE, leerdicht van den jare 1345, toegekend aan Jan Deckers, Clerk der stad Antwerpen : Uitgeg. d. Dr. W. J. A. Jonckbloet, 's *Gravenh.,* 1842, in-8.

L'auteur de ces deux poëmes a été l'objet d'une notice de P. Genard intitulée : *Jan Boendale gezegd Jan de Clerck van Antwerpen,* Anvers, 1858, in-8. de 62 pp.

Au mot DOCTRINAEL nous décrivons une édition de son second poëme impr. à Delft, en 1489, in-8.

M. Graesse (article Jan de Clerc) nous apprend que ce dernier poëme a servi de base à deux rédactions en haut et en bas saxon, savoir :

DREY BÜCHER des Doctrinals für die leyen gemacht zu teutsch. (à la fin) : *Diese drey bücher hat auf ein nüwes geschmidt vsz allem Ysen. Vnd hat vil zu in bewerten leren gesazt ein Kartau-*

Clerc (*P.-A.*). Pratique de l'art de décrire le terrain, 8013.

ser *zu Nüremberg ein Priester mit dem Name Erhart Grosze mit Hilffe des allmechtigen Gottes*, in-fol. avec une gravure sur bois.

Édition sans lieu ni date, mais que l'on croit être de 1474. On en cite deux autres, l'une d'*Augsbourg*, 1485, in-fol. de 40 ff., et l'autre, même lieu, par *Christofferus Schaiter*, 1493, in-4.

DER LAIEN DOCTRINAL, ein Altsassich gereimtes Sittenbuch, herausgegeben und mit e. Glossar vers. von Dr. K.-F.-A. Scheller. *Braunschweig*, 1825, in-8.

— Édouard III, roi d'Angleterre, en Belgique, chronique rimée écrite vers l'an 1347, par Jean de Klerk d'Anvers, traduite pour la première fois en françois, par Oct. Delepierre. *Gand*, *Annoot-Brœckman*, 1841, gr. in-8. [15608]

Tiré seulement à cent exemplaires numérotés à la presse.
La Chronique flamande rimée de Jean de Clerc, publiée par J.-F. Willems sous ce titre *De Brabantsche yeesten door J. de Klerk*, Brussel, 1839 et 1843, 2 vol. in-4., fait partie de la collection des chroniques belges (voy. tom. II, col. 135, au mot COLLECTION). Le premier volume contient 5 livres qui donnent l'histoire des ducs de Brabant jusqu'en 1350, et le second les livres VI et VII qui conduisent cette histoire jusqu'en 1440.

CLERC ou Clerke (*Jo.*). Opvscvlvm plane divinum de mortuorum resurrectione et extremo iuditio, in quatuor linguis succincte conscriptum, authore Ioanne Clerco. Latyne. Englysshe. Italian. Frenche. — *Imprynted in Aldersgatestret* (London) *by Joannes Herforde. Anno* 1545, pet. in-4. de 31 ff. [1245]

Ce livre, dédié à Henry, comte de Surrey, est rare et curieux. On y trouve en regard le latin et l'anglais, impr. en lettres goth. sur 2 col., et l'italien et le français en lettres rondes sur deux autres col., ce qui donne le moyen de comparer l'idiome et l'orthographe des langues anglaise, française et italienne au milieu du XVIe siècle. Lowndes cite une édit. du même ouvrage, in-4., sous la date de 1547, et augmentée d'un traité sur les verbes français et italiens; une autre de 1573, in-4., est indiquée par Tenner.

CLERC (Du et Le). Voyez DU CLERC, et LE CLERC.

CLERCK (*Car.*). Icones insectorum rariorum, cum nominibus eorum trivialibus locisque a C. Linnæi syst. nat. allegatis. *Holmiæ*, 1759, in-4. [6022]

Volume orné de 55 planches bien coloriées, et de 2 frontispices gravés : de beaux exemplaires en *mar.* ont été vendus jadis 511 fr. Gouttard; 750 fr. Camus de Limare; mais d'autres, également rel. en *mar.*, n'ont été payés que 82 fr. en 1836, et 18 fr. Walckenaer, ce qui prouve que ce livre n'est pas fort rare, et qu'on le recherche beaucoup moins aujourd'hui qu'autrefois.
Le second frontispice gravé, qui se place après la planche 16, manque dans plusieurs exempl.; mais il n'est pas nécessaire.
— ARANEI succici, descriptionibus et figuris æneis

illustr. ad genera subalterna redacti, speciebus ultra LX determinati (suecice et lat.). *Stockholmiæ*, *Laur. Salvius*, 1757, in-4. avec 6 pl. color. 10 à 12 fr. [5922]

Vend. beaux exempl. pap. de Hollande et en *mar.* 361 fr. Gouttard; 600 fr. Camus de Limare; et seulement 12 fr. Walckenaer; et les 2 volumes réunis, exempl. de Camus de Limare, 364 fr. Saint-Martin; un autre exemplaire presque aussi beau, 208 fr. Chateaugiron; 30 fr. De Bure.

— Voy. MARTYN (*Th.*).

CLERE (Sainte). Sensuyt la confirmation et approbation de la premiere regle de madame saincte Clere vierge. Auecques le Testament : Cöstitutions : Estatus : ɾ Declarations de la dicte Regle : baille par sainct Francoys. (à la fin) : *Pries dieu pour vostre imprimeur J. Damoysel a Tolose mil. cccc. xxix. le x iour de decembre*, in-4. goth. à long. lig. sig. A—F. fig. en bois. [3278]

Sous le titre impr. en rouge (au-dessous d'une pl. en bois qui représente un calvaire) sont réunis plusieurs opuscules qui n'ont ensemble qu'une seule série de signatures, mais qui ont été impr. séparément. Le cah. A. de 8 ff. contient *la Règle*; les cah. B. C. et D. ont 8 ff. chacun; le cah. E. n'en a que deux, et, au recto du dernier desquels se lit la souscription : *Imprime a Tolose Lan mil CCCCC. xxix. et le xxiiij iour de Juillet par Jehan Damoysel*. Le cah. F. de 4 ff. renferme le *Privilege du pape Innocent*, terminé par la souscription rapportée à la suite du titre ci-dessus. Quant à la pièce intitulée : *Sensuit le testament de la glorieuse vierge saincte Clere*, qui se place après le cah. A, elle porte aussi la signature A, mais je ne puis dire combien elle doit avoir de ff., car elle s'est trouvée incomplète dans l'exemplaire que j'ai eu sous les yeux.

CLERGET (*Ch.*). Mélanges d'ornements divers destinés aux peintres décorateurs et aux fabriques dans tous les genres, composés, dessinés et grav. dans le genre des nielles d'après Raphaël, le Primatice, Alb. Dürer, Du Cerceau, etc. *Paris (sans date)*, in-fol. de 72 pl. avec texte. 36 fr. [10058]

Publié en 12 livraisons de 6 pl. chacune, dont deux impr. en couleur.

CLERI turonensis hymni duo ad Henricum IIII; unus ante pugnam, alter post victoriam Ibriacam : addita est vernacula versio. *Augustæ-Turonum*, 1590, in-4. [23611]

Pièce rare dont le texte latin occupe 10 ff. non chiffr., et la traduction 20 pp. sous ce titre : *Deux hymnes du Clergé de Tours... tournez du latin*, 1590. Vend. avec la traduction 54 fr. Sépher ; 360 fr. *mar.* v. Coste.
La traduction française de ces deux hymnes est réimprimée dans le recueil I, *Paris*, 1760, pag. 134 et suiv. Voir le n° 19424 de notre table. — Le VIe vol. du Recueil de M. A. de Montaiglon donne la même pièce dans les deux langues. Voyez notre article PROSA cleri parisiensis.

CLERIADUS. Le liure de Cleriadus et

Meliadice. *Paris, Ant. Verard,* 1495, in-fol. goth. à 38 lig. par page. [17028]

Au mois d'octobre 1850, M. P. Jannet a fait l'heureuse rencontre d'un exemplaire de cette édition, jusqu'alors inconnue, et, ce qui est mieux encore, d'un exemplaire impr. sur VÉLIN; mais il y manquait malheureusement le premier et le dernier f. Ce livre précieux a été acquis au prix de 1250 fr. par M. Yéméniz de Lyon, qui l'a fait restaurer et relier richement par Bauzonnet-Trautz. La Bibliothèque impériale n'en avait offert que 1025 fr. Voici la description de cette édition : Elle a des signat. de a—m par huit, ce qui devrait donner seulement 96 ff., quoique le dernier de l'exemplaire soit coté XCVIII. Le premier f. a dû contenir le titre, si toutefois il n'était tout blanc. Le f. II commence par cette ligne :

Cy cõmence le liure de Cleriadus et Mcliadice.

Le verso du f. XCVIII, septième du cahier *m*, finit par cette souscription en six lignes : *Cy finist le romant et cronique de Cleriadus et Meliadice roy ∥ dengleterre. Nouuellemẽt imprime a Paris le huistieme iour de may mil ∥ quatre cens quatrevingz z quinze. Pour Anthoine verad (sic) libraire demo∥rant sur le pont nostre dame a limaige saint Iehan leuangeliste ou au pa∥llays au premier pilier deuant la chapelle ou on chante la messe de messei∥gneurs de parlement.* Le 8ᵉ f. du cah. *m* manquant devait probablement être blanc et porter la marque de Verard.

La plupart des sommaires de l'exemplaire ont été recouverts par des miniatures assez médiocres, au nombre de 35, et rapportées en marge par une main contemporaine. Les lettres initiales des chapitres sont en or et en couleur.

Les marges supérieures ont 30 millimètres, les marges inférieures 66, et les latérales 44.

— Le liure de messire Cleriadus et Meliadice. — *imprime a paris par Michel le Noir... le xij iour de ianvier mil cinq cens et quatorze,* in-4. goth. sig. a—siij.

Édition fort rare, dont un bel exempl. a été vendu 200 fr. en 1815; elle ne valait pas plus de 24 fr. autrefois. Celle que Hain (*Repertorium,* nº 5460) a placée parmi les productions du XVᵉ siècle est postérieure à 1514. Voici le titre et la description de cette dernière :

CY COMMENCE le Li ∣ ure de messire Cleria ∣ dus filz au conte de Stu ∣ re Et de Meliadice fille ∣ au roy dengleterre. (à la fin) : *Cy finist le romant et cronique de Cleriadus et me ∣ liadice fille au roy dangleterre. Nouuellement imprime a Paris a lenseigne de la Rose blanche,* in-4. goth. de 100 ff. à 40 lignes par page, avec signat., titre en rouge et noir, avec une vignette en bois. Au verso du dernier f. se trouve une planche représentant Cleriadus et Meliadice. Cette édition nous paraît être de Philippe le Noir, après 1521.

— Cy commence le liure de messire Cleriadus filz au conte Desture et de Meliadice fille au roy dengleterre. — *imprime a Paris pour Pierre Sergent,* in-4. goth.

Cette édition est sans date, mais je la crois moins ancienne que la suivante; elle a 23 cah. de sig. A-yiij. A la fin du volume, au bas de la marque de P. Sergent, se trouve le chiffre XXIII, indiquant le nombre des cah., mais il y a XXV C. sur le frontispice. C'est, probablement, ce dernier chiffre qui a fait indiquer, sous la date de 1525, l'édit. de Sergent, dont un exemplaire piqué de vers, qui avait été donné pour 3 fr. 75 c. à la vente de Lauraguais, en 1770, et pour 5 sh. à celle d'Hibbert, s'est vendu 12 liv. chez Heber; 180 fr. *mar. r.* Bertin.

— Cy cõmence la Cronicque de messire Cleriadus filz au conte Desture. Et de Meliadice fille au roy Dangleterre. On les vend a Lyon au pres de nostre dame de confort cheulx Oliuier Arnoullet. (à la fin) : *Cy finist le Romãt z cronicque de Cleriadus et Meliadice fille au roy Dangleterre. Nouuellemẽt imprime a Lyõ p̃ Oliuier Arnoullet le .v. de Mars ¡CCCC. et ..xxix,* in-4. goth. de 106 ff. non chiffr., à longues lignes, titre en rouge et noir, avec une fig. en bois.

Vend. 8 fr. La Vallière; 4 liv. 14 sh. 6 d. White Knights; 9 liv. 9 sh.-Heber; 275 fr. *mar. v.* d'Essling; 365 fr. Giraud.

— THE HISTORY of Clariodus and Miliadice, an ancient metrical romance, in the scottish dialect, from a manuscrit of the sixteenth century, in the Advocates library of Edinburgh. *Edinburgh, for the Maitland club,* 1850, in-4. de XVI, 376 et 9 pp. [15000]

Ce poëme paraît être sur le même sujet que le roman ci-dessus. Il n'en a été tiré que 50 exemplaires.

CLERICI (*Jean*), de l'ordre de S. François, confesseur des sœurs de l'annonciade a Bethune. Le traicte de exemplaire penitence. *Paris, Ambroise Girault* (vers 1530), pet. in-8. goth. [1322]

Du Verdier cite de ce traité une édition de *Paris, Jehan le Bailly,* 1528, in-8. goth.; quant à La Croix du Maine, il n'indique qu'un seul ouvrage de ce religieux, sous ce titre :

L'Instruction des petits enfants, imprimee a Bethune par Pierre Du Puys, et il n'en donne ni la date ni le format.

— SENSUIT ung traicte des fondemẽs du tẽple spirituel de dieu. Cest la persõe chrestiẽne contenãt les xii articles de la foy figures par les xij fondemens XII pierres precieuses dõt mension est faicte en lapocalipse ou XXI. chapitre. Presche en forme de sermon par moy frere iehan clerici disciple de theologie en la ville dathe lan mil cinq cens vingt et sept. On le vẽd a paris en lhostel dalbret a betune en lostel du messaiger de paris. — (au recto du dernier f.) : *imprime a Paris pour Jehan le messagier demourant a Bethune,* pet. in-8. goth. de 2 ff. prél. et c ff. chiffrés. [1439]

Livre curieux comme échantillon du style oratoire des prédicateurs au commencement du XVIᵉ siècle.

CLERISSEAU (*C.*). Antiquités de la France : monumens de Nîmes. *Paris,* 1778, in-fol. max., avec 42 pl. [24755]

Cette édition, moins complète que la suivante, a l'avantage de contenir les premières épreuves : 20 à 30 fr.

ANTIQUITÉS de la France, avec le texte historiq. et descriptif, par J.-G. Legrand. *Paris, impr. de P. Didot l'aîné,* 1806, 2 vol. in-fol. max.

Nouvelle édit. augmentée de l'ouvrage précédent. Le premier vol. contient le texte, et le second 63 pl. Le tout se vendait, en pap. ordin., 180 fr., en pap. vél. colombier, 300 fr.; et en pap. vél. nom de jésus ouvert, tiré à 50 exempl., 600 fr., et le nouveau texte et les 21 pl. supplémentaires pour compléter la première édition, 100 fr. Ces prix trop élevés ne se soutiennent pas au quart.

CLERK (*John*). An Essay on naval tactics,

Clericus. — Voyez LE CLERC.

Clerjon (*P.*). Histoire de Lyon, 24595.

systematical and historical, with explanatory plates; third edition, with notes by lord Rodney. *London*, 1827, in-8. 1 liv. 5 sh. [8520]

Ce traité avait déjà été impr. en 1790 et en 1804, in-4.; toutefois il paraît que ce qu'il contient de meilleur est tiré, en grande partie, de l'*Art des armées navales*, ouvrage du P. Paul Hoste, impr. à Lyon, en 1697, in-fol. Cependant la Tactique navale de Clerk a été traduite en français, sur la première édition, par Lescallier, *Paris*, 1791, 2 vol. in-4.

— Etchings chiefly of views in Scotland by John Clerk, esq. of Eldin. 1773-1789. *Edinburgh*, 1825, in-fol. [27387]

Recueil de 27 dessins exécutés par J. Clerk, auteur de la tactique navale. Il en a été tiré 40 exempl. sur pap. de Chine pour les membres du *Bannatyne club*, auxquels le feu lord Eldin les a offerts.

CLEVES (*Philippe* duc de). Voy. PHILIPPE.

CLICHTOVEUS ou CLICTHOVEUS (*Jodocus*). De necessitate peccati Adæ et fœlicitate culpæ ejusdem, apologetica disceptatio. *Parisiis*, *H. Stephanus*, 1519, in-4. de 48 ff. en tout. [636]

Vend. 12 fr. *mar. r.* La Valliere.

— TRACTATUS de puritate conceptionis beatæ Mariæ, de dolore ejusdem in passione filii sui; de ejusdem statione juxta crucem; de assumptione ipsius gloriosæ Virginis. *Parisiis, Henr. Stephanus*, 1513, in-4. [1218]

— DE VERA nobilitate opusculum : completam ipsius rationem explicans, et virtutes quæ generis nobilitatem imprimis decent ac exornant depromens, etc. (authore Jodoco Clichtoveo Neoportunensi.) — *Completum in Alma Parisiorum academia*, *Anno Domini... millesimo quingentesimo duodecimo* (1512) *septimo kalendas Septembres, per Henricum Stephanum... in-4.* [3854]

Ce traité a été réimpr. plusieurs fois, et on l'a traduit en français, sous ce titre :

LE LIURE et traicte de toute vraye noblesse, nouuellement translate de latin en frãcoys, lequel declaire ɀ enseigne cõment ung chascun noble ɀ honneste personne se doibt regir et gouverner en gardant toute hõnestete ɀ bõnes meurs... *Imprime Lan M il.cccc.xxxiij. Ils se vendent a Lyon, par Thibault payen*, in-8., goth. signat. A—Oiij. (*Biblioth. impériale*.)

LE MÊME livre et traicte de toute vraye noblesse nouellement translate de latin en françois. Imprime lan mil cccc. xxxiv. (à la fin) : *Imprime a Lyon par Grand Jacques Moderne, en rue Merciere aupres de Nostre-Dame de Confort*, in-4. goth.

L'édition du Traité de la noblesse translate nouuellement de latin en français, *Paris*, *en la boutique de Jehan Longis* (sans date), pet. in-8. goth., doit avoir paru vers 1540. Celle de *Paris, Ant. Bonnemare*, pet. in-8. de xxxiiij ff. chiffrés, et 2 non chiffrés, également sans date, est peut-être un peu plus ancienne.

Ce traité que nous avions placé mal à propos dans l'histoire de la noblesse appartient à la morale, ainsi que le prouve le titre ci-dessous :

TRAITÉ de la véritable noblesse, et des vertus qui lui conviennent, trad. du latin de Clichtoveus par l'abbé de Mery. *Paris, Desprez*, 1761, in-12.

L'auteur du texte latin a dédié son livre *Jacobo Ambasiano*, ce que le traducteur a rendu par *Jacques Ambasien*, au lieu de Jacques *d'Amboise*, l'un des neveux du cardinal de ce nom, et qui fut l'élève de Clichtoveus.

— DE MYSTICA numerorum significatione opusculum : eorum præsertim qui in sacris litteris usitati habentur, spiritualem ipsorum designationem succincte elucidans. *In Alma Parisiorum academia... anno Domini... decimo tertio supra millesimum et quingentesimum* (1513), *decima sexta decembris, per Henricum Stephanum*, in-4. de 41 ff. chiffrés et 3 ff. non chiffrés.

Cet opuscule, peu commun, a été vendu 31 fr. Libri-Carucci.

Clichtoveus, théologien controversiste, a composé un assez grand nombre d'ouvrages qui, presque tous, ont été impr. par H. Estienne; on en trouvera les titres dans les *Annales de l'imprimerie des Estienne* par M. Renouard, dans les secondes tables de Panzer et dans le catal. de la Bibliothèque du roi, D. n° 7406 et suiv.

CLICQUET, sieur de Flammermont (*Jean* du). Le Lion de Judas, ou le rétablissement de la nature humaine. *Douay*, *Balth. Bellere*, 1601, pet. in-12. [13903]

Poëme rare, vend. 5 fr. Méon; 6 fr. Morel-Vindé.

CLIMACUS. Voy. JOANNES Climacus.

CLIMENT (*Fr.* de S.). Suma del art Arithmetica de Francesch de Sant-Climent. — *Estampada fon la present obra (en Barcelona) per Pere Posa, prebere, en lany mil quatrecens vuyntanta dos* (1482), in-4. [7864]

Ce traité écrit en catalan, est fort rare (Mendez, page 99).

CLINTON (*Henry* Fynes). Fasti hellenici. The civil and literary chronology of Greece, from the earliest accounts to the LVth Olympiad. *Oxford*, *university press*, 1834, in-4. 1 liv. 8 sh. 6 d. [22829]

FASTI hellenici. The civil and literary chronology of Greece, from the LVth to the CXXIVth Olympiad ; second edition, with large additions. *Oxford, university press*, 1827 (aussi 3e édit. 1841), in-4., 1 liv. 8 sh. 6 d.

La première édition est de 1824, in-4.

FASTI hellenici Græcorum, res civiles ab Olymp. LV ad CXXIV comprehendentes, ex altera anglici exemplaris editione conversi a G.-G. Krügero. *Lipsiæ*, Vogel, 1830, in-4.

Il y a des exemplaires en papier d'impression, en papier à écrire, et en pap. vélin anglais. Ces derniers sont assez beaux.

THE civil and literary chronology of Greece and Rome, from the CXXIVth Olympiad to the death of Augustus. *Oxford, university press*, 1830 (2e édit. 1851), in-4. 1 liv. 15 sh.

Ces trois volumes doivent être réunis aux deux suivants :

— FASTI romani. The civil and literary chronology of Rome and Constantinople from the death of Augustus to the death of Justin II (of Heraclius). *Oxford, H. Parker*, 1845-1850, 2 vol. gr. in-4., fig. y compris l'appendice, 3 liv. 5 sh.

On a donné un Epitome des *Fasti hellenici*, *Oxford*, 1854, et un Epitome des *Fasti romani*, ibid., 1854, in-8. Chaque vol. 6 sh.

CLIZIA. L' infelice amore dei due fedelissimi amanti Giulia e Romeo, scritto (in ottava rima) da Clitia nobile Veroneze ad Ardeo suo. *Venegia, Giolito,* 1553, pet. in-8. [14709]

Petit poëme très-rare de cette édition : vend. 1 liv. 19 sh. Heber : 90 fr. *mar. r.* Libri. Il a été réimpr. à Pise, en 1831, à la suite de la Nouvelle de L. da Porto sur le même sujet (voy. PORTO).

CLOCHAR (*P.*). Palais, maisons et vues d'Italie, mesurés et dessinés par P. Clochar, et gravés par MM. Bance, Normand, etc. *Paris, l'auteur,* 1809, in-fol. [9866]

Ouvrage publié en 13 cahiers : 30 fr. et plus en pap. de Hollande.

— Monuments et tombeaux, mesurés en Italie par P. Clochar, architecte, gravés à l'eau-forte et terminés par MM. P.-C.-P. Lacour et E. Thierry. *Paris, l'auteur, et Bordeaux, Lacour,* 1833, gr. in-fol. fig. 40 fr. et plus. en Gr. colombier vél. [6867]

Publié en 6 livraisons. La première est datée de 1821.

CLODIUS (*Joh.-Christ.*). Chronicon peregrinantis, seu historia ultimi belli Persarum cum Aghwanis gesti; ex codice turcico, in officina typographica constantinopolitana impresso, versa ac notis illustrata, cum tabula imperatorum familiæ othmanicæ, opera et studio Joh.-Chr. Clodii. *Lipsiæ,* 1731, in-4. [28079]

Vend. 15 fr. Anquetil; 6 fr. Langlès.
Voy., au sujet de cet ouvrage, la note qui accompagne notre article HISTOIRE de l'irruption, etc.
— Grammatica turcica, 11685. — Lexicon lat.-german.-turcicum, 11700.

CLOET (de). Voyez VOYAGE pittoresque dans les Pays-Bas.

CLOQUET (*Hippolyte*). Faune des médecins, ou histoire des animaux et de leurs produits, considérés sous le rapport de la bromatologie et de l'hygiène en général, de la thérapeutique, etc. *Paris, Crochard,* 1822 et ann. suiv., in-8. [5609]

Cet ouvrage devait être composé d'environ 40 livraisons de 2 pl. chacune, à 2 fr. il n'en a paru que 29 livraisons à 2 fr. — fig. color. 3 fr.
— TRAITÉ complet de l'anatomie de l'homme, comparée dans ses points les plus importants à celle des animaux, et considérée sous le double rapport de l'histologie et de la morphologie. *Paris, Brégeaut,* 1825 et ann. suiv. gr. in-4.

Il n'a paru de cet ouvrage que onze livraisons de 10 pl. avec texte. Prix de chacune, 6 fr. Il devait être composé de 400 pl. avec texte, en 40 livrais.
Le *Traité d'anatomie descriptive,* du même auteur,

a eu une 6e édition, *Paris, Crochard,* 1836, 2 vol. in-8. 14 fr. On y ajoute : *Planches, première partie.* Ostéologie, in-4. de 59 pl., avec texte, 15 fr.

CLOQUET (*Jules*). Anatomie de l'homme, ou description et figures lithographiées de toutes les parties du corps humain; publiée par C. de Lasteyrie. *Paris, de Lasteyrie,* 1821-32, gr. in-fol. [6708]

Ouvrage composé de 310 planches et 120 feuilles de texte, publ. en 52 cahiers à 9 fr. chacun, et donné ensuite pour 140 fr. Il y a une seconde édition, augmentée de l'*Anatomie comparée du cerveau de l'homme, avec les quatre classes d'animaux vertébrés,* etc., par le docteur Serres, *Bruxelles,* 1824 et ann. suiv., in-fol., publ. également par livrais. de 6 pl. Prix, 6 fr. la livrais. Le texte, formant 6 vol. in-8., devait être fourni gratis aux souscripteurs.
— MANUEL d'anatomie descriptive du corps humain, représentée en planches lithographiées. *Paris, Béchet jeune,* 1825-31, in-4. [6709]

Publié en 56 livraisons de 6 pl., avec texte. Prix de chaque livraison, 4 fr. — fig. color., 7 fr.
— Pathologie chirurgicale, 7486.

CLOQUET (*J.-B.*). Nouveau traité élémentaire de perspective à l'usage des artistes et des personnes qui s'occupent de dessin. *Paris, Bachelier,* 1823, in-4. et atlas in-fol. de 84 pl. 30 fr. — avec les pl. sur pap. vél., 36 fr. [8437]

CLORINDE, ou l'amante tuée par son amant. *Langres, pour Jacques Marchi,* 1598, pet. in-12. [17144]

Petit roman peu connu. Peut-être est-il de A. de Nervez dont on a *Hierusalem assiégé,* Paris, 1599, in-12, imitation du Tasse (voy. NERVEZ) ; toutefois ce n'est pas le même ouvrage que *Clorinde, Paris, Courbé,* 1654 ou 1656, in-8. partagé en 2 tomes.

CLOS (*Choderlos* de La). Voy. LIAISONS.

CLOS (*Cl.-Jos.*). Analyse raisonnée, historique et critique des lois et usages primitifs du gouvernement des Francs, suivie d'un abrégé histor. du gouvernement féodal. *Paris,* 1790, in-4. [2595]

Ouvrage tiré à 25 exemplaires seulement : 22 fr. à la vente de l'auteur; 30 fr. 50 c. Chateaugiron. On a du même un autre ouvrage également tiré à 25 exemplaires, intitulé : *Histoire de l'ancienne cour de justice de la maison de nos rois,* Paris, 1790, in-4. [24065] Vend. 24 fr. Clos; 23 fr. Chateaugiron, et quelquefois moins. Quoique datés de 1790, ces deux volumes n'ont été imprimés qu'en 1803.

CLOTILDE de Vallon-Chalys, depuis madame de Surville (*Marguerite-Eléon.*). Ses poésies, publiées par Ch. Vanderbourg. *Paris,* an IX (1803), in-8. 6 fr. [13249]

Il a été tiré sur VÉLIN deux exemplaires de cette édition in-8., vend. 350 fr. en 1815, et avec de nombreuses figures ajoutées, 150 fr. en 1839. Il y a aussi des exemplaires en pap. vél. devenus rares : 10 à 12 fr. Nous citerons encore l'édit. de 1804, in-18,

---

dont il existe des exemplaires in-12, pap. vélin, avec une gravure, et trois sur VÉLIN; un de ces derniers, 129 fr. en 1816, et 70 fr. en 1841 ; avec un dessin, 71 fr. Renouard; 73 fr. Hebbelynck.

On regarde généralement les ouvrages donnés sous le nom de Clotilde de Surville comme un jeu d'esprit, une habile imitation du langage ancien, dont la perfection même a servi à découvrir la fraude; et c'est au marquis Jos.-Etienne de Surville, supplicié à Montpellier en 1793, qu'on attribue ces poésies remplies de grâce et de la plus touchante naïveté. (*Journal des Savans*, juillet 1824.)

Les premières éditions de ce gracieux pastiche s'étant épuisées, le libraire Nepveu en a publié séparément trois autres, à Paris, en 1805 : 1° in-8. (daté aussi de 1824), avec 4 vignettes, 5 gravures sous encadrement gothique, et 4 pl. de musique : 9 fr. — Pap. cav. vélin, fig. color. ou sur pap. de Chine, 15 fr. — avec les gravures doubles, en noir et color., et les ornements rehaussés en or, 20 fr. — 2° gr. in-18, pap. vélin, 4 vign. et 5 grav. 5 fr. — avec fig. color. 8 fr. — 3° gr. in-32, pap. vél., avec 5 vignettes, 2 fr. — color., 4 fr.

Le même éditeur a fait paraître, en 1826, aussi en trois formats : *Poésies inédites de Clotilde de Surville, poète françois du* XVe *siècle, publ. par MM. de Roujoux et Ch. Nodier*. Ce second vol., qui fait suite au premier, a été tiré sur les mêmes papiers, et coûte le même prix.

CLOUGH ou Klough. A Dictionary of the english and singhalese, and singhalese and english language... by the rev. B. Clough, Wesleyan Missionary. *Colombo*, 1821-30, 2 vol. in-8. [11842]

38 fr. 50 c. de Sacy.

A COMPENDIOUS Pali grammar, with a copious vocabulary in the same language, by Benj. Klough. *Colombo*, 1824, in-8. 12 fr. [11734]

CLOVIO (*Jul.*). Voy. BONDE (*Guill.*).

CLOWES (*William*). A prooued Practise for all young chirurgions concerning burnings with Gunpowder and woundes made with Gunshot, etc. Hereto is adioyned a treatise on the french and spanish pocks, by John Almenar. Also a collection of aphorismes, english and latin. *London*, 1591, in-4. fig. [7576]

Ce volume se compose de 200 pp. sans compter les prélim. ni la table. A la p. 97 se trouvent 51 ff. contenant des figures d'instruments de chirurgie et autres objets. Lowndes cite deux autres éditions in-4., l'une de 1588, et l'autre de 1637.

CLUSA (*Jac.* de) [Junterburck]. Tractatus de apparitionibus animarum post exitum earum a corporibus; de earumdem receptaculis. *Burgdorf.*, 1475, in-fol. goth. de 26 ff. non chiffrés, à 33 lig. par page. [8877]

Cette édition, qui ne porte pas de nom d'imprimeur, a été vend. 60 fr. La Vallière ; 59 fr. Mac-Carthy; 32 fr. Bearzi.

C'est, à ce qu'il paraît, le premier livre imprimé à Burgdorf, canton de Berne (ou, selon Ebert, petite ville de Hanovre, près de Lunebourg).

On cite encore comme production des mêmes presses :

LEGENDA S. Wolgegie Episcopi Ratisponensis. *Impressum in opido Burgdorf. Anno Domini* M. CCCC LXXV, in-fol. de 20 ff.

Ces deux éditions sont imprimées avec un caractère gothique absolument semblable à celui qu'a employé, à la même époque, un imprimeur anonyme de Strasbourg, auquel on doit de nombreuses éditions, entre autres une du *Mammotrectus*. Ce caractère est reconnaissable à la forme particulière de la lettre ʒ. (Gaullieur, *typographie genevoise*, p. 17).

Hain décrit plusieurs autres édit. du *Tractatus de apparitionibus...* impr. sans date à la fin du XVe siècle, et aussi plusieurs traités et sermons de Jacques de Clusa, impr. à la même époque. Voy. les nos 9329 et suiv. du *Repertorium*.

CLUSIUS (*Car.*). Rariorum plantarum historia. *Antuerpiæ, ex offic. plantiniana apud Joan. Moretum*, 1601, in-fol. fig. sur bois. 12 à 15 fr. [5021]

Ce volume doit contenir 7 ff. prélimin. y compris le frontispice et le portrait; 364 et CCCXLVIII pp., plus 5 ff. d'index et le f. de souscript.; en outre, il faut avoir soin de regarder si l'*altera appendix ad rarior. plantarum historiam*, se trouve dans l'exemplaire : cette partie de 14 ff. n'étant point chiffrée, pourrait manquer sans que l'on s'en doutât.

EXOTICORUM libri X, item Petri Bellonii observationes, eodem Car. Clusio interprete. (*Lugd.-Batav.*), *ex officina plantiniana Raphelengii*, 1605, in-fol. fig. [5022]

Ce livre n'est pas commun; en voici la description : 7 ff. prélim., 378 pp. de texte, 4 ff. d'index, *Nic. Monardi libri tres*, 54 pp. ; *Bellonii observat.*, 6 ff. prél. et 243 pp. de texte ; plus *Mendæ*, 1 f.

On réunit ordinairement les 2 vol. : vend. ainsi 34 fr. d'Hangard ; 30 fr. Patu de Mello, et seulement 9 fr. de Jussieu.

Pour compléter les ouvrages de Clusius, in-fol., on ajoute un 3e vol. dont voici l'intitulé :

CLUSII curæ posteriores, accessit Ever. Vorstii de Caroli Clusii vita et obitu oratio. (*Lugd.-Batav.*), *ex officina plantiniana Raphelengii*, 1611, in-fol. de 71 et 24 pp.

Ce volume est le plus rare des trois. Vendu 28 fr. Le Monnier; avec *Exoticorum libri*, 7 fr. Huzard, et les 3 vol. réunis, 24 fr. Pappenheim. Il y en a une édition in-4. sortie des mêmes presses et sous la même date.

— Stirpes hispanicæ, 5089. — Stirpes pannonicæ, 5148.

CLUTTERBUCK (*Rob.*). History and antiquities of the county of Hertford. *London, Nichols*, 1815, 1821 et 1827, 3 vol. gr. in-fol. fig. [21793]

Le premier volume coûtait 8 liv. 8 sh. — Gr. Pap. 15 liv. 15 sh. — Le second, 6 liv. 6 sh. — Gr. Pap. 12 liv. 12 sh., et le troisième le même prix.

CLUTTON (*Henry*). Remarks with illustrations on the domestic architecture of France. *London*, 1853, in-fol. avec 16 pl. color. 31 fr. [9935]

ILLUSTRATIONS of mediæval architecture in France from Charles VI to Louis XII. *London*, 1856, in-fol. avec 16 pl. à deux teintes et 28 fig. en bois.

On trouve pour environ 30 ou 36 fr. chacun de ces deux vol. dont primitivement les prix étaient doubles.

CLUVIER ou Cluverius (*Phil.*). Italia antiqua. *Lugd.-Batav.*, 1624, 2 vol. in-fol. fig. 12 à 18 fr. [25232]

— SICILIA antiqua, Sardinia et Corsica. *Lugd.-Batav.*, 1619, in-fol. 8 à 10 fr. [25812]

Clotzius (*Seb.*). De Sudore sanguineo. 1231.

Clouet (l'abbé). Histoire ecclésiast. de la province de Trèves, 21465.

Clugny (*M.*). Costumes français, 9621.

Les deux ouvrages réunis : 40 fr. Larcher ; 27 fr. Dutheil ; 37 fr. Clavier, et moins cher depuis.

— GERMANIA antiqua. *Lugd.-Bat., Elzevir.*, 1616 vel 1631, in-fol. [26332]

Ces trois ouvrages ne sont plus guère recherchés que pour l'étranger. On les trouve difficilement réunis. Le troisième est le plus rare, et il a été vend. seul, 44 fr. Larcher ; 18 fr. Dutheil ; 11 fr. Clavier, et en Gr. Pap. fort (très-rare), 100 fr. en 1824. Les quatre vol. réunis : 36 flor. Meerman ; 5 liv. 5 sh. Heber, et moins depuis.

— Geographia, 19607. — De tribus Rheni alveis, 25130.

CLYOMON. The Historie of the two valiant knights, syn Clyomon knight of the golden sheeld, sonne to the king of Denmarke : and Clamydes the white knight, sonne to the king of Suauia ; as it hath bene sundry times acted by her maieties players. *London*, 1599, in-4. [16883]

Cette pièce est fort rare, et c'est pour cela qu'un exemplaire a été payé 12 liv. à une vente faite par Sotheby, en 1821, et depuis, 13 liv. 2 sh. 6 d. Inglis, et 15 liv. 10 sh. Jolley, en 1844.

COBARRUBIAS (Fr. *Pedro* de). Remedio de jugadores. *Burgos*, 1519, pet. in-4. goth. [10470]

Première édition de cet ouvrage curieux, où il est traité de toutes sortes de divertissements, divisés en spirituels, humains et diaboliques ; vend. 5 liv. 7 sh. 6 d. Hibbert ; 3 liv. 4 sh. Heber. — Celle de *Salamanque, Juan Junta*, 1543, pet. in-4., quoiqu'elle contienne des augmentations, n'est portée qu'à 8 sh. dans le catal. Salvá.

COBLER (the) of Canterbury, or an invective against Tarlton's Newes out of purgatorie, a merrier jest than a clownes jigge, and fitter for gentlemens humours. *London*, 1608, in-4. [16884]

Un exemplaire de cette farce a été payé 18 liv. à la vente du duc de Grafton, et ensuite 12 liv. 12 sh. à celle d'Heber.

COCAIUS (Merlinus). Voy. FOLENGI.

COCALIN dei Cocalini. La Venetiana, comedia de sir Cocalin de i Cocalini da Torzelo Academico Vizilante, dito el Domioto. *Venetia, appresso Aless. Polo*, 1619, in-8.

Pièce en patois vénitien, que, dans sa Drammaturgia, Allacci attribue à J.-B. Andreini, mais qui, selon Gamba, serait plutôt de Fr. Andreini, mari de Isabella, ce qu'à son tour Cicognara a contesté. Voir à ce sujet Melzi, *Diz. di opere anonime*, I, p. 216, 2ᵉ col.

COCARILLA (*Benedetto*). Cronica istoriale di Tremiti, tradotta del latino da P. Paolo Ribera. *Venezia, Colosino*, 1606, in-4. de 102 pp. [25796]

Le texte latin de cette chronique a été impr. à Milan,

en 1604, sous le titre de *Chronica tremitana, libri VI*. Le P. Paolo Ribera a joint à sa traduction un ouvrage de sa composition qui porte un titre séparé ainsi conçu : *Succeso de' Canonici regolari Lateranesi nelle loro isole Tremitane. Coll' armata del.Gran Turco Sultan Soliman nel 1567, con la descrizione di esse isole e fortezza nella guisa, che si ritrovano a' tempi dell' autore, Venezia*, 1606, de 10 ff. et 53 pp. P. Burman a inséré une traduction latine de ces deux ouvrages dans son *Thesaurus antiq. ital.*, tome X, 4ᵉ part. sous cet autre titre : *Descriptio accuratissima Tremitanæ olim Diomedeæ insulæ*, etc.

COCCEIUS (*Sam.*). Jus civile controversum ad illustrationem compendii lauterbachiani. *Francofurti*, 1753, 2 vol. in-4. 15 à 24 fr. [2492]

Il y a une nouvelle édit. de cet ouvrage, avec des notes d'Emminghaus. *Lipsiæ*, 1791-99, 2 vol. in-4. 25 fr.

— Voy. GROTIUS.

COCCEIUS (*Joan.*). Voy. SCHULZ (*C.-F.*) et pour ses *Opera theolog.* le nᵒ 1916.

COCCHI (*Ant.*). Discorsi toscani. *Firenze*, 1761-62, 2 vol. in-4. 8 à 10 fr.

Recueil estimé, et qui appartient autant à la philologie qu'à la médecine.

— OPERE, cioè discorsi e lettere su i bagni di Pisa, consulti medici, e appendice. *Milano, Soc. de' classici ital.*, 1824, 3 vol. in-8. portr. 18 fr. [19227]

Bonne édition des écrits classiques de ce médecin célèbre. Le traité *de' Bagni di Pisa*, Firenze, stamperia imperiale, 1750, in-4. de 6 ff. et 415 pp. avec 5 pl. est peu commun. Il y en a des exempl. en Gr. Pap.

— Consulti medici, 7431. — Del vitto pittagorico, 7041.

— Voy. GRÆCORUM chirurgici libri.

COCCIUS ou **Cock** (*Hier.*). Præcipua aliquot romanæ antiquitatis ruinarum monimenta ; vivis prospectibus, ad veri imitationem, affabre designata. *In florentissima Antuerpia, per Hier. Cock.*, 1551, in-fol. obl. [29392]

Ce recueil, devenu rare, se compose de 37 pl. avec un titre : vend. 31 flor. Meerman. On a du même artiste : *Operum antiq. romanorum, hinc inde exstructorum reliquiæ*, Antuerp., 1562, pet. in-fol. de 21 ff. et le titre ; plus un recueil de 21 planch. en taille-douce, intitulé : *Corn. Floris antwerpianus hujus operis inventor*. 1548, *Hier. Cock excudebat*. In-fol.

— Divi Caroli V. Imp. Opt. Max. Victoriæ ex multis præcipuæ. Magno Philippo Divi Caroli V. F. Regis Hispan. Angl. Franc., etc., Patri patriæ, Principi nostro indulgentiss. has ex plurimis quidem præcipuas paternarum victoriarum imagines ad immortalem sacrosanctæ illius majestatis gloriam, immortalib. chartis commissas Hieronymus Coccius Typograph. Pictor quanto potest humilitatis ac reverentiæ adfectu ultro adfert dicatque 1556. *Imprimé en Anvers auprès la* bourse neuve en la maison de H. Cocq peintre. Avec privilége du roi pour six ans, in-fol. [A côté de 9584]

Douze planches gravées par Martin Hemskerk, d'après les dessins de H. Cocq, dic Coccius. Les mêmes dessins ont été mis en tapisseries, ensuite peints sur VÉLIN par Julio Clovio (voy. Biblioth. grenvil., pp. 156 et 157.)

On a de ce graveur divers recueils parmi lesquels nous remarquons :

2° PICTORUM aliquot celebrium Germaniæ inferioris effigies : una cum Dom. Lampsonii elogiis. Antuerpiæ sub intersignio quatuor ventorum (absque anno), in-fol. de 23 ff.

C'est la première des six édit. que l'on connaît de cet ouvrage. La plus complète est celle de la Haye, ex officina H. Hondii, sans date, in-fol. en 3 part. contenant 77 ff., porté à 30 thl. dans un des catal. de R. Weigel.

— Voy. OYA (Seb. ab).

COCHIN (Henri). Ses OEuvres : édition classée par ordre de matières, précédée d'un discours préliminaire, et suivie d'une table analytique, par M. Cochin. Paris, Fanjat, 1821-22, 8 vol. in-8. [2752]

Cette édition, quoique bonne, se donne à bas prix, et même en pap. vél. — Celles de Paris, 1751 ou 1771-80, 6 vol. in-4., n'ont aussi qu'un prix ordinaire. On a impr. les OEuvres choisies de Cochin. Paris, 1773, 2 vol. in-12.

COCHIN (Ch.-Nic.). Iconologie. Voyez GRAVELOT.

— OEuvres, 9166. — Voyage, 20170. — Herculanum, 29323.

COCHLEUS (J.). Voy. COCLEUS.

COCHON (le) mitré, dialogue. Paris, chez le Cochon (Hollande, sans date), pet. in-8. de 32 pp. y compris le titre et la gravure du cochon. [18415]

Édition rare et recherchée de cette satire : 21 fr. mar. citr. première vente Nodier, en 1827; en m. v. rel. par Derome, 70 fr. Chateaugiron; 118 fr. 2e vente Nodier, en 1830; 57 fr. Pixerécourt; 53 fr. mar. marbr. Renouard ; autre en mauvaise condition 13 fr. 50 c. en 1841.

— LE MÊME COCHON mitré. (sans lieu d'impression), 1689, pet. in-8. de 28 pp. avec la figure.

Autre édition rare, qui est peut-être l'originale. 11 fr. m. r. Méon ; 70 fr. 50 c. Pixerécourt; 36 fr. Veinant.

Le Cochon mitré est attribué à Fr. de La Bretonnière (Voy. le Dict. des anonymes, n° 2403.)

En 1850, M. J. Chenu en a donné une édition pet. in-12 tirée à 110 exemplaires, savoir : 100 sur papier bl. de Hollande, 4 sur pap. de Chine, 5 sur pap. vélin rose, 1 sur PEAU VÉLIN.

Depuis, la même satire a été réimpr. dans le VIe vol. des Variétés annotées par M. Éd. Fournier.

Coeckelberghe de Dutzele (Ch.). Hist. de l'empire d'Autriche, 26468.

Cochelet (Ch.). Naufrage de la Sophie, 20851.

Cocherles (Hipp.). Documents manuscrits relatifs à la Picardie, 24220.

Cochet (l'abbé). Les églises de l'arrondissement du Havre, de ceux de Dieppe et d'Yvetot, 21438. — Le tombeau de Childéric, 23226. — La Normandie souterraine, 24320.

Cochin (J.-D.). Prônes, 1493.

COCKBURN (the major). Swiss scenery, consisting of (60) views from drawings by maj. Cockburn. London, Bodwell, 1820, gr. in-8. [25900]

Volume orné de jolies vignettes, et publié en 12 cah. 30 à 40 fr. — in-4. 50 à 60 fr. — in-4. fig. avant la lettre, sur pap. de Chine, prix arbitraire.

Il a paru en 1819 et 1822-23 trois autres recueils d'après les dessins du major Cockburn (par cah. in-fol. de 5 grav. lithogr. à 8 sh. chacun). Le premier est intitulé : Views illustrating the route of the Simplon ; et le second : Views illustrating the Mount Cenis, les deux ensemble en 10 cah.; le troisième : Views of the valley of Aosta in Piedmont, composé de 30 lithogr. en 6 cah.

— Pompeii illustrated with picturesque views engraved by W.-B. Cook, from drawings by Lieut.-Colonel Cockburn; J. Goldicutt, and H. Parke, with descriptive letter-press to each plate by T.-L. Donaldson. London, Murray (1819 and), 1827, 2 vol. in-fol. max. [29343]

Ce bel ouvrage est du même format que les Antiquités d'Athènes de Stuart (voy. ce nom). Il renferme 90 pl., dont plusieurs en couleurs. On y remarque surtout une éruption du Vésuve, d'après un dessin de J. Martin. Les 2 vol. ont été publiés en 4 parties, et coûtaient ensemble 16 liv. 16 sh. (4 liv. 4 sh. et même 3 liv. 3 sh. Bohn). — Premières épreuves (proofs), 25 liv. 4 sh. — Prem. épreuves sur pap. de Chine, tirées à 25 exempl. 33 liv. 12 sh. Un de ces derniers 19 liv. 19 sh. Hibbert.

COCKER (Edward). Compleat arithmetican. Decimal arithmetick, to which is added his artificial arithmetic, shewing the genesis or fabric of logarithms; and his algebrical arithmetic containing the doctrine of composing and resolving an equation. London, 1669, in-12. [7871]

Cocker s'est rendu célèbre en Angleterre, comme maître de calcul et surtout comme maître écrivain. Il a gravé de sa propre main jusqu'à quatorze cahiers d'exemples d'écriture, dont Lowndes donne les titres, et qui sont tous antérieurs à l'année 1677. Quant à son Compleat arithmetican ci-dessus, le même Lowndes suppose que la première édition est celle de 1669, mais il n'en connaît pas d'exemplaire; il en cite une de Lond., 1695 et une de 1713 qui serait la quatrième.

— Arithmetick, being a plain and familiar method suitable to the meanest capacity for understanding that admirable art. London, 1678, in-12, portr.

Cet ouvrage usuel a rendu le nom de son auteur aussi populaire en Angleterre que l'a été celui de Barème en France. Ce petit livre a été réimpr. au moins une soixantaine de fois, et l'édition de 1748 était déjà la cinquante-deuxième. Celle de 1678, que nous venons de citer, est la plus ancienne. On en a payé un maroquin 8 liv. 10 sh. à la vente Putticks en 1852, et 8 liv. 2 sh. à la vente Gardner en 1854.

COCKES-FIGHTING. Voy. WILSON (G.).

Cochrane (John Dundas). Journey through Russia, 20775.

Cochy (Eug.). Du Duel, 2886.

Cockburn (James). Voyage to Cadiz, 20157.

Cockerill (J.). Son Portefeuille, 8181.

COCLÈS (*Barth.*). Le compendium et brief enseignement de physiognomie et chyromancie, monstrant par le regard du visage et lignes de la main, les mœurs et complexions des gens. *Paris, P. Regnaud*, 1546, in-8. fig. 10 à 15 fr. réimpr. à *Paris, P. Drouart*, en 1560, in-8. [8928]

L'ouvrage dont celui-ci est la traduction abrégée a paru pour la première fois à Bologne, chez Jo.-Ant. Platon de Benedictis, en 1504, pet. in-fol., sous le titre de *Bartholomei Coclitis chyromantiæ ac physionomiæ Anastasis, cum approbatione magistri Alexandri d'Achillinis*, et il a été réimpr. à Bologne, en 1523, in-fol. de 102 ff., et plusieurs fois, en différents formats. Cet Alexander Achillinus, qui a donné son approbation au traité de Coclès, en a lui-même composé un sous ce titre : *De chyromantiæ principiis et physionomiæ*, Bononiæ, de Benedictis, 1503, in-fol.

On a reproché à Jean Taisnier, plagiaire déhonté, d'avoir copié l'*Anastasis* de Coclès dans son *Opus mathematicum*, impr. à Cologne, en 1562, in-fol.

Voici le titre d'un ouvrage qui se rapporte à celui de Coclès.

TRICASSI Cera Sariensis Mantuani super Chyromantiam Coclytis dilucidationes præclarissimæ, M. D. XXV. *Venetiis impressa per Dñam Helisabeth de Rusconibus*, in-8. (Panzer, VIII, 491.) — Voy. TRICASSE.

— LA GEOMANTIA di Bart. Cocle, tradotta e data in luce. *Vinegia, Giovita Rapusio*, 1550, in-8.

COCLEUS ou Cochleus (*Joannes*). Musica. (in fine) : *Finis totius musice actiue. Opera quidem atque impensis M. Jo. Wendelstein. Impresse per Johannem Landen Coloniæ*, 1507, in-4. [10121]

Dans cet ouvrage Cocleus a pris seulement le nom de *Joan. Wendelstein*, du lieu de sa naissance. Vend. 11 fr. Heber.

— TETRACHORDUM musices : de musicæ elementis, de musica gregoriana, de octo tonis meli, de musica mensurali. *Norimbergæ, ex offic. Joan. Weyssemburger*, 1511, pet. in-4. [10122]

Vend. 12 fr. 50 c. Heber.

Réimpr. à Nuremberg, 1512, pet. in-4. : vend. 9 fr. Heber; et dans la même ville, par Fréd. Peypus, 1520, in-4.

— Historia Hussitarum, 22409. — M. Luther, 22421. — Antiqua regum Italiæ rescripta, 25260. — Vita Theodorici, 25261 et 27638.

Ce Cocleus ou Cochleus, grand controversiste, a écrit nombre d'ouvrages qui sont en grande partie indiqués dans les tables de Panzer, tome X. Il en a donné lui-même la liste dans son *Catalogus brevis eorum quæ contra novas sectas scripsit Joa. Cochlæus*, Moguntiæ, 1549, in-4. On les recherche encore en Allemagne, mais fort peu en France.

COCLICUS (*Adrian*). Compendium musices, descriptum ab Adr. Petit Coclico discipulo Josquini de Pres, in quo præter cætera tractantur hæc : de modo ornate canendi, de regula contrapuncti, de compositione. *Norimbergæ, in officina Jo. Montani et Ulr. Neuberd*, 1552, in-4. [10145]

COCU (le) content. Voy. DOUBLE cocu. —

consolateur. Voy. CARON (*Pierre-Siméon*).

COCUE (la) imaginaire. V. DONEAU (*Fr.*).

CODE civil des Français. *Paris, imprim. impériale*, an XII (1804), in-4. [2828]

Il a été tiré sur VÉLIN trois exemplaires de cette édition originale. Un de ces exemplaires rel. en *m. bl.* 210 fr. le duc de Plaisance.

CODE Napoléon, édition originale et seule officielle. *Paris, imprim. impériale*, 1807, in-4.

Un exempl. impr. sur VÉLIN est conservé dans la bibliothèque du Louvre, où se trouve aussi le *Code de commerce, édition originale; Paris*, imprim. impériale, 1807, in-4., sur VÉLIN.

CODE de Napoléon le Grand. *A Florence, chez Molini Landi et Cie*, 1809, in-fol., portr. de Napoléon gr. par Morghen.

Édition de luxe tirée à 105 exempl., pap. vél. ordinaire; il y a de plus 12 exempl. sur pap. vél. double (41 fr. avec le portrait avant la lettre, Renouard), 3 en pap. bleu et un seul en pap. vél. ouvert à grandes marges, avec le dessin et quatre épreuves différentes du portrait. — Celle de Milan, 1806, 2 tom. in-4., en français et en italien, est aussi une édition de luxe.

CODE de procédure civile. *Paris, impr. impér.*, 1806, in-4. [2856]

Il a été tiré quatre exemplaires sur VÉLIN. Celui du duc de Plaisance, 79 fr. — L'édition du même Code, de l'imprimerie impér., 1806, in-8., a aussi été tirée sur VÉLIN.

CODE of Gentoo law. Voy. BRASSEY et le n° 3137 de notre table.

CODEX apocryphus Novi Testamenti, e libris editis et manuscriptis, maxime gallicanis, german. et italicis, collectus, recensitus notisque et prolegomenis illustratus, opera et studio J.-C. Thilo. *Lipsiæ, Vogel*, 1832, in-8. de 67 feuilles; tome Ier, 10 à 15 fr. et plus en pap. collé et en pap. vél. [249]

Le même éditeur avait déjà publié l'opuscule suivant :

ACTA S. Thomæ apostoli (græce) ex codd. Paris. primum edidit et adnotationibus illustravit Jo.-Car. Thilo : præmissa est notitia uberior novæ codicis apocryphi Fabriciani editionis. *Lipsiæ, Christ.-Guil. Vogelius*, 1823, in-8. [249]

LES ÉVANGILES apocryphes, traduits et annotés d'après l'édition de J.-C. Thilo, par Gustave Brunet; suivis d'une notice sur les principaux livres apocryphes de l'Ancien Testament. *Paris, Franck*, 1849, in-12.

Codazzi (*Aug.*). Geografia de Venezuela, 28710.

Codde (*P.*). Pittori, scultori... mantovani, 31012.

Code administratif des hôpitaux, 2928.

Code civil : Motifs et discussion, 2829. — Analyse, 2831. — Observations sur le code civil, 2832 et 2834.

Code de commerce (Observations sur le), 2871-72.

Code de la Martinique, 2708.

Code de la nature. — Voyez Morelly.

Code de procédure (Observations sur le), 2857.

Code des contributions, 2932-33.

Code des îles de France et de Bourbon, 2706.

Code historique de Strasbourg, 24910.

Code pénal, 2879. — Code d'instruction criminelle, 2884.

Code prussien, 3034.

Cocquault (*P.*). Reims, 24505.

CODEX apocryphus Novi Testamenti. The unca-
nonical Gospels and other writings referring to the
first ages of christianity in the original language,
collected from the edit. of Fabricius, Thilo and
others by D. Giles. *London*, 1852, 2 vol. in-8. 18 sh.
Ce recueil réunit trente-neuf différents morceaux,
avec des notes de l'éditeur.
Une édition plus complète et faisant partie de la Bibliothèque des auteurs grecs de A.-Firmin Didot
est sous presse.

CODEX diplomaticus Siciliæ, sub Sara-
cenorum imperio, ab anno 827 ad ann.
1072, nunc primum e mss. mauro-
occidentalibus conscriptus, cura et studio Alphonsi Avroldi. *Panormi, ex typ.
reg.*, 1791, in-fol. [25819]
Il n'a paru que le prem. vol. de cet ouvrage. Il est
indiqué sous la date de 1788 dans le catal. de Garampi
— Voy. AIROLDI.

CODEX diplomaticus ævi saxonici. Voyez
l'article SOCIETY (english historical). —
brandenburgensis. Voy. RIEDEL.

CODEX medicamentarius europæus, scilicet : pharmacopœa londinensis, edim-
burgensis, dublinensis, gallica, suecica,
danica, batava, rossica, fennica, polo-
nica, hispanica, lusitanica ; et litteratura
pharmacopœarum. *Lipsiæ*, 1819-1827,
12 tom. en 15 vol. in-8. Réduit à bas
prix. [7660]
Toutes ces pharmacopées spéciales ont été réunies
dans un ouvrage intitulé *Pharmacopée universelle*,
par A.-J.-L. Jourdan ; 2e édition. *Paris, Baillière*,
1840, 2 vol. in-8. 25 fr., et dans le *Codex der Phar-
macopöen*, Leipzig, 1843-51, in-8. tom. I-XX. [7663]

CODEX liturgicus ecclesiæ universæ in
epitomen redactus. Cur. Herm. Adalb.
Daniel. *Lipsiæ, Weigel*, 1847-54. 4 vol.
gr. in-8. fig. 50 fr. [667]
Cette collection contient 1° *Liturgiæ romano-catho-
licæ*. 2° *Liturgiæ lutherianæ.* 3° *Liturgiæ ecclesiæ reformatæ et anglicanæ.* 4° *Ecclesiæ orient.*

CODEX nundinarius Germaniæ literatæ
bisecularis. Mess-Jahrbücher des deutschen Buchhandels von dem Erscheinen
des ersten Mess-Kataloges im Jahre 1564
bis zu der Gründung des ersten Buch-
händler-Vereins im Jahre 1765. Mit
einer Einleitung von Gust. Schwetschke.
Halle, Schwetschke, 1850, in-fol., avec
3 planches fac-simile. 36 fr. ; en beau
papier 60 fr. [31601]
Catalogue des livres présentés annuellement aux foires
d'Allemagne depuis 1564 jusqu'en 1765.

Codex diplomatic. abbatiæ laureshamensis, 21768.
Codex diplomaticus bambergensis, 26632.
Codex diplomaticus lubecensis, 26720.
Codex exoniensis : a collection of anglo-saxon poe-
try, 15706.
Codex legum suecicarum, 3122.
Codex regularum quos SS. Patres præscripsere. —
Voy. HOLSTENIUS (*Lur.*).
Codex saxonicus, 26639.

CODEX syriaco-hexaplaris. Liber quartus
regum, e codice parisiensi ; Isaias, duodecim Prophetæ minores, Proverbia,
Jobus, Canticum, Threni, Ecclesiastes,
e codice mediolanensi ; edidit et commentariis illustravit Henr. Middeldorpf.
Berolini, libr. ensliniana, 1835, in-4.
de XII et 658 pp. [145]
Importante publication, recommandée par M. Silvestre
de Sacy, *Journal des Savans*, 1837, pag. 422 et
suiv.
     CODEX argenteus, voy. EVANGELIA. — Claramon-
tanus, voy. PAULI epistolæ. — Ephræmi, et Fride-
rico-Augustanus, voy. BIBLIA græca. — Nasaræus,
voy. NORBERG. — Theod. Bezæ, voy. EVANGELIA.
— Singalensis, voy. EVANGELIA. — Theodosianus,
voy. THEODOSIUS.

CODIBO (*Th.*). Voy. INNAMORAMENTO di
Piramo e Tisbe.

CODICES. Gregorianus, Hermogenianus
Theodosianus. Edidit Gustavus Hänel.
Bonnæ, Marcus, 1842, gr. in-4. 37 fr.
[2457]
     SUPPLEMENTUM : Novellæ Constitutiones impe-
ratorum Theodosii II, Valentiniani III, Maximi,
Majoriani, Severi, Anthemii. XVIII constitutiones,
etc. *Ibid.*, 1844, gr. in-4. 12 fr.

CODICILLE politique et pratique d'un
jeune habitant d'Epone. *Epone (Paris)*,
1788, pet. in-12. [3804]
Cet ouvrage est le même qui a été publié à Paris, en
1802, sous le titre de : *Théorie de l'ambition, par
feu Hérault de Sechelles, avec des notes par
J.-B. S.* (Salgues), in-8., et que quelques personnes
attribuent à Ant. de La Salle (*Dict. des anonymes*,
III, 17780). Tous les exempl. de la prem. édition,
sous le titre de *Codicille*, ont été supprimés avec
le plus grand soin, en sorte que l'exempl. vendu
12 fr. en 1825, et revendu 15 fr. Pixérécourt, a été
annoncé comme unique. Une collation soigneuse de
cette édition originale, avec celle de M. Salgues, a
fait découvrir beaucoup de fautes dans cette dernière, et de notables différences.

CODICILLES de Louis XIII, roi de France
et de Navarre. A son très cher fils aîné
successeur en ses royaumes de France
et de Navarre (suivent 29 lignes en caractères fort menus).— Au recto du dernier f. de la 4e partie : *Achevé d'imprimer le septième d'Aoust* 1643, 4 part.
in-24. [23740]
Jusqu'ici on n'a pas pu découvrir le nom de l'auteur
de ce livre aussi singulier que rare, dans lequel
d'excellentes choses sont mêlées à beaucoup d'ex-
travagances ; livre qui, sous tous les rapports,
est un objet de véritable curiosité, ainsi que l'a
prouvé M. le marquis du Roure dans ses *Analecta*,
II, p. 213 et suiv. La prem. part. (*de la vertu*) a
7 ff. prélim., y compris le titre, et de plus 147 pp.;
la seconde part. (*de la prudence royale*), 420 pp.;
la troisième (*prudence guerrière*), 222 pp.; et la
quatrième (*prudence ménagère*), 105 pp. Le tout
en caractères très-menus. Les 4 part. sont ordinairement rel. en 2 vol., mais quelquefois en un seul.
Cet ouvrage était plus cher jadis qu'il ne l'est au-

Codice del ordine Gerosolimitano, 21985.
Codices orientales Bibliothecæ regiæ hauniensis,
31443.

jourd'hui. Vend. 150 fr. Gaignat ; 120 fr. *m. r.* d'Ourches; en 2 vol. *mar. r.* 75 fr. Morel-Vindé et 76 fr. Giraud ; autres, en *mar.* 80 fr. 50 c. Pixérécourt ; 41 fr. Renouard.

CODINUS (*Georg.*). Voyez BYZANTINA, n° 23.

CODRI Urcei (*Ant.*) orationes, epistolæ, silvæ, satyræ, eglogæ, et epigrammata, cura Phil. Beroaldi. *Bononiæ, per Jo.-Ant. Platonidem Benedictorum bibliopolam*, 1502, in-fol. [18961]

Édition originale de cet ouvrage : elle est recherchée, mais il est difficile de la trouver complète. Vend. 28 fr. La Valliere; 40 flor. Meermann; 1 liv. 11 sh. *m. bl.* Heber, et quelquefois de 12 à 18 fr.

Au commencement de ce livre doivent se trouver 11 ff. séparés, dont 7 contiennent la vie de Codrus par Barthel. Bianchini, et les 4 autres différentes pièces en vers et en prose à la louange de Codrus. Cette petite partie, qui peut être également placée, soit au commencement, soit à la fin du vol., manque dans beaucoup d'exempl. Le corps du volume est divisé en 2 part. : la 1ʳᵉ se compose des cah. de signat. A—T de 8 ff. chacun, à l'exception du dern. qui n'en a que 4; la 2ᵉ contient les 9 cah. A—J, dont le 1ᵉʳ a 8 ff., les suivants 6, et le dernier 4 seulement.

On a prétendu que les passages obscènes qui se rencontrent de temps en temps dans ce recueil ont été supprimés dans les éditions postérieures; mais cela est sans fondement, car de Marolles dit, dans son Manuel, avoir vérifié ces éditions, qui sont au nombre de trois, savoir : la première de *Venise*, 1506, in-fol. (28 fr. *m. r.* Courtois; 11 sh. Heber) ; la seconde de *Paris*, *Jehan Petit*, 1515, in-4., et la troisième de *Bâle*, 1540, in-4., et les avoir trouvées conformes à l'original. L'édition de Bâle contient même de plus que les autres un *index* des matières.

CODUR (*Siméon*), pasteur de l'église de Beziers. De la saincte et bienheureuse vierge, si elle a este en ce monde exempte de tout peché. *Montpellier, par Iean Gillet*, 1605, pet. in-8. [1218]

Livre singulier et devenu rare.

COEFFETEAU (*Nicol.*). Histoire romaine, contenant ce qui s'est passé de plus mémorable depuis le commencement de l'empire d'Auguste jusqu'a celui de Constentin le Grand; avec l'epitome de L. Florus... trad. en françois. *Paris, Séb. Cramoisy*, 1621 (aussi 1625), in-fol. [22914]

Cet ouvrage a eu beaucoup de succès, et même Vaugelas l'a regardé comme un vrai modèle de beau langage ; cependant aujourd'hui il est entièrement négligé, et l'on ne parle plus guère de l'auteur que comme d'un écrivain ridiculement ampoulé. Toutefois son nom doit être compté parmi ceux des hommes de lettres dont les efforts ont contribué aux progrès de la langue française. Son histoire romaine a été réimprimée à *Paris, chez Sébast. Cramoisy*, en 1628 et chez *Courbé*, en 1647, in-fol., et aussi à *Paris, chez Lamy*, en 1659, en 5 vol. in-12 et enfin chez *Est. Loyson*, 1664, en 3 vol. in-12. Un second vol. in-fol. de cet ouvrage , par C. M. S. (Claude Malingre), dit de Saint-Lazare, *Paris, Séb. Cramoisy*, 1630, in-fol., n'a pas eu le même succès que le premier.

Comme théologien controversiste, Coeffeteau a joui aussi d'une grande réputation , pourtant ses *OEuvres de controverse*, Paris, Sébast. Cramoisy, 1622, in-fol., sont à peu près oubliées, et si l'on recherche

encore l'ouvrage de ce théologien qui a pour titre *Les Merveilles de la Saincte Eucharistie discourues et defendues contre les infidelles*, Paris, 1608, in-8. [1271], c'est seulement à cause d'un frontispice gravé par Léonard Gaultier, représentant Henri IV et Marie de Médicis agenouillés au pied de l'autel.

— LA MARGUERITE chrestienne, hymne contenant la vie, miracles et passions de la Vierge saincte Marguerite, dédié à madame la duchesse de Mayenne. *Lyon, Benoist la Caille*, 1602, pet. in-8.

Il y a une édition de ces poésies, avec une paraphrase sur le *Stabat mater*, composée par Coeffeteau, et publiée après sa mort par René le Masuyer, Paris, 1627, pet. in-8. dédié à la reine. Ce n'est pas ce livre qui a été traduit en anglais par Edw. Grimeston (Lond., 1621, in-12), comme le dit M. Graesse, mais c'est celui du même Coeffeteau qui a pour titre :

TABLEAUX des passions humaines, de leurs causes et de leurs effets, *Paris*, 1615, pet. in-8., et qui a été réimpr. plusieurs fois.

COELEMANS (*Jac.*). Recueil d'estampes d'après les tableaux des peintres les plus célèbres, qui sont dans le cabinet de Boyer-d'Aguilles, grav. par J. Coelemans (décrit par J.-P. Mariette). *Paris, Mariette*, 1744, 2 part. en 1 vol. in-fol. max. [9381]

Ce recueil, assez bien exécuté, est composé de 58 et 60 pièces. Les prem. épreuves sont avant le n° au bas des pl. Vend. 70 fr. Librairie De Bure ; 75 fr. Busche ; 100 fr. Thibaudeau, et *avant les numéros*, 210 fr. Borluut. Le nouveau tirage est à l'adresse de Basan.

Le cabinet de Boyer-d'Aguilles avait déjà été publié à Aix, en 1709, par les soins de Coelemans ; mais cette prem. édition, qui consiste en 104 pl., y compris les deux frontispices, est devenue très-rare. Les amateurs la recherchent avec d'autant plus de raison, qu'outre l'avantage qu'elle a d'offrir les premières épreuves d'une partie de l'ouvrage , cette édition a encore celui de contenir 7 pl. presque entièrement gravées par Boyer lui-même, lesquelles ne se sont pas retrouvées lorsqu'on publia la 2ᵉ édition ; de plus, on y trouve 27 pl., gravées en manière noire par Séb. Barras, qui ont été remplacées dans la nouvelle édition par autant de pl. gravées par Coelemans. Au reste, comme Boyer-d'Aguilles était mort (et avant lui Séb. Barras) lorsque l'édition de 1709 parut, il est probable que leurs planch. avaient déjà reçu un commencement de publication antérieurement à cette époque. (Consultez sur ces anciennes planches le *Peintre-Graveur français*, IV, p. 213 et suiv.)

COELESTES et inferi. Voy. BALTIMORE.

COELIUS (*Apicius*). Voy. APICIUS.

COELO (de). Voy. SWEDENBORG.

COENALIS (*Roberti*), episcopi arboricensis, Gallica historia in duos dissecta tomos : quorum prior ad anthropologiam Gallici principatus, posterior ad soli chorographiam pertinent. *Parisiis, ex typogr. Mich. Fezendat, impensis Galeoti a Prato*, 1557, in-fol. [23175]

On estime peu cet ouvrage de Rob. Ceneau, évêque d'Avranches ; mais il peut être cité ici comme un livre assez rare : 12 à 15 fr. La Bibliothèque impé-

---

Coelhoorn van Scheltinga (*M.*). De prætorum numero, 20206.

riale en possède un exempl. impr. sur VÉLIN, avec les lettres initiales et les armes de Henri II, peintes. L'édition de *Paris, J. Parant*, 1581, in-fol., a pour titre : *Rerum gallicarum historia*.

COESVELT-GALLERY. Collection of pictures of W.-G. Coesvelt, consisting in ninty plates engraved in outline by E. Joubert, drawn from the paintaings, with descript. letter-press, an account of the present local of the pictures and an introduction now first added by Mrs Anna Jameson. *London*, 1836, in-4. 5 liv. 5 sh. [8428]

Quatre-vingt-dix planches au trait figurant une collection de tableaux de maîtres italiens, qui a été mise en vente. 3 liv. 3 sh. Bohn.

COGNATUS [Cousin] (*Gilbertus*). Epistolarum laconicarum atque selectar. farragines duæ, a Gilb. Cognato collectæ. *Basileæ, Oporinus*, 1554, in-16. [18693]

Volume peu commun auquel se trouve ordinairement joint : *Joan. Justiniani cretensis epistolæ familiares, etc.*

— Brevis ac dilucida Burgundiæ superioris, quæ comitatus nomine censetur, descriptio, per Gilb. Cognatum; item, brevis admodum totæ Galliæ descriptio per eumdem. *Basileæ, Jo. Oporinus* (1552), 2 tom. en 1 vol. pet. in-8. [24517]

Volume assez rare, dans lequel doit se trouver, à la p. 22, le plan de la ville de Nozereth; il a été vendu 40 fr. mar. Nodier ; 41 fr. Giraud, et quelquefois moins.

La *Brevis Burgundiæ descriptio* et les autres opuscules contenus dans ce volume ont été réimpr. dans le recueil des œuvres de l'auteur, publié sous ce titre :

GILBERTI COGNATI, Nozareni, opera multifarii argumenti, lectu et jucunda et omnis generis professoribus, veluti grammaticis, oratoribus, poetis, philosophis, medicis, jureconsultis, ipsisque theologis apprime utilia, in tres tomos digesta. *Basileæ, Henricus Petri*, 1562, 3 tom. en 1 vol. in-fol. de 436, 398 et 202 pp. [18995]

Les *Epistolæ laconicæ* ne font pas partie du recueil, non plus qu'un autre petit volume donné par le même savant sous ce titre :

SYLVA narrationum, libris sex, quorum primus æsopica, secundus poetica, tertius aliquot scriptorum eulogia, quartus rerum inventores, quintus antiquas res cognitu necessarias, sextus tragica et prodigiosa continet. *Basileæ, Jac. Parcus*, 1547, seu *Lugduni, Joan. Frello*, seu *Genevæ, Jo. Crispinus*, 1548 et aussi 1552, in-16. 7 fr. 50 c. Duplessis. [18995]

Niceron (XXIV) qui, dans son catalogue des ouvrages de G. Cousin, cite ces trois éditions d'après Gesner, indique encore :

SYLVA narrationum, qua magna rerum partim a casu fortunaque, partim a divina humanaque mente evenientium varietas continetur, libris octo. *Basileæ*, 1567, in-8.

COGNET (*Michel*). Instruction des points plus excellens et necessaires, touchant l'art de nauiguer, ensemble vn moyen

facile et tres sur pour nauiguer Est et Oest. *Anuers, Jacq. Heinrick*, 1581, in-4. fig. [8493]

L'auteur de cette instruction a donné une édition du *Livre d'Arithmétique* de Valentin Mennher, auquel il a fait d'importantes augmentations (voyez MENNHER).

COGOLLUDO (*Fr.-Diego* Lopez de). Historia de Yucáthan, sacada a luz por el Fr. Fr. de Ayeta. *Madrid*, 1688, in-fol. [28675]

Cet ouvrage est rare, et, selon M. Ternaux, on y trouve, parmi beaucoup de détails puérils, des renseignements précieux sur des pays très-peu connus. Vend. 3 liv. 3 sh. Heber ; 51 fr. Rætzel ; 92 fr. en novembre 1857 ; 12 thl. Tieck. A la vente Heber se trouvait : *Ultimo recurso de la provincia de Yucatan*, sans lieu ni date, in-fol. qui, quoique piqué de vers, a été vend. 46 fr.

COHAUSEN (*Jo.-Henr.*). Hermippus redivivus, seu exercitatio phys.-medica de methodo rara ad annos CXV propagandæ senectutis per anhelitum puellarum. *Francofurti*, 1742, in-8. 4 à 5 fr. [7019]

Les autres ouvrages du même auteur, tels que ceux-ci :

DISSERTATIO satyrica de pica nasi, etc. *Amst.*, 1716, in-12.

RAPTUS extaticus in montem Parnassum, etc. *Amstel.*, 1726, in-12.

sont à bas prix.

COHEN (*Henr.*). Description générale des monnaies de la république romaine, communément appelées médailles consulaires. *Paris, Rollin*, 1857, in-4. de XLIV et 360 pp. avec 75 pl. gravées. [29805]

— Description historique des monnaies frappées sous l'empire romain, communément appelées médailles impériales. *Paris, M. Rollin*, 1859-60, gr. in-8. fig. vol. I à III. [29825]

Cet ouvrage formera 5 vol. ; le quatrième était sous presse en juillet 1860.

COIGNAC (*Joachim* de). Le Bastion et rempart de chasteté, à l'encontre de Cupido et de ses armes, avec plusieurs épigrammes. *Lyon, Marchand*, 1550, in-16. [13677]

Ouvrage en vers, cité par Du Verdier, qui indique encore du même auteur : *La tragedie de la desconfiture du Geant Goliath, imprimé à Lausanne*, in-8.

— Deux satyres, l'une du pape, l'autre de la papauté, par M. Joachim de Coignac

---

(sans nom de ville ni d'imprimeur), 1551, pet. in-8. de 24 pp. En vers.[13677]

50 fr. *mar. r.* Cailhava ; 20 fr., *non relié*, de Soleinne.

COIGNARD (*Gabrielle* de). OEuvres chrestiennes de feu dame Gabr. de Coignard, vefve a feu M. .de Mansencal, sieur de Miremont, président en la cour de parlement de Tholose. *A Tournon, pour Jacques Faure, libraire en Avignon*, 1595, pet. in-12 de 239 pp. lettres ital. [13876]

Ces poésies dont on cite une édition de *Toulouse*, 1594, in-12, ont été réimpr. à Lyon, 1613, in-12, et étaient à peu près oubliées lorsqu'un article inséré dans les *Archives du Bibliophile* (1860, p. 199-201) en a rappelé le souvenir. Pourtant un exemplaire en *mar. bl.* avait déjà été vendu 24 fr. 50 c. en 1846 et 18 fr. Baudelocque.

COIGNET. Vues pittoresques d'Italie, dessinées d'après nature par M. Coignet, et lithograph. par Mlle Villeneuve, MM. Allaux, Bichebois, Deroy, etc. *Paris, Sazerac et Duval (impr. de Dondey-Dupré)*, 1826, gr. in-fol. [25227]

60 pl. tirées sur pap. de Chine, et publiées en 10 livraisons, au prix de 150 fr. qui ne se soutient pas.

COKAINE (sir *Thomas*). A short Treatise of Hunting, compyled for the delight of noblemen and gentlemen. *London, by Th. Owin for Th. Woodcocke*, 1591, in-4. goth. [10409]

Opuscule de 4 cahiers avec des gravures sur bois, tirées en grande partie du traité sur la chasse par Turberville (voy. ce nom). 17 liv. Inglis ; et avec un feuillet manuscrit 10 liv. 10 sh. Puttick en 1855.

COKE (sir *Edward*). The first part of the institutes of the laws of England, or a commentary upon Littleton, by Lord Coke, revised and corrected, with additions of notes, references, and proper tables, by Francis Hargrave and Ch. Butler, including also the notes of lord Hale and lord Chancellor Nottingham, with additional notes by Ch. Butler, to which is added a comprehensive Index. *Lond.*, 1832, 2 vol. gr. in-8. 3 liv. 3 sh. [3052]

Dix-neuvième édition de cet ouvrage usuel. La première est de 1628, et la seconde, revue par l'auteur, de 1629, in-fol. — Voy. LITTLETON.
— THE SECOND, third and fourth institutes of the laws of England. *London*, 1817, 4 vol. gr. in-8. 3 liv. [3053]

Ces trois parties ont d'abord paru séparément, de format in-fol.

SIR EDWARD COKE's reports from 14 Elisabeth to 13 James I, in 13 part. a new edition, with numerous additional notes and references, etc., by J.-H. Thomas and J.-F. Fraser. *London*, 1826, 6 vol. gr. in-8., avec un index 8 liv. [3054]

Édition la meilleure de cet ouvrage très-estimé. Les onze premières parties ont paru d'abord en français et séparément, de 1600 à 1616, et les 12e et 13e par-

ties en 1658 et 1677. Lowndes donne des détails sur les différentes éditions de ce recueil.

COLA (*Giov.*). Voy. l'article VIAGGIO.

COLARDEAU (*Charles-Pierre*). Ses OEuvres. *Paris*, 1779, 2 vol. gr. in-8. fig. 10 à 12 fr. [19112]

Les exemplaires en pap. de Hollande sont rares.

OEUVRES choisies, nouvelle édition ornée d'une gravure. *Paris, Janet et Cotelle (impr. de Jules Didot)*, 1825, in-8. 5 fr. — Pap. caval. vél. 7 fr. — Gr. Pap. vél. fig. avant la lettre, 10 à 15 fr.

COLAS (*P.*). Les larmes d'Aronthe sur l'infidélité de Clorigène, récit pastoral divisé en cinq journées. *Lyon, J. Lautret*, 1620, in-12. [17159]

Porté à 38 fr. dans un catal. de Techener, et à 2 thl. dans un de ceux de Weigel.

COLBERT. Voyez CATÉCHISME des partisans.

COLDONESE (*Pandolpho*). Voy. COLLENUTIUS.

COLEBROOKE (*Henry-Thom.*). Digest of hindu law, on contracts and successions, with a commentary by Jagannat'ha Tercapanchanana ; translated from the original sanscrit, by H.-T. Colecrooke. *Calcutta*, 1800, 3 vol. in-4. [3136]

Cet important travail a été commencé par W. Jones, qui a donné une excellente traduction des lois de Menou (voy. JONES). L'édition que nous citons est rare (en 4 vol., 7 liv. 15 sh. Heber) ; mais l'ouvrage a été réimpr. à *Londres*, 1801, en 3 vol. in-8. 24 fr.
— Two treatises on the indous laws, 3136.
— GRAMMAR of the sanscrit language. *Calcutta, company's press*, 1805, pet. in-fol. [11742]

Tome Ier, le seul publié. 45 fr. Langlès ; .18 fr. 50 c. de Sacy.

TWELVE views of places in the kingdom of Mysore, the country of Tippo sultan, from drawings taken on the spot, to which are annexed concise description by Colebrooke, 2th édit. *London, for Edwards*, 1805, très-gr. in-fol. 30 à 36 fr. [28183]

Ouvrage dont les pl. sont coloriées. La première édit., *Lond.*, 1794, gr. in-fol., a été vend. 80 fr. Langlès.
— STATE of the cape of Good-hope in 1822. [28432]
— MISCELLANEOUS Essays. London, 1837, 2 vol. in-8. fig. — ou 1858, un seul vol. in-8.

L'*Essai sur la philosophie des Hindous*, du même auteur, a été traduit en français, et augmenté de textes sanskrits et de notes, par G. Pauthier, *Paris, F. Didot*, 1833-37, 2 part. in-8. [3327]

— Voy. AMERA-SINHA, et BHASCARA.

COLECCION de las estampas grabadas a buril de los cuadros pertenecientes al rey de España, gr. in-fol. [9408]

Ce recueil, connu sous le titre de *Peintures du Palais*, se compose de 48 pl. de différentes grandeurs; il n'est pas moins recommandable par les noms des peintres que par la gravure des planches dont plusieurs sont dues au burin de Raph. Morghen, Volpato, F. Veneto, Carmona, Selma, Ametler et autres habiles artistes. Porté à 480 fr. dans le catal. Salvá fils (voy. GALERIE royale de l'Escurial).

COLECCION de canones de la Iglesia Española, publicada en latin por el sig. D. Francesco Ant. Gonzalez; traducida al castellano con notas e illustraciones, por D. Juan Tejada y Ramiro. *Madrid,* 1850, 5 vol. in-fol. 200 fr. [21487]

COLECCION de documentos ineditos para la historia de España. *Madrid,* 1842-60, pet. in-4. tomes I à XXXV. 450 fr. [26104]

Publiée par Mart.-Fern. de Navarrete, continuée par D. Miguel Salvá, et D. Pedro Sainz de Baranda et autres membres de l'*Academia de la Historia.*

COLECCION de cuadros del rey de España que se conservan en sus reales palacios, museo y academia de san Fernando, con inclusion de los del real monasterio del Escorial : obra litografiada por habiles artistas baxo la direccion de D. José de Madrazo, con el texto por D. Juan-Agustin Cean Bermudez. *Madrid,* 1826-36, in-fol. atlant. [9409]

Cette collection, dont 48 livraisons (de chacune 4 pl. assez médiocres avec le texte explicatif) étaient déjà au jour en 1836, est le premier ouvrage de lithographie qui ait été publié en Espagne, et il est exécuté alternativement par des artistes nationaux et par des étrangers. La même variété peut être remarquée dans les peintres d'après lesquels sont pris les dessins, puisque les noms des Raphaël, des del Sarto, des Paul Véronèse, des Claude Lorrain et autres, sont mêlés à ceux des Murillo, des Velasquez, des Ribera (l'Espagnolet), des Ribalta et des autres célèbres peintres espagnols. Au jugement de Salvá (catalogue, 2e part., n° 2715), l'exécution typographique des explications de Cean Bermudez, qui accompagnent chaque planche, offre le plus magnifique spécimen qu'aient encore produit les presses espagnoles. Chaque livrais. coûte 100 réaux (30 fr.).

COLECCION de novelas escogidas, compuestas por los mejores ingenios españoles. *Madrid,* 1788-91, 8 vol. pet. in-8. 24 à 36 fr. [17637]

Ce sont 53 nouvelles de différents auteurs, écrites vers la fin du XVIe siècle et le commencement du XVIIe.

COLECCION de obras relativos á las provincias del Rio de la Plata. Voy. ANGELIS (P. de).

COLECCION de poetas españoles. Voyez FERNANDEZ.

COLECCION generale de comedias. Voy. COMEDIAS.

COLECCION general de los trages de España, segun se usan actualmente. (*Madrid*), pet. in-8. [9638]

Recueil de 114 différents costumes, publiés en 14 cahiers de 8 pl. color. chacun. 40 à 50 fr.

Une autre collection des *trages de España* a été publiée vers 1835, à la chalcographie royale de Madrid, en 64 pl., gr. in-4.

COLECCION de varios documentos para la historia de la Florida y tierras adyacentes. *London,* 1857, in-4., vol. I. 36 fr. [28553]

COLEMAN (*Charles*). The Mythology of the Hindus, with notices of various mountain and island tribes who inhabit the two peninsulas of India and the neighbouring islands; with an appendix, comprising the minor Avatars, and the mythological and religious terms, etc., of the Hindus. *London, Parbury,* 1832, in-4. avec 39 lithogr. 31 fr. de Sacy. [22670]

COLENUCCIO ou Collenuccio. Voy. COLLENUTIUS.

COLERIDGE (*Sam.* Taylor). Works in verse and prose, edited by Hartley and Derwent Coleridge. *London, Pickering and Moxon,* 1853, etc., 23 vol. pet. in-8., portr. 8 liv. [19372]

Cette collection contient : Biographia literaria, 3 vol. — The Friend, 3 vol. — Essays on his own times, 3 vol. — Notes and lectures on Shakspeare, 2 vol.— Confession of an inquiring spirit, 1 vol. — On Constitution of the Church and State, 1 vol. — Poetical works, 3 vol. [15875] — Dramatic works, 1 vol. — Aids to reflection, 2 vol. (sixth édit. 1848). — Lady Sermons, 1 vol. — Notes on english Divines, 1 vol. — Notes theological, 1 vol. — Notes political and miscellaneous, 1 vol.

COLERIDGE's literary remains, collected and edited by H.-N. Coleridge. *London, Pickering,* 1836-39, 4 vol. in-8.

— Rhime of the ancient mariner, illustrated with 25 designs by David Scott. *Edinburgh,* 1837, in-fol. 2 liv. 9 sh. Sotheby, en 1858.

Parmi les ouvrages de Coleridge, dont Lowndes donne la liste (I, p. 493-94), nous avons remarqué : *Fall of Robespierre, an historical drama,* Cambrige, 1794, in-8.

COLERUS (*J.*). Vie de Spinosa. Voyez au mot VIE.

COLES (le seigneur des). Voy. DES COLES.

COLET (*Jean*). Joannis Coleti libellus de constructione octo partium orationis.— *Explicit libellus... Londini impressus per Richardum Pynson regiam im-*

pressorem. Anno..... Millesimo quingentesimo decimo tertio, in-4. [10802]

Édition rare : vend. 4 liv. 6 sh. Heber. Elle est mal annoncée sous la date de 1518 dans les *Typographical antiquities*, II, p. 452.

— Joannis Coleti Rudimenta grammatices in usum scholæ ab ipso institutæ. In-4.

Édition sans lieu d'impression, mais avec une épître dédicatoire de l'auteur à G. Lilye, en date du 1er août 1510.
— JOANNIS COLETI editio una cum quibusdam G. Lilii grammatices rudimentis, anglice. *Londini, in ædibus W. de Worde*, 1534, in-8. — Autre édition, *Antuerp., apud viduam Martini Cæsaris*, 1537, in-4.
Ce livre est fort cher en Angleterre. Vend. 10 liv. (édit. de 1537, avec deux autres ouvrages du même genre) Heber.
L'édition d'Anvers, 1539, in-8., 1 liv. 4 sh. Heber.

COLET (*Cl.*). L'Oraison de Mars aux dames de la court, ensemble la réponse des dames à Mars par Claude Colet de Rumilly en Champaigne, nouvellement reveuë et corrigée, oultre la précédente impression : plus y sont adjoutées de nouveau aulcunes aultres œuvres du dict autheur. *Paris, Chr. Wechel*, 1548, pet. in-8. [13677]

30 fr. *mar. r.* Nodier.
La première partie de ces poésies avait déjà été impr. sous ce titre :
L'ORAISON de Mars aux dames de la court, ensemble la reponse des dames à Mars, par Claude Colet ; Plus l'epistre de l'amoureuse de vertu aux dames de France fugitives pour les guerres. *Paris, Chrest. Wechel*, 1544, pet. in-4. de 63 pp. y compris 4 ff. prél., lettres ital.
La devise de l'auteur était : *Tout pour le mieulx.*

— Histoire palladienne, traitant des gestes et généreux faitz d'armes et d'amours de plusieurs grandz princes et seigneurs, spéciallement de Palladien filz du roy Milanor d'Angleterre, et de la belle Selerine sœur du roy de Portugal : nouuellement mise en nostre vulgaire francoys, par Cl. Colet, champenois. a Paris, pour Vincent Sertenas libraire (ou pour Jan Dallier), 1555. (au dern. f.) : Fin de l'histoire palladienne, *nouuellement imprimée à Paris par Est. Grouleau libraire et imprimeur*, in-fol. de 8 et cxxxiiii ff. lettres rondes, fig. en bois. [17068]

On trouve dans les pièces liminaires de ce volume un *Avis d'Estienne Jodelle, l'éditeur et ami de Colet, mort depuis deux ans, au lecteur*, et aussi des vers français du même Jodelle aux cendres de Colet, ainsi que *Coletii manes*, vers lat. du même poëte.
Ce livre est assez rare : 25 fr. La Valliere ; 36 fr. en 1841 ; en *mar. bl.* 51 fr. d'Essling. Il a été réimpr. sous le même titre que ci-dessus à *Anvers, chez Jean Waesberghe*, 1562, in-4. de dix ff. prél. et 112 ff. à 2 col. fig. sur bois ; et depuis à *Paris, chez Cl. Micard*, 1573, pet. in-8. Cette dernière édition : 26 fr. Revoil, et quelquefois moins.
C'est, à ce que l'on croit, Cl. Colet qui s'est caché sous le nom de Maistre Daluce Lucet sur le titre de la pièce intitulée : *Remontrance à Sagon, à la Hucterie et au poète Campestre* (voy. PLUSIEURS traictez).

— Devis amoureux, voy. ACHILLES Tatius.

COLET (Mme *Louise*). Ses Poésies. *Paris, imprimerie de Lacrampe*, 1842, in-4. [vers 14096]

Le généreux anonyme à qui est due cette édition de luxe n'en a fait tirer que vingt-cinq exemplaires, et, après en avoir gardé un seul, il a envoyé les autres à l'auteur, pour être offerts par elle aux souverains et aux sommités intellectuelles.

COLGAN (*Joann.*). Acta sanctorum veteris et majoris Scotiæ, seu Hiberniæ sanctorum insulæ, partim ex variis per Europam mss. codd. exscripta, partim ex antiquis monumentis et probatis authoribus eruta et congesta : omnia notis et appendicibus illustrata. *Lovanii*, 1645, in-fol. [22075]

Ce livre, exécuté sur le même plan que la grande collection des Bollandistes, ne contient que les vies des saints irlandais, pour les mois de janvier, février et mars. On le joint ordinairement à une autre production du même auteur, intitulée :
TRIADIS thaumaturgæ, sive divorum Patricii, Columbæ et Brigidæ, trium veteris et majoris Scotiæ seu Hiberniæ sanctorum insulæ, communium patronorum Acta. *Lovanii*, 1647, in-fol., tomus secundus.
Le premier volume de ce dernier ouvrage n'a jamais paru.
Les deux articles ci-dessus sont devenus rares, et ils sont fort recherchés en Angleterre, où le prix en est très-élevé : 23 liv. 10 sh. et 19 liv. 10 sh. Heber ; 175 fr. en 1842. Nous ferons remarquer que l'exemplaire de la biblioth. des de Thou n'a été payé que 3 fr. à la vente Soubise.
TRACTATUS de Joannis Scoti doctoris subtilis, theologorumque principis vita, patria, elogiis encomiasticis, scriptis, doctrina nullo unquam erroris nævo maculata, virtutibus, etc., authore R.-P.-F. Joanne Colgano. *Antuerpiæ, typis Joan. Marcelli Parisi* (1655), in-12. Rare.

COLIGNY (*Gaspard* de Chastillon, de). Discours sur le siége de St-Quentin. Voy. VIE de messire G. de Coligny.

Pour les différentes pièces qui se rapportent au meurtre de l'amiral Coligny, voy. nos articles COPPIER ; FAVYER, et MORT prodigieuse.

— Discours de Gaspar de Colligny (*sic*) admiral de France sur la guerre de Flandre. *Leyde*, 1596, pet. in-8. [vers 25010]

Cet opuscule rare est porté à 2 flor. 10 sh. (5 fr. 50 c.) dans le catal. de Major, nº 6460. Nous n'avons pas eu occasion de le voir, et par conséquent de savoir si c'est bien l'ouvrage de l'illustre victime de la Saint-Barthélemy.

COLIN (*Seb.*). L'ordre et regime qu'on doit garder et tenir en la cure des fieures, avec ung chapitre singulier contenant les causes et remedes des fieures pestilentielles, plus ung dialogue conte-

---

Coleti (*J.-D.*). Notæ et siglæ, 29010.
Coleti (*Giov.-Ant.*). Catalogo delle storie delle città d'Italia, 31767.
Coligny-Saligny (le comte de). Ses Mémoires et ceux du marquis de Vilette, 23816.
Colin (*G.-C.*). Physiologie des animaux domestiques, 7707.

nant les causes, iugemens, couleurs et hypostases des urines, lesquelles aduiennent le plus souuent a ceux qui ont la fieure, le tout composé par M. Sebastien Colin, medecin, a Fontenay le comte. *Poictiers, Enguilb. de Marnef,* 1558, pet. in-8. 10 à 12 fr. [7163]

Je doute que le prix de 50 flor. 30 kr., rapporté par M. Graesse, d'après le catal. Butsch, soit exact.

— Traité de la peste. Voy. RHASES.

Séb. Colin a trad. du grec en français le onzième livre d'Alexandre Trallian, traitant des gouttes, *avec une briève exposition d'aucuns mots, pour facilement entendre l'auteur, ensemble la practique et methode de guerir les gouttes, escrite par maistre Antoine le Gaynier,* traduite du latin. *Poictiers, Enguilbert de Marnef,* 1556 (selon La Croix du Maine), ou 1567 (selon Du Verdier). On lui attribue la *Declaration des abus des Apothicaires,* impr. sous le nom de Lisset Benancio (voy. BENANCIO).

COLIN (el P. *Franc.*). Labor evangelica, ministerios apostolicos de los obreros de la compañia de Jesus, fundacion y progressos de su provincia en las Islas Filipinas. *Madrid, Fernandez,* 1663, et *Manil,* 1749, 2 vol. in-fol. [21585]

Vendu 36 fr. chez les jésuites du collége de Clermont, en 1764.

Le premier vol. pour l'année 1616 a été extrait des manuscrits du P. Pedro Chirino. Vend. seul, 11 fr. Langlès. Le second vol., qui est de P. Murillo Velarde, a pour titre :

HISTORIA de la Provincia, secunda parte, desde el año 1616 hasta el de 1716. *Manila, en la imprenta de Cnia de Jesus.*

Les 2 vol. sont portés à 5 liv. 5 sh., et le second seul à 3 liv. 10 sh. dans le catal. de J. Stewart, *Lond.,* 1852, n° 926.

COLIN qui loue et despite Dieu, à trois personnages. (*sans lieu ni date*), format d'agenda, in-4. de 16 pp. à 47 lig.

Cette pièce fait partie du Recueil de Farces, acquis, il y a quelques années, par le Musée britannique, et que M. P. Jannet a fait réimprimer en 3 vol. in-16. Voy. ANCIEN théâtre.

COLINS (*Pierre*). Histoire des choses plus mémorables advenues depuis l'an 1130 jusqu'à notre siècle, digérée selon le temps et ordre qu'ont dominés les seigneurs d'Enghien, terminez ès familles de Luxembourg et de Bourbon. *Mons,* 1634, in-4. [24984]

Ouvrage curieux, surtout pour les événements qui se sont passés du temps de l'auteur. Ce livre a été réimprimé à Tournay, 1645, in-4., avec des augmentations : on doit y trouver un portrait de l'auteur gravé par C. Galle (consultez *Dav. Clément,* VII, 232).

COLLA (*Luigi*). Herbarium pedemontanum, juxta methodum naturalem dispositum, additis nonnullis exoticis ad universos ejusdem methodi ordines exhibendos. *Augustæ-Taurinorum,* 1833-37, 7 vol. in-8. et un 8e vol. in-4. de

102 pp. pour les indices et 97 pl. assez médiocres. 85 lire. [5100]

— L'Antologista botanico, 5011. — Plantæ chilenses, 5295. — Hortus ripulensis, 5315.

COLLADO (*Luigi*). Practica manuale di Artiglieria. *Venetia, P. Dusinelli,* 1586, in-fol. de 86 ff. avec fig. sur bois: 10 à 15 fr. [8678]

Cet ouvrage a été réimpr. à Venise, en 1606, et à Mial, 1641, in-4. fig. Il y en a une traduction espagnole sous ce titre :

PRATICA manual de artilleria, en la qual se tracta de las maquinas con que los antiguos començaron a usarla, de la invencione de la polvera y artilleria. *Milano,* 1592, in-fol. fig.

COLLADUS (*Fr.-Didacus*). Ars grammatica japonicæ linguæ. *Romæ, Congregat. de propaganda fide,* 1632, in-4. de 75 pp. [11850]

Vend. 29 fr. Klaproth.

— Dictionarium; sive thesauri linguæ japonicæ compendium, cum additionibus. *Romæ, Congregat. de propaganda fide,* 1632, in-4. de 335 pp. [11853]

Vendu 14 fr. 50 c. Klaproth.

Ces deux ouvrages sont, au jugement du *Journal des Savans* (octobre 1825), les plus incomplets et les plus fautifs de tous ceux que l'on connaît sur le même sujet : ils sont ordinairement reliés en un seul volume, avec *Modus confitendi et examinandi pœnitentem japonensem.* Vendu 15 fr. Anquetil du Perron; 36 fr. de Couronne; 43 fr. de Tersan; 45 fr. Langlès; 19 fr. 50 c. Boutourlin.

COLLATINUS (*Petr.-Apollonius*). Voyez APOLLONIUS.

COLLATIONES. Voy. SALOMON.

COLLE (*Jo.-Francesco*). Refugio de Porfro (*sic*) gentilhuomo. *Ferrara, per Magistro Laurentio de Russi da Valentia.* 1520, pet. in-4. [10284]

Ouvrage curieux sur la manière de faire bonne chère et de bien découper. Plusieurs des descriptions, et spécialement celles qui ont pour objet la nourriture, sont en vers. Il s'y trouve une planche représentant un couteau et une fourchette. 3 liv. 15 sh. Libri, en 1859.

Il y a de cet opuscule une édition de 1532, pet. in-4. de 27 ff. non chiffrés, sous ce titre : *Refugio over ammonitorio de Gentilhuomo composto per Jo.-Fr. Colle, a lo illuss... Alphonso duca di Ferrara.*

COLLÉ (*Ch.*). Voy. CHANSONS.

— Théâtre, 16519. — Journal, 30008.

COLLEÇAO dos documentos. Voy. CORREA de Serra.

COLLECÇAO de monumentos para historia das conquestas dos Portuguezes, em Africa, Asia, America, publicada de orden da classe de sciencias moraes e politicas e belles lettres da Academia

Colle (*Fr.-Mar.*). Dissertazione coronata, 10084. — Studio di Padoa, 30097.
Collecçaõ de legislaçaõ portugueza, 3005.

real das sciencias de Lisboa é sobre a direcção de Rodv. José di Lima Felner. Tome I. 1ª serie. Historia da Asia. *Lisboa,* 1858, in-4. de 492 pp. [27952]

COLLECÇÃO de noticias para a historia e geografia das nações ultramarinas, que vivem nos dominios portuguezes, ou Lhes são visinhas : publicada pela academia das sciencias. *Lisboa,* 1812 - 41, 6 vol. pet. in-4. cartes. 50 à 60 fr. [27952]

Collection importante par les documents qu'elle renferme ; elle a été publiée par cahiers, dont plusieurs réunis forment un seul volume. Quand j'ai vu les tomes I à V et le tome VII, le VIᵉ ne paraissait pas encore.

COLLECTANEA antiquitatum. Voy. HUTTICHIUS.

COLLECTANEA græca. Voy. DALZEL.

COLLECTANEA hibernica. Voyez VALLANCY.

COLLECTANEA malaica vocabularia ; hoc est congeries omnium dictionariorum malaicor. hactenus editorum, non tantum vulgariorum Belgico-Malaicorum, verum etiam rarissimorum hucusque incognitorum. *Bataviæ, apud Andr.-Lamb. Loderum,* 1707-8, 2 vol. in-4. [11898]

Dans cette collection sont réunis le Vocabulaire de Fréd. de Houtman, imprimé à Amsterd., 1604, in-4. obl., et depuis en 1673 ; celui de Casp. Wiltens et Séb. Danckaerts, impr. à La Haye, en 1623, in-4., etc. Les exemplaires se trouvent difficilement.

COLLECTANEE de cose face | tissime : e piene di riso : | de quale ogni lectore ne con | cepira piacere suavissimo. | Et sono questo cioe : | Macheronea noua composta per Bassano | da Mantua. | Facecie iocundissime del Gonella noue. | Prognostico veracissimo del Phileno poe | ta festiuissimo : el qle te predice cose stupēde. | Dialogi dui ala vilanesca | Dialogo in Bisquizo (*sic*). | Dialogo de morte. | Muto. | Sonetti. Barcellette. Et strambotti noui de | homini prestantissimi. | Canzone per andare in maschera al carne- | sciale. | Scalini Tardipedis ad lectorem. | Si placidis animum queris laxare cachinnis | Hec eme : quid risu gratius esse potest ? | Zammarioni Pamphagi. (au verso du dernier feuillet)`: *Stampato in Goga Magoga ale spese de | Lucretio Numitore. p Io. Ang. đ la rog. stāpa.* In-8. de 16 ff. signature a—d., caract. goth.

Petit recueil fort rare imprimé à Milan, et peut-être en 1514, année à laquelle se rapporte la Pronostication *in terza rima*, indiquée ci-dessus. Ce qui nous a déterminé à donner la description de cet opus-

cule, c'est qu'il contient une macaronée de Bassano, de Mantoue, poëte mort au plus tard en 1499, auquel J.-G. Alione d'Asti a répondu par une autre pièce du même genre, imprimée au commencement de ses œuvres. Toutefois nous ne sommes pas certain que la pièce (en 57 vers) de Bassano, insérée dans les *Collectanee*, soit précisément celle qui a provoqué la réponse du poëte astesan ; car nous n'en connaissons que le titre et les six premiers vers, ainsi conçus : *Ad magnificus domīus Gasparus Vescōtus de vna | vellania que fuit mihi Bassanus de Mantua ab vno Boti | gliono Sauoyno apud ficellis z de vna piacenoleza que ego | Bassanus fecivi sibi Botigliono.*

Unam volo tibi Gaspar cuntare nouella;
Que te forte magno faciet pisare de risu
Quidam vercellis stat ala porta botigliono
Omnes qui sessiam facit pagare passantes
Et si quis ter forte passaret in uno
Ter pagare facit : quare spesse voltas cunti, etc.

Comme le poëte Gaspard Vesconti, auquel ces vers sont adressés, mourut lui-même en 1499, il est à présumer que le morceau dont il s'agit aura paru avant cette époque, et que l'édition donnée dans les *Collectanee* n'en est qu'une réimpression. Pour plus de détails, consultez *Notizie biografiche e bibliografiche sopra il poeta maccheronico Bassano Mantovano raccolte e publicate da P.-A. Tosi, nelle nozze di Giovannina sua figlia con Giovanni Tarchetti,* Milano, novembre 1843, in-8. de 16 pp., plus les *versi alla sposa,* 4 pp.

COLLECTIO bullarum sacro-sanctæ basilicæ vaticanæ, a S. Leone ad Benedictum XIV, cum notis : accedit dissertatio de abbatia S. Salvatoris ad montem Magellæ. *Romæ, Salvioni,* 1748-52, 3 vol. in-fol. [3183]

Vend. 33 fr. 50 c. *br.* Reina.

COLLECTIO canonum ecclesiæ hispanæ ex probatissimis ac pervetustis codicibus nunc primum in lucem edita a publica matritensi bibliotheca cum præfatione F.-A. Gonzalez. *Matriti, typogr. regia,* 1808, in-fol. 24 fr. [3254]

Quoique portant la date de 1808, ce volume n'a pu être mis en vente qu'en 1820, sous le gouvernement des Cortès, et la circulation en a été suspendue depuis. On ajoute à cette collection :

EPISTOLÆ decretales' ac rescripta romanorum pontificum. *Matriti,* 1821, in-fol.

COLLECTIO pisaurensis omnium poematum, carminum, fragmentorum latinor., (cura Pascalis Amati). *Pisauri,* 1766, 6 vol. in-4. 36 à 42 fr. [12462]

Cette collection a l'avantage d'être plus complète et mieux ordonnée que le *Corpus poetarum* de Maittaire ; mais elle lui est bien inférieure sous le rapport typographique.

COLLECTIO SS. Ecclesiæ Patrum, complectens exquisitissima opera, tum dogmatica, tum apologetica et oratoria, accurantibus D.-A.-B. Cailleau, nonnullisque cleri gallicani presbyteris, etc. *Parisiis, Mequignon-Havard, Parent-Desbarres,* 1829 et ann. seqq., in-8. [810]

Cette collection devait être portée à 200 vol. au moins, et contenir les principaux Pères en entier et un choix des meilleurs ouvrages des autres Pères, le tout en latin, et d'après les meilleures éditions soit des versions latines des écrits grecs, soit des textes latins, mais il n'en a été publié que 133 vol., savoir :

Tome I. S. Barnabé; S. Hermas; S. Denis l'aréopagite; S. Clément, pape; S. Ignace d'Antioche; S. Polycarpe; S. Justin. — II à IV. Tatien; Athénagore; S. Théophile d'Antioche; Hermias; S. Irénée; Minutius Félix; Clément d'Alexandrie; S. Hippolyte. — V et VI. Tertullien. — VII à XIII. Origène; Jules l'Africain. — XIV. S. Cyprien. — XV. S. Denis d'Alexandrie; S. Grégoire Thaumaturge; S. Archélaus; Arnobe; S. Pamphile. — XVI et XVII. S. Méthode; Lactance; Jul.-Firm. Maternus. — XVIII à XXV. S. Alexandre d'Alexandrie; Juvencus; S. Eustathe; Eusèbe de Césarée; S. Jacques de Nisibe; S. Antoine, abbé; S. Pacome. — XXVI à XXIX. S. Hilaire de Poitiers; Lucifer de Cagliari. — XXX à XXXIII. S. Athanase. — XXXIV à XLI. S. Ephrem; Tite de Bostra; S. Damase, pape. — XLII à XLVI. S. Basile; S. Zénon, de Vérone. — XLVII. S. Optat l'Africain; S. Cyrille de Jérusalem. — XLVIII. Les deux SS. Macaire; S. Philastre. — XLIX à LII. S. Grégoire de Nazianze. — LIII. S. Césaire, médecin; S. Didyme; S. Phœbade. — LIV à LXII. S. Ambroise. — LXX à XCIV. S. Jean Chrysostôme. — XCVII et XCVIII. S. Jérôme. (2 vol. sur 15). — CVIII à CXXX et CXXXII à CXLVIII. S. Augustin. — Tome 1er des tables (1re série, les 25 premiers volumes de la collection).

Le prix de chaque volume, qui était d'abord de 6 fr., a été réduit à 3 fr., et même les 133 vol. sont annoncés à 240 fr.

COLLECTION académique. Voyez BERRYAT.

COLLECTION choisie des plantes et arbustes, avec un abrégé de leur culture. *Zurich,* 1796, in-4. pap. vél. fig. color. 10 à 15 fr. [5029]

COLLECTION de chroniques belges inédites, publiées par ordre du gouvernement et par les soins de la commission royale historique. Corpus chronicorum Flandriæ, sub auspiciis Leopoldi primi edidit S. S. de Smet. *Bruxellis, Hayez,* 1836-1859, in-4. [24868]

Cette collection, dont il paraît 19 vol., se compose des ouvrages suivants :

CHRONIQUE en vers de Jean van Heelu, ou relation de la bataille de Woeringen, publiée par J.-F. Willems, 1836, 1 vol. 10 fr. — Chroniques rimées de Philippe Mouskes, publiées par le baron de Reiffenberg, 1836-38, 2 vol. 28 fr. — Recueil des chroniques de Flandre, par J.-J. de Smet, 1837-50, 3 vol. 46 fr. — de Brabantsche yeesten, par Jean de Klerk, d'Anvers, publ. par J.-F. Willems, 1839-43, 2 vol., 24 fr. — Monuments pour servir à l'histoire des provinces de Namur, de Hénaut et de Luxembourg, recueillis et publiés pour la première fois par le baron de Reiffenberg, 1844-59, tom. I, IV, V, VI, VII et VIII. (6 vol., 90 fr.) Les tomes IV-VI contiennent le Chevalier au Cygne et Godefroy de Bouillon, poëmes histor. publiés pour la première fois.... avec un glossaire par M. Gachet; le VIIe vol. renferme le Roman en vers de Gilles de Chin, et autres morceaux. Documents relatifs aux troubles du pays de Liége, par P. F. X. de Ram, 1844, 1 vol. 15 fr. — Relation des troubles de Gand sous Charles-Quint, par Gachard, 1846, 1 vol. 14 fr.

— Chronique des ducs de Brabant, par Edm. de Dynter, publiée d'après le manuscrit de Corsendonck, avec des notes et l'ancienne traduction française par Jehan Wauquelin, par l'abbé de Ram, 1854-57, in-4., vol. I à III, 45 fr.

COLLECTION de 50 vues du Rhin. Voy. JANSCHA.

COLLECTION de documents inédits. Voy. à la fin de notre dernier vol. parmi les différentes collections qui y sont décrites.

COLLECTION de gravures choisies d'après les peintures et sculptures de la galerie de Lucien Bonaparte, prince de Canino (avec un texte par Charles de Chatillon). *Rome, Alex. Ceracchi,* 1822, in-fol. max. 36 à 48 fr. [9406]

27 planches dont une triple.

COLLECTION d'estampes. Voy. CABINET du roi, t. I, col. 1442.

COLLECTION d'estampes, d'après quelques tableaux de la galerie de S. E. le comte A. Stroganoff, gravées au trait par de jeunes artistes de l'Académie des beaux-arts à Saint-Pétersbourg. *Saint-Pétersbourg,* 1807, in-fol. fig. [9434]

Les explications qui accompagnent les planches de ce recueil sont tirées du catalogue raisonné, rédigé par le propriétaire lui-même. Voy. le *Catalogue de la bibliothèque de M. de Wlassoff,* Moscou, 1819, in-8., p. 30. L'ouvrage a été reproduit sous cette date : *Saint-Pétersbourg, imprimerie de Pluchart,* 1835, gr. in-fol., contenant soixante planches pour les tableaux, suivies de dix autres pour la sculpture ancienne et moderne, le tout accompagné d'explications imprimées.

COLLECTION de lettres, mémoires, relations, chroniques, manuscrits ou très-rares, pour servir à l'histoire des XVe, XVIe et XVIIe siècles. Supplément aux diverses collections de chroniques et mémoires qui ont paru en France et en Allemagne. Publiée et accompagnée de notes historiques et critiques par E. de Munch et une société de savants compatriotes et étrangers. *Stuttgard,* 1840, in-8. [23291]

Première partie, 9 fr. Voy. t. I, col. 928, au mot BIBLIOTHEK.

COLLECTION de mémoires relatifs à la révolution d'Angleterre, publiée avec une introduction par M. Guizot. *Paris, Béchet aîné,* 1823-1825, 25 vol. in-8. [26945]

Publié par livraisons de 2 vol. à 6 fr. chacun (aujourd'hui beaucoup moins).

Pour tenir lieu de l'introduction qui devait être placée à la tête de cette collection, M. Guizot a donné l'ouvrage suivant :

> Histoire de la révolution d'Angleterre depuis l'avènement de Charles 1er jusqu'à la restauration de Charles II. Prem. partie. *Paris, Béchet*, 1826-27, in-8., tom. I et II. Cette première partie devait avoir un 3e vol., lequel n'a pas été donné alors ; mais depuis M. Guizot a refondu et continué ce travail, qui forme aujourd'hui 8 vol. in-8. (voir le n° 26962 de notre table).

Un exemplaire des 25 vol. en Gr. Pap. vél., *dos de cuir de Russie*, 230 fr. Bérard.

COLLECTION d'ouvrages français, en vers et en prose, imprimée par ordre du comte d'Artois. *Paris, de l'impr. de Didot l'aîné*, 1780-84, 64 vol. in-18. [19413]

Avant que Louis XVI eût confié aux presses de Didot l'aîné l'impression d'un choix d'auteurs français pour l'éducation du dauphin, et que Monsieur (depuis Louis XVIII) eût chargé le même imprimeur de donner une belle édition de la *Gerusalemme liberata*, leur jeune frère, M. le comte d'Artois, avait déjà signalé son goût pour les lettres en faisant exécuter à ses frais la collection dont nous venons de donner le titre, et qui porte son nom. Sans aucun doute, le choix des ouvrages qu'on a fait entrer dans cette collection aurait pu être plus sévère; mais il était difficile que la typographie produisit rien de plus joli que ces 64 petits volumes, que l'on placera toujours parmi les chefs-d'œuvre des Didot. Il n'en a, dit-on, été tiré que 60 exemplaires pour le comte d'Artois, tous en papier fin et portant les armes de ce prince sur le frontispice. A la vérité, M. Didot en a tiré aussi pour son propre compte un petit nombre d'exempl. en papier ordinaire; mais le tout, à ce que l'on assure, n'excède guère le nombre de 100. Des exemplaires en *pap. fin*, en feuilles ou brochés, se sont vendus jadis 1200 fr. et plus ; mais ils valent à peine 300 à 400 fr. maintenant. L'exemplaire relié en *m. v.*, qui avait été payé 714 fr. chez Chénier, en 1811, s'est donné pour 241 fr. en 1839, et pour 350 fr. en 1854. Le papier ordinaire a encore moins de valeur.

Il y a trois exemplaires imprimés sur VÉLIN, dont un a été vendu 2000 fr. F. Didot; un autre, 1200 fr., en 1841.

Voici l'indication des ouvrages contenus dans les 64 volumes.

> Le temple de Gnide, 1 vol. — Acajou, par Duclos, 1 vol. — Ismène et Isménias, 1 vol. — Zayde, 3 vol. — La Princesse de Clèves, 2 vol. — Histoire du Petit Jehan de Saintré, 1 vol. — Contes moraux, par Marmontel, 1 vol. — Lettres de la comtesse de Sancerre, 2 vol. — Olivier, 2 vol. — Le Berceau de la France, 2 vol.—Lettres de Juliette Catesby, 1 vol. — Gérard de Nevers, 1 vol. — Contes et romans de Voltaire, 6 vol. — Amours de Daphnis et Chloé, 1 vol. — Histoire d'Aloyse de Livarot, 1 vol. — Les Amours de Roger et Gertrude, 1 vol. — Histoire de Tristan de Léonnois, 1 vol. — Manon Lescaut, 2 vol. — Les Confessions du comte de ***, 2 vol. — Sargines, 1 vol. — Lettres péruviennes, 2 vol. — Le Siége de Calais, 2 vol. — Lorezzo, nouvelle, 1 vol. — D. Carlos, 1 vol. — Conjuration des Espagnols contre Venise, 1 vol. — Mémoires du comte de Grammont, 3 vol. — Œuvres choisies de Boileau, 1 vol. — Fables de La Fontaine, 2 vol. — Œuvres choisies de Gresset, 1 vol. — Les Aventures de Télémaque, 4 vol. — Les Contes d'Hamilton, 3 vol. — Les Jardins, par Delille, 1 vol. — Lettres persanes,

3 vol. — Les Amours de Psyché et Cupidon, 2 vol. —Tom Jones, 4 vol. (ces derniers sont en pap. vél.).

COLLECTION de petits classiques français, dédiée à S. A. R. Madame, duchesse de Berry. *Paris, Delangle (impr. de Jules Didot)*, 1825 et 1826, 9 vol. in-16, pap. vél. de 3 à 5 fr. par volume. [19415]

Cette collection, qu'on peut regarder comme un fort joli joujou littéraire, a été dirigée par Ch. Nodier. Elle se compose des ouvrages suivants : 1. Madrigaux de Mons. de la Sablière. — 2. Conjuration du comte de Fiesque, par le card. de Retz.—3. Voyage de Chapelle et de Bachaumont. — 4. Diverses petites poésies du chev. d'Aceilly (Jacq. de Cailly).— 5. La Guirlande de Julie, offerte à mademoiselle de Rambouillet, par le marquis de Montausier. — 6. Fables de Fénelon. — 7. Œuvres choisies de Senecé. — 8. Relation des campagnes de Rocroi et de Fribourg, par Henri de Bessé, sieur de la Chapelle-Milon. — 9. Œuvres choisies de Sarrazin. Chaque livrais. de 2 vol. a coûté 15 fr., et en pap. de Hollande, tiré à 25 exemplaires, 30 fr. Il y a six exempl. sur pap. de Chine. Un de ces derniers en 9 vol. rel. à dos de *cuir de Russie*, 83 fr. Nodier.

COLLECTION de pièces originales, inconnues et intéressantes, sur l'expédition de Minorque ou de Mahon en 1756 (publiée par de Grimoard). *Paris, Paquot*, 1798, in-8. de 106 pp. [8737]

Très-rare, selon le Dictionnaire des anonymes, n° 2457.

COLLECTION de poésies, romans, chroniques, etc., publiée d'après d'anciens manuscrits et d'après des éditions des xve et xvie siècles. *Paris, Silvestre (de l'imprimerie de Crapelet)*, 1838-1858, in-16, caract. goth., avec des vignettes gravées sur bois. [19414]

Parmi plusieurs collections du même genre, publiées depuis quelques années, les bibliophiles ont remarqué particulièrement celle-ci, qui se distingue autant par sa belle exécution typographique et sa correction, que par le choix des ouvrages dont elle se compose. Indépendamment du papier ordinaire tiré à petit nombre, et que les souscripteurs ont payé à raison de 1 fr. par cahier de 4 feuillets, il y a 12 exempl. en papier supérieur, 4 exempl. en papier de Chine, et 4 sur peau-vélin. Elle contient :

1. Les sept Marchans de naples.
2. Maistre aliborum ŋ de tout se mesle.
3. Sensuyuët plusieurs belles chansons cõposces nouuelleñt, etc. (d'après une édition de Genève, vers 1530).
4. Sẽsuyt le Romant de Richart filz d' Robert le diable ŋ fut duc d' Normendie (d'après une édition in-4. impr. vers 1500) (en vers).
5. Moralite tresexcellente, a lhonneur de la glorieuse assumption nostre Dame....... composée par Jan Parmentier.
6. Les Prouerbes communs (par Jean de la Véprie).
7. Natiuite de nostre seigneur Jhesuchrist p personnages. Auec la digne accouchee.
8. Miracle de nostre Dame d' Berthe fẽme du roy Pepin ŋ ly fu changee ʒ puis la retrouua. Et est à .xxxii. psõnaiges (inédit).
9. Bigorne qui mange tous les hommes qui fõt le cõmãdemẽt de leurs femmes.

---

10. Mirouer des femmes vertueuses. Ensemble la patience Griselidis..... Lhistoire admirable de Jehanne Pucelle.....

11. Miracle de nostre dame de la marqse de la Gaudine..... a .xvii. persönaiges (inédit).

12. Le mystere de la vie et hystoire de monseigneur sainct Martin... a cinquäte et trois persönages...

13. Le songe de la thoison d'or : fait z cöpose p michault Tailleuent (inédit).

14. Lhystoire plaisäte z recreatiue faisät mention des prouesses et vailläces du noble Syperis de Vineuaulx. Et de ses dixsept filz.

15. La Guerre et le debat entre la lägue les membres z le vëtre.

16. Le cheualier delibere cöprenant la mort du duc de Bourgögne q̃ trespassa deuant Nancy en Lorraine. Fait et compose par messire Oliuier de la marche.

17. Les grans regretz et cöplainte de madamoyselle du pallais.

18. Lhystoire de Pierre de Prouence : z de la belle Maguelonne.

19. Le Temple d'honneur, par Froissart.

20. Les Cronicques de Gargantua.

21. Le Testament de Lucifer, par P. Gringore.

22. Roman d'Edipus.

23. Maistre Hambrelin.

24. La Grant danse macabre des hommes et des femmes, XVII cah. avec 87 bois.

Le prix des 24 vol. a été réduit à 150 fr. Un exempl. impr. sur VÉLIN 585 fr. Veinant ; un autre sur pap. fort 135 fr. même vente.

COLLECTION de sculptures antiques. Voy. RECUEIL de sculptures.

COLLECTION des anciens poëtes français, publiée par Coustelier ; savoir : Coquillart, la Farce de Pathelin, Villon, Martial de Paris, P. Faifeu, Cretin, J. Marot et Racan. *Paris, Coustelier,* 1723, 10 vol. pet. in-8.

Collection faite avec négligence et cependant recherchée : 40 à 50 fr.; vend. 69 fr. *v. f. d. s. tr.* F. D.; 119 fr. *m. r.* (le Pathelin, édition de 1762) Courbonne, et un exemplaire *non rogné,* rel. en *mar. bl.* par Trautz-Bauzonnet, 650 fr. Veinant, un'autre (sans le Racan), 8 vol. *mar. r. aux armes du C. d'Hoym,* 350 fr. Nodier.

Les 2 vol. de Racan (de format in-12) sont les moins communs (voy. RACAN).

COLLECTION des auteurs latins, impr. chez Barbou. Voy. à la fin de notre dernier volume.

COLLECTION des auteurs classiques latins *in usum Delphini,* édition donnée par A.-J. Valpy, et dédiée au prince régent d'Angleterre. *Londres, Valpy,* 1819-30, 141 part. numérotées, formant 185 vol. gr. in-8., avec portr., fig. et cartes.

Cette collection n'est pas une simple réimpression des éditions *in usum Delphini* : on y a adopté, pour chaque auteur, le meilleur texte connu, et on a placé au-dessous de ce texte les notes et les interprétations des *ad usum,* ainsi que les variantes : de plus, on a ajouté à la fin de chaque auteur les notes des meilleures éditions *Variorum,* et les meilleurs index, avec renvoi aux livres et aux chapitres, etc. L'ouvrage s'est publié par parties de 672 pp., au prix de 1 liv. 1 sh. chacune, et en Gr. Pap. 2 liv. 2 sh.; mais ces prix élevés ne se sont guère mieux

soutenus que ceux de la collection de M. Lemaire, laquelle est d'ailleurs préférable à celle-ci dans plusieurs de ses parties. Nous avons indiqué chaque auteur à son article respectif; et il ne nous reste plus qu'à donner le tableau de ces mêmes auteurs dans l'ordre de leur publication.

Virgilius, 10 vol. sous les numéros I à VIII. — *Cæsar,* 7 vol. comprenant la fin du n. VIII et les n. IX à XII. — *Juvenalis,* 3 vol., et *Persius,* 1 vol., fin du n. XII et n. XIII et XIV. — *Sallustius,* 2 vol., fin du n. XIV et n. XV et XVI. — *Tacitus,* 10 vol., fin du n. XVI et n. XVII à XXIII; plus, le supplément de Brotier, 1 vol. — *Claudianus,* 3 vol., n. XXIV à XXVI. — *Eutropius,* 1 vol., fin du n. XXVI et commencement du n. XXVII. — *Ovidius,* 9 vol., fin du n. XXVII et n. XXVIII à XXXV. — *Velleius Paterculus,* 1 vol., fin du n. XXXV et commencement du n. XXXVI. — *Cornelius Nepos,* 2 vol., n. XXXVI et XXXVII. — *Phædrus,* 2 vol., n. XXXVIII et XXXIX. — *Florus,* 2 vol., fin du n. XXXIX et n. XL. — *Catullus,* 2 vol., n. XLI et XLII. — *Tibullus,* 2 vol., fin du n. XLII et n. XLIII. — *Justinus,* 2 vol., fin du n. XLIII, n. XLIV et commencement du n. XLV. — *Propertius,* 2 vol., n. XLV et XLVI. — *Martialis,* 3 vol., n. XLVII à XLIX. — *Lucretius,* 4 vol., fin du n. XLIX et n. L à LII. — *Valerius Maximus,* 3 vol., fin du n. LII et n. LIII et LIV. — *Boethius,* 1 vol., fin du n. LIV et partie du n. LV. — *Ausonius,* 3 vol., fin du n. LV et n. LVI et LVII. — *Terentius,* 3 vol., fin du n. LVII et n. LVIII à LX. — *Statius,* 4 vol., n. LXI à LXIV. — *Aulus Gellius,* 4 vol., fin du n. LXIV et n. LXV à LXVII. — *Prudentius,* 3 vol., fin du n. LXVII et n. LXVIII à LXX. — *Apuleius,* 6 vol., fin du n. LXX et n. LXXI à LXXV. — *Horatius,* 4 vol., fin du n. LXXV et n. LXXVI à LXXIX. — *Quintus Curtius,* 4 vol., fin du n. LXXIX et n. LXXX et LXXXI. — *Dictys Cret. et Dares,* 2 vol., fin du n. LXXXI et n. LXXXII. — *Pompeius Festus et Verrius Flaccus,* 3 vol., fin du n. LXXXII et n. LXXXIII et LXXXIV. — *Suetonius,* 5 vol., fin du n. LXXXIV et n. LXXXV à LXXXVII. — *Plinii Historia natur.,* 14 vol., fin du n. LXXXVII et n. LXXXVIII à XCVIII. — *T. Livius,* 26 vol., fin du n. XCVIII et n. XCIX à CXVIII. — *Manilius,* 2 vol., fin du n. CXVIII et n. CXIX. — *Panegyrici veteres,* 5 vol., fin du n. CXIX et n. CXX à CXXIV. — *Aurelius Victor,* 2 vol., fin du n. CXXIV et n. CXXV. — *Plautus,* 5 vol., fin du n. CXXV et n. CXXVI à CXXIX. — *Cicero,* 17 vol., n. CXXX à CXXXI.

COLLECTION des auteurs latins, avec la traduction en français : publiée sous la direction de M. D. Nisard. *Paris, J.-J. Dubôchet et Cie* (continuée et terminée chez MM. Firmin Didot), 1838 à 1855 (nouveau tirage, 1851, etc.), 27 vol. gr. in-8. 324 fr.

Voici la distribution de cette collection dont chaque volume se vend séparément.

Poètes.

PLAUTE. Amphitryon, l'Asinaire, les Captifs, le Câble, traduits par feu M. Andrieux. Les autres pièces traduites par M. A. François. — TÉRENCE, par M. Alfred Magin. — SÉNÈQUE, Hercule furieux, Thyeste, traduits par M. Th. Savalète. Les autres pièces traduites par M. Desforges. 1 vol.

OVIDE. Les Héroïdes, les Amours, les Halieutiques, trad. par M. Th. Baudement. — L'Art d'aimer, le Remède d'amour, les Cosmétiques, par M. Ch. Nisard. — Les Métamorphoses, par MM. Louis Puget, Th. Guiard, Chevriau et Fouquier. — Les Fastes, par M. A. Fleutelot. — Les Tristes, les Pontiques, Consolation à Livia Augusta, l'Ibis, le Noyer, les Epigrammes, par Ch. Nisard. 1 vol.

VIRGILE, trad. de M. Désiré Nisard. — LUCRÈCE, par M. Chaniol. — VALÉRIUS FLACCUS, par M. Ch. Nisard. 1 vol.

HORACE, traduction nouvelle et Notice sur Horace, par M. Patin. Odes, Epodes, Chant séculaire, par M. Chevriau. Satires, par M. Génin. Epîtres, par M. Guiard. Art poétique, par M. Aug. Nisard. — JUVÉNAL, traduction nouvelle, par M. Courtaud d'Ivernaresse. — PERSE, par le même. — SULPICIA, par le même. — CATULLE, par M. Collet. — PRO-PERCE, par M. Denne-Baron. — GALLUS, par M. Louis Puget. — MAXIMIEN, par le même. — TIBULLE, par M. Théophile Baudement. — PHÈDRE, par M. Fleutelot. — PUBLIUS SYRUS, par M. Th. Baudement. 1 vol.

STACE, trad. par divers auteurs. Les Sylves, par M. Guiard. La Thébaïde, par M. Arnould. L'Achilléide, par M. Wartel. — MARTIAL, par M. Ch. Nisard. Notes sur Martial, par M. Bréghot du Lut. — MANILIUS, trad. par Pingré, revue. — LUCILIUS JUNIOR, traduction nouvelle. — RUTILIUS, traduction nouvelle. — GRATIUS FALISCUS, traduction nouvelle, par M. Jacquot. — CALPURNIUS, trad. par M. Louis Puget. 1 vol.

LUCAIN, traduction par M. Hauréau. — SILIUS ITALICUS, par M. Kermoysan. — CLAUDIEN, par M. Delatour, excepté l'Enlèvement de Proserpine, traduit par M. Geruzez. — Notices sur Claudien, par M. Victor Le Clerc. 1 vol.

Prosateurs.

CICÉRON. Œuvres complètes, Avant-propos, *Tome Ier.* Vie de Cicéron, par M. Th. Baudement. Vie de Cicéron, par Plutarque, traduction d'Amyot. Tableau synchronique des événements qui se rattachent à la vie de Cicéron. Tableau et analyse des lois citées dans Cicéron. Calendrier romain. Suite des consuls depuis l'an de Rome 690 jusqu'en 711. — Rhétorique, par M. Thibaut. — De l'Invention oratoire, par M. Liez. — Les trois Dialogues de l'Orateur, par M. Th. Gaillard. — Brutus ou Dialogues sur les orateurs illustres, par M. Burnouf. — L'Orateur, par M. Th. Savalète. — Les Topiques, dialogues sur les partitions oratoires, par M. Damas-Hinard. — Des Meilleurs genres d'éloquence, par M. Baillard. — Les Paradoxes, par M. Lorquet. — *Tome II.* Plaidoyers et Discours; traducteurs: MM. Burnouf, Guéroult, Paret, Baudement, Athanase Auger, Ch. Nisard, Taranne. — *Tome III.* Discours et Plaidoyers (suite), traduits par *les mêmes,* plus MM. Bellaguet, Kermoysan, Guiard. — *Tome IV.* Œuvres philosophiques, par M. Lorquet. — De la Divination, par M. de la Pilorgerie. —Des Lois, par M. Charles de Rémusat.—Fragments des ouvrages en prose et en vers, par M. Ch. Nisard. — De la Demande du consulat, par M. Eusèbe Salverte. — *Tome V.* Lettres de Cicéron, par MM. Defresne et M. Th. Savalète. 5 vol.

TACITE. Vie de Tacite, par M. Daunou. — Tableau généalogique de la famille des Césars. Annales, traduction de M. Dureau de la Malle. Histoires, par *le même.* La Germanie, par M. D. Nisard. Vie d'Agricola, par M. A. François. 1 vol.

TITE-LIVE, traduction par MM. Le Bas, Ch. Nisard, Kermoysan, Th. Baudement, Bouteville, Magin, Paret, Leprévost, Leudière, Capelle, Bellaguet. — Notes par M. Le Bas. 2 vol.

SÉNÈQUE le Philosophe. De la Colère; Consolation à Helvia, — à Polybe, — à Marcia; de la Providence; des Bienfaits; Consolation du sage; de la Brièveté de la vie; Repos du sage; Tranquillité de l'âme; de la Clémence; de la Vie heureuse, par M. Elias Regnault. — Apokolokyntose, par M. Hauréau. — Opuscules en vers, trad. par M. Baillard. Questions naturelles, par *le même.* Fragments, par *le même.* — Epîtres, par Pintrelle, traduction revue et imprimée par les soins de La Fontaine, son parent, qui en a traduit en vers toutes les citations tirées des poëtes. 1 vol.

CORNÉLIUS NÉPOS, traduction par M. Kermoysan. —QUINTE-CURCE, traduction de Vaugelas, revue. — JUSTIN, traduit par M. Ch. Nisard. — VALÈRE-MAXIME, traduit par M. Th. Baudement. — JULIUS

OBSEQUENS, par *le même.* — Notes et Notices par les traducteurs. 1 vol.

QUINTILIEN, trad. par M. Louis Baudet. — PLINE LE JEUNE, traduction de M. de Sacy, revue. Panégyrique de Trajan, traduction par M. Burnouf. — Notes et Notices par les traducteurs. 1 vol.

PÉTRONE, par M. Baillard. — APULÉE, par divers: M. Aulard et M. Th. Baudement. (Ce dernier pour les Métamorphoses.) Œuvres philosophiques et diverses, par M. Aulard. L'Ane d'or, par M. Th. Savalète. — AULU-GELLE, par M. Jacquinet et M. Favre. 1 vol.

CATON. Economie rurale, par feu Antoine. — VARRON. De l'Agriculture, par M. Wolff. — COLUMELLE. De l'Agriculture, traduction de Saboureux de la Bonneterie, revue. — PALLADIUS. De l'Agriculture, traduction revue *du même.* 1 vol.

SUÉTONE, par M. Baudement. Les Ecrivains de l'Histoire auguste, par *le même.* — EUTROPE, par *le même.* — RUFUS, par *le même,* 1 vol.

MACROBE, par M. Mahul. — POMPONIUS MÉLA, par M. Huot. 1 vol.

SALLUSTE. Vie de Salluste, par le président de Brosses. Conjuration de Catilina, par M. Damas-Hinard. Guerre de Jugurtha, par M. Beleze. Fragments, par M. Damas-Hinard. — JULES CÉSAR, Vie et Commentaire, par M. Th. Baudement. — VELLÉIUS PATERCULUS, trad. par M. H. Herbet. — FLORUS, trad. par M. Th. Baudement. 1 vol.

TERTULLIEN, par M. Louis Baudet. — SAINT AUGUSTIN, par *le même.* 1 vol.

CELSE, par le docteur des Etangs. — VITRUVE, traduction de Perrault, revue par M. Baudement. — FRONTIN, des Aqueducs, traduction de Rondelet. — CENSORIN. 1 vol.

PLINE LE NATURALISTE, traduction par M. Emile Littré. 2 vol.

AMMIEN MARCELLIN, traduction par M. Th. Savalète. — JORNANDÈS, par M. G. Fournier de Moujan. — FRONTIN (les Stratagèmes). — VÉGÈCE. — MODESTUS. 1 vol.

COLLECTION des chroniques nationales françaises. Voy. col. 143.

COLLECTION des classiques français. *Paris, Roux-Dufort,* etc., 1824-1828 (nouv. titre: *Paris, Leroy,* 1833), 2 part. in-8. pap. vél. [19415]

Recueil impr. à 2 col., en très-petits caractères, par Jules Didot; il s'est publié en 60 livraisons. La même composition, remaniée, a servi à une édition de cette collection en 60 vol. de format in-48. Les 2 vol. in-8, d'environ 3000 pages, coûtaient 120 fr.; mais plus tard ils ont été annoncés à 30 fr. et les 60 vol. in-48, à 45 fr.

COLLECTION des bibliophiles lyonnais, ou recueil d'ouvrages sur l'histoire politique et littéraire de Lyon, imprimés pour la première fois, ou réimprimés d'après des éditions d'une extrême rareté, publiée par J.-B. Monfalcon. *Lyon, imprimeries de L. Perrin, Dumoulin et Ronet, Nigon, Lepagnez et Bajat,* 1846, 7 vol. gr. in-12. [24586]

Cette collection se compose des ouvrages suivants:
1. Quincarnon, Antiquitez de la métropole des Gaules.
2. Quincarnon, la fondation et les antiquitez de la Basilique de S. Paul.
3. Bellièvre, Lugdunum priscum.
4. Mélanges sur l'histoire ancienne de Lyon (Symeoni, l'Abbé, Bachet de Meziriac, etc.).
5. Facéties lyonnaises.
6. Formulaire fort récréatif de Bredin.
7. Artaud, Lyon souterrain.

Ouvrages tirés à *vingt-cinq exemplaires*, à l'exception du *Formulaire*, tiré à *quarante*. Les vingt-cinq exemplaires ont été répartis entre les seize souscripteurs et diverses bibliothèques publiques. (*Nouveau Spon*, p. 39.)

COLLECTION des mémoires relatifs à l'histoire de France depuis la fondation de la monarchie française jusqu'au XIIIe siècle, avec une introduction, des suppléments, des notices et des notes, par M. Guizot. *Paris*, *Brière*, 1823-1835, 31 vol. in-8. chaque vol. 6 fr.—Pap. vél. 15 fr. (Aujourd'hui moins.) [23284]

Nous avons vu publier dans l'espace de moins de dix ans trois et même quatre collections de mémoires sur l'histoire de France, faisant suite les unes aux autres, et présentant un ensemble d'environ 230 volumes, non compris les Mémoires de Saint-Simon, ni ceux d'une date postérieure à l'année 1763. Une suite aussi abondante de matériaux pour l'histoire est une des richesses de notre littérature que les étrangers nous envient, peut-être, le plus, et qui mérite d'être généralement connue. C'est ce qui nous a déterminé à entrer ici dans quelques détails. Sous le rapport chronologique, la collection qui porte le nom de M. Guizot occupe la première place; mais elle n'est certainement pas la plus intéressante. Voici l'ordre dans lequel doivent être rangés les volumes. Introduction, 1834, 1 vol. 8 fr. — Tom. I et II. Grégoire de Tours; Chronique de Frédégaire; Vie de Dagobert I; Vie de S. Leger; Vie de Pepin le vieux, maire du palais. — III à VII. Eginhard ; Thégan ; Nithard ; Ermold le Noir..... Frodoard, Abbon ; Vie de Bouchard, comte de Melun, etc. — VIII. Vie de Louis le Gros, par Suger. — IX et X. Rigord ; Guillaume le Breton ; la Philippide, poëme. (M. Daunou, *Histoire littéraire de la France*, XVII, p. 553, a fait voir avec quelle légéreté a été rédigée la Notice sur Guill. le Breton, placée dans ce vol.) — XI. Guillaume de Nangis. — XII et XIII. Histoire des Albigeois, par P. de Vaulx-Cernay, etc. — XIV et XV. Guilbert de Nogent ; Vie de S. Bernard. — (Croisades) : XVI à XVIII. Guillaume de Tyr. — XIX à XXI. Bernard le trésorier ; Albert d'Aix ; Raymond d'Agiles. — XXII. Jacques de Vitry. — XXIII. Histoire de la première croisade, par Robert le Moine ; Histoire de Tancrède, par Raoul de Caen. — XXIV. Histoire des croisades, par Foulcher de Chartres ; Histoire de la croisade de Louis VII, par Odon de Deuil. — XXV à XXVIII. Orderic Vital ; Histoire de Normandie, 4 vol. — XXIX. Histoire des Normands, par Guillaume de Jumiéges; et Histoire de Guillaume le Conquérant, par Guillaume de Poitiers. — Tables, 1835, 1 vol. 16 fr.

COLLECTION des chroniques nationales françaises écrites en langue vulgaire, du XIIIe au XVIe siècle, avec des notes et éclaircissemens; par J.-A. Buchon. *Paris*, *Verdière et Carez*, 1824-29, 47 vol. in-8. Chaque vol. coûtait 6 fr.—Pap. vél. 12 fr. [23285]

Cette collection, il faut bien le reconnaître, a été préparée avec précipitation et imprimée incorrectement ; néanmoins on doit savoir gré à l'éditeur de l'avoir entreprise, et surtout de ne s'être pas laissé rebuter par la difficulté du travail. Sans l'ardeur soutenue et l'infatigable activité de M. Buchon, il est bien probable que nous ne posséderions pas cette suite de chroniques plus importantes les unes que les autres, dont plusieurs n'avaient pas encore été impr., et qui toutes méritent une place dans les grandes bibliothèques.

La collection des chroniques françaises devait d'abord être divisée en 4 part. et se composer de 60 vol.; mais ce plan a été modifié, et l'ouvrage est distribué de la manière suivante :

1re Série, XIIIe *siècle*, 8 *vol.*, *contenant* :

Tom. I et II. HISTOIRE de l'empire de Constantinople sous les empereurs françois , jusqu'à la conquête des Turcs, par Dufresne du Cange, nouvelle édition entièrement refondue sur les manuscrits, et conforme à la seconde édition inédite qu'il avait préparée, 1826. 2 volumes.

Tom. III. CHRONIQUE de la prise de Constantinople par les François, écrite par Geoffroy de Ville-Hardouin, suivie de la continuation par Henri de Valenciennes, et de plusieurs autres morceaux en prose et en vers, relatifs à l'occupation de l'empire de Grèce par les François au XIIIe siècle, 1828. 1 vol.

Tom. IV. CHRONIQUE de la conquête de Constantinople et de l'établissement des François en Morée, écrite en vers politiques, par un anonyme, dans les premières années du XIVe siècle, et traduite pour la première fois sur le manuscrit grec inédit, 1825. 1 vol.

Tom. V et VI. CHRONIQUE de Ramon Muntaner, traduite pour la première fois du catalan, avec des notes , 1827. 2 vol. A la fin du second est placée la *Conspiration de Jean Procyta*, morceau qui, avec la table, forme 75 pp.

Tom. VII et VIII. BRANCHE des royaulx lignages, chronique métrique de Guillaume Guiart, publiée pour la première fois d'après les manuscrits de la Bibliothèque du roi, 1828. 2 vol.

2e Série, XIVe *siècle*, *tomes IX à XXV*.

Tom. IX. CHRONIQUE métrique de Godefroy de Paris, suivie de la Taille de Paris, en 1313; publiée pour la première fois d'après les manuscrits de la Bibliothèque du roi, 1827. 1 vol.

Tom. X. POËSIES de Froissart, extraites de deux manuscrits de la Bibliothèque du roi, et publiées pour la première fois, 1829. 1 vol., avec la vie de Froissart, par de la Curne de Sainte-Palaye.

Ce volume peut aussi être placé après le 15e des chroniques de l'auteur.

Tom. XI à XXV. CHRONIQUES de Froissart, 1824-26, 15 volumes. On a placé à la fin du 14e vol. un *Appendix* contenant divers morceaux de poésies relatifs à des événements de l'époque. Le 15e vol. renferme trois suppléments, savoir :

  1. Relation de l'ambassade de Migon de Rochefort... à Hugues IV, juge d'Arborée, en 1378, suivie de la *constitution du judicat d'Arborée, ou Curta de Logu*.

  2. Chronique de Richard II , depuis l'an 1377 jusqu'en 1399.

  3. Mémoires de Pierre de Salmon, présentés à Charles VI.

Voyez notre article FROISSART.

3e Série, XVe *siècle*, *tomes XXVI à XLVII*.

Tom. XXVI à XL. CHRONIQUES de Monstrelet, et continuations, 1826-27. 15 vol.

A la tête du premier vol. se trouve un mémoire sur la vie et les chroniques de cet auteur, par M. Dacier, extrait des mémoires de l'Académie des inscriptions et belles-lettres. Quant au texte, M. Buchon a suivi les manuscrits de la Bibliothèque du roi, bien préférables aux imprimés, lesquels sont fautifs et incomplets ; il a aussi fait usage d'un cahier de corrections laissé par Du Cange, comme le 4e livre de Monstrelet, qui fait partie des anciennes éditions, n'est qu'un mélange tiré de différents chroniqueurs, le savant éditeur a substitué à ce livre les textes entiers de ces mêmes auteurs. Ainsi, dans son édit., au 3e livre qui finit au milieu du 7e vol. succède *Le Fèvre de Saint-Remy*, qui occupe aussi tout le 8e vol. *La Chronique et le procès de la Pucelle d'Orléans* forment le 9e vol., *Mathieu de Coucy*, les tomes 10 et 11, et *Jacq. du Clerc*, les tomes 12 à 15, y compris le *Journal d'un Bourgeois de Paris*, qui termine le 15e.

Tom. XLI. CHRONIQUE de Jacq. de Lalain, par Georges Chastellain, 1825. 1 vol.

Tom. XLII et XLIII. Chronique des ducs de Bourgogne, par le même, publiée pour la première fois, 1827. 2 vol.

Avec le second volume se trouve le premier de l'ouvrage suivant :

Tom. XLIV à XLVII. CHRONIQUES de Jean Molinet, publ. pour la première fois, 1827-28, tomes 2 à 5.

Des tables générales de matières, soit de chaque ouvrage en particulier, soit mieux encore de la collection entière, sont indispensables pour faciliter l'usage de ce livre important : il est bien à regretter que l'éditeur ne les ait pas données.

J.-A.-C. Buchon a présidé à la publication d'un *Choix de chroniques et mémoires sur l'histoire de France, avec notices biographiques*, Paris, A. Desrez, 1836-38, et *Société du Panthéon littéraire*, 1842, 17 vol. gr. in-8., collection qui commence à Froissart et s'arrête aux Négociations du président Jeannin ; mais on y réunit les mémoires de Brantôme, en 2 vol. in-8. (Pour le contenu de chaque vol. consultez le *Catalogue de la Bibliothèque impériale*, Histoire de France, I, p. 106 et 107.) Le même savant a publié à la même époque deux ouvrages qui se rattachent à sa collection. Voy. tom. I, col. 1878, article CHRONIQUES.

COLLECTION complète des mémoires relatifs à l'histoire de France, depuis le règne de Philippe-Auguste, jusqu'au commencement du XVIIe siècle, avec des notices sur chaque auteur et des observations sur chaque ouvrage, par M. Petitot (l'aîné et M. A. Petitot, et quelques-unes par M. Monmerqué). *Paris, Foucault*, 1819-1827, 52 tomes en 53 vol. in-8. 312 fr. et le double en pap. vél. [23287]

Première série d'une collection fort importante, et qui a été faite avec beaucoup plus de soin que l'ancienne collection dont nous parlons à l'article COLLECTION universelle. Voici l'indication des mémoires dont elle se compose :

Tome I. Geoffroy de Ville-Hardoin, conquête de Constantinople. — II. Jean sire de Joinville, Histoire de S. Louis. — III. Extrait des manuscrits arabes, et dissertations de Du Cange. — IV et V. Anciens mémoires du XIVe siècle par Bertrand Du Guesclin, et observations relatives à ces mémoires. — Suite du tome V et partie du tome VI. Le livre des faiz du roi Charles V, par Christine de Pizan. — Suite du tome VI et partie du tome VII. Histoire de Boucicaut. — Suite du tome VII. Histoire de Pierre de Fenin. — VIII. Mémoires concernant la Pucelle d'Orléans ; Mémoires d'Arthus III, duc de Bretagne ; Mémoires relatifs à Florent sire d'Illiers. — IX et X. Olivier de la Marche. — XI à XIV. Mémoires de Jacq. Du Clercq ; Mémoires de Comines ; Chronique scandaleuse de Jean de Troyes ; Mémoires de Guillaume de Villeneuve ; Mémoires de la Tremoille, par Jean Bouchet. — XV. Histoire de Bayart, par le loyal serviteur. — XVI. Robert de la Marck, seigneur de Fleurange ; Louise de Savoie, duchesse d'Angoulesme. — XVII à XIX. Martin et Guillaume du Bellay. — XX à XXII. Blaise de Montluc. — XXIII à XXV. Gaspard de Saulx, seign. de Tavannes. — XXVI à XXVIII. Franç. de Scepeaux, sire de Vieilleville. — Suite du tome XXVIII et tomes XXIX et XXX. Franç. de Boyvin, baron du Villars. — XXXI et XXXII. François de Rabutin ; le siège de Metz, en 1552 ; Discours de Gaspar de Colligny ; Mémoire du voyage du duc de Guyse, en Italie, par de La Chastre ; Guillaume de Rochechouart. — XXXIII. Mich. de Castelnau. — XXXIV. Jean de Mergey ; François de La Noue ; Achille Gamon ; Jean Philippi. — XXXV. Le duc de Bouillon ; Guillaume de Sceaux, seigneur de Tavannes. — XXXVI. Phil. Hurault, comte de Cheverny, et Ph. Hurault, abbé de Pontlevoy. — XXXVII. Marguerite de Va-

lois ; Jacq.-Aug. de Thou. — XXXVIII. Jean Choisnin ; Mathieu Merle. — Fin du tome XXXVIII et tom. XXXIX à XLIII. Chronologie novenaire de P. Cayet. — Fin du tome XLIII. Jacques Pape, seigneur de Saint-Auban. — XLIV. De Neufville, seigneur de Villeroy ; le duc d'Angoulesme. — XLV à XLIX. Mémoires et Journal de Henri III, Henri IV et Louis XIII, par de L'Estoile, avec la relation de J. Gillot ; les Mémoires de Claude Groulard et de De Marillac. — L et LI. Duval, marquis de Fontenay-Mareuil. — LII. Table générale et analytique des matières, par M. Delbare, en 2 parties. — On joint à cette série les Œuvres complètes de Brantôme, 8 vol. in-8. (voy. BRANTÔME).

COLLECTION de mémoires relatifs à l'histoire de France, depuis l'avénement de Henry IV jusqu'à la paix de Paris, conclue en 1763, avec des notices sur chaque auteur et des observations par MM. Petitot et M. Monmerqué. *Paris, Foucault*, 1820-29, 79 vol. in-8., y compris le 21e bis. 480 fr., et le double en pap. vél.

Seconde série, contenant :

Tom. I à IX. Mémoires des sages et royales œconomies d'estat de Henry le Grand (Mémoires de Sully). — X et XI. Histoire de la mère et du fils, et succincte narration par le card. de Richelieu ; Précis de l'histoire des Provinces-Unies, par Laurent. — Suite du tome XI et tom. XII à XVI. Négociations de Jeannin. — Fin du tome XVI et tome XVII. Le maréchal d'Estrées, et Pontchartrain. — XVIII et XIX. Le duc de Rohan. — Fin du tome XIX et tom. XX et XXI. Le maréchal de Bassompierre. — XXII à XXX. Le cardinal de Richelieu. (On a réimpr., avec l'indication de tome XXI bis, les dix premiers livres des Mémoires de Richelieu, qui se trouvent sous un autre titre dans les tom. X et XI ci-dessus. Cette réimpression offre un meilleur texte que le premier, et l'addition d'un fragment à la fin de l'année 1615). — XXXI et XXXII. Gaston d'Orléans ; le sieur de Pontis. — XXXIII et XXXIV. Rob. Arnauld d'Andilly ; l'abbé Arnauld ; la duchesse de Nemours. — XXXV et XXXVI. Le comte de Brienne. — Fin du tome XXXVI et tom. XXXVII à XL. Mad. de Motteville. — Fin du tome XL et tom. XLI à XLIII. Mlle de Montpensier. — XLIV à XLVI. Le cardinal de Retz. — XLVII. Guy Joly et Cl. Joly. — XLVIII. Val. Conrart ; le P. Berthod. — XLIX à LI. Monglat. — LI et LII. Le comte de La Châtre ; La Rochefoucauld ; Gourville. — LIII et LIV. Pierre Lenet ; Montrésor ; Relation de De Fontrailles. — LV et LVI. Le duc de Guyse. — Suite du tome LVI et tome LVII. Le maréchal de Gramont ; le maréchal Du Plessis. — LVIII et LIX. Mémoires de M. de*** et Mémoires de P. de La Porte. — LX à LXIII. Omer Talon ; l'abbé de Choisy. — LXIV. Le chevalier Temple. — Suite du tome LXIV et partie du tome LXV. Mad. de La Fayette. — Suite du tome LXV et tome LXVI. La Fare ; le maréchal de Berwick ; Mad. de Caylus. — LXVII et LXVIII. Le marquis de Torcy. — Fin du tome LXVIII et tom. LXIX à LXXI. Le maréchal de Villars. — Suite du tome LXXI et tom. LXXII à LXXIV. Le duc de Noailles. — Suite du tome LXXIV et tome LXXV. Le comte de Forbin ; Duguay-Trouin. — LXXVI et LXXVII. Mémoires secrets de Duclos ; Mad. de Staal. — LXXVIII. Table générale et analytique des matières par M. Delbare.

COLLECTION des mémoires pour servir à l'histoire de France, depuis le XIIIe siècle jusqu'à la fin du XVIIIe (XVIIe), précédés de notices et suivis d'analyses, par MM. Michaud et Poujoulat. *Paris*, 1835-39, 32 vol. gr. in-8. 200 fr. [23288]

Cette collection est divisée en trois séries, la première en 12 vol. et les deux autres en 40 vol. chacune ; elle contient tous les auteurs qui se trouvent dans les précédentes, et en outre, *ouvrages inédits :* Pierre Sarrasin ; François de Lorraine, duc de Guise ; Pujet ; Marbault ; et *inédits en partie :* Pierre Fenin, L'Estoile, Retz, Lenet, Brienne, Omer Talon, Choisy.

Auteurs ajoutés à la collection, pour en compléter l'ensemble.

Henri de Valenciennes ; Juvénal des Ursins ; Journal d'un bourgeois de Paris ; Cayet (septenaire) ; Relation de la mort du maréchal d'Ancre ; Turenne ; le duc d'Yorck ; Jean de Montluc (discours) ; Marguerite de Valois (Mémoires justificatifs) ; Lettres sur la mort de Henri III ; Dubois.

Il a paru en 1840 un cahier complémentaire contenant : 1° la fin du tome XI de la 1re série, pages 533-98 (*Mémoires de M. de Marillac*, et *Mémoires de Claude Groulart*) ; 2° la fin du tome IV de la 3e série, pp. 433-622 (*Mémoires de Conrart*).

Il est à regretter que cette grande collection ait été faite avec négligence, impr. incorrectement et sur mauvais papier.

COLLECTION des meilleures dissertations, notices et traités particuliers, relatifs à l'histoire de France, composée, en grande partie, de pièces rares ou qui n'ont jamais été publiées séparément ; par MM. C. Leber, J.-B. Salgues et J. Cohen. *Paris, Dentu,* 1826-42, 20 vol. in-8. Chaque vol. 4 ou 5 fr. [23289]

Il a été tiré un très-petit nombre d'exemplaires en pap. vélin-cavalier, qui n'ont pas été livrés au commerce.

Collection fort curieuse, dans laquelle sont réimprimées plusieurs pièces que les amateurs payent quelquefois très-cher dans les ventes, et d'autres qui ne se trouvent pas séparément. C'est une suite nécessaire des quatre collections précédentes. M. Leber, à qui l'on est redevable de ce recueil, est lui-même l'auteur d'une *Histoire critique du pouvoir municipal, de la condition des villes et bourgs, et de l'administration des communes en France, depuis l'origine de la monarchie jusqu'à nos jours,* Paris, 1828, in-8. [24072]; ouvrage plein de recherches et rédigé avec habileté. — Un autre recueil du même genre que celui-ci a paru sous le titre d'*Archives curieuses* (voy. CIMBER).

COLLECTION des mémoires relatifs à la révolution française, avec des notices sur leurs auteurs et des éclaircissemens, historiques par MM. Berville et Barrière. *Paris, Baudouin,* 1820-26, 56 vol. in-8. de 3 à 5 fr. le vol. [23931]

Cette collection ne renferme point tous les mémoires que les éditeurs avaient promis, mais elle en contient plusieurs qui n'entraient point dans le plan primitif de l'ouvrage. Voici l'indication, par ordre alphabétique, de ce qui a été publié : Mémoires du marquis d'Argenson, publiés par René d'Argenson, 1 vol. — de Bailly, 3 vol. — de Ch. Barbaroux, 1 vol. — du baron de Besenval, 2 vol. — de la marquise de Bonchamps et de Mad. de La Rochejaquelein, 2 tom. en 1 vol. — du marquis de Bouillé, 2 vol. — de Mme Campan, 3 vol. — sur Carnot, 1 vol. — Journal de Cléry ; dernières heures de Louis XVI, par Edgeworth de Firmont ; et récit des événements arrivés au Temple, par Mad. Royale, 1 vol. — Relation du départ de Louis XVI, le 20 juin 1791, par M. de Choiseul, 1 vol. — Le Vieux Cordelier, par Camille Desmoulins ; — Vilate-Meda, 1 vol. — Mé-

moires du général Doppet, 1 vol. — du général Dumouriez, 4 vol. — Histoire de la Convention, par Durand de Maillane, 1 vol. — Mémoires sur la catastrophe du duc d'Enghien, 1 vol. — du marquis de Ferrières, 3 vol. — sur la réaction du Midi, par Fréron, 1 vol. — du duc de Gaëte, 2 vol. — pour servir à l'histoire de Lyon, par M. Guillon de Montléon, 2 vol. (on en ajoute un 3e). — de Mad. Du Hausset, 1 vol. — de Linguet sur la Bastille, et de Dusaulx sur le 14 juillet, 1 vol. — de Louvet de Couvray, 1 vol. — de Meillan, 1 vol. — de L.-Ant.-Phil. d'Orléans, duc de Montpensier, 1 vol. — de Rivarol, 1 vol. — de Mad. Roland, 2 vol. — de Thibaudeau, 2 vol. — sur la Vendée, par le général Turreau, 1 vol. — de Weber, concernant Marie-Antoinette, 2 vol. — Mémoires sur les prisons, par Riouffe, Paris d'Epinard, etc., 2 vol. — sur les journées de septembre 1792, par Jourgniac de Saint-Méard, la marquise de Fausse-Landry, l'abbé Sicard et G.-A. Jourdan, suivis des délibérations prises dans les communes de Paris et de Versailles, 1 vol. — sur l'affaire de Varennes, comprenant les relations de MM. L. de Bouillé, de Raigecourt, de Damas, Deslons, de Valory, et les mémoires du baron de Goguelat, 1 vol., avec une carte et 4 pl. — sur la Vendée, par un ancien administrateur militaire et par Mad. de Sapinaud, 1 vol. — Guerre de la Vendée et des chouans contre la république, 6 vol. (ce ne sont point des mémoires). C'est à tort qu'on a placé dans ces 56 vol. les *Mémoires, souvenirs, opinions et écrits du duc de Gaëte* (M.-M.-Ch. Gaudin), 1826, 2 vol. in-8., qui n'ont que fort peu de rapport à la révolution. Toutefois, comme ces 2 vol. n'ont été tirés qu'à 1000 exempl., tandis que les autres l'ont été à 2000, ils manquent dans une partie des exemplaires de cette collection, à laquelle on réunit aussi : Débats de la Convention nationale, 5 vol. — Papiers inédits trouvés chez Robespierre, 3 vol. — Mémoires de Senart, 1 vol. — et aussi : Portraits des personnages les plus célèbres, et fac-simile de leur écriture, avec les caricatures les plus piquantes, etc., 1 vol., publié en livraisons, contenant chacune un portrait et deux gravures. Prix de chaque livraison, 4 fr. avant la lettre, ou sur pap. de Chine, 8 fr. — Enfin, cette même collection peut être augmentée indéfiniment de tous ces mémoires, véritables ou supposés, dont d'avides spéculateurs ne cessent d'inonder la France depuis quelques années.

COLLECTION des moralistes anciens. Voy. MORALISTES.

COLLECTION des peintures antiques qui ornoient les palais, etc., des empereurs Tite, Trajan, Adrien et Constantin, et autres édifices, tant à Rome qu'aux environs. *Rome,* 1781, in-fol., fig. [29497]

Recueil de 33 planches d'une exécution médiocre : 15 à 20 fr.

COLLECTION des portraits des hommes illustres, et quelques plans de bataille, relatifs à l'Histoire de France de Velly, etc., jusqu'au règne de Louis XV. *Paris, Nyon,* 1778-86, 8 vol. in-4. 60 à 80 fr. [23257]

Quelques personnes ajoutent ces 8 vol. à l'Histoire de France de Velly, in-4. ; d'autres se contentent d'insérer, dans leur exemplaire de cette histoire, les portraits qui y ont rapport, c'est-à-dire les 2 premiers volumes de la collection, lesquels coûtaient 36 fr.

COLLECTION des principaux économistes. *Paris, Guillaumin,* 1843-48, 15 vol. gr. in-8. 163 fr. [4037]

Cette collection contient : Tome I. *Économistes finan-*

ciers du XVIIIe *siècle*, 2e édition ; II. *Physiocrates*, 1re et 2e part. ; III et IV. *Œuvres de Turgot ;* V et VI. *Adam Smith ;* VII et VIII. *Malthus ;* IX, X, XI et XII. *J.-B. Say* (Traité d'Economie politique cours complet, 3e édit., et Œuvres diverses) ; XIII. *Ricardo*, Œuvres complètes ; XIV et XV. *Mélanges.* Le dernier volume est terminé par la Bibliographie de tous les ouvrages renfermés dans la collection.

COLLECTION des prix que l'Académie d'architecture proposait et couronnait tous les ans. *Paris, Van Cleemputte,* gr. in-fol. fig. [10038]

Cette collection des prix de l'ancienne Académie se compose de 120 pl. qui ont paru en 20 livraisons (sous le titre de *Prix de l'Académie d'architecture depuis* 1779, gravures au trait par Prieur). Vend. 111 fr. Hurtault. (voy. Détournelle).

COLLECTION des romans grecs traduits en français, avec des notes, par MM. Courier, Larcher, et autres hellénistes, précédée d'un essai sur les romans grecs, par M. Villemain. *Paris, Merlin (impr. de J. Didot),* 1822 et ann. suiv., in-16, fig. [16971]

Cette jolie collection, qui devait former 15 vol., s'est publiée par livraisons de 2 vol. Prix de chacune, 7 fr. — Pap. vél. d'Annonay, fig. avant les n^{os}, 12 fr. — Gr. raisin vél., fig. avant la lettre, 24 fr.

Il a paru 12 vol. en 6 livraisons, savoir :

Tome I. Aventures d'amour de Parthénius et choix des Narrations de Conon, traduction nouvelle, avec des notes (par M. Romain Merlin) ; Evénements tragiques causés par l'amour, traduits de Plutarque par Ricard, précédés d'un essai sur les romans grecs par M. Villemain, 1 vol. — II à V. Amours de Théagènes et Chariclée, par Héliodore, trad. par J. Amyot, avec des notes par Courier, 4 vol. — VIII. Les pastorales de Longus, traduction complète par Courier. — IX et X. Amours de Chéréas et Callirrhoé, trad. par Larcher, 2 vol. — XI. Habrocome et Anthia, par Xénophon d'Ephèse, traduction nouvelle, 1 vol. — XII. La Luciade, ou l'âne de Lucius de Patras, trad. par Courier ; Histoire véritable de Lucien, trad. par Etienne Béquet ; Extraits des romans d'Antoine Diogène et de Jamblique, 1 vol. — XIII. Amours de Rhodante et Dosiclès, par Théodore Prodomus, traduction nouvelle, suivie de l'Eubéenne de Dion Chrysostome, publiée par Alph. Trognon, 1 vol. — XIV. Aventures d'Hysminé et Hysminias, par Eumathe Macrembolite, trad. du grec avec des remarques par Ph. Lebas, 1 vol. Les tomes VI, VII et XV n'ont pas paru. — Voy. l'article Nicetas Eugenianus.

COLLECTION of exotic plants of island of Antigoa. *London*, 1800, in-fol. fig. 30 fr. [5288]

COLLECTION of Landscapes. Voy. Lorrain (*Cl.* le).

COLLECTION (a) of old Ballads, corrected from the best and most ancient copies extant, with introductions historical and critical. *London*, 1726-38, 3 vol. in-12 avec 47 pl. [15716]

Ce recueil, dont la rédaction a été attribuée à Ambroise Phillips, est fort recherché en Angleterre, où, selon Lowndes, on l'a plusieurs fois payé de 4 à 7 liv. sterl. dans les ventes. La planche de *the Swimming Lady*, à la p. 133 du second volume, manque dans une partie des exemplaires.

Voici le titre d'une autre collection du même genre que celle qui précède :

THE BOOK of british Ballads, edited by Sam. Carter Hall. *London*, 1842-44, 2 vol. gr. in-8., avec de nombreuses vignettes en bois. — ou *London, Bohn*, 1853, en un seul vol. in-8. 1 liv. 5 sh.

COLLECTION of Poems. Voyez Select collection.

COLLECTION of Voyages and Travels, some now first printed from original manuscripts, others translated out of foreign languages and now first publish'd in english.... (by Awnsham and John Churchill). *London, J. Churchill,* 1704, 4 vol. in-fol. fig. [19823]

Première édition de la collection de Churchill, vend. 111 fr. Langlès, et quelquefois beaucoup moins. On y remarque un discours préliminaire anonyme, composé par le célèbre Locke : ce morceau curieux se trouve dans les dernières éditions anglaises des œuvres de l'auteur. Il en existe une traduction française sous le titre d'*Histoire de la navigation*, Paris, 1722, 2 vol. in-12.

Ce recueil de voyages a été réimprimé : *London, Churchill,* 1732, et aussi 1744-46, en 6 vol. in-fol., auxquels se réunissent deux autres vol. ayant pour titre :

COLLECTION of Voyages and Travels of authentic writers in our own tongue, which have not before been collected in english, published by Osborne. *London*, 1745-47, 2 vol. in-fol. fig. [19824]

Vend. les 4 vol. 128 fr. L'Héritier ; 120 fr. librairie De Bure ; et les 2 derniers vol. séparément, 68 fr. La Serna, et 80 fr. Langlès.

Il y a des exemplaires des deux recueils ci-dessus en Gr. Pap.

COLLECTION (oriental). Voyez Oriental collection.

COLLECTION royale de près de 800 magnifiques estampes, dont les planches sont à la Bibliothèque du roi de France, gravées d'après les plus habiles peintres par les meilleurs graveurs. *Amsterdam, chez Châtelain,* 8 vol. in-fol.

Vend. 305 flor. Meerman.

Il est probable que cette collection contient un tirage des planches du recueil connu sous le titre de *Cabinet du roi* (voy. Cabinet).

COLLECTION universelle de mémoires particuliers relatifs à l'histoire de France (rédigée par Perrin). *Paris*, 1785-1806, 72 vol. in-8. [23286]

Cette collection était devenue rare, et, quoiqu'elle ne fût pas terminée, elle se payait jusqu'à 400 fr. avant celles qu'ont publiées MM. Petitot et Michaud (voyez ci-dessus, col. 145 et 146) ; mais aujourd'hui le prix en est fort médiocre. Les tom. LXIII, LXIV, LXV, et LXVIII à LXX, sont les 6 prem. vol. de Brantôme ; les tomes LXXI et LXXII sont les deux premiers de la Chronologie septenaire ; et les tomes LXVI et LXVII contiennent les tables des 42 premiers tomes.

Il est très-difficile de compléter les exemplaires auxquels il manque les tomes LXIII-LXV, et les 2 vol. de tables. Il y a quelques exemplaires des tomes V-LXVII, en pap. de Hollande.

COLLENUTIUS ou Collenuccio (*Pandul-

phus). Pliniana defensio Pandulphi Collenuccii pisaurensis iurisconsulti adversus Nicolai Leoniceni accusationem. *Ferrariæ Andreas Bellfortis gallicus istud... Præstitit impressi codicis officium,* in-4. goth. de 52 ff. à 35 et 36 lig. par page. [6593]

L'ouvrage de Nic. Leonicenus *De Plinii et aliorum in medicina erroribus,* auquel répond Collenuccio, a été impr. à Ferrare, *per Laurentium de Valentia et Andream de Castro novo, socios, die* XVIII. *Decembris,* 1492, in-4. La réponse doit être de 1493, car il en est déjà question dans l'édition des *Castigationes plinianæ* d'Hermolaus Barbarus, impr. à Rome sous cette date. Ces deux opuscules sont devenus rares.

— Agenoria (sive apologus de pigris et industriosis hominibus). *Daventriæ, per Jacobum de Breda,* 1497, in-4.

Très-probablement cette édition rare n'est pas la plus ancienne que l'on ait de cet apologue. La première doit avoir paru en Italie, mais elle a échappé à l'attention des bibliographes. Panzer en cite une autre de Leipzig, 1506, in-4.
— APOLOGI quatuor : Agenoria, Misopenes, Alithia, Bombarda. *Argentorati, in ædib. Matthiæ Schurerii,* 1511, pet. in-4. de 36 ff. [16944]
Une belle édition de ces quatre apologues a été faite à Rome, en 1526, in-4. de 55 ff. (pas in-8.) en lettres italiques ; une autre à Bâle, en 1547, avec les *Colloquia de Joan. Artopœus.*

— Comedia de Jacob et de Joseph, composta dal cav. Pandolpho Collenutio da Pezaro. *Venetia, Niccolo Zoppino de Aristotile,* 1523, in-8., sig. A—K, fig. en bois. [16640]

Édition la plus ancienne connue de cette pièce : 10 sh. Heber ; 47 fr. 50 c. *mar. r.* de Soleinne. Il y en a une autre de 1525, pet. in-8. fig. en bois, par le même imprimeur, vend. 19 fr. en janvier 1829. Haym en cite une de *Venise, Alvise de Tortis,* 1547, in-8.

— Comedia dilettosa, raccolta nel Vecchio Testamento, novamente ristampata, nella quale si raggiona de Jacob et de Joseph ; en terza rima historiata. *Venetia, Matthio Pagan,* 1553 (à la fin 1554), in-8., sig. A—Iv, figures.

19 fr. 50 c. *mar. r.* de Soleinne.
Cette même pièce a encore été réimpr. à Venise, en 1554, in-8. selon la *Biblioth. pinell.* ; à Venise, en 1555, in-4. selon Haym, et à Venise, sans nom d'imprimeur, 1564, in-8. fig.

— Opera noua composta per miser Pandolpho coldonese allo illustrissimo et excellentissimo principe Hercule inclito Duca de Ferrara : intitulata Philotimo : interlocutori Berretta et Testa. (in fine): *In Venetia per Georgio Rusconi melanese ad instantia de Nicolo dito Zopino di Vincenzo suo compagno: Nel anno* M. D. XVII, *Adi ultimo del mese di Aprile,* pet. in-4. à 2 col. Sur le titre la même fig. en bois qui est sur celui de l'*Arcadia* de Sannazar, édit. de Venise, 1515. (Molini, *Operette,* p. 161.)

Une édition de Venise, *Pintio da Lecho, per N. Zop-*

pino, 1517, in-8., est portée à 22 fr. dans le catal. du marquis Costabili de Ferrare, n° 2496, où l'auteur est également nommé Pandolpho Coldonese.

Il FILOTIMO, dialogo, di M. Pandolfo Coldonese, interlocutori testa, e berretta, opera non meno ingegnosa che piacevole. *Bergamo, Ventura,* 1594, in-4.
— IL FILOTIMO, dialogo, fra la testa e la berretta, ridotto a buona lezione. *Venezia,* 1836, in-4.
Jolie réimpression donnée par Bart. Gamba, qui s'est servi de l'édition de Venise, 1517, ci-dessus, et d'une autre non moins rare, *Perugia,* 1518. Il en a été tiré des exemplaires en Gr. Pap.
Tiraboschi (VI, 2° p., page 758, édit. de Modène, 1790) cite de cet ouvrage une édit. de Venise, par *Nicolo Zoppino,* 1518. Il doute que ce *Pandolfo Coldonese* soit le même que Pandolfo Collenuccio. Ce dernier est mort le XI juillet 1504, et non en 1500, comme on le dit dans la *Biogr. universelle.* C'est probablement en date de 1517-1518 que F. Antoine Geuffroy a fait la traduction française, dont nous donnons le titre ci-dessous. Il est à remarquer que Geuffroy dit dans son épître dédicatoire qu'il a traduit cet opuscule de l'italien de *Collenuccio.* Aurait-il donc existé deux auteurs du même nom ? Cela paraît fort probable.

— Dialogue de la teste et du bonnet, trad. de l'ital. en françoys (par Ant. Geuffroy). *Paris, Chrest. Wechel,* 1543, in-4.

Vend. 12 fr. Chardin.
Ce dialogue a été réimpr. à *Lyon, Fr. Juste,* 1544, in-16, et à *Rouen, Nic. de Burges,* sans date, pet. in-8. de 20 ff. 34 fr. *mar. br.* Veinant. Paul Jove l'appelle *facetissimum ;* mais bien des gens, dit La Monnoye, sur Du Verdier, auraient peine à le trouver *facetum.*

— Compendio delle historie del regno di Napoli, composto da M. Pandolfo Collenuccio. *Venetia, Mich. Tramezzino,* 1539 (et aussi 1541), in-8. [25713]

Cet abrégé a eu du succès et il a été réimprimé plusieurs fois, avec des augmentations successives de Mambrino Roseo et de Th. Costo. Il en existe une édition de Venise, *Giunti,* 1613, en 3 vol. in-4., d'après laquelle a été faite la réimpression qui occupe les tomes 17 à 19 de la collection des Historiens de Naples (voy. RACCOLTA).
Quant à la traduct. française qu'en a donnée Denis Sauvage, sous le titre de *Sommaire des histoires du royaume de Naples,* Paris, avril 1546, in-8., c'est un livre plus rare que recherché. Il faut y réunir l'article suivant :
PARACHEVEMENT des histoires du royaume de Naples, extrait de plusieurs bons historiographes et chroniqueurs (1458-1530)... par Denis Sauvage. *Paris, Arn. l'Angelier,* 1553, in-8.
HISTOIRE du royaume de Naples, depuis l'empire d'Auguste jusqu'en 1459. *Tournon,* 1595, in-8.
10 fr. Libri, en 1857. C'est probablement la même traduction que la précédente.
— DELLA EDUCAZIONE usata da gli Antichi nell' allevare i loro figliuoli. *Pesaro,* 1836, in-8. [3884]
Cette édition, faite par les soins de Jos. Ign. Montanari, est beaucoup plus correcte que celle de Vérone, 1542, et que celle de Venise, 1533, in-8.
DESCRIPTIO seu potius summa rerum germanicarum, regionum, populorumque ac urbium, oppidorum et amnium, etc. *Romæ, Bladus,* 1546, in-4. de 12 ff. non chiffrés, sig. A.-D.

COLLERYE (*Roger* de). Les œuures de maistre roger de Collerye hõme tres sauãt natif de Paris. Secretaire feu monsieur Dauxerre, lesquelles il composa en sa ieunesse. Contenant diuerses matieres plaines de grant recreation & passetemps, desquelles la declaration est au seçõd feullet (*sic*). *On les vend a Paris en la rue neufue nostre Dame a lenseigne Faulcheur* (sic) *Auec privilege pour deux ans*, M. V. XXX. VI. (1536), pet. in-8 de 104 ff. non chiffrés, en lettres rondes, sign. A—Niiij. [13389]

Le titre porte cette marque

Petit volume rare, dont un exemplaire *mar. r.* a été vend. 24 fr. d'Hangard, en 1789; 220 fr. de Soleinne. Il est parlé de ces poésies, avec plus de détails, dans la *Biogr. universelle*, première édit., XXXVIII, p. 410.

Œuvres de Roger de Collerye, nouvelle édition, avec une préface et des notes par M. Charles d'Héricault. *Paris, P. Jannet*, 1855, in-16.

Cette bonne édition remplace très-avantageusement la précédente qui est presque introuvable. 5 fr., et en pap. fort, 10 fr. Il en a été tiré plusieurs exemplaires sur pap. de Chine.

COLLETET (*Guillaume*). L'Art poétique du sieur Colletet, où il est traité du sonnet, de l'épigramme, du poëme bucolique, de l'églogue, de la pastorale et de l'idylle, avec un discours de l'éloquence et de l'imitation des anciens, et un autre contre la traduction et la nouvelle morale. *Paris, Ant. de Sommaville*, 1658, in-12. [13160]

Cet ouvrage, assez estimé, prouve qu'en fait de poésie l'auteur a mieux réussi dans la théorie que dans la pratique. 7 fr. 75 c. Walckenaer; 12 fr. 50 c. Giraud; 15 fr. 50 c. Duplessis; *mar. r.* 24 fr. Viollet Le Duc. .

— Les Divertissements poétiques de Colle-

tet. *Paris, Rob. Estienne*, ou *Jacq. Dugast*, 1631, pet. in-8. [14005]

14 fr. Walckenaer; 16 fr. Veinant.

Il y a une seconde édition revue et augmentée, *Paris, Jacq. Dugast*, 1633, pet. in-8. 12 fr. 50 c. Bertin.

Le *Poëte ivrogne à ses amis*, *Paris, Rob. Estienne*, 1631, in-8., que l'on trouve quelquefois séparément, fait partie du recueil précédent. Guill. Colletet en avait déjà publié un autre sous ce titre : .

DÉSESPOIRS amoureux, avec quelques lettres amoureuses et poésies... *Paris, Gervais Alliot*, ou *Du Bray*, 1622, in-12.

Ces *Désespoirs amoureux* sont une traduction en prose de l'*Alexiade*, en vers lat. du P. François de Remond, jésuite de Dijon.

Il a donné depuis :

L'ILLUSTRE BUVEUR à ses amis, dernière édition revue par l'auteur, avec autres gayetez du Caresme-prenant. *Paris, Ant. Sommaville*, 1640, in-4. (déjà dans les Divertissements ci-dessus). — Autre édit. *Paris, veuve Jean Camusat*, 1642, in-4.

LE BANQUET des poëtes. *Paris, Nic. Boisset*, 1646, in-8.

Opuscule réimpr. à *Leyde*, en 1646, pet. in-12. L'auteur l'avait donné d'abord sous le titre de *Trébuchement de l'ivrogne*, à Paris, en 1627, in-8., et cette première édition présente un texte tout différent de celui des autres édit. C'est le texte primitif qui est reproduit dans les *Variétés* de M. Ed. Fournier, III, p. 125.

ÉPIGRAMMES, avec un discours de l'épigramme. *Paris, Louis Chamhoudry*, 1653, in-12 assez recherché.

POÉSIES diverses, contenant des sujets héroïques, des passions amoureuses et autres matières burlesques et enjouées. *Paris, J.-B. Loyson*, 1656, in-12. [14006] 10 fr. 50 c. Veinant.

NOUVELLE morale, contenant plusieurs quatrins moraux et sententieux. *Paris*, 1658, in-4. et in-12.

— Voy. CINQ AUTEURS.

On a souvent confondu Guil. Colletet avec François Colletet, son fils, que Boileau a représenté *crotté jusqu'à l'échine*. Ce François, qui a composé lui-même beaucoup de mauvais vers, a été l'éditeur des deux recueils suivants :

LES MUSES ILLUSTRES de MM. Malherbe, Théophile et Cie. *Paris, Chamhoudry*, ou *P. David*, pet. in-12 [13985], divisé en 4 parties, et où il a inséré un certain nombre de pièces de sa composition. 17 fr. Leprevost, en 1857.

LA MUSE COQUETTE, ou les délices de l'honneste amour et de la belle galanterie. *Paris, Loyson*, 1665-67, 4 part. in-12. La première partie avait déjà paru en 1659; la troisième et la quatrième ont pour titre : *L'Académie familière des filles, lettres et diversités folâtres de prose et de vers*.

Nous citerons encore de François Colletet :

POÉSIES galantes, amoureuses et coquettes. *Paris, J.-B. Loyson*, 1673, in-12.

NOËLS nouveaux et cantiques spirituels, composés et mis en lumière sur les plus beaux airs de cour et chants du temps, par le sieur Colletet. *Paris, Ant. de Rafflé*, 1660, in-8. [14348]

Réimpr. en 1665, in-12, en 1669, en 1675, et 5e édit., 1692, in-8.

NOËLS nouveaux et cantiques pieux et héroïques sur les plus beaux airs de l'opera qui se chantent cette présente année 1676. *Paris*, 1676, in-8.

Ce sont probablement les morceaux que l'auteur avait déjà donnés sous le titre de *Nouveau Recueil*. Paris, Rafflé, 1672, in-8.

L'ÉCOLE des muses, dans laquelle sont enseignées toutes les reigles qui concernent la poésie françoise recueillies par le sieur C. *Paris, L. Chamhoudry*, 1652, in-12. [13160]

Reproduit sous le titre de *Parnasse françois*, Paris,

Collet (*P.*). Institutiones theologiæ, 1164. — Abrégé de Pontas, 1324. — Vie de J. de La Croix, 21841. — de S. Vincent de Paule, 21925. — de Boudon, 22121. — de Victoire de Fornari, 22174.

Collet (*P.*). Notice sur S. Omér, 24266.

de Sercy, 1664, et de nouveau sous son premier titre, *Paris, de Beaujeu*, 1669, in-12.

Il a aussi publié :

NOUVEAU recueil des plus beaux énigmes de ce temps, avec leurs explications naturelles et morales. *Paris, J.-B. Loyson*, 1659, in-12. [14217]

— Voy. JUVÉNAL burlesque.

— LE MERCURE guerrier, contenant les victoires du roi dans la Hollande, dans la Flandre, dans la Franche-Comté et dans plusieurs autres provinces, avec ce qui s'est passé de plus galant dans la cour de Mgr le Dauphin (en vers et en prose). *Paris, J.-B. Loyson*, 1674, in-12.

ABRÉGÉ des antiquités de la ville de Paris, contenant les choses les plus remarquables tant anciennes que modernes. *Paris, J. Guignard*, ou *Pepingé*, 1664, pet. in-12. [24126]

Cet ouvrage est de François Colletet. Il faut y joindre l'*Abrégé des Annales de Paris*, du même auteur, pet. in-12, impr. également en 1664. Les deux vol. 9 fr.

On a publié depuis sous le nom du même Colletet :

LA VILLE DE PARIS, contenant le nom des rues, de ses faux-bourgs, églises, monastères, colléges, palais, hôtels, etc. *Paris, Ant. Rafflé*, 1689, in-12. 19 fr. Walckenaer.

Fr. Colletet a donné le commencement d'un *Journal des avis et des affaires de Paris*, contenant ce qui s'y passe tous les jours de plus considérable pour le bien public. *Paris, au Bureau des journaux, etc.*, 1676, in-4, lequel malheureusement n'a pas été continué.

— Traité des langues étrangères. Voy. le n° 10514.

COLLETTANEE greche. Voy. ACHILLINI.

COLLEZIONE delle migliori poesie scritte in dialetto veneziano. *Venezia*, 1817 e seg. 14 vol. in-18. 28 fr. [15026]

— Delle migliori opere scritte in dialetto milanese. *Milano, Giov. Pirotta*, 1816, 12 vol. in-18. 27 fr. [15024]

— Di tutti i poemi in lingua napoletana. *Napoli*, 1783, 28 vol. in-12. 54 fr. [15033]

Ces trois recueils sont fort recherchés.

COLLEZIONE dei principali classici italiani. *Pisa, società letteraria*, 1804-16, 22 vol. in-fol.

Collection fort bien imprimée et qui n'a été tirée qu'à 250 exempl. dont un petit nombre en pap. vélin, et un seul sur VÉLIN. Une partie des exempl. portent le nom du souscripteur et un n° d'ordre.

Voici de quels ouvrages se compose cette collection : La Divina comedia di Dante, 4 vol. (le 4e contient les notes).—Le Rime di Petrarca, 2 vol. — Orlando furioso, 5 vol. — Le Satire di Ariosto, 1 vol. — La Gerusalemme liberata, 2 vol.—Aminta di Tasso, un demi-vol. — Le Stanze di Poliziano, un demi-vol. — La Secchia rapita, 1 vol.— Bacco in Toscana de Redi, un demi-vol.— Il Decamerone di Boccacio, 4 vol.

Le prix des 22 vol., qui était originairement de 900 fr., est réduit à bien peu de chose aujourd'hui, car ces grandes éditions de luxe ne se placent plus dans les cabinets des curieux. En face du frontispice des premiers vol. de Dante, Pétrarque, Arioste, Tasse et Boccace doivent se trouver les portraits de ces

auteurs, gravés par Morghen, et au Politien, son portrait par Bettelini.

COLLIER (*J.* Payne). The History of english dramatic poetry, to the time of Shakspeare, and annals of the stage to the restoration. *London, Murray*, 1831, 3 vol. pet. in-8. 31 sh. 6 d. [16246]

Cet ouvrage est plutôt une suite de dissertations historiques qu'une histoire proprement dite; néanmoins il a de l'intérêt pour les personnes qui s'occupent de l'ancien théâtre anglais.

— A Catalogue bibliographical and critical of early english literature, forming a portion of the library at Bridge-water House, the property of the Rt. Hon. lord Francis Egerton. *London*, 1837, in-4.

Privately printed. 6 liv. 16 sh. 6 d. vente Sotheby, en 1857.

A BOOK of Roxburghe ballade, edited by Payne Collier. *London, Longman, etc.*, 1847, in-4. de xxvj et 340 pp. fig. 12 sh. [15717]

Choix des plus curieuses ballades de l'Angleterre.

SHAKESPEARE library : a collection of the romances, novels, poems and histories used by Shakespeare as the fundation of his Drama. *London*, 1843. 2 vol. in-8. 1 liv. 1 sh.

— Poetical Decameron, 15700.

COLLIETTE (*Louis-Paul*). Mémoires pour servir à l'histoire ecclésiastique, civile et militaire de la province de Vermandois. *Cambray, Sam. Berthoud*, et *Paris, Saillant*, 1771-72, 3 vol. in-4. [24223]

Vend. 21 fr. Boulard ; 40 fr. Hérisson. A la fin du 3e volume doit se trouver le *Pouillé du diocèse de Noyon*, sous la date de 1773.

COLLIN d'Harleville (*J.-F.*). OEuvres complètes, nouvelle édition, enrichie d'une notice sur la vie et les écrits de l'auteur, par M. Andrieux. *Paris, Janet et Cotelle* (*impr. de P. Didot l'aîné*), 1821, 4 vol. in-8. portr. 16 fr. — Pap. vél. 30 fr. [16528]

Réimpr. avec une autre notice sur l'auteur par M. Doublet de Boisthibault, *Paris, Delongchamps*, 1828, 4 vol. in-8. portr. et fac-simile. L'édit. de Paris, *Ménard et Desenne*, 1821, 4 vol. in-18 et in-12, pap. ord. et pap. vél., avec 9 fig., est moins complète que les deux précédentes, qui elles-mêmes ne le sont pas entièrement. Nous citerons encore les *Chefs-d'œuvre dramatiques* de Collin d'Harleville. *Paris, Brissot-Thivars*, 1826, 3 vol. gr. in-32, portr.

COLLINI (*Lorenzo*). Codice del gius delle genti in terra e in mare. *Firenze*, 1806, gr. in-fol. pap. vél. [2368]

Tiré à vingt-cinq exemplaires numérotés. (*Catal. d'un amateur*, I, 133).

Les *Orazioni civili e criminali*, de Lor. Collini, ont paru à Florence, chez Conti, 1824-25, en 5 vol. in-8. [12213]

COLLINS (*J.*). Commercium epistolicum J. Collins et aliorum de analysi promota, etc., ou correspondance de J. Collins et d'autres savants célèbres du XVIIe siècle, relative à l'analyse supérieure, réimprimée sur l'édition originale de 1712, avec l'indication des variantes de l'édition de 1722, complétée par une collection de pièces justificatives et de documents, et publiée par J.-B. Biot et F. Lefort. *Paris, Mallet-Bachelier*, 1856, in-4. 15 fr. [7914]

— Voy. DISCOURS sur la liberté de penser.

COLLINS (*Arthur*). Peerage of England, genealogical, biographical and historical; greatly augmented, and continued to the present time, by sir Egerton Brydges. *London*, 1812, 9 vol. in-8. 4 liv. 4 sh. [28932]

Dernière édition de cet ouvrage estimé. La première, en 2 tomes en 3 vol. in-8., a paru de 1709 à 1711; ensuite l'ouvrage a été refait sur un plan plus étendu. *London*, 1735, 3 tom. en 4 vol. in-8. L'avant-dernière, qui est la cinquième de la seconde rédaction, est de Londres, 1779, en 8 vol. in-8. Barak Longmate en fut l'éditeur et y ajouta un supplément en 1784. N'oublions pas de citer ici : *The english baronetage, containing a genealogical and historical account of all the english baronets now existing*, London, 1741, 5 vol. in-4.) [28932] Il paraît que cet ouvrage est aussi d'Arthur Collins, quoiqu'on l'ait attribué à Th. Wotton, qui l'a publié, comme l'a reconnu Lowndes lui-même à son article *Wotton*.

COLLINS (*Will.*). Poetical works, with the life of the author by Dr Johnson; observations on his writings by Dr Langhorne; and biographical and critical notes by the rev. Alex. Dyce. *London*, 1827, pet. in-8. 8 sh. [15822]

Bonne édition d'un des plus intéressants des petits poètes anglais.

Nous citerons encore la jolie édit. de Londres, *Bensley*, 1800, pet. in-8. avec fig.; — celle de Londres, 1804, in-8. avec le commentaire de Langhorne, et des gravures d'après R. Westall; il en a été tiré quelques exemplaires en Gr. Pap.; — celle d'Oxford, 1828, in-12, et celles de Londres, 1830 et 1858, in-12.

COLLINSON (*John*). History and antiquities of the county of Somerset, collected from authentick records, and an actual survey made by Edm. Rack. *Bath*, 1791, 3 vol. in-4. 4 à 5 liv. [27289]

Il a été tiré douze exempl. en Gr. Pap.: 31 liv. 10 sh. Sykes; 21 liv. 10 sh. Dent.

Collins (*Ant.*). Esprit du judaïsme, 2225. — L'Ame, 3609.
Collins (*Arth.*). Histor. collection, 28937.
Collins (*Dav.*). New South-Wales, 28328.
Collins (*W.*), painter. Life and correspondence, 31094.

— Life of Thuanus, 20590.

COLLIUS (*Fr.*). De Sanguine Christi lib. V. *Mediolani, e collegii ambros. typographia*, 1617, in-4. [1230]

Cet ouvrage assez rare, et qui valait autrefois de 40 à 50 fr., n'a été vendu que de 10 à 15 fr. chez Saint-Céran, Mérigot, Méon, et 3 fr. Librairie De Bure.

— DE ANIMABUS paganorum libri V, cum altera parte quæ lib. IV constat. *Mediol.*, 1622-23, 2 vol. in-4. [1237]

Cette édition originale est rare, et valait autrefois de 48 à 72 fr.; mais elle n'a été vend. que de 18 à 27 fr. chez Saint-Céran, Bonnier, etc.

La réimpression de 1738 est encore moins chère : 12 fr. Lamy; 6 fr. Librairie De Bure.

COLLOQUE (le) amoureux, ou dialogues familiers, où est remarqué l'astuce et la finesse des garçons et la fragilité des filles (en vers). *Cologne (Hollande)*, 1670, pet. in-12. [14241]

Vend. 9 fr. Duquesnoy, et plus cher depuis.

COLLOQUE de Poissy. Voy. AMPLE discours.

COLLOQUE des trois suppôts de la coquille. Voy. RECUEIL fait au vray.

COLLOQUE familier. Voy. DU CLERC.

COLLOQUES chrestiens de trois personnes, assavoir entre ung apprins de Dieu, ung apprins de la Bible, et ung apprins de sophisterie. (*sans lieu*), 1548, pet. in-8. [2170]

Un exempl. en mar. bl. 12 fr. Laire.

COLMAN (*W.*). La Dance macabre, or Death's Duell, by W. C. *London*, 1633, in-12 de 73 pp. [15785]

Poème moral avec un frontispice gravé par T. Cecil, et une épître dédicatoire à la reine Henriette-Marie; en français. 7 liv. 15 sh. Reed; 2 liv. 11 sh. Heber; 11 liv. Sotheby en 1856.

COLMENAR (*Alvarez* de). Voyez ALVAREZ.

COLMENARES (*Diego* de). Historia de la insigne ciudad de Segovia y compendio de la historia de Castilla. *Madrid, Diego Diez*, 1640, in-fol. fig. [26140]

Cette édition dont le titre porte : *en esta segunda impresion sale añadido un indice general de la historia y las vidas, y escritos de los escritores segovianos*, est la même que celle de *Segovie, Diego Diez*, 1637. Le libraire s'étant établi à Madrid, ajouta à l'ouvrage un suppl. pag. 655 à 828, et en

Collinus (*Jo.*). Lemovici illustres, 30567.
Collombet (*F.-J.*). Histoire de la suppression des Jésuites, 21881. — de saint Jérôme, 22193. — sur les historiens lyonnais, 24596. — Hist. des lettres latines, 30051. — de Chateaubriand, 30653.
Collot. Vérités de la religion, 1390. — Esprit de S. François, 1568.
Collot (*Victor.*). Voyage dans l'Amérique septentrionale, 21053.
Collucci (*B.*). De discordiis Florentinorum liber, 25525.
Colman (*G.*). Works, 10906.

renouvela le frontispice. Les exempl. ainsi complets sont les plus rares et les plus recherchés. Salvá en estime un 2 liv. 12 sh. 6 d. Ceux de 1637, 11 fr. La Serna; 9 flor. 50 c. Meerman.

COLMENERO de Ledesma (*Antonio*). Tratado de la naturaleza y calida del chocolate, dividido en quatro puntos. *Madrid*, *Fr. Martinez*, 1631, in-4. [7072]

Ce traité est encore assez recherché. Il y en a une traduction française sous ce titre :

Du CHOCOLATE, discours curieux, divisé en quatre parties, par Ant. Colmenero de Ledesma, médecin et chirurgien de la ville de Eija de l'Andalousie, trad. de l'espagnol en françois, et esclaircy de quelques annotations, par René Moreau ; plus est adjousté un dialogue (de Barth. Maçradon) touchant le même chocolate. *Paris*, *Séb. Cramoisy*, 1643, in-4. 10 fr. de Jussieu.

Cette traduction est reproduite à la suite du volume intitulé : *De l'Usage du café, du thé et du chocolate*, trad. du latin (de Jac. Spon). *Lyon, Girin*, 1671, in-12.

L'opuscule de Colmenero a été trad. en latin sous le titre de *Chocolata inda, Norimbergæ*, 1644, in-12, par Marc-Aur. Séverin ; en italien, sous celui *Della Ciccolata, Venezia*, 1678 (aussi *Bologne*, 1694), in-12 ; et en anglais, par le capit. James Wadsworth. *London*, 1652, in-12.

COLOMA (D. *Juan*). Decada de la passion de nuestro redemptor Jesu Christo... con otra obra intitulada cantico de su gloriosa resurreccion. *Caller, por Vincencio Sembenino*, 1576, pet. in-8. fig. sur cuivre. [15149]

Ces poésies, impr. à Cagliari, capitale de la Sardaigne, sont rares. Cotton les cite comme le plus ancien livre publié dans cette île, dans laquelle pourtant on imprimait déjà en 1574 (voy. FORTUNATUS) : 13 sh. et 9 sh. Heber ; 40 fr. Libri ; elles se composent de 8 ff. prél. et de 166 ff. chiffrés. Entre les ff. 149 et 152 il y en a trois tout blancs.

COLOMB ou Columb (*Christ.*).Voyez CoLUMBUS.

COLOMBO (Abate *Michele*). Opuscoli. *Parma, Paganino*, 1824-37, 5 vol. pet. in-8. portr. 24 fr. et plus en Gr. Pap. [19258]

Le 5e vol. doit contenir un appendice.

Les *Opere varie* du même auteur, *Milano, Silvestri*, 1824, gr. in-16, portr., coûtent 4 fr. 50 c.

— CATALOGO di alcune opere scientifiche le quali quantunque non citate nel vocabolario della Crusca meritano per conto della lingua qualche considerazione. *Milano, Mussi*, 1812, in-8. 4 fr., et plus cher en Gr. Pap. [31660]

Une seconde édition de cet ouvrage fait partie du 4e vol. des *Opuscoli* de l'auteur.

THE CORDELIER metamorphosed, by Mich. Colombo, and the Cordelier cheval of Piron, with a translation in prose and verse by M. Hibbert. *Lond.*, 1821, in-4., avec des grav. en bois sur pap. de Chine, d'après les dessins de Cruikshank. Imprimé pour le traducteur et tiré à petit nombre. Vend. 2 liv. 8 sh. Lang.

— FRAMMENTO di un novelliero antico. *Oderzo*, 1809, in-8. [17501]

Cette édition a été impr. à Vérone (et non à *Oderzo*) par les soins de Guil.-Bern. Tomitano, et il n'en a été tiré que 40 exemplaires, dont plusieurs *in carta cerulea*. L'abbé Michel Colombo, auteur anonyme de ces fragments, a voulu les faire passer pour une production du XIIIe siècle. Déjà ce malin abbé avait cherché à mystifier son ami, le comte Borromeo, en lui donnant, comme l'ouvrage de *Giambatista Amalteo*, poëte du XVIe siècle, sa *Novella di una marioleria di Franceschini da Noventa*, que le trop crédule comte a fait imprimer sous le nom d'Amalteo, à la p. 109 de la première édition de la *Notizia de' novellieri italiani*, mais qui depuis a été insérée dans les œuvres de Colombo, publiées à Parme en 1824.

— L'ASINO mutato in frate, novella. *Omale*, 1810, in-8. C'est à Venise, en 1822, qu'a été impr. cette charmante nouvelle de Colombo, de laquelle il ne fut tiré alors que 31 exemplaires sur divers papiers, deux sur VÉLIN, et un seul sur d'ancien papier du Japon. *Omale* est le nom d'une délicieuse villa qu'habitait le marquis Gio.-Giacomo Trivulzio ; M. Gamba le fit mettre sur le titre de cet opuscule, comme par représaille, parce que le comte Trivulzio venait de donner à Milan, dans cette même année 1822, une édition des *Novellette di Luigi Lollino*, sous la date de *Bassano* (séjour de Gamba), 1800.

L'*Asino mutato* a été réimpr. à Trévise, en 1822, sous ce titre : *Di una beffa che fece un romito, etc.*, et ensuite autre part, mais avec de grands changements qu'y fit l'auteur lui-même pour en faire disparaître les gravelures.

Nous citerons encore la *Novella di Agnolo Piccione*, Parma, Paganino, 1821, pet. in-4., autre production de Colombo, de laquelle il n'a été tiré qu'un petit nombre d'exemplaires, soit en pap. blanc, soit en pap. azuré, mais qui a été réimpr. avec les autres opuscules de l'auteur. (Gamba, *Bibliografia*, 2e édit., page 221.)

COLOMNA (*P. Alph.* Livin de). Voy. GÉNÉALOGIE.

COLONI (*J.-Marie*), piémontais. Les présages généraux et particuliers, selon les quatre révolutions de l'an 1574. *Lyon* et *Paris*, in-16.

La Croix du Maine nous apprend que l'auteur de ces présages florissait à Romans en Dauphiné en 1576, et il cite de lui Almanach et présage pour l'an 1577, *Rouen*, audit an. Le même Coloni a rédigé un *Almanach* pour l'an 1578, *Paris*, *J. de Lastre* (1577), in-12, catal. d'Aug. Veinant de 1860, n° 181, où est ensuite annoncé :

ALMANACH pour l'an de grâce 1580, avec la prognostication composée par Marc Colony, médecin à Grenoble. *Paris, J. de Lastre* (1579), in-16.

COLONNA marchesana di Pescara (*Vittoria*). Le sue rime spirituali, alle quali di nuovo sono stati aggiunti più di trenta sonetti. *Venegia, Vinc. Valgrisi*, 1548, in-4. 8 à 12 fr. [14536]

Belle édition, qui contient divers sonnets que ne reproduit pas celle de 1558. Les poésies de cette femme célèbre sont estimées ; elles parurent d'abord à *Parme*, 1538 ; in-8., mais cette première édition n'est point complète. Celles de 1539, sans nom de ville ni d'imprimeur ; de Florence, 1539 ; de Venise, Comin da Trino, 1540 et 1544, in-8., ont reçu successivement des augmentations.

RIME della medesima, corrette da Lod. Dolce. *Vinegia, Giolito*, 1552 et 1559, pet. in-8. 5 à 6 fr.

TUTTE le sue rime, con l'espositione del Rinaldo Corso, mandate in luce da Girol. Ruscelli. *Venetia*, 1558, in-8. 5 à 6 fr.

Réimpr. à Naples, en 1692, en 2 vol. in-12.

RIME, corrette ed illustrate, colla vita di Vitt. Colonna, scritta da Gio.-Bat. Rota. *Bergamo, Lancellotti*, 1760, in-8.

LE RIME di Vittoria Colonna, corrette sui testi a penna, e publicate con la vita della medesima, dal cav. Pio Ercole Visconti, si aggiungono le poesie ommesse nelle preced. edizione e le inedite. *Roma, tipografia Salviucci*, 1840, gr. in-8. de CXLVIII et 472 pp. avec 3 pl. Pap. vél.

Belle édition impr. pour faire des cadeaux à l'occasion des noces d'Alex. Torlonia et Thérèse Colonna, 22 fr. 50 c. Louis-Philippe.

—Disprezamento del mondo. Voy. à la fin de l'article LOTHARIUS.

COLONNA (*Fr.*). Voy. POLIPHILE.

COLONNE (*Guido Guidice,* dalle). Voyez COLUMNA, ci-après, col. 169.

COLONNE de la Grande Armée. Voyez BALTARD.

COLONY. Chrestienne récréation de Jean Denis de Cecier, dit Colony, Gexien. *Berne, J. Levrun*, 1601, in-8. [13903]

Opuscule contenant vingt-six sonnets et des psaumes. On a du même auteur :

LA MORT ou le grand et dernier sommeil des humains. (*sans lieu ni date*), in-8. en cent sixains.

LE CAVALIER françois, 1601, in-8.

Songe poétique dans lequel l'auteur, quoique calviniste, approuve la conversion d'Henri IV.

Ces trois opuscules se trouvent réunis en un seul volume.

LE TEMPLE de loisir, ou recueil des œuvres chrestiennes de J.-D. Colony, in-12 (La Vallicre-Nyon, 15348).

COLORIBUS (de) libellus. Voy. ARISTOTELES.

COLORNI (*Abram*). Scotographia, overo scienza di scrivere oscuro. *Praga, G. Sciuman*, 1593, in-4. obl. avec figures. [9060]

Méthode pour écrire en chiffres, composée par un juif de Mantoue. (Graesse, *Trésor*, II, p. 227.)

COLSTON (*Marianne*). Journal of a tour

in France, Switzerland and Italy, during the years 1819, 20 and 21, illustrated by fifty lithographic prints. *Paris, Galignani*, 1822, 2 vol. in-8. 15 fr. et avec l'atlas in-fol., 40 à 50 fr. [20091]

COLUCCI (*Jos.*). Le antichità picene. *Fermo*, 1786-97, 31 vol. in-fol. figures. [25670]

Cet ouvrage volumineux a coûté 500 fr. br. Les 15 premiers vol. sont consacrés aux temps anciens ; les 16 autres au moyen âge et aux bas siècles ; les planches des 15 premiers tom. forment un vol. séparé. Vend. 250 fr. Millin ; en 30 vol., 299 fr. en 1840.

Joseph Colucci a préludé à la publication de son grand travail par plusieurs dissertations analogues au même sujet. Voy. les n°s 25671 et 72 de notre table méthodique.

COLUMBAIN (*Anthoine*). Sommaire forme de procéder extraordinairement ès causes criminelles ; corrigé oultre la précédente impression. *Paris, Jehan Andre* (aussi *Denis Janot*), 1536, in-16 goth. [2807]

Petit livre en 250 articles, curieux pour l'histoire du droit criminel. Du Verdier cite une édition de Lyon, *sans nom d'imprimeur*, 1533, in-16, et il nomme l'auteur Columban.

COLUMBI. Confession generale auec certaines regles au commencement tres utiles : tant a confesseur que a penitens. Composee par frere Jehan Columbi. — Directoire de ceulx... en l'article de la mort. *Imprim. a Lyon par Claude Nourry* (sans date), pet. in-8. goth. de 32 ff. avec fig. en bois. [1321]

Cette édition est rare (40 fr. m. r. Veinant), mais celle d'*Avignon, par Jean de Channey*, 1517, pet. in-8., citée par Du Verdier, l'est encore davantage.

COLUMBI (*Realdi*), Cremonensis, in almo gymnasio romano anatomici celeberrimi, de re anatomica libri XV. *Venetiis, Nicolaus Bevilacqua*, 1559, in-fol. [6678]

Recherché à cause du titre qui est orné d'une belle planche sur bois représentant une dissection. 19 fr. 50 c. Riva.

COLUMBRE. Incomincia il Libro de Maistro Augustino Columbre maneschalcho de Sancto Seuero Dedicato al re Ferdinado de Ragona. (in fine): *Finisse lopera de Manuschansia.., Stampata in Venesia per Gulielmo de Fontaneto de Mõferra ad instantia de Hieronymo de Gilberti da Padoa e Zuane Bresano compagni. del M. D. 18, Adi 2 del mese de Octobrio*, in-4., signat. A et a—g. [7736]

Volume très-rare qui n'a pourtant été vendu que 4 fr. 75 c. Huzard.

---

héimpr. *Venetia, per Nic. da Sabio*, 1536, pet. in-8.; dans la même ville en 1547 et 1561, in-8., et encore en 1622, in-4.

COLUMBUS (*Jo.*). Voy. INCERTI scriptoris fabulæ.

COLUMBUS (*Christoforus*). De Jnsulis inuentis | Epistola Cristoferi Colom (cui etas nostra | multū debet : de Jnsulis in mari Jndico nup | inuētis. Ad quas perquirendas octauo antea | mense : auspicijs et ere Jnuictissimi Fernandi | Hispaniarum Regis missus fuerat) ad Mag-| nificum dm̄ Raphaelȝ Sanxis : eiusde sere- | nissimi Regis Thesaurariū missa. quam nobi | lis ac litterat' vir Aliander d̄ Cosco : ab His- | pano ydeomate (*sic*) in latinū conuertit : tercio kl's | Maij .M. cccc. xciij. Pontificatus Alexandri | Sexti Anno Primo. (*absque nota*), pet. in-8. goth. de 10 ff., à 26 et 27 lig. par page, fig. en bois. [20939]

Opuscule fort rare, et certainement une des plus anciennes éditions que l'on connaisse de la première lettre de ce célèbre navigateur ; on suppose qu'elle a été impr. vers la fin de l'année 1493. Vend. 97 fr. 2ᵉ vente Heber, à Paris, et serait beaucoup plus chère aujourd'hui, car on n'en connaît que trois exemplaires, y compris celui de M. Grenville dont le dernier f. est en fac-simile, et celui de la bibliothèque de Milan qui reste incomplet du 10ᵉ feuillet. Quant à la réimpression *fac-simile* publiée à *Paris, chez Franck,* en 1858, elle n'a que 8 ff. L'original le recto du prem. f. porte les mots *Regnū Hyspanie,* avec les armes de Castille : au verso se voit une planche en bois (*Oceana classis*). Au 2ᵉ f. commence *De Jnsulis inuentis. Epistola Christof. Colon.,* traduction datée *Kl. maii M.cccc.xciij ,* et où sont placées quatre vignettes en bois. Le dern. f. contient, au recto, une figure représentant Ferdinand, roi d'Espagne (*Fernādȝ rex*) ; au verso le mot *Granata,* avec les armes de cette ville, dans lesquelles le nom d'Isabelle est joint à celui de Ferdinand. C'est, nous le croyons, la même que celle qui est décrite par Hain sous le nº 5491 de son *Repertorium,* d'après un exemplaire réduit à huit feuillets parce que le premier et le dernier y manquaient. En en jugeant seulement d'après les armes qui sont au verso du dernier f., on pourrait supposer que ce précieux in-8. a été impr. à Grenade, mais cette conjecture serait fort hasardée, car les mêmes armes se trouvent dans l'édit. in-4. impr. à Bâle en 1494 (voy. VERARDUS).

EPISTOLA Christofori Colom : cui ętas nostra multū debet : de|Jnsulis Jndię supra Gangem nuper inuentis. Ad quas perqui | rendas octauo antea mense auspicijs ɀ ęre inuictissimi Fernan | di Hispaniarum Regis missus fuerat : ad Magnificum dnm Ra | phaelem Sanxis : eiusdem serenissimi Regis Tesaurariū missa : | quam nobilis ac litteratus vir Aliander de Cosco ab Hispano | ideomate in latinum conuertit : tertio kal's maiz. M. cccc. xciij. | Pontificatus Alexandri Sexti Anno Primo. (*absque nota*), in-4. goth. de 4 ff., à 34 lig. dans la page pleine.

D'après la forme de ses caractères, cette édition paraît avoir été impr. à Rome par Etienne Planck, vers 1493, et un peu avant la suivante, où figure le nom d'Isabelle. M. Lenox en cite trois exempl. On en a payé un 20 liv. sterl. à la vente Sykes, 3ᵉ part., nº 234.

— CHRISTOPHORI Columbi epistola, in-4.

Édition également impr. vers 1493, sans lieu ni date,

en caractères goth., qui paraissent aussi être ceux d'Etienne Planck, et elle n'a que 4 ff., dont les pages entières portent 33 lig. Le titre est ainsi conçu :

Epistola Christofori Colom : cui etas nostra multū debet : de | Jnsulis Jndie supra Gangem nuper inuētis. Ad quas perqren | das octauo antea mense auspiciis ɀ ere inuictissemoɀ (sic) Fernādi ɀ | Helisabet Hispaniaɀ Regū missus fuerat : ad magnificum dm̄ | Gabrielem Sanchis eorundē serenissimoɀ Regum Tesaurariū | missa : quā nobilis ac litteratus vir Leander de Cosco ab Hispa | no idiomate in latinum cōuertit tertio kal's Maii. M. cccc. xciij. | Pontificatus Alexandri Sexti Anno primo.

On lit sur l'avant-dernière page : *Ulisbone pridie Idus Martii Christophorus Colom Oceane classis perfectus,* et sur la dernière page : *Epigramma R. L. de Corbaria Episcopi Montispalusii : ad invictissimum regem hispaniarum,* en huit vers.

Vend. 20 liv. Conde, à Londres, en 1824 ; 10 liv. 15 sh. Heber ; 380 fr. à Paris en 1859.

Une quatrième édition, in-4., de cette même lettre, à peu près sous le même titre que celle qui est décrite ici la troisième, et où se lisent également les noms de Ferdinand et Isabelle, porte, au verso du 3ᵉ f., à la suite de l'épigramme de L. de Corbaria, la souscription suivante en une seule ligne :

Impressit Rome Eucharius Argenteus Anno dñi .M.cccexciij. Elle n'a que 3 ff. à 40 lig. par page, en caract. goth., plus un f. blanc. Un exempl. en a été payé 34 liv. 13 sh. à la vente Conde.

Un volume, qui réunissait deux des éditions in-4., sans date, que nous venons de décrire, et l'édition de 1494, qui se trouve impr. à la suite d'une pièce lat. de Ch. Verard (voy. VERARDUS), a été vendu 36 liv. 4 sh. 6 d. Hanrott.

— Epistola de insulis de | nouo repertis. Impressa | parisius in cāpo gaillardi. (*absque anno*), pet. in-4 goth. de 4 ff. à 39 lignes sur les pages entières.

Édition impr. par Guy Marchand vers 1494. Le recto du premier f. contient le titre ci-dessus imprimé en grosses lettres, et le verso l'épigramme latine en huit vers de R.-L. de Corbaria ; au-dessous se voit une vignette en bois dont M. Lenox a donné le fac-simile à la p. xlvi. de l'Appendice B. de sa belle édition de Nic. Syllacius. Le recto du 2ᵉ f. présente le même titre que les éditions romaines ci-dessus, en huit lignes et avec le nom de Ferdinand, sans celui d'Isabelle. L'exempl. qui a passé de M. Ternaux à M. John Carter Brown est jusqu'ici le seul connu.

Autre édition pet. in-4. de 4 ff. et à 39 lig. par page, impr. avec les mêmes caractères goth. Le premier f. verso porte ce titre en deux lignes, dont la première est en gros caractères : *Epistola de insulis noui ‖ ter repertis jmpressa parisius in campo gaillardi,* et au-dessous la marque de Guy Marchand. Le verso de ce titre et les trois feuillets qui l'accompagnent se rapportent à l'édit. précédente, excepté la fin de la souscription, où les mots : *Christoforus Colom Oceane classis Prefectus* ont été omis. Le titre de la lettre y est également en huit lignes et sans le nom d'Isabelle.

— Questa e la hystoria della inuentiōe delle diese Jsole di Cannaria Jn|diane extracte duna epistola di Christofano colombo ɀ per messer Giu | liano Dati traducta de latino in uersi uulgari a laude e gloria della cele | stiale corte ɀ a consolacione della christiana religiōe ɀ apreghiera del ma | gnifico Caualier miser Giouanfilippo Delignamine domestico familia | re dello sacratissimo Re di spagna Christianissimo a di xxy. doctobre. | M. cccc.

lxxxxiii. (à la fin) : Fjnjs. | *Joannes dictus Florentinus*, in-4. de 4 ff. à 2 col. caract. demi-goth.

Traduction en vers italiens de la première lettre de Christophe Colomb. Il en existe deux éditions, qui ont paru simultanément à Florence en 1493, l'une en caractères goth., à la date du 25 octobre, l'autre en caractères romains, sous celle du 26 octobre. Ces deux édit. sont également rares, car jusqu'ici on ne connaît qu'un seul exemplaire de chacune d'elles ; encore de la première ne reste-t-il que le premier et le quatrième feuillet, lesquels sont portés dans le catalogue du marquis Costabili (Bologne, 1858), p. 208, n. 2365, et ont été achetés au prix de 36 fr. seulement pour le British Museum. Voici le titre et la description de la seconde d'après l'exemplaire que M. Libri nous a communiqué pendant l'impression de la 4ᵉ édition de notre Manuel, et qui depuis a fait partie de la vente faite pour son compte à Paris en 1847, et a été acquis au prix de 1700 fr. pour le British Museum.

LALETTERA dellisole che ha trouato nuouamente il Re dispagna. — *Finita lastoria della iuĕtione del | le nuoue isole dicānaria ĩdiane trac | te duna pistola dixpofano colŏbo & | p messer Giuliano dati tradocta di la | tino ĩ uersi uulgari allaude della ce | lestiale corte & aconsolatione della | christiana religione & apghiera del | magnifico caualiere messer Giouā | filippo del ignamine domestico fa | miliare dello illustrissimo Re dispa | gna xp̃ianissimo a di.x.xvi. docto | bre 14.93. | Florentie*, in-4. de 4 ff. à 2 col. caract. romains.

Cet opuscule contient 68 octaves en tout ; il commence au verso du premier f., dont le recto donne le titre ci-dessus en une seule ligne, au-dessus d'une gravure en bois représentant l'arrivée de la flotte espagnole. Au bas de la 2ᵉ col. du dernier f. verso se lit la souscription rapportée ci-dessus. Il est à remarquer que ces deux éditions diffèrent entre elles non-seulement dans l'orthographe des mots, mais encore dans certains passages du texte, ainsi qu'on peut le voir par cette citation des deux premiers vers :

Édition en caractères gothiques :

*L'o͞ipotente idio ch'l tutto regge ,
mi presti gr̃a chi possa cantare.*

Édition en lettres romaines :

*Omnipotĕte idio ch tucto regge
donami gratia chio possa cālare.*

— Eyn schön hübsch lesen von etlichen inszlen | die do in kurtzen zyten funden synd durch dē | künig von hispania. vnd sagt vō grossen wun | derlichen dingen die in deselbē inszlen synd. (à la fin) : *Getruckt zu strassburg vff gruneck vō meister Bartlomesz | küstler ym iar M. cccc. xcvij. vff sant Jeronymus tag*, in-4. de 8 ff. à 30 lig. par page.

Cette édition, de la traduction allemande de la première lettre de Christ. Colomb est très-rare. Un exemplaire, réuni à la traduction allemande de la première lettre d'Améric Vespuce, édit. de Strasbourg, 1505, s'est vendu. 100 fr. Heber, à Paris ; 170 flor. Butsch, en 1858. La fig. en bois qui se voit sur le titre est répétée au verso du 7ᵉ f. ; le 8ᵉ f. est blanc.

— EIN SCHÖNE| newe Zeytung so Kayserlich |Mayestet ausz India yetz | nemlich zükommen seind | Gar hüpsch vō den Newen | synseln vund von yhrem sytten gar kurtzweylig zü leesen. (*sans lieu ni date*), in-4.

Opuscule de 8 ff. à 35 lig. par page, contenant une relation très-abrégée des voyages de Colomb et de la conquête du Mexique, laquelle relation va jus-

qu'en 1519. Le recto du premier f. présente le titre ci-dessus entouré d'une jolie bordure gr. sur bois, et accompagné de l'aigle à deux têtes. A la fin se voit une figure ou cul-de-lampe représentant une pomme de pin, armes de la ville d'Augsbourg ; ce qui peut faire supposer que l'édition ici décrite a été imprimée dans cette ville par Sigismond Grimm, et, à ce que l'on croit, vers 1522 (Lenox, Appendix, p. 57). La version lat. de la prem. lettre de Colomb fait partie d'un recueil in-fol. publié à Bâle, en 1533, sous ce titre : *Bellum Christianorum principum, præcipue Gallorum contra Saracenos anno salutis 1088, pro terra sancta gestum, auctore Roberto monacho, etc.* (Panzer, VI, 296, n° 937). Elle se trouve aussi dans *And. Schotti Hispania illustr.*, II, 1282, etc.

Second voyage de Christophe Colomb.

Ce navigateur ne nous a pas laissé de relation de son second voyage, mais on a celle de deux de ses contemporains. La première est une lettre espagnole du Dᵣ Chanca, laquelle a été publiée par Navarrete (*Coleccion de los viages...*) d'après un manuscrit appartenant à la *Real Academia de la Historia* de Madrid, et traduit en anglais par M. Major (voy. ci-dessous, col. 168).

La seconde fut écrite par Nicolas Syllacius, médecin et astronome, d'après des documents curieux dont il venait d'avoir communication en Espagne. Nous donnons ici le titre et la description.

— De insulis meridiani atq͛ indici maris nuper inuentis. (*absque loci, anni et typographi indicatione*), in-4. de 10 ff. en caract. goth. à 34 lig. par page, sans chiffres, signat. ni réclames, excepté aux ff. 3, 4 et 5.

Cet opuscule, qui a été publié à Pise en 1494, ou au plus tard en 1495, et très-probablement impr. par François Girardenghi, est devenu si rare qu'on n'en connaît que deux exemplaires, dont l'un se conserve dans la bibliothèque du marquis Trivulzio à Milan, et l'autre, après avoir appartenu à M. Olivieri, de Parme, et au marquis Rocca Saporiti, de Milan, est aujourd'hui en la possession de M. J. Lenox, à New-York, bibliophile distingué, qui a publié l'édition décrite ci-dessous. L'édition originale commence par la dédicace de l'auteur, laquelle occupe la première page et à peu près la moitié de la seconde. Les quatre premières lignes impr. en rouge sont ainsi conçues : *Ad sapientissimum Ludouicum Mariam Sfortiam Anglum septimum Mediolani ducem : de insulis meridiani atque indici maris sub auspiciis inuictissimorum Regum Hispaniarum nuper inuentis : Nicolai syllacii siculi artium et medicinæ doctoris philosophiam Papiȩ interprȩtantis Prȩfatio.*

Le texte commence au recto du second feuillet par cette ligne imprimée en rouge : *De insulis meridiani atq͛ indici maris nuper inuentis*, et il continue ainsi :

(c)Olumbus Regiȩ classis prȩfectus : queȝ hispani Halmyratem vocitant : cura regȩ exploratⁱ orientis littora : ex Cali Bethicȩ hispaniȩ vrbe nobili : queȝ extra-

Ce texte finit au milieu du dixième et dernier f. recto ; au verso du même f. se lit une lettre adressée à Alphonse Cavallaria, et dont la souscription en trois lignes est impr. en rouge. Cette lettre est ainsi terminée :

Vale ex papia Jdibus decembribus. Mccccxxxxiiij.

Cet opuscule précieux a été le sujet d'une lettre imprimée à Modène en 1856, sous ce titre : *Intorno ad un rarissimo opuscolo di Niccolò Scillacio, messinese sopra il secondo Viaggio di Cristoforo Colombo, alla scoperta dell' America, Lettera del cavaliere Amadio Ronchini di Parma.*

— Nicolaus Syllacius de Insulis Meridiani atque Indici maris nuper inventis, with a translation into english by the rev. John Mulligan. *New-York*, 1860, in-4. de xviii, 105 et lxiij pp., avec le portrait de Christophe Colomb en buste.

Cette édition, publiée par les soins et aux frais de M. J. Lenox, pour être distribuée en cadeaux, n'a été tirée qu'à 150 exemplaires in-4, dont 100 en grand papier; il y en a de plus 2 de format in-fol.; elle est fort bien imprimée et sur un papier vergé d'une qualité supérieure. L'introduction y occupe les pp. vii-xviij; la lettre latine avec sa traduction en regard les pp. 2-99; les notes sur la traduction, les pp. 101 à 105; ensuite se trouvent l'*Appendix* A, traduction anglaise d'une lettre espagnole du Dr Chanca, pp. i-xxxiv; l'*Appendix* B, *Bibliographical notice of the early accounts of Columbus' Voyages*, pp. xxxv-lxii. Cette dernière partie est enrichie de xxvii fac-simile des titres, des souscriptions et des gravures des premières éditions des relations de Christophe Colomb. M. J. Lenox a bien voulu nous gratifier d'un exemplaire de ce livre véritablement magnifique.

Navarrete a publié dans sa collection déjà citée deux lettres inédites dans lesquelles Colomb rend compte de son troisième voyage. Ces mêmes lettres ont été reproduites avec leurs traductions en anglais dans l'ouvrage de M. Major, indiqué ci-dessous.

— Copia de la Lettera per Columbo mandata a li Serenissimi Re et Regina di Spagna : de le insule et luoghi per lui trouate. (à la fin): *Stampata in Venetia (a nome de Constantio Bayuera citadino di Bressa), per Simone de Louere. a di 7 di Mazo* 1505, *cum priuilegio*, pet. in-4. goth. de 8 ff. dont le dernier est blanc.

Opuscule d'une grande rareté. Au verso du titre se trouve une dédicace de Constantio Bayuera à *Francesco Bragadeno Podesta di Bressa*. La lettre qui vient ensuite est précédée de ce sommaire : *Copia della lettera che scrisse Don Cristoforo Colombo Vice Re di Spagna e Almirante delle Isole Indie alli Cristianissimi e potenti Re e Regina di Spagna nostri Signori, nella qual gli manifesta quanto li sia accaduto nel suo viaggio, e le terre provincie città fiumi e altre cose degne di ammirazione, e ancora le terre dove si trovano le minere di oro in grande quantità, et altre cose di grande valore e richezza*, et se termine ainsi : *Data nelle Indie nella isola di Ianaica al 7 di Iulio del* 1503. Après la souscription de l'imprimeur on a ajouté, en note : *Aduerte lectore a non legere Columbo Vice Re di Spagna : ma legerai solum Vice Re de le insule Indie.*

Cette pièce est la traduction d'une lettre de Colomb relative à son quatrième voyage, lettre que Navarrete, il y a quelques années, a donnée en espagnol d'après un manuscrit conservé dans la bibliothèque particulière du roi, à Madrid, et que l'on suppose être la copie d'un imprimé in-4. qui depuis longtemps n'existe plus. L'abbé Morelli, après avoir retouché la traduction italienne, l'a publiée de nouveau sous ce titre : *Lettera rarissima di Cristoforo Colombo riprodotta e illustrata dal cavaliere ab. Morelli*, Bassano, nella stamperia remondiniana, 1810, in-8. de xvi et 66 pp. [20940] Il y en a une analyse dans le *Magas. encycl.*, 1812, I, 233-38.

La lettre latine, datée de 1493, et la lettre ital. de 1503, l'une et l'autre accompagnées d'une traduction française, font partie de l'appendice de l'*Histoire de Colomb par M. Bossi*, trad. en français par M. Urano. *Paris*, 1824, ou 2e édit., 1825, in-8. [20943]

Codice diplomatico colombo-americano, ossia raccolta di documenti originali e inediti spettanti a Cristoforo Colombo, alla scoperta ed al governo dell'America, pubblicato per ordine degl'illustriss. decurioni della città di Genova. *Genova, Ponthenier*, 1823, in-4. de lxxx et 348 pp. 17 fr. — pap. vél. 25 fr. [20941]

L'éditeur de cet ouvrage important fut M. J.-B. Spotorno, dont le nom se lit à la fin de l'introduction. Le vol. est orné d'un portrait en buste de Colomb, d'un autre buste lithogr., des armes de ce célèbre navigateur, et de deux fac-simile de son écriture.

Columbus : Memorials or a collection of authentic documents of that celebrated navigator, now first published from the original manuscripts by order of the decurion of Genoa : preceded by a memoir of his life, translated from the spanish and italian. *London*, 1824, gr. in-8. portr. et fac-simile. 18 sh.

Select Letters of Christopher Columbus, with other original documents relating to his four voyages to the New World, translated and edited by R. H. Major. *London, printed for the Hakluyt Society*, 1847, in-8.

Entre autres morceaux curieux réunis dans ce volume se trouve la réimpression de la traduction en vers italiens de la première relation de Colomb, par Julien Dati. Elle a été faite d'après l'édit. en lettres romaines.

— Historie del Fernando Colombo, nelle quali s'ha particolare e vera relatione della vita e de' fatti dell'ammiraglio D. Christophoro Colombo, suo padre, e dello scoprimento ch'egli fece dell'Indie occidentali, detto mondo nuovo, hora possedute dal s. re catolico; nuevamente di lingua spagnuola tradotte nell'italiana dal sig. Alfonso Ulloa. *Venetia, Franc. de Franceschi*, 1571, pet. in-8. [25335]

Cet ouvrage est traduit de l'espagnol, mais je ne sache pas que le texte original ait jamais paru. 50 fr. Riva. La traduction italienne a été réimpr. à Venise, en 1614 et en 1678, pet. in-8. Cette dernière, 13 fr. 50 c. Libri.

Vie de Christofle Colomb, et de la découverte qu'il a faite des Indes occidentales, vulgairement appelées Nouveau-Monde; composé par son fils Fernand Colomb, et trad. en françois par C. Cotolendy. *Paris, Cl. Barbin*, 1680, 2 vol. in-12.

Les tom. I et II de la collection des voyages publ. par Navarrete (voy. ce nom), *Madrid*, 1825, in-4., contiennent la relation du voyage de Colomb; voy. aussi Irving (Washington) et le n° 20942 de notre table méthodique.

COLUMELLA (*Lucius Junius Moderatus*). De cultu hortorum, in-4. de 10 ff. à 24 et 25 lig. par page. [6296]

Édition du xve siècle, en caract. romains, sans lieu ni date, et qui n'a ni chiffres, ni récl. ni signat. On lit au verso du dernier f. : .D. .FINIS. .S. Elle est annoncée dans le catal. du duc de Cassano Serra comme la première de ce poëme. Pour d'autres éditions anciennes de cet opuscule, consultez la table de Panzer, et la *Biblioth. spencer.*, tome II. Vend. en *mar. r.* 190 fr. Libri.

— Les douze livres des choses rustiques, traduits par Cl. Cotereau..., illustrés de doctes annotations par Jean Thierry de Bauuoisis. *Paris, Kerver*, 1555 (ou nouveau titre, 1556), in-4. 8 à 12 fr. [3229]

La prem. édition de cette traduction est de *Paris, Kerver*, 1551, in-4., ou avec un nouveau titre daté de 1552.

ECONOMIE rurale de Columelle, traduction nouvelle, par L. Du Bois. *Paris, Panckoucke*, 1845-46, 3 vol. in-8. 15 fr.

On a une traduction anglaise de Columelle, avec des notes, *Londres*, 1745, in-4.; une traduction italienne, par Pietro Lauro, *Venise*, 1554 (aussi 1557 et 1559), in-8, et une autre traduction dans la même langue, par Benedetto del Bene, *Verona*, 1808, 2 vol. in-4. fig.

Pour les édit. du texte latin de cet ouvrage de Columelle, voy. SCRIPTORES rei rusticæ.

COLUMNA (*Joan*). Voyez RUDIMENTUM novitiorum.

COLUMNA messan. (*Guido* de). Hystoria Troyana a Gwydone de columpna prosayce composita. — *Per me Arnoldum therhurnē Colonie... impressa... Anno domini* M. CCCC. lxxvij, *die penultima mensis Nouēbris*, in-4. de 152 ff. à 31 lig. par page, sign. A—T. [22774]

Première édition, avec date, de cette histoire fabuleuse, composée dans le XIIIᵉ siècle, d'après Dictys de Crète et Darès le Phrygien. Le volume commence par une table des chapitres en 2 ff.

Il existe plusieurs éditions de cet ouvrage, imprimées, soit sans date, soit avec date, dans les vingt-cinq dernières années du XVᵉ siècle. Parmi les premières nous citerons :

1° Une édition in-fol. goth., caractères de Ketelaer et Gerh. de Leempt, à Utrecht : 3 liv. 3 sh. *m. r.* Heber.

2° In-fol. goth., caractères d'Ulric Zell, à Cologne : 1 liv. 2 sh. Heber.

3° In-fol. goth. de 100 ff. non chiffrés, à 2 col. de 40 lig., sign. a—n., caractères de Conr. de Homborgh, à Cologne. On lit au verso de l'avant-dernier f., 2ᵉ col., la date de la composition de l'ouvrage (*Factū est opus Anno dñce incarnacōnis Millesimo ducentesimo octuagesimo septimo ciusdes prime indictiōnis...*), date qui est aussi dans les autres éditions. Vend. 12 fr. La Vallière ; 2 liv. 12 sh. Libri, en 1859.

— Historia trojana. (*absque nota*), in-fol. goth.

Édition à longues lignes, au nombre de 34 par page. Le texte commence au f. a., sans titre ni sommaire, par ces mots : *jet* (sic) *cotidie vetera recentibus obruont*, et il finit au verso du 7ᵉ f. du cah. P. après la 17ᵉ ligne, par celle-ci :

Explicit liber de casu troge.

C'est, nous le présumons, l'édit. qui a été payée 1 liv. 11 sh. 6 d. Hibbert, et qui a 134 ff.

5° In-4. goth. de 178 ff. à 30 lig. par page, avec signatures. La table commence au verso de l'avant-dernier f., et se termine au verso du dernier (Hain, n° 5502).

Les éditions datées sont : celle de Strasbourg : *In ciuitate Argētina impssa nouissime Anno dñi M. cccc. lxxxvvj*, in-fol. goth. de 88 ff. à 2 col. de 43 lig. (la souscription est au recto de l'avant-dernier f.) : vend. 11 fr. La Vallière ; 10 sh. 6 d. Heber ; et les réimpressions faites dans la même ville, également sans nom d'imprimeur, en 1489 et en 1494, in-fol. ; l'une et l'autre de 88 ff., à 2 col. de 43 lig. Cette dernière, 13 sh. *cuir de Russie*, Heber.

—Histoire de la destruction de Troye. (*sans lieu ni date*), in-fol. goth.

Édition à longues lignes, au nombre de 31 sur les pages entières, sans chiffres, réclames ni signat. Elle paraît avoir été imprimée vers 1480, mais on ne peut affirmer qu'elle appartienne aux presses lyonnaises, comme on le dit dans la *Biblioth. heber.*, I, n° 7164, où un exemplaire de ce livre excessivement rare est porté à 17 liv. 10 sh., et a été vendu 186 fr. *mar. r.* d'Essling. Donnons-en la description :

Neuf feuillets préliminaires, contenant le prologue en 3 ff., et dont voici la première ligne :

(C) *Elluy qui a ceste histoire commencee a tous.*

6 ff. de table, dont le dernier (recto) ne porte que 3 lignes. Texte, 115 ff., commençant de cette manière en 4 lignes :

Ce liure traicte dont procederent ceux qui edifierent troye | la grant quant en genealogie, par quelz gens elle fut destrui | cte, et loccation pour quoy, de la pseçucion aussi de ceulx qui la | destruirent, et de ceux ḡ se partirent pour la destruction.

La dernière ligne du dernier f. verso ne contient que ces mots : *vueille donner et ottroyer.* Les lettres initiales sont faites à la main.

Cette version française de l'ouvrage de Guy de Colunna a été jusqu'ici assez mal connue des bibliographes, et on l'a quelquefois confondue, soit avec le Mystère composé sous le titre de *Destruction de Troye*, par Jean Milet (voy. DESTRUCTION), soit avec le *Recueil des histoires de Troye*, dont nous donnons la notice au mot LE FEVRE (*Raoul*).

— La même histoire. (*sans lieu ni date*), pet. in-fol. goth. à 2 col.

Voici les renseignements que nous fournit sur ce livre précieux le Manuel manuscrit de Magné de Marolles :

Cette édition paraît avoir été imprimée vers 1480. En tête du volume est un prologue qui, avec une table des chapitres qui le suit, remplit un cahier de 12 ff., y compris le dernier qui est blanc : ce cahier est signé de la lettre *a*, mais les cahiers du texte n'ont ni signatures, ni chiffres, ni réclames. Au second cahier, après un feuillet qui a été laissé en blanc, commence le texte par cet intitulé : *Ce livre tracte dont procederent ceulx qui edifierent Troye la grant quāt en genealogie. p quelz gens elle fut destruicte. et loccation pourquoy. de la pseçutiō aussi de ceulx qui la detruirent. et de ceulx qui se partirent pour la destruction.* A la fin, pour toute souscription, on lit : *Explicit la destruction de Troye en prose.* Le papier de ce volume est marqué, partie d'une tête de taureau, et partie d'une main étendue, de l'extrémité de laquelle sort une ligne terminée par une étoile.

— La grant destruction de | Troye auec la genealogie de ceux par ḡ | elle fut edifiee et destruicte | ensemble quelz terres habiterent ceulx qui | eschaperēt, auec la fondatiō de | Romme et plusieurs autres | hystoires, nouuellement corrigee et imprimee.·.—a Paris. (au recto du dernier feuillet, 2ᵉ colonne, en onze lignes) : *Cy finist la grant destruction de troye... Jmprime a paris par Jehan trepperel demourant en la rue neufue nostre dame a lenseigne de lescu de France* (vers 1505), pet. in-4. goth. de 96 ff. non chiffrés, à 2 col. de 38 lignes, sign. A—R.

Édition peu connue de l'ouvrage précédent. Les six premiers feuillets et le recto du septième renferment un titre en rouge et noir, portant une vignette tirée en rouge et représentant la ville de Troie, un premier prologue commençant ainsi : *Celui qui a ceste histoire commencee* ; et la table des chapitres. Le texte commence au verso du 7ᵉ f., par cet intitulé sommaire : *Ce liure traicte dont procederent ceulx à edificerent Troye.....* lequel est immédiatement suivi d'un second prologue (*apres que Thebes fut destruicte*). Vend. 111 fr. second catal. de la librairie De Bure.

—Storia trojana. *Venexia, Ant. de Alexandria della paglia*, 1481, in-fol. de 108 ff. à 2 col., sans chiffres ni récl., mais avec sign. a—o.

Édition rare, laquelle commence par le prologue (*incommencia il prologo*) et porte la souscription suivante en six lignes : *Questa presente opera : estata impressa per Antonio de Alexandria della paglia, Bartholomeo de Fossombrone de la Mancha & Marchesino di Sauioni Milanense, nella inclita citta di Venexia : negli anni della incarnatione.* M. CCCC. LXXXI. Chaque cah. de signat. est de 8 ff., excepté *h* et *o* qui n'en ont que 6 chacun. Le premier f. du cah. *a* est tout blanc. Au verso du feuil. *o iiij* se lit une notice biographique sur l'auteur du texte latin, dans laquelle, pour la date de la composition de l'ouvrage (et non celle de la notice, comme l'a écrit Dibdin, *Biblioth. spencer*, VII, n° 86), on a mis 1487 au lieu de 1287.

Un bel exemplaire en *mar. r.* 180 fr. Libri, en 1847 ; un autre exemplaire beaucoup moins beau, 50 fr., vente du même, en 1857. Ce dernier est probablement celui qui n'a été vendu que 15 sh. Heber (voir Gamba, *Serie* n° 360) ; autre avec des notes manuscrites, 3 liv. Libri, en 1859.

Selon un ancien manuscrit, cette traduction aurait été faite par *Matteo di ser Giovanni Bellebuoni di Pistoja*, en 1333, et selon un autre manuscrit, par Filippo Ceffi, citoyen de Florence, en 1324. La même traduction a été réimpr. à *Naples*, chez *Egidio Longo*, 1665, in-4. de 8 ff. et 359 pp., d'après un ancien manuscrit, par les soins des membres de l'Académie *della Fucina* de Messine.

— Chronica troyana en que se contiene la total y lamentable destruycion de la nombrada Troya. (à la fin): *Fenesce la coronica Troyana nueuamente corregida y emendada : Fue impresa en la... ciudad de Seuilla en las casas de Jacome Cromberger : Año... de mile quinientos y dos años* (1502), *a veynte y ocho dias del mes de octubre del dicho año*, in-fol. goth. de CIIII ff. à 2 col.

Édition décrite dans le Trésor de M. Graesse. On juge par la souscription qu'elle porte qu'il doit y en avoir une plus ancienne.

— Coronica troyana..... en romance (por Pedro Nuñez Delgado). *Toledo*, 1512, et *Sevilla, Cromberger*, 1519, in-fol. goth. à 2 col.

Deux éditions qui ne sont guère moins rares que la précédente : la première a ciiii feuillets chiffrés, au recto du dernier desquels se lit la souscription ; ensuite se trouvent 3 ff. non chiffrés, contenant la table, et un 4e f. sur lequel sont les armes de Castille. Vend., bel exemplaire *m. v.* 1 liv. 17 sh. Heber. La seconde, 31 fr. demi-rel. De Bure.

Réimpr. à *Séville, J. Cromberger*, 1540, aussi 1545 et 1552, in-fol. L'édition de 1552 a été donnée pour 13 sh. Heber.

— Cronica troyana.... traducida en castellano. *Medina, Fr. del Canto*, 1587, in-fol. de 136 ff.

Vend. 5 liv. Hibbert, sans avoir cette valeur.

Selon Antonio, cette traduction serait la même que la précédente.

— Hie vahet sich an die köstlich hystori

die da sagt von der erstörung der... statt Troja...(*absque nota*), in-fol. de 157 ff., avec fig. en bois, sans chiffres, réclames, ni signat. ; caractères d'Ant. Sorg, imprimeur à Augsbourg.

Ébert, qui nous fait connaître cette édition très-rare de l'ancienne traduction allemande de l'ouvrage de Gilles de Columna, en cite une autre non moins précieuse, *Augsbourg, Bämler*, 1474, in-fol.

Outre ces deux éditions, Hain en décrit une troisième sans lieu ni date, in-fol. de 151 ff. non chiffrés, à 34 lig. par page, avec fig. en bois, et qu'il attribue à Gunther Zainer, à Augsbourg ; il décrit également des édit. d'Augsbourg, par Ant. Sorg, 1479, in-fol. de 133 ff. — *ibid.*, 1482, in-fol. de 160 ff. — *ibid.*, par Hans Schönsperger, 1488, in-fol. fig. — *Strasbourg*, 1489, in-fol. de 125 ff. fig. — *ibid.*, 1500, et aussi in-fol. de xciiiij (95) feuillets chiffrés, fig. en bois.

Les deux éditions de la traduction holland., *Goude, Ger. Leeu*, 1479, in-fol. (vend. 1 liv. Heber), et *Harlem*, 1485, in-fol., sont des livres rares, mais ce qui l'est davantage c'est la traduction bohémienne, datée de Prague (*w Plzni*), 1468, in-4. de 196 ff. à 27 lign. Sa date paraît être celle de la traduction et non de l'impression, qu'on suppose de 1475 environ. M. Graesse en dit le texte fort incorrect, mais les caractères très-beaux, et, selon lui, l'initiale avec ornements, qui est au f. 58, surpasse tout ce que l'on connaît dans ce genre-là. Il existe plusieurs réimpressions de cette traduction. Celle de Prague (*Praze*), 1488, in-4. de 240 ff., a été faite sur deux manuscrits différents de celui qui a servi pour la précédente. Les autres éditions sont de Prague, 1603, 1790, 1812 et 1843, in-8.

— Here after foloweth the Troye boke otherwyse called the sege of Troye, translated by John Lydgate monke of the monastery of Bury. — *Emprynted by Richarde Pynson...* MCCCCCXIII, in-fol. goth.

Paraphrase en vers anglais de l'ouvrage latin de notre Columna. L'édit. de 1513 est incorrecte, mais d'une très-grande rareté : 22 liv. 1 sh. (avec 3 ff. encadrés, et le titre manquant) Heber. Lowndes en cite deux exemplaires impr. sur VÉLIN.

Réimpr. sous le titre de *The avncient historie and onely trew and syncere chronicle of the warres betwixte the Grecians and the Troyans*, London, by Th. Marshe, in-fol., bonne édition : 5 liv. 10 sh. Boswell ; 4 liv. 14 sh. 6 d. Inglis ; 3 liv. Heber.

COLUMNA (*Fabius*). ΦΥΤΟΒΑΣΑΝΟΣ, sive plantarum aliquot historia, accessit etiam piscium aliquot plantarumque novarum historia. *Neapoli, J.-J. Carlinus*, 1592, in-4. fig. [5018]

Édition originale, rare, mais moins recherchée et beaucoup moins chère aujourd'hui qu'elle ne l'était jadis. 18 à 24 fr. au lieu de 30 à 40. Vend. 2 liv. 2 sh. Hibbert. Le volume est divisé en 2 parties : la 1re de 120 pp., précédées de 8 ff. prélimin. ; la 2e de 32 pp., suivies de 4 ff. séparés pour l'errata et l'index.

L'édition de *Milan* ou de *Florence*, 1744, in-4. fig., avec la vie de Columna, et des notes sur le φυτοβασάνος, par J. Plancus, n'est pas chère : 6 fr. L'Héritier.

— MINUS cognitarum rariorumque nostro cœlo orientium stirpium ΕΚΦΡΑΣΙΣ... item de aquatilibus, aliisque nonnullis animalibus libellus. *Romæ, apud J. Mascardum*, 1616, 3 tom. en 1 vol. pet. in-4. fig. [5019]

Ce volume est un peu moins rare que le précédent,

auquel on le joint : 12 à 15 fr. (vend. 40 fr. Reina);
4 liv. *m. r.* Hibbert, et beaucoup moins, quand le
traité *De Purpura* ne s'y trouve pas.

La 1re partie contient 340 pp., précédées de 4 ff. prél.,
dont un titre gravé, et suivies d'une partie séparée
(*aliquot animalium observationes*) de lxxiij pp.,
avec 7 pp. d'index; il y a aussi quelquefois, dans
cette 1re partie, un portrait de Columna. La 2e ne
contient que 99 pp., précédées de 6 ff. dont un titre
gravé. La 3e partie, intitulée *Purpura*, consiste
en 42 pp., précédées de 4 ff. prélim. Les planches
de ces 2 volumes, étant impr. avec le texte, ne
peuvent manquer sans qu'on s'en aperçoive facilement.

Les deux ouvrages ensemble, 131 fr. La Valliere;
91 fr. L'Héritier : exemplaires reliés en *mar.*; autre
vél. : 28 fr. Papenheim; 80 fr. en 1839, et 65 fr.
en 1842; en demi-rel. 38 fr. Libri, en 1857.

Il existe une première édition de l'ΕΚΦΡΑΣΙΣ, etc.
Romæ, apud Gul. Facciothum, 1606, in-4. fig. et
portrait de l'auteur, laquelle ne contient pas le traité
De Purpura, mais où se trouve une préface curieuse qui n'a pas été reproduite dans l'édition de
1616 (*Biblioth. hulthem.*), I, n° 6347).

— OPUSCULUM de purpura, nunc iterum luci editum
opera et studio Johann.-Dan. Majoris, cujus accesserunt annotationes quædam. *Kiliæ*, 1675, 2 tom.
en 1 vol. pet. in-4. [5020]

On joint cette nouvelle édition aux 2 vol. précédents,
à cause des augmentations qu'elle contient : 6 à
8 fr. Vend. 10 fr. en 1839.

Il y a des exemplaires dont le titre de la première
partie est daté de 1674; on doit trouver à la seconde partie un titre particulier et une épître dédicatoire qui manquent quelquefois.

— LA SAMBUCA lincea overo dell'istrumento musico
perfetto libri III, di Fabio Colonna Linceo... con
l'organo hydraulico di Herone alessandrino dichia-
rato dall'istesso autore. *Napoli, Const. Vitale*,
1618, in-4. [10203]

Traité rare et curieux : 13 fr. Reina, et plus cher
depuis.

COLUMNA (*Fr.*). Voy. POLIPHILE.

COLUMNA romanus. Voy. ÆGIDIUS.

COLUMNA (*Pet.*). Voy. GALATINUS.

COLUMNA (*Landulphus* de). Voy. BRE-
VIARIUM historiale.

COLUTHUS. De Raptu Helenæ liber, gr.,
ab Helio Eobano, hesso, latino carmine
redditus : accessit Musæi opusculum de
Herone et Leandro, gr., ab Andr. Papia,
lat. carmine expressum (cura H. Rumpii).
Hamburgi, P. Lang, 1617, in-8. 3 à 4 fr.
[12411]

Édition faite à l'usage des classes, mais devenue peu
commune.

La première édition de ce petit poëme a été impr.
avec le Quintus Calaber d'Alde, vers 1505, in-8.
(voy. QUINTUS Calaber). Maittaire en cite une de
Paris, *e typogr. Steph. Prevosteau, hæredis G.
Morelli, in græcis typographi regii, in Clauso
Brunello*, 1586, in-4., en grec. Quant à celle d'Avignon, *apud Io. Crispinum*, 1574, que cite Hoffman d'après le catal. de la Biblioth. du roi, Y, 193,
elle n'existe pas sous cette date, car l'exempl. de la
Biblioth. impér. porte *typis Jo. Crispini*, 1570, et
il a été impr. à Genève. Nous en parlerons plus
loin, à l'article HOMERUS (édit. de Crispin, 1560).

— Raptus Helenæ (gr. et lat.); recensuit
ac variantes lectiones et notas adjecit
Jo.-Dan. a Lennep : accedunt ejusdem
animadversionum libri tres, tum in Co-

luthum, tum in nonnullos alios auctores.
Leovardiæ, 1747, in-8.

Bonne édition : 6 à 7 fr.; vend. en *m. r.* 20 fr. Caillard, et 14 fr. Courtois.

— IL RAPIMENTO d'Elena del poeta Coluto, tradotto
in versi ital. dall'ab. Angelo Teodoro Villa : aggiun-
tevi le varianti lezioni, ed alcune note : nuova edizione, accresciuta di varie osservazioni, e delle orazioni di Gorgia, e d'Isocrate intorno ad Elena, e
dell'epitalamio per la medesima di Teocrito. *Milano*, 1753, in-8. 3 à 4 fr.

Édit. plus complète que celle de Milan, 1749, in-12.
Le texte grec se trouve dans toutes les deux.

COLUTHI Raptus Helenæ, gr. et lat., cum metrica
interpret. ital. Ant.-M. Salvinii; recensuit et adnotation. adjecit Ang.-M. Bandini. *Florentiæ*, 1765,
in-8. 3 à 5 fr.

— DE RAPTU Helenæ libellus. Ex græcis in lat. carmina conversus, versionibus, variantibus et animadvers. illustratus opera et studio Ph. Scio a
Sancto Michaele. *Matriti, Marin*, 1770, in-4. 5 à
6 fr.

Texte de l'édition de Lennep, version lat. en prose et
en vers, par l'éditeur, et trad. espagnole par Ign.
Garcia de S. Antonio.

— IIDEM, gr., lat. et italice. *Parmæ, in ædibus palatinis (Bodoni)*, 1795, pet. in-fol.

Belle édition : 8 à 10 fr.; et plus en Gr. Pap. vél. (21 fr.
en 1821). La version latine est de *Fil. Scio da San
Michele*, et la version ital. en vers libres d'*Angelo
Teodoro Villa*.

— IDEM, græce; ex codice mutinensi supplevit et
emendavit Imm. Bekkerus. *Berolini*, 1816, in-8.
2 fr.

— RAPTUS Helenæ : recensuit et notas adjecit L.-D.
a Lennep; accedd. ejusdem animadversionum libri
tres : editionem noviorem, auctiorem curavit G.-A.
Schäfer. *Lipsiæ, Hartman*, 1825, in-8. 1 thl. 12 gr.
Bonne édition.

L'ENLÈVEMENT d'Hélène, poëme de Coluthus,
revu sur les meilleures éditions critiques, traduit en
français, accompagné d'une version latine entièrement neuve, de notes, de trois index, etc., d'un
fac-simile entier de deux manuscrits de la Biblioth.
roy. de Paris; par Stanislas Julien; et suivi de
quatre versions en italien, en anglais, en espagnol
et en allemand. *Paris, De Bure*, 1822, gr. in-8. 10 fr.
— Gr. Pap. vél. 20 fr.

Cette traduction est bien préférable à celle de Ch.
Dumolard. *Paris, Robustel*, 1742, pet. in-12, anonyme.

COLUTIUS. Tractatus insignis et elegans
Colutii Pieri Salutati de nobilitate legum
et medicinæ in quo terminatur illa quæstio versatilis in studiis : utrum dignior
sit scientia legalis vel medicinalis. *Veneliis, in ædibus Joã. Pederzani*, 1542,
pet. in-8. [2327]

Ouvrage rare, où l'auteur soutient la supériorité de
la jurisprudence sur la médecine. Vendu 25 flor.
95 c. Meerman, et quelquefois beaucoup moins.

COMANINI (*D.-G.*). Il Figino, overo del
fine della pittura, Dialogo del rev. padre
D. Gregorio Comanini canonico ove
quistionandosi se'l fine della pittura sia
l'utile ouero il diletto, si tratta dell'uso
di quella nel christianesino et si mostra
qual sia imitator più perfetto e che più
diletti, il pittore, ouero il poeta. *Mantova, per Franc. Osanna*, 1591, in-4.
15 à 18 fr. [9219] d

Ouvrage curieux et qui se trouve difficilement: 30 fr.
mar. v. Goddé.

COMARMOND (*A.*). Description du Musée lapidaire de la ville de Lyon. Epigraphie antique du département du Rhône. *Lyon, impr. de F. Dumoulin*, 1846-1854, gr. in-4. de XIX, 512 pp. et 19 pl. [29950]

M. Alphonse de Boissieu (voy. ce nom) ayant critiqué M. Comarmond, celui-ci lui répondit dans les deux opuscules intitulés : *Réponse au post-scriptum ajouté à la description du Musée lapidaire de Lyon par A. de Boissieu*, 1854, 2 pp. in-4. — *Réponse à la seconde attaque de M. de Boissieu*, 1854, 3 pp. in-4.

— DESCRIPTION des antiquités et objets d'art contenus dans les salles du palais des arts de la ville de Lyon..., précédée d'une notice sur le docteur A. Comarmond, par E.-C.-Martin Daussigny. *Lyon, F. Dumoulin* (1855-57), in-4. de X, 855 pp. et 28 pl. [29303]

COMBAT (le) chrestien. (*sans lieu ni date*), pet. in-8. goth. de 32 ff.

Opuscule impr. dans la première moitié du XVIe siècle. 32 fr. *v. f. tr. d.* Bergeret.

COMBAT de Cirano de Bergerac avec le singe de Brioche au bout du Pont-Neuf. *Paris, Maurice Rebuffe* (*sans date*), pet. in-8. de 13 pp. [17873]

Un exemplaire rel. en *mar.* par Vogel, et annoncé comme étant l'édition originale, a été payé 47 fr. à la vente Veinant; or si, comme on parait le croire généralement, la publication de cette facétie a suivi de près la mort de Cyrano, arrivée en 1655, l'édition dont il s'agit ne saurait être la première, puisque, selon Lottin, le libraire Maurice Rebuffe n'a exercé que de 1689 à 1727. C'est son nom qui se trouve sur le titre des éditions de la même pièce sous les dates de 1705 et 1707. Celle qui n'a pas de date est bien loin d'avoir la valeur qu'on lui a assignée à la vente citée. Il est bon d'ailleurs qu'on le sache, le *Combat de Cirano* a été réimpr. dans le 1er vol. des *Variétés*, publiées par M. Ed. Fournier.

COMBAT (le) de mal advisé avec sa dame par amours, sur le jeu de paume, cartes, dez et tablier, montrant comme tels jeux, joint celui des femmes, font aller l'homme à l'hôpital, avec plusieurs autres rondeaux et dizains, présenté au puis (Puy) de risée. *Lyon*, 1547, in-16. [13941]

Ce titre singulier nous est conservé par Du Verdier, tome I, page 420.

Selon Wolfius (*Biblioth. hebr.*, tome I, p. 414), cité par Prosp. Marchand, *Dictionn.*, II, 99, Jehude Ario, vulgairement appelé Léon de Modène, serait l'auteur ou le premier éditeur de ce livre; mais d'abord Léon de Modène n'a pas écrit en français, et, de plus, il n'était pas encore né en 1547.

COMBAT (le) de trente Bretons contre trente Anglais, publié d'après le manuscrit de la Bibliothèque du roi, par G.-A. Crapelet. *Paris, Renouard*, 1827, gr. in-8. fig. et fac-simile. [12228 ou 28733]

Tiré à 250 exempl. pap. Jésus vél. 20 fr., et à 12 en pap. de Hollande. Un de ces derniers, 47 fr. 50 c. en mars 1833. Il y a de plus deux exempl. impr. sur VÉLIN. — Réimpr. pour Bohaire; libraire, 1835, gr. in-8. fig.

On avait déjà une édition de ce poëme sous le titre suivant :

LE COMBAT des Trente, poëme du XIVe siècle, transcrit sur le manuscrit original de la Bibliothèque du roi, et accompagné de notes, par le chev.

de Freminville. *Brest, Lefournier*, 1819, in-8. — Vend. 15 fr. Chateaugiron.

LE COMBAT de trente Bretons contre trente Anglais, d'après les documents originaux des XIVe et XVe siècles, suivi de la biographie et des armes des combattants, par Pol de Courcy. *Saint-Brieuc, et Saint-Pol de Léon, chez l'auteur*, 1857, in-4. de 76 pp. avec 3 pl.

COMBAT d'honneur. Voy. FABERT (*Abr.*).

COMBE (*Car.*). Nummorum veterum populorum et urbium qui in museo Guill. Hunter asservantur descriptio. *Londini, Cadell*, 1782, gr. in-4. fig. [29754]

Vend. 35 fr. Millin; 49 fr. de Tersan; 2 liv. 18 sh. Heber; en *mar. r.* 76 fr. Tòchon d'Annecy. Un magnifique exempl. rel. à Londres, en vél. blanc, avec des peintures sur les plats de la couverture et sur les tranches, a été vendu 321 fr. d'Ennery, et 179 fr. Morel-Vindé.

COMBE Taylor. Description of the collection of ancient terracottas, etc., preserved in the British Museum. *London, Nicol*, 1810, gr. in-4, 1 liv. 1 sh., et plus en très Gr. Pap. [29567]

Cet ouvrage renferme 79 pièces, tant statues que bas-reliefs, etc., en 40 planches, avec leurs descriptions.

— Veterum populorum et regum numi qui in Museo britannico adservantur. *Lond., Arthur Taylor*, 1814, in-4., avec 14 pl. 24 à 30 fr. [29755]

— NUMMI veteres civitatum, regum, gentium, et provinciarum in Museo R.-P. Knight asservati et ab ipso descripti. *London, Payne*, 1830, in-4. fig. 1 liv. 10 sh. [29756]

Ces médailles font partie du Muséum britannique.

— Description of the collection of ancient marbles in the British Museum (by Combe Taylor, Hawkins and Cockerell). *Lond., printed by Bulmer, and sold by Nicol*, 1812-1845, 10 part., in-4. fig. [29534]

Ces dix volumes font suite aux deux articles précédents; ils ont coûté ensemble 21 liv. 2 sh., et en Gr. Pap. 31 liv. 3 sh. Il en a été tiré (ainsi que des *Terracottas* ci-dessus) douze exempl. de format in-fol., destinés à la famille royale d'Angleterre.

— DESCRIPTION of the anglo-gallic coins in British Museum. *London*, 1827, in-4. fig. 1 liv. 4 sh. [27075]

COMBE (*Will.*). Southern coast. Voyez COOKE (*Will.*).

COMBEFIS. Bibliotheca Patrum concionatoria, hoc est, evangelia totius anni, festa dominica, solemnia SS. Deiparæ, illustriorumque sanctorum Patrum symbolis, tractatibus, panegyricis illustrata ac exornata; opera et studio Francisci Combefis. *Parisiis, Ant. Bertier*, 1662, 8 vol. in-fol. 90 à 120 fr. [1409]

Réimprimé à Venise, en 1747, en 7 vol. in-fol.

BIBLIOTHECA Patrum concionatoria... editio perquam diligenter castigata, novis monumentis am-

---

Combault (*Ch.* de), baron d'Auteuil. Vray Childebrand, 24009. — Ministres d'Etat, 24082. — L'Artois, 24249.

plificata, dissertationibus et commentariis illustrata, scholiis, annotationibus locupletata, accurantibus Joan.-Alexio Gonel, et Lud. Perc. *Parisiis, F. Didot fratres,* etc., gr. in-8.

Cette édition doit former environ 30 vol., au prix de 15 fr. chacun. Le premier vol. a paru en 1859.

— HISTORIA hæresis monothelitarum. C'est le 2e vol. du *Novum auctuarium Bibliothecæ Patrum,* voy. l'article DESPONT. — Illustrium martyrum triumphi, et martyrum lecta trias, 22034.

— Scriptores post Theophanem. Voy. BYZANTINA.

COMBES. Coppie d'une lettre envoyée de Nouvelle France ou Canada, par le sieur Côbes, gentilhomme poictevin, à un sien amy, en laquelle sont briefvement descrites les merveilles, excellences et richesses du pays, ensemble la façon et mœurs de ceux qui l'habitent, la gloire des François et l'esperance qu'il y a de rendre l'Amerique chrétienne. *Lyon, Léon Savine,* 1609, pet. in-8. de 15 pp. [28509]

Cette pièce rare est écrite de *Brest en Canada,* 13 février 1608. Vend. (annoncée sous la date de 1619) 110 fr. Coste, par suite d'une concurrence américaine.

COMBES (le P. *Franc.* de). Historia de las islas de Mindano, Iolo, y sus adyacentes. *Madrid, Ibarra,* 1667, pet. in-fol. [28227]

Vend. 5 fr. La Serna; 20 et 10 fr. Rœtzel.

COMBROUSE ou Conbrouse. Voyez CONBROUSE.

COMEDIA di Callimaco e di Lucretia (autrement la Mandragola.) Voy. MACHIAVELLI.

COMEDIA di Mal pratico. La festa di Mal pratico, interlocutori Camilla, Mal pratico, maistro Zordano, maistro Bonhomo, et uno nochiero. (*sans lieu ni date*), pet. in-4. de 4 ff. à 2 col. avec un bois sous le titre.

Édition du commencement du XVIe siècle (Biblioth. palatine de Florence).

COMEDIA piacevole della vera, antica, romana, catolica et apostolica chiesa, nella quale dagl' interlocutori vengono disputate e spedite tutte le controversie fra i Catolici romani, Luterani, Zingliani, Calvinisti, Anabatisti, Suenfeldiani et altri. *Romanopolis* (*sanz' anno*), in-12 de 175 pp., non compris le titre. [16652]

Cette pièce satirique, écrite contre la cour de Rome, est rare. La lettre de l'empereur Ferdinand à Luther, qui l'accompagne, porte la date de 1537; mais l'impression du volume ne parait pas être plus

Comber (*Th.*). History of the massacre of St-Bartholomew, 23534.

Combes (*Ch.*). Exploitation des mines, 4758.

Combes (*Edm.*), Voyage en Égypte, etc., 20804.

Combes (*Ed.*) et Tamisier. Voyage en Abyssinie, 20816.

Combes (*Fr.*). La Princesse des Ursins, 26095.

Combes-Dounous. Essai sur Platon, 3370.

ancienne que la fin du XVIe siècle. Vendu 5 fr. Crevenna; 35 fr. Libri, et encore 5 fr. de Soleinne.

COMEDIA chiamata Aristippia. (*Roma,* 1524), pet. in-8. de 34 ff. chiffr. [16640]

Édition rare d'une pièce en 5 actes et en prose, qui a été réimpr. à Venise, en 1530 (32 ff.), et encore dans la même ville, en 1544, in-8. de 33 ff. (catal. de Soleinne, 4073-74).

COMEDIA intitolata *sine nomine. Fiorenza, i Giunti,* 1574, pet. in-8. 3 à 5 fr. [16691]

COMEDIA nobilissima et ridiculosa, chiamata Floriana, novissimamente historiata et emendata con l'esemplare del proprio autore. — *Vinegia, G. A. et fratelli da Sabio,* 1526, pet. in-8. sign. A—sii, fig. en bois. [16643]

Comédie en vers de diverses mesures, 15 fr. de Soleinne.

COMEDIA nova volgare di uno eccellente poeta Mantuano. (à la fin): *Venetia, Jacobo Pentio da Leco,* 1513, in-8. goth. de 11 ff. non chiffrés, à 35 lig. par page, sign. A-Bii. [16632]

Pièce en prose et vers, sans distinction d'actes ni de scènes. La décence y est peu respectée. L'exempl. vendu 5 fr. de Soleinne (4639), est le seul que nous ayons connu. Une édition de M. D. XXIII, même lieu et même imprimeur, in-8., est portée dans la *Biblioth. Crofts.* n° 4149.

COMMEDIA di Pidinzuolo : nuovamente composta in laude di Papa Leone X et in sua presentia recitata in Roma. *Siena, per M. di B. F.* 1523, in-8. de 12 ff. fig. en bois [16632]

Édition peu connue. 39 fr. *m. r.* Libri. — On en cite de 1540 et 1571.

COMEDIA (Eyn) welche yn dem königklichen sale zu Pareysse nach vormelter Gestaldt vnnd Ordenunge gespylt worden. 1524, in-4. de 4 ff., 35 lig. par page, frontisp. et 8 petites fig. gr. sur bois.

Dialogue satirique, en prose, dirigé contre le pape et les catholiques. Les interlocuteurs sont Reuchlin, Erasme, Ulric de Hutten, etc. Il en existe deux autres éditions sous la même date: l'une pet. in-4. de 4 ff. à 34 lignes par page, avec frontispice gravé en bois, porte ce titre : *Ein Tragedia oder Spill : gehalten in dem kunigktichen Salt zu Pariesz;* l'autre, également in-4., sans fig., mais avec un titre encadré, commençant ainsi par les mots : *Eyn Comedia welche...* Elles sont toutes les trois sans nom d'imprimeur et sans lieu d'impression. (*Trésor* de M. Graesse, II, 233.)

COMEDIAS nuevas, escogidas de los mejores ingenios de España. *Madrid,* 1652-1704, 48 vol. in-4. contenant 12 pièces chacun. [16752]

Recueil très-difficile à trouver complet. L'exemplaire qu'avait formé Rich. Heber, et qui lui avait coûté plus de 100 guinées, ne l'était pas, car il y manquait les tomes IV, XIII, XLVII, et le tome Xe était incomplet. Il est vrai qu'on y avait ajouté un vol. in-4. intitulé : *Flor de las mejores doce comedias de los mayores ingenios de España, sacadas de sus verdaderas originales.* Madrid, 1652, volume qui dans les errata, impr. au verso du titre, est nommé *primero*. Le tout a été vendu 42 liv. (voy. *Biblioth. heber.*, VII, n° 1570).

Voici les dates de ces différents volumes, comme les a données M. Schack, *Geschichte der Dramat., Litter. und Kunst in Spanien*, vol. III, p. 523-44, et après lui M. Graesse : vol. I, 1652; II à V, 1653; VI et VII, 1654; VIII et IX, 1657; X, 1658; XI, 1659; XII, 1658; XIII, 1660; XIV et XV, 1661; XVI-XIX, 1662; XX, 1663; XXI, ?; XXII, 1665; XXIII-XXVI, 1666; XXVII, ?; XXVIII, 1667; XXIX, ?; XXX, 1668; XXXI et XXXII, 1669; XXXIII et XXXIV, 1670; XXXV-XXXVII, 1671; XL, ?; XLI, ? (réimprimé à Pampl., *por Jos. del Espirito Santo*, s. d.); XLII, 1676; XLIII, 1678; XLIV, ?; XLV et XLVI, 1679; XLVII, ?; XLVIII, 1704.

Il est à remarquer que la plupart de ces volumes ont des titres particuliers; celui du 4° vol. est *Laurel de comedias;* du 7°, *Teatro poetico;* du 10°, *Nuovo Teatro de Comedias;* du 13°, *De los mejores el mejor;* du 14°, *Pensil di Apolo;* du 20°, *Comedias varias;* du 31°, *Minerva comica;* du 46°, *Primavera de muchas armonicas.*

Il existe une autre collection de pièces espagnoles qui a pour titre *Comedias de differentes autores*, et qui a été publ. à Valence et à Saragosse. M. Schack n'en avait que trois volumes, savoir le 29° (*Val.*, 1636), le 32° (*Sarag.*, 1640) et le 44° (*ibid.*, 1652). Le n° 2790 du catalogue de Tieck en annonce un autre sous ce titre : *Parte treynta una de las meiores comedias que hasta oy han salido, recogni por el dotor Franc. Toribio de Ximenez*. Barcelona, 1638, in-4.

— Voy. POETAS valencianos.

Nous trouvons dans la 1re part. de la *Biblioth. heber.*, n° 1774 :

EL MEIOR de los mejores libros que han salido de comedias nuevas. *Madrid*, 1653, 15 vol. in-4. Vend. 5 liv.

COMEDIAS escogidas (coleccion general de) de los mejores antiguos autores españoles. *Madrid, Ortega*, 1826-34, 59 vol. pet. in-8. 120 fr. [16754]

Cette collection contient toutes les pièces espagnoles anciennes les plus célèbres, avec l'analyse de chacune. Les volumes sont disposés de manière qu'ils puissent être réunis en collection ou former les œuvres séparées de chaque auteur.

COMEDIE admirable, intitulée : la merveille, où l'on voit comme un capitaine françois, esclave du Soudan d'Égypte, transporté de son bon sens, se donne au diable pour s'affranchir de servitude, lequel il trompe même subtilement tant qu'il fut contraint lui rendre son obligation (en 5 actes, en vers). *Rouen, Abr. Cousturier* (vers 1610), pet. in-8. [16381]

Une copie figurée sur VÉLIN, en 23 ff. 38 fr. de Soleinne.

COMEDIE de Seigne Peyre et Seigne Ioan. *Lyon, par Benoist Rigaud*, 1580, pet. in-8. [16596]

Pièce de 8 ff., écrite en vers, et en patois des environs de Montélimar (Dauphiné) : vend. en *m. r.* 18 fr. La Valliere, et 73 fr. Scherer.

Il en existe une copie figurée sortie des presses de *Pinard, à Paris*, en 1832, et tirée à 42 exempl. seulement (8 fr.), dont 2 sur VÉLIN.

COMEDIE des académistes. Voyez SAINT-ÉVREMOND.

COMEDIE des chansons. *Paris, Tous-*

saint *Quinet*, 1640, pet. in-12 de 6 ff. et 156 pp. [16424]

23 fr. *mar. r.* de Soleinne.

Le duc de La Valliere attribue cette pièce à Timothée de Chillac, et d'autres la donnent à Ch. Beys.

Nous connaissons une *Nouvelle comédie des chansons de ce temps*, Paris, 1662, in-12, dont la première édition de 1661 porte ce titre : *L'Inconstant vaincu, pastorale en chansons.*

COMÉDIE des proverbes. Voy. MONTLUC.

COMEDIE du pape malade, et tirant à la fin... Traduite du vulgaire Arabic en bon Romman, et intelligible, par Thrasibule Phenice (attribuée à Théod. de Bèze). M. D. LXI, in-16 de 72 ff. [16285]

Édition la plus ancienne que je connaisse de cette pièce : elle est fort rare, ainsi que celle de *Rouen*, 1561, in-8., citée par La Monnoye, article *Trasibule* de Du Verdier, laquelle a vraisemblablement été impr. à Genève. Voy. pour d'autres éditions, *Le Marchand converti*, à l'article NAOGEORGUS.

Une édition de 1562 est portée à 73 fr. dans le catal. de M. de Soleinne, 2° suppl., n° 19.

La même pièce vient d'être réimprimée à Genève, par les soins de M. Gustave Révilliod, *chez I.-G. Fick*, 1859, in-18 de 72 pp.

COMEDIE facétieuse et très plaisante du voyage de frère Fecisti en Provence, vers Nostradamus, pour sçavoir certaines nouvelles des clefs du paradis et d'enfer que le pape avoit perdues. *Imprimé à Nismes*, 1599, in-16 de 36 pp. [16351]

Pièce très-rare, dont une copie ms. figurée sur vél., *m. bl. tab.*, a été vend. 46 fr. Méon. L'original se trouvait dans la collection de M. de Soleinne, et a été vendu 173 fr. Il en existe une réimpression faite à Paris, chez Guiraudet, en 1829, et tirée à très-petit nombre.

COMÉDIE galante de M. de B. Voy. BUSSY-RABUTIN.

COMÉDIE ou dialogue matrimonial. Voy. ERASMUS.

COMÉDIE très-élégante. Voy. BOURGEOIS (*Jacq.*).

COMEDIEN (Englische). V. ENGLISCHE.

COMENIUS (*Joan.-Amos*). Admonitio de irenico irenicorum. *Amstel.*, 1660, in-8. [2129]

Cet ouvrage se joint à celui de Zwicker, dont il est la réfutation (voy. IRENICUM).

— Janua linguarum reserata, quinque linguis, sive compendiosa methodus latinam, gallicam, italicam, hispanicam et germanicam linguam perdiscendi. *Amstelod., Elzevir.*, 1661, in-8. 4 à 5 fr. [10537]

Ce livre, qui parut pour la première fois à Lesna, en 1631, in-8., eut tout d'abord beaucoup de succès, et il s'en est fait un grand nombre d'éditions dans différentes villes de l'Europe; mais il est à remarquer que la plupart de ces éditions diffèrent entre elles, et par le nombre et par l'espèce des idiomes qu'elles contiennent. Ainsi, par exemple, l'édition faite à Leyde, chez les Elseviers, en 1640, pet. in-8., est en latin, en allemand, en français et en italien ; celle de *Dantzick*, en 1643, est en latin, allemand et *polonois ;* celle de *Stockholm*, 1640, est en latin, allemand et *suédois ;* celle d'*Amst.*, 1662, est en latin, françois et *hollandois ;* dans celle d'*Amst.*, *Elzevier*, 1649 ou 1665, on a ajouté une version *grecque ;* dans celle de *Londres*, 1670, on a mis une version *angloise*, et dans celle de *Moscou*, 1768, in-8., le russe est joint aux quatre langues lat., allem., ital. et franç.

— Schola ludus, seu Encyclopædia viva, hoc est Januæ linguarum praxis scenica. *Francofurti*, 1679, pet. in-8.

L'auteur donne dans ce livre le détail de huit exercices dramatiques qui mettent en action toute la matière de *Janua linguarum*.

Parmi les autres ouvrages de J.-Amos Comenius il en est un qui n'a pas eu moins de succès que la *Janua*, et qui a été également trad. en différentes langues. Il est connu sous le titre de *Orbis pictus*, mais dans l'édition de Lesna (*Leutschoviæ, typis Sam. Bremer*), 1685, in-4. de 313 et 133 pp., avec planche, il porte celui-ci : *Orbis sensualium pictus quadrilinguis...* Parmi les autres éditions du même livre que cite M. Graesse, il y en a une en lat. et en angl., par Ch. Hoole, *London*, 1659 et 1672, in-8.; — en latin et en danois, augmentée par J.-G. Rhode, *Hafniæ*, 1672, in-8.; — en latin, allemand et lithuanien, 1682, in-8. ; — en latin, françois et suédois, *Stockholm*, 1775, in-8. ; — en lat., allem., bohème, polonais et français, par J. Chmel, *w Kral. Hradel*, 1833, in-8.

Ou peut citer encore le *Vestibulum rerum et linguarum*, en latin, en allem. et en hollandais, *Amsterd.*, 1658 et en 1673, in-8.; réimpr. ensuite avec des versions allem., hongroise et slave, *Leutschov.*, 1702 et 1714, in-8., et depuis dans les mêmes langues, *Posonii*, 1747, in-8.

— Diogenes Cynicus redivivus, sive de compendiose philosophando : ad scholæ ludentis exercitia olim accommodata nunc autem lucidatus. *Amstelod.*, *apud Pet. van den Berge*, 1658 (aussi 1662), pet. in-12 de 10 et 100 pp.

Pièce en 4 actes, vend. 10 fr. de Soleinne, avec une autre pièce : *Abrahamus patriarcha scena repræsentatus*, Amstelod., 1661, attribuée au même auteur, et *J.-A. Comenii Faber fortunæ sive ars consulendi sibi itemque regulæ vitæ sapientis*, Amstelod., 1661.

— Didactica Opera omnia ab anno 1627 ad 1657 continuata. *Amstelod., Chr. Conradus et Gabr. a Roy*, 1657, 4 part. in-fol., avec portr., 482, 462, 1064 et 110 col.

— Historia fratrum Bohemorum, n° 22464.— Lux de tenebris. Voy. Kotterus.

COMES (*Steph.*). Stephani comitis Bellocassii Sylvula carminum, cum nonnulis epitaphiis Marci Laurini et Jo. Lodovici Vivis. *Brugis, typis Roberti Gualteri et Erasmi Verreeckij sociorum typographorum.* (in fine): *Veneunt in Burgo Simoni Vander Meulen, prope fores D. Donationi*, 1544, pet. in-8. [13032]

Porté à 45 fr. dans le *Bulletin du Bibliophile*, XII° série, 1856, p. 792, n° 393, avec une partie de la notice que Paquot a donnée sur ce poëte dans le premier volume de ses Mémoires, où il dit que le nom véritable de l'auteur était peut-être Etienne de Graef, qu'on aurait traduit par *Comes*.

Le Bibliographe liégeois cite du même auteur une *Oratio, partim consolatoria*, sur la mort de l'empereur Maximilien, *partim gratulatoria*, sur l'arrivée de Charles-Quint en Espagne, pièce datée de Bruges, le 1er février 1520, qui a été réimpr. ainsi qu'un *Carmen heroicum Steph. Comitis Bellocassii in suffragiis Cæsaris Caroli ad Imperium*, dans le 3e vol. des *Rerum germanicarum Scriptores* de Freherus, et dans le 3e vol. du Recueil semblable de Struvius.

COMESTOR (*Petrus*). Scolastica hystoria super nouum testamentum, cũ additionib', atcḡ incidentijs, incipit feliciť. — *Impressa ĩ Traiecto inferiore per magistros Nycolaum ketelaer, et Gherardũ de Leempt.* M° cccc° lxxiij°, pet. in-fol. goth. de 141 ou 142 ff. à 30 lig. par page ; le dernier f. est blanc. [295]

Première édition de cet ouvrage ; elle a l'avantage d'être le premier livre connu impr. avec date à *Utrecht.:* 100 fr. La Vallière; 200 fr. La Serna.

— Historia scholastica. — *Finit historia que et vulgato vocabulo scolastica... per Gintherum vero Zainer impressa (Augustæ-Vindel.)*, 1473, in-fol. à 2 col. de 52 lig.

Belle édition en lettres rondes, plus complète que la précédente qui ne contient que la seconde partie de l'ouvrage; les ff. sont chiffrés jusqu'à ccxiiii, non compris 6 ff. de table. C'est par erreur que Panzer marque ccxxiiii ff. — Vendu 50 fr. *m. v.* Brienne-Laire; 32 fr. Thierry; 1 liv. 10 sh. Hibbert ; 1 liv. Heber; 10 flor. Butsch.

Il a été fait deux éditions de l'*Historia scholastica*, sans date, qui paraissent être à peu près aussi anciennes que la précédente ; l'une est un in-fol. goth. de 252 ff. non chiffrés, à 2 col. de 46 lig., commençant : (r) *Euerendo patri ac do | nino suo guilhelmo*, et finissant à la 25e lig. de la 2e col. du dernier f. recto; l'autre, également in-fol. goth. a 304 ff. non chiffrés, à 2 col. de 42 lig., commençant : (r) *Euerẽdo patri ac dño*, et finissant à la 38e lig. de la 2e col. du dernier f. recto (caractères d'Ulric Zell, à Cologne).

— Le premier (et le second) volume de la bible historiee (translatée de latin en françois de Pierre Comestor ou le Mangeur, par Guyart des Moulins, et revue par Jean de Rely). — *a este imprimee ceste bible en francoys hystoriee, por Antoine verard libraire demourant a paris sur le pont nostre dame*, 2 vol. gr. in-fol. goth. à 2 col. de 47 lig., avec fig. en bois.

Première édition de cette traduction de la Bible commentée par Pierre Comestor : elle ne porte point de date; mais d'après Inscription de Verard *sur le pont nostre dame*, elle ne peut être postérieure au 25 novembre 1499, époque de la chute de ce pont. Guyart des Moulins a ajouté à sa traduction tous les livres de l'Ecriture sainte que le commentateur latin n'a point expliqués.

Voici la description de ce livre rare et assez précieux : tome 1, 12 ff. prélim., y compris le titre portant : *Le premier volume de la bible historiee* (en 3 lig.), texte fol. 1—CCC. liii. plus 37 ff. non chiffrés, contenant le Psautier; tome 11, 6 ff. prél. pour le titre et la table; texte fol. i — CCC xxxviii. M. Van Praet cite trois exemplaires impr. sur VÉLIN, à savoir : celui de la Bibliothèque impér.; un autre vendu 350 fr. Gaignat, et 500 fr. La Vallière, quoiqu'il eût un vol.

Comensis (*Bern.*). Lucerna inquisitorum, 3210.

gâté ; un troisième, très-beau, orné de 410 miniatures et partagé en 4 volumes, retiré à 1202 fr.
Mac-Carthy.

— Le premier (et le second) volume de la
bible en francoiz. (au recto du dernier f.
du 2e volume) : *alhonneur et louenge de
dieu.... a este imprimee ceste bible en
francois hystoriee pour Anthoine verard libraire demourant a paris....*
2 vol. gr. in-fol. goth., à 2 col. de 51 et
52 lignes, avec fig. en bois.

Même description que pour l'édition de Barthélemy
Verard (ci-dessous) ; il est seulement à remarquer
que le premier et les derniers ff. du texte du 1er vol.
sont mal chiffrés, et que même le cclvje n'est pas
chiffré. Le 2e vol. n'a que 9 ff. prél., et la première
page du texte est restée en blanc. Il est dit dans le
prologue que cette Bible a été imprimée pour la
première fois à la requête de Charles VIII , et que
depuis elle a été corrigée et augmentée du Psautier,
ce qui est aussi répété dans l'édition suivante. Dans
celle-ci, l'adresse d'Antoine Verard est *devant la rue
Neufue-Nostre-Dame*, où ce libraire ne vint s'établir qu'en 1503.

— Le premier (et le second) volume de la
bible en francoiz. (à la fin du 2e volume) :
*...a este imprimee ceste bible en fran-
cois hystoriee pour Barthelemy verard
marchant libraire demourant a Paris
deuant la rue neufue nostre dame a
lenseigne sainct iehan leuangeliste Ou
au palais...* 2 vol. in-fol. goth. à 2 col.
de 51 lignes, avec fig. en bois.

Cette édition, au nom de Barthélemy Verard, ne doit
pas être antérieure à l'année 1514, qui est celle
de la mort d'Antoine Verard 1er. Vend. 41 fr. Librairie De Bure.
Le premier volume a 9 ff. prélim. pour le titre, le
prologue et la table, 1 f. bl. et cclvi ff. de texte. Le
2e vol., 10 ff. prélim., cxxxiiij ff., et pour le Nouveau-Testament, cii ff. chiffrés.
— LE PREMIER (et le second) volume de la bible en
francoys. (au verso du dernier f. du second volume) :
*a lhonneur τ louenge de la benoiste trinite de
paradis a este imprimee ceste bible en francois
historiee pour Jacques Sacon libraire demourant
a Lyon lan de grace mille cccccxviii. le xxe Jour
de may,* 2 tom. en 1 vol. in-fol. goth., à 2 col., avec
fig. sur bois.
Premier volume : 8 ff. prélim. ; texte , ff. cotés de
I—CXCV. Second volume : 8 ff. prélim. ; texte coté
I—CLXXIII. Dans le nombre des pièces prélim. de
chaque volume est compris un frontispice gravé en
bois, contenant un titre impr. en noir pour le premier volume , et en rouge pour le second.
— Autres éditions : *Acheve d'imprimer le 24e jour
d'octobre l'an mil cinq cent et vingt pour Jehan
Petit...* à la fleur de lys d'or, in-fol. (catalogue
Baluze).
Nous citerons encore les éditions de *Paris, en la
rue sainct Jacques a lenseigne de telephant : le
IIIe iour de aoust lan mil cinq cès τ xxix pour
Francois regnault...* 3 part. ou 2 vol. en 1 tome
in-fol. goth., avec des fig. en bois. — de *Lyon en la
maison de Pierre Bailly marchant et libraire lan
de grace mille .ccccc .xxxxi.* 2 tom. en 1 vol. gr.
in-fol. goth. à 2 col., avec fig. en bois. Un exempl.
sous la date de 1521, et rel. en *mar. br.* 100 fr.
Bertin. — Un autre, même libraire, sous la date de
mil cinq cens trente six, 2 vol. in-fol. goth. fig.
sur bois, 63 fr. Bergeret.
— Autre : *Nouuellement impr. a Paris par Nicolas
Couteau pour Oudin Petit libraire et fut acheuee*

d'imprimer l'an 1541 le 23 nouembre. 2 tom. in-fol.
en caractères goth.
LA SAINTE BIBLE, en deux volumes : *On les vend
a Paris, en la rue saint Jacques a l'enseigne des
trois couronnes de Cologne,* 1544, in-fol., lettres
rondes , fig. sur bois. — M. Graesse décrit , d'après
un catalogue de Wideking de Berlin, une édit. de
Paris, J.-A. Petit , le xxviij iour de Aoust 1541,
2 vol. gr. in-fol. goth. avec fig. en bois, dont le
prem. vol. a 112 et 165 ff., et le second 144 et 10.

— Voy. RUDIMENTA noviciorum.

COMICORUM græcorum fragmenta. Voy.
FRAGMENTA et HERTELIUS.

COMICORUM græcorum sententiæ. Voy.
ESTIENNE (H.), et l'article MENANDER.

COMICORUM latinorum reliquiæ. Voyez
TRAGICORUM reliquiæ.

COMIDAS de Carbognano (*Cosimo*). Primi
principj della grammatica turca, com-
posti ad uso dei missionarj apostolici di
Constantinopoli. *Roma,* 1794, in-4. 15
à 18 fr. [11690]
— DESCRIZIONE topografica dello stato presente di
Constantinopoli. *Bassano,* 1794, in-4. fig. 10 fr. —
Gr. Pap. 12 fr. [27907]

COMINES. Voyez COMMINES.

COMITÉ archéographique de la Russie.
Cette commission a publié les ouvrages suivants :
1. POLNOÏE sobranïe rousskich létopissei. Collection complète des chroniques russes. *Saint-Pétersbourg,* 1841-1847, 7 vol. in-4. [27755]
2. AKTY sobrannye archéografitcheskoïou expé-
ditzïseiou. Documents rassemblés par l'expédition
archéographique dans les bibliothèques et archives
de la Russie. *Saint-Pétersbourg,* 1834, 4 vol. in-4.
Table des matières, *ibid.,* 1838, in-4. Ces documents
datent des années 1294-1700.
3. AKTY istoritcheskïe. Documents historiques
(pour l'époque de 1334-1700). *Saint-Pétersbourg,*
1841-1842, 5 vol. in-4. — Table des matières, *ibid.,*
1843, in-4. — Suppléments, *ibid.,* 1843-1857, 6 vol.
in-4.
4. AKTY otnossiastchiessia k istorii zapadnoï Rossii. Documents concernant la Russie occidentale (de
1340 à 1700). *Saint-Pétersbourg,* 1846-1853, 5 vol.
in-4. (Vers 27759)
5. VYCHODY gossoudarei tzarei i vélikich kniazei
Michaïla Féodorovitcha, Alexeïa Michaïlovitcha,
Féodora Alexeïevitcha, vséia Roussii samoderjetzef.
Levers des seigneurs tzars et grands-ducs Michel ,
Alexis et Fédor, autocrates de toutes les Russies.
Moscou , 1844, in-4. [Vers 27765]
Ce volume, publié par P. Stroïeff, embrasse les années 1632-82.
6. O ROSSII.v tzarstvovanïe Alexiia Michaïlovitcha. Sur la Russie sous le règne du tzar Alexis.
Ouvrage de l'époque, attribué à Grégoire Kochi-
khine ou plutôt Kotochikhine. *Saint-Pétersbourg,*
1840, in-4. [Vers 27765] Devenu déjà extrêmement
rare.
7. SOBRANÏE rousskich médalei. Collection de
médailles russes. *Saint-Pétersbourg,* 1840, in-fol.
[27784]

Comi (*S.*). Tipografia pavese, 31264.
Comiers d'Ambrun. Traité de la parole, 30156.
Comité de la langue, etc., Bulletin, 30009.
Comité historique des arts et monuments, Bulle-
tin archéologique et Archives des missions, 30009.

Le prix ordinaire de ces éditions était de 2 roubles par volume in-4.

COMITIBUS (*Just.* de). Voyez Conti.

COMITUM (*Natalis*), veneti, de venatione lib. III, Hieron. Ruscelli scholiis breviss. illustrati. *Venet., apud Aldi filios,* 1551, in-8. [12674]

Petit volume de 48 ff., assez rare : 17 fr. en 1829; 12 sh. *mar.* Butler.

Ce poëme de Noël des Comtes ou des Conti se trouve aussi à la suite de la *Mythologia* du même auteur, *Venetiis,* 1581, in-4.; ouvrage qui eut beaucoup de succès dans son temps, et qui fut réimprimé à *Francfort,* 1581, in-8., et avec des augmentations de Geofr. Linocier, *Paris,* 1588; *Lyon,* 1602; *Genève,* 1612, 1618, 1620, 1636, 1651, 1653, in-8.

COMMANDEMENS (les) de diéu et du dyable. (à la fin) : *cy finēt les cōmandemēs de dieu : z du diable* (sans lieu ni date), pet. in-4. goth. de 6 ff., marque de J. Trepperel sur le titre. [13428]

Les dix commandements de Dieu et ceux du diable sont chacun en une strophe de 8 vers de 8 syllabes. On trouve ensuite : *Les biens que dieu dōne a ceulx qui*(sic) *gardent ses cōmandemens,* en 8 vers, etc. : *Les maulx que le diable dōne a ceux qui gardēt ses commādemēs.* Vend. 10 fr. La Valliere ; 35 fr. 50 c. St-M., en 1841.

M. de Montaiglon a reproduit cette pièce dans le premier vol. de son recueil d'après une autre ancienne édition in-4. goth. de 4 ff. seulement, sur le titre de laquelle est un bois représentant le démon tentant Jésus sur la montagne. Cette édit. paraît impr. à Lyon par P. Marechal et B. Chaussard. La même pièce avait déjà été réimprimée à Chartres, chez Garnier, en 1831, avec le titre fac-simile (tirée à 76 exempl.), 4 fr.

COMMANDEMENTS (la Fleur des). Voyez Fleur.

COMMEDIA. Voy. Comedia.

COMMEDIE (delle) nuouamente raccolte, insieme con le correzioni ed anotazioni di Girolamo Ruscelli libro primo. *Venetia, Plinio Pietrasanta,* 1554, pet. in-8.

Ce volume, le seul publié, renferme six pièces, savoir : *la Calandra,* de Bibbiena ; *la Mandragola,* de Machiavel ; *il Sacrificio e gti Ingannati,* des Intronati ; *l'Alessandro,* d'Alex. Piccolomini, *l'Amor costante* et *l'Ortensio.*

— Commedie degli accademici Intronati. Voy. Intronati.

COMMELIN (*Joan.*). Horti medici amstelodamensis rarior. plantarum descriptio et icones. *Amstelod.,* 1697-1701, 2 vol. in-fol. fig. 15 à 24 fr. [5320]

Il y a 112 pl. dans chaque vol. de cet ouvrage. Vend. avec les pl. color. 340 fr. Gaignat; 450 fr. La Valliere ; 160 flor. Crevenna, et beaucoup moins depuis.

COMMELIN (*Casp.*). Flora malabarica, sive horti malabarici catalogus, studio Casp. Commelini. *Lugd.-Batav.,* 1696, in-fol. de 71 pp. [5227]

Ce vol. se joint à l'*Hortus malabaricus* (Voy. Van Rheede). Il y a des exemplaires avec un nouveau titre daté de 1718, et portant : *Botanographia in usum horti malabarici.*

L'édition de Leyde, 1696, in-8. de 284 pp., se paye de 5 à 6 fr.

— Plantæ rariores, 5321. — Beschryving der stadt Amsterdam, 25135.

COMMENT le pere z la mere doibuent chatier leurs enfans en icunesse, par Lexemple de celluy qui arracha le nez de son pere en le baisant. (*sans lieu ni date*), pet. in-8. goth. de 4 ff. [13429]

Pièce en vers, du commencement du XVIe siècle.

COMMENTAIRE et remarques chrestiennes sur l'edict d'Vnion de l'an 1588, ou est descrit le deuoir d'vn vray catholique contre les polytiques de notre temps. *Paris, Rolin Thierry, imprimeur de la Saincte Vnion,* 1590, pet. in-8. de 149 pp. [23608]

Ce commentaire est l'œuvre d'un ligueur fanatique qui ne s'est fait connaître que par les initiales L. S. V., placées à la fin de la dédicace au duc de Mayenne; il est précédé d'une *Ode sur l'union des catholiques.* On peut remarquer dans l'ouvrage des idées politiques sur la royauté et la noblesse assez hardies pour le temps. (*Bulletin du Bibliophile,* 1859, p. 834, n. 462, où un exempl. rel. en *mar. n.* par Capé est porté à 48 fr.)

COMMENTAIRES de l'estat de la religion et république sous les rois Henry, François seconds, et Charles IX (par P. de La Place), 1565, pet. in-8. 6 à 9 fr. [23490]

Nous avons vu deux éditions sous la même date, l'une de 2 ff. prélim. et de 262 ff., l'autre de 2 ff. prélim., 309 ff., plus 3 ff. contenant un avertissement et des errata (en *m. r.* ancienne reliure, 62 fr. Renouard). Dav. Clément (IX, 412) en cite une 3e de 282 ff., sans les prélim.; et selon Secousse, notes sur les Mémoires de Condé, tome I, p. 51, il y aurait même cinq éditions de 1565.

Il en a aussi été fait une sous ce titre :

HISTOIRE de notre temps, contenant les commentaires de l'estat de la religion et republique... par le sieur de La Place. 1560, in-16 (Biblioth. impér.).

COMMENTARII de rebus in scientia naturali et medicina gestis. *Lipsiæ,* 1752-1806, 37 vol. gr. in-8. fig. — Supplementa, 1763-96, 12 part. en 3 vol. in-8. et supplementum, I decadis IV, une part. in-8. — Indices decad. 1-3, 1770-93, 3 vol. in-8. [6228]

Collection peu commune en France, où elle revient à environ 300 fr. Les éditeurs étaient Ch.-G. Ludwig, pour les tomes I à XVIII; J.-Dan. Reichel, pour les tom. XIX à XXIV; Nat.-G. Leske, pour les tomes XXV à XXVIII; J.-G.-F. Franz pour les XXIX et XXX; et C.-G. Kühn, pour les tomes XXXI et suiv.

COMMENTARII. De bononiensi scientiarum et artium Instituto atque Academia commentarii. *Bononiæ,* 1731-91, 7 tom. en 10 vol. gr. in-4. fig. [30325]

Vend. 109 fr. de Lalande; en 9 vol. 25 fr. 50 c. Reina. On réunit à ces *Commentarii* l'ouvrage suivant de Jos. Bolletti :

DELLE origini e progressi dell' Istituto delle scienze di Bologna e di tutte le accademie ad esso unite, con la descrizione delle più notabili cose che

---

Commerce de la Hollande. — Voy. Serionne.

nello stesso istituto si conservano. *Bologna*, 1769, in-4. avec fig.

Novi commentarii Acad. scientiarum Instituti bononiensis. *Bononiæ*, 1834-49, 10 vol. in-4. 100 fr.

Indices gener. in Nov. commentarios Instituti bonon. *Bononiæ*, 1855, in-4.

Annexes de cette collection :

Memorie di storia naturale lette in Bologna nelle adunanze del' Istituto dall' abbate Giov.-Ign. Molina, americano. *Bologna*, 1821, 2 vol. in-8.

Memorie dell' Academia delle scienze dell' Istituto di Bologna. *Bologna*, 1850-55, 6 vol. in-4. fig. 150 fr.

Rendiconto delle sessioni ordinarie dell' accad. dell' Istituto di Bologna, vol. I, 1833 — dal nov. 1837 al anno 1842, *Bologna*, 1838-42, 5 vol. in-12. Doit avoir été continué.

COMMENTARII in Sophoclem. Voy. So-
PHOCLIS tragœdiæ.

COMMENTARII Societatis reg. scientiarum gottingensis, ab ann. 1751 ad 1754. *Gottingæ*, 1752-55, 4 vol. pet. in-4. fig. — Tomus V, ad ann. 1773 et 1782, in-4. sans date. [30332]

Novi commentarii, ann. 1769-77. *Gottingæ*, 1771-78, 8 vol. in-4. fig.

Commentationes, 1778-1804 (edente C.-G. Heyne). *Gottingæ*, 1779-1808, 16 vol. in-4. fig.

Commentationes recentiores ab ann. 1808 ad 1837. *Gottingæ*, 1811-41, 8 vol. in-4. fig.

Abhandlungen der Königl. Gesellschaft der Wissenschaften zu Götting., ann. 1838 à 1857. *Gœtting.*, 1843-59, 8 vol. in-4. Chaque vol. coûte de 8 à 10 thl.

Comme la Société de Göttingue se compose de trois classes, chaque volume des *Novi commentarii*, des *Commentationes* et des *Abhandlungen*, est divisé en trois part. : la 1re pour les sciences physiques, la 2e pour les mathématiques, la 3e pour la philologie et l'histoire. La collection complète est rare en France ; un exempl. en 40 vol. est porté à 70 thl. dans un des catal. de Weigel.

Il faut ajouter aux premiers *Commentarii* :

Sam.-Christ. Holmanni commentationum in Societ. gotting. recensitarum sylloge. *Gottingæ*, 1765, in-4. fig.

Ejusdem sylloge altera. *Lipsiæ*, 1775, seu *Gottingæ*, 1784, in-4.

J.-D. Michaelis Syntagma commentationum. *Gottingæ*; 1759 et 1767, 2 vol. in-4. — Ejusdem Commentationes Societati per annos 1758-62 oblatæ, *Bremæ*, 1763, seu editio secunda, 1774, in-4. — Eædem per ann. 1763-68. *Bremæ*, 1769, in-4.

COMMENTARIORUM de statu religionis et reipublicæ in regno Galliæ, regibus Henrico II, Francisco II et Carolo IX, Pars Ia (partes V). *Absque loco* (*Genevæ*), 1570-75, et *Lugd.-Batavor.*, 1580 et 1590, 5 part. in-8. [23494]

La première partie de cet ouvrage curieux est une traduction des *Commentaires de l'estat de la religion* de Pierre de La Place (voy. col. 186). Il a été réimprimé en 1571, en 1572, et depuis. Les autres volumes sont attribués à Jean de Serres. Le second a été réimprimé en 1572, et il y en a une 4e édit. *emendatior et locupletior, anno ultimæ dei patientiæ*, 1577. La 3e partie, contenant les livres VII, VIII et IX, *emendati et varie locupletati*, a été réimprimée *anno novissimi temporis*, 1589; la 4e *secunda editio*, aussi en 1577; la 5e partie, en 3 livres, comprend le règne d'Henri III, jusqu'en 1576. Le titre porte *Lugduni-Batavorum, per J. Jucundum*, 1580 ou 1590. Les premières éditions sont les plus belles, mais les dernières ont quelques augmentations.

COMMENTARIUS captæ urbis, ductore Carolo Borbonio, ad exquisitum modum confectus... auctoris innominati : huic adjecta sunt poematia duo : Carolus, sive Vienna Austriaca; Carolus, sive Tunetę anastasis. *Basileæ, Joan. Hervagius*, 1536, pet. in-8. de 38 pp. et 1 f. pour la souscription. [25600]

15 fr. *mar.* Coste.

La relation du sac de Rome, qui fait partie de ce volume peu commun, avait déjà été impr. séparément en MDXXVII (*sans lieu d'impression*), pet. in-8., selon Panzer. L'éditeur est Joach. Camerarius, dont la préface a été reproduite dans l'édition de ce même recueil impr. à Paris, chez Rob. Estienne, en 1538, in-8.

COMMENTATIONES latinæ tertiæ classis Instituti regii belgici. *Amstel., Ibenbuur et Van Seldam*, 1818-1836, 6 vol. in-4. [30342]

La suite des Mémoires de cette classe, en hollandais, a pour titre : *Gedenkschriften in de hendaagsche talen van de derde klasse van het Nederl. Instituut van Wetenschappen, Letterkunde en schoone Kunsten*, 1833 et ann. suiv., in-4., tom. I à V. Les Mémoires des deux premières classes de l'Institut royal du royaume des Pays-Bas se publient en hollandais depuis l'année 1818, et sont aussi de format in-4.

Les Mémoires de la première classe de la même compagnie (*Verhandlingen der eerste classe van het Kon. Nederlandsch Instituut van Wetenschappen, letterkunde en schoone kunsten te Amsterdam*), Amsterdam et la Haye, sont aussi en hollandais et de format in-4., ils se divisent en trois séries, savoir : la 1re de 1812 à 1825, en 7 vol. in-4.; 2° Nouveaux mémoires, 1827 à 1849, 13 vol. — 3e série, 1849 et suiv., tom. I à IV. Se continue. — La seconde classe, 1818-43, in-4., a publié les vol. I à V, également en hollandais. Il faut réunir à ces recueils : *Tijdskrit vor wy-en natuur. wetenschappen uitgeg. d. de 1e klasse van het K. Nederl. Instituut*. Amsterdam, 1847, etc., in-8. — *Het Instituut of Verslagen en mededeelingen, uitgeg door de 4 klassan; van het koen. Instituut van wetensch. letter en schoone Kunsten*. Amsterdam, 1841-46, 6 vol. gr. in-8.

Depuis 1847 il paraît annuellement un Annuaire (*Jaarboek*) du même Institut, en 1 vol. in-8.

COMMERCIUM epistolicum de quæstionibus quibusdam mathematicis inter Brouncker, Kenelmum Digby, Fermatium et Freniculum, una cum J. Wallis et F. a Schooten. *Oxonii*, 1658, in-4. [7814]

50 fr. Libri en 1857, et quelquefois beaucoup moins.

COMMERCIUM litterarium. Voy. Academia naturæ curiosorum, à la fin de l'article.

COMMINES ou Comines (*Phil.* de), sieur d'Argenton. Cronique et hystoire faicte et composee par feu messire Phelippe de Comines...contenant les choses aduenues durant le regne du roy Loys XIe tant en France, etc. — *acheuee dimprimer le xxvie iour de auril mil cinq cens xxiiij pour Galliot du Pre* (*Paris*), pet. in-fol. goth. de 116 ff. [23414]

Vend. 56 fr. m. r. Mac-Carthy, et 3 liv. 15 sh. à Londres, en 1835; 35 fr. *mar. v.* Bignon', et a plus de valeur aujourd'hui.

Première édition des Mémoires de Commines. Elle ne contient que les six premiers livres, et s'arrête à la mort de Louis XI, en 1483. La suite, qui renferme les 7ᵉ et 8ᵉ livres, et continue l'ouvrage jusqu'à la mort de Charles VIII, en 1498, n'a paru qu'en 1528 : nous en rapporterons le titre ci-dessous. La Bibliothèque impériale et celle de Sainte-Geneviève, à Paris, conservent chacune un exempl. du premier volume impr. sur VÉLIN. La première de ces deux bibliothèques possède également un exempl. sur VÉLIN de la seconde édit. de Commines, *Paris, le septiesme iour du moys de septembre lan mil cinq cens xxviii, par Ant. couteau pour Galliot dupre,* in-fol. goth. de 4 et cxij ff., un exemplaire sur papier, 67 fr. Cailhava. Ces deux éditions ont un privilége daté du 3 février 1523, ce qui a fait annoncer sous cette date une édition très-problématique.

— La même cronique. nouuellement reueue et corrigee. Auec plusieurs notables mis au marge... *Imprime en iannier lan mil cinq cens xxv. il se vend... en la boutique de Galliot du pre,* Libraire iure *de luniuersite de Paris,* in-fol. goth. (Biblioth. impér.)

— Cronique et hystoire faicte et côposee par feu messire Philippe de Comines... contenant les choses aduenues durant le regne du roy Loys unziesme... *Et fut acheuee dimprimer le quinziesme iour du moys de feurier lan mil cinq cês xxv par maistre* J. G., pet. in-fol. goth. de 114 ff., dont quatre pour le titre et la table (le fol. 78 est répété et le dernier est coté CIX au lieu de 110).

Ces deux éditions sont rares, mais, d'après la manière de commencer l'année à cette époque, postérieures à l'édition de *Paris,* impr. *le unziesme iour du moys de Septembre Lan Mil cinq cens .xxv. par Anthoine couteau Pour Galliot du pre...* in-fol. goth.

Une édition *nouuellement imprimée a Paris,* sans date, pet. in-4. goth. 55 fr. Giraud.

— Cronique et hystoire faicte et composee par feu messire Philippe de Cômines. *Lyon, Claude Nourry dit le Prince,* 1526, gr. in-4. goth. de 4 ff. prél. et 108 ff. chiffrés, titre entouré de vignettes, et grande pl. au verso; 51 fr. malgré une piqûre de vers, 2ᵉ vente Quatremère.

Un exemplaire de cette édition lyonnaise, avec la seconde partie, édit. de *Paris, De Marnef,* 1528, pet. in-fol. *mar. r.* 43 fr. Hurtault. Ajoutons qu'une édit. de la Chronique de Commines, *Lyon, Cl. Nourry dit le Prince,* 1528, in-fol. goth. *mar. r.* n'est portée qu'à 8 fr. 5 sous dans le catal. de La Valliere, nº 5076.

L'édition des huit livres, *Paris,* 1529, in-fol. goth. (savoir : 1ʳᵉ partie, *acheuee dimprimer le vingtiesme iour du moys de Mars Lan Mil cinq cês vingt et ix. Pour Francoys regnault...* de IV et Cvj ff. ; et la 2ᵉ part., *acheuez dimprimer lan mil cinq cês xxix le* 11 *iour Daoust pour mestre Enguillebert de Marnef,* de IV et liiij ff.) a été vend. 15 fr. en 1824; 62 fr. Ve Revoil; 17 fr. Bignon; 42 flor. Butsch; celle de 1524, avec la chronique de Charles VIII, édit. de Paris, *Enguilb. de Marnef,* 1529, 2 tom. en 1 vol. in-fol. goth., 75 fr. rel. par Purgold, de Nugent.

Un exemplaire de la première partie, édition de 1529,

rel. en *mar.* et presque non rogné, 280 fr. Bertin; un autre exemplaire de la même partie, 23 fr. Monmerqué.

— Croniques du Roy Charles huytiesme de ce nõ que Dieu absoille, côtenãt la verite des faictz et gestes dignes de memoire dudict seigneur, quil feist en son voiage de Naples et de la conqueste dudit royaulme... Et de son triumphât et victorieux retour en son royaume de Frãce : Côpile et mise par escript en forme de memoires par Messire Phelippes de Cômines cheualier seigñr Dargetõ... auec la table recollectiue du côtenu au dict liure. On les vend a Paris a la rue saïct iacqs a lenseigne du Pellican *τ* a Poictiers au Pellican. (à la fin): *Fin Des Croniqs du... Roy Charles huytiesme... Et furêt acheuez dimprimer lan mil cĩq cês .xxviii. Le .xxv. iour de Septêbre Pour maistre Enguillebert de Marnef libraye* (sic) *iure de luniuersite de Paris,* pet. in-fol. goth. de 4 ff. prél. et lx ff. de texte, avec fig. en bois.

Ce volume complète les éditions de Commines en six livres. 61 fr. Cailhava ; et un bel exempl. *mar. bl.* parsemé de fleurs de lis, 215 fr. Giraud. Cette partie a été réimprimée par Marnef en 1529, le 11ᵉ iour d'aoust, comme nous l'avons dit ci-dessus. Un exempl. sous cette date, in-fol. goth., fig. sur bois et titre gravé, 260 fr. rel. en *mar. r.* par Trautz, Gancia, en 1860.

— CHRONIQUE et histoire faicte et composee par feu messire Philippe de Commines....... *On les vend a Paris en la Grande Salle du Palais au premier pillier, par Arnould langelier,* 2 part. en 1 vol. pet. in-8. goth.

La première partie, pour le règne de Louis XI, a 8 ff. prél. et cclxviij ff. chiffrés ; la seconde, pour celui de Charles VIII, 6 ff. prél. et cxxvij ff. Au verso du dern.: *acheues dimprimer le Vendredy IIII iour de Apuril Lan mil cinq cens trente et neuf.*

L'exempl. en *mar. r.* vendu 12 fr. Mac-Carthy, a été revendu 54 fr. Coste ; un autre rel. en veau 50 fr. en 1859; la première partie seule avec le nom du libraire Fr. Regnault, volume rel. en *mar. bl.* 50 fr. Crozet, et 41 fr. Baudelocque. — Il s'en trouve aussi avec le nom d'*Estienne heruault,* ou avec celui d'*Alain Lotrian,* et enfin avec le nom et la marque de *Félix Guibert,* libraire dont Lottin n'a pas parlé. Tel était l'exemplaire en *cuir de Russie,* vendu 76 fr. Fr. Michel, nº 1727 du Catalogue.

— LA MÊME CRONICQUE... nouuellement reueue et corrigee Auec plusieurs notables mis au marge. Imprime en Aoust mil cinq cês quarate Trois, MLXIII (sic). *On les vend a Paris par Pierre sergent.* ═ Cronicques du Roy Charles huytiesme...... auec la table recollectiue, annotations et colations du contenu Audit liure lesquelles au parauant auoient estees Obmises. M DLXIII (sic). *On les vend à Paris... par Iacques Regnault...* (à la fin): *acheues d'imprimer lan mille cinq cens quarante et troys... par Iehan Real,* 2 tom. en 1 vol. pet. in-8.

— LA MÊME, nouuellement reuue et corrigée, auec plusieurs notables mis au marge, pour le sommaire de la dicte histoire. *Paris, Galliot du Pré (et I. de Roigny),* 1546, pet. in-8.

— La même. *Paris, Jehan Longis,* 1549, in-8. 31 fr. *vélin,* Fr. Michel.

— Les mêmes chronique et histoire (en VIII

livres). *Paris, Est. Grouleau*, 1551 et aussi 1560, pet. in-12. 10 à 12 fr.

L'édit. de 1551 a été payée 20 fr. en 1841.

— Les memoires de messire Ph. de Commines sur les principaux faicts et gestes de Louis onzieme et de Charles huictieme son fils, Roys de France. reueus et corrigez par Denis Sauvage de Fontenailles en Brie. *Paris, Galiot Du Pré* (ou *J. De Roigny*), 1552, in-fol.

Réimprimé à *Lyon, Jean de Tournes*, 1559; à *Paris*, par *Guill. Morel pour Galiot du Pré*, 1561; *Paris, Th. Perier*, ou *Abel L'Angelier*, 1580; trois édit. in-fol.

— LES MÊMES, de nouveau reveuz et corrigez pour la seconde fois, auquel est adiouste une epistre de Jean Sleidan... avec la vie de messire Angelo Cattho, archevesque de Vienne. *Paris, Nic. Bonfons*, 1579, in-16.

Réimpr. pour *Jaques Chouet* (à Genève), 1593, in-12, 18 fr. Gancia; et aussi à *Anvers, M. Nutius*, 1597, pet. in-12.

Nous nous abstenons de citer les autres éditions de ces mémoires qui ont été faites depuis la fin du XVIᵉ siècle jusqu'en 1648.

— Les mêmes, sous le titre de Mémoires. *Leide, chez les Elzeviers*, 1648, pet. in-12. 30 à 40 fr. [13717]

Jolie édition, dont les exemplaires grands de marge et bien conservés sont fort recherchés. Vend. bel exemplaire *m. r.* 55 fr. Caillard; 73 fr. *vél.* F. Didot; 107 fr. (137 millim.) Chalabre; 90 fr. Pixerécourt; en *vél.* (135 millim.) 85 fr. Hebbelynck, et jusqu'à 129 fr. (132 millim. *mar. v.*) Giraud; en *mar.* (136 millim.) 310 fr. Renouard.

— Les mêmes, contenant les histoires des rois Louis XI et Charles VIII, depuis l'an 1464 jusqu'en 1498; revus et corrigés par Denys Godefroy. *Paris, de l'impr. royale*, 1649, in-fol.

Belle édition: 15 à 18 fr. Vend. en *m. r.* 30 fr. La Valliere; 27 fr. le duc de Plaisance; 45 fr. 50 c. Bignon; 58 fr. Giraud; 4 liv. 12 sh. annoncé Gr. l'ap. à Londres, en 1835.

— LES MÊMES, à *Leyde, chez les Elzeviers*, 1649, in-12 de 765 pp. avec le *Non solus* sur le titre.

Contrefaçon de l'édit de 1648, mais dans un plus grand format. Elle a probablement été faite à Rouen.

L'édition de *Paris, Cardin Besongne*, ou *Ant. de Sommaville*, ou *Fr. Clousier*, 1661, pet. in-12, paraît avoir été faite sur celle des Elseviers, car elle a un frontispice gravé qui porte: *à Paris, sur l'imprimé à Leide* 1661, et on y a conservé la dédicace signée *les Elzeviers*.

C'est d'après l'édition de D. Godefroy qu'ont été faites celles de *La Haye, Leers*, 1682, pet. in-8. divisée en 2 tom. dont le second renferme les preuves. 6 à 9 fr.; celle de *Bruxelles*, 1706 et 1715, 4 vol. in-8. y compris le supplément donné par Jean Godefroy; et la réimpression de *Bruxelles*, 1723, 5 vol. pet. in-8. Ces deux dernières sont bonnes et se payent de 18 à 25 fr.

— Les mêmes, nouvelle édition, enrichie de notes par mess. Godefroy, augmentée par l'abbé Lenglet du Fresnoy. *Londres et Paris, Rollin*, 1747, 4 vol. in-4. fig.

Bonne édition: 30 à 40 fr.; en Gr. Pap. 60 à 80 fr.; et plus quand les portraits d'Odieuvre s'y trouvent insérés.

Il existe des exemplaires de cette édition, avec le portrait de Maurice, comte de Saxe, et la dédicace de l'éditeur à ce maréchal, laquelle a été supprimée. Ces exemplaires ont un plus grand prix aux yeux des amateurs: vend. en Gr. Pap. *mar. r.* avec les portraits et la dédicace, 286 fr. La Valliere; 201 fr. *m. bl.* en 1821; 13 liv. *m. v.* à Londres, en 1835; 350 fr. *m. r.* en 1837; en *vélin*, 135 fr. Giraud.

— MÉMOIRES de Philippe de Commynes, nouv. édition, revue sur les manuscrits de la Bibliothèque royale, et publiée avec annotations et éclaircissements, par Mˡˡᵉ Dupont. *Paris, J. Renouard*, 1840-47, 3 vol. gr. in-8. 27 fr.

Imprimé aux frais de la Société d'histoire de France.

— Las Memorias de Filipe de Comines, traducidas de frances con escolios propios por don Ivan Vitrian. *En Amberes, Juan Meursio*, 1643, in-fol.

Les additions importantes du traducteur donnent du prix à cette traduction que Amelot de la Houssaie a plusieurs fois citée dans ses Mémoires, article *Autriche*.

Les Mémoires de Commines ont été trad. en latin par Jean Sleidan, sous le titre de *Commentarii de rebus Ludovici XI (et Caroli VIII)... ex gallico latine facti*, et impr., savoir: la 1ʳᵉ partie *Argentinæ*, 1545, in-4. (réimpr. à *Paris*, 1545, in-8.); la 2ᵉ partie *Argent.*, 1548, in-8., les deux ensemble, *Paris, Andr. Wechel*, 1568, in-16; 1569, in-4., et encore plusieurs fois dans la même ville, in-8. et in-16: on en cite une autre traduction latine par Gasp. Barth., *Francofurti*, 1629, in-8. On les a également en italien, dans les formats in-8. et in-16, par Nic. Reince. *Venetia*, 1544, ou 1559, in-8., par Lorenzo Conti, *Brescia, Fontana*, 1612, et *Venise*, 1640, in-4.; — en hollandais, par Corn. Kyel ou Kilian, *Anvers*, 1578; *Delft*, 1612, et *Leeuwarden*, 1665, trois éditions in-8. — Autre traduction hollandaise, avec des notes par Fr. de Haes, *Amsterdam*, 1757, in-8.; — en allemand, par Gasp. Hedio, avec une préface de Beuther, *Strasb.*, 1551 et 1566, in-fol., et à Francefort, 1580 ou 1625, in-fol.; — en anglais, par Th. Danett, *London*, 1596, in-fol. — 4ᵉ édit., *Lond.*, 1674, in-fol., par Uvedale, d'après l'édit. de D. Godefroy, *London*, 1712, ou 2ᵉ édit., *London*, 1723, 2 vol. in-8.; — par un anonyme, *London*, 1823, 2 vol. in-8.; — en suédois, par Éric Schroder, *Stockholm, impr. de J. Meurer*, 1624, in-fol.

COMMISSION (la) de hault et puissant Prince Claude de Lorraine, duc d'Aumalle, Pair de France, lieutenant général pour le roy en Normandie, auec les lettres patentes dudict seigneur pour la séance de la court de Parlement en la ville de Louuiers; Ensemble les arrests de la dite court donnez contre les rebelles séditieux, et qui ont pris et porté les armes contre le Roy, violé les temples, saccagé et bruslé les monastères, religions et lieux de dévotion, et mesmes les maisons des catholiques, pillé-robbé et emporté les biens y estants. *Paris, Vincent Sertenas*, 1562, pet. in-8. [23505]

Réimprimé en partie dans les différentes éditions des Mémoires de Condé, ainsi qu'un grand nombre d'autres pièces publiées à la même époque que celles-ci.

COMMODITÉ (la) des bottes en tous temps, sans chevaux, sans mulets et sans asnes, avec la gentillesse des mantaux à la roquette et des cheveux à la garcette. *Paris,* 1629, pet. in-8. de 16 pp. [17951]

Opuscule rare et curieux pour l'histoire du costume en France : vend. 25 fr. 50 c. Librairie De Bure, 3ᵉ part. Il a été précédé d'une autre pièce intitulée : *La grande propriété des bottes sans cheval en tout temps, nouuellement decouuerte, auec leurs appartenances dans le grand magasin des esprits curieux. Paris, P. Ménier* (sans date) ou 1616, in-8. de 4 ff. vend. 12 fr. Leprevost, en 1857.

COMNENA (*Anna*). V. BYZANTINA, nᵒ 13.

COMNENE (*Jean*), médecin valaque. Description du mont Athos, et de ses monastères, en grec vulgaire. *Venise,* 1745, in-8. [21544]

Vend. 78 fr. Villoison, sans valoir plus de 9 à 12 fr.

Cet ouvrage avait déjà paru à *Venise,* 1701, in-8.; et il se trouve réimpr. avec une version latine dans le 7ᵉ livre de la *Palæographia græca* de D. Montfaucon.

COMOEDIÆ ac tragœdiæ aliquot ex novo et vetere Testamento desumptæ : adjunximus præterea duas lepidissimas comœdias, mores corruptissimi seculi elegantissime depingintes. *Basileæ, per Nic. Brylingerum,* 1540, pet. in-8. de 5 ff. et 708 pp. [16114]

Recueil de dix pièces composées par Gnaphæus, Crocus, Papeius, Zovitis, Betulius, Nageorgus et Macropedius, lesquelles avaient déjà été impr. séparément, mais dont une partie seulement se trouve reproduite dans les *Dramata sacra,* impr. à Bâle en 1547 (voy. DRAMATA). Vend. 5 fr. Courtois, et en *mar.* 19 fr. 50 c. de Soleinne; 13 fr. Baudelocque.

COMOEDIÆ hodierna Græcorum dialecto conscriptæ quæ Venetiis publice solent aliquando exhiberi. *Vinegia per Giovantonio et fratelli da Sabio,* 1529, in-4. [16097]

Cité par Panzer, d'après la *Bibl. thott.,* VII, p. 190.

COMOLLI (*Angelo*). Bibliografia storico-critica dell' architettura civile, ed arti subalterne. *Roma, stamperia vaticana,* 1788-92, 4 vol. in-4. 30 à 40 fr. [31743]

Cet ouvrage manque d'exactitude, et l'auteur est mort sans l'avoir terminé.

COMPAGNIA del Mantellaccio, con la giunta nuovamente stampata. *Fiorenza, ad instanza di Jacopo Chiti,* 1572, in-4. de 4 ff. [15004]

Édition rare de ces poésies. M. Gamba l'estimait 12 fr. dans la première édition de sa *Serie;* mais elle a été portée au prix excessif de 133 fr. à la vente Gradenigo; 50 fr. *mar. r.* Libri.

Il existe une édition du même ouvrage (sans lieu

d'impression) in-4. de 8 ff., à la fin de laquelle se lit la date : M CCCC lxxxviiij. adi xviii daprile, sans nom de ville ni d'imprimeur; et aussi une édition de Florence, in-4. de 4 ff. à 40 lignes par page, sans date, qui se termine par IL FINE. Ce n'est pas la même qu'une édition sans lieu ni date, mais de la fin du XVᵉ siècle, in-4. de 4 ff. à 2 col. de 36 lig. avec un bois sur le recto du 1ᵉʳ f. Vend. en *mar. bl.* 116 fr. Libri.

On peut encore citer comme des pièces assez rares les éditions de Florence, *Gio. Baleni,* 1584 et 1597, et *Jacopo Pocauanza,* 1610, toutes les trois in-4. et également de 4 ff.

L'Académie de la Crusca cite cet opuscule d'après l'édition de 1568, qui est à la suite des sonetti de *Burchiello.* Voy. BURCHIELLO.

COMPAGNIÆ (Libro de). Voy. LIBRO.

COMPAGNIE agréable (la), contenant toutes sortes d'histoires galantes, curieux divertissemens, et autres plaisantes narrations pour chasser la mélancholie, et faire passer agréablement le temps à la compagnie. *Paris, Claude Barbin,* 1685, pet. in-12. [17869]

46 fr. *mar. citr.* Nodier ; 26 fr. *bas.* en 1845.

Ce livre paraît avoir beaucoup de rapport avec celui qui a pour titre *les Agréables divertissemens* (voy. AGRÉABLES), et aussi avec les deux recueils suivants :

LA COMPAGNIE joyeuse par J.-P. de Memel, contenant toutes sortes de petites histoires et discours facétieux, très-utiles pour ceux qui voyagent ou qui sont en compagnie : en françois et en allemand. (*sans lieu d'impression*), 1688, in-12.

LA COMPAGNIE du voyageur, ou recueil d'histoires, bons mots et discours plaisans, choisis pour la récréation des âmes vertueuses, et pour réjouir les plus mélancholiques. *Imprimé dans la Belle Saison, par Jacques Le Gaillard* (sans date), in-12.

COMPAGNIE de la Lésine. Voy. FAMEUSE compagnie.

COMPARATIVE (a) view of the ancient monuments of India particularly those in the island of Salset near-Bombay, as described by different writers. *London,* 1785, in-4. de XVI et 85 pp. [28110]

Vend 17 fr. Anquetil ; 16 fr. Langlès.

COMPARATIVE (a) vocabulary of the Barma, Malágu, and T'hái languages (commonly denominated Burman, Malay, and Siamese), by J. L. *Serampore, mission press,* 1810, in-8. [11834]

Vendu 28 fr. 50 c. Klaproth.

COMPASSIONEVOLE (il) et memorabil caso, della morte della regina di Scotia, moglie di Francesco II, re di Francia. *Vicenza, Nave,* 1587, in-4. de 4 ff. [27455]

20 fr. Costabili.

COMPENDIO de la historia de España (por

Compagnoni (*P.*). Memorie della chiesa di Osimo, 21477. — Cyriaci fragmenta, 29991.

Compalgne (*Bertr.*). Chroniques de Bayonne, 24702.

Compan. Dictionnaire de danse, 10376.

Comparetti (*And.*). Observations anatom., 6825.

Compayré (*Cl.*). Études sur l'Albigeois, etc., 24744.

Comolli (*Ang.*). Vita inedita di Raffaello da Urbino, 31049.

Compagni (*Dino*). Istoria fiorentina, 25515.

M. Ascargorta). *Madrid*, 1806, 2 vol. gr. in-8. fig. 30 à 40 fr. [25995]

Ouvrage estimé, qui renferme les portraits de tous les rois d'Espagne et de nombreuses vignettes ; il se joint à la traduct. espagnole de l'Histoire univer-selle d'Anquetil, en 15 vol. in-8., imprimée de 1801 à 1807, également avec figures. On en a tiré des exemplaires de format in-4. en pap. fin. Il y en a aussi une édit. commune, sans fig., et une traduc-tion française par L.-M. G***. *Paris*, 1823, 2 vol. in-8.

COMPENDIO delli abbati di Valembrosa. Voyez à l'article Vita di San Giovanni Gualberto.

COMPÉDIUM hystorial translate de latin en francois. — Cy fine le Compendium hystorial... *nouv^t imprime a Paris le 19 iour de aoust* 1509, *pour Antoine Verard libraire...* pet. in-fol. goth. à longues lignes, au nombre de 42 par page. [21285]

4 ff. prél. y compris le titre, 191 ff. chiffrés de texte ; au verso du dernier la souscription et la marque de Verard.

Ce *Compendium* est de Henry Romain, chanoine de Tournay. Il conserve quelque valeur aux yeux des amateurs d'anciennes chroniques. Vend. 25 fr. Mo-rel-Vindé. Il en existe une autre édition sous le titre de *Compendium historial des polices des em-pires, royaumes et chose publique, nouvellement translate de latin en francois*, Paris, Nicolas Cous-teau , pour Francois Regnault et Galiot du Pre, 1528, in-fol. goth. de 190 ff.

COMPENDIUM morale. V. Janua (*Nic.*).

COMPENDIŪ musices confectū ad facilio-rĕ instructionĕ cantum choralĕ dis-centiū : necnŏ ad introductionĕ huius libelli : qui Cātorinus intitulatur. — *Ve-netiis p dñm Lucantoniū de Giunta... Anno dñi millesimo qngentesimo ter-tiodecimo die ꝓo tertia decēbris*, pet. in-8. de 120 ff. chiffrés. [10139]

Vend. 11 fr. Reina. — Le *Cantorinus romanus*, qui occupe la plus grande partie de ce petit volume rare, et qui se compose de plain-chant noté, est im-primé en rouge et noir ; il en est de même de l'édit. de Venise, *apud Petr. Lichtenstein*, 1538, pet. in-8. de 16 ff. prélimin. non chiffrés et 88 ff. chiffrés. — Voy. Cantorinus.

COMPENDIUM totius grā| matices ex va-riis auctoribus. Laurentio Seruio Perotto| diligenter collectū. ꝛ versibus cū eoꝗ interꝑtatione cŏscri | ptum totius barba-riei destructoriū. ꝛ latine lingue orna-mē| tum nŏ minus ꝑceptoribus ꝗ pueris necessarium. (à la fin) : Et sic huius cŏ-pĕdij finis feliciter habetur (*absque nota*), in-4. goth. de 62 ff. non chiffrés.

Il y a au bas du titre un bois représentant le maître et deux disciples, et au verso se lisent deux vers dé-signant un Johannes comme auteur du livre. Peut-être s'agit-il de Johannes de Guirlanda (voy. Guir-landa).

Réimpr. *Daventriæ, per Richardum Paffroed*, 1489, *quarto die Martii*, in-4., avec la fig. de S. Lebuin au commencement et à la fin.

COMPÈRE (le) Mathieu, ou les bigarrures de l'esprit humain (par Du Laurent). *Paris, Patris*, 1796, 3 vol. in-8. fig. 15 à 18 fr. [17237]

Les exemplaires en pap. vél., avec les fig. avant la lettre, sont rares : vend. 58 fr. Coulon ; 140 fr. *mar.* Labédoy... ; 73 fr. Pixerécourt.

La première édition de ce roman licencieux, publiée sous la date de Londres, 1766, est en 3 vol. pet. in-8.

COMPILACION de las batallas. Voy. Tra-tado. ,

COMPILOGUE (le) des guerres de la Gaule et pays de France, et des lieux plus faciles à assaillir : la couuerte entre-prise des Imperiaux du coté de l'Alle-magne, contre France, par un Auocat de Lyon. *Lyon* (sans date), in-16.

Ce livre ne nous est connu que par la mention qu'en fait Du Verdier, édit. in-4., tome 1, p. 430.

COMPLAINTE (la) de lamoureux contre la mort pour sa dame. Voy. Chartier (*Alain*).

COMPLAINTE a tous les estatz de France cruellement brigandés et tyrannisés par les cruels bourreaux et sanguinaires le cardinal de Lorraine, et son frere de Guyse, deux brigans non seullement de corps et bien, mais (qui est plus lamen-table) des pauvres ames. (*sans lieu ni date, mais impr. vers* 1562), in-8. de 15 ff. [23504]

Pamphlet en prose et en vers, qui peut être placé à côté de l'*Epître au tygre de la France* (voy. Epis-tre). Vend. 23 fr. *mar. bl.* Coste.

COMPLAINTE de france. (*sans lieu ni date*), in-4. goth. de 6 ff. [13430]

En vers de différentes mesures.

COMPLAINTE de la France. *Imprime nouuellement*. M. D. LXVII, in-8. [13941]

Opuscule contenant vingt sonnets et trois autres piè-ces. M. A. Duplessis l'a fait réimpr. à Chartres, chez Garnier, en 1834, et in-8. à 48 exempl. et M. de Montaiglon, dans le 5e volume de son Recueil, où se trouve aussi :

Ode sacrée de l'Eglise francoise sur les miseres de ces troubles huictiesmes depuis vingt-cinq ans en ça. *Imprime nouuellement*, 1586 (in-8.).

Autre opuscule dont M. A. Duplessis avait également fait faire une réimpression à Chartres, pet. in-8. à 48 exemplaires.

COMPLAINTE de Jean Valette. Voyez au mot Diablerie.

COMPLAINTE de la grosse cloche de Troyes. Voy. Poésies.

COMPLAINTE (la) de la riuiere de Seine auecque la source et origine dicelle. (*vers* 1530), pet. in-8. goth. de 4 ff. [13431]

Pièce en vers de dix syllabes. Voici les deux derniers :

Priez pour cil qui ainsi ma dittee
Par son surnom il est nomme valee.

On l'a reproduite en un fac-simile tiré à 25 exempl.

COMPLAINCTE (la) de la terre saincte |

et autres prouinces adiacentes | detenue en la main des infideles. *Jmprime a Anvers par Martin Lempereur. pour Jean de la Forge | demourant a Tournay. Lan* 1532, pet. in-4. goth., titre entouré de 12 vignettes sur bois. [13431]

Opuscule mêlé de prose et de vers, renfermé en 8 ff., titre compris; il est fort rare.

COMPLAINCTE de l'université de Paris, contre aucuns etrangers nouvellement venus, surnommez Jesuites. (*sans lieu d'impression*), 1564, in-4. [13941]

Cette pièce en vers est portée dans l'ancien Catalogue de la Bibliothèque du roi (Y, 4614), ainsi qu'un autre petit poëme intitulé : *Complaincte des Escoliers contre les nouueaux violateurs des lois, surnommez Jesuites*, 1565, in-4. On peut réunir à ces deux complaintes une *Elegie av Jesvite qui lit gratis en l'vniversité a Paris prise du latin qui commence* :

Te gratis narras, Soterice, velle docere, etc.

1565, in-4. de 4 feuillets, pièce qui est la traduction en 126 vers de la satire écrite en 72 vers latins par Adrien Turnèbe, sous ce titre : *Ad Sotericum gratis docentem*.

Cette satire latine se trouve dans le 3ᵉ volume des Œuvres de l'auteur. (*Argentorati*, 1600, in-fol.). Estienne Pasquier l'a traduite en autant de vers français, et l'a publiée à Paris sous cet autre titre : *Contre le Soterique enseignant gratis*, in-4. La traduction de Pasquier n'ayant que 72 vers, diffère donc de l'*Elégie* en 126 vers. Elle n'a pas été réimpr. dans la dernière édit. des œuvres de l'auteur des Recherches, en 2 vol. in-fol.

Citons encore :

DE EORUM qui se Jesuitas vel tales quales haberi voluerunt origine, gestis et moribus paræneticum : authore Fr. L. P. 1565, in-4.

Pièce de vers. (Bibl. impér., 2533.)

COMPLAINTE de l'esclave fortuné. Voyez AMBOISE (*Michel* d').

COMPLAINCTE de monsieur le cul, contre les inventeurs de vertugalles. *On les vend rue neufue Nostre Dame, par Guillaume Nyuerd imprimeur* (sans date), pet. in-8. goth. de 8 ff. à 27 lig. par page. [13941]

Pièce en vers de 8 syllabes. Il y a à la fin : *Chanson nouuelle faicte e composee d'une feune Dame qui ayme a bien mouiller le boudin.* Vend. 24 fr. La Valliere, avec une autre pièce en vers intitulée :

RÉPONSE de la vertugalle au cul en forme d'inuectiue. *Imprime a Paris* (sans date), pet. in-8. de 8 ff., lettres rondes.

La complainte a été réimprimée sans la chanson à *Sens par Francoys Girault demourant a l'enseigne du Bœuf couroné*, 1552, in-8. de 7 ff., sig. A et B. 27 lig. par page, en lettres rondes.

Elle a encore été réimpr. à la suite d'une pièce en prose intitulée : *La Source du gros fessier des nourrices et la raison pourquoy elles sont si fendues entre les jambes, avec la complainte....* Imprimé pour Yves Gomont, demeurant à Rouen en la rue de la Chievre (*sans date*), pet. in-8. goth. de 8 ff. à 25 lig. par page, sig. A et B. vignette en bois sur le titre. Dans cette édition de Rouen, en place de la chanson qui fait partie de l'édit. donnée par Guil. Nyverd, on en a mis une autre sous ce titre : *Chanson pour la responce et consolation des Dames.* Cette dernière chanson et aussi la complainte ont été reproduites dans le Recueil intitulé *Procez et amples examinations...* (voy. PROCEZ), et de nouveau, avec des notes, dans le Recueil de M. de Montaiglon, II, p. 150.

Les vertugales étaient un ajustement de femmes qu'on a depuis appelé *panier*. Cette mode a donné lieu aux pièces suivantes :

1° LE DEBAT et complainte des meuniers et meunieres a lencontre des vertugales, en forme de dialogues. *Paris*, 1556, in-8.

2° BLASON des basquines et vertugales. *Lyon, Ben. Rigaud*, 1563 (voy. BLASON).

COMPLAINTE (la) de Nostre-Dame, tenant son chier fils entre ses bras, descendu de la croix. (*sans lieu ni date*), in-4. goth. de 4 ff. à 30 lig. à la page, avec figures en bois. [13431]

Les caractères et surtout l'L initial de cette pièce sont ceux qu'ont employés Pierre Maréchal et Barnabé Chaussard à Lyon, vers 1500. (Réimpr. dans le 2ᵉ vol. du Recueil de M. de Montaiglon.)

COMPLAINCTE (la) de nostre sainte mere eglise, nouuellement imprimée. (*sans lieu ni date*), in-4. goth. de 4 ff. [13431]

Pièce sortie des presses lyonnaises vers l'année 1500. (*Nouv. Spon.*)

COMPLAINTE (la) de trop tost marie, pet. in-4. goth. de 6 ff. à longues lig., avec une fig. en bois sur le titre.

C'est, sous cet autre titre, la même chose que la *Complainte du nouueau marié*, ci-dessous, col. 200.

COMPLAINTE (la) de trop tard marie. Voy. GRINGORE.

COMPLAINTE de Venise. (*sans lieu ni date*), pet. in-8. goth. de 4 ff. [13434]

Cette pièce anonyme, en vers, composée au commencement du XVIᵉ siècle, est une espèce de satire contre les Vénitiens. Goujet en a donné une courte analyse dans sa *Bibliothèque françoise*, X, p. 430, et M. A. de Montaiglon l'a reproduite en entier dans le 5ᵉ vol. de son Recueil.

COMPLAINTE (la) des Argotiers. tirée d'un dialogue de deux Myons de l'Argot, par le Regnaudin Mollancheur, en la Vergne de Miséricorde. *Troyes, Pierre des Molins*, 1630, in-12 de 24 pp.

Vend. 31 fr. Nodier, en 1829; 10 fr. en 1839.

COMPLAINTE (la) des Espagnols faite a l'Empereur. *Paris, Benoist de Gourmont*, 1544, pet. in-8. de 7 ff. car. goth. [13942]

Pièce en vers de 10 syllabes, à la suite de laquelle nous avons trouvé : *La prinse de Pavie par M. d'Anguien, accompagné du duc Durbin e plusieurs capitaines envoyés par le Pape* (1544), pet. in-8. de 4 ff. en vers et en prose.

COMPLAINTE des fidèles. Voyez JUSTE complainte.

COMPLAINTE des chambrieres. Voyez CHAMBRIÈRES.

COMPLAINTE (la) de lame damnee. (*sans lieu ni date*), in-4. de 18 ff. non chiffr., à 23 et 24 lig. par page, signat. a, b, c.

Cette édition est probablement la plus ancienne que l'on ait de cette pièce en vers de 8 syllabes. Le second f. commence ainsi :

*   y commēce la piteuse et douleu*
C reuse cōplainte de lame dannee
*   fait a lutilite et salut dūchas*
cũ pecheur en laquelle sont contenuz..

Le verso du dernier f. ne porte que 8 vers, suivis de ces deux lignes :

> *cy fine la piteuse et doulen*
> *reuse côplainte de lame dânee*

L'opuscule est en beaux caractères semi-goth., et paraît avoir été imprimé à Lyon, à la fin du XV° siècle ou au commencemeht du XVI°. Peut-être l'édition n'est-elle pas moins ancienne que celle de Trepperel. Le titre, qui manquait à l'exempl. décrit dans notre 4° édition, se trouve dans celui que possède M. Yéméniz ; il est en une seule ligne.

— La complaïte de lame damnee. (à la fin) : *Imprime par Jehan Trepperel* (sans date), pet. in-4. goth. de 18 ff. non chiffr., à 24 lig. par page. [13435]

Édition de la fin du XV° siècle.

Sur le titre la marque de Trepperel, et au verso de ce titre, une grande planche sur bois.

— La COMPLAINTE douloureuse de lame dampnee. — *Imprime a Paris par Iehan Trepperel.* (sans date), in-4. goth. de 11 ff., à 38 lign. par page.

Le recto du dernier feuillet porte une grande vignette en bois représentant une scène de l'ouvrage, et le verso la marque de Trepperel. (Catalogue de M. de Soleinne, n° 570.) L'exempl. de M. Yéméniz a 12 ff.

— La COMPLAINTE doloreuse de lame dânee et les regretz quelle a au lit de la mort. (*sans lieu ni date*), in-4. goth. de 14 ff., à 30 lign. par page.

Autre édition rare, qui, comparée à la précédente, paraît être plus correcte, et présenter beaucoup de différences dans le texte. L'exemplaire vendu 80 fr. *m. r.* de Soleinne, était sans titre, mais peut-être ne devait-il pas en avoir un.

— La complainte douloureuse de Lame dampnee. (à la fin) : *Imprime a Paris Par Michel le noir,* pet. in-4. goth. de 12 ff. non chiffrés.

Il y a une grande fig. en bois sur le titre de cet opuscule, et la marque de Le Noir au verso du dernier f., dont le recto est blanc.

Une édition sans lieu ni date, pet. in-8. goth. de 16 ff. sign. A et B, ayant sur le titre un bois représentant la Mort qui entraîne un moine, et à la fin un autre bois où sont figurés un homme et une femme, a été vendue 50 fr. *mar. r.* en 1841.

— La COMPLAINCTE douloureuse de lame dampnee : Cy finist la complaincte... *nouuellement imprimée a Paris par Jehan Saint-Denis... a l'enseigne sainct Nycolas,* pet. in-8. goth. de 16 fl. non chiffrés en *mar. v.* 96 fr. Cailhava.

— Autre édit. Paris, *rue Neufue Nostre Dame, à l'enseigne de lescu de France,* s. d., pet. in-8. goth., fig. en bois, 50 fr. *m. r.* Nodier.

Cette complainte a été insérée dans plusieurs éditions de la Danse macabre (voy. DANSE). M. de Montaiglon l'a réimprimée dans le VII° volume de sa collection de poésies françaises, d'après l'édit, de Jehan Saint-Denis. Il est à remarquer que les dix derniers vers de cette complainte donnent *Rouge Belot,* ce qui paraît être un acrostiche désignant l'auteur.

COMPLAINTE (la) du commun a lencontre des Usuriers Boulengiers τ tauerniers. *Imprime a Roué par Jehã ferrãt pour Guilleume Mauduyct* (sans date, mais vers 1540), pet. in-8. goth. de 4 ff. [13436]

En vers de 10 syllabes.

— La COMPLAINTE du commun peuple à lencontre des boulangiers qui font du petit pin et des Tauerniers qui brouillent le bon vin, lesquelz seront damnez au grand diable s'ilz ne s'amendent. Auec la louange de tous ceux qui viuent bien et la chan-

son des brouilleurs de vin. *A Paris, pour Nicolas Le Heudier,* 1588, in-8.

M. de Montaiglon a fait réimprimer dans le 5° vol. de son *Recueil de poésies,* un opuscule de 14 ff. qui porte le titre ci-dessus, mais qui ne contient que la seconde des pièces annoncées. — Voy PLAINTE du commun.

COMPLAINTE (la) du nouveau marié. (*sans lieu ni date*), in-4. goth. [13433]

Pièce de 10 ff., y compris le titre, dont le recto porte la marque de J. Trepperel, et le verso une gravure en bois assez singulière. Le dernier f. est tout blanc. Cette ancienne facétie se compose de 42 stances de 8 vers de 8 syllabes.

J'ai eu sous les yeux deux exemplaires de cette pièce se correspondant l'un et l'autre ligne pour ligne, imprimés avec les mêmes caractères, les mêmes bois, tant sur le frontispice qu'à son verso, et cependant appartenant à deux éditions différentes ; la plus ancienne doit être celle dont les caractères paraissent moins fatigués que dans l'autre. On peut reconnaître celle-ci (la 2°) au second vers de la dernière page, qui commence par un P capital, tandis que dans la première le p est en bas de casse.

— Sensuyt la complainte du nouveau marie. *Nouuellement imprime a Paris* (sans date), pet. in-8. de 8 ff. goth., avec vignette en bois sur le titre et au verso du dernier feuillet.

Vend., avec le *Chappelet d'amour,* 7 liv. Heber, IX, 740. Cette pièce commence par ce vers :

> *Dehors ayssiez de ceste nasse*

Ce n'est donc pas la même chose que la *Complainte de trop tost marie* (voy. à l'article GRINGORE), laquelle commence ainsi :

> *Je suis le trop tost marie*
> *je ne sais si je m'en repente.*

La Côplaïte douloureuse du nouueau marie (sans lieu ni date), in-4. goth. de 8 ff., vend. 49 fr. en 1837, est la même que celle qu'a imprimée Trepperel. C'est ce dernier titre que porte l'édition de *Paris, impr. de F. Didot,* 1830, pet. in-8. goth., tirée à 70 exempl. seulement.

— La COMPLAINCTE du nouueau marie, auec le dit de chacun, lequel marie se complainct des extécilles qui luy fault avoir a son mesnaige, et est en maniere de chanson, Auec la loyaulté des hommes. (à la fin) : *nouuellement imprime a Paris* (sans date), pet. in-8. goth. de 8 ff. avec 3 vignettes en bois. [13433]

Cette complainte, tout à fait différente de la précédente, commence par ces deux vers :

> *Or escoutes communement*
> *Et nous vous dirons eu presèt*

M. de Montaiglon a reproduit ces deux pièces dans son Recueil, la première au tome 4°, et la seconde au tome 1°°.

COMPLAINTE (la) du Prisonnier damours faicte au Jardin de plaisance. (*sans lieu ni date,* vers 1530), pet. in-8. goth. de 4 ff., avec une fig. en bois sur le titre et au verso du dernier f. [13437]

Pièce en vers, **vend.** 3 liv. 19 sh. *mar. v.* Heber; 100 fr. Nodier.

COMPLAINTE et chanson de la grande paillarde babyloniene de Rome sur le chant de Pienne. Plus vne déploration des cardinaux, euesques, et toute leur compagnie, pour leur mère la messe, auec l'accord fait à Poissy sur le point de

la cène. (*sans lieu d'impression*), 1561,
pet. in-8. de 8 ff. en lettres rondes.
[2088]
Pièce rare : vend. 24 fr. La Vallière.

COMPLAINTE (la) et lamentation des
belles et illustres dames et belles pucelles, filles de Romme adroyssant au
tres chrestien roy de France et à madame
la regente. (*Paris*, vers 1530), pet. in-8.
goth. de 7 ff. [13438]
Pièce en vers : vend. 30 fr. en 1815 ; 4 liv. 1 sh. Heber ; 20 fr. Crozet.

COMPLAINTE (la triste et lamentable)
faicte par Francois de la Motte en la garnison de Metz en Lorraine, pour auoir
violé la fille d'un bourgeois de la dite
ville, et a eu la teste tranchée a Paris.
Lyon, Louys Clavet, 1608, pet. in-8.
de 16 pp. avec une fig. sur bois : 35 fr.
en mai 1860.

COMPLAINTE faicte pour madame Marguerite archiduchesse Daustriche, duchesse doagieres de Sauoye, contesse de
Bourgongne et de Villars, etc. (*sans lieu
ni date*), in-4. goth. de 4 ff. [13439]
Pièce en 18 stances de vers de 10 syllabes, à l'occasion de la mort de la duchesse de Savoie, arrivée en
1530. Un portrait gravé en bois est impr. au verso du
titre. Cet opuscule, qui faisait partie d'un recueil de
trois pièces vend. 14 liv. chez Heber, IX, n° 2643,
en a été séparé, et ensuite vend. 33 fr. 50 c. *mar.
olive*, en 1841.

COMPLAINTE. La complaincte que faict
Lamăt a sa dame par Amours.—*a Paris,
Pour Jehan Bonfons libraire demourant en la rue neufue nostre dame a
lĕseigne saint Nicolas* (vers 1548), pet.
in-8. de 4 ff. caract. goth. [13943]
Pièce en vers, fort libre et très-singulière. Elle est
d'une grande rareté.

COMPLAINTE tres piteuse de dame‖chres-
tiente sur la mort du feu roy ‖ charles
huitiesme. (*sans lieu d'impression*, vers
1498), in-4. goth. de 4 ff. à 26 lignes par
page. [13440]
Pièce en vers de 10 syllabes qui doit avoir paru en
1498. Le titre porte une gravure sur bois representant le service funèbre du roi. Le verso du dernier
f. est tout blanc.
Cette complainte est beaucoup moins longue que celle
qu'a composée au même sujet Octovian de Saint-
Gelais (voy. SAINT-GELAIS).
— CŌPLAINTE tres piteuse de dame chrestiente sur
la mort du feu roy Charles huytiesme de ce nom.
(*sans lieu ni date*), pet. in-8. goth. de 8 ff., avec
une figure en bois sur le titre. [13440]
Cet opuscule contient, outre la pièce annoncée sur le
titre, et qui consiste en 12 strophes de 13 vers de
10 syllabes, une 2ᵉ pièce en 78 vers de 10 syllabes,
intitulée : *Sensuit lepytaphe du roy Charles huytiesme*, et un 3ᵉ morceau, en prose, ayant pour
titre : *Sensuit la reception du corps du feu roy.....
en la ville de Paris, Auec lenterrement du dᵗ corps
a sainct denis*. L'exempl. en mar. r., vendu 250 fr.
Salmon, n'avait coûté que 30 fr.

COMPLAINTE de Flamette. V. BOCCACE.

COMPLAINTES. Les cŏplaintes et Epitaphes du roy de la Bazoche. (*sans lieu ni
date*), pet. in-8. goth. de 12 ff., avec
une fig. en bois sur le premier. [13441]
En vers de 10 syllabes ; 70 fr. *mar. r.* de Soleinne.

COMPLAYNT (the) of Scotland, with a
preliminary dissertation and glossary, by
J. Leyden. *Edinburgh*, 1801, in-8.
[27425]
Cet ouvrage, écrit en 1548, est le plus ancien morceau classique de la prose écossaise que l'on ait
publié. La première édit. (1548), in-16, est un livre
fort rare, et dont un exemplaire (sans titre) a été
vendu 31 liv. 10 sh. Roxburghe. L'édit. de 1801 n'a
été tirée qu'à 150 exemplaires ; elle se paye environ
1 liv., et plus en Gr. Pap. in-4.

COMPONIMENTI lirici. Voy. MATHIAS.

COMPONIMENTI per le nozze di Stefano
Sanvitale e di Luisa Gonzaga. *Parma,
nella real stamp.*, 1787, in-4. 6 à 8 fr.
[14998]
Belle édit., ornée d'une gravure de Raph. Morghen.

COMPOSITION des médicaments en général, redigez en epitome, ou abregé du
grec en langage francoys... Bref traicté
des poids et mesures pour l'intelligence
du dict œuvre. Autre petit traicté du boys
de l'esquine, et la maniere d'en preparer le brevaige, et d'en user d'iceluy.
Lyon, Benoist Rigaud, 1574, in-16 de
235 pp. [7647]
16 fr. Coste.
La préface de ce petit livre est adressée aux chirurgiens et apothicaires de Tours, et se termine par
ces mots : *espoir en bien*. Cela fait supposer que le
libraire-éditeur de cette compilation se sera emparé
d'un ouvrage impr. à Tours en 1545, in-8., où se
trouve réuni à la traduction du traité de Galien de
la Composition des medicamens, par J. Breche de
Tours, un traité du boys de l'Esquine, par Thib.
Lespleigney (voy. notre article GALENUS), et qu'il en
aura déguisé le titre, comme ne l'a que trop souvent fait cet habile industriel lyonnais.

COMPOSITION, mise en scène et representation du Mystere des Trois Doms,
joué a Romans le 27, 28 et 29 mai, aux
fêtes de Pentecôte de l'an 1509 ; d'après
un manuscrit du temps, publié et annoté par M. Giraud. *Lyon, Louis Perrin*, 1848, in-4. de 130 pp. avec armoiries
et fac-simile. [16246]
M. Giraud a encore publié l'ouvrage intitulé : *Aymar
du Rivail et sa famille*, notes extraites tant de ses
écrits que de son testament, et diverses pièces jusqu'ici inédites, *Lyon, L. Perrin*, 1849, in-8. de
104 pp. avec fig.

COMPOST (cy est le) et kalĕdrier des bergiers nouuellement refait et autrement
compose que nestoit par avant...—*Finit
le compost et kalendrier des bergiers
imprime a Paris par Guiot Marchant...
lan* M. CCCC. IIII XX *et* XIII *le* XVIIIᶜ *iour
dauril*, in-fol. goth. de 90 ff. signat.
A—N, fig. en bois. [8835 ou 9019]
Édition la plus ancienne que nous connaissions de cet

ouvrage. C'est pour en avoir mal lu la date que nous l'avons indiquée, dans nos précédentes édit., sous l'année 1488. Depuis, nous avons vu un exemplaire d'une édition qui pourrait bien être la même que celle-ci, mais dans lequel la fin manquait ; nous y avons trouvé, au recto du 5ᵉ f. du cah. A, cette date :

Lan de ce presēt cōpost et kalendrier τ q̄l a este fait et cōmēce auoir cours le p̄mier iour de iāuier est M. cccc. ιιι xx et xιιι (1493),

et au 8ᵉ f. le commencement du Calendrier pour les années Mil ιιιι c. ιιιι xx. xιιι à Mil v c. et xιι.

L'exemplaire vendu 140 fr. Huzard n'était pas beau ; cependant on le payerait beaucoup plus cher aujourd'hui.

— Cy est le compost (comme ci-dessus) auquel sont adjoustez plusieurs choses nouuelles comme ceulx qui le verront pourront congnoistre. — *Finit le compost et Kalendrier des bergiers imprime a Paris par Guiot marchant... Lan de grace Mil cccc ιιι xx et xιιι. le xvιιι iour de iuillet,* in-fol. de 85 ff. fig. en bois.

Cette édition, en date du 18 juillet, diffère de celle du 18 avril, que nous venons de décrire, et qui est aussi de 1493. Elle est portée dans la *Bibliothèque grenvil.,* p. 161.

Ce livre est fort curieux, tant pour le texte que pour les figures, et l'on y trouve même différentes pièces de poésie, comme par exemple (dans l'édition de 1497) *les ditz des douze moys de lan; les branches des sept peches mortels; les proprietes des sept plantes; les dits des oyseaulx;* l'oraison de nostre dame (par Pierre de Nesson) commençant *ma doulce nourrice pucelle.* C'est ce qui me détermine à en faire connaître toutes les édit. anciennes dont je suis parvenu à bien constater l'existence, et qui ont une assez grande valeur lorsque les exemplaires se trouvent complets et bien conservés.

— Le Kalēdrier des bergiers nouuellemēt fait. ouquel sont adjoustez plusieurs nouuelletes. in-fol. goth. de 89 ff. à 40 et 41 lig. par page, avec fig. en bois.

L'exempl. de cette édit. que possède la Bibliothèque impér. est imprimé sur VÉLIN : on en a effacé la souscription qui doit contenir le nom de l'imprimeur, et on a peint le monogramme de Verard à la place qu'occupait ce passage. La table des lettres pascales et dominicales, qui se trouve à la fin des pièces liminaires, ne commençant qu'à l'année 1493, l'édition n'est vraisemblablement pas antérieure à cette date.

— Cy est le compost et kalēdrier des bergiers nouuellement et autremēt cōpose que nestoit par auant... Et se vendent lesdis kalendriers en la rue saint iaques a lenseigne du leon dargēt pres les maturins. (au verso du dernier f.) : *Finist le compost et kalēdrier des bergiers. Jmprime a Paris par Guiot Marchant demourāt au champ Gaillart derriere le college de Nauarre Lan M. cccc. iiiixx et .xvi. le .vii. iour de Januier.* in-fol. goth. de 87 ff. non chiffrés, sign. *a—niiii.* y compris le frontispice, à 39 lig. par page.

Édition remarquable par le nombre et la beauté des gravures qu'elle contient. Le premier f. du cah. *h* se plie en deux; les sept dernières pages contiennent des vers français imprimés à 2 colonnes (*Bi-*

blioth. impér.). L'enseigne du *Lyon d'argent* était celle de Jean Petit.

De Bure, *Bibliogr. instruct.,* et d'après lui plusieurs autres bibliographes ont cité une édit. de Paris, par Guy Marchant sous la date de 1497.

— Le kalendrier des bergiers Ensuyt ce q̄ ꝯtient ce present kalendrier des bergiers Premier est le prologue de lacteur qui a redige ce dit liure par escript Aꝑs est autre ꝓlogue du grāt bergier Le kalendrier des festes de lan au q̄l sont signes les heures et minutes des nouuelles lunes. Tables des festes mobiles : Table pour congnoistre chūn iour en quel signe la lune est. Figures des eclipses de lune τ de soleil τ les iours heures τ minutes. Larbre, τ branches des vices Les peines denfer, le liure du salut de lame Lanothomye (*sic*) du cors humain Lart de fleubothomye des veines. Le regime de sante du corps humain. L'astrologie des bergiers. Des quatre cōplexions Les iugemens de phizonomie La diuision des eages. Les ditz des oyseaulx. Les meditations sur la passion. Dictiez et epitaphes des mortz Loraison q̄ bergiers font a nr̄e dame Et plusieurs autres choses. (au verso du dernier f.) : *Cy fine le grant compost et kalendrier des bergiers leq̄l ꝯtient ce qui sensuyt....... Jmprime a genesue,* pet. in-fol. goth. de 86 ff. non chiffrés, avec fig. en bois.

À côté de la souscription, dont nous ne rapportons qu'une partie, se trouve la marque suivante, attribuée à Jean Bellot.

Cette édition pourrait bien être de l'an 1497, qui est

celui de la date du calendrier; la même année se trouve indiquée au verso du 19e f., avant la fin, de cette manière : *Cy dessoubz est note lan que ce present compost et kalendrier a este fait z corrige Lan mil quatre cens quatre vingtz z xvii est lan q̃ ce p̃sent Kalẽdrier a este fait en impression.* La même date est répétée dans plusieurs autres éditions, et même au verso du 16e f., avant la fin, dans l'édition de Troyes, 1529, que nous décrirons ci-après.

Une autre édition de ce livre, impr. à Genève, en 1500, in-fol. de 89 ff. à 41 lig. par page, sign. a—o, commence et finit de la manière suivante : *Le kalendrier | des bergiers* (deux mots gravés en bois, au-dessous desquels se lit le titre impr. en caractères ordinaires) : *En suyt ce q̃ ⁀tient ce present kalendrier des bergiers. | Premier est le prologue de l'acteur qui | etc.*

(à la fin) : *Cy fine le grant compost | et kalendrier des bergiers leq̃l côtient ce q̃ sensuyt | ..... Imprime a genesue. Mil. v. c* (1500), avec les lettres R I B. (Hain, nº 5587.)

, — Compost et Kalendrier de Bergiers nouuellement et autrement compose que nestoit par auant. *Paris, par Guy Marchant,* 1500, 10 septembre, in-fol. goth. fig. en bois.

Vend. 3 liv. 10 sh. Heber ; en *mar. v.* 475 fr. vente Chenest, en 1853.

— Cy est enseigne et demonstre le kalendrier et compost des bergiers, auquel sont adjoustez plusieurs nouuelles augmentations et corrections... — *Imprime à Paris... par Gaspard Philippe* (1500), in-4. goth. signat. A—R III, fig. 25 fr. Huzard.

— Autre édition. *Lyon, par Claude Nourry,* le 30 Juin 1508, in-4. goth. fig. Du Verdier en indique une de *Lyon, Huguetan,* 1502, in-fol.

Voici l'indication de plusieurs autres éditions anciennes de ce livre, qui conservent encore de la valeur : .

LE GRANT KALENDRIER des Bergiers. (au bas de la seconde col. de l'avant-dernier f.) : *a Lyon,* 1510 *Dauril le* 8, pet. in-fol. goth. de 96 ff. sign. a-m, avec des fig. en bois.

Vend. 45 fr. 50 c. Revoil ; 2 liv. 2 sh. *mar.* Hibbert ; 4 liv. 10 sh. Heber.

LE GRAND KALENDRIER et compost des bergiers, auec leur Astrologie et autres choses proufitables. *Troyes, Nicolas le Rouge,* 1510, pet. in-fol. goth. fig. en bois (Catal. Gaignat, nº 1038. Vend. seulement 7 fr. 95 c.).

LE KALENDRIER des Bergiers. *Lyon, Cl. Nourry,* 1513, pet. in-fol. goth. fig. en bois.

LE COMPOST et Kalendrier des bergiers, auquel sont adjoustees plusieurs augmentations et histoires curieuses. *Paris, Guil. Nyverd* (sans date), in-4. goth. fig. en bois.

LE GRANT KALENDIEER (*sic*) et compost des bergiers compose par le bergier de la grant montaigne. Auquel sont adioustez plusieurs nouuelles figures et tables. On les vent en la rue neufue n̄re dame a lescu de France. (à la fin) : *Nouuellement imprime a Paris par la veufue feu Jehan Trepperel et Jehan jehannot Imprimeur et libraire de luniuersite de paris. Demourant en la rue neufue nostre dame a lenseigne de lescu de France,* in-4. goth. fig. en bois.

Édition sans date, mais avec un calendrier commencant en 1516 : le chiffre XVIII indique le nombre des cahiers. 68 fr. *mar. r.* Veinant.

LE GRAND KALENDRIER z co|post des Bergers auecq|leur astrologie. Et plus|ieurs autres choses. imprime nouuellement a Lyon. (au recto du dernier f.) : *Imprime a Lyon par Claude Nourry, lan M. cccce. xxiiij, le xvi iour de januier,* in-4. goth. de 78 ff. non chiffrés, sig. a-k, par huit, excepté a qui n'a que 6 ff., avec fig. en bois. 92 fr. *cuir de Russie,* Coste.

LE GRANT KALENDRIER et cõpost des bergiers,

auec leur astrologie. — *Troyes par Nicolas le Rouge. lan M. CCCC. XXIX, auant posques, le xvi ianuier,* pet. in-fol. goth. de 82 ff. sig. A—O, fig. en bois. 36 fr. Huzard.

Cette édition renferme un plus grand nombre de pl. que celles de Genève, ci-dessus, mais on n'y trouve pas la prière de Pierre de Nesson. — *Les ditz des Oiseaux* y sont au nombre de 91, et à 4 vers chacun.

— LE MÊME. *Paris, par Alain Lotrian,* sans date, in-4. goth. fig. en bois.

Vend. 1 liv. 10 sh. Heber.

LE KALENDRIER et compost des bergiers. *Lyon, Cl. Nourry,* 1530, in-fol. goth. fig. en bois.

Cette dernière édit., ainsi que celles de *Paris,* Guil. Nyverd, et de Lyon, 1513, sont portées dans le premier Catalogue La Vallière, en 2 volumes, nºs 1768-70.

LE GRAND CALENDRIER et compost des bergers, avec leur astrologie, et plusieurs autres sciences salutaires, tant pour les âmes que pour la santé du corps. *Troyes, Jean Le Coq,* 1541, in-fol. goth. fig. en bois.

LE GRAND CALENDRIER et compost des bergiers : cõpose par le bergier de la grand montaigne. — *Imprime a Lyon par Jehan Cauterel, en la maison de feu Barnabe Chaussard en lan* 1551, pet. in-fol. fig. sur bois (premier catal. Solar, nº 440).

LE GRAND KALENDRIER et compost des bergers, compose par le berger de la grand montaigne (pour l'année 1569). *Paris, veuve Jean Bonfons,* in-4. goth. fig. sur bois.

LE GRAND KALENDRIER et compost des bergers, compose par le berger de la grand montaigne... *Paris, Nicolas Bonfons,* sans date, in-4. goth. fig.

Le même Nic. Bonfons a aussi donné une édition in-4. de ce livre, en lettres rondes, sans date, 25 fr. Huzard, et cette édition a été fréquemment copiée, soit à *Lyon,* soit à *Rouen* ou à *Troyes,* etc.

LE GRAND CALENDRIER et composte des Bergers, composé par le Berger de la Grand-Montagne, fort utile et profitable à gens de tous estats, reformé selon le calendrier de N. S. Père le Pape Grégoire XIII, nouuellement reueu et corrigé et mis en meilleur ordre que toutes les précédentes impressions. Le contenu se voit en la page suiuante. *Lyon, chez Louys Odin, en rue Turpin, au Quarré verd à la Licorne gerbée* (1633), in-4. de 120 pp.

Une des nombreuses éditions de ce livre qui ont été faites dans le XVIIe siècle, soit à *Lyon,* soit à *Rouen* ou à *Troyes.* Aucune d'elles, pas même celle de *Troyes, Jean Oudot,* 1672, in-4., ne se vend plus de 5 à 6 fr. Jean-Ant. et Pierre Garnier, ainsi que les Oudot, ont donné dans le XVIIIe siècle de nombreuses éditions de ce livre populaire.

— Petit Compost, voyez ci-dessous après COMPOTUS.

— The kalendar of shyppars translatyt of franch in englysh. — *prentyt in parys the xxiij day of iuyng oon thousand cccce et iii,* in-fol. goth. fig. en bois.

Il y a plusieurs éditions anciennes et très-rares de cette traduction anglaise du Calendrier des bergers, impr. en Angleterre au commencement du XVIe siècle ; mais nous citons celle-ci de préférence, comme imprimée à Paris, et parce que c'est d'ailleurs un livre très-précieux, qui a été payé jusqu'à 180 liv. à la vente Roxburghe.

— Der schapherders Kalender. Eyn sere schone vnde nutthe boek, myt valen fruchtbaren materien. *Rostoch, L. Diez,* 1523, in-4. de 103 ff. avec fig. en bois.

Déjà mpr. sous le titre d'*Eyn nyge Kalender. recht holdende...* Lubech, Hans Arndes, 1519, in-4.

COMPOST (cy est le) et kalendrier des

Bergeres, contenant plusieurs matieres recreatives et devotes, nouuellement compose sans contredire à celluy des Bergers, mais suppliant les defaultes omises en icelluy, etc. *Imprime à Paris en lostel de Beauregart en la rue Clopin a lenseigne du roi prestre Jehan* (sans date), pet. in-fol. goth. fig. [9020]

Cet ouvrage est beaucoup plus rare que le précédent, parce qu'il n'a pas été aussi souvent réimprimé. L'édition que nous citons est annoncée dans le catal. du baron d'Heiss, impr. en 1785, n° 68, et portée à 5 fr. 10 c. seulement. Elle se vendrait *cent fois* plus cher aujourd'hui, pour peu que l'exemplaire fût bien conservé.

Goujet (*Biblioth. franç.*, X, 187 et 436) a décrit ce livre d'après une édition de *Paris, Jehan Petit, en lostel de Beauregart* (comme ci-dessus)... 1499, in-4. fig. en bois, qui est peut-être la même que celle-ci, avec le nom de *Jehan Petit*. Ce libraire ne demeurait cependant pas à *l'ostel Beauregart*, mais rue St-Jacques, *au Lion d'argent* ou *à la Fleur de Lis d'or*. L'enseigne de l'imprimeur prouverait que l'édition ainsi décrite diffère de celle de 1499 du catal. Soubise, n° 3873; on lit dans cette dernière, au recto du f. *KVIII* : *finist le Kalendrier des bergeres, imprime a Paris par Guy Marchāt... le xvii iour daoust mil cccc. iiii xx. xix*, mais le titre est le même que ci-dessus. Vend. 30 fr. Soubise. Au reste, le *Compost et Calendrier des bergeres* est un livre curieux, dans lequel se trouve un éloge de la ville de Paris, en forme de chanson, et la fameuse *Danse macabre*.

COMPOST. Petit compost en francoys. On les vent a Paris deuāt le college des lombards a lymaige sainct Jehan baptiste, par M. N. de la barre. (au verso du dernier f.): *Imprime a Paris nouuellemēt par M. N. de la barre... le viij iour de mars Lan de la natiuite nostre Seigneur. Mil. v. c. et xvj*, pet. in-8. goth. de 44 ff. en tout, dont les huit derniers ne sont pas chiffrés, sig. A—F, fig. en bois, à 32 et 33 lig. par page.

Livre singulier, qui est à la fois astronomique, astrologique et liturgique. On y trouve pour chaque mois de l'année deux quatrains ou vers français, occupant les feuillets VII à X. Au bas du recto du dernier f. après l'appendix, on lit ce qui suit : *Compille au college sainct Michel de cenat pre les Carmes z de la place Maubert a Paris*, 1516. Ce qui est également dans l'édition de 1530 ci-dessus. Sur le titre se voit la marque de l'imprimeur et au verso du dernier f. une fig. représentant les saintes femmes embaumant le corps de Jésus-Christ. Au verso du titre sont trois épigrammes latines dont deux de *Nicolaus bona spes trecensis*, lequel doit être l'auteur ou tout au moins l'éditeur de ce petit livre, comme il l'a été de plusieurs éditions des *Proverbia Gallicana* (voy. NUCERIENSIS). Il avait pour devise : *Spes mea Jesus Maria*.

— Petit cōpost en Francoys. On les vend a Paris en la rue neufue nostre dame a lenseigne sainct Nicolas. (aù recto du dernier f.): *Imprime lan* 1530... *a paris pour Jehā Sainct denis...* pet. in-8. goth. de lv ff. chiffrés, 8 ff. non chiffrés, contenant les lettres tabulaires, etc., avec fig. en bois. [8380 ou 9019]

Cet almanach est divisé en cinq parties. La première commence par ce sommaire : *En ce present liuret*

pour simple gens z qui nentendent point le latin est contenue une petite et facile practicque pour auoir congnoissance du cours du soleil de la lune des festes et du temps quasi selon lordre du compost en latin. Par notables z èseignemens, partie en vers, et partie en prose pour le mieulx congnoistre. Vend. 20 fr. Crozet. — Voy. TABOUROT.

COMPOTUS. Cōpotus manualis magistri aniani metricus cū ꝺmēto. (au recto du 44e f.): *Impressum Argn̄. per Iohāmem* (sic) *pryss. Anno domini* 1488. 18 *kal. decembris*, in-4. goth. [8380]

Volume de 55 ff. à 34 lig. par page; au f. 45 recto commence *testus algorismi*, qui finit au verso du f. 54; le 55e cōcler la table. Ces deux derniers ff. ne sont pas chiffrés.

C'est probablement à cause du nom d'*Anianus* que porte cette édition que le P. Laire, dans sa table de l'*Index librorum*, tome II, page 314, a placé le *Compost ou kalendrier des bergers*, sous le nom d'*Avienus (Rufus Scxtus)* (sic), parce que vraisemblablement il le regardait comme la traduct. du livre latin dont il donne le titre de la manière suivante, même tome, p. 171 :

AVIANI liber qui dicitur compotus cum commento. impress. *Lugduni per magist. Johan. Fabri alamanum anno* 1492, *die vero* 13 *mensis febr.*, in-4., cum fig. ligneis.

Cependant ce *Compotus* n'est pas l'original du *Compost* français ; il ne porte point ordinairement de nom d'auteur, et le P. Laire lui-même ne nomme plus Avienus lorsqu'il répète le même titre un peu plus loin, page 265.

Le *Compotus* avait déjà été impr. à Lyon, *per Johannem a Prato*, 1488, *die* x *februarii*, in-4. fig., et aussi sous le titre suivant :

— LIBER qui compotus inscribitur : una cum figuris et manibus, nec non tabulis necessariis tam in suis locis quam in fine libri positis incipit feliciter. — *Impressus Lugduni, per Johannem de Prato, anno domini* M. CCCC. LXXXIX. *die xij octobris*, in-4. goth. avec des signat. et un registre, 34 lig. par page.

Il en existe de plus une édition de Lyon, *per Johanem Fabri*, 1492, *die xxiiij mensis januarii*, in-4. goth. de 40 ff. avec fig. en bois, et dont le titre porte la marque de Math. Huss. — 26 fr. Coste.

On cite, dans les *Lettres lyonnaises*, une édition de *Lyon, Martin Havart*, sans date, in-4. Il y a aussi une édit. de *Rome*, 1486, sous le titre de *Computus*, et encore une de Rome, *Andr. Fritag*, 1493, in-4. fig. (vend. 81 fr. Costabili). Panzer et Hain, qui décrivent exactement ces éditions, ne donnent pas l'ouvrage à *Avienus* ; ils nomment seulement cet auteur en parlant de l'édit. de 1492, d'après Laire. Le titre de l'édit. de 1493 porte *Compotus cum commento*, et au verso deux figures tenant un rouleau déployé, avec ce vers : *Altior. incubuit. Animus. sub. Imagine. Mundi.*

Citons encore :

LIBER qui compotus inscribitur, una cum figuris et manibus necessariis (et commento). *Parisiis, J. Petit* (circa 1498), in-4. goth. de 40 ff. à 36 lig. par page, avec fig. en bois.

COMPOTUS familiari commentario declaratus, una cum figuris et manibus suis in locis adjectis, etc. *Rothomagi, impensis Rob. Mace*, 1502, in-4. goth.

Les diverses réimpressions qui ont été faites de cet ouvrage écrit en vers léonins, à Paris, à Lyon ou en d'autres villes dans le courant du XVIe siècle, sont ordinairement accompagnées du même commentaire de Jacques Marsus Dauphinois et d'un calendrier.

COMPREHENSORIUM (auctore quodam Johanne). (in fine) : *Presens huius Comprehensorii opus Valentie impssum*

Anno M. CCCC. LXXV, *die vero* XXIII
februarii finit feliciter, in-fol. à 2 col.
[10853]

Ce dictionnaire latin, impr. en lettres rondes, sans
chiffres, récl. ni signat., est fort rare. (*Mendez*,
pag. 57 et suivantes.)

COMPROMIS, ou contrat d'association
passé entre deux garces de Paris qui
ont promis et juré l'une et l'autre de
faire moitié de tout. (*sans lieu ni date,*
mais vers 1631), pet. in-8. de 8 pp. [17860]

Pièce rare, quoiqu'il y en ait une autre édit. en plus
petits caractères et qui n'a que 7 pp. 60 fr. *mar. v.*
petit catal. de M. T., en 1855.

COMPSEUTIQUE d'A. D. V. Voyez Du
VERDIER.

COMPTE du Rossignol. Voy. CORROZET.

COMPTE que je me suis rendu des opinions qui ont eu définitivement mon as-
sentiment intérieur. (*Bayeux*), 1809,
in-8. de 381 pp. et 3 ff. pour la table
des chapitres. [3734]

Selon M. Pluquet de Bayeux, le baron Auguste-
Alexandre de la Tour-Dupin, maréchal de camp,
décédé à Bayeux, le 27 octobre 1827, à l'âge de 79
ans, est l'auteur de cet ouvrage anonyme, dont on
prétend qu'il n'a été tiré que six exemplaires. Vend.
18 fr. Pluquet.

COMPTES (les) du monde adventureux,
où sont recitées plusieurs histoires pour
réjouir la compagnie, trad. en françois
par. A. D. S. D. *Paris, Vincent Sertenas*, 1555, pet. in-8. ou 1560, in-16.
26 à 36 fr. [17332]

Recueil de 54 nouvelles, dont 19 sont tirées de Masuccio (voyez ce nom). L'édition de *Paris, Hier.
de Marnef et Guil. Cauellat,* 1566, in-16 de VIII ff.
et 447 pp., a la même valeur que les précédentes :
vend. 1 liv. 11 sh. *mar. v. dent.* Heber. — Celle de
Paris, Cl. Micard, 1582, pet. in-12, vend. en
mar. citr. 8 fr. Méon, et 13 sh. Hibbert, est augmentée de cinq *discours modernes facétieux,* lesquels se trouvent probablement aussi dans l'édit. de
Lyon, Rigaud, 1595, in-16, vend. 9 fr. 50 c. Mac-
Carthy, et beaucoup plus cher depuis.

Il y a aussi une édit. de *Lyon, Rigaud,* 1571, et une
de 1579, in-16. — Voy. DISCOURS modernes.

Bern. de La Monnoye, savant un peu *aventureux* en
fait de conjectures, dit, dans une note sur La Croix
du Maine, édition in-4., p. 64, que les lettres initiales qui se lisent sur le titre des *Comptes du
monde adventureux* peuvent signifier *Antoine
de Saint-Denis, Abraham de Saint-Die, André de
Saint-Didier,* ou tout autre nom, sans marquer le
véritable, ce qui en définitive ne nous apprend rien.

COMTE (*J.-Achille*). Le Règne animal
disposé en tableaux méthodiques. *Paris, Fortin et Masson,* 1832-1840, gr.
in-fol. [5572]

Collection composée de quatre-vingt-onze tableaux représentant près de 5000 figures d'animaux, 114 fr.
—. Vend. 51 fr. Busche.

Comte (*Ch.*). Législation, 2344.
Comte (*Aug.*). Cours de philosophie, 3506. — Sys-
tème politique, 3941. —Géométrie analytique, 7923.
Comte de Gabalis. — Voyez Villars.

COMYNS's (*Joh.*) Digest of the laws of
England, 3d edit., continued to the present time by Stewart Kyd. *Lond.,* 1792,
6 vol. in-8. [3067]

La cinquième édition de cet ouvrage usuel, avec des
augmentations, par Ant. Hammond. *Lond.,* 1822,
8 vol. gr. in-8., coûtait 5 liv. 5 sh.

CONÆUS (*Geor.*). De duplici statu religionis apud Scotos libri duo. *Romæ,*
1628, in-4. [21520]

Vend. 6 liv. 6 sh. *m. r.* Hanrott.

—Vita Mariæ Stuartæ, Scotiæ reginæ. *Romæ, apud J.-P. Gellium,* 1624, in-12,
avec un portrait. [27438]

Vend. 1 liv. 19 sh. Bindley; 19 sh. Hanrott, et un
exemplaire en *v. f. aux armes de De Thou,* 46 fr.
Parison.
L'édition de *Wirceburg,* 1624, in-12, avec portrait, bel
exemplaire en *m. v.,* 3 liv. 15 sh. Hanrott.
Cet ouvrage a été réimpr. dans le 2e vol. de la collection de Jebb, et aussi traduit en italien, *Genova,*
1630, pet. in-8. 11 sh. Hanrott.

—Præmitiæ, seu calumniæ Hirlandonum
indicatæ; et epos de deipara Virgine.
Bononiæ, 1621, pet. in-8.

Ce livre est recherché en Angleterre : 6 liv. Bindley;
4 liv. Horner, en 1854.

CONARDS (l'abbé des). Voy. PREMIÈRE leçon, RECUEIL des actes, et TRIUMPHE.

CONBROUSE (*Guil.*). Catalogue raisonné
des monnaies nationales de France.
Paris, impr. de H. Fournier, 1839-41,
2 part. de texte et 2 atlas, le tout in-4.
Se vendait 240 fr. [24105 et 24106]

Édition tirée seulement à cent exemplaires; les pl.
sont au nombre de 240, y compris celles des atlas
et celles qui accompagnent le texte. Il y a des lacunes dans l'ordre des chiffres, et aussi des numéros
répétés. Le texte de cet ouvrage est divisé en parties
et en catégories. Il doit être placé dans l'ordre suivant : Première partie, 1re et 2e catégories : *Monnaies
gallo-celtiques, etc.,* 52 pp. et pp. 53 à 56; 3e catégorie, 1re série : *Monnaies mérovingiennes,*
59 pp. et pp. 60 à 83; 2e et 3e séries : *Monnaies
carlovingiennes et capétiennes,* 68 pp. et pp. 69 à
88; deuxième partie, *Monnaies royales de France,*
1328-1834 ; 4e catégorie, *Monnaies tournois,* 87 pp.
et pp. 89 à 115; 5e et 6e catégories, *Monnaies duo-
décimales et décimales,* 66 pp. et pp. 69 à 108;
deuxième partie, *Monnaies royales de France,*
série capétienne, 151 pp., précédées d'un frontispice
lithogr. tiré en couleur, sous la date de 1841. A cette
partie du texte se réunit le 2e atlas, dont les pl.
sont cotées 141 à 288.

On a vendu 61 fr., en novembre 1856, un volume annoncé sous ce titre :
MONÉTAIRE des Mérovingiens, recueil de 920 monnaies en 62 planches, avec leur explication (par
M. G. Combrouse). *Paris,* 1843, in-4. fig. [24105]
Sur le feuillet de garde, se trouvait la note suivante,
de la main de M. Combrouse : « Cet exempl. (qui est
le mien) forme, dans mes projets actuels, le second
volume de mes planches détruites. Il fait suite aux
123 cuivres, également détruits, qui embrassaient
les deux divisions celtiques et franckes et 1157
monnaies depuis l'époque gauloise jusqu'à l'avénement de la dynastie capétienne, en 987. — Le tirage

Comyn (*Th.* de). Estado de las Philipinas, 28225.

sur papier de Chine de 62 planches des monétaires mérovingiens est unique. Il a été exécuté pour moi par l'imprimeur Chardon aîné. Outre ces 62 planches, l'exemplaire contient 1° le titre ancien, polychrome et or, de mon premier atlas; 2° le texte imprimé sur grand papier, unique; 3° une ancienne préface projetée à la fin de 1841; 4° la même imprimée sur peau de vélin; 5° deux épreuves sur Chine de la planche, 1re épreuve d'auteur, variée. Les cuivres sont détruits, sans aucune exception. Paris, janvier 1843. G. C. »

— Monumens de la Maison de France, collection de médailles, estampes et portraits. (*Paris*, 1856), in-fol. de 18 feuilles de texte, avec atlas de 60 pl. gravées, tiré à 125 exemplaires. 70 fr. [23218]

L'auteur se proposait de donner la suite de cet ouvrage, d'en porter le texte à 500 ou 600 pp. et les planches à 200. Il s'est nommé *Conbrouse* sur le titre de ses premiers ouvrages et plus tard *Combrouse*. Ce serait donc à cette dernière orthographe qu'il faudrait s'arrêter.

CONCA (*D.-Ant.*). Descrizione odeporica della Spagna, in cui spezialmente si da notizia delle cose spettanti alle belle arti. *Parma, Bodoni*, 1793-97, 4 vol. in-8. 20 à 24 fr. [25955]

CONCEPCION (*Geronimo* de la Concepcion). Emporio del orbe, Cadiz illustrada : investigacion de sus antiguas grandezas. *Amsterdam*, 1690, in-fol. cartes et fig. [26235]

Salvá, qui dans son catalogue porte à 2 liv. 2 sh. un exemplaire de ce livre en Gr. Pap., fait remarquer qu'à la page 147 il se trouve un arbre généalogique faisant descendre en ligne directe Jésus-Christ d'une femme de Cadix.

CONCERT des enfans de Bacchus. Voyez HULPEAU.

CONCHYLIUS (*Guido.*) Voy. COQUILLE.

CONCILIIS (de) sinodia ugonia episcopi phamaugustani (Mathiæ Ugonii). *Venetiis*, 1532, in-fol. goth. de IV et 145 ff. [763]

Ce volume rare a été vendu autrefois de 48 à 96 fr.; mais il ne conserve pas le tiers de cette valeur, car un exempl. rel. en *mar. bl. doub. de mar. r.* n'a été vendu que 24 fr. Mac-Carthy, ce qui n'était pas le prix de la reliure.

Les exemplaires dont la date est différente se rapportent tous à une seule édition, de laquelle on a changé plusieurs fois le titre.

CONCILIORUM omnium generalium et provincialium collectio regia. *Parisiis, e typogr. regia,* 1644, 37 vol. in-fol. 200 à 300 fr. [767]

Cette collection se trouve difficilement, mais elle est moins recherchée que les autres recueils du même genre dont nous parlons aux articles HARDUINUS, LABBEUS, MANSI. Un exempl. en *mar. r.* 875 fr. Libri-Carucci.

La plus ancienne collection de Conciles généraux est celle qu'avait rassemblée Isidore de Séville, et que Jacq. Merlin a publiée pour la première fois à Paris, en 1524. Voy. l'article *Merlinus*, dans lequel nous parlons de la collection donnée par Crabbe.

Laurent Surius en a donné une autre, impr. à Cologne, en 1567, en 4 vol. in-fol. — Réimpr. avec des augmentations, à Venise, en 1585, en 5 vol. in-fol. — et ensuite sous le titre suivant :

CONCILIA generalia et provincialia, quotquot reperiri potuerunt, item epistolæ decretales, et romanorum pontificum vitæ, studio et industria Severini Binii recognita, aucta, notis illustrata, et historica methodo disposita. *Coloniæ-Agrippinæ, Jo. Gymnicus, etc.,* 1605, 5 vol. in-fol. — Editio secunda, *ibid.,* 1618, 5 vol. in-fol.

Ensuite sont venus :

CONCILIA generalia ecclesiæ catholicæ, Paull V, Pont. Max. auctoritate edita : pleraque græce nunc primum prodeunt, tum latinis diligenter recognita (cum præfatione Jac. Sirmondi). *Romæ, ex typogr. Vaticana,* 1608-1612, 4 vol. in-fol.

Enfin les collections publiées par les PP. Labbe et Harduoin (voy. ces deux noms).

CONCILIORUM Galliæ tam editorum quam inediter. collectio, opera et studio monachorum congr. S. Mauri (P. Dan. Labat). *Parisiis,* 1789, in-fol. [788]

Premier volume d'une collection qui devait en avoir huit, mais que la suppression des ordres monastiques en France n'a pas permis de continuer : il s'étend de l'an de J.-C. 177 à 591. On prétend que la moitié du second volume a aussi été imprimée, mais non publiée. Le 1er vol. 81 fr. Pressac.

CONCILIOS provinciales. V. LORENZANA.

CONCILIUM buch geschehen zu Costencz... *c'est-à-dire :* Le livre du concile tenu à Constance. On y trouve comment les seigneurs ecclésiastiques et séculiers ont fait leur entrée, avec beaucoup d'autres personnes. Aussi leurs armes y sont peintes..... (par Ulric von Reichenthal). *Augsbourg, Ant. Sorg,* 1483, in-fol. goth. à 2 col. de 35 et 36 lig. [21689]

Livre curieux, en ce qu'il est le plus ancien armorial impr. que l'on connaisse, et qu'il contient 1156 armoiries, indépendamment de 44 autres figures en bois, dont 3 à mi-page, et 41 occupant la page entière. Dix de ces dernières forment double tableau. Ce volume rare se compose en tout de 249 ff., savoir : un f. bl., 246 ff. chiffrés de 2 à 247, un f. non chiffré et dont le recto est blanc, après le f. 160, et un autre aussi non chiffré après le 168e; ce dernier contient un acte de Sigismond, avec le portrait de ce prince au verso. Le 2e f. commence ainsi : *Hienach ist zu dem ersten verschriben...* et on lit à la fin : *Hie endet sich das Concilium buch... Gedruckt in... Augspurg von Anthoni Sorg...MCCCC vnd in dem. lxxxxiij. Jarc.* Les ff. 16, 17, 122 et 164 ne sont pas chiffrés, et le f. LXX est coté LXXX.

Vend. 201 fr. en juin 1834; 230 fr. Bearzi; 180 flor. Butsch; 151 fr. Borluut.

CONCIONES, sive orationes, ex græcis latinisque historicis excerptæ, gr. et lat. *Excudebat H. Stephanus,* 1570, pet. in-fol. 10 à 15 fr. [12092].

Les exemplaires en Gr. Pap. sont très-rares : 89 fr. de Cotte.

CONCIONES et orationes, ex historicis latinis excerptæ (ex recensione Jac. Veratii). *Lugduni-Batavor., ex typogr. elzeviriana*, 1649, pet. in-12, 10 à 15 fr. [12127]

La plus belle et la moins commune des quatre édit. de ce recueil qu'ont données les Elsevier ; néanmoins celles de 1653, 1662, ou 1672, ont à peu près la même valeur : vend. bel exemplaire en *mar.* 20 fr. en 1813. Il a passé dans le commerce plusieurs exemplaires de l'édition de 1672, *non rognés*, 49 fr. Caillard ; 25 fr. Bignon ; 47 fr. en 1839.

CONCLAVE (il) del MDCCLXXIV, dramma per musica. Da recitarsi nel Teatro delle Dame nel Carnavale del MDCCLXXV. Dedicato alle medesime Dame. *In Roma, per il Cracas, all insegna del Silenzio* (*Firenze, Gius. Molini*), in-8. de 155 pp.

Pièce en trois actes et en vers, avec la traduction française en regard du texte. C'est une satire sanglante qui fut supprimée avec rigueur, et motiva la longue détention de l'abbé Sertor, son auteur. Elle a été reproduite à Milan en 1791. — 3 fr. seulement de Soleinne ; 8 sh. Libri, en 1859.

CONCLUSION faicte entre le tres chrestien roy de France et le roy dangleterre, par eux prinse de sommer Lempereur de rendre les enfans de France, et au refus de ce les dessusdits roys de France et dangleterre le deffient a feu et a sang. *Imprimé a Rouen le mercredi septiesme iour daous* M. V. C. XXVII *par Jobert bernouzet imprimeur et libraire*, 1527, pet. in-8. goth., ou in-16 goth. de 4 ff. [24452]

Pièce rare, ainsi que les trois suivantes qui se rapportent à celle-ci, et que, pour cette raison, nous plaçons de suite :

RESPONCE du puissant et tres-invict empereur Charles le V, roy d'Espaigne..., sur les lettres du roy de France aux princes électeurs, et aussi sur l'appologie ou contradiction du mesme roy, à l'encontre du tractat faict entre lui et l'empereur à Madrile en Espaigne ; item plusieurs aultres choses dignes de lire. *Anvers, Guil. Vorsterman*, 1527, pet. in-8. goth., sign. a—l par huit, et m par quatre, frontispice gravé sur bois.

LA MANIERE de défiance faicte par les heraults des roys de France et d'Angleterre à l'Empereur, et la réponse de la même impériale majesté aux dits heraults, en 1527. *Anvers, Guil. Vorsterman*, 1528, pet. in-8. — Voy. DEFFIANCHE.

LES LETTRES nouvelles envoyées par le roy d'Angleterre à l'Empereur, sur la délivrance des enfans de France : et la réponse du l'Empereur, *impr. a Anvers le xv iour dauril Mil cinq cens xxix*, *par moy Guillaume Vorsterman*, pet. in-8.

CONCORDANCE des quatre évangélistes, au discours de la vie de nostre seigneur Jésus-Christ ; avec l'ordre des évangiles, épitres et leçons qui se lisent en l'église au long de l'année : ensemble le calendrier ou ordre du temps depuis la création du monde, pour tout jamais restitué et corrigé, comme il appert en

---

Concordance entre les lois hypothécaires, 2854.

la raison d'iceluy calendrier (par Loys Miré). Plus une briève description de la Terre Saincte avec sa charte (par Guill. Postel). *Paris, Guill. Guillard et Amaury Warencor*, 1561, in-16. [304]

Ce livre, vendu (imparfait de 2 cartes) 16 fr. La Vallière, est absolument le même que celui qui a pour titre : *La Vie de Jésus-Christ notre-seigneur, etc., par Loys Miré*. On a seulement réimprimé le frontispice et les pièces préliminaires (voy. MIRÉ). Toutefois on trouve très-difficilement ce volume complet : il doit renfermer 20 ff. préliminaires pour le titre et le calendrier ; la *Description de la terre sainte*, 108 ff., y compris le titre ainsi conçu : *Description et Charte de la terre saincte, qui est la propriété de Jésus-Christ... paincte et décrite par Guillaume Postel, depuis l'hauoir et par liures et par expérience veuë* (sans date), la *Vie de Jésus-Christ*, anonyme, partie de 440 pp., suivie d'une table en 11 ff. (*Répertoire des évangiles*) ; et enfin une partie de 333 pp., qui contient les *épitres et leçons* annoncées sur le titre général du livre. L'exemplaire de Mac-Carthy, sans les 108 ff. de Description de la Terre Sainte, a été vendu 23 fr., et 46 fr. en 1839. Les deux cartes sont celle de la Terre Sainte, feuille pliée, et celle qui indique la position des douze tribus dans ce pays, laquelle a sa place à la page 27 ; mais elles ne se trouvent presque jamais dans les exemplaires.

CONCORDANTIÆ Bibliorum. V. LUCAS.

CONCORDATA inter Papam Leonem decimum et regem Franciscum I, in suprema Parlamenti curia Parisiis xxij martii 1517, ac deinde Tholosæ, Burdigalæ, etc., publicata ; cum Heliæ Turonensis archiepiscopi libello pragmaticæ sanctionis confutativo. *Tholosæ, Jacobus Mulnier et socii* (1518), pet. in-4. de 22, 6, 23 et 7 ff. [3236]

Un exempl. impr. sur VÉLIN, 55 fr. Mac-Carthy ; un autre avec cette souscription : *Exaratum Tholosæ per Joannem Magni-Joannis*, Biblioth. impér.

Une autre édition du même concordat, *impressa Parisiis cum privilegio* (1517), pet. in-fol. de 16 ff. impr. sur VÉLIN, se conserve dans la bibliothèque de Grenoble.

— CONCORDATA inter Papam Leonem decimum et regem Franciscum... — *Impressum Parisius per magistro Durando Gerlier*, 2 tom. en 1 vol. pet. in-4. de 37 ff. chiffrés jusqu'à XXIX, et 34 ff. chiffrés jusqu'à XXVII.

Une édition, in-4., peut-être plus ancienne que les précédentes, porte cette souscription : *Impressa autem Parisius..... impensis Durandi Gerlier..... anno domini millesimo quingentesimo decimo octavo, prima die Junii*.

Pour d'autres éditions de ce Concordat consultez le catalogue de la Biblioth. impér., Histoire de France, t. V, p. 446 et suiv.

LE CONCORDAT entre nostre Sainct-Pere le pape Leon, dixiesme de ce nom, et le tres chrestien roy Francoys, premier de ce nom ; translate de latin en francoys. *Imprime a Paris, pour Durand Gerlier..., libraire... le 13e iour de iuillet*, 1521, in-4.

CONCORDE du genre humain. Voyez LE MAIRE de Belges.

CONCORDIA rationis et fidei, sive harmonia philosophiæ moralis et religionis christianæ (auctore Frid. Wilh. Stossio). *Amstelod.* (*Berolini*), 1692, pet. in-8. [2050]

Livre qu'une suppression rigoureuse a rendu rare.

CONCOREGIO (*Johannes* de). Opus de ægritudinibus particularibus, flos florum vocatum. *Papiæ*, 1485, 2 tom. en 1 vol. in-fol. goth. de 121 et 65 ff. à 2 col. de 48 lig. [7104]

Le verso du dernier f. de la première partie de ce volume porte cette souscription : *Et in hoc terminatur prima pars hui° ‖ opusculi de egritudinibus pticularibus ‖ omnibus a capite usq̃ ad pedes z oct ‖ orem Illustreȝ ac comitem dignissimã ‖ d. Magistrum Ioannem de concoregio ‖ mediolanensem artium et medicine priu ‖ cipem z monarcham in felici studio papi ‖ ensi. M° cccc° xxli. finitum fuit hoc opus ‖ p me Joãnem de romagnano hora. xxij a ‖ die sexto mensis aplis. Magister anto ‖ nius de carchano imprimi curauit papie.* Cette autre souscription se trouve au recto du 65° f. de la seconde partie : *Magister Antoni‖ us de carcano ĩpmi curauit papie* 1485.

Réimpr. sous le titre de *Practica nove medicinæ, etc.*, à Venise, en 1501 et en 1515, et encore à Pise, en 1509, in-fol.

CONCOURS décennal, ou collection gravée des ouvrages de peinture, sculpture, architecture et médailles, mentionnés dans les rapports de l'Institut de France. *Paris, Filhol*, 1812-22, in-4. fig. [9373]

Cet ouvrage est composé de 10 livraisons de 3 pl. avec un texte imprimé ; chaque livraison a coûté 12 fr.; avant la lettre ou avec les lettres grises, 24 fr., prix qui sont réduits à moins du tiers.

CONDÉ (*Louis* de Bourbon, premier du nom, prince de). Ses Mémoires, servant d'éclaircissement et de preuves à l'histoire de De Thou, enrichis d'un grand nombre de pièces (par Den.-Fr. Secousse); augmentés d'un supplément (par Lenglet Du Fresnoy). *Londres* et *Paris*, 1743-1745, 6 vol. in-4. fig. 30 à 42 fr. [23492]

Vend. en Gr. Pap. mar. r. 72 fr. Belin ; 101 fr. MacCarthy ; 6 liv. 16 sh. 6 d. mar. citr. en 1835.

Il y a deux édit. du 6° vol. : l'une de 1744, et l'autre de 1745 ; mais il faut choisir la dernière (impr. à Genève), et, augmentée de nouvelles notes dans la 4° partie qui contient la dissertation sur l'Anti-Cotton, par Prosp. Marchand, en 170 pp. — Voy. RECUEIL de choses.

— LETTRES de Monseigneur le Prince de Conde a la Roine mere du Roy, auec aduertissemens depuis donnez par ledict seigneur Prince à toutes maiestés des choses qui concernẽt l'honneur de Dieu, le seruice du Roy & la paix & repos de ce Roiaume. (*sans lieu*), 1565, pet. in-8. de 49 pp. Édition originale de cette pièce.

CONDE (Don *Jose-Ant.*). Historia de la dominacion de los Arabes en España, sacada de varios manuscritos y memorias arabigas. *Madrid, imprenta que fue de Garcia,* 1820-1821, 3 vol. petit in-4. fig. 36 fr. — Gr. pap. 60 fr. [26209]

Cet ouvrage, qui s'annonçait comme le plus complet qui eût été écrit sur cette partie de l'histoire d'Espagne, fut d'abord regardé comme le travail consciencieux d'un véritable savant; mais, en 1849, M. R.-P.-A. Dozy de Leyde, qui a fait de profondes études sur la littérature arabe, est venu nous révéler (dans ses *Recherches histor. et littér. sur l'Espagne*) que Conde avait travaillé sur des documents arabes sans savoir suffisamment cette langue, mais que, suppléant par une imagination extrêmement fertile au manque de connaissances les plus élémentaires, il avait *forgé des dates par centaines, inventé des faits par milliers, en affichant toujours la prétention de traduire fidèlement des textes arabes.* Toutefois ce livre inexact a été réimprimé à Paris, chez Baudry, 1840, et aussi à Barcelone, 1845, en un seul vol. in-8. 10 fr.

M. de Marles a donné en français l'*Histoire de la domination des Arabes et des Maures en Espagne et en Portugal*... rédigée sur l'*Histoire traduite de l'arabe en espagnol de M. Jos. Conde*, Paris, Eymery, 1825, 3 vol. in-8.; livre qui est moins une traduction qu'une nouvelle rédaction de l'original espagnol. La traduction allemande par Ch. Kutschmann, *Carlsruhe*, 1824-25, 3 vol. in-8., est beaucoup plus fidèle que celle-ci.

— Censura critica, 11190.

CONDILLAC (*Étienne* Bonnot de). Cours d'étude pour l'instruction du prince de Parme. *Deux-Ponts,* 1782 (*Parme, Bodoni,* 1775), 13 vol. gr. in-8. 24 à 30 fr. [18125]

La cour d'Espagne s'étant opposée à la publication de ce livre, en 1775, ce ne fut qu'en 1782 que Bodoni obtint la permission de débiter son édition, après y avoir mis plusieurs cartons, et un nouvel intitulé portant faussement l'indication de *Deux-Ponts,* 1782 ; cependant il existe des exemplaires dans lesquels on a conservé les anciennes feuilles à côté des cartons ; vend. (avec les ff. supprimés et rel. en m. r. tab.) 143 fr. Renouard, en 1805, et beaucoup moins cher depuis, parce que l'ouvrage n'est plus recherché.

L'édition de *Parme* ou plutôt de *Deux-Ponts*, 1776, 16 volumes in-8., est une contrefaçon de la précédente.

— LES ŒUVRES de Condillac, revues et corrigées (par Arnoux et Mousnier). *Paris, Houel,* an VI (1798), 23 vol. in-8. 40 à 50 fr. [19121]

Le pap. fin vaut 10 à 15 fr. de plus. — Le Gr. Pap. vél. tiré à petit nombre : 80 à 120 fr.

— AUTRE édition (avec une notice signée Théry). *Paris, Lecointe et Durey,* 1821-22 (ou nouv. titre, *Paris, Baudouin frères,* 1827), 16 vol. in-8. 48 fr., et plus en pap. vél.

— Logique, 3526. — Sensations, 3642. — Systèmes, 3643. — Connaissances humaines, 3649.

CONDIVI (*Ascan.*). Vita di Michelagnolo Buonarroti raccolta per Ascanio Condivi dalla Ripa Transone. *Roma, Blado,* 1553, in-4. [31057]

Édition rare : 14 sh. et 19 sh. Heber. Il y en a une seconde, augmentée de notes, par Ant.-Fr. Gori, Florence, 1746, pet. in-fol. fig.

Réimpr. à Pise, chez Capurro, 1832, in-8., avec des notes par Manni, Gori, Mariette et De Rossi, pour faire suite à la collection des *Classici italiani* de Milan. 7 fr.

CONDORCET (*Mar.-Jean.-Ant.-Nicolas Caritat*, marquis de). Ses Œuvres, publiées par A. Condorcet-O'Connor et F. Arago. *Paris, F. Didot,* 1847-49, 12 vol. gr. in-8. portr. 60 fr. [19136]

Édition revue sur les manuscrits de l'auteur, et qui renferme, indépendamment de ce que contient celle de 1804, nombre de lettres inédites de Voltaire, de

---

Turgot, etc., ainsi que plusieurs écrits de Condorcet également inédits. Ni cette édition, ni la première ne donnent les ouvrages mathématiques de l'auteur. L'édition de 1804, formant 21 vol. in-8., a été mise en ordre par Dom. Garat et Cabanis. Il en a été tiré des exemplaires en Gr. Pap. vélin. Le prix actuel est très-médiocre.

— Esquisse, 3650. — Calcul, 7835. — Probabilité des décisions, 8007. — Eloges, 30293. — Vie de Voltaire, 30633. — Vie de Turgot, 30639.

— CONDORCET, Peyssonnel et Le Chapelier. Bibliothèque de l'homme public, ou analyse raisonnée des principaux ouvrages sur la politique en général, la législation, etc. (rédigé par l'abbé Balestrier). *Paris*, 1790-92, 28 vol. in-8. [3915]

Ouvrage assez recherché, et que l'on trouve difficilement complet. Il a valu jusqu'à 120 fr., mais il est moins cher aujourd'hui.

CONESTABILE (*Giancarlo*). Iscrizioni etrusche e etrusco-latine in monumenti che si conservano nell' I. et R. Galleria degli Uffizi di Firenze, edite a facsimile con tavole litografiche, aggiunte due tavole in rame con rappresentanze figurate, per cura del conte Giancarlo Conestabile. *Firenze, tipogr. galileana*, 1858, gr. in-4. de CVIII et 300 pp. avec un album de 75 pl. 27 fr. [29931]

—Voy. l'article VERMIGLIOLI.

CONESTAGGIO (*Ieronimo* de Franchi). Dell' Unione del regno di Portogallo alla corona di Castiglia historia. *Genoa, Bartoli*, 1585, in-4. [26303]

Ouvrage curieux, qui a eu beaucoup de succès dans le temps; il est de Jean de Silvá, comte de Portalegre, qui accompagna don Sébastien en Afrique, en qualité d'ambassadeur d'Espagne, et qui, dans cet écrit, a pris le masque de *J. de Franchi Conestaggio*. L'édition de 1585 est rare. Vend. 18 fr. La Serna. — Celle de Gênes, 1589, in-4., 5 flor. Meerman. Il y en a d'autres de Venise, 1592, in-8.; de Milan, 1616, in-8.; Florence, 1642, in-4.; Venise, 1642, in-8.

Traduit en espagnol sous le titre d'*Historia de la union...* par Louis de Bavia, *Barcelona*, 1610, in-4. En latin, sous celui-ci : *De Portugalliæ conjunctione cum regno Castilla*, Francof., 1602 ou 1610, in-8. — En français, sous celui de l'*Union du royaume de Portugal à la couronne de Castille*, par Th. Nardin, *Besançon, Nicolas de Moingesse*, 1596, pet. in-8., et aussi *Arras, Gilles Bauduyn*, 1600, pet. in-8., et sous celui d'*Histoire de la réunion...* par un anonyme, *Paris* (*Hollande*), 1680, 2 vol. in-12.

On peut réunir à cet ouvrage l'article suivant :

JORNADA de Africa, por Jeron. de Mendoça, em qual se responde a Jeron. Franqui, e a outros, e se trata do successo da Batalha, e Cativeiro, e dos que nelle perceeraõ, por naõ serem Mouros, con outras cousas dignas de notar. *Lisboa, Craesbecck*, 1607, in-4.

CONEY. Engravings of ancient cathedrals, Hotels de Ville, and other public buildings in France, Holland, Germany, and Italy, with descriptions in each of the four languages. *London*, 1829-31, gr. in-fol. [9849]

Trente-deux beaux dessins publiés en 8 cah. Repro-

duit sous la date de 1842, au prix de 3 liv. 3 sh., au lieu de 8 liv. 8 sh.

—Coney's english ecclesiastical edifices of the olden time. *London*, 1842, 2 vol. gr. in-fol., 241 pl.

Réunion de planches qui avaient déjà été employées dans la nouvelle édition du *Monasticon anglicanum :* 4 à 5 liv. (voy. DUGDALE).

CONFERENCE (agréable) de deux paysans de Saint-Ouen et de Montmorency sur les affaires du temps. (*Paris*), 1649, in-4. [23770]

Dans son Jugement de tout ce qui a été imprimé contre le cardinal Mazarin, p. 219, G. Naudé s'exprime ainsi : « Je te confesseray ingenuement, qu'entre les plus agréables et ingénieux livrets que l'on ait fait contre le cardinal, l'on peut mettre avec raison les *trois parties de la Conférence entre deux paysans de Saint-Ouen et de Montmorency :* le *Dialogue de deux Guespins*, et la *Question dasticotée entre le Suisse et le Hollandois*, parce qu'elles sont toutes fort naïfues en leur patois, et soutenuës de pointes assez gaillardes, et de conceptions plus pressantes que celles de beaucoup d'autres, qui ne médisent pas de si bonne grace, quoy qu'auec plus de malice et à feu plus découuert. »

La première de ces trois pièces a été réimprimée plusieurs fois ; je l'ai vue sous le titre suivant :

CONFÉRENCE agréable de deux paisans de Saint-Ouen et de Montmorency sur les affaires de ce temps, réduite en sept discours, pour divertir les esprits mélancoliques. *Troyes, V*^e *Oudot*, 1728, in-8.

CONFÉRENCES d'Antitus. Voy. GRANDS jours d'Antitus.

CONFESSIO generalis brevis et utilis tam confessori quam confitenti, in-4. [1298]

Opuscule sans indication de lieu et sans date, consistant en 12 ff. seulement. Mercier de St-Léger le cite dans son *Supplém. à l'hist. de l'imprim.*, 2e édition, p. 3 et 4, comme un livre impr. avec des caract. mobiles de bois, et comme un des premiers essais de la typographie de Gutenberg et Fust.

CONFESSIO brevis et valde utilis. (*absque nota*), in-4, de 12 ff. à 24 lig. par page.

Édition sans chiffres ni signat. impr. avec les caractères goth. de Barthel. Buyer, à Lyon. On lit au verso du dernier f. les mêmes mots que ceux du titre ci-dessus. — Pour un *Confessionale*, en allemand, in-4. de 8 ff., avec 2 grav. en bois, livre qui est annoncé comme un des premiers essais de la presse, consultez la *Revue encycl.*, XIX, p. 478, et pour un *Confessional* en français, voy. EXEMPLAIRE de confession (l').

CONFESSIO exhibita Cæsari in comitiis Augustæ, anno M.D.XXX. addita est apologia confessionis. (*sine loco*), in-4. de 5 feuilles.

Première édition latine de la Confession d'Augsbourg. Il y en a une seconde, *Vitebergæ*, 1531, in-4. (la première autorisée), et une réimpression in-8, sous la même date. Ces trois édit. ne sont portées qu'à 2 thl. 1/2 chacune dans des catalogues de Weigel. La première édition du texte allemand a paru sous ce titre :

ANZEIGUNG vnd Bekantnus des Glaubens vnnd der

Lere, so die adpellierenden Stende der key. Maiestet auf yetzigen tag zu Augspurg öberantwurt habend, 1530, in-4. de 7 feuilles 1/2, sans lieu d'impression. Dans une autre, sous la même date, qui n'a que 6 feuilles, le mot *adpellirenden*, sur le titre, est sans la lettre *e*. M. Graesse, que nous suivons ici, dit qu'il existe aussi une édition publiée à Tubingue, en 1530, in-8., réimpr. avec l'apologie, en 1531, in-8. ; il cite aussi une édition en allemand et en latin, *Wittenberg, Rhau*, 1530, in-4., la première du texte allemand autorisée. Il y en a une seconde de 1531, in-4. avec l'*Apologia der Confessio*, et une du mois de novembre 1531, in-8.

Voici le titre d'une autre édition tel que le donne le *Bibliophile belge*, 1846, p. 363 :

DIE BEKÄTNYS Martini Luthers uff den yetzigen angestalten Rychszdach tzo Augspurch yntzolëgen yn seventzyen Artickel gefast. im XXX jair. Entgegen die bekantnys Martin Luthers, uff den yetzigen angestalten Rychszdach zo Augspurch uff dat neuwe ingelacht, in sevëtzyen Artickl gefast, kurz uñ Christlich underricht, durch Conraid Wimpina, Jehan Mensinck, Uvolgäg. Redorffer, doctores ; Rupert Elgersma Licentiatum, ɛc. *Zu Auspurch*, M. D. XXX, in-4. de 10 ff., sig. A—CIII, y compris le titre ; le verso du dernier f. est blanc.

CONFESSION de foy présentée a l'empereur Charles cinquiesme, a la convocation de l'assemblée d'Augsbourg. (*sans lieu d'impression*), 1561, pet. in-8.

35 fr. en juin 1860. A la même vente on a payé 63 fr. La *Confession d'Augsbourg*, traduite en langue croate, et impr. en caractères cyrilliques, *Utibingi*, 1562, in-4. rel. en peau, tranches gaufrées ; elle n'est portée qu'à 8 flor. dans un catal. du libraire Butsch.

La traduction anglaise de cette Confession par Richard Turner, *London, by Rob. Redman*, 1536, in-8., a été portée à 10 liv. à la vente Bright.

— CONFESSIONES fidei christianæ tres, diversis quidem temporibus editæ, sed cum veræ et cathol. ecclesiæ sententia incorrupta congruentes ; quarum prima exhibita est Imper. Carolo V. Cæs. Aug. in comitiis Augustæ an. XXX : reliquæ duæ oblatæ sunt synodo Tridentinæ : altera nomine ecclesiæ Saxon., altera vero nomine illustriss. Principis et dom. Ciphri Ducis Wirtemb., etc. Anno LII. *Francofurti, in officina Petri Brubachii*, 1553, in-4.

Livre rare cité dans le *Trésor* de M. Graesse, II, page 249, avec renvoi à Pray, vol. I, p. 288.

CONFESSION de foy faite d'un commun accord par les fidèles qui conversent ès Pays-Bas, lesquels désirent viure selon l'Euangile, auec vne remonstrance aux magistrats de Flandres, Braban, Haynault, Artois, Chastelenie de l'Isle, et autres regions circonuoisines. 1561, pet. in-8. (Du Verdier.)

CONFESSION de la foy, laquelle tous bourgeois et habitans de Genève et sujects du pays doivent jurer de garder et tenir extraicte de l'instruction dont on use en l'église de ladicte ville. *Genève*, MDXXXV, in-16 goth. de 16 pp. sig. A. [1924]

Senebier attribue à Farel cet opuscule devenu fort rare.

CONFESSION de foy, faicte d'un commun accord par les églises qui sont dispersées en France, et s'abstiennent des idolastries papales, avec une préface contenant response et defense contre les calomnies dont on les charge. (*sans lieu d'impression*), 1559, pet. in-8. de 62 pp.

CONFESSION et simple exposition de la foy, et articles de la pure religion chrestienne faite d'un commun accord par les ministres qui sont en Suisse... auxquels se sont conjoints les ministres de

l'église de Genève. *Genève, Fr. Perrin*, 1566, in-8. (Du Verdier.)

CONFESSION (la) réciproque, ou dialogues du temps, entre Louis XIV et le P. de La Chaize, son confesseur. *Cologne, P. Marteau (Holl.)*, 1694, pet. in-12. [23848]

Bonne édition de ce pamphlet ; elle est en gros caractères et contient 166 pp. (ou 170 selon le catal. Leber), avec 4 pl., y compris le frontisp. gravé : vend. (en *mar.*) 15 fr. Chateaugiron ; 9 fr. 50 c. Bignon ; 21 fr. rel. par Derome, Labédoy..., et jusqu'à 36 fr. Pixerécourt.

A la fin d'un de ces exemplaires (celui de M. Bignon, où on lit *fin de la première partie*) se trouvait un f. séparé contenant un *Avis du libraire*, où il est dit que le sieur Pierre Le Noble vendant ses manuscrits trop cher, c'est là le dernier ouvrage qu'on donnera de lui, et qu'on mettra bientôt en vente tous les autres ouvrages du même auteur imprimés et dont on donne la liste, laquelle, parmi des ouvrages connus, tels que les *Amours d'Anne d'Autriche*, *La Cassette ouverte de mad. de Maintenon*, *L'Ombre de Louvois*, *l'Histoire du P. de La Chaise* (in-4.), en contient d'autres qui n'existent pas, ou qui, comme le *Cochon mitré*, en 2 vol. in-4., n'ont jamais été impr. dans le format annoncé. Si bien qu'il est permis de ne voir dans cette liste qu'une plaisanterie de l'éditeur, faite pour Donner le change au lecteur, et dans le nom de Pierre Le Noble qu'un pseudonyme.

Il existe une autre édition de cette même pièce, sous la rubrique de *Cologne, P. Marteau*, 169 (le dernier chiffre manquant, mais suppléé quelquefois par un 3). Elle est en petits caract., et n'a que 96 pp., sans frontispice gravé, et sans planches.

CONFESSION (exemplaire de). V. EXEMPLAIRE.

CONFESSION Margot, à deux personnages. (*sans lieu ni date*), format d'agenda in-4., 8 pp. dont la 2e et la 8e sont blanches. Les pages imprimées ont 44 lig.

Réimprimé dans la collection de Farces, publiée par les soins de M. Jannet. Voy. ANCIEN Théâtre.

CONFESSIONARIO para los Curas de Indios, con la instrucion contra sus ritos, y exortacion para ayudar a bien morir : y summa de sus privilegios : y forma de impedimentos del matrimonio. Compuesto y traduzido en las lenguas Quichua, y Aymara, por autoridad del concilio provincial de Lima, el año de 1583. *Impresso..... en la ciudad de los Reyes por Antonio Ricardo primero impressor en estos reynos del Peru*, 1585, in-4. [1328]

Ce vol., vend. 58 fr. Rætzel, contient 5 ff. prél., 27 ff. pour le *Confessionario*, 16 pour l'*instrucion*, et 24 pour l'*exortacion*. C'est peut-être le premier livre impr. à Lima, au Pérou ; il est d'une année plus ancien que celui que cite M. Cotton, dans son *typographical Gazetteer*. Toutefois il se pourrait bien qu'Antoine de Mendoça, qui, pendant sa viceroyauté du Mexique, introduisit l'imprimerie à Mexico, l'eût introduite aussi à Lima, où il arriva en 1551 (en qualité de vice-roi), et y mourut en 1552.

CONFESSIONARIO en lengua cumonagota, y de otras naciones de Indios de

la provincia de Cumana. *Madrid*, 1723, pet. in-8.

40 fr. Chaumette des Fossés.

CONFESSIONARIO en lengua mexicana y castellana con muchas advertencias muy necessarias para los confessores, compuesto por el P. Fr.-Juan-Baptista de la orden del Seraphico P. San Francisco. *En Santiago Tlatilulco por Melch. Ocharte*, 1599.—Advertencias para los confessores de los naturales, comp. por el mismo. *En Mexico, en el convento de Santiago Tlatilulco, por M. Ocharte*, 1600, pet. in-8.

Porté à 84 réaux dans le catal. de M. de La Cortina, ce qui n'est pas un prix exagéré.

CONFORMITÉ des coutumes des Indiens orientaux, avec celles des Juifs et des autres peuples de l'antiquité, par de La C. (de La Crequinière). *Bruxelles, 1704*, in-12, fig. 3 à 5 fr. [21344]

CONFORMITÉS (les) des cérémonies modernes avec les anciennes, où il est prouvé que les cérémonies de l'Église romaine sont empruntées des payens (par P. Mussard). *Impr. l'an* 1667 (*à Genève*), in-8. [21344]

Cet ouvrage, dont il y a une nouvelle édition avec des additions (*Amsterdam*, 1749, 2 vol. in-12), est réimpr. dans le 8e vol. des *Cérémonies religieuses*, édition de *Hollande*.

CONFORTI (gli dilettevoli). Voy. ARIOSTO, satire.

CONFUCIUS. Tchhin young men Szu chou tchang kiu tsy tchu. Les quatre livres de Confucius et de Meng-Tseu, avec les commentaires de Tchu-hi, en chinois, 2 vol. gr. in-8.

Belle édition, vend. 46 fr. Rémusat, dans le catal. duquel il s'en trouve deux autres, avec le même commentaire : la prem. grav. sur pl. de cuivre, et publiée en 1809, à la Chine, en 2 vol. in-8., 46 fr. ; la seconde impr. à Canton, en 1814, en 2 vol. gr. in-8., 37 fr.

— Confucius Sinarum philosophus, sive scientia sinensis latine exposita, studio et opera PP. Soc. Jesu (Prosp. Intorcetta, Christ. Herdtrich, Fr. Rougemont et Phil. Couplet). *Parisiis, Horthemels*, 1687, in-fol. 10 à 15 fr. [3783]

En Gr. Pap. 15 à 20 fr. ; vend. en *mar, r.* 46 fr. Saint-Céran.

Bonne édition de cet ouvrage nommé en chinois le *Ta-hio*, d'après le titre du premier livre. La plus ancienne traduction qu'en aient faite des Européens a été publiée, avec le texte chinois, par le P. Prosper Intorcetta, jésuite sicilien, *in urbe Quamcheu*, 1667, et revue de nouveau, à *Goa*, le 1er octobre 1669, in-fol., et aussi à *Nankin*, en 1679. Le P. Noël en a donné une autre traduction latine dans ses *Libri classici sinensis imperii*. La traduction française du P. Cibo fait partie du tome I des *Mémoires concernant les Chinois* (voy. MÉMOIRES, et NOEL).

Une notice des traduct. du *Ta-hio* se lit dans les *Annales encycl.*, 1818 , V, 112 et suiv.; nous en avons emprunté le jugement que nous portons sur l'édit. de 1687, donnée par les Jésuites. Toutefois nous ne devons pas dissimuler que Dav. Clément (*Biblioth. curieuse*, VII, 265) accuse ces pères d'avoir tronqué d'une manière très-sensible la traduction du philosophe chinois qu'ils ont publiée.

LE TA-HIO, ou la grande étude, ouvrage de Koung-fou-tseu (Confucius) et de son disciple Thsěng-Tseu, françois-lat. et chinois, etc., par M. G. Pauthier. *Paris*, 1837, in-8.

Une partie de l'édition de Confucius, de 1669, est annoncée dans le catal. Rémusat, nos 1596 et 1597, sous les titres suivants :

TCHOUNG YOUNG, ou l'invariable milieu, publié sous le titre de *Sinarum scientia politico-moralis*, en chinois et en latin, par le P. Prosper Intorcetta, de la Société de Jésus. (à la fin : *Goæ iterum recognitum et in lucem editum*), en 1669 (sans titre), 1 vol. in-fol. (de 39 ff., vend. 40 fr.) et avec cette note : « Cet ouvrage et le suivant sont de la plus excessive rareté. Celui-ci a été imprimé, moitié à la chinoise, dans la ville de Canton, moitié à Goa, sur papier et suivant les procédés des Européens. »

LIBRI *Lun yu* Pars Ia , sinice et latine, auctore Prosp. Intorcetta, *sans indication de date ni de lieu d'impression* (édit. de Goa), in-fol., sur pap. de Chine (76 pp. impr. d'un seul côté) ; vend. 100 fr. « L'exemplaire complet, seul connu en Europe, des ouvrages de Confucius, publiés en chinois et en latin par le P. Intorcetta, édition de Goa, existe à la Bibliothèque impériale de Vienne. »

Pour la trad. de l'*Invariable milieu*, voy. RÉMUSAT.

— Confucius's Works, containing the original text with a translation; to which is prefixed a dissertation on the chinese language and character, by J. Marshman. *Serampore, printed at the mission press*, 1809, gr. in-4. de XXXIX, cxiij et 725 pp.

C'est seulement le tome Ier de l'ouvrage : 115 fr. Langlès; 45 fr. 50 c. Klaproth; 27 fr. Léon Leclerc.

Il existe une traduction allemande des œuvres de Confucius et de ses disciples, sous le titre de *Werke des tschinesischen weisen Kung-fu-dsu...* par W. Schott, *Halle*, 1826, et *Berlin*, 1832, 2 part. pet. in-8.

— CONFUCII Chi-King, sive liber carminum, ex latina P. La Charme interpretatione, edidit J. Mohl. *Stuttgartiæ, Cotta*, 1830, in-8. de xxij, 322 et XVI pp. [2262]

Une édition du texte chinois de cet ouvrage est portée dans le catal. de M. Rémusat, no 1631.

—Voy. Y-KING.

— LE CHOU-KING, un des livres sacrés des Chinois, ouvrage recueilli par Confucius, trad. par le P. Gaubil, et revu par De Guignes. *Paris*, 1770, in-4. fig. 14 à 16 fr.

Nous citerons ici un opuscule de M. Brosset, intitulé : *Essai sur le Chi-King et sur l'ancienne poésie chinoise*, Paris, 1828, in-8. Et enfin :

THE CHINESE classical works, commonly called the four books, translated and illustrated with notes by David Collie, *Malacca, at the mission press*, 1828, gr. in-8. de xiv et 185 pp. Vend. 11 fr. Rémusat; 35 fr. Klaproth.

CONFUCIUS et Mencius. Les quatre livres de philosophie morale et politique de la Chine, traduits du chinois par M. G. Pauthier. *Paris, Charpentier*, 1841 (aussi 1858), gr. in-18. 3 fr. 50 c.

LA MORALE de Confucius (traduction abrégée du Ta-hio, attribuée à un écrivain nommé La Brune), suivie d'une lettre sur la morale de Confucius (par Sim. Foucher). *Londres (Paris, Valade)*, 1783, in-18. [3784]

Édition commune; dont il y a des exemplaires in-8; en pap. fin d'Annonay : vend. 9 fr. 60 c. *mar.* Renouard, en 1805. — L'ancienne édition de cette

---

traduction de la Morale de Confucius, *Amsterdam*, 1688, in-12, est à très-bas prix.

— ANCIENT China : The Shoo king, or the historical classic being the most ancient authentic Record of the annals of the chinese empire, illustrated by commentators , translated by H.-W. Medhurst. *Shangae*, 1846, in-8. de 414 pp. 12 fr.

CONFUSIBLE retraicte du roy Franchoys *τ* de son armee, en laquelle est traicte lhonneur, que obtint la majeste imperiale en ladicte retraicte, *τ* fuigte que fist le roy et ses gens. *Imprime pour Jacques Willan, en Anvers, par Martin Nuyts, lan* M. D. XLIIII, pet. in-4. goth. de 4 ff. [13944]

Opuscule en vers de 8 syllabes : 15 fr. *m. r.* La Valliere.

CONGIE (le) pris du siecle seculier (par Jacques de Bugnin). (à la fin) : Cy finist le liure dist le cõgie pris du siecle seculier. *Imprime a Vieñe par maistre pierre schenck.* Deo gracias, pet. in-4. goth. de 22 ff. non chiffrés, à 25 lig. par page, sig. *a* en 8 ff., *b* en 6, et *c* en 8. [13262]

Recueil de maximes morales et chrétiennes, mises en vers, et disposées par ordre alphabétique.

L'édit. de Vienne, livre fort rare, est sans date, mais elle doit être antérieure à l'année 1500 ; et c'est probablement la première de l'ouvrage. Le verso du dernier f. est tout blanc. Vend. en *mar. v.* 180 fr. Cailhava.

— LE CONGIE prins du siecle seculier. — *Cy fine le congie prins... imprime a Lyon par Pierre Mareschal et Barnabe Chaussard , Mil cccc et troys*, pet. in-4.

Opuscule de 19 ff. à longues lignes, en caractères goth. : vend. 5 fr. 45 c. La Valliere, et il serait beaucoup plus cher maintenant. Dans cette édition , comme dans la précédente, se trouve au commencement un prologue dans lequel se lisent ces vers qui donnent le nom de l'auteur :

Qui scauoir veult dõt est le psõnage
De Lausanne fut un foys natif
Jacques est dit de bugnin de bon cage
Et qua este assez nominatif
De saint martin de vaulx appellatif
Est en cure et daultres benefices
A posseder sans estre accusatif
Voire aussi plusieurs dignes offices.

Du Verdier en cite une édition de *Lyon*, par *Pierre Mareschal*, 1480 ; il aura été induit en erreur, quant à la date, par la dernière pièce de l'ouvrage qui commence ainsi :

En la ville de benoist Saint Martin
Lan mil estant quatre cens τ octante
Dedans iuillet fut parfaicte la fin
De cest oeuure...

Voici l'indication de trois autres éditions :

LE CONGE du siecle seculier. (*sans lieu ni date*), in-4. goth., feuillets non chiffrés, sign. a—c, 23 ou 24 lig. à la page : 7 liv. Heywood Bright, en 1855.

CONGE prins du siecle seculier. (*sans lieu ni date*), in-4. goth. 12 ff. signat. A et B, avec une vignette sur le titre et à la fin. Vend. 8 liv. très-bel exempl. Heber, IX, 835.

LE CONGIE pris du siecle seculier. (*sans lieu ni date*), pet. in-8. goth. de 22 ff. non chiffrés, y compris le titre.

CONGIURA (la) succeduta in Napoli nel settembre del 1701. *In Venegia*, 1702, pet. in-8. [25751]

Volume fort rare, et qui a une certaine valeur dans le royaume de Naples. Le frontispice porte l'ancre aldine.

CONGRESSUS ac celeberrimi conventus Cæsaris maximi et trium regum Hungariæ, Bohemiæ et Poloniæ in Vienna Pannoniæ m. Julio 1515 facti brevis ac verissima descriptio. (*absque loco et anno, sed Viennæ*), in-4. [26434]

Un exemplaire sur VÉLIN est dans la Bibl. impériale de Vienne.

CONGREVE's (*Will.*) Works. *Birmingham, Baskerville,* 1761, 3 vol. gr. in-8. fig. 24 à 30 fr. [16900]

Belle édition : vend. 60 fr. m. *r.* Chénier.

Celle de *Londres, Tonson*, 1710, 3 vol. in-8., a peu de valeur. Vend. cependant en Gr. Pap. *mar.* 4 liv. 16 sh. Sykes. — Il y a aussi des éditions de Lond., 1753, 3 vol. in-12; 1774 et 1788, 2 vol. in-12, et de 1840, gr. in-8.

CONJUGATIONES verborum græcæ. — *Davãtrix noviter extremo labore collecta et impssa ,*in-4. [10654]

Édition très-rare, décrite dans la *Bibl. spencer.*, III, p. 48. Elle se compose de 33 pp. sous les signat. aij, aiij, bi, bij, biij, ci, cij, ciij. On lit sur le premier f. l'intitulé que nous avons donné ci-dessus. Le caractère, tant grec que latin, est très-grossier, et ce dernier ressemble à celui du Prudence, impr. sans date à Deventer, avant l'an 1500.

Ce traité ne contient autre chose que le verbe τύπτω dans toutes ses voix et ses temps , avec une explication en latin. M. Hallam en a parlé avec détail dans le 1er vol. de son *Introduction to the literature of Europe*, chap. III, paragraphe 65, à la note, ou traduct. franç., t. I, page 182, note l.

CONJUNCTIOES. Cõiũctioẽs *τ* opposicoẽs solis et lune ac mĩucoẽs electie nec nõ dies p mediciis laxatiuis sumendis Jn anno dñi Mcccc lvij Cui' b lĩa dñicalis xiiij aure¹ nũs Jnteruallũ ix ebdomide Concurrentes una dies ∙∶∙∙∶∙∙∶∙∙∶∙ un feuillet in-fol. [8281]

Ce calendrier pour l'année 1457 a dû être impr. à la fin de l'année 1456. Ainsi c'est un des plus anciens monuments de la typographie ; la Bibl. impér. en conserve un fragment, lequel a été décrit par Fischer dans le 6e cah. de son ouvr. intit. : *Beschreib. typogr. Seltenh.*, et mieux dans sa *Notice du premier monument typographique en caractères mobiles avec date connue jusqu'à ce jour*, opuscule de 8 pp. impr. à Mayence en 1804. M. Aug. Bernard (*Origine de l'imprimerie*, II, p. 29) fait remarquer que les caractères de ce calendrier sont ceux qui ont servi pour le Donat, pet. in-fol. à 27 lig. à la page, qu'il décrit p. 21 de son second volume , et non pas ceux de la Bible à 42 lig. , lesquels sont de deux points moins forts que ceux du Donat et du calendrier (18 points au lieu de 20). Parlons encore d'un Calendrier ou Almanach pour l'année 1460, livret in-4. dont le Musée du prince de Darmstadt a possédé jadis 6 feuillets, desquels feu Fischer a donné la description à la page 6 de la Notice que nous venons de citer. On y lit, en forme de titre, sur le premier feuillet : *Particula prima de dño añi et significatis eius ad que humana ratio ptingere potest, consideratis singulis planetarum dignitatibus, figura revolucõnis añi LX.*

Congrès scientifiques de France, 30368.
Conjectural observ., 30160.

CONJURATION (la) de Concino Concini, marquis d'Ancre, en 1617, et le procès fait à sa femme. *Paris, P. Rocoles,* 1617, in-8. [23684]

Cette pièce a été réimprimée sous ce titre : *La conjuration de Conchine,* Paris, P. Rocoles, 1618, et aussi *Paris, Mich. Thévenin,* 1619, pet. in-8. — On a joint à quelques exemplaires un feuillet in-fol., contenant le *Tableau et emblèmes de la détestable vie et malheureuse fin du maitre Coyon,* avec une fig. en bois et huit strophes.

L'édition de 1617 est citée par le P. Lelong, qui attribue l'ouvrage à Mich. Thévenin, nommé comme libraire sur le titre de l'édition de 1619 ; mais on croit plus généralement qu'il est de Pierce Mathieu. L'édit. de 1618, en *mar. r.* 14 fr. 50 c. Giraud, et bel exempl. en *mar. bl.* 36 fr. le même ; autre en *mar. r.* avec plusieurs fig. ajoutées, 27 fr. Coste.

La mort du maréchal d'Ancre a donné lieu à la publication d'une foule de pamphlets dont le P. Le Long rapporte les titres. En voici deux que leur singularité rend remarquables :

INVENTAIRE des pièces du procès intenté à Concino Coyon, Coquefredouille, marquis d'Ancre. Pet. in-8.

GAZETTE sur la culbute des Coyons. *Montalban,* 1617, pet. in-8.

— Voyez MAGICIENNE étrangère.

Un recueil de 82 pièces contre le maréchal d'Ancre et Leonora Galigaï, sa femme, est décrit sous le n° 5192 du catal. de La Valliere, en 3 vol., et n'y est porté qu'à 18 fr.

CONNELLY (*Thomas*). Diccionario español-ingles y ingles-español. *Madrid, imprenta real,* 1798, 4 vol. in-4. 50 à 60 fr. [11167]

CONNETABLE de Bourbon (le). Voyez GUIBERT.

CONNIVENCES (les) de Henri de Valois auec monsieur de Charouges, gouuerneur de la ville de Rouen ; ensemble comme elle a esté reduicte à l'union par les catholiques de ladite ville. *Paris, Michel Iouin,* 1589, pet. in-8. de 12 pp. non compris le titre. [24340]

Un exempl. de cet opuscule rel. en *mar. bl.* par Trautz est porté à 65 fr. sous le n° 637 du *Bulletin du bibliophile,* 1860, p. 1576.

CONNOR (O'). Voy. O'CONNOR.

CONNOR (*Bern.*). Evangelium medici, seu medicina mystica, de suspensis naturæ legibus, sive de miraculis in bibliis memoratis, quæ medicinæ indagini subjici possunt. *Londini,* 1697, pet. in-8. 5 à 6 fr. [2192]

Livre singulier, dont les exemplaires ne sont pas communs : vend. en *m. bl.* 15 fr. La Valliere ; 9 fr. Gr. Pap. *m. r.* Chateaugiron.

La réimpression d'*Amsterdam, Wolters,* 1699, pet. in-8., est moins chère encore.

CONONIS narrationes quinquaginta, gr., ex Photii bibliotheca, edidit Joan.-Arn. Kanne ; spicilegium observationum in Cononem addidit Chr. - Gott. Heyne. *Gottingæ, Dieterich,* 1798, pet. in-8. 2 fr. 50 c. [16973]

Le *Parthenius* est souvent réuni à ce roman.

— NARRATIONES, Ptolemæi historiæ ad variam eruditionem pertinentes ; Parthenii narrationes amatoriæ, gr., cum not. var. et suis, edidit L.-H. Teucherus. *Lipsiæ,* 1802, in-8. 4 fr.

CONQUESTE (la) de Gennes. Et comment les francoys conquesterent la bastille. Et de la deffense du castellet. Auec lentree en la dicte ville de gennes. *Fait a Gennes,* M. D. et sept, in - 4. goth. de 4 ff. fig. sur bois. [23433]

Cette pièce a dû être impr. l'année même de l'événement qui y est relaté. Vend. 3 liv. 5 sh. Heber, IX, 1286.

En voici d'autres qui se rapportent au même événement :

LASSAULT bataille et ‖ conqueste sur les Genevoys faicte par le roy de frāce ‖ tres crestien Louys douziesme de ce nom que dieu garde ‖ Et la trahison que les genevois ont cuide faire ‖ Et aussi la misericorde ; appointement que le Roy ‖ nostre sire leur a fait. (*sans lieu ni date*), in-4. goth. de 4 ff.

Sur le titre se voit le roi à cheval, la tête de son armée, et au verso du dernier f. l'écu de France.

Nous avons trouvé la pièce suivante à la suite de celle-ci.

LENTREE du roy en ‖ la ville de geines (*sic*), in-4. goth. de 4 ff.

Sur le titre se retrouve la planche dont nous venons de parler. On lit au recto du dernier f. : *fait a Geines le xxix dauril lan de grace mil cinq cens et sept.* Le verso est blanc.

Autre édition de ces deux pièces.

LA BATAILLE et assault de Gennes donne par le tres chrestien roy de France Loys XII. de ce nom auec la trayson que les Genevois ont cuyde faire. Et aussi la complainte des ditz genevois. (*sans lieu ni date*), in-4. goth. de 4 ff.

LENTREE du tres chrestien roy de France Louys douziesme de ce nom en la ville de Gennes. (à la fin) : *Imprime a Paris* (sans date), in-4. goth.

LA PRINSE du bastillon et la reduction de Gennes au tres chrestien roy de France Loys douziesme de ce nom. (à la fin) : *Imprime pour Guillaume bincaulx* (sans date), in-4. goth.

CONQUESTE (la) de grece faicte par le tres preux z redoubte en cheualerie Philippe de Madien aultrement dit le cheualier a lesparuier blāc Hystoire moult recreatiue, et délectable. nouuellement imprimee a Paris. On les vend a Paris deuant le palays a lenseigne de la gallee, et... en la boutique de Galliot du pre. — *Cy fine lhystoire de Philippe de Madien, lequel par ses vertueuses oeuures fut roy de sept royaulmes. Et fut acheue de imprimer a Paris le huytiesme iour de Feburier. Lan mil cinq cens vingt sept. Par Jaques Nyuerd, demourant en la rue de la Juyfrie a lymaige saint Pierre,* pet. in-fol. goth. à 2 col. fig. en bois. [17097]

Ce volume précieux a 4 ff. prélimin. contenant le

frontispice, le privilége et la table des chapitres; les ff. du texte sont cotés de I à Cxiiii; au recto du dernier est la souscription, et au verso la marque de Galliot du Pré : 33 fr. La Valliere; 17 liv. 6 sh. 6 d. White Knights; 18 liv. Heber; 360 fr. mar. bl. d'Essling. — L'édition de *Paris*, *Jean Bonfons*, sans date, in-4. goth., a été vend. 120 fr. en mars 1815.

L'ouvrage est de Perrinet du Pin, né à Belley au commencement du XIVe siècle.

CONQUESTE de Jherusalem. Voy. DESTRUCTION.

CONQUESTE. Sensuit la cõqueste du tres puissãt empire de Tresbisõde et de la spacieuse Asie. En laq̃lle sont comprinses plusieurs batailles tãt p̃ mer q̃ p̃ terre ensemble maites triũphales entrees de ville et princes dicelles decorees p̃ stille poeticq̃ et descriptiõ de pais auec plusieurs cõptes damours q̃ iusq̃s cy nont este veuz et harengues tres eloquẽtes. XXI. — (à la fin): *Cy fine ce p̃sent liure La Conqueste de Lempire de trebisonde faicte par regnault de Montauban filz du dut (sic) aymond de Dardayne nouuellemẽt imprime a Paris par la veſue feu Jehan treperel demourant a la rue neuſue nostre Dame a lẽseigne de lescu de France*, pet. in-4. goth. de 98 ff. à 2 col. figures en bois. [17036]

Le titre est en rouge et noir, et porte une fig. en bois. Le prologue qui vient ensuite commence ainsi : *au temps que limperial diademe meslea la tres chrestienne couronne de la celebre et belliqueuse gaule...* Au verso du dernier f. se voient les armes de François Ier.

Ce livre n'a été vendu que 8 à 10 fr. Lauraguais et La Valliere; 200 fr. *m. r.* d'Essling; 215 fr. *mar. olive doublé de mar.* Giraud.

J'ai eu sous les yeux une édition de *Paris*, *on les vend par Alain Lotrian*, sans date, in-4. goth, à 2 col. en 22 cah. signat. a — yiiij, dont le titre porte : *censuyt la cõqueste du tres puissant empire de Trebisonde, et la spacieuse Asie.....* Vend. 15 liv. Heber, et 275 fr. m. r. d'Essling. Il en existe une autre de *Paris*, *Yvon Gallois*, sans date, in-4. goth.

Ce roman a été composé à la fin du XVe siècle par un anonyme qui a donné carrière à son imagination en traitant à sa manière l'histoire de Regnault de Montauban; il a été réimpr. sous le titre de Chronique de Turpin, à Lyon, en 1583, pet. in-8. (voy. TURPIN.)

CONQUESTE. La cõq̃ste du grant roy Charlemaigne des espaignes. Et les vaillances des douze pers de france. Et aussi celles de Fjerabras. (au verso du dernier f.): *Cy finist Fierbras* (sic) *imprime a lyon pres nostre dame de confort par Pierre mareschal ꝫ Barnabas chaussard imprimeurs ꝫ libraires.Lan de grace M. cccc. ꝫ vng. Le xxx de ianuier* (avec la marque des deux imprimeurs), in-4. goth. de 79 ff. à longues lignes, avec fig. en bois, titre en rouge. [17031]

Vend. 15 fr. La Valliere; 9 liv. White Knights; 3 liv. 3 sh. Hibbert; 445 fr. *mar. r.* d'Essling.

L'auteur dit dans le prologue qu'il a *etc excite a ecrire cette histoire par messire henry bolomier chanoine de lausanne et qu'il en a tire quelque chose du miroir historial.* La même chose se lit dans le prologue du *Fier à bras*, édit. de 1486. C'est qu'effectivement le *Fier à bras* et la *Conqueste du grand roi Charlemagne* ne sont qu'un même roman sous deux titres différents. Le texte de celui-ci commence ainsi : *en celluy temps estoit roy des bourgongnons guideng' lequel auoit quatre filz de grant eage.*

—La Conqueste du grant Roy Charlemaigne des Espaignes et les vaillances des douze pers de France, et aussi celles du vaillant Fierabras. (au verso du dernier f.) : *Imprime a Paris lan mil cinq cens et vingt le vingtiesme iour de iuing par Michel le noir...* pet. in-4. goth. de 4 ff. pour le titre, le prologue et la table, et 87 ff. non chiffrés, mais sign. a—p, pour le texte, avec fig. en bois.

Édition peu connue : 202 fr. 3e vente de la librairie De Bure; 100 fr. *mar. bl.* d'Essling.

—La conqueste du grant roy Charlemaigne des Espaignes et les vaillances des douze Pers de France, etc. *Paris*, *Jehan Trepperel* (sans date), pet. in-4. goth. sign. a—oiij, avec fig. en bois.

Vendu 72 fr. en 1824, et 41 fr. (exemplaire ayant quelques piqûres de vers) Nugent, en 1831.

— CONQUESTE du grant roy Charlemaigne des espaignes; et des vaillances des douze pers de France; et aussi celles du vaillant Fierabras. *Rouen, pour François Regnault* (sans date), in-4. goth. fig. en bois, sign. a—s.

Dans cette édit. rare, le f. qui suit la souscription porte au recto une gravure représentant Guy de Bourgoigne et Floripes la courtoyse, et au verso la figure de Fier-à-bras : 15 liv. Heber.

— CONQUESTE des espaignes faicte par le grant roy Charlemagne. Et les vaillances des douze pers de france. Et aussi celles du vaillant Fierabras. *Nouuellement imprime pour Jehan Burges le jeune demourant a Rouen pres le moulin sainct ouen sur la riviere de robec* (sans date), in-4. goth. à 2 col. fig. sur bois.

Non moins rare que l'édition précédente : 15 liv. 5 sh. Heber, IX, 838; 251 fr. d'Essling.

L'édition de *Lyon*, 1536, in-4. goth., est aussi un livre fort rare.

— LA CONQUESTE du grant roy Charlemaigne des Espaignes. Auec les faitz et gestes des douze Pers de france, et du grand fierabras.... *Paris*, *Jean Bonfons* (sans date), in-4. goth. à 2 col. fig. sur bois.

150 fr. *mar. orange*, d'Essling; 9 liv. 8 sh. Utterson.

— LA CONQUESTE du grant roy Charlemaigne des Espaignes. Auec les faictz ꝫ gestes des douze Pers de France, ꝫ du grand Fierabras ꝫ le combact faict par luy contre le petit Oliuier, lequel le vainquit. Et des trois freres qui firent les neuf espees, dont Fierabras en auoit trois pour combatre contre ses ennemys, comme vous pourrez voir cy apres. xxi. F. a Paris par Nicolas Bonfons, demeurant en la rue neuue nostre Dame, a lenseigne sainct Nicolas, pet. in-4. goth. de 82 ff. non chiffrés, à 2 col., avec fig. en bois. sig. b.—siii.

Les 4 ff. prélim. renferment le titre, le prologue et la table des chapitres. On lit au recto du dernier f. : *cy finist la Conqueste du grand roy Charmaigne (sic) es Espaignes. Et les vaillances des douze Pers de France. Et aussi celle du vaillant Fierabras.*

Vend. 1 liv. 1 sh. Hibbert.

LA CONQUESTE du grand roi Charlemaigne des
Espaines, avec les faits et gestes des douze Pairs
de France et du grand Fierabras ; et le combat fait
par lui contre le petit Olivier, lequel le vainquist.
Louvain, de l'imprimerie de Jean Bogart (1588),
in-4. à 2 col., sig. A—Rij, feuillets non chiffrés,
lettres rondes. Vendu seulement 6 fr. chez le duc
d'Aumont, en 1782.

Nous citerons encore l'édition de *Rouen, V^e de L.
Coste,* sans date, in-4. — de *Lyon, Ve Bailly,* 1664,
in-4. fig., 34 fr. d'Essling. Il en existe plusieurs imprimées à Troyes, chez la Ve Oudot, etc., in-4.

CONQUESTE (la) du Cha‖steau damours
conquestee par lumilite du beau doulx.
(au recto du dernier f.) : Cy fine la conqueste du chateau damours conquestee‖
par le grant humilite du beau doulx.
(*sans lieu ni date*), in-4. goth. de 12 ff.
sign. a—c. (le verso du dernier f. est
blanc), à longues lignes, au nombre de
31 à la page. [17121]

Roman allégorique et moral, imprimé au commencement du XVIe siècle. On voit sur le titre une vignette représentant un personnage à cheval, le faucon au poing, et suivi de son écuyer ; il y a de plus
6 petites vignettes dans le texte, deux sont répétées.
Le seul exemplaire que nous connaissons de cet opuscule est rel. en *m. r.* par Trautz-Bauzonnet ; il a
été offert au prix de 500 fr. sous le n° 325 du catalogue d'une collection de livres rares et précieux,
Paris, L. Potier, 1859, in-18.

CONQUESTE (la) qu'un chevalier surnommé le Cœur d'Amours epris, fit
d'une Dame appellee Doucemercy, *imprime en l'an* 1503 (in-4. goth.). [17104]

Ce roman, mêlé de prose et de vers, est de René d'Anjou, roi de Naples et de Sicile, qui l'a dédié à Jean
de Bourbon. M. de Quatrebarbes l'a inséré dans le
3e vol. de son édition des Œuvres de ce prince. L'é-
dition que nous citons doit être fort rare, puisqu'elle
ne nous est connue que par Du Verdier, lequel
même n'en marque pas le format. De Bure qui en
parle dans sa *Bibliogr.,* n° 2996, d'après la même
autorité que nous, en spécifie le format, sans doute
par conjecture. Il y avait un très-beau manuscrit
de ce roman chez le duc de La Vallière, selon son
catalogue en 3 vol., n° 2811.

CONQUESTES amoureuses du Grand Alcandre dans les Pays-Bas, avec les intrigues de sa cour (par Gatien Sandras
de Courtilz). *Cologne, Pierre Bernard
(Hollande),* 1684 ou 1689, pet. in-12.
6 à 9 fr. [17282]

Deux éditions différentes de 180 pp. chacune : vend.
13 fr. 50 c. et 12 fr. Bignon. Il y a une autre édition du même format, datée de *Cologne (Hollande),*
1690, pet. in-12. Au reste, ce petit roman a été inséré sous le titre de *France galante,* dans différents recueils (voy. BUSSY et FRANCE).

CONQUISTA (la) de Jherusalem. (*sans lieu
ni date*), in-4. [22741]

Opuscule de 35 ff. à 28 lig. par page, sans chiffr.,
récl. ni signat., décrit dans la *Biblioth. spencer.,*
VII, n° 97. C'est très-probablement le même que
celui qui est porté (au prix de 80 paoli) dans un
catal. de Molini de Florence (publié en 1807), sous
le titre suivant :

ISTORIA della conquista di Gerusalemme. (*senza
data*), in-4. de 36 ff. en caractères ronds, et que
l'on y donne comme une édition du XVe siècle en
ajoutant que l'ouvrage, peu connu, est écrit en un

dialecte qui ressemble au napolitain. Ne serait-ce
pas là une traduction de la *Destruction de Jérusalem,* dont plusieurs éditions sont décrites au mot
DESTRUCTION ?

CONQUISTA del Peru (la), llamada la
nueua Castilla. la qual tierra por diuina
voluntad fue marauillosamente conquistada, en la felicissima ventura del Emperador y rey nuestro señor ; y por la
prudencia y esfuerço del... capitan Francisco Piçarro, gouernador y adelantado
de la Nueva Castilla y de su hermano
Hernando Piçarro y de sus animosos capitanes y fieles y esforçados compañeros
q̃ cõ el se hallaron... (in fine) : *esta obra
fue impressa en... Seuilla en casa de
Bartolome Perez, en el mes de Abril.
Anno de mil y quinientos y trenta y
quatro* (1534), in-fol. figures en bois.
[28681]

Livre très-rare, vend. 15 liv. Heber. Ce n'est pas,
comme nous l'avions cru, la même chose que la
Conquista del Peru de Fr. Xeres (voy. OVIEDO).
Selon la *Biblioth. heber.,* VII, n° 4600, le titre est
imprimé dans un cartouche gravé en bois ; le texte
commence au f. Aii, et il finit au verso du f. Avii ;
le recto du f. Aviii est blanc, et le verso contient la
souscription, entourée des armes d'Espagne et d'une
bordure.

— Libro primo de la conquista del Peru
et provincia del Cuzco delle Indie orientali. — *Stampato in Milano, per Gotardo de Ponte,* 1535, in-4.

Le 2e f. de ce volume porte ce sommaire : *La admirabile, ampla et vera narratione della conquista
del Peru... mandata a sua Maestà per Francesco
de Xeres... tradotta nuovamente in lingua italiana per Domenico de Gatzelu...* (Catalogue de
livres curieux, *New-York,* 1854, in-8., p. 29.)
Le sommaire ci-dessus est ce qui forme le titre du même
livre dans l'édition *stampata per maestro Stepha-
nò da Sabio,* 1535, in-4. ff. prél. et texte non
chiffré, sig. a—g. vend. 34 fr. Libri en 1857, et 3 liv.
en 1859.

CONRAD ou Conrard (*Olivier*). Le Mirouer des pecheurs. *on les vend a Paris en la rue saint Jaques a lenseigne
de lelephant, pres les Mathurins...* —
cy fine ce present liure... in-8. goth.
de 4 ff. prél., cxxxiiij ff. chiffrés, suivis
de 2 autres non chiffrés. [13372]

Cet ouvrage, divisé en 8 parties, renferme des vers
français de différentes mesures, des vers latins et
de la prose. Le titre est sans nom d'auteur ni de
libraire, et sans date ; mais d'abord les pièces liminaires font connaître le nom de l'auteur, *Oliuerius
Conradus franciscanus ;* celui du libraire est facile
à trouver puis qui sait que l'enseigne de l'Elephant était celle de *François Regnault ;* et quant
à la date elle est à la fin du prologue en vers (commençant au f. 11), où l'auteur dit avoir commencé
son ouvrage en 1526. Vend. 11 fr. *m. r.* La Vallière ;
16 fr. Clavier ; 19 fr. Monmerqué.

• OLIVERII Conrardi meldunensis (minoritæ) Epigrammata, orationes ad superos et epicedia. — *Impressa fuere Parrhisiis opera et sedulitate Nicolai Bonœspei Trecensis, datarii Xenodochii
diui Jacobi Meldunensis pro... Dionisio Roce...
per diligentem Calcographum Antonium Bonnemere Anno* 1510, *idibus Maii,* in-4. de 20 ff. chiffrés, sans titre. [12850]

Bonnemère a également imprimé, pour D. Roce, deux autres opuscules du même poëte : 1° *Xenia...* 16 *maii* 1510, in-4. de 16 ff. non chiffrés. — 2° *Penthalogus; Saphicum carmen de conceptione Virginis Christiferæ...* 18 *maii* 1510, in-4. de 14 ff. Ces trois opuscules se trouvent à la Bibliothèque Mazarine, n° 10621 ; Panzer ne les a pas indiqués. Les deux premiers rel. ensemble 15 fr. Courtois.

— OLIVERII CONRADI odæ aliquot de Præfiguratione, conceptione, nativitate, assumptione V. Mariæ, una filii Jesus vitam complectentes, miraculum ejusdem virginis in defendendo ab hostibus oppidulo quod nunc pars est Aureliæ urbis : historia D. Sebastiani libris II, cum aliis nonnullis. *Aureliæ, Fr. Gueiardus (Parisiis, ex typogr. Chr. Wechelii),* 1530, pet. in-8. 10 fr. *mar. r.* Courtois.

— **La vie ɩ louenge du benoist sainct Joseph espoulx de la tres sacree Vierge Marie mere de nostre saulueur Jesus.** *On les vend a Lyon pres nostre dame de Confort chez Oliuier Arnoullet,* pet. in-8. goth. signat. a—i̧ᵢᵢⱼ. [327]

Ce volume est terminé par deux pièces de vers latins de Conrard faites à l'intention des religieuses de l'Anonciade à Bourges, ainsi qu'il le dit dans une lettre datée du couvent de Meun le 18 juillet 1535. Le nom de cet auteur, qui paraît deux fois dans ce volume, est écrit Conrard. La Croix du Maine et Du Verdier citent l'ouvrage suivant d'Olivier Conrard : LA VIE, faits et louanges de saint Paul, apostre de Jesus-Christ, extraits fidèlement tant des Actes des apostres que de ses epistres et autres saints docteurs. *Paris, Vivant Gaultherot,* 1546, in-16.

CONRAD , Pfaffe. Das Rolandslied , herausgegeben von W. Grimm. *Göttingen,* 1838, in-8. avec 13 pl. et un fac-simile in-4. obl.

Poëme sur l'expédition de Charlemagne en Espagne, et sur la bataille de Roncevaux au XIIᵉ siècle. Le moine Conrad l'a traduit du français en latin et du latin en allemand. (*Trésor* de M. Graesse, II, p. 251.)

CONRAD von Würzburg. Eine schöne Historia von Engelhart ausz Burgunt, Hertzog Dietherichen von Brabant, seinem Gesellen, vnnd Engeldrut, desz königs Tochter ausz Dannemarck, *Francf. am Main,* 1573, in-8.

Poëme composé de 6504 vers. Il a été réimpr. sous ce titre : *Engelhard,* eine Hertzog von Conrad von Würzeburg, mit Anmerk. von H. Haupt, *Leipzig,* 1844, in-8., 5 fr.

— Silvester , herausgegeben von Wil. Grimm. *Göttingen,* 1841, in-8. avec fac-simile.

— Goldne Schmiede, herausg. von Wil. Grimm. *Berlin,* 1840, in-8., 2000 vers. 6 fr.

— Der trojanische Krieg von Konrad von Wurzburg, nach den Vorarbeiten K. Frommanns und F. Roths zum erstenmal herausg. d. Ad. von Keller. *Stuttg.,* 1858, in-8.

Poëme de 49,860 vers dont le commencement (25,245 vers) avait déjà été donné dans le troisième vol. de la collection de Myller.

CONRADUS (de Halberstat) de Allemania,

Conradi (*C.*). Anatomia patholog., 6733.
Conradi (*M.*). Deutsch-romanische Grammatik, 11142. — Taschevörterbuch, 11143.
Conradi philosophi Chronicon schirense, 21761.
Conradus (*D.-A.*). Cryptographia, 30176.

concordantiæ Bibliorum. (*absque nota, circa* 1470), in-fol. à 3 col. de 66 lig. [265]

Édition sans chiffres, réclames, ni signatures. Elle est imprimée avec des caractères semblables à ceux de l'*Ars prædicandi,* sorti des presses de Mentelin vers 1466 (voy. tome I, col. 562, article AUGUSTINUS). Le volume commence par ces deux lignes :

      Vilibet   volen-
      ti requirere con-

et il finit au recto du 414ᵉ f., colonne seconde, par celles-ci :

      Expliciunt   concordancie
      fratris gradi de allemania

Vend. 4 liv. 9 sh. Hibbert.

— INCIPIT responsorium curiosorum compilatum per fratrem Conradum de Halberstad ordinis predicatorum. — *Explicit tractatus mense philosophice et Responsorii curiosorum Lubeck impressus (per Lucam Brandis de Schass.) Anno domini* M. CCCC. LXXVI, in-fol. goth. de 132 ff. non chiffrés. [4470]

Cette édit. rare commence par une table des questions, en 14 ff., questions relatives à la physique et à l'histoire naturelle, ainsi que l'indique le prologue dont un fragment est rapporté dans l'*Adparatus* de Freytag, II, p. 816. Porté à 180 fr. dans le catal. de la librairie Tross, 1860, n° 1491, ce qui n'a pas de précédent.

Pour une autre *Mensa philosophica,* voy. MENSA.

CONRARD (*Valentin*). Lettres familières à M. Félibien. *Paris, Cl. Barbin,* ou *Billaine,* 1681, in-12. [18824]

Ce volume est recherché, mais il se trouve difficilement : 11 fr. 50 c. Parison.

— Voy. CONRAD.

CONSEIL (le) de paix. *Paris, Guil. Eustace,* 1512, in-8. goth. [13441]

Ancien Catal. de la Biblioth. du roi, Y. 4529 (avec la *Déploration de l'Eglise* de Bouchet).

CONSEIL de volentier morir. Voy. FOSSETIER.

CONSEIL (le) des sept sages de la Grèce ; ensemble le Miroer de prudence, tout mis en francoys, avec une briefue et familiere exposition sur chascune autorité et sentence. *Paris, Gilles Corrozet,* 1544, pet. in-8. [3671]

Édition la plus rare de ce recueil en prose et en vers, attribué à Gilles Corrozet.

— Le Conseil des sept Sages de Grece , mis en françois, auec vne brieue et familiere exposition sur chacune autorité et sentence. *Lyon, Jean de Tournes,* 1547, in-16.

56 fr. m. v. Nodier, et 31 fr. Baudelocque.

— Le même. *Paris, Jean Ruelle,* 1548, in-16, fig. en bois.

Vend. 10 sh. Heber.

Réimprimé sous ce titre : *Les vies et mots dorés des sept sages de Grèce, ensemble le miroir de Prudence;* Paris, Est. Groulleau, 1554, in-16, fig. en bois , — et sous celui de *Conseil des sept sages... ensemble le miroir de Prudence,* Paris, Jean Ruelle, 1568, in-16, fig. en bois.

— Autre édition, Paris, *Jean Gazaud,* 1585, in-16 (La Valliere-Nyon, 14692).

On a imprimé séparément la 2ᵉ partie sous ce titre : LE MIROIR de prudence, contenant plusieurs sentences, apophthegmes et ditz moraulx des sages anciens. *Rouen, Rob. et Jean du Gort,* 1546, in-16 de 80 ff., avec fig. en bois. [13968]

Conringius (*Herm.*). Opera, 19030.

— Réimpr. *Paris, Jean Ruelle*, 1546 ou 1547, in-16 de 64 ff. Vend. 19 fr. Pixerécourt.

Les Sentences, conseils et bons enseignemens des sept saiges de Grèce, auec vne briefue et familiere exposition sur chascune authorité de sentence. Le tout mis nouuellement en langue francoyse et bas allemand, tres utile prouffitable pour vu chascun specialement pour la jeunesse. *Thantwerpen, by Jan Van Waesberghe*, 1562 (*de l'imprimerie de Christophe Plantin*), pet. in-8.

Livre peu commun : vendu 28 fr. Borluut; ce doit être, quant au texte français, une nouvelle édition du recueil publié par Gilles Corrozet sous le titre de *Conseil des sept Sages de la Grèce.*

CONSEIL (le) du nouveau marié, a deux personnages. (*sans lieu ni date*), format d'agenda, pet. in-4. goth. de 8 pp. à 45 lig. [16208]

Partie du recueil de farces conservé au Musée britannique (voy. Ancien théâtre).

CONSEIL privé de Louis le Grand, assemblé pour trouver le moyen, par de nouveaux impôts, de pouvoir continuer la guerre, contre les hauts alliez, avec plusieurs autres entretiens sur les affaires du temps. *Versailles, par l'abbé de la Ressource (Hollande)*, 1696, pet. in-12 de 312 pp. [23868] .

Volume rare, orné d'une gravure représentant le conseil. Vend. 12 fr. le baron d'Heiss ; 10 fr. *m. r.* Méon.

CONSEIL très-vtile contre la famine, et remèdes d'icelle. Item Regime de santé pour les poures, facile à tenir. *A Paris, chez Iaques Gazeau à l'Escu de Cologne, rue Saint-Iaques*, 1546, in-16. [70396]

50 fr. *mar. r.* Hope, en mai 1855 et 7 fr. *v. f.* Jussieu.

CONSEILLER (le) d'estat, ou considérations servant au maniement des affaires publiques (par Ph. de Béthune). *Suivant la copie impr. à Paris (Leyde, Elsevier)*, 1645, pet. in-12. 6 à 9 fr. [4017]

Vend. 15 fr. *cuir de Russie*, première vente Nodier. Les éditions de *Paris* sont moins chères.

CONSIDÉRATIONS politiques sur les coups d'État. Voy. Naudé.

CONSOBRINUS (*Johannes*), Portugal. carmelita. Tractatus de justitia commutativa et arte campsoria, seu cambiis, ac alearum ludo. —*Tractatus perutilissimus de justitia commutativa... explicit, diligenti opera et ingenti cura per Iacobum Lupi...; impressum Parisius per Guidonem Mercatorem, in campo Gaillardi...* m. cccc. xcvi. *die xiv. Novembris*, in-8.

Traité rare cité par Maittaire, lequel ne paraît pas avoir connu une édition que possède la Bibliothèque impériale, et qui est sans titre; le recto du premier feuillet y est blanc, et le verso contient une lettre d'envoi de l'éditeur... *Nicolao Lipomano patricio*

veneto artium doctori... Le titre qui se trouve au verso du dernier feuillet (e iii) est le même que celui qu'a donné Maittaire, mais il finit ainsi : *diligēti opa ac īgenti cura p̄ venerabilē... frēm frācisc̄u de medicis ordinis ate dicti τ puintic venctiarum cm̄edatus. Jm̄pssus vero parisii Kl Junii* M. cccc. lxxxiii, in-4. goth. [4179]

CONSOLAT (le libre de) novamente corregit e stampat, etc. — (in fine) : *f̄on acabada de stampar la present obra a 14 de julio del any 1494, en Barcelona per Per Posa, prevere, e st̄ampador*, pet. in-fol. goth. de 88 et 13 ff. [2953]

Première édition, avec date, du texte original catalan, ou plutôt provençal, de cet ouvrage : le titre ci-dessus semble indiquer une édition plus ancienne. Serait-ce celle que Panzer, IV, p. 152, n° 719, annonce sous le titre suivant : *Libre del Consolat e Ordinacions sobre les seguretats meritimes e mercaniuols en la ciudat de Barchenona*, in-fol. goth. sans lieu ni date, et qui n'a été vendue que 6 fr. chez Gaignat, mais qui est portée à 8 liv. 8 sh. dans la *Biblioth. heber.*, VII, 3629. Cette édit. in-fol., composée de 147 ff. en tout, est probablement sortie des presses de Barcelone, vers 1490 ; elle est très-bien imprimée, et l'on y remarque des capitales fleuronnées. Le titre et la table occupent 9 feuillets suivis d'un f. blanc, et de 49 ff. sans signatures ; viennent ensuite les cahiers avec signat. *g. h. i. l. m.* par dix, *n* par douze, *o* par huit ; au verso du feuillet O VII, se lit : *Fo feta la present crida per mi Raphel puoil corredor de la ciutat de Barchenona*, 1458, etc. Le f. O VIII est blanc. Le cahier suivant n'a point de signature ; il contient des nouvelles ordonnances, lesquelles commencent au verso du premier feuillet, de cette manière : *Segueixen se les ordinaciones novament fetes sobre les seguretats maritimes*, et se terminent au recto du 8ᵉ f. par cette souscription : · *Fonch feta la present crida per mi Anthoni strada corredor de la ciutat a tres de juny Any Mil.CCCC. vuytanta quatra (1484). Aci acaben les ordinacions novament fetas sobre les seguretats maritimes.*

— Libre de cōsolat tractāt del fets maritims. — *f̄on acabada de stampar la present obra a xiiij de setembre del any. M. d. e ij. en Barcelona, per Johan Luschner.....* pet. in-fol. goth. à 2 col.

Édition fort rare, qui paraît être une copie de celle de 1494. Le titre et la table forment 6 ff. préliminaires ; le corps de l'ouvrage a 88 ff. chiffrés, à la fin desquels se lit la souscription de l'imprimeur. Vient ensuite une partie de 13 ff. non chiffrés, ayant pour titre : *Capitols del Rey en pere sobre los fets e actes maritims.* Vend. 60 fr. Gohier.

— Libro appellat consolat de mar... (à la fin) : *Fonch estampat en... Barcelona p̄ Dimas bellestar e Joan de Bilio Any. M. d. xxiij. a quīce de Noembre*, in-4. goth. de 8 ff. prél. pour le titre et la table. Texte f. i à cxxix à 2 col.

Autre édition du texte catalan. Ce doit être la réimpression de l'édit. de *Barcelone*, 1517, in-4.

— Libro llamado cōsulado de mar..... Es agora nueuamente traduzido de lengua Catalana en Castellana. Impresso y de muchos vicios reconoscido..... Año de M. D. xxxviiij. (au recto du dernier f.) Ha sido impresso en... *Valencia por*

Francesco Diaz Romano. A. iiii dias del mes de Enero. Año de 1539, in-4. goth. à 2 col. 8 ff. prélim. et texte 1 à clvuj.

L'édition de Barcelone, 1645, in-fol., contient le même texte que les premières, mais avec des augmentations. Il y a une traduction castillane, par Ant. de Capmany y de Montpalau, *Madrid*, 1791, 2 vol. in-4. (voyez CAPMANY), laquelle avait été précédée d'une autre traduction dans le même dialecte, par Palleja, *Barcelona*, 1732, in-fol. Nous avons aussi une traduction française, intitulée :

Le Consulat de mer, ou pandectes du droit commercial et maritime, par M. Boucher, *Paris*, 1808, 2 vol. in-8.; et une meilleure accompagnée du texte catalan de l'édition de 1494, dans la *Collection des lois maritimes* de M. Pardessus, 1831, in-4., tome II, pp. 49-368.

— Libro del consolato de' marinari, nel quale si comprendono tutti gli statuti, ec. *Venezia, Ravenaldo,* 1567, in-4.

Cet ouvrage est une traduction du *Consolat* catalan. Il a été imprimé plusieurs fois avec *il Portolano di mare*. Nous en connaissons une traduction française devenue fort rare, et qui a pour titre : *Le livre du Consulat, contenant les loix et ordonnances, statutz et coustumes touchant les contractz, marchandises, negociation maritime et de la navigation tant entre marchandz que Patrons de navires, et autres mariniers,* trad. de l'espagnol et de l'italien, en françois (par François Mayssoni), imprimée à Aix, par Pierre Roux), 1577, pet. in-fol. Il s'y trouve joint une traduction française du Portulan. On cite une édition de *Marseille*, 1576, dans la 5ᵉ édition de la *Bibliothèque choisie des livres de droit*, donnée par M. Dupin l'aîné ; mais l'imprimerie n'était point encore en usage dans cette ville à cette époque.

CONSOLATION (la) des desolez, et les douze utilitez qui sont es tribulations paciëment pour lamour de dieu porteez : auecq plusieurs figures, exemples, et auctoritez de la saincte escripture, et des liures de sainctz docteurs et peres : tres vtile a tous chrestiens, laquelle est imprimee & mise en vente *a Paris a la maison de Io. Badius* (sans date), in-4. goth. de 59 ff. chiffrés. (Bibliothèque de la ville de Moulins.) [1626]

CONSOLATION des tristes. *Rouen, Rob. et Jean du Gort,* 1554, in-16. [13642]

Ce recueil est rare ; il renferme des épigrammes tirées de Marot, de Saint-Gelais, et d'autres poëtes de ce temps-là (voy. BOUTE-HORS).

CONSOLATION des mal mariez. Voyez JOYEUSETEZ.

CONSPIRATION, prison, jugement et mort du duc de Biron, ensemble le traicté de mariage de Henri IV roy de France, avec la généalogie de la maison de Médicis. *Jouxte la copie imprimée à Honnefleur, par J. Petit,* 1607, pet. in-8. de 79 pp. [23633]

Réimpression d'une édition de 1606, in-8., dont on a changé le titre et interverti l'ordre des pièces.

Cette première édition est intitulée : *Traité de Mariage de Henri IV, avec la princesse de Florence... plus la conspiration... du duc de Biron... pareillement le procès de Jean l'Hoste : avec la* généalogie de la maison de Médicis. *Honnefleur, Jean Petit*, 1606, ou *Rouen, J. Petit*, 1609 et 1610, in-8. de 96 pp.

Il est dit dans la *Biblioth. de la France*, nº 31588, que la vie de Biron qui fait partie de ce recueil est la même chose que l'*Histoire de la vie et de la mort du maréchal duc de Biron*. Paris, 1603, in-8.

CONSPIRATIONS (les) d'Angleterre, ou l'histoire des troubles suscités dans ce royaume depuis l'an 1600 jusqu'en 1679. *Cologne (Hollande), Jean Le Blanc,* 1680, pet. in-12. 6 à 9 fr. [26937]

Vend. 18 fr. en 1832.

CONSTABLE's (J.) Graphic works, chiefly lanscape many of them now first published. *London,* 1855, in-fol.

40 planches gravées par Dav. Lucas avec leur description par C. R. Leslie. Les paysages de Constable sont en grande estime en Angleterre et même sur le continent. 3 liv. 3 sh.

CONSTANT (*Pierre*). Les Abeilles et leur estat royal. *Paris, Phil. du Pré,* 1600, in-8. de 24 ff. [13890]

Un exemplaire imprimé sur papier bleu, *m. r.* 8 fr. La Valliere, et 32 fr. (annoncé *pap. gris*) Mac-Carthy. C'est une seconde édition. La première est de *Paris, Gervais Mallot,* 1582, pet. in-4. de 36 ff. 18 fr. 50 c. mar. r. Nodier ; il y en a une autre sous la date de 1599, laquelle, avec une notice bibliographique en 7 pp. sur les édit. de ce poëme, a été vendue 57 fr. en mai 1859.

HYMNE de la tres sacrée naissance de Jesu Christ, par Pierre Constant. *Paris, Jean Charron,* 1586, in-8.

Cette hymne se trouve quelquefois réunie au *Noël* de J. de Caumont publié chez le même libraire en 1585 (voyez CAUMONT).

INVECTIVE contre l'abominable parricide attenté sur la personne du roy... Henry III... par P. Constant. *Paris, Fred. Morel,* 1595, pet. in-8.

Une réimpression de cet opuscule a été faite à Rennes chez Vatar en 1850, mais tirée à 25 exempl. seulement dont 3 sur papier rose.

LE GRANT avant Messie monsieur sainct Jean Baptiste , avec sa nativité, vie et décolation, par P. Constant, lengrois. *Lengres, des Preyz,* 1601, in-12 (en vers). (La Valliere-Nyon, 14087.)

CONSTANT (*Germain*). Traité de la cour des monnoies et de l'étendue de sa jurisdiction. *Paris, Séb. Cramoisy,* 1658, in-fol. [2791]

14 fr. 50 c. de Sacy.

CONSTANTIN et la primitive Église, ou le Fanatisme politique, tragédie en cinq actes (par Alex. Villetard). 1806, gr. in-8. pap. vél. [16567]

Selon un catalogue de livres vendus à Paris en octobre 1825, cette tragédie n'aurait été tirée qu'à deux exemplaires, et, quoique cela soit fort douteux, l'exemplaire annoncé a été payé 22 fr.

CONSTANTIN César. Voy. GEOPONICA.

CONSTANTIN (*Robert*). Lexicon græco-lat.: hac secunda editione, partim ipsius authoris, partim Fr. Porti et aliorum additionibus plurimum auctum. (*Genevæ*), *hæredes Eust. Vignon, etc.*, 1592, 2 part. en 1 vol. in-fol. [10701]

Ouvrage estimé et dont il n'est pas facile de trouver des exemplaires bien conservés. Quoiqu'on l'ait donné sous le nom seul de Constantin et comme une seconde édition du Dictionnaire de ce savant (imprimé d'abord à Genève en 1562), ce n'est guère qu'une réimpression du lexique grec et latin composé par plusieurs auteurs, et imprimé à Bâle par H. Petri, 1584, in-fol., sous le titre suivant : *Dictionarium græco-lat. post correctiones G. Budæi, J. Tusani, C. Gesneri, H. Junii, R. Constantini, Jo. Hartungi, Mar. Hopperi, Guil. Xylandri, novissime a Jac. Cellario et Nic. Honigero accurate emendatum*. On y a seulement ajouté quelques observations de Fr. Portus. Mais à ce sujet il est juste de faire observer que *H. Petri*, de Bâle, s'étant lui-même approprié le Dictionnaire grec et latin imprimé à Genève, chez J. Crispin, en 1562, et l'ayant fait reparaître avec des augmentations considérables en 1565 et en 1584, les libraires de Genève ont bien pu, à leur tour, se ressaisir de leur propriété et profiter des améliorations qu'on y avait faites. Au reste l'entreprise ne paraît pas avoir été fort heureuse, car l'édition de ce livre s'étant vendue fort lentement, les libraires qui en possédaient des exemplaires en changèrent plusieurs fois le titre; voilà pourquoi certains exemplaires offrent l'indication de *Genève*, 1607, ou de *Lyon*, 1637, quoiqu'ils soient tous d'une seule et même édition.

Le volume ici décrit est divisé en deux parties dont la première contient 762 pages précédées de 4 feuillets préliminaires pour le titre, l'avis au lecteur et l'épître grecque de Constantin. La seconde partie est de 1023 pages en tout, et se termine par un petit traité *De Mensibus*. Vend. jusqu'à 100 fr. Dutheil, mais seulement 50 fr. Langlès, et 18 fr. 50 c. Labey.

L'édition de Genève, 1562, très-gros vol. in-fol., n'est point recherchée et se donne à très-bas prix.

CONSTANTINI magni, Nazarii, anonymi, S. Silvestri papæ, S. Marci papæ, Osii cordubensis, Victorini, Candidi Ariani, Liberii papæ et Potami tomus unicus. *Au Petit-Montrouge*, 1844, gr. in-8.

Huitième volume du *Cursus completus Patrologiæ*, que publie M. l'abbé Migne.

CONSTANTINI Porphyrogenetæ imperatoris Opera, gr. et lat., quibus Tactica nunc primum prodeunt : Jo. Meursius collegit, conjunxit, edidit. *Lugduni-Batavorum, ex officina elzeviriana*, 1617, in-8.

Ce volume, pour être bien complet, doit contenir : 1° 8 ff. prél.; 2° *De administrando imperio*, 230 pp., partie qui avait d'abord paru séparément, avec 4 ff. prél., chez Louis Elsevier en 1611; 3° *Meursii notæ*, 45 pp.; 4° *Liber tacticus*, 45 pp.; 5° *De Thematibus imperii orient. et novella constitutiones*, 307 pp. Ebert fait observer qu'il existe des exemplaires de ce livre dont le titre porte *Opuscula* au lieu d'*Opera*, et n'ont que 2 ff. prél. parce qu'on en a supprimé la dédicace à d'Olden Barnevelt, lequel eut à la tête tranchée l'année même de la publication du

recueil que nous décrivons. — Voy. BYZANTINA, n° 27.

CONSTANTINI (*Emmanuelis*), funcælensis lusitani, insulæ Materiæ historia ad Philippum III. *Romæ*, 1599, pet. in-4. [28443]

Cette histoire de l'île de Madère est un livre rare que MM. Payne et Foss estimaient 5 liv. 5 sh. dans leur catalogue pour 1830.

Le même auteur a donné l'ouvrage suivant qui n'est guère moins rare que le précédent : HISTORIA de origine, et principio atque vita omnium regum Lusitaniæ, et rebus ab illis præclare gestis, cum omnibus casibus, qui in eo regno ad nostra usque tempora evenere, et multis aliis rebus scitu dignissimis ad idem regnum Lusitaniæ spectantibus. *Romæ*, 1601, in-4. [26264]

CONSTANTINI Joanninensis (*Georgii*) Dictionarium quatuor linguarum, græcæ litteralis, græcæ vulg., lat., atque italicæ. *Venetiis*, 1757, 2 vol. in-4. [10722]

Il y a une autre édition de ce dictionnaire, impr. à Venise en 1786, dont le premier volume, in-fol., a été vendu 18 fr. Villoison.

CONSTANTINUS cretensis. Voy. APOLLONIUS de Tyr.

CONSTANTINI (*Ant.*). Voy. au mot AGITATO.

CONSTANTIUS (*Ant.*). In hoc uolumine contenta hæc sunt : Antonii Constantii epigrammatum libellus. Ode excitans christianorum principes in Turcum. Ode ad Federicum tertium cæsarem. Ode in Constantii Sfortiæ & Camillæ aragoniæ laudē. Epistola ad Io.-Ba. uiterbiē cui fastos Oui. cōsecrauerit. Epistola Io. Baptistæ de re eadem. Epistola ad Io. Baptistam responsoria de re eadem. Epistola ad Galeottum manfredum de Camelopardali. Orationes nuptiales VIII. Prælectiones in rhetoricam Tulii ad herennium duæ. Prælectio in tusculanas eiusdem. Prælectio in librum eiusdem de senectute. Orationes funebres duæ. Oratio in introitu prætoris. Oratio in diui Francisci & eius dogmatis laudem. Oratio in laudem uirginis. Orationes in beati Nicolai myrensis epi laudem duæ. Octauii Faneñ oño ad Se. Faneñ Antonii laudes cōtinēs. Jacobi Constantii epigrammata quædam. Eiusdem epicedion in Thadæam matrem. (*Fani, Hieron. Soncinus*, 1502), in-4. de 70 ff. non chiffrés, signat. *a—o*, lettres rondes. [12675]

En tête de ce volume rare doivent se trouver 2 ff. séparés et sans signatures, contenant le frontispice et une lettre de Jacques Constantius à Augustin Villa. — Sur le recto du dernier f. o viii, dont le verso est tout blanc, on lit un errata, le registre des signatures, et le quatrain suivant, qui sert de souscription :

Hoc Soncinus opus Fanestri impressit in urbe: Qui propriūm a sacro nomine nomen habet. Mille & quingentis annis christi atqz duobus : Et quarta octobris, luce Gradiue tua.

CONSTANTIUS (*Jacobus*). Collectaneorum Hecatostis, in Ibin Ovidii Sarritiones, in ejusdem Metamorphoses assumenta. *Impress. Fani ab Hier. Soncino,* M D VIII, in-4.

Quoiqu'il soit rare, ce vol. n'a été vend. que 4 sh' 6 d. Heber.

CONSTITUCIONS de Cathalunya. (in fine, recto) : *Diuina fauente clementia finitum z terminatum est hoc opusculum Constitutionū Jn Prīcipalissima z Excellētissima ciuitate Barchinone Principatus Cathalonie. per Reuerēdū magistrū Johannē Rosenbach alemanum de haydelberch. Sub anno dūi Millesimo quadringētesimo nonagesimoquarto* (1494). *Die vero .xiiij. Mēsis Februarij,* in-fol. goth. de 28 ff. non chiffrés, à longues lignes, sign. a—diij, y compris le titre. [2999]

Le 2e f., qui est orné d'une bordure gravée en bois, commence par ce sommaire :

Constitutions fetes per lo Jllustrissimo e serenissimo senyor Rey don Ferrando Rey de Castella de Arago, zc. En la segona cort de cathalunya celebrada en Barcelona En lany Mil CCCC. lxxxxiij.

Ce morceau rare fait partie d'un recueil précieux de différentes constitutions de Catalogne, impr. à Barcelone de 1504 à 1586, provenant de Colbert et qui appartient aujourd'hui à la bibliothèque de Sainte-Geneviève.

— Los VSATGES de Barcelona e constitucions de Cathalunya. (*sans lieu ni date*), in-fol. goth.

Livre fort rare dont voici la description : 33 ff. prél., sig. A — D., pour le préambule et la table. Le préambule commence par cette ligne :

COm per ordinacio de les Corts general del

Il est suivi de la liste des rois et comtes de Barcelone qui ont établi les présents usages, constitutions et priviléges, jusqu'au règne de Jean second, mort à Barcelone le 19 janvier 1479, et auquel succéda Ferdinand II. Entre la table et le texte il se trouve 2 ff. bl. Le texte, impr. à 2 col., occupe les ff. I à cccxliii (mal cotés ccclii) ; mais après le f. ccxlvii, il y a 2 ff. bl. Ensuite vient le f. cci, sig. Ai, commençant par *Pragmatica del Rey.* Cette dernière partie est à longues lignes ; le recto du dernier f. n'en contient que 24 ; la dernière est ainsi conçue : *tra manerie hi sera prochiit sia inualit cas e nulle.* L'exemplaire décrit n'a pas de titre.

Cette édition, qui est fort belle, a probablement été imprimée à Barcelone après le mois d'octobre 1481, date d'une pragmatique de Ferdinand II, qui finit au recto du f. cccxlii ; elle aurait donc précédé les deux opuscules ci-dessus, qui paraissent en être le complément.

Le recueil des constitutions de Catalogne a été réimpr. à Barcelone, de 1585 à 1589, et dans la même ville en 1704, en 3 vol. in-fol.

CONSTITUTIONES clarissimi atque excellentissimi ordinis velleris aurei, e gallico in lat. conversæ (a Nic. Nicolai Grudio), in-4. [28755]

Volume impr. à Anvers chez Plantin vers 1560. Il a 4 ff. prél. et 63 pp. pour le texte et les additions. La dernière ligne est ainsi conçue :

positum reperitur, in aliis locis.

On connaît plusieurs exemplaires sur VÉLIN : 72 fr. La Valliere ; 4 liv. 12 sh. Pinelli ; 51 fr. Mac-Carthy.

Il existe une autre édition des mêmes constitutions, impr. à Anvers chez Plantin vers 1566, in-4. Elle a 7 ff. prélim. et 91 pp. pour le texte et les additions. Un exemplaire imprimé sur VÉLIN a été vendu 64 fr. à Bruxelles en 1811 ; 50 fr. Librairie De Bure ; 180 fr. Borluut.

CONSTITUTIONES Marchiæ Anconitanæ. *Perusiæ, per Stephanum Arnes hamburgen, Bernardum Thome de Buren et Paula et Socios,* 1481, *die* 21 *nuvembris,* in-fol. [2576 ou 2569]

54 fr. Costabili.

CONSTITUTIONES regum regni utriusque Siciliæ, mandante Friderico II. imperatore, per Petrum de Vinea concinnatæ, novissima hac editione recognitæ et innumeris erroribus purgatæ ad fidem antiquissimi palatini codicis cum græca eorundem vers. (edente Gaet. Carcani). *Neapoli, typogr. reg.,* 1786, gr. in-fol. de XXIV et 459 pp. [2978 ou 25735]

Ouvrage très-important pour l'histoire du moyen âge. Vend. 21 flor. Meerman.

— Voy. LEGES et consuetudines, et LIBER consuetudinum.

CONSTITUTIONES sententiæ arbitrariæ congregationum reverendi cleri Venetiarum. *Venetiis,* 1581, in-fol. [3268]

Un exemplaire sur VÉLIN, 4 liv. 6 sh. Pinelli ; 12 fr. Mac-Carthy.

CONSTITUTIONES Societatis Jesu. *Romæ,* 1558, in-8. de 159 pp. et un index de 4 ff. — Primum ac generale examen, etc. *Ibid.,* 1558, in-8. de 52 pp. — Constitutiones Societ. Jesu. *Ibid.,* 1559, in-8. de 5 ff. — Declarationes et annot. in constitutiones Societ. Jesu. *Ibid.,* 1559, in-8. de 125 pp. — Litteræ apostolicæ, quibus institutio, etc., Societ. Jesu a sede apostol. concessa continentur. *Ibid.,* 1559, in-8. de 68 pp. [3271]

Ces 5 pièces (d'édition originale), ordinairement réunies en 1 vol., sont rares. Vend. 72 fr. m. v. La Valliere, et seulement 18 fr. de Cotte ; 36 fr. d'O...

Pour les différences que présente une autre édition sous la même date, voy. le Catal. de Crevenna, tome IV, nos 7682 et 7683.

Les autres éditions de ces constitutions sont à très-bas prix. Nous citerons cependant celle de Rome, 1583, in-8., exemplaire sur VÉLIN, vend. 250 fr. Mac-Carthy ; et celle de Rome, 1606, in-8., dont la Bibliothèque impériale conserve un exemplaire sur VÉLIN ; un semblable, 41 fr. Renouard, et revendu 4 liv. 10 sh. Libri, en 1859.

Les constitutions des Jésuites ont été recueillies dans l'ouvrage intitulé : *Institutum Societatis Jesu, auctoritate congregationis gener. XVIII, meliorem in ordinem digestum, auctum et recusum,* Pragæ, 1757, 2 vol. in-fol. C'est d'après cette édition de 1757, la plus complète de toutes, qu'ont été donnés les 3 vol. intitulés : *Constitutiones Societatis Jesu (cum gallica versione Saboureux de la Bonneterie),* Paris, 1762, in-8. et in-12, ouvrage au sujet duquel il faut lire une note curieuse dans le *Dictionn. des anonymes,* tome IIIe, n° 20115.

CONSTITUTIONS (les) du monastere de Port-Royal du S. Sacrement (par la mère Agnès Arnauld, la mère Euphémie Pascal et la sœur Gertrude). *Mons, chez. Gaspard Migeot, à l'enseigne des trois Vertus,* 1665, pet. in-12. [3278]

Jolie édition, qui ne le cède en rien aux productions des Elseviers. Elle a 9 ff. prél. y compris le titre impr. en rouge et noir, 528 pp. et un f. d'errata ajouté après coup. 4 à 6 fr. — 14 fr. v. f. t. d. Giraud.

CONSULAT. Voy. CONSOLAT.

CONTANT. Le Jardin et cabinet poétique de Paul Contant, apothicaire de Poictiers. *Poictiers, Anth. Mesnier,* 1609, pet. in-4. [13908]

Ce recueil est orné de figures relatives à l'histoire naturelle : 9 fr. 50 c. en 1841 ; 49 fr. *mar.* Nodier, et en *v. f.* avec les armes de De Thou, 120 fr.

Le Cabinet poétique a été réimpr. dans un recueil portant ce titre :

LES ŒUVRES de Jacques et Paul Contant divisées en cinq traictez. 1. Les commentaires sur Dioscorides; 2. Le second Eden; 3. Exagoge mirabilium naturæ e gazophylacio; 4. Synopsis plantarum cum etymologiis; 5. Le Jardin et cabinet poétique. *Poictiers, par Julian Thoreau,* 1628, in-fol. de 250, 79, 90, 59 pp. et la table, avec fig.

La première partie de ce volume se trouve séparément sous le titre suivant :

LES DIVERS exercices de Jacques et Paul Constant, père et fils, maistres apoticaires de la ville de Poictiers, où sont éclaircis et resoulds plusieurs doultes qui se rencontrent en quelques chapitres de Dioscoride... composez par le dit Jacques et recueillis, reveuz, augmentez et mis en bon ordre par le dit Paul, pour servir de commentaire aus simples escriptz dans son poesme intitulé : Le second Eden, 1628, in-fol. de 250 pp. non compris la préface.

Le recueil entier, 39 fr. vente Carbonel, en 1856, et 37 fr. de Jussieu.

CONTANT (*Clément*). Parallèle des principaux théâtres modernes de l'Europe et des machines théâtrales françaises, allemandes et anglaises ; dessins par Clément Contant, architecte ; texte par Joseph de Filippi. *Paris, A. Levy,* 1860, gr. in-fol. [9794]

Cet ouvrage avait déjà paru sous le titre de *Théâtres modernes de l'Europe, ou Parallèle...* à Paris, chez l'auteur, de 1840 à 1842, in-fol. en 12 livraisons de 10 pl. au prix de 10 fr. par livraison. La nouvelle édition , accompagnée du texte de Jos. de Filippi, en 40 feuilles, contient 130 pl. et est publiée en 30 livr. au prix de 5 fr. chacune, et aussi en 2 vol. in-4. grand-aigle, mêmes conditions.

CONTANT d'Ivry (*Pierre*). Ses œuvres d'architecture. *Paris,* 1758, in-fol. fig. [9771]

10 fr. Lamy, en 1808 ; 48 fr. Salmon.

CONTARENUS. Petri Contareni D. Io. Alberti Pat. Ven. ad M. Artium D. Ioannem Bersadonem Elegiarum Libellus.

(*absque nota*), in-8. de 18 ff. non chiffrés, lettres italiques. [12675]

Opuscule devenu fort rare. Il est impr. avec les jolis caractères cursifs dont les imprimeurs de Lyon se sont servis au commencement du XVIe siècle pour imiter les éditions aldines. Celle-ci, qui peut avoir paru en 1515 et 1520, commence par le titre ci-dessus imprimé en lettres majuscules, et finit au verso du 18e f. avec la 8e élégie, adressée à Fr. Rossius, laquelle occupe 8 pp. Ces élégies sont l'ouvrage d'un poëte aimable, mais malheureusement l'édition citée est fort incorrecte.

— Petri Contareni Q. D. Joannis Alberti Argoa voluptas. (in fine) : *Impressum Venetiis per Bernardinum de Vianis de Lexona Vercellensem* (1541), in-4. de 164 ff. chiffrés. [1267]

Poëme en 17 livres dont les exemplaires sont peu communs. L'auteur y célèbre l'État de Venise. La date de la permission d'imprimer est du 13 septembre 1541.

CONTARENUS, cardinalis (*Gasp.*). Opera. *Venetiis, Aldus,* 1578, in-fol. [18990]

Belle édition d'une collection qui avait déjà été impr. à Paris, chez Séb. Nivelle, en 1571, in-fol., avec une préface d'Aloisio Contareni ou Contarini, neveu du cardinal. Vend. 18 sh. Butler.

L'ouvrage le plus répandu de Gasp. Contarini est son traité *De Magistratibus et republica Venetorum,* iprm. d'abord à *Paris, chez Mich. Vascosan,* 1543, in-4.. et souvent réimpr. depuis. Nous en citerons particulièrement l'édition de Venise, *apud Aldum,* 1589, in-4., laquelle, cependant, n'est pas d'un grand prix. Ce traité a été traduit en français sous le titre suivant :

DES MAGISTRATZ et république de Venise, composé par Gaspar Contarin, trad. de latin en vulgaire françois, par Jean Charrier. *Paris, Galliot du Pré,* 1544, pet. in-8. — Vend. 11 fr. 50 c. *mar.* en 1841.

Il en existe aussi une traduct. italienne impr. d'abord à Venise en 1530, in-8., et maintes fois réimpr. depuis avec divers traités analogues à celui-ci. Voici le titre de l'édition qui conserve le plus de valeur :

DELLA REPUBLICA et magistrati di Venetia libri V di M. Gasparo Contarini ; con un ragionamento intorno alla medesima di M. Donato Giannotti fiorentino ; e i discorsi di M. Sebastiano Erizzo, & di Bartolomeo Caualcanti : aggiontovi uno di nuovo dell' eccellenza dell republiche, ec. (di Aldo Manutio). *Venetiis, presso Aldo,* 1591, in-8. Un exempl. non rogné, 1 liv. 10 sh. Butler, autrement 5 à 6 fr. [25465]

CONTARINI (*Ambr.*). Questo e el viazo de misier Ambrosio contarin ambassador de la illustrissima signoria de Venesia al signor Vxuncassam Re de Persia. — *Impressum Venetia per Hãnibalem Fosium parmensem anno... Mccccxxxvij. die xvi. Ianuarii,* in-4. de 23 ff. 38 lig. par page. [20607]

Édition fort rare ; vend. 3 liv. 18 sh. *m. r.* et 4 liv. 18 sh., avec des notes mss., Heber ; 3 liv. 3 sh. riche reliure, Hanrott.

— Itinerario del magnifico e clariss. Ambrosio Contarini mandato (da Venetia) nel anno 1472 ad Usuncassan Re di Persia. — *Stampato nella inclita città di Vineggia per Francesco Bindoni et*

Mapheo Pisani, compagi ; nel anno M.D.XXIII, *a di primo del mese di Octobre*, in-4. de 23 ff., sign. A—F.

Quoique beaucoup moins précieuse que la précédente, cette édition s'est vend. 4 liv. 5 sh. Hibbert; 3 liv. 7 sh. (bel exempl. *mar.* rel. par Lewis) Hanrott; 4 liv. 19 sh. Heber; sous la date de 1524, 179 fr. Riva.

La relation de Contarini a été réimpr. à Venise, en 1543, pet. in-8. (édit. vend. 80 fr. Walckenaer, et 40 fr. en avril 1859), et aussi dans un recueil publié chez les Alde, en 1543 (voyez VIAGGI fatti da Venetia), et dans le premier vol. de la collection de RAMUSIO.

CONTARINO (*Luigi*). Il Vego & dilettevole giardino, ove si leggono gl' infelici fini di molti illustri, i varii & mirabili essempi di virtù & vitii degl' uomini ; i fatti & la morte de profeti, il nome & le opere di XII sybille , il discorso delle muse, l'origine & le imprese dell' amazoni; il maravigliosi essempi delle donne, gl' inventori di tutte le scienze & arti ; l'origine delle religioni & de Cavallieri, etc., raccolto del R. P. Luigi Contarino crocifero. *Venetia, apresso Alex. de Vecchi,* 1619, in-4. fig. [31828]

Cinquième édition d'une compilation qui a eu du succès dans sa nouveauté, mais qu'on ne recherche plus. La première édit. est celle de Vicence, *heredi di Perin,* 1589, in-4. Celles de 1602, 1607 et 1611, in-4., ont reçu des augmentations.

CONTE (Le). Voyez LECONTE.

CONTEMPLACIONES sobre el Rosario de nuestra señora historiadas. *Sevilla, por Meynardo Ungut,* 1495, in-4. avec fig. en bois. [1677]

Très-rare : vend. 1 liv. 13 sh. Heber.

CONTEMPLATIO totius vitæ et passionis Domini nostri Jesu Christi. *Venetiis, apud Joannem Ostaum et Petrum Valgrisium,* 1557, pet. in-8. fig. [1855]

Volume composé de 104 pages et orné de 50 gravures en bois d'une exécution assez remarquable. Vend. en *mar. citr.* 11 fr. Courtois, et plus cher depuis.

CONTEMPLATIONES idiotæ (Remondi Jordan) de amore divino , de Virgine Maria, de vera patientia, de continuo conflictu carnis et animæ, de innocentia perdita, de morte (Jacobo Stapulensi editore). *Parisiis, in ædibus Henr. Stephani,* 1519, in-4. de 96 ff. [1533]

Un exempl. impr. sur VÉLIN, 99 fr. Mac-Carthy, pour la Bibliothèque impériale.

Réimpr. à Paris, chez Sim. de Colines, 1535, in-16.

CONTENANCES (les) de la table. (*sans lieu ni date*), in-4. goth. de 6 ff. [13442]

Pièce composée de 37 quatrains, suivis d'une ballade. Dans l'édition que nous citons, la première page

présente le titre de ce livret, avec la prem. lettre gravée en bois et fort historiée, comme dans les éditions d'Ant. Verard. L'ouvrage finit au 6ᵉ f. recto : vend. 127 fr. *m. v.* Crozet.

Une autre édition ancienne porte (au frontispice) la marque que nous donnons : c'est celle de Pierre Mareschal et Bernabé Chaussart, imprimeurs à Lyon, de 1493 à 1515.

Cette édition n'a que 4 ff. in-4., étant impr. en caract. goth. plus menus que ceux de la précédente, et a 30 lig. par page; elle est aussi sans date, et paraît plus correcte.

Cet opuscule doit être le même que la *Contenance de la table* dont le catal. de La Valliere, en 3 vol., rapporte deux éditions : l'une de *Paris,* sans date, pet. in-8. goth., de 4 ff., avec une vignette en bois sur la prem. page ; l'autre, in-4., avec la marque de *Jean Trepperel.* Vend. jusqu'à 7 liv. 17 sh. 6 d. Heber. On pense qu'il est du même auteur anonyme que *La doctrine du pere au filz; Le doctrinal d's notueaux mariez,* 4 ff.; *Le doctrinal des filles,* 4 ff.; et *La uoyc d' padis.* Ces quatre opuscules, composés dans le même goût et avec la marque ci-dessus, se trouvent réunis dans le vol. Y 4481 ᴬ de la Bibliothèque impériale.

Une édition différente de la *Contenance de la table, nouvellement impr. à Paris* (vers 1530), pet. in-8. goth. de 4 ff., a été vend. 25 fr. *m. r.* en 1815 ; 9 fr. Leduc, et 32 fr. 50 c. en 1341.

Il y en a aussi une d'*Avignon, Jean de Channey* (s. d.), pet. in-8. de 8 ff. à 23 lig. par page, où l'on trouve le *Doctrinal des filles* qui commence au verso du 4ᵉ f. Ces deux pièces ont été données, comme inédites, dans l'*Hôtel de Cluny au moyen âge,* par Mᵐᵉ de Saint-Surin, depuis Mᵐᵉ de Monmerqué, *Paris,* 1835, in-8. (Voyez Recueil de M. de Montaiglon, I, p. 186, où *La Contenance de la table* est reproduite.)

Un des membres de la Société des bibliomanes du club Roxburghe a fait réimpr. à Londres, en 1816, *La Contenance de la table,* et il en a même fait tirer un exemplaire sur VÉLIN.

CONTENU (le) de l'assemblée des dames de la confrairie du grand habitavit. *Pa-*

Contatore (*A.*). Historia terracinensis, 25624.
Conte (*J.-A.*). Examen de la hacienda publica, 4124.
Contelorius (*Fel.*). Mathildis genealogia , 25275. — Terra di Cesi, 25627.

ris, Nic. Alexandre, 1615, pet. in-8.
de 4 ff. y compris le titre. [18013]
Facétie fort libre qui a été réimprimée sous différents
titres (voy. Por aux roses découvert).

CONTERIE (Le Verrier de la). Voyez LE
VERRIER.

CONTES à rire. Voyez NOUVEAUX contes.

CONTES du monde adventureux. Voyez
. COMPTES. .

CONTES (recueil des meilleurs) en vers
(par La Fontaine, Voltaire, Vergier, Sé-
nécé, Perrault, Moncrif, Grécourt,
Autreau, Saint-Lambert, etc.). *Londres*
(*Liége*), 1778, 4 vol. in-18, fig. [14176]
Collection, ornée de jolies vignettes, dont les amateurs recherchent les premières épreuves : 20 à
30 fr. — Vend. (bel exempl. de prem. épr.) en *m. r.*
par Bozérian, 61 fr. Méon.
On prétend que dans les exempl. du prem. tirage on
a placé, à la page 105 du tome II, la vignette de la
p. 119, et à la p. 119 celle de la p. 105.

CONTES en vers. *Londres, chez Jean
Nourse* (*Lyon*), 1764, in-8. de vj et
63 pp. [14180]
Les contes réunis dans cet opuscule sont au nombre
de trois : le prem. est imité du *Libro del Perchè*,
le second est extrait de la Légende de S. Abraham,
et le troisième est une imitation de la nouvelle
ital. intitulée *L'Angelo Gabriello.* L'édition n'a
point été mise en vente, et l'auteur que l'on croit
être M. Leriche, mort à Soissons, vers la fin du
XVIIIe siècle, en a distribué tous les exemplaires à
ses amis. C'est aujourd'hui un livre rare. (Extrait
d'une note de Chardon de La Rochette.)

CONTES et poésies du C. Collier, commandant des croisades du Bas-Rhin.
Saverne, 1792, 2 vol. in-18, fig. pap.
vél. [14185]
Ces contes gaillards ont été donnés sous le nom du
C. Collier, par allusion au cardinal de Rohan qui
s'était trouvé compromis dans la déplorable affaire
du Collier. Vendu 30 fr. 50 c. Pixérécourt; 10 fr.
St-M. en 1840.

CONTES facétieux tirez de Bocace, et autres autheurs divertissans, en faveur des
mélancholiques, et fables moralisées en
prose et en vers par le sieur D. F. A.
(Du Four). *Paris, J.-B. et H. Loyson,*
1670, 2 parties en 1 vol. pet. in-12 de
4 ff., 108, 106 et 40 pp. [17351]
26 fr. *m. r.* Nodier, et 70 fr. Duplessis ; mais quelquefois beaucoup moins.

CONTES mis en vers, par M. D..., et poésies diverses. *Cologne, Pierre Marteau,*
1688, pet. in-8. [14179]
Ces contes d'un anonyme resté inconnu ont fort peu
de mérite, et si un exemplaire, rel. en *mar. r.* et
non rogné, a été payé 21 fr. à la vente Nodier, c'est
uniquement à cause de sa condition.

CONTES théologiques, suivis des litanies
des catholiques du XVIIIe siècle, et de
poésies érotico-philosophiques, ou re-

cueil presque édifiant (publié par Fr.
René-Jean de Pommereul, sous le nom
de Chevalier Du Busca). *Paris, imprimerie de la Sorbonne* (fausse indication), 1783, in-8. 5 à 6 fr. [14181]
Vend. 12 fr. *mar. r.* Méon, et en papier de Hollande,
27 fr. 50 c. en 1840 ; 28 fr. Nodier.

CONTI. *Justi* de Comitibus...... libellus
fœliciter incipit intitulatus la Bella mano. — *Per me Scipionem Malpiglium
hononiensem,* M. CCCC. LXXII, pet. in-4.
[14468]
Édition très-rare : vend. 2 liv. 12 sh. 6 d. Pinelli ;
80 flor. Crevenna, et 136 fr. Brienne-Laire.
Ce volume est composé de 73 ff. y compris les 4 ff.
prélim. qui contiennent un sonnet de *Jean-Bapt.
de Reffrigeriis,* et la table alphabétique ; le prem. f.
n'est impr. qu'au verso. Mazzuchelli et Apostolo
Zeno , *Giornale de' letterati,* 34, page 63, pensent
que cette édition est véritablement de Bologne ;
Pierre Valvasense, au contraire (*Memorie per servire a la storia letter.,* XI, p. 59), soutient qu'elle
a été imprimée à Vérone, par *Zuane Alvise e Alberto fratelli.*

—La Bella mano.— *Veneciis, die duodecimo decembris* M. CCCC. LXXIIII. *finis,*
in-4.
Cette édition, qui n'est pas moins belle que la précédente, est aussi fort rare. Elle a en tête le même
sonnet, et commence par le même intitulé en lettres capitales. A la fin, sur le 69e f., est la souscription, suivie d'un f. blanc. Le volume est terminé
par une table alphabétique des premiers vers de
chaque pièce, laquelle occupe 4 ff. séparés. 345 fr.
mar. r. Libri, en 1847, et 9 liv. 2 sh. 6 d. en 1859.

—Justo da Roma chiamato la Bella mano.
— *Impresso in Venetia per Thomaso
di Piasi,* M. CCCC. LXXXXII, in-4. de 50 ff.
non chiffrés, sign. AAA—GGG, lettres
rondes, fig. sur bois.
Édition encore rare. Elle commence par le cah. AAA,
lequel contient le titre ci-dessus imprimé en capitales, et *iohannis baptiste de refrigeriis de bononia carmina in laudem domini iusti.* Le sommaire
suivant se lit au commencement du texte, sur le
2e f. : *iusti de comitibus roman. utriusque iuris
interpretis ac poetæ clarissimi libellus fœliciter
incipit intitulatus la bella mano.* Au recto du dernier f. est placée la souscription. Vend. 40 fr. La
Vallière ; en *cuir de Russie,* 140 fr. Riva ; 2 liv.
11 sh. Libri, en 1859.

—La Bella mano.— *In Venegia per Bernardino di Vidali,* 1531; *adi xx del
mese di settembrio,* in-8.
Édition peu connue qui contient toutes les poésies
réunies depuis dans celle de 1715, et présente quelques leçons préférables à celles qui ont été généralement adoptées.

— La Bellamano, libro di messere Giusto
Conti, per Messer Jacopo Corbinelli res-
taurato. Al Christianiss. Henrico III. Re
di Francia & di Pollonia (con rime antiche di diversi toscani). *Parigi, Ma-
merto Patissonio,* 1589, pet. in-12.
Édition rare , dont les pièces prélim. contiennent, le
titre compris, 5 ff. impr. et un blanc. A la fin doit

Contes des génies, 17730.
Contes orientaux. — Voyez CAYLUS.

Conti (*Vinc.* de'). La città di Casale di Monferrato,
25321.

se trouver un cahier, sign. K, de 4 ff. non chiffrés, sur le dernier desquels se voient une vignette en taille-douce, et une épigraphe en grec. Ce dernier cahier manque dans plusieurs exemplaires, et dans d'autres la vignette n'a pas été tirée.

Il se trouve des exemplaires de cette même édition avec des titres datés de 1590 ou de 1591. Les ff. prél. y sont aussi au nombre de 6; mais l'avertissement, qui en fait partie, diffère de celui de 1589; de plus on a mis un carton aux ff. 75-82, sign. Giii—Gvi, au moyen duquel, parce qu'on en a supprimé le *Capitolo di Nastagio da Monte Alcino*, on a rétabli en entier la fameuse *Canzone di Maestro Pagolo da Firenze*, dont il n'existait que le commencement dans les premiers exemplaires, morceau que Gamba qualifie d'*Una congerie di maldicenze contro le più venerabili autorità*. D'autres exemplaires ont un titre sous la date de 1595, et à l'adresse du libraire *Sébast. Nivelle*. Les pièces prélim. n'y ont plus que 4 ff., parce qu'on en a supprimé le privilége de Henri III, en conservant l'avertissement réimprimé en 1590. Vend. (sous la date de 1590), 22 fr. Villoison; 1 liv. 6 sh. Heber; (sous la date de 1595), 15 sh. *mar. cit.*, et 1 liv. 2 sh. Heber; en *mar. olive* et avec des annotations de A.-M. Salvini, 120 fr. Libri; autre exempl. en *mar. r.*, sous la date de 1590 et avec la *Canzone di Maestro Pagolo*, 3 liv. en 1859.

Un bel exemplaire de l'édition de 1589 en pap. fort, relié aux armes de Jac.-Aug. de Thou, et qui avait cela de particulier que les ff. 75 à 82 y étaient de la réimpression, avec la *Canzone di Pagolo*, comme dans les exemplaires d'une date postérieure, 165 fr. Renouard.

— LA MEDESIMA, e una raccolta delle rime antiche di diversi toscani, con annotazioni : edizione seconda. *Verona, Tumermani*, 1753, in-4. fig. 6 à 9 fr.
• Un exempl. impr. sur VÉLIN se conserve à Florence, dans la bibliothèque Palatine.
L'imprimeur Tumermani avait d'abord donné, en 1750, une édition de ces poésies, in-8. et in-4. Celle de *Florence*, 1715, in-12, avec les annotations d'Ant.-Mar. Salvini, est encore assez estimée.

— RIME inedite di Giusto Conti (pubbl. dal can. Giulio-A. Angelucci). *Firenze, Stamp. dell' ancora*, 1819, in-8.
Édition tirée à 60 exempl. seulement. Les sonnets qu'elle contient ont été découverts par M. Alex. de Mortara, qui y a joint des notes.

CONTI (abbate *Ant.*). Prose e poesie. *Venezia, Pasquali*, 1739-56, 2 vol. in-4. 15 à 18 fr. [19225]
Il manque dans la plupart des exempl. l'*Illustrazione del Parmenide di Platone*, Venez., 1743, in-4. de 124 pp., qui doit faire partie du second vol. 26 fr. Libri, en 1857. Il faut réunir à ce recueil *Quattro tragedie* du même auteur, *Firenze, Bonducci*, 1751, in-8. 4 à 6 fr. [16724]

CONTI (*L.-Marg.* de Lorraine, princesse de). Voyez BAUDOUIN et HISTOIRE des amours de Henri IV.

CONTI (*Arm.* de Bourbon, prince de). Les Devoirs des grands, avec son testament. *Paris*, 1779, in-12. [3862]
Il a été tiré de ce volume un seul exempl. sur VÉLIN : vend. (avec le *Règlement donné par la duchesse de Liancourt à Mlle de la Roche-Guyon, etc.*, Paris, 1779, in-12, pareillement sur VÉLIN), 160 fr. le B. d'Heiss; 269 fr. Saint-Céran; 170 fr. Duquesnoy; cet exempl. est maintenant à la Bibl. impér.
L'édition originale de l'ouvrage du prince de Conti, *Paris, D. Thierry*, 1666, pet. in-8., est fort belle. 6 à 9 fr. — 50 fr. *mar. r.* Giraud. Celle de *Cologne, Pierre Marteau*, 1676, pet. in-12, s'ajoute à la collection elzévirienne.
MÉMOIRES de M. le prince de Conty, touchant

les obligations des gouverneurs de province, et ceux servant à la conduite de sa maison. *Paris, Denys Thierry*, 1667, pet. in-8. 5 à 6 fr. [4017]
29 fr. *mar. r.* Giraud.

— TRAITÉ de la comédie et des spectacles, selon la tradition de l'Eglise, tiré des conciles et des saints Pères. *Paris, L. Billaine*, 1666, ou *Paris, Pierre Promé*, 1667, in-8. [1361]
Les exemplaires sous la date de 1666, comme celui qui est porté dans le Catal. de la Biblioth. du roi, D, 4536, se trouvent plus rarement que les autres; ils ont précédé l'ouvrage anonyme de l'abbé Hédelin d'Aubignac, ayant pour titre :
DISSERTATION sur la condamnation des théâtres. *Paris, N. Pepingué*, 1666, in-12; — aussi *Paris, Le Febure*, 1694, in-12.
Écrit qui a donné lieu à l'ouvrage suivant du sieur de Voisin, prêtre :
LA DEFENSE du traitté de Monseigneur le prince de Conti, touchant la comédie et les spectacles, ou la refutation d'un livre intitulé Dissertation sur la condamnation des théâtres. *Paris, L. Billaine*, 1671, in-4. 8 fr. de Soleinne.

CONTI (*Gio.-Bat.* de). Coleccion de poesias castellanas, con la traduccion en verso toscano. *Madrid*, 1782-90, 4 vol. in-8. 20 fr. [15056]

— SCELTA di poesie castigliane del secolo XVI, tradotte in lingua toscana da G.-B. Conti, ed opere originali del medesimo. *Padova*, 1819, 2 vol. in-8., portr. Pap. vél. 8 fr.

CONTILE (*Luca*). Rime, con discorsi et argomenti di Fr. Petrotio et Ant. Borghesi, con le sei canzoni dette le sei sorelle di Marte. *Venetia, Fr. Sansovino*, 1560, pet. in-8. [14551]
Quoique ces poésies ne soient pas sans mérite, elles n'ont pas eu un grand succès, puisqu'on ne les a pas réimprimées. Les *Sei sorelle di Marti*, qui en font partie, avaient déjà paru séparément, *in Fiorenza*, 1556, *appresso Lorenzo Torrentino*, in-8. Voir sur cette édition, Moreni, *Tipografia di Torrentino*, pp. 157-58, où est cité l'opuscule suivant de Contile :
LA AGIA egloga del Contile recitata da la sopra humana donna Hipolita Gonzaga, e da molte altre sue Gentildonne. (à la fin) : *Excudebant Mediolani Valerius et Hieronymus Metii*, 1552, in-8. de 35 ff.
Contile est auteur de trois comédies, impr. à Milan, en 1550, par Fr. Marchesio, in-4. [16668], savoir : *La Trinozzia*, de 52 ff. et un f. d'errata. — *La Cesarea Gonzaga*, de 59 ff. (mal chiffrés 50) et un f. d'errata. — *La Pescara*, de 51 ff. chiffrés et 4 ff. non chiffrés. La première de ces pièces 7 fr. 50 c.; la seconde 4 fr. 75 c., et la troisième 6 fr. de Soleinne.
— LA NICE, poemetto dramatico, comment. dal cav. Vendramino. *Milano, Valerio & Girolamo da Meda*, 1551, in-4. de 34 ff.

— Ragionamento di Luca Contile sopra la proprietà delle imprese, con le particulari de gli Academici affidati & con le interpretatione e croniche. *Pavia, Girol. Bartoli*, 1574, in-fol. avec des vignettes gravées sur cuivre. 12 à 15 fr. [18604]

— La Historia de' fatti di Cesare Maggi di Napoli, dove si contengone tutte le guerre successe nel suo tempo in Lombardia ed altre parti d'Italia, raccolta da Luca Contile. *Pavia, Bartoli,* 1564, in-8. de 4 ff. et 248 pp. — aussi *Milano, Gio.-Ant. degli Antonii,* pet. in-8. 4 à 5 fr. [25383]

CONTINI. Pianta della villa Tiburtina di Adriano Cesare, già da Piero Ligorio disegnata e descritta, riveduta e pubblicata da Franc. Conti. *Roma,* 1751, in-fol. fig. 10 à 12 fr. [29457]

CONTRA papatum. Voy. LUTHER.

CONTRARIO. Doi canti di Daniele Contrario trivigiano dei successi et · delle nozze dell' orgoglioso Rodomonte dopo la repulsa, ch' egli hebbe da Doralice. *In Venetia,* 1557, in-8. de 47 ff. [14805]
Petit poëme devenu rare. 3 liv. 9 sh. Libri, en 1859.

CONTRASTO. El contrasto de lacqua e del vino con certe altre canzon bellissime. *Stampato in Bressa per Damianū et Jacobū Philippū* (sans date), in-4. goth. de 4 ff. à 2 col., avec 2 bois, l'un en frontispice, l'autre au verso du dernier f. [14892]
Opuscule en vers, imprimé au commencement du XVIᵉ siècle. Même sujet que le *Débat du vin et de l'eau* dont nous parlons au mot DÉBAT.

    EL CONTRASTO del matrimonio de Tuogno e de la Tamia, el quale e bellissimo & nouamente cōposta da ridere. Item un bel testamento de un altro vilan da hauer a piacere, et el Pianto della Tamia. M. 519 Februario. *(sans lieu),* in-4. de 4 ff. à 4 col., avec fig. sur bois au frontispice. Pièce en vers.

    EL CONTRASTO de Bighinol e Tonin, con la canzon del ghallo e la frottola del Sbisao, con altre cose nuouamente azonte. *(sans lieu ni date),* in-4. de 4 ff. (en vers), avec un bois sur le frontispice. Ces trois pièces se conservent dans la bibliothèque Palatine de Florence.

    CONTRASTO della Bianca e della Brunetta (in ottava rima), con una frottola di Bellizari da Cigoli. *Stampato in Bologna* (vers 1600), in-4., avec un bois sur le titre. 1 liv. *mar. r.* Libri, en 1859, ce qui n'est pas le prix de la reliure.

    IL CONTASTO *(sic)* del uino & del morto. *(senz' alcuna data),* in-4. de 4 ff. à 2 col. de 38 lignes, lettres rondes.
Dialogue en vers par octaves. Sur le recto du 1ᵉʳ f. est une figure de la Mort à cheval, gravée en bois, avec cette inscription au-dessus :

> *Io sono ilgrā capitano della morte*
> *Che tengho lechiaui di tutte la porte.*

Le texte commence au verso. La dernière page contient 9 octaves, avec cette ligne au bas : *Finito il contasto del uino & del morio.*
    CONTRASTO (el) degli huomini & delle donne. *(senza alcuna data),* in-4. de 6 ff., à 2 col. de 32 lign., caract. rom.
Opuscules en stances de huit vers, imprimé vers la fin du XVᵉ siècle. Le recto du premier feuillet présente une assez jolie vignette en bois, et au-dessous le titre. Le texte commence au verso du premier f. et il se termine au verso du 6ᵉ f., qui n'a que deux octaves, suivies de ces mots : *Finito il contrasto.* 76 fr. *mar. r.* Libri, en 1847 ; 6 liv. 6 sh. en 1859.

    CONTRASTO (el) di carnesciale & la quaresima. *(senz'alcuna data),* in-4. de 8 ff. à 2 col. de 32 lig., caract. rom.
Petit poëme en octaves, impr. avec les mêmes caractères que le précédent. La première page présente le titre ci-dessus, une jolie vignette en bois et quatre octaves. Le verso du dernier feuillet contient aussi quatre octaves, avec une autre vignette au-dessous. 80 fr. *m. r.* Libri. — Voy. GRAN contrasto.

CONTRE-ASSASSIN (le), ou réponse à l'Apologie des jésuites faite par un père de la compagnie de Jésus de Loyola, et réfutée par un très humble serviteur de Jésus-Christ de la compagnie de tous les vrais chrétiens, D. H. (David Home), 1612, pet. in-8. de 391 pp. [23644]
Cet ouvrage est du même auteur et du même genre que l'*Assassinat du roy, ou maximes du vieil de la Montagne Vaticane* (voy. ASSASSINAT). Il a été composé à l'occasion de la *Réponse apologétique à l'Anti-Coton :* il s'en trouve des exemplaires dont le titre porte : *Genève, chez Esaie le Preux,* 1612 (consultez le *Dictionn.* de Prosper Marchand, page 307).

CONTRE-BLASON des faulces amours, intitule le grand Blason damours spirituelles et divines ; avec certains epigrammes et servantoys d'honneur. *Paris, en la rue Neufue Nostre Dame,* pet. in-8. goth. de 28 ff. sign. a—diii. [13274]
Goujet, qui décrit cette pièce rare (*Bibl. fr.,* X, page 120), n'en nomme pas l'auteur ; mais La Croix du Maine l'attribue à Charles de Croy, frère ermite, etc., et il en cite une édition de Paris, chez Sim. Vostre, 1512 : une copie figurée sur VÉLIN a été vend. 53 fr. *m. r.* Méon.

  — Le contre blason | de faulces Amours Intitule le | grant blason damours spirituel | les ♂ diuines. Auec certain epi | grâme et seruantois dhon | neur fait ♂ compose a la | louenge du tres crestiē | roy de frāce, cōme | icy embas pour | cōmencement | peult clere | mēt apparoir ♂ | veoir. (au verso du dernier f. après le 26ᵉ vers) : *Cy finist le contre blason de faulces amours* (sans lieu ni date), pet. in-8. goth. de 24 ff. non chiffrés, sign. a. b. c. 28 lig. par page.
Cette édition doit être moins ancienne que la précédente, dans laquelle le *rondeau pour finable enuoy* commence ainsi :

> *Vive Loys de Valois roy de France*
> *Vive la Royne, et vive le Daulphin*
> *Vive Claude seulle Daulphine de France.*

tandis que dans la seconde le rondeau est presque entièrement refait, et commence :

> *Viue frācois de vallois roy de france*
> *Viue la royne et viue le daulphin*
> *Viue loyse seule daulphine de france.*

  — Voyez ALEXIS (*Guil.*).

CONTREDITZ du prince des Sotz. Voyez GRINGORE.

CONTRE-EMPIRE des sciences. Voy. PERROT (*Paul*).

CONTRERAS (*Geronimo* de). Dechado de

Contius (*Ant.*). Opera, 2525.

varios subiectos. *Çaragoça, Bart. Noguera*, 1572, pet. in-8. [19265]
En vers et en prose. Réimpr. à *Alcala*, 1581, pet. in-8.

— Selva de Aventuras compuesta por el capitan Hieronymo de Contreras. *Sevilla, en casa de la biuda de Alonso Escuriano*, 1578, pet. in-8. [17581]
Édition la plus ancienne et la plus rare que l'on connaisse de ces Nouvelles.

— SELVA de aventuras, repartida en nueue libros, los quales tratan los amores, que un cauallero de Seuilla llamado Luzman tuuo con una donzella llamada Arbolea, y las grandes cosas que le successedieron en diez años, que aduuo peregrinado por el mūdo, y el fin que tuuieron sus amores : agora nueuamente corregida y añadida por el autor. *Impr. en Alcala de Henares, en casa de Sebastiã Martinez, Año de* 1588, pet. in-8, de 160 ff. chiffrés.
Nous citerons encore les éditions de *Bruxelles*, 1592, in-8. ; de *Çaragoça, Pedro Cabarte*, 1615, pet. in-8., et de *Cuença, Salvador Viader*, même date et même format.

— Etranges aventures contenant l'histoire d'un Chevalier de Séville dit Luzman à l'endroit d'une belle demoiselle appelée Arbolea, trad. de l'espagnol par Gabr. Chapuys. *Lyon, Rigaud*, 1580, in-16.
Réimprimé sous le titre d'*Histoire des amours extrêmes d'un chevalier...* Paris, Nic. Bonfons, 1587, pet. in-12, et sous celui d'*Aventures amoureuses...* Rouen, *Theod. Reinsar*, 1598, pet. in-12. Cette dernière édition, 13 fr. *mar. r.* Morel-Vindé ; 18 fr. *v. f.* Salmon.

CONTROUERSSES (les) des Sexes Masculin et Femenin. Auecq Priuiliege (*sic*) du Roy.
Au verso du dernier f. (dont le recto est blanc) se trouve la marque que nous donnons ici réduite :

Immédiatement au-dessous se trouvent les vers suivants :

Dedans Tholose : imprime entierement
Est il ce liure : sachez nouuellement
Par maistre Jacques : Colomies surnomme
Maistre imprimeur : Libraire bien fame
Lequel se tient : et Demeure Deuant
Les Saturnines : Nonains Deuot conuent
Lan Mil. cccc. trente et quattre a bon compte
Du moys Januier .xxx. sans mescompte.

pet. in-fol. goth., à longues lig. [13390]
Première édit. de cet ouvrage de Gratian Dupont, seigneur de Drusac. Elle a 24 ff. prélim., contenant le titre gravé. *Epistre de Lautheur; Epistre a Lautheur*. Bernard Destopinhan; autre *Epistre a Lautheur Estienne de Vignalz* ; la table ; *Epistre aulx Lecteurs*, en vers ; errata à 3 col. ; *Epistre de lautheur aulx Dames*. Le texte occupe c. lxxix ff. chiffrés, et il y a de plus un f. pour la souscription. Entre les f. xxvi et xxvii, sig. Dii et Diii, il se trouve un feuillet non chiffré, signé Ciii, et au verso duquel commence le second livre ; mais entre les ff. xxxi et xxxiiii, il n'y a qu'un seul f. qui est non chiffré. Vend. 25 fr. Baron ; 3 liv. 18 sh. exempl. rogné, et 10 liv. 5 sh. Heber ; 190 fr. *mar. r.* Cailhava ; 86 fr. Monmerqué.

— Controuerses des sexes masculin et femenin (par Gratian du Pont, seigneur de Drusac), M. D. XXXVI, in-16, lettres rondes, avec fig. en bois.
Ce volume contient 295 ff. et une table en 11 ff. non chiffrés. L'ouvrage est divisé en trois livres, qui ont chacun leur titre particulier, avec la date de 1536. A la fin se trouve : *Requeste du sexe Masculin, contre le sexe femenin. A cause de celle & ceulx qui medisent de Lautheur du Liure*, intitule les *Controuerses des sexes masculin et femenin. Baillee a Dame Raison, ensemble le plaidoye des partis. Et arrest sur ce interuenu*, pièce de 14 ff. Au verso du premier titre se lit un rondeau au lecteur, *par François Cheuallier natif de Bourdeaulx, collegié du college de Foix a Tholose*. Vend. 16 fr. *m. r.* La Valliere, et beaucoup plus cher depuis.

Toutes les éditions de ces Controverses, où se trouve la requête du sexe masculin, sont également recherchées. Celle de M. D. XXXVII, in-16, fig. en bois, aussi en lettres rondes, est divisée en 3 part. Le premier livre a xxxv ff.; le second clvj ff., et le troisième lxxxviii, y compris le frontisp. de chaque partie. Vend. 84 fr. 50 c. (bel exempl.) *mar. bl.* en 1839; 71 fr. *mar. v.* Crozet. L'édit. de M. D. XXXVIII, in-16, fig. en bois, est aussi en 3 part. de 40, 156 et 88 ff., la *Requeste du sexe masculin* y occupe les ff. LXXVI à LXXXVIII et terminent le vol. 11 fr. Duquesnoy ; 95 fr. *mar. r.* Borluut; celle de *Paris, Jannot*, 1540, in-16, 11 fr. *m. v.* Méon ; 14 fr. *mar. bl.* Chardin ; 39 fr. en 1814, et 2 liv. 8 sh. Heber ; l'édition de *Paris, Maurice la Porte*, 1541, pet. in-8., 7 fr. le B. d'Heiss ; 36 fr. *m. r.* d'Hangard ; 13 fr. Chénier, et 2 liv. 10 sh. *mar. citr.* Heber.

Cet ouvrage est fort favorable aux femmes, mais François La Borie l'a réfuté dans un livre que Du Verdier cite sous le titre suivant :

ANTI-DRUSAC, ou Livret contre Drusac, fait à l'honneur des femmes nobles, bonnes et honnestes ; par manière de dialogue. *Tholose*, 1564.
On a du même Gratian du Pont : *Art et science de rhétorique métrifiée* (voy. DUPONT).

CONTROVERSIE de noblesse. Voy. SURSE de Pistoye.

CONTRUCCI (*Pietro*). Monumento Rabbiano nella loggia dello spedale di Pistoja illustrato. *Prato, Giachetti*, 1835, in-8. [9677]
Explication de quinze lithographies dont 7 doubles,

qui représentent les remarquables bas-reliefs en terre cuite faits par Lucas della Robbia, qui décorent la façade de l'hôpital à Pistoja. Les pl. avec le texte 45 fr.

CONUSAUNCE d'Amours (here begynneth a lyttell treatyse cleped la).— *Printed by Rycharde Pynson*..... (no date), in-4. goth. de 16 ff. [15744]

Petit poëme fort rare, dont un exempl. a été vend. successivement 54 fr. Roxburghe, 26 liv. 5 sh. Sykes, 15 liv. Heber.

CONVERSATIONS-LEXIKON, oder allgemeine Handencyclopädie für die gebildete Stände. *Leipzig, Brockhaus*, 1851-55, 15 vol. in-8., y compris l'index, 20 thl. [31867]

Dixième édition originale de ce livre usuel, dont le succès a été prodigieux dans toute l'Allemagne. La première a paru à Leipzig, 1809-11, en 6 vol. in-8.
Le *Conversations-Lexikon* a donné naissance chez nous à deux ouvrages du même genre, savoir :

  1° DICTIONNAIRE de la conversation et de la lecture, par une société de gens de lettres. *Paris, Belin-Mandar*, 1831-39, 52 vol. in-8. — Supplément, 16 vol. in-8. Il en a été fait une seconde édition, sous la direction de M. W. Duckett, et fort augmentée. *Paris, de l'impr. de Firmin Didot frères*, 1854 et ann. suiv., 16 vol. très-gr. in-8. à 2 col. 195 fr.

  2° ENCYCLOPÉDIE des gens du monde..Voy. ENCYCLOPÉDIE.

— CONVERSATIONS-Lexikon für bildende Kunst. Herausgegeben von Fr. Faber. *Leipzig, Renger*, 1847-55, 6 vol. gr. in-8., avec nombre de gravures en bois, 64 fr. — beau pap. 96 fr.

CONVERTISSEUR sans dragons. *Rotterdam, Abrah. Acher*, 1688, pet. in-12. [23842]

Écrit satirique à l'occasion des persécutions contre les protestants.

CONVIVALIUM sermonum liber meris jocis ac salibus refertus (a Joan. Gastio). *Basileæ, Baptol. Westhemerus*, 1542, in-8. 6 à 9 fr. [17928]

Première édition de ce recueil d'anecdotes rassemblées par J. Gast. Elle a paru sous le nom de *Joannes Peregrinus Petroselanus*. Il y a une seconde édition donnée par le même imprimeur, en 1543, et une troisième augmentée d'un second et d'un troisième livre ; mais dans cette dernière l'auteur (comme l'annonce un avertissement daté de Bâle , mars 1549) a eu soin de faire disparaître tous les passages licencieux ;, en sorte qu'elle ne saurait tenir lieu des deux premières. C'est sur la troisième édition qu'ont été faites celles de Bâle, 1554, 1561 et 1566, en 3 part. in-8. 5 à 6 fr.

CONYBEARE (*John-Josias*). Illustrations of anglo-saxon poetry : edited, together with additional notes, introductory notices, etc., by W.-D. Conybeare. *Lond., Harding*, 1826, in-8. 18 sh. , et plus en Gr. Pap. in-4. [15709]

Ouvrage curieux, publié par la Société des antiquaires de Londres.

COOK (*James*). An account of the voya-

Conybeare (*W.*) and Howard. Life of S. Paul, 602.
Cook (*G.*). Hist. of reformation, 22486.
Cook (*John.*). Voyages in Russia, 19989.

ges undertaken for making discoveries in the southern hemisphere, and successively performed by Byron, Wallis, Carteret, Cook, drawn up from the papers of Banks, by J. Hawkesworth. *London*, 1773, 3 vol. gr. in-4., avec 23 pl. et les cartes. [19850]

Premier voyage de Cook.

— VOYAGE towards the south pole, and round the world, in the years 1772-75, in which is included captain Fourneaux's narrative. *London*, 1777, 2 vol. gr. in-4., avec 62 pl. [19851]

Second voyage. Les premières épreuves des pl. sont tirées de format gr. in-fol., et forment un atlas. On ajoute au texte :

  J. REINOLD FORSTER's Observations made during a voyage round the world, etc. *London*, 1778, in-4. [19853]

— VOYAGE round the world, in sloop Resolution, commanded by Cook, during the years 1772-75 , by Geor. Forster. *London*, 1777, 2 vol. gr. in-4. [19852]

Relation particulière du deuxième voyage de Cook, donnée par George Forster : il est bon de la joindre à la précédente.

— VOYAGE to the Pacific ocean, undertaken for making discoveries in the northern hemisphere, to determine... the practicability of a northern passage to Europe ; in the years 1776-80. *London*, 1784, 3 vol. gr. in-4. et atlas in-fol. de 87 pl. [19854]

Le texte de cette relation du troisième voyage de Cook a été rédigé par le Dr Douglas, mort évêque de Salisbury, et les planches ont été exécutées sous la direction de Jos. Banks.

Il y a une 2e édition imprimée en 1785.

Pour rendre plus complète cette collection des voyages de Cook, on peut encore y joindre le volume dont l'intitulé suit :

  THE LIFE of the captain J. Cook, by Dr Kippis. *London*, 1788, in-4. [19855]

Ces 12 volumes , que l'on rouve rarement réunis , valent, quand ils sont bien conditionnés, de 120 à 150 fr., et un peu plus en Angleterre.

  A CATALOGUE of the different specimens of cloth, collected in the three voyages of captain Cook, with a particular account of the manner of manufacturing the same in the various islands of the south seas : extracted from observations of Anderson and R. Forster. *London*, 1787, in-4. [19856]

Ce volume peut s'annexer aux voyages de Cook, ainsi que les trois ouvrages suivants :

  ASTRONOMICAL observations made in the voyage of Byron, Wallis, etc., by Wil. Wale. *London*, 1788, in-4.

  THE ORIGINAL astron. observations made in the voyage round the world, in 1772-75, by Wil. Wale and W. Bayly. *London*, 1777, in-4.

  THE ORIGINAL astron. observations made in the voyage to the northern Pacific ocean, performed by Cook..., by W. Bayly. *London*, 1782, in-4.

Ces trois vol. faisaient partie de la collection de Cook, en 16 vol. vend. 399 fr. chez de Fleurieu, en 1811, mais qui se payerait beaucoup moins maintenant.

  THE THREE voyages of capt. James Cook round the world. *London, Longman*, 1821, 7 vol. in-8., avec cartes et autres planches. 50 à 60 fr.

Cette édition est moins belle, et renferme beaucoup moins de planches que la grande édition in-4. Il y en a une autre fort médiocre, *Lond.*, 1813, 7 vol. in-12, en petits caractères, avec quelques planches, et aussi une de Londres, 1842, en 2 vol. gr. in-8., avec fig. en bois.

— Relation des voyages entrepris pour faire des découvertes dans l'hémisphère méridional, par Byron, Carteret, Wallis et Cook, traduite de l'anglais (par Suard), *Paris,* 1774, 4 vol. in-4., avec 52 pl. 15 à 20 fr.

— VOYAGE dans l'hémisphère austral et autour du monde, fait en 1772-75, trad. de l'anglais (par Suard). *Paris,* 1778, 5 vol. in-4., avec 65 pl. dont la 10e est double. 18 à 24 fr.

Dans cette traduction, Suard a joint à la relation de Cook les passages de celle de Forster qui n'étaient pas dans la première, et a fait un ensemble des deux ouvrages, en distinguant par des guillemets ce qui est de Forster. Le 5e volume contient les observations de J.-R. Forster.

TROISIÈME voyage de Cook, ou voyage à l'océan Pacifique, etc., exécuté en 1776-80, trad. de l'angl. (par M. Demeunier). *Paris,* 1785, 4 vol. in-4. 88 pl. 24 à 30 fr.

On réunit ces trois voyages, et l'on y ajoute :

VIE du capitaine Cook, traduite de l'anglais de Kippis, par Castera. *Paris,* 1789, in-4.

Les 14 vol. uniformément reliés et renfermant de bonnes épreuves, se payaient naguère environ 200 fr.; mais on les trouve aujourd'hui pour moins de 80 fr.

Les trois voyages de Cook ont aussi été impr. de format in-8., savoir : le prem. en 8 tom. en 4 vol.; le 2e en 6 vol. ; le 3e en 8 vol. On ajoute à chacun de ces voyages un vol. d'atlas, contenant les pl. de l'édit. in-4. ; alors la collection se compose de 20 vol. in-8., y compris la vie de Cook en 2 vol., et des 3 atlas. Elle est moins chère encore que l'édit. in-4.

COOKE (*Will.*). Medallic history of imperial Rome : from the first triumvirate, to the removal of the imperial seat by Constantine the great : to which is prefixed an introduction, containing a general history of roman medals. *London,* 1781, 2 vol. in-4. fig. 40 à 50 fr. [29823]

COOKE (*William-Bernard*). A picturesque delineation of the southern coast of England, extending from the mouth of the Thames to the Severn. *Lond., Murray,* 1817-27, 2 vol. royal in-4. [26755]

Ouvrage publié en 16 cah., et composé de 48 vues et de 32 vignettes, avec un texte descriptif de chaque pl. par W. Coombe et Mad. Hofland. Les pl. sont gravées par W.-B. Cooke, George Cooke, et autres, d'après les dessins de J.-M.-W. Turner, W. Collins, W. Westall, P. Dewint, etc. Chaque cah. a coûté 12 sh. 6 d. — Gr. Pap. impérial, prem. épreuves, 18 sh. Il en a été tiré 25 exempl. avec les fig. *proofs on India Paper.*

Les anciens exemplaires de cet ouvrage conservent le tiers de ces prix; mais la nouvelle édition, *London,* 1842, 2 vol. in-4., dont les planches sont retouchées et le texte tronqué, se donne pour moins de 2 liv.

— VIEWS on the Thames. *London, Cooke,* 1822, in-4. [26762]

Collection de 75 pl. grav. par W.-B. et G. Cooke, d'après les dessins de P. Dewint, W. Hawell, S. Owen, etc., avec un texte descriptif de format in-8. 8 liv. — imper. in-4. *proofs plates,* 12 liv. — *India paper proofs,* 15 liv.

C'est une seconde édition pour laquelle on a fait usage des planches de la première, après les avoir terminées. Celle-là a été publiée à *Londres,* en 1811, en 2 vol. gr. in-8., et aussi de format in-4., contenant 46 pl. dans le premier et 37 dans le second, indépendamment du texte. Elle a pour titre :

THE THAMES, or graphic illustrations of seats, villas, public biuldings and picturesque scenery on the banks of that noble river : the engravings executed by W.-B. Cooke from original drawings by Samuel Owen.

— PICTURE of Isle of Wight, illustrated with 36 plates, in imitation of the original sketches, drawn and engraved by Will. (and George) Cooke; to which are prefixed an introductory account of the Island, and a voyage round its coast; second edition, with improvements. *Southampton,* 1813, in-8. de 7 ff., 158 pp. et 4 pp. pour l'index, 16 sh. et plus en Grand Papier. [27186]

Indépendamment des 36 pl. annoncées sur son titre, ce vol. contient une carte et deux pl. nos 11* et 20*. La première édition, 1808, in-8., a quatre pl. que ne reproduit pas celle de 1813.

The Beauties of the isle of Wight, engraved by W.-R. Cooke, 1843 et ann. suiv., gr. in-8. publié par cahiers.

— RIVER scenery, from original drawings by J.-M.-W. Turner and Th. Girtin, with letter-press description to each view by Mrs. Hofland. *London, W.-B. Cooke,* 1827, gr. in-4., avec 18 vues.

Publié en 5 cah. 3 liv. 13 sh. 6 d. — imper. in-4., *with proofs plates,* 15 liv. — *India paper proofs,* 5 liv. 15 sh. 6 d. — Réduit au tiers de ces prix.

Plus tard ces planches ont été publiées sous ce nouveau titre :

AN ANTIQUARIAN and picturesque tour by land and sea, round the southern coast of England, illustrated with eighty-four plates, by J.-M.-W. Turner, etc., engraved by George Cooke, W.-B. Cooke, E. Finden, etc. *London,* 1849, in-4. 2 liv. 10 sh.

VIEWS on the river Rhone, engraved by W.-B. and G. Cooke, and J.-C. Allen, from the drawings by P. Dewint, after the original sketches by J. Hughes. *London, W.-B. Cooke,* 1824, gr. in-4. [24584]

Vingt-quatre planches avec un texte, publiées en 6 livraisons, 2 liv. 11 sh. — Très-Gr. Pap., *proofs on India paper,* 3 liv. 15 sh.

GEMS of art, vol. 1, containing 30 plates, engraved by W.-B. Cooke, from pictures of acknowledged excellency, beauty and variety. *London,* 1825, gr. in-4. [9289]

Ce volume a été publié en 6 cahiers de 5 pl. qui coûtaient ensemble 6 liv. — *Proofs,* 9 liv. — *India paper,* 11 liv. 8 sh. — (prix réduits au quart).

— Voy. COCKBURN.

COOKE (*Geo.* and *E.-W.*). Picturesque scenery of London and its vicinity. *London,* 1826-28, gr. in-8. [27106]

. 50 pl. d'après les dessins de Calcott, Stanfield, Prount, etc., 1 liv. 10 sh. — Gr. in-4., 2 liv. 18 sh. — Imper. in-4., épr. sur pap. de Chine, 4 liv.

COOKERY. Voy. BOOK of...

COOMBE (*Will.*). Voy. SYNTAX.

COOPER (*Astley*). Anatomy and surgical treatment of inguinal and congenital Hernia, and of crural and umbilical Hernia. *London, Longman,* 1804-7, 2 part. gr. in-fol. fig. [7546]

Vend. 80 fr. à Paris, en 1824, et moins depuis.

Il y a une seconde édition augmentée par C.-A. Key, 1827, gr. in-fol. et une édit. de 1844, en 1 vol. gr. in-8. fig. 1 liv. 1 sh.

a

— A TREATISE on dislocations, and on fractures of the joints; fourth edition. *Lond.*, 1824, in-4. fig. [7514]
Ce traité a été souvent réimpr. L'édit. de 1839, in-4., est la dixième; il y en a une plus récente, *Lond.*, 1849, gr. in-8., 1 liv.
— Lecture on surgery, 7488.
Les œuvres chirurgicales d'Astley Cooper ont été traduites en français par G. Bertrand. *Paris, Seignot*, 1823, 2 vol. in-8. fig. 14 fr. — Autre traduction, avec des notes par E. Chassaignac et G. Richelot, *Paris*, 1837, in-8. fig. 12 fr. [7479]

COOPER (*Astley* Paston). On the anatomy of the breast. *London, Longman*, 1840, gr. in-4. et atlas de 29 pl. en partie color. [6816]

COPERNICI (*Nic.*) de revolutionibus orbium cœlestium lib. VI. Habes in hoc opere jam recens nato et edito, studiose lector, motus stellarum tam fixarum quam erraticarum, cum ex veteribus tum etiam ex recentibus observationibus institutos, et novis insuper ac admirabilibus hypothesibus ornatos. Habes etiam tabulas expeditissimas ex quibus eosdem ad quodvis tempus quam facillime calculare poteris. Igitur eme, lege, fruere; *apud Johan. Petreium, Norimbergæ*, 1543, pet. in-fol. de 196 ff., fig. [8256]
Première édition de ce grand ouvrage; elle avait été précédée d'un programme publié par Rheticus, sous ce titre :
AD CLARISS. v. d. Jo. Schonerum, de libris revolutionum eruditiss. viri et mathematici excellentiss. rev. doctoris Nicolai Copernici... per quemdam mathematicæ studiosum narratio prima. *Gedani*, 1540, in-4.
La rareté de cette édition de 1543 en a fait porter le prix à 28 flor. Crevenna; 51 fr. mar. r. de Lalande; 60 fr. Labey; 30 thal. à Berlin, en 1853.

— Idem opus. *Basilex*, 1566, in-fol. 15 à 20 fr.
Seconde édition : vend. exempl. de de Thou en *mar. citr.* 16 fr. Soubise; 21 fr. de Lalande , et 60 fr. Labey. — La troisième édit., donnée par Nic. Muler, *Amst.*, 1617, in-4., est augmentée de quelques notes; elle a reparu avec un nouveau titre portant la date de 1640.
— De lateribus et angulis triangulorum tum planorum rectil. tum sphær. libellus. Additum est canon subtensarum linearum in circulo. *Witenbergæ, Lufft*, 1542, in-4. fig. (7989)
Volume peu commun, porté à 12 flor. vente Busch.

COPIA d'un caso notabile. Voy. l'article NOVELLA.

COPIE de larrest du grant cõseil donne a lencõtre du miserable et meschant empoisonneur de Monseigneur le Dauphin; avec aucunes epistres et rondeaux sur la mort de mondict seigneur. M.V.XXXVI (*sans lieu d'impression*), petit in-8. goth. de 8 ff., fig. sur bois. [23457]
Cette édition, portée dans le catal. de la bibliothèque lyonnaise de M. Coste (I, p. 225, nº 72), a probablement été impr. à Lyon et, selon toute apparence, sur celle (de Paris) *a l'enseigne du Pot casse*, pet.

Cope (*II.*), Demonstratio, 6552.

in-8. de 8 ff., laquelle a été faite en vertu d'un privilége accordé à M.-O. Mallard à Paris, en date du XVIIJ octobre MDXXXVI. Ce Mallard a succédé à Geofroy Tory.

COPLANDE (*Rob.*). Daunces. Voyez BARCLEY.

COPPIE de la lettre escrite par maistre Gabriel Remoneau enuoyée de l'autre mõnde à tous ses cambrades de Lyon et ailleurs, contenant les plaisantes meruecilles et rencontres par luy veu en l'autre monde, auec la description de partie de ceux qui sont de la première et seconde table. Traduit du langage de l'autre monde en françois, par A.-H.-L. B., le premier decembre 1618. *A Niort, par Pierre Personne*, 1618, pet. in-8. de 14 pp. [17839]

COPPIE (la) des lettres que monsieur le mareschal de Treuvul a enuoiees au Roy nostre sire. Touchant lentree de Boulogne la grasse faicte par les francois. Fait par le congie de justice. (*sans lieu ni date*, vers 1509), in-4. goth.

COPPIE des lettres envoyees par le Roy a monsieur de Fecamp. Copie des lettres envoyees... aux conseillers manans et habitans de la ville de Rouen. Copie des lettres envoyees au Roy par... monseigneur le duc de Nemours lieutenant general du dit seigneur dela les mons. (*sans lieu ni date*), in-4. goth. de 2 ff.

COPPIE (la) des lettres des tres reuerends peres en Dieu, messeigneurs les cardinaulx, prebstres, dyacres et soudyacres, archeuesques, et euesques de la saincte Eglise militante de Rome, enuoyez au tres crestien magnanime et illustre Roy de France, Francoys premier de ce nom. Contenans les exhortations, prieres et requestes de la paix uniuerselle entre les roys et princes crestiens. (*sans lieu ni date d'impression, mais donne a Rome le VIII iour de mars Mil V. centz xxxij*), pet. in-8. goth. de 4 ff. [23448]
Vend. en *mar. r.* 75 fr. Coste.

COPPIE des lettres enuoyes au tres chrestien roy de France par noble et vaillant capitaine Lorge, present monsieur de La Landre, commis par le roy a garder la ville de Landrecy, contenant la triumphante victoire obtenue par les Francoys a lencontre des Bourguignons et Angloys, auec la fuite du conte de Nansot, et aussi la prinse de plusieurs princes du parti de Lempereur, fait par monsieur de Vendosme. *Imprime a Paris le xxviij iour de decembre* (1543), pet. in-8. goth. de 4 ff. [23464]

En *mar. v.* 44 fr. Cailhava.

COPPIE (sensuit la) des lettres enuoiees par limperiale maieste a mōseigneur de Linkerke, ambassadeur en France, touchant la prinse de la Goallette et de la defaicte de lexercite de Barberousse, et prinse de Thunes. *Imprime en Anuers par Guillaume Vosterman et Nicolas de Grave* (vers 1535), pet. in-4. de 4 ff. caract. goth. fig. sur bois. [26054]

33 fr. *m. r.* en 1841.

COPIE d'une lettre de Constantinople, de la victoire du Sophy contre le grand Turc. Sont a vendre par Maistre Oliuier Mallard a lenseigne du Pot cassé en la rue de la iuifuerie. (*à la fin*) : Ceste presente copie fut translatee de langaige italien en vulgaire francoys, le XVII de Ianuier 1535. *Et imprimé a Paris le xix iour du dict moys & an*, pet. in-4. goth. de 4 ff. [28077]

COPPIE des lettres envoyees de Constantinople a Rome, contenant l'occision tyrannique que le grand turc a faict des prebstres de la foy, etc. *Imprime en Arras par Jehan Buyens*, pet. in-8. goth.

Opuscule imprimé vers 1540. L'exemplaire rel. en *mar. bl.* vendu 25 fr. 50 c. Nodier et 20 fr. Baudelocque était relié avec une autre pièce ayant pour titre :

LA PROPHETIE du baptesme du Grand Turcq : nouuellement translatee de italien en langue francoyse et imprimee par Jehan Lhomme, le xv iour de mars M. D. quarante quatre.

COPPIE d'une lettre enuoyée de Dieppe sur la rencontre des armées d'Espaigne et d'Angleterre, et de la victoire obtenue par les Espagnols; Ensemble le nombre des vaisseaux prins par lesditz Espagnols, et ceux mis à fonds : auec les noms des capitaines. *Prinse sur la copie de Paris. Tolose, par J. Colomiez*, 1588, pet. in-8. [26071]

Réimprimée par A. Hérissey, en 1860, avec un titre particulier portant *L'Espagne et l'Angleterre en 1588, campagne de l'Armada;* documents nouveaux par Jules Thieury.

COPLAS (las) de Mingo Revulgo glosadas por Hernando de Pulgar. (*sans lieu ni date, mais du commencement du XVIe siècle*), in-4. goth. de 20 ff. non chiffrés, impr. à longues lignes. [15092]

Dialogue satirique, en vers, entre deux interlocuteurs nommés Mingo et Gil Arobato. C'est un ouvrage écrit pendant la première moitié du XVe siècle, et dirigé contre des personnages vivant alors à la cour, par un auteur anonyme que l'on croit être Rodrigue de Cota (voy. CELESTINA). Quelques bibliographes cependant attribuent cette pièce à Jean de Mena, mais sans fondement.

— Las coplas de Mingo Revulgo glosadas por Hernan de Pulgar. *Toledo, Fr. de Guzman*, 1565, pet. in-8. de 40 ff. chiff.

Réimpr. à *Madrid, L. Sanchez*, 1598, in-16, et inséré dans plusieurs recueils, notamment dans celui des *Proverbios de Lopez de Mendoza*, imprimé à Anvers en 1558, pet. in-12. (voy. LOPEZ), et à la suite de la *Cronica de D. Enrique, el quarto*, imprimée en 1787 (voy. CHRONICAS).

COPLAS compuestas a modo de Christe de un glerigo que tenia amores con una labradora. (*sans lieu ni date*), in-4. goth. de 2 ff. (*Bibl. Grenvil.*, II, 617.)

COPLAS de como una dama ruego un negro que conte en maniera de requiebro. (*s. l. ni d.*), in-4.

COPLAS de un galan que llama a la puerta del palacio de una señora. (*s. l. ni d.*), in-4.

Ces deux *Coplas* se trouvaient, ainsi que d'autres pièces du même genre, à la vente faite à Paris en octobre 1836 sous le nom de Van Berghem. La première y a été payée 30 fr. et la seconde 28 fr. D'autres ont été adjugées au prix de 18 à 27 fr. (voy. ROMANCES).

— Coplas de Madalenica. Voy. SORIA (*Alvaro*).

COPLAS de vita Christi. Voy. CANCIONERO de varias coplas.

COPP. Voy. COPPIER.

COPPA (*Jacobus*). Epigrammata et elegiæ. *Parthenope, per Cilium Allifranum*, 1542, in-4. [12678]

Annoncé comme rare dans le catalogue de Pinelli, tome II, n° 5253.

COPPÉE (*Denis*), bourgeois de Huy. La Vie de Sainte Justine et de S. Cyprien, tragédie. *Liège, Jean Ouwerx*, 1621, pet. in-8. [16395]

Pièce rare, ainsi que les productions suivantes du même auteur :

1° LA SANGLANTE et pitoyable tragédie de nostre sauveur et redempteur Jesus-Christ. *Liège, Leonard Strecl*, 1624, pet. in-8. de 184 pp. — Vend. 14 fr. salle Silvestre, en 1842.

2° LA TRAGÉDIE de S. Lambert, patron de Liège. *Liège, Leonard Strecl*, 1624, pet. in-8. de 56 pp.

3° POURTRAIT de fidelité en Marcus Curtius, chevalier romain, tragédie. *Rouen, Raph. du Petit-Val*, 1624, in-8. de 55 pp.; plus divers petits poëmes par ledit Coppée, en 8 ff. non chiffrés, signat. *a.*

4° LA SANGLANTE bataille d'entre les Imperiaux et Bohemes, donnée au Parc de l'Estoile, la reddition de Prague, et ensemble l'origine du trouble de Boheme. *Liège, L. Strecl*, 1624, pet. in-8. de 107 pp. dont les 4 dernières non chiffrées.

Les quatre pièces réunies en un vol. rel. en *mar. citr.* 149 fr. de Soleinne, 116 fr. Baudelocque et 211 fr. Borluut.

5° MIRACLE DE NOSTRE-DAME de Cambron, arrivé en l'an 1326, le 8 d'avril, représenté en la présente action, faicte par D. C., à l'honneur de la glorieuse mère de Dieu. *Namur, Jean Van Milst*, 1647, in-12 de 31 pp.

Publié après la mort de l'auteur par le P. Jean Pignewart, son ami.

Denis Coppée est un poëte dramatique si peu connu, que ni les historiens du théâtre français, ni la *Biographie universelle* n'en ont parlé. Cependant Valère André (*Bibliotheca belgica*, édit. de 1643), pp. 184 et 185, faisait un grand cas de ses tragédies, lesquelles, selon lui, sont écrites d'un style véritablement tragique, et méritent bien que la mémoire de leur auteur soit autant honorée à Huy, sa patrie, que celle de Dante l'a été à Florence. Il est vrai que Paquot (XI, p. 142) rabat beaucoup de cet éloge, et qu'il ne trouve dans la dernière pièce de Coppée (la seule qu'il ait lue), ni régularité, ni style, ni poésie. Au reste, si ces pièces ont peu de mérite en elles-mêmes, il faut reconnaître au moins qu'elles sont devenues fort rares. Paquot, ainsi que Valère André, paraissent avoir ignoré l'existence de celles qui sont indiquées ci-dessus sous les nᵒˢ 3 et 4. Pour cinq autres ouvrages de D. Coppée dont les titres ne se trouvent pas ici, consultez la notice que M. Polain a donnée sur ce poëte dans ses *Mélanges histor. et littér.* Liége, 1839, in-18, p. 339-346.

COPPETTA de' Beccuti (*Francesco* detto il). Rime. *Venetia, fratelli Guerra,* 1580, pet. in-8. [14559]

Édition peu correcte, mais assez rare (laquelle, comme le prouve la dédicace, a été imprimée par Alde Manuce). Vend. 2 fr. 30 c. Floncel, et jusqu'à 2 liv. 1 sh. sterl. Hibbert, et en Grand Papier, avec des additions et des corrections autographes de l'auteur en marge, 4 liv. 10 sh. Libri, en 1859. Celle de Venise, Pitteri, 1751, in-4., avec le portrait de l'auteur, a été donnée par Vincent Cavallucci. Quoiqu'elle laisse encore beaucoup à désirer, elle est meilleure et plus complète que la précédente. Les *Rime burlesche* du Coppetta sont réunies à celles du Berni dans les éditions de 1555 et 1723 du recueil d'*Opere burlesche* (voy. BERNI).

Un recueil d'*Alcune rime* de Coppetta a été publié par D. Paolo Zanotti, *Verona, Tommasi*, 1830, in-8.

COPPIE des lettres. Voy. COPIE.

COPPIER de Velay. Deluge des Hugenots, avec leur tombeau et les noms des chefs et principaux punys a Paris, le 24ᵉ jour d'Aoust, et austres jours ensuivans, par Jacq. Copp. de Velay. *Paris, Dallier,* 1572, pet. in-8. [13786]

Opuscule en vers, qui ne se trouve guère que dans des recueils de pièces du temps. Il a été réimpr. à Lyon, chez Joue, en 1572, pet. in-8.

Voici l'indication de deux autres pièces en vers qui ont été composées en réjouissance de ces déplorables évènements :

COQ-A-L'ASNE des Huguenotz tuez et massacrez a Paris, le XXIIII jour d'aoust 1572. *Lyon, B. Rigaud,* 1572, pet. in-8. de 4 ff. [13944]

Un exempl. à toutes marges et rel. en *mar. r.* a été vendu 61 fr. Coste.

ELEGIE satyrique sur la mort de Gaspard de Colligny qui fut admiral de France, à laquelle chacun carrue commence par la fin de l'autre, autrement appelez carmes serpentins. *Paris*, 1572, pet. in-8.

COPPIER (*Guillaume*), lyonnois. Histoire et voyage des Indes occidentales et de plusieurs autres régions maritimes et esloignées. *Lyon, J. Huguetan,* 1645, pet. in-8. avec un frontispice gravé par Crisp. de Pas. [20036]

Volume peu commun : vend. 43 fr. *cuir de Russie*, Renouard ; non relié, 24 fr. Duplessis.

Les deux ouvrages suivants du même auteur sont peu connus, mais méritent-ils de l'être davantage ?

ESSAY et définitions de mots, ensemble l'origine et les noms de ceux qui les premiers les ont inventé les arts et la plus grande partie des choses. *Lyon, Guichard Julieron*, 1663, in-8.

— Cosmographie universelle et spirituelle, ensemble les définitions des vertus et des vices. *Lyon*, 1670, in-12.

COPPOLA (*Gio.-Carlo*). Le nozze degli Dei, favola rappresentata in musica in Fiorenza, colla relazione d' essa favola, scritta do Fran. Rondinelli. *Fiorenze, Massi e Landi,* 1637, in-4. de 3 ff. prél., 104 pp., plus 50 pp. pour la Relazione.

Cette pièce n'est recherchée qu'à cause des cinq gravures d'Etienne de La Belle dont elle est ornée (vendu 7 fr. Floncel ; 1 liv. 1 sh. Pinelli ; 12 fr. de Soleinne). Les autres productions du même poëte ne le sont pas.

COPUS (*Guil.*). Voy. ÆGINETA.

COPUS (*Alanus*). Voy. HARYSFELD (*Nic.*).

COQ (*Thomas* Le). Voy. LE COQ.

COQ-A-L'ASNE des Huguenotz, voy. COPPIER de Velay.

COQ-A-L'ASNE et chanson sur ce qui s'est passe en France puis la mort de Henry de Valois, jusqu'aux nouvelles deffaictes, où sont contenus plusieurs beaux equivoques et proverbes. *Lyon*, 1590, in-8. [13944]

Une nouvelle édition de cette pièce, faite sur l'imprimé de 1590, a été publiée à *Lyon, Dumoulin,* 1843, in-8. de 24 pp., par les soins de M. Gonon.

COQUEBERT (*Ant.-Joan.*). Illustratio iconographica insectorum quæ in musæis parisinis observavit Jo.-Christ. Fabricius. *Parisiis, Didot natu major,* an. VII-XII (1799-1804), 3 part. en 1 vol. in-4. max. 30 pl. color. 20 à 30 fr. [6024]

COQUEBERT-MONTBRET. Mélanges sur les langues, dialectes et patois, renfermant entre autres une collection de versions de la parabole de l'enfant prodigue en cent idiomes ou patois différens, presque tous de France ; précédés d'un essai d'un travail sur la géographie de la langue française (par M. Coquebert-Montbret). *Paris, Delaunay,* 1831, in-8. [10554]

26 fr. de Pressac, et primitivement 8 fr.

A l'occasion de ce volume curieux, nous citerons l'article suivant, qui y a rapport :

PARABOLE de l'enfant prodigue et le livre de Ruth, traduits pour la première fois en patois bourguignon, par C.-N. Amanton ; *Dijon, Frantin*, 1831, in-8. de 32 pages, tiré à 60 exemplaires, dont plusieurs sur des pap. de couleur.

COQUETTE (la) vengée. (*sans lieu ni date*), in-12. [18082]

On attribue à la célèbre Ninon de Lenclos cet opuscule, qui est une réponse à un écrit anonyme d'un sieur de Juvenel, ayant pour titre :

PORTRAIT de la coquette, ou la lettre d'Aristandre à Timagène. *Paris, Ch. de Sercy,* 1659, in-12. [18082]

Le libraire Ch. de Sercy à qui, 27 ans plus tard, il restait encore des exemplaires de ce dernier ouvrage, les a publiés avec un nouveau titre ainsi conçu : *Portrait, ou le véritable caractère de la coquette*, et sous la date de 1686.

Un de ces derniers exemplaires, joint à la critique attribuée à Ninon, a été vendu 11 fr. Walckenaer.

COQUILLART (*Guillaume*). L'enqueste de Cocquillart touchant le debat entre la simple et la rusee. — *Cy finist lenqueste de Cocquillart dentre la simple et la rusee*. (sans lieu ni date), in-4. goth. de 16 ff. non chiffrés, impr. à longues lignes, fig. en bois.

— Le Playdoye dentre la simple et la rusee en matiere de saisine et de nouuellete, fait par coquillart. — *Explicit le plaidoie Cocquillart touchant la simple et la rusee. De la Motte* (sans lieu ni date), in-4. goth. de 16 ff. non chiffrés, à longues lignes, avec fig. en bois.

Ces deux opuscules, qui se conservent à la Bibliothèque impériale, paraissent avoir été imprimés à la fin du XVe siècle; l'un et l'autre portent au-dessus de leur titre la marque que nous avons donnée tome I, col. 181. Cette marque appartient évidemment à un ou à plusieurs imprimeurs de Paris : on y voit le navire surmonté de trois fleurs de lis qui figurent dans les armes de cette ville : elle est entourée de la devise : *vng dieu, vng roy, vngne loy, vngne foy*. Dans l'exemplaire du Playdoyé que nous décrivons, la marque de l'imprimeur est renversée, c'est-à-dire mise le haut en bas par la faute de l'ouvrier.

M. Charles d'Héricault a décrit pour la première fois ces deux opuscules fort rares aux pages 336 et suivantes du second volume de son édition des Œuvres de Coquillart, dont nous parlerons ci-dessous ; il a prouvé que le texte, suivi d'abord assez exactement dans l'édition donnée par la veuve de J. Trepperel, a été ensuite fort altéré dans les autres éditions in-4.

— Sensuyuent les ‖ droitz Nouue‖aulx Auec le De‖bat des dames et des armes, Lēqueste en‖tre la simple et la rusee auec son playdoye ‖ Et le monologue coq̃llart, auec plusieurs ‖ autres choses fort ioyeuses. Compose par ‖ maistre Guillaume coquillart‖ Official de ‖ reims lez champaigne. XXII. On les vend a Paris, en la rue neufue nostre dame, a lescu de France, Et au Palais... (à la fin) : *Cy finissent les droitz nouueaulx... Imprīe nouuellement a paris par la vefue feu iehã trepperel Demourãt en la rue neufue nostre dame...* (sans date), pet. in-4. goth. de 88 ff. en 22 cah., sign. aa, bb. et A-U, titre rouge et noir.

Cette édition, la plus ancienne que l'on ait des œuvres réunies de Coquillart, est celle que, d'après l'ancien Catalogue de la Bibliothèque du roi, Y, 4404, nous avions indiquée sous la date de 1493. Elle n'en porte pas, et même, en en jugeant d'après l'un des écussons qui sont sur le titre, les armoiries de Jean Godart, chanoine grand chantre de Notre-Dame de Reims, elle ne peut avoir paru avant 1512, ce qui s'accorde avec l'adresse qui est au nom de la veuve de Jean Trepperel, laquelle perdit son mari en 1511. Cette veuve avait pour enseigne l'*Ecu de France*, qui passa ensuite à son fils, puis en 1532, momentanément à Denys Janot, associé avec Alain Lotrian, enfin exclusivement à ce dernier à partir de la même année. L'écu de France se trouve sur le verso du titre. — L'édition ici décrite a été vendue 36 fr. *mar. citr.* Thierry ; 4 liv. 1 sh. 6 d. Heber ; 81 fr. de Soleinne ; 99 fr. Baudelocque, et serait payée plus cher aujourd'hui.

— Se n suyuent ‖ les Droitz nouue‖aulx Auec le de‖bat des dames et des armes Lēqueste en‖tre la simple et la rusee, auec son plaidoye, ‖ La cōplaincte de Echo a Narcisus τ le ref‖fus q̃l luy fist auec la mort dicelluy narcis' ‖ Et le monologue coq̃llart, Auec plusieurs ‖ autres choses fort ioyeuses Compose par‖ maistre Guillaume coquillart, Official de ‖ Reims Lez champaigne. IX. c. On les vend a lenseigne sainct Jehã baptiste En la rue neufue nostre Dame... (au récto du dernier feuillet) : *Cy finissent les droitz nouueaulx... Imprime nouuellement a Paris en la rue neufue nr̃e Dame a lēseigne saĩct Jehã baptiste Pres saincte Geneuiefue des ardãs...* pet. in-4. goth. de 36 ff. non chiffrés, signat. a—i à 2 col. de 41 lig.

Titre‖rouge et noir avec les deux écussons déjà indiqués ci-dessus, et au verso une figure en bois. La marque de Jean Janot qui se voit au verso du dernier feuillet et que nous donnons ici réduite, prouve que l'édition a dû paraître avant la mort de cet imprimeur, qui cessa de vivre en 1522. Un exemplaire en *mar. r.* 50 fr. A. Martin, en 1847 ; 101 fr. Giraud.

Jehan Janot

— Autre édition (*sans date*) avec le chiffre IX sur le titre, et à la fin la marque de Jean Trepperel, que nous donnons ici réduite, in-4. goth. de 36 ff. à 2 col., avec les deux écussons sur le titre.

Cette édit. est évidemment de Jean Trepperel II, qui a imprimé jusqu'en 1531, et elle doit avoir précédé celle d'Alain Lotrian, qui en est la reproduction. C'est à tort que M. Tarbé, dans son introduction des Œuvres de Coquillart, interprétant mal le chiffre IX du titre, l'a présentée comme une édition de 1491, et par conséquent antérieure à celle de la veuve de Jean Trepperel. — Voir à ce sujet l'*Etude bibliographique* de M. Ch. d'Héricault, dont nous parlerons en décrivant l'édit. de 1857.

— Sensuyent les‖droitz Nouue‖aulx : Auec le de ‖ bat des dames, et des armes Lã-queste en‖tre la simple, et la rusee, auec son plaidoye. ‖ La cõplaïcte de Echo a Narcisus et le ref‖fus q̃l luy fist auec la mort diceluy narcisus ‖ Et le monolo-gue coq̃llart Auec plusieurs autres choses fort ioyeuses. Compose par ‖ maistre Guillaume coquillart Official de ‖ Reims lez champaigne. IX. C. On les vend a Paris en la rue neufue nostre dame a ‖ lenseigne de lescu de France. (au recto du dernier f.) : *Cy finissent les droitz nouueaulx... Imprime nouuellement a Paris par Alain Lotrian demourant en la rue neufue nostre dame...* in-4. goth. de 36 ff., signat. a—i, à 2 col. de 41 lig., titre rouge et noir avec vignette au revers.

Cette édition, portant le seul nom d'Alain Lotrian et l'enseigne de l'*Ecu de France*, ne doit pas être an-térieure à l'année 1532. Elle ne contient rien de plus que les trois précédentes. 81 fr. Monmerqué.

— Les oevvres maistre Guillaume Coquil-lart en son uiuant Official de Reims nou-uellement reueues et Imprimees a Paris 1532. on les uend a Paris, pour Galiot du Pre...—*Fin des oeuures feu maistre Guillaume Coquillart... imprimees a Paris pour Galliot du Pre...* M.DXXXII, pet. in-8. de 158 ff. chiffrés, lettres ron-des. [13282]

Cette jolie édition a été longtemps la plus recherchée, ce qui fait qu'on l'a placée dans les bibliothèques de préférence aux éditions in-4., et que, sans être commune, elle est moins rare que ces dernières. M. d'Héricault a remarqué que le texte a été fort travaillé, avec une certaine intelligence, mais sans aucun respect pour le style et pour la forme propre de Coquillart... On n'y trouve pas les petites pièces politiques, mais on y voit paraître, pour la pre-mière fois, le monologue du puys et le monologue du gendarme cassé. 18 fr. *mar. bl.* La Vallière; 15 fr. *mar. r.* Méon ; 40 fr. bel exemplaire *mar. v.* Lair ; 115 fr. Pixerécourt ; 69 fr. *mar. r.* avec quelques notes de La Monnoye, Nodier; et jusqu'à 501 fr. exemplaire très-grand de marges, Renouard.

— Les mêmes. *Imprime a Paris pour Ant. Bonnemere,* 1532, in-16.

Vend. en *mar. citr.* 11 fr. Duquesnoy ; 1 liv. 4 sh. *mar. bl.* (avec un titre à l'adresse de Jean Bonfons) Heber ; 30 fr. en 1841 ; 20 fr. A. Martin.

— Oevvres maistre Guillaume Coquillart 1533... on les vend a Paris rue Neuf Nostre Dame a lenseigne Sainct Nico-las. (à la fin) : *impr. a Paris par Pierre Leber,* très-pet. in-8. de CLVIII ff. chif-frés, lettres rondes. 47 fr. *mar.* Nodier.

Édit. qui paraît avoir été faite sur celle de Galliot du Pré. Il y en a une autre de *Paris,* 1534, in-16, vend. 9 fr. m. r. St-Céran.

— OEvvres... où sont contenues plusieurs joyeusetez... 1534. *On les vend en la rue neufue Nostre Dame, à lenseigne Sainct Jehan Baptiste...* (à la fin) : *Im-primé à Paris par Denys Jannot pour P. Sergent et Jehan Longis,* in-16 de 143 ff. titre compris, lettres rondes.

49 fr. *mar. r., rel. par Derome,* Nodier, et le même exempl. 420 fr. Veinant; autres 69 fr. A. Martin, en 1847 ; 73 fr. *vél.* Hebellynck.

— Coquillart. ΑΓΑΘΗ ΤΥΧΗ. Les oevvres maistre Gvillaume Coqvillart... novvel-lement reveves et corrigees, M. D. XXXV. On les vend a Lyon, en la maison de Frãcoys Juste... (à la fin) : *Imprime nou-uellement par Francoys Juste... a Lyon le ij Daoust,* in-16 allongé goth. de 96 ff. chiffrés.

Autre réimpression de l'édition de Galliot du Pré, où l'on a conservé à la fin la date de 1533, bien que celle du titre soit de 1535. On a fait d'ailleurs quel-ques heureuses corrections dans le texte. La table imprimée au verso du titre annonce, comme l'édit. de Galliot du Pré, des petites œuvres de Coquillart qu'on chercherait en vain dans le volume.

La Bibliothèque impériale conserve une autre édit. goth. sous le même titre, M. D. XXXV, in-16 format allongé, mais avec cette souscription au verso du 96ᵉ et dernier feuillet : *Imprime nouuellement, par Francoys∥Juste, Demourant deuant no∥stre Dame de Confort∥a Lyon. Le xxvj de∥Januier∥* 1535. Ce qui prouve que Juste a donné deux édit. de notre poëte en moins de six mois.

— LES ŒVVRES de maistre Guillaume Coquillart..... M.D.XL. On les vend à Lyon, chez François Juste. (à la fin): *Imprime nouuellement, par Francys Juste, demourant deuant notre Dame de Confort a Lyon, le xx Daoust*, 1540, in-16 goth. de 122 ff. chiffrés.

Édition inférieure à tous égards à celle de 1535.

— LES MÊMES ŒEuvres. A Paris, chez Iehan Longis. (à la fin): *Imprime a Paris par Denys Iannot, pour Pierre sergent et Iehan Longis, libraires,* (sans date), in-16 de 143 ff. chiffrés.

— Les mêmes. *Paris, pour Jean Bonfons libraire, demeurant en la rue neufve Nostre Dame, à l'enseigne Saint Nicolas.* (sans date), in-16, feuillets non chiffrés, lettres rondes.

Un exemplaire en *mar. r. d. de mar. v.* par *Trautz-Bauzonnet,* 141 fr. Hebelynck.

— Les mêmes oevvres. *Paris,* 1546, *de l'imprim. de Ieanne de .Marnef',* in-16 de 112 ff. non chiffrés, sign. a—o.

Les petites œuvres annoncées dans la table ne sont pas plus dans cette édition que dans les précédentes; mais on a placé à la fin de celle-ci *Les trois blasons de Pierre Danche.*

— Les œuvres de Guillaume Coquillart. *Lyon, Benoist Rigaud,* 1579, in-16.

— Les œuvres de Guill. Coquillart. *Paris,* 1597, in-8.

Recueil curieux et peu connu, lequel renferme, outre les œuvres de Coquillart: La *Farce de Pathelin, le Monologue du franc Archer de Bagnolet,* par *Villon; les Repues franches,* et un choix de poésies récréatives où figurent plusieurs pièces rares, savoir: *Le Monologue du résolu* (par Roger de Collerye), *Sermon du dépuceleur de nourrices, Sermons de sainct Frappecul, le Caquet de quatre chambrières aulx étuves, Valet à louer qui scayt tout fayre, Chambrière à louer, à tout faire,* et autres. A la fin se lit la date 1599; mais l'édition nous paraît être du XVIIIe siècle. Elle a été exécutée à dessein avec des caractères usés, et dont même nombre de lettres, et surtout les accents, sont refaits à la plume; les textes y sont défigurés par de nombreuses fautes. Très-vraisemblablement, il n'en aura été tiré qu'un bien petit nombre d'exempl., car vous n'en avons jamais vu qu'un seul, celui qui a été vendu 82 fr. Lair, et revendu 400 fr. Chateaugiron; ensuite 390 fr. de Soleinne. Les ff. de ce volume précieux sont cotés jusqu'à 285; mais à la fin du Coquillart, il y a interruption de la pagination, et l'exemplaire décrit passe du f. 162, qui est blanc, au f. 165.

— Les poésies de Guil. Coquillart. *Paris, Coustelier,* 1723, pet. in-8. 3 à 4 fr.

Texte fort négligé.

Il y a des exemplaires sur VÉLIN : 100 fr. Renouard.

— ŒUVRES de Guil. Coquillart, avec une introduction par M. Prosper Tarbé. *Reims (impr. de Gérard), Brissart-Binet,* 1847, 2 vol. pet. in-8.

Édition impr. aux frais des bibliophiles de Reims; elle est accompagnée de variantes, de notes et d'un glossaire. Son texte est médiocre, mais les notes sont pleines d'érudition.

Le livre n'a été tiré qu'à 375 exemplaires, 16 fr.; plus 40 exemplaires en Gr. Pap. façon de Hollande.

— ŒUVRES de Coquillart, nouvelle édition, revue et annotée par M. Charles d'Héricault. *Paris,-P. Jannet,* 1857, 2 vol. in-16. 10 fr.

Édition la plus complète, et sous tous les rapports la meilleure que nous ayons de cet ancien poëte remois; le texte y est précédé d'une étude sur Coquillart formant près de cent pages, et suivi d'une *Etude bibliographique* fort curieuse qui est accompagnée de deux index.

— Voyez PRÉSOMPTIONS des femmes.

COQUILLE (*Guy*). Les OEuvres de maistre Guy Coquille, contenant plusieurs traités touchant les libertés de l'Eglise gallicane, l'histoire de France, et le droit françois, entre lesquels plusieurs n'ont point encore été imprimés, et les autres ont été exactement corrigés. *Paris, Jean Guignard, etc.* 1665, 2 vol. in-fol. [2760]

Cette édition des œuvres de ce célèbre jurisconsulte du XVIe siècle est plus complète que celle de *Paris, Ant. de Cay,* 1646, en 1 vol. in-fol., en y ajoutant même les *OEuvres posthumes* de l'auteur, *Paris, Ve Guillemot,* 1650, in-4.; mais on préfère l'édition de *Bordeaux, Cl. Labottière,* 1703, 2 vol. in-fol. dont le titre promet des augmentations. 18 à 24 fr.

GUIDONIS CONCHYLII, Romenæi Nivernensis, Poemata. *Niverni, Petr. Roussin,* 1590, petit in-8. [12849]

Ces poésies latines de Guy Coquille sont rares, et ne se trouvent pas dans l'édition des œuvres de ce jurisconsulte, publiée en 1665, ni, que je sache, dans celle de Bordeaux, 1703, 2 vol. in-fol.; elles ont été vendues 8 flor. Crevenna. On pourrait y joindre le volume suivant du même auteur:

PSALMI Davidis centum quinquaginta paraphrastice translati in versus heroïcos, auctore Guidone Conchylio Romenaio Niuernensi. *Niverni, Petr. Roussin,* 1592, pet. in-8. de 152 ff. chiffrés, sign. A—Pp.

Il y a des exempl. des *Poemata* avec la date de 1593, dans lesquels le frontispice et les 4 prem. ff. seulement ont été renouvelés. Les pages du texte, chiffrées jusqu'à 181, se réduisent à 105, parce qu'il y a deux interruptions dans les chiffres et les signatures, sans qu'il manque rien. (Niceron.)

— Histoire du Nivernois, voy. le n° 24474.

CORAÏ (*Diamant*). Voy. ATAKTA.

CORAS (*Jean de*). Arrest memorable du parlement de Tholose, contenant une histoire prodigieuse de notre tems, avec cent et onze belles et doctes annotations, par M. Jean de Coras, conseiller en la cour et rapporteur du proces, prononcé ez arrets generaux le XII septembre 1560. *Lyon, Ant. Vincent,* 1561, in-4. [2730]

Édition la plus ancienne que nous connaissions de cette cause célèbre. Elle est indiquée par Du Verdier; mais il est présumable que l'ouvrage a été imprimé à Toulouse, à l'époque même de l'arrêt rendu contre Arnaud du Thil, dit Pansette, en supposant Martin Guerre.

L'opuscule intitulé : *Histoire admirable d'un faux et supposé mari, advenue en Languedoc lan* 1560. *Paris, pour Vincent Sertenas,* 1561, pet. in-8. de 19 feuillets, n'est qu'un récit de cette cause célèbre; il se trouve reproduit dans le 8e vol. des *Variétés* publiées par M. Ed. Fournier.

Voici l'indication des autres éditions de cet arrêt annoté par Coras :

— *Lyon, Ant. Vincent,* 1565, in-8. On y trouve ordinairement réunies *Les douze regles de Jean Pic de la Mirandole, lesquelles adressent l'homme au combat spirituel*, trad. de latin en françois par ledit de Coras.

— *Bruges, Hubert Goltz*, 1565, in-8., augmentée d'un *Arest jugé contre le president et aucuns conseillers de Chambery.*

— *Paris, Galiot du Pré*, et aussi *Vincent Normant*, 1572, in-8. de 176 pp. en tout.

A la suite de cette édition se trouve quelquefois :

PARAPHRASE de l'édict des mariages clandestinement contractez par les enfants de famille contre le gré et consentement de leurs peres et meres. *Ibid.*, 1572.

Ces deux pièces sont réunies dans l'édition de *Paris, Borel*, 1579, in-8.

L'*Arrest memorable...* a été réimpr. à *Lyon, Barthelemy Vincent*, 1596, in-8., et encore *Lyon, Vincent*, 1618, in-8.

Il fait aussi partie d'un recueil portant le titre :

DISCOURS des parties et office d'un bon et entier juge ; des douze reigles de Jean Pic de la Mirandole ; l'arrest notable du parlement de Toulouse, contenant une histoire prodigieuse ; l'édit des mariages clandestins ; le tout dressé et enrichi d'excellentes notes par Jean de Coras. *Lyon, B. Vincent*, 1605, pet. in-8.

Citons encore :

HISTOIRE admirable d'Arnauld Tilye, lequel emprunta faussement le nom de Martin Guerre, afin de jouir de sa femme. *Lyon, B. Rigaud*, 1580, in-8.

CORAS (*Jacq.* de). Ses œuvres poétiques, contenant Josué, Samson, David, Jonas, poëmes. *Paris, Ch. Angot*, 1665, in-12. [14115]

Volume peu commun et recherché par quelques curieux : 5 à 6 fr.

On trouve sous le n° 5352 de la lettre Y, de l'ancien Catal. de la Biblioth. du roi, une pièce in-4. portant ce titre :

LETTRE du sieur D. ou B. à l'auteur du Jonas et du David, en luy envoyant sa neuvieme satire , sous le nom du libraire Angot, avec la reponse de l'auteur du Jonas. *Paris*, 1668.

LE SATIRIQUE berné, en prose et en vers, par L. D. I. et D. D. (l'auteur du Jonas et du David), *sur l'imprimé a Paris*, 1668, pet. in-8. de 60 pp. Ce doit être une réimpression de l'opuscule ci-dessus.

CORBICHON (*Jeh.*). Voyez GLANVILLE (*Barth.* de).

CORBIN (*Robert*), sieur de Boyssereau. Le songe de la Piaffe. *Paris, Nicolas Chesneau*, 1574.

Cité par La Croix du Maine (article *Robert Corbin*), qui n'en marque pas le format. Le même bibliographe dit que Corbin a écrit en vers français un *Traité de la poésie et des poëtes*, dédié à *Ronsard ;* mais Goujet a cherché en vain ce traité, qui n'a peut-être pas été imprimé.

CORBIN (*Jacques*). Les saintes voluptez de l'âme. *Lyon, Thibaud Ancelin*, 1603, pet. in-12. 6 à 9 fr. [1646]

Les nombreuses gravures en bois qui décorent ce livre lui donnent quelque prix : 20 fr. 50 c. mar. en 1839.

— LA ROYNE Marguerite, où sont descrites la noblesse, la grandeur de cette grande princesse ; sa beauté, ses vertus, par Jacques Corbin, advocat. *Paris, Jean Berion*, 1605, pet. in-8. [23648]

Corbeaux. Arbitrages, 4181.

Livre singulier : 40 fr. *mar. v.* Giraud.

On a encore de ce mauvais poëte :

LA VIE et les miracles de la vierge madame saincte Geneviève, patronne de Paris. *Paris, Rob. Sara*, 1632, in-8. de 23 pp. 32 fr. *mar. r.* Veinant.

LA SAINCTE FRANCIADE (poëme en 12 chants), contenant la vie, gestes et miracles du bienheureux patriarche S. François ; sa vie, sa reigle, ses stigmates, et la chronique de tous ses ordres... *Paris, Nic. Rousset*, 1634, in-8.

LA VIE, mort et miracles de S. Bruno, patriarche de l'ordre des Chartreux. *Poictiers , Julien Thoreau*, 1647, in-fol. — Petit poëme impr. d'abord à *Paris, Henault*, 1642, in-4.

Le même auteur a écrit l'Histoire de l'ordre des Chartreux. *Paris*, 1659, in-4. [21775], et, entre autres ouvrages en prose, un roman spirituel sous ce titre :

LE MARTYRE d'amour, où, par la funeste fin de Cariphile et de son amante, tous deux martyrisez, est temoigné le miserable événement d'un amour clandestin ; on y a joint le tombeau de Marie du Peloux. *Lyon, Sim. Rigaud*, 1603, in-12.

CORBINELLI (*Jean*). Extrait de tous les beaux endroits des ouvrages des plus célèbres autheurs de ces temps, par Corbinelli. *Amsterdam , Josias Tholm*, 1681, 5 tom. en 3 vol. pet. in-12. [19418]

Jolie édition de ce recueil de morceaux en prose. 20 fr. 50 c. Walckenaer ; 10 fr. 50 c. Giraud.

Dans l'édition d'*Amsterdam*, et *Paris, J. Jombert*, 1696, aussi 5 tomes en 3 vol. pet. in-12, le premier mot du titre est *Recueil* au lieu d'*Extrait*.

Un autre recueil de pièces en prose avait paru précédemment à *Paris, chez Ch. de Sercy* (voy. RECUEIL).

CORBOLIO (*Pet.* de). Voy. MOTIS (*Joh.*).

CORDA (*Aug.-Jos.*). Icones fungorum hucusque cognitorum (Abbildungen der Pilze und Schwämme). *Pragæ, Erlich*, 1837-54, 6 part. in-fol. avec fig., 40 fr. [5366]

Ouvrage tiré à 130 exemplaires seulement. 116 fr. Léon Leclerc.

— Flore illustrée des Mucédinées d'Europe. *Leipzig et Dresde*, 1840, in-fol. avec 25 pl. color. 50 fr. [5370]

Le même ouvrage avec texte allemand, sous la date de 1839 : 19 fr. de Jussieu.

— Beiträge zur Flora der Vorwelt. *Prag*, 1845, gr. in-4. avec 60 pl. 50 fr. [5014]

CORDERO (*Juan-Martin*). Las Quexas y llanto de Pompeyo adonde brevemente se muestra la destruccion de la republica romana , y el hecho horrible y nunca oido de la muerte d'el hijo d'el

Corbinelli. Maison de Gondi, 28882.
Corblet (*Jules*). Dictionnaire du patois picard, 11055.
Corda (le baron). Service de l'artillerie, 8695.
Cordara (*G.-C.*). Opere, 12677.
Cordaro-Clarenza (*V.*). Sopra la storia di Catania, 25851.
Corday (Mad. *Aglaé* de). Fleurs neustriennes, 1496.
Corderius (*Balth.*). Expositio Patrum, 451. — Symbolæ, 478. — Catena et Job. elucidatus, 479-480.
Cordero di S. Quinto (*G.*). Zecca e monete de' marchesi della Toscana, 25545.

gran Turco Solimano dada por su mismo padre, con una declamacion de la muerte por consolacion de un amigo : al muy magnifico senor Gonzalo Perez. *Anvers, Mart. Nucio,* 1556, pet. in-8. de 127 ff. chiffrés.

Recueil à la fin duquel se trouve : *La manera de escrivir en castellano, para corregir los errores generales en que todos casi yerran.* L'épître dédicatoire est signée Juan Martin Cordero.

CORDEYRO (lo P. *Ant.*). Historia insulana das ilhas a Portugal sugeytas no oceano occidental. *Lisboa, Ant. Galrom,* 1717, in-fol. [24440]

Vend. 15 fr. 50 cent. de Fleurieu ; 17 fr. Walckenaer, 28 fr. 50 c. 2ᵉ vente Quatremère.

CORDIALE. Voy. QUATUOR novissimorum Liber).

CORDIER (*Mathurin*). Commentarius puerorum de quotidiano sermone qui prius liber de corrupti sermonis emendatione dicebatur, Maturino Corderio authore. Carmen paræneticum, ut ad Christum pueri statim accedant; indices duo, gallicus et latinus. *Lutetiæ, apud Rob. Stephanum,* 1541, in-8. de 36 ff. prél., 477 pp. et 37 ff. pour l'index. 9 à 12 fr. [10809]

Cette édition est la quatrième, au moins, que Rob. Estienne ait donnée de cet ouvrage estimé. La première, sous le titre de *De corrupti sermonis emendatione libellus,* est du mois d'octobre 1530. Celle-ci a éprouvé des changements non-seulement dans le titre, mais encore dans le texte. Ce n'est pas un livre cher, bien qu'un exempl. dans son ancienne reliure à compart. dorés ait été payé 1 liv. 17 sh. à la vente de R. Heber. Il en existe plusieurs édit. postérieures à 1541.

N'oublions pas de citer l'édit. de *Paris, Jean Petit,* 1540, in-8., sous ce titre : *De corrupti sermonis emendatione libellus, cum perbrevi accessione Roberti Vallensis, ab omnibus mendis repurgatus :* elle est portée à 65 fr. (à cause de la reliure en *mar. vert*) dans un des Bulletins de Techener, mais sans que cela puisse tirer à conséquence, plus que le prix de 40 fr. donné dans le même Bulletin à un exempl. de l'édit. de *Lyon, Gryphius,* 1547, in-8. rel. en *mar. r.*

L'ouvrage le plus célèbre de ce savant humaniste a pour titre : *Colloquiorum scholasticorum libri quatuor, ad pueros in sermone latino paulatim exercendos.* M. Barbier, dans un article curieux sur notre auteur (*Examen critique, etc.,* p. 216), en a cité plusieurs éditions dont la première serait celle de Genève, 1563 ; mais il n'a pas connu l'édit. donnée par H. Estienne, sans date (vers 1566), in-8., à laquelle ce grand helléniste a ajouté : *Colloquiorum seu dialogorum græcorum specimen.* [18622] Parmi les nombreuses éditions qui ont été faites de ces Dialogues, on distingue celle de *Genève, par la veuve de Jehan Durand,* 1598, pet. in-8. en lat. et en franç. (27 fr. Veinant), et aussi celle de Londres, R. Reily, 1760, in-12. M. Barbier (*ubi supra*) a soi-

gneusement indiqué les traductions françaises qui existent de ce même ouvrage, et il a parlé avec détail du *Miroir de la jeunesse,* de Math. Cordier, ouvrage qu'il croit être le même que la *Civilité puérile* (voy. CIVILITÉ).

— Sententiæ proverbiales gallico-latinæ, authore Maturino Corderio. *Parisiis, Vidua Mauricii a Porta,* 1549, in-8. [18455]

Les proverbes qui composent ce volume avaient déjà été imprim. aux pages 413 à 458 du *Commentarius* ci-dessus du même auteur. L'édition de 1549 a été payée 17 fr. Duplessis. Il y en a une autre sous ce titre :

SENTENTIÆ...ab autore auctæ et recognitæ: accedunt formulæ nonnullæ, quæ speciem aliquam proverbii, aut metaphoræ insignioris habere videntur. *Lutetiæ, Matth. David,* 1561, in-8.

Mathurin Cordier a traduit en françois les Distiques de Caton et fait des notes pour le texte latin, ce qui se trouve dans diverses éditions des *Catonis Distica de moribus* données par Rob. Estienne et par ses successeurs, notamment dans celle de Paris, *ex officina Rob. Stephani,* 1536, in-8. Il est à remarquer que les catalogues de ces célèbres imprimeurs annoncent quatre sortes d'exemplaires des Distiques de Caton : 1° texte seul, 3 d.; 2° avec la trad. franç., 6 d. ; 3° avec le commentaire d'Erasme, 1 sh. ; 4° avec ce commentaire et aussi les notes et la trad. françoise de Math. Cordier.

CORDINER's (*Charles*) remarkable ruins and romantic prospects of north Britain, with ancient monuments, and singular subjects of natural history. *London* (1788-95), 2 part. in-4. avec 100 pl. [26783]

Ouvrage d'une exécution médiocre. Vend. 34 fr. Hurtault, et moins cher en Angleterre.

— ANTIQUITIES and scenery of the north of Scotland, in a series of letters adressed to Th. Pennant. *London,* 1780, in-4., avec 21 pl. 18 à 24 fr. [20343 ou 27404]

Il faut joindre ce volume au Voyage de Pennant en Ecosse (voy. PENNANT).

CORDOVA Salinas (Fray *Diego* de). Coronica de la religiosissima provincia de los doze Apostoles del Peru, de la orden de S. Francisco. *Lima, G.-L. de Herrera,* 1651, in-fol. [21594]

Très-rare : 37 fr. Rætzel.

CORDUS (*Euricius*). Opera poetica omnia jam primum collecta ac posteritati transmissa. (*absque nota*), in-8. de 286 ff. et 9 ff. pour la table. 5 à 6 fr. [12975]

Édition impr. à Francfort, en 1550, et qui a reparu avec un nouveau titre sous la date de *Francfort,* 1564. Il y a une autre édition donnée par H. Meibom (ou plutôt par J. Luders), *Helmst.,* 1614 (nouveau titre, 1616), in-8. — Voy. Dav. Clément, *Biblioth. curieuse,* VII, 304.

CORDYALE (the book named Cordyale). Voy. QUATUOR novissimorum (Liber).

COREAL (*Fr.*). Ses Voyages aux Indes occidentales, de 1666-97, trad. de l'espagnol, avec une relation de Guiane de

Cordier (*J.*). Navigation intérieure, 4189. — Agriculture de la Flandre, 6319. — Construction, 8810. — Mémoires, 8810.
Cordier (*F.-S.*]. Vocabulaire, 11061.
Cordier de Tours (*Alph.*). Chroniques flamandes, 24933.

Cordiner (*James*). Voyage to India, 20690. — Description of Ceylon, 20707.

Walter Raleigh, et le voyage de Narborough à la mer du Sud. *Amsterdam*, 1722 ou 1738, 3 vol. in-12, fig. 9 à 12 fr. [20950]

Les exemplaires datés de 1738 sont sous le titre de *Recueil de voyages dans l'Amérique méridionale*.

CORELAS (*Alonso* Lopez de). Voy. LOPEZ.

CORIO (*Bernard*). Historia di Milano continente da l'origine di Milano, tutti li gesti, ec., infino al tempo di esso autore. *In Mediolano, Alex. Minutiano*, 1503, gr. in-fol. [25367]

Édition originale, recherchée parce qu'elle contient plusieurs passages que l'on ne retrouve plus dans les éditions suivantes. Il est très-difficile d'en avoir des exemplaires entiers, c'est-à-dire avec les 6 ff. contenant le premier titre, l'avis au lecteur et le répertoire, lesquels doivent précéder 6 autres ff. préliminaires. Ces 6 premiers ff. n'ont été publiés que plusieurs années après l'ouvrage.

Vend. beaux exemplaires complets, 151 fr. *mar. r.* Gaignat ; 66 fr. *v. f.* La Vallière ; 2 liv. 7 sh. Pinelli ; 34 flor. Meerman ; 51 et 53 fr. deux exemplaires, Riva ; 1 liv. 19 sh. Libri, en 1859 ; 67 flor. annoncé très Gr. Pap. Crevenna ; et sans le répertoire, 20 fr. Floncel.

L'édition de *Venise*, 1554, in-4., mérite quelque attention ; car on n'en a retranché que les pièces préliminaires ; néanmoins elle est à très-bas prix.

— STORIA di Milano, eseguita sull' edizione principe del 1503, ridotta a lezione moderna con prefazione, vita e note del prof. Egid. De Magri. *Milano, Fr. Colombo*, 1851-57, 3 vol. in-8. fig. 36 fr.

CORIOLAN (*Fr.* de). Voy. HECQUET.

CORIPPUS (*Cl. Cresconius*), africanus grammat. De laudibus Justini Augusti minoris, heroico carmine, lib. IV, nunc primum e tenebris in lucem asserti, scholiis etiam et observationibus illustrati, per Mich. Ruizium, Assagrium. *Antuerpiæ, Plantinus*, 1581, in-8. de 93 pp. et 1 f. bl. 3 à 5 fr. [12572]

Première édition.

— Iidem, ex recens. et cum comment. Th. Dempsteri ; acced. Const. Manassis græc. carmen politicum in Justinum minorem, cum vers. metrica Fed. Morelli. *Parisiis, Petr. Reze*, 1610, in-8. 3 à 4 fr.

— De laudibus Justini lib. IV. multis in locis emendatiores opera et studio N. Rittershusii : And. Götzius recens. atque omnium vocabulorum indicem addidit. *Altorfii*, 1743, pet. in-8. 4 à 5 fr.

— Iidem, cum notis, edente P.-F. Fogginio. *Romæ*, 1777, in-4. 9 fr.

Cette édition se trouve aussi dans l'Appendice de la Byzantine publiée par le même éditeur (voyez BYZANTINA, n° 31).

— JOHANNIDOS seu de bellis libycis libri VII, editi

ex codice mediolanensi Musei Trivultii, opera et studio Petri Mazzucchelli. *Mediolani, ex imper. et reg. typogr.*, 1820, in-4. de lxxij et 444 pp. 20 fr. [12573]

Cet ouvrage, peu remarquable comme composition poétique, a un intérêt et une importance historiques que M. Saint-Martin a fait remarquer dans le *Journal des Savans* (avril 1828). Malheureusement, dans le manuscrit unique dont M. Mazzucchelli s'est servi, il manque la fin du septième livre et la totalité du huitième, et beaucoup d'endroits sont illisibles, en sorte que ce poëme reste imparfait dans la seule édition que nous en possédions. Il en a été tiré des exempl. de format in-fol. Ce poëme et le précédent ont été insérés dans le premier vol. de la collection Byzantine, édit. de Bonn.

CORLIEU (*Gérard*). Voy. BREF instruction.

CORLIEU (*Franç.* de). Recueil en forme d'histoire de la ville et comtes d'Engolesme, contenant l'estat de cette ville devant et au temps des premiers roys francoys ; les comtes heréditaires d'Engomois, qui commencerent sous le roy Charles-le-Chauve, et depuis le tems que le comté fut réuni à la couronne par Philippe-le-Bel jusqu'à maintenant. *Engolesme, J. de Minieres*, 1566, pet. in-4. [24635]

Édition rare (10 fr. 50 c. Morel-Vindé ; 17 fr. *taché d'eau*, Leprevost, en 1857), mais moins complète que la seconde, impr. à Angoulême, en 1631, in-4., laquelle a été augmentée par Gabr. de La Charlonye.

CORMOPEDE (le seigneur de). Almanach des Almanachs, le plus certain pour l'an MDXCIII, auec ses amples et merueilleuses predictions du changement et mutation de l'air sur chacune lunaison des douze mois, prinses du bas allemand du seigneur de Cormopede, gentilhomme de la maison du tres illustre et tres genereux conte de Sterckensperg, excellent mathematicien, et mises en langue francoise par Bartholome van Schore, habitant de Lyon, et par luy dediees et consacrees a mon seigneur le reuerendissime archeuesque de Lyon. *A Lyon, par Jean Pillehotte*, in-16, sig. A-N 5, avec le portrait du pretendu auteur. [8380 ou 9027]

Un exempl. de ce livre singulier, rel. en *mar. r.*, est porté à 120 fr. dans le Bulletin de M. Techener (XIVe série, janvier 1856, n° 474). Un exemplaire du même almanach pour l'année 1595, et rel. en *mar. r.*, avait déjà été offert au prix de 110 fr. dans le catal. de ce libraire, 1855, n° 1442.

CORNALIA (*Emilio*). Monografia del

Bombice del gelso. *Milano*, 1856, in-4:
avec planches. 24 fr. [6091]

CORNARO (*Luigi*). Discorsi della vita so-
bria, edizione con nuove aggiunte. *Venezia, tipogr. di Alvisopoli*, 1816,
in-8. [7032]

Édition donnée par M. Gamba : vend. en pap. vél.
12 fr. Chateaugiron. Il en a été tiré un seul exemplaire sur VÉLIN qui est à la Biblioth. impériale.

La première édition de cet ouvrage célèbre est de
Padoue, 1558, in-4.; elle ne contient que trois discours, mais les éditions postérieures à cette date
en renferment quatre qui ont été trad. en français
sous le titre de *Conseil pour vivre longtemps*,
par M. D. (de Prémont), *Paris*, 1701, in-12. La
même traduction réunie à celle de l'*Hygiasticon*
de Lessius, par D. L. B. (de La Bonaudière), a été
réimpr. à Paris, 1772, in-12, sous cet autre intitulé :
De la sobriété et de ses avantages. — Pour une
autre traduction par M. Daremberg, voy. l'art. VIL-
LANOVA, l'Escole de Salerne. Il existe un *Anti-Cor-
naro*, par un anonyme, *Paris*, 1702, in-12.

Nous ne devons pas oublier de citer ici :

L'ART de conserver la santé des princes et des
personnes du premier rang, auquel on a ajouté
l'art de conserver la santé des religieuses et les
avantages de la vie sobre de L. Cornaro, avec des
remarques sur ce dernier. *Leide, Langerack*, 1724,
in-12.

C'est un livre traduit du latin de Ramazzini par
Etienne Coulet.

CORNAZZANO (*Antonio*). Della sanctissima vita di nostra dona a la illustrissima
M. Hyppolyta Vesconte duchessa da Calabria. (*Venetiis*), *Nicol. Jenson*, M CCCC
LXXI, in-4. [14629]

Édition très-rare, à la fin de laquelle on lit 4 vers à
la louange de l'imprimeur, commençant ainsi :

　　Gallia iam totum belli, etc.

— La vita della gloriosissima Vergine Maria (in terza rima), 1472, in-4.

Autre édition rare : 2 liv. 2 sh. Pinelli.

— Vita di Nostra Donna (*senza nota*), pet.
in-4.

Poëme en *terza rima*, divisé en huit chapitres. En
voici les trois premiers vers :

　　Non dubitata expressa historia nuda
　　E che Maria original disciese
　　Del Re david et dal tribu di Iuda.

L'édition dont il s'agit parait avoir été impr. en Italie
vers 1470, et se compose de 36 ff. à 23 lig. par page,
sans chiffres, récl. ni signat. Le recto du premier f.
commence par ces deux lignes :

　　CA Pitulo Primo Come. E. De Cui
　　Naque la Nostra Donna.

Ce sommaire est suivi du texte ci-dessous, lequel se
termine au recto du 36e f. par ce vers :

　　Ecco il mar dove io san et ecco il cimbo

et le mot *Finis*.

Cette édition du poëme de Cornazzano annoncée
sans nom d'auteur, a été vendue 73 fr. Bearzi,
n° 458. Il paraissait y manquer l'épitre en vers de
Cornazzano *alla illustrissima Hippolita Vesconte
duchessa di Calabria*. Toutefois, elle doit être dans
cette édition, dont un exemplaire en 38 ff. est porté
à 1 liv. 10 sh. sous le n° 740 du catal. Libri, 1859.

Une édition de 1473, in-4., est indiquée dans la catal.
de Crevenna, tome III, 2e partie, n° 4564. — Celle
de *Venise*, 1481, in-4., 1 liv. 1 sh. Pinelli ; 19 sh.
Heber.

— Vita di Nostra Donna. (au recto du dernier f.) : Vita beate Marie Virginis explicit : quam *M. Dominico Richizola
impressit Mutine Anno salutis nostre
.M cccc. lxxxx. die vero xvij Julii*,
pet. in-4. goth. de 30 ff. non chiffrés,
sign. a—d.

Sur le titre de ce livre se voit une grande fig. sur
bois représentant la Vierge tenant l'enfant Jésus.
1 liv. 19 sh. Libri, en 1859.

— Ad serenissimum Venetorum dominum,
ejusque civitatis principem clariss. de
fide et vita Christi Antonii Cornazani vatis liber incipit — Finis. M. CCCC. LXXII.
in-4. de 69 ff., à 27 lig. par page, il y a
de plus 6 ff. bl. [14628]

Première édition de ce poëme italien ; elle commence
par 6 ff. de table des chapitres, et finit par 3 ff. qui
renferment des vers latins du même auteur, en
l'honneur de Venise. Vend. 1 liv. 12 sh. Pinelli ;
27 fr. en 1809 ; 12 fr. Boutourlin ; 78 fr. Riva ; 160 fr.
Costabili ; 3 liv. Libri, en 1859 ; et avec l'ouvrage
précédent, édition de 1472, 50 fr. Gaignat.

Les deux poëmes ci-dessus ont été réimpr. à Venise,
chez Zoppino, 1518, l'un et l'autre in-8. : 1 liv. 6 sh.
m. citr. Hibbert, et 1 liv. Heber.

Haym, édition de 1771, tome Ier, page 192, et De
Bure, *Bibliogr. instr.*, n° 3449, ont indiqué un
poëme de Cornazzano, sous le titre de *Discorsi
della creatione del mondo, sino alla venuta di
Jesu Christo*, 1472, in-4.; mais nous doutons de
l'existence de ce dernier ouvrage, et nous pensons
qu'il s'agit encore du précédent, qu'on aura annoncé sous un titre différent de celui qu'on lui
donne ordinairement : cela est d'autant plus probable, qu'en effet le poëme *De fide et vita Christi*
commence par la création du monde, traite du
déluge, de Nembroth, etc., et de là passe à l'incar-
nation de J.-C.

— Opera bellissima de larte militar del excellentissimo poeta miser Antonio Cornazano in terza rima. — (au verso du
dernier f.) : *Finisse el libro delarte militar...stampato in Vinexia p Maistro
Christophoro da Mädello. aposte del
Venetabili (sic) Homo Miser Pre Piero
Benalio. Adi otto nouembre de läno...*
M CCCC LXXXXIII, in-fol. [14872]

Édition originale et rare : elle a 60 ff. chiff., à 2 col. .
de 45 lig., plus une table en 4 ff. séparés : vend. en
m. r. 30 fr. Gaignat ; 40 fr. La Vallière ; 1 liv. 15 sh.
Libri, en 1859.

Il existe un assez grand nombre d'éditions de ce
poëme, mais nous nous contenterons d'indiquer ici
les plus anciennes, savoir : celle de *Pesaro*, H.
Soncino, 1507, pet. in-8.; d'*Orthona ad mare*,
Soncino, 1518, pet. in-8. (vend. 1 liv. 14 sh. bel
exempl. mar. bl. Butler) ; de *Venise, Bern. di
Bindoni*, 1515, pet. in-8., et 1521, in-24 ; enfin celle
de *Florence, Giunta*, 1520, pet. in-8., belle et rare,
sans être d'un grand prix. Celle de Venise, *Nic. da
Sabbio*, 1536, in-8., a été payée 80 fr. vente Libri,
à cause d'une ancienne reliure en maroquin, à
compart. de plusieurs couleurs ; en cuir de Russie.
8 fr. seulement Renouard.

— Opera noua de miser Antonio Cornazano
in terza rima : Laql tratta De modo Re-
gedi : De motu Fortune : De integritate
rei Militaris : ꝛ qui in re militari impera-
tores eccelluerint. Nouamente impressa :

· *t* Hystoriata. (à la fin) : *Impressa in Venetia per Zorzi di Rusconi milanese ad instantia di Nicolo dicto Zopino & Vincentio compagni. Nel.* M. D. XVII. *adi .iii. de Marzo*, pet. in-8. de 72 ff. en lettres rondes, avec fig. en bois.

Vend. 6 fr. La Valliere ; 9 sh. Hibbert.

L'édition de *Venise, Zoppino*, 1518, xiii Sept., pet. in-8. de 72 ff. non chiffrés, sig. A—liiij, fig. en bois, 1 liv. 18 sh. *m. r.* Hibbert ; 7 sh. Heber.

— Sonetti e canzoni di Ant. Cornazzano. *Venetia, per Manfredo de Monteferrate,* 1502, in-8. [14980]

Édition rare, mais qui n'est point d'une grande valeur dans le commerce. Le même imprimeur en a donné une seconde en 1503 et une 3ᵉ en 1508, in-8. Il y en a une de. Milan, *per Petrum Martyrem*, 1503, pet. in-8. : vend 5 sh. Heber. Une autre, de Venise, *per Bernardino et Manfredo de Monteferato*, 1508, in-8., en *mar. r.* 26 fr. Renouard.

— Antonii Cornazzani, novi poetæ facetissimi, quod de proverbiorum origine inscribitur, opus nunquam alias impressum, etc. *Mediolani, per Petrum Martyrem de Mantegatiis*, 1503, in-4. [18477]

Ce petit volume rare a 57 ff. chiffrés, plus 2 ff. prél. pour le titre et la dédicace, (en un f. bl. à la fin (en tout 60 ff.) ; il contient l'explication en vers de l'origine de dix proverbes italiens, dont quatre seulement se trouvent reproduits dans l'ouvrage suivant : vend. 1 liv. 2 sh. 6 d. Pinelli ; 4 liv. 11 sh. White Knights ; 17 sh. Heber ; 93 fr. *mar. r.* Libri.

— Antonii Cornazani Placentini novi poetæ facetissimi : quod de proverbiorum origine inscribitur : Opus numquam alias impressum, etc. (in fine) : *Impresso in Milano per Gotardo da Ponte*, in-4. de 40 ff. chiffrés, sign. a—e.

Cette édition est sans date, et, malgré les mots *opus numquam alias impressum* qui porte le titre, ce n'est probablement qu'une réimpression de celle de 1503 ; elle ne renferme également que dix proverbes. C'est d'ailleurs un livre rare. (Gamba, *Bibliografia*, édit. de Molini, p. 53.)

— Proverbj, ristampati di nuovo e con tre proverbi aggiunti, e due dialoghi nuovi in disputa.—*Stampata in Venetia per Nicolo Zopino de Aristotile di Rossi di Ferrara*, M. D. XXV, in-8. de 48 ff. sign. A.—F. titre en rouge et noir. [18478]

Cette édition est revêtue d'un privilége pontifical daté de Rome, *v Junii* M. D. XXI. C'est la première où l'on ait ajouté les *tre proverbi* ou, pour mieux dire, les deux nouveaux proverbes, et les *due dialoghi*. Un de ces derniers, celui *del philosofo col pidocchio*, porte un frontispice séparé, derrière lequel se trouve un *Proemio* commençant ainsi : *Necessario è a chi satire, ec.*

Les *Proverbi di Cornazzano*, petits contes un peu libres, ont paru pour la première fois *in Venetia per Francesco Bindoni e Maffeo Pasini compagni*, 1518, in-8. — Réimpr. à Venise, chez Zoppino, 1523, in-8. Deux éditions incomplètes. (Gamba, *Bibliografia*, édit. de Molini, page 52.)

— PROVERBJ. — *Stampati nella Inclyta Citta di Vinegia per Francesco Bindoni e Mapheo Pasini compagni. Nel anno* M D XXVI *Del mese di octobrio*..... in-8. ff. chiffrés. Vend. 13 sh. Heber.

Il existe une autre édition de ces proverbes sous la même date : *Stampata in Vinegia per Nicolò Zoppino di Aristotile di Rossi da Ferrara*, M D XXVI ; elle a 40 ff. non chiffrés, avec des signat. de A—E, et des fig. en bois. Le titre est en rouge et noir, et le verso contient le privilége pontifical, ce qui n'est point dans l'édition de Bindoni (1526). Vend. 6 fr. La Valliere ; 3 liv. 3 sh. 6 d. Borromeo, et 9 sh. Heber.

Voici l'indication des réimpressions de l'édition de 1526 :

— Sans date, in-8., fig. en bois. 31 fr. 50 c. *mar. r.* Libri, et 40 fr. Riva.

— *Venezia, Bindoni e Pasini, Novembre* 1530, in-8. 1 liv. 5 sh. marqué très-rare, Pinelli.

— *Stampata nella città de Bressa per Ludovico Britannico*... M. D. XXX, *del mese di Luio*, in-8.

— *Venezia, Bindoni e Pasini*, 1532, in-8. de 40 ff. y compris la marque de l'imprimeur.

— Deux éditions de 1535, in-8. Dans l'une se lit le nom de l'imprimeur *Nicolò d'Aristotile , detto Zoppino ;* l'autre ne porte point de nom d'imprimeur, mais seulement la date.

— *Venezia, Bindoni et Pasini compagni*, 1538, in-8.

— *Venez.*, 1546, in-8.

— *Venez. per Agostino Bindoni*, 1550 et aussi 1555, in-8. Celle de 1558, également par Bindoni, in-8., vend. 9 sh. *m. r.* Heber, serait la meilleure, selon Borromeo.

Malgré toutes ces réimpressions, l'ouvrage étant devenu difficile à trouver, A.-A. Renouard en a fait faire une nouvelle, fort exacte, sous le titre suivant :

PROVERBII di messer Antonio Cornazano in facetie. *Parigi, dai torchi di P. Didot*, 1812, in-12, pap. vél. 6 à 10 fr.

Tiré à 100 exempl. y compris plusieurs sur pap. de couleur et 7 sur VÉLIN. Un de ces derniers : 2 liv. 5 sh. Sykes ; 62 fr. Renouard.

— Origine del proverbio che si suol dire, *Anzi corna che croce,* novella. *Milano, per Gio. Antonio degli Antonii*, 1558, in-8.

Réimpression faite à Milan, en 1821, et tirée à petit nombre, d'après l'édition dont nous parlons à l'article MODIO. Il y en a au moins deux exempl. sur VÉLIN.

Les autres écrits du même auteur, quoique rares, ne sont ni chers ni recherchés.

CORNE (*Gorgole* de). Voy. GORGOLE.

CORNEILLE (*Pierre*). OEuvres de Corneille, 1ʳᵉ partie. *Imprimé à Rouen, par Laurent Maurry, et se vend à Paris, chez Antoine de Sommaville et Augustin Courbé, au Palais*, 1644, pet. in-12. [16457]

Ce petit recueil est, à ce que nous croyons, le premier qui ait paru sous le titre d'*OEuvres de Corneille ;* il ne contient que huit pièces, savoir : *Mélite, Clitandre, la Veuve, la Galerie du Palais, la Suivante, la Place Royale, Médée,* et *l'Illusion comique,* ce qui occupe 654 pp. Les pièces liminaires sont : 1° un frontispice gravé portant la date de 1645 ; 2° un titre imprimé sous la date de 1644 ; 3° un avis au lecteur commençant par ces mots : *C'est contre mon inclination que les libraires vous font ce présent ;* 4° un portrait de Corneille avec ses armoiries, et le monogramme de Michel Lasne, sous la date de 1644. Il n'y a pas de privilége. Vendu 61 fr. en juillet 1855, et 160 fr. en mai 1858.

Ce premier volume a-t-il été suivi immédiatement d'un second, contenant *le Cid, Horace, Cinna, la Mort de Pompée,* et *Polyeucte,* c'est-à-dire les cinq tragédies que les Elseviers de Leyde ont réunies en 1644, sous le titre d'*Illustre Théâtre de M. Corneille* (voir col. 288) ; ou bien a-t-il été impr. pour être joint à l'édit. elsevirienne de ces cinq chefs-d'œuvre de Corneille, par suite d'un accord fait entre les deux libraires français et leurs confrères de Leyde ? c'est ce que nous ne saurions dire ; mais il est certain que l'édition du recueil de ces mêmes huit pièces, sous le titre de *Œuvre de Corneille, imprimé à Rouen* (par L. Maurry) *et se trouve à Paris, chez Augustin Courbé* (ou chez *Toussaint Quinet*), 1648, pet. in-12, est accompagnée d'un second volume contenant, indépendamment des cinq chefs-d'œuvre nommés ci-dessus, la *Suite du Menteur*. Le premier de ces deux vol. a 2 ff. prélim., 654 pp. et 1 f. non chiffré pour le privilége à la date du 25 février 1647, à la fin duquel on lit : *Achevé d'imprimer ce 30 mars* 1648. Le second contient 2 ff. prél., 639 pp. et 3 pp. non chiffrées pour le privilége. On lit à la fin : *Achevé d'imprimer le 31 septembre* 1648, quoique le mois n'ait que 30 jours. Un exemplaire de ces 2 vol. (daté de 1648), rel. en *mar. r. doublé de mar. bl.* a été payé 256 fr. à la vente de A. Giraud, en 1855 ; un autre en *mar. r.* par Capé, 310 fr. Gancia, en 1860.

Il s'est trouvé chez M. de Soleinne (n° 1142 de son Catalogue) un exempl. du premier vol. *achevé d'imprimer le* 30 mars 1648, avec le frontispice gravé sous la date de 1645, et le portrait ; il y manquait deux feuillets, mais on y avait joint Théodore, *Rouen et Paris, Courbé,* 1646, et Héraclius, *Ibid.,* 1647.

— Autre édition impr. à *Rouen, et se vend à Paris chez A. Sommaville,* 1652, 2 vol. pet. in-12 auxquels est jointe une troisième partie de 287 pp. chiffrées, renfermant *Théodore, Rodogune* et *Héraclius.* Dans l'édit. en 3 vol. in-12, impr. à Rouen en 1654, et qui se vendait à *Paris chez Aug. Courbé,* le 3e vol., achevé d'impr. en 1655, a 670 pp., parce qu'on y a ajouté : *Andromède, Don Sanche d'Aragon, Nicomède et Pertharite.*

— **Théâtre de P. Corneille, reveu et corrigé par l'autheur.** *Imprimé à Rouen et se vend à Paris, chez Aug. Courbé et Guil. de Luyne,* 1660, 3 vol. in-8. fig. et frontispices gravés.

Il y a des exemplaires de ces trois volumes dont les titres imprimés portent la date de 1664, quoique les frontispices gravés conservent celle de 1660 ; un quatrième vol. contenant *Sertorius, Sophonisbe* et *Othon,* sous la date ·de 1666, est ordinairement réuni aux trois autres.

120 fr. *mar. bl.* A. Giraud ; 140 fr. *v. br.* Gancia.

L'exempl. de M. de Soleinne (n° 1132), sous la date de 1664 (pour les 3 prem. vol., et sous celle de 1665 pour le quatrième), était accompagné des *Poëmes dramatiques de Th. Corneille,* également impr. à *Rouen par Laur. Maurry, achevé d'impr. le* 15 *décembre* 1660, 2 vol. pet. in-8. sous les dates de 1660 et 1661 (en 3 vol. catal. Solar, n° 1688). Les 6 vol. *mar. r.* ont été vendus 60 fr., et plus tard 140 fr. Bertin.

— **Théâtre de P. Corneille.** *Imprimé à Rouen* (par Laur. Maurry) *èt se vend à Paris, chez Louis Billaine* (aussi *chez Th. Jolly et chez Guil. De Luyne*), 1663 et 1664 (aussi 1665), 4 tom. en 2 vol. in-fol. frontispice gravé.

Cette édition, qu'on a longtemps négligée, mérite d'être recherchée parce que l'auteur l'a revue avec soin, et que les pièces qui la composent présentent de nombreuses différences avec les éditions originales. 40 fr. de Soleinne ; en *mar. r.* 141 fr. Bertin, et autre exempl. *mar. r.* 330 fr. A. Giraud ; 117 fr. *v. br.* Le Prevost, en 1857 ; 102 fr. Gancia.

— **Le même.** *Rouen, et se vend à Paris' chez Louis Billaine,* 1668, 4 vol. in-12'

Réimpression de l'édit. in-fol. L'exempl. en *mar. r.* vend. 200 fr. Giraud avait un 5e vol. contenant les éditions originales de *Tite et Bérénice,* de *Pulchérie* et du *Suréna.*

Un exemplaire de la seconde partie du Théâtre de P. Corneille *reveu et corrigé par l'autheur,* Rouen, et se vend à Paris, chez Thomas Jolly, 1668, in-12, a été porté au prix de 100 fr. dans une vente faite à Paris en avril 1859.

— **Le Théâtre de P. Corneille, revu, corrigé et augmenté de diverses pièces nouvelles.** *Suivant la copie imprimée à Paris,* 1664, 5 vol. pet. in-12. [16457]

Très-jolie édition que l'on fait entrer dans la collection des Elseviers, mais qui a été publiée à *Amsterdam, par Abraham Wolfgang.* Chaque pièce y est imprimée séparément, avec un titre particulier et une jolie gravure. Les trois prem. vol. sont une copie de *Rouen,* 1663 et 1664, en 2 vol. in-fol. ; le cinquième, beaucoup plus rare que les autres, ne porte point de titre général ; il se compose de cinq pièces, savoir : *Agésilas,* 1666 ; *Attila,* 1667 ; *Tite et Bérénice,* 1671 ; *Pulchérie,* 1673 ; *Suréna,* 1676.

— **Les Tragédies et Comédies de Th. Corneille...** *Suivant la copie imprimée à Paris,* 1665, 1670 et 1678, 5 vol. pet. in-12. [16482]

Édition absolument du même genre que la précédente, à laquelle elle fait suite ; chaque pièce est impr. séparément, avec un titre et une grav. Il y a dans le premier volume des pièces datées de 1662 ; le *comte d'Essex* est la dernière pièce du tome 5e ; mais l'auteur en a composé trois autres. *Le Festin de Pierre,* 1674, qui se trouve dans la 5e partie de Th. Corneille, est de Dorimon. La pièce de Molière mise en vers par Corneille, n'a été jouée qu'en 1677. On ne l'a imprimée que plus tard.

Cette édition des œuvres des deux Corneille est devenue, depuis quelques années, un objet d'une très-grande importance auprès des bibliomanes français, et il est fort difficile d'en trouver des exemplaires complets. Nous en donnerons la description dans notre dernier volume, non pas d'après l'exemplaire de M. Bérard, mais sur un autre où se trouvait, au premier vol. de Th. Corneille, édit. de 1665, l'*avis de l'imprimeur* (Abraham Wolfgang) *au lecteur,* morceau de 5 ff., que n'avait pas l'exempl. en 9 vol. vendu 751 fr. chez M. Berard (quoique cet amateur le regardât comme le *seul complet*), et qui a été revendu 615 fr. de Soleinne. Un autre exemplaire en 10 vol., mais qui laissait à désirer, soit pour les dates des pièces, soit pour plusieurs morceaux qui manquaient, 551 fr. Chardin ; un 3e en 11 volumes *mar bl.,* avec l'*avis de l'imprimeur,* mais avec des pièces réimpr., 421 fr. Sensier ; 660 fr. d'Essling, et 400 fr. Giraud ; un autre en 10 vol. reliés en vélin (sans *la Mort d'Achille*), 435 fr. Renouard.

Il paraît que chaque pièce comprise dans ces deux recueils s'est vendue séparément, et que l'on a réimpr. plusieurs fois celles qui avaient le plus de débit ; c'est là sans doute pourquoi il se trouve souvent dans les exempl. de cette édition des pièces d'une date postérieure à celle du titre général.

Les mêmes 10 volumes ont été réimpr. plusieurs fois en Hollande, à la fin du XVIIe siècle ; ils l'ont aussi été dans le XVIIIe ; et parmi ces réimpressions on peut citer celle d'*Amsterd.,* 1701, pet. in-12, avec fig. ; et celle de 1740, avec un 11e volume qui renferme les œuvres diverses de P. Corneille. On ajoute à celle-ci les commentaires de Voltaire, *Amsterd.,* 1705, 2 vol. pet. in-12. Au surplus, toutes ces réimpressions ne valent qu'environ de 2 à 3 fr. par volume.

— **Le Théâtre de P. Corneille, reveu et corrigé par l'autheur.** *Paris, Guil. de*

Luyne, ou Pierre Trabouillet, 1682, 4 vol. in-12. [16457]

Bien que jusqu'ici cette édition n'ait pas acquis une grande valeur dans le commerce, elle mérite d'être citée, comme étant la dernière donnée par l'auteur et, par conséquent, celle qui a dû servir de base à toutes les bonnes réimpressions du théâtre de ce grand poëte : il s'y trouve malheureusement beaucoup de fautes typographiques. 116 fr. *mar. bl.* par Capé, Gancia, en 1860. — Th. Corneille a donné également, en 1682, une édition de ses œuvres, en 5 vol. in-12, que l'on peut joindre à celles de son frère. Les 9 vol. en *mar. r.* 200 fr. Giraud.

— Le Théâtre de P. Corneille (et Poëmes dramatiques de Th. Corneille), nouvelle édition corrigée et augmentée. *Paris, Guillaume Cavelier* (ou *Michel David*), 1706, 10 vol. in-12.

Édit. donnée par Th. Corneille, et plus complète que celles qui l'ont précédée. Il est dit dans un avis du libraire, en parlant des *Poëmes dramatiques* de Thomas, que « l'auteur, outre un très-grand nombre de fautes d'impression dont il les a purgés, a pris soin d'y changer tout ce qui lui a paru de moins correct pour la langue, qui n'étoit pas aussi épurée il y a trente-cinq ou quarante ans qu'elle l'est présentement. » Malgré cela, ces 10 volumes n'ont qu'un prix médiocre, à moins qu'une reliure extraordinaire ne leur donne de la valeur. Un exemplaire rel. par Boyet, en *mar. vert, avec larges dent., et doublé de mar. rouge, avec les armes de Mad. de Chamillard*, a été payé 450 fr. à la vente de Soleinne, et, comme il est de la plus grande beauté, on peut croire qu'il se vendrait beaucoup plus cher maintenant.

— ŒUVRES de Pierre et Thomas Corneille. *Paris, David*, 1747-48, 12 vol. in-12.

Bonne édition, qui cependant n'a quelque prix qu'en Gr. Pap. : vend. telle, 58 fr. Barthélemy ; 72 fr. *m. r.* Maucune ; 48 fr. *mar citr.* Chateaugiron. Le 12ᵉ vol. renferme les *OEuvres diverses de P. Corneille*. — L'édit. de *Paris*, 1758, en 19 vol. pet. in-12, dont 10 pour P. Corneille, est assez bien impr., mais n'a qu'un prix fort ordinaire; on y joint le commentaire de Voltaire, en 3 volumes.

— Théâtre de P. Corneille, avec des commentaires (par Voltaire). (*Genève*), 1764, 12 vol. in-8. fig.

Cette édition a été longtemps regardée comme la meilleure que l'on eût de ce poëte, et les exempl. avaient acquis une certaine valeur. Cependant elle n'est ni correcte ni élégante, les gravures en sont fort médiocres, le papier est presque toujours taché de roux, et enfin le commentaire de Voltaire y est moins complet que dans les éditions qui l'ont suivie : aussi est-elle aujourd'hui à très-bas prix. Les réimpressions de 1765, 12 vol. in-8., de 1773, 8 vol. in-4. ou 10 vol. in-8., ne sont ni chères, ni recherchées; et l'on ne fait aucun cas de l'édit. de *Paris*, 1797, 12 vol. in-8., dont il y a des exempl. en Gr. Pap. vélin.

— THÉÂTRE de P. Corneille, avec les comment. de Voltaire. *Paris, P. Didot l'aîné*, 1795, 10 vol. gr. in-4.

Belle édition, tirée à 250 exemplaires : quoiqu'elle ait coûté 360 fr., elle se donne pour moins de 150 fr. quand elle n'est pas rel. en maroquin.

— LE MÊME, avec des observations critiques sur les commentaires de Voltaire, par Palissot. *Paris, de l'imprimerie de P. Didot l'aîné*, 1802, 12 vol. gr. in-8.

Édition assez bien imprimée, mais sur mauvais papier et sans gravures. Elle renferme les œuvres diverses de P. Corneille et sa traduction en vers de l'Imitation de J.-C., qui ne sont pas dans l'édit. de 1764, laquelle à la vérité contient *l'Ariane* et le

Comte d'Essex de Th. Corneille, que Palissot n'a point fait entrer dans la sienne. On a tiré un certain nombre d'exemplaires en pap. vél. et un seul sur VÉLIN.

— OEuvres de Pierre Corneille, avec les commentaires de Voltaire. *Paris, Renouard*, 1817, 12 vol. in-8., fig. d'après Moreau. 48 à 60 fr.

Édition assez belle et l'une des meilleures que nous ayons de ce grand poëte ; on y a fait entrer la traduction de l'Imitation de J.-C., les poésies diverses de P. Corneille ; de plus les trois meilleures pièces de son frère, et une partie des notes de Palissot. Le papier ordinaire laisse beaucoup à désirer, mais il y a cent exempl. en Gr. Pap. vél., avec les fig. avant la lettre : 120 à 150 fr., et beaucoup plus quand l'exemplaire est bien relié en maroquin. Les exemplaires (au nombre de 25) avec les eaux-fortes se payaient 268 fr. Vend. en *mar. doublé de tabis*, 339 fr. duchesse de Raguse; 350 fr. Renouard. A la vente de ce dernier les *vingt-trois dessins de Moreau*, pour l'édition ci-dessus, ont été payés 580 fr., et le 24ᵉ dessin, celui de Prud'hon, pour l'Imitation, s'est vendu seul 1200 fr.

— ŒUVRES de P. Corneille, et chefs-d'œuvre de Th. Corneille, avec le commentaire de Voltaire et le jugement de La Harpe. *Paris, Janet et Cotelle* (*impr. de Didot l'aîné*), 1821-23 (ou avec de nouveaux titres : *Paris, Ladrange*, 1827), 12 vol. in-8. portr. 30 fr. — Pap. fin d'Annonay, 36 fr. — Pap. vél. 50 fr.

— OEuvres complètes de P. Corneille, avec les notes de tous les commentateurs (édition rédigée par M. L. Parelle). *Paris, Lefèvre* (*impr. de J. Didot l'aîné*), 1824, 12 vol. gr. in-8. pap. vél. 72 à 90 fr. — Très-Gr. Pap. 200 à 250 fr.

Édition de la collection des classiques français : c'est la plus belle et ne format; elle reproduit le texte de 1682, avec les nombreuses variantes des premières éditions, et l'on y a ajouté plusieurs pièces de vers ainsi que huit lettres inédites. L'éditeur avait promis les *OEuvres choisies de Th. Corneille*, en 2 vol., mais il ne les a pas données.

— OEuvres de P. Corneille, avec les notes de tous les commentateurs. *Paris, F. Didot et Lefèvre*, 1854-55, 12 vol. in-8. 84 fr.

Cette belle édition a été revue de nouveau et avec soin sur les éditions originales des pièces et sur celle des OEuvres donnée en 1682. Elle contient de plus que toutes celles qui l'ont précédée : *Le Presbytère d'Henouville*, un *Sonnet sur Louis XIII*, la *Lettre de Corneille à Colbert*, des *Vers à Louis XIV*, *l'Imitation de la sainte Vierge*, trad. en vers, par P. Corneille, et de nouvelles notes laissées par Aimé Martin, des vers dédiés à la reine, etc. Il en a été tiré une vingtaine d'exempl. sur pap. de Hollande, lesquels se vendaient 240 fr. Ils portent l'adresse de *Techener*, *libraire*.

— LES ŒUVRES complètes de P. Corneille, nouvelle édition revue et annotée par M. J. Taschereau. *Paris, P. Jannet*, 1857 et ann. suiv., in-12.

Cette édition doit être portée à 7 vol. Il en parait 3 à la fin de 1860.

On a publié, il y a quelques années, des *OEuvres complètes de P. Corneille, et OEuvres choisies de Th. Corneille*, avec les notes de Voltaire, La Harpe, Marmontel, Palissot, etc., *Paris, Firm. Didot*, 2 vol. gr. in-8. à 2 col., avec le portrait de P. Corneille, 22 fr. — Autre édition, *Paris, Lefèvre*, 1838, 4 vol. gr. in-12, etc.

— ŒUVRES des deux Corneille (*Pierre* et *Thomas*). Édition variorum, collationnée sur les meilleurs textes... par Ch. Louandre. *Paris, Charpentier*, 1853, et de nouveau 1860, 2 vol. gr. in-18 de LII et 1155 pp.

—————

— **L'Illustre Théâtre de M. Corneille.** *Suivant la copie imprimée à Paris*, 1644, pet. in-12.

On rencontre très-rarement ce petit volume avec le titre général ci-dessus, dont le verso indique seulement cinq pièces, lesquelles ont chacune un frontispice particulier (à la Sphère), savoir : *Le Cid*, 1641 ou 1644, 87 pp. en tout; *Horace*, 1641 ou 1645, 4 ff. et 63 pp. ; *Cinna*, 1644, 84 pp. et un f. blanc (réimpr. en 1648); *la Mort de Pompée*, 1644, 82 pp. et un f. blanc, les dix prem. feuillets ne sont pas chiffrés; *Polyeucte*, 1644, 93 pp. dont les 16 premières non chiffrées, plus un f. bl. (réimpr. en 1648).

Il se trouve des exemplaires, soit avec le titre général, soit, le plus souvent, sans ce titre, dans lesquels on a ajouté une ou plusieurs des pièces suivantes, également impr. par les Elseviers de Leyde, *suivant la copie imprimée à Paris*, savoir : *Le Menteur*, 1645; *la Suite du Menteur*, 1645 (ces deux pièces réimpr. en 1647 et 1648); *Héraclius*, 1647 (réimpr. en 1648); *Rodogune*, 1647; *D. Sanche d'Arragon*, 1650 (réimpr. en 1656); *Nicomède*, à Leyde, chez Jean Sambix, 1652.

Les cinq pièces de 1641 et 1644, avec *le Menteur*, mais sans le frontispice, ont été vend. 80 fr. *m. r.* Caillard, et 150 fr. Duriez. Autre exempl. 1644, avec le frontispice, 150 fr. *vélin*, Sensier, et (avec *le Menteur*) 228 fr. *m. r.* Pixerécourt. Un exempl. très-rogné, mais auquel étaient jointes deux comédies de Th. Corneille, savoir : *D. Bertrand de Cigarral*, *Leyde, J. Sambix*, 1652, et le Geolier de soi-même, *suivant la copie de Paris*, 1657, le tout rel. en *mar. bl. d. de mar.* 156 fr. de Coislin, en 1847.

— **LES CHEFS-D'OEUVRE** de P. Corneille, avec le jugement des savans, à la suite de chaque pièce. *Oxford, J. Fletcher*, 1746, pet. in-8.

Cette édition n'a certainement rien de fort remarquable ; cependant les exemplaires en Gr. Pap. sont assez recherchés : 39 fr. Saint-Céran ; 60 fr. *m. r.* d'Ourches ; 21 fr. *v. f.* Labédoy...., et quelquefois plus ou moins.

THÉÂTRE choisi. *Paris, impr. de Fr.-Ambr. Didot l'aîné*, 1783, 2 vol. in-4., pap. d'Annonay.

Édit. tirée à 200 exemplaires : 24 à 30 fr. 48 fr. *m. r.* 2ᵉ vente Quatremère.

CHEFS-D'OEUVRE de P. Corneille. *Paris, P. Didot l'aîné*, 1814, 3 vol. in-8., pap. fin, 40 fr. — Pap. vél. 15 fr.

Il faut joindre à cette belle édition l'ouvrage intitulé :

L'ESPRIT du grand Corneille, ou extrait raisonné de ceux des ouvrages de P. Corneille qui ne font pas partie du recueil de ses chefs-d'œuvre dramatiques, pour servir de supplément à ce recueil et au commentaire de Voltaire; par le comte François de Neufchâteau, suivi des chefs-d'œuvre de Th. Corneille. *Paris, P. Didot l'aîné*, 1819, 2 vol. in-8.

CHEFS-D'OEUVRE de P. Corneille, avec les commentaires de Voltaire, et les observations critiques sur ces commentaires, par M. Lepan. *Paris*, 1817, 5 vol. in-8. et 5 vol. in-12. Prix ordinaire.

— **LES OEUVRES** choisies de P. Corneille. *Paris, Lheureux (impr. de Firm. Didot)*, 1822, 5 vol. in-8., portr. 15 fr. — pap. fin, 18 fr., et plus en pap. vél.

Les mêmes. *Paris, L. De Bure (impr. de F. Didot)*, 1824-25, 5 vol. gr. in-32 : pap. vél. 15 fr.

Nous citerons encore les édit. suivantes des *Chefs-d'œuvre* de P. et Th. Corneille, *Paris, Ménard et Desenne*, 1822, 5 vol. in-18 ou in-12, avec 17 fig. en pap. ordinaire et en pap. vél., et des *œuvres choisies*, avec les examens de Voltaire et de La Harpe... *Paris, Sautelet*, 1825, 4 vol. in-8. —

Chefs-d'œuvre de P. Corneille, précédés de l'éloge de P. Corneille, par Victorin Fabre, et augmentés de l'analyse et du choix des meilleurs passages des tragédies et comédies omises... par M. H. Le Corney, *Paris, Pourrat*, 1832, 5 vol. in-8. 12 fr. 50 c. On joint à ces 5 vol. les *Chefs-d'œuvre de Th. Corneille*, 1 vol. in-8. 2 fr. 50 c.

Éditions originales des pièces de Pierre Corneille, dans l'ordre de leur publication.

MÉLITE, ou les Fausses lettres, pièce comique (jouée en 1629). *Paris, Targa*, 1633, in-4. de 6 ff. et 150 pp.; aussi, sous la même date, *Paris, Jacq. De Loge*, in-12.

CLITANDRE, ou l'Innocence délivrée, tragi-comédie impr. avec des mélanges poétiques de l'auteur. *Paris, Targa*, 1632, in-8. de 2 ff. et 159 pp.

LA VEFVE, ou le Traitre trahy, comédie. *Paris, Targa*, 1634, in-8. de 20 ff. et 144 pp.

LA GALERIE DU PALAIS, ou l'Amie rivale, comédie. *Paris, Aug. Courbé* ou *Targa*, 1637, in-4. de 4 ff. et 143 pp.

LA SUIVANTE, comédie. *Paris, les mêmes*, 1637, in-4. de 4 ff. et 128 pp.

LA PLACE ROYALE, ou l'Amoureux extravagant, comédie. *Paris, les mêmes*, 1637, in-4. de 4 ff. et 112 pp.

MÉDÉE, tragédie. *Paris, Targa*, 1637 (ou 1639), in-4. de 4 ff. et 95 pp.

L'ILLUSION COMIQUE, comédie. *Paris, Targa*, 1639, in-4. de 4 ff. et 124 pp.

LE CID, tragi-comédie. *Paris, Targa* ou *Courbé*, 1637, in-4. de 4 ff. et 128 pp.; aussi, *Paris, Fr. Targa et Ant. Courbé* (vers 1637), pet. in-12 de 4 ff. prél. et 88 pp., avec un frontispice gravé.

— **LE CID**, tragi-comédie nouvelle, par le sieur Corneille. *Leyden, chez Guillaume Chrestien*, 1638, pet. in-12, titre gravé.

Dans cette édition peu connue se trouve un avis *aux amateurs de la langue françoise*, signé J. P. A., où l'on fait le plus grand éloge de la pièce. Les caractères avec lesquels elle est impr. ont beaucoup de rapports avec ceux des Elseviers. En *mar. v.* 79 fr. A. Giraud.

— **LE MÊME**. *Sur la copie imprimée à Paris*, 1638, pet. in-8. de 95 pp. en tout.

Édition impr. en lettres italiques et dont le titre porte le fleuron bien connu des Elseviers de Leyde. A la suite d'un exemplaire de cette pièce se trouvait relié *le Mariage du Cid*, tragi-comédie (anonyme) de Urb. Chevreau (voy. ce nom), impr. avec les mêmes caractères, et aussi *jouxte la copie imprimée à Paris*. Les 2 pièces en 1 vol., *mar.* riche dorure de Niedrée, 107 fr. en décembre 1848.

Citons encore une édition de *Caen*, impr. cette année (sans autre date), pet. in-12 de 72 pp., contrefaçon de l'édition originale et avec une sphère sur le titre.

Le Catal. de la Bibliothèque du roi, Y, nᵒˢ 5666 et suiv., donne la liste des écrits impr. pour ou contre cette pièce; et dans ce nombre on remarque le *Sentiment de l'Académie françoise sur le Cid*, manuscrit in-4. de la main de Chapelain, avec des apostilles de celle du cardinal de Richelieu. Le sentiment de l'Académie a été impr. à *Paris, chez Jean Camusat*, en 1638, in-4. Voir, pour plus de détails, le catal. de La Vallière par Nyon, 17462; celui de M. de Soleinne, à l'Histoire du théâtre français, nᵒˢ 421 et suiv.; et surtout le *Bibliographe normand* de M. Frère, tome I, p. 275.

HORACE, tragédie. *Rouen et Paris, Courbé*, 1641, in-4. de 5 ff. et 103 pp., avec une gravure. — Autre édition, *même date et même libraire*, in-12.

CINNA, ou la clémence d'Auguste, tragédie. *A Rouen, aux dépens de l'auteur, et se vend à Paris chez Touss. Quinet*, 1643, in-4. de 7 ff. et 106 pp., avec une gravure; aussi de format in-12, sous la même date. — 2ᵉ édition, *Rouen et Paris*, 1646, in-4.

POLYEUCTE, martyr, tragédie chrétienne. *Paris, Courbé et Sommaville* (impr. à Rouen), 1643, in-4. de 121 pp. et un f. non chiffré.

LA MORT DE POMPÉE. *Paris, les mêmes,* 1644, in-4. de 9 ff. et 100 pp., avec un frontispice gravé.

LE MENTEUR, comédie. *Rouen et Paris, les mêmes,* 1644, in-4. de 4 ff. et 130 pp., avec un frontispice gravé. Impr. aussi de format in-12, sous la même date.

LA SUITE DU MENTEUR, comédie. *Rouen et Paris, les mêmes,* 1645, in-4. de 6 ff. et 136 pp. Avec la précédente 44 fr. Monmerqué.

THÉODORE, vierge et martyre, trag. chrétienne. *Rouen et Paris, Quinet, et autres,* 1646, in-4. de 4 ff. et 128 pp.; aussi in-12, sous la même date.

RODOGUNE, princesse des Parthes, tragédie. *Rouen et Paris, Courbé et Touss. Quinet, ou Aut. de Sommaville,* 1647, in-4. de 8 ff. et 115 pp. ; — ou *Rouen et Paris, Quinet,* 1647, in-12.

HÉRACLIUS, empereur d'Orient, tragédie. *Rouen et Paris, Courbé et Touss. Quinet,* 1647, in-4. de 6 ff. et 126 pp.; — ou même date, in-12.

ANDROMÈDE, trag. *Rouen, Maurry, et Paris, De Sercy,* 1651, in-4. de 5 ff. prél., 124 pp., un titre gravé et 4 fig. par Fr. Chauveau. Réimpr. de format in-12, sous la même date.

Le programme de cette pièce avait déjà été impr. à *Paris, au Bureau d'Adresse,* en 1650, in-4., et à *Rouen,* même date, in-12.

DON SANCHE D'ARRAGON, comédie héroïque. *Rouen et Paris, Courbé,* 1650, in-4. de 8 ff. et 116 pp.

NICOMÈDE, tragédie. *Rouen, Maurry, et Paris, De Sercy,* 1651, in-4. de 4 ff. et 124 pp.

PERTHARITE, roi des Lombards, trag. *Rouen, Maurry, et Paris, Guill. De Luyne,* 1653, in-12 de 6 ff. et 70 pp.

ŒDIPE, tragédie. Impr. à *Rouen et se vend à Paris, chez Courbé et De Luyne,* 1659, in-12 de 6 ff. et 89 pp.

LA TOISON D'OR, tragédie. *Paris, Courbé et Guill. De Luyne,* 1661, in-12 de 5 ff., 105 pp. et un f. non chiffré.

Le programme de la même pièce a été imprimé à *Rouen,* en 1661, in-4., et sous ce titre : *La Toison d'or, tragédie en machines de M. de Corneille l'aisné, Paris, V. Adam,* 1683, in-4., avec un prologue nouveau par La Chapelle, et la description des décorations entreprises sous la conduite du sieur Dufort.

SERTORIUS, trag. *Rouen et Paris, Aug. Courbé et Guill. De Luyne,* 1662, in-12 de 6 ff. et 82 pp.

SOPHONISBE, trag. *Rouen et Paris, Th. Joly,* 1663, in-12 de 6 ff. et 76 pp.

DISSERTATION sur le poëme dramatique, en forme de remarques sur deux tragédies de P. Corneille, intitulées Sophonisbe et Sertorius. *Paris, Du Breuil,* 1663, in-12.

Les pièces ci-dessus sont réunies dans l'édition que l'auteur a donnée de ses œuvres, en 1663 et 1664, in-fol. (4 part.), et où il a ajouté trois discours qui traitent du poëme dramatique, de la tragédie et des trois unités.

OTHON, trag. en vers libres rimez. *Paris, De Luyne,* 1665, in-12 de 7 ff. et 70 pp.

AGÉSILAS, trag. *Rouen et Paris, pour Louis Billaine, Th. Joly, ou De Luyne,* 1666, in-12.

ATTILA, roy de Huns, trag. *Paris, De Luyne,* 1668 (achevé d'imprimer le 20 novembre 1667), in-12.

TITE ET BÉRÉNICE, comédie héroïque. *Paris, De Luyne, Billaine et Guill. De Luyne,* 1671, in-12 de 3 ff. et 70 pp.

PULCHÉRIE, tragédie héroïque. *Paris, De Luyne,* 1673, in-12 de 4 ff. et 72 pp.

PSYCHÉ, trag., comédie et ballet (en société avec Molière). *Paris, Le Monnier,* 1671, in-12.

Le programme de la même pièce a été imprimé à *Paris, chez Ballard,* en 1671, in-4.

SURÉNA, général des Parthes, trag. *Paris, De Luyne,* 1674 ou 1675, in-12 de 2 ff. et 72 pp.

Il serait bien difficile de réunir aujourd'hui la collection des éditions originales des pièces du père de la scène française. Cette collection presque complète n'a pourtant été payée que 160 fr. de Soleinne, mais elle serait plus chère maintenant. Vingt-deux de ces pièces, rel. en *m. r.,* se sont vend. 445 fr. Giraud.

— Rodogune, princesse des Parthes, tragédie de P. Corneille. *Au Nord,* 1760, in-4.

On prétend que cette édition a été imprimée à Versailles, sous les yeux de Mme de Pompadour, dans un appartement situé au nord, et que la planche qui est en tête du volume a été gravée à l'eau-forte par cette favorite; c'est au moins ce qu'attestait une note de M. de Marigny (frère de Mme de Pompadour), placée au commencement de l'exemplaire de cette pièce qui fut vendu 130 fr. d'Ourches. Un exempl. *broché* a été donné pour 6 fr. à la vente Labédoy...; en *mar. r.* 11 fr. Monmerqué.

LOVANGES de la sainte Vierge, composées en rimes latines par saint Bonaventure, et mises en vers françois par P. Corneille. *Rouen, et se vend à Paris chez Gabr. Quinet,* 1665, pet. in-12 de 4 ff. et 83 pp.

6 fr. 50 c. Monmerqué ; 41 fr. *mar. r.* Giraud ; 32 fr. 50 c. *mar. bl.* Veinant.

Réimpr. à *Paris,* 1672, même format.

L'OFFICE de la sainte Vierge, trad. en françois, tant en vers qu'en prose, avec les sept pseaumes pénitentiaux, les vespres et complies du dimanche, et tous les hymnes du Bréviaire romain; par le même. *Paris, Rob. Ballard,* 1670 (nouveau titre 1685), in-12 de 528 pp., non compris 8 ff. prélim. dont un blanc et 3 pp. pour le privilège.

Pour la traduction de l'Imitation de Jésus-Christ, voir l'article IMITATION.

— LE PRESBYTÈRE d'Henovville, à Tyrcis. *Rouen, chez Jean le Boullenger,* 1642, in-4. de 12 pp. (Biblioth. de Rouen).

Ce petit poëme a été réuni pour la première fois aux œuvres de l'auteur dans la dernière édition donnée par Lefèvre, en 1854.

POEME sur les victoires du Roi, trad. de latin en françois par P. Corneille. *Paris, Guil. De Luyne,* 1667, in-8.

LES VICTOIRES du Roy sur les Estats de Hollande, trad. en vers par P. Corneille. *Paris, Guill. De Luyne,* 1672, gr. in-fol., avec le texte latin : *Ludovico Magno, post expeditionem batavicam, autore Car. De la Rue.*

Réimpr. à *Grenoble, chez L. Gilbert,* en 1673, pet. in-12 de 40 pp.

Dans un joli volume, pet. in-12 de 4 ff. et 83 pp., imprimé à Rouen, *typis Maurrianis, in officina Richardi Lallemant,* et qui a pour titre : *Caroli de La Rue e societate Jesu, Idyllia,* se trouvent une épître en vers latins adressée à Corneille, et *Les Victoires du Roy en l'année* 1667, traduction libre par ce grand poëte d'un poëme latin du P. De la Rue.

LETTRES inédites (quatre) de P. Corneille, 1652-1656. *Paris, F. Didot,* 1852, in-8. de 16 pp., publiées avec une introduction par M. Célestin Port (extrait de la *Biblioth. de l'Ecole des Chartes,* tome III).

Traductions.

— Tragedie di P. Cornelio, tradotte in versi ital. con l' originale a fronte, per Giuseppe Baretti. *Venezia,* 1747, 4 part. gr. in-4.

Vend. 16 fr. Floncel ; 49 fr. rel. en 2 vol. *mar. r.* Randon de Boisset.

Lowndes, dans son Manuel, seconde édition, p. 524, indique la traduction anglaise de plusieurs pièces de P. Corneille, savoir :

Le Cid, imité par Jos. Rutter, en 2 part., *London*, 1637-40, 2 vol. in-12; — autre traduction par John Ozell, *Lond.*, 1714, in-12.

Horace, par Will. Lower, *London*, 1656, in-4.; — par Ch. Cotton, *Ibid.*, 1671, in-4., et par Mrs. Cath. Phillips, 1667, in-fol.

La Mort de Pompée, par Mrs. Phellips, *Lond.*, 1663, in-4., et par Edm. Weller, avec plusieurs collaborateurs, *Lond.*, 1664, in-4.

Héraclius, par Lodowick Carlell, *Lond.*, 1664, in-4.

Nicomède, par John Dancer, 1671, in-4. On y a joint : *An exact catalogue of the english stage plays printed till this present year (by Fr. Kirkman).*

Rodogune (par Sampson Aspinwall), *Lond.*, 1765, in-8.

Mélite, Lond., 1776, in-12, anonyme.

De son côté M. Graesse cite des traductions allemandes des pièces suivantes de notre grand poëte :

Le Cid, par Ge. Greflinger, *Hambourg*, 1679, in-8., regardé comme le premier drame français trad. en allemand. — Autre traduction par Ant. Niemeyer, *Köthen*, 1810, in-8.

Polyeucte (par Chr. Kormart), *Leipzig*, 1669, in-8.— Autre trad. *Leipzig*, 1733, et *Wien*, 1750, in-8.

Cinna, par un anonyme, *Wien*, 1750, in-8.

Rodogune, par A. Bode, *Berlin*, 1803, in-8.

L'Histoire de la vie et des ouvrages de P. Corneille, par M. Jules Taschereau. *Paris, Mesnier*, 1829, in-8., a été réimpr. avec des augmentations, *Paris, P. Jannet*, 1855, in-16.

CORNEILLE (*Thomas*). [30606]

Nous avons parlé ci-dessus (col. 279) d'une édition des *Poëmes* de cet auteur fécond, impr. à *Rouen*, 1660 et 1661, en 2 vol. pet. in-8., et de celles qui sont ordinairement réunies au Théâtre de son aîné. Nous ne devons pas oublier, non plus, la jolie édition de 1669, en 3 vol. pet. in-12, qui a été impr. à *Rouen, par Laurent Maurry*, avec des caractères elseviriens, et se vendait à Paris, chez *Louis Billaine*; pourtant elle est bien moins complète que les édit. en 5 vol. in-12 (voy. ci-dessus), lesquelles renferment 37 pièces y compris *le Festin de Pierre*. Toutes ces pièces ont d'abord été impr. séparément; la première, *les Engagemens du hazard*, com. jouée en 1647, n'a été impr. qu'en 1657 (*Rouen, par Laur. Maurry, pour Aug. Courbé à Paris*, in-12), et la dernière (*les Dames vengées*) en 1696. M. Frère donne dans son Manuel le catalogue de toutes ces éditions; elles ont trop peu de valeur pour que nous en rapportions les titres.

Il y a deux de ces pièces dont on n'a imprimé que les programmes, sous ces titres : .

Le Triomphe des Dames, comédie, meslée d'ornemens avec l'explication ou combat à la barrière et de toutes les devises, par Th. Corneille, représentée par la troupe du Roy établie au faubourg S. Germain. *Paris, Jean Ribou*, 1676, in-4.

La Pierre philosophale, comédie mêlée de spectacle (par Th. Corneille et de Visé). *Paris, C. Blageart*, in-4.

Ces deux pièces rares réunies en 1 vol. 18 fr. de Soleinne; à la même vente on a donné pour 30 fr. la collection des éditions originales des pièces de Th. Corneille, où il ne manquait que les *Dames vengées, ou la Dupe de soi-même*, comédie en 5 actes et en vers, *Paris, Michel Brunet*, 1695, in-12. Le *Darius*, 1659, et le *Pyrrhus*, 1665, deux tragédies qu'on dit être les deux pièces les plus rares de ce poëte, faisaient partie du recueil.

CORNEJO. Compendio y breve relacion de la liga y confederacion francesa, con la historia de las cosas mas notables en aquel reyno acontecidas, desde el año 1585 hasta el 1590, compuesto por el licenciado Pedro Cornejo. *Madrid, P. Madrigal*, 1592, in-8. [23618]

Impr. d'abord à *Paris, chez Millot*, 1590, et réimpr. à *Bruxelles*, 1591, in-8.

A la suite de l'édition de *Madrid* et de celle de *Bruxelles* se trouve :

Discurso y breve relacion de las cosas acontecidas en el cerco de la famosa villa de Paris, du même auteur, et sous la même date : cette dernière pièce a paru aussi en français, sous ce titre :

Brief discours et véritable des choses plus notables arrivées au siège de la ville de Paris, et defense d'icelle... *Paris, Didier Millot*, 1590, pet. in-8.; — et dernièrement sous celui de *Relation des choses dignes de remarque*... Paris, 1834, in-8., dont il n'a été tiré à part que 30 exempl. : 13 fr. 50 c. Rætzel.

— Sumario de las guerras civiles, y causas de la rebellion de Flandres, recopilado por Pedro Cornejo. *En Leon, Phelipe Tinghi*, 1577, pet. in-8. [25009]

Traduit en français sous ce titre :

Briefve histoire des guerres civiles advenues en Flandre et des causes d'icelles, 1559-1577; reveue, corrigée et augmentée outre la précédente édition. *Lyon, Jean Beraud*, 1579, pet. in-8.

Ce livre, malgré ce qu'annonce son titre, est le même que l'édition de Lyon, 1578 ; on en a seulement renouvelé le frontispice. Gabr. Chappuys est l'auteur de cette traduction, et aussi d'une *Histoire générale de la guerre de Flandre de 1559 à 1609*, Paris, 1611 ; ou *continuée jusqu'en 1623*, Paris, 1623, 2 tom. en 1 vol. in-4.

CORNELIANUM dolium; comœdia lepidissima, optimorum judiciis approbata, et theatrali coryphæo nec immerito, donata, palma chorali apprime digna, auctore T. R. *Londini, apud Tho. Harperum*, 1638, pet. in-12 de 9 ff. prél. y compris un frontispice gravé par Marshall, 142 pp. et l'errata. [16180]

Pièce sur un sujet graveleux (*m. v.* 16 fr. Courtois; 19 fr. de Soleinne) ; elle est attribuée à Th. Randolph, poëte anglais, dont on a un recueil intitulé :

— Poems, with the Muses Looking Glass and Amyntas, whereunto is added the jealous Lovers. *London*, 1664, ou *Oxford*, 1668, pet. in-8.

CORNÉLIE, vestale. Voy. Hénault.

CORNELIUS NEPOS. Æmilius-Probus, De vivorum excellentium vita. — *Per M. Nicolaum Jenson, Venetiis opus fœliciter impressum est anno...* M. CCCC. LXXI. *idus martias*, gr. in-4. de 52 ff. non chiffrés, à 31 et 32 lig. par page. [30404]

Première édition : vend. 73 fr. Gaignat; 213 fr. La Vallière; 186 fr. F. Didot; 200 fr. Mac-Carthy; 12 liv. 12 sh. Sykes; 4 liv. 10 sh. Hibbert.

L'ouvrage commence au recto du premier feuillet par l'intitulé suivant, impr. en capitales :

Æmilii Probi viri clarissimi de vita excellentium liber incipit feliciter.

Cornelissen (*N.*). Chambres de rhétorique, 15607 et 30262.

Cornelius (*C.-Seb.*). Die Naturlehre... 4485.

Corneio (*Damian*) et Jos. Torrabia. Chronica seraphica, 21832.

et il se termine au recto du dernier feuillet par la souscription ci-dessus.

Nous nous abstenons de donner ici la série des éditions de cet ancien biographe qui ont paru, soit à la fin du XVe siècle, soit dans le cours du XVIe et du XVIIe, car ces éditions ont fort peu d'importance littéraire, et sont sans valeur dans le commerce.

— EÆDEM vitæ, interpret. et notis illustravit Nic. Courtin, in usum Delphini. *Parisiis*, 1675 ou 1726, in-4. 4 à 6 fr.

— EÆDEM, cum notis var. *Lugd.-Batav.*, 1675, in-8. 3 à 4 fr.

Les réimpressions d'*Amsterd.*, 1687 et 1707 (titre gravé de 1704), in-8., sont moins belles que l'édition de 1675.

— EÆDEM, accessit Aristomenis Messenii vita, gr. et lat. ex Pausania. *Oxonii, e Th. sheld.*, 1697, in-8. portr. 3 à 4 fr.

Il y a des exemplaires en Gr. Pap. Vend. 11 fr. De Cotte; 30 fr. Caillard; 73 fr. *m. r.* F. Didot; 1 liv. 4 sh. Williams.

— EÆDEM (edente Mich. Maittaire). *Lond., Tonson*, 1715, in-12. 3 à 4 fr. et plus en Gr. Pap.

— EÆDEM. *Paduæ, Comino*, 1720, in-8.

Cette édition, donnée par les Volpi, a été réimpr. par Comino en 1721, 1727, 1731, et deux fois en 1733; toutes ces éditions sont également bonnes; il y a des exemplaires de celle de 1731 et de la 2e de 1733, en pap. bleu.

— EÆDEM, cum notis selectis var. nec non excerptis P. Danielis; hisce accedit locupletissimus omnium vocabulorum index studio et opera J. A. Bossii confectus; curante August. Van Staveren qui et suas addidit notas. *Lugd.-Batavor.*, 1734, in-8. fig. 8 à 10 fr.

— EÆDEM, ex recognitione Steph.-Andr. Philippe. *Lutet.-Paris., David*, 1745, in-12, fig. 2 à 3 fr.

Jolie édition dont il y a des exemplaires en pap. de Hollande : 4 à 5 fr.

— EÆDEM. *Parisiis, Barbou*, 1767, seu 1784, in-12. 3 à 4 fr.

— EÆDEM, cum notis var., ex recensione Aug. Van Staveren, editio longe auctior. *Lugd.-Batavor.*, 1773, in-8. 8 à 10 fr.

Vend. 22 fr. *m. r.* F. Didot.

Cette édit. est moins belle que celle de 1734, mais elle a quelques augmentations dans les notes.

Les éditions de *Glascow, Foulis*, 1749, 1761 ou 1777, in-8., ne sont pas chères.

— EÆDEM. *Paris., Renouard*, 1796, 2 vol. in-18. pap. vél.

Il y a des exemplaires en Gr. Pap. et trois sur VÉLIN, dont un 31 fr. Renouard.

— EÆDEM. *Parmæ, typis bodonianis*, 1799, très-gr. in-4. 8 à 12 fr., et plus en pap. vélin.

Un exemplaire sur VÉLIN est indiqué dans le catalogue de Bodoni.

— EÆDEM, recensitæ atque procemio, chronologia et indice rer. instructæ a C.-H. Tzschucke. *Gottingæ, Dieterich*, 1804, 2 vol. in-8. y compris un vol. de commentaires. 9 fr., et plus en pap. vél.

— EÆDEM, cum animadvers. J.-A. Bosii; varias lectiones: notas et præfat. addidit Joh.-Fried. Fischerus, edit. nova (curante Harles). *Lipsiæ*, 1806, in-8. 6 fr. — Pap. fin, 9 fr., et plus en pap. de Hollande.

Édition assez estimée; elle a été faite sur celle de Leipzig, 1759, in-8., mais avec des augmentations.

— QUÆ extant omnia. *Mediolani, per Aloysium Mussium*, 1807, in-fol.

Tiré à très-petit nombre, mais à bas prix. Il y a quelques exemplaires en pap. vélin.

— VITÆ excellentium imperatorum, cum notis germanicis Chr.-H. Paupfler. *Lipsiæ*, 1817, in-8. 7 fr.

— CORNELIUS Nepos et Pomponius Mela. *Lond., Rodwell et Martin*, 1819, in-18. pap. vél. 4 fr.

De la Collection du Régent.

— CORNELII Nepotis quæ extant; cum selectis superiorum interpretum suisque animadvers. edidit A. Van Staveren; editio nova auctior, curante G.-Henr. Bardili: accedunt fragmenta, etc. *Stuttgart., soc. typogr.*, 1820, 2 vol. in-8. prix réduit 6 fr. — Pap. fin, 8 fr.

Édition la plus riche en notes. Il y a des exempl. en papier vélin.

— CORNELIUS Nepos ex libris scriptis editisque recensitus, selectis interpretum commentariis novisque auctus, curante J.-B.-F. Descuret : aliquot notas addidit et excursus variorum concinnavit J.-V. Le Clerc. *Paris, Lemaire, typogr. Firm. Didot*, 1821, in-8., avec portr. 6 fr.

— CORNELII Nepotis quæ extant opera, recognovit et edidit Joh.-Aug. Amar. *Parisiis, Lefèvre (typogr. J. Didot)*, 1822, gr. in-32, pap. vél. 2 fr., et plus en Gr. Pap.

— VITÆ excell. imperatorum, ex editione Fischeri, cum notis et interpretatione in usum Delphini, notis varior. et indice locupletissimo. *Londini, Valpy*, 1822, 2 vol. in-8. Formant partie du n° 36 et le n° 37 de la collection de Valpy.

— QUÆ extant opera, ex optimarum editionum recensione et cum selectis variorum interpretum notis, curante P.-F. de Calonne. *Parisiis, Ch. Gosselin*, 1825, in-12.

Cette édition fait partie d'une collection qui n'a point été continuée. Il y a des exempl. de format in-8. pap. fin et pap. vélin.

— ÆMILIUS Probus... edidit Carolus-Ludov. Roth, cum G.-Fr.Rinckii prolegomenis. *Basileæ, Schweighäuser*, 1841, in-8. 3 fr.

— IDEM, emendavit atque inter lectionum varietatem adjecit C. Benecke. *Berolini*, etc., 1843, in-8. 5 fr.

— VIES des grands capitaines de l'antiquité, trad. avec des notes par l'abbé Paul. *Paris, Barbou*, 1781, in-12. 3 fr.

Avant cette traduction, la meilleure était celle d'un anonyme, *Paris*, 1743, 1759 et 1771, in-12, attribuée à un sieur de Préfontaine.

— LES VIES de Cornelius Nepos, nouvelle édition par P.-F. de Calonne et Amédée Pommier (avec une traduct. française en regard du texte). *Paris, Panckoucke*, 1827, in-8. 7 fr.

CORNELIUS a Lapide. Voy. LAPIDE.

CORNELIUS (*Flaminius*). Creta sacra, sive de episcopis utriusque ritus græci et latini in insula Cretæ. *Venetiis*, 1755, 2 vol. in-4. [21543]

Vend. 16 fr. Villoison; 28 fr. *mar. r.* Libri.

— CATHARUS Dalmatiæ civitas in eccles. et civili statu histor. documentis illustrata. *Patavii*, 1759, in-8. 8 à 10 fr. [26558]

Autres ouvrages de Flaminius Cornélius, ou plutôt de *Flaminio Cornaro* :

ECCLESIÆ venetæ et torcellanæ antiquis monumentis illustratæ ac in decades distributæ. *Venetiis*, 1749, et ann. seqq. 18 vol. in-4. [21475]

L'*Ecclesia veneta* est en XVI décades, dont les 11e, 12e et 16e ont 2 parties chacune; les *Ecclesiæ torcellanæ antiqua monumenta*, Venetiis, 1749, forment 3 tom. en 1 vol.; les *Supplementa et indices duo ad Ecclesiæ venetæ et torcellanæ decades*, Venetiis, 1 vol.: en tout 18-vol. qu'on peut estimer de 90 à 120 fr.

— OPUSCULA quatuor quibus illustr. acta beati Francisci Foscari ducis Venetiarum, Andreæ Donati equitis; access. opusculum quintum de cultu S. Simonis. *Venet.*, 1754, in-4.

— HAGIOLOGICUM italicum. *Bassani*, 1775, 2 vol. in-4. [22070]

CORNELIUS. Lucilii Cornelii Europæi Monarchia Solipsorum. *Venetiis*, 1645, pet. in-12. [21919]

Édition originale de cette satire contre les jésuites.
— Réimpr. *Juxta exemplar venetum* (*Amstelod.,
typis elzevir.*), 1648, pet. in-12. 3 à 5 fr. ; et aussi
dans un volume intitulé :

D. LIBERII CANDIDI Tuba altera majorem clan-
gens sonum ad Sanctiss. D. N. Papam Clementem XI,
Imperatorem, Regem, Principes, Magistratus omnes orbemque universum de necessitate longe
maxima reformandi societatem Jesu. *Argentinæ*
(*Ultrajecti*), 1712, in-12, ouvrage du P. Henri de
S. Ignace, qui avait déjà donné *Tuba magna*, in-12.
réimpr. en 1714.

La *Monarchia Solipsorum* a été longtemps attribuée
à Inchofer, mais elle est plutôt de Jules-Clément
Scoti. On en a une traduction française (par Res-
taut), sous le titre de *La Monarchie des Solipses,
trad. de l'original latin de Melchior Inchofer,
avec des remarques.* Amsterd., 1721 ou 1722, et
Amsterd. (*Paris*), 1754, in-12.

Consultez *J. Gottl. Kneschke program. I et II, de
auctore libelli* : Monarchia Solipsor. *Zittav.*, 1811,
in-4.

CORNELIUS (*Peter* von). Entwürfe zu
den Bildern, einzelnen Figuren und Ara-
besken, welche auf dem von S. M. dem
Könige Friedrich Wilhelm IV dem Prin-
zen von Wales als Pathengeschenk
übersandten Schilde dargestellt sind.
Berlin, Reimer, 1847, gr. in-fol., 6 pl.
avec texte. 24 fr. [9420]

— Entwürfe zu den Fresken der Fried-
hofshalle zu Berlin. *Leipzig, G. Wigand,* 1848, gr. in-fol. obl., 11 pl., publié à 24 th. [9420]

— Voy. NIBELUNGEN.

CORNELLIUS (*Antonius*). Exactissima
infantium in limbo clausorum querela
aduersus diuinum iudicium, etc. *Lutetiæ, Christ. Wechel,* 1531, pet. in-4.
de 38 ff. Le dernier f. porte la marque
de l'imprimeur. [1240]

Cet ouvrage, très-rare, était recherché autrefois,
mais il l'est peu aujourd'hui; et après avoir été
vendu 108 fr. *m. r.* Gaignat, il a été donné pour
13 fr. St-Céran, pour 4 fr. Mac-Carthy, pour 6 fr.
50 c. Hérisson; et cependant vendu 4 liv. 12 sh.
Hibbert.

CORNEMENT (le) des Cornars pour re-
creer les esperiz écornifistibulez. (*Paris,*
1831), pet. in-8. goth. de 4 ff. [13443]

Jolie lithographie due au talent de feu M. Jouy;
elle est décorée de vignettes et de bordures, fac-
simile d'anciennes gravures en bois qui se voient
dans les heures publiées par Sim. Vostre. 13 fr. 50 c.
Labédoy... On n'en a impr. que trente exemplaires
numérotés, dont cinq sur VÉLIN. La pièce publiée
sous ce titre avait déjà paru, vers 1530, sous celui
de *Pensée terrible dans la forest de tristesse,*
recueil publié sous le nom de Jehan de Mun (voy.
MUN).

CORNIANI (*Giambatt.*). I Secoli della
letteratura italiana dopo il suo risorgimento, commentario ragionato. *Brescia,* 1804-13, 9 vol. in-8. 30 fr. [30078]

Ouvrage plus agréable à lire, mais moins profond que
celui de Tiraboschi, sur le même sujet. Il s'étend
du onzième siècle jusqu'au milieu du dix-huitième.
— Il y a une seconde édit. *Brescia,* 1818, 9 vol.

gr. in-16. 20 fr., et une autre de Milan, 1833-34, en
2 vol. in-8. à 2 col., continuée par Stef. Ticozzi.
Il faut joindre à cet ouvrage celui de M. Camillo
Ugoni, qui a pour titre :

DELLA LETTERATURA italiana nella seconda metà
del secolo XVIII. *Brescia,* 1820-22, 3 vol. in-8. ou
gr. in-16.

CORNOGRAFO. La Corneide, poema
eroi-comico del dottore Cornografo,
colle annotazione di Corn. Tacito moderno e gli argomenti di un Arcade di
Roma. *Cornicopoli,* 1773, in-8. [14914]

L'auteur, caché sous le nom équivoque de Cornografo,
est Jean Gamerra. Son poëme érotique n'a que dix
chants, mais il est porté à soixante et onze dans une
édition en 7 vol. in-8. impr. à Livourne, en 1781,
et dans laquelle se trouve son portrait et, au-dessous, son véritable nom. (Melzi, *Dizionario,* I,
p. 256.)

CORNU (*Pierre* de), Dauphinois. Ses
OEuvres poétiques, contenant sonnets,
chansons, odes, discours, églogues,
stances, épitaphes et autres diverses
poésies. *Lyon, Jean Huguetan,* 1583,
pet. in-8. [13843]

P. Cornu, dit Viollet Le Duc (p. 271 de son catalogue),
se distingue des poëtes *petrarquisants* de son temps;
ses amours sont positifs jusqu'à la grossièreté, mais
il ne manque pas d'une sorte de verve. Ce volume,
qui est rare, a 8 ff. prél. et 223 pp. (On lit à la fin :
de l'imprimerie de Thibault Ancelin.) 91 fr. mar.
Viollet Le Duc; 170 fr. mar. r. Bergeret.

CORNUCOPIÆ. Voy. PEROTTUS (*Nic.*).

CORNUTUS ou Phurnutus. Voy. PHUR-
NUTUS.

CORONA delle nobili et virtuose donne.
Voy. VECELLIO (*Cesare*).

CORONA de la beatissima Vergine maria
(Nel nome del nostro signore iesu xpo.
Incomincia la), E questa devotoe. se
distingue in sexanta tre capituli secondo.
li ani che viuete. essa imaculata matre
de dio inqsto mondo... (in fine) : *Impressum Mediolani per Magistrum
Leonardum pachel. Anno domini
M. CCCC. LXXXX die xxviij Maii. in
vigiliis.pentecostes. Finis.* In-16 goth.,
feuillets non chiffrés, sign. a. b. c. d. e.
f. quaderni et g quinterno. [14966]

Ce petit livre ascétique est en vers italiens (Molini,
Operette, p. 117).

CORONA del'a Vergine Maria, sive sette
alegreze. (*senz' alcuna nota*), in-4. à
2 col. de 38 lig., caractères ronds, feuillets non chiffrés, sign. a—z, &. 2 R et
A—Q. par 8, excepté N qui a 10 ff. et
O et P qui n'en ont que 4, plus 4 ff. prél.
pour le titre et la table. [1672]

Cornides (*D.*). Vindiciæ anonymi Belæ, 26513.

Cornieu (le baron de). Science hippique, 4402;
et 6402.

Cornutus (*J.*). Plantæ canadenses, 5283.

Corographia açorica, 28450.

Ouvrage composé par un frère mineur de l'ordre de S. François qui ne s'est pas nommé. L'édition paraît être du commencement du xvie siècle; elle est ornée de plusieurs gravures sur bois. 60 fr. *mar. r.* Riva.

CORONA mistica beate Marie virginis gloriose. — Explicit... *Antuerpie, per Gerardum·Leeu*, 1492, *die vj mensis octobris*, pet. in-8. de 66 ff. demi-goth. [1673]

Édition rare, et que les 27 gravures sur bois dont elle est ornée rendent curieuse.

— Voy. ROSARIUM.

CORONA pretiosa, la qual insegna la lingua greca volgare et literale, et la lingua latina et il volgar italico, con molta facilita et prestezza. *Venetiis, ex Sirenis officina, apud hæredes· Petri Rauani et socios*, 1543, in-8. [10731]

Ce livre rare était chez Crevenna, où il n'a pas eu de prix; mais l'édit. de *Venise*, 1546, in-8., qui est la même que celle de 1543, et conserve à la fin la souscription *apud hæredes Ravani et socios*, a été vend. 49 fr. à Paris, en janvier 1829. Une autre de Venise, *P. et G. M. fratelli...* 1549, pet. in-8., en *mar. r.* 20 fr. Libri.

Une édit. plus ancienne que les trois précédentes est décrite à l'article SABIO (*Steph.* de).

CORONA virtutum principe dignarum, cui adjuncta sunt de vita et virtutibus duorum Antoninorum Pii et Marci maxime memorabilia. Editio tertia emendatior et auctior. *Lugd.-Batav., ex officina elseviriana*, 1634, in-24 de 8 ff. prélim. et 242 pp. [3993]

L'épître dédicatoire est signée Galterus Quinnus. 21 fr. 50 c. *mar. bl.* Motteley; 5 fr. 50 c. Duriez.

CORONATIO illustrissimi et serenissimi regis Maximiliani archiducis Austriæ, etc., in regem Romanorum celebrata per principes electores romani imperii in Aquisgrano, 1486 (*absque nota*), pet. in-4. goth. de 14 ff. [26431]

Opuscule rare ; 38 fr. Borluut.

CORONELLI (le P. *Vinc.-Marie*). Memorie istorico-geografiche della Morea, del regno di Negroponte e degli altri luoghi circonvicini, e di quelli c' hanno sotto messo nella Dalmaccia e nell' Epiro. *Venetia, Ruinetti*, 1685, in-fol. fig. et plans. [27028]

Ce livre est de tous les ouvrages de ce géographe celui qui a eu le plus de succès chez nous ; il a été traduit en françois. *Paris, Barbin*, 1686, 2 part. en 1 vol. in-8. fig. (réimpr. à Amsterdam, chez Wolfg. Waesberge, 1686, in-12), et publié de nouveau sous le titre de *Description géogr. et histor, de la Morée*, Paris, Langlois, 1687, in-fol. avec cartes et plans. 8 à 10 fr.

Les autres ouvrages de ce compilateur sont presque entièrement oubliés, et se vendent à très-bas prix. Nous devons cependant citer ici pour mémoire sa *Biblioteca universale*, qui devait fournir 45 vol. in-fol., mais dont il n'a paru que 7 vol. (*Venezia,*

Ant. Tivani, 1701) donnant les lettres A—C. Le plan de cet ouvrage avorté a été impr. séparément à Rome, en 1702, in-16, sous le titre de *Descrizione compendiosa degli Quaranta cinque tomi in-foglio delle Biblioteca universale*. — On trouvera sous le n° 28022 de notre table l'*Isola di Rodi*, de Coronelli.

On ne fait plus usage des nombreuses cartes de ce géographe. Son nom s'est cependant conservé en France à cause des deux grands et magnifiques globes qu'il y a construits, et, après avoir figuré quelque temps au château de Marly, ont été placés, en 1722, à la Bibliothèque impériale, où on peut encore les voir. On a, sur ce beau travail, la *Description et explication des globes qui sont placés dans les pavillons du château de Marly*, Paris, Ve Thiboust, 1704, in-8. Opuscule peu commun.

Coronelli a dressé plusieurs autres globes qui ont été jadis très-estimés. Le globe terrestre gravé en 1688, et le céleste, qui l'a été en 1693, chacun en 30 feuilles, ont 1[m],091 de diamètre. Ils sont réunis dans 1 vol. in-fol. impr. à Venise, en 1693, sous le titre de *Globbi diversi del P. Coronelli*. Ebert et M. Graesse attribuent à ce savant religieux l'*Universus terrarum orbis scriptorum calamo delineatus*, en 2 vol. in-fol. dont nous parlons à l'article LASOR (*Alphonsus*).

CORONICA. Voy. CHRONICA. — del cavallero Cifar. Voy. CIFAR.

CORPS (le) du droit françois, contenant un recueil de tous les édicts, ordonnances, stil, et pratique obseruées tant au cours souveraines qu'ès justices inferieures et subalternes du royaume de France, distingué en livres, titres, loix et paragraphes à l'imitation du Code de Justinian, avec amples annotations... ensemble cinq indices fort amples. (*Geneve*) *pour Jean de Laon*, 1600, in-4., sign. a—o et A—CCCCC. [2760]

Ce gros volume, qui n'est pas commun, conserve un intérêt historique, ainsi que le recueil suivant, également impr. à Genève.

LE CODE des décisions forenses, contenant un recueil des plus notables arrêts, même de ceux qui n'ont encore été mis en lumière, donnés tant ès cours souveraines des parlemens, grands conseils, cour des aides, chambre de l'edict, et grands Jours tenus en aucunes provinces du royaume de France, qu'en certains autres senats de la chretienté : disposé en 12 livres et par titres, selon l'ordre du Code de Justinien; par M. P. D. B., première édition. *Collogny, Sarrasin et Alex. Pernet*, 1612, in-4. [2709]

Pour les *Pandectes du droit françois*, voy. L. LE-CARON.

CORPUS apologetarum christianorum sæculi II. Edidit Ed. Joan. Car. Theod. Otto. *Ienæ, Mauke*, 1847-48-49-50-51-57. 7 vol. in-8. 54 fr. [847]

Vol. I-V : S. Justini Opera quæ feruntur omnia, etc. — Vol. VI : Tatiani Oratio ad Græcos, etc. — Vol. VII : Athenagoræ philos. Opera.

CORPUS grammaticorum latinorum veterum collegit, auxit, recensuit ac potiorem lectionis varietatem adjecit Fridericus Lindemannus sociorum opera adjutus. *Lipsiæ, sumptibus B.-G. Teub-*

Coronato (*M.*). Trattato de' colori, 9266.

Coroninus (*Rud.*). Goritia, 26544.

neri et F. Claudii, 1831-40, 4 vol. in-4.
[10770]

Cette collection n'a pas été continuée, et sur 15 vol. dont elle devait se composer, il n'en a paru que 3 et le 1er cah. d'un 4e; aussi le prix des volumes publiés, qui était primitivement d'environ 17 thal. pour le pap. ordinaire et de 30 thal. pour le papier anglais, a-t-il été réduit de plus de moitié. Ces volumes renferment : Tome Ier. *Donatus, Probus, Eutychius, Arusianus Messius, Maximus Victorinus, Asperus, Phocas*. — II. *Paulus diaconus, Sex. Pompeius Festus*. — III. *Isidorus hispalensis*, édition donnée par Fr.-Guil. Otto.

Le IVe vol., un premier cahier en 1840, *Charisius*.

CORPUS inscriptionum græcarum. Voy. BOECKH (*Aug.*).

CORPUS juris Sueo-Gotorum antiqui, Samling af Sweriges Gamla Lagar. utg. af H.-S. Collin, och C.-J. Schlyter. *Stockh.*, 1827-30, 8 vol. in-4. [3119]

Catal. de Reuvens, page 28, n° 189.

CORPUS juris canonici, a Petro Pithœo et Francisco fratre ad vett. codd. mss. restitutum et notis illustratum. *Parisiis, Thierry*, 1687, 2 vol. in-fol. 30 à 36 fr., et plus en Gr. Pap. [3176]

Bonne édition. Les réimpressions de Leipz., 1695 et 1705, 2 vol. in-fol., ne sont ni belles ni correctes; mais celle de Turin (*Augustæ-Taurinor.*), 1746, 2 vol. in-fol., est assez bien imprimée.

Le *Corpus juris canonici, edente Just.-Henn. Böhmer*, Halæ, 1747, 2 vol. gr. in-4. (18 fr. Gianfilippi en 1842), est un livre usuel qui a été plusieurs fois réimprimé. La dernière édit. est celle de Leipzig, 1839, 2 vol. in-4. dont A.-L. Richter a été l'éditeur.

Les premières éditions des différentes parties dont se compose ce corps de droit sont décrites aux art. BONIFACIUS, CLEMENS, GRATIANUS, GREGORIUS.

CORPUS juris civilis. Voy. JUSTINIANUS.

CORPUS juris romani antejustinianei consilio professorum Bonnens. E. Böckingii, A. Bethmann-Hollwegii et E. Puggæi; curaverunt iidem assumptis sociis L. Arndstio, A.-F. Barkovio, etc. *Bonn, Marcus*, 1835 et ann. seqq., in-4. [2449]

En 1842 il ne paraissait encore que 6 parties de ce recueil, au prix de 16 thal.

CORPUS illustr. poetarum lusitanorum. Voy. REYS (dos).

CORPUS omnium veterum poetarum latinorum secundum seriem temporum, in quinque libris distinctum, etc., a P. B. P. G. (Petro Brossæo, patricio gacensi): secunda editio priore multo emendatior. *Aurel.-Allobr., Sam. Crispinus*, 1611, 2 tom. en 1 vol. in-4. 10 à 12 fr. [12460]

La première édit. est de Lyon, *ex officina Hug. a Porta, sumptibus Joannis Degabiano et Sam. Girard*, 1603, in-4. L'édition donnée par S. Crispin, en 1627, et celle de 1640, in-4., ont la même valeur.

— Voy. CHORUS, COLLECTIO pisaurensis, MAITTAIRE.

CORPUS poetarum latinor., edidit W.-S. Walker. *Cantabrigiæ* et *Londini, James Duncan*, 1827, pet. in-8. 20 à 30 fr.

Ce recueil, impr. en très-petits caractères, contient les poètes suivants : Catullus, Lucretius, Virgilius, Tibullus, Propertius, Ovidius, Horatius, Phædrus, Lucanus, Persius, Juvenalis, Martialis, Sulpicia, Statius, Silius Italicus, Valerius Flaccus, Calpurnius, Ausonius, Claudianus.

CORPUS poetarum veter. latinorum, cum diversæ lectionis adnotatione brevissima, cur. G.-E. Weber. *Francof. ad Mœn., Brœnner*, 1833, gr. in-8. de plus de 1500 pp. 25 fr. — Pap. fin, 30 fr.

Collection de tous les poètes latins profanes depuis Lucrèce jusqu'à Priscien, à l'exception de Plaute, de Térence et de Sénèque.

— Voy. POETÆ latini.

CORPUS omnium veterum poetarum latin., cum versione italica (curant. Jos. Ricchino Malatesta et Ph. Argelati). *Mediol.*, 1731-65, 35 vol. in-4. [12463]

Collection peu recherchée, parce qu'elle n'a pas été terminée; on en trouve rarement tous les vol. réunis. Vend. 72 fr. en 1817, et quelquefois moins.

Observez que dans l'ordre numérique des volumes le 32e a été passé, et que par conséquent le tome 33e, publié en 1763, suit immédiatement le tome 31e, publié en 1754, sans que pour cela il y ait de lacune. De là vient que le dernier volume, qui n'est effectivement que le 35e, est coté 36.

CORPUS parœmiographorum græcorum. Parœmiographi græci : Zenobius, Diogenianus, Plutarchus, Gregorius Cyprius, cum Appendice Proverbiorum. Ediderunt E. L. a Leutsch et F. G. Schneidewin, proff. Gotting. *Gottingæ, Vandenhoeck et Ruprecht*, 1839-51, 2 vol. gr. in-8. 20 fr. [18434]

— Voy. au mot ADAGIA.

CORPUS reformatorum. Voy. MELANCHTHON.

CORRADINUS (*Petr.-Marcellinus*) et Jos. Roccus Vulpius. Vetus Latium profanum et sacrum. *Romæ*, 1704 et 1705, *Pataxii*, 1726-36, et *Romæ*, 1742-45, 10 tom. en 11 vol. in-4. fig. [25571]

Ouvrage bien écrit, rempli de notices intéressantes, et où l'auteur a fait preuve d'une saine critique : 50 à 60 fr. Les deux premiers vol. ont été réimpr. sous le titre suivant :

DE PRIMIS antiqui Latii populis, urbibus, regibus, etc. *Romæ*, 1748, 2 vol. in-4.

CORRAL, y Rojas (*Antonio* de). Relacion de la rebelion, y expulsion de los Moriscos del reyno de Valencia. *Valladolid, Fern. de Cordova* (1613), pet. in-4. [26220]

Vend. 28 fr. La Serna, et quelquefois moins.

CORRAL (*Gabriel* de), Velasco. La Cinthia de Aranjuez. *Madrid*, 1628 (aussi

---

1629), pet. in-8. de 8 ff. non chiffrés, et 208 chiffrés.

Ouvrage en prose et en vers. Le même auteur a donné une traduction ou imitation de l'Argenis de Barclay sous le titre de *La prodigiosa historia de los dos amantes, Argenis y Polcarcho*, Madrid, Juan Gonzalez, 1626, pet. in-4.

CORREA. La cõquista del reyno de Nauarra, hecha por Luys Correa. (au verso du dernier f.) : *Impressa en... Toledo, por Juã Varela de Salamanca... e acabosse primero dia del mes de nouiembre Año... de mill z quiniẽtos z treze años* (1513), in-fol. goth. de 30 ff. à 2 col., sign. *a—e*. [26161]

Rare et recherché : 1liv. 12 sh. Heber.

CORREA de Lacerda (*Fernando*). Catastrophe de Portugal na disposição d'el rei D. Affonso VI o subrogação do principe D. Pedro o unico, justificada nas calamidades publicas, scripta para justificção dos Portuguezes por Leandro Dorca Caceres e Faria. *Lisboa, a custa de Miguel Manescal*, 1669, pet. in-4. de 267 pp. [26311]

Cet ouvrage, devenu rare, est fort recherché en Portugal où on l'a payé de 700 à 1200 reis (c'est-à-dire de 9 à 15 fr.). Nous le plaçons ici sous le véritable nom de son auteur, lequel s'était caché sous celui de Caceres et Faria. On peut opposer aujourd'hui à cet écrit un autre ouvrage anonyme qui a été retrouvé récemment, et publié sous le titre suivant :

A ANTI-CATASTROPHE, historia d' el rey D. Affonso VI de Portugal, publicado por Camillo Aureliano de Sylva, e Souza. *Porto*, 1845, in-8. de xxvi et 713 pp.

C'est de la *Catastrophe de Portugal* qu'est tiré l'ouvrage suivant :

RELATION des troubles arrivés dans la cour de Portugal, en l'année 1667 et en 1668, où l'on voit la renonciation d'Alfonse VI à la couronne, la dissolution de son mariage avec la princesse Marie-Franç.-Isabelle de Savoye et le mariage de la même princesse avec le prince don Pedro, régent de ce royaume, et les raisons qui en ont été alléguées à Rome pour en avoir dispence. *Paris, Fr. Clousier*, 1674, et aussi *Amsterd.*, même date, in-12. Attribuée par Barbier à un sieur Blouin de la Piquetierre.

CORREA de Serra. Collecçaõ de livros ineditos de historia portugueza, dos reinados de D. Joaõ I., D. Duarte, D. Affonso V., e D. Joaõ II., publicados de ordem da Academia real das sciencias de Lisboa, por José Correa da Serra. *Lisboa, na officina da mesma Academia*, 1790-1792-1793-1816-1824, 5 vol. in-fol. [26269]

Collection importante : 100 fr. Les trois prem. vol. portent le titre ci-dessus; celui du 4e volume annonce : *Los Reinados de D. Dinis, D. Affonso IV., D. Pedro I. e D. Fernando, publicados de ordem da Academia real das sciencias de Lisboa, pela commissaõ de historia de mesma Academia*; et le

5e vol. : *As Chronicas dos reis de Portugal por Christovam Rodrigues Acenheiro, Foraes antigos dos Concelos de Gravaõ, Guarda e Beja, descripçaõ do terreno em roda da cidade de Lamego por Ruy Fernandes*. Le 6e vol. commencé n'a pas été continué; il n'y en a eu d'imprimé que 40 pp. contenant *Foros de Castello Branco*.

CORREAS (*Gonzalez*). Ortografia kastellana nueva i perfetta; juntamente el Manuel de Epikteto i la tabla de Kebes filosofos estoikos; konforme al original greko, latino, korreto i traduzido por el mesmo (G. Correas), uno e otro la primero ke se a impresso kon perfeta ortografia. *Salamanka, en kasa de Xantinto Tabernier*, 1630, in-8. [11156]

Ouvrage curieux qui fait connaître l'orthographe singulière que voulait faire adopter son savant auteur (voir Antonio, article *Gundisalvus* Correa).

CORREGIA ou Corregio (*Nicolo* da). Opere del' illustre et eccelentissimo signor Nicolo di Corregia intitulate la Psyche et la Aurora (fabula di Cæphalo). *Venetia, per Giorgio de' Rusconi*, 1510, in-8. fig. sur bois. [16632]

Édition rare de ces deux pastorales : vend. 2 liv. Hibbert et 17 sh. Heber. Celle de Venise, chez le même libraire, 1515, in-8., sig. A—M., n'est guère plus commune : 12 sh. 6 d. Pinelli; 69 fr. *mar.* r de Soleinne. Les bibliographes en citent deux autres de Venise, 1513 et 1518, par Rusconi, et une troisième de 1553, in-8. Le *Rapimento di Cefalo* fut représenté à Ferrare le 21 janv. 1486, devant Hercule d'Este.

CORREGIO (*Ant.* Allegri, surnommé). Pitture di Antonio Allegri, detto il Corregio, esistenti in Parma nel monistero di San Paolo. *Parma, nel regal palazzo*, 1800, co' tipi bodoniani, in-fol. [9307]

35 jolies gravures tirées à la sanguine, d'après les dessins de Rosaspina, et un texte en italien, en français et en espagnol : le prix était de 220 fr., mais il ne se soutient pas; 14 fr. Boutourlin.

Le texte est de Gérard de Rossi, la traduction française de Jos. Lama, et la traduction espagnole de Fr. Baroni et de l'abbé Artenga. On a tiré plusieurs exemplaires sur pap. impérial.

CORRESPONDANCE administrative sous le règne de Louis XIV entre le cabinet du roi, les secrétaires d'Etat, le chancelier de France et les intendants et gouverneurs de provinces, les présidents, procureurs et avocats généraux des parlements et autres cours de justice, le gouverneur de la Bastille, les évêques, les corps municipaux, etc., recueillie et

Corréard (*F.*). Guide maritime dans la mer Noire, etc., 19754.

Corréard (*Alex.*). Naufrage de la Méduse, 20852.

Corréard jeune (*J.*). Recueil sur les reconnaissances militaires, 8624. — Histoire des fusées de guerre, 8703.

Correr (*Mart. Ant.*). Relation d'Angleterre, 26943.

Correspondance secrète. Voy. l'article Journaux à la fin de notre 5e vol.

Corrard de Breban. Établissement de l'imprimerie à Troyes, 31245.

Correa y Salema de Garçao (*P.-A.*). Obras, 15395.

mise en ordre par G.-B. Depping, et Guil. Depping fils. *Paris, F. Didot frères*, 1850-1855, 4 vol. in-4. 48 fr. [23746]

Partie de la collection des documents inédits sur l'histoire de France.

CORROZET (*Gilles*). Hecatomgraphie (*sic*), c'est-à-dire les descriptions de cent figures et hystoires contenantes plusieurs Appophtegmes, Prouerbes, Sĕteces et dictz tant des Anciens que des modernes. *On les vend a Paris, par Denys Ianot...* 1540, in-8. de 104 ff. non chiffr., signat. A—Oiiii, grav. sur bois. [13726]

Ouvrage en vers composé par Gilles Corrozet, dont le nom se lit à la tête de l'épître qui commence au verso du titre. Le privilége est daté du 25 may 1540. On lit au verso du dernier feuillet : *Fin de Hecatongraphie (sic). Nouuellemĕt imprimé à Paris le vingt deux iour de Iuĩg, par denys Ianot.*

Première édition avec grav. sur bois, qui a été suivie d'une seconde en 1541 et d'une troisième en 1543, portant l'une et l'autre sur le titre : HECATONGRA-PHIE (sic), etc. *Le tout reueu par son autheur Auecq' Priuilege.* Cette dernière a le même nombre de feuillets, mais elle est plus belle que celle de 1540. Des exemplaires rel. en *mar.* ont été vend. 9 fr. le baron d'Heiss; 49 fr. Morel de Vindé; 1 liv. 18 sh. Heber; 50 fr. Nodier.

Nous connaissons aussi deux éditions du même livre sans figures, l'une intitulée : *L'Hecatongraphie, c'est-à-dire les Declarations de plusieurs apophthegmes...* Paris, Denis Ianot (avec privilége daté de 1540), in-8. de 52 ff. non chiffrés et l'autre : *Hecatōgraphie cest à dire les Declaratiōs de plusieurs Apophtegmes, Prouerbes, sentences et dictz tant des Anciens que des Modernes. Auec priuilege*, in-8. de 52 ff., signat. A—Giii. Le titre de cette édition, sans lieu ni date, porte cette marque d'un imprimeur inconnu :

Nous avons remarqué que cette édition anonyme de l'*Hécatongraphie* présente quelques différences avec celles de 1540 et 1543, ornées de figures sur bois; les titres de plusieurs pièces ont été changés, et la dernière (*Celler ne puis*) a été remplacée dans les autres éditions par celle qui a pour titre : *A qui la fortune en donnera*, suivie de la devise : *Plus que moins.*

Une autre édition, celle de *Paris, Est. Groulleau*, 1548, in-16, assez jolie, contient les mêmes vignettes que les édit. de 1540, 1541 et 1543, mais sans bordures. Vend. 1 liv. 17 sh. *m. r.* Heber; rel. en *mar.* par Bauzonnet, 51 fr. 50 c. Nodier, et 120 fr. Duplessis; autres exempl. mar. r. 79 fr. Veinant.

Le *Théâtre des bons engins* contient des figures du même genre que l'*Hécatongraphie*, avec laquelle il est quelquefois relié (voy. LA PERRIERE).

— Triste elegie, ou déploration, lamentant le trepas de... Francoys de Valoys, duc de Bretaigne... filz aisne du roy Francoys premier... Recĕtement apres toutes aultres mise en lumiere. On les vend en la grand salle du Palays, es bouticques de Jean André et Gilles Corrozet. (à la fin) : *Imprime a Paris le vi. iour doctobre* M. cccc. xxxvj, pet. in-8. de 15 ff. fig. en bois, lettres rondes. [13725]

Ces poésies sont attribuées à Corrozet, au nom duquel est le privilége impr. au verso du titre, et qui a mis son nom au dizain placé sur le dernier f. Nous doutons néanmoins qu'elles soient de lui. Vend. en m. r. 7 fr. La Valliere, et plus cher jadis.

— Les Blasons domestiques, contenantz la decoration d'une maison honeste et du mesnage estant en icelle. Invention joyeuse et moderne. Avec privilege. 1539. *On les vend en la grand sallé du Palais... en la boutique de Gilles Corrozet, libraire*, très-pet. in-8. ou in-16 de 48 ff., sign. A—F, avec 27 vignettes sur bois. A la fin la marque de Corrozet, que nous avons donnée tome I, col. 132.

Petit volume d'une grande rareté, au commencement duquel se trouve une préface de *Gilles Corrozet aux lecteurs*, qui prouve que ce libraire est tout à la fois l'auteur et l'éditeur de ces poésies. Le mot *Finis* est précédé de la devise de l'auteur : *Plus que moins.* Le privilége pour imprimer est accordé à Denis Janot et Gilles Corrozet.

Ces Blasons font partie du recueil publié par Méon (voy. au mot BLASONS); M. de Montaiglon, qui en a donné une bonne édition annotée dans le VIe volume du sien, a fait remarquer que dans l'édition ici décrite chaque blason commence par une élégante lettre ornée, et que l'c final des mots est, lorsqu'il s'élide avec le mot suivant, d'un caractère différent; au lieu d'être bouclé, il est traversé d'une barre transversale, ce qui n'est pas, comme le pense M. de Montaiglon, une des innovations de Geofroy Tory. La même singularité typographique se reproduit dans l'*Hécatongraphie*, éditions de 1540, 1541 et 1543, et dans la *Tapisserie de l'église.*

— Le blason du moys de May. (à la fin) : *Plus que moins cōpose par lindigent de sapience̦*, pet. in-8. goth. de 4 ff. [13729]

Cette pièce en vers est de Gilles Corrozet, dont le

nom se lit dans un acrostiche de huit vers qui précède la souscription et qui commence ainsi :

 Comme voyez fina leur doulx propos

— Le compte du Rossignol. *Paris, Gilles
Corrozet.— Impr. a Paris le deuxiesme
iour d'Auril* 1546, pet. in-8. de 24 ff.,
lettres ital. [13728]

Ce conte, dont les exempl. sont devenus rares, est de
Gilles Corrozet; c'est ce que prouve la devise *Plus
que moins*, qui s'y lit et qui était celle de ce libraire
homme de lettres. Goujet dit que ce petit ouvrage
n'est pas mal tourné. Il a été réimprimé à *Lyon*,
chez *Jean de Tournes*, 1547, pet. in-8.

— La Tapisserie de l'Eglise chrestienne &
catholique : en laquelle sont depainctes
la Natiuité, Vie, Passion, Mort & Resurrection de nostre Sauueur & Redempteur Jesu Christ. Auec vn huictain soubz
chacune hystoire pour l'intelligence d'i-
celle (par Gilles Corrozet). *A Paris, de
l'imprimerie d'Est. Groulleau*, 1549,
in-16 de 104 ff., signat. a—n par huit,
lettres ital. [13727]

Ce petit livre contient 186 fig. en bois, avec une
stance en vers de 10 syllabes au bas de chacune.
Au commencement se lit une épître en vers, par
Gilles Corrozet. Un bel exempl. en *m. v., dent.
tab.* n'a été vendu que 14 fr. La Vallière; il serait
beaucoup plus cher aujourd'hui. On trouve à la fin
la devise : *Plus que moins*, et au recto du dern. f.
cette marque :

— La nativité, vie, passion, mort et résurrection de nostre sauveur et redempteur
Jesus Christ, avec un huictain sous chascune histoire pour l'intelligence d'icelle
(par Gilles Corrozet). *Paris, Nic. Bonfons,* 1574, in-16 de 96 ff. [304]

Petit vol. dont presque tous les ff. ont des vignettes
en bois imprimées des deux côtés : 6 à 9 fr.

— Les trois élégantes sentences. Voyez
l'article LIBURNIO.

— La fleur des sentences certaines, apo-

phtegmes et stratagèmes, tant des anciens que des modernes, enrichy de figures et de sommaires franç. et ital.
propres a chascune sentence (par Gilles
Corrozet). *Lyon, Claude de la Ville
(imprimé par Philibert Rollet et Barthel. Frain),* 1548 et 1549, in-16, fig.
en bois. [18457]

Petit volume rare, qui a des signat. de *a—n* par 8.
50 fr. *mar.* Coste.

La Croix du Maine attribue à Corrozet : *Trésor de
vertu* (en ital. et en franç.), *Lyon*, 1555, in-16,
(voy. TRÉSOR); mais peut-être a-t-il confondu ce
livre avec les *tres elegantes sentences* trad. de Liburnio.

Tous ces ouvrages de Corrozet sont recherchés à
cause des gravures en bois dont ils sont ornés, mais
on les trouve difficilement, surtout en bon état.
Nous citerons encore de ce libraire :

LE PARNASSE des poetes françois modernes, contenant leurs plus riches et graves sentences, discours, descriptions et doctes enseignemens, recueillies par Gilles Corrozet. *Paris, Galiot Corrozet*,
1571, in-8. 18 à 24 fr. [13641]

Réimpr. à *Nancy*, par *J. Jenson*, 1572, pet. in-8., et
à *Lyon, chez B. Rigaud (imprimé par Jean d'O-
gerolles)*, 1578, in-16 de 192 pp. et 8 ff. pour la table. Cette dernière édition, 1 liv. 2 sh. Heber.

LES DIVERS propos mémorables des nobles et illustres hommes de la chrestienté. *Paris, G. Corrozet* , 1556 et 1557, pet. in-8. [18458] L'édition de
1557 porte cette marque au frontispice :

Réimpr. à *Anvers, chez Christ. Plantin*, 1557, in-16 ;
à *Lyon*, en 1570, in-16; à *Paris, Rob. Le Magnier*,
1571, in-16, et aussi à *Rouen, Thomas Mallard*,
sans date, pet. in-12, *avec plusieurs nobles et excellentes sentences des anciens autheurs hébreux*,
grecs et latins. Vend. 13 fr. 50 c. *mar. bl.* Courtois. — A quoi il faut ajouter les éditions de *Paris,
Nic. Bonfons*, 1578, — *Lyon, Rigaud*, 1579, in-16
de 144 ff. y compris la table, — *Rouen, Lescuyer*,
1583, — aussi *Rouen, Theod. Reinsart*, 1599, de
6 ff. prélim. et 308 pp., toutes les quatre in-16,
— et celle de *Paris, Galiot Corrozet*, 1605, pet.
in-12.

Trad. en lat. par Ph. Bosquier, sous ce titre : *Plutarchus alter, seu Ægidii Corrozeti Apophthegmata
heroica, ex gallico latina facta*. Coloniæ, 1631,
in-12. (Paquot, V, 300.)

LES EXEMPLES des œuvres de Dieu et des hommes, prises du livre de la Genèse. La Doctrine de
vérité, extraite de Salomon (par G. Corrozet). *Paris, Gilles Corrozet*, 1551, in-8. [13729]

Vers moraux accompagnés de vignettes gravées sur bois.

SENSUYUENT les regrez & complainte de Nicolas Clereau avec la mort dicelluy. (*sans lieu ni date*), pet. in-8. de 4 ff. à 26 lig. par page, car. goth. avec fig. en bois. [13729]

Pièce de 140 vers de 10 syllabes, avec le nom de Gilles Corrozet, par acrostiche, dans les initiales des treize avant-derniers vers, et sa devise *Plus que moins*. Le malheureux Nic. Clereau, vinaigrier de Paris, fut pendu et brûlé à Paris pour meurtres, batteries et larcins, le 3 octobre 1529. La pièce qui fait allusion à son supplice doit être de la même époque. Ains Gilles Corrozet, qui est né en 1510, l'aurait écrite à l'âge de 19 ans. (Recueil de M. de Montaiglon, I, p. 109.)

Le nom de Corrozet se trouve également par acrostiche dans un autre opuscule en vers, pet. in-8. goth. de 4 ff. à 20 lig. par page, réimprimé dans le VIᵉ vol, du même Recueil de M. de Montaiglon, et qui porte le titre suivant :

LE CRY de joye des Francois pour la delivrance du pape Clement septiesme de ce nom.

Cette dernière pièce a dû paraître au plus tard en 1528.

— DEPLORATION sur le trepas de très noble princesse madame Magdalaine de France, royne d'Escoce. *Paris, par Gilles Corrozet et Jehan André* (1537), pet. in-8. de 4 ff. à 28 lig. par page, avec un bois sur le titre. [13729]

La devise *Plus que moins* qui termine cette pièce prouve qu'elle est de G. Corrozet. Réimpr. dans le 5ᵉ vol. du Recueil de M. de Montaiglon, p. 234.

— Les Antiques erections des Gaules, compendieuse et brieue description des fondations des villes et citez assises ès trois Gaules, etc. *Paris (Gilles Corrozet)*, 1531, in-16, fig. en bois. [23129]

Édition la plus ancienne que nous connaissions de ce petit ouvrage, lequel a été souvent réimprimé sous différents titres, et avec des augmentations successives. Elle n'a été portée qu'à 4 fr. 30 c. à la vente Chardin faite en 1824, mais on la payerait peut-être de 60 à 80 fr. aujourd'hui.

— Les Antiques erections... histoire tres utille et delectable nouvellement mise en lumiere par Gilles Corrozet. *Paris, Gilles Corrozet*, 1535, pet. in-8.

En *mar. viol.* 21 fr. Veinant.

C'est, je crois, immédiatement après cette édition que Juste a donné la sienne, augmentée d'un second livre, et sous le titre suivant :

LE CATALOGUE des anticques erections des villes et citez, fleuves et fontaines, assises ès troys Gaules, c'est assauoir Celticque, Belgicque et Aquitaine, contenant deux livres. Le premier faict et composé par Gilles Corrozet, parisien; le second, par Cl. Champier, lyonnois, avec ung petit traicte des fleuves et fontaines admirables, estant ès dites Gaules; histoire tres utile et delectable, nouuellement mise en lumiere. *Lyon, Francois Juste* (sans date), in-16 de 8, 84 et 4 ff. caract. goth. avec fig. sur bois. Vend. 17 fr. *mar. r.* Pixerécourt; *mar. bl.* de Bauzonnet, 96 fr. Salmon.

Fr. Juste, en imprimant les *Anticques erections* déjà publiées par G. Corrozet, avait eu soin d'en changer un peu le titre. Corrozet, à son tour, en réimprimant son livre, adopta le titre et reproduisit les additions de l'édition de Juste. Plus tard, un autre libraire, Ben. Rigaud, en donna une édition sous cet autre titre : *Le Bastiment des antiques erections*. Nous en avons parlé à l'article CHAMPIER. Toutefois, à partir de l'année 1536, l'ouvrage ne fut plus réimprimé à Paris que sous le titre de *Cathalogue*. Ces changements de titres, que se per-

mettaient alors sans scrupule les libraires de Rouen et même ceux de Lyon qui réimprimaient les livres déjà édités par leurs confrères, ont induit en erreur les bibliographes les plus exacts.

— LE CATHALOGUE des viles et cites, fleuves et fontaines assises ès troys Gaules. (*sans lieu d'impression*), 1536 (aussi 1537), in-16, fig.

Deux éditions en lettres rondes comme les suivantes, où on lit également au verso du frontispice cet autre titre : *Les anticques erections des villes et citez des troys Gaules, c'est assauoir Celticque, Belgicque et Aquitayne, contenantz deulx liures* (la suite comme dans l'édition de Juste, ci-dessus).

LE CATALOGUE des villes et citez assises ès trois Gaulles, auecq ung traicte des fleuues et fontaines, illustre de nouuelles figures. *Paris, Denys Iannot*, 1538, pet. in-8. de 88 ff. dont 74 chiffrés, fig. en bois. 45 fr. demi-rel. 2ᵉ vente Quatremère.

LE CATHALOGUE des villes et citez assises ès troys Gaules, c'est assauoir Celticque....... auec ung traité des fleuues et fontaines, illustre de nouuelles figures. *Paris, Ant. Bonnemere*, 1539, in-16. 35 fr. *mar. r.* Veinant.

— LE CATHALOGUE des Villes z Citez assises es troyes gaulles Cest assauoir Celtique Belgicque Et acquitaine Auecques vng traicte des Fleuues z Fontaines. Et par ce present liure pourrez auoir vraye congnoissance des choses deuant dictes. Et nouuellement Imprime. En lan mil cinq cens quarante. — *Cy fine le Cathalogue des Villes... illustre de nouuelles figures. Et nouuellement imprime en lan mil cinq cens quarante*, pet. in-8. goth. de 8 ff. prélim., lxxv ff. de texte, et 4 ff. pour la fin de la table. [23129]

38 fr. *mar. bl.* Crozet; 24 fr. Baudelocque.

Une édit. de *Paris, Anth. Bonnemere*, 1540, pet. in-8., lettres rondes, rel. en *mar. br.*, est portée à 65 fr. dans le Bulletin de Techener, 1859, nᵒ 29.

L'édition de *Paris*, par *Alain Lotrian*, 1543, in-16 fig. porte le même titre que celle de 1539; un exempl. en *mar. v.* 26 fr. Giraud et 30 fr. Hebbelynck. — Celle de Lyon, *B. Rigaud*, 1575, in-16, a été revue par J. Le Bon, 59 fr. rel. en *vél.* Gancia, en 1860.

N'oublions pas la traduction italienne de cet ouvrage, laquelle a pour titre :

LA HISTORIA di tutte le città, ville, fiume, fonti, et altre cose notabili della Franza, di tutti i re di quella, tradotta della lingua franzese nella italiana. *Vinegia, M. Tramezzino*, 1558, pet. in-8.

— La Fleur des Antiquitez, Singularitez et excellences de la plusque noble & triumphante ville & cite de Paris, capitalle du Royaulme de France. Auec ce, la genealogie du Roy Francoys premier de ce nom. *On les vēd au p̃nier pillier de la grāt salle du palais, p̃ Denys Ianot* (1532). *Cvm priuilegio*, pet. in-8. ou in-16 de 8 ff. prélim. et 63 ff. chiffrés, car. demi-goth. [24124]

Édition fort rare, la plus ancienne que l'on ait de ce petit ouvrage de Gilles Corrozet. Le titre, encadré d'arabesques, est suivi d'un privilége en date du 19 mars 1531 qui permet à Nicolas Sauetier, imprimeur, d'imprimer et vendre ce livre. L'auteur se nomme dans le sommaire d'une épître dédicatoire (en 25 vers) *Aux illustres et notables bourgeoys et citoyens de la ville de Paris*, laquelle est terminée par la devise : *Plus que moins*. L'ouvrage est divisé en cinquante chapitres, suivis chacun de plusieurs vers de 10 syllabes que précède le mot *l'acteur*. La date 1532 lit au recto du dernier feuillet dont le verso présente cette marque de Denis Janot, qui est une variété de celle que nous avons donnée tome I, col. 1857 :

Vend. 23 fr. Chardin en 1824; et 210 fr. Gilbert en 1858.

Pour plus de détails sur cette édition et sur plusieurs autres du même ouvrage, consultez les *Etudes sur Gilles Corrozet*, par A. Bonnardot, Paris, 1848, in-8.

— La fleur des antiquitez, singularitez et excellences de la noble et triumphante ville et cité de Paris, capitale du royaume de France; adjouste oultre, la premiere impressession (*sic*) plusieurs singularitez estant dans la dicte ville; Auec la Genealogie du roy Francoys premier de ce nom. *Paris, par Galiot du Pre*, 1532, in-16 de 71 ff. chiffrés; le chiffre 8 est passé.

Cette seconde édition ne reproduit pas les vers qui, dans la précédente, accompagnent chaque chapitre; mais elle est augmentée d'une *liste des rues, églises, etc.*, de Paris, qui commence au verso du feuillet coté 54. Elle est aussi fort rare. 71 fr, Coste; 145 fr. demi-rel. 2ᵉ vente Quatremère.

M. Leroux de Lincy, dans son introduction de la *Description de Paris de Guillebert de Metz*, p. xxv, parle d'une édition de *la Fleur des antiquitez*, qui aurait été publiée en 1531, pour Denis Janot, mais il n'en cite qu'une seule sous la date de 1532, et il ne dit pas que celle dont le privilége est effectivement en date du 19 mars 1531, c'est-à-dire de la fin de cette même année, porte la date de 1532, au recto du dernier feuillet.

LA FLEUR des antiquitez, singularitez, et excellence de la noble et triumphante ville et citee de Paris. (La suite comme ci-dessus), 1533, *imprime (à Paris). — Ce present traicte a este acheue le septiesme iour de mars mil cinq cens trente troys, par Guillaume de Bossozel demeurant a la grant rue Sainct Jasques, au chasteau rouge, pres les Mathurins*, pet. in-8. de 47 ff., lettres rondes. 12 fr. 50 c. Morel-Vindé, et plus cher depuis.

LA FLEUR des antiquitez, singularites et excellences de la noble et triumphante ville et cite de Paris, capitale du royaulme de France. adiousteés oultre la premiere impression plusieurs singulari-

tez estant en la dicte ville. Auec la genealogie du roy Francoys premier de ce nom. On les vend en la rue neufue nostre dame, a lenseigne Sainct Nicolas. 1534. — *Imprime nouuellement a Paris, par Denis Janot pour Pierre Sergent et Jehan Longis libraires*, pet. in-8.

Cette édition, citée par Panzer, XI, p. 493, d'après la *Biblioth. colmariana*, impr. à Nuremberg, est annoncée très-sommairement dans le catal. de Secousse, nᵒ 4333, et dans celui de Barré, 5720, où elle est portée à 8 fr. seulement.

LA FLEUR des antiquitez... De nouveau adjousté plusieurs belles singularités dont le contenu pourres veoir en tournant le feuillet. On les vend à Paris en la rue neufue Nostre-Dame a lenseigne Sainct Nicolas. M.D.XXXV, in-16 de 51 ff.

LA FLEUR des antiquitez... De nouveau ont esté adioustees le nombre des eglises, chappelles et colleges... auec le nombre des rues et ruelles, auec leurs aboutissans, tant d'un coste que d'autres, marquez chascun a son endroict. Aussi pareillement y est adiouste le contenu de la despence que une personne peult faire par an et par jour. On les vend a Paris en la rue Neuve Nostre-Dame a lenseigne Sainct Nicolas par Pierre Sergent, M.D.XLIII, in-16.

M. Jérôme Pichon a donné une curieuse notice sur cette édition dans le *Bulletin du Bibliophile*, ann. 1845, p. 481. Il fait remarquer qu'il s'y trouve des particularités qui ne sont pas dans les éditions précédentes et qui n'ont pas été reproduites dans celles qui sont venues après celle-ci, laquelle peut être regardée comme la dernière sous le titre de *Fleurs des antiquitez...*

— Les antiquitez, histoires et singularitez de Paris, ville capittale du Royaume de France. *Paris, au Palays en la boutique de Gilles Corrozet*, 1550, pet. in-8. de 218 ff. dont 2 pour les errata.

Édition dont les pages sont encadrées de filets rouges. En la publiant l'auteur annonce que c'est un livre tout neuf et qu'il doit supprimer et mettre à néant le petit livret par ci-devant écrit sur le même sujet, émendant ses erreurs et fables. Il veut parler de sa *Fleur des antiquités*.

La nouvelle rédaction a été réimprimée sous ce titre:

LES ANTIQUITEZ, histoires et singularitez excellentes de la ville, cité et université de Paris, capitale du royaume. A Paris, imprimé pour Estienne Groulleau (sans date), in-16 de 127 ff. en petits caractères. Vend. 30 fr. Monmerqué.

— Les antiquitez, chroniques et singularitez de Paris, ville capitale du royaume de France, avec les fondations et bastiments des lieux : les sepulchres et épitaphes des princes, princesses et autres personnes illustres; corrigées et augmentées pour la seconde edition, par G. Corrozet, parisien. *A Paris, en la Grand'salle du Palais, en la boutique du dict Gilles Corrozet*, 1561, pet. in-8. de 8 ff. prélim. et 200 ff. chiffrés.

Un bel exempl. 29 fr. 50 c. St-Maurice, en 1849, et un exemplaire très-médiocre, 20 fr. Guilbert.

Édition la plus complète, et, à ce qu'il paraît, la dernière qu'ait donnée Corrozet, lequel pourtant n'est mort qu'en 1568. Celle de *Paris, Nic. Bonfons*, in-8., sous cette dernière date, que citent plusieurs bibliographes, est fort douteuse ; peut-être son annonce ne repose-t-elle que sur une transposition de chiffres (1568 pour 1586). Ce qui nous le fait croire, c'est que Nicolas Bonfons n'exerçait encore en 1568. Sa mère a donné une édition des mêmes *Antiquités... de Paris, recueillies par feu*

G. Corrozet, augmentées de nouveau. Paris, veuve Jean Bonfons (sans date, mais vers 1571), in-16. Vend. 8 fr. Walckenaer.

— Les antiquitez, histoires, chroniques et singularitez de la grande et excellente cité de Paris, ville capitalle et chef du Royaume de France : auec les fondations... Auteur en partie, Gilles Corrozet Parisien, mais beaucoup plus augmentées par N. B. Parisien. *Paris, par Nic. Bonfons,* 1577, in-16 de 16 ff. prélim. et 217 ff. chiffrés.

En 32 chapitres, le dernier s'arrête en 1576. La préface est la même qui a été reproduite dans l'édit. de 1585. J'ai eu sous les yeux cette édit. de 1577, mais je ne l'ai pas comparée avec celle de 1576, sous le même titre, et dans le même format, qui a été vend. (bel exempl. en *mar. rel. par Bauzonnet*) 245 fr. en novembre 1855, catal. de M. Le R. de L., n° 588.
Une autre édition, sous le même titre à peu près que celle de 1561, mais augmentée par N. B. (Nic. Bonfons), a été publiée à *Paris, chez le même N. Bonfons,* en 1581, très-pet. in-8. de 15 ff. prél. et 328 ff. L'édition de 1561 est en 30 chapitres. Celle de 1581 dans laquelle les deux premiers chapitres ont été réunis en un seul en a 32, dont les trois derniers pour les événements arrivés depuis 1560. Elle est moins correcte que l'édit. de 1561 ; cependant un exempl. rel. en *mar. v.* est porté à 30 fr. dans le petit catal. de M. L. T. (Paris, 1854), et un autre en vélin 31 fr. Gancia.
L'édition de *Paris, Nic. Bonfons,* 1586, pet. in-8. de 16 ff. prél. et 212 ff. chiffrés, sous le même titre que celle de 1581, et également en 32 chapitres, reproduit les mêmes incorrections. Ce qui lui donne du prix, c'est la seconde partie qui y est ordinairement jointe, et qui porte ce titre :
LES ANTIQUITEZ et singularitez de Paris, livre second : de la sepulture des roys et roynes de France, princes, princesses et autres personnes illustres, representez par figures, ainsi qu'ils se voyent encore, a preset ès eglises où ils sont inhumez, recueillis par Iean Rabel M. peintre. *Paris, Nicolas Bonfons,* 1588, pet. in-8. de 4 ff. prélim. et 119 ff. avec 55 gravures sur bois.
Vend. ainsi complet 40 fr. bel exemplaire Walckenaer ; 77 fr. *mar. r.* Veinant ; en *v. br.* 60 fr. Gancia. Il y a des exemplaires de la première partie sous la même date que la seconde.
Le même livre a été réimprimé sous cet autre titre :
LES FASTES, antiquités et choses plus remarquables de la ville de Paris, labeur de curieuses et diligentes recherches, divise en 4 livres (continué jusqu'en 1595), par Pierre Bonfons. *Paris, Nic. et Pierre Bonfons,* 1605 (aussi 1606), pet. in-8. avec les mêmes gravures sur bois.
Enfin la dernière édition du livre de Corrozet, remanié et augmenté par N. et P. Bonfons, est celle de *Paris, P. Bonfons,* 1608, pet. in-8., où se retrouvent les figures de Rabel, en épreuves usées. Elle contient de nouvelles augmentations par Jacq. Du Breul, religieux de Saint-Germain-des-Prés, lequel a donné quatre années plus tard un *Théâtre des antiquités de Paris,* qui a remplacé avantageusement l'ouvrage précédent. (voy. DU BREUL).

— Le Trésor des histoires de France, reduites par titres, partie en forme d'annotations, partie par lieux communs, par feu Gilles Corrozet. *Paris, Galiot Corrozet,* 1583, in-8. [23241]
Cette petite compilation ne se trouve placée ici qu'à cause du nom de l'auteur ; il paraît cependant qu'elle a eu du succès puisqu'elle a été réimprimée nombre de fois dans l'espace de soixante ans. L'édition de

Paris, F. Clousier, 1639, in-8., est augmentée d'une seconde partie, par C. M. H. D. F. (c'est-à-dire Cl. Malingre, historiographe de France). Le même libraire en a donné une autre en 1645 (aussi 1646), in-8. qui est en 2 part. avec des augmentations, par L. C. (Louis Coulon).

— Epitome des histoires des roys d'Espaigne et Castille, des roys d'Arragon, des ducz et roys de Boheme, des roys de Hongrie, des maisons d'Absbourg et Autriche, par Gilles Corrozet Parisien. *Paris, Corrozet,* 1553, in-8.
Ce livret, que M. Graesse dit *inconnu à tous les bibliographes,* a été suffisamment indiqué par La Croix du Maine et Du Verdier. Nous n'en avions pas parlé parce qu'il est sans valeur, et cela est si vrai, que, malgré sa rareté, il a été donné pour 5 fr. à la vente Veinant.
Voyez, pour différentes traductions de Corrozet, les articles ÆSOPUS, CEBES, HISTOIRE d'Aurelio, RICHARD sans peur, SAN PEDRO. — Voy. aussi CONSEIL des Sept Sages, et l'article HOLBEIN (*Jean*).

CORRUPTION (de la) des cieux par le péché, où il est montré que tous les cieux, excepté l'Empiré, sont sujets à se corrompre, etc. *Lyon,* 1672, pet. in-12.
Vend. 4 fr. Méon.

CORSALI. Lettera di Andrea Corsali allo illustr. Signore Duca Juliano de Medici, venuta dell' India del mese di Octobre nel 1516. *Firenze, per Jo. Stephano di Carlo da Pavia,* 1516, in-4. de 6 ff. [20660]
Cette édition fort rare est portée à 1 liv. 1 sh. (*m. bl.*) dans la *Biblioth. heber.,* VI, n° 3848 ; mais comme la date ne se rapporte ni avec celle de la première lettre (de 1515), ni avec celle de la seconde lettre de Corsali, nous ne pouvons dire si c'est l'une de ces deux pièces. Toutefois, dans la *Biblioth. grenvil.,* p. 185, elle est annoncée comme édition originale de la première lettre.

— Lettera allo ill. principe Laurentio de Medici duca d'Urbino, ex India, *quinto decimo kal. octob.* M. D. XVII, in-8.
Opuscule rare, porté dans la *Bibliothèque Crofts,* n° 8152, et vend. 12 sh. *m. bl.* Heber. C'est probablement l'édition originale de la seconde lettre de Corsali. La première lettre de ce voyageur est datée du 6 janvier 1515, et adressée à Julien de Médicis ; elle a été impr. avec celle de Vespuccio (voy. ce nom), et aussi séparément. Ces deux pièces, écrites en italien, font partie du premier volume du recueil de *Ramusio* (voy. ce nom) ; il y en a une traduction française par Gabr. Siméoni, dans la collection de Temporal (voy. LEON africain).

CORSINI (*Barth.*). Il Torrachione desolato, con alcune spiegazioni. *Londra (Parigi), Prault,* 1768, 2 vol. pet. in-12. 5 à 6 fr. [14901]
Il y a une édition de *Leyde (Florence),* 1791, en 2 vol. in-12.

CORSINI (*Eduardi*) fasti attici, in quibus

archontum atheniensium series, etc., atque præcipua atticæ historiæ capita per olympicos annos disposita describuntur. *Florentiæ*, 1744-61, 4 vol. in-4. 24 à 36 fr. [22852]

— DISSERTATIONES IV agonisticæ, quibus olympiorum, pythiorum, nemeorum atque isthmiorum tempus inquiritur ac demonstratur, etc. *Florentiæ*, 1747, in-4. 5 à 6 fr. [21233]

Réimpr. à *Leipzig*, 1752, in-8.

— NOTÆ Græcorum, sive vocum et numerorum compendia, quæ in æreis atque marmoreis Græcor. tabulis observantur. *Florent.*, 1749, 2 tom. en 1 vol. in-fol. fig. 10 à 12 fr. [29906]

Vend. 13 fr. 50 c. Visconti.

— INSCRIPTIONES atticæ nunc primum ex Cl. Maffei schedis in lucem editæ, lat. interpretationibus brevibusque observationibus illustratæ ab ed. Corsini. *Florentiæ*, 1752, in-4. [29972]

— Series prefectorum urbis, 29202. — De Minnisari nummis, 29768.

CORSO (*Rinaldo*). Fondamenti del parlar thoscano, non prima veduti, corretti & accresciuti. *Vinetia (senz' anno)*, in-8. de 104 ff. avec la marque de Sessa sur le titre. [11080]

Édition la meilleure de cet ouvrage. La première est celle de Venise, *Comin da Trino*, 1549, in-8. Il y en a une autre de Rome, *Ant. Blado*, 1564, in-8.

— Delle private rappacificazioni trattato di Rinaldo Corso dotte delle lege con alcune allegazione. *Corregio*, 1555, pet. in-8. [28749]

Édition originale fort rare. Il en a été fait, pour un grand seigneur, une réimpression sous la même date, mais dont il n'a été tiré qu'un très-petit nombre d'exemplaires. Celui qui a été vendu 6 fr. 50 c. chez Crevenna, et 16 fr. Mac-Carthy, est impr. sur pap. bleu. Précédemment il en avait déjà été fait à Florence, en 1698, une réimpression in-8. sous la rubrique de *Colonia Agrippina*.

— DIALOGO dil Ballo. *Venetia, Bordogna*, 1555, in-8. de 16 ff. chiffrés. — Réimpr. *Bologna, Anselmo Giaccarello*, 1557, pet. in-8. [10377]

— LA PANTHIA, tragedia. *Bologna, Benacci*, 1560, in-8.

L'auteur, au commencement de cette pièce, enseigne de quelle manière les personnages doivent être vêtus.

CORSO. Voy. CASTIGLIONE.

CORTÆSII (*Hilarii*), Neustri, Volantillæ : accesserunt ejusd. super funere Claudiæ Gallorum reginæ, etc., versus elegiaci. *Parisiis, Sim. Colinæus*, 1533, in-8. 4 à 6 fr. [12852]

CORTE (*Girol.* dalla). Istoria di Verona, divisa in XXII libri. *Verona*, 1594 et 1612, 2 vol. pet. in-4. [25425]

Bonne édition d'un ouvrage assez recherché quoiqu'il ne passe pas pour fort exact : vend 19 fr. Floncel. La réimpression de *Venise*, 1744, 3 vol. in-4., a été vendue 35 fr. Millin ; 7 fr. Reina ; 20 fr. Libri.

CORTE (la) d'amore, novella cavalleresca scritta nel buon secolo della lingua e non mai fin qui stampata. *Venezia, tip. Merle*, 1858, in-8. de 16 pp.

Tiré à 51 exemplaires.

Corsius (*Jo.*). Ficini vita, 30719.

CORTEGGIO inedito. Voy. GAYE.

CORTE-REAL (*Jeronymo*). Successo do segundo Cerco de Diu, estando D. João Mascarenhas por capitão da Fortaleza, o año de M. D. XLVI. *Lisboa, por Ant. Gonçalvez*, 1574, pet. in-4. [15348]

Édition fort rare de ce poëme en 21 chants.

Réimprimé à *Lisbonne*, en 1784, in-8., par les soins de Bento José de Souza Farinha.

La traduction en vers castillans, par Pedro Padilla, a été impr. à *Alcala*, en 1597, pet. in-8. 1 liv. 14 sh. m. v. Heber.

— Naufragio e lastimoso successo da perdiçaõ de Manoel de Souza de Sepulueda, et Dona Lianor de Sá sua molher et filhos, vindo da India para este reyno na nao chamada o Galiaõ grande S. Joaõ que se perdeo no cabo de Boã Esperança, na terra do Natal : e a peregrinaçaõ que tiueraõ rodeando terras de Cafres mais de 300 legoas tè sua morte ; composto em verso heroico, et octaua rima por Jeronimo Corte Real. (*Lisboa*), *na oficina de Simaõ Lopez*, 1594, pet. in-4. de IV et 206 ff. [15349]

Ce poëme en 17 chants a été publié après la mort de l'auteur, par Ant. Souza : vend. en *mar.* 3 liv. Heber. Il en a été fait une réimpression à *Lisbonne*, 1783, pet. in-8., et une autre dans la même ville, en 1840, en 2 vol. in-32, et aussi une traduction en espagnol, par Fr. Conturas, sous le titre de *Nave tragica de India de Portugal*, Madrid, 1624, in-4.

NAUFRAGE de Manoel de Souza de Sepulveda et de dona Lianor de Sa, poëme portugais de Hieronimo Corte-Real, traduit pour la première fois par Ortaire Fournier. *Paris, Carrier*, 1844, in-8.

— Felicisima victoria concedida del cielo al señor D. Juan de Austria en el golfo de Lepanto de la poderosa Armada Othomana en el año de 1572. *Lisboa, Ant. Ribeiro*, 1578, pet. in-4. [15171]

Un exempl. en *mar. v.* 2 liv. Hibbert ; 2 liv. 10 sh. (*mar.*), et 1 liv. 7 sh. Heber. — Corte Real a écrit ce poëme en vers espagnols, avec autant de succès que les deux précédents en portugais.

CORTES (*Hernan* ou *Fernand*). Carta de relacion ebiada a su S. majestad del epa‖dor ñro señor por el capitan general de la nueua spaña : llamado fernando cor‖tes. En la ql haze relacion d'las tierras y prouincias fin eneto q ha descubierto‖nueuamente en el yucatan del' año de XIX. y ha sometido ala corona ‖ real de su S. M... cuenta largamente del grandissimo senorio del dicho Mu‖teeçuma y de sus ritos y cerimonias. y de como se firne.‖ (à la fin) :

La presente carta de relacion *fue impressa en la muy noble & muy leal ciudad de Se‖villa : por Jacobo cronburger aleman. A* VIII *dias de Nouiebre : Año de M. d. & xxij ,* in-fol. goth. de 28 ff. (et non 14) à 48 lig. par page, sign. a. b. c. par 8, et d. par 4. [21062]

Catalogue de livres curieux, *New-York*, 1854, in-8. p. 20, n° 125.

Édition originale et fort rare de la seconde lettre de Cortes. On ne croit pas que la première lettre ait été impr. Vend. 20 liv. 10 sh. à Londres, selon Dibdin.

CARTA *de relacion embiada a su S. majestad por el capitan general de la nueua España : llamado Fernando Cortes...* (à la fin) : La presente carta de relacion *fue impressa en la muy noble & muy leal ciudad de Caraçoça : por George Coci Aleman. a* v. *dias de Enero. Año de M. d. y. xxiii.* in-fol. goth. de 28 ff. à 48 lig. par page pleine, sign. a. b. et c. par 8, et d. par 4.

Autre édition de cette seconde lettre décrite dans le catalogue imprimé à New-York, et dans celui de M. Grenville.

— Carta tercera de relacion : embiada por Fernā‖do cortes capitan & justicia mayor del yucatan llamado la nueua españa‖ del mar oceano : al muy alto y potentissimo cesar & inuictissimo señor don‖ Carlos emperador semper augusto y rey de españa nuestro señor : de las ‖ cosas sucedidas & muy dignas de admiracion en la conquista y recupe‖racion de la muy grande & marauillosa ciudad de Temixtitan : y de las ‖ otras prouincias a ella subjetas que se rebelaron... (à la fin) : *La presente carta d' relacion fue impressa en la muy noble & muy leal ciudad d' sewilla por ‖ Jacobo cronberger aleman : acabose a xxx. dias de março : año d' mill & quinietos & xxiij,* in-fol. goth. de 30 ff. à 48 lig. par page pleine, sig. a.b.c. par 8 et d. par 6. (Même catalogue, p. 27.)

Meusel, qui a décrit ces deux lettres dans sa *Biblioth. histor.*, tome III, part. I, pp. 267 et suiv., n'a pu se procurer de renseignements sur la première édition de la quatrième lettre, dont nous allons donner le titre et la description :

LA QUARTA *relacion que Fernãdo Cortes governador y capitan general por su majestad en la Nueva España del mar oceano embio al muy alto y muy potentissimo invictissimo señor Don Carlos emperador semper augusto y rey de España nuestro señor : en la qual estan otras cartas y relaciones que los capitanes Pedro de Avarado y Diego Godoy embiaron al dicho capitan Fernando (sic) Cortes.—Fue impressa la presente carta de relacion en la ymperial ciudad de Toledo, por Gaspar de Avila. Acabose a veynte dias del mes de Octubre. Año del nascimiento de nuestro salvador Jesu Christo de mil & quinientos & veynte & cinco annos* (1525), pet. in-fol. goth. de 22 ff. sign. A. B. C. à 50 lig. par page.

Édition fort rare. Le texte commence au verso du frontispice et se termine au verso du 7e f. du cah. C.; le dernier f. est tout blanc.

LA QUARTA *relacion que Fernando Cortese, go-*

vernador & capitan general por su magestad... embio al muy altro... (à la fin) : *Fue impressa·la presente carta de relacion de las Indias : en la metropolitana ciudad de Valencia por George costilla. Acabose a xij dias del mes de Julio año de mil. d. xxvj. años,* pet. in-fol. (ou in-4.) goth. de 26 ff. à 2 col. de 45 lignes, sign. a par 6, b par 8, c et d par 6. (Communiqué par M. Lenox, de New-York.)

Cette quatrième lettre est portée dans la *Biblioth. heber.*, VII, n° 1884, avec l'édition de la seconde, impr. à Saragosse, *por George Coci Aleman,* 1523, pet. in-fol. goth., et l'édition de la troisième lettre de Séville, 1523. Ces trois lettres, auxquelles, d'après l'annonce du libraire vendeur, a dû être réunie la première édition de la seconde lettre, annoncée sous le n° 1307 de la VIe partie de la *même Biblioth. heber.*, ont été vendues ensemble 48 liv.; toutefois, le n° 1307 de la 6e partie est marqué 12 liv. 5 sh. dans mon exempl. du catal. Heber, ce qui prouve ou que cet article s'est trouvé double, ou qu'il n'a pas été réuni aux trois autres lettres.

La seconde lettre et la troisième ont été trad. en latin par Pierre Savorgnanus, sous le titre de *Præclara Ferd. Cortesii de nova maris oceani hispânia narratio,* en 1524, in-fol., renfermant la seconde lettre, en 53 ff. plus un blanc ; *De rebus... et insulis nuper repertis,* en 12 ff., et *Tertia narratio,* 4 ff. prélim., 51 ff. chiffrés et 1 f. pour l'errata. (à la fin) : *Impressum in imperiali civitate Norimbergæ,* per Fœdericum Arthemisium (*Peypus*) *anno Millesimo quingentesimo vigesimo quarto.* (Panzer, VII, p. 466) : 3 liv. 5 sh. Heber ; 42 fr. *non relié,* Libri - Carucci : 23 flor. Butsch ; 96 fr. en 1859, et 250 fr. Catalogue de L. Potier, 1860. Ces deux pièces ont été réimprimées avec d'autres dans le vol. qui a pour titre : *De Insulis nuper inventis Ferd. Cortesii narrationes, etc.* Colon., 1532, in-fol. (15 fr. Rœtzel ; 29 fr. 50 c. Eyriès), et dans *Novus orbis,* Basil., 1555, in-fol. C'est d'après la traduction lat. de Savorgnanus que Nic. Liburnio a donné : *La preclara narratione della nuova Hispagna del mare oceano nell anno* 1520, *trasmessa ;* Venet., Bern. de Viano de Lexona, 1524, in-4. Vend. 2 liv. Hibbert ; 3 liv. 8 sh. mar. r. et 1 liv. 12 sh. Heber ; 22 fr. Reina ; 100 fr. Walckenaer ; 39 fr. en 1859, et 220 fr. mar. v, L. Potier.—Réimpr. dans le 3e vol. de Ramusio.

Il existe une édition de la seconde lettre trad. en italien par Nic. Liburnio, impr. à Venise, *per Zuan Antonio di Nicolini da Sabio ,* in-4., dont le titre porte qu'elle a été terminée le 17 août 1524. Cette même traduction a été insérée dans le 3e vol. de Ramusio (voy. ce nom).

Nous pouvons citer aussi une traduction allemande de la même lettre, d'après la version latine de Savorgnanus, par André Diether, maitre de langue latine à Augsbourg (vers 1534), in-fol.

— Voy. notre article NOVE de le Isole.

— Historia de nueva España , escrita por su esclarecido conquistador Hernan Cortes ; aumentada con altros documentos y notas por D. Fr.-Ant. Lorenzana. *En Mexico,* 1770, pet. in-fol. fig. [28598]

Ce volume renferme XVI et 400 pp. 9 ff., plus la vue du grand Temple de Mexico, une carte dressée en 1540, et la copie d'un livre hiéroglyphique , en 30 pl. 18 fr. en 1798 ; 57 fr. en mar. viol. Boutourlin ; 53 fr. en novembre 1857.

Citons encore :

CORRESPONDANCE *de Fernand Cortès avec l'emreur Charles-Quint, sur la conqueste du Mexique,* trad. par le vicomte de Flavigny. *Paris, Cellot et Jombert,* 1778, in-12.

THE LETTERS *or despatches of Hernando Cortes, the conqueror of Mexico, written during the con-*

quest... translated of the original spanish, with notes and illustrations, by George Folson. *New-York*, 1843, in-8. de 444 pp.

— Voyage et conquêtes du capit. Ferdinand Courtois ès Indes occident., traduit de langue espagnole par Guill. le Breton. *Paris, Abel l'Angelier,* 1588, in-8. de VIII et 416 ff.

Cet ouvrage est extrait de l'espagnol de Gonzales Fernandes d'Oviedo et de Fr. Lopez de Gomara (voyez GOMARA). Vend. 2 liv. 14 sh. mar. doré, Heber; 26 fr. Eyriès.

CORTES (*Martin*). Breve compendio de la sphera y de la arte de nauegar, con nueuos instrumentos y reglas, exemplificado con muy subtiles demonstraciones. *Sevilla, in casa de Ant. Alvarez,* 1551, in-fol. goth. de 98 ff., sig. A—M. fig. sur bois. [8492]

61 fr. en juin 1860.

Ce texte original est plus rare que la traduction anglaise qui en a été faite par Rich. Eden, *London*, *R. Jagge*, 1561, in-4., laquelle a été réimprimée en 1589 et en 1596, in-4., et de nouveau corrigée et augmentée par John Tapp. *London*, 1609, in-4.

CORTESE (*Giovambattista*). Il Selvaggio di M. Giovambattista Cortese da Bagnacavallo, in cvi si trattano innamoramenti, battaglie, et altre cose bellissime, con somma diligenza ridotto et nvovamente stampato, et non piv per lo adietro venvto in lvce. — *In Vinegia per Giovan' Antonio di Nicolini da Sabbio nel anno... 1535. del mese di Zvgno*, in-4. à 2 col. lettres ital. sig. A—Q. par 4, plus 1 f. pour le registre et la souscript. [14780]

Poëme divisé en quatre livres, le 1er en v chants, le 2e en X, le 3e en VII et le 4e en IV. Le tout en stances de huit vers (*Melzi*). On ne connait que cette édition : vend. 1 liv. Heber; 17 fr. Riva.

CORTESE (*Giulo-Cesare*). Opere in lingua napoletana; 15a impressione.*Napoli, Adr. Scultore*, 1666, in-12 de 5 ff. et 552 pp. [15034]

Une des dernières éditions des œuvres de ce poëte. 6 fr. de Soleinne.

On trouve dans ce recueil : *La Rosa, favola,* imprimée d'abord à *Napoli, per Fr. Ferrante Maccarano*, 1621, in-12, réimpr. en 1644, in-12 de 130 pp., encore en 1665, et qui est une des meilleures pièces de ce genre qu'ait produites l'Italie. — *La Vaiasseide, poema heroico, arrichiato di annotazioni a ciascun canto, con una difesa, contro la censura di gli Accademici scatenanti; per Bartol. Zito dette il Tardacino.* Napoli, Ottavio Beltrano, 1628, pet. in-8. et plusieurs autres petits poëmes.

CORTEZ (*Cl.*). Histoire de l'invention du corps de la glorieuse sainte Magdeleine dans la ville de S. Maximin (par le R. P. Cl. Cortez). *Aix, Est. David*, 1640, in-16. [22218]

Cortesius (*Greg.*). Epistolæ, 18744. — Opera, 18993.
Cortesius (*P.*). De hominibus doctis, 30549.

Vendu en *mar. br.* 40 fr. Veinant, et quelquefois beaucoup moins.

CORUM. L'art de Chyromance de excellent et tres exercité τ prouue maistre andrieu Corum : utile et necessaire a tous ceulx qui exerciter vouldront lart de Cirurgie et de Medecine. Pource que la dicte scièce traicte de complexion de plusieurs hommes et pronostication des signes τ caracteres imprimes en nature es mains apparoissans translatee de latin en francoys. Par maistre Jehan de verdellay selon la sentence de Aristote. (*Sans lieu ni date*), pet. in-8. goth. de 91 ff. non chiffrés, avec beaucoup de fig. en bois qui représentent des mains, avec les lignes. [8930]

Édition du commencement du XVIe siècle. Du Verdier en cite une de *Lyon, par Jacques Moderne,* sans date, et il nomme l'auteur *Andrea Corvo.* Vend. 20 fr. m. r. Crozet; 11 fr. Baudelocque.

CORVAYSIER (*René Le*). La chasse au loup cervier, contre les calomnies de G. Thomson (dans son livre de la chasse de la bête romaine). *Paris,* 1612, in-8. 4 à 6 fr. [2113]

— Voy. THOMSON.

CORVINUS (*Laurentius*). Cosmographia dans manuductionem in tabulas Phtolomei : ostendens omnes regiones terræ habitabiles : diuersa hominū genera, diuersis moribus et conditionibus viuentes : annumerās diuersa aïmalia in diuersis prouinciis, insulas, & mōtes et plurima scitu dignissima : vna cum nōnullis epigrammatibus & carminibus. (*absque nota*), in-4. de 55 ff. à 37 lig. par page, sig. a-g. caract. rom. [19605]

Cet ouvrage est de Laur. Corvinus qui est nommé au 4e f. H. Bebelius, qui en a été l'éditeur, l'a dédié à Hartmann de Eptingen, sous la date de Bâle, 1496. M. Græsse suppose qu'il a été imprimé à Tubingue vers 1500. Il en a été fait nombre d'éditions dans le XVIe siècle.

— HORTULUS elegantiarum magistri Laurentii Corvini Novoforens., partim ex M. T. Ciceronis surculis, partim ex suo germine consitus, in cuius fine describitur Cracovia Poloniæ metropolis carmine saphico. *Impressum Moguncie per Joannem Schœffer anno Dñi Milleysimo octavo*, in-4.

Panzer indique quatorze éditions de ce livre, imprimées de 1503 à 1519, in-4., et une plus ancienne sous cette date. *Cracoviæ, anno M. D. II. mense Decembri*, avec la marque de l'imprimeur Jean Haller.

— CARMEN elegiacum de Apolline & novem Musis. *Impressum in festa urbe wratislaviensi per me Conradum Baumgarthen de Rothemburga Anno dñi 1503 die xx mensis Aphilis* (sic), in-4. [12975]

Corti (*Alph.*). Systema vasorum Psammasauri Grisei, 5850.
Corticelli (*Salv.*). Regole, 11087. — Della toscana eloquenza, 12076.
Corvalan (*Loperraez*). Obispado de Osma, 26128.
Corvinus (*Math.*). Epistolæ, 26527.
Corvinus. Jurisprudentia romana, 2506.

Réimpr. avec des corrections, *Nurembergæ*, per Hier. Hölzel, 1509, et *Augustæ*, Syl. *Otmar*, 1529, in-4.

Pour d'autres ouvrages de cet écrivain, et les différentes éditions qui en ont été faites, consultez les deux tables des *Annal. typogr.* de Panzer.

CORY (*Preston*). Ancient fragments of the phœnician, chaldæan, egyptian, tyrian, carthaginian, indian, persian, and other writers : with an introductory dissertation : and an inquiry into the phylosophy and trinity of ancients, by Isaac Preston Cory ; second edition. *London, Pickering*, 1832, in-8. de lix et 361 pp. plus 4 ff. au commencement. 1 liv. 1 sh. [22743]

CORYAT (*Thomas*). Coryats crudities hastily gobled vp in fiue moneths trauells in France, Sauoy, Italy, Rhetia comonly called the Grisons country, heluetia alias Switzerland, some parts of High Germany and the Netherlands. *London, printed by W. S. Anno Domini* 1611, in-4. [19909]

Volume curieux autant que rare, et qui se paye de 6 à 10 liv. en Angleterre. En voici la description, d'après Lowndes : un titre impr. 2 cah. (a et b) de 8 ff. chacun, autre *b* de 4 ff. (*A Character of the authour*, et des vers de Ben Jonson), *c* à *g*, par 8 ff., *h* à *l*, par 4 ff., B—Ddd 4, par 8 (avant D 2, page 1ʳᵉ des *Coryats crudities*, sont 3 ff. contenant *Mr. Laurence Whitakers elogie of the booke*). Après la table, 2 ff. contenant une dédicace et un errata. Les planches sont au nombre de huit, y compris le frontispice gravé par W. Hole.

CORYAT'S crudities ; reprinted from the edition of 1611, to which are now added, his letters from India, etc., and extracts relating to him, from various authors ; being a more particular account of his travels (mostly on foot) in different parts of the Globe, than any hitherto published : together with his orations, characters, death, etc. *Lond.*, 1776, 3 vol. in-8. fig. 2 liv. 2 sh.

Pour les autres écrits de ce singulier personnage, consultez Lowndes, p. 487, ou 2ᵉ édit. p. 528 ; et pour ses poésies macaroniques, le *Macaroneana* de M. Delepierre, pp. 195-197, 346 et 377.

CORYCIANA. Voy. PALLADIUS.

COSME III [de Medicis]. Travels of Cosmo the third, great duke of Tuscany, through a large part of England, in the reign of Charles the second and in the year 1669, translated from the italian manuscript of the laurentian library at Florence. *London, Mawman*, 1820, gr. in-4. fig. 1 liv. 5 sh. Bohn. [20302]

COSMICO. Incomincia la cancion dil excellentissimo Cosmico. *Impr. in Venecia per Bern. di Celeri de Lovere*, 1478, *a di x Aprile*, in-4. de 54 ff. [14469]

Ce volume, quoique fort rare, n'a été vendu que 18 sh. 6 d. Pinelli.

L'édition de *Vicence, per màestro Rigo da Cazeno*,

1481, in-4. et l'édition sans date, même format, qui se trouvaient également chez Pinelli, y ont été données à très-bas prix ; mais on peut croire qu'elles auraient une beaucoup plus haute valeur, aujourd'hui que les anciens livres italiens sont recherchés.

— Canzonete del Cosmico. (au recto du dernier f.) : *Impresso in Venetia per Thomaso di Piasis* M CCCC LXXXXII *die* x *de decembre*, pet. in-4. de 44 ff. non chiffrés, sig. *aaaaa* jusqu'à *fffff*. lettres rondes ; le verso du dernier f. est tout blanc. 90 fr. Riva.

Les signatures de cet opuscule prouvent qu'il appartient à un recueil.

COSMOGRAPHIÆ introdvctio, cvm qvibvsdam geometriæ ac astronomiæ principiis ad eam rem necessariis. Insuper quatuor Americi Vespucij nauigationes. Vniuersalis chosmographiæ descriptio tam in solido q̃; plano, eis etiam insertis quę in Ptholomęo ignota a nuperis reperta sunt. (*Deodatæ*, 1507), in-4., fig. d'astronomie, ff. non chiffrés, à 27 lig. par page. [19522]

Ce petit livre, fort rare, est composé de 54 ff. non chiffrés ; il est divisé en deux parties, la première de 22 ff., y compris la planche représentant une mappemonde, laquelle occupe 2 ff. réunis ; la seconde de 32 ff. qui ont pour sommaire : *Quatuor Americi Vesputii navigationes*. Au recto du dern. f. la marque de l'imprimeur (Gautier Lud) et la souscription ainsi disposées :

Pressit, & ipsa eadē Christo monimēta multa premet. Tempore venturo cætera multa fauete

S D GL NL M

Vrbs Deodate tuo clarescens nomine præsul Qua Vogesi montis sunt iuga pressit opus

Finitū .vij. kl'. Maij Anno supra sesqui millesimum .vij.

La Cosmographie, qui forme la première partie de ce vol., est l'ouvrage de l'imprimeur Waldsee-Müller, lequel, en grécisant son nom, l'a transformé en *Hylacomylus*. On doit à ce géographe la carte du

Nouveau-Monde jointe à l'édition de Ptolémée de 1522, carte où le nom d'*America* est inscrit : et c'est lui qui, le premier, dans sa Cosmographie, a désigné le Nouveau-Monde sous le nom d'*Americi terra vel America*. Mais ce qui donne particulièrement de l'importance au livre décrit, c'est qu'on y a joint les *Quatuor Americi Vespucii Navigationes*, lesquelles, au dire de l'éditeur, auraient été traduites de l'italien en françois, ensuite du françois en latin.

Indépendamment de cette édition, datée du VII *kl' Maii*, il en existe une autre, sortie de la même presse en cette même année, dans laquelle à la date de *mai* est substituée celle du IIII *kl' sepèbris*, mais sans aucun autre changement dans la disposition de la souscription figurée ci-dessus. Quoique ces deux éditions contiennent l'une et l'autre un nombre égal de feuillets, et qu'elles aient été exécutées avec les mêmes caractères, elles sont effectivement tout à fait différentes, ainsi que le prouve la description qui suit :

Édition datée du mois de mai.

Huit cahiers de signatures, savoir : A en 6 ff., B en 4, a, b, c, d en 8, e en 4 et f en 6 (en tout 54 ff.). Derrière la mappemonde, occupant un double feuillet après a iiij, est un texte impr. en 12 lig. Au f. bij recto, *finis introductionis*, et au verso du même f. *Philesius Vosgigenea lectori*. Au recto du 23e f. coté biij, commence la seconde partie de cette manière : *Quatuor Americi Vesputii navigationes* (en deux lignes). L'épître dédicatoire au roi de Jérusalem est au verso du f. biij.

Édition datée du mois de septembre.

Première partie, quatre cah., savoir : A, B, C en 6 ff. (y compris la mappemonde placée après Cii et qui compte pour 2 ff.), D en 4. Le texte, impr. derrière la mappemonde, est ici en 15 lig., et le verso du dernier f. du cah. D est tout blanc.

Seconde partie, en six cah., savoir : A en 8 ff., b et c en 4, d en 8, e et f en 4. Au recto du 1er f. du cah. A : *Quattuor Americi | Vesputii Nani | gationes*, (en 3 lig.), et au verso les vers au lecteur. La dédicace au roi de Jérusalem, laquelle, dans l'édition précédente, est impr. au verso, est placée ici au recto du cah. Aij.

Ajoutons que la dédicace à Maximilien, impr. dans les deux éditions au verso du frontispice, commence de cette manière dans la première :

> *Divo Maximiliano Cæsari sem-*
> *per Augusto Gymnasium vos*
> *agense non rudibus indo*
> *ctisve artium humani*
> *tatis.......*

et dans la seconde :

> *Divo Maximiliano Cæsari sem*
> *per Augusto Gymnasium*
> *vosagense non rudibus*
> *indoctisve artium hu*
> *manitatis commen*
> *taribus.....*

L'exemplaire de l'édition datée du mois de mai, qui a été porté à 160 fr. à la vente du géographe Eyriès faite à Paris, en 1846, ne s'est pas trouvé entièrement conforme à la description ci-dessus, prise sur deux exemplaires, celui de M. Ternaux, et celui de M. Lenox de New-York; il nous présente, surtout dans les deux premiers feuillets, des différences notables, par exemple : au lieu des mots *Gymnasium vosagense*, qui, comme on a pu le voir ci-dessus, se lisent dans la dédicace à Maximilien, au verso du premier f., il y avait *Philesius Vosgeginea*. Au recto du 2e f. se trouvaient ces lignes :

> *Divo Maximiliano Cæsari au-*
> *gusto Martinus iliaco-*
> *milius Foelicita-*
> *tem optat*

Ce qui donne le nom de l'éditeur (vulgairement nommé Waldsee-Muller) ; chose qu'on ne trouve pas dans les exemplaires ordinaires, où ce même f. commence tout différemment.

Les différences que l'on a pu remarquer entre des exemplaires portant la même date viennent de ce que l'imprimeur aura complété des exemplaires de la première édition avec des feuilles de la seconde ou des exemplaires de la seconde avec des feuilles restant de la première, ou qu'enfin il aura réimprimé des feuilles qui lui manquaient.

Cette édition de 1507, si bien connue et si appréciée aujourd'hui, l'était fort peu il y a cinquante ans. Nous la trouvons annoncée sous la date de *Paris*, 1507, dans le catal. de Loménie de Brienne, impr. en 1797, n° 2035, et porté seulement à 4 fr. C'est, nous le croyons, le même exemplaire qui a figuré depuis sous le n° 1108 du catal. de Méon, avec cette singulière indication : *Francofurti Deodati*, imaginée par Bleuet jeune, rédacteur de ce catalogue, et qui avait pris *Deodate* pour un nom d'imprimeur. Cette fois le livre ne put être vendu 6 fr. qu'après avoir été réuni au n° 1109 du même catalogue. D'autres exemplaires ont été vend. 5 liv. 5 sh. et 3 liv. 19 sh. Heber ; 80 fr. chez le même à Paris ; et 50 fr. *seconde édition*, en 1842 ; 101 flor. Butsch, 1848.

Dans un exemplaire de l'édit. impr. au mois de septembre qui a été vendu 212 fr. Libri-Carucci, le feuillet de Mappemonde était composé de deux moitiés appartenant à deux éditions différentes, l'un n'ayant que 12 lig. au verso et l'autre en ayant 15, ce qui rendait incomplet le texte de ce feuillet. Un autre exemplaire de l'édition faite en septembre a été porté à environ 280 fr. dans une vente faite par Edw. Tross, en 1857.

On regarde généralement la *Cosmographia* de 1507, comme le premier livre imprimé à Saint-Dié, et cette opinion est partagée par M. Beaupré de Nancy, qui, en décrivant ce livre dans ses curieuses *Recherches historiques sur le commencement de l'imprimerie en Lorraine* (édit. de 1845), p. 67 et suiv., émet des doutes sur l'exactitude du fait rapporté par M. N.-F. Gravier, dans son *Histoire de la ville et de l'arrondissement de Saint-Dié* (Epinal, 1836, in-8., pp. 202 et 203), où il est dit que « Le chanoine Gauthier Lud, associé par la suite à Mathias Ringmann, connu sous le nom de Philésius des Vosges, signala la fin du XVe siècle par l'introduction de l'imprimerie à Saint-Dié, et qu'après avoir célébré, en 1494, la fête de la *Présentation au temple*, il consacra les prémices de sa presse à la publication des bulles de l'institution et de l'office de cette fête, sur trois ff. in-4., impr. à 2 col., lettres rondes, sans chiffres ni réclames. »

—Cosmographiæ introductio... (in fine) : *Explicit feliciter cosmographiæ universalis descriptio cū quatuor Americi Vesputii navigationibus vigilantissime impressa per Johañem de la Place.* (absque anno), in-4. de 34 ff. non chiffrés, à 37 et 38 lig. par page, caract. romains.

Cette édition, très-peu connue, a dû être imprimée à Lyon, où Jean de La Place exerçait dès l'année 1510. Au verso du premier f. se lit la dédicace intitulée : *Reverendo Jacobo Roberto... albiēñ præsuli... Ludovicus Boulanger* ; ensuite on trouve l'épître datée de Saint-Dié, 1507, comme dans l'édit. précédente ; puis une autre de *Jo. Descolis medicinæ professor*. Le volume se compose de six cahiers savoir : A et B en 4 ff. ; C en 2 ; D, E, F en 8 ; sur le f. C recto on lit un avis *ad lectorem*, et le verso est blanc ; la mappemonde occupe un feuillet double (Cij) que nous ne comptons que pour un seul dans les 34 ; sur le recto du même feuillet se lit un texte en 12 lig. Peut-être est-ce la même édit. que celle qui est annoncée (sans nom de ville et sous la date de 1507) dans la *Biblioth. hcber.*, VII, n° 6409, et y est portée à 2 liv. 15 sh.

Le même recueil a été aussi imprimé à Strasbourg, en 1509, in-4. goth. à 37 et 38 lig. par page, édition à la fin de laquelle se lit la souscription suivante :

Pressit apud Argentoracos hoc opus ingeniosus vir Joannes grüninger Anno post natum salvatorem supra sesquimillesimum Nono. Joanne Adelpho Multicho Argentin. castigatore. (Bibl. Mazarine, n° 16169.)

Ce livre est en 2 part., la première de 10 ff. sous les signat. A et B en 4 ff., C en 8, y compris la mappemonde qui compte pour 2 ff. La seconde partie, en 18 ff. sous les signat. D, E et F en 6 ff. chacune. M. Lenox de New-York possède deux exemplaires de cette édition de Nuremberg ; dans l'un le texte impr. derrière la mappemonde occupe 14 lig., et dans l'autre il en occupe 15.

COSMOMORIUS. Discursus consolatorius super concilio tridentino factus inter S. Matrem Sorbonam et Nicolaum Maillardum sacræ theologiæ parisiensis venerandum decanum, in lucem editus curis Benedicti Cosmomorii. *Parisiis, in vico Sorbonæ, ad intersignium plenæ lunæ, apud Joannem Lanternium,* anno 1564, in-8. de 24 pp. [12852]

Dialogue supposé contre la validité du concile de Trente. Cet écrit, en vers latins, est l'ouvrage d'un protestant qui a déguisé son nom, celui du libraire, et jusqu'à l'enseigne qu'il lui donne. On lit à la fin : *Hic prima pars explicit.*

COSMOPOLITE. Voy. RECUEIL de pièces choisies.

COSRI. R. Jehudæ levitæ liber Cozri vel Cuzari seu Cosrois (ex arab. latine vertit Jehuda ben Saul Tibbon). *Fani, Gerson Soncinas,* 226 (*an. Chr.* 1506), pet. in-4. [11503]

Première édition. Il y en a une de Venise (1547), in-4., et une autre (tronquée) *cum comment. R. Jehudæ Muscati,* Venet., J. de Gara, 1594, in-4.

— Idem liber, hebr. et lat., ex versione et cum notis J. Buxtorfii filii. *Basileæ, Geor. Deckerus,* 1660, pet. in-4.

Ce livre a été vendu jusqu'à 60 fr. de Sacy; il ne vaut pas plus de 8 à 10 fr. Le catal. de ce savant, qui en donne le long titre *in extenso,* sous le n° 266, annonce sous le n° 265 *le Livre de Cosaréen... composé en arabe par le rab. Iéhoudah Halevi, et trad. de l'arabe en hebreu par le rab. Iéhoudah, fils de Saul Tibbon,* Venise, 351 (1591), pet. in-4. de 299 ff.

Il paraît que le texte arabe n'a pas été imprimé.

— Guzary libro de grande sciencia y mucha doctrina, traduzido del ebrayco en español por Jac. Abendana. *Amsterd.,* 5423 (1663), in-4. Rare.

COSSALI (*Pietro*). Scritti inediti del P. D. Pietro Cossali, chierco regolare teatino, pubblicati da Baldassare Boncompagni; seguiti da un' appendice contenente quattro lettere diritte al medesimo P. Cossali, ed una nota intorno a queste lettere. *Roma, tipografia delle belle*

arti, 1857, gr. in-4. de XVI et 417 pp., y compris 2 fac-simile. 20 fr. [7840]

Pierre Cossali, savant mathématicien, mort à Padoue en 1815, s'est fait particulièrement connaître par l'ouvrage ayant pour titre :

ORIGINE, trasporto in Italia e primi progressi in essa dell'Algebra, storia critica di nuove disquisizione analitiche e metafisiche arrichita. *Parma, Bodoni,* 1797-99, 2 vol. in-4. fig. 30 à 36 fr. [7878]

Les *Scritti inediti,* au nombre de sept, réunis dans le beau volume publié par M. Boncompagni, sont précédés d'une intéressante préface du savant éditeur.

COSSARD (*Iacques*). Méthode povr escrire avssi vite qv'on parle : en suite duquel est un traicté, contenant La bonne prononciation des mots françois, & des mots equiuoques, de l'escriture des mots prononcez; ensemble des Synonimes. *Paris, chez l'Auteur,* 1651, pet. in-8. de 26 pp., 3 ff. et le titre, avec le portrait de Louis XIV. [9067]

La Bibliothèque impériale conserve un exemplaire de ce livre imprimé sur VÉLIN. Le médecin Falconet en possédait un semblable, qui dans son catal. est annoncé sous le nom de Gossard, et porté à 17 fr. 95 c.

COSSART (*Jean*). Le Brasier spirituel, en rime francoise. *Evreux, Le Marié,* 1607, in-12. [13905]

COSSIGNY de Palma (de). Memoir containing an abridged treatise on the cultivation and manufacture of indigo (with several memoirs on the process observed in different parts of India). *Calcutta,* 1789, in-4. de 172 pp. [6379]

Volume rare en France.

COSSON de la Cressonière. De la bonne Royne, et d'un sien bon curé; fabliau d'une bonne femme gauloise, retrouvé et mis au jour par mademoiselle Cosson de la Cressonière (l'abbé Bossu). *Paris, de l'impr. de Didot l'aîné,* 1782, in-18 de 36 pp. pap. d'Annonay. [14182]

Opuscule composé à l'occasion de la naissance du dauphin, fils de Louis XVI, et dont les exemplaires tirés à petit nombre sont devenus très-rares. 40 fr. mar. A. Martin; 20 fr. 50 c. Pixerécourt; 13 fr 50 c. Renouard.

COSTA (*Steph.*). Tractatus de ludo lectus pro (*sic*) clarissimaȝ || juris utriusȻ doctorē stephanum costa. — (in fine) : *Impressum papie p Francis||chů de sancto petro. Anno dñi.* M.CCCC||lxxxviii die iiij° Julii, in-fol. de 15 ff. à 2 col. de 52 lig., caract. rom. [1340 ou 10470]

Réimpr. *Papie per Martinum de laualle de mo||ferrato. Anno dñi* M.cccc.lxxxviiii. die xx mensis Augusti, in-4. de 11 f. à 2 col. de 63 et 64 lig. caract. goth.

COSTA (*Emman.* Mendes da). Historia naturalis testaceorum Britanniæ, ou la conchologie britannique, en anglais et en français. *London*, 1778, gr. in-4., avec 17 pl. 12 à 18 fr. [6136]

Avec les pl. color. vend. 39 fr. 50 c. en 1839.

— ELEMENTS of conchology, 6108.

COSTA e Sa (*Joac.-Josè* da). Diccionario portuguez - francez - e - latino. *Lisboa*, 1794, 2 tom. en 1 vol. in-fol. [11185]

Il y a un abrégé de ce Dictionnaire, *Lisboa, typ. bollandiana*, 1808, pet. in-4.

On a du même auteur : *Nouveau Dictionnaire français-portugais, composé par Manoel de Sousa, mis en ordre, rédigé, revu, corrigé, augmenté, etc.*, par *J.-J. de Costa*, Lisbonne, 1784, in-fol., et sous le titre de *Novo Diccionario, francez-portuguez composto segundo os mais celebres diccionarios, edit.* VIII. Lisboa, 1817, in-4.

COSTA (*O.-G.*). Fauna del regno di Napoli, ossia enumerazione di tutti gli animali che abitano le diverse regioni di questo regno e le acque che le bagnano, contenente la descrizione de' nuovi e poco esattamente conosciutti, con figure ricavate da originali viventi e dipinte al naturale. *Napoli*, 1829 à 1844, in-4. fig. color. [5617]

Ouvrage dont il a paru 45 fasc. au prix de 5 fr. chacun, mais qui n'est pas continué.

COSTAGUTI. Architettura della basilica di S. Pietro in Vaticano, opere di Bramante Lazzari, Michel' Angelo Buonarota, fatta esprimere e intagliare in più tavole da Martino Ferrabosco, e posta in luce l' anno 1620. Di nuovo data alle stampe da Giov.-Batt. Costaguti. *Roma*, 1684, in-fol. max. fig. [9874]

Ce volume contient un frontispice gravé, IV et 35 pp. de texte, avec 30 pl. médiocrement grav., mais faites d'après d'assez bons dessins, qui, toutefois, ne valent pas ceux que Dumont a donnés depuis : vend. 22 fr. Hurtault.

COSTALIUS (*P.*). Voy. COUSTEAU.

COSTANZO (*Angelo* di). Le sue rime. *Padova, G. Comino*, 1723, in-8. [14554]

Un exemplaire impr. sur VELIN, 20 flor. Crevenna, et 146 fr. Mac-Carthy. — L'édition de 1728, in-8., est un peu plus complète que celle-ci, mais moins que les deux suivantes.

— LE MEDESIME, e le rime di Galeazzo di Tarsia (edizione procurata ed illustrata da Ant.-Feder. Seghezzi). *Padova, Comino*, 1738 ovvero 1750, in-8. 4 à 5 fr.

On a tiré des exemplaires de ces deux éditions sur pap. bleu. Vend. tel (1738) 12 fr. Mac-Carthy.

— Historia del regno di Napoli. *Aquila, Gios. Cacchio*, 1581 (aussi 1582), in-fol. de VI ff. non chiffr., 477 pp. et 1 f. pour l'avis de l'imprimeur. [25714]

Édition rare et la plus recherchée de cet ouvrage estimé, lequel comprend en 20 livres l'histoire des années 1250 à 1486. Vend. 25 fr. Boutourlin ; 26 fr. Libri ; 19 fr. Riva. L'auteur avait d'abord fait paraitre les huit premiers livres de cette histoire à Naples, en 1572, in-4. L'ouvrage entier a été réimpr. à Naples en 1710, et en 1735, in-4., avec la vie de Costanzo par Tafuri, et ensuite dans le 3ᵉ vol. de la *Raccolta* publiée par Gravier (voy. RACCOLTA) ; enfin à Milan, 1805, en 3 vol. in-8.

COSTARD. Les Entretiens de M. de Voiture et de M. de Costard. *Paris, Aug. Courbé*, 1655, in-4., titre gravé. [18626]

28 fr. Giraud.

— Lettres de M. Costard. *Paris, Augustin Courbé*, 1658-59, 2 vol. in-4. 15 à 20 fr. [18823]

Un exempl. en *mar. r.* avec une lettre autographe de Costard à Ménage, 105 fr. Giraud.

Pour la défense des ouvrages de Voiture par Costard, voy. VOITURE.

COSTE (le P. *Hilarion* de). Histoire catholique ou sont descrites les vies, faicts et actions héroïques et signalées des hommes et dames illustres, qui par leur piété ou saincteté de vie, se sont rendus recommandables dans les XVIᵉ et XVIIᵉ siècles. *Paris, P. Chevalier*, 1625, in-fol. portr. [22027]

Ce livre, qui contient 114 éloges, est le premier ouvrage de l'auteur ; il n'avait presque aucune valeur autrefois, mais nous le trouvons porté à 65 fr. dans un des Bulletins (janvier 1858) de M. Techener, et c'est ce qui nous le fait indiquer ici. Pour d'autres écrits de ce religieux, voy. les nᵒˢ 24850 et 30462 de notre table, et le 17ᵉ vol. des Mémoires du P. Niceron, aussi notre article BIE (*Jacq.* de).

COSTE. Cours d'études de paysages, et choix des plus belles fabriques, de vues d'Italie, dessinées d'après nature, etc., précédé de l'explication de chaque objet, par J.-B. Coste, et gravé par Marchand. *Paris, l'auteur*, 1809, gr. in-fol. en 15 livrais. 50 à 60 fr., et plus en pap. vél. [9208]

COSTE (*Pascal*). Architecture arabe, ou monumens du Kaire, mesurés et dessinés de 1817 à 1826. *Paris, F. Didot*, 1837-39, gr. in-fol., contenant 70 pl. et 52 pp. de texte. [10032]

Ouvrage publié en 15 livraisons ; prix de chacune : 12 fr. — color. 25 fr. Les prem. livrais., publiées en 1834, contenaient les monuments mesurés en 1820, 21 et 22. Un exemplaire contenant, outre les 70 pl. au trait, 30 pl. ombrées, 112 fr. Quatremère.

COSTEAUX (les). Voy. VILLIERS, comédien.

COSTIOL (*Hieronymo*). Primera parte de la Cronica del principe D. Juan de Austria, hijo del emperador Carlo V., de las jornadas contra el gran Turco Selimo II, tratando primero la genealogia de la casa Ottoman. *Barcelona*, 1572, pet. in-8., fig. sur bois. [26074]

A cette chronique se joint : *Canto al modo de Orlando, de la memorable guerra entre el gran Turco Selimo, y la Señoria de Venecia, con la felicissima victoria del Ser. D. Juan de Austria.* Ibid., 1572, pet. in-8. en vers.

Un exempl. de ces deux opuscules auquel il manquait plusieurs feuillets est porté à 10 sh. dans le catal. de Salvá, n° 593.

COSTITUZION de la patria de frivoli. (in fine) : *in Udine per Maistro Gerardo (de Lisa) da Fiandra sotto el Regimento del Magnifico Messer Luca Moro degnissimo Luogotenente della patria. Finida a di ultimo de Luglio* 1484, in-4. goth. [2974 ou 25479]

C'est le plus ancien livre connu qui ait été imprimé à Udine. Panzer, IX, p. 305, l'a décrit d'après Denis. Il est attribué à P. Hædus dans la nouvelle Biographie générale, XXIII, col. 52.

COSTO (*Tommaso*). Il Fuggilozio diviso in otto giornate..... *Venetia, Barezzo Barezzi*, 1600, in-8., 16 ff. prél. non chiffrés, 617 pp. de texte chiffrées, avertissement 1 f., table 18 ff., et 1 f. blanc. [17446]

Vend. 1 liv. Borromeo ; 6 sh. Heber.

Cette édition est rare ; mais, d'après la réimpression d'une libraire, on voit qu'elle est la réimpression d'une édition de Naples, plus ancienne, qui ne se trouve plus, ou que du moins les bibliographes n'indiquent pas. C'est sur celle de 1600 qu'ont été faites les autres réimpressions de cet ouvrage, également publiées à Venise, et de format in-8., savoir : *per il Farri*, 1601. — *per Matteo Valentini*, 1604. — *per gli credi di Domenico Farri*, 1605 et 1613. — *per Barezzi*, 1620 (il y a plusieurs éditions sous cette même date, et elles ne méritent pas la préférence sur celle de 1600). — *per Giacomo Bortoli*, 1655.

Voici le titre d'une des éditions de 1620, lequel fait mieux connaître le livre que celui qu'on a lu ci-dessus : *Le otto giornate del Fuggilozio... ove da otto gentiluomini e due donne si raggiona delle malizie di femine, e trascuragini di mariti : sciocchezze di diversi : detti arguti : fatti piacevoli, e ridicoli : malvagità punite : inganni maravigliosi : detti notabili : fatti notabili et essemplari : con molte bellissime sentenze di gravissimi autori, che tirano il lor senso à moralità.* Elle a 18 ff. prél., 617 pp., 18 ff. pour la table des maximes et proverbes, plus un f. bl.

43 fr. *mar. bl.* Duplessis. On cite une édition de Venise, chez Ginammi, 1663, in-12 avec une *nuova aggiunta*, en 48 pp.

COSTUME of the hereditary states of the house of Austria, displayed in 50 coloured engravings, with descriptions by Bertrand de Moleville, translated by Dallas. *London, Miller*, 1804, gr. in-4. 30 à 40 fr. [9944] — Voy. COSTUMES.

COSTUME (the) of China, illustrated by 60 plates coloured after the original drawings, with descriptions in english and french (by Mason). *Lond., Miller*, 1800 or 1806, gr. in-4. 40 fr. [9963]

Vend. 32 fr. Langlès.

Le même auteur a publié : *Punishment of China, with 22 coloured pl.* London, Miller, 1801, gr. in-4.

— COSTUME (the) of China, or picturesque representations of the dress and manners of the Chinese, illustrated in 48 coloured engrav. with description by Will. Alexander. *London, Miller*, 1805, gr. in-4. 30 à 40 fr. [9964]

COSTUME of Persia drawn from nature, by A. Orlowski, and one stone by Hulman, Dighton..... *London*, 1820, gr. in-fol. fig. color. [9960]

Vend. (4 cah. contenant 25 pl.) 21 fr. Langlès.

COSTUME of Portugal by M. Levêque, illustrated by fifty coloured engravings, with a description of the manners and usage of the country. *London, Colnaghi*, 1814, in-4. fig. color. [9640]

Vend. 54 fr. Chateaugiron ; 32 fr. Rosny.

COSTUME of russian empire, illustrated in a series of 73 engravings. *London, Miller*, 1803, gr. in-4. [9657]

20 fr. Langlès ; 100 fr. *mar.* Rosny.

COSTUME of Turkey, illustrated by a series of (60) engravings, with descriptions by Dalvimart. *London, Miller*, 1802, gr. in-4. [9658]

Vend. 53 fr. Langlès ; 100 fr. Rosny, et moins depuis.

— THE MILITARY costume of Turkey, illustrated by a series of (31 coloured) engrav. from drawings made on the spot. *London, by Th. Maclean* (1818), gr. in-4. 20 à 25 fr. [9659]

COSTUME of Great-Britain (in a series of 60 coloured engravings), designed, engraved and written by W.-H. Pyne. *London, Miller*, 1808, gr. in-4. 40 à 50 fr. [9653]

Vend. 92 fr. Rosny.

Ces sept articles, ornés de planch. color. et accompagnés d'explications en anglais et en français, forment une collection intéressante. Quoiqu'ils soient de différents auteurs, nous les réunissons ici à cause de leur analogie. Nous indiquerons encore les deux ouvrages suivants :

COSTUME of England from the seventh to sixteenth century, by Ch. Hamilton Smith. *Lond., Bulmer*, 1811-13, gr. in-4., 60 pl. publ. en 15 livr., 10 liv. 10 sh., et ensuite réduit à 3 liv. 13 sh. 6 d. — format in-fol. 15 liv. 15 sh. — Vend. 231 fr. Rosny. — Voy. MEYRICK (*Sam.-Rush*).

COSTUME of the army of the british empire, designed by an officer of staff, described by Ch. Hamilton Smith. *Lond., Bulmer*, 1812, gr. in-4., publié, comme l'ouvrage précédent, par cahier de 4 pl. à 18 et 25 fr. — Voy. ATKINSON.

Une autre collection de costumes est portée dans les catalogues anglais sous le titre suivant :

COSTUMES, being picturesque representations of the dress and manners of Switzerland, Austria, China, Russia, Turkey and England, with numerous coloured engravings. *London*, 1814-15, 7 vol. gr. in-8.

— Voyez GROHMANN.

COSTUME (the) of Yorkshire, illustrated by a series of engravings, being fac-similes of original drawings, with descriptions in english and french. *London*, 1814, imper. in-4. 30 à 36 fr. [9656]

40 pl. color., non compris les frontispices, 96 pp. de texte, 2 titres et 2 tables du contenu. Il y a des exemplaires en Gr. Pap. in-fol.

COSTUMES (collection des) d'acteurs, publiés chez Martinet. Voyez GALERIE dramatique. — Voy. aussi LAMÉSANGÈRE.

COSTUMES des peuples des États de S. M. l'Empereur-Roi (d'Autriche). *Vienne, Mollo*, pet. in-4. pap. vél. 54 pl. [9645]

Un exempl. colorié et annoncé comme l'un des deux seuls qui le soient, 100 fr. Chateaugiron, et moins depuis.

COSTUMES suisses, contenant 28 figures d'après nature, color. avec soin. *Bâle, Ch. de Mechel*, sans date, in-4. [9643]

Vend. 48 fr. mar. citr. Chateaugiron.

— COLLECTION de costumes suisses, tirés du cabinet de M. Meyer d'Arau, par König. *Unterseen, chez l'auteur*, 1804, in-8., 24 pl. color.

Vend. 29 fr. 50 c. *mar.* le même.

D'autres recueils de costumes sont réunis sous les n°° 9601 à 9669 de notre table méthodique, où l'on trouvera les noms sous lesquels il faut les chercher dans ce dictionnaire.

COTA. Voy. CELESTINA, et COPLAS de Mingo.

COTEL (*Antoine* de). Le premier livre des mignardes et gayes poésies de A. D. C. *Paris, Gilles Robinot*, 1578, in-4. [13806]

Les poésies du conseiller de Cotel sont un peu plus que gaies, et ce n'est pas ce qui empêchera de les rechercher. Il n'en a paru que ce premier livre auquel est joint le 14° *livre de l'Iliade prins du grec d'Homère*, et traduit en vers français. Il est rare.

COTELERIUS (*J.-B.*). SS. Patrum qui temporibus apostolicis floruerunt opera, gr. et lat.; recensuit et notulas aliquot adspersit Joan. Clericus. *Amstel.*, 1724, 2 vol. in-fol. [844]

Bonne édition, peu commune et très-recherchée : 110 à 130 fr.; 126 fr. broché, Gianfilippi. — Les éditions antérieures sont beaucoup moins chères : néanmoins celle de 1700 s'est vend. 72 fr. Reina.

— Monumenta ecclesiæ græcæ, ex mss. codd. edita, gr. et lat., ex versione et cum notis Jo.-Bapt. Cotelerii. *Lutetiæ-Paris., Muguet*, 1677-86, 3 vol. in-4. 30 à 36 fr. [820]

On réunit à ces trois volumes les *Analecta græca* publiés par les PP. Pouget, Loppin et de Montfaucon, *Paris, Edme Martin*, 1688 (aussi 1692), in-4., tome I.

COTEREAU. Le deuoir d'un capitaine et chef de guerre. Aussi du combat en camp cloz ou duel, le tout faict latin par Claude Cotereau, et mis en langue francoyse par Gabriel du Preau. *Poictiers, a l'enseigne du Pelican*, 1549, pet. in-4. de 8 et LXVIII ff. chiffrés. Lettres ital. [8582]

Le texte latin a été impr. à Lyon en 1539.

COTESII (*Rog.*) Harmonia mensurarum, sive analysis et synthesis per rationum et angulorum mensuras promota : acced. alia opuscula mathematica. *Cantabrigiæ*, 1722, in-4. [7952]

Ouvrage estimé : 24 fr. de Lalande; 16 fr. Delambre, et quelquefois beaucoup moins.

COTGRAVE (*Randle*). A french-english Dictionary, compiled by R. Cotgrave; with another in english and french by Rob. Sherwood. *London, Adam Islip*, 1632, 2 tom. en 1 vol. in-fol. [11334]

Ce Dictionnaire est aujourd'hui hors d'usage, mais, au jugement de M. L. Barré (préface du Complément du Dictionnaire de l'Académie, p. XV), il a une supériorité marquée non-seulement sur celui de Nicot, qui l'avait précédé, mais même sur les travaux des Oudin, qui viennent après lui; il paraît singulier pourtant que le meilleur ouvrage de ce genre, avant le Dictionnaire de l'Académie, ait été composé par un Anglais.

Une autre édition *where cunto are newly added the animadversions and supplements of James Howell* a paru à Londres chez Humphrey Robinson, en 1650, in-fol. 19 fr. 50 c. De Bure.

Lowndes cite des éditions de Londres, 1660 et 1673, in-fol., et même une de 1611.

A l'article HOLLYBRAND nous donnons le titre d'un Dictionnaire français et anglais qui date de 1593. — Voy. aussi au mot PALSGRAVE.

COTGRAVE (*John*). The english Treasury of wit and language. *London*, 1655, in-12 de 320 pp.

Le rédacteur de ce recueil, extrait des anciens poëtes dramatiques anglais, en a donné un autre du même genre, sous le titre de *Wits interpreter, or the english Parnassus*, London, 1655, pet. in-8. L'un et l'autre sont recherchés en Angleterre et y ont été plusieurs fois vendus de 2 à 3 liv. chacun.

COTIGNON (*Pierre* de), escuyer sieur de la Charnays. La Muse champestre du sieur de la Charnaye (*sic*), gentil homme Nivernois : contenant la tragédie de Madonte, extraite de l'Astrée : auec un meslange d'enigmes, epigrammes, sonnets, stances et autres sortes de vers. *Paris, Jacques Villery*, 1623, in-8. de x ff. prélim. et 136 pp.

Ce volume renferme nombre de pièces, et entre autres des épigrammes assez libres, qui ont été reproduites dans le recueil suivant : on y peut lire tout au long l'explication des 74 énigmes qui en font partie. Le nom de La Charnaye est terminé par un *e* sur le titre de *la Muse champestre*, et au bas de l'épître dédicatoire qui accompagne ce même titre; mais dans trois autres ouvrages de l'auteur, le même nom a un *s* au lieu de l'*e* final. Cette double manière d'orthographier ce nom a induit en erreur les auteurs de la *Bibliothèque du théâtre françois*, attribuée au duc de La Valliere, lesquels, dans cet ouvrage, ont fait deux auteurs d'un seul : l'un (tome I, p. 542) sous le nom de *Pierre Cottignon*, *sieur de La Charnaye;* l'autre (II, 323) sous celui de *L. de La Charnais;* erreur que n'a pas évitée M. Weiss, dans la *Biogr. univers.*, X, article *Cotignon.*

— Ouvrage poétique du sieur de La Charnays, gentilhomme nivernois. *Paris, Charles Hulpeau*, 1626, pet. in-12 de 6 ff. prélim. et 259 pp. non compris la table des énigmes. [13994]

Recueil dédié, comme le précédent, aux ducs de Rethélois et de Mayenne, et qui se compose de sonnets, rondeaux, chansons, églogues et stances ; de 118 énigmes, et enfin de 81 épigrammes assez bien tournées, mais quelquefois fort lestes. Quoique très-varié et même piquant, *l'ouvrage poétique* ne fit pas fortune : ce qui le prouve, c'est que pour en faire écouler les exemplaires plus facilement, le libraire eut recours à une espèce de ruse, et substitua au titre primitif de l'ouvrage, dont il conserva cependant la jolie vignette en taille-douce, celui-ci : *Les vers satiriques et énigmatiques du Nouveau Théophile.* C'était un moyen certain d'attirer l'attention du public que de lui annoncer un nouveau *Théophile* au moment même où le célèbre poète de ce nom venait de mourir. Ce fait n'a pas échappé à l'attention du savant abbé Mercier de St-Léger, et même il a donné lieu à un article fort curieux que ce bibliographe a fait insérer dans le *Magasin encyclopédique*, 3ᵉ année, vol. III, pp. 248 et suiv. Toutefois, l'exemplaire dont s'est servi ce critique n'avait ni les pièces liminaires, ni la table des énigmes, en deux pages gravées, que renferme le nôtre. Cette table, dont nous devons dire un mot, est gravée à l'envers ; en sorte que pour la lire il faut avoir recours à un miroir, ainsi que l'auteur a eu soin d'en prévenir le lecteur dans son avertissement. C'est là une singularité qui donne quelque prix aux exemplaires en très-petit nombre où s'est conservée cette clef. Une planche du même genre que celle-ci a été donnée dès l'année 1527 dans le *Luminario* de Verini (voy. VERINI). 20 fr. *mar. bl.* Bignon, et plus cher depuis.

VERS du sieur de La Charnays, dédiés à monseigneur l'éminentissime cardinal de Lyon (Richelieu, frère du ministre de ce nom), grand aumônier de France. *Paris, Toussainct Dubray*, 1632, in-8. de 4 ff. prélim. et 85 pp.

L'abbé de Saint-Léger, dans l'article déjà cité, a fait connaître ce troisième recueil de La Charnays, où sont reproduites, avec des changements assez considérables, plusieurs pièces du second, et où l'auteur a employé une orthographe rapprochée de la manière de prononcer.

LES BOCAGES du sieur de La Charnays, pastorale où l'on voit la fuite de Cirine, le duel de ses amants, les desdains et les ruses d'Amire, l'extravagance de Meliarque, la ialousie d'Eliandre, l'ardeur de Filenie, la froideur de Neristel, la vanité des charmes de Tholitris, sa mauvaise fin et les disgraces de Pouirot. *Paris, Toussaint Dubray*, 1632, in-8. de 8 ff. prélim., 188 pp., plus 2 ff. pour le privilége et l'errata.

A la tête de ce livre se lisent des vers à la louange de l'auteur, par Colletet, Duryer et Rotrou; cela ne prouve pas cependant qu'il ait un grand mérite.

LES TRAVAUX de Jésus, poëme, par Pierre Cotignon de La Charnay. *Paris, Villerey*, 1638, in-8. de 6 et 148 ff. chiffrés d'un seul côté, avec de médiocres tailles-douces.

Le nom de La Charnays est écrit ici d'une troisième manière ; mais il s'agit toujours, comme on voit, du même Pierre de Cotignon. Les cinq ouvrages de ce poëte se rencontrent très-rarement réunis ; nous ne les regardons pas néanmoins comme des livres fort précieux, non plus que *le Phylandre*, impr. à Paris en 1625, in-8. qui est annoncé sous son nom dans le catal. de La Vallière, par Nyon, n° 9154.

On a attribué au sieur de La Charnays l'*Éventail satirique*, 1625, in-8., pièce en vers dont il existe plusieurs éditions : c'est sans doute parce que le nom du *Nouveau Théophile* figure sur le titre de l'une de ces éditions (voy. ÉVENTAIL).

COTIN (*Charles*). La Ménagerie et quelques autres pièces curieuses. *La Haye, P. Dubois*, 1666, pet. in-12. [14202]

Cette édition, dont le titre porte la sphère des Elseviers, est plus complète que la première du même ouvrage, in-12, sans date et sans nom d'auteur, avec cette souscription au bas du frontispice : *Imprimé par les Antiménagistes... chez le Pédant démonté, à Cosmopolis*. Les pièces ajoutées à l'édition de La Haye ne sont pas de Cotin. C'est d'abord le *Chapelain décoiffé*, en deux façons ; ensuite une pièce obscène intitulée *Galanterie*. La *Ménagerie*, satire contre Ménage, est encore recherchée et se trouve difficilement. 15 fr. Chardin, et 39 fr. Giraud.

Il y a des exemplaires de cette satire sous la date d'*Amsterd., Henri Schelte*, 1705, pet. in-12, 5 à 6 fr. — 26 fr. *m. bl.* Crozet.

Autres ouvrages de Ch. Cotin.

— Poëme : la Jérusalem désolée, ou méditations sur les Leçons de ténèbres, en vers (avec un hymne sur la divinité ; le contentement d'Ariste dans la solitude et sept sonnets). *Paris, Fr. Targa*, 1634 (aussi 1636), in-4.

POÈME sur la Magdeleine qui cherche Jesus Christ au sepulchre, dédié au card. de Richelieu, *Paris, Jacq. Degast*, 1635, in-4.

Ce poëme est réimprimé ainsi qu'une partie du recueil précédent dans les *Poésies chrétiennes* de l'auteur, *Paris, P. Le Petit*, 1668, in-12, édition plus complète que celle de *Paris, De Sercy*, 1657, in-8.

LA PASTORALE sacrée, ou paraphrase du Cantique des cantiques selon la lettre, avec plusieurs discours et observations, *Paris, P. Le Petit*, 1662, in-12.

— Recueil des énigmes de ce temps, précédé d'un discours sur les énigmes et d'une lettre à Damis. *Paris, Touss. Quinet*, 1646, in-12. [14217]

Plusieurs énigmes de Cotin avaient déjà paru dans un recueil de ces sortes de vers publié à Paris, en 1638, in-12, recueil que Goujet dit rempli d'obscénités, et dans lequel notre auteur se trouvait en fort mauvaise compagnie. Il a donné à Paris, en 1661, une édition in-12 de son propre recueil, lequel avait déjà été réimpr. à Lyon en 1658, et l'a été depuis à *Rouen, chez Dav. Berthelin*, en 1673, in-12. Les édit. de 1661 et 1673 sont divisées en trois parties ; celle de *Paris, Nic. Le Gras*, 1687, in-12, conserve la même division.

Goujet attribue à l'abbé Cotin un Nouveau recueil de divers rondeaux. *Paris, Aug. Courbé*, 1650, in-12.

— OEuvres galantes, tant en prose qu'en vers ; seconde édition augmentée. *Paris, Est. Loyson*, 1665, 2 part. in-12. [14037]

C'est dans la seconde partie de ce recueil que se trouve le fameux *sonnet à la princesse Uranie*, que Molière a frappé d'un ridicule éternel.

La première partie a été impr. d'abord en 1663 ; on y trouve à la page 386 le sonnet à mademoiselle de Longueville : *Votre prudence est endormie*, et à la p. 443, le madrigal *sur un carrosse de couleur amarante*.

— Œuvres meslees de M. Cotin de l'Academie françoise, contenant enigmes, odes, sonnets et épigrammes dédiés à Mademoiselle. *Paris, Gabr. Quinet,* 1066, in-12.

Publié d'abord à *Paris, chez Ant. de Sommaville,* en 1659, in-12.

— LA CRITIQUE désinteressée des satyres du temps. (*sans lieu ni date*), in-8. de 64 pp.

Pièce anonyme contre Boileau, impr. vers 1667. Cotin y nomme son critique le sieur *Desvipereaux.*

Citons encore les *Nopces royales,* par *C. Cotin,* Paris, P. le Petit, 1660, in-12, et les *Odes royales,* du même, sur les mariages des princesses de Nemours, *Paris,* 1665, in-8., deux pièces sans importance.

Les Sermons de Cotin, si fort décriés par Boileau, n'ont pas été imprimés, mais on a conservé de lui une oraison funèbre sous ce titre :

ORAISON FUNÈBRE d'Abel Servien, ministre d'État, surintendant des finances, etc., par Ch. Cotin, abbé de Montfroncel, de l'Académie françoise, *Paris,* 1659 (selon d'Olivet), in-4. C'est par erreur qu'elle est datée de 1698 dans la Bibliothèque du P. Lelong, III, n° 32537.

Voici deux ouvrages en prose de Cotin, qu'on lit encore moins que ses vers, mais qui prouvent qu'il ne manquait point d'érudition.

THEOCLÉE, ou la vraie philosophie des principes du monde. *Paris,* 1646, in-4.

TRAITÉ de l'âme immortelle, *Paris, Ant. de Sommaville,* 1655, in-4.

On a encore du même écrivain :

RÉFLEXION sur la conduite du roi, quand il prit le soin des affaires par lui-même. *Paris,* 1663, in-4. de 33 pp.

COTMAN (*John* Sell). The architectural antiquities of Normandy; containing one hundred plates, comprising views, elevations and details of the most celebrated and most curious remains of antiquity in that country, engraved by John Sell Cotman; accompanied by historical and descriptive notices (by Dawson Turner). *London, Arch,* 1820-21, 2 vol. in-fol. pap. super-royal, avec 100 pl. grav. à l'eau-forte. [9943]

Cet ouvrage coûtait 12 liv. 12 sh., mais on ne le trouve actuellement pour 3 ou 4 liv. Le très-Gr. Pap., avec les premières épreuves sur pap. de Chine, est plus cher. L'auteur a possédé un exemplaire imprimé sur VÉLIN (Lowndes, I, p. 532).

Le même artiste a aussi publié :

1. SPECIMENS of the architectural antiquities of Norfolk, consisting of 60 plates, with descriptions. *Yarmouth,* 1812-17, in-fol. 7 liv. 7 sh. Vend. 3 liv. 16 sh. Dent. [10017]

2. ENGRAVINGS of the most remarkable sepulchral brasses in Norfolk, with historical and descriptive accounts. *Yarmouth,* 1813-16, gr. in-4., avec 84 pl. et un index. 6 liv. 16 sh. 6 d.

Une nouvelle édition (*Engravings of the sepulchral brasses in Norfolk and Suffolk*), 1839, 2 vol. pet. in-fol. contenant 173 pl., avec un texte par Dawson Turner, D.-E. Davy, Sam.-Rush Meyrick, etc., est porté dans le catal. de Bohn, au prix de 5 liv. 5 sh. — Gr. in-fol. 8 liv. 8 sh.

3. MISCELLANEOUS etchings of architectural antiquities in Yorkshire, Norfolk, and Lincolnshire, 1812, in-fol., avec 28 gravures et un index. 2 liv.

4. ANTIQUITIES of St.-Mary's chapel near Cambridge, etc., etc., with description. 1819, in-fol. 1 liv. 15 sh.

5. LIBER studiorum, a series of landscape studies and original compositions several in the style of old masters. *London,* 1838, gr. in-4., 40 eaux-fortes. 1 liv. 4 sh. — in-fol. 2 liv. 2 sh.

Plusieurs des ouvrages ci-dessus réunis en 2 vol. et formant un ensemble de 240 pl., sont annoncés à 8 liv. 8 sh. dans le catal. de Bohn, n° 386, sous ce titre :

COTMAN'S etchings of architectural and picturesque remains in various counties of England, but chiefly in Norfolk, including also his Liber studiorum, with letterpress descriptions by Th. Rickman, and a general index, 1838.

COTOGNO (*O.*). Nuovo itinerario delle poste per tutto il mondo. *Milano,* 1616, in-16. [19625]

Annoncé comme curieux et rare : 30 fr. Libri, en 1847.

COTON (le P. *Pierre*), jésuite. Sermons sur les principales et plus difficiles matières de la foy, réduits par lui-même en forme de méditations. *Paris, Séb. Huré,* 1617, in-8. [1445]

Ce célèbre jésuite, confesseur d'Henri IV, a passé pour un des plus habiles prédicateurs de son temps ; mais aujourd'hui ses sermons ne se recommandent guère que par le nom de l'auteur et par leur rareté. On en peut dire autant des autres ouvrages du même père, savoir :

INSTITUTION catholique, divisée en quatre livres qui servent d'antidote aux quatre de l'Institution de Jean Calvin. *Paris, Claude Chappelet,* 1610 (aussi 1612), in-4. [1836]

— Genève plagiaire, ou vérification des dépravations de la parole de Dieu qui se trouvent ès Bibles de Genève. *Paris, Cl. Chappelet,* 1618, in-fol.

Ce livre donna naissance à l'ouvrage suivant :

DEFENSE de la fidelité des traductions de la Bible faites à Genève, par Benedict Turrettin. *Genève, pour Jacq. Chouet,* 1619, in-4.

Le P. Coton, ayant opposé à cet écrit sa *Rechute de Genève,* Lyon, 1620, in-4., B. Turrettin riposta par ces deux autres opuscules :

RECHUTE du Jesuite plagiaire, ou examen des dialogues de P. Coton. *Ibid.,* 1620, in-4.

SUITE de la fidelité des traductions de la Bible, contre le P. Coton. *Genève, Pierre Aubert,* 1626, in-4.

— Lettre déclaratoire de la doctrine des pères jésuites, conforme aux décrets du concile de Constance, adressée à la royne mère du roy... par le P. Coton..... *Paris, Cl. Chappelet,* 1610, in-8. de 30 pp. avec privilége en date du 26 juin. [21917 ou 28636]

Cette lettre donna lieu au célèbre pamphlet publié sous ce titre :

ANTICOTON ou réfutation de la lettre déclaratoire du P. Coton. Livre où est prouvé que les Jésuites sont coupables et autheurs du parricide exécrable commis en la personne du roy tres chrestien Henry IIII. d'heureuse mémoire. (*sans lieu d'impression*), 1610, in-8. de 72 pp., cotées jusqu'à 74, parce que les chiffres 9 et 10 manquent.

Voir sur l'Anticoton et sur son auteur la dissertation de Prosper Marchand, impr. d'abord en 1738 à la fin de l'*Histoire admirable de dom Inigo de Guipuscoa,* in-12; puis avec des augmentations dans le Supplément aux Mémoires de Condé, 1744, in-4., quatrième partie; consultez aussi les sources citées

Cotolandi (*Ch.*). Vie de la duchesse de Montmorency, 21962.

Cotolendi. Arlequiniana, 18547.

dans la *Biblioth. de la France*, du P. Lelong, I, n° 14258, et notre article CONTRE-ASSASSIN.

COTOVICUS (*Joannes*). Itinerarium hierosolymitanum et syriacum, in quo variarum gentium mores et instituta; insularum, regionum, urbium situs..... una cum eventis, quæ auctori acciderunt, dilucide recensentur; accessit synopsis reipublicæ venetæ. *Antuerpiæ, Hier. Verdussen,* 1619, in-4. fig. [20557] ·

Ouvrage assez estimé et devenu rare. Vend. 19 fr. Langlès. Il a été trad. en flamand, *Anvers*, 1620, in-4., avec les mêmes figures.

Le catal. de la Bibliothèque de la Marine, n°s 12201 et 12202, indique deux exempl. de cet itinéraire (édit. de 1619), sous la même date; l'exempl. n° 12202 a deux titres, le premier est semblable à celui de l'exempl. n° 12201 ; mais le second offre plusieurs différences, et entre les deux titres se trouvent diverses pièces qui ne sont pas dans l'autre exempl. Les tableaux (*synopses reipublicæ*) qui devraient se trouver à la fin du volume n'y sont pas.

COTRASTO (pour Contrasto). Io sono il gra. capitano della morte chetego. la chiave de tutte le porte. (*in fine*) : Finito il cotrasto del uiuo et dl. morto (*senza nota*), in-4. de 4 ff. sign. A. à 2 col. avec un bois au pr. f. Impr. vers 1500. (Molini, *Operette*, n° 286.) — Voy. CONTRASTO, et ajoutez :

CONTRASTO de lazolo e del diauolo. — *Finito el contrasto...FINIS.* in-4.de 2 ff. à 2 col.de 4 octaves, caract. goth. de la même époque que l'opuscule précédent. (Molini, *Operette.*)

COTRUGLI. Traicte de la marchandise et du parfaict marchand, traduit de l'italien de Benoist Cotrugli Raugean, par Jean Boyron, œuvre tres necessaire a tout marchant. *Lyon, par les heritiers de Francois Didier,* 1582, in-16. [4157]

COTTA (*Joannes*). Carmina elegantissima. *Coloniæ-Venetorum, Perottus,* 1760, in-8. 4 à 5 fr. [12679]

Voyez aussi pour les poésies de Cotta, les articles CARMINA quinque; DOCTISSIMORUM epigrammata, et SANNAZARII *odæ*, édit. de 1529. Il y a une édition de ce poëte, donnée par l'abbé Morelli. *Bassano*, 1802, in-4.

COTTA d'Ameno (*Lazaro-Agostino*), novarese. La Pirlonea, comedia fantastica, faceta, e ridicola. *Bologna, Gioseffe Longhi* (senz' anno), in-12 de 144 pp. [16717]

Pièce dans laquelle quatre personnages s'expriment dans les patois bolonais, vénitien, bergamasque et napolitain. Haym, qui en cite une édition de Milan, 1666, dit que cette comédie est de celles qui sont véritablement facétieuses; mais que dans les réimpressions qui en ont été faites on a ajouté des équivoques et des lazzi peu décents. L'édition sans

date a été vendue 4 fr. de Soleinne, et en *m. olive* 9 fr. Libri; celle de 1718, impr. à Milan, 3 sh. 3 d. le même. L'auteur, dont, à ce qu'il parait, les véritables prénoms seraient *Ludovico-Maria*, a écrit plusieurs ouvrages sérieux, et entre autres *Museo novarese*, Milano, 1701, in-fol., où les hommes célèbres du Novarais sont distribués en quatre classes. [30664]

COTTA (*Giovambattista*). Dio, sonetti ed inni, con note. *Venez., Battaglia,* 1820, 6 vol. in-16. 20 fr. [14582]

Bonne édition, accompagnée de la vie de l'auteur par le P. della Torre. Il y a des exempl. in-8. en pap. vél. Une première partie de ces poésies a d'abord été impr. à Gênes, en 1709, et une seconde à Foligno, en 1733, in-8.

COTTALORDA (*Leandro*). Voyez les n°s 20562, 20615 et 20616 de notre table.

COTTIN (*Marie-Josèphe* Risteau, V°). Ses OEuvres complètes, avec une notice sur la vie et les écrits de l'auteur (par A. Petitot). *Paris, Foucault,* 1817, 5 vol. in-8., fig. 20 fr. — pap. vél. 40 fr. [17249]

Cette édition et celle de *Paris, Ladrange* (*impr. de F. Didot*), 1823, 9 vol. in-18, portr., sont les deux plus belles que l'on ait de ces romans si souvent réimprimés.

ÉLISABETH, ou les exilés en Sibérie, suivie de la prise de Jéricho, poëme par Mme Cottin. *Paris, Janet et Cotelle* (*impr. de Didot l'aîné*), 1822, in-18, pap. vél., avec 3 vignettes.

Jolie édition. Les exempl. in-12, pap. vél. fig. avant la lettre, 6 fr., et avec les eaux-fortes, 10 fr. Il y a cinq exempl. sur des pap. de couleur (rose, vert, lilas), avec trois sortes d'épreuves des vignettes et les eaux-fortes.

COTTINEAU de Kloguen (*Denis-L.*). An historical sketch of Goa, the metropolis of the portuguese settlement in India. *Madras, W. Twigg,* 1831, gr. in-8.fig.

COTTINGHAM (*L.-N.*). Plans, elevations, details and views of the magnificent chapel of king Henry the seventh, at Westminster abbey church, with the history of its fondation, and an authentic account of its restoration. *London, Priestley,* 1822, gr. in-fol., avec 45 pl. 3 liv. 3 sh. — très-Gr. Pap. 4 liv. 14 sh. 6 d.—drawing paper, 7 liv. 7 sh. [10003]

Premier volume contenant les détails de l'extérieur. Le même artiste a publié en 1829 les Vues et plans de l'architecture intérieure de la même chapelle, en 35 pl. gr. in-fol. Pour ses autres ouvrages consultez Lowndes, 2° édit., p. 533. A l'article MACKENZIE (*Fred.*) nous donnons le titre d'un autre ouvrage relatif à la chapelle de Westminster.

COTTON Deshoussaies (*J.-B.*). Oratio habita in comitiis generalibus Soc. Sorbo-

---

nicæ die 23 decembr. 1780. *Parisiis, prælis Ph.-D. Pierres*, 1781, in-8. de 8 pp. [31158]

Ce discours, qui traite des qualités et des devoirs du bibliothécaire, n'a été tiré qu'à 25 exemplaires. Il en existe une traduction française par Gratet-Duplessis, *Paris, Techener*, 1839, in-8.; réimprimée en 1857, chez *Aubry*, in-8.

COUCHÉ (*J.*). Galerie du Palais-Royal, gravée d'après les tableaux de différentes écoles qui la composent, par J. Couché, avec une description de chaque tableau par de Fontenai (Morel, etc.). *Paris*, 1786-1808, 3 vol. gr. in-fol. [9376]

Recueil d'un certain intérêt, mais dont le commencement est beaucoup mieux exécuté que la fin. Les trois volumes se composent de 59 livraisons de 6 pl. chacune, à l'exception de la dernière, qui n'en contient que 4. Chaque livraison jusqu'à la 40e a coûté 12 fr.; et depuis la 41e, 15 fr. Le tout ensemble se paye de 300 à 400 fr. dans les ventes, lorsque ce sont de bonnes épreuves, mais le nouveau tirage se donne à bas prix. On ne peut plus se procurer séparément les dernières livraisons.

Il a été tiré au moins une vingtaine d'exemplaires des planches *avant la lettre*, sur quart de feuilles de pap. colombier (avec la lettre à part sur pap. de soie); douze autres exempl. *avant la lettre*, in-fol., sur pap. Jésus, du même format que les exemplaires ordinaires (1253 fr. en 1821; 884 fr. Labédoy...); et enfin 25 exemplaires *avant la lettre*, sur pap. vél. colombier. Le tirage des dernières livraisons a été réduit de moitié, et M. Renouard rapporte, dans son catalogue, qu'une partie des exemplaires des quatre premières livraisons ont été rognés, et réduits à la grandeur du pap. ordinaire.

Une nouvelle édition de la *Galerie du Palais royal*, publiée par Henri Heims, avec texte nouveau, est mise en souscription chez J. Tardieu depuis le mois de mai 1858. Elle est de format in-4., et les 340 pl. gravées sur cuivre doivent former 68 livr. de 5 pl., au prix de 3 fr. par livraison mensuelle.

RECUEIL de paysages enrichis de figures et d'animaux, gravé dans le genre du crayon par J. Couché. *Paris, an x*, gr. in-fol. [9209]

Il a paru au moins 15 cahiers de ce recueil.

COUCY (*Regnault* de). Chansons du chatelain de Coucy, revues sur tous les manuscrits, par Francisque Michel; suivies de l'ancienne musique, mise en notation moderne, avec accompagnement de piano par M. Perne. *Paris, Techener* (*impr. de Crapelet*), 1830, gr. in-8. [14304]

Tiré à cent vingt exemplaires sur pap. jésus (20 fr.), quinze sur pap. de Holl., avec armoiries sur VÉLIN (40 fr.), et deux sur VÉLIN. Un de ces derniers, 110 fr. 50 c. en mars 1833.

Ce volume, qui se compose de xxxvj et 200 pp., est orné de vignettes représentant les armoiries du sire de Coucy, les ruines de son château, etc. Il fait suite à l'*Histoire du château de Coucy* dont nous parlons à l'article CRAPELET.

COUCY (*Raoul* de). Voy. MÉMOIRES hisriques sur Coucy.

COUILLARD (*Ant.*), seigneur du Pavillon lès Lorriz. Ses contredits aux faulses et abbusifues prophéties de Nostradamus et autres astrologues : adiouste quelques oeuures de Mich. Marot. *Paris, l'Angelier*, 1560, pet. in-8. Rare. [9018]

Vend. 16 fr. en 1841.

Le sieur du Pavillon, avant de contredire les propheties des autres, avait publié les siennes à *Rouen*, en 1556 (et à *Paris, Ant. Leclerc*, et aussi *Jean Dallier*, 1556, pet. in-8.), selon La Croix du Maine.

LES ANTIQUITEZ et singularitez du monde, ausquelles est traicté de la science diuine, et des choses admirables, tant célestes que terrestres, par le seigneur du Pavillon, près Lorriz (Antoine Couillard). *Lyon, Ben. Rigaud*, 1578, in-16. [31823]

La Croix du Maine cite l'édition de *Paris, Jean Dallier*, 1567, in-8., que Du Verdier date de 1557. Ce dernier attribue encore à Ant. Couillard un livre intitulé : *Les Fleurs odoriferantes, cueillies ès delectables jardins de vertus, diuisées en deux livres*. Paris, Loys Begat, 1549, in-8.

Il lui attribue encore :

QUATRE LIVRES sur les procedures civiles et criminelles, selon le commun style de France, et ordonnances royaux pour l'instruction des Greffiers. *Paris, Vincent Sertenas*, 1560, in-16. Ouvrage déjà publié sous le titre d'*Instruction et exercices des Greffiers des justices tant royales que subalternes...* Paris, Jean Longis, 1543, in-8.

COULANGES (Mémoires de M. de). Voy. l'article SÉVIGNÉ.

COULDRETTE, Mellusine. Voy. l'article JEAN d'Arras.

COULOMB (*C.-A.*). Théorie des machines simples, en ayant égard au frottement de leurs parties et à la roideur des cordages. Nouvelle édition à laquelle on a ajouté les mémoires du même auteur : 1° sur le frottement de la pointe des pivots; 2° sur la force de la torsion et sur l'élasticité des fils de métal; 3° sur la force des hommes, etc. *Paris, Bachelier*, 1820, in-4. fig. 15 fr. [8085]

COUPE-CUL de la mélancolie. Voy. BÉROALDE de Verville.

COUR de France (la) turbanisée, et les trahisons démasquées, par L. B. D. E. D. E. *Cologne, Pierre Marteau* (*Hollande*), 1686 et aussi 1687, pet. in-12. [23838]

Ce pamphlet n'est ni rare ni fort recherché : 4 à 6 fr.
15 fr. mar. bl. Renouard. — Il a été réimpr. à *La
Haye, Jacob van Ellinckhuyen*, 1690, de format
pet. in-12.

COUR (la) de St Germain, ou les intrigues galantes du roy et de la reine d'Angleterre depuis leur séjour en France.
*St-Germain (Hollande), chez Jacques
Le Bon*, 1695, pet. in-12 de 184 pp.,
avec une planche vis-à-vis du frontispice.
[17315]

Vend. jusqu'à 52 fr. mar. bl. Nodier; 28 fr. 50 c.
mar. r. Giraud; 49 fr. mar. v. Veinant, et quelquefois de 12 à 15 fr.

Ce roman satirique, ou plutôt ce pamphlet, a reparu
sous le titre de Galanteries de la cour de Saint-
Germain (voy. GALANTERIES).

COURCELLES (*P.* de). La rhétorique de
Pierre de Courcelles, de Candes en Touraine. *Paris, Sebast. Nivelle, ou Guil.
Le Noir*, 1557, in-4. [12060]

Livre curieux à cause des exemples en prose et en
vers qui y sont rapportés.

LE CANTIQUE des cantiques de Salomon, mis en
vers françois selon la vérité hebraïque, par Pierre
de Courcelles... Ensemble les Lamentations de Ieremie le prophete, avec l'epistre d'iceluy. *Paris, Robert Estienne*, 1564, in-16, avec les airs notés.

COURCELLES (*J.-Bat.-Pierre* Jullien,
dit le chevalier de). Histoire généalogique et héraldique des pairs de France,
des grands dignitaires de la couronne,
des principales familles nobles du royaume, et des maisons princières de l'Europe, précédée de la généalogie de la
maison de France, par M. le chevalier
de Courcelles. *Paris, Arth. Bertrand*,
1822-33, 12 vol. gr. in-4. fig. [28852]

Cet ouvrage devait avoir 20 volumes, mais il n'a pas
été continué. Chaque vol. a coûté 45 fr. — Pap.
vél. 90 fr. Le 12ᵉ contient une table générale.

Le même généalogiste a donné : un *Armorial général
de la chambre des pairs*, Paris, 1822, gr. in-4.,
et les derniers volumes du *Nobiliaire universel
de la noblesse de France*, ouvrage de Viton de
Saint-Alais (Paris, 1814-43), 21 vol. in-8. dont le 20ᵉ
contient la table [28839]; —[les 5 premiers vol. d'un
Dictionnaire de la noblesse de France [28838], et
un *Dictionnaire des généraux français*, en 9 vol.
[24092]

COURIER breton (le), ou discours adressé
au roy Louis XIII, sur la mort de Henryle-Grand. 1626 ou 1630, in-8. [23645]

Deux éditions peu communes : 3 à 5 fr. Cet ouvrage
est réimpr. dans le 6ᵉ vol. des *Mémoires de Condé*,
in-4. C'est, à ce qu'il paraît, la même chose que
l'ANTI-JÉSUITE, ou discours au roi contre les jésuites
sur la mort de Henri IV (par de Montlyard). *Saumur*, 1611, in-8.

COURIER (le) burlesque, envoyé à monseigneur le prince de Condé pour divertir son altesse durant sa prison, lui racontant tout ce qui se passa à Paris en
l'année 1648 au sujet de l'arrêt d'union.
Paris, 1650, in-12. [14239]

Chronique rimée par un sieur de Saint-Julien dont le
nom se lit dans le privilége. Il y a une seconde
partie sous ce titre :

*Le Courrier burlesque de la guerre de Paris...
ensemble tout ce qui se passa jusqu'au retour de
leurs majestez.* Anvers, 1650, in-12.

Cette seconde partie a été réimprimée à la suite des
Mémoires du cardinal de Retz, dans la plupart des
édit. desdits mémoires. M. Moreau a publié récemment une bonne édition de ces pamphlets sous
ce titre :

COURRIER de la fronde en vers burlesques, avec
des notes. *Paris, Jannet*, 1857, 2 vol. in-16.

COURIER de l'Égypte, depuis le 12 fructidor an VI jusqu'au 20 prairial an IX,
pet. in-4. [28380]

Journal impr. au Caire, et composé de 116 nᵒˢ. Les
exemplaires en sont rares, et se sont vendus autrefois jusqu'à 600 fr. Mais ils sont beaucoup moins
chers maintenant : 200 fr. en 1841.

COURIER facétieux (le), ou recueil des
meilleures rencontres de ce temps.
Lyon, Larivière, 1650, in-8. 6 à 9 fr.
[17867]

Vend. 16 fr. m. r. Garnier, et 42 fr. en 1839.

Réimprimé à *Lyon, J.-B. Deville*, 1668, in-8. de 384
pp., non compris le frontispice gravé ni la table,
43 fr. mar. bl. Nodier. Les deux éditions sont conformes entre elles.

COURRIER (le) de Pluton. *Cologne, Pierre
Marteau* (Hollande), 1695, pet. in-12.
5 à 6 fr. [23863]

Douze lettres satiriques, supposées écrites des enfers
à divers personnages de l'époque. Il s'y trouve
plusieurs anecdotes qui seraient assez piquantes si
l'on pouvait compter sur leur exactitude. L'ouvrage
a été réimpr. sous la date de *Cologne, P. Marteau*,
1718, pet. in-12 de 3 ff. prél. 64 pp. et un f. 3 à
5 fr.

COURONE (la) τ fleur des chansons a
troyes. *Bassus*. Stampato in Venetia in
Realto nouo per Anthoine del abate. con
gratia τ priuilegio. (in fine) : *Intagliato
per Andrea Anticho da Montona, nel
anno* 1536, in-4. obl. de 21 ff. y compris
celui qui porte la souscription. Avec les
airs notés. [14260]

Recueil de 41 chansons françaises de différents auteurs, dont plusieurs sont fort libres; elles ont été
mises en musique par Antonio del Abate et dédiées
par lui au doge *Jacomo Doria*.

Ce volume très-rare est complet en ce qu'il est ; mais
comme il commence avec la signature ii, il a dû
faire partie d'un recueil : on voit sur le titre trois
couronnes. L'imprimeur Andrea Anticho a succédé
à Ottaviano Petrucci en 1520 (voy. l'article MO-
TETTI).

COURONNATION (la) de l'empereur

Courchetet d'Esnans. Histoire du cardinal de Granvelle, 25034.

Courcy (Potier de). Dictionnaire héraldique de Bretagne, 28859. — Nobiliaire de Bretagne, 28861.

Courier (*Paul-Louis*). Ses Œuvres, 19170.

Cournier (*J.-Mar.*). L'archevêque de Cantorbery,
22282.

Cournot (*A.-A.*). Fondements de nos connaissances,
3504. — Théorie des fonctions, 7924.

Charles cinquiesme de ce nom, faicte a Boloigne la grasse le mardy vingt deuxième de Feburier lan de grace Mil cinq cens z trente. *Impr. en Anuers par Guilliaume Vosterman, An* M. D. XXX in-4. goth. de 8 ff. [26053]

Opuscule orné de cinq gravures en bois y compris celle du frontispice : 27 fr. *mar. olive*, en 1841. Il serait plus cher aujourd'hui. — Voy. HOGENBERG.

COURONNEMENT de François Ier. Voyez LE MOYNE, et au mot SACRE.

COURONNEMENT (le) du tres puissant et tres redoubte Roy catholique Charles par la grace de dieu roy despaigne en sa bonne ville de Validolif (*sic*) auecq le nombre des prinches et grantz seigneurs dudit castille le dimence VII iour de feurier lan de grace Mil cincq cens xvij. (*sans lieu d'impression*), pet. in-4. goth. de 4 ff. [26053]

Cette édition a dû être imprimée dans la Belgique, et probablement à Anvers, comme l'a été la relation du couronnement du même prince à Aix-la-Chapelle (voy. TRIUMPHE du couronnement), et la *couronnation* dont nous venons de parler. 85 fr. Borluut.

COURROUX (le) de la mort côtre les angloys, donnant proesse z couraige aux francoys. (*sans lieu ni date*), gr. in-8. ou pet. in-4. goth. de 4 ff. à 34 lig. par page. [13444]

Dialogue en vers, dont les trois interlocuteurs sont *Lacteur, la mort et langlois.* Il paraît avoir été imprimé dans le commencement du XVIe siècle : 82 fr. *m. v. d. de mar. r.*, en 1841. — Réimpr. dans le second vol. du Recueil publié par M. Anatole de Montaiglon.

COURS des fleuves. Voy. LOUIS XV.

COURSES de testes et de bague faittes par le roy, et par les princes et seigneurs de la cour, en l'annee 1662 (redigé par Charles Perrault, avec une relation en vers lat. par Esprit Fléchier). *Paris, impr. roy.,* 1670, in-fol. max. [23745]

Ce volume, orné de 96 pl. gravées par Chauveau, Isr. Silvestre, etc., fait partie de la collection du cabinet du roi (voy. CABINET); mais les exemplaires publiés séparément avant la formation de cette collection, ont l'avantage de présenter les premières épreuves des planches : 27 fr. 50 c. de Soleinne; en *mar. r.* aux armes de Louis XIV, 101 fr. Louis-Philippe, et en demi-rel. 36 fr.; même vente, un exempl. avec un titre latin (*Festiva ad capita annulumque decursio*), 47 fr. *mar. r.* armes de France, Borluut.

COURTE et solide histoire de la fondation des ordres religieux, avec les fig. de leurs habits gravées par Adrien Schoonebeek. *Amsterd.,* 1688, in-8. 8 à 10 fr. [21709]

Vend. en Gr. Pap. 24 fr. Morel-Vindé.

COURTE description des ordres des femmes et filles religieuses, avec les fig. de leurs habits, grav. par Adr. Schoonebeek. *Amsterdam, chez l'auteur* (sans date), in-8. [21710]

Ce volume se trouve plus difficilement que le premier : 13 fr. 50 c. Morel-Vindé; ils sont l'un et l'autre très-rares en Gr. Pap., et ils se joignent à l'*Histoire des ordres religieux*, avec laquelle cependant le premier fait double emploi (voy. HISTOIRE des ordres).

COURTENAY. Voy. STIRPE (de).

COURTETO. Ramounet, ou lou paysan agenez tournat de la guerro, pastouralo en langatge d'Agen, par J. J. D. C. (de Courteto). *Agen, Gayan,* 1684, pet. in-8. 8 à 12 fr. [16596]

— LA MIRAMONDO, pastouralo en langatge d'Agen, par J. J. D. C. *Agen, Gayan*, 1685, pet. in-8. de 93 pp. 8 à 12 fr. [16596]

Deux pièces en 5 actes et en vers; elles ont été réimpr. à Agen, en 1700 et 1701, in-8., et il y en a une édit. de la première : *aumentado de quantetat de bers que eron oubliats à la primero impression.* Bordeaux, 1740, in-12 de 3 ff. et 90 pp.

COURTILZ (*Gatien* Sandras de). Voyez CONQUESTES amoureuses, et DAMES (les).

COURTIN (*Pierre*), carme. Sermons sur tous les evangiles de chacun jour et festes de caresme; avec aucunes epistres des dimanches jusques aux octaves de Pasques, ensemble un sermon funebre de la Passion. *Paris, Gilles Courbin,* 1573, in-8. [1443]

On trouverait très-difficilement aujourd'hui ces anciens sermons que nous ne citons ici que sur le témoignage de Du Verdier, lequel nous fait connaître deux autres ouvrages du même religieux, savoir :

SIX SERMONS et instructions faits pour funebres, et prêchés au couvent de Tours, durant les dimanches de caresme. *Paris, Guill. de la Noue,* 1577, in-8.

LA VICTOIRE de verité contre toutes hérésies, mensonges, vices et abus de tous estats,... *Paris, Gilles Beys,* 1584, in-8.

Le P. Courtin a écrit en latin des Sermons pour l'Octave du S. Sacrement et pour l'Avent. *Paris, Beys,* 1585, in-8.

COURTIN (*Nic.*). Poésies chrestiennes, Charlemagne penitent, les quatre fins de l'homme, où il est traité de la mort, du jugement dernier, du paradis et de l'enfer, avec la chute du premier homme. *Paris, Charles de Sercy,* 1687, in-12. [14042]

Avant de publier ce recueil que Goujet (*Biblioth.*

franc., XVII, p. 282-87) et Viollet Le Duc (catal. 592-93) jugent assez favorablement, Courtin avait déjà donné *Charlemagne ou le rétablissement de l'empire romain, poème héroïque* (en 5 livres). *Paris, Th. Jolly*, 1666, in-12, fort inférieur à son Charlemagne pénitent, — et aussi *Poëme sur la nouvelle conqueste de la Franche conté.* Paris, Théod. Girard, 1674, in-4.

COURTIN. Encyclopédie moderne. Voy. ENCYCLOPÉDIE.

COURTIN de Cissé. Voy. CISSÉ.

COURTISAN amoureux (le); contenant plusieurs propos et devis amoureux, inventés de notre tems, et propres à ceux qui aiment choses recréatives. *Lyon, B. Rigaud,* 1582, in-16. [13944]

Petit livre rare, qui est indiqué dans la *Bibliogr. instr.*, n° 3140, d'après le catalogue de Turgot, impr. en 1744.

COURTISAN (le) parfait, tragicomédie, par Monsieur D. G. L. B. T. *Grenoble, Jean Nicolas,* 1668, in-12. [16460]

Cette pièce a été attribuée à Gabriel Gilbert, à cause des lettres initiales que porte le titre; toutefois il est fort douteux qu'elle soit de lui. 36 fr. 50 c. de Soleinne.

COURVAL Sonnet. Voy. SONNET.

COUSIN (*Gilbert*). Voy. COGNATUS.

COUSIN (*J.*). Livre de perspective de Jehan Cousin, senonois, maistre painctre. *a Paris, de l'imprimerie de Jehan Le Royer, imprimeur du roy ès mathematiques,* 1560, in-fol. fig. en bois. 15 à 20 fr. [8423]

Édition originale et assez rare de ce traité. Dans un avis de l'imprimeur au lecteur : il est dit : « Jean Cousin (en l'art de portraicture et peinture non infime à Zeuxis ou Apelles) a composé et ce livre et les figures pour l'intelligence d'iceluy nécessaires, portraictes de sa main sur planches de bois, et j'ai accepté l'offre et ay taillé la plus grand'part desdittes figures, et quelques-unes qui au paravant estoient encommencées par maistre Aubin Olivier, mon beau frère les ay parachevees et mises en perfection, selon l'intention de l'auteur... »

— Livre de Pourtraicture par maistre Jean Cousin, peintre geometrien. *Paris,* 1571 ou 1589 et 1593, in-4. obl. [9188]

Ouvrage classique pour l'étude du dessin ; il est composé de 40 pl. gravées sur bois et d'un frontispice. Les premières éditions sont rares. Il y en a de *Paris, Guil. Labbé,* ou *Jean Le Clerc,* sans date (1603, aussi 1608, in-4. obl.), de *Paris,* 1635, 1642, 1647 (aussi 1671), in-4. obl. titre et 36 pl. sur bois; et enfin une de *Lyon, Demasso,* 1663, in-4. obl. sous le titre suivant :

LA VRAY science de la pourtraicture decrite et demontre par Jean Cousin, peintre geometrien tres excellent...

Courtivron (*L.* de). Natation, 10372.
Courtois (*C.*). Traité des moteurs, 8080.
Courtois (*Rich.*). Compendium floræ belgicæ, 5088.
Courtonne. Perspective, 8428.
Courtot (*Fr.*). Saint Pierre d'Alcantara, 22254.
Cousin (*J.*). Histoire de Tournay, 25097.
Cousin (*J.-Ant.-Joseph*). Calcul, 7902.

L'ouvrage a encore été publié sous cet autre titre :

L'ART de dessiner, revu, corrigé et augmenté de plusieurs morceaux d'après l'antique, etc. *Paris, chez Fr. Chereau,* 1778, in-4. obl. de 72 pp. contenant les copies des planches originales et quelques planches nouvelles. Ces nouvelles éditions sont fort communes et à très-bas prix.

COUSIN (*Louis*). Histoire de Constantinople, depuis le règne de Justin jusqu'à la fin de l'empire, traduite sur les originaux grecs. *Paris, Damien Foucault,* 1672-74, 8 vol. in-4. [22966]

Cette traduction abrégée des historiens formant le corps de la Byzantine, n'est pas fort estimée, mais on n'en a pas de meilleure : 24 à 30 fr.

L'édition de Hollande, *sur la copie impr. à Paris,* 1685, 8 tom. en 10 ou 11 vol. in-12, est plus recherchée que l'in-4. : 24 à 33 fr. : vend. 36 fr. bel exemplaire, de Cotte.

Les écrivains contenus dans ce recueil sont : *Procope, Agathias, Ménandre, Théophylacte Simocatte, Nicéphore de Constantinople, Léon le grammairien, Nicéphore Bryenne, Anne Comnène, Nicétas, Pachymère, Cantacuzène, et Ducas.*

HISTOIRE de l'empire d'Occident, contenant la vie de Charlemagne, par Eginhard; les Annales du même Eginhard, etc., trad. par L. Cousin. *Paris,* 1683, 2 vol. in-12. [23283]

Le Prés. Cousin avait traduit les meilleurs écrivains latins de l'histoire d'Occident, mais il n'en a publié que ces deux volumes, qui sont devenus rares : 10 à 15 fr. Voy., pour les autres traduct. publiées par le Pr. Cousin, les articles EUSÈBE et XIPHILIN.

— Saints des maisons de Tonnerre et de Clermont, 22067.

COUSIN (*Victor*). Voy. PLATO et PROCLUS, etc., et au bas de cette col.

COUSINÉRY (*Espr.-Mar.*). Essai historique et critique sur les monnaies d'argent de la ligue achéenne, accompagné de recherches sur les monnaies de Corinthe, de Sicyone et de Carthage, qui ont eu cours pour le service de cette fédération. *Paris, Renouard,* 1825, in-4., avec 5 pl. 10 fr. [29795]

VOYAGE dans la Macédoine, contenant des recherches sur l'histoire, la géographie et les antiquités de ce pays. *Paris, De Bure frères, etc.* (impr. roy.), 1832, 2 vol. in-4., avec 27 planches ou cartes. 20 à 25 fr. [20433]

COUSSEMAKER (*Ch.-Edm.-Henri* de). Memoire sur Huchbald et sur ses traités de musique, suivi de recherches sur la notation et sur les instruments de musique, avec 21 planches. *Douai, Vincent Adam,* et *Paris, Techener,* 1841, in-4. de 216 pp. et 21 pl.

Cousin (*Victor*). Œuvres philos., 3497. — Du vrai et du beau, 3663. — Instruction publique, 3897. — Littérature, 19188. — Discours politiques, 12202. — Etudes sur Pascal; Jacqueline Pascal, 30599. — Madame de Longueville; Madame de Sablé; Mesdames de Chevreuse et de Hautefort, 23777. — La société française au XVIIᵉ siècle, 23777.
Cousin-Despréaux (*L.*). Leçons de la nature, 1808. — Histoire de la Grèce, 22831.

Tiré à 80 exemplaires seulement, plus un sur VÉLIN et un autre sur PARCHEMIN.

— Histoire de l'harmonie au moyen âge. *Paris, V. Didron,* 1852, gr. in-4. de 374 pp., 38 pp. de fac-simile et 44 pp. de musique. 30 fr. [10092]

— CHANTS populaires des Flamands de France, recueillis et publiés avec les mélodies originales, des notes et une traduction française. *Gand,* 1856, in-4. avec 14 pl. lithogr. et les airs notés.

— NOTICE sur les collections musicales de la bibliothèque de Cambrai et des autres villes du département du Nord. *Paris,* 1843, in-8. de 180 pp. plus 41 pp. de musique.

COUSSIN (*J.-A.*). Du génie de l'architecture, ouvrage ayant pour but de rendre cet art accessible au sentiment commun, en le rappelant à son origine, à ses propriétés, à son génie, et contenant une doctrine générale puisée dans des faits, dans d'innombrables exemples anciens et modernes, décrits, expliqués et représentés dans 60 tableaux dessinés et gravés avec soin. *Paris, F. Didot,* 1822 (nouv. titre, 1837), in-4. 20 à 25 fr. [9701]

— Modèles d'architecture, 9847.

COUSSINOT. Chronique de la Pucelle. Voy. CHARTIER (*Jean*).

COUSTANT. Epistolæ romanorum PP. et quæ ad eos scriptæ sunt, a S. Clemente I usque ad Innocentium III, studio et labore P. Coustant. *Parisiis,* 1721, in-fol. [3161]

Ce vol. est le seul qui ait paru de cette collection estimée : 21 fr. Dutheil, et plus cher depuis.

COUSTEAU (*Pierre*). Le Pegme de Pierre Cousteau, avec narrations philosophiques, mis de latin en francoys par Lanteaume de Romieu, gentilhomme d'Arles. *Lyon, par Barth. Molin* (*impr. par Macé Bonhomme*), 1560, pet. in-8. de 416 pp. et 4 ff. pour la table et la souscription. 12 à 18 fr. [18563]

Livre d'emblèmes, orné de figures et de bordures sur bois. Il en a paru deux éditions sous la même date; l'une sans les narrations philosophiques, et l'autre avec ces narrations. Ni l'une ni l'autre n'avaient de prix autrefois, mais on les recherche assez maintenant pour que la valeur s'en soit accrue. Le texte latin, sous le titre de *Petri Costalii Pegma, cum narrationibus philosophicis*, se vendait à Lyon, chez Matth. Bonhomme, 1555, in-8. de 8 ff. prélim., 336 pp. plus 4 ff. de table.

Ce sont les figures et les bordures assez médiocres de cette édition latine que l'on a employées dans la traduction française ci-dessus, dont la première édition est de *Lyon, Macé Bonhomme,* 1555, pet. in-8. de 114 pp. et 2 ff. de table, avec fig. sur bois et des entourages. Le privilége est en date du 7 mars 1553, et l'épître dédicatoire du 1er janvier 1555.

COUSTUMES. Voy. COUTUMES.

COUTANS (Dom *G.*). Carte des environs de Paris à la distance de 18 lieues, cor-

rigée par Picquet. *Paris,* an VIII—1800, 17 feuilles. 30 fr. [19664]

Corrigée de nouveau en 1813 et en 1836, et probablement encore depuis.

COUTEL. Promenades de messire Antoine Coutel, chevalier seigneur de Monteaux des Ruez. *Blois, Alexis Moette* (sans date, mais après 1661), in-8. [14042]

Viollet Le Duc a donné dans *sa Biblioth. poét.* (p. 604-608) une notice curieuse sur ce recueil qu'il dit fort rare sans en être meilleur pour cela. Son exemplaire n'a été vendu que 4 fr. Il se trouve dans ce livre une pièce intitulée : *Sur l'indolence,* à Lucidas pour Silvandre, qui présente des points de ressemblance frappants avec l'idylle *des moutons* de Mme Deshoulières.

COUTO. Voy. J. de BARROS.

<hr>

COUTUMES DE FRANCE.

Nous allons placer ici les *Coutumiers généraux,* ensuite les *Coutumiers et instructions de pratique;* l'*Agrégation de coutumes,* et enfin les anciennes coutumes particulières dans l'ordre alphabétique. Chaque article formera un paragraphe, avec son numéro d'ordre en chiffres romains. Mais avant de commencer ce catalogue, nous devons faire mention d'un ouvrage spécial sur le même sujet, qui est encore bon à consulter, quoique pour les premières éditions de nos anciennes coutumes il soit fort incomplet, et très-arriéré pour les nouvelles. En voici le titre :

BIBLIOTHÈQUE des coutumes, contenant la préface d'un nouveau coutumier général, une liste historides coutumiers généraux, une liste alphabétique des textes et commentaires des coutumes, etc., avec quelques observations histor., le texte des anciennes coutumes de Bourbonnois, avec le procès-verbal..., le texte des nouvelles coutumes de Bourbonnois, avec les apostils de M. Ch. du Molin et son commentaire posthume; quatre consultations du même, omises dans le recueil de ses ouvrages; par Claude Berroyer et Eusèbe de Laurière. *Paris, Nic. Gosselin,* 1689, in-4. —Réimpr. *Paris, Rollin,* 1745 (ou 1754), in-4.

On peut encore consulter : *Études sur les coutumes, avec une carte de la France coutumière,* par H. Klimrath. *Paris,* 1838, in-8. — Voir le n° 2590 de notre table.

I.—Les Grandes Coutumes générales et particulières du royaume de France.

On a souvent confondu ce recueil de coutumes avec le *Grand coustumier et instruction de pratique,* compilation faite, dit-on, sous Charles V, et qui a beaucoup de rapport avec la *Somme rurale* de Jean Boutillier, dont nous avons parlé à l'article de ce jurisconsulte. Le livre intitulé *Les Grandes coustumes* contient les coutumes qui ont été rédigées ou revues et publiées solennellement sous Charles VIII, sous Louis XII et sous François Ier; les textes qu'elles donnent sont antérieurs aux révisions qui ont été faites plus tard à la fin du règne de François Ier, sous celui d'Henri II et de Charles IX, et c'est pour cela qu'on les recherche encore aujourd'hui. La rareté de ces anciennes édi-

<hr>

Couto (*Diego* do). Soldado pratico, 27954.

Couto Guerreiro (*Mig.* de). Tratado de versificaçaõ, 15337. — Epigrammas, 15399. — Satyras, 15400.

Couto (*Ant.-Mar.* do). Termos homonymos e equivocos da lingua portugueza, 11181.

tions leur donne du prix. Nous allons les décrire par ordre de dates.

LES GRANDES Coustumes generalles et particulieres du royaulme de france selon lesquelles se reiglent toutes les cours et iurisdictions du dit royaulme. Lesquelles coustumes ont été establies, confirmees, et par edit perpetuel roborees et auctorisees par la court de Parlement. Cest a scavoir les coustumes de la Prevosté et viconte de Paris ville capitalle du royaulme, les coustumes de Maulx, Melun, Vitry, Chaumont, Orleans, etc. *nouuellement imprimees a Paris lan mil cinq cens et dix-sept. Se vendent a Paris sur le pont Nostre dame a lenseigne Sainct Jehan levangeliste, et en la rue de la vieille pelletrie au croissant ou au Palais pres la chapelle... es bouticles de Jehan de la Garde libraire iure de luniuersite de Paris et de pierre le Brodeur du cote mesme de la dicte chapelle,* pet. in-fol. goth. titre rouge et noir. (Bibliothèque de la cour de cassation.)

Édition la plus ancienne et la plus rare, mais aussi la moins complète de ce coutumier. Le titre, au verso duquel se lit le privilège en date du 4 mars 1516, est suivi de la table du contenu et de celle des matières; le corps du volume se compose de 430 ff.; il commence par la coutume de Paris, et se termine par celle de Bourgogne.

LES GRANDES coustumes generales et particulieres du royaulme de france selon lesquelles se reiglent toutes les cours et iurisdictions du dit royaulme, lesquelles coustumes ont ete establies, confirmees et par edit perpetuel autorisees par la court de Parlement. C'est a scavoir, les coustumes de la Prevoste et viconte de Paris... et autres coustumes lesquelles ont ete rapportees nouuellement qui deffailloient es premieres imprimees, &. Nouuellement imprimees a Paris lan mil cinq cens dix neuf. Se vendent a Paris sur le Pont Nostre Dame a lenseigne de Sainct Jehan Levangeliste ou au Palais en la boutique de Jehan de la Garde libraire..... (à la fin): *Cy finist les coustumes... nouuellement imprimees a Paris par maistre Pierre Vidoue pour Jehan de la Garde libraire... et Pierre le Brodeur... et furent acheuees le xxe iour de iuing mil cinq cens* XIX, gr. in-4. goth. titre en rouge et noir. (Biblioth. de la cour de cassation.)

Au verso du frontispice, le privilège comme ci-dessus, ensuite la table des coutumes et la table des matières, le corps du texte en 439 ff. commençant par la coutume de Paris, et finissant par celle du conté de Sainct Pol.

LES GRANDES coustumes generalles et particulieres du royaulme de France, selon lesquelles se reiglent toutes les cours *z* iuridictions du dict royaulme. Lesquelles coustumes ont este approuuees et establies, côformees *z* par edict perpetuel auctorisees par la court de parlement. Et aussi aucunes autres non approuuees desquelles on vse en aucuns bailliages et preuostez de ce Royaulme. Et premierement. Les coustumes de la prevoste et viconte de Paris... (Suivent les noms des aultres bailliages et prevostés, savoir : Meaulx, Melun, Sens, Troye, Chaulmont en Bassigny, Victry en Partoys, Amiens, Monstroeul, Beauquesne ès methes de la conte Dartois, Saint Ricquier, Doullens, Foulloy, Chartres, Orleans, Touraine, Maine, Anjou, Angoulmoys, Poictou, Auuergne, bas pays d'Auuergne, Bourbonnois, Bourgongne, Artois, Saint-Omer, Therouenne, Saint-Pol.) Ils se vendent a·Paris en la rue sainct Jacques (a l'enseigne sainct Claude pres des Maturins. (au recto du dern. f.) : Cy finissent les coustumes generalles... *nouuellemêt imprimees a Paris pour Frâcoy regnault libraire iure de luniuersite demourant en la rue sainct Jacques a lenseigne de saint Claude. Et furent acheuees le xx. iour de iâuier lan mil cinq cens vingt deux,* gr. in-4. goth. [2635]

4 ff. prél. pour le titre et la table. Texte, feuilles cotées de I à CCCCXXXV, plus un dernier f. non coté pour la souscription, suivi de la marque que nous donnons ici réduite :

LES COUSTUMES et statuz particuliers de la plus part des bailliages, seneschaucees *z* preuostez royaulx du Royaulme de Frâce arrestees accordees *z* approuuees par les cômissaires a ce commis par le roy, *z* de nouueau deumêt collatiônees aux registres de la court de parlement, desquelz elles ont este extraictes par permissiô dicelle Auec plusieurs autres coustumes nô accordees ny arrestees, desqlles toutesuoies (*sic*) lê use en plusieurs iuridictiôs *z* ressors du dit Royaulme extraictes de plusieurs anciens registres Et de nouuel le coustumier de la marche non parauât veu escd coustumes. *On les vend a Paris en la rue Sainct iacques p Jehan petit libraire... a lenseigne de la fleur de lys dor.* (au verso de l'avant-dernier f.) : *Et furent acheuees de imprimer le huytiesme iour de Nouembre mil cinq cens* XXVII. *pour Ambroise Girault marchand libraire, demourant en la grant rue sainct Jacques a lenseigne du lyon dargent,* gr. in-4. goth.

10 ff. prél. contenant : 1° un titre impr. en rouge et noir, dans une bordure, et au verso duquel une grande vignette représente l'hommage d'un livre fait au roi ; 2° la table. Les ff. du texte sont chiffrés de I à CCCCC.lxxvij ; ils sont suivis d'un dernier f. dont le verso porte une épreuve de la même vignette qui se voit derrière le titre, et au verso la marque d'Ambroise Girault. (Dans un autre exemplaire celle de Jehan Petit, à la fleur de lys, et dans un troisième l'adresse d'Ambroise Girault est sur le titre, mais la souscription donne le nom de Philippe le Noir, et la marque de cet imprimeur est au verso du dernier f.)

150 fr. bel exempl., Librairie Potier, 1856, n° 423 64 fr. en *veau brun*, Gancia.

— LES MÊMES coustumes... Au present volume sont adioustez sept coustumiers lesquelz ne sont es precedentes impressions. *On les vend a Paris en la grand salle du Palais... en la boutique de Galliot du Pré.* Mil. D. XXXVI, in-fol. goth.

4 ff. prél. pour le titre et la table. Texte, coté de I à CC.XCIX.

Les coutumes ajoutées sont celles de Bloys, La Rochelle, Montargis, Nivernois, Auxerre, Senlis, Laon et Vallois. 80 fr. Librairie Potier, n° 424.

Les éditions postérieures à cette date ont peu d'importance ; elles ont d'ailleurs été effacées par d'autres collections plus complètes, telles que :

LES COUSTUMES générales et particulières du royaume de France et des Gaules, corrigées et annotées de décisions et arrests, par Ch. Du Moulin. *Paris, Jacq. Du Puy*, 1567 et aussi 1581, 2 vol. in-fol.

Recueil qui a été successivement augmenté par Gabr. Michel de Rochemaillet (mort en 1642). L'édit. de *Paris*, 1664, 2 vol. in-fol., est comptée pour la douzième.

NOUVEAU coutumier général de Richebourg, ou corps des coutumes générales et particulières de France, et des provinces connues sous le nom des Gaules, avec les notes de divers jurisconsultes, mis en ordre et enrichi de nouvelles notes par Ch.-A. Bourdot de Richebourg. *Paris, Mich. Brunet, etc.*, 1724, 4 vol. in-fol. qui peuvent se relier en 8 vol. [2636]

II. — *Grand coustumier de France.*

— Le grant coustumier de frãce et instruction de practique et maniere de proceder *t* practiquer es souueraines cours de parlement preuoste *t* vicōte de paris *z* aultres iuridictions du royaulme de france nouuellement veu corrige adapte le droit la coustume et ordonnances royaulx et plusieurs arrestz de la court de parlement selõ les matieres et cas occurrens auec lextraict du stille de la cour et maniere de faire les assignations *t* appointemēs en chastellet et aultres iuridictions de ce royaulme. *Imprime a paris pour Galliot du pre marchant libraire tenant sa boutique en la grant salle du palais... mil v. cens. XIIII*, gr. in-4. goth. [2802]

D'après un exempl. incomplet qui a 12 ff. prél., y compris le titre, et dont le texte ne va que jusqu'au f. cxliiij.

LE GRANT coustumier de Frãce et instruction de practique et maniere de proceder et practiquer es souueraines cours de parlement preuostez et vicōte de Paris, et aultres iuridictiōs du royaulme de France... *imprimé a Paris pour Galliot du prē, lan mil cinq cens et seize le xxviii de mars*, in-4. goth. de clxxxix ff. non compris le titre ni la table.

Vend. 110 fr. Bignon, en 1849.

Le privilége, en date de l'année 1515, est reproduit dans une édition un peu moins ancienne dont voici le titre :

GRAND coustumier de France et instruction de practique... auec lextrait du style de la court, et maniere de faire les assignations et appointement : adiouste, oultre la premiere impression, les ordonnances des eaues et forests, contenant lxxv articles, auec larbre de consanguinite etc. *Paris, pour la veuve Jean Treppe.el* (sans date), in-4. goth. (Bibliothèque impér.)

Il y a aussi une édition de *Paris, Fr. Hygman*, in-4. goth., également sans date, et une de *Paris, Poncet Le Preux*, 1517, in-4.

LE GRAND coustumier de France, instruction de practique, maniere de proceder et practiquer es souueraines cours de Parlement, Prevoste et Viconte de Paris, et aultres iurisdictions du Royaulme. De nouueau reueu et corrige... adiouste plusieurs ordonnances... On les vend a Paris, en la bouticque de Galliot du Pre. Mil.cccccc.xxxvi. — *Imprime a Paris par maistre Pierre Vidoue pour Galiot du pre... le xx iour doctobre Lã mil ccccc xxxv.* gr.

in-8. goth. de 22 ff. prél. pour le titre et la table, et cccxvj ff. chiffrés.

SENSUYT Le grãt coustumier de Frãce et instruction d' pratiq̃ auec les ordõnãces des eaux *z* forestz contenãt lxxv articles auec larbre de consanguinite et affinite, et plusieurs aultres additions. On les vend a paris en la rue neufue nostre dame, a lenseigne de l'escu de France. (au verso de l'avant-dernier f.) : *Imprime a Paris par Alain Lotrian et Denys Ianot demourãs en la rue neufue nostre dame a lenseigne de lescu de France* (s. d.), in-4. goth. 12 ff. prélim. texte f. I à ccviiI (mal coté ccviI), plus 1 f. contenant deux vignettes en bois représentant le professeur de droit en chaire.

LE GRANT coustumier de France, ou est contenue la vraye instruction de pratique et la maniere... *Imprimé a Paris par Denys Ianot, pour Iehan Longis et P. Sergent*, 1536, in-4. goth.

45 fr. Bignon, en 1849 ; 20 fr. 50 c. Monmerqué.

LE GRÃD Coustumier de France, instruction de practique, maniere de proceder es souueraines cours de Parlemēt,... M. D. xxxvij. *On les vend a Paris en la boutique de Arnoul et Charles les Angeliers.* (au recto du dernier f.) : *Imprime a paris par Estienne caueiller, imprimeur, et fut acheue le vingt z quatriesme de May, Mil cinq cens trente z sept*, in-8. goth. 24 ff. prélim. et texte f. I à cclij (coté cclj), l'arbre de consanguinité aux ff. 344 et 345.

Cette édition est un peu moins complète que celle d'Alain Lotrian ci-dessus. Nous en avons vu une autre avec la date de M. D. xxxix et l'adresse de Henry Paquot, *rue neuue nostre Dame a lenseigne de la rose rouge.* C'est un in-8., également impr. par Estienne Caueiller, mais à la date finale du 12 septembre 1539. Elle a le même nombre de feuillets que celle de 1537, et les deux derniers ff. y sont aussi cotés par erreur cclj.

LE GRAND coutumier de France, pour plaider ès cours de Parlement de Paris et autres jurisdictions de ce royaume, auec les annotations de L. Charondas le Caron. *Paris*, 1598, pet. in-4.

Dernière édition de ce livre curieux.

— Voir nos articles GUIDON et STYLE.

III. — *Agrégation.*

AGREGATION de coutumes contenant ce qui sensuit : Les coustumes generales de la p̃uoste de Montreuil ; auec les vsaiges et stilz du siege real du dit lieu de Montreuil apostilees des concordances du droit ciuil et canon. On les vend a Paris a la rue neufue nostre dame a lenseigne de Lagnus dei : et au Palais au troisiesme Pilier. (à la fin) : *Imprime a Paris pour Guillaume eustace libraire...* 2 part. en 1 vol. pet. in-8. goth. Sur le titre la marque et le nom de G. Eustace.

Première partie, sig. A—L. ff. non chiffrés. Derrière le titre sont indiqués les lieux auxquels se rapportent ces coutumes, savoir : Boulenois, Guisnes, Sainct Pol, S. Omer, Hesdin, Aire, Therouane, Artois. Le dernier article, le lxviiie, porte la date du 24 août 1507. La 2e part. (coustumes d'Artois) a des sig. de A—E., cette dernière figurée par II.

AGGREGATION des coustumes, contenant ce qui s'en suit : coustumes generales de la prevoste du Monstroeul, de la conte de Boulenois, de Guisnes, de St. Pol, de St. Omer, de Hesdin, d'Aire, de Therouanne et de toute la comte d'Artois. — *Imprime a Hesdin par Baudrain Dacquin... (avec privilège daté du 15e iour de Decembre, 1512)*, pet. in-4. goth. [2636]

IV. — *Amiens.*

COUSTUMES generales du bailliage da ‖ miens auec celles des p̃uostez de Mon ‖ stroeul, Beauquesne, foulloy, Saint ‖ riequier, Doullés, *t* Beauuoisis. Nouellemềt ‖ publiees et decretees en la ville Damiens, par ‖ messieus les ɔmissaires deleguez de par le Roy ‖ nostre souuerain seigneur sur le faict des coustu ‖ mes du royaulme de frãce. *Imprimees par lor ‖ donnance desd' cõmissaires par Nicolas le ca ‖ ron Jmprimeur τ libraire demourãt en lad' ville ‖ Damiens en la rue des lombards.* (à la fin): *Jmprime a Amiens par Nicolas le ca ‖ ron demourant en la rue des lombards* (sans date), pet. in-8. goth. de IIIIˣˣxv (95) ff. chiffrés. [2636]

Ces coutumes ont été rédigées par maistre Anthoine de Saint deliz, licencie, seigneur de Heucourt, conseiller du roy, en 1507. Porté à 60 fr. Librairie Potier, 1856, nº 425.

— LES MÊMES COUSTUMES... On les vềd a paris a la Rue neufue nostre dame a lagn' dei ou au pallays au troisiesme Pillier. (au recto du xcviᵉ f.): *Imprime a Paris pour Guillaume eustace libraire du roy demourant a la rue neufue Nostre dame a Laguus dei, ou au Palays au troisiesme Piller. Lan mil cinq cens xxxv*, pet. in-8. goth. de xcvi ff. chiffrés; sur le titre la marque de Guill. Eustace. 40 fr. même Librairie.

— Autre édition, *Amyens, Jehan Caron*, 1546, in-8. goth.

COUSTUMES, tant générales que locales et particulières du bailliage d'Amiens, mises et rédigées par escrit... par Christofle de Thou, Barthel. Faye et Jacques Viole. *Paris, pour la veufue Nic. Roffet*, 1575, in-4.

COUSTUMES locales du bailliage d'Amiens, rédigées en 1507, publiées d'après les manuscrits par M. Bouthours. *Amiens*, 1849, 2 tom. en 3 part. in-4.

V. — Angoumois.

— Le Coustumier general d'Angoulmoys; auec les sommaires nouuellement mis deuant chascun article. *Poictiers, par Enguilbert de Marnef* (1514), pet. in-8. de 28 ff. chiffrés.

LES PRIVILÉGES, franchises, libertez, immunitez et statutz de la ville, fauxbourg et banlieu d'Angoulesme, confirmez par les roys, et vérifiés par les cours souueraines, avec des edits... *Angoulesme, Helie le Paige*, 1627, in-4.

LES COUTUMES du païs et duché d'Angoumois, Aunis, et gouvernement de La Rochelle, avec les comment. de Jean Vigier; 2ᵉ édit. avec des additions de Jacq. et Fr. Vigier, tirés des mémoires de Phil. Pigornet. *Angoulesme, Sim. Rezé*, 1720 (aussi *Paris*, 1738), in-fol. [2637]

VI. — Anjou.

COUTUMES d'Anjou. Cy commencent les coustumes des pays daniou τ du ‖ mayne constenans seize parties. ‖ (*sans lieu ni date*), pet. in-8. de 155 ff. en lettres rondes, 19 lig. par page, signat. *a—v*. [2638]

Édition exécutée avec les mêmes caractères que la Rhétorique de Cicéron, impr. à Angers en 1476 (voir col. 31 du présent vol.). Elle commence par le sommaire ci-dessus en trois lignes, au haut desquelles se lit en titre courant: *la* 1ʳᵉ *partie*; et elle finit au recto du dernier f., qui ne porte que 13 lignes, par les mots: *Deo gratias*, en capitales gothiques. Il y a dans le haut des pages l'indication de la partie en titre courant.

Ce petit volume précieux est antérieur à l'année 1480 et peut-être même à 1476; car il est assez naturel de croire que l'imprimerie établie à Angers à cette époque se sera occupée de la coutume du pays avant de reproduire la Rhétorique du consul romain. C'est en tous cas le plus ancien coutumier imprimé que nous connaissions. (*Biblioth. impér.*)

— Cy commencent les coustumes du pays daniou et du maine contenans seize parties. — *Cy finist le coustumier daniou et du mayne imprime a Paris ꝑ Pierre Leuet. Lan mil quatre cẽs octãte vj. le douziesme de may*, pet. in-8. goth.

Autre édition rare, avec des signatures de *a—t* par 8 ff. Le dernier porte la marque de l'imprimeur. On cite aussi une édition de cette Coutume, de *Paris*, 1498, *le 4 février*, in-4. goth.

LE COUSTUMIER des pays dan ‖ iou et du maine correct. (*sans lieu ni date*), pet. in-8. goth., sign. A—N par 8 et O par 10.

Édit. de la fin du xvᵉ siècle, et qui serait de 1491, s'il fallait s'en rapporter au chiffre mis par le relieur sur le dos de l'exemplaire que je décris. On y a ajouté *les assietes au tax du roy*, qui ne sont pas dans la précédente.

Le premier f. recto porte le titre ci-dessus en 2 lig., au verso se voit la même marque aux armes de France et de Bretagne que nous avons trouvée dans un exemplaire des Coutumes de Bretagne, impr. à Rennes en 1484. La première page du 2ᵉ f., coté fol. I, est entourée d'une bordure, et commence par ce sommaire en trois lignes: *Cy commencent les coustu ‖ mes des pays daniou τ du maine.‖ contenant seize parties.* Les chiffres suivent jusqu'au f. Ciii; le cah. O n'est pas chiffré.

Dans un exempl. de cette édition nous avons trouvé à la suite des Coustumes d'Anjou les pièces suivantes:

LES STILLES et ‖ usaiges de proceder en court ‖ laye es pais daniou et du mai ‖ ne nouellement ordoñez. et ‖ commande est gardez et ob ‖ seruez par messeigneurs de la ‖ iustice desd' pais. Autrement nomme le mirouer des aduo ‖ cats et gens de pratique. LIIII ff. chiffrés, plus un f. bl.

LES INSTRUCTIONS et ordoñ ‖ des tabelliõnaiges et seaulx ‖ ès ɔtractz royaulx dãgiers. ‖ saumur. et saugur. Et des ‖ cours subalternes cõformes ‖ aux anciennes ordonñances. Item les instructions et or ‖ donnañ des greffes du pays ‖ daniou. 12 ff. non chiffrés, sign. a et b; au verso du titre sont les armes d'Anjou.

La marque dont nous avons parlé ci-dessus se trouve aussi à des *Hore ad usum Andegañeñ*, soùs la date de 1493.

Cy commencẽt les coustumes ‖ du pays daniou et du maine ‖ contenans seize parties. (au recto du dernier f.): cy finist le coustumier daniou e du maine nouuellement imprime a paris Par le petit laurés. Pour iehan petit librayre de luniuersite du dit lieu. Et en trouuera on aussi a vẽdre a angiers a la chaussee saīt pierre, en la maison iehan alexandre librayre de luniuersite dudit angiers. (*sans date*), pet. in-8. goth. à 28 lig. par page.

Cette édition est celle qui est inscrite sous la date de 1493 (celle de la promulgation des ordonnances qui accompagnent la coutume) dans le catalogue de la cour de cassation, page 177; mais elle n'en porte pas, et même l'exemplaire décrit n'a pas de titre. Il commence au f. *i.* par le sommaire ci-dessus. Les feuillets ne sont chiffrés jusqu'à lxxxxv dernier du cah. *m*. Le cah. *n*. contient 10 ff. non chiffrés, y compris la table. Le verso du dernier f. est blanc. L'édition doit être de la fin du xvᵉ siècle ou des premières années du xv1ᵉ. Dans l'exemplaire que nous avons sous les yeux se trouvent à la suite de la coutume les deux pièces suivantes dont la première est impr. avec les mêmes caractères que cette coutume.

1° Si sensuiuent les ordonnãces royaulx ‖ daniou ꝯ du maine publiez en parlement de ‖ par le Roy nostre sire lan mil quatre cens ‖ quatre vingtz .xiij. pet. in-8. goth. de 8 ff. non chiffrés. Sur le titre, les armes d'Anjou (trois coquilles). Le verso du dernier f. est blanc. À la fin, la date : *collatio facta est cum registro actũ in ‖ parlamento sedecima die nouẽbris. Anno ‖ milesimo .cccc. nonagesimo tertio.*

2° Les stilles et ‖ usages de pro ‖ ceder en la cour laye es pays ‖ Daniou et du Maine nou ‖ uellemẽt corrigez par lordnñ ‖ des troys estatz desd' pays..... (sans lieu ni date, pet. in-8. goth. de LIIII ff. chiffr. non compris la table, mais sans compter le titre.

LE COUSTUMIER des pays daniou ꝫ ‖ du maine nouuellemẽt īprime a pa ‖ ris (marque et nom de Jehan Petit sur le titre, et au verso du 8ᵉ f. du cah. n cette souscription : Cy finist le coustumier.... imprimé a paris Par maistre Pierre le Dru pour Jehan petit libraire de l'université de Paris demourãt en la rue sainct Jacques au lyon dargent), 2 tom. en 1 vol. pet. in-8. goth. avec des sig. a—o par 8.

Le cahier o contient : *ordonnances royaulx*, à la fin desquelles on lit : *Collatio facta est cum registro actum in parlamento : sedecimo die Nouembris. Anno millesimo .cccc. nonagesimo tercio.* Le dernier f. est blanc.

Suivent *les stilles et usage de proceder....* (et autres pièces, comme dans l'édit. dite de 1491), avec cette adresse : *Imprimees p maistre iehan seurre alias de la pie demourant a Paris. Lan mil v cens et trois.* Cette partie a des signat. de a—h par 8. Le dernier f. est blanc.

20 fr. bel exempl. en *mar. r.* Librairie Potier, n° 427.

Une édition des Stilles et usaiges de proceder en la court laye, es pays d'Anjou et du Maine... *Paris, Geof. de Marnef,* 1506, pet. in-8. goth. est portée dans le Catal. de la Biblioth. du roi, F. 5608.

LES COUSTUMES du pays et duche d'Anjou... *Imprimees par Charles de Bongne, libraire general et gardien de la librairie de luniuersite Dangiers et suppost dicelle demourant a la chaussee Sainct Pierre.* Repertoyre et table tres exquis et familiers selon lordre des lettres l'a b c... par maistre Jehan Bodin, licentie es loix, laborieux aduocat en cour laye, demourant a Angiers (sans date), 2 tom. en 1 vol. pet. in-8. goth.

La marque de Martin Morin, imprimeur à Rouen, se voit au verso du dernier f. de la première partie de cette édition : ce qui prouve qu'elle a été imprimée dans cette ville et non pas à Angers, comme le titre l'annonce. 28 fr. catal. Claudin, 1856, n° 1334.

LES COUSTUMES du pays et duche Daniou auec le proces verbal publiees par messeigneurs maistres Thibault baillet president et Jehan le lieure conseiller en la court du parlemẽt a Paris... et depuis reueues et corrigees a loriginal et *imprime a Paris pour les libraires* dangiers (vers1509), in-8. goth. sig. a—r par 8.

A la suite du proces-verbal se trouve la permission donnée à Jehan dabert greffier de la senechaucée d'aniou de faire imprimer ces coutumes ; elle est datée du 23 mars 1509. Porté à 60 fr. Librairie Potier, n° 428.

— Les mêmes... aussi l'ordonnance et reglement pour la jurisdiction des marchands d'Angers. *Poictiers, Enguilbert de Marnef,* etc., 1565, pet. in-8.

— Les mêmes avec le comment. de Gabr. du Pineau, les notes de Ch. Du Moulin... nouvelle édition augmentée par Cl. Plocquet de Livonnière. *Paris, J. B. Coignard,* 1725, 2 vol. in-fol. [2639]

FRÃCISCI Mignon, apud urbem bellifortensem presidis commentaria in consuetudines ducatus Andegauensis : opus summa diligentia nunc recens natum atque editum. M. D. XXX. *Vænundãtur a Ioanne Paruo, sub insigni floris lilij Parisiis in via Iacobea.* in-fol. goth. à 2 col. 29 ff. prél., y compris le titre impr. en romain dans une grande bordure, texte I à cclxci. plus 2 ff., y compris la marque de J. Petit.

Ce volume renferme le texte français de ces coutumes, avec un long commentaire latin. Il est dit dans la souscription qui est au bas du f. 291 recto que ce livre a été imprimé par P. Vidoue aux frais de J. Petit. 50 fr. Librairie Potier, 429.

VII. — Artois.

COUSTUMES generalles du conte Darthois, auec la table nouuellement adioustee, et le stille de la chambre darthois. On les vend a Arras par Jehan bourgois libraire demourant pres du petit marche deuant sainct Geri. Mil D. XXXV. — Cy fine ce present stille lequel a este de nouueau corrige et reuisite *pour¹ Jehan bourgois libraire demourant en arras... et a este acheue le* XVIIᵉ *iour de Mars Lan Mil. D.* XXXV, 2 part. en 1 vol. in-8. goth. [2640]

La première partie a lxi ff. chiffrés, plus onze ff. pour la table qui commence au recto du 61ᵉ. — La seconde, sous le titre d'ordonnances, stilles et usages de la chambre du conseil prouincial Darthois, XXXV ff. chiffrés, plus un pour la table. La dernière ordonnance est de 1531, ce qui fait supposer une édition antérieure à celle de 1535.

COUSTUMES generalles du conte Darthoys : nouuellement decretees par Lempereur nostre sire. On les vend en Arras par Jehan buyens imprimeur et libraire demourant en la rue des Aguillettes deuant les baroys : Et par Pierre buyens demourãt deuant la placette de sainct Giry. (a la fin) : Ces presentes coustumes furent acheuees le douziesme iour Daoust lan mil cinq cens quarante ung, pour Jehan buyens... pet. in-8. goth. de xciii ff. chiffrés, plus 1 pour les armes d'Arras.

L'exemplaire de cette édit. que nous avons vu ne contient ni la table ni les ordonnances.

— Autre édit. des Coustumes d'Artois et des Ordonnances. *On les vend en Arras par Jehan Bourgeois...* M. D. XLVII. (à la fin) : *Imprime en Anuers par moy Jehan Grapheus,* M. D. XLVII, 5 part. en 1 vol. in-8. goth., sign. A—E, encore A—E, aa—cc, aaa—bbb et a—b.

LES COUSTUMES generales du conté d'Artois, nouuellement decretées : avec celles de Betune, Lens, sainct Omer et sainct Pol. Les ordonnances et stilz de la chambre d'Artois, auec plusieurs autres. *En Arras par Jehan Bourgeois pres le petit marché deuant leglise saint Geri,* M. D. LXVII, in-16 de 345 ff.

Jolie édition en lettres rondes.

On a ajouté à cette édition trois autres parties impr. sous la même date, savoir :

ORDONNANCES sur plusieurs pollices du conte Dartois.

TOUCHANT les porteurs de remission, les respits, placetz, et benefices dinuentaires.

PLUSIEURS ordonnances et statutz... touchant les bancqueroutes leurs facteurs et adherans, aussi les usuriers, ceulx des loix, de villes, iosnes gens eulx marians sans le cõsentement de leurs parens et amis, et autres...

— Coustumes generales du comté d'Artois nouuellement decrétées. Coustumes de Bethune, Lens, Saint-Omer et Saint-Pol ; Ordonnances et stilz de la chambre d'Arthois ; Ordonnances et stilz de la gouuernance d'Arras nouuellement corrigees. Auec grace de l'Empereur on les vend en Arras par Jehan Bourgeois, 1553, pet. in-8. de 152 ff.

—Les mêmes coutumes avec des augmentations, *Arras, Cl. de Buyens*, 1589 ; — *Rob. Maudhuy*, 1600, in-16.

— Les mêmes Coutumes d'Artois avec des notes par Adr. Maillart ; 2ᵉ édit., augmentée par l'auteur. *Paris, Jean de Bure*, 1735 (aussi 1756), 2 vol. in-fol.

— Ordonnances : vsaiges et stilz de la gouvernance d'Arras faictes et decretees par l'empereur conte d'Arthois. On les vend en la citee d'Arras par Jehan de Buyens, deuant le portail de Nostre-Dame. (à la fin) : *Imprime nouuellement en la cité d'Arras par Jehan de Buyens l'an* 1528, *le* 26ᵉ *iour de septembre*, pet. in-4. goth., feuillets non chiffrés, sur le titre les armes de Charles-Quint.

C'est la plus ancienne production connue de la typographie d'Arras, car les deux missels à l'usage de ce diocèse datés de 1508 et de 1517 que vendait un libraire d'Arras ont été imprimés à Rouen (voyez l'article MISSALE.)

ORDONNANCES, stylz et usaiges de la chambre du conseil provinciale d'Arthois nouuellement decretees par l'Empereur nostre sire (Charles quint, le 8 juillet 1531). *Arras, Jean de Buyens*, 1531, in-4. goth. (Ancien catal. de la Biblioth. du roi, F. 5589.)

VIII. — *Auvergne.*

COUSTUMES (les) du hault ι bas pays Dauuergne : Et sont les dictes coustumes a vendre a Paris Rue saît Jaques a lenseigne de la fleur de liz dor. Et a Lyon en la rue Merciere deuât saint Anthoine : en la boutique de Jehan Petit. Et a Clermont en lhostel de Loys maritain libraire dud' lieu. (à la fin) : Cy finissent les coustumes dauuergne *imprimees a Paris le viii. iour de may. Mil* CCCCC *et* XI. *pour Jehan petit*... pet. in-8. goth. de xcv ff. chiffrés, non compris le titre ; il y a de plus un f. non chiffré, et 13 autres ff. contenant plusieurs pièces relatives à cette coutume, sign. a-o. [2641]

A la suite de cette coutume se trouve une pièce intitulée :

SENSUYUENT les lectres patentes du roy nostre sire octroyees sur la reformation des poix : mesures et aulnages du hault et bas pays Dauuergne, in-8. de 4 ff. impr. *a Paris*, le 20 mai 1511, *pour Jehan Petit*.

La dédicace est de *Jean lhermite de faya*. 60 fr. Librairie Potier.

Cette édit. des Coustumes d'Auvergne est portée sous la date de 1506 dans le catal. de la Biblioth. du roi, F. 3433. Il en a été tiré des exemplaires sur VÉLIN.

— Les mêmes, *Clermont, Nic. Petit*, 1538, in-8.

S'ENSUYT le titre d'assiete de rente, auquel consequemment sont adioustees les coustumes locales du hault et bas pays d'Auvergne ; ensemble les noms des villes, chastellenyes, seigneuries et jurisdiction. *Lyon, Ant. Vincent*, 1548, in-8.

Ce livre est réuni à l'ouvrage qui a pour titre :

o JOAN. BESSIANI a Pressaco... annotationes in Avernorum consuetudines. *Lugduni, Ant. Vincent*, 1548, in-8. (Biblioth. impér.)

COMMENTARII in consuetudines Averniæ, per D. Aymonem Publitium. *Parisiis, Arnold Angelier*, 1548 (aussi 1549), in-fol.

COUTUMES d'Auvergne, paraphrasées par Aymon et Bessian, trad. du latin, et enrichies d'observations par Geor. Durand. (*Clermont*) *Paris, P. Lamy*, 1640, in-4.

L'édition des Coutumes d'Auvergne, en 4 vol. in-4., donnée par M. de Chabrol (voy. ce nom), réunit les meilleurs commentaires qui ont été écrits sur cette coutume.

IX. — *Auxerre.*

COUSTUMES du comté et bailliage d'Auxerre, redigees par escript en presence des gens des trois estatz du dict pays. *Paris, Jean D'allier*, 1563, in-4. [2643]

Un exempl. sur VÉLIN 40 fr. Mac-Carthy ; un autre dans une reliure dorée et peinte à compart. avec les armes du présid. de Thou, père de l'historien, 230 fr. Renouard, et 600 fr. Solar.

— Avignon. Voy. LXIX. *Comtat Venaissin.*

X. — *Bar.*

COVSTVMES du Bailliage de Bar, Redigées par les trois Estatz dudict Bailliage conuoqués a cet effect par ordonnance de Serenissime Prince Charles par la grace de Dieu Duc de Calabre, Loraine, Bar... et homologuées par Son Altesse au moys d'Octobre, mil cinq cens soixante et dix neuf. *Imprime par le commandement de mon dict Seigneur*, pet. in-4. [2643]

Cette édition, accompagnée des Ordonnances sur le reglement de la justice des bailliages et prevoste de Bar, se trouve portée dans l'ancien catal. imprimé, mais non publié, de la Biblioth. du roi, F. 3447. C'est la même que l'édit., sans lieu ni date d'impression, décrite par M. Beaupré (*Recherches sur l'imprimerie lorraine*, p. 216). Elle contient 4 ff. prél., y compris le titre armorié des deux écus de Lorraine et de Bar, 72 ff. de texte chiffrés, suivis de 2 autres sans chiffres, et enfin d'un cahier de 6 ff. chiffrés de 1 à 6 pour le Reglement de justice.

L'épitre adressée au prince Charles est datée : *De votre ville de Bar*, ce 20 *Janvier* 1580, et signée Martin le Marlorat.

— Les mêmes Coustumes ont été réimpr. à Nancy, en 1599, par Blaise Andrea, pet. in-4., même nombre de ff., et de nouveau à *S. Mihiel par Fr. et Jean du Bois*, en 1623, in-4.

XI. — *Bassigny.*

COVSTVMES generales dv bailliage dv Bassigny, redigees par les trois estats d'iceluy conuocquez a c'est effect par ordonnance de serenissime prince Charles... Et omologuees par son altesse au mois de Nouembre mil cinq cens quatre-vingt. Auec le Style contenu au cayer suiuant. *Au Pont-a-Movsson, par Melchior Bernard*, 1607, pet. in-4. [2643]

— Voy. ci-après *Chaumont.*

XII. — *Bayonne.*

COUTUMES (les) generales de la ville et cité de Bayonne et juridiction d'icelle. *Bourdeaux, par Jacques Millanges*, 1623, in-8.

XII*.—*Béarn.*

— Lòs Fors et costumas de Bearn. *Imprimidas à Pau, per Johan de Vingles, et Henry poyure*, M. D. LII, pet. in-4. de 4 ff. prél. et 220 pp. y compris la table qui manque à plusieurs exemplaires. Lettres rondes. [2644]

Rare et recherché. 20 fr. Heber à Paris, et plus cher depuis. Il a été tiré de ce livre plusieurs exemplaires sur VÉLIN : 40 fr. Paris de Meyzieu ; 135 fr. La Vallière ; 34 flor. Meerman. L'exemplaire vendu 35 fr. Chardin, en 1824, avait, indépendamment du frontispice gravé sur bois de l'édit. de 1552, un titre imprimé daté de *Lescar, Louis Rabier*, 1602. Il devait être de la seconde édition.

L'édit. de *Lescar, per Ioan de Saride*, 1625, pet. in-4., a 6 ff. prél. Indépendamment du frontispice gravé sur bois qui appartient à l'édit., on trouve au recto du 3ᵉ f. une copie du frontispice gravé de celle de 1552, et avec cette même date ; en sorte que si les deux premiers feuillets étaient enlevés, on pourrait prendre cette réimpression pour l'édition originale. Le texte a 180 pp. — Il y a une édit. de Pau, 1682, et aussi une de 1715, in-4. A cette dernière sont ajoutées deux parties, savoir :

STIL de la justicy deu pais de Bearn, publicat en lan mil cinq cens fixante quouate. Pau, 1715, en 80 pp.

ORDONNANCES faites par Henri II, roy de Navarre, 316 pp., et Questions sur lesquates lou Parlement a fixat sa jurisprudence, 4 ff.

— Sequense lous priviledges, franquesses, et libertas donnats et autreiats aux vesins, manans et habitans de la Montaigne et val d'Aspe per lous signours de Bearn : Et primo per mossen Archambault en l'an mil tre cens navante-oeit. *Pau, Jerome Dupoun, imprimeur et marchand libraire*, 1694, in-4. de 143 pp. non compris le titre.

— Fors de Bearn, législation inédite du XIᵉ au XIIIᵉ siècle, avec traduction en regard, notes et introduction, par MM. A. Mazure et J. Hatouel. *Pau, Vignancour, et Paris, Belin-Mandar,* 1841, in-4. Tiré à 300 exemplaires.

Publié en quatre livraisons, la dernière en 1845.

— COUTUMES de Beauvais, voy. ci-dessus IV. AMIENS, et l'article THOMAS de la Taumassière.

XIII. — *Berry.*

COUSTUMES generalles des pays & duche de Berry, tant de la ville et septaine de Bourges, que des aultres villes et lieux dudict pays & duche... *se vend a Bourges en lostel de Barthellemy Bartault.* (au verso de l'avant-dernier feuillet) :

Fin des presentes coustumes nouuellemēt imprimees a Paris par Michel Fezandat, pour Ponce Roffet dict le Faulcheur, Barthellemy Bartault, & Iehā Garnier libraires. Et ont este acheuees le .xiij. iour Doctobre M. D. XL, in-4. de 37 feuilles, signat. a—z et A.—O. [2643]

Après les 90 premiers ff. chiffrés, on trouve le Procès-verbal, la table des rubriques et l'errata, occupant ensemble 52 ff. non chiffrés, et enfin un dernier f. blanc au recto, et dont le verso porte la marque de Pierre de Sartières, lequel avait pour devise : *Tout se passe fors dieu aimer*. Ce dernier f. n'est pas dans tous les exemplaires. Un exemplaire impr. sur VÉLIN, 36 fr. salle Silvestre, en 1841.

— Consuetudines inclite ciuitatis et septene Biturigum per... Nicolaum boerii... glosate : q̄ etiā in ciuitate τ vicecomitatu Parisieñ. ducatibus Burgūdieñ. τ Borboneñ, loco de Lorri, ac toto fere regno Francie. Delphinatu et Jtalia ac aliis mūdi partibus incōcusse obseruātur. vna cū ˈtabula... (au recto du dernier f.) : Expliciunt consuetudines... Byturigum *Lugduni Jmpresse per Jacobum myt. Anno dñi.* M. CCCCC. XII. *die vero xvj mēsis Februarii,* in-8. goth. de Clᵛj ff. chiffrés, y compris les 16 ff. du cah. S qui ne le sont pas, et 4 non chiffrés ; sur le titre la marque de De Marnef. [2646]

Le texte français est entouré de la glose lat. sur plusieurs colonnes.

CONSUETUDINES inclite ciuitatis et septene Biturigū per egregium virū magistrū Nicolaum Boerii... Burdigaleñ presidem... glosate : que etiam in ciuitate et vicecomitatu Parisiens., ducatibus Burgundie et Borboneñ, loco de Lorris, ac toto fere regno Francie, Delphinato et Italia, ac aliis mundi partibus inconcusse obseruantur. vna cum tabula earūdem ac nonnullis recentibus additis : ante hac nunq̄ impressioni commendatis, et consiliis per ipsum Boerij editis. Venundantur Parisius ab Enguilberto de Marnef, in vico sancti Jacobi sub signo Pellicani. — Expliciunt consuetudines... *Parisiis, impresse pro Enguilberto de Marnef. Anno dñi* M. CCCC. XXVI. *die vero* XXXI. *mensis Januarii,* gr. in-8. goth. de CXXXVI ff. chiffrés, plus 20 ff. non chiffrés pour la table.

La glose à 2 col. entoure le texte. 30 fr. Librairie Potier.

CONSUETUDINES generales Bituriceñ. Turoneñ. ac Aurelianeñ. presidatuum, seu si mauis bailliuiatuum, unico nūc... volumine redactæ, cum... materiarum glossematæ, consuetudines ipsas non parum exornate a.... ˈdominis Nicolao Boerij.... Ioanne Sainson... ac Pyrro Anglebermeo elaborato. *Venundantur Parisiis, apud Franciscum Regnault,* 1529, gr. in-4. goth. à 2 col. 16 ff. prél. Texte, ff. 1 à CCCLXXIX, et 4 ff. pour le répertoire.

Le texte français des trois coutumes est inséré dans ce volume. Il y a des exemplaires dont le titre est avec l'adresse et le nom de Galiot du Pré. 20 fr. Librairie Potier.—Une édit. de Paris, Fr. Regnault, 1534, in-4. 25 fr. même librairie. Il y en a aussi de 1548 et de 1547, in-4.

COUSTUMES generales des pays et duché de Berry... nouuelle édition. *Paris, Arnoul l'Angelier,* 1552, in-8.

COUTUMES générales des pays et duchés de Berry,

avec les annotations de Gabr. Labbé. *Bourges*, *Ambr. Brilliard*, 1579, in-8.—2ᵉ édit. augmentée, *Paris, Buon*, 1617, in-4.

COUSTUMES générales de Berry, avec un traité des mesmes coustumes, par le Sʳ Catherinot. *Bourges, J. Cristo*, 1663, in-16.

NOUVEAUX commentaires sur les Coutumes de Berry, par Casp. Thaumas de la Thaumassière; nouvelle édition augmentée, avec le traité du Franc-aleu de Berri. *Bourges, J.-J. Cristo*, 1700-1701, 2 tom. en 1 vol. in-fol.

Après que le sieur de la Thaumassière eut fait imprimer ses *Décisions sur les Coutumes de Berri*, avec son *Traité du Franc-aleu, à Bourges*, en 1667, in-4., parurent des *Observations sur les coutumes de Berry*, Paris, J. Caille, 1672, in-12, ouvrage de Thomas de la Rue, qui n'y mit que les initiales de son nom. Pour répondre à cet écrit, La Thaumassière donna plus tard, sous le nom supposé de J. Mignon, *Liber singularis defensarum quæstionum in leges Biturigum municipales*, Avarici Biturigum, typis Fr. Toubeau, 1691, in-4., ce qui a été inséré dans le recueil intitulé : *Questions et reponses sur les coustumes de Berry* (Bourges), Paris, Osmont, 1694, in-4. Voir le n° 2648 de notre table méthodique.

XIII*. — *Bigorre.*

COUTUMES (Rédaction des) des pays de Bigorre, diocèse de Tarbes. *Toulouse, Vᵉ de Bern. Pijon* (1769), in-4.

XIV. — *Blois.*

COUSTUMES general-||les Du pays ᴢ conte de Bloys Ensemble les || coustumes localles des baronnies et chastelle || nies subjectes du ressort dudit bailliage pu || bliees ᴢ accordees es presences de nous Roger barme president et Jehan preuost côseiller du roy nostre sire en || sa court de parlement, commissaires en ceste partie. la dicte publication faicte en la ville de Bloys... le treiziesme iour Dauril lan mil cinq cens vingt ᴢ trois apres pasques et autres cours... cum privilegio. (au recto du dern. f.) : *Cy finissent les grandes coustumes... Imprimees a Paris par Anthoine et Nicolas les couteaulx Imprimeurs... pour messeigneurs les escheuins de la dicte ville de Bloys. Et furēt acheuees le xxiiijᵉ iour de Septembre Lan mil cinq cens xxiiii*, gr. in-4. goth. de C.xiii ff. chiffrés, et 5 ff. pour la table. Sur le titre les armes de Blois. [2646]

— Coustumes generalles du pays ᴢ côte de Bloys, auec les coustumes locales des chastellenies et barönies du ressort du dit conte. *On les vend a Paris, en la rue neufue nostre Dame a lenseigne sainct Nicolas par Jehā Bonfons*, M. D. XLVII, pet. in-8. goth. sign. a—y.

Il y a 4 ff. prél. non chiffrés, y compris le titre, 163 ff. chiffrés, plus un f. non chiffré ayant au recto cette souscription : *Nouuellement imprimees a Paris par Jehan real...* et au verso la marque de J. Bonfons, que nous donnons ici.

Le procès-verbal est de 1523, le vıᵉ iour d'avril, ce qui fait supposer une édition antérieure à celle de 1547.

— LES MÊMES, avec des notes de M. Fourré. *Blois, Masson*, 1777, 2 tomes en 1 vol. in-4.

XV. — *Bordeaux.*

COUSTUMES generalles (les) de la ville de Bourdeaulx, senechaussee de guyēne ᴢ pays de Bourdeloys, Imprimees audit Bourdeaulx par Jehan guyart... m. d. xx. viii. — *Cy finissent les coustumes, etc... furent acheuees dimprimer le troyziesme iour de iuillet mil cinq cens xxviii*, in-4. de 2 ff. prélim. et 20 ff. chiffrés. [2644]

Un exemplaire imprimé sur VÉLIN se conserve dans la biblioth. publique de la ville de Bordeaux.

— Autre édition, *Bourdeaux, François Morpain*, 1553, pet. in-4., signatures Aij—Ciii. (Bibliothèque de M. Gustave Brunet.)

LES COUSTUMES generalles de la ville de Bourdeaux, senechaucee de Guyenne et païs de Bourdelois, avec celles qui s'obseruent en Saintonge et ressort de S. Jean d'Angeli, à d'Acs, Saint Seuer, Bayonne, la Bourt, et à Sole. *Bourdeaux, Sim. Millanges*, 1576, in-4.

ANCIENS et nouveaux statuts de la ville et cité de Bourdeaux, esquels sont contenues les ordonnances requises pour la police de ladite ville, etc., données par de Lurbe. *Bourdeaux, S. Millanges*, 1612, in-4. (voir l'article LURBE).

COUTUMES du ressort du parlement de Guienne, avec un commentaire pour l'intelligence du texte, et les arrêts rendus en interprétation, par MM. Lamothe. *Bordeaux, les frères Labottière*, 1768-69, 2 vol. in-8.

— Voir le n° 2648 de notre table.

XVI. — *Bouillon.*

— Ordonnances de M. le duc de Bouillon (Henri Robert de la Marck) pour le reglement de la justice de ses terres et seigneuries souveraines de Bouillon, Sedan, Jamectz, Raulcourt, Florenge, Florenville, Messancourt, Longnes et Saulcy; avec les coustumes generalles des dites terres et seigneuries. *Paris, impr. de Rob. Estienne, 1568,* in-fol.

XVII. — *Boullonais.*

COUSTUMES generalles de la seneschaulcée et conté de Boullenoys, ressort et enclauemens dicelle; ensemble les coustumes localles Destappes, Vvissent, Herly, Quesque, Nedouchet. *Paris, Guil. Merlin,* 1551, in-8. de 103 ff. chiffr. y compris le titre et le f. qui suit.

COUTUMES du Boulonnois conferées avec les coutumes de Paris, d'Artois, de Ponthieu, d'Amiens, etc., le droit commun de la France, et la jurisprudence des arrêts, par Bertr.-Louis Le Camus d'Houlouve. *Paris, Didot,* 1777, 2 vol. in-4.

XVIII. — *Bourbonnois.*

COUSTUMES (les) du pays et duche de Bourbonnoys. *Paris, Galliot du Pre (imprimé par Pierre Vidoue,* 1521), in-8. goth. [2649]

L'exemplaire impr. sur VÉLIN, avec initiales en or, lequel devait être présenté au connétable de Bourbon par Pierre Popillon, son chancelier, est porté à 159 fr. sous le n° 211 du catal. Monmerqué, où se lit une note curieuse relative à ce livre.

LES COUSTUMES du pays et duché de Bourbonnoys; nouuellement imprime. *On les vent a Paris en la rue sainct Jacques en la maison de Regnault Chauldierre a lenseigne de lhomme sauluaige* (sans date), in-4. goth. de XCI ff. chiffrés et un qui ne l'est pas.

Le procès-verbal est du 28 février 1520, mais l'extrait du registre du parlement qui termine ce volume est en date du XX iour de mars lan mil cinq cens. XXI : ainsi l'édit. ne peut être antérieure à cette date.

COUTUMES generales et locales du pays de Bourbonnois, avec le commentaire; par Matth. Auroux des Pommiers. *Paris, Paul du Mesnil,* 1732 (réimpr. à *Riom, Mart. Degoutte,* 1780), in-fol.

— Voyez l'article DUBET (*Jean*).

XIX. — *Bourgogne et comté de Bourgogne.*

— Commětaria Bartholomei de Chasseneuz... in consuetudines Ducatus Burgūdie principaliter : et totius fere Gallie consecutive. (in fine) : *Impressa Lugduni in œdibus Jacobi Marechal, sumptibus Symonis Vincent... Anno M.ccccccxvij. die xvij mensis septēbris,* gr. in-4. goth. de 14 ff. prél. et ccclxxxij ff. chiffr. à 2 col.

Édition ornée d'un frontispice gravé et d'une grande planche à la fin.

BARTHOLOMEI a Chasseneo... Tertia recognitio cōmětariou̅ in cōsuetudines ducat' Burgūdie precipue : ac totius Gallie secūdario : nuper ab eodem

magno apparatu ditatorum : una cum novis typis in materia successionum adiectis. (au recto du 413e f.) : *Lugduni in officina Antonii du Ry elegātissimis typis excusa : Anno... octavo et vicesimo ultra sesquimillesimum. mense Aprili,* 2 part. en 1 vol. in-4. goth. à 2 col.

Il y a au commencement de ce volume un *Repertorium scu index in commentaria Barth. de Chasseneuz...* sous les sign. Aa—Gg. par 8, avec un titre particulier impr. en rouge et noir dans une hordure; il y a à la fin une souscription particulière datée du *mois de mars* 1528. Le commentaire a 4 ff. prél. et CCCCXIII ff. chiffrés.

— Le grant Coustumier de bourgōgne. Bartholomei a Chasseneo Pontificij Cesareiꝗ iuris doctoris... tertia recognitio Commětariorum in consuetudines ducatus Burgundie precipue : immo per totius pene Gallie secūdario : nuper ab eodem magno apparatu ditatorum : una cum nouis typis seu figuris arborum in materia successionū adiectis... *Parisiis sub signo Elephantis,* 1534, in-4.

4 ff. préliminaires, texte cccxii ff. ; au verso du dernier : *Parisiis... Opera ꞇ impensis Francisci regnault... anno... quingentesimo trigesimo quarto.*

Ensuite se trouve :

LA TABLE des *additions au grand coustumier de Bourgogne, lesquelles ne sont contenues aux autres coustumiers qui ont esté plusieurs fois par cy deuant imprimez a paris et a Lyon.* François Regnault, 1535, 4 ff. prél. et XLVIII ff. sig. aa—cc.

Ces Coutumes, avec le comment. de Chasseneu, ont été réimprimées à Lyon en 1535 et 1552, à Paris en 1547 et en 1552, et plusieurs fois à Genève et à Francfort, de format in-fol.; la dernière édit. est de 1647.

LES COUSTUMES du pays et duché de Bourgongne ensemble la reformation et ampliation d'icelles, avec autres matières... *Imprime a Dijon par Jean Des Planches,* 1580, in-12.

SOMMAIRE explication des articles de la coustume du pays et duché de Bourgongne, par Claude de Rubys, avec les anciennes coustumes du dit pays corrigées. *Lyon, Ant. Gryphius,* 1580, in-4.

LA COUSTUME de Bourgongne, de nouveau commentée, abregée et conferée avec toutes les autres coustumes de France, par J. Bouvot, avec un petit commentaire sur la même coutume écrit sous le roy François premier par Hugues Descousu. *Genève, Chouet,* 1632-33, 2 vol. in-4.

Le commentaire de J. Bouvot a peu d'importance, et nous n'en parlons ici que pour dire un mot de celui de Celse Hugues Descousu, dont le président Bouhier, dans son Histoire des commentateurs de la coutume de Bourgogne, a donné le titre de cette manière :

LES COUSTUMES de Bourgogne, etc., avec les apostilles de droit écrit, interpretant les dites coutumes, par Me Descousu, docteur ès droit. *Lyon, P. Ballet,* 1516 (in-8.).

Cette édition, que je n'ai pas vue, doit être fort rare; on ne dit pas si l'ouvrage est écrit en latin ou en français.

LES COUTUMES du duché de Bourgogne, avec les anciennes coutumes de la même province, et les observations du président Bouhier. *Dijon, Augé,* 1742-46, 2 vol. in-fol. — Réimpr. sous le titre d'OEuvres du président Bouhier, recueillies et mises en ordre par M. Joly de Bevy, *Dijon,* 1787-88, 2 vol. in-fol. auxquels est joint : *Supplément ou remarques sur la coutume de Bourgogne, par B. Martin, livres 1 et 2. Dijon,* 1789, in-fol. non terminé. [2652]

LES COUSTUMES generales ꞇ ordōnances du comte de Bourgoingue Ensemble les ventes des Bledz et vin. *Imprime pour hugues danoux : Marchād Libraire demourant a Dijon deuant Nostre dame.* (au verso du dernier f. des ordonnances) : Publiees en laudience de la court souueraine du Parlement de Dole, le vendredi seiziesme iour du moys de May. Lan Mil cinq cētz trēte neuf... pet. in-8. goth. feuillets non chiffrés.

Ce volume est un recueil qui contient : 1° *Les coustumes*, sig. a—c. par 8 ; 2° *Ordonnances de la court de Parlement et aultres officiers de l'Empereur en son côte de Bourgoingne : touchât la iustice z administratiō dicelle*, 64 ff. sig. A—G. par 8, y compris le titre portant l'aigle à deux têtes avec une fig. en bois au verso ; sur le dernier f. répétition de l'aigle avec les mots *Plus ultra* ; 3° *Edict a lhoñeur de Dieu z lutilite du bien publicque contre les blasphemateurs*... 8 ff. y compris le titre ; 4° *Ordonnance contre les ecclesiastiques qui vivent impudiquement : tenant auec eux femmes et filles suspectes*... etc., 6 ff. 5° *Les Ordonnances de la chasse : Renouuellees par Lempereur : en son comte de Bourgoingne*, 8 ff. Le titre est dans une jolie bordure gravée sur bois. Au recto du dernier f. la date de l'ordonnance (du 29 iour de mars avant Pasques, l'an 1538) et la souscription *Imprimees pour Mongeot danoux : marchand libraire demourant a Dole*, et au verso l'écusson présentant l'aigle à deux têtes.

On trouve dans le Catalogue imprimé de la Biblioth. du roi, F, † 3556, l'indication des *Ordonnances anciennes du comté de Bourgongne, Dijon*, 1552, et de plusieurs autres ordonnances et coutumes, impr. en 1550 et 1552, in-8., qui se rapportent à la Franche-Comté.

CONSUETUDINES generales comitatus Burgundiæ, observationes referuntur et explicantur pleræque aliæ aliarum provinciarum consuetudines his similes ; authore Hennier Boqueto. *Lugduni, apud Joan. Pillehotte*, 1604, in-4. — autre édition, *Vesuntionis*, 1725.

Ce sont les Coutumes de la Franche-Comté, avant la réunion de cette province à la France. Elles ont été conservées par les capitulations de 1668 et 1674, et on les a réimpr. en français sous le titre suivant :

LES COUTUMES generales de la Franche-Comté de Bourgogne ; avec les articles servant d'interpretation et restriction aux anciens articles d'icelles coutumes, et de nouveau ajouste de l'autorité des Archiducs Albert et Isabelle. *Dole, Ant. Dominique*, 1619, in-fol.

Ces coutumes sont ordinairement reliées avec le *Recueil des ordonnances et édits de la Franche-Comté, de Bourgogne, fait par Jean Petremand*, Dole, A. Dominique, 1619, in-fol. Il faut y joindre : *Suite du Recueil des édits et ordonnances... depuis 1619 jusqu'en l'année 1664, par le président Joblot*, Lyon, Ant. Juillieron, 1664, in-fol., et aussi :

ABRÉGÉ *des édits, ordonnances et coutumes de la Franche comté de Bourgogne, en forme de répertoire sur le recueil imprimé en 1619, et la suite d'icellui jusqu'en 1664. Lyon*, 1664, in-fol.

XX. — *Bragerac (Bergerac).*

— Les statuts et coustumes de la ville de Bragerac (aujourd'hui Bergerac), en latin et en françois (trad. par Est. Trellier). Nouuellement imprimes. *Bragerac, Gabr. Decourtaneve*, 1598, pet. in-4. — Réimpr. en 1627. [2652]

XXI. — *Bresse, Bugey, etc.*

— L'Usage des pays de Bresse, Bugey, Valromey, leurs statuts, stil et édits, avec des notes par Ch. Revel. *Mascon, Sim. Bonard*, 1665, in-4., ou *Bourg en Bresse*, 1729, in-4. — Nouvelle édition augmentée des traités de paix et d'é-

changes... et des deux premieres parties de l'Histoire de Bresse et Bugey, par Sam. Guychenon, *Bourg en Bresse*, 1775, 2 vol. in-fol. [2653]

Voir le n° 2653 de notre table méthodique.

XXII. — *Bretagne.*

COUSTUMES et establissemens de Bretaigne. (au dernier f.) : *Cy finent les coustumes et establissemens de bretaigne, imprimees a paris par moy Guillaume le feure le vingt troisiesme iour de septembre Lan de grace mil quatre cens quatre vings. Deo gratias*, pet. in-8. goth. de 182 ff. non chiffrés à longues lignes, au nombre de 27 à la page, sign. A—Z, initiales color.

Quoique cette édition eût été déjà signalée par Pierre Hevin dans ses Consultations sur la coutume de Bretagne (*Rennes*, 1734), in-4., p. 515, et par Poullain Du Parc dans ses Coutumes de Bretagne (*Rennes*, 1745-48), tome III, p. 346, nous avons longtemps douté de son existence ; mais elle nous est aujourd'hui parfaitement confirmée par la description que M. Emile Pehant vient de donner de ce livre précieux sous le n° 6342 du *catalogue de la bibliothèque de Nantes* (1859), d'après les communications de M. Hippolyte Thibaud. Tous les cahiers de l'exemplaire décrit sont de 8 ff., à l'exception du premier qui n'en a que sept, parce que le titre y manque, et du dernier, qui est aussi de 7 ff. seulement. Cette première édition des coutumes de Bretagne commence par un avant-propos qui remplit 6 ff. et demi et débute ainsi : *Aucunes foiz est advenu en plusieurs terres*, etc. Suivent une première table (*prima, secunda... nona et ultima pars tabule*), qui occupe 7 feuillets et demi ; puis une 2e table, qui occupe tout le recto et les cinq premières lignes du verso du 10e f. Vient ensuite le texte même de la Coutume, précédé de ces mots : *Prima pars libri*, et terminé par ceux-ci : *Expliciunt novem partes istius libri*. Les 14 feuillets suivants sont remplis par les *Establissemens du duc de Bretaigne sur les plaidoieurs et leurs salaires*, et autres ordonnances ; après quoi le feuillet de souscription *Cy finent*...

L'imprimeur *Guillaume Le Feure* n'est pas porté dans le Catalogue des imprimeurs de Paris de Lottin, et nous ignorons s'il a impr. d'autres livres dans la même ville. Ne serait-ce pas la même personne que le libraire Guillaume Le Feure qui vendait à Beauvais, en 1514, un missel de ce diocèse impr. dans cette même année à Rouen par Martin Morin ? (Voy. MISSALE beluacense.)

COUTUMES de Bretagne. *Rennes, par l'industrie de Pierre Bellescullee et Josses*, 1484, pet. in-8. goth. de 252 ff. non chiffrés à 26 lig. par page.

Édition une des plus anciennes que nous connaissions de ces Coutumes. L'exemplaire ici décrit n'a pas de pièces liminaires, et il commence au second feuillet du premier cahier par ces mots : *de celx qui veulèt viure hōnestemēt*... surmontés des armes de Bretagne avant le mariage d'Anne de Bretagne avec Charles VIII, qui ne fut célébré qu'à la fin de l'année 1491. A la fin du texte de la coutume se lit cette souscription :

Lan de grace mil iiii .CCCC. quatre vingtz et quatre le xxvi. iour de mars deuāt pasqz Regnant treshault et tresexcellant prince. Franczois par la grace de dieu duc de bretaigne conte de montfort de richemont destampes et de vortuz. A estoy paracheue dimprimer ce present volume de coustumes correctees et meurement visitees. par maistre nycolas dalier. maistre guillaume racine. et thõas du tertre aduocat. Auecques les constitucions establissemens et ordonnances faictes en parlement de bretaigne es temps passes et iucques a ce iour pareillement visitees et correctees par Jacques bouchart greffier de parlement et par maistre allain bouchart. par lindustrie z onuraige de maistre pierres bellesculee et Josses. Et fut en la ville de rênes pres leglise de saint germain. Ce soit a la louenge de la trinite.

Et au bas se voit la marque ci-dessous, la même qui figure également dans le *Floret* impr. à Rennes en 1485, avec les mêmes petits caractères gothiques qui ont servi à l'impression de la Coutume. Après la souscription de celle-ci doivent se trouver 15 ff. dont le 1er est blanc, et les autres contiennent le préambule et la table, qui, dans l'édit. de 1492 (ci-dessous) occupe les deux premiers cahiers du volume.

— Coutumes de Bretagne. *Lantreguer,* 1485, pet. in-8. goth., feuillets non chiffrés, à 24 ou 25 lig. par page, sign. a—z par 9, plus A—M par 8 et N—O.

Cette édition est de la plus grande rareté. En voici la description d'après un exemplaire dans lequel paraît manquer le premier ff. et peut-être aussi le dernier. 10 ff., dont le verso du dern. est blanc, contiennent une table alphabétique des matières qui renvoie aux chapitres. La première ligne de cette table est ainsi (si toutefois nous sommes parvenu à bien lire les caractères effacés de notre exemplaire) : *accroistre. VIII xx II.* (sur le 3e f. nous avons remarqué la lettre *Q* placée en forme de signature. 16 ff. sig. a—b. contenant une table des chapitres précédée d'un préambule commençant : *(A)ucunes fois est advenue en plu-...* On lit au bas du second f. verso : *prima pars tabule.*
Suit le texte commençant de cette manière au f. c.:

> *Prima pars libri*
> *De ceulx qui veulent viure honestement et iustice estre faicte*

A la fin du texte (verso du 5e f. du cahier 9, qui suit la signature z) :

> *Cy finist le texte du corps des cou stumes de bretaigne Emprime en la cite de lantreguer le xvII iour de may. la mil IIII° IIIIv et cinq.*

Il y a ensuite un f. bl., puis 2 ff. impr. portant ce sommaire :

> *item sensuit lassise au conte gefroy filz de roy duc de bretaigne conte de richemont.*

Le recto du dernier f. de cette pièce n'a que 9 lignes, et le verso est blanc.
La seconde partie, sig. A—M. contient :

> *Establissemẽs du duc de bretaigne sur les pledoieurs z leurs salaires.*

terminés par cette souscription placée au verso du 7e f. du cah. M. :

> *Cy finissent les cõstumes o les constitu cions establissemens de bretaingne corrige- es et adjustees deuers plusieurs leaulx et bons exemplaires. Imprimees en la cite de lantreguer par Ja. P. le IIII° ior de tuing\ lan de grace mil IIII° IIIIxx z v.*
> *Deo gracias.*

Enfin l'exemplaire se termine par deux cahiers, l'un de 8 ff. commençant par ce sommaire :

> *Ce sont les noblesses et con- stñes aux contes de bretaigne*

et l'autre de 7 ff. sig. o. dont voici la dernière ligne :

> *la faiste saīt andre lan mil IIe lx z vi ans.*

Peut-être la fin manque-t-elle ?
La partie contenant les Establissemens seuls a été vend. 22 fr. Motteley, en 1824.

— Les mêmes coutumes de Bretagne. *Breant Lodeac, par Robin Foucquet et Jehan Cres,* 1485, in-4. goth. de 236 ff. non chiffrés, sign. a—z (et trois autres cah.), à 27 lig. par page (*Bibliothèque impér.*).

Édition tout aussi rare et aussi précieuse que celle de 1484, sur laquelle elle paraît avoir été faite, ainsi qu'on en peut juger par la souscription impr. au verso du dernier f., et qui, à la date et aux noms près, reproduit presque mot pour mot celle de l'édition de Rennes.
Le titre ne porte que ces deux lignes :

> *Les costumes et consti- tutions de bretaigne (sic)*

Au verso sont les armes de Bretagne ; la souscription commence et finit comme ci-dessous :

> *Lan de grace .mil iiii C iiiixx z cinq. Le iiie iour de Juillet. Regnant treshault et tresexcellant prince Franczois par la grace de dieu duc de bretaigne ...... a este paracheue d'imprimer ce present volume de coustumes. ....*
> *..... p lindustrie z onuraige de Robin foucquet et Jehan cres. maistres en lart dimpressiõ a brehant lodeac ou diocese de saint brieuc. Ce soit a la louange de la trinite. Amen. .·.*
> *Robin foucquet.*
> *Jehan cres.*

Cette rareté typographique, aujourd'hui d'un si grand prix, a été donnée pour 25 sous à la vente de Sennicourt, faite à Paris, en 1766.

— Les coutumes de Bretaigne. *Rouen, par Martin Morin,* 1492, pet. in-8. goth. à 24 lig. par page.

Édition presque aussi rare que celle de 1484, dont elle reproduit le texte. On y remarque quatre séries de signatures : la première, de a—z (où l'on trouve u et v, et où z a 12 ff.) ; la seconde, de aa—gg ; la troisième contenant A et B, et la quatrième A et B. Le corps du volume commence par 16 ff. prélim. sig. a et b, (et compris dans la première série), lesquels renferment 1° un frontispice gravé que nous donnons ci-dessous :

2° une préface commençant : *Aucunefois est avenu* ; 3° la table du contenu. La seconde série (aa–
gg) contient : *Aucunes constituciõs establissemẽs
et ordonnances...* ; la troisième (A et B) : *Constitucions z establissemens faitz z ordõnez en parlement general tenu a Vennes* ; et enfin la 4° renferme la pièce intitulée : *Ce sont les noblesses z
coustumes es costie- | res de la mer du duche
de bretaigne*, en 12 ff., sign. A. par 8, et B. par 4.
Au verso du 6° f. du cah. B (de la 3° série) commence la souscription copiée sur l'édition de 1484
et que nous avons rapportée ci-dessus. Elle finit
au recto du 7° f. dont le verso est bl. ; le 8° f. de
ce même cah. (bl. au recto) présente au verso cette
marque, qui est celle de Jean Alexandre :

Dans un des exemplaires conservés à la Bibliothèque
impér., ce dernier f. est placé à la fin de la 4° partie
en remplacement du dernier f. manquant ; mais la
véritable souscription de l'édition se trouve au recto
du 12° f. ou 4° du cah. B. de la 4° partie, et est
ainsi conçue :

> *Imprime a Rouen deuant saint Lo pour* ‖ *Je-
> han Alexãdre. libraire general de luniuer* ‖ *site
> Dangiers. Demourant en la dicte ville* ‖ *Dangiers
> en la chaussee sainct pierre. En* ‖ *Lan mil CCCC
> quattre vingtz et douze. le* ‖ *dixiesme iour de
> Januier.*

Cette substitution du feuillet final d'une édition à
l'autre nous avait fait supposer à tort que l'exemplaire
de celle-ci, que nous avions sous les yeux,
était peut-être une édition de Rennes, à laquelle
Martin Morin aurait ajouté un titre portant son
nom. Il est à remarquer que dans l'édition de 1492
les armes de Bretagne sont placées au recto du
1er f. du cah. C. et accolées à celles de France, postérieurement, par conséquent, au mariage, et qu'au
bas des armes se lisent les huit vers suivants :

> *Qui veult sable dessus argẽt pourtraire
> Point ne change, on si peut bien fier.
> Or sur asur point ne luy est contraire.
> Mais rend lustre pour le clarifier.
> Et qui en vng les scait apparier :
> Lor fait choisir la beaulté de largent.
> Et le sable qui ne peut varier :
> Haulce lasur et le fait refulgent.*

Dans l'un de ces exemplaires (à 24 lignes) que possède la Biblioth. impér., et qui provient de Falconet, il se trouve de plus que dans l'autre deux
opuscules impr. à Nantes, chez Larchier, savoir :
1° une partie de 36 ff. non chiffrés, sign. a—e, contenant la table alphabétique des matières renfermées
dans les Coutumes de Bretagne, table dont le premier f. présente une figure de saint Christophe
(*Sanctus Gri*), gravée en bois ; le second f. commence, sans intitulé, par le mot *absolution* ; le
35° f. verso porte les mots : *Imprime a nantes par
estiẽne larchier* ; et le 36° est tout blanc. 2° Une
partie de 20 ff., sign. a—c, intitulée :

> *Sensuiuent les ordonnãces et statuz du
> roy faictz ou pays de bretaigne ou mays*(sic) *de
> may lan mil quatre cens quatre vingtz et
> quatorze.*

avec cette souscription imprimée au verso du dernier f. :

> *Cestz presentes ordonnances et statuz ont este
> imprimees a nantes par estiẽne larchier imprimeur
> et libraire demeurãt en lad' ville de nãtes en
> la rue de carmes pres les chãges*

C'est à cause de cette souscription que notre édition
de Rouen est annoncée dans le catal. de Falconet,
comme étant de Nantes.

LE COUSTUMIER de bretaigne avec les coustumes
de la mer, nouuellement visitees, corrigees et imprimees (titre noir et rouge, et au-dessous une bonne
vignette en bois représentant des magistrats). (au
verso du dernier f.) : *Qui en aura a besõgner en
trouuera a bon marche chiez Jehan Mace libraire
demourant a Rennes a lymaige Saint Jehan leuangeliste* (sans date), avec la marque de Robinet
Mace, pet. in-8. goth. de CLXXV ff. chiffrés et 4 ff.
pour la table et la souscription, sig. A–Z.

On lit au recto du dernier f... *Et semblablement les
ordonnances et statuz du roy nostre sire, fait au
pays de Bretaigne au moys de may l'an mil iiii.
cc. quatre vingtz et quatorze. Et furent acheu-
uees le x iour dauril mil. v. cẽs z deux*, ce qui
nous paraît être la date de l'impression de cette
édition (60 fr. Potier).

A la fin de l'exemplaire de cette édition qui est décrit
sous le n° 6942 (article 3) du catal. de la biblioth.
de Nantes, se trouve la table de cette même Coutume, imprimée à *Nantes par Estienne Larchier*,
sans date, pet. in-8. goth. de 43 ff. non chiffrés à

24 lig. par page, sig. A—FIII. Cette table est, à ce qu'il paraît, la même que celle que nous avons décrite ci-dessus, mais d'une édition différente; le premier feuillet, dont le verso est blanc, représente aussi au recto un saint Christophe gravé sur bois, et le 2ᵉ f. commence également par *absolution*. La souscription est à la fin au-dessus d'un écusson contenant les mots : NY-DUALB, dont nous ignorons la signification.

LES LOUABLES coustumes du pays et duche de Bretaigne... *On les vend a Caen... en la maison de Michel Augier* (sans date), pet. in-8. goth. de ccxxvi ff. chiffr. et 23 ff. non chiffrés pour le *repertoire*, c'est-à-dire la table.
Vend. 10 fr. Pluquet.

LES LOUABLES coustumes du pais et duche de Bretaigne, visitees et corrigees par plusieurs discretz et venerables iuristes Auec les coustumes de la mer. Et auec les constitutions et establissements faitz et ordonnez en parlement general tenu a vennes. Nouuellemēt corrigeez et amendees (au recto du dernier f.) : *Et furent acheuees le viii iour doctobre, mil. v. centz ⁊ vii. par Philippe pigouchet pour Jehan Masse libraire demourāt a Renes aupres de la porte sainct Michel*, in-8. goth. de cxcii ff. chiffrés, plus 24 ff., sig. A—C. pour le *Repertoire*, avec la marque de Pigouchet au verso du dernier f.

LES LOUABLES coustumes... (la suite comme à l'édit. de 1507) nouuellement corrigees et amēdees *pour Jehā Mace libraire demourāt a Rēnes p̄s la porte Saīt michel et pour michel augier demourant a Caen pres le pōt Sainct pierre*, pet. in-8. goth. de ccxxvi ff. chiffrés, et 24 ff. pour le répertoire.

La dernière ordonnance est du 26 février 1510.

A l'exemplaire de cette édition que nous avons vu était annexée la pièce intitulée :

LA CONSTITUTION nouuelle stille et ordre de pledoyer par escript du pays, et duche de Bretaigne Leue publiee et enregistree en la court de parlement que est chancellerie, conseil et assemblee des estats de ce dict pays et duche. *Imprime a Angier par Richard Piquenot, pour Pierre bodin libraire demourāt a Nantes en la rue des Carmes, ils sont a vendre chez led' Bodin a bō marche vis a vis de lescu de Bretaigne a Nantes*, pet. in-8. goth. de 8 ff. sig. a—b.

La date de la publication de l'ordonnance est du 5 octobre 1525.

COUSTUMES constitutiōs establissemens et ordonnances de Bretaigne auec plusieurs practiques ⁊ allegances de droit conformes au texte de lad' coustume de nouueau y adiouste. Et exposition en aucuns lieux dudit texte, jcelles au long reuues et corrigees p plusieurs praticiens ⁊ legistes diceluy pays de Bretaigne... *nouuellemēt imprimees a Paris ⁊ acheuees le VII iour de decēbre M ille, cccc, xxi*, in-8. goth. de 258 ff. chiffrés et le répertoire, sign. A—E.

Cette édit. a une glose en marges.

— LES MÊMES coustumes establissement... item le stille et ordre de pledoyrie escript... et enregistree en la court de parlement:.. en lan mil cinq cens xxv. *Ex carracteribus parrhisiis, mil v. cēs xxvuy*, in-8. goth. de ccvIII ff. chiffrés, et 20 ff. non chiffrés pour le répertoire. 60 fr. Librairie Potier.

LES LOUABLES coustumes du pays et duché de Bretaigne, visitées et corrigées par plusieurs discrets et venerables iuristes, avec les coustumes de la mer, et plusieurs autres constitutions nouvellement ādioustées. *On les vend à Nantes, par Anthoyne et Michelles Papolins*, 1533, 4 part. en 1 vol. in-8. goth.

Catal. des livres provenant d'une grande bibliothèque (de M. Giraud). Paris, Huet, février 1855, n° 103.

COUSTUMES, establissemens et ordonnances du pays et duche de Bretaigne, avec plusieurs allegations de droit... Mense Decemb. M. D. XXXVIII. — *Cy fine la ce Coustumier de Bretaigne... Nouuel-*

lement imprime a Rouen, par Nicolas le Roux, pour Girar Anger demourant a Caen... et fut acheue dimprimer le xx. iour de Decembre mil cinq cens XXXVIII, in-8. goth. de ccvII ff. chiffrés, et le répertoire 19 ff.

Cette édition est, je crois, la dernière de l'ancienne rédaction : 41 fr. (annoncé pet. in-4.) Le Prevost en 1857.

COUSTUMES generalles des pays et duché de Bretaigne, nouuellement reformees et publiees en la ville de Nantes, en la congregation assemblee des trois estatz du dict pays, au moys Doctobre, Lan mil cinq cens trente neuf. Auecques les usances locales du dict pays... *On les vend a Rennes et a Nantes pour Philippes Bourgoignon, libraire iure de luniversite Dangier*, 1540, in-4.

Première édition de cette nouvelle rédaction; le volume a plusieurs séries de chiffres de pagination, savoir : XCIIII, lxvj, xxxix et IV. Les pièces liminaires et la table sont en romain et le texte en gothique. 60 fr. Librairie Potier.

ORDONNANCES royaulx sur le faict, ordre et stille de plaider par escript en ce pays et duche de Bretaigne tant en matieres ciuiles que criminelles, leues, publiees et registrees tant es court de parlement, chancelerye et conseil dudict pays que en l'auditoire de Renes... *Imprime a Rennes par Jehan Georget, imprimeur pour Jean Lermangier*, 1540, pet. in-4. goth.

— COUTUMES generalles des pays et duche de Bretaigne, nouuellement reformees et publiees à Nantes... On les vend a Rennes et a Nantes pour Philippe Bourguignon, libraire jure de l'uniuersite Dangier, 1542, in-8.

8 ff. prél. dont le dernier est blanc, le titre est impr. en italiques; le privilége et les autres prélim. sont en romain, et le texte en gothique.

COUTUME de Bretaigne... nouuellement reformée et publiée en la ville de Nantes en 1539, avec les arrets, ordonnances et cotations en marges. *Rennes, Thomas Mestrard* (1546), pet. in-8. goth. avec un calendrier et une table pascale pour 29 ans.

L'exemplaire de cette édit. de 1546 qui est décrit dans le catal. de la biblioth. de Nantes, n° 6943, renferme indépendamment des coutumes que suivent les *Usances locales de Nantes*, cinq autres pièces ayant chacune un titre spécial et une pagination particulière.

1° ORDONNANCES royaux sur le faict, ordre et stille de plaider par escript... 1546, de 88 ff. — 2° Ordonnances de la court de Parlement sur les criees et ventes... de 16 ff. non chiffrés. — 3° Ordonnances et arretz de la court de Parlement de ce pays et duche de Bretaigne sur le faict de la justice... 8 ff. non chiffrés. — 4° Extraits de certains arretz prononcez en la court de parlement tenu a Rennes, l'an 1546, deux feuillets. — 5° Ordonnances et arretz de la court de parlement de ce pays et duche de Bretaigne sur le faict de la justice, etc., faictes au parlement tenu Kemper corentin, l'an 1546, 12 ff. non chiffrés.

Thomas Mestrard imprimeur de tout ce que contient le volume ici décrit avait déjà publié l'ouvrage suivant qui se rattache au droit breton.

ENSUIT LE KALENDRIER pour trouver les iours ferielz tant a clero que les courts et iurisdictions tāt ecclesiastiq̄ que seculiers des eueschez de Dol, Rennes, Nantes, Sainct Malo et Vennes cessent de exercer ⁊ tenir q̄ a clero ⁊ populo q̄ les oeuures terriēnes cessent ⁊ doiuēt cesser estre faictes : q̄lles festes sont a tel signe D. R. N. M. U. ainsi que on pourra veoirs par les moy cy apres iustifiez Auecqs lalmanach pour trouuer le nombre dor, festes mobilles ⁊ aultres choses auecqs in principio. *Im-*

prime a Rennes, pour Thomas Mestrard, pet. in-8. goth. de cxxv ff. chiffrés, plus 3 ff. non chiffrés pour la table et la marque de l'imprimeur.

Ce volume curieux contient, indépendamment du kalendrier commençant à l'année 1536, qui doit être celle de l'impression, les ordonnances et extraict des ordonnances z constitutions faictes par plusieurs roys, ducs et princes de ce dict pays (jusqu'en 1535), depuis le verso du 10ᵉ feuillet jusqu'à la fin. Le recto du dernier f. présente la marque de T. Mestrard, qui est une presse d'imprimerie dans le genre de celle de Badius.

COUSTUMES generales des pays et duché de Bretagne. nouuellement reformees et redigées par escrit, par les commissaires du roy et les deputez des Estats dudit pays ; et depuis leues et publiees en la ville de Ploërmel, en la congregation des gens desdits trois Estats, au mois d'Octobre 1580. *Rennes, par Iulien du Clos, imprimeur du roy,* M. D. LXXXI, in-fol., 22 ff. prél. ; coutumes, 208 pp. ; proces-verbal en date du 15 août 1575, 102 pp.

Première édition de *la nouvelle Coustume.* 15 fr. Librairie Potier.

AD TITULUM britannici juris qui est de dominiorum assertionibus, id est, des appropriances par bannics et prescription commentarii : author Bertrandus d'Argentré. *Rhedonæ, ex prœto Juliani du Clos*, 1576, in-fol.

COMMENTARII in titulum juris britannici qui est, de donationibus Bertr. d'Argentré. *Parisiis, apud Jac. Du Puys*, 1580, in-fol.

BERTR. D'ARGENTRÉ commentarii in patrias Britonum leges, adjeciæ sunt consultationes de successionibus inter nobiles, de laudimiis tractatus, responsa ; editio nova. Coustumes generales du pays et duché de Bretagne, reformees l'an 1580 ; Aitiologia, sive ratiocinatio de reformandis causis. *Paris., Nic. Buon*, 1608, 2 tom. en 1 vol. in-fol. [2655] La première édition du commentaire de d'Argentré est de *Paris, Buon*, 1605, in-4. L'édition in-fol. de 1614 donnée par Ch. d'Argentré, fils de Bertrand, est annoncée comme *emendatior et auctior ex auctoris autographis.* Cependant la troisième de Paris, 1621, in-fol., est la plus recherchée. Celles de Paris, 1646 et 1660, in-fol., ne doivent pas valoir moins. Il y en a une d'*Amsterdam*, 1664, in-fol.

COUTUME de Bretagne, avec les commentaires et observations pour l'intelligence et l'usage des articles obscurs, abolis et a reformer... par Michel Sauvageau, etc. *Nantes, Jacq. Marechal*, 1710, 2 vol. in-4. Le second volume de cet ouvrage contient :

LA TRÈS ancienne Coustume de Bretaigne, les annotations de l'anonime, les anciennes constitutions et ordonnances, arrêts, reglements des rois et ducs de Bretagne, avec la conference des coutumes et nouvelles ordonnances.

COUTUMES générales du pays et duché de Bretagne, et usemens locaux de la même province; avec les procès verbaux des deux reformations; les notes de P. Hevin, l'Aitiologie de Bertrand d'Argentré, la traduction abregée de son commentaire sur l'ancienne Bretagne, par M. H. E. Poullain de Belair, et les notes de Ch. Du Moulin; données avec des notes par A.-M. Poullain Du Parc. *Rennes, G. Vatar*, 1745-48, 3 vol. in-4. [2626] Poulain du Parc a aussi donné :

LA COUTUME et la jurisprudence coutumière de Bretagne, dans leur ordre naturel ; troisième édition, *Rennes, Vatar*, 1778, in-8., — et PRINCIPES de droit françois, suivant les maximes de Bretagne, *Rennes, Vatar*, 1767-71, 12 vol. in-12. [2657]

XXIII. — Calais.

COUSTUMES de la ville de Calais et Pays reconquis, mises et redigees par ecrit, arrestees et publiees en presence des gens des trois estats de la dite ville et pays, par les commissaires a ce deputez par le roy : reuues, corrigees et augmentees. *Boulogne, P. Battut,* 1583, in-8. [2657] — Aussi *Paris, Jacq. Du Puis,* 1584, in-4.

Il doit exister une édition antérieure à 1583.

XXIV. — Cambrai.

COUSTUMES generales de la cité et duché de Cambray, et du païs et comté de Cambresis, homologuees et decretees par messire Loys de Barlaymont, archeuesque et duc de Cambray. *Douay, de l'imprimerie de Loys de Winde,* 1574, in-4.

Cinq éditions différentes de cette Coutume, sous la même date, sont annoncées dans le catal. de Mutte (Cambrai, 1775), n° 2117 et suiv. Le titre de l'un de ces exemplaires porte *se vend à Cambray.*

XXV. — Cassel.

COSTUMEN en̄ Vsantie van dē stedē en̄ Cassellerie van Casselè. *Gend, P. de Keysere,* 1534, in-4. goth. 27 fr. Lammens.

Le baron de Vestreenen à la Haye possédait un exemplaire de cette Coutume impr. sur VÉLIN.

— DROIT, Privileges et Usanche de la ville et chastellenie de Cassel. *Ypre, Josse Destrez,* 1556, in-8.

XXVI. — Châlons.

COUSTUMES (les) de Chaalons, avec commentaires et recherches curieuses sur icelles, par Louis Godet. *Chaalons, Germ. Nobily,* 1615, in-8.

Le texte de cette Coutume a paru d'abord avec la Coutume de Vermandois, en 1537 (voy. ci-dessous).

XXVII. — Chartres.

COUSTUMIER (le) de Chartres, conté de Dreux, Perche, Gouet et aultres terres, et seigneuries estans au dict bailliage de Chartres et pays Chartrin. *Paris, pour Jean bonfons libraire... rue neufue nostre dame a lenseigne sainct Nicolas* (s. d.), pet. in-8. goth. : titre, lxxiii ff. chiffrés, plus 2 ff. pour la table, et la marque de J. Bonfons.

50 fr. Librairie Potier.

Cette édition n'est pas antérieure à l'année 1540, mais il doit en exister une plus ancienne puisque le procès-verbal de publication de ces Coutumes est du 2 septembre 1508. En effet, une édition de Paris sous cette date est portée dans le catalogue de la Biblioth. du roi, F. 3537, ainsi qu'une autre dont voici le titre :

COUSTUMES du duché et du bailliage de Chartres, comté de Dreux, Perche et Gouët, et autres terres et seigneuries estant au bailliage de Chartres et pays Chartrain, auec le stile ancien et la taxte des greffes dudict bailliage. *Paris*, 1567, in-8.

L'édition de *Chartres, Cl. Cottereau*, 1588, in-12, a des annotations de Ch. Du Moulin, plus le Stille et reiglement de l'expedition des causes et procès, etc.

XXVIII. — *Châteauneuf.*

COUSTUMIER (le) de la Barõnye, Chastellenye, terre ɀ Seigneurie de Chasteauneuf en Thimerays, Ressort françois, ɀ deppendãces des lieux, terres ɀ seigneuries, estãs es fins mettes ɀ enclaues dicelle barõnye ɀ Chastellenye. *Imprime a Chartres ꝑ Philippe Hotot Jmprimeur demourãt en la grãd Rue pres la Roze.* (Cette adresse répétée à la fin avec la date du huictiesme de May Mil cinq cens cinquante troys), pet. in-8. goth. sign. a—l, feuillets non chiffrés, à la fin un f. séparé ayant au verso la souscription de l'imprimeur au-dessous de l'écu de France qui figure déjà sur le titre, feuillets cotés jusqu'à xxxv où commence le procès-verbal daté de 1552. [2657]

— LE COUSTUMIER de la baronnye, chastellenie, terre et seigneurie de Chasteauneuf en Thimerays ressort françoys. *Imprime a Paris par Nicolas Chrestien pour Richard Cotereau, libraire demourant a Chartres*, 1557, pet. in-8. goth. de 74 ff. y compris la table.

XXIX. — *Chaumont.*

COUSTUMES (les) du baillage de Chaumont en Bassigny. (au verso du dernier f.) : *Cy finissent les coustumes… Imprimees a Paris le xxviije iour d'octobre* M. CCCCC *et xi, pour Jehan petit libraire,* in-8. goth. de lxj ff. chiffrés, plus un pour la table et la souscription. [2658]

Au commencement de ce volume se lit un privilége du Parlement de Paris, accordé à Jehan Petit, à la condition que celui-ci ne pourra vendre ledit livre plus de 3 sols tournois et relié 4 sols.

LES LOIX municipales, et coutumes generales du bailliage de Chaumont en Bassigny et ancien ressort d'iceluy, corrigées, interpretées et annotées fidellement de plusieurs decisions… et concordées à plusieurs autres coustumes de ce royaume de France, par Jean Gousset. *Paris, Michel de Roigny,* 1578, in-4. — Réimpr. sous le même titre à *Espinal, de l'imprimerie de Pierre Hovion,* 1623 (nouv. titre, 1626), pet. in-4. de 6 et 90 ff.

L'ancienne rédaction de la même Coutume, faite en l'année 1494, a été imprimée avec la *Coutume de Chaumont,* commentée par Juste de Laistre, *Paris, Beugnié,* 1723, in-4.

XXX. — *Cornouailles.*

— L'Usement du domaine congeable de l'Eveché et comté de Cornoaille, commenté par Julien Furic, sieur du Run, avec l'usement local de la principauté de Leon et juridiction de Doulas, etc. *Rennes, J. Vatar,* 1664, in-4.

Seconde édition. La première est de *Paris,* 1644, in-4. [2658]

Dauphiné. Voy. GUIDO PAPA, et pour les Transactions d'Imbert, le n° 24864 de notre table.

XXXI. — *Douai.*

COUSTUMES de la ville et eschevinage de Douay confirmées et decretées par le roy nostre sire, comte de Flandres. *Douay, Marc Wion,* 1627, in-4.

XXXII. — *Épinal.*

COUSTUMES générales du baillage d'Espinal, par ordonnance du prince Charles, duc de Lorraine, Bar, etc… avec le stil et formalitez. *Nancy, par B. André, imprimeur de son Altesse,* 1607, in-4. [2659]

XXXII*. — *Étampes.*

COUTUMES des baillages et prevosté d'Estampes, rédigées en 1556. *Paris,* 1557, in-4.

XXXIII. — *Flandre.*

COUSTUMES (les) et lois des villes et des chastellenies du comte de Flandres, traduites en françois (avec le texte flamand) aux quelles les notes latines et flamandes de Laurens Vanden Hane sont jointes, avec des observations sur la traduction, par M. Le Grand. *Cambray, Douilliez,* 1719, 3 vol. in-fol. [2660]

Voir les paragraphes, *Cassel, Cambray, Douai, Hainaut, Lille, Tournay,* et plus bas *Curtrijcke, Gand, Malines, Ypres.*

Franche-Comté. Voy. XIX, comté de Bourgogne.

XXXIV. — *Hainaut.*

— Loix, chartres ɀ coustumes du noble pays et comte de Haynnau qui se doibuent obseruer ɀ garder en la souueraine ɀ haulte court de Mons ɀ iuridictions dedict pays : tresortissans a ladicte court de Mons. *Imprime en Anvers par Michel de Hochstrat, pour Jehan Pissart, libraire demourant a Mons,* 1535, pet. in-fol. goth. ꝺe lxxxiii ff. [2651]

Édition dont un exemplaire imprimé sur VÉLIN a appartenu à M. Aimé Leroy à Valenciennes.

— Loix, chartres ɀ coustumes du noble pays ɀ conte de haynnau, qui se doibuent obseruer et garder, en la souueraine et haulte court de Mons, ɀ iurisdictions du dict pays, ressortissans a ladicte court de Mons. Nouuellement reuues et corriges. *Imprime pour Jehan Pissart libraire demourant a Mons en haynnau, en la rue des Clercs,* M. D. xxxviij, 2 part. en 1 vol. pet. in-4. goth.

4 ff. prél. y compris le titre au verso duquel est une gr. planche sur bois, pages chiffrées de 1 à Clij. Il y a lacune de IX à XV sans qu'il manque rien. Se-

conde partie : Loix, chartres et coustumes de Mons, 3 ff. ; au verso du 3e commencent les chiffres de I à lxix ; à la fin, sur un f. séparé, les armes de Hainaut. 40 fr. Librairie Potier.

— LES MÊMES loix , chartres et coustumes de Haynault... *Imprime en Anvers par Jehan Loe, pour Jehan Monsieur et Laurens Lenfant, libraires de Mons en Haynault, lan M. D. Ljjj,* 2 tom. en 1 vol. in-8. goth. 4 ff. prél. et 1 à ccv chiffrés (lacune de cxviii à cxxiiii ; 4 ff. prél. dont 1 bl. et pp. 1 à xciii (chiffré cxiiii). 7 fr. le duc de Plaisance, en 1824 ; 30 fr. Librairie Potier, en 1856.

XXXV. — *Langle.*

COVSTVMES du pays de Langle, qui se comprend en quatre Paroisses, S. Nicolas, Ste Marie Kerke, St. Omer Capelle, Ste Folquijn, confirmees et decretees, par Sa Majesté (Philippe II). *Arras, Gilles Bauduyn,* 1598, in-12. [2661].

XXXVI. — *Lille.*

COUSTUMES et usaiges de la ville taille baillieu *z* escheuinage de Lille confirmez et approuuez par lemperial maiesté. *Imprime en Anvers par Jehan de Ghelen, demourant sur la mouraille de lombard au leurier blanc,* lesquelles ont par cy deuant este imprime par previlege imperial dont la copie est icy annexee. In-4. goth. de 32 ff. dont les deux derniers ne sont pas chiffrés.

Sur le dernier f., au recto, la marque de Jehan de Ghele ou Gelen ; au verso, une fleur de lis, avec le mot Lille. 46 fr. *mar. r.* Veinant.

COUSTUMES et usaiges de la ville, taille, bāliew *z* Escheuinaige de Lille confirmez et approuvez par limperialin majeste. — *imprime en Anvers par Martin Lempereur, pour Vuillem libraire demourant a Lille, en lan mil* D. XXXIIII, in-4. goth. de 30 ff. [2662]

50 fr. *mar. n.* Librairie Potier, et un exempl. impr. sur VÉLIN, 410 fr. Solar.

Vendu (avec les *Ordonnances... de la chambre du conseil provinc. d'Arthois,* Arras, J. de Buyens, 1531, in-4. goth. de 36 ff.) 13 fr. Duriez.

Les mêmes *Coutumes de Lille,* aussi imprimées à *Anvers par M. Lempereur pour Mich. Vuillem,* 1538, pet. in-4. goth., impr. sur VÉLIN ; vend. 60 fr. salle Silvestre, en 1842.

Une autre édition des *Coutumes de Lille,* Anvers, par Jehan de Ghele, pour Robert Vvillant, libraire en Lille, 1550, pet. in-4. goth. de 30 ff., réimprimé ligne pour ligne sur celle de 1534. 16 fr. Duriez.

— ROISIN. Franchises, lois et coutumes de la ville de Lille, ancien manuscrit à l'usage du siége échevinal de cette ville... publ. par Brun - Lavainne. *Lille, Vanackère, et Paris, Colomb de Batines,* 1842, in-4.

XXXVII. — *Lodunois.*

COUSTUMES du pays et seigneurie de Lodunoys. *A Poictiers, par Ian de Marnef* (1518), pet. in-8. de 8 ff. non chiffrés, LXXI ff. chiffrés, plus le dern. feuill. pour la table. [2664] (Bibliothèque du roi, F. 3565, ancien catal. impr.)

XXXVIII. — *Lorraine et Nancy.*

COUSTUMES (les) generales du duche de Lorraine es baillages de Nancy, Vosges et Allemagne. *Nancy, par J. Janson.* (à la fin) : *Acheve d'imprimer au mois de juillet* 1596. — Recueil du style a

obseruer es instructions des procedures tant des assizes, que es sieges superieurs et inferieurs des baillages de Nancy, Vosges et Allemagne... plus l'ordonnance de son Altesse sur l'omologation tant des coutumes anciennes et nouuelles, que desdits styles et reglement... nouuellement reueus et corrigez. *Nancy, par J. Janson,* 1596, 2 tom. pet. in-4.

Ces deux volumes, qui ne doivent pas être séparés, forment ensemble la première édition des Coutumes de Lorraine. Le premier a 4 ff. prél. et 54 ff. chiffrés ; le second est divisé en 2 parties chiffrées de 5 à 16 et de 1 à 38, non compris le titre suivi d'un f.-blanc. C'est à la suite de la seconde partie que se trouvent les *Coutumes nouvelles ;* elles sont suivies de 2 ff., dont un pour la table et l'autre pour la souscription. M. Beaupré, de qui nous empruntons ces renseignements, décrit une autre édition des Coutumes de Lorraine, impr. sans date, et qu'à tort on a quelquefois voulu faire passer pour antérieure à la précédente. En voici le titre :

LES COUSTUMES generales du duché de Lorraine, ès bailliages de Nancy, Vosges et Allemagne, interprétation et éclaircissement d'aucuns articles d'icelles formalités, et l'ordonnance de son altesse, imprimée et adjoincte audit cayer des coustumes. *Nancy, par Blaise André, imprimeur de son Altesse* (sans date), pet. in-4. contenant 4 ff. prélim., texte chiffré de 1 à 89, puis de 60 à 82, plus 12 autres ff.

Ce volume, fort mal exécuté, reproduit tout ce que contiennent les deux précédents, plus une table et une ordonnance ducale en date du 31 mars 1599.

L'imprimeur *Blaise André* a donné , en 1601, une autre édit. des mêmes coutumes, pet. in-4. de 4 ff. prélim. et 102 ff. chiffr. Sur le recto du 56e f. est un titre particulier sous la date de 1600, et au verso de ce même f. commence *le style.*

Pour l'édit. de 1657, voir le n° 2664 de notre table.

ESSAI historique sur la rédaction officielle des principales coutumes et sur les assemblées d'état de la 'Lorraine ducale, et du Barrois, accompagné de documents inédits· et d'une bibliographie de ces coutumes, par M. Beaupré. *Nanci,* 1845, in-8.

XXXIX. — *Lorris.*

COUSTUMES (les) anciennes de Lorris, du baillage et preuoste de Montargis et autres lieux regis et gouvernés selon les dites coutumes, avec le procez verbal. *Paris, Galiot du Pre,* 1532, in-4. goth. [2664 (16 fr. 50 c. exemplaire piqué des vers, Gancia, en 1860.)

Une édit. de Paris, 1538, in-4., est portée dans le catalogue d'Aguesseau, n° 1372. — Voy. la Coutume d'Orléans.

LES COUTUMES anciennes de Lorris, bailliage et prevosté de Montargis, commentées par Gasp. Thaumas de La Thaumassière, avec les apostilles de Du Moulin. *Bourges, J. Toubeau,* 1679, in-fol. (avec la Coutume de Berry).

XL. — *Maine.*

— Ce sont les cous ‖ tumes du pays et conte ‖ du Maine publiees par messeigneurs maistres Thibault baillet. president et Jehan le lieure conseiller en la court de parlement a Paris par commission et mandement du Roy nostre sire.

(au verso du dern. f.) : Cy finissent les coustumes du pays et côte du maine *imprimees a Paris par Gillet couteau imprimeur demourant en la rue des petits champs pres sainct Julian* pour Martin le Saige Greffier de la senechaucée du Maine *le premier iour doctobre Lan mil cinq c̃s τ neuf,* pet. in-4. goth., feuillets non chiffrés, sign. a—z par 8, le dernier f. blanc. [2665]

Cette édition contient le procès-verbal en date de 1508. Porté à 70 fr. Librairie Potier.

LE GRᾱT Coustumier du pays τ Côté du Maine... auquel est le texte dicelluy en frᾱcoys ; auec la glose, additions, allegations et concordances, tant du droit canon que ciuil, composees (en latin) par maistre Guillaume le Rouille Dalẽcon. (Suit le même titre en latin.) *Venundᾱtur Parisiis in edibus Francisci Regnault,* 1535, in-fol. goth. à 2 col. de 28 ff. prél. dont 1 bl. CXXXVII ff. chiffrés, plus 5 ff. non chiffrés, le dern. f. chiffré porte la sign. S. 70 fr. Librairie Potier.

CE SONT les coustumes du pays et conté du Mayne, publiées par messeigneurs maistre Thibault Baillet, président, et Jehan le Lievre, conseiller, par commission et mandement du roy nostre sire. *Au Mans, Denis Gaignot,* 1554, in-8. goth. 40 fr. Libr. Potier.

Voir le n° 2665 de notre table.

XLI. — *Mantes et Meulan.*

COUSTUMES du comté et bailliage de Mante et Meullant, siege particulier du dit Mante et anciens ressorts et enclaves d'iceluy, redigé et arrestees au mois doctobre 1556 (par Chr. de Thou, Barth. Faye, et Jacq. Viole). *Paris, Jean Dallier,* 1558, in-4. [2665]

Sur VÉLIN, avec initiales en or et en couleurs, anc. reliure dorée et peinte à compart. 225 fr. Renouard, — autre exemplaire sur VÉLIN, 61 fr. Mac-Carthy ; 53 fr. Morel-Vindé, et *mar. br. compart. en or et en couleur,* 550 fr. Solar.

XLII. — *Meaux.*

COUSTUMES (les) generalles du bailliage de Meaulx. Et sont lesdictes coustumes a vendre a Paris Rue saĩt Jacques a lenseigne de la fleur de liz dor : en lhostel de Jehan petit cõmis du greffier dudit Meaulx. (au verso du dernier f.) : Cy finissent les coustumes... *Imprimees a Paris le xv. iour de may Mil cinq c̃s et unze par Jehᾱ petit libraire cõmis de* Nicolas Chapuset greffier dudict lieu... pet. in-4. ou gr. in-8. goth., sign. aa—gg. par 8 et hh. par 4. [2665]

Un exemplaire impr. sur VÉLIN, 65 fr. Monmerqué ; 180 fr. Librairie Potier, et 410 fr. Solar. ı

XLIII. — *Melun.*

COUSTUMES (les) generalles gardees et obseruees ‖ au bailliage de melũ. Et nouuellemẽt publiees ‖ audit Melun : par messeigneurs les commissai ‖ res adce commis et ordonnez de par le Roy nostre sire et ‖ sa court de parlement...

Imprimees pour Englebert et Jehan de ‖ Marnef, Libraires iurez demourans au Pel‖lican en la rue saĩct Jaques pres saĩct yues. (au verso du dernier f.) : *Cy finissent les coustumes generalles du ‖ baillage de Melun. Imprimees a Paris ‖ Lan Mil cinq cens et dixneuf le deuxiesme iour Dauril,* pet. in-4. goth. sign. a. et b. par 8, c. et d. par 4, et e. par 8. [2666]

Vend. 30 fr. Giraud.

Le procès-verbal de cette Coutume étant daté du 6ᵉ iour doctobre 1506, il doit exister une édit. antérieure à celle-ci.

LES COUSTUMES generalles gardees τ obseruees au bailliage de Meleun, et nouuellement publiees... *On les vẽd a Paris en la grᾱt salle du palays au premier pilier par Charles Langelier* (s. d.), pet. in-8. goth., sign. a—g par 8, le dernier f. blanc.

Édition imprimée vers 1540. On y a conservé le procès-verbal de 1506, ce qui l'a fait quelquefois annoncer sous cette date.

COUSTUMES du bailliage de Melun, anciens ressorts et enclaves diceluí mises et redigees en escript (par Christ. de Thou, Barth. Faye et Jacq. Viole). *Paris, Jeh. Dallier,* 1561, in-4.

Un exemplaire imprimé sur VÉLIN, 50 fr. La Valliere ; 24 fr. Mac-Carthy.

XLIV. — *Metz.*

COUSTUMES générales de la ville de Metz et Pays Messin, rédigé en suite du résultat de l'état tenu le 12 Novembre 1602, et imprimées de l'ordonnance de Messieurs du Grand-Conseil. *Metz, par Abr. Fabert le jeune,* 1613, in-4. de 111 pages avec encadrements, non compris 8 ff. de préface, tables, etc. [2666]

Abr. Fabert, qui plus tard fut élevé à la dignité de maréchal de France, avait à peine quatorze ans lorsque ce livre parut ; son père, nommé aussi *Abraham,* était alors maître échevin, et ç'a été pour ne pas déroger au décorum de cette magistrature qu'il fit mettre sur le titre du livre le nom de son jeune fils, au lieu du sien. Ces Coutumes ont été corrigées en 1616, 1617 et 1618, et réimprimées plusieurs fois depuis.

XLV. — *Montfort-l'Amaury.*

COUSTUMES de Montfort l'Amaulry, Gambais, Neuphle le Chastel, S. Leger en Iveline. *Paris,* 1558, in-4. [2667] (*Bibl. thuana,* I, p. 243.)

Coutumes de Montreuil. Voy. III, Aggregation de Coustumes.

XLVI. — *Navarre.*

— Fors et coustumes deu royaume de Navarre, e stil de la chancellaria, avec l'avanzel. *Orthez,* 1545, in-8. [2667] (*Biblioth. choisie des livres de droit,* p. 263.)

LOS FORS et costumas deu royaume de Navarra, deça-ports, avec l'estil et arancel dudit Royaume. *Pau, Isaac Desbbaratz* (vers 1631), 2 tom. en 1 vol. in-8. de 118 et 64 pp.

— Voy. Béarn.

XLVII. — *Nivernais.*

— Le Coustumier des pays de Nivernoys et Donziois. *Paris*, 1518, in-8. goth. [2676]

Texte des anciennes coutumes (*Biblioth. choisie des livres de droit*, p. 263).

Cette édition de 1518 ne doit pas être la première, car un bibliophile digne de foi m'a assuré qu'il en possédait une de 1494, dont pourtant il ne m'a pas donné la description.

COUSTUMES du pays *τ* conte de Nyuernoys, enclaues *τ* exemptions dicelluy. Accordees, leuees, publiees *τ* emologuees... par nos seigneurs maistre Loys Roillard *τ* Guillaume Bourgoïg conseillers du roy... en sa court de Parlement a Paris... *τ* depuy reueues en icelle court. — *Acheue dimprimer le dernier iour du mois daoust mil cinq cens trente cinq par Nicolas hieman imprimeur, pour... Iehan le noir marchât libraire demourant a la Charite... ou ilz se vendent τ a Nevers...* pet. in-4. goth. de 97 ff.

Un exempl. impr. sur VÉLIN, avec initiales peintes, a été acheté 120 fr. chez La Vallière, pour la Bibliothèque du roi.

COUSTUMES du pays et conte de Niuernoys, enclaues et exemptiõs dicelluy. Accordees, leuees, publiees *τ* emologuees... Par nos seigneurs maistres Loys roillard et Guillaume bourgoing... On les vend a Paris au Clos Bruneau a lenseigne de la corne de cerf par Guillaulme Le Bret libraire et messaiger iure de luniuersite M. D. XLVI. (au recto du dernier f.) : Cy fine le coustumier et stylle... *et fut acheue de imprimer le dernier iour de feburier* M. D. XLVJ, *par Iehan real imprimeur pour Guillaume lebret, libraire...* in-8. goth. sign. a—pii, feuillets non chiffrés. Sur le titre les armes de Marie d'Albret comtesse de Nevers et de Dreux, lesquelles sont répétées au verso du même titre. 80 fr. Librairie Potier.

— Autre édition (même titre qu'à celle de 1546), pet. in-8. goth., 4 ff. non chiffr., sign. A. 4 ff. et B.—S. par 8. On lit au bas du dernier f. : *Acheue dimprimer le quatriesme iour de Ianuier* M. D. XXXIV *par Estienne Cauciller, imprimeur pour Guillaume le bret.*

— Voy. COQUILLE (*Guy*).

XLVIII. — *Normandie.*

COUTUMES du pays de Normandie, 1483, in-fol.

Édition impr. à longues lignes, sans chiffres ni réclames, en lettres de formes ou demi-gothiques de deux grosseurs. Les plus grosses pour le texte latin (35 lig. par page), les petites pour le commentaire (45 lig. par page). C'est un livre rare que nous regardons comme la première édition de la Coutume de Normandie. Pourtant nous ne pensons pas qu'elle ait été imprimée à Rouen, comme on a pu le croire.

Elle est sortie des presses de Jean Du Pré, imprimeur qui a exercé à Paris dès l'année 1481 (voyez l'article MISSEL). Les caractères sont absolument les mêmes que ceux du *Trésor des humains*, imprimé à Paris en 1482 (voy. TRÉSOR), livre où à la vérité J. Du Pré ne s'est pas nommé, mais où il a mis à la fin les deux lettres T. L., comme il les a mises à la fin de son Missel de 1481, et à la fin de son Boccace, des nobles malheureux de 1483, deux éditions qui portent son nom. Un peu plus tard Jean Du Pré a fourni ses caractères à P. Gérard, libraire d'Abbeville (voy. AUGUSTINUS, La Cité de Dieu et BOUTILLIER), et à Jean Le Bourgeois à Rouen. Il a même imprimé de concert avec ce dernier le second volume de Lancelot du Lac de 1488, en se servant des caractères tout à fait semblables à ceux que Le Bourgeois a employés pour le premier volume de ce roman et pour le *Tristan*, qui portent son nom.

Donnons maintenant la description de ce précieux volume des Coutumes de Normandie. Il est en 2 parties ; à la tête de la première doit se trouver un cah. de 10 ff. dont le premier est tout blanc, et dont le second, coté II, commence par ce sommaire tenant lieu de titre :

Le repertore de ce liure.

(E)nsuit le repertore de ce present liure euquel sont conte ‖ nus par ordre les traictiez *τ* chapitres dicelluy cy apres ‖ declairez. Premierement. Le texte en francoys du liure cõ ‖ stumier du pays et duchie de normendie auec lexposicion di ‖ celluy au commencement duquel est la table dudit liure pour ‖ facilement congnoistre le nombre de chascun chapitre. Le se ‖ cõd chapitre est le texte en latin dicelluy en la fin duql est la ta ‖ ble dudit liure. Le tiers est la chartre aux norinãs. Le qrt ‖ est la iustice aux barons de normãdie. Le qult est la taxaciõ ‖ des drois et interestz des malefacõs de corps. Le sixte les ar ‖ ticles que douiuent iurer les aduocatz de normendie en faisãt ‖ le sermét daduocacie. Le septiesme les ordõnãces faictes en ‖ leschiquier de normendie tenu a rouen au terme de pasques. ‖ mil quatrecens soixãte deux. Le huytiesme les ordõnãces ‖ faictes en icelluy eschiquier tenu a rouen au terme de pasqs ‖ lan de grace mil. cccc. lxiii. Le neufiesme les ordonnances ‖ faictes eudit eschiquier tenu audit lieu de rouen audit terme ‖ de pasqs mil quatrecens soixante quatre. Le dixiesme les or ‖ donnances faictes eudit eschiquier tenu au terme sainct mi ‖ chiel. mil qtrecens soixante neuf. Le unziesme chapitre est ‖ lapointement fait par les commissaires du roy en la ville de ‖ vernon en lan mil quatre cens cinquante trois. Entre les sup ‖ postz de luniuersite de paris. et les habitans du pays de nor ‖ mãdie. Le douziesme ledict du roy charles fait a cõpiegne ‖ en lan mil quatre cens XXIX. auec la cõfirmaciõ dicelluy. faicte ‖ en lan mil quatre cens cinquãte. Le treziesme *τ* derrain cha ‖ pitre est les trois traictiez de consanguinite. affinite. et cõ ‖ gnacion espirituelle. auec les trois figures ou arbres pour fa ‖ cillement congnoistre le contenu diceulx traictiez. qui est la ‖ fin et acomplissement de ce liure.

Le texte français accompagné d'une *exposition*, imprimée en caractères moins gros que ceux du texte, occupe 238 ff. non chiffrés, lesquels sont divisés en 30 cah. de signatures, savoir de a—z, ?, ♉, ↀ et ฉ. Il se trouve un cah. sign. ꝯ après le cah. r, deux cah. s (l'un ſ longue, l'autre ẞ gothique), et un cah. u après v. Tous ces cahiers sont de 8 ff. chacun, excepté i et v qui en ont 10, q et les deux derniers qui n'en ont que 6 chacun y compris un f. tout bl. Au verso de l'avant-dernier : *Cy finist l'exposicion du liure cou ‖ stumier du pays de normendie.*

La seconde partie renferme le texte latin, en 72 ff. sign. aa—ii, commençant ainsi :

Incipiunt iura et consuetudines : quibus regitur duca‖tus normanie.

et finissant par la table du texte latin.

La Charte aux normans, 12 ff. sign. kk et ll, puis après un f. blanc, au recto du cah. *mm* i le traité intitulé :

Tractatus arboris cōsanguineitatis.

(texte latin avec l'explication en français), occupant 9 ff., avec trois grands arbres généalogiques gravés sur bois. Au recto du septième f. du cahier *mm* se lit la souscription suivante en trois lignes :

*Finit tractatus magistri Johannis andree super.
[arboribus consanguincita-
tis. affinitatis necnō spiritualis cognationis. Anno
[dũi millesimoquadringē
tesimooctuagesimotercio.*

Le verso de ce f. contient le troisième arbre généalogique; enfin, deux autres ff. terminent le volume, qui finit par les mots *Et sic finis.* Le verso de ce f. est blanc; il y en a 342 en tout (M. Potier en a compté 344), y compris les trois ff. restés en blanc.

La Bibliothèque impériale possède un exemplaire de ce livre impr. sur VÉLIN, lequel provient de la vente de Colbert, faite en 1728, où il n'a été payé que 27 liv. 10 s. tournois. M. Van Praet y a compté 338 ff. Un exemplaire semblable se conserve chez lord Spencer. Un troisième, où manquait la 2ᵉ partie, 360 fr. Le Chevalier, en 1857; 1300 fr. Solar; — sur papier, en *mar. bl.* 740 fr. Giraud; le même 985 fr. de Martainville. Autre annoncé *très-beau*, mais qui ne l'était pas, 360 fr. Le Prevost, en 1857.

— LE COUSTUMIER de Normandie. (au recto du dernier f.) : *Imprime a Rouen, par Jacques le Forestier*, pet. in-4. goth. de 150 ff. non chiffr., place des capitales restée en blanc.

Cette édition ne donne que le texte du Coutumier, sans commentaires, et se termine par les Ordonnances faictes en l'Eschiquier de Normandie, tenu a Rouen, au terme de Pasques l'an de grace 1462. Sur le titre se voit la marque de Jacques le Forestier, impr. en rouge. L'absence du mot Parlement dans cette édition fait supposer qu'elle a dû précéder l'époque où cette cour remplaça l'Echiquier en 1499, supposition d'autant plus vraisemblable, selon M. Frère, que le Forestier imprimait à Rouen dès l'année 1494.

— LE GRÃT coustumier du pays ꝣ duche de Normendie tresutille ꝣ profitable a tous praticiens auquel est le texte dicelluy en francoys auec la glose ordinaire et familiere... Auec les ordonnances royaulx... *Nouuellement imprime a Caen par Laurens hostingue demourant audit lieu deuant tour au Landoys, pour Michel angier libraire ꝣ relieur de l'uniuersite du dℓ Caen... et pour Jehan mace aussi libraire demourant a Renes... et sont a vendre ausdℓ lieux. Et ont este acheuez lan de grace Mil cinq cens et dix. Le XXVIII. iour Dapuril,* pet. in-fol. [2668]

Vend. 104 fr. Le Chevalier, en 1857.

2 ff. prélim. pour le titre et le commencement de la table. Texte ff. I à lXIIII; *Arbor sanguinitatis*, 5 ff. non chiffrés, 1 f. bl.; *Chartre aux normans*, f. clxv à clXXIII; *Ordonnances royaulx*, publiées à Rouen le 22 décembre 1507, sign. G à K v. feuillets non chiffrés. Au bas du verso du dernier la souscription donnant les noms des libraires et la date, où on lit le *vingtiesme iour Dapuril* au lieu du 28 comme ci-dessus.

Nous n'avons pas vu d'éditions de cette coutume publiées entre les années 1483 et 1510; mais Maittaire (Index, II, p. 97) en a cité une de *Rouen*, 1501, d'après le *Bodleian catalogue*, sans en indiquer le format.

— Le grand Coustumier du pays et duché de Normandie... le stille et ordre de pceder en la cour du parlemēt fait a Rouen le XXI iour de iãuier lan mil cĩq cēs et quize. *Nouuellement imprime a Rouen pour Jehan richard, libraire*

demourãt audit lieu vers la paroisse saint Nicolas, deuant le college du Pape, pet. in-fol. goth. à 2 col. de 45 lign.

Édition fort rare, contenant : 1° le Coutumier, avec le titre ci-dessus suivi de la table; les ff. sont chiffrés, à partir du troisième, de *primo* à *c.lxxiiii* (174) ; 2° l'*Arbor sanguinitatis*, 5 ff. signat. *mm*, suivis d'un f. bl.; 3° *les Ordonnances royaulx*, 33 ff. non chiffrés, sign. G—K, plus un f. blanc; 4° *le stille et ordre de proceder de la court del parlement de Normandie*, 10 ff. non chiffr., sign. A. Au recto du dernier f. se lit le privilége en date du 14 février 1515, accordé par le parlement à Jehan Richard, pour imprimer ce livre. Le verso de ce f. est blanc. 139 fr. m. r. Giraud ; 70 fr. m. n. Le Chevalier.

Il y a des exemplaires de cette édition dont le titre porte, au lieu du nom de Jehan Richard : *nouuellement imprime a Rouen pour Michel Angier libraire iure de luniuersite de Caen demourãt audit lieu pres le pont Saint pierre.* La souscription placée à la fin du volume y est ainsi terminée : *Nouuellemãt imprimees a Rouen pour Michel Angier libraire et relieur de liures de luniuersite de Caen demourãt aud' lieu pres le pont sainct Pierre.*

— LE GRAD Coustumier du pays et duche de Normendie tres utille et profitable a to' praticiens euquel est le texte dicelluy en francois auec la glose ordinaire et familiere. Et mesmes y est le texte en latī tres correct auec lesquelz textes sont adioustez selon lordre a ce requise plusieurs traictez et choses tres necessaires pour lestat de la iustice a tous iuges aduocatz, officiers et autres gens du dit estat... *Nouuellement Imprime a rouen pour Francoys Regnault, libraire iure de luniuersite de Paris* (sur un f., placé soit après la traduction latine, soit à la fin du volume, la souscription :... *Nouuellement imprime... le* XXVI *de iuillet mil cinq cens* XXIII, et au-dessous la marque de Regnault), pet. in-fol. goth. de 229 ff. en tout.

Édition non moins rare que celles de 1510 et 1515 (Biblioth. impér. et Manuel de Frère). Le titre est terminé par 10 vers latins, et le volume par le Stille de proceder et l'*Arbor consanguinitatis*, formant ensemble 18 ff. non chiffrés. La marque du libraire est placée au bas de la souscription.

— LE GRANT Coustumier du pays et duche de Normandie... auec plusieurs additions, allegations et concordances tant du droit canon que ciuil. Composees par scientifique personne maistre Guillaume le Rouille Dalécon, licen. es droictz, inserces en la fin d'ung chascun chapitre. Item le stille et ordre de proceder en la court de parlement : fait a Rouen le XXI iour de Januier lan mil. cccc. ꝣ XV. *Nouuellement imprime a Paris, par Francoys Regnault*, 1534, in-fol. goth.

6 ff. prél. pour le titre et le répertoire. Texte f. I à cxlvi à trois et quatre col. à cause de la glose. Seconde partie : *Jura et consuetudines, Ordonnances et Stille de proceder*, f. I à lxxxii.

Première édition qui contienne les notes de Le Rouille. 1 liv. 18 sh. Heber ; 30 fr. Abrial ; 34 fr. Le Prevost, en décembre 1857.

L'édition de *Rouen, Nic. Le Roux*, 1530, in-fol. goth., est portée à 15 fr. dans le catalogue de Lecouteulx, impr. en 1816 ; mais peut-être est-ce la même que celle de 1539, ci-dessous, dont la date aura été imprimée inexactement.

— LE COUSTUMIER de Normendie. *Nouuellement imprime a Rouen pour Raulin Gaultier... Et fut acheue de imprimer ce mardy dixiesme iour de Nouembre lan de grace mil cinq centz trente quatre*, pet. in-8. goth. de 132 ff. non chiffrés.

Texte français, sans commentaire. Au recto du dernier f. : *Imprime a Rouen pour Raulin Gaultier, libraire, demourant au dict lieu, en la paroisse*

Sainct-Martin : prez le bout du pont en la rue dicte Potart. Et au verso de ce f. sont tirées en noir les armes de France, qui sont en rouge sur le titre. M. Frère, de qui nous empruntons la notice de cette édition, dit qu'on trouve parfois relié à la suite de ce Coutumier le *Style de proceder en Normandie*, impr. en 1536. Voy, ci-dessous.

— LE GRAND COUSTUMIER du pays z duche de Normendie... Auec plusieurs additions... par Guillaume le Rouillé Dalencon... Aussy y est le texte en latin... sont adjoustez Les repertoires... la Charte aux Normandz, les traictez de consanguinite et affinite... *Nouuellemèt imprime a Roüen, par Nicolas le Roux : pour François regnault libraire de l'uniuersite de Paris, pour Jehan Mallard demourant à Rouen, et pour Girard Anger, demourant a Caen*, 1539, in-fol. goth. à plusieurs colonnes, 6 ff. prél. Clii ff. (le dernier coté Clx) ; 6 ff. non chiffrés; texte latin, etc., lxxxij. Les grandes lettres initiales sont fleuronnées. La souscription particulière qui est au verso du xxiiii ff. de la table (avant la charte) porte *Rothom. Ex opera Nicolai Ruffi typographi.* Vendu 32 fr. Delasize.

— LE COUSTUMIER du pays et duche de Normandie. La charte des privileges et libertes diceluy pays : Style et usage de proceder et juger en toute courtz et juridictiõs, tant des Baillifz et vicõtes, que de la court de Parlement diceluy Pays et Duche. Auec toutes les ordonnances, tant nouuelles que anciennes, receuez et publiees en la dicte court que ce feuillet tourne declarera. *Rouen, Martin le Mesgissier*, 1552. (au verso du dern. f.) : *Nouuellement imprime a Rouen par Jehan Petit pour Martin le Mesgissier...*, in-8. de cccxxxix ff. chiffrés, plus la table 2 ff., et l'arbre de consanguinité 4 ff.

Première édition de cette coutume qui ait été impr. en lettres rondes : elle a été suivie de celle de 1578, in-8., publiée chez le même libraire.

— COUSTUMES du pais de Normandie, anciens ressors, et enclaves d'iceluy. *Rouen, Mart. Le Mesgissier*, 1588, in-4.

Belle édition, donnée par G. Lambert, lieutenant général au bailliage de Costentin, et dédiée par lui à Anne de Joyeuse, amiral de France. Elle a 10 ff. prél., 138 ff. pour la Coutume, 70 pour le procès-verbal de la rédaction. On en a tiré plusieurs exemplaires sur VÉLIN. Celui de M. de Miroménil fut donné pour 24 fr. à sa vente faite par mon père et moi en 1798; mais un autre a été payé 241 fr. à la vente de M. Giraud, et 545 fr. de Martainville. Ce n'est que la seconde édition de la Coutume de Normandie réformée en 1585 : la première portant le même titre que celle-ci et également in-4., mais qui n'a que 10 ff. prél., 120 et 43 ff. chiffrés, a été impr. à Paris en 1586, par Jean Leblanc, pour Martin le Mesgissier et Thomas Mallard à Rouen, et pour Jacq. Du Puys à Paris, les mêmes libraires qui vendirent depuis l'édit. de 1588, avec des titres particuliers au nom de chacun d'eux.

— COUSTUMES du pays de Normandie. *Constances* (sic) *chez Loys de Coquerel*, 1604, in-16.

Cette édition n'a pas été imprimée à Coutances, comme semble l'indiquer le titre, car on lit à la fin du volume : *Imprimerie de la Vᵉ de Jaques le Bas imprimeur du roy; or ce le Bas était établi à Caen.*

Pour connaître les autres éditions de cette Coutume avec ou sans commentaire, il faut consulter l'excellente Bibliographie normande de M. Frère, I, p. 301 et suiv.; les principaux commentaires sont indiqués sous le n° 2671 et suiv. de notre table.

— Drois et Establissemens de Nòrmèdie.

(sans lieu ni date), pet. in-8. goth. de 176 ff. [2670]

Ce livre rare est, à quelques variantes près, la reproduction du texte français du *Grand Coustumier de Normandie*, sans commentaire, et en 123 chapitres seulement au lieu de 125. Le volume est sans chiffres ni réclames, mais il a des signatures de a—y, par huit, à 22 lig. par page, avec majuscules peintes à la main. Le feuillet a₁ commence ainsi :

> (P)our ce que nostre entention
> est declarer en ceste oeuure au
> mieulx que nous pourrõs les
> droits et les establissemens de
> normèdie.

Dans ce préambule il est dit que l'ouvrage est divisé en deux parties : en la premiere sont traictez les droitz et les aultres choses qui en droit sõt necessaires. En seconde partie sont traictez l'usage, les establissemens et les lois par quoi sont finees les querelles.

On lit au verso du quatrième f. du cahier t. Explicit ‖

La chartre aux normans.

Au f. suivant commencent les Ordonnances : la premiere est celle de Louis le Hutin de 1314, la dernière se termine au recto du huitième f. du cah. Y qui ne contient que ces trois lignes :

> iour de iuing lan mil CCCC liii. Ainsi
> signe p le ōmàdemèt de messeigneurs les
> ōmissaires. P. Neruonin.

Il est probable que cette édition a été impr. à Rouen dans les dernières années du XVᵉ siècle. Des renseignements donnés au rédacteur du catal. de M. Delasize (n° 34) établissent qu'elle est antérieure à celle d'une *coutume* du même format, imprimée vers 1500, à Rouen, par Guillaume Gaullemier.

Vendu 1 fr. 25 c. Sennicourt, en 1766; 67 fr. Mac-Carthy; 100 fr. Delasize; 150 fr. Librairie Potier ; 215 fr. Le Chevallier en 1857.

— Voir le n° 2670 de notre table.

ORDONNANCES royaulx. Le Recueil des ordõnances faictes par les roys, ducz, cõtes, barõs z sages de la duche de Normèdie, depuy les premieres coustumes duĉ pays et duche. Lesquelles ordonnances ont este accumulees et assemblees de an en an ainsi q́lles ont este establies, et doibuēt estre obseruees et gardees par les bailliz, vicontes, leurs lieuxtenans et autres officiers comme coustume et loy. On les vent a Rouen chez Raulin gaultier, libraire demourant en la rue de potart pres lenseigne du ffardel. Au recto du dernier f. Cy finist le Recueil... *nouuellement imprime a Roüe pour Raulin gaultier libraire, pour michel angier libraire demourant a Caen deuant les grans escoles*, in-8. goth. de 4 ff. prélim. et CL ff. chiffrés, plus un f. pour la souscription.

Le verso du 4ᵉ f. liminaire contient le privilége du parlement, pour imprimer ce recueil, en date du 27 août 1529. Vend. 40 fr. Delasize ; 39 fr. Le Chevalier. À la suite des ordonnances se trouve le *Jugement de la mer, des nefz, des maistres, des mariniers et aussi des marchands.*

Pour divers recueils d'ordonnances relatives à la Normandie, voy. le Manuel de M. Frère, II, p. 353.

DE CONSUETUDINE normaniæ gallica et latina, diligenter visa, castigata, et commentariis recens editis aucta, illustrata... liber I, autore Tanigio Sorino Lessæo. Cadomi, apud Petrum Candelarium, 1574; 4 ff. prélim, texte non chiffré, sig. A—Z. Ce sont les chapitres XII à XXIV. Les premiers avaient déjà été publiés sous le même titre, à Caen, en 1568, in-4., et ils avaient été précédés de l'ouvrage suivant :

DE JURISDICTIONE commentarii, via, arte, et ratione docendi, discendique confecti, autore Tanigio Sorino Lessæo. *Cadomi, Petr. Candelarius*, 1567, in-4.

— DE NORMANORUM quiritatione quam Haro appellant liber. *Cadomi, P. Candelarius*, 1567, in-4.

Nous nous abstenons de parler ici des nombreux commentateurs des Coutumes de Normandie, mais nous en citons les principaux sous les nᵒˢ 2671, 2672 et 2673 de notre table. méthodique, et nous y ajoutons :

Les Ruines de la Coutume de Normandie, ou petit dictionnaire du droit normand restant en vigueur pour les droits acquis, par Victor Pannier ; deuxième° édition, précédée d'une notice bibliogr. sur les diverses éditions de la Coutume de Normandie, par Ed. Frère, *Rouen, Le Brument*, 1856, in-18.

— Commentaire du droict civil, tant public que privé, observé au pays et duché de Normandie, dressez et composez des Chartres au roy Loys Hutin, dite la Chartre aux Normanz, Chartre au roy Philippe, faicte a l'Isle-Bonne, et autres ordonnances royales, publiées ès Eschiquier et Cour de Parlement, donnez par forme d'Ordonnance ; Coustume dudit Duché ; Usage, Style de procéder ès Cours et jurisdictions de Normandie, et style de ladite Cour : le tout en textes et glose, par Guill. Terrien. *Rouen, Fr. Vaultier et Louys Du Mesnil (imprim. de Jean Loyselet)*, 1654, in-fol.

Troisième édition d'un livre qui conserve de l'intérêt pour l'antiquaire et même pour le jurisconsulte. Les deux premières sont de *Rouen, Jacq. Du Puy*, 1574 et 1578, in-fol. Celle de 1654 présente des additions.

— Stille de proceder en Normandie. — Cy finist le stille de proceder selon la coustume de Normandie, *imprime a Rouen par Richard auzoult pour Robinet mace, libraire de luniuersite de Caen.* (sans date), pet. in-8. goth. de 82 ff., avec la marque de Robinet Macé.

50 fr. catal. d'un choix de livres anciens (de M. Leprevost), décembre 1857.

— Autre édition. *Cy fine le stille.... Jmprime a Rouen par Guillaume gaultemier, pour Robinet Mace...* (sans date), pet. in-8. carré, de 80 ff. non chiffrés, à 23 lign. par page, caract. goth., avec la marque de Robinet Macé.

Il y a aussi une édition, *impr. à Rouen pour Pierre Regnault, libraire de luniuersite de Caen.* (sans date), pet. in-8. goth.

Réimpr. avec le *grand Coutumier de Normandie*, édition de 1515 et de 1539 (voir ci-dessus).

— Stille de proceder en pays de Normendie nouuellement corrige en plusieurs lieux par vice de clerc. Et sont les faultes signees par un tel signe ꝺ. Et plusieurs articles abregez, chãgez ou muez ꝑ les ordonnances faictes depuis largemĕt de la court de Parlement : qui en precedent se nommoit eschiquier, etc. *Jmprime nouuellement*, 1536, pet. in-8. goth. de 68 ff. non chiffrés. Paraît avoir été impr. à Rouen, pour Raulin Gaultier, pour qui l'a été en 1534 le *Coustumier de Normandie*.

Nous terminerons cette notice par l'indication d'un livre de droit, peu connu en France, qui se rattache aux coutumes de Normandie :

Les Manuscrits de Philippe le Geyt, écuyer, lieutenant bailli de l'île de Jersey, sur la constitution, les lois et les usages de cette île. *Jersey, Ph. Falle*, 1846, 4 vol. in-8., avec une notice sur la vie et les écrits de Le Geyt (mort en 1715), par Rob. Pipon Marett, avocat.

XLIX. — Orléans.

COUSTUMES (les) des bailliages et preuoste dorleans, et ressors diceulx , Lesquelles danciennéte ont este vulgãrement appellees Les coustumes de Lorry, pour ce q̃ Lorry est vne des chastellenies dudict balliage, ou elles furent Lors redigees par escript. (*Paris, Philippe Pigouchet*), pet. in-8. goth. (*Biblioth. impér.*) [2677]

Le titre de ce volume est imprimé au-dessous d'une gravure sur bois représentant le roi sur son trône, recevant l'hommage du livre. Le procès-verbal qui commence au fol. 11 est daté du 22 octobre 1509.

signat. vont de a—m par 4 ff. ; le verso du dernier est occupé par la marque que nous donnons ici réduite.

Pour une édition imprimée vers 1517, voy. Anglebermeus.

L'ancien texte de la coutume d'Orléans a été réimpr. à *Paris, Ch. L'Angelier*, 1555, in-8.

Coustumes des duché, Bailliage, Prevoste d'Orleans, redigees par messire Achilles de Harley, Jacq. Viole, et Nic. Perrot. *Orleans, S. Otto*, 1583, in-4.

Un exemplaire impr. sur vélin 49 fr. Mac-Carthy, et revêtu d'une riche rel. en *mar. antique* aux armes du président Viole, 191 fr. Renouard ; 610 fr. Solar en 1860.

— Voy. Trippault, et les n°ˢ 2678 et 2679 de notre table méthodique.

L. — Paris.

COUSTUMES (les) generalles de la ‖ preuoste et viconte de Paris. ‖ Et sont les dictes coustumes a vendre *a Pa ‖ ris rue sainct Jaques a lenseigne de la fleur de ‖ liz dor. en lhostel de Jehan petit. Et au palais ‖ par Guillaume eustache...* Auec le priuilege de messieurs de Parlement (sans date), gr. in-8. goth. 4 ff. prél., texte, sign. a—f. par 8 et g. par 4, le verso du dernier f. est blanc. [2680]

Sur le titre la marque de Jean Petit que nous donnons ci-après réduite : au 2° f. le privilège. Au commencement du texte il est dit que la publication de ladite coutume a été encommencee a faire le xxvij. *iour de mars lan mil cinq cens dix auât pasques*, mais la permission d'imprimer est du 13 mai 1513, et porte défense de vendre ce livre plus de trois sous tournois en blanc, et relié plus de quatre sous.

Cet ancien texte de la Coutume de Paris se trouve difficilement ; il en a été tiré des exempl. sur VÉLIN, et qui ont été vend. 20 fr. Mac-Carthy ; 18 fr. Chardin, puis 74 fr. Monmerqué ; 150 fr. Librairie Potier.

COUSTUMES de la prevosté et vicomte de Paris, mises et redigees par Christofle de Thou, Cl. Anjorant, Mathieu Chartier, Jacq. Viole, et Pierre Longueil. *Paris, Jacq. Du Puis*, 1580, in-4.

Un exemplaire impr. sur VÉLIN, avec les armes de Chr. de Thou peintes sur vélin, et relié en *mar. v. à compart.* 250 fr. Renouard et revendu 1,000 fr. Solar ; un autre 29 fr. Mac-Carthy; 62 fr. 50 c. Chateaugiron ; et sous la date de 1589, 50 fr. Chardin. Pour les commentateurs de la Coutume de Paris, voir les nᵒˢ 2681 à 2686 de notre table méthodique.

LI. — *Perche.*

COUTUMES du pays, comté et baillage du Grand-Perche (rédigées par Chr. de Thou, Barth. Fayes, etc.). *Paris, Jean Dallier*, 1558, in-4. [2687]
Un exemplaire sur VÉLIN, 80 fr. Paris ; 30 fr. Mac-Carthy ; 120 fr. Librairie Potier ; 450 fr. Solar.

LII. — *Péronne, Montdidier, Roye.*

COUSTUMES du gouvernement de Peronne, Mondidier et Roye, mises et redigees par escrit par Christofle de Thou, Barth. Faye et Jacq. Viole. *Paris, Jean Dallier*, 1569, in-4. [2687]
Un exemplaire impr. sur VÉLIN, Bibl. impér.
Ces coustumes se trouvent aussi dans le *Coutumier de Picardie*, impr. à *Paris*, en 1726, en 2 vol. in-fol.

LIII. — *Perpignan.*

— Recollecta de tots los priuilegis, prouisions pragmatiques e ordinacions de la vila de Perpenya, in-fol. goth.
4 ff. prélim. non chiffrés et 72 ff. chiffrés; au-dessous du titre un S. Jean-Baptiste gr. sur bois. — Taula dels estils de la cort del Veguez de Rosello de Vallespir. — Stili curie domini vicarii Rossilionis et Valispirii, in-fol. goth.
Ces deux dernières parties, qui font suite à la première,

occupent 25 ff. numérotés ; et sur le dernier on lit : *Fonch arabada la present obra appellada Recollecta de tots... Estampada en Barcelona per mestre Johan Rosembach Alemany a. xxviiij del mes de Abril M il* D. X. Au-dessous est la marque de l'imprimeur. Ce livre aussi précieux que rare est à la Bibliothèque impériale.

— LES COUSTUMES de Perpignan, suivies de documents complémentaires, publiées en latin et en roman, avec une introduction par J. Massot-Reynier. *Montpellier*, 1848, in-4. (C'est le nᵒ 17 du 2ᵉ vol. des Mémoires de la Société archéologique de Montpellier.)

LIV. — *Picardie.*

Voy. les nᵒˢ 2688 et 2689 de notre table méthodique, et aussi le paragraphe IV, *Coutumes d'Amiens.*

LV. — *Poitou.*

COUTUMES. Le coustumier de poictou auecques les ordonnances royaulx. (*sans lieu ni date*), pet. in-4. goth. à longues lignes, au nombre de 26 à la page, sign. *a—z* et *⁊* et *ꝓ*. [2690]
Ce livre commence par le titre ci-dessus, au-dessous duquel est une gravure qui représente un professeur en chaire, et entouré d'auditeurs. Au verso se lit : *Nicolai horii remensis ad ‖ librum de consuetudinibus ‖ pictauorum epigramma.*
Suivent 22 vers commençant : *Oro : palatinas edes...* Les ff. sont chiffr. au haut des pp., depuis le second f. jusqu'au *sept xx. xviii* (158ᵉ), qui est le 6ᵉ du cah. *v.* Il y a ensuite 40 ff. non chiffrés : au recto du 4ᵉ f., avant la fin, commence la *publication des abolicions et auctroys de normandic*, puis une ordonnance datée *de clery on moys de iuillet lan de grace mil quatre cens quatre vingtz ⁊ deux*, et qui est suivie de la table. Au verso du dern. f. se voit cette marque d'imprimeur :

Il est probable que l'impression de cette coutume de Poitou n'est pas de beaucoup postérieure à la date rapportée ci-dessus. On a donné pour 6 fr. 50 c. à la vente Daguesseau, en 1785, un exemplaire de ce livre rare qu'aujourd'hui on payerait vingt fois ce prix.

COUSTUMIER de Poictou... (au bas de la dernière page) : *Cy finist le coustumier de Poitou, imprime a Poitiers, et correct par maistre Loys Preuost licencie en loix, et par plusieurs aultres bons praticiens de ladite ville de Poictiers, lan de grace mil quatre cens quatre-vingt et six,* pet. in-fol. goth.

Cette édition est peut-être plus ancienne que celle que nous venons de décrire : ce serait alors la première qu'on ait donnée de cette coutume. On y trouve, avant la souscription, les 22 vers latins de Nicolas Horius de Reims, dont il a été question ci-dessus. On y trouve aussi, à la fin de la seconde partie, l'ordonnance donnée à Cleri au mois de juillet 1482. Sur cet ancien monument de la typographie poitevine, on peut lire une notice fort curieuse de M. Niclas Gaillard, président à la cour de cassation, extraite de la *Revue critique de législation et de jurisprudence,* tome XII, livraisons de mars et avril, et tirée à part sous ce titre : *D'un exemplaire de la tres ancienne coutume de Poitou existant à la Bibliothèque de la Cour de cassation,* in-8. de 33 pp. Le titre du livre manque dans l'exemplaire décrit, et également dans un autre dont parle M. le président Gaillard.

— Le Coustumier de poitou auecques la briefue declaration et côcordâce de chascun chapitre. Et les ordônances royaulx vieilles et nouuelles publiees a paris de par le roy Loys XII. de ce nom. Le xiii. iour du moys de juing. Lan mil cccc. XCIX. *Imprime a paris Lan Mil cinq cens. Et sont a vendre en la boutique de Jehan de Marnef dit du liege...* — *Cy finist le coustumier de Poictou auec les ordonnances royaux...* in-fol. goth. de 92 ff. chiffr. à long. lig. sign. *a—m.* iij et A et B.

La souscription est au bas du dernier f. recto du cahier *m. v.*; ensuite se trouvent les *nouuelles ordonnances,* qui occupent les cahiers A et B. Il y a une 2ᵉ partie intitulée : *Les ordonnances royaulx nouuellement publiees a Paris de par le roy Loys XII. de ce nom. le viiiᵉ iour du moys de juing. lan Mil CCCC. xcix.,* de 22 ff.

LE COUSTUMIER de Poictou : auecques la briefue declaratiõ et côcordãce de chascun chapitre Et les ordonnances royaulx vielles et nouuelles publiees a paris de par le roy. Loys douziezme de ce nom. Le xiii iour du moys de Juing. Lan Mil cccc. XCIX. Imprime a Poictiers lan Mil cinq cens et huyt. Et sont à vendre en lostel de Jehan de Marnef du Liege a lenseigne du pellican deuant le palais a poictiers. — Cy linissent les ordonnances royaulx *nouuellement imprimees a Poictiers. En la maison de Jehan de marnef dit Jehan du Liege, imprimeur et libraire iure de luniuersite du dit Poitiers ..... le xix iour du moys de Janvier Lan mil cinq cens huit,* 2 tom. en 1 vol. in-8. goth.

La première partie a des sig. de *a—z,* mais elle n'est chiffrée que jusqu'au f. CLXI. Après la table qui la termine se trouve la marque de Marnef, au verso d'un feuillet séparé. Les Ordonnances, qui forment la deuxième partie, ont un titre particulier ainsi conçu :

LES ORDONNANCES royaulx des feuz roys Char-

les VII et VIII de ce nũ auec celles du roy Loys XII, auquel dieu doint bõne vie. Et plusieurs autres ordõnances faictes puis nagueres tãt pour les uniuersitez ǭ pour les mõnoyes orfeures geolliers et repertoire en chascūe dicelles ordonnances.

Elles ont des sign. de A—R, mais pas de chiffres. L'écusson de France qui est au bas de la souscription est répété au verso d'un f. blanc qui la suit. — Vend., sans la 2ᵉ partie, 19 fr. Pressac, en 1847.

COUSTUMIER du pays de Poictou. nouuellement reforme publie et enioinct estre garde pour loix au dit pays sans plus en faire preuve par tourbe tesmoings ne autrement.—*Et sont a vendre es enseignes de la fleur de lys* ‖ *et du Pellican à Paris et a poictiers* (1514), in-4. goth. de 88 ff. chiffrés, plus un f. pour le titre et 2 à la fin pour la publication, sig. a i—m 2.

Seconde révision de l'ancienne coutume de Poitiers. Les deux premiers ff. pour le titre et la table. Au fol. III : *Coustumes generalles gardees pour loix au dit pays sans plus en faire preuve par tourbe tesmoing ne autrement.* — *Et sont a vendre es enseignes de la fleur de lys gardees et observees en la côte et senechaucee de Poictou publiees et accordees psens a ce plusieurs gens deglise, nobles, officiers du roy, maire et escheuins........ La dicte publication encômencee a faire le lundy xvi iour doctobre lan mil cinq cens et quatorze...*

L'exemplaire imprimé sur VÉLIN qui fut présenté à François, et dont la couverture porte les insignes de ce prince, a été acheté 975 fr. pour M. Solar, en mai 1857, et revendu 1545 en 1860.

Une édition de la même coutume, réformée en 1514, et impr. à Paris en 1517, in-4. goth., est indiquée dans la *Bibliothèque choisie des livres de droit,* p. 275, nᵒ 2.

COUSTUMES du comte et païs de Poictou, anciens ressorts et enclaves d'iceluy pays, mises par escrit en presence des gents des trois estats du dict païs, par Messieurs maistres Christofle de Thou, Barthelemy Faye, et Jacq. Viole. *Paris, Jehan Dallier, 1560,* in-4.

Un exemplaire sur VÉLIN, avec initiales et ornements peints en or et en couleurs, 140 fr. Renouard; un autre, 50 fr. Mac-Carthy.

PARAPHRASE aux loix municipales et coustumes de Poitou, denouueau reformées; auec sommaire mis sur chaque article d'icelles, le tout compose par Nicol. Theueneau, reuu et augmenté par le mesme autheur. *Poictiers, Enguilbert de Marnef, 1565,* in-4.

— Voir le mot BOUCHARD (*Almaric*) et le nᵒ 2691 de notre table.

LVI. — *Provence.*

Sensuiuent les costitutiõs ‖ Royalles et prouuensalles faictes ϛ ordõnees par le Roy ‖ en la rection de la court souueraine et prlement de prouen. ‖ et confirmation dicelle. *(sans lieu ni date),* in-4. goth. de 16 ff. non chiffrés, sign. a—d. [2692]

Titre en rouge surmonté d'une grande vignette sur bois, laquelle représente le roi présidant son conseil. Au recto du dernier f. est le procès-verbal latin de la publication de ces constitutions, en date de l'an 1504, et signé *Mailhart.*

A cette pièce étaient joints les *statuta* suivants, qui sont imprimés avec des caractères un peu moins gros que ceux du présent opuscule.

STATUTA venerande curie came ‖ re regie rationũ ciuitatis Aqueñ. co ‖ mitatum prouincie ϛ forcalquerii a re ‖ tro diuis principibus ob reipublice ‖ utilitatem concessa ϛ inconcusse obser ‖ uata. Cum nõnullis per magnificum ‖ dominũ Rolinum Bartholomeũ iurium pro ‖ fessorem : ϛ dicte curie presidentem dignissimũ ‖ additis ϛ admodum necessariis. — *Impressum Lugduni, per Stephanum baland Anno incarnatiõis domini Millesimo quingêtesimo octavo die vero tertia mensis octobris,* pet. in-4. goth. de 16 ff. non chiffrés, sig. a—d.

Le titre porte l'écusson aux trois fleurs de lis (armes de Louis XII), avec un personnage ailé dans l'action de pourfendre avec son glaive un homme couché sur un porc. La souscription est au recto du dernier f. dont le verso est blanc. Quoique la date de l'impression soit du 23 oct. 1508, il se trouve au verso du 15e f. une pièce datée de l'an 1510.

SOMMAIRE et indice des statuts Prouuensaulx octroyez au pays de Prouence, Forcalquier et terres adjacentes par les feuz roys et comtes de Prouence, mesmes ceulx auxquels n'a este deroge par les ordonnances royaulx, mys en langue maternelle prouuensale, ainsi qu'ils ont este trouuez : ensemble aulcuns arrets de consequence donnez par la souuereyne court de Parlement de Prouence confirmatifs d'aulcuns desdicts statutz. *On les vend a Aix par Pierre et Uguet Albert freres et Jacques Marcaurelle libraires... Imprime en Avignon,* 1554. — (au bas de la dernière page) : *Imprime en Auignon par Barthelemi Bonhomme,* 1554, pet. in-4. de 48 pp. (Titre communiqué par M. Crozet de Marseille, d'après le seul exemplaire qu'on connût en Provence.)

LES STATUTZ et coutumes de Prouence, nouuellement imprimees, auec commentaires sur aucuns des ditz statutz, par maistre Lois Masse, docteur et aduocat en la court de Parlement de Prouuence. *Imprimé en Auignon, par Pierre Roux,* 1557, in-4. Les statuts sont presque tous en latin, mais il y a des requêtes et des réponses en provençal. L'exempl. de ces statuts, édit. de 1557, porté dans le Catal. de la Bibl. du roi, F. 3727, est accompagné de l'ouvrage ci-dessous :

STATVTA aqvensis cyriæ svbmissionvm, ac forma in ea agendi tribus libris tractata, autore Claud. Margaleto. *Auenione, Math. Vincentius,* 1559, in-4.

STATUTA Provinciæ, Forcalqueriique comitatum, cum commentariis L. Massæ : accesserunt F. Fortii notæ ad marginem. On a adiouste un liuret de la genealogie des contes de Prouence, tiré du liure latin de feu maistre F. de Clappiers. *Aix, Nic. Pillehotte et Jean Tholosan,* 1598, in-4. [28868]

STATVTS et covstvmes du pays de Provence, avec les gloses de M. L. Masse, traduits de latin en françois, illustrés d'annotations, augmentez sur la fin d'un traité de coutumes non encore imprimées, et d'autres mélanges, par M. I. de Bomy. *Aix, Jean Tholosan,* 1620, in-4.

Une partie de ce recueil a été réimprimée sous le titre suivant :

RECUEIL de quelques coustumes du pays de Provence, qui n'ont commencé d'estre imprimées qu'en l'année 1620, avec un petit traité de meslanges contenant plusieurs choses notables, composé par M. J. de Bomy, seconde édition. *Aix, Est. David,* 1638, in-4.—Reveu et corrigé de nouveau, *Aix, Ch. David,* 1665, in-4.

—Voir le n° 2692 de notre table.

— Ordonnances du tres chrestien Roy de France, Francoy premier de ce nom, reduictes par tiltres et articles et ordre selon les matieres, ordonnances estre gardees et obseruees en ses pays de Prouence, Forcalquier et terres adjacentes : selon et en ensuyuant la reformation par luy faicte sur le faict de la justice des dictz pays, lan Mil ccccc. XXXV... Auec aussi les concordances des anciennes ordonnances de tout le Royaulme de France... M. D. XXXVI. (au recto du dernier f. du cah. R) : Les presentes ordonnances ont este *imprimees a Lyon par Denys de Harsy, Lan Mil. ccccc. xxxv. au moys de Mars,*

in-fol. goth. ; le titre est en romain ; CXXXV ff. chiffrés, plus onze ff. non chiffrés pour la table et la souscription, ensuite 10 autres ff. sign. S. et I. contenant la forme d'expedier les criminels, edit touchant la reformation de la Justice a Marseille, et autres ordonnances.

A l'exemplaire ici décrit étaient jointes : *Ordonnances royaulx sur le faict de la justice et abbreviation des procès par tout le royaulme de France,* faictes par le roy et publiees en la court de Parlement de Paris le sixiesme de septembre Mil. D. XXXIX. *a Lyon, chez Thibaut Payen,* 28 ff. sign. A—G.; au bas de la bordure du titre la marque F. Juste.

ORDONANCES du tres chrestien roy de France, François premier de ce nom reduictes par Tiltres et articles, et ordre selon les matieres, ordonnees estre gardees et obseruees, en ses pays de Prouence, Forcalquier, et terres adiacentes, selon et en ensuyuant la reformation par luy faicte de la justice desdictz pays Lan Mil. ccccc. XXXV... Auec aussi les côcordances des anciennes ordonnances de tout le royaulme de france sur plusieurs desquelles... elles ont este extraictes... Auxquelles ont este de nouueau aioustez les tiltres qui sensuiuent lesquelz ne sont aux aultres premierement imprimees. Auec privilege. M. C. XXXVI. (et au recto du dernier f.) : Les presentes ordonnances ont este *imprimees en Auignon par Jehan de Channey. Lan de grace Mil cinq cens xxxvj au mois daoust,* in-fol. goth. de CV ff. chiffrés et 8 ff. pour la table, le verso du dernier est blanc, le titre est dans une bordure.

Ce qui a été ajouté à cette édition a été réimprimé un peu plus tard à Lyon pour compléter l'édit. de Lyon, 1535-36.

SENSUYVENT les taux, moderations, sallaires et emoluments des greffiers, des auocats... et ordonnances de ce pays de Prouence, auec les villes et chateaux de Prouence. 1536, in-4.

LES TAUX, moderations, salaires et emolumens des Greffiers du Parlement, des lieutenans, des juges, etc., le grand arrest donne par nostre tres chrestian Roy de France touchant la confirmation et ordonnăces de ce present pays de Prouence et la moderation des amendes de douze vingt liures en cas d'erreur et de mises aux premieres ordonnances de ce pays de Prouence. Auec les villes et chasteaux de Prouence extraictes par maistre Antoine Arena. M. D. XLV. (à la fin) : *Jmprimees a Lyon lan mil cinq cens quarante cinq par Denys de Harsy,* in-fol. goth. de 32 ff. non chiffrés, signat. aa—hh. Le titre est imprimé en romain dans une bordure.

ARTICLES de le stil et instructions nouuellement faitz par la souueraine court du parlement de Prouence... sur l'abbreuiation des proces et plaideries... publiees à laudience le quatorziesme iour du moys de feburier lan M. D. xlij. Auec plusieurs arrests et lettres royaulx... On les vend a Aix, a la grand salle du palays par Vas Cauallis. (à la fin) : Cy finissent les lettres royaulx *de nouuel imprimez a Lyon chez Le Prince le xviij Dapuril mil cinq cens quarante deux,* gr. in-4. goth. de 16 ff., A—C. Au verso du frontispice se trouve le portrait de S. Loys, roi de France, gravé en bois.

C'est au commencement de cet opuscule que se lit la pièce macaronique d'Ant. de Arena, dont nous avons parlé à l'article de ce poëte.

L'exemplaire de ce petit recueil décrit dans le *Bulletin des Bibliophiles,* 6e série, janvier 1843, p. 33, était accompagné d'un cahier de 4 ff. contenant divers actes du *Parlement de Provence,* et entre autres, celui-ci :

ARREST par lequel est prohibe et defendu a tous prelatz, chapitres, prieurs, vicaires et administrateurs des eglises, de faire aulcunes exactions soit pour occasion des enterrementz, sepultures, solennizations de mariage, baptesme, sonnerie de cloche et autres diuins sacrements ; donne par la court de parlement de Prouence, le 19 de feburier mil cinq cents quarante troys, à la natiuite de nostre seigneur.

Un recueil in-4. contenant les *Ordonnances*, édit. d'Avignon, 1536 ; les *Ordonnances* sur le fait de la justice, 1539. *Les taux et modérations*, édit. de 1536, et *Articles de le stil*, 1542, toutes pièces décrites ci-dessus, a été payé 201 fr. à la vente du comte de Portalis, en 1859.

LVII. — *Rochelle (La).*

— Le Covstvmier general dv pays, ville et gouvernement de La Rochelle, ensemble le stile et reglement de la cour présidialle et ordinaire de La Rochelle, corrigé de nouveau. *La Rochelle, les heritiers de Hierosme Haultin*, 1613, in-8. [2693]

La première édition est de La Rochelle, 1587, in-8. Celle de 1613 est accompagnée de l'*Edict de l'élection d'un juge et de deux consuls des marchands, etc*. Il y en a une, *avec le reglement des Agates et la declaration du roi sur la reduction de la ville*, La Rochelle, Bart. Vlanchet, 1662, in-8.

Le Nouveau commentaire sur la coutume de La Rochelle et du pays d'Aunis, par R. Josué Valin. *La Rochelle, Desbordes*, 1756, 3 vol. in-4., est un ouvrage important ; il y en a des exemplaires sous la date de *Paris, Vincent*, 1768, avec des additions à la fin du 3° vol.

LVIII. — *Saintonge.*

COUSTUMES (les) du Pays de Saintonge, au siege et ressort de St. Jean d'Angeli. *Bourdeaux, Sim. Millanges*, 1576, in-4. Cela dépend de la Coutume de Bordeaux, même date (voir ci-dessus le paragraphe XVIII).

LIX. — *Saint-Mihiel.*

COVSTVMES dv bailliage de Sainct-Mihiel, auec les ordonnances faictes sur le style et reglement de la iustice, au Siege du dit Baillage et ès inferieurs y ressortissants ; rédigées par escrit par Ordonnäce du prince Charles... et homologuées au moys de Nouembre mil cinq cent nonante huict. *Au Pont-à-Mousson, par Melchior Bernard*, 1599, pet. in-4. de 4 et 90 ff. [2693]

Réimpr. à *S. Mihiel, Jean du Bois*, 1627 (selon le catalogue de Lancelot, n° 773).

LX. — *Senlis.*

COUSTUMES des duchez, contes et chastellenies du bailliage de Senlis... coustumes generalles... de Clermont en Beauvoisis... coustumes du bailliage et duche de Valloys ; c'est assavoir de Crespy, La Ferte Milon, Pierrefons, Bethisy et Verberie. *Paris, Galliot du Pré et Jean André*, 1540, pet. in-fol. [2694]

La Bibliothèque impér. possède ce livre imprimé sur VÉLIN. Il est daté de 1539 à la fin. Sur papier, 70 fr. Librairie Potier.

LES COUSTUMES des duchez, contez ꝛ chastelle-

nies du bailliage de Senlis, anciens ressorts et autres chastellenies particulieres ꝛ subalternes de chascune desdictes duchez, contez et chastellenies, Ensemble des preuostez royales. Coustumes generalles du bailliage et conte de Clermont en Beauuoisis et de tout le ressort dicelluy. Coustumes du bailliage ꝛ duche de Valloys, cest assauoir des chastellenies de Crespy, Laferte Millon, Pierrefons, Bethisy et Herberie. Toutes lesdictes coustumes auec leurs proces verbaulx... mil cinq cens xliii. *On les vend a Paris... en la boutique de Charles langelier*, pet. in-8. de 2 ff. prél. et ccxxv ff. chiffrés, plus un f. présentant au recto le portrait du roy et au verso la marque de l'Angelier, que nous avons donnée tome I, col. 224. [2694]

60 fr. Librairie Potier.

LES COUSTUMES des duchez, contez et chastellenies du bailliage de Senlis, anciens ressortz et autres chastellenies particulieres et subalternes, ensemble des preuostez royalles dicelluy. Autres coustumes generalles du bailliage et conte de Clermont en Beauuoisis, et ressort dicelluy. Ensemble les coustumes du Bailliage et duche de Valloys et ressortz dicelluy. Toutes les dictes coustumes par ordonnances du Roy accordees, reformees et mises par devers la court de Parlement. *On les vend a Paris, au Palais, par Gilles Corrozet... Mil cinq cens cinquante et un*, 3 part. en 1 vol. pet. in-8. goth. 4 ff. prél. pour le titre et les tables, 1re part. cxlviii ff.; la seconde cix ff. et 1 bl.; la 3e lxviij ff. Au verso du dernier : Fin des coustumes du bailliage et duche de Vallois... imprimees a Paris cette presente année Mil cinq cens cinquāte et un par Jehan Real... C'est, à ce qu'il paraît, la réimpression de l'édition de *Paris, Ch. L'Angelier*, 1544, in-8. 50 fr. Potier. Il y en a une de *Paris, J. Real*, 1557, in-8. goth. Voir le n° 2694 de notre table.

LXI. — *Sens.*

—Le grand coustumier de Sens... *imprime nouuellement a Paris, Mil cinq cens ꝛ trente ung*, in-8. goth. sig. A—F.

On lit au recto du dernier f.: *Jmprime par Anthoine de la Barre*, et au verso se trouve la marque de cet imprimeur, dont le nom (*Anthoine*) a été omis par Lottin, qui ne le cite qu'un Nicole de la Barre.

LES COUSTUMES des bailliages et preuoste de Sens, ensemble l'extraict des oppositions, additions, modifications interuenuz en la publication d'icelles, auec plusieurs arrests (publiées par Jean Penon). *Paris, Galiot du Pré*, 1552, in-8.

Voir les n°s 2695 et 2696 de notre table.

— Coutume du bailliage de Sens... *Sens, Gilles Richeboys*, 1556, pet. in-4.

Un exemplaire sur VÉLIN, rel. à compartiments ; 86 fr. en 1841.

— LE STILLE du Bailliaige de Sens. Auec plusieurs Ordōnances, baille pour imprimer par maistre Frāçois boucher cōseiller du Roy, ꝛ lieutenant general dudit Bailliaige (à la date du 17 novembre 1519). *On les vend a Paris en la rue neufue nostre dame a lenseigne sainct Nicolas*. (à la fin) : *Imprime nouuellement a Paris pour Jehan sainct denys libraire demourant en la Rue neufue nostre Dame a lēseigne Saĩct Nycolas*, VII f. et d. pet. in-8. goth. de lviii (pas 59) chiffrés et 2 pour la table, sur le titre une fig. en bois, et une autre au verso.

LXII. — *Sole.*

COUSTUMES (les) generales du Pays et vicomte de Sole. *Pau, G. Duqué et J. Desbaratz*, 1760, pet. in-8. de 100 pp.

Cette coutume a été dressée en 1520 et écrite en langue béarnaise. Il est dit dans l'avertissement de cette édition qu'elle a été faite sur la copie imprimée à Bordeaux, et que, s'y étant trouvé beaucoup de fautes... on a eu soin de les corriger, en se servant pour cela d'un exemplaire de l'édit. de Paris, 1604, et d'une autre plus ancienne qui est de 1553.

Cette Coutume de Sole se trouve réimpr. avec les coutumes de Bordeaux, édit. de 1576, in-4.

LXIII. — *Toulouse.*

— Ad honorē sanctissime Trinitatis pa ‖ tris : et filii : et spiritussancti. Amen. ‖ Incipiunt cōsuetudines Tholose per ‖ illustrissimorū dominorū Philippū : ‖ Ludouicum : ‖ Karolū : Condā bone memorie : τ ‖ franciscū modernū : reges francoꝫ cōfirmate. cum priuilegio. (au verso du dernier f.) : *Impressum Thl'e. Anno dñi millesimo quingesimo.*‖*xxιϳ.τ die* XXIII. *mensis Junii. pro magistris An* ‖ *thoniū le blanc. τ Eustachiū mareschal. τ cō* ‖ *munib' expēsis. In edib' dicti Eustachii* ‖ *Arnaldi guilhem du boys. τ J. Da* ‖ *moysel , in vico portarietis cōmo*‖*rantium,* in-4. goth. [2696]

Édit. non citée par Panzer ; elle a a 4 ff. prélim. contenant le titre sur lequel est un écusson représentant les armes de Toulouse, le privilége en françois et la table. Le texte occupe XXXII ff. chiffrés, sous les signatures B à I.

CONSVETVDINES Tolosae cum declarationibvs in quibus Consuetudines ipsæ a iuris communis dispositione discrepare aut differre videātur. Quid ꝗ de iure scripto extiterit introductum. Et quid de consuetudine, cum quibusdam interpretationibus. Et quæstionibus vtilibus, easdem Cōsuetudines tangētes tam decisiue ꝗ remissiue Magistri Ioan. de Casaveteri, in Legibus Licentiati civis Tolosæ. *Ve꜡neunt Tolosæ, in officina Anthonii Vincentii, apud Ludouicum Y꜡uernaige. Impressum per Antho꜡nium Gorcium,* 1544, in-4. de 4 ff. prél., texte 73 ff., et 5 pp. pour la table.

PRACTICA sive stylus domini Senescalli Tolosæ. *Tolosæ,* 1505, in-4. goth. (*Bibl. choisie des livres de droit,* p. 280.)

— Pour les *Decisiones Capellæ thclosæ,* voy. DECI꜡SIONES ; — pour le Franc-Alleu de la province de Languedoc, voy. GALLAND (*Aug.*).

LXIV. — *Touraine.*

COUSTUMES. Le Coustumier de touraine : nouuellement imprime a paris.

— *Cy finist le coustumier de touraine Imprime pour Anthoine Verard... Et a este acheue dimprimer ce presēt liure le xi. iour de mars mil cīq cēs ꝫ sept,* pet. in-4. goth. de 120 ff. non chiffrés. [2697]

Un exempl. impr. sur VÉLIN, 32 fr. Mac-Carthy, et vaut dix fois plus.

CONSUETUDINES totius presidatus seu Turonensis bailliute iūnū supreme parlamenti curie stabili꜡mento roborate cum... commento juris utriusque cōsultissimi viri ac practici dñi Johannis Sainxon : bailliui eiusdē Turonēsis... additis e foliorum regione superficialibus annotamentis opus ipsum non parum ditantibus, una cum indice promptiore alphabetico compacto. Au recto du dernier f. : *Imprime a paris pour honneste personne Jehan Petit libraire... Mil cinq cens xxiii,* 2 tom. en 1 vol. pet. in-4. goth.

18 ff. sig. aa—cc. pour le titre et la table. Texte (français et commentaire latin), ccxxxij ff.; au recto du dernier : *Imprime a paris par Jacques Poussin imprimeur pour hilaire malican libraire demou꜡*

rant en larue du change a blaus a lenseigne de la fleur de lys pres la fontaine, et pour Jehan marejerie aussy libraire demourant a tours de꜡uant la grant porte sainct gacien.

On y a joint : ORDONĀCES roiaulx sur le faict et administration de la justice et abreuiation des causes et procez au bailliage de Touraine , nouuellement commentees aornees et enrichies de plusieurs bōnes τ fructueuses raisons de droit canon et ciuil pour le prouffi et vtilite des practiciens auec le repertoire alphabetic de toutes les matieres contenues au dict livre. *Ils se vendent a Paris en la rue sainct jac꜡ques a lenseigne de la fleur de lis (avec la mar꜡que et le nom de Jean Petit),* 6 ff. prélim. pour le titre et la table. Texte lxiiij ff.

60 fr. mar. r. Librairie Potier.

LES COUSTUMES et stilles du pais et duchie de Touraine (*Rouen, Martin Morin*), pet. in-8. goth. Titre au verso duquel est une jolie vignette en bois, représentant la Vierge portant l'enfant Jésus, texte f. I à LII, plus deux ff. pour la table, et au verso d'un f. blanc la marque de Martin Morin, avec les mots *Imprime a Rouen deuant sainct Lo.* On lit à la première page du texte, laquelle est dans une jolie bordure : *Coustumes et vsaiges du pays et duche de touraine , des ressorts et exemptions danjou et du maine rediges et mis en ordre en la ville de langes par nous, Baudet Berthelot... Pierre godeau et maistre iehan auandeau...*

LE COUSTUMIER et stilles du bailliage et duche de Touraine, auecꝗs les colatiōs faictes sur les cha꜡pitres desd' Coustumes. Ensemble les Ordōnāces royaulx faictes sur labbreuiatiō des causes et proces dudict bailliage de nouueau corrigees et *Imprimees a Tours par Mathieu Chercele, pour Jehan ri꜡chart libraire demourant en la Rue de la Sellerie a lēscigne S. Jehā leuangeliste pres les Augustins,* M.D.XXXVI. (répété dans la souscription imprr. au verso du dernier f.), 2 part. en 1 vol. pet. in-8. goth.

La première part. a lxxxvi f. chiffrés, plus 2 ff. contenant au verso du titre, qui est en rouge et noir, une grande vignette avec la marque de Jehan Ri꜡chart. 2e part. STYLLES ET USAIGES, *sig. a — g.* ff. non chiffrés. 3e part. Ordonnances royaulx sur labbreuiatio des causes et proces, 12 ff. sig. A et B., y compris la vignette à la marque de J. Richart.

LE COUSTUMIER et stille du bailliage et duche de Tourraine, auec les cotations faictes sur les chapi꜡tres desd' Coustumes. Ensemble les Ordonnances royaulx faictes sur les abbreuiations des causes et proces... de nouueau corrigees et imprimees a Tours par mathieu Chercele pour Pierre Siffleau libraire, a lenseigne de sainct Pierre le Martyr, M.D.LIII, 3 part. en 1 vol. in-8. goth.

Chaque partie a un titre et une souscription particu꜡lière ; à la fin de la dernière la figure de S. Pierre sur un f. à part. 65 fr. Librairie Potier.

COUSTUMES du duche et bailliage de Touraine, anciens ressorts et enclaves d'iceluy, mises et redi꜡gees par escript en presence des gens des trois estats dudict pais, par Messieurs maistres Christo꜡fle de Thou, Barth. Faye, et Jacq. Viole... commis꜡saires a ce deputez. *Paris , Jehan Dallier,* 1561, in-4. [2699]

Des exemplaires imprimés sur VÉLIN : 48 fr. La Val꜡liere; 54 fr. Mac-Carthy; 215 fr. Renouard ; 805 fr. Solar.

Réimprimé à *Tours,* par *P. Regnard, pour Laurent Richard,* 1567, in-4. — et augmentee du stille et forme de procedure es cours et jurisdictions du dit duché, fait par Me Jean Baret, *Tours, Jamet Met꜡tayer,* 1591, in-4.

PROMPTUAIRE des loix municipales et coustumes des bailliages, senechaussees et pays du royaume de France, concordées et parangonnées aux cous꜡tumes du pays et duché de Tourraine ; extrait des commentaires de Jehan Breche sur les Coustumes de Tourraine. *Tours, J. Rousset,* 1553, in-8.

On trouve à la fin de ce Promptuaire les Coutumes locales de Touraine. 20 fr. mar. r. Salmon.

Ce petit ouvrage n'est que l'ébauche d'un plus grand travail qui a été exécuté plus tard sous ce titre :

LE DROIT général de la France, et le droit particulier à la Touraine et au Lodunois, contenant les matières civiles, criminelles et ecclésiastiques, et une explication méthodique des dispositions des coutumes de Touraine et de Lodunois, par M. Cottereau (Thomas Charles Armand), avocat. *Tours, F. Vauquer Lambert*, 1778-88, 4 vol. in-4. [2700] Nous n'avons vu que les vol. I à III de cet ouvrage estimé.

LXV. — *Tournai* (Belgique).

COUSTUMES (les) stilz, et vsaiges de lesseuinaige de la ville ɀ cite de Tournay, pouoyr, et banlieu dicelle. Nouuellement reuisitees, approuuees, auctorisees, ɀ decretees, par Lempereur en son conseil. *Imprime en la ville Danuers, par Martin Nuyts, pour Jehan de la Forge libraire iure de Tournay*, M. D. Liiij, in-4. goth., feuillets non chiffrés, sign. A—H. par 4 et I. par 3, y compris le privilége. [2700]

En *mar. r.* 38 fr. A. Giraud, et 50 fr. Librairie Potier.

LXVI. — *Troyes.*

COUSTUMES (les) du bailliage de Troyes en Champaigne. *Jmprimez a Troyes chez Jehan Lecoq* (sans date), in-16 goth. de 64 ff. chiffrés. [2701]

Cette édition, fort rare, n'est pas datée, mais elle doit avoir été imprimée peu après la publication de ces Coutumes, publication *encômencee a faire le vingtsixiesme iour du moys Doctobre Lan Mil cinq cenz et neuf : continuee es autres iours ensuyuans ;* ainsi qu'on peut le lire au verso du titre. Ce titre porte la marque suivante :

M. Corrard de Breban (2ᵉ édit., p. 46) ne donne que 59 ff. à l'exemplaire qu'il décrit.

LES COUSTUMES du bailliage de Troyes en Cham-

paigne; avec annotations sur ycelles; un bref recueil des evesques de Troyes : le premier livre des mémoires des comtes héréditaires de Champagne et de Brie; la généalogie des dits comtes, par Pierre Pithou; le tout revu et augmenté : sont ajoutés la conference desdites coutumes de Troyes avec les autres coutumes de France; li Droict et les coutumes anciennes de Champaigne et Brie, les ordonnances des rois Philippe le Bel, Louis Hutin et Philippe le Long, concernant les droicts des nobles et aultres dudict comté. *Troyes, Pierre Chevillot*, 1609, in-4.

Réimpr. à Troyes, 1628 (nouv. titre, *Paris, Card. Besongne*, 1629), in-4. — La première édition est de 1600.

COUTUMES du bailliage de Troyes, avec les commentaires de Louis le Grand; 4ᵉ édit. augmentée du cahier des coutumes du bailliage de Troyes, rédigées en 1494, du procès de 1496 et de plusieurs pièces des années 1507 et 1509, concernant les droits de bourgeoisie et de Franc-aleu en la province de Champagne, lesquelles n'ont point encore été imprimées. *Paris, Montalant*, 1737, in-fol. [2702]

Les trois premières éditions sont de *Paris*, 1661, 1681 et 1715, in-fol.

— Voy. STATUTA sinodalia.

LXVII. — *Vicomté de Turenne.*

— Privileges, franchises et libertez du vicomte de Turenne. *Paris*, M. DC. XL, in-4. de 84 pp. non compris le titre. [2703]

Un exemplaire imprimé sur VÉLIN, 31 fr. Mac-Carthy. Réimprimé sous le titre de

LIBERTEZ, franchises du vicomté de Turenne, *Paris, Denis Pellé*, 1658, in-4.

LXVIII. — *Valenciennes.*

COUSTUMES et usaiges de la ville, eschevinaige, banlieu et chieflieu de Valenchiënes. *Imprime pour Jean Pissart, libraire, demourant a Mons-en-Haynnau*, 1545, pet. in-4. goth. de 6 ff. prélim. et 48 pp.

Édition rare.

COUSTUMES de la ville, banlieu et chef-lieu de Valenciennes. *Valenciennes, Jean Verullet*, 1621, in-12. — Les Coutumes de la ville et chef-lieu de Valenciennes, homologuées ès années 1540 et 1619. *Mons, Henri Hoyois*, 1776, in-8.

LXIX. — *Comtat Venaissin et Avignon.*

— Statuta comitatus venayssini. *Avenioni*, 1511, in-4. goth. sign. a—f. par huit et g. par sept, feuillets non chiffrés.

On lit au recto du 7ᵉ f. du cah. g :

Impressa fuere presentia statuta in ciuitate auiniôñ. ɀ extracta a libro Statutorum dicti comitatus venayssini existête penes curiam rectoriatus dicte comitatus imprimi facta per honorabiles viros magistrum romanum filioli notarium... iohannê robaudi ɀ pontium raimôdi etiam notarios.... anno a natiuitate domini millesimo quingentesimo vndecimo ɀ die xv. mensis iulii. Cette souscription peut suppléer le titre qui manquait à l'exemplaire ici décrit.

Cette édition est fort rare.

LES STATVTS de la comte du Venaiscin, avec les jours feriatz d'Auignon et de la dicte comte, mis de latin en francois par Vasquin Philieul de Carpentras. *Avignon, Claude Bouquet*, 1558, pet. in-4.

Un portrait de l'auteur, gravé sur bois, se trouve au recto du premier f. de la table, laquelle est terminée par ces mots : *Imprime en Avignon par Ian Tramblay et Pierre Roux.*

— Statuta inclitæ ciuitatis avenionensis, nuper facta et reformata. Item couentio pridem inter dominos quondam comites, et ciues ipsius, inita omnia primum a R. D. Laurentio Lentio, episcopo firmano Prolegato, ac deinde a S. D. N. Papa Pio IIII. confirmata. *Avenioni, Excudebat Petrus Ruffus,* M. D. LXIIII, in-4. de 4 ff. prélim., 139 ff. chiffrés et l'index de M quatre à T quatre.

Autre édit. *Avenioni, Excudebat Petrus Ruffus,* CIƆ. IƆ. LXX. in-4. de 6 ff. prélim., 412 pp. et l'index f. CC 7 à HH 2. Édition en gros caractères.

L'édition de Lyon, *Cl. Morillon (Lugduni, sumptibus Adami Guerini bibliopolæ auenion.),* 1612, in-4., contient quelques augmentations. Il y en a une autre d'Avignon, *apud Laurent. Lemott,* 1680, in-4.

LXX. — *Vermandois.*

COUSTUMES generalles et particulieres du Bailliage de Vermandoys ensemble les stilles et usaiges dont lon a coustume user en la ville de Sainct Quentin en Vermandoys, Auec les cas priuilegiez au roy seul dõt la cõgnoissance appartiẽt aux iuges royaulx seulemẽt. Nouuellemẽt imprimees a Paris, M. D. LI. *On les vend a Paris au Palais... par Arnoul langelier.* (à la fin): *...imprime a Paris le dix septiesme iour daoust.* 1551, pet. in-8. goth. de 61 ff. chiffrés inexactement de IV à lxiii. [2704]

Coustumes generales et particulieres du bailliage de Vermandois, tant de la ville, cite, baillieue et prevoste foraine de Laon, que des prevostes et anciens ressorts d'icelui, comme Rheims, Chaalons, Noyon, Saint-Quentin, Ribemont, Coucy et autres. *A Rheims, par N. Bacquenois, imprimeur de M. le... cardinal de Lorraine,* 1557, in-fol.

Un exemplaire impr. sur VÉLIN : 150 fr. Paris de Meyzieu ; 120 fr. Mac-Carthy ; un autre se conserve à la Bibliothèque impériale.

LE COUTUMIER de Vermandois, contenant les commentaires de Buridan, de La Fons, et les observations de D'Héricourt sur les mêmes Coutumes, les commentaires de Godet et de Bellicart sur la Coutume de Chaalons, de Buridan sur Rheims, de Vrevin sur Chaulny. *Paris,* 1728, 2 vol. in-fol.

LXXI. — *Vitry en Partois.*

COUSTUMES (les) generalles gardees et observees au bailliage de Vitry en partoys. Nouuellemẽt veues et corrigees sur les registres de la court de parlemẽt. *Et imprimees a Paris par Jacques Nyuerd imprimeur libraire,* 1538. *On les vend a Paris, en la rue de la Juifrye a limaige sainct Pierre...* pet. in-8. goth. sign. A—J.

Les ff. sont chiffrés jusqu'à XXXVII. Le procès-verbal, qui commence au verso du 36e, est en date du 6 octobre 1509. La marque de J. Nyverd est au verso du dernier f. Peut-être existe-t-il une édition de cette dernière Coutume plus ancienne que celle-ci.

Il y en a une de *Paris, Jean Real,* 1552, pet. in-8. goth. Voir le n° 2705 de notre table.

LXXII. — *Yssoudun.*

C'EST LE STILLE et coustumier de la ville chastellenie et ressort Dyssouldun. (au verso du CXXe f.): *Nouuellement imprime a Paris pour Mace viroys demourant audict Yssouldun pres sainct Sire τ se vendent au dict lieu,* pet. in-8. goth. de CXX ff. chiffrés, plus 2 pour la table.

L'exemplaire décrit commence au f. AII ; il n'a pas de titre. La dernière ordonnance est de 1521.

Coutumes de la Flandre belge.

COUSTUMEN Vsancien Ende styl von procederen der stadt, vryheyt, ende iurisdictie van Mechelen, Gheapprobeert ende gheautorizeert by de Keyserlycke Maiesteyt, als Heere van Mechelen, in dē jaere ons Heeren M. D. XXXV. — *Gheprint tantwerpen, by Michiel Hoechstraten... Int Jaer* M. D. XXXV *in october,* in-4. goth. de 4 ff. non chiffrés et LXIIII pp., sur le titre les armoiries de Charles V, et au bas celles de Malines. — Additie ampliatie ende declaratie van derzelue van de zelve coustumen, etc. by den zelven. *Même ville et même libraire,* in-4. [3015] .

C'est cette édition flamande qui a servi de base à la version latine publiée sous ce titre :

LEGES municipales civium mechlinesium, e lingua theutonica in latinam translatæ, interprete Petro Nannio Alemariano. *Lovanii, apud Martinum Rotarium, typogr. anno* M. D. LII, in-4. de 12 ff. non chiffrés et 118 pp. (*Bibliophile belge,* I, p. 224.)

COSTUMEN der steden eñ casselrye van Curtrijcker. *Te Ghendt by Heinric van den Keere,* 1558, in-4. 16 fr. Lammens.

COSTUMEN der steden eñ schependomme vã Ghendt. *Ghendt, Henric van den Ker,* 1564, in-4. Le frontispice de cette édition ainsi que la planche de la pucelle ont servi pour une seconde édition, impr. à Gand, par *Jean van Salenson,* 1583, in-4. de 22 ff. prél., 107 pp., plus 8 ff. d'ordonnances.

DE WETTEN, costumen, keuren ende statuten van der sale ende Casselerie van Ypre. *T'antwerpen, Michiel van Hoochstraten,* 1535, in-fol. goth. [3019]

Un exemplaire imprimé sur VÉLIN, 50 fr. Mac-Carthy, pour la Bibliothèque du roi. Un autre, 165 fr. Hebbelynck ; 8 liv. Libri, en 1859.

Pour *Tournai,* voir ci-dessus, LXV.

COUVEE (la) des Anglois et des Espagnols qui ont cuydé descendre en Bretaigne, avec la chanson de la repentance des Anglois et des Espagnols. (*sans lieu ni date, vers* 1542), pet. in-8.

COUVILLIES père et fils (*François de*). OEuvres d'architecture, contenant des édifices publics, des palais, des jardins, etc., avec un livre de dessins et d'orne-

---

Couture. L'olivier, 6376-77.
Couturier (l'abbé). Vie d'Isabelle de France, 21931.
Couverchel (*M.*). Traité des fruits, 6480.

mens. (*Munich* et *Paris*, 1769-72), gr. in-fol. [9917]

Recueil rare et assez bien exécuté, dans lequel j'ai compté 318 pièces, y compris la gravure qui sert de frontispice, mais qui ne contient aucun intitulé. Il y a de plus une dédicace en vers latins 'adressée à l'électeur de Bavière, et 4 ff. de texte en vers latins et allemands : vend. 78 fr. Trudaine.

COUVRAY (*L.*). Voy. DESPAUTERE.

COVARRUBIAS Horozco (*Sebast.*). Thesoro de la lengua castellana o española. *Madrid*, *L. Sanchez*, 1611, in-fol. [11158]

Dictionnaire bon à consulter, parce qu'il a paru à une des époques les plus brillantes de la littérature espagnole. Il y en a une édition de .Madrid, 1674, 2 part. en 1 vol. pet. in-fol., que Salvá porte à 2 liv. 2 sh.

Les *Emblemas morales*, Madrid, 1610, in-4. (trois centuries avec fig.), qu'Antonio cite à l'article *Sebastianus* Corrubias, me paraissent être une nouvelle édition des *Emblemas morales*, en vers et en prose, dont le même bibliographe, à l'article *Joannes* de Horozco et Covarrubias, indique une édition de *Segovie*, *Juan de la Cuesta*, 1589, in-4., avec fig., et une autre, avec la traduction latine, *Agrigenti*, 1601, in-8. [18608]

COVERDALE (*Miles*). Writings, translations and remains edited for the Parker Society by Geo. Pearson. *Cambridge*, 1844-46, 2 vol. in-8. [1961]

Ce théologien anglais du XVIᵉ siècle, à qui l'on doit la version de la Bible connue sous son nom (voyez ci-dessus, tome I, col. 907), a écrit plusieurs ouvrages que cite Lowndes, et parmi lesquels nous remarquons :

THE CHRISTIAN state of Matrymonye, wherein housebandes and wynes maye lerne to kepe house together wyth loue. *London*, *by Nycholas Hyll for Abraham Vele*, 1552, in-16 de XCI ff. non compris la table.

Ouvrage dont il existe plusieurs éditions. La première a paru en 1541. Celle de *London*, *John Mayler for John Gough*, 1543, in-12, est la seule où se trouve la préface de Becon : 5 liv. 5 sh. Sotheby, en 1858. Celle de 1552, ci-dessus, est augmentée d'un 7ᵉ et d'un 8ᵉ chapitre : 3 liv. Sotheby. Celle de 1575, in-16 : 2 liv. 18 sh. Sotheby, en 1822.

N'oublions pas de citer : *Memorials of Miles Coverdale*, *with matters relating to the promulgation of the Bible in the reign of Henry VIII*. London, 1838, in-8.

COVERTE (capt. *Robert*). A true and almost incredible report of an Englishman, that (being cast away in the good ship called the Assention in Cambaya the farthest part of the East Indies) travelled by Land through many unknowne Kingdomes and Great Citiesi with a particular description of all those kingdomes... Also a relation of their commodities and manner of traffique... with a discovery of a great emperor called the Great Mogoll... *London*, *printed by William Hall, for Th. Archer*, 1612, in-4. goth. de 68 pp. [20663]

Cette relation a été réimpr. à Londres, en 1614, in-4. Chaque édition se paye de 2 à 3 liv. sterl. en Angleterre. Cependant cette même relation est reproduite dans le second volume de la *Collection of voyages and travels*, impr. à Oxford; et on en a donné une traduction latine dans la XIᵉ partie des Petits Voyages publiés par les De Bry. On y a ajouté huit planches qui ne se trouvent pas dans l'original.

COWLEY (*Abraham*). Select Works, with a preface and notes by the editor (Rich. Hurd, bishop of Worcester). *London*, 1772-77, 3 vol. pet. in-8. 12 à 18 fr. [15797]

— Works, with notes by Aikin. *London*, 1802, 3 vol. pet. in-8. 12 à 15 fr., et plus en Gr. Pap.

Les éditions des œuvres de ce poëte, *London*, 1707-8, et 1710-11, 3 vol. in-8. fig., conservent encore quelque valeur en Angleterre. — La première de toutes est celle de Londres, 1656, in-fol.

— COWLEY's prose works, including his essays in prose and verse. *London*, 1826, pet. in-8. 5 fr. et plus en Gr. Pap.

— POETICAL blossomes, by A. C. *London*, *H. Seile*, 1633, in-4. de 62 pp.

Ce volume est rare, et il se paye fort cher en Angleterre, lorsque le portrait de Cowley, à l'âge de 13 ans, gravé par Rob. Vaugham, s'y trouve. La 2ᵉ édition du même poëme, 1636, in-16, avec le portrait par Skegg, 2 liv. 3 sh. Heber.

COWPER (*Guill.*). Anatomia corporum humanorum 114 tabulis illustrata, a Guil. Dundass aucta. *Lugd.-Bat.*, 1739, gr. in-fol. 15 à 20 fr. [6682]

Cet ouvrage contient, outre les 105 pl. de Gér. de Lairesse, pour l'anatomie de Bidloo, un *appendix* de 9 nouvelles planches.

L'édition d'*Utrecht*, 1750, moins belle quant aux épreuves des gravures, est augmentée d'un supplément et de 5 pl. L'une comme l'autre sont aujourd'hui sans intérêt scientifique.

L'Anatomie de Cowper avait d'abord paru en anglais, *Oxford*, 1698, gr. in-fol., avec des pl. copiées sur celles de Bidloo (voy. ce nom).

— MYOTOMIA reformata , or an anatomical treatise on the muscles of the human body. *London*, 1724, in-fol. fig. [6773]

Vend. 13 fr. 50 c. Hallé.

COWPER (*Will.*). Works, comprising his poems, correspondence, and translations, with a life by Rob. Southey. *London*, 1833-1837, 15 vol. in-12. 45 à 60 fr.

Bonne édition des œuvres de ce poëte. Le libraire Bohn l'a reproduite, en 8 vol. pet. in-8., avec quelques nouvelles ajoutées, et au prix de 1 liv. 8 sh.

On a aussi une édition de ces mêmes œuvres, avec la vie de l'auteur par T.-S. Grimshawe, *Lond.*, 1836, 8 vol. in-12, ou *Lond.*, 1845, en un seul vol. gr. in-8., mais sans les traductions.

— POEMS. *Lond.*, *Sharpe*, 1810-15, 3 vol. in-8., avec des fig. d'après Westall, et y compris les œuvres posthumes. 18 à 24 fr. — Les mêmes ont été donnés en 3 vol. in-12. [15843]

Ces poésies, dont la première édition est de *Lond.*, 1782, sont fort estimées, et on les a réimprimées fréquemment. Nous citerons l'édition de *Lond.*,

---

Conzinié (*M.*). Dictionnaire de la langue romano-castraise, 11054.

Cowley (*Hannah*). Works, 16912.

1808, 2 vol. in-8., fig. en bois ; — celle de *Londres*, *Hunter*, 3 vol. in-8., ornée de fig. d'après Fuseli : 15 à 18 fr., et plus en Gr. Pap. Les premières ne sont pas complètes.

— POEMS, including translations of Homer, with life by H.-F. Carey. *Lond.*, 1839, in-8., — et avec des gravures d'après Harvey, 1851, gr. in-8. 15 sh.

— POETICAL works complete. *London, printed by C. Whittingham for Pickering*, 1853, 2 vol. in-8., portr. 18 sh.

Pickering avait déjà donné en 1843 une édition de ces poésies, en 3 vol. pet. in-8., avec la vie de l'auteur par Harris Nicolas.

Plusieurs des ouvrages de Cowper font partie de la jolie collection de Walker, in-24, savoir : *Poems*, 1815, 1 vol. — *Letters*, 1820, 1 vol. — *Homer*, 2 vol. (voy. HOMERUS).

THE LIFE and posthumous writings of Will. Cowper, with an introductory letter by Will. Hayley, and supplementary passage to the life. *Chichester*, 1803-6, 3 vol. in-4. — Réimprimé à *Lond.*, 1809 or 1812, 4 vol. in-8. [15844]

COX (*Dav.*). A Treatise on landscape painting and effect in water colours, from the first rudiments to the finished picture; with examples in outline effect and colouring, in a series of fifty-six plates, by David Cox. *London, Fuller*, 1816, gr. in-fol. 2 liv. 2 sh. [9273]

COXE (*Will.*). Account of Russian discoveries between Asia and America : to which are added the conquest of Siberia, and the history of the transactions and commerce between Russia and China. *London*, 1780, gr. in-4. [19803]

Il a été fait deux éditions de cet ouvrage en 1780 ; et en 1787 l'auteur a donné un supplément in-4., intitulé : *A comparative view of the russian discoveries, with those made by captains Cook and Clerke.*

— THE SAME, the fourth edition. *London*, 1804, gr. in-4. 12 fr., et plus en très Gr. Pap.

Le même livre existe en un vol. gr. in-8.

— LES NOUVELLES découvertes des Russes entre l'Asie et l'Amérique, trad. de l'anglais. *Paris*, 1781, in-4. fig. 6 à 9 fr.

— TRAVELS in Switzerland and in the country of Grisons. *Lond.*, 1790, 2 vol. gr. in-4. fig. 18 à 20 fr. [20245]

Ces lettres ont eu beaucoup de succès, et elles ont été réimpr. plusieurs fois en 3 vol. gr. in-8. La troisième édition, *Lond.*, 1794, 2 vol. in-4. fig., est la plus chère. Le Gr. Pap. s'est quelquefois vendu 6 liv. et plus. La quatrième édit., *Lond.*, 1801, 3 vol. in-8., contient de plus : *An historical sketch and notes on the late revolution;* il y en a des exemplaires en Gr. Pap. auxquels se joignent des vues par Smith.

VOYAGE en Suisse, traduit de l'anglais (par Théophile Mandar). *Paris*, 1790, 3 vol. in-8. fig. 15 à 18 fr., avec la grande carte.

Cette traduction a été réimpr. à *Lausanne*, 1790, en 3 vol. in-12.

Les Lettres sur la Suisse, trad. par Ramond, *Paris*, 1781, 2 vol. in-8., sont la traduction des *Sketches of the natural, civil and political state of Switzerland*, que Will. Coxe a publiés à Londres, en 1779, in-8.

— TRAVELS into Poland, Russia, Sweden and Denmark. *Lond.*, 1784, 3 vol. in-4. fig. 24 à 30 fr. [20360]

Cette édition a paru d'abord en 2 volumes ; le 3e, publié en 1790, contient un nouveau voyage.

Plusieurs planches ont été ajoutées à la 4e édit. (1803, 3 vol. in-4.), qui coûtait 4 liv. 4 sh., et en Gr. Pap., tiré à 50 exempl., 8 liv. 8 sh.

Les éditions des mêmes voyages, en 5 vol. in-8., qui ont paru en 1787-91, en 1802 et en 1812, n'ont qu'un prix ordinaire.

VOYAGE en Pologne, Russie, Suède et Danemarck, etc., trad. de l'anglais, enrichi de notes, etc., par P.-H. Mallet. *Genève*, 1786, 2 vol. in-4. fig. 10 à 15 fr. et plus en Gr. Pap.

— LE MÊME. *Genève*, 1786, 4 vol. in-8. fig., auxquels il faut joindre les deux volumes suivants :

NOUVEAU VOYAGE en Danemarck, Suède, etc., trad. de l'anglais. *Paris*, 1791, 2 vol. in-8. fig., prix ordinaire.

— HISTORICAL tour in Monmouthshire. *Lond.*, 1801, 2 vol. gr. in-4., avec 109 pl., 2 liv. 2 sh. à 3 liv. 3 sh. [20322]

Il y a des exemplaires en très Gr. Pap., quelques-uns avec fig. tirées sur satin. Il a aussi été tiré deux exempl. in-fol. sur VÉLIN.

— THE HISTORY of the house of Austria, from the foundation of the monarchy, under Rodolph of Hapsburgh, to the death of Leopold the second, 1218 to 1792. *Lond., Cadell*, 1807, 3 vol. in-4. 2 à 3 liv., et plus en très Gr. Pap. [26420]

Réimpr. *Lond.*, 1820, 5 vol. in-8., 2 liv.

P.-F. Henry a donné en 1810 (*Paris, Nicolle*) une traduction française de cet ouvrage estimé, en 5 vol. in-8. 15 à 20 fr. et plus en pap. vél.

— MEMOIRS of the kings of Spain of the house of Bourbon, from the accession of Philip the fifth to the death of Charles the third, 1700-1788, drawn from unpublished documents and secret papers : with an historical introduction, etc. *London, Longman*, 1813, 3 vol. in-4. 2 à 3 liv., et plus en pap. impér. [26094]

Il y a aussi une édition de cet ouvrage, *Londres*, 1815, 5 vol. in-8. 3 liv.

L'ESPAGNE sous les rois de la maison de Bourbon, depuis Philippe V jusqu'à la mort de Charles III, trad. de l'anglais par M. Muriel. *Paris, De Bure*, 1827, 6 vol. in-8. 30 fr.

Il faut joindre à cette traduction le volume suivant :

GOUVERNEMENT de Charles III, roi d'Espagne, ou instruction réservée transmise à la junte d'état, par ce monarque ; publiée par D. André Muriel. *Paris, Crozet*, 1837, in-8., 6 fr.

— MEMOIRS of John, duke of Marlborough, chiefly drawn from his private correspondence and family documents preserved at Blenheim... published by W. Coxe. *London, Longman*, 1818-19, 3 vol. gr. in-4. fig. 2 à 3 liv., et le double en très Gr. Pap. [27019]

Réimpr. *Lond.*, 1820, 6 vol. in-8., avec les planches in-4. 2 liv. 10 sh. à 3 liv.

— MEMOIRS of the life and administration of sir Robert Walpole, earl of Oxford, with original correspondence and authentic papers; by Will. Coxe. *Lond.*, 1798, 3 vol. in-4. fig. 3 à 4 liv. [27020]

L'édition de *Lond.*, 1800, 3 vol. in-8., ne contient ni les pièces justificatives ni la correspondance familière qui forme le 3e vol. de l'édit. in-4.; et celle de *Lond.*, 1816, en 4 vol. in-8. (2 liv. 8 sh.), ne renferme qu'une partie de ces mêmes pièces, mais on y a fait quelques additions.

— LIFE of Horatio lord Walpole. *London*, 1802, gr. in-4. fig. 1 liv. 10 sh. à 2 liv. [27026]

Cet ouvrage, orné de 21 portraits, fait suite au précédent. Il y a aussi des exempl. en très Gr. Pap., et quelques-uns avec les portraits tirés sur satin. — Réimpr. à *Lond.*, 1808 et aussi 1820, en 2 vol. in-8. La dernière édition contient quelques augmentations. 1 liv. 6 sh.

Cox (*R.*). Hibernia anglicana, 27505.

Cox (*Ross*). Columbia river, 21059.

Cox (*Hiram*). Residence in the Burman empire, 20717.

THE PRIVATE and original correspondence of Charles Talbot, duke of Shrewsbury, principal minisire to K. William... illustrated by W. Coxe. *London, Longman,* 1821, in-4. portr. 1 liv. 1 sh., et plus en Gr. Pap. [18914]

Vend. 21 fr. 60 c. Chateaugiron.

— MEMOIRS of the administration of the right honourable Henry Pelham, collected from the family papers, and other authentic documents. *Lond., Longman,* 1829, 2 vol. in-4. portraits. 1 liv. 1 sh., et plus en Gr. Pap. [27024]

Dernière production de ce laborieux écrivain.

— SKETCHES of the lives of Correggio and Parmegiano. *London,* 1823, pet. in-8., avec le portrait du Corrège. 10 sh. 6. d. [31054] Ne porte point le nom de l'auteur.

— ANECDOTES of Handel and Smith, with pieces of their music. *London,* 1799, in-4. 12 à 18 fr., et plus en Gr. Pap. [31121]

La collection des voyages et des ouvrages historiques de Coxe, 26 vol. in-4., en Gr. Pap., a été payée 52 liv. 11 sh. à la vente de l'auteur, où une autre collection des mêmes ouvrages, en 35 vol. in-8., uniformément rel., s'est vend. 17 liv. 17 sh.

COXE (*H.-O.*). Catalogus codd. Voyez CATALOGUS.

COXE (*Peter*). Social day, a poem in four cantos. *London,* 1823, gr. in-8. [15868]

On ne peut citer ce poème médiocre qu'à cause des 32 belles gravures dont il est orné. Un exemplaire en papier impérial renfermant *the Broken Jar* de Wilkie, épreuves avant la lettre, 5 liv. 5 sh. Sotheby, en 1853.

COYPEL (*Ch.*). Estampes de l'histoire de D. Quichotte de la Manche, peintes par Coypel, gravées en 25 feuilles. *Paris, Surugue,* 1753, in-fol. 18 à 24 fr. [9345]

Vend. 51 fr. (rel. en *m. r.*) La Valliere.

COYPEL (*Ant.*). L'Énéide de Virgile peinte dans la galerie du Palais-Royal, grav. par Duchange, Tardieu, Surugue, etc. *Paris, Surugue,* in-fol. 15 pièces. [9346]

Vend. 35 fr. La Valliere ; 19 fr. Renouard, en 1805.

COYSSARD (*Michel*). Petit sommaire de la doctrine chrestienne, mis en vers françois, avec les hymnes et odes spirituelles qu'on chante devant et apres la leçon d'icelle, reveu et augmenté en ceste quatriesme édition, par Michel Coyssard, de la compagnie de Jesus. *Tournon, Claude Michel,* 1596, in-12. [13866]

Ce livre, qui constate bien mieux la piété de l'auteur que son talent poétique, a été souvent réimprimé, et les vers en ont été mis en musique par Jean Usucci, gentilhomme lucquois. L'édition la plus ancienne que l'on connaisse est celle de *Lyon, Jean Pillehotte,* 1591, in-8. Ce libraire en a donné d'autres en 1601 et en 1608, et il y en a de *Rouen, Reinssart,* et *Le Boulanger,* 1608 et 1617, in-12 sous le titre d'*Hymnes et odes spirituelles, par le P. Coyssard, avec un sommaire de la doctrine chrétienne, par le P. Ledesma, en prose.* Selon le P. Sautvel, le même recueil a aussi été impr. à *Anvers, chez Joach. Trognæsius,* en 1600, et en

core à *Toulouse,* à *Besançon* et à *Dol.* Le P. Coyssard est auteur du *Thesaurus P. Virgilii, in communes locos jampridem digestus a Mich. Coyssardo, nunc ab eodem recognitus et indice locupletatus,* Lugduni, J. Pillehotte, 1610, in-12. — Réimpr. plusieurs fois et particulièrement à Paris, chez Cl. Thiboust, 1683, in-12. Il a traduit en français plusieurs ouvrages du P. Gaspard Loarte, desquels Du Verdier (article Michel Coyssard), nous a conservé les titres.

CRABBE (The rev. *George*). The poetical works (edited by Wright). *London, Murray,* 1834, 8 vol. pet. in-8., avec un portrait et 16 vues. 1 liv. 10 sh. [15870]

Édition qui renferme les lettres et le journal de l'auteur avec sa vie, par son fils.

Heath a gravé, en 1822, une suite de vignettes d'après les dessins de Westall, pour orner les poëmes de Crabbe. Prix de cette suite, pet. in-8. 2 liv. 2 sh. — Gr. in-8. 3 liv. — in-4. *proofs,* 4 liv. 4 sh.

Une édit. de ce poëte, complète, en un seul volume gr. in-8., et sortie des presses de J. Didot l'aîné, a été publiée à *Paris, chez Galignani,* en 1829; une autre, également en un vol. gr. in-8., a paru à Londres, chez Murray, en 1847, au prix de 15 sh.

CRACKLOW (*Charles-Thomas*). Views of the churches and chapels of ease of the county of Surrey, drawn on the spot, and engraved in lithography, and accompanied with an account of their chronology, locality, and antiquities, by Ch.-Th. Cracklow. *London, J. Taylor,* 1827, in-4., 150 pl. 2 liv. 2 sh. [10006]

CRACOVIA (*Matthæus* de). Voy. MATTHÆUS.

CRAGIUS (*Nicolaus*). Annales seu res danicæ ab excessu Friderici 1, ac a rege Christiano III. ad annum usque 1550 gestæ : accedit St.-J. Stephanii historiæ danicæ continuatio. *Hafniæ,* 1737, in-fol. [27608]

Vend. 9 flor. Meermann ; 5 liv. 12 sh. 6 d. Heber.

CRAIG (*Alex.*). The poetical recreations of M. Alexander Craig of Rose-Craig, Scoto-Britan. *Edinburgh, printed by Thomas Finlason,* 1609, pet. in-4. [15768]

Volume rare : 176 fr. de Bearzi.

Lowndes ne cite pas cette édition, mais il en indique une d'*Aberden,* 1623, in-4., ainsi que deux autres recueils du même poëte, savoir :

THE POETICAL essayes, *London,* 1604, in-4.

Cozens (*Z.*). The Isle of Thanet, 27223.

Cozio (*Car.*). Scacchi, 10488.

Cozza (*L.*). De Græcorum schismate, 21535.

Crabb (*Christ.*). Proverbes suédois, 18508.

Crabb (*Geor.*). Technological Dictionary, 10212. — English synonymes, 11325. — Historical Dictionary, 30385.

Craesbeeck (*Paulo*). Los Commentarios da grande capitao Freire d'Andrada, 27960.

Craesbeeck (*L.*). Sylvia de Lisardo, 17660.

Cragius (*Th.*). Jus feudale, 3098.

Cragius (*N.*). Respublica Lacedæmonior., 22844.

Coyer (*Gabr.-F.*). Histoire de Sobieski, 27847.

THE AMOROSE Songes, sonets and elegies, *London, by Will. White*, 1606, in-12 de 84 ff.

THE PILGRIME and Heremite, *impr. Aberdenc by E. Raban*, in-4. Exemplaire incomplet du cah. B, mais supposé unique, vend. 4 liv. 6 sh. en 1844.

CRAIG (*Joan.*). Theologiæ christianæ principia mathematica. *Londini*, 1699, in-4. de 36 pp. [2190]

Ouvrage singulier, dans lequel l'auteur applique des calculs algébriques à la probabilité de la durée de la religion chrétienne. Vend. 65 fr. de Limare, sans avoir à beaucoup près cette valeur. L'édit. de *Leipzig*, 1755, in-4., est accompagnée d'une réfutation et de la vie de l'auteur, par J.-D. Titius, éditeur du livre.

— De Calculo fluentium, 7888. — Methodus figurarum in lineis rectis, 7959. — Tractatus mathemat., 7960.

CRAINTE (la) du grant Jugement. (*sans lieu ni date*), pet. in-4. gôth. de 5 ff., avec fig. en bois, tant au prem. f. qu'au dern. [13501]

27 strophes de 8 vers de 10 syllabes.—Voyez LAMENTACIONS.

CRAMER (*D.-A.-G.*). Voy. JUVENALIS, à la fin de l'article.

CRAMER (*Dan.*). Areteugenia : de Aretino et Eugenia , quod nobiles artes et virtus premantur, non opprimantur; fabula ficta et comice descripta a M. Daniele Cramero. *Witebergæ* (*Matthæus Welack*), 1592, pet. in-8. de 112 pp. [16162]

V, f. tr. d, 10 fr. de Soleinne; 4 fr. 50 c. Baudelocque. Réimpr. *Giæsæ Hassorum, Nic. Hamphelius*, 1606, pet. in-8., et trad. en allemand par Joh. Sommer, *Magdebourg*, 1602, pet. in-8. et aussi sans date.

PLAGIUM, comœdia, de Alberto et Ernesto Friderici II, electoris saxoniæ inclyti, filiis inclytis : astu et fastu surreptis, abductis, sorte et vi receptis, reductis : M. Daniele Cramero recensente. *Vitebergæ, ex officina cratoniana*, 1593, pet. in-8. de 48 ff. [16162]

16 fr. v. f. tr. d. de Soleinne.

Réimpr. sous le titre de *Pelagium* (sic) *Argentorati*, 1605, et *Jenæ*, 1610, pet. in-8.; cette même pièce a été rédigée en allemand par Joh. Sommer, *Magdebourg*, 1605, et *Erfurt*, 1616, pet. in-8.

— SOCIETAS Jesu et Rosæcrucis vera : hoc est, quatuor decades emblematum sacrorum de nomine et cruce Jesu-Christi. *Francofurti*, 1616, in-8. fig. 12 à 20 fr. [18580]

Première édition , moins complète que la seconde, mais préférable pour les épreuves des gravures.

EMBLEMATA sacra, hoc est, decades V. emblematum ex sacra scriptura de nomine et cruce Jesu Christi, figuris æneis incisa, primo opera ac studio Dan. Crameri, nunc vero hac secunda editione una decade aucta, et versibus latinis, germanicis, gallicis et italicis, ab aliis ornata. *Francofurti, sumptibus Lucæ Jennissii*, 1622, in-8.

OCTOGINTA emblemata moralia nova, e sacris litteris petitæ, formandis moribus ad veram pietatem accommodata et elegantibus picturis æri incisis representata, ingenuo Dn. Daniele Crameri collecta, ab ipso autore epigrammatibus latinis germanicisque expressa, deinde vero a M.C.R. versibus galli-

cis et italicis illustrata et ad instar Philothecæ christianæ adornata. *Francofurti, sumptibus Lucæ Jenisii*, 1630, pet. in-8. fig. 10 à 12 fr.

En mar. 30 fr. 50 c. Baudelocque.

CRAMER (*Math.*). Le Monde dans une noix, c'est-à-dire, un abrégé de l'histoire universelle, chronologique des événements les plus remarquables du monde, très - plaisamment représenté par tables, et par figures en fine taille-douce, pour les retenir plus aisément dans la mémoire; trad. de l'allem. (de Sam. Faber) en françois, par M. Cramer. *Nuremberg, Christ. Weigel* (1722), in-4. orné de 44 pl. (quelquefois 48). 24 à 36 fr. [21297]

Ouvrage curieux qu'on trouve difficilement : les planches représentent 432 sujets très-nettement gravés. Vendu, bel exemplaire en *cuir de Russie*, 45 fr. Méon ; 68 fr. d'Ourches, en 1812; 35 fr. Duriez, et *mar. r.* 70 fr. Labédoyère.

Il y a des exemplaires de cette traduction auxquels est jointe une 2e partie représentant les faits les plus mémorables du XVIIIe siècle, avec de courtes explications en allemand et un titre daté de 1722.

En tête du vol. (1722) sont 9 ff. contenant le titre, et un avis touchant la méthode et l'usage de ce livre, daté d'Altorf, 8 avril 1722, et signé Jean David Köhler, professeur ; ensuite un f. contenant un avis du traducteur, puis un beau frontispice gravé avec ce titre : *Orbis terrarum in nuce. Die welt in einer nuss bey christoph Weigeln Kunsthändlern in nurnberg*. Les planches sont au nombre de 48, avec leur explication sur des ff. séparés. A la fin, 2 ff. contenant la lettre du R. P. Jean Seyfrid à l'imprimeur, datée de Würtzbourg, 22 juillet 1722.

La première idée du *Monde dans une noix* est due à Gr.-And. Schmid ; mais elle ne fut réalisée qu'après sa mort, dans l'ouvrage publié à Nuremberg par Chr. Weigel, en 1697, in-fol. de 49 pl. Trois ans après, Sam. Faber réduisit le s. au format in-4., y ajouta des petits vers rimés, et un texte en allemand, et il fit paraître ce livre sous le titre d'*Orbis terrarum in nuce*, à Nuremberg, 1700 ; et ensuite avec une explication en latin et en allemand, 1722 ; enfin une nouvelle édition, corrigée et augmentée, fut donnée par Jo.-Dav. Koeler, en 1726, de format in-4. La traduction française est plus recherchée que l'original, mais, pour la beauté des épreuves, les deux premières éditions de 1697 et 1700 devraient être préférées aux autres.

CRAMER (*Gabr.*). Introduction à l'analyse des lignes courbes algébriques. *Genève*, 1750, in-4. fig. [7964]

Ouvrage fort estimé et devenu rare : vend. 47 fr. De Lalande ; 30 fr. Labey ; 33 fr. Arago.

CRAMER (*Pierre*). Papillons exotiques des trois parties du monde, l'Asie, l'Afrique et l'Amérique. *Amst.*, 1779-82, 4 vol. gr. in-4. fig. color. [6092]

Ce bel ouvrage, orné de 400 planches, a paru en 34 livraisons. On y ajoute un supplément par Stoll. *Amst.*, 1787-91, 5 cahiers in-4., avec 42 planches coloriées. Les 5 vol. 200 à 250 fr.; et 80 fr. de moins quand le supplément n'y est pas. Les exemplaires nouvellement coloriés sont moins beaux et moins chers.

CRAMER (*John-Ant.*). Anecdota græca oxoniensia, edidit J.-A. Cramer. *Oxonii, Parker*, 1834-35-36-37, in-8. tom. I à IV. 25 à 30 fr. [19393]

ANECDOTA græca, e codd. mss. Bibliothecæ reg. parisiensis edidit J.-A. Cramer. *Oxonii, e typographi. academico*, 1839-41, 4 vol. in-8. 25 fr.

Le contenu de ces deux recueils est décrit dans la Bibliotheca gr.-lat. d'Engelman, 1858, p. 5.

— Description of ancient Greece and of Italy, 19533.
— Of Asie minor, 19585. — Passage of Hannibal, 22942.

CRANACH (*Lucas*). Stammbuch, enthaltend die von ihm selbst in Miniatur gemahlte Abbildung des den Segen ertheilenden Heilandes, und die Bildnisse der vorzüglichsten Fürsten und Gelehrten aus der Reformationsgeschichte; nebst biogr. Nachrichten..... herausgeg. von Chr. v. Mechel. *Bâle*, 1814, in-fol., avec 13 pl. de fac-simile. 10 thl. [9352]

Un exemplaire, renfermant dix dessins peints à la gouache, a été vendu 129 fr. salle Silvestre, en novembre 1821.

— Passio D. N. Jesu Christi venustissimis imaginibus eleganter expressa ab illustrissimi saxoniæ ducis pictore Luca Cranagio. *Anno* 1509, in-4. de 13 ff. [377]

La plus ancienne édit. connue de ces belles grav. en bois, qui se trouvent aussi dans le *Passional Buch* ci-dessous. Une autre édition, avec le même titre latin, a été publiée à *Amst.*, chez *Wisscher*, 1616, in-4. de 13 ff. Heller, dans sa vie de Cranach, en allemand, pages 268-70, indique un exemplaire sur VÉLIN d'une de ces éditions.

— Passional Buch. vom Leiden vnd Aufferstehung vnsers Herrn Jhesu Christi, Auch anderer Artickel vnsers Christlichen Glaubens, etliche schöne Büchlin vnd Predigte, der wirdigen vnd hochgelarten herrn, D. Vrbani Rhegii, Johannis Kimei, D. Johannis Bugenhagen Pomerani, Vnd D. Martini Lutheri; wie auf der andern seiten dieses blats verzeichnet. *Wittemberg*, 1539. (à la fin) : *Gedrückt zu Wittemberg durch Georgen Rhaw*, pet. in-fol. goth. sig. A. — Qiiij.

Volume contenant 1 f. pour le titre entouré d'un encadrement gr. en bois, XCVII ff. chiffrés d'un seul côté, le f. XXXVIII est un nouveau titre, avec le même encadrement qu'au premier, et commençant ainsi : Das Leiden vnd Aufferstehung vnsers HERRN Jesu Christi, aus den vier Euangelisten... Les gravures de la passion, de la grandeur du f., se trouvent aux ff. LVIII, LIX, LX, LXII, LXIII, LXV, LXVI, LXVII, LXVIII, LXIX, LXXI, LXXII et LXXIII. Cinq de ces mêmes planches se trouvent également aux feuillets LXVIII et suivants dans un recueil d'ouvrages d'Ant. Corvinus en bas-saxon. *Wittemberg, durch Georgen Rhaw*, 1539, in-fol. de 87 ff., non compris les préliminaires ni la table (*Trésor de* M. Graesse, II, pp. 279 et 295). Le *Passional Buch* est cité par Heller, sous la date de 1540, mais la date de 1539 est donnée par M. Graesse d'après son propre exemplaire.

— Passional Christi und Antichristi. (*absque nota*, sed *Wittemb.*, J. Grünenberg, im Febr. 1521), in-4. de 14 ff., avec 26 médiocres gravures en bois d'après Lucas Cranach.

Première édition, très-rare, et que n'a pas citée Panzer. Il y en a une seconde, sous le même titre, et avec les mêmes 26 planches : on la reconnaît à la bordure du frontispice, qui porte l'année 1531 et le monogramme F. Il en existe encore une troisième, in-4., avec le même titre; mais les planches, au nombre de 30, en sont très-mauvaises. Une 4° édition, sous le titre de *Passional Christi vnd Antechristi, Ex arca Noe*, sans lieu ni date, in-4. de 16 ff. avec 30 fig. sur bois, est décrite dans le catalogue *Wolters* (*Paris*, 1844). Enfin une édition de *Wittenberg*, anno 1526, in-4., texte en bas-saxon, avec 26 pl., est portée à 10 thl. dans le catal. de R. Weigel, 17473. Peu de temps après la première édition allemande, il en a paru une latine, également sans date, in-4. de 14 ff., contenant les mêmes planches, et ayant pour titre : *Antithesis figurata vitæ Christi et Antichristi*. Pour des éditions plus récentes, voyez ANTITHESIS. Hebert cite, comme la source de cet article, *Heller, Leben Cranach's*, pages 369 et 518 (voy. HELLER). Mais la publication la plus récente sur Cranach est celle de Christ. Schuchart: *Lucas Cranach des Aeltern Leben und Werke*. Leipz., 1851, 2 vol. in-8. avec un supplément publ. en 1858, 2 cah. gr. in-fol.

— Voy. HORTULUS animæ; SYMBOLUM.

CRANE (*Ralph.*). The wolkes of mercy, both corporal and spirituall. *London*, 1621, in-8. [15770]

Ces poésies ont été vend. 3 liv. 5 sh. Bindley; 9 liv. 10 sh. Sykes, exempl. revendu 13 liv. 15 sh. Horner, en 1854.

CRANFORD (*James*). Teares of Ireland; wherein is lively presented as in a map, a list of the unheard of cruelties and perfidious treacheries of blood-thirsty Jesuits, and the popish Faction. *London*, 1642, in-12 de 80 pp., avec 3 pièces préliminaires. [22487]

Nous citons ce petit vol. à cause des 12 gravures attribuées à Hollar dont il est orné; c'est d'ailleurs un livre rare qui a été vendu 13 liv. 13 sh. Bindley; 17 liv. Nassau; 7liv. 2 sh. Stowe, en 1849; 21 liv. 10 sh. Sotheby, en 1857; et les 12 pl. seulement 7 liv. 2 sh. Horner, en 1854. Ces douze planches se trouvent quelquefois tirées sur un papier de format in-fol. On en a fait aussi usage dans un petit volume ayant pour titre :

IRELAND, or a booke : together with an exact Mappe of the most principal townes, great and small, in the said kingdome..... As also a true relation of the bloudy massacres, tortures, cruelties and abominable outrages committed upon the persons of the protestants, both men, women, and children, as hath not been executed by Heaten; proved upon oaths and eye-witnesses, and illustrated by pictures. *Printed by John Rothwell*, 1647, in-12 de 13 et 13 ff. Lowndes dit qu'on ne connaît pas d'exemplaire avec la carte qu'annonce le titre.

CRANMER (*Thomas*), archbishop of Canterbury. Catechismvs, that is to say a shorte Instruction into christian religion for the synguler commoditie and profyte of childrē and yong people. *London, by Nicolas Hyll, for Gwalter Lynne*, 1548, in-16, feuillets très-irrégulièrement chiffrés.

Livre rare et qui est fort recherché en Angleterre; il a des signat. de a K k, par 8, qui ne commencent

Crankof (*K.*). Grammatik der bulgarischen Sprache, 11451.

qu'après la dédicace à Edouard VI. Il y a deux sign. () et) (, entre c et D, mais pas de z. On doit trouver dans ce volume une grav. sur bois representant Edouard VI donnant une bible à l'archev. Cranmer. Un exempl. avec le portrait et rel. en *mar.* 4 liv. 18 sh. White Knight ; autre avec des vignettes en bois par Holbein, 5 liv. 15 sh. Williams, et jusqu'à 12 liv. 12 sh. Sotheby, en 1848.

L'édition impr. à Londres, *by Nyc. Hyll for Gwalter Lynne,* sans date, pet. in-8. sign. A—Mm, par huit (le dernier f. blanc), diffère, en quelques points, dans le texte, de celle de 1548. L'ouvrage a été réimpr. avec le latin de Justus Jonas, *Oxford,* 1829, in-8., édition dont il a été tiré 25 exempl. en Grand Papier ; il l'a été également dans le 3ᵉ vol. de la collection intitulée *The Fathers of English Church* (1660 de notre table, où nous citons, sous le n° 1961, le recueil des œuvres de ce célèbre archevêque, en 4 vol., donnée à Londres, en 1834, par le rév. H. Jenkyns, à quoi il faut ajouter : *Works and remains,* London, 1846, 2 vol. in-8., et *Writings and disputations relative to the sacrement of the Lord's Supper.* Cambr., 1844, in - 8. , du même théologien, publiés par J.-C. Cox, aux frais de la *Parker Society.* Pour les premières éditions des autres ouvrages de ce prélat anglican, consultez Lowndes, 2ᵉ édition, I, p. 549.

CRAON. Chansons de Maurice de Craon, poëte anglo-normand du XIIᵉ siècle, publiées pour la première fois par G.-S. Trébutien. *Caen, Mancel,* 1843, in-16 de 32 pp. [14255]

Tiré à petit nombre.

CRAPELET (*G.-A.*). Histoire du Chatelain de Coucy et de la dame de Fayel (en vers), publiée d'après le manuscrit de la Bibliothèque du roi, et mis en français par G.-A. Crapelet. *Paris, impr. de Crapelet,* (se vend) *chez Jules Renouard,* 1829, très-gr. in-8. pap. vél. avec fig. et 2 fac-simile, 25 fr. [13210]

Il y a des exemplaires avec figures peintes en or et en couleur, 60 fr., et avec les mêmes figures peintes sur VÉLIN, 70 fr. Il a aussi été tiré 12 exempl. en pap. de Hollande. La traduction de Crapelet, tirée à part, de format gr. in-8., papier vélin, se vendait 12 fr. Elle laisse beaucoup à désirer sous le rapport de l'exactitude.

On a cherché le nom de l'auteur de l'Histoire du chatelain de Coucy dans les premiers vers de ce poëme ; M. Chassant y a trouvé *Jacques Saquespré,* et le bibliophile Jacob, avec plus de vraisemblance, *Jean Certain,* poète picard ou flamand du XIIIᵉ siècle (voir le *Bulletin du Bouquiniste,* 1858, p. 213). — Voy. COUCY.

— CÉRÉMONIES des gages de bataille, selon les constitutions du bon roi Philippe de France, représentées en onze figures, suivies d'instruction sur la manière dont se doivent faire empereurs, rois, ducs, marquis, comtes, vicomtes, barons, chevaliers, avec les avisemens et ordonnances de guerre, publiées d'après le manuscrit de la Bibliothèque du roi, par G.-A. Crapelet. *Paris, de l'imprimerie de Crapelet,* 1829, in-8. pap. jésus vélin 20 fr.—Les mêmes, gr. in-4. pap. vél. 25 fr. [28744]

Septième volume de la *Collection des anciens monuments de la langue française,* publiée par Crapelet.—Il y a quelques exemplaires avec les miniatures peintes en or et en couleur, conformes à celles du manuscrit ; on a aussi tiré 9 exempl. en pap. de Hollande, et 2 sur VÉLIN.

— PROVERBES et dictons populaires, avec les dits du Mercier et des Marchands. et les Crieries de Paris, aux XIIIᵉ et XIVᵉ siècles, publiés d'après les manuscrits de la Bibliothèque du roi, par G.-A. Crapelet. *Paris, imprimerie de Crapelet,* 1831, gr. in-8., pet. [?]

Il n'y a que sept exemplaires en pap. de Hollande.

On a tiré à part une centaine d'exemplaires des *Remarques histor., philolog., etc.,* morceau de 156 pp., qui fait partie de ce volume.

— LES DEMANDES faites par le roi Charles VI, touchant son état et le gouvernement de sa personne, avec les réponses de Pierre Salmon, son secrétaire et familier ; publiées avec des notes historiques, d'après les manuscrits de la Bibliothèque du roi ; par G.-A. Crapelet. *Paris, Crapelet,* 1833, très-gr. in-8. papier vélin, avec 10 planches et fac-simile. 30 fr. [3972]

Onzième volume de la collection publiée par Crapelet. Il en existe sept exempl. en pap. de Hollande, et douze avec les planches peintes en or et en couleur sur VÉLIN, et reproduisant avec exactitude les plus belles miniatures du manuscrit original. Prix de chacun de ces derniers, 300 fr.

Cette belle collection des anciens monuments de l'histoire et de la langue française se compose des ouvrages suivants :

1° VERS sur la mort, par Thibaud de Marly (voy. HELYNAND).

2° LETTRES de Henri VIII (voy. HENRI VIII).

3° LE COMBAT des trente Bretons (voy. COMBAT).

4° HISTOIRE de la passion de J.-C. (voyez MAILLARD).

5° LE PAS d'arme de la bergère (voy. PAS).

6° HISTOIRE du Chatelain de Coucy (ci-dessus).

7° CÉRÉMONIES des gages de bataille (ci-dessus).

8° PROVERBES et dictons populaires (ci-dessus).

9° POÉSIES d'Eustache Deschamps (voyez DESCHAMPS).

10° TABLEAU des mœurs au Xᵉ siècle (voy. TABLEAU).

11° LES DEMANDES, etc. (ci-dessus).

12° PARTENOPEUS de Blois, poëme composé dans le XIIIᵉ siècle, avec un examen critique par M. Robert, 2 vol.

On ajoute encore à ces 12 articles :

LE COURS de littérature française au moyen âge (voy. VILLEMAIN).

La collection complète en pap. vél., en belle demi-rel., dos de *mar.,* vend. 375 fr. à la vente de l'éditeur, en 1842.

Pour les ouvrages de Crapelet, relatifs à la typographie, voyez les nᵒˢ 31166 et 31239 de notre table.

CRASSO (*Lorenzo*). Elogj d'huomini letterati. *Venezia,* 1666, 2 vol. in-4., avec 70 fig. et 72 portr. dans le texte. 15 à 20 fr. [30528]

On a du même auteur : *Elogj de' capitani illustri, Venezia,* 1688, in-4., dont il n'a paru qu'un vol. qui est orné de 98 portraits : son *Istoria de' poeti greci, Napoli,* 1678, in-fol., est à bas prix.

CRASTON (*Joannes*) *alias* Creston, placentinus carmelitanus. Lexicon græcolatinum (ex recens. et cum præfat. Boni

---

Crantz (*H.-J.-Nepomick*). Stirpes austriacæ, 5142.
— De draconis arboribus, 5438.
Crantz (*Dav.*). Historie von Grönland, 27725.

Cras credo, 18404.
Crashaw (*Rich.*). Works, 15786.
Crasset (*J.*). Considérations chrétiennes, 1708. — Eglise du Japon, 21563.

Accursii pisani). (*absque nota*), in-fol. de 368 ff. à 2 col. de 35 lig. [10697]

Cette édition, regardée comme la première de cet ouvrage, doit avoir été imprimée à *Milan* vers 1480, si même elle ne l'a pas été avant 1478, comme semble le prouver une note qui se trouvait sur l'exemplaire d'Askew, et qui est rapportée dans le catalogue de ce savant, n° 1400; elle est exécutée à deux colonnes, avec des signatures jusqu'à qq iii. La dernière colonne du texte grec est de 16 lignes, et la dernière colonne latine de 20 lig.; le 1ᵉʳ f. contient une épître d'Accursius adressée à Franç. Turrianus; et le dernier f. recto est occupé par une épître à Franç. Ferrario, laquelle manque quelquefois. Le caractère paraît être le même que dans le *Lascaris* de Milan, de l'année 1480.

Vend. en *m. r.* 93 fr. Gaignat; en *cuir de Russie*, 7 liv. 7 sh. Askew, et 160 fr. La Vallière; 34 flor. Crevenna; 175 fr. Brienne-Laire.

— Idem, cum præfatione Boni Accursii. *Impressum Vincentiæ per Dionysium Berthocum de Bononia, die x mẽsis Nouembris.* M. CCCC. LXXXIII, in-fol.

Première édition avec date; elle contient 33 cah. de sign. sous les lettres A2—&, 9, ꝑ et A—G; chaque cah. est de 8 ff., à l'exception du premier qui en a 9, et du dernier qui n'en a que 6. Vend. 60 fr. Brienne-Laire; 1 liv. 10 sh. et 1 liv. 2 sh. Heber.

— Idem, edidit Bonus Accursius; acced. index Ambrosii regiensis. *Mutinæ, in ædibus Dionysii Bertochii Bonoñ. subterraneis, anno millesimo nonagesimo nono (sic, pro 1499) Terciodecimo Kal. Nouemb.*, in-fol. à 2 col. de 43 lig.

Édition faite sur la précédente; elle a des signat., mais les ff., au nombre de 257, ne sont chiffrés que jusqu'à 127. La souscription est sur l'avant-dernier f., et le dern. contient le registre, avec la marque de l'imprimeur. Il se trouve de plus dans quelques exemplaires une épître (*Ambrosius regiensis studiosis salutem*) datée de Regio, *tertio nonas Iulias* M. D., feuillet suivi d'un *index latinus*, à 4 col. de 60 lig., ff. 259 à 293, le tout terminé par un errata. Vend. 1 liv. 11 sh. Pinelli.

Pour l'édition de *Venise, Aldus*, 1497, voy. DICTIONARIUM.

— VOCABULARIUM græco-lat., in epitomen redactum, cura et studio Boni Accursii, una cum ejus epistola ad Antonium Bracellum. (*Editio absque loci, anni et typogr. indicatione, sed, ut creditur, Mediolani, circa ann. 1480 impressa*), in-4. de 166 ff.

Édition rare, imprimée à 2 colonnes de 20 lig., avec les mêmes caractères que le dictionnaire grec et lat. du même auteur indiqué ci-dessus, (édition sans date) : 560 fr. Brienne-Laire; 240 fr. une Silvestre en 1809; 160 d'Ourches; 6 liv. Sykes; 4 liv. 14 sh. et 3 liv. 15 sh. Heber; 20 fr. 50 c. en 1841; 61 fr. *m. r.* Libri, en 1847.

Le volume commence par 2 ff. séparés, qui contiennent l'épître de *Bonus Accursius*; le texte a des signatures A—X; chaque cahier est de 8 ff., à l'exception du dern. qui en a 4. On lit à la fin :

```
       X         X
          X FINIS X
       X         X
           τελος
```

— VOCABULARIUM, in epitomen redactum ab Accursio pisano, cum ejus epistola.— *Impressum hoc opus Regii per Dionysium de Bertochis et Marchum Antonium de Bacileriis, anno* MCCCC XCVII, in-4 de 114 ff.

Ce volume, non moins rare que le précédent, a des signatures jusqu'à *P*. Vend. en *m. r.* 37 fr. Gaignat; 220 fr. Brienne-Laire; 2 liv. 19 sh. White Knights; 28 flor. Meerman; 22 fr. Reina.

— IDEM vocabularium, cum præfatione Accursii. (*editio absque nota, sed ante ann.* 1500 *excusa*), in-4. de 114 ff.

Cette édition, dont les pp. pleines portent 30 lig., finit à la signature P₂, fol. verso, par ces mots : *finis* (sic) Tελος. Elle paraît avoir été imprimée à Milan (voir *Biblioth. spencer.*, III, p. 53). Vend. 48 fr. Brienne-Laire.

CRATINI veteris comici græci fragmenta (gr.), collegit et illustravit C.-H.-F. Runkel. *Lipsiæ, ·Hartmann*, 1827, in-8. de vi et 110 pp. 3 fr. [16092]

Pour un supplément à cet opuscule, voy. PHERECRATES.

CRAUFURD (*Quentin*). Sketches chiefly relating to the history, religion, learning and manners of the Hindoos; with a concise account of the present state of the native powers of Hindostan. *London*, 1792, 2 vol. in-8. [28117]

Seconde édition, augmentée, d'un ouvrage qui a déjà beaucoup vieilli. La première édit. (*Lond.*, 1790) est en un seul vol. in-8. M. le comte de Montesquiou en a donné une traduction française, anonyme comme l'original, sous le titre suivant :

.ESQUISSE de l'histoire, de la religion, des sciences et des mœurs des Indiens, avec un exposé très-court de l'état politique actuel des puissances de l'Inde. *Dresde*, 1791, 2 vol. in-8., tiré à très-petit nombre.

— RESEARCHES concerning the laws, theology, learning, commerce of ancient and modern India. *London*, *Cadell*, 1817, 2 vol. in-8. 12 à 15 fr. [28118]

Cet ouvrage est tout différent du précédent : 22 fr. 50 c. Langlès.

— ESSAI sur la littérature française, écrit pour l'usage d'une dame étrangère, compatriote de l'auteur (anonyme). (*Paris, impr. de Stoupe*), 1803, 2 vol. in-4. [18291]

Cette édition a été tirée à cent exemplaires seulement et distribuée en présents. L'ouvrage a été réimpr. à *Paris, Michaud*, 1815, 2 vol. in-4., et 3ᵉ édition, *Paris*, 1818, 3 vol. in-8, avec le nom de l'auteur et des augmentations.

Le même auteur a fait imprimer à petit nombre les ouvrages suivants :

MÉLANGES d'histoire, de littérature, etc. (*Paris*), 1809, in-4., avec un supplément de 118 pp. qui n'est que dans quelques exemplaires.

La réimpression in-8. faite en 1817 n'est pas complète.

ESSAI histor. sur le docteur Swift et sur son influence dans le gouvernement de la Grande-Bretagne. *Paris*, 1808, in-4.

Les 4 vol. réunis ont été vend. 80 fr. en 1814 et en pap. vél. 115 fr. Chateaugiron; 105 fr. Labédoy...; 81 fr. Pixérécourt, et quelquefois moins.

NOTICES sur Agnès Sorel, Diane de Poitiers et Gabrielle d'Estrées, depuis duchesse de Beaufort. *Paris, impr. de J. Gratiot*, 1819, in-8.

NOTICES sur mesdames de La Vallière, de Montespan, de Fontanges et de Maintenon, extraites du catalogue raisonné de la collection de portraits de M. Craufurd. *Paris*, 1818, in-8.

NOTICES sur Marie Stuart, reine d'Écosse, et sur Marie-Antoinette, reine de France, extraites du même Catalogue. *Paris*, 1819, in-8.

Ces trois notices réunies en un seul vol. avec portraits, et rel. en *v. f. tr. d.*,47 fr. 50 c. De Bure. Prises séparément elles ont peu de valeur.

On cite encore de M. Craufurd

HISTOIRE de la Bastille, avec un appendice contenant une discussion sur le prisonnier au masque de fer. *Francfort*, 1798, in-8. Publié d'abord en anglais, à Londres, en 1792, in-8.

CRAVEN (*Elisabeth* Berkeley lady). Journey through the Crimea to Constantinople, in 1786. *London*, 1789, gr. in-4. fig. 10 à 12 fr. [20402]

La traduction française (par Durand) a été impr. à *Paris, Maradan*, 1789, in-8. fig.

On a encore de cette dame (morte margravine d'Anspach) les ouvrages suivants :

PLEASANT passetime, for Christman's evening, or the predictions of Cosmopolitus occultarius, etc. (by lady Craven, margravine of Anspach). *London*, 1795, in-12.

Un exempl. imprimé sur VÉLIN, 63 fr. Mac-Carthy.

LETTERS from lady Craven to the margrave of Anspach during her travels through France, Germany, Russia, etc., in 1785 and 1787 ; second edition including a variety of letters not before published. *London*, 1814, in-4. 15 à 20 fr.

MEMOIRS of the margravine of Anspach, written by herself. *London*, 1826, 2 vol. in-8. — Trad. en français, *Paris, Arth. Bertrand*, 1826, 2 vol. in-8. [30949]

THE SLEEP-WALKER ; a comedy, in two acts, translated from the french (of Pont-de Vesle), in March 1778. *Strawberry Hill, printed dy T. Kirgate*, 1778, in-8. de 56 pp., tiré à 75 exempl. seulement, et vend. de 1 liv. 5 sh. à 2 liv., à Londres.

CRAWFURD (*John*). History of the indian Archipelago, containing an account of the manners, arts, languages, religions, institutions and commerce of its inhabitants. *Edinburgh* and *London, Constable*, 1820, 3 vol. in-8. fig. 20 à 25 fr. [28207]

— JOURNAL of an embassy from the governor general of India to the court of Siam and Cochin-China. *London, Colburn*, 1828, in-4. de 598 pp., avec cartes et fig. 15 à 20 fr. [20725]

Réimpr. *Lond., Colburn*, 1830, 2 vol. in-8. cartes et fig.

M. Finlayson avait déjà publié en 1825 un journal particulier de cette même expédition, en 1 vol. in-8. (voy. RAFFLES.)

JOURNAL of an embassy from the governor general of India to the court of Ava, in the year 1827, by John Crawfurd, with an appendix containing a description of fossil remains, by Dr Buckland and M. Clift. *Lond., Colburn*, 1829, in-4. cartes et fig. 15 à 20 fr. [20718]

Réimpr. en 1834, en 2 vol. in-8. cartes et figures. 18 sh.

CRÉATION (la) d'Ève, conte moral et historique, par P. C. G. P. (Patrix). *Au jardin d'Eden, l'an de la création.* (*Paris, Didot l'aîné*, 1808), in-12 de 22 pp. [14186]

Petit conte non terminé, mais qui ne manque pas d'esprit. On peut le regarder comme fort rare, puisque, selon M. Renouard (*Catal. d'un amateur*, t. III, page 58), sur 50 exemplaires qui en ont été tirés il ne s'en est peut-être pas conservé une quinzaine. Il en existe deux sur pap. rose et un sur VÉLIN. Ce dernier, 34 fr. Renouard.

CRÉATION (la) du monde historiée, avec la vie et miracles de Nostre-Dame, et la saincte Passion de Nostre Seigneur, et plusieurs contemplatives Oraisons de Saints et Saintes. *Paris, Le Liege* (sans date, mais vers 1530), pet. in-8. goth. fig. en bois. [286]

Il existe une autre édition pet. in-8. goth., sous le même titre, mais à l'adresse de *Gilles Cousteau*, imprimeur à Paris. Elle n'a été vend. que 8 fr. 20 c. Picard, mais elle serait plus chère aujourd'hui.

CREATIONE (de) Ade et formatiöe Eue ex costa eius. Et quomodo decepti fuerunt a serpente, pet. in-4. de 8 ff. à 29 lig. par page, lettres rondes. [287]

Ce petit ouvrage est un roman rabbinique traduit de l'hébreu ; Colard Mansion, premier imprimeur de Bruges, en a fait une version, ou plutôt une paraphrase française, non imprimée. L'édition latine qui nous occupe présente des caractères semblables à ceux qu'a employés Jean Gensberg, à Rome, vers 1473. Il en existe une autre impr. à Rome, par Etienne Planck, sans date, in-4. à 33 lig. par page ; et une troisième, in-4., également sans date et sans lieu d'impression, laquelle serait sortie des presses de Barthol. Guldinbeck de Sultz, à Rome, vers 1475, selon le catal. de Payne et Foss, 1830, n° 194, où elle est portée à 1 liv. 16 sh. ; mais qui, à notre avis, est plutôt une production d'Arnold de Bruxelles, typographe de Naples. Ce même exemplaire appartient maintenant à la Bibliothèque impériale. Il a 8 ff., et les pages entières portent 28 lignes.

Jos. Van Praet a donné, dans ses *Recherches sur le seigneur de la Gruthuyse* (pag. 94 et suiv.), un extrait de la *Penitence d'Adam*, de Colard Mansion.

CRÉBILLON (*Prosper* Jolyot de). Ses œuvres. *Paris, les libraires associés*, 1785, 3 vol. in-8. fig. d'après Marillier. 9 à 12 fr. [16507]

Cette édition est assez belle, mais elle a été effacée par d'autres ; des exemplaires en Gr. Pap. rel. en *mar.* ont été quelquefois vendus de 30 à 45 fr.

L'édition de *Paris, impr. roy.*, 1750, 2 vol. in-4., imprimée sous les yeux de l'auteur, n'a quelque valeur que lorsque le *Triumvirat* s'y trouve. 6 à 9 fr.

— LES MÊMES. *Paris, impr. de Didot jeune*, 1796, 2 vol. in-8. fig. de Peyron. 5 à 6 fr., et plus en pap. vélin.

Il y a des exemplaires en Gr. Pap. vél. épr. avant la lettre, et d'autres avec fig. doubles avant la lettre et impr. en couleurs. Un exempl. en Gr. Pap., avec les dessins originaux de Peyron, les trois épreuves des gravures, et rel. en *mar. r.* 136 fr. Labédoyère ; 160 fr. de Soleinne. Il y en a aussi deux exemplaires sur VÉLIN.

— LES MÊMES. *Paris, impr. de Didot l'aîné*, 1812, 3 vol. in-8. fig. de Peyron. 8 à 10 fr., et plus en pap. vélin.

On a tiré un exemplaire de ces trois volumes sur papier jaune et un autre sur VÉLIN. L'édit. est belle, surtout en pap. vél. Dans plusieurs exemplaires de ce dernier sont placés les 10 gravures d'après Moreau, épreuves avant la lettre, ce qui en augmente le prix.

— LES MÊMES. *Paris, P. Didot l'aîné*, 1818, 2 vol. in-8. pap. fin, 6 fr. — pap. vél. 10 à 12 fr.

— LES MÊMES. *Paris, Renouard*, 1818, 2 vol. in-8. fig. de Moreau. 10 fr. — Gr. Pap. vél. fig. avant la lettre, 30 à 36 fr.

Les neuf dessins de Moreau et le portr. par Saint-

Craven (*Rich.* Keppel). Tour in the kingdom of Naples ; — et Excursion in the Abruzzi, etc., 20225.

Crawfurd (*J.*). Grammar and Dictionary of the Malay language, 11903.

Crébillon fils (*Cl.-Prosper* Jolyot de). Ses Romans, 17229.

Aubin, qui ont été exécutés pour cette édition: 260 f. avec les gravures avant la lettre, Renouard.
— Les mêmes, précédées de l'éloge historique par d'Alembert. *Paris, Lheureux (impr. de Firm. Didot)*, 1824, 2 vol. in-8. 5 fr. — pap. fin, 6 fr.
— Les mêmes, avec les notes de tous les commentateurs, édit. publiée par M. Parelle. *Paris, Lefèvre (impr. de J. Didot l'aîné)*, 1828, 2 vol. in-8. portrait, pap. cav. vél. 9 fr. — très Gr. Pap. vél. 30 à 36 fr.
Il a été tiré une partie des exemplaires de cette édit. sur un autre plus petit papier et avec des titres à l'adresse des libraires *Werdet et Lequien;* on y a joint 6 grav. : 6 fr. et plus en pap. vél. Parmi ces trop nombreuses éditions de Crébillon celle de Renouard et celle-ci sont les plus recherchées.

CREBOR-COUER (le) de mestre Paulet sur la mouert de son ay : eme la soufranso et la miseri dei Fourças que soun en galero; revist et augmentat de la soufranso dei Jardiniers. *Marseille, Dominique Sibié*, 1728, pet. in-12 de 36 pp. [16591]

Farces en vers provençaux dont on cite une première édition de 1709, in-12. Celle de 1728, 7 fr. 75 c. de Soleinne; une autre du *Tarascon* ou *Aix, Laur. Elzeas*, 1732, in-12, sous le titre de *Lou Crebe-Couer d'un paisant...* 8 fr. 55 c. en 1832. — Réimpr. en 1750, et peut-être encore depuis.

CREED (*Cary*). The marble Antiquities of the earl of Pembrocke at Wilton, drawn and etched in imitation of Perrier (by Cary Creed). Anno 1731 (*London*), in-4. [29742]

Suite de 70 pl. qui a coûté 35 sh., mais qui se paye plus cher maintenant; on y réunit une seconde suite, en 16 pl., qui a coûté 8 sh., et une troisième, en 40 pl., publ. au prix de 20 sh.
Il existe plusieurs descriptions des curiosités de Wilton-House, et entre autres une dont voici le titre : Description of the antiquities and curiosities in Wilton-House, illustrated with twenty-five engravings of some of the capital statues, bustos, and relievos. *Sarum*, 1786, in-4. Voy. Caus (*Isaac de*).

CREIGHTON (*H.*). The Ruins of Gour described and represented in eighteen views, with a topographical map ; compiled from the manuscripts and drawings of H. Creighton. *London, Black*, 1817, gr. in-4. fig. color. 20 à 25 fr. [28111]

CRÉME. Voy. Cresme.

CRENIUS (*Th.*). De furibus librariis dissertatio. *Lugd.-Batav.*, 1705 seu 1716, pet. in-8. 3 à 4 fr. [30032]

Pour d'autres ouvrages de ce philologue, voyez les n°s 18119 et 18157-62 de notre table méthodique.

CRENNE (*Helisenne de*). Les angoysses douloureuses qui procedent d'amours contenätz troys parties, composées par Dame Helisenne laquelle exhorte toutes personnes a ne suyvre folle amour. *On les vend a Paris en la Rue neufue Nostre dame a Lenseigne Sainct Iehan*

Baptiste... *par Denys Ianot,* pet. in-8. de 212 ff. lettres rondes, à 29 lig. par page, avec fig. en bois. [17134]

Cette édition, dont le privilége placé au verso du frontispice porte la date du 11 sept. 1538, est celle qui, par une faute d'impression, se trouve annoncée in-4. dans le catalogue de La Valliere en 3 vol., n° 4258. C'est probablement aussi la même qui a été portée autrefois dans le Manuel sous la date de 1538, et dont un bel exempl. mar. r. s'est vendu 30 fr. Delaleu. L'ouvrage est en trois parties, et après la dernière il se trouve un opuscule de 12 ff. intitulé : *Sésuyt une ample et accommodée narration faicte par le magnanime Quezinstra, pour exhiber la mort immature de son compagnon fidele le gentil Guenelic : en comprendt ce quil interuint du predict Guenelic et de sa dame Helisenne apres leurs deplorables fins ce qui se declarera auec decoration du delectable style poeticque.*
— Autre édition pet. in-8., en lettres rondes, fig. en bois, à 31 lignes par page, sans lieu ni date, mais probablement un peu postérieure à la précédente. Elle a 169 ff. pour les trois parties, et 8 ff. pour l'*Ample narration* qui les suit. Il y a sur le titre la marque que nous avons donnée ci-dessus, col. 299, et derrière ce titre, en place du privilége, se trouve le dizain d'*Helisenne aux lisantes.* 18 fr. 50 c. Monmerqué.

— Les Angoysses dovlovrevses qvi procedent damovrs, composees par Dame Helisenne. *On les vend a Paris en la rue neufue nostre dame a lenseigne sainct Nicolas, par Pierre Sergẽt*, 1541, in-8. signat. A—H par huit, I par quatre, AA—KK par huit (ce dernier, KK, n'a que deux ff.), AAA—FFF par huit; lettres rondes, à 31 lig. par page, avec fig. en bois.

Ce volume, comme on le voit, se divise en trois parties. Il est terminé par : *Ample narration faicte par Quezinstra en regardant la mort de son compaignon Guenelic et de sa dame Helisenne apres leurs deplorables fins, ce qui se declarera auec decoration du stille poeticque.* Cette pièce occupe 8 ff. Sur le verso de l'avant-dernier est une vignette gravée sur bois, où l'on voit une tablette suspendue à un arbre avec ces mots QVA FATA VOCANT, et un écusson en face du tronçon. Au verso du titre se lit le dizain d'*Helisenne aux lisantes.*
— Les Angoysses douloureuses qui procedent d'amour, etc. *Paris, Pierre Hermier*, 1541, 3 tom. en 1 vol. in-8., ff. non chiffrés, sign. a—i ; AA—KK et AAA—FFF, fig. sur bois.

Édition en lettres rondes, comprenant aussi la *Narration faite par Quezinstra* : 20 fr. Monmerqué; 50 fr. Giraud. Du Verdier en cite une autre, imprimée à Lyon, *à la marque d'Icarus*, sans date, in-8.

— Les epistres familieres et inuectiues de ma dame Helisenne, composées par icelle dame de Crenne. *Paris, D. Janot* (1539), pet. in-8. de 88 ff. [18812]

— Le sõge de madame helisenne compose par la dicte dame, la cõsideratiõ duquel est apte a instiguer toutes personnes de s'alliener de vice, & s'approcher de vertu. *De Crenne. Auec priuilege.* 1540. *On les vend a Paris, en la rue neufue Nostre dame, a l'enseigne sainct Iehan Baptiste, par Denys Ianot libraire & imprimeur,* pet. in-8. de 80 ff. fig. en bois.

Crelle (*Aug.-Léop.*). Tables des calculs, 8046. — Électricité de l'air, 8119.
Crellius (*Joh.*). Ethica Aristotelis, etc., 2046-48.

Ce songe se trouve ordinairement à la suite des *Épistres familières* dont le privilége est de la même date (18 octobre 1539).

— Les oeuures de ma dame Helisenne qu'elle a puis nagueres recogneues et mises en leur entier. Cest a scauoir les angoisses douloureuses qui pcedët d'amours. Les Epistres familieres et inuectiues. Le songe de ladicte dame, le tout mieulx que par cy deuant redigées au vray, et imprimées nouuellemët par le commandement de ladicte Dame de Crenne. *On les vend a Paris,.., par Charles langelier,* 1543, in-16, signat. A—Y, AA—TT et a—t, par huit.

Cette édition est sans gravures sur bois, mais elle a deux titres avec deux jolis encadrements, et la marque de l'Angelier, que nous avons donnée t. I, col. 224, s'y trouve deux fois.

— LES MÊMES œuvres, *Paris, Est. Groulcau,* 1550, 1553, 1555 et 1560, in-16, grav. sur bois. 24 à 30 fr.

Quatre éditions différentes de ce recueil singulier, à la fin duquel se trouve la lettre de Cl. Collet, datée du 15 mars 1550. L'édition de 1555, *m. v.* 41 fr. 50 c. en 1839; 79 fr. *mar. bl.* Crozet. Celle de 1560 a été vend. 1 liv. Heber; 40 fr. 50 c. *mar.* en 1840. Les ff. n'en sont pas chiffrés, mais ils ont des sign. de a—z et A—X, par 8.

Dans une note sur l'article Hélisenne de Crenne de La Croix du Maine (I, 362), Bern. de La Monnoye affirme que cette dame ou demoiselle auteur n'a jamais existé. C'est, dit-il, un nom supposé et romanesque, sous lequel un auteur capricieux a écrit en termes français, écorchés du latin, une histoire imaginée à plaisir. Cependant Cl. Colet, qui était contemporain de notre Hélisenne ou, pour mieux dire, de la femme qui s'est cachée sous ce nom, parle d'elle comme d'un personnage réel et vivant encore à la date de la lettre qu'il a jointe à l'édition in-16 des Œuvres de cette femme auteur, impr. chez Est. Grouleau, en 1550, 1553, 1555 et 1560; là il dit aux dames, auxquelles il adresse sa lettre : « Vous me priates de rendre en nostre propre et familier langage les motz obscurs, et trop approchant du latin, affin qu'elles (les compositions de madame Helisenne de Crenne) vous fussent plus intelligibles, de quoy je m'excusay, de prime face, tant qu'il me fut possible, estimant qu'elle en pourroit se mescontenter, et que peult estre, auoit usé un tel stille, pour ne vouloir estre entendue, fors des personnes plus riches (en frustrant par ce moyen celles de médiocre sçavoir) comme elle même, ce me semble, dit en l'une de ses epistres inuectiues..... ains me priates de rechef toutes deux instamment d'y vouloir besogner, m'assurant de prendre sur vous toute la charge, et me supporter envers elle, le cas aduenant qu'aucun mescontentement elle en receust. »

On voit par ce qui précède que, pour avoir le texte d'Hélisenne tel qu'elle l'a écrit, c'est-à-dire dans ce jargon que maître François a su si bien imiter en faisant parler l'escolier limousin dans son Pantagruel, il faut prendre les éditions antérieures à la révision de Colet, et surtout les premières de toutes.

H. de Crenne a traduit en prose française les quatre premiers livres de l'Enéide de Virgile, *Paris, D. Ianot,* 1541, in-fol. fig. (La Vallière-Nyon, 12462.)

CRESCENTIIS (*Petrus* de). Ruralium commodorum lib. XII. (in fine) : *Petri de Crescenciis ciuis bonoñ. ruraliũ*

─────────

Créquy (le marq. de). Vie de Catinat, 23807.

ɔmodorum libri duodecim finiunt feliciter ꝑ Iohannẽ Schuszler ciuem augustensem impressi. circiṫ xiiij. kalendas marcias. Anno vero a partu virginis salutifero Millesimo quadringentesimo et septuagesimo primo ꝺc (1471), in-fol. goth. de 209 ff. non chiffrés, à 35 lig. par page. [6300]

Première édition : elle commence par l'épître de P. de Crescens en forme de préface, et finit au recto du 209e f. Vend. 720 fr. bel exemplaire en *mar. v.* Brienne-Laire; piqué de vers, 100 fr. salle Silvestre, en 1809; 200 fr. *m. bl.* Chardin; en demi-rel. 40 fr. Huzard.

— Editio altera. — *Impressum per Joannem de Westphalia.... in alma universitate louaniẽsi residentẽ. Anno...... Mº ccccº lxxiiiiº. mensis Decembris die nona,* in-fol. goth. de 196 ff. à 2 col. de 42 lig.

Cette édition commence par l'épître de l'auteur Aimery de Plaisance, précédée de ces mots : *nomine sancte et individue Trinitatis amen.* Vend 130 fr. Soubise; 300 fr. La Serna; 78 fr. 50 c. d'Ourches; 73 fr. Mac-Carthy; 51 flor. Meerman; 1 liv 5 sh. Heber, et un bel exempl. *en mar. r.* par Derome, 172 fr. Huzard.

Jean de Westphalie a donné deux autres éditions de Pierre de Crescens, qui sont peut-être plus rares encore que celle-ci, mais qui certainement doivent être moins anciennes, puisqu'elles ont des signatures. Ces deux dernières, également in-fol. et composées de 196 ff. aussi, sont sans date; elles diffèrent entre elles et par les signatures, et par la souscription ; nous renvoyons pour leur description particulière aux Recherches de Lambinet, page 209. Un exemplaire de l'édition sans date, dont la souscription porte à la fin : *In domo Johannis de Westfalia, etc.,* a été vend. 42 fr. *m. v.* Mac-Carthy; 2 liv. 7 sh. Hibbert; 2 liv. 2 sh. Heber ; 35 fr. en juin 1860.

Le texte latin de cet ouvrage a encore été plusieurs fois réimpr., soit à la fin du XVe siècle, soit au commencement du XVIe; mais ces différentes réimpressions, quoique toutes assez rares, n'ont presque point de valeur. La dernière est celle de Bâle, H. Petri, 1548, in-fol. fig. sur bois.

— Le liure des prouffits champestres et ruraulx, compile par maistre Pierre de Crescences, et translate depuis en langage françois. *Paris, Anth. Verard,* 1486, *le 10e jour de juillet,* in-fol. goth. de 7 et 219 ff.

Édition fort rare de cette traduction écrite en 1373.

— Liure des prouffits champestres. (au recto du dernier f., 1re et unique col.) : *Cy fine ce present liure intitule des prouffitz chãpestres et ruraulx..... Et ĩprime a paris par Jehan bon hõme libraire de luniuersite de paris le xv iour d'octobre. Lan mil. cccc. iiii" et six,* in-fol. goth. de 3 ff. prél. pour le prologue et la table, texte sign. *a—z.* et A.—Gv. à 2 col. de 39 lig. non compris le titre courant au haut des pages; avec fig. en bois.

Cette édition, imprimée avec les mêmes caractères que les Chroniques de saint Denis, exécutées en

1476 par Pasquier Bonhomme, n'est pas, comme nous l'avons dit autrefois, la même que la précédente. Le prem. f. présente une gravure en bois, au-dessus de laquelle se lisent les mots *le prologue*, et le sommaire suivant qui occupe quatre longues lignes et un bout de ligne :

Cy commence le liure des ruraulx prouffitz du labour des châps le quel fut compile en latin par Pierre des crescens bourgeois de boulongne la grasse. Et depuis a este translate en francoys a la requeste du roy Charles de france le quint de ce nom. Et pmierement sensuyt le prologue de lacteur du liure.

Peut-être manque-t-il dans l'exempl. de la Biblioth. impériale (que nous décrivons) quelques ff. prélim. qui appartiendraient à la table.

— LE LIURE des prouffitz châpestres Et ruraulx touchât le labour des champs edifices de maisons puys et cysternes compose par maistre Pierre de crescens... Contenant la vertu des plantes herbes bestes et autres choses moult utiles ꝟ prouffitables a toutes gens, Et de plusieurs nomme le mesnaiger nouuellement corrige et imprime en paris pour Jaques huguetan marchant libraire de lyon... (à la fin) : *Cy fine ce presât liure :... imprime a paris Par maistre thomas du guernier Demourant a la grant rue de la herpe... Pour honnorable hôme. Jaques huguetan*, in-fol. goth. de 8 ff. prélim. pour le titre et la table, clxxxvi ff. de texte à 2 col. de 40 lig., avec fig. en bois.

Édition impr. de 1520 à 1530; rel. en carton, 29 fr. Huzard ; 66 fr. v. f. tr. d. Coste.

On trouve dans le catal. de J.-B. Huzard, 2e partie, n° 678, l'annonce des éditions suivantes du Livre des prouffitz champêtres qui peuvent encore être citées; savoir :

— *Imprimé a Paris pour Jehan Petit et Michel le Noir*, sans date, in-fol. goth. à 2 col. 17 fr.; — et pour les deux mêmes libraires, 1516, in-fol. goth. à 2 col. 16 fr.

— *Imprime à Paris, pour la veufue de feu Michel le Noir*, 1521, in-fol. goth. à 2 col.

— *Par Phil. le Noir, le quinziesme iour de freuier* (sic) *mil cinq cens xxix* (1529), in-fol. goth. 20 fr. Monmerqué ; 60 fr. Borluut.

— Autre édit. *par Phil. le Noir...,* sans date, in-fol. goth. à 2 col.

— *Impr. nouuellement à Lyon par Claude Nourry, dict Le Prince...,* 1530, in-fol. goth. à 2 col.

— Autre édition sous le titre de *Bon Menager... On les vend à Paris en la rue Neufue Nostre Dame a lenseigne de lescu de France.—Le present liure fut acheué de imprimer a Paris, le vii de auril lã mil cinq cent.......* (le reste a été gratté), in-fol. goth. à 2 col.

En faisant disparaître la fin de la souscription de l'exemplaire, on a cherché à le faire passer pour une édition de 1500, mais il nous a paru beaucoup moins ancien; toutefois, il a été vendu 151 fr. en 1853, et revendu 76 fr. chez Hope, en 1855 ; il était rel. en v. f. par Niedrée.

— LE BON MESNAGER. Au present volume des prouffitz champestres et ruraulx est traicte du labour des champs, vignes, iardins, arbres de tous especes. De leur nature et bonte, de la nature ꝟ vertu des herbes, de la maniere de nourrir toutes bestes, volailles et oyseaulx de prix. Pareillemêt la maniere de prendré toutes bestes sauluages, poissons et oyseaulx : oeuure moult vtile ꝟ prouffitable. Le dit liure compile par Pierre de Crescens iadis bourgeoys de Boulogne la grasse, nouuellement corrige, veu ꝟ amende sur les vielz originaulx ouparauât imprimez. Ou dit liure sera adiouste oultre les precedentes impressions. La maniere de Enter, Planter ꝟ nourrir tous arbres : selon le iugement de maistre Gorgole de Corne. On les vend a paris..... en la boutique de Galliot dupre. (au verso de l'avant-dernier f.); *Le present liure fut acheué de imprim. a Paris par Nicolas Cousteau... le xve iâuier lan*

Mil cinq cens xxxiii, in-fol. goth. 8 ff. prélim. texte ff. 1—clxxxv, à 2 col. et 1 f. qui ne contient que des armoiries grav. en bois. 12 fr. Huzard; 99 fr. Cailhava.

— LE MÊME. Nouuellement reueu et diligemment corrige sur vng exemplaire en langue toscane. *Imprime a Lyon par Pierre de saincte Lucie, dict Le Prince*, 1539, in-fol. goth. à 2 col. 27 fr. 50 c. Huzard.

Citons encore l'édition de *Paris*, 1540, in-fol. à 2 col. *impr. par Est. Caueiller*, et dont il y a des exemplaires à l'adresse de *Charles L'angellier*, et d'autres à celle de *Denys Ianot*. Un de ces derniers, 15 fr. Monmerqué.

Toutes ces éditions renferment des fig. gravées sur bois.

— Il libro della agricultura di Pietro Crescentio. *Florentie, per me Nicholaum (Laurentii, alemanum) diocesis uratislauiensis, die* XV *mensis julii, Anno* M. CCCC. L. XXVIII, in-fol. de 201 ff. non chiffrés, à 43 lig. par page, sign. a—bbb.

Première édition de cette version italienne écrite au XIVe siècle : vend. 36 fr. m. r. La Vallière; 2 liv. 3 sh. Pinelli; 1 liv. 3 sh. Libri, en 1859.

Cette traduction, après avoir été réimpr. à Vicence, en 1490, in-fol., et plusieurs fois à Venise, dans le courant du XVIe siècle, en différents formats, fut revue par *Bastiano de' Rossi*, qui la publia à Florence, en 1605, sous le titre de *Trattato dell' agricoltura di Pietro de Crescenzi*. C'est d'après cette édit. in-4. qu'ont été faites celles de Naples, 1724, 2 vol. in-8. et de Bologne, 1784, 2 vol. in-4.; mais cette dernière contient de nouvelles notes, et quelques autres augmentations qui la rendent préférable aux autres. Il y a aussi une édition de *Milan*, 1805, 3 vol. in-8.

Il existe une traduction allemande du même traité imprimée plusieurs fois à Strasbourg à la fin du XVe siècle, et depuis (voy. Hain, n° 5833 et suiv., et Panzer, typogr. allemande).

CRESCENTIO (*Bartolomeo*). Nautica mediterranea et un Portolano di tutti i porti. *Roma, Bart. Bonfadio*, 1602, in-4. [19748]

Ce volume contient une grande carte de la Méditerranée, et des figures représentant les instruments nautiques en usage alors, et notamment un *archibugio* pneumatique. Un exemplaire relié en vélin, aux armes d'un cardinal Visconti. 2 liv. 12 sh. Libri, en 1859 ; un autre, 5 flor. Crevenna.

CRESCENZI (*Gio.-Petro* de'). Corona della nobiltà d' Italia, overo compendio delle famiglie illustri. *Bologna, Nic. Tebaldi*, 1639 et 1642, 2 vol. in-4. [28902]

Quoique cet ouvrage passe pour contenir bien des documents apocryphes, il est encore assez recherché en Italie, où on le paye jusqu'à 50 fr.

— IL NOBILE romano, osia trattato di Nobilità di Gio Pietro de' Crescenzi, ampliato con molte aggiunte dal conte di Guardamiglio. *Bologna*, 1693, in-fol. [28907]

La première édition, sous le titre d'*Anfiteatro romano*, est sans date, et il n'en a paru que la première partie.

CRESCI (*G.-Fr.*). Il perfetto scrittore di M. Gio. Francesco Cresci... doue si veggono i veri caratteri e il naturale forme di tutte quelle sorti di lettere che a vero scrittor si appartengono. *In Venetia,* *nella stamparia dei Rampazetti* (vers 1570), in-4. oblong.

48 pl. sur bois, avec un joli frontispice gravé en taille-douce : 61 fr. *mar. bl.* Veinant, en 1860 ; et 2 part. sous la date de 1570, en vélin, 16 sh. Libri, en 1859, où se trouvait *il Perfetto cancellaresco corsivo copioso dogni maniera di lettere appartenenti a secretarii etc. Libro terzo* (de l'ouvrage précédent). Roma, P. Spada, 1579, pet. in-4. obl. Vendu 2 liv. 12 sh.

Nous parlons plus amplement de ces modèles d'écriture à l'article PALATINO, où nous comparons les deux ouvrages.

EXEMPLARE di più sorti di lettere di Fr. Cresci. *Venetia, Scalicato,* 1583, pet. in-4. obl.

CRESCIMBENI (*Gio.-Mar.*). Istoria della volgar poesia. *Venez., Lorenzo, Bonfadino,* 1730-1, 6 vol. in-4. avec portr. 30 à 36 fr. [14419]

Bonne édition de cet ouvrage estimé. Le premier volume, daté de 1731, contient l'*Istoria*, les autres renferment les *commentarj* et des suppléments : vend. 40 fr. Dutheil. La première édition de l'*Istoria* a paru à Rome, en 1698, in-4., et la seconde, corrigée et augmentée, en 1714. La première des *Commentarii,* aussi à Rome, 1702-11, est en 5 vol. in-4.

On a réimprimé une partie de cette histoire sous le titre suivant :

COMMENTARJ intorno all' istoria della poesia italiana, ne' quali si ragiona d' ogni genere e specie di quella, scritta da G.-M. Crescimbeni, ripubblicati da T.-J. Mathias. *Lond.,* 1803, 3 vol. pet. in-8.

— VITE de' poeti provenzali. Voy. NOSTRADAMUS.

— LE VITE degli Arcadi illustri, scritte da diversi autori, e pubblicate da G.-M. Crescimbeni. *Roma,* 1708-27, 5 vol. in-4. fig. 30 à 36 fr. [30680]

— Basilica di Sª. Maria, et Chiese di S. Giovanni, 25596.

CRESME (la) des bons vers de ce temps. *Lyon, M. Courant,* 1622, pet. in-8. [13645]

Ce volume peu commun contient, à côté de pièces de poëtes très-connus, un certain nombre de morceaux de versificateurs fort obscurs, tels que les sieurs de Touvant, de Revol, de Bellant, de Beaumont-Harlay.

Voici un recueil du même genre que le précédent, si ce n'est peut-être le même.

LE SÉJOUR des muses, ou la Cresme des bons vers, tirez du meslange et cabinet des sieurs de Ronsard, Du Perron, Aubigny père et fils, de Malherbe, Lingendes, Motin, Maynard, Théophile, et autres bons auteurs. *Rouen, Th. Doré,* 1626, in-12. —Réimprimé à *Rouen, Martin de la Motte,* 1630, in-8.

CRESPECT. Voyez DISCOURS sur la vie de Sainte Catherine.

CRESPI (*Luigi*). Voy. MALVASIA.

—La Certosa di Bologna, 9403.

CRESPIN (*Jean*). Histoire des martyrs persecutez pour la verité de l'Evangile, depuis le temps des apôtres jusqu'à présent (1610), comprise en XII livres. *Genève, P. Aubert,* 1619, 2 vol. in-fol. [22408]

Dernière édition de cette histoire, dont l'éditeur attribue le premier travail à Jean Crespin, savant imprimeur, né à Arras, en Artois, établi à Genève vers 1550, où il mourut en 1572 ; elle contient la continuation de par Simon Goulart. J. Crespin publia d'a-

bord à Genève, en 1556, un livre dont nous parlons au mot RECUEIL. Il y donna ensuite *Le livre des martyrs, depuis Jean Hus,* avec ses suites, 4 vol. in-8. Plus tard, il donna l'*Histoire des martyrs,* Genève , 1570, in-fol., où sous le titre d'*Histoire des vrais témoins de la vérité de l'Evangile* (avec l'ancre de Jean Crespin), 1570, in - fol.; après sa mort, parurent successivement une seconde édition de l'*Histoire des martyrs ,* augmentée jusqu'en 1572, *Genève,* 1582, in-fol.; une troisième édition augmentée de deux livres, *Genève,* 1597 ; une quatrième édition contenant dix livres, *Genève , Vignon,* 1609, in-fol.; celle de 1619 a deux livres de plus, elle a été vendue 30 fr. 50 c. Monmerqué, et beaucoup plus cher depuis. On y peut opposer un volume intitulé :

ANTI-MARTYROLOGE, ou vérité manifestée contre les histoires des supposés martyrs de la religion réformée, imprimée à Genève par Jacques Sevent. *Lyon, Ren. Rigaud,* 1622, in-4.

—L'ESTAT de l'Église, avec les discours des temps, depuis les Apostres, sous Néron, jusqu'à présent, sous Charles V, contenant en bref les histoires tant anciennes que nouuelles, celles spécialement qui concernent l'Empire du siége romain, la vie et décrets des papes, le commencement, accroissement et décadence de la religion chrestienne (*marque typogr. de Jean Crespin, à Genève*) l'an M. DLVI, in-8. de 207 ff. chiffrés, dont 6 prélim. [22391]

Cet ouvrage anonyme de Jean Crespin a été réimpr. plusieurs fois avec des augmentations. À l'édit. de 1564, pet. in-8., est joint un *Recueil des troubles avenus sous les rois François II et Charles IX ;* —à celle de Genève, chez *Eustache Vignon,* 1581, in-8., l'*Estat de la religion et de la république judaïque,* par Paul Eber, déjà impr. plusieurs fois séparément.

—L'ESTAT de l'Eglise avec les discours des temps, depuis les apostres jusqu'à présent. Augmenté et reveu tellement en ceste dernière édition que ce qui concerne le siege romain et autres royaumes depuis l'Eglise primitive jusques a ceux qui règnent aujourd'huy y est en brieves annales proposé, par Jean Taffin, ministre de la parole de Dieu de l'Eglise françoise a Flessingues. Item un traité de la religion et republiq des Juifs, depuis le retour de l'exil de Babylone jusqu'au dernier saccagement de Jerusalem, *a Bergues sur le Zoom, par Jacques Canin,* M. D. C. V., in-4.

Ce vol. a 34 ff. non chiffrés, 775 pp. pour le texte principal, plus, pour le Traité d'Eber, daté de 1604, 5 ff. non chiffrés et 150 pp. La continuation de J. Taffin (de 1581 à 1604) occupe les pages 653 à 769 de la première partie.

On attribue à J. Crespin la traduction françoise du *Mercator de Naogeorgus,* impr. par lui en 1558, et depuis (voy. NAOGEORGUS) ; il a été l'éditeur du grand Dictionnaire grec et latin sorti de ses presses à Genève, en 1562, et dont nous parlons à l'article CONSTANTIN (*Rob.*); et même il avait publié à Genève, dès 1554, le *Lexicon græco-latinum ,* augmenté d'après le manuscrit de Budée, par les soins de Cl. Baduel. Sur les titres des livres grecs et latins qu'il a imprimés, il est ordinairement nommé *Jo. Crispinus, atrebatius.*

CRESTONIUS. Voy. CRASTON, lexicon.

CRESY (*Edw.*) and G.-L. Taylor. Architectural antiquities of Rome, measured and delineated. *London, Taylor,* 1821-22, 2 vol. in-fol. fig. 130 pl. en 12 livrais. 4 liv. 4 sh. — India paper. 6 liv. 6 sh. [29423]

Les mêmes artistes ont donné :

ARCHITECTURE of the middle age in Italy. *London, Taylor*, 1829, imper. in-4. 1 liv. 10 sh.

CRETIN (*Guil.*). Chãtz royaulx, oraisons τ aultres petitz traictez faictz et composez par feu de bonne memoire maistre Guillaume Cretin. XXXIII C. On les vend a Paris... (au recto du dernier f.) : *Jmprime nouuellement a Paris pour Jehan Sainct Denys libraire demourant rue Neufue Nostre dame a lenseigne Sainct Nicolas* (sans date), pet. in-4. goth. [13309]

Édition dédiée à la *Royne de Navarre* par François Charbonnier, qui en a été l'éditeur : il est probable qu'elle a précédé celle de 1527. On y trouve 4 ff. prélim. y compris le titre, CXXXV ff. de texte chiffrés. Au recto du 135e f. commence la table qui finit au recto du f. suivant, où se lit la souscription ; le verso du même f. porte la marque typogr. de l'imprimeur. Vend. 97 fr. Librairie De Bure.

Il y a une autre édit. de ces poésies : *Paris, pour Jehan St Denis* (sans date), pet. in-8. goth. de 4 ff. prél. et 182 ff., laquelle, vraisemblablement, est une copie de le précédente.

—Chãtz royaulx, oraisons, etc.—(au verso du dernier f.): *Jmprime a Paris par maistre Simon du bois, pour Galliot du pre... Lan mil cinq cens vingt sept, le vingt cinqiesme iour Dapuril*, pet. in-8. goth. de CLXXX viii ff. non compris 8 ff. préliminaires dont 1 blanc.

Édition la plus recherchée, et où se trouve aussi, parmi les pièces liminaires, l'épître dédicatoire de Charbonnier à la reine de Navarre : le privilège, au verso du titre, est du 16 mars 1526. 10 fr. Méon ; 37 fr. bel exempl. en *mar. v.* Lair, et 130 fr. Pixerécourt ; autre *mar.* 5 liv. 5 sh. Heber; 45 fr. en 1841 ; 145 fr. *mar. bl.* Veinant.

— Le debat de deux || dames sur le passetemps de la chasse des || chiens et oyseaulx faict et cõpose par || feu... Guillaume Cretin..... (au verso du dernier f.): *Cy fine le debat dentre deux dames sur le passetẽps des chiens et oyseaulx, nouuellement imprime a Paris le premier iour Dauril Mil cinq cẽs XXVI. par, Anthoine Couteau pour Jehan longis libraire...* in-8. goth. sign. A par 4, B par 6, C à G par 8, fig. sur bois.

Le privilége au verso du titre est daté du 24 mars 1526.

Le Loyer des folles amours commence au huitième f. du cahier E.

— LE DEBAT de deux dames sur le passe temps de la chasse des chiẽs τ oyseaulx, faict τ cõpose par feu venerable et discrete personne maistre Guillaume Cretin... (à la fin) : *Cy fine le debat dentre deux dames... Auec le Loyer des folles amours. Nouuellement imprime a Paris par Maistre Guichard soquand Jmprimeur τ libraire demourant au dit lieu deuant lhostel Dieu pres petit Pont, Et fut acheue le dit liure le second iour de May Mil cinq cens vingt huyt*, pet. in-8. goth. de 52 ff. non chiffrés, avec une fig. en bois reproduite au verso

du titre et au verso du dernier f. Le titre porte la marque de Soquand ci-dessous :

On cite une édition du *Débat des deux dames*, impr. à Paris, sans date et sans nom d'imprimeur, petit in-8. goth.

— Le plaidoye de la || mant douloureux τ de la dame au cueur||changeant fait par maistre Guillaume||Cretin tresorier de la saincte chapelle du || boys de vincennes pres Paris. (*sans lieu ni date*), pet. in-8. goth. de 8 ff.

Cette édition doit avoir été impr. par Guil. Nyverd, à Paris, parce qu'elle reproduit diverses figures en bois employées par cet imprimeur dans plusieurs de ses éditions. Sur le titre de celle-ci sont deux de ces figures, et au verso de ce titre se voit un pélican alimentant ses petits. Le recto du 8e f. présente la figure d'un grand aigle, et le verso deux personnages.

— Poésies de Guil. Crestin. *Paris, Coustelier*, 1723, pet. in-8. 3 à 5 fr.

Il y a des exempl. impr. sur VÉLIN : 115 fr. rel. en 2 vol. *mar.* Renouard.

Ni dans cette édition ni dans aucune autre, que je sache, ne se trouve la traduction en vers de l'épistre de *Fauste Andrelin*, au nom de la reine Anne de Bretagne, par Cretin (voy. ANDRELINUS).

CREUXIUS. Historia canadiensis, seu Novæ-Franciæ libri X, ad annum usque Christi MDLVI, auctore Fr. Creuxio. *Parisiis, Seb. Cramoisy*, 1664, in-4., carte et fig. [28510]

Cet ouvrage diffus, et même, dit-on, peu exact, est fort recherché dans les Etats-Unis de l'Amérique, ce qui en fait porter le prix à 30 fr. et même 40 fr. Il renferme 13 figures, dont une très-grande, qui se replie, représente les supplices que des sauvages ont fait endurer à quelques missionnaires jésuites.

Crétineau-Joly (*J.*). L'Église romaine en face de la révolution, 21414. — Histoire de la Compagnie de Jésus, 21879. — Vendée militaire, 23974.

Cretté-Palluel. Marais desséchés, 6360.

CREUZER (*Frederic*). Symbolik und Mythologie der alten Völker, besonders der Griechen, etc. *Darmstadt*, 1819-23, 6 vol. in-8. 12 thl. [22558]

Cet ouvrage, rempli d'érudition, a fait beaucoup de bruit dans le monde savant. Il avait d'abord paru à *Darmstadt* et *Leipzig*, 1810-1812, en 4 vol. in-8.; mais la seconde édition est augmentée de 2 vol. de supplément par M. Fr.-Jos. Mone, lesquels ont un titre particulier portant : *Geschichte des Heidenthums im nördlichen Europa*, c.-à-d. *histoire du paganisme dans le nord de l'Europe*.
La 3e édition de la Symbolik fait partie de *Fr. Creuzer's deutsche Schrifften, neue und verbesserte*, Leipzig und Darmstadt, 1836-42, 4 vol. in-8., avec un index, une carte et 94 pl.
Cette édition contient des additions ; mais on n'y a pas réimpr. les 2 vol. de M. Mone, dont nous venons de donner le titre.

— Religions de l'antiquité considérées principalement dans leurs formes symboliques et mythologiques, ouvrage traduit de l'allemand, refondu en partie, complété et développé par J.-D. Guigniaut. *Paris, Treuttel*, 1825-51, 4 vol. en 10 part. in-8.

Cette traduction, dit M. Graesse, est bien préférable à l'original, à cause des importantes corrections, des modifications et développements qu'elle contient. En voici la distribution : Tome 1er, *Religions de l'Inde, de la Perse et de l'Egypte*, 960 pp. avec 53 pl. et 102 pp. d'explication ;—Tome II, 1re part., *Religions de l'Asie occidentale et de l'Asie Mineure, premières époques des religions de la Grèce et de l'Italie*, 528 pp.; 2e part. 1re section, *Grandes divinités de la Grèce, et leurs analogues en Italie*, 300 pp.; 2e section, *Etudes historiques, mytholog. et archéol., pour servir de notes et d'éclaircissements aux religions de l'Asie occident. et de l'Asie Mineure, de la Grèce et de l'Italie*, 536 pp.;—Tome III, 1re part., *Doctrine grecque des héros et des démons, mythe, culte et mystères de Bacchus, Pan et les Muses, l'Amour et Psyché, et les initiations de Thespies*, 407 pp. avec un cah. de 112 pl. et 148 pp. d'expl.; 2e part. 1re section, *Culte et mystères de Cérès et de Proserpine*, 424 pp. avec 120 pl. et 182 pp. d'explications. Le tome III, 3e partie (ou 2e part. 2e section), publié en 1851, complète l'ouvrage ; ce sont les pp. 833 à 1260, contenant le 9e et dernier livre emprunté à la 3e édition allemande, et les notes et éclaircissements des livres VII, VIII et IX. Le 4e volume, en 2 part., se compose de trois cahiers de planches déjà indiquées, d'un aperçu sur les religions de l'antiquité dans leur rapport avec l'art, par M. A. Maury, plus d'une table alphabétique. La table générale se fait encore désirer, mais M. Guigniaut se proposait de la publier à la suite d'un livre à part sur le Génie des religions antiques. L'ouvrage complet, 4 tomes en 10 part., a coûté 111 fr.
La Symbolique de M. Creuzer a été l'objet d'une critique très-sévère du poëte J.-H. Voss, publiée sous le titre d'*Antisymbolik*, Stuttgard, 1824-26, 2 vol. in-8. [22559]

— Zur Archäologie oder zur Geschichte und Erklärung der alten Kunst. Abhandlungen, besorgt von Jul. Kayser. *Leipzig und Darmstadt*, 1846-47, 3 vol. in-8. avec pl. 2 thl. [28968]

MELETEMATA e disciplina antiquitatis, opera Frid. Creuzeri : Pars prima anecdota græca ex codicibus maxime palatinis deprompta. —Pars altera (et pars tertia) commentationes et commentarii in scriptores græcos. *Lipsiæ, Hinrichs*, 1817-19, 3 tomes en 1 vol. in-8. de XII et 118 pp., IV et 108 pp., IV et 212 pp. 10 fr. [19385]
La première partie de ce recueil a un second titre portant: *Opuscula mythologica, philosophica, historica et grammatica ex codicibus græcis maxime palatinis nunc primum edidit corumque librorum notitiam et annotationem adjecit Frid. Creuzer*.

—DIONYSIUS, sive commentationes academicæ de rerum bacchicarum orphicarumque originibus et causis, volumen prius. *Heidelbergæ, Morius*, 1809, in-4. fig. 3 th. 8 gr. [22591]

—COMMENTATIONES herodoteæ, pars prima. *Lipsiæ, Hahn*, 1819, in-8. 2 thl. [22796]

— Voy. PROCLUS.

CREVENNA (*Pierre-Ant.* Bolongaro). Catalogue raisonné de sa collection de livres. (*Amsterdam*), 1775, 6 tom. en 3 vol. gr. in-4. [31503]

Catalogue curieux, dont le 5e tome renferme diverses lettres inédites d'hommes célèbres du XVIe et du XVIIe siècle. 20 à 25 fr. Vend. 55 fr. *mar. r.* MacCarthy. Il y a des exemplaires en pap. de Hollande, mais ils sont fort rares.

CATALOGUE des livres de la même bibliothèque. *Amsterdam*, 1789, 6 part. en 5 vol. in-8. [31504]
Ce catalogue ne contient pas toutes les notes du précédent, mais il décrit un plus grand nombre d'articles, et donne aussi des notes nouvelles par Thoma de Ocheda; en sorte qu'il faut les avoir tous les deux : 15 à 20 fr.; in-4. pap. de Hollande, 24 à 30 fr. Vend. 89 fr. *v. jasp.* Caillard. On doit trouver, avec ce catalogue, les prix impr. de la vente qui s'est faite en 1790, cahier de 46 pp., auquel est quelquefois joint une autre cah. de 8 pp. donnant la liste des livres qui n'avaient pas été vendus ; il doit de plus se trouver, à la fin du tome IV, un supplément en 54 pages, contenant le catalogue des ouvrages concernant les Jésuites, sous les n°s 7664 à 8046.
Nous citerons encore le *Catalogue de la biblioth. de feu M. Crevenna*, Amsterd., 1793, in-8., contenant les livres qui avaient été retirés à la vente faite en 1789, et les ouvrages relatifs à l'histoire littéraire, que le propriétaire s'était réservés.

CREVIER (*J.-B.-Louis*). Histoire des empereurs romains, depuis Auguste jusqu'à Constantin. *Paris,* 1750-56, 6 vol. in-4., avec cart. 24 à 30 fr. [22955]

Cet ouvrage se joint à ceux de Rollin, mais il ne les vaut pas. (Voy. ROLLIN.)
L'édition de *Paris*, 1763, 12 vol. in-12, et celle de *Paris, Ledoux*, 1819, 6 vol., sont à très-bas prix.
— Celle de *Paris, Firm. Didot*, 1824-28, 9 vol. in-8., et atlas, 36 fr., et plus en pap. vél.
— Rhétorique, 12063. — Hist. de l'université, 30246.
— Lettre à Goujet, 30248.

CRICHTON. Voy. CRITON.

CRINITI (*Petri*) commentarii de honesta disciplina. *Florentiæ impressum est hoc opus..... opera et impensa Philippi di*

Creuzé de Lesser. La chevalerie, 14126. — Voyage, 20178. — Statistique, 24760.
Creuzer (G.-F.). Abriss der römischen Antiquitäten, 29219.

Crèvecœur (Saint-John de). Voyages, 21047. — Lettres d'un cultivateur, 28530.
Crichton. Mental deraignment, 7311.
Crichton (A.). History of Arabia, 27998.
Crillon (l'abbé de). Mémoires, 1849.

Giunta.... M.D.IIII (1504), gr. in-4. de 136 ff. [3852]

Édition rare, dont M. Van Praet cite un exemplaire sur VÉLIN. Il est probable que l'ouvrage suivant du même auteur a été tiré également sur VÉLIN.

— DE POETIS latinis. *Florentiæ per Phil. Iuntam. Kalen. Februariis.* M.D.V. gr. in-4. de 48 ff. [12443]

Les deux ouvrages réunis aux poésies latines de l'auteur ont été réimpr. à *Paris*, en 1508, 1513 et 1525, in-fol.; à *Lyon*, *Sebast. Gryphius*, 1543, in-8., et *apud hæredes Gryphii*, 1561, in-16.

CRIRIE (*Jam.*). Scotish scenery, or sketches in verse descriptive of scenes chiefly in the highlands of Scotland, accompanied with notes and illustrations; and ornamented with (20) engravings by W. Byrne, from views painted by G. Walker. *London, Cadel,* 1803 (aussi 1807), gr. in-4. de 450 pp. 1 liv. 10 sh. [15847]

CRIS (les) de Paris, que l'on crie journellement par les rues de la dicte ville. Avec ce, le contenu de la despence qui se faict par chacun jour. Adjouté de nouveau la despence que chacune personne doit faire par chacun jour, ensemble les rues, églises, chapelles et colleges de la cité, ville et université de Paris. *Paris, Nic. Bonfons,* 1584, in-16 ou pet. in-8. [24153]

Édition augmentée de vingt et un quatrains. Vend. 17 fr. 50 c. Viollet Le Duc.

— Autre édition, *Paris, veuve Jean Promé* (vers 1620), in-16 de 79 pp. 17 fr. Fr. Michel.

Les Cris de Paris sont en vers, le reste est en prose. Il y a plusieurs éditions de ce petit volume où sont réunies diverses pièces qui avaient déjà paru, soit séparément, soit dans d'autres recueils (voy. RUES de Paris, et TRUQUET).

LES CRIS de Paris que l'on entend journellement dans les rues de la ville, avec la chanson desdits cris. *Troyes, P. Garnier* (vers 1700), in-16. — Autre à *Troyes, chez la Veuve de Jacques Oudot,* avec privilége en date de 1714; et dans la même ville, chez la veuve de P. Garnier, avec privilége daté de 1724, pet. in-8. Voy. au mot DESPENCE, et à l'article KASTNER. — Il existe plusieurs recueils d'estampes sur les Cris de Paris.

CRISTIANI (*Aloys.* comes). Appendicula ad numismata græca populorum et urbium a Jac. Gessnero tab. æneis repræsentata. *Vindobonæ,* 1762 seu 1769, in-4. fig. 12 à 18 fr. [29699]

Volume peu commun. — Voy. GESNER (*J.-J.*).

CRISTIANUS ad solitarium quendam de ymagine mundi (per Honorium ·Augustodinensem), in-fol. goth. de 46 ff. non chiffr., à 30 lig. par page. [19521]

Ancienne édition, imprimée vers 1472, sans chiffres, réclames ni signatures, avec les caractères d'Ant. Koburger, imprimeur à Nuremberg : vend. 26 fr. de Servais ; 30 fr. m. r. Mac-Carthy ; 1 liv. 5 sh. bel exempl. rel. par Lewis, Heber.

CRISTOFORO Armeno. Voyez PEREGRINAGGIO.

Crispolti [(*C.*). Perugia Augusta, 25687.

CRISTOFORO Fiorentino. Voy. ALTISSIMO.

CRISTOPHANO da Volterra. La Incoronatione del Re Aloysi figliuolo di Carlo magno Imperadore di Francia. (in fine): *Finita la incoronatiõe del Re Aloysi figliuolo di Carlo magno. Imperadore di Frãcia. composta da Michelagnolo di Cristophano da Volterra, Finis* (senz'anno), in-4. de 16 ff. non chiffr., signat. *a—c.*, à 2 col., lettres rondes, avec fig. en bois sur le frontispice et à la fin. [14656]

Poëme fort rare, qui paraît avoir été imprimé à Florence vers la fin du XVe siècle. Chaque page contient 9 stances (*Melzi*, 298). Un bel exemplaire, rel. en *mar.* par Lewis, a été acheté 10 liv. 10 sh. chez Hibbert, pour la bibliothèque du palais de Florence.

CRITIÆ, tyranni, carminum aliorumque ingenii monumentorum quæ supersunt: disposuit, illustravit, emendavit Nic. Bachius : præmissa est Critiæ vita a Flavio Philostrato descripta. *Lipsiæ, Vogel,* 1827, in-8. de VIII et 142 pp. 4 fr. [12283]

Il y a des exemplaires en pap. fin et en pap. vél.

CRITICI SACRI, sive annotata doctiss. virorum in V. et N. Testamentum. *Amstelod.,* 1698, 8 tom. en 9 vol. in-fol. [564]

Édition préférée à celle de *Londres*, 1660 et 1661, 10 vol., in-fol., dont il y a du Gr. Pap. On y joint :
   Thesaurus theologico-philologicus. Amstelod., 1701, 2 vol. in-fol.
   Thesaurus novus dissertationum ad selectiora V. et N. Test. loca, ex musco Th. Hasæi et C. Ikenii. Lugd.-Batav., 1732, 2 vol. in-fol. [565]
   L. et J. Cappellorum commentarii et notæ criticæ in V. T. Amstelod., 1689, in-fol.

Ces 14 volumes se trouvent difficilement réunis ; ils n'ont été vend. que 38 flor. chez Meerman ; mais ils valent au moins de 130 à 150 fr. Un exemplaire a même été payé jusqu'à 32 liv. 11 sh. Williams. Le 10e volume de l'édition des *Critici sacri*, impr. à Londres, a pour titre : *Commentaria et disputationes in epistolam Pauli ad Hebræos, etc.* Il n'a pas été reproduit dans les deux autres éditions.

L'édition des *Critici sacri*, Francfort, 1696, 7 vol. in-fol., avec 2 vol. de supplément, impr. dans la même ville, en 1700 et 1701, a été donnée par Nic. Gürtlerus, et dans un autre ordre que l'édition de Hollande; mais elle serait aussi complète que cette dernière, si l'index annoncé sur le titre du supplément avait été imprimé. (*Biblioth. de M. Silvestre de Sacy*, I, n° 553, vend. 71 fr.)

CRITON, vel Crichton. Jacobi Critoni Scoti Epicedium. Cardinalis Caroli Borromæi rogatu clarissimi viri J.-A. Magii Mediolanen. *Mediolani, Pacificus Pontius,* 1584, in-4. de 4 ff. dont un tout blanc. [13093]

Opuscule devenu fort rare, et que l'on recherche

Critica Vannus. Voyez Orville.
Critical review. Voyez dans notre notice des Journaux.

beaucoup en Angleterre, ainsi que les autres ouvrages de ce savant écossais, emphatiquement nommé *the admirable Crichton.* 70 fr. Riva. En 1825, un amateur anglais a fait réimprimer l'*Epicedium*, mais à vingt-cinq exemplaires seulement, plus un sur VÉLIN.

— Ad Sfortiam Brivium de Musarum ac poetarum imprimis illustrium authoritate judicium. *Mediolani*, 1585, in-4.

— Oratio pro moderatorum genuensis reip. electione coram senatu habita. *Mediolani*, 1579, in-4.

Ces deux dernières pièces sont encore plus rares que la première, et l'on a même supposé qu'il n'en existait qu'un seul exemplaire. Les trois pièces ont été vendues ensemble 25 liv. 10 sh. Hanrott; 22 liv. 10 sh. *mar.* olive à *compart.* Heber, VI, n° 1004; et 20 liv. 15 sh. 6 d. Butler. On y avait réuni l'article suivant :

RELATIONE delle qualità di Iacomo di Crettone fatta da Aldo Manutio... *Vinegia*, M. D. LXXXI, *appresso Aldo*, in-8. de 4 ff.

Édit. faite à Milan vers 1830, par les soins de M. Tosi, d'après un manuscrit de la Biblioth. ambrosienne, et à l'imitation des éditions aldines. Il n'en a été tiré qu'une trentaine d'exemplaires sur papier, et un seul sur VÉLIN, lequel a été vend. 20 fr. 50 c. première vente Reina.

La même pièce, réunie à une lettre écrite de Bologne, en 1586, par Alde Manuce, et adressée au duc d'Urbin, a été réimprimée à Venise, en 1831, in-8., de 21 pp., sous la direction de M. Cicogna.

Dans une édition de *Cicero de Officiis, etc.*, impr. à Venise par Alde le jeune, en 1581, in-fol., se trouvent, avant le traité *De Senectute*, 20 vers latins de notre J. Crichton à J. Donato, et après la p. 232, une préface adressée à ce jeune Écossais, préface qui occupe ordinairement 3 pp., mais dont il a été fait (dans la même année 1581) une réimpression en 4 pp., adressée : *Nobilissimo Iuveni Iacobo Critonio Scoto In M. Tvllii Ciceronis Paradoxa, cum commentario Adi Manucij, Pavili F. Aldi N. Præfatio.* Ce volume de Cicéron ne peut manquer d'intéresser un bon bibliophile écossais. Mais ce qui est encore plus curieux et beaucoup plus rare que cet in-fol., c'est un simple feuillet qu'on suppose avoir été impr. par Alde le jeune, vers 1580, et qui contient un défi littéraire porté (à cette époque) par Jac. Crichton aux savants de l'Europe. Dans cette pièce qui fut affichée à l'Université de Paris, à Rome, à Padoue, etc., on remarque ce passage : *Nos Jacobus Crichtonus, Scotus, cuicunque rei propositæ ex improviso respondebimus.*

Ce morceau précieux s'est conservé dans un exemplaire du *Libro del cortegiano del conte Castiglione*, édition d'Alde, 1545, in-fol., annoncé sous le n° 1863 du catalogue de George Hibbert (*Lond.*, 1829), exemplaire qui, tant à cause de ce f., que parce qu'il s'y trouvait joint un sonnet adressé au Tasse par Fr. Melchiori, au sujet du suicide, question de la *Gerusalemme*, et, ce qui est plus remarquable encore, un sonnet du Tasse, écrit de sa propre main, en réponse de celui de Melchiori, a été porté à 110 liv.; ensuite s'est revendu 68 liv: Hanrott; 41 liv. Heber, et 64 liv. Butler.

La pièce suivante du même auteur, laquelle est fort rare, a été payée 4 liv. 13 sh. Butler :

JACOBI CRITONI Scoti in appulsu ad celeberrimam urbem venetam de proprio statu carmen ad Aldum Mannuccium. *Venetiis, ex typogr. Guerrea*, 1580, in-4.

Si l'on veut connaître plus particulièrement l'*admirable Crichton*, il faut consulter les deux ouvrages suivants :

THE LIFE of James Crichton of Clunie, by Francis Douglas. *Aberdeen*, 1760, in-8.

THE LIFE of James Crichton of Cluny... by Patrick Fraser Tytler. *Edinb.*, 1819 (also 1823), in-8.

CRITON, ou Critton (*Georgius*). In felicem serenissimi Poloniæ regis inaugurationem Georgii Crittonis congratulatio. *Parisiis, Dionysius a Prato*, 1573, in-4. de 2 ff.

Pièce de vers sur l'élection d'Henri de Valois, depuis roi de France, au trône de Pologne. Elle est rare, comme le sont toutes les pièces volantes du genre de celle-ci, qui n'ont pu se conserver que dans des recueils. Nous la trouvons portée à 48 fr. dans le V⁵ supplément du catalogue de la librairie Tross, 1860, n° 195. C'est le plus ancien des trente-deux opuscules, tant en vers qu'en prose, du même auteur, dont Goujet donne la liste à la fin de l'article qu'il a consacré à Jacq. Critton, dans ses *Mémoires sur le collège de France*, tome I, p. 503 et suiv., où nous remarquons les deux pièces suivantes de ce professeur écossais :

LAUDATIO funebris, habita ex exequiis Petri Ronsardi apud Becodianos, cui præponuntur ejusdem Ronsardi carmina partim a moriente, a languente dictata; ad Joannem Gallandium. *Lutetiæ, Abrah. D'Auvel*, 1586, in-4. Cet éloge est précédé de vers grecs et latins de Critton, et suivi d'un *Epicedium* et d'une *Epigramme* du même.

DE LIBERATA Parisiorum urbe gratulatio ad cardinalem Henricum Gaëtanum. *Parisiis, Ambr. Drouart*, 1589, in-8. de 32 pp.

CRITOPULI patriarchæ alexand. (*Metrophanis*) emendationes et animadvers. in Jo. Meursii glossarium græco-barbarum, edidit Jo.-Georg. Franzius. *Stendaliæ*, 1787, in-8. 4 fr. [10741]

CROCE (Hist. del cav. della). V. LEPOLEMO.

CROCE (*Giulio Cesare* della). Opere varie. *Bologna*, 1598-1617, 4 vol. pet. in-8. [14567]

Ce recueil, composé d'environ quatre-vingts opuscules, dont plusieurs en dialecte bolonais, s'est vendu 10 liv. chez Hibbert, et 5 liv. 15 sh. 6 d. chez Heber. *Della Croce* a donné, sous le nom de l'*Academico Frusto*, une comédie intitulée *Banchetto de' malcibati*, Ferrara, 1596, pet. in-8., laquelle a été réimpr. à Ferrare en 1601. On attribue au même auteur le poëme intitulé *Bertoldo* (voy. ce nom).

— DESCRITTIONE della vita di Giulio Cesare Croce, con dui indici, l'uno dell' opere stampate, et l'altro di quelle che vi sono da stampare, con privileggio. *In Bologna, per Girolamo Cochi, al pozzo rosso.* Senz. anno (1611), pet. in-8. de 40 pp., avec un portrait de Croce au verso du frontispice.

Cette vie de Croce, écrite en vers par lui-même, est un des plus rares opuscules de l'auteur, et aussi un des plus curieux, puisqu'il y donne la liste de ses nombreuses productions imprimées et manuscrites.

En voici quelques-unes qui sont portées dans le catal. de M. Libri, *Paris*, 1847, n°⁵ 1550 à 1556, et 1699 :

IL PULICE, canzone ridicolosa et bella, sopra una vecchia et una giovane, che si spuligavano una sera, data in luce da Zan Salezza da Buffetto. *Milano*, 1593, in-8. de 4 ff.

C'est une chasse aux puces : 20 fr. *mar. v.*

Réimpr. sous le titre de *Canzone della pulice...* et avec le nom de G.-C. Croce. *Bologna, Gir. Cocchi* (après 1600), in-8. de 4 ff.

NOTTE sollazzevole di cento enimmi, overo indovinelli piacevoli, in ottava rima. *Bologna, Gio. Rossi*, 1594, in-4. de 20 ff. 22 fr. 50 c. *mar. v.*

CANZONE di madonna Disdignosa, sorella di ma-

Croce (*Ir.* della). Hist. de Trieste, 26562.

donna Tenerina. *Bologna, e ristampato in Fiorenza*, 1594, in-8. 19 fr. 50 c. *mar. r.*

L'ARTE della forfantaria. *Bologna, Gir. Cocchi*
(vers 1600), in-8. de 4 ff. 5 fr. 75 c.

IL MONDO alla roversa. *Bologna, credi Rossi*,
1605, in-4. de 8 ff. 18 fr. *mar. r.*

L' UCCELLIERA. *Bologna, eredi Rossi*, 1606, in-4,
18 fr. 50 c. *mar. r.*

PALAZZO fantastico, et bizarro del Croce, per dare
ricetto a tutti i miseri afflitti, ec. *Bologna, Bartol.
Cocchi*, 1607, in-4. de 8 ff. 24 fr. *mar. v.*

LIVREA nobilissima del Croce, nell' occasione delle
nozze del gran principe di Toscana. *Bologna, B.
Cocchi*, 1608, in-8. de 8 ff. 19 fr. 50 c. *m. r.* C'est
encore une facétie.

CHIACCHIARAMENTI, viluppi, intrichi, travagli, et
cridalesmi, fatti nel sbagagliamento. *Bologna*, 1592,
in-4. de 14 ff. 23 fr. 50 c. *mar. r.*

En patois de Bologne.

LAMENTO universale sopra la morte di G.-C.
Croce... con un sonetto composto per Cam. de'
conti di Panico. *Bologna, B. Cocchi*, 1609, in-8.
de 4 ff. 26 fr. *mar. v.*

Un recueil de 14 opuscules du poëte Croce, in-8. *m. r.*
63 fr. Duplessis, et un autre recueil de 6 pièces du
même, in-8. *m. bl.* 42 fr. Duplessis. Voir les n°⁵ 578
et 1067 du catalogue de cet amateur.

Un autre recueil, composé de 52 pièces de Croce, est
décrit dans le catal. de M. R. (Riva) de Milan,
n° 1185, où il est porté à 112 fr.; un troisième recueil, composé de 47 pièces, impr. de 1605 à 1621,
et réuni en 2 vol. in-8., 110 fr. Libri, en 1857.

CROCUS britannicus (*Richardus*). Institutiones in rudimenta græca. *Coloniæ,
in ædib: Eucharii Cervicorni,* 1520,
in-4. [10623]

Cet ouvrage de Rich. Croke est rare et a une certaine valeur en Angleterre (*Ædes althorp.*, I, 155).
En voici un autre qui n'est pas plus commun.

RICH. CROCI orationes duæ, altera a cura, qua
utilitatem, laudemque græcæ linguæ tractat; altera
a tempore, qua hortatus est Cantabrigienses, ne de-
sertores essent ejusdem, *Lutetiæ-Parisiorum,
cura Sim. Colinæi chalcographi, sumptibus vero
Damiani Ichmâ bibliopolæ...* M.D.XX, in-4.

Maittaire, qui cite ces discours (*Index*, I, 318), fait
aussi mention d'une édition de *l'Oratio ad Cantabrigienses*, 1529, *apud Sim. Colinæum*, in-8. Panzer, VII, pag. 186 et 220, rapporte le titre de l'ouvrage suivant du même auteur:

TABULÆ, græcas litteras compendio discere cu-
pientibus, sane quam utiles. *Lipsiæ*, 1516 et 1521,
in-4. Deux éditions différentes; la première, en *m.
r.* 21 fr. Bearzi.

CROCUS (*Corn.*). Comœdia sacra, cui titulus Joseph, juxta locos inventionis ve-
terumque artem, nunc primum et scripta
et edita. *Antuerpiæ, Steelsius,* 1536,
pet. in-8. [16043]

Réimpr. dans les *Dramata sacra*, en 1547, et aussi
Tremoniæ, Melch. Soter, 1549, pet. in-8. de 35 ff.
non chiffrés, lettres ital.

Voici le titre d'une autre pièce sur le même sujet :

JOSEPHUS, hoc est comœdia sacram et mirabilem
Josephi historiam complectens ; composita a Mart.
Baltico. *Ulmæ, Joan.-Ant. Vlhardus* (1578), pet.
in-8. de 48 ff. non chiffrés, signat. A.—F., lettres
italiques.

— Paraphrases, 10832.

CROISADE des Protestants, ou projet sur

l'institution des chevaliers de Saint-Paul.
*Cologne, Pierre Marteau (Hollande, à
la Sphère),* 1684, pet. in-12. [22247]

Ce livret, devenu rare, est remarquable en ce que
l'auteur y propose de fonder un ordre de chevalerie religieuse et militaire, ayant mission de pour-
chasser et d'exterminer les catholiques partout où
ils s'opposeraient aux progrès de la réforme.

CROISET ou Croizet (*Jean*). Exercices de
piété pour toute l'année. *Lyon*, 1747,
18 vol. in-12. 45 à 54 fr. [1713]

Il y a plusieurs éditions, mais les anciennes sont celles
qu'on préfère. L'édit. de 1764, 92 fr. 50 c. *m. r.*
d'Hangard.

— Vies des saints, 22022.

CROISILLES (le sieur de). Chasteté invincible, bergerie. *Paris, Sim. Febrier*,
1633, in-8. de 4 ff. et 122 pp. [16419]

6 fr. 75 c. de Soleinne.

L'auteur de cette pièce la fit reparaître en 1634, sous
le titre de *La Bergerie du sieur de Croisilles*, après
avoir supprimé un avis au lecteur, dans lequel
cette bergerie était qualifiée de rare chef-d'œuvre.
7 fr. de Soleinne. On prétend qu'elle existe aussi
sous le titre de *Tyrsis et Uranie*, et avec la date de
1633.

CROIX (*Pierre* de), seigneur de Trietre,
gentilhomme lillois. Le miroir de l'a-
mour divin, divisé en trois livres...
Douay, Balthazar Bellere, 1608, in-12
de 6 ff. et 304 pp. [13906]

M. Viollet Le Duc, après avoir fait l'énumération des
pièces contenues dans ce recueil, ajoute : « Il y a
souvent dans tout cela une véritable ferveur et du
charme. »

CROLY (Dʳ). Voy. ROBERT (*David*).

CRONICA et cronique. Voy. CHRONICA.

CRONICA del rey Juan el segundo. Voyez
GUZMAN (*Fern. Perez* de). — pontificum. Voy. LIGNAMINE.

CRONYCLES of England. Voy. CAXTON.

CROPANI (Fiore da). Voy. FIORE.

CROQUET (*Andrieu* du). Omelies trente-
noef contenantes l'exposition des set
psalmes penitentiels, précées en la ville
de Valencênes. *Douai, Jean Bogard,*
1579, pet. in-8. [1444]

Ce livre peu commun est remarquable par la singulière orthographe qu'on y a employée : 13 fr. Libri,
1857.

CROSET, ou Du Crozet. Voy. DU CROSET.

CROSNENSIS Ruthenus (*Paulus*). Panegyrici ad divum Ladislaum Pannoniæ
regem victoriosissimum et sanctum Sta-
nislaum præsulem : ac martyrem Poloniæ gloriosissimum : et pleraque alia
connexa carmina, etc. — *Opusculum
hoc mira diligentia Joannis Winterburger civis Viennensis, et impressoris
impressum est , impensis Hieronymi
doliarii de libental, anno* 1509, *die
quarto mensis Junii,* in-4.

12 flor. 12 kr. Butsch.
Pour d'autres ouvrages du même auteur, voir la table
de Panzer.

CROSNIER. L'Ombre de son rival, comédie (1 acte en vers), meslée de musique et
de dances. *La Haye, Gerard Ramma-
zeyn,* 1681, pet. in-12. [16469]

Cette pièce anonyme a été réimprimée sous ce titre :
Les frayeurs de Crispin, comédie par le sieur
C... Leyde, Félix Lopez, 1682, in-12 (les deux édit.
réunies, 12 fr. de Soleinne). Elle se trouve sous le
premier titre dans le Recueil de diverses pièces de
théâtre, impr. à la Haye, en 1700 (voy. RECUEIL).
Deux autres pièces sont attribuées au même auteur
dans le catal. de La Vallière par Nyon, V, 17745-46,
savoir :
GERMANICUS, Leyde, Lopez (sans date), in-12.
LES BAGOLINS, comédie (1 acte en vers), par le
sieur C. ou C. D. L. B. Amsterdam, Henri Schelte,
1705, pet. in-12 de 27 pp. 5 fr. de Soleinne, n° 1605
où sont cités cinq vers fort ridicules.

CROTTI (*Ælii Julii*) epigrammatum ele-
giarumque libellus ; accedit Boiardi bu-
colicon carmen. *Regii, per Ugonem Rugerium,* 1500, in-4. de 43 ff. non chiffrés,
signat. a—f. caract. ronds. [12680]

CROUS (*Marie*). Abrégé-recherche de
Marie Crous pour tirer la solution de
toute proposition arithmétique, dépen-
dante des reigles y contenues ; avec
quelques propositions sur les changes,
escontes, insterests, compagnies , asso-
ciations, payements , départemens de
deniers, meslanges, bureau des monnoyes et thoisages, divisé en trois parties. Ensemble un advis sur les dixmes
ou dixiesmes du sieur Stevin. *Paris,*
1641, in-8. de 19 et 146 pp. [7871]

— ADVIS de Marie Crous aux filles exersantes l'arithmétique sur les dixmes du sieur Stevin, contenants
plusieurs advertissements, demonstrations et propositions esquelles est déclaré comment elles se
peuvent servir de la partition des dixmes, sans le
changement des divisions des monnoyes, poids et
mesures par le moyen de cinq tables y contenues.
Le tout renvoye à mon Abrégé pour y estre très-
utile. Paris, 1636, in-8.
Les Nouvelles annales de mathématiques de M. Ter-
quem, 1853, p. 200 et suiv., ont signalé à l'attention
des savants ces deux écrits remarquables d'une
mathématicienne entièrement inconnue, à laquelle

semble appartenir le mérite de la découverte du
calcul décimal.
L'Advis impr. en 1636, renvoyant à l'Abrégé ci-dessus,
il doit exister de ce dernier ouvrage une édition
antérieure à 1641.

CROX (*Florent de*). Almanach et pronos-
tication pour l'an 1583, composé par
Florent de Crox , disciple de Michel
Nostradamus, *Paris, Ant. Houic,* in-16.

Comme selon La Croix du Maine, l'auteur de cet almanach florissait l'an 1570, il doit en avoir composé
de plus anciens que celui-ci. Au rapport du même
bibliothécaire, Jean Le Pelletier (ou plutôt Jacques
Pelletier) aurait mis plusieurs pronostications sous
le nom de Florent de Crox. Celle de l'année 1583
est annoncée dans le catal. d'A. Veinant, 1860, n° 181.

CROY (*Fr.-Ch.* de). Voy. CONTRE-BLASON.

CROY (*Ch.* de). Une existence de grand
seigneur au seizième siècle. Mémoire
autographe du duc Charles de Croy,
publié pour la première fois par le baron de Reiffenberg. *Bruxelles. C. Mu-
quardt,* 1845, gr. in-8. [25035]

Volume publié par la Société des bibliophiles de Belgique, et tiré à petit nombre.

CROY (*Henri* de). Voyez ART et science
de rhétorique.

CROY (*Fr. de*). Les trois conformités, à
sçavoir : l'harmonie et convenance de
l'Eglise romaine avec le paganisme, judaïsme , et hérésies anciennes. 1605,
in-8. 4 à 6 fr. [2056]

Vend 9 fr. m. r. Lair.

CROZAT. Voy. RECUEIL d'estampes.

CROZET (*Th.*). Voy. MARIE d'Agreda.

CRUAUTÉ plus que barbare, infidellement
perpetrée par Henry de Valois,... en la
personne du cardinal de Guise. 1589.
[23577]

Cette pièce, annoncée comme un vol in-8. par plusieurs bibliographes, n'est qu'un placard in-4. d'un
seul f. avec une gravure en bois : on l'aura confondue avec la pièce intitulée : Cruautez sanguinaires exercées envers feu le card. de Guise, etc.,
1589, in-8. de 8 ff. dont un blanc.

CRUCE (*Jo.-And.* a) chirurgia universalis.
Venetiis, 1596, in-fol. fig. [7469]

Volume rare : 33 fr. Baron, et seulement 3 fr. Béclard.

CRUCIUS (*Ludov.*). Tragicæ comicæque
actiones, a regio artium collegio S. Jes.
datæ Conimbricæ in publicum theatrum.
Lugduni , Horatius Cardon , 1605,
in-8. titre gravé. [16168]

Recueil contenant 6 pièces : 11 fr. *mar. r.* Courtois; 9 sh. Heber; 5 fr. *vél.* de Soleinne.

CRUDELE battaglie. Incomincia le crudele et aspre battaglie del Caûliero dell' Orsa, come tolce Luciana al Re Marsilio al dispetto di tutta la baronia di Carlo e di Marsilio, se non Rinaldo, che non li era, e come Rinaldo uccise el detto Carlo. (*senza nota*), in-4. à 2 col. caract. ronds. [14842]

Pièce de 4 ff. imprimée dans la première moitié du XVIe siècle, avec une gravure en bois au commencement. Elle finit de cette manière :

> Alle persone, degne e pellegrine
> Di qsta historia hormai pigliate el fine
> FINIS.

— Le stesse. *Firenze, Dirimpetto a San Puliani,* 1566, in-4. de 4 ff. à 2 col.

Une édition de *Florence, Giov. Balmi,* 1585, in-4. de 6 ff., fait partie du recueil porté sous le n° 4304 du catal. Hibbert. L'édition de Florence, Sermartelli, 1620 (pas 1520), in-4. de 6 ff. à 2 col. 29 fr. *mar. v.* Libri.

CRUDELITATIS calvinianæ exempla duo recentis. ex Anglia : quorum primum continet barbarum et sævum edictum calvinianorum rec. editum contra catholicos : alterum vero exhibet indigniss. mortem illustriss. vici comitis Northumbriæ in castro lond. occisi mense Julii anni 1585: (*sine loco*), 1585, in-4. [21508]

10 flor. 6 kr. Butsch.

CRUEL assiegement (le) de la ville de Gais, qui a este faict, mis en rime par un citoyen de la dicte ville de Gais, en leur langage; avec la joyeuse farce de Toannou d'ou Treu. *A Lyon,* 1594, pet. in-8.

Le premier de ces deux ouvrages occupe 12 pp. et la farce 4 ff. non chiffrés. Cette dernière est sans interlocuteurs. Il en existe une autre édition en 8 pp., pet. in-12 à 22 lig. par page, avec la date de MDCIIII. Les deux éditions sont rares.

CRUELS (les) et horribles tormens de Balthazar Gerard, Bourguignon, vrai martyre, souffertz en execution de sa glorieuse et mémorable mort, pour avoir tué Guillaume de Nassau, prince d'Orenge, ennemy de son roy et de l'Eglise catholique; mis en françois d'un discours latin envoyé de la ville de Delft au comté de Hollande. *A Paris, chez Jean du Carroy,* 1584, pet. in-8. de 14 pp. [25036]

Cet opuscule en vers et en prose est réimpr. dans les *Variétés* de M. E. Fournier, II, p. 61 et suiv., avec des notes dans l'une desquelles l'éditeur indique plusieurs écrits apologétiques du crime de Balthazar Gerard. — Voy. GLORIEUX et triumphant.

CRUS ou Cruz (Fr. *Gaspar* da). Tratado em que se contem muito por extenso as cousas da China com suas particularidades, e acim do Reyno de Dormus. *Evora, en casa de Andra de Burgos,* 1569 (aussi 1570), in-4. goth. [28288]

Livre rare à la fin duquel se trouve : *Relaçam da cronica dos reys Dormuz e da fondaçam de cidade Dormuz, tirada d'huma cronica que compos um rey do mesmo reyno, chamado Pachuturunæa, scrita em arabigo e sumariamente traduzido em lingoagem portuguez.*

CRUSIUS(*Martinus*).Grammaticæ græcæ cum latina congruentis partes I et II. *Basileæ, Jo. Oporinus,* 1563, in-8. [10528]

Ouvrage que recommande le nom de l'auteur, et qui mérite d'être conservé. Il y en a une édition de Bâle, *per P. Quercum,* 1566, in-8., annoncée comme très-rare dans la *Biblioth. heber.,* I, n° 1860, mais qui n'a été vendue que 5 sh.

— Poematum græcorum lib. II, gr. et lat., ejusdem Crusii orationum liber. *Basileæ, per J. Oporinum* (1567), 3 part. en 1 vol. in-4. [12439]

Vend. 12 fr. La Serna.

— Turco-Græciæ libri VIII, utraque lingua editi, quibus Græcorum status sub imperio turcico describitur, gr. et lat. — Germano-Græciæ libri VI. in quorum prior. tribus orationes, in reliquis carmina gr. et lat. continentur. *Basileæ, Leonh. Ostenius* (1584 et 1585), 2 vol. in-fol. 12 à 15 fr. [22994]

Vend. 18 fr. Villoison.

On réunit ordinairement ces deux ouvrages, dont le premier est plus intéressant que le deuxième. Le livre suivant, du même auteur, peut encore être joint aux deux précédents ; il a pour titre :
> ACTA et scripta theologorum wirtembergensium et patriarchæ constantinopolitani D. Hieremiæ, etc., gr. et lat. *Witebergæ,* 1584, in-8.

On a du même Crusius : *Ætiopicæ Heliodori historiæ epitome cum observationibus,* Francofurti, Wechel, 1584, in-8., vol. curieux dans lequel se trouve un petit ouvrage grec et latin, intitulé *Mart. Crusii de parentum suorum periculis narratio.* — *Annales suevici,* 26586.

CRUSIUS (*Balth.*). Exodos tragœdia sacra et nova ex historica Mosis relatione in unam solis periodum, et unius theatri spacium ad formam dramaticam redacta a M. Balthasare Crusio Plissoverdano. *Lipsiæ, impensis Barthol. Voigti,* 1605, pet. in-8. de 6 ff. et 41 pp. [16168]

35 fr. de Soleinne, sans avoir cette valeur.

CRUVEILHIER (*J.*). Anatomie pathologique du corps humain, ou description avec figures lithographiées et coloriées des diverses altérations morbides dont le corps humain est susceptible. *Paris,*

J.-B. Baillière, 1829-42, gr. in-fol., pap. vél. [9743]

Cet ouvrage, qui se recommande par l'exactitude des dessins autant que par le mérite des descriptions, est complet en 41 livrais. de 6 pl. chacune, avec texte, au prix de 11 fr. par livraison.
— Anatomie descriptive, 6716.

CRUZ y Bahamonde (*N.* de la). Viage de España, Francia, e Italia. *Madrid*, 1806, *y Cadiz*, 1812-13, 14 vol. in-8. 40 à 50 fr. [20081]

CRUZ y Cano (*Ramon* de la). Teatro ó coleccion de los saynetes y de mas obras dramaticas. *Madrid, impr. real*, 1786-91, 10 vol. pet. in-8. [16803]

Collection recherchée et devenue rare : 70 fr.

COLECCION de Sainctes, tanto impresos como ineditos de Ramon de la Cruz, con un discurso preliminar de D. A. Duren. *Madrid*, 1843, 2 vol. in-8.

CRY de joye des Francois. Voy. CORROZET.

CRY (le) de ioye par noble victoire contre les traistres ennemys du roy de France Auec le payement des suysses Et aussi lestimologye du nom du ·Roy francoys premier de ce nom (par Jean Richier). (*sans lieu ni date*, vers 1515), in-8. goth. de 8 ff. [23449]

Bibl. impér., Cat. de l'hist. de France, t. Ier, p. 230, n° 27.

CRY (le) & proclamation publicque pour iouer le mistere des Actes des Apostres, en la Ville de Paris : faict le Jeudy seiziesme iour de Decembre lan mil cinq cens quarante, etc. *On les vend à Paris... en la bouticque de Denys Ianot*, 1541, pet. in-8. [16231]

Cette pièce est fort rare ; elle n'a que 4 ff.; au verso du dernier se voit la marque suivante,

qui est l'une de celles qu'a employées Denys Janot. Il a été fait de cet opuscule une réimpr. figurée (*Paris, Pinard*, 1830 , tirée à 42 exempl., savoir : 32 sur pap. de Hollande, 8 sur pap. de Chine de couleur, et 2 sur VÉLIN. — Une autre réimpression avait déjà été faite chez Guiraudet, en 1829, in-16, et tirée à plus petit nombre encore. Avant ces réimpressions, une copie figurée de format in-4, sur VÉLIN, avait été vend. 36 fr. Méon; 70 fr. d'Ourches.

CRY (le) des mŏnoies. Nouuellement publies a *Paris* (le 22 Nouembre 1506), in-4. goth. de 3 ff. [13444]

Cette pièce en vers formait l'article 7 du recueil porté sous le n° 3070 du catal. de La Valliere, en 3 vol.
— Une plus ancienne est citée par Maittaire (*Ann. typ.*, I, 682, d'après un catal. de Prosp. Marchand), sous ce titre :

LE CRY des monnoyes faict et publie dans la cite de Paris, l'an de grace 1498 (*imprimée au dit tems*), in-4.

CRYS (le) des pièces dor et monoies faict en la noble cite de Mets là mil cincq cens trente et neuf. — *imprime en la noble cite de Mets... par Jehan Pelluti libraire et Laurens Tallineau imprimeur*, pet. in-8. obl. de 54 ff. caract. goth. fig. en bois. [24876]

Petit vol. rare et curieux, décrit par M. Teissier dans son *Essai philolog.*, page 31. En voici un autre du même genre :

LE NOUUEL CRY des monnoyes faict ordonne crye et publie le XIIII iour de mars mil cinq cens XXXII. *On les vend a Paris en la rue Neufuc-Nostre-Dame a lenseigne du Faucheur (chez Pierre Roffet)*, pet. in-8. goth. de 23 ff. [24109]

Vend. en mar. bl. 27 fr. 50 c. Crozet; 15 fr. Baudelocque. Voy. DESCRY.

CSOMA. A Grammar of the tibetan language in english. Prepared,... under the auspices of the asiatic society of Bengal, by Alex. Csoma de Koros. *Calcutta, Mission press*, 1834, in-4. de 256 pp. [11829]

Vendu 21 fr. Klaproth.

— Essay towards a dictionary tibetan and english, prepared with the assistance of Baudé Sangs-Rgyas Phuntshogs a learned lama of Zangskar, by Alex. Csoma de Koros, during a residence at Kanam... 1827-30. *Calcutta, Missionpress*, 1834, in-4. de 378 pp., pap. vél. [11830]

Vend. 35 fr. 50 c. Klaproth. Les deux articles, 49 fr. 50 c. de Sacy.

CTESIA (ex), Agatharchide, Memnone excerptæ historiæ ; Appiani Iberica ; de gestis Annibalis : omnia nunc primum (græce) edita, cum H. Stephani castigationibus. *Ex offic. H. Stephani*, 1557, in-8. de 8 ff. et 248 pp. 3 à 5 fr. [22787]

Vend. (avec la version latine de 1594), 6 flor. Rover, et 12 fr. F. Didot.

Ce recueil a été réimpr. avec des augmentations et les versions latines par H. Estienne, en 1594, in-8.

CTESIÆ cnidii quæ supersunt fragmenta, nunc primum seorsum emendatius atque auctius edita, cum interpr. lat. et annotationibus Henr. Stephani, Hoeschelii, Schotti, Gronovii aliorumque, quibus suas atque indices copiosissimos adjecit Alb. Leon. *Gottingæ*, 1823, in-8. de XL et 308 pp. 6 fr.

 CTESIÆ operum reliquiæ ; fragmenta (gr. et lat.) collegit, textum e codd. mss. recognovit, prolegomenis et perpetua annotatione instruxit indicesque adjecit Joan. Christ. Felix Bähr. *Francof. ad Mœn.*, *Brönner*, 1824, in-8. de VIII et 471 pp. 9 fr. — Pap. vél. 13 fr.

Bonne édition critique.

— Voy. HERODOTUS.

CUBA. Voy. HORTUS sanitatis.

CUBERO Sebastian (*D. Pedro*). Breve relacion de la peregrinacion qua ha hecho de la mayor parte del mundo con el viage por tierra desde España hasta las Indias orientales. *Madrid*, 1680, pet. in-4. [19900]

Réimprimé : *Naples, por Carlos Porsile*, 1682, in-4. et *Zaragoça, Pasqual Bueno*, 1688, pet. in-4. 8 à 12 fr.

L'auteur de cette relation y parle avec détails du séjour qu'il a fait en Pologne et en Russie, et c'est par ce motif que dans son 58ᵉ catal., le libraire Asher, de Berlin, a colloqué l'ouvrage parmi les écrits relatifs à la Russie, et a coté au prix excessif de 75 fr. un exemplaire de l'édit de 1680.

CUCHERMOYS ou Cuchernois (*Jean* de). Voy. GUERIN Meschin, et POSSOT.

CUCINELLO. Voyage pittoresque dans le royaume des Deux-Siciles, publié par MM. Cucinello et Bianchi. *Naples* (1830-33), 3 part. gr. in-fol. [20226]

Ouvrage contenant 180 belles lithographies, et qui coûtait environ 300 fr.

CUDWORTH (*Ralph*). The true intellectual system of the univers ; a new edition with Mosheim's notes and dissertations, translated by Harrison. *London*, 1845, 3 vol. in-8. 1 liv. 1 sh. [3564]

Dernière édition de cet ouvrage estimé. La première a paru à Londres, en 1678, in-fol., et la seconde, qui est augmentée, dans la même ville, en 1743, en 2 vol. in-4. Il y en a une de *Lond.*, 1820, en 4 vol. in-8.

— SYSTEMA intellectuale hujus universi, Jo. - Laur. Moshemius latine vertit et recensuit. *Lugd.-Bat.*, 1773, 2 vol. in-4. 12 à 20 fr.

Édition préférée à celle d'*Iéna*, 1733, en 2 vol. petit in-fol.

CUER (le) de philozophie translate de latin en francoys, a la requeste de Philippes le bel roy de France. — *imprime a Paris, pour Anthoyne Verard, a lymaige saint Jehan deuant nostre dame* (vers 1504), gr. in-4. goth. à longues lignes, fig. en bois. [3442]

Cette édition, qui est la première de l'ouvrage, a 6 ff. prélim. et cxliiij ff. de texte, comme celle de 1514. Un exempl. impr. sur VÉLIN se conserve à la Biblioth. impériale.

Cubí i Soler (*Mariano*). Leçons de phrénologie, 7003.
Cubières (*S.-L.-P.*). Coquillages de mer, 6122.
Cubillo de Aragon (*Alv.*). El Enano de las Musas, 15280.
Cuccagni (*L.*). Vita di S. Pietro, 22250.

La Croix du Maine a attribué, mal à propos, cette traduction à Simon Greban de Compiègne qui florissait vers le milieu du XVᵉ siècle, et qui, par conséquent, ne peut l'avoir faite à la requête de Philippe le Bel, mort en 1314. Il en a donc été tout au plus le réviseur.

— LE MÊME. Nouuellement imprime a Paris pour Jehan de la garde libraire demourant sur le pont nostre Dame a lenseigne sainct Jean leuangeliste. (à la fin) : *Et fut acheue le cinquiesme ioᵘ de mars Lan mil cinq cens et quatorze*, pet. in-fol. goth. à 2 col.

Un exemplaire sur VÉLIN, avec miniature, mais le 27ᵉ f. manquant, 240 fr. Soubise; 185 fr. Mac-Carthy.

—SENSUIT le Cuer de Philosophie : contenant plusieurs demandes et questions proposees par le saige Placides au Philosophe Tymeo... Translate nouuellement de latin en francois. XXX. On les vend a Paris pour Denys Ianot demourât a Marche palut a la corne de Cerf deuant la rue neufue. (à la fin) : *Imprime a Paris pour Philippe le noir lung des deux relieux iures : Et maistre Imprimeur a Paris..... Et acheue dymprimer le xxxiii* (sic, pour xxviiiᵉ) *iour de mars M.cccc.xx*. pet. in-4. goth. à longues lignes, 6 ff. prél. et cxxvi ff. chiffrés, petits caract. fig. en bois, titre rouge et noir. (*Biblioth. de l'Arsenal.*)

Le titre portant l'adresse de Denis Janot a probablement été ajouté plusieurs années après l'impression du livre, lequel est un des premiers où paraisse le nom de Philippe le Noir.

— LE CUER de philozophie. translate de latin en Francois... nouuellement imprime a Paris pour Jehan petit libraire. (à la fin): *cy finit le cuer de philosophie... imprime a Paris pour francois regnault... et a este acheue de imprimer le xxviiii. de juillet mil cinq cens vingt et ung*, gr. in-4. goth. de 6 ff. et cxl ff. à longues lignes, avec fig. en bois.

Autre édition rare. Il en existe une de *Paris, Fr. Regnault, le second iour doctobre* 1529, in-4. goth. et aussi une de *Paris, Jehan petit*, 1534 ou 1538, in-fol. goth. de 6 et cxlviij ff.

CUEVA (*Juan* de la). Coro febeo de romances historiales dirigido a doña Juana de Figueroa y Cordova. *Sevilla, Juan de Leon*, 1587, in-8. [15207]

Édition très-rare d'un recueil dont la seconde partie est restée inédite. Antonio en cite une de *Séville*, 1588, in-8., vend. 4 liv. mar. Hanrott; 2 liv. 14 sh. Heber. Celle de 1587 est portée à 4 liv. 4 sh. dans le catalogue de Payne et Foss, de Londres, pour 1830, nᵒ 5743.

— Conquista de la Betica, poema heroico de Juan de la Cueva, en que se canta la restoracion y liberdad de Sevilla por el santo rey dom Fernando. *Sevilla, Franc. Perez*, 1603, pet. in-8. [15208]

25 fr. rel. en vél. Leprévost, en 1857.

Poëme en 25 chants, qui a été réimpr. dans la collection de Fernandez, tom. XIV et XV, et depuis.

Antonio cite encore de J. de la Cueva :

 OBRAS (Poesias liricas). *Sevilla*, 1582, in-8., [15206] et aussi Comedias, *Ibid.*, 1588, in-8.

CUEVAS (*Franc.* de las). Experiencias de amor y fortuna. *Madrid, Martinez*, 1632, pet. in-8. [17606]

Réimprimé à *Barcelone, Pedro Lacavalleria*, 1633 ; à *Jaen, Pedro Cuesta*, 1646 ; et à *Saragosse, Lonaja*, 1647 ; trois éditions pet. in-8.

Selon Antonio, le véritable nom de l'auteur est *Fr. Quintana*, sous lequel il a publié *La historia de Hipolito y Aminta* (voy. QUINTANA).

CUIDER (le) et contrepenser des hommes et des femmes, par lequel un chacun pourra connoître la folle fantaisie du monde, avec les vingt quatre louanges des dames ; le tout par huitains. *Lyon, Fr. Juste,* in-24. [13445]

Ce petit livre est cité par Du Verdier, tome Ier, p. 435,. mais nous ne l'avons pas vu.

CUISINIER royal et bourgeois qui apprend a donner toute sorte de repas, et la meilleure manière des ragoûts les plus à la mode et les plus exquis. *Paris, De Sercy,* 1693, in-12. [10286]

Seconde édition de ce traité, auquel se joint le *Confiturier royal et bourgeois,* impr. en 1692. Elle a été suivie du *Nouveau cuisinier royal et bourgeois,* par Massiallot, *Paris, Prudhomme,* 1714, aussi 1716 et 1722, 2 vol. in-12, fig., et enfin de la célèbre *Cuisinière bourgeoise,* par Menon, *Paris, Guillyn,* 1746, in-12, livre que pendant tout un siècle on a réimprimé en bien des endroits. Menon est aussi l'auteur des *Soupers de la cour, ou l'art de travailler toutes sortes d'alimens, pour servir les meilleures tables, suivant les quatre saisons.* Paris, *Guillyn,* 1755, ou *Paris, Cellot,* 1778, 3 vol. in-12.

C'est probablement à l'aide de ces divers traités que Vincent La Chapelle a publié à *La Haye,* en 1735, *Le Cuisinier moderne qui apprend à donner toutes sortes de repas,* en 4 vol. in-8. (Catal. de d'Estrée, 6323.)

Citons encore les *Dons de Comus,* ou les *Délices de la table* (par Marin, cuisinier), *Paris, Prault,* 1739, in-12, avec une préface que Barbier attribue aux PP. Brumoy ; on y joint *Suite des Dons de Comus, Paris, Veuve Pissot,* 1742, 3 vol. in-12, avec une préface de Le Meusnier de Querlon ; les deux préfaces ont été refondues en une seule dans la seconde édit. des *Dons de Comus,* Paris, Ve Pissot, 1750, 3 vol. in-12.

N'oublions pas non plus :

LE CUISINIER gascon. *Amsterd.* (Paris), 1740, in-12; — et avec la lettre du *Pâtissier anglais;* 1747, in-12.

FESTIN JOYEUX, ou la cuisine en musique, en vers libres. *Paris, Lesclapart,* 1738, in-12.

— Voy. ÉCOLE parfaite des officiers, et LA VARENNE.

CUITT (*George*). Wanderings and pencillings amongst ruins of the olden time. *London,* 1848 (aussi 1855), in-fol. impér. [9983]

73 pl. gravées à la manière de Piranesi, donnant des modèles d'architecture au moyen âge, et des vues pittoresques prises en Angleterre et au pays de Galles, avec leur description. Publié à 12 liv. 12 sh., et réduit à 3 liv. 3 sh.

Le même artiste avait déjà publié *Etchings of ancient buildings in the city of Chester; Etching of saxon, gotic and other old buildings in Chester, Castles in North Wales and Riveaux Abbey in Yorkshire,* 4 part. in-fol. impér. 24 pl.

— History of Chester, 27131.

CUJACIUS (*Jac.*). Opera omnia, ex editione Annib. Fabroti. *Lutetiæ-Parisior.,* 1658, 10 vol. in-fol. [2526]

Belle édition des œuvres de ce grand jurisconsulte.

Le 10e vol. est un *Appendix :* 100 à 150 fr., et en Gr. Pap. 170 fr. en mai 1841.

L'édition de *Paris,* 1617, 6 vol. in-fol. dite à la *Grande Barbe,* n'est pas complète.

— Eadem, cum indice generali et novis additionibus. *Neapoli, Venet. et Mutinæ,* 1758-83, 11 vol. in-fol.

Cette dernière édition est estimée, et ne se trouve pas facilement en France : 160 à 200 fr. Il est bon d'y joindre l'ouvrage suivant :

PROMPTUARIUM operum Jac. Cujacii, auctore Dominico Albunensi. *Neapoli seu Mutinæ,* 1763 ou 1795, 2 vol. in-fol.

La prem. édition de *Naples,* 1722-1727, 11 vol. in-fol. vend. 180 fr. en 1810, a la même valeur à peu près. On trouve dans l'une et dans l'autre les *Variantes* de Mérille, les *Observations* de Robert et une ample table, additions qui ne sont pas dans celle de Paris. Une nouvelle édition du même recueil a été imprimée à Prato, de 1834 à 1843, en 13 vol. grand in-8.

— Voy. EPISTOLE.

CULMAN (*Leonhard*). Ein schön Teutsch geistlich spil von der Witfraw | die Gott wunderbarlich durch den Propheten Elisa, mit dem Oel von jhrm Schuldhernn erlediget | gezogen ausz dem andern tayl der Kunigen am 4 capitel | zu trost allen witwen und waysen | Durch Leonhardum Culman von Craylszheym... *Zu Nürmberg, truckts Christoff Gutknecht* (1544), pet. in-8. goth. de 36 ff. sig. A. — E III ; avec vignette au titre.

29 fr. v. f. tr. d. de Soleinne.

M. Graesse cite une édition de cette pièce de 1575, in-8. de 36 ff., sans lieu d'impression, et il nous fait connaître les trois pièces suivantes du même auteur :

EIN CHRISTENLICH Teutsch Spil, wie ein Sünder zur Busz bekärt virdt... *Nüremberg,* 1539, in-8. de 48 ff. Réimpr. en 1544.

— EIN TEUTSCH spiel von der auffrur der Erbarn weiber zu Rom wider jre Männer gezogen ausz Aulo Gellio. *Nüremberg, durch G. Wachter,* s. d., in-8. de 32 ff.

— EIN SCHÖN weltlich spil von der schönen Pandora ausz Hesiodo... gezogen. *Augspurg* (1544), *Hans Zimmermann,* in-8. de 40 ff.

CULTE (du) des dieux fétiches. Voyez BROSSE.

CULTIFEX (*Engelbert* ou Cultrifex, ou Messmaker), ord. prædicat. Epistola declaratoria iuriũ et privilegioῥ fratrũ ordinũ mendicanciũ cõtra quosdã articulos erroneos cõdempnatos quorũdã ngroῥ et curatorũ ecclaῥ parrochaliũ. (in fine) : Edita et copilata in cõuẽtu Nouimagẽsi ord' ṗdicatῥ p Reuerẽdũ Mgrm Engelbertũ cultrificis ord' eiusdẽ ac sacre theologie professorẽ. *Anno dñi Mo CCCCo LXXIXo. Atᵹ eodẽ año in ṗdcõ opido diligenter et fidelit. impressa,* in-4.

Cufflaux (*D.*). Trésor généalogique, 28842. — Histoire généalogique de la maison de La Tour-de-Lauraguais, 28887.

Cullen (*Vill.*). Works, 6656. — Apparatus, 7094. — The Edinburgh practice, 7119. — Matière médicale, 7373.

Culloden Papers, 26833.

Cullum. History of Hawsted, 27306.

demi-goth. de 78 ff. à 26 lig. par page,
avec signat.

Une des deux éditions connues qui aient été impr. à
Nimègue dans le xv° siècle. On ignore le nom de
l'imprimeur à qui elle est due. Jean de Westphalie
a réimprimé cet ouvrage à *Louvain*, dans la même
année 1479, in-4. goth., de 80 ff. à 30 lig. par page.
— EPISTOLA de symonia vitanda in receptoē noui-
ciox̦ et nouiciax̦ ad religionē. *In Nouimagia*, M°
CCCC°LXXIX° *die xxiij mensis Augusti*, in-4. goth.
de 8 ff. à 26 lig. (Graesse, II, p. 307.)

ÇUMARRAGA (*Juan*). Doctrina breue muy
puechosa de las cosas q̃ p̃tenecen a la fe
catholica y a nr̃a christiandad estilo llano
p̃ comū intelligēcia. Cõpuesta por el
Reuerēdissimo s. dõ fray Iuã Çumarraga :
primer obp̃o d̃ Mexico. Del consejo de
su magestad : Inposa ē la misma ciudad
d̃ Mexico por su mãdado y a su costa.
Año d. M. dxliij. (in fine) : a hõra y
alabança de ñro señor Iesu Xp̃o... *Im-*
pmiose eñsta grã ciudad de Tenuch
titlã Mexico desta nueua España :
en casa de Iuã Crõberger por mãdado
dl mismo senor obp̃o dõ fray Iuã Çu-
marraga y a su costa acabose de im-
primir a xiiij. dias del mes de junio·
dal año de M. d. quarẽta y q̃tro años,
pet. in-4. goth. de 84 ff. sig. A—LIIII,
sans chiffres ni récl. Titre encadré.
[1400]

Une notice de M. Desbarreaux-Bernard, impr. dans le
Bulletin de M. Techener, 1859, pp. 183 et suivantes,
donne une bonne description de ce volume rare, et
d'une traduction espagnole du *Tripartitum* de Gerson, qui ne l'est pas moins. Voy. GERSON.
Le même évêque a fait imprimer, en 1544, une autre
Doctrina christiana. Voy. l'article PEDRO de Cordova (*Hieronimo*).

CUMBERLAND (*George* Clifford, earl of).
The Discoverie and conquest of the
prouinces of Perv. *London*, 1581, in-4.
[28686]

Lowndes, d'après l'exemplaire du *British Museum*.
Le même bibliographe cite :
THE VOYAGE of the right Ho. George, earle of
Cumberland to the Azores, in-4. [20922]
Morceau qui se trouve annexé à quelques exemplaires
de l'opuscule intitulé : *Certaine errors in Naviga-*
tion ; by E(dward) W(right), 1599, sig. A—D.
par 4, avec une carte. Au dernier f., on lit : *Faul-*
tes escaped in the E. of Cumb. voiage. Vendu rel.
en *mar.* 3 liv. 13 sh. 6 d. North ; 4 liv. 6 sh. Jadis.
Ce voyage a été inséré dans le 1ᵉʳ vol. de la collection
donnée par Pinkerton (voy. ce nom), et il en existe
une traduction hollandaise à *Leyde, Vander Aa*,
in-8. de 109 pp. avec un index, une carte et 4 planches.

CUMBERLAND (*Rich.*). De legibus naturæ
disquisitio philosophica. *Londini*, 1672,
in-4. 5 à 6 fr. [2354]

Il a été fait deux traductions anglaises de cet ouvrage,
l'une par Maxwell, *Lond.*, 1727, in-4.; l'autre avec
des notes et un appendix, par John Towers, *Du-*
blin, 1750, in-4.'
— TRAITÉ philosophique des lois naturelles, trad. du
lat. avec des notes par Barbeyrac. *Amsterd.*, 1744,
ou *Leyde*, 1757, in-4. 5 à 6 fr., et plus en Gr. Pap.
—Origines gentium antiquissimæ, or attemps for discovering the time of the first planting of nations, in
several tracts. *London*, 1724, in-8. 5 à 7 fr. [22681]
On a imprimé à *Magdebourg*, en 1754, une traduction
latine de cet ouvrage en 1 vol. in-8.
—Voy. SANCHONIATON.

CUNEGO (*Dom.*). Duomo di Orvieto. Voy.
VALLE (della).

CUNEUS (*Pierre*). La République des Hébreux (trad. du latin par G. Goerée).
Amsterdam , Pierre Mortier, 1705
(nouv. titre 1713), 3 vol. pet. in-8. fig. 9
à 12 fr. [621]

On joint ordinairement à cet ouvrage le suivant :
ANTIQUITÉS judaïques , ou remarques critiques
sur la république des Hébreux, par Basnage. *Ams-*
terd., Chatelin, 1713, 2 vol. pet. in-8. fig. 9 à 12 fr.
[620]
Les 5 vol. réunis, 20 à 25 fr.: vend. *mar.* rel. par Derome, 70 fr. Méon ; *mar. r.* 60 fr. Coulon.
Le texte latin de l'ouvrage de Cuneus a été impr.
sous le titre de *De Republica Hebræorum*, Lugd.-
Batavor., Isaacus Elsevirius, 1617, pet. in-8. de 16 ff.
et 540 pp., et encore depuis.
L'ouvrage suivant, du même auteur, a fait sensation
dans sa nouveauté.
SARDI venales, satyra menippea in hujus sæculi
homines plerosque inepte eruditos Petrus Cunæus
scripsit ; in fine seorsim addita est ex ejusdem interpretatione Juliani imper. satyra in principes romanos. *Lugd.-Batavor., typis Raphelengiis*, 1612,
in-16. [18402]
Pour les différentes édit. de cette satire, et pour les
autres écrits du même auteur, consultez Paquot,
IV, p. 240-251.—Animadversiones in Nonni Diony-
siaca, voy. NONNUS.—Epistolæ, 18769.

ÇUNIGA (Don *Fedrique* de). Libro de
Cetreria de caça de Açor, en el qual se
tratan el conoscimiento d'estas aves de
caça y sus curas, y remedios, y de todas
aves de rapina, y como se han de curar
y preservar para que no cayan en dolen-
cias. *Salamanca, en casa de Juan de*
Canova, 1565, pet. in-4. [10454]

Un des traités les plus rares sur la fauconnerie. 20 fr.
Huzard.

CUNNINGHAM (*A.*). Voy. MACARONICO-
RUM delectus.

CUNNINGHAM (*Allan*). Cabinet Gallery
of pictures by the first masters of the
foreign and english schools. *London,*
John Major, 1834, 2 vol. gr. in-8.
[9290]

Recueil de 72 pl. gravées au burin, avec environ 400 pp. de texte. Il a coûté 3 liv. 12 sh. — pap. impérial, 8 liv. 8 sh. — épreuves avant la lettre, dont on n'a annoncé que 25 exempl., 21 liv. ; mais ces prix ont été beaucoup réduits.

— Songs of Scotland, 15906. — The Lives of british painters, 31019. — Life of Wilkie, 31094.

CUPANI (*Franc.*). Panphytum siculum, sive historia naturalis plantarum Siciliæ, continens plantas omnes in Sicilia sponte nascentes et exoticas eamdem incolentes; opus inchoatum a R. P. Francisco Cupano et in lucem editum studio et labore Ant. Bonanni et Gervasii panormitani. *Panormi*, 1715, in-fol. fig. [5115]

Ce livre, qui devait avoir 16 vol., n'a pas été continué. Ce n'est qu'un fragment d'un plus grand ouvrage que le P. Cupani laissa imparfait à sa mort, arrivée en 1710, et que l'on accuse Ant. Bonanni d'avoir voulu s'attribuer. Le travail du P. Cupani embrassait l'histoire naturelle des animaux, des plantes et des minéraux qui se trouvent dans la Sicile et dans ses environs, et il devait contenir au moins 700 pl. Il n'en a été conservé qu'un bien petit nombre d'exemplaires. Celui de la bibliothèque des Jésuites de Palerme est daté de 1713 et comprend 654 pl. sans numéros et divisées en 3 vol. L'exemplaire, sous la même date, de la bibliothèque publique de Catane, contient 658 pl. en 2 vol. et dans un ordre différent de celui de Palerme. Voy. *Rev. encycl.*, 1822, tome XVI, p. 400, et *Biographie univers.*, article *Cupani.*

Pritzel ne fait pas mention des deux exemplaires que nous venons de citer, mais il donne le titre suivant sous le n° 2086 de son *Thesaurus :*

PANPHYTON siculum sive historia naturalis de animalibus, stirpibus et fossilibus, quæ in Sicilia vel in circuitu ejus inveniuntur. Opus posthumum ad modum rev. Patris Francisci Cupani imaginibus æneis circiter septingentis e vero tractis. *Panormi, typ. Ant. Epiro,* 1713, in-4. max. de 168 pp., contenant des fig. gravées sur cuivre.

Liber ineditus rarissimus absque textu et titulo typis expresso extat in Bibl. Musei bot. Vindobonensis, etc. Ce ne doit être qu'un fragment du recueil indiqué ci-dessus.

Un prospectus latin, en 8 pp. in-4. avec une planche, a paru à Palerme, en 1807, pour proposer une édition des 700 pl. de Cupani et de ses continuateurs, qui devaient être regravées par Salvator de Ippolito ; mais il paraît que ce projet n'a pas été réalisé.

CUPER (*Gisb.*). De Elephantis in nummis obviis exercitationes duæ. *Hagæ-Comit.*, 1719 seu 1746, in-fol. fig. 8 à 10 fr. [29861]

Vend. en *v. f.* 24 fr. de Cotte.

Dans l'édition de 1746 se trouve ajouté : *Pauli Petavii antiquariæ supellectilis portiunculæ.*

— Observations, 18220. — Lettres, 18839. — Harpocrates, 22603 et 30004.

CUPERUS (*Guill.*). Voyez BYZANTINA, n° 33.

CUPIDO triumphans, vel ratio cur sexus muliebris omni amore et honore sit dignissimus. *Rheno-Trajecti,* 1644, pet. in-12. 4 à 6 fr. [18040]

CURABELLE. Examen de Desargues. Voy. l'article BOSSE (*Abr.*).

CURIEL (*Hieron.*). Tractatus de concilio generali ; de matrimonio Henrici VIII ; de jubilæo, etc. *Salmanticæ,* 1549, in-fol. [762]

DIDACI ab Alva et Esquivel, de conciliis tractatus. *Granatæ,* 1552, in-fol.

Ces deux ouvrages, qu'on réunit, étaient recherchés autrefois, mais ils le sont moins aujourd'hui.

CURIO (*Cælius Secundus*). Araneus seu de providentia Dei libellus vere aureus, cum aliis nonnullis ejusdem opusculis. *Basileæ, Jo. Oporinus,* 1544, pet in-8. [1886]

Recueil qui renferme des ouvrages singuliers; il a 20 ff. prélim., y compris l'index, 284 pp. cotées 184 par suite d'une erreur de chiffre qui commence à la page 207; à la fin un f. pour la date. Vend. en *mar.* 9 à 10 fr. Gaignat, La Valliere et Sépher.

— De amplitudine beati regni Dei dialogi, sive libri duo. 1554, pet in-8. [1887]

Ni cette édition, ni les réimpressions de *Gouda,* 1614, ou de *Francfort,* 1617, in-8., ne sont chères aujourd'hui.

— Voy. PASQUILLORUM tomi duo, et PASQUILLUS ; VIE et Doctrine.

CURIONE (*Carlo-Lodovico*). Il Teatro delle cancellaresche corsive... *Imparione alla insegna del martello, Romæ,* 1588, in-4. obl. [9055]

Molini nous apprend (dans ses *Operette,* page 263) qu'il existe quatre livres de cet ouvrage curieux, entièrement gravé par Martin Van Buyt; mais il n'a décrit que le second et le troisième, dont il donne ainsi les titres : *La notomia delle cancellaresche corsive et altre maniere di lettere, con la quale senza la persona del maestro si può pervenire a una vera intelligenza di quest' arte, libro secondo,* 45 ff. chiffrés et 2 ff. non chiffrés. *Il Teatro delle cancellaresche corsive per secretario et altre maniere di lettere di Ludovico Curione, libro terzo,* 42 ff. chiffrés, et en outre le frontispice et le portrait de l'auteur.

CURIOSIDADES bibliograficas. *Madrid, Rivadeneyra,* 1855, gr. in-8. à 2 col. 15 fr.

Ce recueil contient : *Cronica de don Francesillo de Zuniga; Discurso de la presa de la Maamora; Florendo de Castilla ; El consejo y consejeros del Principe; Los problemas de Villalobos; Discurso de la viuda de veinte y cuatro maridos, etc.*

CURIOSITÉS (les) de la ville de Milan et de ses environs, ou description de tous ses monuments, accompagnée de 70 vues, etc. *Milan, Valardi,* 1820, in-8., et atlas gr. in-8. obl. [25363]

Ouvrage assez bien exécuté, et dont il y a des exemplaires avec le texte en italien. — Un exemplaire en Gr. Pap. vél., avec les fig. sur papier de Chine, 120 fr. Hurtault.

Curasson (*M.*). Compétence des juges de paix, 2899.

Curæus (*Joach.*). Gentis Silesiæ Annales, 26682.

Curcellæus (*Sim.*). Opera, 2049.

Curiazio (*M.*). Descrizione della Lombardia, 25362.

Curiosités de l'Église de Paris, 21417.

Curiosités historiques, 23293.

Cuny. Découvertes en Afrique, 28349.

ÇURITA ou Zurita (*Geron.*). Anales de la corona de Aragon (desde el año 714-1516). *En Zaragoça*, 1610-21, 7 vol. in-fol. [26167]

Ouvrage très-estimé.

L'édition que nous citons est la troisième et celle que l'on préfère. On doit trouver à la fin du 6ᵉ volume deux ff. contenant les errata et la souscription, et aussi l'*Apologia dé Ambrosio de Morales*, partie de 33 ff. qui n'est pas dans l'édition du même vol. impr. en 1580. Le 7ᵉ vol. renferme l'index des six premiers. Cette partie avait déjà été imprimée en 1604 ; mais la réimpression de 1621 est celle qui s'adapte à la troisième édition des Annales d'Aragon. Vend. 70 fr. Rodriguez ; et avec les deux premiers articles des suites indiquées ci-dessous, 71 fr. La Serna ; 49 flor. Meerman.

L'édition originale de ces Annales est la plus belle et la plus rare de toutes. Elle a été publiée volume à volume, et dans l'ordre suivant : *Los cinco libros primeros de la prima parte...* Çaragoça, *en casa que fue Jorge Coci que ahora es de Pedro Bernuz, a xxx. de mayo de* M.D.LXII. *años.* — *Los cinco libros posteros de la prima parte.* Çaragoça, *en casa de P. Bernuz, a doze dias del mes de Nouiembre del año de* M.D.LXII.—*Segunda parte.* Çaragoça, Domingo de Portonariis, 1579 (à la fin 1578). — *Los cinco libros posteros de la segunda parte.* Çaragoça, 1579. — *Historia de D. Hernando el catholico. De las empresas y ligas de Italia.* Çaragoça, 1580, 2 part. — *Indices*, ibid., 1604, in-fol. Vend. en 6 vol., annoncé Gr. Pap., 61 fr. La Serna.

Les tomes I et II ont été réimpr. en 1579 et 1585.

L'édition de Saragosse, *Diego Dormer*, 1668-71, aussi en 7 vol. in-fol., est moins belle que celle de 1610 et ne contient rien de plus ; seulement on y a rajeuni l'orthographe des mots et corrigé les fautes d'impression. 50 fr. Pressac.

Suite des Annales de Zurita.

HISTORIAS de Aragon, en que se continuan los anales de Zurita (hasta el an. 1618), por Vic. Blasco de Lanuza. *Zarragoça*, 1619-22, 2 volumes in-fol. [26169]

LA PRIMERA parte de los anales de Aragon, que prosigue los de Zurita, por Barth.-Leon de Argensola desde el an. 1516 (hasta 1520). *Çaragoça*, 1630, in-fol. [26170]

Il n'a paru que cette première partie.

Outre la continuation de Vinc. Blasco de Lanuza, qui va jusqu'en 1618, on ajoute quelquefois à l'Histoire d'Aragon, de Çurita, les articles suivants :

ANALES de Aragon desde el año de M. DXX... hasta el año de M. DXXV, escrivialos D. Fr. Diego de Sayas Rabanera y Ortubia. *Zaragoça*, 1666, in-fol. [26171]

ANALES de Aragon desde el año de MDXXV... hasta el de M. DXL. por Diego-Josef Dormer. (*Zaragoça*), 1697, in-fol. [26173]

ANALES de la corona y reyno de Aragon, siendo sus reyes Doña Juana y D. Carlos desde el año de 1521-28, por Mig.-Ramon Zapater. *Zarag.*, 1666, in-fol. [26172]

HIER. SURITA, Indices rerum ab Aragoniæ regibus gestarum ab initiis regni ad ann. 1410, tribus libris parati et expositi ; Roberti Vicardi Calabriæ ducis et Rogerii ejus fratris res in Campania gestæ, lib. IV ; Rogerii Siculi regis rerum gestar. lib. IV, etc. *Cæsar-Augustæ*, 1578, in-fol. [26168]

La première partie de ce volume a été réimpr. dans *Schotti Hispania illustr.*, tome III. Ce n'est pas, comme l'ont prétendu plusieurs bibliographes, une

traduction des deux premiers volumes du grand ouvrage précédent de Zurita : 15 fr. 50 c. La Serna ; 30 fr. Rodriguez.

LA SEGUNDA parte de los Anales... continuando la primera de Argensola, cuyo trabajo dejó dispuesto el doct. Francisco Andres, y lo añadió, prosiguio y publico el maestro Fr. Miguel Ramon Zapater. *Zaragoza*, 1663, in-fol.

PROGRESSOS de la historia en el reyno de Aragon, y elogios di Geronimo de Zurita. Contienen varios successos desde el año de 1512 hasta el de 1580. Ideo esta obra, y la dispuso el doctor Juan Francisco Andres de Uztarroz, y la ha formado de nuevo en el estilo, y en todo, el Doctor Diego Josef Dormer. *Zaragoça*, 1680, in-fol.

ANALES de Aragon desde el año 1540 hasta el año 1558, por Jos. Lupercio Panzano. *Zaragoça*, 1705, pet. in-fol. Peu commun.

HISTORIA de la fundacion y antigüedades de San Jean de la Peña, y de los reyes de Sobrarve, Aragon y Navarra, que dieron principio à su real casa, por Briz Martinez. *Zaragoza*, 1620, in-fol.

CORONA real del Pireneo, establecida y disputada, por Domingo La Ripa. *Zaragoza*, 1685-88, 2 vol. in-fol. [26176]

DEFENSA historica por la antigüedad del reino de Sobrarbe, por Domingo La Ripa. *Zaragoza*, 1675, in-fol.

CURRE Mamertin (*Ch.*). Triumphes de la France. Voy. DIVRY (*Jehan*).

CURSIUS (*Petrus*). Poema de civitate Castellana Faliscorum non Veientium oppido. *Romæ, apud Ludovicum Vicentinum et Lautitium Perusinum*, 1525, in-4 [12680]

Opuscule impr. avec les caractères qu'on a employés dans plusieurs ouvrages de Tressino. 6 sh. Libri.

On a du même auteur : *Lacrimæ in cæde Nicolai Crusti Germanici*, 1509, in-4. (Catal. de la Biblioth. du roi, Y, 3020). — *Ad humani generis servatorem in urbis Romæ excidio P. Curtii civis romani deploratio.* Paris., Rob. Stephanus, 1528, in-8. — *Defensio pro Italia, ad Erasmum Roterodamum.* Romæ, apud Ant. Bladum, 1535, in-4.

CURTIN (*H.* Mac). Voy. MAC CURTIN.

CURTIS (*William*). Botanical Magazine, or flower garden displayed, continued by John Sims. *London*, 1787, or 1793-1846, 70 vol. gr. in-8. [4957]

Cet ouvrage, publié périodiquement, a eu beaucoup de succès. En 1846 il en avait déjà paru LXXII vol. contenant ensemble 4274 planches coloriées, avec autant de feuillets de texte. L'ouvrage se divise par séries. Première série, vol. 1 à XLIII, jusqu'en 1826. On y ajoute un index général des 43 vol.; John Sims en a donné seul les tomes XXXIII à LIII. — Seconde série, vol. XLIV à LIV, jusqu'en 1827. — Troisième série, vol. LV à LXX, publ. par Sam. Curtis et W.-J. Hooker en 1845. — Quatrième série, vol. LXXI et suiv. Cette dernière a pour titre :

BOTANICAL Magazine, comprising the plants of the royal gardens of Kew, and of other botanical establishments in Great Britain, with suitable descriptions by W.-J. Hooker.

En mars 1858 il en paraissait 159 nᵒˢ, formant 13 volumes à 42 sh. chacun.

COMPANION to the botanical Magazine, containing information that does not come within the prescribed limits of the Magazine, by W.-J. Hooker. *London*, 1835-36, 2 vol. in-8.

— Flora londinensis, or plates and descriptions of such plants as grow wild in the environs of London. *London*, 1777-98, 6 part. in-fol. fig. color. [5185]

Cette édition, dont on n'a tiré que 300 exemplaires, a paru par cahiers de 6 pl. et de 6 ff. de texte, au prix de 6 fr. pour les pl. color. et de 3 fr. pour les fig. en noir. L'ouvrage est partagé en 6 parties de 72 pl. chacune, à l'exception de la 2e et de la 4e qui en ont 73 (4 à 5 liv.). L'auteur est mort en 1799, sans l'avoir terminé ; mais, plus tard, il en a paru une nouvelle édition corrigée par Georges Graves, augmentée et continuée par le Dr W.-Jackson Hooker, *London, printed for George Graves by Rich. and Arthur Taylor*, 1817-1828, 5 vol. in-fol., contenant ensemble 702 pl. color. et autant de feuillets de texte, savoir : tome I, 145 ; II, 143 ; III, 202 ; IV, 140, et V, 72, plus un quadruple index. Annoncé d'abord au prix de 87 liv. 4 sh. ; ensuite à 26 liv. 5 sh. : vend. (sous la date de 1835) 393 fr. en 1841.

LECTURES on botany, delivered in the botanic garden at Lambeth, arranged by Sam. Curtis, *London*, 1803-4, 3 vol. gr. in-8., avec 95 pl. color. — Nouv. édition, accompagnée de la vie de l'auteur, par Th. Thornton, *Lond.*, 1816, 3 vol. in-8. fig. Elle a coûté 4 liv. 4 sh.

CURTIS (*Samuel*). Monography of genus Camellia. *Lond., Arch*, 1822, gr. in-fol. [5482]

Ouvrage orné de cinq belles planches représentant onze variétés du camellia, dessinées par Clara Maria Pope. 3 liv. 3 sh.; — avec fig. color. 6 liv. 6 sh.

CURTIS (*James*). British entomology being illustrations and descriptions of the genera of insects found in Great Britain and Ireland ; containing coloured figures from nature of the most rare and beautiful species, and in many instances of the plants upon which they are found. *London*, 1824 and foll. years, 16 vol. gr. in-8. [5997]

Cet ouvrage a été terminé en 1840 avec le 193e numéro. Il contient 770 pl. color. Le prix, qui était originairement de 43 liv. 16 sh., a été réduit depuis à 21 liv.

CURTIUS Rufus (*Quintus*). De rebus gestis Alexandri magni libri. (*absque nota*), gr. in-4. de 149 ff. non chiffrés, à 32 lignes par page. [22816]

Édition impr. à *Rome*, vers 1470, en lettres rondes, et qui est peut-être antérieure à la suivante. Elle commence par ces mots du texte de Q. Curtius : (i)NTER *hec Alexander ad conducen-* (formant la première ligne), et finit sur le 149e f. par cette souscription :

Finis gestorum Alexandri magni que Q. Curtius Rufus uir romanus litteris mādauit. Et Põponi̅ u̅ro te̅pore correxit, ac Georgius Lauer impressit.

Vend. 380 flor. (bel exemplaire) Crevenna ; 15 liv.

Curtius (*Bened.*). Hortus, 6466.
Curtius (*F.-C.*). Elogia, 21734.
Curtius (*M.-C.*). De Senatu romano, 29199.
Curtius (*E.*). Anecdota delphica, 22847.

15 sh. Sykes ; 4 liv. 6 sh. (exempl. médiocre) Heber ; 120 fr. (sans le 1er f.) La Valliere ; 130 fr. demi-rel. Giraud.

— Quintus Curtius. *Per Vindelinum spirensem* (absque anno), gr. in-4.

Autre édition, très-rare, dont les bibliographes fixent la date à l'année 1470 ou 1471. On y a suivi un manuscrit moins bon que celui dont Lauer s'est servi pour la sienne ; mais elle est bien exécutée en lettres rondes, à longues lignes, au nombre de 32 sur les pages entières. Le volume commence aussi par les premiers mots du texte de l'auteur, et il finit au verso du 153e et dernier f. par une souscription de six vers, dont voici le premier :

Loquitur lector ad Vindelinum spirensem.

Vend. 240 fr. Gaignat ; 620 fr. bel exemplaire, La Valliere ; 421 fr. F. Didot ; 550 fr. Mac-Carthy ; 7 liv. 7 sh. Sykes ; 4 liv. 1 sh. Heber ; 300 fr. 2e vente Quatremère.

— Q. Curtius. *Impressit Mediolani Antonius Zarotus, opera et impendioJohannis Legnani*, 1481, die 26 Martii, in-fol. de 124 ff. à 34 lig. par page.

Vend. 51 fr. m. r. La Valliere ; 82 fr. Scherer ; 110 fr. Mac-Carthy ; 35 fr. Coulon. Le vol a des signat. de a—q par cah. de 8 ff., à l'exception de q qui n'en a que 4. Le premier f. du cah. a est blanc.
Les éditions de 1470, de *Milan*, 1475, et de *Milan, Zarot*, 1480, citées par Panzer, ne sont pas bien avérées.

— Quintus Curtius (in fine) : *Hos novem Curtii libros... quam accuratissime recognitos impressi* (sic) *fuere Verone anno Domini* MCCCXCI *die xviii. Augusti* (absque typographi nomine), in-fol. de 69 pp. à 44 lig.

Texte dont Maittaire a donné les variantes dans son édition de 1716, in-12.
L'édition de Venise, *Joan. de Tridino*, 1494, in-fol. de 68 ff. à 46 lig. par page, est la première qu'ait revue Barth. Merula, qui y a corrigé quelques erreurs de l'édit. de Vindelin de Spire. Jean de Tridino en a donné une seconde du même texte, en date du 4 novembre 1496, in-fol., également de 68 ff.

— Quintus Curtius. *Florentiæ, opera et impensa Phil. Giuntæ*, 1507, *mense decembri*, in-8 de 6 ff. prélim. 158 ff. chiffrés et un f. blanc.

Vend. 7 flor. Meerman ; 11 sh. Heber.
Le même *Phil. Junte* a donné, en 1517, une autre édit. de *Q. Curtius*, in-8. de 8 et 56 ff. (le dernier coté 158).

— Quintus Curtius (ex recens. Fr. Asulani). *Venetiis, in ædib. Aldi et Andreæ soceri*, 1520, in-8.

Édition assez rare ; vend. bel exempl. 24 fr. m. dent. tab. F. D.; 25 fr. Duriez ; 14 sh. Butler ; 20 fr. Costabili ; et l'exempl. de François 1er, rel. en veau à compart., mais restaurée, 550 fr. Giraud.
Le vol. contient 170 ff. chiffrés, précédés de 8 ff. prél., dont un blanc, et suivis de 2 ff. pour la souscription et l'ancre. Dans presque tous les exempl. le titre porte *Cvtius* au lieu de *Cvrtius* (avec l'r ajouté au-dessus de ce mot).

— Idem, cum annotationibus Des. Erasmi. *Parisiis, Sim. Colinæus*, 1533, in-8. 3 à 4 fr.

Un bel exempl. en *mar. bl.* 10 flor. Crevenna.

— Idem; curante Adr. Junio. *Antuerpiæ,
ex officina Is. Loci,* 1546, in-8.

Texte basé sur le manuscrit de Schonhov. L'édit. de
Bâle, Henri Petri, 1556, in-8., est la première où
l'on ait divisé le texte de Q. Curce en 12 livres.

— Q. Curtii rerum gestarum Alexandri
Magni libri VIII superstites : accedunt
Titi Popmæ notæ. *Lugduni Batav., ex
officina elzeviriana,* 1622, in-16 de
14 ff. prélim. y compris le titre gravé,
353 pp. de texte, 4 ff. non chiffrés, 96 pp.
et 12 ff. d'index.

Édition médiocre, mais assez rare, et qui fait partie
de la collection elsévirienne, ainsi que celle de 1625
(*ex offic. elsevir.*),.pet. in-12, laquelle n'est ni plus
belle ni plus commune : 3 à 6 fr.

— Q. Curtius (edente Dan. Heinsio).
Lugd.-Bat., ex offic. elzeviriana, 1633,
pet in-12. 8 à 12 fr.

Vend. 18 fr. bel exempl. *mar. viol.* Gouttard ; 20 fr.
mar. r. Caillard ; 30 fr. Chénier, et 23 fr. 50 c.
Giraud.
L'édition originale de ce joli vol. a 6 ff. prélimin., y
compris le titre gravé, 364 pp. pour le corps du Volume et 12 ff. d'index, de plus une carte de l'expédition d'Alexandre. La figure du temple de Jupiter
Ammon est à la page 81 qui ne doit pas.être cotée.
—Les deux réimpressions, sous la même date, sont
moins belles et n'ont que 338 pp. pour le corps du
volume, et la figure du temple de Jupiter est à la
page 75.
L'édit. sous la date de 1653, *Lugd.-Batavor. ex officina elzevir.,* pet. in-12, a le même frontispice gravé
que la précédente ; on a seulement changé l'avant-
dernier chiffre de la date (338 pp. pour le corps du vol.,
la figure du temple, p. 75) : elle est d'une exécution
médiocre, ainsi que l'édition de 1659 et celle d'Amsterd. *ex officina elzevir.,* 1660 (aussi 1670), pet.
in-12. Les éditions d'*Amsterd., L. Elzevir,* 1650,
d'*Amst., D. Elzevir,* 1665, in-24, et d'*Amsterd.,
ex officina elzevir.,* 1670, in-24, sont à bas prix :
vend. cependant, édition de 1665, *non rogné,* 26 fs.
Motteley.

—Q. Curtius, cum supplementis, commentariis et indice Joh. Freinshemii, editio
nova ab ipso auctore aucta : subnecta
est indicis in dictos comment. appendix,
opera et studio J. H. Rapp. *Argentor., sumptibus G. A. Dolophii,* 1670,
in-4. avec 2 pl.

Une des meilleures éditions qu'on eût alors de cet
historien ; cependant elle est à bas prix.

—Idem cum supplem. Freinshemii ; interpretatione et not. illustravit Mich. Le
Tellier, in usum Delphini. *Paris.,* 1678,
in-4. 9 à 12 fr.

Assez bonne édit. : vend. en *mar. r.* 25 fr. Giraud.
Réimpr. plusieurs fois à Londres de format in-8.

— Idem, cum supplem. Freinshemii, commentario perpetuo et indice Sam. Pitisci,
etc. *Ultrajecti,* 1685 seu 1693, in-8.
6 à 9 fr.

Ces deux éditions font partie de la collection des *Variorum,* mais on prend de préférence celle de 1693,
comme un peu plus complète que l'autre ; il y en a
aussi une de *La Haye,* 1708, in-8., copiée sur celle
de 1693, avec quelques pièces de plus, et dont le
prix est à peu près le même.

Avant la publication du Q. Curce Variorum, donné
par Pitiscus, il avait déjà paru deux éditions de cet
historien, également avec un choix de notes :
1° Ex recognitione N. Blancardi, *Lugd.-Batav.,*
1649, in-8., travail médiocre, et pourtant *réimprimé
à Amsterd.,* en 1684, in-8., puis redonné avec un
nouveau titre, un frontispice gravé et une préface
de Van der Aa. *Lugd.-Batav.,* 1696, in-8. 3 à 4 fr.
2° Curante C. S. (Corn. Schrevelio), *Lugd.-Bat.,
Elzevir.,* 1658, et *Amst., Elzevir.,* 1664 ou 1673,
in-8., peu estimée malgré la beauté de l'impression.

— Idem (ex recens. Mich. Maittaire).
Londini, Tonson, 1716, in-12. 2 à 3 fr.

— en Gr. Pap. 10 à 12 fr.

— Idem cum omnibus supplem. variantibus lectt. commentariis, ac notis perpetuis Fr. Modii et varior. curavit et
digessit Henr. Snakenburg. *Delphis* et
Lugd.-Batavor., 1724, in-4. avec 17 pl.
et une carte.

Édition très-estimée : 15 à 18 fr. Les exempl. en Gr.
Pap. n'en sont pas fort rares ; ils se relient en 2 vol.
30 à 40 fr. : vend. beaux exempl. en *m. r.* 92 fr. de
Cotte ; 130 fr. d'Ourches ; 60 fr. Coulon ; 120 fr.
Labédoy...; 76 fr. Giraud.
— IDEM. *Londini, J. Brindley,* 1740, 2 vol. in-18. 3 à
5 fr.
—Q. CURTII libri superstites, cum supplem. Freinshemii et versione gallica Vaugelasii, curante J. P.
Miller. *Berolini, Ambr. Aude,* 1746, 2 vol. petit
in-8.
Cette édition n'a de valeur que lorsqu'il s'y trouve la
dédicace adressée à Frédéric Ier, avec le portrait de
ce monarque gravé par G.-F. Schmidt d'après A.
Pesne.
—Q. CURTIUS, cum supplem. *Parisiis, Barbou,* 1757,
in-12. 3 à 4 fr.
— DE REBUS Alexandri magni libri superstites, ad
optt. exemplarium fidem recensiti atque proœmio et
ind. rerum instr. a F. Schmieder, cum ejusdem
commentario. *Gottingæ, Dieterich,* 1804, 2 vol. in-8.
8 fr.—pap. fin, 10 fr., et plus en pap. vél.
— Q. CURTIUS, ad codd. paris. recensitus cum varietate lectionum, supplem. Jo. Freinshemii et selectis
Schmiederi variorumque commentariis, quibus notas, excursus mappamque et indices addidit E. Lemaire. *Parisiis, Lemaire* (*typis Rignoux*), 1822-
24, 3 vol. in-8. 15 fr.
—Q. CURTII libri superstites, ex editione Fr. Schmieder ; cum supplementis, notis et interpretatione in
usum Delphini, variis lectt., notis varior. et indice
locupletissimo recensita. *Londini, Valpy,* 1825, 3
part. en 4 vol. in-8.
Formant la fin du n° 79, et les n°s 80, 81 et 82 de la
collection de Valpy.
— LIBRI qui supersunt VIII, mit crit. und exeget. Anmerk. herausgeben von J. Mützen. *Berlin,* 1841,
2 vol. in-8. 4 thl. 2/3.
— LIBRI qui supersunt VIII. Ad fidem codd. mss. et
olim adhib. et recens coll. Florentiæ ex Bernh. recensuit et comment. instruxit C.-T. Zumpt : acced.
tabula geograph. expeditionum regis Alexandri.
Brunsv., 1846, in-8. Bonne édition qui coûtait
4 thl.

———

Q. CURTII Rufi Historia : Alexandri mag. Macedoniæ duo priores libri hactenus desiderati. *Venetiis, Bordonius,* 1555, pet. in-8.
Ces deux livres, supposés de Q. Curce, se trouvent
difficilement.

Traductions de Quinte-Curce.

— Quinte-Curce de la vie dalexandre le

grant (trad. en françois par Vasquez de Lucerne en 1468). *Paris, Ant. Verard* (vers 1490), in-fol. goth. à 2 col.

Première version française de cette histoire : en tête de ce volume rare est un cahier de 12 ff. séparés, contenant, avec l'intitulé, une table des chapitres. On lit à la fin : *Cy fine le liure de Quinte Curce des faitz et gestes du grant Alexandre imprime a Paris par* (ou *pour*) *Anthoine Verard, etc.* Après cette souscription se voit la marque de Verard sur un dernier f.

— Quinte Curse de la vie et gestes dalexandre le grant. (au verso de l'avant-dernier feuillet): *Cy fine le liure de quinte curse des faitz et gestes du grant alexandre. Jmprime a paris pour anthoine verard marchant libraire demourant a paris pres petit pont deuant la rue neufue nostre dame...* in-fol. goth.

12 ff. prélim. pour le titre et la table, ccxxxix ff. chiffrés, et un f. pour la marque de Verard ; à longues lignes au nombre de 31 sur les pages les plus pleines, avec figures en bois. D'après l'adresse du libraire, cette édition ne peut pas être antérieure à l'année 1503 : en *mar. bl.* 75 fr. Cailhava.
La même traduction a été réimpr. à *Paris, Mich. le Noir*, 1503, in-4. goth. — *Paris, Ant. Cousteau, pour Galliot du Pré*, 1530, in-fol. goth., édition dont un exemplaire impr. sur VÉLIN est porté dans la *Bibliotheca harleiana*, III, p. 219.—*Paris, Jacq. le Messier*, ou chez *Jehan Petit*, 1534, in-fol. goth. vend. 21 fr. en 1824 ; 185 fr. 50 c. en 1856. Cette dernière porte le titre suivant : *Quinte-Curce historiographe ancien et moult renomme... translate de latin en francoys, et puis nagu-res reveu et concorde avec Plutarque, Justin et autres auteurs.* Réimpr. encore à Paris, *Ch. L'Angelier*, en 1540 et en 1555, in-fol.

— DE LA VIE et des actions d'Alexandre le Grand, de la traduct. de Vaugelas, avec les suppléments, trad. par du Ryer. *Paris, Aug. Courbé*, 1659, in-4.

Un exemplaire Gr. Pap. *m. r. l. r.* a été vendu 49 fr. La Valliere ; autrement moins de 6 fr.
Cette traduction, dont la première édition a été publiée après la mort de l'auteur, *Paris, Aug. Courbé*, 1653, in-4., par les soins de Du Ryer, a eu un très-grand succès, et a été souvent réimpr. dans différents formats. Quoique peu fidèle, elle mérite de rester comme un ouvrage qui a marqué dans l'histoire des progrès de la langue française. On l'a réimprimée avec le texte latin à La Haye, 1727, 2 vol. pet. in-8., et, comme on l'a vu ci-dessus, à Berlin, en 1746.

— HISTOIRE d'Alexandre le Grand, trad. par Beauzée. *Paris, Barbou*, 1781, 2 vol. in-12. 5 fr.

— LA MÊME, avec le supplém. de Freinshemius, en latin et en français, par Mignot. *Paris, Didot jeune*, 1781, 2 vol. in-8. 6 à 8 fr.

— HISTOIRE d'Alexandre le Grand, traduct. nouvelle par MM. Aug. et Alph. Trognon (avec le texte lat.). *Paris, Panckoucke*, 1828, 3 vol. in-8. 15 fr.

—La historia dalexandro magno... scripta da Quinto Curtio Ruffo... tradocta in vulgare da Pietro Candido. La comparatione di Caio Julio Cesare imperadore maximo et d'Alexandro magno... ordinata da P. Candido, ec. *Impressum Florentiæ, apud Sāctum Jacobum de Ripoli, anno* 1478, in-fol. de 166 ff.

Première édition de cette version : vend. 81 fr. La Valliere ; 3 liv. 12 sh. Paris ; 4 liv. 6 sh. Roscoë ; 108 fr. bel exempl. Riva.

Un exempl. impr. sur VÉLIN se conservait dans la bibliothèque du grand-duc de Toscane ; un autre semblable est indiqué dans le catal. du duc de Cassano, page 17 ; mais il ne se retrouve pas dans le nouveau catal. de la même collection qui fait suite à la *Biblioth. spencer.*
La même trad. a été réimpr. *Firenze, Giunta*, 1519 et 1530, in-8., *Venet., per Greg. de Gregori*, 1524, in-8., etc. On a une autre trad. ital. de Q. Curce, par Tom. Porcacchi, *Vinegia, G. Giolito*, 1558 (ou nouv. titre, 1559), in-4. ; qui fait partie de l'ancienne *Collana latina.*

— La hystoria de Alexandre per Quinto Curcio per Luis de Fenollet en lengua valenciana transferida. *Barcelona,* 1481, in-fol. goth.

Édition infiniment rare et fort précieuse, dont la Bibliothèque impériale n'a pu se procurer qu'un exemplaire en mauvais état. Le volume est impr. à longues lignes au nombre de 34 sur les pages entières, sans chiffres ni réclames, mais avec des signat. de *a j* à *t v*, par cah. de 10 ff. ; la signat. *a* est répétée. Au commencement se trouve la table des chapitres en 10 ff. sans signature, plus un f. blanc ; ensuite commence le texte de cette manière : *La vida del Rey Alexandre scrita per aquell singularissiz hystorial Plutarcho fins en aĝlla part on lo Quinto curcio ruffo comença. Alexandre entr etant.*
A la fin se lit la souscription suivante qui occupe 19 lignes disposées en cul-de-lampe.

La present elegantissima e molt ornada obra de la hystoria de Alexandre, per Quinto curcio ruffo hystorial fon de grec en lati, e per Petro Candido de lati en tosca, e per Luis de fenollet en la present lengua valenciana trāsferida e ara ab lo dit lati tosca e encara castella e altres lengues diligentmēt corregida emprētpada enla noble ciutat de Barcelona p nosaltres Pere posa preuere catala, e Pere bru sauoyench cōpanyons a setze del mes de Juliol, del any Mil quatre cēts vytāta hu feelmēt, deo gratias amē.

Une traduction espagnole de Q. Curce, imprimée à Séville en 1496, in-fol., est citée par Caballero. C'est peut-être la même que celle de Gabr. de Castaneda, laquelle a paru ensuite à Séville, chez Cromberger, en 1534, in-fol. goth.
Une autre, beaucoup meilleure, celle de Math. Ybanez de Segovia y Orellana, impr. d'abord à *Madrid*, en 1699, in-fol., a été réimpr. dans la même ville en 1723 et en 1749, in-fol., et enfin en 1794, in-4.

M. Graesse cite deux traductions allemandes de cet historien, l'une par H. Fred. von Lehsten, *Rostock, Waltern*, 1653, in-8., laquelle a été réimpr. plusieurs fois à Francfort depuis 1658 jusqu'en 1705, in-8 ; l'autre anonyme, par Leonh. C. Rühlen. *Halle*, 1720, in-8.

— HISTORY of Alexander the Great, translated with notes (by Pratt). *Lond.*, 1809, 2 vol. in-8. 15 fr.

Les traductions anglaises de Q. Curce qui ont précédé celle-ci sont : 1° celle de John Brende, impr. à Londres en 1553 et en 1561, in-4., réimpr. en 1570, et depuis dans le format in-4. et in-16 ; 2° celle de Rob. Codrington, *London,* 1652, in-4., ou 1670, 1673, in-8. ; 3° celle de John Digby, en 2 vol. in-12, laquelle, après avoir été impr. plusieurs fois en 2 vol. a été revue par le rev. Young, *Lond.*, 1747, 2 vol. in-12 ; 4° *by several hands, with an epistle to Q. Mary by Nahum Tate.* London, 1690, in-8.

M. Graesse donne les titres des traductions suivantes : en hollandais, par A. Snell, *Amst.*, 1639 et 1648, in-8. ; dans la même langue, par J.-H. Glazemaker, *Amst.*, 1663, 1683, 1688, in-8. ; — en magyar, *Debreczenben*, 1619, in-8. ; — en polonais, par André Wargockiego, *Cracovie*, 1618, in-fol., ou 1763, 3 vol. in-8. ; — en russe, par Elias Kopyewitz, *Moscou*, 1704, ou *St-Pétersb.*, 1724, in-4. ; et par St. Kraschenninikoff, *St-Pétersb.*, 1750, 2 vol. in-8. ; —

en suédois, par Joh. Sylvio, *Stockh.*, 1682, et aussi 1695, in-8.

CURTIUS (*Lancinus*). Epigrammaton libri decem. (in fine) : *Mediolani apud Rochum et Ambrosium fratres de Valle impressores, Philippus Fayot faciebat.* M.D.XXI, in-fol. de XVI et 161 ff. chiffrés. [12718]

Cette première décade des épigrammes de Curtius doit être accompagnée d'une seconde sous ce titre : *Epigrammaton libri decem decados secundæ*, et qui a également paru chez les mêmes libraires, en 1521, de format in-fol.

Parmi ces *Epigrammata* de Lancinus, dit l'abbé de Saint-Léger, dans une de ses notices mss. sur les poëtes latins du moyen âge, il y en a de fort ordurières, et pour le fond des choses et pour les mots. Le libertinage le plus grossier y est exprimé en vers très-licencieux ; le vice de Sodome s'y trouve plusieurs fois mentionné comme un plaisir très-ordinaire : je n'ai donc pu qu'être bien étonné, ajoute ce savant, qu'un pareil *sottisier* ait été donné le 17 août 1683 pour prix à Gervais Desmoulins, écolier du collége des Grassins, à Paris, ce qui est certifié authentiquement en tête de l'exemplaire de l'abbaye de Saint-Germain-des-Prés, coté F, n° 157. Ajoutons que ce livre est non-seulement revêtu d'un privilége de notre roi François Ier, mais encore qu'il porte une permission apostolique.

— *Sylvarum libri decem. Mediolani, apud Rochum et Ambrosium fratres de Valle impressores Philippus Fayot Faciebat* 1521, in-fol. [12719]

Ce volume n'est pas moins rare que le précédent ; et bien qu'on lise à la fin : *Finis decados primæ*, c'est, je crois, le seul qui ait paru de ce recueil.

L'ouvrage suivant du même poëte (également en vers), quoique moins curieux que les deux autres, doit encore être cité à cause de sa grande rareté, et parce que Panzer n'en a pas parlé ; en voici le titre : *Lancini Curtii Mediolanensis Meditatio in Hebdomada Olivarum* (absque loci indicatione, sed *Mediolani apud Alex. Minutianum*), 1508, in-4., signatures a—i, lettres rondes. 40 fr. Riva.

CURTIUS (*Franciscus*). Incipit tractatus monetarum practicabilis et utilis tam lectoribus quam procuratoribus editus ab eximio iureconsulto Francisco Curtio. (in fine) : Explicit tractatus iste — *Papie impressus anno domini* M. CCCC. LXXXXV. *die xxx. octobris per suprascriptum dñm Franciscum curtium qui obiit anno suprascripto... de mense Julii*, in-fol. [4128]

L'auteur de ce traité en a composé plusieurs autres sur des matières de droit civil, mais aujourd'hui sans utilité ; nous décrivons celui-ci parce qu'il conserve encore un certain intérêt. Il en existe une autre édition dont la souscription porte :

Papie impressus anno... Mccclxxxxvij, die xiiij. mèsis octubris, per suprascriptum dominum qui obiit...

C'est, selon Hain, 5877, un opuscule in-fol. de 2 ff. à 2 col. de 66 lig. en caract. goth.

CURTIUS (*Ernst*). Peloponesos. Eine historisch-geographische Beschreibung der Halbinsel. *Gotha, J. Perthes*, 1851-52, 2 vol., in-8., avec des grav. sur bois et 80 cartes lith. et color. 32 fr. [27932]

CURTIUS ou Lecourt (*Ben.*). Arresta amorum. Voy. MARTIAL de Paris.

CURTIUS (*Alb.*). Voy. BRAHE (*Tycho*).

CUSA (*Nicolaus* de). Opuscula varia theologica, mathematica (*absque nota*), 2 tom. en 1 vol. in-fol. goth. de 102 et 169 ff. à 45 lignes par page, avec fig. géométriques.

Édition imprimée vers 1480, et dont le contenu est décrit dans le *Repertorium* de Hain, n° 5893. Deux exempl. ont été payés 31 thl. 1/3, et l'autre 15 thl. 1/2 à la vente Nauman.

ACCURATA recognitio trium voluminum clarissimi P. Nicolai Cusæ card. *Parisiis, ex offic. ascensiana,* M DXIIII, in-fol., payé 12 thl. 1/6 à la même vente.

— Ejusdem Opera. *Basileæ, H. Petri,* 1565, 3 tom. en 1 vol. in-fol. [18947]

6 fr. Soubise ; 24 fr. Labey ; 15 flor. Butsch. Ce célèbre écrivain du XVe siècle a marqué dans les sciences mathématiques autant et plus que dans la théologie. Son traité *De conjecturis novissimorum temporum* a été trad. en français par Fr. Rohier, évêque de Saint-Malo, *Paris, Mich. Vascosan,* 1562, in-8. — Réimpr. en lat. et en franç., à *Paris,* en 1733, in-4., et aussi sous ce titre :

CONJECTURE du cardinal de Cusa touchant les derniers temps (exposée en latin, avec une double traduction française et des remarques), avec la traduction d'une pièce du premier livre des Mélanges de Baluze, contenant la censure faite à Rome, en 1318, de LX articles extraits du commentaire de Pierre-Jean Olive sur l'Apocalypse, avec des remarques. *Amsterdam et Paris,* 1700, in-8. [1246]

CUSPIDIUS (*Lucius*). Ex reliquiis venerandæ antiquitatis. Lucii Cuspidii Testamentum. Item contractus venditionis antiquis Romanorum temporibus initus. *Lugduni, apud Gryphium,* 1532, pet. in-8. de 15 ff. [2571]

Cette pièce rare a été publiée par Fr. Rabelais, qui y a joint une épître dédicatoire adressée : *D. Almarico Buchardo,* et dans laquelle il dit qu'il a fait tirer 2000 exempl. de cet opuscule. C'est, à ce qu'on prétend, le premier ouvrage qu'il mis au jour ; mais, il faut l'avouer, son début n'a pas été heureux ; car, suivant Niceron (32, p. 373), le prétendu testament de Lucius Cuspidius avait été fabriqué par Pomponius Lætus, et le contrat de vente est une production de Jovianus Pontanus. Il n'est pas surprenant qu'après avoir été ainsi pris pour dupe en matière d'érudition, le joyeux auteur du Pantagruel se soit plus d'une fois diverti aux dépens des savants de son temps : au reste, Rabelais n'est pas le seul que cette pièce ait induit en erreur. Nous voyons dans Panzer, VII, p. 60, qu'elle a été réimpr. à *Fribourg, apud Joannem Emmeum,* 1533, in-8., avec une épître dédicatoire d'*Henricus Glareanus,* savant à qui l'on doit une édition d'Horace et un commentaire sur ce poëte, impr. à *Fribourg,* dans la même année 1533, in-8. (Consultez le *Dictionnaire histor.* de Prosper Marchand, article Bouchard, et les *Récréations histor.* de Dreux du Radier, I, 348.)

CUSTER (*Nonosius*). Dye legend vnd leben des heyligē sandt Keyser Henrichs der nach cristi vnsers hern geburt Tausent vnnd ein iar Romischer kunig erwelt worden ist... (à la fin) : *Nach Cristi*

Cussy (*Ferd.* de). Droit maritime, 2370. — Traités de commerce, 2386.

vnnsers herrn̄ gepurt, Funfftzehen hundert v̄n im Eylfften jare (1511) *ist dyese Legend des lebens der heiligen patron vnd Stieffter des löblichen stieffts Bamberg, sant Keyser Henrichs vnd seiner gemahel sant Kunigunden ausz latein in Tewtzsch durch dē geistlichē Herrn̄ Nonosiū Custer des Closters auff dem Monchperg sant Benedicten ordens getzogēn, Unnd durch mich Hansz Pfeyll daselbst getrückt,* pet. in-4. de 70 ff. goth. avec 16 fig. sur bois dont plusieurs sont répétées. [22190]

La figure qui est au recto du premier f. représente Henri et Cunégonde portant l'église de Bamberg. Il serait possible que le surnom de Custer que nous donnons ici comme celui de Nonosius n'ait été que celui de son titre dans le monastère de Saint-Benoît, auquel il était attaché. Un exemplaire impr. sur VÉLIN, avec 16 miniatures, 194 fr. Mac-Carthy.

CUSTODE (la) de la Reyne qui dit tout, en vers, 1649, in-4. 10 à 15 fr. [14199]

Pièce contre la reine-mère, Anne d'Autriche ; c'est une des plus rares des *Mazarinades.*

CUSTOME (New). A new Enterlude, no lesse wittie than pleasant intituled New Custome ; devised of late and for diverse causes now set forthe : never before this tyme imprented. *London, by William How for Abraham Veale,* 1573, in-4. goth.

Opuscule en vers hexamètres anglais, écrit dans le but de soutenir et propager la réforme religieuse. 11 liv. Roxburghe ; 15 liv. 15 sh. White Knights. Il est réimpr. dans Dodsley's *Collection of old plays* (Lowndes, p. 574).

CUSTOS (*Dominique*). Atrium heroicum cæsarum, regum, aliorumque summatum, ac procerum qui intra proximum sæculum vixere aut hodie supersunt ; calcografo et editore Dom. Custode. *Augustæ-Vindelicor.,* 1600-1602, 4 part. en 1 vol. in-4. [30454]

Recüeil qui donne une juste idée du mérite de Dom. Custos et de ses fils, comme graveurs. La première partie contient 72 pl. ; la seconde, 31 ; la troisième, 40 ; et la quatrième, 33 (Cicognara, n° 1984.)
On doit aux mêmes artistes : *Effigies piorum et doctorum aliq. virorum ad vivum delineatæ,* Augustæ Vindel., 1594, in-fol. ; et *Tyrolensium principum et comitum geminæ icones. Ibid.,* 1600, in-fol.—Voy. FUGGERORUM Icones, et SCHRENCK.

CUTHENUS ou Kuthen (*Martin*). Kronika. o založenj země české a prwnjch obywateljch zeumě. *w Praze,* 1535, in-4. fig. [26490]

Première chronique écrite en langue bohême ; elle va jusqu'au règne de Ferdinand Ier, en 1527, et les figures qu'elle contient représentent les ducs et rois de Bohême, et en outre Ziska, Hus et Hieronymus. Il y a une seconde édit. donnée par Weleslawin, Prague, 1585, in-4., et une troisième due

aux soins de Kramerius, même ville, 1817, in-8. Les fig. de l'édit. de 1527 ont été reproduites dans l'ouvrage du même auteur, intitulé : *Catalogus ducum regumque Bohemiæ,* Pragæ, 1540, in-4. (Graesse, *Trésor,* II, p. 314).

CUVELIER. Chronique de Bertrand Duguesclin, par Cuvelier, trouvère du XIVe siècle, publiée pour la première fois par E. Charrière. *Paris, impr. de F. Didot,* 1839, 2 vol. in-4. 24 fr. [13230]

Cette chronique, en vers monorimes, paraît avoir été faite d'après la chronique romanesque en prose dont nous parlons à l'article DUGUESCLIN.

CUVIER (le baron *Georges-Léop.-Chrét.-Fréd.-Dagobert*). Recherches sur les ossements fossiles, où l'on rétablit les caractères de plusieurs animaux dont les révolutions du globe ont détruit les espèces ; nouv. édition entièrement refondue et considérablement augmentée. *Paris, Gabr. Dufour,* 1821-24, 5 vol. gr. in-4., avec 284 grav. et le portrait de l'auteur. 70 à 80 fr. et plus en pap. vél. [5682]

Ouvrage d'une grande portée. La première édition, extraite des *Annales du Muséum d'histoire naturelle,* a paru en 1812, et forme 4 vol. in-4. La troisième, conforme à la seconde (excepté dans le discours préliminaire), *Paris, Dufour et D'Ocagne,* 1825-26, 5 vol. gr. in-4., fig., s'est publiée en sept livraisons à 60 à 80 fr. et plus en pap. vélin. Le discours préliminaire de cette édition, qui s'annexe aussi à la précédente, a été imprimé séparément sous le titre suivant : *Discours sur les révolutions de la surface du globe et sur les changements qu'elles ont produits dans le règne animal ; troisième édition.* Paris, Dufour, 1825, gr. in-8. et in-4. [4587] Pap. vél. 15 fr. et 30 fr. Ce morceau est un brillant résumé du système de l'auteur : la 7e édition a paru en 1840, et la nouv. édition avec des notes et un appendice rédigé par M. le Dr Hoefer, *Paris, F. Didot,* 1851, gr. in-8. avec 6 pl. et 2 tableaux gr. in-8., 7 fr.

—Les mêmes Recherches ; 4e édition, revue et complétée par un supplément laissé par l'auteur, avec l'éloge de Cuvier, par M. Laurillard. *Paris,* 1834, 10 vol. in-8. et 2 vol. in-4. de pl. 80 fr.

— DESCRIPTION géologique des environs de Paris, par MM. Cuvier et Alex. Brongniart ; nouvelle édition dans laquelle on a inséré la description de plusieurs lieux de l'Allemagne, de la Suisse, de l'Italie, qui représentent des terrains analogues à ceux du bassin de Paris, par M. Alex. Brongniart. *Paris, Dufour,* 1822, in-4., avec 2 cartes et 16 planches. La première édition de cet ouvrage a paru en 1811 sous le titre d'*Essai sur la géographie minéralogique des environs de Paris,* in-4.; celle-ci forme la seconde partie du second volume du grand ouvrage précédent, dans la deuxième et la troisième édition.

— Le Règne animal distribué d'après son organisation, pour servir de base à l'histoire naturelle des animaux et d'introduction à l'anatomie comparée ; nouvelle édition, accompagnée de planches gra-

---

Custine (le marquis de). Mémoires et voyages, 20101. — L'Espagne sous Ferdinand VII, 26103. — La Russie, 27742.

Cutter (*H.-B.-C.*). Vocabulary and phrases in english and A'sa'mese, 11822.

vées représentant les types de tous les genres, les caractères distinctifs des divers groupes, et les modifications de structure sur lesquelles repose cette classification, publiée par MM. Audouin, Blanchard, Deshayes, d'Orbigny, Duvernoy, Dugès, Laurillard, Milne Edwards, Roulin et Valenciennes. *Paris, Vict. Masson,* 1836-49, 11 vol. gr. in-8., avec 11 atlas contenant ensemble 993 pl. 590 fr. — pl. color. 1310 fr. [5668]

Ce grand et bel ouvrage a été publié en 262 livraisons, et forme dix sections qui se vendaient séparément, savoir :

Mammifères, 121 pl. en 31 livraisons. — Oiseaux, 102 pl. en 27 livr. — Reptiles, 46 pl. en 13 livr. — Poissons, 122 pl. en 32 livr. — Mollusques, 152 pl. en 30 livr. — Crustacés, 87 pl. en 23 livr. — Insectes, 202 pl. en 55 livr. — Arachnides, 31 pl. en 9 livr. — Annélides, 30 pl. en 8 livr. — Zoophytes, 100 pl. en 25 livr.

Chaque livr. 2 fr. 25 c. ; — fig. color., 5 fr.

La première édition du *Règne animal* est celle de *Paris,* 1816, 4 vol. in-8. ; il y en a une seconde, revue et augmentée, *Paris, Deterville,* 1829-30, 5 vol. in-8., dont les deux derniers sont de Latreille. Avant de donner cet ouvrage, G. Cuvier avait fait paraître son *Tableau élémentaire d'histoire naturelle des animaux,* Paris, an VI (1798), in-8.

— THE animal kingdom, described and arranged in conformity with its organization, by the baron Cuvier; with additional descriptions of all the species hitherto named, of many not before noticed, and other original matter, by Edward Griffith and others. *London,* 1827, and foll. years, 16 vol. pet. in-8.

Cette collection se divise en plusieurs séries : *Mammalia,* 12 part. en 5 volumes, avec environ 200 pl. — II. *Aves,* 9 part. en 3 vol. — III. *Reptilia,* 1 vol. — IV. *Insecta,* 1832, 7 part., 2 vol. in-8., avec 140 pl. — V. *Annelida, Crustacea and Arachnida,* 1 vol. avec 60 pl. — VI. *Mollusca and Radiata,* 1 vol. avec 64 pl. — VII. *Pisces,* 1 vol. avec 60 pl. — VIII. Supplément : *Fossil remains of the animal kingdom,* 1 vol. — *The Classified index to the whole work,* 1 vol.

Il y a des exempl. en gr. in-8. avec planches, soit en noir soit coloriées, et aussi des exempl. demi-in-4., fig. sur pap. de Chine.

— ICONOGRAPHIE du règne animal. Voyez GUÉRIN.

— Mémoires pour servir à l'histoire et à l'anatomie des mollusques. *Paris, Deterville,* 1817, in-4. avec 35 pl. 40 fr. [6123]

Ce volume se compose en grande partie de Mémoires déjà publiés dans les *Annales du Muséum d'histoire naturelle.*

— Histoire naturelle des poissons, ouvrage contenant plus de cinq mille espèces de ces animaux, décrits d'après nature et distribués conformément à leurs rapports d'organisation ; avec des observations sur leur anatomie et des recherches critiques sur leur nomenclature ancienne et moderne. *Paris et Strasbourg, Levrault,* 1828-49, 22 vol. in-8. [5871]

Ce grand ouvrage, dans lequel M. Cuvier a eu d'abord pour collaborateur et ensuite pour continuateur

M. Valenciennes, est complet en 22 vol. avec 35 livraisons contenant 650 pl. gravées. Chaque vol. in-8., avec un cah. de 15 à 20 pl., coûtait 13 fr. 50 c., et en pap. caval. vél., pl. color., 28 fr. La livraison in-4., représentant un vol. de l'in-8, se vendait 18 fr., et 10 fr. de plus avec les pl. color.

LEÇONS d'anatomie comparée de G. Cuvier, publ. par MM. Duméril, Laurillard et Duvernoy; 2e édit., corrigée et augmentée. *Paris, Fortin-Masson,* 1836-1846, 8 tom. en 9 vol. in-8. 30 fr. [6666]

La première édition, *Paris, Baudouin,* an VII-XII (1800-5), 5 vol. in-8., était devenue rare.

RAPPORT historique sur les progrès des sciences physiques et naturelles depuis 1789, et sur leur état actuel. *Paris,* 1810, in-4. et gr. in-8. [30072]

Réimpr. à *Paris,* en 1827, in-8. 6 fr. et avec une continuation, *Paris, Baudouin,* 1829-36, 5 vol. in-8.

HISTOIRE des sciences naturelles depuis leur origine jusqu'à nos jours, chez tous les peuples connus, professée au collége de France par G. Cuvier; complétée, rédigée, annotée et publiée par M. Magdeleine Saint-Agy, *Paris, Masson,* 1841-44, 5 vol. in-8. 30 fr. [4457]

RECUEIL d'éloges historiques lus dans les séances publiques de l'Institut royal de France. *Strasbourg et Paris, Levrault,* 1819-27, 3 vol. in-8. 18 fr. [30297]

— Lettres à C. M. Pfaff, 18909.

— Voy. CHORIS.

CUVIER (*Fréd.*). Les Dents des mammifères, considérées comme caractères zoologiques. *Paris, Levrault,* 1825, in-8. avec 103 pl. 40 fr. [5668]

— Les cétacées, 5899.

— Voy. GEOFFROY Saint-Hilaire.

CUYCKIUS (*Henr.*). Speculum concubinariorum sacerdotum, monachorum ac clericorum. *Coloniæ,* 1599, pet. in-4. 5 à 8 fr. [3198]

Le titre singulier de ce livre semble indiquer une satire contre l'Église romaine ; cependant, selon Crevenna, *Catal. raisonné,* tome VI, additions, p. 22, l'ouvrage est très-orthodoxe.

L'édition de *Cologne,* 1605, in-8. 3 à 5 fr.

CUZARI ou Guzari. Voy. COSRI.

CUZZI (*Claude* de). Philologue dhonneur, faict et presente a Mgr. Charles de Bourbon, duc de Vendosme, et a Loys cardinal de Bourbon, par Claudé de Cuzzi. *Paris, Rue neuue Nostre-Dame, a lenseigne de St. Jean Baptiste* (1537), in-16 de 8 et lxxxviii ff. chiff., avec des fig. en bois. [13391]

Ouvrage en prose et en vers, imprimé en belles lettres rondes ; il est devenu rare, mais il a peu d'intérêt : 2 fr. Mac-Carthy ; 20 fr. 50 c. *m. bl.* Librairie De Bure ; 19 fr. 50 c. Crozet.

CYBOLE (*Rob.*). Voy. CIBOLE.

CYCLICA carmina. De cyclo Græcorum epico et poetis cyclicis scripsit, eorum fragmenta collegit et interpretatus est Carolus-Guill. Müller; cum tabula (iliaca) lapidi inscripta. *Lipsiæ, sumptibus Aug.*

Lehnholdi, 1829, in-8. de XVI et 188 pp., avec une planche. [12259]

Cet ouvrage avait été précédé d'une dissertation de Fr. Wüllner, sous ce titre :

DE CYCLO epico poetisque cyclicis commentatio philologica : accedunt excerpta ex Procli chrestomathia, et fragmenta aliquot cyclicorum carminum. *Monasterii, Coppenrath*, 1825, in-8. de VI et 98 pp.

Citons encore :

DE CARMINIBUS cypriis commentatio : scripsit Rud. I. F. Henrichsen. *Hauniæ, Schultz*, 1828, in-8. de 112 pp.

THEBAIDIS cyclicæ reliquiæ : disposuit et commentatus est Ern.-Lud. de Leutsch. *Gottingæ, Dieterich*, 1830, in-8. de VI, de 81 pp. et addenda et corrigenda, 1 p.

— Voir le nº 12258 de notre table méthodique.

CYDONIUS Demetrius. Voy. DEMETRIUS.

CYMBALUM mundi. Voy. DES PERIERS (*Bonav.*).

CYMETYERE des malheureux. Voy. DESMOULINS.

CYNTHIO (*Aloyse*) degli Fabritii. Voyez FABRITII.

CYNTHIO (*Hercule*). Opera nova che insegna cognoscere il fallace Donne, e quelle insegna amare, composta per Hercule Cynthio. (*senza luogo ed anno*), in-4. de 4 ff. à 2 col. de 44 lig., lettres rondes, avec 1 fig. en bois. [14940]

Pièce en *ottava rima*, impr. au commencement du XVIᵉ siècle. (La Valliere, 3548, art. 7.)

CYPRIANUS (S.). Divi *Cæcilii* Cypriani opera, ad veritatem vetustt. exemplarium summa fide emendata, addito etiam quinto epistolarum libro, antea nunquam edito. *Romæ*, 1563, *apud Paulum Manutium Aldi F.*.in fol. [972]

Édition belle et rare, mais qui, ayant été effacée par d'autres plus complètes, ne conserve quelque prix que pour la collection des Alde.

L'édition de N. Rigault, *Paris*, 1648, in-fol., est à bas prix. Elle a été réimpr. avec des augmentations par les soins de Phil. Le Prieur, *Paris*, 1666 et 1679, in-fol.

Nous citerons encore l'édition de J. Fell, avec les *Annales Cyprianici* de J. Pearson, *Oxonii*, 1682, in-fol., à laquelle on ajoute les *Dissertationes Cyprianicæ* d'Heur. Dodwell, impr. d'abord séparément à *Oxford*, 1684, in-8., et réimpr. in-fol. Il y en a des exempl. en Gr. Pap., mais ils ne sont pas chers, non plus que l'édit. d'*Amsterd.*, 1700, in-fol., qui est une répétition de celle d'Oxford.

—Ejusdem Opera, recognita studio et labore Steph. Baluzii, absoluta ac præfatione et vita Cypriani adornata, opera unius e congr. S. Mauri (Prud. Maran). *Parisiis, e typogr. reg.*, 1726, in-fol. 36 à 40 fr., et plus en Gr. Pap.

Bonne édition, et bien préférable à la réimpression qui en a été faite à Venise, 1728, in-fol. — C'est le texte de 1726 que reproduit l'édition de Besançon, Gauthier, 1837, in-8. et in-12.

DIVI CÆCILII Cypriani Opera omnia, accessit J. Firmici de errore profanarum religionum tractatus ; juxta Baluzii et Regallii editiones. *Lugduni et Parisiis, Perisse*, 1847, in-8.

—S. Cypriani Epistolæ et opuscula (ex recensione Joan. Andreæ, episc. aleriensis). *Romæ, Conrad. Sweynheym et Arnold. Pannartz*, 1471, pet. in-fol. de 183 ou 184 ff., à 38 lig. par page. [974]

Édition regardée comme la première de ces lettres, avec date. Elle commence par 3 ff., dont les 2 premiers contiennent l'épître de Jean André à Paul II, et le 3ᵉ la table des lettres et opuscules : vend. 71 fr. Gaignat ; 150 fr. La Valliere ; 33 flor. Crevenna ; 48 fr. mar. bl. Mac-Carthy ; 145 fr. Costabili.

— *Eædem. Venetiis, apud Vindelinum spirensem*, 1471, in-fol. de 182 ff., à 37 lig. par page.

Belle édition qui paraît faite sur la précédente ; le volume commence par 2 ff. de table, et finit au verso du dernier f. par la souscription :

Loquitur lector ad Vindelinum spirensem, etc.

Vend. 250 fr. La Valliere ; 100 fr. Soubise ; 150 fr. Brienne-Laire ; 85 fr. Duriez ; 1 liv. 1 sh. Heber ; 20 fr. Boutourlin.

Un exemplaire impr. sur VÉLIN, 1600 fr. Brienne-Laire, retiré à 365 fr. et offert depuis à 1000 fr. Mac-Carthy ; 44 liv. Hibbert. Un autre se conserve à la Bibliothèque impériale.

Magné de Marolles (dans son Manuel manuscrit) prétend que ces deux éditions contiennent beaucoup de passages originaux que Baluze a été obligé de soustraire ou de changer dans la sienne.

— *Eædem. (absque nota)*, pet. in-fol. goth. de 218 ff., à 40 lig. par page.

Édition que l'on croit avoir été impr. à Cologne, en 1476. Elle commence par 18 ff. de table, sous les sign. A. B., suivis d'un 19ᵉ f. ayant pour titre : *Ex libro beati iheronimi de viris illustribus de beato Cipriano*. Les épîtres de saint Cyprien occupent les signatures A 1 jusqu'à R. On trouve à la suite une partie séparée, qui comprend les signatures A—D, et qui a pour intitulé : *Incipit prologus in libros beati Cipriani martiris contra iudeos, etc.* ; à la fin est la souscription : *explicit liber icius Cecilii Cipriani, etc.* Vend. 240 fr. La Valliere, sans avoir conservé sa valeur.

— LIBRI ad Donatum, de dominica oratione, de mortalitate, ad Demetrianum, de opere et eleemosynis, de bono patientiæ et de zelo et livore. Ad codicum mss. vetustissimorum fidem recognovit et adnotatione critica instruxit Jo. Georgius Krabinger. *Tubingæ, H. Laupp*, 1859, in-8. VIII et 319 pp. 6 fr.

— Cypriani, Hilarii aliorumque veter. patrum lat. opuscula, nunc primum edita (a Joan. Chrysost. Trombelli). *Bononiæ*, 1751, in-4.

— OEuvres complètes de saint Cyprien, évêque de Carthage, traduction nouvelle, précédée d'une notice historique sur la vie du saint docteur, et accompagnée de remarques critiques par M. N.-S. Guillon. *Paris, Angé*, 1837, 2 vol. in-8. 12 fr.

On avait déjà une traduct. française de S. Cyprien, par P. Lombert, *Paris*, 1672, ou *Rouen*, 1716, in-4.

— DEUX TRAITEZ contre les basteleurs, joueurs de farces, pippeurs de dez et de cartes, trad. en françois par Jacques Tigeou. *Paris*, 1574, in-8.

Ce volume est rare, et, réuni à une autre pièce, il a été vendu 23 fr. en mai 1841 ; seul, et sous la date de 1578, pet. in-8. de 31 pp. et le privilége, 8 fr. 50 c. mar. bl. de Soleinne ; sous celle de *Paris, Nic.*

Chesneau, 1584, en *mar. bl.* 25 fr. Veinant. On n'aurait pas donné le même prix des œuvres entiè-res de S. Cyprien, trad. par le même Jacques Tigeou, et impr. également chez Nic. Chesneau, à Paris, en 1574, in-fol.

Voici l'indication d'une traduct. de deux opuscules du saint évêque de Carthage, qui n'est pas plus com-mune que la précédente :

TRAITÉ de S. Cyprian, du mal qu'apportent l'en-vie et la jalousie du bien d'autruy, avec un autre traité du même, touchant la discipline et les habits des filles, trad. en français par Lambert Daneau. *Orléans, Eloy Gibier*, 1566, pet. in-8. — Voy. TER-TULLIEN.

— Singularité des clercs, 975.

DE DOUZE manières d'abus qui sont dans ce monde, en diuerses sortes de gents, et du moyen d'iceux corriger, et s'en donner garde : traité fort utile et beau, extraict des œuures de S. Cyprian, nouuellement reueu et corrigé, ensemble les 12 rè-gles de M. Jan Pic de Mirandole. *Paris, de l'im-primerie de Federic Morel*, 1577, pet. in-8.

CYPRIEN (l'Archimandrite).Histoire chro-nologique de l'île de Chypre, en grec vulgaire. *Venise*, 1788, in-4. [28021]

Vendu 24 fr. Villoison.

CYRAN (l'abbé de Saint). Voy. QUESTION.

CYRANO de Bergerac (*Savinien*). Ses Œu-vres. *Paris, Ch. de Sercy*, 1676 et aussi 1681, 2 vol. in-12. [16431 ou 19072]

Ces deux éditions renferment les différents ouvrages de Cyrano de Bergerac, que Ch. de Sercy avait déjà publiés plusieurs fois séparément, savoir : 1° les *OEuvres diverses* (contenant les *Lettres de M. de Bergerac*, les *Lettres satyriques du même*, les *Lettres amoureuses*, et le *Pédant joué*), 1654, 2 part. en 1 vol. in-4. de 4 ff. prél. et 294 pp. pour la première partie, et 2 ff. non chiffrés, 167 pp. pour la seconde, et de plus 2 ff. pour le privilége; 2° l'*Histoire comique ou Voyage de la lune*, impr. d'abord sans date, vers 1650, in-12, et réimpr. dans le même format, à Paris, en 1656, en 1659, en 1661, etc.; 3° *Nouvelles œuvres, contenant l'his-toire comique des Estats et Empires du Soleil et autres pièces divertissantes*, impr. d'abord à Pa-ris en 1662, in-12. Tout ce qui précède a été réimpr. sous le titre d'*OEuvres diverses*, à *Amsterdam, chez Daniel Pain*, en 1699, 2 vol. in-12 avec fig.; édition dont il y a des exempl. in-8. sur pap. fort, et aussi à *Amsterdam (Rouen), Jacq. Desbordes*, 1719, 3 vol. in-12, fig.; enfin, à Paris, sous la date d'*Amsterd., Jacq. Desbordes*, 1741 (et aussi 1761), également en 3 vol. in-12.

Aucune de ces éditions n'a encore acquis de prix dans le commerce, quoiqu'un exemplaire de celle de 1681, rel. en *mar. r.*, ait été payé 30 fr. à la vente de Soleinne, et plus cher depuis. On en peut dire autant de plusieurs autres éditions citées par M. Paul Lacroix dans la notice sur Cyrano, qu'il a placée à la tête de l'édition de l'*Histoire comique des Etats et empires de la lune et du soleil*, pu-bliée chez *Adolphe Delahays, à Paris*, en 1857, in-16 et aussi gr. in-18. Il est dit dans cette notice que la *Mort d'Agrippine*, tragédie de Cyrano de Bergerac, impr. pour la première fois par Ch. de Sercy (en 1654, in-4. de 4 ff. 107 pp. avec un front. gravé, et 1 f. pour le privilége), a été réimpr. pour le même libraire, en 1656, 1661 et 1666, in-12. Le *Pédant joué*, comédie du même poëte, a été assez souvent mis sous la presse, car, indépendamment de l'édit. de 1654, in-4., déjà décrite, on en cite des réimpressions de Paris, 1654, 1658, 1664, 1671, 1683, in-12, et de plus, une de Lyon, 1663, et une de Rouen, 1678, même format.

Citons encore :

ŒUVRES comiques, galantes et littéraires de

Cyrano de Bergerac, nouv. édition revue et publiée par P. L. Jacob, bibliophile. *Paris, Adolphe De-lahays*, 1858, in-16, et aussi gr. in-18, pour faire suite à l'*Histoire comique*.

CYRIACI [Pizzicoli] anconitani inscriptio-nes, seu epigrammata græca et latina reperta per Illyricum. (*Romæ*, 1747), in-fol. 12 à 18 fr. [29990]

Vendu 31 fr. Villoison. L'ouvrage suivant doit être joint à celui-ci :

COMMENTARIORUM Cyriaci anconitani nova frag-menta notis illustr. ab Annibale de abbatibus Oli-vero, stud. Pomp. Compagnoni. *Pisauri*, 1763, in-fol. Vend. 15 fr. Dutheil. [29991]

Les inscriptions recueillies par Cyriaque Pizzicoli d'Ancône ont été impr. par les soins de Ch. Moroni, bibliothécaire du cardinal Franç. Barberini l'ancien (à Rome, 1645), in-fol., 44 pp. sans titre (Ebert, 5000) ; mais cette édition ne fut alors ni achevée ni publiée. *Fabricius, Biblioth. mediæ et infimæ la-tinitatis* (édit. de Mansi, I, p. 446), n'en connaissait que 34 pages. Il paraît que c'est cette ancienne édi-tion à laquelle, selon Ebert, on a mis un nouveau titre daté de Rome, 1747 ou 1749.

— KYRIACI anconiati itinerarium, nunc primum in lucem erutum ; editionem recensuit... nonnullis-que ejusd. Kyriaci epistolis locupletavit Laur. Me-hus. *Florentiæ*, 1742, in-8. 5 à 6 fr. [20165]

CYRILLI (*Domin.*) plantarum rariorum regni neapolitani fasciculi II. *Neapoli*, 1788-92, 2 part. in-fol., avec 12 planch. color. dans chacune. [5112]

— Cyperus papyrus. *Parmæ, in ædibus palatinis* (*Bodoni*), 1796, gr. in-fol., avec 2 fig. 6 à 9 fr. et plus en pap. vél. avec les pl. color. [5429]

CYRILLUS (S.), Alexandriæ archiepisc. Opera omnia, gr. et lat., cura et studio Joan. Auberti. *Lutetiæ, regiis typis*, 1638, 7 vol. in-fol. [642]

Cette édition a été, jusqu'en 1859, la seule qu'on eût de ce Père. Elle est peu correcte, et le papier or-dinaire en est fort médiocre. Vend. 128 fr. Mérigot; en demi-rel. jusqu'à 419 fr. en octobre 1857; en *veau*, 400 fr. 3° vente Quatremère.

— Opera, gr. et lat., editio parisiensis altera duobus tomis auctior et emenda-tior; accurante et recognoscente J.-P. Migne. *Petit-Montrouge, Migne*, 1859-60, 10 vol. gr. in-8. à 2 col.

Les 10 vol. coûteront 100 fr.

— Opus insigne beati patris Cyrilli patriar-che Alexandrini in evangelium Joannis : a Georgio Trapezontio traductum. *Pa-risiis, Wolfg. Hopilius*, 1508, in-fol.

Un exemplaire imprimé sur VÉLIN se conserve à la Bibliothèque Mazarine.

S. CYRILLI Alexandriæ episcopi commentarii in Lucæ evangelium quæ supersunt, syriace, e ma-nuscriptis apud museum britannicum, edidit Ro-bertus Payne Smith. *Oxonii, Parker*, 1858, in-8. de XXII et 447 pp. 22 sh.

— Homélies, 943.

CYRILLUS (S.), hierosolymit. Opera quæ extant omnia, et ejus nomine circumfe-runtur gr. ad mstos codd. castigata, dis-sertationibus et notis illustrata, cum nova interpretatione et copiosis indicibus; cura et studio Ant.-Aug. Touttée. *Parisiis, typ. Jac. Vincent*, 1720, in-fol. 30 à 40 fr. et plus en Gr. Pap. [399]

Édition publiée après la mort de D. Touttée, par les soins de D. Prud. Maran. Elle laisse beaucoup à désirer, ainsi que le prouve un opuscule intitulé : *Sal. Deyling dissertatio : Cyrillus hieros. a corruptelis Touttæi aliorumque purgatus*, Lipsiæ, 1728, in-4. (réimpr. dans les *Obss. sacr.*, V, 116-178).

Le S. Cyrille de D. Touttée a été réimpr. à Venise, en 1763, in-fol.

La belle édition grecque et latine de ce Père, donnée à Oxford, en 1703, in-fol., par les soins et avec les notes de Th. Milles, ne se paye en Angleterre que de 10 à 15 sh., et le double en Gr. Pap. On la recherche peu ici.

— OPERA quæ extant omnia, gr. et lat. : accedunt Petri II, Timothei, Alexandrinorum præsulum, Apollinari Laodiceni, Diodori Tarcensis scripta vel scriptorum fragmenta quæ supersunt. *Petit-Montrouge*, *Migne*, 1857, gr. in-8. 12 fr.

Œuvres complètes de saint Cyrille, patriarche de Jérusalem, traduites du grec, avec des notes historiques et critiques, par M. Ant. Faivre. *Lyon, Pélagaud*, et *Paris, Poussielgue*, 1844, 2 vol. in-8. 12 fr.

— Catéchèses, 900.

CYRILLUS (S.). Apologi morales, ex antiquo manuscr. cod. nunc primum editi, per Balthasarum Corderium. *Viennæ-Austriæ*, 1630, pet. in-12. 3 à 4 fr. [16938]

Cette édition, malgré le *nunc primum editi* que porte son titre, n'est pas la première de ces fables, traduites du grec en latin, puisqu'il en existait plusieurs dès la fin du XVe siècle.

M. Adry, qui a fait insérer, dans le tome II du Magasin encyclopédique, année 1806, une savante dissertation sur ces fables et leur auteur, regardait comme la première édition celle dont voici le titre : *Speculum sapientiæ beati Cirilli episcopi, alias quadripartitus apologeticus vocatus, etc.*, in-4. goth. de 119 ff., suivis du *Speculum* de saint Bernard, cah. de 8 ff. à 26 lig. par page; toutefois, les deux opuscules décrits par ce savant ont été imprimés en Allemagne, de 1475 à 1480, et il existe certainement des édit. plus anciennes du *Speculum* de S. Cyrille; de ce nombre sont les trois suivantes :

1° In-fol. goth. de 61 ff. à 34 lig. par page, sans chiffr., récl. ni signat., attribué à Mich. Wensler, imprimeur à Bâle en 1473 (Panzer, I, 196). Vend. 15 fr. La Valliere ; 20 fr. Brienne-Laire ; 50 fr. *m. r.* en octobre 1825 ; 5 sh. Heber.

2° Pet. in-fol. de 42 ff. à 40 et 41 lig. par page, sans chiffr., récl. ni signat., caractères d'Eggesteyn, selon Panzer, I, 84; ou caractères de Conr. Fyner, selon Laire : vend. 6 fr. Brienne ; 19 fr. Chateaugiron ; 17 sh. Heber.

3° INCIPIT quadripartitus apologeticus Cyrilli episcopi de greco in latinum translatus qui relucet moraliter in philosophia ethica per quatuor virtutes cardinales et morales. (*sine loci, anni et typogr. nomine*), in-fol. goth. de 45 ff. à 2 col. de 40 et 41 lig. par page, la dernière n'en a que 26, avec des signat. jusqu'à F.

Nous avions jugé cette édition moins ancienne que les deux autres, parce qu'elle a des signatures; mais

voici ce que l'on en dit dans la *Biblioth. grenvil.*, p. 176. C'est indubitablement la première édition, parce qu'elle n'a ni la table ni les chiffres aux chapitres qui se trouvent dans les deux autres éditions impr. à Bâle, et que la souscription est d'ailleurs tout à fait différente. Dans cette édition, les chapitres XIV, XV et XVI du troisième livre, et les chapitres VII et VIII du quatrième livre sont autrement disposés que dans les deux autres éditions. Celle-ci a probablement été imprimée par Koelhoff, à Cologne.

L'auteur de ces fables est célèbre chez les peuples slaves, dont il a été l'apôtre. C'est à lui qu'on attribue l'alphabet slavon, appelé cyrulique, et aussi la traduction de la Bible dans la même langue, imprimée pour la première fois à Ostrog, en 1581 (voir la col. 902 de notre premier volume).

CYRILLUS. Cyrilli, Philoxeni aliorumque veterum glossaria latino-græca et græco-latina, a Car. Labbæo collecta (edidit et præfationem adjecit Car. Du Fresne du Cange). *Lutetiæ-Parisior.*, 1679, in-fol. 10 à 12 fr. [10696]

Vend. en Gr. Pap. 18 fr. de Cotte.

— Nova editio auctior. *Londini, Valpy*, 1817-19, 2 part. en 1 vol. in-fol.

Cette édition, dont la préface est accompagnée d'observations et de notes de l'éditeur, fait partie du *Thesaurus linguæ græcæ*, publ. à Londres par Valpy (voy. ESTIENNE). Elle se vendait séparément 2 liv. 2 sh. Le Cyrillus, auteur du premier de ces glossaires, est, à ce que l'on croit, le même que celui qui précède.

CYRNÆUS (*Petrus*). Voyez CIRNEO.

CYROMENTIA (Die Kunst). V. HARTLIEB.

CYRUS. Consilium sapientissimi Cyrri Regis Persarum in vitæ exitu (au recto du f. ac. 3) : Testamentum Cyrri Persarum regis fortunatissimi simul et sapientissimi per Andream Magnanimum Bononiensem cöversum. (à la fin) : *Bononiæ per Platonĕ de Benedictis Anno Domini* M. CCCC. LXXXIV. Die vero III Iulii, in-4.

Cet ouvrage est en italien, mais les titres ci-dessus sont en latin et en lettres capitales (Molini, *Operette*, 111-12).

CZAREWITZ Chlore (le), conte moral de main impériale et de maîtresse (par Catherine II, revu et publié par Formey). *Berlin, Nicolaï*, 1782, in-8. de 42 pp. [17357]

Cet ouvrage n'est pas commun en France; mais son seul mérite est d'avoir pour auteur une impératrice de Russie. Vend. 30 fr. *mar. citr.* Caillard ; 17 fr. *m. v.* Pixerécourt ; 10 fr. Librairie De Bure ; 42 fr. *non rogné*, Riva.

Czærnig (*K.* von). Ethnographie der österreich. Monarchie, 26419.

Czynsky (*J.*). Kopernik, 8256.

D

DABISTAN (Le). Voy. Fani.

D'ABUNDANCE, ou D'Abondance. Voyez Abundance, et Moralité.

DACH (*Simon*). Chur-Brandenburgische. Rose, Adler, Löw und Scepter. *Kœnisberg* (1661), in-4. [15526]

Ce volume est coté à 25 thl. et à 75 fr. dans des catalogues de libraires allemands. On y trouve les deux drames intitulés : *Cleomedes* et *Sorbuisa*, lesquels font partie des *Poetische Werke* du même auteur, *Kœnigsberg*, 1696, gr. in-4. S. Dach a donné sous le nom de Chasmindo, *Kurzweiliger zeitvertreiber...* 2e édit., 1668, in-12, ou 3e édit., 1678, et 5e édit., 1700, in-12, ces dernières avec des additions.

D'ACHERY (*Lucas*). Spicilegium, sive collectio veterum aliquot scriptorum qui in Galliæ bibliothecis delituerant, olim editum opera et studio L. D'Achery; nova editio priori accuratior et infinitis prope mendis ad fidem mss. cod. quorum varias lectiones S. Baluze ac R. P. Edm. Martene collegerunt, expurg. per Lud.-Fr.-Jos. De La Barre. *Parisiis, Montalant*, 1723, 3 vol. in-fol. [818]

Collection de pièces qui se rapportent soit à la théologie et à l'histoire ecclésiastique, soit à l'histoire de France. La première édition a été donnée à Paris, de 1655 (aussi 1665) à 1677, en 13 vol. in-4., mais celle de 1723 est rangée dans un meilleur ordre, et a reçu quelques augmentations. On y réunit un autre recueil qui a pour titre :

Vetera analecta, sive collectio veterum aliquot operum et opusculorum... cum itinere germanico, annotationibus et aliquot disquisitionibus Joan. Mabillon : nova editio, cui accessere ejusd. J. Mabillon vita et aliquot opuscula (curante L.-F.-J. De La Barre). *Paris, Montalant*, 1723, in-fol. [819]

Les 4 volumes se payaient dernièrement de 80 à 100 fr. Un exempl. des trois premiers en Gr. Pap. a même été vendu 122 fr. salle Silvestre, en 1842.

Les *Analecta* de J. Mabillon ont été impr. pour la première fois à *Paris*, de 1675 à 1685, en 4 vol. in-8. 24 fr. Abrial.

Quelques personnes préfèrent les éditions originales de ces deux collections à celles qu'a données De La Barre, à qui on reproche d'avoir tronqué les préfaces de ces deux savants religieux, et d'avoir fait aux textes des corrections qui ne sont pas toujours heureuses. Voilà pourquoi l'édition in-4. du D'Achery a été vendue 80 fr. Abrial.

— Acta sanctorum ord. S. Benedicti. Voy. Mabillon.

DACIER (*André*). Bibliothèque des anciens philosophes. *Paris*, 1771, 9 vol. in-12. [3332]

Ces 9 volumes contiennent : la vie de Pythagore, ses Symboles et ses Vers dorés; la vie d'Hiéroclès, et ses commentaires sur les Vers dorés, 2 vol. — Œuvres de Platon (dialogues, trad. par Dacier; le grand Hippias et l'Euthydémus, trad. par de Maucroix; le Banquet, traduit en partie par Racine), 3 vol. — Les Lois et les Dialogues de Platon (trad. par Grou), 4 vol. On y ajoute : *La République de Platon* (trad. par Grou), 2 vol. in-12, édit. de Hollande; et le *Manuel d'Épictète*, trad. par Dacier, 2 vol. Ces 13 vol. sont aujourd'hui à très-bas prix, parce qu'une partie des traductions qu'ils renferment a été remplacée par de meilleures.

DA. COSTA. Voy. Costa.

DACQUETUS (*Petrus*). Almanach novvm et perpetvvm, in quo multi Prognostarum Abusus deteguntur & vulgi deprauatæ opiniones refelluntur, & in quo ex veterum doctrina, traditur ratio oportune agendi ea, quæ circa corpus nostrum, agenda sunt. *Londini, apud Reg. Wolfium*, 1556, pet. in-8. sig. A—C 6, plus *Problemata quædam physica*, 4 ff. [9027]

DACTYLIOTHECA. Voy. Gori.

DADONVILLE ou d'Andouville. Les regretz r peines des mal aduisez faictz r composez par Andonuille (*sic*). Et nouuellement imprimez a Paris que sera. (à la fin) : *Cy finissent les regretz... nouuellemēt imprimez* (sans date), pet. in-8. goth. de 20 ff. [13399]

En vers de huit syllabes. 175 fr. *mar. v.* Cailhava, sans avoir cette valeur.

— Les regrectz r peines des mal ‖ aduisez faitz r composez par ‖ Adonuille (*sic*). Et nouuellement im ‖ primez. Ce sera que sera. (au bas du recto du dernier f.) : *Cy finent les regretz r peines des mal ‖ aduisez nouuellemēt imprimez a Paris*), pet. in-8. goth. de 20 ff. sig. A. B. C. à 28 lig. sur les pages les plus pleines.

Sur le titre de cette édition se voit une jolie vignette représentant trois personnages, et au verso du dernier f., un sujet assez original où figurent cinq personnes, dont l'une rend par la bouche d'abondantes déjections. Cette même vignette a été employée par Guil. Nyverd au recto du dernier f. d'une de ses éditions de Patelin, in-8., ce qui nous autorise à lui attribuer celle-ci (des *Regrets*), laquelle nous paraît différer un peu de la précédente.

— Les mêmes, faictz et composez par Dadouille, et nouuellement imprimes. Ce sera que sera. On les vend a Lyon pres nostre Dame de Confort chelz Oliuier Arnoullet. (à la fin) : *Cy finissēt les regretz... Nouuellement imprimes le x. de mars Mil ccccc. xlij. par Oliuier Arnoullet*, pet. in-8. goth. de 23 ff. non chiffrés.

Dacier (*Anne* Le Febvre, femme). Cause de la corruption du goût, 18297. — Homère défendu, 8300.
Dacier (*Bon-Jos.*). Rapport, 30072.

Dadinus Alteserra (*Ant.*). Notæ, 23331. — Res aquitanicæ, 24670.

Édition non moins rare que la précédente : 10 fr. *m. r.* La Valliere, et beaucoup plus cher depuis.

— Les Moyẽs deuiter merencoly, soy conduire, et enrichir eu tout estatz par lordonnãce de raison, cõposes nouuellemẽt par Dadouuille (*sic*). Ce sera que sera. *On les vend a Paris en la rue neufue nostre Dame a lenseigne Sainct Nicolas*, pet. in-8. goth. de 20 ff.

Autre opuscule en vers de huit syllabes, imprimé par Jean Herouf par ter Pierre Sergent son successeur. — Voy. JOYEUSETEZ.
— LES MOYENS d'eviter merencolie... (a la fin) : *Imprime a Paris, le xxiij iour de mars lan mil cinq cens xxix, auant Pâques, par Jacques Nyverd, imprimeur, pour noble homme Jacques Dadouuille, prebstre*, pet. in-8. goth.

Cette édition est terminée par vingt et un vers dans lesquels *l'acteur se complainct d'aulcuns envieulx qui luy ont par envie frustre l'intitulation du present*, et il parle du privilége rapporté au commencement de cet opuscule. Cette plainte porte probablement sur Jean d'Abundance qui, selon Du Verdier, II, p. 324, aurait publié un recueil de poésies sous ce titre :
LES MOYENS d'éviter mélancolie, soi conduire et enrichir en tous estats par ordonnance de raison : Les quinze grands et merveilleux signes, nouvellement descendus du ciel, au pays d'Angleterre, moult terribles et divers à ouir raconter : item plus la lettre d'Escorniflerie... et la chanson de la grande serre, impr. à Lyon sans nom de libraire et sans date. Le tout, ajoute Du Verdier, composé par ledit d'Abundance sous le nom de maistre Tyburce, demourant en la ville de Papetourte.
L'ouvrage ci-dessus de Dadonville a été réimprimé dans les *Joyeusetez*, publ. par J. Techener, et dans le second volume du Recueil de M. de Montaiglon.

— L'honneur des nobles blason z propriete de leurs armes en general blasonnees et comprinses soubz vng seul escu darmes ci desoubz pourtraict inuention tres singuliere auecques vng petit liure de bonne grace tres exquis ļe tout nouuellemẽt compose p̃ dadonuille. Auecques Priuilege. Pet. in-8. goth. signat. a—g. par 4.

Ce livre presque inconnu renferme deux opuscules, le premier en vers de huit syllabes, le second en vers de dix syllabes. Ce dernier commence au feuillet *fl*. par un titre particulier, en quatre lignes, accompagnées d'une vignette représentant *Bonne grace*, ayant un faucon au poing, et (dans l'exemplaire de la bibliothèque impériale que nous avons sous les yeux) finit au verso du f. g III par ce vers :

Tant de labeurs endurent z miseres

sans que rien en indique la fin. Le premier titre du volume offre, comme il l'annonce, une gravure sur bois représentant *escu d'azur à trois fleurs de lys d'or, tour d'argent*.
— LES TROMPEURS Trompez par Trõpeurs. Cõposez par Dadonuille, pet. in-8. goth. de 4 ff. en vers de 8 syllabes.
— LA DEFFAICTE des Faulx monnoyeurs. Composee par Dadonuille. *On les vẽd a la p̃miere porte du palays*, pet. in-8. goth. de 4 ff.

En vers de 10 syllabes ; fig. en bois sur le titre et au verso du dernier feuillet ; à la fin la devise : *Mieulx qui pourra*. (réimpr. dans le tome IV de la Collection de M. de Montaiglon.)
— Les aproches sont du bon temps
Dõt usuriers sõt mal cõtãs.

Composez les a dadonuille
nouuellement en ceste ville
De paris affin de siouyr
Le pouure peuple et resiouyr.
pet. in-8. goth. de 4 ff. en vers de 8 syllabes.
On a pu remarquer dans ces six articles le nom de l'auteur écrit tantôt *Andonuille*, tantôt *Dadonville* ou *Dadouuille*. Ces différentes orthographes d'un même nom sont conformes aux titres que nous avons exactement copiés.

D'AGINCOURT (Seroux). Voy. SEROUX.

DAGNEAUX (*Cl.-J.-B.*). Histoire générale de la France écrite d'après les principes qui ont opéré la révolution, par Cl.-J.-B. Dagneaux, ci-devant Dom Devienne. *Paris, Gueffier*, 1791, 2 vol. in-8.

Ce sont les deux premiers volumes d'un ouvrage qui n'a pas été achevé et dont l'édition a été en grande partie détruite. Il s'en est trouvé un exemplaire imprimé sur VÉLIN à la 2e vente de M. Bignon (n° 2498). Le second tome s'arrête à l'année 1359. Le prospectus et le premier cahier de cette histoire sont portés dans le Catalogue de la Bibliothèque impériale, Histoire de France, tome Ier, page 72, n° 152, sous ce titre : *Histoire générale de France... par l'abbé Devienne*, impr. de Gueffier, 1791, in-4. Prospectus et 1er cahier avec cette note inexacte : *C'est tout ce qui a paru.*
Pour l'Histoire de l'Artois et celle de Bordeaux, sous le nom de D. Devienne, voir les nos 24250 et 24680.

D'AGONNEAU. Voy. LÉGENDE.

D'AGOTY. Voy. GAUTIER.

D'AGREDA. Voy. MARIE.

DAGUESSEAU (*Henr.-Fr.*). Ses OEuvres (publiées par l'abbé André, son bibliothécaire). *Paris*, 1759-89, 13 vol. in-4. 40 à 50 fr. [2750]

Les premiers vol. ont été réimpr. en 1787.
— SES ŒUVRES complètes, augmentées de pièces échappées aux précédents éditeurs, et d'un discours préliminaire par M. Pardessus (avec une table analytique, par M. Roger, avocat). *Paris, Fantin et Fanjat*, 1819-20, 16 vol. in-8., avec le portrait et deux fac-simile. 48 à 60 fr., et plus cher en pap. vél.
Les augmentations et la table analytique ajoutées à cette édition la rendent préférable à la précédente ; elle est d'ailleurs rangée dans un meilleur ordre.
L'édition d'*Yverdun*, 1772-75, 10 tom. en 12 vol. in-8., ne contient que les huit premiers vol. de l'in-4.
LETTRES inédites de Daguesseau, publiées par D.-B. Rives. *Paris, Trouvé (impr. roy.)*, 1823, in-4. — les mêmes, 2 vol. in-8.
Ce recueil doit être réuni aux deux éditions in-4. et in-8. des œuvres de cet illustre magistrat. On a une édition de ses œuvres choisies (de jurisprudence). *Paris, Ledoux*, 1819, 6 vol. in-8. 18 à 20 fr.

— Discours sur la vie et la mort, le caractère et les mœurs de M. d'Aguesseau, conseiller d'État, par M. d'Aguesseau, chancelier de France, son fils. *Au château de Fresnes*, 1720 (*Paris*, 1778) in-8. [30614]

Édition imprimée à *Paris*, chez *Delatour*, avec les formes que le président Saron et son épouse s'étaient

---

Daendels (*H.-W.*). Staat der Nederlandsche Oost-Indische-Bezittingen, 28216.

amusés à composer, à l'aide de la petite imprimerie qu'ils avaient dans leur hôtel : il n'en a été tiré que 60 exemplaires. Vend. en pap. de Holl. 36 fr. Delatour ; 15 fr. *m. r.* Chateaugiron ; et en pap. ordinaire, 6 fr. Thierry.

Ce discours ou plutôt cet éloge, qui est très-bien écrit, a été réimpr. dans le 13ᵉ vol. in-4. et dans le 15ᵉ vol. in-8. des œuvres de l'auteur, et à part, avec *trois lettres de d'Aguesseau sur l'idée que les anciens avaient de la création*, Paris, 1812, in-12. 2 fr. — in-8. pap. vél. 6 fr., pour faire suite aux Discours du même. *Paris, Brunot-Labbe,* 1810, 2 vol. in-12.

Citons encore :

HISTOIRE de la vie et des ouvrages du chancelier Daguesseau, précédée d'un discours sur le ministère public, suivie d'un choix de pensées et maximes tirées des ouvrages de Daguesseau, et d'une notice historique sur Henri Daguesseau, père du chancelier, par M. A. Boullée. *Paris, Desenne,* 1835, 2 vol. in-8. [30628]

LE CHANCELIER d'Aguesseau, sa conduite et ses idées politiques, et son influence sur le mouvement des esprits pendant la première moitié du XVIIIᵉ siècle, par F. Monnier. *Paris, Didier,* 1860, in-8.

Quoiqu'on écrive vulgairement *d'Aguesseau*, il est certain que le chancelier signait *Daguesseau*. C'est ce qui nous a déterminé à placer ici son article.

DAHL. Voyez PHILO judæus.

DAIGUE (*Est.*). Singulier traicte, contenant la propriete des tortues, escargotz, grenoilles, artichaultz, compose par Estienne Daigue escuyer, seigneur de Bauluais en Berry. *Nouuellement imprime* (s. d.), pet. in-8. goth. de 16 feuillets.

Édition fort rare de ce traité singulier. Selon Du Verdier, elle aurait été imprimée à *Lyon, par Pierre de Sainte-Lucie.* 10 fr. Mac-Carthy ; 26 fr. Huzard.

— Singulier traicte, contenät la propriete des tortues, escargotz, grenoilles, et artichaultz. — *On le vend par Galliot du Pre (Paris,* 1530), pet. in-4. de 12 ff. lettres rondes. [5836]

Vend. 21 fr. en 1839 ; 15 fr. Huzard.

Il y a une autre édition sous ce titre :

LA PROPRIÉTÉ des tortues, escargotz ou limaz, champignons et artichaulz. (*sans lieu d'impression*), 1542, pet. in-8. de 24 ff. lettres ital. 5 fr. Huzard.

L'auteur nommé ici Daigue, comme il l'est sur le titre de son traité des Tortues, est le même que La Croix du Maine et Du Verdier appellent Estienne de l'Aigue. Il était de Bourges, ainsi que l'indique le frontispice de son commentaire latin sur Pline, ainsi conçu :

STEPHANI Aquæi Biturensis viri equestri commentarius in omnes Plinii naturalis historiæ libros. *Parrisiis apud Galliotum Pratensem... typis ac characteribus Petri Vidouæi,* M.D.XXX, *mense Junio* (in-fol. de CCCLIX ff.). Ouvrage peu estimé.

Citons encore :

ENCOMIUM Brasicarum sive Caulium, per Steph-num Aquæum. *Parisiis excudebat Christianus Wechelus,* 1531, in-8. de 70 pp. Opuscule peu connu.

Dahlia register, 5485.

Dahlbom (*Ph.-Andr.-Gust.*). Hymenoptera europæa, 6063.

Dähne (*A.-F.*). Jüdisch-relig. Philosophie, 2227.

Dähnert (*J.-K.*). Samml. gem. und besond. Pommerischer und Rügischer Landesurk., 26696.

DAILLHIERE (de La). Entretiens curieux de Tartuffe et de Rabelais, sur les femmes. *Middelbourg, Hortemane le jeune,* 1688, in-12. 4 à 6 fr. [18083]

Vend. 14 fr. d'Hangard ; 6 fr. mar. citr. Méon ; 15 fr. mar. bl. Bignon ; 36 fr. Nodier ; et 19 sh. Libri, en 1859.

Une édition de *Cologne, P. Marteau (Holl.,* sans date), pet. in-12 de 6 et 95 pp., a été vend. 6 fr. Mac-Carthy ; 30 fr. 50 c. Crozet.

DAÏRA, histoire orientale (par *Alex.-J.-Jos.* Le Riche de La Popelinière). *Paris, impr. de Simon,* 1760, gr. in-8. [17228]

Roman dénué d'imagination et mal écrit. L'édition de 1760 a été impr. pour l'auteur et tirée à un très-petit nombre (voyez *Année littér.,* 1761, tome I, page 1). Vend. 9 fr. 50 c. *mar. r.* d'Hangard, en 1812 ; 48 fr. Thierry ; 24 fr. rel. en *veau,* Veinant. — L'édition de *Paris, Bauche,* 1761, 2 vol. pet. in-12, est commune et sans valeur.

M. de La Popelinière est aussi l'auteur d'un ouvrage intitulé : *Tableau des mœurs du temps dans les différens âges de la vie,* duquel il n'a fait imprimer qu'un seul exemplaire qui a été décoré de peintures. Cet exemplaire s'étant trouvé chez lui, après sa mort, lorsqu'on fit son inventaire, fut saisi par ordre du roi, à ce que rapportent les *Mémoires secrets* de Bachaumont, tome Iᵉʳ, sous la date du 15 juillet 1763. Ce même exemplaire passa depuis en Russie, et nous le trouvons porté dans le catal. des livres précieux du prince Michel Galitzin, *Moscou,* 1820, in-8., page 63, avec la note suivante : « Unique exemplaire, imprimé sous les yeux et par « ordre de M. de la Popelinière, fermier général, « qui en fit aussitôt briser les planches ; ouvrage « érotique, remarquable par des miniatures de for- « mat in-4. de la plus grande fraîcheur et du plus « beau faire, représentant des sujets libres : M. de « La Popelinière y est peint *sous divers points de* « *vue* et d'après nature, dans les différents âges de « la vie. C'est un vol. gr. in-4. rel. en *mar. r.* » Cinq ans après la publication de ce catal., les livres précieux du prince Galitzin furent envoyés à Paris, pour y être livrés aux enchères publiques. Le *Tableau des mœurs du temps* faisait partie de cet envoi ; mais ayant été vendu à l'amiable, et à très-haut prix, à un amateur français, il n'a pas dû être compris dans le catalogue des livres du prince russe, publié pour la vente qui s'est faite le 3 mars 1825. Ce singulier volume a été l'objet d'une longue analyse dans le journal l'*Artiste,* numéro du 16 sept. 1855.

DAIX (*François*). Les premières œuvres du sieur Daix, dediez à G. Duvair. *Lyon, Thibaud Ancelin,* 1605, in-12. [13904]

Ce poëte, qui était de Marseille, a fait dans ses vers l'éloge de cette ville, *la fleur des cités en grâces et en plaisirs ;* mais il a trop parlé de ses amours. Les poésies latines qui terminent son recueil ne sont pas sans mérite.

DALBERG (*Eric*). Voy. SUECIA antiqua.

DALBERG (*Ch.* de). Périclès, ou de l'influence des beaux-arts sur la félicité publique. *Parme, de l'imprim. de Bodoni,* 1811, in-4. [9099]

En publiant ce petit ouvrage, Bodoni l'annonça comme un *specimen* des belles éditions in-4. et in-fol. des

---

Daire (*L.-Fr.*). Epithètes, 10996. — Histoire de Montdidier, 24222. — Histoire d'Amiens, 24240 et 24242. — de Doullens, etc., 24262. — Tableau, 30074.

Dais (*Ch.-H.*). Tables of the moon, 8347.

classiques français qu'il se proposait d'imprimer (voy. BOILEAU).

DALBOQUERQUE (*Bl.*). Voyez ALBO- QUERQUE.

DALE (*Ant.* Van). Voyez VAN DALE.

DALECHAMPS (*Jacq.*). Histoire générale des plantes contenant XVIII livres... sortie en latin de la bibliotheque de M. Jacq. Dalechamps, puis faite françoise par J. des Moulins. *Lyon, les héritiers de Roville*, 1615, 2 vol. in-fol. fig. en bois [4898]

Cet ouvrage a été longtemps utile, mais il ne conserve plus d'intérêt que pour l'histoire de la science. L'édition de 1653 se paye quelque chose de plus que la première, mais ni l'une ni l'autre ne sont chères. 10 à 15 fr.

Le texte original lat., rédigé par J. des Moulins, d'après les matériaux recueillis par Dalechamps, a paru à Lyon, chez Guil. Roville, en 1586 (aussi 1587), en deux vol. in-fol., avec fig. en bois, lesquelles sont, en apparence, au nombre de 2686, mais réellement beaucoup moins nombreuses, parce qu'il y en a 400 qui sont reproduites deux ou même trois fois.

CHIRURGIE françoise recueillie par J. Dalechamps, avec quelques traités des opérations de chirurgie, par J. Girault. *Paris*, 1610, in-4. fig. [7470]

D'ALEMBERT (*Jean* le Rond). OEuvres philosophiques, historiques et littéraires. *Paris, Bastien*, an XIII (1805), 18 vol. in-8. 40 à 60 fr., et plus en pap. vél. [19125]

L'édit. de *Paris, Belin*, 1820 - 1821, 5 vol. in-8., est augmentée de quelques morceaux inédits : 20 fr. et plus en pap. vél. — Ces deux collections rendent inutiles les *Mélanges* de Dalembert, en 5 volumes in-12.

— RÉFLEXIONS sur la cause générale des vents. *Paris*, 1744, pet. in-4. [4295]

Recherché et peu commun : 10 à 12 fr.

— TRAITÉ de l'équilibre et du mouvement des fluides, pour servir de suite au traité de dynamique. *Paris*, 1770, pet. in-4. fig. 6 à 9 fr. [8103]

La première édition de 1744 est ordinairement donnée pour 4 ou 5 fr.

— ESSAI d'une nouvelle théorie de la résistance des fluides. *Paris*, 1752, in-4. 6 à 8 fr. [8103]

— RECHERCHES sur différents points importants du système du monde. *Paris*, 1754, 3 vol. pet. in-4. fig. 24 à 30 fr. [8268]

Vend., avec les *Recherches sur les équinoxes*, 46 fr. Fr. Arago.

— TRAITÉ de dynamique. *Paris*, 1758, pet. in-4. fig. 6 à 8 fr. [8102]

L'édition de 1797 est moins belle que celle-ci.

— RECHERCHES sur la précession des équinoxes, et sur la nutation de l'axe de la terre dans le système newtonien. *Paris*, 1759, pet. in-4. fig. 6 à 8 fr. [4247]

— OPUSCULES mathématiques, etc. *Paris*, 1762-80, 8 vol. pet. in-4. fig. [7832]

Vend. 65 fr. Caillard ; 69 fr. Delambre, et moins cher depuis. Avec les 6 art. précéd. (les 16 vol. *v. f. d. s. tr.*) 200 fr. F. Didot, et 130 fr. Labey ; 114 fr. *v. m.* en 1825 ; 81 fr. Arago.

D'Albaret. Projets relatifs au climat des pays chauds, 10040.

Dale (*Sam.*). Voy. Taylor (*Silas*).

— ÉLÉMENS de musique théorique et pratique. *Lyon*, 1779, in-8. fig. 3 à 5 fr. [10167]

— Destruction des Jésuites, 21881. — Histoire des membres de l'Académie, 30074. — avec Condorcet, Expériences, 8133.

DALGARNO (*Geor.*). Ars signorum vulgo character universalis et lingua philosophica. Qa (*sic*) poterunt, homines diversissimorum idiomatum, spatio duorum septimanarum, omnia animi sua sensa (in rebus familiaribus) non minus intelligibiliter, sive scribendo, sive loquendo, mutuo communicare, quam linguis propriis vernaculis. *Londini, excudebat J. Hayes, sumptibus authoris*, 1661, pet. in-8. de VI et 127 pp., avec une grande carte pliée. [10538]

Ouvrage que le rev. H.-J. Todd et Ch. Nodier ont trouvé extrêmement ingénieux. C'est aussi un livre rare, car une partie de l'édition a péri dans l'incendie de Londres, en 1666 (voy. *Biogr. univers.*, X, 447, et les *Mélanges tirés d'une petite bibliothèque* de Ch. Nodier, pp. 268 et suivantes). Vend. 1 liv. 16 sh. vente Constable ; 25 fr. 50 c. *mar. r.* Heber ; 16 fr. Nodier.

Il est certain que ce petit livre était déjà fort rare du temps de Locke, car voici ce qu'en dit ce philosophe dans une lettre adressée par lui, sous la date du 17 juillet 1681, à Nic. Thoynard (lettre inédite qui fait partie de ma collection d'autographes): « A la fin j'ai rencontré *Ars signorum* de Dalgarno, l'unique que l'on pouvoit trouver en toutes les boutiques de libraires de Londres ou à Oxford. » Il est vrai que dans une autre lettre, écrite au mois d'octobre suivant, il ajoute : « Sur ce chapitre vous me parlez de l'*Ars signorum* comme de quelque chose d'importance : si j'avois quelque peine à le trouver cestoit parce qu'il étoit *un bagatel négligé* et non pas pour avoir du prix, *Scombris enim et piperi reservabatur potius quam docti cujuspiam scriniis*, et j'aprehende que vostre ami aura plus de peine à y trouver quelque chose que j'ai avois à trouver le livre. » Locke qui, comme le prouve ce dernier passage, faisait fort peu de cas du livre de Dalgarno, recommandait au contraire à Thoynard l'in-fol. que Jean Wilkins, évêque de Chester, a écrit sur le même sujet. Ce prélat avait préludé à ce grand travail par la publication d'un ouvrage dont Chaufepié traduit ainsi le titre : *Mercure, ou le Messager secret et prompt, où l'on montre comment on peut communiquer vite et sûrement ses pensées à un ami éloigné*, Lond., 1641, in-8. Plus tard, après avoir communiqué à Dalgarno le système qui fait la base de l'*Ars signorum*, il le reproduisit lui-même, avec de nouveaux développements, sous le titre d'*Essay towards a real character, and a philosophical language, with an alphabetical dictionary*, Lond., 1668, in-fol.

Voici l'indication d'un autre ouvrage de Dalgarno, aussi peu commun que l'*Ars signorum*.

DIDASCALOCOPHUS, or the deaf and dumb man's tutor. *Oxford*, 1680, in-8.

DALGARNO's whole works, collected and edited by Th. Maitland. *Edinburgh*, 1834, in-4.

Volume imprimé pour le Maitland Club. Il y en a 12 exempl. en Gr. Pap.

D'ALIBRAY ou Dalibray (*Charles* Vion). Les OEuvres poétiques du sieur Dalibray, divisées en vers bachiques, satyriques, héroïques, amoureux, moraux et chres-

Dalerac. Anecdotes de Pologne, 27846.

Dalham (*F.*). Concilia salisburgensia, 797.

tiens. *Paris, Jean Guignard* ou *Ant. de Sommaville,* 1653, pet. in-8. [14008]

Ces poésies, qui ne sont pas sans mérite, se trouvent difficilement (21 fr. *m. r.* Bertin ; même prix *par-chemin,* Bergeret). L'auteur en avait déjà fait paraître une partie dans un recueil intitulé *La Mu-sette de D. S. D.* Paris, Toussaint Quinet, 1647, pet. in-8. Il a traduit l'Aminte du Tasse (voyez TASSO) et aussi le *Torrismon,* trag. du même poëte, *Paris, impr. de Denys Houssaye,* 1636, in-4., et il a donné Soliman, tragi-coméd. imitée du comte Prosper Bonarelli, 1637, in-4. Ces deux pièces, jointes à deux autres, ne sont portées qu'à 3 fr. 25 c. dans le catal. de Soleinne, n° 1103.

DALLAWAY (*James*). Anecdotes of the arts in England, or comparative remarks on architecture, sculpture and painting, chiefly illustrated by specimens at Oxford. *London,* 1800, in-4. 15 à 18 fr.— in-8. 10 fr. [9012]

Cet ouvrage a été traduit en français par Millin. *Paris,* 1807, 2 vol. in-8.

— CONSTANTINOPLE ancient and modern, with excursions to the islands of the Archipelago and the Troad. *Lond.,* 1797, in-4. fig. 12 à 18 fr., et plus cher en Gr. Pap. fig. color. [27906]

André Morellet a donné une traduction de cet ouvrage, *Paris,* an VII, 2 vol. in-8, ou in-4. fig.

— INQUIRIES into the origin and progress of the science of heraldry in England, with observations on armorial ensigns. *Gloucester,* 1793, in-4. fig. en partie color. 36 à 45 fr. [28817]

— OBSERVATIONS on english architecture, military, ecclesiastical, and civil, compared with similar buildings on the continent. *London,* 1806, gr. in-8. 10 à 15 fr. [9979]

— STATUARY and sculpture among the ancients ; with some account of specimens preserved in England. *London,* 1816, gr. in-8. avec 30 planch. 36 à 48 fr. [29513]

Sur 350 exemplaires qui ont été tirés de cet ouvrage, 200 environ sont devenus la proie des flammes lors de l'incendie de l'établissement de l'imprimeur Bensley. Ce sinistre a été plus fatal encore à un autre ouvrage de Dallaway, intitulé :

HISTORY of the western division of the county of Sussex, including the Rapes of Chichester, Arundel and Bramber, with the city and diocese of Chichester. *Londons, Evans,* 1815 et 1819, gr. in-4., vol. 1er et vol. 2, part. 1re [27314]; car sur 500 exemplaires qu'on avait imprimés, il a péri 300 exemplaires du premier volume, et 470 exemplaires de la première partie du second volume. Cette dernière partie a été réimpr. par les soins de M. Cartwright, sous le titre de *Parochial topography of the Rape of Arundel,* 1832, in-4.; et le même éditeur avait déjà donné *Parochial history of the Rape of Bramber,* 1830, in-4., formant la 2e partie du second vol. du livre de Dallaway. — L'ouvrage entier est porté à 20 liv. dans le Manuel de Lowndes.

DALLINGTON (*Robert*). A method for trauell, shewed by taking the view of France, as it stoode in 1598. *London, by Tho. Creede,* pet. in-8. sign. A—Y2. [23631]

Livre curieux et certainement rare en France : 6 sh. Bindley ; 18 sh. Boswell.

DALLOZ aîné (*Victor-Alex.-Désiré*), et Armand Dalloz. Jurisprudence générale. Répertoire méthodique et alphabétique de législation, de doctrine et de jurisprudence en matière de droit civil et commercial, criminel, etc. *Paris, les éditeurs,* 1846 et ann. suiv., in-4. à 2 col. tomes II à XL jusqu'au mot *Substitution.* [2893]

Ce répertoire, annoncé d'abord comme devant être complet en 40 vol., en aura au moins 44. Le premier vol., qui doit contenir l'*Histoire générale du droit françois,* paraîtra le dernier.

L'ancienne édition de cet ouvrage estimé, qui a été publiée chez l'auteur, de 1825 à 1831, en 12 vol. in-4., n'était elle-même qu'une nouvelle édition entièrement refondue, par ordre alphabétique des matières, et considérablement augmentée du *Journal des audiences de la cour de cassation,* jusques et y compris l'année 1824. Ce recueil périodique, commencé par M. Denevers, et continué par MM. Dalloz frères, s'est publié à raison d'un volume par année. La suite, de 1825 à 1859, forme 34 vol. in-4, avec deux tables, l'une de 1825 à 1840, et l'autre de 1841 à 1855. Les volumes qui paraissent annuellement servent également de suite à la *Jurisprudence générale* (à partir de 1845) et au *Journal des audiences.*

DALRÉ (*Marc-Ant.*). Maisons de plaisance ou palais de campagne de l'Etat de Milan, gravés par Dalré, avec une explication italienne et françoise. *Milan,* 1727, in-fol. 24 à 30 fr. [9899]

Le titre de cette édition porte tome Ier, et annonce 6 vol. — L'édition de *Milan,* 1743, in-fol., se rel. en 2 vol.

DALRYMPLE (*Alex.*). Historical collection of voyages and discoveries in the south Pacific Ocean. *Lond.,* 1770, 2 vol. in-4. fig. 12 à 18 fr. [21143]

Collection à laquelle on réunit le vol. intitulé : *Collection of voyages chiefly in the southern Atlantic Ocean.* Lond., 1775, in-4. fig. 8 à 10 fr.

— VOYAGES dans la mer du Sud, trad. de l'angl. par de Fréville. *Paris,* 1774, in-8.

Il faut joindre à ce volume : *Hydrographie, ou Histoire des nouv. découvertes faites dans la mer du Sud, en 1767-70, rédigée par de Fréville.* Paris, 1774, 2 vol. in-8.

DALRYMPLE's oriental repertory, from april 1791 to january 1793. *London,* 1791 (and 1808), 2 vol. gr. in-4. fig. [28127]

Ouvrage tiré à 250 exemplaires, et dont chaque vol. a paru en 4 cahiers : 2 liv. 2 sh. Un exemplaire daté de 1793 et 1794 (le tome second, publié en 1808, s'arrêtant à la p. 576), 71 fr. Langlès; 40 fr. 50 c. (sans les fig. du tome II) Klaproth.

— ATLAS des côtes de Malabar, Coromandel et de Ceylan ; dressé à l'amirauté pour l'usage de la marine royale anglaise, et publié par le capitaine A. Dalrymple. *Londres,* 1806, gr. in-fol. 39 ff. (en anglais).

On a du même ingénieur :

ATLAS des côtes du Japon, de la Chine, de la Cochinchine et des côtes orientales de Malaca, 1806,

---

Dalin (*Ol.*). Poetiska Arbeten, 15088. — Vitterhets Arbeten, 19325. — Suea Rikes historia, 27654.

Dalin (*F.-A.*). Nytt franskt och Swenskt Lexicon, etc., 11284.

Dallas (*R.-C.*). History of the Maroons, 28429.

Dalloz (*A.*). Traité du notariat, 2045.

Dalmenesche (*Alph.*). Herbier de plantes médicinales, 5548.

Dalruc. Histoire natur. de la Provence, 4493.

Dalrymple (*Will.*). Travels through Spain... 20141.

37 ff. — ATLAS des mers à l'est de la Chine, 1805, 63 ff. — ATLAS des côtes de la Nouvelle-Hollande et des Iles de l'Océan Pacifique, 1803, 21 feuilles. [19758]

Les cartes et plans hydrographiques des mers de l'Inde qu'a publiés successivement A. Dalrymple, forment divers recueils in-fol. qui sont plus ou moins complets, selon l'époque à laquelle ils ont paru. Le catalogue des livres de la bibliothèque du département de la Marine (n° 2328) en indique un sous ce titre : *A third collection of plans*, Lond., Dalrymple, 1781-91, 2 vol. in-fol. obl., sans titre et sans texte, lequel renferme 244 et 247 pl. Un quatrième recueil, sous la même date, n'a que 277 ff. numérotés, dont plusieurs présentent deux plans. Le même catalogue indique un 5e recueil sous les dates de 1783-1806, gr. in-fol. ; mais il ne donne pas le nombre des cartes.

Il existe un recueil de *Nautical memoirs and journals* (Lond., 1781-91, 5 vol. gr. in-4.), formé de la réunion de plusieurs morceaux, publiés, composés ou traduits par Dalrymple ; mais les exemplaires n'en sont pas tous semblables, pour le contenu des pièces.

DALRYMPLE (*David*), lord Hailes. Annals of Scotland, from the accession of Malcolm III to the accession of the house of Stewart. *Edinburgh*, 1776-79, 2 vol. in-4. 15 à 18 fr. [27420]

Ouvrage estimé pour son exactitude. Les éditions qui ont été faites à Edimbourg, en 1797 et en 1819, en 3 vol. in-8., sont augmentées de plusieurs bonnes dissertations relatives à l'histoire et aux antiquités de l'Ecosse, qui les rendent préférables à l'in-4. 20 à 24 fr.

— BIOGRAPHIA scotica, or an attempt towards an history of the lives and writings of eminent men of Scotland. 1790, in-4. portr. [30965]

Ce recueil porté à 2 liv. 3 sh. dans la *Biblioth. heber.*, II, 1651, où il est annoncé comme *privately printed ;* cependant M. Martin n'en a pas parlé, et nous ne le trouvons pas dans la liste des ouvrages de lord Hailes, que Lowndes a donnée à la page 969 de la 2e édit. de son Manuel. Ce bibliographe décrit plusieurs ouvrages du même auteur, et entre autres un recueil de pièces impr. séparément et réunies sous ce titre : *Tracts relative to the history and antiquities of Scotland*, Edinb., 1800, in-4.

DALRYMPLE (*John*). Memoirs of Great Britain and Ireland, from the dissolution of the last Parliament of Charles II, to the sea-battle of la Hogue. *Lond.*, 1771-73, 2 vol. gr. in-4. [26978]

Dans un 3e volume, publié en 1788, l'ouvrage est continué jusqu'au règne de la reine Anne. Les 3 vol. 30 à 36 fr. — Nouvelle édition, avec appendices. *London*, 1790, 3 vol. in-8. 24 à 30 fr.

Il existe une traduction franç. des deux premiers vol. (par Blavet), *Lond. (Genève)*, 1776, 2 vol. in-8.

DALTON (*Richard*). Antiquities and views in Greece and Egypt, with the manners and customs of the inhabitants, from drawings made in the spot. *Lond.*, 1791, gr. in-fol. [27930]

Cet ouvrage est composé de 21 pl. chiffrées et de 54 non chiffrées, assez mal exécutées. 18 à 24 fr.

J. Boydell avait déjà donné à Londres, en 1770, un recueil de 20 statues antiques, dessinées par Dalton, et grav. par Ravenet, Grignon et autres.

<hr>

Dalton (*Dr.*). History of british Guiana, 28673.

D'ALTON (*E.*). Naturgeschichte des Pferdes; *c.-à-d.* histoire naturelle du cheval. *Weimar*, 2 vol. in-fol. [5701]

Ouvrage de luxe, commencé en 1810 et terminé en 1819 ; il a coûté 44 thl., et en papier impérial 54 thl. Le premier vol., qui traite du cheval même et de ses diverses races, est orné de 26 gravures d'après nature, et d'une exécution parfaite. L'anatomie du cheval est l'objet du second volume, dont les planches sont, pour la plupart, faites d'après l'ouvrage anglais de Stubb (voy. STUBB).

Voici le titre d'un autre ouvrage du professeur D'Alton, qui a paru depuis le précédent :

ABBILDUNGEN sämmtlicher Pferde-Racen, nach dem Leben gezeichnet, lithographirt und herausgegeben von R. Kuntz, mit naturhist. Beschreibung. von E. D'Alton. *Carlsruhe*, 1827, gr. in-fol. en 4 cahiers de 6 planches. 36 thl.

Les planches sont moins belles que dans le premier ouvrage. 45 fr. Huzard.

DALUCE Locet Pamenchoys. Remonstrances à Sagon, etc. Voy. PLUSIEURS traictez.

DALYELL (*John* Graham). Account of an ancient manuscript of Martial with occasional anecdotes of the manners of the Romans. *Edinburgh*, 1811, in-8. [12551]

Un exemplaire impr. sur VÉLIN a été vend. 3 liv. 5 sh. Sykes.

Le Manuel de Lowndes, 2e édit., p. 584, donne les titres de plusieurs opuscules in-8. du même auteur, qui se rapportent à l'archéologie anglaise, et dont il a été également tiré des exemplaires impr. sur VÉLIN. Il cite aussi l'ouvrage suivant de Dalyell :

MUSICAL memoirs of Scotland, *Edinburgh*, 1849, in-4. avec 45 pl., qu'il dit singulièrement curieux.

— Scottish poems. Voy. le n° 15906.

— POWERS of creation displayed in the creation, or observations on life admit various forms. *London, Van Voorst*, 1851, 2 vol. in-4. avec 116 pl. color. [6205]

— RARE and remarkable animals of Scotland, with observation on their nature. *London, Van Voorst*, 1847 (aussi 1851), 2 vol. in-4 avec fig. color.

Chacun de ces deux ouvrages est porté sous le nom de sir J. G. Dalyell, et est coté à 4 liv. 18 sh. dans le catal. de Willis. 1857. Comme Lowndes n'en a pas fait mention dans son article Dalyell, nous ne saurions dire s'ils appartiennent réellement à cet auteur.

DALZA (*J.-Ambr.*). Voy. ITABULATURA.

DALZEL (*Andr.*). Collectanea græca minora, complectens excerpta ex variis orationis solutæ scriptoribus, cum notis philologicis quas partim collegit, partim scripsit Andr. Dalzel ; editio septima. *Londini*, 1813, 2 vol. in-8. [19386]

— ANALECTA græca minora, cura G. Dunbar. *Edinburgi*, 1821, in-8. 9 fr. — with notes by White, *London*, 1849, pet. in-8. 8 fr. [19386]

— COLLECTANEA græca majora, cura G. Dunbar. *Edinburgi*, 1820-22, 3 vol. in-8. 24 à 30 fr. [19387]

Le 1er vol. a été réimpr. en 1840, le 2e en 1845.

— SUBSTANCE of lectures on the ancient Greeks, and on the revival of greek learning in Europe. *Edinburgh*, 1821, 2 vol. in-8. 12 à 18 fr.

<hr>

Daly (*Cés.*). Revue de l'architecture, 9783.
Dalzel (*Archib.*). History of Dahomy, 28438.

DAMALIS (*Gilbert*). Sermon du grand souper, duquel est fait mention en saint Luc, quatorzieme chapitre, reduisant le festin de Caresme-prenant et autres de ce monde, a la joie et grand festin de Paradis; plus dévot exercice pour un chacun jour de la semaine sur la vie de Nostre-Seigneur. *Lyon, Nic. Edouard,* 1554, in-8. [13745]

Cet ouvrage serait en vers, selon Du Verdier, qui nous en donne le titre.

— Procès des trois frères. Voy. Beroaldus (*Fr.*).

DAMAME-DÉMARTRAIT (*M.-F.*). Collection complète des divers jardins et points de vue des maisons de plaisance impériales de Russie, et de celles des plus grands seigneurs de cet empire, dessinés d'après nature et gravés par Damame-Démartrait. *Paris, imprim. de Gillé,* 1811, gr. in-fol. [10029]

Recueil de 36 belles gravures impr. en couleur, avec un titre, une dédicace à Alexandre Ier, et un avis de l'auteur : il est peu répandu dans le commerce.

DAMAS (*Franç.-Étienne*). Rapport fait au gouvernement français des événements qui se sont passés en Égypte, depuis la conclusion du traité d'El-Arych jusqu'à la fin de prairial an VIII, par le général Damas. *Au Kaire, de l'imprim. nation.,* an VIII (1801), in-4. [8764]

Édition rare de ce morceau curieux.

DAMAS-HINARD, poëme du Cid. Voy. l'article Escobar (Juan de).

DAMASCENUS Studita. Excerpta ex antiquis philosophis de natura et proprietatibus quorundam animalium, gr. *Venetiis, Ant. Julianus,* 1643 (seu 1666), in-8. [5586]

Volume peu commun : 5 à 6 fr.

— Voy. Joannes et Nicolaus Damasceni.

DAMASCII philosophi platonici quæstiones de primis principiis, græce, ad fidem codd. mss. nunc primum edidit Jos. Kopp. *Francofurti, Broenner,* 1826, in-8. 7 fr. — Pap. vél. 10 fr. [3362]

DAMASI Papæ (S.) Opuscula et gesta diatribis illustrata ab Ant. Merenda. *Romæ,* 1754, in-fol. 15 à 20 fr. [996]

Imprimé d'abord, *cum notis Martii Milesii Sarazanii,* Romæ, typis vaticanis, 1638, in-4., et réimpr. à *Paris, chez Billaine,* en 1672, in-8. L'édition de 1754 est la meilleure.

Damaze de Raymond. Tableau de la Russie, 27735.
Damberger (*C.-F.*). Voyage, 17327.
Damberger (*J.-F.*). Synchronistische Geschichte, 23011.
Dambourney. Teintures, 4453.
Dambreville. Ordres de chevalerie, 28750.
Damemme (*Henri*). Manière de travailler l'acier, 10233.

D'AMBRUN (*Jac.*). Le fouet des menteurs. *Lyon,* 1638, pet. in-12. 3 à 5 fr. [1347]

DAMERVAL (*Eloy*). Le liure de la deablerie. (*Paris, Michel le Noir,* 1508), pet. in-fol. goth. [13300]

Cet ouvrage singulier n'appartient pas à la classe de Démonomanie dans laquelle l'a rangé De Bure, n° 1414 de sa Bibliographie; ce n'est point non plus un mystère dramatique, mais un ouvrage de théologie morale en vers, écrit en forme de dialogue entre Satan et Lucifer. L'édition de 1508 n'a d'autre titre que ces mots : *Le liure de la deablerie.* Elle renferme 126 ff. à 2 col., signat. *a—xiiij,* par 6, y compris le titre et la table, à la fin de laquelle se trouve une grav. sur bois. Le lieu de l'impression, le nom de l'imprimeur et la date sont exprimés dans les derniers vers de l'ouvrage, lequel est terminé par ces mots : *Ici finit la deablerie.* On lit *Damerual* dans les vers impr. sur le frontispice de cette édition et même dans le privilége; mais il est certain que l'auteur se nommait *Damerval;* il est représenté assis avec son nom *Eloy* sur les genoux dans la grande grav. sur bois placée au-dessous du titre.

Vend. 30 fr. *mar. bl.* Gaignat; 20 fr. *v. mar.* La Valliere; 18 fr. Méon; 301 fr. très-bel exempl. *m. r. doublé de m. bl.,* Mac-Carthy; 7 liv. *m. v.* titre gâté, Heber (80 fr. en 1841); 10 liv. 10 sh. bel exempl. Heber; 179 fr. *mar. r.* Crozet; 380 fr. *mar. citr.* d'Essling.

— Sensuit la grãt dyablerie qui traicte cõment Sathan fait demõstrance a Lucifer de tous les maulx que les mõdains font selon leurs estatz vacations et mestiers. Et comment il les tire a dãpnation ; contenant plusieurs chapitres comme il appert par la table sequente. Imprime a Paris nouuellement. On les vend a Paris en la Rue neufue nostre dame a Lenseigne de lescu de France. — (au verso du dernier f.) : *Imprime a paris par la veufue iehan trepperel et Jehan iehannot imprimeur et libraire...* pet. in-4. goth. fig. en bois.

Vend. 50 fr. de Soleinne.

Cette édition doit être plus ancienne que celle d'Alain Lotrian ci-dessous. Il est dit dans le catal. de Soleinne, n° 512, qu'elle a 149 ff. sign. en 62 cahiers, mais il se sera glissé là une faute d'impression, on aura lu en 62 cah. au lieu de sign. A-B seconde sign. Nous pensons que c'est la même que nous avons vue à la bibliothèque Mazarine, et dont la souscription porte : *pour la veufue feu Jehan Trepperel....* Nous avons dit dans le Manuel, édit. de 1842, qu'elle était impr. à 2 col. sous les sign. A-B second alphabet, et que le frontispice était tiré en rouge et en noir.

— Sensu la grãt diablerie : qui traicte comment Sathã faict demonstrance a son maistre lucifer de tous les maulx que les poures mondains font selon leurs estatz : vacations : mestiers et marchandises. Et comment il les livre a dampnatiõ par infinies cautelles. Contenant plusieurs chapitres... Imprime a paris nouuellement XXXI C. (cahiers). On les vend a Paris en la rue Neufue nostre dame a lenseigne de lescu de France. — *Cy fine la grant dyablerie nouuellement ĩprimee a paris par Alain loctrian...* in-4. de 146 ff. à 2 col. caract. goth. titre en rouge et noir.

Vend. 24 fr. La Valliere; 121 fr. *v. f.* d'Essling.

Il existe un petit volume in-8. intitulé la *Petite diablerie dont Lucifer est le chef, et les membres sont tous les joueurs iniques et pécheurs réprouvés, intitulé l'église des mauvais.* Du Verdier en cite une édition de *Lyon, Olivier Arnoullet*, 1541, in-16, et il y en a une in-8., sans lieu ni date, à la Bibliothèque impér., D, 5975 E — (voy. EGLISE des mauvais).

DAMES (les) dans leur naturel, ou la galanterie sans façon, sous le règne du grand Alcandre (par Gatien de Courtilz). *Cologne, Marteau (Hollande, à la Sphère)*, 1686, pet. in-12, 8 à 12 fr. [17284]

17 fr. 50 c. *m. r.* Bignon; 29 fr. *mar. v.* Bergeret.

Il y a aussi une édition datée de 1696.

Les dames dont il est question dans ce livre peu commun sont celles qui sont nommées les *vieilles amoureuses* dans les recueils intitulés *Histoire amoureuse des Gaules* (voy. BUSSY), et aussi dans *La France galante*.

DAMES (les) illustres, où, par de bonnes et fortes raisons, on prouve que le sexe féminin surpasse le sexe masculin. *Paris*, 1665, in-12. 4 à 6 fr. [18054]

DAMETO (*Juan*). La Historia general del reyno Beleario o de Mallorca. *Mallorca, Gasp. Guasp*, 1632-50, 2 vol. in-fol. [26328]

On trouve difficilement cet ouvrage complet. Le second volume est de Vincent Mut. 14 flor. 50 c. Meerman; 3 liv. 5 sh. Heber. L'édition de *Mayorque*, 1684, pet. in-fol., 20 fr. Rætzel.

DAMHOUDERE. La practique et enchiridion des causes criminelles, illustrées par plusieurs élégantes figures, rédigée en escript par Iosse de Damhoudere, docteur es droictz... fort utile et necessaire à tous souuerains Baillifz, Escoutestes, Mayeurs, &. *Louvain, impr. par Estienne Wauters et Iehan Bastien*, 1554 ou 1555, in-4. de 8 ff. prélim., 355 pp. de texte, et 1 f. contenant un avis au lecteur. [2808]

Ouvrage curieux à cause des 56 fig. en bois qui y sont impr. avec le texte, et qui représentent les crimes et les supplices (les pl. des pages 196 et 199 sont licencieuses). Le privilége, en date du 15 janvier 1551, est accordé à Vaubelle, imprimeur de Bruges, *tant pour le latin, françois et thiois*. Vend. 9 fr. La Vallière; 1 liv. 3 sh. Heber; 28 fr. en 1841; 84 fr. *mar. r.* Giraud.

Ce livre a été réimpr. à *Anvers, chez J. Bellere*, en 1564, in-4., et depuis; ce libraire avait déjà donné à Anvers, en 1556 et en 1562, deux éditions du même ouvrage en latin (*Praxis rerum criminalium*), l'une in-8. et l'autre in-4., avec 69 pl. en bois.

Le *Praxis rerum civilium* de Damhoudere, soit en flamand, soit en latin, dont il y a plusieurs éditions in-4. (notamment une de *Rotterd.*, 1649), renferme aussi des pl. assez curieuses.

— Practique judiciaire des causes civiles, très-utile et nécessaire à tous baillifs, prévosts, chastelains, etc., par mestre Josse de Damhoudere. *Anvers, Jean Bellere*, 1572, in-fol. fig. sur bois, 15 à 20 fr. [2802]

Un bel exemplaire dans sa première reliure, 70 fr. Giraud.

— Refuge et garand des pupilles, orphe-

lins et prodigues, par Damhoudere, orné de figures. *Anvers, J. Bellere*, 1567, in-4. fig. [2790]

Vend. 15 sh. Heber.

Ouvrage plus rare que le précédent. Il a 14 ff. prélim., texte f. 1 à 133, plus indice des matières et privilége, ff. L2 à P3, et un f. séparé portant les armes de Damhoudere. Il existe aussi en latin sous le titre de *Pupillorum patrocinium*. Antuerp., Joan. Beller., 1564, pet. in-4., fig. en bois; et ce n'est que dans cette édition latine que se trouve le traité de Damhoudere, *De magnificentia politiæ amplissimæ civitatis Brugorum*, avec un plan de la ville de Bruges, gravé en bois, ff. 110 à 153.

— SUBHASTATIONUM compendiosa exegis D. Jodici Damhouderii Brugensis, ex communis catervæ scribentium opinionibus desumpta : in laudem Hispanicæ nationis, quæ in Flandria nostra jam olim fixa sede celeberrimam negotiationem exercet, authoris declamatio panegyrica. *Gandavi, anno 1546 (Erasmus Quercetus excudebat)*, in-4. de 4 ff. prélim., 42 ff. de texte, 6 ff. non chiffrés, plus 9 pour l'index. [vers 25093]

Livre rare dans lequel se trouvent de curieux documents pour l'histoire du commerce qui se faisait en Flandre à l'époque où écrivait l'auteur.

PARŒNESES christianæ, sive loci comunes ad religionem et pietatem christianam pertinentes, ex utroque testamento desumpti ex Jod. Damhouderio. *Antuerpiæ, apud Joan. Bellerum*, 1571, pet. in-8. fig. sur bois.

Il y a une réimpression revue par Léonard a Lege, *Venetiis, Jo. Bertanus*, 1572, in-8.

Il existe une édition des œuvres (*opera omnia*) de Damhoudere, impr. à Anvers, en 1685, in-fol.

DAMIANO portugese. Questo libro e daim‖ parare giocare a‖scachi et de‖le partite. (au verso du dernier f.) : *Impressum Rome, per Stephanum Guillireti & Herculem Nani consocios. Anno domini* M. D. XII, in-4. en lettres rondes, sign. A—P. par 4, feuillets non chiffrés, avec fig. en bois. [10483]

Volume précieux dans lequel les coups sont figurés sur le damier. Comme il y a des pages beaucoup plus longues les unes que les autres, il s'en trouve quelquefois dont la lettre a été atteinte par le couteau du relieur. L'auteur qui n'est pas nommé sur le titre signe l'épître dédicatoire. 4 liv. Williams; 2 liv. 3 sh. Hanrott; 105 fr. Riva.

— Libro da impare giocar a Scacchi, con belissime partiti et molte suttilità, etc., in lingua spanuola et italiana. *Nuouamente stampato* (sans lieu ni date), pet. in-8. goth.

Vend. 46 fr. Mac-Carthy; 15 sh. Libri, en 1859.

Même ouvrage que le précédent. Dans une autre édition, pet. in-8. de 64 ff. dont 2 bl., sans date, on voit au-dessous du titre une gravure sur bois, et au verso du 62ᵉ f. on lit *Laus Deo. il fine. Registro A-H. tutti sono quaderni*. Le texte italien est en lettres ital. et l'espagnol, en caract. rom.; entre les deux sont autant d'échiquiers grav. sur bois. Il y en a une autre édition, également in-8. de 64 ff., sign. A—H, sans date, mais en caract. rom., et qui finit par ces mots : *Composto per Damiano Porthugese*. 23 fr. 95 c. en janvier 1829; 1 liv. 19 sh. Libri, en 1859.

L'édition de Rome *per Joh.-Phil. de Nani*, 1518, in-8. fig. 11 fr. 50 c. Boutourlin. Il y en a une autre de Rome, *per Ant. Bladi di Asula*, 1524, *a dì xxi di Novembre*, pet. in-8. de 64 ff. — Celle de Venise, *Zazzara*, 1564, pet. in-8. de 62 ff., a été vend. 17 fr.

Libri, en 1857. On cite encore l'édition de Bologne, Giov. Rossi, 1606, et de Venise, Pietro Farri, 1618, in-8., etc.

L'ouvrage suivant est une traduction de celui-ci :

LE PLAISANT jeu des echecz renouvellé avec instruction pour facilement l'apprendre et le bien jouer, nagueres traduit de l'italien en françois par feu Claude Gruget parisien. *Paris, Guill. Le Noir* (ou *Vincent Sertenas*), 1560, pet. in-8. de 48 ff. dont 45 chiffrés.

Vendu 25 fr. 2e catal. Quatremère; 1 liv. 10 sh. rel. en *mar.* par *C. Lewis*, Libri, en 1859.

THE PLEASAUNT and wittie playe of Cheasts renewed, with instructions, both to leerne it easely, and to playe it well; lately translated out of italian into French, and now set forth in English by James Rowbothum. *Printed at London, by Rouland Hall for J. Rowbothum*, 1562, in-8. goth de 55 ff. — Réimpr. *London, Th. Marshe*, 1569, in-8.

Lowndes, article *Chess*, cite une première édition de cette traduction, *London*, 1562, in-16, article qu'il répète, à l'article *Raphe Lever*, avec une faute d'impression dans la date (1652 au lieu de 1562). Pour une autre traduction anglaise du même traité, voy. SARRAT, et pour les différentes éditions de l'ouvrage, consultez Schmid, *Liter. des Schachspiels*, Wien, 1847, in-8.

DAMIANUS philosophus Heliodorus. Voy. HELIODORUS.

DAMIANUS. Jani Damiani Senensis ad Leon. X. de expeditione in Turcas elegia cum doctorum virorum epigrammatibus; epistola Pisonis ad Joannem Coritium de conflictu Polonorum et Lituanorum cum Moscovitis; Henricus Penia ad cardinalem de Saulis de gestis Sophi contra Turcas; Epistola Sigismundi regis Poloniæ ad Leonem X. de victoria contra Schismaticos Moscovios; Erasmi quatuor epistolæ et in urbis Selestadii laudem carmen. — *Basileæ, Joannes Frobenius typis suis excudebat*, M. D. XV, in-4.

Recueil de pièces intéressantes dont plusieurs avaient déjà paru séparément (voy. PENIA).

— Comedia di Jano Damiani, senese, ovvero Farsa di Pamphylo in lingua thosca recitata ne' publici ludi senesi nel anno M. D. XVIII. (à la fin): *Impresso in Siena. Per Michelagnolo di Bar. F. Stampatore et ad instantia di Giovanni di Alessandro librario, a di XIX di Marzo, nel* 1519, in-8. [16636]

Comédie en 5 actes en vers de différentes mesures, avec un chœur de musiciens à la fin de chaque acte. Elle est fort rare.

DAMIANUS (*Petrus*). Opera omnia, nunc primum in unum collecta ac argumentis et annotationibus illustrata studio ac labore Const. Cajetani. *Venetiis, Jos. Corona,* 1743 (seu *Bassani*, 1783), 4 tom. in-fol. 36 à 48 fr. [1098]

Les éditions de *Lyon*, 1623, et de *Paris*, 1643 ou 1663, in-fol., sont moins complètes que celle-ci.

—Vita S. Romualdi, 21774.

DAMM (*Christ.-Tobias*). Novum lexicon græcum etymologicum et reale; cui pro basi substratæ sunt concordantiæ et elucidationes homericæ et pindaricæ, cum indice universali alphabetico. *Berolini,* 1765-78, 2 tom. en 1 vol. in-4. [10709]

Ouvrage estimé qui se vendait 50 fr., mais dont le prix est tombé de plus de moitié depuis la publication des nouvelles éditions.

— NOVUM lexicon græcum etymologicum et reale; editio de novo instructa; voces nempe omnes præstans, primo ordine literarum explicatas, deinde, familiis etymologicis dispositas, cura Jo. Morison Duncan. *Glasguæ; typis et impensis Andr. et J.-M. Duncan*, 1824, in-4.

Cette belle édit. a été annoncée à 4 liv. 4 sh., et depuis (sous la date de *Lond., Cowie*, 1827), à moins de 2 liv.; la réimpression de Londres, 1842, in-4., à 1 liv. 1 sh. chez G. Bohn.

Une édition du même ouvrage, comprenant la portion considérable du travail de Damm, qui est consacrée à l'explication d'Homère, séparée de la partie qui se rapporte à Pindare, a été donnée par le même éditeur, en 1824, en 2 vol. in-8. 15 à 18 fr., et plus cher en Gr. Pap. Elle est destinée à accompagner les différentes éditions d'Homère, de format in-8., et particulièrement celle de Glasgow, 1814, en 5 vol. in-8.

— Jo. MORISSONII Duncan novum lexicon græcum ex Chr.-Tob. Dammii Lexico homerico-pindarico, vocibus secundum ordinem literarum dispositis retractatum; emendavit et auxit Val.-Chr.-Fr. Rost. *Lipsiæ, Baumgärtner*, 1830-37, in-4. 20 à 25 fr.

LEXICON pindaricum, ex integro Dammii opere etymologico excerptum et justa serie dispositum ab H. Huntingford. *Londini*, 1814, in-8. 6 à 9 fr.

Ce lexique se réunit à une édition de Pindare publiée en même temps (voy. PINDARUS).

DAMME (Van). Voy. VAN-DAMME.

DAMPIER (*Guill.*). Voyage autour du monde, trad. de l'angl. *Amsterd.*, 1711-12, 5 vol. in-12. fig. 15 à 20 fr. [19840]

Édition préférée à celle de *Rouen*, 1715. Toutefois cette traduction est mal faite, et ne comprend pas la partie de ces relations qui concerne la Nouvelle-Guinée.

L'édition originale, en anglais, a paru à *Londres*, 1697, en un seul volume; ensuite de 1699-1709, en 3 vol. in-8. fig., y compris le voyage à la Nouvelle-Hollande, impr. trois fois (en 1701, 1707 et 1709). On a une édition des 3 mêmes vol. impr. en 1717, et à laquelle se joint, ainsi qu'aux précédentes, l'ouvrage suivant :

FUNELL'S voyage round the world, containing an account of captain Dampier's expedition, in the years 1703 and 1704. *Lond.*, 1707, in-8. fig.

Le tout a été réimpr. à Londres en 1729, 4 vol. in-8., et cette édition est la meilleure : 30 à 40 fr.

DAMVILLIERS (le sieur de). Voy. NICOLE.

DAN (le P. *F. Pierre*). Le Trésor des merveilles de la maison royale de Fontainebleau, contenant la description de son

---

---

antiquité, de sa fondation, de ses basti-ments, de ses rares peintures... de ses jardins, fontaines, etc. *Paris, Sebast. Cramoisy*, 1642, in-fol. 30 à 36 fr. [24179]

Ouvrage curieux, orné de fig. gravées par A. Bosse ·et Mich. Lasne : 44 fr. Louis-Philippe; 145 fr. *m. r. armes du prince Eugène de Savoie*, Giraud.

— Histoire de Barbarie, de ses corsaires, des royaumes et des villes d'Alger, de Tunis, de Salé et de Tripoli; ensemble des grandes misères et des cruels tour-mens qu'endurent les chrétiens ¦captifs parmi ces infidèles. *Paris, Pierre Roco-let*, 1649, in-fol. frontispice gravé. [28389]

Seconde édition augmentée : 20 à 25 fr., et en *mar. r.* 66 fr. Bergeret. — *La première de Paris*, P. Roco-let, 1637, in-4., est moins chère; elle a pourtant été vend. 18 fr. salle Silvestre, en 1842.

DANA (*J.-D.*). Geologia; Crustacea; Zoo-phytes and Corals. Voy. l'article WIL-KES (*Ch.*) Exploration.

DANCE (*George*). A Collection of seventy-two portraits of eminent characters, sketched from the life since the year 1793, by G. Dance, and engraved by Will. Daniell. *London*, 1808-14, 4 part. in-fol. [27033]

Publiée en 12 cah. 3 à 4 liv. — 5 liv. 5 sh. Gr. Pap., Bohn.— Publiée de nouveau en 1854, chez Evans, avec les additions qui portent à 142 le nombre des portraits et des notices biographiques.

DANCE. Voy. DANSE. — Dance of death. Voy. SYNTAX.

DANCHE (*Pierre*). Les trois blasons de France composes par monseigneur Pierre Danche escuyer. C'est assauoir. Le blason des bons vins de France. Le blasqn de la belle fille. Et le blason du beau cheual. (*sans lieu ni date*), pet. in-8. goth. de 4 ff., avec des armes sur ·le titre et une tête de more au verso du dern. f. [13369]

Ces blasons sont fort libres : le premier consiste en 5 strophes de 12 vers, suivies d'un envoi de 6 vers ; le second a 35 vers, et le troisième 34, de 10 sylla-bes, comme tous les autres.

DANCING (the manner of). Voy. BARCLEY (*Alex.*).

DANCKAERT. (*J.*). Beschryvinge van Mos-covien ofte Ruslant . gestelt in dwee ·deelen. Waer van het eerste tracteert van den stant des Rijks, ende op wat tijt, etc. Het tweede van der Moscoviten ofte Russen Religie, Ceremonien, Wet-ten, Policijen ende Crijchshandel. *Amst.*, 1615, in=4. [27732]

Porté à 75 fr. dans un catal. d'Asher, ce qui est un prix de circonstance.

L'ouvrage a été réimpr. à *Dordrecht*, 1652, in-12, et dans la collection des Voyages d'Adr. van Nispen, *ibid.*, 1652 (P. II, p. 1 à 161).

DANCKAERTS (*Sebast.*). Vocabularium, Voy. HAEX (*Dan.*).

DANDI (Sri). Voy. SRI Dandi.

D'ANDRADA. Voy. PAYVA.

D'ANDRÉ Bardon. Voy. BARDON.

DANEAU (*Lambert*). Traité contre les bacchanales, ou mardy gras. (*Paris*), 1582, in-8. 6 à 12 fr. [1360]

— Deux traitez nouveaux fort utiles pour ce temps; le premier touchant les sor-ciers... le second contient une breue re-montrance sur les jeux de cartes et de dez, reueue et augmenté par l'auteur. *Par Jacques Baumet*, 1579, pet. in-8. de 160 pp. [8889]

· 11 fr. *mar. bl.* Lair; 42 fr. *mar.* Cailhava; 17 fr. *v. f.* Bergeret.

Chacun de ces deux traités a été d'abord impr. sépa-rément. Le 1er sous ce titre : LES SORCIERS, dialogue tres utile... (*Genève*), par Jacq. Bourgeois, 1574, in-8. Trad. en latin (*Co-logne*, 1575), in-8. Le second sous celui de RE-MONTRANCE, etc., par le même Jacq. Bourgeois, 1575, in-8.

Les dialogues sur les sorciers ont été trad. en anglais, *Lond.*, 1575, in-16, et aussi par Th. Newton, *Lon-don*, 1586, in-8.

TRAITÉ de l'Antechrist, par Lambert Daneau, reueu et augmenté en ceste traduction francoise par l'aduis de l'autheur, auquel est monstré par la pa-rolle de Dieu, le lieu, le temps, la forme, les mi-nistres, l'appuy, le progrès, et finalement la ruine d'iceluy, traduit en françois par J. F. S. M. *Genève, Eustace Vignon*, 1577, in-8. [2107]

Le texte latin de cet ouvrage a été impr. à Genève, en 1576, et aussi en 1582, in-8. Daneau y a joint des vers latins et italiens de divers auteurs qui ont écrit contre la cour de Rome. Ces vers sont repro-duits dans la version française et accompagnés, en regard, d'une traduction en vers français d'une pla-titude remarquable. Le même ouvrage a été trad. en anglais par John Swan, *London*, 1589, in-4.

LA PHYSIQUE françoise, comprenant en treize livres, ou traitez a savoir un d'Aristote, onze de S. Bernard , et un de Damascene, le discours des choses naturelles tant cellestes que terrestres, se-lon que les philosophes les ont decrites, et les plus anciens peres et docteurs les ont puis après consi-derées et mieux rapportées a leur vrai but, trad. en françois par Lamb. Daneau. *Genève, Eust. Vi-gnon*, 1581, in-8. [4216]

Titre rapporté par Du Verdier, et d'après lui par le P. Niceron.

Lambert Daneau est auteur d'un assez grand nombre d'ouvrages écrits en latin, desquels Niceron (tome XXVII) donne la notice, mais qui n'ont plus de va-leur. Ce biographe cite l'ouvrage intitulé : *Vetus-tissimarum primi mundi antiquitatum sectiones quinque*, de l'édition de Genève, 1596, in-8. ; mais il ne parle pas de l'édition d'*Orthez, Rabir*, 1590, in-8. (catalogue Barré, 4834), qui est rare. [21226] Il ne dit rien non plus du *Traité contre les bacchanales.*

Les ouvrages latins de ce ministre protestant ont été réunis sous le titre suivant :

LAMBERTI DANÆI opuscula omnia theologica, ab ipso autore recognita et in tres classes divisa. *Genevæ*, 1583, in-fol. de 1625 pp. — Réimpr. à Genève, chez les De Tournes, en 1654, in-fol.

— Voy. CYPRIANUS, et TERTULLIANUS, et au mot TRAITÉ des danses.

DANET (*Petr.*). Radices, seu dictionarium linguæ latinæ in quo singulæ voces suis radicibus subjiciuntur. *Parisiis,* 1677, in-8. [10879]

Peu commun et assez recherché. 5 à 6 fr.

— DICTIONARIUM antiquitatum romanarum et græcar. in usum Delphini. *Lutetiæ-Parisiorum*, 1698 seu 1701, in-4. 6 à 9 fr. [29127]

Ce volume s'annexe à la collection *ad usum Delphini*. Vend. 36 fr. *m. r. dent. l. r,* La Vallière.

Les Dictionnaires lat.-franç. et franç.-lat. du même, *Lyon,* 1721 et 1735, in-4., sont à très-bas prix. Le dernier a été réimprimé à Varsovie, de 1743 à 1745, en 2 vol. in-fol., avec la traduction des mots en polonais.

DANFRIE. Déclaration de l'usage du graphomètre, par la pratique duquel l'on peut mesurer toutes distances des choses de remarque qui se pourront voir et discerner du lieu où il sera posé; et pour arpenter terres, bois, prez, et faire plans de villes, de forteresse, cartes géographiques, et generalement toutes mesures visibles, et ce sans reigle d'arithmetique; inventé nouvellement et mis en lumiere par Philippe Danfrie. A la fin de cette déclaration est adiousté par le dict Danfrie un traicté de l'usage du trigometre, qui est un austre instrument ayant presque pareil usage, aussi sans reigle d'arithemétique (*sic*). *Paris, Danfrie,* 1597, in-8. 10 à 15 fr. [8052]

Ouvrage curieux, impr. en caractères cursifs et enrichi de 18 jolies vignettes tirées avec le texte. La première partie a 91 pp. y compris 2 ff. prélim.; la seconde 34 pp. et un f. pour le privilége.

Ce géomètre est inexactement nommé *Danfrif* dans la *Bibliothèque* de La Croix du Maine.

DANGEAU (*Philippe* de Courcillon, marquis de). Journal du marquis de Dangeau publié en entier, pour la première fois, par MM. Soulié, Dussieux, de Chennevières, Mantz, de Montaiglon, avec les additions inédites du duc de Saint-Simon, publiées par M. Feuillet de Conches. *Paris, F. Didot frères,* etc., 1853 et 1860, 19 vol. in-8. 114 fr. [23818]

Le XIXᵉ et dernier volume se compose de la table générale des noms cités par Dangeau.

L'édition des mêmes Mémoires, publiée par M. Paul Lacroix, *Paris*, 1830, in-8., n'a pas été terminée. Il n'en a paru que 4 volumes.

ABRÉGÉ des mémoires, ou journal du marquis de Dangeau, extrait du manuscrit original avec des notes et un abrégé de l'histoire de la Régence, par Mᵐᵉ de Genlis. *Paris*, 1817, 4 vol. in-8.

Lemontey a publié, en 1818, un vol. in-8. de 414 pp., intitulé : Essai historique sur l'établissement monarchique de Louis XIV, précédé de nouveaux mémoires de Dangeau... Ces nouveaux mémoires occupent les pp. 1—314 du volume.

DANGER (le) de se marier, par lequel on peut connoître les perils qui en peuvent advenir, témoins ceux qui en ont été les premiers trompez. *Lyon, par Ben. Rigaud* (sans date), in-8. en vers. [13946]

Pièce rare ainsi que les deux suivantes : elle a été réimprimée dans le 3ᵉ vol. des *Joyeusetez.*

LES MISÈRES de la femme mariée, où se peuvent voir les peines et tourmens qu'elle reçoit durant sa vie; mis en forme de stances par madame Liebaut. *Paris, Pierre Menier,* in-8.

DISCOURS pitoyable des lamentations de la femme mariée, ensemble les misères et tourmens qu'elle endure sous un mauvais mari; par Thomas Arnaud d'Armosin, 1619, in-12, en vers.

DANICAN dit Philidor. Voyez ce dernier nom.

DANIEL secundum septuaginta, ex tetraplis Origenis, gr. et lat. editus e singulari chisiano codice annorum supra ↀↄↀↄ (a Simone de Magistris). *Romæ, typis congr. de propag. fide,* 1772, in-fol. [143]

Vend. 10 fr. Villoison ; le Gr. Pap. est plus cher. Réimprimé à Göttingue, 1774, in-4., avec des notes et une préface de Ch. Segaar, *Traj. ad Rhen.,* 1775, in-8.

— DANIEL secundum edit. LXX interpr.; ex tetraplis desumptus, ex cod. syro-estranghelo Bibl. Ambros. syriace edidit, lat. vertit, etc., Caj. Bugati. *Mediolani, typis ambros.,* 1788, in-4. 6 à 9 fr.

— LES PROPHÉTIES de Daniel, en anglais et en singalais par R. Newstead, *Colombo,* 1823, in-8. — *in malayalim*, par B. Bailey, *Cottayam,* 1841, in-8. — et aussi sous ce titre : *Te Buka a te propheta a Daniela;* avec *Te Buka Moi a Ruta e a Esera; initihia ei Parau Tahiti,* Tahaa, 1824, in-12 (Graesse).

— Voy. SONGES (les) de Daniel.

DANIEL (*Jean*), organiste. Sensuyuent plusieurs (six) Noelz nouueaulx. (*sans lieu ni date, vers* 1520), pet. in-8. goth. de 8 ff. à 24 lig. par page. [14333]

— Noels ioyeulx plain de plaisir a chanter sans nul deplaisir, pet. in-8. goth. de 12 ff., contenant onze noëls.

Le nom de l'auteur est ici en latin : *Johannes danielis.*

La Croix du Maine attribue à J. Daniel un opuscule intitulé : *L'ordre funebre triomphant et Pompe pitoyable, tenue à l'enterrement de M. le comte de Laval, admiral de Bretagne et Lieutenant du Roi,* impr. à Angers chez Jean Baudouin en 1531 ou environ, mais il n'en marque pas le format.

— Voy. Cantzons sainctes, au mot CHANSONS.

DANIEL (*Sam.*). The whole Works of Samuel Daniel in poetrie. *London, N. Okes,* 1623, in-4. [15774]

Édition donnée par le frère de l'auteur (2 liv. 2 sh. Roxburghe; 4 liv. 14 sh. Hanrott). Il y en a une plus ancienne. *London,* 1602, in-fol. qui vaut de 2 à 3 liv. en Angleterre, et plus en Gr. Pap. Celle de *Lond.,* 1718, 2 vol. in-12, avec une notice sur la vie et les ouvrages de l'auteur, se paye environ 1 liv.

Les poésies de Sam. Daniel conservent encore de la réputation. Sa tragédie intitulée *Philotas* a été plusieurs fois réimpr. Elle a paru d'abord avec *Certaine small poems lately printed* du même poëte, *London, G. Eld for Sim. Waterson,* 1605, pet. in-8. de 352 pp. Lowndes, 2e édit., pp. 586 et 587, décrit les éditions originales de ces poésies impr. de 1592 à 1611, lesquelles ont un assez haut prix en Angleterre, ainsi que le morceau historique suivant :

' THE CIVILE wares betweene the howses of Lancaster and Yorke, corrected and continued, *London,* 1609, in-4., en huit livres. Les quatre premiers avaient déjà paru à Londres, en 1595, in-4. de 88 ff. [26896]

DANIEL (*Gabr.*). Histoire de France; nouvelle édit. augmentée de notes, de dissert. histor. et crit., de l'histoire du règne de Louis XIII, et du journal de celui de Louis XIV (par le P. H. Griffet). *Paris,* 1755, 17 vol. in-4. 70 à 80 fr. [23251]

Un exempl. en *mar. r.* aux armes de la comtesse d'Artois, 285 fr. Giraud ; Gr. Pap., 90 à 120 fr., et un bel exempl. *m. bl.* avec les portraits d'Odieuvre, 270 fr. *mar. bl. dent.* en 1825 ; il serait plus cher aujourd'hui.

— LA MÊME (avec la comparaison des Histoires de Mézeray et du P. Daniel). *Amsterd.,* 1755, 24 vol. in-12. fig.

Cette édition, moins commune que l'in-4., est assez recherchée : 40 à 48 fr.

L'Histoire de France du P. Daniel est généralement taxée d'inexactitude ; cependant, comme elle se fait lire avec intérêt, elle conserve encore des partisans. L'auteur en fit paraître d'abord (en 1696), un premier vol. in-4., auquel il ne donna pas alors de suite ; plus tard, l'ouvrage entier, continué jusqu'à la mort d'Henry IV, fut publié à Paris, 1713, en 3 vol. in-fol., et réimprimé en 1722, en 10 vol. in-4.; mais ces deux édit. ont été entièrement effacées par celle qu'a donnée le P. Griffet en 1755.

L'abrégé de cet ouvrage, *Paris,* 1724, 9 vol. in-12, · ou 1727, 6 vol. in-4., a été longtemps préféré à la grande histoire : il y en a une édition de Paris, 1751, en 12 vol. in-12, augmentée de l'histoire de Louis XIII et Louis XIV, par le P. Dorival, jésuite.

— Histoire de la milice françoise. *Paris,* 1721, 2 vol. in-4. fig. [24086]

Ouvrage rempli de recherches curieuses : 24 à 30 fr., et plus en Gr. Pap. Vend. tel et rel. en *mar.* 50 fr. Chateaugiron ; 115 fr. en 1841.

On préfère cette édition à celle d'*Amsterd.,* 1724, aussi en 2 vol. in-4. fig. Il y a un abrégé de cette Histoire (par Alletz), *Paris,* 1773 ou 1780, 2 vol. in-12.

— Voyage du monde de Descartes, 3592.

DANIEL (*H.-A.*). Thesaurus hymnologicus, sive hymnorum, canticorum, sequentiarum circa annum M. D. usitatarum collectio amplissima, appar. crit.

Daniel a Virgine Maria. Speculum carmelitanum, 21839.

ornata et aliorum et suis notis illustrata. ab Herm.-Adalbert Daniel. *Halis et Lipsiæ,* 1841-56, 5 vol. in-8. 40 fr. [12589]

— Voy. CODEX liturgicus.

DANIELE (*Fr.*). Alcuni monumenti del museo Carrafa. *Napoli,* 1778, in-4. fig. [29295]

Tiré à 12 exemplaires seulement. Voy. *Biblioth. firmiana,* tome IV, p. 168.

— I regali sepolcri del Duomo di Palermo riconosciuti ed illustrati. *Napoli,* 1784, in-fol. fig. [25845]

Ouvrage d'un grand intérêt et qui jette du jour sur les époques les plus obscures de l'histoire de la Sicile : l'édition est magnifiquement exécutée et ornée de 19 belles pl., non compris les vignettes. (Catal. Cicognara, n° 3996.)

— Le Forche caudine illustrate, con due appendici. *Neapoli,* 1811, in-fol. fig. [29458]

Seconde édition, augmentée : 24 fr. Il en a été tiré des exemplaires en pap. de Hollande. La première, *Caserta,* 1778, in-fol. max. fig., est moins chère.

— MONETE antiche di Capua, con alcune brevi osservazioni. *Napoli,* 1803, in-4. fig. 6 à 9 fr. [29831]

Vend. 16 fr. 50 c. Villoison.

DANIELL ou Daniel (*W.-B.*). Rural sports; new edit. *London,* 1805, 3 vol. in-8. with 70 pl. 48 à 72 fr. — in-4., 75 à 100 fr. [10395]

Cet ouvrage, orné d'excellentes gravures, en partie de l. Scott, a eu beaucoup de succès. La première édition, *London,* 1801-2, 2 vol. in-4. et in-8. (ou 3 vol. y compris un supplément publié en 1813, 3 liv. 3 sh.), a l'avantage de renfermer les premières épreuves, mais elle est moins complète que celle de 1805 en 3 vol. gr. in-4., à laquelle se joint encore le supplément dont nous venons de parler. Les 4 vol. in-4. Gr. Pap. 16 liv. Sykes. Il y a des exemplaires en pap. impérial, et quelques-uns avec pl. soigneusement coloriées ; ces derniers sont portés à 20 liv. et plus dans plusieurs catalogues anglais. L'édition de 1812 en 3 vol. gr. in-8., et aussi pet. in-4., se paye moins cher que les précédentes.

DANIELL (*Will.*). Interesting selections from animated nature, with illustrative scenery. *London,* 1809, 2 vol. in-4. impérial. [5604]

Recueil composé de 120 pl. avec texte. Il coûtait 15 liv., mais il ne se vend plus qu'environ 4 liv. On en a tiré 12 exempl. sur pap. de Chine.

— A picturesque voyage round Great Britain, undertaken in the year 1813 by Rich. Ayton, with a series of views drawn and engraved by Will. and Th. Daniell. *London, Longman,* 1814-25, 8 vol. pet. in-fol. (ou très-gr. in-4.), avec 308 pl. color. 60 liv. et seulement 19 liv. 5 sh. Utterson, en 1857. [20327]

— A SERIES of ten views of Paulo Penang (prince of Wales's Island) from pictures by capt. Robert Smith of engineers, engraved and coloured by Will. Daniell. in-fol. max.

Daniell (*J.-F.*). Meteorological essay, 4289.

Ces 10 pl., chacune de 28 pouces anglais sur 18, ont coûté 12 liv. 12 sh., mais elles se donnent pour moins de 5 liv.

DANIELL (*Th.*). Oriental scenery, or views in Hindoostan (taken in the years 1789 and 90), drawn and engraved by Th. Daniell. *London,* 1795-1807, 4 parties in-fol. atlant., 96 planches. [28104]

— Antiquities of India, twelve (twenty four) views from the drawings of Th. Daniell, engraved by himself and Will. Daniell (taken in the years 1790 and 93). *Lond., Th. Bensley,* 1799-1808, in-fol. atlant. [28108]

— Hindoo excavations in the mountains of Ellora near Aurungabad in the Decan, in XXIV views, engraved from the drawings of James Wales, by and under the direction of Th. Daniell. *London,* 1803, in-fol. atlant., 24 planches.

Ces trois ouvrages, qui ne doivent pas être séparés, renferment ensemble 144 pl. gr. en aquatinta, et soigneusement color. à l'imitation des dessins. Chaque partie de 24 pl. coûtait 35 liv. à Londres; mais on a aujourd'hui la collection entière pour moins de 50 liv. Les 6 vol. 550 fr. seulement Louis-Philippe. Le texte explicatif est réuni en un seul vol. in-8.

MM. Daniell ont publié, en 1818, une édit. in-4. obl. de la même collection, qui forme 3 vol. en 6 part., avec 150 pl. réduites. 6 liv., et coloriées, de 10 à 12 liv.

— Picturesque voyage to India, by the way of China; by Th. and Will. Daniell. *London,* 1810-16, gr. in-4. obl. [20686]

Ce bel ouvrage renferme 50 pl. coloriées, avec texte : il coûtait 12 liv. 12 sh., mais il s'est donné depuis pour 3 liv. 3 sh.

DANIELL (*Samuel*). African scenery and animals at the cape of Good Hope. *London,* 1806, in-fol. fig. color. [28433]

30 planch., avec un texte : 10 liv. 15 sh. Hibbert, et avec l'ouvrage suivant, 6 liv. 6 sh. Bohn.
— A PICTURESQUE illustration of the scenery, animals and native inhabitants of the island of Ceylon. *London,* 1808, in-fol. atlant. [28251]
12 planches color. à l'imitation des dessins originaux. 4 liv. 2 sh. 6 d. Hibbert; 2 liv. 2 sh. Bohn.
— SKETCHES representing the native tribes, animals, and scenery of southern Africa, from drawings made by the late Sam. Daniell; engraved by Will. Daniell; *London, Longman,* 1820, gr. in-4.
48 planches et autant de pages de texte : 3 liv. 3 sh. — pap. de Chine, 4 liv. 4 sh.

DANJOU (*F.*). Voy. CIMBER.

DANKOUSKI (*Greg.*). Voyez à la fin de l'article HOMERUS.

DANNHAWERUS (*Joh.-Conr.*). Chris-

teis, sive drama sacrum, in quo ecclesiæ militia, a Jesu-Christo ad thronum cœlestem exaltata, ad novissimum usque ac præsens seculum, deducitur ænigmatice primum, post aperto commentario. *Wittembergæ,* 1696, in-4. [16185]

Vend. 14 fr. Méon; 8 fr. Courtois.

DANSE aux aveugles. Voy. MICHAULT.

DANSE (la) des morts pour servir de miroir à la nature humaine avec le costume dessiné à la moderne et des vers à chaque figure. — L'art de bien vivre et bien mourir. *Au Locle,* 1788, 2 tom. en 1 vol. in-8. fig. à l'eau-forte.

Un exemplaire rel. en mar. n. 46 fr. Bergeret.

DANSE des morts. Voyez FIGURES de la mort, HOLBEIN, KASTNER, LANGLOIS, MERIAN, PEIGNOT, TODTENTANZ.

DANSE Macabre (la). — *Cy finit la dãse macabre imprimee par ung nomme Guy Marchant demorant en Champ Gaillart a Paris le vint huitiesme iour de septembre mil quatre cẽt quatre vingz et cinq,* pet. in-fol. goth. [13446]

Première édit. connue de cet ouvrage singulier; elle est fort rare, et ne consiste qu'en 10 ff. d'impression, ornés de 17 grav., non compris le f. d'intitulé qui manque à l'exempl. de la bibliothèque de la ville de Grenoble, lequel est décrit dans le *Magasin encycl.,* décembre 1811, pp. 355-369.

— La danse macabre. (à la fin) : *Cy finist la dance macabre historiee || et augmentee de plusieurs nouue || aux personnages et beaux dits. Et || les trois| mors et vifs ensẽble || nouuellemẽt ainsi cõposee et impri || mee a paris...* pet. in-fol. goth. de 12 ff. à 2 col. avec 20 fig. sur bois.

Il est probable que cette édition, qu'on suppose avoir été vendue par Vérard, a été imprimée sur celle de 1485 et avant l'édit. de 1486; comme dans la première, il n'y est fait mention que de trente personnages, tandis qu'il y en a quarante dans cette dernière; elle est d'ailleurs augmentée du *proheme de l'Ermite, des dits des trois mors et trois vifs,* etc. Ainsi que M. Silvestre l'a fait remarquer, les planches de l'édition ici décrite ont près de quatre centimètres de plus en hauteur que celles des éditions de 1485 et 1486, et sont, par conséquent, autres que celles dont Guy Marchant a fait usage. On n'y trouve pas l'*orchestre des quatre morts,* sujet qui figure pour la première fois dans l'édition de 1486.

Van Praet (Catal. IV, n° 233) a cité trois exemplaires de l'édition dite de Verard, imprimés sur VÉLIN, et avec les figures peintes. Celui que possède la Bibliothèque impériale a été acheté, en 1817, 435 fr. à la vente Mac-Carthy (cet amateur ne l'avait payé que 220 fr. à celle de La Valliere, en 1784). Les dernières lignes de la souscription rapportée ci-dessus, qui devaient donner le nom du libraire et la date, en sont effacées. La Bibliothèque impériale (département des estampes) conserve également un fragment sur VÉLIN d'une autre édition in-fol. de la Danse macabre, exécutée avec les mêmes caractères et les mêmes bois que la précédente, mais qui consiste seulement en 5 feuillets imprimés d'un seul côté, avec 19 figures parfaitement enluminées.

— Ce present livre est appelle Miroer ‖ salutaire pour toutes gens Et de ‖ tous estatz, et est de ·grant utilite : ‖ et recreacion. pour pleuseurs ensen ‖ gnemens tant en latin comme en ‖ francoys lesquelx il contient. ainsi ‖ compose pour ceulx qui desirent ac ‖ querir leur salut. et qui le voudront ‖ auoir. ‖ La danse macabre nouuelle. (au verso du f. *b* viij) : *Cy finist la dãse macabre hystoriee et augmẽ ‖ tee de plusieurs nouueaux personnages et ‖ beaux dis, et les trois mors et trois vif emsẽ ‖ bles nouuellemẽt ainsi cõposee et impri ‖ mee par Guyot Marchant demorant a Pa- ris ‖ ou grant hostel du college de na- uarre en ‖ champ gaillart lan de grace mil quatre cent ‖ quatre vingz et six le septiẽme iour de iuing.* ‖ Pet. in-fol. goth.

Cette édition, composée de 16 ff. à 2 col. non chiffr., sign. *a* et *b.*, contient beaucoup d'augmentations et 6 grav. de plus que la précédente.

Il doit se trouver à la suite de cet opuscule 16 autres ff. à 2 col. non chiffrés sign. c. d. dont voici l'intitulé et une partie de la souscription :

La danse macabre des femmes ‖ Et le debat du corps et de lame. ‖ (au verso du dernier f.) : *Ce petit liure contient trois choses : ‖ Cest assauoir la danse macabre des ‖ fẽmes. Le debat du corps et de lame, ‖ et la complainte de lame dampnee. ‖ Lequel a este imprime a paris par ‖ Guyot Marchant... lan de grace mil quatre cent quatre vingz et six, le septiesme iour de iuillet.*

Les deux parties, comme le prouvent les signatures, formant un ensemble, ne doivent pas être séparées. Réunies, et rel. en *mar. r.*, elles ont été vendues 24 fr. Gaignat ; 45 fr. La Vallière. On les payerait aujourd'hui de 12 à 1500 fr.

— Cy est la nouuelle danse macabre des hommes dicte Miroer salutaire de toutes gens pour plusieurs beaux dictz en latin et francoys lesquelx y sont contenus et si est de grant recreacion pour plusieurs ystoires et enseignemens monitoires a bien viure et mourir Ainsi imprimee pour tous ceulx et celles qui la vouldront auoir et desirent faire leur salut. (suit la marque de l'imprimeur autour de laquelle on lit) : Guiot marchãt imprimeur demourant au grant hostel de nauarre en chant gaillart a paris. (et au bas de la page) : Miroer tres-salutaire La nouuelle danse macabre des hommes. (à la fin, en 8 lignes) : *Cy finit la danse macabre historiee et augmẽtee de plusieurs nouueaulx personnaiges et beaux dis. tant en latin que en francoys nouuellement ainsi composee et ĩprimee par guyot marchant demourant a paris ou grant hostel du college de nauarre en chãp gaillart. Lan de grace mil quatre cens quatre vingz et dix. le xx iour de ianuier,* pet. in-fol.

goth. de 14 ff. non chiffrés à 2 col. fig. en bois.

Vend. 46 fr. *mar. r.* fig. color. La Vallière.

Cette édition est une copie de celle de 1486. Les mêmes caractères ont servi depuis pour l'édition avec un titre latin, sous la même date d'année (1490), mais qui est du mois d'octobre (voy. ci-dessous).

— La grande Danse macabre. — *Cy finit la Dãse macabre... nouuellement ainsi composee et imprimee par Guyot Marchant demourant a Paris au grãt hostel du college de nauarre en Champ Gaillart lan de grace mil quatre cens quatre vingt ·et unze, le x iour de auril,* in-fol. goth.

Édition très-rare de la Danse macabre des hommes ; elle se compose de 14 ff., sig. a et b. Chaque page, à l'exception des deux dernières, présente une gravure sur bois, avec des sentences latines et des vers français impr. sur 2 col. Les deux dernières pages n'ont pas de planches, et le texte y est à longues lignes. Cette description est donnée dans un catal. des livres et manuscrits vendus à Londres par Puttick et Simpson, le 21 février 1850 (voir le n° 440 dudit catalogue). La Danse macabre des femmes, impr. par le même Guyot Marchant, fait la suite naturelle de la présente édition de la Danse des hommes. Le catalogue anglais que nous venons de citer, et dont une partie des articles appartenaient à M. Libri, porte en note, sous le n° 440 : « *This is evidently the edition indirectly designed as the* Danse macabre des femmes, *published by the same printer, the* 2ᵈ *of may of the same year, which is described by Brunet and consists also of 14 leaves...* » Pourtant la danse des hommes et la danse des femmes sont deux ouvrages bien différents !

— Icy est la danse macabre des fẽmes ‖ toute hystoriee ⁊ augmẽtee de nou ‖ ueaulx personaiges auec plusieurs ‖ dis moraulx en latin et francoys q̃ ‖ sont enseignemens de bien viure ‖ pour bien mourir. (au verso du 14ᵉ f. en 9 lignes) : *Cy finist la danse macabre des fẽmes‖ toute hystoriee et augmẽtee de plu ‖ sieurs personnages et beaux dictz en ‖ latin et en francoys. Jmprimee A ‖ Paris, par Guyot Marchant ‖ demorant ou grant hostel du champ ‖ gaillard derrier le college de nauarre ‖ Lan de grace mil quatre cens quatre ‖ vingz et unze ‖ le second iour de may.* (et au verso du dernier f.) : *Icy sont les trois mors et trois vifz ‖ en francoys. et aussi trois mors et ‖ trois vifz en latĩ. Le debat du corps ‖ et de lame ‖ et la complainte de lamne danee. Imprime a paris par guiot ‖ marchant... Lan mil quatre cens quatre vingz et unze le derrenier iour de Auril,* pet. in-fol. goth. de 27 ff. en tout, sur 2 col., avec fig. en bois. [13447]

Édition plus complète que celle de 1486 et présentant des figures différentes : 60 fr. *mar. bl.* fig. color. La Vallière.

A la suite de chaque souscription se trouve la marque primitive de Guy Marchant, que nous donnons ici réduite.

— Chorea ab eximio Macabro versibus ale-
manicis edita, et a Petro Desrey trecacio
quodam oratore nuper emendata. *Parisius, per magistrum guidonem mercatorem pro Godeffredo de Marnef anno
dñi quadringentesimo nonagesimo
supra millesimum, idibus octobris impressa.* In-fol. fig.

Édition rare, et qui consiste seulement en seize ff.
impr. à 2 col. en caract. goth., avec de belles gravures en bois, les mêmes que celles des édit. de
1485 et 1486, avec texte attesté français : son titre atteste
que la danse macabre a été composée originairement en allemand.

Cette édition latine, impr. au mois d'octobre 1490, est
certainement tout autre chose que l'édition française donnée au mois de janvier de la même année
(en commençant l'année à Pâques). M. Weiss a donc
eu tort de dire le contraire dans la *Biograph. univers.*, XXVI, article MACABAR, article qui renferme
d'ailleurs d'autres erreurs beaucoup plus graves,
ainsi que l'a fait remarquer M. Douce dans sa dissertation (anglaise) sur les danses des morts, page
248 (voy. HOLBEIN).

Je soupçonne que l'édit. indiquée par M. Douce, sous
la date du 15 octobre 1499, est la même que celle
de 1490 ci-dessus.

— La grant danse Macabre des hommes
et des femmes....., avec le debat du
corps et de lame, la complainte de lame
damnee, etc. *Lyon, le xviij iour de Feurier* 1499, in-fol. goth. fig. sur bois.

Cette édition n'est guère moins rare que les précédentes ; elle se compose de 42 ff. signat. a—giij.
Dans le catal. de Mac-Carthy on l'annonce sous la
date mille ccccxcx, mais elle porte ccccxcix :
vend. 20 fr. *m. bl.* Gaignat ; 200 fr. Mac-Carthy, et
219 fr. Le Duc ; 1205 fr. De Bure l'aîné.

— Dance macabre.

Viuans qui voyez ceste dance
Se souuent la regardez
Vous scaiez se bien la gardez
Qhoneur mondain nest pas cheuance.

*Cy fine la Dance macabre auecques
les Dictz des trois mortz et des trois
vifz. Imprimee a Paris, par maistre
Nicole de la Barre, lan* 1500 *le xxiij
de Juillet.* in-4. goth. de 28 ff., avec
signat. A—E, fig. en bois. (*British Museum.*)

Édition peu connue, d'après laquelle les libraires Sam.
et Rich. Bentley, à Londres, ont fait faire, il y a
quelques années, un spécimen en 7 ff. seulement,

donnant le fac-simile de 8 pl. choisies et d'une partie du texte. Il n'a été tiré de cette réimpression
que 25 exempl. sur papier et 6 sur VÉLIN. M. Douce
cite cette même édition sous la date de 1523.

— LA GRANT danse macabre des hômes et des fêmes,
historiee et augmentee de beaulx dis en latin... (a
la fin) : Cy finist la dance (sic) macabre... le Debat
du corps et de Lame, la complainte de lame dampnee, Exoration de bien vivre et de bien mourir,
la vie de lantecrist, les xv signes, et le jugement.
*Imprime a Troyes par Nicolas le rouge demou-
rant en la grãt rue a lenseigne de Venise, aupres la belle croix* (sans date), in-fol. goth. de
40 ff. à 2 col. sign. a—k, avec 65 fig. en bois.

Édition qui paraît être du commencement du XVIe
siècle. Elle renferme, outre les deux danses, *le debat du corps et de lame, la complainte de lame
damnee, Exhortation de bien viure et de bien
mourir, la vie du maulais antechrist, les quinze
signes, le jugement* ; le tout en vers. Au verso du
dernier f. se voit une gravure représentant un
homme prosterné, et en oraison, au-dessous d'une
vierge, avec cette légende : *Mater dei memēto
mei*, et à côté un monogramme qui paraît être celui
de Nicolas le Rouge. M. Dibdin a donné dans son
Bibliographical Decameron, II, p. 295, un bon
fac-simile de cette planche, laquelle, selon lui, représente l'imprimeur Nic. le Rouge. L'édition de
Troyes, par le même Nic. le Rouge, *mil cinq cens
xxxi*, pet. in-fol. goth., est une copie de la précédente, et contient également 40 ff. à 2 col., avec
les mêmes planches, qui sont assez belles. — Une
autre édition de *Troyes, Nic. le Rouge*, 1528, in-4.
goth. à 2 col., fig. en bois, est portée dans le 2e catalogue de Crozet, n° 317, mais elle n'a pas été
vendue.

— LA MÊME auecques les ditz des troys mors et des
troys vifz. *Jmprime a Genesue lan M .cccc .iiij*
(sans nom d'imprimeur), in-4. de 24 ff., avec fig.
en bois.

Autre édition fort rare.

— LA DASE macabre, les trois mortz et les trois vifz,
et les quinze signes precedes le grãd jugemēt. *Lyon,
Claude Nourry*, 1523, pet. in-4. goth. de 36 ff.
sign. A.—I., y compris le frontispice, avec fig. sur
bois.

Autre édition rare, dans laquelle se trouve également
au bas de chaque planche de la danse macabre un
texte en vers français. La souscription de l'imprimeur est au bas du 27e feuillet. 430 fr. exemplaire
ayant toutes ses marges, mais *taché*, salle Silvestre,
le 7 novembre 1846 : acheté pour M. Yéméniz.

— LA GRAND danse macabre des hommes et des femmes, historiee. *On se vend a Lyon sur le Rosne,
en la maison de Pierre Saincte Lucie dit Le
Prince, près Nostre-Dame de confort Lan mil
ccccclxviij*, in-4. goth. de 40 ff. ornés de 59 fig. sur
bois.

Édition imprimée sur mauvais papier et bien certainement à la date qu'elle porte, quoique, pour donner de l'importance à ce livre médiocre, on ait dit,
dans un catal. impr. à Paris en mai 1857, que cette
date était inexacte et devait être de 1528 au plus
tard : ce qui a fait porter à 385 fr. l'exemplaire annoncé.

Du Verdier, I, 87, cite une édition de la Grande Danse
macabre, de *Lyon, Olivier Arnoullet*, sans date,
in-4., et La Monnoye, dans une note sur le même
Du Verdier, III, 471, en cite une autre de *Paris,
Denis Janot*, 1533, in-8. qu'il possédait ; elle n'a
été payée que 6 fr. à la vente de Gluc de St-Port. —
Celle de *Rouen, Guil. de la Mare*, sans date, in-4.,
fig., lettres rondes : vend. 12 fr. mar. bl. Gaignat ;

— LA GRAND danse macabre des hommes et des femmes, nouuellement reueue et augmentee d'histoires et beaux dits, tant en latin qu'en françois, et autres œuvres. *Paris, par Estienne Groulleau*, 1550, ‹in-16 de 104 ff., en lettres rondes, avec fig. en bois.

Cette édit. n'a été vend. que 4 fr. chez La Valliere, mais elle vaut dix fois ce prix. Nous en avons vu une autre, donnée par le même libraire, sans date, et également in-16, avec fig. en bois.

— LES LXVIII huictains, ci-devant appelés la danse Machabrey, par lesquels les chrétiens de tous états sont stimulés et invités de penser à la mort. *Paris, I. Varangue*, 1589, in-8.

Vend. 7 fr. *mar. viol.* Méon ; 26 fr. Le Duc.

Les presses de la ville de Troyes, depuis longtemps en possession d'approvisionner les foires de la France des livres populaires qui s'y débitent le mieux, n'ont pas manqué de reproduire de temps en temps *la Danse macabre*, avec des grav. sur bois, faites d'après les anciens dessins (de l'édition de 1531), mais fort mal exécutées : telle était déjà l'édition de *Troyes, Nic. Oudot*, 1641, in-4., et telles sont encore celles qui se vendent à Troyes, chez Baudot, acquéreur des fonds réunis des Oudot et des Garnier. Celle de 1729 (*chez la Vᵉ Oudot et fils*) porte le titre suivant : *La grande danse Macabée des hommes et des femmes historiée et renouvellée du vieux gaulois, en langage le plus poli de notre temps ; avec le débat du corps et de l'ame, la complainte de l'ame damnée ; l'exhortation de bien vivre et de bien mourir ; la vie du mauvais Ante-Christ, les quinze signes et le jugement dernier.*

— LA GRANT danse macabre des hômes et des fêmes. Auec les dis des trois mors ꭓ trois vifs/ le debat du corps et de lame/ la complainte de lame dampnee/ et lenseignement pour bien viure et bien mourir. Nouuellement Imprime a Paris. xvij.c. — *Achevé d'imprimer le 22 mars 1858, par Ch. Lahure... et se vend chez L. Potier, libraire*, pet. in-8. goth.

Cette jolie édition a été faite aux frais et par les soins de M. Silvestre, ancien libraire, qui y a joint une notice en 4 pp. sur les premières éditions de la Danse des morts ; celle-ci reproduit le texte et donne les planches réduites de l'édit. de 1486 pour la danse des hommes et de celle de 1491 pour la danse des femmes. Les pl. gravées sur bois, faites avec beaucoup de soin, sont au nombre de 87.

Les détails curieux sur les différentes éditions de la Danse macabre, que M. Peignot a donnés dans ses *Recherches sur les Danses des morts* (voy. PEIGNOT), ne s'accordent pas toujours avec ceux que contient le Manuel ; et cela a été pour nous un motif de vérifier de nouveau ces derniers, dont nous avons reconnu l'exactitude.

N'oublions pas de dire que M. H.-F. Massmann a consacré aux diverses éditions de *la Danse macabre* les pp. 91 à 109 de son ouvrage intitulé *Literatur der Todtentäntze*, Leipzig, 1840, in-8., et que M. E.-H. Langlois s'est aidé de ce travail en rédigeant son *Essai sur les Danses des morts* (voyez LANGLOIS).

Nous citerons encore :

LA DANSE macabre, histoire fantastique du XVᵉ siècle, par P.-L. Jacob, bibliophile. *Paris, Eugène Renduel*, 1832, in-8.

On sait que l'écrivain spirituel et très-fécond, caché sous le nom de *Bibliophile Jacob*, est M. Paul Lacroix.

DANSKE Magasin. *Copenhague*, 1776-84, 6 vol. in-4. [27565]

Ce recueil, publié par le savant Langebeck, renferme d'excellents travaux sur l'histoire et la philologie.

— Nye danske Magasin. *Copenhague*, 1805-9-10-23-27, 5 vol. in-4.

Suite du recueil précédent. Elle est due aux soins de la Société royale de Danemark pour l'histoire et la langue nationale. (*Revue encyclop.*, 1829, XLI, 460.)

DANSKE Mynter. Voy. au mot BESKRIVELS.

DANT (*Jean*). Le chauve, ou le mépris des cheveux, tiré de l'oraison grecque de Synesius. *Paris, Bellair*, 1621, in-8. 4 à 6 fr. [17946]

Volume peu commun : vend. 12 fr. *mar. bl.* A. Martin, et 24 fr. Veinant.

DANTE Alighieri. Comincia la comedia di dante alleghieri di firenze nella qle tracta delle pene e punicioni de uicii et demeriti e premii delle uirtu. (*Fulginei*), *Ioh. Numeister*, 1472, pet. in-fol. [14621]

Édition fort rare et regardée comme la plus ancienne que l'on ait de ce poëte célèbre. Elle ne porte point de nom de ville, mais il passe pour certain qu'elle a été impr. à Foligno. Le texte a l'avantage d'offrir de bonnes leçons, et chaque chant y est précédé d'un sommaire qu'on ne retrouve ni dans l'édition de Mantoue, 1472, ni dans plusieurs des éditions suivantes. Celle-ci contient 249 ff. non chiffrés, à 30 lig. par page, en caract. rom. (dont la *Biblioth. spenccr.*, IV, donne un fac-simile), savoir : *l'Inferno*, 82 ff., plus 2 ff. blancs ; il *Purgatorio*, 83 ff. suivis d'un f. blanc ; il *Paradiso*, 83 ff. et un dernier f. blanc. Elle commence par l'intitulé ci-dessus, ayant la première ligne impr. en capitales, et elle finit au recto du dernier f., par une souscription ainsi conçue :

*Nel mille quatro cento septe et due
nel quarto mese (ou mesa) adi cinque et sei
questa opera gentile impressa fue
Io maestro Iohanni Numeister opera dei
alla decta impressione et meco fue
Elfulginato Euangelista mei :.*

Vend. 556 fr. Gaignat ; 800 fr. La Valliere ; 25 liv. 15 sh. Pinelli ; 400 fr. Mac-Carthy ; 26 liv. et 30 liv. 10 sh. (avec quelques défauts) Heber ; 46 liv. Hawtrey en 1853 ; 1325 fr. *mar. de Bauzonnet*, vente Libri en 1847 ; autre 1305 fr. à Paris en 1856.

— La stessa. (in fine) : *Explicit. liber. Dantis. impressvs. a magistro. Federico. Veronensi.* M. CCCC. LXXII. *qvinto decimo alendas* (sic) *Augusti*, in-4. de 210 ff., à 33 lig. par page.

Édition fort incorrecte, mais d'une rareté extrême : elle est impr. en caract. rom., sans chiffr., récl. ni signat. On doit trouver au commencement 2 ff. limin., contenant un avis de l'imprimeur, et que n'a pas l'exempl. décrit dans la *Biblioth. spencer.*, IV, n° 813. La souscription citée ci-dessus est au verso du dern. f. Le lieu de l'impression n'y est pas marqué, mais on sait que ce Frédéric de Vérone a imprimé à Jesi, en 1475, *Ægidii Alvarez Carillo de Albornoz, episcopi sabinensis liber constitutionum*, in-4.

— La stessa. (in fine) : M. CCCC. LXXII. *Magister georgius & magister paulus teutonici hoc opus Mantuae impresserunt adiuuante Columbino ueronensi*, in-fol. de 91 ff. à 2 col. de 41 lig., sans chiff., récl. ni signat.

Dansin (*Hipp.*). Gouvernement de la France sous Charles VII, 23409.

Édition presque aussi rare que la précédente, et qui a été faite sur de bons manuscrits. Au commencement se lit une épître en vers portant l'intitulé suivant : *Capitulo di columbino veronese al nobile e prestâtissimo huomo philippo nuuoloni.*

Vend. 230 fr. Gaignat; un exempl. en 88 ff. 66 fr. Lauraguais, et 90 fr. La Valliere ; 11 liv. (exempl. dans lequel manquaient 3 ff.) Heber.

Les textes de ces quatre premières éditions ont été reproduits à Londres, en 1858. Voyez ci-après, colonne 509.

— Incominciano le cantiche de la comedia di Dante..... *Impresso nela magnifica cipta di Napoli... Sotto lo inuictissimo Re Ferdinando inclito Re di Sicilia. Aôt* (sic) *adi* XII. *dil mese di Aprile*, M. CCCC. LXXVII, in-fol. de 237 ff., à 32 lig. par page , avec des signat. de a—gg.

Cette édition, qui est belle et rare, paraît appartenir aux presses de Mathias Moravus. Chaque cahier est de 8 ff., excepté le premier et l'avant-dernier qui n'en ont que 6, et le dernier qui en a 7 (le prem. cah. a 7 ff. dans l'exempl. de lord Spencer). Il y a des exempl. dans lesquels se trouvent pour lettres initiales des lettres grises gravées en bois, qui ne sont pas dans tous.

Vend. 120 fr. Brienne-Laire, et 24 fr. seulement (parce que les 2 premiers ff. étaient mss.) La Valliere ; un autre (où manquaient 2 ff. du cahier o) 11 liv. 15 sh. Heber.

— La commedia di Dante. (*Napoli, Fr. del Tuppo*), pet. in-fol.

Cette édition, dont un exemplaire se conserve à la Biblioth. roy. de Stuttgart, est, selon M. Dibdin (*Bibliographical tour*, III, p. 143), la plus rare de toutes les anciennes éditions de ce poëte. Voici la description abrégée qu'en donne le bibliographe anglais : « Le volume est impr. à 2 col. de 42 lig., en caractères rom. On lit à la fin de l'Enfer : *Gloria in excelsis Deo*, en lettres goth.; à la fin du Purgatoire sont ces mots :

SOLI	DEO	GLORIA
Erubescat	*Judeus*	*infelix*

et à la fin du Paradis, ceux-ci : *Deo gratias;* après quoi se lit une dédicace de l'imprimeur Fr. del Tuppo a *Honofrius Carazolus*, de Naples. Le registre occupe le recto du f. suivant, et termine le volume. La date de cette édition n'est pas marquée ; mais on sait que Tuppo a commencé à imprimer avec Sext. Riessinger, vers 1475, et seul en 1480. »

— La divina commedia (col commento di Benvenuto da Imola e colla vita di questo poeta scritta da Giov. Boccacio). — *De Spiera uendelin fu il stampatore,* 1477, gr. in-fol. goth.

Vend. 121 fr. Gaignat ; 72 fr. La Valliere ; 192 fr. bel exempl. *m. r. tab.*, Camus de Limare ; 5 liv. 5 sh. Pinelli ; 64 fr. salle Silvestre, en 1809 ; 7 liv. Sykes ; 5 liv. 5 sh. et 2 liv. 3 sh. Heber ; 130 fr. Boutourlin ; 320 fr. Bearzi.

Cette édition commence par 15 ff. qui contiennent la vie de Dante, sous les signatures A et E ; vient ensuite (après un f. blanc) la table des rubriques sur un f. marqué A 2 ; le texte commence au f. A 3, et continue jusqu'à PP. par cah. de 10 ff. chacun, à l'exception de L, M, T et V, qui n'en ont que 8, et de PP, qui en a 11. Il n'y a point de signature Z (en tout 377 ff. à 2 col. de 49 lignes; Colomb de Batines n'y compte que 374 ff.). Au recto du dernier f., 2° col., se lisent deux sonnets dont le second commence par ces vers :

F inita e lopra delinclito e diuo
dante alleghieri Fiorentin poeta
. . . .

Le commentaire ne porte pas de nom d'auteur, mais il est presque toujours attribué à *Benvenuto da Imola*, bien que quelques personnes, entre autres M. Colomb des Batines, le donnent à *Jacopo della Lana*. Toutefois, il diffère de celui de Jacopo Dante, et de l'*Ottimo commento* (voir ci-après, col. 510).

— La commedia di Dante. — *opus impressnm* (sic) *arte diligêtia magistri philippi ueneti. Anno domini* M ccccLxxviij, in-fol. à 2 col. de 36 lig. sign. *a* i—*n* viij.

Vend. 75 fr. Boutourlin.

Édition sans commentaire, et en caractères ronds. Elle a 102 ff. (dont le dernier est blanc) selon le catal. de Boutourlin, n° 203, où l'on fait remarquer que l'éditeur a omis les 32 dern. vers du ch. 22 de l'Enfer. Ce livre commence ainsi : *Comincia la prima parte chiamata inferno della commedia del venerabile Poeta Dante Alighieri...* C'est là qu'est donnée pour la première fois à Dante l'épithète de *venerabile*. Dans l'édition de Venise, 1491, faite par Pietro da Figino, le poëte est qualifié d'*inclito e divo*, et dans celle de Venise, *Bern. Stagnino* , 1512, in-4., on l'appelle *divino*. Enfin c'est dans l'édition de Venise par le même Stagnino, 1516, in-4., que pour la première fois est qualifiée de *divina* la commedia di Dante.

— Al nome Di Dio. Comincia La comedia Di Dante Aldigie Excelso Poeta Firentino. (à la fin) : DIVA BO(*na*) MA(*tre*) cum dulci nato. JO(*anne*). GZ. (*Galeatio*) ducibus feliciss. ligurie ualida pace regnantibus. Operi egregio manum supremam. LUD(*ovicus*) et ALBER(*tus*) pedemontani amico Joue imposuerunt. Mediolani urbe , illustri. Anno gratie MCCCCLXXVIII. V. ID. F. (*quinto idus Februarii*).

Cette édition est rare, et de plus une des premières qui aient été données d'après de bons manuscrits. Le' P. Lombardi en a fait beaucoup d'usage pour son édition de Dante, impr. à *Rome*, en 1791. Le volume se compose de 249 ff. à 2 col. de 48 lig. en lettres rondes pour le texte, et 66 lig. en caract. goth. pour les commentaires : au commencement sont 5 ff. de pièces prélim., dont la première est une épître dédicatoire de *M. P. Nidobeato*, à Guil. marquis de Monferrat (le 6° f. est tout blanc) ; il y a à la fin de l'Enfer une souscription datée du XXVII sept. 1477, et à la fin du Purgatoire, une autre souscription datée du XXII novembre 1477. Après la souscription finale, datée de 1478, est un dernier f. qui contient un registre d'assemblage à 4 colonnes. Il faut remarquer de plus qu'il y a en tête du Purgatoire 4 ff. contenant l'*apparato* et la table des chapitres, et à la tête du Paradis, 2 ff., l'*apparato*, et *intentione del canto primo paradisi.* Le registre d'assemblage porte ce sommaire , en capitales : *Se questo volume di Danti fosse tutto disperso et dissipato potrassi per la presente tavola raccogliere et ordinare, perche qui e posta la prima parola dogni cartha lasciando sempre stare la rvbrica per non equivocare.*

Vend. 95 fr. *m. r.* La Valliere ; 60 flor. Crevenna; 2 liv. 3 sh. Pinelli ; 151 fr. *m. v.* Boutourlin ; 30 liv. Libri, en 1859; 825 fr. Solar.

M. Van Praet décrit cette édition avec son exactitude ordinaire, et en cite quatre exemplaires impr. sur VÉLIN. Celui que nous avons vu à la Biblioth. impér. a été rendu à celle de Brera, à Milan (*Catal. des livres impr. sur vélin,* IV, n° 152). Ajoutons qu'à la fin de l'ouvrage, et après la date, se lisent les initiales MP. N.N. CVM. GV. T. FA. CV. ce qui s'explique ainsi : *Martinus Paulus Nidobeatus Novariensis cum Guidone Terzago faciendum curaverunt.*

— La stessa, col commento di Christophoro Landino. — *Impresso in Firenze per Nicholo di Lorenzo della magna adi. xxx. Dagosto.* M. CCCC. LXXXI, gr. in-fol.

Édition recherchée, moins encore parce qu'elle est la première de ce commentaire, que parce qu'on y trouve ordinairement plusieurs figures grav. en taille-douce. Dans les exemplaires ordinaires, qui ne sont pas fort rares, il n'y a que deux gravures, savoir : une pour chacun des deux premiers chants de l'Enfer ; et ces gravures sont tirées sur deux ff. du texte même. On croit qu'elles ont été exécutées par Baccio Baldini, d'après les dessins de Sandro Boticello. Vend. avec 2 gravures 110 fr. Floncel ; 180 fr. m. r. La Valliere ; 60 fr. Boutourlin ; 80 flor. avec 3 gravures, Crevenna ; avec 3 pl. 216 fr. Libri ; 50 liv. 10 sh. (avec 19 grav.) duc de Buckingham, en 1849 ; avec 2 grav. 235 fr., en 1859 ; 18 liv. 18 sh. très-bel exemplaire, avec les fac-simile de 17 autres gravures, Pinelli ; avec 14 pl. 40 liv. 19 sh. Hibbert ; avec 11 pl. 15 liv. 15 sh. Sykes ; avec 3 pl. 2 liv. 19 sh. Heber ; avec 20 pl., mais mal conservées et le texte taché d'eau, 235 flor. doubles de Munich, Butsch, en 1858.

La Bibliothèque du roi a payé 1030 fr. à la vente de Brienne, en 1792, un exemplaire précieux de cette édition, avec les deux planches imprimées au commencement du texte des deux premiers chants de l'Enfer, et 17 autres planches en taille-douce, exécutées postérieurement à l'impression du livre, et collées sur l'espace laissé en blanc dans chacun des cahiers 3 à 19 du même poème, et de plus 16 fig. dessinées à la plume, pour les chants 15 à 33 du Paradis. La bibliothèque Magliabecchi, à Florence, possède aussi les 17 grav. ajoutées dans un de ses exemplaires du Dante de 1481. En Angleterre, des exemplaires contenant les 17 gravures ajoutées sont conservés, 1° au Musée britannique, 2° dans la collection de M. Grenville, 3° dans celle de lord Spencer ; et même ce dernier exemplaire, qui, selon M. Beloe (*Anecdotes*, tome I*er*, page 6, a coûté 100 guinées), renferme une vignette originale, double, pour le 6e chant de l'Enfer, vignette dont on trouve le fac-simile dans le IVe vol. de la *Bibliotheca spenceriana*. L'exempl. de la Biblioth. impér. de Vienne contient aussi 20 pl.

Le volume ici décrit a des signatures, mais ne sont pas sans quelque désordre, ainsi qu'on en va juger. Les pièces liminaires occupent 12 ff. séparés ; l'*Enfer* vient ensuite, et comprend les cahiers de signatures *a* de 9 ff., *b* de 8 ; *c*, *d*, *e* de 10 chacun ; *f* de 8, *g* de 10, *h*, *i* de 8 chacun (*k* est omis sans qu'il manque rien) ; *l* de 10 ; *m*, *n* de 8 ; *o*, *p*, *q*, *r* de 10 ; *s* de 6 ff. — Le *Purgatoire*, y compris le prologue, occupe les cahiers *aa* de 9 ff.; *bb*, *cc*, *dd*, *ee*, *ff*, *gg* de 10 ; *hh* de 12 (*ii* et *kk* sont omis) ; *ll* de 10 (*lli* et *llij* ne sont pas marqués, et *llv* est coté *vll*) ; *mm* de 10 (point d'*nn*) ; *oo* de 6 ff. — Le *Paradis*, y compris son prologue, occupe les cahiers A de 8 ff. (dont les deux premiers sont marqués *aaai* et *aaaij*) ; B, C, D, E, F et G de 10 (*Giij* est répété et Gj n'est pas marqué) ; H de 10, I de 6, et L de 10. La souscription est au verso du f. L 10. Le tout, en y comprenant les 12 ff. préliminaires, et sans doute 2 ff. blancs pour compléter les cahiers de 9 ff., forme 368 ff., selon le P. Audiffredi, ou 372 en y comprenant 4 ff. blancs. Le commentaire est imprimé en regard du texte en caractères menus, et à 60 lig. par page.

Un exemplaire imprimé sur vélin, mais sans gravures, se conserve dans la bibliothèque Magliabecchi à Florence ; il y en a un autre à la Bibliothèque impériale, mais il est complété, au commencement et à la fin, par 35 ff. impr. sur papier, et 7 pages

sont refaites à la plume. Cet exemplaire a cependant été payé 821 fr. en 1818. En le décrivant dans le Catalogue des livres impr. sur VÉLIN, IV, n° 153, M. Van Praet a donné un article fort curieux sur cette édition.

— Commento di Christ. Landino sopra la comedia di Dante. *Venet., per Octaviano Scoto da Monza,* 1484, in-fol. de 270 ff. à 64 lig. par page.

Ce volume a des signatures de *a—z* et de A—K. La souscription est au verso du f. Kv, lequel est suivi d'un dernier f. dont le recto contient le registre, avec le monogramme de l'imprimeur tiré en rouge. Vend. 15 flor. Crevenna ; 35 paoli Pagani.

— La comedia di Dante, col commento di Crist. Landino. *Bressa per Boninum de Boninis di raguxi adi vltimo di mazo* (sic) 1487, in-fol. de 310 ff. avec fig. en bois.

Édition en lettres rondes de deux grosseurs, avec de grandes fig. en bois. Le premier f. ne renferme qu'une pl. ; le texte commence au second. Vend. 24 fr. La Valliere ; 8 flor. Crevenna ; 51 fr. en 1839 ; 100 fr. m. r. Boutourlin ; 32 fr. Riva.

— La stessa, col commento di Landino. (à la fin) : *Finita e lop'a de liclyto et divo dâthe allegieri... q'sti Impressi in venesia p Bernardino benali et Matthio da parma...* M CCCC LXXXXI *adi* III *Marzo...* in-fol.

Autre édition en caractères romains. Vend. 11 sh. Pinelli. Elle a 10 ff. prélim., 291 ff. de texte, et 1 f. à la fin (M. Graesse lui donne 362 ff.). 82 fr. Bearzi ; 19 fr. Riva.

— La stessa, col commento di Landino. (au verso du f. 315) : *Impresso in Vinegia, per Petro Cremonese dito Veronese, adi xviij di nouêbre,* M. CCCC. L. XXXXI, in-fol. lettres rondes.

Édition remarquable par les jolies gravures en bois qui la décorent, et dont plusieurs fac-simile se voient dans les *Aedes althorp.*, II, n° 1100. En tête du vol. sont 14 ff. prél. renfermant les mêmes pièces que celles de l'édit. de Florence, 1481. Le premier de ces ff. commence au verso par ce sommaire en une seule ligne : *Commento di Christophoro Landino fiorentino sopra la comedia di Dante alighieri poeta fiorentino.* (Le recto est blanc.) Les quatre derniers ff. contiennent une table à 2 col., sign. AA. Ils sont quelquefois placés à la fin du volume, et alors il n'y a plus que dix ff. prél., comme dans l'exempl. vendu 250 fr. Bearzi, et 200 fr. Solar. Le texte occupe les ff. 11 à 315. Au verso du dernier se trouve la souscription suivie de quinze *cancione* du Dante, lesquelles occupent encore 4 ff. non chiffrés à 3 col., et finissant ainsi au milieu du verso du dernier f. : *Qui finisse le canzone de Dante.*

Les sujets des gravures dont nous venons de parler ont été copiés pour les réimpressions du même livre données à *Venise, per Matheo de Chodecha da Parma*, 1493, et *per Piero de Zuane di Quarengii*, 1497, in-fol. Ces éditions ne sont pas d'une grande valeur. 32 fr. Bearzi ; 18 fr. Riva.

— Le terze rime di Dante. — *Venetiis in aedibus Aldi. accuratissime. Men. aug.* M. DII (1502), pet. in-8.

Édition recherchée, mais dont on trouve difficilement des exemplaires complets et bien conservés. Elle a en tout 244 ff. non chiffrés, y compris le titre, et un f. blanc (llj) placé entre l'Enfer et le Purgatoire.

On y trouve ordinairement, au verso du dern. f., *l'ancre des Alde* employée dans ce livre pour la première fois ; cependant cette marque ne se voyant pas dans tous les exemplaires, il est à croire qu'elle aura été ajoutée dans le cours du tirage. Vendu 28 fr. (exempl. *mar. r.* avec le portrait de Dante peint en médaillon, mais ayant le titre refait à la plume) La Valliere ; 50 fr. même exempl. Detune ; 2 liv. 3 sh. bel exempl. Pinelli ; 17 flor. Crevenna ; 5 liv. 10 sh. Sykes ; 206 fr. (première rel. en *mar. à compart.*) Heber ; 240 fr. bel exemplaire rel. en *mar.* par Bauzonnet, vente Sebastiani ; 91 fr. non rel. Lechevalier, en 1857 ; sans l'ancre, 150 fr. Bearzi ; 100 fr. *mar. br.* par Capé, vente Riva.

On connaît cinq ou six exemplaires de cette édition impr. sur VÉLIN, dont un (avec les six prem. ff. habilement refaits à la plume) s'est vendu 34 liv. Hanrott, et 27 liv. 6 sh. Butler. Il existe aussi quelques exemplaires en pap. fort.

—Le terze rime, in-8. de 242 ff. non chiffr.

Édition sans date et sans indication de lieu, mais contrefaite à *Lyon* sur celle d'*Alde*, 1502.

Un exemplaire sur VÉLIN, partagé en 3 vol. et relié en *mar.* 16 liv. 16 sh. Pâris, à Londres.

— Comedia di Dante insieme con uno dialogo (d'Ant. Manetti) circa el sito, forma et misvre dello Inferno. *Firenze, per opera e spesa di Phil. di Giunta.* M. D. VI. *a di xx d'Agosto,* pet. in-8. de 312 ff.

Belle édition qui conserve de la réputation, et qui est rare. Sur le 6ᵉ f. est une gravure en bois représentant Dante dans une forêt, et trois bêtes féroces venant à sa rencontre. Le dialogue de Manetti, précédé d'une préface de Jérôme Benivieni, occupe les 64 derniers ff. du volume ; vend. 15 fr. Floncel ; 8 sh. Pinelli ; 8 flor. 30 c. Meerman ; 1 liv. 11 sh. Heber ; 8 fr. Boutourlin ; en *mar. r.* 2 liv. 16 sh. Libri, en 1859.

— DANTHE Alighieri fiorentino historiado (col comento di Crist. Londino). *Venetia, per Barth. de Zanni da Portese,* 1507, *adi* XVII *de zugno,* in-fol., lettres rondes, avec fig. sur bois.

Réimpression du texte de l'édition aldine de 1502, et du commentaire d'après celle de 1497. Elle n'a qu'un prix fort médiocre.

— Opere del divino poeta Danthe con suoi commenti (di Christ. Landino) recorrecte (per pietro da Figino) et con ogni diligentia nouamente in lettera cursiua impressa. In bibliotheca S. Bernardini. (à la fin) : *Venetia per Miser Bernardino stagnino da Trino de monteferra ; Del* 1512 *adi* XXIIII *Nouembrio,* in-4. avec fig. sur bois.

Édition assez recherchée. Elle a XII ff. prélim. et 441 ff., plus, après la souscription, 2 ff. séparés qui contiennent le *Credo,* le *Pater* et l'*Ave Maria,* mis en vers italiens par Dante. 51 fr. Bearzi ; 95 fr. Riva ; 1 liv. 16 sh. Libri, en 1859, et avec des notes mss. de Capilupi, 82 fr. Renouard.

— Dante, col sito e forma dell' inferno, tratta dalla istessa descrittione del poeta. *Impresso in Vinegia nelle case d'Aldo e d'Andrea di Asola,* 1515, in-8.

Édition encore assez recherchée ; elle commence par 2 ff. non chiffr. qui contiennent le titre et la dédicace ; après quoi se trouve un autre titre avec le seul mot *Dante* et l'ancre. Le texte comprend les ff. 2 à 244, et est suivi de 3 pl. relatives à l'Enfer et au Purgatoire : le tout est terminé par 2 ff. blancs,

dont le dernier porte l'ancre. Vend. 12 fr. La Valliere ; 22 fr. en 1825 ; 3 liv. 7 sh. Sykes ; 4 liv. *anc. rel.* Heber ; 25 fr. *mar.* Coulon ; 15 sh. Butler.

—Le terze rime di Dante, con sito e forma de lo inferno. *Novamente in restampito* (sic), pet. in-8. ff. non chiffrés.

Édition faite à l'imitation de la précédente de 1515, mais sans date ni lieu d'impression. Les fig. en bois y sont de plus petite dimension.

— Dante, col sito e forma dell' inferno. (nel fine) : *P. ALEX. PAG. BENA-CENSES, F(ecerunt) BENA(censes) V(iva) V(iva) (per Alessandro Paganino in Tosculano terra presso il Lago di Benaco),* pet. in-8.

Cette édition en caractères cursifs est probablement la même que celle qui est décrite par M. Lechi (page 108 de sa *Tipografia bresciana*), et qui a 248 ff. non chiffrés, signat. a.—H. par 8. On lit au verso du titre : *Lo 'nferno e 'l Purgatorio e 'l Paradiso di Dante Alaghieri.* Il y a un f. blanc entre l'*Inferno* et il *Purgatorio,* et un autre qui est le 7ᵉ du dernier cah. avant le 8ᵉ, au verso duquel se lit le nom de *Paganini.* Le registre est au recto du f. Hiiij. M. Lechi juge qu'elle a été faite un peu après l'année 1527. Colomb de Batines, au contraire, la regardait comme une contrefaçon de l'aldine de 1502. 12 sh. 6 d. Pinelli ; 18 sh. Heber ; 80 fr. *mar. r.* Libri ; 202 fr. *mar.* par Bauzonnet, vente Salmon, en 1857 ; et 10 fr. seulement Gancia.

— Dante col sito, et forma dell' inferno. (*senz' anno*), in-32 de 202 ff. chiffrés et 2 non chiffrés pour la table, sig. A—EE. par 8, le dernier cah. par 4 avec fig.

2 liv. 3 sh. Libri.

Cette petite édition en caractères cursifs gothiques a été impr. par Alex. Paganini, qui se nomme au commencement de l'épître dédicatoire à *Julio Medici,* qui est au verso du titre. Elle doit avoir suivi de près l'édition du Pétrarque *De remediis,* donnée par le même Paganini en 1515. M. Lechi, de qui nous empruntons cette observation, a constaté l'existence d'une autre édition de Dante, semblable à celle-ci, tant pour les caractères que pour le format, mais dont les feuillets sont cotés en chiffres romains ; pourtant, comme son exemplaire est incomplet au commencement et à la fin, il n'a pas pu savoir si l'épître de Paganini devait se trouver également au verso du premier f.

Un exemplaire d'une de ces deux petites éditions, impr. sur VÉLIN, a été payé 1110 fr. à la vente *Libri,* faite en 1847.

— La divina comedia di Dante, col comento di Christ. Landino, revisto da Pietro da Figino. *Venetia, per Bern. Stagnino da Trino de Monferra,* 1516, in-4. fig. en bois.

Édition rare et assez recherchée ; vend. 51 fr. bel exempl. *mar. r.* Detune ; mais moins chère ordinairement.

— Opere del divino poeta Danthe con suoi comenti nouamente in lettera cursiua impresse. *Venetia, per Bern. Stagnino da Trino de Monferra,* 1520, in-4. 12 ff. non chiffrés, et 442 chiffrés, fig. en bois.

Rare et recherché : 12 flor. 50 c. Meerman, et jusqu'à 11 liv. sterl. bel exemplaire, *mar. r.* Hibbert ; 56 fr. Bearzi.

— COMEDIA di Danthe Alighieri poeta divino col' espositione di Christophoro Lādino..., di nuouissime postile adornata. M. D. XXIX. (à la fin) : *Stāpato in Venetia, per Jacob del Burgofrāco ad instātia del nobile messer Lucantonio Giūta, fiorentino*, 1529, *adi* XXIII *di Genaro*, in-fol. de XII et CCXCV ff., lettres rondes, avec fig. sur bois.

Un exemplaire dans sa première reliure en *mar. r.* 1 liv. 16 sh. Libri, en 1859, et quelquefois moins.

— Comedia, etc., con la dotta e leggiadra spositione di Chr. Landino... Aggiuntaui di nuouo vna copiosissima Tauola nella quale se contengono le storie, fauole, sententie e le cose memorabili e degne di annotatione che in tutta l'opera si ritrouano. M. D. XXXVI, *in Vinegia ad instantia di M. Gioanni Giolitto da Trino*, in-4. de XXVIII et 440 ff. lettres ital. avec fig. sur bois.

30 paoli Molini ; 25 fr. Libri ; 100 fr. Borluut ; un exemplaire de cette édition en pap. bleu, 98 fr. Renouard.

— La comedia di Dante Aligieri, con la nova espositione di Alessandro Vellvtello. (à la fin) : *Impressa in Vinegia, per Francesco Marcolini ad instantia di Alessandro Vellutello del mese di Gugno lanno* MDXLIIII, in-4. fig. en bois ; titre en capitales.

Une des meilleures éditions anciennes de Dante, mais entièrement imprimée en italique et sans chiffres aux ff. On trouve au commencement 26 ff. prélim. sous les signat. AA—CC., dont le 26e, blanc au recto, présente au verso une belle gravure en bois. Le restant du vol. peut être collationné au moyen du registre qui est impr. au recto du dern. f. Vend. en *mar. r.* 13 fr. La Valliere ; 40 fr. en 1808 ; 3 liv. 16 sh. *rel. antiquéc*, Heber ; 44 fr. *cuir de Russie*, Boutourlin. L'exempl. en *mar. r. ancien*, vendu 30 fr. Duriez, a été revendu 250 fr. Borluut. Un autre, en *mar. r.* 2 liv. 12 sh. Libri.

— LO 'NFERNO e 'l Purgatorio e 'l Paradiso. *Venetia, al Segno de la Speranza*, 1545, in-24 de 216 ff. numérotés d'un seul côté, caract. ronds.

Édition rare. 19 sh. Libri, en 1859.

Réimprimé à Venise, en 1550, in-24 de 237 pp., et en 1552, in-16.

— Dante, con argomenti et dichiaratione di molti luoghi. *Lione, Giov. di Tournes*, 1547, pet. in-12 de 539 pp. et 1 f. pour la marque.

Jolie édition : 12 fr. *mar. r.* d'Hangard ; 18 fr. Mac-Carthy.

— La stessa, con ispositioni, aggiuntovi una tavola di tutti i vocaboli, piu degni d'osservazione. *Lione, Gugl. Rouillio*, 1551, in-16 de 644 pp., 12 à 15 fr.

Jolie édition dont les exemplaires bien conditionnés sont rares et recherchés. Il y a des exemplaires avec un titre daté de 1552 : 36 fr. 50 c. *m. citr. tab.* Chardin ; 14 fr. *mar. r.* Caillard.

Les éditions de *Lyon, Roville*, 1571 ou 1575, pet. in-12, sont encore recherchées : 6 à 9 fr. Vend. 15 fr. *m. citr.* Trudaine ; 18 fr. *m. v.* Clavier. Celle de 1571 a 627 pp. et 10 pour la table.

— La divina comedia di Dante di nuovo alla sua vera lettione ridotta con lo ajunto di molti antichissimi esemplari : con argomenti et allegorie per ciascun canto,

et apostille nel margine, et indice copioso... *Vinegia, Giolito de Ferrari et fratelli*, 1555, pet. in-12, lettres ital.

Édition bien imprimée et faite avec soin : elle a 18 ff. prélim., 598 pp., et 1 f. pour la souscription. Un exemplaire tiré sur pap. bleu, 20 fr. salle Silvestre en 1842, et 99 fr. Renouard. Il y a une réimpression de ce texte, *Venezia, Farri*, 1569, pet. in-12 de XVIII et 598 pp.

— Dante con l'espositione di Crist. andino e di Aless. Velutello sopra la sua comedia... con tauole, argomenti e allegorie ; e riformato alla sua vera lettura, per Franc. Sansovino. *In Venetia appresso Giouamb : Marchio Sessa et fratelli*, 1564, in-fol. de XXVIII et 392 ff. lettres ital. avec fig. en bois.

Texte des éditions aldines dont Sansovino a rajeuni l'orthographe. 12 fr. Floncel ; 21 fr. Thierry ; 24 fr. 50 c. Boutourlin ; 30 paoli Molini ; 95 fr. ancienne et belle reliure en *mar. r.* Libri, en 1847 ; un exemplaire avec les *figures peintes*, 23 livres 15 sh. Edwards, à Londres.

C'est sur cette édition qu'ont été faites celles de Venise, 1578 et 1596, in-fol. avec fig. sur bois. L'une et l'autre se payent à peu près le même prix que celle qu'elles reproduisent.

— Dante, con l'esposizione di Bern. Daniello da Luca sopra la sua comedia... *Venet., Pietro da Fino*, 1568, in-4. de 6 ff. et 728 pp. (la dernière non chiffrée), lettres ital.

On recherche cette édition à cause du commentaire, qui est fort estimé. Il y manque pourtant les vers. 105 à 118 du sixième chant du Purgatoire, omis par la faute de l'imprimeur : 1 liv. 2 sh. Hibbert ; 15 paoli Piatti.

— La divina commedia, ridotta a miglior lezione da gli Accademici della Crusca. *Firenze, Dom. Manzani*, 1595, in-8. de 8 ff. prélim., 494 pp. chiffrées et 26 ff. non chiffrés. 9 à 15 fr., et plus en pap. fort.

Cette édition, faite sur les meilleurs textes et due principalement aux soins de Bast. de' Rossi, est malheureusement remplie de fautes typographiques : au commencement du volume sont 8 ff. prélim., dont le dernier tout blanc est suivi d'une gravure en bois. Le texte a des signat. de a—nn ; l'errata a été impr. deux fois. Dans les exemplaires où cet errata est le plus court, le cah. *nn* n'a que 4 ff. ; les autres il en a 8.

Une réimpression plus correcte du même texte a été donnée par les soins de Cillenio Zaclori (Lorenzo Cicarelli), *in Napoli, nella stamp. di Fr. Laino*, 1716, gr. in-12 de 580 pp. ; mais on y a omis plusieurs choses essentielles.

— LA VISIONE, poema di Dante Alighieri, diuiso in Inferno, Purgatorio et Paridiso, di nouo con ogni diligenza ristamp. *in Vicenza ad instantia di Franc. Lexi, librajo in Padoua*, 1613, in-16 de 608 pp. lettres ital. 10 paoli Molini.

— Autre édit., *con gli argomenti et allegorie per ogni canto, e duo indici, in Venetia appresso Nic. Misserini*, 1629, in-24 de 510 pp. 6 paoli Molini.

— La divina commedia già ridotta a miglior lezione da gli Accademici della Crusca, ed ora accresciuta di un doppio Rimario (di Carlo Noci) et di tre indici per opera del sig. Gio.-Ant. Volpi. *Padova, Gius. Comino, 1726-27, 3 vol. in-8.* portr. gravé par Helybrouck.

Édition très-correcte : vend. 30 fr. Caillard et Clavier; 25 fr. Riva, et plus cher en Italie.
Il s'en trouve des exempl. en pap. fin, et d'autres en Gr. Pap.
On a tiré séparément quelques exempl. des vies de Dante et de Pétrarque, par Léonard Arétin, qui font partie du premier vol. de cette édit. ; il existe même un exemplaire sur VÉLIN de cet opuscule de 32 pp.

— La stessa, con una dichiarazione del senso letterale diversa in più luoghi da quella degli antichi commentatori. *Verona, Gius. Berno, 1749, 3 vol. in-8.*

Bonne édition : 15 à 18 fr. Vend. 25 fr. Gr. Pap. *m. r.* de Boissel. Le commentaire très-estimé, dont elle est enrichie, est du P. Pompeo Venturi ; il avait déjà été impr. plusieurs fois (et d'abord à Lucques, 1732, en 3 vol. in-8.), et il se trouve dans une édit. des œuvres de Dante. *Venezia, Pasquali, 1739-42,* 5 vol. in-8. L'édition de 1749 renferme, de plus que les trois premières, une savante dissertation de Jos. Garampi ; cette même édition a été copiée à Florence, 1771-74, 6 vol. in-8.
— La Divina commedia, con gli argomenti, allegorie e dichiarazioni di Lod. Dolce : Agg. la vita del poeta, il Rimario e due indice. *Bergamo, per Pietro Lancellotti,* 1752, pet. in-12.
Cette édition, donnée par P. Serassi, est estimée, mais n'a qu'un prix ordinaire. On l'a reproduite plusieurs fois à Venise.

— Opere di Dante, con varie annotazioni (di Pomp. Venturi e di Giov. Ant. Volpi), e di copiosi rami adornate, dal conte Crist. Zapata de Cisneros. *Venezia, Ant. Zatta, 1757-58, 4 tom. en 5 vol. in-4.* fig. 40 à 60 fr.

Quoique faite avec un certain luxe, cette édition n'est pas un beau livre, parce que l'éditeur a manqué de goût et dans le choix et dans l'emploi des ornements ou des figures ; toutefois on y trouve, indépendamment de la *Divina comedia,* les *opere minori* de Dante, et de plus différentes dissertations savantes du P. Lorenzo Berti et autres ; la vie du poète, par Jos. Pelli (dont on a tiré des exempl. séparément, et qui a été réimpr. à Florence, en 1823, in-8., avec des augmentations considérables), et des arguments à chaque chant de la Divine comédie, par Gasp. Gozzi, lequel est également auteur d'une défense de Dante, aussi judicieuse que bien écrite, qu'on peut joindre à ces 5 volumes ; elle a pour titre : *Giudizio degli antichi poeti sopra la moderna censura di Dante attribuita ingiustamente a Virgilio.* Venezia, 1758, in-4.
Vend. en Gr. Pap. 100 fr. Floncel ; 72 fr. *v. d. s. tr.* Trudaine ; 75 fr. Borluut, et plus cher en Italie.
On a tiré quelques exempl. en très Gr. Pap impérial ; les figures s'y trouvent agrandies par des cadres, et quelquefois impr. en camaïeu : vend. tel, et rel. en *mar. r.* 316 fr. d'Hangard ; 37 liv. 16 sh. Sykes.
Il y a, sous la date de 1760, des exemplaires de la *Divina commedia,* qui forme les trois premiers volumes des *Opere* de Dante, ci-dessus.
L'édition de *Venise, Zatta,* 1760, en 3 ou en 5 vol. gr. in-8. avec les mêmes fig., quoique mal impr., est encore assez estimée : 15 à 20 fr. Il a a été tiré à part des épreuves des 112 gravures de l'édit. de 1757 ; elles occupent 53 ff.
— La Divina commedia. *Parigi, Prault, 1768,* 2 vol. pet. in-12, portr. et frontisp. gravé. 5 à 6 fr.

— La divina commedia novamente corretta,

spiegata, e difesa da F. B. L. M. C. (B. Lombardi, minor conventuale). *Roma, 1791, 3 vol. in-4.* 24 à 30 fr.

Texte correct, et commentaire très-estimé. Le premier vol. ayant été réimprimé en 1795, on y a ajouté un morceau de 16 pp. dans lequel est réfutée l'opinion de Dionisi, éditeur du Dante impr. par Bodoni.

— La stessa. *Parma, nel regal palazzo (Bodoni), 1795, 3 vol. gr. in-fol.*

Belle édition qui coûtait 220 fr. Vend. 125 fr. Morel-Vindé ; 51 fr. Boutourlin ; 45 fr. (portrait par Morghen, ajouté) Renouard. Le texte a été revu par Jean-Jacques Dionisi, d'après un manuscrit de Florence, qui présente des leçons différentes de celles de Lombardi. Bodoni annonçait qu'il n'avait tiré de ces trois beaux vol. que 130 exempl., tous numérotés ; on rencontre cependant des exempl. sans numéros.
— La stessa. *Parma, nel regal palazzo (Bodoni),* 1796, 3 vol. in-4.
Copie exacte de l'édition précédente : 16 fr. 50 c. Boutourlin ; il en a été fait en même temps une autre en trois vol. pet. in-fol. qui n'est guère plus chère. Le même texte a été réimprimé à *Brescia,* 1810, en 2 vol. in-32.

— La stessa, con illustrazioni. *Pisa, dalla tipogr. della società letter., co'i caratteri de' fratelli Amoretti di Parma, 1804-9, 4 vol. in-fol.*

Belle édition tirée à 250 exempl. seulement, dont 20 en papier vélin ; elle est ornée de 2 portraits par Morghen, et de 3 planches par Bettelini ; chaque vol. coûtait 48 fr., et en pap. vél. 96 fr. Le 4e vol. renferme une vie de Dante et des index. Les 4 vol. en pap. vél. 58 fr. Renouard.
Ces 4 vol. font partie d'une collection qui contient, en outre, *Petrarca,* l'*Orlando furioso* et les satires de l'Arioste, la *Gerusalemme liberata,* l'*Aminta* réunie aux *Stanze di Politiano,* la *Secchia rapita,* il *Decamerone di Boccaccio,* 4 vol., et le *Bacco in Toscana* de Redi : ensemble 70 fr. Cette collection conserve peu de valeur : 70 fr. Boutourlin. Il en a tiré un exempl. sur VÉLIN : vendu 1460 fr. en 1841.
— La stessa, illustrata di note di Luigi Portirelli. *Milano, tipogr. de' classici ital.,* 1804, 3 vol. in-8. avec le portr. de Dante et 3 autres pl.
Édition médiocre. 12 fr.
— La Divina commedia. *Pening* (Leipzig), *Dienmann e Comp.,* 1804-5, 4 vol. in-4. et atlas in-fol. obl. contenant 39 pl. grav. par Hummel sur les dessins de Flaxman, annoncé à 25 thl., et en pet. pap. 12 thl.
Édition soignée par Fernow, qui en a donné une autre suivant le texte de Lombardi, Iena, 1807, en 3 vol. in-12.
— La stessa, nouv. corretta e spiegata. *Roma, Vinc. Poggioli,* 1806, 3 vol. in-8. fig. Texte de Lombardi, avec les variantes du manuscrit du *Monte Cassino.* 15 à 18 fr.
— La stessa già ridotta a meglior lezione da gli Accademici della Crusca, ed ora accuratamente emendata ed accresciuta di varie lezioni, tratte da un antichissimo codice, con note di Ga. Poggiali. *Livorno, Th. Masi,* 1807-13, 4 vol. in-8.
Cette édition, donnée par Gaetano Poggiali, présente un bon texte établi sur celui des éditions de 1595 et 1726, avec les variantes d'un manuscrit daté de l'année 1330. Le commentaire qui, avec la vie de Dante, occupe 2 vol., n'est pas sans utilité : en tête du premier tome est une vie du poëte. du Dante par Morghen : 25 fr. — Gr. Pap. 40 à 48 fr. Il a été tiré un seul exempl. sur VÉLIN.
— La Divina commedia. *Milano, co' tipi di Luigi Mussi,* 1809, 3 vol. gr. in-fol. portr.

Belle édition, tirée à 72 exempl., dont 8 en pap. azuré, 1 en pap. de Hollande, et 1 en pap. bleu. Elle se donne à très-bas prix.

— La Divina commedia, secondo la lezione publicata in Roma, 1791. *Roma, Mariano de' Romanis*, 1810, 3 vol. in-18.

Un exempl. sur VÉLIN se conserve à la Biblioth. impériale ; un second s'est vendu 2 liv. 19 sh. Hanrott.

— La Divina commedia di Dante. *Londra, Dulau (dai torchi Rom. Zotti)*, 1809, 3 vol. gr. in-18, avec les notes de Zotti, et le portrait de Dante, gravé par L. Schiavonetti ; on y réunit un 4ᵉ vol. contenant les *Rime di Dante*, et *Dissertazione di Merian sulla Divina commedia*.

— La Divina commedia illustrata da Ferd. Arrivabene con una riduzione in prosa. *Brescia*, 1812-17, 4 vol. in-8. 12 fr.

— La Divina commedia. *Livorno, Tom. Masi*, 1813, 4 vol. in-8. avec le portr. de Dante par Morghen. 16 fr.

— **La Divina commedia di Dante Alighieri, corretta, spiegata e difesa dal P. Baldassare Lombardi nel 1791, riscontrata ora sopra preziosi codici, nuovamente emendata, di molte altre vaghe annotazioni e di un volume arricchita.** *Roma, de' Romanis*, 1815-16, 3 vol. pet. in-4. — **Le principali cose appartenenti alla divina commedia, cioè il rimario ne' suoi versi intieri, la visione di Alberico, ec.** *Roma,* 1817, in-4. avec le portr. de Dante gr. par Testa, et 3 pl.

Très-bonne édition, dont le commentaire est fort estimé en Italie, malgré les critiques de M. Biagioli. Elle a coûté environ 50 fr., et plus cher en pap. vél. ; . vend. 75 fr. Libri.

— **La Divina commedia, con tavole in rame (disegnate da L. Adamolli, e Fr. Nenci).** *Firenze, all' insegna dell' ancora,* 1817-19, 4 vol. gr. in-fol. pap. vél.

Ces magnifiques vol. sont enrichis de 125 grav. à l'eau-forte, et en partie par Lasinio fils, savoir : 44 pour l'Enfer, 40 pour le Purgatoire, et 41 pour le Paradis, plus le portr. de Dante. Le IVᵉ vol. renferme les notes d'un anonyme qu'on sait être M. l'abbé Renzi. Le prix était de 250 fr. Vend. 120 fr. Barrois ; 76 fr. Léon Leclerc.

— La stessa (con breve note). *Firenze, Gabinetto di Pallade*, 1818, in-32.

Il y a des exempl. en pap. de Hollande.

— La Divina commedia, col commento di G. Biagioli. *Parigi*, 1818-19, 3 vol. in-8. 18 fr.

Il y a des exempl. en pap. vél. de médiocre qualité. Biagioli, admirateur enthousiaste de Dante, semble avoir écrit son commentaire plutôt pour faire un continuel éloge de ce poëte que pour en expliquer les endroits difficiles.

— La stessa (pubblicata da Filippo Macchiavelli). *Bologna, Gamberini e Parmeggiani*, 1819-24, 2 vol. in-4. et un atlas in-4. obl. composé de 224 pl. 45 fr.

MM. Paul Costa et Jean Marchetti ont contribué à cette édition, le premier par une vie du poëte et des notes placées à la fin de chaque chant; le second par son *Discorso sulla prima e principale allegoria del Poema*, morceau que le professeur M.-Ant. Parenti a réfuté dans un opuscule publié par lui à Modène, en 1822. Les grav. de ce livre avaient été exécutées d'avance à Rome, en 1806 et 1807, par J.-Jacq. Macchiavelli, artiste habile, mort en 1811.

Il a été tiré 60 exempl. sur des papiers supérieurs. Les mêmes planches ont servi pour une édit. de Bologne, 1826, en 3 vol. gr. in-4.

— La stessa, col commento di Biagioli. *Milano, Silvestri*, 1820 (2ᵉ édit. 1830), 3 vol. gr. in-16, portr. 10 fr. — pap. vél. 15 fr.

Il y a des exempl. sur du pap. de trois couleurs différentes, et qui se vendaient 60 fr.

— La stessa, pubblicata da Luigi Fantoni sopra un manoscritto di mano di Boccaccio. *Roveta, negli Occhi sancti di Rice*, 1820-23, 3 vol. pet. in-4., avec une pl. 15 fr.

- Copie fidèle du célèbre manuscrit du Vatican, qu'on croit être un autographe de Boccace. Il a été tiré des exempl. sur divers papiers, et avec de l'encre de différentes couleurs : ces derniers ne sont ni agréables à l'œil, ni commodes pour la lecture. 24 fr. Il y a aussi 23 exemplaires in-4. en·pap. vél.

— La stessa, corretta dal P. Baldassare Lombardi, edizione terza romana : si aggiungono le note de' migliori commentatori, co' riscontri di famosi mss. non ancor' osservati. *Roma, de' Romanis*, 1820-22, 3 vol. gr. in-8., avec 2 portr. et 3 autres pl. 24 à 30 fr. — Gr. Pap. azuré, 39 fr.

— **La stessa ora nuovamente arrichita di molte illustrazioni edite ed inedite.** *Padova, tipogr. della Minerva*, 1822-23, 5 vol. gr. in-8. fig. 36 fr., Gr. Pap. vél. 50 fr.

Bonne édition, qui présente, à quelques changements près, le texte et le commentaire de l'édit. romaine du P. Lombardi. Elle a été dirigée par Joseph Campi, Fortuné Federici et Jos. Maffei. Le IVᵉ vol. renferme le *Rimario*, les index, et le Vᵉ plusieurs vies de Dante, divers morceaux déjà publiés de différents littérateurs italiens, et entre autres les *Difese del P. Lombardi dalle censure del can. Gio-Jacopo Dionisi*; enfin, un catalogue des éditions de la *Divina commedia*, où l'on voit qu'il en a paru 19 de 1472 à 1500, 40 au moins pendant le XVIᵉ siècle, 5 seulement dans le courant du XVIIᵉ siècle, 37 au XVIIIᵉ siècle, et plus de 50 depuis 1801 jusqu'en 1825.

— La stessa. *Parigi, Lefèvre*, 1820, 3 vol. in-32. — pap. vél. 7 fr. 50 c.— Gr. Pap. 15 fr.

— La stessa. *Londra, presso G. Corall a spese di G. Pickering*, 1823, 2 vol. in-48, frontisp. gr. et portr. de Dante. 10 sh.

Il a été tiré 25 exempl. sur pap. de Chine, et six sur VÉLIN. Un de ces derniers, 35 fr. Renouard.

— Opere poetiche di Dante, con note di diversi, per diligenza di A. Buttura. *Parigi, stamp. di G. Didot, a spese di Lefèvre*, 1823, 2 vol. in-8. 8 fr. Il y a du Gr. Pap.

— La Divina commedia ridotta a miglior lezione dagli accademici della Crusca, ed ora . accuratamente emendata, col commento del P. Pompeo Venturi. *Firenze, Ciardetti*, 1823, 3 vol. gr. in-8. pap. vél. avec portr. et 3 pl. 24 fr.

Les éditions de *Florence*, 1819, 1826 et 1837, 3 vol. in-18, avec le même commentaire, coûtaient 10 fr.

— **La stessa, giusta la lezione del codice Bartoliniano.** *Udine, fratelli Mattiuzzi*, 1823-27, 4 tom. en 3 vol. in-8.

Publié sous la direction du professeur Quirico Viviani, d'après un manuscrit du XIVᵉ siècle, présentant une foule de leçons non encore recueillies, et aussi avec le secours de 65 manuscrits ou éditions anciennes. Si toutes ces nouv. leçons ne sont pas également bonnes, un grand nombre, au moins, en ont été jugées préférables au texte commun adopté jusqu'ici, et c'est assez pour placer l'édition au rang des plus importantes de ce siècle. 24 fr. — Papier fin, 30 fr. — Pap. vél. impér., 60 fr. (voy. *Revue encycl.*, 1824, XXIII, pag. 619 et suiv.). B. Gamba en cite un exempl. imprimé. sur VÉLIN.

Les deux premiers volumes renferment le texte complet ; les deux autres le commentaire.

— La stessa, con brevi note di Paolo Costa, *Bologna*, 1826, 3 vol. in-12, coûtait 10 fr.

Réimprimé à *Milan*, en 1827, en 3 vol. gr. in-16, avec frontispices gravés. 10 fr. — et *terza edizione, riveduta dal commentatore*, Firenze, *al insegna de Dante*, 1830, un seul vol. in-24, fig. 9 fr. Il en a été tiré des exemplaires sur papier anglais, et sur grand papier, format in-12, de différentes qualités et de diverses couleurs, et aussi deux exempl. sur VÉLIN, dont un orné de deux dessins. 3 liv. 4 sh. Hanrott.

— La stessa, con note scelte. *Milano, Bettoni*, 1825, 3 vol. in-8. fig. 18 fr.

Il a été tiré 60 exempl. en Gr. Pap. vél. 50 fr.

— La Divina commedia, postillata da Torq. Tasso. *Pisa (Capurro), co' i caratteri di Firm. Didot*, 1830, 3 vol. in-4., avec portr. de l'Alighieri et du Tasse.

D'après l'annonce, il n'a été tiré que 166 exemplaires numérotés, dont 100 sur pap. vél. fort. 40 fr. — 10 sur Gr. Pap. vél., 70 fr. — 50 sur pap. ordin., 25 fr.

— **La Divina commedia, col commento del Lombardi e d' altri; aggiuntovi il convito, la vita nuova, le rime, il rimario, ec.** *Firenze, Ciardetti*, **1830-32, 5 vol. in-8. pap. vél. 40 fr., et plus avec les 112 dessins de Flaxmann, gravés par P. Lasinio fils.**

Cete édition contient, indépendamment de la *Divina commedia*, avec le commentaire de Lombardi complet, et un choix de notes d'après les meilleurs commentateurs, quelques autres ouvrages de Dante en prose et en vers. En 1841 Jos. Molini y a fait ajouter un sixième volume qui donne les écrits latins de Dante, avec leur traduction en italien, et tous les autres ouvrages de l'auteur, connus jusqu'alors, qui ne font pas partie des cinq volumes déjà publiés, ce qui complète l'édition et la rend préférable à toutes les précédentes. Les six volumes coûtent 50 fr.

— La Divina commedia, ridotta a miglior lezione coll' aiuto di varii testi a penna da G.-Bat. Niccolini, Gino Capponi, Gius. Borghi e Fruttuoso Becchi. *Firenze, Felice Lemonnier*, 1837, 2 vol. in-8. portr. gr. par Viviani. 20 fr. (Gamba indique 3 vol.)

— La stessa, col commento di Nic. Tommaseo. *Venezia, co' tipi del Gondoliere*, 1837, 3 vol. gr. in-8.

Belle édition. 21 fr.

— La stessa, dichiarata secondo i principii della filosofia, per Lor. Martini. *Torino*, 1840, 3 vol. in-8. 10 fr.

— La Divina commedia, adornata di 500 vig. in legno invent. da i primi artisti ital. e strang., disegni ed incisi da D. Fabris, sotto la direzione da Nicolini e G.-G. Bazzuoli, con la vita di Dante da M. Missirini. Firenze, 1840-42, 4 vol. in-8.

— La stessa, col commento del P. Baltas. Lombardi. *Firenze*, 1847-52, 3 vol. gr. in-8. fig. 27 fr.

— La stessa, nuovamente riveduta nel testo e dichiarata da B. Bianchi; quarta edizione corredata dal Rimario. *Firenze*, 1854, pet. in-8. 7 fr.

— La stessa, con ragguagli e note di N. Tommaseo. *Milano*, 1854, gr. in-8. à 2 col. 15 fr.

— La stessa, illustrata da Trissino. *Vicenza, tipogr. Pavoni*, 1857, 3 vol. in-8.

— **Le prime quattro edizioni della Divina commedia litteralmente ristampate per cura di H.-H. Warren lord Vernon.** *Londra dai torchi di Carlo Whittingham*, **1858, très-grand in-4.**

Édition d'une exécution splendide sur beau papier vélin fort. Il n'en a été tiré que cent exemplaires, et elle n'a pas été mise dans le commerce. On y lit cette dédicace : *Ai signori Accademici della Crusca questa edizione della Divina commedia ristampata parola per parola dalle prime di Foligno,*

Jesi, Mantoa e Napoli, in segno di altissima stima offre il loro umile collega Vernon. Londra, 1 *Agosto* 1858. M. Panizzi a donné ses soins à cette importante publication.

— L'INFERNO col comm. di messer Guiniforto delle Bargigi, tratto da due mss. inedite del secolo XV, ora pubbl. con una introduzione e di note da G. Zacheroni. *Marsilia e Firenze*, 1838, in-8.

Belle édition. 15 fr.

GIOV. FINAZZI, di Guiniforto delli Barziza e di un suo comento all' Inferno di Dante, recentem. pubblicato. *Bergamo, Crescini*, 1845, in-8. de 45 pp.

Pour le commentaire de Vinc. Buonanni, voyez le nº 14621 de notre table.

Commentaires.

L'OTTIMO commento della Divina commedia testo inedito d'un contemporaneo di Dante (pubblicato per cura di Aless. Torri). *Pisa, Capurro*, 1827-29, 3 vol. in-8., avec le portrait de Dante, dessiné par Tofarnelli, et 2 planches. 30 fr., et plus en Gr. Pap. vélin.

Commentaire cité par les académiciens della Crusca. Il faut y joindre : *Saggio di correzioni di Giamb. Piccioli al Ottimo commento*, Firenze, 1830, in-8.

CAPITOLI di Busone da Gubbio e di Jacopo Dante Alighieri su la Divina commedia di Dante, col Credo di questo poeta e un altro d'incerto autore, con alcune notizie bibliografiche su Busone, e con varianti ed annotazioni. *Napoli, stamp. francese*, 1829, in-8.

Ce volume contient un savant mémoire de l'éditeur, le chanoine Jean Rossi, alors sous-bibliothécaire de la *Borbonica* de Naples.

PETRI ALIGHERII super Dantis ipsius genitoris comœdiam commentarium, nunc primum in lucem editum consilio et sumptibus G.-J. Baronis Vernon, curante Vincento Nannucci. *Florentiæ, apud Guilielmum Piatti*, 1846, gr. in-8. de DXXI et 741 pp., avec 2 fac-simile. 25 fr. [14621]

CHIOSE sopra Dante, testo inedito ora per la prima volta publicato per cura ed a spese di lord Vernon. *Firenze, Piatti*, 1846, gr. in-8. avec fac-simile.

Le même éditeur avait déjà publié : *I primi sette canti del' Inferno di Dante secondo il testo del padre Lombardi dispositi in ordine grammat. e corred. di brevi dichiarazione da L. V.* Firenze, 1842, gr. in-8. de CXXI et 93 pp., avec un portrait de Dante d'après Giotto, une planche et l'arbre généalogique de la famille Alighieri.

COMMENTO di Francesco da Buti sopra la Divina commedia di Dante Alighieri, pubblicato per cura di C. Crescentino Granini. *Pisa, Nistri*, 1858, 3 vol. gr. in-8.

Leçons faites à la fin du XIVe siècle dans l'université de Pise sur la Divine comédie. Il ne paraissait encore en janvier 1858 que le premier volume, composé de XXXVIII et 886 pp. avec 2 portr., 15 fr.; en Gr. Pap., tiré à 25 exemplaires, avec les portr. sur pap. de Chine, 22 fr. Il y a de plus cinq exemplaires avec les armes de lord Vernon, à qui le livre est dédié, et enfin huit sur des papiers de couleur.

On trouve dans les deux éditions des œuvres de Boccace (voy. BOCCACIO) le commentaire de ce célèbre écrivain sur la *Divina commedia*.

COMMENTO latino di Rambaldi Benvenuto da Imola sulla Divina commedia di Dante Allighieri voltato in italiano da G. Tamburini ed illustrato, *Imola*, 1855-56, 3 vol. in-8. 39 fr.

STUDJ inediti scientifici, letterati e morali di Galileo Galilei, Vincenzo Borghini ed altri, sulla Divina commedia di Dante, con le ristampe dei dialoghi del Manette, per cura e opera di Ottavio Gigli. *Firenze*, 1855, pet. in-8. 4 fr.

DISCORSO di Vincenzio Buonanni sopra la prima cantica del diuinissimo theologo Dante d'Aleghieri del bello nobilissimo Fiorentino intitolata Comedia:

In Firenza nella stamp. di Bart. Sermartelli, 1572, in-4. de VIII et 230 pp.
L'Enfer seulement avec un commentaire.

BELLEZZE della commedia di Dante Alighieri, dialoghi d'Ant. Cesari. *Verona,* 1824-26, 4 vol. in-8. 24 fr.

IL SECOLO di Dante, commento storico necessario all' intelligenza della Divina commedia, scritto da Ferdinando Arrivabene ; seconda edizione, arrichita di tutte le illustrazioni scritte da Ugo Foscolo, con indice accurato. *Firenze, Ricordi,* 1830, 2 vol. pet. in-8. 10 fr.

Réimprimé à *Monzâ,* 1838, in-8.

— La Divina commedia, illustrata da Ugo Foscolo. *Londra,* 1825-27, pet. in-8.

Cette édition devait avoir 5 vol. ; mais il n'en a paru qu'un seul, contenant : *Discorso sul testo e su le opinioni diverse prevalenti intorno alla emendazione critica della Commedia di Dante.* L'éditeur avait préparé les quatre autres lorsque la mort le surprit. Pourtant il a paru depuis une édition de la *Divina commedia* sous la date de *Londra, Roland,* 1842-43, en 4 vol. in-8., impr. à Bruxelles, chez Meline, avec 7 pl. dont 3 portr., — et aussi à Turin, 1852, 4 part. in-8. — L'édition de la *Divina commedia, con commento analitico* di Gabr. *Rossetti,* Londra, Murray, 1826-27, in-8., tom. I et II, restera également incomplète ; elle ne contient que l'Enfer. Au lieu de la continuer, le commentateur a donné un ouvrage intitulé :

DELLO SPIRITO antipapale che produsse la riforma, e sulla segreta influenza ch' esercitò nella letteratura d' Europa, e specialmente d'Italia, come risulta da molti suoi classici, massime da Dante, Petrarca, Boccaccio, disquisizioni di Gabr. Rossetti. *Londra, stampato per l'autore,* 1832, in-8.

COMMENTO sui primi cinque canti dell' Inferno di Dante e quattro lettere di L. Magalotti. *Milano,* 1819, gr. in-8.

Ouvrage écrit dans le XVII° siècle et publié pour la première fois dans cette édition faite aux frais du marquis Trivulzio, et qui n'a pas été mise dans le commerce. 22 fr. Libri, en 1857.

LA DIVINA COMEDIA opera sacra, morale, storica, politica, di G.-B. Fanelli. *Pistoja,* 1837, 3 vol. in-18.

RIMARIO del Falco (cont. le voci usate da Dante), stampato in Napoli per Mathio Canze da Brescia, e ad instantia di Ant. Jouino et Franc. Vitolo libr., 1535, in-4.

RIMARIO di tutte le desinenze de' versi della Divina commedia ordinata ne' sui versi interi co' numeri segnati in ciascun terzetto da Carlo Noci Capuano. *Napoli, Gian.-Giac. Carlino,* 1602, in-4.

Réimpr. avec de nombreuses augmentations dans le 2° volume de la Divina commedia, édition de Volpi, 1727.

RIMARIO... Da trovare qual si voglia rima, e mediante quella ogni cosa, che sia in tutte le tre cantiche ; messe insieme da Giov. Miniati da Prato, etc. *Firenze, appresso Christ. Marescotti,* 1604, in-4.

RIMARIO di tutte le cadentie di Dante e del Petrarca per Pellegrino Moretto Mantuano. *Vinegia, Nicc. d'Aristotile detto Zoppino,* 1528, in-8.

Ce petit Rimario a été réimpr. à Venise, en 1533, en 1541, et avec des augmentations, en 1546, 1550, 1558 et en 1565, pet. in-8.

VOCABOLARIO Dantesco, ou dictionnaire critique et raisonné de la Divine comédie de Dante Alighieri, par L.-G. Blanc. *Leipzig,* 1852, in-8.

A. — *Traductions latines.*

— La commedia di Dante trasportata in verso latino eroico, da Carlo d'Aquino. *Napoli, Mosca,* 1728, 3 vol. gr. in-8. 15 à 18 fr.

En italien et en latin, avec de courtes notes : 23 fr. La Serna.

Une traduction latine de l'Enfer, en vers hexamètres, par D. Ant. Castelacci, a été publiée à Pise, en 1819, in-8.

— DIVINA comedia hexametris lat. reddita ab abbate della Piazza, edidit C. Witte. *Lipsiæ,* 1848, in-8.

B. — *Traductions françaises.*

— La comédie de Dante, de l'enfer, du purgatoire et du paradis, mise en rime françoise et commentée par Balthazard Grangier. *Paris, George Drobet,* 1596-97, 3 vol. in-12. 9 à 10 fr.

T aduction peu estimée, mais dont les exemplaires bien conservés ont encore quelque prix. Vend. en *mar. v.* 25 fr. Méon ; en *mar. r.* 68 fr. Sébastiani, et même prix Veinant.

Le Paradis, l'Enfer et le Purgatoire, poëmes traduits de l'italien, suivis de notes explicatives (par M. Artaud). *Paris,* 1811-13, 3 vol. in-8. 15 fr., et plus en pap. vel.

On réunit quelquefois à ces trois volumes une suite de cent fig. dessinées et gravées au trait par madame Giacomelli (Mad. Chomel) pour la *Divine comédie,* Paris, 1818, in-4. 12 à 15 fr., et plus en pap. vél. — Pour une autre suite de sujets tirés du même poëme, voy. FLAXMAN et PINELLI.

Cette traduction a eu du succès quoiqu'elle laisse à désirer pour l'exactitude. Il y en a une seconde édition, *Paris, F. Didot,* 1828-30, 9 vol. gr. in-18, avec le texte en regard ; et une troisième, sans le texte, *Paris, F. Didot,* 1845, en un seul volume in-12.

Le chevalier Artaud de Montor a donné en 1841 une *Histoire de Dante Alighieri,* in-8. [30700]

On fait peu de cas de la traduction française de la *Divine comédie* (par le comte d'Estouteville, revue et publiée par Sallior), *Paris,* 1796, 3 part. en 1 vol. in-8., dont il y a du pap. vél.

— La Divine comédie de Dante Allighieri, traduction nouvelle, accompagnée de notes, par Pierre Angelo Fiorentino. *Paris, Gosselin,* 1840, gr. in-18.

— Autre traduction par A. Brizeux. *Paris, Charpentier,* 1841 (aussi 1860), gr. in-18, avec la *Vita nova,* trad. par M. Delécluse, et une étude par Ch. Labitte.

— La Divine comédie, l'Enfer et le Purgatoire, illustrés par J. Flaxman, traduction complète (par Séb. Rhéal de Cesena). *Paris,* 1843-56, 6 vol. gr. in-8. fig., y compris les Rimes de Dante, et ses Œuvres mineures, publiées séparément, à Paris, en 1852 (voir col. 516).

— La même Divine comédie, traduction nouvelle précédée d'une introduction, par Séb. Rhéal, avec des notes d'après les meilleurs commentaires, par L. Barré ; illustrations par Ant. Etex. *Paris, Bry aîné,* 1854, gr. in-8.

— La Divine comédie, trad. par M. de Saint-Mauris, avec un résumé historique et une notice sur Dante. *Paris, Amyot,* 1853, 2 vol. in-8. 12 fr.

— La Comédie de Dante, traduite en vers selon la lettre, et commentée selon l'esprit, suivie de la clef du langage symbolique des Fidels d'amour, par E. Aroux. *Paris, Jules Renouard,* 1854, 2 vol. in-8. 12 fr.

Il y a une première édition, *Paris, Michaud,* 1842, 2 vol. in-12, avec le texte.

— L'Enfer, trad. en vers par L. Ratisbonne. *Paris, Levy,* 1853-54 (3° édit. 1860), 2 vol. gr. in-18. — Le Purgatoire, trad. en vers par le même, 1856, 2 vol. gr. in-18. — Le Paradis, trad. par le même, 1860, 2 vol. gr. in-18.

Cette traduction rend tercet par tercet et presque mot pour mot le texte du poëte italien, mais la lecture en est pénible.

— La Divine comédie de Dante Alighieri, traduction nouvelle par M. Mesnard... notes par M. Léonce Mesnard. *Paris, Amyot,* 1854-57, 3 vol. gr. in-8.

Une des meilleures traductions de ce poëme ; le texte italien est en regard. 22 fr. 50 c.

— La Divine comédie de Dante Alighieri , précédée d'une introduction sur la vie, la doctrine et les œuvres de Dante, par Lamennais. *Paris, Paulin et Lechevalier*, 1855, 3 vol. in-8. portr. 18 fr.

Partie des *OEuvres posthumes de Lamennais*, publiées par E.-D. Forgues.

— La Divine comédie de Dante Alighieri (Enfer-Purgatoire-Paradis), traduite en vers français par J.-A. de Mongis. *Dijon, Peutet-Pomey, et Paris, L. Hachette et Ce*, 1857, in-8. de XXIV et 809 pp.

Cette traduction en vers est une œuvre très-recommandable, dans laquelle l'interprète a su garder un juste milieu entre le mot à mot et la paraphrase.

— L'ENFER, poëme, traduction nouvelle (par Rivarol). *Paris, impr. de Didot jeune*, 1783 ou 1785, in-8. 4 à 6 fr., et plus cher en pap. de Hollande.

Cette traduction est peu recherchée depuis la publication de celle de M. Artaud. Elle a été réimprimée dans la collection des œuvres de Rivarol, en 5 vol. in-8.

Citons encore pour mémoire les traductions suivantes de l'*Enfer* de Dante :

En prose, par Moutonnet de Clairfons, *Paris*, 1776, in-8. — En vers, par M. Henri Terrasso, 1817, in-8. — En vers, avec le texte en regard, un discours sur Dante, etc., par Brait Delamathe, 1825, in-8. — En prose, accompagnée de notes explicatives raisonnées et historiques, suivies de remarques générales sur la vie de Dante , et sur les factions des Guelfes et des Gibelins; par J.-C. Tarver. *Londres, Dulau*, 1826, 2 vol. pet. in-8., avec le texte en regard.

— DANTE, traduit en vers par stances correspondantes aux tercets textuels sur un texte nouveau quant au choix des variantes et au mode de ponctuation, par Jos.-Ant. de Gourbillon : L'Enfer. *Paris, Auffray*, 1831, in-8.

M. Antoni Deschamps a donné une traduction en vers français de 20 chants choisis dans la *Divine comédie*. Paris, 1830, in-8.

C. — *Traductions en espagnol, en allemand, en anglais, etc.*

— Dante, traducido de lengua toscana en verso castellano, por D. Pedro Fernandez de Villegas arcadiano de Burgos. *Burgos, por Fabrique alemand de Basilea, acabose lunes a dos dias de Abril*, 1515, pet. in-fol. goth.

Traduction de l'*Enfer* en vers espagnols, avec un ample commentaire, tiré en grande partie de celui de Landino. Il s'y trouve joint divers morceaux étrangers au poëme, et entre autres la traduction de la dixième satire de Juvénal par Geronimo de Villegas. Un exemplaire de ce volume rare, ayant un feuillet refait à la plume, s'est vend. 20 fr. en mai 1826 ; trois autres exemplaires, 3 liv. 13 sh. 6 d.; 3 liv. 7 sh. et 3 liv. 3 sh. Heber.

— GEDICHTE von der Hölle, von dem Fegefeuer, von dem Paradiese, von Dante Alighieri, aus dem italien. übers. von Bachenschwantz. *Hamb. und Leipz.*, 1767-69, 3 vol. gr. in-8.

Traduction en prose allemande très-fidèle , selon M. Graesse, qui cite encore deux traduct. de la Divine comédie en tercets, savoir : celle de C.-L. Kannegiesser, 4e édition, *Leipzig*, 1843, 3 vol. in-8., avec le portr. de Dante, 3 plans de l'enfer, et une carte de l'Italie ; — celle de K. Streckfusz, *Halle*, 1824-26, 3 vol. in-8., et aussi 1834, in-4.

— GÖTTLICHE Komödie , metrisch übertragen und mit Erläuterungen von Philaletes. *Dresden*, 1839-49, 3 vol. in-4. fig. et cartes.

Le prince Jean, maintenant roi de Saxe, est l'auteur de cette traduction en vers allemands non rimés,

qu'il a donnée sous le nom de Philaletes. Il a fait d'abord imprimer à ses frais l'Enfer, à Dresde, 1828, in-4., avec de courtes notes, 3 planches et une carte.

— DIE GÖTTLICHE Komödie , metrische Uebersetzung nebst beigedrucktem Originaltexte, mit Erläuterungen und Abhandlungen herausgegeben von Aug. Kopisch. *Berlin*, 1837-42, gr. in-4., avec le portr. de Dante et une carte.

Traduction estimée. Il y en a une autre par Bernd von Guseck, *Pforzheim*, 1841, in-16, et enfin une par K. Graul, avec des notes esthétiques et théologiques, *Leipzig*, 1843, in-8., dont il n'a paru que le 1er volume.

— The Divine comedy, consisting of the Inferno, Purgatorio and Paradiso, translated into english verse with prelim., essays, notes and illustr. by H. Boyd. *London*, 1802, 3 vol. in-8.

— The Vision ; or Hell, Purgatory and Paradise, translated by the rev. Henry Francis Carey. *London*, 1814 or 1819, 3 vol. pet. in-8. 1 liv. 16 sh.

La meilleure traduction anglaise de Dante. Le traducteur avait d'abord donné une version de l'*Enfer*, en vers blancs, *Lond.*, 1806, 2 vol. pet. in-8., et 2e édit., 1813, 3 vol. in-32. Sa traduction des trois parties de la Divine comédie a été réimpr. à Londres, 1831, en 3 vol. in-8.; en 1844, en un seul vol. gr. in-8. à 2 col., et avec les dernières corrections du traducteur, *Lond., H. Bohn*, 1847 et aussi 1856, en 1 vol. pet. in-8. 9 fr.

Les autres traductions anglaises du même poëme publiées dans ces derniers temps sont celles : 1° de Ichabod Ch. Wright, *London*, 1833-40, 3 vol. in-8.; 2° édition, *London*, 1845, 3 vol. in-12, et depuis en un seul volume;— 2° de P. Bannerman, *Edinburgh*, 1850, in-8;—3° de E. O'Donnel, *London*, 1852, in-12; —4° de C.-B. Cayley, *London*, 1851-54, 3 vol. in-12; — 5° de Fred. Pollock , *London* , 1854, in-8., avec 50 illustrat., par G. Scharf; — 6° The Inferno, translated in the terza rima of the original, with notes by John Dayman, *London*, 1843, in-8; — 7° The Inferno, a literal prose translation , with the text and notes by J.-A. Carlyle, *London*, 1849, pet. in-8; — 8° The Inferno, translated by T. Brooksbank, *London*, 1854, in-12.

DANTE. Guddommelige Komedie, oversat af Chr. K. F. Molbech. *Kiopenh.*, 1851-52, 2 vol. in-8.

Traduction danoise du Purgatoire et de l'Enfer. Celle du Paradis était sous presse en 1858.

Opere minori de Dante.

— Le Opere minori di Dante, ridotte a miglior lezione, con dissertazione da P.-I. Fraticelli. *Firenze, Allegrini e Mazzoni*, 1834 , 6 part. en 3 vol. in-16, portraits. [14453]

Réimpr. à Naples, 1855, en un vol. in-8. à 2 col. 18 fr., — et depuis à Florence, 1857-58, en 3 vol. in-8., contenant : I. Les *Canzoniere*, les *Rime sacre*, et les poésies lat.; II. La *Vita nuova*, i *Trattati de vulgare eloquenza, de Monarchia, e la Questione de aqua et terra*, avec la traduction ital. d'ouvrages écrits en latin; III. *Il Convivio* et le *Epistole*.

— PROSE e poesie liriche, prima edizione illustrata con note di diversi per cura di Al. Torri. *Livorno*, 1842-50, in-8., vol. I, III à V.

Il n'a paru que ces quatre volumes, savoir le 1er contenant : *Vita nuova* ; le 3e *la Monarchia*; le 4e *Della lingua volgare*; le 5e *Epistole edite ed inedite*. Le 2e devait contenir *il Convito*, et le 6e *le Poesie liriche, l'Egloghe, i Salmi e i canti latini*.

— I sette Salmi penitenziali trasportati alla

volgar poesia, ad altre rime spirituali illustr. con annotazioni da Fr. Saverio Quadrio. *Bologna*, 1753, pet. in-4.

Réimpression de l'édition de *Milan, Marelli*, 1752, in-8. portr., mais avec quelques pièces ajoutées à la fin du volume. — Ce recueil a encore été réimprimé à Bologne, 1821, pet. in-8.

La première édition des *Sette Salmi* de Dante, impr. vers 1480, sans lieu ni date, est un pet. in-4. de 10 ff. non chiffrés, à 24 lig. par page, en caractères ronds et sans signatures. Vend. 9 fr. Brienne-Laire. B. Gamba cite une autre édition du même opuscule, in-4. de 4 ff. à 2 col., caract. ronds, sans lieu ni date, mais probablement impr. à Florence, vers 1490.

— Incomincia el Credo dello eximio theologo Dante Aldighieri poeta fiorentino. (*Roma, Schurener*, circa 1478), in-4. de 6 ff. à 28 lig. par page, caract. rom. (*Catal. Magl.* par Fossi, I, 600).

— Credo che Dante fece quando fu acusato per heretico allo Inquisitore esso lui a Rauenna. (*senz'anno, luogo e stampatore*), in-4. de 4 ff. à 36 lig. par page, caract. demi-goth. sign. a.

Édition du XVe siècle, annoncée comme inconnue à tous les bibliographes dans le catal. Libri, 1859, 797. L'exempl. rel. en *mar. citr.* par E. Bedfort, a été vendu 9 liv. 5 sh. Le titre ci-dessus est suivi de neuf *terzine*, commençant ainsi :

    Al tempo che Dante suo libro deciso.

Le verso du 4e et dernier f. n'a que trente vers suivis de ces mots : *Finito il Credo di Dante.*

— CREDO, che Dante fece quando fu accusato per heretico allo inquisitore, assendo lui a Rauenna. In-4. de 4 ff. à 2 col. [14963]

Autre édition non datée, mais qui paraît avoir été impr. à Florence vers la fin du XVe siècle. Il y a une jolie gravure en bois sur le recto du 1er feuillet, et au-dessous du titre un portrait de Dante qui, à cause de son ancienneté, mérite d'être remarqué. 180 fr. *mar. r.* Libri, en 1847.

— Autre édition (*sans lieu ni date*), in-4. de 6 ff., sign. a. Le titre est le même que ci-dessus ; sur son verso se lit une *esposizione* en neuf *terzine*. Le texte commence au second feuillet et finit par ces mots *Finito il credo di Dante*. (Molini, *Operette*, p. 181.)

— Amori e rime di Dante. *Mantova, Caranenti*, 1823, in-16, avec 2 portr. 4 fr., et plus en pap. vél.

Édition donnée par M. Ferd. Arrivabene, à qui l'on doit une traduction en prose italienne d'une partie de la *Divina commedia*, impr. à Brescia, de 1812 à 1815, en 3 vol. in-8. Au commencement du volume se trouve un morceau relatif aux amours de Dante avec Beatrice Portinari, dans lequel l'éditeur discute plusieurs points de l'histoire de la vie de ce grand poëte.

— Canzoni e madrigali di Dante, di mess. Cino da Pistoja, e di Giraldo Novello. *Milano, per Agostino da Vimercato*, 1518, pet. in-8.

Recueil très-rare, porté à 45 paoli dans un des catalogues de Molini de Florence. Vend. (*mar. r.* de Bauzonnet) 60 fr. Nodier ; 106 fr. Sebastiani. — Voy. SONETTI.

— CANZONI di Dante. Madrigali del detto. Madrigali di M. Cino da Pistoja et di M. Girardo Nouello.— *Stampata in Venetia per Guilielmo de Monferrato* M.D.XVIIJ. *Adi* xxvij. *Aprile*, in-8.

Opuscule composé de six feuilles sign. a—e ; le 7e f. du cah. *e* est blanc (Molini, *Operette*, p. 162).

— CANZONE inedita in lode della Vergine Maria tratta da un codice della reg. Bibliot. di Parigi ed illustrata. *Padova, alla Minerva*, 1839, in-8.

— LAUDE inedita in onore di Nostra Donna, con un discorso del dot. An. Bonucci, e col fac-simile del codice. *Bologna*, 1854, in-12.

— POESIE liriche illustr. da Giov. Fornaro, *Roma*, 1843, in-8., comprenant nombre de morceaux des contemporains de Dante.

—CANZONE pubblicata da Sante Pieralisi. *Roma*, 1853, in-8.

Publié à l'occasion de noces, et non destiné au commerce.

— Rime di Dante Alighieri e di Gianozzo Sachetti messe ora in luce sopra Codici Palatini da Francesco Palermo. *Firenze, Cellini*, 1857, in-4. de CXLII et 60 pp. 11 fr. — en Gr. Pap. 22 fr.

Extrait d'un manuscrit de poésies diverses écrites de la main de Pétrarque. Il faut y joindre :

    APPENDICE..... *sull' autenticita di esse rime e sul codice* CLXXX *Palatino scoperto autografo del Petrarca*, ibid., in-8. de XIV et 260 pp. avec 3 pl. de fac-simile de l'écriture de Pétrarque, d'après plusieurs de ses autographes. 5 fr.

    RIMES de Dante : sonnets, canzones et ballades, traduction de F. Fertiault, précédée d'une étude littéraire, et suivie de notes et commentaires. *Paris, Victor Lecou*, 1847, gr. in-18.

    DANTE Alighieri. OEuvres mineures : Poésies complètes, trad. avec préliminaires et notes, par Sébast. Rhéal. *Paris, Moreau*, 1852, in-8. avec 12 vignettes. — Pour le Banquet, voy. ci-après.

    DANTE Alighieri, ou la poésie amoureuse, par M. E.-J. Delécluse. *Paris, Amyot*, 1855, 2 vol. gr. in-18. 7 fr.

Ces deux volumes contiennent : la Vie de Dante, la Vie nouvelle, Correspondance poétique des fidèles amours, texte et traduction, Chansons de Dante, texte et traduction, Poésies amoureuses d'après Dante, Dernière interprétation des ouvrages de Dante.

    THE CANZONIERE of Dante Alighieri including the poems of the Vita nuova and Convito, italian and english, translated by Ch. Lyell. *London*, 1835, in-8.—Réimpr. en 1842, gr. in-8. 12 fr.

— Convivio di Dante Alighieri. *Impresso in Firenze, per ser Franc. Bonaccorsi, nel anno* 1490, in-4. de 90 ff. à 39 lig. par page. [18635]

Première édition : vend. 21 fr. Brienne-Laire ; 69 fr. Riva ; et *mar. r. non rogné*, 155 fr. Libri ; 96 fr. Solar. Elle a des signat. de a—k par 8 ff., et l en 10 ff.

— Lo amoroso convivio. *Stampata in venetia per Zuane Antonio e fradelli da Sabio : al instantia di Nicolo e Dominico de Iesu fradelli. Nel anno...* M. D. XXI. *Del mese di Ottubrio*, pet. in-8. de 8 et 151 ff., avec un portrait.

Édition rare, et qui, selon Poggiali, est moins défectueuse que celle de 1531, citée par La Crusca.

— LO STESSO, con la additione, ed molti suoi notandi. *Vinegia, Marchio Sessa*, 1531, in-8. de. VIII et 112 ff. 5 à 6 fr.

Édition citée par *La Crusca*. Celle de *Venise, Nic. di Aristotile*, 1529, in-8., a peu de valeur.

— AMOROSO convivio, ridotto a lezione migliore. *Milano, della stamperia Pogliani*, 1826, gr. in-8.

Livre tiré à 60 exemplaires seulement, dont quatre en Gr. Pap. azuré. Il n'a point été mis dans le commerce. C'est d'après cette édition qu'a été faite celle de Padoue, *dalla tipogr. della Minerva*, 1827, in-8. 6 fr., formant le premier volume des *Operette minori*, qui font suite à la *Divina commedia* sortie des mêmes presses, en 1822 et ann. suiv. Il faut y joindre un appendice de F. Scolari impr. en 1828.

Réimprimé à Modène, *tipogr. camerale*, 1831, in-8., par les soins de l'abbé Cavazzoni Pederzini, qui a amélioré le texte de cet ouvrage.

SAGGIO di molti e gravi errori trascorsi in tutte le edizione del Convito di Dante, da Vinc. Monti. *Milano*, 1823, in-8.

— ŒUVRES philosophiques de Dante. Le Banquet, première traduction franç., par Séb. Rhéal. *Paris, Moreau*, 1852, in-8. portr.

— De vulgari eloquentia libri duo, nunc primum ad vetusti et unici scripti cod. exemplar editi : ex libris Corbinelli ejusdemque annotationibus illustrati. *Paris., Corbon*, 1577, in-8. de 82 et 56 pp. [12072]

Pour la traduction ital. de ce traité, voyez TRISSINO.

— Dantis Alighieri epistolæ quæ extant, cum notis Caroli Witte. *Patavii*, 1827, in-8. [18717]

Ce sont neuf lettres de Dante, en italien et en latin, avec des remarques historiques et critiques. Le volume est annoncé dans le *Journal de la littérature étrangère*, 1828, page 117, comme imprimé à Breslau.

— Vita nuova, ridotta a lezione migliore. *Milano, Pogliani*, 1827, in-8.

Cette édition, due aux soins du marquis J.-Jacq. Trivulzio, n'a été tirée qu'à 60 exemplaires, dont quelques-uns en Gr. Pap. azuré. Elle n'a pas été livrée au commerce, mais l'ouvrage a été reproduit dans les *Opere minori di Dante*.

Deux éditions de ce même opuscule, d'après la leçon d'un manuscrit du commencement du XVe siècle, ont été faites à Pesaro, *tipogr. Nobili*, en 1829, in-8., par les soins du comte Edouard Machirelli. Dans la première les notes sont imprimées en rouge, la seconde est impr. entièrement en noir, et l'on y a ajouté les variantes en marge.

Nous avons parlé de l'édition de 1576 à l'article Boccaccio (voir tome Ier, col. 1017).

La *Vita nuova* a été trad. en français par M. Delécluse (à la suite de sa traduction de la Divine comédie, et dans le recueil qu'il a donné sous le titre de *Dante Alighieri*). Il y a une traduction anglaise du même poëme par Ch. Elliot Norton, *Cambridge*, 1859, in-4. de 4 ff. et 109 pp. tiré à 100 exempl. (nous avons déjà indiqué celle de Ch. Lyell); et deux traductions allemandes, l'une par Fr. von Oeynhausen, *Wien*, 1824, in-8.; l'autre par K. Förster, *Leipzig*, 1841, in-8.

— Questio florulenta ac perutilis de duobus elementis aquæ ‖ & terræ tractäs, nuper reperta que olim Mantuæ au ‖ spicata. Veronæ vero disputata & decisa, ac manu ‖ propria scripta, a Dante. florentino poeta ‖ clarissimo, q̃ diligēter & accurate cor ‖ recta fuit per reverendũ Magistrũ ‖ Ioannē Benedictum Moncetũ de Castilione Arretino ‖... — *Venetiis, per Manfredum de Monteferrato*, 1508, in-4. de 12 ff. sign. a, b, c. fig. [4239]

Opuscule dans lequel en matière de physique Dante a fait preuve de connaissances très-remarquables pour son époque. L'édition de 1508 serait de la plus grande rareté si, comme il est dit dans le catalogue

Libri, 1847, n° 609, on n'en connaissait réellement que deux exemplaires. Celui de ce bibliophile spéculateur a été porté à 715 fr. dans la vente faite à Paris en 1847, et revendu 530 fr. en 1855. Il était rel. en *mar. r.* par Bauzonnet.

Il existe une autre ancienne édition de la même pièce, également impr. dans le XVIe siècle, et qui n'est pas moins rare que celle de 1508. Le titre de cette première édition est imprimé en forme de cul-de-lampe, il est surmonté d'une *epigramma*, en quatre vers, et accompagné de *tetrastichos*, en quatre autres vers. M. Libri en a fait imprimer un fac-simile dans le *Journal des Savants*, année 1844, p. 560.

C'est d'après l'édition de 1508 que l'ouvrage a été réimprimé il y a quelques années, avec une traduction italienne, sous le titre suivant :

INTORNO alla forma del globo terracqueo al luogo occupato dal acqua e dal terra, questione trattata da Dante Alighieri nel 1420, testo latino colla traduzione di Aless. Torri. *Livorno*, 1843, in-8. Tiré à 56 exemplaires : 24 fr. Libri, en 1857. — Reproduit dans le second vol. des *Opere minori*, édit. de Florence, 1857 (ci-dessus, col. 514).

Ouvrages relatifs à Dante.

BIBLIOGRAFIA dantesca, ossia catalogo delle edizione, traduzione, mss. e comenti della Divina commedia e delle opere minori di Dante Alighieri, seguito dalla serie de' biografi di lui, dal cav. Colomb di Batines, trad. italiana fatta sul manoscr. dell' autore. *Prato, Albergate*, 1845-46, 2 tom. in 3 vol. in-8. 36 fr., et de format in-4. 120 fr.

Travail estimé, mais qui n'a pas été terminé. Le troisième volume, qui devait contenir la *Bibliografia delle opere minori e dei Biografi* de Dante, n'a pas paru.

Ce que M. Marsand a fait pour Pétrarque, M. Colomb de Batines l'a fait pour Dante. Son ouvrage, qui est déjà devenu rare, a donné lieu à l'opuscule suivant :

QUANDO e da chi sia composto l' Ottimo commento di Dante; lettera al signor Seymour Kirkup pittore inglese a Firenze, di Carlo Witte, colla giunta di alcuni supplementi alla Bibliografia dantesca del sig. Colomb de Batines. *Lipsia, Barth*, 1847, in-8.

Aucun poëte du moyen âge, si ce n'est peut-être Pétrarque, n'a été aussi souvent commenté, et n'a donné lieu à autant de dissertations que celui-ci ; le catal. de M. Libri, publié en 1847, indique sous les n° 612 à 657, une partie des ouvrages de ce genre. En voici quelques autres qui ont paru en France dans ces derniers temps :

DANTE et les origines de la langue et de la littérature italiennes, cours fait à la Faculté des lettres de Paris, par M. Fauriel (publié par M. Mohl). *Paris, Durand*, 1854, 2 vol. in-8. 15 fr. [30079]

L'ART en Italie. Dante Alighieri et la Divine comédie, par le baron Paul Drouilhet de Sigalas. *Paris, F. Didot*, 1852, in-8. 6 fr. [30272]

DANTE et la philosophie catholique au XIIIe siècle, par M. A.-F. Ozanam ; nouvelle édition, suivie de recherches nouvelles sur les sources poétiques de la Divine comédie. *Paris, Lecoffre*, 1845, in-8. [3436 ou 30079]

DANTE hérétique, révolutionnaire et socialiste, révélation d'un catholique sur le moyen âge, par E. Aroux, *Paris, Jules Renouard*, 1854, in-8.

ÉTUDES historiques sur Dante Alighieri, son époque, par Sausse-Villiers ; 2e édit. *Nîmes, Giraud*, 1855, in-8.

DANTI (*Vincenzio*). Il primo libro del trattato delle perfette proporzioni di tutte le cose che imitare e ritrarre si possono con l'arte del disegno. · *Firenze* (sans nom d'imprimeur, *mais par Torrentino ou Marescotti*), 1567, in-4. de 4 ff. et 62 pp. chiffrées. [9188]

Cet ouvrage devait avoir 15 livres, mais il n'en a paru qu'un seul, dont Cicognara fait un grand éloge, et qui se trouve difficilement; on l'estime 20 fr. en Italie.

DANTI (*Egnazio*). Dell' uso e fabbrica dell' Astrolabio, et del Planisferio di F. Egnazio Danti dell' ordine di S. Domenico, primo libro (*solo*) nuouamente ristampato, et accresciuto in molti luoghi, con l'aggiunta dell' vso et fabbrica di noue altri istromenti astronomici. *Firenze, Giunti*, 1578, in-4. fig. [8366]

Édition plus complète que celle de 1569, in-4., également donnée par les Giunti. 27 fr. Libri, en 1857.

On a du même savant : *Le Scienze matematiche ridotte in tavole*, Bologna, appresso la Compagnia della stampa, 1577, in-fol. 45 tableaux. — Voyez PROCLUS.

DANTISCO (*Lucas Gracia*). Galateo español; destierro de ignorancias, quaternario de avisos. *Madrid, L. Sanchez,* 1599, in-16. [3875]

Ouvrage fait à l'imitation du *Galateo* de J. della Casa (voy. CASA). L'édition de 1599 est la plus ancienne que cite Antonio, mais peut-être n'est-elle pas la première. Il y en a d'autres de *Valence, Mey*, 1601, pet. in-12; de *Valladolid*, 1603, in-16; de *Tortose*, 1637, pet. in-12; de *Madrid*, 1664, etc., et avec *la Vida de Lazarillo de Tormes*, castigado, *Madrid*, 1722, et *Barcelone*, 1796, pet. in-8.

DANTISCUS (*Joannes*). Carmen extemporarium de victoria insigni, ex Moschis, illustrissimi principis Sigismundi regis Poloniæ, etc. Eckius Lectori : Perlege Sarmatice victricia principis arma, etc. — *Impressum Cracovie per Florianum Unglerium xx septembris anno* 1514, in-4. [13120]

Panzer, qui donne le titre de cette édition et de celle de 1515, par le même imprimeur, cite plusieurs pièces du même auteur qui se rapportent à l'histoire de Pologne, savoir : 1° *Epithalamium in nuptiis inclyti Sigismundi regis Poloniæ, etc.*, Cracoviæ, ex officina libraria Jo. Haller, 1512, in-4.; 2° *De profectione Sigismundi..... post victoriam contra Moscos in Hungariam, Sylva.* Cracoviæ, Florianus, 1516, in-4.; 3° *Ad Sigismundum de Herberstein. Ad Sigismundum Poloniæ regem, Soteria.* Ibid., 1518, in-4.; 4° *Victoria Poloniæ regis contra Vayeuodam Muldaviæ.....* 22 *Augusti parta* 1531. Lovanii, in officina Rutgeri Rescii, 1531, in-4. Il cite aussi : *Joannis Dantisci ad Clem. VII Pont. Max. et Carolum V. Imp. Aug. de nostrorum temporum calamitatibus, sylva Bonon. edita* IX *Decembris M. D. XXIX.* Impressa Cracoviæ, 1530, in-4.

DANTON. Voy. DAUTON.

D'ANVILLE. Voy. ANVILLE.

DANY ou Dauy. L'art & maniere de semer, ɀ faire Pepinieres des Sauuageaux. Enter de toutes sortes Darbres ɀ faire vergiers. Auec plusieurs aultres noueaultez. Redige et mys en escript par frere Dany, religieux de Labbaye Sainct Vincent, lez le Mans. Selon ce quil en a longuement esprouue ɀ experimente en son temps a faire dresser les vergiers de la dicte Abbaye. Et contient le dict liure sept chapitres comme lon verra cy apres. (au recto de l'avant-dern. f.) : *Cy finist la maniere de Enter ɀ Planter. Imprime nouuellement a Lyon par Jacques Moderne* (sans date), pet. in-8. de 48 ff. sign. A—F. y compris le dernier f. tout blanc, caract. goth. [6346]

L'ouvrage, qui dans le titre ci-dessus porte le nom de Dany, est, selon La Croix du Maine, de frère Dauy, ou David Brossart, religieux de l'abbaye de Saint-Vincent, près le Mans. Ce bibliographe dit que ce livre a été impr. à Paris, par la veuve de Nicolas Buffet, l'an 1552, et depuis en autres endroits ; mais il ne cite pas notre édition, laquelle nous paraît être antérieure au milieu du XVIᵉ siècle. Au verso du titre se lit un rondeau de 15 vers, commençant : *Pour ton plaisir.* Le traité de Dany a été réimpr. à *Paris*, en 1560, dans le recueil intitulé *Quatre traictez* (voy. GORGOLE de Corne), et encore à *Orléans, chez Eloy Gibier*, en 1572, pet. in-8.

DAPPER (*Oliv.*). Description de l'Afrique, traduite du flamand. *Amsterdam*, 1686, in-fol. fig. 8 à 10 fr. [28341]

—Description exacte des isles de l'Archipel, et de quelques autres adjacentes, trad. du flamand. *Amst.*, ou *La Haye*, 1703, in-fol. fig. [27926]

Ouvrage un peu moins commun que le précédent : 10 à 15 fr.

Olivier Dapper a écrit en hollandais les Descriptions de la Syrie et de la Palestine, de la Morée, de l'Archipel, de l'Asie, de la Chine et de l'Afrique, qui forment en tout 7 vol. in-fol., impr. plusieurs fois à Amsterdam, de 1670 à 1688 ; mais ces ouvrages, ornés de nombreuses gravures, sont si peu recherchés maintenant, en Hollande même, que la collection en 12 vol. Gr. Pap., y compris cinq ouvrages analogues de Nieuhof, d'A. Montanus et de Ph. Baldeus, n'a été vendue que 22 flor. chez Meerman. Pour plus de détails, consultez Ebert, nᵒˢ 5756-62, la *Biogr. univ.*, au mot *Dapper*, et le *Trésor* de M. Graesse, tome II, p. 335.

D'APRÈS de Mannevillette. Voy. APRÈS.

DARCIE (*Abr.*). Voy. l'article CAMDEN.

DARD (*M.-J.*). Dictionnaire français-wolof et français-bambara, suivi du dictionnaire wolof-français. *Paris, Louvard* (*impr. roy.*), 1825, in-8. 12 fr. [11956]

GRAMMAIRE wolofe, ou méthode pour étudier la langue des noirs qui habitent les royaumes de Bourba-Yolof, de Walo, de Damel, de Bour Sine, de Saloue, de Baloe, en Sénégambie; suivie d'un appendice où sont établies les particularités les plus essentielles des principales langues de l'Afrique septentrionale. (*Paris, impr. royale*), *Bligny-sous-Baume, chez l'auteur, et à Paris, chez Dondey-Dupré*, 1826, in-8. 12 fr. [11957]

DARDANO (*Luigi*). La bella e dotta difesa

Dantoine (*J.-C.*). Règles, 2501.
Danty. Preuve par témoins, 2805.

D'Arbois de Jubainville (*H.*). Voyage paléograph. dans l'Aube, 24498. — Hist. des comtes de Champagne, 24498. — Hist. de Bar-sur-Aube, 24516.
Darcet. Art de dorer le bronze, 10242.
Darcy (*H.*). Fontaines publiques de Dijon, 8151.

delle Donne, in verso e in prosa, contra gli accusatori del sesso loro, con un breve trattato di ammaestrare li figliuoli. *Vinegia, Bartholomeo l'Imperatore*, 1554, in-8. [18057]

Comme cet ouvrage est rempli d'anecdotes et de petites narrations, B. Gamba l'a admis dans la seconde édition de sa *Bibliografia delle novelle italiane* (page 96). Le vol. cité a 151 ff. suivis d'un f. blanc, de 2 ff. pour la table et d'un dernier f. contenant l'errata, le registre et la date. Le portrait de l'auteur qui se voit sur le frontispice est répété au verso du dernier feuillet. 20 fr. en mai 1860.

DARES phrygius de bello trojano. (*absque nota*), pet. in-4. de 27 ff. non chiffrés à 25 lign. par page. [22773]

Édition très-ancienne impr. en caract. romains, les mêmes que ceux dont Florentius de Argentina a fait usage dans plusieurs productions de ses presses, en 1472, et notamment dans son édition de Tibulle. Celle du Dares commence au recto du premier f., de cette manière :

> HISTORIA . DE . ORIGINE
> TROIANORVM : FOELICI
> TER . LEGE.

et il se termine au verso du dernier, qui n'a que 24 lign. ainsi qu'il suit :

> Ascanium : ?. ?
>   De bello troiano liber explicit.
>   TELOS :

Vend. 5 liv. Sykes.

—Dares Phrigius de excidio Troje. (*absque nota*), in-4.

Édition à longues lignes au nombre de 24 par page, sans chiffres, récl. ni signat. Les caractères paraissent être les mêmes que ceux des *Epistolæ Phalaridis*, imprim. à Trévise, par Gérard de Lisa, en 1471 ; et les deux ouvrages se trouvent quelquefois réunis en un vol. Federici (*Memorie Trevigiane*, page 45) rapporte qu'à la fin de quelques exemplaires se lit le mot *Tarvisii*, qui manque dans d'autres. Ce livre commence par *Epistola Cornelii Nepotis ad Salustium Crispum* ; et finit par cette phrase : *De bello Troiano liber explicit*.

En parlant des plus anciennes éditions de cet ouvrage, il ne faut pas oublier celle qu'on attribue à Ulric Zel, impr. à Cologne (voy. DICTYS Cretensis). En voici trois autres de la fin du XVe siècle, mais sans lieu ni date :

1° In-4. de 14 ff. à 33 lign. par page, sign. *a* et *b*, caract. goth. d'Est. Planck, imprimeur à Rome, vers 1492 (*Biblioth. spencer.*, II, n° 224).

2° In-4. de 11 ff. à 38 lig. par page, caract. rom. (*Ibid.*, n° 225.)

3° In-4. de 28 ff. à 33 lignes par page, sign. A—E. caract. goth., avec une épître dédicatoire de *J. Maius Romhiltensis*, datée de Leipzig, 1498. Le volume comprend trois hymnes de Prudence (Ebert, 5788).

— Dares Phrygius de excidio Troie cum figuris. *Parrisiis in officina Nicolai Pratis, pro Petro Goudoul*, MDXX. *vij ydus Augusti*, pet in-4. goth.

Édition ornée de dix gravures sur bois de la grandeur des pages : il y en a une de Lyon, *par J. Marion, sumptibus R. Morin*, 1520, in-4. lettres rondes, avec fig., réunie au *Dictys cretensis*.

Cet ouvrage en prose, faussement attribué à Darès, est, à ce que l'on croit généralement, de Joseph Iscanius, poëte anglais de la fin du XIIe siècle, qui nous a laissé un poëme latin en 6 chants sur le même sujet. L'*Historia trojana*, en prose, a été donnée sous le nom de *Cornelius Nepos* dans l'édition de Wittemberg, 1516, in-4. de 22 ff., caract. rom., citée par Ebert, 5789. C'est sous le même nom que parut d'abord le poëme d'Iscanius (*Daretis Phrygii de bello trojano lib. VI, a Corn. Nepote heroico carmine donati*), à Bâle, 1541, in-8., édition incorrecte donnée par Abr. Torinus. Ce même poëme a ensuite été publié sous le nom de son véritable auteur à Francfort, 1620, in-4., avec des notes de Sam. Dresemius (Ebert, 5793). La meilleure édition qui en ait paru séparément porte le titre suivant :

> DARETIS Phrygii de bello trojano lib. VI, lat. carmine a Josepho Exoniensi redditi, recogniti ac emendati cura et studio J. Mori. *Londini*, 1675, in-8.

Ajoutons que l'ouvrage en prose et le poëme de Joseph Iscanius, autrement *Exoniensis* ou *Davonius*, ont été impr. plusieurs fois avec Dictys de Crète. — Voy. DICTYS.

LA VRAYE et breve histoire de la Guerre et Ruine de Troie anciennement escripte en Grec par Dares Phrigius : ensemble vne Harengue aussi en Grec, de Menelaus pour la repetition d'Helene, le tout fidellement traduict en Langue Françoyse. *Paris, Sebastien Nyuelle*, 1553, pet. in-16, signat. A—I. Petit volume assez rare, dans lequel se trouve un privilège daté du 1er août 1552, qui permet à maistre Mathurin Hezet de le faire imprimer, et au recto du dernier feuillet : *Imprimé à Paris par Estienne Mesviere, demourant à l'Hostel de Vedosme, pres le college de Boncourt.*

L'HISTOIRE véritable de la guerre des Grecs et des Troyens, non moins se rapportant à ce temps que ressentant la docte et pure antiquité. Ensemble les effigies des Grecs et des Troyens plus signalés, rapportées après le naturel, suyvant la description de l'autheur et de quelques médailles trouvées en bronze, et aux marbres antiques. Escripte premièrement en grec par Dares de Phrygie : depuis traduite en latin par Camille Nepveu ; et faite françoise par Charles de Bourgueville. *Caen, par Benedict Macé, imprimeur du Roy*, 1572, in-4. de 97 pp. orné de 19 grav. sur bois.

Cette trad. est devenue tellement rare que M. Frère n'en connaît d'autre exemplaire que celui de la bibliothèque de Caen.

DARET (P.). Voy. MONCORNET et VASARI.

D'ARGENVILLE (Desallier). Abrégé de la vie des plus fameux peintres. *Paris*, 1762, 4 vol. in-8: fig. [31029]

Dernière édition de cet ouvrage estimé et devenu rare : 60 à 72 fr. Vend. en mar. r. 100 fr. en 1821. Celle de 1745-52, 3 vol. in-4., y compris le supplément, est moins complète et un peu moins chère : cependant elle est préférable à l'égard des fig. 45 à 54 fr. — Vies des architectes, 31108.

— Histoire naturelle éclaircie dans une de ses parties principales, l'oryctologie, qui traite des terres, des pierres, des métaux, minéraux, etc. (par Desallier d'Argenville). *Paris*, 1755, gr. in-4. avec 26 fig. 10 à 12 fr. [4691]

Cet ouvrage avait d'abord paru en 1742, sous le titre

Darell (*W.*). Dower-Castle, 17216.
Daremberg (*Ch.*). Glossulæ quatuor, 6529. — Notices et extraits de manuscrits médicaux, 6529.

Dareste de Chavanne (*C.*). Les Classes agricoles en France, 23111. — De l'Administration en France, 24041.
Dargaud (*J.-M.*). La Famille, 3859. — Liberté religieuse en France, 21348.

de *Lithologie.* Dans cette première édit. se trouvait la Conchyliologie.

— L'Histoire naturelle éclaircie dans une de ses parties principales, la Conchyliologie, augmentée de la Zoomorphose (par le même). *Paris*, 1757, gr. in-4. fig. 10 à 15 fr. [6116]

Les exemplaires dont les planches sont enluminées valent de 30 à 40 fr. Vend. même 80 fr. (*m. r. dent.*) Pixerécourt ; 83 fr. en 1839.

La Zoomorphose se vendait séparément.

— La Conchyliologie, avec un traité de la zoomorphose ; 3e édition, augmentée par de Favane de Montcervelle. *Paris, De Bure*, 1780, 2 tom. en 3 vol. gr. in-4.

Cette édition devait avoir 5 vol.; mais il n'en a paru que 2, lesquels sont accompagnés de 80 pl. dont 10 seulement se placent dans le texte, et le surplus forme un petit volume à part ; il y a en outre trois frontispices gravés et 1 portrait : vend. 81 fr. Trudaine ; 50 fr. De Bure.

Les exemplaires avec les planches coloriées sont beaucoup plus chers.

On a imprimé le commencement du tome III jusqu'à la page 72; mais cette partie, qui contient une table alphabétique des mots difficiles dont se sont servis les naturalistes, n'a pas été mise au jour.

— Théorie du jardinage, 6467.

DARINEL. La sphère des deux mondes, composée en françois par Darinel, pasteur des Amadis, avec vn epithalame que le mesme autheur ha faict, sur les nopces et mariage de D. Philippe, roy d'Angleterre... commenté, glosé et enrichy de plusieurs fables poecticques, par G. B. D. B. C. C. de C. N. L. (Gilles Boileau de Buillon) Oubli. *En Anvers, chez Iean Richart*, 1555, in-4. de 4 ff. non chiffrés et de 57 ff. chiffrés, avec grav. en bois. [13683]

Ouvrage entremêlé de prose et de vers. L'épithalame dont il est question dans le titre ci-dessus est en vers espagnols, et se trouve pp. 43-44 ; il a pour titre *Canto nuptial y otro matrimonial.* Vend. 11 fr. Le Duc ; 60 fr. *mar. r.* Libri, en 1847 ; 65 fr. *v. f.* Borluut ; 2 liv. 2 sh. Libri, en 1859.

DARNALT. Remonstrance ou harangue faicte en la cour de sénechaussée... à Agen, aux ouvertures des plaidoyeries, par Jehan Darnalt... où se void la conference et comparaison de la mer avec la profession et exercice de la justice; ensemble les antiquités de la ville d'Agen et pays d'Agenois, depuis 1700 ans en çà, jusques à l'estat présent de ladite ville et pays, avec le panegyrique de la reyne Marguerite, duchesse de Valois. *Paris, Fr. Huby*, 1606, pet. in-8. [24708]

Rare et assez recherché.

D'ARNAULD. Voy. Arnauld.

D'Argonne (*Bonav.*). Lecture des Pères, 802. — Histoire de la théologie, 1145. — Voy. dans notre Dictionnaire l'article Vigneul de Marville.

Darling (*Jos.*). Encyclopædia bibliographica, 21326.

Darlington (*Will.*). Flora cestrica, 5188.

Darnaud. Dictionnaire des chiffres, 9185.

DARPE (*Beridio*). Avinavoliottoneberlinghieri, poema eroico. *Firenze, nella stamp. di Fil. Papini*, 1643, in-12 de 4 ff. prél. 317 pp. chiffr. et 2 ff. [14894]

Poëme en 16 chants dans lequel les exploits des paladins sont tournés en ridicule. Pierre de Bardi, florentin, qui en est l'auteur, l'a donné sous le pseudonyme de Beridio Darpe.

DART (*M.-John*). History and antiquities of the cathedral church of Canterbury, and the one adjoining monastery. *Lond.*, 1726, gr. in-fol., avec 41 pl. [27205]

Vend. 48 fr. La Valliere; 25 fr. Hurtault; en Gr. Pap. impérial, *m. citr.* 205 fr. Mac-Carthy.

— Westmonasterium, or the history and antiquities of the abbey church of S. Peter's Westminster. *London, J. Cole* (1723), 2 vol. gr. in-fol., avec 67 et 62 pl. 75 à 90 fr. [27108]

Les exemplaires en Gr. Pap. impérial sont très-rares : 545 fr. Mac-Carthy; 17 liv. 16 sh. 6 d. Dent.

D'ARTIS. Voy. Maîtresse Clé.

DARU (le comte *Pierre-Ant.-Noël-Bruno*). Histoire de la république de Venise, par P. Daru, précédée d'une notice sur sa vie, par M. Viennet; 4e édition, augmentée des critiques et observations de M. Tiepolo et de leur réfutation par M. le comte Daru. *Paris, F. Didot*, 1852, 9 vol. in-8. avec 8 cartes. 54 fr. [25454]

La première édition de cet important ouvrage est de 1819, et forme 7 vol. in-8. La seconde, de 1821, en 8 vol. in-8. dont il y a des exemplaires en Gr. Pap. vélin, est plus complète; mais la 3e de 1826 en 8 vol. gr. in-18 ne reproduit pas les pièces justificatives qui sont dans la seconde. Les observations du comte Dominique Tiepolo, ajoutées à la quatrième, avaient paru sous ce titre : *Discorsi sulla storia veneta*, Udine, Mattiuzzi, 1828, en 2 vol. in-12.

L'*Histoire de Bretagne*, par le comte Daru, *Paris, Firmin Didot*, 1827, 3 vol. in-8. a eu peu de succès. [24448] Il faut y joindre les *Observations* de M. Daunou, opuscule in-8. qui se vendait 2 fr.

DARWIN (*Erasme*). The botanic garden, a poem in two parts with philosophical notes : 1o the economy of vegetation, 2o the loves of the plants. *London*, 1791 or 1795, 2 tom. en 1 vol. in-4, avec 9 et 10 pl. 15 à 18 fr.

Réimpr. *London*, 1800, 2 vol. in-8. 12 à 15 fr.

M. Deleuze a trad. en français la 2e partie de ce poëme, sous le titre d'*Amours des plantes ;* Paris, an VIII, in-12.

— Poetical works, containing the botanical garden, in two parts, and the temple of nature, with philosophical notes. *Lond.*, 1806, 3 vol. in-8. fig. 18 fr., et plus en Gr. Pap. [15845]

— Zoonomie, 6878.

Darras (l'abbé *J.-E.*). Histoire de l'Église, 21381.

Dartein (*C.-M.-S.*). Fonderies des bouches à feu, 10232.

D'Artigny. Voyez Artigny.

D'Artois (*P.-H.*). Défense de Dantzig, 8671.

Darville (*R.*). The english race horse, 7734.

Darwin (*Ch.*). Journal, 4558.

DASÁ kumára charita. Voy. Sri Dandi.

DASSOUCY. Voy. Assoucy.

DASSY (*Fr.*). Voyez Caviceo.

DASYPODIUS (*Conradus*). Sphæricæ doctrinæ propositiones græcæ et latinæ, nunc primum per M. Cunradum Dasypodium in lucem editæ. quorum authores sequens indicat pagina (Theodosii de sphæra lib. III, de habitationibus lib. I, de diebus et noctibus lib. II; Autolyci de sphæra mobili lib. I; Autolyci de ortu et occasu stellarum lib. II. Barlaami monachi logisticæ astronomicæ lib. VI · omnia, gr. et lat.). *Argentorati, excudebat Christianus Mylius*, 1572, in-8. [vers 8212]

Ce volume peu commun renferme 8 ff. prélimin., le texte grec de Theodosius et d'Autolycus, 64 pp.; le texte grec de Barlaam, 4 ff. prélimin. et 39 pp.; la version lat. des deux premiers auteurs, 4 ff. prél. et 64 pp.; celle de Barlaam, 4 ff. et 47 pp.
Parmi les nombreux ouvrages de Dasypodius, vulgairement Rochefass, nous citerons seulement celui qui a pour titre :

Volumen primum mathematicum, prima et simplissima mathematicarum disciplinarum principia complectens geometriæ, logisticæ, astronomiæ, geographiæ : secundum mathematicum complectens præcepta mathematica, astronomica, logistica. *Argentorati, Rihel*, 1567, 2 part. in-8., en grec et en latin, grav. sur bois. [7800]

DATAKA-MEIMANSA, traité sur les successions, en sanscrit. *Serampoor*, in-8. 18 fr. Langlès. [3140]

— Dattaka Mimansa, and Dattaka Chandrika, two treatise on the law of adoption. *Calcutta*, 1817, gr. in-8. 7 sh. Trübner.

DATHUS ou Datus (*Augustinus*). Clarissimi viri ac præstantissimi philosophiæ doctoris Avgvstini Dathi Senensis. De uariis loquendi figuris siue de modo dictandi... (à la fin) : Explicĭũt elegãtie parue... *Impresse Ferrarie die decima nona Octobris* M. CCCC. LXXI. *Andreas* (*Gallus*), in-4. de 38 ff. à 25 lig. par page. [12048]

Première édition, avec date : 40 fr. *m. r.* Gaignat. Il y en a une autre de la même ville, sous la date du 20 septembre 1475, et sans nom d'imprimeur, pet. in-4. de 34 ff. à 25 lig. par page.

— Eloquentissimi viri... Augustini senẽs. de variis loquẽdi regulis sive poetarum p̃ceptis, tractatulus incipit feliciter. (*Coloniæ, Ulric Zel*, circa 1470), in-4. de 48 ff. 27 lig. par page.

Nous avons eu certainement sous les yeux cette édi-

tion de 48 ff. Il-y en avait une autre de 24 ff. seulement à la vente Mac-Carthy (si toutefois c'est le même ouvrage), laquelle commence par ce sommaire : *Clarissimi viri..... Augustini Dachi senensis de variis loquendi figuris sive de modo dictandi..... ysagogicus libellus incipit feliciter*. Elle a été vendue 28 fr. 50 c. Un exemplaire en 40 ff. seulement 10 sh. Libri.

— Elegantiarum liber. (*absque nota*), pet. in-4. ou gr. in-8. de 32 ff. à 26 ou 27 lig. par page, lettres rondes.

Cette édition est probablement la première de cet ouvrage qu'ait donnée l'imprimeur Adam, ainsi que le prouvent les deux vers suivants qui se lisent au · verso du dernier feuillet :

Nã tercẽta bonus præclara volumĩa pressit
Aere prius nullo pressa : magister adam.

Vendu 16 fr. Brienne; 14 sh. Heber.

— Elegantiolæ. (*absque anno et loco, per Adam*), pet. in-4. de 33 ff. à 27 lignes.

Autre édition rare, et qui paraît ne pas être postérieure à l'année 1472; elle n'a ni chiffres, ni récl., ni signat. Les caract. sont les mêmes que ceux d'une édition très-précieuse de Virgile qui, comme celle-ci, porte le nom d'*Adam*. La souscription suivante se lit au recto du dernier f., lequel n'a que 24 lignes :

Presserat hoc primo placuit formare secundo
Ne desit : ᷉quis sit breue : doctus Adam.

(*Biblioth. spencer.*, VII, n° 223).

Une autre édit. pet. in-4 à 24 lig. par page en caract. rom., sans lieu ni date, cah. a et b. sans sign. par 8, c à f inclusivement par 6, et finissant par ces mots : *Moda. Vale*. FINIS. 14 sh. Libri.

— Elegantiolæ. (*absque nota : Bononiæ aut Mantuæ*, circa 1472), in-4. de 30 ff. à 25 lig. par page, caract. romains.

— Isagogicus libellus in eloquentiæ præcepta (ex recens. Boni Accursii). *Mediolani, per Philippum de Lavagnia*, 1475, *dic 18 martii*, in-4. de 40 ff. à 28 lig. par page.

Cette édition, quoique rare, n'est pas chère.

— Libellus de eloquentia. *Mediolani, opera et impensa Philippi de Lavagnia*, 1476, *die v martii*, in-4. de 40 ff.

Vend. 31 fr. Brienne-Laire, et moins depuis.

— Augustjnj Dattj Senensis Elegantiole feliciter incipiunt. (au verso du 23e f., après la 17e ligne) : Elegantiole Augustini Dati expliciunt. *Perusie* (absque anno), in-4. de 24 ff., dont le dern. est blanc, caract. goth. sign. a—d.

Édition décrite dans le catalogue Boutourlin, n° 697. Plusieurs autres éditions, soit sans date, soit avec date, et postérieures à l'année 1476, sont décrites dans le *Repertorium de Hain*, n° 5968 et suiv.

— Augustini Dathi senensis precepta elegãtie latine versu ab Roberto Dumo expressa, adjunctis non illepidi viri Guillermi gueroaldi thematibus vernaculis. Venales prostant in taberna libraria Michaelis Angierii Cadomi juxta fratres minores commorantis.
— (au verso du dernier f.) : *Imprime a Caen par Laurens hostingue pour Michel angier demourant audit lieu a lenscigne du Mont Saint Michel pres les Cordeliers et fut acheue lan mil cinq cens* XXV. *le penultieme tour de may*, in-8. sign. A—D. par 8 et E. par 12, le dernier f. est blanc.

Cette édition est remarquable, parce qu'elle renferme une traduction française des préceptes latins faite par Guillaume Gueroult (voy. ce nom). On y trouve de plus plusieurs pièces en vers latins, par Guillaume Mares de Lisieux, R. Dumas et Pierre Desprez. (*Bibl. impér.*)

Dassance (*M.*). Nouvelle bibliothèque, 1412.
Dasslé. Descript. des côtes de l'Amérique, 28504.
D'Assier de Valenches (*M.-P.*). Mémorial du Doubs, 24612.
Dathla (*Fr.*). Vies de saint Raymond Nonnal, etc., 21854.
. Dathius. Opuscula, 431.

— Augustini Daci (*sic*) viri dissertissimi aliqua documenta diligentissime composita ad Antoniŭ amicum suum carissimum. — FINIS. (*absque nota*), in-4. en caract. rom. [10788]

Édition sans chiffres , récl. ni signat., et la plus ancienne, peut-être, de cet opuscule grammatical. Les pages sont de 30, 31 et même de 32 lig.

— Aliqua documenta... (in fine) : *Completum Neapoli Anno domini Millesimo quadringentesimo septuagesimo secundo die quarta mensis Junii per Arnaldum de Bruxella*, in-4.

Cette édition, que cite Panzer (IV, p. 367) est la plus ancienne production connue des presses d'Arnold de Bruxelles. Cet imprimeur en a donné une autre du même ouvrage sous la date de 1474, *die nona mensis Marcii*, in-4. de 32 ff. à 27 lig. par page, caract. rom., sans chiffres, signat., ni réclames. — Celle de Naples, 20 sept. 1476, sans nom d'imprimeur, in-4. de 31 ff. à 29 lig. par page, aussi en caract. rom., est décrite dans la *Biblioth. spencer.*, VII, n° 70, où, quoi qu'en ait dit M. Graesse, il n'est pas fait mention de l'édit. de 1472.

— Epistolæ. *Neapoli, Arnold. de Bruxella*, 1474, in-4. de 33 ff.

Biblioth. spencer., VII, n° 69.

— Opera varia. *Senis , per Sim. Nicolai Nardi*, 1503, in-fol. de 14 et 290 ff. [18954]

Édition peu commune. 12 fr. La Vallière. La réimpression de *Venise*, 1516, in-fol. est encore moins chère.

DATI (*Gregorio*). Trattato della sfera, degli elementi, e del globo terrestre (in ottava rima). *Cusenciæ, Octavianus Salamonius de Manfridonia*, 1478, in-4. [14847]

Ce petit volume fort rare, qui n'est en tout que de 20 ff., ne porte aucun intitulé ; c'est mal à propos que Prosper Marchand et Haym lui ont donné, le premier, celui de *Discorso della grandezza di Dio ;* le second, celui de *Trattato della magnitudine di Dio*. Après en avoir pris lecture, nous ne croyons pas qu'on puisse le désigner autrement que nous le faisons. A la fin est cette souscription : FINIS *explicit feliciter Deo gratias Amē*. M. CCCC. .LXXVIII. CUSENCIÆ. *Octavianus Salamoni de Manfridonia impressit hunc librum*. Cette notice est extraite du Manuel de Magné de Marolles.

— La Spera. (*absque nota*), pet. in-fol. de 18 ff.

Édition impr. à longues lignes en caractères ronds assez grossiers, sans chiffres, signatures ni réclames ; chaque page contient quatre stances de 8 vers. Elle est portée dans le catal. de M. Libri, n° 1019 (vend. 130 fr. *m. r.* en 1847, et un autre exempl. 7 liv. en 1859), où l'on affirme qu'elle est antérieure à celle de 1478, in-4.

Ce poëme cosmographique a été composé au XVᵉ siècle par Gregorio Dati, qui n'y a pas mis son nom (*Histoire des sciences math. en Italie*, par Libri, II, 221). Il paraît que l'ouvrage qui était resté imparfait à la mort de Dati , a été achevé par J.-M. Tolosani , auteur d'un *Compendio di Sphera in ottava rima* (voy. TOLOSANI).

— La Spera. (*senz' anno*), in-4. goth. de 20 ff. sans chiffr., récl. ni signat.

Édition impr. vers 1478. Au recto du premier f. se lit

l'intitulé suivant : *Questa operetta se chiama la spera et e diuisa in quattro parti.* Le poëme commence sur le verso du même feuillet, de cette manière :

    L padre al figlio allo spirito scto.

(Ebert, 21602.)

— La sfera. (à la fin) : *Finita laspera adi viiii di Nouembre ,* MCCCᵒ LXXXII (*sic* pour 1482) *infirenze;* in-4. de 24 ff. non chiffrés, sig. a—c. lettres rondes; trois octaves par page.

Jolie édition décrite par Molini, *Operette*, p. 264, article Dati (Leonardo). Elle est sans titre et commence par les mots *Libro primo*.

— Laspera vulgare. (*senza alcuna nota*), in-4. de 10 ff. à 2 col., sign. a—b.

C'est aux presses de Florence que M. Libri attribue cette édition, imprimée soit à la fin du XVᵉ siècle, soit au commencement du XVIᵉ. Son exemplaire en *mar. r.* 75 fr.

— LA SPERA volgare. — *Finita la spera apetitione di ser Pietro Pacini da Pescia* (Firenze), 1513, in-4.

Autre édition rare, avec une gravure sur bois où figure une petite sphère représentant les trois parties de l'ancien monde. L'exempl. rel. en *mar. citr.*, vendu 9 liv. 5 sh. Libri, en 1859, contenait un autre opuscule intitulé :

AGGIUNTA della spera composta per fra Giovanmaria da Colle & ad instantia di ser Pietro Pacini da Pescia, 1514, in-4.

— El libro della spera (en majuscules, et à la fin également en majuscules) : *Finito ellibro della spera* (*senza nota*), in-4. sign. a—c. 31 (ou 32) lign. à la page, caract. rom. (Molini, *Operette*, n° 290).

— LA SPERA mundi... *In Vinegia, per Guilielmo de Fontaneno di Monfera*, M. D. XXXIIII. *a di vinti quatro Decembrio ,* in-4. (Panzer, X, page 52, n° 1763. b.).

— Istoria di Firenze, 25518.

DATI (*Juliano*). La Storia di tutti e Re di Francia. (in fine) : *Finita la storia di tutti e Re di Francia e massime de Re Carlo moderno e del passare in Italia e della guerra da lui facta nel reame di Napoli colletta p̃ piu storiografi antichi e moderni e messa in versi p̃ M. Iuliano Dati ĩ Roma ,* FINIS. Pet. in-4. de 6 ff. non chiffr., avec signat. [14655]

Petit poëme en octaves, impr. vers la fin du XVᵉ siècle avec des caractères qui paraissent être ceux dont Jean Besicken a fait usage à Rome, de 1489 à 1500. Sur le premier feuillet de cet opuscule se voit une gravure en bois qui représente le pape, et à côté le roi de France à cheval, avec d'autres guerriers. Voici la 1ʳᵉ strophe de cet opuscule peu connu :

Omnipotēte idio chel tuo potere
gouerna il mõdo e cieli tutti quāti
dammi tãta virtu tãto sapere
che in versi vulgari io rimi e cãti
secundo la tua legie el tuo volere
sempre onorādo te tua matre e santi
del pricipio di frãcia ę sua sequētia
e di ciascuno suo re ę sua potentia.

·L'auteur peut-être, dit M. Melzi, p. 308, ce *Giuliano Dati Fiorentino* , évêque de St-Léon en Calabre, qui a écrit également *in ottava rima* la *Vita* della *B. Giovanna da Signa*. Selon nous, c'est certainement le même poëte qui a écrit les opuscules ci-dessous :

Il secondo cantare dell' India. (à la fin): Finito el secondo câtare dellindia cioe : delli huomini e dône z animali irrationali monstruosi collecto e composto 1 versi : per misser Giuliano Dati Florentino... *in Roma e lanno tertio dalexandro sexto* (1494), in-4. de 4 ff.,,avec fig. (caract. de Jean Besicken). — Pour la trad. en vers ital. de la première lettre de Chr. Colomb, voy. ci-dessus, col. 164.

Trattato di Scipione africhano. (à la fin) : Finita la storia del magnio scipione africhano ciptadino romano chôposta in versi vulgari per messere Giuliano Dati fiorentino in roma a laude delattissimo anno 1494, pet. in-4. de 4 ff. goth., avec fig. (caractères d'Euch. Silber).

— Chomincia la chalculatione || de mesere Juliano Dati. (à la fin) : Finita la calculatione dimesser||giuliano dedati doctore fiorentino || e penitentiere in santo Ianni laterano || composta in rima p trentanni le||cissationi (*sic*) insole ell'una elle || mobili feste allaude del signore || Finis. (*absque nota*), in-4. goth. de 6 ff.

Ce Calendrier en vers commence à l'année 1494. Le verso du titre présente l'image de Dati, gr. sur bois. Les caractères gothiques sont ceux dont s'est servi Silber à Rome dans son édition de Campanus, en 1495 (Audiffredi, *Editionum roman. Catalogus*, p. 322).

Del Diluuio | di Roma del | M. CCCC. lxxxxv.| Adi .iiii. di dicembre | Et daltre cose di gran marauiglia. (à la fin) : *Fine del tractato delli celesti segni | e delle moderne tribulatiôi & della | ultima acqua inundata nella ucne | randa & sancta cipta di Roma nel | la nostra ferrea & ultima etade col | lecta et messa in uersi p messer Iulia | no de Dati allaude della Celestiale | corte M cccc lxxxxv. Finis.* In-4. de 6 ff. à 2 col. de 40 lignes, mêmes caractères que la *Lettera di Colombo.* sous la même date. [14858]

Le titre porte une jolie vignette en bois. Un exempl. rel. en *mar. r.* 55 fr. Libri.

Comincia el tractato di santo Joanni laterano composto per misser guliano dati doctore fiorentino penitentiere in laterano. Et primo de privilegio Imp. Constant. Romano Pont. facto. (au verso du dern. f.) : *Finita la operetta della dedicatione sacra e ornamenti, richeze, reliquie et indulgentie e privilegii della prima chiesa del mondo... tratte de piu epitaffi e altre autentiche scripture vulgarizate e composte in versi per missere Giuliano dati...* (senz' alcuna data), in-4. [14966]

Édition peu connue. Le titre ci-dessus est au verso du prem. f., dont le recto contient une gravure en bois, à compartiments. Le poëme commence au f. Aiii, et il se termine au verso du 10e f. du même cahier, par la souscription : *Finita la operetta...* Les caractères ressemblent à ceux de J. Besicken, imprimeur à Rome, vers 1490 (*Biblioth. grenvil.*, 181).

La gran Magnificentia del Prete Ianni Signore dellindia | Maggiore & della Ethiopia. (au bas du dernier f. recto) : *Finito e q̂sto trattato delmassimo | prete Ianni pôtefice & impadore del | lindia & della ethiopia côposto 1 uer | si uolgari per Messer Giuliano Dati | Fiorêtino allaude della celestiale cor | te & exaltatione della xp̃iana religio | ne. AMEN.* (senz' alcuna data), in-4. de 4 ff. à 2 col. de 40 lignes.

Version en 59 stances de 8 vers. La première page contient le titre ci-dessus, une grande pl. gravée sur bois représentant Prestre Jean et ses cardinaux. Une autre gravure se voit au verso du 4e f. Ce doit être une traduction de l'opuscule latin dont nous parlons à l'article Johannes Presbyter.

Un exempl. en *mar. r.* 230 fr. Libri ; un autre, réuni à quatre autres opuscules italiens, n'avait été vendu que 49 fr. chez La Valliere, n° 3718 du catalogue en 3 vol.

Quiui si nomia. tutte le richeze e cose triumphale cõ. tucte le prouintie e cita e luochi e custumi e gesti del patriarcha ouer Pontefice prete Ianni dindia major. (in fine) : Finito e questo tractato del massimo prete Ianni pôtefice. et imperatore de Lindia et della Ethiopia côposto. in versi vulgari per Misser Giuliano Dati Fiorentino allaude della Celestiale corte et exaltatione della Christiana religione. Amen. (*senza nota*), in-4. goth. à 2 col., sign. a, avec fig. sur bois au commencement et à la fin.

Autre édition à 5 octaves par page (Molini, *Operette*, n° 332).

—Incommincia la passione di Christo historiata in rima vulgari secondo che recita e representa de parola a parola la dignissima compagnia de la Confalone di Roma lo venerdi santo in luocho dicto Coliseo. In-4. goth. de 14 ff. fig. [16618]

Pièce rare, dans le goût de nos anciens mystères : elle est sans indication de lieu ni de date, mais elle doit avoir été publiée vers 1500. On lit à la fin : *Finita la rapresentatione della passione composta per piu persone per miser Juliano dati e per miser Bernardo di maestro Antonio Romano e p miser Mariano portichappa.* (M.)

— Incommincia la passione de Christo, historiata in rima uulgari secondo che recita e representa de parola in parola la dignissima compagnia de lo Confallone di Roma lo Venerdi santo in lo loco ditto Coliseo. Dice Langelo. (in fine) : ... Côposta per più persone, per Missere Iuliano Dati Fiorêtino, e per Misser Bernardo di Maestro Antonio Romano, e p Messer Marião particappa, *Stampata per Marcello Silber al's Franck in Roma : nellãno mille cinquecêto quindeci, a di .xix. di Ianuario*, in-4. Édition impr. en lettres rondes et ornée de 25 fig. en bois, celle du titre représente la salutation angélique. La souscription finale rapportée ci-dessus est disposée de manière à figurer une croix. 195 fr. *m. r.* Libri, pour la Biblioth. impériale.

Une autre édition, *Impressa in Venetia per Alexandro di Bindoni*, 1519, adi 1 agosto, pet. in-8., sign. A—D IIII, en lettres rondes, avec fig. sur bois, est décrite dans la dernière partie du catalogue de Soleinne, n° 356. Elle n'y est portée qu'à 7 fr. 50 c., parce que l'exemplaire était mouillé et avait son titre taché.

L'édition de Venise, *per Francesco di Alex. Bindoni et Mapheo Pasyni*, 1525, in-8., sign. A—F4, fig. en bois, sous le titre de *Representatione*, a été vend. 60 fr. *mar. r.* de Soleinne. L'exemplaire de la même édition, vendu 19 sh. Heber, était terminé par *La Resurrettione de Christo historiata in rima volgari.*

DATI (*Carlo-Roberto*). Vite de' pittori antichi da lui scritte ed illustrate. *Firenze*, 1667, in-4. 8 à 12 fr. [31025]

Cet ouvrage, cité par La Crusca, est plus recommandable par le style que par le fond. Il a été réimprimé avec quelques notes marginales ajoutées, *Napoli*, 1730, in-4., 4 à 5 fr.; et depuis, *Milano*, 1806, et *Padova*, 1821, in-8. La même ouvrage est en partie reproduit dans le livre intitulé :

Vite dei pittori antichi greci e lat., compilate dal P. M. Gugl. della Valle. *Siena*, 1795, in-4., fig. 12 fr.

— Lepidezze di spiriti bizzarri, e curiosi avvenimenti. *Firenze, Magheri*, 1829, in-8. [17486]

Cet ouvrage, du genre de nos *ana*, a été extrait de manuscrits, et publié pour la première fois par le chanoine Moreni : il n'en a été tiré qu'un petit nombre d'exemplaires, dont quelques-uns sur pap. fort et collé.

— Scelta di prose, pubblicata da B. Gamba. *Venezia, tipogr. d'Alvisopoli*, 1826, in-16, portr. 2 fr. 50 c.

Il y a des exemplaires de ce volume tirés in-8. en pap. vél., et un seul sur VÉLIN. — Pour les différents ouvrages de Dati, consultez Gamba, nos 1896 à 1907.

DATUS ou Dathus. Voy. DATHUS.

D'AUBIGNÉ. Voy. AUBIGNÉ.

DAUDIGUIER (*Henry*) ou plutôt Vital d'Audiguier. Histoire des amours de Lysandre et de Caliste. *Leyde, chez Pierre Leffen*, 1650, pet. in-12 de 499 pp. en tout. [17168]

Jolie édition que l'on place dans la collection des Elseviers : 15 à 18 fr. Vend. jusqu'à 40 fr. 50 c. *mar.* en 1823. Le cul-de-lampe qui est à la fin du volume porte le nom de *Philips de Croy*, qui est peut-être celui de l'imprimeur.

Ce roman a d'abord paru sans nom d'auteur, sous le titre d'*Histoire tragi-comique de notre temps*, Paris, 1615, in-8., et il a été souvent réimprimé dans le courant du XVIIe siècle. Nous citerons les éditions d'*Amsterd.*, J. *Ravestein*, 1657 et 1663, pet. in-12 de 408 pp., y compris le titre gravé, fig. : 23 fr. vél. Nodier; et 1663, *mar. r.* 36 fr. Bertin; *mar. bl.* 26 fr. Giraud; et d'*Amsterd., Henr. Boom*, 1679, pet. in-12, fig. 5 à 6 fr. Cette dernière vend. 10 fr. *m. citr.* Gaignat; 30 fr. A. Martin.

Il y a aussi une édition avec la traduction hollandaise par J. Heermans, *Amsterd., Ravestyn*, 1663, pet. in-12, fig., qui a 8 ff. prélimin. et 606 pp. à 2 col. Une autre, avec la traduction allemande, *Amst., Ravestyn*, 1670, pet. in-12, vend. jusqu'à 55 fr. en 1821, et 10 fr. *mar.* Renouard. La version allemande a été imprimée séparément sous le titre suivant : *Liebesbeschreibung Lysander und Kalisten*. Amsterd., Ludwig Elzevir, 1650, pet. in-12, fig., fort rare : 10 à 15 fr. Vend. par extraordinaire 105 fr. Chardin.

DAUDIN (*F.-M.*). Histoire naturelle des rainettes, des grenouilles et des crapauds. *Paris, an* XI (1802), in-4. avec 38 pl. 12 à 15 fr. {5833]

Les exempl. en pap. vél. in-4. fig. color., 20 à 25 fr. Il y en a aussi en in-fol., fig. noires, et pap. vél. fig. color.

Le même auteur a donné le commencement d'un traité élémentaire d'ornithologie, *Paris*, an VIII (1800), dont il n'a paru que les deux premiers vol. in-4., avec 29 pl. — Pour son Histoire des reptiles, voy. BUFFON, édition de Sonnini.

DAULBY (*Daniel*). A descriptive catalogue of the works of Rembrandt, and of his scholars, Bol, Livens, and van Vliet, compiled from the original etchings, and the catalogues of De Burgy, Gersaint, Helie and Glomy, Marcus and Yver. *Liverpool*, 1796, in-8., avec le portrait de Rembrandt. 12 fr. [9529]

Ouvrage dont la préface est de W. Roscoe : il en a été tiré 50 exempl. de format in-4., qui se sont quelquefois vend. 36 fr. et plus.

DAULIER Deslandes. Voy. BEAUTEZ de la Perse.

DAUNOU. Cours d'études historiques, par P.-C.-F. Daunou. *Paris, F. Didot*, 1844-49, 20 vol. in-8. 160 fr. [21311]

Ce cours d'histoire ancienne a été publié par M. le conseiller Taillandier, exécuteur testamentaire de l'auteur. M. Letronne en a rendu compte dans le Journal des savants, ann. 1848.

Pour d'autres ouvrages de Daunou (*Essai histor.*, et *Analyse*), voy. les nos 21625, 30062 et 31190 de notre table, et pour sa biographie le n° 30653.

D'AURIGNY. Voy. AURIGNY.

DAUTON ou d'Anton (*Jehan*). Les Epistres envoyees au roy tres chrestiē de la les môtz par les estatz de France, côposees par frere Jehan Danton (*sic*) historiographe du dict seigneur auec certaines ballades ɀ rondeaux, par le dict Danton sur le faict de la guerre de Venise composees : (à la fin) : *Cy finissent les epistres enuoyees au roy... imprimees a Lyon par Claude de Troys pour Noel Abraham, auec privilege a luy dône lan cinq cens ɀ neuf* (1509), pet. in-4. goth. de 22 ff., avec les armes de France sur le titre et quelques fig. en bois. [13302]

Cet ouvrage rare est composé d'un prologue, de trois épîtres, dont la première est intitulée *l'église*, la deuxième *noblesse*, la troisième *labeur*; de trois ballades et trois rondeaux ; le tout en vers de 10 syllabes. Il n'a été vend. que 2 fr. chez La Vallière, mais il vaut bien davantage aujourd'hui. L'auteur est nommé *Jehan Danton* dans ce livre et dans le suivant, quoiqu'on ait imprimé *Danton* dans le catalogue de La Vallière, sans doute pour se rapprocher du nom de *Jean d'Auton*, sous lequel il est généralement connu.

— Lexil de Gennes la superbe faict par frere Jehan Danton historiographe dū Roy. (*sans lieu ni date*), pet. in-4. goth. [13303]

Cette pièce en vers de 10 syllabes se trouve quelquefois séparément, mais elle fait partie intégrante du livre intitulé : les *Faitz et gestes de M. le legat*, de Jean Divry. Elle y est sous la sign. aaa, et n'y occupe que 8 ff. ; mais elle y est suivie de l'*Epitaphe de maistre Guy de Rochefort*, en 3 ff. avec un 4e f. qui contient deux grandes gravures en bois. Au verso de l'avant-dernier f. se lit l'inscription que nous rapportons à l'article DIVRY.

— Chroniques de Jean D'Auton, publiées pour la première fois en entier, d'après les mss. de la Biblioth. du roi, avec notices et notes par P.-L. Jacob, bibliophile (P. Lacroix). *Paris, Silvestre*, 1834-35, 4 vol. in-8. 24 fr. [23423]

Il a été tiré 25 exemplaires en Gr. Pap. fort.

D'AUVIGNY (Castres). Les vies des hommes illustres de la France, avec la continuation par l'abbé Pérau, et Turpin. *Paris*, 1739-57, 27 vol. in-12. 27 à 36 fr. [30471 ou 77]

Peu recherché.

DAVANTES (*Pierre*). Voyez à l'article MAROT (*Clément*) les Psaumes de David, édit de 1560.

DAVANZATI. Novella di Matteo e del Grasso legnaiuolo per Bartholomeo Dauanzati cittadino Fiorentino al sapientissimo Giouine Coximo di Bernardo Rucellai. (*senza data, ma edizione fatta verso il* 1480), in-4. de 16 ff. non chiffrés, sign. A—D. [14922]

Nouvelle en vers, imprimée en lettres rondes. La première page contient le titre, en lettres capitales, et au-dessous les deux premières octaves. Les autres pages présentent 3 octaves chacune. Un exemplaire de cet opuscule fort rare se conserve à Florence dans la biblioth. du palais ducal (Gamba, *Bibliogr.*, édit. de Molini, p. 67). Ce n'est pas cette nouvelle rarissime qui a été payée 40 fr. à la vente Libri, comme le dit M. Graesse, mais c'est la *Novella del Grasso Legnajuolo*, édit. de 1576 (voir NOVELLA del Grasso).

DAVANZATI (*Bernardo*). Scisma d'Inghilterra, con altre operette. *Firenze, Massi,* 1638, in-4. 6 à 9 fr. [22473]

Auteur cité par La Crusca. L'édition de 1638 est décrite par Gamba, n° 429. Il en a été fait une réimpression exacte et très-correcte. *Padova, Comino,* 1727, in-8., avec portr., et une autre réimpression chez le même Comino, 1754, in-8. Il y a des exemplaires de l'une et de l'autre en Gr. Pap. On peut encore citer l'édition de *Milan,* 1807, in-8., et surtout l'édition suivante :

— Lo SCISMA d'Inghilterra, conferito con l'autografo esistente nella Marciana, per cura di Bart. Gamba. *Venezia, tipogr. di Alvisopoli,* 1831, in-16.

Édition dont il a été tiré quelques exemplaires de format in-8. sur pap. fin. Elle est augmentée de la traduction du troisième livre de l'ouvrage, écrit en latin par Ed. Ristona, et trad. pour la première fois en italien par J.-B. Gaspari, Vénitien, qui a eu soin d'imiter le style de Davanzati.

Le *Scisma d'Inghilterra* a paru pour la première fois à Rome, chez Guil. Faccioto, 1602, in-8. de 100 ff. dont le dernier tout blanc, avec l'ancre aldine sur le titre. Les *Operette* ajoutées aux autres éditions sont : *Notizia de' cambi; Lezione delle monete; Orazione in morte di Cosimo I; Due orazioni accademiche; La coltivazione toscana.* Ce dernier opuscule a paru d'abord avec le traité de Soderini *Della coltivazione delle viti,* Firenze, 1600, in-4. (voy. SODERINI). Il a été réimpr. dans les *Operette diverse sulla cultura delle viti, ec.,* Livorno, 1779, 2 vol. in-8. — L'édition des différents écrits de Davanzati, impr. à Sienne, chez Pandolfo Rossi, 1828, in-8., est plus complète que les précédentes.

Voici le titre d'un autre bon opuscule de Davanzati qui n'est pas compris dans les recueils plus anciens :

DEL MODO di piantare e custodire una ragnaja e di uccellare a ragna. *Firenze,* 1790, in-8. de 34 pp.

— ALCUNI avvedimenti civili e letterarii. *Venezia, tipogr. di Alvisopoli,* 1831, in-8.

Opuscule publié par Bart. Gamba à l'occasion d'une noce. Il en a été tiré douze exempl. sur pap. vélin de France, et un seul sur pap. azuré.

DAVEIRO. Voy. DAVEYRO.

D'AVENANT (*Will.*). Godibert, an heroic poem. *London,* 1651, in-12 et aussi in-4. [15798]

Ce poëme en trois livres a fait quelque bruit dans sa nouveauté à cause des critiques et des apologies dont il a été l'objet, et surtout des railleries qu'en a fait Sam. Butler dans l'argument du premier chant de son Hudibras. Le Manuel de Lowndes, à la page 595 de la 2° édition, donne les titres des différents pamphlets qui se rapportent à cette polémique sans intérêt pour nous; il donne aussi le catalogue des pièces de théâtre de Wil. D'Avenant. Les œuvres de ce poète ont été recueillies sous le titre suivant :

WIL. D'AVENANT's Work, consisting of those formerly printed, and those which he designed for the press, now published out of the author's originall copies. *London,* 1672-3, in-fol., avec un portr. par Faithorne. Le prix en est très-médiocre.

DAVESNE (*François*). Histoire du temps, et harmonie de l'amour et de la justice de Dieu; au roy, et à la reyne regente, et à messieurs du parlement. *La Haye,* 1650, pet. in-12, en lettres rondes et en ital. [2180]

Voici la description de ce livre singulier et peu commun, lequel paraît avoir été imprimé à Paris : 4 ff. prélim. contenant le titre, un morceau prélim. qui occupe 4 pages et le commencement d'une 5° page dont le verso est blanc; ce morceau porte pour sommaire : *La partie supérieure à l'inférieure; et l'homme à soy.* L'avis au lecteur commence à la page 9, et le corps de l'ouvrage finit à la page 225, par une épigramme suivie du mot *fin,* et d'un errata, en 5 lignes. Cette fin de volume, à partir de la page 198, contient une petite pièce en 3 actes et en vers, ayant pour titre : *Combat d'une ame avec laquelle l'espouse est en divorce.* L'auteur n'est pas nommé sur le titre de cette édition, mais son nom figure sur le frontispice d'une partie des exemplaires de ce livre qui ont paru sous le titre d'*Harmonie de l'amour et de la justice de Dieu;* jouxte la copie imprimée à La Haye, 1650; exempl. qui ont aussi 225 pp. y compris les 8 premières non chiffr. Vend. en *m. r.* 17 fr. 50 c. Detienne; 29 fr. 50 c. Bignon; 17 fr. 50 c. Nodier; 20 fr. de Soleinne, et plus cher autrefois.

— Tragédie sainte, divisée en trois théâtres; ou autrement les évangiles de Jésus-Christ, mis en poëme, par F. D. P. (*Paris*), chez Nic. Boisset, 1651 (aussi 1652), in-12. [16435]

Ce volume, de 7 ff. prélim. et de 312 pages (la dernière cotée 322), est rare et recherché : vend. 72 fr. *m. r.* Gaignat; 49 fr. La Valliere; 80 fr. Mac-Carcarthy; 40 fr. Lair; 51 fr. Chateaugiron; 86 fr. La-hédoy...

Quoique les exemplaires de ce livre sous les dates de 1651, 1652 et 1660 paraissent appartenir à une seule édition, parce qu'ils ont le même nombre de feuillets et la même faute de pagination à la fin, ils seraient entièrement différents selon une note du catal. de M. de Soleinne, n° 1254, car il suffit, est-il dit dans ce catalogue, de comparer le dernier feuillet que l'on a cru identique parce que le même errata est répété dans les trois éditions, et l'on verra que les caractères d'impression ne se ressemblent pas. L'exempl. daté de 1651, et rel. en *mar. r.,* a été vendu 40 fr. de Soleinne; celui de 1652, en *mar. bl.* aux armes de la comtesse de Verrue, 26 fr. à la même vente : il avait coûté 80 fr. — Un troisième exemplaire sans nom de ville ni de libraire, pet. in-12, même nombre de pages, 15 fr. *mar. bl.* même vente. Un exemplaire daté de 1660, 48 fr. La Valliere.

Dauxion-Lavaysse (*J.-J.*), Voyages, 21078.
Davanne (*Ch.*). Vie de saint Nicaise, 22231.
D'Avenant (*Ch.*). Political works, 27058.

D'Averzac. Le Pays des Yehous, 28420.

Il existe divers opuscules de Fr. Davesne, tant en vers qu'en prose, qui ont été impr. séparément à Paris, en 1649, 1650 et 1651, de format in-4., et dont il a donné lui-même le catalogue (de dix-sept pièces) sous le titre d'*Inventaire des pièces, que met et baille par vous nos seigneurs de Parlement la sagesse éternelle, estimée la folie des sages du monde...* Ces pièces, presque toutes du genre des Mazarinades, sont décrites, au nombre de 23, dans la *Bibliogr. instructive* de De Bure, n° 848; mais le recueil formé par M. de Mac-Carthy, et qui n'a été vendu que 20 fr., en renfermait deux de plus, savoir : *Le véritable amy du public*, 17 pp. *Inventaire sommaire d'aucuns passages de l'escriture saincte qui font voir que le monde finira en 1656.* Consultez la *Bibliographie des Mazarinades*, par M. Moreau, tome I, p. 35-43.

Fr. Davesne fut un rêveur fanatique dont la raison était un peu égarée; ce qui n'empêche pas que les bizarres productions de son cerveau malade ne soient fort recherchées des curieux de singularités. La *Politique du temps*, qu'on lui a quelquefois attribuée, n'est pas de lui.

DAVEYRO ou Daveiro (Frey *Pantaliaõ*). Itinerario de Terra sancta e todas suas particularidades. *Lisboa, em casa de Simão Lopez*, 1593, in-4. de 4 ff. prél. et 264 ff. de texte. [20548]

Vend. 1 liv. 6 sh. et en *mar*. 4 liv. 10 sh. Heber ; 3 liv., en vélin, Libri, en 1859.

Cet itinéraire a été réimpr. à Lisbonne, en 1596 et en 1600, in-4.; et avec les augmentations de Diego Tavares, en 1683 et en 1732. Les premières éditions sont fort rares.

DAVID. Voy. PSALTERIUM.

DAVID (*Jacques*), juge royal au bailliage de Vellay. Trois chants royaux, quatre ballades et dix rondeaux a l'honneur et louange de la tres sacree Vierge Marie, avec une oraison. *Lyon*, 1536.

Du Verdier (II, p. 277), qui donne le titre de ce livre presque inconnu, sans en indiquer le format, fait mention d'un autre ouvrage fort rare du même auteur, qui se rapporte à l'histoire ecclésiastique du Puy, et qui paraît être une des plus anciennes productions des presses de Jean Channey. Il a pour titre :

HISTORIA dedicationis ecclesiæ Podii Aniciensis in Vallavia, sacræ imaginis Virginis (ibi perlonga temporum curricula veneratæ) constructionis, et translationis, per egregium dominum Jacobum David, in utroque jure licentiatum, civitatis Aniciencis, brevi stylo edita. *Impressa Aventoni apud Joannem de Channey, anno incarnationis Domini*, M. D. XVI, in-4.

DAVID (*Jehan*). Traité de la peste, contenant les causes, signes, précautions et cure d'icelle : ensemble des causes et cure de la maladie populaire qu'a regnee l'annee derniere passee, 1595. *Limoges*, 1596, in-16. [7195]

Traité rare et qui a été signalé comme un des meilleurs qu'on eût alors sur cette maladie contagieuse.

DAVID (*Joan.*). Veridicus christianus. *Antuerpiæ, ex offic. plantiniana*, 1601 et 1606, in-4. de 374 p. fig. [1736]

Contenant 103 pl. dont 100 sont numérotées; celle qui doit se trouver en regard de la p. 374 manque quelquefois. 11 fr. La Valliere; 19 fr. et 33 fr. annoncée Gr. Pap. Hebbelynck ; 29 fr. vélin, Veinant.

— OCCASIO arrepta, neglecta; hujus commoda, illius incommoda. *Antuerpiæ*, 1605, in-4. fig. [1737]

Vend. 9 fr. La Valliere; 18 fr. Hebbelynck; 9 fr. 50 c. Veinant.

Les planches qui décorent cet ouvrage ont d'abord paru sous le titre suivant : *Typus occasionis in quo receptæ commoda, neglectæ vero incommoda personato schemate proponuntur.* Antuerpiæ, delineabat et incidebat Theod. Gallus, 1603, pet. in-4. 12 pl., le frontispice, et un avis gravé.

— DUODECIM specula, Deum aliquando videre desideranti concinnata. *Antuerp., Plantin.*, 1610, in-8. fig. de Th. Galle. [1540]

Le moins commun des ouvrages de l'auteur : 10 à 15 fr., et rel. en *mar. br.* par Trautz, 40 fr. Veinant.

— PARADISUS sponsi et sponsæ in quo Messis Myrrhæ, etc. *Antuerpiæ*, 1618, in-8. fig. de Théod. Galle. [1541]

Ce livre avait déjà paru sous ce premier titre :

Messis myrrhæ et aromatum ex instrumentis ac mysteriis Christi colligenda ut ci commoriamur : Et Pancarpium Marianum, septemplici titulorum serie distinctum, ut in B. Virginis odorem curramus et Christus formetur in nobis. Antuerp., Joa. Moretus, 1607, in-8. de 212 et 213 pp.

On en trouve quelquefois la 2e part. séparément, sous le titre de *Pancarpium Marianum.*

Vend. édition de 1607, *m. r.* 17 fr. Brienne.

Ces différents ouvrages de J. David sont recherchés à cause des gravures de Th. Galle dont ils sont ornés. D'autres sont indiqués par Paquot dans le VII° vol. de ses Mémoires.

DAVID (*Fr.-Anne*), graveur. Les Antiquités d'Herculanum, avec les explications par Sylvain Maréchal. *Paris*, 1780-1803, 12 vol. in-4. fig. 100 à 120 fr. [29329]

Cette ÉDITION existe aussi de format in-8.

— ANTIQUITÉS étrusques, grecques et romaines, avec leurs explications par d'Hancarville. *Paris*, 1785-88, 5 vol. in-4. fig. en couleurs. [29623]

Quoique cette édition ne soit pas comparable à celle de Naples, elle est pourtant assez bien exécutée, et les exemplaires des premières épreuves ont quelque valeur : 60 à 75 fr. Le format in-8. est moins cher.

— MUSÉUM de Florence, avec une explication par Mulot. *Paris*, 1787-1803, 8 vol. in-4. fig. 80 à 100 fr., et plus avec les fig. au bistre. [29289]

— HISTOIRE de France, avec un précis historique, par l'abbé Guyot. *Paris*, 1787-96, 5 vol. in-4. fig. 40 à 60 fr. et plus en pap. vél., avec fig. au bistre. [23259]

On ajoute à ces 5 volumes l'*Histoire de France sous l'empire de Napoléon, représentée en figures, etc.*, par *David*. Paris, 1813, in-4., formant 4 vol.

— HISTOIRE d'Angleterre, représentée par figures, accompagnées d'un précis historique (par Le Tourneur, et autres). *Paris*, 1784-1800, 3 vol. in-4. fig. [26864]

Les 3 vol. 30 à 40 fr. et plus en pap. vél. fig. au bistre.

— HISTOIRE de Russie, représentée par fig., accompagnées d'un précis historique par Blin de Sainmore. *Paris*, 1799-1805, 3 vol. in-4. fig. 30 à 40 fr., et plus avant la lettre. [27761]

Cette collection des ouvrages grav. par F.-A. David, formant 40 vol. in-4., est peu recherchée, et n'a pas conservé, à beaucoup près, dans le commerce les prix originairement fixés par l'éditeur, et qui étaient de 40 et même de 60 à 100 fr. par vol.; cependant

---

lorsqu'on a besoin des volumes de suite, on est obligé de les payer encore assez cher, quand, par hasard, on parvient à se les procurer.

— Voy. WINKELMANN.

DAVID (*T.-B.* Émeric). Voy. ÉMERIC-DAVID.

DAVID filius Josephi Avudraham (*Rabbi*). Seder tefilod, seu ordo precum .totius anni, dictus Avudraham, hebraice. *Ulyssypone, in domo Eliezeris, mense Teveth, anno* 5255 (1495), pet. in-fol. [2218]

Première édition : 70 flor. Crevenna.

L'Ordo precum (*Sedertephiloth*), publié par Aron ben Joseph Hariscon, a été impr. à Venise, 1528-29, en 2 vol. in-4., et dans le XIXᵉ siècle à *Kosl.*, 1808, in-4., 1836, 4 vol. in-4., selon M. Graesse.

DAVID Kimchi. Voy. KIMCHI.

DAVID, Æthiopiæ rex. Legatio Dauid Æthiopiæ regis, ad sanctissimum D. N. Clementem Papa VII.·una cũ obedientia, eidem sanctiss. D. N. præstita. Ejusdem David... ad Emanuelem Portugalliæ Regem; item alia legatio eiusdem Dauid... ad Joannem Portugalliæ regem. De regno Æthiopiæ, ac populo deq. moribus eiusdem populi, nonnulla. *Bononiæ, apud Jacobum Kemolen Alostensem, mense Februario An.* M.D.XXXIII, in-4. sig. A—F. lettres rondes. [28420]

Volume rare.

LAMBASCIARA di David re dell' Etiopia al S. N. Clemente VII; ad Emanuel Re de Portugal; et a Gioanne Re de Portugallo : alcune cose del regno d'Etiopia e del Populo et de lor costumi. *Bologna, per Giacobo Keymolen Alostense*, 1533, pet. in-4., lettres ital. 11 sh. Libri, en 1859.

Une autre édition de cette traduction (in-4., sans lieu ni date, vers 1533), est portée dans le catal. de La Valliere, par Nyon, V, 21237. Le titre, qui y est plus développé, commence ainsi : *La legation overo ambasciara*, et il finit de cette manière : *tradotta di lingua ethiopica in portogalese, e di portogalese in latino per Limbesciatore dil detto Re Giovanni, e di latino in volgar, per M. N. N. N.*

DAVIDS. A Grammar of the turkish language, with a preliminary discourse on the language and literature of the turkish nations, a copious vocabulary, dialogues, etc., by the late Arthur Lumley Davids. *Lond., Parbury,* 1832, in-4. 1 liv. 1 sh. [11695]

DAVIES (*John*). Nosce te ipsum. this oracle expounded in two elegies, 1 of humane knowledge; 2 of the soule of man, and the immortalitie thereof. *London, R. Field,* 1599, in-4. [15775]

Première édit. de ce poëme remarquable, et qui a été réimpr. assez souvent, même de nos jours : 2 liv. 19 sh. Bindley; 1 liv. 1 sh. Heber.

Voici le titre d'une des dernières éditions :

THE POETICAL WORKS of sir John Davies : consisting of his poem on the immortaly of the soul; the hymns of Astrea; and Orchestra, a poem on dancing. *Lond.*, 1773, in-12.

Un autre poëte anglais du même nom, John Davies d'Hereford, a écrit au commencement du XVIIᵉ siècle divers ouvrages en vers qui sont devenus rares et qui ont un certain prix en Angleterre, ainsi qu'on peut le voir. dans le Manuel de Lowndes, page 548, ou 2ᵉ édit. 598, où nous remarquons un poëme qui a pour titre :

MICROSCOSMOS : the discovery of the little world with the government thereof. *Oxford*, 1603, in-4. de 300 pp. en tout, porté à 12 liv. 12 sh. *Biblioth. anglo-poetica*, p. 211. L'édit. de 1611, in-4. a été vendue 5 liv. Heber; 4 liv. Utterson, et 7 liv. 7 sh. Halliwell, en 1857. — *Le Witte Pilgrimage*, du même poëte, *London, for John Brown*, sans date, in-4. de 166 pp., est plus cher encore.

DAVIES (*Will*.). A true Relation of the travailes and most miserable captivitie of Will. Davies, barber-surgion, with his slaverie and deliverie after 8 yeers and 10 moneths capivitie in the Gallies. *London,* 1614, in-4. de 20 ff. sign. A-E.

Opuscule vendu 2 liv. 2 sh. Nassau; 7 liv. 7.sh. Jadis, et 4 liv. 6 sh. Sotheby, en 1854. Il est réimpr. dans le 1ᵉʳ vol. de la collection de Voyages, publiée à Oxford.

DAVIES (sir *John*). Le primer report des cases et matters en ley resolues et adjudges en les courts del Roy en Ireland. Collect et digest per Sr. John Davys Chivaler Atturney generall del Roy en c'est Realme. *Dublin, J. Franckton,* 1615, in-fol. à 2 col. français et anglais. [3100]

Cet ouvrage est rare, mais ce qui le rend surtout curieux pour nous, c'est le jargon barbare (prétendu français) dans lequel l'auteur l'a écrit. Vend. 1 liv. 13 sh. Heber. Ce livre a été réimpr. à Londres, en 1628 et 1674, in-fol., aussi à Dublin, 1762, in-8.

DAVIES (*Johannes*). Antiquæ linguæ britannicæ, nunc vulgo dictæ Cambro-Britannicæ, a suis Cymræcæ vel Cambricæ, ab aliis Wallicæ : et linguæ latinæ dictionarium duplex : accedunt adagia britannica. *Londini,* 1632, in-fol. [11299]

Ouvrage anonyme, recherché par les savants qui s'occupent de la langue celtique. Vend. 2 liv. 10 sh. Hibbert.

On a du même auteur : *Antiquæ linguæ britannicæ rudimenta*, Lond., 1621, pet. in-8. Réimprimé à Oxford, 1809, in-12.

DAVIES (*Miles*). Athenæ Britannicæ, a critical history of the Oxford and Cambridge writers and writings. *London,* 1716 et autres années, 5 vol. in-8. et 1 in-4. [30872]

Compilation indigeste, mais dont les exemplaires sont rarement complets; celui de la vente Bindley a été payé 10 liv. 10 sh. Le premier vol., publié d'abord sous le titre d'*Icon libellorum*, a reçu ensuite celui d'*Athenæ Britannicæ*, que portent également les autres volumes. Le 2ᵉ et le 3ᵉ sont sous la date de

---

1716; le 4ᵉ (de format in-4.), est sans date, ainsi que le 5ᵉ et le 6ᵉ in-8. D'Israeli a parlé de cet écrivain dans ses *Calamities of authors.*

DAVIES (*Edward*). Celtic researches on the origin, traditions and language of the ancient Britons; 2ᵗʰ edit. *London,* 1807, in-8. 15 sh. [11196 ou 26776]

La première édition est de 1804.

— THE MYTHOLOGY and rites of the british Druids ascertained by national documents with remarks on ancient british coins. *Lond.,* 1809, in-8., 15 sh. [22654]

DAVIGNON (*Hugues*), seigneur de Monteilz. La Velleyade, ou délicieuses merveilles de l'église Notre-Dame du Puy. *Lyon, L. Muguet,* 1630, pet. in-8. [14103]

Le seul mérite de ces poésies est de se rattacher à l'histoire d'une église célèbre : 21 fr. *mar. r.* Coste.

D'AVILA (*Louis*). Voy. AVILA.

DAVILA (*Enr.-Cater.*). Storia delle guerre civili di Francia (dopo l' anno 1559 al 1598). *Parigi, nella stamp. reale,* 1644, 2 vol. gr. in-fol. [23498]

La première édition de cette histoire est de Venise, Th. Baglioni, 1630, in-4. Celle de 1644, quoique fort belle et difficile à trouver, se donne ordinairement pour 18 ou 20 fr. : vend. 62 fr. *m. r.* Caillard.

L'édition de *Venise,* 1733, 2 vol. in-fol., avec la vie de l'auteur et les notes de *Giov. Balduino,* est moins belle que la précédente; mais elle contient des augmentations. Les notes d'un anonyme que promet le titre n'ont pas été imprimées. Il a été tiré de ce livre des exemplaires en Gr. Pap.

— LA MEDESIMA. *Londra,* 1801, 8 vol. gr. in-8. pap. vél. 40 à 48 fr., et plus en pap. fort.

L'édit. de *Londres,* 1755, 2 vol. gr. in-4., quoique belle et peu commune, n'est pas chère : 18 à 24 fr.

— LA MEDESIMA. *Milano,* 1807, 6 vol. in-8., aussi Florence, 1823, 6 vol. in-8., 30 fr.

De la collection des classiques.

— LA MEDESIMA. *Livorno, Bertani,* 1836-38, gr. in-8. à 2 col.

La traduction française de cette histoire, avec des notes par l'abbé M. (Mallet, et Grosley). *Amst.* (*Paris*), 1757, 3 vol. in-4., étant peu recherchée, se donne à bas prix, ainsi que la traduction lat. par P.-Fr. Cornazano, *Roma,* 1735-45, 3 vol. in-fol.

La traduction espagnole de Davila, par le P. Basilio Varen de Soto, est augmentée d'une continuation depuis 1598 jusqu'en 1630, par le traducteur; elle a été publiée à *Madrid, chez Ch. Sanchez,* en 1651, in-fol., et depuis à *Anvers, chez J.-B. Verdussen,* en 1686, in-fol., édition enrichie de gravures et de portraits.

Il existe deux traductions anglaises de la même histoire : l'une par Will. Aylesbury, *London, W. Lee,* 1647, in-fol., et l'autre par Ellis Farneworth, *London, D. Browne,* 1758, 2 vol. in-4.

DAVILA (*G.-G.*). Teatro eclesiastico de las iglesias metropolitanas, y catedrales de los reynos de las dos Castillas por Gil Gonçalez Davila. *Madrid, Fr. Martinez,* 1645-50, 3 vol. pet. in-fol. [21489]

Vend. 7 fr. Santander, et 60 fr. Rætzel.

Il faut joindre à cet ouvrage un quatrième et dernier volume, lequel n'ayant paru qu'en 1700, se trouve rarement réuni aux trois autres. On a du même auteur : *Teatro ecclesiastico de la primitiva Igle-*

sia de las Indias occidentales. Madrid, 1649-55, 2 vol. in-fol. Vend. 19 fr. 50 c. Boulard. [21568]

— Vida de D. Henric III, 26023. — Grandezas de Madrid, 26129.

DAVILA (*Fr.-Thomas*). Historia y vida del admirable y extatico San Furseo principe heredero de Irlanda. *Madrid,* 1699, in-4. de 12 ff. prél., 360 pp. et 4 ff. pour les tables. [22176]

Ce livre est recherché en Angleterre, et Lowndes rapporte qu'il en fut vendu un exempl. 7 liv. 7 sh. à Londres, en février 1828.

D'AVILER (*C.-A.*). Cours d'architecture, qui comprend les ordres de Vignole, avec des commentaires, les figures et descriptions de ses plus beaux bâtiments et de ceux de Michel Ange... édition augmentée par J.-P. Mariette. *Paris, Jombert,* 1738, ou 1756, ou 1760, 2 tom. en 1 vol. gr. in-4. fig. 20 à 30 fr. [9708]

Ce cours, dont la première édition date de 1691, a été pendant près d'un siècle le meilleur ouvrage de ce genre que l'on eût en France, et il est encore recherché des curieux. — Le *Dictionnaire d'architecture* du même auteur, nouv. édit. augm., *Paris,* 1755, gr. in-4., n'a qu'un prix fort médiocre. [9695]

DAVIS (*John*). The worlde hydrographical description, wherein is proued but onely by aucthoritie of writers, but also by late experience of trauellers and reasons of substantiall probability, that the world, in all his zones, clymats and places, is habitable and inhabited, and the seas likewise vniuersally. Nauigable without any naturall annoyance to hinder the same whereby appeares that from Englånd there is a short and speedie passage into the South seas, to China, Molucca, Phillippina, and India, by northerly nauigation, to the renowne honour and benefit of her Maiesties state, and communalty; published by J. Davis of Sandrudge by Darmouth in the county of Devon, gentleman. *London, by Thomas Dawson,* 1595, in-16 goth., sign. A—C. par huit. [19750]

Opuscule curieux du célèbre navigateur qui a donné son nom à un détroit aujourd'hui bien connu. C'est un opuscule fort rare qu'on a payé 4 liv. 4 sh. à la vente North, et qui probablement serait vendu encore plus cher maintenant.

— THE SEAMENS secrets deuided into two parts. *London,* 1595, pet. in-8. — Réimpr. à Londres, en 1626, in-4.

La relation du voyage de Davis se trouve dans la collection d'Hakluyt.

DAVIS (*John-Francis*). Poeseos sinensis commentarii. On the poetry of the Chinese. *London, Cox,* 1829, in-4. de 71 pp. [16019]

Extrait du 2ᵉ vol. des *Mem. of the asiatic. Soc.* Vend. 19 fr. 50 c. Rémusat; 14 fr. 50 c. Klaproth.

_____

Davis (*W.*). An olio, 31364.

Réimprimé avec des augmentations, sous le titre suivant :

POESEOS sinensis commentarii. On the poetry of the Chinese, to which are added translations and detached pieces, by J.-F. Davis. *Macao, China, East India company press*, 1834, in-8. 18 fr. 50 c. Klaproth.

M. John-Fr. Davis a traduit du chinois les ouvrages suivants :

SAN-YU-LOW : or the three dedicated rooms : a tale translated from the chinese. *Canton, China*, 1815, in-8. [17788]

LAOU-SENG-URH, or an heir in his old age, a chinese drama. *Lond.*, 1817, in-12. — traduit en français par A. Bruguières de Sorsum. *Paris*, 1819, in-8.

A CHINESE NOVEL translated from the originals : to which are added proverbs and moral maxims, collected from their classical books and other sources ; the whole prefaced by observations on the language, and literature of China. *London, Murray*, 1822, in-8. 8 sh. 6 d. [17790]

HIEN-WUN-SHOO. Chinese moral maxims, with a free and verbal translation ; affording examples of the grammatical structure of the language. *Macao, China and London, Murray*, 1823, in-8. 16 fr. 50 c. Rémusat.

THE FORTUNATE UNION, a romance, translated from the chinese original with notes and illustrations, by J.-Fr. Davis. *London*, 1829, 2 vol. in-8. fig. 22 fr. [17791]

A la suite de ce roman moral se trouve une tragédie chinoise intitulée : *The Sorrows of Han*. C'est une des cent pièces du théâtre de Yuen, d'où Voltaire a tiré son *Orphelin de la Chine*. Il y a une édition de la traduction angl., *London*, 1829, in-4. de VIII et 18 pp., avec 2 pl. de caractères chinois. — Voir 28278.

DAVIS (*J.-B.*), and J. Thurnam. Crania britannica. Delineations and descriptions of the skulls of the aboriginals and early inhabitants of the british islands, together with notice of their other remains. *London*, 1857, etc., in-fol. [6766]

En 1860 il paraissait 4 livr. de 10 pl. chacune. 1 liv. 7 sh. par livraison.

DAVISON (*Francis*). The poetical rhapsody : to which are added, several other pieces by Fr. and Walter Davison ; with memoirs and notes by N.-H. Nicolas. *London*, 1826, 2 vol. pet. in-8. 1 liv. 1 sh. [15769]

Bonne édition d'un recueil qu'on regarde comme le meilleur des anciens *Metrical miscellanies* anglais. Les premières de *Lond.*, 1608, 1611, 1621, in-12, ou pet. in-8., sont des livres rares et assez chers.

— POETICAL rhapsody ; with a preface by sir Egerton Brydges. *Lee-Priory Press*, 1814-17, 7 part. en 2 vol. gr. in-8.

Cette édition contient les poésies de sir Walter Raleigh, Mary, comtesse de Pembrocke, P. Sidney, Henry Constable et sir Henri Wotton. Il n'en a été tiré que 100 exemplaires : 44 fr. *mar. r.* en mars 1833.

DAVITY (*Pierre*). Les travaux sans travail, avec le tombeau de mad. la duchesse de Beaufort. *Paris, Gilles Robinot* (aussi *Rouen*), 1602, in-12.

Recueil dont la première partie contient des compositions en prose, et la seconde des sonnets, des épigrammes, des stances, etc. Il a été réimprimé à Lyon, en 1603, et à *Rouen*, P. *l'Oyselet*, 1609, in-12. On recherche peu ce volume et encore moins les autres ouvrages de l'auteur, parmi lesquels se trouve *Panegyric de M. Desdiguieres Marechal de France*, Lyon, Guil. Linocier, 1611, in-8. et une mauvaise compilation intitulée : *Le monde, ou la description de ses quatre parties, avec tous ses empires, royaumes, estats et républiques*. Paris, 1637, 5 vol. in-fol., dont nous ne parlons ici que pour citer un exemplaire de dédicace, en Gr. Pap., rel. en *mar. r.* aux armes de Séguier, vendu 111 f. Solar.

D'AVOST. Voy. PÉTRARQUE, parmi les traductions.

DAVOUD-OGHLOU (*Garabed-Artin*). Histoire de la législation des anciens Germains, Wisigoths, Baïuvariens, Alamanns, Burgundions, Francs-Saliens, Francs-Ripuaires, Longobards, Thuringiens, Frisions, Saxons, Anglo-Saxons. *Berlin, Reimer*, 1845, 2 vol. in-8. 24 fr. [2586]

DAVY (*Jacques*), cardinal Du Perron. Les diverses œuvres de l'illustrissime... cardinal Du Perron, contenant plusieurs livres, conférences, discours, harangues, lettres d'estat et autres, traductions, poésies et traitez, tant d'éloquence, philosophie, que théologie, non encore veus ny publiez : ensemble tous ses escrits mis au jour de son vivant, et maintenant réimprimez sur ses exemplaires laissez reveus, corrigez et augmentez de sa main. Seconde édition augmentée. *Paris, Antoine Estienne, imprimeur ordinaire du roy*, 1629, in-fol. [19071]

Ce volume, impr. pour la première fois par Ant. Estienne, en 1622, in-fol., est le premier de la collection des œuvres de l'auteur ; les autres ont paru séparément sous les titres ci-après :

1° RÉPLIQUE du cardinal Du Perron à la réponse du roy de la Grande-Bretagne ; seconde édition enrichie de tables très-amples. *Paris, Antoine Estienne*, 1622, in-fol. (la première édit. est de 1620).

2" TRAITÉ du saint sacrement de l'Eucharistie, divisé en trois livres. *Paris, Ant. Estienne*, 1622 (aussi 1629), in-fol.

A ce volume se joint :

RÉFUTATION des objections tirées des passages de saint Augustin, contre l'Eucharistie ; par le cardinal Du Perron. *Paris, Antoine Estienne*, 1624, in-fol.

3° LES AMBASSADES du cardinal Du Perron..... depuis l'an 1590 jusqu'en 1618 ; avec les plus éloquentes lettres, tant d'estat et de doctrine, que familières, qu'il a écrites sur toutes sortes de sujets aux princes, princesses et seigneurs, et celles qui lui ont été adressées de leur part (publiées par Cesar de Ligny). *Paris, Ant. Estienne*, 1623 (aussi 1629), in-fol. [24117]

Quoique cette correspondance n'ait ni le mérite ni le piquant de celle du cardinal d'Ossat, elle tient de trop près à l'histoire pour n'être pas conservée. Le P. Lelong en cite deux éditions de 1633, l'une en 2 vol. in-8. et l'autre en un in-4.

Les ouvrages du cardinal Du Perron, qui ont joui d'une si grande réputation au commencement du XVIIe siècle, sont aujourd'hui presque entièrement oubliés ; et comme personne ne songe plus à les placer dans sa bibliothèque, les in-fol. qui les renferment échapperont difficilement à une destruction presque entière. Toutefois les poésies françaises de ce prélat ne sont pas sans quelque mérite, et elles se conserveront, parce qu'elles font partie de plusieurs recueils encore recherchés, tels que le *Cabinet des muses*, 1619; les *Delices de poésie françoise*, 1620 et 1627, in-8., etc. Citons encore son *Oraison funèbre sur la mort de M. de Ronsard*, Paris, Federic Morel, 1586, pet. in-8. de 132 pp. 12 fr. Salmon.

DAVY (*John*). An account of the interior of Ceylon, and of its inhabitants, with travels in that Island. *London, Longman*, 1821, in-4. fig. 20 à 25 fr. [20708]

Ce livre donne des détails curieux sur l'histoire naturelle, mais les gravures, en partie color., sont fort médiocres. 69 fr. Langlès.

DAVY (*John*). The travailes of the three english brothers, sir Thomas, sir Antony, Mr. Robert Shirley. *Lòndon*, 1607, in-4.

Tragi-comédie, à la composition de laquelle ont eu part Wil. Rowley et George Wilkins. C'est une sorte d'abrégé du volume de relation des voyages des trois frères Shirley (voy. ce nom). 5 liv. 2 sh. 6 d. Inglis ; 3 liv. 4 sh. Reed ; 14 liv. Bindley.

Pour les autres ouvrages de John Davy, consultez Lowndes, 2ᵉ édit., p. 605.

DAVY (Rev. *William*). A System of Divinity, in a course of sermons. *Lustleigh*, 1796-1807, 26 vol. in-8. [2037]

Nous ne pouvons pas nous dispenser de placer parmi les livres rares et singuliers ces sermons, dont il n'a été tiré que quarante exemplaires, et *pro bono publico*, par l'auteur lui-même, qui a été à la fois le rédacteur, le compositeur typographe, l'imprimeur et même le brocheur de ses 26 vol. (Lowndes, I, p. 603.)

DAVY (*H.*). Series of etching illustrative of the architectural antiquities of Suffolk, with an historical index. *Southwold*, 1827, gr. in-fol. 70 pl. 3 liv. 10 sh. India proofs, 5 liv. 5 sh. Bohn. [10016]

DAVY (*Humphrey*). Collected works, new and complete edition, with life of the author, by his brother. *London*, 1839-41, 10 vol. in-8. 2 liv. 5 sh. [4372]

— Philosophie chim., 4407. — Chimie agricole, 4431.

DAWES (*Ricardus*). Miscellanea critica, ex recensione et cum notis Th. Kidd. Editio altera, typis quinquies excusa. *Cantabrigiæ et Londini, Whittaker*, 1827, in-8. 10 fr.

Cet ouvrage estimé a paru pour la première fois à Cambridge, 1745, in-8. La seconde édit., *Oxford*, 1781, in-8., est augmentée d'un appendice et de notes par Th. Burgess ; elle a été reproduite avec une préface de Harles, *Leipz.*, 1800, in-8. La quatrième édition est de Cambridge, 1817, in-8. La cinquième édition est la plus complète.

DAWKINS. Voy. Ruines de Palmyre et de Balbec.

DAWSON Turner. Voy. Turner.

DÁYA-CRAMA-SANGRAHA; an original treatise on the Hindow Law in in-

heritance, with an english translation, by P. M. Wynch. *Calcutta*, 1818, in-4. 1 liv. 1 sh. [3140]

Daya-Crama-Sangraha, augmenté de notes et de passages du Mitacshava et suivi de quelques observations sur l'adoption et sur le pouvoir testamentaire chez les Hindous, par G. Orianne. *Pondichéry*, 1843, in-8.

DE Conservatione sanitatis, voy. Nursia ; — DE Fide concubinarum, voyez Olearius ;—DE generibus ebriosorum, voy. Generibus (de).

DEBASTE (*Nic.*). Les passions d'amour de Nicolas Debaste, chartrain ; plus les meslanges de carmes latins et françois. *Rouen, Th. Mallard* (1586), pet. in-12 de 82 ff. chiffrés. [13853]

Rare, mais sans beaucoup d'importance : 11 fr. *mar. vert*, Duplessis ; 129 fr. *mar. bl.* par Trautz, Veinant.

DEBAT (le) de deux damoyselles, lune nomme la noyre et lautre la tanne. (*sans lieu ni date*), pet. in-8. goth. de 20 ff. sign. A—B. à 26 lig. par page, avec un bois sur le titre. [13449]

Pièce en vers: 53 fr. catal. de M. B. D. G., en 1824.

— Le debat des, ii | damoiselles lu | ne nōmee noire Et lautre ta | nee Et se cō̄mēce par virlay. | (A la fin): *Finis*. Pet. in-8. goth. de 20 ff. sign. A—B par 8. (le 3ᵉ feuillet porte par erreur Ciii), et C par 4, à 27 lignes par page. (*Biblioth. impér.*)

Autre édition rare dont le titre porte une gravure en bois représentant trois tentes auxquelles deux femmes tournent le dos.

— Le même, suivi de la Vie de Saint-Harenc, et d'autres poésies du xvᵉ siècle, avec des notes et un glossaire (publ. par M. de Bock). *Paris, impr. de F. Didot*, 1825, in-8. de 176 pp. 6 fr. — Gr. Pap. vél. 12 fr. Vendu 24 fr. *mar.* Nodier.

Recueil impr. à un petit nombre d'exempl. Outre les deux pièces annoncées sur le titre, il renferme encore les opuscules suivants : *Debat et procès de nature et de jeunesse; Débat du corps et de l'âme et la vision de l'ermite; Complainte de trop tard marié; Débat du vin et de l'eau.*

Le texte du *Débat de deux demoizelles*, qui fait partie du 5ᵉ vol. du Recueil de M. de Montaiglon, a été rétabli et complété d'après deux manuscrits et d'après deux éditions du *Jardin de Plaisance*, où cette pièce se trouve plus complète et moins incorrecte que dans l'in-8. de 20 ff. ci-dessus, à 26 lign., qu'a reproduit M. de Bock dans son Recueil. C'est donc le meilleur que l'on ait de ce morceau curieux d'ancienne poésie.

DEBAT de la dame et de lescuyer. (*Paris,*

Jehan Lambert, fin du xve siècle), in-4. goth. de 10 ff. [13448]

Pièce en vers, avec la marque suivante :

— Le debat de la dame et de lescuyer‖ nouuellement faict. (au verso du dernier f.) : *Cy finist le debat de la dame et de | lescuyer imprime a Paris par | Jehan Treperel lan Mil cccc | quatre vingtz ꝛ treze,* in-4. goth. de 11 ff. non chiffrés, sign. a et b. à 29 vers par page, avec la grande marque de Trepperel sur le titre.

Vend. 48 fr. en 1824 ; et mal annoncé sous le titre de *Debat de l'homme et de lescuyez,* 150 fr. mar. Bertin ; 365 fr. Solar.

Cette pièce anonyme est de maistre Henri Baude, dont le nom se trouve ainsi dans le pénultième vers de la première des neuf dernières strophes dans un manuscrit du xve siècle, où on lit : *Laissez buisso-ner Baude,* ce qui dans l'édition de Trepperel a été remplacé par ces mots : *laissez huchier sans fraude.* M. de Montaiglon, donnant dans le 4e vol. de son Recueil le *Débat de la Dame et de l'Escuyer,* a eu soin de joindre au texte de l'imprimé les variantes du manuscrit. Ce texte ne se trouve pas dans l'édit. des Œuvres de Me Henri Baude, publiée par M. Jules Quicherat (voy. BAUDE).

— Voy. TRAICTE nouuellement faict.

DEBAT (le) de la damoiselle et de la bour-geoise nouuellement imprime a Paris, tres bon et ioieulx. — *Cy finist le de-bat... īprime a Paris pour Guil-laume Bigneaux demourāt au bout du pōt au meuniez* (sans date, vers 1510), in-4. goth. de 10 ff. sign. A et B. 36 lig. par page. [13450]

Pièce en vers, fort rare. 181 fr. mar. r. en 1847. (5e vol. du Recueil de M. de Montaiglon.)

DEBAT (le) de la nourisse et de la cham-

brière *(sans lieu ni date),* in-4., format d'agenda, de 8 pp. à 69 lig.

Réimprimé dans le second vol. de *l'Ancien théâtre françois,* publ. chez P. Jannet.

DEBAT de la vigne et du laboureur (en vers, *sans lieu ni date),* pet. in-8. goth. de 4 ff. à 30 lig. par page, sans frontis-pice. [13451]

Réimprimé dans le second vol. du Recueil de M. de Montaiglon.

DEBAT de lhomme ꝛ de la femme. *(sans lieu ni date),* pet. in-8. goth. de 8 ff. [13451]

Cet opuscule singulier, en vers de 8 syllabes, contient à la fin deux autres pièces ; l'une en 35 vers, sous ce titre : *Sensuyt une medecine pour les dentz ;* et l'autre intitulée : *Sèsuyt ung aue maria ioyeulx sur le temps de maintenant,* en 4 strophes de 8 vers chacune.

Voici un échantillon du genre de plaisanterie de la première de ces deux pièces :

or escoutez mes bonnes gens
Et ie vous diray pour les dens
vne grand medecine
vous ne pourrez scienemens
trouuer de bons enseignemens
pour congnoistre vne orine
prenez dung fourmy le couillon
le cinquiesme pied dung mouton
auec de lhuylle de coton
le cry d'une corneille
puis me prenez dung caillou bis
le sang ꝛ le seing dung vieulx huys
et le mettez ensemble
detremper en vng seul pertuys
ou le soleil raye de nuict
et gardez quon ne lemble

— Voy. ALEXIS (*Guill.*).

DEBAT (le) de lhomme et de l'argent. — *Cy fine le debat... Imprime a Paris pour Jehan sainct Denys libraire de-mourāt en la rue neufue nre dame a lēseigne S. Nicolas* (vers 1525), pet. in-8. goth. [13452]

Pièce très-singulière, en strophes de 8 vers de 8 syl-labes ; elle est composée de 24 ff. en tout ; chaque page est surmontée d'une petite vignette en bois, qui représente un personnage en contemplation devant une pièce de monnaie. Vend. 40 fr. en mars 1816 ; 35 fr. (édit. sans lieu d'impression ni nom de • libraire) Mac-Carthy, et 29 fr. Le Duc.

— Le debat de lhomme et de largent. — *Imprime nouuellement a Paris par Alain Lotrian* (sans date), in-8. de 24 ff. non chiffrés, avec fig. en bois.

Sur le titre on lit un huitain, commençant :

Pour ce que pourete me pince

et au bas :

De Bien En Mieulx

Quoique cette devise soit celle d'un poëte français nommé Maximien, le débat de l'homme et de l'ar-gent est de frère Claude Platin, qui, après un pro-logue en prose, s'est nommé, au verso du 3e f., de cette manière : *Laquelle disputation moy frere Claude Platin, Religieux de lordre de Mgr S. Anthoine, ay translatte de langaige ytalien en rime francoyse.* Maximien aura peut-être été l'édi-teur de cette pièce, et y aura ajouté ce huitain.

— LE DEBAT de lhomme ꝛ de largent. Nouuellement

translate ditalien en Rime francoyse. *On les vend a Lyon par la veufue feu Barnabe Chaussard demeurant en rue Mercyere.* (sans date), in-8. goth. de 12 ff. à longues lignes, au nombre de 31, sign. A—C, avec de pet. fig. en bois.

Dans le second catal. de la Librairie De Bure, n° 1991, cette édition, peu connue, est annoncée in-4.; mais comme les pontuseaux du papier sont perpendiculaires, nous la croyons in-8. Elle a été vend. 109 fr. 50 c. La souscription suivante se lit au verso du dernier f., à la suite d'un rondeau :

Cy finist le debat de lhomme et de largent. Nouuellement Imprime a Lyon, par la veufue feu Barnabe Chaussard. Demeurà-te en rue Mercyere pres nostre dame de confort.

Peut-être cette édition lyonnaise est-elle plus ancienne que la précédente. C'est celle qu'a reproduite M. de Montaiglon dans le VIIe vol. de son Recueil.

DEBAT (le) de lhomme marie et de lhomme non marie, avec le plaintif amoureux. *(sans lieu ni date)*, pet. in-8. goth. [13453]

Opuscule en vers du commencement du XVIe siècle.

DEBAT de lhomme mondain. Voy. DEBAT du religieux.

DEBAT (le) de liuer et de leste. Auecques lestat p̃sēt de lhõme Et plusieurs autres ioyeusestes. Jtem pour cognoistre vng bon cheual Auec les condiciõs et deches quil doit auoir deuãt q̃l soit bõ : τ sõt en nõbre xv. *(sans lieu ni date)*, pet. in-8. goth. de 8 ff., avec 3 fig. en bois, au commencement et à la fin. [13454]

La première pièce de cet opuscule est en strophes de 8 vers de 6 syllabes. C'est d'après cette même édition qu'a été donnée la réimpression qui fait partie du recueil publié chez Silvestre, en 1832 (voyez POÉSIES).

Il y a une autre édition sous ce titre :

LE DEBAT de lyuer et de leste : auec lestat p̃sent de lhomme Et plusieurs autres ioyeusetez. Jtem pour cognoistre vng bon cheual : τ les conditions τ taches quil doit auoir deuant quil soit bon. Petit in-8. goth. de 4 ff., avec une gravure en bois au premier.

— DEBAT de lyuer τ de leste : auec lestat present de lhõme, et plusieurs aultres ioyeusetez. Item pour cõgnoistre vng bon cheual : et les cõditions τ taches q̃l doit auoir deuãt quil soit bõ. ensemble vng sermon ioyeulx dung depuceleur de nourrices. Pet. in-8. goth. de 8 ff. 29 lig. à la page.

Édition imprimée sans lieu ni date, mais que nous croyons sortie des presses lyonnaises, vers 1530; le *Sermon joyeux* qui y est ajouté lui donne du prix : vend. 2 liv. 14 sh. Lang, et 47 fr. en 1841.

Ces deux pièces sont réimpr. dans le Recueil de M. de Montaiglon, avec les variantes de la première, d'après l'édit. de M. Silvestre. Pour les autres éditions de cette dernière pièce, voy. GRANDE et véritable prognostication, et au mot SERMON.

DEBAT (le) de deux bons seruiteurs. *(sans lieu ni date, mais imprimé à Paris vers 1500)*, in-4. goth. de 12 ff. non chiffrés, sign. a et b. [13455]

Opuscule en vers, en forme de dialogue, entre l'aîné, le jeune, et l'acteur. Le titre ci-dessus est imprimé en trois lignes, au recto du premier f., dont le verso

contient un sommaire en deux lignes, et le commencement du texte. Voici le premier vers :

(U) Ng iour passe na mie ecor vng mois.

Les pp. entières ont 30 lignes. Vend. 50 fr. m. citr. 3e catal. de la Librairie De Bure; 111 fr. m. n. Crozet; 80 fr. Baudelocque.

— Le de‖bat de deux bons seruiteurs. — *Cy finist le debat... (sans lieu ni date)*, pet. in-4. de 16 ff. non chiffrés, à 24 lig. par page.

Le titre ci-dessus en deux lignes se lit au bas de la 1re page, dont la plus grande partie est occupée par une L initiale historiée que l'on remarque dans plusieurs des éditions impr. pour A. Verard, à Paris. Le verso du dernier f. est tout blanc. 250 fr. mar. v. Cailhava.

DEBAT (le) des deux gentilzhommes espagnolz, sur le faict damour : lung nomme Vasquiran regrette s'amye que mort luy a tollue apres l'auoir espousee; et l'aultre Flamyan, vouldroit mourir pour la siène, a la charge d'en iouyr par espousee ou aultrement. — On les vēd au palays... es boutiques de Iehan Longis & Vincent Certenas. (à la fin) : *Imprime a paris par Denys Ianot pour Iehan Longis...* (1541), pet. in-8. de 8 et 80 ff. en lettres rondes, avec fig. en bois. [18004]

Livret rare, dont le privilége est daté du 8 janvier 1541. Vend. 5 fr. m. r. La Valliere; 14 fr. mar. bl. d'Hangard; 1 liv. 11 sh. 6 d. Heber.

Le débat de deux gentilshommes est une traduction de l'ouvrage espagnol intitulé : *Question de amor.* Voy. QUESTION.

DEBAT (le) des | deux seurs disputãt damours | . (A la fin) : *Nouuellemēt imprime en la rue neufue Nostre dame a lenseigne de lescu de France,* pet. in-8. goth. de 20 ff. non chiffr. signat. a—b par 8, c par 4, grav. en bois sur le titre et au verso du dernier f. [13456]

Pièce en vers de huit syllabes; cette édition est à la Biblioth. impériale. Une autre édition de *Paris*, *Denis Ianot* (sans date), pet. in-8. goth. de 20 ff., avec une vignette en bois au frontispice, et une seconde au verso du dern. f., a été vend. 8 liv. Heber, Xe part., n° 2388.— La même pièce, mais sans le prem. f., est portée dans la *Bibliotheca fayana*, n° 4310, sous ce titre : *Le debat de deux sœurs disputant damours*, *tres utile pour instruire jeune fille a marier.*

DEBAT des heraulx darmes de frãce et dengleterre. (au verso du dernier f.) : *Cy finist le debat des heraulx darmes de france et dengleterre autrement dit passe temps. nouuellement imprime a Rouen par Richard auzoult pour Thomas laine libraire,* in-4. goth. à 37 lig. par page avec un bois sur le titre. [13457]

Pièce rare, qui ne contient que 21 ff., sign. a, b et c. Elle doit avoir paru vers 1500. Les hérauts y discutent les avantages réciproques des pays qu'ils représentent. Ce texte est terminé par une ballade.

DEBAT (le) des lavandieres avec leur caquet. *Rouen, Abraham Cousturier* (vers 1600), pet. in-8. de 4 ff. [13947]

C'est un recueil des propos de toute espèce tenus par les lavandières, mis en vers de 10 syllabes. L'exempl. de la Biblioth. impér. est relié avec les deux pièces suivantes :

Discours joyeux d'un depuceleur de nourrices. [sans lieu ni date], (*Rouen*, vers 1600), pet. in-8. de 4 ff., en vers de 8 syllabes.

Les Complaintes des monniers (meuniers) aux apprentifs des taverniers. *Rouen, Abr. Cousturier* (vers 1600), pet. in-8. de 8 ff., dont le dernier tout blanc. En vers de 8 syllabes.

DEBAT du corps et de l'ame et la vision de Lermite.(*sans lieu ni date*), pet. in-4. goth. de 16 ff. sign. A et B par 6 et C par 4, le dernier f. tout blanc. [13458]

Pièce en vers, fort singulière, dont l'édition ici décrite paraît avoir été impr. à Lyon vers l'an 1500 ; 5 liv. Heber, I, 2037 ; 110 fr. *mar. r.* Bertin.

—Debat du corps et de l'ame (*sans lieu ni date*), in-4. format d'agenda, goth.

C'est d'après cette édition que l'ouvrage a été réimpr. dans le 3e vol. de l'*Ancien théâtre françois*, publ. chez P. Jannet, en 1854.

— Le Debat du corps et de lame et la vision de lermite. (*sans lieu ni date*), in-8. goth. de 8 ff.

Éditon vend. 6 liv. 12 sh. Heber, VI, 1032. Le Débat du corps et de l'ame se trouve dans plusieurs édit. de la *Danse macabre* (voy. Danse), et aussi avec le *Miroir de l'ame* (voy. Miroir).

DEBAT (le) du ieune et du vieulx amoureux. In-4. de 7 ff. à longues lig. [13459]

Pièce en vers, imprimée sans lieu ni date, mais ayant sur le titre le fleuron et les noms de Pierre Mareschal et Bernabe Chaussart, impr. à Lyon vers 1500 (voy. la col. 244 de ce volume). Il paraît que c'est le même ouvrage que le *Debat du vieulx et du jeune*, ci-dessous.

DEBAT (le) du religieux et de lomme mondain. (à la fin) : *Cy finist le debat du religieux et de lomme môdain imprime a paris le vingtiesme iour de mars. lan mil quatre cens quatre vingtz et unze. par le petit Laurens,* pet. in-4. goth. de 12 ff. non chiffr., à longues lignes. [13460]

Vend. 13 fr. *mar. bl.* La Vallière.

Ce dialogue en stances de 8 vers a été réimprimé à la suite de la *Danse aux aveugles*, édition de 1749 ; mais il manque dans cette dernière édition trois stances (commençant : *Qui prêt plaisir de passer têps a lire*) qui sont au commencement de la première. — Autre édition, in-4. goth. de 12 ff., sans nom d'imprimeur et sans date, 150 fr. *m. r.* Solar.

— Le Debat de lôme mondain et du religieux. (*sans lieu ni date*), in-4. de 11 ff. à longues lignes et en caract. goth., sign. *a, b.*

Même ouvrage que le précédent. Le titre porte le fleuron et les noms de *Pierre Mareschal* et *Bernabe* (ou *Barnabe*) *Chaussard.* 179 fr. 50 c. *mar. r.* Coste ; 415 fr. Solar.

DEBAT (Cy commence le) du jeune et du vieulx amoureux. (*sans lieu ni date*), in-4. de 6 ff. à 29 lig. par page.

M. A. de Montaiglon (*Recueil de poésies françoises,* t. VII) a fait réimprimer cette petite pièce d'après la présente édition, laquelle, comme la précédente, porte la marque de P. Mareschal et de Barnabé Chaussard.

Nous avons vu trois autres éditions sous ce dernier titre. La première porte (au frontispice) la marque

de *Jean Trepperel*, à Paris, vers 1500. C'est un in-4. goth. de 12 ff. Vend. 1 liv. 11 sh. (avec un f. déchiré) Heber ; 38 fr. *mar. r.* en 1841, et annoncé *pet. in-8.*, parce que l'exemplaire était trop rogné, 152 fr. Le Prevost, en 1857. La seconde a été imprimée à Paris, pour Raulin Gaultier (*sans date*), pet. in-8. goth. de 12 ff. Vend. 35 fr. en 1824. — La troisième, in-4. goth. de 10 ff., a été payée 21 fr. à la même vente.

DEBAT du vieux et du ieune. (*Paris*, vers 1500), in-4. goth. de 8 ff. [13459]

Pièce en vers de huit syllabes. L'édition ici décrite porte la marque de Jean Trepperel : 36 fr. *m. viol.* Crozet, et plus cher depuis.

— Le Debat du vieulx et du ieune, nouuellement faict. (*sans lieu ni date, mais du commencement du* XVIe *siècle*), in-4. goth. de 6 ff., à 34 lig. par page.

Cette édition est aussi complète que celle de Trepperel, en 8 ff. Sur le frontispice se voit une figure gravée en bois, qui est répétée au verso du même feuillet. — Le texte commence au 2e f., de cette manière :

Cy ꝯmēce le debat du vieulx ɀ du iūe.

La première majuscule *C* est fleuronnée. Vend. 52 fr. *mar. bl.* Librairie De Bure ; 40 fr. en 1841. Cette pièce n'a pas été payée 1099 fr. à la vente De Bure, en 1853, comme le dit M. Graesse ; ce prix s'applique au n° 612 du catalogue de cet amateur, c'est-à-dire aux huit pièces in-8. qui y sont décrites. Le *Débat du vieux et du jeune*, édition de Trepperel, se trouve annoncé sous le n° 604 dudit catalogue, avec trois autres pièces du même genre, et le tout y est porté à 720 fr.

Il existe deux éditions de ce même opuscule, in-8. goth. de 8 ff.; l'une sous ce titre : *Le debat du vieil et du ieune*, avec 2 fig. ; l'autre intitulée : *Le debat du vieulx et du ieune. nouuellement imprime*, avec 3 fig., et portant à la fin ces mots : *Cy finist le debat du vieulx ɀ du ieune nouuellement Imprime a Paris.*

DEBAT (le) du vin et de leau. (au verso du dernier f. après le dixième vers) : *Explicit Deo gratias* (sans date), pet. in-4. goth. de 8 ff. non chiffrés à 25 lig. par page. [13461]

Édition sortie des presses de P. Marechal et B. Chaussard, à Lyon, à la fin du XVe siècle. Mêmes caractères que dans le livre appelé les Quatre Choses, décrit dans notre 3e vol. Vend. 175 fr. en *mar. v.* Cailhava. M. de Montaiglon a fait réimpr. cette pièce dans le 4e volume de son *Recueil de poésies françoises* d'après une autre édition in-4. goth. de 8 ff. à 24 lig. par page (avec une vignette représentant des hommes auprès d'une table à trois pieds), et dans l'acrostiche *Jamec*, comme dans l'édition en 6 ff., avec la marque M. H. (voy. col. 551).

— Le debat du vin et de leau. (à la fin) : *Cy fine le debat du vin ɀ et de leau.* (*Paris*), pet. in-4. goth. de 6 ff. à longues lignes, avec la marque de Michel le Noir au recto du premier feuillet.

Pièce en vers de 8 syllabes, laquelle se termine par un acrostiche de 11 vers, dont voici les derniers :

*Je ne mangay ne chair ne pain
Au soupper ꝗ vouldra sauoir mon nõ
Pour scauoir qui est lescripuain
En ce couplet est tout en plain
Son luy peut apperceuoir.*

Cet acrostiche donne le nom de l'auteur ; *Picire James* ; mais il est un peu différent dans l'édition d'Avignon (col. 552), où on lit *Jamec* au lieu de *James*. — 45 fr. *mar. v.* Crozet; 100 fr. Nodier.

— Le Debat du Vin ‖ et de leau. (au verso du dern. f.) : Cy fine le debat du vin et de ‖ leaue. *nouuellemēt imprime ‖ par Guillaume tauernier. li‖braire demourāt a prouins,* in-4. goth. de 6 ff. .

Cette édition, qui porte la marque de Mace Panthoul que nous donnons ci-dessous réduite, est assez belle, mais le texte en est mauvais. L'acrostiche de la dernière pièce donne : *Pieire Japes.*

Voici l'indication de cinq autres éditions que nous connaissons de cet opuscule :

1° *Le debat du vin et de leaue,* in-4. de 6 ff., caract. goth., à 32 lig. par page, ayant sur le frontispice la marque (attribuée à Martin Havart', à Lyon) que nous donnons ici réduite :

2° Pet. in-8. goth., renfermant 316 vers (ou 312 seulement). Le premier et l'avant-dernier f. sont ornés d'une gravure en bois : il y en a deux sur le 8ᵉ f., qui ne contient point autre chose : 28 fr. en 1824; 20 fr. en 1832.

3° Pet. in-8. ou in-16 de 8 ff. en menus caract. goth. Au-dessous du titre se voit un homme encapuchonné conversant avec une femme; le dernier f. a une grav. en bois sur le recto et sur le verso.

4° Pet. in-8. ou in-16 de 8 ff., caract. goth. La gravure du frontispice représente Jésus-Christ avec quatre personnes à table; au verso du dernier feuillet la marque de Guill. Nyverd, que nous donnons à l'article GRANT CONFESSION (la).

5° Pet. in-8. de 8 ff., caract. goth., imprimé en Avignon (par Jean Channey, vers 1530) : 53 fr. (avec *La grande pronostication des laboureurs,* en vers) en 1841.

Il est à remarquer que le même sujet avait déjà été traité anciennement sous le titre de *La Desputoison du vin et de l'Iaue* (voir les *Nouveaux contes,* publiés par M. Jubinal, tome I, p. 293-311).

DEBAT entre trois princes. Voy. SURSE de Pistoye.

DEBAT (Sensuit le) et proces de nature et de jeunesse, a deux personnaiges, c'est assauoir jeunesse, nature. auec les ioyeulx commandemens de la table et plusieurs nouueaulx dities. (*sans lieu ni date*), pet. in-8. goth. de 8 ff. à 24 lig. par page, avec 2 fig. [13462]

Pièce en vers, vend. 54 fr. en 1824; 21 fr. 60 c. Nugent; 60 fr. *rel. de Bauzonnet,* en 1841, et 405 fr. *mar. bl.* Veinant. Elle a été réimprimée avec le *Debat de deux damoyselles...* (voy. ci-dessus), et aussi dans le troisième vol. du Recueil de M. de Montaiglon.

DEBATS (les) et facecieuses rencontres de Gringalet et de Guillot Georgeu. Voy. GAULTIER Garguille.

DE BEZE. Voyez BEZ (Ferrand de).

DEBRET. Voyage pittoresque et historique au Brésil, ou séjour d'un artiste français au Brésil, depuis 1816 jusqu'en 1831 inclusivement, par J.-B. Debret. *Paris, Arth. Bertrand,* 1839, in-fol. fig. [21107]

Ouvrage composé de 20 livraisons, 208 fr. — pl. color. 416 fr. Ces prix ne se soutiennent pas.

DE BROSSES. Voy. BROSSES.

DE BRY. Voy. BRY.

DE BURE (*Guill.-Fr.*). Bibliographie instructive, ou traité de la connaissance des livres rares et singuliers. *Paris,* 1763-68, 7 vol. in-8. Très-bas prix. [31329]

Cet ouvrage est aujourd'hui fort arriéré, mais c'est moins la faute de l'auteur que le résultat du temps écoulé depuis la publication de son livre. La *Biblio-*

graphie instructive était une production tout à fait neuve et assez remarquable à l'époque où elle parut : aujourd'hui même elle peut encore être consultée utilement pour plusieurs articles qui n'ont pas été décrits autre part avec autant de détails que là. Ce catalogue donne d'ailleurs une idée exacte du goût qui dominait alors parmi les amateurs de livres rares et précieux. Ce goût a sans doute subi de grandes modifications depuis lors ; cependant il est certain que si beaucoup d'articles, même parmi les livres anciens, sont à ajouter à ceux qu'a décrits De Bure, il n'y a peut-être pas un dixième de ces derniers à retrancher maintenant ; ce qui prouve au moins que le choix en a été fait avec assez de discernement. Quant aux erreurs qui se sont glissées dans ce livre, elles ne sont pas plus nombreuses que dans beaucoup d'autres ouvrages du même genre publiés depuis. Mais ce qu'on peut reprocher à celui-ci, c'est une prolixité tout à fait choquante dans la rédaction des notes ; prolixité qui a augmenté d'un tiers la grosseur des volumes sans rien ajouter à leur utilité. Il faut réunir à ces sept volumes : 1° *Catalogue des livres de Gaignat, par G.-F. De Bure*, Paris, 1769, 2 vol. in-8. 10 à 12 fr. quand les prix y sont. Ce cabinet revenait à 279,381 liv. au propriétaire ; il a produit à la vente 227,597 liv., quoique les livres y aient presque tous été adjugés à très-bas prix. 2° Une *Table destinée à faciliter la recherche des livres anonymes* (par Née de La Rochelle). *Paris*, 1782, in-8.

Il y a 50 exemplaires de ces 10 volumes en pap. de Hollande, de format in-4., qui ont été payés plusieurs fois de 120 à 150 fr., et jusqu'à 200 fr. *peau de truie*, avec une table manuscrite, Caillard. Ils sont beaucoup moins chers aujourd'hui.

De Bure Saint-Fauxbin, frère du bibliographe, conservait un exempl. du catal. de Gaignat, avec les prix d'estimation de chaque article, mis de la main de De Bure le jeune, pour la vente à l'amiable qu'on voulait faire de cette bibliothèque, et qui ne put pas avoir lieu, parce qu'une des clauses du testament de Gaignat s'y opposait. Cette estimation, portée à 214,768 liv., se rapproche beaucoup dans son ensemble du résultat de la vente aux enchères ; mais en comparant le détail de ces prix entre eux, on en trouverait fort peu qui se rapportassent à ceux de la vente. Les uns ont été doublés, et d'autres diminués de moitié et plus. Par exemple, la Guirlande de Julie, célèbre manuscrit de Jarry, avait coûté 480 fr. à Gaignat ; De Bure la réduisit à 360 fr. Elle fut portée à 780 fr. à la vente, et depuis à 14,510 fr. chez le duc de La Valliere. Ce fait, et beaucoup d'autres du même genre que l'on pourrait citer, prouvent combien il est difficile d'évaluer d'une manière positive des objets de pure curiosité comme celui-ci.

Mercier, abbé de Saint-Léger, a fait insérer dans le journal de Trévoux, année 1763, trois lettres critiques sur le premier volume de la Bibliographie, auxquelles De Bure répondit par deux autres lettres imprimées séparément. Comme il a aussi été tiré à part quelques exempl. des trois lettres de Mercier, il est possible de former de celles-ci un vol. in-8. tel que celui qui a été vendu 10 fr. Delatour. On pourrait y ajouter : *Lettre du P. Mercier à M. Capperonnier sur l'approbation donnée au 2ᵉ volume de la Bibliographie*, sept. 1764, 2 ff. in-8.

— CATALOGUE des livres de M. G. de P. (Girardot de Préfond). *Paris*, 1757, in-8. [31649]

Il y a eu six exemplaires de ce catalogue tirés en Gr. Pap. de Hollande, avec le nom du propriétaire : vendu tel et rel. en *m. r.* 24 fr. La Valliere ; 45 fr. d'Ourches ; 50 fr. Mac-Carthy ; 48 fr. Chateaugiron, et 14 fr. 50 c. Labédoy...

Après avoir vendu en 1757 les livres de son cabinet, Girardot de Préfond forma une nouvelle collection beaucoup mieux choisie que la première, et qu'ensuite, pressé par ses créanciers, il céda à M. de Mac-Carthy. Les livres du second cabinet de G. de P.

étaient en général parfaitement reliés, et on les reconnaît encore à un écusson de maroquin vert collé à l'intérieur de chaque volume sur le papier servant de garde, écusson où se lit l'inscription suivante, en lettres d'or : *Ex musœo Pauli Girardot de Préfond*. Quant aux livres de la première collection de ce célèbre amateur, ils portent seulement son nom imprimé en or, et plus souvent la gravure de ses armes collée sur l'une des gardes de la reliure.

— Musæum typographicum, seu collectio in qua, omnium fere librorum in quavis facultate ac lingua rariorum. rarissimorum notatuque dignissimi accurate recensentur a Guillelmo-Francisco Rebude (De Bure). *Parisiis*, 1755, in-12 de 43 pp.

Cet essai très-imparfait de l'auteur de la *Bibliogr. instr.* n'a été tiré qu'à 12 exemplaires. 26 fr. de Boissy ; 30 fr. d'Ourches ; 50 fr. Mac-Carthy ; 19 fr. Solar.

DE BURE (*Guill.*). Catalogue des livres de la bibliothèque du duc de La Valliere ; 1ʳᵉ partie, contenant les manuscrits (décrits par M. Van Praet), les premières éditions, etc. *Paris, De Bure*, 1783, 3 vol. in-8. fig. 12 à 15 fr. [31472]

Catalogue très-curieux et rédigé avec beaucoup de soin ; il y a des exemplaires en Gr. Pap. qui ont coûté 36 fr. : vend. 53 fr. *m. r.* Caillard ; et d'autres en Gr. Pap. d'Annonay, dont il n'a été tiré que 12 exemplaires. On doit trouver dans le 3ᵉ vol. : 1° la table des auteurs et celle des anonymes ; 2° un supplément, en 90 pp. ; 3° les prix. Vend. en *mar.* 91 fr. Méon ; 70 fr. Pixerécourt ; 48 fr. *dos de mar.* De Bure.

La vente de cette riche portion de la bibliothèque du duc de La Valliere a produit 464,677 liv. 8 sols, et cependant beaucoup de livres, surtout parmi les manuscrits et les vieux imprimés français, y ont été donnés à très-bas prix.

La 2ᵉ partie du catalogue de la même bibliothèque, contenant les livres ordinaires, a été rédigée par J.-L. Nyon ; *Paris*, 1784 (ou nouv. titre 1788), 6 vol. in-8. [31473] ; il y manque une table, qui serait d'autant plus nécessaire, que, dans la classification, Nyon s'est beaucoup éloigné du système bibliographique suivi en France. Les livres qui composent cette seconde partie ayant été acquis en totalité par le marquis de Paulmy, forment, avec ceux que possédait déjà ce gentilhomme, le principal fonds de la bibliothèque de l'Arsenal, laquelle, après avoir été vendue au comte d'Artois depuis roi (Charles X), est devenue propriété nationale. Ce fonds consiste principalement en ouvrages français et italiens de littérature et d'histoire, impr. pendant la dernière moitié du XVIᵉ siècle et les deux siècles suivants jusqu'en 1780. On y trouve beaucoup de livres rares et curieux qui manquent dans les autres grandes bibliothèques de Paris.

DE BURE frères (MM.). Catalogue des livres rares et précieux de la bibliothèque de M. le comte Mac-Carthy Reagh. *Paris*, 1815, 2 vol. in-8., avec les prix imprimés. 10 fr. — Grand jésus d'Annonay, en 3 vol., 24 à 30 fr. [31480]

Ce catalogue est bien rédigé et laisse peu apercevoir que ses auteurs, n'ayant eu sous les yeux qu'une partie des livres annoncés, ont souvent été obligés de s'en rapporter à un catal. peu exact, dressé par M. Mac-Carthy lui-même. Si cette bibliothèque ne donne pas une haute idée de l'érudition de celui qui l'a formée, elle atteste au moins sa passion pour les livres rares et extraordinaires, et surtout pour les livres imprimés sur VÉLIN, dont il avait réuni 601 articles. Il est vrai que cet amateur n'était pas toujours fort difficile sur la beauté des exemplaires; mais cela n'a pas empêché que sa collection n'ait produit 404,746 fr. 55 c., non compris quelques articles retirés sans enchères, et, certes, elle produirait bien davantage aujourd'hui.

MM. De Bure ont rédigé plusieurs autres catalogues justement estimés, et que l'on peut se procurer facilement; nous les indiquerons au commencement de notre dernier vol., dans la liste des catalogues cités. Celui des *livres rares et précieux, manuscrits et imprimés, de la bibliothèque de feu M. J.-J. De Bure* (l'aîné), *ancien libraire*, dont la vente s'est faite en décembre 1853, a été rédigé par M. L. Potier, en 1 vol. in-8. contenant 1853 articles qui ont produit 143, 473 fr. 75 c., mais qui, probablement, n'avaient pas coûté plus de 60,000 fr. Ce cabinet se distinguait et par un grand nombre de belles et excellentes reliures anciennes en *maroquin*, et par des manuscrits décorés de miniatures exquises. C'est à l'occasion de cette vente que M. Silvestre de Sacy a écrit dans le *Journal des Débats* du 25 octobre 1853 ce charmant article qui fut tant remarqué alors, et qu'on a été heureux de retrouver depuis dans les curieux *Mélanges* de l'auteur, en 2 vol. in-8.

DÉBUREAU. Histoire du théâtre à quatre sols, pour faire suite à l'histoire du théâtre français (par M. Jules Janin). *Paris, Gosselin*, 1832, in-12. [16564]

Ce petit livre est décoré de vignettes gravées sur bois, par Porret et Cherrier, d'après les dessins de Chenavard, Tony Johannot et Bouquet; il en a été tiré 25 exemplaires in-8., et un seul sur pap. jonquille : ce dernier 60 fr. Pixérécourt; un autre sur VÉLIN, 60 fr. Bertin.

DÉCADE de la description des animaux. Voy. ANEAU.

DÉCADE égyptienne, journal littéraire et d'économie politique. *Kaire, imprim. nationale*, an VII et an VIII, 3 vol. pet. in-4. [28380]

Vend. 58 fr. Langlès, et seulement 7 fr. 50 c. de Sacy.

DÉCADE philosophique. Voy. article JOURNAUX, à la fin du dernier volume de ce Manuel.

DECAISNE (*J.*). Le jardin fruitier du Muséum, ou Iconographie de toutes les espèces d'arbres fruitiers cultivés dans cet établissement, avec leur description. *Paris, Firm. Didot frères et C*^{ie}, 1857, et années suiv., in-4. [4785]

Ce bel ouvrage se publie par cah. de 4 pl. soigneusement color. avec texte. Chaque cahier , 5 fr. Il en paraît 48 fin décembre 1860.

DECANDOLLE. Voy. Candolle (de).

DECEM dialogi. Voy. DIALOGI.

DE CHALES (*Claude-François* Milliet). Cursus mathematicus, seu mundus ma-

thematicus; editio secunda. *Lugduni, Anisson,* 1694, 4 vol. in-fol. [7762]

Cette édition, donnée par le P. Aimé Varein, renferme plusieurs traités posthumes de l'auteur, qui ne se trouvent pas dans celle de *Lyon*, 1674, en 3 vol. in-fol. Quoiqu'elle ait été vend. 75 fr. 50 c. chez Labey, elle s'est donnée plusieurs fois pour moins de 40 fr.

D'ECHEPARE (*Bern.*). Linguæ Vasconum primitiæ per Bernardum Dechepare, rectorem sancti Michaelis Veteris. *Burdigalæ, Franciscus Morpain,* 1545, pet. in-4 de 28 ff. [14418]

Cet opuscule, qui porte un titre latin, ne renferme pourtant que des poésies basques divisées en deux parties, dont la première roule sur des sujets de piété, et la seconde se compose de pièces amoureuses. Il est fort rare, et l'on n'en connaît guère qu'un seul exemplaire, celui de la Bibliothèque impériale, duquel M. Gustave Brunet a donné une notice avec extraits étendus dans les *Actes de l'Académie royale* de Bordeaux (IXe année, 1847, p. 77-158). M. Francisque Michel a aussi écrit des détails curieux sur ce petit recueil dans son *Pays basque,* p. 440-454.

DECIMA (della) e di varie altre gravezze imposte dal comune di Firenza ; della moneta e della mercatura de' Fiorentini sino al secolo XVI. *Lisboa e Lucca,* 1765-66, 4 vol. in-4. 36 à 48 fr. [25546]

Cette collection, publiée par. J.-Fr. Pagnini dal Ventura, renferme entre autres pièces un morceau écrit par Fr. Balducci Pegolotti, au XIVe siècle, et l'on trouve dans le quatrième vol. *Prattica della mercatura, scritta da Giov. di Ant. de Uzzano nel 1442.* Vend. 55 fr. Libri.

DECISIONES Deci. Capelle Tholose. Decisiones materiarũ quotidianarũ et que quotidie in practica obueniũt in capella sedis archiepiscopalis Tholose decise : quibus ultra additiones... Stephani aufrerii... ac al's pernouiter manus propositione signatas concordate sunt : cum decisionibus Rote ז parlamenti dalphinalis. 1531. *Venundantur. Lugduni per Jacobum Giuncti.* Pet. in-4. goth. [3249]

24 ff. prélim. contenant le titre dans une bordure avec la fleur de lis de Junte, et le *Repertorium alphabeticum.* Texte, CXCII ff. Sur le dernier : *Lugduni in officina Antonii du Ry,* avec la date et la marque de l'imprimeur.

Panzer n'a pas indiqué cette édition, mais il en a cité deux autres plus anciennes (XI, p. 43, et VII, p. 290).

1° *Lugduni per Jacobum Falcon, caracteribus venetis, Anno dñi Mil. quingentesimo tertio die XIX. mensis octobris,* in-fol.

2° *Lugduni per Franciscum Fradin.* M. CCCCC. VIII, in-fol.

3° *Lugduni, per Jacob. Myt,* 1516, in-fol.

Les Décisions de l'officialité de Toulouse ont été réimprimées sous ce titre :

DECISIONES capellæ Tholosanæ, per Joan. Corserium, officialem primum collectæ, postea vero per Steph. Auffrerium repurgatæ, et additionibus, novisque decisionibus locupletatæ, *Francofurti, Nic. Bassæus,* 1575, in-fol., et de nouveau, *Francof. typis Wolfg. Richteri,* 1614, in-4.

Decagny (*Paul*). L'Arrondissement de Péronne, 24234.

Decembrius (*Ang.*). Politia literaria, 18110.

Dechazelle (*P.-T.*). Histoire des arts, 9104.

DECISIONES Rotæ. Voy. Horborch.

DECIUS (*Jodocus-Ludov.*). Contenta : De vetustatibus Polonorum ; De Jagellorum familia ; De Sigismundi regis temporibus. Auctore Jo.-Ludov. Decio regis Poloniæ Sigismundi secretario. — *Cracouiæ, opera Hieronymi Victoris anno* M. D. XXI, in-fol. [27819]

Cité par Panzer, ainsi que l'opuscule suivant du même Decius :

Diarii et eorum quæ memoratu digna, in nuptiis Sigismundi I, Poloniæ regis, et Bonæ Sfortiæ, Mediolani Barique ducis, gesta sunt descriptio. *Cracouiæ, in œdibus Hier. Victoris*, 1518, *die 31 maii*, in-4.

DECIUS, seu Detzi (*Joh.*). Hodoeporicon itineris Transilvanici, Moldavici, Russici, etc., carmen. *Vitebergæ*, 1587, in-4. [13119]

DECKER (*Paul*). Fürstlicher Baumeister, oder Architectura civilis. Inventirt durch Paulus Decker. *Augsburg, Wolff*, 1711-16, 3 part. en 2 vol. gr. in-fol. [9778]

Cet ouvrage se compose de 132 pl. y compris un grand frontispice, et les pl. supplémentaires publiées de 1713 à 1716. Ces planches, composées dans le genre des Le Pautre, représentent des modèles de palais, de jardins, de fontaines, de grottes, d'orangeries, d'ornements et décorations intérieures. Elles sont précédées de 4 ff. de texte en allemand ; plusieurs sont doubles ou même triples en grandeur : 105 fr. de Bearzi, et quelquefois beaucoup moins. L'ouvrage a été reproduit à Nuremberg, chez Chr. Weigel, sans date, en 3 part. in-fol.

Parmi les productions auxquelles a eu part le même artiste, on cite :

Repræsentatio belli ob successionem in regno hispanico gesti. *Augsb. (sans date)*, in-fol. 56 pl.

DECKER (*Thomas*). The pleasant comedie of old Fortunatus. *London*, 1600, in-4. goth. sig. A-L3, par quatre. [16880]

Un des premiers et le plus précieux des nombreux ouvrages de cet auteur fécond. Il en a été payé un exemplaire 19 liv. sterl. à la vente Rhodes, et 4 liv. 6 sh. à celle de Jolley, en 1843. Pour les autres productions de Th. Decker, imprimées de 1600 à 1636, nous renvoyons au Manuel de Lowndes, 2e édition, p. 608 à 610, où nous remarquons : *The pleasant comedie of Patient Grisell*, London, 1603, in-4. pour laquelle Decker a eu deux collaborateurs, Haughton et Chettle.

DECKER ou Dekker (*Adolphus*). Diurnal der Reise der Nassauischen Flotte, unter Jacob L'hermite, um die ganze Welt. *Strasburg*, 1629, in-4. [20032]

L'auteur de ce journal a été mal nommé Oekker par plusieurs bibliographes. Un texte latin de son ouvrage se trouve dans la 12e partie des Petits Voyages des De Bry en 1628, et une autre rédaction latine plus étendue dans la 13e partie des Grands Voyages, en 1634. L'édition allemande de 1629 est peu commune.

DECLAMATIONS (trois). Voy. Beroal-

DUS. — Procédures et arrêtz d'amour. Voy. Martial d'Auvergne.

DESCLARARATION (*sic*) de la guerre faicte par le tres chrestian Roy de France contre Lempereur et tous ces subiectz : tant par mer que par terre. *Imprime par Jehan Lhomme, le dixiesme iour d'aoust lan de grace mil cinq centz quarante deux*, in-8. goth. de 4 ff. [23464]

Vend. avec deux autres pièces de 4 ff. chacune, en 1 vol. mar. v. 50 fr. Coste, n° 1519.

DECLARATION de la Messe, le fruict dicelle, La cause et le moyen, pourquoy τ cõmet on la doibt maintenir. Jesus dit. *Johan. vj*. Je suis le pain de vie. Qui viet a moy, il naura point de faim : et qui croit en moy, il naura iamais soif. *On les vend à Paris* (sans date), pet. in-8. de 48 ff. [2061]

Cette pièce, que nous supposons de l'an 1535, environ, a été censurée. Au verso du titre se lit un avis au lecteur au nom de *Cephas Geranius*, l'éditeur.

DECLARATION (la) de Lestat τ ordonnance tressaincte et profitable confrarie du psaultier, rosier τ chappelet de la tres glorieuse Vierge Marie. *Imprime a Paris pour Jehan Petit* (de 1525 à 1530), pet. in-4. goth. de 12 ff. prélim. et CXVII ff. chiffrés, sign. aa—bb. et a.. jusqu'à v. [1673]

Ce livre est terminé par un chapelet en vers : 25 fr. Veinant.

— Voy. Psalterium Mariæ Virginis.

DÉCLARATION de notre sainct Père le Pape Sixtus cinquiesme a l'encontre de Henry de Bourbon. *Paris*, 1589.—Bulla Sixti V contra Henricum III. *Parisiis*, 1589. — Avertissement aux catholiques sur la bulle de Sixte V. *Paris*, 1589. — Effets épouvantables de l'excommunication de Henry de Valois et de Henry de Navarre, etc., in-8. [23603]

Ces quatre pièces réunies en un seul volume : 24 fr. Le Marié ; 27 fr. le B. d'Heiss.

DÉCLARATION des abus. Voy. Nostra-damus.

DECLARATION des Triumphantz honneur et recoeul faitcz a la maieste Imperialle a sa ioyeuse et premiere entree ensemble aux Illustres princes de France messieurs le Daulphin et duc Dorleans en la cite et duche de Cambray en lan de grace mil cinq cetz τ .XXXIX. ou moys de Januier le xxe jour dudict moys. *Jmprimez a Cambray par Bonauenture brassart libraire demourant en la rue Taueau*, in-4. goth. [24928]

Cette pièce, en prose, où se trouvent quelques vers latins et français, se compose de 16 ff. non chiffrés, qui renferment le titre et le texte. Il y a de plus un motet de Courtois, avec la musique notée, occupant 4 ff. plus larges que le texte, et qui sont repliés. Les paroles de ce motet sont en latin et commencent par les mots *Venite, populi terre.* Ce volume est porté à 135 fr. dans un des Bulletins de Techener, et ce prix n'est pas trop élevé.

L'exemplaire ici décrit a fait partie d'un recueil de 38 pièces, impr. en Flandre, de 1520 à 1546, qui est inscrit sous le n° 1910 du catal. de M. Lang, et qui a été vend. 54 liv. en 1828 ; ensuite 37 liv. chez Heber (IX, 2644).

Pour d'autres cérémonies qui ont eu lieu à Cambray, en 1529, voy. THIBAULT.

DÉCLARATION du roy. Voy. ORDONNANCE du roy.

DECLOUX. Histoire archéologique, descriptive et graphique de la Sainte-Chapelle du Palais, rédigée, dessinée, peinte et publiée par Decloux et Doury. *Paris, chez les auteurs,* 1857, in-fol. orné de 25 pl. dont 20 en chromolithographie et les autres gr. sur acier. 70 fr. et réduit à 25 fr. [9927 ou 21419]

DECOR puellarum. Questa sie una opera la quale se chiama decor puellarum : zoe honore delle donzelle........ (in fine) : *anno a Christi incarnatione* M CCCC LXI. *per magistrum Nicolaum Jenson hoc opus.... impressum est,* in-4. de 118 ff. non chiffrés, à 22 lig. par page. [1738]

Quoiqu'il soit bien reconnu aujourd'hui qu'il y a un x de moins dans la date de ce volume, et qu'il faut lire 1471 au lieu de 1461, les amateurs ne l'en recherchent pas moins : vend. 740 fr. Gaignat ; 300 fr. (ayant les 8 prem. ff. réimpr. et le 9e manquant) La Valliere ; 220 flor. (complet) Crevenna, et 780 fr. (mar. viol. à comp.) Mac-Carthy ; autre exempl. m. r. (double de lord Spencer) 6 liv. en 1821, et 500 fr. Boutourlin ; 415 fr. Libri, en 1857, et 22 liv. en 1859. Cet ouvrage, dont le titre et la souscription sont impr. en lettres capitales, est attribué à D. Giovanni di Dio Certosino (voy. JOHANNES Carthusiensis). Dans le petit nombre des exemplaires qui nous en sont restés, plusieurs n'ont que 117 ff. étant imparfaits du 9e, lequel tenait à un feuillet blanc qui devait se trouver au commencement du premier cahier. Ce 9e f. commence par ces mots : *Auanti la sua.* Les auteurs qui ont écrit pour ou contre l'authenticité de la date du *Decor puellarum,* sont indiqués dans la *Bibl. spencer.,* IV, 116.

DÉCOUVERTE ou plutôt Descouverte (la) du style impudique des Courtizanes de Normandie : envoyé pour étrennes à celles de Paris. De l'université d'une Courtizane angloise. *Paris, Nic. Alexandre,* 1618, in-8. [18015]

Pièce singulière et rare, mais qui est reproduite dans les *Variétés* de M. E. Fournier, I, p. 333.

DECRETA Basiliensia. Voy. PRAGMATICA.

DECRETA concilii Tridentini. Voy. CANONES et Decreta.

DECRETA Sabaudiæ ducalia tam vetera quam nova. Suasu atque ope..... domini Petri : Care : Ducalis consiliarii... *Taurini impressa per Joannem Fabri lingonensem,* 1477, 15 *kal. decembr.,* in-fol. [2969]

Première édition, très-rare. Les 7 prem. ff. contiennent une table que précède le titre ci-dessus. Les pages entières ont 32 lignes.

Un exemplaire de cette édit. de 1477 a été vendu 115 flor. Crevenna ; un autre rel. en *mar. r.* et très-grand de marges, 9 liv. Libri, en 1859.

Une seconde édition des *Sabaudiæ decreta,* imprimée à Turin, en 1487, présente au verso du premier feuillet une épître dédicatoire : *Clarissimo Juris utriusque doctori : e Comiti Domino Petro Care...* au nom de l'imprimeur *Jacobinus Suicus* ou *Suigus,* lequel se qualifie modestement : *Inter literarum impressores minimus.* Le 2e f. est coté I, et l'ouvrage continue jusqu'au f. coté LXXXXVI, et dont le verso contient le *registrum operis,* cah. a—m. Ce registre indique *a prima alba.*

—Statuta Sabaudie nova et vetera, noviter impressa. — *Gebennis per magistrum Johannem Belot anno dñi* M. D. XII. *xxiv maii,* in-fol. goth. de 88 ff. à 2 col.

Réimpression de la troisième édition de ces Statuts impr. à Turin en 1505, par Fr. de Silva ; au-dessous du titre est une grande planche sur bois représentant le duc de Savoie sur son trône, et au bas l'écu de Savoie.

On joint à cette édition genevoise la pièce suivante : *Statuta per D. Karolum secundum Sabaudiæ ducem condita,* 4 ff. à 2 col. sign. p. avec cette inscription au verso du 4e feuillet : *Impressa fuerunt..... per Jacobum Vivian Anno dñi* M. v° XIII *die v decembris. Gebenis.*

Une cinquième édition des *Statuta Sabaudiæ* a été impr. par Fr. de Silva, en 1530, in-fol., et d'autres plus complètes ont été publiées depuis.

DECRETALES, et Decretum. Voy. BONIFACII decretales; CLEMENS V; GRATIANUS; GREGORIUS IX.

DÉCRETS de l'Assemblée nationale constituante, sanctionnés par le roi, jusqu'à la fin de la session ; avec les actes du pouvoir exécutif (décembre 1789 au 30 décembre 1791). *Paris,* 1789-91, in-4. [2813]

Il y a 4 exemplaires de ce recueil imprimés sur PARCHEMIN : vend. en 20 vol. 500 fr. Lamy ; en 18 vol. 200 fr. Renouard. Cette même collect. est annoncée sous le titre de *Recueil de loix de l'Assemblée constituante,* dans le Catal. des livres impr. sur VÉLIN de la Biblioth. du roi, II, 89, où sont aussi décrits trois vol. de *Procès-verbaux de l'Assemblée nationale* (Paris, impr. nationale, 1791), in-4., sur VÉLIN ; commencement d'une collection qui n'a pas été continuée de cette manière.

DEDAUX. Chambre de Marie de Médicis au palais du Luxembourg, ou recueil d'arabesques, peintures et ornements qui la décorent avec une notice historique. *Paris,* 1838, in-fol. avec 35 pl. 36 fr. [10054]

DEDEKINDUS. Grobianus et Grobiana,

Decombes. Jardin potager, 6477.

Decorde (*J.-E.*). Dictionnaire du pays de Bray, 11056.
— Essai histor. sur le canton de Neufchâtel, et sur ceux de Blangy et de Londinière, 24346.

Découvertes des Français, 21145.

Decremps. Magie blanche, etc., 4382. — Testament de Jérôme Sharp, 4383.

Decreta, etc., congregationum Societatis Jesu, 3273.

de morum simplicitate libri tres, in gratiam omnium rusticitatis amantium conscripti per Frid. Dedekindum. *Francofurti, Egenolphus*, 1554, pet. in-8. [12976]

Édition rare de ce poëme satirique. Il y en a une autre de *Cologne*, 1558, pet. in-8. vend. 5 fr. Méon, et 15 fr. Courtois. La plus ancienne de toutes est de *Francf.*, 1549, pet. in-8.; mais elle ne contient que deux livres; celles de Leipzig, 1551 et 1552, in-8. de 7 ff. non chiffrés et 97 ff. chiffrés, en ont trois comme celle de 1554. L'ouvrage a été réimpr. sous le titre suivant :

Ludus satyricus de morum simplicitate, seu rusticitate, vulgo dictus Grobianus, libri III. *Lugd.-Batav.*, 1631, pet. in-12. 3 à 4 fr.

Nous citerons encore l'édit. de *Leyde*, 1642, pet. in-12; celle d'*Harderwick*, 1650, pet. in-12, et celle de *Lond.*, 1661, in-12, à laquelle est ajouté *De civilitate morum puerilium per Des. Erasmum.*

Il existe deux traductions du singulier poëme, en vers anglais. La première, intitulée : *The School of Slovenrie, or Cato turned wrong side outward, translated... by R. F.* London, 1605, in-4., est un livre si rare qu'il n'a point été connu du second traducteur, et qu'il s'est vendu 11 liv. Perry, et 4 liv. 19 sh. Heber. La seconde : *Grobianus : or the compleat Booby, an ironical poem, done into english by Roger Bull.* Lond., 1739, pet. in-8., vend. 12 sh. Hibbert. M. Graesse, *Trésor*, II , p. 549, décrit plusieurs traductions allemandes du *Grobianus.*

DÉDUCTION (la) de l'innocence de Messire Philippe, baron de Montmorency, conte de Hornes,.... contre la malicie apprenhsion, indeue détention, injuste procédure, inique sentence et tyrannicque exécution en sa personne à grand tort, par voie de fait perpétrées. *Impr. au mois de septembre* 1568. [25017]

Ce volume très-rare a été vendu 18 fr. 50 c. La Vallière, et quelquefois plus cher. Il a 8 ff. prélim., 573 pp. plus un f. contenant la fin de l'errata.

DÉDUCTION de l'Entrée de Henry second à Rouen. Voy. notre article ENTRÉES.

DEE (*John*). True and faithful relation of what passed for many yeers between Dr. John Dee and some spirits : with a preface by Meric Casaubon. *London, printed by D. Maxwell, for T. Garthwait*, 1659, in-fol. [8883]

Cet ouvrage, rare en France, est recherché des curieux : vend. 96 fr. mar. bl. Gaignat; 100 fr. Camus de Limare; 74 fr. en 1805; 30 fr. m. bl. d'Ourches; 120 fr. Mac-Carthy; 1 liv. 17 sh. Bindley, et quelquefois moins.

Le volume contient un frontispice gravé qui représente 6 portraits; un titre imprimé en rouge et noir; la table de la 1re partie sur 4 ff.; la table de la 2e partie et l'errata sur 2 ff.; la préface de Casaubon, 27 ff.; un *post-scriptum*, l'apologie de J. Dee, etc., 5 ff.; 3 pl. gravées en taille-douce (1° une figure ronde; 2° *a specimen of the tables of Enoch;* 3° *the holy table*); la première partie de l'ouvrage, dont les pages sont chiffrées jusqu'à 448, quoiqu'il y ait une lacune des pages 256 à 353; la 2e partie de 46 pp., dont la dernière, qui n'est pas chiffrée, offre un certain nombre de mots qu'on suppose appartenir à la langue que parlait Adam dans le Paradis terrestre. Pour plus de détails, consultez le catalogue de M. (Saint-Céran). *Paris, De Bure*, 1780, n° 330.

ΠΡΟΠΑΙΔΕΥΜΑΤΑ ΑΦΟΡΙΣΤΙΚΑ Joannis Dee Londinensis de præstantioribus quibusdam naturæ virtutibus, ad Gerardum Mercatorem Rupelmundannum mathematicum et philosophum insignem. *Londini, excudebat Henricus Suttonus, impensis Nicolai England*, 1558, in-4.

Cet ouvrage consiste en 120 aphorismes. Il a un frontispice gravé sur cuivre, qui est une des premières planches de ce genre exécutées en Angleterre. Une autre édition, *London, apud Wolfium*, 1568, est citée par Lowndes, ainsi que plusieurs autres ouvrages du Dr Dee.

GENERAL and rare Memorials pertayning to the perfect arte of Navigation : annexed to Paradoxal Cumpas, in Playne, now first published : 24 yeres after ye first inuention thereof. *London , John Daye*, 1577, in-fol. [8492]

Cet ouvrage curieux, dont on prétend qu'il n'a été tiré que cent exemplaires, ne porte pas de nom d'auteur, mais il est du Dr Dee, qui, dans son *Apology*, impr. à Londres en 1599, s'en est déclaré l'auteur. Ce n'est, à ce qu'il paraît, que le préambule d'un autre grand volume qui n'a pas vu le jour. Celui-ci se compose de 80 pp. en caract. rom. et en italique, avec une gravure en bois au frontispice et une cotte d'armes au dernier feuillet. 3 liv. 3 sh. 6 d. Reed; avec l'autographe de l'auteur, 8 liv. 12 sh. 6 d. Bindley.

THE PRIVATE Diary of Dr. John Dee and Catalogue of his library of manuscripts, from the original manuscripts in the Ashmolean Museum at Oxford and Trinity college library Cambridge, edited by James Orchard Halliwell. *London*, 1842, in-4., impr. aux frais de la Camden Society.

DEFAICTE (la) des Anglois par les Escossois, faicte le jour du jeudi sainct dernier, et la grand bataille entre Barbe-Rousse et des galleres et carraques de lempereur qui venoint pour auitailler Nice. pet. in-8. ou in-16 goth.

Pièce de 4 ff. datée de *Rouen, le xxvij iour dauril M. D. xtiiij.* Vend. 79 fr. m. v. Cailhava.

— Voy. DISCOURS de la deffete des Anglois.

DEFFAICTE des Bourguignons et Allemands faicte par les François, et les deffences tant du camp du roy que de lempereur de courir de huit iours, lung sur lautre tant qu'ilz ayent parlemente ensemble pour traicter la paix, par quoy le roy par tout son royaulme a commande faire procession general. (à la fin) : *Imprime par Jean Lhomme*, pet. in-8. goth. de 8 pp. [après 23465]

Pièce datée du 23 octobre 1543. Elle est suivie d'une *Chanson nouvelle de la guerre*, qui occupe 2 ff. 86 fr. Cailhava. — Réimprimé dans le sixième volume du Recueil de M. de Montaiglon.

Le nouveau Lelong ne cite pas cette pièce, mais il donne (II, n°s 17593 et 17607) le titre de deux autres qui sont analogues à celle-ci :

LA GRANDE PRINSE et desconfiture des Espaignols et Bourguignons et Anglois devant la ville et chateau de Landrecy, avec la chanson faite le 12 de septembre 1543. *Rouen, Guillaume de La Motte*, in-8.

LA DEFAITE des Anglois et des Bourguignons, faite par M. de Vendosme, avec le nombre des prisonniers, enseignes et guidons, et aultres victoires obtenues du depuis par le dit sieur. *Imprimé par Jean Lhomme*, 1544, in-8.(Voy. COPPIE des lettres.)

Deecke. Buchdruckerei zu Lübeck, 31292.
Deering (*Ch.*). History of Nottingham, 27278.

Le même Jean Lhomme a imprimé à Rouen la pièce suivante :

L'ASSAULT et prinse d'une ville en Brabant, auec la defaite des gens de l'Empereur, faite par le duc de Cleves, et la prinse de la ville de Vienne, faite par le Grand Turc; auec la prinse des Anglois faicte sur la mer par les Dieppoys, 1543, in-8.

Trois autres pièces de 4 ff. chacune, et qui sont relatives aux affaires de la guerre, en 1543, sont portées à 70, 40 et 44 fr. dans le Catalogue Cailhava, n°ˢ 715 à 717.

DEFFAITE (la) et destrousse du comte Guillaume de Luxembourg, faicte par les François, jouxte la teneur des lettres cy-apres declarees. Auec la chanson nouuelle. *Imprime a Lyon, chez le Prince* (sans année), pet. in-8. goth. de 4 ff. [23465]

Cette plaquette a été vend. 36 fr. salle Silvestre, en novembre 1857.

DEFENSE. Defence pour la robbe longue contre la courte, ceste cy preferée en rang par un, qui porte aussi indignement la premiere que injustement et laschement il ha voulu faire préjudice a son rang, traduit du latin de Janus Cavallarius, par maistre Jean Romagnon. *Imprimé à Grenoble (sans date)*, in-8. de 27 pp. [17950]

Ce titre est rapporté sous le n° 1722 du *Catalogue des collections... composant le cabinet de M. Villenave*, Paris, Charavay, 1850, in-8. Nous le transcrivons ici sans pouvoir rien dire de l'ouvrage, que nous n'avons pas eu le loisir d'examiner. Le nom de l'auteur et celui du traducteur sont évidemment supposés.

DEFENSE (la) du Prince des Sots. Voy. PRINCE des Sots.

DEFENSE of Marie queene of Scotland. Voy. LESLEY.

DÉFENSES des églises étrangères. Voy. PHILIPPI (*Fr.*).

DEFENSIO pro Christianissimo Francorum Rege aduersus calumniātes eum, quod cŏditiones cum Cesare initas minime seruauerit. (à la fin): *Romæ, apud F. Minitium Caluum*, in-4. 12 ff. non chiffr., le dern. bl. [23421]

Cette pièce rare peut être placée à côté de l'*Apologie contre le traicté de Madric*, que nous avons décrite dans notre 1ᵉʳ vol., col. 353, et qui existe en latin sous le titre *Apologia Madriciæ conventionis... venundantur Parhisiis, a Galioto Pratensi*, 1526, in-4. de 4 ff. chiffrés. Le texte latin a été réimpr. dans l'opuscule suivant :

APOLOGIA altera refutatoria illius quæ est pacti Madriciæ conventionis dissuasoria, et quasi totius rei, et pace et bello gestæ inter Cæsarem et Francum succincta narratio jam primum in lucem ædita; item Apologia Madriciæ conventionis... (à la fin) : *Romæ, kal. feb. apud Nicetem Pistophilum, anno salutis 1528, excudebat Emmeus*, in-4. de 22 ff. chiffrés. Lettres rondes.

Cette dernière pièce est portée dans le Catal. de la

Biblioth. impér. (Hist. de France, I, p. 232), ainsi que d'autres opuscules relatifs aux différends qui eurent lieu à la même époque entre François 1ᵉʳ et Charles-Quint.

DEFENSIO regia. Voy. SALMASIUS.

DEFENSORE de la conception. Voyez FABRI (*P.*).

DEFENSORIUM inuiolate perpetueque virginitatis beatę Marię Virginis. (*absque loco et anno*), pet. in-4. goth. [1217]

Cette édition, qui doit avoir paru vers l'année 1480, est ornée d'un grand nombre de fig. en bois. 56 fr. Bearzi.

Hain décrit trois éditions de ce même livre, impr. sans lieu ni date, au XVᵉ siècle, dont deux avec les caractères goth. de Reyser d'Eychstett, et toutes les trois avec des fig. sur bois.

1° de 29 ff. sans chiffres, signat. ni récl. commençant : *Hanc plenā gratiā* (sic) *Salutare mète Serena*, et finissant au verso du 28ᵉ feuillet, 17ᵉ ligne : *stes et jurgia*. Le recto du 29ᵉ f. porte un bois.

2° Même nombre de feuillets commençant : *Hanc plenam gracia Salutare mente Serena*, et finissant au verso du 28ᵉ f., lig. 17 : *niaq hostes τ jurgia.*

3° de 30 ff. sous ce titre :

Defensoriū inuiolate perpe ‖ tueq virginitatis. castissime ‖ Dei genitricis Marie ‖ in quo.... et finissant au verso du 29ᵈ f. lig. 15 : *fantasmata. ɔtra vana sonni. atra hostes et jurgia.* avec un bois sur le recto du 30ᵉ f.

Peut-être l'édition portée dans le catal. Bearzi était-elle la même que cette dernière.

Voyez l'article HISTORIA beatæ Mariæ Virginis.

DEFFENSE (la) contre les Emulateurs ennemys et medisans de France consolations et bon zele des troys estatz. cum privilegio. (*sans lieu ni date*), in-4. goth. de 6 ff. 29 lig. par page. [13463]

Pièce en vers composée vers l'année 1535, à l'occasion de la guerre qui existait alors entre la France, l'Angleterre et l'Empire. L'auteur y fait parler tour à tour la *France, Noblesse, leglise, labour*. Il y a sur le titre une vignette gravée en bois, et une autre au verso. Le dernier f. verso ne contient que 16 vers, et au bas ces mots : *Trop ne peu.*

DEFFENSE et illustration de la langue françoise. Voy. BELLAY (*Joach.* du).

DEFFIÂCHE (la) faicte au tres puissant et noble Empereur Charles, de par le roy de Frâche et Roy Dĕgleterre(sic) Et aussy la respôse du tres noble empereur sur la ditte deffianche. *Imprime en anuers... par moy Jaques de Liesuelt* (1528), in-4. goth. de 10 ff. sign. a—c. fig. en bois. vend. 32 fr. *mar. r.* Coste. [23454]

Pièce rare qui existe en espagnol avec une réponse sous ce titre :

EL DESAFIO *de los reyes de Francia y Inglaterra al emperador y rey nostro, con sus repuestas.* En Burgos, per Juan de Junta, M. D. XXVIII, in-4.

Plaçons ici le titre d'un autre opuscule français qui n'est pas moins rare que le précédent.

LA DEFFENSE du roy tres chrestien contre lesleu en empereur delayant le combat dentre eulx. (à la fin) : *Imprime a Paris pour Galliot du pre Libr.* (vers 1528), in-4. goth. de 7 ff. non chiffrés, sign. a—b. 49 fr. *m. r.* Coste, 80 fr. Solar.

Pour la réponse de Charles-Quint, voy. REPONCE.

— Voy. aussi l'article CONCLUSION faicte.

DEFFINITION. Voy. DIFFINITION.

DEFOE ou **De Foe** (*Daniel*). Novels and miscellaneous works, with a biographical memoir of the author, literary preface and illustrative notes by Walter Scott and others (edited by C. Lewis). *Oxford and London*, 1819-21, 20 vol. pet. in-8. 4 liv. 4 sh. [10937]

Cette collection se compose des ouvrages suivants, savoir : tom. I et II, *Robinson Crusoe;* III, *Captain Singleton;* IV, *Moll Flanders;* V, *Col. Jack, Apparition of Mrs. Veal;* VI, *Memoirs of a Cavalier;* VII, *New Voyage round the world;* VIII, *Capt. Carleton, Mother Ross;* IX, *History of the plague, the Consolidator;* X, *History of the Devil;* XI, *Roxana;* XII, *System of Magic;* XIII, *History of apparitions;* XIV, *Religious Courtship;* XV et XVI, *Family Instructor;* XVII et XVIII, *English Tradesman;* XIX, *Duncan Campbell, the Dumb Philosopher, Every body's Business is nobody's Business;* XX, *Life by Chalmers, the Trueborn Englishman.*

Celle qui a été publiée sous le titre de *Defoe's Novels*, par les soins de Walter Scott, *Edinburgh*, 1810, 12 vol. pet. in-8., ne contient que les ouvrages suivants : *Robinson Crusoe.* — *Memoirs of a Cavalier* (publ. sous le nom d'André Newport).— *Life of col. Jack* (1721). — *Adventures of capt. Singleton* (1720). — *Voyage round the world* (1725). — *History of the plague in London*, 1665, [17722]

L'édition des Œuvres de Defoe, avec *Memoirs* par Will. Hazlett, *London*, 1840-43, gr. in-8., n'a pas été continuée; il n'en a paru que 3 vol. Celle que publie H. Bohn dans sa collection des *British classics*, pet. in-8., n'avait encore que 6 vol. d'imprimés en 1858.

— The Life and strange surprising adventures of Robinson Crusoe, of York, mariner : who lived eigth and twenty years all alone in an un-inhabited Island on the coast of America, near the mouth of the Great River Oroonoque, having been cast on shore by shipwreck, wherein all the men perished but himself; with an account how he was at last as strangely deliver'd by pyrates. Written by himself. *London, by W. Taylor*, 1719 (part. I). — The farter aventures of Robinson Crusoe, being the second and last part of his life, etc. *London*, 1719, in-8. [17722]

Première édition de ce roman populaire. Le 1er vol. a 364 pp. non compris la préface, en 2 pp., ni la figure représentant Robinson. Il en a été fait quatre éditions sous la même date, mais avec l'indication de 2e, 3e et 4e sur le titre. Le second volume a 373 pp. On en a donné, sous la même date, une 2e édit. avec une carte du monde qui a servi ensuite pour la 4e édit. du premier volume. On a prétendu, mais à tort, que ce roman avait paru pour la première fois et successivement dans l'ouvrage

périodique intitulé *The original London Post, or Heathcote's intelligence*, depuis le n° 125 jusqu'au n° 289 inclusivement. Or, ce dernier n° est du 19 octobre 1720, et déjà les deux vol. in-8. étaient imprimés et avaient été déposés par W. Taylor *at the stationers's Hall*, savoir : le 1er le 23 avril 1719, et le 2e le 17 août de la même année. En 1720 parurent les *Serious Reflections, during the life and surprising adventures of Robinson Crusoe with his vision of the Angelic world*, in-8. de 354 pp. formant le 3e volume du Robinson, mais elles eurent fort peu de succès et n'ont été que très-rarement réimprimées.

— The Life and adventures of Robinson Crusoe, with serious reflections of the same. *London, Stockdale*, 1790, 2 vol. gr. in-8. pap. vél. fig.

Belle édition publiée par G. Chalmers. 20 à 30 fr. Vend. 56 fr. *m. r.* Bertrand.

— The Life and adventures of Robinson Crusoe... *London, Longman*, 1820, 2 vol. in-8. fig.

Édition ornée de 22 vignettes grav. par Ch. Heath, d'après Stothard, 2 liv. 2 sh. — Gr. Pap. roy. 3 liv. 13 s. 6 d.; et avec les premières épreuves sur pap. de Chine, 5 liv. 5 sh. — L'édit. de *Lond., Walker*, 1808 ou 1818, in-24, fig., est jolie. 5 sh. Nous citerons encore celle de *Lond., Baldwin*, 1831, pet. in-8., imprimée par Whittingham et ornée de 49 vignettes grav. en bois d'après les dessins de W. Harvey, 8 sh. (réimpr. en 1839); et enfin, celle de *Lond.*, 1844, gr. in-8., illustrée par Grandville. 15 sh.

— La Vie et les aventures surprenantes de Robinson Crusoë, trad. de l'angl. (par Saint-Hyacinthe et Van Effen). *Amst., L'Honoré et Chatelain*, 1720-1, 3 vol. in-12, fig. de B. Picart. 10 à 15 fr.

Un bel exempl. en *mar. r.* par Derome, 115 fr. Nodier; en *mar. r.* par Duru, 60 fr. Giraud.

Cette édit. a été longtemps celle que les curieux préféraient; elle n'a cependant rien de remarquable, non plus que celle d'*Amst.*, 1727, en 3 vol. in-12, fig., qui n'est pas supérieure à l'édit. de *Paris*, 1768, 3 vol. in-12 (titres impr. en rouge). Le troisième volume contient les *Réflexions sérieuses* et la *Vision.*

LA VIE et les aventures du même, ancienne traduction, corrigée sur l'édition de Stockdale, augmentée de la vie de l'auteur (par Griffet Labaume, avec une préface par l'abbé de Montlinot). *Paris, Mme Panckoucke*, an VIII (1800), 3 vol. in-8. fig.

Édit. la plus belle que nous ayons de cette traduction du Robinson. 18 fr. — Pap. vél, 24 fr.; et avec fig. avant la lettre, qui sont rares, 50 fr. Labédoy...; 86 fr. *m. r.* Caillard.

Aux 16 grav. qui se trouvaient dans cette édition, 2 nouv. pl. et une mappemonde ont été ajoutées en 1816. Ces 19 pl. sont aussi dans l'édition de *Paris*, Verdière, 1821, 2 vol. in-8.

LA VIE et les surprenantes aventures de Robinson Crusoë, en anglais, avec la traduct. française interlinéaire. *A Dampierre*, par G.-E.-J. M.-L. (Mme de Montmorency-Laval), 1797, 2 vol. gr. in-8.

Édition tirée à petit nombre, et qui n'a pas été mise dans le commerce : 25 fr. Didot aîné; 30 fr. le duc de Plaisance; 15 fr. Duriez.

ROBINSON Crusoë, traduct. de l'anglais, entièrement revue et corrigée par F.-A. (le docteur Boisseau). *Paris, Crévot*, 1825, 2 vol. gr. in-8. fig. d'après Devéria. 12 fr.

Les exemplaires en Gr. Pap, vél. fig. avant la lettre, et eaux-fortes sur pap. de Chine, coûtaient 60 fr.

Une édition en 2 vol. in-12, fig., a été donnée en même temps que l'in-8.

— AUTRE traduction par madame A. Tastu, suivie d'une notice sur Defoe et sur le matelot Selkirk, par L. Reybaud. *Paris, Didier*, 1837, 2 vol. in-8. fig.

N'oublions pas le *Robinson Crusoë* illustré par Grandville. *Paris, Fournier aîné*, gr. in-8., avec 40 grands sujets. 15 fr.

L'ouvrage suivant trouve sa place ici :

THE LIFE and adventures of Alexander Selkirk ; containing the real incidents upon which the romance of Robinson Crusoe is founded, by John Howell. *Edinburgh*, 1829, in-12.

M. Graesse donne aux pages 351 et 352 de son *Trésor* un assez long catalogue des traductions et imitations allemandes du Robinson ; mais presque toutes ont été effacées par la nouvelle rédaction que J.-C.-W. Campe a donnée de ce roman dans la même langue (Hambourg, 1779, 2 vol. in-8.), rédaction devenue populaire, et qui, elle-même, a été traduite dans les principales langues de l'Europe. On a des versions du roman de Defoe en latin, par F.-J. Goffaux, *Paris*, 1813, in-8.; en grec moderne, *Vienne*, 1792, 2 vol. in-8., et même en polonais, *Varsovie*, 1769, in-8.; en suédois, *Westerås*, 1772, in-8., et en plusieurs autres langues. Quant aux imitations plus ou moins directes qui ont été faites de ce même roman elles sont si nombreuses que M. Graesse a pu en faire connaître pour l'allemand seulement plus de cinquante. Ce bibliographe cite aussi un livre intitulé : *Bibliothek der Robinsone. In zweckmässigen Auszügen vom Verfasser der grauen Mappe*, Berlin, 1804-8, 5 vol. in-8.

On trouve dans la seconde édition du Manuel de Lowndes, pp. 612 à 621, une notice fort étendue sur les ouvrages de Defoe, lesquels, à l'exception du Robinson, sont trop peu recherchés en France pour que nous en citions ici d'autres que les trois suivants :

POLITICAL history of the devil, as well ancient as modern, *London*, 1726, in-8. — traduit en français sous le titre d'*Histoire du Diable*, Amsterd., 1729 et 1730, 2 vol. in-12. [8855] — SYSTEM of magic, or a history of the black art. *Lond.*, 1727, in-8. Rare. — Le *Family institutor* de Defoe, publ. en 1715, a été réimpr. plus de vingt fois.

MEMOIRS of the life and times of Daniel De Foe by Walter Wilson. London, Hurst, 1830, 3 vol. in-8. sont bons à consulter.

DE GÉRANDO. Voy. GÉRANDO.

DEGUIGNES (*Joseph*). Histoire générale des Huns, des Turcs, des Mogols, et des autres peuples tartares occidentaux, etc., avant et depuis Jésus-Christ jusqu'à présent, précédée d'une introduction contenant des tables chronologiques et historiques des princes qui ont régné dans l'Asie, ouvrage tiré des livres chinois et des manuscrits orientaux de la Bibliothèque du roi, par M. Deguignes. *Paris, Desaint et Saillant*, 1756-58, 4 tom. en 5 vol. in-4. [27979]

Defos (*Dav.*). Comté de Castres, 24740.
De Gaulle (*J.*). Histoire de Paris, 24140.
Degen (*J.-F.*). Literatur der deutschen Uebersetzungen der Griechen und der Römer, 31644.
Degen (*L.*). Construction en brique, 9837. — Motifs de décoration, 10058.
Degland (*C.-D.*). Ornithologie européenne, 5748.
Degousée (*J.*). Guide du sondeur, 8150.
Degrandpré. Voy. GRANDPRÉ.
De Grange (*Edm.*). Tenue des livres, 4182.

Ouvrage très-estimé et dont les exemplaires ne sont pas communs : 80 à 90 fr. — Voy. SENKOWSKI.

— Composition en caractères orientaux, 9093. — Mémoires sur les Chinois, 28279. — Typographie orientale, 31241.

DE GUIGNES fils (*Chr.-L.-Jos.*). Dictionnaire chinois, français et latin, publié par M. De Guignes, résident de France à la Chine. *Paris, imprimerie impér.*, 1813, gr. in-fol. de lvi et 1114 pp. [11871]

Cet ouvrage a été rédigé d'après un dictionnaire chinois-latin du P. Basile de Glemona, dont le manuscrit appartient à la Bibliothèque impér. : il coûtait 90 fr., mais il ne conserve pas ce prix : 21 fr. de Sacy. Il y a quelques exemplaires en pap. vélin.

Jules Klaproth a publié en 1819 la prem. partie d'un supplément au *Dictionnaire chinois*, composé et rédigé d'après un grand nombre de matériaux tirés des livres chinois : c'est un in-fol. de 168 pp.

DICTIONARIUM latino-sinicum, auctore De Guignes, meliori ordine digestum, etc., labore, cura ac diligentia Maugieri a S. Arsenio. *Hong-kong*, 1853, in-4. 50 fr.

— VOYAGE à Pékin, Manille et l'Isle de France, dans les ann. 1784-1801. *Paris, imprimerie impér.*, 1809, 3 vol. in-8. et atlas in-fol. de 6 cartes et 59 pl. 15 à 20 fr. et plus en pap. vél. [20749]

Cette relation est curieuse, et elle se trouve souvent en contradiction avec celle de lord Macartney (voy. STAUNTON).

Un exemplaire en pap. vél., l'un des six auxquels M. De Guignes a joint la gravure représentant la pagode située à l'entrée du port de Macao, et une vue de la porte occidentale de la ville tartare de Pékin : vend. 40 fr. 50 c. Chateaugiron ; 60 fr. Langlès.

Il faut réunir à ce voyage : *Remarques philologiques sur les voyages en Chine de M. De Guignes*, par Sinologus berolinensis (Montucci), *Berlin, Hitzig*, 1809, in-8. — M. De Guignes ayant répondu à cette critique dans les *Annales des Voyages* de Malte-Brun, 3e *souscript.*, tome II, M. Montucci fit une réplique intitulée : *Audi alteram partem*, ou réponse... (Berlin, 1810, in-8. de 46 pp.). Deguignes le père écrivait son nom en un seul mot : c'est le fils qui en a séparé le *de*.

DEHERIS de Bourges en Berri (*Guillaume*). Elegie delectable et fructueuse de la guerre et victoire de vertu contre fortune, contenant la mort et epitaphe de la dicte fortune (trad. du latin). *Anvers, Jehan Loe*, 1544, pet. in-4. goth. de 20 ff. non chiffr., sig. A—E. [13654]

Opuscule rare, en vers et en prose : vend. 81 fr. *m. r.* Crozet ; 25 fr. Baudelocque.

DEIMIER (*Pierre* de). L'Académie de l'art poétique, ou par amples raisons, démonstrations, nouvelles recherches, examinations et authoritez d'exemples, sont vivement éclaircis et deduicts les moyens par où l'on peut parvenir à la vraye et parfaite connoissance de la poésie françoise. OEuvre non moins exacte et requise pour les règles et observations du bien dire, comme pour l'intelligence de l'art poétique françois. *Paris, Jean de Bordeaulx*, 1610, pet. in-8. [13160]

Deguin. Cours de physique, 4231.
Dehaut (*L.-J.*). Vie d'Ammonius, .. 7.

24 fr. 50 c. Viollet Le Duc; 14 fr. Girand.

L'abbé Goujet et Viollet Le Duc ont parlé avec éloge de cet ouvrage dédié à la reine Marguerite. L'auteur (Avignonnais) a composé, dans sa jeunesse, des poésies qui ne sont pas sans mérite, mais où il n'a pas toujours su éviter les défauts qu'il a ensuite reconnus dans les poëtes de la pléiade. Voici l'indication de ses ouvrages :

LES PREMIÈRES œuvres du Sʳ Deimier. *Lyon*, *Cl. Morillon*, 1600, in-12 de 12 ff. et 192 pp. [13912]

L'AUSTRIADE du sieur de Deimier. *Lyon*, *Thibaud Ancelin*, 1601, in-12.

Poëme en trois chants sur la bataille de Lépante gagnée par D. Juan d'Autriche.

LES ILLUSTRES avantures. *Lyon*, *Thibaud Ancelin*, 1603, in-12. 5 fr. 75 c. Monmerqué. (Goujet, XV, p. 52.)

LA NÉRÉIDE, ou victoire navale. Ensemble les destins héroïques de Cléophile et d'Héréclide (avec la première partie du printemps de Vaucluse). *Paris*, *Mettayer*, 1605, in-12. 5 fr. Monmerqué.

Ce sont les 5 premiers livres d'un poëme qui, selon l'intention de l'auteur, devait en avoir 24. Le sujet principal est le même que celui de l'*Austriade*, mais ce second ouvrage ne vaut pas le premier.

HISTOIRE des amoureuses destinées de Lysimont et de Clityc. *Paris*, *Millot*, 1608, in-12. (Catal. Lambert, 1459.)

LETTRES amoureuses ; ensemble la traduction de toutes les épîtres d'Ovide, par le sieur de Deimier. *Paris*, *Gilles Sevestre*, 1612, in-8.

LE PRINTEMPS des lettres amoureuses, où se voyent divers sujets des passions amoureuses, propres à toutes personnes qui désirent apprendre à bien et grandement discourir. *Rouen*, *Guill. de la Haye*, 1614, in-12. 34 fr. mqr. r. Gancia. Une édition de *Paris*, *Huby*, 1608, 3 part. en 1 vol. in-12 est portée dans le catal. La Vallière, par Nyon, additions au tome IIIᵉ, nº 12099.

LA ROYALE liberté de Marseille, dédiée au roy par le sieur D. D. (de Deimier). *Paris*, 1615, in-8.

Réimprimé à *Anvers*, *Moret*, 1618, in-8.

Le même ouvrage est porté dans le catal. de Falconet, 16510, sous ce titre :

HISTOIRE de la réduction de la ville de Marseille à l'obéissance du roy, par de Deimier. *Anvers*, in-8.

DEJA Deva. Voy. JAYADEVA.

DEJEAN (le comte *P.-Fr.-Mar.-Aug.*). Species général des coléoptères de la collection de M. le comte Dejean. *Paris*, *Crévot et Méquignon-Marvis*, 1825-39, 6 tom. en 7 vol. in-8. [6030]

Cet ouvrage devait avoir une vingtaine de vol., mais il n'a pas été terminé. Le dernier vol. a coûté 15 fr.; les premiers se payaient 9 fr. chacun.

— Iconographie et histoire naturelle des coléoptères d'Europe, par M. le comte Dejean, M. J. Boisduval et M. Aubé, les dessins par M. Duménil. *Paris*, *Méquignon-Marvis*, 1829-36, 5 vol. gr. in-8. fig. color. [6032]

Il n'a paru que 56 livraisons de cet ouvrage qui devait en avoir environ 130 de 5 pl. chacune avec texte. 46 (ou 4 vol.) traitent des *carabiques*, et 10 des *hydrocanthares*. Chaque livraison coûtait 6 fr. — gr. raisin vél., 12 fr. — In-4. pap. vél., 25 fr. — et avec les doubles fig. en noir, 27 fr. 50 c., prix fort réduits maintenant.

CATALOGUE de la collection des coléoptères de M. Dejean; 2ᵉ édition augmentée. *Paris*, *Méquignon*, 1833, 4 part. en 1 vol. in-8. 15 fr. [6033]

De Kay (*Dr.*). Sketches of Turkey, 20427.

DEKENUS (*Joan.*). Observationes poeticæ, exemplis illustratæ; editio altera auctior et emendatior, cum præfatione Dan.-Geor. Morhofii. *Kiloni*, *sumptibus Seb. Richelii*, 1691, in-8. de 358 pp. 4 à 5 fr. [12457]

Bon ouvrage, divisé en quatre parties, et où l'auteur s'appuie d'exemples des poëtes latins du bon siècle, Virgile, Horace, Ovide, Catulle, Tibulle et Properce. Réimprimé, *Hidesii*, 1707, in-8. — L'édition d'*Anvers*, *Jac. Mascus*, 1685, de 334 pp., n'a que trois parties.

DELABECHE. Voy. LABECHE.

DELAGARDETTE. Voy. LA GARDETTE.

DELAISTRE (*J.-R.*). La Science de l'ingénieur, divisée en trois parties, où l'on traite des chemins, des ponts, des canaux et des aqueducs; revue et augmentée par M. Laguerenne; 2ᵉ édition. *Paris*, *l'éditeur*, et *Lyon*, *Faverio*, 1832, 2 vol. in-4. et atlas de 57 pl. 40 fr. [8800]

La première édition de cet ouvrage est de *Lyon*, 1825, 2 vol. in-8., avec un atlas in-4. de 56 pl. L'auteur avait déjà donné : *Encyclopédie de l'ingénieur, ou Dictionnaire des ponts et chaussées*, Paris, Dentu, 1812, 3 vol. in-8. et atlas in-4.

DELAMARE. Archéologie de l'Algérie. Voy. EXPLORATION.

DELAMBRE (*Jean-Bapt.-Joseph*). Histoire de l'astronomie ancienne. *Paris*, 1817, 2 vol. in-4. fig. 40 fr. [8190]

— HISTOIRE de l'astronomie du moyen âge. *Paris*, 1819, in-4. fig. 25 fr. [8194]

— HISTOIRE de l'astronomie moderne. *Paris*, *Vᵉ Courcier*, 1821, 2 vol. in-4. fig. 50 fr. [8195]

— HISTOIRE de l'astronomie du XVIIIᵉ siècle, publiée

- par M. Mathieu. *Paris, Bachelier,* 1827, in-4. fig. 36 fr. [8196]
Ce dernier ouvrage devait être continué.

— Traité complet d'astronomie théorique et pratique. *Paris,* 1814, 3 vol. in-4. fig. 60 fr. [8240]

L'abrégé du même ouvrage, *Paris,* 1813, in-8., coûte 10 fr.

— Base du système métrique, par Méchain et Delambre. *Paris,* 1806-10, 3 vol. in-4. 100 fr. et plus. [8375]

Pour tenir lieu de la suite de cet ouvrage, si longtemps promise, et qui probablement ne paraîtra jamais, on a publié l'article suivant, qu'il faut joindre aux 3 volumes cités :

RECUEIL d'observations géodésiques, astronomiques et physiques, exécutées par ordre du Bureau des longitudes, en Espagne, en France, en Angleterre et en Ecosse, etc., par MM. Arago et Biot ; ouvrage faisant suite au tome 3e de la Base du système métrique. *Paris, Vᵉ Courcier,* 1821, in-4. fig. 21 fr. [8376]

Voy. TABLES astronomiques et les nᵒˢ 8041 et 8343. — Rapport, 30072.

DELAMOTHE. Voy. LAMOTHE.

DELAROCHE (*H.*). Catalogue des tableaux, dessins et estampes, composant l'une des collections de feu M. Léon Dufourny. *Paris,* 1819, in-4., avec 164 pl. au trait, pap. vél. 12 fr. [9386]

DELAROCHE (*Paul* de). Son OEuvre reproduit en photographie d'après les tableaux et dessins originaux, avec une Notice sur la vie et les ouvrages du peintre, par M. Henri Delaborde, le catalogue raisonné de son œuvre, etc. *Paris, Goupil et Cⁱᵉ,* 1858, in-fol. [9350]

Cette belle suite se compose de 86 pl. qui ont été publiées en 22 livr. au prix de 25 fr. par livraison.

DE LA RUE. Voy. LARUE.

DELATOUR (*L.-Fr.*). Voyez ESSAIS sur l'architecture, etc.

DELAUDUN, sieur d'Aigaliers (*Pierre*). L'Art poétique françois, par Pierre Delaudun d'Aigaliers, divisé en cinq livres. *Paris, Ant. du Brueil,* 1597, in-16 de 4 ff. prélim. et 196 et non 296 pp. [13160]

Les pages de ce volume sont chiffrées irrégulièrement, car au chiffre 120 succède 221, ce qui continue jusqu'à 296. Vendu 10 fr. Coste ; même prix Giraud ; 19 fr. Solar.

— Ses Poésies, contenans deux tragedies, la Diane, meslanges, et acrostiches ; œuvre autant docte et pleine de moralisté, que les matieres y traictiées sont belles et recreatives. *Paris, David Le Clerc,* 1596, in-12 de 2 ff. et 126 ff. chiffr., portr. [13886]

Après avoir parcouru ce recueil on ne regrette pas qu'il soit devenu rare : 14 fr. 50 c. de Soleinne.

— La Franciade. *Paris, Ant. Du Breuil,* 1603 (aussi 1604), pet. in-12.

Poëme héroïque en 9 livres, avec des arguments et des notes par Rob. De Laudun, onele de l'auteur, et aussi une généalogie des rois de Franconie et de France, depuis Marcomier, premier roi en Franconie, jusqu'à Henri IV, roi de France, avec un brief narré de leurs origine, gestes et ancienne demeure, en prose. 49 fr. première rel. en parch., Veinant ; 29 fr. v. f. Solar, et quelquefois moins.

Le nom de ce poëte est écrit tantôt en un seul mot, comme nous le faisons ici, et tantôt en deux (De Laudun).

DELAUNAY (Mordant). Voy. MORDANT.

DE LA VILLE. Dévotes conceptions, ou Pensées sur les emblêmes, prophéties, figures et parolles de la sainte Escriture qui se rapportent à la glorieuse Vierge Marie, composées par le R. P. Nicolas de La Ville, prieur des pères Célestins de Hevre lez Louvain. *Louvain, Cypr. Coenestain,* 1659, très-pet. in-8. [14104]

Ouvrage en vers : 16 fr. Duplessis. L'auteur est nommé Deleville dans le catal. de La Valliere, par Nyon, nᵒ 14076.

DELECTUS epigrammatum. Voyez EPIGRAMMATUM delectus. — gemmarum. Voy. GEMMARUM delectus.

DELEPIERRE (*Octave*). Macaroneana, ou Mélanges de littérature macaronique des différents peuples de l'Europe. *Publiée aux frais de G. Gancia, libraire, à Brighton. Paris (imprim. de Crapelet),* 1852, in-8. de VI et 388 pp. y compris la table. 10 fr. [13125]

Envisagé sous le rapport bibliographique, cet ouvrage, tiré à petit nombre, n'est guère qu'une compilation incomplète et quelquefois inexacte ; mais les extraits des auteurs macaroniques qu'on y a joints lui donnent de l'intérêt. Un des 20 exempl. en pap. vél. fort, 18 fr. Gancia.

M. Delepierre a publié depuis :

DE LA LITTÉRATURE *macaronique et de quelques raretés bibliographiques de ce genre.* Londres, 1855, in-8., opuscule qui, d'après l'annonce, n'aurait été tiré qu'à 50 exemplaires. Il contient la réimpression de quelques morceaux macaroniques, et entre autres celle de la *Cagasanga* du pseudo Lichiardus, mais faite incorrectement.

DESCRIPTION bibliographique et analyse d'un livre unique qui se trouve au Musée britannique, par Tridace-Nafé-Theobrome, gentilhomme breton (pseudonyme). *A Meschacébé, chez El Eriarbil, York-Street,* 1849, gr. in-8. de VIII et 170 pp., plus un f. pour la grande marque *Non solus* des Elseviers. [31804]

Volume non destiné au commerce, et dont il n'a été tiré que *cent exemplaires*, plus six sur pap. rose, et probablement aussi sur pap. bleu. Il donne les titres et quelques extraits de la précieuse collection de farces, que, depuis, M. P. Jannet a publiée en entier (voy. ANCIEN théâtre).

— HISTOIRE littéraire des fous. *Londres,* 1860, in-8. 8 fr. [17978]

— Marie de Bourgogne, 24989. — Chroniques, 25081. — Annales de Bruges, 25091. — Album pittor. de Bruges, 25090. — Dépôt des archives de la Flandre à Bruges, 25094. — Galerie des artistes brugeois, 31088. — Châsse de sainte Ursule (voy. MÉMELIN).

DELESSERT (*Benjamin*). Icones selectæ plantarum quas in systemate universali ex herbariis parisiensibus, præsertim ex Lessertiano descripsit A.-P. de Candolle. *Parisiis, Treuttel et Würtz,* 1821-46, 5 vol. gr. in-4., 501 pl. dess. par Turpin. 175 fr. — Pap. vél. 275 fr. — in-fol. Pap. vél. 350 fr. [4947]

On a figuré dans cet ouvrage un grand nombre de plantes nouvelles, décrites par M. de Candolle (*Regni vegetabilis systema naturale*). Voyez CANDOLLE.

MUSÉE botanique de M. Benj. Delessert. Notice sur les collections de plantes et la bibliothèque qui le composent; contenant, outre, des documents sur les principaux herbiers d'Europe, et l'exposé des voyages entrepris dans l'intérêt de la botanique; par A. Lasègue. *Paris,* 1845, in-8.

— Recueil de coquilles décrites par Lamarck dans son Histoire naturelle des animaux sans vertèbres, et non encore figurées; publié par M. Benj. Delessert. *Paris, Fortin et Masson,* 1842, in-fol. avec 40 pl. [6127]

Publié en 4 livraisons. Prix de chacune, 30 fr. ; — fig. color., 45 fr.

DELFINO (*Giov.*). Tragedie, alla vera lezione ridotte ed illustrate, col dialogo apologetico dell' autore. *Padova, Comino,* 1733, in-4. fig. 6 à 9 fr. [16718]

DELFINO (*Dom.*). Summario. Voy. TORRE (*Alfonso* de).

DELGADO [vulgo Pepe Hillo]. Tauromaquia o arte de torear a caballo y a pie. *Madrid,* 1804, in-8., avec 30 pl. color. 15 fr. [10303]

Malgré son extrême habileté dans ce genre de combat, l'auteur de la *Tauromaquia* est mort victime de son féroce antagoniste, dans une de ces terribles luttes auxquelles il aimait à se livrer.

DELI (*Andreas*).

C'est sous ce nom que Hain a placé, dans son *Repertorium*, n° 6088, le recueil que nous avons décrit à la col. 1531 de notre 1er vol. sous le titre de *Cancionero de varias coplas devotas.*

DELICADO ou Delgado. El modo de adoperare el legno de India occidentale, salutifero remedio a ogni piaga et mal incurabile (et si guarisca il mal Franceso ; operina de misser pre. Francisco Delicado). —*impressum Venetiis sumptibus vener Presbiteri Francisci Delicati Hispani de opido Martos... die 10 Februarii* 1529, in-4. de 8 ff. en caract. goth. [7266]

Opuscule fort rare. Sur le titre se trouve une grande gravure en bois ; au verso, une dédicace latine de l'auteur à trois médecins ; sur le dernier f., un privilège de Clément VII, en date du 4 décembre 1526, et où l'auteur est nommé Delicado.

— Voy. l'article PRIMALEON.

DELICADO (lo lecenciado *Ant.*). Adagios portuguezes, reduzidos a lugares communs. *Lisboa, Lopes Rosa,* 1651, pet. in-4. [18498]

Ce recueil de proverbes n'a pas été réimprimé ; mais il en paru un autre sous ce titre :

ADAGIOS, proverbios, rifãos et anexins da lingua portugueza, tirados dos melhores authores nacionaes e recopilados por ordem alfabetica por F. R. J. L. E. L. *Lisboa, na typogr. Rollandiana,* 1780 (aussi 1785), pet. in-8. de 341 pp.

DÉLICES de Paris et de ses environs, ou recueil des vues, perspectives des anciens monumens de Paris et des maisons de plaisance, situées aux environs, en 210 planches dessinées et gravées par les Perelle. *Paris, Jombert,* 1753, gr. in-fol. [9923]

DÉLICES de Versailles et des maisons royales, etc., en 218 pl. gravées par les Perelle (avec de courtes descriptions par Ch.-A. Jombert). *Paris,* 1766, in-fol. [9920]

Ces deux recueils ont coûté 50 fr. chacun. Mais ils sont plus chers maintenant, car le premier seul a été vendu 125 fr. Walkenaer. Une grande partie des planches qui composent le second recueil avait déjà été publiée séparément sous ce titre :

RECUEIL des plus belles veues des maisons royales designées et gravées par Perelle. *Paris, Poilly* (sans date), in-fol. obl. contenant 192 pl. 53 fr. Rébillot, en 1856 (voy. PERELLE).

DELICES de la poésie françoise, recueillies par Fr. Rosset. *Paris, Toussaint Du Bray*, 1615 (aussi 1618), pet. in-8. [13981]

Ce recueil a un second volume publié par J. Baudouin chez le même libraire en 1620; mais on trouve rarement les deux vol. réunis.

DÉLICES de la poésie galante des plus célèbres auteurs de ce temps. *Paris, Jean Ribou*, 1666, 3 part. en 1 vol. in-12 avec 2 front. grav. [13985]

13 fr. Viollet Le Duc.

Au milieu des pièces assez fades dont se compose ce recueil, se trouvent dans les stances de Boileau adressées à Molière, au sujet de l'*Ecole des femmes*, une stance supprimée depuis par le poëte, et qui n'est dans aucune édition de ses œuvres, si ce n'est dans celle donnée par Berriat Saint-Prix ; on y trouve aussi des stances signées du nom de Molière, mais qui ne sont probablement pas de notre grand comique, bien qu'on les ait insérées dans une édition de ses œuvres impr. en 1856.

DÉLICES (les) et les galanteries de l'Isle de France. *Cologne, Pierre Marteau, à la Vérité*, 1709, 2 tom. en 1 vol. pet. in-12. [17281]

Un exemplaire de ce recueil, rel. en *mar. r.* par Trautz, est porté à 129 fr. sous le n° 2028 du Catalogue de M. Solar, où sont indiquées les différentes pièces plus ou moins piquantes que renferment ces deux petits volumes, lesquels valent à peine 20 fr.

DÉLICES satyriques, ou suite du Cabinet des vers satyriques de ce temps. *Paris, Ant. de Sommaville*, 1620, in-12 de 472 pages. [14225]

Ouvrage beaucoup plus rare que celui auquel il fait suite. Il n'y en a qu'une seule édition. Vend. 24 fr. en 1816; 25 fr. Le Duc, et quelquefois plus cher.

DELICIÆ poeticæ, fasciculi VIII. (edente Laur. Van Santen). *Lugd.-Batav.*, 1783-96, 2 vol. pet. in-18. [13021]

Recueil curieux de poésies latines modernes et en partie inédites d'auteurs pour la plupart hollandais.
— Voy. DELITIÆ.

DELIE. Voy. SCEVE (*Maurice*).

DELILLE, médecin. Le docteur Fagotin, comédie en 3 actes, en prose. *Liége*, 1732, in-12. [16584]

Satire contre Procope, docteur en médecine, de Paris; il faut y joindre : *Lettre de M. P. (Procope) à M. Delille*, Namur, 1732; et *Réponse à la lettre de M. P.* Vend. 9 fr. *m. r.* Méon; 8 fr. By.

DELILLE (*Jacques*). Ses OEuvres; nouvelle édition, revue, corrigée et augmentée. *Paris, Michaud (impr. de Jules Didot)*, 1824, 16 vol. gr. in-8. pap. vél. fig. 80 fr., et plus en Gr. Pap. jésus vél. [14080]

Cette belle édition, la première qu'on ait donnée des OEuvres complètes de ce poëte, est ornée de gravures d'après Desenne, Devéria, Gérard, Girodet,

Moreau, Westall, etc. Voici ce qu'elle contient : Tome I. Poésies fugitives. — II. Les Géorgiques, avec le texte. — III à VI. L'Enéide, avec le texte. — VII. Les Jardins et l'Homme des champs. — VIII et IX. L'Imagination. — X et XI. Les trois règnes de la nature. — XII. Malheur et Pitié, et la Conversation. — XIII à XV. Le Paradis perdu, avec le texte anglais. — XVI. Le Départ d'Eden; l'Essai sur l'homme ; la Prière universelle, etc., avec une table générale et analytique. Ce dernier volume ne fait point partie des deux éditions suivantes.

— LES MÊMES œuvres (avec les textes latin et anglais). *Paris, Furne*, 1832, 10 vol. in-8. fig. 30 fr.

— LES MÊMES œuvres, avec les notes de MM. Parseval-Grandmaison, de Féletz, de Choiseul-Gouffier, Aimé Martin, Descuret, etc. *Paris, Lefèvre (impr. de F. Didot)*, 1833, très-grand in-8. de VIII et 914 pp. pap. vél. portr. 14 fr.

Édition à 2 colonnes, avec les textes lat. et anglais au bas des pp. Il en a été fait un second tirage.

Voici l'indication des principales éditions des ouvrages de ce versificateur élégant et facile, qui a perdu une grande partie de son ancienne réputation.

LES JARDINS, poëme en IV chants (édit. augmentée de 1100 vers). *Paris, impr. de Didot l'aîné, an IX* (1801), in-8. fig. pap. ordinaire, et pap. vél. fig. avant la lettre. [14135]

— LES MÊMES. *Strasbourg, Levrault*, 1808, gr. in-4. fig. — Il a été tiré deux exemplaires sur VÉLIN de chacune de ces deux éditions.

L'édition de *Paris, Didot l'aîné*, 1782, gr. in-4., n'étant pas complète, n'a que très-peu de valeur.

Nous citerons une traduction anglaise de ce poëme, *London, printed by T. Bensley*, 1798, in-4., dont il a été tiré un exemplaire sur VÉLIN.

L'HOMME des champs, ou les Géorgiques françaises (poëme en IV chants). *Strasbourg, Levrault, an X—1802*, gr. in-4. pap. vél. 4 fig. [14136]

Vend. *rel. en mar. dent.* 18 fr. Chardin.

Cette édition a reparu avec un nouveau titre daté de l'an XIII-1805, et un supplément contenant : *Variantes de l'Homme des champs, et morceaux ajoutés par l'auteur*, Paris, Levrault, 1805, in-4. Ce supplément a été imprimé en même temps in-8., in-12 et in-18, pour compléter la première édition.

— LE MÊME poëme, nouvelle édition. *Paris, impr. de Didot l'aîné*, 1805, in-8., pap. ordinaire et pap. vél., avec 5 et même 13 fig. — Il en a été tiré deux exemplaires sur VÉLIN.

LA PITIÉ, poëme en IV chants (précédé du dithyrambe sur l'immortalité de l'âme). *Paris, Giguet, an X—1802*, gr. in-4. pap. vél. avec 6 fig. [14137]

Le même poëme a été impr. en gr. in-8. et en gr. in-18, avec fig. Un exemplaire de l'in-4., impr. sur VÉLIN (daté de 1805), 200 fr. en 1821.

Il s'est fait à *Londres, chez Dulau*, en 1803, plusieurs éditions de la *Pitié*, in-4. et in-8., qui renferment quelques passages relatifs à la révolution française et au roi, lesquels n'ont pu être insérés que dans un très-petit nombre d'exemplaires des éditions imprimées en France avant la Restauration.

L'IMAGINATION, poëme en VIII chants, accompagné de notes historiques par M. Esménard. *Paris, Giguet*, 1806, 2 vol. gr. in-4. pap. vél. 2 fig. [14138]

Un exemplaire imprimé sur VÉLIN : 10 liv. 15 sh. à Londres en 1817, et 100 fr. à Paris en 1841.

— LE MÊME poëme, augmenté de 500 vers nouveaux. *Paris, Didot*, 1815, 2 vol. gr. in-8.

LES TROIS RÈGNES de la nature, poëme en VIII chants, avec des notes par M. Cuvier et autres. *Paris, Giguet*, 1808, 2 vol. gr. in-4. pap. vél. fig. [14139]

Un exemplaire impr. sur VÉLIN, 500 fr. en 1824, et moins depuis.

— LES MÊMES, 2 vol. in-8., 2 fig. Il en a été tiré deux exempl. sur VÉLIN.

POÉSIES fugitives, suivies de la traduction du

passage du Saint-Gothard ; nouv. édition. *Paris*, 1807, gr. in-4. avec 2 fig.

Un exemplaire impr. sur VÉLIN, 200 fr. en 1824.

— LES MÊMES, suivies d'un dithyrambe et du passage du Saint-Gothard, in-8., 3 fig., et nouvelle édit., 1818, in-8. et in-18.

LA CONVERSATION, poëme en III chants. *Paris*, *Michaud*, 1812, gr. in-4. fig. [14140]

Un exemplaire imprimé sur VÉLIN, 230 fr. en 1824 ; impr. aussi en gr. in-8. et en gr. in-18.

ŒUVRES posthumes en prose et en vers, suivies d'une table générale. *Paris*, *Michaud*, 1820, gr. in-8.

Les deux collections des ouvrages de Delille, impr. séparément dans les formats in-8. et gr. in-18, se composent chacune de 18 vol., y compris les *Géorgiques*, l'*Enéide*, le *Paradis perdu*, et l'*Essai sur l'homme* (voy. MILTON, POPE, VIRGILIUS).

La collection in-4., en 16 vol., est moins complète que les deux autres, et elle est tombée à très-bas prix, bien qu'elle se vendît primitivement de 48 à 72 fr. par vol. Il en a été tiré deux exempl. sur VÉLIN.

DELISLE de Sales. Voy. HISTOIRE universelle de tous les peuples, et les nos 3481, 10392, 22685.

DELITIÆ CC italorum poetarum hujus superiorisque ævi illustrium, collectore Ranutio Ghero (Jano Grutero). *Francof.*, 1608, 2 vol. pet. in-12, souvent partagés en 4 tom. 12 à 15 fr. [12618]

— Delitiæ C poetarum gallorum, collectore eodem. *Francof.*, 1609, 3 vol. pet. in-12, souvent partagés en 6 tom. [12820]

Vend. 22 fr. 50 c. Bonnier.

— Delitiæ poetarum germanorum, collect. A. F. G. G. (Antuerpiano filio Guil. Gruteri). *Francof.*, 1612, 6 vol. pet. in-12, souvent reliés en 12 tom. 36 à 45 fr. [12958]

— Delitiæ poetarum belgicorum, collectore eodem. *Francof.*, 1614, 4 vol. pet. in-12, souvent partagés en 6 ou en 8 tom. 20 à 24 fr. [13020]

— Delitiæ poetarum hungaricorum, nunc primum in hac Germania exhibitæ a Joh.-Phil. Paræo. *Francof.*, 1619, pet. in-12. [13118]

— Delitiæ quorumdam poetar. danorum, collectore Frid. Rostgaard. *Lugd.-Bat.*, 1693, 2 vol. pet. in-12. 8 à 12 fr.

Vend. 20 fr. Bonnier.

— Delitiæ poetarum scotorum hujus ævi illustrium (Ioanne Scoto Scototarvatio collectore). *Amstelod.*, 1637, 2 vol. pet. in-12. 6 à 10 fr. [13083]

On a mal à propos attribué ce recueil à Arthur Jonston (Barbier, *Anonymes*, 20180).

Ces sept articles forment une collection difficile à rassembler, et assez recherchée des curieux lorsqu'elle est bien conservée et de reliure uniforme : 240 fr. Brienne, en 1797; 151 fr. *mar. bl.* sans les poëtes hongrois, Courtois, et quelquefois moins cher. — Il y a des exemplaires en pap. fin bien préférables aux exemplaires ordinaires dont le papier est généralement fort mauvais et d'une teinte rousse.

Bern. De la Monnoye a donné, dans le 5e vol. in-4.

des *Jugemens des Savans* de Baillet, pp. 100-113, la liste des auteurs qui se trouvent dans ces différents recueils. — On peut réunir à ces *Delitiæ* l'article suivant, qui est rare en France :

PRODROMUS deliciarum suecor. poetarum, collect. et ed. P. Schyllberg. *Upsaliæ*, 1722, in-8.

DELIUS (*Matth.*) filius. De arte jocandi libri IV, cum præfatione Ph. Melanchthonis de tribus virtutibus in sermone, veritate, comitate et εὐτραπελία. *Vitebergæ*, 1555, pet. in-8. de 144 pp. [12977]

Cette édition est rare, mais l'ouvrage a été réimprimé dans plusieurs recueils (voy. ONSOPŒUS).

DELLA BELLA. Voyez BELLA et DESMARETS. — Delle Chiaje. Voy. CHIAJE. — Delle Rena. Voy. RENA.

DE LORENS. Voy. DU LORENS.

DE LORME (*Philibert*). ŒEuvres d'architecture. *Paris*, 1626, ou *Rouen*, *Dav. Ferrand*, 1648, 2 tom. en 1 vol. in-fol. fig. [9765]

Philibert De Lorme est regardé avec raison comme un des pères de l'architecture française, et son ouvrage, qui était excellent dans le temps où il parut, est encore fort recherché aujourd'hui. Toutes les éditions dans lesquelles se trouve le 10e livre, ou Traité de charpente, intitulé : *Nouvelle invention pour bien bâtir à petits frais, trouvée naguères par Phil. de Lorme Lyonnois, architecte...* sont bonnes : 40 à 50 fr., et beaucoup moins quand le dernier ouvrage manque. L'édition de 1648 a été vend. 63 fr. Hurtault.

La *Nouvelle invention*, Paris, 1561, ou 1568, ou 1576, in-fol., se trouve aussi séparément : 20 à 25 fr.

Quoique l'édit. de l'architecture de Ph. De Lorme, *Paris*, *Morel*, 1568, in-fol., soit belle et renferme de nombreuses gravures en bois fort bien exécutées, elle n'est pas chère, à moins que la *Nouvelle invention* n'y ait été réunie. Les 2 vol. édit. de 1576, *chez Hierosme de Marnef*, 76 fr. Goddé. L'auteur y a la qualité de *conseiller et aumosnier ordinaire du roi*, *abbé de S. Serge d'Angers*.

DELORME (*T.*). La Muse nouvelle, ou les agréables divertissements du Parnasse. *Lyon*, *Ben. Coral*, 1665, in-12. [14033]

Vers d'écolier. 5 fr. Viollet Le Duc.

DELPHINUS venetus (*Petrus*). Epistola-

---

rum libri XII, in lucem editi cura et studio Jac. Brixiani. *Venetiis, arte et stud. Bern. Benalii,* 1524, in-fol. [18734]

Ouvrage dont la grande rareté est généralement reconnue. Vend. 567 fr. Gaignat ; 374 fr. La Valliere ; 70 fr. seulement La Serna ; 250 fr. bel exempl. *m. r. dent.* avec les lettres initiales rehaussées en or, salle Silvestre, en 1809 ; 202 fr. Mac-Carthy ; 4 liv. 8 sh. Hanrott ; 3 liv. 18 sh. Heber ; et sans l'*errata* (en 2 ff., qui doit se trouver à la fin du vol.), 1 liv. 15 sh. le même.

Le P. Martenne a fait imprimer dans le 3ᵉ vol. de son *Amplissima collectio* 242 léttres inédites de P. Dauphin, qu'il est bon de joindre aux premières.

DELPHINUS (*Federicus*). De fluxu et refluxu aquæ maris, subtilis et erudita disputatio ; ejusdem de motu octavæ sphæræ. *In academia veneta,* 1559, in-fol., fig. en bois. [4248]

Ce volume, assez rare, contient 34 ff. en tout : 3 sh. Butler ; 12 fr. 50 c. Costabili ; 8 sh. Libri.

DELPHINUS (*Hieronymus*). Eunuchi conjugium ; hoc est, scripta varia de conjugio inter eunuchum et virginem juvenculam anno 1666 contracto. *Ienæ,* 1730 (aussi 1737), in-4. [6949]

Singulier et peu commun : 5 à 6 fr.

DEL RIO (*Mart.-Ant.*). Disquisitionum magicarum libri VI quibus continentur accurata curiosarum artium et vanarum superstitionum confutatio ; editio nova priore auctior. *Venetiis, apud Laur. Basilium,* 1747, 3 tom. en 1 vol. in-4. de XXVIII et 1018 pp. à 2 col. [8856]

Dernière édition de cette compilation curieuse, mais dénuée de critique. Celle de *Louvain, ex officina Gerardi Rivii,* 1599, 3 tom. en 1 vol. in-4., est généralement regardée comme la première ; cependant, selon M. Graesse, elle aurait été précédée d'une édit. de Mayence, 1593, ce dont je doute. L'ouvrage a été réellement réimpr. dans cette dernière ville *apud Jo. Albinum,* 1603, 3 tom. en 1 vol. in-fol. ; *apud Koenig,* 1606, 3 vol. in-8., *editio tertia auctior* ; *apud Henningium,* 1617, in-4. — *Lugduni, Pillehotte,* 1612, in-4. ; *Coloniæ Agrippinæ, Petr. Henningius,* 1647, in-4., et à Venise, en 1640, in-4., etc. Aucune de ces éditions ne conserve beaucoup de valeur.

CONTROVERSES et recherches magiques, traduites (et abrégées) du latin de Delrio, par André Duchesne, jésuite. *Paris, Chaudiere, ou Petitpas,* 1611, in-8.

— Syntagma tragœdiæ latinæ, 16108.

DE LUC (*J.-A.*). Lettres physiques et morales sur l'histoire de la terre et de l'homme. *La Haye,* 1779-80, 5 tom. en 6 vol. in-8. [4565]

Ouvrage recherché, dont les exemplaires sont peu communs : 30 à 36 fr. en pap. de Hollande, 72 fr. en 1812, et 100 fr. Labédoy...

On y réunit les *Lettres sur l'histoire physique de la terre* par le même auteur. *Paris,* 1798, in-8.

— GEOLOGICAL travels. *London,* 1810-11-13, 5 vol. in-8. 3 liv. [4600]

Dernière production de ce célèbre physicien : il s'en

trouve peu d'exemplaires en France. Le premier volume contient les voyages au nord de l'Europe ; le 2ᵉ et le 3ᵉ renferment le voyage en Angleterre ; et les deux autres les voyages en France, en Suisse et en Allemagne.

— Précis de la philosophie de Bacon, 3450. — Physique terrestre, 4246. — Météorologie, 4289. — Modifications, 4300. — Géologie, 4566.

DEMANDA. La demãda del sancto Grial : con los maravillosos fechos de Lãçarote y de Galaz su hijo. 1535 (*sic*). — A qui se acaba el segundo y postrero libro de la demanda del sancto Grial con el baladro del famosissimo profeta y negromante Merlin con sus profecias. Ay por consiguiente todo el libro de la demanda del sancto Grial en el qual se contiene el principio y fin de la tabla redonda y acabamiento y vidas de ciento y cinquenta cauallèros compañeros della. *El qual fue empresso en la imperial cibdad de Toledo por Juan de Villaqrã. Año... mill y qüinientos z quinze años* (1515), in-fol. goth. à 2 col. [17511]

Ouvrage divisé en deux livres, et qui contient, outre neuf ff. préliminaires pour le titre et la table, cxciiii (194) ff. chiffrés, au verso du dernier desquels se lit la souscript. ci-dessus. Ce n'est pas, comme nous l'avions conjecturé, le même ouvrage dont Antonio, *Biblioth. nova,* II, p. 400, cite une édition de Séville, 1500, in-fol., sous le titre de *Merlin y demanda del sancto Grial.*

Dans l'exemplaire que nous avons vu (celui de la *Biblioth. heber.,* IX, 136, vendu 6 liv.), il manquait plusieurs ff., tant au commencement du texte que vers la fin de la première partie, laquelle est terminée au f. xcvii. Le même chiffre est répété au premier f. de la seconde partie, ce qui nous porte à supposer que cet exemplaire avait été formé de parties tirées de deux éditions différentes. Une édit. de Séville, 1535, *a doce dias del mes de octubre,* in-fol. goth. de 194 ff., est citée par P. de Gayangos (*Libros de caballerias,* p. lxiii), lequel démontre la coïncidence de la *Demanda* ci-dessus avec le roman espagnol de Lancelot du Lac.

DEMANDES (les) damours auecques les reponses. — *Cy finit les demandes damours auecques leurs reponses,* pet. in-4. goth. de 11 ff. à longues lignes, au nombre de 23 sur les pages entières. [13237]

Le premier f. de cette édition porte le titre ci-dessus en deux lignes, dont la première ne contient que l'article *Les* avec la lettre initiale historiée.

Cet opuscule est compris dans les œuvres d'Alain Chartier (voyez CHARTIER). Il paraît être une réimpression des huit prem. ff. d'un livre impr. par Colard Mansion, et qui est connu sous le titre d'*Advineaux amoureux* (voy. ADVINEAUX). Et comme un exemplaire des *Advineaux* s'est trouvé relié avec le *Doctrinal du temps présent* (voyez MICHAULT), Hain (*Repertorium,* nº 6089) a supposé, bien à tort, que les *Demandes d'Amour* étaient la même chose que ce Doctrinal. Il en existe une édition in-4. de 6 ff., caract. goth., avec la marque de Mich. le Noir, libraire de Paris, mort en 1520, et aussi une autre édition pet. in-8. goth., imprimée, à ce qu'il nous semble, à *Lyon,* vers 1530 (*m. v.* par Bauzonnet, 75 fr. Solar), et qui de même que l'édition de Paris, sans date, pet. in-8. goth. (vend. 32 fr. B. D. G. en 1824, et 1 liv. 9 sh. Heber), a seulement 8 ff. Une de ces deux éditions, à la-

---

Delvincourt. Elementa juris, 2479. — Cours, 2812.
Delwart. Pathologie des animaux, 7712.

quelle étaient joints : *Les Droitz nouueaulx esta-
bliz sur les femmes*, imprime a Rouen pour Jehan
Burges le jeune (*sans date*), pet. in-8. goth. de 4 ff.,
s'est vendu 1 liv. 11 sh. 6 d. Lang ; 2 liv. 12 sh.
6 d. Heber; et une autre édition des *Demandes
d'amour*, in-8. de 11 ff., avec une vignette sur le
titre et le mot *Finis* à la fin : 3 liv. 6 sh. Heber. Enfin Panzer indique une édition de Lyon, par Pierre
Bouttelier, in-4. goth., sans date.

— LES DEMANDES da‖mours Auec la reponce. (*sans
lieu ni date*), pet. in-8. goth. de 8 ff. à 33 lig. par
page.

Édition en petits caractères très-serrés et à grande
justification, sans frontispice. Le verso du dernier f.
a 32 lig. et le mot *Finis*. C'est peut-être une de celles
que nous avons un peu vaguement indiquées ci-dessus.

On trouve aussi des *Demandes damours avec les responses* dans l'ouvrage de Des Autels intitulé *Le Mois
de may* (voy. DES AUTELS).

DEMANDES (les) joyeuses. — *Cy finent les demandes joyeuses par maniere de recreation. Imprimees a Rouen par Robinet Mace* (vers 1500), pet. in-4. goth. fig. en bois.

Édition fort rare qui a été vend. 1 liv. 5 sh. chez Hibbert ; 1 liv. 13 sh. 6 d. Heber.

DEMANDES joyeuses en forme de quoli-bets. (*sans lieu ni date*, vers 1530), pet. in-8. goth. [17995]

Vend. 1 liv. 19 sh. Lang. Réimpr. à *Rouen, Nicolas
Lecuyer*, vers 1580, pet. in-8.; et aussi sous ce
titre :
   PLUSIEURS demandes joyeuses en forme de quo-
   libet (*sans lieu ni date*), pet. in-8. ou in-16 goth.
   de 8 ff. 37 fr. mar. r. Veinant.

— DEMANDES joyeuses et les réponses en manière
de quolibets, avec les demandes d'amour et les réponses : ensemble les dicts et ventes d'amour. *Paris, Fleury Bourriquant* (vers 1620), in-16 de
96 pp.

Recueil singulier et rare. Le commencement est en
prose et le surplus en vers. Les différentes pièces
réunies dans le volume avaient déjà été impr. séparément cent ans plus tôt, comme on peut le voir
ci-dessus, et à l'article DITZ d'amours.

— THE DEMANDES joyous. *London, W. de Worde*,
1511, in-4. goth. de 4 ff.
Réimprimé dernièrement à 50 exempl. de format pet.
in-8.

— DELECTABLE demaundes and pleasant questions,
with their several answers in matter of love. *London*, 1566, in-4. Cette traduction d'un des ouvrages
françois ci-dessus a été plusieurs fois vend. de 2 à
3 liv. à Londres. On en cite une édit. de 1596.

DEMARA. Voy. MARA.

DEMARNE. Histoire sacrée de la pro-vidence, etc., tirée de l'Ancien et du Nouveau-Testament, représentée en 500 tableaux. *Paris*, 1728, 3 vol. gr. in-4. 40 à 45 fr. [356]

Demandre. Dictionnaire de l'élocution, 11027.
Demanet. Histoire de l'Afrique française, 28346.
Demanet (*A.*). Cours de construction (militaire), 8654.
Bemangeon (*J.-B.*). Génération, 6929. — Pouvoir de l'imagination, 6986. — Physiologie intellectuelle, 6996.
Demanne (*L.-C.-J.*). Ouvrages anonymes, 31597.
Demante (*A.-M.*). Cours de droit, 2841.
De Marne (*J.-B.*). Histoire de Namur, 25108.

Ouvrage d'une exécution fort médiocre : vendu 53 fr.
Lamy.

Il y a une seconde édition en 2 vol. in-fol. dont chaque f. contient 2 pl.; mais les épreuves en sont
mauvaises. Les mêmes gravures ont été publiées de
nouveau sous ce titre : *L'Ancien et le Nouveau-
Testament représentés en 500 tableaux, gravés
d'après Raphaël, etc.* Paris, 1757, in-fol.; puis
elles ont été reproduites sous l'intitulé suivant :
*Figures de la Bible en 500 tableaux, avec une
courte explication* (*par Rondet*). Paris, 1767, ou
1810, gr. in-4. Enfin on trouve encore une partie
des mêmes gravures dans une nouvelle édition du
Royaumont, publiée en 1811, à Paris, chez Blaise.

DEMESLE ou De Mesle (*Franc.*). Advis pour juger des inscriptions en faux et comparacion des escriptures, et signa-tures pour en faire et dresser les moyens, voir et decouvrir toutes falcifications et faucetez; avec ample et entiere instruc-tion de tout l'art d'escriture; plus pour cognoistre et dechifrer les lettres cachées et occultes; troisième édition. *Paris, René Ruelle*, 1609, in-12. 6 à 9 fr. [2790]

Ouvrage curieux dont la première édition est de 1604.
Il appartient autant à la profession du maître écrivain qu'à la jurisprudence.

DEMETRIUS Cydonius. Opusculum de contemnenda morte, gr. et lat., explica-vit Ch.-Th. Kuinoel. *Lipsiæ*, 1786, in-8. 2 fr. — Pap. fin, 3 fr. [3834]

Imprimé d'abord en grec et en latin, avec *Hermiæ
irrisio gentilium philosophorum*, à Bâle, chez Oporin, en 1553, in-8.

DEMETRIUS Aletheius (la Mettrie). Voy. ALETHEIUS.

DEMETRIUS Chalcondylas. Voy. CHAL-CONDYLAS. — Moschus. Voy. MOSCHUS.

DEMETRIUS Pepagomenus. Liber de po-dagra, gr. et lat. (edente Adr. Tur-nebo). *Parisiis, Morellus*, 1558, in-8. 3 à 4 fr. [6583]

— IDEM liber, gr. et lat., quem ope ms. bibliothecæ
Lugd.-Batav. recensuit, et notis illustr. Joh.-Steph.
Bernard. *Lugd.-Batavor.*, 1743 (nouv. titre,
Arnhemi, 1753), in-8, 4 fr.
Ce traité a été reproduit par C.-G. Kühn, *Addita-
menta ad elenchum medicor. veter. a Fabricio
in Bibliotheca gr. exhibita*, Lips., 1826, in-4. n° 6.

— TRAITÉ de la goutte, contenant les causes et origine d'icelle, le moyen de s'en pouvoir préserver
et le savoir guerir étant acquise, escrit en grec du
commandement de Michel Paléologue, empereur de
Constantinople, par Demetrius Pepagomenus, son
premier medecin, traduict en françois, restitué et
émendé de plusieurs belles corrections et annotations, par Frederic Jamot, docteur en medecine.
Paris, Gatiot Dupré, 1573, pet. in-8. 7 fr. 50 c.
Veinant.
La Croix du Maine cite une première édit. de cette
traduction, sous la date de *Paris, Phil. de Rou-
ville*, 1567.

— Cynosophion. Voy. PHÆMON.

— Demetrius Pepanus. Voy. PEPANUS.

Demersay (*Alfr.*). Histoire du Paraguay, 28705.
Demetrius. Grammaire grecque, 10736.
Demetrius Alexandrides. Dictionnaire grec moderne et turc, 10752.

DEMETRIUS Phalereus de elocutione, gr. (studio Petri Victorii). *Florentiæ, apud Juntas*, 1552, in-8. de 6 ff. prél. 96 pp. et 2 ff. dont un blanc. [12017]

Ce traité a paru pour la prem. fois dans le tome 1er des *Rhetores græci*, d'Alde (voy. RHETORES); mais l'édition de Junte est la première qui ait été publiée séparément. C'est un livre rare et qui vaut de 9 à 12 fr. : vend. 43 fr. bel exempl. en Gr. Pap. m. v. de Cotte, et ancienne reliure en *mar. e.* aux armes des Médicis, 161 fr. Renouard.

— LIBER de elocutione, græce; ex editione Petri Victorii. *Parisiis, G. Morellus*, 1555, in-8. 4 à 6 fr.

Édition belle et correcte. Elle a été faite sur la précédente et avec le secours d'un manuscrit.

— IDEM liber. In hac editione context. gr., ex optt. exemplarr. emendatur, versio lat. (P. Victorii) passim repurgatur et loca a Demetrio laudata nunc primum latinitate donantur. *Glasguæ, Rob. Foulis*, 1743, in-8. 3 à 5 fr.

Il y a des exemplaires de cette édition tirés de format pet. in-4. 5 à 7 fr.

— Idem liber, græce; curavit Joan.-Gottl. Schneider. *Altenburgi*, 1779, pet. in-8. 3 à 4 fr.

Édition critique impr. peu correctement, mais qui renferme de bonnes remarques de l'éditeur. Le texte de ce rhéteur est inséré dans le 9e vol. de *Rhetores gr.* publié par Walz, et dans le 3e vol. de *Rhetores*, édit. de Spengel. Des fragments du même écrivain ont été recueillis par Muller dans le 2e vol. des *Fragmenta histor. græc.* édit. de Firm. Didot.

— DEMETRIUS rhetor de elocutione liber; edidit Fr. Goeller, *Lipsiæ, Cnobloch*, 1837, in-8. de 34 et 215 pp. 1 thl. 8 gr.

— DEMETRIO Falereo della locuzione, volgarizzato da Pier. Segni. *Firenze*, 1603, in-4.

Cité par La Crusca.

Il y a une autre traduction italienne de ce rhéteur, par Marc. Adriani, *Firenze*, 1738, in-8., également estimée. Elle a été publiée par Ant.-Fr. Gori.

— Voy. P. VICTORIUS.

DEMETRIUS Triclinius. Voy. EMPEDO-CLES. — Zenus. Voy. HOMERI Batracho-myomachia.

DEMIDOFF (*Anatole*). Voyage dans la Russie méridionale et la Crimée, par la Hongrie, la Valachie et la Moldavie, exécuté en 1837, sous la direction de M. Anatole Demidoff, par MM. de Sainson, Le Play, Huot, Leveillé, Rousseau, de Nordmann et Du Ponceau. *Paris, E. Bourdin*, 1840-42, gr. in-8. [20404]

Cet ouvrage est divisé en deux sections :

1o HISTOIRE du voyage; par MM. A. Demidoff, de Sainson et Du Ponceau, gr. in-8., avec 64 vignettes dessinées par Raffet. 12 et ensuite 15 fr.

2o OBSERVATIONS scientifiques (géologie, minéralogie, botanique, zoologie, etc.), par MM. Le Play, Huot, Leveillé, Rousseau et Nordmann, 3 vol. gr. in-8.

On a publié avec ces 4 volumes de texte un atlas d'histoire naturelle, en 95 pl. color., et un album, en 16 livr. Le tout ensemble 170 fr. de Martainville.

L'album a été reproduit depuis sous ce titre :

ALBUM du Voyage dans la Russie méridionale et la Crimée par la Hongrie, la Valachie et la Moldavie, exécuté sous la direction du prince Anatole Demidoff, dessiné d'après nature et lithographié par Raffet. *Paris, Gihaut frères*, 1849, ou *Paris, Ernest Bourdin*, 1856, grand in-fol. de plus de cent planches avec un texte explicatif même format par le prince A. Demidoff. 125 fr.

Le Voyage dans la Russie méridionale a été traduit en italien, *Torino* (1841); en espagnol, par Juan Portada, *Barcelone*, 1855, 2 vol. gr. in-8. avec les gravures de l'édition française; en allemand, *Breslau*, 1854; en anglais, *Londres*, 1853, 2 vol. gr. in-8., fig.; en polonais, *Varsovie*, 1845; en russe, *Moscou*, 1853.

Il y a une nouvelle édition du texte français sous ce titre :

VOYAGE dans la Russie méridionale et la Crimée... illustré par Raffet; 2e édition, revue et augmentée par l'auteur. *Paris, Ern. Bourdin*, 1854, gr. in-8. avec un portr., 14 vignettes et 2 cartes. 20 fr.

La Crimée, par le prince Demidoff, Paris, Bourdin, 1855, gr. in-18, est un extrait de l'ouvrage ci-dessus.

DEMME (*Andr.-Valent.*). Der praktische Maschinenbauer. *Quedlinburg, Basse*, 1841-50. 28 livr. in-8. 266 fr. [8182]

DEMOCRITUS Abderita de arte magna sive de rebus naturalibus : necnon Synesii et Stephani Alexandrini et Mich. Pselli in eundem commentaria. Dom. Pizimentio vibonensi interprete. *Patarii*, 1573, pet. in-8. [8944]

Version très-infidèle d'un traité d'alchimie qui a été faussement attribué à Démocrite, quoiqu'il soit bien postérieur à l'époque où vivait ce philosophe. Nous la citons parce qu'elle est rare, et que d'ailleurs le texte grec n'en a pas encore été publié; toutefois elle a été réimpr. à Nuremberg, en 1717, pet. in-8., avec un opuscule intitulé : *Tumba Semiramidis hermeticæ sigillatæ*. Dans le VIe volume des Notices des manuscrits de la Biblioth. impér. s'en trouve une d'Ameilhon sur les *physiques et mystiques de Démocrite*, d'après quatre mss. français.

— Democriti Abderitæ operum fragmenta, collegit, recensuit, vertit, explicuit ac de philosophi vita, scriptis et placitis commentatus est Fred.-Guill.-Aug. Mullachius. *Berolini, Besser*, 1843, in-8. 8 fr.

Des fragments de ce philosophe ont été donnés par C. Muller, *Fragmenta*, vol. II, et par Orelli, *Opuscula græca*, vol. I.

DEMOCRITUS ridens, sive campus recreationum honestarum, cum exorcismo melancholiæ. *Amstelod., apud Jod. Janssonium*, 1649 seu 1655, pet. in-12. 3 à 6 fr. [17807]

Ouvrage attribué à J.-P. Langius. Il a été réimpr., *Coloniæ*, 1649, *Ulmæ*, 1667, *Gedani*, 1701, in-12, et avec les mots *centuria selecta a J.-P. Langio*, sur le titre, *Presburgi*, 1770, in-8.

DÉMON (le) et la démone mariés, ou le malheur des hommes qui épousent de mauvaises femmes, avec leur caractère vicieux, nouvelle historique et morale, tirée des annales de Florence. *Roterdam* (*Paris*), 1705, in-12, fig. 5 à 6 fr. [17208]

Demetz. Pénitenciers, 4100.
Demeunier (*M.*). Esprit des usages, 21326.
Demian. Tableau de la Hongrie, 26505.

Demogeot (*Jacq.*). La littérature française au XVIIe siècle, 30059.
Demolombe (*C.*). Cours de code Napoléon, 2839. — Traité du mariage et de la séparation, 2852.

Cet ouvrage n'est guère qu'une paraphrase du *Belphegor*, nouvelle trad. de l'italien de Machiavel, par Le Fevre, *Saumur*, 1664, in-12. Il avait d'abord paru sous le titre suivant : *Roderic* ou *le Démon marié, nouvelle historique trad. de l'italien en français. Cologne*, 1694, in-12. On l'a réimprimé à Paris sous la rubrique de *Baratropolis*, en 1745, et trois années plus tard (à peu près sous le même titre que celui de l'édit. de 1705) à *La Haye, chez Jean Neaulme*, 1748, pet. in-12 de 9 ff., non compris le frontispice gravé, et 147 pp. A cette réimpression est joint : *Le Démon marié ou le malheur de ceux qui violent les préceptes de leurs parents, nouvelle hébraïque morale, trad. par Mlle Patin*, même date et même format, partie de 168 pp. précédées de 6 ff., y compris le frontispice gravé. Ce dernier roman avait déjà été publié, sans noms d'auteur, vers 1688, sous le titre de *Mitra* ou le *Démon marié*, avec une dédicace datée de Padoue, 1er janvier 1688, et signée *Catherine-Charlotte Patin* (fille de Guy Patin); il avait même été réimprimé plusieurs fois, et notamment à *Paris*, en 1745, sous la rubrique de *Demonopolis*. (Note extraite de celle que M. P. L. a insérée dans le *Bulletin du Bibliophile*, novembre 1849, p. 760.)

DE MONS (*Jean*). La demonstration de la quatrieme partie de rien, et quelque chose et tout; et la quintessence tiree du quart de rien et de ses dependances, contenant les préceptes de la saincte magie et devote invocation de Demons, pour trouver l'origine des maux de la France et les remedes d'iceux. *A Paris, Estienne Prevosteau*, 1594, pet. in-8. de 78 pp. et un errata. [13871]

Pièce rare, mais d'un très-médiocre intérêt; elle renferme deux opuscules en vers, dont le second est entremêlé d'une glose latine presque inintelligible.

— La sextessence diallactique et potétielle, tirée par une nouvelle façon d'alambiquer, suivant les préceptes de la saincte magie, et invocation de Demons, conseiller au présidial d'Amiens; tant pour guarir l'hémorragie, playes, tumeurs et ulcères vénériennes de la France, que pour changer et convertir les choses estimées nuisibles et abominables, en bones et utiles. *Paris, Estienne Prevosteau*, 1595, in-8. [13872]

Volume non moins rare que le précédent, et qui a 396 pp. y compris 10 ff. prélim. (le texte commençant à la page 17). Ce n'est qu'une réimpression du poëme de la quintessence, avec une glose française très-étendue : vend. 38 fr. La Valliere; 25 fr. 50 c. Méon ; 44 fr. *m. r.* d'Ourches ; 40 fr. Nodier, en 1827.

Quoique les bibliographes placent ordinairement ces deux ouvrages dans la classe de l'histoire de France, l'abbé de Saint-Léger dit, dans une de ses notes, qu'ils appartiennent à la théologie mystique : pour nous, nous les avons mis dans la poésie (consultez les *Mélanges tirés d'une petite bibliothèque*, par Ch. Nodier, pp. 243 et suiv.). Les deux pièces de vers : *Contemplative révision*, et *A la France*, qui occupent 2 ff. non chiffrés, entre les pages 16 et 17, ne sont pas dans tous les exemplaires.

DE MONS (*Claude*), magistrat à Amiens. Les Chants oraculeux, bucoliques et sa-

tyriques, et sur les abus, vanités et corruptions du monde (en vers). *Amiens, Hubault*, 1627, in-8. [14031]

L'auteur de ces poésies était fils de Jean De Mons, dont nous venons de parler ; sans doute son ouvrage n'est pas moins rare que ceux de son père, mais il n'a pas le même intérêt de curiosité. Goujet en a donné l'analyse, vol. XIV, 387.

LES BLASONS anagrammatiques du Hierapolitain d'Amiens C. D. M. (Claude De Mons), sur diverses fleurs personnelles de piété, de noblesse, de justice et de littérature, signalans en Dieu la contrée, en vers latins et françois. *Amiens, Musnier*, 1662, in-8. (Catalogue de La Valliere-Nyon, n° 14287.)

DEMONTIOSIUS (*Ludov.*). Ludovici Demontiosii Gallus Romæ hospes. Opus in quinque partes tributum. Ubi multa antiquorum monimenta explicantur, pars pristinæ formæ restituuntur. *Romæ, Osmarius*, 1585, in-4. fig. 8 à 12 fr. [29250]

Cet ouvrage, dont les exemplaires sont rares, même en Italie, est encore estimé des antiquaires. La partie qui traite des arts du dessin a été réimprimée à la suite de la *Dactyliotheca* de Gorlée (voy. GORLÆUS), et dans le tome IX du *Thesaurus antiquit. græc.* de Gronovius (voy. GRÆVIUS). *Demontiosius* est le nom latinisé de *Louis de Montjosieu*, à qui La Croix du Maine a consacré un article dans sa *Bibliothèque françoise*.

DEMOPHILI, Democratis et Secundi, veterum philosophorum sententiæ morales (gr. et lat.), nunc primum editæ a Luca Holstenio. *Romæ, Mascardus*, 1638, in-12. 3 à 5 fr. [3667]

Édition peu commune, mais réimpr. à Leyde, en 1639. Voy. SALLUSTIUS philosophus.

— DEMOPHILI similitudines, sive vitæ curatio ex Pythagoreis ; ejusdem sententiæ pythagoricæ, gr., cum versione et scholiis Holstenii, illustr. a Jesp. Svedberg. *Holmiæ*, 1682, pet. in-8. 6 fr.

Rare en France.

— DEMOPHILI et Democratis sententiæ, gr., cum versione lat. et scholiis Holstenii : accedunt Secundi sententiæ, curante J. Ad. Schier, qui et recensuit hos libellos denuo et Holstenii edit. roman. cum cod. ms. Guelpherbytensi contulit, *Lipsiæ*, 1754, in-8. 2 fr.

DEMORENNE (*Cl.*). Les regretz et tristes lamentations du comte de Mongommery, sur les troubles qu'il a esmeuz au royaume de France, depuis la mort du roy Henry deuxiesme de ce nom jusques au vingtsixième de juing, qu'il a esté executé; Auec la consultation des Dieux, sur la prinse dudict Mongommery par C. Dem. P. *Rouen, Martin le Mesgissier*, 1574, pet. in-8. de 16 ff. y compris le titre. [13791]

Vend. 11 fr. *mar. r.* La Valliere.

DEMOSTHENES. Demosthenis orationes duæ et sexaginta : Libanii sophistæ in eas ipsas orationes argumenta. Vita Demosthenis per Libanium. Ejusdem vita

---

per Plutarchum (omnia græce, edentibus Aldo Manutio et Scip. Carteromacho). — *Venetiis, in ædib. Aldi, mense Nouemb.* M. D. IIII, 2 tom. en 1 vol. pet. in-fol. [12100]

Première édition de ce grand orateur. La 1re partie contient 320 pp. chiffrées, avec 28 pp. prélim. non chiffrées; la 2e partie a 288 pp. chiffrées seulement jusqu'à 286, parce que les chiffres 254 et 255 sont répétés. Il y a de plus trois ff. non chiffrés qui contiennent des variantes et la date, et à la fin un f. blanc.

Alde a donné deux éditions de Démosthène sous la même date. La première est impr. en caract. neufs et sur beau papier; on la distingue surtout à l'ancre aldine qui s'y trouve gravée au simple trait, ayant le nom de l'imprimeur disposé de chaque côté, de la manière suivante: ALDVS MA. RO. Les pages 231, 278 et 311 de la 1re partie y sont cotées 131, 288 et 211. La seconde édition, au contraire, dit M. Renouard, est d'un caractère moins neuf, d'un pap. moins beau; l'ancre est d'une gravure différente, et le nom d'Alde y est ainsi disposé: AL DVS. Les pages indiquées ci-dessus y sont exactement chiffrées, mais dans la même première partie les pages 243, 253 et 267 sont cotées 342, 252 et 266.

La première de ces deux éditions est plus rare que la seconde; mais celle-ci est préférable, parce qu'elle offre un texte meilleur et imprimé plus correctement. Vend. première édition: 132 fr. F. Didot; 140 fr. *mar. r.* Caillard; 93 fr. *mar. r.* de Cotte; 202 fr. Mac-Carthy; 9 liv. 2 sh. Drury; 6 liv. 6 sh. Heber; 6 liv. 5 sh. Butler; 30 flor. Butsch; seconde édit.: 72 fr. d'Ourches; 120 fr. en 1825; 5 liv. 18 sh. Heber; bel exempl. dans son ancienne rel. 140 fr. Giraud; autre 60 fr. Costabili, et médiocre 45 fr. Bearzi. — Ajoutons que, selon Hoffmann (*Lexicon*, II, page 12), il existerait des sortes d'exemplaires de la première édition qui se reconnaîtraient à quelques variantes, comme par exemple à la page 557 du 2e vol. ligne 35, ἑτερόπλοιω au lieu d'ἑτερόπλοω; dans la souscription de l'imprimeur, *Nouem.*, au lieu de *Nouemb.*; mais il est probable que ces différences proviennent de la réimpression de quelques feuilles, et que le livre n'a pas été entièrement réimprimé.

— DEMOSTHENIS orationes duæ et sexaginta, et in easdem Ulpiani commentarii; Libanii argumenta (græce): tum collectæ a studioso quodam (Jac. Rubero) ex Des. Erasmi, Guil. Budæi atq̣ aliorum lucubrationibus annotationes, etc. *Basileæ, per Joh. Hervagium,* 1532, 2 tom. en 1 vol. in-fol. (pas in-8.) de 12 ff., 532 et 507 pp., plus 20 ff.

Cette belle édition reproduit le texte de la précédente, avec quelques corrections et aussi plusieurs fautes nouvelles; elle est rare, et le commentaire d'Ulpien, les notes, les variantes ainsi que la préface d'Erasme qui y sont ajoutées, lui donnent quelque importance; néanmoins le prix n'en est pas élevé: 10 à 15 fr. — en Gr. Pap. 1 liv. 15 sh. Heber.

— **Orationes (græce), nunc diligenti recognitione emendatæ (a J.-Bern. Feliciano).** *Venetiis, in ædibus Fr. Bruccioli et ejus fratrum,* 1543, 3 vol. pet. in-8.

Édition bien imprimée, très-rare, et qui présente un texte soigneusement corrigé sur plusieurs manuscrits: vend. 3 liv. 10 sh. Askew; 140 fr. Villoison; 120 fr. *mar. r.* d'Ourches; 201 fr. *mar. r.* Larcher; 3 liv. 3 sh. Heber; 24 fr. Curée.

Le premier volume contient 183 ff. chiffrés, précédés de 40 ff. prélim. non chiffrés, sous les sign. A—E. Sont compris dans ce nombre le frontispice et 2 ff. blancs. Il y a dans le tome II, 364 ff. chiffrés, précédés de 8 ff. dont 2 blancs, et suivis de 3 ff. non chiffrés. Dans le tome III il y a 360 ff. chiffrés, dont

le dernier est coté, par erreur, 358; on trouve en tête du volume 3 ff. prélim. et un f. blanc.

Un exemplaire en Gr. Pap., le seul connu, est indiqué dans la *Biblioth. grenvil.*, p. 197.

Le texte de l'édition de Feliciani a été réimprimé à Bâle, chez Hervagius, 1547, en 3 vol. in-8., avec des variantes fournies par P. Danès et Vinc. Obsopœus.

— **Orationes, græce (ad editionem J.-B. Feliciani), corrigente Paulo Manutio.** *Venetiis, in ædib. Pauli Manutii,* 1554, 3 vol. in-8.

Édition rare, mais peu estimée, parce qu'elle est très-inexacte: vend. 1 liv. 7 sh. Pinelli; 45 fr. Larcher; 49 fr. Mac-Carthy; 20 flor. Meerman; 1 liv. 9 sh. Heber; 6 liv. *mar. r.* Butler. Un exemplaire en Gr. Pap. 44 flor. Crevenna; il serait certainement porté beaucoup plus haut maintenant.

Collation. Pars prima: VIII ff. prélimin., 122 ff. de texte, plus 2 ff. contenant les variantes et la date. Pars secunda: 248 ff., 3 de variantes et 1 blanc. Pars tertia: 242 ff. (le dernier coté 243), 2 au commencement et 2 à la fin.

— ORATIONES (græce); cum variis lectionibus, commentariis Ulpiani, etc., cura et stud. Guil. Morelii et Dion. Lambini). *Lutetiæ-Parisior., Jo. Benenatus,* 1570, in-fol. 10 à 12 fr.

Édition belle et correcte, laquelle a 26 ff. prélimin., 798 pp. et 1 f. pour la souscription: *Lutetiæ-Parisiorum, Kalendis Febr.* M.D.LXX. *Joannes Benenatus absolvit.* Vend. 13 flor. Meerman.

Il y a des exemplaires en Gr. Pap. très-rares: vend. 62 fr. *m. r.* Gaignat; 4 liv. 19 sh. Drury; reliure en *mar. citr.* parsemé *de fleurs de lis,* 6 liv. 10 sh. Libri, en 1859. Il s'en trouve d'autres, sous la même date, dont les titres sont, soit avec l'adresse du libraire *Mich. Sonnius,* soit avec celle de *Jac. Dupuys.* Il est à remarquer que l'impression de ce livre, commencée en 1558 par Guillaume Morel, ne fut achevée qu'en 1570 par Jean Bienné, devenu l'époux de la Ve Morel.

— DEMOSTHENIS et Æschinis opera, cum utriusque auctoris vita et Ulpiani commentariis novisque scholiis ex quarta recognitione, gr. et lat., codicum impress. et duorum mss. collatione a mendis repurgata, variis lectionibus adaucta, annotatt. illustrata per Hier. Wolfium. *Basileæ, ex offic. Hervagiana, per Eus. Episcopium,* 1572, in-fol.

C'est, au jugement de Reiske, la plus belle et la plus correcte des éditions du Démosthène de Wolf. Elle a 18 ff. prélim., 744 pp. pour Démosthènes, 16 ff. et 218 pp. pour l'Ulpien, et 12 ff. de table. Les variantes y sont nombreuses, mais entassées sans ordre et sans critique: 12 à 18 fr.

— DEMOSTHENIS et Æschinis opera, cum utriusque auctoris vita et Ulpiani commentariis, novisque scholiis: annotationibus illustravit et var. lect. addidit Hier. Wolfius (gr. et lat.). *Francof.,* 1604, in-fol. de 34 ff., LXXIV pp. et 3 ff., 1464 pp. et 21 ff.

Cette édition est rangée dans un ordre un peu différent de celui de la précédente, et elle contient quelques variantes de plus. Ebert la dit moins belle et moins correcte; mais on la juge plus favorablement en France et en Angleterre, où ce livre a été long-temps fort recherché. Les exempl. se trouvent rarement bien conservés. 24 à 36 fr.; vend. même 78 fr. *m. r.* Barthélemy, et 169 fr. de Cotte. L'édition de 1607, *Aureliæ Allobrogum* (ou avec de nouveaux titres, *Genevæ,* 1607, ou *Francof.,* 1642), in-fol., est mal exécutée, et l'on en a retranché les notes et les variantes de Wolf.

— **Opera, gr. et lat.; edente Joan. Taylor.** *Cantabrigiæ, typis academ.,* 1748-57, 2 vol. gr. in-4. 20 à 30 fr.

Il n'a paru que les tomes II et III de cette belle édition qui, selon les annonces du temps, devait avoir

5 vol. : vend. 56 fr. Larcher, et en Gr. Pap. rel. en 4 vol. *m. r.* 151 fr. Saint-Céran, en 1791 ; 200 fr. en 2 vol. *mar. r. dent.* Caillard ; 230 fr. F. Didot ; 300 fr. Mac-Carthy, 6 liv. 6 sh. Dent, et moins depuis.

Quelques exemplaires des deux mêmes volumes ont de nouveaux titres datés de 1774, et cotés tomes I et II.

— DEMOSTHENIS et ÆSCHINIS quæ supersunt omnia, juxta accuratissimorum omnium, quotquot habent Bibl. regiæ et sangermanensis codices, et impressorum inspectione, juxta auctoritatem librorum quos adierunt Taylorus et Reiskius, gr. et lat. edidit Ath. Auger, cum versione nova et brevioribus notis. *Parisiis, Petr. Didot,* 1790, gr. in-4., tome Ier seulement, 10 à 12 fr.

— DEMOSTHENIS et Æschinis Opera, græce (edidit God.-H. Schaefer). *Lipsiæ, Tauchnitz,* 1812-13, 6 vol. in-16. 10 fr. — Pap. fin, 12 fr.

Réimpression correcte du texte de Reiske (dans les deux prem. vol. des *Oratores græci*): elle fait partie d'une collection d'auteurs grecs publiés par le même éditeur.

— DEMOSTHENES, græce (edente Neophyto Duca). *Viennæ-Austriæ,* 1813, 6 vol. in-8,

L'éditeur a pris pour base de cette édition le texte de Reiske, qu'il a quelquefois corrigé. Le 5e vol. renferme le commentaire d'Ulpien, et le 6e un *Lexicon Demosthenicum.*

— DEMOSTHENIS quæ supersunt (græce) e bonis libris a se emendata edidit Joan.-Jacob. Reiske ; editio correctior, curante Godofr.-Henr. Schæfero. *Lond., Black, Young,* 1822, 2 vol. in-8. — Eædem : latine vertit Hieron. Wolfius. *Ibid., id.,* 1826, in-8. — Indices operum Demosthenis, confecit Joan.-Jac. Reiske. *Ibid., id.,* 1823, in-8.

— APPARATUS criticus et exegeticus ad Demosthenem Vinc. Obsopœi, Hier. Wolfii, Jo. Taylori et Jo.-Jac. Reiskii annotationes tenens ; commodum in ordinem digestum, aliorumque et suis annotationibus auctum edidit G.-H. Schæfer. *Ibid., id.,* 1824-27, 5 vol. in-8.

Ces quatre articles, qui doivent être réunis, ont été impr. à *Brunswick, par Fred. Vieweg et fils,* pour le compte des libraires de Londres, nommés sur le titre. 70 fr. — Pap. fin, 90 fr. — Gr. Pap. 150 fr.

— DEMOSTHENIS Opera, græce ; ex recensione Imm. Bekkeri. *Oxonii, typogr. clarend.,* 1823, 4 part. in-8.

Cette édition, faite sur celle de Berlin, 1823, 4 part. in-8., présente le meilleur texte de Démosthène que l'on eût donné jusqu'alors ; elle forme le 4e volume ou les 4 dernières parties des *Oratores attici* (voy. ORATORES); mais elle se vend séparément. 20 à 24 fr.

— DEMOSTHENIS et Æschinis opera, gr., textui, qui variorum est, apposita est lectio Reiskiana. — Eadem, latine ; ex interpretatione partim Stockii, partim Hier. Wolfii, ad nostram editionem passim accommodata. *Londini, typis J. F. Dove, sumptibus Ric. Priestley,* 1824, 4 vol. in-8. 48 fr.

— DEMOSTHENIS et Æschinis quæ extant omnia (græce), indicibus locupletissimis, continua interpretatione latina, varietate lectionis, scholiis tum Ulpianeis tum anonymis, annotationibus variorum, H. Wolfii, Obsopœi, Taylori, Marklandi, Jurini, Mountenii, Stockii, Harlesii, F.-A. Wolfii, Spaldingii, Augeri, Rüdigeri, Wunderlichii, Bremii, aliorumque et suis illustravit Guilelmus-Stephanus Dobson ; accedunt animadversiones Reiskii, Dounæi, Weiskii, Amersfoordtii, et nunc primum publici juris factæ Thomæ Stanleii, vel potius Jacobi Duporti. *Londini, typis excudit J.-F. Dove, veneunt apud Ricardum Priestley,* 1827, 10 vol. in-8. 60 à 70 fr.

Quoique peu remarquable sous le rapport typographique, cette édition mérite d'être recherchée, parce qu'elle réunit tout ce qui peut faciliter la lecture

d'un auteur ancien, ainsi qu'on en peut juger par le titre ci-dessus. Les prolégomènes et le texte de Démosthène, avec les notes au bas des pages, occupent les 4 prem. vol., les *Animadversiones* le 5e, les scolies le 6e, et les *Indices* suivis de la concordance des pages des principales éditions de Démosthène, le 7e. Le texte d'Æschine et ce qui s'y rapporte est compris dans le 8e ; et les tomes 9 et 10 renferment la version latine des deux orateurs. Il y a des exempl. en Gr. Pap. royal, et, selon M. Dibdin, 20 exempl. pap. impér., format in-4.

— DEMOSTHENIS Opera, ex recensione Dindorfii, cum annotationibus et scholiis. *Oxonii,* 1846-51, 9 vol. in-8. 90 fr.

Le texte seul., en 4 vol. 40 fr. Les *annotationes interpretum* forment les tomes V à VII, et les *scholia græca,* les tomes VIII et IX.

— DEMOSTHENIS Opera recensuit, gr. et lat. cum indicibus edidit Joh. Theod. Wœmelius. *Parisiis, F. Didot,* 1843-46, 2 vol. gr. in-8., revu et réimpr. en 1857, 30 fr.

— ORATIONES gr., ex recensione Guil. Dindorfii ; editio tertia correctior. *Lipsiæ,* 1855, 3 part. in-8.

— CONCIONES quæ circumferuntur, cum Libanii vita Demosthenis et argumentis gr. et lat. Recensuit cum apparatu crit. copiosissimo, proleg. grammat. et notis codd. edidit J.-Th. Wœmel. *Halæ,* 1856, 2 vol. in-8. 21 fr.

Traductions.

— Les OEuvres complètes de Démosthène et d'Æschine, en grec et en français ; traduction de l'abbé Auger. Nouv. édition, revue et corrigée par J. Planche (et par Boissonade). *Paris, Verdière,* 1819-1821, 10 vol. in-8. 50 fr., et plus cher en pap. vél.

Cette traduction, la seule complète que l'on eût alors de ces deux orateurs, est assez exacte, mais froide et sans couleur. Il en existe plusieurs éditions auxquelles le texte grec n'est pas joint ; et d'abord celle de *Paris,* 1777, en 5 vol. in-8. ; ensuite celle de *Paris,* 1788 (ou an II-1794), en 6 vol. in-8., corrigée et augmentée par le traducteur. Réimpr. *Angers et Paris,* 1804, en 6 vol. in-8.

La traduction d'une partie des discours de Démosthène, par Jacques de Toureil, *Paris,* 1721, 2 vol. in-4, ou 4 vol. in-12, est presque entièrement oubliée, quoiqu'elle ne soit pas sans mérite.

— ŒUVRES complètes de Démosthène et d'Eschine, traduction nouvelle, faite sur le texte des meilleures éditions critiques, par J.-F. Stiévenart. *Paris, F. Didot,* 1842, gr. in-8. 12 fr.

— THE ORATIONS of Demosthenes, translated by T. Leland. *London,* 1756-63-70, 3 part. in-4.

Traduction souvent réimprimée. Les dernières éditions sont de *Lond.,* 1814 et 1819, 2 vol. in-8. 18 sh. —1853, en un seul vol. in-12.

— ORATIONS translated by Phil. Francis. *London,* 1757-58, et aussi 1775, 2 vol. in-4.

— DEMOSTHENES Werke überset von H.-A. Pabst. *Suttgart,* 1839-42, 19 part. in-16.

Les Discours de Démosthène et d'Eschine avaient déjà été trad. en allemand, avec des notes par J.-J. Reiske. *Lemgo,* 1764-69 (ou nouv. titre, 1772), 5 vol. in-8.

— Voy. ÆSCHINES, et ULPIANI commentarius.

Discours séparés.

— DEMOSTHENIS orationes olynthiacæ, de corona, et philippicæ, gr. *Romæ,* 1542, pet. in-8.

Édition rare : vend. (exempl. *non rogné*) 1 liv. 6 sh. Heber.

— DEMOSTHENIS selectæ orationes (Philippica I et Olynthiacæ tres) ad codd. mss. textum, scholiasten et version. castigavit, notis illustr. Rich. Mounteney. Præfiguntur (J. Chapmani) observationes in commentarios vulgo Ulpianeos. *Cantabr., typis acad.*, 1731, in-8.

Édition la plus recherchée de cet excellent recueil : 6 à 9 fr. ; vend. bel exempl. en Gr. Pap. 73 fr. *m. r.* F. Didot ; 63 fr. Mac-Carthy, et moins depuis. Ce choix a été réimprimé dans le même format, à *Londres*, en 1748, 1764, 1771, et depuis. Toutes ces éditions ont de la valeur : 5 à 6 fr.

— DEMOSTHENIS et Æschinis de falsa legatione orationes adversariæ, gr. cum latina H. Wolfii, necnon Budæi aliorumque notis : his accedunt in Demosthenis orationem Ulpiani scholia, aliaque anonymi cujusdam in Æschinis orationem nunc primum edita (cura Henr. Brooke). *Oxonii*, 1721, in-8. 6 à 9 fr.

Il y a des exempl. en pap. fort, 33 fr. *m. r.* Caillard ; 67 fr. *m. r.* F. Didot ; 1 liv. 9 sh. Williams.

— DEMOSTHENIS et Æschinis orationes de falsa legatione ; itidem contra Ctesiphontem et de corona orationes, gr. et lat., cum notis var. a Jo. Taylor. *Cantabr., typis acad.*, 1769, 2 vol. in-8.

Édition bien exécutée et qui contient un bon choix de notes extraites du Démosthène, in-4., de Taylor. 15 à 20 fr. : vend. en Gr. Pap. 203 fr. *m. v. dent.* F. Didot ; 202 fr. Jourdan ; 76 fr. Mac-Carthy, et 39 fr. en 1838.

— ORATIO de corona, gr. et lat., quam denuo recognovit et cum variorum suisque animadversionibus auctiorib. iterum edidit Theoph.-Ch. Harles. *Lips., Weidmann*, 1814, in-8. 6 fr. — Pap. fin, 8 fr. — Pap. vél. 12 fr.

Compilation indigeste, selon Ebert. L'édition d'*Altenburg*, 1769, pet. in-8., renferme moins de notes.

— DEMOSTHENIS oratio de corona, gr., ex recensione Imm. Bekkeri passim mutata explicuit Ludolph. Dissenius. *Gottingæ, Dieterich*, 1837, in-8. de LXXVI et 459 pp. 2 thl. 2 gr.

— DEMOSTHENIS et Æschinis in Ctesiphontem orationes, gr. et lat. *Oxonii*, 1726, in-8. 5 à 7 fr.

— DEMOSTHENIS orationes de republica ad populum habitæ, gr., Latio donatæ a Jo.-Vinc. Lucchesinio, cum notis. *Romæ, Ant. de Rubeis*, 1712, in-4. 5 à 6 fr.

Édition moins estimée que la suivante :

— ORATIONES de republica XII, gr., cum wolfiana interpretat. denuo castigata, et notis J.-V. Lucchesinii ; access. Philippi epistola : edidit Guill. Allen. *Londini*, 1755, 2 vol. in-8. 12 à 15 fr.

Vend. en Gr. Pap. *m. r.* 1 liv. 19 sh. Williams.

Le texte de cette édition a été réimpr. à Oxford, 1810, in-8. 6 fr. et plus en Gr. Pap.

— ORATIO pro pace, græce ; accedunt notæ, scholia et A. Dounæi prælectiones ; curavit Ch.-D. Beckius. *Lipsiæ*, 1799, in-8. 6 fr. Bonne édition.

Les *Prælectiones* de Downes qui font partie de ce livre avaient déjà été impr. séparément à Londres, 1621, pet. in-12.

— ORATIONES tres olynthiacæ, græce. *Lovanii, apud Theodoricum Martinum Alostensem anno* MDXXI, *mense februario*, in-4.

Édition rare à laquelle, selon Maittaire, sont joints les deux premiers livres de l'Iliade. Le même imprimeur a donné à Louvain, en 1526, au mois de juin : *Demosthenis adversus Leptinem oratio*, *græce*, in-4. ; et en 1525, *Oratio in Midiam, græce*, in-4.

— ORATIONES tres olynthiacæ, gr., a Joan. Chæradamo. *Parisiis, Petrus Vidœus*, 1528, in-4.

Édition rare, indiquée dans le catalogue de Pinelli, tome II, n° 3523, et dans la *Biblioth. heber.*, IX, 881, où elle est jointe à différents morceaux de Démosthène, Lucien, etc., imprimés chez Gourmont.

— ORATIONES duæ : una Demosthenis contra Midiam, altera Lycurgi contra Leocratem (gr. et lat.) : recensuit, emendavit, notasque addidit Joan. Taylor. *Cantabrigiæ*, 1743, in-8.

Bonne édition : 8 à 10 fr. Vend. en Gr. Pap. 79 fr. *m. r.* F. Didot ; 1 liv. 13 sh. Williams.

— ORATIO in Midiam, gr. edidit, notis crit. et exegeticis instruxit G.-L. Spalding. *Berolini*, 1794, in-8. de XX et 131 pp.

Réimpr. avec de nouvelles notes et un *excursus*, par les soins de Ph. Buttmann, 1823, in-8. 4 fr.

— ORATIO in Midiam ; græca recensuit scholia vetera, annotationem crit. et commentarios adjecit Maur.-Herm.-Ed. Meier. *Halis, sumpt. Schwetschkiorum*, 1832, in-8. 5 fr.

Première partie. Le commentaire annoncé sur le titre n'avait pas encore paru en 1840.

— DEMOSTHENIS oratio adversus Leptinem, cum scholiis veteribus et commentario perpetuo, accedit Aristidis declamatio ejusdem causæ, cura Frid.-Aug. Wolfii. *Halis-Saxonum*, 1789, 2 part. en 1 vol. in-8. 6 fr., et plus en pap. fin.

La première partie avait d'abord paru séparément. Les deux discours ont été réimprimés d'après cette bonne édition de Wolf, et avec quelques additions peu importantes de Jean-Henr. Bremius. *Turici, sumpt. Ziegleri*, 1831, in-8. de XVI et 536 pp. 8 fr.

— DEMOSTHENIS oratio contra Philippi epistolam (gr.), ejusdem Philippi epistola versa a Roberto Britanno, adjectis aliquot locis, quos Cicero expressit ex Demosthene, aut certe adumbravit. *Parisiis, apud Ludov. Grandinum*, 1543, in-4. de 24 ff.

Pièce rare dont la bibliothèque Sainte-Geneviève, à Paris, conserve un exempl. impr. sur VÉLIN.

— ORATIONES philippicæ, gr. et lat., cum notis. *Dublini, in ædibus academ.*, 1754, 2 tom. en 1 vol. pet. in-8. 5 à 6 fr.

Un exemplaire en Gr. Pap. a été vendu au prix exorbitant de 140 fr. Mac-Carthy.

— ORATIONES philippicæ omnes, gr., interpretationem denuo castigatam et notas aliquot, adjecit Jos. Stock. *Dublini*, 1773, 2 vol. pet. in-8.

Jolie édition : 12 à 15 fr. — Vend. 26 fr. Larcher. — Voy. ÆSCHINES in Ctesiphontem.

— ORATIONES philippicæ XII, græce. *Glasguæ, Foulis*, 1762, pet. in-8. 3 à 5 fr.

Foulis avait déjà donné les *Orationes philippicæ et olynthiacæ*, gr. et lat., en 1750, in-12.

— PHILIPPICÆ orationes V, et Libanii vita Demosthenis, ejusdemque argumenta, gr., ex recensione J. Bekkeri, cum tribus codd. mss. collata edidit, prolegomenis et annotatione perpetua illustr. J.-Th. Voemel. *Francof. ad Mœn., Broenner*, 1829, in-8. 2 thl. 12 gr.— Pap. vél. 3 thl. 8 gr.

— Orationes quatuor côntra Philippum a Paulo Manutio latinitate donatæ (cum præfatione Jo. de Morvilliers). *Venetiis, apud Aldi filios*, 1549, in-4. de 52 ff.

Traduction estimée et qui a été réimpr. *apud Aldi filios*, 1551, in-4. de 52 ff. Les deux édit. son rares, sans avoir un très-haut prix.

LES ORAISONS et harangues de Demosthene, prince des orateurs grecs, trad. en francoys par Gervais de Tournay. *Paris, Nic. Bonfons*, 1579, 2 vol. pet. in-8.

LES QUATRE Philippiques de Démosthènes, traduites par Jean Lalemant. *Paris, Michel Fezandat*, 1549, in-8.

Pour une autre traduction, voy. PAPON.

SEPT ORAISONS de Demosthene, a scavoir : trois olynthiaques et quatre philippiques, trad. de grec en françois par Loys le Roy dit Regius. *Paris, Fcd. Morel*, 1575, in-4.

Pour la première édition de ces traductions, sous la date de 1551, voy. l'article PLATON, aux traduct. du Timée.

— LES HARANGUES politiques de Démosthène, avec les deux harangues de la couronne, traduction nouv. par M. Gin, suivie des notes relatives aux circonstances présentes et des extraits de plusieurs comédies d'Aristophane. *Paris, Didot*, 1791, 2 vol. in-8.

M. Graesse dit cette traduction *excellente et qu'elle*

peut servir de modèle à chaque travail pareil; cependant elle n'a eu aucun succès en France, où l'on ne fait que fort peu de cas des traductions de Gin.

— Cinque orationi di Demosthene, et una di Eschine, tradotte di lingua greca in italiana. *Venetia, in casa de' figliuoli di Aldo,* 1557, in-8. de 255 ff., dont un pour l'ancre.

Ce volume, qui est devenu rare, a reparu avec un nouveau titre portant la date de 1597, et le nom du libraire *Giorgio Angellieri.* Apostolo Zeno attribue cette traduction à Jérôme Ferro.
Un exempl. avec la 1re date, 23 fr. *m. bl.* en 1811; 2 sh. 6 d. Butler; et avec la 2e date, 14 sh. Pinelli; 7 sh. *non rogné,* Butler.
Pour la traduction italienne de Démosthène, voy. CÉ-SAROTTI.

— DES DEMOSTHENES Philippische Reden, übers., erläut. und mit ein. Abhandl. begl. von Alb. Gerh. Becker, neu bearbeitet. *Halle,* 1824-26, 2 vol. in-8.

DEMOUSTIER (*Ch.-Alb.*). Lettres à Emilie sur la mythologie. *Paris, Renouard, de l'impr. de Didot l'aîné,* 1806, 6 part. en 3 vol. in-8. fig. de Moreau : 18 fr. — Pap. vél. 30 fr. — épreuves avant la lettre, 36 à 42 fr. [22553]

Ces lettres, qui, dans la nouveauté, ont eu un succès prodigieux, sont peu lues maintenant.
Un exemplaire imprimé sur VÉLIN, avec les 36 dessins de Moreau, 24 dessins plus petits du même artiste, et d'autres ornements. 520 fr. Renouard.

— Les mêmes. *Paris,* 1809, 6 part. in-18, fig. 9 fr. — in-12, 12 fr. — Papier vél. 15 fr.

Il a été tiré sur VÉLIN un exemplaire de l'in-12 et un exempl. de l'in-18 de 1804. L'in-12 sur VÉLIN, avec 37 dessins de Monet, 162 fr. Renouard. — L'in-18 de 1804, également sur VÉLIN, 100 fr. Renouard; 178 fr. Hebbelynck.
On a du même auteur, des *OEuvres diverses,* contenant : *Cours de morale, consolations, poëmes et théâtre;* Paris, Renouard, 1804, 2 vol. in-8. pap. fin et pap vél., ou 5 vol. in-18 et in-12, pap. fin et pap. vél. [19144] Il y a un exemplaire sur VÉLIN, en chacun de ces deux derniers formats. L'in-18 de 1809 contient, dans le vol. des *Consolations,* quelques pièces de plus que l'édition de 1804.

— TRAGOEDIA Decemviratus abrogatus. *Parisiis, apud Joan. Libert,* 1613, in-16 de 148 pp. [16174]
Un des ouvrages les plus rares de l'auteur : il est dédié à J.-A. de Thou. Vendu seulement 5 fr. de Soleinne.

DEMPSTER (*Thomas*). Historia ecclesiastica gentis Scotorum. *Bononiæ,* 1627, in-4. [21519]

Quoiqu'il soit rempli d'erreurs, cet ouvrage est fort recherché en Angleterre; et comme il ne se trouve que difficilement, le prix en est considérable : 2 liv. 2 sh. Heber; 5 liv. 8 sh. Horner; 51 fr. 2e vente Reina. Il en a été fait une nouvelle édition, *Edinburgh,* 1828 et 1829, 2 vol. in-4, aux frais du *Bannatyne Club,* et sous la direction du Dr Irving.

— Nomenclatura scriptorum scotorum. *Bononiæ,* 1619, in-4. [30962]

Autre ouvrage rare et qui manque également d'exactitude : 2 liv. 2 sh. Roxburghe. A la fin du livre intitulé *Brigida thaumaturga,* Paris, 1620, se

trouve une critique violente de Dempster par un Écossais désigné par les lettres D. R. et que l'on croit être *Donat. Roork.* Cette dernière pièce a pour titre : *Præcidaneum nomenclaturæ Dempsteri.*

— Scotia illustrior, seu mendicabula repressa modesta parecbasis Th. Dempsteri qua libelli famosi impudentia detegitur : mendacia ridicula confutantur : Scotiæ sancti sui vindicantur. *Lugduni, apud Ronsier* (1620), in-8.

Livre rare : 5 liv. 15 sh. 6 d. Gouch; 2 liv. 9 sh. Heber, et seulement 6 flor. 25 c. Meerman : il faut y réunir les deux articles suivants :
G. F. HIBERNIÆ, sive antiquioris Scotiæ vindiciæ adversus immodestam parecbasim Th. Dempsteri moderni Scoti nuper editam, in quibus, currente calamo, innumeræ ipsius Dempsteri imposturæ et mendacia deteguntur; atque ipse levi penicillo depingitur : his accessit nomenclatura Scotorum et Scotiæ, etc., authore G. F. veridico hiberno. *Antuerpiæ,* 1621, in-8.
Très-rare : 6 liv. 16 sh. 6 d. Heber; 4 liv. 10 sh. Horner.

HIBERNIA resurgens, sive refrigerium antidotale : adversus morsum serpentis antiqui; in quo modeste discutitur, immodesta parecbasis Thomæ Dempsteri a Muresck Scoti de repressis mendicabulis; et Hiberniæ sancti sui vindicantur, ac bona fide asseruntur, auctore Donato Rourk, hiberno. *Rothomagi, Nic. Le Brun,* 1621, pet. in-8.
Écrit fort rare qu'Uster attribue à l'archevêque Lynch; il est porté à 13 liv. 13 sh. dans le catal. de Payne et Foss pour 1837; mais il n'a été vend. que 40 fr. chez Mac-Carthy; dans le catal. de ce dernier, l'auteur est nommé Roirk.

— TH. DEMPSTERI asserti Scotiæ cives sui, S. Bonifacius rationibus IX. Joannes Duns rationibus XII. *Bononiæ,* 1621, in-4.
Vend. 1 liv. 4 sh. Heber.

— APPARATUS ad historiam scoticam libri II; accesserunt martyrologium scoticum sanctorum DCLXXIX et scriptorum scotorum MDCIII nomenclatura. *Bononiæ, typis N. Tebaldini,* 1622, in-4.
Ce volume doit renfermer trois parties, sous la même date; la seconde (*Menologium Scotorum*), la troisième (*Scriptorum scotorum nomenclatura*) ont chacune un titre particulier : 11 flor. Meerman; 1 liv. 17 sh. Heber; 22 fr. Reina; 30 fr. Fr. Michel.
Les trois parties en vél. Gr. Pap. fort, exemplaire de dédicace, 23 liv. 10 sh. Hanrott. Pour d'autres ouvrages de Dempster relatifs à l'Écosse, consultez Lowndes, 570, et 2e édit. 627.

— De Etruria regali libri VII, curante Tho. Coke. *Florent., Nestenus,* 1723-24, 2 vol. in-fol. fig. 30 à 36 fr. [25490]

Vend. 39 fr. en 1842. Cet ouvrage posthume est fort curieux. On y ajoute :
J.-B. PASSERII in Dempsteri libros de Etruria paralipomena. *Lucæ,* 1767, in-fol. fig. [25491]
Les trois volumes, 52 fr. Reina.

DENAIX. Atlas physique, politique et historique de l'Europe, par A. Denaix, lieutenant-colonel d'état-major. 32 cart., avec texte marginal, gravées par Richard Walh, et coloriées. *Paris, chez l'auteur* (terminé en 1832), in-fol. grand

---

raisin vél. 50 fr., sur Jésus vél. 70 fr.
—Nouv. édition, 1855, 25 fr. [19657]

M. Denaix a publié en 1836 un *Atlas physique, polit.
et histor. de la France*, composé de 17 pl. gr. in-fol.
25 fr. en 1855.

DENHAM (*Dixon*) and Hugh Clapperton.
Narrative of travels and discoveries in
northern and central Africa, in the years
1822, 23 and 24, by major Denham,
capt. Clapperton, and the late Dr Oud-
ney, extending across the great desert to
the tenth degree of northern latitude,
and from Korika in Bornou to Sackatoo,
the capital of the Fellatah empire, with
an appendix. *London, Murray*, 1826,
gr. in-4., avec 44 pl. 20 à 25 fr. [20862]

Un exemplaire avec fig. sur pap. de Chine, et rel. en
mar. 6 liv. 10 sh. le duc d'York.
Relation intéressante dont il a été fait en 1826 une
2e édit., et en 1828 une 3e édit., l'une et l'autre en
2 vol. in-8. 10 à 12 fr.
La traduction française a pour titre:
VOYAGES et découvertes dans le nord et les parties centrales de l'Afrique... trad. par MM. Eyriès et
de Larenaudière. *Paris, Arth. Bertrand*, 1826,
3 vol. in-8. et atlas in-4. 18 à 24 fr.

— Voy. CLAPPERTON.

DENIALDI seu Denyaldi (*Roberti*) Rollô-
Northmanno-Britannicus. *Rothomagi,
Le Boullanger*, 1660, in-fol. de 14 ff.
prélim., 238 pp., plus *Index et epitome
historiæ Rollonis*, 38 pp., *auctoris præfatio* et errata, 2 ff. [24310]

Ce n'est qu'un premier volume, lequel contient l'histoire de sept ducs de Normandie, jusqu'à Guillaume
le Conquérant. Vend. 19 fr. en 1824; 26 fr. Le Chevalier, et 40 fr. Leprevost, en 1857. — Le second
volume n'a pas été imprimé.
— Rothomagensis cathedra, voir le n° 21432. — Vie
de S. Clair, le n° 22143.

DENINA (*Carlo*). Delle rivoluzioni d'Italia lib. XXIV. *Torino*, 1769-70, 3 vol.
in-4. 15 à 18 fr., et plus en Gr. Pap.
[25253]

Un exemplaire sur VÉLIN, partagé en 5 vol. 300 fr.
La Vallière; 320 fr. Mac-Carthy.
Cet ouvrage estimé a été souvent réimpr. Les édit. de
Turin, 1791, 6 vol. in-8., de Venise, 1792 et 1800,
5 vol. in-8. et autres, sont augmentées d'un vingt-
cinquième livre.
—DELLE RIVOLUZIONI d'Italia libri XXV, con aggiunte
e correzioni inedite dell' autore. *Milano, tip. de'
classici*, 1820, 3 vol. in-8. portr. 24 fr.
Bonne édition enrichie d'une vie de l'auteur par Fr.
Reina. Nous citerons encore celles de *Milan, Silvestri*, 1819, 6 vol. gr. in-16, portr. 15 fr.; de *Florence, Piatti*, 1820, 5 vol. in-8.; de *Milan*, 1824,
4 vol. in-8. 27 fr.
Nous avons une traduction franç. de cette histoire
par l'abbé Jardin. *Paris*, 1771-75, 8 vol. in-12.
Autres ouvrages de Denina : Clef des langues, 10587.
— Istoria della Grecia, 22832. — Caractère des Italiens, 25234. — Italia occident., 25254. — Geschichte Piemonts, 25309. — Rivoluzioni della Germania, 26392.—Prusse littéraire, 30123.

DENIS d'Halicarnasse. Voy. DIONYSIUS.

DENIS de Thrace, sa grammaire tirée de
deux manuscrits arméniens de la Bibliothèque du roi; publiée en grec, en
arménien et en français; précédée de
considérations générales sur la formation progressive de la science glossolo-
gique chez les anciens, et de quelques
détails historiques sur Denis, sur son
ouvrage et sur ses commentateurs, par
Cirbied. *Paris, Delaunay*, 1830, in-8.
de XXXII et 93 pp. 4 fr. [10611]

Extrait du VIe vol. des *Mémoires de la Société des
antiquaires de France*, publié en 1824.

DENIS (*J.-B.*). Recueil de Mémoires et de
conférences qui ont esté présentez à
monseigneur le Dauphin pendant l'année 1672. *Paris, Fred. Leonard*, 1672,
in-4. de 328 pp., plus le frontispice, la
table, en 2 pp., et une dédicace au Dauphin, en 3 pp.

Ce recueil contient douze mémoires et quatorze conférences, y compris les cinq publiées en 1673 et
les deux de 1674. Il y en a une autre édition, aussi
in-4., sous le titre de *Mémoires et observations
sur les arts et les sciences présentées (sic) à
Mgr. le Dauphin... augmenté d'un discours sur
l'astrologie judiciaire et les horoscopes ; Paris,
Laurent d'Houry*, 1682. Mais ce n'est qu'une réimpression partielle, car, à l'exception des cinq premiers mémoires, qui sont réellement réimprimés,
tout le reste est de l'édit. de 1672. Quant au discours annoncé sur le titre, il ne s'est pas trouvé
dans les exemplaires examinés par M. Payen, mais
on sait qu'il a été impr. séparément à *Paris, chez
Q. Cusson*, en 1668, in-4., et c'est probablement
cette édition-là que Denis a voulu joindre à la collection qu'il a donnée en 1682. Il est à remarquer
qu'à la fin de sa 14e conférence l'auteur en annonçait pour le 1er mars 1674 une 15e qu'il ne donna
pas alors, mais qu'il fit paraître en 1683. Elle
continue le vol. de la p. 329 à 352. On a constaté
trois états différents de cette dernière pièce :
1° sous le titre de *Quinzième conférence... touchant une fontaine qui entre autres propriétez a
celle de suivre le mouvement de la lune... Paris,
Laur. d'Houry*, 1683 ; 2° sous celui de *Conférence
présentée* (le reste comme ci-dessus) ; 3° sous celui
de *Relation curieuse d'une fontaine découverte
en Pologne, laquelle entre autres propriétez a
celle de suivre le mouvement de la lune.... Paris,
Laurent d'Houry, et chez l'auteur*, 1687. Dans
ce dernier à partir de la page 345 l'impression est
nouvelle, et le texte, plus court que dans la première édition, se termine à la p. 349 par le mot *Fin*.
Un exemplaire sous cette date a été payé 17 fr. à
une des ventes Motteley. La 15e conférence ne se
trouve que bien rarement dans les exemplaires du
Recueil, même dans ceux qui portent la date de 1683.
Elle faisait partie de celui qui ne fut vendu que 27 fr.
chez Huzard, quoiqu'il contînt un mémoire de ce
savant sur ledit recueil, et qu'il fût accompagné de
lettres autographes de divers bibliographes. Il faut

ajouter ici que la 15ᵉ conférence n'a pas été réimpr. à la suite des autres dans le vol. in-4. du Journal des savants pour l'année 1668, *Paris, Pierre Witte,* lequel a un frontispice nouveau ainsi conçu : *Supplément du Journal des Savants des années 1672 à 1673 et 1673 à 1674, contenant un Recueil de mémoires sur les arts et les sciences,* etc. *Paris, J.-B. Delespine,* sans date. On sait que ce fut pendant une interruption du Journal des savants que Denis donna ses Mémoires et conférences, ainsi que nous le dirons dans la notice sur ce grand journal, à la fin du dernier volume de ce Dictionnaire.

M. le Dʳ J.-Fr. Payen a donné dans le *Bulletin du bibliophile* de M. Techener, en 1857, une notice curieuse sur les Mémoires et conférences de J.-B. Denis, morceau dont il a fait tirer à part douze exemplaires format in-4. en 12 pp., et auquel nous renvoyons nos lecteurs.

DENIS (*J.-B.*). Mémoires, anecdotes de la cour et du clergé de France, par J.-B. Denis, ci-devant secrétaire de l'évêque de Meaux (M. de Bissy). *Londres (Hollande),* 1712, pet. in-8. fig. 10 à 12 fr. [23881]

Vend. jusqu'à 29 fr. 50 c. Pixerécourt, et 36 fr. *mar. bl.* Borluut ; 18 fr. 50 c. *bas.* en juin 1860.

C'est dans cet ouvrage, devenu assez rare, qu'il est parlé pour la première fois d'un prétendu mariage de Bossuet avec Mˡˡᵉ *** (Desvieux de Mauléon). Cette anecdote scandaleuse, qui de nos jours n'a plus besoin d'être réfutée, a été adoptée avec empressement par les philosophes voltairiens.

DENIS (*Michel*). Einleitung in die Bücherkunde. *Wien, Trattner,* 1795-96, 2 vol. in-4. Seconde édition augmentée. 20 à 24 fr. [21123]

Ouvrage très-remarquable pour l'époque où il parut, mais que l'on pourrait rendre meilleur aujourd'hui. Il est divisé en deux parties, dont la première contient la bibliographie, et la deuxième l'histoire littéraire. Les personnes qui n'entendent pas l'allemand pourront prendre une idée de ce livre par des extraits très-étendus, insérés dans l'*Esprit des journaux,* mars, avril et mai 1779 ; mars, septembre, octobre, novembre et décembre 1780, d'après la 1ʳᵉ édition de 1778.

— Wien's Buchdruckergeschichte, bis 1560. *Wien,* 1782, in-4. fig. — Nachtrag. *Wien,* 1793, in-4. 15 fr. [21293]

On trouve un nouveau supplément à cet ouvrage dans le 1ᵉʳ volume du *Catalogus bibliogr. Bibliothecæ Theresianæ,* par M. de Sartory (voy. Catalogus).

— Die Merkwürdigkeiten der Garellischen Bibliothek. *Wien,* 1780, in-4. 12 fr. [31542]

— Codices manuscripti theologici bibliothecæ palatinæ vindobonensis ; recensuit, digessit, indicibus instruxit Mich. Denis. *Vienna, Trattner,* 1795-1802, 2 vol. en 6 part. in-fol. [31423]

Ces différents ouvrages de Denis, très-estimés des bibliographes, sont peu communs en France. Le dernier n'est point achevé. 50 fr. Libri, en 1857 ; il a coûté 100 fr.

— Voy. Maittaire ; Ossian, et dans notre table, nº 12978, Carmina.

DENISART ou de Nisart. Voy. Satyre sur les femmes.

DENISART (*J.-B.*). Collection de décisions nouvelles, etc., relatives à la jurisprudence ; nouvelle édition, corrigée et augmentée par Camus, Bayard, etc. *Paris,* 1783-1807, 13 vol. in-4. [2593]

Les tomes X à XIII, contenant le supplément et la suite de ce Dictionnaire par M. Calenge, jusqu'au mot Hypothèque, ont été publiés chez Lamy, libraire, au prix de 18 fr. le volume. L'impression du tome XIV est restée interrompue à la page 121, et n'a pas été reprise.

L'ancienne édition, *Paris,* 1771, 4 vol. in-4., a peu de valeur aujourd'hui, parce qu'elle est sans utilité pratique ; mais au moins a-t-elle l'avantage d'être complète.

DENISOT (*Nicolas*), dit comte d'Alsinois. Cantiques du premier avenement de Jesus-Christ, par le comte d'Alsinois. *Paris, Vᵉ de Maurice de La Porte,* 1553, pet. in-8., avec les airs notés. [14335]

Ces cantiques sont au nombre de treize. 72 fr. *mar. r.* Nodier.

Noelz, par le comte d'Alsinoys (Nic. Denisot). Autres noelz sur les chants de plusieurs belles chansons. *Au Mans, A. Lanier,* 1847, pet. in-8. pap. de Hollande.

Imprimé à *cinquante* exemplaires, par les soins de M. de Clinchamp. 4 fr. 75 c. Veinant.

C'est Denisot qui a publié le Tombeau de Marguerite de Valois (voy. Tombeau) ; La Croix du Maine nous apprend qu'il possédait une belle écriture, et qu'il dessinait habilement au crayon.

DENISSE (*E.*). Flore d'Amérique, riche collection de plantes les plus remarquables, fleurs et fruits de grosseur et de grandeur naturelles, dessinés d'après nature sur les lieux, par E. Denisse. *Paris, Gihaut,* 1833-46, 2 vol. in-fol. 162 pl. color. 150 fr. [5273]

DENKSCHRIFTEN der Akademie von Wien. Voy. Académie de Vienne.

DENNETIERES. Voyez Chevalier sans reproche.

DENON (*Vivant*). Monumens des arts du dessin chez les peuples, tant anciens que modernes, recueillis par le baron Denon, pour servir à l'histoire des arts ; lithographiés par ses soins et sous ses yeux ; décrits et expliqués par M. Amaury Duval. *Paris, impr. de Firm. Didot, se trouve chez M. Brunet-Denon,* 1829, 4 vol. in-fol. pap. vél., avec 315 pl. [9185]

Ce recueil intéressant, tiré à 250 exemplaires seulement, a coûté d'abord 500 fr., ensuite 200 fr. Le premier volume est spécialement consacré à l'histoire des arts du dessin chez les différents peuples du monde ; les trois autres se rapportent à l'histoire de la peinture en Europe, depuis l'époque de la renaissance des arts. 158 fr. Busche.

— Point de lendemain (conte, par Vivant Denon). *Paris, P. Didot l'aîné,* 1812, in-18 de 52 pp., pap. vél. [14187]

Opuscule tiré à petit nombre, et qui n'était pas destiné au commerce. Vend. 15 fr. 60 c. *m. bl.* Chateaugiron ; 20 fr. *br.* en mars 1824. Il en existe un exempl. impr. sur VÉLIN.

Ce conte parut pour la première fois sous le titre de *Point de lendemain, conte premier*, dans le recueil intitulé : *Coup d'œil sur la littérature, ou Collection de différents ouvrages, tant en prose qu'en vers, par M. Dorat.* Amsterdam et Paris, Gueffier, 1780, 2 vol. pet. in-8. (réimpr. à Neuchâtel, dans l'imprimerie de la société typographique). M. Denon le fit ensuite réimprimer séparément et avec des changements sans y mettre son nom. Plus tard, Balzac, le célèbre romancier, l'inséra dans le 2e vol. de sa *Physiologie du mariage*, après y avoir fait quelques retouches, d'abord sans en nommer l'auteur, ensuite sous le nom de Denon, qu'il remplaça enfin par celui de Dorat, dans l'édition de la *Comédie humaine*. Ces renseignements sont le résumé d'une note de M. P. Lacroix, impr. dans le *Bulletin du Bouquiniste*, 1857, p. 154.

— DISCOURS sur les monuments d'antiquité arrivés d'Italie, prononcé en l'an XII. (*Paris, impr. de Didot l'aîné*), an XII, in-18, pap. vél.

Également tiré à petit nombre : vend. 10 fr. *m. bl.* Chateaugiron.

— PORTRAITS de peintres célèbres italiens, dessinés et gravés à l'eau-forte, par V. Denon, in-4.

Ce recueil a été vend. 105 fr. Langlès.

— VOYAGE en Sicile. *Paris, de l'imprim. de Didot l'aîné*, 1788, gr. in-8. 5 fr. [20229]

Pour le papier fin, voy. SWINBURNE.

— Voyage dans la basse et la haute Égypte, pendant les campagnes du général Bonaparte. *Paris, imprim. de P. Didot l'aîné*, an X (1802), 2 vol. très-gr. in-fol., avec 141 pl. [20796]

Ouvrage intéressant et d'une exécution soignée ; l'édition a été épuisée promptement, mais elle n'est pas fort rare : 120 à 180 fr. — et en pap. vél. 200 à 250 fr. — Le portrait de l'auteur se trouve dans quelques exemplaires.

— LE MÊME voyage. *Paris, P. Didot l'aîné*, an X (1802), in-4., et les pl. en 1 vol. in-fol. atlant. 50 à 60 fr.

— LE MÊME voyage. Nouvelle édition, augmentée d'une notice sur l'auteur, par M. P.-F. Tissot. *Paris, Henry Gaugain*, 1829, 2 vol. in-8. 12 fr.

A cette édition se joint un atlas gr. in-fol., contenant les planches, et qui a coûté 144 fr. Il existe plusieurs éditions de la même relation, en 3 vol. in-12. On a fait à *Londres*, en 1802, une édit. du voyage de M. Denon, en 2 vol. in-4., avec un vol. de pl., et qui coûtait 150 fr., et plus en Gr. Pap. — Cette dernière, donnée par Peltier, diffère de celle de Paris, d'abord dans le texte, qui renferme des corrections assez nombreuses, et qui est mis dans un nouvel ordre ; ensuite dans le second volume, augmenté d'un appendice très-étendu, où sont contenus des relations particulières et des mémoires publiés par différents officiers, et par des savants qui ont fait partie de l'expédition. Mais si ces augmentations donnent quelque prix à l'édition de Londres, elle est fort inférieure à celle de Paris pour l'exécution typographique, et surtout pour les planches, qui de 141 ont été réduites à 60. Il a été fait en même temps une édition avec un texte anglais, par Arthur Aikin.

La traduction italienne de ce voyage, *Firenze, presso Gius. Tofani*, 1808, 2 vol. in-fol. max., avec 144 pl., contient quelques notes et des augmentations qui sont dues à l'abbé Fontana, alors bibliothécaire de la *Ricardiana*.

C'est à regret que nous indiquons ici l'*OEuvre priapique* de V. Denon, 1793, en 23 planch. gr. in-fol. Vendu 98 fr. Delorme.

DENTICE (*L.*). Duo dialoghi della musica,

l'uno della theoria, l'altro della pratica di Luigi Dentice gentiluomo napolitano *Napoli, Cancer,* 1552, in-4. [10146]

On cite une édition du même ouvrage, *Roma*, 1553, in-4.

D'ENTRECASTEAUX (Bruny). Voyage à la recherche de La Pérouse, rédigé par M. de Rossel. *Paris, impr. impériale,* 1808, 2 vol. gr. in-4 et atlas in-fol. de 40 pl. 30 à 50 fr. [19866]

DENYAUD. Voy. DENIALDUS.

DENYSE (*Nicolai*). Gemma predicantium. *Rothomagi, Martin. Morin* (absque anno), in-8. goth. de ccxxxiij ff. à 2 col., plus 16 pour le titre et la table. [1428]

Cet ouvrage de Nic. Denyse, Denise ou Denisse, cordelier normand, mort à Rouen en 1509, a été impr. plusieurs fois. Panzer en cite une édit. in-4. impr. par M. Morin, sans date, et une autre de Paris, 1506, *die XV Martis*, in-4., sans nom d'imprimeur. Ce même religieux nous a laissé des sermons et d'autres ouvrages de théologie écrits en latin, qui pour la plupart ont été impr. à Rouen à la fin du XVe siècle ou au commencement du XVIe, ainsi qu'on peut le voir dans le Manuel de M. Frère, I, 338-339, où ils sont exactement décrits. Les bibliophiles normands mettent quelque prix à ces éditions, qui sans cela n'en auraient aucun.

DENYSE (*Nicolas*). Description géographique des costes de l'Amérique septentrionale depuis la Nouvelle-Angleterre jusqu'à la rivière Saint-Laurent, avec l'histoire naturelle du pays. *Paris, Cl. Barbin,* 1672, 2 vol. in-12. [28504]

Le P. Charlevoix a parlé très-avantageusement de cet ouvrage dans son Histoire de la Nouvelle-France. 34 fr. en juin 1860, et quelquefois beaucoup moins.

DEPARCIEUX (*Ant.*). Essai sur les probabilités de la durée de la vie humaine. *Paris,* 1746, in-4. 10 à 15 fr. [8061]

Il faut voir si à la fin de ce vol. se trouve l'*Addition* qui n'a paru qu'en 1760. Cette petite partie était rare avant la réimpression qui en a été faite il y a quelque temps. — Le *Traité de trigonométrie* du même auteur, *Paris*, 1741, in-4. fig., est peu recherché aujourd'hui. [7994]

DEPART (Sensuyt le) et renôcement damours ; lequel est moult utile et prouffitable pour ieunes gens qui se veulent garder de folle amour. nouuellement imprime a Paris. iiij. On les vêd a Paris en la rue neufue nostre Dame a lenseigne de lescu de France. (à la fin) : *Cy finist ce present traictie du renoncemêt damours. Nouuellemêt imprime a Paris par la vefue feu Jehã trepperel demourant en la rue neufue nostre Dame a lenseigne de lescu de France,* pet. in-4. goth. de 18 ff. non chiffr., à 2 col., avec fig. en bois, titre en rouge et noir. [13465]

Petit ouvrage en vers de 8 syllabes ; les exemplaires

en sont fort rares. Celui de La Valliere se trouvant être rogné jusqu'à la lettre, n'a été vendu que 1 fr. 80 c.

DE PLANCHES (*J.*). Voy. l'article DES-PLANCHES.

DEPLORATION de la France sur la mort de hault et puissant prince messire Claude de Lorraine, duc d'Aumale, pair de France et lieutenant général pour le roy en son duché de Bourgongne, occis au siege de la Rochelle au moys de mars l'an 1573. *Lyon, Ben. Rigaud,* 1573, pet. in-8. de 16 pp. en tout. [13949]

Pièce en vers. 50 fr. *mar. r.* Coste.

DEPLORATION de la mort de feu hault, puissant et noble roy Françoys de Valois, premier de ce nom, avec plusieurs epitaphes a la louenge dudict seigneur. *Impr. a Paris, par Nicolas Buffet,* 1547, pet. in-8. goth. de 8 ff. [13948]

Vend. 20 fr. *mar. v.* en 1841; 27 fr. Coste; 203 fr. *mar. r.*, mais *non rogné*, Veinant.

DEPLORATION de Robin,

Et les regretz faitz dens (*sic*) son cueur
Dauoir eu pour son larrecin .
Le fouet tout nud en deshonneur.

Espistre faicte en deploration
Qua faict Robin a samye Deuernon.

Espistre de la muniere Deuernon
Respondät a celle de rohin bõ cõpagniõ.

La grace de Robin, *z* remission.
Presentee par la muniere Deuernon.

Plus les prierez, *z* dõs faictz par Robin
A celuy qui la marie, *z* burent bon Uin.

Auec priuilege. *A Paris, chez Guillaume Nyuerd, Jmprimeur.* (à la fin) :

*Qui en vouldra si se transporte
Deuant le Palays la grand porte.*

pet. in-8. goth. de 8 ff. [13466]

Pièce en vers de 10 syllabes. En voici une autre sur le même sujet :

LA REPENTANCE du mariage de Robin, Et cõplaincte sus (*sic*) sa Fustigaciõ. Auec la chanson nouuelle. (à la fin) : *A Paris Par Guillaume Nyuerd imprimeur,* pet. in-8. goth. de 8 ff.

Elle est également en vers de 10 syllabes, à l'exception de la chanson qui se compose de 9 couplets, chacun en 4 vers de 6 syllabes. Sur le recto du premier f. se voit une grande tête assez bien gravée, et au verso est une épître de l'auteur, *le Seigneur B. de Gourmont,* aux lecteurs, en dix vers de dix syllabes.

La Déploration de Robin a été réimprimée en 1831. Voy. POÉSIES, article 9, et dans le 5ᵉ vol. du Recueil de M. de Montaiglon.

DEPLORATION (la) des trois estatz de france sur lentreprise des Anglois et Suisses. (à la fin) : *Imprime a Paris par Symon troude libraire papetier*

demourant audit lieu soubz *Chastelet* (sans date), pet. in-8. goth. de 8 ff. non chiffrés. Sur le titre une figure sur bois représentant le roi de France à cheval, à la tête de son armée. [13947]

Pièce en vers, qui paraît être de l'année 1513 environ : *le nom et le surnom de l'acteur* (l'auteur) se trouvent à la fin dans deux sixains en acrostiche dont les premières lettres réunies donnent *Pierre Vashot.* Réimpr. dans le 3ᵉ vol. du Recueil de M. de Montaiglon. Cette même pièce est portée sous le titre de *Délibération des trois estatz* (le reste comme ci-dessus dans le catal. de la Bibl. impér. (Histoire de France, I, p. 226, n° 41). Lottin n'a pas connu le libraire Symon Troude.

DEPLORATION sur la mort du tres illustre prince hault et puissant seigneur monseigneur le prince, duc Daurenge, conte de Nassau, messire René de Chalon, cheualier dordre et capitaine general pour la Ma. de lempereur Charles Maxime en lexpedition commencée.contre France, au pais de Champaigne, l'an MDXLIIII, composée par vng chappelain demourät à Heeure (*Hevere*), seruiteur de Madame et tres illustre princesse Daurë; en icelle sont introduictz quatre personnaiges sans l'autheur : sont Renomée, Fortune, le Tëps, Eternite. (à la fin) : *Imprime en Anuers, par Guilläme de Vissenaegen, pour Nicolas et Antoine Pissart, marchands libraires à Louuain* (vers 1544), pet. in-8. de 24 ff. non chiffrés.

Cette élégie se recommande plus par sa grande rareté que par son mérite. L'auteur l'a souscrite de la devise : *Cœur noble a franc desir (Bibliophile belge,* 1846, p. 369.)

— DEPLORATION de la cité de Geneue, voy. GACY. — de l'Eglise militante, voy. BOUCHET. — de la mort de François de Valloys, voy. AMBOISE (*Michel d'*). — de Vénus, voy. DU MOULIN. — de la mère Cardine, voy. ENFER. — sur la mort de Magdalaine de France, voy. CORROZET.

DEPPING (*Geo.-Bernard*). Voyage pittoresque de la Russie, ou vues des principaux sites, monumens, villes, etc., de l'empire de Russie, recueillies par le comte Charles de Rechberg, et gravées par les meilleurs artistes, avec un texte descriptif, par M. Depping. *Paris, Bance aîné,* 1832, in-fol., avec 30 pl. 24 à 36 fr. [20398 ou vers 27740]

M. Depping a aussi rédigé le texte de l'ouvrage du comte de Rechberg, intitulé *les Peuples de la Russie* (voy. PEUPLES) : ses autres principaux ouvrages, dont deux couronnés par l'Académie des inscriptions et belles-lettres, sont indiqués sous les nᵒˢ 23108 et 24303 à 24305 de notre table ; l'Angleterre, 26744. — Cartes à jouer, 30238. — Voy. aussi l'article ROMANCERO.

DEPUCELAGE (le) de la ville de Tournay, avec les pleurs et lamentations obstant sa defloration (par L. D., *sans lieu ni date*), pet. in-8. goth. de 8 ff. [13467]

Petite pièce en vers, composée à l'occasion de la prise de Tournay par les Anglais, en 1513, et qui doit être de la même époque ; elle était devenue fort rare (vend. 2 liv. Lang ; 5 liv. 15 sh. 6 d. Heber) ; mais il en a été fait, en 1830, une réimpression *fac-simile (Paris, Techener)*, in-16, pap. de Hollande, 3 fr., dont on a tiré dix exemplaires sur VÉLIN ; et une autre, *Valenciennes, Prignet*, 1838, in-8., tirée à 25 exemplaires.

DERAND (*Fr.*). L'Architecture des voûtes, ou l'art des traits et coupes des voûtes. *Paris*, 1643 et aussi 1742, gr. in-fol. fig. 15 à 20 fr. [9837]

DERBEND - NÂMEH, or the history of Derbend, translated from a sel. turkish version and published with the text and with notes by Mirza A. Kazem Bey. *Petersbourg*, 1851, gr. in-4.

DE RENNES. Les Merveilles et miracles tant naturels que surnaturels de la terre, arbres, plantes, pierres, etc., par D. de Rennes, sieur de l'Isle, angevin. *Saumur, Godeau*, 1622, pet. in-8. de 123 pp. non compris la préface. [6193]

Petit volume peu commun dans lequel se trouvent des poésies latines sur les plantes. 20 fr. de Jussieu.

DERJAVINE. Sotchinéniia. OEuvres complètes (poésies), avec la biographie de l'auteur par N. Polévoï. *St - Pétersb., Jernakoff*, 1847, in-8., avec portrait. [15927]

Les œuvres de ce poëte lauréat ont eu une infinité d'autres éditions.

DERODON (*D.*). Dispute de l'eucharistie. *Genève*, 1655, pet. in-8. de 458 et 10 pp., plus la table. 6 à 9 fr. [2075]

Vend. 15 fr. Detune.

— DISPUTE de la messe, ou discours sur ces paroles : ceci est mon corps. *Genève*, 1662, pet. in-8. de 218 pp. 5 à 8 fr. [2076]

Vend. 10 fr. Detune.

— LE TOMBEAU de la messe. *Genève, P. Aubert*, 1622, pet. in-8. de 139 pp. [2074]

Cet ouvrage a été condamné et brûlé.

— LE MÊME, par D. D. *Amsterd., Dufresne*, 1682, pet. in-12 de 3 ff. et 232 pp.

Cette édition contient de plus que la précédente un sonnet et une petite préface placée après le titre, et, depuis la p. 223, un morceau intitulé : *Objection tirée de ces paroles : Cecy est mon corps, cecy*

---

est mon sang. Elle est recherchée, parce qu'on la joint à l'*Anatomie de la messe*, édition d'Elsevier. Vend. en *mar.* 10 fr. Detune ; 16 fr. Mac-Carthy ; 13 fr. Duriez ; un exemplaire *non rogné* et rel. en *mar. r.* par Trautz, 100 fr. Veinant, en 1860.

On attribue au même auteur *La Messe trouvée dans l'Escriture*, 1647, in-8. de 44 pp. ; mais l'ouvrage est plutôt de Lucas Jansse (voy. VERON).

— DISPUTATIO de libertate et de atomis. *Nemausii*, 1662, 2 tom. en 1 vol. in-8. de 157 et 72 pp. [2176]

Volume rare : vend. 26 fr. Gaignat, sans avoir conservé cette valeur. — Les deux traités qu'il contient se trouvent quelquefois séparément avec des titres datés de Genève.

— LA LUMIÈRE de la raison, opposée aux ténèbres de l'impiété. *Oranges*, 1647, ou *Genève*, 1665, pet. in-8. 6 à 9 fr. [2178]

— L'ATHÉISME convaincu. *Oranges et Paris*, 1659, in-8. de 151 pp. 5 à 6 fr. [2177]

Réimpression d'un traité qui fait partie de l'article précédent.

Ces différents ouvrages de Dérodon étaient beaucoup plus chers et beaucoup plus recherchés autrefois qu'ils ne le sont aujourd'hui.

— Voy. DISPUTATIO de supposito.

DE ROSIERS (*André*), sieur de Beaulieu. L'Élite des libertez d'Andre de Rosiers, sieur de Beaulieu. *Paris*, 1644, in-12. [14315]

Les *libertés* du sieur de Beaulieu sont des chansons qui ont paru livre par livre, le 3e en 1654, et le 4e en 1659. On a encore de ce chansonnier *Alphabet de chansons pour danser et pour boire*, Paris, 1646, 2 vol. in-8. (cat. La Valliere, par Nyon, n° 15039).

— LE GALIMATIAS du sieur De roziers Beaulieu, tragi-comédie (en 5 actes). *Paris, Toussainct Quinet*, 1639, in-4. [16423]

Cette pièce d'un ivrogne gai et spirituel est dédiée par l'auteur à ses chers compagnons de la treille. 16 fr. de Soleinne.

DÉROUTE (la) et l'adieu des filles de joye de la ville de Paris, avec leur nombre, les particularités de leur prise et de leur emprisonnement (avec la requeste des filles d'honneur persécutées), à M. D. L. V. *Jouxte la copie à Paris (Hollande)*, 1667, pet. in-12 de 33 pp. 10 à 12 fr. [18016]

Pièce satirique qui a été réimprimée dans le volume intitulé *Les Amours des dames illustres de notre siècle* (voy. AMOURS). Quelques personnes placent l'édit. de 1667 dans la collection elzevirienne. 29 fr. *mar. r.* de Coislin ; avec trois autres pièces satiriques, et rel. *mar. v.* 40 fr. Nodier.

DERT. Le Soulas du cours naturel de l'homme, en forme de dialogue, trad. de toscan en francoys, par Gilbert Dert, de Bourges en Berry. *Paris, de l'impr. de Richard Breton*, 1559, in-8. de 73 ff. y compris le titre. [1818]

Traité touchant la foi chrétienne contre les Juifs. L'exemplaire vend. 5 fr. La Valliere, contenait un second ouvrage intitulé : *Brief traicte de l'humanite*, trad. par le même Dert, et également imprimé en cursive française par R. Breton, en 1559, in-8. de 30 ff. dont 4 prélim. Du Verdier n'a pas connu cette édition, mais il en cite une des deux mêmes ouvrages imprimée à *Lyon, par Jean Dogerolles*, en 1558.

LA SOMME et fin de toute la saincte écriture du

Nouv. Testament, par Fr. Gilbert Dert. *Paris, Ph. Danfrie et Rich. Breton*, 1559, in-8. [296]

Opuscule de XVI ff. impr. en caractères de civilité, autrement cursif français. Vend. 4 fr. *m. r.* La Vallière, et 20 fr. Lair, et l'édit. de 1561, in-8., mêmes caract., 13 fr. 50 c. Viollet Le Duc.

DERTHONESE (*Luca*). Rime diverse. (in line) : *Papiæ per magistrum Bernardinum de Geraldis*, 1513, *die* 28 *Januarii*, in-4. goth. sign. A—G. [14500]

Ce recueil, dont n'a pas parlé Panzer, est à la bibliothèque Mazarine, n° 10984 ; mais l'exemplaire est défectueux et il y manque le titre. Au f. Aij, on trouve *Transformatione di Glauco di Luca Derthonese*, pièce en octaves, qui finit au f. B2 recto. Suivent *Bucolica de Luca Derthonese*, contenant six églogues, dont la dernière finit au 3e f. verso de la signat. D. Les ff. suivants renferment *Documento di Campano*, in terza rima, *Camilcleo*, en trois capitoli, enfin quatre sonnets par lesquels finit le recueil.

DES ACCORDS. Voy. TABOUROT.

DESACI le jeune. Les Travaux amoureux du marquis de la Rotonde, gentilhomme de la nouvelle fabrique, par le sieur Desaci (ou de Saci) le jeune, natif de Compiègne en Picardie. *Amsterdam* (sans nom de libraire), 1660, très-pet. in-12 de 4 ff. et 37 pp. [16446]

Comédie en un acte, en prose, vendue 41 fr. 50 c. Catal. de Soleinne, n° 1338, où il est dit que cette pièce est plus hollandaise que française.

DESALLIER d'Argenville. Voy. D'ARGENVILLE.

DESARGUES (*Gaspard*). Méthode universelle de mettre en perspective les objets donnés réellement ou en devis, avec leurs proportions, mesures, éloignement, sans employer aucun point qui soit hors du champ de l'ouvrage, par G. D. *Paris*, 1636, in-fol. [8426]

Cette savante méthode, œuvre d'un mathématicien resté célèbre, a été développée plus tard par Abr. Bosse ; mais l'édition de 1636, qui est devenue fort rare, n'en est pas moins recherchée, ainsi que plusieurs autres opuscules de Desargues, que nous indiquons dans notre article BOSSE.

DESÂTÎR (the), or sacred writings of the ancient persian prophets, in the original tongue ; together with the ancient persian version and commentary of the fifth Sasan ; published by Mulla Firuz Bin Kaus, who has subjoined a copious glossary of the obsolete and technical persian terms, to which is added an english translation of the Desâtîr and commentary (by M. Erskine). *Bombay, Courier press*, 1818, 2 part. très-gr. in-8. 1 liv. 11 sh. 6 d. [2239]

Vend. 66 fr. *cuir de Russie*, Langlès ; 26 fr. Klaproth ; 56 fr. de Sacy ; 30 fr. Quatremère.

Désanat (*J.*). Lou Troubadour nationaou, 14404.
Désaugiers (*M.-A.-Madeleine*). Chansons, 14326.
Desault (*P.-J.*). Ostéologie, etc., 6696. — Œuvres, 7477. — Journal, 7643.

M. Silvestre de Sacy a rendu compte de cet ouvrage dans le *Journal des Savans*, année 1820.

DES AUTELZ (*Guillaume*). Traité touchant l'ancien ortographe françois contre l'orthographe des meygretistes, par Glaumalis de Vezlet (Guill. des Autelz). *Lyon*, 1548, in-8., et 1549, in-16. Très-rare. [10979]

— Replique aux furieuses défenses de Louis Meigret (en prose), avec la suite du repos de l'autheur (en vers). *Lyon, J. de Tournes et G. Gazeau*, 1551, in-8. de 127 pp. [10981]

32 fr. *mar. r.* Coste ; 84 fr. Solar.

Pour les ouvrages qui ont donné lieu à ces deux écrits de Des Autelz, voy. MEIGRET.

— Repos de plus grand travail (par Guill. des Autelz). *Lyon, Jean de Tournes*, 1550, in-8. de 141 pp., y compris 3 ff. prélim. [13772]

Vend. 20 fr. bel exempl. *m. r. dent.* Lair ; 53 fr. Pixérécourt ; 60 fr. 50 c. de Soleinne ; autre, 25 fr. Bignon ; 49 fr. Nodier ; 37 fr. *mar. v.* Coste et 100 fr. Solar.

— Le moys de May de Guilelme Deshaultelz de Montcenis en Bourgoigne. *Deus scit.* (sans lieu ni date), pet. in-8. goth. de 16 ff. signat. A et B. [13771]

Petit livre fort rare, sur le titre duquel se voit une gravure en bois qui est répétée au verso du dernier f. La principale pièce est intitulée *Les demandes damours avec les responces*, dialogue en vers entre Guilelme et Jeanne sa sœur ; on trouve ensuite *aulcûs epigrammes ; Côplainte sur la mort de Clemêt Marot*, arrivée en 1544, etc. Il est possible que cet opuscule ait été impr. à *Lyon, chez Ollivier Arnoullet*, comme le dit Du Verdier, mais ce ne doit pas être avant 1544. Le nom de l'auteur y est écrit autrement que dans ses autres ouvrages.

Vendu, quoique très-rogné, 2 liv. 8 sh. *m. bl.* Lang ; 50 fr. salle Silvestre, en 1837 ; 60 fr. *m. v.* Crozet.

— Amoureux repos de Guillaume des Autelz, Gentilhomme Charrolois. *Lyon, Jean Temporal*, 1553, in-8. [13773]

Autre volume rare, lequel a 71 ff. et plus 11 ff. préliminaires, où l'on remarque le portrait de l'auteur et celui de sa femme. Dans les poésies se trouve une épigramme grecque. Le titre porte la marque de J. Temporal, que nous donnons ci-dessous : 38 fr. Boutourlin ; 40 fr. *m. r.* en 1841 ; 100 fr. *m. r.* par Bauzonnet, Nodier, et 133 fr. Baudelocque.

— Mitistoire barragouyne de Fanfreluche

et Gaudichon, trouuée depuis n'aguere d'une exemplaire escrite a la main a la valeur de dix atomes pour la recreation de tous bon fanfreluchistes. autheur a b c d (jusqu'à ᴢ). *On les vend a Lyon, par Iean Diéppi*, 1574, in-16 de 48 ff. non chiffrés, fig. en bois. [13775]

Petit volume fort.rare, dont une copie figurée sur VÉLIN a été vend. 21 fr. Méon.

L'édition de *Rouen, Nicolas Lescuyer*, 1578, in-16 de 4 ff. et 100 pp., n'est pas moins rare que la précédente : vend. (avec plusieurs ff. raccommodés) *m. r.* 52 fr. Crozet. Le Duchat (sur Rabelais, édit. in-4., tome II, page 174) en cite une de *Lyon, Jean Diepi*, sans date, in-8. ; et Lenglet Du Fresnoy, *Bibliothèque des romans*, tome II, page 257, indique deux éditions antérieures, de *Lyon*, 1559, in-8., et de *Lyon*, 1560, in-16. Pour nous nous n'avons vu que celles de 1574 et 1578, ci-dessus. Au surplus, Bern. de La Monnoye prétend que rien n'est plus fade que cette mauvaise imitation de Rabelais.

Une réimpression in-16 de cette facétie a été faite à *Paris, chez Crapelet*, en 1850, d'après l'édition de 1574, à 62 exempl. seulement (12 fr.), dont quelques-uns sur pap. vélin anglais supérieur, 16 fr.; sur pap. de Hollande, 14 fr.; sur pap. de Chine, 18 fr., et deux sur VÉLIN : un de ces derniers 70 fr. Veinant. Précédemment M. Gust. Brunet avait donné une longue analyse de l'ouvrage dans le *Bibliophile belge*, tome IV, p. 363-73.

LA PAIX venue du ciel avec le tombeau de l'empereur Charles quint, par Guill. des Autels. *Anvers, Christ. Plantin*, 1559, in-4. de 28 ff. [13774]

Cet opuscule en vers avait déjà été impr. à Paris, sans date, mais en 1558 ou 1559, in-4., comme l'ouvrage suivant du même poëte :

REMONSTRANCE au peuple françoys de son devoir en ce temps envers la majesté du roy, à laquelle sont adjoustez trois éloges, de la paix, de la trève et de la guerre. *Paris, André Wechel*, 1559, in-4. de 14 ff.

Nous trouvons sous le nᵒ 1047 du catal. de Lancelot : *Harengue au peuple françois contre la rebellion*, par le même. *Paris, Sertenas*, 1560, in-4.

Paquot (IV, p. 308) cite :

ODE responsiue à vne autre de Charles de Bouillon, et quelques sonnets ; Auec les odes de Bouillon (par Guil. des Autelz, gentilhomme Charroloys). *Anvers, Christ. Plantin*, 1560, in-8.

Goujet, *Bibliothèque françoise*, XII, 353, attribue à notre auteur : *La Récréation des tristes*, Lyon, sans date, in-16; recueil de pièces en vers dans lequel ce bibliographe trouve quelque génie (voyez RÉCRÉATION).

DESBARRES (*J.-F.-W.*). Plans de la côte et des ports de l'Amérique septentrionale, intitulés : The Atlantic Neptune. *London* (1780), 2 tom. en 1 vol. in-fol. composé de 194 ff. [19779]

Il a paru aussi en 1780 une édition de cet atlas, en 2 vol., sur papier impérial, augmentée de plusieurs tableaux impr. en couleurs, ce qui porte le nombre des feuilles à 258. Cette dernière édition était annoncée à 550 fr., et la première à 340 fr. Vend. 65 flor. Meerman, et serait encore moins chère aujourd'hui.

DESBILLONS (*Fr.-Jos.*). Fabulæ æsopicæ. *Manhemii*, 1768, 2 vol. in-8. fig. 8 à 10 fr. [12854]

Vend. en pap. de Holl. 16 fr. 60 c. Delatour.

On peut joindre à ces 2 volumes :

DESBILLONS Miscellanea posthuma. *Manhemii*, 1792, in-8.

— EÆDEM fabula:.' *Parisiis, Barbou*, 1769 ou 1778, in-12. 3 à 4 fr.

Le P. Desbillons a donné lui-même une traduction française de ses fables, avec le latin à côté : *Manheim* et *Strasbourg*, 1779, 2 vol. pet. in-8.

Une autre traduction par M. P*** (Pannetier), et également accompagnée du texte, a été impr. à *Paris*, 1809, 2 vol. in-12. Elle est augmentée d'une trentaine de fables qui n'avaient pas encore été traduites.

— VIE de Postel, 30584.

DESBOIS (*Fr.-Alex.* La Chenaye). Dictionnaire de la noblesse, contenant les généalogies, etc., des familles nobles de France. *Paris, Veuve Duchesne, et l'auteur*, 1770-1786, 15 vol. in-4. [28837]

Ouvrage peu estimé, mais que, faute de mieux, on est forcé d'avoir dans une collection héraldique; d'ailleurs il est difficile d'en trouver des exempl. complets. Vend. 360 fr. salle Silvestre, en 1841; 419 fr. de Coislin; 900 fr. vente Bigan à Douai, en 1860, et en *mar. r.* 1855 fr. Solar.

On rencontre assez fréquemment les 12 prem. vol., mais ils ne se vendent guère que de 300 à 400 fr. (378 fr. Martainville), parce qu'il est presque impossible de se procurer les 3 vol. de supplément donnés par Bardier, et dont une grande partie des exemplaires ont été détruits pendant notre première révolution.

— Voy. SAINT-ALAIS (Viton de).

Le *Dictionnaire généalogique*, publié par La Chenaye Desbois de 1757 à 1765, en 7 vol. in-8., y compris le supplément, peut être regardé comme une première édit. du Dictionnaire de la noblesse. 49 fr. Le Prevost.

— DICTIONNAIRE des animaux, 5561 ; — des mœurs et usages, 23206.

DESCALLIS (le sieur), provençal. La Lyliade, divisée en sept livres; plus autres petits poëmes et meslanges. *Tournon, Claude Michel*, 1602, in-12. [13903]

Ces poésies, devenues rares, sont de l'école de Ronsard ; les défauts du maître sont exagérés, mais on n'y retrouve pas ses qualités. M. Viollet Le Duc dit que la Lyliade est un roman ridiculement conçu et mal rimé.

DESCAMPS (*J.-B.*). La Vie des peintres flamands, allemands et hollandois, avec des portraits. *Paris, Ch.-Ant. Jombert*, 1753-63, 4 vol. in-8. [31083]

On ajoute à cet ouvrage un 5ᵉ volume du même auteur, intitulé : *Voyage pittor. de Flandre et du Brabant*. Paris, 1769 : 50 à 60 fr. les 5 vol.— 108 fr. *m. v.* en 1840.

Les exemplaires dans lesquels il y a des vol. réimpr. se payent moins cher, parce que les portraits, en partie gravés par Ficquet, qui font le principal mérite du livre, y sont d'épreuves fatiguées.

LA VIE des peintres flamands et hollandais, par Descamps, réunie à celle des peintres italiens et français, par d'Argenville. *Marseille*, 1840, 5 vol. in-8. portr. 40 fr.

DESCARTES (René). Opera omnia. *Amst.*, 1670-83, 8 vol. pet. in-4., seu 1692-1701 et 1713, 9 vol. pet. in-4. [3459]

Desbarreaux Bernard (*M.*). Les Débuts de l'imprimerie à Toulouse, 31245.

Desbrières. Nouveaux secrets, 10218.
Descartes (*Macé*). Hist. de Madagascar, 28458.

Cette collection, formée de la réunion des ouvrages de Descartes impr. séparément, n'est pas fort chère : 30 à 40 fr. ; elle contient : Tome Ier. *Principia philosophiæ, specimina philosophiæ, seu dissertatio de methodo, Passiones animæ.* — II. *Meditationes de prima philosophia.* — III. *Tractatus de homine.* — IV. *Geometria.* — V. *Compendium musicæ, explicatio machinar., Dioptrica, de Mechanica.* — VI à VIII. *Epistolæ.* — IX. *Opera posthuma.*

— Opera philosophica ; editio tertia. *Amstelodami, apud Lud. et Dan. Elsevirios*, 1656, in-4. [3459]

Ce volume doit contenir : 1° *Meditationes de prima philosophia*, 46 pp. avec un titre ; 2° *Epistolæ ad Voetium*, 88 pp. ; 3° *Principia philosophiæ*, 20 ff. prél., titre compris, et 222 pp. ; 4° *Dissertatio de Methodo, Dioptrice et Meteora*, 8 ff. avec le titre et 248 pp. ; 5° *Tractatus de passionibus animæ*, avec un titre. Si l'indication de *tertia editio* que porte le titre de cette édition est exacte, celle d'*editio quarta* que, d'après M. Adry, M. Pieters donne au titre d'une édition moins complète des *Opera philosophica*, faite à Amsterd., chez L. Elsevier, en 1644, in-4., ne doit pas l'être.

— Ses OEuvres publiées par Victor Cousin. *Pariset Strasbourg, Levrault*, 1824-26, 11 vol. in-8., avec un portrait et 44 pl. 60 fr., et plus en pap. vél.

Cette édition a entièrement effacé celle de *Paris*, 1724-29, en 13 vol. in-12, dont nous croyons inutile de donner ici le détail. Le onzième vol. de la collection in-8. contient les ouvrages de Descartes qui n'avaient pas encore été trad. en français, et un extrait de ses manuscrits. Le Discours de l'éditeur *sur la philosophie cartésienne*, morceau qui devait former le 12e vol. de cette édition, n'a point paru.

OEUVRES philosophiques de Descartes, avec notices, sommaires et éclaircissements par Ad. Garnier. *Paris, L. Hachette*, 1835, 4 vol. in-8. 32 fr.
— Autre édit., publ. par L. Aimé Martin. *Paris, Desrez*, 1839, très-gr. in-8. fig. 10 fr.

OEUVRES de Descartes ; nouvelle édition précédée d'une introduction par M. Jules Simon. Discours sur la Méthode; Méditations; Traité des Passions. *Paris, Charpentier*, 1857, gr. in-18.

Éditions originales des ouvrages de Descartes.

COMPENDIUM Musicæ. *Ultrajecti*, 1650, seu *Amstelodami*, 1656, in-4. [10159]

Ce premier ouvrage de Descartes a été composé en 1618, mais il n'a paru qu'après la mort de l'auteur ; il en existe une traduction anglaise (par lord Brouncker), *London*, 1653, in-4., avec un savant commentaire et des notes du traducteur.

TRAITÉ de la Mécanique, composé par M. Descartes, de plus l'abrégé de la musique du même auteur, mis en français avec les éclaircissements nécessaires, par N. P. P. D. L. (Nic. Poisson, prêtre de l'Oratoire). *Paris, Angot*, 1668, in-4.

Le Traité de la Mécanique n'est qu'une partie d'un ouvrage plus étendu que l'auteur se proposait de composer, mais qu'il n'a pas fait. La partie latine qu'il a écrite se trouve dans ses *Opera posthuma*.

DISCOURS de la Méthode pour bien conduire sa raison, et chercher la vérité dans les sciences ; plus la Dioptrique, les Météores et la Géométrie. *Leyde, J. Maire*, 1637, in-4. fig. [3457]

Édition originale de ces quatre traités dont le premier a tant contribué à établir la réputation de l'auteur. Descartes n'est pas nommé sur le titre. 16 fr. Monmerqué ; 25 fr. Salmon, et jusqu'à 200 fr. bel exempl. en *mar. r. aux armes du chevalier Kenelm Digby*, Giraud.

Les trois premiers traités ayant été traduits en latin par Estienne de Courcelles, Descartes revit cette traduction et fit en même temps quelques changements dans le premier ouvrage pour l'édition qui fut impr. à Amsterdam, chez Louis Elzevier, en 1644, in-4., sous le titre de *Specimina philosophiæ, seu Dissertatio de methodo recte regendæ rationis, Dioptrice et Meteora ex gallico latine versa et ab autore emendata.*

Plus tard, la Géométrie a été traduite sous le titre suivant :

GEOMETRIA a R. Des Cartes gallice edita, cum notis Florim. de Beaune; latine versa et commentariis illustrata a Franc. a Schooten. *Lugduni-Batavor., J. Maire*, 1649 ; aussi *Amstelodami, apud Lud. et Dan. Elzevirios*, 1659, in-4.

MEDITATIONES de prima philosophia, in quibus Dei existentia, et animæ humanæ a corpore distinctio, demonstrantur ; his adjunctæ sunt variæ objectiones doctorum virorum in istas de Deo et anima demonstrationes, cum responsionibus authoris. Secunda editio, septimis objectionibus antehac non visis aucta. *Amstelodami, apud Ludov. Elzevirium*, 1642, 2 tom. en 1 vol. pet. in-12. [3573]

Un des premiers livres avec la devise *Ne extra olcas* sur le titre. La première partie a 10 ff. et 496 pp. ; la seconde, dont le titre porte *Objectiones septimæ in Meditationes de prima philosophia*, 212 pp. en tout.

Vendu en *mar. r.* 60 fr. Mac-Carthy, mais ordinairement 6 à 9 fr.

La première édition des *Meditationes* a été imprimée à Paris, en 1641, in-8. sous un titre un peu différent (*Meditationes de prima philosophia, ubi de Dei existentia et animæ immortalitate*); elle est moins complète que la seconde.

LES MÉDITATIONS métaphysiques de René Descartes touchant la première philosophie, dans lesquelles l'existence de Dieu et la distinction réelle entre l'âme et le corps de l'homme sont demonstrées, traduit du latin de l'auteur par M. L. D. D. L. (le duc de Luynes), et les objections faites contre ces méditations par diverses personnes, avec les réponses de l'auteur, trad. par M. C. L. R. (Clerselier). *Paris*, 1647, in-4.

L'auteur a revu cette traduction, s'y est corrigé lui-même, et a pris soin d'y éclaircir quelques passages dont le sens n'était pas assez net dans le latin. Elle a été réimpr. à Paris, en 1661, et de nouveau *divisée par articles, avec des sommaires* par R. F. (René Fedé), à *Paris, chez Robin*, en 1673, in-4.

DISCOURS de la méthode pour bien conduire sa raison, et rechercher la vérité dans les sciences. *Paris, Renouard*, 1825, in-18.

MÉDITATIONS métaphysiques. *Paris, Renouard*, 1825, in-18, portr.

Bonne réimpression des deux principaux ouvrages de Descartes. Le premier contient une notice sur l'auteur, par M. Michelot. Il a été tiré des exemplaires de ces deux vol. de format in-12. Pap. fin, 10 fr.— Pap. vél. 16 fr. — Un exempl. imprimé sur VÉLIN est porté à 240 fr. dans le catal. de l'éditeur, impr. en 1828 ; mais, à la vente faite en 1854, on a donné le premier article pour 40 fr. et le second pour 37 fr.

La plupart des écrits français de ce philosophe ont été impr. à Paris, de format in-4. dans le XVIIe siècle. On en peut réunir la collection en 8 vol., laquelle se donne ordinairement à très-bon marché, bien qu'un exemplaire (édition de 1667-81) rel. en *mar. bl.* ait été payé 260 fr. à la vente Labey.

EPISTOLA ad celeberrimum virum D. Gisbertum Voetium, in qua examinantur duo libri, nuper pro Voetio Ultrajecti simul editi, unus de confraternitate mariana, alter de philosophia cartesiana. *Amstelod., apud Lud. Elzevirium*, 1643, pet. in-12 de 6 ff. et 282 pp. [3460]

PRINCIPIA philosophiæ. *Amstelodami, apud Ludov. Elzevirium*, 1644, in-4. [3458]

Première édition de cet ouvrage qui a été souvent réimprimé avec d'autres du même auteur.

PRINCIPES de philosophie, écrits en latin par R. Descartes, et trad. en françois par un de ses amis. *Paris*, 1647, in-4. (réimpr. en 1651, 1658, etc.)

Cette traduction est de l'abbé Picot; elle a été revue par Descartes.

— Les Passions de l'âme. *Amsterdam, Louys Elzevier*, 1650, pet. in-12. 15 à 20 fr. [3794]

200 fr. *non rogné*, Riva.

Il y a, sous cette même date, une édition des Passions de l'âme d'*Amsterd.*, *Louis Elzevier*, pet. in-8., bien impr., mais qui, eu égard à son format, est moins propre que la précédente à entrer dans la collection des petits Elseviers : elle a été payée 35 fr. 60 c. Mac-Carthy, et 36 fr. *mar. r.* Nodier ; 56 fr. *mar. bl.* par Bauzonnet, en janvier 1857.

Il y a des exemplaires de l'édition elsevirienne, in-8., sous la date de 1649, d'autres avec des titres portant : *Amsterdam, par L. Elsevir et se vendent à Paris, chez Henri Le Gras*, 1650, ou *et se vendent à Paris, chez Thomas Joly*, 1651. La date de 1649 fait supposer que cet in-8. a paru avant l'édit. pet. in-12.

— PASSIONES animæ, latina civitate donatæ ab H. de M. *Amstelod.*, *apud Ludov. Elzevir.*, 1650, pet. in-12. 6 à 9 fr.

L'HOMME de René Descartes, avec les remarques de Louis de La Forge, et un traité de la formation du fœtus, par le même Descartes. *Paris*, 1664, in-4. [3592]

Ces deux opuscules posthumes ont été mis en ordre et publiés par Clerselier, aidé de L. de La Forge. Avant leur publication, il en avait paru une traduction latine sous ce titre :

RENATUS Descartes de Homine, figuris et latinitate donatus a Florentio Schuyl. *Lugduni*, 1662 (aussi 1664), in-4. [3592]

Malheureusement cette traduction a été faite sur une mauvaise copie de l'original, mais le traducteur l'a enrichie d'une excellente préface, dont la traduction a été placée à la fin de l'édition du texte français.

LE MONDE de Descartes, ou le traité de la lumière et des autres principaux objets des sens : avec un discours du mouvement local, et un autre de la fièvre, composé selon les principes de cet auteur. *Paris*, 1664, in-8. [3592]

Cette première édition est fort défectueuse, mais Clerselier, après l'avoir corrigée sur l'original de l'auteur, a fait réimprimer l'ouvrage à la suite de la seconde édition du *Traité de l'homme*, à *Paris*, chez Angot, en 1677, in-4.

LETTRES de M. Descartes où sont traitées les plus belles questions de la morale, physique, médecine et des mathématiques. *A Paris, chez Ch. Angot*, 1656, *et se vendent à Leyden chez Jean Elsevier* (avec la marque *Non solus*), in-4. de 24 et 663 pp.

LETTRES de René Descartes, où sont traitées les plus belles questions touchant la morale, la physique, la médecine et les mathématiques, données au public par le sieur Clerselier. *Paris, Angot*, 1667, 3 vol. in-4.

EPISTOLÆ in quibus omnis generis quæstiones philosophicæ tractantur, partim ab auctore latino sermone conscriptæ, partim ex gallico translatæ. *Amstelod.*, *apud Dan. Elsevir.*, 1668, 2 part. en 1 vol. in-4.

L'édition des lettres de Descartes, en 6 vol. in-12, impr. à Paris en 1724, est augmentée du texte latin de plusieurs lettres qui n'avaient été impr. qu'en français, et d'une traduction française de celles qui n'avaient paru qu'en latin.

OPUSCULA posthuma, physica et mathematica. *Amstelodami*, 1701, in-4. [3458]

Dans ce recueil posthume sont comprises les traductions de trois ouvrages qui n'avaient encore paru qu'en français.

OEUVRES inédites de Descartes publiées par le comte Foucher de Careil. *Paris, Ladrange et Durand*, 1859 et 1860, 2 vol. in-8. 10 fr.

Pour divers écrits relatifs à la Philosophie de Descartes, voyez les nºˢ 3461, 3462 et 3592 de notre table.

DES CAURRES (*Jean*). Advertissement et remontrances à gens de tous états, pour subvenir aux pauvres en temps de charité et de famine; Sermons de circonstance que doit avoir l'aumône, Traité de la charité, tendant à même fin (en vers françois). *Paris, Guillaume Chaudiere*, 1574, in-8.

Nous donnons ce titre d'après La Croix du Maine (article Jean Des Caurres), qui cite plusieurs ouvrages du même auteur, en prose et en vers, et entre autres un *Traité de la conservation de la santé* (en vers), impr. à *Paris, par Guil. Chaudiere*, en 1573. Du Verdier parle aussi de J. Des Caurres, mais il ne cite que ses écrits en prose sur des sujets de Morale chrétienne, et de son recueil d'OEuvres diversifiées, dont il a été question ci-dessus à l'article *Breslay*. Il paraît que les poésies de Des Caurres ont passé inaperçues, car nous ne les trouvons pas mentionnées dans la *Bibliothèque françoise* de Goujet.

DESCENTE (la) des Angloys et combat de six diceulx contre six gentilz hommes francoys, faict par la ville de Therouenne. Auecques la prinse du neuf Fossé. (*Paris*), *en l'imprimerie de P. Gaultier* (1543), in-8. de 8 ff. [23465]

La même pièce a été réimprimée à *Tholose, chez Guyon Boudeville* (sans date), pet. in-8. de 16 pp. en lettres rondes. 152 fr. *mar. r.* Cailhava.

DESCENTE (la) et ligne des rois françois qui ont regné sur le Rhin, dans les pays qu'on nomme maintenant Gheldres, Julliers, Cleves et Hollande, et qui depuis ont regné dans les Gaules... *Paris, Bonhomme* (sans date), in-fol. goth.

Porté dans le Catal. de l'Histoire de France (Biblioth. impér.), vol. 1, p. 123, au bas de la 2ᵉ col.

DESCENTE aux enfers dediée a M. le grand œconome des Conards. *Rouen, de l'imprimerie de Nic. Hamilton, pour Th. Daré*, 1609, pet. in-12 de 103 pp. et 2 ff. pour le titre et la dédicace.

Opuscule peu commun. 20 fr. Catal. de L. Potier, en 1860.

DESCERPZ (*Franc.*). Voy. RECUEIL de la diuersité des habits.

DESCHAMPS (*Eustache*). Poésies morales et historiques d'Eustache Deschamps, écuyer, huissier d'armes des rois Charles V et Charles VI, châtelain de Fismes et bailli de Senlis, publiées pour la première fois d'après les manuscrits de la Bibliothèque du roi, avec un précis his-

---

torique et littéraire sur l'auteur, par G.-A. Crapelet. *Paris, impr. de Crapelet*, 1832, gr. in-8. jésus vélin, avec fac-simile. 15 à 18 fr. [13234]

M. Crapelet a fait une chose agréable aux amis de notre ancienne littérature en publiant les poésies, à peine connues, de cet auteur contemporain de Charles d'Orléans, et qui, comme l'a dit M. Raynouard (*Journ. des Savans*, 1832, page 161), émule de ce prince, dans le même genre, l'égale pour le style, et est même plus varié dans les formes de la versification, plus abondant en pensées. La principale pièce de Deschamps, le *Miroir du mariage*, est un morceau satirique où le nœud conjugal n'est pas présenté sous son beau côté. L'éditeur en a donné un extrait étendu. Il a été tiré seulement sept exemplaires en pap. de Hollande. |

Œuvres inédites d'Eustache Deschamps (publiées par M. Prosper Tarbé). *Reims, P. Regnier*, 1849, 2 vol. pet. in-8. [13234]

Partie de la *Collection des poètes champenois ;* tiré à 250 exempl. 16 fr.

DESCHAMPS (*Martial*). Histoire tragique et miraculeuse d'un vol et assassinat commis au pays de Berry en la personne de M. Martial Deschamps, médecin de l'uniuersité de Paris et de la ville de Bordeaux, escripte par luimesme, auec l'arrest du Parlement de Paris sur ce interuenu ; plus contemplation chrestienne contre ceulx qui nient la prouidence de Dieu. *Paris, Jehan Bienné*, 1576, in-8. [2730]

Relation curieuse, laquelle, selon La Croix du Maine (article *Martial Deschamps*), aurait été depuis imprimée et falsifiée, les noms, le pays et la date en ayant été changés.

J. Dorat a écrit en vers latins le récit de cette aventure, sous le titre suivant :

Martialis Campani, medici burdigalensis, e latronum manibus divinitus liberati, monodia tragica, ad Henricum III... Item Parænesis ad eundem de Juris administratione in meliorem statum restituenda, Joan. Aurato autore. *Parisiis*, 1576, in-8. de 46 pp.

DESCHAMPS. Vitraux de la cathédrale de Tournay, par Deschamps et Lemaistre d'Astaing, dessinés par Capperonier et mis sur pierre par J. Reghel. *Gand*, 1848, gr. in-fol., 14 pl. color., coûtait 100 fr. [9282]

DESCOLES (le seigneur). L'enfer de Cupido, première impression. *Lyon, Macé Bonhomme*, 1565, in-8. de 54 pp., avec fig. en bois. [13681]

Petit poëme très-médiocre sur les tribulations que fait éprouver l'amour. Les exemples qu'on y rapporte sont tirés de la mythologie et de l'histoire ancienne. L'ouvrage est rare, comme doit l'être naturellement toute pièce ancienne du même genre, qui n'a pas été réimprimée. Celle-ci se trouve quelquefois réunie à d'autres de même époque. Vend. en *mar. r. d. de mar.* 80 fr. Nodier ; en *mar. r.* 96 fr. Cailhava ; en *mar. bl.* 81 fr. Veinant.

Deschiens. Bibliographie des journaux, 31799.
Desclot (*B.*). Historia di Cataluña, 26185. — Invasion de Cataluña, 26188.

D'ESCORBIAC. Voy. Escorbiac.

DESCOURTILZ. Flore médicale des Antilles, ou traité des plantes usuelles des colonies françaises, anglaises, espagnoles et portugaises, par J.-M.-E. Descourtilz, peintes par J.-Th. Descourtilz. *Paris, N. Pichard, Chappron, etc.*, 1821-1829, 8 vol. in-8. fig. 125 fr. [5560]

Publiée en 152 livrais., dont 150 de 4 pl. chacune, avec texte, et 2 livrais. supplémentaires, contenant les tables latine et franç. Chaque livraison a coûté 4 fr.; — pet. in-fol. pap. vél. fig. avec la lettre grise, 20 fr. Les 55 prem. livrais. ont été publiées sous le titre ci-dessus; les autres portent : *Flore pittoresque et médicale des Antilles, ou histoire naturelle des plantes...* Les prix de souscription ne se soutiennent pas.

— Des Champignons comestibles, suspects et vénéneux, avec l'indication des moyens à employer pour neutraliser les effets des espèces nuisibles..... accompagné de dix pl. color. représentant deux cents espèces groupées sur le terrain qui les nourrit. *Paris, Chappron*, 1827, in-8. 30 fr. [5369]

Publié en 10 livraisons.

M. Quérard cite l'ouvrage suivant du même auteur : *Anatomie comparée du grand crocodile des Antilles.* Paris, 1825, gr. in-fol., 22 pl.

— Voyage d'un naturaliste, 4551. — De l'Impuissance, 6950.

DESCOUSA (*Celse-Hugues*). Voy. Grans graces (les).

DESCRIPCIONES de las islas Pithiusas y Baleares. *Madrid, Ibarra*, 1787, in-4. 8 fr. [26329]

DESCRIPTIO apparatus bellici regis frācie karoli intrātis italie civitates Florentiä ac deinde Romam dū exercitū duceret cōtra regē neapolitanū pro recupādo regno Sicilie. et contra turcos infestissimos christianitatis inimicos. (*absque nota*), in-4. goth. de 12 ff. non chiffrés, caract. goth. [23422]

Cette pièce, qui doit avoir paru vers 1495, n'est citée dans la *Biblioth. de la France* que d'après l'édition qu'en ont publiée dans le 2e vol. de leur *Voyage littéraire* les D.D. Martenne et Durand, qui la croyaient inédite. L'édition originale citée est fort rare : on y voit sur le titre une vignette en bois, répétée au verso du dernier f. Un exemplaire en *mar. r.* 130 fr. Coste, et 140 fr. Salmon.

DESCRIPTIO Britanniæ, etc. Voy. Jovius (*Paulus*).

DESCRIPTIO itineris in Indiam. Voyez Prima pars.

DESCRIPTIO numorum veter. Voyez Sestini.

DESCRIPTIO vetus orbis. Voy. Vetus orbis descriptio.

DESCRIPTION bibliographique d'un livre unique. Voy. Delepierre.

Descourveaux (*Phil.*). Vie de Bourdoise, 22122.
Description curieuse des éléphants, 5712.
Description de divers procédés pour extraire la soude, 4437.

DESCRIPTION de la bibliothèque de Merly. Voy. WILLETT.

DESCRIPTION de la carte Cénomanique. Voy. OGIER (*Macé*).

DESCRIPTION de la carte Galicane. En ce pñt liure est la description de la quarte Galicane. Tant de ca que de la les mons. Et autres parties de Leurope, traictant de plusieurs belles matieres. (à la fin) : *Cy finist ce pñt liure nouuellement imprime a Lyon par Jehan Mentele de Sonlu demourant au dit lieu et fut acheue le xi iour daoust. Lan mil cinq cens trente z cnq* (sic), pet. in-4. goth. de 16 ff. [23014]

Du Verdier cite : *Description de la carte gallicane en rime*, Paris, Alain Lotrian, sans date, in-4. (voy. TOTALE description).

Meusel (*Biblioth. histor.*, VI, p. 2, page 100), avant de donner le titre de ce livre en rapporte un autre, ainsi conçu :

LIVRE contenant la description de la carte Gallicane, le nom des Duchés de tout le royaume et des quatre comtés sous chaque duché, les archevechés et abbayes de tout le royaume. *Lyon*, 1535, in-8. Ne serait-ce pas le même livre sous deux titres différents? Panzer, qui les rapporte l'un et l'autre d'après Meusel, les place inexactement sous l'année 1525.

DESCRIPTION de la cathédrale de Milan. Voy. DUOMO.

DESCRIPTION de la fête des vignerons, célébrée à Vevey, le 5 août 1819; précédée d'une notice sur l'origine et l'institution de cette société, qui porte maintenant le nom d'Abbaye des vignerons. *Vevey, Lœrtscher et fils* (sans date), in-8., avec 8 grandes planches. [25921]

Il se trouve dans ce livre plusieurs chansons en patois du pays. 18 fr. de Soleinne.

On a aussi la *Description de la fête des vignerons*, célébrée à Vevey les 8 et 9 août 1833, *Vevey, Steinlu*, 1833, in-8., avec 30 fig. color. 14 fr. de Soleinne.

DESCRIPTION de la prinse de Calais. Voy. TOTALE déduction.

DESCRIPTION de la superbe et imaginaire entree faicte a la royne Gillette, passant a Venise, en faveur du roy de Malachie son futur espoux, le premier Jour de Septembre. traduicte de langue caracterée en langue françoise. *Par Jean Bonhomme (à Lyon, sans date)*, in-16. [17825]

La plus ancienne édition de cette facétie que je connaisse est sous la date de 1582, pet. in-8. Il y en a une de 1602, même format; aussi une de 1614, pet. in-8. de 48 pp. (en *mar.* 13 fr. Nodier; 24 fr. Baudelocque, et 30 fr. Gancia), et plusieurs autres plus récentes.

DESCRIPTION de la ville de Paris. Voy. BERTHAUD.

DESCRIPTION de la ville et des faubourgs de Paris en vingt planches, avec un détail exact de toutes les abbayes, églises, palais, maisons, etc. *Paris, J. De La Caille,* 1714, in-fol. [24144]

53 fr. Monmerqué; 28 fr. 50 c. Walckenaer; 30 fr. Rebillot.

DESCRIPTION de l'Égypte, ou recueil des observations et des recherches qui ont été faites en Egypte pendant l'expédition de l'armée française (ouvrage publié sous la direction de M. Jomard). *Paris, impr. impér.,* 1809-13, *et impr. roy.,* 1818-28, 10 vol. in-fol. de texte, et 12 vol. in-fol. atl. de pl. [28354]

Édition originale de ce magnifique ouvrage, exécuté aux frais de l'Etat. Chaque exemplaire se vendait 4000 fr., et en pap. vél. 6000 fr.; mais comme il en a été distribué un certain nombre à des hommes en place ou à des gens de lettres qui les ont mis dans le commerce, et que d'ailleurs la publication de la seconde édition a dû naturellement diminuer l'importance de la première, ce livre se donne maintenant dans les ventes pour moins de 900 fr., et le pap. vél. pour moins de 1200 fr. Cette première édition a l'avantage de contenir les premières épreuves des planches, et d'avoir 72 pl. tant d'antiquités que d'histoire naturelle, coloriées avec le plus grand soin, et qui sont restées en noir dans la seconde édition.

La Description de l'Égypte a été publiée en trois séries ou livraisons, dont la troisième est en 3 sections : elle se compose de 9 vol. de texte d'un format ordinaire, savoir :

1° *Antiquités-Descriptions*, 2 vol. formés de chapitres impr. séparément. (Il y a IX chapitres dans le 1er vol., et les chapitres X à XXVI sont dans le second. Le IXe chapitre a un appendice n°s 1 et 2; le XVIIIe une suite, et le XXVIe un appendice et deux suites. Il doit se trouver de plus une table à la fin de chaque vol.)

2° *Antiquités-Mémoires*, 2 vol., le premier de 824 pp., le second de 238 pp., avec une table pour chaque vol.

3° *État moderne*, 2 vol. en 3 part. de 1018, 736 et 850 pp., avec des tables; plus l'explication des arts et métiers, en 80 pp.

4° *Histoire naturelle*, 2 vol., le 1er en 4 part. de 350, 58, 128 et 339 pp., avec une table; le 2e de 752 pp. et une table.

Indépendamment de ces 9 vol., qui ont été livrés en 21 cah., l'ouvrage comprend des parties de texte en pap. jésus de la même grandeur que les planches ordinaires. Ces parties sont : une préface et deux avertissements, 51 feuilles; vol. I *d'antiquités*, 15 feuilles; vol. II, *id.*, 21 feuilles; vol. III, *id.*, 11 feuilles; vol. IV, *id.*, 17 feuilles; vol. V, *id.*, 21 feuilles, dont 10 faux-titres et 9 titres à placer en tête des 10 vol. de pl.; enfin, 9 listes des auteurs. On peut relier en un seul volume la totalité de ce texte, *pap. jésus*, sauf les titres des vol. et les listes des auteurs, ou bien faire un volume de la préface et des avertissements, et introduire dans les divers vol. de pl. des antiquités les explications et les autres ff. qui s'y rapportent.

Les planches sont au nombre de 894, non compris 31 que contiennent les vol. de texte. Il y en a 123 en plus grand format que le pap. jésus, 5 sur grand-monde, et 19 de format extraordinaire dit *grand-Égypte*. Toutes ces pl. sont ordinairement reliées en 9 ou 10 vol. format jésus et en 3 vol. format grand-aigle ou grand-monde. En voici la répartition :

ANTIQUITÉS, I, 102 pl. (97 n°s), y compris le frontispice, la carte de l'Égypte ancienne de d'Anville, et les pl. *a. b. c. d.* (Sur ce nombre il y a 11 pl. moyennes, 2 grand-Egypte, et 1 grand-monde.) — II, 92 pl. (23 M. 8 G. E.) — III, 69 pl. (20 M. 5 G. E. et 1 G. M.) — IV, 74 pl., y compris *c.* et *f.* (dont 7 M, 3 G. E. et 3 G. M.) — V, 89 pl. (14 M, et 1 G. E.)

ATLAS géographique, 53 pl. (en 47 nᵒˢ), y compris le titre, la carte d'assemblage, le tableau des signes, et le nᵒ 1 *bis* et *ter*. (Il y a 45 pl. moyer nes.)

ÉTAT MODERNE, I, 84 pl. (en 83 nᵒˢ), y compris la carte de l'Égypte moderne, par d'Anville. (Il y a 8 pl. moy.) — II, 87 pl. (dont 4 moy.), savoir : les nᵒˢ 84 à 105 : Arts et métiers, I à XXXI ; Costumes et portraits, A jusqu'à K.; Vases, meubles et instruments, AA jusqu'à NN. ; Inscriptions, monnaies, etc., *a* jusqu'à *k*.

HISTOIRE naturelle, I, 62 pl., savoir : Mammifères, 7 et 1 de suppl. ; Oiseaux, 14 ; Reptiles, 8 et suppl. 5 ; Poissons, 27. — II, 105 pl., savoir : Céphalopodes, 1 ; Gastéropodes, 3 ; Coquilles, 14 ; Annélides, 5 ; Crustacés, 13 ; Arachnides, 9 ; Myriapodes, 1 ; Orthoptères, 7 ; Névroptères, 3 ; Hyménoptères, 20 ; Échinodermes, 9 ; Zoophytes, 3 ; Ascidies, 1 ; Polypes, 14 ; Algues, 2. — II *bis*, 77 pl., savoir : Botanique, 62 ; Minéralogie, 15.

Quant aux exemplaires qui sont encore en *livraisons*, il faut les vérifier, soit à l'aide des états qui accompagnent les livraisons, soit d'après le *Tableau général des planches*, classé par lieux, sujets, numéros, formats, et livraisons ou publications.

— La même description de l'Égypte..... deuxième édition. *Paris, Panckoucke,* 1820 à 1830, 24 tom. en 26 vol. in-8., et 12 vol. in-fol. de planches.

Cette seconde édition est très-répandue, parce qu'elle a été acquise par un assez grand nombre de souscripteurs qu'ont séduits les annonces mensongères de l'éditeur. L'ouvrage a été publié en 211 livraisons, au prix de 10 fr. chacune, non compris les 26 tom. de texte (le vol. 18 est en 3 part.) qui se sont payés 7 fr. chacun (et le double en pap. vél.), ce qui fait un total de 2291 fr.; il s'est donné plusieurs fois pour moins de 400 fr. dans les ventes. Les pl. se relient comme dans l'édition originale ; seulement les plus grandes se réunissent en un seul vol., avec un frontispice allégorique, où se voit le buste de Louis XVIII, avec le millésime de 1826, et on y ajoute le *Tableau des monuments d'Egypte*, grande pl. en couleur qui doit se placer au commencement du prem. vol des Antiquités, avec l'explication du tableau et la médaille. Le vol. en pap. grand-monde est d'une si grande dimension, que l'usage en devient impossible aux personnes qui n'ont pas eu la précaution de se procurer un meuble fabriqué tout exprès pour le recevoir.

— COLLEZIONE di monumenti architettonici egiziani, ossia la grand' opera sull' Egitto ridotta a semplici contorni con brevi illustrazioni. *Roma*, in-fol. obl. avec 182 pl. 90 fr.

DESCRIPTION (la) de l'estat, succès et occurences, advenues au Pais-Bas (de 1500 à 1566) au faict de la religion. *Imprimé (à Dillenbourg) en aougst* 1569, pet. in-8. [25012]

Édition originale de cet ouvrage anonyme de Jacq. de Wesenbeke. C'est le livre le plus rare de tous ceux qu'ont fait naître les troubles des Pays-Bas, sous Charles V et Philippe II. M. Van Hulthem, de Gand, en possédait pourtant deux exempl., dont l'un avait été payé 69 flor. 6 s. à la vente Michiels, à Anvers, en 1781, et l'autre (ayant quelques taches) 41 flor. chez Verdussen. Le même livre s'est vendu jusqu'à 130 flor. chez le comte de Proli, à Anvers, en 1785. Le texte flamand de ce même ouvrage, pet. in-8., dont le titre porte : *Gedruckt in augusto* 1550, n'a été impr. qu'en 1569, comme le français. Vend. 46 flor. Michiels ; 70 et 40 flor. Proli ; 22 flor. 50 c. Meerman (voir la *Bibliotheca hulthemiana*, nᵒˢ 24979 et 26480). Une édition, contenant les deux textes flamand et français, a été impr. à Breda, en 1616, pet. in-4. Une autre, du texte flamand, *Middelburgh*, 1616, in-4., est portée dans le catal. de Major, n. 6441.

A l'article WESENBEKE nous parlons de la *Defense* de ce pensionnaire de la ville d'Anvers.

DESCRIPTION de l'ordre tenu aux obsèques de... Voy: OBSÈQUES.

DESCRIPTION de six espèces de pets, ou six raisons pour se conserver la santé, prêchées le Mardi gras par le père Barnabas, peteur en chef au village de Vesse, province des étrons, goutez qu'ils sont bons; avec le Testament de Roger Bontemps, la chanson du rendez-vous que Madame fit à son époux, et les petites nouvelles que vous direz être vieilles ; Nouvelle édition revue, corrigée et augmentée par M. Chicourt, docteur d'Archicourt et médecin ordinaire de l'Homme-armé. *Troyes, chez Garnier* (sans date), in-8. [17889]

Nous ne pouvons guère nous dispenser de donner ici le titre de cette mauvaise facétie que M. Nisard n'a pas dédaigné de placer dans son *Histoire de livres populaires en France*. Il y a une édition avec cette adresse : à *Toulouse chez Chicot, imprimeur des Quinze-Vingts*, et une autre sous ce titre : *Sermon en faveur des six especes de pets... à Morlaix, chez Chipet, quai de l'Avale*, in-12.

DESCRIPTION de toutes les nations de l'empire de Russie, où l'on expose leurs mœurs, religions, etc. (par J.-Gottl. Georgi), trad. de l'allemand. *St-Pétersbourg*, 1776-77, 3 part. en 1 vol. in-4., avec 95 pl., pet. in-fol. [27739]

Ouvrage assez rare en France, mais qui conserve peu d'intérêt, aujourd'hui que nous avons sur le même sujet des écrits meilleurs et plus étendus. Vend. 50 fr. *br.* Méon ; 40 fr. Caillard.

Il y a aussi une édition en langue allemande (*St-Pétersbourg*, 1776-81, 4 part. in-4. fig.; réimpr. à *Leipzig*, 1783, en 2 vol. in-4. fig.), et une en langue russe. Pour une description géographique de la Russie par Georgi, voy. le nᵒ 27734 de notre table méthodique.

DESCRIPTION des arts et métiers, faite ou approuvée par MM. de l'Académie des sciences. *Paris*, 1761-89, 113 cah. gr. in-fol. fig., qui se relient en 27 ou en 30 vol. [10217]

Il y a à peine quarante ans que cette collection faisait partie nécessaire de toutes les grandes bibliothèques, et se vendait de 500 à 600 fr. lorsqu'elle était bien complète, ce qui se rencontrait difficilement. Mais aujourd'hui que les progrès des arts mécaniques et industriels ont rendu la plupart de ces descriptions presque inutiles, et qu'elles ont été remplacées par des Manuels d'un usage plus commode, on ne la conserve guère qu'en faveur de ses planches et de quelques traités qui n'ont pas été refaits mieux depuis ; mais, quoique ce recueil se donne maintenant à très-bas prix, nous croyons qu'il convient d'en reproduire ici la nomenclature, parce qu'elle pourra encore intéresser quelques personnes.

État des arts qui composent la collection.

	cahiers.
Amidonnier, par Duhamel du Monceau.	1
Ancres (fabrique des), par le même.	1
Ardoisier, par Fougeroux.	1
Bourrelier et sellier, par Garsault.	1
Brodeur, par Saint-Aubin.	1
Cartier, par Duhamel du Monceau.	1

On annexe encore à cette collection les cahiers suivants, qui n'en font pas partie nécessaire :

Art de faire les ressorts de montres.
Construction des théâtres et machines théâtrales, par Roubo le fils, 1777.
Supplément à l'art du serrurier.

DESCRIPTION des arts et métiers, nouv. édition, publiée avec des observations, et augmentée par J.-E. Bertrand. *Neuchâtel,* 1771-83, 19 vol. in-4. fig. — Tome XX, contenant l'art de l'imprimeur, par Bertrand-Quinquet. *Paris,* an VII (1799), in-4. Cette édition in-4. est bien moins complète que la précédente, puisqu'il y manque environ 30 cah., dont ceux du *menuisier* et du *facteur d'orgues* font partie ; mais, d'un autre côté, elle renferme de plus que l'in-fol. : l'*affinage de l'argent,* une *addition au charbon de terre,* le *mouleur en plâtre,* les *peignes d'acier pour fabriquer les étoffes de soie,* le *supplément au serrurier,* le *tourbier,* le *vinaigrier,* et enfin des additions considérables à l'*art du boulanger* : 60 à 80 fr.
La collection des Manuels publiés à la librairie Roret est beaucoup plus complète que celle de l'Académie des sciences ; toutefois, il nous suffira de l'indiquer ici, en renvoyant le lecteur au catalogue du libraire.

DESCRIPTION des chasses et Description du cheval. Voy. RIDINGER. — des médailles du cabinet du roi de Danemarck. Voy. BESKRIVELSE. — des pierres gravées, d'Orléans. Voy. LA CHAU.

DESCRIPTION (la) du tres humain vertueulx τ inuectissime roy de Portugal. .Enuoye a nostre sainct pere le pape. des gestes faictz en la mer rouge. Et de la paix , paction , conuenance et alliance, commencee par luy auec Prebstre Jehan Roy de Ethiopie, pet. in-8. goth. de 4 ff.

Pièce en prose où l'on a conservé la date de Lisbonne, 1521.

DESCRIPTION et récit historial du royaume d'or de Gunea. Voy. PRIMA pars.

DESCRIPTION (la), forme et nature des bestes tant priuees que sauuaiges, auec le pourtret et figure, au plus pres du naturel. *Rouen, par Robert et Jehan du Gort freres,* 1554. (à la fin) : *De l'imprimerie de Robert Massellin,* in-16, sign. a—h. [13674]

Ce petit poëme se trouve ordinairement joint au suivant :
     LE BLASON et description des Oyseaux... composé (en vers) par Guillaume Gueroult. *Rouen, Dugort freres,* 1553. (à la fin) : *Impr. a Rouen par la vefue Jehan Petit,* sign. A—D.
Ce livret, dont les bois sont assez bons, doit être à peu près le même que les *Décades de la Description... des animaux,* dont nous avons parlé à l'article ANEAU, et que la *Description philosophale* (à la col. suivante). 63 fr. mar. bl. Hope.

DESCRIPTION générale et particulière de la France (publiée par De Laborde,

Guettard, Beguillet, etc.). *Paris, Lamy,*
1781-96, 12 vol. gr. in-fol. [23139]

Cet ouvrage, dont les premiers volumes sont beaucoup mieux exécutés que les derniers, n'est pas terminé : 200 à 300 fr.
Un exemplaire, avec fig. avant la lettre : 1100 fr.
Lamy; 1011 fr. en 1815. Un autre, 535 fr. en 1839;
avec fig. color. 440 fr. en 1839.
Les douze volumes renferment 6 livraisons de discours, 78 livraisons de planches, plus les livraisons 52 et 60 bis.

DESCRIPTION historique de la France.
Voyez LONGUERUE. — de l'église des
Invalides. Voy. PÉRAU (Calabre).

DESCRIPTION historique et chronologique de l'église métropolitaine de Paris, contenant l'histoire des évesques et
archevesques de Paris, celle du chapitre et des grands hommes qui en sont
sortis, ou qui ont contribué à la construction et à l'embellissement de ce
temple auguste (par Charpentier, avocat). *Paris, Delormel,* 1767, in-fol. fig.
tome Ier: [21417]

Ce volume, qui n'a pas été mis dans le commerce,
devait être suivi d'un second tome dont il n'a paru
que les planches. Le texte s'est donné pour 12 fr.
en 1802; mais on l'a payé 132 fr. à la vente de Lassus, en 1858, et 401 fr. à celle de Gilbert, dans la
même année. Les planches du 2e vol., au nombre
de 53, sont portées sous le n° 48 du catalogue de
cet ancien conservateur de la cathédrale de Paris.

DESCRIPTION of the collection of the
ancient marbles. Voy. COMBE (Taylor).

DESCRIPTION philosophale, forme et nature des bestes tant priuées que sauuages auec le sens moral comprins sur le
naturel et condition d'iceux. *Paris, J.
Ruelle,* 1571, in-16 de 48 ff. fig. en bois.
= Description philos. des oyseaux, et
de l'inclination et propriété d'iceulx.
Paris, J. Ruelle, 1571, in-16 de 48 ff.
fig. [13674]

Ces deux petits volumes sont la même chose à peu
près que les *Décades de la description des animaux* de Barth. Aneau (voy. ANEAU); ils avaient
déjà paru sous ce titre : *Premier* (et *second*) *livre
de la description philosophale de la nature et
condition des animaux,* Paris, *Magdalaine Boursette,* 1554, pet. in-8. fig., porté à 9 fr. dans le dernier catal. Chardin, et à 27 fr. dans celui d'Huzard.
Les moralités sont de Artus Desiré. Il y a une édition de *Paris, J. Ruel,* 1568, 2 tom. en 1 vol. in-16,
fig. en bois. Vend. 8 fr. Sepher, et 40 fr. Huzard.
— Le premier livre a été réimprimé à *Lyon, Jean
d'Ogerolles,* 1568, in-16, fig., sous ce titre :
  LE PREMIER livre de la description philosophique
de la nature et condition des animaux, tant raison-
nables que brutz, avec le sens moral comprins sur
le naturel et condition d'iceux : augmenté de diverses et estranges bestes. — 16 fr. rel. *en cart.*
Huzard.
Les 2 part. de l'édition de 1571 (réunies au *Blason
des fleurs,* Paris, Nic. Bonfons, 1581, in-16 de 22 ff.,
avec fig. en bois), ont été vend. 12 fr. Bignon. —
L'édition de la première partie, *Paris,* 1605, in-16
de 48 ff. avec fig. en bois : 6 fr. *mar. r.* La Valliere.

DESCRIPTION poétique de l'histoire du
beau Narcissus. *Lyon, chez Balthazar
Arnoullet,* 1550, pet. in-8. de 39 pp. y
compris le titre. [vers 13664]

Opuscule rare, vend. 33 fr. *mar. r.* en 1814, et 72 fr.,
avec les *Decades de la description des animaulx*
(voy. ANEAU), A. Martin.
Le frontispice de l'exemplaire qui appartient à la bibliothèque de l'Arsenal porte ces mots (d'une écriture contemporaine) : *De Jehan Ruz Dourdel* (ou
Bourdel), noms que Nyon a pris pour celui de l'auteur de ce petit poëme, lequel est certainement de
François Habert, ainsi que l'a dit Du Verdier, qui
en cite une édit. de Lyon, 1549. A la suite de cette
pièce, dans l'exemplaire décrit, se trouve une élégie sur la mort de Marot, intitulée : *France sur la
mort de son poète,* 7 ff., terminée par cette devise :
Non qu'a vn seul. Les caract. sont italiques et les
mêmes que dans le *Narcissus.* — Le *Dictionnaire
des anonymes,* n° 7741, indique l'ouvrage suivant :
  L'HISTOIRE de Narcisse avec l'argument en prose,
par *C.-B.* (Claude-Barthel. Bernard), *Lyon,* 1551,
in-12.

DESCRIZIONE della pompa funerale fatta
nelle esequie del sereniss. sig. Cosimo
de' Medici Gran Duca de Toscana nell' alma città di Fiorenza il giorno 18 Maggio dell'anno 1574. *Firenze, presso i
Giunti,* in-4. [25542]

Opuscule fort bien imprimé, et avec un frontispice
sur bois, au verso duquel se trouve un beau portrait de Cosimo, qui se voit également dans un autre
opuscule, imprimé par les Giunti, en 1574, sous ce
titre :
  ORAZIONE *fatta nell' esequie di Cosmo de' Medici, recitata nel Duomo di Pisa, per Pietro Angelio da Barga,* in-4.
  DESCRIZIONE dell' apparato e degl' intermedi fatti
per la commedia rappresentata in Firenze nelle
nozze di Fernando de' Medici e madama Cristina di
Loreno, gran duchi di Toscana (da bast. de Rossi).
Firenze, 1589, in-4. 4 fr. Riva. [25542]

DESCRIZIONE delle feste celebrate in
Parma, per le nozze del infante Ferdinando di Borbone con l'arciduchessa
d'Austria Maria Amelia, l'anno 1769,
ital. e franc. *Parma, stamp. reale,*
in-fol. [25352]

Un des plus beaux ouvrages qui eussent encore paru
en ce genre; il est décoré de 40 pl. dessinées par
Petitot, et gravées par Volpato, Ravenet, Bossi et
autres. Vendu 19 fr. Mérigot; 24 fr. Trudaine, et
plus cher autrefois.

DESCRIZIONE d'una caccia di più nobilissime donne fiorentine et innamoramento di Venere, allo illustr. signore
Lorenzo de' Medici, dove si contiene lor
meritissime laude. (*stampato verso il*
1515), in-8., lettres rondes, avec une
fig. sur bois. [14867]

Opuscule décrit par G. Melzi (*Dizionario de Opere
anonime,* p. 288), qui attribue à Bernardo Accolti
(voy. ce nom) les deux petits poëmes en octaves
qui y sont réunis.

DESCRY des pièces faictes a Metz en Lorraine, tant vieilles que nouuelles. (à la

---

fin) : *On les vend a Paris, sur le pont Saint-Michel a lenseigne de la rose blanche, par Est. Roffet, dict le Faulcheur,* 1543, pet. in-4. goth. [24876]

Opuscule porté à 45 fr. dans un catalogue de la Librairie Techener.

DESERT (le) de deuotion qui est vn traicte plaisant vtile et proffitable a toutes manieres de gens deuotz ou curieulx, seculiers ou reguliers. Nouuellement compose pour inciter les cueurs a feruentement aimer dieu et apeter les biés eternelz. (à la fin) : Et a este compose par vng frere mineur du couuent Dabbeuille... : *Imprime nouuellement (a Paris, vers* 1530), pet. in-8. goth. fig. en bois, sign. a—i par 8. [1632]

Opuscule en prose mêlée de vers; un acrostiche qui termine ce volume, donne le nom de l'auteur : *Henry Caupin.* Il y a au verso du dernier f. une vignette représentant l'ensevelissement de J.-C. 15 fr. *mar. r.* Veinant.

DESERT (pour Dessert) des Muses. Voy. DESSERT.

DESFONTAINES. Son théâtre. [16426]

Cet écrivain fécond a composé au moins douze tragédies ou tragi-comédies qui ont été publiées à Paris chez différents libraires, dans le format in-4., et auxquelles il n'a pas toujours mis son nom : 1º Eurimedon, ou l'illustre pirate, 1637, *chez Ant. de Sommaville.* — 2º La Vraye suite du Cid, 1638, chez le même. — 3º Orphise, ou la beauté persécutée, 1638, chez le même. — 4º Hermogène, 1639, *chez Toussaint Quinet.* — 5º Bélisaire, 1641, *chez Ant. Courbé.* — 6ºPerside, ou la suite d'Ibrahim Bassa, 1644, *chez Toussaint Quinet.* — 7º Le Martyre de S. Eustache, 1643, chez le même (réimpr. en 1644, in-8.). — 8º Alcidiane, ou les quatre rivaux, 1644, chez le même (ou sous le seul titre d'*Alcidiane,* 1648). — 9º L'illustre comédien, ou le Martyre de S. Genest, 1645, *chez Cardin Besongne.*— 10º L'illustre Olympie, ou le S. Alexis, 1645, *Pierre Lamy.* — 11º Bellissante, ou la fidélité reconnue, 1648, chez le même. — 12º La véritable Sémiramis, 1647, chez le même.

Ces 12 pièces réunies n'ont été vend. que 26 fr. 50 c. de Soleinne. On attribue au même auteur la pièce suivante, beaucoup plus rare que les autres, mais qui peut-être n'est pas de lui :

LES GALANTES vertueuses, histoire véritable et arrivée de ce temps pendant le siége de Thurin, tragi-comédie. *Avignon, J. Piot,* 1642, pet. in-12 de 2 ff. et texte p. 3 à 96.

Un exempl. rel. en *mar. r. et d. de mar. v.* a été vend. 42 fr. de Soleinne, et 29 fr. Baudelocque.

DESFONTAINES. Les heureuses infortunes de Céliante et Marilinde vefves pucelles, par D. F. *Paris, Vº Trabouillet,* 1662, in-8. [17168]

La première édition de ce roman est de *Paris, chez Trabouillet,* 1836, in-8. Le même libraire en a

donné une seconde. Ce qui a fait le succès du livre c'est que l'auteur y a introduit, sous des noms supposés, plusieurs personnages du temps : ainsi les deux *vefves pucelles* seraient Mᵐᵉ de Charny et Mᵐᵉ de Marigny; *Cambise,* le roi Louis XIII; *Protosilas,* M. le prince de Condé, etc. La clef des noms était ajoutée à l'exemplaire de l'édition de 1662, qui a été payé 21 fr. à la vente Giraud.

—L'illustre Amalazonthe. *Paris, Ant. Robinot,* 1645, 2 vol. pet. in-8. [17167]

L'abbé Cerisiers, qui a donné ce roman sous le nom de Desfontaines, l'a composé d'après les faits constatés dans un procès criminel fait au parlement de Dijon à Philippe Giroux, président à mortier en la même cour, au sujet de l'assassinat commis au mois de septembre 1638 en la personne de Pierre Baillet, président en la chambre des comptes de la même ville. Les noms y sont supposés; mais M. Quérard, reproduisant une note du catalogue manuscrit du président Bouhier, en a donné la clef dans son livre intitulé les *Supercheries littéraires,* I, p. 343. Il est à croire que l'abbé Cerisiers est aussi l'auteur des *Heureuses infortunes.*

DESFONTAINES (*Renatus*). Flora atlantica, sive historia plantarum quæ in Atlante, agro tunetano et algeriensi, crescunt. *Parisiis, Desgranges,* an VI (1798), 2 vol. gr. in-4. fig. [5249]

Ouvrage orné de 261 pl. (plus la 76ᵉ bis) gravées d'après les dessins de Redouté et autres artistes. Il a été tiré à 500 exempl. dont 100 sur pap. vél. Prix de souscription : 263 fr. et 526 fr. Réduit au tiers maintenant.

—Histoire des arbres, 4977. — Catalogus plantarum, 5309.

DES GALLARS (*Nicolas,* dit de Saule). La forme de police ecclesiastique instituee a Londres en l'eglise françoise par M. Des Gallars, ministre en icelle. 1561, in-8. [1935]

Des Gallars, en latin Gallarsius, a écrit en faveur de Guil. Farel (voy. ce nom), et il a traduit en français plusieurs traités de Calvin.

— NIC. GALLARSII assertio de divina Christi filii Dei essentia, adversus Nearianos. *Aureliæ, El. Giberius,* 1566, pet. in-8.

— DE LA DIVINE essence de Jesus-Christ, contre les nouveaux Ariens. *Orleans,* et aussi *Lyon, Jean Saugrain,* 1566, pet. in-8.

Lowndes, I, p. 854, à l'article Galarsius, donne le titre suivant :

A BRIEFE Rehersal of the Doings at Poyssye in Fraunce, betwixt the lordes of spiritualty and the ministers of the Gosple. *London* (1561), in-16.

On croit que ce ministre calviniste a été le collaborateur de Théod. de Bèze pour son *Histoire des églises réformées* (voy. BÈZE, t. 1, col. 843).

DESGENETTES (*René-Nic.* Dufriche, baron). Essais de biographie et de bibliographie médicale. *Paris, Panckoucke,* 1825, in-8. [30548]

Volume tiré à *cinquante exempl.,* et qui contient cent dix notices données par l'auteur à la *Biographie médicale,* ou la *Biographie univers.,* ou lues dans diverses solennités.

— Armée d'Orient, 7352.

Descuret (*J.-B.-F.*). Médecine des passions, 7316.

Deseine. Rome ancienne et moderne, 25570.

Desessarts (*Toussaint-Nicolas* Lemoyne dit). Essai, 2323. — Procès fameux, 2727. — Causes célèbres, 2728, et dans l'article consacré aux Journaux. — Dictionn. de police, 2792. — Siècles litt., 31648.

Desfontaines (l'abbé Guyot). Dictionnaire néologique, 11029. — Histoire de Bretagne, 24447.

Desfontaines (*Fr.-G.* Fouques dit, et non pas de la Vallé, comme on l'a dit par un singulier quiproquo). Histoire des théâtres, 16022.

Desfontaines de Preux. Sur Valenciennes, 24942.

DESGODETZ (*Ant*.). Les Édifices antiques de Rome, dessinés et mesurés très-exactement. *Paris, J.-B. Coignard*, 1682 (nouv. titre, chez *Anisson*, 1695), gr. in-fol. fig. [29402]

Premier ouvrage exact qui ait paru sur les anciens monuments de Rome. On recherche surtout l'édit. de 1682, qui offre les premières épreuves des planches : 40 à 50 fr.

La nouvelle édit. de *Paris, Jombert*, 1779, gr. in-fol., avec les mêmes planches, est plus commune et moins belle : 30 à 40 fr.

— Les Édifices antiques de Rome mesurés et dessinés sur les lieux. *Rome*, 1822, 4 part.— Additions et corrections à l'ouvrage de Desgodetz. *Rome*, 1843, 2 part. in-fol.

Malgré les additions jointes à cette édition, additions qui portent à 230 le nombre des planches, les 6 vol. n'ont été vend. que 47 fr. Raoul Rochette. Toutefois l'édition romaine a dû faire tomber le prix de celles de Paris. Pour la traduction italienne voy. CANINA.

Il a paru à *Londres*, 1771 et 1795, une édition de cet ouvrage, en 2 vol. in-fol., texte anglais et français, avec 137 pl., annoncée à 115 fr. On en fait peu de cas. — Lois des bâtiments, 2774 et 2849.

DES GOUTTES (*Jean*). Voy. PHILANDRE.

DES GRANGES (*M*.). Grammaire sanscrite-française. *Paris, impr. roy. (chez B. Duprat)*, 1845-47, 2 vol. in-4. 50 fr. [11755]

DESGUERROIS (*Nic*.). La saincteté chrestienne, contenant les vie, mort et miracles de plusieurs saints de France et autres pays, dont les reliques sont au diocèse de Troyes, avec l'histoire ecclésiastique, traitant des antiquitez et des églises et abbayes du dit diocèse; recueillie par M. N. Desguerrois de Jésus. *Troyes, Jean et Franc. Jacquard*, 1637, in-4. de 427 pp. et 30 ff. non chiffrés, avec un frontispice gravé vis-à-vis le titre. [22064]

Cet ouvrage ne se recommande pas moins par les sentiments édifiants dont il est empreint, que par les actes et faits, alors inédits, qu'il renferme. Il est devenu rare, et on l'estime de 24 à 36 fr. à Troyes.

On a du même auteur :

EPHEMERIS sanctorum ecclesiæ Trecensis. *Augustæ-Trecor*., 1648, in-12. [22065]

LES VÉRITÉS de S. Avertin, fidèle Achates de S. Thomas de Cantorbéry, où sont sa vie et ses miracles. *Troyes, Franc. Jacquard*, 1644, pet. in-12 de 3 ff. non chiffrés et 98 ff. chiffrés. [22115]

SS. LUPUS et Memorius cum Attila rege. *Trecis, Nicol*, 1648, pet. in-12 de 40 ff.

DESHAYES (*Louis*), baron de Courmesnin. Voyage du Levant, fait par le commandement du roi de l'année 1621, par le S. D. C. *Paris, Taupinart*, 1624, in-4. fig. [19944]

Vendu jusqu'à 45 fr. Langlès, mais moins depuis.

Relation intéressante, où l'on remarque surtou une bonne description de Jérusalem. Elle a été réimpr. avec des augmentations. Paris, 1629, in-4. (vend. en Gr. Pap. *mar. r.* 35 fr. 50 c. en 1839), et pour la 3e fois, en 1645, in-4. C'est au secrétaire de Deshayes qu'en est due la rédaction.

—Voyage de M. Deshayes, baron de Courmesvin (*sic*) en Dannemarc (en 1629), avec des annotations par P. M. L. *Paris, Clousier*, 1664, in-12. [20371]

A ce voyage est ordinairement joint celui *de Quiclet à Constantinople*, avec des Annotations par M. D. L. *Ibid.*, 1664, in-12. Tel était l'exemplaire vendu 27 fr. Langlès.

DESHAYES (*G.-P*.). Description des coquilles fossiles des environs de Paris. *Paris, Bechet jeune*, et (ensuite) *Levrault*, 1824-37, 3 vol. gr. in-4. [6149]

Publié en 47 livrais. Prix de chacune, 5 fr.; — sur jésus vél., avec les fig. sur pap. de Chine, 10 fr.

— Traité élémentaire de conchyliologie, avec l'application de cette science à la géologie. *Paris, Vict. Masson*, 1839-58, 3 vol. gr. in-8. [6114]

Ouvrage enrichi de 130 pl., qui ont été publiées par livraisons. 90 fr.; avec les pl. color. 200 fr.

—Description des animaux sans vertèbres, découverts dans le bassin de Paris pour servir de supplément à la description des coquilles fossiles des environs de Paris, contenant une revue générale de toutes les espèces actuellement connues; par G.-P. Deshayes. *Paris, J.-B. Baillière et fils*, 1855, in-4.

En juillet 1860 il paraît 20 livr., ce qui complète le 1er volume de 912 pp. de texte, avec atlas de 89 pl. 100 fr. L'ouvrage, qui ne devait fournir que 25 livraisons environ, en aura davantage.

—Mollusques et Zoophytes de l'Algérie. Voy. EXPLORATION.

DESHOULIÈRES (*Antoinette* du Ligier de Lagarde). Ses OEuvres et celles d'Antoin.-Thérèse sa fille. *Paris, impr. de Crapelet*, an VII (1799), 2 vol. in-8. [14043]

Jolie édition : 8 fr. — Pap. vél. 12 fr., et en Gr. Pap. vél. 46 fr. *mar. r.* Renouard.

La première édit. des poésies de Mme Deshoulières a été publiée par cette dame, *Paris, Ve de Séb. Mabre Cramoisy*, 1688, pet. in-8. en *mar. r.* 10 fr. La Vallière, et en *mar. r.* par Capé, 42 fr. Solar (Goujet la cite sous la date de 1687). — Réimpr. *Paris, Jean Villette*, 1694, pet. in-8. Mlle Deshoulières a publié la seconde partie des œuvres de sa mère, chez le même J. Villette, en 1695 et en 1707. Ce libraire a donné ensemble les deux part. pet. in-8., avec un joli portr. par Van Schuppen, qui se trouve également dans l'édit. de 1724, 2 part. et dans plusieurs autres. Celle de *Paris, David*, 1747 (et de nouveau 1753), 2 vol. pet. in-12, est augmentée de l'éloge des deux Deshoulières, composé d'après les mémoires de M. de la Boissière de Chambord, et de plusieurs pièces inédites. Nous pouvons encore citer l'édit. de *Paris*, stéréotype d'Heran, 1809, 2 vol. in-12, dont il y a des exemplaires en pap. vél.

— ŒUVRES choisies de Mme Deshoulières. *Paris, de l'impr. de P. Didot l'aîné*, 1795, in-18, pap. vél. 6 fr., et plus en Gr. Pap. format in-12.

— Vers allégoriques de Mad. Deshoulières à ses enfans. *Paris, Impr. roy.*, in-4.

Ce volume, destiné à l'éducation des enfants du comte d'Artois (depuis roi Charles X), a été tiré à petit nombre; cependant il n'est pas cher. Il y en a une autre édit., pet. in-4. de 52 ff., faite en 1785, et augmentée de vers extraits de J. Racine, J.-B. Rousseau et Gresset. Cette dernière est encore plus rare que la précédente. La Bibliothèque impér. en a acquis un exempl. impr. sur VÉLIN.

DESIDERIUS. Dialogus vere pius et cum primis jucundus de expedita ad Dei amorem via : ex hispanico in italicum, gallicum, german., belgic. et latinum sermonem conversus; ac nunc demum variis versionibus recognitus. *Coloniæ, apud Anton. Boetzerum, anno* 1616, in-12 de 225 pp., plus 12 pp. prélim. et 9 pp. pour apparatus. [1607]

Cet ouvrage n'est pas de Mich. Servet, comme l'a affirmé Bern. de la Monnoye dans une de ses notes sur les auteurs déguisés de Baillet (*Jugemens des savans*, édit. de Holl., in-12, tome V, 2e part., p. 553); mais il a été écrit par un Espagnol anonyme sous le titre d'*Espejo de Religiosos*, Burgos, J. Junta, 1548, in-4., et ensuite traduit dans presque toutes les langues de l'Europe. La version latine, dont nous venons de donner le titre, a été réimprimée à *Rotterd.*, 1674, et *Aldorfii ad Vineas, apud Jo. Adr. Herckmerum*, 1699, pet. in-12.

DES INNOCENS (*Guillaume*). Examen des elephantiques ou Lepreux, recueilli de plusieurs bons et renommez autheurs grecs, latins et arabes. *Lyon, Thomas Soubron*, 1595, pet. in-8. 12 à 18 fr. [7281]

Traité rare et recherché : 51 fr. Veinant, en 1860.

Ce chirurgien, natif et habitant de *Tolose*, a aussi écrit les deux ouvrages suivants :

LE CHIRURGIEN méthodique, contenant plusieurs enseignemens nécessaires aux chirurgiens et profitables aux médecins et pharmaciens. *Lyon, Ben. Rigaud*, 1597, in-16. [7471]

OSTÉOLOGIE, ou histoire des os du corps humain. *Bourdeaux, Millanges*, 1604, in-8.

Il avait déjà donné en 1581 une traduction du *Traité de la peste*, de Laur. Joubert (voy. ce nom).

DESIRÉ (*Artus*). Le Miroir des francz Taulpins, autrement dits Antichristiens, et de la nouuelle alliance du tres miserable et reprouue Luther, precurseur du filz de perdition, faict & compose sur les contradictions d'iceluy, & de tous ses faulx suppotz, en la foy deffectueux (anonyme). *Paris, Jehan André*, 1546, pet. in-8. de 48 ff., lettr. rond. [13746]

Réimprimé à *Paris, Jean Ruelle*, 1554, in-8.

— Le Deffensoire de la foy chrestienne, contenant en soi le Miroer des errantz autrement dit Lutheriens; nouuellement augmente & corrige, oultre les precedentes impressions. *Lyon, Thibauld Payen*, 1552. (à la fin): *Imprime a Lyon par Iean Pullon dit de Trin*, in-16 de 84 ff., dont 5 prélim. [13747]

Les premières éditions sont de *Paris, Jehan André*, 1547 et 1548, in-16. Cette dernière 11 fr. Monmerqué; 41 fr. *mar. v.* Veinant. Il y en a une autre de *Rouen, Dugort*, 1549, in-16, contenant le *Miroer des Francs Taulpins*. Les deux ouvrages, en vers, ont été réimpr. sous le titre suivant :

LE DEFFENSOIR de la foy chrestienne, avec le Miroir des francs Taulpins... nouuellement composé par A. D. *Paris, Jean Ruelle*, 1564 et 1567, in-16.

— LE GRAND chemin celeste de la maison de Dieu pour tous vrais Pelerins celestes traversans les deserts de ce monde, et des choses requises pour paruenir au port de salut. *Paris, Thibaut Bessaut* (sans date), in-8.

Cet ouvrage a paru à peu près à la même époque que le livre intitulé :

LAMENTATION de nostre mère saincte église, sur les contradictions des hérétiques, suivant l'erreur des faulx défectueux. *Paris, veuve de Pierre Vidoue*, 1545, in-8.

— LOYAUTÉ conscientieuse des tavernieres. (*sans lieu ni date*), in-16 de 37 ff. [13748]

Cette pièce, en vers de 8 syllabes, est rare. La Croix du Maine, article *Arthus Desiré*, cite *la loyauté conscientieuse des tauerniers*. Paris, Bufet, 1550.

— LES GRANS abus et barbouillerie des tauerniers et tauernieres qui meslent et brouillent le vin ; la feinte réception et ruse des hostesses et chambrières enuers leurs hostes ; plus une reformation des tauerniers et gourmandise. *Rouen, Nic. Lescuyer*, 1578, in-16.

Voyez LOYAUTÉ.

— LES GRANS iours du parlement de Dieu, publiez par Monsieur sainct Mathieu, ou tous chrétiés sont adiournez a côparoistre en personne pour respondre sur les grans blasphemes, tromperies & deceptions du regne qui court, qui sont les terribles et merueilleux signes de l'Antechrist. *Rouen, par Rob. et Jehan du Gort freres*, 1551, in-16 de 40 ff., avec une fig. en bois. [1338]

Réimprimé à Paris, en 1574, in-16, et aussi à *Paris, Belley*, 1615, in-16, fig.

— INSTRUCTION crestienne contre les execrables blasphemes et blasphemateurs du nom de Dieu... *Paris, veuve Fr. Regnault*, 1553, pet. in-8. 4 fr. 55 c. Monmerqué. [1338]

— LES COMBATZ du celeste chrestien dit Papiste pelerin romain, contre l'Apostat terrestre Anti papiste tirant a la synagogue de Geneve, maison babylonique des Lutheriens : Ensemble la description de la cite de Dieu, assiegee des hereticques, le tout composé par Artus Desiré. *Paris, Magdaleine Boursette*, 1554, in-16 de 175 ff., plus un f. sur lequel est un fleuron; avec fig. en bois. [13749]

Imprimé d'abord sous ce titre :

LES COMBATZ du fidelle chrestien dit papiste, contre l'infidelle apostat antipapiste... *Lyon, Jean Pullon dit de Trin*, 1551, in-16 de 165 ff., fig. sur bois. 10 fr. *mar. bl.* Coste.

Réimprimé à *Rouen, chez Robert et Jehan Dugort freres*, 1552, in-16 fig. sur bois (aussi avec *Antipapiste* substitué à *Priapiste* sur le titre). 18 fr. *v. m.* Le Prevost, en 1857; 26 fr. 50 c. *mar. viol.* Crozet; ensuite *Reueu et corrigé par l'autheur;* Lyon, par Iean Temporal, 1555. (à la fin): *Impr. à Lyon chez Iaques Faure*, in-16 de 165 ff., avec fig. en bois. 40 fr. *mar. v.* Veinant.

Reproduit plus tard sous le titre suivant :

LES BATAILLES et victoires du cheualier celeste contre le cheualier terrestre, l'un tirant à la maison du prince du monde chef de l'eglise maligne. Auec le terrible & meruueilleux assault donne contre la saincte cite de Ierusalem, figuree a nostre mere saincte eglise enuironnee des ennemys de la foy. nouuellement reueu. *Paris, Iean Ruelle*, 1560, in-16 de 175 ff., avec fig. en bois, plus un fleuron sur un f. séparé. Vend. bel exemplaire, 20 fr. *m. r.* Lair, et 56 fr. Veinant, et une édition de 1570, mar. bl. 15 fr. Morel-Vindé. — Goujet cite une édition de *Paris*, 1557, sous le même titre que ci-dessus. Il y en a une autre de *Rouen*, L. *Dumesnil*, s. d., pet. in-8., en *v. f. tr. d.* 100 fr. Bergeret.

—Un autre de *Paris*, 1586, in-16, fig. sur bois, bel exempl. rel. en *mar. r.* par Trautz, 25 fr. Solar.

La *Description de la citee de Dieu*, qui fait partie des éditions de 1552, 1554 et 1555 (des *Combatz du celeste chrestien*), a d'abord été impr. séparément en 1550. On a aussi publié séparément *Les terribles et merveilleux assaulx donnez contre la saincte cité de Dieu...* Paris, Pierre Gaultier, 1562, in-8. de 31 ff., plus un autre qui contient 2 fleurons. 20 fr. Le Prevost, en 1857.

— LES DISPUTES de Guillot le porcher, et la bergere de S. Denis en France, contre Jehan Calvin predicant de Geneve, sur la verite de nostre saincte foy catholique : ensemble la genealogie des heretiques et les fruits qui prouiennent diceulx (anonyme). *Paris, Pierre Gaultier*, 1560, in-8. 4 ff. préliminaires et texte, ff. 2 à 77. [13750]

Vend. 12 fr. 50 c. Labey ; 28 fr. Veinant.

L'édition de *Paris, Pierre Gaultier*, 1560, in-8., a de plus que celle de 1559 huit feuillets (après le 76e) contenant : *Les grans debatz et noise d'entre Iehan Calvin et Theodore de Baise, touchant la convertion d'une Damoyselle, estant à l'article de la mort, et des disputes de Guillot le Porcher et la Bergere contre le dict Calvin*, également en vers.

— LES MÊMES disputes de Guillot le Porger (sic) et de la Bergère de Saint-Denis en France, contre Ian Calvin... *Lyon, Mich. Jove*, 1560, in-16 de 2 ff. prélim. et 78 ff. chiffrés. 7 fr. 50 c. Coste.

Une autre édition, peut-être plus ancienne, *Paris*, par Pierre Menier, portier de la Porte-Saint-Victor (sans date), in-16, 40 fr. *mar. dent.* de Coislin, et 36 fr. Hebbelynck.

On cite encore une édition de *Paris, Jean Ruelle*, 1568, in-16; et une autre sous le même titre que ci-dessus, mais avec ces mots : *Plus adjouste de nouueau le debat d'entre le dict Caluin & Theodore de Beze touchant la conuersion d'une damoiselle, et les dictes disputes*, Paris, pour la veuve de Jean Ruelle, 1580, in-16 de 80 ff., plus le Debat, 8 ff., ajoutés dans cette édition.

La conversion dont il est question dans ce dernier opuscule avait déjà donné lieu à un ouvrage en vers intitulé : *Les Regretz, complainctes et lamentations d'une damoiselle, laquelle s'estoit retiree a Geneve pour vivre en liberte, avec la conuersion d'icelle estant à l'article de la mort.* Paris, Pierre Gaultier, 1558, pet. in-8. Citons encore l'édit. de *Rouen, Abraham Le Cousturier*, 1604, pet. in-12.

— LES REGRETS et complainte de Passe - Partout, et Bruit qui court sur, la memoire renouuellee du trespas et bout de l'an de feu... M. Franc. Picart. *Paris, Pierre Gaultier*, 1557, in-8.

Pièce anonyme dont le titre porte l'anagramme d'Artus Desiré : *Sutra Eriscd.*

LES GRANDES chroniques et annales de Passe-par-tout chroniqueur de Geneue, auec l'origine de Iean Couin, faucement surnommé Caluin. Ensemble la mort et conuersion de mademoiselle la Budee, par Artus Desire. *Lyon, Ben. Rigaud*, 1558, in-16 de 128 pp. chiffrées. [13753]

Nous donnons cette date d'après le catal. de Méon, n° 4099, n'en ayant vu qu'un exempl. dont le frontispice est incomplet et où la date manque.

Ce pamphlet en vers est un livre rare auquel il a été répondu par une pièce du même genre, sous ce titre : *Reponse au liure d'Artus Desiré, intitulé : Les grandes chroniques, etc.*, par Jacq. Bienvenu. *Geneve*, 1558, in-16, en vers (voy. BIENVENU).

— LE CONTRE-POISON des cinquante-deux chansons de Clement Marot, faulsement intitulées par lui Psalmes de David. *Paris, Pierre Gaultier*, 1560, pet. in-8. [13750]

Ces *Chansons spirituelles* ont été aussi impr. à *Rouen*, chez *Jean Oreval*, 1560, in-16, et à *Avignon*, en 1562, in-16. Cette dernière édition, 9 sh. 6 d. Heber.

La pièce suivante trouve naturellement sa place ici :

SINGULIER antidote contre le poison des chansons d'Artus Desiré, ausquelles il a damnablement et execrablement abusé d'aucuns psalmes du prophete royal David. fait par J. D. D. C. (sans lieu d'impression), 1561, in-8. 27 fr. Nodier. [13750]

— PLAISANS et harmonieux cantiques de devotion, qui sont un second contre-poison aux cinquante-deux chansons de Clément Marot. *Paris, Pierre Gaultier*, 1561, pet. in-8. (Du Verdier.)

LE CONTRE-POISON des cinquante-deux chansons de Clément Marot... fait et compose de plusieurs bonnes doctrines, par Artus Desire : plus adjouté certains lieux et passages des œuvres dudit Marot, par lesquels on cognoistra l'heresie d'iceluy. *Paris, Pierre Gaultier*, 1562, pet. in-8. (Bibl. impériale, A, 382.)

LES ARTICLES du traicté de la paix entre Dieu et les hommes, articulés (sic) par Artus Desiré. *Selon la copie imprimée à Paris*, 1563, pet. in-8. de 8 ff. [13751]

Ce sont 52 stances de 4 vers de 8 syllabes, impr. en lettres goth., et précédées d'une épître impr. en lettres rondes. La Croix du Maine cite l'édit. de *Paris, Pierre Gaultier*, 1558, in-8.

— HYMNES ecclésiastiques, traduites en ryme françoise sur les mêmes chants. *Rouen, Robert et Jean Du Gort*, 1553, in-16. (Du Verdier.)

—LES MÊMES. *Paris, Jean Ruelle*, 1561, in-16 fig. sur bois (La Valliere Nyon, n° 13775). — Autre édition, *Paris, Nic. Bonfons*, 1580, in-16. (*Ibid.*, n° 13776). — *Troyes, Oudot*, s. d., in-16. (*Ibid.*, 13774).

— HYMNES chrét. en françois, en ryme. *Rouen, Theod. Reinsart*, 1576, in-16, fig. sur bois. (Frère, *Manuel*, I, p. 347.)

— LE MOYEN de voyager seurement par les champs, sans estre destroussez des larrons & volleurs, & le chemin que doibent tenir les voyagiers, pelerins & marchans (anonyme). *Paris, pour Anthoine Houic*, 1575, pet. in-8. de 40 ff. en lettres rondes. [13752]

Ce petit poëme (vendu 8 fr. 95 c. La Valliere) est non-seulement le même ouvrage, mais aussi la même édition que celui qui porte pour titre : *Le grand chemin céleste de la maison de dieu, pour tous vrais Pelerins celestes, trauersans les descrtz de ce monde, Et des choses necessaires & requises pour paruenir au port de salut, par M. Artus Desiré...* a Paris, pour Thibault Bessoult, 1565 : on en a simplement changé le titre, en substituant une dédicace (à la maréchale de Montmorency) à celle qui était adressée à la duchesse de Parme.

— LA SINGERIE des huguenots, marmots & guenons de la nouuelle derrision Theodobeszienne, contenant leur arrest et sentences par iugement de raison naturelle. *Paris, Guill. Jullien*, 1574, pet. in-8. de 8 ff. prélim. et 40 ff. de texte.

La Singerie est en prose, mais elle est suivie (depuis le f. 26 verso jusqu'au 38e) d'une *Amonition, etc.*, en vers : 5 fr. La Valliere ; 40 fr. Coste ; 20 fr. Le Prevost.

L'ORIGINE et source de tous les maux de ce monde par l'incorrection des pères et mères envers leurs enfans, et l'inobédience d'iceux, ensemble de la trop grande familiarité et liberté donnée aux seruans et seruantes, auec vn petit discours de la visitation de Dieu enuers son peuple chrestien, par affliction de guerre, peste et famine. *Lyon, Michel Jove*, 1573, in-16. [1742].

Ouvrage en prose.

— LE DESORDRE et scandale de France, par les etats masquez et corrompus, contenant l'eternité des peines deues pour les pechez et de la retribution des eleuz & predestinez de Dieu. *Paris, Guill. Jullien*, 1574, pet. in-8. de 40 ff.

— LE RAVAGE et déluge des chevaux de louage, contenant la fin et consummation (sic) de leur miserable vie (en prose) ; avec le retour de Guillot le Porcher, sur les misères et calamités de ce règne présent (en vers). Paris, Guill. Jullien, 1578, pet. in-8. de 55 ff. chiffrés. [13753]

Vend. 8 fr. La Vallière, et plus cher depuis.

Ce sont les soldats que l'auteur nomme chevaux de louage.

A cette liste déjà si longue des écrits en vers d'Artus Desiré, nous pourrions ajouter encore plusieurs autres ouvrages cités soit par Niceron, tome XXXV, soit par Goujet, et que nous n'avons pas eu occasion de voir. Ceux dont on vient de lire les titres sont tous plus ou moins rares, mais aucun ne devrait avoir une grande valeur, parce que, comme le dit Goujet, les productions de ce catholique exalté présentent plus de turlupinades que de raisonnements, plus d'injures que de preuves, plus de bouffonnerie que de sérieux et de gravité, plus de verbiage que de solidité. — Voy. DESCRIPTION philosophale, et PASSEVENT Parisien.

Nous croyons devoir placer ici la pièce suivante :

ARRESTS et procès verbaulx d'exécution d'iceux, contre Jean Tanquerel, maistre Artus Desiré, François de Rosieres, et autres (daté de 1580), pet. in-8. de 35 pp. non compris le titre.

Niceron, qui ne dit rien de Desiré passé l'année 1578, n'a pas connu cet opuscule curieux. L'arrêt contre J. Tanquerel est de 1561. (Lelong, 7134.)

DESJARDINS (Theod.). Antiquorum poëtarum interlocutio, eorumque præscientia, ad sempiternam palmæ victricis memoriam quam Ludovicus magnus de Hollandis, Allemanis et Hispanis reportavit, a Theodoro Desjardins opus elaboratum. Avenione, Petrus Offray, 1680, in-4. [12854]

Ouvrage de circonstance, dans lequel il y a des poésies allégoriques, et une clef donnant les noms des personnages. 8 à 12 fr., et plus en Gr. Pap.

DESLANDES (Daulier). Voy. BEAUTEZ de la Perse.

DESLAURIERS. Voy. BRUSCAMBILLE et PROLOGUES.

DESLYONS. Voy. LYONS (des).

DESMAREST (Anselme-Gaetan). Histoire naturelle des tangaras, des manakins et des todiers, avec fig. d'après les dessins de Mlle Pauline de Courcelles. Paris, Garnéry, 1805, gr. in-fol. fig. en couleurs. [5813]

Ce bel ouvrage, complet en 12 livraisons, a coûté 360 fr. Un exemplaire avec doubles fig. noires et color. 251 fr. Rosny ; autrement 100 à 150 fr.

— CONSIDÉRATIONS générales sur la classe des crustacées, et description de ces animaux qui vivent

dans les mers, sur les côtes ou dans les eaux douces de la France. Paris et Strasbourg, Levrault, 1825, gr. in-8., avec 5 tableaux et 56 pl. 25 fr. — avec les fig. noires et color. 60 fr. [5908]

La Mammologie, ou description des espèces de mammifères, du même auteur, Paris, 1820-22, in-4., fig., fait partie de l'Encyclopédie méthodique. — Voy. BRONGNIART (Alex.).

DESMARETS, seigneur de Saint-Sorlin. Les Délices de l'esprit, dialogues dédiés aux beaux esprits du monde, par J. Desmarets. Paris, Aug. Courbé, etc., 1658 (aussi 1659), ou Paris, Lambert, 1661, in-fol. avec fig. de Chauveau. [1571]

Cette édition in-fol. n'est recherchée qu'à cause des gravures. L'exempl. daté de 1658, porté dans le Catal. de la Biblioth. du roi, D, 6025, renferme quatre opuscules de Desmarets, également impr. en 1658, savoir : Le Cantique des degrez. — Le Cantique des cantiques. — Instruction pour l'Oraison. — Moyen pour s'élever à la connoissance des perfections de Dieu.

L'édition des Délices de l'esprit (sans lieu d'impression), 1680, pet. in-12, avec la Sphère sur le titre, fait partie d'un recueil impr. avec les caractères de la Bible de Richelieu. Il s'en trouve des exemplaires sous la date de 1678.

L'ouvrage a encore été réimpr. sous ce titre : Les Délices de l'esprit, entretiens sur la Divinité, la religion, etc. Paris, Besongne, 1687, in-12.

— OEuvres poétiques du sieur Desmarets. Paris, Henry Le Gras, 1641, in-4. 12 à 15 fr. en mar. r. 63 fr. Solar. [14028]

Ce volume doit renfermer un titre gravé, 1 f. pour la table ; Roxane, titre et dédicace, 3 ff. et 88 pp. ; Scipion, dédicace et avis aux lecteurs, 4 ff., 90 pp. et 1 f. pour le privilége ; Les Visionnaires, titre et argument, 4 ff., la pièce, p. 3 à 102 ; Aspasie, titre, 1 f., 74 pp. ; autres œuvres poétiques, titre, 1 f. ; Discours sur la poésie, 2 ff., pag. 77 à 80 ; la pagination recommence ensuite à 5 et continue jusqu'à 109, fin du privilége. L'exemplaire décrit dans le catal. de M. de Soleinne, 1121, avait de plus une partie de 28 pp. et 2 ff. non chiffrés contenant des vers à la reine régente, au cardinal de Richelieu, au cardinal Mazarin, etc. Cette partie, n'ayant été imprimée qu'après l'année 1641, n'a dû être ajoutée qu'à quelques exemplaires seulement, ainsi que d'autres poésies du même auteur, impr. de format in-4. en différentes années. Ces mêmes œuvres se trouvent sous la date de 1647.

Les quatre pièces de théâtre qui font partie de ce recueil avaient déjà paru séparément, de format in-4., savoir : Aspasie, chez J. Camusat, en 1636 ; Roxane, chez Le Gras, en 1637 ; Les Visionnaires, chez Camusat, 1637 ; Scipion, chez Le Gras, en 1639. Pour compléter le théâtre de Desmarets il faut y joindre Erigone, trag. Paris, Le Gras, 1642, in-12, qui n'existe que de ce format, et les deux pièces suivantes attribuées à notre auteur, mais auxquelles on croit que le cardinal de Richelieu a eu la plus grande part.

— Ouverture du théâtre du Palais Cardinal. Mirame, tragi-comédie (par J. Desmarets). Jouxte la copie imprimée à Paris, 1642, pet. in-12 de 3 ff. et 82 pp. 18 à 24 fr.

Ce joli volume, sorti des presses des Elseviers de Leyde, est la réimpression de l'édition, plus somptueuse que véritablement belle, imprimée à Paris, chez Le Gras, en 1641, in-fol., avec figures de la Bella, aux frais du cardinal de Richelieu, laquelle n'a eu longtemps qu'une médiocre valeur, tandis que la contrefaçon elsevirienne s'est vend. jusqu'à 120 fr.

chez Nodier, en 1830, sans doute en considération d'une note qui se lit à la p. 127 des *Mélanges tirés d'une petite bibliothèque*. Un autre exemplaire, 75 fr. Le Prevost. Toutefois, un bel exempl. de l'édition in-fol., rel. en *mar. r.*, avec la signature du duc de La Rochefoucauld, a été porté à 66 fr. de Soleinne, et un autre rel. en veau, 30 fr. Bertin, et 90 fr. Solar. — On a de la même pièce une édition de *Paris*, *Henry Le Gras*, 1641, pet. in-12 de 3 ff. prélim., 94 pp. avec un f. pour le privilége ; elle est assez jolie. 11 fr. de Soleinne. — On en cite aussi une in-4. sous la même date.

— Europe, comédie héroïque. *Paris*, *Henry Le Gras*, 1643, in-4. fig., et sous la même date, pet. in-12 de 4 ff., 82 pp. et 2 ff. non chiffrés.

Un exempl. de l'édit. in-12, rel. en *mar. r.* 20 fr. Solar.

La comédie intitulée *Les Visionnaires* a été réimpr. plusieurs fois, mais l'édition la plus précieuse est celle de 1648, *suivant la copie imprimée à Paris*, pet. in-12, parce qu'elle fait partie de la collection elsevirienne.

— L'Ariane de M. Des Marais, nouvelle édition reveue par l'autheur et enrichie de plusieurs figures. *Paris*, *Matth. Guillemot*, 1639, in-4. fig. 12 fr. [17165]

La première édition de l'Ariane est de *Paris*, *Ve de Matth. Guillemot*, 1632, en 2 vol. in-8.; mais la plus belle est celle de 1639 (ci-dessus), avec des figures gravées par A. Bosse d'après Cl. Vignon. Les mêmes planches ont servi pour l'édit. de *Paris*, *Guillemot*, 1643, in-4. Elles ont été copiées pour l'édition de Leyde, *Fr. de Hegher*, 1644, in-12 que quelques curieux placent dans la collection elsevirienne. — *L'Ariane* a été impr. pour la dernière fois à *Paris*, *pour la compagnie des libraires*, en 1724, en 3 vol. in-12.

Les nombreuses réimpressions qui ont été faites de ce roman prouvent que le succès en a été grand et s'est même soutenu pendant plus d'un siècle.

La traduction hollandaise, *Amsterdam*, *L. et D. Elzevier*, 1658, 2 tom. en 1 vol. in-12, fig. : vend. 15 fr. Mac-Carthy ; et la traduction allemande, impr. chez les mêmes Elseviers, 1659, 2 part. en 1 vol. pet. in-12, fig. : vend. jusqu'à 100 fr. Chardin (sans valoir plus de 10 ou 12 fr.), sont des livres rares, mais qui n'ont d'importance que pour la collection des Elseviers. Il est à remarquer que les fig. de ces deux éditions sont des épreuves fatiguées des planches qui ont servi à l'édition de 1644 ci-dessus.

ROSANE, roman historique, tiré de l'histoire des Romains, par le même J. Desmarets, n'a pas eu le même succès que l'Ariane, car l'édit. de *Paris*, *H. Le Gras*, 1639, in-8., est, nous le croyons, la seule qui en ait été faite.

— Clovis, ou la France chrestienne, poëme héroïque. *Paris*, *Aug. Courbé*, *H. Le Gras et Jacq. Roger*, 1657, in-4. 12 à 18 fr. [14111]

Édition ornée de 26 gravures d'A. Bosse et de Chauveau, d'un frontispice gravé par Pitau, d'après Le Brun, et d'un portrait de Louis XIV à cheval. Il en a été tiré des exemplaires en Gr. Papier. Un de ces derniers, rel. en *mar.* 70 fr. Giraud.

L'édition du même poëme, à *Leyde*, *par les Elzeviers*, 1657, pet. in-12 de 17 ff. prélim. et 296 pp., véritablement impr. à Rouen, est fort médiocre, ainsi qu'une autre édit. de 1658, in-12. Mais celle de *Paris*, *Mich. Bobin*, 1660, in-12, fig., la seconde donnée par l'auteur, est plus belle. — La troisième, *Paris*, *Cl. Cramoisy*, 1673, in-8., ou tirée in-4. avec fig., est augmentée d'un *Discours pour prouver que les sujets chrétiens sont les seuls propres à la poésie héroïque, et d'un traité pour juger*

les poëtes grecs, latins et français ; mais le poëme, qui a 26 chants dans la première édition, a été réduit à 20 chants dans la dernière.

Autres poésies de J. Desmarets.

LA PROMENADE de Richelieu, ou les vertus chrétiennes. *Paris*, *H. Le Gras*, 1653, in-12.

MARIE MADELAINE, ou le triomphe de la grâce, poëme. *Paris*, *Denis Thierry*, 1669, in-12.

ESTHER, poëme. *Paris*, *Guignard*, 1673, in-12.

Seconde édition, en sept chants, et avec le nom de l'auteur. La première, *Paris*, *P. Le Petit*, 1670, in-4., n'a que 4 chants, et elle a été donnée sous le nom du sieur de Boisval. Elle contient l'*Excellence et les plaintes de la poésie héroïque au roy*, en vers.

PRIÈRES et œuvres chrestiennes. *Paris*, *D. Thierry*, 1669, in-12.

— Ouvrages de piété, de prose et de vers. (*sans lieu ni date*), 1678. — Le Chemin de la paix (par le même), 1680, 2 part. en 1 vol. pet. in-12. [1570]

Ces deux ouvrages, dont les titres ont pour fleuron une sphère, sont imprimés avec des petits caractères qui paraissent être les mêmes que ceux de la Bible dite de Richelieu, publiée en 1656, caractères qui, pour le dire en passant, n'étaient pas d'argent, comme l'ont prétendu plusieurs personnes mal informées. La première partie contient, outre le titre, 36 et 37 pp., 4 autres pp. et un f. en forme de carton. La seconde (en prose) a 8 ff. et 55 pp. Vend. 20 fr. Chardin ; 18 fr. 50 c. Nodier ; 7 fr. 15 c. Chabre ; en *mar. v.* 52 fr. Solar.

On attribue à Desmarets plusieurs petits ouvrages de piété dont les titres ne portent ni nom d'auteur ni lieu d'impression, mais qui ont été imprimés avec les petits caractères dont nous venons de parler. Cependant, comme cet auteur est mort le 28 octobre 1676, chez le duc de Richelieu, dont, selon le Morery, il était l'intendant, on ne peut lui attribuer avec certitude que ceux de ces petits livres qui avaient déjà été impr. avant 1676, à moins qu'on ne veuille regarder les autres comme des ouvrages posthumes ; de ce nombre serait le volume suivant :

LE TRIOMPHE de la grâce, ou la vie de Jésus-Christ, 1678, in-12 de 194 pp. avec une sphère sur le titre.

Il renferme *Abraham*, petit poëme, en 36 pp.; *Le Triomphe de la grâce*, pp. 37 et suiv.; *Les sept vertus chrestiennes*, et *Les Maximes chrestiennes*, impr. par demi-feuilles : ce qui fait partie des *Ouvrages de piété* ci-dessus.

LE CHEMIN de la paix (en prose). Maximes chrétiennes tirées de l'*Imitation de J.-C.*, 1679, pet. in-12 avec la Sphère sur le titre, 22 fr. *m. r.* Giraud, et avec les *Sept vertus*, sous la même date, les trois pièces en un vol. *mar. noir*, 25 fr. Salmon.

Deux de ces pièces se retrouvent dans un recueil d'*Ouvrages de piété* (à la Sphère), de format pet. in-12, contenant : *Les Délices de l'esprit*, 1680, en 209 pp.; *Le Chemin de la paix*, 1680, en 55 pp. *Recueil de poésies chrestiennes*, 1680. (savoir : *La Défense du poëme chrétien*, 12 pp.; *Abraham, ou la vie parfaite*, 1680, en 34 pp.; *Les sept vertus chrestiennes*, 1680, en 30 pp.). Notez que ce recueil, rel. en *mar r. aux armes du duc de Richelieu*, n'a été vendu que 25 fr. Giraud, et 49 fr. Solar, tandis que l'*Abraham* seul, édit. de 1680, a été payé jusqu'à 60 fr. en janvier 1846.

Le recueil de pièces qui a été décrit dans l'*Analecta Biblion* de M. Du Roure s'est vendu 21 fr. en 1848 ; il contenait : *Le Combat spirituel*, 2 ff. et 44 pp. ; *Maximes chrétiennes*, 2 ff. et 65 pp. ; *Prières chrétiennes*, *les sept Psaumes pénitentiaux*, *les Vêpres du dimanche*, 40 pp. ; *Les sept vertus chrétiennes*, 30 pp. et un f. non chiffré (les titres sous la date de 1680, et à la Sphère).

Ajoutons que plusieurs des recueils du même genre que nous avons vus différaient entre eux et par le nombre des pièces, et même par les dates.

LA VIE de l'esprit, ou explication allégorique de la Genèse (attribué à Desmarets de S. Sorlin). *(sans lieu, à la Sphère)*, 1680, in-12 de 254 pp. mêmes caractères. [1571]

Vendu en *mar. r.* 15 fr. Giraud ; 13 fr. Veinant.

— Morale d'Épictète, etc. Voy. la fin de l'article EPICTETUS.

— Les Jeux des roys de France, des reines renommées, de la géographie et des fables, par J. D. M. (J. Des Marets). *Paris, Fl. Lambert,* 1664, pet. in-12. [9562]

Ce petit volume contient quatre jeux inventés en 1644, par J. Des Marets, pour la première instruction de Louis XIV, et qui parurent séparément en 1645, à l'adresse de *H. Le Gras, libraire.* Chaque jeu se compose de 52 pl. ou cartes et d'un frontispice, à l'exception des *cartes des rois de France,* qui ne sont qu'au nombre de 39, non compris le frontispice. Toutes ces planches ont été gravées par *Stefano de la Bella,* et c'est ce qui leur donne du prix aux yeux des amateurs. Le libraire H. Le Gras les ayant cédées à son confrère *Florentin Lambert,* celui-ci les réunit et les fit paraître (en 1664) en 1 vol. pet. in-12, avec 5 ff. prélim. et 60 pp. de texte, portant la date de 1645. Plus tard ces mêmes planches passèrent à Florent le Comte et Nicolas le Clerc, qui, en 1698, en donnèrent un nouveau tirage, de format gr. in-12, avec 12 pp. de texte seulement, et conservant encore au frontispice de la *Géographie* et à celui du *Jeu des reines* le nom et l'adresse d'H. Le Gras. Comme il s'agit ici de planches gravées, on conçoit qu'il n'y a de précieux que le premier tirage, lequel se trouve difficilement complet. L'édition de 1664 (exempl. incomplet) a été vend. 19 fr. 55 c. Nodier ; celle de 1698, gr. in-12, 14 fr. *m. r.* Tolosan et en *mar. citr.* 40 f. Leber.

Nous citerons encore les deux ouvrages suivants du même auteur :

VERITÉ de la fable, ou l'histoire des dieux de l'antiquité. *Paris, H. Le Gras,* 1648, 2 vol. in-8.

LA DÉFENSE du poëme héroïque, avec quelques remarques sur les œuvres satiriques du sieur Despréaux ; dialogues en vers et en prose. *Paris, Jacq. Le Gras,* 1674, in-4.

DESMARIUS ou Desmarins de Masan (*Bertrand*). Le Rousier des dames, siue le pelerin damours, nouuellement compose par Messire Bertrand Desmarius de masan. *(sans lieu ni date,* mais probablement à Lyon vers 1530), pet. in-8., caractères goth., 24 ff., avec sign. A—C. [13398]

Pièce fort rare, en vers : un exempl. restauré habilement et rel. en *mar. r. par Duru,* 255 fr. Veinant, en 1860. Du Verdier cite du même poëte un ouvrage intitulé : *Les cinq parcelles d'amours,* Paris, Denis Janot, 1539, in-16.

La réimpression du *Rousier des dames,* que A. Veinant a fait faire chez Crapelet, en 1852, pet. in-8. goth., n'a été tirée qu'à 62 exemplaires, dont 4 sur VÉLIN ; un de ces derniers 75 fr. Veinant. Mais M. de Montaiglon a reproduit ce même opuscule, avec de bonnes notes dans le 5ᵉ volume de son *Recueil de poésies.*

Desmarquets. Histoire de Dieppe, 24347.
Desmarres (*L.-A.*). Maladies des yeux, 7532.

DESMASURES (*Louis*). Ses OEuvres poétiques. *Lyon, J. de Tournes, et Guil. Gazeau,* 1557, pet. in-4. [13692]

53 fr. *mar. r.* Nodier ; 30 fr. Baudelocque, et en *mar. r.* par Trautz, 215 fr. Solar.

Ce volume doit contenir *Vingt pseaumes de David, traduits selon la vérité hébraïque en rime françoise,* et le *Jeu des échecs,* trad. du latin de Vida, deux opuscules qui se trouvent quelquefois séparément (voy. VIDA).

— Chant pastoral sur le partement de France et la bien-venue en Lorraine, de monseigneur Charles, duc de Lorraine, et de madame Claude de France, son espouse. *Lion, Iean de Tournes,* 1559, pet. in-8. de 26 ff. [13692]

Vend. 22 fr. 50 c. *mar. v.* en 1841.

Cette même pièce avait d'abord été imprimée à *Saint-Nicolas de Port, en Lorraine, par Didier Guitlemin, imprimeur de Monseigneur le Duc,* 1559, pet. in-8. ff. non chiffrés, mais avec sign. A—B, en lettres rondes, 36 lignes à la page. (Beaupré, *De l'Imprimerie en Lorraine,* p. 173-74.)

— HYMNE sur la justice de Metz : de la prinse de Sainct Quentin et de la conqueste de Calais. *Paris, Vincent Sertenas,* 1559, pet. in-4. de 8 ff. chiffrés.

Du Verdier cite une édition de cet opuscule de *Tholose, par G. Boudeville,* 1558, in-4.

Autres opuscules du même poëte.

EPISTRE à Madame la duchesse de Lorraine, Madame Claude de France, pour la défense des fidèles serviteurs de Nostre-Seigneur Jésus-Christ, en l'église de Sainct-Nicolas, contre leurs calomniateurs en la cause de l'Evangile, par Louis Des Masures, tournisien. *Lyon, Jean de Tournes,* 1564, pet. in-8. (Biblioth. impér.)

ECLOGUE spirituelle sur l'enfance de Henry, marquis de Pont, fils premier nay de monseigneur Charles duc de Lorraine. *(Genève), par François Perrin,* 1566.

BERGERIE spirituelle. *(Genève), par Fr. Perrin,* 1566.

Les poésies latines du même auteur ont aussi été imprimées à Lyon, en 1577, in-4., sous le titre de *Ludovici Masurii nervii carmina ;* mais l'édition de Bâle, 1574, in-16, est plus complète : on n'y trouve cependant pas *Borboniados libri XIV,* poëme sur la guerre civile de France (sous Charles IX), dédié à l'amiral Coligny, et dont Foppens, *Biblioth. belgica,* tome II, p. 834, cite une édition de *Bâle,* 1579, in-8. Cette dernière doit être fort rare, puisque nous ne la trouvons portée dans aucun bon catalogue.

— Tragédies sainctes : David combattant, David triomphant, David fugitif. *Genève, de l'imprimerie de François Perrin,* 1566, pet. in-8. de 272 pp., avec musique notée. [16300]

Vend. en *mar. r.* 25 fr. de Soleinne, et 24 fr. 50 c. Bertin ; 61 fr. Solar.

On a vu ci-dessus que la Bergerie et l'Eglogue spirituelle, ajoutées à l'édit. de 1583, avaient déjà paru séparément en 1566. Ces deux pièces sont quelquefois jointes aux *Tragédies sainctes,* portant la même date. Elles étaient dans l'exemplaire *mar. bl. d. de mar.* vend. 101 fr. A. Martin, en 1847.

— TRAGÉDIES sainctes : David combattant ; David triomphant, et David fugitif ; Bergerie spirituelle ; Eglogue spirituelle. *(Genève), par Gabriel Cartier, pour Claude d'Augny,* 1583, in-8. de 319 ff. chiffrés. [16300]

Vend. en *mar. bl.* 20 fr.; 38 fr. 50 c. de Soleinne.

L'édition d'*Anvers*, 1582, in-8., a été payée 33 fr. à la 3ᵉ vente de la Librairie De Bure.

— LES MÊMES (sans la bergerie ni l'églogue).—Jephté ou le vœu, tragédie, traduite du latin de George Buchanan, Par Flor. Chrestien. *Paris, Mamert Patisson*, 1587 ou 1595, 2 tom. en 1 vol. in-12 de 30 et 112 ff.

L'édition sans date, et 1587, *mar. r.* 9 fr. Méon ; 20 fr. d'Ourches ; 60 fr. Pixerécourt ; mais seulement 16 fr. Labédoy..., et 19 fr. Veinant.

Desmasures a donné plusieurs pièces sous le nom de Philone (voy. ce nom), mais il n'a jamais pris celui de Bienvenu, qui d'ailleurs n'est nullement supposé.

DESMAY (*Jacques*). La Vie de sainte Clotilde, reine de France (avec l'office de cette sainte). *Rouen, Jean Osmont*, 1613, pet. in-12 de 162 pp., plus 42 pour l'office, et 14 ff. prélim. [22146 ou 23343]

Vend. 26 fr. Louis-Philippe.

DESMAZIÈRES (*J.-B.-H.-J.*). Plantes cryptogames de France; seconde édition. *Lille*, 1836-45, in-4. [5249]

29 livraisons contenant 1450 *exemplaria sicca*, avec leur description. 290 fr. (Pritzel, nᵘ 2512.)

DESMONTIERS dit le Fresne (*Jean*). Summaire de l'origine, description et merveilles d'Escosse, avec une petite cronique dès roys du dict pays iusques à ce temps. *Paris, es boutiques de J. André et V. Sertenas* ou *Bonnemere*, 1538, pet. in-8. en tout de 41 ff. [27381]

Vend. 2 liv. 7 sh. *mar.* Heber.

Livret rare, dont un exemplaire impr. sur VÉLIN est porté dans la *Biblioth. harleiana*, I, n° 8263. Le nom de l'auteur ne se lit pas sur le titre, mais il est dans le privilége.

DESMOULINS. Le catholicon des maladuisez autrement dit le cymetiere des malheureux. (à la fin) : *Cy fine le catholicŭ des maladuisez... cŏpose par venerable z discrette persŏne maistre Laurens desmoulins prestre. Jmprime a paris le deuxiesme iour daoust mil .v. cēs et treize. pour Jehan petit et Michel le noir libraires iurez en luniuersite de Paris demourans au dit lieu en la grant rue Sainct Jacques*, in-8. goth. de 108 ff. non chiffr., sign. a—oiij, avec fig. en bois. [13306]

Ouvrage en vers de 10 syllabes. À la fin se trouve par acrostiche le nom de l'auteur. Ce poëte, dans une épître en vers placée au commencement de son livre, s'exprime ainsi :

Lequel liure ainsi quil estoit fait
Na pas este imprime ne parfait
Selon le sens de la vraye verite
Ainsi que estoit compose z dicte
Mais ne scay quelz ignares imprimeurs
Que en to⁹ pays on doust nŏmer brouilleurs

Lont imprime a leur entendement
Et de icelluy ont print tant seulement
La simple paille, et ont laisse le grain
Sans en suyure ne mesure ne train
De rethorique, ilz ont brise les vers
Mots, sillabes ont mises a lenuers
Colations y ont este obmises
Et lune deuant lautre on y a mises
Dont moy voyant celle grant forfaicture
Qui me tournoit a honte z a laidure
Jay corrige le liure en diligence.

Vend. en *m. r.* 20 fr. La Valliere ; un bel exempl. *m. bl.* 50 fr. en 1819, et jusqu'à 275 fr. Pixerécourt autre, 24 fr. Bignon, et 48 fr. en 1839.

Les éditions qui ont précédé celle-ci, et que l'auteur a désavouées, sont celles de *Paris, pour Jean Petit et Mich. le Noir*, 1511, et de *Lyon, Cl. Nourry*, 1512, pet. in-8. goth., lesquelles sont plus rares encore que celle de 1513.

— Le Cymetyere des malheureux, nouuellement imprime a Paris. *On les vend a Paris, en la rue Neufue Nostre-Dame, a lenseigne de lescu de France.* (sans date), pet. in-8. goth. de 124 ff., signat. A—Oii.

Cette édition doit avoir été faite sur celle de 1513 ; elle a été vend. 161 fr. *m. vert*, Cailhava.

Il y en a une de *Lyon, chez Olivier Arnoullet*, 1534, in-8.

—La deploratiŏ de la feue royne de france composee par maistre laurens des moulins. (*sans lieu ni date*, mais vers 1514), pet. in-8. goth. de 16 ff. non chiffrés, 28 lig. par page. [13307]

Pièce en vers, fort rare : sur le titre se trouve une vignette en bois représentant la reine, et au verso du dernier f. les armes de Bretagne. Un exempl. en *mar. bl.* par Bauzonnet, 310 fr. De Bure.

DESMOULINS (*Guyard*). Voy. COMESTOR.

DESMURES. Voy. TEMMINCK.

DESNOYERS (Boucher). Voy. BOUCHER-DESNOYERS.

DESOLATION (la) des freres de Robe grise pour la perte de la marmite qui est renversée. *Lyon*, 1563, in-8. de 4 ff. [2090]

Pièce rare qui se réunit à la *Polymachie des marmitons* (voy. POLYMACHIE), et à d'autres satires contre le Pape, impr. à la même époque. Un recueil de douze de ces pièces est décrit dans la *Biblioth. heber.*, I, 5391, porté à 2 liv. 10 sh.; il a été revendu 455 fr. Veinant, et 555 fr. Solar.

La Désolation, sous la date de 1562, est réimpr. dans les *Variétés* de M. Fournier, VIII, p. 140.

DESORMEAUX (*Jos. Ripault*). Histoire de la maison de Bourbon (jusqu'en 1589). *Paris, impr. roy.*, 1772-88, 5 vol. in-4., fig. 25 à 30 fr. [24017]

On lit dans la *Biographie universelle* (supplément

Desmaze (*Ch.*). Le Parlement de Paris, 24068.
Desmolets (le P.). Mémoires, 18313.
Desmoulins (*A.*). Races humaines, 5054. — Système nerveux, 6802.

Des Murs (*O.*). Oologie ornithologique, 5749. — Histoire des comtes du Perche de la famille des Rotrou, 28858.
Desmyttère (*Ph.-Jos.-Emm.*). Tables synoptiques, 7381. — Topographie de Cassel, 24937.
Des Noyers (*Pierre*). Lettres, 27845.
Desormeaux (*Paulin*). Art du tourneur, 10245.

ou tome LXII), article *Dingé*, que cet homme de lettres est le véritable auteur de l'Histoire de la maison de Bourbon, publiée sous le nom de Desormeaux, et qu'il a eu aussi une grande part à l'histoire de Condé, impr. en 1766. Or Dingé, né en 1759, n'avait que sept ans lorsque parut ce dernier ouvrage et à peine douze ans à la date du 1er vol. de l'histoire de la maison de Bourbon.

— Histoire de Condé, 23794. — Histoire d'Espagne, 25992.

D'ESPAGNET. Voy. PHILOSOPHIE naturelle.

DESPAUTÈRE (*Jean*). Methode nouvelle et très-exacte, pour expliquer et apprendre les premieres parties du Despautere, par L. C. D. E. M. (Louis Couvay, docteur en medecine). *Paris, J. Gaillard*, 1649, gr. in-8. [10807]

Volume orné de jolies vignettes en taille-douce, dont l'objet est de faciliter aux enfants l'intelligence des exceptions aux règles générales. On sait que le *Despautère* est une grammaire latine écrite par un auteur portant ce nom, laquelle a été en grand usage pendant le XVIe siècle et une partie du XVIIe. Cet auteur est mort en 1524, après avoir publié plusieurs écrits sur la grammaire latine. La plus ancienne édition de sa Grammaire que cite Panzer est celle de Cologne, 1522, in-4.; mais avant cette publication il avait déjà donné :

1° JOANNIS Despauterii Syntaxis : item Epistolæ componendæ ratio ex Erasmo Roterod. *Argentorati, ex ædibus Matthiæ Schurerii, mense Julio* M.D.XV, in-4.

2° PRIMA pars Grammatice Johannis Despauteri Ninivite diligenter recognita : adjectis complusculis : et quidquid parum speciosum videbatur eliminato.

— Præmissa Isagoge Ascenciana addita est Despauterii recriminatio in adversarium, (in fine) : Jo. Badius lectori S. — *Ex officina nostra chalcographica ad Idus Martias*, M.D.XVII, in-4.

Rob. Estienne a impr. à Paris, en 1537, une belle édition in-fol. des *Commentarii grammatici* de J. Despautère ; et, dès 1528, un recueil des différents traités du même grammairien avait paru à Lyon, chez Laurens Hyllaire, dont nous donnons ici la marque.

— Jo. Despauterii Rudimenta, Ars epistolica, Ars versificatoria. *Argentorati, ex ædibus Matthiæ Schurerii mense Decembri* MDXII, in-4.

Des Ours de Madajors (*J.-P.*). Gaule narbonnaise, 24720.

Despars (*Nic.*). Cronycke van Vaenderen, 25081.

Une des plus anciennes éditions que l'on ait de ce Rudiment si souvent réimprimé. En voici une que l'on a annoncée comme fort rare, et qui l'est en effet, comme tous les anciens livres qui ont passé par les mains des écoliers, mais qui, à notre avis, est sans importance.

RUDIMENTA pueris utilissima, cum questionibus de penitentia. *Impressum Parrhisiis, anno domini* 1524, pet. in-8. de 23 ff. en caractères gothiques, avec une vignette sur bois; 17 fr. Hebbelynck.

— CONTEXTUS grammatice artis Joannis Despauterii niniuite in quo hec continentur ; De generibus nominum, etc. Hii nudi textus : similesçp alii vel glosis enucleati cum arte eiusdem versificatoria. *In edibus Michaelis angier cadomi venundantur pxime fratrum minorum conuentum morantis* (absçque anno), pet. in-8. de 20 ff. chiffrés, les deux derniers à 2 col., car. goth.

Nous avons trouvé à la suite de cet opuscule une autre pièce de 20 ff. non chiffrés, sign. A—C, sous ce titre :

EPYTHOMATA grāmatice iuuenib' ipsis litterarie artis fundamenta iacere volentibus admodum cōducibilia. On les vent a Caen chieulx Michel angier libraire et relieur...' (à la fin) : *Impressum est hoc opusculum Cadomi. Opera laurentii hostingue, pro Michaele angier...* (sans date, mais vers 1525). Ouvrage de Robert Dumas.

— ARS epistolica, ex Datho Sulpitio , Nigro, Erasmo, Badio, Bebelio et ipso Cicerone, cæterisque vere latinis diligenter excerpta multo copiosus quam post syntaxin habeatur, recognita et castigata a Joan. Despauterio; cui annecti potest Isagoge orthographiæ, castigata ab eodem. (*Parisiis*), *per Nicolaum de Pratis*, 1520, in-4. 33 fr. Borluut.

— LA PORTE françoise en vers burlesques, pour faciliter l'entrée à la langue latine suivant l'ordre de toutes les règles du Despautere latin, ouverte par le sieur Agatomphile, chalonnois. *Imprimé à Lyon et se vend à Chalon-sur-Saone, chez Pierre Cusset*, 1656, in-12.

Petit livre assez rare, production pseudonyme d'un auteur dont nous ne connaissons pas le véritable nom. 6 à 9 fr.

D'ESPEISSES (*Ant.*). Ses OEuvres, augmentées par du Rousseau de La Combe. *Lyon*, 1750, 3 vol. in-fol. [2763]

Bonne édition d'un ouvrage toujours recherché : 36 à 48 fr. — Celle de Toulouse, 1778, 3 vol. in-4., est moins chère de moitié.

D'ESPENCE. Voy. ESPENCE (d') .

DESPENCE (la) qui se fait chascun iour en la Ville de Paris, auec les cris que l'on crie iournellement dedans ladite ville. Plus y est adiouste la depence qu'une personne peult faire par iour, et trouuerez, selon le reuenu que vous aurez, combien il vous fauldra despendre par chascun iour, et plusieurs autres singularites vous y trouuerez. *Paris, de l'imprimerie de Nicolas Chrestien*, 1556, pet. in-8. ou in-16 de 23 ff. non chiffrés. [24153]

Édition en lettres rondes. On y lit à la fin : *Fin des cent et sept crys de nouueau composez en Rythme francoyse pour resiouir les espritz. Et fut acheue d'imprimer en lan cinq cinquante sept* (sic).

Un exemplaire en *mar. r.* 140 fr. Le R. de L., en 1854.

Ce livre avait déjà paru sous ce titre :

LES CRIS de Paris, au nombre de cent sept, à *Paris, chez Nicolas Buffet*, en 1549, pet. in-8. de

16 ff. en lettres gothiques (voy. nos articles CRIS et RUES de Paris). L'édition de *Paris, Nic. Bonfons,* 1584, in-8., sous le titre de *Les cris de Paris que lon crie journellement...*, est augmentée.

DES PERIERS (*Bonaventure*). Recüeil des œuvres de feu Bonaventure des Periers, Vallet de Chambre de... Marguerite de France, Royne de Navarre (donné par Ant. du Moulin). *A Lyon, par Iean de Tournes,* 1544, pet. in-8. [13404]

Volume composé de 4 ff. prélim. 196 pp. plus 2 ff. sign. n 3 et n 4. Ce dernier feuillet, qui contient un avis au lecteur, manque quelquefois.

Quoiqu'il ne soit pas commun, ce recueil n'a guère dépassé 6 fr. dans les anciennes ventes, et c'est à ce prix qu'avait été vendu chez le comte d'Hoym l'exemplaire en *m. bl.* qui, cent ans plus tard, a été acheté 259 fr. 50 c. chez Pixerécourt; depuis, des exempl. rel. en *mar.* ont été payés 222 fr. Nodier; 100 fr. Bertin ; 50 fr. Coste ; 68 fr. Giraud ; et 215 fr. *mar. r.* Solar. — Une édition de Rouen, sans date, in-8., est indiquée par Goujet, mais nous ne l'avons pas vue.

— OEuvres françoises de Bonaventure Des Periers, revues sur les éditions originales et annotées par M. Louis Lacour. *Paris, Pierre Jannet,* 1856, 2 vol. in-16. 10 fr., et plus en pap. fort.

Bonne édition dont le premier volume commence par CXXXVI pp. prélim. de l'éditeur, lesquelles contiennent la vie de Des Periers, un glossaire et une table, et enfin une note bibliographique. Le corps du volume renferme les œuvres françoises de Des Periers, d'après l'édit. de 1544, diverses pièces supplémentaires, l'*Andrie,* pièce dont nous parlons à l'article TÉRENCE, et le *Cymbalum mundi,* avec les variantes de l'édit. de 1537, recueillies pour la première fois; les *Nouvelles récréations et joyeux devis* occupent le second volume. Le tout est accompagné de notes plus ou moins curieuses. A la page lxxij de sa vie de Des Periers, en relevant l'opinion qui m'a fait attribuer à Denisot la publication des *Joyeux devis,* M. Lacour ajoute bénignement : « Hélas! il manque un détail à cette observation : lors de l'impression des *Joyeux devis,* le noble comte d'Alsinois avait vécu depuis plusieurs années. » Or, le détail demandé par M. L. Lacour, le voici : « Nicolas Denisot n'a pas cessé de vivre en 1554, comme, par suite d'une faute typographique, on l'a dit dans la première édition de la *Biographie universelle;* mais il est mort en 1559, ainsi que nous l'apprend La Croix du Maine, son compatriote, dont le témoignage est ici irrécusable, car il est exprimé sans équivoque : après avoir dit que Denisot était né en 1515, il termine ainsi son article : « Il mourut à Paris l'an 1559, âgé de quarante-quatre ans, qui fut la même année que mourut son bon maître le roi Henri II. » (La Croix du Maine, édit. in-4., II, pp. 151-53.)

A l'occasion de la première édition du *Cymbalum mundi,* le même M. Louis Lacour dit que je me suis contenté de citer De Bure. Eh bien, je n'ai nullement cité ce bibliographe, et la description que j'ai donnée est celle de l'exemplaire même du duc de La Vallière, telle que me l'avait communiquée le savant Van Praet. Certes, il était facile de voir que, puisque j'indiquais le nombre de lignes de chaque page du livre, ce que n'a pas fait De Bure, j'avais eu d'autres renseignements que les siens. Cet exemplaire, qui a passé du cabinet de Gros de Boze dans celui de Gaignat, et plus tard

dans la riche bibliothèque de La Vallière, est relié en *mar. bleu violet ;* à la vente du duc, il fut acquis par le libraire Tilliard pour un amateur dont j'ignore le nom. C'est probablement ce même exemplaire qui se conserve maintenant dans la bibliothèque de Versailles. Jamais il n'a appartenu à Rothelin, aussi n'est-il pas porté dans son catalogue.

— Les Nouvelles Recreations et joyeux devis de feu Bonauanture Des Periers, valet de chambre de la royne de Navarre. *A Lyon, de l'Imprimerie de Robert Granjon, Mil* Vᶜ LVIII, pet. in-4. de CVIII ff. chiffrés. [17334]

Le titre porte la marque que nous donnons ici réduite :

Édition fort rare, la première de ces contes : elle est imprimée en caractères dits de *civilité,* mais qualifiés de *lettres françoises d'art de main,* dans le privilège qui est daté du 26 décembre 1557. Vendu 101 fr. Bertin ; et en *mar. vert* 250 fr. Solar. Un exemplaire rel. en *veau fauve,* avec les *Narrations fabuleuses,* même date, et très-grand de marges, 1000 fr. Veinant.

Malgré le témoignage contraire d'Est. Pasquier (recueil de lettres, livre VIII, lettre XII), on continue à attribuer à Jacq. Pelletier une partie des contes de ce recueil, lesquels sont bien plutôt l'ouvrage de Des Periers, dont ils portent le nom. Seulement Denisot (voy. ce nom), en les publiant après la mort de l'auteur, y aura peut-être ajouté plusieurs morceaux de sa propre composition.

— Les mêmes récréations. *Lyon, Guil. Rouille,* 1561, pet. in-4. de 240 pp. et 4 ff. de table.

Édition presque aussi rare que la précédente, et également recherchée, bien qu'elles soient l'une et l'autre moins complètes que celles de 1568, etc. Elle a été vendue 13 fr. Méon ; 20 fr. *mar. r.* en 1819 ; 129 fr. Pixerécourt ; 90 fr. A. Martin, en 1847; 64 fr. Nodier ; 90 fr. Bertin ; 53 fr. *v. f.* Hebbelynck ; 330 fr. en *mar. r.* par Trautz, Solar, et un 2ᵉ exempl. en *mar. r.,* mais moins beau, 95 fr. même vente.

— LES MÊMES nouvelles... *Paris, pour Galliot du Pré,* 1564 (aussi 1565), in-16 de 258 ff.

Cette édition est conforme à la précédente, mais la table y est incorrecte et incomplète. 12 fr. Pixerécourt.

— LES MÊMES. *Paris, Galliot du Pré,* 1568, in-16.

On y a ajouté 32 nouvelles qui ne sont peut-être pas de Des Periers. Un exemplaire avec un double titre au nom de Pierre du Pré et à la date de 1567, et rel. en *mar.* 49 fr. Gancia.

— LES NOUVELLES recreations et ioyeux devis de Bon Aventure (*sic*) Des Periers, reueues et augmentees oultre toutes les précédentes impressions. *Paris, par Galiot du Pré* (sans date), in-16 de 204 ff. dont un bl. plus un sonnet et la table.

Un exempl. en *mar. r.* 32 fr. Du Roure; 31 fr. Duplessis.

Ce volume contient toutes les nouvelles que M. Lacour a classées à part dans son édition, sous le titre de *Les Nouvelles récréations attribuées a Bonaventure Des Periers*, et qu'il a numérotées de XCI à CXXIX.

— LES MÊMES, *Lyon, Ben. Rigaud*, 1571, in-16.

Cette édition est portée à 21 fr. dans le catal. de Dufay, n° 1152. Nous devons supposer que ce n'est pas la même chose que les *Joyeuses adventures*, publiées chez le même libraire en 1571 (voyez JOYEUSES).

— LES MÊMES. *Paris, Nic. Bonfons*, 1572, in-16, édition qui, selon M. L. Lacour, a été faite avec une négligence inouïe.

— LES MÊMES. *Paris, Cl. Bruneval*, 1582 (aussi 1583), in-16.

Au lieu de *Bruneval* on lit *Bonneval* dans le catal. de Barré, n° 4198, mais ni l'un ni l'autre de ces noms n'est porté dans le Catal. des libraires de Paris, par Lottin.

— LES MÊMES. *Paris, Didier Millot*, 1588, pet. in-12.

— LES MÊMES. *Rouen, Raph. du Petit-Val*, 1598 (aussi 1608), pet. in-12. 6 à 9 fr. — en *m. bl.* 31 fr. Giraud.

Réimpr. à *Rouen, chez David Du Petit-Val*, 1615, pet. in-12, *mar. bl.* 31 fr. Nodier; 30 fr. Baudelocque; sous la date de 1625, et rel. en *mar.* par Bauzonnet, 99 fr. Giraud; 130 fr. Solar. Un exemplaire ordinaire, 10 fr. 50 c. Monmerqué.

— LES MÊMES. *Lyon, Noël Brun*, 1616, pet. in-12.

— LES CONTES, ou les nouvelles récréations, etc.; nouvelle édition, avec des notes historiques et critiques par de La Monnoye. *Amsterdam, Chatelain (Paris)*, 1735, 3 vol. pet. in-12. 9 à 12 fr.

Vend. 19 fr. *m. citr.* Bonnier; 40 fr. *mar. r.* d'Ourches; 59 fr. Pixerécourt; 61 fr. Nodier; 91 fr. Baudelocque.

L'éditeur de ces trois volumes a fait usage, pour son édition, des notes que B. de La Monnoye avait écrites sur un exemplaire de celle de Paris, 1572, qui est aujourd'hui à la Bibliothèque impériale; mais il les a tronquées et modifiées à sa fantaisie; et, qui plus est, le censeur a fait supprimer une partie de ces notes, comme par exemple, dans le tome I, la note qui occupe 5 lignes au bas de la p. 355, et 24 lig. et demie au bas de la p. 336, a été réduite à 4 et 17 lignes, parce qu'on en a retranché 9 lig. La note 12 (en 2 lig. et demie), la première de la page 346 (mal cotée 246), a disparu. Dans le tome II, on a également supprimé la note de la p. 200, commençant : *Chevauchez-là* ; la note 1, de la p. 253, commençant : *De alta domo;* la note 3, de la p. 265 : *Vingt et onze,* etc. Ce sont ces suppressions qui ont occasionné les cartons qu'on remarque dans une partie des exemplaires. Quant au texte il est des plus fautifs, et ne peut être celui que La Monnoye avait collationné *très-exactement* avec l'édition de 1558, comme il l'a marqué dans l'exemplaire annoté par lui.

L'édit. d'*Amsterdam (Paris)*, 1711, 2 vol. pet. in-12, qui ne vaut pas mieux que celle de 1735, a peu de valeur.

Il nous reste à indiquer une nouvelle édition de ces contes, précédés d'une notice biographique et littéraire par M. Ch. Nodier, avec un choix des notes de B. de La Monnoye et de Saint-Hyacinthe, revues et augmentées par P. L. Jacob le bibliophile, *Paris*, 1841, in-12, dont il a été tiré des exemplaires

en pap. fort, façon de Hollande; elle reproduit le texte de celle de 1735.

— Cymbalũ mundi, en francoys, contenant quatre dialogues poetiques, fort antiques, ioyeux et facetieux. *Probitas laudatur & alget.* M D. XXXVII. (au recto du dernier f.) : *fin du present liure... imprime nouuellement a Paris pour Jehan Morin libraire...* M. D. XXXVII, pet. in-8. de 32 ff. à 27 lignes par page. [18400 ou 18622]

Ces dialogues, composés à la manière de Lucien, sont de Bonaventure Des Periers, qui, dans une lettre à un prétendu Pierre Tryocan (croyant), placée au commencement du livre, a pris le nom de Thomas du Clevier (pour du Clenier, ou l'incrédule). C'est un ouvrage allégorique assez piquant, et, surtout, beaucoup mieux écrit qu'on ne le faisait alors. Malheureusement, l'autorité crut apercevoir, dans les allégories du faux Thomas du Clevier, des impiétés et des hérésies condamnables, et le livre fut déféré au parlement de Paris, qui en ordonna la suppression, et fit mettre en prison le libraire Morin.—On a donné dans le *Bulletin du Bibliophile*, publié chez Techener, 2° série, page 23, une clef du *Cymbalum mundi,* tirée en grande partie des notes de l'édition de 1732.

L'édition originale de 1537, que nous venons de décrire, a été supprimée avec tant de soin, qu'on n'en connaît, avec certitude, qu'un seul exemplaire vend. 350 fr. Gaignat, et 120 fr. La Valliere, et qui est maintenant dans la bibliothèque de la ville de Versailles. Pourtant, le catalogue de feu M. *** (de Clavières) , *Avignon,* 1778, in-8., p. 15, en annonce un autre, rel. en *v. f. t. d. bords ct bordures* , avec la fameuse vignette de la Pauvreté et l'avertissement; mais cette annonce paraît s'appliquer à l'édition d'*Amsterdam*, 1732, dans laquelle on a reproduit le titre de 1537, et qui contient un avertissement tout à fait étranger à cette première édition.

— Autre édition, sous le même titre que ci-dessus, mais avec cette souscription en lettres rondes au bas du recto du dernier feuillet : *Fin du present Cymbalũ‖Mũdi, en Francoys imprime nou‖ uellement a Lyon par Benoist ‖ Bõnyn imprimeur de ‖ mourãt au dict lieu ‖ en la rue de‖Para‖dis,* M. D. XXXVIII, pet. in-8. goth. de 28 ff. non chiffrés, sig. A—C par 8 et D par 4. Le titre est en caract. romains.

Édition encore très-rare : 75 fr. Gaignat; 68 fr. Mac-Carthy; 401 fr. Nodier; 415 fr. Baudelocque.

Il est à remarquer que le bois (offrant le buste d'un personnage antique accompagné du mot *poeta*) qui figure sur le frontispice de cette édition de 1538, avait déjà été employé à l'avant-dernier feuillet des poésies latines de Jean Vulteius, édition de Lyon, *sub scuto Basilensi apud Michaelem Parmentarium,* 1537, vol. in-8. dont le dernier feuillet porte cette souscription : *Excudebat Ioannes Barbous.* M. D. XXXVII.

— LE MÊME, ou dialogues satyriques sur différents sujets, avec une lettre critique par Prosper Marchand; nouvelle édition, augmentée de notes et remarques communiquées par plusieurs savans (Falconet, Lancelot, etc.). *Amsterdam (Paris)*, 1732, pet. in-12, avec 5 fig. 3 à 5 fr.

Édition assez jolie, faite d'après celle de 1537. Il en a été tiré plusieurs exempl. sur VÉLIN : vend. 72 fr. Gaignat; 120 fr. La Valliere; 31 flor. Crevenna ; 80 fr. Mac-Carthy; 70 fr. Chardin. — Réimprimé à

Amsterdam, 1755, pet. in-12. — L'édition de 1711, faite sur une copie manuscrite de celle de 1538, est peu estimée.

— LE CYMBALUM *mundi* et autres œuvres de Bonav. Des Periers, réunis pour la première fois, et accompagnés de notice et de notes par Paul-L. Jacob, avec une lettre à M. de Schonen, contenant une clef du Cymbalum, par M. Eloi Johanneau. *Paris*, *Ch. Gosselin*, 1841, gr. in-18. 3 fr. 50 c.

— LE CYMBALUM *mundi*, précédé de Nouvelles récréations et joyeux devis de Bonaventure Des Periers, nouvelle édition revue et corrigée sur les éditions originales avec des notes et une notice, par P.-L. Jacob. *Paris*, *Ad. Delahays*, 1858, gr. in-32 ou in-16 de LXXX et 478 pp. 3 et 5 fr.

— Voy. PROGNOSTICATION des prognostications, et à l'article TERENTIUS.

Ch. Nodier, dans une charmante notice sur Des Periers, qu'il a fait insérer dans le XXᵉ volume de la *Revue des deux mondes* (octobre 1839), attribue à cet ingénieux écrivain un ouvrage intitulé : *Discours non plus mélancoliques que divers* (voyez DISCOURS).

D'ESPINELLE (le sieur). Les muses françoises raliées de diverses parts, ou Recueil de diverses poésies de différens ·auteurs de ce temps, par le sieur d'Espinelle. *Paris, Math. Guillemot*, 1599 et 1600 (ou sans date), 2 part. en 1 vol. pet. in-12. [13645]

Vend. 16 sh. *cuir de Russie*, Heber; et l'édition sans date, 20 fr. Giraud.

L'année 1599 vit paraître plusieurs recueils du même genre que celui-ci, et également in-12. pet. in-12. 1° *L'Académie des modernes poètes françois*, Paris, Antoine Du Breuil ; 2° *Les fleurs des plus excellens poètes de ce temps*, Paris, Nic. et P. Bonfons (voy. FLEURS) ; 3° *Recueils de diverses poésies*, de Spond, Bertaut, Du Perron, etc. Rouen, Raph. du Petit-Val (voy. RECUEIL de diverses poésies); mais le vol. publié par D'Espinelle fut le mieux accueilli, et Guillemot le fit réimprimer, avec des augmentations, en 1600, en 1603, en 1607, et depuis. Il y en a aussi des éditions de *Lyon, Barth. Ancelin*, 1606 et 1609, in-16. Le succès des *Muses raliées* donna bientôt naissance au *Parnasse des plus excellens poètes de ce temps*, Paris, Guillemot, 1607, pet. in-12 ; et au *Nouveau Parnasse*, Paris, le même, 1609, pet. in-12 (voy. PARNASSE). L'édition (des Muses raliées) de 1603, 19 fr. 50 c. Libri ; celle de 1607, 36 fr. Libri, en 1857.

DES PLANCHES (*Jean*). Premier livre de synathrisie, alias recueil confuz; avec le dialogue d'un philosophe et d'un pou, trad. de l'italien (de Louis Pulci), par L. D. I. *Dijon, Desplanches,* 1567, in-8. [13788 ou 17823]

Petit volume rare, auquel Étienne Tabourot, surnommé le seigneur Des Accords, a eu beaucoup de part. C'est le premier livre d'un recueil de quolibets, d'épitaphes burlesques, et même d'obscénités, tirés de divers écrits et mis en vers. La suite n'a pas été publiée.

Il y a deux éditions de *Rouen, Mich. Tertulier*, 1571 et 1579, in-8., et selon le catalogue de La Vallière en 6 vol., n° 12977, cette dernière ne renfermerait pas le dialogue.

Il ne faut pas confondre l'imprimeur Jean Desplanches avec Jean Deplanche (non Des Planches), sieur du Chastelier, auteur d'*OEuvres poétiques* qui ont été publiées après sa mort par Joachim Bernier de La Brousse, son neveu, *à Poitiers, par Julien*

Thoreau, 1612, in-12 [13909]. Le sieur de La Brousse était lui-même un nourrisson des Muses, et il nous a laissé des *OEuvres poétiques* (voyez BERNIER de La Brousse).

DESPONT (*Ph.*). Bibliotheca max. veterum Patrum et antiquorum scriptorum ecclesiasticorum. *Lugduni, apud Anissonios,* 1677, 27 vol. in-fol. [807]

On joint à ce grand corps d'ouvrage les deux articles suivants :

APPARATUS ad Biblioth. max. veterum Patrum, opera et stud. Nic. Le Nourry. *Paris.*, 1703-15, 2 vol. in-fol.

INDEX Bibliothecæ max. veterum Patrum, a Sim. a Sancta Cruce digestus. *Genuæ*, 1707, in-fol.

Cette collection, ainsi complète, en 30 volumes, était fort recherchée autrefois, et valait de 800 à 1200 fr.; mais, quoiqu'elle ne soit pas commune, je doute qu'elle ait autant de valeur en ce moment. Il y a des exemplaires en Gr. Pap.

Les 2 vol. de l'*Apparatus* sont assez rares. Un autre volume qu'il est bon de joindre à cette collection, est celui qui a pour titre : *Bibliotheca sanctorum patrum primitivæ ecclesiæ, etc.* Lugd., 1680, in-fol. Il est peu commun et renferme des pièces importantes.

La première édition de la *Bibliotheca veterum Patrum et antiquorum scriptorum ecclesiasticorum*, en latin, a été publiée par Marguerin de La Bigne, à Paris, chez Sonnius, en 1575, en 8 tomes in-fol., auxquels, en 1579, on joignit un *Appendix*, ou tome IXᵉ. Le même recueil a été réimpr. chez Sonnius, en 1589, 9 tomes in-fol. Il y en a aussi une édit. de *Paris, Sonnius*, en 1609, 9 tomes in-fol. Il est bon d'y réunir un *auctarium*, impr. en 1610, in-fol. C'est d'après cette dernière édition qu'a été faite celle de Cologne, en 14 vol. in-fol., sous le titre de *Bibliotheca magna veterum Patrum..... nunc vero plus quam centum autoribus locupletata, in XIV tomos distributa, opera et studio doctiss. theologorum universitalis.* Coloniæ-Agrippinæ. Elle a paru de 1618 à 1622, chez Ant. Hieratus.

La quatrième édition, impr. à Paris, par la Compagnie du Grand Navire, en 1624, est en 10 tomes in-fol.; mais on y réunit : *Libri varii aliquot Ecclesiæ Patrum de divinis catholicæ Ecclesiæ officiis et ministeriis.* On peut y joindre également : *Bibliotheca veterum Patrum, seu scriptorum ecclesiasticorum tomi duo.* Parisiis, 1624, 2 vol. in-fol., recueil publié par le P. Fronton du Duc, lequel a donné en grec et en latin plusieurs auteurs qui n'avaient pas été imprimés qu'en cette dernière langue. (Niceron, XXXVIII, p. 103.)

BIBLIOTHECA nova veterum Patrum, auctarium Bibliothecæ (Margarini de La Bigne) authores et opuscula complectens qui in prior. tomis desiderantur (studio et labore Æg. Morell.). *Parisiis*, 1639, 2 vol. in-fol.

Les morceaux contenus dans ces deux derniers volumes ont été insérés dans les collections impr. depuis, et notamment dans la *Bibliotheca magna*, Paris, Morel, 1644 (ou Billaine, 1654), 17 tom. in-fol. en petit et en Grand Papier. On réunit à cette cinquième édition :

1° GRÆCO-LATINÆ *Patrum Bibliothecæ novum auctuarium, tomus duplex, alter exegeticus, alter historicus et dogmaticus, editus a Combefis.* Parisiis, Berthier, 1648, 2 vol. in-fol., dont le second a pour titre : *Historia hæresis Monothelitarum sanctæque in eam sextæ synodi actorum vindiciæ, etc.*

2° BIBLIOTHECÆ græcorum *Patrum auctuarium novissimum, gr. et lat. studio et opera Fr. Combefis.* Parisiis et Aureliæ, Hotot, 1672, in-fol.

L'édition de Lyon, en 27 vol., sous le titre de *Bibliotheca maxima*, est beaucoup plus complète que la précédente. La liste de tous les auteurs qu'elle contient se trouve dans le catalogue de la Bibliothèque publique d'Orléans, édition de 1777, in-4., pp. 26 et suiv., où l'on indique un *Index Bibliothecæ maximæ veterum Patrum a Simone a Cruce digestus*, Genuæ, 1707, in-fol.

Le P. Le Nourry a donné une première édit. de partie de son *Apparatus. Paris.*, 1694-97, 2 vol. in-8.

SS. PATRUM Bibliotheca maxima, Lugduni impressa in epitomen redacta, auctore Philippo a S. Jacobo. *Augustæ-Vindel.*, 1719, 2 vol. in-fol.

— Voy. MIGNE.

DESPORTES (*Philippe*). Les premieres oevvres. Derniere edition, reueüe & augmentee. *Paris, par Mamert Patisson,* M. D. C., pet. in-8. de VIII et 338 ff., plus 6 ff. non chiffrés, formant la fin de la table ; lett. ital. [13899]

Une des plus belles éditions de ces poésies, mais non pas la plus complète : 24 à 36 fr. Vend. *bas. v. aux armes de De Thou*, 16 fr. F. Didot ; 160 fr. même exemplaire, Coulon ; 180 fr. Nodier ; 7 liv. 5 sh. *anc. rel. mar. à compart.* Heber ; 23 fr. (vélin doré) Pixérécourt ; belle reliure ancienne en *mar. olive*, dorure à petits fers sur les plats, et avec le double Φ Φ grec, 301 fr. A. Martin, en 1847 ; 80 fr. *mar. v.* Bertin ; 79 fr. ancienne rel. en *mar. v.* avec les chiffres, Giraud ; 47 fr. veau gaufré, Busche ; enfin en *mar. r. richement doré à petits fers* par Trautz, 467 fr. Solar.

— Les mêmes premières œuvres. *Rouen, imprimerie de Raphael du Petit-Val,* 1594, pet. in-12 de 6 ff. prélim., 610 pp., plus 10 ff. pour la table. — Réimpr. par le même du Petit-Val, 1600, pet. in-12 de 668 pp., plus 2 ff. d'éloge, la table et le privilége. 18 à 30 fr.

Deux éditions assez belles et peu communes. Celle de *Rouen*, du *Petit-Val*, 1611, pet. in-12, avec un joli frontispice gravé, est plus complète que les précédentes ; elle a été donnée par Thibault Desportes, sieur de Beuillers, au nom duquel le privilége est expédié. Vend. 16 fr. *mar. r.* Chateaugiron, et 30 fr. *mar. r.* Nodier ; 47 fr. *mar. bl.* Gancia. Elle est bien imprimée, quoique en lettres italiques. Après la table doivent se trouver le *Tombeau de Desportes*, et d'autres pièces qui occupent 8 ff. Ce morceau appartient également à l'édition de *Rouen*, 1607, pet. in-12, donnée après la mort de l'auteur : 60 fr. *mar. r.* par Trautz, Gancia.

Ni dans ces trois éditions, ni dans aucune autre du même recueil (si ce n'est dans quelques exemplaires de celle de *Rouen*, 1594) ne se trouvent les *Psaumes de David mis en vers*, dont nous parlerons ci-après.

Desportes est du petit nombre des poëtes français antérieurs à Malherbe qu'on lit encore avec plaisir, et c'est pour nous un motif d'indiquer ici différentes éditions qui ont été faites de ses productions.

Autres éditions des premières OEuvres.

Paris, Rob. Estienne (et aussi) *Rob. Le Mangnier* 1573, in-4, 50 fr. *m. v.* Bertin. — *Paris, de l'impr., de Rob. Estienne*, 1575, in-4.—*Annecy, par Jacq. Bertrand*, 1576, in-8., avec une épître de l'imprimeur à la comtesse de Savoie. — *Paris, Rob. Le Mangnier*, 1577, pet. in-12, 17 fr. Giraud. — *Paris, de l'impr. de Mamert Patisson*, 1578, in-12. — *Paris, de l'impr. du même*, 1579, in-4., en *m. r.* 63 fr. Le Chevalier, en 1857. — *Paris, Le Mangnier*, 1581, pet. in-12.— *Paris, Mamert Patisson*, 1585, pet. in-12. — *Paris, le même*, 1583 et aussi 1587, pet. in-12, 12 à 15 fr. Vend. *m. v. à compart.* 7 liv. 10 sh. Heber. — *Paris, Fét. Le Mangnier*, 1587, pet. in-12, en *mar. citr.* par Derome, 120 fr.

Nodier, et 167 fr. Solar ; en *mar. r.* 80 fr. 50 c. en 1846, et 41 fr. Baudelocque. — *Anvers, Pierre Vibert*, 1587, in-16. — *Anvers, chez Arnould Coninex*, M.D.XCII. (à la fin, la date de M.D.X.C.I), pet. in-12 de 4 ff., 529 pp. et 6 ff., pour la table et la permission d'imprimer. Lettres rondes. On cite une autre édition d'*Anvers, Arn. Coninex*, 1596, pet. in-12, 5 fr. 50 c. *v. br.* Gancia. — *Lyon, Ben. Rigaud*, 1593, pet. in-12.

ŒUVRES de Philippe Desportes, avec une introduction et des notes, par Alfred Michiels. *Paris, Delahays*, 1858, in-16 de XCII et 536 pp. 5 fr.

ŒUVRES choisies de Desportes, Bertaut et Regnier, précédées de notices historiques et critiques sur ces poëtes, et suivies d'un vocabulaire. *Paris, F. Didot*, 1823, in-18.

— LA RENCONTRE des muses de France et d'Italie. *Lyon, Jacq. Roussin*, 1604, in-4.

Ce sont 43 sonnets italiens, traduits ou imités en sonnets français par Desportes, dont le nom n'est indiqué que par les lettres D. P.

Éditions des Psaumes.

LES PSAUMES de David mis en vers françois par Ph. Des Portes, avec quelques œuvres chrestiennes et prieres du même autheur. *Rouen, Raph. du Petit-Val*, 1594, pet. in-12.

Ce volume est en trois parties, savoir : *Psaumes*, 167 pp. et 4 ff. de table ; *Prières et autres œuvres*, 36 pp. ; *Quelques prières et méditations*, en prose, 37 pp. Il est quelquefois rel. avec les *Premières œuvres*, sous la même date.

Des Portes avait d'abord publié : *Soixante psaumes de David mis en vers françois*, Rouen, Raph. du Petit-Val, 1591, in-4. ; — Réimpr. par *Mamert Patisson*, 1592, pet. in-12, — et à *Tours, par Jamet Mattayer*, 1592, pet. in-12.

CENT CINQUANTE psaumes de David mis en vers françois. *Paris, Mamert Patisson*, 1597, in-8.

Dans l'édition de 1598 se trouve un sonnet qui a été retranché de celle de 1603.

CENT PSEAUMES de David, mis en vers françois... avec quelques cantiques de la Bible, Poésies chrestiennes, prières et méditations chrestiennes. *Paris, Mamert Patisson, imprimeur du roy*, 1601, pet. in-12.

Édition citée par M. Renouard, dans laquelle il manquerait encore 48 psaumes. Les cent cinquante psaumes sont dans l'édit. de *Paris, Mamert Patisson*, 1603, pet. in-12, dont un exempl. revêtu d'une anc. reliure en *mar. r. à compart.* dorés a été vendu 60 fr. Duriez ; ils sont aussi dans l'édition de *Paris, Abel L'Angelier*, 1603, pet. in-8., ainsi que dans celle de *Paris, Mamert Patisson*, 1604, pet. in-12. Dans les trois édit. impr. par Patisson, en 1601, 1603 et 1604, se trouvent ordinairement des poésies chrétiennes et quelques prières et méditations chrétiennes du même poëte, impr. d'abord séparément, *Paris, Mamert Patisson*, 1601, pet. in-12 de 16 et 28 ff.

— LES C. L. PSEAUMES de David, mis en vers françois. *Rouen, imprimerie de Raphael du Petit Val*, 1603, in-12 de 2 ff. prélim., 361 pp., 8 ff. de table. Le frontispice est gravé par L. Gaultier.

Il doit se trouver à la suite des psaumes : *Prières et méditations chrestiennes*, par *Philippe Des Portes*, Rouen, 1604, 41 pp. — *Poésies chrestiennes*, par le même, 1604, in-12 de 32 pp.

M. Frère a remarqué qu'on rencontre des exemplaires dans lesquels les Prières et méditations forment 60 pp., ainsi que les poésies chrestiennes ; elles portent la date de 1605. On trouve également les Cent cinquante Psaumes, *Rouen, du Petit Val*, avec les dates de 1608 et 1611. — Citons encore l'édit. de ces Psaumes avec les chants et la musique. *Paris, Ballard*, 1624, in-8.

M. Alphonse Chassant a publié dans le *Bulletin du Bouquiniste* (3e ann., p. 375-77), le Testament de

Phil. Desportes, tiré des archives du greffe du tribunal de Louviers.

DES PORTES (*Joachim*). Discours sommaire du règne de Charles neufiesme roy de France tres-chrestien. Ensemble, de sa mort, et d'aucuns de ses derners (*sic*) propos. *Paris, Jean de Lastre* (1574), pet. in-8. [23505]

L'auteur de cet opuscule était frère de Philippe Des Portes.

DES PREZ (*Josquin*). Misse Josquin ‖ Lomme arme ‖ super voces musicales ‖ La, sol. fa. re. mi ‖ Gaudeamus ‖ Fortuna desperata ‖ Lome arme ‖ sexti toni. (souscription finale): *Impressum Venetiis per Octavianum Petrutium forosemproniensem die 27 septembris Anno 1502. cum privilegio... Registrum A-K. omnes quaterni præter E qui est ternus, H. duernus, K quinternus* (suit la marque de l'imprimeur), pet. in-4. en travers. [vers 10194]

Ce recueil de chants pour l'office de la messe, composé par Josquin Des Prez, est, après les *Motetti* xxxiii, à la date du 9 mai 1502 (voy. Motetti), la plus ancienne production connue qui soit sortie des presses de l'inventeur des types fondus appliqués à la notation musicale imprimée. Il porte le titre ci-dessus, en caractères gothiques, comme l'est la partie du texte. La partie du *Superius* a 24 ff., celle du *Tenor*, 22, sign. A—C; l'*Altus*, 20 ff., sign. D—F, plus les cah. G, H; le *Bassus*, 18 ff., sign. J, K, avec la souscription. (Schmid, p. 48.)

— Liber primus Missarum Josquin (liber secundus et liber tertius), 3 part. pet. in-4. en travers, caract. goth.

Ces trois parties ont été impr. par Petrucci, savoir : le premier livre à la date du 27 décembre 1502; le second, en avril 1503, et le troisième dans le courant de la même année. Dans le 1ᵉʳ livre, le *Superius* a 18 ff. sign. aaA, bbB; le *Tenor*, 12 ff. sign. ccC, ddD, et l'*Altus*, 18 ff. sign. eeE, ffF; dans le 2ᵉ liv., le *Superius*, 16 ff. a.A.a, b.B.b; le *Tenor*, 10 ff. sign. c.C.c; l'*Altus*, 18 ff. sign. d.D.d, e.E.e; dans le 3ᵉ livre, le *Superius*, 18 ff. sign. a A a.; le *Tenor*, 13 ff. sign. e c C; et l'*Altus*, 18 ff. sign. D e D et e E. e.

Petrucci, après avoir transporté son établissement à Fossombrone, sa patrie, y publia une nouvelle édition de ces trois livres de Josquin. Le premier livre, daté de mdxiiii, *die primo martis*, contient le *Superius*, en 18 ff., le *Tenor*, en 11 ff., l'*Altus*, en 18 ff., et le *Bassus*, en 16 ff. sign. aa A—h H h. Le second livre est de mdxv. *Die xi Aprilis;* il contient le *Superius*, en 16 ff. sign. a A a—b B b; le *Tenor*, 10 ff. sig. c C c; le *Bassus*, en 16 ff. sign. f F f.; l'*Altus*, qui manquait à l'exemplaire ici décrit, devait occuper les cahiers d D d, e E e. — La troisième partie, sous la date de mdxv. *Die xix mensis maii*, contient le *Superius*, en 17 ff.; le *Tenor*, en 12; l'*Altus*, en 17, et le *Bassus*, en 18. Les signat. sont A—H. *omnes quaterni præter BF. qui sunt quinterni*, et D. *duernus.*

— Livre contenant 30 chansons, très musicales, à 4, 5 et 6 part. en 5 livres, dont

le 5ᵉ contient les 5ᵉ et 6ᵉ parties. (*Paris*), *Impr. par Pierre Attaignant*, 1549, in-8. obl. [14264]

Recueil rare. L'exempl. indiqué dans le *Catal. biblioth. Universitatis upsaliensis*, porte le chiffre xxxvi, ce qui se rapporte probablement à une collection publiée par Attaignant.

— Le premier, le segont et le tiers livre des chansons à quatre parties, du prince des musiciens Jossequin De Prez. *Paris, Nicolas du Chemin*, 1553, in-8. obl.

Un grand nombre de chansons de ce célèbre compositeur se trouvent dans le recueil impr. à Paris, P. Attaignant (voyez Livres de chansons musicales; par Le Roy et Ballard, à Anvers, par Susato, et ailleurs (voy. Chansons).

Nous parlons de ses Motets et de ses *Cantiones* à l'article Motetti ; nous ajouterons ici l'article suivant :

Josquin Desprez, musicorum omnium facile principis, tredecim modulorum selectorum opus, nunc primum cura solerti impensaque Petri Attengentis, regii typographi excussum, *Parisiis*, 1549, in-8. oblong.

DESPREZ (*P.*). Voy. Théatre des animaux.

DESREUMAUX (*Fr.*). Jardin médicinal parsemé de moralité. *Sedan*, 1659, pet. in-8. [14022]

Poésies difficiles à trouver : 10 fr. Méon ; en *mar. dent.* 35 fr. By, et 20 fr. Nodier.

DESREY (*P.*). Voy. Danse macabre, et Godefroy de Bouillon; Postilles.

DES ROCHES. Voy. Roches.

DES RUES (*François*). Les Marguerites françoises, ou seconde partie des fleurs de bien dire, recueil des plus beaux discours de ce temps, par François Des Rues, constançois. *Saumur, par Pierre Colle*, 1603, pet. in-8. de 246 pp. et 2 ff. pour la table. 8 à 12 fr. [10972]

La Fleur du bien dire, à laquelle ce titre semble rattacher les Marguerites, n'est pas de Desrues, quoiqu'on la lui ait attribuée (voy. Fleur du bien dire).

Les Marguerites françoises, ou thrésors des fleurs de bien dire, par Francois Desrues C.; dernière édition, corrigée et augmentée par l'auteur pour la dernière fois. *Rouen, Théod. Reinsart*, 1608, pet. in-12 de 12 ff. prélim. et 556 pp. suivie de 2 ff. pour la table et le privilège. 6 à 9 fr.

Réimpr. à *Rouen, Abr. Cousturier*, sans date, pet. in-12 (13 fr. *mar. r.* Courtois) ; — dans la même ville, chez *P. Calles*, 1618, et chez *Behourt*, en 1624, pet. in-12.

— Les Antiquités, fondations et singularités des plus célèbres villes, châteaux

---

Despréaux (*M.*). Passe-temps, 14325.
Després. Histoire de Valenciennes, 24939.
Despretz (*C.*). Physique, 4229.

Desquiron. Preuve par témoins, 2866.
Des Roches (*J.*). Grammaire flamande, 11257. — Dictionnaire, 11259. — Histoire des Pays-Bas, 24950. — Historiæ belgicæ, 24975.
Desroches (l'abbé). Histoire des peuples anciens, 22686.—Annales religieuses de l'Avranchin, et Annales du pays d'Avranches, etc., 24386. — Histoire du Mont-Saint-Michel, et Recherches sur les paroisses limitrophes du Mont-Saint-Michel, 24388.
Desruelles (*H.-M.-J.*). Croup, 7630. — Coqueluche, 7631.

et places remarquables du royaume de France, avec les choses plus mémorables advenues en iceluy; revues, corrigées et augmentées de nouveau; seconde édition. *Constances* (Coutances), *J. Le Cartel*, 1608, in-12. [23130]

Ce petit ouvrage, qui a eu beaucoup de succès, est de Fr. Des Rues. Le titre ne porte pas son nom, mais cet auteur est nommé en tête d'une pièce de vers placée parmi les préliminaires. Dans le titre de la première édition, le lieu de l'impression, *Constances*, n'est pas suivi d'un nom de libraire; — autre édit., *Saumur, P. Colle*, 1609. — Ce livre a été très-souvent réimpr., et sous les différents titres ci-dessous :

DESCRIPTION contenant toutes les singularités des plus célèbres villes.... revu, corrigé et augmenté du sommaire de l'Etat, cartes des provinces et de quelques portraits des plus signalées villes dudit royaume. *Rouen, D. Geuffroy* (s. d.) et aussi *Rouen, J. Petit*, 1611, pet. in-8. — Sous le même titre à peu près : *Troyes, Noël Lecoq*, ou *Noël Laudereau*, pet. in-8. fig. en bois. Deux éditions sans date. On en cite une autre de Troyes, 1611.

DELICES de la France... *Lyon*, 1610, in-12.

ANTIQUITÉS des villes de France, contenant tout ce qui s'est passé de remarquable en iceux; revu et augmenté de cartes de provinces, de figures de plusieurs villes, *Rouen, J. Cailloué*, 1624, pet. in-8.

On cite une seconde édition faite à Troyes (sans date, mais vers 1620), in-4. avec fig. sur bois et le portrait de Louis XIII.

DESSERT (le) des mal souppez, contenant un plat d'histoires, de douze services au plat; le tout de bon appetit et bien assaisonné de sauce pour purger l'humeur bilieuse et melancholique. *Rouen, Abr. Cousturier*, 1604, pet. in-8. de 31 ff. [17834]

Vend. en *mar. bl.* 15 fr. La Valliere; 21 fr. Méon; 30 fr. *mar. r.* Le Duc aîné.

DESSERT. Desert (*sic*) des Muses, ou les delices de la satyre galante, par P. M. D. G. *Paris, Pierre Lamy, au Palais, au Grand Cesar* (sans date), pet. in-12 de 127 pp. y compris le titre. [14227]

Vendu 79 fr. Nodier.

Les pièces qui composent ce recueil fort rare sont extraites du *Banquet des muses* d'Auvray (voy. ce nom), mais il y a au commencement du *Banquet* des morceaux qui ne sont pas dans le *Dessert*, où l'on n'a admis que des pièces érotiques. Quoique le titre de ce petit volume porte le nom du libraire *Pierre Lamy*, lequel a réellement exercé à Paris de 1625 à 1661, nous sommes porté à croire que le livre a été imprimé en Hollande, et postérieurement à cette dernière date. Nous avons vu un exemplaire de ce sottisier portant ce titre :

LE DESSERT des Muses, ou les delices de la satyre galante, augmentés de plusieurs manuscrits non encore veus. *Imprimé cette année*, 1621, pet. in-12.

Mais examen fait de cette édition inconnue, il s'est trouvé que c'était un exemplaire de la précédente, incomplet, pour lequel on avait fait imprimer un titre imaginé à plaisir, et peut-être à dessein de le donner comme celui d'un *livre inconnu à Brunet*.

Dessalles (*L.*). Périgueux, 24636.
Dessalles (*Adr.*). Histoire des Antilles, 28624.

DESTERNOD ou d'Esternod (*Claude*). L'Espadon satyrique. *Lyon, Jean L'Autret*, 1619, in-12. [14196]

Un exemplaire en *mar. r.* par Bauzonnet-Trautz, 71 fr. Bertin, et 106 fr. Solar.

— Autre édition. *Lyon, Jean L'Autret*, 1621, in-12 de 123 pp.

Cette édition renferme 16 satires, y compris la *Satyre du temps, à Théophile*, pièce signée du nom de Bezançon, et qui a été réimpr. sans nom d'auteur dans la *Satyre Ménippée contre les femmes*, de Courval Sonnet, édit. de *Lyon*, 1623, in-8., p. 186-193. On en trouve des exempl. datés de 1622 et 1626. Vend. 14 fr. de Nugent.

L'ESPADON satyrique, par le sieur de Franchire, gentilhomme franc-comtois, dédié à Monsieur le baron de la Roche, à *Rouen, chez Jacques Besoigne, Nic. Le Prevost et Jean Bouloy*, 1619, in-12 de 122 pp.

Ce doit être une réimpression de l'édit. de Lyon sous la même date. Néanmoins, la Satyre du temps ne s'y trouve pas; cette dernière pièce est pourtant dans une édition de *Rouen, David Ferrand*, sans date, pet. in-12 de 12 ff. prélim. y compris le titre et 142 pp. (la dernière numérotée 128). L'édition de *Rouen, Dav. Ferrand*, 1624, pet. in-12, dont un exempl. rel. en *mar. r.* a été payé 34 fr. à la dernière vente de Nodier, porte le nom de d'Esternod.

Selon M. Weiss, *Biographie universelle*, tome XIII, page 383, Claude d'Esternod n'est point un personnage imaginaire, sous le nom duquel se soit caché *François Pavie de Fourquevaux*, comme on paraît généralement le croire; le nom de *Franchère*, sous lequel il a donné l'édit. de *Lyon, Jean Lautret*, 1619, in-12, est l'anagramme de *Refranche*, l'un des villages dont il était seigneur. A ce témoignage qui, sans doute, a beaucoup de poids, surtout lorsqu'il s'agit d'un poëte né à Salins, nous pourrions en opposer un autre, qui n'en aurait pas moins, celui d'une lettre de J.-B. Pavie, descendant des Pavie de Fourquevaux. Dans cette lettre adressée à l'abbé de Saint-Léger, en date du 24 frimaire an IV (décembre 1795), et que nous avons eue sous les yeux, M. de Pavie affirme que le nom de d'Esternod est un sobriquet qu'avait pris François de Pavie, fils de Remond, et il annonce en même temps qu'il se propose de publier les mémoires laissés en manuscrits par le père du Pseudo-d'Esternod, mémoires relatifs à l'histoire de Charles IX et de Philippe II, roi d'Espagne. Toutefois, je ne sache pas que cette publication ait eu lieu. Remond de Pavie, auteur de ces mémoires, l'est aussi de l'*Instruction sur la guerre*, que Vascosan a publiée comme un ouvrage de Guil. Du Bellay (voy. INSTRUCTION). Ainsi cette famille a joué de malheur, puisqu'on a attribué à Du Bellay l'ouvrage de Remond, et à Desternod celui de François. Néanmoins il a bien existé un Cl. d'Esternod, auteur d'un petit poëme intitulé : *Les desirs amoureux de dom Philippe, prince d'Espagne, à Madame, sœur du Roy*, à Paris, de l'imprimerie de Pierre Durand, 1614, pet. in-8. de 14 pp. titre compris; et également auteur d'un écrit médiocre, ayant pour titre : *Le franc Bourguignon*, Paris, 1615, in-8.; d'un autre côté, François de Pavie est mort en 1611, c'est-à-dire huit ans avant la publication de l'Espadon, ce qui semble militer en faveur de l'opinion de M. Weiss.

Il est à remarquer que la première satire de l'*Espadon* a été réimprimée sous le titre suivant :

LE TABLEAU des ambitieux de la cour, nouvellement tracé du pinceau de la vérité, par maistre Guillaume, à son retour de l'autre monde, M. DC. XXII, pet. in-8.

L'éditeur du *Tableau*, pour cacher sa fraude, a supprimé les quatre premiers et les quatre derniers vers de la pièce de d'Esternod, ainsi qu'on peut le voir dans les *Variétés* de M. Ed. Fournier, IV, p. 33, où cette satire est reproduite et accompagnée de notes curieuses. C'est probablement encore la même pièce, qui, comme on le dit dans les *Caquets de l'accouchée*, p. 115 de la dernière édit., a été donnée sous le titre de *Discours du courtisan à la mode.*

— L'Espadon satyrique par le sieur D'Esternod, reveu et augmenté de nouveau. *A Cologne (Hollande), chez Jean D'escrimerie*, 1680, pet. in-12, 6 ff. prélim. (non compris la gravure placée avant le titre), et texte page 3 à 174.

Édition fort recherchée, parce qu'elle est assez jolie pour entrer dans la collection des Elseviers. Vend. 32 fr. *mar. r.* Thierry; 30 fr. Le Duc; 53 fr. 50 c. Labédoy...; 55 fr. *mar.*, mais fort rogné, Nodier; un bel exempl. *mar. r.* par Trautz, 210 fr. Solar. On en a retranché la 16e satire dont le sujet est l'apostasie d'un capucin nommé Guénard, qui s'était retiré à Genève; mais ce morceau est remplacé par l'*Ode satyrique d'un amoureux à sa maîtresse.* Il se trouve des exempl. qui n'ont que VII sat. et qui finissent à la page 80. Le même recueil a été réimpr. sous le titre de *Satyres amoureuses et galantes et l'ambition de certains courtisans, nouveaux venus et gens de fortune, par le sieur B.* Amsterdam, Adr. Moetjens (ou plutôt impr. en France), 1721, pet. in-12 de 168 pp. non compris le titre. L'édition reproduit le texte de 1680, mais fort incorrectement.

La Satyre du temps, qui n'a pas été conservée dans les dernières éditions de l'*Espadon*, y compris celle de 1680, vient d'être réimpr. avec de fort bonnes notes de M. Édouard T., dans le *Bulletin du Bibliophile* de J. Techener, 1860, p. 1106-1120.

DESTOUCHES (*Phil.* Néricault). OEuvres dramatiques, précédées d'une notice sur sa vie et ses ouvrages (par M. de Senone). *Paris, Lefèvre,* 1811, 6 vol. in-8. fig. 24 à 30 fr. [16498]

Édition assez belle, dont il a été tiré une vingtaine d'exemplaires en papier vélin. Elle a tout à fait effacé l'édit. de *Paris, impr. roy.,* 1757, 4 vol. in-4., qui cependant est bonne aussi, car elle a été donnée par le fils de l'auteur, qui a fait usage des corrections laissées par son père. 55 fr. *mar. r.* Giraud.

On recherche encore assez celle d'*Amst.*, 1755-59, 5 vol. pet. in-12, à cause des gravures dont elle est ornée; 12 à 18 fr., et en *mar. r.* par Bauzonnet, 102 fr. de Soleinne. — Celles de *Paris*, 1758, et 1774, 10 vol. pet. in-12, n'ont qu'un prix ordinaire. La première est la meilleure des deux.

— Les mêmes œuvres, nouvelle édition précédée d'une notice sur la vie et les ouvrages de l'auteur. *Paris, impr. de Crapelet*, 1822, 6 vol. gr. in-8. 48 à 60 fr.

Tiré à 80 exemplaires en gr. raisin vél., dont le prix était de 26 fr. par vol., en *mar. r.* 151 fr. de Coislin, et 205 fr. Solar; 208 fr. Salmon, et à 20 exemplaires en gr. raisin ordinaire. — Dans l'édition du même ouvrage, *Paris, Haut-Cœur,* 1821, 6 vol. in-8., se retrouvent les planches de celle de 1811.

Un exemplaire des *OEuvres choisies de Destouches, Paris, P. Didot,* 1810, 2 vol. in-18, impr. sur VÉLIN, de format in-12, 120 fr. Solar.

Les éditions originales des pièces de Destouches ne sont pas à négliger, parce qu'elles donnent les textes primitifs qu'il est curieux de comparer à ceux des autres éditions, lesquelles ont reçu successivement des corrections et des améliorations sensibles, notamment dans le recueil publié à *Paris, chez Prault père,* de 1736 à 1745, en 5 vol. in-12, sous

le titre d'*OEuvres de Théâtre de Mr Destouches,* ce dernier recueil 29 fr. de Soleinne. A la même vente on a payé 30 fr. les neuf premières pièces de ce poëte, imprim. à Paris de 1711 à 1734, et au nombre desquelles se trouvaient les trois meilleures, savoir :

LE PHILOSOPHE marié, ou le mari honteux de l'être, comédie en vers, en 5 actes. *Paris, Fr.* Le Breton, 1727, in-8.

LE GLORIEUX, comédie en vers, en 5 actes, *Paris, Fr.* Le Breton, ou *Prault père,* 1732, in-12. 18 fr. *m. r.* Solar.

LE DISSIPATEUR. *Paris,* 1736, in-12, en *mar. doublé de mar.* 27 fr. le même.

Pour plus de détails consultez les nos 1642 et 1643 du catal. de M. de Soleinne.

M. Graesse cite une traduction allemande du Théâtre de Destouches, *Leipzig* et *Göttingue,* 1756, 4 vol. in-8.

DESTRUCTION (la) auec la desolation de poures filles de Huleu : τ de Darnetail. (*sans lieu ni date*), pet. in-8. goth. de 4 ff., avec une grav. en bois sur le 1er f. [13467]

Pièce de 92 vers de 6 syllabes, composée vers l'an 1520.

DESTRUCTION de Jerusalem. (*sans lieu ni date*), in-fol. de 25 ff. non chiffrés, à 2 col. de 29 lig., sign. *a, b, c.* [13467]

Édition impr. avec les mêmes gros caractères demi-gothiques qui figurent dans le prologue et dans la table de la *Destruction de Troye*, décrite, d'après Marolles, à notre article COLUMNA, et que l'on retrouve encore dans un Jason que nous décrivons à l'article JEAN d'Arras.

Elle commence au f. aii., sans titre ni sommaire, par ces deux lignes du texte :

(A)*pres quaran ie ans que nrē.*

La seconde colonne du dernier f. recto ne contient que ces mots :

Cy est la fin de ce pre sent traictie intitule la destuction (sic) de ierusa lem.

Le verso est tout blanc.

L'exemplaire d'après lequel nous donnons cette description avait ses lettres capitales peintes en rouge. Il n'a été payé que 15 fr. à la vente Monmerqué, parce qu'il avait de fortes piqûres de vers, et qu'il paraissait y manquer un titre, qui, pourtant, n'a peut-être jamais existé. Le volume dont nous parlons ayant été soigneusement restauré et rel. en *mar. bl.* par Trautz, s'est vendu 530 fr. Solar.

Ce petit ouvrage est assez rare, quoiqu'on en compte au moins douze éditions, mais il est bien moins précieux que le mystère dramatique qui porte à peu près le même titre, et avec lequel il a quelquefois été confondu (voyez VENGEANCE DE N. S. J.-C.). Ce n'est autre chose qu'un récit romanesque de la destruction de Jérusalem, que l'on a réimpr. plusieurs fois à la suite d'une vie de Jésus-Christ sortie primitivement des presses lyonnaises (voy. VIE).

— Destruction de Jerusalem. (*sans lieu ni date*), pet. in-fol. goth. de 25 ff.

Édition sans chiffres, récl. ni signat., à longues lignes, au nombre de 31 sur les pages complètes. Les caractères sont les mêmes que ceux du *Livre des saints anges*, impr. à Genève, en 1478 (voy. EXIMENES), et ils paraissent avoir peu servi. Le premier f., dont le recto est blanc, offre sur son verso une grande planche sur bois représentant le siége de Jérusalem, et où l'on a fait figurer des canons.

Dans l'exemplaire que nous avons sous les yeux, cette planche, qui est plus large que le texte, s'est trouvée en partie coupée. Il y a dans le volume quatre autres planches imprimées avec le texte. La première page a 31 lignes, dont les sept premières sont plus courtes que les autres à cause du blanc laissé pour l'A capital, qui devait être écrit ou peint à la main. Voici la première ligne du texte : (a) *pres quarante ans que nostre seigneur*, et la derniere du dernier f. verso : *Jhûcrist tout puissant nõ gard de tous perilz. Amen.*

— Destruction de Jerusalem. (*sans lieu ni date*), in-fol. goth. feuillets non chiffrés, sign. a—eij, à 24 et 25 lignes par page entière.

Édition ancienne, mais peut-être moins que la précédente, puisqu'elle a des sommaires de chapitres ; les caractères sont ceux qui ont été employés dans les éditions lyonnaises de l'*Abusé en court* et du *Doctrinal du temps*, in-fol., vers 1480, décrites dans ce Manuel d'après l'exemplaire du duc de La Valliere (voir ABUSÉ en court et MICHAULT).

L'exemplaire de la Destruction de Jérusalem que nous décrivons n'a que 32 ff., mais nous croyons qu'il y manque le premier f. du cah. a, et au moins 1 f. dans le cah. e, qui n'en conserve que trois. Ce volume est sans titre ; il commence au f. aij par cette ligne :

(a) *pres quarante ans que nostre seigneur dieu.*

et finit au recto du dernier f., après la 13e ligne, de cette manière : *Cy finist ce present traicte Intitule la destruction de Jhe∥rusalem et la mort de pilate*

Deo gratias.

Le texte diffère un peu de celui de l'édition décrite ci-dessus.

— La destruction de Jerusalem et la mort de Pilate. *Imprime a Paris par Jehan Trepperel demourant sur le Pont nostre-dame a limage saint Laurent, le xxijᵉ iour de Feurier lan mile quatre cens quatre vingt et unze*, pet. in-4. goth. de 38 ff. avec fig. en bois. [22740]

Vend. 19 fr. 75 c. Filheul, en 1779.

— La même. *Paris, par Denys Meslier, rue de la Harpe, le xvᵉ iour de novembre* 1491, in-4. de 29 ff.

Vend. 24 fr. Filheul.

L'abbé de Saint-Léger cite, dans ses notes sur Du Verdier, une édition du même ouvrage, in-fol. de 17 ff., *sans lieu ni date*, impr. avec les caract. de la traduction française du *Vita Christi* de Lyon, 1488.

— La destruction de Iherusalem et la mort de Pilate. (*sans lieu ni date*), pet. in-fol. goth. de 19 ff. à 2 col. de 37 lign.

Édition imprimée à Lyon vers 1490 : on y voit au commencement une figure de la mort de Pilate, laquelle figure est répétée à la fin du livre : 2 liv. 5 sh. Lang; 5 liv. Heber; 45 fr. en 1837, 157 fr. mar r. d'Essling, et 190 fr. Cailhava.

— La même. — *Imprime par Jacques Maillet lan mil cccc quatre vingt et quatorze, le viᵉ iour de juillet*, pet. in-fol. goth., avec fig. en bois.

Ce volume n'a que 13 ff. dont le premier, blanc au recto, porte une gravure en bois sur le verso : vend. seulement 5 fr. La Valliere ; 77 fr. *m. r.* en 1815 ; 75 fr. *mar. r.* Cailhava.

— La même. Pour Michel Augier, libraire de luni-

versite de Caen demourant au dit lieu. (à la fin) *Imprime a Rouen, par Raulin Gaultier...* pet. in-4. goth. de 18 ff. à 2 col., avec fig.

Vend. 4 fr. 50 c. *m. r.* La Valliere ; 30 fr. en 1816.

— LA DESTRUCTION de Hierusalem faicte par Vespasien empereur de Rome et Titus son fils, et comme Pilat mourut a Vienne par le jugement et decret de lempereur et des senateurs de Rome. *A Paris, par Nicolas Bonfons*, pet. in-4. de 16 ff. à 2 col. caract. goth.

Cette édition est moins belle que les précédentes, et le texte en a été retouché ; vend. 67 fr. *mar. bl.* en 1815 ; 4 liv. 4 sh. Heber; 51 fr. *mar.* d'Essling.

La conquesta de Iherusalem, in-4. de 35 ff. à 28 lig. par page, sans chiffr., récl. ni signat., est décrite dans la *Biblioth. spencer.*, VII, n° 97. C'est peut-être une traduction de l'ouvrage ci-dessus.

Voyez STORIA della distruzione.

DESTRUCTION de Troye la grant, mise par personnaiges (et divisée en 4 journées par Jac. Millet). *Par Jehan Bonhomme libraire de luniversite de Paris le* VII *de may mil quatre cens quatre vingts z quatre*, in-fol. goth., fig. en bois. [16213]

Première édition très-rare et très-précieuse de ce mystère composé en 1450. La Biblioth. roy. de Dresde conserve l'exempl. acquis à la vente Barré, en 1744, au prix modique de 45 fr., et dont Ebert donne la description suivante : 217 ff. à 2 col. de 40 lig., avec des signat. de a—y ; chaque cah. est de 10 ff., excepté a qui en a XI, et x qui n'en a que huit.

— La même destruction de Troye. — *Cy finist la destruction de Troye la grant... imprimee a Lyon par maistre Mathieu Husz et a este finie lan mil cccc quatre vingz et cinq le vᵉ iour de janvier*, in-fol. goth. à 2 col. de 42 lignes.

Le volume a 208 ff. non chiffrés, signat. a—c du second alphabet, par cahiers de 8 ff. ; le dernier f. ne contient autre chose qu'une gravure en bois qui en occupe le recto. Vend. en *m. citr.* 145 fr. La Valliere, en 1767 ; 125 fr. Gaignat; 65 fr. La Valliere, en 1784. Ce dernier exempl., auquel il manque 4 feuillets, a été revendu 300 fr. Solar.

D'après le *Mercure* de décembre 1734, p. 2603, et le *Catal. de Rossi* (Rome, 1786), p. 78, il existerait une édition du même mystère *imprimee a Lyon par maistre Guillome le roy, finee lan mil cccc quatre vings et v*, pet. in-fol. ou in-4., laquelle, selon Parfait, aurait 460 pp. ou 230 ff., et serait, par conséquent, tout à fait différente de celle de Husz.

— La même. — *Cy finist lhistoire de la destruction de Troye la grant mise par personnaiges par maistre Jacques Milet licencie en loix et ĩprimee a Paris le vingt huytiesme iour davril lan mil quatre cens quatre vigtz et dix*, in-fol. goth. à 2 col., fig. en bois.

Édition fort rare, dont un exemplaire auquel manquait le dernier f. du cah. A, et où ceux du cah. qq. étaient raccommodés, a été vendu 401 fr. de Soleinne. Elle ne porte point de nom d'imprimeur, mais on y reconnaît le caractère de la *Farce de Pathelin*, impr. dans la même année 1490, par

Destruction des Jésuites, 21881.

Germain Beneaut. C'est un volume de 210 ff., sous les signat. *a* jusqu'à *D* du second alphabet. Chaque cahier est de 8 ff., à l'exception du second *C* qui n'en a que 6, et du second *D* qui n'en a que 5. Le premier cahier commence par a², ce qui suppose un premier f. blanc.

— La destruction de ‖ troye la grant. (au recto du dern. f.) : *Cy finist la destruction de troye la ‖ grāt mise par psö naiges Jmprimee a ‖ Lyon par maistre Mathis husz. Et ‖ a este finee lan mil. CCCC. quattre ‖ vingtz et vnze. Le xv. iour dauril. ‖* pet. in-fol. à 2 col., ff. non chiffrés, signat. a—z par 8, excepté z qui n'en a que 7, fig. en bois.

Autre édition aussi précieuse que rare : 66 fr. Lauraguais ; 50 fr. le baron d'Heiss ; 3 liv. 11 sh. Roxburghe. Le même exemplaire a été acheté 60 liv. chez Heber, et revendu 1005 fr. de Soleinne.

— La même. — *imprime a paris le huy tiesme iour de may par Jehan driart imprimeur demourant en la rue saint Jacques a lenseigne de trois pucelles. Lan mil quatre cens quatre vingtz z dix huyt,* pet. in-fol. goth. à 2 col. de 40 lig., avec fig. en bois.

Cette édition porte le nom de l'auteur ; elle a des signat. de A 2—E, seconde signature. Ce qui forme 221 ff., dont le dernier, qui ne contient que le chiffre de Verard, n'est pas dans tous les exemplaires. Le prem. f. commence immédiatement par le prologue :

> (A)n passant parmy
> vne lande
> Plaine de roses et
> de fleurs

Un exemplaire lavé et collé par Simonin et rel. en mar. viol. à compart. à mosaïques, par Thouvenin, 450 fr. de Soleinne.

On connaît deux exemplaires de ce livre précieux impr. sur VÉLIN, et dont les 32 fig. sont peintes. Le premier appartient à la Bibliothèque impér., le second a été vend. 950 fr. Gaignat ; 690 fr. La Vallière ; 1605 fr. Mac-Carthy, 2450 fr. de Soleinne.

— La même.—*Cy finist la destruction... imprimee a Lyon par maistre Mathieu Husz et a este finie lan mil cccc le xx iour de feurier,* in-fol. goth. à 2 col. fig. en bois.

189 ff., signat. a—D du second alphabet, par cah. de 6 et de 8 ff., le dernier en a 7. Vend. 30 fr. La Vallière.

Il y a une édition de *Paris, Michel le Noir*, le 3ᵉ iour doctobre, 1508, in-4. goth. de 217 ff., sign. a—qq, second alphabet.

— Sensuyt la Destruction de Troye la grant. Par personnaiges faicte par les Grecs. Auec les merueilleux faitz du preux Hector de Troye filz du grāt Priam. Imprimee nouuellement a Paris. — *Cy finnist lhistoire de la destructiö de troye... imprimee a Paris par la veufue feu Jehan trepperel et jehan Jehannot libraire iure en luniuersite de Paris. Demeurant en la rue neufue nostre dame a lenseigne de lescu de*

frāce (sans date), pct. in-4. goth. à 2 col., en 40 cahiers.

Vend. en mar. bl. d. de mar. r. 72 fr. Gaignat ; 500 fr. de Soleinne, et 460 fr. Baudelocque.

— Sensuyt la destructiö de troye la grāt (le reste comme ci-dessus). — Cy finist l'hystoire de la destruction de Troye... *imprimee nouuellemēt a paris lan mil cinq cēs xxvi. le xxii iour de mars,* in-4. goth. de 212 ff. à 2 col. de 41 lig., signat. A.—qqiii (irrégulières), fig. en bois.

Édition faite sur la précédente. 44 fr. Mac-Carthy, en 1779 ; 290 fr. de Soleinne.

— La même destruction et le rauissement d'Heleine par Paris Alexandre, composee en rithme franç. par Ieh. de Mehun... A la verite nouuellement reueue & corrigee, & tresdiligemment reduicte en la vraye langue Françoyse. — *Imprime a Lyon, par Denys de Harsy,* 1544, in-fol. à 2 col., fig. en bois.

Édition recherchée, quoiqu'elle soit imprimée en lettres rondes. C'est la seule où ce mystère soit attribué à Jean de Mehun. Celui-ci n'en est pas l'auteur ; mais il paraît certain qu'il a composé, sur le même sujet, un poëme français qui n'a pas été imprimé. Peut-être Jacq. Millet n'a-t-il eu qu'à donner à ce poëme la forme dramatique pour en faire un mystère ; et c'est ce qui aura engagé l'éditeur de 1544 à rappeler le nom du premier auteur. Le volume a 185 ff. chiffrés, non compris le dernier, où se voit une fig. en bois. Sur le titre est la marque suivante :

Vend. 40 fr. m. bl. dent. tab. La Vallière ; 49 fr. avec le Recueil des histoires de Troye (voyez LE FEVRE (Raoul), Méon ; et le même exemplaire, 200 fr. Morel-Vindé ; autre, rel. en cuir de Russie dent., par Lewis, 500 fr. de Soleinne ; un autre 186 fr.

mar. v. Coste; et rel. en *mar. r.* par Duru, mais avec des trous de vers réparés, 450 fr. Solar.

DESTRUCTORIUM viciorum, et aussi DESTRUCTION des vices. Voyez l'article DIALOGUS creaturarum.

DETERMINATIO facultatis parisiensis super Doctrina Lutheriana hactenus per eam visa. *Venundatur* (Parisiis) *in officina Ascensiana* (avec approbation datée du 15 avril 1521), in-4. de 16 ff., en lettres rondes. [1831]

L'exemplaire imprimé sur VÉLIN, vendu 28 fr. Paris de Meyzieu, se conserve à la biblioth. de l'Arsenal.

DETERMINATION de la faculte de theologie de Paris sur la doctrine de Luther. — Ces presentes ont este faictes en lan de lincarnation de Nostre Seigneur Jesus Christ 1521 au quinziesme iour dapuril, in-4. goth. de 14 ff. non chiffrés, avec une vignette en bois sur le titre.

Cette traduction a probablement été impr. à Paris à la date ci-dessus.

DETESTATION (la) des cruautez sanguinaires de Henry Deualé (*sic*) sur l'assassinat commis par luy du duc de Guise. (*Paris*), *se vend chez Denis Binet,* 1589, in-8. de 16 pp. [13950]

Pièce en vers d'une grande rareté.

DETOURNELLE. Recueil d'architecture nouvelle. *Paris, an* XIII-1805, gr. in-4. fig. [9932].

Il n'a paru de cet ouvrage qu'un premier vol. en 10 livrais. et 7 livrais. du second tome. Il y en a des exempl. en pap. vél. et en pap. de Holl., tant en in-4. qu'en in-fol., quelques-uns avec les pl. lavées : prix médiocre.

DETOURNELLE, Allais et Vaudoyer. Projets d'architecture, et autres productions de cet art qui ont mérité les grands prix accordés par l'Académie, par l'Institut et par des jurys. *Paris, l'auteur,* 1806, gr. in-fol. [10039]

Second recueil des *grands prix d'architecture,* faisant suite à celui qu'a publié Prieur (voy. COLLECTION *de prix*) : il a paru en 20 cah. de 6 pl. chacun, et a coûté en pap. ordinaire 100 fr. — en pap. de Holl. 120 fr. — Pour un 3e et un 4e recueil du même genre, voyez VAUDOYER.

DEUCHAR (*D.*). Collection of etchings after the most eminent masters of the deutch and flamish schools, particularly Rembrandt, Van Ostade, Cornelius Bega and Van Vliet. 1803, 3 vol. gr. in-4. 5 liv. 5 sh. [9356]

Recueil contenant près de 300 pl. Un exempl. rel. en *m. bl.* est porté à 10 liv. 10 sh., catalogue de Priestley, Londres, 1823, n° 223.

— British Crests, 28830.

DEUTSCH Francos Schrifften (Des), kans komplett, mit der szweyten Theil vermehrt. *Nürnberg,* 1772, in-8. [25605]

Poésies burlesques de J. Christian Trömel, écrites dans un jargon français-allemand. Elles ont paru d'abord en feuilles volantes séparées, avec des planches en taille-douce, mais on ne les a pas réunies complétement dans la collection des œuvres de l'auteur. M. Graesse, qui nous fournit ce renseignement, cite dans son Trésor, II, p. 374, des éditions de ces poésies, in-8., de 1730, sans lieu d'impression ; de *Leipszigk,* 1736 (534 pp.), de *Dresz und Leipszigk* (1745), 6 ff. 568 pp. et 3 ff. avec portr. et 8 planches.

DEUX dialogues. Voy. ESTIENNE (*Henri*).

DEUX chansons spirituelles. Voy. CHANSONS.

DEUX epistres des brebis au mauvais pasteur nouuellemēt composees, par le patient d'aduersitez, Auec plusieurs aultres rondeaulx et dizains, enuoyez a ses amis. *Imprimees a Lyon, lan mil cinq cens : quarante cinq,* pet. in-8. de 12 ff. en lettres italiques. [13951]

Pièce en vers ; la devise de l'auteur est : *De mieulx en mieulx;* elle ressemble beaucoup à celle de Maximien (*De bien en mieux*) que nous avons rapportée ci-dessus, col. 516 à l'article DEBAT de l'homme et de l'argent.

DEVARIUS (*Mat.*). De græcæ linguæ particulis ; notas addidit Joh.-Gottfr. Reusmann. *Lipsiæ,* 1775 et 1793, in-8. 6 fr. [10658]

La première édition de cet ouvrage estimé, celle de *Rome,* 1588, in-4., est rare. — Reinhold Klotz en a donné une nouvelle, *Leipzig,* 1835, in-8., avec un second volume en 2 part. contenant les notes de l'éditeur. 3 thl. 8 gr.

DE VAUX. Les Jeux de l'incognu. *Paris, P. Rocolet,* ou *De la Ruelle,* 1630, pet. in-8. frontispice gravé. [17347]

Recueil de nouvelles et de contes, auquel fait suite le *Nouveau recueil de pièces les plus agréables de ce temps... Paris, de Sercy,* 1644, in-8. publié par Sorel (voy. notre article RECUEIL de pièces en prose). L'exemplaire en *mar. r.* vendu 31 fr. Solar, renfermait, indépendamment des Jeux de l'incognu, *Le Herti ou l'universel,* 1630, en 113 pp.; *La blanque des marchands,* 70 pp.; *Discours académique du ris,* 139 pp.

L'édition des *Jeux de l'inconnu,* publiée à *Lyon, chez la Rivière,* en 1648, in-8., contient : *La blanque, le maigre, et l'infortune des filles de joie* (catal. de La Valliere, par Nyon, 9858-59).

DEVERELL (*Robert*). Discoveries in hieroglyphics and other antiquities ; in progress to which many favourite compositions are exhibited in a light entirely new. *London,* 1813, 6 vol. in-8. fig. [29100]

L'auteur a supprimé cet ouvrage après la vente d'un petit nombre d'exemplaires, dont le prix était de 84 fr.

DEVERGIE (M. *N.*). Clinique de la maladie syphilitique, enrichie d'observations

---

communiquées par MM. Cullerier, Bard, Gama, Desruelles et autres médecins ; avec un atlas colorié, représentant tous les symptômes de cette maladie, dessinés et gravés d'après nature, et la collection de M. Dupont aîné. *Paris, Maurice*, 1826-33, 2 vol. in-4. [7276]

Très-bel ouvrage, publié en 25 livraisons de 5 pl. chacune, avec texte : 200 fr.

DE VIENNE. Voy. DAGNEAUX et VIENNE (*Ph.* de).

DEVIS amoureux. Voy. ACHILLES Tatius.

DEVIS (plaisant). Voy. PLAISANT devis.

DEVIS des histoires faittes en la citée de Vienne. Voir à l'article ENTRÉES.

DEVIS poictevin dicté à Tholose, aux jeux Floraux, 1553. L'affutiman de Pelhot, invention Barotine, avec le Blason du glaive de Saint Pelhot, qui coupa l'oreille à Malchus : avec le Blason de la Vérole. *Imprimé à Tholose, par Guyon Boudeville* (in-8.). [14359]

Livre fort rare cité par Du Verdier, 1, 474, lequel n'en marque ni la date, ni le format. Les deux blasons qui en font partie ne se trouvent pas dans le recueil publié par Méon, sous le titre de *Blasons*.

DEVISE (la) des armes des cheualiers de la Table ronde, qui estoient du temps du tres renome et vertueux Artus roy de la Grant Bretaigne. Auec la descriptiō de leurs armoiries. *On les vend a Paris en la rue saict Jaques a lenseigne de Lelephant deuāt les mathurins.* (sans date), in-16, goth. de 98 ff., avec les blasons gravés en bois. [17009]

Le premier blason est celui d'Artus, et le dernier est d'un inconnu qui, dans ses armes, portait un cochon. Vend. 8 fr. *m. r.* La Vallière ; 25 fr. avec les blasons enluminés, Duquesnoy ; 61 fr. *mar. r.* d'Essling ; 45 fr. 50 c. *mar. v.* Veinant.
L'édit. de Lyon, par *Benoist Rigaud*, 1590, in-16, lettres rondes, contenant 192 pp. chiffrées, commence et finit comme la précédente : 19 fr. *mar.* Mac-Carthy ; 68 fr. en 1836 ; 30 fr. Revoil ; 47 fr. *m. r.* Pixérécourt ; 40 fr. d'Essling ; 82 fr. Solar. — Voy. GYRON le Courtois.

DEVOIR des filles. Voy. GLEN (*J.-B.* de).

DEVONSHIRE's Cabinet of gems, engraved by Gosmond, pet. in-fol. [29601]

Devernheil. Code rural, 2887.
De Vert (*Cl.*). Cérémonies de l'Église, 652.
Devèze de Chabriol. Essai géologique, 4607.
Devic (*J.-F.-S.*). Vie et travaux de Cassini IV, 30653.
Deville (*J.-M.-J.*). Annales de la Bigorre, 24691.
Deville (*F.*). Lettres sur le Bengal, 28194.
Deville (*Ach.*). Tombeaux, 21435. — S. George de Bocherville, 21438. — Le Château d'Arques, 24344. — Les sires de Tancarville, 24345. — Château-Gaillard, 24346.
Deville (*Ch.*). Trembl. de terre à la Guadeloupe, 4645.
Deville (*A.-M.*). Sur la statue de P. Corneille, 30606.
Devilleneuve. Dictionnaire du contentieux commercial, 2874.
Devisme (*J.-F.-L.*). Histoire de Laon, 24230.

La collection des pierres gravées du duc de Devonshire rivalisait avec celle du duc de Marlborough, dont nous parlons ci-après (voy. GEMMARUM delectus) : elle a été commencée par Guillaume, troisième duc de Devonshire, et augmentée par Guillaume, quatrième duc du même nom. Ce dernier, désirant avoir sa collection figurée avec la plus grande exactitude, en une suite de pl. dont il voulait former un corps d'ouvrage, prit chez lui un graveur français, nommé *Gosmond*, et le chargea de ce travail, vers l'année 1724. Déjà le duc avait eu la satisfaction de voir s'achever, sous ses yeux, une centaine de planches, lorsqu'un beau jour le graveur, abandonnant l'entreprise, quitta sōn patron, et bientôt après l'Angleterre ; par malheur il emporta avec lui une grande partie de ses planches, en sorte que le duc ne put ni avoir un recueil complet, ni même se procurer des épreuves de toutes les planches qui étaient faites. Voilà d'où vient la grande rareté de cette collection, dont on ne connaît que quatre ou cinq exemplaires en Angleterre. Celui qui a appartenu à Cracherode contient 101 pl. ; mais l'exempl. de lord Spencer n'en renferme que 99 ; il a cependant coûté 40 liv. à ce célèbre amateur ; un autre en 100 pl. s'est vend. 25 liv. 4 sh. Dent ; en 80 pl. 15 liv. lord Desborough, en 1848. Au surplus, le jugement désavantageux que Mariette a porté sur ces gravures, dans sa *Biblioth. dactyliographique*, page 337, fera sans doute peu regretter aux curieux que le recueil n'en ait pas été rendu public. Voyez, pour plus de détails sur cet article, Beloe, *Anecdotes of literature*, tome Ier, pag. 182 et suiv. ; *Aedes althorp.*, 1, pag. 166-72.

DEVONSHIRE (*Georgina,* duchess of). The Passage of mount St. Gothard, a poem. *London,* 1802, pet. in-fol. [15850]

Dans cette édition de luxe, *privately printed*, à 50 exemplaires seulement, le poëme anglais est accompagné d'une traduction italienne par Polidori. Une autre édit. in-4. sous la même date et également tirée à 50 exempl., renferme une traduction en vers français par l'abbé Delille, laquelle a été réimpr. dans les œuvres de ce poëte.

DEVOT (le) et sainct sermon de monseigneur sainct iābon et de madame saincte andoulle ; *imprime nouuellement a Paris* (vers 1520), pet. in-8. goth. [13468]

Facétie en vers, composée de 8 ff., dont le dernier, blanc au recto, porte sur le verso la marque de *Jehan Jeanot.*

DEVOT (le) Pélerinage du Folgoet, par un religieux des Carmes de Saint-Paul. *A Morlay, chez Mathurin Despancier,* 1635, in-12, titre gravé. [1650]

Un ouvrage rel. en vél. avec un autre ouvrage ascétique intitulé *Sommaires des pardons et indulgences* (même ville et même libraire, 1654), 36 fr. Gancia.

DÉVOTE contemplation. Voy. LACU (*Jean* de).

DEVOTE (la) exposition de laue maria, faicte nouuellement a lonneur de la tres sacree vierge mere de nostre saulueur Jhesuscrist auecques plusieurs aultres choses deuotes et dignes de grant recommandation. (*sans lieu ni date*), in-4. goth. de 12 ff. [501]

Une autre édit. en 15 ff. sign. a—b., avec fig. en bois, 12 fr. 50 c. Veinant.

— Voir MONTFIQUET.

DÉVOTES louanges de la Vierge. Voyez MARTIAL de Paris.

DEVOTISSIMÆ Meditationes de vita : beneficiis, et passione Salvatoris Jesu Christi cum gratiarum actione. (à la fin) : *In officina excusoria Sigismundi Grimm : medicinæ doctoris : ac Marci Vuynsung Augustæ Vindelicorum, quinta die Aprilis Anno* D.D.D.XX (1520), pet. in-4. ou in-8., avec 36 figures sur bois. [1518]

Cet ouvrage, que nous plaçons ici à cause des gravures dont il est orné, nous paraît être le même que celui dont Hain (n°ˢ 10991 à 10996) décrit plusieurs éditions sans date, impr. dans le xvᵉ siècle, mais qui n'ont pas de gravure ; elles ont pour titre : *De vita et beneficiis salvatoris Jesu Christi devotissimæ meditationes.*

DEWAN KANH JI. Khazanat ul ilm, or the treasury of science, being a course of instruction in the various branches of mathematics; by Dewan Kanh Ji, of Patna, a hindu. *Calcutta, at the Baptist Mission press,* 1837, gr. in-4. de 2 ff., 654, 14 et 25 pp., plus 4 tableaux imprimés et 57 pl. lithogr. [7795]

Ouvrage persan, en caractères neskhy. Ce livre, adopté par le comité général de l'instruction publique pour l'usage du collége persan, a été impr. jusqu'à la p. 492 sous la surveillance du D. J. Tytler, ensuite complété aux frais de la Société asiatique de Calcutta, par les soins de Maulavi Mansur Ahmed Bardwani (*Bibliothèque Silvestre de Sacy,* n° 1612). Vend. 40 fr. et 28 fr. 3ᵉ vente Quatremère.

DEWES (*Gilles*). Voy. DU WES.

DEWINT (*P.*). Sicilian scenery, drawn by P. Dewint from sketches made on the spot, by capt. Light. *London, Rodwell and Martin,* 1821, gr. in-8. [25811]

Ouvrage qui fait partie de la collection connue sous le nom d'*European Scenery* (voy. BATTY, COCKBURN, etc.). Il s'est publié en 12 cah. 7 liv. 4 sh.— de format in-4. 10 liv. 16 sh. — in-4. épreuves sur pap. de Chine, 18 liv. ; mais ces prix sont réduits à moins du tiers.

— Voy. COOKE (*W.-B.*).

DEXIPPI philosophi platonici in Aristotelis Categorias dubitationes et solutiones ex duobus codd. paris. gr. edidit L. Spengel. *Monaci,* 1859, in-4.

Ce ne sont que 10 des 40 chapitres du 3ᵉ livre de cet ouvrage.

DEXIPPUS, Eunapius, etc. Voy. BYZANTINA (édit. de Bonn).

DEXTER (*Flavius-Lucius*). Chronicon

omnimodæ historiæ, opera et studio Fr. Bivarii commentariis illustratum. *Lugduni, Landry,* 1627, seu *Matriti,* 1640, in-fol. [21263]

Il faut réunir à ce volume l'article suivant :

M. MAXIMI continuatio chronici omnimodæ historiæ ab an. Christi 430 (ubi Dexter desiit), usque ad an. 612, opera et studio Fr. Bivarii commentariis illustrata. *Matriti, Carrera,* 1651, in-fol. Plusieurs savants critiques, persuadés que la véritable chronique de Dexter est perdue, pensent que celle-ci a été composée, ainsi que la suite de Maximus, par un jésuite natif de Tolède, nommé Jérôme Romano de la Higuera. Les deux ouvrages avaient d'abord paru sous le titre suivant :

FRAGMENTUM chronici, sive omnimodæ historiæ Fl. Lucii Dextri, cum chronico Marci Maximi. et additionibus S. Braulionis et Helecæ, edidit Jo. Calderon : *Cæsar-Augustæ,* 1619, in-4. Vend. 4 flor. 10 sh. Meerman. — Réimpr. avec les notes de Rodrigue Caro, *Hispali,* 1627, in-4.

Ajoutons que l'authenticité de la chronique de Dexter a été défendue dans un écrit intitulé : *Fl. L. Dextro o novedades antiguas de España defendidas por Th. Tamayo de Vargas,* Madrid, 1624, in-4.

DHAMMAPADAM. Ex tribus codd. hauniensibus palice edidit. latine vertit, excerptis ex commentario palico notisque illustravit V. Fausböll. *Hauniæ, Reitzel,* 1855, in-8. 12 fr. [16006]

D'HERBELOT (*Barth.*). Bibliothèque orientale, ou dictionnaire univers. contenant tout ce qui regarde la connoissance des peuples de l'orient. *Maestricht,* 1776. — Suppl. (par Visdelou). *Ibid.,* 1780, 2 tom. en 1 vol. in-fol. 30 à 36 fr., et moins sans le supplément. [27970]

Ce savant ouvrage se trouve aujourd'hui fort arriéré ; mais, comme aucun autre ne le remplace, il est toujours très-recherché. La première édition de cette bibliothèque a été impr. par les soins d'Ant. Galand, à Paris, 1697, in-fol.

— La même (avec des corrections et addit. par H.-A. Schultens, un supplément par Visdelou, et les Paroles remarquables des orientaux par A. Galand). *La Haye, Jean Neaulme,* 1777-79, 4 vol. gr. in-4.

Édition la meilleure que l'on ait de cet ouvrage. On y a placé à leur ordre alphabétique, dans les trois premiers volumes, les articles supplémentaires compris aux pages 941 à 1032 de l'édition de Paris, 1697. Le 4ᵉ vol. est un supplément qui doit avoir 76 pp. plus 1 f. d'errata, coté 565 (pour le tome I) ; les pages 686-704 contiennent des additions de

---

Reiske et de Schultens, qui n'ont paru qu'en 1782. — Vendu 125 fr. de Sacy et quelquefois moins. — En Gr. Pap. *mar. r.* 140 fr. Larcher.

Il a été tiré de format in-fol. avec encadrement autour du texte un petit nombre d'exemplaires du 4e vol. ci-dessus. Ce supplément, ajouté à l'édit. de Paris, la rend aussi complète que l'in-4., et il convient également à l'édition de Maestricht, de préférence au supplément publié dans la même ville en 1780, lequel ne contient pas les additions impr. à la Haye, en 1782.

On fait peu de cas de l'abrégé de cette Bibliothèque qu'a donné Desessarts, *Paris*, 1782, 6 vol. in-8. 24 fr.

D'HOZIER. Voy. Hozier.

DIABLE (le) bossu; le diable femme; le diable circoncis; le diable pendu et dépendu; le diable tondu, etc. *Nancy*, 1708, in-12. avec une fig. [17874]

Vend. 12 fr. Le Sage; 4 fr. Sandras.

Le Diable d'argent, 1707, in-8. — *Le Diable babillard*, Cologne, 1711, in-12. — *Le Diable confondu, etc.* La Haye, 1740, in-12, sont de mauvais romans peu recherchés et à bas prix.

DIABLERIE (la grande) de Jean Valette, dit de Nogaret, par la grâce du roy duc d'Espernon, grand animal de France et bourgeois d'Angoulesme, sur son département de la court : de nouveau mis en lumière, par un des valets du garçon du premier Tournebroche de la cuysine du commun du dit sr. d'Espernon. (*sans lieu d'impression*), 1589, pet. in-8. de 16 pp. [13951 ou 23566]

Satire en vers, vend. 13 fr. avec *La sanglante chemise*, et seule 22 fr. *m. r.* Mac-Carthy, et 106 fr. Coste. Il existe une édition de la même pièce sous le titre de *Regrets, complainte et confusion de Jean Valette, etc.*, Angolesme, par l'autheur, 1589, pet. in-8. de 16 pp., lettres italiques. 27 fr. Nodier; 29 fr. Coste; mais il ne s'y trouve ni la figure du Diable Nogaret, ni le portrait, deux pl. qui sont quelquefois dans la première, où, à la rigueur, il ne doit s'en trouver qu'une seule.

Le P. Le Long cite un dialogue en vers sur le même sujet, avec ce titre : Les Propos tenus à Loches, entre Jean d'Espernon et son diable familier, lorsqu'il lui prédit sa descente aux enfers, fidelement récité mot pour mot. *Paris, Dubreuil*, in-8., fig.

On trouve sous les n°s 2497 et 2498 du catal. de Secousse la description de deux recueils de pièces contre d'Espernon.

DIAGO ou Diego (Fr. *Francisco*). Historia de los antiguos condes de Barcelona. *Barcelona, Cormellas*, 1603, in-fol. [26187]

Livre rare et assez recherché; il n'a cependant été vend. que 9 fr. La Serna, et 9 flor. 50 c. Meerman; 1 liv. 2 sh. Heber.

On a du même auteur le premier vol. des *Anales del reyno de Valencia*, impr. à Valence, en 1613, in-fol., qui a été vend. 22 fr. 50 c. Gohier, et que Salvá porte à 2 liv. 2 sh. [26202]

DIALOGI decem variorum autorum (sci-

licet Isidorus de consolatione , Barth. Facius de summo bono vitæque fœlicitate, etc.). (*Coloniæ, per Joan. Veldener*), 1473, in-fol. goth. de 119 ff. non chiffrés, à 2 col. de 35 lig. [18616]

Vend. 200 fr. La Vallière; 33 fr. *m. r.* Mac-Carthy; 3 liv. 10 sh. Hanrott; 2 liv. 16 sh. Heber.

Ce volume commence par cette ligne :

Oracio dece dialogoꝫ hoc cō

et il finit par une table. La date *Anno dñi* M. CCCC. lxxiij est placée à la fin du prologue.

DIALOGI duo rerum verborumque lepore et copia insignes : quorum prior continet Colloquium inter Deum et Evam (ut ferunt) eiusque liberos, posterior Salomonis et Marcolphi jucundissimam dissertationem proponet. 1816, in-4. [18617]

Selon Lowndes, ce livre a été imprimé *at the Auchinlech press*, et vendu 1 liv. 10 sh. Boswell.

DIALOGISME auquel sont entreparliers l'Empire, la France, l'Espagne, l'union des estats des Pays-Bas, Rome, Bonneraison, le hérault et le philosophe juge; contenant succinctement l'Estat d'Allemagne, de France, etc., depuis le commencement des guerres pour la religion iusques à present. Et quelques sonnets à l'Infante d'Espagne, et autres : auec un cantique d'action de grace, pour la victoire obtenue des Espagnols, par le prince Maurice de Nassau... L'an 1600. (*sans lieu d'impression*), pet. in-4. de 2 ff. et 83 pp. [13952]

L'épitre dédicatoire à Marie de Nassau est signée L. P. —Vend. 10 fr. *mar. bl.* La Vallière, et vaut davantage.

DIALOGO de' giuochi che nelle vegghie sanesi si usano di fare del Materiale intronato (Girolamo Bargagli). *Siena, Luca Bonetti*, 1572, pet. in-4. 15 à 20 fr. [10505]

Ouvrage singulier, réimpr. à Venise en 1574; à Venise, *per Gardane*, 1581, pet. in-8., et aussi en 1592 et en 1598, pet. in-8. Cette dernière édition, 13 fr. exemplaire *non rogné*, en janvier 1829.

DIALOGO de Mercurio y Caron : en que allende de muchas cosas graciosas y de buena doctrina : se cuenta lo que ha acaecido en la guerra desdel año mill y quinientos y veynte y uno hasta los desafios de los reyes de Francia y Ynglaterra hechos al emperador en el año de M. D. xxiij. —Dialogo : en que particularmente se tratan : las cosas acaecidas en Roma : el año de M. D. xxvii. A gloria de Dios y bien universal de la Republica christiana. (*sans lieu ni date*), pet. in-8. goth. de 34 ff. [23455]

Diablerie de Chaumont, 16209.
Diagraphia, sive ars delineatoria, 9188.
Dialetti... delle provincie di Bergamo e di Brescia, 11124.

Dialetto napoletano (del), 11134.

Deux pièces rares et curieuses, mises à l'index par l'Inquisition : vend. ensemble 3 liv. 3 sh. Heber : elles sont de Jean Valdes, Espagnol qui porta un des premiers, dans le royaume de Naples, les doctrines de Luther. La première pièce seule, 19 sh. Heber.

Un exemplaire du second dialogue (sans lieu ni date), in-4. de 34 ff., a été vendu 170 fr. Biblioth. Quatremère, 2ᵉ part., n° 2607.

— Due Dialoghi, l'uno di Mercurio et Caronte : nel quale, oltre molte cose belle, gratiose, et di buona dottrina, si raconta quel che accade nella guerra dopo l'anno M.D.XXI. — L'Altro di Lattantio et di uno archidiacono, nel quale puntalmente si trattano le cose avenute in Roma nell' anno M.D.XXVII. Di spagnuolo in italiano, con molta accuratezza, e tradotti e revisti. *In Venegia* (senz' anno), in-8.

Un exempl. en *mar. br.* 1 liv. 18 sh. Libri, en 1859.
Une édit. des mêmes *Due Dialoghi*. Vinegia, 1545, in-8, 30 fr. 2ᵉ vente Quatremère.
Haym attribue à Nicolo Franco cette traduction, qui n'est guère moins rare que l'original.

DIALOGO de mugeres, interlocutores Alethio. Fileno. *Venitia*, 1544, in-4. goth., signat. a—f par huit et *h* en cinq ff. [15119 ou 18064]

Ouvrage en vers, rare, mais qui cependant n'a été vendu que 12 sh. Heber. — Voyez SPINOSA (*Joan. de*).

DIALOGO di tre Ciechi. Voy. EPICURO (*Antonio*).

DIALOGO dove si ragiona della bella creanza delle donne, dello Stordito accademico Intronato (Aless. Piccolomini). *Venetia*, 1574, pet. in-12 de 55 ff. y compris le titre. [18056]

Ce dialogue, qu'Haym qualifie de *bellissimo*, est une production beaucoup trop libre pour qu'un personnage tel qu'Alex. Piccolomini ait pu y mettre son nom ; mais c'est ce défaut même qui a donné le plus de vogue à l'ouvrage, lequel a d'abord été imprimé *per Curtio Navo e fratelli* (*Venezia*), 1539, in-8.; ensuite réimprimé 1° *in Brouazzo per dispetto d' un Asnazzo*, 1540 ; 2° en 1541, *sans lieu ni nom d'imprimeur*; 3° *Milano, Antonio degli Antonj*, 1558, overo 1560, pet. in-8. de 44 ff. (l'édit. de 1558, en *mar. bl.* 36 fr. Riva); 4° *Venezia, Farri*, 1562; et 5° *Venetia*, 1574 : toutes ces édit. sont in-8., à l'exception de la dernière; celle-ci a été vend. 12 fr. *mar.* Gaignat; 5 fr. La Vallière; 19 fr. 50 c. Labédoy..., et les autres ont à peu près la même valeur, lorsqu'elles se trouvent très-bien conditionnées.

Comme si sept éditions de ces dialogues ne les eussent pas rendus assez communs, il s'en est fait une 8ᵉ sous la date de *Londra* (*Lugano*), 1750, in-8., et l'ouvrage a encore reparu, à la vérité avec de grandes différences, sous ce titre :

COSTUMI lodevoli, che a nobili gentildonne si convengono, con una orazione in lode delle donne. *Venezia*, 1622, in-8.

Du Verdier, au mot Dialogue, et Niceron (tome XXXIII, article Fr. d'Amboise) citent un livre intitulé :

DIALOGUES et devis des demoiselles, pour les rendre vertueuses et bien heureuses en la vraye et parfaite amitié. *Paris, Vincent Normans*, 1581, in-16 de 281 ff., ou *Rob. le Maignier*, 1583, in-16 de 287 ff. (Vend. 17 fr. *m. r.* Morel-Vindé, et 30 fr.

en 1829.) C'est, selon eux, une traduction libre de l'ouvrage précédent, dont on a supprimé ou paraphrasé ce qu'il y a de trop licencieux. Fr. d'Amboise, déguisé sous le nom de *Thierri de Timophyle*, en est l'auteur, et se nomme à la fin d'un des deux sonnets qui suivent l'épître dédicatoire. Ce titre nous en rappelle un autre tout à fait analogue, rapporté dans le catal. de La Vallière, en 6 vol., n° 3897, de la manière suivante :

NOTABLE discours en forme de dialogue, touchant la vraye et parfaite amitié, ouvrage dans lequel les dames sont deuëment informées du moyen qu'il faut tenir pour bien et honnestement se gouverner en amour. *Lyon, Ben. Rigaud*, 1577, in-16 de 251 ff. chiffrés et 2 ff. pour le privilège et la marque.—Vend. 6 fr. *mar. bl.* Méon, et 11 fr. Morel-Vindé; 17 fr. *mar. r.* Coste.

Ce dernier ouvrage, qui certainement diffère du précédent, nous parait être le même que celui que cite Du Verdier, tome II, p. 561, sous ce titre :

INSTRUCTION aux jeunes Dames, en forme de dialogue, écrite premièrement en italien, par laquelle elles sont apprises, comme il se faut bien gouverner en amour. *Lyon* (sans date), in-16.

Ce serait alors une traduction du *Dialogo della bella creanza*, beaucoup plus littérale, à ce qu'il parait, que la première.

Le Notable discours est précédé d'une épître dédiée à *belle, honneste et vertueuse damoiselle C. D. R.*, signée T. D. C., et datée de *Lyon, ce sixiesme d'aoust*, 1576.

Citons encore :

INSTRUCTION pour les jeunes dames, par la mère et la fille d'alliance, par M. D. R. (Marie de Romieu). *Lyon, par Jean Dieppi*, 1573 (17 fr. *mar. r.* Monmerqué), ou *Paris, sur la copie impr. à Lyon*, 1597, in-12. (Voy. MESSAGÈRE d'amour.)

Les *Devis amoureux de Marionde et de Florimonde, mère et fille d'alliance, par D. R.* Paris, Corrozet, 1607, in-12, n° 3939 du catal. de La Vallière, en 6 vol., sont, selon toute apparence, le même ouvrage que le précédent.

DIALOGO nel quale si contengono varii discorsi, di molte belle cose, et massimamente de Proverbi, de Risposte pronte et altre cose simili : a gli studiosi delle buone lettere forse non ingrati. D'incerto autore. — *In Padova, appresso Gratioso Perchacino*, M. D. LXI, in-8. [18484]

Quoique écrit en forme de dialogue, cet ouvrage contient nombre de facéties, et de petites nouvelles racontées par l'un et l'autre des deux interlocuteurs, lesquels sont Man. et Luigi Perugino. Gamba cite un exemplaire de ce livre, sur le frontispice duquel était écrit à la main, au-dessous des mots *D'incerto autore : Marco Mantova Benavides*.

DIALOGUE antre de' Bregi e' de' Bregire, ou Cantique spirituel, pre possay dévotement le tan de la naissance du bon Gesu : Yé le parrain Bliaise qui lé-s-a compôsai per le contanteman de tieū lé brove jan. *Macon, Jean - Adrian de Saint* (sans date, XVIIIᵉ siècle), pet. in-12 de 68 pp. [14406]

Recueil de Noëls en patois mâconnais, avec l'explication des mots difficiles. 14 fr. Duplessis.

DIALOGVE apologetiqve excusant ou deffendant le devot sexe feminin intro-

Dialogue sur le commerce des blés. Voy. Galiani.

duict par deux personnaiges : lun a nom bouche maldisant ; lautre femme deffendant, etc. *Nouuellement imprime a Paris* (sans nom d'imprimeur) *le xviij iour daoust lan de grace mil cinq cens et xvij,* pet. in-4. goth. [18043]

Ce livre, qui est en prose, se compose de 71 ff. chiffrés (non compris 4 ff. prélim. pour le titre et la table). L'auteur ne se nomme pas ; mais différents passages de l'ouvrage semblent indiquer une femme. L'exempl. que nous avons vu porte bien la date de 1516, et non 1506, comme nous l'avions lu dans une note de l'abbé de St-Léger. Vend. 6 fr. Méon ; 50 fr. Monmerqué.

DIALOGUE auquel sont traites plusieurs choses avenues aux Lutheriens. Voyez PHILADELPHE.

DIALOGUE de consolation entre lame et la raison, fait et compose par un religieux de la reformation de Fonteurauld (François le Roy). *Paris, Sim. Vostre* (1499), in-8. goth. [1623]

— Autre édition, *Paris, Pierre Sergent,* 1527 (ou 1537), in-8. de 320 pp.

L'édit. de *Paris, Denis Janot,* 1537, pet. in-8. goth. 15 fr. 50 c. Monmerqué.

On a du même auteur : *Dialogue de confidence en dieu, moult devot et consolatif pour relever lame pecheresse* (Paris, Sim. Vostre), in-8. goth. de 32 ff., avec la marque de Simon Vostre sur le premier f.

DIALOGUE de Dame Perette et de Jeanne la Crostée, sur les malheurs du temps et le rabais de leur metier. (*sans lieu*), 1649, in-8.

Cette facétie, à en juger par son titre, paraît être la même chose que la *Blanque des filles d'amour* (voy. BLANQUE, et l'article POT aux roses).

DIALOGUE de' deu Brisack, presentai ai monseigneur le duc de Bregogne, ai son errivée ai Dijon, le 20 Septembre 1703. *Dijon, Claude Michard,* 1703, in-12. [14405]

Pièce rare : 60 fr. mar. bl. Nodier.

DIALOGUE de deux amoureux. Voyez DEBAT de la Dame et de l'Escuyer.

DIALOGUE de Gabrielle d'Estrée, revenue de l'enfer. (*sans lieu ni date,* mais vers 1599), in-8. [13953]

Satire des plus acerbes contre la mémoire de cette célèbre maîtresse de Henri IV (Catal. Leber, 4186). Elle est indiquée dans le catal. de La Vallière, en 3 vol., n° 4375, sous ce simple titre : *Dialogue (de Gabrielle d'Estrée)* ; et dans le nouv. Le Long, n° 19760, de cette manière :

LE RETOUR d'enfer de la duchesse de Beaufort, avec des annotations historiques, par le baron de Montepineuse, in-8. (en vers).

« On croit que l'auteur de cette pièce est Humbert d'Aubigné... Les notes qu'on y a ajoutées sont pleines de fiel. »

DIALOGUE de Genes et d'Algers, villes foudroyées par les armées de Louis le Grand, trad. de l'italien (de Marana). *Amsterd.,* 1685, pet. in-12. [23840]

Vend. 20 fr. m. r. Lair, et beaucoup moins cher ordinairement.

Le texte italien : *Dialogo fra Genoua ed Algieri,* a paru également en 1685, et chez le même libraire, pet. in-12.

DIALOGUE de la Galligaya et de Misoquin, esprit follet qui lui amene son mari. *Paris,* 1617, pet. in-8. avec fig.

Ce pamphlet faisait partie d'un recueil de 21 pièces satiriques contre la maréchale d'Ancre, qui est décrit sous le n° 4649 du catal. Mac-Carthy, où il n'est porté qu'à 50 fr.

DIALOGUE d'entre le Maheustre et le Manant : contenant les raisons de leurs débats et questions en ses (*sic*) présens troubles au roy au royaume de France (ici un fleuron). M. D. LXXXXIII, pet. in-8. de 288 pp. chiffrées, sign. A2—Nn3. [23624]

Voici la véritable édition originale de ce célèbre dialogue : elle est restée inconnue aux bibliographes jusqu'au moment où M. Potier, dans une note qui accompagne le n° 561 du catalogue de M. S. T., publié par lui en mars 1851, nous en a révélé l'existence et aussi l'importance (l'exemplaire annoncé était rel. en *mar. r.,* et il a été porté à 47 fr.). Ce qui, indépendamment de sa grande rareté, donne du prix à cette édition de 1593, c'est qu'elle offre le texte primitif, tel qu'a dû l'écrire un ligueur en 1593, tandis que dans les réimpressions faites après l'entrée du roi à Paris, ce texte présente des différences sensibles. On y a supprimé plusieurs passages défavorables à Henri IV, et on y a fait des additions qui sont en sa faveur, ou qui sont dirigées contre la Ligue et contre les Seize. Voilà pourquoi, sans doute, les critiques qui n'ont connu de ce dialogue que la seconde rédaction ont pu dire que c'était l'ouvrage d'un ligueur, mais d'un ligueur mécontent du duc de Mayenne. Toutefois, ces critiques sont peu d'accord sur le véritable auteur, qui serait, selon Cayet, *L. Morin,* dit *Cromé;* selon Dartigny (VI, page 179), *Crucé,* procureur, et l'un des Seize ; et enfin, selon d'autres, un certain *Roland,* aussi l'un des Seize de l'union parisienne. Ce dernier est plus vraisemblablement l'auteur de l'écrit assez rare, intitulé :

CENSURE d'un livre naguères imprimé à Paris, en forme de dialogue, sous le nom du Manant et du Maheustre, entreparleurs. *Paris, Frederic Morel,* 1594, in-8. de 25 ff.

Après la suppression de l'édition du *Dialogue d'entre le Maheustre et le Manant,* impr. en 1593, l'auteur fit paraitre sous le même titre, et sous la date de M.D.XCIIII, une édition pet. in-8. de 158 ff. chiffrés, avec une figure au verso du titre ; une autre édition, sous la même date, pet. in-8. de 125 ff. en plus petits caractères, la suivit de près. Cette dernière est la moins recherchée des deux. La troisième réimpression, datée de 1595, et sans nom de ville, est pet. in-12 bien exécuté ; ajoutons que l'ouvrage a été réimprimé dans les différentes éditions de la *Satyre menippée,* en 3 vol. in-8., en sorte que la seconde version n'est nullement rare. Mais ce qui l'est beaucoup, c'est la continuation du même dialogue qui a paru un peu plus tard, et dont les bibliographes n'avaient pas parlé. Elle se trouve annoncée dans le catal. de M. Boulard, III, n° 2751 (vend. 16 fr. 95 c.), sous le titre suivant :

CONTINUATION du dialogue d'entre le Manant et le Maheustre, de ce qui s'est passé en France entre les deux partiz, tant de celuy de l'union des catholiques que de celuy du roy de Navarre, et la reponse à la censure faicte contre le premier dialogue. Imprimé en l'an 1596 (sans nom de ville), pet. in-8. de 452 pp. en tout.

La réunion de ces trois pièces forme un ensemble curieux.

DIALOGUE de la teste et du bonnet. Voy. l'article CALLANUTIUS.

DIALOGUE de Thoinette et d'Alizon, pièce inédite en patois lorrain du dix-septième siècle, publié et annoté par M. Albert de la Fizeliere. *Paris*, 1856, in-12.

Tiré à 65 exempl. numérotés.

DIALOGUE de trois paysans picards, Miché, Guillaume et Charles, sur les affaires du temps. 1649. — Suitte et second dialogue de trois paysans picards. 1649, in-4. [23770]

Deux mazarinades de 6 ff. chacune, en patois picard, et sans lieu d'impression : 22 fr. *mar. r.* vente Libri, où se trouvait aussi la pièce suivante, écrite dans le même patois, et qui a été payée 15 fr.

DIALOGUE d'un batelier, d'un vigneron et d'un savetier sur les affaires du temps présent, 1650, in-4. de 4 ff.

DIALOGUE de trois vignerons. Voyez SOUSNOR.

DIALOGUE des Festins. *Paris, Denys du Pré*, 1579, in-8. de 8 ff.

Cet opuscule faisait partie du recueil décrit sous le · n° 3897 du catal. de La Valliere.

DIALOGUE des vaillans faits de Bolorospe caualier gascon hipocondre, deuant Nancy, et le recit de ses autres auantures a Adaminte caualier François. (*sans lieu ni date*), pet. in-8. de 16 pp.

DIALOGUE du fol et du sage.

> Liure ioyeux et delectable
> Auquel par un parler notable
> Un sage et un fol plaisant
> Concluent en bref langage
> (Ce que l'on voit le plus souvent)
> Tel est fol qui pense estre sage

Paris, Simon Caluarin, a la rose blanche couronnee (sans date), pet. in-8. goth. de 16 ff., sign. *a—d*. [13469]

Ce dialogue est en vers. Du Verdier en cite une édition de *Lyon*, par *Bernabé Chaussart*, lequel imprimait dès 1496. Dans la collection de M. de Soleinne, se trouvait l'opuscule suivant, qui parait être le même que celui-ci :

❡ Dyalogue

> Beau et affable
> Et a toutes gens moult delectable
> Dung saige et dung folignet
> Qui concluent en bref langaige
> Quod ut sepius eminet
> Tel est fol qui cuyde estre saige.

—Finis... *On les vent a Paris en la rue neufue nostre Dame a lèseigne S. nicolas*, in-16 goth. de 16 ff. non chiffrés, sign. *a—d*. 121 fr. avec un monologue en 8 ff. de Soleinne.

Nous citerons encore l'édit. suivante que possède la Bibliothèque impér.

❡ Dyalogue

> beau et effable
> Et a toutes gens moult delectable
> Dun sage et dun folinet
> qui concluent en bref langage
> Quod ut sepius eminet
> Tel est fol qui cuyde estre sage.

—*Cy fine le Dyalogue du fol e du sage Nouuellement imprime a Paris pour Jehan bonfons libraire demourât en la rue neufue nostre Dame a lenseigne sainct Nicolas*, in-16 goth. de 16 ff. non chiffrés, sign. A—D.

Une réimpression, *copie figurée* de l'édition de Sim. Caluarin, a été faite chez Pinard, en 1833, avec les caract. goth. gravés aux frais de M. le prince d'Essling. Il en a été tiré seulement 40 exempl. numérotés à la presse, dont 2 sur VÉLIN, 4 sur pap. de Chine, 10 sur pap. de Hollande, et 24 sur pap. de France (publié chez Silvestre).

DIALOGUE du Mondain et du Celestin, avec le dict des pays. (*sans lieu ni date, vers* 1520), pet. in-8. goth. de 4 ff. [13470]

Pièce en vers : vend. 20 fr. en 1824.

DIALOGUE dung tauernier et dung pyon en fraçoys et en latin. *Imprime nouuellement*, pet. in-8. goth. de 4 ff. à 29 lig. par page. [13471]

Pour donner une idée de cette singulière pièce, dont les exemplaires sont très-rares, nous allons en rapporter ici la première octave :

> *Le Pyon commence :*
>
> *Aperi tu michi* (sic) *portas*
> *Hoste estil iour presentement*
> *Hec est vera fraternitas*
> *Qui a son goust tout prestement*
> *Se tu as en ton tenement*
> *Diuersa dolia vini*
> *On te dira ioyeusement*
> *Ubi possunt hec discerni.*

Une copie figurée sur VÉLIN a été vend. 32 fr. en 1815.
Réimpr. à *Chartres* par *Garnier fils* le XII° iour dauril 1831, gr. in-8. de 8 pp., pap. façon de Holl. (édition tirée à 40 exemplaires), et dans le 4° vol. du Recueil de M. de Montaiglon.

DIALOGUE entre Empiriastre et Philalète (par l'abbé Foucher de Dijon). (*sans lieu ni date*), in-12. [3462]

Ouvrage sur la philosophie de Descartes. Comme il n'y en a eu que 360 pp. d'imprimées, et qu'il est resté incomplet, il faut croire que l'édition a été détruite, à la réserve de quelques exemplaires. (*Dict. des anonymes*, n° 3667.)

DIALOGUE entre Scarron et Furetiere. Voy. COCHON mitré.

DIALOGUE et vng merueilleux parlement faict pas loing de Trient, sur le cheming de Rome dung abbe curtisan et du Dyable allencontre le bon pape Adrian. *Lan* M. D. XXII (*sans lieu d'impression*), pet. in-4. de 4 ff., caractères goth., avec une vignette sur le titre représentant le diable et les deux interlocuteurs. [18622]

Ce dialogue, dont le but était de faire sentir la nécessité d'une réforme modérée dans l'administration des affaires de l'Église romaine, est fort rare. Une judicieuse note de M. G. Duplessis l'a signalé à l'attention des bibliophiles dans le ·Bulletin de Techener, 4° série, n° 1483, où un exemplaire de ces quatre précieux ff. est porté à 80 fr.

DIALOGUE facétieux dung gentilhomme françois se complaignant à l'amour, et dung berger qui, le trouvant dans un bocage, le reconforta, parlant à lui en son patois. *Metz, Nic. Antoine*, 1671, in-16. [14418]

Ouvrage en vers messins, vend. 31 fr. Chardin. Il y a une autre édition de *Metz*, *P. Colignon*, 1675, in-16 oblong de 32 pp. — Réimpr. à *Metz*, en 1847, in-16 obl., à *quarante-deux exemplaires*, dont un seul sur VÉLIN.

DIALOGUE fort plaisant et récréatif de deux marchands, l'un est de Paris et l'autre de Pontoise ; sur ce que le Parisien l'avait appelé Normand, ensemble définition de l'assiette d'icelle ville de Pontoise selon les croniques de France. *Paris, par Prigent Godec* (sans date), pet. in-8. de 12 ff. [13954]

Pièce rare, qui est peut-être de l'année 1572, sous laquelle Loittin place le libraire Prigent Godec. Il y en a aussi une édition de *Lyon*, *par Benoist Rigaud*, 1573, pet. in-8. de 20 pp., qui a été reproduite dans les *Variétés* de M. Ed. Fournier, I, p. 75.

DIALOGUE nouveau a trois personnaiges C'est à savoir Lembassadeur de Lempereur Dame Paix & Bellone la deesse de guerre, Bello pax comes est, Apres la Guerre vient la Paix. *En. binch. Imprimes par Guillaume Cordier, Lan* M. D. XLVIII, pet. in-4. de 8 ff. en ital. [13955]

En vers de 10 syllabes. Vend. 6 fr. 10 c. La Vallière ; 50 fr. de Soleinne.

DIALOGUE plaisant et recreatif. Voyez JOYEUSETEZ.

DIALOGUE recreatif fait a sainct Nigaize par deux bons compagnons Normands drapiez, sur la reiouissanche de la Paix. (*sans lieu ni date*), pet. in-8. de 6 ff. en lettres ital. [14355]

Pièce en vers et en patois normand composée à l'occasion de la paix de Vervins en 1598. — David Ferrant en a donné une du même genre sous ce titre : REJOUISSANCE de la Normandie sur le triomphe de la paix, *Rouen, D. Ferrant*, 1616, pet. in-8.

DIALOGUE spirituel de la passion, en forme d'oraison et contemplation (en vers). *Paris, a lhomme Sauvage* (*chez Regnaud Chaudiere, vers* 1520), in-8. goth. [13473]

DIALOGUE of Dives and Pauper. Voyez DIVES.

DIALOGUES and detached ' sentences. Voy. MORRISON.

DIALOGUES et devis des demoiselles... Voy. DIALOGO dove, ci-dessus, col. 667.

DIALOGUES rustiques d'un prêtre de village, d'un berger, le censier et sa femme, tres utile pour ceux qui demeurent ès pays où ils n'ont le moyen d'être instruits par prédications de la parole de Dieu. *Leyden, Loys Elsevier,* 1612, pet. in-8. de 190 pp., avec la devise *Concordia* sur le titre. [1943]

— Les mêmes, seconde édition et seconde partie, par J. D. M. *Leyden, Loys Elsevier,* 1614, pet. in-8. de 275 pp.

Ces deux éditions se trouvent rarement, mais la seconde est préférable à l'autre. La première partie ayant une dédicace (*aux bergers d'Artois*) en date du 13 février 1608, doit avoir paru avant 1612. L'ouvrage a été réimprimé plusieurs fois depuis 1614. Il y en a une édition de *Genève, Jean de Baptista,* 1649, 2 part. en 1 vol. petit in-8.

DIALOGUS creaturarum. (in fine) : *Presens liber Dyalogus creaturarum appellatus iocundis fabulis plenus per gerardum leeu in opido goudensi incept' munere dei finitus est Anno domini millesimo quadringentesimo octuagesimo mensis iunij tertia. G. LEEU,* pet. in-fol. goth., avec fig. en bois. [16943]

Ces dialogues, qui ont été fort goûtés au moyen âge, sont des espèces d'apologues en prose, offrant chacun un sens moral. Les fabulistes modernes en ont imité plusieurs. Dans un manuscrit du XIV° siècle l'auteur de cet ouvrage lat. est nommé Nicole cognomento *Pergaminus*. L'édition de 1480, la plus ancienne qui ait été faite du *Dialogus creaturarum*, est un livre aussi curieux que rare, lequel a 103 ff. non chiffrés, à 34 lig. par page : le prem. f. est tout blanc ; sur le second commence le prologue : (p) *refacio ī librū qui dicit' dyalog' creatu-ray moralisat'*, lequel est suivi de deux tables. La première page (recto du 11° f.) est entourée d'une bordure gravée en bois, de même que le sont les figures au simple trait qui se voient à chacun des 122 dialogues de l'ouvrage. Au recto du dernier f. sont placées les armes de la ville de Tergowe, accompagnées des deux écussons de l'imprimeur, et de la souscription que nous venons de transcrire.

Vend. 96 fr. *mar. bl.* Gaignat ; 88 fr. Mac-Carthy ; 50 flor. Meerman ; 8 liv. 18 sh. 6 d. Sykes ; 3 liv. 7 sh. et 3 liv. 14 sh. Heber. Aujourd'hui un bel exemplaire de cette édition serait vendu plus cher.

Gérard Leeu a réimprimé ces dialogues avec les mêmes figures, et dans le même format, d'abord à la date du 6 juin 1481 (87 fr. *mar. r.* La Vallière ; 134 fr. salle Silvestre, en 1830) ; ensuite le dernier jour d'août 1482. Ces deux éditions ont également 102 ff. chacune, sans y comprendre de f. blanc.

— Dialogus creaturarum appellatus, jucundis fabulis plenus. *Coloniæ, industria et exipens* (expensis) *Conradi de Hamborch,* 24 oct. 1481, in-fol. goth. de 62 ff. à 2 col. de 41 lig.

Cette édition, sans fig., a été vend. 14 fr. *mar. r.* Brienne-Laire ; 1 liv. 16 sh. Heber.

— Idem dialogus. (in fine) : *Præsens liber... impressus per Johannem Snell artis impressorie magistrum in Stockolm inceptus et munere dei finitus est anno domini* M. CCCC LXXXIII, *mensis Decembris in vigilia Thome,* in-4.

Édition très-rare : c'est la plus ancienne production connue des presses de Stockholm.

— Dyalogus creaturarum optime moralizatus. (à la fin) : *Presens liber... per Gerardum Leeu in oppido antwerpiensi inceptus, munere Dei finitus anno domini millesimo quadringentesimo octuagesimo sexto* (1486), *tertio idus decembres,* in-fol. fig. en bois.

6 ff. prélim. (dont le 1ᵉʳ est blanc) pour la préface et la table ; 68 ff. de texte, sign. Aiii à Liiii, par cah. de 6 ff., à l'exception du dernier qui en a 8, y compris le dernier qui est bl.

Un bel exempl. en *mar. v.* 199 fr. Cailhava, et quelquefois moins. Les figures dont cette édition est ornée lui donnent du prix ; il en est de même de celle que Gér. Leeu a encore impr. à Anvers, le 11 avril 1491, in-4. avec fig., laquelle a été vend. 18 fr. Regnauld-Bretel. Il en existe une sous le titre de *Destructorium vitioꝝ ex similitudinum creaturaꝝ exêploꝝ appropriatione per modũ dialogi, etc.*, in-fol. goth. avec fig. en bois, datée de 1500 (vend. 21 fr. salle Silvestre, en 1842), mais sans nom de lieu ni d'imprimeur. Cette dernière édition a été imprimée à Genève, ainsi que le prouve la marque placée au dern. f., et qui est la même que celle que nous avons donnée à la col. 204 du présent volume de ce Manuel.

En voici deux autres éditions sous ce dernier titre :

DESTRUCTORIŨ vitiorum ex similitudinũ creaturaruꝛ exemplorum appropriatione, per moduꝛ dyalogi, auctoritatũꝗ sacrarum scripturarũ philosophorum et poetarum cõstructoriumꝗ virtutum (in fine) : *Impressum Lugd. per Claudium Nourry, anno dñi* M.CCCCC.IX, *die xi mensis junii,* gr. in-4. goth. fig. en bois à chaque page. 68 ff. non chiffrés sign. A—R. par cah. de 4 ff.

Un exemplaire en *mar. v.* par Bauzonnet, 160 fr. Cailhava ; un autre 15 flor. Butsch.

DESTRUCTORIUM vitiorum | ex similitudinum creatu|rarum exemplorũ appropria|tione per modum dyalogi : au|ctoritatũꝛ sacraruꝛ scriptura|rum : philosophorum ꝛ poeta|rum constructoriumꝗ virtu|tum nouiter correctum. (au verso du dern. f.) : *Impressum lugd. per Claudium nourry* | *Anno domini* M.CCCCC.XI. *die xⁿ* | *quarta septembris,* gr. in-4. goth. ff. non chiffrés.

Édition à longues lignes, signat. de A—H. par cah. de 8 ff., excepté H. qui n'en a que 5. Elle a, comme la précédente, de nombreuses gravures sur bois, copies médiocres de celles que contiennent les édit. originales du *Dialogus creaturarum.* Un exemplaire en *mar. v.* par Bauzonnet, 130 fr. Coste.

Une édition du *Dialogus creaturarum,* impr. à Paris, *impendio Johannis Parvi, industria vero Philippi Pigoucheti,* 1510, *ad nonas Junias* (pas *Julias*), pet. in-8. goth. de 71 ff., sans figures, est portée dans le catal. de La Vallière, en 3 vol., n° 3832.

Il ne faut pas confondre ce livre avec celui qui a pour titre : *Summa quæ destructorium vitiorum appellatur,* et qui est attribué à un certain *Alexander Fabri Linarii filius ;* ce dern. ouvrage a été imprimé à *Cologne,* en 1480, par Henri Quintel, in-fol., et plusieurs fois depuis.

— Apologi creaturarum (sive fabulæ versibus expressæ a Joh. Mohermanno, figuris æri incisis a Ger. Juda ornatæ).— *Excudebat Gerardo Iudæ, Christophorus Plantinus (Antuerpiæ,* circa 1580), pet. in-4. de IV, 65 et 1 f.

Ces apologues sont imités des dialogues précédents, et ornés de 65 fig. en taille-douce, assez jolies, gravées par Ger. de Jode : 15 fr. Reina, et plus cher depuis.

— Dyalogue des creatures moraligie..... (trad. en françois par Colard Mansion). *Gouwe (Gouda) par Gerart Lyon (Leeu),* 1482, pet. in-fol. goth. fig. sur bois, au simple trait, au nombre 121.

On ne connaît jusqu'ici que deux exemplaires de cette édition précieuse : celui de notre Bibliothèque impériale et celui de M. Yéméniz, à Lyon. Ce célèbre amateur l'a payé 2000 fr., et fait revêtir d'une

riche reliure de Bauzonnet-Trautz, qui n'a pas coûté moins de 800 fr.

Ce volume a 101 ff. en tout, impr. à longues lig., au nombre de 35 sur les pages entières. Les six prem. ff. renferment le prologue, commençant au verso du prem. de cette manière : (P) *Rologue ou liure qui est nomme le dyalogue des creatures moraligie,* et la table des chapitres. Au verso du dernier se lit la souscription suivante :

Chy fine ce present liure appelle Dyalogue des creatures plain ioyeuses fables et pourfitables pour la doctrine del hôme. Commencie et finy par la grace de dieu par gerart lyon demourant en la vile de gouwe en hollande le xxᵉ iour dauril Lan mil CCCC lxxxij ·:·   ·:·

— Dialogue des creatures, plein de ioyeuses fables et profitables enseignemens pour la doctrine de lhomme. *Lyon, Matthieu Husz et Jean Schabeller,* 1483, in-fol. goth. fig. en bois.

Édition tout aussi rare que la précédente : elle est portée dans le catalogue de Dufay, n° 519.

— Le même dialogue, sous ce titre : La Destruction des vices et enseignement des vertus moralize. — *Cy fine ce present liure appelle la Destruction des vices : plain dioyeuses fables ꝛ prouffitables pour la doctrine ꝛ enseignemêt de lhôme : imprime a paris par Michel le noir libraire... Lan mil cinq cens ꝛ cinq. Le .xij. iour de decembre,* pet. in-4. goth. de IV et 76 ff. à 2 col., avec fig. en bois. (*Biblioth. impér.*)

Les éditions de la traduction hollandaise du même ouvrage, *Gouda, Ger. Leeu,* 1481 (aussi 1482) et 1486, in-fol. fig. en bois, et *Delft,* 1488, in-fol. fig., sont aussi des livres fort rares et assez précieux. La première a 125 ff. et contient 123 fig., comme les éditions latines de 1480, 81 et 82.

— The dialogue of creatures moralysed... of late translated out of latyn in to our English tonge... *and they be to sell vpõ Powlys Churche yard (by J. Rastall,* no date), in-4., sign. A—TT par 4, non compris les préliminaires ; avec fig. en bois.

Édition très-rare : 15 liv. 15 sh. Roxburghe ; 9 liv. 9 sh. Heber ; 30 liv. Gardner, en 1854. Jos. Haslewood en a fait faire une réimpression, *Lond., by Bensley,* 1816, in-4. en caractères goth., avec des fig. en bois, laquelle n'a été tirée qu'à 98 exemplaires, dont 58 ont péri dans un incendie : cette dernière, 2 liv. 6 sh. Hibbert ; 3 liv. 3 sh. Gutch, en 1858. Il y a de plus deux exemplaires en Grand Papier.

DIALOGUS de sene et juvene de amore disputantibus. *Per me Gerardum Leeu, qnto die Julii* 1491 *(Antuerpiæ)*, in-8. [17989]

Opuscule rare, quoiqu'il ait été réimpr. à Louvain *per Theodorum (Martinum) Alostensem*, 1492, in-4.

Le *Débat du vieux et du jeune*, en vers français, impr. au commencement du xvie siècle, n'est pas la traduction du dialogue ci-dessus.

DIALOGUS facetus et singularis non minus eruditionis quam macaronices complectens, ex obscurorum virorum salibus cribratus, in-8., lettr. rond. [13134]

Vend. 41 fr. (rel. en *m. bl.*, avec le volume intitulé : *Tractatulus jucundus Momorum*, in-8. goth.), premier catal. de La Valliere; et 19 fr. Gaignat.

DIALOGUS. Dyalogus lingue et ventris. — *Pro Claudio Iaumàr librario alme universitatis Parisiensis* (circa 1500), in-4. de 6 ff. [18620]

Opuscule dont chaque ligne est surmontée de sa glose impr. en plus petits caractères que le texte.

DIALOGUS quo multa exponuntur. Voy. l'article Philadelphe *(Eusèbe)*.

DIALOGUS. Incipit Dyalog' sup libertate ecclesiastica inter hugonem decanũ et oliuerium burgimagistrum et catonem secretariũ; interlocutores thenẽ. (in fine) : *Explicit dyalogus super libertate ecclesiastica nouiter ↄpositus et supra Rychensteyn impressus Anno... Millesimo quadringentesimo septuagesimo septimo mensis Iunij die ↄero deçima quarta,...* in-fol. goth. de 14 ff. non chiffrés, à 38 lig. par page. [3219]

Édition fort rare, et d'autant plus remarquable, que la ville de *Rychensteyn* en Silésie, où elle a été imprimée, n'est placée ni par Panzer, ni par Santander, ni même par M. Falkenstein dans la liste de celles qui ont possédé la typographie pendant le xve siècle. Hain, qui a décrit cette édition sous le nᵒ 6143, en a fait connaitre plusieurs autres du même dialogue, impr. sans lieu ni date.

DIAMANTE (F. Don *Juan-Bautista*). Comedias. *Madrid*, 1670-74, 2 vol. in-4. [16788]

Recueil de vingt-quatre pièces, dont une, intitulée *El honrador a su padre*, aurait, disait-on, offert au grand Corneille quelques morceaux dignes de passer dans sa tragédie du Cid, morceaux que Voltaire lui-même, partageant cette croyance, a rapportés dans son commentaire sur ce premier chef-d'œuvre de la scène française. Cependant il est reconnu aujourd'hui que Diamante est moins ancien que Corneille, et que, bien loin d'avoir rien fourni à ce grand poëte, il s'est au contraire approprié les plus beaux passages du Cid français (voir le feuilleton du *National* du 11 avril 1841, article signé F. Genin).

DIAMI. Voy. Djami.

DIARIA de bello carolino. Voy. Benedictus.

DIARIUM nauticum. Voy. Prima pars, et Vera.

DIASSORINUS. Encomium Mat. Flacci Illyrici scriptum græcis versibus a viro ill. Jac. Diassorino, domino Doridos, ejecto a Turcis patria et ditione qui multis annis fuit ductor equitum græcorum in exercitu Caroli V. imper. in Italia et Gallia : Item carmen de natalibus, parentibus, vita, moribus, rebus gestis ejusdem Flacci Illyrici, autore Noha Bucholcero *(absque loco)*, 1558, in-4. [1883 ou 12435]

Ouvrage à réunir à ceux de Flaccus Illyricus (voy. ce nom).

DIATESSARON. Voy. White.

DIAZ *(Fernando)*. Comenza la obra de la sacratissima concepcion de la intemerada Mare de Deu : ... divulgada e publicada en la insigne ciutat de Valencia, dins la casa loable confraria de la gloriosa senyora nostra, en lo any de nostre senyor Deu Jesu-Christ fill seu M. cccc. lxxxvi, jorn de la Purissima Concepcio. Pet. in-4. [1217]

Ce livre, écrit dans le dialecte de Valence, est indiqué par Antonio, qui en nomme l'auteur Fernando Diaz. Mendez en donne le titre à la p. 70 de sa *Typographia española*. Hain a placé le même ouvrage à l'article Diaz (Ferdinandus), sous le nᵒ 6163 de son *Repertorium*. Mendez fait suivre sa notice sur cet ouvrage, de la description d'un *Officio de Vergen*, pet. in-4. dont il rapporte ainsi-la souscription : *Explicit officium beate marie virginis tam de adventu quam de toto anno ad longum sine remissionibus cum missa eiusdem et septem psalmi penitentialibus; et officium defunctorum, sancte crucis, et sancti spiritus accuratissime impressum Valentie anno M. cccc. Lxxxvi, vii novembr.*

DIAZ *(Duarte)*. Varias obras em verso castellano, e portuguez. *Madrid, L. Sanchez,* 1592, in-4. [15194]

Réimpr. à Saragosse, 1596, in-4.

— La Conquista que hizieron los poderosos y catholicos reyes D. Fernando y dona Ysabel en el reyno de Granada. *Madrid,* 1590, in-8. [15105]

Deux ouvrages rares dont parle Antonio. Le second a été vendu 5 liv. Heber.

DIAZ del Castillo *(Bern.)*. Historia verdadera de la conquista de la nueva España por Fernando Cortez, y de las cosas acouncidas desde el año 1518, hasta la su muerte en el año 1547, y despues hasta el 1550, escrita pel el Capitan Bernal Diaz del Castillo uno de sus conquistadores, y sacada a luz por el P. Alonso Remon. *Madrid* (1632), in-fol. [28595]

Il existe deux éditions de cette histoire sous la même date; on a ajouté à la seconde le 212e chapitre (mal coté ccxxij), qui ne se trouve pas dans la première.

Diaz de Baeza (*Juan*). Guerra de España contra Napoleon, 20101.

Diaz de Toledo (*Melch.*). Poesias, 15205.

Vend. 35 fr. et 14 fr. Rætzel; 15 sh. Heber; 1ʳᵉ édit.
m. r. 1 liv. 16 sh. Hanrott; 2ᵉ édit. m. r. 1 liv.
9 sh. le même; annoncé in-4. et sous la date de
1630, 68 fr. Libri, en 1857. L'ouvrage a été réimpr.
Madrid, Cano, 1794-95, 4 vol. pet. in-8.

— THE TRUE HISTORY of the conquest of Mexico,
written in the year 1568, translated from the original spanish, by Maurice Keatinge. *Lond.*, 1800, in-4.
15 à 20 fr.

Réimpr. à *Salem* (État de Massachusetts), 1823, 2 vol.
in-12, et trad. d'après l'édition de 1632, avec un
mémoire par J. Lockhart. *London*, 1844, 2 vol. in-8.
Lowndes cite une traduction du même ouvrage par
Th. Nicholas, impr. en 1578; mais il confond Diaz
del Castillo avec GOMARA (voy. ce nom).

DIAZ (*Hernando*). La vida y excelentes
dichos de los sabios filosofos que vno en
este mundo. *Seuilla, Cromberger*, 1541,
pet. in-4. goth. [3668 ou 30418]

Cette édit. est portée à 1 liv. 11 sh. 6 d. dans le catal.
de Salvá. Antonio en cite une autre de Séville, 1538.

DIAZ (*Man.*). Voy. LIBRO de albeyteria.

DIAZ de Montalvo (*Alfonso*). Copilacion
de leyes. Voy. MONTALVO.

DIAZ Romano (*Francisco*). Libro de musica de Uihuela de mano intitulado el
maestro. *Valencia*, IIII de Deziẽbre,
1537, in-fol., avec les airs notés. [10205]

Ouvrage très-rare en France, ainsi qu'un autre du
même genre dont voici le titre :

LIBRO de musica de vihvela, agora nuevamente
compuesto por Diego Pisador, vezino de la ciudad
de Salamanca. *Impresso en su casa*, 1552, in-fol.
de IV et 93 ff., le dernier coté lxxxviii. [10206]

DIAZ Tanco. Libro intitolado Palinodia,
de la nephanda y fiera nacion de los
Turcos, y de su engañoso arte y cruel
modo de guerrear, y de los ïperios, reynos, y prouincias q̃ han subjectado, y
posseen cõ inquieta ferocidad, recopilado por Vasco Diaz Tanco. — *este libro... fue ympreso en la ciudad de
Orense que es en Galizia... acabosa
de imp̃mir a quinze dias de setiembre
m. q. xxxxvij* (1547), pet. in-fol. goth.
[27867]

Volume peu connu, contenant un premier frontispice
gravé en bois, 9 ff. prélim., lxij ff. de texte, y compris un second frontispice et un troisième au f. XLI.
Un exempl. en *m. v.* a été vendu 45 fr. Gohier.

DIAZII vita. Voy. SENARCLÆUS.

DIBARROLA (*Jo.*). Opus quod Baptista
Salvatoris nuncupatur. *impr. Vasati
per Claudium Garnier*, 1530, pet.
in-4. goth. de IV et xliij ff., plus un f.
non chiffré. [314]

Ce livre impr. à Bazas est fort rare. La Bibliothèque
Sainte-Geneviève en conserve un exemplaire impr.
sur VÉLIN.

DIBDIN (*Thomas-Frognall*). Bibliomania, or book madness : a bibliographical romance in six parts; illustrated
with cuts. *London*, 1811, in-8. [31130]

Seconde édition de cet ouvrage singulier dans lequel
l'auteur introduit, sous des noms supposés, plu-

sieurs célèbres bibliomanes anglais de l'époque, qui
s'entretiennent d'objets analogues à leur passion
pour les livres. La prem. édition fut mise au jour
en 1809, sous ce titre : *The Bibliomania, or book
madness, containing some account of the history,
symptoms, and cure of this fatal disease, in an
epistle to Richard Heber* (c'est une brochure in-8.
de 87 pages seulement). Celle-ci, dans laquelle l'ouvrage est tout à fait refondu et considérablement
augmenté, contient un bon nombre de particularités intéressantes et singulières, relatives à tout ce
qui a trait à la bibliographie en Angleterre; elle
forme un vol. de 800 pag., orné de beaucoup de
grav. Le prix n'en était d'abord que de 27 sh.; mais
l'édition ayant été épuisée en moins d'un an, on a
payé ce vol., depuis, jusqu'à 6 guinées. Il en a été
tiré 19 exempl. seulement sur pap. impér., en
2 vol., avec un portrait de l'auteur, très-bien exécuté, et dont le cuivre a été détruit aussitôt. Un de
ces exemplaires magnifiques a été vend. 42 liv. Sykes, à Londres; et, en 1816, M. Longman, libraire
de la même ville, demandait jusqu'à 100 guinées
d'un exempl. enrichi d'une grande quantité de gravures et portraits, et relié en 5 volumes.

Une nouvelle édition de la *Bibliomania*, donnée par
M. Walmsley, augmentée d'une continuation et
d'une clef des noms supposés, a paru à Londres,
chez Bohn, en 1842, en un vol. grand in-8. avec
fig. sur bois; elle a coûté d'abord 3 liv. 3 sh.; et en
Gr. Pap., tirée à 50 exempl., 5 liv. 5 sh.; mais
on la trouve maintenant pour la moitié de ces
prix. Cette 3ᵉ édition a réduit à fort peu de chose
le prix de la seconde.

— BIBLIOPHOBIA, remarks on the present languid
and depressed state of literature and the book
trade, in a letter addressed to the author of the
Bibliomania, by Mercurius Rusticus (T.-F. Dibdin).
Lond., H. Bohn, 1832, in-8. de 102 pp. 4 sh. 6 d.,
et plus en Gr. Pap. [31131]

— Bibliotheca spenceriana, or descriptive
catalogue of the books printed in the
fifteenth century, and of many valuable
first editions, in the library of George
John earl Spencer. *London, printed
for the author by W. Bulmer... and
published by Longman*, etc. 1814 and
1815, 4 vol. impér. in-8. fig. 8 liv. 8 sh.
et le double, en très Gr. Pap. [31574]

— ÆDES althorpianæ, or an account of the mansion, books, and pictures, at Althorp, the residence
of G.-J. earl Spencer : to which is added a supplement to the Bibliotheca spenceriana. *London,
printed by W. Nicol, and sold by Payne, etc.*,
1822, 2 vol. imper. in-8. fig. 6 liv. 16 sh. 6 d. —
très Gr. Pap. 12 liv. 12 sh.

— A DESCRIPTIVE catalogue of the books printed in
the fifteenth century, lately forming part of the library of the duke of Cassano Serra, and now the
property of G.-J. earl Spencer. *London, printed
for the author by Will. Nicol*, 1823, imper. in-8.
1 liv. 1 sh., et plus en très Gr. Pap.

Les 7 vol. br. 260 fr. Rætzel; 205 fr. *dos de mar.* en
1840; 150 fr. *br.* Renouard; 242 fr. *demi-mar.*
Solar; en Gr. Pap. *mar.* par Lewis, 28 liv. 17 sh.
6 d. Drury; 489 fr., *cuir de Russie*, Reina.

Ces trois articles, si magnifiquement imprimés, ne
forment qu'un seul corps d'ouvrage, et il se trouve
à la fin du dernier un index général des sept vol.
Les quatre prem. vol. ont été tirés à 550 exempl.,
y compris 55 en gr. in-4.; les autres à un moindre
nombre. *La Bibliotheca spenceriana*, quoique
beaucoup moins méthodiquement rédigée que l'excellent catalogue des livres imprimés sur VÉLIN
de la Bibliothèque du roi, dont le savant Van Praet
a enrichi la bibliographie, est cependant, dans son
genre, un livre curieux. Le bibliographe à qui
nous en sommes redevables ne s'est pas contenté

d'y décrire avec détail (que ne pouvons-nous dire aussi avec exactitude!), les livres précieux qu'il avait sous les yeux ; il a souvent *illustré* ses descriptions de *fac-simile* fidèlement dessinés par lui-même, et très-bien gravés, qui représentent, soit les caractères, soit les gravures en bois de ces mêmes livres, ce qui est de la plus grande importance quand il s'agit, comme là, d'éditions du XVᵉ siècle, en partie peu ou point connues. Toutefois, M. Graesse, dans son *Trésor*, II, p. 383, a relevé plusieurs erreurs de l'auteur, et nous pourrions nous-même en signaler un plus grand nombre.

On trouve dans les deux prem. vol. de ce catalogue : 1º les livres imprimés avec des planches de bois ; 2º les anciennes Bibles, en différentes langues, et leurs parties séparées ; 3º les livres de liturgie ; 4º les SS. Pères ; 5º les classiques grecs et latins, par ordre alphabétique. Le 3ᵉ et le 4ᵉ vol. sont consacrés aux anciennes éditions des ouvrages latins, italiens, français et anglais, qui ne font pas partie des classes précédentes : le tout est accompagné d'une bonne table. Le 5ᵉ vol., ou *Ædes althorpianæ*, contient la description du château d'Althorp et de ses dépendances, particulièrement de la bibliothèque et de la galerie de tableaux. On y donne des détails intéressants sur la collection des Bibles, en différentes langues, sur les exempl. en Gr. Pap. des classiques grecs et latins et de différents ouvrages anglais remarquables ; sur une suite d'éditions précieuses de l'Arioste, et sur des exempl. (*illustrated copies*) enrichis de nombreuses gravures. Ce volume, sans contredit le plus riche de l'ouvrage, est orné de 31 grandes planches très-bien gravées, et qui pour la plupart sont les portraits de famille. Celui de lord Spencer, gravé par W. Finden, est surtout fort remarquable par sa parfaite exécution. Il y a en outre plusieurs charmantes vignettes sur les pages du texte. Le 6ᵉ vol. est du même genre que les quatre premiers, auxquels il sert de supplément. Les articles y sont rangés par ordre alphabétique des noms d'auteurs, sous les nᵒˢ 1005 à 1318. Le 7ᵉ vol., dont le titre ci-dessus fait assez connaître le contenu, est rédigé avec beaucoup moins de soin et d'exactitude que les six autres. Les détails, qui dans ceux-ci sont souvent surabondants, manquent presque entièrement dans le dernier ; ce qui est à regretter, car il se trouve dans cette collection plusieurs éditions du XVᵉ siècle absolument inconnues jusqu'alors. Ce fut en 1820 que lord Spencer acheta la collection du duc de Cassano, d'après le catal. imprimé à Naples, en 1807, in-8. de 52 pp. Le noble lord n'en garda que les éditions qu'il n'avait pas et les exemplaires plus beaux que ceux qu'il possédait déjà. Il fit vendre le surplus à Londres, en 1821, et pour cette vente Dibdin publia : *Catalogue of the duplicates in the library of G.-J. earl Spencer*, in-8. de IV et 51 pp.

Ainsi que l'atteste ce catalogue, la bibliothèque de lord Spencer est la plus riche, peut-être, qu'ait jamais formée aucun particulier ; et pour donner une idée de ce qu'elle doit avoir coûté, nous dirons que les soixante éditions de Caxton, qu'on est parvenu à y réunir, sont estimées 12000 liv. sterl.!!! Elle est aussi très-nombreuse, car il y a quarante ans on y comptait déjà plus de 45,000 volumes.

— The bibliographical Decameron ; or ten days pleasant discourse upon illuminated manuscripts, and subjects connected with early engravings, typography and bibliography. *London, printed for the author, by W. Bulmer,* 1817, 3 vol. gr. in-8. 8 liv. 8 sh. [31127]

Il y a des exemplaires en très-Gr. Pap. dont le prix est arbitraire : vend. 491 fr. *mar.* Reina.

Cet ouvrage est dans le même genre à peu près que la *Bibliomania* du même auteur, à laquelle il fait suite ; mais il est imprimé d'une manière beaucoup plus somptueuse, et les gravures sans nombre dont il est enrichi en font un livre vraiment extraordinaire ; nous pouvons même ajouter, jusqu'ici, unique en son genre. Quoique les lecteurs français doivent naturellement y prendre beaucoup moins d'intérêt que les Anglais, pour lesquels il semble avoir été spécialement composé, nous ne voyons pas sans quelque satisfaction les productions des presses françaises du XVᵉ et du XVIᵉ siècle, nos anciennes gravures en bois et jusqu'à nos reliures, fournir le sujet du plus grand nombre des planches, tant en bois que sur cuivre, qui décorent ces trois volumes si dignes de toute l'attention des bibliophiles. Le premier dialogue est consacré à l'histoire de la calligraphie et de la peinture, en ce qui concerne les livres manuscrits, jusque vers le XVIᵉ siècle : des gravures exactes et fort nombreuses en font, à notre avis, la partie la plus riche de l'ouvrage. Dans le second et le troisième dialogue, l'auteur s'est occupé des anciens missels et bréviaires, et en général des livres du premier siècle de l'imprimerie qui sont ornés de gravures ; il s'est étendu avec complaisance sur ce sujet, qu'il affectionnait particulièrement. Les cinq dialogues suivants ont pour objet l'histoire des imprimeurs de notre continent, et offrent la représentation fidèle des différentes marques et devises des plus célèbres typographes du XVIᵉ siècle, et en même temps beaucoup de détails curieux sur les imprimeurs anglais modernes les plus distingués. Les reliures et les ornements des livres ont fourni le sujet du 8ᵉ dialogue ; le 9ᵉ traite des ventes publiques, et le 10ᵉ de l'histoire de la littérature bibliographique en Allemagne, en Italie et en France, à quoi sont ajoutés des détails sur les principaux amateurs de livres qui ont existé ou qui existent encore en Angleterre.

Les dialogues qui forment le fond du *Bibliographical Decameron* sont faits tout exprès pour amener des notes très-longues et fort nombreuses qui ne tiennent pas toujours au sujet, et dont quelquefois même l'inutilité n'est pas le plus grand défaut. Cela n'a pas empêché que l'ouvrage n'ait obtenu un succès mérité, et qu'aussitôt sa publication, l'édition entière, tirée à 750 exemplaires, nombre fort grand pour un livre de ce genre, n'ait été épuisée.

— A bibliographical, antiquarian and picturesque tour in France and Germany. *London, printed for the author by W. Bulmer and W. Nicol,* 1821, 3 vol. imper. in-8. fig. [20093]

De toutes les productions de Dibdin, celle-ci nous paraît être la plus originale, comme elle est aussi une des plus précieuses par les nombreuses gravures qui l'enrichissent et en augmentent l'intérêt. L'auteur s'y est livré à toute la verve de son imagination, et trop souvent peut-être à la causticité de son esprit, ainsi qu'à l'indiscrétion de son caractère. Cherchant presque toujours à présenter les hommes et les choses du côté plaisant, il a en général mis plus de charge que de vérité dans les nombreux portraits qu'il a esquissés, avec cette légèreté et cette précipitation qu'on lui a souvent et assez justement reprochées. Aussi, tout en ayant les meilleures intentions du monde, notre bibliographe voyageur est-il parvenu à mécontenter tous ceux dont il a parlé, même avec le plus de bienveillance, et s'est-il attiré plus d'une critique dont nous nous occuperons ci-après. Sous le rapport de la typographie et de la gravure, il y a peu de livres, dans le même format, qui puissent le disputer à celui-ci en élégance et en richesse. On n'en sera pas surpris quand on saura que les frais de ces trois volumes se sont montés à près de 8000 guinées. Il a été tiré 900 exemplaires en in-8., au prix de 9 liv. 9 sh. chacun (220 fr. Renouard), et 100 exempl. en très Gr. Pap. format in-4. au prix de 16 liv. 16 sh. Malgré ces prix élevés, le résultat de l'opération a été qu'après la vente des 1000 exemplaires, l'auteur s'est trouvé de 120 liv. au-dessous

de ses dépenses, sans compter ses frais de voyage.
Les exempl. qui contiennent les premières épreuves, et surtout en Gr. Pap., se soutiennent encore
au prix de souscription : autrement on peut se procurer ces 3 vol. pour environ 150 fr.
On réunit à ce voyage une suite de gravures publiées
sous ce titre :
*A series of etchings pourtraying the physionomy, manners, and character, of the people of
France and Germany, by George Lewis.* London,
Arch, 1821, gr. in-8., trois parties de 20 planches
chacune (les grandes pl. comptent pour deux).

— VOYAGE bibliographique, archéologique et pittoresque en France, trad. de l'angl. par MM. Licquet
et Crapelet. *Paris, Crapelet*, 1825, 4 vol. in-8. fig.
20 à 30 fr. et en très Gr. Pap. vél. 50 à 60 fr.
Cette traduction ne contient pas le voyage en Allemagne qui forme la plus grande partie du 3e volume
de l'original ; mais elle présente une foule de notes
curieuses qui relèvent les erreurs du voyageur anglais, et suppléent à quelques-unes de ses omissions. MM. Licquet et Crapelet avaient déjà publié
séparément en 1821, et dans le même format que le
texte anglais, la traduction de deux parties de l'ouvrage de M. Dibdin, *avec des notes critiques*, savoir : le premier, la traduction de la *Lettre neuvième*, relative à la Bibliothèque publique de Rouen,
et le second, la *Lettre trentième*, concernant l'imprimerie et la librairie de Paris. Cette dernière
contient beaucoup de notes, dont une partie seulement a été conservée dans la traduction en 4 vol.
Ce sont ces notes critiques et la préface qui les précède auxquelles Dibdin a répondu dans l'écrit suivant, où notre moderne *Roland* se montre plutôt
furieux que courtois chevalier : *Brief remarks
upon the preface and notes of G.-A. Crapelet attached to his translation of the thirtieth letter
of the bibliographical, antiquarian and picturesque tour, by the author of that tour,* London,
printed by W. Bulmer and W. Nicol. 1821, gr. in-8.
de v et 31 pp. non compris le titre et le faux titre,
lequel porte : *A Roland for an Olivier, or briefs
remarks.* Tiré seulement à 36 exempl., et non destiné au commerce : vendu 2 liv. 2 sh. 6 d. Lang.
La traduction française de la préface de cet opuscule a été insérée dans la seconde édition anglaise
du Voyage, vol. II, p. 210.
N'oublions pas de citer aussi la *Lettre d'un relieur
français à un bibliographe anglais, par Lesné.*
Paris, impr. de Crapelet, 1822, in-8., dont il y a
32 exempl. en très Gr. Pap. vél., et enfin une traduction de la *Notice sur les heures de Charlemagne,* tirée de la 29e lettre du même Voyage, précédée d'un jugement sur l'ouvrage anglais, par
M. Th. Barbier neveu. *Paris,* 1823, in-8. de 12 pp.,
pièce extraite de la *Revue encyclopédique,* avril
1823.

— A BIBLIOGRAPHICAL, antiquarian and picturesque
tour in France and Germany; by the rev. Th. Frognall Dibdin; second edition. *Lond., Robert Jennings,* 1829, 3 vol. in-8. fig. 24 à 30 fr.
Quoique faite avec moins de luxe que la première,
cette édition est encore un livre remarquable par
sa belle exécution typographique et par les jolies
gravures dont il est orné. Il y a d'ailleurs une
grande différence entre l'une et l'autre. La seconde
a reçu quelques augmentations et plusieurs rectifications tirées de la traduction française; on y a
ajouté différentes notes relatives à des personnages
morts depuis l'époque du Voyage; mais, d'un autre
côté, l'auteur y a fait de nombreux retranchements,
tant dans le texte que dans les notes, les citations
et les descriptions de livres. La 9e lettre tout entière, relative à la biblioth. de Rouen, en a été supprimée. Les planches si nombreuses et si remarquables de la première édition, ne se trouvent pas
dans la seconde. On les a remplacées par d'autres,
au nombre de 12 seulement, dont quatre sont des
copies réduites des quatre mêmes planches de la
première édition, et les autres sont nouvelles.
Parmi ces dernières, on distingue le portrait de

l'auteur, gravé par James Thomson, celui de
M. l'abbé de Larue, savant antiquaire, de Caen;
celui du comte de Brienne, une vue du Prater à
Vienne, etc. Outre ces douze planches en taille-douce, il y a dans ce livre un certain nombre de
vignettes en bois qui reproduisent plusieurs dessins
de la première édition, et enfin on y a ajouté le
fac-similé de l'écriture d'une partie des personnes
dont il est question dans l'ouvrage. L'auteur n'a
pas toujours été fort heureux dans ses corrections :
en voici un exemple. Une note inexacte placée à la
page 364 du 2e vol. de la première édition ayant
été relevée dans la traduction française, M. Dibdin
a voulu la rectifier (tome II, p. 189); mais il a mis si
peu d'attention à cette correction, qu'il fait mourir
à Saint-Cloud, en 1796, l'abbé Leblond, qui ne mourut qu'en 1809, et dans la ville de Laigle. C'est
l'abbé de Hooke, comme l'avait bien dit M. Dibdin
dans sa première édition, qui est mort à Saint-Cloud
en 1796. J'observe qu'on a imprimé là Liblond pour
Leblond, et qu'il y a dans cet ouvrage beaucoup de
fautes semblables qu'on aurait pu éviter, en suivant
pour les noms français la traduction imprimée chez
Crapelet. En résumé, cette seconde édition ne peut
tenir lieu de la première, mais elle doit y être réunie à cause des augmentations et des nouvelles
gravures qu'elle contient.

— AN INTRODUCTION to the knowledge of rare and
valuable editions of the greek and latin classics,
together with an account of polyglot Bibles, hebrew
Bibles, greek Bibles and greek Testaments : the
greek fathers and the latin fathers; fourth edition,
greatly enlarged and corrected. *London, Harding
and Lepard,* 1827, 2 vol. in-8. 15 à 20 fr., et plus
en papier impérial. [31027]
Édition la plus complète et la meilleure; elle laisse
cependant encore beaucoup à désirer sous le rapport du choix des matériaux et de l'exactitude.
L'auteur devait donner un 3e volume qui aurait
contenu les lexiques, la grammaire, les collections
et les listes de classiques, mais il ne l'a pas fait.
La première édition, qui parut en 1802, est un petit
volume in-8., très-bien imprimé, mais qui n'a plus
de valeur depuis les nouvelles éditions. La seconde,
en 1 vol. in-8., est de 1804 ; il y en a 50 exempl.
en Gr. Pap., dans lesquels se trouvent 4 grav. qui
ne sont point dans les autres; au nombre de ces
gravures est le portrait de l'évêque Fell, lequel
n'avait pas encore été gravé ailleurs. La troisième,
de 1808, en 2 vol. pet. in-8., n'offre rien de particulier.

— THE LIBRARY Companion : or the young man's
guide, and the old man's comfort, in the choice of
a library. *London, Harding,* 1824, in-8. de li et
912 pp. 1 liv. 1 sh. [31340]
Le nom de l'auteur a fait accueillir cet ouvrage
avec empressement cet ouvrage dont le titre promet beaucoup;
mais on a reconnu tout de suite que c'était un livre
fort incomplet, inexact et rempli de choses inutiles ou déplacées. Il s'y trouve cependant quelques
notes curieuses, et surtout très-propres à provoquer
l'hilarité des bibliomanes anglais. Cela a suffi pour
procurer à cette singulière production un succès
momentané, qui a même nécessité une nouvelle édition, publiée en juin 1825, in-8. de l et 899 pp. Cette
seconde édition présente fort peu d'augmentations,
mais les articles supplémentaires y ont été refondus. On en a retranché plusieurs notes, et particulièrement une anecdote concernant *the Diary and
letters of John Evelyn.* Il a été tiré 100 exempl.
de la première édition en Gr. Pap. publié à 5 liv.
5 sh.
L'auteur a fait imprimer quelques exemplaires d'un
Postscript, in-8. de 36 pp., contenant une réplique
aux critiques que le *British Critic* et les *Westminster* et *Quarterly Reviews* ont faites de son
Library companion.

— REMINISCENCES of a literary life; by the reverend
Th. Frognall Dibdin. D. D. *London, John Major,*
1836, 2 vol. gr. in-8., portrait et fig. 1 liv. 10 sh.
[30961]

Cette autobiographie est moins curieuse pour ce qui s'y rapporte à l'auteur lui-même, que par les détails d'histoire littéraire et de bibliographie qui y sont mêlés. L'index, en 44 pp., qui doit en faire partie n'a paru que plusieurs mois après l'ouvrage. Il a été tiré une centaine d'exemplaires des deux vol. en Gr. Pap., dont le prix était de 10 liv. 10 sh. Ils renferment de plus que les exemplaires ordinaires : 1° une double épreuve richement coloriée de la planche placée à la p. 345, et qui représente un B majuscule fort historié ; 2° une vue intérieure de *Eshton Hall*, près de Skipton, dans le Yorkshire, château appartenant à miss Currer, petite-fille du Dʳ Richard Richardson, et connue par son goût éclairé pour les livres ; 3° une autre vue prise des croisées de la bibliothèque du même château. Ces deux planches, ainsi que les deux vues intérieures de ladite bibliothèque qui se trouvent dans tous les exemplaires des *Réminiscences*, sont tirées du catalogue de miss Currer. Cette savante demoiselle en a prêté les cuivres à Dibdin (voy. STEWART).

Dans ses *Réminiscences* Dibdin avoue que Joseph Haslewood, littérateur instruit et membre du Roxburghe Club, l'a puissamment aidé pour les recherches qu'a nécessitées la composition de ses différents ouvrages.

Th. Frognall Dibdin est encore auteur des ouvrages suivants :

1° *An analysis of the first volume of Blackstone's commentaries; or, of the rights of persons*, 1797, en une grande planche, format d'atlas, tirée seulement à 250 exempl., et dont le cuivre a été détruit.

2° *Poems*, 1797, in-8. de x et 117 pp.

Sur 500 exempl. de ce livre, qui furent tirés, on en détruisit 250 ; ensuite l'auteur chercha à supprimer tous les exemplaires restants, et, dans sa *Bibliomania*, il tourna en ridicule son propre ouvrage, avec autant de sévérité que d'enjouement. Ce petit vol. se vendait d'abord 3 sh. 6 d. ; mais il a été payé depuis une guinée.

3° *Judgment and mercy for afflicted souls, or meditations, soliloquies and prayers, by Francis Quarles*. London, 1808, in-8. 10 fr.

Réimpression de cet ancien ouvrage, précédée de la vie de Quarles, et d'échantillons de sa poésie.

4° *The Director*. London, 1807-8, 2 vol. in-8.

Cet ouvrage est composé de divers essais par différents auteurs : ce qui est désigné sous le titre de *Bibliographiana*, est de M. Dibdin.

5° *Account of the first printed Psalters at Mentz, in the years 1457, 1459 and 1490. — Observations on the Mentz Bible, printed 1450-55*, in-8.

Tirage à part et à très-petit nombre de trois articles, publiés le premier dans le vol. II (pp. 376 et 490) d'*Aikin's Athenæum*, 1807, et les autres dans la *Classical Review*, pour 1811.

6° *Specimen bibliothecæ britannicæ*, 1808, in-8. de 8 et 77 pp., tiré à 40 exempl., plus 8 en Gr. Pap., avec une gravure sur bois. Un de ces derniers vend. 3 liv. 10 sh. Brockett ; pap. ord. 2 liv. 10 sh. Hibbert.

7° *Specimen of an english De Bure*, 1810, in-8. de 16 ff., tiré à 50 exempl. : vend. 2 liv. Sykes ; 1 liv. 17 sh. Brockett ; 1 liv. 8 sh. Heber.

8° *Book rarities, or a descriptive catalogue of some of the most curious, rare and valuable books of early date, chiefly in the collection of Geor. John, earl Spencer*, 1811, in-8., tiré à 36 exemplaires : vend. 2 liv. 4 sh. Sykes.

9° *The Lincoln nosegay : beynge a bref table of certaine bokes in the possession of M. Th. Frognall Dibdin*. London, Bulmer, without year (1811), pet. in-8. de 8 ff., tiré à 36 exempl. : vend. (bel exempl. rel. en *mar.*, avec des ornements, par Lewis) 60 fr. en mars 1829 ; 26 fr. en 1839 ; 2 liv. 2 sh. Hibbert.

10° *Bibliography, a poem, canto I*. London,

1812, in-8. de 24 pp., contenant 554 vers ; tiré à 50 exemplaires.

11° *La belle Marianne; a tale of truth and woe*. London, printed by Nichols, 1824, gr. in-8. de 54 pp.

Cette nouvelle anonyme n'a été tirée qu'à un petit nombre d'exemplaires.

12° *The Quinze*, gr. in-8., journal hebdomadaire, publié avec la collaboration de Rob. Kerr Porter et de ses sœurs, mais dont un incendie a détruit presque tous les exemplaires.

Nous n'avons pas à nous occuper ici des Sermons du Dʳ Dibdin (*London*, 1820-25, 2 vol. in-8.) ; et quant à ses *Typographical antiquities*, nous en avons parlé à l'article AMES ; voy. aussi l'article IMITATIO J.-C., et le mot MORUS.

Un homonyme de notre bibliographe, le poëte Th. Dibdin, a aussi fait imprimer ses Réminiscences, *Lond.*, 1828, 2 vol. in-8. portr.

— A BIBLIOGRAPHICAL, antiquarian, and picturesque tour in the northern counties of England and in Scotland. *London, J. Bohn*, 1838, 2 vol. in-8. fig. 4 liv. 14 sh. 6 d., et en pap. impér. 8 liv. 18 sh. 6 d. et moins depuis. [20322]

La bibliographie tient fort peu de place dans cet ouvrage qui se recommande d'ailleurs sous d'autres rapports, et particulièrement par les gravures qui le décorent.

DIBDIN (*Charles*). The sea-songs of Ch. Dibdin, with a memoir of his life and writings. *London,* 1824, gr. in-8. 1 liv. 1 sh. [15866]

DIBDIN's original sea-songs, a new edition, with a Memoir by his son T. Dibdin. *London*, 1850, in-12, avec 12 gravures sur acier.

THE PROFESSIONAL life of M. Dibdin, written by himself, with the words of six hundred songs selected from his works. *London*, 1803, 4 vol. pet. in-8., portr. et vignettes. 1 liv. 15 sh. [30944]

— OBSERVATIONS on a tour through almost the whole of England, and a considerable part of Scotland, in a series of letters. *London*, 1801-2, 2 vol. in-4. fig. 20 à 24 fr., et plus en Gr. Pap. [20316]

L'ouvrage suivant du même auteur a eu peu de succès :

A COMPLETE history of the english stage. *Lond.* (1795), 5 vol. in-8. [16845]

DICÆARCHI geographica quædam, sive de vita Græciæ ; ejusdem descriptio Græciæ, gr., cum latina interpretatione atque annot. H. Stephani et ejus dialogo qui inscriptus est Dicæarchi Sympractor. *Excudebat H. Stephanus (Genevæ),* seu *apud Petrum Chouet,* 1589, in-8. [19555]

Première édition de ces fragments : 3 flor. 50 c. Meerman. Ils ont été réimprimés dans le *Thesaurus antiq. græc.* de Grævius, XI ; dans les petits géogr. d'Hudson, II ; dans ceux de J.-F. Gail, et dans ceux qu'a publiés M. Müller, chez F. Didot, en 1855.

— Dicæarchi Fragmenta ; Hannonis Periplus ; Nicephori Geographia, etc., græce, cum Lucæ Holstenii lucubrationibus ad priora duo opuscula : accesserunt ad cæteros geographiæ auctores Holstenii item notulæ non antea editæ, hæc omnia cura ac studio Guil. Manzi. *Romæ,* 1819, in-4. 15 fr.

Dibon (*Paul*). Essai sur Louviers, 24331

Il a été tiré 150 exemplaires en pap. vél., et un plus grand nombre en pap. ordinaire.

1 FRAMMENTI di Dicearco di Messina, raccolti ed illustrati da D. Celidonio Errante, de' Baroni di Vanella et Calasia, col testo greco. *Palermo*, 1822, 2 part. gr. in-8. 9 fr.

DICÆARCHI Messenii quæ supersunt, composita, edita et illustrata a Maximiliano Fuhr. *Darmstadtii, Leske*, 1841, in-8. de VIII et 528 pp. 2 thl. 16 gr.

Édition plus recommandable par son commentaire que par le texte, lequel a été imprimé avant que l'éditeur ait pu connaître les variantes du faux Dicéarque, publ. par M. Miller et restituées par M. Letronne. Voy. notre article GEOGRAPHIÆ veteris scriptores.

DICÆARCHIÆ Henrici (secundi) regis christianissimi Progymnasmata. (*absque nota*), pet. in-8. [2625]

Vol. de 800 pp., avec des signat. de A—Z, Aa—Zz et AA—DD par 8. Les ff. ne sont chiffrés que d'un côté, et seulement à partir du 49e; l'avant-dernier porte 391; mais il y a de fréquentes erreurs dans la pagination des autres. On lit au verso du dernier : *Finis primi thomi Dicæarchiæ Regis velut e medio cursu reuocatæ, ne iusti voluminis mensuram excederet*. Toutefois l'ouvrage n'a pas eu de suite. Le titre ne porte ni nom d'auteur, ni lieu d'impression, ni date; mais on sait que ce recueil est de Raoul Spifame, avocat au parlement de Paris, lequel s'est nommé au recto du 2e f. (*Radelpho Spifama poeta gallo authore*), et qu'il a été imprimé à Paris vers l'an 1556.

Ce livre singulier et qui est devenu rare renferme CCCIX arrêts de la composition de Spifame, lequel suppose qu'ils ont été *donnez l'an mil cinq cens cinquante six, par le Roy treschrestien Henry deuxiesme, en sa justice royale...* Tous ces arrêts supposés sont en français, quoique le titre du livre et quelques citations soient en latin. « Au milieu de ces productions bizarres, dit M. Dupin dans ses *Notices*, p. 72, il se trouve des décisions très-sensées, et qui depuis ont été converties en lois et ont reçu leur exécution. » Un de ces édits est relatif à la Bibliothèque du Roi, à laquelle les libraires seraient tenus de donner un exemplaire imprimé sur VÉLIN de tous les livres qu'ils imprimeraient, ce qui est resté en projet.

Vend. 18 fr. Daguesseau; 21 fr. Morel-Vindé; 89 fr. Hérisson; en *mar. doublé de mar.* 139 fr. Coste; 250 fr. même reliure, Solar; 76 fr. *m. marbré*, Renouard; 79 fr. *vél.* Bergeret.

J. Aufray, l'économiste, a extrait les arrêts de Spifame qui se distinguent par leur sagesse, et il les a publiés sous le titre suivant :

VUES d'un politique du XVIe siècle sur la législation de son temps, avec des observations propres à réformer celle de nos jours. *Amsterdam et Paris*, 1775, in-8.

DICÆI (*Gerardi*), Lucensis, Progymnasmaton libellus. *Lucæ, per Salvatorem Sucham*, 1523, pet. in-4. [12681]

Ces poésies sont qualifiées de *Liber rarissimus* dans la *Biblioth. Pinell.*, II, n° 5269. Il s'y trouve des pièces plus ou moins érotiques.

DICAVE (*Phylolauro*). Dialogo amoroso.

Poésies composées à la louange des belles dames de Sienne. Nous en avons déjà parlé à l'article CAVE (tome Ier, col. 1699), et leur avons donné la date de 1523, d'après la *Biblioth. heber*. Le même exempl., qui est en *mar. r.*, est porté à 5 liv. dans le catal. de M. Libri (1859), n° 829, où il est annoncé sous le nom de Dicave, sous la date de 1531, et présenté comme un des livres les plus rares de la littérature italienne.

DICCIONARIO de la lengua castellana, en

que se explica el verdadero sentido de las voces, su naturaleza y calidad, con las phrases, ó modos de hablar, los proverbios ó refranes, y otras cosas convenientes al uso de la lengua : por la real Academia española. *Madrid*, 1726-39, 6 vol. in-fol. [11158]

Ce dictionnaire est très-recherché et les exemplaires en sont devenus rares. On trouve au commencement du premier vol. une préface relative à la composition de ce grand ouvrage, trois discours sur l'origine de la langue castillane, sur les étymologies et sur l'orthographe, avec une liste des auteurs choisis par l'Académie pour servir d'autorité à ses décisions. Vend. 120 fr. La Serna; 196 fr. le duc de Plaisance; 7 liv. 16 sh. *mar. r.*, Heber; un second exemplaire, 4 liv. même vente; et annoncé à 14 liv. 14 sh. dans le catal. de Salvá.

L'édition de *Madrid*, 1770, in-fol., devait contenir des augmentations et des corrections qui l'auraient fait préférer à la première; mais il n'en a paru que le premier volume.

L'Académie espagnole a donné un traité d'orthographe de la langue espagnole, publié pour la première fois, à Madrid, 1742, pet. in-8, et pour la 8e fois en 1815, avec des changements considérables. On doit aussi à cette compagnie une grammaire espagnole imprimée pour la première fois en 1771, pet. in-8 (voy. GRAMATICA).

DICCIONARIO de la lengua castellana, por la Academia española, viie edicion, augmentada. *Madrid, imprenta real*, 1832, in-fol. de 786 pp. 30 fr. [11159]

Cet abrégé est très-répandu et réduit de beaucoup l'usage du grand dictionnaire dont il est extrait. La première édition est de *Madrid*, 1780, et les trois suivantes ont paru en 1783, 1791 et 1803, toutes in-fol. 15 à 20 fr. Dans la 5e édition, *Madrid*, 1817, in-fol., l'Académie espagnole a admis des changements si considérables pour l'orthographe des mots, que son dictionnaire ne s'accorde plus avec les livres espagnols imprimés antérieurement à cette réforme. C'est sur cette 5e édition qu'ont été faites celles de Madrid, *impr. nacional*, 1822, gr. in-4. avec un titre gravé; de *Versailles, Rosa*, et *Paris, Bossange*, 1824, in-4., ou 2 vol. in-8. (à laquelle on a adapté un titre gravé portant : *Madrid*, 1824); de *Paris, Masson*, 1826, in-4.; et l'abrégé par V.-G. Arnao, *Paris, Parmentier*, 1826, 2 vol. in-8. Enfin, nous citerons encore la 8e édition, imprimée à Madrid, en 1837; la réimpression qui en a été faite à Paris, en 1838, gr. in-8. chez Salvá, et une autre réimpression, *Paris, H. Bossange*, 1842, in-4; une édition de *Paris*, 1847, in-4. de 1200 pp., augmentée de 26,000 mots par les soins de V. Salvá; une autre, *aumentada con cerca de 100,000 voces pertinentes a las ciencias, artes y oficios, etc., con un suplemento que contiene el diccionario de la rima y el de los sinonimos. Paris, Rosa*, 1853, in-4. de plus de 1200 pp.

DICCIONARIO da lingoa portugueza, publicado pela Academia real das sciencias de Lisboa. *Lisboa*, 1793, gr. in-fol. de CC et 543 pp. à 2 col. [11180]

Tome Ier, le seul publié. Il ne contient que la lettre A, mais ce qui lui conserve de l'intérêt, c'est que dans la préface (p. LIII à CC) se trouve un catalogue raisonné des meilleurs auteurs portugais et de leurs ouvrages.

DICHIARAZIONE dei disegni del reale palazzo di Caserta (da Luigi Vanvitelli). *Napoli, nella reg. stamp.*, 1756, in-fol. max., 14 fig. [9907]

Vend. 30 fr. Trudaine.

DICKINSON (*Edm.*). Delphi phœnicizantes; sive tractatus in quo Græcos, quidquid apud Delphos celebre erat, e Josuæ historia scriptisque sacris effinxisse ostenditur, cum diatriba de Noë in Italiam adventu nec non de origine Druidum. *Oxonii*, 1655, pet. in-8. [22847]

Traité savant, recherché et peu commun de cette édition : 5 à 6 fr. Vend 12 fr. *m. bl.* S.-Céran. Il a été réimprimé à Francfort, 1670, in-8., et dans le 1er vol. des *Opuscula de Crenius*, Rotterdam, 1691.

Selon Wood, *Athen. oxon.*, le véritable auteur de cet ouvrage, donné sous le nom de Dickinson ou Dickenson, serait un savant puritain nommé Henri Jacob; cependant Edm. Dickinson a bien existé, ainsi que le prouve un livre portant le titre suivant ;

AN ACCOUNT of the life and writings of Edmund Dickenson, M. D. physician to K. Charles II, and K. James II : to which is added a treatise on the grecian games, printed from the doctor's own manuscripts, *London*, 1739, in-8. [30912]

DICT et Dictz. Voy. DIT.

DICTA septem philosophor. Voy. SEPTEM.

DICTIONARIE french and english. *Lond.*, 1571 (to the end 1570), in-4. [11333]

Dictionnaire devenu fort rare, et qui, à cause de son ancienneté, est curieux pour les deux nations : 1 liv. 9 sh. Gordonstoun.

DICTIONARIUM arabico-turcicum. *Impressum Constantinopoli, anno* 1141 (1728), 2 vol. pet. in-fol. [11631]

Cet ouvrage est le dictionnaire arabe de Gjeuhar, ou Djauhari intitulé *Sehah*, auquel Muhamed, fils de Mustapha de Wân, en Arménie, a ajouté l'interprétation turque; c'est la première production des presses établies à Constantinople sous le sultan Ahmed III. On en tira 1000 exemplaires qui se vendaient 35 piastres chacun : 110 fr. Langlès.

Plusieurs bibliographes ont parlé d'un dictionnaire arabe-turc, sous le titre de *Lougat al Wan Kouli, etc.*, Constantinople, 1729, 2 vol. in-fol., lequel n'est autre chose que celui que nous venons d'indiquer, et dont nous citons une seconde édit. au mot VANCOULI.

DICTIONARIUM græcum copiosissimum, cum interpretatione lat.; Cyrilli opusculum de dictionibus; Ammonius de differentia dictionum, etc. *Venetiis, in ædibus Aldi Manutii romani*, MIIID (1497), in-fol. [10698]

Dichtungen des deutschen Mittelalters, 15433.

Dick-Lauder (*T.*). The royal progresses in Scotland, 27412.

Dickeson (Montroville Wilson). American numismatical Manual, 28548.

Dickinson Rastall (*W.*). Southwell, 27279-80.

Dickson (*Ad.*). Husbandry of the ancients, 6285.

Dickson (*J.*). Plantæ cryptogamicæ, 5355.

Dickson (*W.*). Farmer's companion, 6330.

Ce dictionnaire est une réimpression de celui de Jean Craston (voy. CRASTON) ; on l'a mal à propos attribué à Alde Manuce, qui est seulement l'auteur de la préface et du vocabulaire latin-grec placé à la suite du lexique grec-latin. L'édition de 1497 est belle et assez rare, mais c'est un livre sans utilité actuelle : on y compte 243 ff. non chiffrés, dont le dernier, qui contient le registre, est suivi d'un f. bl., le tout sous les signat. a—l. A—O. et p. t. Vendu 46 fr. La Valliere ; 80 fr. *m. bl.* Chardin ; 50 flor. Meerman ; 1 liv. Butler.

— Idem (cum variis opusculis). *Venetiis, in ædibus Aldi et Andreæ Asulani*, 1524, 2 part. en 1 vol. in-fol. de 148 et 164 ff., non compris celui sur lequel est l'ancre.

Cette édition, peu commune, contient des augmentations : vend. jusqu'à 3 liv. 5 sh. (bel exempl. indiqué par erreur sous la date de 1534) Pinelli, mais 18 sh. seulement, Heber.

— DICTIONUM græcarum thesaurus copiosus, gr. et lat.; accedunt Cyrilli et Ammonii tractatus grammatici, gr. et lat. *Ferrariæ, Machiochius*, 1510, in-fol.

Imprimé sur l'édition d'Alde, 1497, mais avec des corrections et des augmentations : 15 à 20 fr.

L'édition de *Paris, Gourmont*, 1512, in-fol., donnée par Jérôme Aleander, est plus rare que recherchée. Il y en a aussi une de *Venise, Sessa*, 1525, in-fol., vend. 1 liv. 2 sh. 6 d. Pinelli. Le même dictionnaire a été souvent reproduit durant le xvie siècle, avec des augmentations plus ou moins considérables, et notamment à Bâle, en 1568 et 1584, in-fol. (édit. connues sous le nom de *Lexicon septemvirale*). Voy. CONSTANTIN.

DICTIONARIUM latino-armenum. Voyez NIERS-ZESOVIEZ.

DICTIONARIUM latino-gallico-tamulicum, auctoribus duobus missionariis apostolicis congregationis Missionum ad exteros. *Pudicherii, e typographia Missionariorum apostol.*, 1846, in-8. de XVIII et 1430 pp. 60 fr. [11804]

20 fr. Burnouf.

DICTIONARIUM latino-lusitanicum ac japonicum, ex Ambr. Calepini volumine depromptum : in quo, omissis nominibus propriis tam locorum quam hominum, ac quibusdam aliis minus usitatis omnes vocabulorum significationes elegantioresque dicendi modi apponuntur. *in Amacusa, in collegio japonico Societ. Jes.*, 1595, pet. in-4. [11854]

Livre fort rare, imprimé sur pap. du Japon. Il contient 2 ff. prélim. et 906 pp. chiffrées. L'errata commence à la dernière page, et occupe de plus un dernier f. tout entier : 650 fr. Langlès, et 20 liv. Heber.

DICTIONARIUM medicum. Voyez ESTIENNE (*Henr.*).

DICTIONARIUM scoto-celticum, a dictionary of the gaëlic language, comprising an ample vocabulary of gaëlic words, as preserved in vernacular speech, manuscripts, or printed works, with their signification and various meanings in english and latin... and vocabularies of latin and english words, with their translation into gaëlic. Compiled and published under the direction of the highland Society of Scotland. *Edinb., Blackwood,* 1828, 2 vol. in-4. 2 liv. 2 sh., et plus en Gr. Pap. [11359]

DICTIONARIUM Thai, ad usum missionis siamensis. *Ex typographia collegii Assumptionis B. M.V., Bangkok,* 1850, in-4. de 498 pp. 21 sh. [11837]

— Voy. PALLÆGOIX *(J.-B.).*

DICTIONARIUM trilingue, hoc est dictionum slavonicarum, græcarum et latinarum thesaurus, ex variis antiq. et recent. libris collectus, et juxta slavonicum alphabetum in ordinem dispositus (authore Theod. Polycarpo). *Mosquæ,* 1704, in-4. [11402]
Volume plus rare que recherché : 52 fr. 50 c. Klaproth; 16 fr. Burnouf.

DICTIONARIUS latinis, gallicis et germanicis vocabulis conscriptus... Dictionnaire ou vocabulaire couche en vocables latins, francoys et allemands. *(absque nota),* in-4. goth. de 44 ff. [10883]
Petit vocabulaire publié au commencement du XVIᵉ siècle, avec la marque d'imprimeur C. V. Il y en a une édition de Strasbourg, Wolfg. Kephalæus, 1535, in-8.

DICTIONARIUS trium linguarum, latine, teutonice, boemice, potiora vocabula continens : peregrinantibus apprime utilis. (in fine) : *Vienne Panonie in edibus Hieronymi Victoris, et Joannis Singrenii, anno dñi* M. D. XIII, in-4. [10883]

DICTIONARY (a new and general biographical), containing the lives and writings of the most eminent persons, in every nation, revised and enlarged by Alex. Chalmers. *London,* 1812-17, 32 vol. in-8. [30382]
Dernière édition de ce dictionnaire, qui ne vaut pas, à beaucoup près, nos *Biographies universelles;* néanmoins elle est bien plus complète que l'avant-dernière édit., *Lond.,* 1798, en 15 vol. in-8. ; mais elle vient d'être remplacée par un nouveau dictionnaire biographique anglais, publié par J.-H. Ross, *London,* 1857, 12 vol. in-8.

DICTIONARY english and hindostany. Voy. HARRIS *(H.).*

DICTIONARY english and irish. Voyez BRIEN (O').

DICTIONARY malabar and english wherein the words and phrases of the tamulian language, commonly called by the Europeans the malabar language, are explained in english; by the english missionaries of Madras (John-Phil. Fa-

bricius and John.-Chr. Breithaupt). *Wepery, near Madras,* 1779, in-4. [11804]

— A Dictionary of the english and the malabar languages. *Ibid.,* 1786, in-4.
Ces deux volumes très-rares sont indiqués dans la *Biblioth. marsden.* Lés mêmes missionnaires ont donné :
GRAMMAR for learning the principles of the malabar language, properly called Tamul, by the english missionaries of Madras (edit. II.). *Wepery,* 1789, in-8.

DICTIONARY of the religious ceremonies of the eastern nations, with historical and critical observations, some account of their learned men, and situations of the most remarkable places in Asia... to which is added a medical vocabulary (by Fr. Gladwin). *Calcutta, Mackay,* 1787, in-4. [22661]
Rare en France : vend. 3 liv. Steevens; 26 fr. 50 c. Klaproth.

DICTIONNAIRE arabe et turc. Voyez ACHTERI.

DICTIONNAIRE biographique et historique des hommes marquans de la fin du XVIIIᵉ siècle, et plus particulièrement de ceux qui ont figuré dans la révolution française, suivi d'un supplément et de quatre tableaux des massacres et proscriptions; rédigé par une société de gens de lettres. *Londres (Hambourg),* 1800, 3 vol. in-8. [30466]
Cet ouvrage, à la rédaction duquel M. Lamaisonfort a eu, dit-on, la plus grande part, conserve aujourd'hui peu d'intérêt ; mais, à l'époque où il parut, les vérités hardies et même les faits hasardés qu'il contenait lui donnèrent une grande importance et le firent rechercher avec empressement ; toutefois la police de Napoléon, dont le chef, Foucher, y est surtout fort maltraité, a eu grand soin d'en empêcher l'introduction en France; en sorte qu'il est encore assez difficile de se le procurer maintenant : vend. 60 fr. Lecouteulx ; même prix, Crapelet, mais depuis beaucoup moins cher.
C'est ce même dictionnaire que l'on a réimprimé à *Paris, chez Giguet,* 1806 et 1807, en 4 vol. in-8., mais avec de grands changements, sous le titre de *Biographie moderne, ou dictionnaire biographique de tous les hommes morts ou vivans qui ont marqué à la fin du* XVIIIᵉ *siècle;* 2ᵉ *édition.* Leipzig, etc. Malgré les adoucissements faits aux articles des hommes alors tout-puissants, cette seconde édition froissait encore trop d'amours-propres pour qu'elle pût circuler librement sous un gouvernement aussi ombrageux que l'était celui qui existait à cette époque en France. La police en saisit donc une partie des exemplaires, et au moyen de quelques cartons les autres se vendirent sous le manteau, au prix de quatre à cinq louis, aux amateurs de scandale, qui, à leur grand regret, se trouvèrent n'avoir acquis qu'un ouvrage assez inoffensif. On a donné depuis bien des ouvrages du même genre, et où, comme dans celui-ci, l'influence de l'opinion se fait trop souvent sentir. De ce nombre sont la

Biographie des hommes vivans, publiée chez *Michaud*, en 1817 et 1818, en 5 vol. in-8.; la *Biographie moderne*; 2ᵉ édition, *Paris, Eymery*, 1816, 3 vol. in-8.; la *Biographie des contemporains*, en 20 vol. in-8., etc. Voir les nᵒˢ 30465 et suiv. de notre table.

DICTIONNAIRE chinois intitulé : PING TSEU LOUI PIEN. *Peking, de l'imprimerie du Palais, sous le règne d'Yong-Tching*, 130 vol. gr. in-8. [11871]

Ce grand dictionnaire, magnifiquement imprimé, est pour la langue chinoise ce que celui de Robert Estienne est pour la latine; mais comme les caractères chinois ne peuvent pas être rangés par ordre alphabétique, on les a placés par ordre et par classe des choses : le ciel, les astres, les météores, la terre, etc., ainsi que le porte une note du P. Amyot, datée de Peking, 20 septembre 1767. L'exemplaire de ce livre rare, qui avait été payé 760 fr. à la vente de M. de Guignes, a été porté à 1200 fr. à celle de M. Bailleul, en 1856, et acheté par M. Pauthier.

Un autre ouvrage du même genre, mais autrement disposé, a été rédigé par ordre de l'empereur Khangh-hi, par l'Académie des Han-lin, et publié à Peking, en 1711, et forme 127 forts volumes in-8. Il est annoncé sous le titre de *Pai wen yun fou* dans un catal. de livres vendus en octobre 1860 par H. Labitte (nᵒ 346), où il est dit que ce livre est déjà très-rare en Chine, et que l'on n'en connaît que deux ou trois exemplaires en Europe. Celui dont nous parlons a été l'objet d'un procès entre M. Callery et M. Pauthier, qui l'avait acquis à grand prix de ce dernier. Toutefois, comme il était en fort mauvais état et complété dans ses lacunes par des feuillets manuscrits, il n'a pu trouver d'acquéreur à la dernière vente, malgré les deux jugements qui l'avaient déclaré recevable dans l'état où il était.

DICTIONNAIRE classique d'histoire naturelle, par une société de naturalistes, ouvrage dirigé par M. Bory de Saint-Vincent, et dans lequel on a ajouté, pour le porter au niveau des sciences, un grand nombre de mots qui n'avaient pu faire partie de la plupart des dictionnaires antérieurs. *Paris, Rey et Gravier, et Baudouin frères*, 1822-31, 17 vol. in-8. [4460]

Le 17ᵉ et dernier volume renferme l'explication des planches, lesquelles ont été publiées en 16 livrais. de chacune 10 planches. L'ouvrage, et même avec les fig. color., est maintenant à très-bas prix. On en peut dire autant du *Dictionnaire classique d'histoire naturelle*... mis en ordre et rédigé par Drapiez, *Bruxelles*, 1840-53, 10 vol. gr. in-8., à 2 col. avec 200 pl. color.

DICTIONNAIRE de l'Académie française; 6ᵉ édit. (avec un discours préliminaire par M. Villemain). *Paris, Didot frères*, 1835 (nouv. tirage 1855), 2 vol. in-4. 36 fr. [1105]

La première édition du Dictionnaire de l'Académie française, 2 vol. in-fol., qui parut en 1694 (et dont l'épître dédicatoire au roi ainsi que la préface sont de Fr. Charpentier), est tout à fait différente des autres, puisque les mots y sont rangés selon leur racine : voilà pourquoi on la recherche encore. Les exemplaires en sont d'ailleurs assez difficiles à trouver. La seconde édition, à la rédaction de laquelle l'abbé Regnier Desmarais eut beaucoup de part, a paru, en 1718, aussi en 2 vol. in-fol., avec une épître dédicatoire composée par l'abbé Massieu. Cette édition et la troisième de *Paris, J.-B. Coignard*, 1740, 2 vol. in-fol., l'une et l'autre faites dans un ordre nouveau, augmentées de quelques détails de grammaire, et appauvries de quelques gallicismes, ne marquaient presque aucun changement dans la langue. « La quatrième édition (*Paris, Brunet*), 1762 (aussi en 2 vol. in-fol.), dit M. Villemain, est seule importante pour l'histoire de notre idiome, qu'elle reprend à un siècle de distance des premières créations du génie classique, et qu'elle suit dans une époque de création nouvelle; en général, elle a été retouchée avec soin, et, dans une grande partie, par la main habile de Duclos. » Les éditions de *Nimes*, 1786 (ou *Paris, Serriere*, 1789), et de *Lyon*, 1793, en 2 vol. in-4., sont des réimpressions de celle de 1740. Quant à la 5ᵉ édition, impr. après la suppression de l'Académie française, et publiée pour la première fois à *Paris, chez Smits*, en l'an VII (1798), en 2 vol. in-4. et in-fol., elle avait été préparée successivement par les divers secrétaires de cette compagnie, et elle a été revue sous le double rapport de la grammaire et de la typographie d'abord par Sélis, ensuite par l'abbé Bourlet de Vauxcelles, et par M. Gence, correcteur habile. Le discours prélimin. est de Dom.-Jos. Garat.

COMPLÉMENT du Dictionnaire de l'Académie française, publié sous la direction d'un membre de cette Académie (M. Droz), avec la coopération de MM. Bardin, Barre, Barré (et dix-sept autres hommes de lettres), et précédé d'une préface par M. Louis Barré. *Paris, F. Didot*, 1842 (nouv. tirage 1856), in-4. 25 fr.

Dans ce supplément sont réunis tous les termes spéciaux, au nombre de plus de cent mille, que n'a pas admis l'Académie française.

— Voy. LAVEAUX.

DICTIONNAIRE historique de la langue française, comprenant l'origine, les formes diverses, les acceptions successives des mots, avec un choix d'exemples tirés des écrivains les plus autorisés, publié par l'Académie française. *Paris, impr. F. Didot frères et Cᵉ*, 1858, in-4. 8 fr.

Tome 1ᵉʳ, 1ᵉʳ fascicule, XVI et 368 pp. A-Abusivement. Il est à désirer que cet important travail soit continué avec célérité, et resserré autant que cela pourra se faire sans rien sacrifier d'essentiel. On s'est beaucoup récrié sur l'étendue donnée à ce Dictionnaire; mais on a oublié que nous avions déjà un Grand Vocabulaire français, en 30 vol. in-4. Nous espérons que celui-ci ne sera pas plus volumineux.

DICTIONNAIRE de l'Académie des beaux-arts. *Paris, Didot frères*, 1859, gr. in-4., avec planches et grav. sur bois. Tome 1ᵉʳ, A—Achille.

DICTIONNAIRE (Nouveau) complet françois et russe, et russe-françois, composé d'après celui de l'Académie françoise; 3ᵉ édit. *Saint-Pétersbourg*, 1824, 4 vol. in-8. [11421]

Pour d'autres dictionnaires de ces deux langues, voy. HEYM, et TATISCHEW.

DICTIONNAIRE de l'Académie russe (titre en cette langue); seconde édition. *Saint-Pétersbourg*, 1806-23, 6 vol. in-4. [11420]

Dans la première édition de ce dictionnaire, *Saint-

Pétersbourg, 1789-94, également en 6 vol. in-4., les mots sont rangés par ordre étymologique; mais l'ordre alphabétique a été suivi dans celle-ci. L'ouvrage entier contient 8088 pp. (*Journal de la littér. étrang.*, 1825, page 60). C'est d'après ce dictionnaire que J. Heym a composé le sien.

DICTIONNAIRE de la Conversation. Voy. CONVERSATION.

DICTIONNAIRE des artistes. Voyez HEINECKEN.

DICTIONNAIRE des halles, ou extrait du Dictionnaire de l'Académie françoise. *Bruxelles, Fr. Foppens*, 1696, pet. in-12. 6 à 9 fr. [11006]

Simple extrait de toutes les façons de parler proverbiales et burlesques qui se trouvaient dans la première édition du *Dictionnaire de l'Académie françoise*, et dont une grande partie a été supprimée dans les éditions suivantes, et surtout dans celle de 1835. L'auteur anonyme de cette compilation, où il a fort peu mis du sien, serait, selon Barbier, un nommé Artaud, et non pas Furetiere, comme on l'a dit quelquefois. Un exemplaire en *mar. r.* 29 fr. Nodier, et 35 fr. Solar.

DICTIONNAIRE (le) des huict langaiges : grec, latin, flamang, francois, espagnol, italien, anglois et aleman, fort utile et nécessaire pour tous studieux. *Paris, Pasquier Le Tellier*, 1546, in-16. [10593]

Ce petit vocabulaire polyglotte est rare et assez curieux. Il y a une édit. de *Paris, Guil. Thiboust*, 1550, in-16. 21 fr. Pixerécourt.

DICTIONNAIRE des proverbes danois, traduits en françois (premier titre : Ord-Bog over Danske Ordsprog, poa Fransk oversalte). *Copenhague, imprim. de Ludolph-Henri Lillie, et se trouve chez M. Jean Meyer, premier conducteur du roi*, 1757, in-4. de 568 pp. à 2 col. [18507]

J. Meyer, très-probablement, a été le collecteur de ces proverbes, et il les a traduits en français. Son recueil est curieux et ne se trouve pas facilement. 13 fr. Duplessis.

DICTIONNAIRE des proverbes françois, avec l'explication de leurs significations par G. D. B. (Georges de Backer). *Brusselles*, 1710, pet. in-8. 3 à 5 fr. [18471]

— AUTRE, avec l'explication et les étymologies les plus avérées, par J. P. etc. (par Jos. Panckoucke). *Paris*, 1740 ou 1758, in-12. 3 à 4 fr. [18472]

Ces deux dictionnaires ont été effacés par celui de M. de Lamesangère (voy. ce nom); cependant ce dernier ouvrage laisse encore beaucoup à désirer.

DICTIONNAIRE des sciences médicales, par une société de médecins et de chirurgiens (et rédigé par MM. Chaumeton et Mérat). *Paris, Panckoucke*, 1812-22, 60 vol. in-8. fig. 150 fr. [6519]

Les premiers volumes de cette compilation se composent d'articles fort courts; mais les autres ont été rédigés sur un plan beaucoup plus vaste. Pour tenir ce dictionnaire au courant des progrès de la science, l'éditeur a publié un *Journal complémentaire du Dictionnaire des sciences médicales*, dont la rédaction était confiée à M. Jourdan. Ce journal a commencé en juillet 1818, et s'est continué à raison d'un cahier par mois, ou de 3 vol. par année (44 vol. jusqu'à la fin de 1832), avec des portraits. M. Panckoucke a également publié une *Biographie médicale*, Paris, 1820-25, en 7 vol. in-8., 42 fr. : M. Jourdan en a aussi été le rédacteur. C'est un ouvrage qui, bien que généralement supérieur à celui qu'Eloy nous a donné sur la même matière, est cependant incomplet et peu exact. Toutefois plusieurs bons articles de MM. Desgenettes et Marquis s'y font remarquer. — Pour la Flore des sciences médicales, voy. CHAUMETON.

Le *Dictionnaire abrégé des sciences médicales*, par une partie des collaborateurs du grand Dictionnaire (MM. Roisseau, Begin, Jourdan, etc.), *Paris, Panckoucke*, 1821-26, 15 vol. in-8., 50 fr., est un ouvrage remarquable sous le rapport de l'unité des doctrines, mais inférieur, à d'autres égards, à celui dont voici le titre :

DICTIONNAIRE de médecine, ou répertoire général des sciences médicales, considérées sous les rapports théorique et pratique, par une société de médecins (MM. Adelon, Béclard, Bérard, etc.). *Paris, Béchet jeune et Labé*, 1832-45 (nouv. titres 1846), 30 vol. in-8. 180 fr. [6520]

Seconde édition, complètement refondue et considérablement augmentée; la première, en 21 vol. in-8., a paru de 1821 à 1828.

Citons encore:

DICTIONNAIRE de médecine et de chirurgie pratiques, par MM. Andral, Bégin, Blandin, Bouillaud, Cruveilhier, Alph. Devergie, Dupuytren, Guibourt, Lallemand, Magendie, Roche, Sanson. *Paris*, 1829-1836, 15 vol. in-8. [6521]

DICTIONNAIRE des sciences naturelles, par une société de professeurs (et rédigé par M. Fréd. Cuvier). *Paris et Strasbourg, Levrault*, 1816-30, 60 vol. in-8. et 1 vol. de tables. [4459]

Cet ouvrage estimé est accompagné de 61 cahiers de 20 pl. chacun. Prix de l'exemplaire, avec fig. en noir, 660 fr. — avec fig. color., 1260 fr. (prix réduits ensuite au quart). — Il y a des exempl. avec les pl. tirées in-4., et aussi quelques exempl. avec les fig. doubles. — Le supplément, commencé en 1840, n'a pas été continué.

On peut ajouter à ce dictionnaire la *Biographie des naturalistes*, avec des portr. dessin. et grav. par Ambr. Tardieu, 1823 à 1827, 20 cah. in-8.

— Voy. NOUVEAU dictionnaire.

DICTIONNAIRE français-portugais. Voy. Costaldo.

DICTIONNAIRE galibi-françois et franç.-galibi, précédé d'un essai de grammaire par M. D. L. S. (de La Salle de Lestang). *Paris,* 1763, in-8. [11966]

Ce petit dictionnaire fait partie du livre intitulé *Maison rustique de Cayenne, par de Préfontaine* (volume qui n'a qu'un prix très-ordinaire); mais lorsqu'il se trouve séparément, on le paye quelquefois jusqu'à 12 fr., faute de savoir que ce n'est qu'un fragment d'un autre ouvrage.

DICTIONNAIRE géographique universel, contenant la description de tous les lieux du globe, intéressants sous le rapport de la géographie physique et politique, de l'histoire, de la statistique, du commerce, etc., par une société de géographes. *Paris, Kilian et Ch. Picquet,* 1823-33, 10 vol. in-8. en 20 parties. [19513]

Au moment de sa publication ce dictionnaire était le meilleur que l'on eût; mais il en a paru depuis un plus complet (voy. BESCHERELLE), ce qui a fait réduire momentanément le prix à 20 fr., au lieu de 160 fr. C'est d'après cet ouvrage qu'a été rédigé le *Diccionario geografico universale,* impr. à Barcelone de 1831 à 1834, en 10 vol. pet. in-4.

DICTIONNAIRE persan interprété en arménien. *Constantinople,* 1826, in-fol. [11672]

Vend. 41 fr. Saint-Martin.

DICTIONNAIRE roman, walon, celtique et tudesque, par un religieux bénédictin (D.-J. François). *Bouillon,* 1777, in-4. 18 à 24 fr. [10907]

Cet ouvrage est fort recherché.

DICTIONNAIRE turc.V. Kitab Behedjat.

DICTIONNAIRE universel des sciences morale, économique, etc., ou bibliothèque de l'homme d'Etat et du citoyen (par L.-L. Castilhon, Sacy, de Pommereul et autres, mis en ordre et publié par J.-B. Robinet). *Londres (Neuchâtel),* 1777-83, 30 vol. in-4. 80 à 100 fr. [3914]

DICTIONNAIRE universel franç. et latin, vulgairement appelé Dictionnaire de Trévoux. *Paris,* 1771, 8 vol. in-fol. 40 à 50 fr. [11012]

Septième et dernière édition de ce dictionnaire, lequel, lorsqu'il parut pour la première fois (à *Paris*), en 1704, 3 vol. in-fol., n'était guère qu'une réimpression de celui de Furetière. Le Dictionnaire de Trévoux est un livre utile et qu'aucun autre n'a encore entièrement remplacé. L'édition de **1771**

a été donnée par les soins de l'abbé Brillant; il faut y réunir une *Lettre à M. le rédacteur de la nouvelle édition du Dictionnaire dit de Trévoux,* Amsterdam et Paris, Clousier, 1777, in-8. de 36 pp. Ce morceau curieux de M. l'abbé du Mesbaret contient le précis des trois volumes in-4. de remarques que ce critique avait envoyés à Paris, pour l'amélioration du Dictionnaire universel (voy. l'*Examen critique des dictionnaires histor.* par Barbier, p. 363).

DICTIONNAIRE universel, géographique, statistique, historique et politique de la France, (par L. Prudhomme). *Paris, Baudouin,* an XII (1804-5), 5 vol. in-4., avec une carte. 25 à 30 fr. [23126]

Compilation très-inexacte. Il y a des exempl. en Gr. Pap., et quelques-uns en Gr. Pap. vélin.
Le *Dictionnaire encyclopédique de l'histoire de France,* rédigé sous la direction de Phil. Le Bas, *Paris,* Didot, 1839-42, 12 gros vol. in-8. à 2 col. avec 600 fig., fait partie de l'*Univers pittoresque* de M. Didot; il a été souvent critiqué, surtout pour la partie politique qui se rapporte à la révolution française. 80 fr.

DICTIONUM græcarum thesaurus. Voyez Dictionarium.

DICTYS cretensis ephemeridos belli troiani lib. VI (e græco in lat. conversi, interprete quodam L. Septimio, romano; *absque nota*), in-4. goth. de 68 ff. à 27 lig. par page. [22773]

Édition ancienne, impr. à *Cologne* vers 1470-75; selon les uns, par *Ulric Zel,* et selon les autres, par *Arnold Therhoernen.* Elle commence ainsi : *Incipit prologus in troianam hystoriam Dyctys cretensis,* et se termine au recto du dernier f., par cette ligne : *Explicit historia troiani dyctys cretensis.* Vend. 43 fr. Gaignat ; 30 fr. m. r. d'Ourches.
Il existe une édition de Darès phrygien, imprimée avec les mêmes caractères, et probablement pour être jointe au *Dictys;* elle consiste en 22 ff. et commence ainsi : *Incipit hystoria troiana daretis frigii.* Vend. avec le *Liber Alexandri,* 96 fr. d'Ourches.

— Dictys cretensis. (*absque nota*), in-4. de 58 ff., à 28 lig. par page.

Édition peu connue et qui n'est peut-être pas moins ancienne que celle que nous venons de décrire : elle est en caractères romains et paraît appartenir à une presse italienne. Le premier f. recto commence par cette ligne : (S)EPTIMINVS. QVINTO. ARADIO, et le 58e f. verso se termine à la 18e ligne ainsi conçue : *aetatis neque tamen innalidus virium* (Ebert, 5780, d'après l'exemplaire de la Bibliothèque royale de Dresde).

— Ephemeridos belli trojani lib. VI (cum epist. Maselli Beneventani). *Mediolani,* anno... M. CCCC LXXVII, *die decimo nono mensis maii,* 2 part. en 1 vol. in-4.

Édition rare et la première avec date : on l'attribue à Christ. Valdarfer. Elle a en tout 54 ff., au verso du dernier desquels se lisent des vers lat. suivis de la souscription ci-dessus. L'exemplaire conservé à Milan dans l'Ambrosienne est uni à une édit. de *Dares phrygius* qui est tout à fait indépendante du *Dyctis cretensis* ci-dessus.

— Dictys cretensis et Dares phrygius (cum epistola Fr. Faragonii).— *finit historia antiquissima... in nobili urbe Messanæ... impressa per Guillielmum Schon-*

berger... terciodecimo calendas junii. M. cccc. xcviij, in-4. de 80 ff. dont le dernier bl. 28 lig. par page.

Édition peu commune, imprimée en caract. rom., signat. a—k, avec un registre à la fin : 11 fr. Gaignat; 32 flor. Meerman. Celle de Venise, *per Cristoferum mandellum de pensis kalendis Martii.* M. CCCC. LXXXXIX, in-4. de 74 ff., à 30 lig. par page, a peu de valeur.

On sait que ces deux auteurs avaient écrit leur ouvrage en grec, et qu'il ne nous reste que la version latine, attribuée à Septimius Romanus, pour le *Dictys*, et à Cornelius Nepos, pour le *Darès*.

— Dictys cretensis et Dares, interpretat. et notis illustravit Anna Tanaquilli Fabri filia, in usum Delphini. *Lutetiæ-Parisiorum*, 1680, in-4.

Un des volumes les plus rares de la collection *Ad usum Delphini*. Vend. en *m. r.* 80 fr. La Valliere; 28 fr. 50 c. Courbonne. Il y a au commencement 13 ff. séparés pour le frontispice gravé, le titre imprimé, l'épître dédicatoire, la préface, *de Ilii excidio ex Jos. Scaligero, etc.* Le texte a 177 pp., et est suivi de l'*index* qui se termine au f. R r.; ensuite se trouve l'*errata*.

A défaut de cette édition, on prend celle d'*Amst.*, 1702, in-4., donnée par Jac. Perizonius; elle contient les mêmes augmentations que l'édition in-8. ci-après. 10 à 15 fr.

— IIDEM, in usum Delphini, accedunt in hac nova editione notæ variorum integræ; necnon Josephus Iscanus. Numismatibus et gemmis exornavit Lud. Smids; dissertationem de Dictye cretensi præfixit Jac. Perizonius. *Amstelod.*, 1702, in-8. fig. 9 à 12 fr.

Édition de la collection *Variorum.*

— DICTYS cretensis et Dares phrygius de bello'trojano, ex editione Sam. Artopoei, cum notis et interpretatione in usum Delphini, variis lectt. notis varior. accedunt Jos. Iscani de bello trojano libri VI. *Londini, Valpy*, 1825, 2 vol. in-8.

Formant la fin du n° 81 et le n° 82 de la collection de Valpy.

— DICTYS cretensis sive Lucii Septimii ephemeridos belli troiani libri sex : recensuit, glossarium Septimianum, observationes historicas et indices locupletes adiecit Andr. Dederich. *Bonnæ, Weber*, 1833, in-8. de CXVIII et 544 pp. 9 fr.

HISTOIRE de la guerre de Troie, attribuée à Dictys de Crète, traduite du latin, par N.-L. Achaintre, avec notes; suivie de l'histoire de la ruine de Troie, attribuée à Darès de Phrygie, trad. par Ant. Caillot; avec les textes. *Paris, Brunot*, 1813, 2 vol. in-12. 5 fr.   •

Il existe une ancienne traduction française de Dyctis de Crète, par Jean de La Lande, *Paris, Groulleau*, 1556, pet. in-8., et une autre de Mathurin Heret, dont nous parlons à l'article DARÈS.

DITTE candiotto e Darete frigio della guerra trojana, trad. da Tom. Porcacchi. *Verona, Romanzini*, 1734, in-4.

Édition dont il y a du Gr. Pap. La première, *Venise, Giolito*, 1570, in-4., est très-rare : elle forme le commencement de la *Collana greca.*

Une autre traduction italienne de ces deux auteurs, par Compagnoni, a été impr. à Milan, 1819, in-8. et in-4., portr. (voy. DARÈS).

DICUILI liber de mensura orbis terræ, ex duob. codd. mss. bibliothecæ imper. (parisiensis) nunc primum in lucem editus a C.-Ant. Walckenaer. *Paris., Didot*, 1807, in-8. [19526]

Ouvrage écrit au IXe siècle. Cette première édition a été effacée par la publication suivante :

RECHERCHES géographiques et critiques sur le livre *De mensura orbis terræ*, par Dicuil, suivies d'un texte restitué par A. Letronne. *Paris*, 1814, in-8. 3 fr. [19527]

DIDACTUS ab Alva. Voy. CURIEL.

DIDASCALIA apostolorum, syriace. *Lipsiæ, Teubner*, 1854, in-8. 16 fr. [256]

DIDEROT (*Denis*). Ses OEuvres. *Paris, Brière*, 1821, 22 vol. in-8. 88 fr. — Gr. Pap. vél., 150 à 200 fr. [19128]

Édition la plus complète de ce philosophe. On y trouve, tome IV, *La pièce et le prologue*, qui a paru pour la première fois en 1820, dans le premier vol. des *Mélanges de la Société des bibliophiles françois* (voy. MÉLANGES). Les tom. XIII à XX, sous le titre de *Dictionnaire encyclopédique*, contiennent les articles que Diderot a composés pour l'Encyclopédie. Cette partie est réduite aux articles sur la philosophie ancienne, dans l'édition de Naigeon, et n'y occupe que 3 vol. Le 21e de celle-ci se compose d'*œuvres inédites* : 1° *Le Neveu de Rameau*; 2° *Le Voyage de Hollande*; 3° *Correspondance de 1765 à 1770*. Le 22e et dernier volume renferme Les *Mémoires histor. et philos. sur la vie et les ouvrages de Diderot*, par *J.-A. Naigeon*. Il a été supprimé par arrêt de la Cour royale de Paris.

MÉMOIRES, correspondance et ouvrages inédits de Diderot, publiés d'après les manuscrits confiés, en mourant, par l'auteur à Grimm (avec des Mémoires sur Diderot, par mad. de Vandeuil, sa fille). *Paris, Paulin*, 1830-31, 4 vol. in-8. 16 fr.

Il faut réunir à la collection précédente ces 4 vol., dont la *Promenade du sceptique* fait partie : le manuscrit original de ce dernier ouvrage a été vendu 252 fr. salle Silvestre, en 1830. Ce supplément, qui est fort curieux, a été réimprimé à *Paris, chez H. Fournier aîné*, 1841, en 2 vol. gr. in-18.

L'édition des *OEuvres de Diderot, publiées sur les mss. de l'auteur, par Jacq.-And. Naigeon*, Paris, Deterville, 1798, 15 vol. in-8., est à bas prix, et même en Gr. Pap. vél. Elle a été réimpr. *Paris*, an VIII (1800), 15 vol. in-12, fig. — Celle de *Paris, Belin*, 1818-19, 7 vol. in-8., y compris un volume contenant la *Relation du voyage de Diderot en Hollande*, et autres pièces posthumes, est bien exécutée pour une impression de ce genre; elle est d'ailleurs presque aussi complète que l'édition en 22 vol. et beaucoup plus que celle en 15 vol. La notice sur Diderot est de M. Depping : 24 à 30 fr., et plus en pap. vél. Le texte de presque tous les ouvrages réunis dans cette édit. en 7 vol. est le même qu'a donné Naigeon. Or, cet éditeur qui, comme on le sait, était un monomane d'athéisme, a été justement soupçonné d'avoir glissé çà et là dans le texte original de son auteur des suppléments de sa façon. M. Génin, dans la notice qu'il a placée en tête des *OEuvres choisies* de Diderot (*Paris, F. Didot*), en 2 vol. gr. in-18, a même relevé une de ces falsifications impudentes qui permet d'en soupçonner bien d'autres, et fait craindre qu'on ne puisse jamais avoir une édition sincère et authentique des œuvres de Diderot.

— Encyclopédie, ou dictionaire raisonné des sciences, des arts et des métiers, par une Société de gens de lettres, mis en ordre par Diderot; et quant à la partie mathématique, par D'Alembert. *Paris* (et sous l'indication de *Neufchâtel*), 1751 — 72, 28 vol. in-fol., dont 11 de pl. [31851]

On ajoute à ces 18 vol. un *Supplément*, Amsterd. (Paris), 1776-77, en 5 vol. in-fol., dont un de planches, et la *Table analytique et raisonnée des matières* (*par Mouchon*), Paris, 1780, 2 vol. in-fol.

Cette Encyclopédie, l'entreprise littéraire la plus vaste qu'ait produite le XVIIIe siècle, est aujourd'hui tellement arriérée à l'égard des sciences physiques et mathématiques, qu'elle ne peut tenir lieu, dans les bibliothèques, d'aucun des bons ouvrages de ce genre qui ont paru depuis sa publication. D'un autre côté, les principaux articles philosophiques et littéraires qui s'y trouvent ont été réimprimés dans les œuvres de leurs auteurs, et forment ainsi un double emploi. Il n'est donc pas surprenant que ce livre ait éprouvé une réduction très-sensible dans son prix, et qu'il se donne maintenant dans les ventes pour moins de 100 fr., bien qu'il ait coûté originairement plus de 1000 fr. Les exemplaires en Gr. Pap., qui sont assez rares, se payaient anciennement 2000 fr. et plus. Vend., rel. en m. r. par Derome, 712 fr. en décembre 1827; 800 fr. Labédoy... La réimpression des 28 premiers volumes, qui a été faite à Genève et sous la même date, est inférieure à l'original.

— LA MÊME. Genève, 1777, 39 vol. in-4., dont 3 de pl.
— aussi Lausanne, 1778, 36 vol. gr. in-8., et 3 vol. in-4. de pl. très-bas prix.

Dans ces deux éditions, le supplément est refondu avec le corps de l'ouvrage. On joint à l'in-4. 6 vol. de tables impr. à Lyon, en 1780.

— LA MÊME (refondue et augmentée par le professeur de Félice et autres). Yverdun, 1778-1780, 58 vol. in-4., dont 10 de pl.

Quoiqu'elle soit très-incorrecte, cette édition a conservé pendant longtemps une certaine valeur.

L'Encyclopédie de Diderot et d'Alembert a été encore réimprimée à Lucques, 1758-71, 28 vol. in-fol., avec des notes d'Octavien Diodati; et à Livourne, en 1770, in-fol. 33 vol. Mais si ces deux éditions se trouvent difficilement en France, il est certain qu'on ne les y recherche guère.

— Essai sur la peinture, 9226.—Théâtres, 16520.

— Voy. ENCYCLOPÉDIE méthodique.

DIDON, poëme en vers métriques hexamètres, divisé en III chants, trad. du 4e livre de l'Enéide de Virgile, avec le commencement de l'Enéide, et les 2e, 8e et 10e églogues du même (par A.-Rob.-Jac. Turgot), 1778, in-4. de 108 pp. [vers 12498]

Essai malheureux de vers métriques. L'auteur n'en fit tirer que quelques exemplaires pour ses amis. J'en ai vu un en pap. de Hollande. — François (de Neufchâteau) a fait réimprimer cette traduction dans le Conservateur, Paris, 1800, 2 vol. in-8.

DIDOT (P.), fils aîné. Essai de fables nouvelles, suivies de poésies diverses, etc. Paris, Didot l'aîné, 1786, in-12. [14173]

Il y a plusieurs exemplaires impr. sur VÉLIN. Vend. tel, 87 fr. d'Hangard; 56 fr. F. Didot; 43 fr. Chateaugiron, et mar. d. de mar. 75 fr. De Bure.

DIDOT (Ambr.-Firm.). Voy. NOTES.

— Essais sur la typographie, 31166.

DIDRON aîné (Adolphe-Napoléon). Annales archéologiques publiées par M. Didron, avec la collaboration des principaux archéologues, architectes, dessinateurs et graveurs français et étrangers. Paris, Didron, 1844 et ann. suiv., in-4. fig. [28958]

Didier (Ch.). Chants populaires, 15032.
Didion (le général). Traité de balistique, 8698.

Ce recueil, particulièrement consacré à l'archéologie du moyen âge, se publie à raison d'un volume par année, au prix de 20 fr. L'année 1860 est la vingtième.

— Office du XIIIe siècle, 698.— Manuel d'iconographie chrét., 9178. — Hist. de Dieu, 9178. — Manuel des œuvres de bronze et d'orfévrerie du moyen âge, 10076.

DIDYMUS alexandrinus, de trinitate libri III, nunc primum ex Passionei codice gr. editi, latine conversi ac notis illustrati a Joh.-Aloys. Mingarellio. Bononiæ, 1769, in-fol. 20 à 25 fr. [908]

DIDYMI Alexandrini Opera omnia : accedunt S. Amphilochii et Nectarii scripta quæ supersunt gr., accurante et denuo recognoscente J.-P. Migne. Petit-Montrouge, 1858, gr. in-8. 11 fr.

— MARMORUM et lignorum quorumvis mensuræ, gr., ex ambrosiano codice cum lat. Aug. Maii interpretatione et notis. Mediolani, typis reg., 1817, in-8.

DIDYMI Chalcenteri Opuscula; auctori suo restituta, ad codices antiquos recognita, annotatione illustrata, edidit Franc. Ritter : insunt quæstiones editoris et vetera testimonia de vita scriptisque Æschyli, Sophoclis, Euripidis, Thucydidis. Coloniæ, Dumont-Schauberg, 1845, in-8. 4 fr. [18149]

DIDYMI Chalcenteri grammatici alexandrini fragmenta quæ supersunt omnia collegit et disposuit Maur. Schmidt. Lipsiæ, Teubner, 1854, in-8. 12 fr.

DIDYMUS. Didymi interpretationes et antiquæ et perquam utiles in Homeri Iliada necnon in Odyssea (græce). — Porphyrii homericarum quæstionum liber; ejusdem de nympharum antro in Odyssea opusculum (gr.). Venetiis, in ædibus Aldi et Andreæ soc., 1521, 2 part. en 1 vol. in-8. [12313]

Ces deux parties (la première de 319 ff. plus un bl., la seconde de 44 ff.) doivent être réunies dans le même volume. Vend. bel exemplaire m. r. 30 flor. Rover; 48 fr. Bosquillon, mais ordinairement de 12 à 20 fr.

Un exemplaire impr. sur VÉLIN, auquel il manque le cahier A, se conserve dans la bibliothèque de Magliabecchi, à Florence.

La première édition du Commentaire sur l'Iliade a paru à Rome en 1517 (voy. notre article HOMERUS).

— Didymi antiquissimi auctoris interpretatio in Odysseam (græce). Venetiis, in ædib. Aldi, etc., 1528, in-8. de 128 ff., y compris celui sur lequel est l'ancre. [12314]

Ce volume fait suite au précédent, lequel ne renferme pas les scolies sur l'Odyssée, bien que le titre les annonce.

Vend. (les 2 vol. réunis) 34 fr. Villoison, et 99 fr. très-bel exemplaire, d'Ourches; 5 liv. 12 sh. 6 d. Sykes; le dernier seul, 7 flor. Rover; 14 flor. Meerman; 7 sh. Butler.

— HOMERI interpres (sive scholia in Iliadem et Odysseam), cum indice locupletiss. Porphyrii homericar. quæstionum liber et de nympharum antro opusculum, gr. (cura Jac. Bredoti). Argentorati, W. Rihelius, 1539, 2 tomes en 1 vol. in-8. 6 fr.

— DIDYMI antiquissimi authoris interpretatio in Odysseam (græce). Parisiis, imprimi curavit Gerardus

Morrhius, germanus, 1530, *septimo cal. Maii, apud Collegium Sorbonæ*, in-8.

Édition rare, où se trouve une lettre en grec (*Ad litterarum græcarum studiosos*), dont Maittaire a inséré le commencement dans ses *Annales typograph.*, II, 741. Vend. 5 sh. Heber.

DIDYMUS taurinensis (Th. Valperga de Caluzio). Litteraturæ copticæ rudimentum. *Parmæ*, *ex regio typogr.* (*Bodoni*), 1783, pet. in-4. 6 à 10 fr. [11933]

Les exemplaires ordinaires sont in-8. et sur papier commun.

DIDYMUS clericus. Voy. Foscolo.

DIECI (le) mascherate delle bufole mandate in Firenze il giorno di carnovale, l'anno 1565. *Fiorenza*, 1566, pet. in-8.

Vend. 10 fr. Reina, 4e vente.

DIEDO (*Giacomo*). Storia della repubblica di Venetia dalla sua fondazione sino l'anno 1747. *Venetia*, 1751, 4 vol. in-4. [25450]

Vend. 18 fr. Floncel.

DIEDO (*A.*). Fasti della veneta repubblica rappresentata nei novanta monumenti cospicui di Venezia: illustrati dal cavalier A. Diedo e Fr. Zanotto. *Milano*, 1839, in-fol. fig. 50 fr. [15439]

DIEFENBACH (*Lorenz*). Supplementum Lexici mediæ et infimæ latinitatis conditi a Car. Dufresne domino Du Cange aucti cum ab aliis tum ab Henschelio itemque glossariorum germanicorum quæ adhuc in lucem prodita sunt. (Et aussi sous le titre de Glossarium latino-germanicum mediæ et infimæ ætatis) *Frankfurti ad Mœn.*, *J. Baer*, 1857, in-4. de XXVIII et 644 pp. 45 fr. [10873]

— Lexicon comparativum linguarum indo-germanicarum. Vergleichendes Wörterbuch der germanischen Sprachen und ihrer sämmtlichen Stammverwandten, mit besonderer Berücksichtigung der romanischen, lithauisch-slavischen und celtischen Sprachen, und mit Zuziehung der finnischen Familie. *Frankfurt am M.*, *Baer*, 1847-51, 2 vol. in-8. 36 fr. [11732]

— Wörterbuch der gothischen Sprache, 10575. — Celtica, 11199 et 23166.

DIEROMEN (La). Voy. Groto (*Louis*).

DIES (*A.-C.*), Ch. Reinhart et Jacq. Mechau. Collection ou suite des vues pittoresques de l'Italie, dessinées d'après nature, et gravées à l'eau-forte à Rome par trois peintres allemands; contenant

72 pl. (et en outre 6 pl. de Gmelin). *Nuremberg*, 1799, in-fol. [25223]

Ce volume coûtait 120 fr.

DIESTHEMIUS. Homulus Pietri Diesthemii comœdia imprimis lepida et pia, in rem christiani hominis adprime faciens... *Coloniæ*, *ex officina Jasparis Gennepæi*, 1537, pet. in-8. de 52 ff. [16143]

Il est probable que cette pièce, vendue 5 fr. de Soleinne, est la même que celle dont Panzer (t. IX, p. 439) rapporte le titre *in extenso*, sous la date de Cologne, 1536, où il dit que la préface est de *Christianus Ischyryus*.

DIETERICH (*Jo.-Ger.-Nic.*). Phytanthoza iconographia, sive conspectus aliquot millium plantarum, arborum, etc., a Jo.-Guil. Weinmanno collectarum; cum explicationibus german. et lat. Dieterici. *Ratisbonæ*, 1737-45, 4 vol. in-fol., avec 1025 pl. color. [4912]

Cet ouvrage, qui jadis a été très-renommé, ne peut en aucune manière être comparé à ce qu'on a fait depuis dans le même genre; aussi a-t-il perdu à peu près toute son ancienne valeur : 65 fr. de Jussieu ; 66 fr. Borluut ; et en Gr. Pap. dont les pl. ont été color. avec plus de soin, vend. 351 fr. Mérigot, et bien moins depuis. Précédemment de 730 à 770 fr. Gaignat, La Vallière, Camus de Limare, etc.

Il y a des exempl. dont les planches ont été tirées séparément sur très Gr. Pap. de format d'atlas ; mais le texte n'a pas été impr. sur aussi grand papier; et pour le mettre de niveau avec les planches, il est nécessaire de l'encadrer.

L'édition d'*Amsterd.*, 1736-48, 8 vol. in-fol., dont 4 pour le texte hollandais, par Jean Burmann, contient les planches de celle de Ratisbonne. Ces mêmes planches ont été publiées de nouveau à *Augsbourg*, 1787, en 4 vol. in-fol., avec un vol. in-8. de texte allemand, rédigé d'après le système de Linnée.

DIETERICH (*Albert*). Flora regni Borussici. — Flora des Königreichs Preussen, oder Abbildung und Beschreibung der in Preussen wildwachsenden Pflanzen. *Berlin*, 1833-44, 12 vol. gr. in-8. contenant 864 pl. color. et autant de feuillets de texte. 96 thl. [5165]

DIETHER, Churfürst zu Mayntz. Schrift wider Graf Adolf von Nassau (à la fin) : *Geben zu* || *hoeste vnder vnserm vffgedrucktem Ingesiegel am dinstag nach dem Sontag Letare. Anno domini Millesimo quadringentesimo sexagesimo secundo.* In-fol.

Lettre patente, en un seul feuillet, contenant 106 lig. en caract. goth., et qui paraît avoir été imprimé à

Diedo (*Girol.*). Lettera a M.-A. Barbaro, 25469.
Dieffenbach (*E.*). Travels in New Zeland, 21199.
Dieffenbach (*Jo.-Fr.*). Die Durchschneidung... 6779. — Die operative Chirurgie, 7497.
Diek (*J.-G.*). Hercules, 22602.
Dierbach (*J.-H.*). Synopsis materiæ medicæ, 7390. — Die neuesten Entdeckungen in der Matèria medica, 7390.
Dierlex (*Ch.-L.*). La ville de Gand, 25089.

Dieu (*S.*). Matière médicale et thérapeutique, 7360.
D'Ierville. Voyage de Port-royal de l'Acadie, 21017.
Dierxsens (*J.-C.*). Antuerpia, 21465.
Diesing (*C.-Maur.*). Systema helminthum, 6172.
Dieterici (*Fr.*). Chrestomathie ottomane, 19479.
Dietrich (*Udo-Waldemar*). Runen-Sprachschatz, 11271. — Schwedische Grammatik, etc., 11280.

Mayence, en 1462, avec les caract. de Gutenberg.
Elle commence ainsi : ( ) *Uen vnd iglichen fur-*
sten, Grauen. herren, prelaten... (Hain, 6161.)

DIETRICH (*Nath.-Fr.-Dav.*). Encyclopädie der Pflanzen. Enthaltend die Beschreibung aller bis jetzt bekannten
Pflanzen. Nach dem Linneischen Sy-
steme geordnet. *Jena, Schmid*, 1841-55,
2 vol. in-4. livr. I-XXII, avec 170 pl.
chaque livr. 1 thl., et color. 1 thl. 2/3.
[4922]

— Flora universalis in colorirten Abbildungen; ein Kupferwerk zu den Schriften Linne's, Wildenow's. De Candolle's,
Sprengel's, Römer's und Schulte's, etc.
Jena, Schmid, 1831-55, in-fol. fig. color. [4964]

Ouvrage divisé en 3 classes, savoir : première classe,
cah. I à XCVI ; — deuxième classe, cah. I à LXXXVI ;
— troisième classe, cah. I à CXCII ; à quoi on ajoute
Neue Folge, welche unentdeckte noch nicht abge-
bildete Pflanzen enthält. Jena, cah. I à VIII. Chaque cah. de 10 pl. a coûté 2 th. 1/3 ; l'ouvrage entier a été réduit à 450 thl.

— DEUTSCHLANDS Flora. Nach natürlichen Familien
beschrieben und durch Abbildungen erläutert.
Jena, 1833-54, 5 vol. gr. in-8. fig. Publié par cah.
de 5 pl., à 2 fr. par cah.

— DEUTSCHLANDS kryptogamische Gewächse, 1843-53,
gr. in-8. tom. VI à IX. Chaque volume contenant
de 12 à 13 cah., et chaque cah. 25 pl., à 2 thl.

— SYNOPSIS plantarum seu enumeratio systematica
plantarum plerumque adhuc cognitarum, cum differentiis specificis et synonymis selectis ad modum
Persoonii elaborata. *Vimariæ, Voigt,* 1839 - 1852,
5 vol. in-8. 75 fr. [4881]

M. Graesse dit que les ouvrages de ce trop fécond botaniste n'ont qu'un mérite très-problématique, que
les figures n'en sont ni exactes ni bien enluminées, parce que ce sont des spéculations de librairie
qui n'ont pas eu de succès, et que la plupart de ces
recueils n'ont pas été terminés. Pour plus de détails, consultez Pritzel, nos 2594 à 2611.

DIETRICH. Her Diethrich von Bern. Auch
find man in disem buchlin den rosen-
krantz võ vnser lieben frauwen. *Heidel-*
berg, H. Knoblochtzer, 1490, in-fol.
goth. de 22 ff. à 2 col. de 33 lig. avec
fig. sur bois. [15493]

Première édition de ce roman populaire en vers allemands, connu aujourd'hui sous le nom de *Sigenot.*
M. Graesse en cite les édit. suivantes : *Strasb. auff*
Grieneck, 1505, in-fol.; — *Strasb.,* 1510, in-fol.
34 thl. vente Hagen; — *Nürnberg , Val. Neuber*
(vers 1550), in-8. de 64 ff. avec fig. sur bois. 12 thl.
Hagen.—*Nürnb., Fr. Gutknecht* (vers 1560), in-8.
avec fig. (reproduite sous le titre de *Sigenot, he-*
rausgeg. von O. Schade, Hanover, 1854, in-8.) —
Strasb., Chr. Müller, 1577, in-8.—*Leipz.,* 1613, etc.
La nouvelle rédaction de ce poème, écrite par Casp.
von der Roen, se trouve dans le 1er vol. de *Hagen,*
Heldenbuch. Il existe une rédaction du même roman en bas-saxon (*Die kortwilige Historien,* etc.).
Hamb., bey Joch. Löwen, 1560, in-8.

DIETRICH (le baron de). Description des
gîtes de minerai et des bouches à feu de
France. *Paris, Didot le jeune,* 1786-99,
6 part. en 3 vol. in-4. fig. color. 24 à
36 fr. [4719]

DIETTERLIN (*Wendelin*). Architectura
von den fünf Säulen vnd aller darauss
folgender Kunstarbeit von Fenstern,
Caminen, Thürgerüsten, Portalen, Bron-
nen vnd Epitaphien... *Nürnberg,*
Barth. Caymor, 1598, pet. in-fol.
[9777]

Cet ouvrage est très-recherché depuis quelque temps,
comme la sont presque tous ceux qui se rapportent à l'architecture du XVIe siècle; de plus il est
fort rare en France, ce qui lui donne du prix. Un
exempl. complet, mais mal conservé, a été payé
331 fr. à la troisième vente Boutourlin; et cependant un bel exempl. en *mar.* s'était donné pour
19 fr. chez Gaignat, en 1769; un autre exempl. en
mar. r. a été payé 301 fr. à la vente de Bearzi, en
1855, et, 21 feuillets manquants, 145 fr. Sauvageot. L'auteur était peintre, et, à ce qu'il paraît,
doué d'un esprit inventif. Son recueil nous présente nombre de modèles surchargés d'ornements
compliqués et bizarres, lesquels n'ont probablement
eu d'autre exécution que celle de la gravure. Ce
livre se compose de 209 ff. chiffrés, y compris et le
frontispice, qui est gravé, et le portrait de l'auteur,
et sept ff. pour le texte allemand, cotés 3, 5, 7, 45,
135 et 175 (ce dernier porte par erreur le chiffre
176). Le f. f. de texte qui devait être coté 94 ne l'est
pas, non plus que quatre frontispices gravés, et sous
la date de 1598, qui sont répandus dans le volume,
où ils tiennent lieu des nos 44 (*Dorica*), 93 (*Ionica*),
134 (*Corinthia*), 174 (*Composita*). Parmi les 209 ff.
il y en a dix qui doivent être réunis deux à deux,
de manière à ne former que 5 planches : ce sont les
nos 187 et 188, 196 et 197, 202 et 203, 204 et 205,
206 et 207. M. Graesse indique, avant les 209 ff. que
nous venons de décrire : *Titre,* 2 ff. de *dédicace,*
1re part. (*Toscana*), 39 pl. et 3 ff. de texte ; 2e part.
(*Dorica*), titre gravé, 47 pl. en 1 f. de texte ; 3e part.
(*Ionica*), titre gravé, 38 pl. et 1 f. de texte, mais il
doit y avoir là un double emploi.

Il a paru également en 1598, et à la même adresse, une
seconde édition de ce livre, conservant le même
portrait et le même nombre de planches, mais avec
un titre tiré en rouge et noir, autrement disposé
que dans la précédente, et le texte gravé et numéroté à l'instar des planches. Le texte y présente des
différences notables. Vend. 400 fr. Bearzi.

Le même ouvrage existe avec un texte latin, et sous
ce titre :

ARCHITECTURA. De constructione, symetria ac
proportione quinque columnarum et omnis inde
promanantis structuræ artificiosæ... constructa a
Wendelino Dietterlin... *Norimbergæ,* 1598, in-fol.
de 207 ff. avec fig. La description de cette édition,
avec texte allemand, s'adapte parfaitement à celle-
ci, excepté en ce qui concerne le texte. (Catalogue
Taylor, 1848.)

Le premier livre de l'Architecture de Dietterlin a
d'abord paru avec un titre ainsi conçu : *Architec-*
tura de quinque columnarum simmetrica dis-
tributione et variis earumdem ornamentis, liber
Ius, per Vuindelinum Dieterlin, pictorem argen-
tinensem, 1593 (sur un dernier f.: *Excudebatur*
Argentinæ, apud hæredes Bernardi Jobin). C'est
un in-fol. contenant 40 pl. chiffrées avec 11 ff.
de texte à 2 col., en latin et en franç., plus l'avertissement et le f. portant la souscription. — Le second livre se compose de 58 pl. et de 2 ff. de texte
en allemand. Le titre, imprimé en rouge et noir,
porte : *Architectur von portalen vnd thürgerü-*
sten mancherley art, et le dernier f. la souscription *Gedrukt, zu Strasburg...* M. D. XCIII. Tout
cela a été reproduit avec des augmentations dans
les deux édit. de 1598.

On publie en ce moment une nouvelle édition de l'ouvrage entier annoncée sous ce titre : *Buch der Ar-*
chitectur über die Regeln, Verhältnisse und An-
wendung der fünf Säulenordnungen und der da-

raus folgenden Kunstarbeiten... nach der zu Nürnberg im 1598 ersch. Orig.-Ausg. auf Stein gezeichnet von C. Claesen. Lüttich, 1860, in-fol. à deux teintes. Elle se composera de 42 livr. de 5 pl., au prix de 3 fr. 50 c. par livr. Les douze premières ont paru en 1860.

DIETZ (*F.-R.*). Voy. APOLLONIUS Citens.

DIEU (*Lud.* De). Grammatica linguarum orientalium, Hebræorum, Chaldæorum et Syrorum, inter se collatorum. *Lugd.-Batav., Elzevir.*, 1628, in-4. 6 à 9 fr. [11490]

— RUDIMENTA linguæ persicæ : accedunt duo priora capita Geneseos, ex persica translat. Jac. Tawusi. *Lugduni-Batav., Elzevir.*, 1639, in-4. [11643]

Ce petit volume est ordinairement relié à la suite de l'*Historia Christi et historia S. Petri* (voyez XAVIER).

DIEZ (*Ant.*). Voy. ROMANCES varios.

DIEZ (*Ferd.*). Die Poesie der Troubadoure. Voy. RAYNOUARD (et les nos 13152-53).

— Critica sacra, 561. — Grammatik, 10901. — Etymolog. Wörterbuch der romanischen Sprachen, 10901.

DIEZ de la Calle. Memorial, y noticias sacras, y reales del imperio de las Indias occidentales, al rey D. Felipe IV. Comprehende lo eclesiastico, secular, politico, y militar : presidios, gentes, y cortas, valor de las encomiendas de los Indios, y otras cosas curiosas, necesarias, y dignas de saberse. (*Madrid*, 1646), pet. in-4. [28471]

Ouvrage composé d'après d'importants documents conservés dans les archives du gouvernement espagnol. L'auteur nous apprend à la page 108 que ce livre étant seulement publié pour l'usage du roi, du conseil et des ministres, il n'en a été tiré qu'un petit nombre d'exemplaires : de là la grande rareté de ce volume, vend. 27 fr. Rætzel, et que Salvá portait à 5 liv. 6 sh.

DIFFICILE (le) des chansons, liure contenant des chansons nouuelles a quatre parties, en quatre livres de la composition de plusieurs maistres. *Lyon, Jacq. Moderne*, 1555-56, 4 part. pet. in-4. obl. [14266]

Porté sous le n° 307 d'un catalogue publié chez Techener, en 1839, in-12.

Il existe une édition de la première partie de ce recueil, sous ce titre :

LE DIFFICILE des chansons, premier liure, contenant XXII chansons nouvelles a quatre parties, en quatre liures, de la facture et composition de maistre Clement Jennequin. *Imprimees nouuellement a Lyon par Jacques Moderne, dict grand Jacques, demourant en rue merciere pres Nostre-Dame de Confort* (sans date), pet. in-8. obl. de 31 ff. avec la musique notée.

DIFFINITION et perfection d'amour, le Sophologe d'amour, traictez plaisantz et délectables, oultre l'utilite en iceulx contenue. *Paris, Gilles Corrozet*, 1542,

———

Diez (*H.-Fr.* de). Curiosités de l'Asie, 27984.

pet. in-8. de 60 ff., avec fig. en bois. [13464]

Petit livre rare : 8 fr. Lambert; 52 fr. 50 c. *mar. bl.* Crozet; 76 fr. *mar. bl.* Veinant (voy. SOPHOLOGE d'amour).

DIGBY (*Everard*). De arte natandi libri duo. *Londini, T. Dawson*, 1587, in-4. [10370]

Cet ouvrage conserve de la valeur en Angleterre : 2 liv. 10 sh. Bindley; 3 liv. 3 sh. Bright. Il a été traduit sous ce titre :

A SHORTE introduction for to learn to swimme, gathered out of master Digbie's book, of the art of swimming, and translated into english, by Chr. Middleton. *London*, 1595, in-4.

— De duplici methodo libri duo, voy. l'article RAMUS.

DIGBY (*Kenelm*). Private Memoirs of sir Kenelm Digby, written by himself; now first published from the original manuscript, with an introductory memoir. *London*, 1827, in-8. de lxxxviij et 328 pp. avec portrait d'après Hilliard. [30905]

Cette autobiographie est écrite en forme de roman. N. Harris Nicolas, qui l'a publiée, y a ajouté la clef des personnages. On y peut joindre :

CASTRATIONS from the private memoirs of sir Kenelm Digby, not published 1828, in-8. de 50 pp. avec 2 ff. pour le titre et l'introduction.

Le chevalier Kenelm Digby a joué un certain rôle en Angleterre lors des révolutions qui agitèrent ce pays au milieu du XVIIe siècle; il a séjourné plusieurs années en France, et y a écrit en notre langue un petit ouvrage qui alors fit une certaine sensation et que l'on a réimprimé plusieurs fois. Il a pour titre :

DISCOURS fait en une célèbre assemblée, par le chevalier Digby, chancelier de la reine de la Grande-Bretagne, touchant la guérison des playes par la poudre de sympathie, où sa composition est enseignée, et plusieurs autres merveilles de la nature sont développées. *Paris, Courbé*, 1658, pet. in-8. [7685]

Réimprimé, *jouxte la copie imprimée à Paris*, 1666, pet. in-12, et aussi en 1671, et à *Utrecht*, en 1685.

— Le même Discours avec une dissertation sur le même sujet, par le sieur Papin. *Rouen, Maury*, 1673, in-12.

On a aussi donné sous le nom de Digby :

RECUEIL de Memoires et secrets tirés des memoires du chevalier Digby, par Jean Malbec de Trefel. *Paris*, 1669, pet. in-8., ou *Anvers, Spites*, 1676, pet. in-12-12.

NOUVEAUX secrets expérimentez, pour conserver la beauté des dames et pour guerir plusieurs sortes de maladies, tirez des mémoires du chevalier Digby, avec son Discours touchant la poudre de sympathie, édition augmentée d'un volume. *La Haye et Bruxelles, van Vlaenderen*, 1715, 2 tom. en 1 vol. pet. in-8.

DEMONSTRATIO immortalitatis animæ. *Parisiis*, 1651, in-fol. Un exempl. en Gr. Pap. 14 sh. Libri, en 1859.

Lowndes donne, à la page 645 de la seconde édit. de son Manuel, la liste de quelques ouvrages de Digby, dont nous n'avons pas à nous occuper. Il cite aussi :

BIBLIOTHECA Digbeiana, sive Catalogus librorum in variis linguis eruditorum, qui post Kenelmum Digbeium eruditiss. virum possedit illustrissimus Georgius comes Bristol, super defunctus : accedit et alia bibliotheca non minus copiosa et elegans. *Londini*, 1680, in-4.

Les livres du chevalier Digby étaient assez bien reliés et portaient ses armes : il s'en est trouvé quelquefois dans les ventes faites à Paris.

DIGBY (*Henry Kenelm*). Voy. le n° 21408 de notre table.

DIGBY WYATT. Industrial arts of the XIXth century : a series of illustrations of the choicest specimens produced by every nation at the great Exhibition of the works of industry, 1851, with critical and explanatory notices. *London, Day*, 1852, 2 vol. in-fol.

Ce bel ouvrage, contenant 160 pl. peintes en couleur et en or, a coûté d'abord 17 liv. 17 sh. ; mais le prix en est déjà réduit à 8 liv. 8 sh.

— Metal work and its artistic designs. *London*, 1852, in-fol., 50 pl. peintes en or et en couleur. 6 liv. 6 sh.

— NOTICE of Sculpture in ivory... by Digby Wyatt, and Catalogue of Specimens of ancient ivory carvings in various collections by Edm. Oldfield. *London*, 1856, in-4. avec IX pl. [9689]

DIGESTUM vetus. Voy. JUSTINIANUS.

DILETTANTI. Voy. CHANDLER, STUART (*J.*), et au mot SPECIMEN.

DILICHIUS (*Wilhelmus*). De equestri certamine quod in honorem Élisabethæ reginæ Angliæ ab illustrissimo Cattorum principe, Domino Mauritio, landgravio Hessiæ, etc., dum ejusdem celsitudinis illustrissimam natam Dn. Elisabetham sacro baptismi offerebat, est institutum et a W. Dilichio figuris adumbratum. Campestris egloga de ludis equestribus, cum D. Mauritii filius secundus Mauritius, baptizatus esset; a W. Dilichio figuris adumbrata. Carmina Hermanni Fabronii. *Cassel, durch Wilhelm Wessel*, 1601, in-fol. fig. [18741]

Relation d'un tournoi donné en 1596, en l'honneur de la reine Elizabeth, et à l'occasion du baptême de la princesse Elizabeth de Hesse-Cassel. L'explication des pl. est en allemand.

DILLENIUS (*Jo.-Jac.*). Historia muscorum, in qua circiter sexcentæ species describuntur et iconibus illustrantur. *Oxonii, e Theatro sheldoniano*, 1741, in-4. fig. [5394]

Cet ouvrage estimé n'a été tiré qu'à 250 exemplaires, dont 50 en pap. fin ; c'est un volume de XVI et 576 pp., avec 85 pl., ordinairement partagé en 2 tom. Vendu 114 fr. *m. bl.* en 1827; 45 fr. Jussieu ; 40 fr. *mar.* Leclerc ; et en pap. fin, 300 fr. *m. r.* d'Ourches; même prix, Duriez, 151 fr. en 1836, et beaucoup moins depuis.

La nouvelle édition imprimée à *Edimbourg*, 1811, in-4., avec un *appendix* et un *Index synonymorum*, a réduit de beaucoup le prix de la précédente ; toutefois cette réimpression n'a pas été une entreprise heureuse, parce que l'ouvrage, quoique bon pour l'époque où il parut, est aujourd'hui fort arriéré ; 2 liv. 2 sh., et plus cher avec les fig. color.

— HISTORIA muscorum : a general history of land and water mosses, etc. *Lond.*, 1768 or 1779, in-4. fig.

Cette édition n'ayant d'autre texte que 10 ff. de table, ne peut point tenir lieu des deux autres, et son prix, qui était de 48 à 72 fr., s'est beaucoup réduit depuis quelques années. J'ai remarqué que la fin de la table anglaise, qui devait naturellement suivre la p. 12, se trouvait placée au verso du frontispice ; mais je ne sais si cette transposition existe dans tous les exemplaires.

— Hortus elthamensis, seu plantarum rarior. quas in horto suo Elthami coluit Jac. Sherard, delineationes et descriptiones. *Lond.*, 1732, 2 vol. in-fol. fig. [5334]

Ouvrage orné de 325 pl., dont une n'est pas cotée et se place page 206. Vend. en *mar. r.* 145 fr. Camus de Limare ; 100 fr. Patu de Mello, mais ordinairement de 20 à 30 fr. (17 fr. de Jussieu). L'édition de *Leyde*, 1774, 2 vol. in-fol., n'a d'autre texte que 12 pp. pour les noms linnéens. — Catalogus plantarum, 5335.

DILLMANN (*Aug.*). Grammatik der äthiopischen Sprache. *Leipzig, Vogel*, 1857, in-8. de XIV et 436 pp. 18 fr. [11943]

DILLWYN (*Lewis* Weston). A descriptive Catalogue of recent shells, arranged according to the linnean method , with particular attention to the synonymy, by Lewis Weston Dillwyn. *London, Arch*, 1817, un tome en 2 vol. in-8. 1 liv. 18 sh. [6124]

— BRITISH confervæ : or coloured figures and descriptions of the british plants referred by botanists to the genus Confervæ. *London, Robinson*, 1802-14, gr. in-4. avec 115 pl. color., dont 7 supplémentaires. [5384]

Ce bel ouvrage a été publié en 16 livrais. et coûtait plus de 200 fr. Vend. 2 liv. 12 sh. 6 d. Hibbert.

DILUVIO di Roma. Voy. DATI (*Julio*).

DIMETROMACHIA , seu varia carmina ita disposita, ut eadem verba que directo incessuris tramite virtutum canunt preconia : hec ipsa retrogressuris detestanda eorundem vitia propalabunt. (in fine) : *En Erfford bella data metromachia nouella*. 8. 9, in-fol. goth. de 15 ff. non chiffrés. [12978]

Nous donnons d'après Seemiller, IV, p. 128 (cité par Panzer, I, p. 378), le titre de cet opuscule, ce qui suffit pour en faire connaître la singularité. Les chiffres 8.9 de la souscription sont probablement une abréviation de 1489.

DINARCHI orationes tres, cum priorum editorum annotationibus et indicibus ; edidit suasque notas adjecit C.-E.-A. Schmidt. *Lipsiæ, Hartman*, 1826, in-8. de XII et 146 pp. 4 fr. [12106]

— ORATIONES tres, recognovit, annotationes crit. et comment. adjecit Ed. Maetzner. *Berolini*, 1842, in-8.

Ces discours se trouvent dans les diverses collect. des orateurs grecs. Voyez ORATORES et aussi ORATIONES politicæ.

DINAUX (*Arthur*). Trouvères, jongleurs et ménestrels du nord de la France et du midi de la Belgique. (*Valenciennes*) *Paris, Techener*, 1837, 1839 et 1843, 3 vol. gr. in-8. 24 fr. [13148]

Un mémoire couronné par la Société d'émulation de Cambrai et qui a d'abord paru dans les *Archives du nord de la France*, forme le fond du premier vol. de cet ouvrage (*Trouvères cambrésiens*), dont la seconde édition, tirée à très-petit nombre, mais beaucoup moins complète que celle-ci, a été impr. à Valenciennes, chez Prignet, en 1834, in-8. Le second volume contient *Trouvères de la Flandre et du Tournaisan*, et le troisième les *Trouvères artésiens*.

On a du même auteur plusieurs notices extraites des Archives du nord de la France (24921), et aussi une *Bibliographie cambrésienne*, impr. dans le vol. des Mémoires de la Société d'émulation de Cambrai, sous la date de 1821, page 214 et suivantes, de laquelle il a été tiré à part 60 exemplaires sous le millésime de 1822. [31250]

DINDORF (*Guil.*). Metra Æschyli, Sophoclis, Euripidis et Aristophanis descripta. Accedit chronologia scenica. *Oxonii*, *H. Parker*, 1842, in-8. 8 sh. [16035]

Ce volume se joint aux éditions que M. Dindorf a données des quatre poëtes nommés dans ce titre. — Voy. POETÆ scenici.

DINDORFF (*Th.-J.*). Novum lexicon linguæ hebraico-chaldaicæ. *Lipsiæ*, 1802-4, 2 vol. gr. in-8. 30 fr. [11544]

L'ouvrage devait avoir un 3e vol. qui n'a pas paru.

DINIZ. Cancioneiro d'el rei D. Diniz, pela primeira vez impresso sobre o manuscripto da Vatigana, com algumas notas illustrativas, e uma prefaçaõ historico-litteraria pelo D⟨r⟩ Caetano Lopez de Moura. *Pariz, em casa de J.-P. Aillaud*, 1847, in-8. avec un fac-simile. 9 fr. [15339]

DINO (*Francesco* di). Voyez LIBRO.

DINO (*Miser*). Tutte le opere de l'innamoramento de Rinaldo da Monte Albano, poema elegantissimo novamente istoriato, e composto per Misser Dino, poeta fiorentino, nel quale si tratta delle battaglie del potente e gagliardo paladino Rinaldo, et altri baroni di Franza. *In Milano, per Rocho et fratello da Valle, ad instantia di Miser Nicolo da Gorgonzola, l'anno* 1521, in-4. fig. en bois. [14763]

Édition très-rare : 30 fr. mar. r. Gaignat ; 2 liv. 16 sh. Crofts ; 4 liv. 18 sh. Heber.

Nous n'avons pas eu l'occasion de vérifier si ce poëme ne serait pas la même chose que celui dont nous décrivons plusieurs éditions à l'article RINALDO.

Diners du Vaudeville, 14301.
Dinet (*Fr.*). Théâtre de la noblesse française, 28838.
Dingelstedt (*Fr.*). Jean Gutenberg, 31200.
Diniz da Cruz e Silva (*Ant.*). Obras poeticas, 15411-14.
Dinnerus (*Conr.*). Epithetorum græcorum farrago, 10662.
Dino (le duc de). Chroniques siennoises, 25568.

D'INTRAS. Voy. INTRAS.

DINUS. Voy. DYNUS.

DIO Cassius. Dionis historiarum romanarum libri XXIII, a XXXVI ad LVIII usque (græce). *Lutetiæ, ex officina Rob. Stephani*, 1548, in-fol. de 4 ff. 498 pp. et 1 f. [22899]

Belle édition, la première de cet historien. Elle a été faite sur un manuscrit de la Bibliothèque du roi, manuscrit dont elle reproduit et les nombreuses lacunes et les fautes. Rob. Estienne y a ajouté des notes. 10 à 15 fr. — Vend. 56 fr. m. r. F. Didot, et en Gr. Pap. 21 flor. Crevenna ; 11 liv. 5 sh. Sykes.

— EARUMDEM histor. lib. XXV, gr. et lat., ex Guil. Xylandri interpretatione. *Excudebat H. Stephanus*, 1591 (et 1592), pet. in-fol. de 6 ff. prélim., 792 pp., 11 ff. pour la table, et 1 f. blanc. 10 à 15 fr.

Vend. 36 fr. v. f. F. Didot.

Même texte que dans l'édition précédente, mais avec des corrections. Le Xiphilin de 1592 s'y trouve quelquefois réuni. Quant à la version latine, elle avait d'abord été impr. séparément, à Bâle, 1558, in-fol.

— HISTORIÆ romanæ libri XLVI, partim integri, partim mutili, partim excerpti, J. Leunclavii studio tam aucti quam expoliti (gr. et lat.). Fragmenta priorum XXXIV amissorum et posteriorum XX librorum ; notæ Leunclavii, quibus Dioni plurima restituuntur ; accedunt et R. Stephani, G. Xylandri, Fr. Sylburgii, H. Stephani, F. Ursini notæ. *Hanoviæ, typis wechelianis*, 1606, in-fol. de 4 ff. prél., 1054 pp. et 20 ff.

Quoique faite sur celle de H. Estienne, cette édition est très-fautive ; mais elle contient la version, corrigée par Leunclavius, en 1593, et les additions et les notes faites par ce savant. 10 à 15 fr.

Q. CASSII DIONIS Cocceiani romanæ historiæ tomus primus, continens priores libros XXI ab V. C. usque ad V. C. annum DCX post eversam Carthaginem et Corinthum, nunc primum detectos, restitutos et nova fere versione, et perpetuis suis variorumque notis auctos studio et labore Nic. Carminii Falconii, etc. *Neapoli, apud Jos. de Bonis*, 1747, in-fol.

Ce volume, le seul publié, n'a de mérite que par ses *prolegomena*, dont Reimar a fait usage dans son édition. Quant aux fragments qu'on y donne comme inédits, ce sont de simples extraits de Plutarque, de Denis d'Halicarnasse, de Zonaras.

— Historiæ romanæ quæ supersunt, cum annotationibus Henrici Valesii, Jo.-Alb. Fabricii ac paucis aliorum : græca ex codd. mss. et fragmentis supplevit, emendavit, lat. versionem Xylandro-Leunclavianam limavit, varias lectiones, notas doctorum et suas cum apparatu et indicibus adjecit Herm.-Sam. Reimarus. *Hamburgi, Herold*, 1750-52, 2 vol. in-fol.

Édit. la plus belle, la plus complète et la meilleure que l'on ait dans ce format. Le titre de chaque volume en annonce le contenu. 40 à 60 fr. Vend. en m. r. et annoncée pap. fin, 152 fr. de Cotte ; 141 fr. Bertrand. — Les exempl. en Gr. Pap. sont si rares qu'on a longtemps douté qu'il en existât. Lord Spencer en possède un remarquable par sa grande dimension, et que M. Dibdin (*Ædes althorp.*, I, page 127) dit être une espèce d'in-fol. *monstre*. M. Grenville a aussi ce grand papier.

HISTORIARUM romanarum fragmenta, gr., cum novis lectionibus, a Jac. Morellio edita. *Bassani*, 1798, in-8. 3 fr. 50 c.

Si l'on veut joindre ce fragment à l'édition précédente, il faut se procurer la réimpression in-fo.

faite chez Delance en 1800. On a tiré sur VÉLIN plusieurs exemplaires de l'in-8.

— DIONIS CASSII historiæ romanæ quæ supersunt, ad optimor. librorum fidem editæ (a Schæfer), gr. *Lipsiæ, Tauchnitz*, 1818, 4 vol. in-16. 6 fr. ; pap. fin, 16 fr.

— Dionis Cassii historiarum romanarum quæ supersunt : græca ex codicibus mss. aliisque subsidiis supplevit et emendavit, Xiphilini epitomen librorum Dionis Cassii æque emendatam addidit, latina versio ut græcis verbis magis responderet operam dedit, fragmenta et indicem græcum valde auxit, annotationes ex editione reimariana omnes repetiit, multasque tam Joh.-Jac. Reiskii et aliorum quam suas notas adjecit Frid.-Guill. Sturzius. *Lipsiæ, Kühn*, 1824-43, 9 vol. in-8. 70 à 80 fr. — Pap. fin, 80 à 100 fr., et plus en pap. vél.

Bonne édition qui a pour base celle de Reimar ; elle contient de plus que cette dernière les fragments publiés par l'abbé Morelli, les variantes de trois manuscrits de Florence, différentes notes et plusieurs nouveaux morceaux de critique insérés dans l'*Apparatus* ; enfin, pour faciliter la recherche des citations, l'éditeur a pris soin de noter en marge la pagination des éditions de Leunclavius et de Reimar. Les index occupent le 8ᵉ volume en entier, et le 9ᵉ volume renferme les *Excerpta vaticana ab Angelo Maio edita.*

CASSII Dionis librorum perditorum fragmenta parisiensia : primus edidit F. Haase. *Bonnæ ad Rhen.*, 1840, in-8. de 32 pp.

Ces fragments inédits de Dion Cassius ont été trouvés sur la marge de 5 ff. du manuscrit nº 1397 de la Bibliothèque impériale, contenant les œuvres de Strabon.

— DIONIS CASSII rerum romanarum libri octoginta, ab Imm. Bekkero recogniti. *Lipsiæ, Weidmann*, 1849, 2 vol. in-8. 30 fr.

— Dion, historien grec, des faictz et gestes insignes des Romains reduictz par annales et consulatz... premierement trad. du grec en italien par Nic. Leonicene, et depuis de italien en vulgaire francoys par Claude Deroziers. *Paris, les Angeliers*, 1542, in-fol. fig. sur bois.

Mauvaise traduction, la seule jusqu'ici dans laquelle les personnes qui n'entendent que le français puissent lire Dion Cassius, puisque celle de M. Gros n'est pas terminée. La version italienne de Nic. Leoniceno, qu'a suivie Cl. Deroziers, a été plusieurs fois impr. à Venise, savoir : en 1526, en 1533, en 1542, en 1548, et depuis, dans les formats in-4. et in-8. Mais celle de Fr. Baldelli, et plus tard celle de Viviani l'ont entièrement effacée.

HISTOIRE romaine de Dion Cassius, traduite en français avec des notes, et le texte en regard, par M. Gros. *Paris, F. Didot*, 1845 *et ann. suiv.*, in-8.

A la mort du traducteur, arrivée en juillet 1856, il n'avait encore paru que 4 vol. de cette traduction, qui devait en avoir au moins sept.

— Istorie romane di Dione Cassio coll' aggiunta dell' epitome di Sifilino, trad. dal greco, con note critiche, da Luigi Bossi. *Milano*, 1823, 5 vol. in-8. fig. 25 fr. — in-4. pap. vél. 40 fr.

Partie de la *Collana greca* nouvellement imprimée à

Milan. Cette traduction est celle de Giov. Viviani, impr. d'abord à Rome, 1790-92, en 2 vol. in-4. On y a joint la traduction de Xiphilin enrichie de notes par M. Bossi.

L'ancienne traduction ital. de cet historien, par Fr. Baldelli, *Venise*, 1565, 1567 ou 1585, in-4., à laquelle on joint la version ital. que le même Baldelli a donnée de l'abrégé de Dion Cassius, par Xiphilin, *Venise*, 1562 ou 1586, in-4., avait de la valeur autrefois (voyez XIPHILIN).

Il existe plusieurs traductions allemandes de Dion Cassius, savoir : par J.-Aug. Wagner, *Francf.*, 1783-96, 5 vol. in-8., préférée à celle d'Abr.-Jac. Penzel, *Leipz.*, 1786-98, 2 vol. in-8. — Celle de F. Lorentz, *Iena*, 1826, in-8., dont on n'a que le tome Iᵉʳ. — Celle de L. Tafel, *Stuttg.*, 1831 et ann. suiv., plusieurs vol. in-16.

DIO Chrysostomus. Dionis chrysostomi orationes LXXX : apposita est in extremo libro varietas lectionum, cum orationum indice, græce. *Venetiis, apud Feder. Turrisanum* (circa an. 1551), in-8. de 451 ff. et 5 à la fin. [12108]

Édition rare, la première de cet auteur : vend. 2 liv. Pinelli ; 10 flor. Rover ; 51 fr. *mar. citr.* Larcher ; 27 fr. Chardin ; 1 liv. 6 sh. Butler ; un exemplaire *non rogné*, avec des notes autographes de Henri Estienne et la signature du P. Pétau, 4 liv. 16 sh. Libri, en 1859.

Plusieurs bibliographes indiquent une édition grecque de *Milan*, 1476, in-4., qui n'existe pas.

— Orationes LXXX : cum vetustis codd. mss. regiæ bibliothecæ sedulo collatæ, eorumque ope ab innumeris mendis liberatæ, restitutæ, auctæ ; Photii excerptis, Synesiiq. censura illustratæ (gr. et lat.), ex interpretatione Th. Naogeorgii, recognita et emendata Fed. Morelli opera : cum Is. Casauboni diatriba, et ejusd. Morelli scholiis, animadvers. et conjectaneis. (*Parisiis*), *ex offic. typ. Cl. Morelli*, 1604 (seu titulo mutato, 1623), in-fol. 20 à 30 fr.

Édition la plus usuelle, et la seule qui renferme une version latine. Reiske a sévèrement critiqué le travail de Morel. Les exempl. en Gr. Pap. sont rares. Vend. 80 fr. m. r. Soubise ; 100 fr. F. Didot ; 80 fr. Mac-Carthy.

— ORATIONES, gr., ex recens. Joan.-Jac. Reiske, cum ejusdem aliorumque animadversionibus. *Lipsiæ, impensis viduæ Reiskii*, 1784, 2 vol. in-8. 12 à 15 fr., et plus en pap. fin.

Il y a des exemplaires datés de 1798.

Édition assez bonne sous le rapport de la critique, mais inférieure sous celui de l'interprétation. Le second volume contient la dissertation de Casaubon, les scolies et les conjectures de Morel, avec l'index.

— ORATIONES, græce, cum scholiis Neoph. Doukæ. *Vienna-Austriæ*, 1810, 3 vol. in-8.

— DIONIS Chrysostomi LXXX orationes, gr., e recensione Ad. Emperii. *Brunsvigæ*, 1844, 2 part. in-8. 4 thl. 2/3.

— ORATIONES, gr., recognovit et præfatus est Lud. Dindorf. *Lipsiæ*, 1857, 2 part. pet. in-8. 6 fr.

— DIONIS prussæensis (Chrysostomi) sophistæ non temere credendum (gr. et lat.); per Joachinū Cam. (erarium) latine versum. *Norimbergæ, apud Joan. Petreium*, 1531, in-8. de 32 ff. Rare.

— DE REGNO opusculum, latine. (*absque nota*), pet. in-4. ou in-8. de 70 ff., dont le 58ᵉ est blanc.

Ancienne édition, sans chiffres, récl. ni signat., impr.

en caract. rom. et ayant 23 lign. à la page : 29 flor. Crevenna ; 30 flor. Meerman ; 27 flor. Butsch.

En tête du volume est une épître de François de Pi-colhomini à Maximilien, fils de Frédéric III, laquelle est datée ainsi : *Ex urbe. Kal. Jan. M. CCCC. se-xagesimo nono*, ce qui n'est pas la date de l'impression. Un exemplaire imprimé sur VÉLIN doit se trouver à Vienne, dans la bibliothèque particulière de l'empereur.

— HOMERVS confutatus a Dione Chrysostomo... ita paucis hactenus noto et lecto, in oratione de Ilio non capto : qua et historia belli trojani verisimilior exponitur, etc., Argumentum... in latinum sermo-nem conuersum et notis expositum, et a mendis compluribus expurgatum, a M. Laurentio Rhodo-manno. *Rostochii, typis Steph. Myliandri*, 1585, pet. in-8. de 204 pp.

Volume peu commun, dans lequel le texte grec accompagne la version latine. La version lat. de ce Discours, par Fr. Philelphe, a été impr. d'abord à Crémone, en 1492, in-4. de 20 ff. ; ensuite, accompagnée de fragments de Petrone, à Venise, *per Ber-nardum de Vitalibus*, 1499, in-4. de 45 ff. (voyez PETRONIVS).

—'Ολυμπικός, ἢ περὶ τῆς πρώτης τοῦ Θεοῦ ἐννοίας. Recensuit et explicuit, commentarium de reliquis Dionis orationibus adjecit Jac. Geelius. *Lugd.-Ba-tavor., Luchmans*, 1840, in-8. 10 fr.

M. Jac. Geel, éditeur de ce discours, a publié une lettre à M. Hase sur le discours de Dion Chrysos-tome, intitulé Eloge de la chevelure, *Leyde*, 1839, in-8. de 48 pp.

DIOCLES de Charyste. L'epistre de Dio-cles envoyée à Antigonus... contenant le regime de sante... traduite du latin en françois par Ancelme Julien. item vne recette pour preseruer... de la peste. *Paris, Alain Lotrian*, 1546, pet. in-8.

7 fr. 25 c. Veinant.

Dioclès a écrit cette lettre en grec, mais le texte n'é-tait pas encore imprimé en 1546 ; il l'a été depuis dans le XIIᵉ vol. de la *Biblioth. grecque* de Fabri-cius, et dans d'autres recueils.

DIOCLETIANI Thermæ. V. OYA (*Seb.* ab).

DIODORUS. Diodori siculi historiarum libri aliquot qui extant opera et stud. Vinc. Obsopoei in lucem editi (gr.). *Ba-sileæ, Jo. Oporinus*, 1539, in-4. de 6 ff. et 481 pp. [22810]

Première édit., rare, mais peu estimée ; elle ne con-tient que les livres XVI—XX. Vend. 24 fr. mar. v. F. Didot, et ordinairement 8 à 12 fr.

— Bibliothecæ historicæ libri quindecim de quadraginta (gr.) : decem ex his quindecim nunquam prius fuerunt editi. *Anno* 1559. *Excudebat H. Stephanus*, in-fol. de 6 ff. et 847 pp. 12 à 18 fr.

Belle édition, correcte, et la première où se trouvent les livres I à V, et XI à XV, ainsi que les extraits des livres XXXI à XXXIII, XXXVI à XXXVIII et XL. Vend. 27 fr. de Cotte ; 42 fr. m. citr. Larcher.

— BIBLIOTHECÆ historicæ libri XV, accesserunt eclo-gæ seu fragmenta ex libris quibusdam auctoris, qui desiderantur, gr., omnia cum interpret. lat. cui ad-jecta chronologia duplex, index tergeminus, phra-seologia ac notæ in contextum gr., studio et labore

L. Rhodomanni. *Hanoviæ, typis wechelianis*, 1604, 2 tom. en 1 vol. in-fol. 12 à 15 fr.

Première édition grecque et latine. Le texte n'y est pas très-correct, mais la version et les notes en sont estimées. La 1ʳᵉ part. contient 16 ff. prélim., 361 pp., 30 ff. pour la table et 1 f. d'errata. La 2ᵉ part. a 6 ff. et 1013 pp. ; les pages 999 à 1013 (*corol-laria et correctiones*) ne sont pas dans tous les exemplaires.

— Bibliothecæ histor. libri qui supersunt (gr. et lat.) interprete L. Rhodomano, ad fidem mss. recensuit P. Wesselin-gius, atque doctorum virorum et suas adnotationes cum indicibus adjecit. *Amstel., Wetstenius*, 1746, 2 vol. in-fol. avec un frontisp. gr. et le portrait de Wesseling.

Cette édition est fort belle et le travail en est juste-ment estimé, mais le texte y a été impr. avec peu de soin : 50 à 60 fr. ; vend. en mar. r. par Derome, 100 fr. Maucune, en 1799, et revendu 202 fr. Pa-rison ; et en Gr. Pap. dont les exempl. ne sont pas très-rares, 248 fr. mar. r. La Valliere ; 325 fr. m. r. Jourdan ; 250 fr. v. f. en 1827 ; 299 fr. mar. r. La-bédoy... ; 195 fr. Giraud ; 126 flor. 50 c. vél. Meer-man, et quelquefois moins.

— EADEM bibliotheca, gr. et lat., ex editione P. Wes-selingii. *Biponti et Argentor., apud Societ. ty-pogr.*, 1793-1806, 11 vol. in-8. 40 à 70 fr.

Reproduction de l'édition de Wesseling, avec des cor-rections faites dans le texte d'après divers manus-crits, et avec plusieurs dissertations des nouveaux éditeurs (Heyne et Eyring). Le 11ᵉ vol. renferme d'excellentes tables. — Il y a des exempl. en pap. de Hollande.

—BIBLIOTHECÆ historicæ libri, gr., edente H.-C.-Abr. Eichstädt. *Halæ*, 1800-2, 2 vol. in-8.

Édition non terminée. La partie publiée ne renferme que la préface et le texte jusqu'au XIVᵉ livre inclu-sivement.

— BIBLIOTHECÆ quæ supersunt, gr., ad optim. libro-rum fidem accurate edita. *Lipsiæ, Tauchnitz*, 1822 et 1826, 6 vol. in-16. 10 fr. — Pap. fin, 24 fr.

— BIBLIOTHECA historica, gr., ex recensione L. Din-dorfii. *Lipsiæ, Hartman*, 1828-32, 5 vol. en 6 tom. in-8.

On trouve dans cette édition les nouveaux fragments publiés par M. Mai. Les deux dern. tom. contien-nent : *Annotationes interpretum*. L'ouvrage en-tier coûtait par souscription 20 thl., et en pap. fin, 30 thl. Il est beaucoup moins cher aujourd'hui.

— Diodori siculi bibliothecæ historicæ quæ supersunt ex nova recensione Lud. Dindorfii ; gr. et lat. rerum indicem lo-cupletissimum adjecit Car. Mullerus. *Parisiis, F. Didot*, 1842-44, 2 vol. gr. in-8. 30 fr.

Bonne édition, pour laquelle le précieux manuscrit de Peiresc a été collationné, et a fourni d'importantes améliorations et quelques fragments nouveaux.

— BIBLIOTHECA historica gr., ex recognitione I. Bek-keri. *Lipsiæ*, 1853-54, 4 part. pet. in-8. 9 fr. ; pap. vél. 15 fr.

Traductions.

— Diodori siculi historiarum priscarum a Poggio in latinum traducti (lib. I —V) liber primus incipit, etc. *Bononiæ (per Balthaz. Azzoguidem, Ugonem seu Rugerium et Doninum Bertochum)*, 1472, in-fol. de 99 ff. à 44 lig. par page.

Première édition de cette version : vend. 90 fr. Gaignat ; 220 fr. La Valliere ; 30 fr. F. Didot.

Le texte finit au 93e f. par la souscription BONONIÆ IMPRESSUM M. CCCC7Z, (*sic*) FINIS. On doit trouver ensuite une partie de 6 ff. ayant pour titre : *Cornelii taciti illustrissimi de situ moribus et populis Germaniæ libellus aureus.*

L'édition de *Venise, Andr.-Jac. Katharensis,* 1476, in-fol., est peu recherchée : vend. 1 liv. 1 sh. Pinelli ; 10 fr. Chardin ; 1 liv. 15 sh. *mar. r.* Heber. Celles de 1481, 1493, etc., le sont moins encore.

— Libri duo (liber XVI et lib. XVII)... utrunque latinitate donavit Angelus Cospus : Alexandri regis vita, quam græce scriptam a Joanne Monacho Ang. Cospus vertit in nostram linguam. *Viennæ-Pannoniæ, per Hieron. Vietorem,* 1516, pet. in-fol. de 4 ff. non chiffrés, 93 ff. chiffrés et 1 pour le titre.

Édition rare dont la Biblioth. impér. possède un exemplaire impr. sur VÉLIN.

Les réimpressions de ce même volume, faites à Venise en 1517 et 1518, in-fol., ont fort peu de valeur.

— L'histoire des successeurs d'Alexandre le Grand, extraicte de Diodore sicilien ; et quelques peu des vies escriptes par Plutarque, translatee par messire Claude de Seyssel. — *Imprimee en la rue de la Juifuerie par M. Josse Badius... et acheuee le deuxiesme iour du moys de may, lan de grace* 1530, in-fol. de 150 ff.

Traduction des livres XVIII à XX de cet historien, faite sur une version latine de Jean Lascaris. Elle est assez rare.

— LA MÊME histoire, *impr. à Paris par Pierre Gaultier, pour Jehan Barbé et Claude Garamont,* 1545, in-16. Jolie édition. .

— LES TROYS premiers livres de l'histoire de Diodore sicilien, translatez de latin en francoys par Ant. Macault. *On les vent a Paris, en l'enseigne du pot cassé (chez Geofroy Tory),* 1535, in-4. de VIII, 154 et 8 ff., avec une gravure sur bois qui représente François Ier écoutant la lecture d'un livre.

M. Ambroise Didot en possède un exemplaire avec le pot cassé sur la reliure.

Un exemplaire sur VÉLIN, vend. 50 fr. La Valliere ; 100 fr. Mac-Carthy ; 72 fr. Chardin, en 1824 ; 15 liv. Libri, en 1859, et revendu plus cher à M. A. Didot. Réimpr. à *Paris, chez les Angeliers,* en 1541, in-8. 5 à 6 fr. — 23 fr. *mar. v.* Libri, en 1857.

Le célèbre traducteur de Plutarque, Jacq. Amyot, a donné une traduction française de sept livres (XI à XVII) des histoires de Diodore, réunie aux trois livres trad. par Macault, et avec des annotations de Louis Le Roy, en marges. *Paris, Vascosan,* 1554 et 1559, in-fol. Mais ce volume, plus rare que recherché, conserve peu de valeur dans le commerce. Il a été réimpr. à *Paris,* en 1583, in-fol. 8 à 12 fr.

— HISTOIRE universelle de Diodore de Sicile, trad. du grec par J. Terrasson. *Paris,* 1737-44, ou 1758, ou 1777, 7 vol. in-12. 12 à 15 fr.

Cette traduction, qui laisse beaucoup à désirer, a été réimpr. à *Amsterd.,* 1738 et ann. suiv., aussi en 7 vol. in-12.

— BIBLIOTHÈQUE historique de Diodore de Sicile, traduite du grec par A.-F. Miot. *Paris, F. Didot,* 1835-38, 7 vol. in-8, Prix réduit 21 fr.

— LA MÊME Bibliothèque histor., traduction nouvelle, avec une préface, des notes et des index, par Ferd. Hoefer. *Paris, Charpentier,* 1846, 4 vol. gr. in-18.

Traduction plus exacte que la précédente.

— DIODORO siculo delle antique historie fabulose (lib. I–V) nuovamente fatto vulgare. *Firenze, heredi di Ph. di Giunta,* 1526, in-8. de 120 ff. — Réimpr. *Venetia, G. Iolito da Ferrari,* 1542, pet. in-8.

— BIBLIOTECA storica di Diodoro siculo, volgarizzata da Compagnoni. *Milano,* 1820, 7 vol. in-8. fig. 30 fr.

Édition de la *Collana greca,* publiée à Milan. Il y en a des exempl. in-4. en pap. vél.

La traduction italienne de Fr. Baldelli, faite sur la version latine, *Venise,* 1575, 2 vol. in-4., a peu de valeur. Il y en a une autre, *Roma, Desideri,* 1793, en 6 vol. in-4.

— THE HISTORICAL library, to which are added the fragment of Diodorus made english by G. Booth. *London,* 1720 or 1721, in-fol.

Cette traduction vaut de 2 à 3 livres en Angleterre. Elle a été réimpr. dans les *Military Classics,* London, 1814, 2 vol. gr. in-8.

Nous citerons aussi la traduction allemande de cet historien par F.-And. Stroth, continuée par J.-F.-Sal. Kaltwasser, *Francf.-sur-le-Mein,* 1782-1787, 6 vol. in-8.

DIOGÈNE (le) françois ou les facétieux discours du vray anti-dotour comique blaisois. *Jouxte la coppie imprimee a Limoge, par Guill. Bureau,* 1617, in-8. de 16 pp. [17847]

Opuscule rare.

DIOGENES Cynicus. Diogenis, Bruti, Yppocratis medici epistole. — (in fine) : *Florentiæ, per Antonium Francisci Venetum,* 1487, pet. in-4. de 54 ff. non chiffrés, lettres rondes, sig. AA.—GG3, à 30 lignes par page entière. [18654]

Ce petit recueil de lettres, trad. en latin par François d'Arezzo et Rinutius Thettalus, paraît devoir former la suite de l'édition de la traduction latine des Lettres de Phalaris, donnée par le même imprimeur en 1487 ; c'est pour cela que les signatures y sont marquées par de doubles lettres. Une autre édition des mêmes lettres (de Diogène le Cynique, etc.), également impr. à Florence par Antonio Francisci, en 1487, in-4. de 54 ff. à 26 lig. par page, a des sign. de a — hii. Elle est en plus petits caractères que l'autre, et sans titres. Au reste, ni l'une ni l'autre de ces éditions n'a de valeur, quoique un bel exemplaire de la première, rel. en *v. f. à compart.,* et portant le nom et la devise de *Grolier,* ait été payé 800 fr. à la vente de M. Coste, revendu 1000 fr. vente Riva, en 1856, et 1200 fr. à celle de M. Solar, en 1860, à cause de sa provenance.

— Les Epistres de Diogene, philosophe cynique, œuure tres vtile et necessaire, pour en seul veneration de vertu obtenir vray liberté d'esprit et paruenir au mespris et contennement de toutes les choses humaines, trad. par Loys Dupuys. *On les vend a Poictiers a l'enseigne du Pelican,* M.D.XLVI, pet. in-8. de 40 feuillets.

Volume rare, cité par M. Boissonade dans sa Notice des Lettres inédites de Diogène le Cynique (*Notices des manuscrits de la Biblioth. du roi,* tome X, 2e part., p. 122-298).

DIOGENES Apolloniates : cujus de ætate et scriptis disseruit, fragmenta illustravit, doctrinam exposuit Fr. Panzerbieter. *Lipsiæ, Hartman,* 1830, in-8., XII et 130 pp. 3 fr. — Pap. fin, 4 fr. 50 c. [3363]

Nouvelle édition, corrigée, et augmentée de la dissertation sur le même sujet que l'auteur avait publiée en 1823.

DIOGENES Laertius. Diogenis Laertii de uitis, decretis et responsis celebrium philosophorum libri decem, nunc primum excusi (græce). *Basileæ, Hier. Frobenius,* 1533, in-4. de 4 ff., 573 pp. et 1 f. pour le caducée. 8 à 12 fr. [30416]

Première édition, rare, mais peu recherchée.

— Iidem libri (gr.), in quibus plurimi loci integritati suæ ex multis vetustis codd. restituuntur, et ii quibus aliqua deerant explentur; cum annotationibus H. Stephani : Pythag. philosophorum fragmenta : cum versione latina (Ambr. Traversarii). *Anno* 1570, *excudebat Henr. Stephanus,* pet. in-8. 6 à 10 fr.

Édition estimée et peu commune. Elle a 494 pp., un f. blanc, 40 et 432 pp. Un exempl. en *v. f.* aux armes du comte d'Hoym, 38 fr. Parison.

— IIDEM lib. X. Hesychii de iisdem philosophis aliisque scriptoribus liber; Pythagoreorum philosophorum fragmenta. Omnia gr. et lat., ex editione postrema (cum castigationibus H. Stephani). Is. Casauboni notæ multo auctiores et emendationes. *Excudeb. H. Stephanus,* 1593, in-8. 6 à 9 fr.

Réimpression de l'édition précédente, avec de nouvelles corrections et des augmentations. (Il s'en trouve des exempl. datés de 1594.) Elle contient 16, 884, 120 pp. et 4 ff. pour l'index, plus 47 pp., 12 ff. et 88 pp.

C'est d'après cette dernière édition qu'a été faite celle de Genève, in-8., dont les titres portent indifféremment ou *apud Iacobum Stoer,* 1615, ou *Coloniæ-Allobrogum, Chouet,* 1616, ou bien *Genevæ, Vignon,* ou enfin *Oliva Pauli Stephani,* 1616. Une partie des exempl. renferme l'*Eunapius,* gr. et lat., avec un titre particulier daté de 1616.

— DE VITIS, dogmatibus et apophthegmatis eorum qui in philosophia claruerunt libri X (gr. et lat.), Th. Aldobrandino interprete, cum annotation. ejusdem. *Romæ, apud Aloys. Zanettum,* 1594, in-fol.

Édition corrigée d'après des manuscrits, et contenant une nouvelle version, et des notes qui ne vont que jusqu'au 9e livre : elle est rare en France, mais on la recherche peu. ,

— DE VITIS, etc. libri X (gr. et lat.), Th. Aldobrandino interprete, cum annotationibus ejusdem, quibus accesserunt annotationes H. Stephani et utriusque Casauboni : cum uberrimis Ægidii Menagii observationibus (cura Jo. Pearson). *Londini, impensis Octavii Pulleyn, typis Th. Radcliffe,* 1664, in-fol. 8 à 10 fr.

Vend. 30 fr. Gr. Pap. *mar. r.* Mac-Carthy.

Les observations de Ménage occupent 283 pp. dans cette édition, non compris la lettre du même à Emeric Bigot. L'auteur les avait d'abord fait imprimer à Paris, en 1663, à ses frais, à dessein seulement de les mettre au net, pour les envoyer en Angleterre, et il n'en avait fait tirer que quelques exemplaires, qu'il distribua à plusieurs savants. J'ai vu à la Bibliothèque impériale l'exempl. qui avait été donné au duc Huet ; c'est un très-gros vol. in-8. intitulé *Ægidii Menagii in Diogenem Laertium observationes et emendationes* (vend. 6 fr. en 1841). Ceci doit détruire le doute que Gabriel Peignot avait élevé sur la vérité de cette anecdote, dans son *Répertoire de bibliographie spéciale,* Paris, 1810, p. 89. — Dans un exempl. du Diogène Laerce de 1664, que possédait M. Parison, et qui

avait appartenu à Huet, il se trouvait, indépendamment des *notæ* et *emendationes* qui sont à la fin du volume, un cahier de 8 ff. contenant *Auctarium addendorum et mutandorum in observationibus Ægidii Menagii in Diogenem Laertium,* avec des errata, impr. en 4 et en 6 col., morceau que je n'ai pas rencontré dans d'autres exemplaires. Celui-ci n'a pourtant été vendu que 7 fr. 50 c.

— Iidem libri, gr. et lat., cum subjunctis integris annotationibus Is. Casauboni, Th. Aldobrandini et Mer. Casauboni : latinam Ambrosii versionem complevit et emendavit Marcus Meibomius : accedunt observationes Ægidii Menagii ejusdemque syntagma de mulieribus philosophis et Kuhnii notæ. *Amstelæd., apud Henr. Wetstenium,* 1692, 2 vol. in-4. avec 24 pl. 30 à 36 fr.

Édition la plus complète et la plus belle que l'on eût alors de cet écrivain. Quoique généralement estimée, elle a été vivement critiquée par Ignace Rossi, dans ses *Commentationes laertianæ,* impr. à Rome, en 1788, in-4.—Les exempl. en Gr. Pap. sont rares : vend. 182 fr. *mar. r.* Caillard ; 6 liv. 5 sh. Sykes ; 50 flor. *vél.* Meerman, et 62 fr. Giraud ; l'exempl. en *mar. bl. dent.* vend. 399 fr. Mac-Carthy a été revendu 181 fr. Labédoy...

— IIDEM, gr. et lat., cum indicibus, a Paul.-Dan. Longolio. *Curiæ-Regnitianæ, apud Puttnerum,* 1739, 2 vol. in-8. 12 à 15 fr.

Réimpression du texte et de la version de l'édition de 1692, ci-dessus. Elle est ornée de portraits : vend. 40 fr. *mar. citr.* F. D.

Il y en a une autre de *Leipzig,* 1759, en 1 vol. in-8., d'une exécution très-médiocre : 8 à 10 fr. Il s'en trouve des exemplaires avec de nouveaux titres datés de 1791.

— IIDEM libri X; græca emendatiora edidit, notatione emendationum, lat. Ambrosii interpretatione castigata, appendice critica atque indicibus instruxit H.-Gust. Hübnerus. *Lipsiæ, Köhler,* 1828-31, 2 vol. in-8. 20 fr.

A ces deux volumes il faut en ajouter deux autres, sous le titre suivant :

Is. CASAUBONI notæ atque Ægidii Menagii observationes et emendationes in Diogenem Laertium, quibus addita est historia mulierum philosopharum ab eodem Menagio scripta ; editionem ad exemplar wetstenianum expressam atque indicibus instructam curavit Hübnerus. *Lipsiæ, Köhler,* 1830-33, 2 vol. in-8. 20 fr.

Les notes d'Is. Casaubon (sous le nom d'*Hortibonus*) avaient d'abord paru séparément et plus complètes : *Morgiis, in officina Ioan. Lepreux,* 1583, in-8.

— Diogenis Laertii de clarorum philosophorum vitis, dogmatibus et apophthegmatibus libri decem ; ex italicis codicibus nunc primum excussis recensuit C.-Gabr. Cobet : accedunt Olympiodori, Ammonii, Iamblichi, Porphyrii et aliorum vitæ Platonis, Aristotelis, Pythagoræ, Plotini et Isidori ; Ant. Westermanno, et Marini vita Procli, J.-F. Boissonadio edentibus ; gr. et lat. cum indicibus. *Parisiis, F. Didot,* 1850, gr. in-8. 15 fr.

Traductions.

— Vitæ philosophorum (ex versione fratris Ambrosii Traversarii), pet. in-fol.

de 138 ff. (selon Fossi), ou de 140 (*Biblioth. spencer.*) à 42 lig. par page.

Cette édition, sans lieu ni date, mais qui paraît avoir été exécutée à Rome, un peu avant 1475, est la plus ancienne que l'on ait de cette traduction : elle est imprimée en lettres rondes, sans chiffr., récl. ni signat. L'épître qui se lit au commencement porte l'intitulé suivant : *Prestãtissimo in Christo patri : et domino Oliuerio Carrafe... Elius Franciscus, etc.* Le texte commence au recto du 3ᵉ f. et finit au recto du dernier de cette manière :

> *Finis philosophorum uita* . : .

Vend. 70 flor. Crevenna, et moins cher depuis.

Si pour connaître le format de ce livre on consulte la position des pontuseaux du papier, il n'en résultera rien de positif, car dans une partie des feuilles ces pontuseaux sont horizontaux et dans l'autre perpendiculaires. Cela prouve que cette façon de reconnaître le format d'un livre est quelquefois assez équivoque.

— Diogenis Laertii vitæ et sententiæ eorum qui in philosophia probati fuerunt, e græco in latinum translatæ a fratre Ambrosio, ex recens. Bened. Brognoli. — *Impressum Venetiis per Nicolaum Ienson...* M. CCCC. LXXV. *die xiij augusti*, pet. in-fol. de 186 ff. à 34 lig. par page.

En tête du volume se trouve une épître de *Benedictus Brognolus, etc.*, laquelle occupe 2 ff. Le 3ᵉ f. renferme le prologue du traducteur, et le 4ᵉ la table, *secundum ordinem librorum.* Le texte commence au recto du 5ᵉ f. (Hain compte 187 ff. en tout). — Vendu 156 fr. *m. r.* La Vallière ; 200 fr. Camus de Limare ; 4 liv. 5 sh. Pinelli ; 40 fr. Mac-Carthy ; 1 liv. Heber.

Les réimpressions qui ont été faites de cette traduction, soit à Venise, soit à Paris, ou ailleurs, à la fin du XVᵉ siècle et au commencement du XVIᵉ, n'ont point de valeur.

LE DIOGÈNE françois tiré du grec, ou Diogène Laertien, touchant les vies, doctrines et notables propos des plus illustres philosophes, compris en 10 livres ; traduit et paraphrasé sur le grec par M. François de Fougerolles, Dʳ en médecine, avec des annotations et recueils fort amples aux lieux plus nécessaires. *Lyon, J. Ant. Huguetan,* 1602 (aussi 1604), in-8. de 832 pp.

Quoique ce volume soit très-peu commun, il n'a été vendu que 3 fr. Coste.

La traduction française de Diogène Laerce, par G. B. (Gilles Boileau), *Paris, de Sercy ou Cochart,* 1668, 2 vol. in-12, n'est pas chère.

— LES VIES des plus illustres philosophes de l'antiquité, trad. du grec, auxquelles on a ajouté la vie de l'auteur, celle d'Épictète, de Confucius, et leur morale ; et un abrégé histor. de la vie des femmes philosophes de l'antiquité (traduction attribuée à Chaufepié). *Amsterd.,* 1758, 3 vol. in-12, fig. 10 à 12 fr.

Un exemplaire en papier fort de Hollande : 41 fr. Labédoy...

Il y a une contrefaçon en 3 vol. in-12, en petits caractères et datée de 1761 ; une assez mauvaise réimpression, *Paris,* 1796, 2 vol. in-8., et une autre meilleure, *Paris, Lefèvre,* 1820, gr. in-18.

— VIES des philosophes de l'antiquité, traduction nouvelle, par Ch. Zévort. *Paris, Charpentier,* 1847, 2 vol. gr. in-18. 7 fr.

— Incomincia el libro de la vita de philosophi e delle loro elegantissime sententie extracto da D. Lahertio, e da altri antiquissimi auctori. — *Impres-*

sum... Venetiis, per Bernardinum Celerium de Luere... MCCCCLXXX. *Die ix Decembris,* in-4. de 71 ff. non chiffrés, à 26 lig. par page (y compris 2 ff. pour la table).

Première édition de ce livre, lequel n'est point une traduction de Diogène Laerce, mais un ouvrage extrait de différents auteurs et principalement de Gualther Burley (voy. BURLEY). Vend. 12 fr. Gaignat ; 101 fr. La Vallière ; 31 fr. Mac-Carthy ; 1 liv. 7 sh. *mar. olive,* Libri, en 1859.

Les autres éditions de ces extraits sont à bas prix.

Il y a une traduction italienne de Diogène Laerce par les frères Rossettini da Prat' Alboino, *Venise,* 1545, 1561, 1566 et 1567, in-8., augmentée et corrigée par G.-F. Astolfi, *Venise,* 1606 et 1611, in-4.

Une traduction littérale de Diogène Laerce, en anglais, par C.-D. Yonge, pet. in-8., fait partie de la *Classical library* du libraire Bohn. Il existait déjà une autre traduction de cet ouvrage dans la même langue (*by several hands*). *London,* 1688, 2ᵉ édit. 1696, 2 vol. in-8.

LOS DIEZ LIBROS de Diogenes Laercio sobre las vidas, opiniones y sentencias de los filosofos mas illustres ; trad. y illust. con notas por Jose Ortiz y Sanz. *Madrid, impr. real,* 1792, 2 vol. pet. in-4. 10 fr.

DIOGENES LAERTIUS... aus dem griechischen übersetzt von Borheck. *Wien und Prag,* 1807, 2 vol. in-8. portr. 10 fr.

Le livre allemand intitulé : *Das buch von dem leben und sitten der heydnischen maister,* Augsb., Ant. Sorg, 1490, in-4. de 4 et 160 ff., n'est pas, comme on l'avait cru pendant longtemps, la traduction du Diogène, mais bien celle du *Liber de vita philosophorum,* de Burley.

DIOMEDES. In hoc volumine hæc continentur : Diomedes de structura et differentia sermonis, etc.; Phocas de nomine et verbo, etc.; Caper de latinitate; Agrætius de orthographia... Donatus de barbarismo et octo partibus orationis; Servius et Sergius in Donatum. — FINIS, NICOLAUS JENSON GALLICUS. (*absque anno*), in-fol. [10777]

Volume de 170 ff. à 35 lig. par page, en caract. romains, avec des signatures de *a—x.* Au verso du premier f. se lit le titre ci-dessus. Le texte commence au recto du f. suivant par cette ligne :

> *Diomedis doctissimi ac diligentissi-*

C'est la première édition de cette collection. Elle paraît devoir former la suite du *Nonius Marcellus,* impr. par Jenson, en 1476, et n'être pas antérieure à cette date. Vend. 5 liv. 5 sh. Pinelli ; le même prix Sykes ; 62 fr. salle Silvestre, en 1818 ; 32 flor. Meerman.

L'édition du même recueil, *Vicentiæ, per Henr. de S. Urso,* 13 kal. jul., 1486, in-4. de 176 ff., est une réimpression de la précédente ; elle a fort peu de valeur, et les autres édit. du XVᵉ et du XVIᵉ siècle, citées par Ebert, nᵒˢ 8774-8779, et par Hain, 6216 à 5223, en ont encore moins. Le traité *De Arte grammatica,* de Diomèdes, a été impr. séparément à Paris, *in ædibus Laliseau, opera Johannis Gaultier, calcographi ac bibliopolæ, anno millesimo quingentesimo undecimo,* die XIX septembr., in-4. Selon Maittaire, *Index,* p. 341, il l'a été également à Cologne, 1518, et reproduit dans la même ville en 1523, in-4. Il fait partie de plusieurs recueils de grammairiens latins. Voyez CORPUS grammaticorum, et PUTSCHIUS.

DION. Voy. DIO.

DIONIGI (Mᵐᵃ *Marianna*). Viaggi in alcune città del Lazio che diconsi fondate dal re Saturno. *Roma,* 1809-12, in-fol. obl. fig. [29445]

Cet ouvrage, un des plus importants que l'on ait sur les monuments cyclopéens, renferme 30 belles pl. publiées en 11 livrais. Il coûtait 80 fr. Vend. 26 fr. Hurtault. Il y a des exempl. en pap. vél.
— Precetti sulla pittura de' paesi, 9273.

DIONIGI *(Ph.-L.).* Sacrarum basilicæ vaticanæ cryptarum monumenta, æreis tabulis incisa et a Phil.-Laur. Dionysio ejusdem basilicæ beneficiorio commentariis illustrata (cura Aug. de Gabrielis principe Poxendi edita). *Romæ,* 1773, in-fol. fig. [25594]

Réimprimé, *cum appendice Æm. Sarti et Jos. Settel.* Romæ, Feretti, 1828-40, 2 vol. in-4. avec 16 pl. au prix de 16 écus rom.
— ANTIQUISSIMI Vesperarum paschalium ritus expositio de sacro inferioris ætatis processu dominica resurrectionis Christi ante vesperas in vaticana basilica usitato conjectura. *Romæ,* 1780, in-fol.

DIONYSE *(Alexandre),* chirurgien à Vendosme. Traicté et response sur la question proposée par d'Angeron et Martel, chirurgiens du roi de Navarre, et décidée par M. Laurent Joubert ; à scavoir si avec la seule eau froide et simple on peut guarir, tant les plaies des arquebusades, qu'autres : la question desdits d'Angaron et Martel est inserée à la fin de ce present traicté, sans y avoir adiousté ne diminué. *Paris, Jean Parent,* 1581, pet. in-8. [vers 7576]

Peu commun.

DIONYSIUS episc. Dionysii alexandrini episcopi, cognomento magni, quæ supersunt (gr. et lat. nunc primum partim, partim iterum cura Sim. Dom. de Magistris edita). *Romæ, typis prop. fid.,* 1796, gr. in-fol. 30 à 36 fr. [876]

DIONYSIUS aeropagita. Hæc insunt in hoc libro sancti Dionysii : De cœlesti hierarchia cap. xv; de divinis nominibus cap. XIII; de pontificali dignitate cap. VII; de mystica theologia cap. V; epistolæ x ; martyrium sancti Dionysii; græce. *(Florentiæ), in ædibus Phil. Juntæ,* M. D. XVI, *die xxix julii,* in-8. de 192 ff. [849]

Édition rare : vend. 9 fr. d'Ourches; 30 fr. *mar. viol.* Mac-Carthy.

— Dionysii areopagitæ opera quæ extant, in eadem schol. Maximi ; Georgii Pachymeræ paraphrasis et Mich. Syngeli encomium (gr., ex recognit. Guill. Morellii). *Paris, G. Morellius,* 1561-62, 2 tom. in 3 vol. in-8.

Collection rare, qui se compose de 3 parties. La pre-

Dionis du Séjour. Mouvements des corps célestes, 8277.

mière a 14 ff. prélim., 484 pp. (texte de Denis), 29 ff. *(variæ lectiones),* et 1 f. pour la souscription; la seconde, 14 ff. prélim., et 400 pp. (Maximus, p. 1 à 344, et Michael Syngelus, p. 345 à 400) ; la troisième (Pachymerus), 6 ff. et 444 pp. Vend. en *mar. r.* 14 flor. Meerman, sans avoir cette valeur ordinairement; le Denis seul, exempl. en Gr. Pap. bleu, 16 flor. le même. L'exemplaire imprimé sur VÉLIN, vend. 18 fr. seulement chez Gaignat, n'était peut-être pas complet.

— S. Dionysii areopagitæ Opera, et S. Maximi scholia, et Georgii Pachymeri paraphrasis, et vita S. Dionysii, gr. et lat., studio Baltas. Corderii et Pet. Lansselii. *Lutetiæ, apud Ant. Stephanum* (seu *apud Lud. Boulanger,* seu *Dyonis. Bechet),* 1644,. 2 vol. in-fol.

Édition faite sur celle de *Paris, Séb. Cramoisy,* 1615, donnée par P. Lanssel, et celle *d'Anvers, Balth. Moret,* 1634, in-fol., due au P. Balth. Corder *(Corderius)* ; elle est augmentée de la Défense de l'Aréopagite, par J. Chaumont : 36 à 45 fr.
— EDITIO alia, a mendis repurgata ac dissertatione prævia (J.-Fr.-Bern. de Rubeis), variante. lectt. ex Biblioth. S. Marci cod. depromptis (studio G. Constantini) aliisque accessionib. aucta et locupletata. *Venetiis, Zatta,* 1755-56, 2 vol. in-fol.
Édition la meilleure de ce Père : elle coûte de 30 à 40 fr. en Italie, et plus cher en Gr. Pap.

— Dionisii areopagite... de celesti hyerarchia ad Timoteum episcopum (liber), de divinis nominibus, etc. — *Impressum Brugis per Colardum Mansionis* (absque anno), pet. in-fol. goth. de 99 ff. à 2 col. de 34 lig.

Cette édition, très-rare, commence par deux ff. de table; ensuite vient le texte, dont voici la première ligne : *Alne datum optimû*
Le monogramme de l'imprimeur est au bas de la souscription qui termine l'ouvrage. Vend. 14 fr. Brienne-Laire; 140 fr. chez M. Deys, à Bruges, en 1829; 175 fr. Borluut, à Gand, en 1858.

— Dionysii areopagitæ opera, latine, cum expositione, per Marsilium Ficinum. — *Impressum Florentiæ, per Laurêtiû Frâcici (de Alopa) uenetû,* in-4. de 148 ff.

La souscription de ce livre ne porte point de date; mais l'épître dédicatoire de Marsile Ficin au cardinal Jean de Médicis, placée sur le prem. f., est datée de 1492, et l'on sait que l'ouvrage a été impr. en 1496. 29 fr. Costabili. La bibliothèque de Sainte-Geneviève, à Paris, possède un bel exempl. de ce volume, impr. sur VÉLIN.

— Opera, latine, ex interpret. Ambrosii; Ignatii epistolæ XI; Polycarpi epistola una, lat. : omnia ex edit. Jac.-Fabri stapulensis. *Parhisiis, Joan. Higmannus et Wolfg. Hopylius,* 1498, pet. in-fol. goth. de 4 et 117 ff.

Cette édit. n'a point de valeur, non plus que celle du même recueil qui a été imprim. à Paris, *per Henr. Stephanum,* 1515, in-fol. de 224 ff. Un exempl. de chacune des deux, impr. sur VÉLIN, se conserve à la Bibliothèque impériale.

— Traité de la hiérarchie céleste pris de monseigneur saint Denys, apostre et patron de France, composé par Francois de Marillac et adressé au roy Henry II. *Toloze, Jacq. Colomiès*, 1555, in-4.

Nous citons ici cette traduction à cause de sa rareté.

Œuvres de S. Denis l'aréopagite, trad. du grec, par M. l'abbé Darboy. *Paris, Sagnier et Bray*, 1844, in-8.

Pour d'autres traductions françaises des ouvrages attribués à S. Denis l'aréopagite, voy. les nos 850 et 851 de notre table.

Une traduction allemande des mêmes œuvres, avec des notes par J.-G.-V. Engelhardt, a paru à *Salzbach*, en 1823, en 2 vol. in-8.

DIONYSIUS Alexandrinus. Periegetes, voy. ci-après col. 729.

DIONYSIUS Carth. Voy. Rikel.

DIONYSIUS genuensis. Voy. Bernardus a Bononia.

DIONYSIUS halicarnasseus. Dionysii halicarnassei antiquitatum romanarum lib. X (græce), ex bibliotheca regia. *Lutetiæ, ex offic. Rob. Stephani, regiis typis*, 1546, in-fol. [22878]

Première édition, magnifiquement exécutée : les beaux exempl. sont recherchés des curieux : 15 à 20 fr. Vend. 23 flor. Crevenna ; 60 fr. *m. r.* Brienne, en 1792 ; 38 fr. *m. r.* F. Didot.

Outre les antiquités romaines (538 pp. et 1 f. d'errata), ce volume doit renfermer une 2e partie datée de 1547, et qui a pour titre *Dionysti halicarnassei de compositione, seu orationis partium apta inter se collocatione artis rhetoricæ capita quædam, etc.*, contenant 128 pp. et des *variæ lectiones*, en 2 ff.

— Scripta quæ extant omnia, et historica et rhetorica, e vett. librorum auctoritate doctorumque hominum animadversionibus emendata et interpolata (gr.). cum lat. versione ad græci exemplaris fidem collata et conformata. Addita fragmenta, notæ et duo indices : opera et stud. Frid. Sylburgii. *Francofurdi, heredes Andr. Wechellii*, 1586, 2 tom. en 1 vol. in-fol. 12 à 15 fr.

Édition estimée, laquelle a 8 ff. prélim., 792 et 169 pp., 1 f. pour la marque de l'imprimeur, ensuite 6 ff. prélim., 230 et 94 pp. plus 1 f. pour la marque typographique.

On a fait usage dans cette édit. de la version lat. des Antiquités romaines par Sig. Gelanius, version qui avait déjà été imprimée séparément à Bâle, 1549, in-fol. et depuis. La seconde partie, contenant les ouvrages de rhétorique, manque quelquefois. — La réimpression de l'édition de Sylburge faite à Leipzig, en 1691, in-fol., est peu correcte : 10 à 12 fr.

— Dionysii halicarn. antiquitatum rom. libri XI. ab Æmilio Porto recens et post aliorum interpretationes latine redditi et notis illustrati. cum indice locupletissimo, et Henrici Glareani chronologia. Ejusd. Dionysii quædam de legationibus, gr. et lat., ex interpretatione Henr. Stephani et aliorum. Henr. Steph. operæ variæ in Dionysii antiquitatum libros, et Is. Casauboni animadversiones

in eosdem. (*Genevæ*, 1588) *Excudebat Eustathius Vignon sibi et Henrico Stephano*, in-fol.

Les exemplaires de ce livre se trouvent avec ou sans la date sur le titre, mais toujours avec la date de 1588 après l'épître dédicatoire. Les plus complets sont ceux qui renferment toutes les parties indiquées ci-après, savoir : *Antiquitates*, 383 pp. *Æmilii Porti annotationes*, 107 pp. *Chronologia*, et *dissertatio de origine gentis romanæ*, 49 pp. *Indices*, 21 ff. *De legatione*, 47 pp. *H. Stephani operæ variæ*, 56 et 24 pp. *Is. Casauboni animadversiones*, 30 pp.

— Antiquitatum romanarum libri quotquot supersunt (et quæ extant Rhetorica et critica : omnia gr. et lat., ex recens. et cum notis Jo. Hudson), *Oxonix, e Theatro sheldoniano*, 1704, 2 vol. infol. 40 à 50 fr.

Édition bien impr. et plus correcte qu'on ne le croit généralement d'après la critique de Reiske. En la donnant, Hudson a fait usage de la collation d'un manuscrit du Vatican et de l'ancienne trad. lat. par Biragi, qui lui ont fourni des corrections, des variantes et le sujet de quelques notes ; du reste il a suivi le texte de Sylburge, et dans ses notes il n'a guère fait qu'abréger les commentaires des anciens éditeurs. La version latine qu'il a adoptée est celle d'Æmilius Portus. Ayant eu le soin de faire imprimer aux marges intérieures du texte les chiffres des pages correspondantes de l'édition de 1586 ci-dessus, l'éditeur anglais a pu adapter à la sienne les tables de Sylburge, sans prendre même la peine d'en changer les chiffres de renvoi. Ces tables sont suivies d'une partie séparée de III pp., qui a pour titre : *Henr. Dodwelli chronologia græco-romana pro hypothesibus Dionysii halicarnassei*. — Les exemplaires en Gr. Pap. sont rares et valent de 10 à 12 liv. en Angleterre. Vend. 412 fr. Gouttard ; 480 fr. *mar. r.* F. Didot ; 760 fr. Mac-Carthy, et 310 fr. même exempl., en 1838, et beaucoup moins depuis.

— Eadem opera omnia, gr. et lat. cum annotationibus diversor. et Joan.-Jac. Reiske. *Lipsiæ*, 1774-77, 6 vol. in-8. 36 à 45 fr.

Cette édition n'est guère qu'une réimpression de celle d'Hudson ; seulement Reiske en a revu les épreuves à partir de la page 464 du prem. vol., et a corrigé les fautes de l'original, ainsi que les leçons qu'il a jugées vicieuses. Ce savant critique a aussi ajouté quelques notes à chaque vol. Le 6e tome a été soigné par S.-F.-N. Morus, et contient des augmentations. Ainsi que l'a fort bien dit le comte de Revickzky, dans son catalogue, la longue liste des fautes typographiques, que (dans sa préface, p. XII) Reiske prétend s'être glissées de l'édit. d'Oxford dans celle de Leipzig, est inexacte ; car, vérification faite, la plupart de ces fautes ne se sont pas trouvées dans l'édition anglaise tant décriée par le critique allemand.

— Eadem opera omnia, quibus etiam accedunt fragmenta ab Angelo Maio nuper reperta, græce. *Lipsiæ, Tauchnitz*, 1823, 6 vol. in-16. 9 fr.—Pap. fin, 18 fr.

Édition stéréotype.

DIONYSII HALICARNASSEI romanarum antiquitatum pars hactenus desiderata ; nunc denique ope codicum ambrosianorum ab Angelo Maio quantum licuit restituta ; nempe libri postremi novem qua fieri potuit ratione reparati : gr. cum latina editoris interpretatione et notis et prævia dissertatione, necnon aliquot appendicibus. *Mediolani, e typogr. reg.*, 1816, in-4. de xxxij et 187 pp.

Ce vol. coûtait 30 fr., en Gr. Pap. vél. 50 fr. ; mais ces prix se soutiennent d'autant moins que la réimpression faite à Francfort, en 1817, in-8. (très-médiocre à la vérité), se vend seulement 3 fr. Le savant éditeur n'a pas donné les neuf derniers livres des antiquités romaines en entier, comme pourrait le faire croire le titre du livre dont nous parlons, mais seulement un extrait des livres XI à XX, rédigé arbitrairement en neuf livres par lui-même. On peut voir à ce sujet l'opuscule intitulé : *Lettere di P. Giordani sopra il Dionisio trovato dall' abate Mai*, Milano, Silvestri, 1817, in-8. de 144 pp. 2 fr. Depuis, M. Mai a inséré ces mêmes fragments dans le 2ᵉ vol. de sa *Nova collectio scriptorum veterum*.

— DIONYSII HALICARNASSEI archæologiæ romanæ, quæ ritus romanos explicat, synopsis (græce). Adornavit, animadversiones interpretum, suasque adjecit Dav.-Christ. Grimm. *Lipsiæ*, 1786, in-8. 6 fr. — Pap. fin, 8 fr. [22879]

— Originum sive antiquitatum romanarum liber primus (libri X, latine, interprete Lappo Birago). — *Impressum Tarvisii, per Bernardinum Celerium de Luere, anno...* M. CCCC. LXXX. *bissexto kl. martias*, in-fol. de 299 ff. non chiffrés, à 37 lign. par page.

Première édition de cette version, laquelle commence par une épître au pape Paul second : vend. 1ᵛ fr. et 15 fr. (2 exempl. différents par le f. de souscript.) Gaignat; 40 fr. Mac-Carthy ; 1 liv. 19 sh. Hanrott ; 2 liv. 2 sh. *m. r.* Heber.

— Les Antiquités romaines (trad. du gr.) en françois , avec des notes histor. et crit. (par Fr. Bellanger). *Paris , Ph. N. Lottin*, 1723, 2 vol. in-4., avec des cartes.

Traduction la plus estimée, mais qui en fait désirer une meilleure : 24 à 30 fr.; et en Gr. Pap. vend. 38 fr. de Cotte ; 103 fr. *m. r.* Mac-Carthy ; 62 fr. *m. citr.* Chateaugiron. L'édition de *Chaumont*, an VIII (ou 1800), avec un nouveau titre daté de *Paris*, 1807, in-8., est fort mauvaise et n'a pas de cartes. La traduction du P. Le Jay, *Paris*, 1722, 2 vol. in-4., moins exacte que celle de Bellanger, est peu recherchée : 6 à 9 fr.

— Dionisio alicarnasseo delle cose antiche della città di Roma, trad. per Franc. Venturi. *Verona*, 1738, 2 vol. in-4. 12 à 15 fr.

Édition augmentée d'une vie de l'auteur par Th. Porcacchi, de deux tables, de quelques notes et de deux cartes d'après Cellarius. L'ancienne édition, *Venetia, Nicolo Bascarini*, 1545, in-4., est rare, et conserve quelque prix en Italie. Vend. 21 fr. *m. r.* de Boisset.

— LE ANTICHITA romane di Dionigi d'Alicarnasso, volgarizzate dall' abate Marco Mastrofini, ed opuscoli trad. da varj. *Milano*, 1823, 4 vol. in-8. fig. 20 fr. — in-4. pap. vél. 40 fr. Cette traduction avait déjà été impr. à Rome, 1812-13, en 4 vol. in-8.

— The roman antiquities, translated into english, with notes and dissertations by Edw. Spelman. *Lond.*, 1758, 4 vol. in-4. 36 à 40 fr.

— RÖMISCHE Alterthümer, aus dem griech. übers. von J.-Lor. Benzler. *Lemgo, Meyer*, 1771-72, 2 vol. in-8. 2 thl. 16 gr.

— Dionysii halicarn. liber de structura orationis, gr. et lat. editus a Sam. Bircovio, polono. *Samosci*, 1550, in-8.

Quoique, au jugement de M. Hoffmann, la version de

Bircovius soit très-mauvaise, nous avons cru devoir citer cette édition à cause de sa grande rareté.

— DIONYSII halicarnassei de structura orationis liber (gr. et lat.), ex recens. Jac. Upton, qui et veterem interpretationem emendavit , suasque adjecit animadversiones, cum notis integris Fr. Sylburgii selectisque aliorum. *Lond.*, 1702 , in-8. 5 à 7 fr. [12019]

Vend. en Gr. Pap. 21 fr. *peau de truie*, Gouttard ; 69 fr. F. Didot ; 25 fr. Barthélemy ; 1 liv. 4 sh. Williams. — Les éditions de 1728 et 1747, même lieu et même format, 5 à 6 fr.

— DE COMPOSITIONE verborum liber, gr. et lat., cum priorum editorum suisque adnotationibus edidit God.-H. Schæfer ; acced. ejusdem meletemata critica in Dionysii halicarn. artem rhetoricam. *Lipsiæ*, 1808, in-8. 12 fr.

Il y a des exempl. en pap. fin, 15 fr.; et en pap. vél. un peu plus chers.

— DE COMPOSITIONE verborum liber, e copiis bibliothecæ regiæ monacensis emendatius edidit Fr. Goeller : accesserunt variæ lectiones in Themistii orationibus quibusdam , e codice monacensi excerptæ F. Jacobs. *Jenæ*, 1815, in-8. 4 fr.

— TRAITÉ de l'arrangement des mots, trad. du grec, avec des remarques, etc., par l'abbé Batteux. *Paris*, 1788, in-12.

Ce volume, dont il y a des exemplaires tirés in-8., fait suite aux *Principes de littérature* de Batteux.

— RHETORICA, quæ vulgo integra Dionysio halicarnassensi tribuitur, emendata, nova versione latina et comment. illustrata, auct. H.-A. Schott. *Lipsiæ*, 1804, in-8. 7 fr.

DIONYSII halicarn. responsio ad Cn. Pompeii epistolam , in qua ille de reprehenso ab eo Platonis stylo conquerebatur (ejusdem comparatio Herodoti cum Thucydide et Xenophontis , Philisti , Theopompi inter se; ejusdem ad Ammæum epistola : ejusd. de præcipuis linguæ gr. autoribus elogia; Maximi... libellus de oppositionibus insolubilibus ; omnia gr. edente Henr. Stephano). *Apud Carolum Stephanum (Parisiis)*, 1554, in-8. de VIII ff. et 78 pp.

Ce recueil contient plusieurs traités impr. pour la première fois, et entre autres le *Proœmium de antiquis rhetoribus*, lequel n'est pas porté sur le titre, mais occupe cependant les deux derniers ff. des pièces liminaires. Ces pièces renferment aussi une épître de H. Estienne, en grec, et une autre du même, en latin. Maittaire avait vu un exempl. de ce livre qui avait, de plus que celui que j'ai eu sous les yeux, un f. portant la souscription suivante : *Excudebat Henri Stephanus Lutetiæ-Parisiorum, anno M. DLIII, non. Dec.* On trouve quelquefois dans le même volume : *Dionysii halicarnassei nonnulla opuscula, latine, Stanislao Ilovio interprete.* Ex offic. R. Stephani, 1556, in-8.

— HISTORIOGRAPHICA, hoc est epistola ad Cn. Pompeium, ad Q. Ælium Tuberonem et ad Ammæum altera, gr., cum priorum euitorum suisque annotationibus edidit Ch.-Guil. Krieger : subjectæ sunt ejus commentationes criticæ et histor. de Thucydidis historiarum parte postrema. *Halæ, Gebauer*, 1823, in-8. 10 fr.

— DELLO STILE e di altri modi proprj di Tucidido , dal greco per la prima volta in italiano recato da Pietro Manzi , con un discorso del medesimo sull' arte historica. *Roma, de Romanis*, 1819, pet. in-4.

— QUA RATIONE, via ac methodo historias cum latinas, tum præsertim græcas, intelligenda , indicanda ac legenda sint. Opus eruditissim. ac omnibus historiographis multo pernecessarium, Dionisio Licarna authore. *Venetiis*, 1571, in-4. de 94 ff.

L'auteur nommé ici *Dionisio Licarna* n'est autre que Denys d'Halicarnasse, et l'ouvrage dont nous venons de donner le titre est la version lat. (par André Dudith) du traité de cet historien *De Thucydidis historia judicium*, édition de Venise, Aldus, 1560 ; on a seulement réimpr. les quatre premiers ff. y compris le frontispice, sur lequel est ajoutée la gravure en bois de l'*Academia veneta*. Ce nouveau titre, si différent du premier, est une singularité qui donne quelque prix aux exemplaires où il se trouve. Vend. 1 liv. 19 sh. Butler; et l'édition de 1560, seulement 2 sh.

— SELECTI de priscis scriptoribus tractatus, gr. et lat., græca recensuit notasque adjecit Guil. Holwell. *Lond.*, 1766, gr. in-8. 6 à 9 fr. [30413]

En très Gr. Pap. *m. r.* 60 fr. Renouard; 20 fr. *v. f.* Caillord; 1 liv. 5 sh. *mar.* Williams.

La réimpression de *Londres*, 1778, in-8., 62 fr. en Gr. Pap. *mar. r.* F. Didot, et quelquefois beaucoup moins.

— DE ANTIQUIS oratoribus commentarii, gr. et lat., recens. Ed. Rowe Mores. *Oxonii, e typ. clarend.*, 1781, in-8. 6 à 9 fr.

Vend. en Gr. Pap. *m. r.* 39 fr. Mac-Carthy.

EXAMEN critique des plus célèbres écrivains de la Grèce, par Denis d'Halicarnasse; trad. en français, avec des notes et le texte en regard, par E. Gros. *Paris, Brunot-Labbe*, 1826-27, 3 vol. in-8. 15 fr.

DIONYSIUS alexandrinus, Periegetes. Dionysii afri de situ orbis opus studiosis necessarium, quo gentes, populi, urbes, maria, flumina explicantur græce scriptum. Idem in latinitatem a Rhemnio grammatico translatum, falso hactenus Prisciano adscriptum, in quo prope ducenta loca castigavimus, quæ et Plynio et reliquis geographis plurimum accommodabunt : in idem annotamenta Græcorum more latine scripta, in quibus aliquot autorum castigationes continentur. Cœlii Calcagnini annotatio super Anchiale, et Rhemniani carminis pensitatio. (in fine) : *Joannes Machiochus Bondenus imprimebat Ferrariæ, die* XVIII *Decembris anno* M. D. XII, in-4. de 54 ff. en tout, sign. A.-G. [12402 ou 19544]

Première édition rare : 8 liv. 8 sh. Sykes; 54 flor. 50 c. Meerman; 50 fr. Reina; 62 fr. Riva; et en *mar. r.* 1 liv. 18 sh. Libri, en 1859. Rich. Heber en avait *quatre* exempl., qui ont été vend. de 1 liv. à 2 liv. 10 sh. chacun.

Réimpr. sous le même titre, à peu près : *Basileæ, apud Valent. Curionem*, 1522, *mense séptembri*, in-8.

— ORBIS descriptio, Arati astronomicon, Procli sphæra; cum scholiis Ceporini, gr. et lat. *Basileæ, Jo. Bebelius*, 1523 et 1534, in-8.

Trois éditions assez rares, mais sans valeur.

— DE SITU orbis libellus, Eustathii thessalonicensis archiepisc. commentariis illustratus (græce), ex Biblioth. regia. *Lutetiæ, ex officina Rob. Stephani, regiis typis*, 1547, in-4.

Belle édition, la première avec le commentaire d'Eustathe. Elle a 158 pp., plus 15 ff. pour l'index et les variantes : 6 à 9 fr. Vend. 18 fr. *mar. v.* en 1812; 8 flor. 25 c. Meerman.

— IDEM, gr. et lat., cum variar. lectionum annotatione, Rhemnio Fannio grammatico interprete. *Parisiis, Guill. Morellus*, 1557, in-4. de 60 et 38 pp.

Belle édition : 5 à 6 fr.

— DIONYSII alex. et Pomponii Melæ situs orbis descriptio; C.-J. Solini polyhistor.; in Dionysii poematium commentarii Eustathii : interpretatio ejusdem poematii ad verbum ab H. Stephano scripta : necnon annotationes ejus in idem et quorumdam aliorum, etc. *Excudebat Henr. Stephanus*, 1577, in-4. 6 à 9 fr.

Texte revu, nouvelle version latine, et choix des no-

tes de Ceporinus, Morel et Papia. Ce volume a 4 ff. prélimin., 158 pp., 12 ff. non chiffrés, plus 47 et 152 pp.

— DIONYSII orbis descriptio, gr. et lat., cum annotationibus Eustathii et Henr. Stephani, nec non Guill. Hill commentario critico et geographico ac tabulis illustrata. *Londini*, 1688, in-8., avec 8 cartes.

Édition remarquable par un long commentaire de G. Hill, qui occupe plus de 400 pp., mais qui avait déjà été impr. dans les éditions de *Lond.*, 1658, 1663 et 1679.

— EJUSDEM orbis descriptio, cum Eustathii commentario et anonymi paraphrasi gr. : accesserunt antiquæ versiones Prisciani et R. Festi Avieni (edente Jo. Hudson). *Oxoniæ*, 1710, in-8. fig. 6 à 9 fr.

Cette édition sert de 4e vol. à la collection des *Petits géographes*; elle est préférable à celle d'*Oxford*, 1697, in-8., donnée par Edw. Thwaites, parce qu'elle contient de plus que cette dernière la dissertation de Dodwell : *De ætate et patria Dionysii Periegetæ*, la paraphrase grecque d'un anonyme, tirée d'un ms. de Paris, et l'ancienne traduction latine de Festus Avienus. Les exemplaires datés de 1712 ou de 1717 sont de la même édition, dont on a changé le titre; cependant il n'y a ni l'épître dédicatoire d'Hudson, ni la préface, dans les exempl. de 1717.

— ORBIS descriptio, editio emendata et locupletata, additione scilicet geographiæ hodiernæ græco carmine pariter donatæ, cum notis et versione lat. ab Edw. Wels. *Oxonii, e Th. sheldon.*, 1704, in-8. 5 à 7 fr.

Cette édition, qui est ornée de 16 cartes, n'a rien de commun avec les précédentes, et c'est pour cela que quelques curieux la réunissent à la collection des *Petits géographes*. Le Gr. Pap. est rare. Vend. 25 fr. Mac-Carthy. Il est à remarquer que Wels s'est permis de faire au texte de Denis des coupures, des retranchements et des additions, et que par ce moyen il a porté le nombre des vers de ce poème à 1362, au lieu de 1186 dont se compose l'original. Néanmoins ce livre a eu du succès, car il a été réimprimé à Oxford, en 1709; à Londres, en 1718, en 1726, en 1738 et en 1761, in-8. Hoffman dit que les dernières éditions ont 1429 vers.

— DE SITU orbis liber, gr. et lat., interprete Andr. Papio, ut et Aristophanis Plutus, cura Sig. Havercampi. *Lugd.-Bat.*, 1736, in-8. 4 à 6 fr.

— ORBIS terrarum descriptio, gr., recensuit et adnotatione critica instruxit Fr. Passow. *Lipsiæ, Teubner*, 1825, pet. in-12. 2 fr. — Pap. fin, 3 fr. 50 c.

— Geographi græci minores, ex recensione et cum annotatione Godofredi Bernhardi, vol. I. Dionysius Periegetes. gr. et lat., cum vetustis commentariis et interpretationibus, ex recensione Godofr. Bernhardi. *Lipsiæ, Weidmann*, 1828, in-8. de XXXVIII et 1074 pp. 18 à 20 fr., et plus en pap. vél.

Ce volume se divise en 2 parties, dont la seconde commence à la page 487. C'est tout ce qui a paru de cette édition des *Petits géographes* (voy. ARATUS). Le commentaire grec d'Eustathe, qui fait partie de ces différentes éditions de Denis le Périégète, a été imprimé séparément, avec la version lat. d'Alex. Politi, *Coloniæ-Allobr.* (Genève), 1741, in-8. 5 à 6 fr. Il s'en est vendu un exemplaire en Gr. Pap., au prix exorbitant de 60 fr., chez M. Dutheil.

Traductions.

— Dionysius alex. de situ orbis habitabilis, ex versione Ant. Bechariæ. (à la fin) : *Venetiis, per Bernardū pictorē et Erhardū ratdolt, de Augusta una cū Petro loslein de Langencen eoꝛ correc-*

tore ac socio, M. CCCC. LXXVII, in-4. de 41 ff., sign. a—e.

Première édition de cette version en prose; elle commence ainsi : *Eloquentissimi viri domini Antonij Becharię veronensis prooemium in Dionysii traductionem de situ orbis...* 15 fr. non rel. d'Ourches; 2 liv. 12 sh. 6 d. Sykes; 20 fr. Riva; 40 fr. Costabili; 1 liv. Libri, en 1859.

L'édition de Venise, *per Fr. Renner de Hailbrun*, 1478, in-4. de 36 ff., a la même valeur à peu près; vend. 14 fr. *m. r.* Gaignat; 15 fr. La Valliere; 25 fr. Mac-Carlhy.

Parmi les autres éditions de cette traduction qui ont été faites à la fin du XVᵉ siècle, et que décrit Hain, nous en remarquons une de Paris, in-4., en lettres rondes, ayant 16 ff. à 40 lig. par page, et qui se vendait *in vico dini Iacobi apud signū leonis argělei*. Elle porte cette souscription finale : *Impressum hoc opusculum Parisiis per magistrum Georgiū Wolff & Thielmānum Keruer. Anno dūi M. CCCC. XCIX. vicesima secunda mensis Iunii.* Elle n'a pourtant que très-peu de valeur.

La traduction du même poëme, en vers latins, attribuée soit au grammairien Priscianus, soit à Rhemnius Fannius, a été impr. pour la première fois en 1470, avec *Priscianus de arte grammatica* (voy. PRISCIANUS); elle a été réimprimée à la suite de Pomponius Mela. *Venetiis, Er. Ratdolt*, 1482, in-4., et séparément. *Coloniæ*, 1499, in-4. de 25 ff. Et aussi sous ce titre :

Dionysii Alexandrini philosophi de situ orbis Translatio per Prisciaū grammaticoꝝ prīcipē. (à la fin) : *Impressum Vienne a Joanne Winterburg. Emendatum a L. Joanne Cuspiniano* (circa 1493), in-4. goth. — Réimpr. *Viennæ-Pannoniæ in ædibus Hier. Vietoris et Joan. Singreni socior. expensis Leonardi et Lucæ Allanse fratrum*, M. D. XII, in-4. de 42 ff. chiffrés. Cette édition a un frontispice gravé et porte en marge le commentaire de Jean Camertes ou Camers. Denis, qui la décrit, en cite aussi une autre sous ce titre : *Dionysii Periegesis situs orbis Ruffo Avieno interprete.* (in fine) : *Cuspianus neuos z verrucas sustulit Winterburger impressit anno Mdviij*, in-4. Pour les autres éditions de ces différentes traductions, consultez le *Lexicon* d'Hoffmann, II, pp. 106 et 107.

— DIONYSIUS Libycus poeta de situ habitabilis orbis a Simone Lemnio poeta laureato latinus factus. *Venettis, per Bartholomeum cognomento Imperatorem et Franciscum ejus generum*, 1543, in-8.

Opuscule rare, qui appartient à la collect. aldine, parce qu'il a été impr. par Fr. Turrisan : 2 liv. *mar.* Butler ; 6 sh. 6 d. Libri.

Pour une autre traduction en vers lat., voy. AVIENUS.

— Nous citerons encore la traduction en vers latins, par Abel Mathieu, *Paris, Poncet le Preux*, (1556), in-4.

— DENYS alexandrin, de la situation du monde, traduict de grec en (vers) franç. et illustré de commentaires, par Bénigne Saumaise. *Paris, Perier*, 1597, in-12, 5 à 6 fr.

DIONYSIUS Nestor. Voy. NESTOR.

DIONYSIUS Thrax. V. BEKKER, et DENIS.

DIOPHANTUS. Diophanti alexandrini arithmeticorum libri VI, et de numeris multangulis liber, nunc primum gr. et lat. editi, atque absolutiss. commentariis illustrati; auctore Cl.-Casp. Bacheto. *Lutetiæ-Parisior., Seb. Cramoisy* (seu *Hier. Drouart*), 1621, in-fol. de 6 ff. prélim., 32, 451, 58 pp. et 1 f. [7786]

Première édition : 10 à 15 fr.; vend. en Gr. Pap. 36 fr. Caillard.

— Iidem libri, gr. et lat., cum comment. C.-C. Bacheti et observationibus D.-P. de Fermat : accessit doctrinæ analyticæ inventum novum, collectum ex variis ejusdem D. de Fermat epistolis. *Tolosæ, excudebat Bernardus Bosc*, 1670, in-fol. de 6 ff. prélim. 64, 341 et 48 pp.

Cette édition, vend. 22 fr. Labey; 31 fr. Libri, en 1857, et en Gr. Pap. 18 fr. La Valliere, 40 fr. Trudaine, ne dispense pas de la précédente, laquelle renferme une épître dédicatoire à Ant. Favre, et une préface savante de Bachet, qu'on n'a pas insérées dans celle-ci. Le Diophante de Fermat se trouve quelquefois relié à la suite des œuvres de ce savant géomètre (voyez FERMAT).

DIOPHANTI Alex. rerum arethmeticarum libri VI quorum duo adjecta habent scholia Maximi Planudis (ut conjectura est). Item liber de numeris polygonis sive multangulis, opus a Guil. Xilandro latine redditum et commentariis explanatum, inque lucem éditum. *Basileæ, per Euseb. Episcopium et Nicolai fr. hæredes*, 1575, in-fol. 11 fr. 50 c. Labey ; 14 fr. Libri, en 1857.

DIOPHANTUS von Alex. arithmetische Aufgaben, nebst dessen Schrift über die Polygonzahlen; aus dem griech. übers. und mit Anmerk. von O. Schulz. *Berlin, Schlesinger*, 1821, in-8. 4 thl.

JACOBI DE BILLY : Diophantus geometra sive opus contextum ex arithmetica et geometria simul; in quo quæstiones omnes Diophanti, quæ geometrice solvi possunt, enodantur, tum algebricis, tum geometricis rationibus : Adjectus est Diophantis geometra promotus.... *Paris., apud Mich. Soly*, 1660, in-4 de 10 ff. et 261 pp.

16 fr. Libri-Carucci.

— DIOPHANTES redivivus. Voy. l'article BILLY (*Jac. de*).

DIOPHILAX. Christomachia autore F. Ioanne Diophilace Gädensi, Theomuso... ordinis beatissimæ Christiferæ virginis Mariæ de monte Carmelo, adjectis ejusdē annotationibus... (in fine) : *Explicitum... in solertis Calcographi Io. de platea ædib', mercuriali in vico pillosi putei Lugduni cōmorantis... Anno... vigesimo septimo supra sesqui millesimū (1527), octauo Id' Maias.* In-4. de 67 ff. non chiffrés, caract. ronds, sign. A.-B. et b.-h, titre en rouge et noir. [12855]

Ce poëme sur la mort de Jésus-Christ est très-rare, et il présente deux singularités remarquables : 1° Il est tout en acrostiche, c'est-à-dire que la réunion des premières lettres de chaque vers forme un sens complet ; en ajoutant ces premières lettres les unes aux autres, on y trouve tout l'évangile de S. Jean : *In principio erat verbum, etc.;* 2° le poëte s'est assujetti à faire entrer successivement dans chacun de ses vers les mots qui forment le récit de la passion de J.-C. : *Egressus est Jesus cum discipulis suis, etc.* Un pareil tour de force continué pendant une quarantaine de pages atteste la patience de l'auteur, qui était fort jeune lorsqu'il composa ce poëme singulier, et qui mourut à l'âge de 26 ans, une année seulement après l'avoir publié. Une autre chose à remarquer, c'est que le nom *d'Antoine Perrissod*, celui qui corrigea les fautes d'impression de ce volume, est mentionné dans la souscription rapportée ci-dessus par extrait, laquelle souscription est suivie de la marque gravée en bois et du nom de l'imprimeur Jean de La Place, avec deux distiques qui font allusion à son nom et à l'écusson pendu à un arbre. Sur le frontispice de ce volume se trouve le portrait en médaillon de Diophilax, gravé en bois. Panzer a rapporté le titre de cette édition dans ses *Annal. typogr.*, XI, page 491, mais c'est par erreur qu'il l'a placé à l'article *Paris.* (Note extraite en partie de celles de l'abbé de St.-Léger, sur les poëtes latins du moyen âge.) Ajoutons que ce poëme a été imprimé aux frais de Barthélemi Portalenqui (*Portalenquius, Lucensis*), évêque de Troyes, qui y a joint une longue épître latine et deux pièces de vers acrostiches de sa composition.

Voici la marque de J. de La Place qui se trouve à la fin de la souscription :

DIOSCORIDES. Pedacii Dioscoridis Anazarbæi opera, græce; Nicandri theriaca et alexipharmaïca, græce, cum scholiis cura Aldi Manutii. *Venetiis, apud Aldum Manutium, mense Iulio* M. ID. in-fol. [5528]

Première édition, rare et très-recherchée. Elle commence par un titre tout grec, suivi de 5 ff. d'index : le texte de Dioscoride occupe 129 ff. suivis d'un f. blanc, et celui de Nicandre 38 ff., y compris le dernier sur lequel sont le registre et la date. On trouve, de plus, dans quelques exempl. seulement, 10 ff. sous la sign. A, contenant des scolies sur les *Alexipharmaca* de Nicandre, impr. à 2 col. Vend. sans ces 10 ff. 61 fr. Le Marié ; 120 fr. L'Héritier, et quelquefois moins ; avec les 10 ff. 120 fr. Camus de Limare ; 60 flor. quoiqu'un peu gâté, Rover ; 201 fr. Larcher ; jusqu'à 50 liv. Drury, et 17 liv. Butler.

— Dioscorides, græce (cur. Fr. Asulani). *Venetiis, in ædib. Aldi, et Andreæ (Asulani) soceri, mense Iunio* M. D. XVIII, pet. in-4.

Édition plus correcte que la précédente, mais beaucoup moins rare. On y trouve, de plus, un petit poëme grec, en 190 hexamètres, contenant la description de douze plantes par un anonyme, poëme que J. Rentorf a fait réimpr. avec une vers. lat. dans le 2e vol. de la *Biblioth. græca* de Fabricius. Le vol. ici décrit a 12 ff. prélim., dont le dernier est blanc, 243 ff. chiffrés et 1 f. pour la souscription ; il est à remarquer qu'à commencer du f. 202, les pages sont chiffrées dans le plus grand désordre, et que, comme il y a plusieurs nos répétés, le dernier f. est coté 235 : vend. 36 fr. *m. r.* Brienne en 1792 ; 15 fr. L'Héritier ; 31 flor. ayant appartenu à H. Estienne, Rover ; autres, 20 flor. 25 c. Meerman ; 139 fr. *non rogné*, F. Didot ; 2 liv. 10 sh. Heber, et quelquefois de 12 à 18 fr.

— De medica materia libri V, de letalibus venenis, eorumque præcautione et curatione, de cane rabido, etc., lib. unus (gr. et lat.), interprete Marcello Vergilio. Ejusdem Marcelli Vergilii in hosce Dioscoridis libros commentarii... *Coloniæ, opera et impensa Joannis Soteris, anno* M. D. XXIX *mense augusto,* in-fol.

Cette édition, plus rare que recherchée, reproduit le texte de celle de 1499. Elle se compose de 14 ff. prélim. et de 753 pp. de texte. Il faut y joindre : *Hermolai Barbari..... in Dioscoridem corollariorũ libri quinque, etc. Coloniæ, apud Joan. Soterem, anno* M. D. XXX. *mense feb.*, in-fol. de 78 ff. et un frontispice. 23 fr. de Jussieu, et 4 fr. seulement Huzard.

La version latine de Marcello Vergilio a d'abord été imprim. séparément, *Florentiæ, hæredes Ph. Juntæ*, 1518, in-fol., et le commentaire d'Hermolaus Barbarus, à Venise, 1516, in-fol.

Une autre édition de Dioscoride, en grec, a été impr. par les soins de Jan. Cornario, à Bâle, *ex ædibus Joan. Bebelii, anno* M. D. XXIX *aug.*, pet in-4. de 12 ff. prélim. dont 1 bl., et 446 pp. Celle de Paris, 1549, in-8, en grec et lat. (de la version de J. Ruelle, et avec les corrections de Jac. Goupyle), imprim. par Ben. Prevost, a peu de valeur. Il s'en trouve des exempl. dont le titre porte *impensis viduæ Arnoldi Birkmanni*, et d'autres *apud Petrum Haultinum.*

— Dioscoridis opera quæ extant omnia, gr. et lat., ex nova interpretatione Jani-Ant. Saraceni : addita sunt ad calcem ejusdem interpretis scholia. *Sumptibus hæredum Andr. Wecheli, etc. (Francofurti)*, 1598, in-fol. 17 ff. 479 et 135 pp. plus 1 f. et 144 pp.

Édition la meilleure que l'on eût encore donnée de Dioscoride : 18 à 21 fr. Vend. 35 fr. Soubise ; 25 fr. Bosquillon, et moins cher depuis.

— PEDANII Dioscoridis de materia medica libri V. ad fidem codd. mss. editionis aldinæ principis et interpretum priscorum textum recensuit, varias addidit lectiones, interpretationem emendavit, commentario illustravit C. Sprengel. *Lipsiæ, Cnobloch*, 1828-30, 2 vol. in-8. 5 thl.

Ce sont les tomes XXV et XXVI des *Medicorum græcorum opera* (voy. GALENUS). Le second vol. contient Libri περὶ δηλητηρίων, ἰοβόλων καὶ εὐπορίστων spurii.

Εὐπόριστα P. Dioscoridis ad Andromachum, hoc est de curationibus morborum per medicamenta parata facilia, libri II. nunc primum et græce editi, et partim a Io. Moibano, partim vero post ejus mortem a Conr. Gesnero. in linguam lat. conversi, adjectis ab utroque interprete symphoniis Galeni aliorumque græcorum medicorum. *Argentorati excudebat Josias Rihelius*, 1565, in-8. de 32 ff., 903 pp. et 11 ff. Bas prix.

— Dioscoridis de materia medica libri V, etc. latine, curante Petro paduensi. — *Impressus Colle p̄ magistrũ iohem allemanum de medemblick anno xp̄i millesimo cccc° lxxviij° mense iulij*, pet. in-fol. de 102 ff. à 2 col. de 47 lig. sign. a—b. et A—F.

Première édition de cette version ; elle commence ainsi : *Notãdum q̄ libri diascorides* (sic) *dicti duplex p̄periꝯ ordinatio...* Les deux dernirs ff. contiennent la table et le registre. C'est le 1er livre connu impr. à *Colle* : vend. 30 fr. en 1809 ; et un superbe exempl., avec toutes les lettres majuscules rehaussées d'or : 122 fr. *m. r.* Mac-Carthy ; 75 fr. *m. r.* Renouard.

— Dioscoridis virtutum simpliciũ medicinarum liber… cum nonnullis additionibus Petri paduanensis in margine notatis ; ejusdem Dyoscoridis de naturis et virtutibus aquarum tractatus vnus (cura Antonii de Toledo). *Lugduni, per Gilbertum de villiers expẽsis… Barthol. trot.*, 1512, *die vero* XXIX *mensis martij*, gr. in-4. goth. de 16 ff. prélim. et CXX ff. chiffrés, à 2 col. 12 fr. de Jussieu.

LES SIX LIVRES de Pedacion Dioscoride d'Anazarbe de la matière médicale, translatés de latin en françois (par Martin Mathée), avec des annotations. *Lyon, Thibault Payan*, 1559, in-4. de XII et 574 pp. figures sur bois. 12 fr. 50 c. de Jussieu.—Reproduit avec un nouveau titre à *Lyon, par Loys Cloquemin*, 1580, in-4. fig. 6 fr. de Jussieu.

— Voyez MATTHIOLE.

— Pedaicio Dioscorides Anazarbeo de la materia medica, y de los venenos mortiferos, traduzido de lengua griega en la vulgar castellana, e illustrado con claras y substantiales annotationes… por il doctor Andreo Luguna. *Anvers, en casa de Juan Latio,* 1555, in-fol. de 616 pp.

Belle édition ornée d'un grand nombre de planches gravées sur bois. Cette traduction a été souvent réimprimée tant à Madrid qu'à Salamanque, et dans d'autres villes d'Espagne L'édition de Salamanque, *Math. Gast.*, 1566, in-fol. 14 sh. Heber ; 22 fr. Huzard. Celle de *Valencia, por Miguel Sorolla*, 1636, in-fol. fig. 20 et 616 pp. 10 fr. Huzard ; son titre porte : *Ultima impression corregida y emendada de muchos errores que tenia, conforme al catalogo del Santo Officio*. Celle de *Madrid*, 1733 ou 1752, in-fol., est accompagnée d'un commentaire de Suarez de Ribera.

HISTORIA de las yervas, y plantas, sacada de Dioscoride Anazarbeo y otres insignos autores, con los nombres griegos, latinos y españoles ; traducida nuevamente en español por Juan Jarava. *En Anvers, en la gallina gorda por los herederos de Arnoldo Byrcman*, 1557, in-8. de 521 pp. avec fig. sur bois, plus l'index.

Ce livre, que nous plaçons ici parce que le nom de Dioscoride figure sur son titre, est, à ce qu'il paraît, la traduction de l'*Historia herbarum* de Léonard Fuchs, faite sur l'édition française de 1549. Il a été vendu 14 fr. de Jussieu.

Pour les différentes éditions du texte, des traductions et des commentaires de Dioscoride, dont nous n'avons pas cru devoir parler ici, consultez Pritzel, *Thesaurus*, pp. 330 et suiv.

DIRECTOIRE de conscience. Voyez VILLENEUVE (*Toussaint* de).

DIRECTORIUM humanæ vitæ. Voyez BIDPAI.

DIRECTORIUM sacerdotum et defensorium. (à la fin du Defensorium) : *Impres-*

sum ẽ hoc directorium cum defensorio eiusdem per William Caxton apud Westmonasteriũ prope London (absque anno), in-fol. goth. [757]

Cette édition de l'*Ordinale secundum usum sarum* est un livre fort rare terminé par un opuscule intitulé *Crede mihi*, lequel finit par ces mots *Deo gratias. Caxton me fieri fecit*. L'ouvrage a été réimpr. à Anvers par Gerard Leeu, 1488, in-4.; par Wynkin de Worde à Londres, 1495 ; dans la même ville par Richard Pynson, 1498, in-fol., et de nouveau par le même imprimeur, en 1501, en 1503, en 1504, en 1508 et en 1518, toutes édit. in-4. citées par Lowndes, ainsi que celle d'York (*Eboraci, per Hugonem Goes*), avec une préface de Thomas Hannibal, chanoine d'York.

DIRUTA (*Girolamo*). Prima (e seconda) parte del Transilvano del R. P. Gir. Diruta. Dialogo sopra il vero modo di sonar organi ed istromenti da penna. *Venetia, Vincenti*, 1609-1612, 2 part. in-fol. musique. [10201]

Ouvrage estimé que Haym cite sous la date de 1622.

DISCENDENZA (della) e nobiltà dei maccheroni, poemetto giocoso. *Milano, Ferrario*, 1675, in-8. [14900]

Ce petit poëme, dont on n'a que le premier chant, a été réimpr. *Modena, per Bartol. Soliani*, et *Firenze, per Rossetini*, pet. in-8., deux éditions sans date. L'ouvrage est attribué à Fr. Lemene, par plusieurs bibliographes ; mais Tirabosci (*Scritt. modon.*, II, p. 56) le donne à Guil. Codibue, Modénois.

DISCEPTATIO oratorũ duorũ regũ Romani scilicet et Franci super raptu illustrissime ducisse britannice. (*absque nota*), pet. in-4. goth. de 10 ff. non chiffrés, avec une fig. en bois sur le titre. [23421]

Pièce historique contenant des lettres et des vers que s'adressent réciproquement Robert Gaguin, au nom du roi de France, et *Jacob. Phiniphelingus Stestatensis*, au nom du roi des Romains. Une de ces lettres est du mois de mars 1492. Vend. 18 fr. *mar. r.* La Vallière.

DISCERNEMENT des ténèbres. Voyez J. ALLUT.

DISCIPLES (les) et amys de Marot contre Sagon, La Hueterie, et leurs adhérents. *Lyon, P. de Sainte-Lucie, dit Le Prince* (sans date), in-8. goth. [13408]

Recueil rare et curieux. Lenglet du Fresnoy l'a fait réimprimer dans ses éditions de Marot, in-4. et in-12. L'édition originale contient, indépendamment des *Disciples et Amyes de Marot*, en 38 ff., trois autres opuscules de 7 et de 8 ff. imprimés également par Pierre de Saincte-Lucie, sans date, savoir :
1° *Le Valet de Marot contre Sagon*. 2° *Reponce a Marot, dit frippelippes et a son maistre Clement*. 3° *La grande genealogie de frippelippes composée par vng ieune poete châpestre. Auec vne espitre, adressant le tout a Francoys Sagon.* —Voyez PLUSIEURS traités.

DISCIPLINE d'amour divine. Voy. LIVRE de la discipline.

DISCORSO breve sopra le sette pistole

Diousidon (*Ant.*). Observations, 24651.
Dircklnck-Holmfeld (*C.-Bar.*). Ueber den geistigen Gehalt der alten Religionen, 22658-59.

Dirksen (*H.-E.*). Manuale fontium, 2443.

scritte a le sette chiese de l'Asia, per mano del suo amato e fidelissimo cancelliero Giovanni, ne lequali si vede esser adumbrato il vario stato de la chiesa dal principio della predicatione degli Apostoli insino al fine del mondo. 1560, pet. in-8. [1884]

Petit volume rare : vendu '7 fr. 60 c. Floncel.

Il existe un ouvrage intitulé :

JEAN aux sept Églises d'Asie, ou épître d'un réformé aux peuples réformés. *Patmos*, 1759, in-4.; mais nous n'avons pas eu occasion de vérifier si c'est une traduction du précédent. 7 fr. 95 c. MacCarthy.

DISCORSO di Cosmografia in dialogo, doue si ha piena notitia di prouincie, città, castella, popoli, monti, mari, fiumi, laghi de tutto 'l Mondo. *Venetia, presso Aldo*, 1590, pet. in-8. de 48 pp. chiffrées. [19606]

Livret par demandes et réponses, à l'usage des enfants. Il a été publié d'abord à Venise, en 1573, avec une préface de Franç. Bellinato, qui n'est pas dans l'édit. de 1590, mais qui a été réimpr. dans celle de Venise, *presso Aldo*, 1595, pet. in-8. de 50 pp. dont les deux dernières portent une seconde fois les chiffres 47 et 48. Cette dernière édition a de plus que la précédente un catalogue de la librairie aldine, avec les prix, formant 6 pages. 14 fr. 50 c. Riva. L'éditeur de ce livre le présente comme un abrégé de Ptolémée.

DISCORSO intorno alle cose della guerra, con vna oratione della pace. *Nell' Academia veneta*, 1558, in-4. [12208]

4 ff. prélim. dont un blanc et 22 ff. chiffrés. La première de ces deux pièces, traduite de l'allemand en italien par Pietro Flamingo, est anonyme; la seconde est du cardinal Pole. Vend. 2 liv. 8 sh. Sykes, et quelquefois moins.

DISCORSO sopra il giuco del Calcio. Voy. BARDI (*Giov. da*).

DISCOURS admirable d'un magicien de la ville de Moulins qui avoit un démon dans une phiole, condamné d'estre brulé tout vif par arrest de la Cour du parlement. *A Paris, chez Ant. Vitray*, 1623, pet. in-8. [8900]

Cet opuscule est reproduit dans le 5e vol. des *Variétés histor.* de M. Ed. Fournier, pp. 199 à 207.

DISCOURS admirable et véritable des choses advenues en la ville de Mons en Hainault, à l'endroit d'une religieuse possédée et depuis délivrée; mis en lumière par ordonnance de l'archevêque de Cambray; cinquième édit. *Douay, J. Bogart*, 1586, pet. in-8. de 181 pp. [8906]

Quoique cet opuscule ait eu au moins cinq éditions, il est assez rare pour que nous ayons dû en faire mention ici.

DISCOURS à mon neveu (M. de Thesar), pour ses mœurs et pour sa conduite. *A Grenoble, le 9 mai 1663*, in-4. de 55 pp. sans titre. [3874]

M. Le Gouz de La Berchère assure, dans cet ouvrage

dont il est auteur, qu'il n'en a fait tirer que trente exemplaires. Vend. 6 fr. La Vallière.

DISCOURS amoureux. Voy. TAILLEMONT.

DISCOURS ample et très véritable, contenant les plus mémorables faits advenus en 1587, tant à l'armée du duc de Guise, qu'en celle des huguenots, envoyé par un gentilhomme françois à la reine d'Angleterre. *Paris, Guill. Bichon*, 1588, in-8. [23562]

Il y a plusieurs éditions sous la même date et avec différents titres (comme par exemple sous celui d'*Histoire contenant les plus mémorables faitz*). *Lyon, Didier Millot*, 1588, pet. in-8. de 54 ff. plus un f. pour le *Chant de réjouissance*. 12 fr. Chardin.

DISCOURS apologétique touchant la vérité des géans. Voy. HABICOT.

DISCOURS au vray de la deloyale trahison et detestable conjuration brassée par le sieur de Bothéon et ses complices sur la ville de Lyon (1590), in-8. [24603]

Un exemplaire de ce discours, rel. en mar. r. par Trautz, est porté à 80 fr. dans le *Bulletin du Bibliophile*, 1860, p. 1577, n° 638; un autre rel. en mar. a été payé 29 fr. à la vente Cailhava.

DISCOURS au vray de la reduction du Haure de Grace en l'obeissance du Roy : auquel sont contenus les articles accordez entre le dit seigneur et les anglois. *Paris, par Rob. Estienne*, 1563, pet. in-8. de 16 ff. [24352]

Édition originale de cet opuscule, lequel a été réimpr. à *Lyon, Abr. Saugrain*, 1563, pet. in-8., et aussi avec d'autres pièces analogues à celle-ci, dans les *Mémoires de Condé*, t. IV, et dans les *Archives curieuses*, 1re série, t. V, et enfin sous ce titre : *Le siège du Havre par Charles IX, en 1563, précédé d'une préface et suivi de pièces justificatives*, par V.T. (Victor Toussaint), *Havre, Costey frères*, 1859, in-8. de IX et 38 pp.; tiré à 151 exempl. dont un sur VÉLIN.

DISCOURS de la prinse du Haure de Grace, auec les conditions de la restitution dudict Haure ; enuoyé à Monsieur de Gannor, par son frere monsieur le mareschal de Brissac, auec vne description de la reiouissance de la prinse dudict Haure de Grace (*sans lieu ni date*), pet. in-8. vers et prose.

DISCOURS au vray des troubles naguères aduenus au royaume d'Arragon, auec l'occasion d'iceux et de leur pacification et assoupissement, tiré d'une lettre d'un gentilhomme françois, estant à la suyte de Sa Majesté catholique, à vn sien amy. *A Lyon, par Jehan Pillehotte*, 1592, pet. in-8. [26183]

Pièce historique relative à Antonio Perez ; elle a été réimpr. dans le 1er vol. des *Variétés histor.* de M. Ed. Fournier, pp. 169 à 177.

DISCOURS au vray du ballet dansé par le roy, le dimanche 29e jour de janvier 1617; avec les dessins tant des machines et apparences différentes que de tous les habits des masques (par Estienne Durand). *Paris, Pierre Bal-*

lard, 1617, in-4. fig. et   sique.
[10386]

Ces sortes de pièces sont aujourd'hui fort recherchées, et cela leur donne un certain prix. Dans
celle-ci se trouvent treize figures qui représentent, dans leurs costumes, plusieurs grands personnages de la cour de Louis XIII. Un exempl. en
mar. r. a été vendu 160 fr. en 1854, 82 fr. Giraud,
et 150 fr. Solar ; mais il est à remarquer qu'on a ad-
jugé pour 111 fr. à la vente de Soleinne un recueil
de ballets, la plupart représentés à la cour depuis
1582 jusqu'en 1681, et dans lequel figurait le *Discours au vray* ci-dessus, ainsi que le *Ballet comique de la reyne* (voy. BEAUJOYEULX). Ce recueil
précieux, formant 7 vol. in-4. rel. en *mar. r. aux
armes d'Orléans*, est décrit avec tous les détails dé-
sirables dans le catalogue de M. de Soleinne, n° 3242.
Étienne Durand, auteur du ballet donné le 29 janvier,
et de plusieurs autres qui furent représentés à la
cour à la même époque, eut le malheur d'écrire la
Riparographie, libelle diffamatoire contre la personne du roi et sur les affaires du temps, et pour ce
fait il fut condamné par arrêt du grand conseil, en
date du 19 juillet 1618, à être rompu vif, ce qui fut
rigoureusement exécuté. On ignore si la *Riparographie* a été imprimée, car personne n'a dit en
avoir vu un exemplaire (voir le *Bulletin du Bibliophile* de M. Techener, 1859, pp. 656 et suiv.).

DISCOURS au vray et en abrégé de ce
qui est dernierement advenu à Vassi y
passant le duc de Guise. *Paris, Guill.
Morel*, 1562, pet. in-8. 14 ff. sign. a-dii.
[23505]

Un exemplaire rel. en *mar. bl.* par Derome, s'est
vendu 15 sh. de Noailles ; 57 fr. Labédoy... ; 65 fr.
Coste.
Cette narration, extraite d'une lettre du duc de Guise,
est dans le sens des catholiques. En voici d'autres
données par les protestants :
  1° LA DESTRUCTION et saccagement exercé cruellement par le duc de Guise et sa cohorte, en la ville
de Vassy, le premier iour de mars 1561 (sic). *Caens*,
1562, in-8. [23506]
  2° DISCOURS entier de la persécution et cruauté
exercée en la ville de Vaissy. 1563, pet. in-8. de
28 ff. non chiffrés. [23506]
  3° CRUDELITAS guisiaca in oppido Vasseio com-
missa calendis martiis, 1562. (*absque loco*), pet.
in-4. 10 fr. Bibliophile Jacob.
  4° HISTOIRE de la cruauté exercée par Francoys
de Lorraine, duc de Guyse, et les siens, en la ville
de Vassy, le premier iour de mars 1562. (*sans lieu
d'impression*), in-8.
Le massacre de Vassy a donné lieu à une autre pièce
satirique intitulée :
  DEUX chansons spirituelles, l'une du siècle d'or
avenu, l'autre de l'assistance que Dieu a fait à son
église, par les protestans d'Orléans, à la louange
du prince de Condé. *Lyon*, 1562, in-8. On y trouve
la ballade du Pape malade.

DISCOURS aux François sur l'admirable
accident de la mort de Henry de Valois,
nagueres roy de France, lequel auoit
esté excommunié par N. S. P. le Pape
Sixte cinquiesme a present seant, pour
ses perfidies et deloyautez enuers dieu,
son église et ses ministres : Auec l'histoire veritable aduenue au bourg de
S. Cloud lez Paris, le premier iour
d'aoust 1589, où il a été tué par frere
Iacques Clément, religieux de l'ordre
de S. Dominique. *Paris, Bichon*, 1589,
in-8. de 87 pp. [23595]

Vendu en *mar. bl.* 8 fr. La Vallière ; 14 fr. *mar. r.*
Méon ; et avec la pièce intitulée : *Le réveil-matin
des catholiques-unis, etc.*, 1589, in-8. 54 fr. *m. r.*
d'Heiss.
Le discours aux François faisait partie d'un recueil,
sous la même date, qui a été porté à 30 fr. à la
vente Coste (n° 1925), et qui contenait :
  1° *Discours des préparations faictes par frere
Jacq. Clément pour déliurer la France de Henri
de Valois*, Lyon, 15 pp.—2° *Discours aux François* (ci-dessus). — 3° *Discours véritable de l'estrange et subite mort de Henri de Valois, aduc-
nue par permission diuine*, Lyon, F. Pillehotte,
8 feuillets. — 4° *Lettre missiue de l'euesque du
Mans (à Cl. d'Angenes), auec la response à icelle,
en laquelle est respondu, si on peut suiure le parti
du roy de Navarre et si l'acte de Fr. Clément
doit estre approuué*. Lyon, Pillehotte, 64 pages.—
5° *Admirable et prodigieuse mort de Henry de
Valois*. Lyon, L. Tantillon, 16 pp. — 6° *Derniers
propos de Henri de Valois, jadis roi et tyran de
France, recueillys par le sieur d'Estourneaux*.
Lyon, Tantillon, 1589, 16 pp. — 7° *Les traces des
admirables jugemens de Dieu, remarquez en la
fin miserable de Henri III, roi de France excommunié* (en vers françois et latins). Paris, G.
Bichon, 48 pp.
L'opuscule suivant trouve naturellement sa place ici :
  ADVERTISSEMENT aux princes et seigneurs catholiques de s'humilier deuant Dieu..... par la mort
etrange de Henry de Valois. *Paris*, 1589, in-8. de
13 pp.

DISCOURS certain du siege de Rouen.
Lyon, 1563, pet. in-8. [24340]

Manuel de M. Frère, I, p. 365.

DISCOURS contenant les choses mémorables advenues au siége des ville et
citadelle de Cambray, rendues au mois
d'octobre, au comte de Fuentes... chef
de l'armée de S. M. Catholique, l'an
1595 ; avec une comparaison et similitude de Regnacarius, tyran ancien de
Cambray, avec Jean de Montluc, dit Ba-
lagny, tyran moderne de la dicte ville.
Arras, La Riviere, 1596, pet. in-8.

Pièce rare, indiquée dans le Nouveau Lelong, ainsi
qu'une autre dont voici le titre :
  DISCOURS au vrai de la défaite de la garnison de
Cambray, par le chevalier du Peschier, estant en
garnison à Guise. *Paris, Monstroeil*, 1597, pet.
in-8. [24929]

DISCOURS contenant le seul et vray
moyen par lequel ung serviteur favorisé
et constitué au service d'ung prince,
peult conserver sa félicité éternelle et
temporelle : et éviter les choses qui luy
pourroyent l'une ou l'autre faire perdre.
Lyon, Est. Dolet, 1542, pet. in-8. de
31 pp. y compris 3 ff. prélim. [4021]

Petit ouvrage anonyme, avec une dédicace à M. de
l'Estrange, par Dolet, où celui-ci dit qu'il n'est
point l'auteur du discours. Vend. 13 fr. *mar. bl.*
La Vallière, et 20 fr. *mar. br.* Bergeret.

DISCOURS contenant le vray entendement de la pacification de Gand, de
l'union des Estats, et autres traictez y
ensuyviz, touchant le faict de la religion... (*sans nom de ville*), 1579, pet.
in-8. de 117 pp. [25026]

Opuscule rare, ainsi que les pièces suivantes :

RELIGION-VREDE, ou accord de religion, consenti et publié à Anvers le xij jour de juin 1579, en françois et en flamand. *Anvers, Plantin,* 1579, grand in-8.

DISCOURS sur la permission de liberté de religion, dicte religion-vrede, au Pays-Bas. (*sans nom de ville*), 1579, pet. in-8. de 56 pp.

TRAICTE de perpetuelle union, faite à Utrecht (où l'on ne trouve que l'unique accession de la ville de Gand), 1579, in-4.

COPIES des lettres escrites à monseigneur le vicomte de Gand, gouverneur du pays et comté d'Arthois et de Hesdin, etc., par un bon patriote arthésien, 1579, pet. in-4. La pièce intitulée le *Vray patriote aux bons patriotes,* in-4., est peut-être une réponse à la précédente.

COPIE d'une lettre du prince de Parme envoyée aux Estats-Généraux du Pays-Bas assemblez en Anvers, du 12 mars 1579, et response desdictz estats. *Anvers, Chr. Plantin,* 1579, in-4.

LETTRE des Estats d'Artois, et des députés de Haynaut et de Douay aux Estats-Generaux assemblés en la ville d'Anvers : avec la reponce, par où les Estats sont purgez touchant l'infraction de la pacification de Gand. *Anvers, Plantin,* 1579, in-4.

LETTRES et resolutions des Estats de la ville et chastellenies de Lille, Douay et Orchies aux Estats assemblés à Anvers, avec leur reponse. *Ibid.,* 1579, in-4.

ADVIS d'un affectionné aux Pays-Bas a messieurs les trois estats du dict pays, les admonestant de promptement pourvoir à leurs affaires, pour éviter le torrent impetueux qui va faire son cours sur eulx. *Imprimé à Lyon,* 1579, in-4.

LES ARTICLES donnez de la part du roy catholique pardevant les electeurs et aultres princes et seigneurs commissaires de l'empereur assemblés à Couloegne, contenant offres pour une bonne reconciliation des subjects des Païs-Bas avec S. M. Catholique. *Cologne,* 1579, in-4.

PETIT TRAICTÉ servant d'instruction à messieurs les Estats et touts bons patriotes, afin qu'ils s'efforcent pour remettre le païs en repos par moyen d'une paix asseurée sans se laisser abuser des offres amielleuses qui ne tendent que pour nous réduire soubz le joug de la pristine servitude. *Gand, chez Jean Mareschal,* 1579, in-4. 17 ff.

Il existe un ouvrage hollandais sous ce titre : *De Unie van Utrecht,* 1579... *Harlem, by Enschedé,* 1778, in-fol., lequel n'a jamais été mis dans le commerce. C'est un recueil de pièces historiques d'une authenticité incontestable, et qui renferme les fac-simile grav. des signatures de tous ceux qui ont pris part aux trois actes dont il s'agit là, ainsi que les adhésions données au traité d'Utrecht par les villes de Gand, Nimègue, Leeuwarden, Vanloo, Anvers, Bruges, etc., avec la signature de leurs plénipotentiaires. Ce livre curieux est imprimé avec les beaux caractères gothiques dont faisait usage en 1578 Albert Heindricxz, imprimeur des Etats de Hollande, à Delft (*Biblioth. hulthem.,* n° 26554).

DISCOURS cóntre les Huguenotz, auquel est contenue et déclarée la source de leur damnable religion aussi est fait mention de la juste vengence que dieu a prins d'eux. *Lyon, Ben. Rigaud,* 1573, in-8. de 7 ff. [13956]

Discours en vers suivi d'une *Ode en signe d'allegresse touchant la defaicte des Huguenots à Paris.* 34 fr. mar. r. Coste.

DISCOURS (ample) de ce qui s'est fait et passé au siége de Poictiers, escrit durant iceluy par un homme qui estoit dedans, et depuis ênvoyé à un sien ami de la ville d'Angers (avec quelques vers françois sur la défense de ladite ville, imités du latin de J. V.). *Paris, Nicolas Chesneau,* 1569, pet. in-8. [24431]

23 fr. 50 c. mar. r. Saint-Maurice, en 1840.

Marin Liberge est l'auteur de cette pièce, mais il ne s'est nommé que sur le titre de l'édition de 1570 ci-dessous. Il y a une première rédaction sous ce titre :

DISCOURS du succes des affaires passéez au siege de Poictier : depuis le dix-neuviesme iour de Juillet 1569, jusqu'au vingt-uniesme de Septembre au dict an : envoyé à monseigneur de Mandelot gouverneur de Lyon. *Lyon, par M. Jove,* 1569, in-8. — Réimpr. à *Paris, au Mont S. Hilaire a l'enseigne du Pelican,* 1569, in-8.

Comme ce texte diffère de celui de l'*Ample discours,* on l'a réimpr. en forme d'appendice dans l'édit. de 1846.

LE SIEGE de Poictiers, et ample discours de ce qui s'y est fait et passe en Juillet, Aoust et Septembre 1569, avec les noms et nombre des seigneurs... et compagnies tant estrangeres que françoises qui estoient dedans la ville durant le siege et de ceulx qui y ont este blecez ou tuez; ensemble les epitaphes latines et françoises de quelques uns des occis, par Mar. Liberge. *Poictiers, Pierre Boisateau,* 1570, in-4.

Réimpr. à *Poitiers, I. Thoreau,* en 1621, in-12, et de nouveau soùs cet autre titre :

LE SIEGE de Poitiers de Liberge, suivi de la bataille de Moncontour et du siège de Saint-Jean-d'Angely; nouvelle édition annotée par H. Beauchet-Filleau. *Poitiers, Letang,* 1846, in-8.

On a réimpr. dans cette édition, à la suite de l'*Ample discours,* le premier texte impr. à Lyon, en y ajoutant une *Chonson jeouse in langage pocteuinea, fate et composie de nouuea do Sege mis deuont Poeters per l'Amiro.*

DISCOURS de deux marchants fripiers et de deux maistres tailleurs, estant inuités a souper chez un honneste marchant. Auec les propos qu'ils ont tenus touchant leur estat. M.DC.XIV, pet. in-8. de 8 pp. [13956]

Facétie en vers, réimpr. dans le 5e vol. des *Variétés* de M. Fournier.

DISCOURS de deux Savoyards, l'un charpentier et l'autre tailleur, lesquels changerent de femme l'un l'autre, le premier jour de may de l'année presente 1604. avec leurs disputes et cartels de deffi, en rithme savoyarde. *Lyon,* 1604, pet. in-8. de 12 pp. [14415]

Opuscule rare, réimpr. dans le 4e vol. des *Joyeusetez* (voy. ce mot).

DISCOURS de Jacophile du Japon, envoyé à Limne de Ximen, son amy, sur le voyage qu'il a faict à Aretipolis, tiré du cabinet de monsieur de Savignac en sa maison d'Oradour. (*sans lieu d'impression*), 1605, pet. in-12 de 194 pp. [17323]

Relation imaginaire mêlée de prose et de vers latins, italiens et français. Dans sa préface au lecteur l'auteur, qui se nomme Savignac, s'exprime ainsi : « Mon amy, celui qui a faict ce Discours n'a rien moins pensé qu'à le mettre au jour, car il ne le prise pas assez pour cela ; il a faict faire seulement *une douzaine d'exemplaires* pour passer le temps avec ses amis. » C'est donc là un livre dont la ra-

reté ne saurait être contestée : 16 fr. 50 c. Pressac ;
19 sh. Libri, en 1859.

DISCOURS de la bataille de Cerizolles.
*A lenseigne du Rocher, à Lyon, chez
Sulpice Sabon.* (1544), in-8. de 8 ff.
non chiffrés. [23465]

— Discours de la bataille de Cerizolles,
reueue, corrige et augmente au vray,
oultre les precedentes impressions.
Item est aiouste la prinse de troys villes,
faicte sur noz ennemys de la les montz,
depuis la sus dicte bataille. M.D.XLIIII.
*a Tholose, par Guyon Boudeuille im-
primeur...* in-4. de 8 ff. en lettres ital.

Pièce rare, non citée dans la *Biblioth. de la France*,
quoiqu'il en a été fait plusieurs éditions. Celle-ci
fait partie d'un recueil conservé à la bibliothèque
Sainte-Geneviève, lequel renferme aussi les deux
pièces suivantes relatives à la même campagne :

COPIE d'une lettre escripte de Thurin a Lyō; du
seiziesme dapuril Lan Mil cinq cens xliiii. traduicte
de l'italien en françoys, contenant la defaicte des
Espaignolz de la les montz, par les Françoys, soubz
la conduite du seigneur d'Anguien, le lundy de
Pasques quatorziesme iour des dictz moys et ans
suscriptz... *Imprime a Tholose par Guyō Boudeuille*, in-4. de 4 ff., en lettres ital.

LA PRINSE de Pauie par monseigneur d'Anguien,
accompaigne du duc d'Urbin, et de plusieurs aultres
capitaines, envoyes par le Pape (1544), in-4. de 4 ff.
y compris une ballade qui occupe le dernier f.
Imprimé en italique et par le même imprimeur que
les deux pièces ci-dessus (voy. PRINSE de Pavie).

Voici l'indication de trois autres pièces analogues aux
précédentes :

L'ORDONNANCE de la bataille faicte a Syrizoles en
piedmont, avec la defaicte des Espagnolz. (*sans lieu
ni date, vers* 1544), pet. in-8. de 8 pp. non chiffr.

AULTRES lettres de la defaicte des Espaignolz a Syrizoles. (*sans lieu ni date*), in-8. de 4 ff. (voy. au
mot SUCCESSO).

BRIEF discours au vray du portement es affaires de Piedmont par... le comte d'Anghyen gouverneur dudict Piedmont, pour l'annee 1544. (*Paris*), *imprimerie de Denys Ianot*, 1544, in-8. de
23 ff. non chiffrés.

LA VICTOIRE et grande desconfiture faicte par
monsieur Danguyen aux Hespaignolz devant Cari-
gnant au pays de Piedmont avec plusieurs aultres
villes circonvoisines prinses par le dict seigneur
Danguyen. (1544), in-8. goth. de 4 ff. 105 fr. *m. bl.*
Coste.

DISCOURS de la bataille du lundy troisieme iour d'octobre 1569, en laquelle
il a pleu à Dieu donner tresmémorable
victoire au roy tres chrétien par la
bonne... conduicte de monseigneur duc
d'Anjou, son frère (par de Neufville).
Paris, Jean Dallier, 1569, pet. in-8.
[23514]

Réimprimé sous ce titre :

DISCOURS de la bataille et cruelz assaultz, donnez
entre Mont-contourt, et Heruaulx... *Paris, impr.
de Guil. Nyverd* (1569), pet. in-8., et sous cet autre
titre :

VRAY discours de la victoire obtenue par le Roy,
le troisieme iour d'octobre Mil cinq cens soixante
neuf. *Dijon, par J. des Planches*, 1569, in-8. —
Aussi sous le titre de *Vray discours de la bataille
et victoire... Tours, par P. Regnard* (1569). —
Même titre : *Orleans, par E. Gibier, suivant l'exemplaire impr. à Tours, par R. Siffleau*, 1569, in-8.

DISCOURS de la bataille gaignee par monseigneur
le duc d'Anjou... contre les subjets rebelles de sa
maiesté, entre S. Iouyn et Moncontourt... auec la
missive envoyée par sa Maiesté a M. de Mandelot
gouverneur du Lyonnoys... *Lyon, M. Jove*, 1569,
in-8.

DISCOURS de la bataille, siege et prise
des ville et chasteau de Dourlens, em-
portez par assaut le dernier jour de juillet 1595, avec autres particularitez des
choses advenues auparavant sur la fron-
tière de Picardie. *Arras, G. de la Riviere et Gilles Bauduin*, 1595, in-8. de
24 pp. 12 fr. 50 c. non rogné, Coste.
[24265]

DISCOURS (le) de la diffete des Anglois,
par l'armée espagnolle, conduicte par
le marquis de Sainte-Croix espagnol,
aux isles Orcades, qui sont derre l'Escosse : avec le nombre des vaisseaux
mis en fonts : et prins par les Espagnols,
et le nombre des morts tant d'une part .
que d'autre. *Paris, Fr. Le Febure*,
1588, pet. in-8.

Cette pièce rare est dans le genre de celles qu'on
nomme aujourd'hui *canard*. Il n'y a pas un mot
de vrai dans le récit qu'elle donne. (*Biblioth. grenvil.*, p. 630.)

DISCOURS de la dignité et précellence
des fleurs de lys, et des armes des rois
de France. *Nantes, Luc Gobert*, 1615,
pet. in-8. de 18 pp. [22827]

A la vente Veinant on a payé 50 fr. cet opuscule que
nous n'aurions pas estimé 10 fr.

DISCOURS de la fuyte des imposteurs italiens et des regretz qu'ilz font de quic-
ter la France, et de leur route vers le
pays de Barbarie. *A Paris, pour Jacques Gregoire imprimeur* M.D.LXXXIX,
in-8. [23565]

Pièce en prose, dirigée contre les intrigants d'Italie
qui étaient venus à la suite des Médicis : elle est
terminée par ces quatre vers :

*Ilz ont par leur ruse et cautelle
Deceu l'ame de maint fidelle,
Pippé le Roy, trompé les princes
Et pillé toutes les provinces.*

Variétés de M. Ed. Fournier, VII, 270.

DISCOURS (le) de la guerre de Metz en
Lorraine, comprenant les assaux et
alarmes faits par l'Empereur, avec la
défense et victoire des François. *On les
vend a Paris, par Jean Dallier*, 1553,
in-8. de 39 pp. [23480 ou 24874]

Réimpr. à Lyon, chez Thib. Payen, 1553, in-8.
Citons encore :

LE DISCOURS du siége de Metz, trad. de l'italien
par Hubert Philippe de Villiers. *Lyon, Thib. Payen
et Philib. Rollet*, 1553, in-4. de 22 pp.

Le texte italien de cette même relation a été impr. à
Lyon, en 1553, in-4., probablement d'après l'édition
de Florence, chez Onofrio, même date, in-4.

DISCOURS (le) de la guerre esmeue enuers le seigneur grand turc par lesmotiō
daucuns ses subietz, la cause pourquoy

ledict seigneur grãd Turc a prohibé le
vin en son pais : & plusieurs autres defenses. La cruaute qu'il fait faire à ceux
qui contreuiennent à ses defenses. Auec
la description des armes et harnois de
guerre inuentez de nouuel audit pais.
traduict d'italien en langue françoise, et
acheue d'imprimer le xxvi iour de
septembre, 1561, *à Paris par Guil-*
laume Nyverd, pet. in-8. de 12 ff. non
chiffrés. [27899]

Dans cette pièce très-singulière il est déjà question
des prétentions de l'*empereur et Duc de Moscouie*
qui anéantira l'empire et seigneurie d'Ottoman
et sera vray possesseur et heritier de l'empire
de Constantinople. Voilà près de trois siècles qu'a
été faite cette prédiction; Dieu veuille qu'il s'en
passe encore trois autres avant son accomplissement!

DISCOURS de la joyeuse et triomphante
entrée du très magnifique prince Henri
IV en la ville de Rouen. Voyez l'article
ENTRÉES.

DISCOURS de la mort de tres haute et
tres illustre princesse madame Marie
Stouard (*sic*) royne d'Escosse, faict le
18 jour de Feburier 1587, pet. in-8.
[27450]

A cette pièce de 8 ff. s'en trouve quelquefois jointe
une autre dont voici le titre :
VERSION françoise d'une oraison funèbre faicte
sur la mort de la royne d'Escosse, par le R. P. en
Dieu M. J. S., 1587.
Le discours a été réimpr. à *Anvers*, en 1589, et aussi
dans les *Variétés* de M. Ed. Fournier, V, p. 279 et
suiv., où l'éditeur donne une note curieuse sur cet
opuscule.
DISCOURS de la prinse et route des nauires enuoyez par la Royne d'Angleterre a Dieppe, pour le
secours du Roy de Nauarre, par M. le chevallier
d'Aumalle, colonel de l'infanterie francoise, le 24
iour de septembre. *Paris, H. Velu,* 1589, pet. in-8.
(*Biblioth. impér.*)

DISCOURS de la vermine et prestraille de
Lyon, dechassée par le bras fort du Seigneur : Avec la retraicte des moines,
après la sommation à eux faicte : Regrets, déploration, mort et épitaphe du
pape. Ensemble les louanges données
au Seigneur pour les grandes merveilles
qu'il ha fait voir au peuple de sa bergerie, et à la consolation de tous vrays Fidèles ; par E. P. C. Avec l'épigramme
du dieu des Papistes. (*S. l.*), 1562,
in-8. 30 pp. et 1 f. blanc. [2117]

Pièce en vers. Vend. 30 fr. catal. de M. R. de B. dé-
cembre 1850, et sous la date de 1572, 18 fr. Viollet
Le Duc. Elle a été réimprimée dans le VIIe vol. du
Recueil de poésies, publié par M. A. de Montaiglon.
—Voy. PITEUX remument.

DISCOURS de la vie abominable, ruses,
trahisons, meurtres, impostures, em-
poisonnements, paillardises, etc., desquels a usé et use journellement le my-
lord de Lecestre, machiavéliste, contre
l'honneur de Dieu, la majesté de la reine

d'Angleterre, etc., trad. d'anglois en françois. (*sans lieu d'impression*), 1585,
in-8. [26936]

Vend. 25 fr. m. r. La Valliere; 21 fr. Mac-Carthy ;
58 fr. Morel-Vindé; (portrait ajouté) 1 liv. 11 sh.
Heber.

DISCOURS de l'histoire de la Floride. Voy.
LECHALLEUX.

DISCOURS demonstrant sans feinte
comme maints Pions font leur plainte,
et les tavernes debauchez
pourquoy taverniers sont fachez.
Rouen, par Jehan du Gort et Jaspar
de Remortier (imprimé par Jacq. Au-
bin, sans date, mais vers 1560), pet.
in-8. de 8 ff. [13472]

Vend. 31 fr. en mars 1815; 5 liv. 7 sh. 6 d. Heber ;
65 fr. Nodier. .
Si l'on jugeait de cette pièce de vers par le prix que
nous citons, on pourrait lui croire quelque mérite ;
il est cependant difficile de lire rien de plus plat et
de plus insignifiant que cette rapsodie devenue si
rare.

DISCOURS déplorable du meurtre et assassinat, traditoirement et inhumaine-
ment commis et perpetré en la ville de
Blois,... de Henry de Lorraine, duc de
Guise, le 23 Decembre 1588. *Jouxte la*
copie impr. à Orléans, 1588, in-8. de
12 pp. ou 1589, in-8. de 16 pp. [23573]

J'ai vu dans un exempl. de cette pièce deux placards
in-fol., avec une grav. en bois à chacun ; un de ces
bois représente le meurtre du duc de Guise, et
l'autre celui du cardinal du même nom.

DISCOURS des causes pour lesquelles le
sieur de Ciuille, gentil-homme de Normandie, se dit avoir esté mort et enterré, et resucite. (*Sans lieu d'impres-*
sion), 1606, pet. in-8. de 16 pp.

Manuel de M. Frère, d'après l'exemplaire de la bibliothèque de Rouen.

DISCOURS des Cérémonies observées à
la conversion du très-grand, très-chrestien et très-belliqueux prince Henri IVe
roi de France et de Navarre. *Chartres,*
Claude Cauttereau, M. D. XCIII, in-8.
[23623]

Réimpression sortie des presses de L. Perrin à Lyon,
en 1858. Elle est précédée d'une préface écrite par
le prince Aug. Galitzin : il n'en a été tiré que 50
exemplaires numérotés.

DISCOURS des choses advenues en Lorraine. Voy. REMY (*Nic.*).

DISCOURS des choses les plus mémorables auenues par chacun jour durant le
siége de Lusignen en l'an 1574. *Impri-*
mé nouuellement, 1575 (*sans lieu d'im-*
pression), pet. in-8. de 4 ff. et 136 pp.
sign. A—R. [24687]

A la suite de cette relation en prose, il doit s'en trouver une autre en vers sous ce titre :
LES EFFORTS et assauts faicts et donnez à Lusignen la vigile de Noël, par Monsieur le duc de Montpensier, prince et pair de France, lieutenant général au païs de Guienne, et soubtenus par Monsieur

de Frontenay, prince de Brétaigne. *Imprimé nouuellement* 1575, pet. in-8. de 16 ff. dont un blanc, sign. a–d.

Il y a dans ce dernier opuscule des vers de plusieurs personnes ; mais la pièce principale est signée P. G. S. D. L. C., et l'on peut trouver dans les quatre dernières de ces lettres le nom du sieur de La Coste, souvent cité dans le discours en prose. Telle est du moins l'opinion émise par M. de Montaiglon, dans la notice qui précède la réimpression annotée qu'il a donnée du récit en vers dans le VIe vol. de son Recueil de poésies.

DISCOURS des confusions de la papauté. *Genève*, 1584, in-12. [2101]

Vend. 7 fr. Picart.

Réimprimé sous ce titre :

> DISCOURS des dissensions et confusions de la papauté, nouvellement mis en lumiere. *Ambrun, par Iean Gazaud*, 1587, in-16 de 406 pp.

DISCOURS des païs selon leur situation, avec les mœurs, loix et cérémonies d'iceux. *Lyon, J. de Tournes*, 1552, in-16. [21328]

Traduction d'un ouvrage latin de Jean Boem (voyez BOEMUS). C'est un livre sans utilité, et que sa rareté seule peut recommander aux bibliomanes : vend. 10 fr. *mar. bl.* en 1839, et en parch. 16 fr. en 1860. En voici un autre qui paraît provenir de la même source.

> RECUEIL de diverses histoires, touchant les situations de toutes regions et pays, contenus es trois parties du monde, avec les particulieres mœurs, loix et ceremonies de toutes nations et peuples y habitans, nouuellemēt traduict de latin en frãçois. On les vend a Paris par Galliot du Pré. — *Acheue d'imprimer a Paris l'an* 1539, *par Michel Fezandat*, pet. in-8., un exempl. en *mar. br.* 49 fr. Veinant. — Autre édition, *Paris, Arnoul L'Angelier*, 1542, in-8.

> — RECUEIL de diverses histoires touchant les situations de toutes regions et pays... avec les particulières mœurs, loix et cérémonies de toutes nations et peuples y habitant... *la présente translation fut faicte et accomplie l'an mil cinq cens quarante, et acheuee d'imprimer en Anuers le dernier iour du mois d'auril au dit an, par Maistre Antoine de Goys pour Pierre Brilman libraire et citoyen d'Anuers*, pet. in-8., lettres rondes (10 fr. 50 c. *Archives du Bibliophile*, no 2208.)

Malgré ce que porte le titre ci-dessus, il est fort douteux que cette traduction soit différente de la précédente, impr. en 1539.

DISCOURS du curé de Bersy fait à ses paroissiens en langage Picard. = Reponse faicte de l'autheur du discours... en langage Picard. (*sans lieu ni date*), in-8. [17862]

Deux opuscules de 8 ff. chacun, qui paraissent avoir été impr. vers 1640. Ils ont été réimpr. au XVIIIe siècle, avec d'autres pièces du même genre ; mais l'édition originale est rare. 28 fr. Nodier.

DISCOURS du grant triomphe fait en la ville de Lyon pour la paix faicte et accordee entre Henry second roy de France, tres chrestien et Philippe roy des Espagnes. Suytte de la description des grands triumphes faitz a Lyon, apres la publication de la paix (par Benoist de Troncy). *Lyon, par Jean Saugrain*, 1559, pet. in-8. [24602]

DISCOURS du massacre de ceux de la religion reformée, fait à Lyon, par les catholiques romains, le vingt-huitième du mois d'aoust, et jours suivans, de l'an 1572. Ensemble une Epistre des anciens fidelles de Lyon et de Vienne, contenant le récit de la persécution qui fut dressée contre eux sous l'empereur *Antonius Verus*... 1574 (*sans nom de ville ni d'imprimeur*), pet. in-12 de 156 pp. [23524]

37 fr. 50 c. Cailhava.

Cette édition paraît être différente de celle de 1574, pet. in-8. de 165 pp., vend. 11 fr. *m. bl.* Méon. Il s'y trouve une épître dédicatoire (en 18 pp.) datée de Montauban, le 1er jour du 5e mois après le massacre, ayant en tête cette souscription : *A. M. Ant. Panc. Clau. Dominique R. ses bien aymez freres, I. R. D. L. desire paix...* : or ces lettres I. R. D. L. désigneraient *Jean Ricaud de Lyon*, selon M. Péricaud, *Lettres lyonnaises*, p. 134 et suiv.

Ce *Discours du massacre*... a été réimpr. à *Lyon, chez J. Nigon*, 1847, in-12 de 57 pp. M. P.-M. Gonon, à qui est due cette réimpression, a publié en même temps celle des trois pièces suivantes dont les éditions originales sont devenues fort rares :

> SOMMAIRE et vrai discours de la félonie et inhumanité enragée commise à Lyon par les catholiques romains sur ceux de la religion réformée, in-12 de 33 pp.

> PREMIÈRE liste des chrétiens mis à mort et égorgés à Lyon par les catholiques..., in-12 de 10 pp.

> HISTOIRE lamentable contenant au vrai toutes les particularités les plus notables des cruautés, massacres, dévastations exercés par ceux de la religion romaine contre ceux de la religion réformée, ensemble les représailles d'iceux à l'encontre de ceux de Rome, de nouveau mise en lumière par P.-M. Gonon. *Lyon, Nigon*, 1848, in-12.

En cette même année 1848, M. Gonon a encore fait réimprimer :

> LYON affligé par sièges et eschallades, lequel néanmoins Dieu a gardé en son entier avec observation et maintien de la doctrine apostolique et prédication de son évangile, sur l'imprimé de 1564. (à la fin) : *Impr. à Lyon par Boursy*, 15 *vendémiaire an* LVII, in-18 de 7 pp. Date remarquable, et curieux témoignage du républicanisme du *citoyen Gonon*, *membre du club de la Fraternité de Lyon*.

DISCOURS du procès criminel faict à Pierre Barriere dict la Barre, natif d'Orléans, accusé de l'horrible et exécrable parricide et assassinat par luy entreprise et attenté contre la personne du Roy. *Chartres*, *Claude Cottereau*, 1593, in-8. [23626]

12 fr. cartonné, Coste. — Voir HISTOIRE prodigieuse.

DISCOURS du siège de Beauvais par Charles, duc de Bourgogne, en l'an 1472, tiré d'un vieil manuscript naguere recouvert. *Beauvais, G. Valet*, 1622, pet. in-8. [24208]

Relation curieuse, où l'héroïne vulgairement connue sous le nom de Jeanne Hachette est nommée Jeanne Fourquette. Cet opuscule a été réimprimé sous le titre d'*Histoire du siège de Beauvais*, Beauvais, Desjardins, 1762, in-8., édition augmentée de la description de Beauvais, en vers, par Jac. Grevin (voy. ce nom), et de plusieurs autres pièces en prose.

DISCOURS du siège de Pontoise, contenant ce qui s'est passé depuis l'unziesme de Iuillet, iusqu'a present. *Paris, P. des Hayes*, 1589, pet. in-8. (*Biblioth. impér.*)

DISCOURS dutout prodigieux d'un homme qui a été exécuté dans la ville de Valence en Dauphiné, pour avoir violé une fille de l'aage de cinq ans, avec les sentences et arrests de la cour du parlement de Grenoble. *Lyon, jouxte la copie'impr. a Tournon, par Cl. Michel*, 1616, pet. in-8. [2733]

Un exemplaire de cet opuscule, rel. en *mar. r.* 35 fr. catal. de L. Potier, 1860.

DISCOURS du trepas de Vert Janet. *Rouen, chez Loys Coste* (*s. d.*), pet. in-8. de 8 ff. avec un titre encadré et la signature G. [13473]

Réimpression faite au commencement du XVIIe siècle d'une pièce en vers, écrite au sujet du supplice d'un criminel qui fut pendu à Rouen vers l'année 1537. Il doit exister une édition faite à cette époque-là. Cet opuscule a été réimpr. dans les *Joyeusetez*, publiées chez Techener, et depuis dans le 1er vol. du Recueil de M. de Montaiglon.

Louis Coste, libraire à Rouen de 1597 à 1610, a publié, tantôt seul, tantôt avec le concours d'Abrah. Cousturier, un grand nombre de pièces facétieuses, auxquelles il ne mettait pas de pagination, mais plaçait seulement des signatures au bas des feuilles, afin de pouvoir les vendre à volonté, ou séparément, ou en recueil. (Frère, *Manuel*, tome Ier, p. 367.)

DISCOURS du voyage de Constantinople. Voy. LA BORDERIE.

DISCOURS en forme d'oraison funèbre, sur le massacre et parricide de Messeigneurs le duc et le card. de Guyse, plus les regrets sur le massacre et assassinat de... Henri de Lorraine duc de Guyse. *Paris, Jacq. Varangue*, in-8. de 23 pp., plus 7 ff. [23576]

Pièce fort rare, remplie d'invectives contre Henri III. Les *Regrets* sont en 20 sonnets suivis d'une ode : 13 fr. 50 c. La Valliere.

DISCOURS entier de la persécution. Voy. DISCOURS au vray.

DISCOURS facetieux des hommes qui font saler leurs femmes à cause qu'elles sont trop douces, lequel se ioüe à cinq personnages. *Rouen, Abr. Cousturier* (vers 1600), in-8. de 8 ff. [16353]

Pièce très-rare, dont une copie manuscrite, figurée sur VÉLIN, *m. v. tab.*, a été vendue 35 fr. Méon.

Il a été fait de nos jours deux réimpressions de cette farce, la première à *Paris, chez Guiraudet* (en 1829), in-16 de trois quarts de feuille, tirée à très-petit nombre ; la seconde, *copie figurée*, chez Pinard, pet. in-8. de 10 ff., figures en bois, tirée à 42 exemplaires, savoir : 32 sur pap. de Hollande, 11 fr. ; 8 sur pap. de Chine de couleur, et 2 sur VÉLIN.

DISCOURS facétieux et très recréatif pour oter des esprits d'un chacun tout ennuy et inquiétudes, augmenté de plusieurs prologues drolatiques non encore veux (*sic*). *Rouen*, 1610, 2 part. en 1 vol. pet. in-12. [17840]

Ces deux parties sont annoncées sur le titre de la première, et doivent être réunies ; cependant elles ont été vend. séparément chez Morel-Vindé et chez Ch. Nodier, la première 13 et 52 fr., la seconde *mar. r.* 19 et 28 fr. 50 c. Il y a une édition des deux mêmes parties, *Paris, Millot*, 1609, d'après laquelle aura probablement été faite celle de Rouen. Les prologues ne sont dans cette dernière qu'au nombre de seize ; mais nous citerons ci-après un autre recueil qui en contient trente-trois (voy. PROLOGUES). Ajoutons qu'une édition du *Discours facétieux*, Rouen, 1618, in-12, est portée dans le catalogue de La Valliere par Nyon, no 17337.

DISCOURS faict au camp de Neuf-Chatel sur ce qui s'est passé entre le roy, et le duc de Parme, ensemble la coppie d'une lettre du Roy escrite à l'un de ses officiers, estant à la Rochelle, contenant ce qui est depuis aduenu en son armée (5 février). *Suivant la copie imprimee à Tours, par Jean Mettayer*, 1592, in-8. [23612]

DISCOURS faict au Parlement de Dijon, sur la presentation des lettres d'abolition obtenuës par Hélène Gillet, condamnée à mort pour avoir celé sa grossesse et son fruict (par Ch. Fevrest l'aîné), comme aussi les lettres d'abolition en forme de chartres et arrest de verifications d'icelles. *Paris, Henry Sara*, 1625, pet. in-8. [2739]

Cette pièce est reproduite dans le tome Ier des *Variétés* de M. Ed. Fournier, pp. 35 à 47. Voir sur Hélène Gillet l'histoire qu'en a donnée Gabr. Peignot, *Dijon*, 1829, in-8.

DISCOURS ioyeux des Friponniers et Friponnieres, ensemble la confrairie desdits Friponniers, et les pardons de ladite confrairie. *Rouen, Rich. Aubert* (sans date), pet. in-8. de 4 ff. [17838]

Facétie devenue fort rare, et dont un exempl. rel. en *mar. bl. à compart.* par Bauzonnet, a été payé 155 fr. Veinant. Il en a été fait une réimpression, *copie figurée* (à Paris, chez Pinard, en 1831), tirée à 42 exemplaires, savoir : 32 sur pap. de Hollande, 6 fr. ; 8 sur pap. de Chine et de couleur, et 2 sur VÉLIN.

DISCOURS ioyevx pour aduertir la nouuelle mariee de ce qu'elle doit faire la premiere nuict. *a Rouen, chez Loys Coste*, in-16. [18022]

Autre facétie imprimée au commencement du XVIIe siècle, dans le Recueil cité à l'article *Discours du trépas de Vert Janet* (col. 749). Il en a paru une réimpression sous le même titre, à Paris, chez Guiraudet (1830), in-16 de 12 ff.

Le même opuscule a été imprimé plusieurs fois sous le titre de *Plaisant Discours* (voyez PLAISANT discours).

DISCOURS merveillable. Voy. GONTIER.

DISCOURS merveilleux de la vie, actions et déportemens de Catherine de Médicis, reyne mère, déclarant les moyens qu'elle a tenus pour usurper le gouvernement du royaume, et ruine de l'estat d'iceluy. M.D.LXXV, in-8. de 164 pp. [23549]

57 fr. Coste ; 76 fr. *mar. bl.* Renouard ; et 75 fr. Solar.

Satire attribuée à H. Estienne, mais qui probablement n'est pas de ce célèbre imprimeur, lequel, personnellement, n'avait pas eu à se plaindre de la reine mère. Cet ouvrage, on le sait, parut dès l'année 1574, quoique la plus ancienne édition connue soit datée de 1575. Il s'en est fait plusieurs éditions sous la même date, mais celle-ci est l'originale ; une autre n'a que 95 pp. Il en existe une dont le titre porte : *Seconde édition*, 1576 (pet. in-8.) ; elle est plus correcte, mieux disposée que la première, et augmentée de quelques particularités. — Autre, en 1578, in-8., augmentée de deux lettres écrites à Catherine de Médicis.— Autre, M.DC.XLIX, *selon la copie impr. à Paris*, pet. in-8. de 138 pp. — *La Haye, Adr. Vlacq*, 1660, pet. in-12. — *Jouxte la copie à Paris*, 1650, pet. in-8. sous le titre de : *Vie, actions et deportemens de Catherine de Médicis.*

Le *Discours* merveilleux se trouve aussi dans plusieurs recueils, entre autres dans le 3e volume des *Mémoires de l'estat de France sous Charles neuvième*, in-8., édition de 1576 ou de 1578, dans le *Recueil de pièces servant à l'histoire de Henri III*, imprimé en 1663 et 1666 ; dans le 2e volume du *Journal de Henri III*, édition de 1744, etc.

Un exemplaire du *Discours merveilleux... suivant la copie imprimée à La Haye*, 1663, pet. in-12, rel. en *mar. citr.* par Trautz, 100 fr. Solar : ce qui est plus du double de sa véritable valeur, même en tenant compte de la reliure.

Il existe au moins deux éditions de la traduction latine de cette satire sous la date de 1575. Celle que nous regardons comme l'original porte pour titre : *Catharinæ Mediceæ reginæ matris, vitæ, actorum et consiliorum quibus universum regni gallici statum turbare conata est, stupenda eaque vera enarratio.* C'est un pet. in-8. de 116 pp., dont un bel exemplaire rel. en *mar. bleu* a été vendu 2 liv. 1 sh. chez Hibbert. L'autre, dans le même format, et qui paraît être imprimée en Allemagne, n'a que 103 pp. On y a changé le commencement du titre de cette manière : *Legenda sanctæ Catharinæ Mediceæ.*

DISCOURS merveilleux d'un acte remarquable advenu par l'effort luxurieux d'un capitaine françois. *Paris*, 1578, pet. in-8. (*Catal. Méon*, n° 4051.)

DISCOURS merveilleux et véritable d'un capitaine de la ville de Lyon, que Sathan a enlevé dans sa chambre, depuis peu de temps. Dedans lequel est contenu comme le tout s'est passé. Avec allegation d'histoire sur ce subject. *Paris, Fleury Bourriquant*, 1613, pet. in-8. de 16 pp. [8902]

DISCOURS miraculeux et espouvantable, advenu en la ville d'Anvers, d'une jeune fille flamande, qui par la vanité, et trop grande curiosité de ses habits et colets à fraize goderonnez à la nouvelle mode, fut estranglée par le diable, et son corps (après telle punition divine) estant au cercueil transformé en un chat noir, en presence de tout le peuple ; traduict de langue flamande en langue françoise, avec une remonstrance aux dames et filles en forme de dialogue, en vers françois, *Paris*, 1603, pet. in-8. [13956]

Opuscule de cinq ff. seulement, dont le titre singulier et l'extrême rareté font tout le mérite. Vend. 70 fr. salle Silvestre, en février 1830 ; mais il est à remarquer. qu'un recueil de 24 pièces du même genre, et dont celle-ci faisait partie, a été payé 60 fr. seulement chez Mac-Carthy (n° 5499).

DISCOURS modernes et facétieux des faicts advenus en divers pays, pendant les guerres civiles en France, par J. B. S. D. S. C. (Jean Berger, sieur de Saint-Clément). *Lyon, Pierre Michel*, 1572, in-16. 12 à 20 fr. [23519]

Treize discours, avec le sens moral de chacun.

DISCOURS non plus mélancoliques que divers, des choses mesmement qui appartiennent à notre France ; et à la fin, la manière de bien et justement entoucher les Lucs et Guiternes. *Poitiers, de l'impr. d'Enguilbert de Marnef*, 1557, in-4. de 112 pp. [23305]

Livre curieux, bien écrit, et dont les exempl. sont rares : 15 fr. Camus de Limare ; 12 fr. 50 c. en 1839 ; 100 fr. *mar. v.* Coste, et 99 fr. Veinant ; 90 fr. demi-rel. Le Chevalier, en 1857. Selon une note ajoutée au Du Verdier, in-4., I, p. 480, la plupart de ces discours seraient de Jacq. Peletier et Elie Vinet ; cependant Ch. Nodier les attribuait, en grande partie, à Bonav. Des Periers, et il pensait que Peletier en a été seulement l'éditeur.

DISCOURS nouveau sur le monde. Voy. SATYRIQUE de court.

DISCOURS particulier d'Escosse. Voy. MAKGILS.

DISCOURS pour le couronnement de la Rosière de Saint-Symphorien d'Ozon, le 11 mai 1783, par l'évêque de Sarept (J.-Den. de Vienne), suffragant de Lyon. (*sans lieu ni date*), in-18. pap. d'Annonay. [12197]

Opuscule impr. par Fr.-Ambr. Didot l'aîné, en 1783, comme essai d'un nouveau caractère, et tiré à très-petit nombre. Un exemplaire rel. en *mar. blanc*, et orné de six vignettes de Girardet, 50 fr. Chateaugiron ; 63 fr. 50 c. Pixérécourt ; un autre, 8 fr. 5 c. *br.* Hérisson.

DISCOURS prodigieux et espouvantable de trois Espaignols et d'une Espaignolle, magiciens et sorciers, qui se faisoient porter par les diables de ville en ville, avec la declaration d'avoir fait mourir plusieurs personnes et bestail par leurs sorcilleges... Ensemble l'arrest prononcé contre eux par la cour du parlement de Bourdeaux, le samedy 10 iour de mars 1608. *Iouxte la copie imprimee a Bourdeaux* (*Paris, sans date*), pet. in-8. de 16 pp. [8900]

Pièce dont il existe plusieurs éditions, et notamment une de 1626. C'est d'après la précédente qu'a été faite celle qui se trouve dans les *Variétés* de M. Ed. Fournier, I, p. 87.

DISCOURS prodigieux et véritable d'une

Discours monstrant que les Jésuites sont meurtriers, 21922.

fille-de-chambre, laquelle a produit un monstre, après avoir eu la compagnie d'un singe, en la ville de Messine. *Sur la copie impr. à Sienne, Paris, Fleury Bourriquant,* in-8. de 13 pp. [6964]

Pièce rare.

DISCOURS prononcé par Mademoiselle Perette de la Babille, présidente de l'académie des femmes savantes, en présence de Mad. Henroux, princesse du Marché, douairière du Moulin... (suivi de l'alphabet des vertus des femmes, du secret des femmes, des rossignols du ménage... en vers). *Lyon, Dejussieu,* 1736, in-8. de 31 pp. 6 à 9 fr. [17879]

DISCOURS simples et véritables des rages exercées par la France; des horribles meurtres commis ès personne de Gaspar de Colligny, etc. *Basle,* 1575, pet. in-8. [23533]

Vend. 10 fr. 60 c. en 1813 et plus cher depuis.

DISCOURS sommaire des sacrileges, venefices et idolatries, tiré des procez criminels jugez au siege royal de Montmorillon en Poictou, la presente année 1599. (*sans lieu d'impression*), pet. in-8. de 26 ff. [2732]

Pièce assez curieuse. 21 fr. Pressac.

DISCOURS sommaire sur la Pucelle d'Orléans. Voy. RECUEIL de plusieurs inscriptions.

DISCOURS sur la liberté de penser, écrit à l'occasion d'une nouvelle secte d'esprits forts, trad. de l'anglais (de A. Collins, par H. Scheuléer et J. Rousset), et augmenté de la lettre d'un médecin arabe (datée de 1713). *Londres,* 1714, pet. in-8. 4 à 5 fr. [2296]

Vend. en *m. v.* 9 fr. Detune; 18 fr. Gr. Pap. *m. r.* Labédoy..., et plus cher autrefois. Les autres édit. de 1717, 1 vol., ou de 1766, avec l'examen par de Crouzas, 2 vol. pet. in-8., sont moins chères encore; cette dernière n'est pas anonyme.

L'ouvrage anglais (*Discourse on freethinking*) a été impr. à Lond., 1713, in-8.; il faut y réunir les remarques, très-estimées, que le Dr Rich. Bentley, caché sous le nom de *Phileleuthère*, a données la même année, en anglais, et que l'on a réimpr. à Cambridge en 1743, in-8. Ces remarques ont été traduites en français sous le titre de *Friponnerie laïque des prétendus esprits-forts d'Angleterre* (par Armand de La Chapelle), *Amsterd.,* 1738, in-12.

DISCOURS sur la mort de M. le Pres. Brisson, ensemble les arrests donnez à l'encontre de ses assassinateurs. *Paris, Cl. de Monstreuil,* 1595, in-8. de 4 ff. prélim. et 51 pp. [23618]

L'épître dédicatoire de ce petit ouvrage est signée *Denise de Vigny,* veuve du Prés. Brisson. Le Long ne cite pas cette édit. de 1595; mais il parle de celle de *Paris, Richer,* 1591, in-8.

DISCOURS sur la pacification des troubles de l'an 1567. Voy. L'HOSPITAL.

DISCOURS sur la réduction de la ville de Lyon. Voy. DU VERDIER (*Ant.*).

DISCOURS sur la vie et passion de Ste Catherine : plus un traicté encomiastique de l'estat et excellence de virginité et chasteté, par F. P. C. (frère Pierre Crespet). *Sens, Savime,* 1577, in-16. [13801]

Ce petit volume, qui est fort rare, contient deux ouvrages, le premier en vers, le second en prose. Ce dernier a été réimprimé à la suite du *Jardin de plaisir et recreation spirituelle,* du même auteur, livre dont on cite des éditions de *Paris,* 1587 et 1602, in-8., et de *Lyon,* 1598, in-16.

Le P. Crespet est auteur de la *Pomme de Grenade mystique,* ou Instruction pour une vierge chrétienne, impr. à Paris, en 1585 et en 1595, in-8.; à Rouen, en 1605, in-12, et aussi à *Lyon, P. Rigaud,* 1609, in-16 de 28 ff. prélim. 684 pp. plus la table [1740]. Il a également écrit plusieurs autres traités de théologie ascétique et morale dont le P. Niceron donne la liste dans son 29e volume.

DISCOURS sur le congé. Voy. FAITS et dicts.

DISCOURS sur les arcs triomphaux dressés dans la ville d'Aix, à l'arrivée des ducs de Bourgogne et de Berry. *Aix, J. Adibert,* 1701, in-fol. fig. [24805]

Cet ouvrage anonyme de Pierre de Gallaup de Chasteuil contient de curieuses recherches sur les troubadours et les cours d'amour provençales. Il a donné naissance aux écrits suivants:

1° LETTRE CRITIQUE de Sextius le Salyen (P.-Jos. de Haitze) à Euxenus le Marseillois (M. de Ruffi fils) touchant le discours sur les arcs triomphaux... du 1er janvier 1702, in-12.—2° RÉFLEXIONS sur le libelle intitulé : *Lettre critique..,* Col., 1702. —3° DISSERTATIONS de P.-Jos. de Haitze sur divers points de l'histoire de Provence. *Anvers,* 1704, in-12.—4° APOLOGIE des anciens historiens et des troubadours provençaux (contre l'écrit ci-dessus de Haitze, par P. de Gallaup de Chasteuil). *Avignon, J. du Perier,* 1704, in-12.

Voici un autre ouvrage qui se rattache au voyage des deux mêmes princes en Provence.

L'AUGUSTE piété de la royale maison de Bourbon, sujet de l'appareil fait à Avignon pour la réception des ducs de Bourgogne et de Berry, par le P. J.-J. Bontous. *Avignon, Fr.-Seb. Offray,* 1701, in-fol. avec 5 grandes planches.

DISCOURS sur les causes et raisons qui ont meu justement les françois de prendre les armes contre Henry de Valois, jadis leur roy, traduit de latin en françois. *Paris, Guill. Bichon,* 1589, pet. in-8. [23569]

Vend. (*m. v.* rel. de Derome) 39 fr. Nodier, en 1829.

DISCOURS sur les jumelles joinctes, qui sont nées à Paris, le 18 janvier 1605, en la rue de la Bucherie, avec les causes et présages de tels enfantemens prodigieux. *Paris, Vitray,* 1605, pet. in-8. de 20 pp. et 1 f. sur lequel se lit un quatrain. [6961]

Pièce peu commune.

DISCOURS sur les occurrences des guerres intestines de ce royaume et de la justice de Dieu contre les rebelles du roy, et comme de droict divin est licite à S. M. punir ses sujets pour la religion violee; ensemble le tombeau de Gaspar de Colligny. *Paris*, 1572, pet. in-8. [13956]

Pièce en vers faite en l'*honneur et gloire* des massacres de la Saint-Barthélemy (Catalogue Leber, n° 3971). En voici une autre, en prose, sur le même sujet.

    DISCOURS sur les causes de l'exécution faicte ès personnes de ceux qui avoient conjuré contre le roy et son estat. *Paris, l'Huillier*, 1572, in-8. de 20 ff. sign. A—E.

Cette dernière a été reproduite à Anvers, *de l'imprimerie de Christ. Plantin*, 1572, pet. in-8.

DISCOURS sur l'estat de la France (contenant l'histoire de ce qui est advenu depuis 1588 jusqu'en 1591). *Chartres*, 1591, pet. in-8. de 149 pp. [23562]

Ce discours est de Michel Hurault, sieur du Fay; c'est la suite de celui que le même auteur avait déjà donné, et qui a pour titre :

    EXCELLENT et libre discours sur l'Estat present de la France, depuis 1585 jusqu'en 1588, avec la copie des lettres patentes du roy, depuis qu'il s'est retiré de Paris, etc., par un docte personnage bien versé aux affaires de l'estat de la France. (*sans nom de ville*), 1588, pet. in-8.

Ces deux écrits ont eu du succès, et on les a réimprimés assez souvent avec d'autres pièces relatives aux affaires de la Ligue, et d'abord dans le recueil intitulé : *Quatre excellents discours sur l'estat present de la France*, 1595 ; ils font aussi partie du *Recueil des excellents et libres discours*, impr. en 1606 (voy. RECUEIL des excellents). Quant aux éditions originales de 1588 et 1591, que nous venons de citer, elles sont rares, mais non pas d'un grand prix. Le vol. de 1588, rel. en *mar. r.*, n'a été payé que 5 fr. à la vente Coste, où un exemplaire du vol. daté de 1591, rel. en *veau* par Capé, a atteint seulement 6 fr. 50 c.; il est vrai qu'un exemplaire de cette dernière pièce, *non relié*, est porté à 40 fr. dans le catal. de M. Fr. Michel, ce qui est un prix excessif.

On attribue aussi à Michel Hurault l'*Anti-Sixtus*, et encore le *Francophile pour Henri IV... contre les conspirations du roy d'Espagne, du Pape et des rebelles de France*, Chartres, 1591, pet. in-8. de 85 pp., que d'autres attribuent à André Maillard, et qui a été vendu 16 fr. Fr. Michel.

DISCOURS sur l'extresme cherté qui est aujourd'hui en France, présenté à la mere du Roy, par un sien fidèle serviteur. *A Bordeaux*, 1586, pet. in-8. [4141]

Ouvrage curieux qui a été réimpr. dans le recueil G (1760), pp. 125-160, et dans le 7e vol. des *Variétés* de M. Édouard Fournier. Il en existe une édition sous cet autre titre :

    DISCOURS sur les causes de l'extrême cherté qui est aujourd'huy en France, et sur les moyens d'y remedier. *Paris, à l'Olivier de Pierre l'Huillier*, 1574, pet. in-8. 8 fr. Monmerqué.

M. Fournier suppose que cette dernière date est inexacte et doit être 1594, parce que l'ouvrage de Bodin, dont l'auteur de celui-ci dit s'être inspiré, n'avait paru que depuis cinq ans, c'est-à-dire en 1578. Il existe effectivement une édit. du Discours de Bodin, impr. en 1578, in-8.; mais une partie de ce que contient ce volume, savoir : la *Reponse au paradoxe de Malestroict*, avait déjà été impr. à Paris, chez Martin le jeune, en 1568, in-4. (voyez notre article BODIN), et par conséquent l'auteur du *Discours sur l'extresme cherté*, qui, selon Nice-

ron, serait Bernard de Girard, seigneur du Haillant, a bien pu en parler en 1574, comme d'un ouvrage paraissant depuis cinq ans.

DISCOURS traitant de la Pelleterie. Voy. CHARRIER.

DISCOURS tres facétieux et véritable d'un ministre de Cleyrat en Agenois, lequel estant amoureux de la femme d'un notaire, fut enfermé dans un coffre et vendu à l'inquant à la place dudit Cleyrat. *Jouxte la copie imprimee à Tolose, par la veuve Colomies*, 1619, pet. in-8. de 15 pp. [17848]

Vend. 30 fr. *m. r.* Nodier; 16 fr. Bignon; 8 sh. Hibbert.

Il existe plusieurs éditions de cette facétie; en voici une sous un titre différent :

    LANTI-JOSEPH, ou bien plaisant et fidele narré d'un ministre de la religion prétendue, vendu publiquement à Clerac ville d'Agenois, ayant été enfermé dans un coffre par une honeste dame de ladite ville, à laquelle il faisoit l'amour. *Suivant la copie imprimée à Agen*, 1615, pet. in-8.

DISCOURS très veritable d'un insigne voleur qui contrefaisoit le diable, lequel fut prins et pendu à Bayonne. *Villefranche*, 1608, pet. in-8. [2733]

DISCOURS triomphal sur le siege de Rouen, par T. G. R., dédié à monsieur des Portes abbé de Tiron. *Rouen, Pierre Courant*, 1592, pet. in-8. de 16 pp. [13956]

Opuscule en vers, à la suite duquel doit se trouver cette autre pièce, également en vers :

    COQ A L'ASNE fort recreatif fait sur le siege de Rouen, dedié à M. Raullet, pet. in-8. de 8 pp.

Il existe une autre édition de la première de ces pièces, sous ce titre :

    DISCOURS veritable sur ce qui s'est fait et passé durant le siège de Rouen... *Paris, Bichon et Rolin. Thierry*, 1592, pet. in-8.

Il existe aussi une pièce en prose ayant pour titre :

    DISCOURS de ce qui s'est passé au siège de Rouen, de la retraicte du duc de Parme, et son retour pour le secours de la dicte ville iusques au 21 avril 1592. *Tours, Jamet Mettayer*, 1592, in-8.

DISCOURS véritable de ce qui est advenu à sept blasphémateurs du nom de Dieu, jouant aux cartes et aux dez dans un cabaret, distant de deux lieues de Montauban, sur le grand chemin de Toulouse. *Jouxte la copie impr. à Corre en Carcy, par Olivier de Ménière*, 1601, pet. in-8. de 4 ff.

DISCOURS véritable de ce qui est advenu aux états généraux de France, tenus à Blois, en l'année 1588. *Paris, Bichon*, 1589, pet. in-8. de 61 pp. [23575]

Vend. 24 fr. *mar. v.* salle Silvestre, en 1802, et avec l'*Adieu fait à la ville de Blois, par un Seigneur catholique*, Paris, Rozière, 1589 : 48 fr. *mar. r.* Le Marié; 29 fr. le B. d'Heiss. — Voyez MARTYRE des deux frères.

DISCOURS veritable de la reduction de la ville de Marseille en l'obeyssance du

roy, le samedy 17 fevrier 1596. *Lyon,
Jean Pillehotte*, 1596, in-8. de 13 ff.
[24820]

18 fr. *non rel.* Coste.

DISCOURS veritable de l'armée du tres
vertueux et illustre Charles, duc de Savoye et prince de Piedmont, contre la
ville de Geneve. Ensemble la prise des
chasteaux que tenoyent les habitans de
la dite ville, avec tout ce qui s'y est passé
depuis le premier jour de juin dernier
jusqu'à present, par I. D. S., sieur de la
Chapelle. *Paris, pour Anthoine le Riche*, 1589, pet. in-8. [25935]

Pamphlet violent contre les protestants. M. Éd. Fournier l'a reproduit dans le tome I de ses *Variétés*,
p. 149 à 161.

DISCOURS veritable de la victoire obtenue par le roy en la bataille donnée près
le village d'Eury (Ivry) le mercredy
quatorziesme iour de mars mil cinq cens
nonante. *Tours, Jamet Mettayer*,
1590, in-8. de 61 pp. [23610]

31 fr. *m. r.* Monmerqué.

LE MÊME DISCOURS.... plus la desfaite des li-
gueurs tant en Auuergne qu'en Gascogne, au
mesme temps. *Lyon, Guichard Julliron et T. Ancelin*, 1594, in-8. de 40 pp. 10 fr. *non relié*, Coste.

Publié aussi sous le titre suivant :

ADVIS contenant le discours de la bataille et victoire obtenue par le roy contre M. le duc de
Mayenne, avec le progrez de l'armée de Sa Majesté.
(*sans lieu d'impression*), 1590, in-8. de 35 pp.
15 fr. *mar. v.* Coste.

Le P. Lelong ne cite pas ces trois pièces, mais il en
indique plusieurs autres sur le même événement;
voir les n°° 19239 à 19249 de sa *Biblioth. de la
France*. En voici une qui fait suite aux précédentes :

DISCOURS de ce qui s'est passé en l'armée du
Roy depuis la bataille donnée pres d'Eury jusques
au deuxiesme du mois de may mil cinq cens nonante. *Tours, Jamet Mettayer*, 1590, pet. in-8. de
23 pp.

DISCOURS véritable de la vie... du géant
Teutobochus. Voy. GIGANTOMACHIE.

DISCOURS véritable de l'exécution faicte
de plusieurs traytres et sedicieux de la
ville de Rouen : faict par le commandement de le cheualier d'Aumalle, faict le
vendredy 23 de février 1590. *Paris,
jouxte la copie, imprimée à Ruen par
Pierre Corant*, pet. in-8. de 15 pp., et
aussi *Lyon, Jean Pillehotte, prins sur
la copie imprimée à Paris*, 1590, pet.
in-8. [24340]

DISCOURS veritable d'un homme qui a
este extremement battu par sa femme et
deux de ses enfants. *Lyon, pour Francois Yvrard* (vers 1560), pet. in-8.

DISCOURS véritable d'un Juif errant, lequel maintient avec parolles probables
avoir esté présent à voir crucifier Jésus-
Christ, et est demeuré en vie jusques à
présent, avec plusieurs beaux discours
de diverses personnes sur ce mesme subject. *A Bordeaux : jouxte la coppie imprimée en Allemagne*, 1609, pet. in-8.
de 16 pp. [17149]

Les trois dernières pages de cet opuscule contiennent : *Complainte en forme et maniere de chanson d'un juif encore viuant, errant par le monde,
qui dit auoir assisté, et estre l'un de ceux qui
mirent à mort et crucifierent nostre Seigneur
Jesus-Christ.* sur le chant : *Dames d'honneur.*
Une édition de *Bordeaux*, 1608, est portée dans le
catal. de Picard et dans celui de Méon.

DISCOURS véritable et sans passion sur
la prinse des armes et changemens advenus dans la ville de Lyon pour la conservation d'icelle sous l'obeyssance de
la S. Union et de la couronne de France,
le 18 septembre 1593, envoyé par un
bon citoyen de Lyon à un sien amy.
Lyon, 1593, in-8. [24603]

15 fr. 50 c. avec deux pièces analogues à celle-ci,
Cailhava.

Selon le P. Lelong cette pièce est de Pierre Matthieu,
ainsi que la *Harangue aux consuls et au peuple
de Lyon, sur le devoir et obéissance des sujets
envers le roy; prononcée le 23 décembre 1594,*
impr. à Lyon, in-8.

Il a été fait une *Réponse à la lettre contenant le
Discours véritable...* Lyon, 1593, in-8.

Pour d'autres pièces sur la suite de cet événement,
voy. l'article DU VERDIER.

DISCOVRS veritable sur le faict de Marthe Brossier de Romorantin, pretendue
demoniaque. *Paris, Mamert Patisson*,
1599, pet. in-8. de 4 ff. et 48 pp. 6 à
9 fr. [8907]

Vend. 21 fr. 50 c. *non rogné*, Crozet.

Il existe une réimpression de cet opuscule rare (et
non cité par M. Renouard), *jouxte l'exemplaire
imprimé à Paris*, 1599, pet. in-8. y compris l'arrêt
du Parlement qui a renvoyé Marthe Brossier.

Guy Patin attribuait ce discours soit à Mich. Mares-
cot, médecin de Paris, soit à Sim. Pietre, autre médecin, son gendre ; mais, selon Tallemant des
Réaux, il serait de Le Bouteiller, père de l'archevêque de Tours. L'ouvrage a été réfuté dans un
écrit ayant pour titre :

TRAICTÉ des énergumenes, suivy d'un discours
sur la possession de Marthe Brossier : contre les
calomnies d'un médecin de Paris, par Léon d'A-
lexis. *Troyes*, 1599, pet. in-8. de 83 pp. 18 fr. Libri, en 1857. [8908]

Le *Traité des énergumènes* est du cardinal de Berulle, et il a été réimpr. dans les œuvres de ce
prélat; je ne sais si l'on doit regarder le nom de
Léon d'Alexis comme supposé, car il peut bien être
celui de l'auteur du discours contre un médecin,
lequel discours ne fait pas partie des œuvres de
M. de Berulle.

Citons encore :

HISTOIRE de Marthe Brossier, prétendue possédée, tirée du latin de J.-A. De Thou, avec quelques
remarques et considérations générales sur cette matière, tirées pour la plupart du latin de Barthol.
Perdulcis, médecin, par le sieur Congnard, médecin. *Rouen, Jacq. Hevault*, 1652, in-4. de 39 pp.

Ce dernier ouvrage sert d'appendice au livre intitulé :

LA PIETÉ affligée, ou discours histor. et théolog.
de la possession des religieuses dittes de saincte
Elizabeth de Louviers, par le P. Esprit du Bosros-
ger, capucin. *Rouen, J. Le Boulanger*, 1652, in-4.
— Réimpr. à *Amst.*, en 1700, in-12.

— Voyez VRAI DISCOURS.

DISCRET (*L.-C.*). Alison, comédie en cinq actes, dédiée aux jeunes veuves et aux vieilles filles. *Paris, Jean Guignard,* 1637, in-8. [16423]

Il y a de cette pièce une deuxième édition, dédiée aux beurrières de Paris, *Paris, Guignard,* 1664, in-12 de 6 ff. et 182 pp. — Le duc de La Valliere fait mention d'un exempl. dans lequel se trouvaient deux estampes qui sont rares ; elles étaient aussi dans l'exemplaire vendu 20 fr. de Soleinne, et dans un autre qui fut donné pour 7 fr. — On a du même Discret :

LES NOPCES DE VAUGIRARD, ou les naifvetés champetres, pastoralle (en 5 actes et en vers), dédiée à ceux qui veulent rire, par L. C. D***. *Paris, Guignard,* 1638, in-8. de 8 ff. et 144 pp. 19 fr. 50 c. de Soleinne.

DISCURSUS consolatorius, super concilio tridentino factus inter S. matrem Sorbonam et Nic. Maillardum, etc. *Venundatur Parisiis in vico Sorbonæ ad intersignum plenæ lunæ apud Johannem Lanternum,* 1564, pet. in-8. de 31 pp. [21702]

Pamphlet en latin macaronique, lequel doit être accompagné d'une seconde partie sous le titre suivant :

PARS SECUNDA in qua Nicolaus Maillardus recitat suis sociis de Sorbona, Huguenotos non velle recipere concilium. *Venundatur in vico solis, ad intersignum ecclipsis apud Joannem Arcancellcium,* 1564, pet. in-8. de 16 pp.

Ces deux opuscules rares n'ont été vend. que 6 fr. Hérisson.

DISPUTATIO de supposito, in qua plurima hactenus inaudita de Nestorio tanquam orthodoxo, et de Cyrillo alexandrino, aliisque Ephesi in synodum coactis, tanquam hæreticis demonstrantur. *Francofurti,* 1645, in-8. de 358 pp. [21751]

Cet ouvrage, plus rare que recherché, a été attribué tantôt à David Derodon, et tantôt à Gilles Gaillard, son ami. Ch. Nodier pensait au contraire qu'il est de Jean Bruguier de Nîmes, et c'est là une opinion très-probable. Voyez les *Mélanges tirés d'une petite bibliothèque,* p. 169. Quoique ce livre ait peu de valeur aujourd'hui, l'exempl. en *mar. citr.* vend. 18 fr. chez le comte d'Hoym, a été revend. 38 fr. 95 c. chez Ch. Nodier, en 1830 ; un autre en *mar. v.* 28 fr. Renouard.

DISPUTATIO perjucunda, qua anonymus probare nititur mulieres homines non esse (per Valentem Acidalium) ; cui opposita est Sim. Gedicci defensio sexus muliebris ; editio secunda. *Hagæ-Comit., I. Burchornius,* 1638, pet. in-8. de 132 pp. [18069]

Cet ouvrage singulier est un jeu d'esprit contre l'opinion des Sociniens. Il a été réimpr. à *La Haye,* en 1641 et 1644, pet. in-12, et sous la date de *Paris* (*Holl.*), 1693, pet. in-12 de 192 pp., et les quatre édit. ont à peu près la même valeur : 3 à 6 fr. Les deux dissertations avaient paru d'abord à Francfort, en 1595, in-4. La première est généralement attribuée à Acidalius Valens ; mais il n'est pas cer-

tain qu'elle soit de lui. Meunier de Querlon en a donné une traduction française sous le titre suivant : *Problème sur les femmes* (suivi d'un essai sur l'âme des femmes), *Amsterdam* (Paris), 1744, in-12 ; et il en existe une autre traduction sous ce titre : *Paradoxe sur les femmes, où l'on tâche de prouver qu'elles ne sont pas de l'espèce humaine,* Cracovie, 1766. Quelques personnes ont attribué cette dernière à Charles Clapiès. On peut citer aussi une traduction italienne sous le titre de *Discorso piacevole che te donne non sieno della spezie degl' uomini.* Lione, 1649, in-12.

DISPUTATION de l'Asne contre frere Anselme Turmeda, sur la nature et noblesse des animaux, faicte et ordonnee par ledict frere Anselme, en la cité de Tunicz, lan 1417 ; en laquelle le dict frere Anselme preuue comme les enfans de nostre pere Adam sont de plus grande noblesse et dignité, que ne sont tous les aultres animaulx du monde, et par plusieurs et viues preuues et raisons ; traduict du vulgaire hespaignol en langue françoise. *A Lyon, chez Iaume Iaqui, en la rue Tomassin* (sans date), pet. in-8., feuillets non chiffrés, sign. A et a—r, fig. sur bois. [17939]

Facétie spirituelle, imprimée en 1544, si l'on s'en rapporte à la date du 1er mai 1544 qui se lit à la fin de la préface. L'auteur ou plutôt le traducteur n'est pas nommé sur le titre du livre ; mais comme l'épître liminaire a pour suscription : *G. L. a tous ses amis,* et qu'elle est signée *Enutrof ensal,* mots qui, lus à rebours, donnent *Lasne fortuné,* il est naturel de croire que cet auteur se nommait Guil. Lasne (*Bulletin des Bibliophiles,* XIIe série, p. 888). Vend. 27 fr. en 1802 ; 25 fr. Bignon ; 55 fr. Nodier.

Une édition sous le titre de *Disputation de frère Anselme avec lesanimaux....* Lyon, chez D. Arnoullet, 1540, in-16, est annoncée dans le catal. La Valliere, en 3 vol., n° 4245 ; mais l'exemplaire de cet amateur avait le titre refait à la plume, en sorte que la date est apocryphe. Le livre dont il s'agit se compose de 143 ff. en lettres rondes ; on y lit une dédicace de G. L. *à tous ses fideles amis,* datée de Lyon, 7 octobre 1547 ; ce qui prouve que l'édition ne saurait être de 1540. Il est dit à la fin qu'Anselme composa ce traité à Tunis, le 15 septembre 1418 ; et cela est répété dans les différentes éditions de cette facétie.

— DISPUTATION de l'asne contre Anselme Turmeda...... traduit de vulgaire hespagnol en francoys. *Lyon, par Laurens Buyson papetier et libraire,* 1548, in-16, ff. non chiffrés, sign. a—s, lettres rondes.

Édition peu commune, dont un exemplaire rel. en *mar. bl. dent.* s'est vend. 52 fr. Chardin ; 18 fr. Labédoy..., et serait plus cher maintenant.

— LA DISPUTE d'un asne contre frere Anselme Turmeda, touchant la dignité, noblesse et prééminence de l'homme pardeuant les autres animaux ; utile, plaisante & recreative a lire & ouyr. il y a. aussi une prophetie du dit Asne, de plusieurs choses qui sont aduenues et aduiennent encor iournellement en plusieurs contrees de l'Europe, dez lan 1417, auquel temps ces choses ont été escrites en vulgaire espagnol, & depuis traduites en langue françoise, tout est reueu & corrigé de nouueau. *A Pamplune, par Guillaume Buisson,* 1606, pet. in-12 de 12 ff. prélim. et 190 pp. de texte.

Vend. en *m. bl.* 20 fr. A. Martin ; 1 liv. 11 sh. *m. r.* Heber ; 11 fr. Bignon ; en *m. r.* 20 fr. Huzard ; *non relié,* 1 liv. 5 sh. Libri, en 1859.

Même ouvrage que le précédent. Il est convenable de réunir à ce livre singulier l'article suivant :

LA REVANCHE et contre-dispute de frere Anselme Turmeda, contre les bestes, par Mathurin Maurice. *Paris, Chrestien*, 1554, in-16.

DISPUTATION. The Dysputacyon or Cōplaynt of the Herte thoroughe perced with the lokynge of the Eye. *London, by W. de Worde* (sans date), in-4. de 16 ff. sign. A—Cvi.

Un exemplaire de cet opuscule rare, rel. en *mar.* 37 liv. 16 sh. Roxburghe; 34 liv. 13 sh. White Knights; 30 liv. Horne Tooke.

DISQUISITION upon etruscan vases. Voy. Christie.

D'ISRAELI (*Isaac*). Curiosities of literature, with memoirs of the life and writings of the author by his son B. D'Israeli. *London, Moxon*, 1849, 3 vol. in-8. 1 liv. 10 sh. [18382]

Cette édition et celle de 1845, en 6 vol. in-12, ainsi que celle de Londres, 1854, en un seul vol. in-8., réunissent les deux séries de cet ouvrage, lesquelles ont été plusieurs fois impr. séparément, d'abord en 2 vol., ensuite en 3 vol. in-8. L'édition de *Paris, Baudry,* 1835, 3 vol., contient également les deux séries. C'est sur une édit. de la 1re série en 2 vol. qu'a été faite la traduction française, par T. Bertin, 1810, 2 vol. in-8.

On peut réunir à cet ouvrage :

New Curiosity of literature (or D'Israeli illustrated), being an examination of that author's curiosity by Bolton Corney; second edition. *London,* 1839, pet. in-8.

Miscellanies of literature. *London, Moxon,* 1854, gr. in-8. 18 sh.

On trouve réunis dans ce volume les ouvrages suivants de l'auteur, déjà publiés séparément, savoir :

Literary miscellanies. *London,* 1801, in-12.

Calamities of authors, including some inquiries respecting their moral and literary characters, by the author of the Curiosities of literature. *London,* 1812, 2 vol. pet. in-8. 12 fr. [30028]

Quarrels of authors, or some memoirs for our literary history, including specimens of controversy from the reign of Elizabeth. *London,* 1814, 3 vol. pet. in-8. 18 fr. [30030]

Illustrations of the literary character, or the history of men of genius, drawn from their own feelings and confessions; the fourth edition, with a letter and notes by lord Byron. *London, Colburn,* 1828, 2 vol. pet. in-8. 10 fr. [30031]

La première et la seconde édition de cet ouvrage, 1816 et 1818, sont en un seul volume, ainsi que la cinquième, de 1839.

Inquiry into the literary and political character of James I. *London,* 1816, pet. in-8. 8 fr.

Les *Miscellanies of literature* ont aussi paru à Paris, chez Baudry, 1840, en 2 vol. in-8.

Autres ouvrages du même auteur.

Commentaries on the life and reign of Charles I, king of England. *London, Colburn,* 1828-31, 5 vol. in-8. — Seconde édit., *Lond.,* 1850, 2 vol. in-8. 16 fr. [26953]

Amenities of literature, consisting of sketches and characters of english literature, by I. d'Israeli. *London,* 1841 (2e édit., 1842), 3 vol. in-8. 24 fr. — aussi *Paris, Baudry,* 1841, 2 vol. in-8.

Ces différentes compilations d'Isaac d'Israeli sont des ouvrages amusants, mais aussi superficiels que le sont ceux de Gabr. Peignot.

DISSERTATIO et animadversiones in Severæ martyris epitaphium (authore

Ant.-M. Lupi). *Panormi,* 1734, in-fol. 8 à 10 fr. [29788]

DISSERTATION étymologique, historique et critique sur les diverses origines du mot cocu; avec notes et pièces justificatives, par un membre de l'Académie de Blois. *Blois, impr. de Jahyer* 1835, in-16 de 52 pp. [18106]

Tiré à 71 exemplaires : 50 papier blanc, 21 papier jaune. — Cet ouvrage est de M. Pétigny.

DISSERTATION sur le dieu Serapis, où l'on examine l'origine, les attributs et le culte de cette divinité (par Char. Galliot). *Paris, Barbou,* 1760, in-8. 3 à 4 fr. [22625]

Il y a des exemplaires tirés in-4.

DISSERTATION sur les maléfices et les sorciers, où l'on examine en particulier l'état de la fille de Tourcoing (par de Valmont). *Tourcoing,* 1752, pet. in-12. [8893]

Livre singulier et rare : 14 fr. *m. r.* en 1840.

DISSERTATION sur l'origine des étrennes et sur la coutume de saluer ceux qui éternuent, par D*** (Dussert). *Vienne, J. Th. Trattner,* 1761, pet. in-8. de 44 pp. [29000]

Opuscule peu commun, vend. jusqu'à 25 fr. *mar. r.* Nodier, en 1830.

DISSERTATION sur l'usage de se faire porter la queue. Voy. Menestrier.

DISSERTATION sur un traité de Ch. Le Brun. Voyez Le Brun.

DISSERTATIONUM ludicrarum et amœnitatum scriptores varii : editio nova et aucta. *Lugd.-Batav., apud Fr. Hegerum,* 1644, pet. in-12, 5 à 6 fr. [17803]

Cette édition, qui a 666 pp., non compris le frontispice gravé et 3 autres ff. prél., a été attribuée aux Elseviers, parce qu'on y remarque plusieurs des fleurons de ces imprimeurs; mais M. Pieters la croit sortie des presses de Phil. de Croï. Elle renferme quatre pièces de plus que l'édition de 1623 (sous le titre d'*Argumentorum ludicrorum scriptores*), et que celle de Leyde, *apud Hackium,* 1638, petit in-12. — Vendu en *mar. r.* 12 fr. 50 c. Courtois; 24 fr. mar. bl. Motteley; 1 liv. 1 sh. Libri.

DISSERTAZIONE sopra tre bassirilievi di marmo bianco rappresentanti le teste di Pentesilea, di Claudia, ec. *Palermo,* 1778, in-4. fig. [29558]

Vend. 16 fr. Villoison, et moins depuis.

— Dissertazioni della Academia romana di archeologia. Voy. Atti.

Dissertation critique sur la langue basque, 11189. — sur les Basques, 26147. — sur la littérature orientale, 30147. — touchant la conception de J.-C. — Voy. Pierquin.

Dissertations historiques. — Voy. Guasco.

Dithmar (*Just.-Christ.*). Commentatio de ordine de Balneo, 28775.

DITMARUS, episc. Merseburg. Chronicon ad fidem codicis dresd. denuo recensuit, J.-F. Ursini, J.-F.-A. Kinderlingii et Ant.-Ch. Wedekindi, passim et suas adjecit notas Jo.-Aug. Wagner. *Norimbergæ, Lechner*, 1807, in-4. 16 fr. [26401]

Cette chronique, écrite au commencement du XIe siècle, contient l'histoire des empereurs d'Allemagne, depuis Henri 1er jusqu'à l'année 1018. Elle a été publiée pour la première fois par Reineccius dans une collect. impr. à Francfort, en 1577 et en 1580 (voyez le no 26354 de notre table); ensuite, d'après un manuscrit plus complet, par Leibniz, dans les *Scriptores rerum brunsv.* (voy. LEIBNIZ). L'édition donnée par J. Maderus à Helmstadt, en 1607, in-4., n'est pas complète.

DIT. Le dict des pays ioyeux, auec les oditiös des femmes. Et plusieurs aultres Ballades. Auec les dix commãdemens ioyeulx. (*sans lieu ni date*), pet. in-8. goth. de 4 ff., avec une fig. en bois sur le titre et une autre au verso du dernier f. [13475]

Le Dit des Pays est une pièce singulière consistant en 92 vers de 8 syllabes, où l'auteur fait une revue gastronomique des productions de chaque ville célèbre. La pièce intitulée *les ix conditions des femmes* est fort libre.

Une autre édition sous ce titre : *Le Dict des pays ioyeulx* (sans les dix commandements), pet. in-8. goth. aussi de 4 ff., a été vend. 33 fr. en 1824; 40 fr. en mars 1829, et 2 liv. 13 sh. Heber.

— Le dict des pays ioy ‖ eulx Auec les cõdicions des femmes et plu‖sieurs autres belles balades. (*sans lieu ni date*), trèspet. in-8. goth. de 4 ff. à 25 lig.

Sur le titre, un bois représentant deux femmes près d'un camp, et au verso un autre bois figurant plusieurs hommes et autant de femmes. Les dix commandements sont à la fin.

M. de Montaiglon a reproduit cette pièce dans le 5e vol. de son Recueil, en l'accompagnant de variantes et de notes. Il en indique plusieurs réimpressions modernes, et en fait connaître une ancienne du *Dict des pays* seulement, laquelle se trouve à la suite de l'*Epistre du bon frere qui rend les armes d'amour a sa sœur damoiselle en Lyonnois*, opuscule impr. en lettres goth.

DITZ (les) damours et ventes. (*Paris, sans date*), pet. in-4. goth. de 8 ff. avec la marque de J. Trepperel. [13475]

Une des plus anciennes éditions que l'on ait de cette pièce en vers de 8 syllabes. Un exemplaire annoncé pet. in-8., parce que les marges latérales étaient trop rognées, 125 fr. Leprevost, en décembre 1857, et en *mar. citr.* 250 fr. Solar.

—LES DITZ damours et ventes (en vers de 8 syllabes), petit in-8. goth. de 8 ff., avec la marque de Guill. Nyver.

Réimpr. dans le recueil intitulé *Demandes joyeuses* (voyez DEMANDE), et aussi sous ce titre : *Les Ditz et ventes damours*, pet. in-8. goth. de 8 ff. — ou (*Paris, impr. de Pinard*, 1831), pet. in-8. goth. figures en bois, réimpression fac-simile tirée à 42 exemplaires.

Pour les éditions plus anciennes que celle de Nyver,

qui portent le titre de *Ventes damours*, voyez au mot VENTES. C'est sous le titre de *Ditz et ventes damours* que cette pièce est reproduite dans le 5e vol. du Recueil de M. de Montaiglon, où elle est accompagnée des variantes de trois éditions. •

DITZ de Maistre Aliborum (cy commence les) qui de tout se mesle. — Cy finent les ditz de maistre Aliborum. *Imprime a Paris pour Pierre Prevost*, in-8. goth. de 8 ff. à 25 lig. par page. [13537]

Cette édition, n'ayant pas de titre, est peut-être antérieure à celles qui en ont un. Pierre Prevost, qui la vendait, n'a pas été connu de Lottin, lequel a placé sous l'année 1527 un Nicolas Prevost. L'édit. ici décrite doit être un peu plus ancienne, mais nous ne la croyons pas de la fin du XVe siècle, comme l'a dit M. de Montaiglon dans la note qui accompagne le texte de cette pièce donnée par lui dans le 1er vol. de son Recueil de poésies. — Voyez MAISTRE Aliborum.

DITZ de Salomon. Voy. SALOMONIS dicta.

DITS. Les Dictz des bestes, pet. in-4. goth. [13476]

Édition sans lieu ni date, mais impr. vers 1500. Elle contient seulement 4 ff. dont le dernier est tout blanc. Sur le premier f. se lit le titre ci-dessus, accompagné du monogramme de l'imprimeur (M et H) que nous avons donné à la col. 551 de ce volume. Cet opuscule en vers est terminé au verso du 3e f. par ces mots : *Cy finissent les ditz des bestes.* Les *Dictz des oyseaux* qui se trouvent dans d'autres éditions de ce petit ouvrage ne font pas partie de celle-ci. Vend. 6 liv. 16 sh. 6 d. Heber; 52 fr. en 1841; 55 fr. Nodier.

Il existe une édition de ces deux pièces, in-4., en caractères goth., avec la marque de J. Trepperel, savoir : les Dictz des bestes, en 4 ff., et ceux des oiseaux, en 6 ff. dont un bl. Ces deux pièces réunies aux *Prouerbes communs*, en 12 ff. 300 fr. Huzard. —Voy. BESTIAIRE.

— LES DITZ des bestes. (*sans lieu ni date*), in-4. goth. de 4 ff.

Le recto du dernier f. n'a que 21 lign. et le verso est blanc.

— LES DITZ joyeux des oiseaux. (*sans lieu ni date*), in-4. goth. de 5 ff. (pas 6).

Deux éditions lyonnaises de la fin du XVe siècle, impr. avec les mêmes caractères que le *Livre des quatre choses* (voy. LIVRE appelé). La première, *mar. r.*, 210 fr., et la deuxième, même reliure, 200 fr. Cailhava.

— Les dictz des oyseuax : (*sic*) ‖ Et des bestes par hystores. (au recto du dernier f.) : *Imprime a chaalons par Estienne ‖ bally Jmprimeur demourant deuant ‖ nre dame en vaulx pres la grosse teste*, pet. in-4. goth., feuillets non chiffrés.

Cette édition, donnée par un imprimeur jusqu'ici inconnu, est un livret aussi curieux que rare. J'en possède un fragment de 6 ff., lesquels, ainsi que d'autres feuillets du même opuscule, ont été trouvés collés sur la couverture d'un vieux livre appartenant à M. le duc d'Arenberg. Sur la demande de M. Staedtler, son bibliothécaire, S. A. a bien voulu charger M. Ch. de Brau de m'offrir de sa part ces précieux débris d'un incunable champenois. Toutes les pages de ce livret sont entourées de bordures sur bois présentant, comme celles des anciennes heures, des fleurs, des oiseaux et quelques animaux. Le recto du premier f. donne le titre ci-dessus, en deux lignes, au-dessous desquelles se voit la figure d'un aigle ; le verso ne contient qu'une bordure sans aucun texte. Chacune des autres pages du livre présente la figure d'un oiseau avec un quatrain français qui s'y rapporte, et un second quatrain sur un quadrupède dont on ne voit pas la figure. Au recto du dernier f. se lit la souscription, en trois lignes, et au-dessous, en haut d'une seconde bordure, les caractères gothiques 𝔄 et 𝔅, indiquant probablement les signatures des cahiers; le verso du même feuillet contient, indépendamment de la bordure ordinaire, deux bois placés l'un horizontalement et l'autre perpendiculairement, avec la devise en rebus *Sola fides sufecit*, la même qu'on remarque dans plusieurs éditions imprimées à Paris par Guy Marchand. Le livre de notre Chalonnais paraît être l'essai d'un imprimeur peu exercé, et remonter aux premières années du XVIᵉ siècle. Nous supposons que, pour être complet, ce livre précieux devrait contenir 10 feuillets.

— Les **Dictz des bestes ꝛ aussi des oyseaulx.** — *Cy finissent les dictz des oiseaulx. Nouuellement Jmprime a paris en la rue neufue nostre Dame a lescu de France*, pet. in-8. goth. fig. en bois.

Ce petit livre, aussi curieux que rare, renferme seulement 12 ff.; mais il est orné de 48 grav. en bois, dont 39 sont suivies d'un quatrain analogue à l'animal que la figure représente. 49 fr. *v. br.* Huzard.

Il a été fait à Paris, en 1830, une réimpression facsimile de cette édit., pet. in-8., tirée à 40 exempl. Le texte des quatrains donné d'après cette édition dans le Recueil de M. de Montaiglon diffère en quelques mots de celui de l'édition de Chalons ci-dessus, et il paraît avoir été un peu rajeuni.

DITS des philosophes. Cy commence un petit traittie moult prouffitable, intitule les **Dicts moraulx des philosophes** et primierement de Sedechias (par Guillaume de Tignoville ou Thignoville). — *Impressum Brugis per Colardum mansionis*, pet. in-fol. goth. de 115 ff. non chiffrés. [3668]

Édition très-rare, imprimée à longues lignes, au nombre de 23 à la page. Mercier, abbé de Saint-Léger, s'est trompé, lorsqu'il l'a annoncée sous la date de 1473, dans son Supplément à l'histoire de l'imprimerie; nous pouvons assurer qu'elle est sans date.

— Les **ditz des philosophes.** *Paris, Verard*, 1486, in-4. de 96 ff. non chiffrés, à 30 lig. par page, sign. A—Oii, car. goth.

Édition de la plus grande rareté et que nous ne trouvons pas décrite dans les annalistes de l'imprimerie. L'exemplaire que nous avons eu sous les yeux (celui de la vente Villenave, nº 162 du catal., vendu 80 fr., et revendu 27 fr. Libri-Carucci), était en mauvais état, et il y manquait même une partie du texte d'un feuillet. Cet exemplaire n'a point de titre, ce qui réduit à sept feuillets son premier cahier; il commençait de cette manière :

(S) *adechias fut philosophe le premier p* ‖ *qui de la volonte de Dieu la loy fut re-*

La souscription finale a six lignes, dont la première est au bas de l'avant-dernier f. verso, et les cinq autres sur le recto du dernier f., lequel ne contient pas autre chose. Cette souscription est ainsi conçue : *Cy finissent les ditz moraulx des philoso-phes‖lesquels furēt imprimez le xxviiᵉ iour dauril Mil ‖ cccc.lxxxvi pour Anthoine verad* (sic) *libraire demou ‖ rāt a paris sur le pōt nꝛe dame a limaige saint iehan leuāgeliste au premier pil-ter ‖ deuant la chapelle du roy.*

— Les **ditz moraulx des philosophes** (trad. du lat. par Guill. de Tignoville); et les proesses du vaillant Alexandre. (au recto du dernier f.) : *Cy finissent les ditz moraulx... imprimez a Paris, par Michel le noir libraire iure, demou-rant en la rue sainct iacques a la rose blanche*, in-4. goth. de 58 ff.

Quoique fort rare, ce vol. n'a été vendu que 5 fr. La Valliere; mais il a été payé 6 liv. 5 sh. *mar. r.* Libri, en 1859. Il y en a une édition de *Paris par le Petit Laurens, pour François Regnault*, pet. in-4. sign. *a—oiij*; 70 fr. *m. r.* De Bure.

— Les **ditz moraulx des Philosophes...** *Paris, impr. par Pierre Vidoue pour Galiot du Pré*, 1531, pet. in-8.

Édition rare.
La Croix du Maine dit que ce livre a été réimprimé (à *Paris, par Pierre Le Ber*), in-8., en 1532, sous le titre de *Forest et description des grands et sages philosophes du temps passé.*

— Les **Ditz et sentences notables de divers auteurs**, traduicts en françois et mis par ordre alphabétique. *Paris*, 1560, in-16.

Ce livre, vend. 16 sh. Heber, est peut-être le même que le précédent. — Voy. MEURIER.

— The **dictes and sayinges of the philosophres**. Whiche boke is translated out of frenshe into englyssh by the noble and puissant lord Antoine Erle of Ryuyers lord of Scales, etc. — *Enprynted by me William Caxton at Westmestre*, M. CCCC.LXXVII, in-fol.

Ce livre fort rare est regardé comme le premier qui ait été imprimé avec date, en Angleterre (voy. ci-après l'article JACOBUS de Cessolis). Nous ferons remarquer que dans sa préface, le traducteur nomme l'auteur français *Jehan de Teonville.*
Le volume ici décrit se compose de 75 ff., dont les pages entières ont 29 lignes, sans chiffres, récl. ni signat. Il en a été vendu un bel exemplaire, 30 guinées à Londres, en 1807; un autre, 262 liv. 10 sh. Willett; un 3ᵉ, 189 liv. Townley, et enfin 46 liv. 4 sh. Hibbert. Celui de M. Mac-Carthy, n'ayant pas le dernier f., n'a été vendu que 600 fr., et un autre en 72 ff. seulement, 10 liv. 3 sh. Heber.

Il y a une seconde édit. faite avec le même caract. que la première, mais elle a des signatures; elle ne contient que 66 ff., et les pages entières sont de 31 lignes. Une troisième édition, avec des signatures, et dont les pages portent également 31 lignes, est décrite dans les *Ædes Althorp.*, II, nº 1106.

DICTZ des sages. (*sans lieu ni date*), pet. in-8. goth. de 8 ff., avec une gravure en bois sur le titre et une autre à la fin (en vers). [13477]

Vend. 20 fr. en mai 1824; 25 fr. en mars 1829, et le même prix Chalabre.

DICTZ des sept sages. Voy. HABERT.

DITZ et autorité des sages. Voy. GRINGORE.

DITZ et sentences notables de divers auteurs, traduictes en françois pour servir a donner exemple aux jeunes enfans apprenans a escrire; en la fin sont adjoustees les dites sentences latines, avec le nom et le livre de l'auteur dont on les a recueillies. *Paris, Vincent Sertenas,* 1560. [18459]

À la suite de ce petit recueil se trouve ordinairement : SENTENCES selectes de Periander, Publian, Seneque et Socrate, tournées en poésies françoises au-dessous du latin. *Paris, V. Sertenas.*

DITZ moraux (sensuivent les) de plusieurs philosophes esquels sont contenus beaux enseignements et plusieurs sentences et doctrines par lesquelles la creature raisonnable peut nourrir amour et charite entre son createur, son prochain et soy mesme, et finablement acquerir paradis. *Jmprimez nouuellement a Paris par la veufue feu Jehan Trepperel demourant en la rue Neuue-Nostre-Dame, a lenseigne de l'escu de France* (sans date), pet. in-4. goth. de 36 ff., fig. sur bois. [3668]

Cet ouvrage diffère entièrement des *Ditz moraux de Guil. de Tignonville*, malgré la conformité des deux titres. Un exemplaire rel. en *mar. r.* 120 fr. Librairie Potier, 1856, n° 547.

DITZ moraulx et belles sentences de plusieurs grands philosophes. *Lyon, G. Poncet.* (à la fin : *a Lyon par Jean Pidio*), 1552, in-16 de 143 pp. et 1 f. de table.

Nous n'avons pas eu occasion de vérifier si ce petit livre est une réimpression de l'un des deux ouvrages ci-dessus.

DITZ (les) et ventes d'amours. Voy. DITZ damours.

DITTIONARIO cimbrico-italiano. *Padova,* 1763, in-8. [11140]

Rare : 1 liv. 1 sh. Heber, I, 2111.

DIURNALE Argentinense. Liber horaꝛ canonicaꝛ tam diurnalium ꝗ nocturnaliū sed'm breuiariū et ordinariū chori eccl'ie Argeñ... (in fine) : *Explicit... Anno dñi* Mᵒᶜᶜᶜᶜᵒ LXXVIIJᵒ *pridie idus Januarii,* pet. in-fol. goth. de 175 ff. à 2 col., 42 lig. avec sommaire en rouge. [743]

Un exemplaire de ce livre impr. sur VÉLIN se conserve à la Biblioth. roy. de Dresde. Les caractères sont les mêmes que ceux du *Breviarium argentinense,* sous la même date. Voyez notre premier vol., col. 1229.

DIURNALE seu liber precum. (in fine) : Expliciunt officia B. M. Virginis. mortuorum. crucis. spiritus sancti. nec non septem psalmi pœnitentiales. *Impress. ꝑ Andreã d Palthascichiis Cartharensem die xx Aprilis anno dñi* M.CCCC. LXXVIII (1478), in-16, à 12 lig. par page.

Ce petit livre d'heures est annoncé sous le titre de *Diurnale* dans l'*Index libror.* de Laire, II, p. 261, où un exemplaire impr. sur VÉLIN est porté à 30 fr. Le calendrier occupe 16 ff.

DIURNALE Matisconense. (au verso du dernier f.) : Explicit compendiū diurni sed'm ordinem ecclesie Sancti Uincētij Matisconēsis, magna cū diligētia reuisum. fideliterqꝫ emēdatū ꞇ *impressum. in ciuitate Matisconēsi. per Michaelem Uensler de Basilea. Jmpēsis honesti viri... mercatoꝛ maꝛiscoñ. Anno dñi* M.CCCC. LXXXXIIJ. *Sexto. idus marcy,* in-16, goth. et rouge et noir, à 27 lig. par page.

On voit par la souscription ci-dessus que Miche Vinsler, imprimeur établi à Bâle dès l'année 1474, fut appelé à Mâcon pour y imprimer ce Diurnal, et qu'il laissa en blanc les noms des marchands qui devaient vendre le livre, lequel contient 15 ff. prélim. pour le calendrier, etc., et le texte I—CCCLXXV. Il en a été tiré plusieurs exemplaires sur VÉLIN. La Bibliothèque impér. en conserve un.

DIURNALE ecclesiæ parisiensis. *Parisiis, per Udalricum Gering et Bertholdum Rembolt socios,* 1497, *die nona mensis Augusti,* pet. in-8. [712]

Nous ne parlerons pas ici des autres Diurnals impr. à la fin du XVᵉ siècle, que cite Hain, n°ˢ 6286 et suiv. Ils ont en général fort peu de valeur, à moins qu'ils ne soient impr. sur VÉLIN, ou ne présentent quelques particularités, comme le *Diurnale moguntinum,* in-12, sans lieu ni date, que Hain (6294) dit être impr. avec les caractères de la Bible de 1462.

DIURNALE monasticum secundum rubricam romanam, et secundum ritum et consuetudinem monasterii Scotorum Viene (sic). *Venetiis, Luc-Antonius de Giunta,* 1515, in-24 goth., imprimé en rouge et noir, fig. en bois.

Les anciens livres d'église du *rit écossais* sont rares.

DIURNALE seu liber Precum. (in fine) : *Joannes Schönsperger. Ci ‖ uis Augustanus imprime ‖ bat. Anno salutis* M. D. xiiij. iij. *Ka ‖ lendas ja ‖ nuarii,* pet. in-fol. de 157 ff. goth. sans chiffres, récl., ni signat. à 22 lig. par page. [744]

Édition impr. en rouge et en noir avec des caractères qui, quoique beaucoup plus gros que ceux que trois ans plus tard le même Jean Schönsperger a employés dans le Tewrdannckh sorti de ses presses en 1517, présentent dans la première et la dernière ligne de chaque page dès lettres ornées du même genre à peu près que celles qu'on admire dans ce dernier ouvrage.

Le livre de prière que nous décrivons sous le titre de *Diurnale,* comme l'a fait Panzer, n'en porte aucun. Il commence par cette ligne imprimée en rouge :

Oratio ad suū ꝓpriū angelū.

Le recto du dernier f. porte 3 lignes, et la souscription reproduite dans le titre ci-dessus. Le verso est tout blanc, ainsi que le 19ᵉ et le 20ᵉ f. du corps du volume.

Parmi les chefs-d'œuvre qu'a produits le premier siècle de la typographie, il en est bien peu d'aussi rare et d'aussi véritablement précieux que celui-ci. Panzer, qui en 1801 l'a décrit le premier dans ses *Annales typogr.,* IX, p. 380, en a parlé à peu près en ces termes : « Ce livre, imprimé sur le plus beau vélin par Schönsperger, est un splendide monument de l'art typographique, et l'on ne saurait trop s'étonner qu'il soit resté si longtemps inconnu aux bibliographes. » Toutefois, dirons-nous, cet étonnement cessera si l'on pense à l'extrême rareté de ce beau volume ; en effet, il paraît certain que ce Diurnal, exécuté par ordre de l'empereur Maximilien et pour son usage personnel, n'a pas été tiré à plus de dix exemplaires, tous sur PEAU VÉLIN. C'est là une tradition que confirme pleinement une lettre écrite par Peutinger à ce monarque le 5 octobre 1513, et dans laquelle, répondant à l'impatience que l'empereur avait manifestée de recevoir ses livres d'heures, il lui dit que les dix exemplaires de ce livre vont lui être envoyés, que Schönsperger y mettait la dernière main et y apportait tous ses soins. « A cet effet, ajoute Peutinger, 20 florins ont été remis à Schönsperger par Baumgartner pour l'achat du vélin ; mais l'ouvrage, à ce que prétend cet imprimeur, ne saurait être achevé avant six semaines. » (*Cette lettre est conservée aux archives de la ville d'Augsbourg, ainsi que nous l'apprend Th. Herbergen dans sa Vie de Conrad Peutinger, imprimée à Augsbourg, en* 1851.) Or, sur les *dix* exemplaires annoncés, il n'en reste aujourd'hui que quatre dont on puisse bien positivement constater l'existence. Le premier, celui que conserve la biblioth. royale de Munich, n'est guère qu'un fragment composé de 62 ff. imprimés, mais un fragment bien précieux, puisque 43 de ses feuillets sont décorés d'encadrements historiés et fort variés, dessinés de la main d'Albert Durer et de Lucas Cranach. Il a été longtemps considéré comme manuscrit, et cela n'a rien d'extraordinaire, l'art de Schönsperger imitant dans ses *Heures* le jeu de la plume, comme on peut l'admirer encore dans son impression du Tewrdannkh, devait produire cette illusion, laquelle a été complétement partagée par M. Silvestre dans son grand ouvrage, où il range ce livre parmi les manuscrits. Le second exemplaire, qui du temps de Panzer appartenait à M. de Josch, est maintenant dans la biblioth. impér. de Vienne, et le troisième dans celle du British Museum. Le quatrième, encore revêtu de sa reliure primitive en veau noir estampé, est un des joyaux les plus précieux du riche cabinet de M. Ambroise Firmin Didot. Il a été acquis au prix de 1800 fr. de M. Butsch d'Augsbourg, dans la famille duquel il s'était conservé depuis longtemps de père en fils. Cet exemplaire est d'une conservation parfaite, et a cela de particulier que les places des grandes initiales y sont toutes remplies par des majuscules runiques impr. en rouge, tandis que, d'après ce qu'en a dit l'auteur de l'introduction du fac-simile publié à Munich en 1850, l'exemplaire de Vienne n'aurait que cinq de ces majuscules runiques, et que la place destinée aux autres serait restée en blanc. Ajoutons que ce Diurnal contient les *Preces variæ et Psalmi,* suivis des *Horæ B. V. Mariæ ,* et de l'*Officium S. Crucis ,* et, chose surtout remarquable, on y trouve l'oraison à saint Maximilien, et, au commencement, comme on a pu le voir ci-dessus, l'*Oratio ad suum proprium angelum,* circonstance qui fait supposer que l'empereur avait lui-même disposé l'arrangement et contribué à la rédaction du livre.

Les dessins d'Albert Durer qui décorent l'exemplaire de ce Diurnal, conservé à Munich, ont été reproduits plusieurs fois en *fac-simile ,* ainsi qu'on le peut voir à l'article DURER , ci-après.

DIVERS (les) amours de l'amant parfait, avec plusieurs lettres amoureuses (par un anonyme). *Paris, V* e *de Gabr. Buon,* 1598, pet. in-12. [15957]

Cet amant parfait était un militaire, et dans ses vers il traite fort cavalièrement les femmes. L'auteur adresse son recueil à un sieur de La Clavelle, qu'il appelle son frère.

DIVERS poëmes imités de l'anglais (par mad. De La Borde). *Paris, Didot l'aîné,* 1785, in-18, pap. vél. [15735]

Tiré à petit nombre et pour cadeaux. Vend. en *mar.* 20 fr. A. Martin ; 5 fr. 75 c. Chateaugiron.

DIVERS portraits (de personnes de la cour de Louis XIV, composés par Mlle de Montpensier et autres). *Imprimé en l'année* 1659, in-4. [23785]

Ce volume précieux contient 8 ff. prélim. y compris le frontispice gravé présentant une Renommée, un titre imprimé, 342 ff. pour le texte, plus un f. blanc, et 3 ff. pour la table et l'errata. Il n'en a été tiré qu'un très-petit nombre d'exemplaires, comme semble le prouver ce passage des *Mémoires et anecdotes,* de Segrais, p. 171 de l'édit. d'Amsterd., ou édit. de Paris, p. 115 : « J'ai aussi fait imprimer avec M. Huet un autre ouvrage qui est un recueil de *cent portraits* de différentes personnes ; il y en a bien quarante de la composition de Mademoiselle, et ce sont les plus beaux. On n'en tira que *trente exemplaires,* et afin qu'on n'en tirât pas davantage, nous étions présents lorsqu'on tirait chaque feuille, et à la trentième nous faisions rompre les planches. » Cependant cette note manque d'exactitude quant au nombre des portraits, puisque le recueil dont il s'agit n'en contient que cinquante-neuf; et à l'égard du nombre des exemplaires, ne pourrait-on pas opposer au dire de Segrais celui de Huet, qui, lui aussi, était présent lorsqu'on imprimait ce livre. Or, dans l'exemplaire provenant de Cangé, et qui est entré à la Bibliothèque du roi en 1734, on lit sur le titre imprimé, après les mots *imprimé en l'année* M. DC. LIX, cette note manuscrite : « *à Caen par ordre et aux depens de Mademoiselle sous les yeux et par les soins de M. Daniel Huet... il n'en a été tiré que 60 exemplaires. On sait cette particularité de M. Huet lui-même, qui l'a dit en 1718 à un de ses amis.* » Toutefois, que ce livre ait été tiré à 30 ou à 60 exemplaires, toujours est-il vrai qu'il n'a pas été mis dans le commerce et qu'il est devenu fort rare. Le bel exemplaire de Ch. Nodier a été vendu 255 fr., et celui de J.-J. De Bure, qui était moins beau, 350 fr. ; un autre, 480 fr., en mai 1857. C'est le texte de cette première édition qui se trouve reproduit dans le 8e vol. des Mémoires de mademoiselle de Montpensier, édit. in-12.

— RECUEIL de portraits et éloges, en vers et en prose, dedié à son Altesse royale Mademoiselle. *Paris, Charles de Sercy et Claude Barbin,* 1659, pet. in-8. de 325 pp.

Cette seconde édition n'est pas une simple réimpression du texte des *Divers portraits;* on en a négligé quelques-uns et des meilleurs, on en a ajouté plusieurs qui sont fort bons, avec un plus grand nombre de très-médiocres. Elle est d'ailleurs peu correcte et sans table, ce dont on est un peu dédommagé par une préface assez curieuse. M. Victor Cousin, de qui nous empruntons une grande partie de cette note (voir *Madame de Sablé,* p. 48), nous apprend que dans l'année 1659 les mêmes libraires publièrent une nouvelle édition du *Recueil des portraits et éloges,* sous le même titre et dans le même format, mais avec des additions très-considérables qui portent à 912 pp. ce volume dont l'impression est bien plus soignée que la précédente : « C'est là, ajoute M. Cousin, que pour la première fois se trouvent un certain nombre de portraits excellents, tels que celui de la duchesse de Schomberg, surtout celui de La Rochefoucauld, par lui-même ; mais ils sont en quelque sorte noyés dans une foule de portraits mal faits, de personnages vulgaires. » Un exemplaire de l'édit. en 325 pp. rel. en *mar. r.* 154 fr. Giraud, et un autre, annoncé sous le titre de *La Gallerie des peintures,* et la date de 1659, pet. in-8., avec un titre gravé par Chauveau, *mar. r.,* a été porté à 132 fr. à la vente d'A. Bertin. L'édit. en 912 pp. rel. en 2 vol. 29 fr. Libri, en 1857.

LA GALERIE des peintures, ou recueil de portraits ou éloges en vers et en prose, contenant les portraits du roy, de la reyne, des princesses, duchesses, marquises, comtesses et autres seigneurs et dames les plus illustres de France; la plus part composez par eux-mêmes, dédié à S. A. R. Mademoiselle. *Paris, Charles de Sercy,* 1663, 1 tome en 2 vol. in-12, ensemble de 18 ff. prélim. et 779 pp.

Réimpression de la 3e édit. de 1659, avec quelques noms propres de plus et le portrait de Mazarin par madame de Bregy. 60 fr. mar. *v.* Duplessis.

LA GALERIE des portraits de mademoiselle de Montpensier, recueil de portraits et éloges en vers et en prose des seigneurs et dames les plus illustres de France, la plupart composés par eux-mêmes, dédiés à S. A. R. Mademoiselle; nouvelle édition avec des notes par M. Ed. de Barthelemy. *Paris, Didier,* 1860, in-8.

La vogue qu'eurent à l'époque de leur première publication ces *Portraits* donna lieu à l'ouvrage suivant, qu'on sait être de Ch. Sorel:

DESCRIPTION de l'isle de la Portraiture et de la ville des portraits. *Paris, Ch. de Sercy,* 1659, in-12.

Il y a un petit ouvrage anonyme de Hedelin, abbé d'Aubignac, imprimé sous ce titre:

LES PORTRAITS égarez, *Paris,* 1660, in-12 de 111 pp.

DIVERS propos et joyeuses rencontres dung Prieur. Voy. JOYEUSETEZ.

DIVERS propos mémorables. Voy. CORROZET.

DIVERS rapports. Voy. BEAULIEU (Eustorg de).

DIVERSES fantaisies. Voy. GRINGORE.

DIVERSES tragédies sainctes de plusieurs autheurs de ce temps, recueillies par Raphael du Petit Val. *Rouen, R. du Petit Val,* 1606, pet. in-12.

Ce volume réunit les pièces suivantes: *Sichem ravisseur*; *Esaü le chasseur*, par J. Behourt; *Tobie,* tragi-com., par Jacq. Ovyn; *La Machabée,* par Jean de Virey; *Joseph le chaste,* par le sieur du Mont-Sacré.

DIVERSI avisi particolari dall' Indie di Portogallo, ricevuti dall'anno 1551 sino al 1558, dalli PP. della comp. di Giesu, tradotti dalla lingua spagnuola nella italiana. *Venezia, Mich. Tramezzino,* 1559, pet. in-8. [21572]

On réunit à cet opuscule les deux articles suivants:

NUOVI avisi delle Indie di Portogallo, 1559, pet. in-8.

NUOVI avisi delle Indie di Portogallo, terza e quarta parte. *Venezia, Mich. Tramezzino,* 1562 et 1565, 2 part. pet. in-8.

Le premier de ces *Avisi* est porté à 30 paoli par Haym, qui ne parle pas des trois autres. Le premier et le second réunis aux *Avisi* de Dam. Goes, trad. en ital., édit. de 1539 (voy. Goes), n'ont été vend. que 10 fr. Langlès.

DIVERSITÉS curieuses pour servir de récréation à l'esprit (rédigé par l'abbé L. Bordelon), *suivant la copie à Amsterdam, chez André de Hoogenhuysen,* 1699, 12 part. en 7 vol. pet. in-12. [19420]

Jolie réimpression d'un recueil qui a paru chez Cousteller, à Paris, en 1697 et 1698. L'édition d'Amster-

dam est assez recherchée et se trouve difficilement complète. Les trois premières part., de 64 pp. chacune, et la 4e, de 192 pp., forment le 1er vol.; la 5e et la 6e partie, de 204 pp. chacune, forment le 2e vol.; le 3e se compose de la 7e part., en 204 pp., et de la 8e, en 227 pp. Le 4e vol. intitulé: *Bigarrures ingénieuses,* comprend la 6e part., en 480 pp. Le 5e vol. (*Livre à la mode*) est formé de la 10e part., en 456 pp. Les vol. VI et VII (*Diversités curieuses en plusieurs lettres*) comprennent la 11e part., en 355 pp., et la 12e, en 397 pp. Chaque volume a sa table des matières, et le dernier est accompagné d'une liste alphabétique des noms des auteurs qui ont été mis à contribution dans cette compilation. M. Jacob, libraire à La Haye, a donné une notice sur ce recueil dans le *Bibliophile belge,* II, 446-53.

DIVERSITÉS galantes. Voy. VILLERS.

DIVERSORUM veterum poetarum in Priapum lusus; P. V. M. Catalecta, Copa, Rosæ, Culex, Diræ, Moretum, Ciris, Ætna, Elegia in Mecœnatis obitum; et alia nonnulla quæ falso Virgilii creduntur; argumenta in Virgilii libros, et alia diversorum complura. *Venetiis, in ædibus Aldi,* etc., *mense decembri* M.D.XVII. pet. in-8. de 80 ff., dont le dernier est coté 90. [12476]

Édition rare, à la fois belle et correcte: les ff. 33 à 40 sont omis, et les ff. 41 à 49 répétés: 36 fr. m. r. La Valliere; 1 liv. 15 sh. Pinelli; 18 fr. D'Hangard; 48 fr. Chardin; 50 fr. Costabili.

Un exemplaire en Gr. Pap. se conserve dans la biblioth. du *British Museum.*

— Editio altera, *Venetiis, in ædibus heredum Aldi,* etc., 1534, in-8.

Édition copiée sur la précédente, mais moins rare: 8 à 12 fr. Vend. 20 fr. Detune.

M. Renouard en indique un exemplaire impr. sur VÉLIN, et un autre en Gr. Pap.

— Voy. PRIAPEIA.

DIVERTISSEMENS curieux (les), ou le Thrésor des meilleurs rencontres et mots subtils de ce temps. *Lyon, Jean Huguetan,* 1650 (aussi 1654), pet. in-8. de 352 pp., plus le titre et un frontisp. grav. 12 à 15 fr. [17868]

Compilation amusante, vend. 1 liv. 13 sh. mar. r. Heber; 41 fr. 50 c. (édition de 1650) m. n. Crozet; 30 fr. mar. v. Bertin. — Réimprimé à *Lyon, chez Huguetan,* en 1662, pet. in-8., et à *Paris, chez Le Gras,* 1664, in-12, sous le titre d'*Agréables divertissements françois.*

— Voy. AGRÉABLES divertissements, et COURIER facetieux.

DIVES (*Guil.*) De passione dominica carmen elegiacum Guillelmi Divitis, civis gandaven. artificiosæ pietatis plenissimum. Item Nænia Lactantii Firmiani verbis salvatoris nostri cruce: Item ejusdem carmen festivissimum, licet elegiacis numeris, de Resurrectione dominica. *Venundantur in ædibus ascensianis.* (in fine): Finis (*absque anni indicatione*), in-4. [13033]

Divertissements de Sceaux, 19421.

Le nom flamand de l'auteur nommé ici *Dives* était *de Rycke*, en français Le Riche. Ce Le Riche professait à Bourges, où il eut pour élève Geofroy Tory, qui, dans une pièce de neuf distiques latins imprimés à la suite du *Carmen elegiacum* ci-dessus, l'appelle son précepteur. D'après une note que l'abbé de Saint-Léger a consignée sur son exempl. de l'édit. in-4. de la *Bibliothèque française* de Du Verdier, ce serait Tory qui aurait fait imprimer le poëme de Le Riche, à Paris, *in œdibus ascensianis*, en 1509, in-8., édit. qui paraît différer de celle qu'indique Panzer (M. Aug. Bernard, *Geofroy Tory*, p. 209.) Le même poëme a été plusieurs fois réimprimé à Anvers avec celui de Dominique Mancinus *De Passione Domini*, lequel a paru d'abord séparément à Leipzig, en 1505, in-4., avec cette souscription : *Impressum Liptzik, in baccalarium Wolffgangum Monacensem. Anno salutis nostri.* M.D.V. (Panzer, VII.)

DIVES Pragmaticus. Voy. NEWBERG (*T.*).

DIVES and pauper. — *Here endith a compendiouse treetise dyalogue. of Diues z paup. that is to say. the riche z the pore fructuously tretyng upon the x. cōmaudmentes. fynisshed the v. day of Juyl. the yere of oure lord god. M. CCCC. lxxxxiii. Emprentyd by me Richarde Pynson at the temple barre. of london*, in-fol. de 230 ff., plus 11 ff. de table et 1 bl. [1287]

Ce livre est le premier avec date qu'ait donné Richard Pynson. 21 liv. Alchorne ; 37 liv. (1 f. manquant) Knight, en 1847 ; 50 liv. Sotheby (Stevens), en 1857. Wynkyn de Worde l'a réimpr. en 1496, in-fol. : 27 liv. 6 sh. Sykes ; 16 liv. 16 sh. Horne Tooke ; 21 liv. Heber ; 36 liv. Sotheby, en décembre 1857.— Réimpr. *Lond.*, *by Th. Berthelet*, 1536, in-16. Ant. a Wood attribue ce traité à un carme nommé Henr. Parker.

DIVISION du monde. Voyez TOTALE et vraye description.

DIVIZIO da Bibiena (*Bernardo*). Comedia elegantissima in prosa nuovamente composta per messer Bernardo da Bibiena, intitulata Calandria. — *Stampata in Siena p Michelàgelo ad īstātia di maestro Giovañi di' Alexãdro libraro, Adi* XXIX *d'Aprile, Nelli anni del signore* 1521, pet. in-8. de 40 ff. non chiffrés, y compris le frontispice. [16626]

Pendant longtemps on a regardé cette pièce comme la plus ancienne comédie italienne écrite en prose ; cependant celles de l'Arioste ont été composées dans le même temps, et peut-être antérieurement à celle-ci. L'édition de 1521, la plus ancienne que l'on connaisse, est fort rare ; celle de Venise, 1522 et 1523, et de Rome, 1524, ne le sont guère moins. En voici d'autres qui ont aussi leur prix :

— Le Calandra, comedia nobilissima e ridiculosa, tratta dallo originale del proprio autore (*senza luogo*), 1526, pet. in-8. de 58 ff., sign. a—p. par quatre, fig. en bois.

Édition peu connue, décrite dans le catal. de Soleinne, III, n° 4068, où elle n'est portée qu'à 5 fr. 50 c.

Divines of the church of England, 1960.

— CALANDRA, comedia... nuouamente corretta & con ogni diligenza stampata. M.D.XXX. (à la fin) : *Stampata in Vinegia per Nicolo d'Aristotile detto Zoppino*, MDXXX, pet. in-8. de 47 ff. plus un qui contient une fig. sur bois. Lettres italiques.

Réimpr. par le même Zoppino, en 1536, in-8. de 47 ff. 25 fr. *m. r.* de Soleinne.

— CALANDRA. 1533, pet. in-8. de 46 ff. chiffrés, sign. A.—F.

Cette édition, impr. à Florence, est fort rare. 80 fr. *m. r.* Libri. Elle doit être accompagnée de la *Mandragola* de Machiavel (voy. ce nom), sous la même date, et dont les signatures commencent à la lettre G.

— LA CALANDRA comedia. *Venetia*, *Giolito*, 1553, ovvero 1562, in-12 de 60 ff. 4 à 6 fr.

— LA MEDESIMA. *Fiorenza*, 1558. (à la fin) : *appresso i Giunti*. M.D.LIX. in-8. de 42 ff. chiffrés et 1 non chiffré.

DIVO et invictissimo Leopoldo I. P. F. A. fidei in Hungaria assertori, etc., ob Budam septimo inexpugnabilem armis victricibus occupatam, ignes triumphales Bruxellis extructos, dedicant consecrantque Fama et Gloria. In-fol. [25063]

Recueil de neuf estampes grav. par Romain de Hooghe vers 1686, et dont la première porte l'inscription ci-dessus. La Bibliothèque impériale possède l'exemplaire impr. sur VÉLIN qui a été vendu successivement 66 flor. Verdussen, et 250 fr. La Vallière.

DIVORCE céleste causé par la dissolution de l'épouse romaine; avec un dialogue entre deux gentils hommes..... sur la guerre présente d'Italie contre le Pape ; fidèlement traduit d'italien en françois (de Ferrante Pallavicino). *Villefranche (Hollande)*, *J. Gibault*, 1649, pet. in-12 de 6 ff. prélim., 115 pp., et 34 pour le dialogue. [2218 ou 18426]

Vend. 10 fr. *mar. r.* Nodier.

Le premier ouvrage contenu dans ce volume avait d'abord paru sous le titre suivant :

LE CÉLESTE DIVORCE, ou la séparation de J.-C. d'avec l'Église romaine, son épouse, à cause de ses dissolutions... 1644, pet. in-12, attribué aux Elsevier. 8 fr. 60 c. *mar. r.* Sensier ; 6 fr. 95 c. Duriez. Il existe une autre traduction de cette satire sous le titre de : *Divorce céleste, causé par les désordres et la dissolution de l'épouse romaine*, avec le nom de Ferrante Pallavicino, *Cologne et Amsterd.*, *De Lorme et Roger*, 1696, pet. in-12 de 175 pp., avec une figure. Elle est attribuée à Brodeau d'Oiseville.

DIVORCE royal (le), ou guerre civile dans la famille du grand Alcandre ; seconde édition. *Cologne, P. Marteau (Holl.)*, 1692, pet. in-12 de 79 pp. [17288]

Vend. 5 fr. *m. r.* La Vallière, et plus cher depuis.

DIVRY (*Jean*). Les triūphes de frāce trāslate de latin en frācois par maistre Jehā diury bachelier en medecine selō le texte de charles curre mamertin.

au tiers pillier de la Salle au palais me trouuerez tant par vers que par laiz

in-4. de 54 ff. à longues lignes, caract. goth., sig. a—g, avec fig. en bois. [13296]

On trouve sur le titre de ce livre la marque de Guill. Eustache, et à la fin un privilège en date du 15 janvier 1508, accordé à ce libraire pour imprimer cet ouvrage et *les faits et gestes de M. le Legat* (le card. Georges d'Amboise). Le volume contient : 1° les *Triumphes de France*, avec le texte latin à la marge ; 2° *Ballade et rondeaulx* à la louange de Louis XII, comme la pièce précédente ; 3° l'*Origine des françois*, avec le texte latin de Gaguin en marge.

— Les faictz et gestes ‖ de tres reuerend pere en dieu mōsieur le legat ‖ translate de latin en frācoys par maistre iehā ‖ Diury bachelier en medecine selon le texte de ‖ Fauste andrelin. (au recto de l'avant-dernier f.) : *Fini et accompli le xx. iour de may lan mil ‖ cccc. et huyt par Jehan barbier imprimeur ‖ et libraire de luniuersie* (sic) *de paris*, pet. in-4. goth. de 28 ff. non chiffrés, sig. A., aa, et aaa, fig. en bois. [13296]

Ces deux recueils d'opuscules en vers sont ordinairement réunis en un seul volume, et même au verso du 26ᵉ f. du second recueil commence une table commune aux deux parties, mais où les pièces de la seconde sont placées dans un autre ordre que celui qu'elles doivent tenir. L'*Epistre aux romains*, 6 ff. sig. aa, et l'*Exile de Genes*, en 8 ff. sig. aaa, y sont indiquées avant les *Faitz et gestes* qui portent la sign. A. L'*Exile* est suivi de l'*Epitaphe de maistre Guy de rochefort*, de la table, de la souscription et du privilége ; le dernier f. contient deux grandes planches sur bois assez bonnes. Vendu avec deux pièces lat. (voyez à la col. 794 Martinus DOLET) en un vol. *m. r.* 18 fr. Duriez ; 61 fr. Coste ; en *mar. r.* 400 fr. Solar.

La Bibliothèque impériale possède ces deux pièces impr. sur VÉLIN.

— LES FAICTS et gestes de tres reverend pere en Dieu, M. le legat, translatez de latin en francoys, par maistre Jehan Divri, bachelier en medecine, selon le texte de Fauste Andrelin. (*sans lieu ni date*), pet. in-8. goth. de 12 ff.

Édition plus rare encore que l'in-4., mais le texte latin ne s'y trouve pas : 40 fr. Andry ; 36 fr. Coste.

— Les secretz τ loix d' mariage composez par le Secretaire des Dames. — *Cy finissent les secretz et loix de mariage*. pet. in-8. goth. de 20 ff., sign. A—C., avec une fig. en bois au commencement et répétée à la fin. [13295]

Pièce en vers de 8 syllabes. Un acrostiche placé à la fin (et commençant : *j'ay compose ces secretz cy*), donne le nom de l'auteur, *Jehan Djvrj*. 215 fr. rel. en *mar. r.* par Bauzonnet, vente Solar. Il existe une autre édition de cette pièce, également de 20 ff., à 28 lignes par page, en caract. goth., mais dont le titre commence ainsi : *Les secretz et loix de mariage*, sans abréviations. Elle contient de plus que la précédente huit huitains, c'est-à-dire 64 vers.

Cette seconde édit. n'a que 12 lig. sur la dernière page, tandis que la première en a 18, plus la souscription en 3 lignes ; elle doit avoir été imprimée par Guil. Nyverd, parce qu'une des deux figures du titre est une de celles que cet imprimeur a employées à la fin de son édition des *Repues franches* de Villon.

Une troisième édition, pet. in-8. goth., aussi complète que la précédente, et également en 20 ff., se distingue des deux autres par le titre, où se voient trois figures au lieu de deux, et par la dernière page qui ne porte que 6 lig., chacune des deux autres en ayant 28. Réimpr. dans le 3ᵉ vol. du Recueil de M. de Montaiglon.

— LES ESTRENNES des filles de Paris. (à la fin) :

Riand Jhc ry (anagramme de Jehan Divry), in-8. goth. de 4 ff. à 28 lig. Réimpr. dans le 3ᵉ vol. du Recueil de M. de Montaiglon.

— Voy. SALOMON.

DIXON (*Geor.*). Voyage round the world, but more particularly to the north-west coast of America, performed in 1785-88. *London*, 1789, gr. in-4. fig. 10 à 15 fr. et plus cher avec les fig. color. [19860]

Ce voyage a été trad. en français par Lebas. *Paris*, 1789, in-4., ou 2 vol. in-8. fig.

— Voy. PORTLOCK.

DIXON Denham. Voy. DENHAM.

DIZIONARIO della lingua italiana. *Bologna, fratelli Masi e comp.*, 1819-30, 7 vol. in-4. 140 fr. [11102]

MM. Fr. Cardinali, Fr. Orioli, et particulièrement le professeur Paul Costa, ont enrichi ce dictionnaire d'un grand nombre de mots et de locutions tirés des auteurs italiens anciens et modernes : néanmoins l'ouvrage laisse encore à désirer, ainsi que le prouvent les *Annotazioni al Dizionario della lingua italiana che si stampa in Bologna*, Modena, 1820-30, en 12 cah. in-8. (18 fr.), qui sont dues au professeur Marc' Ant. Parenti et à d'autres littérateurs distingués. Il existe une autre édit. du *Dizionario della lingua italiana*, 7 vol. gr. in-8. *Padova*, dalla tipografia della Minerva, 1827-30, publié par les soins de L. Currer et de Fort. Fiderici, qui y ont ajouté un dictionnaire géographique et un dictionnaire mythologique. Le 7ᵉ vol. contient une réimpression du *Vocabolario del disegno* de Baldinucci, d'après l'édition de Florence, 1681, in-4.

DIZIONARIO italiano e arabo, che contiene in succinto tutti i vocaboli che sono più in uso e più necessarj per imparar a parlare le due lingue correttamente. Egli è diviso in due parti : parte I. del dizionario disposto nell' ordine alfabetico, parte II. che contiene una breve raccolta di nomi e di verbi li più necessarj e più utili allo studio delle due lingue. *Bolacco, dalla stamperia reale*, 1822, in-4. de 266 pp. [11636]

Un des ouvrages les plus remarquables qui jusqu'alors fût sorti des presses de l'imprimerie royale établie à Boulac, à une petite lieue du Caire, par le vice-roi d'Égypte Mohammed Ali Pacha. (*Rev. encycl.*, 1825, XXV, 545-46.)

M. Jomard a déposé à la Bibliothèque royale, en mars 1831, de la part du vice-roi d'Égypte, une suite de quarante-six volumes dans les langues arabe et turque, impr. à Boulac, et parmi lesquels se trouvent celui-ci et plusieurs autres dont nous parlons aux articles HAYRET, SADI, VEHEBI.

DIZIONARIO NUOVO, italiano-francese-armeno-turco, compilato sulli migliori vocabularj di queste quattro lingue dai padri della Congregazione mechitaristica. *Venezia e Vienna*, 1846, gr. in-8. 30 fr.

DJAMI, Dschami, ou Jami. Resemblance

Dixon (*Fred.*). Geology... of Sussex, 4810.
Dizionario italiano-tedesco, etc., 11107.
Dizionario degli Stati del rè di Sardegna, 25299.

linear and verbal, a philological poem, in the persian language, by Jami; the english translation by Francis Gladwin. *London, Ridgway,* 1811, in-12. 10 sh. [15971]

Seconde édition. La première a été publiée dans le *Persian Moonshee.* Voy. GLADWIN.

— JOSEPH und Suleïcha, etc., *c'est-à-dire* Joseph et Zouleïkha, roman historique en vers, traduit du persan de Mewlana Abdurrahman Dchami ou Djami, en allemand, avec des notes explicatives par M. Vincent de Rosenzweig. *Vienne,* 1824, in-fol. de X et 227 pp. 24 fr. [15969]

Un des ouvrages les plus agréables de la langue persane. M. Silvestre de Sacy en a rendu compte dans le *Journal des Savans,* juin 1826.

Le texte persan fait partie de l'édition in-fol. que nous venons de citer; mais il a été donné en même temps une édition in-8. de la trad. sans le texte: elle a xxvj et 498 pp.

— DER FRÜHLINGSGARTEN. Aus dem persischen von Mewlana Abdurrahman Dschami, übertragen von Ottokar Maria Freih. von Schlechta-Wssehrd (Text und Uebersetzung). *Wien, Braumüller,* 1846, in-8. 15 fr. [15972]

-- TUHFAT-UL-AHRAR, the gift of the nobles, being one of the seven poems, or Haft-Aurang of Mulla Jami, now first edited with various reading by Forbes Falconer. *London,* 1848, in-4. avec le texte persan.

— LE BEHARISTAN de Djami, avec le commentaire de Khodja Chakir Effendi (en persan). *Constantinople,* 1252 = 1836, in-4. 16 fr. 3e vente Quatremère.

— Le Soubhart-el-Abrar, poëme ascétique. — Le Rikaats, recueil de petites pièces en vers, mêlées de prose, en persan. *Calcutta,* 1811, pet. in-fol. [15972]

Vendu, avec deux autres ouvrages du même genre, rel. dans le volume, 59 fr. Langlès.

— MEDJNOUN et Leïla, poëme trad. du persan, par M. A.-L. Chézy. *Paris,* 1805, 2 vol. in-18. 5 fr. et plus en papier. vél. [15970]

— MEDSCHNOUN und Leila, ein persischer Liebes-Roman von Dschami. Aus dem französischen mit einer Einleitung, Anmerkungen und drei Beilagen versehen von Ant. Theod. Hartmann. *Leipzig,* 1807, 2 vol. in-8.

— LIEBE, Wein und Mancherlei. Persische Lieder nach Dschami's Text, zum erstenmal deutsch gegeben von Moriz Wickerhauser. *Leipzig,* 1855, in-12, X, 204 pp.

— DREI allegorische Gedichte Molla Dschamis, aus dem persischen von Vincenz, Edlen von Rosenzweig. *Wien,* 1840, in-4.

BIOGRAPHISCHE Notizen über Mewlana Abdurrahman Dschami, nebst Uebersetzungsproben von Vincenz, Edlen von Rosenzweig. *Wien,* 1840, in-4.

DJELAL-ED-DIN-ROUMI,Scharh-el-mesnewi esscherif. Masnawi, poëme persan, trad. en turc, avec un commentaire par Kassaoui. *Bulaq,* 1251 (1836), 6 tom. en 3 vol. in-fol.

60 fr. 3e vente Quatremère; 55 fr. Léon Leclerc.

— AUSWAHL aus den Diwanen des grössten mystischen Dichters Persiens Mewlana Dschelaleddin Rumi, aus dem persischen, mit beigefügtem Originaltexte und erläuterden Anmerk. von V. von Rosenzweig. *Wien,* 1838, in-4.

DJEUHERI, ou Djeuhar. Voy. DICTIONARIUM arabico-turcicum, et au mot VANCOULI.

DJEWAIR. Voy. JOUHER.

DJIOUN BEN ABY SAID. Nour el enouâr fy cherhh el menâr : La lumiere sur l'explication du fanal, en arabe (*Calcutta*), 1819, in-fol. de 376 pp. pap. verdâtre. [3130]

Commentaire de l'ouvrage de jurisprudence intitulé *el menâr,* par le cheïkh Djioun ben Aby Saïd... le titre est à la page 3; le nom de l'auteur et la date se lisent à la page 366. Le lieu de l'impression n'est pas indiqué, mais ce doit être *Calcutta.* 200 fr. de Sacy, n° 1525.

DLUGOSCH ou Dugosz, en latin Longinus (*Joannes*). Vita beatissimi Stanislai, cracoviensis episcopi; necnon legenda sanctorum Poloniæ, Hungariæ, Bohemiæ, Moraviæ, Prussiæ et Selesiæ patronum, in lombardica historia non contentæ, per Joannem Dlugosch. *Cracoviæ, Joan. Haller,* 1519, in-4. goth. de 131 ff. chiffrés, et de 4 ff. pour la table, fig. en bois. [22072]

Vendu 36 fr. Bearzi.

Panzer cite l'opuscule suivant qui se rapporte au même bienheureux :

   HYMNUS de divo Præsule et Martyre Stanislao, tutelari Poloniæ patrono per Rudolphum Agricolam... *Impressum per Hieronymû Vietorem Cracoviæ anno Domini,* 1519, v. *kalendas Augusti,* in-4.

—Historiæ Poloniæ libri XII, quorum VI posteriores nondum editi nunc simul cum prioribus ex mss. in lucem prodeunt ex bibliotheca et cum præfatione H. ab Huyssen. *Lipsiæ,* 1711, in-fol.— Liber XIIIus et ultimus. *Ibid.,* 1712, in-fol. [27818]

Ces 2 vol. sont cotés à 50 ou 60 fr. en Allemagne; la première édition des six premiers livres, *Dobromili,* 1615, in-fol., à peu de valeur.

DOBBS (*Arthur*). An account of the countries adjoining to Hudson's Bay in the north-west part of America. *London,* 1744, in-4. avec une carte. [20958]

La publication de cette relation a donné naissance aux écrits suivants, dont nous rapportons les titres d'après Lowndes, article *Dobbs* :

1. *A Vindication of the conduct of Christopher Middleton, in a voyage for discovering the N. W. passage, in answer to Arthur Dobbs.* Lond., 1743. — 2. *Reply to the remarks of Arthur Dobbs, by Chr. Middleton,* 1744. — 3. *A Reply to M. Dobb's answer, by Chr. Middleton,* 1745. — 4. *Forgery detected,* 1745. — 5. *A Rejoinder to M. Dobbs Reply, by Chr. Middleton,* 1744. — 6. *Remarks upon capt. Middleton's defence, by A. Dobbs,* 1744. — 7. *A reply to capt. Middleton answer, by A. Dobbs,* 1745. — 8. *An Epistle to the Hon. A. Dobbs, in Europe, from a Clergyman in America.* Toutes ces pièces sont in-8., à l'exception de la dernière qui est in-4. Ce recueil ne se trouve pas facilement complet, et il doit avoir de la valeur aux Etats-Unis d'Amérique.

D'OBEILH. Voy. OBEILH (d').

DOBERT (le R. P. *Antoine*), minime dauphinois, sourd et asthmatique. Récréations littérales et mystérieuses, où

sont curieusement estalez les principes
et l'importance de la nouvelle orthographe, avec un acheminement à la connoissance de la poësie et des anagrammes. *Lyon, de Musso,* 1650, in-8.
[10972]

Cet ouvrage singulier est, au jugement de Goujet, « un
mélange ridicule, de littéral, de moral, de mysté-
rieux et de burlesque. » L'auteur y exalte fort l'*alphabet doré*, donné par un homme lay au docteur
Thaulère, qui se disciplinait, dit-il, pour les fautes
contre l'A B C. moral et doré; Dobert parle aussi
de la *Kyrielle des louanges alphabetiques de S.
Joseph*, par un bénédictin. En parcourant son livre, on reconnait qu'il se délecte dans les combi-
naisons de lettres, dans les anagrammes, dans les
mauvaises épitoles, et qu'il se plaît à copier les Bigarrures du sieur Des Accords. Le livre du minime
dauphinois est rare et d'un certain prix.

DOBRIZHOFFER (*Martin*). Historia de
Abiponibus, equestri bellicosaque Para-
quariæ natione. *Viennæ, de Kurzbek,*
1784, 3 vol. pet. in-8. fig. [28706]

Ouvrage contenant les détails les plus curieux et les
plus extraordinaires que l'on ait sur la vie des sauvages du Paraguay, pays où l'auteur a séjourné
pendant dix-huit ans, en qualité de jésuite missionnaire. 20 fr. Langlès, et plus cher depuis. Cette
relation des Abipones a été trad. en angl. (par miss
Southey), *Lond., Murray,* 1822, 3 vol. in-8. 1 liv.
1 sh., et en allemand par A. Kreil, Vienne, 1785,
3 vol. in-8. fig.

DOBROWSKY (*Jos.*). Institutiones linguæ slavicæ dialecti veteris, quæ quum
apud Russos, Serbos aliosque ritus
græci, tum apud Dalmatas Glagolitas
ritus latini Slavos in libris sacris obtinet.
Vindobonæ, Schmid, 1822, in-8., avec
4 pl. — Editio secunda, *Vindob., We-
nedikt,* 1852, in-8. 8 fr. [11398]

On a du même auteur : *Entwurf zu einem allgemeinen Etymologikon der slawischen Sprachen,*
Prague, 1813, in-8. [11394] , et divers ouvrages relatifs à la Bohême et de la Hongrie, n°s 11443,
11445, 11449 et 30140 de notre table.

DOBRZENSKI de Nigro Ponte (*Jacobi-J.-
Will.*) (Boemi Pragensis), Nova et
amœnior de admirando fontium genio
(ex abditis naturæ claustris, in orbis
lucem emanante) philosophia. *Ferrariæ, De Morestis,* 1659, pet. in-fol. de
15 ff. et 123 pp. avec 55 lign. dans le
texte. [8146]

Ce volume, qui plusieurs fois a été donné pour moins
de 6 fr., est porté à 35 fr. sous le n° 1811 du catal.
de Fr. Arago, parce qu'il y est dit qu'on trouve dans
ce recueil curieux une machine à vapeur antérieure
à celle de Worcester.

DOCAMPO. Voy. Ocampo (d').

DOCTEUR en malice. V. l'art. Renard (le).

DOCTISSIMORUM nostra ætate Italorum

epigrammata : M. Ant. Flaminii, Mar.
Molsæ, And. Naugerii, Jo. Cottæ, Lam-
pridii, Sadoleti, et aliorum (cura Jo.
Gagnæi). *Lutetix, Nicolaus Dives* (circa
1547), in-8. 5 à 7 fr. [12622]

Vendu 12 fr. *m. r.* Courtois.

— Voy. Carmina quinque poetarum.

DOCTRINA, vita et passio Jesu Christi,
juxta novi testamenti fidem et ordinem
artificiosissime effigiata. *Francof.,
apud Christ. Egenolphum,* 1537, in-4.
[303]

De 73 estampes en bois, qui composent ce volume,
47 sont marquées des lettres I S, enlacées et gravées sur une pelle, monogramme de *Hans Schau-
felein* (Bartsch, VII, 244 et suiv.). 99 fr. vente Bu-
vignier, en 1849, et quelquefois beaucoup moins.
Il y a une réimpression de *Francfort*, 1542, in-4. de
39 ff. vend. 14 fr. Méon.

DOCTRINA christiana (en Quichua y Aymara). *Impresso en la ciudad de los
reyes, por Antonio Ricardo, primero
impressor en estos reynos del Piru.
Año de M. D. LXXXIIII,* in-4. de 8 ff.
prélim. et 84 ff. chiffrés. [1405]

Première partie d'un recueil dont la seconde partie
a été déjà décrite à l'article *Confessionario.* L'exemplaire que nous avons sous les yeux (celui de la
bibliothèque de M. Chaumette-Desfossés) est incomplet; il y manque le titre; mais le 2e f. donne
la table du contenu des deux parties. Voici celui de
la première : *Doctrina christiana y Castilla, Catecismo breve; Platica breve de la fe; Catecismo
mayor; Annotaciones o scotios, sobre la traduccion en las lenguas Quichua y Aymara; Exposicion de la doctrina christiana, por Sermones.* Ce
dernier morceau se trouve dans l'exemplaire ici
décrit, qui s'arrête au f. 84, au recto duquel se lit
la souscription ci-dessus. Le *Tercero Catecismo*
(de 1585), dont nous avons parlé au mot Catecismo,
forme probablement la suite de ce recueil. Le vol.
impr. en 1584 est, comme on voit, un peu plus ancien que les deux autres. — Pour les *Doctrina
christiana,* en mexicain, voy. les mots Fernandez;
Marroquin; Pedro de Cordova, et Pedro de
Feria.

DOCTRINA cristiana en el Vascuence de
Llodio, provincia de Alava. *Londres,*
1858, in-32 de 82 pp.

Tiré à 50 exemplaires aux frais du prince Louis-Lu-
cien Bonaparte.

DOCTRINAEL (Den duytchen). (à la fin):
*Gheprendt te Delft in Hollant in iaer
M. cccc. lxxxix,* pet. in-8. goth. [15624]

Poëme hollandais composé en 1345, par J. Boendale,
dit Jean de Clerc (voy. Clerc). Les quatre premiers ff. renferment le titre orné d'une gravure en
bois et la table des chapitres. Le même titre et la
même gravure sont répétés au recto du 5e f. Ce
volume fort rare a été acquis à Bruges en 1830
pour la Bibliothèque royale de Paris, au prix d'environ 220 fr.

DOCTRINAL de los caballeros. Voyez
Alonso de Cartagnena.

DOCTRINAL de sapience. Voyez Roye
(*Guy* de).

Dobell (*P.*). Travels in Kamtchatka, etc., 20776.
Dobner (*G.*). Monumenta histor. Bohemiæ, 26481.
Dochez (*Louis*). Dictionnaire de la langue française,
11019.
Dochler (*J.-B.*). Mémoires sur Romans, 24863.

Doctrinal der Laien, 15462.

DOCTRINAL (le) des bons seruiteurs. *(sans lieu ni date)*, pet. in-8. goth. de 4 ff. [13478]

— Le Doctrinal des bons seruiteurs pour les enseigner a cognoistre a bien servir. — Cy finist le doctrinal des bons serviteurs, *imprime nouuellement a Lyon chez le grand Jacques*, s. d., in-8. de 4 ff. goth.

Rel. en *mar. v.* par Bauzonnet, 107 fr. Cailhava.

Pièce en 28 stances de 4 vers de 8 syllabes. Il en existe une autre édition sous ce dernier titre (*Le Doctial*), pet. in-8. goth. de 4 ff., avec une fig. en bois sur le titre. Et enfin une 4e, sans abréviation dans le mot *doctrinal*, pet. in-8. goth. de 4 ff. Vend. 24 fr. en 1824 ; 40 fr. en mars 1829, et le même prix Bruyères-Chalabre ; 50 fr. *m. citr.* en 1841 ; 145 fr. Nodier, et 90 fr. Baudelocque.

DOCTRINAL des femmes. Voy. Doctrinal des nouvelles mariées.

DOCTRINAL des filles. (au verso du dernier f.) : *Imprime a Lyon par Pierre Mareschal* (sans date), in-4. goth. de 4 ff. [13479]

Cette édition ne portant que le seul nom de *Pierre Mareschal*, doit être antérieure à l'année 1496, époque de l'association des deux libraires nommés dans la souscription de l'édition de 1504 (*Lettres lyonnoises*, p. 54). 66 fr. *mar. bl.* Nodier ; 89 fr. Coste, et 165 fr. Solar.

— Le Doctrinal des filles a elles tres vtile. (au recto du dern. f.) : Cy fine le Doctrinal des filles, a elles tres vtile pour les bien regir et gouuerner, *imprime a Lyon par Pierre Mareschal et Barnabe Chaussard, lan mcccc et quatre*, in-4. de 4 ff. goth. à 29 lig. par page, caract. goth.

— Le Doctrinal des filles. Les dix commandemens de la loy de Dieu. *(sans lieu ni date)*, pet. in-4. de 6 ff., avec une fig. en bois.

Impression lyonnaise. 17 fr. de Nugent ; 4 liv. 1 sh. Heber.

—. Autre édition in-4. de 4 ff. caract. goth., vend. 20 fr. Nugent.

— Le Doctrinal des filles à marier. *(sans lieu ni date)*, pet. in-8. goth. de 4 ff. à 26 lig. par page, avec une fig. en bois au commencement.

Vend. 1 liv. 6 sh. Heber ; 30 fr. en 1841, en *mar. r.* 100 fr. Nodier, et 50 fr. Baudelocque.

Cette édition contient le *Doctrinal*, 136 vers de 10 syllabes, et à la suite *les x commandemens de la loy* en 20 vers, avec *les commandemens de la saincte eglise*, en 10 vers. Elle a été reproduite en fac-simile. lithogr. par M. Jouy, et tirée à 30 exempl. sur papier et 10 sur VÉLIN.

Une autre édition, sans lieu ni date, pet. in-8. goth. de 6 ff., s'est vend. 24 fr. en 1824. Il est à remarquer que dans ces édit. in-8. plusieurs passages ont été rajeunis. — Voyez CONTENANCE de table.

DOCTRINAL des nouueaulx mariez. *(sans lieu ni date)*, in-4. goth. de 6 ff., à 22 et 23 lig. par page. [13480]

Pièce composée de 25 strophes de 8 vers de 8 syllabes et d'une dernière strophe de 4 vers. Dans l'édition ici décrite, et qui peut être de la fin du xve siècle, le titre porte la marque de Jean Trepperel, et au verso une grav. en bois singulière, où se voient un homme et une femme entourés d'enfants. Un exemplaire réuni au *Doctrinal des femmes mariees*, en 6 ff. in-4., et à la *Complainte du nouueau marie*, en 9 ff. (l'une et l'autre avec la marque de J. Trepperel sur le titre), s'est vend. 70 fr. Le Duc, et 131 fr. Bignon.

Il existe aussi une édit. du *Doctrinal des nouueaux maries*, in-4. de 4 ff., en caract. goth., à 29 lig., avec la marque de Pierre Mareschal et Barnabé Chaussard, impr. à Lyon (*Catalogue de la Biblioth. du roi*, Y, 4481 a).

— Doctrinal des nouueaulx mariez. *(sans lieu ni date)*, pet. in-4. goth. de 6 ff. à longues lignes. [13480]

Au recto du premier f. se voit cette marque qui est celle de *Robinet Macc*, libraire à Rouen.

Ce *Doctrinal* et celui des *nouuelles mariees*, morceau de 45 stances de 4 vers, ont été réimpr. à *Chartres*, chez *Garnier fils*, en 1830, in-16, par les soins de M. G. Duplessis ; mais on n'a tiré ces deux opuscules qu'à 50 exemplaires, dont 10 en pap. de Hollande.

— Doctrinal des nouuelles mariees. — *Cy finist le Doctrinal des nouuelles mariees. Imprime a lantenac. Le cincquiesme iour doctobre lan mil quatre cens quatre vings xi. Jean Cres*, in-4. goth. à 24 lig. par page. [13481]

Pièce très-rare, qui n'a que 6 ff. y compris le titre, au verso duquel se voit une gravure en bois. Nous reproduisons la marque de l'imprimeur, placée à la fin de cet opuscule :

Il est à remarquer que La Serna Santander n'a pas placé *Lantenac* dans son tableau des villes qui ont eu des imprimeurs avant l'an 1500. Ce doctrinal se trouvait chez le duc de La Valliere, dans un recueil de treize pièces (n° 2904), lequel fut vendu seulement 15 fr. en 1784 ; mais le même recueil ayant ensuite été divisé en 3 vol. produisit 559 fr. à la vente Lair, en 1819, non compris l'article 8 du vol. de La Valliere, qui n'en faisait plus partie ; et celui de ces trois vol. qui contient, avec trois autres pièces, *Le Doctrinal*, impr. par Jean Cres, a été porté à 1400 fr. à la vente de J.-J. De Bure. Jean Cres avait déjà exercé sa presse, en société avec Robin Foucquet, à Lodeac, dès l'année 1484 (voy. SONGE de la Pucelle).

— Le Doctrinal des femmes mariees. (*sans lieu ni date*), pet. in-4. goth. de 6 ff., à 20 lig. par page, avec une gravure au verso du titre.

Vend. 46 fr. en 1824, et 84 fr. en mars 1829 ; 70 fr. Bruyères-Chalabre.

Le *Doctrinal des femmes mariées*, ci-dessus, serait, selon ce que m'a dit autrefois M. Duplessis, le même ouvrage que le *Doctrinal des nouvelles mariées*, avec trois stances de plus. Il faudrait alors qu'il existât deux ouvrages sous le titre de Doctrinal des femmes mariées, car après avoir comparé l'édition de cette pièce qui porte la marque et le nom de Trepperel, avec le *Doctrinal* imprimé en 1491, je puis dire que leurs textes sont tout à fait différents. Le *Doctrinal des femmes mariées* est en stances de quatre vers et commence ainsi :

femme qui es en mariage
a ton seul mary t'abandonne

tandis que le *Doctrinal des nouvelles mariées* commence de cette manière :

Nouuellement mariee aprenez
du mariage les loys et retenez

Cette dernière pièce présente la même forme que le *Doctrinal des nouveaulx mariez*, qui lui a servi de modèle. En voici les deux premiers vers :

Nouueaulx mariez il vous fault
Sauoir les loys de mariage.

Il est très-probable que l'édition de *Lantenac*, datée de 1491, est la reproduction de l'édition donnée précédemment à Paris par Jean Trepperel, en même temps que le *Doctrinal des nouueaulx mariez*, ci-dessus, et qui a également 6 ff. avec la marque de cet imprimeur.

DOCTRINAL du temps. Voy. MICHAULT.

DOCTRINAL saulvaige. Voyez AVENTURIER.

DOCTRINE (la) de caresme-prenant ; dédié à tous ceux qui voudront rire depuis le bout des pieds jusqu'à la teste. *Paris, P. Ramier*, 1612, in-8. de 16 pp. [17832]

Vend. 10 fr. La Valliere.

DOCTRINE (la) des princes et des servans en court. (*sans lieu ni date, vers 1500*), pet. in-8. goth. de 4 ff. en vers. [13482]

Vend. 39 fr. en 1824 ; 27 fr. Nugent ; 3 liv. 19 sh. Heber, et 118 fr. Nodier.

Réimpr. dans le 4ᵉ vol. de la collection de M. de Montaiglon, d'après une édit. goth. in-8. de 4 ff., portant au titre la marque de Gaspar Philippe.

DOCTRINE (la) des saiges pour inciter chascun a vertu ꝛ laisser tout vice. —

Imprime nouuellement a Lyon (vers 1520), pet. in-8. goth. de 6 ff. [13484]

Pièce en vers : 31 fr. Bruyères - Chalabre ; 30 fr. en 1841, rel. en *mar.* par Bauzonnet ; 142 fr. Nodier ; 80 fr. Baudelocque.

DOCTRINE (la) du pere au filz. (*sans lieu ni date*), pet. in-4. goth. de 4 ff. à 30 lig. sur les pages.

Le titre porte la marque de Pierre Mareschal et Barnabé Chaussard, impr. à Lyon vers 1500, et le verso du dernier f. est blanc. C'est sur cette édition que M. de Montaiglon a reproduit cette pièce dans le 2ᵉ vol. de son Recueil.

— LA DOCTRINE du pere au filz. — *Cy finist la doctrine du pere au filz nouuellement imprimee a Paris*, pet. in-8. goth. de 4 ff., avec une gravure en bois sur le titre. [13485]

38 stances de 4 vers de 8 syllabes, et une ballade en 27 vers. Vend. 28 fr. en 1824 ; 47 fr. en 1841 ; 36 fr. *mar. r.* Crozet ; 41 fr. Baudelocque. Il y a une autre édition où se lit à la fin : *Si finist* au lieu de *Cy finist*.

DOCTRINE (la) et instruction q̃ baillent ꝛ monstrent les bõs peres a leurs enfans. (au recto du dernier f.) :

Qui se liure voudra acheter
Autant soir que de matin
Qui sans vienne droit marchãder
Chez maistre Guillaume Balsarin.

Imprime a Lyon, M. CCCCC. XXIII, pet. in-8. goth. de 8 ff. fig. sur bois.

Pièce rare, laquelle réunie au *Testament du pere*, autre opuscule de 8 ff. que vendait le même libraire (voy. TESTAMENT), et rel. en *mar. doub. de mar.*, a été acquise par M. Yéméniz au prix de 305 fr. à la vente Coste, en 1854.

DOCTRINE moult belle et notable a tous ceulx qui sont en aucunes tribulations, compile par un notable docteur de l'ordre des freres prescheurs, a la supplication d'une jeune dame fille d'un noble chevalier. *Paris, Ant. Verard* (sans date), in-8. goth. [1555]

Un exempl. en *mar. bl.* porté à 4 fr. seulement sous le n° 404 du catal. de Gaignat ; il se vendrait beaucoup plus cher aujourd'hui.

DOCUMENTO y instrucion prouechosa para las dõzellas desposadas y rezien casadas. (*sans lieu*), 1552, pet. in-4. de 10 ff. fig. sur bois. [15128]

Opuscule en vers : 42 fr. Riva.

DOCUMENTS inédits sur l'histoire de France, in-4.

Cette collection, publiée aux frais de l'État, n'est pas encore terminée. Nous nous réservons d'en faire connaître le contenu, collectivement et article par article, dans notre table méthodique.—Pour les documents inédits relatifs à l'histoire de la Belgique, voy. COLLECTION de chroniques, ci-dessus, col. 135.

DOCUMENTS numismatiques du royaume de Géorgie (par le prince Michel Baratajeff). (*Saint-Petersbourg*, 1844), in-4. pl. lithogr. [29859]

Documenti di storia italiana, 25249.
Documents relatifs au pays de Vaud, 25940.

Ouvrage écrit en langues géorgienne, russe et française. On y a joint les empreintes de 18 médailles géorgiennes de la collection du prince Baratajeff, exécutées d'après sa méthode, et qui reproduisent les originaux avec une exactitude parfaite. (Catal. de Mme la comtesse de Neuilly, n° 874.)

DODART (*Denys*). Mémoires pour servir à l'histoire des plantes. *Paris, impr. roy.*, 1676, in-fol. max. [4911]

Ce volume contient les premières pl. du recueil de Robert (voyez ROBERT), avec une explication : 10 à 12 fr. — Un exemplaire avec les planches encadrées, en très-grand format, vend. 53 fr. *cuir de Russie*, L'Héritier.

L'édition d'*Amsterd.*, 1758, in-4. fig., est à bas prix.

DODD (*Charles*). Church history of England, from the year 1500 to the year 1688, chiefly with regard to catholicks. *Brussells*, 1737-42, 3 vol. in-fol. [21505]

Ouvrage rare et qui est en grande réputation auprès des catholiques d'Angleterre : c'est une réfutation de celui de Burnet. Le nom de l'auteur est supposé ainsi que le lieu d'impression. Vend. 12 liv. Sykes ; 17 liv. 10 sh. Williams ; 15 liv. 10 sh. et 5 liv. 16 sh. Heber.

Il faut réunir à ces trois volumes les deux pièces suivantes :

    CONSTABLE'S specimens of amendements for Dodd's Church history. *Lond.*, 1741, in-12. 1 liv. 12 sh. Williams.

    APOLOGY for the Church history. *Ibid.*, 1742, in-12. 1 liv. 10 sh. le même.

    CERTAMEN utriusque ecclesiæ : or a list of all the eminent writers of controversy, catholics and protestants, since the reformation, 1724, in-12, 2 liv. 2 sh. le même.—Réimpr. dans le 13e vol. de la collection de Somers.

La nouvelle édit. de cette histoire ecclésiastique de l'Angleterre, avec des notes, des additions et une continuation par le rév. M.-A. Thierney, commencée à Londres en 1839, s'est arrêtée au 5e vol. daté de 1843 ; elle devait en avoir 14.

DODENDANTZ ou Dodesdantz. Voy. TODTENTANZ.

DODICHI (le) fatiche d'Hercole tratte da diversi autori, con il suo lamento e morte. Nuovamente composte in ottava rima. *Firenze, alle scalee di Badia* (senz' anno), pet. in-4. [14690]

Ouvrage orné de figures appropriées au sujet de chacun des travaux d'Hercule. Un bel exempl. rel. en *mar.* par Lewis, 4 liv. 4 sh. Heber.

— Le dodici fatiche di Hercole... *Firenze*, 1568, in-4. de 16 ff. à 2 col. sign. A-D.

Édition ornée de dix-sept fig. en bois, indépendamment de celle qui se voit au-dessous du titre ; elle est aussi rare et peut-être plus ancienne que la précédente. Un bel exemplaire in *mar. r.* a été payé 133 fr. Libri, en 1847.

DODIER. Le Concile des muses tenu Lan mil cinq cens XXXVIII, sur la creation du Chancellier de France. *On les*

---

vend au mont sainct Hilaire a lenseigne du Phenix pres le college de Reims, pet. in-8. de 10 ff. dont le dernier est blanc, sign. a—ci. [13393]

Pièce en vers, imprimée en lettres rondes. On lit sur le titre cette devise, en trois lignes : *Scauoir par tout ‖ Partout scauoir ‖ Tout par scauoir ; et au verso : A tres hault, tres illustre & redoubte seigneur messire Guillaume Payet* (sic) *chancellier de France Maturin Dodier son tres humble subiect.* (Communiqué par M. Paul Lacroix.)

DODONÆUS (*Rembertus*). Stirpium historiæ libri XXX. *Antuerpiæ, ex offic. plantiniana*, 1616, in-fol. fig. sur bois. [4892]

Quoique cet ouvrage ne soit guère plus recherché d'une édition que de l'autre, il faut choisir celle que nous indiquons, comme la plus complète. Pourtant elle n'a été payée que 8 fr. 50 c. à la vente de Jussieu, où l'édition d'Anvers, 1559, 2 tomes en 1 vol. pet. in-8., avec fig. en bois, s'est vendue 13 fr. 50 c.

— HISTOIRE des plantes, en laquelle est contenue la description entière des herbes, c'est à dire leurs especes, forme, noms, temperament, vertus et operation, non seulement de celles qui croissent en ce pays, mais aussi des autres etrangeres, qui viennent en vsage de medecine, par Rambert Dodoens ; nouuellement traduite de bas allemand en francois par Ch. de l'Ecluse. *Anuers, de l'imprimerie de Jean Loë*, 1557, pet. in-fol. de 584 pp., plus la préface et l'index, fig. en bois. 13 fr. 50 c. de Jussieu.

La 1re édit. du texte flamand de cet ouvrage (*Cruydboeck*) a été impr. à Anvers, par J. de Loë, en 1554, in-fol. de 20 ff. non chiffrés, 818 pp. et 9 ff. avec fig. en bois. Elle est fort rare et conserve une certaine valeur en Belgique : 29 fr. Borluut. Ce texte a été réimprimé à Anvers, en 1563, en 1581 et en 1590, in-fol.

L'édition de Leyde, 1618, in-fol. (12 fr. de Jussieu) de 1495 pp., non compris l'index, contient des augmentations qui ont passé dans celle d'*Anvers, B. Moretus*, 1644, in-fol. de 1492 pp. et l'index (15 fr. de Jussieu, et avec les pl. color. 51 fr. Borluut).

    FRUMENTORUM, leguminum, etc., historia. *Antuerpiæ*, 1566 ou 1569, in-8. fig.

    FLORUM et coronariarum odoratarumque nonnullarum herbarum historia. *Antuerp.*, 1568 ou 1569, in-8. fig.

    PURGANTIUM radicum, aliarumque herbarum historia. *Antuerpiæ*, 1574, in-8. fig.

Ces trois ouvrages de Dodoens ne sont pas communs, et ils ont quelque valeur lorsqu'ils sont réunis ; vend. 21 fr. L'Héritier, mais moins ordinairement.

Ce célèbre botaniste flamand a été l'objet de l'ouvrage suivant :

    RECHERCHES historiques et critiques sur la vie et les ouvrages de Rember Dodoens (Dodonæus), par P.-J. van Meerbeck. *Malines, Hanicq*, 1841, in-8. de XIV et 340 pp., avec le portrait de Dodoens.

DODSLEY (*Rob.*). The OEconomy of human life, translated by an ancient Bramin (by Dodsley). *London, Rickaby*, 1795, pet. in-8. 5 à 6 fr. [3749]

Ouvrage très-estimé, et qui a été attribué au comte de Chesterfield. De 1751 à 1815, il en a paru environ douze traductions françaises sous différents titres, et qui sont détaillées dans la *Biographie universelle*, tome XI, à l'article *Dodsley* (voy. aussi le Diction. des anonymes, n° 4687, et le *Bulletin du Bouquiniste*, 1859, pp. 501 et 669). L'édition anglaise que nous citons est ornée de 49 gravures fort agréables, et c'est vraisemblablement la plus belle qui ait été faite de cet opuscule. Il en a été tiré 25 exemplaires en Gr. Pap.: 8 à 12 fr., et 1 ou 2 sur VÉLIN : vend., avec fig. peintes, 15 liv. 15 sh. à Londres, en 1804. La première édit. est de 1751, in-8.; il y en a aussi une de 1806, in-8., avec des planches par Harding.

Rob. Dodsley est l'auteur d'un recueil intitulé : *Miscellanies, or Trifles in prose and verse,* London, 1745 (2ᵉ édit., 1777), 2 vol. in-8. dont fait partie l'*OEconomy of human life,* ainsi qu'une chronique des rois d'Angleterre qui a été trad. en français par Fougeret de Monbron, sous ce titre.

CHRONIQUE des rois d'Angleterre, écrite selon le style des anciens historiens juifs, par Nathan Ben Saddi. *Lond.,* 1743, in-8.

Il a aussi publié : *Fugitive pieces of various subjects by several authors.* London, 1761, 2 vol. pet. in-8. Recueil assez curieux.

— Voyez COLLECTION of poems ; — SELECT collection.

DODSON (*James*). The Anti-logarithmic canon, being a table of numbers, consisting of eleven places of figures, corresponding to all logarithms under 100000, etc. *London,* 1742, in-fol. [8035]

Vend. 12 fr. De Lalande ; 29 fr. Delambre.

— THE CALCULATOR : being correct and necessary tables for computation. *London,* 1747, gr. in-4. [8036]

Vend. 14 fr. De Lalande.

— THE MATHEMATICAL repository. *London,* 1748-1755 (aussi 1775), 3 vol. in-12. 12 sh.

DODSWORTH (*Rog.*). Voy. DUGDALE.

DODWELL (*Henr.*). Exercitationes duæ, prima de ætate Phalaridis, secunda de ætate Pythagoræ. *Londini,* 1704, in-8. 4 à 5 fr. [18664]

— DE VETERIBUS Græcorum Romanorumque cyclis, obiterque de cyclo Judæorum ac ætate Christi dissertationes. *Oxonii, e Theatro sheld.,* 1701, in-4. [21231]

Ce volume est quelquefois rel. avec le suivant :

— ANNALES thucydidei et xenophontei ; præmittitur apparatus cum viæ Thucydidis synopsi chronologica. *Oxonii, e Th. sheld.,* 1702, in-4. [22808]

Les deux ouvrages, 12 à 15 fr. et jusqu'à 27 fr. Larcher.

Les *Annales thucydidei* ont été réimprimées dans l'édition de Thucydide donnée par Duker, en 1731 (voy. THUCYDIDES).

— ANNALES velleiani, quintilianei, statiani ; seu vitæ Vell. Paterculi, Quintiliani, Statii (obiterque Juvenalis), pro temporis ordine digestæ. *Oxonii, e Th. sheld.,* 1698, in-8. 4 à 5 fr. [22804]

Vend. 9 fr. Larcher.

— DE PARMA equestri woodwardiana dissertatio ; edidit Th. Hearne : accedit Th. Neli collegiorum Academiæ oxoniensis topographica delineatio, edente eodem Hearne. *Oxonii, e Theatro sheld.,* 1713, in-8. 6 à 9 fr. [29048]

Volume peu commun : vend. 13 fr. 50 c. mar. r. de Cotte, et en Gr. Pap. 52 fr. Mac-Carthy. Un exemplaire en Gr. Pap., avec *Downe stricturæ,* impr. sur VÉLIN, et une lettre autogr. d'Hearne, 10 liv. 10 sh. à Wodhull, en 1803.

— DISSERTATIONES Cyprianicæ. Voy. CYPRIANUS.

THE LIFE of H. Dodwell ; with an account of his

works, etc., by Fr. Brokesby. *London,* 1715, 2 vol. in-8. [30909]

— Voy. GEOGRAPHIÆ veteris scriptores.

DODWELL (*Edward*). A classical and topographical tour through Greece, during the years 1801, 1805 and 1806. *Lond.,* 1818, 2 vol. gr. in-4. fig. [20444]

Malgré les 70 pl. dont il est orné, cet ouvrage, qui a coûté 12 liv. 12 sh., se donne aujourd'hui pour 2 liv. 2 sh.

— VIEWS in Greece, engraved from the collection of drawings made in that country by Edw. Dodwell, and Sig. Pomardi. *Lond.,* 1821, in-fol. max. [20445]

Trente planches color., avec leur description en anglais et en français, publiées d'abord à 18 liv. 18 sh. mais portées ensuite à 10 liv. 10 sh. Vend. 201 fr. en mars 1829, et moins depuis.

— ALCUNI bassi rilievi della Grecia, descritti e publicati in otto tavole, da Ed. Dodwell. *Roma,* 1812, in-fol. fig. pap. vél. [vers 29561]

Vend. 14 fr. Hurtault.

— VUES et descriptions de constructions cyclopéennes ou pélagiques, trouvées en Grèce et en Italie, et de constructions antiques d'une époque moins reculée, d'après les dessins de feu M. Edward Dodwell ; ouvrage destiné à servir de supplément à son voyage classique et topographique en Grèce, pendant les années 1801, 1805 et 1806. *London et Paris, Treuttel et Würtz,* 1834, in-fol., avec 131 pl. lithogr. 30 à 40 fr. [29360]

L'ouvrage a aussi paru sous le titre de *Cyclopean or Pelagic remains in Greece and Italy.* Il est peu estimé.

DOEHNE (*T.-L.*). A Zulu-Kafir Dictionary, etymologically explened ; with copious illustrations and exemples, preceded by an introduction in the Zulu-Kafir language by. T.-L. Döhne. *Cape Town,* 1857, in-8. de XII et 417 pp. 21 sh. [12957]

— Pour une grammaire du même dialecte, voy. GROUT (*Lewis*).

DOGEN (*Matthias*). L'Architecture militaire moderne, ou fortification confirmée par diverses histoires, tant anciennes que nouvelles, et enrichies de figures des principales forteresses qui sont en Europe, par Matthias Dogen, natif de Dranbourg en la Marche, mis en françois par Hélie Poirier, Parisien. *Amsterdam, Louys Elsevier,* 1648, in-fol., avec 70 pl. et plans gravés. 15 à 24 fr. [8644]

Louis Elsevier a imprimé le texte latin de cet ouvrage en 1647, in-fol., et il en a publié une traduction flamande en 1648, dans le même format.

DOEPLER (*Jac.*). Theatrum poenarum, suppliciorum et executionum criminalium, oder Schau-Platz derer Leibes- und Lebens-Straffen.... *Sonderhausen, in Verlegung des Autoris druchts L. Henr. Schönermarck,* 1693, 2 parties

---

Dodsworth (*Will.*). Episcopal see of Sarum, 21518.

Doellinger (*J.-J.-L.*). Paganisme et judaïsme, 21349 ou 22573.

Dogiel (*Math.*). Codex diplomat. Poloniæ, 27815.

in-4. de 6 ff., 1140 pp. et 25 ff., plus 4 ff.,
656 pp. et 28 ff. [2808]

Ouvrage curieux (Graesse, II, p. 417).

DOIN (*G.-T.*). Galerie médicale, dessinée
et lithographiée par Vigneron, avec des
notices biographiques et littéraires.
Paris, Engelmann, 1825-28, in-fol.

Cet ouvrage devait être composé de dix livrais., mais
il n'en a été publié que 8 de 4 pl. chacune, avec
texte : prix de la livrais. 6 fr. — Pap. de Chine,
9 fr. Il a paru depuis chez Mad. Delpech une *Iconographie des médecins français*, beaucoup mieux
exécutée que celle-ci.

DOKOUMENTY dlia istorii diplomati-
tcheskich snochéni Rossii s zapadnymi
derjavami. Documents pour servir à
l'histoire des relations diplomatiques de
la Russie avec les puissances de l'Europe occidentale, depuis la paix universelle de 1814 jusqu'au congrès de Vérone en 1822. *Saint-Pétersb.*, 1823-25,
2 vol. in-4. En russe. [27759]

Ouvrage qui n'a jamais été mis en vente.

DOLCE (*Lodovico*). Dialogo nel quale si
ragiona del modo di accrescere e conser-
var la memoria. *Venetia, Giovbatt. et
Marchio Sessa*, 1562, pet. in-8. fig. 9 à
12 fr. [9034]

Vend. jusqu'à 20 fr. salle Silvestre en 1842. L'édition
de Venise, 1586, pet. in-8. fig. 25 fr. *non rogné*,
Libri, en 1857.

— Dialogo de la pittura, intitolato l'Aretino, nel quale si raggiona della dignità
di essa. *Vinegia, Giolito*, 1557, pet.
in-8. de 60 ff. [9224]

Édition originale, rare : 10 à 12 fr. ; 15 sh. Libri.
DIALOGUE sur la peinture, intitulé l'Arétin, traduit en françois avec le texte italien à côté. *Florence*, 1735, pet. in-8. 4 à 6 fr.
—DELLE QUALITA, diversità e proprietà de' colori. *Venet., Sessa*, 1565, pet. in-8. de 86 ff. et 2 à la fin.

— I quattro libri delle osservazioni nella
volgar lingua, di L. Dolce, di nuovo da
lui medesimo ricoretti et ampliati, con
le apostille. *Vinegia, Gabr. Giolito*,
1560, pet. in-8. [11080]

Sixième édition de cet ouvrage. La première de 1550
est moins complète que celle-ci, et la même que la
4e qui est de 1556.

— Le trasformationi (di Ovidio) di Lod.
Dolce. *Venetia, Gabr. Giolito*, 1553,
in-4., fig. en bois. {vers 12513 ou 14648]

Cette édition est celle qu'on préfère : 12 à 15 fr. Vend.
16 sh. *mar*. Heber. Un exemplaire sur pap. bleu,
36 fr. La Vallière ; un autre impr. sur VÉLIN,
280 flor. Meerman ; et avec une riche reliure de
Clarke, 45 liv. 3 sh. Williams, et 40 liv. 19 sh.
Hanrott.
Les éditions de *Venise*, 1555 et 1557, in-4., ont encore quelque valeur.

— L'Achille e l'Enea, dove egli tessendo
l'historia della Iliade d'Homero a quella
dell' Eneide de Vergilio, ambedue l'ha
ridotte in ottava rima. *Vinegia, Gabr.
Giolito*, 1570 et aussi 1571, in-4. de
14 ff. et 544 pp. 10 à 12 fr. [14649]

Vend. 15 sh. Hibbert.

Il y a des exempl. avec un nouveau frontispice daté
de 1572, auxquels on trouve ordinairement joint
l'ouvrage intitulé : *Delle lodi della poesia d' Homero e di Vergilio di Andr. Menechini*. Vend.
8 fr. Floncel ; 18 fr. d'Avoust ; 5 sh. Heber.
L'*Enea* a d'abord paru séparément, *Venet., Giov. Varisco*, 1568, in-4. à 2 col. 13 fr. Libri.

— L'Ulisse, tratto dall' Odissea d'Omero,
con la battaglia dei topi e delle rane,
ridotta in ottava rima. *Vinegia, Giolito*, 1573, in-4. 10 à 15 fr. [14650]

Vend. 1 liv. 5 sh. Hibbert.

— Il Palmerino, poema. *Venetia, Sessa*,
1561, in-4. de 137 ff. et 1 f. d'errata.
[14838]

Vend. 10 sh. Pinelli ; 1 liv. 8 sh. Hibbert ; 1 liv. 10 sh.
m. r. Heber.
Il y a des exemplaires de la même édit. sous la date
de Venise, 1597.

— Primaleone figliuolo di Palmerino. *Venetia, Sessa fratelli*, 1562, in-4. de
171 ff. [14839]

Vend. 9 fr. 50 c. Floncel ; 1 liv. 3 sh. Hibbert.

La prétendue édition de Venise, 1597, *Giov.-Batt.* e
Giov.-Bern. Sessa, in-4., sous le titre de l'*Imprese
e Torniamenti con gli illustri fatti d' armi di
Primaleone......*, est absolument la même que celle
de 1562 : on en a seulement changé le frontispice,
ainsi que s'en est assuré M. Melzi. Vend. cependant
1 liv. 12 sh. Pinelli.

— Le prime imprese del conte Orlando,
con argomenti ed allegorie. *Vinegia,
G. Giolito*, 1572, in-4. fig. en bois.
[14732]

Poème en 25 chants, rare de cette édition. Le portrait
de l'auteur est daté de 1561.

Vend. 18 fr. Floncel ; 1 liv. 12 sh. Pinelli ; 1 liv. 1 sh.
Hibbert ; 1 liv. 6 sh. Heber.
Réimpr. à Rome en 1716 et en 1784, et aussi à Ve-
nise, 1793, in-12.

—El nascimiento y primeras empresas del
Conde Orlando, traduzidas por Pedro
Lopez Henriquez de Calatayud. *Valladolid, Cordova y Oviedo (hacia* 1595),
pet. in-4. fig. en bois.

Traduction en vers castillans du poème ci-dessus, de
Louis Dolce. C'est faute d'avoir remarqué cela que
Maittaire, et d'après lui Pr. Marchand, ont annoncé
ce livre sous la date de 1495, et que ce dernier le
donne comme la première production des presses
de Valladolid. Un exemplaire défectueux, 15 fr. Gohier ; 1 liv. 6 sh. Heber ; un autre sous la date de
1594, 3 liv. 13 sh. 6 d. Heber.

—Cinque primi canti di Sacripante di
messer Ludovico Dolce. M. D. XXXV.
Appresso Mapheo Pasini. (à la fin) :
*Impresso in Vinegia appresso di Fran-
cesco Bindoni, e Mapheo Pasini compagni. l'anno* M. D. XXXV. *il mese d'A-*

prile, pet. in-8. de 82 ff. en italique.
[14755]

Poëme *in ottava rima.*
— Cinque primi canti di Sacripante.... (in fine) : *Perugia nella stamperia del conte Iano Bigazini al Colle Landone nel* M. D. XXXVI. *del mese di Fabraio,* in-8. sign. A—I. La fig. de Sacripant sur le titre.
— Il Sacripante. *Venetia, Fr. Bindoni, ec.,* 1536, in-4. (en dix chants).
— Dieci canti di Sacripante... quai seguitano Orlando furioso, nouamente ristampati, historiati, & con ogni diligentia corretti. — *Impreso in Vinegia per Nicolo d'Aristotile di Ferrara detto Zoppino, del mese di ottobre* 1537, in-4. de 48 ff. à 2 vol. non chiffrés.
Ce poëme, qui devait être composé de trois livres, n'est pas terminé. Il a été réimprimé à Venise, *per il Valvassore,* en 1539, en 1545 et en 1548, in-8. fig. ; aussi en 1541, sans lieu ni date, in-8. goth. à 2 col. : — A Venise, chez *Rampazetto,* 1587, in-12, et enfin à Venise, en 1604, 1608, 1611 et 1625, in-8.
— L'AMORE di Florio e di Biancafiore. *Venezia, Bern. de' Vitali,* 1532, in-4. [14705]
Vend. 8 sh. Pinelli.
Pour un autre poëme sur le même sujet, voy. FIORES.

— Stanze di M. Lodouico Dolce composte nella vittoria Africana nuouamente hauuta dal sacratis. Imperatore Carlo Quinto Romæ MDXXXV. (in fine): *Stampate in Roma l'anno di nostra Salute* MDXXXV, *nel mese di Settembre,* pet. in-8. sign. A—D, lettres ital. 3 octaves par page.
— VITA di Carlo V, imperatore. *Vinegia, Gabr. Giolito,* 1567, in-4.
— VITA di Ferdinando primo, imperadore di questo nome, nella quale sotto brevità sono comprese l' istoria dall' anno M.D.III insino M.D.LXIIII. *Vinegia, Gabr. Giolito,* 1566, in-4.
— VITA di Giuseppe, descritta in ottava rima. *Venezia, Gabr. Giolito,* 1561, in-4. fig. en bois. [14632]
Un exempl. en pap. bleu, *Catal. Capponi,* 145.

— Tragedie, cioè Giocasta, Medea, Didone, Ifigenia, Tieste, ed Ecuba. *Vinegia, Giolito,* 1560, in-12. [16674]
Vend. 9 sh. Pinelli ; 19 fr. 50 c. mar. r. en 1825.
Chaque tragédie de Dolce a d'abord été publiée séparément, savoir :
— *Thyeste,* Venetia, Giolito, 1543 ou 1547, pet. in-8.
— *L'Ecuba,* ibid., 1543 ou 1549, pet. in-8.
— *Ifigenia,* ibid., 1551, etc., pet. in-8.
— *La Marianna,* ibid., 1565, pet. in-8.
— *Le Trojane,* ibid., 1566 et 1567, pet. in-8.
— *La Didone,* Venetia, Aldo, 1547, in-8. de 42 ff. : vend. 7 sh. Sykes ; 2 sh. Heber.
— *La Medea,* Venegia, 1557, aussi 1558, in-8. de 40 ff.
— *La Giocasta,* Vinegia, Aldo, 1549, in-8. de 57 ff.
La Fabritia, comédie du même poëte, a aussi été impr. chez les Alde, 1549, in-8. de 60 ff.
Les trois dernières pièces, 6 sh. Butler.
On a un recueil des comédies du même auteur: *Vinegia, Giolito,* 1560, pet. in-12, contenant : *Il Ragazzo, il Marito, il Capitano, il Ruffiano* et *la Fabrizia.* Ce vol. n'est pas plus commun que le

précédent recueil de tragédies, et peut avoir le même prix. Ces comédies ont aussi été impr. séparément à Venise, de 1541 à 1549, en pet. in-8.

— Dialogo di Lodovico Dolce, della institution delle Donne, secondo li tre stati che cadono nella vita humana. *Vinegia, Gabr. Giolito,* 1545, pet. in-8. [3875 ou 18059]
Réimpr. avec des augmentations, *Venise, Giolito,* en 1547, 1557, 1560. (Cette dernière édition, *m. v.* 15 fr. Libri), et aussi dans un recueil publié sous le titre suivant :
LE BELLEZZE, le lodi, gli amori e i costumi delle donne, con lo discacciamento delle lettere di Agnolo Firenzuola, et di Alessandro Piccolomini, si giuntovi i saggi ammaestramenti che appartengono alla honorevole, e virtuosa vita virginale, maritale e vedovile, di Lod. Dolce. *Venetia, Barezzo Barezzi,* 1622, in-8.

— Dialogo piacevole nel quale mess. Pietro Aretino parla in difese d'i mali aventurati mariti. *(Venetia), Curtio Troiano d'i Navò,* 1542, in-8. de 20 ff. dont un bl. [18095]
Vend. 16 sh. *m. r.* Heber; 30 fr. 50 c. Libri ; autre exemplaire, 15 fr. Riva, et 16 sh. Libri.
Dans ce volume fort rare se trouve une petite nouvelle qui a été réimpr. (à Milan, en 1824) sous la date de 1626 (voy. NOVELLE due).

— Paraphrasi della sesta satira di Giuvenale, nella quale si raggiona delle miserie degli huomini maritati, ec. *Venetia, Curtio Navò e fratelli,* 1538, in-8.
Il y a à la suite de la paraphrase : *Dialogo del modo di tor moglie.* Les deux ouvrages sont passablement libres. — Voy. STANZE.
— AVVERTIMENTI monachali, et modo di viver religiosamente secondo Iddio per le vergini et spose di Giesu Cristo, di diversi eccellentissimi autori antichi et moderni ; aggiuntovi lo stadio del Cursor christiano, tradotto di latino in volgare da Ludov. Dolce. *Vienegia, Gabr. Giolito de' Ferrari,* 1577, in-4. [1753]
Volume orné de bonnes vignettes sur bois, qui lui donnent du prix. 28 fr. Duplessis.
Haym fait observer que pour être complet ce livre doit avoir un second frontispice ainsi conçu :
ALCUNI Avvertimenti nella vita monacale utili e necessarj a ciascheduna Vergine di Cristo del R. P. F. Bonaventura Gonzaga da Reggio.... con la pistola di S. Girolamo ad Eustochio, e con lo Stadio del Cursor christiano, 1575 e 1576,
Et qui se rapporte à une seconde partie des *Avvertimenti monacali,* qu'on peut considérer comme un ouvrage à part.

— Imprese di diversi principi, duchi, signori, e altri personnagi et uomini illustri, libro secondo, con alcune stanze e sonetti di Lod. Dolce. *(Venezia),* 1566, pet. in-fol. [18602]
Ce volume contient 54 *Imprese* de J.-B. Pittoni, peintre. D'après ce qu'on lit dans la préface, la première partie aurait paru en 1562. L'ouvrage a été reproduit à Venise, *presso Girolamo Porro,* 1578, pet. in-fol., contenant 72 pl., et de nouveau, dans la même ville, *presso G.-B. Bentoni,* 1602, in-fol. ; mais cette édit. ne contient que 47 *Imprese,* selon le catalogue de Cicognara, n° 1939. Le même catalogue indique sous le nom de *Dolce* une nouvelle édition de Venise, 1783, in-4., contenant 72 pl.

DOLCE *(Federico).* Descrizioni di dugento

gemme antiche. *Roma,* 1792, pet. in-fol. 20 à 24 fr. [29583]

DOLESCHALII (*P.*) Grammatica slavico-bohemica, cum præfat. Matt. Bellii. *Posonii,* 1746, in-8. 6 à 9 fr. [11144]

DOLET (*Martinus*), Parisiensis. De parta ab invectissimo Gallorum rege Ludovico duodecimo, in Maximilianum ducem victoria cum dialogo pacis. (*Parisiis*) *apud Johan. Gourmontium* (circa 1510), in-4. de 28 ff. sign. a—f. [12857]

Pièce en vers qui se trouve difficilement.

DOLET (*Étienne*). Exhortation à la lecture des sainctes lettres : avec suffisante probation des docteurs de l'Eglise, qu'il est licite et necessaire ycelles estre translatees en langue vulgaire, et mesmement en la francoyse. *Lyon, Est. Dolet,* 1542, in-16 de 126 pp., plus 1 f. pour la souscription et l'emblème de Dolet. [522]

Ouvrage rare, dont Dolet n'a peut-être été que l'éditeur : vend. 1 liv. 4 sh. *m. r.* Heber.

Selon Du Verdier, ce livre a été réimprimé avec des augmentations : *Lyon, Balth. Arnoullet,* 1554, pet. in-8. L'*Exhortation à la lecture des sainctes lettres* a été aussi réimprimée par Dolet à la suite d'un petit ouvrage en vers qui lui est attribué, et qui porte ce titre :

BRIEF discours de la republique françoise desirant la lecture des livres de la saincte escripture luy estre loisible en sa langue vulgaire... *Lyon, Dolet,* 1544, in-16. — Ce brief discours devait avoir déjà paru en 1542, puisqu'il est porté dans le catalogue des livres qui ont été censurés en cette année-là. C'est aussi en 1542 que Dolet a publié :

LES EPISTRES & Evangiles des cinquante et deux dimanches de l'an, avec briefves et tres utiles expositions d'ycelles, et quelques sermons ou exhortations oultre les dites expositions. *Lyon, chez Est. Dolet,* 1542, in-16 de 655 pp. — Volume qui renferme les *cinquante-deux dimanches* d'après la traduct. qu'en avait donnée Le Fèvre d'Estaples. L'*Epistre au lecteur chrestien* qu'on lit au 2e f. est de Dolet.

— Cato christianus (id est, decalogi expositio, etc.), Stephano Doleto gallo aurelio autore. *Lugduni, apud Steph. Doletum,* 1538, in-8. de 38 pp. [1288]

Vend. 17 fr. mar. Gaignat; 30 fr. Coste.

Petit livre rare, à la fin duquel on lit : *Odæ de laudibus Virginis Mariæ.*

— STEPHANI Doleti de re navali liber ad Lazarum Bayfium. *Lugduni, apud Seb. Gryphium,* 1537, in-4. de 14 ff. prélim. et 190 pp. 8 à 12 fr. [8442]

Les pièces préliminaires de ce livre contiennent une épître curieuse de l'auteur (*in criminatorem defensio*) adressée à Lazare Baïf.

STEPHANI Doleti liber unus de officio legati, quem vulgo ambassiatorem vocant, et item alter de immunitate legatorum, et item alius de legationibus Joannis Langiachi episcopi lemovicensis. *Lugduni, apud Stephanum Doletum,* 1541, in-4. de 46 pp. plus un f. bl. avec l'emblème de Dolet. 8 à 10 fr. [4011]

La troisième pièce de ce volume est en vers latins.

Dolci (*Seb.*). Illyricæ linguæ vetustas, 11403.

— Formulæ latinarum locutionum illustriorum. Prima pars conflatas ex nomine et uerbo locutiones habet. Secunda significationem et constructionem uerborum profert. Tertia usum particularum indeclanibilium demonstrat. *Lugduni, Steph. Doletus,* 1539, pet. in-fol. de 203 pp. [10834]

Des trois parties annoncées au titre de cet ouvrage, la première seulement a été mise au jour; elle est devenue fort rare.

Le titre porte la marque ci-dessous, mais entourée de ces mots : *Scabra et impolita ad amussim dolo atque perpolio.*

Au verso du dernier feuillet se retrouve l'emblème de la doloire sans encadrement, mais avec ces mots au bas :

DOLETVS
Durior est spectatæ uirtutis,
quam incognitæ,
conditio.

Il y a plusieurs réimpressions sous le titre de :

PHRASES et formulæ linguæ latinæ elegantiores, cum præfat. Joan. Sturmii, quibus adjecimus connubium adverbiorum ciceronianorum Hub. Sussanæi. *Argentorati,* 1576, 1596 et 1610, in-8.

Vend. en *m. r.* 8 à 9 fr. La Valliere et Saint-Céran.

— De imitatione ciceroniana, voir les nos 10836 et 10837 de notre table.

— Commentariorum linguæ latinæ tomi duo. *Lugd., apud Gryphium,* 1536-38, 2 vol. in-fol. 40 à 60 fr. [10856]

Cette compilation, dont on ne trouve que très-difficilement des exempl. bien conservés, est beaucoup moins recherchée maintenant qu'elle ne l'était autrefois, et son prix a considérablement diminué depuis quelques années.

Le titre, qui est dans un bel encadrement gravé sur bois où l'on remarque les lettres I F, porte la première des deux marques que nous donnons à la col. suivante:

VIRTVTE DVCE.

COMITE FORTVNA.

Le 1er vol. contient 28 ff. prélim., et 854 pp. ou 1708 col., suivies d'un f. blanc au verso duquel est cet emblème :

Le 2e vol. renferme 858 pp. ou 1716 col. précédées de 32 ff. prél., et suivies d'un f. séparé, au recto duquel est un avis au sujet du 3e vol. projeté.

J'ai vérifié de nouveau cette description, et l'on peut compter sur son exactitude; ainsi je n'ai pas pris le tome Ier pour le tome IIe, comme on le dit mal à propos dans le Catal. de la biblioth. de Lyon, Belles-Lettres, n° 296.

Vend. 320 fr. bel exempl. m. r. La Valliere; 312 fr. Soubise; 96 fr. (piqué de vers) de Cotte, et 100 fr. mar. r. Giraud.

— COMMENTARIORUM linguæ latinæ epitome duplex, per quendam Doleti nominis studiosum (Jonam Philomusum). Basileæ, 1537-39, vel 1540, 2 vol. in-8. [10857]

Abrégé de l'ouvrage précédent, assez recherché; on en trouve difficilement les 2 volumes réunis : 10 à 15 fr. On croit que l'auteur, caché sous le nom supposé de Jonas Philomusus, est J. Gontier d'Andernac. (Barbier, Anonymes, 20060 et 20366.)

— La maniere de bien traduire d'une langue en aultre ; de la ponctuation françoyse, des accents d'ycelle. (sans lieu ni date), 1540, in-8. de 20 ff. [10999]

Vend. 5 fr. La Valliere, et plus cher depuis.

Cette édition, où l'on a conservé les deux dédicaces de Dolet, datées de Lyon, dernier may, 1540, doit être une réimpression de celle de Lyon, 1540, in-4.

— LA MANIERE de bien traduire d'une langue en aultre. Daduantage, de la punctuation de la langue françoyse, plus des accentz (sic) d'ycelle, le tout faict par Estienne Dolet natif d'Orléans. A Lyon, chés Dolet mesme, 1541, pet. in-4. de 39 pp. 40 fr. m. r. Coste.

On cite une autre édit. de Lyon, Dolet, 1543.

— LA MANIERE de bien traduire.... Anvers, Jean Loe (sans date), pet. in-8. goth.

Cette édition reproduit aussi les deux dédicaces datées de Lyon, 1540.

— LA MANIERE de bien traduire (le reste comme dans l'édit. de 1541). Caen, on les vend chez Rob. Macé (imprimé par Martin et Pierre Philippe), 1550, pet. in-8. de 28 ff. sign. a—diij.

11 fr. (exemplaire taché et blanchi au lavage) de Soleinne.

Ce traité a été réimpr. à la suite de ceux de Meigret et de Sibillet (voyez ces deux noms).

Il existe une édition du traité de la ponctuation française, sous ce titre : La forme et maniere de la ponctuat. et accents de la langue françoise. Livre tres utile et proffitable pour toutes gens de lettre, nouuellement reueu et corrige. Paris, Barbe Regnault, 1560, in-16 de 16 ff. non chiffrés, laquelle se termine par un Discours de Charles de Sainte-Marthe au lecteur françois, et parait avoir été faite pour le compte de Jean le Moyne, maître d'écriture, qui a rimé une complainte contre aucuns écrivains, tenant l'escole d'escriture dedans Paris, auxquels il eust mieux monstré si n'eust este leur orgueil, leur venterie, leur mal parler et envie. — Voyez LE MOINE (Jean).

— ORATIONES duæ in Tholosam ; epistolarum libri duo ; carminum libri duo ; epistolarum amicorum liber (cum præfatione et argumento in primam orationem Symonis Fineti); Lugduni, apud Gryphium (circa 1533), in-8. de 4 ff. prélim., 246 pp. et 1 f. pour la fin de l'errata. [12161] Vend. 9 fr. m. r. Saint-Céran et Brienne; 30 fr. m. r. Coste.

Ce volume est le premier ouvrage publié par Dolet ; on y trouve des détails curieux sur son séjour à Toulouse, sur les querelles qu'il s'était faites, dès lors, avec plusieurs savants, etc.

— Stephani Doleti Galli Aurelii carminum libri quatuor. Lugduni, anno M.D. XXXVIII, in-4. de 175 pp., y compris 6 ff. prélim., lettres ital. Sur le titre l'emblème de l'auteur. [12856]

Au verso de la 175e page et sur les 2 ff. suivants se lisent les vers adressés à Dolet par ses amis. Vend. 20 fr. mar. citr. Chalabre; 8 fr. cuir de Russie, Courtois; 30 fr. mar. Coste..

— Francisci Valesii Gallorum regis Fata. Vbi rem omnem celebriorem a Gallis gestam nosces, ab anno Christi M.D.XIII, vsque ad annum ineuntem M.D.XXXIX, Stephano Doleto gallo aurelio autore. Lugduni, anno M.D.XXXIX, in-4. de 79 pp., y compris 4 ff. prélim., lettres ital. Au verso du dern. f. l'emblème de Dolet. [12859]

— Genethliacum Claudii Doleti, Stephani Doleti filii. Liber vitæ communi in primis vtilis, & necessarius, authore patre. Lugduni, apud eundem Doletum, 1539, in-4. de 12 ff., signat. A—C, par 4 ff. [12859]

Ces trois articles réunis n'ont été vend. que 6 fr. Mac-Carthy, et avec l'Avant-Naissance, 33 fr. Courtois ; mais on les a payés 60 fr. Salmon. Ils avaient été portés de 12 à 24 fr. chacun aux ventes La Valliere, Saint-Céran, etc.

— L'avant-naissance de Claude Dolet, filz de Estienne Dolet, premierement composée en latin par le pere, & maintenant par vng sien amy traduicte en langue francoyse. Oeuure tres vtile et necessaire a la vie commune : contenant comme lhomme se doibt gouuerner en ce monde (auec les dixains et huictains de Cl. de Touraine). *Lyon, chés Est. Dolet*, 1539, in-4. de 32 pp., y compris 3 ff. prélim.

Vend. 14 fr. *mar. v.* Gaignat; 12 fr. La Valliere; 2 liv. 3 sh. *mar. bl.* Heber, et avec l'ouvrage suivant, 69 fr. *v. f.* Coste.

Le titre porte cette marque :

AD AMVSSIM DOLO, ATQVE PERPOLIO. SCABRA, ET IMPOLITA

— Les gestes de Françoys de Valois Roy de France. Dedans lequel oeuure on peult congnoistre tout ce qui a este faict par les Françoys depuis l'An mil cinq cents treize, iusques en l'An mil cinq cents trente neuf. Premierement compose en Latin par Estienne Dolet : et apres luy mesmes translate en langue Françoyse. *A Lyon, chés Estienne Dolet*, M.D.XL., in-4. de 78 pp., y compris le titre, plus à la fin un f. contenant sur le recto un avis au lecteur, et au verso l'emblème de Dolet : lettres rondes.

Vend. 18 fr. *mar. bl.* La Valliere, et bel exempl. *m. r.* 80 fr. Crozet; 140 fr. Solar.

— Les mêmes (comme ci-dessus, mais continués jusqu'en l'an 1543). *A Lyon, chés Estienne Dolet*, 1543, in-8. de 94 pp., y compris 5 ff. prélim. A la fin l'avis au lecteur, avec l'emblème : lettres rondes.

Édition la plus estimée : vend. beaux exempl. en *mar.* 34 fr. Gouttard; 36 fr. La Valliere; 35 fr. Veinant; 72 fr. Solar.

— LES FAITZ ɇ gestes du Roy Frācoys premier de ce nõ tant contre Lepereur que ses subiectz ɇ aultres nations estrāges : Depuis lan mil cinq cens treize iusques a present. Composez par Estienne Dolet. La prinse de Luxēbourg, Lādrezy ɇ aultres villes circūuoysines. Les flamēs prins a Cherebourg par les habitans de la ville. Le triumphant Baptesme de monsieur le duc, premier filz de monsieur le Daulphin. La description dung enfant ne en forme de monstre aux basses Allemaignes. (*sans lieu ni*

date), pet. in-8. goth. de 6 ff. prélim., lxxv ff. chiffrés, et 4 ff. contenant le triumphant baptesme.

Il est probable que cette édition a été faite sur celle de 1540. La description de l'enfant fait partie des pièces préliminaires, où ne se trouve point le cantique au roi, qui est dans les deux éditions de Dolet. L'édition *imprimée nouuellement a Paris par Alain Lotrian*, 1543, in-8., sous le titre de *Sommaire et Recueil des faictz et gestes du roy Francois premier de ce nom... imprime cette année Mil cinq cens quarante et trois*, doit être la copie de celle de Lyon, 1543, ci-dessus.

— Le second enfer d'Estienne Dolet, natif d'Orléans, qui sont certaines compositions faictes par luy-mesme sur la justification de son second emprisonnement. *Troyes, par maistre Nicolle Paris*, 1544, pet. in-8., lettres rondes, feuillets chiffrés. [13649]

Cette édition, devenue fort rare, est plus complète que deux autres de Lyon sous la même date dont nous allons parler ; elle est en deux parties : la première de 64 pages, avec la marque de Mᵉ Nicolle Paris à la fin ; à la page 49 commence une *Epistre de Clement Marot, envoyée à monseigneur le Daulphin*, laquelle est suivie de plusieurs autres pièces du même poëte, jusque et y compris la page 63. La seconde partie contient *Deux dialogues de Platon... scauoir est l'vng intitule Axiochus... item vn autre intitule Hipparchus. Le tout traduict par Estienne Dolet*, 1544, pages 49 à 95 et dernière. On le voit, les pages 49 à 64 sont répétées. La première partie se trouve quelquefois séparément et parait former un livre complet. L'exemplaire de cette partie que possède la Bibliothèque impériale est relié avec l'*Enfer* de Clément Marot, édit. de Lyon, 1544 (voir MAROT). Au verso du titre de la première partie sont indiqués l'Epistre et les autres pièces de Marot, mais pas les deux dialogues. (D'après l'exemplaire de M. de Lurde.)

— LE MÊME second Enfer. *Lyon*, 1544, pet. in-8, de 95 pp.

Édition imprimée avec les mêmes caractères que la précédente, et avec la marque de Nicolle Paris à la fin. Comme elle ne contient pas les poésies de Marot, elle est probablement plus ancienne que celle où ces poésies se trouvent. (Cabinet de M. de Gasnay.)

— LE MÊME second enfer. *Lion*, 1544, avec privilège pour dix ans, très-petit in-8. de 52 ff. non chiffrés, sign. A—G (le dernier cah. n'a que 4 feuillets).

Autre édition en lettres rondes, mais d'un plus petit format que les précédentes. Les deux dialogues qui forment la seconde partie sont indiqués au verso du titre. Les poésies de Marot ne sont pas non plus dans ce volume. (D'après un exemplaire communiqué par M. Potier, libraire.)

— LE SECOND ENFER, et autres œuvres d'Est. Dolet, précédé de sa réhabilitation (par M. Aimé Martin). *Paris, Techener*, 1830, 2 vol. in-12, pap. façon de Holl. 20 fr.

Collection qui n'a été tirée qu'à 120 exemplaires : elle contient les six ouvrages suivants de Dolet, réimpr. séparément d'après les éditions originales et sous les mêmes dates : 1° *Le second enfer*. — 2° *Deux dialogues de Platon*. — 3° *La maniere de bien traduire d'une langue en autre*. — 4° *Genethliacum Cl. Doleti*. — 5° *L'avant-naissance de Cl. Dolet*. — 6° *Cantique d'Estienne Dolet, prisonnier à la Conciergerie de Paris, sur sa désolation et sur sa consolation. Dolet, impr. l'an* M. D. XLVI. L'édit. originale de ce cantique en vers est fort rare ; il en a été fait une réimpression à Paris, chez Guiraudet, en 1829, in-16 de 6 ff. en caract. goth.

PROCÈS d'Estienne Dolet... 1543-46, précédé d'un

avant-propos sur la vie et les ouvrages d'Estienne Dolet, par A. T. (Taillandier). *Paris, Techener,* 1836, in-12. 5 à 6 fr.

Opuscule qu'il faut réunir au recueil ci-dessus.

— OBSERVATIONES in Terentii Andriam et Eunuchum. *Lugduni, apud Doletum,* 1540 et 1543, in-8. 4 à 6 fr. [16105]

Ces deux éditions ne sont pas communes, et la seconde a été vend. 5 flor. *m. r.* Crevenna. De Bure, dans sa Bibliogr., a annoncé mal à propos cet ouvrage comme une édit. des comédies de Térence.

Dolet a traduit en français les Tusculanes et les lettres familières de Cicéron (voy. ci-dessus, col. 54 et 58), et seulement retouché la traduction du *Chevalier chrestien* (voy. ERASMUS) et celle de la Paraphrase de J. Campensis sur les Psaumes (voy. PSALTERIUM, parmi les traductions françoises) ; il n'est pas l'auteur du *Discours contenant le seul moyen, etc.,* dont il a écrit la dédicace (voy. DISCOURS), et, quoi qu'on en ait dit, il n'a rien ajouté du sien au texte de Rabelais dans l'édition de cet auteur impr. par lui en 1542 (voy. RABELAIS).

VIE d'Estienne Dolet, par Née de la Rochelle, n° 31243.

ESTIENNE Dolet, sa vie, ses œuvres, son martyre, par Joseph Boulmier. *Paris, A. Aubry,* 1857, pet. in-8., portrait et fleurons.

Tiré à 448 exempl. sur pap. vél. 6 fr. ; — à 50 exempl. sur pap. vergé, 9 fr., et à 4 sur pap. de couleur, 12 fr.

DOLGOROUKOFF (*Knias P.*). Rossiskaïa rodoslovnaïa kniga. Livre généalogique de Russie, par le prince P. D. *Saint-Pétersb., Winberg,* etc., 1854-57, in-8., tomes I à IV. [28948]

Se continue.

DOLOPATHOS. Voyez SEPT SAGES de Rome.

DOLOREUSE (la) ꝗrimonie de bles soy disāt iadis reale ville pour la transportation delle a saīct denys en France, du corps de feuee tres illustre Reyne de france duchesse de Bretaigne maistresse des vertus, Madame Claude. (*sans lieu ni date*), pet. in-8. goth. de 4 ff. [13485]

Cette pièce, qui doit être de l'an 1524, se compose de 40 vers et de 2 complaintes. Il y a une fig. en bois au verso du titre, et deux autres au dern. f., lequel ne contient pas autre chose.

DOM (der), zu Meissen. *Potsdam, Riegel,* 1847-49, in-fol. 22 pl. 32 fr. [9965]

C'est une nouvelle édition.

DOM (der), zu Magdeburg. Gezeichnet und herausgegeben von Clemens, Mellin und Rosenthal, beendigt von Rosenthal. *Magdeburg, Creutz,* 1852, gr. in-fol., 30 pl. lith. 42 fr. [9965]

DOMAT (*Jean*). Les loix civiles dans leur ordre naturel, le droit public et le legum delectus, édition augmentée des 3e et 4e livres du droit public, par d'Hericourt,

avec des notes par Bouchevret, Berroyer et Chevalier, et un supplément par De Jouy. *Paris,* 1777, in-fol. 15 à 18 fr. [2510]

Bonne édition de cet excellent ouvrage ; elle a été contrefaite à Rouen sous la même date. — Celle de 1767, in-fol., renferme aussi le supplément.

ŒUVRES complètes de Domat : nouvelle édit., revue, corrigée et précédée d'une notice historique sur Domat ; augmentée de l'indication des articles de nos codes qui se rapportent aux différentes questions traitées par cet auteur, et d'une table alphabétique par J. Remy. *Paris, F. Didot,* 1828-30, 4 vol. in-8. 16 fr.

L'édition des mêmes œuvres, revue par M. Carré, *Paris,* 1821-25, 9 vol. in-8., est très-mal imprimée. C'est une réimpression incomplète du livre intitulé *Lois civiles.* On n'y trouve point la 2e partie : *Droit public.*

DOMAYRON (*Antoine*). Histoire du siége des muses, où parmi le chaste amour est traité de plusieurs belles et curieuses sciences, divine, morale et naturelle, architecture, alchimie, peinture et autres. *Lyon, Rigaud,* 1610, pet. in-8. [19065]

Ce livre n'a rien de remarquable que son titre. 12 fr. Libri, et quelquefois moins.

DOMBAY (*Franç.* de). Grammatica linguæ mauro-arabicæ; accessit vocabularium latino-mauro-arabicum. *Vindobonæ,* 1800, in-4. 6 à 8 fr. [11605]

— GRAMMATICA linguæ persicæ; accedunt dialogi, historiæ, sententiæ et narrationes persicæ. *Viennæ,* 1804, in-4. 8 à 9 fr. [11649]

— Geschichte der Schriften..., 28400.

DOMENICHI (*Lod.*). Facetie, motti e burle di diversi signori, raccolte da L. Domenichi; di nuovo del settimo libro ampliate. *Firenze, appresso i Giunti,* 1564. (in fine) : *In Firenze, appresso i figliuoli di Lorenzo Torrentino,* 1564, in-8. [17899]

C'est dans cette édition que parut pour la première fois le septième livre de ce recueil. Vend. 13 fr. De Cotte. — Il y en a une réimpression : *Firenze, per i figliuoli del Torrentino e Pettinari,* 1566, in-8. La première édition, sous le titre de *Facetie, et Motti arguti di alcuni eccel. ingegni, ec.* Fiorenza, a 9 d' ottobre (*per Lor. Torrentino*), 1548, in-8. de 154 pp. non chiffr., est rare. Vend. 7 flor. Crevenna. Celle qu'a donnée le même imprimeur en 1562, in-8. de 14 et 320 pp., ne l'est pas moins. Le titre porte *Detti, fatti, ec.* Elle a été copiée à Venise, chez *Fr. Lorenzini di Torino,* 1562, in-8. Il y a aussi une édition de Venise, *Constantini,* 1550, in-8. de 68 ff., et une autre de Venise, *Giorgio de' Cavalli,* 1565, in-8. ; cette dernière *con una nuova aggionta di motti raccolti da Tom. Porcacci, e con un discorso intorno ad essi.* On a encore d'autres éditions du même recueil, savoir : de *Florence,* 1579, in-8. ; de *Venise,* 1566, 1568, 1581, 1588, 1599, 1606, etc., toutes in-8., plusieurs desquelles contiennent des augmentations : 6 à 9 fr.

Dolomieu (Deodat... Gralet de). Iles Ponces, 4644. — Voyage, 20239.
Dolz (*J.-Ch.*). J.-G. Rosenmüller's Leben, 30845.
Domairon (*L.*). Principes de belles-lettres, 18131.

Dombasle (*Math.* de). Annales, 6317. — Agriculture pratique, 6329.

— Voy. RIME diverse.

— Faceties et motz subtilz d'aucuns excellens espritz et tres nobles seigneurs, en françois et en italien (par Loys Dom
nichi). *Lyon, Benoist Rigaud,* 1574, in-16 de 205 pp. en tout.

Cette traduction anonyme a d'abord paru à *Lyon, chez Rob. Grandjon,* 1559, in-8. de 64 ff. à 2 col. (le français en lettres cursives, l'italien en caract. italiq.), sous le titre de *Faceties et mots subtils, etc.,* avec l'épître dédicatoire de Domenichi à Seb. Curz, d'après l'édition italienne de Florence, 1548. Le traducteur en a retranché la moitié du recueil italien : nous n'avons pas eu l'occasion de vérifier si ces lacunes existent également dans l'édition de 1574 ci-dessus, dans celle de *Lyon, Rigaud,* 1582, in-16, soit enfin dans celle de *Paris,* 1582, que nous regardons comme une nouvelle édition du recueil de Domenichi.
Un exemplaire de l'édition de 1559 a été vendu 47 fr. Riva.

— FACETIES et mots subtils d'aucuns excellens esprits et très nobles seigneurs, en françois et en italien, pour ceux qui se delectent à l'une et à l'autre langue. *Paris, Nic. Bonfons,* 1582, in-16.Vend. 6 fr. *m. bl.* Méon, et plus cher depuis.
L'édition de *Lyon, Ben. Rigaud,* 1597, in-16, est une copie de celle de 1574, et a le même nombre de pages. Un exemplaire en *mar. v.* par Derome a été vendu jusqu'à 100 fr. Solar.
Le recueil intitulé : *Bonne response à tous propos* (voy. BONNE reponse) se trouve quelquefois relié avec celui-ci.
Les deux ouvrages suivants de L. Domenichi renferment aussi quelques petites historiettes et autres récits curieux :
1° LA NOBILITA delle donne, ec. *Venezia, Giolito,* 1549, di nuovo 1551 e 1554, in-8. [18056]
2° HISTORIA de' detti e fatti notabili di diversi principi ed uomini privati moderni libri dodici. *Venet., Gabr. Giolito,* 1556, pet. in-4.
Réimpr. sous le titre d'*Historia varia,* ibid., 1568, in-8., augmenté de deux livres. Les deux premiers livres sont une traduction des *Dicta et fata d'Afonsis regis.* (Voy. PANORMITA.)

DOMENICHI (*Cesare*). Delle lettere nominate maiuscole antiche romane, e ortografia delle lettere, trattati due. *Roma, Bonfadino,* 1602-1603, 2 tom. en 1 vol. in-4. [9057]
Il y a dans ce livre un alphabet en 23 pl. gravées par l'auteur lui-même. 10 sh. Libri.

DOMESDAY Book; seu liber censualis Willelmi primi, regis Angliæ, inter archivos regni in domo capitulari Westmonàsterii asservatus, jubente rege Georgio tertio prælo mandatus typis. *Londini, Nicholls,* 1783, 2 vol. in-fol. [26829 ou 26892]
Ce registre, le plus ancien monument de ce genre que possède l'Angleterre, est le résultat d'un recensement fait par ordre de Guillaume le Conquérant, et terminé en 1086, pour établir le cadastre des terres de son royaume. On ajoute à ces 2 vol. :
LIBRI censualis vocati Domesday Book indices, 1811, in-fol. 21 sh.; en Gr. Pap. 4 liv. 4 sh.
ADDITAMENTA ex codice antiquissimo. — Exon Domesday. — Inquisitio Eliensis. — Liber Winton-

Boldon Book, 1816, in-fol. 21 sh.; Gr. Pap. 4 liv. 4 sh.
Les 4 vol. complets, et uniformes dans leur format, et sous la date de 1816, coûtaient 16 liv. 16 sh. Les deux premiers vol. publiés en 1783 n'ont pas été réimprimés, mais on leur a mis de nouveaux titres en 1816 et 1833. Ceux qui forment les tomes III et IV sont en plus petit format que les premiers, et pour les avoir aussi du même format que ceux-ci il faut les prendre en Grand Papier, sur lequel il n'y a eu qu'un petit nombre d'exemplaires de tirés.
DOMESDAY-BOOK illustrated by Robert Kelham. *London,* 1788, in-8.
GENERAL introduction to the Domesday-Book, illustrated by numerous notes, by sir H. Ellis. *London,* 1838, 2 vol. in-8. 2 liv. 2 sh.
RECHERCHES sur le Domesday, ou Liber censualis d'Angleterre, ainsi que sur le Liber de Winton et le Boldon-Book, par MM. Lechaudé d'Anisy et de Sainte-Marie. *Caen, Lesaulnier,* 1842, in-4.
Tome I, le seul publié.
Pour différents extraits du *Domesday-Book,* et pour les traductions anglaises qui ont été faites de plusieurs parties de ce livre, consultez le Manuel de Lowndes, 2e édit., p. 659.
Le Domesday-Book appartient à la collection des *Records* et *Rolls* que publie, sous la direction du maître des Rolls, la commission anglaise des *Records and state papers* (voy. notre article RECORDS).

DOMINGO (*Fr.*). Doctrina christiana en castellano y mexicano, su autor el P. Fr. Domingo de la Annunciacion dominico. *Mexico,* 1565, in-4. [1404]
Très-rare.

— Voyez PEDRO de Cordova.

DOMINGUEZ (*Louis*). Voy. l'article RENALDOS.

DOMINICI de Neapoli opusculum de finali judicio, de inferno et gloria paradisi quod Rosarium de Spinis appellatur. — *Per magistrum Bertholdum Rihing Neapoli impressum,* 1477, in-4. [1244 ou 14627]
Édition rare qui a longtemps échappé aux recherches des bibliographes. Quoiqu'il porte un titre latin, l'ouvrage est en vers italiens : 6 liv. 6 sh. *mar. bl.* Payne et Foss, 1837.

DOMINICI (*Bern.*). Voy. l'article RECUEIL de divers propos.

DOMINICI (*Bern.* de'). Vite de' pittori, scultori, ed architetti napolitani. *Napoli,* 1742, 3 vol. in-4. [31018]
Ouvrage rempli de notices curieuses : 25 à 30 fr. Il a été réimpr. à *Naples,* de 1840-46, en 4 vol. in-8.

DOMINICIS (le chevalier de). Relations historiques, politiques et familières en forme de lettres sur divers usages, arts, sciences, institutions et monumens publics des Russes, recueillies dans ses différens voyages. *Saint-Pétersbourg, impr. de l'instruction publique,* 1824 et 1825, 2 part. in-8. de 150 et 148 pp. non compris les tables. [27750]

Domicello (*J.-P.* Xamar). Barcinona, 26193.
Dominguez (*R.-J.*). Diccionario frances, español etc., 11162.

Domeny (*G.-L*). Dictionnaire de géographie, 19516.

DOMINIS (*Marcus-Ant.* de). De Republica ecclesiastica libri X. *Londini*, 1617-20, *ex officina Nortoniana*, 2 vol. in-fol. [3223]

Cet ouvrage, dirigé contre la cour de Rome, fit beaucoup de bruit lorsqu'il parut; mais il est entièrement oublié maintenant, quoiqu'il ait été réimpr. à Francfort, en 1620 et en 1658, en 3 vol. in-fol.

— Tractatus de radiis visus et lucis in vitris perspectivis et iride. *Venetiis, Balleonius*, 1611, in-4. 12 à 15 fr. [4269]

Traité curieux et rare, sur lequel il faut consulter l'Histoire des mathématiques de G. Libri, t. IV, pp. 145 et suiv.

— Euripus, seu sententia de fluxu et refluxu maris. *Romæ, apud Andr. Pheum*, 1624, in-4. [4249]

Selon le rédacteur du catal. de Pinelli, n° 1541, cet opuscule est encore plus rare que le précédent.
— Assertor gallicus, 24008.

DOMPTIUS (*Fr.*). Histoire admirable de la possession et conversion d'une pénitente, séduite par un magicien, la faisant sorcière, au pays de Provence, conduite à la S. Baume pour y estre exorcizée, l'an 1610, sous l'authorité du P. Seb. Michaelis... commis par luy aux exorcismes et recueil des actes le R. P. François Domptius; ensemble la Pneumalogie ou discours des esprits, par Sebast. Michaelis. *Paris, Chastelain*, 1612, in-8. [8911]

L'édition seconde, *Paris, Ch. Chastellain*, 1613, 3 tom. en 1 vol. in-8. a 28 ff. prélim., 352, 124 et 196 pp. plus des tables.

Réimprimé à *Douay, Marc Wyon*, 1613, in-8. de 12 ff. prélim., 636 pp. et 2 ff. d'index, et aussi *jouxte la copie impr. à Paris*, 1614, in-8.

On réunit à l'*Histoire admirable* l'*Apologie aux difficultés proposées par cette histoire.*

La Pneumalogie, qui est jointe ici à l'*Histoire admirable*, a été imprimée pour la première fois à *Paris, chez Guil. Bichon*, 1587, in-8.

Nous trouvons sous le n° 276 de la *Biblioth. douais.* le titre suivant :

ACTES des exorcismes faits à la sainte Baulme depuis le 6 décembre 1610 jusqu'au 8 janvier suivant, par le F. François Dooms, sur Louise Copeau, Magdeleine de la Pallud et Louis Gaufridy, prince des magiciens, et recueillis par le même Dooms. *Douay, Balth. Bellere*, 1613, in-8.

DON (*Geor.*). System of gardening. Voy. MILLER (*Phil.*).

DONALDSON (*T.-J.*). Voy. COCKBURN.

DONALDSON (*T.-L.*). Architectura numismatica, or architectural medals of classical antiquity, illustrated and explained with comparison with the monuments. *London, Day*, 1859, gr. in-8.

Donado (*G.-B.*). Viaggi a Costantinopoli, 20419.
Donald. Remarks, 20351.
Donaldson (*John-Will.*). The new Cratylus, 10605.
— Varronianus, 10767.— The Theatre of the Greeks, 16043.
Donaldson (*Will.*). The new Cratylus, 10641.

avec 100 pl. lithogr. et des vignettes sur bois. 3 l. 3 sh. [29866]

— Doorways, 9853.

DONAT (*Marcel*). Traité de l'admirable vertue et accomplissement des facultés pour la santé et conservation du corps humain de la racine nouvelle de l'Inde de Mechiaacan, proprement nommée Rhaindice, écrit en latin par Marcel Donat, médecin mantouan, trad. par Pierre Tolet. *Lyon, Michel Jove*, 1572, in-8. [7386]

L'original latin avait paru à Mantoue, en 1569, in-4.

DONATI (*Vitaliano*). Essai sur l'histoire naturelle de la mer Adriatique ; traduit de l'italien. *La Haye*, 1758, in-4. [4649]

Ce livre est maintenant à bas prix, même avec les fig. color. L'original italien est de *Venise*, 1750, gr. in-4.

DONATUS (*Ælius*) de octo partibus orationis, in-4. [10779]

Cette petite syntaxe latine, à l'usage des jeunes étudiants, a été très-souvent imprimée dans le XVᵉ siècle ; il est même certain qu'avant l'invention des caractères mobiles, on était déjà parvenu à en faire plusieurs édit. avec des planches de bois, dont plusieurs se sont conservées jusqu'à nous ; mais comme de ces précieux incunables il ne nous est guère resté que des fragments, nous ne pouvons rien dire de bien positif à leur sujet. Car, pour en parler d'une manière satisfaisante, il faudrait avoir eu sous les yeux tous les fragments qui en existent, les avoir comparés les uns avec les autres, et, pour les faire bien reconnaître, avoir pu en donner d'exacts fac-simile. Il faudrait aussi n'avoir accepté qu'après un sérieux examen les prétentions plus ou moins bien justifiées des Hollandais et des Allemands : ceux-ci attribuent à Gutenberg et à ses associés des éditions que ceux-là donnent hardiment à leur Coster. Nous nous bornerons donc à indiquer ici les édit. suivantes, qui, sans être aussi anciennes et aussi précieuses que les premières, peuvent encore avoir quelque intérêt :

1° Une édition pet. in-4. de 14 ff. ou 28 pp. de 27 lig. chacune, impr. avec les gros caract. goth. attribués à Laurent Coster, et reconnaissable à la forme insolite du *t* final (exempl. complet impr. sur VÉLIN, et que l'on regarde comme unique), faisait partie de la riche collection de M. le baron de Westreenen (pas Westernen) de Tiellandt, conseiller d'État, laquelle ne renfermait pas moins de 1200 éditions du XVᵉ siècle, et des plus précieuses : elle a été léguée au roi des Pays-Bas, pour la bibliothèque de la Haye.

La Bibliothèque publique de Deventer possède un exemplaire sur VÉLIN d'une autre édition du Donat, in-4., également en 14 ff. ou 28 pp. impr. en gros caract. goth. semblables à ceux qui sont attribués à Coster, mais à 28 lign. par page et sans le *t* caractéristique dont nous venons de parler.

2° Une édit. in-4. de 12 ff., dont les caract. goth. ont du rapport avec la Bible de 1462 et les Offices de Cicéron, de Mayence, 1465 ; elle commence ainsi :

Partes orationis quot sunt;

et on lit à la fin :

Explicit donatus ethimologisatus.

3° Autre édition, pet. in-fol., sans chiffres, récl. ni

Donatus (*Mar.*). Scholia, 18193.
Donatus (*Al.*). Roma, 25575.

signat., et dont les pages entières portent 25 lignes ; elle a 22 ff. en tout, le dernier desquels, impr. seulement au recto, n'a que 15 lign., et finit ainsi : *est volens*. (*Biblioth. spencer.*, n° 555.)

4° Autre édition pet. in-fol., ayant 24 lign. sur les pages, impr. sans chiffres, récl. ni signat., avec des caractères dits *de missel ;* voici comme elle commence :

(P) *artes oronis* (sic) *quot sût*

et elle finit au verso du 22ᵉ f. de cette manière :

Impressum p̄ Fridericum Kreusner.

(à Nuremberg, vers 1472). Un exemplaire impr. sur VÉLIN se conserve dans la biblioth. publique de Nuremberg.

5° Autre édit. in-4. de 36 ff. de 20 lign. par page, signat. A—E, commençant au 1ᵉʳ f. recto, ainsi :

(P) *artes orationis quot sunt, etc.*

et finissant par les mots :

Finit feliciter.

imprimés en rouge. Une petite gravure en bois représentant la Vierge, saint Joseph, avec l'enfant Jésus, tient lieu de la première lettre initiale P.

6° Autre édition in-4. de 36 ff. à 20 lign. par page, signat. *a—e*. Les grandes initiales et des mots entiers sont impr. en rouge, ainsi que la 11ᵉ et dernière ligne du dernier f. verso (*Finit feliciter*). La première page commence ainsi :

*Artes oratio-
nis quot sût ?*

et la première lettre initiale, qui est un P, représente une vierge debout couronnée par deux anges. (*Catal. des livres sur vélin de la Biblioth. du roi*, V, 373.)

C'est à cette édit. qu'appartient une des deux planches en bois (et non pas deux feuillets, comme le dit M. Graesse, II, p. 421, 1ʳᵉ col. ; en quoi il se contredit à la 2ᵉ col. de la même page) qui se conservent maintenant à la Bibl. impér., et qui ont été acquises au prix de 230 fr. à la vente du duc de La Vallière, en 1784. Voyez le catal. de cet amateur, II, page 8.

7° Autre édit. in-4. sous cet intitulé :

Donatus minor optime correctus,

et finissant au recto du 14ᵉ f. de cette manière :

Explicit Donatus.

8° Autre édition in-4. de 24 ff., ayant 25 lign. à la page, signat. A—C. On trouve sur la première page une fig. en bois, représentant le maitre, avec cette inscription :

Donati editio prima.

Le texte commence à la seconde page, et finit à la troisième ligne du dern. f. par le mot *Finis.*

9° Autre édit. pet. in-4. composée de 32 ff. signat. A—D, ayant 20 lignes sur les pages ; elle commence ainsi :

(P) *artes ora-
tionis quot
sunt.*

La lettre initiale P est une vignette en bois qui représente le maitre et son élève. Le vol. finit après la 12ᵉ ligne du dern. f. recto, par ces mots :

Finit Feliciter.

Vend. 75 fr. d'Ourches.

10° *Donatus minor*, in-fol. de 18 ff. dont le premier est blanc. Les pages sont impr. en gros caractères demi-gothiques, et portent 31 lignes chacune. (*Catal. d'un amateur par Renouard.*)

11° Autre édition in-4. goth. de 9 ff., à 30 lignes par page, sans chiffres, récl. ni signat. ; elle finit au verso du dern. f. par quatre lignes et demie, dont le dernier mot est *Amen*. Au-dessous se lit la ligne suivante :

explicit Donatus ethimoloyzatus.

Vendu 120 fr. Mac-Carthy. M. le baron de Vestreenen de Tiellandt, à la Haye, qui était devenu propriétaire de ce précieux vol., le croyait impr. à Spire, par Pierre Drach, vers 1471. Il en jugeait par la forme du V consonne.

12° Autre édition, in-4. goth. de 32 ff., à 20 lig. par page, sign. *a—f.* (*Ebert*, col. 496.)

13° *Editio prima Donati grammatici (Aug.-Vindel.) per J. Schäffler*, in-4. de 16 ff. (le dernier blanc), signat. A et B, 33 lig. par page. (*Ibid.*)

14° DONATUS moralisatus s. per allegoriam traductus (*absque nota*), in-fol. goth. de 17 ff. à 35 lig., commençant au recto du premier f. de cette manière : *Donatus arte grammaticus homini in sui ipsius‖ ognicões per allegoriam traductus incipit feliciter,* et finissant à la 7ᵉ ligne du dernier f. verso par ces mots : *Nunc fixa sint corda nostra vbi vera si gaudia amen.* Caractères de Günther Zainer, à Augsbourg, vers 1472. (*Graesse*, II, 422, 2ᵉ col.)

15° Autre édition in-fol. goth. à 27 lig. par page, imprimée soit avec des planches sur bois, soit avec des blocs métalliques. On n'en connaît que des fragments. Celui qui se conserve à la Bibliothèque Bodléiane présente la souscription suivante, rapportée à la p. 173 du second volume des *Principia typographica* de Sotheby :

*octo parcium oracionis,
donatus per Cunradum,
dinckmüt vlmēsis oppidi,
ciuem impressus finit feliciter.*

Un autre fragment de 4 pp. qui paraît appartenir à la même édition : 15 liv. 15 sh. Libri, en 1859.

Un second fragment, consistant en un seul feuillet à 27 lig. par page, d'une édition xylographique un peu différente de celle de Dinckmüt. 3 liv. 10 sh. même vente.—Il est probable que ces deux éditions ne sont pas antérieures à 1480.

La Biblioth. impériale a acquis, en mai 1803, 4 ff. en VÉLIN et deux fragments d'une édition de *Donat*, in-fol. de 35 lig. à la page, qui paraît avoir été imprimée avec les mêmes caractères que la Bible dite de *Gutenberg*, vers 1455, indiquée ci-devant, article BIBLIA LATINA, note 1. Le dernier de ces feuillets est d'autant plus précieux qu'au verso se lit la souscription suivante, tirée en rouge et disposée en trois lignes : *Explicit donatus Arte noua imprimendi seu caracteri-|zandi, per Petrum de gernszheym. in urbe Moguntina ∣ cū suis capitalibus absq̄ calami exaratione effigiatus.* On peut conclure de cette souscription que puisque le seul nom de P. de *Gernzheym (Schoeffer)* y est énoncé, l'édition n'a dû être imprimée que depuis 1466, année de la mort de Fust, associé de Schoeffer. Voy. le *Catal. des livres impr. sur vélin, de la Biblioth. du roi*, par M. Van Praet, IV, n° 6. Ce savant bibliographe donne dans le volume cité (n°ˢ 4, 5, et 7 à 15), ainsi que dans son second catalogue (II, n°ˢ 7, 8 et 9), des notes curieuses sur plusieurs anciennes éditions du Donat dont la Bibliothèque impériale possède des fragments impr. sur VÉLIN. Parmi ces fragments, il ne s'en trouve aucun de l'édition que l'on sait être le premier livre impr. à *Subbiaco*, par Sweynheim et Pannartz ; mais M. Dibdin (*Bibliogr. Decamer.*, I, 353, à la note) a prétendu qu'il s'en conservait un dans une biblioth. particulière, en Italie.

Plusieurs autres fragments des premières éditions du *Donat*, qui appartiennent à la Bibliothèque royale de la Haye et à d'autres bibliothèques publiques de Hollande, sont décrits par M. Holtrop dans ses *Monuments typographiques des Pays-Bas*, commencés en 1857 (voy. HOLTROP). Il faut consulter aussi sur ces précieux incunables Hain, n°ˢ 6322 et suiv.; Aug. Bernard, *De l'origine de l'imprimerie*, tom. I, à différentes pages ; et surtout les *Principia typographica* de M. Sotheby, aux endroits indiqués dans les trois index qui sont à la fin du 3ᵉ vol.

— Barbarismus Donati de figuris grama-

ticalibus Libellus perutilis incipit feliciter. (*absque nota*), in-4. de 8 ff. à 27
lig. par page, sans chiffres, réclames ni
signat.

Édition qui paraît avoir été imprimée en Hollande,
vers 1470. On y lit la souscription suivante, imprimée au recto du 8ᵉ f.: *Explicit Barbarismus Donati Libellus perutilis Laudetur, vigeat, placeat,
relegatur, ametur.* Vend. 2 liv. Heber, I, 2265.

DONATUS minor cum Remigio ad usum scholarum
anglicarū. *In Domo Caxton in Westmonasterio*
(absque anno), in-4. de 14 ff.

Nous ne saurions dire si cette édition ainsi décrite par
Lowndes, 2ᵉ édit., p. 660, est la même que celle
dont un exemplaire réputé unique est porté dans
*Hartshorne's Book rarities in the University of
Cambridge*, et aurait cette souscription : *Emprynted in Caxton's house by Wynkyn de Worde.*
Lowndes, de son côté, cite une édit. in-4., *emprent.
at London by Wynkin de Worde*, d'après l'exemplaire du British Museum.

— Donatus ‖ nouus pro ‖ pueris val ‖ de
vtilis. *Im‖p'me a Metz*, pet. in-4. en
caract. goth., 27 lig. à la page.

Cette édition doit être un des premiers livres imprimés
à Metz ; mais elle ne porte pas de date. Le titre que
nous venons de donner occupe toute la première
page ; il est xylographique, disposé en cinq lignes,
et les lettres en sont rondes et sans déliés (décrit
par M. Aug. Bernard, dans le *Bibliophile belge*,
vol. X, p. 99, d'après un exemplaire conservé au
Musée britannique, probablement celui qui est
porté à 1 liv. 2 sh. dans la *Biblioth. heber.*, VII,
nº 1869).

— Liber Donati grammatici de octo partibus orationis (accedunt alia grammaticorum scripta, scilicet : Bedæ, Sergii,
Maximi Victorini, Metrorii Maximi,
Servii Honorati et Phocæ). — *Opus im-
pressū Ml'i p Antonium Zarotum
Parmensem die xxij septēbris, M. cccc
lxxиj*, pet. in-4. de 151 ff.

Édition rare, décrite par Fossi, *Catalogus Biblioth.
magliab.*, tome I, col. 627.

ÆLII DONATI de octo partibus orationis editio secunda, cum Servii et Sergii doctissima interpretatione locis inserta ; ejusdem Donati de barbarismo
et solæcismo. *Parisiis, ex officina Rob. Stephani*,
1531, in-8.

Les Estienne ont imprimé deux sortes d'exemplaires
du *Donat*; les uns avec indication d'*editio prima*
sont sans notes; les autres, comme celle dont nous
venons de donner le titre, avec indication *ex secunda emissione* et contenant des notes. Pourtant,
de ces différentes éditions, pas une n'est chère.
Celle de 1534, en *cuir de Russie*, n'a été vendue
que 8 fr. 50 c. Renouard.

— Donatus latine et italice. — *Impressum
Venetiis impensis Joannis Baptistæ
de Sessa. Anno* M.CCCCXCIX. *die vero
xx julii*, in-4.

DONATUS cum interpretatione gallica, ubi omnia
verba ad verbum gallice interpretantur pueris vti-
lissimus. (*absque nota*), in-16 de 48 ff., sign. A—F.

DONATUS minor cum vulgari expositione. (*absque
nota*), in-4. de 30 ff. à 36 lig., avec signatures.

Édition attribuée à Henri Knoblotzer, imprimeur à
Strasbourg, vers 1480.

— DONATI grammatices rudimenta (cum Marci Catonis carminibus). *Florentiæ, per Phil. Giunta*, 1514,
in-4.

Édition portée à 1 fr. 50 c. seulement dans le catalogue Boutourlin.

— GRAMMATICES rudimenta, etc. *Venetiis, in ædibus
Luc.-Ant. Juntæ florentini*, 1525, pet. in-4. goth.
de 20 ff.

Édition imprimée en rouge et noir. La Bibliothèque
impériale en a acquis, en 1815, un exemplaire imprimé sur VÉLIN.

ÆLII DONATI grammatices rudimenta. (*absque
loco*), M. D. XXVI, in-4. goth. de 20 ff. sign. Ax.

Édition peu connue dont le recto du premier f. est
entouré d'une bordure gr. sur bois au bas de laquelle se trouve une figure représentant un maître
d'école qui châtie un de ses élèves. Un exemplaire
imprimé sur VÉLIN, dans son ancienne rel. en *mar.
r.* à compart. 240 fr. Riva ; 8 liv. 15 sh. Libri, en
1859.

Plusieurs éditions du Donat, accompagné des vers de
Caton, avaient déjà été imprimées à Venise, en 1481,
1491, 1493 et 1498, in-4., et plus anciennement,
sans lieu ni date, in-4. goth. de 24 ff. à 31 lig. par
page.

Il existe également un assez grand nombre d'éditions
du Donat impr. en Allemagne, avec date ou sans
date, à la fin du XVᵉ siècle et au commencement du
XVIᵉ ; mais, comme elles n'ont que fort peu de valeur, nous nous abstiendrons de les décrire.

— Ælii Donati commentarius in Terentii
comœdias. (*absque nota*), pet. in-fol.

Ancienne édition, imprimée vers 1470 ou 1472, sans
chiffres, réclames, ni signat., en caract. romains
grossiers, qui se distinguent par la lettre capitale R
d'une forme singulière (que l'on a souvent attribuée
à J. Mentelin) et avec beaucoup d'abréviations : les
pages entières ont 35 lignes.

Ce volume commence ainsi :

(P) VBLIVS TERENTIVS AFER
Carthagine natus seruiuit R

Il finit au recto du 250ᵉ f. par ces deux vers :

*Qui cupit obstrusam frugem gustasse Terenti
Donatum querat noscere grammaticum.*

Vend. 53 flor. Rover.

— Donati commentarius in Terentii comœdias. (*Venetiis*), *Vindelinus spi-
rensis impressit (circa ann.* 1470 *vel*
1472), in-fol. [16104]

Très-belle édition, sans chiffres, récl. ni signat.; elle
commence par la vie de Térence, sans intitulé, et
elle finit au verso du 160ᵉ f. par la souscription
suivante :

*Raphael Zouenzonius Tergestinus poeta
Vindelino Spirensi suo sal'
Qui cupit obstrusam frugem gustasse Terenti
Donatum querat noscere grānaticū
Quem Vindelinus signis impressit ahenis
Vir bonus : & claro preditus ingenio.*

Chaque page entière porte 41 lig. Vend. 106 fr. m.
r. Gaignat.

— Idem commentarius. *Romæ, Conradus
Sweynheym, Arnoldus Pānartzq₃*, M.
CCCC. LXXII. *die* x *decembris*, in-fol.

Vend. 46 fr. m. v. Mac-Carthy.

Ce volume très-rare commence sans intitulé, au recto
du premier f., par la vie de Térence, et il finit au
verso du 188ᵉ et dern. f., par la souscription de six
vers *Aspicis illustris, etc.*, suivie de la date ; les
pages entières ont 38 lig. comme dans l'édition du
texte de Térence, donnée la même année par les
mêmes imprimeurs.

— Donati, grammatici. in. P. Terentii.
Afri. co | moedias. examinata. interpre-
tatio. (in fine, recto) : *Donati Gram-*

matici Viri Doctissimi Commentarios in P. Terentii | Comoedias Diligenter Emendatos Non Negligēter Impressit An | tonius Zarotus Parmensis Mediolani. 1476. *Pridie Nonas Iulias,* in-fol. de 176 ff. non chiffr., avec des signat. de *a—x,* lettres rondes, 41 lig. par page.

Belle édition, dans laquelle les deux lignes du titre ci-dessus sont impr. en capitales (*Biblioth. impér.*). Ainsi que les trois éditions précédentes, celle-ci ne contient qu'un commentaire sur cinq comédies de Térence, sans le texte; mais Zarot a imprimé ce texte en 1474, 1476 et 1479 (voyez TERENTIUS).

DONATUS (*Claudius Tiberius*). Donati in libros duodecim Æneidos quæ antea desiderabantur absoluta interpretatio. (in fine): *Impressum Neapoli per Joannem Sulzbachium et Mathiam Cancer quarto idus Nouembris anno Domini* M. D. XXXV, in-fol. [12495]

Première édition complète de ce commentaire, dont le texte très-corrompu a été reproduit dans plusieurs éditions de Virgile.

— Donati grāmatici peritissimi ī ouidiū fabulæ. (*absque nota*), in-4. goth. de 33 ff. non chiffr., à 28 lig. par page. [12514]

Attribué aux presses de Jean de Westphalie. (*Biblioth. spencer.*, II, 217.)

—DONATI grammatici peritissimi fabularum breuiatio Ouidii nasonis elegans ᴇ succincta. (*absque nota*), in-4. goth. de 30 ff. non chiffr., à 30 lig. par page.

Édition romaine; elle finit à la 28e ligne du dern. f. verso, par le mot *mittit,* après quoi se lit pour toute souscription: *Finis.*

— FABULARUM breviatio Ovidii Nasonis elegans et succincta. *Petrus Maufer* (*Patavii,* circa 1479), pet. in-4. de 40 ff. sign. *a—e,* 24 lig. par page.

Vend. 24 fr. Mac-Carthy (exemplaire annoncé sans signature, mais du reste conforme à la description donnée par Fossi, I, p. 628).

DONATUS. Hieronymi Donati Venetorum oratoris, ad christianiss. ac inuictiss. Gallorum regem (Ludovicum XII) Oratio. (in fine): *Acta Blesis postridie cal. Decemb.* M.DI. *Venetiis, apud Aldum, mense Decemb.* M.DI. in-8. [12156]

Cet opuscule n'a que 4 ff.; mais, comme il est très-rare, on l'a payé 13 liv. 13 sh. à la vente Butler.

DONATUS (*Sebast.*). Ad novum thesaurum veterum inscriptionum L.-A. Muratorii supplementum. *Lucæ,* 1765, 2 vol. in-fol. 50 à 60 fr. [29925]

Le même recueil se trouve aussi sous ce titre: *Veterum inscriptionum græcar. et latin. novissimus thesaurus.* Lucæ, 1775, 2 vol. in-fol. fig.

Le premier volume contient l'*Ars critica lapidaria,* ouvrage posthume de Scip. Maffei, et le second les inscriptions grecques et latines recueillies par Donati.

— DELIZII degli antichi sacri e profani, libri III, coll'appendice di alcuni necrologi e calendarj finora non publicati. *Lucca, Benedini,* 1753, pet. in-4. fig. 8 et 10 fr. [29656]

DONAU. Voy. DONELLUS.

DONDÉ (*Ant.*). Les figures et l'abbrégé

de la vie, de la mort et des miracles de Saint François de Paule, instituteur et fondateur de l'ordre des Minimes, par Fr.-Ant. Dondé, religieux du même ordre. *Paris, Fr. Muguet,* 1671, in-fol. [21857]

24 planch. et le titre. On y réunit: *Les portraits de quelques personnes signalées en piété de l'ordre des Minimes, avec leurs éloges tirés des historiens et des chroniques du mesme ordre.* Paris, 1668, in-fol. 18 pl. dont 15 portr. Vendu ainsi complet, 59 fr. *mar. r.* De Bure, et plusieurs fois de 12 à 18 fr.

DONDINI (*Guill.*) Historia de rebus in Gallia gestis ab Alex. Farnesio Parmæ duce III. *Romæ,* 1673, in-fol. fig. [24995]

Volume peu commun: 50 fr. *m. r.* La Serna; mais ordinairement 18 à 24 fr. — Il a été réimprimé à Vienne, en 1750, in-4. fig.

DONDIS paduanus (*Jacobus* de). Aggregatio medicamentorum, seu de medicinis simplicibus. (*absque nota*), in-fol. de 284 ff. à 2 col. de 55 lig. [7363]

Édition sans chiffres, récl., ni signat., impr. avec les caractères demi-goth. de Jean Mentelin, à Strasbourg, vers 1470. Le volume commence sans aucun titre par ces mots de la préface: (*F*) *Ructiferum medicis acturus opus...* et il se termine à la 47e ligne du verso du 284e f. par ceux-ci: *Tenasmoni licinium. hali. ibidem.* On lit à la fin de la préface: *Opus... completum est per me artium et medicine doctorem magistrum Jacobum Paduanum Anno dñi* M. CCC. *octuagesimo quinto.*

— Aggregator. cōpilatioue Clarissimi phisici Jacobi de Dondis ciuis paduāi. — *Explicit..... Venetiis īpressa. Anno domini.* M. CCCC. LXXXI. *x Kalendas Iunias,* in-fol. à 2 col. goth.

25 fr. Costabili.

— Voy. HERBARIUS.

DONEAU (*François*). La Cocue imaginaire. *Paris, Jean Riboue,* 1662, in-12 de 6 ff. et 35 pp. [16455]

4 fr. de Soleinne.

Cette comédie en un acte a été reproduite *suivant la copie réimprimée à Paris* (Amsterd., Abr. Wolfgang), 1662, pet. in-12 de 5 ff. et 26 pp. 14 fr. de Soleinne; 40 fr. *mar. r.* Giraud.

Il doit exister, dit-on, une première édition de cette pièce sous le titre des *Amours d'Alcippe et de Céphise.* Le privilège rapporté dans la seconde est du 25 juillet 1660.

Il ne faut pas confondre Fr. Doneau avec Jean Doneau ou Donneau de Visé, dont nous parlons à l'article VISÉ.

DONELLUS (*Hugo*). Opera omnia, cum notis Osualdi Hilligeri: accedunt summaria et castigationes theologicæ. *Lucæ, Riccomini,* 1762-68, 12 vol. in-fol. [2527]

Hugues Doneau a été un savant jurisconsulte, con-

Dondi dall' Orologio (*F.-M.*). Istoria eccles. di Padova, 21476.

Done. Voy. DONNE.

temporain et antagoniste de Cujas : la collection de ses œuvres est rare en France. Les catalogues italiens en indiquent une réimpression de Naples, 1764, en 9 vol. in-fol., et il en existe une édit. de Rome, 1827 à 1833, 12 vol. in-fol. qui coûte près de 300 fr.; une autre de Florence, 1840-47, 12 vol. gr. in-8., avec les notes d'Hellinger, 100 fr.

— COMMENTARII de jure civili : denuo recensuit atque edidit J.-Casp. König: editio sexta quam post obitum J.-C. König continuavit Dr C. Bucher. *Norimbergæ*, *Bauer*, 1801-34, 16 vol. in-8. 30 thl.

DONEAU, sa vie et ses ouvrages : l'école de Bourges, synthèse de droit romain au XVIe siècle ; son influence jusqu'à nos jours, par M. A.-P.-Th. Eysel, mémoire couronné par l'Académie de Dijon (trad. du latin de l'auteur par M. J. Simonnet). *Dijon*, *Decailly*, 1860, in-8. de XXXII et 358 pp.

DONGELBERGE (*H.-Ch.* de). Voyez HEELU (Van).

DONGOIS. Voy. ONGOYS (d').

DONI (*Antoine-François*). Dialoghi della Musica. *Vinegia*, *Girolamo Scotto*, 1544, in-4. [10143]

Gamba (*Serie*, édit. de 1839, n° 1362) signale comme un livre très-rare ce volume qui renferme deux opuscules : le premier intitulé *Canto*, en 48 ff. chiffrés, et le second *Tenore*, de 26 ff. chiffrés.

— I Mondi, libro primo : Inferni, libro secondo de' Mondi. *Venezia*, *Francesco Marcolini*, 1552-53, 2 part. en 1 vol. in-4., fig. en bois. [17895]

Édition la plus complète et la plus rare de cet ouvrage singulier ; il est facile de la collationner au moyen du registre qui est placé à la fin de chaque partie. La première partie est surtout remarquable à cause des figures en bois et des portraits d'Italiens célèbres dont elle est ornée. Ces portraits sont ceux de Doni, f. 19 ; d'Arétin, p. 32, répété plus en grand à la p. 74 ; de Marcolini, f. 33 ; de Gabr. Simeoni, f. 48 ; de Fr. Sansovino, f. 49 ; de Burchiello, f. 92 ; de Machiavelli, f. 93 ; de Fr. Alunno, f. 108 ; de Nic. Tartaglia, p. 109. Le portrait inconnu placé au f. 18 est peut-être celui de J.-B. Gelli. On trouve dans la suite de la seconde partie l'*Inferno delle puttane e de' ruffiani*. Un bel exemplaire complet, 4 liv. 4 sh. Libri, mais ordinairement beaucoup moins.

— Mondi celesti, terrestri ed infernali, degli Accademici pellegrini. *Vinegia*, *Gabr. Giolito*, 1562, in-8. 5 à 7 fr.

Simple réimpression de l'édit. précédente, mais sans l'épître dédicatoire et sans les deux lettres qui sont à la fin de la seconde partie impr. en 1553. Du vivant de l'auteur ses *Mondi* ont été réimpr. *in Venezia*, *par il Cavalli*, 1568, in-8., et après sa mort, *in Venezia*, *Dom. Farri*, 1575, in-8., édit. à la fin de laquelle se trouve la dédicace de celle de 1568. — *in Vicenza*, 1597, in-8.

— Les mondes celestes, terrestres et infernaux ; le monde petit, grand, imaginé, meslé, risible, des sages et fols, et le tres-grand, l'enfer des escoliers, des mal-mariez, des putains et ruffians, des soldats et capitaines poltrons, des pietres docteurs, des vsuriers, des poëtes et compositeurs ignorans. Tirez des œuvres de Doni florentin, par Gabriel Chappuis tourangeau, depuis reueuz, corrigez et augmentez du Monde des Cornuz par F. C. T. (Fr. Chappuis). *Lyon*, *Est. Michel*, ou *Barth. Honorati*, 1580, 2 part. en 1 vol. in-8.

Seconde édition de cet ouvrage singulier : elle a 8 ff. prélim., 476 pp. et 4 ff. non chiffrés, plus pour la seconde partie 264 pp. Vend. 19 fr. exempl. piqué, de Soleinne, et en *mar. bl.* par Trautz, 82 fr. Solar.

La première édition, *Lyon*, *Barth. Honorati*, 1578, in-8. (9 fr. 50 c. m. r. Libri, et jusqu'à 66 fr. bel exempl. en *m. r.* Cailhava, et *mar. vert*, par Duru, 50 fr. Bergeret, et 47 fr. Solar) , ne contient pas la 2e partie, où se trouve l'*Avare cornu*, comédie en 5 actes, en vers ; mais cette seconde partie est dans la troisième édition de *Lyon*, *Est. Michel*, 1583, in-8. fig., qui a 12 ff. prélim., 735, 112 et 21 pp., et dont le titre annonce de plus l'*Enfer des ingrats*. 17 fr. 50 c. de Soleinne ; 11 fr. 50 c. v. f. Bergeret.

— LES VISIONS italiennes tirées du sieur Doni, contenant l'enfer des écoliers et des pédans, des mal-mariés et des amoureux,... des putains et des ruffiens, etc. (par Gabr. Chappuys). *Paris*, *Villery*, 1634, pet. in-8. Vend. 10 fr. Chénier.

— Il Terremoto, con la rovina d'un gran colosso bestiale antichristo della nostra età ; opera scritta ad onor di Dio, ec., divisa in VII libri, 1556, *a di primo di Marzo*, in-4. [18425]

Satire sanglante contre l'Arétin, fort rare. L'auteur annonce sept livres sur le frontispice, et il les détaille ainsi dans un intitulé qui le précède : *Sette libri del Doni in favore dell' Aretino : il Terremoto ; la Rovina ; il Baleno ; il Tuono ; la Saetta ; la vita e la morte ; l'esequie et la sepoltura*. Il les annonce de même dans sa bibliothèque (*la Libreria del Doni*, Venet., 1557, in-8.) ; cependant ce livre (*il Terremoto*) est le seul qu'il ait publié. (*M.*)

— La Zucca del Doni divisa in sette parti, cioè i Cicalamenti, le Baie, le Chiacchiere, le Foglie, i Fiori, i Frutti, e Lettere di diversi. *Vinegia*, *Marcolini*, 1551 e 52, in-8. fig. [17896]

Vend. 15 sh. *mar. v.* Heber ; 29 fr. Riva.

Édition divisée en parties séparées, qui ont chacune leur pagination. — Un exemplaire sous ce titre : *Fiore della Zucca del Doni*. Vinegia, Fr. Marcolini, 1552, 3 part. en 1 vol. in-8., fig. sur bois, 30 fr. Riva.

— La Zucca, divisa in cinque libri di gran valore, ec. *Venezia*, *Francesco Rampazetto*, 1565, in-8.

Dans cette édition, qui est augmentée d'un 5e livre (*il Seme*), mais où ne se trouvent plus les *lettere di diversi*, l'auteur a donné à son ouvrage et une nouvelle forme et une nouvelle division. C'est sur cette édit., assez rare, de 1565, qu'ont été faites les diverses réimpressions qu'on a données de *la Zucca*, mais dont on a retranché plusieurs passages, et notamment dans la cinquième livre le morceau intitulé : *La Pittura della Riforma*, ainsi qu'on peut le remarquer dans l'édition *espurgata*, *corretta e riformata da Ieronimo Giannini Capugnano*, in Venezia, per Girol. Polo, 1589, in-8. — L'édit. de Venise, Dom. Farri, 1591, in-8., en *mar.* 13 fr. 50 c. Libri.

Donesmondi (*Ipp.*). Historia eccles. di Mantova, 21472.

Doni (*Seb.*). Dittici degli antichi, 29656.

Doni. Disegno partito in più ragionamento, 9232.

— I Marmi. *Venezia, Fr. Marcolini,* 1552-53, 4 parties en 1 vol. in-4., fig. en bois. 15 à 18 fr. [18348]

Dialogues familiers où sont répandus une foule de traits spirituels, de notices curieuses et d'historiettes plaisantes. Ils sont divisés en quatre parties séparées, qu'un registre placé à l'avant-dernier f. de la quatrième peut servir à collationner. Cette édit. de 1552 est ornée de vignettes grav. sur bois, d'après les dessins de l'imprimeur Marcolini, dont le portrait se trouve au f. 15 de la 4e part. 26 fr. 50 c. et 1 liv. 2 sh. Ces mêmes planches, mais mal tirées, sont aussi dans l'édition des *Marmi* faite à Venise, chez J.-B. Bertoni, en 1609, in-4., avec des explications et des sommaires ajoutés par l'éditeur au commencement de chaque dialogue.

— La Moral filosofia tratta dagli antichi scrittori. *Venezia, Franc. Marcolini,* 1552, 2 part. en 1 vol. in-4., fig. en bois. [16958]

Ce recueil se compose de fables, d'allégories, de nouvelles et de récits d'événements curieux, en partie tirés des anciens fabulistes et conteurs indiens, comme Bidpai, Lokman, Sendabar, etc., et plus particulièrement du *Directorium* de Jean de Capoue (voy. t. I, col. 937, art. BIDPAY). La première partie est divisée en trois livres dont la pagination continue, mais qui ont chacun un frontispice particulier. La seconde partie contient *sei trattati diversi di Sendabar Indiano, ec.* Parmi les diverses réimpressions qui ont été faites de la *Moral filosofia,* celle de Venise, *Eredi di Marchiò Sessa,* 1567, in-8., impr. du vivant de l'auteur, mérite la préférence. Elle est plus correctement impr. que l'édit. originale, et elle contient une dédicace singulière de l'auteur : *a' suoi Benefattori ed Amici,* laquelle remplace les dédicaces de l'édition précédente adressées à D. Ferrante Caracciolo, et au duc Cosme de Médicis. 12 à 18 fr.

C'est de ce recueil que P. de Larivey a tiré ses *deux livres de la philosophie fabuleuse* (voy. LARIVEY).

— THE MORALL philosophie of Doni, englished out of italien by sir Th. North. *London*, 1570, in-4. goth. avec fig. en bois. — Réimpr. à Londres, 1601, in-4.

— Tre libri di lettere del DONI e i termini della lingua toscana. *Vinegia, Fr. Marcolini,* 1552, in-8. 5 à 6 fr. [18877]

17 fr. mar. r. Libri.

La seconde édition de ces lettres est de Venise, *Marcolini,* 1554, 2 part. en 1 vol. in-8. 11 fr. Libri. La troisième, sous le titre de *Tre libri di Pistolotti amorosi*, Venezia, Giolito, 1558, in-12 de 282 ff., est la plus complète. Doni avait publié précédemment *Lettere, libri primo e secundo,* 1542, 2 part. in-4. de 60 et 76 ff., avec les portraits de Doni et de Burchiello. Il a donné également *Tre libri de lettere e i termini della lingua toscana,* Venet., Fr. Marcolini, 1552, in-8. de 8 ff. non chiffrés, 405 pp., plus 4 pour la table. 17 fr. Libri. Au commencement du 3e livre se trouve le *Trattato di grammatica volgare,* par Giulio Camillo, et au f. 155 la lettre de Doni à Barthol. Gottifredi *in laude della Chiave.*

— L'Asinesca gloria dell' Inasinito Academico Peregrino. — *In Vinegia, nell' Academia Pellegrina, per Fr. Marcolini,* 1553, pet. in-8., avec fig. [18349]

Cette facétie de Doni est un petit volume rare qui contient 44 ff. chiffrés, et 2 ff. pour la marque de l'impr., etc. Elle a été réimpr. sous le titre d'*Il valore degli asini dell' Inasinito Academico Pellegrino,* in Vinegia, Marcolini, 1558, in-8. de 23 ff. chiffrés, et 1 f. à la fin, sans fig., avec de grands changements dans le texte.

— La Libreria divisa in tre trattati, nel primo sono scritti tutti gli autori volgari; nel secondo gli autori a penna; nel terzo l' invenzioni dell' Accademie, ec. *Venezia, Giolito,* 1557, in-8. de 296 pp., avec quelques portraits gravés sur bois. 10 à 18 fr. [18347]

Édition la meilleure de cet ouvrage, quoiqu'elle ne dispense pas des éditions originales de chaque partie, où se trouvent plusieurs morceaux qui ne sont pas dans celle-ci. — La prem. partie de cette Bibliothèque a été impr. deux fois avec des différences, *Vinegia, Giolito,* 1550, in-12. La seconde l'a été à *Venise,* chez *Marcolini,* 1551, in-12, et 1555, pet. in-8. (Les deux ensemble 1 liv. 6 sh., et la seconde seule même prix, Libri.) Elle forme la 2e et la 3e partie dans l'édition de 1557 qui a reçu des augmentations. Les exempl. de cette dernière, sous la date de 1558, ne diffèrent des autres que par le frontispice. 15 fr. mar. r. Libri. Quant à l'édition de Venise, *Altobello Salicato,* 1580, in-12, rien ne la recommande particulièrement.

PITTURE del Doni Academico Pellegrino, divise in due trattati, libro primo. *Padova, Grazioso Perchacino,* 1564, in-4. de 40 pp.; ou avec le 2e traité, 64 pp.

Autres ouvrages de Doni :

DISEGNO del Dono partito in più raggionamenti, ne quali si tratta della scolptura et pittura, con historie, essempi e sentenze. *Venetia, Gabr. Giolito di Ferrari,* 1549, pet. in-8. [9160]

Volume peu commun. 14 et 10 sh. deux exemplaires, Libri.

LA FORTUNA di Cesare tratta da gl' autori latini (del Doni). *Vinegia, Gabr. Giolito e fratelli,* 1550, pet. in-8.

Trois exemplaires de ce livre sont portés dans le catalogue Libri, 1859, où l'ouvrage est présenté comme un des plus rares parmi ceux du même auteur : 15 sh. mar. r. et 8 sh. 6 d. en vél.

— DELLE MEDAGLIE del Doni, la prima parte con alcune lettere di huomini illustri, e le risposte. *Venetia, Gabr. Giolito,* 1550, in-4.

Ouvrage différent *delle medaglie di Doni, prima parte,* 1550, in-4. avec un frontisp. et 9 portraits gravés par Enea Vico.

IL CANCELIERI, libro della Memoria e libro dell' eloquenze. *Vinegia, G. Giolito,* 1562, 2 tom. en 1 vol. in-4. 10 sh. Libri. — Réimpr. en 1589.

DICHIARATIONE sopra il xiij cap. dell' Apocalipse contro a gli heretici. *Vinegia, G. Giolito,* 1562, in-4. 10 sh. Libri.

— NOVELLE. (*Venezia*), 1815, in-8. [17447]

Ces nouvelles enjouées sont extraites des éditions originales de différents ouvrages du Doni. Barth. Gamba, qui en fut l'éditeur, n'en a fait tirer que 80 exemplaires ordinaires, un sur Gr. Pap. royal et un sur VÉLIN. Ce savant éditeur a donné, dans sa Bibliographie des *Novelle italiane,* un catalogue raisonné des ouvrages de Doni, qui suppléera à ce qui manque dans le nôtre.

— NOVELLE di Ant.-Fr. Doni, colle notizie sulla vita dell' autore, raccolte da Salvatore Bongi. *Lucca,* 1832, in-8.

Édition tirée à 150 exemplaires. 12 fr.

— Voy. PROSE antiche.

DONI (*Jo.-Bapt.*). Lyra barberina ΑΜΦΙΧΟΡΔΟΣ. accedunt ejusdem opera, pleraque nondum edita, ad veterem musicam illustrandam pertinentia, collegit et in lucem proferri curavit Ant.-Fr. Gorius (et J.-B. Passerius). *Florentiæ, typis cæsareis,* 1763, 2 vol. in-fol. [1007·]

Vend. 52 fr. Brienne, en 1792, et 64 fr. Reina. Depuis la publication de ces deux volumes, le traité du même auteur : *De Præstantia musicæ veteris,* Florent., 1647, in-4. (10078), est à très-bas prix, son *Compendio del trattato de' generi e de' modi della musica, con un discorso sopra la perfettione de' concenti,* Roma, Fei, 1635, in-4., auquel se joignent : *Annotazioni sopra il compendio de' generi, ec.,* Roma, 1640, in-4., a cependant été payé 35 fr. vente Libri, en 1857. Dans le *Compendio* doivent se trouver 3 fig. sur bois aux pp. 62, 64 et 75..

Il est convenable de placer à côté de l'édit. de 1763 l'ouvrage suivant publié par Ang.-Mar. Bandini :

DE VITA et scriptis Jo.-Bapt. Doni : accedit ejusdem Doni literarium commercium. *Florentiæ,* 1755, in-fol. Pour le *Commercium litterarium,* du même Doni, voy. 18767.

— Inscriptiones antiquæ, nunc primum editæ, notis illustr. ab Ant.-Fr. Gorio. *Florentiæ,* 1731, in-fol. fig. [29922]

Vend. 20 fr. Librairie De Bure ; 50 fr. Raoul Rochette ; 36 fr. Tochon.

DONNEAU de Visé. Voy. VISÉ.

DONNET (*Louis* Jaquemin). Le Triomphe des bergers, drame en 5 actes avec un prologue, en vers. *Lyon, Muguet,* 1646, in-4. de 103 pp. [16441]

Pièce peu connue, dans le genre des anciens mystères, et écrite d'un style des plus naïfs. L'auteur l'a dédiée *à la Reyne du ciel et de la terre.* Voir le catal. de M. de Soleinne, n° 1219, où un exemplaire imparfait du titre et du dernier feuillet est porté à 61 fr.

DONNET (*Alex.*). Description des environs de Paris... avec une carte gravée par Michel, et 62 gravures en taille-douce. *Paris, Treuttel et Würtz,* 1824, gr. in-8. 12 fr. — Pap. vél. 18 fr. [24182]

Se joint à la Description de Paris, par Landon et Legrand.

— ARCHITECTONOGRAPHIE des théâtres de Paris... *Paris, Orgiazzi,* 1821-24, in-8., avec 20 pl. et un plan de Paris. 10 fr. [24158]

DONOVAN (*Edward*). Natural history of british birds. *London,* 1799-1819, 10 vol. gr. in-8. fig. color. [5763]

Chaque vol. de cet ouvrage est orné de 24 ou 25 pl. color. 15 liv. 15 sh. — Il a paru à Londres, en 1826, le commencement d'un traité du même auteur, intitulé : *The natural history of the nests and eggs of british birds.*

— NATURAL history of british quadrupeds. *London,* 1810-20, gr. in-8., tom. I à III, avec 72 pl. color. 5 liv. 17 sh. [5678]

—————

Doniol (*H.*). Les Classes rurales en France, 23211.
Donker Curtius (*J.-H.*). Proeve eener Japansche Spraækkunst, 11852.
Donn (*J.*). Hortus cantabrigiensis, 5338.
Donne (*J.*). Works, 1967. — Poems, 15782.
Donné (*Alex.*) et L. Foucault. Cours de microscopie, 6723.
Donnorso (*V.*). Memorie stor. di Sorrento, 25767.
Donop (le baron de). Médailles, 29840.
Donoso-Cortes (D. *Juan.*). Obras, 19277.

— NATURAL history of british fishes. *London,* 1801, 5 vol. gr. in-8. fig. color. 10 liv. 10 sh. [5879]
— NATURAL history of british insects. *Lond.,* 1794-1813, 16 vol. gr. in-8. pap. vél, 15 liv. 15 sh. [5994]

Chaque volume de cet ouvrage est orné de 36 pl. coloriées.

— NATURAL history of the insects of China. *London,* 1798, gr. in-4., avec 50 planch. color. 4 liv. 4 sh. [6009]

Reproduit avec des observations, par J.-O. Westwood, *Londres,* 1838, in-4. 2 liv. 12 sh. 6 d.

— NATURAL history of british shells. *Lond.,* 1799-1813, 5 vol. in-8., avec 180 pl. color. 7 liv. 15 sh. [6137]

HISTOIRE naturelle des coquilles d'Angleterre trad. de l'anglais, par J.-C. Chenu. *Paris, Franck,* 1845, in-8. avec 48 pl. 30 fr.

— EPITOME of the natural history of the insects of New Holland, New Zeeland, New Guinea, Otaheite, etc. *Lond.,* 1805, gr. in-4. fig. color., tome I. 4 liv. 6 sh. [6010]

— NATURAL history of the insects of India. *London,* 1800-3, gr. in-4. fig. color. 4 liv. 4 sh. [6007]

Il y a une nouvelle édition avec des observations, par J.-O. Westwood, 1838, in-4. 2 liv. 12 sh. 6 d.

— THE NATURALIST'S repertory, or monthly miscellany of exotic natural history. *London,* 1823-27, 5 vol. in-8. [6205]

Recueil périodique de (180) grav. color. (avec le texte explicatif) représentant les productions curieuses et rares qui ont été récemment découvertes dans différentes parties du monde, et qui n'avaient pas encore été décrites. Chaque vol. a coûté 2 liv. 2 sh., mais Bohn annonce les 5 pour 3 liv. 13 sh. 6 d.

— DESCRIPTIVE excursions through south Wales and Monmouthshire. *London,* 1805, 2 vol. in-8. avec 31 pl. 1 liv. 10 sh. [20337]

Ces différentes productions de Donovan, étant peu estimées, conservent à peine le tiers des prix cotés ci-dessus. — Voir le n° 6281.

DOOLIN de Maience (la fleur des batailles), cheualier preux et hardi, fils du noble et cheualeureux Guy, comte de Maience. *Imprime a paris ce xxvij jour de may lan de grace mil cinq cens et ung pour Antoine Verard,* in-fol. goth. [17033]

Édition la plus recherchée, et dont les exemplaires sont fort rares : vend. 40 fr. La Valliere ; revendu 1000 fr. Solar. C'est un vol. de lvi ff. de texte, impr. à longues lignes, avec fig. en bois, précédés de 4 ff. pour le titre, la table et le prologue. Un exempl. impr. sur VÉLIN, avec 25 miniatures, mais ayant la souscription en partie grattée : 325 fr. *m. viol.* doublé de *m. r.,* le baron d'Heiss ; 1350 fr. Morel-Vindé (aujourd'hui à la Biblioth. impériale).

— Sensuyt la fleur des batailles, Doolin de Mayence contenant les prouesses faictes sur le roy de Dannemarc par Charlemagne et Guerin de Montglave. *Paris, Alain Lotrian et Denis Janot,* sans date (vers 1530), in-4. goth. de 78 ff. à 2 col., sign. A—Q, fig. en bois.

Autre édition rare, vend. 187 fr. Revoil ; 141 fr. d'Essling ; 195 fr. Giraud ; 200 fr. Solar. Celle de *Paris, Nic. Bonfons,* sans date, in-4. à 2 col. fig. en bois, a encore de la valeur. 106 fr. *mar. r.* d'Essling.

— L'histoire du preux et vaillant Doolin

—————

Dony d'Attichi (*L.*). Jeanne de Valois, 21937.
Donzelli (*Gius.*). Teatro farmaceutico, 7681. — Partenope liberata, 25749.

de Mayence en son temps la fleur des chevaliers françois. *Rotterdam, Jean Waesbergue*, 1604, in-4. fig. en bois.

Vend. 36 fr. salle Silvestre, en juillet 1830. — L'édit. de *Troyes, Nic. Oudot*, in-8. fig. en bois, qui ne vaut pas 10 fr., a été vend. 41 fr. en 1841.

Doon de Mayence, chanson de geste, publié pour la première fois, d'après les manuscrits de Montpellier et Paris, par M. A. Pay. *Paris, Vieweg*, 1860, in-16 de lxj et 268 pp. 5 fr.

Partie de la *Collection des anciens poëtes de la France*. C'est d'après ce poëme, composé de 11,505 vers, qu'a été rédigé le roman en prose ci-dessus.

DORAT (*Jean*). Joannis Aurati, Lemovicis, poetæ et interpretis regii, poëmatia. *Lutetiæ-Parisior., Guill. Linocerius*, 1586; in-8. 8 à 12 fr. [12834]

18 fr. mar. r. portrait ajouté, Courtois.

Ce recueil réunit les différents petits poëmes latins de Jean Dorat qui avaient déjà été imprimés séparément dans les formats in-4. et in-8.; on y a joint la traduction en vers français d'une partie de ces mêmes poëmes par leur auteur. Comme poëte latin, Jean Dorat a conservé une certaine réputation; mais il en a fort peu pour ses vers français, lesquels cependant ne sont pas plus mauvais que ceux de quelques-uns de ses contemporains, dont les œuvres se payent maintenant assez cher.

Eglogue latine et françoise, avec autres vers recitez devant le Roy au festin des messieurs de la ville de Paris, le vi^e de fevrier 1578; ensemble l'Oracle de Pan, présenté au Roy pour estrennes; Jean Dorat, poëte du Roy, Clovis de Hesteau, sieur de Nuisement, et J.-A. de Bayf, aucteurs. *Paris, de l'imprimerie de Frederic Morel*, 1578, in-4. [12834]

Opuscule rare et assez recherché. L'églogue qu'il contient ne fait pas partie des œuvres latines de J. Dorat réunies dans le recueil indiqué ci-dessus.

— Épitaphes d'Anne de Montmorency. Voy. RONSARD.

— L'Androgyn, né à Paris le 21 juillet (*sic*) 1570, illustré des vers latins de Jean Dorat, avec la traduction d'iceux en nostre vulgaire françois (par Jean de Chevigny). *Lyon, Michel Jove*, 1570, pet. in-8. fig.

5 fr. Courtois, et serait plus cher aujourd'hui.

Il paraît que ce Jean de Chevigny est le même que Jean-Aimé de Chavigny, quoique La Croix du Maine en ait fait deux auteurs. Voir Goujet, XIV, p. 41.

DORAT (*J.*). La Nymphe rémoise au roy. *A Reims, chez Simon de Foigny*, 1610, pet. in-8. de 3 ff. et 29 pp. [13922]

Cette pièce en vers, composée à l'occasion du sacre de Louis XIII, est précédée d'un sonnet au roi et à la royne, par I. (pour Jacques) Dorat, chanoine de Reims et neveu de Jean Dorat, ce qui fait supposer qu'elle est aussi de lui. La Bibliothèque impériale conserve un exemplaire de la *Nymphe rémoise*, imprimé sur VÉLIN. Bergier a inséré cette pièce dans le *Bouquet royal de Reims*, qu'il a donné en 1637 (voy. BERGIER). Sept pièces de vers, sig. J. D. et qu'on attribue à ce chanoine, se trouvent dans le Recueil de plusieurs inscriptions, publié par Ch. du Lys. Voy. RECUEIL de plusieurs inscriptions.

DORAT (*Cl.-Jos.*). Le Recueil de ses œu-

vres. *Paris*, 1764-80, 20 vol. in-8. fig. [19118]

Cette fastidieuse collection est peu recherchée et se donne à bas prix; mais il en existe des exempl. en Gr. Pap. qui sont rares et qui ont l'avantage de renfermer les premières épreuves des vignettes nombreuses et assez jolies dont sont ornés la plupart de ces vol., et particulièrement *les Fables nouvelles*, 1773, en 2 vol., et *les Baisers*, précédés du *mois de mai*, poëme, 1770, 1 vol., avec un supplément: vend. en 29 volumes, Gr. Pap. 150 fr. Mérigot; en 30 vol. 160 fr. Delcro.

Les Baisers, *seul* exemplaire en Gr. Pap. 40 fr. Renouard; 30 fr. 50 c. Duplessis.

Les quarante-sept gravures des Baisers, tirées à part, avec quarante-sept dessins par Eisen, et une partie des eaux-fortes, en 1 vol. gr. in-8. 321 fr. vente Renouard.

Un exemplaire des *Fables ou allégories philosophiques*, *Paris*, 1772 (édition sans gravures), en Gr. Pap. de Hollande, dans laquelle on avait réuni les dessins de Marillier, les gravures tirées à part sur papier blanc, et une partie des eaux-fortes, a été payé 1400 fr. à la même vente. Cela prouve que les dessins d'Eisen et ceux de Marillier ont repris faveur.

Œuvres choisies de Dorat, précédées d'une notice biographique et littéraire, par M. Desprès. *Paris, Janet et Cotelle*, 1827, in-8., avec une grav. d'après Desenne. 6 fr. — Gr. Pap. vél. fig. avant la lettre, 21 fr.

Choix fait avec goût.

D'ORBIGNY. Voyez ORBIGNY.

DORÉ (*Pierre*). Les alumettes du feu divin, pour faire ardre les cœurs humains en l'amour et crainte de Dieu. *Paris, les Angeliers*, 1538, in-8. [1634]

Livre qui, comme plusieurs autres du même genre, n'a guère de remarquable qu'un titre singulier. Il en existe une autre édition sous la date de 1538, mais sans nom de lieu ni de libraire, in-8. goth. Le frontispice y annonce les *Voies de Paradis* du même auteur, lesquelles forment une partie distincte, de 48 ff., avec un frontispice particulier. Vend. 8 fr. Morel-Vindé; en mar. r. 48 fr. Le Chevalier, en 1857. Dans une autre édition des Voies de Paradis, impr. séparément, et aussi sans indication de lieu ni d'imprimeur, la date est en chiffres romains, tandis qu'elle est en chiffres arabes dans la précédente. Cette pièce se joint aussi à l'édit. des *Allumettes*, *Paris, Est. Caveiller*, 1539, in-8. goth. de cxlvi et 2 ff. L'édit. de *Paris, Bonnemère*, 1548, in-8. (de 164 et 63 ff. dont les quatre derniers sont mal cotés lii, liii, liiii et lv), celles de *Paris, Ruelle*, 1575, de *Lyon, Pillehotte*, 1586 (mar. 11 fr. 50 c. Solar), et de *Rouen*, 1610, renferment également les *Voies de Paradis*.

Du Verdier cite une édition des *Allumettes du feu divin*, de Lyon, par *Pierre de Sainte-Lucie*, in-4., et une édit. des *Voies de Paradis*, de Lyon, *Fr. Juste*, 1537, in-16; il cite aussi les deux ouvrages suivants du même auteur:

L'ARBRE de vie, appuyant les beaux lys de France, où sont mis en lumière les hauts tiltres d'honneur de la croix de notre redempteur Jesus. *Paris, Jean Foucher*, 1542, in-8.

LE TRIUMPHE du roi sans pair, avec l'excellence de l'église son épouse et leur noble lignée, selon que David l'enseigne au psalme 44 *Eructavit... Paris, Jean de Brouilly*, 1548, in-16.

— La tourterelle de viduité, enseignant les veuves comment doivent vivre en leur état. *Paris*, Ve *J. Ruelle*, 1574, in-16 de 83 ff. dont 4 prélim. plus 1 f. à la fin contenant un fleuron. 6 à 9 fr. [1750]

Selon Du Verdier il existerait une édition de *La Tour-terelle de viduité*, faite à *Reims, chez Nic. Bac-quenois*, en 1558, in-16; il y en a une autre d'*Arras, Guil. de La Rivière*, 1605, pet. in-12.

Nous croyons devoir citer ici la plupart des écrits as-cétiques de ce fécond théologien que Rabelais, dans son *Pantagruel*, désigne sous le nom de *maittre Doribus*; ils se distinguent tous par leur style ri-dicule, et presque toujours par la singularité des titres. Quelques-uns de ces ouvrages ont été réim-primés plusieurs fois et se rencontrent de temps en temps; mais ceux qui ne l'ont pas été sont devenus presque introuvables, ce qui, sans doute, est peu à regretter. On trouvera dans La Croix du Maine l'in-dication de plusieurs ouvrages de P. Doré, dont nous ne parlons pas.

LE COLLEGE de sapience, fondé en l'uniuersité de vertu, auquel s'est rendue escoliere Magdeleine, dis-ciple et apostole de Jesus, par Fr. Doré. *Paris, Ant. Bonnemere*, 1539, pet. in-8. contenant 3 ff. prélim. texte f. iiii à clxviii et 7 ff. de table.

Il y a de cet ouvrage une édition de *Paris, Jean Ruelle*, 1555, in-16, et une autre sous ce titre :

LE COLLÉGE de sapience fondé en l'uniuersité de vertu : contenant la maniere de changer la vie mon-daine en spiritualle selon l'exemple de la penitente Magdeleine, par :.... avec le livre du mépris et du contemnement du monde d'Innocent pape troixies-me. Ensemble le Catalogue d'aucuns liures spiri-tuels dignes d'estre leu d'un chacun. *Douay, de l'imprimerie de Baltazar Bellere*, 1598, in-24 de 8 et 320 pp.

DYALOGUE instructoire des chrestiens en la foy, esperance et amour en Dieu, où sont introduits Cor-nelius et S. Pierre devisans. *Paris, Denis Janot*, 1542, in-16.

Une autre édition de ce dialogue (mais sans date) se trouve quelquefois réunie au *Collège de sapience* ci-dessus, édit. de 1539 : elle a CVI ff. non compris le titre, plus deux autres ff. Il y en a aussi une de *Paris, Pierre Vidoue* (sans date), in-8. goth., por-tée dans le catal. de La Valliere, en 3 vol., n° 676.

DIALOGUE de la justification humaine, entre notre sauveur Jesus-Christ et la Samaritaine. *Paris, J. Ruelle*, 1554, in-16.

LA CELESTE PENSÉE de graces diuines arrousée, où sont declairez les sept dons du sainct esprit et la maniere de les demander à Dieu. *Paris, Jehan André*, 1543, pet. in-8.

10 fr. 50 c. Monmerqué.

Réimpr. à *Paris, Jean Ruelle*, 1556, in-16.

LA DEPLORATION de la vie humaine, auec la dis-position a dignement receuoir le saint Sacrement et mourir en bon catholique ; ensemble le sermon fu-nebre fait ès exeques de messire Philippes de Cha-bot, amiral de France. *Paris, Jean de Brouily*, 1543, ou *Est. Groulleau*, 1556, in-16.

LA PREMIÈRE PARTIE des Collations royalles, con-tenant l'exposition des deux psalmes davidiques, c'est à scavoir du 24 et 26. En l'ung le cheualier er-rant cherche son chemin; en l'autre le cheualier hardy suyt la lumiere qui le conduyt. La seconde partie des Collations royalles, contenant le trespas du roy des cheualiers chrestiens, mort au lit d'hon-neur, en la Croix. *On les vend à Paris, en la rue S. Jacques, par Jehan Ruelle* (1546), 2 vol. pet. in-16. ou in-16, lettres rondes.

32 fr. v. t. d. Bergeret; 1 liv. 1 sh. mar. Libri ; 21 fr. Solar.

L'ARCHE de l'Alliance nouuelle et testament de nostre Saulueur Jesus-Christ, contenant la manne de son precieux corps, contre tous sacrementaires heretiques, dedié au roy tres chrestien Henry se-cond, par Pierre Doré. *Paris, Jean Ruelle*, 1549, in-8.

LE NOUUEAU TESTAMENT d'amour de nostre pere Jesus Christ, signé de son sang, autrement son der-nier sermon fait après la Cene.... *Paris, Jean Ruelle*, 1557, pet. in-8.

12 fr. mar. r. Monmerqué.

L'IMAGE de vertu, demontrant la perfection et sainte vie de la B. Vierge Marie, mere de Dieu, par les escritures, tant l'ancien que le nouueau testa-ment. La tierce edition nouuellement reueue et cor-rigée par son autheur, F. Pierre Doré. *Paris, Jean Ruelle* (s. d.), pet. in-8. de 12 ff. prélim., 333 ff. de texte, et un f. qui ne contient qu'un fleuron.

La Croix du Maine cite une édition de *Paris, Est. Groulleau*, 1559, in-16; et il y en a une de *Lyon, Ben. Rigaud*, 1582, de 1278 et IX pp.

CANTIQUES dechantés a l'entrée du tres chrestien roi Henri II et de la royne, sa femme, en la ville de Paris, l'an 1548; auec la sympathie et accord des vingt lettres laines de l'alphabet; plus hymnes, odes, threnes et cantiques. *Paris, Jean Ruelle*, 1548, in-16. [13691]

Nous citons ce petit livre sur le témoignage de Du Verdier. Ce doit être une des productions les plus curieuses de l'auteur.

LA PASTURE de la brebis humaine, selon que l'en-seigne le royal prophete David, au 22 psalme qui commence *Dominus regit me;* auec l'anatomie et mystique description des membres et parties de nostre Seigneur Jesus-Christ. *Paris, Jean Ruelle*, 1554, in-16.

LA CONSERVE de grace, requise par le prophete David, au psalme 15, qui commence *Conserva me, Domine*, contenant l'exposition dudit psalme avec un doux chant consolatif de l'ame fidele. *Paris, Guillaume Cavellat*, 1548, in-16.

LA PISCINE de patience, autheur Pierre Doré, auec le Miroir de patience veu et corrigé par le mesme autheur. *Paris, Benoist Prevost*, 1550, in-16 de 78 ff.

Un exempl. en mar. br. par *Trautz*, 42 fr. Ber-geret.

L'OBSERVANCE de religion chrestienne, conte-nant l'exposition du psalme davidique 38, qui com-mence *Dixi custodiam vias meas. Reims, par Nic. Bacquenois* (vers 1556), pet. in-8.

LA VIE et MORT chrestienne extraicte des epistres de S. Paul, contenant la doctrine la plus necessaire à vn chrestien de savoir et pratiquer. *Reims, Nic. Bacquenois*, 1556, pet. in-8.

LE LIVRE de la victoire contre toutes tribula-tions. *En Anvers, de l'imprimerie de Christofle Plantin, en la rue de la Chambre, à la Licorne d'or*, 1557, in-16.

Imprimé d'abord à *Paris, chez Seb. Nivelle*, et en-suite réimpr. à *Reims, chez Nic. Bacquenois*, en 1558, in-16.

L'ANTI CALVIN, contenant deux deffenses catho-liques de la verité du S. Sacrement et digne sacri-fice de l'autel, contre certains faux écrits sortis de la boutique des Sacramentaires caluinistes, heretiques, mis au vent et semés par certains lieux du royaulme, auec scandale des fideles et pusilles, auec un traité de la Nature et Grace. *Paris, Seb. Ni-velle*, 1568, in-8. [1832]

Imprimé d'abord à Paris en 1551.

LE SECOND LIVRE des diuins benefices, ou est amplement expliqué le psalme dauidique, *Benedic, anima mea, Domine. Paris, J. Ruelle*, 1569, in-8.

— Oraison panegyrique pleine de conso-lation, pour Claude de Lorraine, duc de Guyse, par F. Pierre Doré, auec la doulce musique dauidique ouye au can-tiq. 125. *in conuertendo Dominus;* item vn remede salutaire contre les scrupules de conscience par le même. *Paris, Jean de Brouily,* 1550, pet. in-8. de 128 ff. [23480]

Voici le titre d'une autre oraison funèbre du même prince, prononcée également en 1550 :

L'Oraison funebre déclarative des gestes, mœurs, vie et trespas de Claude de Lorraine prononcée à Jaynville, par maistre Claude Guilliaud, docteur en théologie. *Paris, Jehan Dallier*, 1550, pet. in-8.

Ces deux pièces sont rares. La première a été vend. 18 fr. 50 c. Sepher; en *mar. r.* 24 fr. 50 c. Coste. On trouve quelquefois avec la seconde un opuscule intitulé :

LE TRES-EXCELLENT enterrement de Claude de Lorraine. Voy. BOULLAY (Du).

DOREID (Ibn): Poemation cum scholiis arab. excerptis Chaluwiæ et Lachumæi, latine conversum et observationibus miscell. illustratum ; accedunt observationes de vocibus hebræo arabicis, etc... edidit et curavit Aaggaeus Haitsma. *Franequeræ*, 1773, in-4. [15954]

Les observations qui accompagnent cette édit. la font préférer à celle qui a paru sous le titre suivant :

ABU BECRI Mohammedis Ebn Hoseini Ebn Doreidi Azdiensis Katsijda 'l Mektsoura, sive idyllium arabicum, latine redditum et brevissimis scholiis illustr. edidit Ever. Scheidius. *Hardcrovici-Getrorum*, 1786, in-4.

D'ORIGNY. Voyez ORIGNY.

DORIMOND. Son Théâtre, composé de neuf comédies impr. séparément. *Lyon, Paris et Rouen*, 1659-92, 2 vol. pet. in-12. [16468]

Vend. 12 fr. Pompadour; 17 fr. Delaleu.

L'*Avare dupé*, impr. à Lyon, qui fait partie de ces 9 pièces, passe pour être de Chapuzeau; elle n'était pas dans le recueil vendu 12 fr. de Soleinne.

— L'Escole des cocus, ou la précaution inutile, comédie. *Paris, Quinet*, 1661, in-12.

Recherché à cause du titre. Vend. 4 fr. Méon ; 5 fr. Morel-Vindé.

Voici une autre pièce moins connue qu'on attribue à un St Dumas :

LE COCU en herbe et en gerbe, comédie en 5 actes et en vers. *Bourdeaux, Jean Séjourné*, sans date (vers 1686), in-8.

Les autres pièces de Dorimond sont :

Le Festin de pierre, ou l'Athée foudroyé, tragi-comédie, *Paris, J.-B. Loyson*, 1665. (Réimpr. sous le nom de Molière, voy. ce nom). — L'Amant de sa femme, *Ibid.*, *Gabr. Quinet*, 1561 (pour 1651). — La Femme industrieuse, *Ibid.*, 1661. — L'Inconstance punie, *Ibid.*, 1661. — La Comédie de la comédie, ou les Amours de Trapolin, *Ibid.*, 1662. — La Roselie ou le Dom Guillot, *Ibid.*, 1641 (pour 1661). — Le Médecin derobbé, *Rouen, Bonav. Lebrun*, 1692.

L'*Apologie du théâtre*, Rouen, David de Petitval, 1655, in-8. de 22 pp. Opuscule en vers du même auteur, 4. fr. de Soleinne.

DORING (*Joachim*). A Ioachim Doring in Di‖uinam hostiam Christi Iesu‖a iudeis Patauiensibus sub‖ductum. Carmen Inchoat. (*absque nota*, circa 1480), in-4.

goth. de 12 ff. non chiffrés à 17 lig. par page.

Cet opuscule finit au recto du f. 12, lig. 15, par ce vers : *Flamine qui regnat cum deitate pari.* (Hain, n° 6398.)

D'ORLÉANS (*Louis*). Cantique de victoire par lequel on peut remarquer la vengeance que Dieu a prise dessus ceux qui vouloient ruyner son eglise et la France, par Loys D'Orléans. *Paris, Rob. Le Mangnier*, 1569, in-8. de 8 ff. [13936]

10 f. Viollet-le-Duc.

Louis Dorléans, violent ligueur que la clémence de Henri IV a su ramener un peu tard, il est vrai, à la modération, n'était pas poëte, comme ne le prouve que trop le cantique ci-dessus, écrit à l'occasion de la bataille de Jarnac ; cependant il a composé beaucoup d'autres vers, soit pour le *Banquet du comte d'Arète* (voy. BANQUET), soit pour un recueil de traductions de l'Ariosto (voy. ce nom, tome 1er, col. 442), soit en d'autres occasions; à l'âge de plus de 80 ans il a donné des *Quatrains moraux*, au nombre de 612, pour l'instruction de la jeunesse. *Paris, Targa*, 1625 et aussi 1631, in-8. (voir GOUJET, XV, 273 et suiv.), qui cite *Sonnets sur le tombeau du sieur (Jacques) de la Chastre, dit de Sillac*, Paris, 1568, in-8., par Louis d'Orleans).

—Advertissement des catholiques anglais. Voy. AVERTISSEMENT.

-- La plante humaine sur le trépas du roi Henry-le-Grand, où il se traite du rapport des hommes avec les plantes..., où se refute ce qu'a écrit Turquet contre la régence de la reine, etc. *Paris, Fr. Huby*, 1612, in-12. 5 à 6 fr., et quelquefois plus. [23643]

Réimpr. à *Lyon*, V° Morillon, 1622, in-8.

— Voy. MAYERN (Turquet).

DORLEANS (*Regnault*), seign. de Since. Les observations de diverses choses remarquées sur l'estat, couronne et peuple de France, tant ancien que moderne. *Vennes, de l'imprim. de Jean Bourrelier*, 1597, pet. in-4. de 4 ff. prélim. 270 pp. et 1 f. pour la table. [23310]

10 fr. Coste, et en *mar. v.* par Bauzonnet; 50 fr. Veinant.

D'ORLÉANS (*Jos.-Pierre*). Histoire des révolutions d'Espagne (revue, continuée et publiée par les PP. Rouillé et Brumoy). *Paris*, 1734, 3 vol. in-4. [25994]

Réimpr. à *Paris*, 1737, 5 vol. in-12.

— Histoire des révolutions d'Angleterre. *Paris*, 1693, 3 vol. in-4. [26871]

Les éditions en 4 vol. in-12, dans lesquelles se trouvent ces portraits, sont préférées à celles qui n'en ont pas. On peut joindre aux unes et aux autres une continuation, de 1688 à 1747, par Turpin, *Paris*, 1783, 2 vol. in-12.

— Vie de Mathieu Ricci, 21908. — de Louis de Gonzague, 21910. -- du P. Coton, 21917.

Les ouvrages du P. D'Orléans, quoique bien écrits, sont peu recherchés maintenant.

DORN (*Bernh.*). A Chrestomathy of the Peshlū or Afghan language, to which is subjoined a glossary in afghan and english. *Saint-Petersburg*, 1847, in-4. de xv et 620 pp. 20 fr. [11680]

— DAS asiatische Museum der kaiserl. Akademie der Wissenschaften zu St.-Petersburg. *Ibid.*, 1846, in-8. de XII et 776 pp. avec une pl. 14 fr.

— Muhammedanische Quellen zur Geschichte der südlichen Küstenländer des kaspischen Meeres, herausgegeben, erläutert und übersetzt von Dr. Bernhard Dorn. *St-Petersburg*, 1850-58, 4 vol. in-8. [28048]

Contenu de l'ouvrage : Vol. I. Sehir-eddin's Geschichte von Tabaristan, Rujan und Masanderan. 1850, in-8. (46 et 643 pages). — Vol. II. Aly Ben Schems-eddin's Chanisches Geschichtswerk, oder Geschichte von Ghilan. 1857, in-8. (36, 438, 13 et 43 pages). — Vol. III. Abdul-Jathah Jumeny's Geschichte von Ghilan. 1858, in-8. (21, 280 et 33 pages). — Vol. IV. Auszüge aus muhammedanischen Schriftstellern, nebst einer kurzen Geschichte der Chane von Scheki. 1858, in-8. (47 et 666 pages).

DORNAVIUS (*Gasp.*). Amphitheatrum sapientiæ socraticæ joco-seriæ, hoc est encomia et commentaria autorum, qua veterum, qua recentiorum prope omnium : quibus res aut pro vilibus vulgo aut damnosis habitæ, styli patrocinio vindicantur, exornantur. *Hanoviæ, et Francofurti ad Mœnum*, 1670, 2 tom. en 1 vol. in-fol. 20 à 25 fr. [17934]

Cette édition de ce curieux recueil avait été précédée de celle de 1619, même lieu, même format : 24 fr. 50 c. Crozet, et quelquefois beaucoup moins.

M. Graesse cite comme pouvant se réunir à ce volume : *Encomium invidiæ, cæcitatis, etc., authoribus incertis in Amphitheatrum sapienciæ socr.* Francof., 1626, in-4., et *Homo Diabolus... Francof.*, 1618, in-4.

DOROTHÉE (Saint). Sa Doctrine par Paul Dumont. *Douay, Jean Bogard,* 1597, pet. in-8. de 8 ff. prél., 202 pp. et 7 ff. pour la table. [949]

LES INSTRUCTIONS de S. Dorothée, père de l'église grecque, traduites par Armand Le Bouthillier de Rancé, abbé de la Trappe, avec la vie du même père. *Paris, Fr. Muguet*, 1686, in-8. 5 à 6 fr.

LES ŒUVRES de S. Dorothée pour la direction des ames en la vie spirituelle et religieuse, trad. en françois par L. A. P., avec la Doctrine spirituelle de S. Gilles d'Assise et les sept degrez de contemplation. *Paris, Jean Fouet*, 1629, in-8.

S. Dorothée, l'on place parmi les pères du VIe siècle, a écrit en grec. L'ouvrage qu'on lui attribue a été trad. en latin sous le titre suivant :.

S. DOROTHEI Sermones XXI, ex interpretatione Chrysostomi Calabri. *Venet.*, 1564, in-8. — et sous celui *d'Institutiones asceticæ, ex interpretatione et cum notis Balth. Corderii*, impr. à Anvers, chez la Ve Cnobbart, 1646, in-12.

Le second volume de la *Bibliotheca veterum patrum*, publié comme *auctarium* par le P. Fronton du Duc, en 1624 (voy. DESPONT), le donne dans les deux langues.

Dormay (*Cl.*). Histoire de Soissons, 24216.
Dormer (*D.-Jos.*). Anales de Aragon, 26173.

DOROW. Collection d'antiquités égyptiennes, recueillies par M. le chevalier de Palin, publiées par MM. Dorow et Klaproth, en 33 planches, auxquelles on en a joint une 34e représentant les plus beaux scarabées de la collection de M. J. Passalacqua, précédée d'observations critiques sur l'alphabet hiéroglyphique découvert par M. Champollion le jeune, et sur le progrès fait jusqu'à ce jour dans l'art de déchiffrer les anciennes écritures égyptiennes, avec deux planches, par M. J. Klaproth. *Paris, Gide fils*, 1829, in-fol. 60 fr. [29312]

VOYAGE archéologique dans l'ancienne Étrurie, par M. Dorow, traduit de l'allemand sur le manuscrit inédit, par M. Eyriès. *Paris, Merlin*, 1829, in-4., avec 16 pl. lithogr. 10 fr. [29155]

W. Dorow est auteur de plusieurs autres ouvrages sur l'archéologie, dont le principal a pour titre :

DIE DENKMALE germanischer und römischer Zeit in den rheinisch-westphälischen Provinzen. *Stuttgart* et *Berlin*, 1824-26, 2 vol. in-4. fig. 70 fr. [9109]

Nous citerons encore :

OPFERSTÄTTEN und Grabhügel der Germanen und Römer am Rhein. *Wiesbaden*, 1819-21, 2 vol. in-4.

MORGENLÄNDISCHE Alterthümer. *Wiesbaden*, 1820, 2 parl. en 1 vol. in-4. 5 thl. La deuxième partie porte le titre suivant :

DIE INDISCHE MYTHOLOGIE, erläutert durch drei noch nicht bekannt gewordene Originalgemälde aus Indien... *Wiesbaden*, 1821. [29077]

— Voir aussi le n° 29270 de notre table.

DORPIUS. Martini Dorpii Dialogus : in quo Venus et Cupido omnes adhibent versutias ut Herculem animi ancipitem in suam militiam invita virtute perpellant; eiusdem Thomus Aululariæ Plautinæ adiectus cum prologis aliquot in comediarum actiones ; et pauculis carminibus. Chrysostomi neapolitani epistola de situ Hollandiæ viuendisque Hollandorum institutis; Gerardi nouiomagii de Zelandia epistola consimilis. *Prostant venales in edibus Theodorici Martini alostensis Lovanii... qui et impressit* (1514), in-4.

Recueil décrit par Panzer, VII, p. 260.

DORST (*J.-G-Leonh.*), Würtembergisches Wappenbuch, oder die Wappen des immatriculirten Adels im Königreiche Würtemberg. *Halle*, 1843-46, 10 cah. in-4. avec 120 gr. color. 80 fr. [28830]

— SCHLESISCHES Wappenbuch, oder die Wappen des Adels im souveränen Herzogthume Schlesien, der Grafschaft Glatz und der Oberlausitz. *Görlitz*, 1842-48, 15 cah. in-4., avec 181 grav. color., 120 fr.

DORSTENIUS (*Theod.*). Botanicon, continens herbarum aliorumque simplicium quorum usus in medicinis est descriptiones. *Francofurti*, 1540, in-fol. fig. 8 à 12 fr. [5529]

Vend. 50 fr. (avec fig. color.) L'Héritier.

D'ORVILLE. Voyez ORVILLE.

DOS tratados : el primero es del papa y de su autoridad colegido de su vida y dotrina : el segundo es de la missa : ... iten, un enxambre de los falsos milagros, etc. (por Cypriano de Valera). *En casa de Ricardo del Campo, Año de* 1599, in-8. [2107]

D'après la description qui est donnée des deux éditions (1588 et 1599) de ce livre, sous le n° 222 du catalogue de M. Lambert (*Paris, De Bure*, 1780), celle de 1599, loin d'être châtrée, comme l'a dit l'auteur de la *Bibliographie instructive*, contient, au contraire, 122 pp. de plus. Elle a 8 ff. prélim., 610 pp., une table et un errata de 4 ff. (vend. en *mar. bl.* 28 fr. Lambert ; 20 fr. *mar. r.* Camus de Limare ; 9 fr. 50 c. Mac-Carthy). Quant à l'édition de 1588 (vend. 13 fr. *mar.* La Valliere, et 6 fr. Mac-Carthy), elle n'a que 488 pp. indépendamment de 8 ff. prélim. et 4 ff. à la fin ; mais on y lit au verso du titre deux sonnets espagnols qui ne sont pas reproduits dans l'édition de 1599. M. Graesse, ayant mal interprété la note du catalogue Lambert, a dit dans la sienne tout le contraire de ce qu'il devait dire (voir la p. 428 du 2e vol. de son *Trésor*).

DOSITHÉE. Ἱστορία περὶ τῶν ἐν Ἱεροσολύμοις πατριαρχευσάντων. Histoire des patriarches de Jérusalem. *Bucharest*, 1715, gr. in-fol. de 1247 pp. [21551]

Cet ouvrage, écrit en grec ancien par le patriarche Dosithée, renferme quelques particularités curieuses, et entre autres, dans le douzième et dernier livre, des détails instructifs sur l'histoire civile et ecclésiastique de la Géorgie et de l'Arménie. L'auteur étant mort en 1707, avant de le publier, ce fut son neveu et successeur Notaras qui le fit imprimer, en partie à ses frais et en partie aux dépens du Saint-Sépulcre de Jérusalem, pour en distribuer *gratis* les exempl. à toutes les personnes pieuses. Malgré cette distribution ce gros volume n'est pas commun en France, et l'exempl. de M. Saint-Martin a été vendu 55 fr. en 1833. Dosithée, indépendamment d'un autre ouvrage, en grec, publié par lui, à Bucharest, en 1706, in-fol., et dont le titre est rendu en latin (*Liber Gaudii*) dans le Catal. de la Bibliothèque du roi (Théologie, C. 398), avait déjà donné à Jassi en Moldavie, en 1682, un assez ample traité (in-fol.) de son oncle et prédécesseur Nectaire, contre les latins sur la primauté du Pape ; traité écrit en grec ancien, mais que le savant ministre Allix a traduit en latin sous ce titre :

Τοῦ πάνυ χυρ. *Nectarii, Patriarchæ Hierosolymitani, confutatio imperii Papæ in ecclesiam,* Londini, 1702, in-8.

Ces détails sont empruntés d'une notice de d'Ansse Villoison, insérée dans le VIIIe tome des *Notices des mss. de la Bibliothèque du roi*, et surtout des notes qui se trouvent aux pp. 5 et 24 de la 2e partie dudit volume.

DOSITHEI magistri interpretamentorum liber tertius, gr. et lat., ad fidem codicum mss. editorumque librorum, nunc primum integrum edidit, commentariis indicibusque instruxit Edoardus Böcking. *Bonæ, Marcus,* 1832, in-12, 3 fr. [10611]

La première édition de ce livre a pour titre : *Dosithei liber tertius, continens Adriani imper. sententias et epistolas,* gr. et lat. *cum notis Goldastii,* Genevæ, 1601, in-8.

DOSIUS (*J.-A.*). Voy. CAVALLERIIS (de).

DOUAY (l'abbé). Histoire de la maison de Béthune. Voy. DUCHESNE (*André*).

DOUBDAN (*Jean*). Le voyage de la Terre-Sainte, fait en 1651 ; troisième édition augmentée. *Paris, Bienfait* ou *Clousier*, 1666, in-4. fig. 10 à 12 fr. [20651]

Vend. 14 fr. 50 c. en 1839. Les deux premières éditions sont de 1661 et 1662, in-4.

DOUBLE (le) cocu, histoire du temps (attribuée à G. Bremond). *Impr. à Paris, au Couvent-Jardin,* 1678, in-12. 5 à 6 fr. [17189]

Ce petit roman a été réimpr. sous le nom du sieur Bremond, à *Paris, pours* (sic) *MM. Jacq. Magnes et Richard Bentley* (Hollande), (*Paris*), 1679, in-12, 10 fr. Venant en 1855, et il a reparu sous les différents titres suivants :

LE VICE-ROI de Catalogne. *Rouen, Maurry,* 1679, in-12.

LE COCU content ou le véritable miroir des amoureux. *Amsterd., chez Jean Wynk (Rouen),* 1702, in-12. 14 fr. *mar. bl.* Bignon.

HISTOIRE galante d'un double cocu. *Amsterd.* (*Rouen*), 1703, in-12. (Catal. de La Valliere, par Nyon, n°s 10241-45.)

DOUBLE (le) de loriginal ql a este escript et mande par le grand Turck, ensemble le roy de Cathey et le roy de Perse, a tous princes et seigneurs et estatz de toute la chrestiente de lempire romain. Item la teneur commant lempereur de Turquie a deffie le roy Dhungrie lan M.D.XXVI. Nouuellement translate dallemant en francoy *a Geū, par V. K.* in-4. goth. de 4 ff.

Opuscule impr. à Genève par Wygand Kolner.

DOUBLE (le) des lettres des verdz gallandz. Auec les dictz de chascun. Pet. in-8. goth. de 4 ff. avec une fig. en bois au recto du prem. f. et au verso du dernier. [13486]

La première de ces deux pièces consiste en 53 vers de 10 syllabes, la seconde en 60 vers de 8 syllabes. (Commencement du XVIe siècle.)

DOUBLE (le) des lettres envoyees en court par Pregent capitaine des gallees du roy nostre sire en son armee de la mer. (à la fin) : *Imprime a Rouen... et les vend on en la rue nostre dame* (sans date), pet. in-8. goth. de 4 ff. [23436]

Pièce impr. vers 1512. (Biblioth. impér.)

DOUBLE (le) des lettres envoyées à Passevent parisien, par le noble & excellent Pasquin Romain, contenant en vérité la vie de Iehan Caluin. *Paris, par Pierre Gaultier,* 1556, pet. in-8. de 12 ff., en lettres rondes. [15957]

Opuscule en vers de 10 syllabes, récédé d'une epistre de Pasquin, en prose.

DOVBLE d'une lettre escripte par vng seruiteur du roy tres chrestien a vng secretaire alemant son amy, auquel il respond a sa demande sur les querelles et differens entre l'Empereur & ledict roy ; par laquelle il appert euidemment lequel des deux a esté aggresseur, autất en la premiere qu'en la presente guerre : au bout dicelle est adioustee vne arbre de cõsenguinite dentre les maisons de France, Austriche, Bourgongne, Milan, Sauoye, Par laquelle il appert euidemment qui vient auiourdhuy a la succession des dictes maisons. *Imprime a Paris au mont Saint Hylaire, a lenseigne du Phœnix,* M. D. XXXVI, pet. in-8. de 24 ff. lettres rondes. [23457]

Vend. 7 fr. 75 c. La Valliere.
L'édition de la même pièce, in-4. de 20 ff. (sans lieu ni date), est probablement antérieure à celle-ci. Il en existe une autre, in-8. de 56 pp. non chiffrées. Le P. Lelong attribue l'ouvrage à Guil. du Bellay, seigneur de Lengey.

— Voyez EXEMPLARIA.

DOUBLE d'une lettre enuoyee a monsieur Charmercy, par vng sieu amy contenant lordre de larmee du Roy et le lieu ou est campe Lempereur. (*sans lieu ni date, mais vers* 1543), pet. in-8. de 4 ff. [23464]

44 fr. mar. bl. Cailhava, et 20 fr. Coste.
Autre édition : *On les vend au palais en la gallerie en allant a la Chancellerie, par Jehan Dupin.* (sans date), pet. in-4. de 4 ff.

DOUBLE et copie de lettres envoyees d'Orleans. Voir l'article ENTRÉE.

DOUBLE tragédie (la) du duc et du cardinal de Guise, jouée à Blois, et envoyée au duc du Maine et autres princes qui tiennent le parti de la Sainte-Union. *Paris, Monceaux,* 1589, in-8. [23579]

Pièce très-rare dout je ne trouve pas d'adjudication.

DOUBLET (*Jean*), diepois. Elegies. *Paris, Ch. l'Angelier,* 1559, in-4. de 56 ff., dont le dernier donne la marque du libraire. [13702]

Ces poésies ne sont pas sans quelque mérite, et elles ne se trouvent que très-difficilement. Voir le *Bulletin du Bibliophile,* XIIe série, 1856, pp. 739 et suiv.

DOUCAS. Voy. DUCAS.

DOUCE (*Francis*). Vagabondiana. Voy. SMITH (*J.-Th.*), et aussi HOLBEIN ; SHAKSPEARE, à la fin de l'article.

DOUCHY (*Francois* de), senonois. Eschantillon de la grammatosophie. *Paris, Touss. Boutellier,* 1605, in-8. [10970]

Cette pièce, aujourd'hui assez rare, est dans le Catal. de la Biblioth. impér., 1197.

DOUCTRINO (la) crestiano meso en rimos, per poude éstre cantado sur diberses ayres. *Toulouso, Couloumies,* 1642, in-12. [14380]

Ces cantiques languedociens sont d'un missionnaire nommé Dupont. Ils ont été réimpr. à *Toulouse,* en 1645 (vend. 6 sh. Heber) ; en 1648, in-12 (vend. 7 fr. Mac-Carthy), et dans la même ville, en 1655, in-12.

DOUGLAS (*Gawnin*), bishop of Dunked. Select works, with memoirs of the author, with a glossary and notes by the rev. Scott. *Perth, Morison,* 1787, in-12. [15905]

Poëte écossais qui vivait vers le milieu du XVIe siècle.

— The Palis of Honoure. *London, W. Coplande* (1553), in-4. de 40 ff. sign. A— KIIIJ, le premier f. est blanc.

Un exemplaire rel. en *mar. r.* 21 liv. Roxburghe, et même prix Constable ; un autre en *cuir de Russie,* 20 liv. 10 sh. Bright. — Il y a une seconde édition de ce poëme moral, avec une stance ajoutée dans la troisième partie, *Edinburgh, by Johne Ros for Henry Charteris,* 1579. Lowndes n'en connaissait que deux exemplaires. J.-G. Kinnear, qui en a publié une nouvelle à Edimbourg, en 1827, in-4., pour le Bannatyne Club, a fait usage des deux précédentes.

DOUGLAS (*James*). Nenia britannia : or sepulchral history of Great-Britain from the earliest period to its general conversion to christianity to which are added observations on the celtic, british, roman and danish barrows discovered in Great-Britain. *London,* 1793, in-fol. fig. 2 liv. 2 sh., et plus cher en Gr. Pap. fig. color. [26806]

DOUGLAS (*Rob.*). The peerage of Scotland ; 2d edit. revised and corrected with a continuation to the present period, by Ph. Wood. *Edinburgh,* 1813, 2 vol. in-fol. fig. 4 liv. 4 sh., et plus en Gr. Pap. [28944]

La première édition, *Edinb.,* 1764, est en un seul volume in-fol. L'ouvrage suivant fait suite à celui de Douglas.

THE BARONAGE OF SCOTLAND : containing an his-

Doucin (*L.*). Histoire d'Origène, 22376. — Nestorianisme, 22384.
Douet d'Arcq (*L.*). Compte de l'argenterie des rois de France, 24103. — Sur les anciens comtes de Beaumont-sur-Oise, 24204.
Douglas (*J.*). Myographia, 6780.
Douglas (*Howard*). Principle and construction of military bridges, 8641. — Treatise on Gunnery, 8699.

torical and genealogical account of the gentry of that kingdom... *Edinburgh*, 1798, in-fol., tome 1er, le seul publié.

Les 3 vol. 7 liv. 10 sh. Hibbert.

DOUGLAS (*John*), bishop of Salisbury. Select works, with his life by the rev. Wil. Macdonald. *Salisbury*, 1820, gr. in-4.

Édition *privately printed* que Lowndes estime 3 liv.

DOULIOT (*J.-P.*). Cours élémentaire, théorique et pratique de construction. Première partie : Mathématiques. *Paris, l'auteur*; et *Carilian*, 1826, in-4. fig. 12 fr. — Seconde partie : Charpentes en bois et en fer. *Ibid.*, 1828, 2 vol. in-4. dont un de pl. au nombre de 125. 22 fr. [9724]

Le *Traité spécial de la coupe des pierres*, du même auteur (*Paris*, 1825, 2 vol. in-4. dont un de 100 pl. 36 fr.), forme la troisième partie du cours de construction; la 4e partie, *Stabilité des édifices*, 1835, in-4. fig., coûtait 20 fr.

DOURRY Effendi. Voyez DURRY.

D'OUTREMAN (*Pet.*). Voyez OUTREMAN.

D'OUVILLE. Voyez OUVILLE.

DOUZA (*Jan.*). Epigrammatum libri II; satyræ II; elegiarum liber I; sylvarum lib. II. *Antuerpiæ*, 1570, in-8. 4 à 6 fr. [13034]

— Nova poemata, item Hadr. Junii carminum lugdunensium sylva. *In nova Acad. nostra lugdunensi excusum*, 1575, in-8. 5 à 8 fr. [13035]

Volume peu commun : vend. avec le recueil impr. en 1609, 8 flor. 50 c. Meerman. — Il y en a une seconde édition, *novem librorum accessione locupletata*, Lugd.-Batav., 1576, pet. in-8. Vend. 8 fr. mar. bl. Courtois ; 10 sh. Heber.

— EJUSDEM poemata pleraque selecta : Petr. Scriverius descripsit, collegit, ac junctim edidit. *Lugd.-Bat.*, 1609, in-8. 5 à 6 fr. [13036]

Réimpr. à *Rotterdam*, 1704, in-8. — Echo, 13037.

DOUZE (les) dames de rhétorique, publiées pour la première fois d'après les manuscrits de la Bibliothèque royale, avec une introduction par M. L. Batissier. *Moulins, P.-A. Desrosiers*, 1837, pet. in-fol. à 2 col. 25 fr. [13487]

Édition ornée de seize vignettes copiées sur les mss.; elle a été tirée à petit nombre.

D'OVERBEKE. Voy. OVERBEKE.

DOW (*Alex.*). The history of Hindostan; translated from the persian. *London*, 1770, 2 vol. gr. in-4. fig. [28132]

Cet ouvrage, qui a eu naguère beaucoup de succès,

est peu recherché maintenant; c'est une traduction, mais une traduction fort inexacte, des deux premiers livres de Ferishta (voy. ce nom). La première édition parut en 1768, en 2 vol. in-4.; la seconde, dont nous venons de donner le titre, est corrigée et augmentée : un 3e vol., que l'auteur y a joint en 1772, continue l'histoire des empereurs de Delhi, depuis la mort d'Akbar jusqu'à la réduction de l'empire sous Aureng-Zebe : 15 fr. Langlès; 1 liv. 5 sh. Hibbert.

—Les éditions de Londres, 1792 et 1813, en 3 vol. gr. in-8., sont moins belles que celle de 1770.

—Pour une continuation de l'ouvrage de Dow, voyez FERISHTA.

DOWRICHE (*Anne*). The french historie : that is, a lamentable discourse of three of the chiefe and most famous bloodie Broiles that have happened in France, for the Gospell of Jesus Christ; published by A. D. *London, by Thomas Orwin*, 1589, in-4. de 84 pp.

Opuscule en vers où sont traités trois sujets, savoir : 1° l'Outrage (*called the winning of S. James his streete*, 1557); 2° le Martyre d'Anne Du Bourg, et le Sanglant mariage de Marguerite, sœur de Charles IX, avec Henri IV, en août 1572. Il a été vendu 13 liv. 2 sh. 6 d. Saunder, en 1818; 13 liv. 13 sh. Bright; 7 liv. 17 sh. 6 d. Heber.

DOYLEY (*Ch.*). Voy. WILLIAMSON.

DOZY (*Fr.*) et J.-H. Molkenboer. Musci frondosi inediti archipelagi indici, sive descriptio et adumbratio muscorum frondosorum in insulis Java, Borneo, Sumatra, Celebes, Amboina, necnon in Japonia nuper detectorum. *Lugduni-Batav., Hazenberg*, 1845 et ann. seqq., in-4. [5402]

Se publie par cah. de 10 planches avec texte, au prix de 15 fr. chacune. Il en paraissait xi en 1858.

DOZY (*R.-P.-A.*). Dictionnaire détaillé des noms des vêtements chez les Arabes. Ouvrage couronné et publié par la troisième classe de l'Institut royal des Pays-Bas. *Amsterdam, Müller*, 1845, in-8. 14 fr.; édition in-4. 22 fr. [27988]

— RECHERCHES sur l'histoire et la littérature de l'Espagne pendant le moyen âge ; seconde édition augmentée et entièrement refondue. *Leyde*, 1860, 2 vol. in-8. 20 fr. [26003]

— Scriptorum arabum loci... Voy. au mot SCRIPTORUM. — Notice sur quelques manuscrits arabes, 31385. — Catalogus codd. oriental., 31385 ; voyez aussi IBN BADROUN.

DRACHIER d'Amorny [*Richard* de Romany]. Le carabinage et matoiserie soldatesque, auquel soubs discours amphibologiques, l'on raille plaisamment les cerveaux etheroclites de ce temps. *Paris*,

---

la veuve Cl. le Montre'œil, 1616, in-8. [17829]

Vend. 15 fr. La Valliere; 66 fr. *mar. r.* Nodier, et 40 fr. Baudclocque.

Ce petit volume, aujourd'hui bien rare, a 78 pp., non compris 7 ff. prélim. où l'on remarque deux fig. en bois fort grotesques, l'une avec ces mots au-dessus: *Barbaro, rue aux ours;* l'autre avec ceux-ci : *Le carabin sans carabine.*

DRACKE ou Drake (*Fr.*). The famous voyage of sir Fr. Dracke... being the first commander that sail'd round the globe; to which is added the prosperous voyage of Th. Candish round the world. *London*, 1741, in-8. 9 fr. [19839]

La première édition anglaise de la relation du voyage de Dracke autour du monde parut à *Londres*, en 1600 et 1618, sous ce titre : *The famous voyage of sir Fr. Dracke into the south Sea, and there hence about whole globe of the earth, in the years 1577 to 1580, by Fr. Pretty*, pet. in-4. C'est d'après cette édition originale que Louvencourt, sieur de Vauchelles, publia en français : *Le voyage de Francis Dracke à l'entour du monde.* Paris, J. Gesselin, 1613, pet. in-8. de 90 pages. — et augmenté d'une 2e partie (extraite de divers voyageurs). *Paris*, 1627 ou 1631, ou 1641, pet. in-8.

— Expeditio Francisci Draki equitis angli in Indias occidentales A. M. D. LXXXV. qua urbes, Fanum D. Jacobi, D. Dominici, D. Augustini et Carthagena captæ fuere : additis passim regionum locorumque omnium tabulis geographicis quam accuratissimis. *Leydæ, apud Fr. Raphelengium*, 1588, in-4. de 21 pp. [20949]

Opuscule fort rare : vend. avec les quatre grandes cartes pliées qui manquent dans une partie des exemplaires, 14 liv. *m. r.* Hibbert; 5 liv. Heber; avec 3 cartes, 1 liv. 17 sh. le même.

— Voyage du chev. Fr. Drake, aux Indes occidentales. L'an 1585. *Leyde, chez Fr. de Rapheleng*, 1588, in-4. fig.

Cette traduction est plus rare encore que l'original (*Biblioth. crofts.*, 8163).

— Ephemeris expeditionis.., Norreysii et Draki in Lusitaniam. *Londini, impensis Thomæ Woodcocke*, 1589, pet. in-4. sign. A—E.

NARRATIONES duæ admodum memorabiles, quarum prima continet diarium expeditionis Fr. Draki in Indias occidentales susceptæ, anno 1585; altera omnium rerum ab eodem Drako et Norreysio in lusitanica irruptione gestarum fidelem continuationem subjicit; emendatiores quam antea editæ; additis insuper tabulis geographicis accuratissimis. *Norimbergæ, typis Christ. Lochneri et Joh. Hoffmanni*, 1590, in-4., cartes.

Deux pièces fort difficiles à trouver : la première 2 liv. Heber; la dernière 5 liv. Jadis.

— Sir Francis Drake revived : being a summary and true relation of foure severall voyages made by the said Fr. Drake to the West-Indies; collected out of the notes of Fr. Drake, Philip Nichols, Fr. Fletcher; and the notes of divers other gentlemen, carefully com-

pared together. *London*, 1653, in-4. portr.

Le *Drake revived*, qui se rapporte aux expéditions de 1572 et 1573, a été publié d'abord par Fr. Drake, baronet, neveu de l'amiral, à Londres, en 1626 (aussi 1628), in-4. de 5 ff. et 96 pp., avec le portr. de Drake sur le frontispice : 13 sh. Sykes; 1 liv. 12 sh. Jadis.

A l'édition de 1653, qui a 3 ff. prélim. et 83 pp., sont ordinairement réunis deux autres ouvrages analogues au premier, savoir : *The World encompassed by sir Fr. Drake*, Lond., 1652, de 108 pp. et le titre; et *A summarie and true discourse of sir Francis Drakes West-Indian voyage*, 1652, de 60 pp., y compris : *A full relation of an other voyage made in the West-Indies, etc.* Vend. ainsi complet, 1 liv. 18 sh. Roxburghe; 2 liv. 16 sh. Heber; 30 fr. Fleurieu.

Le *World encompassed*, extrait des notes de Fr. Fletcher, avait d'abord paru à *Londres*, en 1628, in-4., avec une carte par Vaughan (2 liv. 11 sh. White Knights), et le *Summarie and true discourse... with geographicall mappes exactly describing each of the townes... diligently made by Baptista Boazio*, avait été impr. *Lond.; by Roger Ward*, 1589, in-4., sign. A—F. (Il y a des exemplaires dont le titre ne porte pas les mots : *with geographicall mappes, etc.*), et réimpr. en 1596, dans le même format.

Pour d'autres opuscules rares relatifs à Drake, consultez Lowndes, pp. 668 et suiv. Le même bibliographe décrit à l'article Greepe (Th.) l'ouvrage suivant :

THE TRUE and perfect newes of the woorthy and valiaunt exploytes performed and doone by that valiant knight syr Frauncis Drake : not onely at Sancto Domingo and Carthagena, but also now at Cales and upon the coast of Spayne, by Th. Greepe. *London*, 1587, in-4., sign. A—C. par 4. Vend. jusqu'à 10 liv. White Knights.

— NEWES out of the coat of Spain. The true report of the hounourable service for England, performed by sir Fr. Drake in the moneths of April and May last past 1587, upon Cales; and also since that in the cape St. Vincent and cape Saker. *London, W. How for Henry Haslop*, 1587, in-4. goth. de 8 ff.

— THE VOYAGES of sir Fr. Drake to America in 1586, edited by M. Louis Lacour, from an inedited ms. in French, now in the Biblioth. imper. *Paris*, 1855, in-8.

— DRAKE, his voyage 1595, by Th. Maynarde edited (for the Hakluy Society) from the unpublished ms. by Cowley. *London*, 1849, in-8.

Nous croyons devoir placer ici le titre d'un poëme anglais peu connu composé en l'honneur de Drake :

A MOST friendly farewell given by a wel-willer, to the right worshipful sir Frauncis Drake, knight... and to all the gentlemen his followers, and captaines in this exploite, who sat sale from Woolwich, the xv day of july, 1585, *London, printed by Walter Mantel*, pet. in-4. Vend. 10 liv. 15 sh. B. H. Bright, en 1854.

DRACONIS stratonicensis liber de metris poeticis; Joan. Tzetzæ exegesis in Homeri Iliadem: gr. ex codd. mss. primum edidit et indices adjecit G. Hermannus. *Lipsiæ, Weigel*, 1812, in-8. 8 fr. — Pap. fin, 10 fr. [12245]

Il faut joindre à ce volume :

APPENDIX ad Draconem stratonicensem complectens Trichæ, Eliæ monachi et Herodiani tractatus de metris; ex codd. mss. edidit Fr. de Furia. *Lipsiæ*, 1814, in-8. de 88 pp.

Il y a des exemplaires des 2 vol. en pap. vél.

DRACONTII poetæ christiani sæc. IV carmina, recensuit Faust. Arevalo, qui pro-legomena, varias lectiones perpetuasque notas adjecit. *Romæ*, 1791, in-4. 15 à 18 fr. [12582]

Cette édition, dont le texte est de moitié plus ample que dans celles qui l'ont précédée, fait partie de la collection des poëtes chrétiens, imprimée à *Rome* (voy. JUVENCUS, PRUDENTIUS, et SEDULII carmina). Les éditions de *Francfort*, 1610, et *Leipzig*, 1651, in-8., sont à bas prix. Il y en a une d'*Helmst.*, 1794, in-8., donnée par J.-B. Carpzou, d'après le texte de celle de Rome.

DRAGHA (la) di Orlando. Voy. TROMBA.

DRAGHETTI (*Francesco*). L'horto deli-tioso delle sposi novelli; il labirinto de' mal mariti. *Bologna*, 1621, in-12.[14890]

L'auteur de ces poëmes, que M. Graesse dit fort ra-res, l'est aussi d'une petite comédie en patois bo-lonais, intitulée : *Lamento di Tugnol da Mnierbi... ridotto a modo di commedia.*

DRAGONCINO da Fano (*Giov.-Battista*). Innamoramento di Guidon Selvaggio che fu figliuolo di Rinaldo da Montalbano, qual tratta le gran battaglie, che lui fece. *Milano, per Ioanne de Castione ad instantia de messer Nicolo de Gorgon-zola,* 1516, in-4. fig. en bois. [14778]

Édition citée par Panzer, d'après Haym, et qui est d'une grande rareté : ce poëme n'a que 7 chants, en octaves. — L'édition de *Venise*, 1618, pet. in-8. fig., a été vend. 19 sh. *mar.* Hibbert. Il y en a une autre de *Trévise*, 1637, in-8., et une enfin de *Bo-logne*, *Ant. Pisari*, 1678, in-16.

— Marphisa Bizarra di Giouanbattista Dra-goncino da Fano. — *Fine del primo li-bro... Stampato in Vinegia a di.* XV. *di Settembre.* M. D. XXXI. *per Bernar-dino de Viano Vercellese*, in-4. à 2 col. sign. A—P. [14799]

Édition très-rare, et la première, avec date, de ce poëme en XIV chants; une autre édition in-8., sans lieu ni date et contenant seulement 13 chants, est portée dans le *Catal. Capponi*, p. 150 (voir Melzi, p. 264).

— Marphisa bizarra.—*Stampato in Vine-gia a di* VII. *di Marzo.* M.D.XXXII, *per Bernardino di Viano*, in-4.

Comme plusieurs octaves du dern. chant manquent à cette édition, le texte qui dans la précédente finit au verso du dernier f., se termine au recto dans celle-ci.
— LA STESSA. *Vinegia a di* XVI. *di Novembrio* .M.D.XXXV (*senza nome di stampatore*), in-8. de 66 ff. non chiffrés, lettres italiques.

Cette édition, vend. 1 liv. 15 sh. Hibbert, et 17 sh. Heber, diffère peut-être de celle de Venise, 1545, in-4., qui est portée à 18 sh. dans le catalogue Pi-nelli. L'ouvrage a été réimpr. *Verona, Barto-lommeo Merlo*, 1622, in-8. — *Padova e Bassano, G.-Ant. Remondini*, in-8., sans date. — *Padova Sebastiano Sardi*, in-8., également sans date.

N'oublions pas de dire que, dans la seconde stance du premier chant de la Marphisa, l'auteur avoue qu'il a tiré son poëme du français, et que le second vo-lume promis dans l'avant-dern. stance du 14e chant n'a pas été publié.

— AMOROSO ardore del Dragoncino da Fano. Etiam la prodica vita di Lippotopo. — *In Vineggia per Bernardino di Viano da Varcelli a di* XIX *del*

mese di Luglio, MDXXXVI, pet. in-8. de 32 ff. non chiffrés, sign. A—D, caract. rom. [14779]

Vend. 6 sh. Heber.

Ces poésies sont peu connues, et Haym ne les a pas citées, non plus que l'ouvrage suivant du même poëte :
     VITA del solazzevole Buracchio figliuolo di Mar-gutte e di Tanunago suo compagno .M.D.XLVII, pet. in-8., *sans lieu d'impression.* Petit poëme en oc-taves, dont M. Melzi n'a vu que le premier chant, lequel même est fort rare.
— LA VITA di Lippotopo, poëme burlesque en *ottava rima*, est de P. Aretino, et, d'après le témoignage du Berni (dans sa vie de l'auteur), l'ouvrage le plus rare de ce trop célèbre écrivain.

—Nobilità di Vicenza. *Vinegia, Bindoni e Pasini*, 1525, in-8. de 20 ff.

Deux *Viaggi in ottava rima*. Sur le titre une vue de Vicence, sur bois, et au verso un *Carmen* d'Antonio Forlivese, des pièces de vers en latin et en italien à la louange de Dragonicino, occupent les quatre derniers feuillets. 27 fr. catal. Costabili, n° 2542.
     STANZE di Giovambattista Dragoncino da Fano in lode delle nobil donne Venitiane del secolo moderno .M.D.XLVII. (à la fin) : *Stampata nel' inclita città di Vinegia per Mattio Pagan in Frezzaria*, pet. in-8. de 16 ff. fig. sur bois.

Opuscule rare et curieux, où l'on voit sur le titre le portrait d'une dame vénitienne et au verso du der-nier f. celui de l'auteur. 82 fr. *mar. r.* Riva, et 2 liv. 10 sh. Libri, en 1859.

DRAKE (*Fran.*). Eboracum : or the his-tory and antiquities of the city of York, together with the history of the cathe-dral church. *London*, 1736, in-fol. fig. [27340]

Cet ouvrage vaut au moins de 5 à 6 guinées en An-gleterre, et le double quand il est en Gr. Pap.

— Voy. DRACKE.

DRAKE (*Nathan*). Voy. SHAKSPEARE, et le n° 3759 de notre table.

DRALYMONT. Traicte paranetique, c'est-a-dire exhortatoire auquel se montre par bonnes et viues raisons, argumens infaillibles, histoires très certaines et remarquables exemples, le droit chemin et vrais moyens de resister a l'effort du Castillan, rompre la trace de ses des-seins, abaisser son orgueil et ruiner sa puissance, dédie aux roys, princes, po-tentats et républiques de l'Europe, par-ticulierement au Roy tres chrestien par un Pelerin espagnol, battu du temps et persecute de la fortune ; traduit de lan-gue castillane en langue françoise, par I. D. Dralymont, seigneur de Yalerme. *Impr. a Aux* (*Auxerre?*), 1597, in-12. [23651]

Pièce peu commune.

. DRAMATA sacra ex Veteri Testamento desumpta. *Basileæ, Oporinus*, 1547, 2 vol. in-8. [16115]

Cette collection, assez rare, contient 16 pièces de différents auteurs, savoir :
Tome 1 : *Protoplastus, trag.-com. ab Hier. Zieglero ; Eva* (coméd. abrég. de Ph. Melanchthon, par Xystus Betuleius) ; *Isaaci immolatio, com. ab Hier. Zeiglero; Josephus, comed. a Cor. Croco; Josephus, com. ab Andr.-Diethero; Monothesia, trag.-com. ab Hier. Zieglero, Samson, trag. ab eodem; Ruth, com. a Jac. Zovitio Driescharo; Heli, trag. ab Hier. Zieglero.*
Tome II : *Sapientia Salomonis, trag.-comed. a Xysto Betuleio: Jobus, com. a Joan. Lorichio; Hamanus, trag. a Th. Naogeorgo; Judith. trag.-com. a Xysto Betuleio; Susanna, trag.-com. ab eodem; Belus et Drago, trag. e germano Xysti Betuleii in lat. versa a Marteno Osterminchero; Zorobabel, com. ex eodem traducta a Joan. Ertemio.*
Vend. 29 fr. Soubise ; 12 fr. Méon ; 34 fr. en *mar. r.* Mac-Carthy ; 49 fr. 50 c. de Soleinne, et 20 fr. Beaudelocque; et en vél., aux armes de De Thou , 80 fr. Renouard ; 1 liv. 13 sh. *mar. citr.* Heber.
Le recueil annoncé dans le Dictionn. de Cailleau sous le titre de *Dramatum sacrorum collectio altera*, 2 vol. in-8., était composé de 7 pièces de différents auteurs, impr. séparément en différentes villes, de 1538-1556; et c'est à tort qu'on l'a indiqué comme un seul corps d'ouvrage. On en trouvera le détail dans le catal. Mac-Carthy, n° 2796, où les 2 vol. rel. en *mar. r.* sont portés à 60 fr.; ils ont été revendus 50 fr. 50 c. de Soleinne et 50 fr. Baudelocque.

DRAMATIC library. *London, Moxon,* 1839-40, 6 vol. gr. in-8. avec portr. et vignettes. [16855]

Auteurs dont se compose cette collection : *Beaumont and Fletcher, with an introduction by George Darley,* 2 vol. — *Ben Jonson, with a memoir by Will. Gifford,* 1 vol.— *Shakspeare, with remarks on his life and writings by Ph. Campbell,* avec un index.— *Massinger and Ford, with an introduction by Hartley Coleridge,* 1 vol. — *Wycherley, Congreve, Vanbrugh and Farquhar, with biographical and critical notices, by Leigh Hunt,* 1 vol.

DRAPARNAUD (*Jacq.-Phil.-Raimond*). Histoire naturelle des mollusques terrestres et fluviatiles de la France. *Paris,* an XIII (1805), in-4. fig. 10 à 15 fr., et plus en pap. vél. [6131]

Il faut joindre à cet ouvrage un *Complément, par André-Louis-Gasp. Michaud,* Verdun, Lipmann, 1831, in-4. de 19 ff., avec 3 pl. 11 fr.

DRAPIEZ. Encyclographie du règne végétal, présentant la figure, la description et l'histoire des plantes les plus récemment découvertes sur tous les points du globe ou introduites dans les serres des jardins de l'Angleterre, de la Belgique, etc. Ouvrage publié sous la direction de M. Drapiez. *Bruxelles,* 1833-38, 6 vol. pet. in-fol. avec 372 pl. color. et un texte. 300 fr. [5036]

— Voy. DICTIONNAIRE classique d'histoire naturelle.

DRAYTON (*Michel*). Works, with an historical essay on his life and writings. *London,* 1752, 4 vol. in-8., avec une grande planche représentant son monument sépulcral. [15767]

Édit. la meilleure que l'on ait de ce poëte fécond dont les ouvrages conservent encore une certaine réputation : 4 liv. 14 sh. 6 d. Sykes, 2 liv. 17 sh. Heber. L'édit. de *Londres,* 1749, in-fol., doit renfermer un appendice publié seulement en 1753.
Les premières éditions des poésies de Drayton, publiées séparément, de 1591 à 1630, ont de la valeur en Angleterre (voir le Manuel de Lowndes, 2e édit. p. 671 et suiv.), mais nous n'avons pas à nous en occuper ici, si ce n'est pour citer l'article suivant :
THE TRAGICAL legend of Robert duke of Normandy, surnamed Short-Thigh, eldest sonne to William conqueror, with the legend of Matilda the chast, and the legend of Piers of Gaueston. *Printed by Jo. Roberts, fort N. L. (London),* 1596, in-16. Edit. très-rare : 5 liv. 5 sh. Heber.
Il existe une première édition de la *Légende de Gaveston,* impr. sans date, par J. Roberts, vers 1593, in-4., sous ce titre : *Piers Gaveston earl of Cornwall, his life, death and fortune :* elle a été vend. 4 liv. 10 sh. Heber. (Pour une histoire du même Gaveston, en français, voyez HISTOIRE tragique.)
Drayton a composé un poëme sur la bataille d'Azincourt, lequel a paru avec d'autres poésies du même auteur, impr. à Londres en 1627, in-fol.

DREJER (*S.-T.-N.*), Symbolæ caricologicæ ad synonymiam Caricum extricandam stabiliendamque et affinitates naturales eruendas. Adjectæ sunt tabulæ æneæ XVII. Opus posthumum ab Acad. scient. danica editum. *Hauniae,* 1844, gr. in-fol. avec 2 pl. lith. 20 fr. [6169]

DREUILLETTE (le P. *Gabr.*). Voy. à la fin de l'article MARQUETTE (*Jac.*).

DREUX du Radier. L'Europe illustre, contenant l'histoire abrégée des souverains, des princes, etc., depuis le XVe siècle compris, jusqu'à présent. *Paris, Odieuvre,* 1755, 6 vol. très-gr. in-8. [30459]

Cet ouvrage a été tiré sur quatre papiers différents
1° in-8., pap. nom de Jésus, 60 à 75 fr. ; 2° in-4., pap. carré, 80 à 100 fr. ; 3° in-4., grand raisin, tiré à 50 exempl. , 120 à 150 fr. ; 4° in-fol., nom de Jésus, tiré à 30 exempl. : vend. en *mar. r.* 235 fr. Mac-Carthy en 1779 ; 120 fr. St-Céran.
L'Europe illustre a reparu avec un nouveau frontispice, *Paris, Nyon,* 1777; mais les anciens exemplaires sont préférables pour les épreuves des portraits. Ces planches avaient d'abord été publiées sans texte, et s'étaient adaptées à différents ouvrages, comme, par exemple, à l'Histoire universelle de De Thou, aux Mémoires de Commines, de Condé, de Sully, de la Ligue, etc.
— Du même auteur : Essai historique, 17958. — Dictionnaire d'amour, 17980. — Récréations, 18324. — Tablettes historiques, 23261.— Mémoires des reines de France, 24023. — Éloges historiques, 30563. — Bibliothèque du Poitou, 30564.

DREVES et Hayne. Choix des plantes d'Europe, décrites et dessinées d'après

---

Draper (*J.-W.*). Organization of plants, 4841.
Dräseke (*J.-H.-B.*). Predigten, 1907.
Draslé de Grandpierre; Divers voyages, 19996.

Dreger (*Frid.*). Codex Pomeraniæ, 26697.
Dreihundert amerikanische Gewächse, 5270.
Dreumann (*W.*). Geschichte Bonifaz des Achten, 21364.

nature. *Leipzig*, *Voss*, 1802, 5 part. gr. in-4. [5045]

Ouvrage contenant 125 pl. : color. 30 à 40 fr. Il est peu recherché.

DRIEU (*Guillaume*). Le Tabulaire astronomique, ou Calendrier perpétuel, auquel livre sont contenus les principaux passages tant du Vieil que du Nouveau Testament. *Lyon*, *Ant. Voulant*, 1562, in-16. [8335]

Livre rare, cité par La Croix du Maine et par Du Verdier. Ce dernier nous fait connaître cet autre ouvrage du même mathématicien d'Aix en Provence : *La Sphère du monde succinctement déclarée par brieve figure, tous les cercles l'un après l'autre mis , reduite en quatre livres*, Avignon, sans date, in-16. [8361]

DROICT chemin de Lospital. V. CHEMIN.

DROICT de M. le cardinal de Bourbon à la couronne de France, défendu et maintenu par les Princes et catholiques françois. *Paris*, *Rolin Thierry*, 1589, in-8. [23606]

Cette pièce, qui est devenue rare, comme presque toutes celles qui ont paru à la même époque, est ordinairement réunie à d'autres sur le même sujet, comme, par exemple :

SOMMAIRE des raisons qui ont meu les Francois catholiques de recognoistre nostre roy Charles X , entre tous les Princes qui sont en France. *Paris*, *Rolin Thierry*, 1589, in-8.

DE LA SUCCESSION du droict et prérogative de premier prince du sang, déférée à M. le cardinal de Bourbon... traduit du latin de Mathieu Zampini. *Paris*, *P. Menier*, 1589, in-8.

ARREST de la cour de Parlement, par lequel est enjoint de recognoistre le roy Charles X pour vray et légitime roy de France, et deffendu aucun traicté de paix avec Henry de Bourbon. *Paris, Nic. Nivelle*, 1590, in-8.

ADVERTISSEMENT au roy tres chrestien, Charles de Bourbon dixieme de ce nom, avec une remonstrance aux prélats de France démonstrative de l'extresme misere de ce temps; par Jacques Baron. *Paris, V.e de F. Plumion*, 1589, in-8.

DROIT de la reyne d'Escosse. V. LESLEY.

DROIT (du) des magistrats sur leurs subjects, traitté très-nécessaire, en ce temps, pour aduertir de leur deuoir, tant les magistrats que les subjects, publié par ceux de Magdebourg, l'an MDL, et maintenant reueu et augmenté de plusieurs raisons et exemples. 1574, pet. in-8. de 85 pp. [4004]

Vend. 7 fr. La Vallière; 15 fr. *mar. v.* Renouard.

Ce traité a été attribué mal à propos à Théod. de Bèze, parce qu'on l'a confondu avec le *Traité de l'autorité du magistrat* de ce dernier. Il a été réimpr. en 1575, pet. in-8. de 126 pp., en 1578 et 1579, in-8. de 69 pp. (6 fr. Chardin), puis traduit en latin sous ce titre :

DE JURE magistratuum in subditos, et officio subditorum erga magistratus : tractatus brevis et perspicuus, his turbulentis temporibus utrique

ordini apprime necessarius , e gallico in latinum conversus, 1576 (aussi 1580), *apud Ioannem Marescallum Lugdunensem*, pet. in-8.

L'édit. de 1580 que j'ai sous les yeux a 130 pp. et 1 f. pour l'index.

Réimpr., *Francofurti*, *Wolfgangus Richterius*, 1608, pet. in-8.

L'ouvrage a donné lieu à deux réfutations, l'une de J.-Bapt. Fricklerus, aussi sous le titre *De jure magistratuum in subditos*, etc., *Ingolstadii, David Sartorius*, 1578, in-8. L'autre, de Jean Beccaria, a pour titre : *Refutatio cujusdam libelli sine auctoris nomine, cui titulus est : De jure magistratuum*, etc., 1590, pet. in-8.

Ces deux réfutations sont portées dans l'ancien catal. imprimé, mais non publié, de la Bibliothèque du roi, E*, 742 et 745.

DROITS et Establissemens de Normedie. Voir l'article COUSTUMES de Normandie; ci-dessus, col. 379.

DROITS (les) nouueaulx establis sur les femmes. (*sans lieu ni date*), pet. in-4. goth. de 8 ff. à longues lignes, au nombre de 26 par page, avec une fig. en bois au commencement. [13487]

En vers de 8 syllabes. Voy. JOYEUSETEZ.

Autre édition : *Rouen, pour Jehan Burges le jeune*, sans date, pet. in-8. goth. à 2 col. de 33 lig. Vendu 1 liv. 11 sh. 6 d. (avec les *Demandes d'amour*), Lang. Réimprimé dans le 2.e volume du Recueil de M. de Montaiglon.

DROITZ nouueaulx et arretz d'amour. Voyez MARTIAL d'Auvergne.

DROSÆUS. Grammaticæ quadrilinguis (gall., lat., græc., hebr.) partitiones, authore Joanne Drosæo. *Lutetiæ - Parisior.*, *ex officina Chr. Wecheli*, 1544, in-4. [10580]

Cette grammaire, devenue aujourd'hui fort rare, est portée quatre fois dans le catal. de Chr. Wechel, pour l'année 1544, savoir : parmi les livres hébreux, les grecs, les latins, et parmi les français, où elle est annoncée ainsi : *Une grammaire en quatre langues, faicte par Jehan Drosæus : en laquelle est diligemment traicté de la langue françoise.*

DROUHET apoticaire a Sainct Maixent. La Mairie de Sen Moixont, o lez vervedé de tretoute lez autres : ensemble la Mizaille a Tauni toute birolée de nouvea , que l'amprimou emmoulle. *Poictiers , Piere Amassard*, 1661, in-8. [14363]

Deux pièces en patois poitevin. La première est un fragment de dialogue d'environ 400 vers; la seconde, une sorte de comédie théologique. Il y en a une édit. de 1662, augmentée des arguments français... *avec l'explication des mots en poictevin les plus difficiles à scavoir.* L'exemplaire de ces deux pièces vend. 9 fr. de Soleinne, en contenait une troisième ayant pour titre :

LE DELOIREMENT d'un oncien Huguenot de Chondoné après la rouine do prêche ; sur tout ce qui s'est

---

fait et passé pendant la démolition du Temple, le treizième septembre mil six cens soixante-trois. *Poictiers*, 1661, pièce de 8 ff. par le même auteur.

Le catal. de Soleinne, 3967, annonce encore deux autres pièces de Drouhet, savoir :

DIALOGUE poictevin de Michea, Perot, Jouset, huguenots, et de Lucas catholique... *Poictiers*, s. d., in-8. de 20 pp. édit. augmentée.

LEZ BON et beu prepou do bounhome Breteau su le missien de monsu Demur foet à sen Moixant..., *Ibid.* (1664), in-8. de 7 pp.

DROUIN Lodunoys (*Daniel*). Le recueil de chansons d'amours, composées par lui ; joinct à icelles plusieurs autres chansons de divers poëtes françois. *Paris, Nic. Bonfons*, 1575, in-16. [14272]

Vol. de 80 ff. y compris la table : on ne le trouve que difficilement. Vend. 20 fr. *mar. r.* en 1816; 10 fr. Le Duc; 16 fr. A. Martin; 39 fr. Nodier.

DROUVILLE (*Gasp.* de). Voyage en Perse, pendant les années 1812-13, contenant des détails peu connus sur les mœurs et usages des Persans, ainsi que sur leur état militaire, tant ancien qu'actuel, et généralement sur tout ce qui concerne les forces régulières et irrégulières de cet empire. *Saint-Pétersbourg*, 1819-21, in-4., et atlas de 20 grav. et 42 lithogr., par Oslowsky. [20617]

Ouvrage d'une assez belle exécution, et qui n'a, dit-on, été tiré qu'à 150 exempl. de ce format. Il y en a d'autres exempl. en 2 vol. in-8., avec un atlas, et aussi une seconde édition. *Paris, Mac-Carthy*, 1825, 2 vol. in-8. fig. et carte. Cette dernière ne renferme qu'une partie des figures de la précédente ; il y en a une 3e de *Paris, Masson*, 1828, 2 vol. in-12, avec 8 pl. color.

DROUYN (*Jean*). Le Regime d'honneur, translaté de latin en francois. *Lyon, par Jean Picot et Martin Havard*, 1507, in-8. [3853]

Drouyn est le traducteur de cet ouvrage, au commencement duquel il a placé des vers français, dignes de figurer dans la *Civilité puérile et honnête* (voy. Du Verdier, à l'article Jean *Drouyn*).

— Voy. BADIUS, et VENETTE.

DROUYN (*Daniel*), sieur de Belendrois. Le revers de fortune, traitant de l'instabilité des choses mondaines. *Paris, Cl. de Monstroeil*, 1587, pet. in-8.

Cet auteur est sous le nom de Drovin dans la Bibliothèque de La Croix du Maine, où il est dit qu'il a composé plusieurs poëmes françois, imprimés. Dans une note, l'éditeur en cite un sous ce titre : LES VENGEANCES divines de la transgression des sainctes ordonnances de Dieu. *Paris*, 1594, in-4. On a encore de D. Droyn : *Le Miroir des rebelles, traitant de l'excellence de la majesté royale, et de la punition de ceux qui se sont élevés contre elle*. Tours, 1592, in-8.

DROYN (*Gabr.*). Le royal sirop de pom-

mes, antidote des passions melancholiques. *Paris*, 1615, pet. in-8. [7685]

Ce petit traité assez recherché est un ouvrage peu intelligible, et qui appartient plutôt à la morale qu'à la médecine, où on le classe ordinairement ; car le remède dont il est question paraît être une pure fiction. Vend. de 6 à 12 fr. Saint-Céran, d'Hangard, By, de Couronne, etc.

DROZ (*Franç.-Xav.-Joseph*). Ses OEuvres. *Paris, Renouard*, 1826, 2 vol. in-8. portr. 10 fr. et plus en Gr. Pap. vél. [19187]

Ces deux vol. renferment seulement les principaux ouvrages de l'auteur ; on y réunit : *L'Economie politique, ou principes de la science des richesses*, par le même, *Paris, Renouard*, 1829, in-8., ouvrage dont il existe aussi des exempl. en Gr. Pap. vél. Un de ces derniers 15 fr. Renouard.

— EXTRAITS de divers moralistes anciens et modernes (par M. Droz), an IV (1796). (*Besançon, Briot*), pet. in-8. de 93 pp.

Ce petit volume a été imprimé par l'auteur, et tiré à 36 exempl. selon Gabr. Peignot, à 24 selon M. Quérard, ou même à 12 seulement, s'il faut s'en rapporter au catal. de M. de Chateaugiron, n° 107, où un exempl. rel. en *mar. bl.* est porté à 30 fr. ; un autre en *m. r.* 10 fr. Pixérécourt.

— ESSAI sur l'art d'être heureux ; troisième édition, avec l'Eloge de Montaigne. *Paris, Renouard*, 1815, in-8. [3843]

Il a été tiré six exemplaires de cette 3e édition en Gr. Pap. vél., et un seul sur VÉLIN, 35 fr. Renouard. La 1re édit. est de 1806, in-12 ; il en existe deux exemplaires sur VÉLIN. Il y a une 4e édit., *Paris*, 1825, in-18, dont un exempl. impr. sur VÉLIN, vend. 49 fr. Renouard ; à cette vente se trouvait la *Philosophie morale*, du même auteur, 3e édit., 1824, in-8., sur VÉLIN, 32 fr.

— Louis XVI, 23927.

DRUDO (*Hilarius*). Practica artis amandi, insigni et jucundissima historia ostensa, cui præterea quæ ex variis autoribus antehac annexa sunt, alia quædam huic materiæ non inconvenientia jam primum accesserunt, eaque singularia. *Amstelod., Geor. Trigny*, 1651, pet. in-12, avec un titre gravé, portant la date de 1652. 4 à 6 fr. [17892]

La première édition de ce recueil a paru sous le titre suivant que porte aussi celle de 1651 :

EQUITIS FRANCI et adolescentulæ mulieris italæ practica artis amandi..., cui alia quædam huic materiæ non inconvenientia accesserunt... auctore Hil. Drudone. *Ursellis, Corn. Sutorius*, 1606, pet. in-12 de 546 pp.

Il y en a aussi une de *Francf., typis Wolfg. Hoffmanni*, 1625, pet. in-12.

Les principales pièces comprises dans l'édition de 1651 sont *Historia Euriali et Lucretiæ* (voyez ÆNEAS SILVIUS) ; *Beroaldi declamationes* (voyez BEROALDUS), et *de duobus amantibus* (*Guiscardus et Sigismunda* (voy. ARETINUS, *Leonardus*). Voir sur Drudo, et sur l'*Oratio de matrimonio litterati*, qui est dans ce recueil, une note curieuse de l'abbé de Saint-Léger, impr. dans le catalogue de Van Hulthem, II, n° 12795.

DRUMANN (*Wilh.*). Geschichte Roms in seinem Uebergange von der republika-

---

Drouilhet de Ségalas (*Paul*). L'art en Italie : Dante, 30079.

Drouin (*R.-H.*). De Re sacramentaria, 1266.

Drouot (*T.*). Traité des cataractes, 7537.

Droz (*F.-N.-E.*). Droit public de Franche-Comté, 24566. — Histoire de Pontarlier, 24576.

nischen zur monarchischen Verfassung, oder Pompejus, Caesar, Cicero und ihre Zeitgenossen. Nach Geschlechten und mit genealog. Tabellen. *Königsberg, Bornträger*, 1841 - 44 , 6 vol. in-8. 75 fr. [22947]

DRUMMOND. Polemo Middinia; carmen macaronicum, auctore Gulielmo Drummundo scoto-britanno; accedit Jacobi, id nominis quinti, regis Scotorum, cantilena rustica, vulgo inscripta : Christs Kirk on the Green. Recensuit notisque illustravit E. G. (Edm. Gibson). *Oxonii, e Theatro sheldon.*, 1691, in-4. 6 à 10 fr. [13142]

Réimpr. à Glascow, chez Foulis, en 1768.

— The poems of William Drummond of Hawthornden. *Edinburgh*, 1832, in-4. de XXIV et 418 pp. portr. et fac-simile. [15790]

Édition tirée à 68 exempl. seulement, et présentée au Maitland club, par Will. Macdowall.

Ce poëte écossais a écrit au commencement du XVII⁰ siècle. Les éditions originales de ses poésies sont des livres rares et d'un grand prix. Nous citerons spécialement celle qui a paru sous le titre suivant :

POEMS : Amorous, Funerall, Diuine, Pastorall, in sonnets, songs, sextains, madrigals, by W. D. the author of the Teares on the death of Moeliades. *Edinburgh, printed by Andro Hart*, 1616, in-4.

Le seul exemplaire qu'on en connaisse a été successivement vendu de 10 à 16 liv. sterl. aux ventes Lloyd, Gordonston, Inglis, R. Heber. Il s'en trouve des exemplaires avec un nouveau titre, sous la même date, mais portant *The second impression*, et auxquels sont réunis *Flowers of Sion, and Cypresse Grave*, du même auteur, imprimés en 1623. Vend. 2 liv. 4 sh. Steevens; 1 liv. 4 sh. (incomplet à la fin) Heber, et en Gr. Pap. 10 liv. 15 sh. le même. Sur ces deux sortes d'exemplaires consultez *Martin's Catalogue of books privately printed*, p. 414, et sur les différentes éditions des poésies de W. Drummond, le Manuel de Lowndes, p. 611 (2⁰ édit., p. 675), où nous remarquons particulièrement :

W. DRUMMOND'S works, consisting of those which were formerly printed, and those which were designed for the press. *Edinburgh*, 1711, in-fol., édition donnée par Bp. Sage et Th. Ruddiman.

DRUMMOND (D⁻ *Rob.*). Illustrations of the grammatical parts of the guzeṝattee, mahratta and english languages. *Bombay, Courier press*, 1808, pet. in-fol. 2 liv. 2 sh. [11786]

Vend. 40 fr. Langlès; 20 fr. de Sacy.

— GRAMMAR of the malabar language. *Bombay, at the Courier printing office*, 1799, pet. in-fol. [11803] Vend. 25 fr. Langlès.

DRUMMOND (*Will.*). Academical questions. *London*, 1805, in-4. [18376]

Tome I, et le seul qui ait paru, quoiqu'une partie du second ait été imprimée. Il a été publié à 15 sh.; mais devenu rare, il est porté à 2 liv. 2 sh. dans les catalogues anglais.

— ESSAY on a punic inscription found in the island of Malta. *London*, 1810, gr. in-4. 1 liv. 4 sh. [29960]

— ŒDIPUS judaicus. *London*, 1811, in-8. de lxxxii et 381 pp. non compris le titre, la table et les addit., plus 16 pl. [627]

Cet ouvrage, devenu rare (vend. 3 liv. Hibbert; 1 liv. 14 sh. et 2 liv. Heber), doit être accompagné des pièces suivantes : *Rev. d'Oyley's letters to W. Drummond*, 1812.—*Letters to Rev. G. d'Oyley in answer to his attack on the Œdipus judaicus, by Vindex*, 1812. — *Remarks on the Œdipus judaicus, being a sequel to the letters to W. D.* 1813. —*Additional letters..... by Vindex, Biblicus and Candidus*, 1813.— *Remarks on additional letters*, 1814. Le tout est porté 6 liv. 16 sh. 6 d. *Catalogue Thorpe*, 1824.

On a du même auteur :

REVIEW of the government of Sparta and Athens. *London*, 1794, in-8.

HERCULANENSIA, or archæological and philological dissertations , containing a manuscript found among the ruins of Herculanum. *London*, 1810, gr. in-4. [29307]

MÉMOIRES sur l'antiquité des zodiaques d'Esneh et de Denderah, traduits de l'anglais (de M. W. Drummond, par M. Fresnel). *Paris , Eberhart*, 1822, gr. in-8., pap. vél. Tiré à 60 exemplaires qui n'ont pas été mis dans le commerce. Vend. 6 fr. Rémusat. [8192]

ORIGINES, or remarks on the origin of several empires, states and cities. *London*, 1828, 4 vol. in-8. avec cartes, 1 liv. 8 sh. [22686]

DRUMMOND (*Henry*). Noble British Families with their genealogies and biographical notices of the most distinguished individuals illustrated with portraits, views, armorial bearings, monuments, seals, compiled and edited by H. Drummond. *London*, 1842, 2 vol. in-fol. impér., fig. color. [28939]

Cet ouvrage donne l'histoire des familles : *Asburnham, Arden and Campton, Cecil, Harley, Bruce, Perceval, Dubar, Hume and Dundas, Drummond et Neville*. Il a coûté 25 liv. 4 sh., mais il n'est porté qu'à 7 liv. 16 sh. dans un catalogue du libraire Quaritch de Londres.

DRUMOND de Melfort (le comte). Traité sur la cavalerie. *Paris*, 1776, gr. in-fol. et 1 vol. de pl. format d'atlas. [10351]

Ouvrage bien exécuté. Il a coûté 240 fr. et plus cher avec les pl. coloriées. Il y a 11 pl. dans le premier tome et 32 pl. doubles dans le second. Vend. rel. en *v. f.* 46 fr. Delcro; rel. en *mar.* 54 fr. Tolosan, et 45 fr. Huzard.

Le même traité a été imprimé à *Dresde*, 1786, en 2 vol. in-4., avec 34 et 25 pl. réduites et assez mal gravées.

DRURY (*Guill.*). Alvredus sive Alfredus, tragi-comœdia ter exhibita in seminario Anglorum duaceno ab ejusdem collegii juventute; anno 1619. Authore Guilielmo Drurero nobili anglo. *Duaci, Jo. Bogard*, 1620, in-16 de 158 pp., avec une page d'errata. [16173]

Indépendamment de la pièce annoncée sur son titre, ce petit volume en contient une seconde, *Mors, comœdia*, depuis la p. 96 jusqu'à la p. 153. *mar. r.* 13 fr. 50 c. de Soleinne.

Ces deux mêmes pièces, accompagnées d'une troisième intitulée *Reparatus*, ont été réimpr. sous le titre suivant :

DRAMATICA poemata, authore D. Guilielmo Druræo; editio ultima, ab ipso authore recognita, e multo quam prima auctior- reddita. *Antuerpiæ*, *apud Petrum Bellerum* (seu Duaci), 1628, pet. in-12 de 12 ff. et 244 pp. — et aussi *Antuerpiæ, P. Beller,* 1641, pet. in-12.

DRURY (*Robert*). Madagascar, or journal during fifteen years captivity on that island. *London,* 1722, in-8. fig. [20935]

Relation intéressante et qui passe pour être fidèle, réimpr. en 1729 et en 1807, in-8. 10 à 12 fr.

DRURY (*D.*). Illustrations of natural history, wherein are exhibited upwards of two hundred and forty figures of exotic insects... with a particular description of each... to which is added a translation into french. *London,* 1770-82, 3 vol. gr. in-4. [5963]

Cet ouvrage, orné de 150 pl. color. avec soin, a coûté 180 fr.: vend. mar. bl. 120 fr. en 1839, et 50 fr. 50 c. Huzard.

Une nouvelle édition des illustrations entomologiques de Drury, augmentée par J.-O. Westwood, a été publiée à Londres, chez Bohn, en 1837, 3 vol. in-4. fig. color., au prix de 6 liv. 6 sh. — Le nouveau texte en 1 vol. in-4. se vendait à part, pour compléter la première édition. Il contient: *The modern names; generic and specific characters; synonymes of later naturalits; account of the economy, habitations and food of many of the insects; and scientific and alphabetic Index.*

La traduction allem. par Panzer, *Norimb.,* 1785-88, 2 vol. in-4. fig. color., coûtait 72 fr.

DRUSAC (*Grat.* Dupont de). Voyez CONTROVERSES des sexes, et DUPONT.

DRUSIANO dal Leone Elquale tracta de le Bataglie dapoi la morte | di Paladini. Et de molte τ infinite bataglie scriuendo | damore z di molte cose bellissime. (au recto du dernier f.) : *Finito el libro de drusiano dal leone disce|so dala nobel schiata de bouo nelqual li|bro si contiene diuerse e mirabile bataglie | sotto breuita : & come esso Drusiano con | quisto tutto el mondo Impresso in Ve| netia nel Anno. M. cccc. xiii. Octubrio,* in-4. de 40 ff. à 2 col. de 48 lig., avec fig. en bois. [14819]

Édition en caractères romains et la plus ancienne que nous connaissions de ce poëme en 15 chants, et en stances de 8 vers. Sur le titre se voit une gravure en bois représentant un chevalier armé. Hain (n° 6410) a décrit exactement ce livre précieux, qui paraît avoir échappé aux recherches de M. Melzi; il l'a placé parmi les éditions du XVe siècle, en faisant observer que les chiffres de la date indiquent peut-être 1513. Ce qui n'est pas douteux. ·

— Drusiano dal Leone. — *Finito è il libro de Drusiano dal Leone desceso dalla nobil schiatta de Bovo, nel qual libro se contiene diverse mirabili battaglie... Impresso in Milano per Gotardo da Ponto, ad instantia de Domino Io. Iacobo & fratello da Legnano,* M.CCCCC.XVI. *a di xx. di Novembre,* in-8. (*Catal. Capponi.*)

— DRUSIANO dal Lion el qual tratta de le battaglie dapoi la morte di Paladini... *Stampato in Milano per Rocho et fratello da Valle dicti li Ruspini ad instantia de Misser Nicolo da Gorgonzola nel*

M. CCCCC. XXI. *adi xiiij de Marzo,* in-4. à 2 col. caract. demi-goth. (*Biblioth. impér.*)

— LO STESSO. — *nouamente ristampato in Milano per Valerio & Hieronimo fratelli da Meda* (senz' anno), in-4. à 2 col. en caract. ronds.

Édition du milieu du XVIe siècle. Vend. 1 liv. 11 sh. Hibbert; 13 sh. Heber.

— DRUSIANO dal Leone. (in fine) : *Stampato in Venezia per Bartolomeo detto l'Imperadore e Francesco suo genero.* M. D. LV, in-8.

— LO STESSO. *Venezia, Vincenzo Viano,* 1576, in-8.

Réimpr. *Venet.,* Pietro Donato, 1580, in-8. goth. de 47 ff., avec fig. en bois. Vend. 5 fr. La Valliere.— *Venet.,* Dom. Imberti, 1604, in-8. à 2 col. fig. — *Venet.,* Luca Spineda, 1616 et 1620, in-8. — *Verona,* Bartol. Merlo, 1627, in-8. fig. — *Venezia,* per il Miloco, 1669, et per Zaccaria Conzatti, 1670, et enfin *Venez. et Bassano, Remondini,* sans date, in-8. (Melzi, 292.)

DRUSIUS. I. Drusii quæstionum ac responsionum liber, in quo varia scripturæ loca explicantur aut emendantur. *In Academia lugdunensi,* 1583, pet. in-8. de 72 pp. — ejusdem Ebraicarum quæstionum, sive quæstionum ac responsionum libri duo, videlicet secundus et tertius. *in Academia lugdunensi,* 1583, in-8. de 126 pp. chiffrées, suivies d'un f. qui ne l'est pas. [439]

Ces deux opuscules, imprimés à Leyde par le même imprimeur, et qui ne doivent pas être séparés, se trouvent placés ici parce qu'au bas de l'errata qui occupe le recto du dernier f. de la seconde partie, se lit cette souscription, remarquable en ce que le nom de Louis Elzevier, libraire, y figure : *Veneunt Lugduni-Batauorum apud Ludovicum Elseuirium e regione scholæ novæ.* Cette souscription a précédé l'*Eutropius,* de 1592, livre qu'on avait longtemps regardé comme le premier où figurait le nom devenu célèbre de ce libraire. Le Drusius de 1583 est inscrit dans l'anc. catalogue de la Biblioth. du roi, A, 2174, mais sans le nom de Louis Elzevier, que cependant l'exemplaire porte. Drusius est le nom latinisé de *VanderDriessche.* M. Pieters, qui à la p. 21 de la 2e édit. de ses *Annales de l'imprimerie des Elsevier,* décrit la seconde partie des *Quæstiones* de Drusius, ne parle pas de la première.

DRUTHMARUS (*Christ.*). Expositio in Matthæum evang. familiaris, cum epitomatibus in Lucam et Joannem. *Argentorati, impensis Joan. Gruningen* M. VC. XIIII, *mense Augusto,* in-fol. [489]

· Ouvrage qu'une exacte suppression a rendu très-rare (40 fr. mar. r. Mac-Carthy); l'édit. d'*Haguenau,* 1530, ne l'est pas moins; mais le texte en a été reproduit dans la *Bibliotheca max. Patrum,* t. XV, p. 86 et suiv.

DRYANDER (*Jonas*). Catalogus bibliothecæ historico-naturalis Jos. Banks. *Lond., typ. Gul. Bulmer,* 1796-1800, 5 vol. gr. in-8. pap. vél. [31566]

Ce catalogue est déjà arriéré de soixante ans, mais il présente des détails curieux, et notamment l'indication du nombre des pages et des planches de chaque ouvrage, ainsi que celle des différents mémoires qui appartiennent à chaque sujet. C'est là ce qui le rend indispensable aux naturalistes et aux bibliographes. Les exempl. sont peu communs en France. Vend. 94 fr. Cailhava; 61 fr. Boutourlin; 70 fr. Huzard; 48 fr. Jussieu.

DRYDEN (*John*) Works, with notes, historical, critical and explanatory, and a life of the author by sir Walter Scott. *Edinburgh(printedby Ballatyn)*, 1821, 18 vol. in-8. [19337]

Édition regardée comme la meilleure de cette collection : 90 à 120 fr. Ce n'est pourtant que la réimpression pure et simple de celle de Londres, 1808 (aussi en 1818), dont il y a des exemplaires en Gr. Pap., tandis qu'il n'en a pas été tiré de la dernière.
— THE POETICAL works, with notes by Jos. Warton, John Warton and others. *London*, 1811, 4 vol. in-8. 24 à 30 fr. [15805]

Il y a plusieurs éditions de ces mêmes poésies en 4 vol. in-8. ou in-12, et aussi une de *Lond., Pickering*, 1832, 5 vol. in-12, avec une notice par Mitford ; enfin une de 1851, en un seul vol. in-8.
— THE FABLES, with (IX) engravings from the pencil of lady Diana Beauclerc. *London, T. Bensley*, 1797, pet. in-fol. pap. vél. [15806]

Belle édition : 30 à 40 fr. ; en *mar*. 71 fr. Labédoy... Un exemplaire impr. sur VÉLIN, avec des gravures sur satin, a été vend. 34 liv. 18 sh. à Londres, en 1804, et 360 fr. Galitzin.

Ces fables ont été souvent réimprimées. La première édition a paru à Londres, en 1700, in-fol.
— DRAMATICK works. *Lond.*, 1762, 6 vol. in-12, fig. 15 à 20 fr. [16893]
— CRITICAL and miscellaneous prose works, with notes and illustrations by Edm. Malone. *London*, 1800, 4 vol. in-8. 1 liv. 10 sh., et plus en Gr. Pap. fin. [19337]

DSANGLUN. Der Weise und der Thor, aus dem Tibetischen übersetzt und mit dem Originaltexte herausgegeben von J.-J. Schmidt. *St-Petersbourg*, 1843, 2 vol. in-4.; le premier de XXXVIII et 323 pp., le second de IV et 404 pp. 22 fr.

DSCHAFER (*Abu*). Voy. ABU DSCHAFER.

DSCHAMI. Voy. DJAMI.

DSCHELALEDDIN Rumi. Auswahl aus den Diwanen des grössten mystischen Dichters Persiens, Mewlana Dschelaleddin Rumi. Aus dem persischen mit beigefügtem Originaltexte und erläuternden Anmerkungen von Vincenz von Rosenzweig. *Wien*, 1837, in-4. de 236 pp. 6 thl. 16 gr. [15985]

En 1848 (1264), il a paru trois éditions différentes du *Mesnewi* de Dschelaleddin Rumi, toutes les trois gr. in-4. lithographiées à Tebriz dans le même établissement. L'écriture en est médiocre et le tirage inégal, mais généralement mauvais. (J. Mohl, *Journal asiat.*, avril 1853.) — Voir à la col. 777, le même nom orthographié différemment.

DUANE (*Matthew*). Coins of the kings of Macedonia, from Amyntas I, to Alexander the Great, engraved by Bartolozzi. *London* (no date), in-4. [29792]

Ce recueil de médailles macédoniennes s'est quelquefois vendu de 2 liv. à 2 liv. 12 sh. à Londres. Pour d'autres médailles gravées pour le même amateur ; voy. GOUGH (*Rich.*).

DUAREN (*Fr.*). Opera. *Lucæ*, 1765-72, 4 vol. in-fol. 50 à 60 fr. [2528]

Dernière édition de ce savant jurisconsulte-canoniste. Elle a effacé celles de Lyon, 1579, et de Genève, 1608, in-fol.

DUBARTAS. Voy. SALUSTE.

DUBBII amorosi. Voy. ARETINO.

DU BEC (*Philippe*), évêque de Nantes. Ses Sermons. *Paris, Guill. Chaudiere*, 1586, in-8. [1444]

— SERMON de la Samaritaine, ou de notre vocation à la grace, à quoy ce saint jubilé nous appelle, avec un sermon de la paix, sur la paix de France; suyvie de l'année de paix du saint jubilé par le même. *Paris, Leger Delas*, 1600, in-8.

Ces deux recueils de sermons sont portés dans l'ancien Catal. de la Biblioth. du roi, D, 5375 et 5377.

EXHORTATION de Phil. du Bec, evesque de Nantes, sur le reiglement et police, faits au dict lieu pour l'entretien des pauvres, au clergé, nobles et bourgeois habitans de la dicte ville. *Paris, Martin Le jeune*, 1570, in-4. (Du Verdier.)

EXHORTATION et épithalame sur le mariage du roi, par Phil. Du Bec. *Paris*, 1600, in-4. (Catal. de Secousse.)

DU BEC (*Jehan*), abbé de Mortemer. Discours de l'antagonie du chien et du lieure, ruses et proprietez d'iceux, l'vn a bien assaillir, l'autre à se bien deffendre, (*sans nom de lieu ni d'imprimeur*), 1593, pet. in-8. de 16 pp. [10428]

Opuscule très-rare de cette édition. Aug. Veinant en a fait faire une réimpression chez Crapelet, en 1850, de format pet. in-8. de 3 ff. et 26 pp., tiré à 62 exempl. dont 2 sur VÉLIN. Prix, en pap. de Hollande, 10 fr., en pap. VÉLIN 12 fr., en pap. de Chine, 15 fr.
— HISTOIRE du grand Tamerlan..., tirée des monumens antiques des Arabes, par Jean Du Bec. *Lyon, Léonard Fiscelle*, 1602, pet. in-8. [28265]

Cette édition n'est pas la première de cet ouvrage. On en cite une de Rouen, 1597, in-8., que je n'ai pas vue, non plus que celle de Bruxelles, 1602, mais qui doit exister, puisque, d'après Lowndes, la traduction anglaise de ce livre, par H. M. a été impr. à Londres, en 1597, in-4. de 265 pp. L'édition de Lyon n'a été payée que 4 fr. à la vente Langlès; mais celle de *Paris, D. Guillemot*, 1612, pet. in-12, s'est vendue 19 fr. Veinant. Il en existe une autre de *Paris*, 1607, in-12.

DU BELLAY. Voy. BELLAY.

DU BERTHRAND. Voy. BERTHRAND.

DUBOIS. Voy. SYLVIUS.

DUBOIS (*Guill.*). Voy. CRETIN.

DUBOIS. Les Œuvres de Guill. Dubois, natif de la paroisse de Putot en Bessin, et ouvrier du métier de maçon, maistre tailleur de pierres à la ville de Caen, où il lui a été donné le don d'écrire en poésie franç., par un ordre alphabét., pour opposer au fantastique, comme on pourra voir en ce petit livre. *Paris*, 1606-7, in-12. [19067]

Sous ce titre factice d'Œuvres sont réunies six pièces singulières et rares qui paraissent avoir été écrites à

Dubarle (*Eug.*). Histoire de l'Université, 30246.
Duboin. Raccolta di leggi, 2971.
Dubois (*Germ.*). Hist. ecclesiæ parisiensis, 21416.
Dubois (*J.-B.*). Feuille du cultivateur, 6313. — Histoire littér. de Pologne, 30144.
Dubois (*J.-P.-J.*). Gouverneurs des Indes, 28155.
Dubois (*D.-B.*). Voyages, 20933.

l'imitation de celles de Bern, Bluet d'Arberes (voy. BLUET). Vend. 45 fr. La Valliere.

Ces pièces sont : 1° *Au nom de Dieu...* Paris, 15 septembre 1606, 72 pp. en vers. — 2° *Après que Dieu...* Paris, le 8 octobre 1606, 24 pp. en vers et en prose. — 3° *Au roy par amour loyal...* Paris, le 15 sept. 1606, 12 pp. en vers. — 4° *A la gloire de Dieu...* Paris, le 8 octobre, 24 pp. en prose et en vers. — 5° *Au nom de Dieu par amour loyal.* Paris, 1er septembre 1606, prose et vers, 48 pp., avec 2 fig. en bois. — 6° *Traité des arguments faits à Caen en Normandie, et à Paris en France et autres lieux...* imprimé à Paris au mois de Iuillet 1607, prose et vers, 132 pp. Cette dernière pièce est aussi intitulée : *Amour loyal*, et il y a plusieurs autres titres dans le corps du volume. A l'exemplaire du *Traicté des arguments faicts à Caen* (sous la date de 1606), in-12, vendu 14 fr. 5 c. Méon (n° 1664), était joint un placard, contenant la lettre patente du roi, accordée au capitaine Marchand, pour la construction du *Pont-au-Change*, placard remarquable par la singularité du préambule composé en vers par Guillaume Dubois.

DUBOIS (*Jean-Ant.*). Description of the character, manners and customs of the people of India, and of their institutions religious and civil, translated from the french ms. *London, Longman,* 1817, in-4. 1 liv. 5 sh. [28120]

Vend. 49 f. *cuir de Russie*, Langlès.

— MOEURS, institutions et cérémonies des peuples de l'Inde. *Paris, impr. roy.* (*Merlin*), 1825, 2 vol. in-8. 14 fr. [28121]

On a encore de M. l'abbé Dubois : *Letters on the state of christianity in India.* London, Longman, 1823, in-8. 7 sh. — Exposé de la théogonie des Brahmes, 2255.

— LE PANTCHA-TANTRA. Voy. BIDPAI.— Exposé, 2255.
— The peoples of India, 28120.

DUBOIS (*Ch.-F.*). Planches coloriées des oiseaux de la Belgique et de leurs œufs. *Bruxelles,* 1851 *et ann. suiv.*, gr. in-8. [5752]

Ce recueil d'oiseaux devait former 100 cah. de 3 pl. au prix de 2 fr. chacun ; il en paraissait 70 fin de 1856.

DU BOIS GELIN. Traité des droits royaux de bris et de brefs ou seaux ; leurs causes, effets, origine et aultres singularités concernant ceste matiere. Par Noble homme M. Christophle Du Bois-Gelin sieur de la Thoisse, conseiller du Roy. *A Dinan, par Iulien Aubiniere,* 1595, in-8., 8 ff.

Dubois (*L.-Fr.*). Patois normand, 11056. — Histoire de la Trappe, 21793. — Archives de la Normandie et recherches archéologiques, 24295. — Itinéraire de la Normandie, 24293. — Recherches, 24295. — Histoire de Lisieux, 24363.

Dubois (*E.-P.*). Cours de navigation, 8503.

Dubois (*P.*). Hist. et traité de l'horlogerie, 8393.

Dubois (*E.*). New varieties of gold and silver coins, 4139.

Dubois (l'abbé). Histoire de l'abbaye de Morimond, 21792.

Dubois (d'Amiens). Magnétisme, 4317. — Études médicales, 6531. — Pathologie générale, 7087. — Hypocondrie, 7302.

Dubois-Aymé. Examen, 4163.

Dubois-Fontanelle. Cours de belles-lettres, 18133.

non chiffr., 141 ff. chiffr. et 9 ff. pour la table. [2801]

DUBOIS-MAISONNEUVE. Introduction à l'étude des vases antiques peints, vulgairement appelés étrusques, accompagnée d'une collection des plus belles formes ornées de leurs peintures, suivie de planches la plupart inédites, pour servir de suppl. aux différents recueils de monuments. *Paris, imprim. de Didot l'aîné,* 1816-1834, in-fol. max. pap. vél. [29616]

Ce bel ouvrage se compose de 101 pl. publiées en XVII livrais. avec texte. Chaque livrais. en noir, 18 fr.— color., 45 fr. — Le tout 150 fr. Busche.

— Peintures des vases antiques, vulgairement appelés étrusques, tirées de différentes collections et gravées par A. Clener, accompagnées d'explicat. par A.-L. Millin. *Paris, imprim. de Didot l'aîné,* 1808-10, 2 vol. in-fol. max., avec 150 pl. [29627]

Publié en 25 livraisons. Prix de chacune : 15 fr. — fig. color. 45 fr. En 1816, on a mis de nouveaux titres à l'ouvrage : 121 fr. (color.) Boutourlin ; 166 fr. Raoul Rochette ; 199 fr. Busche.

DUBOIS de Montpéreux (*Fréd.*). Voyage autour du Caucase, chez les Tcherkesses et les Abkhases, en Colchide, en Géorgie, en Arménie et en Crimée. *Paris, Gide,* 1839-41, 6 vol. in-8. 48 fr. [20593]

Cet ouvrage a obtenu en 1838 le prix de la Société de géographie de Paris. On joint à la relation un atlas in-fol. sur colombier qui est composé de 196 pl. exécutées à Neuchâtel sous les yeux de l'auteur, et qui a été publié en 21 livr., au prix de 20 fr. chacune. Il y a 21 pl. de Géographie, 69 de *sceneries*, 37 d'Architecture, 40 d'Archéologie et 25 de Géologie.

DUBOS (*J.-B.*). Réflexions critiques sur la poésie et sur la peinture. *Paris, Pissot,* 1755, 3 vol. pet. in-4. 12 à 20 fr. [12228]

Un bel exemplaire *mar. r.* 80 fr. 50 c. Labédoy... Ouvrage estimé et qui a été réimpr. plusieurs fois en 3 vol. in-12. Pour deux autres ouvrages du même auteur, voir les n°ˢ 23072 et 23201 de notre table méthodique.

DU BOSC de Montandré. L'Adieu du trône ou Dioclétian et Maxime, tragédie, dédiée à la reyne de Suède, par le sieur Du Bosc de Montandré. *Bruxelles, Fr. Foppens,* 1654, in-4. [16445]

15 fr. 50 c. de Soleinne.

Pièce dans laquelle l'auteur, qui avait été banni de la France pour ses mazarinades, ne ménage pas la royauté. Dans sa préface, il promettait un autre poëme plus fécond en intrigues et mieux accommodé au théâtre ; mais il ne paraît pas qu'il l'ait donné.

DU BOUCHET (*Jean*). Preuves de l'illustre

Dubois-Guchan (*E.-P.*). Tacite et son siècle, 22958.

Dubois-Maisonneuve (*Ch.-M.*). Voyage de Jésus-Christ, 20574.

Dubois-Reymond (*Em.*). Thierische Elektricität, 4308.

maison de Coligny. *Paris , Du Puis ,* 1662, in-fol. [2887]

Ce livre se paye aujourd'hui de 24 à 30 fr., comme l'Histoire généalog. de la maison de Courtenay du même auteur, dont nous parlons à l'article STIRPE (de).

— TABLE généalogique et historique des anciens vicomtes de La Marche, seigneurs d'Aubusson, et ensuite celle de toutes les branches qui en sont descendues en ligne directe et masculine, et qui subsistent à présent depuis l'an 860, dressée sur les titres par Du Bouchet. *Paris, Gabr. Martin*, 1682, in-fol. [28884]

— ORIGINES de la maison de France, 24012.

DU BOULAY et Du Boullay. Voy. BOULLAY et BULÆUS.

DU BOYS. Comedie et resjoyssance de Paris sur les mariages du roy catholique d'Espagne, et du prince de Piedmont, aux princesses de France : mesdames Elizabet et Marguerite, fille et sœur du roy tres-chrestien Henry II de ce nom, contenant les particularités des cité, ville et université de Paris. Auec troys epithalames, le premier à Hymen, le second à la Nuict, le troisième à Vénus, par Jacques Du Boys, de Peronne. *Paris , de l'imprimerie d'Olivier de Harsy*, 1559, pet. in-4. de 22 ff. chiffrés. [16280]

Pièce en vers, sans distinction d'actes ni de scènes. 150 fr. *mar. r.* Coste. Elle est fort rare, et La Croix du Maine n'en a pas fait mention, lui qui, pourtant, a cité un autre opuscule du même poëte, sous ce titre :
    LES PLEURS tragiques de la vertu pour le trépas du roy de France tres chrestien Henri II, avec son épitaphe. *Paris, Oliv. de Harsy*, 1559.

Au reste, cette comédie, aujourd'hui si chère, et que M. Le Roux de Lincy a fait bien connaître dans le *Bulletin du Bibliophile*, juin 1852, pages 828 et suiv., n'est portée qu'à 8 fr. 60 c. dans le catal. de M. (le baron de Heiss), *Paris, De Bure*, 1785, n° 347, où elle est réunie à deux autres opuscules, l'un de Guil. Des Autels et l'autre de Desmasures ; et le même recueil n'a été vendu que 22 fr. de Soleinne. — Ce Jacques Du Boys n'est pas le même que Jacques Dubois, dit Sylvius, mort en 1555.

DU BREIL (*André*). La police de l'art et science de médecine, contenant la réfutation des erreurs et insignes abus qui s'y commetent aujourd'hui. *Paris, Léon Cavellat*, 1580, in-8. [6510]

Livre singulier dont Du Verdier développe ainsi le titre : *où sont confutés tous sectaires, sorciers, enchanteurs, devins, souffleurs, empoisonneurs, et toute racaille de triacleurs et cabalistes, lesquels en tous pays et lieux , sans aucun art ni science, exercent impudemment et malheureusement la médecine, au grand intérêt de la santé et détriment de la république.*

Duboulay (*M.-C.-E.*). Trésor, 29162.
Du Boullay. Droit ecclésiastique français, 3234.
Du Bourguet. Navigation, 8501.
Duboys (*Alb.*). Histoire du droit, 2323. — Vie de S. Hugues, 22199.
Duboys-Labernarde. Mathématiques pures et appliquées, 7770.
Dubravius (*Janus*). De piscinis, 5862. — Historia Bohemiæ, 26484.

DU BREUIL (*Pierre*). Histoire ample des peuples habitans aux trois bourgs de Ricey, par Me Pierre du Breuil, bachelier de Sorbonne. *A Paris* (sans nom d'imprimeur), 1654, in-12 de 30 pp., plus 6 ff. non paginés pour le titre et les pièces liminaires. = Description de la terre et baronnie de Ricey, située en Bourgogne, par Nicolas de la Brosse, escuyer gentilhomme bourguignon. *A Paris* (sans nom d'imprim.), 1654, in-12 de 146 pp., plus en tête 4 ff. pour le titre et la dédicace, et à la fin une gravure présentant des armoiries. [24538]

Ces deux ouvrages, imprimés séparément, sont ordinairement reliés ensemble ; ils sont rares, et ont été vend. 48 fr. Delaleu ; 20 fr. de Fontette.

DUBREUIL (le P.). Voy. PERSPECTIVE.

DU BREUL (*Jacq.*). Le Théâtre des antiquitez de Paris. *Paris, Cl. de Latour*, 1612, in-4. 10 à 12 fr. [24125]

Ouvrage auquel on ajoute :
    SUPPLEMENTUM antiquitatum urbis Parisiacæ, quoad SS. Germani-a-pratis et Mauri-fossatensis cœnobia. *Parisiis*, 1614, in-4.

Quand ce vol. est joint au précédent, il en double la valeur. L'édit. du *Théâtre* impr. en 1639 est augmentée d'un supplément depuis 1610, par D.-H. J., en 104 pp.

Il y a aussi une édition des Antiquitez de la ville de Paris (augmentée par Cl. Malingre), *Paris, P. Rocolet*, 1640, in-fol. fig. (voy. MALINGRE).

DU BUC. Voy. BUC.

DUBUISSON (*Pierre-Paul*). Armorial des principales maisons et familles du royaume, particulièrement de celles de Paris et de l'isle de France..... par Dubuisson. *Paris , Guerin et Delatour*, 1757, 2 vol. in-12. 48 à 60 fr. [28854]

Ouvrage recherché et devenu peu commun ; il présente près de 4000 écussons gravés sur cuivre. Selon M. Barbier, Gastelier de Latour, auteur d'un dictionnaire héraldique, impr. à Paris, en 1774, in-8., aurait eu part à sa rédaction. 70 fr. *v. f.* Giraud ; 68 fr. Le Prevost, en 1857 ; 115 fr. *mar. r.* Solar.

Après la mort du dernier généalogiste du nom de Chevillard, Dubuisson fit l'acquisition de ses planches héraldiques, et entre autres de celles du Dictionnaire héraldique, dont il employa une partie des cuivres dans son Armorial. Indépendamment des généalogies de Chevillard qu'il a retouchées, il en a dressé et publié lui-même un certain nombre de nouvelles. Nous en avons déjà parlé à l'article CHEVILLARD.

DUBUT (*L.-A.*). Architecture civile ; maisons de ville et de campagne, de toutes

---

Dubreuil (*P.-J.*). Manuel de matelotage, 8483.
Dubreuil (*J.*). Anomalies artérielles, 6750.
Du Breuil (*A.*). Cours d'arboriculture, 6344.
Dubrunfaut. Le Distillateur, 4441.
Du Buat (*L.-Gabr.*). Hydraulique, 8144. — Histoire ancienne des peuples de l'Europe, 22998. — Ancien gouvernement, 24033. (C'est le même que de Buat ci-dessus.)

formes et de tous genres, projetées. *Paris*, an XI (1803), in-fol. [9777]

Il n'a paru que le premier volume de cet ouvrage en 15 livrais. de 6 pl. chacune : 60 fr. — en pap. de Hollande, 120 fr. (49 fr. Hurtault).

DU BUYS (*Guil.*), Quercinoys. Ses œuvres, contenant plusieurs et divers traitez, le discours desquels n'apporte moindre vertueux fruict, qu'il est agréable et plein de contentement, pour la diversité des matières dont il traicte. *Paris, Jean Feurier*, 1583, pet. in-12. [13844]

Tout dans ce livre, dit Goujet, est instructif et même édifiant. Il en avait déjà paru une édition moins complète, sous le titre de *L'Oreille du prince, ensemble plusieurs autres œuvres poétiques.* Paris, Cl. Montrœil, 1582, pet. in-8. Elles sont rares toutes les deux, mais la seconde est la plus recherchée. 50 f. *Archives du bibliophile*, de M. Claudin, n° 27, 1860, p. 121 et p. 141, n° 7178.

DUBY. Voy. TOBIESEN.

DUC (Fronton du). Voy. FRONTON.

DUC (Le). Voy. LE DUC.

DU CAMP. Égypte, Nubie, Palestine et Syrie, dessins photographiques, recueillis pendant les années 1849, 1850 et 1851, et accompagnés d'un texte explicatif par Maxime Du Camp. *Paris, Gide et Baudry*. 2 vol. in-fol. contenant 125 pl. [28026]

Publié en 25 livr. de 5 pl. au prix de 20 fr. par livraison.

DU CANGE (*Carol.* Dufresne, dom). Glossarium ad scriptores mediæ et infimæ græcitatis, cum appendice. *Lugduni, Anisson*, 1688, 2 vol. in-fol. [10742]

Livre très-recherché, et devenu peu commun : 80 à 90 fr, — 93 fr. *vél.* Parison,

—Glossarium ad scriptores mediæ et infimæ latinitatis, editio locupletior, opera et studio monachorum ord. S. Benedicti. *Parisiis, Osmont*, 1733, 6 vol. in-fol. [10872]

Édition beaucoup plus complète que celle de Paris, 1678, en 3 vol. in-fol. Il faut voir si, dans le tome IV, article *Moneta*, se trouve un cahier de 10 ff. contenant des empreintes des monnaies. Osmont indique, dans son *Dictionnaire typogr.*, un exemplaire de ces 6 vol. impr. sur VÉLIN.

Les édit. de Venise, 1737, et de Bâle, 1762, aussi en 6 vol. in-fol., sont moins belles que celle de Paris.

GLOSSARIUM novum, seu supplementum ad auctiorem glossarii Cangiani editionem, collegit et digessit D.-P. Carpentier. *Parisiis*, 1766, 4 vol, in-fol.

Ces deux ouvrages ne doivent pas être séparés; ils sont d'un grand usage pour toutes les études qui se rapportent au moyen âge; ce qui les a fait singulièrement rechercher, et en a momentanément élevé le prix à 300 fr. et plus. Vend. 416 fr. bel exempl. Labey. Depuis la nouvelle édition le prix est d'environ 200 fr,

Les 6 vol. de Du Cange, séparément, ne se vendent guère que de 50 à 60 fr., et peu de chose de plus en Gr. Pap., parce que le supplément n'a été tiré

que sur un seul papier. Ce supplément, qui renferme un glossaire du vieux langage français, ne se trouve plus séparément.

— Glossarium mediæ et infimæ latinitatis conditum a Carolo Dufresne domino Du Cange, auctum a monachis ordinis sancti Benedicti, et cum supplementis integris D. P. Carpentarii, et additamentis Adelungii et aliorum digessit G.-A.-L. Henschel. *Parisiis, excudebant Firmin Didot fratres*, 1840-1850, 7 vol. in-4. avec les planches des monnaies et des monogrammes. 264 fr.

Cette édition, dans laquelle tous les suppléments ont été fondus en un seul corps d'ouvrage, est d'un usage plus commode que l'ancienne édition, et elle présente des additions de quelque importance. Le septième volume est composé du Glossaire français, de la table des mots techniques, de celle des mots étrangers, de l'index des textes et des manuscrits cités dans l'ouvrage, des dissertations qui se trouvent dans le Joinville et dans le Villehardouin de Du Cange, enfin de sa dissertation sur les monnaies byzantines.

— Pour un supplément qui se rapporte particulièrement à l'Allemagne, voy. DIEFFENBACH (*Lor.*).

GLOSSARIUM manuale ad scriptores mediæ et infimæ latinitatis, ex glossariis Car. Dufresne D. Du Cange, et Carpentarii in compendium redactum, multisque verbis et dicendi formulis auctum (a Jo.-Christ, Adelung). *Halæ*, 1772-84, 6 vol. in-8. 40 à 50 fr. [10873]

Cet abrégé renferme ce que contiennent de plus essentiel les deux ouvrages ci-dessus, et de plus quelques augmentations tirées des chartes allemandes, dont Du Cange et Carpentier se sont peu occupés.

—ILLYRICUM vetus et novum, sive historia regnorum Dalmatiæ, Croatiæ, Slavoniæ, locupletiss. accessionibus aucta (a Jos. Keglevich de Busin). *Posonii*, 1746, in-fol. 15 à 24 fr. [22995]

L'auteur de cet ouvrage a pris pour base de son travail l'*Historia byzantina* de Du Cange, *Paris*, 1680, in-fol. (voyez BYZANTINA, n°° 26 et 31).

— Chef de S. Jean Baptiste, 22332. — Etats d'Amiens, 24229.

DUCAREL (*Andrew* Coltee). Anglo-norman antiquities, considered in a tour through part of Normandy. *London*, 1767, in-fol., avec 27 pl. [26787]

Vend. 47 fr. *m. citr.* Méon; 32 fr. de Tersan; 24 fr. Millin.

En Angleterre on regarde cet ouvrage comme une faible compilation, ornée de mauvaises planch., et cependant on ne l'en paye pas moins une trentaine de shillings.

— ANTIQUITÉS anglo-normandes, trad. de l'anglais par A.-L. Lechaudé d'Anisy. *Caen, Mancel*, 1823-25, gr. in-8., avec 42 planches.

Les notes et les éclaircissements ajoutés à cette traduction la rendent préférable à l'original. Elle a été publiée en 6 livr., dont la dernière renferme une dissertation intitulée : *Origine de la tapisserie de Bayeux, prouvée par elle-même*, par M. H.-F. Delauney, 92 pp. le prix était de 30 fr. — Pap. vél., avec les principaux dessins sur pap. de Chine, 45 fr. — in-4. fig. sur pap. de Chine, tiré à petit nombre, 60 fr.

— SERIES of above two hundred anglo-gallic, or norman and aquitains coins of the ancient kings of England. *London*, 1757, in-4., 16 pl., une carte et un portrait. [27074]

Vend. 20 fr. de Tersan; 50 fr. Millin.

Ducamp (*Th.*). Rétention d'urine, 7559.

DUCAS, Nepos. Voy. BYZANTINA, n° 17.

DUCCHI (*Gregorio*). La scaccheide di Gregorio Ducchi , gentilhuomo Bresciano. *In Venezia , appresso Perin librario e Giorgio greco compagni*, 1586, pet. in-4. de 6 ff. prélim., 120 ff. chiffrés, plus un f. pour la table et un f. blanc. [14843]

Haym n'a pas indiqué cette édition dont un exempl. s'est vend. 30 fr. salle Silvestre, en novembre 1857, et un autre 20 fr. Gancia, en 1860 ; mais il a cité celle de 1607, pet. in-4., donnée par les deux mêmes libraires, sous ce titre : *Il Giuoco degli scacchi ridotto in poema eroico, sotto prosopopea di due potenti Rè et degli eserciti loro*.

DU CERCEAU. Voy. ANDROUET.

DUCERCEAU (le P. *J.-A.*). Ses poésies. *Paris, de l'impr. de Didot*, 1785, 2 vol. pet. in-12. [14053]

Jolie édition dont on recherche surtout les exemplaires en pap. vél., lesquels valent de 10 à 15 fr. Un exempl., impr. sur VÉLIN et partagé en 4 vol. *m. r.*, a été vend. 262 fr. Baroud, en 1821, et 111 fr. salle Silvestre, en février 1830.

— SES ŒUVRES, contenant son théâtre et ses poésies. Nouvelle édition , avec des notes , précédée d'un essai sur la vie et sur les écrits de l'auteur (par M. A. Péricaud). *Lyon, Pezieux*, 1828, 2 vol. in-8. 8 fr.

Édition, sinon la plus belle, du moins la plus complète qu'on ait encore donnée des ouvrages poétiques de ce jésuite. Il en a été tiré cent exempl. en pap. vél., et ce sont les seuls dont les titres portent les noms des deux éditeurs, MM. Péricaud aîné et Breghot du Lut.

— Carmina, 12860. — Rienzi, 25598. — Révolutions de Perse, 28080.

DU CHASTEL. Le trespas , obseques et enterrement de François premier. Les deux sermons funebres prononcez ès dictes obseques, l'ung a Nostre-Dame de Paris, l'autre a Sainct-Denys en France, par M. l'evesque de Macon (Pierre Du Chastel). *De l'impr. de Robert Estienne,* 1547, in-4. sign. A—M. par 4. [23466]

Vend. 30 fr. en 1841, et en *mar. bl.* 155 fr. Solar.

Indépendamment de l'édition in-4. de ce livre, Rob. Estienne en a fait deux de format in-8. et sous la même date, l'une en lettres rondes et l'autre en italiques : une de ces dernières avec les *deux sermons funebres, rel. en mar. bl.* par Thouvenin, 82 fr. Veinant.

L'évêque de Mâcon, auteur des deux sermons, ne l'est pas de la relation qui les précède. Ce morceau a été réimpr. séparément sous ce titre :

LE TREPAS, obseques et enterrement de Francois roy de France, premier de ce nom, pere des arts et sciences. *Anvers, Marie Anxt*, 1547, in-4. goth. de 8 ff. 31 fr. *mar. olive*, Coste.

Pour une autre relation de la même cérémonie, sous le titre de *Description de l'ordre tenu aux Obsecques...* voy. notre article OBSÈQUES.

Les deux pièces suivantes peuvent être réunies à l'édit. in-4. du *Trepas, obseques...* de François I.

GALLANDII (Pert.), regii latinarum litterarum professoris, Oratio in funere, Francisco Francorum regi a professoribus regiis facto, habita Lutetiæ nonis maii 1547, *Lutetiæ, Mich. Vascosanus*, in-4.

ORAISON sur le trepas de François 1er, par P. Galland, traduite du latin en françois par Jean Martin, *Paris, Mich. Vascosan*, 1547, in-4.

Les deux sermons funèbres du P. Du Chastel ont été réimprimés dans le livre très-curieux intitulé : VITA Petri Castellani, episcopi..., auctore Petro Gallandio, cum notis Steph. Baluzii. Parisiis, Muguet, 1674, in-8. [30581]

DUCHAT(*Jacq.* Le). V. FAMILLE ridicule.

DU CHESNE (*Fr.*). Histoire de l'estat du Païs-Bas et de la religion d'Espaigne , par Francoys Du Chesne. *A Saincte-Marie (Genere) par Francoys Perrin,* 1558, pet. in-8. de 247 pp. [25005]

L'auteur de cet écrit est un calviniste, Espagnol de naissance, nommé François de Enzinas, nom qu'il a rendu en français par *Du Chesne*, et en flamand par *Van Eyck* ou *Van der Eyck*, et enfin dans ses ouvrages latins par *Dryander*. L'histoire dont nous venons de rapporter le titre parut d'abord en latin à Anvers, vers 1545. Enzinas y a relaté l'histoire des persécutions qu'il a subies à Bruxelles, et de celles que ses coreligionnaires ont eu à souffrir dans les Pays-Bas, de 1540 à 1545. Prosper Marchand en a donné un long extrait dans son Dictionnaire, article *Enzinas*, où il parle aussi de la traduction espagnole du Nouveau Testament, faite par ce calviniste, et dont il est fait mention dans notre Manuel, article TESTAMENT (nouveau).

DU CHESNE (*Legier*). Exhortation au roy pour vertueusement poursuiure ce que sagement il a commencé contre les huguenots, auec les epitaphes de Gaspard de Coligny et de P. Ramus : traduit de latin de Legier Du Chesne. *Paris, Gabriel Buon,* 1572, in-4. [23526]

Legier Du Chesne, en latin *Leodegarius a Quercu*, professeur d'éloquence au Collége royal, de 1568 à 1586, a écrit en vers latins plusieurs pièces de circonstance, comme on peut le voir dans le Catalogue de la Bibliothèque du roi, Y, 2611 à 2615. Nous devons encore à ce professeur *Prælectionum et poematum liber*, Paris., Th. Richardus, 1549, in-8., et divers ouvrages latins en prose que cite Goujet dans son *Histoire du Collège royal de France*, in-12, II, 356 et suiv. ; il a été éditeur d'un recueil intitulé :

FLORES epigrammatum ex optimis quibusque auctoribus excerptæ pro Leodegarium a Quercu. *Lutetiæ, apud Petrum Beguin*, 1555, seu *apud Hieron. de Marnef*, 1560, in-16, tome 1er, suivi d'un second volume sous ce titre :

Farrago poematum, ex optimis quibusque et

---

antiquioribus et œtatis nostrœ poetis selecta. Paris., Ægid. Gorbinus seu Guill. Cavellat, 1560, in-16.

Legier Du Chesne a inséré dans ces deux volumes, et particulièrement dans le second, plusieurs pièces de sa composition.

— PLAINTE sur la mort d'Anne de Montmorenci, traduite des vers latins de Legier Du Chesne en vers françois par P. Sorel. *Paris, Th. Richard*, 1568, in-4.

— AMPLISS. spei populo Franc. Gonzagæ, ducis Nivernensis filio Leodeg. a Quercu hoc genethliacum canit : Chant d'allegresse pris des vers latins de M. Duchesne; plus une autre traduction des carmes du dit Duchesne, sur la naissance de Fr. de Gonzague, fils du duc de Nevers. (*Paris*), 1576, in-4.

Ces opuscules et d'autres du même Du Chesne sont portés dans le catalogue de la Bibliothèque du roy, Y, 2608-2616.

DUCHESNE, sieur de La Violette (*Joseph*). La Morocosmie, ou de la folie, vanité et inconstance du monde, avec deux chants doriques, de l'amour céleste et du souverain bien. *Lyon, Jean de Tournes*, 1583, pet. in-4. [13863]

Réimprimé à *Rouen, Abrah. Cousturier*, 1601, pet. in-8.

— Le grand miroir du monde, seconde édition, revue, corrigée et augmentée en divers endroits, et d'un livre entier : à la fin de chaque livre sont de nouveau adjoustées amples annotations....... par S. G. S. (Simon Goulart, senlisien). *Lyon, les héritiers d'Eustache Vignon*, 1593, in-8. de 12 ff. prélim. et 654 pp. [13865]

La prem. édition dè ce poëme devenu rare (*Lyon, Barth. Honorat*, 1587), pet. in-4., n'a que cinq livres. 34 fr. mar. bl. Nodier; 30 fr. Solar.

Goujet a parlé de ces deux poëmes (XIV, p. 105-110), mais il n'a pas connu l'ouvrage suivant du sieur de La Violette, qui est porté dans le catalogue de La Valliere-Nyon, n° 14435.

L'ANATOMIE du petit Monde, avec quelques sonnets des vices d'icelluy. (*sans nom de ville*), 1584, in-4. [13864]

— L'ombre de Garnier Stoffacher, suisse, tragi-comédie(en trois actes et en vers) sur l'alliance perpétuelle de la cité de Genève avec les deux cantons Zurich et Berne, par Jos. du Ch. S. de La Viollette. *Genève, Jean Durant*, 1584, in-4. de 4 et 37 pp. [16321]

55 fr. de Soleinne.

— PASTORALE (à cinq personnages) sur l'alliance... représentée le 18 octobre 1584. *Genève, Durant*, 1585, in-4. de 16 ff. cotés jusqu'à la page 30. [16322]

Cette pièce fait suite à la précédente. Elles sont toutes les deux également rares, ainsi que le vol. dont nous allons donner le titre d'après Senebier (*Hist. littér. de Genève*, II, p. 42).

• LARMES ou chant funebre sur les tombeaux de deux hommes illustres et tres puissans princés du Saint-Empire et des trois fleurs rares de notre France, perles précieuses de notre temps. *Genève*, 1592, in-4.

Jos. Duchesne a publié plusieurs ouvrages de médecine hermétique écrits en latin sous le nom de Quercetanus, et qu'on a rassemblés après sa mort sous ce titre : *Quercetanus redivivus, seu Ars medica, ex Quercetanis scriptis digesta opera Joh. Schondi*, Francofurti, 1648, 3 part. in-4.

Ceux de ses ouvrages de ce genre qui ont été traduits en français sont :

TRAITÉ de la cure générale et particulière des Arcbusades, avec l'Antidotaire spagyrique pour préparer et composer les médicamens. *Lyon, Jean Lertout*, 1576, pet. in-8. [7576] — Publié dans la même année, en latin, sous le titre de *Sclopetarius*, etc.

POURTRAICT de la santé, ou règle pour vivre longuement. *Paris*, 1606, in-8., ou *St-Omer*, 1618, in-8. [7932] Traduction du *Dieticon polyhistoricum* du même auteur (*Paris*, 1606, in-8.).

TETRADE des plus graves maladies de tout le cerveau. *Paris*, 1625, in-8.

La PHARMACOPÉE des Dogmatiques réformée, avec la préparation spagirique des médicamens pris des minéraux, animaux et végétaux, etc. *Rouen, Seigneuré*, 1639, in-8.

Traduction de la *Pharmacopœia dogmaticorum*, impr. à Paris, en 1607, in-4., et réimpr. plusieurs fois depuis.

Citons encore : *Secrets touchant la médecine métallique et minérale*, tiré des manuscrits de Jos. Du Chesne. Paris, 1641 et 1648, in-8.

Le plus ancien ouvrage de ce médecin a pour titre : *Ad Jacobi Auberti Vendonis de ortu et causis metallorum contra chimicorum explicationem brevis responsio.* Lugduni, 1575, in-8.

DUCHESNE (*André*). Historiæ Francorum scriptores coætanei, ab gentis origine usque ad Philippi IV tempora. *Parisiis, Sebast. Cramoisy*, 1636-49, 5 vol. in-fol. [23279]

Cette collection est encore assez recherchée. 100 à 120 ff. Vend. 4 liv. 2 sh. Heber, et en Gr. Pap. 12 liv. 11 sh. 6 d. Hibbert.

— Historiæ Normanorum scriptores antiqui, res ab illis gestas explicantes, ab ann. 838 ad ann. 1220. *Lut.-Parisior., Rob. Fouet*, etc., 1619, in-fol. de 8 ff. prélim., 1104 pp., plus la table. [24296]

De trois volumes que devait avoir cette collection, il n'a paru que celui-ci, lequel est fort recherché et se trouve difficilement : 125 fr. Delacise; 117 fr. Le Chevalier, en 1857; 122 fr. Léon Leclerc; en Gr. Pap. très-rare, 180 fr. (bel exempl. en peau de truie) Camus de Limare; 9 liv. 5 sh. Hibbert.

M. Baron Maseres a donné un extrait de cet ouvrage sous ce titre :

HISTORIÆ ANGLICANÆ circa tempus conquestus Angliæ a Gulielmo Notho, Normanorum duce, selecta monumenta. *Londini*, 1807, in-4., avec des notes en anglais. 33 fr.

Un exemplaire des deux collections de Duchesne, 6 vol. Gr. Pap. mar. r. vend. 25 liv. à Londres, en 1835.

— Histoire généalogique de la maison de Chastillon sur Marne. *Paris, Cramoisy*, 1621, in-fol. [28845]

— DE LA MAISON de Montmorency et de Laval. *Paris*, 1624, in-fol. [18846]

Jusqu'à 100 fr. de Martainville.

Duchesne (*J.-Fr.*). Cardinaux français, 21669.
Duchesne (*L.-A.*). Plantes utiles, 4924.

Duchesne (*E.-A.*). Maïs, 6354.
Duchesne (*H.-G.*). Dictionnaire de l'industrie, — Notice sur J.-B. Porta, 30744.

— De la maison de Vergy. *Paris*, 1625, in-fol. [18847]

— Des maisons de Guines, d'Andres, de Gand et de Coucy. *Paris*, 1631, in-fol. [18848]

— De la maison de Dreux, et de quelques autres familles illustres qui en sont descendues. *Paris*, 1631, in-fol. [18849]

— De la maison des Chasteigniers. *Paris*, 1634, in-fol. [18850]

— De la maison de Béthune. *Paris*, 1639, in-fol. [18851]

Ces sept volumes sont recherchés, et ils se trouvent rarement réunis : on les paye de 20 à 30 fr. chacun, et même de beaux exempl. rel. en *mar. r.* ont été vend. de 40 à 60 fr. Mac-Carthy.

On peut réunir au dernier :

Histoire généalogique des branches de la maison de Béthune, existantes en Flandre et en Artois, par l'abbé Douay, pour servir de supplément à l'ouvrage de Duchesne. *Paris*, 1783, in-fol. de 434 pp. avec portraits, blasons et tableaux généalogiques.

Peu commun. 30 fr. de Martainville.

— Figures mystiques du riche et précieux cabinet des Dames; où sont représentées au vif, tant les beautés, parures et pompes du corps féminin, que les perfections et atours spirituels de l'âme, par And. Duchesne. *Paris, Dubray*, 1605, pet. in-12. 4 à 6 fr. [1748]

— Les antiquités et recherches des villes, châteaux et places plus remarquables de toute la France , divisé en huit livres , selon l'ordre et ressort des huit parlements. (Abrégé de Fr. de Belleforest), par A. Duchesne. *Paris, Jean Petit-Pas* , 1609, 2 part. en 1 vol. pet. in-8. [23131]

Ce livre, qui conserve encore quelque intérêt, a été réimpr. au moins sept fois à Paris, de 1614 à 1637, et revu, corrigé et augmenté sur les mémoires du défunt, par François Duchesne fils. *Paris, J. Bouillerot*, 1647 (aussi 1648) ; enfin à *Paris, M. Robin*, 1668, 2 vol. in-12.

Les Antiquitez et recherches de la grandeur et majesté des roys de France, divisées en trois livres, le premier de la religion, foy, vaillance, et leur préséance sur tous les roys de la terre ; le second des habillemens royaux et cérémonies ; le troisième de la cour et suite royale, par A. D. C. T. *Paris, Jean Petitpas*, 1609, pet. in-8., front. gravé qui représente Henri IV au milieu de sa famille. [24101]

10 fr. Monmerqué ; 4 fr. Coste.

Voici le titre d'un ouvrage analogue à celui qui précède :

De l'Excellence des roys et du royaume de France, traitant de la préséance, premier rang et prérogatives des roys de France par dessus les autres, et des causes d'icelles, par H. B. P. (Jérôme Bignon). *Paris, Hier. Drouart*, 1610, pet. in-8.

— Histoire des rois de Bourgogne, 24530.

DUCHESNE (*François*). Histoire des chanceliers et gardes des sceaux de France depuis Clovis jusqu'à Louis le Grand (1677), avec les armes, blasons et généalogies. *Paris*, 1680, in-fol. 12 à 15 fr. [24080]

En Gr. Pap., 29 fr. de Martainville.

DUCHESNE (*J.-B.*). Guide de la culture des bois , ou herbier forestier. *Paris*, Mme *Huzard*, 1825, in-8. avec 64 pl., pet. in-fol. 80 fr. [6395]

DUCHESNE aîné (*Jean*). Essai sur les nielles, gravures des orfévres florentins du XVe siècle. *Paris, Merlin*, 1826, gr. in-8. fig. 15 fr. — Pap. vél. 30 fr. [9512]

Premier ouvrage spécial qui ait paru sur ce sujet intéressant pour l'histoire de la gravure sur métal. M. Léop. Cicognara en a publié un autre à Venise, chez Picotti, 1827, in-4., qui a pour titre *dell' Origine, ec. dei nielli*.

— Musée de peinture et de sculpture , ou recueil des principaux tableaux, statues et bas-reliefs des collections publiques et particulières d'Europe, dessiné et gravé à l'eau-forte par Réveil, avec des notices descriptives, critiques et historiques, par Duchesne aîné, en français et en anglais. *Paris, Audot*, 1828-34, 16 vol. pet. in-8. [9284 ou 9374]

Recueil composé de 171 livrais. avec 14 livrais. bis. On y ajoute : 1° *Les Loges du Vatican*, d'après Raphaël, 9 livrais. — 2° *Les Amours de Psyché*, d'après Raphaël, 6 livrais. — 3° *Les Amours des Dieux*, d'après Titien, Carrache et Jules Romain, 3 livrais. Chaque livraison de 6 planches, avec 6 ff. de texte, coûte 1 fr.

— Chefs-d'oeuvre de l'Ecole française, sous l'empire de Napoléon. Recueil de tableaux, statues et bas-reliefs désignés pour le concours décennal, avec un texte explicatif, par M. Duchesne aîné. *Paris, Audot*, in-fol., avec 30 pl. en 10 livrais. 50 fr. [9373]

— Voyage d'un iconophile, 9527.

—Voy. Isographie. —Jeux de cartes. — Robillard.

DU CHOUL (*Guill.*) Discours sur la castramétation et discipline militaire des anciens Romains, des bains et antiques exercitations grecques et romaines. *Lyon, Guill. Rouille*, 1555. — Discours sur la religion des anciens Romains. *Lyon*, *Rouille*, 1556, 2 tom. en 1 volume pet. in-fol. fig. [22639]

Édition originale, très-belle, et ornée de bonnes grav. sur bois : la première partie contient un titre et 55 ff.; *Des bains*, 20 ff., et table des deux discours, 5 ff.; la seconde, 312 pp.; indice, table, sign. R.—Z3. Vend. 19 fr. de Cotte, et quelquefois moins cher. Les éditions de *Lyon*, 1567 ou 1581, 2 tom. en 1 vol. in-4., passent pour plus complètes, mais elles sont moins belles et moins chères que la première : 5 à 6 fr. — Il y a aussi une édition de *Wesel*, 1672, in-4., qui a reparu à *Dusseldorf*, 1731, in-4., sous ce titre : *La Religion des anciens Romains, etc.* La traduction latine de ces deux ouvrages, *Amst.*, 1685, ou 1748, in-4., n'a que peu de valeur.

DU CHOUL (*Jo.*). De varia quercus historia ; accessit Pilati montis descriptio. *Lugduni, apud G. Rouillium* , 1555, in-8 de 190 pp. et 9 ff. pour les *indices*, fig. [5509]

Traité assez rare : 6 à 9 fr. ; vend. bel exempl. en *m. r.* 19 fr. Gouttard ; 25 fr. Camus de Limare. Un exempl. sur pap. jaune 15 fr. 50 c. Renouard.

— Dialogus formicæ, muscæ, aranci et papilionis. *Lugduni, apud Guil. Rouillium*, 1556, in-8. de 40 pp. et 2 ff. bl. 3 à 4 fr. [6607]

Volume quelquefois joint au précédent.

Duchet. Abeilles, 6441.

L'ouvrage suivant du même auteur est rare et fort peu connu.

DIALOGUE de la ville et des champs. Epistre de la sobre vie, par I. Du Chol, Gentil-homme Lyonnois. *Imprimé à Lyon, l'an* M. D. LXV (*par Pierre Merant*), pet. in-8., signat. A—E par 4 ff.

Le titre porte les armes de l'auteur. L'exemplaire que nous avons vu était incomplet du dernier feuillet.

DUCIS (*J.-F.*). Ses OEuvres. *Paris, Nepveu,* 1826, 3 vol. in²8. — OEuvres posthumes du même, précédées d'une notice sur sa vie et ses écrits, par M. Campenon. *Ibid.,* 1826, in-8., avec un portrait. [16533]

Cette édition in-8. des œuvres de Ducis est plus complète que celles de 1813 et 1819, et même dans les œuvres primitives, 15 fr. — avec 10 grav. d'après Girodet, Desenne et Colin, et 2 pl. de musique, 20 fr. — Pap. vél. cavalier, gravures sur pap. de Chine, 30 à 36 fr. — avec les grav. avant la lettre, 40 à 50 fr. Les *œuvres posthumes* se sont vend. séparément, et elles peuvent être jointes aux deux premières édit. en 3 vol. in-8.

— OEUVRES du même, précédées d'un avertissement par M. Auger, et œuvres posthumes, précédées de la notice par M. Campenon. *Paris, Nepveu,* 1827, 2 vol. gr. in-8. pap. vél. impr. à 2 col., avec le portrait.

Les mêmes œuvres ont paru en 7 vol. gr. in-32, pap. vél. *Paris, De Bure,* 1824 et 1826, et en 6 vol. in-18. *Paris, Ladvocat,* 1827.

Il est convenable de réunir à ces différentes édit. les deux ouvrages suivants :

ESSAIS de mémoires ou lettres sur la vie, le caractère et les écrits de J.-F. Ducis, adressés à M. Odogliarthy de Latour, par M. Campenon. *Paris, Nepveu* (*impr. de J. Didot*), 1824, in-8. portr. 5 fr.; pap. vél. 10 fr. On y remarque un *Dithyrambe* de Ducis contre Napoléon Bonaparte. [30650]

ÉTUDES sur la personne et les écrits de J.-F. Ducis, par Onésime Leroy ; 2ᵉ édition. *Paris,* 1834, in-8.

DU CLERC (*Jacques*). Colloque familier du vray pudic et syncere amour, concilié entre deux amans, traduict de latin en françoys amplié outre la première édit.; 1544. *Cy fine ce present liure... faict et traduict par Iaques du Clerc, avocat ès sieges royaulx de Compiegne, imprimé a Paris par Denis Ianot,* in-16. [18045]

Ce petit livre, qui est rare, a 15 ff. non chiffrés, et CL ff. de texte. A la fin sont 2 ff. séparés dont le 1ᵉʳ contient deux dizains aux lecteurs, et le second la marque de l'imprimeur. La première édition est probablement celle de Paris, 1540, qu'indique La Croix du Maine. Un exemplaire dans *mar. r.* et sous la date de 1545, 18 fr. 60 c. Bertin.

DU CLERCQ. Mémoires inédits de Jacques du Clercq, sieur de Beauvoir en Tournois, commençant en 1448 et finissant en 1488; avec un essai sur l'histoire des Pays-Bas, un glossaire historique, héraldique et grammatical, et des tables, par F. baron de Reiffenberg. *Bruxelles, Arn. Lacrosse,* 1823, 4 vol. in-8. [24988]

Commencement d'une *collection de mémoires pour servir à l'histoire des Pays-Bas,* qui n'a pas été continuée. M. Buchon a inséré une partie des Mé-

moires de Du Clercq à la suite de son édition de Monstrelet (voy. COLLECTION de chroniques).

DUCLOS (*Ch.* Pineau). Ses OEuvres complètes, précédées d'une notice sur sa vie et ses écrits, par M. Auger. *Paris, Janet et Cotelle* (*impr. de P. Didot l'aîné*), 1820, 9 vol. in-8. 30 fr. — Pap. vél. 50 fr. [19106]

Bonne réimpression de l'édition de *Paris, Colnet,* 1806, 10 vol. in-8., dont il y a aussi du pap. vél.

L'édition des œuvres de Duclos (*Paris, Belin,* 1821, 3 vol. in-8.), avec une notice sur la vie et les ouvrages de l'auteur, par M. Villenave, est augmentée de l'*Essai sur la Voirie et les Ponts et Chaussées de France,* et des *Réflexions sur la Corvée des chemins,* deux ouvrages anonymes attribués à Duclos, et qui ont été impr. séparément à *Paris* sous la date de *La Haye,* 1759 et 1762, in-12. On a contesté à cet écrivain plusieurs de ses ouvrages : voyez à ce sujet le *Dictionnaire des anonymes,* nᵒˢ 2680 et 2824.

— Considérations sur les mœurs de ce siècle. *Amsterd.* (*Paris*), 1751, in-12. [3721]

Il existe quelques exemplaires de cette édition et de celles de 1764 et de 1767, en pap. de Hollande.

Les *Confessions du comte de ***,* Amsterd. (Paris), 1742, pet. in-8., ont été réimpr. à Paris, en 1776, gr. in-8., avec des vignettes. [17227] — Acajou et Zirphile, voy. FAUNILLANE. — Histoire de Louis XI, 23413.—Mémoires, 23824.

DU COQ-A-L'ASNE : Sur les tragédies de France. Arnaud a Thony. Ensemble la response de Thony a Arnaud. (*sans lieu*), 1589, pet. in-8. [13944]

Pièce en vers où figure le fou de Charles IX, qui avait pris le nom de Thony. Elle est portée à 258 réaux, environ 75 fr., Catal. de M. de la Cortina, nᵒ 2139.

DUCOS (M.). Voy. ITINÉRAIRE.

DU CROS (*André*). Discours sur les misères de ce temps, dédié à madame de S. Geniès, dame d'honneur de Jeanne, illustre royne de Navarre. *Bergerac,* 1569, in-4. [13817]

Pièce en vers dont Du Verdier (I, p. 66) donne le titre comme ci-dessus, et rapporte les quatre premiers vers : *De quoi sert aux mortels, etc.,* en ajoutant que l'ouvrage a été réimprimé à *la Rochelle* et à *Angoulesme,* par *Barthelemi Berton,* également en 1569. Ce morceau, qui est devenu rare, est écrit dans un sens tout à fait opposé à celui du *Discours* que Ronsard a composé sous le même titre, en 1562 (voy. Ronsard).

DU CROSET. La Philocalie du sieur Du Croset, foresien, divisée en quatre livres (en prose), où sont introduits six bergers maistrisés de l'amour de six pucelles, lesquels, après plusieurs discours accompagnés d'élégies, chansons, sonnets et stances, récitent quatre histoires convenables au tems; plus une églogue qui exprime naifvement les miseres de la guerre et la force de l'amour. *Lyon, pour Th. Soubron*, 1593, in-16. [17140]

Le même ouvrage a été réimpr. sous ce titre :
> L'Amour de la beauté, du sieur du Croset, forésien, où sont introduits six bergers maistrisez de l'amour de six pucelles. *Rouen, Raph. Du Petit-Val*, 1600, pet. in-12. 15 fr. 50 c. Louis-Philippe.

DUCROTAY de Blainville. Voy. Blain-ville.

DUDIK (*B.*). Des hohen deutschen Ritterordens Münz-Sammlung zu Wien; mit steter Rücksicht auf das Central-Archiv des hohen Ordens, geschichtlich dargestellt und beschrieben. *Wien*, 1858, gr. in-4. avec 21 pl. sur cuivre et une sur bois. 56 fr. [29891]

Ouvrage d'une belle exécution. — 21 fr. 1er catal. Quatremère.

DUDLEO (*Roberto*), duca di Nortumbria e conte di Warwich. Dell' arcano del mare libri sei. *Firenze, nella stamperia di Fr. Onofri.* 1646 et 1647, in-fol. max. [19734]

Cet ouvrage, qu'il est difficile de trouver complet, a été longtemps fort estimé, mais il n'est plus guère recherché qu'en Angleterre, où un exemplaire a été porté à 21 liv. vente Sebright, en 1807.

L'*Arcano del mare* est divisé en 6 livres, et se relie en 2, en 3 ou même en 6 vol., selon la manière dont les parties en sont distribuées. Les 4 premiers livres sont d'un plus petit format que le 5e, et celui-ci est moins grand que le 6e. Pour plus de détails, consultez la *Biblioth. grenvil.*, p. 212. Vend. seulement 36 fr. 50 c. Reina. L'édition de *Florence*, 1661, 6 liv. en 2 vol. gr. in-fol., a été corrigée et augmentée d'après le manuscrit original. Vend. 3 liv. 3 sh. Pinelli, et quelquefois plus ou moins cher. Elle porte le titre suivant : *Arcano del mare di D. Ruberto Dudleo..... diviso in libri sei : nel primo, de' quali tratta della longitudine praticabile in diversi modi : nel secondo, delle carte sue generali, e de' portolani rettificati in longitudine : nel terzo, della disciplina marittima e militare : nel quarto, dell' architettura nautica : nel quinto, della navigazione.....: nel sesto delle carte geografiche e particolari : impressione seconda, corretta, ed accresciuta... con l' indice generale di tutta l'opera, etc...* Voici ce qu'elle contient : Livre I, 30 pp. et 27 pl., non compris le titre, l'épître dédicatoire et l'avertissement. — II, 24 pp. et 23 pl.—III, 25 pp. et 6 pl. —IV, 12 pp. et 14 pl.—V, 26 pp. et 89 pl.—VI (formant le 2e vol.), titre, table; texte 41 ff. et 130 cartes marines. —

DUDLEY (*John*). Voy. Northumbria.

DUELLO. Voy. l'article Puteo.

DUEZ (*Nathanaël*). Le vray et parfait guidon de la langue françoise, avec quatre dialogues françois et allemands, et un bouquet de sentences. *Amst., Dan. Elsevier*, 1669, pet. in-8. de 834 pp.

Cet ouvrage n'est plus guère recherché qu'à cause du recueil de proverbes français traduits en allemand qu'il contient. — Il y en a une édition de *Leyde, Bonav. et Abr. Elsevier*, 1639, pet. in-8. de 263 pp.; une seconde de 1643, même format, et plusieurs autres.

On a du même Duez ou Duhez :
> Nomenclatura quatuor linguarum, gallico, germanico, italico, et latino idiomate conscripta. *Lugd.-Batav., ex officina Elsevir.*, 1640, pet. in-8.
> Réimpr. par les Elsevier, à Leyde, en 1652, et à Amsterdam, en 1663, pet. in-8.
> Compendium grammaticæ gallicæ. *Lugd.-Batav., ex officina Elzevir.*, 1647, pet. in-8.
> Epitome dictionum quarumdam æquivocarum et ambiguarum in lingua gallica... cum breviusculis quibusdam formulis, quæ venuste in albis amicorum adhiberi poterunt. *Ibid.*, 1651, pet. in-8.
> Le Guidon de la langue italienne avec trois dialogues familiers italiens et françois, la comédie de la Moresse, les compliments italiens et une guirlande de proverbes; seconde édition, revue et corrigée par l'autheur. *Leyde, Bonav. et Abr. Elsevier*, 1650, pet. in-8. [11082]

La première édition a été donnée par les Elsevier de Leyde, en 1641, la troisième à *Amsterd., par L. et D. Elsevier*, en 1659, pet. in-8. de 263 pp.

Duez, qui était maître de langue française, italienne et allemande, a donné un Dictionnaire italien-franç. et franç.-ital. à *Leyde, chez Jean Elsevier*, 1659 et 1660, 2 vol. pet. in-8. à 2 col.: le 1er vol. de 8 ff. prélim. et 970 pp.; le 2e de 605 pp., y compris un 2e titre et un f. d'errata pour les deux parties, et dont l'impression est fort belle.—On lui doit également un Dictionnaire françois-allemand-latin et allemand-franç.-latin, dont la 3e édition a été impr. à *Amsterdam, chez L. et D. Elsevier*, en 1664, en 2 vol. in-4. de 1115 et 744 pp.

DU FAIL. Voy. Fail.

DUFAUR ou Du Fauz (*Robin*). Voy. Ro-bin.

DUFF (*James* Grant). A History of the Mahrattas. *London, Longman*, 1826, 3 vol. in-8. 2 liv. 2 sh. [28181]

DUFFIUS (*Patricius*). Mercurius sive Nuncius occidentalis de hodierno trium occidentalium regnorum Angliæ, Hiberniæ et Scotiæ statu. *Lovanii*, 1642, in-4. [13093]

Ce poëme est qualifié de très-rare dans la *Biblioth. grenvil.*, II, pp. 212.

DUFFLÆUS (*Kilianus*). Voy. Kilianus.

DUFLOS le jeune. Recueil d'estampes représentant les grades, les rangs et les dignités, suivant le costume de toutes les nations existantes, avec des explications historiq. *Paris,* 1779, gr. in-fol. [9515]

Cet ouvrage, composé de 264 planches, a été publié en 44 livraisons de 6 planches, au prix de 4 fr. 50 c. par livraisons en noir, et 9 fr. par livrais. color.; il ne conserve pas ces prix : vend. 150 fr. Morel-Vindé.

— Abrégé de l'histoire universelle en fig., ou recueil d'estampes représentant les sujets les plus frappans de l'histoire, dessinés par Monnet, et gravés par Duflos, avec le texte par Vauvilliers. *Paris, Duflos,* 1785, 5 part. gr. in-8. 30 à 40 fr. [21303]

Cet ouvrage, qui contient 200 planches avec un discours, a paru en 33 livraisons; il coûtait 150 fr.; et de format in-4., 200 fr. (Vend. 131 fr. Morel-Vindé.)

DUFLOT DE MOFRAS. Exploration du territoire de l'Oregon, des Californies et de la mer Vermeille, pendant les années 1840 à 1842. *Paris, Arth. Bertrand,* 1844, 2 vol. gr. in-8., et atlas in-fol. de 22 cartes ou plans. 80 fr. [21071]

DU FOU (*Yvon*). Rooles des bans et arrières bans de la province de Poictou, Xaintonge et Angoumois, tenus et convoqués... en 1467, par Yvon Du Fou... *Poictiers, F. Fleuriau,* 1667, in-4. [28858]

Ce volume, peu commun, a été vendu 51 fr. de Martainville; mais ce prix nous paraît excessif.

DU FOUILLOUX. Voy. Fouilloux.

DUFOUR de la Crespelière (*C.*), docteur en médecine. Les Récréations poétiques, amoureuses et galantes, ou les joyeux divertissemens de la poésie françoise, en faveur des mélancoliques, par le sieur Dufour. *Paris, Est. Loyson,* 1669, in-12. 8 à 12 fr. 42 fr. *mar. bl.* Duplessis. [14035]

Ce docteur avait déjà donné, entre autres ouvrages : Des Remèdes contre l'amour, travestis des vers latins d'Ovide en vers burlesques, par C. Dufour, médecin. *Paris, Olivier de Varennes,* 1666, in-12.

Du Fossé (*Th.*). Vie de Barthélemy des Martyrs, 21812. — Port-Royal, 21943-44.

Dufour (*G.-H.*). Travaux de la guerre, 8639. — Fortification permanente, 8656.

Dufour (*L.*). Hémiptères, orthoptères, 6051-51. — Diptères, etc., 6007.

Dufour (*J.-M.*). Dictionnaire d'Indre-et-Loire, 24399. — L'Ancien Poitou, 24427.

Dufour (*Augustine*). L'Art de peindre les fleurs, 9277.

Dufour (*Ch.*). Essai bibliographique sur la Picardie, 31651.

Dufour (*Gabr.*). Droit administratif, 2922.

Dufour (*H.*). Atlas universel, 19648.

Dufour (*P.*), nom supposé. Histoire de la prostitution chez tous les peuples, 21329.

Recueil d'épigrammes des plus fameux poëtes latins, mis en vers françois par le Sr Dufour. *Paris, Olivier de Varennes,* 1669, 2 parties en 1 vol. in-12. 10 fr. Duplessis.

Les Foux amoureux, contenant la description du palais des foux amoureux, le portraict de Mercure, le portraict de Vénus et de l'Amour, la folie des filles, la malice des veuves, la méchanceté des femmes mariées, la manie amoureuse des dames du célibat, la folle amour des garçons et des hommes, et plusieurs autres galanteries divertissantes en vers burlesques, par le sieur D. F. *Paris, Est. et J.-B. Loyson,* 1669, in-12, frontispice gravé. [14247]

8 fr. 50 c. Monmerqué; 11 fr. Duplessis, et quelquefois plus cher.

Les Divertissemens d'Amour, et autres poésies burlesques et sérieuses. *Paris, Olivier de Varennes,* 1667, pet. in-12.

Il a publié depuis un recueil du même genre, sous ce titre :

Le Poète goguenard, contenant petites odelettes, madrigalets, chansonnettes, fleurettes, sornettes, passe-temps et billets doux, et autres galanteries en prose et en vers. *Paris, Loyson,* 1673, in-12.

Le Poëte goguenard a reparu sous ce nouveau titre : *Les Charmes de l'amour et de la belle galanterie, en prose et en vers.* Paris, J.-B. Loyson, 1674, in-12.

Les ouvrages de ce médecin-poëte se recommandent par la singularité de leur titre, et cela suffit pour leur donner une certaine valeur.— A l'article Villanova (*Arn.* de), nous parlerons d'un commentaire en vers français sur l'Ecole de Salerne, par le sieur de La Crespelière (voy. Contes facétieux et aussi Du Port).

DU FOUSTEAU. Les curieuses singularitez de France. *Vendosme, Fr. de la Saugère,* 1631, pet. in-8. 10 à 15 fr. [23313]

Livre rare, où sont réunies huit dissertations curieuses, qui se rattachent à l'histoire de France. Il s'en trouve des exemplaires sous la date de *Paris, Hénault,* 1631.

DUFRESNE Du Cange. Voy. Du Cange.

DUFRESNE Saint-Léon (*L.-C.-A.*). Étude sur le crédit public, par Dufresne, liquidateur au trésor royal; exemplaire unique à l'usage de l'auteur. 1784, gr. in-8. [4124]

Cette rareté typographique a été vend. 36 fr. Chardin, en 1805. — J'en ai vu un exemplaire sur papier commun et de mise en train, contenant 208 pp.

Réimpr. sous le titre d'*Études du crédit public et des dettes publiques,* Paris, Bossange, 1824, et avec un nouveau titre portant : *seconde édit.*

DUFRESNOY (*Charles-Alphonse*). L'art de peinture, trad. en franc., avec des remarques (par Roger de Piles); 2e édition, augmentée d'un dialogue sur le coloris. *Paris, Nic. Langlois,* 1673, in-12, fig. de Sébast. Le Clerc. [12861]

Édition la plus recherchée, à cause des figures : 4 à

Du Fourny. Histoire générale de la maison de Faudoas, 28882.

Du Franz Robin (*Pasc.*). Discours sur l'Anjou, 24411.

Dufresne (*J.*). Journal des audiences, 2713.

Dufresne (*P.*). Valérianées, 5469.

Du Fresne d'Aubigny (*J.-Ch.*). Mémoire sur Du Cange, 30607.

Dufresnoy (*Mme*). Elégies, 14194.

6 fr. Les réimpressions de 1684 et 1751, dont les fig. sont moins belles, ont peu de valeur.

Meunier de Querlon a revu la traduction de R. de Piles, et l'a publiée de nouveau sous le titre d'*Ecole d'Uranie*, Paris, 1753, pet. in-8., avec sa propre traduction du poëme de *La Peinture*, par l'abbé de Marsy, et le texte latin de ces deux poëmes. — On a une traduction libre du poëme de Dufresnoy, en vers français, par Renou, peintre, *Paris*, 1789, in-8., et une autre traduction en prose qui porte le titre suivant :

LE GUIDE de l'artiste et de l'amateur, contenant le poëme de la peinture de Dufresnoy, avec une traduction nouvelle revue par M. Keratry, suivi de réflexions de ce dernier, de notes de Reynolds, de l'Essai sur la peinture de Diderot, d'une lettre sur le paysage de Gessner, etc. *Paris, Grimbert*, 1823, in-12. 3 fr. 75 c.

DUFRESNOY (*Pierre-Armand*)|. Carte géologique de la France, rédigée sous la direction de M. Brochant de Villiers, par MM. Dufresnoy et Elie de Beaumont, publiée par ordre du ministre des travaux publics. *Paris, P. Bertrand*, 1841, six feuilles grand-monde!, collées sur toile et pliées in-4. 167 fr. 50 c. [4601]

On joint à cette carte l'Explication, en 2 vol. in-4. dont le premier a paru en 1841, et le second en 1847. 33 fr. 75 c. y compris le tableau d'assemblage.

—Traité de minéralogie; 2e édition, revue, corrigée et augmentée. *Paris, Victor Dalmont*, 1856-59, 3 tom. en 4 vol. in-8. avec un atlas in-8. de 260 planch. 60 fr. [4691]

La première édit., de 1847, est en 3 vol. in-8., avec un atlas de 80 pp.

Pour le Voyage métallurgique de Dufresnoy en Angleterre, avec M. Elie de Beaumont et autres, voyez le n° 4730 de notre table.

DU FRESNOY. Voy. LENGLET.

DU GARDIN (*Louys*). Les premières addresses du chemin de Parnasse pour monstrer la prosodie françoise par les menutez des vers françois, minutées en cent reigles. *Douay, Baltazar Bellere*, 1610, pet. in-12 de 310 pp. [13160]

Cet ouvrage est fort peu connu, bien qu'au jugement de M. Viollet Le Duc, il mérite de l'être, presque autant pour le fond que pour l'originalité de sa forme. Il est terminé par un traité *sur les nouvelles inventions du docteur Du Gardin pour faire marcher les vers françois sur les piedz des vers latins*. 30 fr. Viollet Le Duc, et 17 fr. Coste.

L. Du Gardin, docteur en médecine en l'université de Douay, a écrit en latin plusieurs ouvrages sur cette science, qui ont été impr. à Douai, et dont on peut voir les titres dans la *Biblioth. douaisienne.*

Il a traduit du latin en françois :

LA NOTRE-DAME de Han, ses bienfaicts et miracles fidelement recueillis par Justus Lipsius. *Bruxelles, Velpius*, 1606, in-8.

DUGDALE (*William*). Monasticon angli-

canum, sive pandectæ cœnobiorum benedictinor., cluniacensium, etc., a primordiis ad eorum usque dissolutionem; auctoribus Rog. Dodsworth et Guil. Dugdale. *Londini, Hodgkinson*, 1655-61-73, 3 vol. in-fol. fig. [21514]

Ouvrage très-important pour l'histoire ecclésiastique de l'Angleterre, et auquel les fig. de Hollar et King, dont il est orné, ajoutent du prix. Comme les exemplaires en sont rarement complets, nous allons donner une courte description des 3 vol.

Le tome premier a 25 ff. prélim., y compris le frontispice gravé, le titre impr., un faux titre, un arbre généalogique, et une pl. qui représente un bénédictin. Le texte finit à la p. 1151, par un *errata*; il est orné de 61 feuilles ou demi-ff. de gravures placées aux pages 2 (2 pl.); 18 (4 pl.); 20, 22, 24, 26, 28, 32, 38 (4 pl.); 50, 54, 56, 58, 60, 62 (2 pl.); 64 (2 pl.); 84, 88, 90, 108, 120, 154, 164, 166, 170 (2 pl); 172 (2 pl.); 174, 176 (2 pl.); 184 (2 pl.); 186 (2 pl.); 191, 198, 220 (2 pl.); 222, 282, 306, 371, 372, 406 (2 pl.); 512, 614, 695, 733, 882, 949. Ce vol. a été réimpr. en 1682 (16 ff. prél. et 1150 pp.), et comme cette réimpression est augmentée de 4 ff. d'*index*, on la joint à l'édition originale. Ces deux éditions offrent d'ailleurs de nombreuses différences. Voy. *Biblioth. grenvil.*, p. 213.

Le tome deuxième a 12 ff. prélim., y compris le titre, un faux titre et une gravure de Hollar, qui représente un chanoine de Saint-Augustin ; le texte finit à la page 1057, et est suivi de 4 *index*, qui occupent 28 ff. non chiffrés ; il y a 17 gravures dans le volume, non compris celle du chanoine de Saint-Augustin ; elles doivent être aux pp. 136, 148 (2 pl.); 366, 460, 489, 504, 517, 573, 589, 652, 755, 783, 831, 870, 890, 940. Certains exemplaires sont datés de 1672.

Le tome troisième, beaucoup plus rare que les deux premiers, est divisé en deux parties : il commence par 3 ff. prélim.; la première partie contient 392 pp. de texte, suivies d'un errata ; la seconde partie renferme 218 pp., y compris trois index et un errata; il y a dans la première partie 24 gravures, dont une tient au texte et doit se trouver p. 368. Les autres sont aux pp. 114, 115, 128 (2 pl.); 180 (2 pl.); 216 (2 pl.); 257 (7 pl.); 297 (4 pl.); 368, 375 (3 pl.); la 2e partie ne renferme que 6 gravures, aux pp. 10 (2 pl.); 42, 87, 175, 195. Quelques exemplaires sont datés de 1683.

Les planches n'étant numérotées que dans une partie des exemplaires, il faut avoir soin de regarder si elles correspondent au texte à côté duquel elles sont placées; il n'est pas rare de les trouver transposées, mais peu importe, pourvu qu'elles ne manquent pas. Il y a des exemplaires des deux premiers vol. en Gr. Pap.; on n'en connaît pas du troisième.

Les trois volumes se sont payés, il y a quelques années, jusqu'à 50 guinées en Angleterre, mais ils sont beaucoup moins chers aujourd'hui. Vend. 551 fr. *mar. bl.* Caillard, et le même exemplaire 520 fr. Labédoy...; 615 fr. en 5 vol. *m. r.* MacCarthy ; 250 fr. *m. r.* Librairie De Bure, et en *v. f.* avec le frontispice et 4 ff. d'index de la première édit. ajoutés, 351 fr. J.-J. De Bure.

L'exemplaire du *Monasticon anglicanum*, édition de 1655-73, de la *Biblioth. Meerman.*, tome II, p. 76, vend. 100 flor., avait appartenu au célèbre comte de Clarendon; les deux premiers volumes étaient en Gr. Pap., et le 3e en pap. ordinaire. Le même exemplaire, après avoir été rel. en 5 vol. *mar. bl. par Lewis* (avec le 3e vol. encadré, pour le mettre au niveau des deux autres), a été porté à 210 liv. sterl. à la vente de John Dent, en 1827. Il manquait cependant dans le premier volume 9 pl. qui appartiennent à l'ouvrage, mais dont 8 ne sont pas ordinaires dans la première édition. Il y manquait également, dans le 2e vol., la pl. du chevalier de Jérusalem, laquelle n'a pas été placée dans

---

les premiers exemplaires distribués. Les 2 vol. en Gr. Pap. sont excessivement rares.

— Monasticon anglicanum, etc., first publish'd in latin by W. Dugdale. To which are new added exact catalogues of the bishops of the several dioceses to the year 1717 : the whole corrected and supplied with many useful additions by an eminent hand (James Wright). *London, Harbin*, 1718, 3 tom. en 1 vol. in-fol. fig. 3 à 5 liv.

Seconde édition de l'abrégé du *Monasticon anglicanum*. La première, moins complète, a paru à Londres, en 1693, in-fol.

— The History of the ancient abbeys, monasteries, etc., being two additional vol. to Will. Dugdale's Monasticon anglicanum... by J. Stevens. *London, Th. Taylor*, 1722-23, 2 vol. in-fol. fig. 9 à 12 liv. [21515]

Ces deux articles, qui doivent être réunis, se payent presque aussi cher que l'édition latine : 27 liv. 6 sh. Edwards. — Gr. Pap. très-rare, 700 fr. *m. r.* Mac-Carthy ; 29 liv. 9 sh. Sykes.

— Monasticon anglicanum : a new edition, enriched with a large accession of materials by John Caley, Henry Ellis, and the rev. Henry Bandinel. *London*, 1817-30, 6 tom. en 8 vol. pet. in-fol.

Cette édit. renferme toute la substance de la continuation de Stevens, d'autres augmentations et les notes des éditeurs ; en outre, beaucoup de nouvelles figures sont ajoutées aux anciennes que l'on a copiées avec exactitude. Tels sont les avantages qui la font préférer aux premières édit. La dernière a été distribuée en 50 livrais. ; et le prix de chaque livraison était de 2 liv. 12 sh. 6 d., et en Gr. Pap. fig. *proofs*, tirés à 50 exempl., 5 liv. 5 sh. L'ouvrage complet a été mis récemment au rabais à 45 liv. Un exemplaire en Gr. Pap., en 12 vol. rel. en *mar. doré*, et contenant, outre les premières épreuves des nouvelles planches, les pl. de l'ancienne édit. : 101 liv. Hanrott ; autrement, 75 liv. Bohn.

Il a paru à Londres, en 1846, une réimpression un peu tronquée de l'édition précédente, en 8 vol. pet. in-fol. au prix de 21 liv.

Dans sa *Bibliotheca topogr.*, M. Upcott annonce le recueil suivant : *Collection of forty nine plates engraved by Hollar for Dugdale's Monasticon, and History of St.-Paul's cathedral, republished from the original copper-plates by Rob. Wilkinson*, 1815, in-fol.

— Antiquities of Warwickshire illustrated. *London, Th. Warren*, 1656, in-fol. [27320]

Cet ouvrage, qui renferme des gravures du célèbre Hollar, est fort recherché en Angleterre. En France on le trouve très-rarement, et quoiqu'il n'ait été vendu que 53 fr. Mariette et 60 fr. Camus de Limare, il est plus cher maintenant : 321 fr. *m. r.* Mac-Carthy ; 11 liv. 11 sh. Sykes ; 14 liv. 3 sh. 6 d. Heber. L'édition de *Lond., Th. Osborne*, 1730, en 2 vol. in-fol., contient une continuation par Will. Thomas ; et c'est ce qui fait qu'on la prend de préférence à la précédente ; elle est devenue rare, et elle se paye de 20 à 25 liv. en Angleterre : vend. en Gr. Pap. *m. r.* 525 fr. Mac-Carthy ; 52 liv. 10 sh. Willett ; 39 liv. 18 sh. Sykes.

Il y a aussi une édition de *Coventry*, 1765, in-fol. fig., vendue 18 fr. Camus de Limare ; 67 fr. le duc de Feltre.

— History of St.-Paul's cathedral in London. *London, Th. Warren*, 1658, in-fol. fig. [27106]

Il est certain que cet ouvrage trouve bien peu d'amateurs en France ; mais en Angleterre il n'est guère moins recherché que le précédent, et les catal. de Londres le portent à 4 et à 6 liv. : vend. 146 fr. *m. r.* Mac-Carthy ; 6 liv. 6 sh. 8 d. Sykes ; 3 liv. 10 sh. Heber. L'édition de 1716, *London, Bowyer*, in-fol., à cause des augmentations qu'elle présente, est presque aussi chère que la première ; vend. en Gr. Pap. *m. r.*, avec différentes pièces ajoutées, 300 fr. Mac-Carthy ; 9 liv. 9 sh. Sykes ; 6 liv. Dent.

Une nouvelle édit. in-fol. à 2 col., avec une continuation, d'autres additions par H. Ellis (et de nouvelles planches ajoutées aux anciennes fig. qui ont été exactement copiées, la plupart par W. Finden), a été publiée à Londres, de 1814 à 1818, en 6 part. Le prix, qui était de 15 liv. 15 sh., et en Gr. Pap. 31 liv. 10 sh., est maintenant fort réduit.

— The Baronage of England. *London, Th. Newcomb*, 1675-76, 3 tom. en 2 vol. in-fol. fig. [28924]

Ces deux volumes, qui sont d'un intérêt local, se payent de 6 à 8 liv. en Angleterre : vend. 200 fr. *m. r.* Mac-Carthy ; 120 fr. le duc de Feltre ; — en Gr. Pap. 14 liv. 14 sh. Sykes.

Charles Hornby a écrit une critique violente et peu judicieuse de cet ouvrage, sous ce titre :

A SMALL specimen of the many mistakes in sir Will. Dugdale's Baronage. *Lond.*, 1730, in-8, (en trois lettres, formant 250 pp.).

— The History of imbanking and drayning of divers fenns and marshes, both in foreign parts, and in this kingdom, and of the improvements thereby ; extracted from records, manuscripts, and other authentick testimonies. *London, Warren*, 1662, in-fol. fig. [27057]

Cette édit. est fort rare, et elle a été payée 300 fr. Mac-Carthy ; 13 liv. Dent ; 21 liv. 10 sh. 6 d. Sykes ; 5 liv. 12 sh. 6 d. Heber. Il y en a une seconde, publiée par Ch. Nalson Cole, 1772, in-fol., beaucoup moins chère que la première : 2 liv. Vend. 118 fr. Gr. Pap. Mac-Carthy.

— ORIGINES juridiciales, or historical memorials of the english laws, courts of justice : also a chronologie of the lord chancelors and keepers of the great seal, etc. *London*, 1666, ou 1671, in-fol. [3038]

La première de ces deux éditions a l'avantage de contenir les premières épreuves des gravures ; mais la seconde présente des augmentations : 2 liv. 6 sh. Heber. Les exempl. de la seconde édit., sous la date de 1680, contiennent de plus que les autres 4 pp. de continuation et 2 portr. supplémentaires, et c'est ce qui les fait préférer. Vend. 151 fr. *m. r.*, et avec tous les portraits qui manquent assez souvent, Mac-Carthy ; 4 liv. 6 sh. Sykes.

— THE LIFE, diary and correspondence of sir Will. Dugdale, with an appendix ; edited by Will. Hamper. *London*, 1827, in-4. 2 liv. 2 sh. [30905]

Édition tirée à 250 exempl. seulement, et enrichie de 2 portr. de Dugdale grav. par H. Robinson et W. Hollar, d'un fac-simile et de deux tableaux généalogiques.

Nous citerons encore les ouvrages suivants de Dugdale :

A SHORT VIEW of the late troubles in England (from 1638 to 1659). *Oxford, at the Theatre*, 1681, in-fol., 10 à 12 sh. : vend. 157 fr. Gr. Pap. *mar. r.* Mac-Carthy ; 3 liv. 3 sh. Sykes.

A PERFECT COPY of all summons of the nobility to Parliament. *Lond.*, 1685, in-fol., rare : 91 fr. *mar. r.* Mac-Carthy ; 3 liv. 4 sh. Roxburghe ; 1 liv. 7 sh. Heber.

Réimpr. sous la même date, à Birmingham, vers 1794, édition facile à reconnaître par la forme moderne des caractères : 1 liv. 8 sh. Sykes.

A BRIEFE DISCOURSE touching the office of lord Chancellor of England by John Selden; together with a catalogue of lord Chancellor, etc., from the norman conquest, untill the present year, 1671, by Will. Dugdale, 1672, in-fol.

THE ANCIENT USAGE of bearing arms, with a catalogue of the nobility of England, etc. *Oxford*, 1682, in-12 (deux éditions dans la même année).

Ce dernier ouvrage a été réimprimé à *Londres*, en 1811, in-fol., avec des augmentations et des corrections par T.-C. Banks.

La collection des ouvrages de Dugdale forme 23 vol. y compris les doubles édit.; elle se trouve difficilement complète, et on la recherche beaucoup en Angleterre : il a été vend. un fort bel exemplaire 136 liv., à Londres, en 1804, un autre, 200 liv. en 1810, et un troisième, 102 liv. 18 sh. Hibbert.

Lowndes (Manuel, pages 618 et suiv., ou 2ᵉ édition, pp. 683-93) donne des détails curieux sur les ouvrages de Dugdale, et des renseignements pour en collationner les différentes éditions.

DUGUAY-TROUIN. Voyez GUAY.

DUGUES. Voy. DU WÈS, et PALSGRAVE.

DU GUESCLIN (*Bertrand*). In-fol. goth. fig. en bois. [23380]

Ouvrage dont les exempl. sont fort rares. C'est plutôt un roman de chevalerie qu'une histoire, aussi est-il moins utile que curieux. L'édit. que nous citons a 88 ff. imprim. à 2 col. dont celles qui sont entières portent 35 et 36 lignes; elle a des sign. de *a*—*o* (le premier et le dernier cahier par 8, les autres par 6). Les caractères paraissent appartenir à l'imprimerie de Lyon, du XVᵉ siècle, après 1480. Le premier f. est blanc au recto, et, au verso, porte la fig. d'un chevalier armé de toutes pièces, avec ces deux mots, en guise d'intitulé : *Bertrand Du Guesclin.* La même gravure, mais sans ces deux noms, se voit encore sur le recto du dernier f. Le texte commence ainsi :

> (E)*n ma pensee sou*
> *uent me delictoye.*

On lit au verso de l'avant-dernier f. la souscription suivante.

> *Cy finist le liure des faiz*
> *de messire Bertrand du gues*
> *clin cheualier Jadiz connesta*
> *ble de france et seigneur de lon*
> *gueuille.*

Vend. 78 fr. en 1819; 120 fr. en 1827, et un bel exempl. rel. en *mar.* 27 liv. White-Knights; 40 liv. Heber; 450 fr. *mar. d. de mar.* en 1841, et aussi en *mar.* 850 fr. d'Essling; 785 fr. Bourdillon; 605 fr. de Coislin; 800 fr. Chenest.

— Prouesses et vaillances du preux cheualier Bertrand Duguesclin, jadis connetable de France et seigneur de Longueuille. *Paris, Michel Lenoir*, 1521, in-4. goth. fig. en bois.

Édition rare rapportée dans le catal. de La Valliere-Nyon, nº 23479, mais que je n'ai pas pu voir.

— Les prouesses et vaillances du preux z vaillāt cheualier Bertrand Du Guesclin. (à la fin) : *Jmprime nouuellemēt a Lyon par Oliuier Arnoullet. Et fut acheue le xviij. iour de may. Mil. cccc. z. xxix.*

pet. in-4. goth. de 78 ff. non chiffrés, sign. a.—k., avec fig. en bois.

Vend. 410 fr. Revoil; 400 fr. d'Essling; 350 fr. Coste; 505 fr. Solar.

— Les faitz z gestes de noble et vaillāt cheualier Bertrand du Guesclin... *Imprime nouuellement a Paris .xixc. Paris, Jehan Bonfons*, in-4. goth. à 2 col. fig. en bois, sign. a.—n. 105 fr. *mar. or.* Giraud; 150 fr. Solar.

Ces trois vol. in-4. contiennent le même ouvrage que l'édition in-fol. ci-dessus.

CHRONIQUE de Du Guesclin, collationnée sur l'édition originale du XVᵉ siècle et les mss., avec une notice biogr. et des notes par Fr. Michel. *Paris, Béthune*, 1830, in-18. fig. (il y a quelques exemplaires en pap. vél.).

Pour une chronique de Du Guesclin, en vers, voyez CUVELIER.

Voici encore les titres de trois ouvrages anciens relatifs à Du Guesclin :

ANCIENS MÉMOIRES du XIVᵉ siècle, où l'on apprendra les aventures de la vie du fameux Bertrand Du Guesclin... qui par sa valeur a retably dans ses Etats le prince catholique. Nouvellement traduits par (Jacq.) Le Febvre. *Douay, Barth. Bellere*, 1692, in-4. Vend. 15 fr. Morel-Vindé.

Réimpr. dans les tomes IV et V de la collection des Mémoires publiée par MM. Petitot.

HISTOIRE de Bertrand Du Guesclin, sous les règnes des rois Jean et Charles V, écrite en 1387, nouvellement mise en lumière par Claude Ménard. *Paris, Cramoisy*, 1618, in-4. 15 à 18 fr.

Ancienne traduction en prose d'une vieille chronique en vers. Vend. 20 fr. A. Martin.

HISTOIRE de B. Du Guesclin... composée nouvellement et enrichie de pièces originales par P. H. Sᵉʳ de C. (Paul Hay, seigneur de Chastelet). *Paris*, 1666, in-fol.—Vend. 15 fr. Morel-Vindé.

DU GUILLET. Voy. GUILLET.

DU HAILLANT (de Girard, sieur). Voy. GIRARD.

DU HALDE (le Père *J.-B.*). Description géographique, historique, etc., de l'empire de la Chine et de la Tartarie chinoise. *Paris, Lemercier*, 1735, 4 vol. gr. in-fol. fig. 40 à 50 fr. [28274]

De beaux exempl. en *m. r.* ont été vendus 100 fr. et plus.

L'édition de *La Haye*, 1736, 4 vol. in-4. fig., ne contient pas les cartes; il faut y ajouter *nouvel Atlas de la Chine, etc.*, par d'Anville, *La Haye*, 1737, gr. in-fol., 42 cartes; ou mieux encore les 50 cartes et les 14 gravures de l'édition de *Paris*, rel. séparément: 30 à 40 fr. les 5 vol., et 18 à 20 fr. sans l'atlas.

DU HAMEL (*Jacq.*). Acoubar, tragédie, tirée des amours de Pistion et Fortunie, en leur voyage de Canada, par maistre Du Hamel, advocat en la cour de Parlement. *Rouen, Raphaël du Petit Val*, 1603, pet. in-12 de 71 pp. [16328]

M. de Soleinne avait deux exempl. de cette édition :
le premier a été vend. 27 fr., et le second 10 fr.

La *Bibliothèque du Théâtre françois*, I, p. 279, cite
une première édition de cette pièce, dédiée à Phil.
Desportes, de 1586, in-12, sans indication de lieu,
et une autre de Rouen, 1611. La même pièce fait
partie du recueil intitulé : *Théâtre des tragédies
françoises.* Rouen, Du Petit-Val, 1615, pet. in-12.
— LUCELLE, voy. LE JARS.

DUHAMEL du Monceau (*Henri-Louis*).
Traité des arbres et arbustes qui se cultivent en France; nouvelle édition, augmentée de plus de moitié, etc., publiée
par Est. Michel. *Paris*, 1800-19, 7 vol.
pet. in-fol. [4976]

La première édition de cet ouvrage, *Paris*, 1755,
2 vol. in-4. avec fig. en bois, s'est vendue autrefois
jusqu'à 60 fr.; mais elle est maintenant à très-bas
prix, ainsi que la plupart des ouvrages de l'auteur.
Celle-ci, qui comprend les arbres fruitiers, a été
commencée par M. Veillard et continuée par MM. Jaume Saint-Hilaire, Mirbel, Poiret et Loiseleur-Des-
longchamps. Quoiqu'elle porte le nom de Duhamel,
elle n'a de commun avec l'ouvrage de ce savant que
le titre. L'édition a été publiée (chez Arth. Bertrand)
en 83 livr. de 6 pl., d'après Redouté et Bessa, avec
un texte imprimé. Chaque livraison a coûté, par
souscription, en pap. ordinaire, 9 fr.; — en pap.
vél. fig. color., 18 fr.; — gr. in-fol. pap. vél. fig.
color., 30 fr.; mais, dans les ventes, ces prix se réduisent à moins du quart.

Un exemplaire imprimé sur VÉLIN, avec les dessins
originaux, se conserve dans la Bibliothèque impériale du Louvre.

— Traité des arbres fruitiers (composé sur
les mémoires de Duhamel du Monceau
et de son frère, par Leberriays). *Paris*,
1768, 2 vol. très-gr. in-4. fig. 25 à 30 fr.
[4985]

Ouvrage bien exécuté, mais qui est assez commun.

Un exempl. extraordinaire, avec toutes les planches
peintes d'après nature par Parocel ainé, a été vend.
147 liv. Paris, à Londres.

L'édit. de 1782, 3 vol. in-8. fig., est peu estimée.

— Traité des arbres fruitiers, nouv. édition, augmentée d'un grand nombre de
fruits, par A. Poiteau et P.-J.-Fr. Turpin. *Paris, Delachaussée, et chez Levrault*, 1807-1835, 6 vol. gr. in-fol. pap.
vél. fig. en couleur.

Ouvrage le plus beau et le plus complet que l'on eût
alors sur cette partie de l'histoire naturelle ; il contient 329 pl. chiffrées, dont plusieurs sont doubles
et même triples. Il s'est publié en 72 livraisons à
30 fr.; mais on le trouve pour le tiers de ce prix.

— Traité général des pêches maritimes,
des rivières, etc., des poissons. *Paris*,
1769-82, 3 vol. gr. in-fol. et 74 pp. du
tome IV. [10462]

Quoique cet ouvrage fasse ordinairement partie de la
collection des Arts et Métiers (voy. DESCRIPTION),
il se vend aussi séparément : 50 à 60 fr.

— Des Semis et plantations, 6348. — Exploitation des
bois, 6390.— Transport des bois, 6391.— Physique

Duhamel (*J.-Mar.-Constant*). Calcul infinitésimal,
7984. — Cours de mécanique, 8079.

Duhamel (le comte *Victor*). Histoire constitution-
nelle de a monarchie espagnole, 26110.

des arbres, 4845.— Architecture navale, 8467.— Fabrique des manœuvres, 8481.

DU JARDIN (*P.*). La mort de Henry le
Grand, descouverte à Naples, en l'année
1608, par Pierre Du Jardin, sieur et capitaine de la garde, natif de Rouen, de-
tenu ès prisons de la conciergerie du
Palais à Paris, 1619, pet. in-8. de 16 pp.
— Réimpr. *sans date*, in-12 de 26 pp.
5 à 6 fr. [23641]

Réimpression de deux pièces que l'auteur avait publiées séparément à Rouen en 1619, l'une sous le
titre de *Manifeste de Pierre du Jardin*, l'autre
sous celui de *Factum*, du même (Frère, I, p. 393).

DUJARDIN et Peyrilhe. Histoire de la
chirurgie, depuis son origine jusqu'à nos
jours. *Paris, impr. royale*, 1774-80,
2 vol. in-4. fig. 18 à 24 fr. [7447]

DUJARDIN et Sellius. Voy. HISTOIRE des
Provinces-Unies.

DU JARRIC. Histoire des choses plus mémorables advenues tant ez Indes-Orientales, que autres païs de la descouverte
des Portugais, en l'établissement et progrès de la foy chrestienne et catholique.
le tout recueilli et mis en ordre par le P.
Pierre Du Jarric. *Bourdeaus, Sim. Millanges*, 1608-10-14, 3 vol. in-4. [21572]

Ces trois vol. ne se trouvent pas facilement réunis :
il en a été payé un exempl. rel. en *mar.* et *aux
armes de Colbert*, jusqu'à 6 liv. 6 sh. à la vente
Hanrott; toutefois ce prix ne prouve rien pour la
valeur du livre, car le même ouvrage a été vendu
16 fr. 5 c. Langlès; 20 fr. en 1841; 15 fr. 50 c. de
Sacy; 35 fr. Burnouf.

Avant de publier cet ouvrage assez mal rédigé, le P.
Du Jarric en avait déjà donné un autre sur le même
sujet, et qui a pour titre :

HISTOIRE des Indes-Orientales, depuis que les jé-
suites y sont entrés jusqu'en 1600. *Arras, Gilles
Bauduyn*, 1611, in-8. avec *m.* v. 2 liv. 1 sh.
Hanrott, mais quelquefois beaucoup moins.

La traduction latine de cette histoire par M. Martinez,
Coloniæ-Agripp., 1615, 4 tom. in-4 vol. in-8., a
paru sous deux titres différents, savoir :

　1° *Thesaurus rerum indicarum...*

　2° *Nova historia rerum memorabilium, quæ
tam in India orientali, quam aliis regionibus,
quas Lusitani detexerc... contigerunt.*

DU JONCOUX (le P. *François*), auver-
gnat. Estrennes mystiques, spirituelles
et reciproques du ciel et de la terre, publiees le premier de l'année 1624. *Poictiers, Abr. Monnin*, 1624, in-16, titre
gravé.

Almanach singulier dont les exemplaires sont assez
rares. 12 fr. 50 c. Pressac.

Du Hausset (Mme). Mémoires, 23905.

Duhaut-Cilly (*A.*). Voyage, 19886.

Dujardin. Voyez Boispréaux.

Dujardin (*F.*). Manuel de l'observateur au microscope, 4338. — Zoophytes infusoires, 6178.

Dujardin (*M.*). Helminthes, 6173.

Dujeux (*J.-B.-C.*). Lois sur les brevets d'invention,
2878.

DULAURE (*J.-A.*). Histoire physique, civile et morale de Paris, depuis les premiers temps historiques jusqu'à nos jours; deuxième édition, considérablement augmentée. *Paris, Guillaume*, 1823-24, 10 vol. in-8. fig., avec un atlas in-4. 36 à 45 fr., et plus en pap. vél.

Cet ouvrage est le fruit de longues recherches; mais malheureusement en le composant l'auteur a été trop préoccupé de sa haine contre les prêtres, les rois et les nobles, pour conserver toute l'impartialité qu'on est en droit d'attendre d'un historien. Ce défaut, qui nuira sans doute beaucoup au succès futur de l'Histoire de Paris, a été cependant la cause principale de la vogue momentanée qu'elle a obtenue.

La première édition, publiée à *Paris*, 1820 à 1822, en 7 vol. in-8. fig., a été promptement épuisée. Pour la rendre aussi complète que la seconde, il faut y réunir un 8e vol. publié en 1825, et qui forme un supplément accompagné de 38 nouvelles gravures: à ce supplément sont jointes 6 feuilles paginées 337 à 432, qui s'intercalent dans le tome V. Il y a une 6e édition, *Paris, Furne*, 1837, 8 vol. in-8., et atlas in-4., et une autre annotée et continuée jusqu'à nos jours par C. Leynadier, *Paris, Dufour*, 1856, 8 vol. gr. in-8. fig., annoncée à 72 fr. [24139]

Histoire physique, civile et morale des environs de Paris, depuis les premiers temps historiques jusqu'à nos jours, contenant l'histoire et la description du pays et de tous les lieux remarquables compris dans un rayon de 25 à 30 lieues autour de la capitale. *Paris, Guillaume et Ponthieu*, 1825-28, 7 vol. in-8. fig. 35 fr.

Cette histoire a eu beaucoup moins de succès que la précédente; cependant elle a été réimprimée.

Esquisses historiques des principaux événemens de la révolution française, depuis la convocation des états généraux jusqu'au rétablissement de la maison de Bourbon; seconde édition. *Paris, Baudouin frères*, 1825-26, 6 vol. in-8., avec 108 pl. 30 fr. et plus en pap. vél.

Ouvrage écrit avec toute la partialité qu'on peut attendre d'un conventionnel *régicide*, et de plus philosophe antireligieux.

Histoire critique de la noblesse, depuis le commencement de la monarchie jusqu'à présent, où l'on expose ses préjugés, ses brigandages, ses crimes... par Dulaure. *Paris, Guillot*, 1790, in-8. de 325 pp. — Liste des noms des ci-devant nobles, nobles de races, robins, prélats, financiers, intrigans, et de tous les aspirants à la noblesse, ou escrocs d'icelle, avec des notes sur leurs familles; seconde édition. *Paris, Garnery*, an II (1790-91), 3 part. en 1 vol. in-8. de 112, 120 et 96 pp. [28795]

Ces pamphlets n'ont aucune importance, mais leurs titres les font rechercher, et ils se trouvent rarement réunis. Les derniers ont été contrefaits sous le titre d'*Etrennes à la noblesse, ou Précis historique et critique sur l'origine des ci-devant ducs, comtes, barons, etc. Londres, an IIIe de la liberté*, in-8.

L'Histoire critique, 14 fr. de Martainville; les Étrennes, avec la Liste des noms, 41 fr. même vente; mais moins cher ordinairement.

Nous citons dans notre table méthodique une partie des autres ouvrages de Dulaure. Voir les nos 21346, 22589 et 23138.

DULAURENS (*André*). OEuvres de Me André Du Laurens, sieur de Ferrières, traduites du latin en françois par Me Theophile Gelée... revues, corrigées et augmentées par G. Sauvageon. *Paris, J. Petit Pas*, 1639, et aussi *Paris, Math. Guillemot*, 1641, in-fol. fig. [6622]

Ce sont les deux éditions les plus complètes que l'on ait de la traduction française des œuvres de ce célèbre médecin d'Henri IV. La première édition a paru à *Paris, chez P. Mettayer*, 1613, in-fol., et passe pour être beaucoup plus correcte que les autres. Elle a été copiée à *Rouen, chez Du Petit-Val*, en 1621, in-fol.; ensuite dans la même ville, chez D. Berthelin, en 1661, in-fol.

Dulaurens a écrit ses ouvrages en latin et les a publiés séparément. Après sa mort, ils ont été réunis en corps sous ce titre:

Andreæ Laurentii Opera omnia, partim jam antea excusa, partim nondum edita, nunc simul collecta, et ab infinitis mendis repurgata, studio et opera Guidonis Patini. *Parisiis, A. Taupinart*, 1628, 2 tom. en 1 vol. in-4.

Le principal ouvrage de ce recueil est un traité d'anatomie qui a eu un très-grand succès, et dont la traduction s'imprimait encore à Paris au milieu du XVIIIe siècle. Le texte latin a pour titre:

Historia anatomica humani corporis et singularum ejus partium, multis controversiis et observationibus novis illustrata, auctore Andrea Laurentio. *Parisiis, excudebant Jo. Mettayer et M. Ourry* (avec un privilége en date du 4 octobre 1599), in-fol. fig.

Les planches de ce volume sont en grande partie la reproduction de celles de Vésale.

Ce texte a été réimpr. plusieurs fois à Francfort, en in-fol. et en in-8., et à Lyon en in-8. C'est dans cette dernière ville, en 1621, qu'a paru la traduction française, par François Sizé, in-8. Une autre, sous le titre d'*Anatomie universelle de toutes les parties du corps humain*, représentée en figures et exactement expliquée par ***, *Paris, F.-G. Jollain*, 1731, est un in-fol. entièrement gravé, dont nous connaissons deux autres tirages, l'un de 1741, avec un titre à l'adresse A. Humblot, et le nom de l'auteur, suivi des mots *revu par M. H***, chirurgien juré de S. Cosme;* l'autre de 1748, à l'adresse de Crépy.

N'oublions pas de faire ici une mention particulière de l'ouvrage suivant, quoiqu'il ait été réimprimé dans les œuvres de l'auteur:

De mirabili strumas sanandi vi, solis Galliæ regibus christ. divinitus concessa, liber. *Parisiis, Orry*, 1609, pet. in-8. [24029]

Volume peu commun et assez recherché. On doit trouver au commencement une grande estampe qui représente Henri IV touchant les écrouelles. 13 fr. 95 c. et 10 fr. Andry.

Voici le titre d'un autre ouvrage analogue à celui-ci, mais beaucoup plus rare:

Guill. Tooker charisma, sive donum sanitatis: seu explicatio quæstionis de dono sanandi strumas, concesso regibus Angliæ, etc. *Londini*, 1597, pet. in-4. (*Catalogue de Falconet*, 6650).

DULAURENS (*Henr.-Jos.*). Voy. Compère Mathieu.

—La Chandelle d'Arras, 14153.

Les œuvres de cet écrivain irreligieux et obscène ont été recueillies à *Bruxelles*, en 1823, et forment 4 vol. in-8.

Dulac (*Allcon*). Mémoires, 4488.
Du Lac de La Tour d'Aurec. Département de la Loire, 24614.
Du Lacq. Artillerie, 8682.
Dulague. Navigation, 8500.

Dulaurier (*Ed.*). Chronologie américaine, 28035. — Chroniques malayes, 28215.
Du Laury (*R.-A.*). Jurisprudence des Pays-Bas, 3011.

DULCINUS. Stephani Dulcini secundi Sir-
mio (seu Endecasyllabi de Sirmione in-
sula lacus Benaci). *Mediolani pridie Kal.
Decembris, M. cccc. u.* (1502, *apud
Alexandrum Minutianum*), in-4. sign.
a—c., ff. non chiffrés, caractères ronds.
[12682]

Panzer paraît n'avoir point connu cette pièce rare, à
la fin de laquelle l'imprimeur s'est nommé dans un
errata indiquant les fautes qui n'ont pas été corri-
gées dans tous les exemplaires.
— NUPTIÆ illustrissimi Ducis Mediolani. (in fine) :
*Opera et impensis spectabilis viri D. Jo. Antonii
Corvini ab Arretio vir in hac re ingeniosissimus
Antonius Zarotus impressit Mediolani* M. cccc.
LXXXVIII. *Idibus Aprilibus,* in-4. en petits caract.
romains.
En tête de cet ouvrage se trouve : *Epistola Dulcinii
ad Nicolaum Lucarum.*
Maittaire cite : *Stephani Dulcinii, canonici scalensis
Epistolæ et opuscula varia, Mediolani,* 1492, in-fol.

DULER ou Dulys *(Charles).* Voy. RECUEIL
de plusieurs inscriptions.

DULLER *(Ed.).* Deutschland und das
deutsche Volk. Mit 150 Ansichten in
Stahlstich und 50 color. Abbild. von
Volkstrachten, etc. *Leipzig, G. Wigand,*
1845-46. 2 vol. in-8. 67 fr. [26337]
— Erzherzog Karl von Oesterreich, 26457.

DU LORENS *(Jacques).* Les Satyres du
sieur du Lorens, divisées en deux livres.
Paris, Jacq. Villery, 1624, pet. in-8.
de 2 ff. prélim. 202 pp. et 1 feuillet pour
le privilége. [14197]

Première édition, contenant onze satires dans le premier livre et quatorze dans le second. 12 fr. Monmerqué ; 39 fr. 50 c. *mar. r.* Giraud, et 51 fr. Solar.
Il y a aussi une édit. de *Paris, Villery,* 1625, in-12
de 2 ff. et 202 pp., sur le titre de laquelle l'auteur
est nommé de Lorens. — Dans celle de *Paris, Gervais Alliot,* 1633, in-4. de 2 ff. et 90 pp., on a imprimé *Du Laurens.* Cette dernière ne renferme que
16 satires; elle a cependant été vendue 27 fr. Monmerqué, et 45 fr. *mar. r.* Giraud.
— LES SATYRES de M. Du Lorens, président de Chas-
teau-neuf. *Paris, Ant. de Sommaville,* 1646, in-4.
de 4 ff. et 206 pp.
Cette édition renferme vingt-six satires. Il faut la collationner exactement, car dans plusieurs exemplaires il manque soit les pages 137-138 et 203-204, soit
les pages 183-184. Vend. 33 fr. Monmerqué ; 24 fr.
Viollet Le Duc ; 35 fr. *m.* Ch. Nodier, et aussi en
mar. r., avec un portrait de Du Lorens ajouté,
86 fr. Giraud.
Les Satires de Du Lorens sont d'une facture originale
et ne manquent pas de verve ; il paraît même qu'elles
ont fourni à Boileau quelques traits pour plusieurs
des siennes. Il est dit dans le catalogue de M. Ch.
Giraud, n° 1481, que ces trois recueils, de 1624,
1633 et 1646, sont presque entièrement différents.
Plusieurs des satires du premier se retrouvent, il
est vrai, dans les deux autres; mais elles ont été
tellement retouchées et remaniées dans la seconde,
et ensuite dans la troisième édition, que ce sont,
pour ainsi dire, des ouvrages nouveaux. — M. Viollet Le Duc (premier catalogue, page 485), dans la

notice curieuse qu'il a donnée sur Du Lorens, a
attribué à ce poëte satirique un poëme intitulé :
Le Pêcheur au pied de la Croix, Paris, Jean Martin, 1630, in-8.

DUMAS (le comte *Mathieu*). Précis des
événemens militaires, ou essais historiques sur les campagnes de 1799 à 1814.
Paris, Treuttel et Würtz, 1817 et ann.
suiv. 19 vol. in-8. et atlas in-fol. obl.
[8759]

Un des ouvrages les plus importants que l'on ait encore donnés sur les glorieuses guerres de la Révolution et celles de l'Empire. Il s'arrête à l'année
1807, et il se divise en sept époques qui ont été publiées dans l'ordre suivant :
CAMPAGNE de 1799, impr. en 1800, réimp. en
1817, 2 vol. et atlas, 21 fr.—de 1800, impr. en 1816,
2 vol. et atlas, 30 fr. — de 1801, impr. en 1817,
2 vol. et atlas, 24 fr. — de 1802, en 1818, 2 vol. et
atlas, 24 fr. — de 1803 et 1804, en 1820, 2 vol. et
atlas, 24 fr. — de 1805, en 1822, 4 vol. et atlas,
48 fr. — de 1806 et 1807, en 1826, 5 vol. et atlas
(2 part.), 26 et 39 fr. — Les exempl. en pap. vél.
coûtaient le double des autres. Dans ces derniers
temps, l'ouvrage a été mis au rabais.
— Souvenirs, 23958.

DUMAS *(J.-B.).* Traité de Chimie appliquée
aux arts. *Paris, Béchet jeune,* 1828-46,
8 vol. in-8., avec un atlas in-4. 96 fr.
[4430]

— Philosophie chimique, 4408.

DU MAYNE *(Guillaume).* Le Laurier,
poëme à Madame, sœur du roy Henri II,
auquel sont traictées les louanges de
l'étude, et y sont déclairées les fables de
Daphné et Andromeda. *Paris, Michel
Vascosan,* 1556, in-4. [13689]

L'exemplaire de ce petit poëme, que possède la Bibliothèque impériale, est réuni à deux épîtres du
même auteur, impr. également chez Vascosan, en
1556, sous ce titre :
EPISTRE *en vers envoyée par les rivières d'I-
talie à celle de Loire, sur la venue du maréchal
de Brissac à son retour de Piémont en France,
en laquelle sont contenues les louanges du roy
Henry deuxième,* in-4.
L'exemplaire de cette pièce, qui est dans le catal. de
La Valliere, par Nyon, n° 15845, porte pour titre :
EPISTRE *envoyée de Rome, sur la venue, etc.....*
en laquelle sont contenues les louanges de la saige
conduite du roy Henri deuxième en ces derniers
guerres, les raisons qui doivent mouvoir l'Italie a
espérer plus de secours du dict seigneur roy que de
tous les autres princes de la chrétienté ; aucuns
biens apparens présaiges de sa grandeur et prospé-
rité avec le bonheur que la royne porte au roy et
a tout le royaulme de France, par le même.

L'HEUREUX *partaige des excellens dons de la dèesse Pallas, resignez du conseil et permission d'icelle, au roy Henri II, et à Madame sa sœur par le feu roy François Ier*, in-4.

DU MÈGE (*Alex.-L.-Cl.-A.*). Vues pittoresques de la cathédrale d'Albi et détails de ce monument, dessinés et lithographiés par Chapuy; avec un texte par A. du Mège. *Paris, Engelmann*, 1829, gr. in-4. [21457]

Vend. 36 fr. *dos de mar.* Saint-Mauris.

— Statistique, 24073. — Monuments religieux, 24719. — Archéologie pyrénéenne, 24719.

DUMÉRIL (*André-Mar.-Const.*). Considérations générales sur la classe des insectes, ouvrage orné de 60 pl. représentant plus de 350 genres d'insectes. *Strasbourg et Paris, Levrault*, 1823, in-8. 25 fr. — Pl. color. 60 fr. [5944]

Le chapitre VIII et dernier est intitulé : *De la Bibliographie entomologique, ou des auteurs principaux qui ont écrit sur les insectes, et indication des systèmes et des méthodes qu'ils ont proposés.*

— Entomologie analytique, histoire générale, classification naturelle et méthodique des insectes à l'aide de tableaux synoptiques. *Paris, impr. de F. Didot*, 1860, 2 vol. in-4 de XXX et 1329 pp. 25 fr. [5944]

Tirage extrait des *Mémoires de l'Académie des sciences*, tome XXXI, 1re et 2e part.

— Éléments des sciences naturelles, 4465. — Zoologie, 5570. — Erpétologie, 5840. — Ichthyologie analytique, 5869.

DU MESNIL (*Nicole*). La maniere de enter arbres. (*sans lieu ni date*), pet. in-4. goth. de 11 ff. non chiffr., à longues lig. [6345]

Le premier feuillet recto porte le titre ci-dessus, et au verso une fig. en bois représentant des hommes occupés à enter des arbres, avec ce second titre : *Cy commence ung petit liure extrait par moy Nicole du mesnil prins sur palladius galien aristote et aultres maistres expers en la science de enter planter nourrir et garder fruitz vignes poires pômes et aults en plusieurs et diuerses manieres.* L'ouvrage finit au recto du dern. f. L'édition est du commencement du XVIe siècle.

Dumbeck (*A.-L.*). Geographia Pagorum, 26334.
Dumée fils. Album rouennois, 24342.
Duméril (*Édelestand*). Formation de la langue françoise, 10920. — Patois normand, 11056. — Poeseos popularis, et latina carmina, 12481 et 12589. — Poésie scandinave, 15051. — Poésies du moyen âge, 13182. — Mélanges, 18344.
Dumersan (*T.-M.*). Notice des monuments, 29302. — Médailles du cabinet de M. de Hauteroche, 29717. — Numismatique d'Anacharsis, 29786.
Dumesnil (*Mar.-Fr.*). Mémoires (apocryphes), 16204.
Dumesnil (*Mar.*). Chroniques neustriennes, 24302.
Dumesnil (*Alex.*). Histoire de Philippe II, 26069. — D. Juan d'Autriche, 26075.
Dumesnil (*J.*). Histoire des plus célèbres amateurs italiens et français, 31019.

— Voy. GORGOLE de Corn et MANIÈRE d'enter.

DU MOINE (*Nicolas*), champenois. L'histoire sacrée du tres-saint Suaire de N. S. Jesus Christ, inestimable trésor de la maison de Savoye, auquel est contenu en bref, comme il a été conservé depuis qu'il fut acheté par Joseph d'Arimathie, jusques à present; recherché de diuers hauteurs (tant italiens que françois) par Nic. Du Moine, et mis en rime par lui-mesme. *Turin, J.-Ant. Seghuin*, 1622, pet. in-8. de 85 pp. [22341]

Singulier et rare.

DU MOLIN (*Guil.*). Notable et vtile traicte du zele et grāt desir q̄ doibt auoir vng vray christien pour garder a Jesuchrist son honneur entier, enuoye a tres noble dame madame Bone gouuernante de Tournay et du Tournesis... 1527. — finist notable τ vtile traicte... par Guillalme (sic) du Molin... *imprime a Argentine lan* 1527. *le 28 iour de iannier* (sic) *de par Jehan Preys imprimeur*, pet. in-8. de 32 ff. non chiffr., caract. goth. [1260 ou 1832]

A la suite de ce traité se trouvaient les trois opuscules suivants :

TRESVTILE traicte du vray regne de antechrist maintenāt reuele et cogneu a tres hault... seigneur Philippe Marquis Darrescot côte Portian et de Beaumont. — Finist le traicte du vray regne de Lantechrist nouuellemēt *imprime a Argentine lan* 1527 *le 6 de januier*, pet. in-8. de 23 ff. goth.

LE TRAICTE de lutilite et hōneste de mariage. Et si il est licite aux prestres de soy marier. *Imprime en Argentine lan* 1527 *le 4 iour dapuril. par Jehan prüsz*, pet. in-8. de 37 ff. non chiffrés, caract. goth.

PROPHETIES de Iesaie de lenfant nouueau ne Jesus Christ, auec les annotations du docteur de Clermon. 1527, pet. in-8. de 44 ff. non chiffrés.

Ces quatre pièces réunies, 21 fr. Coulon ; 100 fr. le pr. d'Essling, en 1847.

Ces petits écrits théologiques, impr. à Strasbourg, sont fort rares, et leurs auteurs peu connus. L'imprimeur, nommé Preys dans le premier, se nomme Prüss dans ses éditions latines ainsi que dans le troisième traité ci-dessus.

DU MOLIN ou Du Moulin (*Ch.*). Voy. MOLINÆUS.

DU MOLLET. Testament de Pierre du Mollet de Morestel (en Dauphiné), ensemble les lamentations dédiées au sieur (Jacques de Laye) de Balmettes, augmentées de plusieurs histoires, sonnets, et chansons fort recréatives. *Lyon, Jean Huguetan*, 1617, pet. in-12 de 44 pp. [13930]

Cette facétie en vers est annoncée comme rare dans le catal. de M. Coste, où un exempl. en *mar. bl.* est porté à 50 fr. J'ai vu cet exemplaire en 44 pp., mais il en existe en 60 pp., lesquels contiennent, de

Dummler (*E.*). Formelbuch, 742.
Du Molinet (*Ch.*). Chanoines réguliers, 21859-60.

la page 49 à la fin : *Discours d'un jeune homme qui devint amoureux de la femme d'un bonnetier et de ce qui leur en advint.* Un autre exempl. en *v. éc.*, et qui, selon l'annonce, avait 70 pp., 30 fr. Bergeret.

P. Du Mollet avait dédié ses Lamentations au sieur de Balmettes; celui-ci, blessé de la familiarité du poëte *vilain*, lui opposa l'opuscule suivant : *Noble Jacques de Laye, seigneur de Balmettes, etc., au sieur P. Dumollet*, Lyon, P. Rigaud , 1618, pet. in-12 de 8 pp. en prose. Le poëte riposta dans un écrit en vers et en prose ayant pour titre : *Codicille de P. Du Mollet adressé au noble Jacques Delay*, Lyon, *Huguetan*, 1618, in-12 de 190 pp. Ce qui donna lieu à deux autres pièces, savoir : *Le Vilain en confusion d'apostasie, d'impiété abominable*, Lyon, P. Rigaud, 1619, pet. in-12 de 24 pp.; *Codicille à l'encontre de Jacques Delay*, Lyon, Cl. Larjot, 1619, pet. in-12 de 96 pp. où l'on trouve 120 sonnets.

A ces divers opuscules, qui se trouvent rarement réunis, on peut joindre :

LA DISPUTE et interrogation faicte par deux poëtes françois, l'un nommé le sieur Pierre du Mollet, de Morestel en Dauphiné , et le sieur Hector de Nantes de Langres , s'estant rencontré (*sic*) dans le cloistre S. Germain de Lauxerrois, proche le Louvre, à Paris. *Paris, par Martin Vérac*, 1610, pet. in-8. de 19 pp.

Le libraire qui vendait ce dernier opuscule n'est pas porté dans le catalogue de Lottin.

DU MONIN. Nouvelles OEuvres (en vers lat. et en vers françois) de Jean Edouard du Monin, poëte philosophe, B. G. (Bourgeois de Gy). *Paris, Jean Parant* (s. d.), pet. in-12. [13826]

Les, exemplaires de ce volume dont le frontispice porte la date 1582 sont pour le reste conformes aux autres, seulement la prière latine figurant un œuf y est imprimée en rouge, tandis que dans les exemplaires sans date elle est en noir.

— L'Uranologie, ou le ciel de J. Ed. Du Monin, poeme avec autres poésies du même. *Paris, Julien*, 1583, pet. in-12.

Du Monin a joui d'une certaine célébrité dans son temps, mais ses poésies sont aujourd'hui presque inintelligibles. Il nous reste encore de lui :

MISCELLANEORUM poeticorum adversaria. *Parisiis, Joan. Richer*, 1578, in-8.

Le *Manipulus poeticus* , composé de poésies lat. et franç. du même auteur, est imprimé à la suite de sa traduction, en vers lat., de la *Première semaine de Du Bartas*. Paris, 1579, in-8.

LE QUARÊME diuisé en trois parties : première, le triple amour, ou l'amour de Dieu, du monde angélique et du monde humain; seconde, la peste du monde, ou le jugement diuin, tragédie (en 5 actes et en vers); troisième, la consuiuance du quarème, en vers françois. *Paris, J. Parent*, 1584, in-4. de 4 ff. prélim., 357 pp. et 1 f. de table : 19 fr. 50 c. de Soleinne. — Le titre de ce vol. porte *tome cinquième.* [13827]

LE PHOENIX. *Paris, Guill. Bichon*, 1585, in-12 de 11 ff. prélim. et 156 ff. chiffrés.

Dans ce volume, coté *tome sixiesme*, se trouve *Orbec-Oronte*, tragédie en 4 actes et en vers : 19 fr. 50 c. de Soleinne.

Ces différents ouvrages sont rares.

Du Monin étant mort assassiné, à Paris, en 1586, plusieurs poëtes du temps déplorèrent ce tragique événement en latin et en français, dans des vers qui ont été imprimés à cette époque, et dont Goujet a rapporté les titres à la page 377 du XII° vol. de sa bibliothèque. Cinq de ces pièces impr. en 1586 et réunies en un vol. ont été payées 77 fr. à la dernière vente de Ch. Nodier (voir son catal. n° 455).

DUMONSTIER (*Artur*). Neustria pia, seu de omnibus et singulis abbatiis et prioratibus totius Normaniæ. *Rothomagi, Joan. Bertelin*, 1663, in-fol. de 8 ff. et 936 pp. [21430]

Recherché et peu commun : Vend. 45 fr. La Valliere; 40 fr. Pluquet; 49 fr. de Pressac; 54 fr. Le Chevalier.

DUMONT (*Paul*). Lunettes spirituelles, pour conduire les femmes religieuses dans le chemin de la perfection. *Lyon, J. Pillehotte*, 1598, in-24. 6 à 9 fr. [1754]

Cet ouvrage est traduit du latin de Denis le Chartreux, il y en a une édit. de *Douay, J. Bogard*, 1587, in-8., et une autre de *Paris, V° Cavellat*, 1597, in-24.

— L'OREILLER spirituel, nécessaire à toutes personnes, pour extirper les vices et planter la vertu, livret trouvé escrit à la main sur parchemin fort ancien (en lat.), en l'abbaye de Flines ; mis en lumière par Paul du Mont dovisien. *Douay, Balth. Bellère*, 1599, in-16, 6 à 9 fr. [1641]

— L'ANATOMIE du corps politique, comparé au corps humain pour cognoistre la source et origine des maladies d'iceluy, qui nous causent pour le jour d'huy tant de troubles parmy les chrestiens : avec le vray et unique remède pour le remettre en santé : livret vrayment politique et servant d'instruction pour tous Estatz ; le tout traduict de latin par Paul Dumont. *Douay, Jean Bogard*, 1581, in-12 de 66 ff. [3934]

L'Anatomie est traduite de Jean Michel (*Anatomia corporis politici*, Paris, Nic. Chesneau, 1564, in-8.), et le Remède de René Benoist : à la fin du livre se trouvent plusieurs sonnets composés par des poëtes diocésains en l'honneur du traducteur (Paquet, XVIII, p. 49), qui donne la liste des autres ouvrages de Paul Dumont.

— Le Guidon du prince. Voy. FERRAND Carthaginois.

— Le DÉCROTOIRE de vanité. Voy. LANGEISTEIN.

DU MONT (*Nic.*). Voy. HONNEURS et triomphes, et à l'article JUSTIN.

DUMONT (*Jean*) et *J*. Rousset. Corps universel diplomatique du droit des gens, ou recueil des traités de paix, d'alliance , etc. , faits en Europe depuis Charlemagne jusqu'à présent. *Amsterdam*, 1726, 8 vol. in-fol. [2372]

HISTOIRE des anciens traités jusqu'à Charlemagne, par Barbeyrac. *Amsterd.*, 1739, 2 vol. in-fol. [2373]

SUPPLÉMENT au Corps diplomatique, avec le cérémonial diplomatique des cours de l'Europe. *Amsterd.*, 1739, 3 vol. in-fol. [2374]

Dumoncel (le vicomte). De Venise à Constantinople à travers la Grèce, 20418.

Du Moncel (*Théod.*). Étude du paysage, 9209.

HISTOIRE des traités de paix du XVIIᵉ siècle (par J.-Y. de Saint-Priest). *Amsterd.*, 1725, 2 vol. in-fol. [2375]

NÉGOCIATIONS secrètes touchant la paix de Munster et d'Osnabrug, par J. Leclerc. *La Haye*, 1724-25, 4 vol. in-fol. [2376]

Ces 19 volumes forment ce qu'on appelle la collection du *Corps diplomatique;* ils sont le plus souvent partagés en 28 ou 30 tomes : 200 à 250 fr., et plus cher autrefois; en Gr. Pap., vend. 480 fr. (28 tom. v. m.), en 1821; 831 fr. (27 tom. m. r.) Pelletier de Saint-Fargeau.

— Histoire militaire du prince Eugène de Savoye, du prince et duc de Marlborough, et du prince de Nassau-Frise, etc. *La Haye*, 1729-47, 3 vol. gr. in-fol. fig. [8728]

Livre bien exécuté : 60 à 72 fr. Vend. 168 fr. (bel exemplaire rel. en 4 vol. v. d. s. tr. cartes color.) de Boissy.

On trouve séparément les 2 premiers vol. quelquefois reliés en 3; mais ils ne valent que de 24 à 30 fr.

Cet ouvrage avait d'abord paru dès l'année 1725, en 2 vol., sous le titre de *Batailles gagnées par le prince Eugène;* mais cette première édition n'est pas aussi ample que la seconde, et pour la compléter il faut y joindre, outre le volume de 1747, un supplément qui contient les augmentations faites à l'édition de 1729.

— Voyage, 20058.

DUMONT et Pater (le roman comique de Scarron, peint par), et gravé par Surugue, etc. *Paris*, in-fol. 16 pièces. 15 à 20 fr. [9347]

Vend. 48 fr. La Vallière.

DUMONT (*Gabr.-Mart.*). Détails des plus intéressantes parties d'architecture de la basilique de S.-Pierre de Rome. *Paris*, 1763, gr. in-fol. de 77 pl. [9878]

Ouvrage estimé : 20 fr. de Cotte; 50 fr. Hurtault, et moins cher depuis.

— SUITE des projets détaillés de salles de spectacle particulières. *Paris*, in-fol. max. 54 feuilles.

— PARALLÈLES des plans des plus belles salles de spectacle d'Italie et de France. *Paris*, gr. in-fol. fig. 54 feuilles. [9782]

Vend. 24 fr. de Cotte, et quelquefois de 6 à 9 fr.

Ces trois ouvrages font aussi partie de l'œuvre entier de Dumont, sous le titre de *Recueil de plusieurs parties de l'architecture sacrée et profane* (1767), 230 feuilles gr. in-fol. en 2 ou 3 vol. Vend. 73 fr. Hurtault.

DUMONT D'URVILLE (*Jules-Sébast.-César*). Voyage de la corvette *l'Astrolabe*, exécuté par ordre du roi pendant les années 1826 à 1829, sous le commandement de M. Dumont d'Urville. *Paris, Tastu*, 1830 et années suiv., gr. in-8., et atlas in-fol. [19885]

Ce grand ouvrage est composé de 12 vol. gr. in-8. de texte, d'un vol. in-4., et de 6 vol. gr. in-fol. de planches, savoir : *Texte.* Précis historique du voyage, 10 part. en 5 vol. — Botanique, par MM. Lesson jeune et A. Richard, 1 vol. — Zoologie, par MM. Quoy et Gaimard, 4 vol. avec pl. color. — Entomologie, par M. Bois-Duval, 1 vol. — Philologie, par M. d'Urville, 1 vol. en 2 part. — Obser-

vations nautiques, minéralogiques et de physique, par le même, 1834, in-4. — *Planches.* Hydrographie, 45 cartes gr. in-fol. — Historique, 2 vol. gr. in-fol. — Botanique, gr. in-fol. — Zoologie : mammifères et mollusques, 2 vol. gr. in-fol. L'ouvrage a coûté 2000 fr. environ; mais on l'a donné depuis dans les ventes pour moins du quart de ce prix. Une édit. de la partie historique de ce voyage, en 5 vol. in-8., pap. ordin., avec un atlas de 20 pl., a été publiée à Paris, chez Roret, en 1832-33, en 12 livrais. au prix de 60 fr.

VOYAGE autour du monde, résumé des voyages et découvertes de Magellan, Bougainville, Cook, Lapérouse, Basil Hall, Duperrey, Dumont d'Urville, Laplace, etc., publ. par Dumont d'Urville. *Paris*, 1834-35 (aussi 1838), 2 vol. gr. in-8. fig.

Relation d'un voyage supposé, rédigé en partie par M. L. Reybaud et en partie par M. Dumont d'Urville. 20 fr.

— Voyage au pôle sud et dans l'Océanie sur les corvettes *l'Astrolabe* et *la Zélée* pendant les années 1837 à 1840, sous le commandement de M. J. Dumont d'Urville. *Paris, Gide*, 1841-54, 23 vol. in-8. et 6 atlas in-fol. [19885 ou 21666]

Cette relation de la seconde expédition de Dumont d'Urville a été publiée après sa mort par l'ordre du Ministère de la marine, sous la direction de M. Jacquinot. L'ouvrage se subdivise ainsi : 1º *Histoire du voyage*, par MM. Dumont d'Urville et C. A. Vincendon-Dumoulin, 10 vol. in-8. et atlas de 200 pl., 500 fr. — 2º *Zoologie*, par MM. Hombron, Jacquinot, etc., 5 vol. in-8, et atlas de 140 pl. color., 385 fr. — 3º *Botanique*, par les mêmes et M. Decaisne, 2 vol. in-8. et atlas de 66 pl. color., 175 fr. — 4º *Anthropologie et Physiologie humaine*, par M. Dumoutier, 1 vol. in-8. et 47 pl. lithogr., 130 fr. — 5º *Minéralogie et Géologie*, par M. J. Grange, 2 vol. in-8. et 15 pl., 50 fr. — 6º *Physique*, par M. Vincendon-Dumoulin, 1 vol. in-8. 6 fr. — 7º *Hydrographie*, par le même, 2 vol. in-8. et atlas de 57 cartes in-fol. grand aigle.

L'ouvrage n'est pas entièrement terminé. Ce qu'il en a coûté a coûté 1450 fr. Il a été tiré quelques exemplaires des planches sur papier grand colombier qui se vendent 2600 fr.

Il y a une édition de la relation du voyage, en 10 vol. in-8. ordinaires, 40 fr.

— Enumeratio plantarum, 5211.

DU MORET (le P.). Le Sacrifice d'Abraham, tragédie (3 actes en vers), par le P. Dumoret, de la doctrine chrétienne, professeur des humanitez dans le premier colège de Toulouse. *Toulouse, Claude-Gilles Le Camus*, 1699, in-12 de 35 pp. en tout. [16474]

Cette tragédie assez rare est portée à 10 fr. 50 c. dans le catal. de Soleinne, nº 1581, où l'on fait remarquer qu'elle est tout hérissée de centons empruntés à celles de Racine, tellement que l'auteur n'a peut-être pas fourni dix vers de son cru.

DU MOULIN (*Ant.*). Panegyric des damoyselles de Paris, sur les neuf Muses. *Lyon, Jean de Tournes*, 1545, pet. in-8. de 47 pp. en lettres ital. [13663]

Outre la pièce annoncée sur le titre, ce livret con-

Du Mortier (*Hieronymus*). Poemata posthuma, 13038.

Dumortier et Van Beneden. Polypes d'eau douce, etc., 6166.

tient : *Triumphe des muses contre amour; les Obsèques d'amour; complainte d'une damoiselle fugitive; l'amante loyale, épître.* Le nom de Du Moulin se lit au verso du frontispice : vend. 27 fr. Librairie De Bure.

— Continuation des erreurs amoureuses, avec un chant en faveur de quelques excellens poetes de ce tems. *Lyon, Jean de Tournes,* 1551, in-8. de 70 pp. [13665]

— Voy. ERREURS amoureuses.

— Deploration de Venus sur la mort du bel Adonis, auec plusieurs autres compositions (par Ant. du Moulin et autres). *Lyon, Jean de Tournes,* 1545, in-8. de 20 ff. non chiffrés. [13664]

Édition la plus ancienne que nous connaissions de cet opuscule, 30 fr. *mar. bl.* Coste. Le même imprimeur en a donné une autre en 1548, et La Croix du Maine en cite une de 1551, in-8.

— Deploration de Venus sur la mort du bel Adonis, auec plusieurs chansons nouuelles. *On les vend a Gand chez Girard de Salens,* 1554, pet. in-8. de 40 ff.

Réimpression de l'édition de 1548, ci-dessus, et qui n'est pas moins rare que celle-ci. Ant. du Moulin, dont le nom se lit au verso du titre, n'a écrit qu'une partie des pièces de ce recueil. La Déploration de Vénus avec la suite, par Pernette du Guillet, occupe 6 ff. Le reste du volume se compose de chansons.

— Deploration de Venus, sur la mort du bel Adonis. Augmentee de plusieurs chansons non iamais encore imprimees (en partie composées, en partie recueillies par Antoine du Moulin). *Lion, par Ian de Tournes,* 1556, in-16 de 187 pp. chiffrées.

Édition en lettres rondes, comparable aux plus jolies productions des presses elseviriennes. Elle est fort rare et plus complète que celles de 1548, de 1551 et 1554. Le chant des trois seraines de Forcadel fait partie de ce recueil, lequel renferme aussi des poésies de Jacques Peletier du Mans, et autres. Vend. 2 liv. 19 sh. *m. v.* Heber.

— Voy. LIVRE de plusieurs pièces.

DU MOULIN (*Ch.*). Voy. MOLINÆUS.

DU MOULIN (*Pierre*). Anatomie de la messe, où est montré par l'escriture saincte, etc., que la messe est contraire à la parole de Dieu... troisième édition revue et augmentée. *Leyde, Bonav. et Abrah. Elzevier,* 1638, pet. in-12. [2071]

Vend. 28 fr. *m. r.* Chénier; 63 fr. *vél.* Bérard; 35 fr. Duriez; 36 fr. 50 c. Pixérécourt; 26 fr. 50 c. *vél.* Parison, et jusqu'à 99 fr. Mac-Carthy.

Cette édition est rare et on la recherche beaucoup; elle ne contient cependant que la première partie de l'ouvrage; les deux parties se trouvent dans les éditions de *Sedan, Jannon,* et de *Genève,* 1636-39,

in-8., lesquelles, malgré cet avantage, sont à bas prix, ainsi que celle de *Charenton , Louys Vendosme,* 1647, pet. in-8.; néanmoins celle de Sedan a été vend. 15 fr. Veinant.

—P. MOLINÆI Anatome missæ latino sermone donata a Lud. Molinæo, auctoris filio. *Lugd.-Batavor., ex offic. Elzevir.,* 1637, pet. in-8.

Vend. 12 fr. Bérard; 6 fr. Chardin; 21 fr. Sensier.

On a du même auteur plusieurs autres ouvrages de théologie; mais, comme ils n'ont plus de valeur, nous nous dispensons de les indiquer.

DU MOULIN (*Gabr.*). Histoire générale de Normandie, contenant les choses memorables advenuës depuis les premieres courses des Normands payens, tant en France qu'aux autres pays, de ceux qui s'emparèrent du pays de Neustrie sous Charles le Simple : avec l'histoire de leurs ducs, leur généalogie, et leurs conquestes, tant en France, Italie, Angleterre, qu'en Orient, jusqu'à la réunion de la Normandie à la couronne de France. *Rouen, Jean Osmont,* 1631, in-fol. de 6 ff. prélim., 56 et 564 pp., plus : *Catalogue des seigneurs Normands,* etc., 52 pp. et la table des matières. [24296]

Ouvrage recherché. Vend. 26 fr. Pluquet; 42 fr. Saint-Mauris; 49 fr. Le Chevalier, en 1857. — Il y a des exemplaires en Gr. Pap. — On a du même auteur :

LES CONQUESTES et les trophées des Norman-François, aux royaumes de Naples et de Sicile, aux duchez de Calabre, d'Antioche, et autres principautez d'Italie et d'Orient. *Rouen , Dav. du Petitval* (impr. par David Maurry), 1658, in-fol. de 3 ff. prélim. 492 pp.plus 5 ff. non chiffrés. 15 fr. Labey; 35 fr. Libri-Carucci; 16 fr. Le Chevalier.

DU MOULINET. Voy. MOULINET.

DUMUS (*Ant.-Rob.*). Ephythomata grammatice juvenibus ipsis litterarie artis fundamenta jacere volentibus admodum conducibilia. On les vent a caen chieulx michel angier libraire et relieur dudict lieu demourant en lenseigne du mont StMichel pres the cordeliers. — *Impressum est hoc opusculum cadomi opera Laurentii hostingue pro Mich. angier...* pet. in-8. (Bibl. impér.) [10805]

Ce petit volume paraît avoir été imprimé vers 1523, c'est-à-dire à peu près à la même époque que la rédaction en vers latins des *Elegantiæ de Dathus,* par le même Dumus (voy. DATHUS ou DATUS). Dumus a écrit un commentaire latin sur le poëme de Sim. Nanquier, intitulé *De lubrico temporis curriculo* (voy. NANQUERIUS).

DUNBAR (*William*). Poetical Works, with a memoir and notes by David Ling. *Edinburgh,* 1824, 2 vol. in-8. [15902]

Poëte écossais du XVIe siècle.

DUNBAR (*Joan.*). Megalo-Britanni Epi-

Dumoulin (*P.*). Le vrai et l'anti-barbare, 1941-42.
Dumoulin (*Alain*). Grammatica latino-celtica, 11201.

Du Moulinet des Thuiliers (*Cl.*). Mouvence de la Bretagne) 24439.
Dumouriez (*C.-F.*). État du Portugal, 26249.
Dumoustier. Histoire de Chinon, 24406.
Dumoustier de Lafond. Hist. de Loudun, 24432.
Dunal (*M.-F.*). Solanum, 5455. — Annonacées, 5475.

grammata, centuriæ sex , Decades totidem. *Londini*, 1616, in-12 de 236 pp.
[13094]

Ce volume est rare, et, à ce qu'il paraît, recherché en
Angleterre. Selon le Manuel de Lowndes, 2ᵉ édition,
p. 694, il en aurait été payé un exempl. 15 liv. à la
vente Bright. Il est vrai que le même Lowndes ne
l'avait d'abord estimé que 1 liv. 1 sh.

DUNCAN (*Jo.* Morison). Voy. DAMM.

DUNCAN-FORBES. Voy. FORBES.

DUNCKER (*Mr.*). Geschichte des Alter-
thums. *Berlin, Duncker et Humblot,*
1855-57, 4 vol. in-8. 48 fr. [22703]
Seconde édition.

DUNDIS seu Dondis (*Jac.* de). Voy. HER-
BARIUS.

DU NESME (*Jean*), pontoisien. Le miracle de la paix en France (avec un dialogue sur les troubles passez, et autres
pièces). *Paris, Rob. Nivelle,* 1598, in-4.
[13901]

Ces poésies ont de l'intérêt sous le rapport historique.
Le même auteur en a donné d'autres sous ce titre :
LA RÉDEMPTION du monde, avec instructions spirituelles et morales pour en faire fruit au salut des
âmes. *Paris, Cl. Chappelet*, 1606, in-12.

DUNKER (*Will.*) Palæontographica. Beiträge zur Naturgeschichte der Vorwelt.
Herausgegeben von W. Dunker und
Herm. von Meyer. *Cassel, Fischer,*
1851-59, 7 vol. in-4. fig. [4792]

Les quatre premiers volumes de cet ouvrage contiennent 6 livraisons chacun ; les autres en ont moins.
La première livraison du tome VII a paru en 1859.
Chaque livraison coûte 12 fr.
   MONOGRAPHIE der norddeutschen Wealdenbil-
dung. Ein Beitrag zur Geognosie und Naturgeschichte der Vorwelt. Nebst einer Abhandlung über
die in dieser Gebirgsbildung bis jetzt gefundenen
Reptilien von Herm. von Meyer. *Braunschweig,*
Œhme und Müller, 1846, gr. in-8. avec 21 planch.
35 fr.
   INDEX Molluscorum, quæ in itinere ad Guineam
inferiorem collegit Georgius Tams. Accedunt novarum specierum diagnoses, Cirrepedia nonnulla et X
tab. iconum. *Casseltis, Fischer,* 1853, in-4. 10 pl.
lith. et color. 24 fr. [6144]

DUNLOP (*John*). The History of fiction ;
being a critical account of the most celebrated prose works of fiction, from the
earliest greek romances to the novels of
present day; the 2ᵈ edit. *Edinburgh,*
1816, 3 vol. pet. in-8. 21 à 25 fr. [16964]

Ouvrage curieux, quoiqu'il ne soit plus au courant des
connaissances actuelles dans ce genre de littérature.
La première édit. est de 1814 ; il y en a une troisième, *Londres*, 1845, en un seul volume in-8. à
2 col.

— THE HISTORY of Roman literature from the earliest
period to the Augustan age. *London*, 1823-28, 3 vol.
in-8. 36 fr.
Devenu rare, et surtout avec le troisième volume.
— Memoirs of Spain, 26083.

DUNOD de Charnage (*Franç.-Ignace*).
Histoire des Séquanois, des Bourguignons, etc. (ou sous le titre d'Histoire
du comté de Bourgogne). *Dijon* , 1735-
37; — et.Memoires pour servir à l'histoire des comtes de Bourgogne, contenant le Nobiliaire de ces comtes. *Besançon et Dijon* , 1740, en tout 3 vol.
in-4. 40 à 48 fr. [24525]

A cette histoire du comté de Bourgogne se réunit
l'ouvrage suivant du même auteur, lequel n'est pas
aussi estimé que le premier :
   HISTOIRE de l'église, ville et diocèse de Besançon.
Besançon, 1750, 2 vol. in-4. 20 à 25 fr. [24574]
C'est en grande partie d'après les mémoires laissés par
Dunod qu'a été rédigé le livre intitulé :
   HISTOIRE de l'Université de Bourgogne
et des différents sujets qui l'ont honorée, par Nic.-
Ant. Labbey de Billy. *Besançon,* 1819, 2 vol. in-4.
[30252]
— Prescriptions, 2788.

DUNS. Voyez SCOTUS (*Joannes*).

DUO EDICTA. Voy. ELIZABETHA.

DUOMO di Milano, osia descrizione storico-critica di questo insigne tempio e
degli oggetti d'arte che l' adornano, ec.
Milano, Artaria, 1823, in-4. Pap. vél.
20 fr. [9902]

Volume renfermant 65 pl. au trait, par Ladislas Rupp
et Jos. Bramanti. Il a paru en même temps avec un
texte français sous le titre de *Description de la
cathédrale de Milan*. Pour deux autres ouvrages
sur le même sujet, voyez FRANCHETTI et METROPO-
LITANA di Milano.

DUPAIX. Monuments of New Spain.
Voyez ANTIQUITÉS mexicaines , et aussi
KINGSBOROUGH.

DUPASQUIER (*Louis*). Monographie de
Nostre-Dame de Brou, avec un texte
historique et descriptif par Didron.
Lyon, 1842, gr. in-fol. [9928 ou 21451]

Publié en six cahiers de pl. color. au prix de 25 fr.
par cahier. Le texte, qui est in-4., n'a été annoncé
qu'en 1850.
Nous citons, sous le n° 21451 de notre table , un ouvrage relatif à l'église de Brou ; en voici un autre
plus récent :
   RECHERCHES historiques et archéologiques sur
l'église de Brou, par J. Baux. *Bourg en Bresse,*
1844, in-8., fig.

DUPATY de Clam. La Science et l'art de l'équitation, démontrés d'après nature. *Paris, Fr.-Ambr. Didot*, 1776, in-4. fig. Rare. 15 à 20 fr. [10352]

Vend. en Gr. Pap. *m. r.* 30 fr. de Limare, en *veau fil.* 20 fr. 50 c. Huzard.

Cet ouvrage a été contrefait à Yverdon, 1777, in-8. fig. On a du même auteur : *Pratique de l'équitation*, Paris, 1769, pet. in-8., et sous ce titre *Traité de l'équitation*, avec une *traduction du traité de la cavalerie de Xénophon*, Deux-Ponts et Paris, 1771 ou 1772, pet. in-8.

DU PAZ (*Augustin*), de l'ordre des frères prêcheurs. Histoire généalogique de plusieurs maisons illustres de Bretagne, enrichie des armes et blazons d'icelles, avec l'histoire chronologique des évêques de tous les diocèses de Bretagne, de diverses fondations d'abbayes et de prieurés, etc. *Paris, Nic. Buon,* 1619 (aussi 1620), in-fol. [28862]

Ouvrage recherché et qui se trouve difficilement. 79 fr. Louis-Philippe; 75 fr. Le Prevost; 32 fr. de Martainville.

DU PECHIER ou Du Peschier. La Comédie des comédies, traduitte d'Italien en langue de l'orateur françois par L. S. D. P. *Paris, aux dépens de l'autheur,* 1629, in-8. 3 ff. prélim., 198 pp. [16418]

La publication des premières lettres de Balzac a donné lieu à plusieurs critiques parmi lesquelles on distinguait *La Comédie des comédies*, en 5 actes et en prose, publiée sous le nom du sieur Du Peschier, qui n'est peut-être qu'un pseudonyme, mais que cependant on nomme René Barry, sieur Du Peschier, dans le catal. de M. de Soleinne, n° 1039. Cette pièce paraît avoir eu beaucoup de succès, puisqu'il s'en est fait plusieurs éditions en fort peu de temps. 1° Celle de 1629, ci-dessus, vend. 15 fr. 50 c. de Soleinne; 8 fr. Baudelocque. Il y a des exemplaires dont le titre porte en toutes lettres le nom du sieur Du Peschier et celui du libraire *Nicolas de la Coste* (4 fr. de Soleinne). — 2° *Paris, aux depens de l'auteur et se vendent à Rouen, chez Jean Bouley,* 1629, in-8. de 2 ff. et 196 pp. (4 fr. 25 c. de Soleinne). — 3° *Paris, aux depens de l'auteur,* 1630, in-8. de 125 pp. avec les initiales L. S. D. P. (10 fr. de Soleinne). — 4° *Lyon, Claude Larjot,* 1630, petit in-12 de 132 pp., avec le nom de L. du Pechier (20 fr. *mar. r.* de Soleinne, et 14 fr. 50 c. Baudelocque).

Un ami de Balzac (voy. ce nom) opposa à cette comédie satirique une autre pièce en prose sous ce titre :

LE THÉÂTRE renversé, ou la Comédie des comédies abattue, par M. de L. M. *Paris, Jean Le Bouc,* 1629, pet. in-8. de 2 ff. et 85 pp. (5 fr. de Soleinne).

— Voy. DU PESCHIER.

DU PERAC (*Étienne*). I Vestigi dell' antichita di Roma raccolti et ritratti in perspettiva, con ogni diligentia da Stephaño Du Parc parisino all'ill^mo. et eccell^mo. sig. il sig. Giacomo Buoncompagni governa-tor generale di Santa Chiesa. *In Roma appresso Lorenzo della Vaccheria... l'anno* M.DLXXV. in-fol. obl. [29399]

Suite de 40 estampes chiffrées, à l'exception de la première servant de frontispice, et dans l'encadrement de laquelle se lit le titre ci-dessus; quoique la date soit suivie des mots *parte prima*, il ne paraît pas que cette suite ait été continuée, car ces deux mots ne se trouvent plus dans les éditions postérieures, au nombre de trois :

1° Celle de Rome, *appresso Gottifredo de Scaichi...* M D CXXI. Dans la 2e pl. (*Vestigij d'una parte del campidoglio*) a été ajouté le portrait en buste de *Jacob Schletzer,* personnage à qui l'édition fut dédiée.

2° de Rome, *appresso Giombatistà Rossi, in Piazza nouona...* M.D.C.XXXIX. Le portrait de J.-B. de Rossi remplace celui de Schletzer.

3° de Rome, *appresso Giombatistà Rossi...* M.DC.LIII.

Gilles Sadeler a reproduit cette suite au burin, en y ajoutant des vues de Tivoli et de Pouzzoles, le tout formant un ensemble de cinquante pièces qui ont paru à Rome en 1606.

M. Robert-Dumesnil, qui nous fournit ces renseignements, a décrit dans son VIIIe vol. quatre-vingt-sept morceaux d'Etienne Du Perac. Il s'en trouve quatorze dans le *Speculum romanæ magnificentiæ* d'Ant. Lafreri (voy. LAFRERI).

DU PERCHE (le sieur). Les intrigues de la vieille tour. *Rouen, Jean-Bapt. Besongne* (sans date), pet. in-12 de 32 pp. [16424]

18 fr. et 8 fr. 75 c. de Soleinne.

Cette pièce est assez rare. Le duc de la Vallière, qui l'indique sous la date de *Paris, Cardin Besogne,* 1640, en cite deux autres du même auteur, lesquelles ne le sont pas moins, savoir : *L'Ambassadeur d'Afrique,* comédie dont il ne donne pas la date.— *Rosimonde, ou le Parricide puni,* tragédie. Rouen, L. Oursel, 1640, in-8. Cette dernière est annoncée sans nom d'auteur dans le catal. de La Vallière, par Nyon, 17508.

DUPERREY (*L.-J.*). Voyage autour du monde, exécuté sur la corvette *la Coquille,* pendant les années 1822-25. *Paris, Arthus Bertrand* (*impr. de F. Didot*), 1828 et ann. suiv., gr. in-4. et atlas in-fol. [19880]

Ce bel ouvrage est divisé en quatre sections, et il a été publié dans l'ordre suivant :

1° *Zoologie,* rédigée par MM. Garnot et Lesson, 4 part. en 2 vol. in-4., avec un atlas de 157 pl. color. y compris quatre n^os fis. Partie complète en 28 livrais. dont la dernière ne renferme que le texte des livraisons 18 à 24 et 27.

2° *Botanique,* en 2 part., la première par M. Bory Saint-Vincent, texte gr. in-4. de 38 ff. et atlas de 38 pl. dont 25 color., la pl. 33 est *bis* (cette partie en 6 livrais.). La seconde, par M. A. Brongniart, contient 1 vol. de texte et un atlas de 80 pl., le tout en 15 livrais.; non terminé.

3° *Histoire du Voyage.* Il a paru 31 feuilles de texte formant le commencement du 1er vol. (il devait y avoir 2 vol.), plus un atlas de 60 pl. publié en 15 livrais. et complet.

4° *Hydrographie et physique.* 4 parties de texte (non terminé) dont les deux premières sont chacune une carte; plus un atlas in-fol. sur colombier, composé de 52 cartes, avec une introduction formant 12 ff. 1/2 du même format que les cartes (en dix livraisons).

En souscrivant pour les 4 parties on payait chaque

Dupaty (Mercier). Mémoire, 2759. — Lettres sur l'Italie, 20175.
Du Pays (A.-J.). Itinéraire de l'Italie et de la Sicile, 25220.

livrais. 12 fr. — Pap. vél., avec une partie des pl.
sur pap. de Chine, 24 fr. — Pap. vél. double, fig.
noires et color., avant et avec la lettre (les fig. noires sur pap. de Chine), 30 fr.

Il a été tiré un exempl. du texte de la *Zoologie* et de
la *Botanique*, in-fol. gr. raisin vélin, auquel sont
joints les dessins originaux et les épreuves doubles
des planches.

DU PERRIER (*Aymar*). Discours historique touchant l'état général des Gaules, et principalement des provinces de
Dauphiné et Provence, tant sous la
république et l'empire romain, qu'après
sous les François et Bourguignons, ensemble quelques recherches particulières de certaines villes y étant. *Lyon,
B. Ancelin*, 1610, pet. in-8. de 8 ff.
prélim., 131 ff. et 3 autres ff. contenant
des stances et le privilége. [23187]

Ouvrage posthume publié avec une épître de Jacq. Du
Perrier. On trouve au verso du titre un portrait de
l'auteur gravé sur cuivre. Ce livre est assez estimé,
et les exemplaires n'en sont pas communs. 9 fr.
50 c. Coste.

DU PESCHIER (*P.*). L'Amphithéâtre pastoral, ou le sacré trophée de la fleur-
de-lys triomphante de l'ambition espagnole, poëme bocager (en 5 actes et en
vers) de l'invention de P. Du Peschier,
parisien. *Paris, Abraham Saugrain*,
1609, in-12 de 4 ff. prélim. et 164 pp.
[16389]

31 fr. Soleinne, et 48 fr. Solar.
Au jugement du rédacteur du catal. de M. de Soleinne, la versification de cette pièce est vraiment
remarquable pour le temps. Dans le même catal.,
n° 1015, on attribue à P. Du Peschier une autre
pièce ayant pour titre :
LA CHARITÉ ou l'amour sanguinaire, tragédie (en
5 actes) tirée du livre de l'Asne doré, de Lucie
Apulée, philosophe platonicien, ou les faveurs et
defaveurs d'amour sont naifvement représentées,
par H. L., dédiée à Mgr le duc de Nemours. *Paris, Jean Promé*, 1624, 30 ff. chiffrés.
Les lettres initiales H. L. sont probablement celles de
Hulpeau, libraire qui a signé l'épître dédicatoire ;
mais celles de l'auteur, S. D. P., se trouvent à la
fin avec la date de 1622. 20 fr. 50 c. de Soleinne, et
7 fr. 50 c. Baudelocque. Le duc de La Valliere a
donné l'analyse de l'*Amphithéâtre* (*Bibl. du Théâ-
tre-Franç.*, I, 433 et suiv.).
Nous sommes tenté de croire que ce P. Du Peschier
et le sieur Du Pecher, ci-dessus, sont une même
personne.

DU PETIT-THOUARS (*L.-M.-A.* Aubert). Flore des îles australes de l'Afrique, histoire particulière des plantes
orchidées, recueillies sur les trois terres
australes d'Afrique, de l'Ile-de-France,
de Bourbon et de Madagascar. *Paris,
A. Bertrand*, 1822, in-8., avec 110 pl.
au trait. [5260]

Bonne monographie : 30 fr.
— Mélanges, 5009.
Pour les autres écrits de ce savant botaniste, consultez
la *France littéraire*, par *M. Quérard*, I, p. 111.

Duperrier (*Scip.*). Œuvres, 2704.

DU PETIT-THOUARS (*Abel*). Voyage
autour du monde sur la frégate *la Vénus*, exécuté pendant les années 1838-
39, sous le commandement de ce capitaine de vaisseau. *Paris, Gide*, 1841-49,
gr. in-8. [19896]

Cet ouvrage, composé de 11 vol. grand in-8. et de
4 atlas contenant 177 pl. in-fol. et 19 cartes hydrographiques, a coûté 565 fr.—Il se divise ainsi :
Relation historique, 4 vol. in-8. 33 fr. — Atlas pittoresque, 70 pl. 150 fr. — Zoologie, 1 vol. in-8. de
texte et 79 pl. 205 fr. — Botanique, 1 vol. de texte
et 28 pl. 80 fr. — Physique et hydrographie, par
M. de Tessan, 5 vol. de texte et 19 grandes cartes.
95 fr.

DU PEYRAT (*Guillaume*), gentilhomme
Lyonnois. Ses essais poétiques. *Tours,
Jamet Mettayer*, 1593, pet. in-12.
[13913]

Volume peu commun mais d'un médiocre intérêt (en
mar. bl. 36 fr. Nodier ; 59 fr. Salmon). Il est dédié
au baron de Givry sur la mort duquel Du Peyrat a
composé des stances qui font partie du recueil intitulé :
TOMBEAU de feu M. de Givry, *Paris, Morel*,
1594, in-8. de 40 pp.
Avant ses Essais poétiques, il avait donné :
Hymne de la Trinité, avec quelques sonnets
spirituels et un discours du Saint-Esprit (en
vers). Paris, Linocier, 1587, in-12.
Plus tard, devenu aumônier du roi, il publia :
RECUEIL de diverses poésies sur le trépas de
Henry le Grand, et sur le sacre et couronnement
de Louis XIII. *Paris, Rob. Estienne*, 1611, in-4. de
150 et 17 ff. avec un portr. de Marie de Médicis
gravé par Léonard Gaultier.
Réunion de vers grecs, latins, français, italiens et espagnols, par différents poëtes. Un exemplaire en
vélin doré, 3 liv. 3 sh. Libri en 1859, et quelquefois
beaucoup moins.
On doit encore à Du Peyrat :
DISCOURS sur la vie et la mort d'Henri IV. *Paris, Chevalier*, 1610 (aussi 1611), in-8.
M. Edouard Tricotel a donné dans le *Bulletin du Bibliophile* (1859, pp. 738 et suiv.) une notice curieuse de quelques poésies peu connues sur la
mort d'Henri IV.

— GUIL. Du Peyratii lugdunensis Spicilegia poetica
et amorum libri III. *Parisiis, Jerem. Perier*, 1601,
pet. in-12. [12861]
Ce n'est pas une nouvelle édition des Essais poétiques
de l'auteur, comme on l'a dit dans la *Biogr. univers.*, XII, p. 268, où l'on a ajouté que ses vers des
trois livres des amours ne cèdent en rien pour la
délicatesse et la latinité à ceux de Jean Second.

— LA PHILOSOPHIE royale, ou jeu des eschetz et au-
tres œuvres meslées, et le tableau de la calomnie,
par Guil. Du Peyrat. *Paris, Mettayer*, 1608, petit
in-8.
Ce livre est classé dans le catal. de La Valliere, par
Nyon, n° 9453, parmi les romans philosophiques.
LE TABLEAU de la calomnie, peinte au vif par
Apelle, avait déjà été impr. à Paris, en 1604, in-12.

Autres ouvrages du même auteur.

PREUVES des quatre titres d'honneur appartenant
aux roys de France. *Troyes, Pierre Chevillot*,
1622 (aussi 1629), pet. in-8.
REPONSE d'un aumônier des rois Henri IV et
Louis XIII (à G. du Peyrat) sur sa solitude et sa retraite de la cour. *Troyes, Pierre Chevillot* (1624),
in-8.
HISTOIRE ecclésiastique de la cour, ou les anti-

quités et recherches de la chapelle et oratoire du roy de France, depuis Clovis I jusqu'à nostre temps. *Paris, Henry Sara*, 1645, in-fol. [24076]

On attribue au même auteur un ouvrage posthume intitulé :

TRAITTÉ de l'origine des cardinaux, et particulièrement des François ; avec deux traitez des légats à latere et une relation de leurs réceptions, et des vérifications de leurs facultez au parlement de Paris faites sous Louis XII, François Ier, Henri II et Charles IX, auquel est joint le traité de Pise, etc. *Cologne, P. ab Egmont (Bruxelles, Foppens)*, 1665, pet. in-12. [21668]

Réimprimé sous ce titre : *De l'Origine des cardinaux du Saint Siège*... nouvelle édition revue, corrigée et augmentée de la relation du succès de l'insulte des Corses contre le duc de Créqui. *A Cologne, chez Pierre Le Pain (Amsterdam ou Bruxelles)*, 1670, pet. in-12.

DUPIN (*Jean*). Le livre de bonne vie qui est appelle Mandevie. *Chambery, Ant. Neyret*, 1485, pet. in-fol. goth. de 125 ff. non chiffrés, avec des sign. de *a—qiij*. [13223]

Ouvrage partagé en huit livres dont les sept premiers sont en prose et impr. à longues lignes au nombre de 32 sur les pages, et le 8e, en vers, est impr. à 2 col. de 30 et 31 lignes. En tête du vol. se trouvent 4 ff. prélim. ; le verso du premier porte une grande fig. en bois représentant l'auteur, et le deuxième commence par le sommaire suivant, en deux lignes : *Cy commence le prologue du liure de bône vie qui est appelle mãdeuie Aue maria. En nom de dieu AMEN. cy commencent les melancolies iehan dupin sur les condiciõs de ce mõde*... suit la table des 8 livres. Au 5e f. commence le texte par ces mots : *e N lan de lincarnaciõ de iehsuscrit m. .iij .c. et xl ans... si entrepris a compiler vng liure... par maniere de visiõ par exemples de cognoistre le monde et les condicions des hommes.* Le 8e livre est précédé d'un f. portant : *cy commence le viije liure qui est appelle la somme de la vision Jehan Dupin En laquelle est registre en brief forme Rimee toute lauctorite des vij liures deuant nommees lequel liure se diuise en xl chapitres par la maniere qui sensuit.* Sur l'avant-dernier f. se lisent 32 vers, dont voici les premiers et les derniers :

Cy fine en forme iolie
le beau liure de mandevie
Jmprime tout par bonne voye
Dedans chambery en Sauoye
Par vng dit anthoine neyret
Ce moys de may tant verderet
Lan courant mil et quatre cens
Quatre vingts et .v. se bien sens
Dont loue soit le tout puissant
Et la doulce mere. AMEN.

Le recto du dernier f. offre une grande fig. en bois. Vend. 14 fr. Gaignat ; 60 fr. La Valliere, et se payerait dix fois plus cher aujourd'hui.

— Le Champ vertueux de bonne vie appelle mandeuie. (au verso du dernier f.) : *Cy finist le chãp vertueux de mandeuie. Jmprime a Paris p̃ Michel le noir* (sans date), pet. in-4. goth. de 142 ff. à longues lignes, avec une fig. sur le titre.

Les 32 vers qui forment la souscription de l'édit. de

Chambéry sont reproduits dans celle-ci. 12 fr. 50 c. mar. r. La Valliere.

DUPIN (*Louis-Ellies*). Bibliothèque des auteurs ecclésiastiques, 9e édit. *Paris*, 1698 et ann. suiv., 61 vol. in-8. 80 à 120 fr. [31701]

Cette collection est ainsi divisée : Prolégomènes, 3 vol. — Les 3 premiers siècles, 2 vol. — IVe siècle, 3 vol. — Ve siècle, 4 vol. — VIe siècle, 1 vol.—VIIe et VIIIe siècles, 1 vol. — Supplément du IVe au VIIIe siècle, 1 vol. — IXe siècle, 1 vol. — Xe, XIe et XIIe siècles, 4 vol. — XIIIe, XIVe et XVe siècles, 4 vol. — XVIe siècle, 5 vol.— Auteurs séparés de l'Eglise, 4 vol. (rares). — XVIIe siècle, 7 vol. — Histoire ecclésiastique du XVIIe siècle, 4 vol.— XVIIIe siècle, 2 vol.— Continuation par Goujet, 3 vol.— Tables, 5 vol. — Remarques, par Petit-Didier, 3 vol. — Critiques, par R. Simon (avec des remarques par Est. Souciet), 4 vol. — L'édition d'Amsterdam, 1690-1713, 19 vol. in-4., est incomplète.

— Dissertations, 525. — Ecclesiastica disciplina, 3244. — Histoire de l'Eglise, 21372. — Inquisitions, 21679.

DUPIN (*Claude*). Les OEconomiques. *Carlsruhe (Paris)*, 1745, 3 vol. gr. in-4. [4038]

Ouvrage anonyme, comme le sont les deux articles suivants que nous réunissons ici pour ne pas séparer les écrits de ce fermier général. Les OEconomiques n'ont été tirées qu'à un très-petit nombre d'exempl., douze ou quinze, dit-on, que l'auteur a distribués à ses amis. L'exemplaire ici décrit est en papier de Hollande, et il est présumable que les autres, à l'exception des *mises en train*, sont sur le même papier. M. Barbier (*Dictionnaire des anonymes*, no 13092) cite un exempl. vend. 400 fr. ; celui de la vente Salmon a été porté à 140 fr. en 1857.

Le 1er vol. a 220 feuillets non chiffrés, dont 1 blanc, plus un titre, un frontispice gravé et des cartes ; le 2e vol. contient un titre et trois frontispices gravés, 2 cartes, 4 feuillets préliminaires, 141 feuillets imparfaitement chiffrés (il y a lacune de la page 49 à 96) ; le 3e vol. renferme un titre et un frontispice gravé, 126 feuillets imparfaitement chiffrés (les pages 1 à 24 ne le sont pas), et 3 ff. de table à la fin. Le second frontispice gravé du 1er vol. est du chevalier De La Touche, de qui sont également les deux frontispices pour les deux grands chapitres du second volume ; on trouve dans les ornements inférieurs du premier de ces trois frontispices l'écusson de Cl. Dupin. Voir, sur cet ouvrage et les autres écrits de l'auteur, une notice fort curieuse de M. A. G. du P. (Plessis), *Bulletin du Bibliophile*, 1859, p. 209-236. On y conteste l'exactitude des dates 1757 et 1758 que nous avons données aux *Observations sur l'Esprit des lois*, lesquelles cependant sont parfaitement exactes.

C'est Jacques Guérin, et non Hippolyte-Louis Guérin, beau-père de De La Tour, qui a imprimé les Réflexions. Hippolyte-Louis n'est devenu imprimeur qu'en 1752, à la mort de son frère ; quant à De La Tour, en 1757 il était associé à son beau-père, et c'est plutôt lui que ce dernier qui a dû surveiller l'impression des *Observations*.

— Réflexions sur quelques parties d'un livre intitulé : De l'Esprit des lois. *Paris, Benjamin Serpentin (imprim. de Jacq. Guérin)*, 1749, 2 vol. in-8. [3336]

Ces *Réflexions* sont un livre de la plus grande rareté, et cela n'est pas surprenant, car, selon une note consignée dans la 2e édit. du *Diction. des anonymes*, III, no 15931, Cl. Dupin n'en fit tirer que *six exemplaires* pour les communiquer à des amis et recevoir leurs observations ; cinq de ces amis rendirent les exemplaires, qui furent ensuite détruits par l'auteur; mais le marquis d'Argenson garda celui qui lui avait été confié. Cependant cet exempl., qui se conserve maintenant dans la biblioth. de l'Arsenal, n'est pas *unique*, comme le croyait M. Barbier, car il s'en est trouvé un second parmi les 2 ou 300,000 volumes amassés par M. Boulard, ancien notaire, et dont on a un catal. en 5 vol. in-8., publiés successivement de 1828 à 1833. Ce second exemplaire, porté sous le n° 1826 du 1er vol. du catal. cité, a été acquis au prix de 180 fr. par M. Boulard fils; un autre 120 fr. Coste; 141 fr. Salmon; enfin un exemplaire rel. en *vcau marbré* et dont on n'avait pas signalé la rareté, s'était donné pour 6 fr. en 1800 (catal. de Mérigot, n° 439). Au reste, Cl. Dupin a dit lui-même, dans une lettre au P. Castel, jésuite, en date du 7 mars 1750, qu'il n'avait fait tirer que huit exemplaires de ces Réflexions.

— Observations sur un livre intitulé : De l'Esprit des loix. *Paris (Guérin et Delatour,* 1757-58), 3 vol. in-8. [3337]

Nouvelle édition de l'ouvrage précédent entièrement remanié par l'auteur, et de plus corrigé et sensiblement amélioré par les PP. Plesse et Berthier. Il en fut d'abord tiré 500 exemplaires ; mais. M. Dupin, après avoir distribué une trentaine d'exempl. à ses amis, donna ordre à l'imprimeur de détruire le surplus de l'édition ; ce qui fut rigoureusement exécuté (*Extrait d'une note de l'imprimeur Delatour*). Pourtant neuf exemplaires de ces *Observations* se sont trouvés dans une vente faite à Paris en 1837. Vend. 120 fr. *m. r.* d'Hangard ; 75 fr. Delatour ; 130 fr. *m. r.* d'Ourches, et 110 fr. Labédoy... 48 fr. *v. m.* Regnault-Bretel ; 90 fr. *cuir de Russie,* Chateaugiron, et 75 fr. Crozet; 71 fr. Coste ; 62 fr. Salmon.

Il ne faut pas confondre cet ouvrage de Dupin avec celui dont le titre suit :

> OBSERVATIONS sur l'Esprit des loix, ou l'art de lire ce livre, de l'entendre et d'en juger, par l'abbé D. L. P. *Amsterdam (Paris),* 1751 (aussi 1752), in-12.

C'est à ce livre et non aux observations de Cl. Dupin que répond l'*Apologie de l'Esprit des loix, ou réponses aux observations de L. P. par de R. (Risteau),* Amsterdam, 1751, in-12 ; brochure devenue rare, mais qui a été réimprimée dans plusieurs édit. des œuvres de Montesquieu, et notamment dans celle de *Paris, Dalibon,* V, p. 199, où l'éditeur D. F. la donne mal à propos comme une réponse aux observations de Claude Dupin.

D'autres *Observations* sur le livre de l'Esprit des loix ont paru en 1764, *Paris, Desaint et Saillant,* 1764, in-12 ; elles sont de Crévier, et lui ont valu bien des nasardes de la part des philosophes. Pour d'autres critiques du grand ouvrage de Montesquieu, consultez le n° 13033 du Dict. des anonymes de Barbier.

DUPIN (*Charles*). Voyage dans la Grande-Bretagne , entrepris relativement aux services publics de la guerre, de la marine et des ponts et chaussées, dans les années 1816 à 1824. *Paris , Bachelier,* 1820 et années suiv., in-4. et atlas in-fol. [20319]

Ouvrage divisé de la manière suivante : 1re part., *Force militaire,* 1820, et 2e édition, 1825, 2 vol. in-4. et atlas, 25 fr. — 2e part., *Force navale,* 1821, et 2e édition , 1825, 2 vol. in-4. et atlas, 25 fr.— 3e part., *Travaux civils des ponts et chaussées,* 1824, et 2e édition, 1826, 2 vol. in-4. et atlas, 27 fr. — Il a été tiré 25 exemplaires de chaque partie en pap. vél. On a du même savant :

> APPLICATION de géométrie et de mécanique à la marine, aux ponts et chaussées, etc. *Paris, Bachelier,* 1822, in-4;, 15 fr. [7941]

Cet ouvrage sert de suite aux *Développemens de géométrie,* de l'auteur, *Paris,* 1815, in-4. 15 fr. [7941] ; lesquels font eux-mêmes suite à la *Géométrie analytique* de G. Monge.

> FORCE productive et commerciale de la France. *Paris , Bachelier,* 1827, 2 vol. in-4. 25 fr. [24113]

DU PIN-PAGER. Ses œuvres poétiques. *Paris , Jacques Quesnel ,* 1629 , in-8. [13994]

Poëte peu connu, mais que quelques beaux vers cités dans le catal. de M. Viollet Le Duc, p. 419, donneront peut-être le désir de connaître; la seconde partie de son recueil se compose de vers latins.

DUPINET (*Ant.*). Plantz , pourtraictz et descriptions de plusieurs villes et forteresses, tant de l'Europe, Asie et Afrique, que des Indes et Terres-neuves ; leurs fondations, leurs antiquitez , et maniere de vivre des différents peuples... mis en ordre par Ant. Du Pinet. *Lyon, Jean d'Ogerolles,* 1564, in-fol. fig. [19655]

Quoique rare, cet ouvrage était naguère à très-bas prix ; il a été vendu 38 fr. 50 c. en 1834 ; 75 fr. Louis-Philippe ; mais 16 fr. seulement Coste.

— La conformité des églises réformées de France et de l'église primitive, en police, cérémonies, etc. *Lyon, Jean Martin,* 1565, in-8. [1935]

Vend. avec d'autres pièces du même genre, 11 fr. Mac-Carthy.

— Voy. TAXE des parties casuelles.

DUPLAN (frère *Jean*). Relation des Mongols ou Tartares , par le frère Jean Du Plan de Carpin, de l'ordre des frères mineurs, légat du Saint-Siége apostolique, nonce en Tartarie pendant les années 1246-47, et archevêque d'Antivari ; première édition complète, publiée d'après les manuscrits de Leyde, de Paris et de Londres, et précédée d'une notice sur les anciens voyages en Tartarie en général, et sur célui de Jean Du Plan de Carpin en particulier, par M. Davezac. *Paris , Arth. Bertrand,* 1839, in-4. [20728]

Partie de la collection des Mémoires de la Société géographique de Paris. Avant cette importante publication, nous ne possédions en notre langue qu'un extrait de la relation de frère Jean Du Plan de Carpin, donné par P. Bergeron en 1634 (voy. BERGERON), et réimpr. en Hollande en 1729 et 1735 dans une collection de voyages en Asie.

— Opera dilettevole da intendere, nel qual si contienne doi itinerarij in Tartaria, per alcuni frati del ordine minore, e di S. Domenico (cioe frate Giovanni e frate Simone), mandati da Papa Innocentio IIII nella detta Provincia de Scithia per Ambasciatori, non piu vulgarizata. — *Stampata in Vinegia, per G.-Ant. de Nicolini da Sabio, nel' Anno...* M. D. XXXVII. *Adi 17 Ottobrio,* pet. in-8. de 56 ff.,

---

Duplais (*P.*), Traité des liqueurs, 4443;

avec une fig. en bois sur le titre, lettres italiques. [20728]

Première édition italienne de cette relation de Jean Du Plan Carpin ou Carpini. L'édition de 1537, que nous citons, est un livre fort rare; elle n'a été vendue que 9 fr. chez La Vallière, et 1 liv. 11 sh. 6 d. Crofts; mais l'exemplaire de Stanley a été payé 19 liv. et 13 liv. 10 sh. White Knights; un autre, 47 fr. salle Silvestre, en 1842, et annoncé sous la date de 1538; 112 fr. Libri, en 1857; et sous sa vraie date, 6 liv. Libri, en 1859.

DU PLANTIS. Lettre d'un gentil-homme de Champagne, a vn conseiller de Paris, sur la mort et punition diuine du capitaine Saint Paul, soy disant Mareschal de la pretenduë Union. *Paris, Iamet Mettayer et P. L'Huillier*, 1594, pet. in-8. [23626]

Cette pièce a été réimprimée à *Lyon, en* 1594, *pour P. Dauphin,* in-8.; une autre édit. faite à *Angers,* sous la même date, pet. in-8., exemplaire *non rogné.* 17 sh. Libri, en 1859.

DU PLAT (*Louis*). Voy. PATU de Saint-Vincent.

DU PLESSIS (*Acasse d'Albiac*, sieur). Le livre de Job, traduit en poesie francoise selon la verité hebraïque, par A. du Plessis, Parisien. (*Genève*) *de l'imprimerie de Jean Gerard*, 1552, pet. in-8.

— Les Prouerbes de Salomon; ensemble l'Ecclesiaste, mis en cantiques et rimes francoises, selon la verité hebraïque, par A.-D. du Plessis, mis en musique par Fr. Gindron. *Lausanne, Jean Rivery,* 1556, pet. in-8. de 8 ff. prélim. non compris le titre, 88 ff. plus 4 ff. supplémentaires. [14338]

33 fr. G. Duplessis.

La Croix du Maine cite les *Proverbes et l'Ecclésiaste de Salomon,* mis en vers franç. par Acasse d'Albiac, sieur du Plessis, et impr. *au Mans,* l'an 1558; et l'on trouve sous les nos 13837 et 38 du catal. La Vallière par Nyon:

DIVERS cantiques du Vieil et du Nouveau-Testament, en vers, par Acasse d'Albiac, dit Duplessis. *Genève, Crespin,* 1558, in-8. [14338] — Les mêmes, ensemble les cantiques de Mathurin Cordier. *Lyon, Cariot,* 1560, in-16.

Nous citerons encore:

AIRS sur les paraboles de Salomon, par Sim. de Bullandre. *Paris, Ducarroy,* 1595, pet. in-8. de 4 et 48 pp. (Il n'y a pas de musique notée.)

DU PLESSIS (D. *Michel-Toussaints Chrétien*). Histoire de la ville et des seigneurs de Coucy, avec des notes ou dissertations et pièces justificatives. *Paris, Babuty,* 1728, in-4. [24251]

Ouvrage recherché comme le sont tous ceux de ce savant bénédictin : 10 fr. Boulard; 12 fr. 50 c. Bibliophile Jacob.

— Histoire de l'église de Meaux, avec des notes et les pièces justificatives. *Paris, Gandouin,* 1731, 2 vol. in-4. 20 à 25 fr. [21427]

LETTRE de D. Touss. Du Plessis au sujet de la dissertation de M. Lebeuf sur le Soissonnois, qui a remporté le prix à Soissons en 1735, avec la réponse de M. Lebeuf. *Paris,* 1736, in-12.
— DESCRIPTION de la ville et des environs d'Orléans (anonyme), avec des remarques histor. (par D. Polluche). (*Orléans*), 1736. = Dissertation où l'on montre qu'Orléans est l'ancienne ville de Genabum (par D. Touss. Du Plessis). *Orléans,* 1736, in-8. [24280]

La première de ces deux pièces est rare. On y trouve quelquefois réunis deux Mémoires de Dan. Polluche relatifs à Orléans.

— DESCRIPTION géogr. et histor. de la Haute-Normandie en deux parties : la première contient le pays de Caux, la seconde le Vexin (anonyme). *Paris, Nyon,* 1740, 2 vol. in-4. avec deux cartes. 18 à 24 fr. [24292]
— NOUVELLES Annales de Paris, jusqu'au règne de Hugues Capet : on y a joint le poëme d'Abbon sur le siége de Paris par les Normands, en 885 et 86, avec des notes pour l'intelligence du texte. *Paris, Ve Lottin,* 1753, in-4. 8 à 12 fr., et plus en Gr. Pap. [24126]

DUPLESSIS (*Pierre-Alexandre* Gratet). Bibliographie parémiologique : Etudes bibliographiques et littéraires sur les ouvrages, fragmens d'ouvrages et opuscules spécialement consacrés aux proverbes dans toutes les langues, suivies d'un appendice, contenant un choix de curiosités parémiographiques. *Paris, Potier,* 1847, in-8. 10 fr. [31757]

Cet ouvrage peut être regardé comme une fort bonne monographie bibliographique, quoiqu'il ne soit ni tout à fait complet ni entièrement exempt d'erreurs, parce qu'il est impossible d'arriver en ce genre, dans une première édition, à une perfection absolue. Il a été tiré de ce volume vingt exemplaires en papier de Hollande, 20 fr.

On doit au même auteur la rédaction des deux petits recueils suivants :

LA FLEUR des proverbes, recueillis et annotés par M. G. Duplessis. *Paris, Passard,* 1851, in-32. [18469]

PETITE ENCYCLOPÉDIE des proverbes français, recueillis et annotés par le même. *Chez le même libraire,* 1852, in-32.

M. G. Duplessis a présidé à la réimpression de plusieurs opuscules anciens dont il n'a fait tirer qu'un petit nombre d'exemplaires On en trouve la liste à la suite de l'intéressante notice sur M. Gratet Duplessis, que M. le président Preux a placée au commencement du catalogue des livres de ce savant et aimable bibliophile (*Paris, L. Potier,* 1856).
— Voy. LE MARCHANT (*J.*).

DU PLESSIS Mornay. Voy. MORNAY.

DU POEY (*Bernard*). Voy. POEY.

DU PONCEAU (*P.*). A Dissertation on the nature and character of the chinese system of writing, by Peter Du Ponceau, to which are subjoined a vocabulary of the cochinchinese language, by Joseph Morrone, and a cochinchinese and latin dictionary. *Philadelphia*, 1838, gr. in-8. de xxxii et 373 pp. [11878]

GRAMMATICAL sketch and specimens of the Berber language, by Peter S. Du Ponceau, preceded by four letters on Berber etymologies, addressed by Will. B. Hodgson. (*Philadelphia*, 1830), in-4. de 48 pp. pap. vél. [à côté de 11958]

Extrait du 4ᵉ vol. de la seconde série des *Transactions of the american philosoph. Society* (voyez TRANSACTIONS, et ELIOT).

Citons encore l'ouvrage suivant de M. Du Ponceau :

REPORT made to the histor. and liter. committee of the american philos. Society, by their corresponding secretary, on languages of the american Indians. *Philadelphia*, 1819, in-8.

DUPONCHEL (M. *P.-A.-J.*). V. GODARD.

DUPONT (*Gratien*). Art et science de rhetoricque metriffiee. avec la diffinitiõ de synalephe, pour les termes qui doibuẽt synalepher, et de leurs exceptions. Les raysons pourquoy synalephent, et pourquoy nõ. Choses encores nõ specifiees, ny illucidees p les Autheurs qui ont cõpose. p Gracien du Põt, escuyer, seigneur de Drusac... *Nouuellemẽt imprimee aud Tholose, par Nycolas Vieillard*, 1539, pet. in-4. [13157]

Volume fort rare, lequel contient 4 ff. prélim., savoir : le titre (avec une gravure en bois au verso), la table, l'errata, etc. ; texte lxxvij ff. chiffrés et un non chiffré. Vendu 30 fr. Bignon, et ensuite revendu, parce qu'il manquait 2 ff.

— Voy. CONTROVERSES.

DU PONT (*Alex.*). Roman de Mahomet, en vers du xiiiᵉ siècle, par Alexandre Du Pont ; et livre de la loi au Sarrazin, en prose du xivᵉ siècle, par Raymond Lulle, publiés pour la première fois, et accompagnés de notes, par MM. Reinaud et Francisque Michel. *Paris, Silvestre,* 1831, gr. in-8., avec 2 fac-simile color. [13205]

Tiré à 200 exemplaires, savoir : 175 sur Gr. Pap. vél. 12 fr. — 9 sur pap. de Chine, 30 fr. — 15 sur pap. de Holl., avec doubles épreuves des *fac-simile*, les unes en noir sur pap., les autres coloriées sur VÉLIN, 30 fr. ; enfin un seul exempl. entièrement sur VÉLIN.

DU PORT (*Jean*). Vie du tres illustre prince Jean, comte d'Angolesme, ayeul du grand roy François Iᵉʳ, par Jean Du Port, sieur des Rosiers. *Angoulesme, Olivier de Minieres*, 1589, pet. in-4. [24021]

Cet ouvrage a été reproduit par le même libraire, sous la date de 1602. Vend. 16 fr. 50 c. Bibliophile Jacob. C'est à tort que Le Long et le P. Niceron l'ont donné comme une traduction de celui de Papire Masson sur le même sujet, et qui porte le titre suivant : *Vita inclyti Principis Joannis Engolismæ et Petracoriorum comitis e regia stirpe Francorum*, Paris, 1588, in-8. ; mais il existe bien une *Vie de Jean comte d'Angoulesme et de Perigueux*, trad. du lat. de *Papire Masson*, Paris, Mariette, 1613, pet. in-8. Celle de J. Duport a été publiée de nouveau par M. Eus. Castaigne à *Angoulesme, chez J. Le Franc*, 1852, in-8. portr.

DUPORT (*Jacq.*). Voy. HOMERI Gnomologia.

DUPORT (*Fr.*). La Décade de médecine, ou le médecin des riches et des pauvres, en vers latins, par Fr. Duport, de Crepy en Valois ; trad. en vers françois par Dufour (avec le texte latin). *Paris, d'Houry*, 1694, in-12. [12910]

La *Medica decas* de Fr. Duport (*Portus*) a été imprimée pour la première fois à Paris, chez *Mondière*, en 1613, in-4. On a du même docteur d'autres ouvrages écrits en vers latins, savoir :

DE SIGNIS morborum libri IV. *Paris, Duvallius*, 1584, in-8.

HIPPOCRATIS Coi prognosticon liber ; ejusdem aphorismorum libri VII versibus expressi. *Lutetiæ, Fed. Morellus*, 1598, pet. in-8.

PESTILENTIS luis domandæ ratio, carmine et soluta oratione. *Paris, Perier*, 1606, pet. in-8., en latin et en français.

FRANCISCI PORTI, Crespeiensis Valesii, medicique parisiensis, libri III, de Messiæ pugna, victoria, triumpho. *Paris., Hieron. Blageart*, 1621, in-4. (Bibl. impér.).

— LE TRIUMPHE du Messie, mis en deux livres, pour la confirmation des chrétiens, conversion des juifs, mahométans, idolâtres, et tous infidèles, par Fr. Duport. *Paris, Jacquin*, 1617, in-8.

Ce Fr. Duport n'est pas le même que Fr. Portus, philologue, mort en 1581.

DUPPA (*Rich.*). The Life of Michel-Angelo Buonarroti, with his poetry and letters. *London*, 1806, gr. in-4. [31058]

Cet ouvrage est orné d'un portrait et de 50 grav. au trait : 20 à 24 fr. Il en a été tiré 50 exempl. en Gr. Pap. La seconde édition, 1807, gr. in-4., se paye le même prix. Celle de 1816, in-8., avec fig. et portr., 15 sh.

Duppa avait déjà donné :

A SELECTION of twelve heads from the last judgment of Michel-Angelo, *Lond.*, 1801, très-gr. in-fol. 2 liv. 2 sh. Ouvrage dont les pl. ont dû être détruites après le tirage d'un petit nombre d'exemplaires.

— THE LIFE of Raffaello Sanzio da Urbino, and the characters of the most celebrated painters of Italy, by Jos. Reynolds. *London*, 1816, pet. in-8. 7 sh. 6 d. [31050]

On réunit à ce volume : *Heads* (xII) *from the pictures of Raffaello in the Vatican*, Lond., 1803, gr. in-fol., recueil qui coûtait 4 liv. 4 sh., mais qui se vend bien moins cher maintenant.

— ILLUSTRATIONS of the Lotus of the ancients and Tamara of India. *London, typ. Bensley and son*, 1816, in-fol. de 36 pp. et 12 pl. color.

Monographie tirée à 25 exemplaires seulement (Pritzel, 2839).

DU PRADEL (*Abraham*). Le Livre commode contenant les adresses de la ville de Paris, et le trésor des almanachs pour l'année bissextile 1692, avec les séances et les vacations des tribunaux, l'ordre et la discipline des exercices publics, le prix des matériaux et des ouvrages d'architecture, etc. *Paris, Veuve de Denis Nion,* 1692, pet. in-8. [24154]

Cet almanach, dont une première édition moins complète que celle-ci avait déjà paru chez le même libraire en 1691, pet. in-8,, est aujourd'hui fort recherché à cause des renseignements curieux qu'il renferme, et comme il se trouve difficilement, le prix en est assez élevé : 45 fr. Monmerqué, en 1851 ; 62 fr. Walckenaer; 91 fr. De Bure; 185 fr. *mar. r.* Ch. Giraud.

On a payé 50 fr., à la vente de M. Ch. Giraud, l'ouvrage suivant :

LES ADRESSES de la ville et fauxbourgs de Paris, pour trouver facilement toutes les rues, palais, châteaux, hôtels, églises, monastères, etc. *Paris, Ch. Saugrain,* 1708, in-12.

DUPRÉ (*Jean*). Le Palais des nobles Dames, auql a treze parcelles ou chambres principales : en chascune desquelles sont declarees plusieurs histoires, tant grecques, hebraicques, latines que francoyses. Ensemble fictions z couleurs poeticques, cöcernans les vertus z louãges des Dames. Nouuellemêt cöpose en rithme francoyse, par noble Jehan Du pre, seigñ. des Bartes z des Janyhes en Quercy. Adresse a... madame Marguerite de Frãce, Royne de Nauarre... auec priuilege pour six ans. (*sans lieu ni date*), pet. in-8. goth. de 128 ff. non chiffr., titre en rouge et noir. [13387]

On trouve vers la fin de ce volume, et faisant corps avec ce qui précède : *Dialogue nö mois utile que delectable : Auquel sont introduitz les dieux Jupiter et Cupido disputans de leurs puissances et par fin ung Antidote et remede pour obuier aux dangiers amoureux.* Cette petite pièce de vers est adressée par Hughes Salel, de Casalz en Quercy, à messire Brandelis de gironde, homme d'armes. L'épitre est datée de Lyon, le 24 avril 1534.

Ce volume rare a été vend. 24 fr. *m. r.* La Vallière ; 9 fr. 50 c. Méon ; 12 liv. 15 sh. Heber ; un exemplaire *non rogué,* mais où il manquait le second feuillet, 95 fr. salle Silvestre, en 1857. — Annoncé sous la date de 1539, pet. in-8., 6 fr. Chardin, en 1806.

DU PRÉ (*Jacques*). Conférence avec les ministres de Nantes en Bretaigne, Cabanne et Bourgonnière, faicte par Mᵉ Jacques du Pré, prédicateur de l'église de S. Pierre de Nantes, avec une ho-

mélie sur le baptesme de mademoiselle Marie de Luxembourg, fille de Messire Sébastien de Luxembourg, seigneur de Martigues. *Paris, Nic. Chesneau,* 1564, pet. in-8. [1836]

Ni La Croix du Maine ni Du Verdier n'ont parlé de cet auteur dont l'ouvrage ci-dessus, rel. en *m. v.,* a été vendu 55 fr. Ch. Giraud.

DU PRÉ, sieur de Vaux-Plaisant (*Claude*). Abbrégé fidelle de la vraye origine et généalogie des François, auquel est traicté de la généalogie et hauts faicts des anciens François : ensemble de leurs ducs et roys jusqu'à Clovis... *Lyon, Thibaud Ancelin,* 1604, in-8. de 16 ff. prélim., 121 ff. pour le texte et 6 pour la table. [23198]

Livre assez rare, mais d'un faible intérêt; le portr. de l'auteur, gravé sur bois, se voit au verso du 7ᵉ f. prélim. 8 fr. Coste.

DU PRÉ (*Christ.*). Les larmes funèbres de Christofle du Pré, parisien, sieur de Passy. *Paris, Mamert Patisson, au logis de Robert Estienne,* 1579, in-4. [13825]

Vers d'un poëte peu connu sur la mort de sa femme. La Croix du Maine, et d'après lui Renouard, les citent sous la date de 1577. L'édit. de 1579, rel. en *mar. vert,* 50 fr. Solar, nᵒ 906.

DUPRÉ (*Louis*). Voyage à Athènes et à Constantinople, ou collection de portraits, vues et costumes grecs et ottomans, peints d'après nature, en 1819; lithographiés à Paris et coloriés. *Paris, l'auteur (imprim. de Dondey-Dupré),* 1825-37, in-fol. [20456]

Ouvrage publié en 10 livrais. de 4 pl., avec texte, a coûté 200 fr. Vend. 66 fr. Louis-Philippe ; 41 fr. Busche.

DUPRÉ d'Aulnay. Traité général des subsistances militaires. *Paris,* 1744, 2 part. en 1 vol. in-4., fig. [8603]

Ouvrage difficile à trouver.

DU PUIS (*Mary*). La defense de Rhodes contre les Turcs, en 1480. (*sans indication de lieu, sans nom d'imprimeur et sans date*), pet. in-4. de 48 ff. non chiffrés, sig. a—f par huit, caract. goth. [21990]

Petit ouvrage fort rare de cette édition, mais que l'abbé de Vertot a fait réimprimer dans son Histoire de l'ordre de Malte (édit. in-4., II, p. 598 et suiv.). Le volume n'a ni frontispice ni sommaire : il commence au f. a i de cette manière :

     N Lan de nostre seigʳ Jhūs
       crist mille quatre cens hui
   tante le grãt turc jnfidele ennemy
   de la foy xpistienne plain dorgueil
   et denuic et pour cuider destruire la
   foy catholique et la xpiente ; et pour
   soubiuguer les xpiens et conque
   ster pais et royaulmes; feist quatre

Du Prat (le marquis). Élisabeth de Valois, reine d'Espagne, 26070.
Duprat (*F.-A.*). Histoire de l'imprimerie impériale, 31241.
Dupré (*Alph.*). Voyage en Italie, 20186.
Dupré (*Adr.*). Voyage en Perse, 20482.
Dupré de Saint-Maur (*Nic.-Fr.*). Sur les Monnaies, 4142-43.

Dupré de Saint-Maur (*P.-J.-E.*). Anthologie russe; 15922.

L'auteur, dont ni La Croix du Maine ni Du Verdier n'ont fait mention, se nomme au f. 2, recto, dans un passage ainsi conçu : *De* ‖ *laquelle derniere armee cest assa* ‖ *uoir de celle qui a este deuāt rodes* ‖ *je mary du puis gros et rude de ses* ‖ *et de entendemēt je vueil parler et* ‖ *descriprc au plus brief que je pour* ‖ *rai...*

Chaque page porte 15 ou 16 lignes seulement. La dernière en a 17 et finit ainsi :

> *bons xpiens amen.*
> *Explicit*

Les caractères paraissent appartenir aux imprimeurs qui exerçaient à Lyon vers 1480. (*Biblioth. impér.*) — Voir CAOURSIN.

DU PUIS (*Guillaume*). Phlebotomie artificielle, utile aux médecins et tres necessaire a tous chirurgiens et barbiers... par Monsieur Maistre Guilliaulme du Puis, citoyen de la tres renommee cite de Grenoble... ils se vendent en la rue Merciere par Germain Rose et Jasme Monnier (*impr. à Lyon par Th. Payen, vers* 1540), in-8. goth. de 7 ff. prélim. et xcv ff. chiffrés. [7502]

Traité curieux dont Du Verdier a bien fait connaitre l'objet. 17 fr. *m. v.* Coste.

Ce médecin est Henri Du Puis ont écrit plusieurs ouvrages latins sous le nom latinisé de *Puteaneus*.

DUPUIS, recollect (le R. P. *Jean*). L'Estat de l'église du Périgord, depuis le christianisme. *Périgueux*, *P. et J. Dalvy*, 1629, 2 tom. en 1 vol. pet. in-4. [21456]

Ce livre est devenu très-rare ; mais, en 1841 et 1843, il en a été reproduit cent exemplaires par le procédé litho-typographique de MM. Paul et Aug. Dupont, avec des notes ajoutées par M. l'abbé Audierne. Un exemplaire de cette reproduction, rel. en *mar. r.* a été payé 45 fr., à la vente du roi Louis-Philippe. Il n'en existe que fort peu d'exemplaires.

Le P. Lelong n'a pas fait mention de cette édition de 1629; mais il a cité celle de *Périgueux*, 1718, 2 vol. in-12, qui est aussi portée dans le catal. Garampi, IV, 9962.

DUPUIS (*Ch.-Franç.*). Origine de tous les cultes, ou religion universelle. *Paris*, *an* III (1795), 4 vol. in-4., y compris l'atlas. [21333]

Édition originale, laquelle n'a quelque prix qu'en pap. vélin.

L'édition en 12 vol. in-8. et atlas in-4. a paru en même temps que l'in-4. Il en existe une autre, avec une notice par M. Auguis, *Paris, Babeuf*, 1822, 7 vol. in-8. et atlas in-4., plus belle que celle de 1795.

L'auteur a fait un abrégé de ce long et insipide ouvrage, *Paris, an* VI (1798), in-8., souvent réimpr. depuis dans les formats in-8 et in-18, et qui a encouru la censure des tribunaux.

— Mémoire sur le zodiaque, 8184.

DU PUIS (le P. *Mathias*). Relation de l'establissement d'une colonie françoise dans la Gouadeloupe, isle de l'Amérique, et des mœurs des sauvages ; dédiée

à Marie Léonor de Rhoan, abbesse de Caen; composée par le F. Mathias Du Puis. *Caen, Marin Yvon*, 1652, pet. in-8. de 8 ff. et 248 pp. [28738]

Volume peu commun ; 76 fr. en 1860.

DU PUY (*Pierre*). Traité contenant l'histoire de France. *Paris, Math. du Puy*, 1654, in-4. [21995 et 23314]

Ce recueil, publié par Jacq. Du Puy, contient la Condamnation des Templiers, l'Histoire du schisme, les Papes tenant le siège en Avignon ; Procès criminel de Jean II, duc d'Alençon, de Charles, duc de Bourbon, connestable de France, et de ses complices, de d'Oudart du Biez, maréchal de France, et de Jacques de Coucy, seigneur de Vervin. Il a été réimpr. à *Paris, chez Martin*, en 1685 et en 1700, in-12, et ensuite sous ce titre :

HISTOIRE de la condamnation des Templiers, celle du Schisme des papes.... édition augmentée de l'histoire des Templiers de M. Gurtler et de plusieurs autres pièces, *Bruxelles, Fr. Foppens*, 1713, 2 vol. pet. in-8.

et enfin sous cet autre titre :

HISTOIRE de l'ordre militaire des Templiers... depuis son établissement jusqu'à sa décadence et sa suppression, par Pierre Du Puy, etc. *Bruxelles, P. Foppens*, 1751, in-4.

— INSTRUCTIONS et lettres des rois très-chrestiens et de leurs ambassadeurs, et autres actes concernant le concile de Trente; pris sur les originaux tirés des mémoires de M. D. (Pierre Du Puy, et publiés par Jac. Du Puy son frère). *Paris, Seb. Cramoisy*, 1654, in-4. [21702]

Ce livre peut être regardé comme la quatrième édition fort augmentée d'un ouvrage publié d'abord sous ce titre :

ACTES du concile de Trente, en 1562 et 1563, pris sur les originaux. 1607, pet. in-8. ; — ensuite sous cet autre titre : INSTRUCTIONS et missives des rois de France, et de leurs ambassadeurs au concile de Trente, 1608, in-8., et augmenté, *Paris*, 1615, in-4.

Un exemplaire de l'édit. de 1654, rel. en *mar. r.* aux armes de Molé, a été vendu jusqu'à 119 fr. Ch. Giraud, quoique ce livre se donne ordinairement pour moins de 12 fr.

— Voyez HISTOIRE des plus illustres favoris et, dans notre table, les n°ˢ 3241-42 et 24050.

DUPUYS (*Remy*). La tryumphante et solemnelle entree faicte sur le nouuel aduenement de... Mr. Charles prince des Hespaignes, Archiduc daustrice (*sic*), etc., en sa ville de Bruges, etc., lan mil. v. cēs z xv. le 18ᵉ iour dapuril, apres Pasques, redigee en escript par maistre Remy du Puys... (*Paris*), in-fol. goth. de 40 ff., avec 33 fig. en bois grossièrement gravées ; le dernier f. bl. [25092]

Le titre porte la marque que nous donnons réduite à la col. suivante :

Livre rare, et l'une des plus anciennes descriptions de cérémonies publiques, imprimées, où l'on ait mis des figures, 410 fr. vente Pælinck en 1860. — Réimpr. à Bruges, en 1850, in-4. avec fig. sur bois, par les soins de la Société d'émulation de cette ville.

— Les exeques et pompe funerale de feu... Don Fernand roy catholique, faicte et accomplie en leglise saincte Goule (Gudule) à Bruxelles le 14 mars 1515. (*sans lieu ni date*), in-fol. de 22 ff., caract. rom. [25062]

M. Van Praet cite un exemplaire de ce dernier ouvrage impr. sur VÉLIN.

DURAN (*Nic.*). Relation des insignes progrez de la religion chrestienne faits au Paraquai (*sic*) province de l'Amérique méridionale, et dans les vastes régions de Guair et d'Urnoig, nouvellement decouvertes par les pères de la compagnie de Jésus ès années 1626 et 1627, par le P. Nicolas Duran, provincial en la province du Paraquai ; trad. du latin par le P. Jacq. de Machaud. *Paris, Seb. Cramoisy*, 1638, in-8. [21591]

15 fr. 50 c. Pressac.

DURAND (*Estienne*). Voy. DISCOURS au vray du ballet.

DURAND ou Durant (*Nicolas*). Voy. VILLEGAGNON.

Dupuytren (le baron). Clinique chirurg., 7499. — Opération de la pierre, 7575. — Blessures, 7578.
Duquesne (l'abbé). Année apostolique 1726. — Evangile inédit, 1725.
Duquesnel (*Am.*). Histoire des lettres, 30049.
Duquesnoy (*Adr.*). Établissements d'humanité, 4084. — Bêtes à laine, 6419.
Durand (*Et.*). Coutumes de Vitry, 2705.
Durand (*J.-B.-L.*). Voyage au Sénégal, 20870.
Durand (*Fr.-G.*). Statistique de la Suisse, 25895.

DURAND (*David*). Voy. CICÉRON et PLINE.

— Histoire du XVIᵉ siècle, 23071. — Vie de Vanini, 30746.

DURAND (Mˡˡᵉ). Voyez HISTOIRE des amours de Grégoire VII.

DURAND (D. *Aug.*). Voy. ROMANCERO.

DURAND (*J.-N.-L.*). Précis de ses leçons d'architecture données à l'Ecole polytechnique. *Paris, an* X-XIII (1801-5), 2 vol. gr. in-4. fig. 40 fr. [9714]

Réimprimé en 1813-17, et en 1820-25, en 2 vol. in-4.

PARTIE graphique des cours d'architecture faits à l'Ecole polytechnique depuis sa réorganisation ; précédée d'un sommaire des leçons relatives à ce nouveau travail. *Paris, l'auteur et F. Didot*, 1821, in-4., avec 34 pl. 20 fr. C'est le 3ᵉ vol. du *Précis des leçons d'architecture.*

— Recueil et parallèle des édifices de tout genre anciens et modernes, remarquables par leur beauté, etc., avec un texte extrait de l'histoire de l'architecture, par J.-G. Legrand. *Paris, an* IX (1800), très-gr. in-fol., avec 91 pl., dont 5 numérotées *bis*. [9739]

Cet ouvrage très-estimé a coûté 180 fr.

Le texte n'est pas dans tous les exemplaires ; il a été imprimé à part sous le titre d'*Essai sur l'histoire générale de l'architecture*. Paris, 1809, in-8.

Voici le titre d'une édition italienne de ce recueil, qui contient des augmentations :

RACCOLTA e paralello delle fabbriche classiche di tutti i tempi d'ogni popolo e di ciascun stile di J.-N.-L. Durand, con l'aggiunta di altre 300 e più fabbriche e monumenti d'ogni genere antichi e moderni, e della storia generale dell' architettura di J.-G. Legrand. *Venezia, Gius. Antonelli*, 1833, in-fol. — J'en ai vu 65 livraisons.

DURANDI (*Jac.*). Voy. GOEBEL.

DURANDUS (*Guill.*). Incipit racõnale diuinoꝛ. officioꝛ... — *Per Iohannẽ fust civẽ magũtinuꝫ Et petrũ de Gernszheym anno dñi Millesimo quadringentesimoquĩquagesimonono* (1459) *sex die Octobris* (*Moguntiæ*), in-fol. goth. à 2 col. de 63 lignes. [653]

Première édition, très-recherchée des curieux. Elle est fort belle, et si, comme plusieurs bibliographes le prétendent, les Psautiers de 1457 et 1459 sont imprimés avec des caractères de bois, ce serait là le premier livre exécuté en caractères mobiles de fonte où l'on trouve une date et le nom de l'imprimeur. Le volume commence par ces mots : *Incipit racõnale, etc.*, et finit sur la seconde colonne du 160ᵉ f. recto, après la 9ᵉ ligne du texte, par la souscription : *Presens racõnalis divinoꝛ codex officiõꝛ, etc.*, imprimée en rouge.

On en trouve deux sortes d'exempl. : les uns se distinguent par des initiales grav. sur bois, qui ornent le commencement de chaque livre, et qui avaient

Durand (*Vict.*). Marguerite de Valois et la cour de François Iᵉʳ, 23467.
Durand de Maillane. Droit canonique, 3155 et 3159. — Libertés de l'Eglise gallicane, 3242.
Durand-Brager (*Henri*). Translation du cercueil de Napoléon, 23985.

déjà été employées par Fust et Schoeffer pour les Psautiers de 1457 et 1459. Dans d'autres exempl., ces initiales sont remplacées par des lettres peintes en diverses couleurs. Pour donner à ces lettres des formes plus grandes, on a élargi l'espace que les premières occupent au commencement des 3ᵉ, 4ᵉ, 7ᵉ et 8ᵉ livres, en remaniant une partie du texte de ces pages et en multipliant les abréviations. Il se conserve à la Biblioth. impériale deux exemplaires avec les différences notées ci-dessus, et de plus un troisième qui ne porte point la souscription, et qui n'a qu'une seule initiale en bois (Catal. de livres imprim. sur VÉLIN, I, 62-63). Ce livre précieux n'est pas, à beaucoup près, aussi rare que le Psautier de 1457; il s'en conserve encore dans différentes bibliothèques une quarantaine d'exemplaires, tous impr. sur VÉLIN, et que cite M. Van Praet. Vendu 2700 fr. La Vallière; 101 liv. Pinelli; 920 flor. Crevenna; 3400 fr. Brienne-Laire; 2100 fr. d'Ourches; 2000 fr. Mac-Carthy. L'exemplaire porté dans le 2ᵉ catal. Quatremère s'est vendu 4600 fr., quoiqu'il eût souffert de l'humidité, et que le 67ᵉ f. eût un raccommodage et une ligne de texte refaite.

Hain a décrit dans son *Repertorium* (nᵒˢ 6461 à 6503) quarante-trois édit. du Rationale de Durand, appartenant au XVᵉ siècle, et dont dix ne portent ni nom de ville, ni nom d'imprimeur, ni date. Parmi ces dernières, celle qui paraît être la plus ancienne est un in-fol. goth. de 226 ff. à 2 col. de 56 lig. commençant ainsi :

> *Incipit ratio*
> *nale diuinorū*
> *officiorum.*

et finissant par cette ligne : *tas oracōnes effundant. Amen.* On y remarque la lettre R d'une forme singulière, qui est attribuée à Mentelin de Strasbourg, mais qui probablement appartient à un imprimeur de Cologne. Elle a été vendue 66 fr. 2ᵉ Catal. Quatremère. Ces différentes éditions sans date n'ont que fort peu de valeur, et parmi les éditions datées il n'y a guère que celles que nous allons indiquer qui conservent un certain prix.

— Idem rationale. *Augustæ, Gentherus Zainer*, 1470, *Kal. Febr. undecimo*, in-fol. de 217 ff. à 2 col. de 50 lig.

Le volume commence par une table en 2 ff. et finit par la souscription :

> *Anno a natiuitate dominica, etc.*

Vend. 50 fr. Brienne-Laire.

Après cette édition, on fait encore quelque cas des suivantes :
— *Romæ, per Udalricum Gallum*, 1473, *die 23 mensis junii*, in-fol. de 284 ff.
— *Ulmæ, per Joh. Zeiner ex Rutlingen*, 1473, 3 *Decembr.*, in-fol. goth. à 2 col. de 50 lig.

Les ff. de cette dernière sont chiffrés jusqu'à CCLXIIII, non compris 2 ff. de table, placés au commencement du volume.

Vend. bel exempl. 12 liv. 12 sh. Pinelli; 30 fr. Brienne-Laire.
— *Ulmæ, per Joh. Zeiner ex Rutlingen*, 1475, in-fol. de 256 ff. à 2 col. de 49 et 50 lig.

Vend. 30 flor. Crevenna; 25 fr. Brienne-Laire.

— RATIONALE divinorum officiorum : — *impressa parisius p martinū (Crantz) ulricū (Gering) et michaelē (Friburger). anno dñi* M. CCCC. LXXV, *die xiiij mensis aprilis*, in-fol. goth.

Une des anciennes édit. de ce livre qui conservent encore du prix. De ce nombre est aussi celle de Naples, *Moravus*, 1478, in-fol. goth. de 344 ff. non compris la table. Un exemplaire de l'édit. de *Rome, George Laver*, 1477, in-fol., a été payé 100 fr. La Vallière, mais peut-être n'aurait-il pas la moitié de cette valeur aujourd'hui.

— Guillelmi Duranti... Rationale divinorum officiorum, nunc recens utilissimis adnotationibus illustratum; adjectum fuit præterea aliud divinorum officiorum Rationale ab Joanne Beletho, theologo parisiensi, abhinc fere quadragentis annis conscriptum, ac nunc demum in lucem editum. *Lugduni, Ant. Cellier*, 1672, in-4. 12 à 15 fr.

Dernière édition du texte latin de ce grand ouvrage ; elle a été faite sur celle de Lyon, *apud Joan. Ant. Huguetan*, 1605, in-8.

— Le racional des diuins offices... a este translate de latin en francoys ce preset liure Lan Mil ccc. lxxii à la reqneste (sic) de tres saige prince Charles le quint roy de france, et veu et corrige par aulcuns docteurs de paris. (au verso du 315ᵉ f.) : *Cy fine le rational des diuins offices translate de latin en francoys lan Mil CCClxxii.. par frere Jeā Goulain... nouuellement imprime a Paris le xviii iour de juillet Lan mil cinq cens ⁊ iii pour Anthoine Verard... demourant... deuant la rue neufue nostre dame*, in-fol. goth. de cccxv ff. chiffrés, plus le titre et 3 ff. pour la table, à 2 col. de 43 lig. signat. A—CCiii.

Quoique cette traduction ne contienne que sept livres au lieu de huit, la présente édition est un volume d'un certain prix.

RATIONAL, ou Manuel des divins offices de Guillaume Durand, évêque de Mende au XIIIᵉ siècle, ou Raisons mystiques et historiques de la liturgie catholique ; trad. du latin en français par Charles Barthelemy. *Dijon, et Paris, chez Louis Vivès*, 1854, 5 vol. in-8. 25 fr.

— Speculum judiciale. *Argentorati, Georg. Hussner et Joh. Bekenhub*, 1473, 4 part. en 1 vol. in-fol. goth. à 2 col. de 58 lig. [3188]

Première édit. de cet ouvrage, avec date. La première partie a 132 ff.; la seconde, 188; la troisième, 19; la quatrième, 148; le tout chiffré en chiffres romains.

Les autres éditions de cette compilation, et les autres ouvrages du même auteur sont peu recherchés. L'édit. de *Rome, per Leonem Pflugel et Georg. Lauer*, 1474, 3 vol. in-fol., a été retirée à 63 fr. Mac-Carthy. Il y en a aussi une de Rome, *per Vlricum Gallum et Simonem nicolay de Luca*, sans date, 4 part. en un vol. gr. in-fol. en caract. romains.

— Tractatus de modo concilii celebrandi, 760.

DURAND (*Guillaume*). Enchiridion ou Manuel ; discours des biens et travaux que les enfants de Dieu ont reçeu par la vicissitude et changement des temps et gouvernemens pour la religion et ceremonies d'icelles... sous les patriarches, juges, roys, depuis Adam jusques à l'advenement de N. S. J. C. consacré à la majeste du tres chrestien roy de France et de Pologne Henry III, par Guillaume Durand, parisien. *Paris, Denis du Pré*, 1582, in-8. [13835]

Traduction en vers alexandrins, et divisée en trois livres, d'une partie de l'Ancien Testament, avec les psaumes ou cantiques, la plupart tirés de Moyse, avec le texte latin dans les marges.

DURANT (Frère *M.-A.*), chartreux. La Magdaliade, ou eguillon spirituel pour exciter les ames pecheresses à quiter leurs vanités et faire penitence, à l'exemple de la tres sainte penitente Magdeleine. *Loches, devant l'église des cordeliers*, 1608, pet. in-8. [13906]

Ce poëme, sans valeur littéraire, avait à grand'peine obtenu de 3 à 4 fr. aux ventes Lambert et d'Heiss; mais, depuis, un exempl. en *mar. br.* a été payé 78 fr., Ch. Nodier, en 1844, et 161 fr. vente Salmon.

DURANT (*Gilles*), sieur de La Bergerie. Voy. BONEFONS (*Jean*), et LA BERGERIE.

DURANTE da Gualdo. Libro chiamato Leandra. Qual tracta delle battaglie ɛ granfacti de li baroni di francia, composto in sexta rima... *Impresso in Venetia per Iacobo da Lecho stampatore nel* 1508, *a. di.* 23 *del mese di marzo...* in-4. de 146 ff. à 2 col. sign. A—T, caract. ronds, fig. en bois. [14777]

Édition très-rare de ce poëme en 25 chants. Elle est chez M. Trivulzio. Outre le titre dont nous avons rapporté le commencement ci-dessus, il y en a un autre au f. Aij, ainsi conçu : *Incomenza el libro dicto Leandra. Qual tracta dele battaglie... Et principalmente de Rinaldo & de Orlando. Retracto de la verace Cronica di Turpino Arciuescovo parisiense. & p maestro pier duráte da gualdo composto in sexta rima.*

— Lo stesso (come sopra). — *Impresso in Venetia per Alessandro di Bendoni nel* 1517, *adi* 5 *del mese Luio*, in-4. à 2 col. caract. ronds, fig. en bois. (*Bibliothèque impériale.*)

— Libro chiamato Leandra. (in fine) : *Finisse el libro chiamato Leandra. Impresso in Vinegia nelle case di Guilielmo da Fontaneto...* M. D. XXI. *adi* XVI. *decembrio...* in-4. à 2 col. caract. ronds.

— Libro Darme : ɛ damore. Chiamato Leandra. Nelquale se tratta delle battaglie, & gran fatti delli Baroni di Franza, & principalmente di Orlando, & di Rinaldo. Estratto dalla vera cronica di Turpino Arciuescouo Parisiëse. Opera bellissima, & deletteuole quanto alcuna altra di Battaglia, con multi dignissimi detti & elucidissime sententie. Composto per Maestro Piero Duráte da Gualdo in sesta rima. Nouamente reuisto. Et alla sua integrita ridotto, con li capitoli alli

suoi canti nouamente aggionti che non erã in li altri. (au recto du dernier f.) : *Finisse el libro chiamato Leãdro. Stãpato ĩ Vinegia nelle case di Guilielmo da Fõtaneto de Mõteferrato. Nelli anni del signore.* M. D. XXXIIII. *Adi vintiquatro aprile...* pet. in-8. goth. de CXLIIII ff. à 2 col. y compris le titre, avec fig. en bois.

Vend. 15 fr. Floncel; 7 fr. La Valliere.

LIBRO d' arme e d' amore novamente revisto et alla sua integrita ridutto. *In Venetia, per Giov. Andrea Valvassore, detto Guadagnino*, 1551, pet. in-8. fig. en bois, signat. A—S. VII (par huit). (*Biblioth. grenvil.*, 217-18.)

— LO STESSO. *Venetia, Bartolomeo detto l'Imperatore*, 1550 (et sous la date de 1556), in-8.

Une édit. de Venise, *Aless. da Vian*, 1553, in-8. goth. à 2 col. fig. en bois, sign. A—siiii (le dern. f. blanc), est portée à 37 fr. (*m. r.*) dans le catal. Libri, de 1847.

— LO STESSO. *Venet., Alessandro di Viano*, 1562, aussi 1563, in-8. fig. en bois. Un exempl. sous cette dernière date, 2 liv. *mar. v.* Libri.

M. Melzi (page 250) cite plusieurs autres éditions de ce poëme d'une date postérieure à celle-ci.

Les aventures guerrieres et amoureuses de Leandre, par de Nerveze, *Paris*, 1608, ou *Lyon*, *Ancelin*, 1612, 2 vol. pet. in-12, sont, à ce qu'il paraît, une imitation en prose française du poëme italien de Durante.

DURANTE Gualdo (*Castore*). Del parto della vergine libri tre ad imitatione del Sannazaro, con gli argomenti di Ieronimo Pallantieri. *Roma, Gio. Batt. de Cavalleri*, 1573. (à la fin) : *In Viterbe, per Agostino Coladi.* M. D. LXXIII, in-4. de 4 ff. prélim. et 88 pp. de texte, avec fig. sur cuivre. [14636]

Vendu 12 fr. Gaignat; 18 fr. La Valliere, et plus cher depuis.

DURANTINI (*Constantii Felicii*) ad Leonem X Pont. Max. de conjuratione L. Catilinæ liber; de exilio M.-Tullii Ciceronis liber; de reditu M.-T. Ciceronis liber; Epistola M.-T. Ciceronis ad Lu. Luceium. — *Impressum Romæ per Jacobum Mazochium*, M. D. XVIII. *Idibus Julii*, in-4. [22948]

Vend. 1 liv. 8 sh. Heber. — Dans l'édition de ces mêmes ouvrages, *Lipsiæ, Mich. Blum*, in-4., on a substitué à l'épître dédicatoire de Durantinus à Léon X, une autre épître de J. Cochlæus à Sigismond Auguste, roi de Pologne.

DURAS (Mad. de Kersaint, duchesse de). Ourika (anonyme). *Paris, impr. royale*, 1824, 2 part. in-12. pap. vél. [17264]

Édition tirée à petit nombre et qui n'a point été mise dans le commerce : 24 fr. *mar. v.* A. Martin, et jusqu'à 96 fr. aussi en *mar.* à la vente Rémusat; où *Edouard*, autre roman de la même dame, *Paris*,

---

Durant (*Sim.*), H. Durand et Eug. Laval. Album du Gard, 24749.

Durante (*L.*). Histoire de Nice, 23516.

Durante Duranti. L'Uso, poema, 14860.

Duranton (*A.*). Cours de droit français, 2839.

Duranville (*Léon* de). Essai sur Pont-de-l'Arche, 2431. — Sur la côte de Sainte-Catherine, etc., 24337.

Durao (*Fr.-José* de Santa Rita). Caramuru, 15396.

Jules Didot, 1825, 2 vol. in-12 (édition tirée à petit nombre), a été payé 51 fr. Ces deux ouvrages de madame de Duras ont eu une seconde édition destinée au public, et qui a diminué la valeur de la première; et enfin, on les a réimprimés depuis sous le titre d'*OEuvres de mad. la duchesse de Duras, précédées d'une notice sur sa vie et ses écrits*, par M. G. Duplessis, *Paris, Passard*, 1850, gr. in-18.

DURAZZO. Descrizione della raccolta di stampe del conte Jacopo Durazzo, esposta in una dissertazione sull' arte dell' intaglio a stampa (da Bart. Benincasa). *Parma, della reale stamperia*, 1784, gr. in-4. [9557]

Cet ouvrage, quoiqu'il n'ait été tiré qu'à 140 exempl. seulement, n'est pas cher : 6 à 9 fr.

DU REFUGE (*Eustache*). Traité de la cour, ou instruction des courtisans. *Leyde, les Elzeviers*, 1649; aussi *Amsterdam, les Elzeviers,* 1656, pet. in-12. 6 à 9 fr. [4032]

Avant l'édition de 1649, cet ouvrage avait déjà été impr. trois fois à Paris (en 1617, 1618 et 1622) sans nom d'auteur, et dans le format in-8. Il l'a encore été depuis, sous le titre de *Nouveau traité de la cour*, Paris, Barbin, 1664, in-12.
Les *Institutiones aulicæ*, de Meisner (*Amstelod., Elzevir.*, 1642), et l'*Aulicus inculpatus*, de Pastor (*ibid.*, 1644), contiennent la traduction latine de la seconde partie du *Traité de la cour*, traduction qui, jointe à celle de la première partie par Abr. Marconet, a été réimpr. à Halle en 1644, pet. in-12.

DURELLI. La certosa di Pavia descritta ed illustrata con tavole incise dai fratelli Gaetano e Francesco Durelli. *Milano, Bettoni*, 1823-35, in-fol. [9898]

En 1835, il paraissait 23 livrais. de 3 pl. chacune.

DURER (*Albert*). Arc triomphal de l'empereur Maximilien Ier, gr. in-fol. [9583]

Cet ouvrage, entièrement gravé en bois, d'après les dessins d'Albert Durer, et sous sa direction, est composé de 92 pl. de différentes dimensions, lesquelles, jointes ensemble, formeraient un tableau de 3m,41 de hauteur sur 2m,92 de largeur. On fixe l'époque de l'exécution des premières planches à l'année 1515, date qui se trouve marquée sur deux pièces ; mais il paraît que le recueil entier n'a été publié que fort longtemps après. C'est ce que prouvent et la date de 1559, marquée à la bordure de la niche, dans laquelle la *statue de Rodolphe le Belliqueux* est placée, et l'inscription : *Gedruckt zu Wien, etc.*, M.D.LIX, mise au bas d'un exemplaire conservé à la Biblioth. impériale de Vienne. Cependant il existe de cette magnifique production deux sortes d'anciens exemplaires : dans les premiers, la planche qui doit représenter la guerre de Milan se trouve en blanc; en outre, la pl. où la *statue de Rodolphe le Belliqueux* est représentée, n'a pas la date 1559, et elle est d'ailleurs fort différente de celle où cette date se trouve ; cette dernière n'est probablement qu'une copie faite après coup, pour remplacer la planche originale, qui aura été perdue. Au surplus, les uns et les autres exempl. ne se

trouvent que rarement complets, parce qu'ils ont été tirés à petit nombre. Ce ne sont point ces planches qui, comme on l'a dit mal à propos, ont été vendues 1000 fr. chez le duc de La Vallière, mais celles du *Triomphe de Maximilien*, grav. d'après les dessins de Hans Burgmair, annoncées sous le titre de *Char de triomphe*.

—Ehrenpforte. Arc triomphal, etc. *Vienne*, 1799, in-fol.

Cette troisième édition de l'ouvrage précédent a été publiée par M. Bartsch. Il est impossible de la confondre avec les deux premières, car toutes les planches s'y trouvent tirées sur 43 feuilles d'égale grandeur, et même 21 planches originales que le laps de temps avait fait égarer, ont été remplacées par 21 autres planches gravées à l'eau-forte. On peut facilement se procurer cette réimpression : vend. 104 fr., exemplaire en Gr. Pap. vél., Renouard ; 60 fr. d'Ourches, et quelquefois moins.
Le *Triumphwagen*, ou Char triomphal de Maximilien Ier, que l'on a souvent confondu avec l'Arc triomphal, ne consiste qu'en huit morceaux imprimés en 1522 (*gedruckt durch Alberten Thurer im yar* MDXXII), joints en largeur ; mais il est regardé comme un chef-d'œuvre de l'art de la gravure en bois, et comme le plus bel ouvrage de ce genre que l'on ait d'Albert Durer. On peut facilement se procurer cette réimpression.
DES ALLER Durchleuchtigsten Grossmechtigsten Fürsten und Herrn, Herrn Maximilians, Römischen Kaysers, Sieben christlichen Künigreich Künig und Erzherzog zu Osterreich, Hertzog zu Burgund, etc. Zu Lob und Ewigen gedächt müss seiner Ehrlichen Regierung, Schlachten und Rittenliche Thaten. *Gedruckt zu Wien in Osterreich by Raphael Hofhalter*, in-fol. de 26 ff. y compris le titre et le dernier f. qui est tout blanc.
Ce sont 24 pl. du Recueil intitulé *Die Ehrenpforte Kaiser Maximilians I ;* elles sont numérotées à partir de la 5e, selon R. Weigel (*Kunstcatalog*, XIV, no 12861). Ni Bartsch ni Heller n'auraient connu cette suite.

— Voy. TREITZAURWEIN.

—Passio domini nostri Jesu, || ex Hierony || mo paduano, Dominico Mancino, Sedulio, et Bapti || sta Mantuano, per fratrem Chelidonium colle || cta. cum figuris Alberti Dureri, || norici pictoris. 1511, gr. in-fol. [373]

Douze estampes gravées en bois d'après Albert Durer, avec des vers latins, en caractères romains. La seconde et les deux dernières planches portent la date de 1510. On lit au verso de la dernière : *Impressum Nurnberge per Albertum Durer pictorem. Anno christiano Millesi || mo quingentesimo vndecimo*, et au-dessous onze lignes disposées en cul-de-lampe. Les premières épreuves sont sans texte. Vend. avec le texte 175 fr. salle Silvestre, en 1856.
— *Passio dominica quondam ab incomparabili artifice* Alb. Durero norico formis ligneis incisa (et nunc denuo recusa a Jac Koppmayero typogr. august.). *August. Vindelicor.*, 1675, in-fol. de 12 ff.
Reproduction des planches originales, mais sans texte. Elle est portée à 12 thl. dans un catalogue de R. Weigel.

— Passio Christi ab Alberto Durer norimbergensi effigiata 1509 et 1510, pet. in-4.

Cette suite, que l'on nomme *Petite Passion*, est composée de 37 pièces gravées en bois. Le premier tirage est sans texte, et peut-être même sans titre. Le second a été fait à Nuremberg, *per A. Durer Pictorem*, 1511, *cum varii generis carminibus fratrum S. Benedicti Chelidonii, Musophili*, ainsi que le porte le titre. Le texte y est imprimé au

---

Durat-La Salle (*Louis*). Droit des armées, 2950. — Du Général, 8605.

Dureau de la Malle (*M.*). Poliorcétique, 8557. — Recherches sur Alger, 28403. — Province de Constantine, 28413. — Economie politique des Romains, 29185.

verso des estampes. Vend. 2 liv. 4 sh. Heber; 165 fr. Riva (voy. CHELIDONIUS).

Les mêmes planches, moins celles du frontispice, ont été employées à Venise, beaucoup plus tard, dans un vol. in-4. ayant pour titre: *La ‖ passione ‖ di N. S. Giesu Christo ‖ d'Alberto Dvrero di No-rimberga ‖ sposta in ottaua rima dal R. P. D. Maurilio Moro, ‖ canon della congr. di S. Gior-gio in Alega. ‖ Dedicata ‖ All Altezza serenissima dell' Arciduceo Ferdinando d'Austria..... in Ve-netia, M. DC. XII. Apresso Daniel Bissuccio,* 42 ff. sign. A2—L. Les vers ital. sont impr. au verso de chaque planche. Il y a au titre un médaillon, gr. en 1553, et offrant le buste d'Albert Durer à l'âge de 56 ans. (D'après l'exemplaire que nous a communiqué M. Ambr. Firm. Didot.) On sait qu'en 1839 le *British Museum* a fait l'acquisition de 35 bois originaux de cette petite passion, qui s'é-taient miraculeusement conservés jusqu'alors. De-puis, après en avoir restauré les bordures, et refait, au moyen du stéréotypage, les deux planches man-quantes, on les a fait servir à un quatrième tirage, publié dans un petit in-4. ayant pour titre: *The passion of our lord Jesus Christ, pourtrayed by Albert Durer; edited by Henry Cole.* London, Joseph Cundall, etc. (à la fin): *Printed by Charles Whittingham at the Cheswick Press,* 15 July 1844. Cette dernière édition commence par une pré-face fort curieuse, écrite en anglais, par l'éditeur, et un texte anglais impr. en lettres gothiques, est placé en face de chaque planche.

Les catalogues anglais indiquent un vol. in-4. inti-tulé: *Events in the life of Jesus Christ edited by H. Cole,* London, 1844, in-4., dont il y a des exem-plaires avec les figures à deux teintes, et d'autres imprimés sur VÉLIN; et ils annoncent également: *The Passion of Jesus Christ pourtrayed, edited by H. Cole, with facsimiles from the original book,* London, 1854, in-8.

N'oublions pas la Passion gravée sur cuivre, en 16 pl., par Durer lui-même, de 1508-13; c'est une suite beaucoup plus précieuse que les précédentes, et dont on a fait plusieurs copies. Un exemplaire dans lequel se trouvaient cinq autres planches du même graveur, 162 fr. Riva (Bartsch, VII, 33 et suiv.).

Il existe plusieurs copies des 37 planches de la petite Passion d'Alb. Durer, gr. sur bois. Dans la pré-face de son édition (ci-dessus), M. Cole en signale une sous le titre de *Figuræ ‖ Passionis Domini ‖ Nostri Christi,* sans lieu d'impression et sans date, mais avec le monogramme d'Albert Durer à chaque planche; c'est une copie exacte de l'original, mais d'une exécution inférieure. On connaît une autre copie par le maître au monogramme n° 104 de Bartsch, et une autre encore de 24 planches au moins par Virgile Solis (*Bartsch*, IX, p. 320). Il existe une copie différente des mêmes planches, mais d'une taille lourde; on y remarque la date de 1569 sur la pièce qui représente le corps de Jésus-Christ au pied de la croix.

Nous avons sous les yeux un vol. in-4. portant ce titre:

ALBERTI DVRERI Noriberg. German. Icones sa-cræ, in historiam salutis humanæ per Redempto-rem nostrum Iesvm Christvm Dei & Mariæ filium instauratæ. Quas figuras selectissimi floris ex verbo Dei & S. patrum scriptis decerpti exornant. Nunc primum e tenebris in lucem editæ. (Frontispice dans une bordure historiée d'ornements architectoni-ques, avec la date 1604, vers le bas, au-dessus d'un vase.)

C'est une suite de 38 petites gravures sur bois, imitée de la précédente, accompagnée d'un texte latin placé au haut et au bas de chaque pièce. Quoi-que le titre annonce ces gravures sous le nom d'Al-bert Durer, elles sont réellement d'Altorfer, dont la marque ressemble beaucoup à celle de Durer. Après le frontispice se trouve une dédicace latine signée *G. L. Frobenivs Iphoviens. Fr. Bibliop. Hamb.,* adressée *Hieronymo Holino,* et datée de V Id.

Septembris A. C. ∞ (pour M.) IOCIV. M. le Dr Na-gler cite une autre suite sous ce titre: *Historia passionis Dñi nr̃i Jesu Christi ab Alb. Durero delineata; Bruxellæ, excudebat Johan Mam-martius,* 1644.

— Apocalypsis cum figuris. Die heimliche Offenbarũg Johãs. — *Gedrucket zu Nurnbergk, durch Albrecht Durer Ma-ler...* M. CCCC. xcviij, gr. in-fol. [387]

Suite de 16 pièces, grav. sur bois d'après Albert Du-rer; il y a trois sortes d'exemplaires: 1° sans le texte imprimé au verso des estampes; 2° avec le texte allemand au verso; 3° avec titre (*Apocalipsis ‖ in figuris*), texte latin, à 2 col. en caract. goth., et cette souscription à la dernière pièce: *Impres-sa dennno Nurnberge pr Alber ‖ tum Durer. Anno Christiano ‖ Millesimo Quingentesimo vndecimo* (120 fr. Riva). Les premiers sont les plus précieux. Il existe une copie très-exacte de cet ouvrage; mais la première planche n'y est pas, et on lit sur l'avant-dernier une souscription allemande ainsi conçue: *Eyn ende hat das buch der heymlichen offenba-rung sant Johanssen........ Gedruckt zu Strass-burgh durch Jheronimum Greff den maler, ge-nant von Franckfurt nach christi geburt, M. cccc. vnd 11. jor.*

— Epitome in divae parthenices mari ‖ ae historiam ab Alberto Durero ‖ norico per figvras digest ‖ am, cvm versibus anne ‖ xis Chelidonii. — (au bas de la dernière planche): *Impressum Nurn-berge per Albertum Durer pictorem. Anno christiano Millesi ‖ mo quin-gentesimo vndecimo,* in-fol. [371]

Belle suite de 20 estampes en bois, dont 17 sans date (mais gravées en 1504), et les autres datées de 1509, 1510 et 1511. La première édition est sans titre; la seconde a le titre ci-dessus, imprimé en capitales, et au verso des planches un texte en vers latins impr. en petites lettres romaines. Vend. 27 fr. 50 c. A. Martin. Un exempl. sous la date de 1511, réuni à la grande Passion, édit. de 1511, et à l'Apo-calypse, édit. de 1509, a été acheté 39 liv. à la vente Libri, en 1859, pour M. Ambr. Firm. Didot.

— Vnderweysung der messung mit dem Zirckel, vñ richtscheyt, in Linien ebnen vnnd gantzen corporen. *Nuremberge,* 1525, pet. in-fol. de 89 ff. fig. en bois. [vers 7998]

Il y a deux sortes d'exempl. de cette édition sous la même date. Voy. à ce sujet Ebert, n° 6438. 20 à 25 fr.

La traduction latine de cet ouvrage a été imprimée à *Paris, chez Christ. Wechel,* 1532 et 1535, in-fol. fig. en bois.

Cette dernière, qui est fort belle, a 4 ff. prélim. et 185 pp., sous ce titre: *Albertvs Durervs nvrem-bergensis pictor hvivs ætatis celeberrimus versus è Germanica lingua in latinam, Pictoribus, Fa-bris ærœris ac lignariis, Lapicidis, Statuariis, ʒ vniuersis demum qui circino, gnomone, libella, aut alioqui certa mensura opera suua examinant, propè necessarius: adeo exactè. Quatuor his suarũ Institutionum Geometricarum libris, lineas, superficies et solida corpora tratauit, adhibitis designationibus ad eam rem accommodatissimis. Denuo ad scriptis exemplaris fidem omnia dili-genter recognita, emendatius iam in lucem exeunt. Paristis, ex officina Christiani Wecheli,* M. D. XXXV.

L'édition de 1532 porte sur le titre et au verso du dernier feuillet dont le recto est blanc, la marque ci-après:

Elles ne sont fort chères ni l'une ni l'autre, non plus que l'édition suivante :

— ALBERTI DVRERI Institvtionvm Geometricarvm libri quatuor. *Harnhmiæ in dvcatv Geldriæ, in officina Ioannis Iansonii Bibliopolæ*, 1605 (à la fin, 1606), in-fol. de 4 ff. et 185 pp. avec fig.

En 1531, Jérôme Rodler, imprimeur et secrétaire du prince de Siemeren, publia un livre sur le même sujet que venait de traiter Albert Durer, et auquel il donna pour titre : *Eyn Schön nützlich buchlin... der Kunst des Messens (perspectiva zu latin genant).* C'est un petit in-fol. de 45 ff. non chiffrés, sign. A—H, avec un beau frontispice et un assez grand nombre de fig. en bois fort curieuses, et avec cette souscription au bas du dernier f. : *Getruckt vnnd volnendet, zü Siemern vff dem huneszrucke; in verlegung Hieronimi Rodler,.... 1531.* Dans sa préface, l'imprimeur déclare que malgré l'immense mérite des écrits d'Albert Durer, ils sont tellement transcendants que peu de personnes peuvent les comprendre. C'est donc, ajoute-t-il, pour faciliter l'étude aux artistes et aux étudiants qu'il publie cet ouvrage plus pratique, qui, placé à côté de celui d'Albert Durer, en facilitera l'intelligence.

— Etliche vnderricht, zur Befestigung der Stett, Schlosz vnd Flecken. (au verso de l'avant-dernier f. du texte) : *Gedrukt zu Nürenberg nach der Gepurt Christi Anno M CCCCC. XX vij. In der monat October.* Pet. in-fol. avec grav. sur bois qui tiennent au texte, et à la fin une grande planche en 2 feuilles collées ensemble, plus un errata qui souvent manque.

Réimprimé à Nuremberg, en 1530, en 1538 et à Arnheim, en 1603, in-fol. fig., et avec une introduction, *Berlin*, 1803, in-8. pl. lithogr.

— ALBERTI DVRERI... De vrbibus, arcibus, castellisque condendis, ac muniendis rationes aliquot, præsenti bellorum necessitati accommodatissimæ: nunc recens e lingua germanica in latinam traductæ. *Parisiis, ex officina Christiani Wecheli*, M. D. XXXV, in-fol., fig. en bois, sign. a—h. A la fin, la marque de Wechel sur un f. séparé.

— Hierin sind begriffen vier Bücher von menschlicher Proportion, etc.; *c'est-à-dire*, quatre livres des proportions du corps humain (en allemand). *Nuremberg, V^c Albert Durer*, 1528, pet. in-fol. fig. en bois. [9188]

Éditions originales de ces trois ouvrages d'Albert Durer; le 3e est le plus recherché, parce qu'il contient des grav. en bois assez bien exécutées. Vend. les 3 volumes ensemble, 60 fr. d'Ourches, et quelquefois moins.

— DE SYMETRIA partium in rectis formis hūanorum corporum libri, in latinum conversi (a Joach. Camerario); de varietate figurarum, etc., libri II. *Norimbergæ*, 1532-34, *in ædibus viduæ Durerianæ*, 2 tom. en 1 vol. in-fol. fig. en bois, 15 à 18 fr.

Traduction de l'ouvrage précédent. Il y a une édition de *Paris, Ch. Perrier*, 1557, in-fol. avec les mêmes planches qui sont dans la traduction française publiée sous ce titre :

QUATRE LIVRES d'Albert Durer, de la proportion des parties et pourtraits des corps humains, traduit de la langue latine par Loys Meygret. *Paris, Ch. Perrier*, 1557, in-fol. (vend. 38 fr. bel exemplaire, Coste) et réimpr. à *Arnheim, chez Jean Jeansz*, 1613, in-fol.

— DELLA SIMMETRIA de i corpi humani libri quatro nuovamente tradotti della lingua latina nella italiana da Giov. Paolo Gallucci, ed accresciuti del quinto libro che tratta dell' espressione degli affetti dell' animo, composto dal traduttore. *Venetia, per Domenico Nicolini*, 1591, in-fol. fig. 15 à 20 fr.

Pour rectifier les différentes éditions de cet ouvrage et réduire les mesures à l'uniformité, M. J.-J. Trost a publié : *Die Proportionslehre Dürer's nach ihren wesentlichen Bestimmungen in übersittlicher Darstellung.* Wien, *Gerold*, 1859, in-4.

— Der Allten Fechter gründliche Kunst. Mit sampt verborgenen Heymlicheyten, Kämpffens, Ringens, Werffens, etc. Figürlich fürgemalet. (A la fin) : *Francf. am Mein, Egenolph* (1529-36), in-fol.

Ce volume contient une partie sinon la presque totalité de l'ὁπλοδιδασκάλια d'Albert Durer, que renferme le manuscrit conservé dans la biblioth. de la Madeleine, à Breslau. Le texte est de Hans Lebkommer de Nuremberg, et la gravure sur bois, impr. dans le texte, de Hans Brosamer. *(Jen. Lit. Zeit.*, 1817, II, 90, cité par Ebert, n° 11557.)

—CHRISTLICH-mythologische Handzeichnungen, nebst Titel, Vorrede und Dürers Bildniss, zusammen 23 Blätt. in lithograph. Manier gearbeitet von N. Strixner. *Munich*, 1808, gr. in-fol. 60 fr.

Copie soignée et fidèle des vignettes d'Albert Durer qui ornent les marges de 43 ff. de l'exemplaire du livre d'heures de l'empereur Maximilien, conservé à la Bibliothèque royale de Munich (voy. DIURNALE). On y a joint un portrait de Durer, 2 vignettes au frontispice, une courte introduction et une table par Bernhart. Les lithographies de Strixner ont été copiées en Angleterre dans le volume dont le titre suit :

— PRAYER book of Albert Durer, consisting of forty-five designs, and a portrait of that artist, copied on stone. *London*, 1817, in-fol. 1 liv. 1 sh. [9478]

Cette édition anglaise renferme, de plus que celle de 1808, un fac-simile du texte original d'après lequel ont été faits ces dessins.

Les pierres originales de Strixner ont été employées en

1838 dans une édition de l'*Oratio dominica*, en 38 langues dont nous parlons à l'article ONATIO. Pour les différents emplois qui ont été faits des mêmes pierres, consultez l'introduction de l'édition du livre de prières de Maximilien décrit ci-dessous.

— Vignettes d'Albert Durer, ou imitation figurée des dessins dont ce grand maître orna le livre de prières de l'empereur Maximilien Ier, accompagnées du texte original et d'une introduction par F.-X. Stoeger. *Munich, George Franz*, 1850, gr. in-4., avec le portr. d'Albert Durer.

Ce beau volume est imprimé en rouge et noir, avec initiales en couleur rehaussées d'or, et bordures et vignettes en diverses couleurs. Il en a été tiré au moins un exemplaire sur VÉLIN, et il y en a une édition sous la même date avec texte allemand.

— DIE VEREHRUNG der heiligen Dreieinigkeit. Nach dem Origin.-Gemälde von Alb. Dürer (in der kais. Gallerie im Belvedere zu Wien) in Umrissen auf Stein gezeichnet von Julie Mines. (*Wien*) *sans date*, gr. in-fol. y compris le titre et la dédicace; 20 thl. Catal. de R. Weigel.

— OEuvres d'Albert Durer, photographiées d'après la collection appartenant à M. Simon. *Paris, Clément*, 1854-1861, in-fol.

Reproduction des estampes sur cuivre de ce maître; elle se publie en 28 cah. de 4 pl.; chaque cah. 15 fr.

ALBRECHT DÜRER-ALBUM. Eine Sammlung der schönsten Dürer'schen Holzschnitte nach den von dem Künstler gefertigten Originalen in gleicher Grösse auf's Neue in Holz geschn. unter Mitwirkung u. Aufsicht von W. v. Kaulbach u. A. Kreling, *Zeiser, Nürnberg*, 1860, in-fol.

Cette reproduction par la gravure sur bois des chefs-d'œuvre de Dürer se compose, en février 1861, de 13 livrais. de 3 pl. chacune, du prix de 5 fr. sur pap. ord. et de 9 fr. 50 c. sur pap. de Chine.

Il n'entre pas dans notre plan de parler des estampes séparées qu'Albert Durer a gravées, car elles ne peuvent pas être regardées comme objet de librairie. Nous ajouterons ici, seulement pour mémoire, qu'un exemplaire de son œuvre (en 2 vol. in-fol., composé de 440 pièces, savoir : 93 grav. sur cuivre, 6 en pl. de fer, 3 en pl. d'étain, 186 pièces en bois, et le surplus composé de morceaux gravés d'après ce maître, et de copies) a été vendu 3112 fr. en 1807 (voy. p. 79-123 du catalogue de Saint-Yves), et qu'un recueil de 101 pièces originales d'Albert Durer, annoncé comme unique, peut-être pour le choix et la belle conservation des épreuves, a été porté à 2000 fr. à la vente Durand, où fut vendue 300 fr. une très-belle épreuve du *Saint-Hubert* du même maître. De pareilles suites se vendraient beaucoup plus cher aujourd'hui.

Les principaux ouvrages spéciaux à consulter sur ce célèbre artiste sont : *D.-G. Schober, A. Dürer's Leben, Schriften und Kunstwerke*, Leipzig, 1769, in-8. — *J.-F. Roth, A. Durers Leben*, Leipz., 1791, in-8.; *J. Heller, das Leben und die Werke A. Dürers*, ibid., 1831, in-8.; *F. Verachter, Albr. Dürer in de Nerlanden*, Antwerp., 1840, in-8.; *G.-G. Nagler, A. Dürer und seine Kunst*, Munich, 1837, in-8.; *R. Margraff, Erinnerungen an A. Dürer und seine Kunst*, Munich, 1840, in-8.; *E. Galichon, A. Dürer, sa vie et ses œuvres*, Paris, 1861, gr. in-8., tiré à 100 exempl.; enfin, le VIIe vol. du *Peintre graveur* de Bartsch.

DURET (*Jean*). Traicté des peines et amendes tant pour les matières criminelles que civiles, diligemment extraict des anciennes loix des douze tables de Solon et Draco, constitutions canoni-

ques, loix civiles et imperiales, accompagné de la pratique françoise, seconde édition revue et augmentée. *Lyon et Paris, Abel l'Angelier*, 1583, in-8.

Ouvrage curieux et qui est encore assez recherché, dont la première édition a paru à *Lyon, chez Ben. Rigaud*, en 1572 (aussi 1573). Il a été réimpr. à *Lyon, chez B. Rigaud*, en 1588; *chez P. Rigaud*, en 1606, et *chez Fr. Arnoullet*, en 1610, in-8.

L'HARMONIE et conférences des magistrats romains avec les officiers françois, tant laiz qu'ecclesiastiques, où est succinctement traicté de l'origine, progrès et jurisdiction d'un chacun, selon que les loix civiles, romaines et françoises l'ont permis. *Lyon, Ben. Rigaud*, 1574, in-8. [2581]

J. Duret a écrit plusieurs autres ouvrages de droit. Le plus considérable a pour titre :

COMMENTAIRES aux coustumes du duché de Bourbonnois, rapportées aux mœurs de Bourgogne, Berry, Auvergne, la Marche, Nivernois, et autres peu plus eloignez; et ensemblement conferées avecque les anciens usages des premieres monarchies et gouvernemens. *Lyon, Ben. Rigaud*, 1584, in-fol. [2649]

DURET (*Cl.*). Histoire admirable des plantes et herbes esmerveillables et miraculeuses en nature, mesmes d'aucunes qui sont vrays zoophytes, ou plant' animales, etc. *Paris, Buon*, 1605, in-8. fig. [5024 ou 6179]

Volume peu commun : 6 à 9 fr. Vend. 17 fr. 50 c. de Jussieu.

— Thrésor de l'histoire des langues de cet univers (publié par Pyrame de Candolle). *Coligny, Math. Berjon*, 1613, ou *Yverdon, imprim. de la Société Helvétiale Caldoresque*, 1619, in-4. 8 à 12 fr. [10512]

Ces deux dates se rapportent à une seule édition dont on a changé le titre.

DISCOURS de la vérité des écluses et effects de divers cours, mouvements, flux et reflux et saleur de la mer Océane, mer Méditerranée et autres mers de la terre, par Cl. Duret. *Paris, Jacq. Bezé*, M. DC., in-8. Peu commun.

DURET (*Lud.*). Interpretationes et enarrationes in Hippocratis Coacas, gr. et lat., cum indice et præfatione Adr. Peleryn Chrouët. *Lugd.-Batavor.*, 1737, in-fol. 12 à 15 fr. [6550]

La prem. édit. est de *Paris*, 1588, in-fol.: vend. 14 fr. Soubise. — Il y en a une de *Lyon*, 1784, in-fol., assez belle : 10 à 12 fr.

DU RIEU (*Florent*). Les Tableaux parlans du peintre namurais. *Namur, Pierre Gerard*, 1658, in-12 de 6 ff. prélim., 36, 81 et 28 pp. chiffrés, plus 1 f. coté 83-84 intercalaire, et, à la fin, 3 ff. non chiffrés.

Ces poésies peu connues, et qui ne méritent guère de l'être, ont été l'objet d'une notice dans le *Bibliophile belge*, II, p. 207.

DU RIT. Le bon François, ou de la foy

---

des Gaulois, traduit du latin de M⁰ Michel du Rit, docteur ès droicts et aduocat au siége présidial d'Orléans. *Paris, par Rolin Thierry*, 1589, pet. in-8. [23582]

L'auteur est nommé *Ritius* (au génitif *Ritii*) sur le titre du texte latin, intitulé *Optimus Gallus, sive de fide gallica*, Paris., R. Thierry, 1589.

Le *bon François* a été réimpr. à *Lyon, sur la copie de Paris*, 1589, in-8. de 42 pp., ensuite sous ce second titre :

LA VIE d'Antragues, le bon françois, ou la foy des Gaulois, traduit du latin. *Paris, Rol. Thierry*, 1589, pet. in-8. [23582]

C'est un ouvrage écrit par un ligueur à l'occasion du meurtre des Guises, et dans le but de prouver que le parjure des rois a été de tous temps, en France, la cause principale des révolutions : 5 à 6 fr. Vend. 14 fr. 50 c. *mar. citr.* Hérisson.

DURIVAL l'aîné (*Nicolas*). Description de la Lorraine et du Barrois. *Nancy*, 1778-83, 4 vol. in-4., avec cartes. 40 à 50 fr. [24881]

DUROC Sort-Manne. Nouveaux récits ou comptes moralisez, joinct à chacun le sens moral. *Anvers, Théodore Kauffman*, 1576, in-16 de 374 pp. et 3 ff. de table. [17341]

Vend. en m. r. 6 fr. Méon; 8 fr. A. Martin, et plus cher depuis. — Il y a une édition de *Paris, Nic. Bonfons*, 1573, in-16, sans nom d'auteur.

DU ROCHER (*S. M.* sieur). La Melize, pastorale comique, avec un prologue facetieux. *Paris, Jean Corrozet*, 1634 (aussi 1639), pet. in-8. [16428]

Le Prologue en prose impr. avec cette pièce, est de Deslauriers, plus connu sous le nom de Bruscambille, et il commence par une équivoque tout à fait digne de ce célèbre farceur. Toutefois, la Melize, édit. de 1639, n'a été vend. que 2 fr. de Soleinne, et avec *l'Indienne, ou l'heureux naufrage*, tragicomédie, imitée de l'Ariosto, par le sieur Du Rocher, *Paris, J. Corrozet*, 1636, pet. in-8., 3 fr. même vente.

DU ROSIER. Deploration de la France sur la calamité des dernieres guerres civiles advenuës en l'an 1567; par P. Du Rosier, gentilhomme Bolonois. *Paris, Denis Du Pré*, 1568, in-4. [13784]

Pièce en vers.

DU ROURE (M. le marquis *Scipion*). Réflexions sur le style original. *Paris, impr. de J. Didot*, 1828, gr. in-8. de 4 ff. et 69 pp., pap. de Holl. [12071]

Dédié à MM. les Bibliophiles français, et tiré à 60 exemplaires qui ont été distribués en présent. Vend. 22 fr. Nodier; 8 fr. Pixerécourt.

Un exemplaire impr. sur VÉLIN est porté à 120 fr. dans le Bulletin de Techener, 2⁰ série, n° 319. — M. le marquis Du Roure est auteur des *Analecta-biblion, ou extraits critiques de divers livres rares, oubliés ou peu connus*, Paris, Techener, 1836-37, 2 vol. in-8., dont il y a quelques exemplaires en pap. vél. [31360]

— Histoire de Théodoric le Grand, 25261.

DU ROUZEAU. Voy. ROUZEAU.

DURRY Effendi. Prodromus ad tragicam vertentis belli persici historiam, sive legationis a fulgida porta ad Sophorum regem Szah Sultan Hussein anno 1720 expeditæ authentica relatio, quam Durri Effendi in scripto consignavit; ex turcico, additis scholiis, latine facta opera Judæ Krusinski. *Leopoli*, 1734, in-4. [20614]

L'original turc de ce livre a été impr. à Constantinople, 1728, in-4. Langlès en a publié une traduction française sous le titre de *Relation de Dourry Efendy, ambassadeur de la Porte othomane auprès du roi de Perse, suivie de l'extrait des voyages de Pétis de la Croix*, rédigé par lui-même, Paris, Ferra, 1810, in-8. de 188 pp., impr. d'abord dans le *Magasin encyclopédique*, 1808, V.

DURSE (*Pierre*). Voyez ORDONNANCE faite.

DU RYER (*Isaac*). Le temps perdu et les gayetées. *Paris*, 1624, in-8. 6 à 9 fr. [16404]

On trouve dans ce vol. trois pastorales.

DU RYER (*Pierre*). Son Théâtre, contenant 20 pièces. *Paris*, 1630-35, 3 pièces in-8. et 17 pièces in-4. [16433]

Un exemplaire en 6 vol. in-4. et 1 vol. in-8. contenant 2 pièces manuscrites, 15 pièces in-4. et 3 pièces in-8., exemplaire du maréchal d'Estrées, avec des titres pour les quatre premiers volumes, gravés et imprimés exprès, n'a été vend. que 32 fr. 50 c. de Soleinne (voir le n° 1002 de son catalogue, où l'exemplaire est bien décrit). Plus tard, dix de ces mêmes pièces ont été payées 37 fr. Solar.

Les Elzevier de Leyde ont imprimé, *suivant la copie de Paris*, les trois pièces suivantes de Duryer, de format pet. in-12, savoir : *Themistocle*, 1649, de 70 pp. y compris le titre ; *Nicoris, reine de Babylone*, 1650, et *Scevole*, 1654. Les trois pièces réunies ont été données pour 5 fr. de Soleinne ; tandis que les deux premières ont été portées à 20 fr. chacune, vente Riva.

DU SABLE (*Guillaume*). La Muse chasseresse, dediée à la royne mère régente, par G. du Sable, l'un des plus anciens gentilshommes de la vénerie du roi. *Paris, aux frais et dépens de l'auteur*, 1611, pet. in-12. [13918]

On suppose que ce volume n'a pas été mis dans le commerce. 17 fr. Huzard ; 40 fr. m. r. Veinant.

DU SAIX (*Antoine*). Le blason de Brou, temple nouuellement edifie au pays de Bresse par tres illustre... Princesse dame Marguerite Dautrice ꝛ de Bourgõgne, en son viuãt Duchesse de Sauoye, cõtesse de Bourgongne, ꝛc. Cõpose par noble hõme fraire Antoine Du Saix cõmendeur de sainct Antoine de Bourg. (au recto du dernier f.) : *Jmprime a*

Lyon par Claude Nourry dict le Prince, pres nostre Dame d̃ confort (vers 1531), pet. in-4. goth. de 16 ff. non chiffr. sign. A-D. [13717]

Pièce fort rare, vend. 111 fr. 50 c. Librairie De Bure, 1ʳᵉ partie. Le titre ci-dessus est imprimé dans une bordure gravée en bois; il est suivi d'une épitre (en vers) de l'auteur à Buatier, *premier maistre de la chambre aux comptes de Bourg en Bresse;* du *Blason de Brou,* aussi en vers, occupant 19 pp.; viennent ensuite : une pièce de 16 vers latins *pour graver en une lame de cuivre en la chapelle de maistre Loys* (avec la date 1530), un *Chant royal du Temple de Brou,* et deux pièces, l'une en latin et l'autre en français, pour le portail de Brou.

L'ancien catalogue de la Bibliothèque du roi, X, nᵒˢ 2832 et 3490, nous fait connaître deux pièces dont les titres trouvent naturellement leur place ici :

1ᵒ ORATIO funebris in exequiis Margaritæ Austriæ, Broaci sepultæ, habita ab fratre Antonio Saxano, Antoniano, tertio idus Iunii, 1532, in-4.

2ᵒ ORAISON funebre de Marguerite d'Autriche inhumée à Brou, par Ant. Du Saix, 1532, in-4.

— Lesperon de discipline pour inciter les humains aux b̃ones lettres, stimuler a doctrine, animer a sci̊ece, inuiter a touttes b̃ones oeuures vertueuses et moralles, par consequĕt pour les faire coheritiers de Jesuchrist, expressemĕt les nobles et genereux, Lourdement forge, ꞇ rudemĕt lime, par Noble homme Fraire Antoine du Saix, Commandeur de sainct Antoine de Bourg en Bresse. (*sans lieu d'impression*), 1532, 2 tom. en 1 vol. pet. in-4. goth. 226 ff. non chiffrés. Il y a 14 ff. prélim. [13718]

Chaque page de cette édition est entourée d'une bordure gravée en bois. Sur chaque titre se voit ce fleuron qui porte l'écu de Savoie.

Un registre des cah. des deux vol. est placé à la fin du second, lequel se termine par la devise de l'auteur : *Quoy quil aduienne.* Vend. 12 fr. *mar. citr.* La Vallière; 32 fr. Morel-Vindé; 3 liv. 4 sh. Heber; 25 fr. exemplaire médiocre, Crozet; 201 fr. bel exempl. en *mar. r.* Giraud; un autre 500 fr., en 1860. Un exempl. impr. sur VÉLIN avec des ornements en or et en couleur, 2160 fr. Cailhava, pour

M. Yéméniz. Le fond du fleuron que l'on voit ci-dessus est le même que celui que porte le titre du Doctrinal de cour de P. Michault, impr. à Genève, par Jacq. Vivian en 1522 (voy. MICHAULT), et cela nous fait croire que l'Esperon de discipline est sorti de la même presse.

— Le même Esperon de discipline. *Paris, Denys Janot,* 1538, 2 part. en 1 vol. in-16, figures.

Vend. 7 fr. *mar. r.* Méon, et beaucoup plus cher depuis.

L'édition de *Paris, Denis Janot,* 1539, in-16, fig. 13 fr. 50 c. *mar. r.* Le Duc.

— Petits fatras d'ung apprentis, surnomme Lesperonnier de discipline. *On les vend chez Simon de Colines,* 1537, pet. in-4. de 40 ff. en lettres rondes. [13719]

Recueil de petites pièces, dont quelques-unes en latin. A la fin, la devise : *Quoy quil aduienne.* Vend. 12 fr. *m. r.* La Vallière; 2 liv. Heber; 40 fr. *mar.* A. Martin, en 1847. M. H. de Chaponay, de Lyon, en possède un bel exemplaire imprimé sur VÉLIN.

— LES MÊMES petits fatras... (*Paris, Denis Ianot*), 1537, in-8.

Vend. 2 liv. 15 sh. *mar. bl.* Heber ; 55 fr. *mar. r.* Nodier ; sous la date de 1536, 44 fr. *mar. v.* Bignon ; et sans date, pet. in-8. lettres rondes, jusqu'à 79 fr. 50 c. *mar. bl.* Crozet.

— LES MÊMES. *Lyon, par Olivier Arnoullet, le vııı de Fevrier mil cccc xxxvııı,* pet. in-4. goth.

Vend. 4 liv. Heber ; 50 fr. en 1841.

— LES MÊMES. *Paris, Jeanne de Marnef, Vᵉ de Denys Ianot,* 1545, in-16, lettres rondes, sous la date de 1546, et en *mar. v.* 66 fr. Solar.

Les *Petits fatras* impr. à Paris, se trouvent quelquefois rel. à la suite de la traduction de deux traités de Plutarque, par Du Saix, également impr. dans les trois formats in-4., in-8. et in-16, et sous les mêmes dates (voy. PLUTARQUE).

— Marquetis de pièces diverses, assemblées par messir Antoine Du Saix, abbé de Cheisery, commandeur de Bourg. *Lyon, pour Jean d'Ogerolles,* 1559, pet. in-8. fig. en bois. [13720]

Vend. 21 fr., quoique mouillé, Librairie De Bure, 3ᵉ partie.

DU SOMMERARD. Les arts au moyen âge, par M. du Sommerard. *Paris, Techener,* 1838-46, 5 vol. gr. in-8., plus un atlas et un album formant 6 vol. in-fol. [9186]

Ouvrage splendide et d'un grand intérêt. Les planches ont été exécutées par les principaux artistes français. L'atlas, publié en 26 livraisons, contient 108 pl. L'album se compose de 520 livr. publiées en 127 livr. et qui forment 5 vol.; chaque livr. a coûté 6 fr., et avec pl. color. 12 fr. Un exempl. complet avec les pl. color. 975 fr. Busche ; 1350 fr. Borluut.

DU SOUHAIT, gentilhomme champenois.

Dusaulx (*J.*). Passion du Jeu, 3802. — Rapports avec J.-J. Rousseau, 19117. — Voyage, 20128.

Du Saussay (*A.*). Panoplia episcopalis, 21704.

Dusburg (*P.* de). Chronicon Prussiæ, 26701.

Dusch (*J.-J.*). Poet. Werke, 15556.

Dusevel (*H.*) et Scribe. Département de la Somme, 24236-37. — Amiens, 24241.

Dusevel, A. Gozé et autres. Églises, châteaux, etc., de Picardie, 24221.

Les Divers souhaits d'amour (6 ff. prélim. et 22 ff.). — Le plaidoyé et jugement des trois graces francoises (27 ff.). — Les neuf Muses francoises (15 ff., outre le titre). — Beauté et amour, pastoralle (23 ff. chiffrés et 1 non chiffré). — Tragedie de Radegonde, duchesse de Bourgogne, par le sieur Du Souhait. *Paris, Jacques Reze*, 1599, 33 ff., pet. in-12.

Recueil vendu 17 fr. *mar. r.* de Soleinne.

Autres ouvrages de Du Souhait.

LE PARFAIT Aage et heureuse fin de l'homme.— Le vrai prince. — La vraye noblesse, 1599. *Lyon, Th. Ancelin*, 3 part. en 1 vol. pet. in-12.

16 fr. 50 c. *cart.* Veinant.

MARQUETERIES et œuvres diverses. *Paris, Jean Houzé*, 1601, in-12. (La Valliere-Nyon, 13066.)

LES POURTRAICTS des chastes dames (françoises). *Lyon, les héritiers de Ben. Rigaud*, 1600, in-12 de 5 ff. et 156 pp. — Aussi, *Paris, Robinot*, 1600, in-12.

L'édit. de Lyon en *m. bl.* 20 fr. 50 c. Coste.

Ce Du Souhait que Boileau a cité comme mauvais auteur, dans le 4ᵉ chant de son Art poétique, est probablement le même dont a une traduction de l'Iliade, impr. en 1614, en 1627 et en 1634. Voir Goujet, IV, p. 24 et aussi 443.

DUSSEAU (*Michel*). Enchirid , ou Manipule des Miropoles, sommairement traduict et commente suivant le texte latin. *Lyon, Iean de Tournes*, 1561, pet. in-4. [7647]

DU TEIL. Recueil de diverses pièces du sieur Du Teil, consistant en poëmes, stances , sonnets , épigrammes , rondeaux , madrigales , avec un traité de règles de la poésie françoise, et de la méthode de bien composer en vers sur toutes sortes de sujets. *Paris, J.-B. Loyson*, 1653, in-12. [14033]

M.Viollet Le Duc dit que Du Teil écrivait correctement, faisait assez bien les vers, et que ses observations sur la poésie sont claires et judicieuses ; mais il fait entendre que son recueil contient des choses que la décence réprouve.

— NOUVEAU Recueil de diverses poésies du sieur Du Teil, augmenté. *Paris, J.-B. Loyson*, 1659, in-12.

Nouvelle édition du Recueil ci-dessus.

Ce Du Teil est très-probablement l'auteur de la traduction de Suétone donnée sous son nom à Paris, chez Loyson, en 1641, in-4., qui a été réimprimée plusieurs fois (voy. SUETONIUS).

DUTENS (*Louis*). La Logique, ou l'art de raisonner. *Paris, Molini*, 1773, in-12 de ij et 54 pp. [3525]

Un exempl. sur VÉLIN : 16 fr. La Valliere ; 14 fr. Laire.

— Des Pierres précieuses et des pierres fines, avec les moyens de les connoître et de les évaluer. *Paris, Fr.-Ambr. Didot*, 1776, in-18. [4784]

Ouvrage très-recherché de cette édition, qui est jolie : 9 à 12 fr. Le même traité a été réimpr. à *Londres*, 1777, et à *Florence*, pet. in-8.

— LE TOCSIN; 3ᵉ édition. *Paris, Molini*, 1773, in-12 de 60 pp. [18422]

Un exemplaire sur VÉLIN, 40 fr. La Valliere; 41 fr. Mac-Carthy ; 43 fr. Nodier. Réimprimé sous le titre d'*Appel au bon sens*, Lond., 1777, in-8.

— ŒUVRES mêlées. *Londres, Spilsbury*, 1797, 2 part. en 1 vol. gr. in-4. pap. vél. 10 à 12 fr. [19157]

Ce volume contient, entre autres ouvrages, le *Traité des pierres précieuses et des pierres fines*, lequel se trouve aussi dans une édit. des Œuvres mêlées de Dutens, *Genève*, 1784, in-8.

— EXPLICATION de quelques médailles grecques et phéniciennes, avec une paléographie numismatique. *Londres, Elmsley*, 1776, in-4. fig. 18 à 24 fr. [29866]

Ouvrage estimé, quoiqu'il ne soit pas exempt d'erreurs. De trois dissertations que renferme ce volume, les deux premières avaient déjà été publiées séparément, en 1773 et 1774 ; mais on les a réimpr. avec des augmentations. Vendu 31 fr. Barthélemy ; 40 fr. 50 c. Langlès.

— RECHERCHES sur l'origine des découvertes attribuées aux modernes ; 3ᵉ édition. *Londres, Spilsbury*, 1796, gr. in-4. pap. vél. 12 fr. [30229]

Cette édition, peu commune en France, est plus complète que celle de Paris, 1776, 2 vol. in-8. ; mais elle a perdu une partie de son avantage depuis la 4ᵉ édit. impr. à *Paris, chez Didot l'aîné*, 1812, 2 vol. in-8. 12 fr. — Pap. vél., 25 fr. Cette dernière est augmentée d'un article sur les voûtes.

— TABLES généalogiques des héros de romans, avec un catalogue des principaux ouvrages de ce genre ; seconde édition augmentée. *Londres*, 1796, in-4. [17005]

Ces tables, assez superficielles, passent ici pour un livre rare, mais en Angleterre elles ne se vendent que quelques shillings.

Pour compléter la collect. des œuvres de Dutens, il faut réunir aux 4 vol. in-4. que nous venons d'indiquer, les *Mémoires d'un voyageur qui se repose*, Paris, 1807, 3 vol. in-8., 23091 ; ouvrage dont le 3ᵉ vol. porte le titre de *Dutensiana*.

— Institutions leibnitiennes (attribuées à l'abbé Sigorgne), 3471. — Bibliothèque, 31338.

— Voyez GEMMARUM delectus.

DUTENS (*Jos.-Michel*). Histoire de la navigation intérieure de la France, avec une exposition des canaux à entreprendre pour en compléter le système ; précédée de considérations générales sur la position géographique de ce royaume, sur la direction de ses fleuves et rivières, et sur son commerce, etc. *Paris, Sautelet*, 1829, 2 vol. in-4., avec une carte, annoncée d'abord à 50 fr. et ensuite à 40 fr. [23147]

L'auteur de cette histoire avait déjà publié des *Mémoires sur les travaux publics de l'Angleterre*, Paris, impr. roy., 1819, in-4., ouvrage intéressant, 25 fr.

— Économie politique, 4055.

DU TERTRE (le P. *Jean-Bapt.*). Histoire

---

générale des Antilles, habitées par les François. *Paris,* 1667-71, 4 vol. in-4., fig. 60 à 75 fr. [28624]

Ouvrage fort recherché et qui est devenu rare. Les tom. III et IV sont quelquefois reliés en 1 vol.

DU TILLET (les frères). Recueil des roys de France, leur couronne et maison; en-semble le rang des grands de France, par Jean Du Tillet, sieur de la Bussière; plus une chronique abrégée (des rois de France)... par Jean Du Tillet, évêque de Meaux; en outre les Mémoires dudit sieur sur les priviléges de l'église gal-licane, etc.; en cette dernière édition a été ajouté les inventaires sur chaque maison des rois et grands de France (communiqués par Fr. Pithou), et la chronologie augmentée jusqu'à ce temps. *Paris, Pierre Mettayer,* 1618, 2 tom. in-4. 12 à 15 fr. [23306]

Dernière édition de cet important recueil, composé de plusieurs ouvrages qui avaient d'abord été im-primés séparément. Le premier de ces ouvrages fut publié, pour la première fois, sous le titre de *Mé-moires et recherches touchant plusieurs choses mémorables pour l'intelligence de l'estat et des affaires de France,* Rouan (sic), 1577, in-fol. (aussi *Troyes,* 1578, in-8.). Il parut ensuite sous celui de *Recueil des roys de France, etc.,* Paris, Dupuys, 1580 (et aussi 1586), in-fol., où se trouve une chro-nique abrégée des rois de France, jusqu'en 1550, ouvrage de J. Du Til et, l'évêque, et dont la pre-mière édition en français est de *Paris,* 1549, in-8. (réimpr. à *Rouen,* en 1550 et 1552, et depuis'. Voy. BREFVE narration.—L'édit. du *Recueil des rois de France,* Paris, Jamet et P. Mettayer, 1602, in-4., contient de plus que la précédente les *Mémoires et advis de J. du Tillet sur les libertez de l'église gallicane* (déjà impr. en 1594); en outre la chrono-logie y est continuée depuis 1554 (par L. D. S. D. F. G.). L'édit. de *Paris, Orry,* ou *Abel l'Angelier,* 1607, in-4., renferme comme celle de 1618 les in-*ventaires* donnés par Fr. Pithou; et cette dernière n'est plus complète que dans la chronologie qui y est continuée jusqu'en 1617, addition peu impor-tante.

J. Du Tillet, sieur de la Bussière, est encore auteur de l'ouvrage suivant, publié après sa mort :

SOMMAIRE de la guerre faicte contre les héréti-ques Albigeois, extrait du Trésor des chartes du roy. *Paris, Rob. Nivelle,* 1590, pet. in-8. [22393]

On l'a publié depuis en latin sous ce titre :

JOANNIS DU TILLET Historiæ belli contra Albi-genses initi compendium : ex Bibliothecæ vaticanæ codice 5422 nunc primum edidit Alb. Dressel... *Berolini, F. Duemmler,* 1845, in-8.

DU TOUR (*Henry*). Moralité de paix et de guerre, mise et redigée en forme de comedie, matière fort conuenable, utile & bien à propos pour le temps quy court. *A Gand, chez Henry Vande Keere,* 1558, pet. in-8. de 63 pp., y

compris 8 ff. prélim., lettres rondes. [16267]

Pièce rare : 18 fr. *mar. r.* La Vallière, mais qui se-rait beaucoup plus chère maintenant.

Le privilége est donné en vertu des actes du conseil privé et de Brabant, en date du 9 d'aoust et 14 d'oc-tobre 1557. Le titre porte :

REGARDE LA FIN

DU TOVR

Cette marque est une de celles prises par l'auteur qui, maître d'école, lexicographe, poëte et auteur tragi-que, s'est appelé tour à tour : Chaerius, Du Tour et Van de Keere ou Van den Keere. (Voy. la *Bibliogr. gantoise* de M. Ferd. Vanderhagen.)

Il y a de cette même pièce, en 5 actes et en vers, une autre édition dont voici le titre :

COMÉDIE de paix et de guerre, très propre et convenable au temps présent, composée en rime françoise par M. Henry du Tour. *Gand, Jean de Salenson* (sans date), in-8. de 28 ff., sign. A—D., avec un privilége daté de Bruxelles, 14 octobre 1557.

Vend. 35 fr. 50 c. de Soleinne; 70 fr. Borluut.

DU TRIEZ (*Robert*). Les ruses, finesses et impostures des esprits malins. *Cam-bray, Nic. Lombard,* 1563, in-4. [8894]

Vend 19 fr. 50 c. *m. r.* Saint-Mauris, en 1840; en *mar. v.* 41 fr. Borluut.

Livre rare, dont (selon La Croix du Maine) l'auteur a composé des poésies françaises de différents genres. Voici une pièce qui appartient à cette classe :

CHANTZ funebres sur la mort et trépas de feu excellent prince et illustre seigneur messire Maxi-milien d'Egmont, chevalier de l'ordre en son vivant, et comte de Buren, par Robert du Triez, de Lille en Flandre, arché de corps pensionné à M. Gand, devant la maison de ville, a l'enseigne du cadran muet, par *Henry van den Keere* (sans date), pet. in-8. 36 ff. non chiff. signat. A2-E2. [13655]

Au verso du titre se trouve le privilége daté de Bruxelles, le 6 juin 1559.

DU TRONCHET (*Estienne*). Lettres mis-sives et familières. *Paris, Lucas Breyer,* 1568 (et aussi *Nic. du Chemin,* 1569); in-4. [18814]

Ce recueil de lettres est accompagné de diverses poé-sies de l'auteur. Il a été plusieurs fois réimpr. avec des augmentations; mais toutes ces éditions sont devenues assez rares. Celle de *Paris,* 1577, in-16, contient un *Monologue de la Providence divine au peuple françois.*

— Lettres amoureuses d'Estienne du Tron-

---

chet, auec septante sonnets traduits du diuin Petrarque. *Paris, Lucas Breyer,* 1575, in-16.

Réimpr. à Paris, pour *Abel L'Angelier,* 1583; — pour *Nic. Bonfons,* 1589; — pour *Barth. Le Franc,* 1597 (trois édit. in-16). Je ne suis pas certain que cette dernière édition réunisse les deux recueils de lettres de l'auteur; mais ils sont réunis dans l'édition de Lyon, pour *Paul Frellon et Abr. Cloquemin,* 1593, 2 tom. en 1 vol. in-16 (en mar. r. 36 fr. Solar), et dans celle de *Lyon, J. Didier,* 1602, aussi in-16, en 2 part. La première partie a pour titre : *Lettres douces, pleines de desirs et imaginations d'amours,* et la seconde : *Lettres amoureuses auec septante sonnets...* L'édition de *Rouen, Cl. Villain,* 1608, pet. in-12, est aussi complète que les deux précédentes. Il en est de même d'une autre édition dont voici le titre :

LETTRES missives et familieres d'Estienne Du Tronchet avec le monologue de la providence au peuple françois, revues, corrigées et augmentées de plusieurs lettres amoureuses, tirées tant de l'italien de Bembe que de plusieurs autres autheurs. *Douay, J. Bogart,* 1601, in-12.

— DISCOURS académiques florentins, appropriés à la langue françoise. *Paris, Lucas Breyer,* 1576, pet. in-8. [12205]

Ces discours sont au nombre de seize. Le troisième a été réimpr. dans la Biblioth. de Du Verdier.

Estienne Du Tronchet excellait dans l'écriture, et il a composé sur cet art un traité qui, selon La Croix du Maine, aurait pour titre *Le Vol de la plume en France.* Du Verdier ne cite pas cet ouvrage, mais il en indique un autre sous ce titre :

FINANCES et trésor de la nation françoise, contenant diverses lettres missives... *Paris, Nic. du Chemin,* 1572, in-8. [9054]

Divers morceaux poétiques de Du Tronchet font partie du Parnasse françois, recueilli par Gilles Corrozet, et impr. en 1572 (voy. CORROZET).

On attribue à cet auteur *le Formulaire de Bredin le cocu* (voy. FORMULAIRE).

DU VACHET (*Petr.-Joseph.*), Bellenensis, Poemata. *Salmurii, ex offic. Fr. Ernou,* 1664, in-8. [12861]

Ces poésies n'ont paru qu'après la mort de l'auteur. 4 fr. mar. Courtois, et porté à 110 réaux (environ 32 fr.) dans le Catal. de M. de La Cortina.

DU VAIR (*Léon.*). Trois livres des charmes, sorcelages ou enchantemens, faict en latin par Leonard Vair, en franç. par Julian Baudon. *Paris, Nic. Chesneau* 1583, in-8. [8912]

Vend. en mar. 19 fr. Lamy; 8 fr. v. f. Coulon; 18 fr. Veinant; 36 fr. Salmon.

Le texte latin de ce traité a paru sous le titre suivant :

DE FASCINO libri tres, in quibus contra præstigias, etc., dæmonum, cautiones et amuleta præscribuntur, ac nugæ quæ de iisdem narrari solent, confutantur a Leonardo Vairo, benedictino. *Parisiis, Nic. Chesneau,* 1583, pet. in-4.

DU VAIR (*Guillaume*). Ses OEuvres, édition augmentée. *Paris, Sebast. Cramoisy,* 1641, in-fol. de 1175 pp. [19061]

Édition la plus complète que l'on ait des œuvres de ce

célèbre magistrat qui a donné une certaine impulsion à l'éloquence judiciaire en France. Le 43e vol. de Niceron contient une bonne notice sur sa personne et sur ses écrits. Parmi ces derniers, nous ne devons pas oublier le traité *De l'Eloquence françoyse, et des raisons pour quoi elle est demeurée si basse,* Paris, 1614, in-8.; il avait déjà été publié à *Paris, chez Abel L'Angelier,* en 1595, pet. in-12. [12060]

ESSAI sur la vie et les ouvrages de Guillaume Du Vair, par C.-A. Sapey. *Paris, Joubert,* 1847, in-8.

ÉTUDES biographiques pour servir à l'histoire de l'ancienne magistrature française : Guillaume Du Vair, Antoine Le Maistre, par M. C.-A. Sapey. *Paris, Amyot,* 1858, in-8.

DU VAL (*Pierre*), évesque de Séez. De la grandeur de Dieu et de la cognoissance qu'on peut avoir de lui par ses œuvres; — De la puissance, sapience et bonté de Dieu. *Paris, Fed. Morel,* 1569, in-8. [13765]

Deux poëmes en quatrains, qui avaient déjà été imprimés séparément, le premier, à *Paris, chez Vascosan,* en 1553 et 1555, in-8., et aussi à *Anvers, chez Christ. Plantin,* 1555, pet. in-8. de 16 ff. (une des plus anciennes productions de cet imprimeur); le second, également chez Vascosan, en 1558, in-8., édition dans laquelle l'auteur s'est désigné par ses initiales P. M. D. E. D. S. Cet évêque nous a laissé une traduction française du Criton de Platon, qu'a ensuite commenté Jean Le Masle (voy. notre article PLATON).

Le poëme de la Grandeur de Dieu a été aussi réimpr. à *Lyon, Ben. Rigaud,* 1579, in-8. de 30 ff., et le second poëme l'a été sous ce titre :

PSALME de la puissance, sapience et bonté de Dieu. *Paris, Mich. Vascosan,* 1559, in-4. (*Bibl. impér.,* Y, 4709).

On lit au verso du f. 47 et dernier : Ainsi Dieu prioit P. Du Val evesque de Sees. M. D. LVII (sic).

— Voy. au mot PUY, et à l'article VEGIUS (*Maph.*).

DUVAL (*Antoine*). Demandes et repliques à Jean Calvin, sur son livre de la Predestination, recueillies des œuvres d'un auteur incongneu, par A. Duval. *Paris, Nic. Chesneau,* 1561, pet. in-8.

LE MIROIR des Caluinistes, et armure des Chrestiens, pour rembarrer les Lutheriens et nouueaux euangelistes de Genève, par Anthoine Duval. *Anvers, chez E. Ph. Tornæsius,* 1566, pet. in-8. [1836] Réimpression de l'édition de *Paris, Nic. Chesneau,* 1559 ou 1561, pet. in-8.

Ces deux ouvrages sont peu communs. L'auteur en a écrit plusieurs autres, également contre les calvinistes, et dont La Croix du Maine et Du Verdier nous ont conservé les titres.

DUVAL (*Jacq.*). Des Hermaphrodits, accouchement des femmes, et traitement qui est requis pour les relever en santé, et bien élever leurs enfans; où sont expliquez les figures des laboureurs et verger du genre humain, signes de pucelage;

défloration, conception, et la belle industrie dont use nature en la promotion
du concept et plante prolifique. *Rouen,
David Geoffroy*, 1612, pet. in-8. avec
le portrait de l'auteur. [6943]

Un arrêt du Parlement, en date du 4 avril 1612, a or-
donné la saisie des exemplaires de ce livre singulier, et en a suspendu la vente. 18 fr. *m. r.* Meon ;
9 fr. *v. f.* By, et 13 fr. Le Prevost, en 1857 ; 21 fr.
Fr. Michel.

On a encore de ce médecin :

L'HYDROTHERAPEVTIQUE des fontaines medicinales nouuellement decouuertes aux enuirons de
Rouen, tres vtiles et profitables à vn chacun.
Rouen, Jacq. Besongne, 1603, pet. in-8., avec le
portr. de Duval sur le titre.

MÉTHODE nouuelle de guarir les catarrhes et
toutes maladies qui en dépendent, voyre mesme
celles qui cy deuant ont été reputez incurables.
Rouen, impr. de David Geoffroy, 1611, pet. in-8.
avec le portrait de l'auteur. [7338]
— Pour sa réponse à Riolan, voy. RIOLAN.

DUVAL (*Jean-Baptiste*). L'Eschole françoise pour apprendre à bien parler et
escrire selon l'usage de ce temps; et pratique des bons auteurs. *Paris, Eustache
Foucault*, 1604, in-12. [10947]

Au jugement de Goujet, J.-B. Duval a exposé ses préceptes avec précision, beaucoup de clarté, et d'un
style dont, un demi-siècle plus tard, un auteur aurait pu se faire honneur. J.-B. Duval était orienta-
liste et même poëte ; il a composé, tant en latin
qu'en français, plusieurs opuscules dont Papillon a
donné les titres dans sa *Bibliothèque de Bourgogne.*

DUVAL (*Guillaume*). Le Collége royal de
France, ou Institution, établissement et
catalogue des lecteurs et professeurs ordinaires du roy, fondez à Paris... avec
la révérence et requeste des lecteurs du
roy, qui sont à présent en charge, faicte
et prononcée par le doyen de leur compagnie, le 16 Juillet 1643, a messire Nicolas de Bailleul (par Guillaume Duval).
Paris, Macé Bouillette, 1644, in-4.
[30247]

Cet ouvrage fait connaître des faits curieux, mais il
est mal écrit et contient bien des digressions inutiles ; il est orné des portraits du président de Bailleul, de Pierre Danès et d'André Duval. 17 fr. 50 c.
Libri-Carucci.

On a du même auteur :

HISTORIA monogramma, sive pictura linearis
sanctorum medicorum et medicarum, in expeditum
redacta breviarium... Item Pietas facultatis medicinæ parisiensis, nimirum litaniæ de beatiss. Virgine
Deipara, oratio ad sanctos medicos et sanctas me-
dicas. *Parisiis, Blageart*, 1643, in-4.

DUVAL (*Jean*). Le Calvaire profané, ou le
Mont-Valérien usurpé par les Jacobins
réformés du fauxbourg Saint Honoré
(anonyme). *Cologne (Hollande), Pierre
Marteau*, 1670, pet. in-12. 6 à 9 fr.

Poëme historique, satirique et moral, contenant environ 2000 vers de huit syllabes. Il a d'abord été imprimé à *Paris*, en 1664, in-4. ; mais on ne recherche
plus guère que l'édition de 1670, que l'on a inexactement attribuée aux presses elzéviriennes. Un
exemplaire *broché*, 28 fr. Leber.

J. Duval est encore auteur des *Soupirs françois sur
la paix italienne*, Paris, 1649, in-4. de 8 pp., pièce
en vers contre le cardinal Mazarin ; et on lui attribue deux autres pièces en vers qui appartiennent
aux *Mazarinades*, savoir : *Le triumphe du temps
selon les visions d'un petit-fils de Nostradamus,
fait pour la consolation des bons François, et dédié au Parlement*, Paris, Denys Langlois, 1649,
in-4. de 11 pp. —*Le Parlement burlesque de Pontoise*, 1652, in-4. de 8 pp. ; et enfin un petit poëme
intitulé *La Sorbonne au roy sur de nouvelles
thèses contraires à la vérité*, etc., sans date, in-4.
de 16 pp. (Goujet, *Biblioth. franç.*, tome XVII,
pp. 68-69, et tome XVIII, pp. 452-53.)

DUVAL (*Amaury*). Les Fontaines de Paris, anciennes et nouvelles, ouvrage contenant 60 pl. dessinées et gravées au trait
par Moisy, accompagnées de descriptions
historiques, etc. *Paris, impr. de F. Didot*, 1813, in-fol. [9938]

Vend. 36 fr. Morel-Vindé ; en pap. vél. 54 fr. Hurtault.
L'ouvrage se vendait 120 fr. — Pap. vél. 160 fr. —
Pap. de Holl. fig. color. 300 fr.

DUVAL (*Valentin* Jameray). Voy. MON-
NAIE en or, et NUMISMATA.

DU VAUCEL. Voy. ESSAI sur les apanages.

DU VERDIER (*Antoine*), seigneur de Vau-
privas. Les Omonimes, satyre des mœurs
corrompues de ce siècle, par Antoine Du
Verdier. *Lyon, Ant. Gryphius* (à la fin :
De l'imprimerie de Pierre Roussin),
1572, in-4. de 13 ff. [13890]

Vend. 30 fr. Cailhava ; 40 fr. 50 c. *mar. r.* Hebbelynck ; 31 fr. Veinant, et 48 fr. Solar.

Cette pièce en vers est fort remarquable par ses rimes,
qui présentent toujours un jeu de mots ou calem-
bour opposé au mot pris dans son sens naturel ;
elle est d'ailleurs très-rare, quoique moins, peut-
être, qu'un livret intitulé : *Le Compseutique*, Lyon,
J. d'Ogerolles, 1584, in-16, traité facétieux que l'auteur cite lui-même dans sa Bibliothèque françoise,
mais que je n'ai jamais vu. Il s'en trouve des extraits
dans une édition des *Escraignes dijonnoises*, impr.
à Lyon en 1592, et dont nous parlerons à l'article
TABOUROT (Estienne). Les Omonimes sont réimpr.
dans le 3e vol. du Recueil de M. de Montaiglon.

— Philoxène, tragédie. *Lyon, Jean Mar-
corelle*, 1567, in-8. [16292]

Cette pièce est fort rare.

L'ouvrage de Du Verdier qui a eu le plus de succès
a pour titre : *Les diverses leçons, suivant celles de
Pierre Messie* (voy. MEXIA) : il a été imprimé pour
la première fois à *Lyon, chez Barth. Honorat*,
en 1576, pet. in-8. ; ensuite réimpr. avec des augmentations (un 6e livre), à Lyon et à Paris, en
1584, in-16 ; à Lyon, en 1592, in-8. ; enfin, augmenté de trois discours, à *Tournon, Cl. Michel*,
1616, in-8. 15 sh. Libri. On y réunit les diverses
leçons de Loys Guyon, sieur de La Nauche, 2e édition. *Lyon, Cl. Morillon*, 1610, ou 3e édit., *Lyon,
Ant. Chard*, 1625, 3 vol. in-8. [19063]

— La Biographie et prosopographie des
Roys de France, ou leurs vies sont briefvement descrites et narrées en beaux,
graves et élégans vers françois (par Ant.
Du Verdier). *Paris, L. Cavellat*, 1583,
in-8. de 8 ff. prélim., 85 ff. chiffrés et
2 ff. de table. [23237]

Ce volume est orné de portraits et d'encadrements gravés sur bois. Le texte est impr. partie en lettres ital., partie en caractères de civilité. 40 fr. Crozet; 29 fr. 50 c. Baudelocque; 30 fr. *mar. r.* Coste; 28 fr. Solar.

    Discours sur la réduction de la ville de Lyon à l'obéissance du roy. *Lyon, Thomas Soubron,* 1594, in-8. de 36 pp. [24603]

Cette pièce ne porte pas de nom d'auteur, mais on sait qu'elle est d'Antoine Du Verdier; il faut y joindre :

    Response de Pierre de la Coignée à une lettre escripte par Jean de la Souche à l'autheur du discours faict sur la réduction de la ville de Lyon.... avec la coppie de la dicte lettre. *Lyon, par Roland le Fendant,* 1594, in-8. de 27 pp.

Les noms des auteurs de la lettre et de la réponse sont supposés, ainsi que celui du libraire.

Le discours de Du Verdier et la réponse ont été réimpr. à *Lyon, chez Dumoulin,* en 1843, in-8., sous la direction de M. Gonon, qui a joint à ces deux pièces cinq lettres de Henri IV adressées aux Lyonnais.

Pour les autres pièces relatives aux événements qui se passèrent à Lyon, sous la Ligue, consultez le catal. de la biblioth. lyonnaise de M. Coste, nᵒˢ 3756 et suiv., et pour les autres écrits de l'auteur, Niceron, tome XXIV.

Citons encore l'ouvrage suivant, d'A. Du Verdier :

    La Prosographie [prosopographie], ou description des personnes insignes qui ont été, depuis le commencement du monde jusqu'à présent, avec leurs effigies. *Lyon, Ant. Gryphius,* 1573, in-4.

Compilation des plus médiocres, dont néanmoins il a été fait une 2ᵉ édition considérablement augmentée, *Lyon, Paul Frelon,* 1605, 3 vol. in-fol., laquelle a été donnée après la mort de l'auteur, par Cl. Du Verdier, son fils. On y trouve quelques renseignements utiles sur des contemporains de Du Verdier. — Pour sa Bibliothèque française, voy. La Croix du Maine; voy. aussi Tæegio (*Barth.*).

DU VERDIER (*P.*). Discours consolatif sur la mort de très heureuse mémoyre Henry le Grand, IIIIᵉ du nom, roy de France et de Navarre, à la royne régente, mère du roy, par P. Du Verdier, conseiller et aumosnier ordinaire de S. M. et abbé de Saint Marcial de Limoges. *Paris, Nicolas Du Fossé,* 1610, pet. in-8. de 64 pp., avec un frontispice et le portr. de la Reine gravé par Léonard Gaultier. [23646]

Ce discours est porté à 60 fr. dans le Bulletin du Bibliophile, 1859, nᵒ 455, mais plus d'une fois il a été vendu beaucoup moins cher.

DU VERDIER (*Gilbert* Saulnier). Le Roman des romans, où l'on verra la suite et la conclusion de D. Belianis de Grèce, du chevalier du Soleil et des Amadis. *Paris, Du Bray,* 1626-29, 7 vol. in-8., fig. de Crisp. de Pas. 40 à 60 fr. [17063]

Ce roman est l'ouvrage le plus volumineux de cet écrivain trop fécond. Les exemplaires s'en trouvent difficilement complets, mais on les recherche peu. Vend. 72 fr. La Vallière, et plus cher autrefois. — Un exemplaire extraordinaire, ayant les 4 premiers vol. tirés de format in-4. et les 3 derniers sur Gr. Pap. in-8., vend. en *mar. r.* 250 fr. Gaignat.

DUVERGER ou Duvergier de Hauranne. Voy. Question royale. — Opera, 1242.

DUVERNE (*Pierre*). Les Veilles curieuses de Duverne, contenant cinq cents et huict autheurs, et des choses les plus particulières dont ils ont traittez. *Dijon, Guy Anne Guyot,* 1647, in-4. de 45 pp. [14004]

Opuscule en vers, lequel, selon Papillon, ne contient que des noms peu exacts d'auteurs. Sa singularité, ainsi que sa rareté, nous ont déterminé à en faire mention (en *mar. citr.* 52 fr. Veinant). Au reste, ce n'est pas la première nomenclature de ce genre qui ait été rimée, car nous en avons déjà cité un qui date de 1541. En voici une autre qui n'est pas moins curieuse : *Rymaille sur les plus célèbres bibliothèques de Paris, par le Gyrouague Simpliste,* 1649, in-4. de 2 ff. seulement. M. Colomb de Batines l'a fait réimprimer à Gap, en 1841, à 60 exemplaires.

DUVERNEY. Voy. Gautier d'Agoty.

DUVET. Lapocalypse figuree par maistre Iehan Duuet, iadis Orfevre des Rois François premier de ce nom, & Henry deuxieme. *Lyon, auec priuilege du Roy pour douze ans,* 1561, gr. in-fol. [389]

Volume aussi précieux que rare, lequel contient 23 ff. de texte (des 22 chapitres), y compris le titre, au verso duquel est le privilége, et 23 estampes gravées en taille-douce. Dans le privilége accordé pour l'impression de ce livre, il est dit que l'auteur a mis dix années à l'exécution de ses planches, et comme celle qui sert de frontispice à cette suite, et qui doit avoir été achevée la dernière, porte la date de 1555, on voit que le commencement de l'entreprise peut remonter à l'année 1545. D'un autre côté, le privilége étant de 1556, il est à présumer qu'il y aura eu une autre édition publiée antérieurement à 1561, sinon avec texte, du moins comme suite de gravures. Ce qui nous le fait croire, c'est que l'exemplaire avec texte, conservé au cabinet des estampes de la Bibliothèque impériale, présente des épreuves fort inférieures à celles de deux collections des mêmes planches, mais sans texte, que possède le même cabinet. Outre les 23 pl. dont nous venons de parler, il en existe deux autres avec le nom du même maitre, et qui paraissent avoir fait partie de cette suite dans une publication antérieure à l'impression du texte. Ces deux pl. (nᵒˢ 50 et 51 de la notice de Duvet, qui fait partie du 5ᵉ vol. du *Peintre-Graveur* de M. Robert-Dumesnil), représentent l'une *saint Jean dans l'île de Pathmos,* l'autre le *Martyre de saint Jean l'évangéliste.* Elles sont cintrées du haut comme les autres. Le premier morceau du recueil mérite d'être particulièrement décrit. On y voit à la gauche, et à mi-hauteur, Jean Duvet, assis à une table, occupé de l'étude du sens de l'Apocalypse. Cet artiste a devant lui un livre ouvert portant ces mots : lib. apoc. beat. joh. apo. ; et près de ce livre une tablette contenant cette inscription : joh. dvvet avrifab. lingon. ãno. 70. has hist. perfecit. 1555. Sur une grande pierre carrée placée au bas de la gauche, on lit :

    .SACRA IN HAC ET ALIIS SEQVÈTIBUS.   TABELLIS CONTENTA MISTERIA EX.

DIVINA IOHANNIS APOCALIPSI DESṼPTA
.SUNT AC VERÆ LITERÆ TEXTVS.
PROXIME ACCOMMODATA ADHIBITO.
ETIAM VIRORVM PERITIORVM IVDICIO.

Un exemplaire complet de cette suite a été payé 1020 fr. à la vente de M. Coste de Lyon. Huit de ces pièces, y compris celle qui sert de frontispice, se sont vend. 150 fr. en 1810 (voy. le catalogue de M. de Silvestre, par Regnault Delalande, p. 240). Pour plus de détails on peut consulter Bartsch, VII, p. 503 et suiv., et le 5e vol. déjà cité du *Peintre-Graveur français.*

Jean Duvet, comme on vient de le voir, avait déjà 70 ans en 1555 : il était donc né en 1485. C'est un des premiers Français qui aient gravé sur cuivre. On a de lui une *Annonciation* datée de 1520. La ville de Lyon, qui a vu paraître l'*Apocalypse* de cet artiste, est très-probablement la première cité de France où l'on ait adapté à des livres l'usage de la gravure sur métal : d'abord en 1488, dans les *Peregrinations de Le Huen* (voy. BREYDENBACH); ensuite en 1546, dans l'*Epitome des rois de France* (voy. EPITOME); dans l'*Apocalypse*, en 1555, et dans le *Pinax* de Woeiriot, en 1556 (voy. à ce nom). Il est vrai que dès l'année 1488, ou plutôt dès le 4 février 1489, nouveau style, l'imprimeur Jean du Pré a publié à Paris des *Heures à l'usage de Rome,* dans lesquelles se trouvent un certain nombre de planches sur cuivre ; mais ces planches sont gravées en relief d'après un procédé qui paraît avoir été abandonné après cet essai, mais que de nos jours on emploie avec succès. Dans nos notices sur les Heures gothiques, à la fin de notre 5e volume, nous donnerons la description de ce livre aussi précieux que rare, dont nous possédons le seul exemplaire à nous connu.

DU VIGNAU. Secrétaire turc, contenant l'art d'exprimer sa pensée sans se voir, sans se parler et sans s'écrire, avec les circonstances d'une avanture turcque, et une relation de plusieurs particularités du Serrail qui n'avoient pas encore été sçeüs, par Du Vignau. *Paris, Mich. Guerout,* 1688, in-12, en gros caract. [9077]

Livre singulier : vend. 3 fr. Bignon; 11 fr. 50 c. Pixe-récourt. — Il existe aussi sous l'indication de *Lyon, Amaulry,* 1688, in-12: vend. 4 fr. Langlès.—L'ouvrage intitulé : *Le Language muet, ou l'art de faire l'amour, sans parler, sans écrire ou sans se voir, par D. L. C.,* Midelbourg, Gilles Horthemels, 1688, pet. in-12, n'est qu'un simple extrait du *Secrétaire turc,* où l'on a reproduit l'*Aventure turcque;* il n'en a pas moins été vend. 15 fr. 50 c. *m. r.* Bignon, et le même prix, non relié, Pixerécourt. — Une édit. d'*Amsterdam* (sans date), sous le titre de l'*Art de faire l'amour,* est portée dans le catalogue de Picart, n° 761.

DU WÈS ou Dewes (*Giles*). An introductorie for to lerne, to rede, to pronounce and to speke Freenche trewly, compyled for the right high, excellent, and most vertuous lady Mary of Englande, doughter to our most gracious souerayn lorde kyng Henry the eight. (titre du second livre) : Here foloweth the seconde booke of this lytell worke, in ye whiche shalbe treated of cõmuncycations, & other thingz necessary to the learning of the sayd French tonge. (à la fin) : Thus endeth the second and laste book of this Introduction, *printed at London by Thomas Godfray, cum privilegio a rege indulto,* in-4. goth. [10936]

Cette petite grammaire française à l'usage des Anglais a eu trois éditions, et cependant elle était à peine connue en France quand F. Genin l'a fait réimprimer à la suite de Palsgrave (édité par lui en 1852; voy. PALSGRAVE), d'après l'édition ci-dessus, laquelle ayant été donnée par un imprimeur dont on a des éditions datées de 1522 et de 1532, doit être la plus ancienne des trois. L'auteur n'est pas nommé sur le titre de son livre, mais son nom résulte d'un acrostiche français intitulé *Apologie aux correcteurs de touttes œuvres,* qui se lit dans l'ouvrage, et dont les premières lettres réunies donnent : *Giles du Wès, alias de vadis.* Dibdin, qui a décrit notre édit. (*Typogr. antiquities,* III, p. 68) a lu *Giles Devvves* (ou Giles Deuwes) dans un premier acrostiche du même volume, et d'autres Anglais ont écrit simplement Giles Dewes. Toutefois, M. Genin a pensé que l'auteur, étant né Français, ne devait se nommer ni De Wès ni Dewes, mais *du Guez,* et c'est ce dernier nom qu'il a adopté un peu arbitrairement dans son Palsgrave.

L'édition dont nous venons de donner le titre a deux séries de signat. : la première de A—U, et la seconde de Aa jusqu'à E e., chaque cahier par 4, le dernier seul par 6. Les titres sont imprimés dans un cadre gravé sur bois, qui a servi depuis pour une édit. du *Regimen Sanitatis Salerni,* impr. à Londres, par T. Berthelet, en 1535.

La seconde édition de la grammaire de Du Wès, donnée par Nic. Bourman, dont on a des livres datés de 1539 et 1540, est aussi sans date, et les titres sont, à quelques différences près dans l'orthographe des mots, les mêmes que dans la précédente. C'est un petit in-4. goth. de 101 ff. sign. A—U et Aa—dd. par 4 et par 6, dont voici la souscription : *Thus indeth the second and last boke of this Introduction. Printed at London, by Nicolas Bourman, for John Reynes, in Poules charchyarde. At the signe of the George.* (Biblioth. Grenv., 1, p. 200.)

La troisième édition, pet. in-4., également sans date, et que son titre annonce comme *newely corrected and amended,* a le même nombre de cahiers que les deux autres. Quoique John Wesley, à qui en est due l'impression, ait exercé de 1547 à 1567 au moins, c'est seulement de 1553 à 1558, et sous le règne de Marie, qu'il faut chercher la date de ce livre, parce que, dans la préface, ne se trouvent plus les noms de la reine Anne et de sa fille Elisabeth, que, certes, on n'aurait pas supprimés sous le règne de cette dernière princesse.

Quoique cette troisième édition soit peut-être la moins précieuse des trois, elle a été payée 17 guinées à la vente Bindley.

DWIGHT (*Timothy*). Travels in New-England and New-York: *New-Haven,* 1821, 4 vol. in-8. [21011]

Duvigneau. Exercice sur les fortifications, 8660.
Du Villard. Sur les rentes, 4125.
Duvivier. Archives de Nevers, 24477.
Duvivier (le général). Recherches sur une portion de l'Algérie, 28413.
Duvoisin (*J.-B.*). Démonstration évangélique, 1776.

Duyckinck (*Evert-A.* and *Geor.-L.*). Cyclopædia of american Literature, 19464.
Duyn (Van der) de Maasden et le baron de Cappellen. Notices et souvenirs, 25179.
Duyts (*D.*). Anciennes monnaies des comtés de Flandre, etc., 25084.

Ouvrage intéressant, réimprimé à Londres, en 1823, 4 vol. in-8. 24 à 30 fr. — La *Theology explained and defended*, du même auteur, impr. d'abord aux Etats-Unis (*Middleton*, 1818), et réimpr. en Angleterre, en 1819, et depuis en 5 vol. in-8., a obtenu un grand succès dans les deux pays. [1779]

DYALOGUE et vng merueilleux parlement fait pas loing de Trient, sur le cheming de Rome dung abbe curtisan et du Dyable allencontre le bon pape Adrian. *Lan* M. D. XXII, pet. in-4. de 4 ff., caract. goth., avec une vignette sur le titre. [18622]

Ce dialogue, dont le but était de faire sentir la nécessité d'une réforme modérée dans l'administration des affaires de l'Eglise romaine, est fort rare. Une judicieuse note de M. G. Duplessis l'a signalé à l'attention des bibliophiles dans le Bulletin de Techener, 4e série, n° 1483, où un exemplaire de ces 4 précieux feuillets est porté à 80 fr.

— Voy. DIALOGUE.

DYCK (*Van*). Voy. VAN DYCK.

DYNUS de Mugello de regulis juris. *Romæ, per Adam Rot*, anno 1472, in-fol. de 54 ff. à 2 col. de 50 lig. [2529]

Un exemplaire de cette première édition a été vendu 260 fr. La Vallière, mais il était relié avec les ouvrages suivants :
MERCURIALES questiones super regulis juris Joannis Andreæ, cum emendationibus Hieron. de Castellanis, 1472, de 144 ff. à 2 col. de 54 lig.
TRACTATUS Bartholomæi Cepollæ de Verona de servitutibus urbanorum et rusticorum prædiorum. *Romæ*, 1473, de 72 ff. à 2 col.

DZIALINSKY (*T.* comte de). Lites ac res gestæ inter Polonos ordinemque Cruciferorum. *Posoniæ*, 1855-57, 3 vol. in-4. Porté à 48 thl. dans les catalogues des libraires allemands. [27858]

Dyde (*W.*). Tewkesbury, 27176.
Dyer (*G.*). Cambridge's University, 30278.
Dyk und G. Schatz (*J.-G.*). Charaktere der Dichter, 9118.

E

EADMER. Voy. EIDINER, et le n° 26886 de notre table.

EANNES de Azurara (*Gomes*). Voy. AZURARA.

EARLOM and Ch. Turner's Portraits of characters illustrious in british history, from the beginning of the reign of Henry the eighth to the end of the reign of James the second. *London*, 1813, in-4. 30 à 36 fr., et plus cher avant la lettre. [26905]

EAUX (les) d'Eauplet, comédie. *Rouen, Pierre Cailloue* (s. d.), in-12 de 50 pp. [16485]

LA CRITIQUE de la comédie des Eaux d'Eauplet. *Rouen, Fr. Vaultier*, 1717, in-12 de 44 pp.
Deux pièces rares qui paraissent être d'un même auteur, dont on ignore le nom. 5 fr. 25 c. et 11 fr. de Soleinne, 1677-78.

— Liber veritatis. Voy. LORRAIN (*Cl.* Le).

EBATTEMENT. Esbattement moral des animavx. *Anvers, chez Gerard Smits, pour Ph. Galle*, 1578, in-4. [16947]

Recueil de fables, orné de gravures fort jolies et qui ont servi de modèle à Sadler pour ses fig. d'Esope. Le texte est de Pierre Heyns. Vend. 14 fr. Thierry 88 fr. *mar. v.* Bertin; 99 fr. *mar. r.* Veinant, et 190 fr. Solar.

EBED JESU, surnommé Bar-Brucha. Catalogus librorum chaldæorum syriacor.

et latinor. cum notis Abr. Echellensis. *Romæ*, 1653, in-8.

Nous parlons ici de ce catalogue pour avoir occasion d'indiquer deux ouvrages syriaques du même polygraphe que le cardinal Maï a insérés dans le Xe vol. de sa *Nova Collectio*, savoir : un *Epitome des canons des conciles*, avec la version lat. qu'Alex. Assemani avait laissée en manuscrit, et son *Traité de la vérité de la religion chrétienne*, en cinq livres, connu sous le titre de *Livre de la Perle*.

EBEL (*Jean-Godefroy*). Voyage pittoresque dans le canton des Grisons en Suisse, vers le lac Majeur et le lac de Côme, à travers les cols de Splugen et de Saint-Bernard; avec 32 vues par J.-J. Meyer, et une carte routière de H. Keller. *Zurich*, 1827, pet. in-fol. obl. 20 à 24 fr. et plus avec les pl. color. [20257]

Un ouvrage d'Ebel, beaucoup plus connu que celui-ci, est son *Manuel du voyageur en Suisse*, dont la 3e édition originale, *Zurich*, 1818, 3 vol. pet. in-8., a été réimpr. à Paris. [25896]

EBERARDUS. Voy. EBRARDUS.

EBERHARD. Denkmäler der Baukunst in Verbindung mit den Werken der Bildhauerkunst und Malerei des Orients, der Ægyptier, Griechen, Römer und des Mittelalters : herausgeg. von H.-W. Eberhard. *Darmstadt, Leske*, 1826-32, grand in-fol. [29268]

Les planches de ce livre sont des copies médiocres

Eandi (*G.*). Statistica di Saluzzo, 25322.
Earl (*G. Windsor*). The eastern seas, 20738.

Ebelmen. Travaux scientifiques, 4433.
Eberhard (*J.-A.*). Deutsche Synonymik, 11241 et 42. — Leibnitz, 30830.

des beaux ouvrages anglais publiés sur les mêmes sujets par Stuart, Revett et la société des *Dilettanti* de Londres. Ces *Denkmäler* ont paru en différentes séries, savoir : 1° *Die Alterthümer von Athen*, 1826, 2 vol. gr. in-8. contenant 336 gravur. 172 fr.; pap. vél. 222 fr. — 2° *Alterthümer von Attika*, gr. in-8., avec 7 cah. contenant 28 pièces. 38 fr.; et en pap. vél. 50 fr. — 3° *Alterthümer von Ionien*, gr. in-8. avec 110 pl. en 9 cah. 54 fr.; pap. vél. 66 fr. — 4° *Alterthümer von Athen und mehreren anderen Theilen Griechenlands*. Supplément au 1er article, 1832, in-8., et 5 cah. contenant 54 grav. 36 fr., et en pap. vél. 44 fr. Prix qui ne se soutiennent pas.

EBERMAYER (*J.-Mart.* ab). Voy. *J.-J.* BAIERUS, et REUSCH.

EBERT (*Fried.-Adolf.*). Allgemeines bibliographisches Lexicon. *Leipzig,Brockhaus,* 1821-30, 2 vol. in-4. Prix réduit à 5 thl., et pap. d'écriture, 7 thl. [31341]

Ce dictionnaire, composé à peu près sur le même plan que le nôtre, dont il reproduit tous les détails, n'était guère, dans les deux premiers cahiers, qu'une traduction de la seconde édition du *Manuel du libraire*, adaptée au goût et aux besoins de l'Allemagne, et augmentée dans la partie des classiques grecs et latins et dans celle de l'ancienne littérature allemande. Plus tard, l'auteur, profitant des longs intervalles qu'il mettait entre la publication de chacune de ses livraisons pour se livrer à de nouvelles recherches, et faisant usage des bonnes productions bibliographiques qui avaient paru depuis le Manuel, a su faire à notre ancien travail d'importantes et nombreuses additions, ainsi que plusieurs corrections heureuses que nous n'avons pas négligées. Mais il n'a pas apporté assez de soin à la rédaction de son dernier cahier ; c'est qui fait que son ouvrage n'est pas moins incomplet dans les dernières lettres que dans les premières. Ce jugement, motivé et fort équitable, diffère beaucoup de celui que me prête, à la page 45 du 2e volume de son *Trésor*, M. Graesse, qui plus d'une fois s'est plu à me faire dire tout autre chose que ce que j'ai dit.

Cependant il est à regretter qu'Ebert n'ait pas vécu assez pour donner une seconde édition de son Lexicon, revue et augmentée ; car, selon nous, il était bien plus apte à faire un bon choix que le savant qui l'a remplacé. Ajoutons qu'on a donné une traduction anglaise de ce dictionnaire allemand à Oxford, *at the university press*, 1837, 4 vol. in-8., et qu'elle a eu peu de succès.

On doit à F.-A. Ebert plusieurs autres bons ouvrages de bibliographie, écrits en allemand, savoir : *Histoire et description de la bibliothèque royale de Dresde,* Leipzig, 1822, in-8. ; *Le Portrait du bibliothécaire*, 1820, in-8. ; *De la Connaissance des manuscrits*, 1825, in-8. ; et différentes productions qui prouvent que ce bibliothécaire était aussi laborieux que savant.

EBN - ARABSCHAH. Fructus imperatorum, liber Arabicus, et jocatio ingeniosorum, auctore Ahmede filio Mohammedis cognominato Ebn - Arabschah ; quem primum e codicibus edidit et adnotationibus criticis instruxit G.-G. Freytag. *Lipsiæ, Cnobloch,* 1832, in-4.

Partie première contenant la préface, les notes et le texte arabe, 5 thl. Voy. AHMED.

EBN-HAUKAL's (an arabian traveller of the tenth century) the oriental geogra-

phy, translated by Will. Ouseley. *Lond.,* 1800, in-4. fig. 15 à 24 fr. [27966]

La notice que M. Silvestre de Sacy a donnée sur cet ouvrage dans le *Magas. encyclop.*, en 1802, a été tirée à part.

— Specimen. Voy. HOMAKER.

EBN ISHAK. Das Buch der Länder. (Le Livre des Pays du cheick Ebn Ishak, trad. de l'arabe par Mortmann, avec une préface de Ritter). *Hambourg,* 1845, gr. in-8. avec 6 cartes. [19603]

12 fr. 50 c. Walckenaer.

EBN-KHALDOUN. Histoire de l'Afrique sous la dynastie des Aghlabites, et de la Sicile sous la domination musulmane : texte arabe d'Ebn-Khaldoun, accompagné d'une traduction française et de notes, par A. Noël Desvergers. *Paris, F. Didot,* 1841, in-8. 12 fr. [28345]

M. Étienne Quatremère a publié le texte arabe des Prolégomènes d'Ebn Kaldoun dans les *Notices et extraits des manuscrits de la Bibl. impér.*, tomes XVI, XVII et XVIII, 1re part.

EBN MALEC. Voy. EDDIN (Djemal).

EBN ZOHAIR. Voy. CAAB.

EBRARDUS ou Eberardus, et Everardus Bethunensis. Græcismus de figuris et octo partibus orationis cum expositione Johannis Vincentii Metulini aquitannici in Pictauiensi uniuersitate regentis. *Parisiis, per Petrum Levet,* 1487, in-fol. [10784]

Grammaire latine en vers écrite au commencement du XIIIe siècle, et dont l'usage s'est conservé pendant trois cents ans. Les éditions qu'on en connaît sont accompagnées du commentaire de Metulin. Panzer et Hain citent, indépendamment de l'édit. de 1487, celles de Lyon, 1490 et 1493, in-4., et d'Angoulême, 1493, que nous n'avons pas vues. Hain, n° 6526, en décrit une imprimée par Jean Dupré, in-fol. goth. de 196 ff. sous ce titre : *Libri Ebrardi Grecistc.*

EBRARDUS (*Ulricus*). Modus latinitatis. *Memingen, industria Alberti Kunne impressoris,* anno 1487, in-4. goth. de 37 ff.

Première édition, avec date, d'un ouvrage qui a été souvent réimprimé, mais dont on ne fait plus usage. Hain, dans son *Repertorium*, nos 6527 à 6549, en décrit vingt-trois éditions, faites à la fin du XVe siècle.

ECCARD seu Eckhard (*J.-Geor.* ab). Leges Francorum salicæ et Ripuariorum, cum additionibus regum et imperatorum variis. *Francofurti,* 1720, in-fol. [2599]

Ouvrage estimé : 18 à 20 fr.; vendu 26 fr. 50 c. Anquetil-Duperron.

— Corpus historicum medii ævi, sive scriptores res in orbe universo, præcipue in Germania enarrantes

---

aut illustrantes a temp. Caroli magni usque ad finem sæculi XV. *Lipsiæ*, 1723, 2 vol. in-fol. 20 à 25 fr. [26362]

— Jo. GEORGII ab Eckhart Commentarii de rebus Franciæ orientalis et episcop. wirceburgensis, in quibus regum et imperatorum Franciæ veteris Germaniæque, episcoporum Wirceburg. et ducum Franciæ orientalis gesta, ex scriptoribus coævis, bullis et diplomatibus, sigillis, nummis, veteribus picturis, monumentisque aliis exponuntur et illustrantur. *Wirceburgi*, 1729, 2 volumes in-fol. fig. [26634]

Vend. 21 fr. Dutheil ; 28 fr. Crozet ; 27 fr. Leprevost.

— De Studiis linguæ germanicæ, 11213. — De Origine Germanorum, 26344.

ECCHIUS seu Eckius (*Valentinus*). Utrum prudenti viro sit ducenda uxor, carmen elegiacum sane elegantissimum. *Cracoviæ, per Joannem Haller*, 1514, in-4. [12979]

Réimpr. à Cracovie, en 1518 et en 1554, in-4.

— DE VERSIFICANDI arte opusculum, omnibus studiosis ad poeticam anhelantibus, non tamen jucundum quam frugiferum. *Cracoviæ*, 1515, in-4.

Réimpr. à Cracovie en 1521, et à Vienne en 1529, in-4.

Panzer, tome X, à la table, décrit plusieurs autres opuscules, tant en prose qu'en vers, composés par Ecchius.

ECCLESIÆ anglicanæ trophæa. Voyez CAVALLERIIS (*J.-B.* de).

ECHARD (*Laur.*). Roman history. *London*, 1734, 5 vol. in-8. 20 fr. [22918]

Cette histoire, assez estimée, mais qu'on ne lit plus guère, a été traduite en français (par l'abbé Desfontaines) et continuée jusqu'en 1453 (par l'abbé Guyon). *Paris*, 1728-42, 16 vol. in-12.

ECHAUE (*Balthazar* de). Discursos de la antiguedad de la lengua cantabra-bascongada, compuestos por B. de Echaue. *Mexico, en la emprenta de Henrrico Martinez*, 1607, in-4. de 12 ff. préliminaires et 85 pp. chiffrées. [11188]

L'auteur, quand il publia cet ouvrage, habitait Mexico, mais il était natif de la ville de Cumaya, dans la province de Guipuzcoa, ainsi qu'il a eu soin de nous l'apprendre sur le titre de son livre. Vend. 1 liv. 13 sh. mar. Heber ; 53 fr. *cuir de Russie*, Rætzel.

ECHEPARE(*Bern.* d'). Voy. D'ECHEPARE.

ECHLIN (*David*). Adieu au monde. *Londres*, 1627, in-4. [13936]

— Echlin par la grace de Dieu recuscité, avec la paraphrase latine. *Londres*, 1628, in-4.

David Echlen a écrit, tant en France qu'en Angleterre, plusieurs opuscules en vers latins qu'indiquent Lowndes, p. 711, et le Catal. de la Bibliothèque du roi, Y, 2194 et 2195; mais nous nous bornons à citer ici ses deux ouvrages français qui sont peu connus.

ECKHEL (*Jos.-Hilar.*). Doctrina numorum veterum. *Vindobonæ*, 1792-98, 8 vol. in-4. fig. 120 à 140 fr. [29675]

Ouvrage très-estimé. Un cahier supplémentaire intitulé *Addenda*, et orné du portrait de l'auteur, a été publié à Vienne, en 1806, par M. Steinbüchel son élève.

— ELEMENTA rei numariæ veterum, sive Josephi Eckhelii Prolegomena doctrinæ numorum, cum brevi annotatione et III tabulis. *Berolini* et *Lipsiæ*, *Weigel*, 1842, in-4. 8 fr.

— NUMI veteres anecdoti ex museis cæsareo vindobonensi, florentino, etc. *Viennæ-Austriæ*, 1775, in-4. fig. [29703]

Vend. 11 fr. Villoison ; 6 fr. Raoul Rochette.

— CHOIX des pierres gravées du cabinet impérial des antiques (à Vienne), représentées en 40 planches, décrites et expliquées par l'abbé Eckhel. *Vienne*, 1788, pet. in-fol. 24 à 36 fr. [29597]

Vend. en Gr. Pap. *mar. v. tab.* 130 fr. Le Blond.

— CATALOGUS musei cæsarei vindobonensis numorum veterum, distributus in partes II. *Vindobonæ*, 1779, 2 vol. in-fol. 30 à 36 fr. [29738]

— SYLLOGE I numorum veterum anecdotorum thesauri cæsarei. *Viennæ*, 1786, in-4. fig. [29738]

Il n'a paru que la première partie de ce recueil.

— DESCRIPTIO numorum Antiochiæ, Syriæ. *Viennæ*, 1786, in-4. [29739]

Vend. avec l'ouvrage précédent, dans le même vol., 24 fr. Le Blond.

ECKEN Ausfart. Das ist her Ecken aussfart wie er vō drey Küninginn ward aussgesannt nach herr Dietrich von Berē. *Augspurg, Hans Schawr*, 1491, in-8. de 112 ff. avec fig. sur bois.

Cet ouvrage a été réimpr. à *Nuremb.*, en 1512, in-8., et à *Strasb.*, en 1559, in-8. de 72 ff., aussi en 1566, sans nom de ville, in-8. ; et depuis sous ce titre :

WIE er von dreien Kunigin ausgesandt Dieterich von Bern zu suchen, von welchem Eck im streit überwunden. *Strassburg, C. Müller*, 1577, in-8. de 72 ff. avec fig. en bois.

Payé 29 thl. 6 gr. à la vente Hagen. M. Graesse, de qui nous empruntons cet article, ajoute qu'il y a une réimpression de l'édit. de 1559 faite à *Hamb.*, en 1854, in-8., et tirée à 150 exemplaires, et enfin qu'une nouvelle rédaction de l'ouvrage a été donnée par Hagen dans son *Heldenbuch*, vol. I.— Voir ci-dessus l'article *Dietrich von Bern*.

ECKIUS (*Joannes*). Errorum Lutheranorum CCCC IIII. Catalogus Lutetiæ editus, ut innotescat quam perniciosum sit recedere ab ecclesia catholica et pios eius ritus et maiorum venerandas consuetudines rejicere. *Vænit Gormontio* M. D. XXXI. (à la fin) : *Diem et horam disputandi ad diui Cæsaris arbitrium Eckius publicauit. Anno* M. D. XXX, in-8. [1832]

— OPERUM Jo. Eckii contra Lutherum, tomi I—V. *Augustæ-Vindelicor.*, 1530-35, in-fol.

Pour les nombreux ouvrages philosophiques et de controverses théologiques de cet écrivain fécond, consultez Panzer, X, à la table, et le Trésor de M. Graesse, II, p. 460, où cependant ne se trouve pas le vol. impr. à Paris, en 1531, que nous venons de décrire.

ECLOGÆ Vergilii, Calphurnii, Nemesiani, Francisci Pe., Joannis Boc. Joan.-Bap. Man., Pomponii Gaurici. *Impres. Florentiæ, opera et impensa Ph. de Giunta*, 1504, *decimo quinto cal. octobris*, in-8. de 159 ff. non chiffrés. [12470]

Vend. 8 sh. Pinelli ; un très-bel exempl., avec les lettres initiales peintes, 3 liv. 5 sh. Askew.

ÉCLOGUES (deux), ou bergeries. Voy. Bèze (Ferrand de).

ÉCLUSE (l'). Voyez Vadé.

ECOLE. L'Escole d'amour, ou les héros docteurs. *Grenoble*, 1666, pet. in-12.

Un exempl. en *mar. r.* par Trautz, 46 fr. Solar.

ÉCOLE de Salerne. Voy. Villanova.

ÉCOLE des filles, ou la philosophie des Dames. *Suivant la copie imprimée à Paris (en Allemagne)*, 1671, pet. in-12 de 162 pp. [18021]

Ouvrage très-licencieux attribué à un nommé Hélot. La première édition, impr. à Paris, en 1655, ayant été déférée à la justice, l'auteur, qui avait prudemment pris la fuite, fut condamné à être pendu en effigie, et les exemplaires de son livre furent brûlés au pied de la potence. Cette première édition, qui est devenue introuvable, avait un frontispice gravé par Fr. Chauveau. Consultez : *Lettres de Guy Patin à Ch. Spon*, II, 123, édition de 1718, et *Carpenteriana*, 80 ; aussi *Ebert*, n° 6568. On lit dans le journal de Murr (vol. XIV, p. 48) que le prince régent (duc d'Orléans) fit graver, pour cette édition de 1671, 24 pl. pet. in-fol., dont on ne tira que 40 épreuves, après quoi on en détruisit les cuivres. Nous citerons encore une édition de *Fribourg* (Holl.), 1668, pet. in-12, et une autre *à la Villefranche, sous la presse des Paillards*, 1686, pet. in-12 de 172 pp. portée à 60 fr. sous le n° 811 des Archives bibliographiques de M. Claudin, 1858, n° 4. L'auteur est nommé dans un madrigal de son livre *Mililot*, et non Helot. Voyez Arétin (Bibliothèque de l').

Quant au livre intitulé : *L'Escole des filles en dialogues, par A.D.P.*, Paris, Chamhoudry, 1672, in-12, ce n'est certainement pas le même que le précédent. C'est cependant à ce dernier que M. Peignot (*Dictionn. des livres condamnés au feu*, I, 175) applique l'anecdote qui se rapporte au premier.

ÉCOLE (l') des maris jaloux, ou les fureurs de l'amour jaloux. *Neufchâtel*, 1698, in-12. [17209]

Volume orné d'une figure qui représente la ceinture de chasteté ; vendu 12 fr. le B. d'Heiss.

ÉCOLE (l') parfaite des officiers de bouche, qui enseigne les devoirs du Maître d'hôtel et du sommelier ; la manière de faire les confitures, les liqueurs, les eaux, les pommades, les parfums, la cuisine, à découper les viandes et à faire la pâtisserie. *Paris, Ribou*, 1708 (aussi 1710), 2 vol. in-12. [10286]

Septième et huitième éditions d'un ouvrage qu'on n'a plus réimpr. depuis lors, parce qu'il a été remplacé par d'autres du même genre, tels que la *Science du maître d'hôtel cuisinier* et *du maître d'hôtel confiseur*, en 2 vol. in-12, et enfin par de plus modernes, ce qui n'empêche pas qu'il ne soit encore recherché aujourd'hui de quelques personnes curieuses de tout ce qui tient à l'art culinaire.

ECOLE (L') pour rire, ou la manière d'aprendre le françois en rian, par le moyen de certaines histoires choisies, plaisantes et recreatives, exemtes de toutes paroles et équivoques sales et des-honnêtes, et mises dans un françois très facile, et le plus usité dans la conversation ; nouvellement augmentée de quelques nouvelles histoires, et l'ortographe corrigée selon la méthode de Richelet. *A Leide, l'an* MDCXCVIII, pet. in-12. [17872]

Vendu 21 fr. *mar. bl.* Nodier, et 43 fr. Solar.

Une édition de *Leyde*, 1688, pet. in-12, dans laquelle la traduction allemande est en regard du françois, 70 fr. *m. r.* catal. de Techener, 3489. — Il en existe une autre sous la date de 1732. Cet ouvrage pourrait bien être la même chose, à peu près, que le *Secret d'apprendre la langue françoise en riant*, dont nous parlons à l'article Menudier.

— Écosse françoise. Voy. Escosse.

EDDA semundar hins Froda, Edda rhythmica, seu antiquior, vulgo Sæmundina dicta, Pars I. Odas mythologicas a Resenio non editas continens, cum interpretatione latina, lectionibus variis, notis, glossario vocum et indice rerum. *Hafniæ*, 1787, in-4. [15655]

Premier volume d'un recueil qui a été continué. Il se compose de XLVII, XXVIII et 722 pp., avec 2 ff. d'errata et 2 pl. de fac-simile du manuscrit. Le *Specimen glossarii* qui commence à la page 405 est quelquefois relié à part. Vendu 31 fr. Langlès. Il y a des exemplaires en Gr. Pap.

— Pars II[a], Odas mythologico-historicas continens, cum interpretatione latina, etc. *Hafniæ*, 1818, in-4. de XXXIV, 1010 (5) pp.

Ce volume coûte à peu près le même prix que le premier. Il porte pour second titre : *Eddæ Sæmundinæ seu antiquioris carmina mythologico-histor. de Volsungis, Budlungis et Niflungis vel Giukungis, et rebus gestis Danorum, Suecorum, Norvegor., Finnor., Suevor., Francor., Burgundor., Hunnorum, etc.*

— Edda Sæmundar hins Froda. Edda rhythmica, seu antiquior, vulgo sæmundina dicta : pars tertia, continens carmina Vòluspà, Hàmavàl et Rigsmàl ; ex codice bibliothecæ regiæ hafniensis pergameno, necnon diversis... membraneis chartaceisque melioris notæ manuscrip-

---

tis; cum interpretatione latina, lectionibus variis, notis, glossario, etc., accedit locupletissimum - priscorum borealium theosophiæ, et mythologiæ lexicon, addito denique eorumdem gentili calendario, jamprimum indagato ac exposito. *Hauniæ, Gyldendal*, 1828, in-4. de VI et 1146 pp. 48 fr.

Dernier vol. de cette importante collection. Le Lexicon qui en fait partie a été vendu séparément sous ce titre :

PRISCÆ veterum borealium mythologiæ lexicon :... accedit septentrionalium Gothorum, Scandinavorum aut Danorum gentile calendarium ex Asia oriendum jam primum expositum, auctore Finno Magnusen. *Hauniæ*, 1828, de 8 et 873 pp.

Cette grande édition du plus ancien monument poétique et mythologique du Nord, est très-recommandable; leçons correctes, traductions fidèles, variantes, notes et glossaires pleins d'érudition, table des matières, rien ne manque dans les trois volumes in-4. que la commission d'Arnæmagneus a donnés au monde savant.

L'ancien Edda ou l'Edda poétique est une série de poésies des Scaldes islandais, que Sæmund, auteur chrétien du XIIᵉ siècle, a recueillies, mais dont une partie considérable est perdue. C'est de la même source qu'est tiré ce qu'on appelle le Nouvel Edda, c'est-à-dire la paraphrase en prose des poésies héroïques et mythologiques des vieux Scaldes. Cette espèce de commentaire ou d'explication systématique, due à Snorro, autre auteur islandais du XIIᵉ siècle, (voir ci-dessous) expose un système presque complet de mythologie scandinave (*Journal des Savans*, nov. 1828).

Le professeur E.-K. Rask a publié une petite édition des anciens Edda sous ce titre :

— DEN aeldere Edda (af Saemund Sigfussön.) Samling af Norröne Oldkvad, indeholdende Nordens aeldste Gude-og Helte Sagn. Utgivet, etc., af P. A. Munch. *Christiania*, 1847, in-8. et in-4. de XVIII et 216 pp.

DIE EDDA. Eine Sammlung altnordischer Götter- und Heldenlieder. Urschrift mit erklärenden Anmerkungen, Glossar und Einleitung, altnordischer Mythologie und Grammatik. Herausg. von Herm. Lüning. *Zurich, Meyer und Zeller*, 1859, gr. in-8. de XVI et 672 pp. 22 fr.

L'édition du texte des anciens Edda donnée précédemment, par F.-H. von der Hagen, à *Berlin*, 1812, in-8., n'est pas complète, non plus que celle qu'ont publiée les frères Grimm, à *Berlin*, 1815, in-8., et dont il n'a paru que le tome premier.

Traduction des anciens Edda.

POEMES islandais tirés de l'Edda de Sæmund, publiés avec une traduction, des notes et un glossaire, par F.-G. Bergmann, *Paris, impr. roy.*, 1838, in-8.

Parmi environ trente-six poëmes dont se compose l'Edda de Sæmund, M. Bergmann en a choisi trois qui appartiennent à la mythologie scandinave, savoir : *Vóluspà, Vafthrúdnismàl*, et *Lokasenna*.

— DIE ISLANDISCHE Edda (Vóluspà, Hàvamàl, etc., übersetzt und edit. von T. Schimmelmann. *Stettin*, 1777, in-4.

— DIE EDDA-LIEDER von den Niebelungen zum erstenmale verdeutscht und erklärt durch F. H. von der Hagen, *Breslau*, 1814, in-8. — Autre traduction allemande par L. Ettmuller, *Zurich*, 1839, in-8. — Autre par J.-L. Studach, *Nurnb.*, 1829, in-4. dont il n'a paru que le 1ᵉʳ vol.

LIEDER der alten Edda : aus dem Handschr. herausgegeben und erklärt durch die Brüder Grimm. *Berlin*, 1815, in-8., avec le texte original, tome Iᵉʳ. [15657]

— DIE ÄLTERE und die jüngere Edda, nebst den mythischen Erzählungen der Skalda übers. und mit Erläuterungen begleitet von Karl Simrock. *Stuttgart*, 1855, in-8.; c'est une seconde édition. La première est de 1801.

F. Magnussen a donné une traduction danoise des anciens Edda, *Copenhague*, 1821-23, 4 vol. in-8.

EDDA Islandorum, anno Christi M. CC. xv, islandice conscripta per Snorronem Sturlæ, nunc primum islandice, danice et latine in lucem edita, opera Joan. Resenii. *Hauniæ, typis Henr. Godiani*, 1665-1673, 4 part. en 1 vol. pet. in-4. [15654]

Livre très-rare et important pour l'histoire du Nord; en voici la description extraite de celle que M. Caillard a fait insérer dans le catalogue de ses livres :

Les pièces prélim., savoir : le frontispice, la dédicace, la préface, etc., occupent 54 ff. signat. A—N 2. — Le texte commence avec la signat. A, et se prolonge jusqu'à LL; chaque signature a 4 ff. On trouve ensuite une pièce intitulée : *Philosophia antiquissima norvego-danica. dicta Vóluspa, etc.*, 1665 ou 1673; cette pièce comprend 18 ff.; elle est suivie d'une autre, qui a pour titre : *Ethica Odini pars Eddæ Sæmundi vocata Haavamal*, laquelle comprend 17 ff., dont 3 pp. d'errata font partie. Le volume se termine par une interprétation du *Woluspa*, impr. en 1673. Cette dernière partie est composée de 6 ff. prélimin., de 104 pp. de texte, d'un *index vocabulorum*, et d'un errata en 17 pp.

Vendu, sans les deux dernières pièces qui manquent presque toujours, 71 fr. Gouttard ; 35 fr. Saint-Céran ; 31 fr. Anquetil-Duperron ; et avec ces deux pièces, 295 fr. Caillard ; 4 liv. Hibbert.

— DIE yfverborna Attingars eller Sviogötars ok Nordmänners Edda. Hyperboreorum Atlantiorum seu Sviogothorum et Nordmannorum Edda, h. e. Atavia seu fons gentilis illorum et theologiæ et philosophiæ : jam demum versiones svioniça donata, accedente latina : una cum præfamine de Eddæ antiquitate et indole, etc., ut et de antiquissimis et genuinis, Skythis, Getis, Gotis, Atlantiis, Hyperboreis, Cimbris, Gallis eorum que satore, Gomero, ad codicem quod possidet biblioth. Upsal. antiquissimum, correctissimum, et quidem membranaceum, gothicum in lucem prodit opera et stud. J. Göranson. *Tryckt i Upsala af Henric Hecht* (1741), in-4. de XXXVIII et 94 pp.

— SNORRA-EDDA á sant Skáldu og parmeð fylgandi ritgör öum. Eptir gömlum skinbókum útgefin af R. K. Rask. *Stokholm*, 1818, in-8. 9 fr.

— EDDA Snorra Sturlusonar., islandice et lat. : Edda Snorronis Sturlaci, tom. I. cont. Formali, Gylfaginning, Bragadur, Skaldsa parmäl og Hettatal. *Hafniæ, sumptibus legationis AM.*, 1848-52, 2 vol. in-8. 20 fr.

Le second vol. contient *Tractatus philolog. et additamenta ex codd. mss.*

Les Edda snorra Sturlusonarum ont été trad. en français par P.-H. Mallet, *Copenhague*, 1756, in-4., ou *Genève*, 1787, in-12 (voy. MALLET); en allemand par F. Rühs, *Berlin*, 1812, in-8., et aussi par F. Majer, 1818, in-8. ; en danois, par R. Nyerup (et Rask), *Copenhague*, 1808, in-8., et sur cette version danoise, en suédois, par J. Adlerbeth, *Stockholm*, 1811 et aussi 1816, in-8. ; encore dans la même langue, J.-J. Cnattingius, *Stockholm*, 1819, in-8. (sans la *Skalda* annoncée sur le titre).

— THE PROSE of younger Edda, commonly adscribed to Snorri Sturluson, translated by G.-W. Dasent. *Stockh.*, 1842, in-8. M. Graesse cite une traduct. polonaise impr. à *Varsovie*, en 1807, in-8.

EDDALÆREN og dens Oprindelse, etc., *c'est-à-dire*, Système de l'Edda et son origine, ou exposition exacte des fictions et opinions des anciens habitants du Nord sur l'état, la nature et les destinées de la terre, des dieux, des esprits et des hommes ; comparé tant avec le grand livre de la nature qu'avec les systèmes mythologiques et les croyances des Grecs, des Persans, des Indiens et autres peuples anciens, etc., par Finn Magnusen (en danois). *Copenhague, Gyldendal*, 1824-26, 4 vol. in-8. [15659]

Un simple mémoire de M. Finn Magnusen, auquel le prix fut décerné, en 1818, par l'Académie de Copenhague, forme la base de cet ouvrage, qui, grâce à de nombreuses augmentations, est devenu une sorte de mythologie générale à laquelle celle du nord sert seulement de fond. M. Depping en a rendu compte dans le *Journal des Savans*, 1828 et 1829.

Nous citerons encore une traduction suédoise des mêmes Edda, par A.-A. Afzelius, *Stockholm*, 1818, et enfin :

Icelandic poetry of the Edda of Sämund, translated into english verse by A.-S. Cottle. Bristol, 1797, in-8., ne contenant que les poëmes mythologiques.

J.-L. HEIBERG's nord. Mythologie ; aus d. Edda und Oehlenschläger's mythol. Dichtungen dargestellt. *Schlesw.*, 1826, in-8. 2 thl. [15660]

EDDIN (*Djémal*). Alfiyya, ou la quintessence de la grammaire arabe. Ouvrage de Djémal Eddin Mohammed, connu sous le nom d'Ebn-Malec; publié en original, avec un commentaire, par le baron Silvestre de Sacy. (*Paris, impr. roy.*), se trouve à *Londres, chez Parbury*, 1833, in-8. de plus de 400 pp. 9 fr. [11581]

Imprimé aux frais du comité anglais des traduct. orientales. — Un exemplaire imprimé sur VÉLIN, 68 fr. de Sacy.

Le texte arabe de cet ouvrage a été impr. séparément à Boulacq, en 1838, in-8., et il en a paru des gloses dans la même langue à Constantinople, en 1811, in-4., et un commentaire par Ibn Akil, à Boulacq, en 1837, in-8.

EDDINUS (*Nassir*). Binæ tabulæ geographicæ, una Nassir Eddini Persæ, altera Vlug Beigi, Tartari, arabice, cum interpr. lat. Joan. Gravii. *Londini*, 1652, in-4. [19599]

Vend. 22 fr. Anquetil-Duperron, et 6 fr. Langlès.

Une édition de Londres, 1668, in-4., est indiquée dans le premier catalogue de Crevenna, tome V, page 14. Cet ouvrage est réimpr. dans la collection des Petits géographes d'Hudson, III, pag. 77-151. — On doit à cet écrivain une traduction arabe d'Euclide (voy. EUCLIDES).

ED-DURER al-montachabat al-mansura fiislahit ghalathat al-mischhura, *c.-à-d.* Perles choisies et bien ordonnées pour servir à rectifier les fautes de langue. *Constantinople, imprimerie du Grand Seigneur, l'an de l'hégire* 1221 (1807), pet. in-fol. de 534 pp. [11696]

Cet ouvrage, sorti des presses de l'imprimerie de Constantinople, a pour auteur Elhadsch-Mustapha Aschir Efendi. La préface est écrite en arabe, et l'ouvrage en turc. Ebert (9163) l'indique sous le nom d'*Hafid Aeschirsade*, et sous la date de 1806.

EDELINCK. Recopilacion de los retratos

Edélestand Du Méril. — Voy. DU MÉRIL.

originales aviertos en lamina por Gerar. Edelinck, in-fol. [9574]

91 pièces, avec le portrait d'Edelinck, par Devaux, d'après Tortebat : vend. 73 fr. *mar. r.* La Vallière.

EDEN (*Rich.*). The history of trauayle in the west and east Indies, and other countreys lying eyther way towardes the fruitfull and ryche Molluccaes : with a discourse of the northwest passage; gathered in parte, and done into englysshe by Richarde Eden; newly set in order, augmented and finished by Richarde Willes. *London, R. Jugge*, 1577, in-4. [20031]

Ouvrage rempli de renseignements curieux ; les exemplaires en sont fort rares : 6 liv. 10 sh. Roxburghe ; 1 liv. 19 sh. Inglis ; 3 liv. 4 sh. Heber ; 8 liv. Sotheby.

— Treatise of the new India, with other Newfoundlandes and Islands. *London, E. Sutton*, 1533, in-4. goth.

Selon Lowndes, 2e édit., p. 712, on ne connaît que deux exemplaires de ce livre. Il en a été vendu un 3 liv. 15 sh. Knight, en 1847.

— Voy. l'article ANGLERIUS.

EDICT du roy sur le faict des poix, aulnes et mesures par toute la ville... et banlieu de Paris, reduictes à un mesme estallon. *Paris, Vincent Sertenas*, 1557, pet. in-8. [2623]

14 fr. 50 c. Leber.

EDINBURGH Society, and Edinburgh medical journal. Essay and observations, physical and literary, read before a Society in Edinburgh. *Edinburgh*, 1754-71, 3 vol. in-8. fig. [7426]

Cet ouvrage fait suite à celui dont voici le titre : *Medical essays and observations published by a Society in Edinburgh*, ibid., 1733-44, 5 tomes en 6 vol. in-8. Cette dernière collection a eu beaucoup de succès, et a été réimpr. pour la 5e fois, *Edinb.*, 1771, 6 vol. in-8. Il y en a une traduction française par P. Demours, *Paris*, 1740-47, 7 vol. in-12, fig. Les deux recueils ci-dessus servent d'introduction au Journal de médecine d'Edimbourg, publié : 1° de 1773 à 1796, sous le titre de *Medical and philosophical commentaries*, 20 vol. in-8. ; 2° de 1796 à 1803 sous celui d'*Annals of medicine*, 8 vol. in-8. ; 3° depuis 1805 sous celui d'*Edinburgh medical and surgical Journal*. En 1829 il paraissait 31 vol. de cette dernière série, à laquelle se réunit un vol. de tables publié en 1825. L'ouvrage a été continué depuis, et tous les mois il en paraît un cahier, au prix de 2 sh.

EDIPUS. Sensuyt le rômãt De edipus, filz du Roy Layus, leq Edipus tua son pere et depuis espousa sa mere, et en eut

Eden (*F. Morton*). The State of the poor, 4080.
Edgeworth (*Maria*). Tales and novels, 17757.
Edgeworth (*R. Lowell*). Construction des routes, 8809.
Edgeworth de Firmont. Mémoires, 23923.
Edinburgh Gazeteer, 19518.

quatre enfans, et parle de plusieurs choses excellentes. On les vend a paris en la rue Neufue Nostre Dame a l'enseigne Sainct Nicolas. (à la fin) : *Imprime a Paris pour Pierre Sergent*, pet. in-4. goth. [17072]

Cette édition, composée de 24 ff., sous les signatures A—F, est fort rare ; c'est celle-là même qui est indiquée par De Bure, *Bibl. instr.*, n° 3840, et dans l'ancien catalogue imprimé de la Bibliothèque du roi, Y², 235, comme étant de *Paris, Bonfons*, sans date, in-4. goth. Jean Bonfons succéda à Pierre Sergent, qui demeurait rue Neufue Nostre Dame à l'enseigne Sainct Nicolas.
— Sensuyt le roman de œdipus... *achevé d'imprimer le* 10 *mars* 1858, *par Ch. Lahure, et se vend à Paris, chez L. Potier, libraire*, in-16 goth.

Jolie réimpression faite d'après l'exemplaire de l'édit. de P. Sergent, que conserve la Bibliothèque impériale. C'est la 22ᵉ livr. de la Collection publiée par M. Silvestre, ancien libraire.

EDMONSON (*Jos.*). A complete body of heraldry : containing an historical enquiry into the origin of armories, and the rise and progress of heraldry considered as a science, etc., compiled from the best and most undoubted authorities. *London, for the author*, 1780, 2 vol. in-fol. fig. 4 à 5 liv. [28779]

Le titre qu'on vient de lire n'indique que le contenu du premier volume, auquel a eu part Jos. Aylofle. Le second vol. renferme les armoiries par ordre alphabétique et au nombre de plus de 50,000 cotes. Vend. en Gr. Pap., armes coloriées, 20 liv. Sykes ; 16 liv. 16 sh. Dent.

Edmonson a continué et publié le *Baronagium* de Wil. Segar (voy. ce nom).

EDRISI. De geographia universali hortus cultissimus, mire orbis regiones, provincias, etc., earumque dimensiones et orisonta describens, arabice. *Romæ, ex typographia medicæa*, 1592, in-4. de 163 ff. non-chiffrés. [19596]

Cet ouvrage est l'abrégé de celui qui fut composé l'an 548 de l'hégire (1153 de J.-C.) par Edrisi de Sicile, plus connu sous le nom de Géographe de Nubie. Les exemplaires en étaient devenus rares, mais il s'en est retrouvé un certain nombre à Florence, et l'on a pu dernièrement s'en procurer au prix de 15 à 18 fr. Dans ces derniers exemplaires, le titre est en arabe seulement, et ne porte ni indication de lieu, ni date ; mais dans d'autres ce même frontispice a aussi un titre lat. impr. en rouge. Vend. 33 fr. Soubise ; 40 fr. Langlès ; 19 fr. de Sacy ; et avec la version suivante, 40 fr. Anquetil.

Un exemplaire du texte arabe, impr. sur pap. bleu, se trouvait dans la *Biblioth. croftsiana*, n° 8034.
— Geographia nubiensis, id est totius orbis in VII climata divisi descriptio, ex arabico in lat. versa a Gabr. Sionita et Joan. Hesronita. *Parisiis*, 1619, in-4. 6 à 10 fr.

Cette traduction est plus généralement recherchée que l'original ; cependant, comme elle a été faite d'après un manuscrit très-incorrect du texte arabe, on ne peut pas compter sur son exactitude. A la fin doit se trouver un appendice de 54 pp. contenant : *De nonnullis orientalium urbibus necnon indigenarum religione ac moribus tractatus brevis a Gabr. Sionita et Jo. Hesronita nubiensi geographiæ adjectus.* Vend. avec ce supplément 25 fr. Langlès, et quelquefois moins.
— La Géographie d'Edrisi, traduite de l'arabe en français d'après deux manuscrits de la Bibliothèque du roi, et accompagnée de notes par M. Amédée Jaubert. *Paris, impr. roy. (chez Arth. Bertrand)*, 1837-41, 2 vol. in-4. (Vᵉ et VIᵉ vol. des *Mémoires de la Société de géographie*). 48 fr.

Descripcion de España de Xerif al Edris, conocido por el Nubiese, con traduccion y notas de don Josef-Ant. Conde. *Madrid, en la imprenta real*, 1799, pet. in-4. [25943] Vend. 9 fr. Langlès.

Nous citerons encore ici : *J.-Melch. Hartmanni progr. II de Edrisii Hispania*, Marburgi, 1802, in-4. ; et *ejusdem commentatio de geographia Africæ Edrisiana*, Gött., 1792, in-4.
— Edrisii Africa ; curavit J.-M. Hartmann, edit. 2ᵃ. *Gottingæ*, 1796, in-8. 8 fr. [28339]

EDWARDS (*George*). Histoire naturelle d'oiseaux peu communs, et d'autres animaux rares qui n'ont pas été décrits... représentés sur (deux) cent dix planches, avec une ample et exacte description de chaque fig. (en anglais), par G. Edwards (avec la traduct. franç.), par M. D. de la S. R. *Londres, l'auteur*, 1751, 4 vol. gr. in-4. [6196]

Cet ouvrage doit contenir, outre les 210 pl. indiquées, un frontispice gravé, et dans l'appendice du tome I, la figure d'un Samoïède. La première partie parut d'abord en 1743, avec le texte anglais seulement ; en 1745 on y joignit la traduction française, avec un frontispice en cette langue ; le 2ᵉ volume anglais fut publié en 1747, et la version française en 1748 ; le tome III parut en anglais dans l'année 1750, et en français en 1751. Le 4ᵉ volume fut mis au jour en même temps dans les deux langues, en 1751, et à cette époque on ajouta aux exemplaires du tome premier deux nouveaux titres généraux en anglais et en français, avec un avis sur la distribution de l'ouvrage, et on supprima les anciens titres. Cela doit expliquer pourquoi les catalogues indiquent des exemplaires sous différents titres, et avec les dates de 1743, 1745 et 1751, et pourquoi certains exemplaires n'ont que le texte anglais ou le texte français, tandis que dans d'autres on a réuni la version française au texte original, en laissant même subsister les deux anciens titres du tome premier, avec les épîtres dédicatoires et la liste des souscripteurs.

— Glanures d'histoire naturelle, consistant en figures de quadrupèdes, d'oiseaux, d'insectes, etc., avec les descriptions, par G. Edwards, et trad. de l'anglais, avec le texte, par J. Du Plessis et Edm. Barker. *Londres*, 1758-64, 3 vol. in-4. [6197]

Ces trois volumes doivent être joints aux quatre pré-

---

cédents ; ils contiennent les planches 211 à 362, avec le portrait d'Edwards.

Les deux ouvrages ainsi réunis sont recherchés des naturalistes autant que des curieux ; ils ont même été longtemps mis au nombre des plus beaux livres connus en ce genre, et comme tels ils se payaient de 400 à 500 fr. dans les ventes ; mais maintenant que l'exécution des livres d'histoire naturelle semble acquérir chaque jour un nouveau degré de perfection, on prise beaucoup moins les anciennes productions, qui, quoique estimables en elles-mêmes, sont cependant bien loin d'atteindre en beauté les ouvrages modernes les plus soignés : voilà sans doute pourquoi on a vu subitement tomber ces sept volumes à moins de 250 fr. (151 fr. Labédoy...). *mar. r.* par Derome, 281 fr. Huzard, et le même exemplaire 200 fr. Borluut.

Il a paru à Londres, de 1802 à 1805, une nouvelle édition des mêmes sept volumes, dont il y a des exemplaires tirés sur pap. vél., in-fol., avec les gravures soigneusement coloriées.

— A NATURAL history of birds, most of which have not been figured or described by G. Edwards. *Lond., Gardiner*, 1802, gr. in-fol. [5777]

Volume orné de 52 pl. d'une exécution médiocre, dont 2 représentent des quadrupèdes : vend. 60 fr. en 1811, et moins depuis. Ce doit être le premier tome de l'ouvrage précédent. ·

EDWARDS (*John*). British herbal, containing 100 plates of the most beautiful and scarce flowers, etc., which blow in the open air of Great Britain. *London*, 1770, in-fol. fig. color. [5172]

Ouvrage aussi médiocre que le précédent : 30 à 40 fr. Il y en a une édition de 1755.

EDWARDS (*Bryan*). The History, civil and commercial, of the british colonies in the West Indies. *London*, 1819, 5 vol. in-8., avec des pl. in-4. 2 liv. 10 sh. [28513]

Cinquième édition de cet ouvrage très-estimable, lequel a paru pour la première fois à *Londres*, 1793, en 2 vol. in-4. La seconde édition augmentée est de 1794 ; on y joint, ainsi qu'à la précédente, un 3e vol. in-4., impr. en 1801, et qui fait partie de la 3e et de la 4e édition, en 3 vol. in-8. Les tomes IV et V de la cinquième contiennent une continuation et une table générale qui se sont vendus séparément 1 liv. 10 sh., pour compléter les éditions en 3 vol. Il y a aussi une édit. de *Philadelphie*, 1805, en 4 vol. in-8., avec un atlas. M. Th. Taylor a donné un abrégé de cette histoire, *Lond.*, 1794, 2 vol. in-8.

— HISTORICAL survey of the french colony in the islands of Saint-Domingo ; with a narrative of calamities which have desolated the country since the year 1789... *London*, 1797, in-4. fig. 10 sh. [28029]

Cette histoire est refondue dans les dernières éditions de l'ouvrage précédent.

EDWARDS (*Jonathan*). Observations on the language of the Muhhekaneew indians, by Jonathan Edwards. *New-Haven, Connecticut*, 1788, in-8. [11963]

Réimprimé à Philadelphie et à Londres, 1789, in-8.; ensuite, avec des notes, par J. Pickering, *Boston*, 1823, in-8.

Les œuvres anglaises de Jonathan Edwards, théologien très-distingué, ont été impr. à *Worcester, Massachusetts* (États-Unis), en 1808 et 1809 ; ensuite réimpr. à *Londres*, 1817, en 8 vol gr. in-8., avec la vie de l'auteur, par Williams et Pearson ; et de nouveau en 1834 et 1839, 2 vol. gr. in-8. à 2 col., et à *New-York*, 1840, 4 vol. gr. in-8., édition plus

complète que les précédentes ; l'édit. de 1817, 8 vol. in-8., a été complétée par 2 vol. de supplément impr. à Edimbourg, en 1847. 2 liv. 2 sh. [2007]

EDWARDS (*Sydenham*). The botanical register : consisting of coloured figures of exotic plants, cultivated in british gardens, with their history and mode of treatement. *London*, *Ridgway*, 1815, gr. in-8. avec fig. color. [4968]

Ouvrage périodique qui s'est publié en deux séries ; la première en 13 vol. et la seconde en 20.

Les tomes I—XXIII renferment 2014 planches, et les tomes XXIV—XXXIV environ 800 pl. jusqu'en 1847. A partir du 14e vol., publié en 1828, l'ouvrage a été dirigé par Joh. Lindley, qui, en 1839, y a joint un *Index generalis* des vol. 1 à XXIII. Les 34 vol. sont portés à 25 liv. dans le catalogue de Willis de Londres.

CYNOGRAPHIA britannica, consisting of coloured engravings of the various breeds of dogs existing in Great Britain, with observations on their properties and uses. *Lond.*, *White*, 1800, in-4. [5709]

Il n'a paru de cet ouvrage que 6 cah. avec 12 planches.

— SIXTY-ONE plates, representing about 150 rares and curious ornamental plants. *London*, 1809, in-4. 2 liv. 2 sh.; color. 3 liv. 13 sh. 6 d.

EDY (*J.-W.*). Views of Norway. Voy. BOYDELL. ·

EFFECTS (les) divers de l'amour diuin et humain richement exprimez par petits emblesmes tirés des SS. Escritures et des SS. Peres. Le tout mis en latin et françois. *Paris*, *Guil. Le Noir*, 1628, pet. in-8. avec 56 pl. de van Lochon. [18578]

Cet ouvrage doit être le même que celui dont nous avons indiqué plusieurs éditions au mot AMORIS (I, col. 240). Un exempl. de celle-ci, rel. en VÉLIN, 36 fr. Veinant, et quelquefois beaucoup moins.

EFFIGIES pictorum illustr. quos Belgium habuit, ad vivum delineatæ. *Antuerpiæ, Gallæus*, in-4. 18 à 30 fr. [31082]

— Voy. LAMPSONIUS, et THEATRUM honoris.

EFFIGIES plantarum. Voy. PLANTARUM effigies.

EFFIGIES (the true). Voy. Image de divers hommes.

EFFIGIES regum Francorum omnium a Pharamundo ad Ludovicum XIII usque, ad vivum, quantum fieri potuit, expressæ: accedit epitome Χρονιχῶν, eorum vitas et gesta breviter complectens. *Francofurti*, *J. de Zetter*, 1622, in-4. [23236]

— Voy. tome I, col. 234, article AMMAN, et ci-après, EPITOME.

EFFIGIES virorum ac feminarum illustr. quibus, in græcis aut latinis monumen-

Edwars (*Jonath.*). Works, 1998.
Eeckhout (*J.-J.*). Portraits, 31089.

tis, aliqua memoriæ pars datur. *Lugd.-Bat.*, *Vander Aa*, in-fol. 10 à 15 fr. [30411]

Ces portraits font partie du *Thesaurus antiquitatum* de Grævius et Gronovius (voy. GRÆVIUS). Ebert, 6617, cite sous le même titre un. recueil de 300 portr., en IX part. ou 4 vol., publ. par Vander Aa, sans date, in-fol.

EGAN (*Pierce*). Boxiana or sketches of ancient and modern pugilism, from the day of the renowned Broughton and Slack, to the championship of Cribb. *London*, *Sherwood*, 1823-24, 4 vol. in-8. fig. en bois. 3 liv. 6 sh. [10301]

Ouvrage singulier. Le même auteur a donné : *Sporting anecdotes*, 1825, in-8. fig. 12 sh. [10437] — *Anecdotes of the turf, the chase, the ring and the stage*, 1827, in-8. figures en partie coloriées. 1liv. 1 sh. — *Life in London*, gr. in-8. fig. 1 liv. 16 sh., etc.

EGEDE (*Jean*). Description et histoire natur. du Groenland, par Eggede, trad. en franc. par D. R. D. P. (Des Roches de Parthenay). *Copenhague*, 1763, pet. in-8. fig. 5 à 6 fr. [27724]

Ouvrage estimé. Vend. en Gr. Pap. 10 fr. Caillard; 12 fr. Pixerécourt. — Le texte original danois a été imprimé à Copenhague, en 1729, in-4., et en 1741, in-8.

EGEDE (*Paul*). Grammatica groenlandico-danico-latina. *Havniæ*, 1760, in-8. 6 à 9 fr. [11296]

14 fr. 50 c. de Sacy.

— DICTIONARIUM groenlandico-danico-latinum. *Havniæ*, 1750, pet. in-8. fig. 12 à 18 fr. [11297]

Vend. 32 fr. Rœtzel.

EGENOLPHUS. Anthologia gnomica. Voy. ESTIENNE (*H.*); COMICORUM sententiæ.

EGERTON Brydges. Voy. BRYDGES.

ÉGÉSIPPE. Voy. HEGESIPPUS.

EGGELINGII (*Henr.*) de miscellaneis Germaniæ antiquitatibus dissertatio. *Bremæ*, 1694, 3 vol. in-4.

Les trois volumes annoncés sous ce titre et portés à 30 fr. dans le catal. de Pâris de Meyzieu, étaient un recueil de différents ouvrages dont la dissertation d'Eggeling se trouvait être le premier.

EGGER (*E.*). Voy. ARISTOTE (Poétique), et au bas de cette colonne.

EGIDIO (*Frate*). Voy. CAPITOLI.

EGIDIUS, episcopus Sabiensis. Voy. LIBER constitutionum.

EGIDIUS seu Ægidius corbejensis. Car-

mina de urinaȝ iudiciis edita ab excellētissimo dño magr̄o Egidio cuȝ cōmento eiusdem feliciter incipiunt. (in fine capitis penultimi) : *Hic modus imponit̄ Tractatulo de cognoscendis urinis... magistri Egidii cū expositōe τ ȝm̄eto mgr̄i Gentilis d̄ fulgineo sūma cū diligē plurib' ĩ locis castigat' a m°. Auenātio d̄ camerio... paduegȝ ĩpressus ȝ mgr̄m matheū Cerdonis d̄ uuindischgregȝ die 1ȝ iulii. Anno* 1483, in-4. goth. [12826]

Première édition de ce poëme : la souscription est à la fin de l'avant-dernier chapitre, et il y a ensuite quatre autres ff. pour le dern. chapitre ; ainsi l'édition paraît être sans date, quand on la cherche à la fin du volume (Panzer).

— Liber magistri Egidii de pulsibus metrice compositus (cum commentario Gentilis de Fulgineo).—*Impressus fuit Padue per magistrum Mattheum cerdonis de Uuindischgretz...* 1484, in-4. goth.

Ce livre a 48 ff., dont les 3 prem. renferment une épître de *Venantius Mutius*, et le prologue du commentateur. Le premier f. de chaque cahier y est chiffré, de même que dans l'article précédent. Vend. 20 fr. en janvier 1829.
Les deux poëmes d'Egidius (Gilles), avec leurs commentaires, ont été réimprimés ensemble à Venise, *per Bernardinum Venetum expensis Jeronymi Duranti*, 1494, in-4. goth. de 78 ff.; — aussi à Venise, *per Georgium Arriuabenum*, 1414 (sic, pro 1514) *die 22 nov.*, in-fol.; — et enfin à *Lyon*, en 1505, en 1526, et à *Bâle*, en 1529, in-8.
Gilles de Corbeil, médecin de la fin du XIIe siècle, a laissé aussi un troisième poëme en quatre livres, intitulé : *De virtutibus et laudibus compositorum medicaminum*, que Lyser a inséré en entier dans son *Historia poetarum*. Le tout a été réimprimé sous le titre suivant :
ÆGIDII corboliensis carmina medica ad fidem mss. codicum et veterum editionum recensuit, notis et indicibus illustravit Lud. Choulant. *Lipsiæ*, *Voss*, 1826, in-8. (édition enrichie de prolégomènes, et de 99 vers restitués dans le texte, 8 fr.).
Depuis la publication de cette édition des poésies lat. de Gilles de Corbeil, on a retrouvé un poëme satirique en neuf livres, du même médecin, ouvrage qui, dans le manuscrit qu'en possède M. Jérôme Pichon, porte ce titre : *Incipit Ierapigra magistri egidii de Corbillo ad purgandos prelatos.* M. Victor Le Clerc en a donné une analyse raisonnée dans le 21e vol. de l'*Hist. littér. de la France*, pp. 333 à 362 et 840-843, et en même temps il a complété la notice sur Gilles de Corbeil, qui se trouve dans le tome XVI de la même *Hist. littér.*, pp. 506-11.

EGILS SAGA, S. Egilii Skallagrimii vita, islandice, ex mss. legati Arna-Magnæani, cum interpretat. lat., notis chronol. et tabulis æn. *Havniæ*, 1809, in-4. 18 fr. [27718]

EGILSSON (*Sveinbjörn*). Lexicon poeticum antiquæ linguæ septentrionalis. Edidit societas reg. antiquariorum septentrionalium. *Hafniæ*, 1855, gr. in-8. [11276]

Ouvrage important qui doit être complet en 5 fascicules, au prix de 40 fr. Le 4e fascicule a paru en 1858.

Egger (*E.*). Apollonius Dyscole, 10586. — Histoire de la critique chez les Grecs, 18148. — Examen des historiens d'Auguste, 22953.

Eggert (*Fiz.*). Abbildungen der Glasgemälde in der Salvatorkirche, 9282.

Eggs (*G.-J.*). Pontificium doctum, 21621. — Purpura docta, 21622.

EGINETA (*Paulus*). Voy. Ægineta.

EGINHARTUS de vita et gestis Caroli magni, cum comment. Frid. Bisselii et not. Bollandi : accedunt Melch. Goldasti animadversiones ineditæ, cum variis dissertationibus; curante J.-H. Schminckio. *Traj. ad Rhen.*, 1711, in-4. [23350]

Bonne édition : 10 à 12 fr.

La première édition sous le titre de *Vita et gesta Karoli magni*, Coloniæ, J. Soter, 1521, in-4. de 14 ff. prél., 169 pp. et 1 f. pour la souscription, ne porte pas de nom d'auteur; elle a été donnée par Herm. de Nuenare, et elle renferme : *Annales regum Francorum Pipini, Karoli, Ludovici, collecti per quemdam Benedictinæ religionis Monachum.* Vend. 30 fr. 50 c. *v. t. d.* Revoil, mais ordinairement de 15 à 20 fr. C'est sur cette première édit. qu'a été faite celle de *Leipzig*, 1616, in-4.

— VITA Caroli mag. edita cum annotationibus et varietate lectionis a Gabr. God. Bredow. *Helmestadii*, 1806, in-8. 5 fr.

Le texte latin d'Eginhart se trouve dans la Collection de Duchesne, dans celle de D. Bouquet, ainsi que dans les 2e vol. de *Monumenta germaniæ*, de Pertz, et dans plusieurs autres recueils.

— La vie du roy et empereur Charlemaigne. Composé jadis en langage latin par Eginhart son chancelier, maintenant translaté en francoys par Elie Vinet. *Poitiers a lenseigne du Pelican* (*Marnef*), 1546, pet. in-8.

Vend. 10 fr. A. Martin ; 49 fr. Le Prevost.

Cette traduction a été réimpr. en 1558. Indépendamment de cette version, et de celle que le Pr. Cousin a donnée dans son *Histoire de l'empire d'Occident* (voy. COUSIN), nous en avons une par Léonard Pournas, *Paris*, 1614, in-12; une autre sous le titre d'*Histoire de Charlemagne*, par M. D. (Denis), *Paris*, 1812, in-12; enfin il s'en trouve une dans le 3e vol. de la *Collection des anciens historiens de France*, publiée sous le nom de M. Guizot.

CŒUVRES complètes d'Eginard, réunies pour la première fois et traduites en français, avec les notes nécessaires à l'intelligence du texte, les variantes des différents manuscrits, et une table générale des matières, par A. Teulet. *Paris, J. Renouard*, 1840, 2 vol. gr. in-8. 18 fr.

— LEBEN und Wandel Karls des Grossen beschr. von Einhard, Einl. Urschrift, Erläuterung, Urkundensammlung, herausgegeben von L. Ideler. *Hamb. und Gotha*, 1839, 3 vol. in-8.

EGLAMOURS (syr) of Artoys. *London, by William Copland* (*no date*), in-4. goth. de 20 ff. [17717]

Ce roman a été réimpr. *London, by John Walley*, in-4. goth. sign. A—E par 4. On en trouve un extrait dans le 3e vol. des *Specimens* d'Ellis.

EGLISE (l') des mauuais, ou autrement la petite Dyablerie, dont Lucifer est le chef, et les membres sont tous les joueurs iniques et pecheurs reprouves, translatee du latin en francois. (*sans lieu ni date*), in-16, goth. [13489]

Pièce rare.—Voy. DAMERVAL.

ÉGLISES principales. Voy. CHIESE.

EGNATIUS (*Jo.-Bapt.*). Baptistæ Egnatii viri ervditiss. Oratio in lavdem benedicti Prvnali (*sic*) recitata, in qva et ivvenilis aetatis, et sacri ordinis obiter tractata defensio continetvr. —*Ex açademia Aldi Ro.* M.DII. *Pri. Kal. Octobr.*, pet. in-8. de 8 ff. [12156]

Petite pièce de toute rareté. Au verso du titre est une préface d'Egnazio à Marco Sanuto. Le texte commence au haut du second f. par ces mots : *Erunt his fortasse* (Renouard, *Annales des Alde*, 3e édit., 37).

—Ad Frãciscum huius nominis primum De eius in Italiam... aduentu : Deq3 clarissima ex Helvetiis panegyricus. *Mediolani*, M.D.XV... *Ex ædibus Minutianis*, pet. in-4. [12683]

Pièce de 12 ff. contenant 541 vers. La Biblioth. impér. en conserve un exemplaire imprimé sur VÉLIN, ainsi que d'un autre écrit du même auteur intitulé : *Oratio habita in funere Nicolai Ursini.* Venet., 1509, pet. in-4. de 25 ff. Vend. 10 fr. Mac-Carthy.

Le Panégyrique de François Ier a été réimprimé, *Parisiis, ex ædibus Ascensi an.* 1516, X *kal. Febr.*, in-4., et ensuite sous ce titre :

CHRISTIANISS. Francorum regi Francisco ob victoriam de Helvetiis paratam, Jo. Baptistæ Egnatii Veneti panegyricus.— *Venetiis in ædibus Jo.-Ant. de Nicolinis de Sabio, impensis vero Francisci Asulani,* M.D.XL., *mense decembri*, in-4. de 4 et 12 ff. non chiffrés.

Cette édition, qui, comme l'a fait justement remarquer M. Renouard, est fort rare, appartient à la collection aldine. Elle contient de plus que les deux précédentes une épître dédicatoire de l'auteur à François Ier, dans laquelle il dit que, sur l'invitation du célèbre trésorier Jo. Grolier, son bienfaiteur, il a ajouté à son poëme un morceau relatif aux guerres soutenues par les rois de France contre les Sarrasins, ce qui porte cette pièce à 500 vers. Vend. 13 liv. Hebert; 3 liv. 3 sh. Butler.

— Summaire des chroniques contenant les vies, gestes et cas fortuits de tous les empereurs d'Europe, depuis Iules Cesar jusques a Maximilien, dernier decede, faict premierement en langue latine par Iehan Baptiste Egnace, Venicien, et translate de la dicte langue latine en langaige francoys, par maistre Geofroy Tory de Bourges. On les vend à Paris a lenseigne du Pot cassé. (à la fin) : *Ce present liure fust acheue dimprimer a Paris le* XIII. *iour dapvril* M. D.XXIX, *pour maistre Geofroy Tory de Bourges, qui les vend au dit Paris a lenseigne du Pot casse*, pet. in-8. contenant 16 ff. prélim., 99 ff. de texte et 13 ff. de table, lettres rondes.

Volume rare, dont un exemplaire rel. en *mar. r.* par Trautz-Bauzonnet a été vend. 142 fr. Solar, ce qui est un prix excessif.

Le texte latin de cet ouvrage a pour titre : *Joannis Baptistæ Egnatij veneti de Cæsaribus libri III. a dictatore Cæsare ad Constantinum Palæolo-*

Égly (Monthenault d'). Histoire des rois des Deux-Siciles, 25739.

Egmont (*J.-Æg.* van). Travels, 19922.

gum, hinc a Carolo magno ad Maximilianum Cœsarem, lequel a été imprimé avec les *Scriptores historiæ Augustæ,* édition d'Alde, 1516 et 1519, et dans d'autres éditions (voyez HISTORIÆ augustæ scriptores).

Il existe une seconde édition de la traduction de Tory. *Paris, Ch. l'Angelier,* 1544, in-8.

— EGNATIUS. De exemplis virorum illustrium venetæ civitatis, atque aliarum gentium. *Venetiis, Nicolaus Tridentinus,* 1554, in-4. de 4 ff. et 310 pp. (l'*index rerum* annoncé sur le titre du livre ne se trouvait pas dans l'exemplaire décrit par Molini).

EGUIARA y Eguren (D. *Jo.-Jos.* **de).** Bibliotheca mexicana, sive eruditorum historia virorum qui in America boreali nati, vel alibi geniti, in ipsam domicilio aut studiis asciti, quavis lingua scripto aliquid tradiderunt. *Mexici,* 1755, in-fol. [30998]

Ouvrage curieux, mais dont il n'a paru que le premier volume (A—C). Fort peu d'exempl. sont parvenus en Europe : 50 fr. Rœtzel.

EGUILLEVILLE (*Guill.* **d').** Voyez GUILEVILLE.

EGUILLON de crainte divine. Voyez ART de mourir.

EGYPT, poem. Voy. SALT.

EHINGEN (*George* **de).** Itinerarium, das ist historische Beschreibung weyland herrn Georg von Ehingen Raisens nach Ritterschafft vor 150 Jaren in x unterschidliche Königreich verbracht, etc. *Augspurg, bey Johan Schultes,* 1600, pet. in-fol. de 20 ff., avec 10 portr. gr. [19937]

Ce Mémorial d'un voyageur mort vers la fin du XVe siècle, a été publié par Raymond Fugger avec des gravures de Dominique Custos, et de nouveau dans le 1er volume de la *Bibliothek des litterarischen Vereins in Stuttgart* (voy. notre 1er vol., col. 928). On en a un abrégé sous ce titre : *Notice d'un manuscrit sonabe contenant la relation des voyages... de Georges d'Ehingen... avec les portraits dessinés sur les originaux par M. Vallet de Viriville,* Paris, Didron, 1855, in-4. Un exemplaire de l'édit. de 1600, *rel. en mar. vert,* 61 fr. en 1860.

EHRENBERG (*Christian - Gottfried***).** Naturhistorische Reisen in Ægypten, Dongola, Syrien, Arabien und Habessinien von Hemprich und Ehrenberg, von 1820-25. *Berlin, Mittler,* 1828 et ann. suiv., gr. in-4., avec cartes et vues. [4537]

Partie historique de la relation de ce Voyage. Le premier volume contient le Voyage en Libye et dans la Basse-Egypte.

— Symbolæ physicæ, seu icones et descriptiones corporum naturalium novor. aut minus cognitorum quæ ex itineribus per Libyam, Ægyptum, Nubiam et Habessiniam publico institutis sumptu, F.-G. Hemprichii et C.-G. Ehrenbergii studio annis 1820-25 redierunt. Pars Zoologica I. *Berolini, Mittler,* 1829-1845 et ann. seqq. in-fol.

Ce bel ouvrage s'est publié par parties séparées, au prix de 11 thl. 12 gr. chacune. Il en paraissait neuf cahiers en mars 1845, savoir : *Mammalia,* 20 pl.; *Aves,* 10 pl.; *Insecta, dec.* I—V, 50 pl.; et *Animalium evertebratorum, sepositis insectis, decas prima,* 10 pl. Il y a des exemplaires avec le texte en allemand.

— Die Infusionsthierchen als wollkommene Organismen. Ein Blick in das tiefere organische Leben der Natur, von D. Ch.-Gott. Ehrenberg. *Leipzig, Leop. Voss,* 1838, in-fol. pap. vél. [6177]

Ouvrage capital. Le volume de texte a 11 feuilles prélimin. cotées a—f, et 137 feuilles; l'atlas se compose de 64 planch. color. : 320 fr. — Vend. 250 fr. en 1840.

— MIKROGEOLOGIE. Das Erden und Felsen schaffende Wirken des unsichtbar kleinen selbstständigen Lebens auf der Erde. *Leipzig, Voss,* 1854, in-fol., avec 41 pl. color. 288 fr. — Fortsetzung. *Leipzig, Voss,* 1856, une livr. in-fol. 22 fr. [4585]

ORGANISATION, Systematik und geographisches Verhältniss der Infusionsthierchen. *Leipzig,* 1830, in-8. fig.

TRAITÉ pratique du microscope et de son emploi dans l'étude des corps organisés, par le docteur L. Mandl, suivi de recherches sur l'organisation des animaux infusoires, par C.-G. Ehrenberg. *Paris, Baillière,* 1839, in-8., avec 14 planches : 8 fr.

— UEBER noch zahlreich jetzt lebende Thierarten der Kreidebildung. *Leipzig,* 1840, in-fol. fig. 16 fr.

— VERBREITUNG und Einfluss des mikroskopischen Lebens in Süd-und Nord-Amerika. *Leipzig,* 1843, in-fol. fig. 21 fr.

— PASSAT-STAUB und Blut-Regen, ein grosses organisches unsichtbares Wirken und Leben in der Atmosphäre. *Leipzig,* 1849, gr. in-fol. 6 pl. color. 21 fr.

EHRET (*Geor.-Dion.***).** History and analysis of the parts of Jessamine which flowered in the curious garden of R. Warner at Woodfort. 1759, gr. in-fol. fig. color. [5459]

Vol. peu commun : 60 fr. Blondel, en 1798.

— PLANTÆ et papiliones rariores depictæ et æri incisæ a Geor.-Dion. Ehret (1748-59), in-fol., avec 15 fig. color. Vend. 18 fr. L'Héritier.

EICHELBERG (*T.-F.-A.***).** Naturgetreue Abbildungen und ausführl. Beschreibungen aller in- und ausländischen Gewächse, welche die wichtigsten Produkte für Handel und Industrie liefern, als naturgesch. Begründung der Merkantilwaarenkunde. *Zürich,* 1845, gr. in-8. avec 72 pl. color. 8 thl. 1/6. [4950]

EICHHOFF. Parallèle des langues de l'Europe et de l'Inde, ou étude des principales langues romanes, germaniques, slavones et celtiques comparées entre elles et à la langue sanscrite, avec un essai de traduction générale, par F.-G. Eichhoff. *Paris, imprim. roy., se vend chez l'auteur,* 1836, in-4. de 65 feuilles. [11590]

L'introduction et l'alphabet ont paru en 1834.
— HISTOIRE de la langue et de la littérature des Slaves, Russes, Serbes, Polonais, etc. *Paris, Cherbuliez*, 1839, gr. in-8. 9 fr. [30136]
— TABLEAU de la littérature du Nord au moyen âge, en Allemagne et en Angleterre, en Scandinavie et en Sclavonie, nouv. édition. *Paris, Didier*, 1857, in-8.

EICHHORN. Monumenta antiquissimæ historiæ Arabum, post Alb. Schultens, arabice edidit, latine vertit et animadvers. adjecit J.-Gottfr. Eichhorn. *Gothæ*, 1775, in-8. 6 fr. [27989]

Le même auteur a donné :
ANTIQUA HISTORIA, ex ipsis veterum scriptorum græcorum narrationibus contexta. *Lipsiæ*, 1811, 4 vol. in-8. [22692], dont le 1er pour l'Asie, le 2e pour l'Afrique et la Grèce, et les 3e et 4e pour l'Italie. 36 fr.
ANTIQUA HISTORIA, ex ipsis veterum scriptorum latinorum narrationibus contexta. *Gœtting.*, 1811, 2 vol. in-8. 18 fr. [22693]
— Divers ouvrages allemands sur l'Ecriture sainte, 570-73. — Poésie héroïque des Indiens, 15990. — Geschichte der Literatur, 30020-21. — Geschichte der Cultur und Literatur der neuern Europa, 30159. Weltgeschichte, 22702. — Die drei letzten Jahrhunderte, 23072.

— Voyez JONES.

EICHWALD (*Ed.*). Zoologia specialis quam expositis animalibus tum vivis, tum fossilibus potissimum Russiæ in universum, et Poloniæ in specie... *Wilnæ*, 1830-32, 3 vol. in-8. pl. lithogr. 27 fr. [5628]

— NATURHISTORISCHE Skizze von Lithauen, Volhynien und Podolien, in geognostisch - mineralogischer, botanischer und zoologischer Hinsicht entworfen. *Wilna*, 1830, in-4., avec 3 pl. lithogr. 15 fr.
— PLANTARUM novarum vel minus cognitarum quas in itinere Caspio - Caucasico observavit fasciculi. *Vilnæ*, 1831-32, in-fol. [5219]
Deux fascicules de 20 planches lithogr. 24 fr. de Jussieu.
Le même auteur avait déjà publié l'ouvrage suivant :
GEOGNOSTICO-ZOOLOGICÆ per Ingriam marisque Baltici provincias, nec non de trilobitis observationes. *Casani*, 1826, gr. in-4., avec 5 pl. 14 fr.
Il a donné depuis :
REISE auf dem kaspischen Meere und in den Kaukasus unternommen in den Jahren 1825-1826. *Stuttgart*, 1834-37, in-8. Premier tome en 2 vol. 6 thl.
DIE URWELT Russlands, durch Abbildungen erläutert, *St.-Petersburg*, 1840-48, 4 cah. in-4., avec 14 pl. lith. 27 fr. [4615]
FAUNA Caspio-Caucasica nonnullis observationibus novis illustravit Ed. Eichwald. *Petropoli*, 1841, in-fol., avec 40 pl. lith. dont 34 color. 54 fr. [5029]
NATURHISTORISCHE Bemerkungen, als Beitrag zur vergleichenden Geognosie, auf einer Reise durch die Eifel, Tyrol, Italien, Sizilien und Algier gesammelt. *Moskau*, 1851, gr. in-4., avec 4 pl. lith. 24 fr. [4600]
LETHÆA ROSSICA ou le monde primitif de la Russie décrit et figuré. *Stuttgart, Schweizerbart*, 1852-55. 4 livr. in-8., avec 47 pl. lith. in-fol. 50 fr. [4615]

Eichstaedt (*H.-C.*). De Imaginibus Romanorum ; 29220.

EICONES plantarum. Voy. ICONES.

E'IKΩN ΒΑΣIΛIKῊ. The Portraiture of his sacred majesty K. Charles 1, in his solitudes and sufferings. 1648, in-4. [26949]

Au moment de sa publication, cet ouvrage eut un grand retentissement en Angleterre et dans une partie de l'Europe. On prétend même qu'il s'en fit alors une cinquantaine d'éditions, en différents formats. Celle de 1649, avec un frontispice gravé par Marshall, s'est vendue plusieurs fois de 15 à 20 sh. en Angleterre dans ces derniers temps. Cet écrit est-il réellement de Charles Ier, ou, comme on l'a cru longtemps, du docteur Gauden, évêque d'Exeter ? c'est une question qui n'est pas encore définitivement résolue. Il a été traduit en latin par Jean, comte et ensuite évêque de Salisbury, sous ce titre :
IMAGO regis Caroli in illis suis ærumnis et solitudine. *Hagæ-Comitum*, 1649, in-12 avec un frontispice par Marshall.
Il en existe plusieurs traductions françaises. La plus ancienne est celle que Barbier attribue à David Caillove, de Rouen, qui en a signé de ses initiales D. C. l'épître dédicatoire. Elle a pour titre :
EIKÒN Basilike, ou portrait royal de sa majesté de la Grande-Bretagne dans ses souffrances et ses solitudes, contenant ses méditations sacrées, prières, derniers propos, conférences de Neufchastel avec Henderson touchant le gouvernement de l'Église anglicane, et quelques autres pièces non encore mises en lumière. *Imprimé à La Haye* (ou peut-être à *Londres*), en 1649, pet. in-12.
Le traducteur a terminé ce volume par les *Métamorphoses des isles Fortunées, à la reyne douairière de la Grande-Bretagne*, pièce en vers de sa composition.
L'édition de *Paris, Louis Vendosme*, 1649, pet. in-12, parait contenir la même traduction, retouchée par un sieur Porrée qui a signé de son nom l'épître dédicatoire à Charles II.
— Eίκὼν Βασιλική. The Portraiture of his majesty king Charles I ; to wich is added the royal martyr, or the life and death of the said king, written by Rich. Perinchief, one of his chaplains. *London*, 1727, in-8. avec portr.
Lowndes indique dans son Manuel, au mot EIKÒN, les différentes réponses qui ont été faites au *Portrait royal ;* nous parlerons seulement ici de celle qui est due à la plume de Milton, et à pour titre :
E'IKONOKΛA'ΣTHΣ, in Aswer to Eίκὼν Βασιλική. *London*, 1649, in-4.; plusieurs fois réimpr. en différents formats, et aussi avec des augmentations de R. Baron, à *Londres*, 1756, in-4.
Voici le titre de la traduction française de cette réponse :
Εἰκονοκλάστης, ou réponse au livre intitulé Εἰκὼν Βασιλική, ou portrait de sa majesté durant sa solitude et ses souffrances, par le sieur Jean Milton ; traduite de l'anglois sur la seconde et plus ample édition, et revue par l'auteur ; à laquelle sont ajoutées d'autres pièces mentionnées en ladite réponse, pour la plus grande commodité du lecteur. *A Londres, par Guill. Du Gard, imprimeur du Conseil d'Etat l'an 1652, et se vend par Nicolas Bourne*, in-12 de 16 ff. prél., 451 pp. et 14 ff. non chiffrés.
— Voy. CHARLES Ier.

EIDINER. Fratris Edineri angli de vita D. Anselmi archiepiscopi cantuariensis libri II. nunquam antehac æditi. *Antuerpiæ, Joan. Gravius*, 1551, in-16. [22104]

Première édition de cette vie dont l'auteur, nommé ici Eidiner, est le même qu'Eadmer, de qui nous citons, sous le n° 26886, l'*Historia novorum*, laquelle a été réimpr. avec les œuvres de S. Anselme;

édit. du P. Gerberon, 1675 et 1721 ; mais ne forme pas un livre à part sous cette dernière date, comme paraît le croire M. Graesse.

EINARI seu Einarsen (*Halfdani*). Historia litteraria Islandiæ, autorum et scriptorum tum editor. tum ineditor. indicem exhibens. *Hauniæ*, 1786, in-8. 6 à 9 fr. [30137]

EISENBERG (le baron d'). Description du manége moderne dans sa perfection. 1727, in-4. obl., avec 60 pl. grav. par B. Picart. [10345]

Édition originale, qui a l'avantage de contenir les premières épreuves des planches : 12 à 18 fr. Les réimpr. faites à *La Haye*, en 1733, 1737 et 1740, in-4. obl., sous le titre de *l'Art de monter à cheval, ou description du manége moderne*, ont un peu moins de valeur.

— LE MÊME ouvrage, nouvelle édit. augmentée d'un dictionnaire des termes du manége moderne (qui avait paru séparément en 1747). *Amsterdam et Leipzig*, 1759, in-4. obl.

On trouve quelquefois dans ce volume : *Anti-maquignonage pour éviter la surprise dans l'emplette des chevaux, par le B. d'Eisenberg*. Amst., 1764, in-4. obl., avec 9 planches.

— LA PERFEZIONE e i diffeti del cavallo, opera del barone d'Eisenberg (en italien et en français). *Firenze*, 1753, in-fol. fig.

Belle édition. Le frontispice gravé porte : *Anti-maquignonage, etc.*

EISENBERGER (*Nic.-Frid.*). Piscium, serpentum, insectorum, etc., imagines, quas Marc. Catesby in posteriore parte operis quo Carolinæ, etc., reddidit historiam naturalem, additis vero imaginibus piscium, etc.; ediderunt Nic.-Frid. Eisenberger et Georg. Lichtensteger. *Norimbergæ*, 1750, gr. in-fol. fig. color. [4555]

Vend. 30 fr. de Tersan ; 25 fr. Librairie De Bure.

Ce livre, qui contient 109 pl. y compris le supplément, a reparu avec un nouveau titre daté de 1777; les explications sont en français et en allemand; vend. 44 fr. Caillard.

EISENMANN (*Simonis*) Enchiridion Arithmetices. *Lipsiæ, per Jacobum Thanner*, 1511, *in vigilia sancti Jacobi*, in-fol. [7866]

D'après Panzer, VII, p. 173, n° 351.

ELCI (*Angelo* d'). Satire. *Firenze, Piatti*, 1817, in-4., avec un portr. de l'auteur par Morghen. 10 fr., et plus en Gr. Pap. vél. [14960]

On a donné en même temps une édit. pet. in-8., 4 fr.,

et depuis les *Poesie italiane e latine, edite ed inedite*, Firenze, 1827, 2 vol. in-8., avec la vie de l'auteur, par J.-B. Niccolini. [14615] — Les satires ont été réimpr. à Pise, 1821, in-16.

ELECTION divine de S. Nicolas. Voyez SORET.

ELEGANT extracts in prose. *Lond.*, 1803, or 1808 or 1813, 2 part. en 1 vol. gr. in-8. [19461]

ELEGANT extracts in verse. *London*, 1805 or 1809, 2 part. en 1 vol. gr. in-8. [15732]

ELEGANT extracts; epistles. *London*, 1803 or 1807, 2 part. en 1 vol. gr. in-8. [18910]

On réunit ces 3 volumes qui renferment en un espace très-resserré une grande partie de ce que la littérature anglaise offrait jusqu'alors de meilleur, tant en vers qu'en prose : le volume de poésie contient plus de 120,000 vers : 24 à 36 fr. les 3 vol.

Ce recueil choisi par le D. Vicesimus Knox est d'un usage très-commode, et il a été souvent réimpr. Il y en a une jolie édition de *Londres, John Sharpe*, 1810, 18 vol. in-18, avec frontispices gravés, et qui coûtait 2 liv. 10 sh.

On a aussi : *Elegant extracts; Divinity*, vol. in-8. dans le même genre que les trois autres auxquels il fait suite.

NEW elegant extracts, an unique selection, moral, instructive and entertaining from the most eminent prose writers, from the british poets, and poetical translators. *Chiswick, for Ch. Whittingham*, 1827-28, 12 vol. in-24.

Cette collection, rédigée par Devenport, se divise en 2 parties, savoir : 6 vol. pour la prose, dont deux de lettres, et 6 vol. pour la poésie, dont deux de traductions. Elle ne contient rien de ce que renferment les *Elegant extracts* de Sharpe. Chaque vol. est orné de deux vignettes.

ELEGANTIORES præstantium virorum satyræ. *Lugd.-Batav.*, 1655, 2 tom. en 1 vol. pet. in-12. 3 à 5 fr. [18396]

ELEGIA ad M. Valer. Corvinum Messalam; edidit, commentarium de auctore et observationibus instruxit G.-Phil.-Eb. Wagner. *Lipsiæ*, 1816, in-8. 3 fr. [12503]

Cette pièce, que l'on croit être du siècle d'Auguste, a été attribuée à Virgile par plusieurs savants : c'est assez dire qu'elle est d'une excellente latinité. Il y a des exemplaires en pap. vélin.

ELEGIDIA et poematia epidictica præcipuas præcipuorum et maxime clarorum virorum, qui hoc tempore inprimis vixerunt et innotuerunt virtutes et actiones ac totius Europæ præsentem et futurum statum instantia, una cum personarum iconibus ad vivum expressis. *Upsaliæ*, 1631, pet. in-8. [13124]

Volume rare et remarquable, surtout parce qu'il renferme 31 portraits bien gravés de différents personnages célèbres du commencement du XVIIe siècle. 10 à 15 fr. — 22 fr. *mar. bl.* Nodier, et plus cher en Angleterre.

L'auteur de ce recueil, Joachim Rustolf, l'a publié auss sous ce titre : *Scena Europæa personis suis instructa, præcipuas regum, principum, rerum publicarum virtutis consilia et actiones, ac totius Europæ præsentem et futurum statum representans*. (absque loci et typogr. nota), 1629; in-24.

ÉLÉGIE au jésuite qui lit. Voyez COMPLAINCTE; t. II, col. 197.

ELEGIE ou deploration des morts tués en
la bataille d'Hervaux, et de ce temps
calamiteux. *Tours, René Siffleau,* 1569,
pet. in-8. de 6 feuillets. 27 fr. Salmon.

ELEMENTA philosophiæ christianæ, quibus continentur alphabeta sclavonicum,
græcum et latinum, preces, regulæ morum, nomenclatura universalis, etc. :
omnia sclavonice, græce et latine edita,
jussu Petri Alexiowitz. *Moschæ,* 1701,
in-4. Rare. [11400]

ELEMENTALE Introductorium. Εἰσαγωγή
πρὸς τῶν γράμματων ἕλληνων. Elementale
introductorium in Jdeoma Græcanicum.
Alphabetum græcum et ejus lectura. De
diuisione litterarum græcarum. De
diphthongis græcis propriis et impro-
priis. De potestate litterarum græcarum.
De potestate diphthongorum propriarum
et impropriarum. Quemadmodum diphthongi græcæ et litteræ græcæ in latinis
litteris transferuntur. Quonammodo
diphthongi græce ad latinos venere. Ab-
breuiature frequentarie græcanicarum
litterarum. — *Expressum Erphordiæ
per Lupambulum (Wolfgang)* εἰνεχόον
alias Schencken. Anno Christi M.
CCCCC. I (1501) *ad xxv Calendas Octobres,* pet. in-4. [10521]

Ces éléments de la langue grecque sont rares ; et on
les regarde comme le second livre imprimé en Allemagne avec des caractères grecs (voyez PRISCIANI
de constructione lib.). Freytag (*Adparatus,* II,
748), qui nous en donne la description, n'en connaissait point l'auteur, mais nous pensons que ce
doit être Nicolas Marscal ou Marescal dit *Thurius,*
lequel a publié dans la même année et chez le même
imprimeur un ouvrage intitulé *Orthographia N.
M. T.,* et qui est analogue au précédent (voyez
MARSCALUS). L'*Introductorium* n'est porté qu'à
3 fl. 30 kr. dans un catal. du libraire Butsch. Ch.
Nodier a parlé de ce livre à la page 336 de ses *Mélanges,* impr. en 1829.

Panzer, IX, 68, n° 17, cite un autre *Elementale introductorium in idioma græcanicum* (edente H.
Trebel), in-4. gr. et lat. dont la souscription porte :
*formatum typis Wittenburgii in officina Joannis
Gronenbergii anno* MDXI. Ce dernier recueil contient : *Alphabetum græcum et ejus lectura; ab-
breviationes et colligaturæ;* l'*Oratio dominica* et
autres prières; *dicteria septem sapientum,* et
quelques psaumes pénitentiaux.

ELEMENTS (the) and practice of rigging
and seamanship. *London,* 1794, 2 vol.
in-4. fig. [8485]

Vend. 100 fr. salle Silvestre, en 1810, et beaucoup
moins depuis.

ELEMENTS and practice of naval architecture. *London, P. Steel,* 1805, gr.
in-4. avec un grand nombre de pl. [8474]

Ce volume a coûté 10 liv. 10 sh.; mais aujourd'hui
on le trouverait fort au-dessous de ce prix.

Éléments de la politique. — Voy. BUAT (de), qui est
le même que Du Buat.

Elena (*Gius.*). Lombardia pittoresca, 25394.

ELERUS (*Franc.*), Ulysseus. Cantica sacra partim ex sacris litteris desumpta,
partim ab orthodoxis patribus et piis
ecclesiæ doctoribus composita... ad duodecim modos ex doctrina Glareani accommodata et edita. *Hamburgi,* 1588,
2 vol. in-8. [10197 ou 12589]

ELEUTHERIUS (*Aug.*) [Seb. Franck]. De
arbore scientiæ boni et mali ex quo
Adamus mortem comedit, et adhuc hodie cuncti homines mortem comedunt...
*Mulhusii superioris Elsatiæ, per Petr.
Fabrum,* 1561, pet. in-8. de 130 ff., et
1 f. pour la souscription. [637]

Volume peu commun : 10 fr. Gaignat ; 15 fr. La Vallière; 4 fr. Mac-Carthy.

ELFACHRI. Geschichte der islamischen
Reiche vom Anfang bis zum Ende des
Kalifates von Ibn Ettiqthaqa. Ara-
bisch mit einer Einleitung herausgeg.
nach der Pariser Handschrift von W.
Ahlwardt. *Gotha, F.-A. Perthes,* 1860,
in-8. de LXIV et 392 pp. 18 fr. [28004]

ELGIN marbles, from the temple of Minerva at Athens, selected from Stuart
and Revett's Antiquities of Athens, to
which are added, the report from the select, committee to the house of commons respecting the earl of Elgin's collection of scultured marbles, and an
historical account of the temple. *London, Taylor,* 1816, gr. in-4. avec 61 pl.
2 liv. 12 sh. 6 d. [29539]

—Voy. LAWRENCE (*Rich.*); STUART.

Lowndes, p. 655 (nouv. édit., p. 725), donne la liste
des ouvrages qui se rapportent à l'opération faite
en Grèce par Thomas Bruce comte d'Elgin. — Voir
aussi les n°s 29536 et suiv. de notre table.

ELGUETA y Vigil. Voy. VIGIL.

ELIÆ LEVITÆ (*R.*) Sefer abarcava, Liber compositionis, hæbraice. *Romæ, an.
minor. supput.* 278. *christ.* MDXVIII,
per fratres Avigador. impress., in-8.

— Sefer abachur. Liber electus, vel iuue-
nis ex cognomine auctoris. *Romæ, an.
minor. supput.* 278, *Christi* MDXVIII,
in-8. [11507]

Deux volumes rares, au sujet desquels on peut consulter de Rossi, *Annales,* 2° partie, page 17, où se
trouvent des détails curieux sur la typographie hébr.
des frères Avigador, à Rome. Le même bibliographe
décrit les autres ouvrages hébreux de Elias Levita,
qu'il indique dans son Index aux mots LEVITÆ
ELIÆ, mais il ne fait pas mention du livre dont
voici le titre :

— EX VARIIS libellis Eliæ grammaticorum omnium
doctissimi, hunc fere congestum est opera Joh.
Campensis, quidquid ad absolutam grammaticen
hebraicam est necessarium. *Lovanii, apud Theod.
Martinum, anno* M.D. XXVIII, *mense junio,* in-4.
de 52 ff. [11507]

Volume dont on ne connaît, dit-on, que deux exemplaires. Celui de M. Borluut de Noortdonck, annoncé dans le catalogue de ce bibliophile sous le

titre de *Joannis Campensis grammatica hebraica*, a été vendu 132 fr., bien qu'il eût un feuillet taché.

Il est probable que l'édit. annoncée sous la date de 1523, dans le 7e vol. de Panzer, p. 266, d'après la *Biblioth. Thott.*, est la même que celle-ci, et qu'on aura lu XXIII au lieu de XXVIII. Il existe une édition de Paris, 1535, in-8.

Citons encore : *Grammatica hebraica absolutissima Eliæ Levitæ, hebraice et latine a Sebastiano Munstero edita : accessit ejusdem Munsteri institutio elementaria in hebraicam linguam*. Basileæ, Jo. Froben, 1525 et aussi 1543, in-8.

ELIE (*Martin*). Voy. RIDENGER.

ELIOT (*John*). Ortho-epia-Gallica. Eliot's fruits for the French : entercaled with a double new inuention, which teacheth to speake truly, speedily and volubly the French tongue. *London*, 1593, pet. in-4. [10941]

Ce livre rare, cité par Lowndes, p. 725, est fort peu connu en France.

ELIOT (*John*). The indian grammar begun, or an essay to bring the indian language into rules. *Cantabrigiæ*, (*Cambridge in New-England*), 1666, in-4. [11958]

Première édition de cette grammaire ; elle est rare, mais il y en a une nouvelle sous le titre de *Grammar of the Massachusetts indian language*, avec des observations, par P.-S. Duponceau, auxquelles sont jointes une introduction et des réflexions supplémentaires, par J. Pickering. *Boston*, 1822, in-8. (voy. ZEISBERGER).

ELISABETH regine hispanie et Sicilie Tabule astronomice, *opera et expensis Petri Liechtensten coloniensis germani*, *Venetiis*, MDIII *die xxviii decembris*, in-4.

Une réimpression de ces tables, corrigées et mises en ordre par L. Gauricus, se trouve à la suite des *Tabulæ Alphonsi Hispaniarum regis*, édit. de Venise, par Luc.-Ant. Junta, 1524, in-4. [8336], (*Panzer*, VIII, p. 484).

ELISABETH. Duo edicta Elizabetæ reginæ Angliæ contra sacerdotes Societatis Jesu, et alumnos seminariorum, quæ a Gregorio XIII, Pont. Max. Romæ et Remis pro Anglis sunt instituta ; una cum Apologia doctissimi D. Gulielmi Alani pro Soc. Jesu... additur ejusdem Guil. Alani piyssima admonitio et consolatio vere christiana ad afflictos catholicos Angliæ. *Augustæ Trevirorum*, 1583, in-8.

Lowndes porte ce livre à 4 liv. 4 sh. dans son Manuel, p. 727, article *Elisabeth, queen of England*, où il donne l'indication d'un certain nombre d'ouvrages plus ou moins rares qui se rapportent à cette grande princesse.

ÉLISÉE. Histoire de la guerre d'Arménie

contre les Persans sous la conduite de Vartan (en arménien). *Venise*, 1828, pet. in-12, et aussi 1852, in-24, avec fig. [28045]

Elisée, qui écrivait au Ve siècle, est un des plus célèbres historiens arméniens. Il y a une édition de son histoire jointe à ses écrits théologiques, *Venise*, 1838, gr. in-8. Cette histoire a été traduite et publiée en italien par M. Capelletti, et en français par M. Kabaragy Gerabed de Paris. La traduction anglaise par Ch.-F. Neumann, publiée sous le titre de *The history of Vartan...* London, Murray, 1830, pet. in-4., est incomplète ; elle devait être suivie de la traduction de l'Histoire d'Arménie et de Vahan Mamigonian, jusqu'à l'année 485, par Lazare Parbetzi ou Barbetzi, ouvrage dont le texte arménien a été impr. à Venise, en 1807, in-8.

EL-ISSTHACHRI. Liber climatum auctore scheicho Abu-Ishako El-Faresi vulgo El-Isstʰachri. Ad similitudinem codicis Gothani accuratissime delineandum et lapidibus exprimendum curavit J.-H. Möller. Præmissa est dissertatio de libri climatum indole, auctore et ætate. *Gothæ*, 1839, in-4. 36 fr.

ÉLITE de chansons. Voy. RECUEIL de chansons amoureuses, et TRÉSOR des chansons.

ÉLITE (l') des nouvelles poésies héroïques et gaillardes de ce temps, enrichies de plusieurs pièces très jolies non encore vues. (*sans lieu d'impression*), 1696, pet. in-8. [13990]

Vend. 2 fr. 50 c., avec un autre volume, Méon ; seul, 36 fr. Nodier, et 24 fr. en 1830.

Il existe un recueil intitulé : *L'Elite des poésies héroïques et gaillardes de ce temps, augmentées de plusieurs manuscrits non encore vus*, 1683, in-12, et sous le titre d'*Elite des poésies héroïques et galantes*, Cologne, P. Marteau, 1687, in-12.

ELIZALDE (*Mich.* de). Forma veræ religionis quærendæ et inveniendæ, liber unus. *Neapoli, Hyacinth. Passerus*, 1662, in-4. 8 à 10 fr. [1764]

Vend. 26 fr. m. bl. Gaignat ; 16 fr. v. f. La Valliere.

ELLAIN (*Nicolas*). Les Sonnets de Nicolas Ellain Parisien. *Paris, pour Vinc. Sertenas*, 1561, in-8. [13759]

Bibl. impér. Y 4609. Goujet, XIII, 81.

ELLENDT (*Frid.*). Lexicon sophocleum, adhibitis veterum interpretum explicationibus, grammaticorum notationibus, recentiorum doctorum commentariis composuit Frid. Ellendt. *Regiomontii-Prussorum*, 1834-35, 2 vol. in-8. 24 à 30 fr. [16060]

ELLIOUS Bochtor. Voy. BOCHTOR.

ELLIOT (*Rob.*). Views in the East; comprising India, Canton and the shores of the Red Sea; drawn by Prout, Stanfield, etc., from sketches on the spot, by capt. Robert Elliot; with historical and descriptive accounts of each subject. *London, Fisher, son and Jackson,* 1833, 2 vol. gr. in-8. [27970]

Cet ouvrage a paru en 16 cahiers (de 3 pl.). Prix de chaque cah. 5 sh. — Gr. in-4. *proofs on India paper.* 10 sh. (62 fr. *mar. bl.* en 1841).—impér. in-4. tiré à 40 exempl. 15 sh.

ELLIOT (*H.-M.*). Supplement to the glossary of Indian terms. *Agra,* 1845, in-8., lettres A—J, avec 3 cartes. [11785]

25 fr. Burnouf.

— Bibliographical index to the historians of the Mahummedan India. *Calcutta,* 1849, 4 vol. in-8. [31782]

Est. Quatrenère a rendu compte de cet ouvrage dans le *Journal des Savants,* ann. 1850.

ELLIS (*Jean*). Essai sur l'histoire naturelle des corallines et autres productions marines du même genre, qu'on trouve sur les côtes de la Grande-Bretagne, trad. de l'anglais (par Allamand). *La Haye,* 1756, in-4. fig. 5 à 6 fr.—en Gr. Pap. fig. color. 10 à 12 fr. [6180]

L'édition originale en anglais, *Londres,* 1755, in-4. avec 40 pl. comme celle-ci, n'a pas beaucoup plus de valeur. L'auteur a aussi écrit : *Letter to Dr Linnæus on the animal nature of the genus of zoophytes called Corallina,* Lond., 1768, in-4. de 32 pp., avec 3 pl.

— The natural history of many curious and uncommon zoophytes, collected from various parts of the globe, by J. Ellis, systematically arranged and described, by Th.-Daniel Solander. *London,* 1786, gr. in-4., avec 63 pl. [6181]

Ouvrage bien exécuté et dont on fait beaucoup de cas : vendu 40 fr. L'Héritier; 45 fr. *mar. r.* d'Ourches; 17 fr. Huzard. Il y a des exemplaires avec pl. color.

— EXPOSITION méthodique des genres de l'ordre des polypiers, avec leur description et celle des principales espèces figurées dans 84 planches; les 63 premières appartiennent à l'histoire naturelle des zoophytes d'Ellis et Solander; par J. Lamouroux. *Paris, Ve Agasse,* 1820, in-4. de 115 pp., avec 84 pl. 45 fr.

Édition française entièrement refondue et très-augmentée de l'ouvrage anglais ci-dessus imprimé en 1786.

— The account of coffee, 5468....

ELLIS (*Geor.*). Specimens of the early english poets, to which is prefixed an historical sketch of the rise and progress of the english poetry and language. *London, Bulmer,* 1801 or 1803,

3 vol. pet. in-8. pap. vél. 18 à 24 fr. [15716]

La première édition de ce recueil est de 1790, et en un seul vol. in-8. (voy. SPECIMEN). Il y en a une quatrième, *Lond.,* 1811, et une autre de 1845, en 3 vol. pet. in-8. 18 à 24 fr.

Le même G. Ellis a publié :

SPECIMENS of early english metrical romances, chiefly written during the early part of the fourteenth century, to which is prefixed an historical introduction intended to illustrate the rise and progress of romantic composition in France and England. *Lond.,* 1805 or 1811, 3 vol. pet. in-8. 1 liv. 11 sh., ou nouv. édition revue par J.-O. Halliwell. *Lond., Bohn,* 1848, pet. in-8. [15718]

A ces deux recueils se réunit l'article suivant publié par Rob. Southey :

SPECIMENS of the later english poets, to the end of the last century. *London,* 1807, 3 vol. pet. in-8. 1 liv. 11 sh. [15733]

ELLIS (the right honor. sir *Henry*). Journal of the proceeding of the late embassy of lord Amherst to China. *London, Murray,* 1817, gr. in-4. fig. color. 18 à 24 fr. [20755]

Le même, 1818, 2 vol. in-8. 12 à 15 fr.

Ce journal de l'ambassade de lord Amherst a été traduit en français par M. J. Mac-Carthy, qui a publié sa traduction sous le titre de *Voyage en Chine, ou Journal de la dernière ambassade anglaise à la cour de Peking.* Paris, 1818, 2 vol. in-8. fig. (voy. ABEL).

ELLIS (sir *H.*). Original letters illustrative of english history, including numerous royal letters, published from autographs in British Museum, and one or two other collections; with notes and illustrations by H. Ellis. *London, Harding,* 1824, 3 vol. pet. in-8. — Second series. *Ibid.,* 1827, 4 vol. pet. in-8. — Third series, 1846, 4 vol. pet. in-8. [26831]

Collection intéressante, ornée de portraits et de fac-simile. Les 11 vol. de 3 à 4 liv.

— History and antiquities of the Parish of S. Leonard, etc., 27107. — Catal. of the british Museum, 31432-33.

— Voy. BRAND.

ELLIS (*Th.*). Voy. FROBISHER.

ELMACINUS (*Geor.*). Historia saracenica, in qua res gestæ Muslimorum, inde a Muhammede usque ad initium imperii Atabacæi per XLIX imperator. successionem fidelissime explicantur; insertis etiam passim Christianorum rebus in Orientis potissimum ecclesiis eodem tempore gestis. Arabice olim exarata a Geor. Elmacino filio Abuljaferi Elamidi Abulmacaremi Abultibi; et latine reddita opera ac studio Th. Erpenii : accedit Roder. Ximenez, arch. toletani historia Arabum, longe accuratius quam

---

Elliot (*Steph.*). The Botany of South Carolina, 5286.
Elliott (*Ch.* Boileau). Letters from the North, 20303.
Ellis (*H.*). Voyage for North-West passage, 20958.

Ellis (*W.*). Vindication, 19883.— Madagascar, 28459.
— Polinesian researches, 21172. — Missionary narrative, 21173.

antea e cod. ms. expressa : accedit et Roderici Ximenez historia Arabum (cum præf. Jac. Golii). *Lugduni-Batavorum, ex typogr. erpeniana*, 1625, pet. in-fol. de 300 pp. [28008]

Volume peu commun : vend. 24 fr. Villoison; 26 fr. 50 c. Dutheil ; 10 fr. 75 c. Langlès ; 31 fr. de Sacy.

On a donné à *Leyde*, en 1625, une édition du texte arabe de *George Elmacin*, in-8. de 38 ff., et une édition séparée de la même histoire en latin seulement, sous le titre de *Historia saracenica, etc.*, in-4. Enfin P. Vatier a publié une traduction française de cette *Histoire mahométane*, avec *un sommaire de l'histoire des Musulmans ou Sarrazins en Espagne, extrait de Rodrigue de Ximenez.* Paris, 1657, in-4.

La dissertation suivante se rapporte à cette histoire :

DE ARABICORUM etiam auctorum libris vulgatis crisi poscentibus emaculari, exemplo posito historiæ saracenicæ Elmacini; disseruit Chr.-Mart. Fraehn. *Casani, Bockelmann*, 1815, in-4.

EL-MAS' UDI's historical encyclopædia, entitled Meadows of gold and Mines of gems : translated from the arabic by Aloys Sprenger. *Lond., printed for the oriental translation fund*, 1841, in-8. tome 1er. 16 sh.

ELME (*J.*). Voy. WREN.

ÉLOGE de Sylvain Bailly. Voy. MÉRARD de Saint-Just.

ÉLOGE de l'enfer, ouvrage critique, historique et moral (par Benard). *La Haye, P. Gosse*, 1759, 2 vol. in-12. fig. 6 à 8 fr. [17957]

Un exemplaire en pap. de Hollande, 20 fr. 50 c. Pixerécourt ; 28 fr. Salmon.

ELOGES et discours sur la triumphante reception du roy en sa ville de Paris, apres la reduction de la Rochelle (par J.-B. Machaud, jesuite), accompagnez de figures, tant arcs de triumphe, que des autres preparatifs. *Paris, Pierre Rocolet*, 1629, in-fol. fig. d'Abr. Bosse, Melch. Tavernier et P. Firens. [23687]

On remarque dans ce volume une grande planche gravée par Abr. Bosse, laquelle représente le prévôt des marchands et les échevins de Paris, haranguant le roi Louis XIII à son retour de La Rochelle : 24 fr. Borluut ; 85 fr. Sauvageot.

ELOISA en Deshabille, being a new version of the lady's celebrated epistle to Abelard, done into familiar english metre, by a Lounger, to which is prefixed, a dedicatory address to that respectable fraternity, of which the author has the honour to be an unworthy member. *London,* 1780, in-4.

Cette parodie graveleuse de l'Épitre d'Héloïse à Abailard par Pope, a été faussement attribuée au pro-

fesseur Porson, qui la savait par cœur et se plaisait à la citer ; mais elle serait du colonel Matthews, d'après une note reproduite dans la *Biblioth. greville.*, 2e part., p. 312, 1re col. L'édition in-4. fut *privately printed*. L'ouvrage a été réimpr. à Londres, en 1801, en gr. in-8, par les soins de James Perry, beau-frère de Porson, et depuis il en a été fait plusieurs autres éditions.

ELOY (*N.-F.-J.*). Dictionnaire historique de la médecine ancienne et moderne. *Mons*, 1778, 4 vol. in-4. 24 à 30 fr. et plus en Gr. Pap. [30543]

ELPHINSTONE (Mountstuart). Account of the kingdom of Caubul, and its dependencies in Persia, Tartary and India ; comprising a view of the Afghaun nation, and a history of the Dooraunee monarchy. *Lond., Longmann*, 1815, gr. in-4. fig. 20 à 30 fr. — Second edition, *Lond.*, 1818 (aussi 1842), 2 vol. in-8. fig. 10 à 12 fr. [28086]

Il a paru, en 1816, une traduction française de cet ouvrage, en 3 vol. in-8., qui fait partie de la petite collection géographique publiée par le libraire Nepveu (voy. BRETON).

— History of India, 28137.

ELSTOB (*Elizabeth*). The Rudiments of the grammar for the english saxon tongue. *London*, 1715, in-4. 18 à 24 fr. [11304]

— AN ENGLISH saxon Homily on the birth day of St. Gregory, with a modern english version, etc., by Eliz. Elstob. *London*, 1709, in-8.

Ce volume se vend environ 1 liv. 5 sh. en Angleterre. Il y en a une seconde édition avec une nouvelle préface, où se trouve une notice sur Eliz. Elstob ; mais où sont omis quelques passages relatifs aux doctrines de l'Eglise anglo-saxonne.

ELSTRACK (*R.*). Portraits of kings. Voy. HOLLAND (*H.*).

ELYOT (*Thomas*). Dictionary. *London, in ædib. Tho. Berthelet*, 1538, in-fol.

Ce dictionnaire latin-anglais, le premier qu'on ait publié, a été rédigé avec une certaine habileté et il a eu beaucoup de succès. On l'a réimpr. à Londres, en 1541 et en 1545 ; ensuite avec des additions et de grandes améliorations par Th. Cooper, en 1548; puis, corrigé de nouveau par le même Cooper, en 1552, et avec une nouvelle révision, en 1559 et en 1565 ; enfin avec un dictionnaire historique et poétique, en 1573, en 1578, et encore depuis, toujours dans le format in-fol. Plusieurs autres ouvrages de Th. Elyot sont décrits par Lowndes, p. 736.

ELYSIUS (*Joan.*). Voyez FRANCISCUS Aretinus.

EMANUEL. Voy. EMMANUEL.

Eloy (*H.*) et J. Guerrard. Des Capitaines, maîtres et patrons, 2958.

Elpinio Duriense. Poesias, 15416.

Elsam. Rural architecture, 9810. — Hints for improving the condition of the pesantry, 9810.

Elsner (*Jac.*). Commentarii, 503.

Elsner (*Jos.*). Schediasma, 18240.

Elton (*Ch.-Abr.*). Specimen of classic poets, 12240.

Elven (*J.-P.*). Family Crests, 28830.

Elwood (le colonel). Journey, 20639.

Elysio (*Fil.*). Voy. MANOEL.

El-Mohdy. Contes, 17767.

Elmore. Indian sea and China, 19756.

Éloge de l'ivresse, 17954.

Elogj de' Toscani, 30500.

EMBLEMATA amatoria. Emblêmes d'a-
mour, en quatre langues (lat., ital.,
franç. et holl.). *Londres, chez l'Amoureux* (*Holl.*, sans date), pet. in-8. [18588]

Ce volume contient 4 ff. prélim., 44 pl. gravées par
J. Van Vianen, et 44 ff. de texte gravé. 7 fr. Thierry,
et Duriez, et plus cher depuis. — Voy. SELECTA Emblemata.

EMBLEMATA pro toga et sago. *Norimbergæ, ex officina Pauli Furstii* (sans
date), in-4.

Volume composé d'un titre impr. en rouge et noir, et
de 45 pl. gr. en cuivre, offrant des emblèmes, en
médaillon, avec leur explication en vers latins au-
dessous. Un exemplaire rel. en *mar. v.* par Capé,
50 fr. Solar.

EMBLÈMES et devises chrétiennes.
Utrecht, Ant. Schouten, 1697, pet.
in-8. fig. 6 à 10 fr. [18594]

EMBLESMES sacrez sur la vie et les miracles de Sainct François; expliquez en
vers françois et enrichis de figures et
passages d'Escriture. *Paris, J. Messager,* 1637, pet. in-8., 36 fig. gravées par
Matheus. 8 à 12 fr. [18594]

40 fr. rel. en mar. par *Duru*, Veinant.

EMBLEMS of mortality. Voy. HOLBEIN.
— RELIGIOUS Emblems. Voy. THO-
MAS (*J.*).

EMBOUCHEMENT. Lembouchement de
Nostre Sainct pere le Pape, Lempereur et
le Roy, faict a Nice, auec les articles de
la treîue, et lettres du Roy a monsieur
le gouuerneur de Lyon. — *On les vend
a Paris en la bouticque de Arnould
et Charles les Angeliers freres,* 1538,
pet. in-8. de 16 ff. non chiffrés. [23459]

EMERIC-DAVID (*T.-B.*). Suite d'études.
Voy. RAPHAEL.

— Histoire de la peinture, 9123. — Art du statuaire,
9171. — Jupiter, 22586. — Vulcain, 22587. —
Neptune, 22588.

ÉMERIC de Vespuce. Voy. VESPUCCI.

EMERIGON (*Balth.-Har.*). Traité des
assurances et des contrats à la grosse,
conféré et mis en rapport avec le nouveau code de commerce et la jurisprudence; suivi d'un vocabulaire des termes
de marine, etc., par P.-S. Boulay-Paty,
nouv. édit. *Rennes* et *Paris, Ch. Béchet,* 1826-27, 2 vol. in-4. 36 fr. [2961]

La première édition de cet ouvrage estimé est de Marseille, 1784, 2 vol. in-4.

EMERSON (*Will.*). The Method of incre-
ments, wherein the principles are de-
monstrated, etc. (by Emerson). *London,*
1763, in-4. fig. [7986]

Émery (*Jacq.-André*). Esprit de sainte Thérèse,
1610. — Doctrine de Leibnitz, 1768. — Esprit de
Leibnitz, 3472.

Ouvrage fort estimé : 12 à 15 fr.

On a du même auteur plusieurs autres écrits sur différentes parties des mathématiques, entre autres un
Traité d'algèbre, en anglais, *Londres,* 1764, in-8.
fig. (consultez Lowndes, page 737).

EMILIANE (*Gabr.* d'). Histoire des tromperies des prêtres et des moines, où l'on
découvre les artifices dont ils se servent
pour tenir les peuples dans l'erreur.
Rotterdam, 1693, 2 tom. en 1 vol. pet.
in-8. 5 à 8 fr. [21723]

Cette édition est anonyme, mais celle de 1708, qui est
annoncée comme la 4e, porte le nom de l'auteur,
ainsi que celle de 1719. L'ouvrage ne doit pas être
confondu avec le *Passe-partout de l'Eglise romaine* de Gavin, comme on l'a fait plusieurs fois,
car c'est, à ce qu'il paraît, la traduction du livre
intitulé :
THE FRAUDS of romish monks and priests, with
observations on a journey to Naples. *Lond.,* 1691,
2 vol. in-8.; réimpr. en 1725 et depuis.

ÉMILIE, ou les joueurs, comédie (par
Anne-Pierre de Montesquiou-Fezensac).
Paris, de l'impr. de Didot l'aîné, 1787,
in-18, pap. vél. [16524]

Cette comédie n'a été tirée qu'à 50 exemplaires. Vend.
20 fr. Didot l'aîné; 8 fr. *m. r.* Bignon; 6 fr. Pixerécourt; 15 fr. de Soleinne.

EMMANUEL ou EMANUEL, roi de Portugal. Copia di vna lettera del Re di
Portogallo mandata al Re de Castella
(*sic*) del viaggio e successo dall' India.
*Impresso in Milano, per Pietro Mar-
tire de' Mantegazzi e fratelli, detti
Cassani, ad istanza di Gio. Giacomo
e fratelli di Legnano.* M. CCCCC. V.
adi XVII. *del mese di decembre,* in-4.
[27956]

Cet opuscule fort rare est une traduction d'une épître
latine d'Emmanuel, roi de Portugal, de laquelle il
doit exister une édition, jusqu'ici restée inconnue
(Melzi, *Dizionario di opere anonime,* pag. 253).
— OBEDIENTIA potentissimi Emanuelis Lusitaniae
Regis, etc., per clarissimum Juris. V. consultum
Dieghum Pacetum oratorem ad Julium II. Pont.
Max. M. D. V. *pridie No. Junii,* in-4.
Opuscule impr. avec les gros caractères romains
d'Eucharius Silber, à Rome. Dans ce discours l'o-
rateur donne des détails sur les conquêtes des
Portugais en Afrique, dans l'Inde, etc., et c'est
ce qui nous le fait placer ici (Panzer, VIII, p.
247; *Bibl. grenvill.,* I, 224).
— EPISTOLA serenissimi Regis Portugalie ad Julium
papam secundum de victoria contra infideles habita. *Ex oppido Abrantes* XXV *Septembris* 1507,
in-4.
Il existe au moins deux éditions de cette lettre curieuse, l'une et l'autre en quatre feuillets in-4.,
impr. en caract. romains, vers 1508 (*Bibl. grenvill.,* I, 225, et III, 180).
Une autre édition in-4. de 4 ff., dont le titre diffère
un peu du précédent et porte : *ad Julium papam
secundum et ad sacrum collegium romanum,*
1 liv. 6 sh, *mar. r.* Hebert.

— Voy. GESTA proxime...

— SERENISSIMI Emanuelis Portugallie regis ad Julium II. Pont. Max. Epistola de prouinciis, ciuitati-

Eminian (P. Serapion). Dictionnaire français-armé-
nien, 11719.

bus : terris et locis orientalis partis : sue ditioni
fideique christiane nouissime per eum subactis. —
(in fine) : *Ex Alchochete .xii. junii* M.d.VIII (1508),
in-4. [27956]

Pièce rare, dont Panzer attribue l'impression à Étienne
Plannck, à Rome ; elle porte les armes de Jules II
au-dessus du titre.

— EPITOME potentissimi ac invictissimi Emanuelis
regis Portugaliæ et Algarbiorum, etc., de victoriis
habitis in India et Malacha. Ad S.... Do. Leonem X.
Pont. Maximum. *in urbe nostra Olisipone 8 Idus
Junias. Anno Domini* M. D. XIII, in-4. [27957]

Cette lettre a probablement été impr. à Rome, l'année
même de sa date, comme la précédente. Une édition
sous le même titre que ci-dessus, mais de Rome,
per Jacobum Mazochium, 9 Augusti (1513), in-4.
de 6 ff., est portée dans la *Bibl. grenvill.*, I, 225,
et au tome III, p. 180 il est dit que c'est *l'originale.*
Une des deux a été vend. 1 liv. Heber ; la seconde
12 fr. Costabili, et 12 sh. 6 d. Libri. Donnons, d'a-
près le même catal. de M. Grenville, I, 225, les titres de deux autres éditions :

  1° TRIUMPHUS Emanuelis Christianissimi Portu-
galliorum regis de infidelibus acquisitio Leoni X.
Pon. Max. Epistolari munere conscriptus (*sine loco
et anno, sed Argentorati* III. non. *Octob.*), in-4.
de 3 ff. C'est probablement celle qui a été vendue
14 sh. Heber.

  2° RERUM et regionum Indicarum per serenissimum Emanualem Portugalliæ regem paratarum
narratio verissima (circa 1513), in-4. de 6 ff.

Une autre, sans lieu ni date, in-4. de 8 ff., 15 sh. Heber. Peut-être la seconde lettre y est-elle comprise.

  EPISTOLA delo potentissimo et inuictissimo emanuel re di portugalia et de liargarbii. c. (*sic*) De
le victorie haute in india et Malacha suo in Christo
patre et signor nostro signor Leone decimo Pont.
Max. (*senza nota*), in-4. de 2 ff. en caract. goth.
13 sh. Libri.

Il existe une édition de la même pièce in-4., à la fin
de laquelle se lit : *Viennæ impressa per Hieronymum Vietorem et Joannem Singrenium* XVI kalendas octobris. Panzer en cite une autre, du même
format, et ayant à la fin cette souscription : *impressum Erphordiæ per Matheum Maler.*

  EPISTOLA potentissimi ac inuictissimi Emanuelis
regis Portugallie et Algarbiorum, etc., de victoriis
nuper in Affrica habitis. Ad S. in Xpo patrem et
dñm nostrum dñm Leonē X. Pont. Max. (in fine) :
Datum in Vrbe nostra Vlyxboñ Pridie Caleñ. Octobris. Anno domini 1513, pet. in-8. de 4 ff. avec les
armes du roi sur le titre. (*Bibl. grenvill.* III, p. 180.)

Le roi Emmanuel a écrit en 1513 deux lettres différentes au pape Léon X. L'édition in-8. que nous venons de décrire, et qui paraît être l'originale de la
seconde, est une pièce fort rare.

Les trois lettres du roi Emmanuel sur ses conquêtes en
Asie et en Afrique sont de précieux documents
historiques, et, quoiqu'elles aient été réimprimées
dans plusieurs anciennes collections de voyages,
ainsi que dans l'*Hispania illustrata*, on en recherche toujours les éditions originales.

EMMANUEL fil. Salomonis. Voy. IMMA-
NUEL.

EMMANUEL. Speculum vitæ : vel Desi-
derius. *A Lobain*, 1616, pet. in-8. de
4 ff. prélim. et 344 pp.

C'est sous ce titre qu'est annoncé dans le 1er supplément du catal. Tross (1860), n° 1411, cet ouvrage
mystique imprimé à Louvain, en caractères irlandais : il y est porté à 400 fr.

Emminghaus (*Gust.*). Corpus juris germanici, 3029.
Emmius (*Ub.*). Græcia illustrata, 22821. — Res fri-
sicæ, 25201.

EMPEDOCLES. Empedoclis Sphæra, vel
Demetrii Triclinii, senariis versibus ab
eruditissimis· viris castigatis descripta
(gr.) vetus est, et nunc primum in lucem edita ex bibliotheca Johannis a S.
Andrea. *Lutetiæ, apud Fed. Morel-
lum,* 1584 seu 1586, in-4.

Édition rare, dont il se trouve des exempl. sous la
date de 1587, et auxquels est joint l'opuscule intitulé : *Empedoclis sphæra vetus, græca, quam
latinis senariis recantavit et recensuit Q. Sept.
Florens Christianus,* 1587, in-4.

— Empedoclis agrigentini de vita et philosophia ejus exposuit, carminum reliquias
ex antiq. scriptoribus collegit, recensuit,
illustravit, præfationem et indices adjecit
F.-G. Sturz. *Lipsiæ,* 1805-6, 2 vol. in-8.
17 fr. — Pap. fin, 20 fr. [12371]

— EMPEDOCLIS et Parmenidis fragmenta ex cod.
Taurin. bibl. restituta et illustr. ab Amedeo Pey-
ron : simul agitur de genuino græco textu com-
mentarii Simplicii in Aristotelem de cœlo et mundo.
Lipsiæ, Weigel, 1810, in-8. 4 fr. — Pap. fin, 5 fr.
— Pap. vél. 9 fr.

— EMPEDOCLIS fragmenta disposuit, recensuit et annotavit Henr. Stein : præmissa est de Empedoclis
scriptis dissertatio. *Bonnæ*, 1852, in-8. 2 fr.

M. Mullach en a donné une édition très-complète,
avec commentaires, dans le Recueil des *Fragmenta
Philosophicorum Græcorum*, tome I de la Bibliothèque des auteurs grecs publiée par A. Firmin
Didot. Paris, 1860.

M. Dominique Scinà, historiographe du roi des Deux-
Siciles, a publié à *Palerme*, en 1813, un ouvrage
intitulé :

  MEMORIE sulla vita e la filosofia di Empedocle di
Aggrigente, 2 vol. in-8.

EMSER. Dialogismus Hieronymi Emser
de origine propinandi vulgo compotandi
et an sit toleranda compotatio in rep.
bene instituta nec ne. — *Impressum in
insigni oppido lipsiensi calcographo
Melchiore Lotter ludis larvalibus mensis Februarii anno salvatoris lustrico
millesimo quingentesimo quinto,* in-4.
[17922]

Opuscule rare, orné d'une vignette en bois, représentant la société des trinqueurs (*compotantium*).
Réimprimé à Leipzig, par Jacques Thanner, en
1513, in-4.

Jérome Emser est l'auteur ou au moins l'éditeur de
l'ouvrage ci-dessous :

  TRACTATUS utilissimus de preparandis, conservan-
dis et reformandis vino : cerevisia et aceto, *Impressum Vienne per Joannem Singrenium,* 1515,
quarto nonas Januarii, in-4. [7055]

L'épître dédicatoire de Jer. Emser est datée de Dresde,
le 16 mars 1507, ce qui doit faire supposer une
édition antérieure à celle de 1515.

— De Venatione Lutheriana Aegocerotis assertio, cum
præfatione ad M. Lutherum, 1520, in-4. de 20 ff.
Il faut rapprocher de cet opuscule : *Jo. Eccii pro
Hieronymo Emser contra malesanam Lutheri
venationem responsio,* 1519, in-4.

Emond (*G.*). Histoire du collège de Louis-le-Grand,
30248.
Empis (Simonis). Les six femmes de Henri VIII,
26909.

Emsler a écrit en allemand un certain nombre d'opuscules sur différents sujets, et principalement contre Luther. M. Graesse en rapporte les titres dans son *Trésor*, II, pp. 471-72.

EMY (*A.-R.*). Traité de l'art de la charpenterie. *Paris, Carilian - Gœury*, 1836-41, 2 vol. in-4. et atlas in-fol. 36 et 56 fr. [10064]

— Cours de fortifications, 8654.

ENAUDERIE (*P.* de l'). Voy. Lesnaudière.

ENAUX et Chaussier. Méthode de traiter les morsures des animaux enragés et de la vipère. *Dijon*, 1785, in-12. [7326]

Cet ouvrage est recherché et ne se trouve plus que difficilement : 5 à 6 fr.

ENCHIRIDION physicæ restitutæ... tractatus alter inscriptus arcanum hermeticæ philosophiæ opus; secunda editio emendata et aucta. *Parisiis*, 1638, in-24 de 142 et 72 pp. [8974]

La devise *Spes mea est in agno*, qui se lit sur le frontispice de cet in-24, est celle du président d'Espagnet, auteur anonyme de ce petit livre, dont un exempl. impr. sur vÉlin a été vend. 1 liv. 1 sh. à Londres, en 1817, et un autre 10 fr. Chardin. La première édition de ce traité est de *Paris*, 1625, in-8. La troisième, de *Paris, Nic. de Sercy*, sans date (le 2ᵉ traité, 1638), 2 part. en 1 vol. in-24, a 199 et 105 pp., plus 1 f. séparé. Il en existe plusieurs autres, parmi lesquelles nous citerons celle de *Kiel*, 1718, et de *Tubingen*, 1728, in-4., avec un comment. de Hannemann.

— La Philosophie naturelle rétablie en sa pureté, où l'on voit à découvrir toute l'économie de la nature et où se manifestent quantité d'erreurs de la philosophie ancienne, estant rédigé par canons et demonstrations certaines : avec le traité de l'ouvrage secret de la philosophie d'Hermez, qui enseigne la matiere et la façon de faire la pierre philosophale (trad. du lat. du président d'Espagnet, par Jean Bachou). *Paris, Ed. Pepingué*, 1651, pet. in-8. de XVI ff., 378 pp. et 3 ff. de table.

Cet ouvrage jouit d'une grande réputation parmi le petit nombre d'adeptes que conserve encore la philosophie hermétique; mais la traduction française est plus recherchée que le texte latin. Vend. 15 fr. La Valliere, et depuis de 6 à 9 fr.

ENCHIRIDION (ein), oder Handbuchlein... zur stetter vbung vnd trachtung geystlicher gesenge vnd Psalmen, rechtschaffen vnd kunstlich verteuscht. *Erffurd, yn der Permenter gassen zum Ferbefaz.* M.D.xxiiij, in-8.

Recueil de cantiques au nombre de vingt-cinq. Il a été reproduit à *Erfurtt in der Permenten gassen zum Ferber Fass* M. D. xxiiij, in-8. — *Ibid.*, zum schwarzen Hornn M. D. xxiiij, in-8. (Deux éditions sous la même date.) — *Nürmberg durch Hans Hergott*, 1525, in-8. de 32 ff. — Même livre et même impr meur, 1525, in-8. de 25 ff. (édition corrigée). (Graesse, *Trésor*, II, 473.)

ENCHIRIDION preclare ecclesie Sarum ; devotissimis precationibus, ac venustissimis imaginibus in iis quidem non pau-

cis refertum. *Parisiis, in officina libraria vidue spectabilis viri Thielmanni Kerver*, 1528, in-24, fig. sur bois.

Ce petit livre de prières, à l'usage du diocèse de Salisbury, est fort rare en France. Plusieurs des gravures qui le décorent portent cette marque ✢, ce qui les a fait attribuer à Woeirriot, qui pourtant n'était pas encore graveur en 1528. Nous le croyons plutôt de Geofroy Tory. Un exemplaire légèrement piqué de vers, 260 fr. Borluut ; un autre sur VÉLIN, 20 liv. sterl. Sotheby, en 1848.

Lowndes indique des éditions du même *Enchiridion*, imprimé à Paris, par G. Hardouyn, en 1530, et aussi sans date, dans les formats in-16 et in-8.

ENCHYRIDION, ou manuel contenant plusieurs matières traictées es livres de l'Ancien-Testament, exprimees par figures. *Anvers, Martin L'Empereur*, 1535, pet. in-8. fig. en bois. [366]

Livre rare qui se trouve dans le catalogue de mademoiselle d'Ive, n° 22. Au mot ERASME nous citerons un autre ouvrage à peu près sous le même titre.

— Voy. Leonis Enchiridion.

ENCINA ou Enzina (*Juan* de la). Cancionero de todas las obras de Juan de la Encina. *En Salamanca, á veinte dias del mes de junio de* MCCCC e xvj *años*, in-fol. goth. [13103]

Première édition de ces poésies, et dans laquelle le nom de l'auteur est écrit par un *c*. C'est un livre d'une extrême rareté. Les édit. du même recueil : *Sevilla, Juanes de Pegnicer, y Magno Herbst*, 16 *Enero*, 1501. — *Salamanca, Hans Gysser*, 7 *Agosto* 1509 ; toutes les deux in-fol. et en caract. goth., sont aussi fort rares.

— Cancionero de todas obras de Juan del Enzina, con otras cosas nueuamente añadidas. (au verso du XCIᵉ f.) : *Por Jorge Coci : en Çaragoça. Acabose a xv. dias des mes de deziembre. Año de mill i quinientos i deziseys años* (1516), pet. in-fol. goth.

Belle édition composée de XCVIII ff. en tout, à 2 et 3 col. C'est probablement la même que celle que nous avons annoncée sous le titre de *Nouvelles recherches*, I, 477, 2ᵉ col., parce que nous n'avions pas aperçu la souscription placée au verso du 91ᵉ f. Vend. 5 liv. Hanrott ; 8 liv. 12 sh. et 6 liv. 15 sh. Heber.

Les Eglogues de J. del Encina qui furent, dit-on, les premières représentations dramatiques en Espagne, se trouvent à la suite du *Cancionero*.

Moratin, dans son catalogue des pièces antérieures à Lope de Vega, en cite une de J. del Encina, sous ce titre : *Farsa de Placida e Vitoriano*, Rome, 1514, dont il n'indique pas le format.

— Tribagia, ó via sacra de Hierusalem. *Roma*, 1521, in-8. [15104]

Ouvrage en vers héroïques, dont Antonio cite cette édition, qui serait de 1528 selon Velasquez. Il a été réimpr. à *Madrid*, 1586, in-8., et il l'avait déjà été avec la relation du même voyage par Fréd. Henriquez de Ribera, marquis de Tarifa, à *Lisbonne*, 1580, in-4. (voy. Ribera).

— Documento e instruccion provechosa para las donzellas desposadas y recien casadas ; con una justa d'amores, hecha por Juan del Enzina una donzella que mucho le penaba. (*sans lieu d'impression*), 1556, in-4.

Emy (le colonel). Mouvement des ondes, 8138.
Emy (*C.-J.*). Fabrication des bouches à eu, 8701.

LES CARTAS de Juan del Enzina contra un libro que escribio D. José de la Carmona. *Madrid*, 1784, in-12, sont du P. Isla qui les a donnés sous le nom de la Enzina.

ENCISO (*Martin Fernandez* de). Sũma de Geographia que trata de todas las partidas et provincias del mundo; en especial de las Indias; Et trata largamente del marear. *Sevilla, Jacobo Cromberger,* 1519, in-fol. goth. [19605]

Livre curieux, parce qu'il est le premier traité de géographie impr. en Espagne, où l'on trouve des détails sur l'Amérique. Antonio le cite sous un titre un peu différent de celui que nous venons de donner d'après la *Biblioth. heber.*, VI, n° 1525 (2 liv. 19 sh. *mar.*), et il en indique une seconde édition de 1530, par le même imprimeur, in-fol. de 58 ff., ainsi qu'une troisième, par Andres de Burgo, 1546, même format.

ENCYCLOPÉDIES.

Encyclopédies françaises.

ENCYCLOPÉDIE, ou Dictionnaire, etc. Voy. DIDEROT.

— ENCYCLOPÉDIE méthodique, ou par ordre de matières, par une Société de gens de lettres, etc. *Paris, Panckoucke,* 1782-92, et *Paris, Agasse,* 1792 à 1832, 102 livr. ou 337 part. formant 166 vol. et demi de texte, in-4., et 51 part. renfermant ensemble 6439 pl. [31853]

Il y a vingt-huit ans à peine que l'on a terminé cet ouvrage, dont la confection a demandé tout juste un demi-siècle. C'est à coup sûr la collection la plus vaste qu'ait jamais produite la librairie française, et nous pouvons même ajouter celle d'aucun pays; mais pendant le long espace de temps qui s'est écoulé de 1782 à 1832, toutes les sciences ont fait d'immenses progrès, et il résulte de là que plusieurs des parties importantes de cette encyclopédie, commencées depuis longtemps, sont aujourd'hui fort arriérées, malgré qu'on y ait ajouté des suppléments, tandis que d'autres parties, plus nouvellement composées, sont jusqu'ici les meilleurs dictionnaires qui aient paru dans les sciences dont ils traitent. L'ouvrage entier est revenu à plus de 3000 fr., mais il se donne à moins de 1000 fr. dans les ventes, où il ne passe, d'ailleurs, que fort rarement des exemplaires entièrement complets. Voici leur distribution :

Agriculture, 6 tom., 11 part.

Amusements des sciences, 1 vol.; on y joint 86 pl.

Antiquités et mythologie, 5 tom. en 10 part. et 2 vol. de pl. (380).

Arbres et arbustes, 1 vol.

Architecture, 3 vol.

Art aratoire et du jardinage, 1 vol. et 54 pl.

Art militaire, 4 tom. en 8 part. et 61 pl.

Artillerie, 1 vol.

Arts et métiers, 8 tom. en 16 part., et 1509 pl.

Assemblée nationale, tome 2 et unique.

Beaux-arts, 2 tom. en 4 part., et 115 pl.

Botanique, avec supplément, 13 vol., et 10 centuries de pl. en 10 vol.

Chasse, 1 vol., et 32 pl.

Chimie et métallurgie, 6 tom., 9 part., et 62 pl.

Chirurgie, 2 tom. en 4 part., et 111 pl.

Commerce, 3 tom. en 5 part.

Economie politique, 4 tom. en 8 part.

Encyclopédiana, 1 vol.

Equitation, escrime, etc., 1 vol.

Finances, 3 tom., 4 part.

Forêts et bois, tome 1er en 2 part.

Géographie ancienne, 3 tom., 6 part.

Géographie moderne, 3 tom., 6 part.

Géographie physique, 5 tom., 10 part., et 48 pl.

Atlas ancien et moderne, 2 vol. (140 cartes).

Grammaire et littérature, 3 tom., 6 part.

Histoire, 6 tom. en 12 part., et 33 pl.

Histoire naturelle, 10 tom. en 20 part., et 17 vol. de pl. marqués tom. I, 1re et 2e part.; tom. II, 1re et 2e part.; tom. III, 1re part.; tom. IV, 1re part. ; et 8e, 10e, 12e, 14e, 18e, 19e, 21e, 23e, 24e, 26e et 29e part.; plus explication des pl. des quadrupèdes, des oiseaux, etc., 2 vol.

Histoire natur. (Vers, coquilles, etc.), 4 vol., et 488 pl. La 1re partie est marquée tome VI.

Les parties de l'histoire naturelle dont les vol. ont été publiés sans ordre arrêté se divisent définitivement de la manière suivante : Quadrupèdes et cétacés, 1 vol. de texte, auquel on joint 150 pl., avec des explications, intitulées Mammalogie. — Oiseaux, ovipares et serpents, 1 vol. et demi de texte, avec 247 pl. d'oiseaux et l'explication des pl., en 3 part. Il existe aussi 69 pl. pour les serpents et reptiles.— Poissons, 1 vol. de texte avec 102 pl. — Insectes, papillons et crustacés, 1 vol. et demi, avec 398 pl. et l'explication des 268 prem. pl.—Vers, coquilles, mollusques et zoophytes, 4 vol. avec 488 pl. — Botanique, comme ci-dessus.

Jeux mathémat. et jeux de société, 2 vol., et 16 pl.

Jurisprudence, 7 tom. en 13 part., et t. VIII, 1re part.; plus, tom. IX et X, Police et Municipalités, en 4 part.

Logique, 4 tom. en 8 part.

Manufactures, 3 tom. en 6 part.; on y ajoute 580 pl.

Marine, 3 tom. en 6 part.; on y ajoute 173 pl.

Mathématiques, 3 tom. en 5 part., et 108 pl.

Médecine, 13 tom. en 26 part.

Musique, 2 tom. en 3 part., avec 188 pl.

Pêches, 1 vol. (On y joint le 14e vol. des pl. de l'Hist. natur. composé de 114 pl.)

Philosophie, 3 tom. en 6 part.

Physique, 4 vol. en 7 part., et 133 pl.

Système anatomique, 4 vol. et 96 pl.

Théologie, 3 tom. en 6 part.

Comme il est plus naturel de collationner cet ouvrage par matière que par livraison, nous ne donnerons pas le contenu de ces dernières.

ENCYCLOPÉDIE catholique. Répertoire universel et raisonné des sciences, des lettres, des arts et des métiers, avec la biographie des hommes célèbres...; publiée sous la direction de l'abbé Glaire, du vicomte de Walsh, et avec la coopération d'hommes distingués (avec une introduction, par M. Edouard Alletz). *Paris, Parent-Desbarres,* 1838-49, 18 vol. in-4. 450 fr. [31857]

SUPPLÉMENT publié sous la direction de M. Chantrel et de M. l'abbé Orse, 3 vol. in-4. (le dernier, en 1859). 75 fr.

— ENCYCLOPÉDIE des gens du monde, répertoire uni-

---

versel en forme de dictionnaire de toutes les connaissances nécessaires... sous la direction de M. J.-H. Schnitzler. *Paris, Treuttel et Würtz*, 1833-45, 44 vol. in-8.

ENCYCLOPÉDIE du XIXe siècle. Répertoire universel des sciences, des lettres, des arts, avec la biographie de tous les hommes célèbres. *Paris*, 1858, 28 tom. en 55 vol. gr. in-8. à 2 col. [31857]

Ouvrage terminé en 1853, et annoncé comme 2e édit. en 1858 ; on y a ajouté en 1859 un supplément formant le 28e tome, et une table méthodique faisant partie du 27e vol. Les 55 vol. coûtent 400 fr. Un *Annuaire encyclopédique*, en 1 vol. gr. in-8. destiné à tenir l'*Encyclopédie du XIXe siècle* au courant des nouvelles découvertes, doit être publié chaque année, à partir de 1860.

ENCYCLOPÉDIE moderne. Dictionnaire abrégé des sciences, des lettres, des arts, de l'industrie, de l'agriculture et du commerce; nouvelle édition, entièrement refondue et augmentée de près du double, publiée par MM. Firmin Didot frères, sous la direction de M. Léon Renier. *Paris, F. Didot*, 1847-51, 27 vol. in-8., plus 3 vol. de planches. 100 fr. — Complément de l'Encyclopédie moderne..., publié sous la direction de MM. Noël Des Vergers et Léon Renier, et de M. Carteron. *Ibid.*, 1856-61, in-8. tom. I à X avec des planches. [31850]

La première édition de cette Encyclopédie a été publiée par Courtin, ancien magistrat, à Paris, de 1823 à 1832, en 26 vol. in-8., dont 2 de planches.

— Voyez CONVERSATIONS-LEXICON; DIDEROT; SAVIGNY.

Encyclopédie italienne.

ENCICLOPEDIA (Nuova) popolare..... Opera compilata sulle migliori in tal genere inglesi, tedesche e francesi, coll'assistenza e col consiglio di scienziati e litterati italiani. *Torino, Gius. Pomba*, 1841-51, 14 gros vol. in-4., y compris 1 vol. de planch. et 1 vol. de supplément.

Cet ouvrage qui, comme le titre l'indique, est plutôt une compilation qu'un livre original, a été plusieurs fois réimprimé par les mêmes éditeurs.

Encyclopédie espagnole.

ENCICLOPEDIA moderna. Diccionario universal de literatura, ciencias, artes, agricultura, industria ỹ comercio, publicada por Francesco de P. Mellado. *Madrid*, 1851, 34 vol. gr. in-8. et 3 vol. de planch. 300 fr.

Cet ouvrage nous paraît être une traduction de l'*Encyclopédie moderne* française, publiée par MM. Didot (voir ci-dessus).

Encyclopédies allemandes.

La plus ancienne Encyclopédie en allemand est l'*Allge-*

meines Lexicon der Künste und Wissenschaften de J.-Th. Jablonski. *Leipz.*, 1721, ou *Königsb. et Leipz.*, 1748 et 1767, in-4. Viennent ensuite :

1° *Grosses vollständiges Universal-Lexicon aller Wissenschaften und Künste* de J.-A. von Frankenstein et P.-D. Longolius, avec un discours prélim. de J.-P. von Ludwig. *Halle et Leipz.*, *Zedler*, 1732-50, 64 vol. in-fol. — Suppléments nécessaires, par C.-G. Ludovici, *ibid.*, 1751-54, 4 vol. in-fol.

2° L'Encyclopédie de Krünitz. Voy. ce nom.

3° *Deutsche Encyclopädie*, publ. par H.-M.-G. Köster, et depuis le XVIIIe vol. par J.-F. Roos, *Francf.-sur-le-Mein*, 1778-1804, 23 vol. gr. in-4. 138 thl.; plus une 1re part. de pl. pet. in-fol., 1808, 12 thl. : elle n'a pas été terminée.

4° *Allgemeine deutsche Real-Encyclopädie*, autrement *Conversations-Lexicon*. Voy. ces mots.

5° *Allgemeine Encyclopädie der Wissenschaften und Künste*, par ordre alphabétique, publiée par J.-S. Ersch et J.-G. Gruber, *Leipzig, Gleditsch*, 1818 jusqu'en 1860, in-fol., et quelques exemplaires in-fol. pap. vél. [31805]

Cette Encyclopédie, qui se recommande par l'exactitude et la profondeur des recherches, sera fort étendue. Pour accélérer l'entreprise, on l'a partagée en trois sections : la première, A—God save the king, rédigée par Ersch, Gruber et autres, vol. I—LXXI; la seconde, H—Junius, vol. I—XXXI, par G. Hassel, W. Müller et A.-G. Hoffmann ; la troisième, O—Phokylides, vol. I — XXIV, par M.-H.-E. Meier et L.-F. Käntz. La première partie, on le voit, est fort avancée, mais les deux autres le sont beaucoup moins.

— Universal-Lexicon oder vollständiges encyclopädisches Wörterbuch, herausgeben von H.-A. Pierer. *Altenburg, Industrie-Comptoir*, 1835-36, 26 vol. in-8.

Cette Encyclopédie, commencée en 1824, a été réimprimée plusieurs fois avec des augmentations considérables; mais, selon M. Graesse, on préfère la première édition, parce que les articles histor. et géogr. y sont plus étendus que dans les éditions postérieures; toutefois, il faut y réunir les trois suppléments qui renferment toutes les additions et corrections que les différentes réimpressions ont reçues. Ils ont été imprimés à *Altenburg*, savoir : 1° 1841-47, 6 vol.; 2° 1850, 6 vol.; 3° sous le titre de: *Neueste Ergänzungen zu sämmtlichen Auflagen von Pierers Universal-Lexicon und zu jedem ähnlichen Werke*, 1855-56, 2 vol.

— Voy. CONVERSATIONS-LEXICON.

Dès l'année 1620, il parut à Herborn un *Cursus philosophiæ encyclopædicæ*, in-4., essai d'une sorte d'Encyclopédie méthodique ou abrégé systématique de toutes les sciences, par Jo.-H. Alstedt ; l'ouvrage fut ensuite reproduit dans la même ville, en 1630, avec de grandes augmentations, sous cet autre titre : *Scientiarum Encyclopædia septem tomis distincta*, 1630, en 4 vol. ; et enfin à Lyon, en 1649, en 4 vol. in-fol.

Encyclopédies anglaises.

ENCYCLOPÆDIA (the english), being a collection of treatises, and a dictionary of terms illustrative of the arts and sciences. *London*, 1801, 20 part. en 10 vol. in-4. [31862]

Cet ouvrage, qui contient 400 pl., a été annoncé à 15 liv. 15 sh. Le 10e vol. est un supplément.

— ENCYCLOPÆDIA britannica, or a dictionary of arts, sciences and general literature; eigth edition; with extensive improvements, additions and numerous engravings. *Edinburgh, Adam and Ch.*

Black, 1853-60, 21 vol. gr. in-4., à 1 liv. 4 sh. avec des planches nouv. sur acier. [31860]

La plus répandue de toutes les Encyclopédies anglaises. La seconde édit. de ce grand ouvrage, commencé par James Tytler, *Edimb.*, 1778, 10 vol. in-4., est à très-bas prix, ainsi que la troisième de *Lond.*, 1789-97, 36 part. en 18 vol. in-4., à laquelle, en 1801, on a joint un supplément (par George Cleig), 4 part. en 2 vol. in-4. La cinquième, de 1814-17, est une simple réimpression de la quatrième (*Edimb.*, 1805 et années suiv.). Le supplément en 6 vol. in-4., publié par Napier, *Edimbourg, Constable*, 1816-24, sert également pour la sixième et pour les quatrième et cinquième éditions. La septième édition, publiée de 1830 à 1842, par le professeur Napier, renferme le supplément ci-dessus avec des dissertations sur l'histoire des sciences par les professeurs Stewart, Playfair, Leslie et James Mackentosch. Chaque volume a coûté 36 sh., mais l'ouvrage entier a été annoncé au rabais chez Nattali pour 23 liv. 6 sh.

— ENCYCLOPÆDIA londinensis. *London, Jones and son*, 1797-1829, 24 vol. in-4., avec 1526 pl. [31861]
Cette Encyclopédie, publiée par John Wilkes, a été si longtemps sous presse, que les premiers volumes se sont trouvés déjà fort arriérés lorsque le dernier a paru : aussi le prix, qui était originairement pour chaque vol. de 2 liv. 12 sh. 6 d. et de 3 liv. 13 sh. avec fig. color., s'est-il beaucoup réduit. D'ailleurs ce livre a été effacé par une autre édition commencée en 1827, qui en porte le titre suivant :

THE LONDON ENCYCLOPÆDIA, or universal dictionary of sciences and arts, literature, and practical mechanics, a new edition. *London*, 1829, 22 vol. gr. in-8. 17 liv. 12 sh., et avec les fig. 23 liv. 2 sh. et moins maintenant.

— ENCYCLOPÆDIA metropolitana, or universal dictionary of knowledge, on an original plan : comprising the two-fold advantage of a philosophical and an alphabetical arrangement, with appropriate and entirely new engravings (edited by the rev. Edw. Smedley and H.-J. Rose). *London, Fenner and Mawman*, 1817-1845, 30 vol. in-4. fig.
Grand ouvrage, qui réunit l'avantage de l'ordre méthodique et de l'ordre alphabétique ; il a été publié en 59 part., au prix de 1 liv. chacune ; mais plus tard on a donné les 30 vol. pour 21 liv., et le Gr. Pap. pour 28 liv.; en voici la distribution : vol. 1 et 2, *Pure Sciences*; 3 à 8, *Mixed Sciences*; 9 à 15, *History and Biography*; 16 à 26, *Miscellaneous and biographical;* planches, 3 vol. ; index, 1 vol. Plusieurs traités qui font partie de l'*Encyclopædia metropolitana*, ont été réimprimés séparément avec des additions.

— ENCYCLOPÆDIA (Edinburgh). *Edinb.*, *Blackwood*, 1809-31, 18 vol. en 36 part. in-4. fig. [31864]
Publiée sous la direction du Dr David Breswter, et au prix de 1 liv. 5 sh. (ou Gr. Pap. 2 liv. 12 sh. 6 d.) pour chaque partie.
Indépendamment de deux autres grandes Encyclopédies anglaises dont nous parlons au mot CHAMBERS et au mot REES, nous pouvons encore citer :

ENCYCLOPÆDIA Edinensis : or a dictionary of the arts, sciences, and literature. *Edinburgh, Hill*, 1816 et 1830, 6 vol. in-4., avec 180 pl. 12 liv.
ENCYCLOPÆDIA Perthensis. *Lond.*, 1816, 23 vol. in-8., portée à 20 liv. dans le *London catalogue* de 1818, et qu'Ebert attribue à Miller.
IMPERIAL ENCYCLOPÆDIA, by Will. Moore Johnson and Th. Exley. *London*, 1809-14, 4 vol. in-4. fig. 7 liv. 7 sh.
ENCYCLOPÆDIA americana : a popular dictionary of arts, sciences, literature, history, etc., edited by Francis Lieber, assisted by E. Wrigglesworth. *Philadelphia*, 1826-31, 13 vol. in-8. — Vol. XIV edited by Henry Vethake, *Ibid.*, 1846, in-8.
Ouvrage formé sur la 7e édit. du *Conversations-Lexicon*, allemand; on y a ajouté nombre d'articles

nouveaux relatifs à l'Amérique. — Une nouvelle édition sous le titre de *New American Cyclopædia, edited by George Ripley and Ch.-A. Dana*, gr. in-8., est en cours de publication à New-York, depuis l'année 1858. Le tome XI, publié en 1861, finit au mot Moxa.

ENCYCLOPÆDIA bengalensis, in english and bengalee. *Calcutta*, 1846-48, 9 vol. in-8. (Catal. d'H. Wilson, 1860, n° 351.)

CYCLOPÆDIA of american literature, embracing personal and critical notices of authors, and selections from their writing, from the earliest period to the present day, by Evert A. and Geo. L. Duyckinck. *New-York*, 1855, 2 vol. gr. in-8. de 1488 pp. avec portr. et autographes.

ENDELECHIUS. Voy. SEVERI sancti carmen.

ENDERBIE (*Percy*). Cambria triumphans, or Britain in its perfect lustre, shewing the origin and antiquity of that illustrious nation; the succession of their kings and princes; the description of their country, etc. *London, printed for Andrew Crooke*, 1661, in-fol. [27374]
Cet ouvrage était jadis un des plus rares qui existassent sur l'histoire d'Angleterre, et, selon M. Savage, qui en donne une analyse étendue dans son *Librarian*, tome II, p. 49 et suiv., on s'en procurait difficilement un bel exempl. en 1809, pour moins de 40 guinées ; mais depuis qu'il a été réimprimé son prix est tombé à 4 ou 6 liv.
La nouvelle édition de Londres, 1810, in-fol., coûtait 4 liv. 4 sh., et plus cher en Gr. Pap. ; on y a ajouté un index qui s'est vendu séparément pour compléter la première.

ENDLICHER (*Steph.*). Atacta botanica nova genera et species plantarum descriptionibus et iconibus illustr. *Vindobonæ*, 1833, in-fol. avec 40 pl. 14 thl.

— Endlicher et Eduard Fenzel. Genera plantarum secundum ordines naturales disposita : accedit supplementum primum. *Vindobonæ*, 1836-40, pet. in-4. de LX et 1483 pp. 18 thl. — Supplementum secundum, 1842, et supplem. tertium, 1843, de 114 et 111 pp. Supplem. quart. pars II, 1847 (la prem. part. n'a pas paru). Supplem. quint., 1850. [4888]
Il faut joindre à cet ouvrage : *Iconographia generum plantarum*, in-4. de XVI pp. et 125 pl., publié à Vienne, de 1837 à 1840, en dix fasc. 15 thl.

— Flora brasiliensis, voy. SPIX. — Catalogus, 31424.

— Anfangsgründe der chinesischen Grammatik. *Wien, Gerold*, 1844-45, in-8. 27 fr. [11870]

— Verzeichniss der chines. und japanischen Münzen des Wiener Münz-Cabinets. *Wien*, 1837, in-4.

— Rerum hungaricarum monumenta, 26510.

ENDTKRIST. Voy. ANTICHRISTO (liber de).

Endres (*E.*). Manuel du conducteur des ponts et chaussées, 8804.

ENEAS Silvius. Voy. ÆNEAS.

ENEN. Epitome alias Medulla Gestorŭ Trevirorŭ nup p venerabilĕ virŭ dñm Joannĕ Enen divine pagine Doctorĕ eximium teutonico sermone edita, iam pridem extĕporaliter in latinum versa Frē Joanne Scheckmanno traductore, tribus libellis perfecta... — *Finit fauste liber epitomes Treviridum, impensis quidē prouidi viri Mathe Haen bibliopole, ciuis Treuereñ. Opera aŭt honesti viri, Caspari hochfeder excusoris et ciuis metensis die Margarethe. Anno salutis* 1517, in-4. goth. de lxii ff. sans compter les pièces liminaires et finales. [26569]

D. Clément, VIII, pp. 35 et 36, a décrit ce livre rare, ainsi que le texte allemand du même ouvrage impr. à Metz, également par Gasp. Hochfeder, en 1515, in-4. de 56 ff. Nous remarquons dans la souscription de la version latine que Math. Haen, libraire à Trèves, s'est servi d'un imprimeur de Metz, parce que probablement il ne s'en trouvait pas dans sa propre ville : un exemplaire de la version latine, 42 fr. en mai 1860.

ENENCKEL (*Jansen* der). Fürstenbuch von Oestreich und Steyrland. Beschrieben von Jansen dem Enenckeln, nun aber publicirt durch H. Megisern. *Linz,* 1618 et aussi 1740, in-8. [15461]

Cet ouvrage, écrit en rimes markomannischo - frankisches, est de l'an 1264. Les deux éditions indiquées sont rares (Ebert, 6716).

ENFANT de perdition. Voy. MORALITÉ nouvelle.

ENFANT (l') gâté, ou le débauché de la Haye, détaillant les principales fourberies de notre temps. *Delft,* 1682, pet. in-12, fig.

Petit livre que son titre peut faire rechercher. 6 fr. mar. r. Mars, en 1788.

ENFANT ingrat. Voy. MIROIR et exemple moral.

ENFANT prodigue. L'enfant prodigue par personnaiges. Nouuellemēt translate de latin en frācoys, selon le texte de leuangile. Et luy bailla sō pere sa part laq̈lle il despendit meschāmet auec folles femmes. (au recto du dernier f.) : *Cy finist le liure intitule* | *lenfant prodigue Nouuel* | *lement Jmprime a Paris* (sans date), pet. in-4. goth. de 20 ff. non chiffrés, sign. a—d. [16253]

Édition très-rare : vend. *rel.* avec deux autres ouvrages, 42 fr. La Valliere.

Du Verdier cite une édition de *Lyon, par Benoist Chaussard,* mais il n'en marque ni la date ni le format.

— L'enfant prodigue par personnages, translate nouuellement de latin en françois selon le texte de l'euangile par lequel est monstré la miserable vie ou parviendront ceux qui leurs biens des-pendent prodigallement. V. F. (à feuilles) *A Rouen, chez Richard Aubert, rue de l'Orloge deuant le Lyon d'or* (*sans date*), in-4. de 20 ff. non chiffrés, sign. A—E.

Édition en lettres rondes, avec une vignette en bois sur le titre. Ce doit être une réimpression de la précédente. 51 fr. de Soleinne.

— Histoire de l'enfant prodigue par personnages, par laquelle est démontrée la vie misérable où paruiendront ceux qui dépendent leurs biens prodigalement. *Lyon, Pierre Rigaud* (sans date, mais vers 1580), in-16 de 128 pp. y compris 2 ff. prélim.

Volume rare, impr. en lettres rondes : vend. 72 fr. mar. r. Gaignat; 51 fr. La Valliere.

Autre édition, sous le même titre, *Lyon, Pierre Marniolles,* 1616, in-16 de 103 pp. 59 fr. mar. r. de Soleinne.

Pour une autre pièce sur le même sujet, voyez MACROPEDIUS.

ENFANT. Lenfant saige a troys ans jnterrogue par adriā empereur. lequel luy rend repōce de chascūe chose q̈l luy demāde. (*sans lieu ni date,* vers 1500), pet. in-4. goth. de 6 ff., avec une fig. en bois sur le titre. [1379]

Il existe plusieurs éditions de cet opuscule, et d'abord une sous ce titre :

LENFĀT saige a troys ans. Interrogue par Adrian empereur lequel luy rēd respōse de chascune chose qu'il luy demande. Les douze vendredys blancs (*sans lieu ni date,* vers 1520), pet. in-8. goth. de 12 ff.

Une autre sous le même titre que ci-dessus, mais impr. à *Rouen, par Richard Goupil, pour Roulin Gaultier* (vers 1510), in-4. goth.; et une sous un titre un peu différent.

LENFANT saige a troys ans interrogue par Adrian empereur de Romme, lequel lui rendit responce de chacune chose quil luy demanda. (*sans lieu ni date*), pet. in-8. goth., 38 fr. m. r. Nodier (voy. MIROIR des Escoliers).

LENFFANT sage a trois ans auecque la semilitude de Lenfant prodigue. *Paris, Aug. Aubry,* 1859, pet. in-8. car. goth., titre rouge et noir. 5 fr.

Publié d'après les manuscrits par M. W. M. (William Martin), et tiré à 52 exemplaires numérotés, y compris deux sur peau-VÉLIN. — Voy. QUESTION.

ENFANT-SANS-SOUCI, divertissant son père Roger-Bontems et sa mère Boutetout-cuire. *Ville-Franche, Nic. L'Enjoué (Hollande),* 1682, pet. in-12. 15 à 20 fr. [17873]

Vend. en m. r. 20 fr. Bignon; 19 fr. 50 c. Pixerécourt; 31 fr. Nodier; et (avec un nouveau titre) sous la date de *Cologne, P. Marteau,* 1712, pet. in-12, 12 fr. ; 60 fr. 50 c. m. bl. Crozet; 78 fr. Duplessis; 61 fr. première vente Veinant; 80 fr. Solar.

ENFER (l') burlesque; le mariage de Belphegor, épitaphes de M. de Molière. *Cologne, Jean Leblanc,* 1677, pet. in-12 de 3 ff. prél.,112 pp. avec un frontispice gravé. [14250]

Enfer détruit, 2310.

Recueil de pièces impr. en Hollande, et que M. P. L. a fait bien connaître dans le *Bulletin du Bibliophile* (nov. et déc. 1860, p. 1756). C'est sans fondement qu'on le fait entrer dans la collection des Elseviers. 21 fr. *m. r.* Nodier.

ENFER (l') de la mère Cardine, traictant de la cruelle bataille qui fut aux enfers entre les diables et les maquerelles de Paris, aux nopces du portier Cerberus et de Cardine, qu'elles vouloient faire royne d'Enfer, et qui fut celle d'entr'elles qui donna le conseil de la trahyson, etc. Outre plus est adioustée vne chanson de certaines bourgeoises de Paris, qui, faignaut d'aller en voyage, furent surprises au logis d'une maquerelle a S. G. desPrez (attribué à Flaminio de Birag). *Paris,* 1583, in-8. de 32 pp. [13958]

Édition dont on ne connaît d'exemplaire que celui qui a été acheté 300 fr. à la vente de Paris de Maizieux, pour M. de La Valliere, et qui se conserve à la bibliothèque de l'Arsenal. Le texte est en lettres rondes, et régulièrement chiffré de 1 à 24. Les pages suivantes sont chiffrées 15, 16, une sans chiffre, 10 et 11. La chanson qui occupe les trois derniers feuillets est en caractères italiques.

— L'Enfer de la Mère Cardine.... *Paris, chez Iean de Carroy, au Mont St Hilaire, rue d'Ecosse* (sans date), pet. in-8. de 40 pp. chiffrées, y compris le titre.

Édition en lettres rondes, à 30 et même 31 lignes par page (indiquée par M. Hubaud de Marseille, à la page 21 de sa *Dissertation,* impr. en 1854). De Carroy ou plutôt Du Carroy a exercé de 1577 à 1617, selon Lottin.

— Le même enfer de la mère Cardine, etc., 1597, in-8. en lettres italiques.

Édit. encore fort rare, contenant 32 pp. imprim. et 2 blanches. L'exemplaire vendu 142 fr. Mac-Carthy, est annoncé *sans date ni indication d'année,* dans le catal. de cet amateur; il était cependant daté de 1597.

De Bure, *Bibliogr. instruct.,* n° 3969, cite une édition de 1598, sans doute d'après la *Biblioth. hoendorfiana,* n° 1893; mais elle n'est pas bien avérée.

Cette facétie a été réimpr. sous la date de 1597 (*Paris, de l'impr. de Didot l'aîné,* 1793), gr. in-8. pap. vél., et tirée seulement à 108 exempl. dont quelques-uns sur pap. bleu, plus 6 ou 8 sur VÉLIN.

Vend. *mar. r.* 24 fr. Clos; 17 fr. Bignon; impr. sur VÉLIN, 61 fr. Morel-Vindé; 80 fr. en 1825; 49 fr. en 1840.

Une partie des exemplaires de la nouvelle édition renferment une seconde pièce intitulée : *Déploration et complainte de la mère Cardine de Paris,* pages 41 à 55, morceau dont l'édition originale porte le titre suivant :

DEPLORATION et complaincte de la mere Cardine de Paris, cy-deuant, gouuernāte du Huleu, sur labolitiū d'iceluy. Trovvee apres le decedz d'icelle cardine en un escrain auquel estoient ses plus priuez et precieux secretz, tiltres de ses qualitez authentiques, Receptes souueraines, Compostes, anthidotes, baulmes, fardz, boëstes, ferrements et vstenciles seruans audict estat dudict mestier. 1570, in-4. de 8 ff. dont un bl., lettres italiques. [13949]

On ajoute encore à la réimpr. ci-dessus une pièce de vers formant 4 ff. gr. in-8. qui ont pour titre : *Ban de quelques marchands de graine à poile, et d'aucunes filles de Paris,* 1570. Cette dernière, dont l'auteur pourrait bien être Rasse Desneux, a

été imprimée à Paris, en 1813, par les soins de Méon, éditeur des Fabliaux et du Roman de la Rose. Vend. ainsi complet, et en *mar.* 31 fr. Chateaugiron; 29 fr. Labédoy... et sur VÉLIN, 79 fr. Renouard.

L'Enfer et la Deploration ont été réimpr. en 1856 dans le 3ᵉ vol. du Recueil de poésies françaises publié par M. de Montaiglon.

Voici le titre de trois pièces en vers, analogues à la *mère Cardine,* et probablement plus rares encore que son *Enfer* :

HISTOIRE plaisante des faicts et gestes d'Harlequin comedien italien, contenant ses songes et visions, sa descente aux enfers pour en tirer la mere Cardine.... comment et auec quels hazards il en eschut après y auoir trompé le roy d'iceluy, Cerbere et tous les autres diables. *Paris,* 1585, in-8.

REPONSES di gestes de Arlequin au poete, fils de Madame Cardine, en langue arlequine, en façon de prologue, par lui-mesme : de sa descente aux enfers, et du retour d'iceluy. *Paris,* 1585, in-8.

LA DUPLIQUE faite pour le seigneur Arlequin, en forme de contrepeterie au nez de Robert Triplupart l'Andouiller, vrinal des poetes, et Colonnel des gadoues de la-bastille des Proserpine, auec vn recipe de haulte fustaye pour desembrener ceste grand'-pièce poltronesque. *Paris,* 1585, in-8. (Catalogue de La Valliere en 3 vol., n° 3913, art. 44 à 46.)

ENFIELD. Voy. AIKIN.

ENFIELD (*Will.*). Voy. BRUCKER, et les n°ˢ 3299 et 27236 de notre table.

ENGEL (*J.-Jac.*). Schriften. *Berlin, Mylius,* 1801-6, 12 vol. in-8. fig. 60 fr. — Pap. vél. 90 fr. [19281]

Cette collection, qu'on ne recherche plus, contient : vol. I et II, *Der Philosoph für die Welt*; III, *Der Fürstenspiegel*; IV, *Reden und ästhet. Versuche*; V et VI, *Schauspiele*; VII et VIII, *Mimik*; IX et X, *Philos. Schr.*; XI, *Poetik*; XII, *Lorenz Stark*. Il y en a une nouvelle édition, *Berlin,* 1844-51, en 14 vol. in-16.

L'ouvrage intitulé *Mimik* a été trad. en français par Jansen, sous le titre d'*Idée sur le geste et l'action théâtrale,* Paris, 1788, 2 vol. in-8. [16031] et cette traduction fait partie du *Recueil de Pièces intéressantes...* Paris, Barrois, 1787, 6 vol. in-8., recueil qui a aussi paru sous le titre de *Conservatoire des sciences et des arts.*

ENGELBRETH. Fragmenta basmurico-coptica Veteris et Novi Testamenti, quæ in museo Borgiano Velitris asservantur, cum reliquis versionibus ægyptiis contulit, latine vertit, necnon criticis et philologicis adnotationibus illustravit W.-F. Engelbreth. *Hafniæ,* 1811, in-4. 15 fr. [105]

Vend. 29 fr. *cuir de Russie,* Langlès.

ENGELGRAVE. Lux evangelica sub ve-

Engel (Bailli d'). Essai sur l'Amérique, 28466.

Engel (*S.*). Bibliotheca selecta, 31345.

Engel (*L.*). Collegium juris, 3190.

Engel (*J.-C.* von). Monumenta hungarica, 26500. — Geschichte des ungarischen Reichs, 26523.

Engel (*Fr.*). Handbuch der gesammten landwirthschaftl. Gewerbe, 9818.

Engel (*F.*) und K. Schellbach. Optik, 8413.

Engelbrecht (*C.-A.*). De Legibus agrariis, 2452.

Engelbreit (*Karl*). Die Instrumente der Geodesie, etc., 8052.

lum sacrorum emblematum recondita, in anni dominicas, et in festa et gesta sanctorum selecta historia et morali doctrina varie adumbrata, per Henricum Engelgrave, societatis Jesu. *Coloniæ, Jac. a Meurs,* 1655-59, 4 vol. in-12. [18579]

Livre recherché à cause des gravures de J. Van Meurs dont il est orné. Un exemplaire en *mar. r.* aux armes de Du Fresnoy, 155 fr. J.-J. De Bure, prix que n'aurait pas, à beaucoup près, un exemplaire ordinaire.

Il y a une édition du même ouvrage : Anvers et Cologne, 1656-57, en 2 vol. in-fol.

On a du même auteur : *Cœleste Pantheon,* Cologne, 1658, in-4. avec fig., et *Cœlum Empyreum,* Cologne, 1668, 2 tom. in-fol. et aussi in-4.

ENGELMANN (*W.*). Bibliotheca historico-naturalis. Index librorum histor.-natur. spectantium ab a. 1700 ad 1846 in Germania, Scandinavia, Anglia, Gallia, Belgio, Italia atque Hispania impressorum. Pars I. cont. historiam natur. in universum, anatomiam et physiologiam comp., zoologiam et palæontologiam. *Lipsiæ,* 1846, in-8. 14 fr. 75 c. — Supplement-Band : Bibliotheca Zoologica. Die in den periodischen Werken aufgenommenen und die von 1846-60 erschienenen Schriften, mit Einschluss der allgemein-naturgeschichtl., period. und paläontolog. Schriften. *Leipzig,* 1861, 2 vol. in-8. 45 fr. [31712]

— DANIEL CHODOWIECKI's sämmtliche Kupferstiche. Beschrieben mit histor., literar. und bibliogr. Nachweisungen, der Lebensbeschreibung des Künstlers und Registern. *Leipzig,* 1857, in-8. avec 3 pl. 15 fr., et in-4. pap. collé, 20 fr.

— BIBLIOTHECA scriptorum classicorum et græcorum et latinorum. 7ᵉ édit. *Leipzig,* 1858, in-8. 14 fr. 75 c.

En outre de la *Biblioth. script. gr. et lat.,* le savant bibliographe de Leipzig a publié une série de catalogues, divisés d'après les différentes branches des sciences, et qui s'occupent principalement des publications allemandes des XVIIIᵉ et XIXᵉ siècles.

ENGLAND's Helicon : a collection of pastoral and lyric poems, first published at the close of the reign of Q. Elisabeth ; the third edition, to which is added a biographical and critical introduction. *London, Triphook,* 1812, in-8. [15763]

La première édition du présent recueil, publiée par J. Bodenham, parut à Londres, chez John Flasket, en 1600, in-4. de 192 pp., 31 liv. vente Sotheby, en 1856. Il y a une seconde édit. augmentée de 9 pièces, *London,* 1614, in-8., laquelle, ainsi que la première, est devenue très-rare, et a été payée jusqu'à 24 liv. 13 sh. à la vente de Roxburghe. La réimpression que nous annonçons fait partie du *British Bibliographer,* d'Egerton Brydges, mais il en a été tiré à part 200 exempl. in-8. à 1 liv. 1 sh., et

Engelhardt (*F.-B.*). Karte von Nord-Deutschland, etc., 19700. — de la Prusse orientale, 19700.
Engelhardt (*G.*). Russische Miscellen, 27758.
Engelhardt (*C.-M.*). Heralde von Landsperg, 30811.
Engelmann (*G.*). Manuel et traité de lithographie, 9215 et 9216.

50 exempl. in-4. à 2 liv. 2 sh., prix qui ne se soutiennent pas.

Le libraire Triphook a également publié en 1812 un autre recueil intitulé :

THE PARADISE of Dainty devices, reprinted from the first edition 1576, with an appendix, containing additional pieces from the editions of 1580 and 1600, and introductory remarks biographical, and critical, by Egerton Brydges. *London,* 1812, pet. in-4. [15762]

La 1ʳᵉ édit. de ce dernier recueil est celle de 1576, *printed by Henry Disle,* pet. in-4. ; vend. 16 liv. Heber. On en cite des réimpr. sous les dates de 1577 et 1578. L'édit. de 1580, in-4., dont un exempl. a été vendu 53 liv. Roxburghe, est plus complète que la première. Il en est probablement de même de l'édit. de 1600, vend. 11 liv. 10 sh., avec d'autres pièces de 1577 et 1581, Heber, de celle de 1600, vend. 3 liv. 11 sh. chez le même, et d'une édition *printed by Edward Allde,* sans date, pet. in-4., payée 2 liv. 7 sh. même vente.

ENGLAND illustrated, or a compendium of the natural history, geography, topography, and antiquities ecclesiastical and civil of England and Wales. *London, Dodsley,* 1764, 2 vol. gr. in-4. [26734]

Ouvrage orné d'un grand nombre de cartes et vignettes fort médiocres : 30 à 36 fr. Les mêmes vignettes ont resservi pour un autre ouvrage intitulé : *England delineated.* London, 1804, 2 vol. in-8.

ENGLAND Parnassus. Voy. PARNASSUS.

ENGLEBERMEUS. Voy. ANGELBERME.

ENGLEFIELD (*H.-C.*). A description of the principal picturesque beauties, antiquities and geological phænomena of the isle of Wight ; with additional observations on the Strata of the Island and their continuation in the adjacent part of Dorsetshire by Th. Webster. *London,* 1816, gr. in-4., avec 50 pl. 2 liv. 2 sh. [27185]

Vend. en Gr. Pap. in-fol., premières épreuves, 9 liv. 9 sh. Dent et Drury ; 121 fr. Labédoy...

— Southampton, 27182.

ENGLISH dance of death. Voy. SYNTAX.

ENGLISH historical society. Voy. SOCIETY.

ENGLISCHE Comedien, vnd Tragedien. Das ist : Sehr Schöne, herrliche vnd auszerlesene, geist- vnd weltliche Comedi vnd Tragedi Spiel, sampt dem Pickelhering, Welche wegen jhrer artigen Inventionen, Kurtzweiligē auch theils warhafftigen Geschicht halber, von den Engelländern in Deutschland an Königlichen, Chur- vnd Fürstlichen Höfen, auch in vornehmen Reichs-, See- vnd Handelstädten seynd agiret vnd gehalten worden, und zuvor nie im Druck auszgangen. An ietzo, Allen der Comedi vnd Tragedi Liebhabern, vnd Andern zu lieb vnd gefallen, der Gestalt in offenen Druck gegeben, dasz sie gar leicht darausz Spielweisz wiederumb angerichtet, vnd zur Ergetzlichkeit vnd Erquickung des Gemüths gehalten werden können.*Gedruckt im jahr M.D.XX* (sans nom d'imprim), in-8. de 384 pp.

Recueil fort rare qui contient quinze pièces; il y en a une seconde édition, sous ce titre : *Englische Comoedien und Tragoedien, sampt dem Pickelhering... zum andernmal gedruckt und corrigirt. Gedruckt im Jahr* 1624, in-8., qui ne contient que dix pièces.

— LIEBESKAMPFF oder Ander Theil der Englischen Comoedien vnd Tragoedien in welchen sehr schöne auszerlesen comödien vnd tragödien zu befinden vnd zuvor nie in Druck auszgangen. *Gedruckt im Jahr* 1630, in-8. contenant huit pièces.

ENGLISH (the) Peerage, or a view of the ancient and present state of the english nobility. *London*, 1790, 3 vol. gr. in-4. fig. [28931]

Le texte de cet ouvrage manque d'exactitude, mais le 3ᵉ vol. contient des grav. exécutées par F. Chesham d'après les dessins de Ch. Catton, et qui ont du mérite (*Moules, Biblioth. hérald.*, p. 465). Vend. bel exempl. *cuir de Russie*, 147 fr. en avril 1811 ; 2 liv. 2 sh. Bohn.

ENGLISH poets. Voy. JOHNSON (*Sam.*).

ENGLISH-IRISH dictionary, with an irish grammar. *Paris, Guérin*, 1732, in-4. [11369]

Cet ouvrage de Hugh Mac Cuirtin et Conor O' Begly est rare, et on le recherche beaucoup en Angleterre. Vend. jusqu'à 110 fr. Mac-Carthy, mais quelquefois moitié moins.

ENGRAMELLE (le P.). Voy. ERNST.

ENIEDINUS (*Geor.*). Explicationes locorum Vet. et Novi Testamenti, ex quibus Trinitatis dogma stabiliri solet; auctore Georgio Eniedino, superintendente ecclesiarum in Transsilvania. (*absque nota*), in-4. [2044]

Ouvrage d'un théologien socinien, auquel on a reproché d'avoir donné une interprétation forcée à plusieurs passages de l'Ecriture sainte. L'édition indiquée ici a paru en Hongrie, vers 1580, mais elle a été sévèrement prohibée, et même une partie des exemplaires a été brûlée publiquement. Vend. 20 flor. Meerman ; 1 liv. Heber. Une réimpression de ce livre rare a été faite à Groningue, vers 1670, et également sans indication de lieu ni de date. On la reconnait facilement, parce qu'elle est imprimée en caractères romains, tandis que l'original est presque entièrement en lettres italiques. Consultez VOGT, au mot *Enjedini*, et *Bibliotheca meerman.*, I, n° 169 des in-4.

ENIOLLEMENT (l') de Covla et de Miqvelle, sur le sujet des Dialotins qu'il disoit qu'elle auoit dans le ventre. Les chansons de Miquelle. Les plaintes de Marion Floncan, mere de la dite Miquelle, sur le deflorement de se (*sic*) fille. Le proces interuenu entreux. Et le Mariage de Coula & Miquelle. par dialogue. En langage Picard. *Paris*, 1634, in-8. de 20 pp. [14354]

Pièce en vers, un peu graveleuse, mais assez piquante. Elle est d'une grande rareté : 75 fr. *mar.* Nodier.

ENNDTKRIST. Voyez ANTI-CHRIST, et ANTI-CHRISTO (de).

ENNERY (Michelet d'). Voy. TOBIESEN.

ENNETIÈRE (*Marie* d'). Epistre contre les Turcqz, Juifs infideles, Faulx chrestiens, Anabaptistes et Lutheriens, 1539.

Paquot, tome XVIII, p. 201, donne le titre de cette épitre dont il n'indique ni le lieu d'impression, ni le format, qu'avait aussi omis La Croix du Maine, qui nomme l'auteur Marie Dentières.

ENNETIERES (*Jean* d'), sieur de Beaumetz. Les amours de Théagines et de Philoxène, et autres poésies. *Tournay*, 1616, pet. in-12. [14100]

Ce recueil, dont Goujet ne donne pas une idée avantageuse, est rare ; il a cependant été réimprimé à *Lille*, chez *De Rache*, 1620, in-12.

— Les quatre baisers que l'âme devote peut donner à son dieu dans ce monde. *Tournay, André Quinqué*, 1641, pet. in-12. [14101]

Ouvrage en vers : 6 fr. 50 c. *mar. r.* Morel-Vindé ; 26 fr. 50 c. Veinant.

— Le chevalier sans reproche, Jacques de la Lain (par Jean d'Ennetières). *Tournay, Quinqué*, 1633, in-8. fig. [14106]

Ouvrage en prose et en vers : 10 fr. *mar. v.* Méon ; 22 fr. Bignon, et jusqu'à 80 fr. Borluut.

— Sainte Aldegonde, comédie (en 5 actes et en vers, avec des chœurs et un prologue). *Tournay, Adr. Quinqué*, 1645, pet. in-8. de 103 pp. [16440]

22 fr. Monmerqué; 25 fr. *trop rogné*, de Soleinne. Cette pièce et les Quatre baisers doivent être rares, car Paquot n'en a point parlé dans son article sur l'auteur, non plus que de la version de Boèce du même (voy. BOETIUS).

ENNIUS. Q. Ennii fragmenta ab Hier. Columna conquisita, disposita et explicata. *Neapoli, e typogr. Horatii Salviani*, 1590, in-4. de 4 ff. non chiffr. XVI et 505 pp. plus 20 ff. non chiffr. [12487]

Première édition, assez rare, mais peu recherchée : 5 à 6 fr.

Il avait déjà paru des fragments d'Ennius dans les *Fragmenta poetar. vett. latinor.*, 1564 (voy. ESTIENNE *Rob.*).

— ANNALIUM libr. XXII fragmenta collecta, composita, illustrata a P. Merula, *Lugd.-Batav., ex officina Jo. Portesii et Lud. Elzevir.*, 1595, (à la fin : *Typis Joann. Balduini*), pet. in-4. de 28 ff. prélim., ICCXXXII pp., plus 12 ff. non chiffrés. 5 à 6 fr.

— FRAGMENTA..... ad editionem Neapoli, 1590, recusa, accurante Fr. Hesselio : accedunt præter eruditor. virorum emendationes, M.-And. Delrii opinationes, nec non J. Vossii castigationes et notæ, ut et index omnium verbor. Ennianor. *Amstel.*, 1707, très-pet. in-4. 6 à 8 fr.

Vend. en Gr. Pap. 28 fr. La Valliere ; 42 fr. *vél.* Caillard et moins depuis.

Cette édition a été peu soignée, et l'on regrette de n'y pas trouver les notes de P. Merulla, qui font partie de la précédente.

— ENNII Medea, commentario perpetuo illustr. cum fragmentis quæ in aliis poetæ editionibus desiderantur, edente D.-H. Planck. *Hannoveræ*, 1807, (seu *Gottingue*, 1809), in-4. 4 fr.

— Q. Ennii annalium librorum XVIII fragmenta, post Pauli Merullæ curas iterum recensita, auctiora, reconcinnata et illustrata : accedunt Cn. Nævii librorum de bello punico fragmenta, collecta, composita et illustr. opera et studio E. S. (Ern. Spangenberg). *Lipsiæ, Hahn*, 1825, in-8. 5 fr.

— Ennianæ pocseos reliquiæ, ex recensione Joa. Vahlen. *Lipsiæ*, 1854, in-8. 2 thl.

ENNODIUS (*Magnus Felix*). Ennodii, episcopi Ticinensis, Opera, seu poemata sacra; vitæ SS. Epiphanii et Antonii; Panegyricus, Theodorico dictus; omnia partim nunc primum edita, partim emendata, notisque illustrata, studio et labore Andr. Schotti. *Tornaci, Nic. Laurentius*, 1610, in-8. [1070]

— Opera, in orationem digesta, multisque locis aucta, ex editione, et cum emendationibus et notis Jac. Sirmondi. *Parisiis, ex officina nivelliana*, 1611, in-8.
Réimpr., dans le 1er vol. des Œuvres du P. Sirmond.
— Panegyricus regi Ostrogothorum Theodorico dictus, cum animadversionibus J.-C.-F. Manso. *Berolini*, 1812, in-8. [12144]
Bonne édition, que M. Graesse cite sous la date *Wratislaviæ*, 1822, et comme in-4.

ENOCH. Libri Enoch prophetæ versio æthiopica, quæ sæculi sub fine novissimi ex Abyssinia in Britanniam advecta vix tandem litterato orbi innotuit, edita a R. Laurence. *Oxonii*, 1838, in-8. 9 sh. [248]
L'éditeur de ce livre apocryphe en avait déjà publié une version anglaise sous ce titre :
The Book of Enoch the prophet : an apocryphal production, supposed to have been lost for ages : but discovered at the close of the last century in Abyssinia ; now first translated from an æthiopian ms. in the Bodleian library. *Oxford, university press*, 1821, in-8., ou seconde édit., *corrected and enlarged*, Oxford, 1833, in-8. 10 sh. 6 d.
La publication du Dr Laurence a donné lieu aux écrits suivants :
Enoch restitutus, or an attempt to separate from the books of Enoch, the book coted by St. Jude ; also a comparison of the chronology of Enoch with the hebrew computation..... by the rev. Edward Murray, 1838, in-8.
The Genuineness of the book of Enoch investigated by the rev. J.-M. Butt, in-8.
An Inquiry into the truth and use of Enoch, investigated as to its prophecies, visions and account of fallen angels, by John Overton. *Lond.*, 1822, in-8.
Pour d'autres livres apocryphes publiés par le même savant, voy. Laurence.
Liber Henoch, Æthiopice, ad quinque codd. fidem editus, cum variis lectionibus, cura Aug. Dillmann. *Lipsiæ, Vogel*, 1851, in-4. 8 fr.

ENOCH (*Pierre*). Voy. La Meschiniere.

EN QVEL temps on doit donner medecine.
— *Cy finist la nature des douze signes auec les sept planettes ⁊ cõposition du Isadren a congnoistre les heures iour et nuyt. Imprime a Lyon aulx despens de Claude Dauphin* (sans date), in-16 allongé, car. goth. sans titre.

Enocus (*Lud.*). Prima infantia utriusque linguæ, 10600.

Cet opuscule de 12 ff. non chiffrés, sous la signat. +, paraît avoir été fait pour accompagner des heures. Un exemplaire impr. sur vélin, avec lettres initiales peintes, 21 fr. *mar.* Coste ; 50 fr. Solar.

ENRIQUE. Historia de Henrique fi de Oliva. *fue empremido en Seuilla por tres alemanos companeros, en el año de Mill y quatro cientos et nouenta y ocho años* (1498) *a veynte dias del mes octubre*, pet. in-4. goth. à 31 lignes par page. [17535]
Livre fort rare que possède la Bibliothèque impériale de Vienne. Il se compose de 43 ff. non chiffrés, sign. *a—e* par 8, et *f* par 3 ; une vignette sur bois orne le frontispice. Antonio en indique une édition de *Seville, Juan Cromberger*, 1533, in-4., sous le même titre que celle qui suit.

— Historia de Enrrique hijo d' doña Oliua rey de hierusalem y emperador de Constantinopla. — *Imprimose el presente tratado en... Seuilla por Dominico d' Robertis a .xiij. dias del mes d' Enero. año d' mil y quinientos y quarenta y cinco años* (1545), in-4. goth. de 32 ff. sign. a—d. (*Biblioth. impér.*)
Pour l'analyse de ce roman, consultez le Bulletin de Techener, 4e série, p. 767.

ENRIQUEZ, almirante de Castilla. Las quatrocientas. Voy. Escobar (*Luis* de).

ENRIQUEZ (*Franc.*). Septima parte de Flor de varios romances nuouos recopilados de muchos autores, por Franc. Enriquez. Enmendado y corregido de muchos yerros que en la primera impression tenia. *Toledo, en casa de Thomas de Guzman*, 1595, in-12 de 108 ff. plus un f. de table, 12 sh. Heber. [15079]
L'exempl. décrit dans la *Biblioth. grenvil.*, p. 618, est relié avec une autre partie ayant pour titre :
Flores del Parnaso octava parte ; recopilado por Luys de Medina. *Toledo, por Pedro Rodriguez*, 1596.
Il existe jusqu'à neuf parties de la *Flor de varios romances*, lesquelles ont été réunies en 1 vol. in-4. sous le titre de *Romancero general* (voy. Romancero).

ENSEIGNEMENS moraux et les concilles des deuotz. (*sans lieu ni date*), pet. in-4. goth. [1287]
Opuscule de 20 ff. à longues lignes, au nombre de 27 sur les pages entières, avec fig. en bois. Les caractères sont ceux des éditions impr. à Paris pour Antoine Verard, vers 1500. Il se conserve à la Biblioth. impériale un exemplaire de ce petit vol. impr. sur vélin, avec fig. peintes en or et en couleur (*Catal. des livres impr. sur vélin*, I, n° 419). Dans un exemplaire sur pap., qui fait partie d'un recueil décrit sous le n° 769 du catal. de La Vallière, et qui porte la marque de Verard au verso du dernier f., il y a à la fin 4 ff. impr. en plus petits caractères que les autres, et qui contiennent ix petites reigles pour cognoistre peche mortel... extraictes par frere lucas de Zagis...

ENSIS (*L.-C.*). Puellarum Avenionēsium aduersus Parrhisianas de formę pręstãtia concertatio ex Lucii Claudii Ensis Philomusi vigilationibus edita. Ejusdem nonnullę Elegię. Ejusdem oratio pro republica Carpentoractěsi corã... fratre egidio hispaniensi a latere legato habita. (in fine): *Jmpressum hoc opus Tholosę, impensis fidelissimi bibliopolę, Eustachii Mareschalli. Anno Domini Mcccc. xxii. die vero xxiij Decembris*, pet. in-4. goth. de 15 ff. [12862]

Opuscule en vers, singulier et fort rare. Le dernier morceau est en prose.

ENTIER discours de la vertu et propriété des bains de Plombières, contenant la manière d'user de l'eau d'iceux en toutes sortes de maladies, par A. T. M. C. (Ant. Toignard, medecin). *Paris, J. Hulpeau*, 1581, in-16 de 2 et 45 ff. [4667]

Ce petit traité est rare (44 fr. *mar. r.* par Trautz, Veinant); mais ce n'est pas le plus ancien qu'on ait écrit en français sur ces bains, car à l'article LEBON (Jean) nous en citons un sous la date de 1576. En voici un troisième qui ne doit pas être beaucoup plus commun que les deux autres :

DISCOURS des eaux chaudes et bains de Plombières, par Dominique Berthemin. *Nancy, Garnier*, 1611, pet. in-8.

ENTRECASTEAUX (d'). Voyez D'ENTRECASTEAUX.

ENTRÉES DES ROIS, REINES ET ENFANTS DE FRANCE, DEPUIS CHARLES VIII JUSQU'A LOUIS XIV.

I. — *Sous Charles VIII.*

ENTRÉE. Prologue de lentree du roy faicte a Rouen en noble arroy De par la ville seullement Touchant aux seigneurs nullement. Que des histoires cy monstrees Et comment acoutrees. (*sans lieu ni date*), pet. in-fol. goth. de 14 ff. non chiffrés. [24337]

Pièce en vers et en prose qui, quoique fort rare, a été donnée pour 3 fr. à la vente La Vallière. Elle se rapporte à l'entrée de Charles VIII à Rouen en 1485. Cet événement a été récemment raconté dans un opuscule de M. Charles de Beaurepaire, impr. à *Caen, chez A. Hardel*, en avril 1854, in-8. (XXᵉ vol. de la *Société des antiquaires de Normandie*.) Nous ne connaissons aucune ancienne relation particulière de l'entrée d'un roi de France dans une de ses villes, antérieure à celle que nous venons de citer ; mais il existe un recueil dont les relations remontent à Charles VI. En voici le titre :

RELATION des entrées solennelles dans la ville de Lyon des rois, reines, princes et princesses depuis Charles VI jusqu'à présent, imprimée pour MM. du consulat. *Lyon, de La Roche*, 1752, in-4. [24601]

ENTRÉE de Charles VIII a Vienne le premier decembre 1490 : Sensuit le devis des histoires faittes en la citte de Vienne le premier iour de Decembre lan M. CCCC. IIII. xx. et dix. p̃ lentree et bienuenue du Roi Dauphin Charles viijᵉ nostre sire. Lion sur le Rosne. M. D. CCCL. (à la fin) : *Imprime a Lion sur le Rosne chez Louis Perrin lan de Nostre-Seigneur m d ccc et cinquante le xxvᵉ iour de may*, in-8. de 24 pp. en tout, plus une gravure représentant saint Maurice à cheval.

Tiré d'un manuscrit de la bibliothèque de Montpellier, et imprimé à un petit nombre par les soins de M. Yéméniz, de Lyon, mais non mis en vente.

L'ENTRÉE du roy no|tre sire a Romme. (*sans lieu ni date*), in-4. goth. de 4 ff. à 29 lig. par page pleine. [23422]

Sur le titre se voit une vignette représentant deux chevaliers croisant leurs lances. Au verso, le texte commence ainsi : *Le roy nostre sir fist son entrec a Rôme le mercredi dernier iour de decembre....* Il finit avec la 12ᵉ ligne du recto du 4ᵉ f., dont le verso est blanc.

Cette pièce faisait partie du recueil porté sous le nᵒ 1466 du catal. de M. Coste, ainsi que deux autres, dont nous parlons à l'article TRAICTE de la paix, et que les sept pièces suivantes qui se rapportent à l'expédition de Charles VIII en Italie pendant les années 1494 et 1495 (recueil acheté 2099 fr. pour la Biblioth. impériale). Les pièces que nous décrivons doivent avoir été imprimées à l'époque même des événements qui y sont relatés ; elles sont de la plus grande rareté.

Une autre édition de l'*Entree du roy a romme*, in-4. goth. de 6 ff. non chiffrés, sig. *a*, 29 lig. et plus à la page, est à la bibliothèque publique de Nantes, selon la note qu'a bien voulu nous communiquer M. Cigongne.

Autres pièces du recueil de M. Coste.

1ᵒ La *pposition* faicte au Pape de par le roy. (*sans lieu d'impression*), in-4. de 2 ff. à 32 lignes par page pleine.

Pièce impr. avec le même caractère que le Traité de paix entre Charles VIII et l'archiduc d'Autriche, que nous décrirons au mot TRAICTE de la paix. Elle commence par la ligne française ci-dessus, la proposition est en latin, et se termine au haut du verso du second f. de cette manière : *Datũ florětie die xxii. mèsis nouèbris Anno dũi mᵒ cccc. xciiii. Et regni nostri xii, et plus bas : Anthonius de Ture.* Ce qui rend surtout cet opuscule curieux, ce sont les nouvelles en françois qui terminent la page, et dont nous allons transcrire ici la partie la plus singulière.

« *Autres nouuelles, on dit que le grand turc a ennoyé vne ambassade au roy considere les vertus de lui ; et que le dit turc a vne fille qui est du temps du dauphin, ɀ que se le roy veult que son filz pregne la fille du turc il luy rendra Constanioble ɀ tout le pays des mores naigre pont terra sancta ɀ le tribut des veniciens que est de cent mille ducats par an. et aps la mort dudit ꝗ na que ceste fille, ɀ est vieil elle succedra au pays ɀ en disposera le roy en sa voulenté, ɀ cuide len dire quil se fera crestien, ɀ se ainsi estoit le roy se pourroit faire seigneur nompas de la lombardie seulement : mais de tous les chrestiens Car le turc lui promet donner tant de finances quil vouldra vne fois dedens quinze iours cõme sera en grant peril si a dieu plaist. ie vous escriptz monssʳ de guyse est arriue... Escript a rôme le xx. iour de may.* »

Certes, nos faiseurs de canards ne trouveraient rien de mieux aujourd'hui.

2ᵒ LAPPOINTEMENT de Romme. | Auec les lettres du Roy : en | uoiees a mõsieur de Bourbõ, In-4. de 6 ff. goth. à 29 lig. par page.

Au verso du titre : *Le double des lettres du Roy nr̃e sir̃e... et au verso du 6ᵉ f. : Fait le xv. iour de iannier Lan Mil CCCC | lxxxxiiii. ainsi signé Robertet.*

Cy finissent les articles du traicte...

Une autre édition in-4. de 6 ff. non chiffrés, à 32 lig.
par page, sign. A. (*Biblioth. de Nantes*).

3° LA PRINSE et reduction de | Naples et autres
plusieurs | fortes places et beaulx faitz | de guerre
Auec le contenu | de quatre paires de lettres
ēuoyees a môsieur de bourbon | par le roy nře sire
depuis sõ partemēt de rôic. In-4. de 4 ff. à 35 lig.
par page pleine.

Sur le titre, un bois représentant une forteresse as-
siégée. Au verso, une autre vignette représentant
le roi recevant un hommage. Sur le verso du 4e f.
se voit une vignette du même genre que la première. Le texte commence au recto du 2e f. par
cette ligne : *Mon frere pour touiours.*

Une autre édit. de la même pièce, in-4. goth. de 4 ff.
non chiffrés, à 32 lig. par page, est à la Biblioth.
impér. et dans celle de Nantes.

4° SENSUY lentree et couronne|ment du roy nos-
tre sire en sa | ville de Napples faicte le xxii. iour
de | Feurier mil. CCCC. iiiixx. et xiiii. In-4. de 4 ff.
goth. à 29 lig. par page.

Au titre se voit le roi sur son trône, vignette accompagnée d'un encadrement ; au verso le texte, dont
voici la première ligne : *Le iour du dymênche
xxii. iour de feurier qui estoit la...* Le 4e f. n'a
autre chose que la figure d'un géant armé et auprès duquel est placé un enfant ; le' verso en est
tout blanc.

5° LES LETTRES nouuelles | enuoyees de Nap-
ples | de par le roy nostre sire a môseigneur de
bour | bon et datees du ix. iour de May auecques
les | gensdarmes pour retourner en France. In-4.
goth. de 4 ff. à 29 lig. par page.

Titre entouré d'ornements gr. sur bois. On y remarque une grande L historiée avec une seule tête qui
figure dans plusieurs opuscules impr. à la même
époque. Au verso du titre commence le texte : *Mon
frere jay veu la lettre que vo' mauez escript de.*
Au verso du 4e f. figure la même planche qui est sur
le titre de la précédente pièce.

6° LA | BATAILLE qui a este faicte | a Napples. Et
| côment le Roy | ferrand a este desconfit. In-4.
goth. de 2 ff.

Sur le titre, une L historiée plus grande que celle de
la pièce précédente, et avec deux têtes. Le verso
est blanc. Le feuillet de texte contient deux lettres.
La seconde à *monsieur dorleans... escrit au camp
le tii. iour de iuillet.*

7° LES NOUUELLES du Roy de | puis son parte-
ment de son | royaume de naples ēuoyees | a mô-
sieur labbe de saint ouen de Rouan. ce iourduy |
xxvi. de iuillet. In-4. goth. de 6 ff. à 30 lig. par
page pleine.

Le titre présente encore une grande L historiée et
avec deux têtes, mais d'une moindre dimension
que la précédente. Au verso le texte : *En son
royaume a laisse pour la garde dicelui huit.....*
et au verso du 4e f. se voit une vignette en bois
figurant la bataille de Fornoue. Le recto du 6e f.
finit par ces deux lignes : *Toutes ses choses bien
considerees viênent z procedent | de dieu z de sa
conduite et non pas des hommes.* Enfin le verso
de ce même feuillet contient une grande planche
représentant l'intérieur d'une ville, et est entouré
d'un encadrement.

Le recueil de pièces in-4. conservé à la bibliothèque
de Nantes (voir au mot MERVEILLES admirables),
contient, indépendamment de plusieurs des opuscules ci-dessus, quelques autres pièces également
relatives à l'expédition de Charles VIII en Italie, en
1494 et 1495. Comme elles sont de la plus grande
rareté, nous en donnerons ici les titres :

AVCVNS articles extraicts des lettres enuoyees de
lost de la guerre de Naples. 4 ff.

LES NOVVELLES lettres datees du iii iour de mars
enuoyees de p le roy a môss. de Bourbon auec les
ambassades. In-4. de 4 ff. non chiffrés, 32 lignes à
la page.

LETTRES nouuellement envoyes de Napples datees du xiii iour de mars. In-4. de 2 ff. à 31 lig. par
page.

LETTRES nouuellement enuoyees de Napples du
xx jour de mars. In-4. de 4 ff. non chiffrés, 31 lig.
à la page.

— AUTRES du xxviii jour de mars. In-4. de 4 ff. non
chiffrés, sig. α, 30 lig. par page.

LES NOUUELLES de monsieur dorreleans (*sic*) datees du xv jour de juing. 2 ff. à 36 lig. par page.

LETTRES du roy datees du xx jour de juing. 2 ff.
à 35 lig. à la page.

DEUX paires de lettres nouuelles. In-4. de 2 ff. à
26 lig. à la page.

LETTRES nouuelles datees du xv jour de juillet escrites a Ast., 4 ff. non chiffrés, à 30 lig. par page.

Toutes ces lettres sont de format in-4., en caractères
goth. et de l'époque même des événements qui y
sont relatés.

Ces neuf articles, dont plusieurs ont peut-être été réimprimés dans quelques-unes des pièces du recueil acheté à la vente 'Coste, ne se trouvent pas
dans le nouveau catalogue de la Biblioth. impér.,
où nous avons remarqué les opuscules suivants
que nous n'avons pas encore cités.

LA NOBLE et excellente entree du Roy nostre sire
en la ville de Florence qui fut le xvii. jour de nouembre Mil .cccc. iiiixx et xiiii. (*sans lieu ni
date*), in-4. goth. de 4 ff. non chiffrés.

Cette pièce rare se conserve à la Biblioth. impér., département des manuscrits, collection Fontanieu,
tome CXLIX, où se trouve une autre pièce impr.
à la même époque, sous ce titre :

LA MESSE pontificalle, in-4. goth. de 2 ff. (cette
dernière aussi dans le recueil de Nantes).

LETTRE du roi Charles VIII, au sujet de ses projets de guerre contre les Turcs, datée de Florence,
22 novembre 1494, et commençant par ces mots :
*Karolus Dei gratia Francor. Rex vniuersis
Christi fidelibus presentes litteras...* (sans lieu,
vers 1494), in-4. de 4 ff. en lettres rondes.

C'est la même chose que la Proposition faicte au Pape,
art. 1 du recueil de Coste.

Hain, n° 4533, décrit une édit. de la même pièce, in-4.
de 3 ff. à 27 lignes par page. Il décrit également un
opuscule en allemand contenant une Protestation
de Charles VIII adressée au pape Alexandre VI,
datée de Florence 22 novembre, suivie d'une autre
pièce : *Geben am xv. tag des Jenners im M.cccc.
vnd lxxxxv. iar.* C'est un in-4. de 6 ff. sans lieu
d'impression et sans nom d'imprimeur. On y trouve
Icon Papæ et regis.

PLUSIEURS nouuelles enuoyees de Napples Par le
Roy nostre sire A monseigneur de Bourbon. Ensemble dautres nouuelles (sans lieu ni date), in-4.
goth. de 6 ff. non chiffr.

Ce doit être une seconde édit. des *Lettres nouuelles
enuoyees de Naples* du recueil de Coste.

Pour une pièce en vers qui se rapporte aux mêmes
événements, voy. REGRETS et complainte. — Pour
deux pièces latines analogues aux précédentes, voy.
notre 1er vol., col. 1803, article CHARLES VIII.

II. — *Sous Louis XII.*

LENTREE du roi de France, treschrestien Loys douziesme de ce nom a sa
bonne ville de paris, Auecques la reception de luniuersite de paris, et aussi de
monseigneur de paris, et le souper qui
fut fait au palais. Faicte lan mil cccc.
IIII XX et XVIII. le lundi. ii. iour de
iuillet. (*sans lieu*), in-4. goth. de 6 ff.
non chiffrés.

Cette édition est à la Bibliothèque impériale. A l'article SACRE nous en citons d'autres qui se trouvent
reliées à la suite du Sacre de Louis XII.

LENTREE de tres chrestien Roy de France Loys

douziesme de ce nom faicte en sa ville de Rouen. le xxviii iour de septembre. Mil cinq cens et huyt (*sans lieu d'impression*), pet. in-4. goth. de 4 ff. avec une fig. en bois sur le titre. [24338]

Il est convenable de réunir à cette pièce rare *Lentree de la royne a rouen*, in-4. goth. de 2 ff. également avec une fig. en bois sur le titre.

L'ENTREE du roy a Millan. (au verso du 2ᵉ f.) : *Imprime a Paris de par Martin Alexandre, sous le congie de monseigneur le preuost du dit Paris...* (vers 1509), in-4. goth. 2 ff. [23434]

78 fr. *mar. r.* Coste.

On voit sur le titre de cette pièce l'écusson aux trois fleurs de lis, et au bas la figure allégorique d'un guerrier pourfendant un personnage qui est sur un animal fantastique. Ce même écusson se voit encore sur le frontispice d'une autre pièce, in-4. goth. de 4 ff., imprimée également par Martin Alexandre sous ce titre : *L'Armee du roy quil auoit con | tre les venicies : et lordre des | batailles. Mil cccc. z ix.*

Il a été fait dernièrement une réimpression de l'*Entree à Milan*, par le procédé Dupont.

LENTREE du roy a Millan. — *Cy fine lentree du roy nostre sire, Louis XIIᵉ du nom, faicte a Millan, apres la victoire quil eut sur les Veniciens (en 1509). Imprime a Lyon de par Nouel Abrahã sous le Congie de monseigneur le grant chancelier*, in-4. goth. [23434]

Pièce de 2 ff. seulement : vend. 14 fr. en 1841.

— Le pas des armes de l'arc triũphal ou tout hõneur est enclos tenu a lentree de la royne a Paris en la rue sainct anthoine pres les tournelles par puissant seigneur monseigneur le duc de valloys et de bretaigne, ou tous nobles hommes doiuết prendre leur adresse pour acquerir loz, honneur et gloire militaire redige et mis par escript par montioye roy darmes selon les compaignies et iournees ainsi cõme tout a este fait. Nouuellement imprime a paris. Ilz se vent a paris en la grãt salle du palais au second pillier en la bouticle de galiot du pre, libraire leql la fait imprimer par permission du roy nostre sire comme appert par ses lettres patentes. (à la fin) : *Cy finist le pas des armes de larc triũphal tenu a paris... imprime a paris par la permission du Roy nostre sire pour galliot du pre libraire... Et a este acheue dimprimer le xxiij iour de decembre mil cinq cens et xiiij*, pet. in-4. goth. de 50 ff. sig. A—L par 4 ff. et M de 6 ff., avec fig. sur bois. [28735]

Relation des joutes et pas d'armes qui ont eu lieu à Paris à l'hôtel des Tournelles pour célébrer le mariage de Louis XII avec Marie d'Angleterre. C'est une pièce aussi curieuse que rare, vend. 276 fr. en *mar. r.* à Paris en février 1850.

Un autre exemplaire auquel il manquait 2 ff. et qui se trouvait rel. en *mar. r.* avec une autre pièce (la *deffense du roy*) datée de 1528, est portée à 151 fr. dans le catal. de Soleinne, V, n. 107, où l'on distingue le *Pas d'Armes* en 22 ff., d'une autre pièce ayant à la fin de souscription ci-dessus, et pour titre : « LORDONNANCE *et ordre du tournoy, ioustes et combat, a pied et a cheval. Le plus desire et plus que triumphant rencontre, entreueu, assemblee, et visitation, les tres-haultz et tres-excellens princes, les roys de France et de Angleterre. Et des roynes leurs compaignes. Et aultres princes*

et princesses. Les festins et lordre qui y a été observe, les noms de ceulx qui ont iousté et combatu, et de ceulx qui ont le mieulx fait. Les ditz et deuiz des roys et aultres personnages mis et opposez des portes du festin fait a Calaix, a lentreueu du roy catholique et du roy dangleterre, et aultres choses singulieres. » Nous supposons que cette *ordonnance et ordre du tournoy* commence au 23ᵉ f. du *Pas des armes* ci-dessus et que c'est par erreur que dans le catal. de Soleinne on lui a donné 48 ff. (manquant les signat. Aiii—Aiiii), les 48 ff. devant s'entendre des deux pièces réunies, ainsi que le prouve la souscription de la seconde qui répète le titre de la première. Ce qui justifie cette conjecture c'est qu'il existe une autre édition de l'*ordonnance et ordre de tournoy* (titre comme ci-dessus), imprimée par Jehan Lescaille, vers 1520, in-4. goth. de 28 ff. sig. a—f. (catal. du prince d'Essling, n. 402). Or ces 28 ff. réunis au 22 du *Pas des armes* donnent bien les 50 ff. de l'exemplaire vendu en 1850. (Voyez notre article ORDONNANCE.)

La PVBLICATION des joustes publiées a Paris a table de marbre par Mõtioye premier herault darmes du roy de France. le mardy xv iour de Iãuier mil cinq cẽs et XIIII. Pet. in-8. goth. de 4 ff. avec un bois sur le titre.

LORDRE des ioustes faictes a Paris a lentree de la Royne le pas des armes de larc triumphal ou tout honneur est enclos tenu a lentree de la Royne a Paris, en la rue Sainct Anthoine, pres les tournelles, Par puissant seigneur monseigneur le duc de Vallois et de Bretaigne... Redige et mis par escript par Montioye roy darmes. (*sans lieu ni date*, 1514), in-8. goth.

Ces deux pièces, qui se rapportent à la solennité ci-dessus, sont à la Bibliothèque impér.

LENTREE de la royne de france faicte a Abeuille le neufiesme iour Doctobre (1514), in-8. goth. de 4 ff. [24246]

Il y en a deux éditions également en 4 ff. Le titre de la seconde porte : *Lentree de la Royne a Ableville* (sic).

LENTREE de tresexcellente princesse dame Marie dangleterre Royne de france en la noble ville cite z vniuersite de paris faicte le lundy. VI. iour de nouembre lan de grace mil cccc. xiiij. pet. in-8. de 8 ff. avec une figure en bois sur le titre. [24170]

A la fin de cette pièce se lit un privilège accordé à Guillaume Varin, en date de 10 novembre 1514.

Une autre édition, in-8. goth., qui n'a que 6 ff. et dont le titre commence : *Lentree de tresexcellente...* est portée dans le catalogue de la Biblioth. impériale, Histoire, I, p. 226, nᵒ 51. Elle a le même privilège que la précédente. — Autre édition in-8. goth. en 4 ff. seulement.

Une nouvelle édition de cette entrée, réunie à celle de la même princesse dans la ville d'Abbeville, a été publiée et annotée par Hipp. Cocheris, *Lyon, impr. de Louis Perrin* (pour Aug. Aubry à Paris), février 1859, pet. in-8., avec figures en bois. Tiré à cent exemplaires numérotés. 5 fr., et rel. en *veau*, 10 fr. Sauvageot.

III. — Sous François Iᵉʳ.

L'ENTREE du tres chrestien roy de France, Francoys de Valloys, premier de ce nom, en sa noble ville, cite et uniuersite de Paris, faicte le ieudi xv iour de feurier lan mil cinq cent et quatorze. (*sans lieu ni date*), pet. in-4. goth. [24170]

Opuscule de 4 feuillets, impr. en petits caractères à 46 lign. par page; le titre est dans un encadrement historié. (à la fin) : *De par le congie de messire Jean Daulhac preuost de lhostel du roy nostre Sire.* 28 fr. *mar. r.* en mars 1841 ; 200 fr. Coste ; 350 fr. Le Roux de Lincy ; 470 fr. Sauvageot, en 1860.

L'ORDONNANCE faicte a lentree du tres chrestien roy de France, Francoys de Valoys, premier de ce nom, dedans la ville de Milan, le xvie jour d'octobre mil cinq cent et quinze. *(sans lieu d'impression)*, in-8. goth. de 4 ff.

LENTREE de la royne de France a Paris faicte le mardy xij. iour du moy de may. Lan de grace mil cinq cens et xvij. *(sans lieu)*, pet. in-8. goth. de 8 ff. [24170]

On lit à la fin de cette pièce : *Il est permis a Jehan Boissier libraire de imprimer l'entree de la Royne.* (Biblioth. impér.)

ENTREE du tres chrestien et tres victorieux Roy de France Francoys premier de ce nom faicte en sa bone ville et cite de Rouen le second iour daoust. en lan de la redēptiō humaine Mil cinq cens dix sept. (au verso du dern. f.) : *Imprime a Rouen selon la verité pour Louys bouuet, lequel a este autorise a ce faire par iustice...* pet. in-4. goth. de 6 ff. ; sur le titre les armes de François Ier. (Frère, I, p. 429.)

Dans un autre exemplaire, également de 6 ff. que possède M. de Lignerolles la date de l'Entrée est exprimée ainsi : Mil cccc. xvij, et la souscription porte simplement : *Imprime a Rouë par congie de iustice.*

LA VENVE de madame elienor Royne de France et de messeigneurs les enfans : en la ville de Bayonne ce premier iour de Juillet Mil cinq cens trente.— *Rouen, Jehan lhonme* (1530), in-8. goth. de 4 ff. chiffrés. [24705]

L'ENTREE et reception de messieurs les enfans de france. Auec la reception de la royne Alienor. qui fut le vendredy premier iour de juillet mil cinq cens et trente. *(sans lieu ni date)*, pet. in-8. de 4 ff. goth.

Autre rédaction de cette entrée. Il en a été fait récemment une réimpression en caractères gothiques dont il a été tiré des exemplaires sur des feuilles de bois très-mince. 19 fr. Monmerqué.

LA GRAND triumphe et entree des enfans de France et de Madame Alienor en la ville de Bayonne, clef de France ; *publie a Paris le ve iour de iuillet* M. D. XXX, avec la chanson nouuelle sur le chant, quant my souuient de la Poulaille. *Paris*, 1530, pet. in-8. goth. de 4 ff.

20 fr. *mar. viol.* en 1841 ; 57 fr. *mar. r.* Libri.

LENTREE triumphante et sumptueuse de Treshaulte... et illustre Dame madame Leonore Daultriche seur aysnee de Lempereur Royne de france en la noble ville et cite de Paris,... auec lordre dicelle entree diligemment descripte. *(sans lieu, 1531)*, in-4. goth. de 4 ff. non chiffrés.

— Pour une autre relation de la même Entrée, voyez l'article BOCHETEL, et aussi EPISTOLLE.

LA GRANT triumphe faicte des nobles princes M. le Dauphin et le noble duc d'Orleans, et de la royne madame Alienor en la noble cite de Lyon. *(sans lieu ni date, vers 1530)*, pet. in-8. goth. de 4 ff. [24601]

Vend. 39 fr. en *mar. r.* en 1839.

NOVVELLES venues a Lyon de la reception de nosseigneurs les Daulphin et duc Dorleans en France. La grāde triūphante entree des enfans de France et de Madame Alienor seur de lempereur, faicte en la ville de Bayōne. Publie a Paris le v de juillet M. CCCCC. XXX. Ensemble le triumphe faict au dit Paris. Aussi celuy qui a este triumphament et magnifiquement faict a Lyon. *(sans lieu ni date)*, in-8. goth.

LENTREE de la Reyne et de messieurs les enfans de France Monsieur le Dauphin et le Duc dorleans, en la ville et cite de bourdeaulx a grant honneur et

triumphe. Le xxvij de Juillet. *(sans lieu, 1530)*, in-8. goth. de 4 ff. [24705]

Réimprimé dans le VIIIe vol. des Variétés, publiées par M. Ed. Fournier, p. 247 et suiv.

LENTREE de monseigneur le Daulphin faicte en lantique et noble cite de Lyon lan Mil cinq cens trente et troys Le xxvj. de May. *(sans lieu)*, in-4. de 16 ff. non chiffrés, caract. goth.

LES ENTREES de la reyne et de monseigneur daulphin lieutenant general du Roy ; et gouuerneur en ce pays de normandie. faictes a Rouen en lan mil cinq cētz trente et vng. (au verso du dern. f.) : *Imprime a Rouen selō la verite pour Raulin Gaultier lequel a este auctorise...* pet. in-4. goth. de 8 ff.; sur le titre les armes de France et du Dauphin accouplées. (Frère.)

L'ENTREE de la royne et de monsier le Dauphin de France en la bonne ville de Dieppe, faicte le treizieme jour de janvier auec grant triumphe des seigneurs et dames du pays. Item, vng grant miracle qui fut fait deuant notre dame de Lorette a Abeville a sainct Vulfran, durant que la court y estoit, sur vng des ausmoniers de la royne. *(sans lieu d'impress.)*, 1531, pet. in-8. goth. de 4 ff.

LENTREE de la royne faicte en lantique et noble cite de Lyō Lan mil cinq cens trente et troys. le XXVII de may. *On les vend a Lyon, en la maison de Jehan Crespin dict du quarne Imprimeur* (1533), in-4. et aussi in-8. [24601]

IV. — Sous Henri II.

LA ENTRATA del re christianiss. Enrico II, nella città di Rems, et la sua incoronazione. *In Vincgia per Paolo Gherardo.* (à la fin) : *In Vinegia per Comino di Trino*, 1547, pet. in-8.

—LA MAGNIFICENCE de la superbe et triumphante entree de la noble et antique cité de Lyon, faicte au tres chrestien roy de France Henry deuxiesme de ce nom et à la royne Catherine son Espouse, le 23 septembre 1548. *Lyon, Guillaume Rouille*, 1549, in-4., sig. A—L, avec 12 belles fig. en bois. [24602]

Le titre porte la marque que nous donnons ici réduite :

19 fr. 50 c. *mar.* de Soleinne et 181 fr. Sauvageot. Guill. Rouille a également imprimé, en 1549, une édit.

in-4. de cette relation en italien, sous le titre de :
*La magnifica et triumphale entrata del... re di
Francia Henrico II... con la... descritione della
comedia che fece recitare la natione fiorentina...*
Elle a 58 ff. non chiffrés, avec fig. en bois. 135 fr.
mar. r. Solar.

Une autre relation de la même solennité a paru sous
ce titre :

> LE GRANT triumphe faict à l'entree du Roy Henri
> second... *Paris, Germ. de La Fosse,* sans date, in-8.
> goth., 16 ff.; — et *Paris, l'Angelier,* 1548, in-8.

— C'EST L'ORDRE qui a este tenu a la
nouuelle et joyeuse entree que... le roy
tres chrestien Henry deuxiesme de ce
nom, a faicte en sa bonne ville et cité
de Paris capitale de son royaume le
sezieme iour de Iuing M. D. XLIX. *On
les vend a Paris, chez Iacques Roffet
dict le Faucheur* (1549), in-4. de 38 ff.
plus 2 pl. sans texte dont la seconde est
pliée. [24173]

Le titre porte la marque que nous donnons ici réduite :

IAQVES ROFFET

Les onze très-belles planches gravées sur bois qui décorent ce livre le rendent très-remarquable. Plusieurs portent cette marque ✝. On les attribue à
Geofroy Tory. L'entrée de la reine qui fait suite à
celle du roi commence au f. 29. Cet opuscule est
ordinairement accompagné de la pièce intitulée :
*C'est l'ordre et forme qui a este tenue au sacre
et couronnement de tres haulte et tres illustre
dame madame Catharine de Medicis, royne de
France, faict en l'Eglise Monseigneur sainct Denys en France le x. iour de Iuin. M. D. XLIX.* —
On les vend a Paris, chez Iacques Roffet... (1549),
in-4. de 10 ff.

Vend. 130 fr. Rébillot.

Il y a des exemplaires de ces programmes avec l'a-

dresse de *Jean Dallier,* et avec les mêmes planches; ils portent cette marque sur le titre. Il y en a
aussi avec des additions dans la seconde partie à
partir du folio 34.

L'exemplaire des trois programmes, à l'adresse de
Roffet, 37 fr. de Soleinne. Il est dit dans le catalogue de cet amateur (V, p. 22) qu'on lit sur une
des gardes de l'exemplaire : Faict par moy Hardouyn
Chauveau, 1550, avec sa signature. Un autre exemplaire, avec l'adresse de *Jean Dallier,* 55 fr. m. v.
Nodier ; 70 fr. mar. r. Libri ; 99 fr. Solar, et 240 fr.
vél. blanc, Sauvageot.

LES GRANDES triumphes faictes à l'entree du tres
chrestien Roy Henry second en sa noble ville de
Paris. *Rouen, par Jehan le Prest* (sans date), in-8.
goth. de 12 ff. 10 fr. incomplet Coste.

— Voy. BEZ (*Ferrand* de).

LES GRANDS triumphes, faictz a l'entree du tres
chrestien et victorieux Roy Henry second de ce nõ
en sa noble ville, cité et vniuersité de Paris (le
16 juin 1549). On les vend a Paris par Jean Lau-
mussier librayre. (*sans date*), pet. in-4. de 16 ff.,
sign. A—D₈, caract. goth.

A la suite de l'entrée du roi se trouve : *La magnifique entree de la royne en la ville de Paris qui
fut faicte le mardy xviij. iour de iuing mil cinq
cens quarante neuf.*

40 fr. mar. r. de Soleinne, V, n° 116, où se lit une
citation curieuse relative à l'imprimerie.

L'ENTREE du tres heureux et ioyeulx aduenement
du Roy, puissant, et magnanime Henry, de Valois,
en sa noble ville de Tours, plaisant iardin de France,
le cinquiesme de may 1551 : contenant au long, et
à la verité le Triumphe, et presentz faictz par ceulx
de la dicte ville, tant au Roy que à la Royne : auecq
les figures de ladicte entree (par Guil. Vincent, de
Clamecy). *Imprime a Tours par Iehan Rousset*
(s. d.), pet. in-8. (Biblioth. impér.)

LA MAGNIFIQUE et triumphante entree de la noble
ville et cite d'Orléans, faicte au très chrestien Roy
de France, Henry deuxiesme de ce nom ; et a la
Royne Catherine son espouse. le liij. iour d'Aoust.
M. D. L.I ; ensemble plusieurs harangues faictes audict Seigneur. — *Paris, Jean Dallier,* 1551, pet.
in-8. (Biblioth. impér.)

L'ENTREE du Roy nostre sire faicte en sa ville de
Rouen le mercredy premier de ce moys d'octobre,
pareillement celle de la Royne qui fut le iour en
suyvant. *Paris, Rob. Masselin,* 1550, pet. in-8.

— CEST LA DEDVCTION du sumptueux
ordre plaisantz spectacles & magnifiques
theatres dressés & exhibés par les ci-
toïens de Rouen ville metropolitaine du
pays de Normandie, a la sacree maiesté
du tres christian roy de France, Henry

secõd leur souuerain seigneur, Et à tres illustre dame, ma Dame Katharine de Medicis, la Royne son espouze, lors de leur triumphant ioyeulx & nouuel aduenement en icelle ville, qui fut es iours de mercredy & ieudy premier et secõd iours d'octobre, 1550, & pour plus expresse intelligence de ce tant excellent triumphe, les figures et pourtraictz des principaulx aornementz d'iceluy y sont apposez chascun en son lieu comme l'on pourra veoir par le discours de l'histoire. *Rouen, Robert Le Hoy Robert & Iehan dictz du Gord*, 1551, pet. in-4. de 67 ff. non chiffrés, avec 29 gravures sur bois dont cinq occupent un double feuillet, et 2 pp. de musique.

Livre curieux et par les détails qu'il contient et par les figures sur bois dont il est orné. On en trouve très-difficilement des exemplaires bien complets.

On lit au verso du dernier feuillet : *Icy se terminent l'ordre et progrez du Triumphant et magnifique aduenement du Roy et de la Royne de France dautant prompte que liberale volonté celebré en leur bonne ville de Rouen, Et nouuellement imprimé par Iean le Prest, au dict lieu le ix iour de ce moys de decembre* 1551.

50 fr. Revoil; avec quelques piqûres 81 fr. de Soleinne; avec 2 ff. refaits à la plume, 120 fr. Le Chevalier, en 1857; 375 fr., malgré quelques taches, Le Prevost, en décembre 1857, 478 fr. Sauvageot. Un exemplaire, impr. sur parchemin, mais où il manquait 2 ff. de la sign. M, 151 fr. Libri, et également sur parchemin, mais où il manquait 2 ff. du cah. I et les deux du cah. L, 155 fr. Le Chevalier. M. Ambr. Didot en possède un exemplaire complet sur VÉLIN, qui a 68 ff. parce que l'on y trouve et le carton du feuillet H5 et celui qu'il remplace, au verso duquel n'est plus la *figure du Daulphin*.

— LES POVRTRES et figvres du svmptvevx ordre, plaisantz spectacles et magnifiques theatres dressés et exhibés par les citoiens de Rouen... faictz a l'entrée de la sacrée maiesté du treschretien roy de France Henry second... et à tresillustre dame, ma Dame Katherine de Medicis la Royne, son espouze. Qui fut ès iours de mercredi et feudi, premier et second d'octobre mil cinq cens cinquante. *On les vend à Rouen, par Iean dugort*, 1557, pet. in-4. de 24 ff. fig.

Le titre porte cette marque :

Cette édition reproduit toutes les jolies gravures sur bois qui ornent celle que nous venons de décrire, et on y a substitué au texte en prose des vers fran-

çais; mais elle ne reproduit ni l'entrée de la reine, ni la musique qui termine le vol. impr. en 1551. M. Frère la dit plus rare encore que ce dernier. D'après cela, on peut bien le croire, l'exemplaire rel. en *mar.* qui a été donné pour 6 fr. chez La Valliere, et 14 fr. chez Méon, serait payé plus de 100 fr. s'il se représentait dans une vente. M. Frère a donné dans son Manuel, p. 429-31, des détails curieux sur ces deux éditions.

L'entrée de Henri II dans Rouen, en 1550, a fourni le sujet de l'ouvrage suivant :

UNE FÊTE brésilienne, célébrée à Rouen, en 1550, suivie d'un fragment du XVIᵉ siècle, roulant sur la théogonie des anciens peuples du Brésil, et des poésies en langue topique de Christovam Valente, par M. Ferdinand Denis. *Paris, Techener*, 1850, gr. in-8 de 104 pp. avec une pl. (Extrait du *Bulletin du Bibliophile*, 1849, p. 331 à 432.)

V. — *Sous François II.*

TRIOMPHES faictz à l'entrée du roy (François II et de Marie Stuart) à Chenonceau, le dimanche dernier iour de mars M. D. LIX. *Tours, Guillaume Bourgeat*, 1559, pet. in-4.

Selon le P. Lelong, cette relation, aujourd'hui fort rare, serait de Guil. Bourgeat. Elle a été réimpr. (*Paris, Techener*) en 1857, in-8.

L'ENTRÉE du roy et de la Royne en la ville d'Orléans, faicte le dixhuictiesme iour d'octobre Lan mil cinq cens soixante. — *Orléans, par Eloy Gibier*, 1560, pet. in-8. [24284]

LES ORDRES tenuz a la reception et Entree du Roy tres chrestien Francois II et de la Roine en la ville d'Orleans. Description des arcz triumphaux, magnificences et theatres faictz en icelle ville pour la dicte reception et autres. *Paris, par G. Nyverd* (1560), in-8.

VI. — *Sous Charles IX.*

L'ENTRÉE, sacre et couronnement du roy Charles neufiesme, faicte en la ville de Reims le mercredy XIIII may 1561. *Paris, Iehan Chrestien et Iehan Coulomp*, 1561, in-8. [23504 ou 24510]

Vendu 23 fr. m. r. Coste, et 150 fr. Sauvageot, avec la pièce suivante :

LA HARANGUE au roy nostre sire Charles IX, faicte à l'entrée de sa ville de Reims, par Mgr le cardinal de Lorraine. *Lyon, B. Rigaud*, 1561, pet. in-8. de 7 ff., d'après l'édit. de *Paris, Sertenas*, avec privilège du 8 juillet 1561, in-8. de 12 pp.

LES TRIOMPHES, grans bravetez et magnificence faictes pour l'entrée de... Charles IX de ce nom, Roy de France, en la ville de Troyes... le jeudi vingt troisieme jour de mars 1564, auant Pasques, auec l'ordre gardé et obserué par les habitans à son entrée. *Troyes, François Trumeau*, 1564, pet. in-8. goth.

Pour les particularités curieuses que fait connaître cette relation, consultez la *Bibl. de la France*, II, nᵒ 26231. Il n'y est pas fait mention d'une réimpression de cette même pièce, *Lyon, Pierre Merant*, 1564, in-8. de 16 ff. 32 fr. m. r. Coste; 80 fr. Sauvageot.

L'ENTRÉE faicte au roy tres chrestien Charles neufiesme à Rouen, le XII. iour d'aoust, l'an mil cinq cens soixante troys, de son reigne le troisiesme. *Rouen, Martin le Megissier*, 1563 (au verso du dernier f. achevé d'imprimer le 2ᵉ iour de septembre 1563), in-4. de 14 ff. [24339]

11 fr. de Soleinne; 80 fr. Le Chevalier, en 1857.

Le P. Lelong indique une édit. de cette Entrée, de *Lyon, Tachet*, 1563, in-8.

NARRATION de l'entrée du Roy Charles IX, en la cité d'Avignon et du bon recueil que messieurs de la ville lui ont faict. Ensemble le récit de l'honorable présent que messieurs d'Auignon feirent au

Roy, et de la docte harangue faicte par monsieur l'Assesseur. *Auignon, par P. Roux*, 1564, in-8. [24830]

DISCOURS de l'entrée de tres illustre, tres puissant, tres chrestien et tres victorieux prince Charles de Valois neuuième de ce nom roy de France en la tres renommée et fameuse ville de Lyon, le treizieme iour de juin M. D. LXIIII. *Paris, pour Mathurin Breuille*, 1564, in-8. de 24 ff. non chiffrés. [24602]

Pour plusieurs autres pièces rares sur les événements qui ont précédé ou suivi cette entrée de Charles IX à Lyon, consultez le catal. de la *Bibliothèque lyonnaise* de M. Coste, nos 3651 et suiv.

BRIEF discours de la magnificence et entrée du tres chrestien Roy de France Charle IX, faicte en sa ville de Tholose le deuxiesme iour de Feurier M. D. LXV. (par D. Du P.). *Paris, Guil. Nyuerd* (s. d.), in-8. [24737]

L'ENTRÉE du Roy à Bordeaux, auecque les Carmes latins qui lui ont esté presentez et au Chancelier. *Paris, imprim. de T. Richard*, 1565, in-4.

RECUEIL des choses notables qui ont esté faites à Bayonne, à l'entrée du roy tres chrestien Charles neufieme... et la Royne sa tres honoree mere auec la Royne catholique sa sœur. *Paris, impr. de Vascosan*, 1566, in-4. et aussi in-8.

Voici deux autres pièces sur la même entrevue :

BRIEF discours de l'arriuee de la Royne d'Espaigne à Saint Jean de Lus, de son entrée à Bayonne, et du magnifique recueil qui luy a esté fait par leurs magestez. *Paris, J. Dallier*, 1565, in-8. [24705]

BRIEF discours de la joyeuse entreueue de... Elisabeth de France Royne catholique d'Espaigne, es enuirons de la ville de Bayonne, qui fut le XIIII iuin, et l'entree le lendemain XV du dit mois. D. LXV. — *Paris, Guil. de Nyuerd* (s. d.), in-8.

HARANGVE faicte pour l'entree du Roi en sa ville d'Angers, qui fut le VI iour de Nouembre M. D. LXV. *Paris, Martin le Jeune*, 1566, pet. in-8. [24420]

LA DESCRIPTION de l'entrée du roy... Charles IX, en sa ville de Tours, par Jehan Cloppel du Pont deuaulx. *Tours, par O. Tafforeau*, 1565, pet. in-8. [24406]

LA CÉLÈBRE et magnifique entree de Charles neufiesme, Roy de France, faicte en sa ville et cité de Metz. *Paris, par J. Dallier*, 1569, in-8.

LE MAGNIFIQUE triomphe et esjouissances des Parisiens faictes en la decoration des entrées du tres-chrestien Roy Charles (IX) faicte le VI mars (en la ville de Paris), et de la Royne (son espouse) faicte le XXIX dudict mois, l'an mil cinq cens soixante et vnze, par N. D. L. F. *Paris, Guil. de Nyuerd* (s. d.), pet. in-8. [13959]

Opuscule en vers, avec les portraits du roi et de la reine gravés sur bois. 60 fr. J.-J. De Bure.

DESCRIPTION des appareils, arcs triomphaux, figures et portraitz dressez en l'honneur du roy, au jour de son entrée en la ville de Paris, le dixième iour de mars M. DL.XXI. *Paris, de l'imprimerie de Guillaume de Nyuerd*, in-8.

— LA MÊME DESCRIPTION... (par Jacques Prevosteau Chartrain), *Lyon, Benoist Rigaud*, 1571, pet. in-8., avec le portrait du roi. 60 fr. mar. r. Solar.

Une réimpression fac-simile de cette pièce a été faite à Lyon, chez Perrin, en 1858, pet. in-8., et tirée à 50 exempl. numérotés.

— BREF et sommaire recueil de ce qui a esté faict et de l'ordre tenüe à la joyeuse et triumphante entrée de... Charles IX roy de France, en sa bonne ville et cité de Paris. le mardy sixieme iour de mars — avec le couronnement de madame Elizabeth d'Austriche son épouse le dimanche vingt-cinquieme — et entrée de ladicte dame en icelle ville le Ieudi XXIX dudict mois de mars MDLXXI (par Simon Bouquet). *A Paris, de l'imprimerie de Denis du Pré, pour Olivier Codoré*, 1572, in-4.

Ce volume est ainsi divisé : Entrée de Charles IX à Paris, 54 ff. — Le couronnement de la Roïne, 10 ff. — L'entrée de la Royne, 26 ff. — *Simon Bouquet civis parisiensis*, etc., une page en caractères rom.

A quelques exemplaires cette page *Simon Bouquet* est imprimée en caract. italiques et est suivie d'une pièce de vers signée E. Pasquier Parisien, intitulée : *Au Roy Congratulation de la paix faicte par Sa Majesté entre ses sujets l'onzieme jour d'aoust*, 1570, 9 ff.

Les gravures sur bois qui décorent ce livre ont été exécutées par Olivier Codoré, tailleur et graveur de pierres precieuses (voir le privilége), 131 f. m. r. Gancia ; 155 fr. Sauvageot ; 69 fr. Solar.

Cet article se trouve déjà porté dans notre 1er vol., col. 1217, mais nous le décrivons ici plus exactement.

ENTRÉE faicte a.... Royne Elisabeth d'Autriche veufue du feu Roy de France Charles IX, et douairiere de France, à Orléans le XXI iour d'Aoust 1575 ; auec les harangues faictes à sa magesté. *Orleans, par El. Gibier*, 1575, in-8. [24284]

Voici le titre d'une pièce analogue à la précédente :

LE PARTEMENT de France de... Elisabeth d'Autriche... veufue du feu Roy de France Charles IX, auec les regrets de la France, pour le partement de la sus dicte princesse. *Lyon, par B. Rigaud*, 1575, in-8.

VII. — *Sous Henri III.*

L'ENTRÉE, sacre et couronnement de Henry, à present roy de Pologne. Le tout faict a Cracovie ... et recité par vne lettre missiue d'un gentilhomme. *Paris, impr. de D. du Pré*, 1574, in-8.

LA SOMPTUEUSE et magnifique entree du roy Henry III, roy de France et de Pologne... en la cité de Mantoue, auec les portraits des choses les plus exquises, par B. D. V. (par Blaise de Vigenère). *Paris, Nic. Chesneau*, 1576, in-4. de 48 ff. avec 8 pl. en taille-douce.

Un exempl. rel. en vél. aux armes du comte de Toulouse, 59 fr. Louis-Philippe.

DISCOVRS de l'entree du Roy de Poloigne faicte à Orleans le vingt quatriesme iour de Iuillet, mil cinq cens soixante et treize (par N. Rousseau), auec les harangues faictes à sa magesté. *Orleans, E. Gibier*, 1575, in-8.

ENTRÉE du Roy et de la Royne, en la ville d'Orleans, le quinzieme iour de Nouembre, mil cinq cens soixante et seize. Auec les harangues faictes à leurs Magestez. *Orleans, E. Gibier* (sans date), in-8.

LES TRIVMPHES et magnificences faictes a l'entrée du Roy et de la Royne en la ville d'Orléans (comme ci-dessus). *Paris, J. de Lastre* (s. d.), in-8.

BREF et sommaire recueil de ce qui a esté faict et de l'ordre tenu à la joyeuse et triomphante entrée de François, fils de France, duc de Berry, Anjou, etc., en la ville de Bourges, le 15 juillet 1576..... *Bourges, Pierre Bouchier*, 1576, in-4. de 16 ff. 30 fr. Salmon.

LA JOYEVSE et magnifique Entrée de monseigneur Francois, filz de France et frere vnicque du roy, duc de Brabant, d'Anjou, Alençon, Berry, etc. en sa tres renommée ville d'Anuers. *Anuers, imprimerie de Christ. Plantin*, 1582, in-fol. avec frontispice et 20 pl. gravées. 50 fr. Borluut ; 58 fr. Sauvageot.

Il a paru la même année une édition de texte, in-4. de 60 pp. et une réimpression à *Anvers, par H. Heinricx*, 1582, in-8.

L'ENTRÉE magnifique de Monseigneur Francois

filz de France, (comme ci-dessus) faicte en sa metropolitaine et fameuse ville de Gand le xx d'aoust. Anno 1582 — *Gand, C. de Rekenare*, etc., 1582, in-4. de 10 ff. — Seconde édit. in-8. de 18 ff. (18 fr. Coste).

Réimprimé à *Gand, chez Annoot Braeckman*, en 1841, pet. in-4., par les soins de M. Voisin, et tirée seulement à 50 exemplaires, dont 36 sur pap. vélin superfin.

Cette relation a aussi été publiée en flamand, la même année, in-4. de 8 ff. goth.

LA RELATION de l'Entrée du même prince dans la ville de Bruges le 27 juillet 1582, a été écrite en flamand sous ce titre : *De Heerliche Incomste*, et en françois — *Imprime à Bruges, par T. Mœerman*, 1582, in-4.

DISCOVRS de l'ordre tenu par les habitans de la ville de Rouen a l'entree du roy nostre Sire auec deux harangues y prononcees à sa reception par MM. de Parlement de Rouen & du Cergé (*sic*, pour Clergé). *Paris, jouxte la coppie imprimée à Rouen*, 1588, pet. in-8. de 14 pp.

VIII. — *Sous Henri IV*.

— DISCOVRS de la ioyeuse et triomphante entree de très-haut, très-puissant et très-magnanime prince Henri IIII de ce nom très-chrestien roy de France & de Nauarre, faicte en sa ville de Rouën, capitale de la prouince & duché de Normandie, le mercredy saizième iour d'octobre cIↃ.IↃ.xcvI. Auec l'ordre et somptueuses magnificences d'icelle, & les portraicts & figures de tous les spectacles & autres choses y representez. *Rouen, Raph. du Petit-Val*, 1599, in-4. de 4 ff. prélim. et 88 pp. [24341]

Ce livre est plus rare que la plupart de ceux du même genre qui ont paru en France dans le cours de la seconde moitié du xvIe siècle. Indépendamment des nombreuses gravures qui sont imprimées avec le texte, il doit s'en trouver dix tirées séparément, mais qui ne sont pas cotées. Parmi ces dernières il y en a une qui représente un combat naval livré sur la Seine. Un exemplaire complet a été porté à 380 fr. vente Leprevost, en décembre 1857; celui de Méon avait été donné pour 23 fr. Un autre, vendu d'abord 505 fr. Sauvageot, a été revendu 400 fr. à cause de quelques défauts. Le privilége pour l'impression de ce livre fut accordé en 1596 aux libraires Martin le Megissier, Georges l'Oyselet, Jean Crevel et Raphael du Petit-Val, et voilà pourquoi on trouve des exemplaires à l'adresse de chacun d'eux. Les inscriptions grecques et latines qui sont placées dans cette relation ont été attribuées à Martin le Megissier. Quant à la relation elle-même, c'est à tort qu'on s'est autorisé du témoignage de La Croix du Maine (*II*, p. 397) pour l'attribuer à un nommé Rouen Pinel, car ce bibliographe en parlant dans sa Bibliothèque, impr. en 1584, d'une entrée dont il ne donne pas la date, n'a pu avoir en vue un livre qui n'a été publié qu'en 1599.

Voici deux opuscules qui se rapportent à cette Entrée :

LES VERS qve N. P. a faits pour l'entree du Roy, en la ville de Rouën, auec quelq. epigrammes francoyses. Ad mihi disertissimum et delectissimum huius opusculi auctorem, tetrast. Gilbertus Baucherellus. *A Paris, François Du Cesne, jouxte la copie impr. à Rouen*, 1596, pet. in-8. de 8 pp.

LES VERS qui ont esté faits pour l'entree du roy en la ville de Rouën, auec quelques Epigrammes françois. *Lyon, par Thibaud Ancelin*, 1596, pet. in-8. de 13 pp.

15 fr. 50 c. v. f. de Soleinne ; 29 fr. Le Chevalier, en 1857.

— Pour l'Entrée de Henri IV à Lyon, voy. MATTHIEU (*Pierre*). — Pour son entrée à Metz, voy. FABER.

L'ENTRÉE de la reine (Marie de Médicis) à Lyon, le 3 Decembre 1600. *Lyon, Thibaud Ancelin* (1601), in-8. avec une grande planche pliée. 24 fr. Leber.

DISCOURS de l'entrée faicte par tres havt et tres pvissant prince Henri IIII, roi de France et de Navarre, et très illustre princesse Marie de Médicis, la royne son epovse, en levr ville de Caen, au mois de sept. 1603. *Caen, Mancel*, 1842, in-8. de 48 pp.

Relation publiée pour la première fois par M. G.-S. Trébutien, d'après le matrologue conservé aux archives de la ville de Caen ; il en a été tiré un petit nombre d'exemplaires sur papier Jésus de Hollande, et sur Gr. Pap. vélin. Un de ces derniers 22 fr. Sauvageot.

La relation de l'entrée d'Henri IV à Limoges en 1605, fait partie d'un vol. gr. in-8. de 104 pp., publié par M. A. Leymarie sous ce titre : *Trois royales entrées à Limoges*, Limoges (imprimerie d'*Audillier fils*), 1845. Ce livre, tiré à 15 exemplaires seulement (à ce que porte le verso du titre), a été offert par l'éditeur au duc et à la duchesse de Nemours, le 30 juillet 1845 ; la première pièce qu'on y trouve est l'*Entrée d'Antoine de Bourbon et de Jeanne d'Albret*, en 1556.

IX. — *Sous Louis XIII*.

LE BOUQUET royal... Entrée de Louis le Juste à Reims, voyez BERGIER (*Nic.*) et ajoutez : 49 fr. avec la Nymphe reimoise, de J. Dorat; vente Sauvageot.— Pour d'autres entrées de Louis XIII, voy. DISCOURS sur les arcs triomphaux, et ELOGES et Discours.

ENTRÉE de la reine mère dans les Pays-Bas. Voy. LA SERRE.

X. — *Sous Louis XIV*.

ENTREE triomphante de leurs magestez Louis XIV, Roy de France et de Navarre, et Marie Thérèse d'Autriche son espouse, dans la ville de Paris, capitale de leurs royaumes, au retour de la signature de la paix génералle et de leur heureux mariage (par Jean Tronçon, avocat au Parlement). *Paris, Pierre Le Petit*, 1662, gr. in-fol. portr. et planches (18) gravées par J. Marot et Chauveau d'après Lepautre et le portrait de Louis XIV, par Poilly, d'après Mignot, ajouté. [24173]

19 fr. 50 c. mar. r. de Soleinne; 29 fr. bas. Rehillot; et 92 fr. Sauvageot.

HISTOIRE de la triomphante entrée du roy et de la reyne dans Paris, le 26 aoust 1660, avec la representation des arcs triomphaux qu'on y avoit élevés et toutes les autres magnificences. *Paris*, 1665, in-fol.

Frontispice gravé par Chauveau, portrait de Louis XIV, par Van Schuppen, texte gravé, et 22 pl. par Le Pautre. 80 fr. mar. bl. Bergeret.

XI. — *Entrées de seigneurs français*.

LA TRIUMPHANTE entrée de tres-illustre dame madame Magdelaine de la Rochefoucauld, epouse de messire Jean-Louis de Tournon, faite en la ville et université de Tournon, le dimanche 24 avril 1583, avec les inscriptions en vers faits et recités tant en latin qu'en francois, par aucuns escoliers y nommés. *Lyon, Jean Pillehotte*, 1583, in-8. de 130 pp. et 3 ff. non chiffrés.

Recueil curieux publié sous la direction des jésuites de Tournon. Parmi les écoliers qui y ont fourni des pièces, on remarque le nom d'Honorat d'Urfé (voyez ce nom). 43 fr. 50 c. mar. bl. Coste.

DISCOURS de l'entrée de monseigneur le duc d'Espernon en la ville de Caen, le samedy 14 may 1588. *Caen, Jacq. Le Bas*, 1588, pet. in-8. de 27 pp. (Frère, I, 366).

LES ARMES triomphantes de monseigneur le duc d'Espernon, pour le sujet de son Entrée dans la ville de Dijon, le 6 mai 1656, in-fol., titre gravé, et 16 pl. gr. à l'eau-forte, par Mathieu, d'après Godran. 103 fr. Sauvageot, et beaucoup moins autrefois.

RELATION de la vènue et entrée solennelle en la ville de Rome au 23 du mois de novembre 1608 de très illustre.... prince Charles de Gonzague de Cleues, duc de Neuers et de Rethelois, paire de France, etc., traduicte d'italien en françois sur la copie imprimée à Rome, chez Iaques Mascardi, en l'année 1608, qui S. D. D. *Paris, Laurent Hugé*, 1609, in-8. de 14 pp.

— COPIE d'une lettre escrite de Rome par un des huissiers de Chambre (Choppine) de monseigneur le duc de Nevers à un sien ami, touchant la cérémonie faite à l'entrée dudit seigneur duc en la ville de Rome le vingt-cinquiesme nouembre mil six cent huit. *Paris, Jean Regnoul*, 1609, in-8. de 14 pp.

— ENTRÉE de la duchesse de La Vallette à Metz, voy. l'article FABER (*Abr.*).

XII. — *Entrée de princes étrangers.*

LÉTRÉE faicte a Paris par tres-puissant prince & seigneur Larcheduc de austriche, conte de flandres. Et entre ses autres titres Prince de Castille ꝫ despagne. (*sans lieu ni date*), in-4. goth. de 6 ff. à longues lignes. [24169]

Pièce en prose contenant la relation de l'entrée faite le 25 nov. 1501, et des fêtes qui eurent lieu à cette occasion.

Pour l'entrée du même prince à Bruges, en 1515, voy. DUPUYS (*Remy*).

LA TRIUMPHANTE entree ꝫ couronnement de Fernant, de sa royalle maiesté de Hongurie ꝫ de Boheme, faicte à Stoel Vvittëburch le dernier iour d'octobre. Anno domini mil cinq cens vingt sept. *Imprime en Anuers par moy Guillaume Vorsterman, en la rue de Chambre, à la Licorne d'or. En l'an de nostre seigneur* M. CCCCC et xxvij, *le* XVIII *iour de Decembre*, in-4. goth. de 4. ff.

30 fr. Borluut.

L'ENTRÉE et grans triumphes de madame la regente et de Marguerite de Flandres, faicte en la ville de Cambray. (*sans lieu ni date*, vers 1530), pet. in-8. goth. de 4 ff. avec fig. sur bois. [24927]

29 fr. mar. Coste. — Voy. THIBAULT.

— La magnifique et solennelle Entrée et entrevue de l'empereur Charles V et du Pape Clément VII dans la ville de Bologne le 5 novembre 1529. (*Anvers, sans date*), in-fol. [25633]

Suite de 40 grandes planches, dont un exemplaire monté sur grand papier bistre a été payé 150 fr. à la vente Borluut. Voir le nᵒ 4065 du catalogue de cet amateur, où il est dit que cette suite a été dessinée et gravée par Nic. Hogenberg et Engelbert Bruining, et que l'exemplaire est de la 4ᵉ édition publiée à La Haye : toutes choses qui semblent devoir se rapporter plutôt à la cavalcade qui eut lieu à Bologne en février 1530, à l'occasion du couronnement de Charles-Quint, qu'à l'entrée du 5 novembre, dont les planches ne sont pas l'ouvrage des deux artistes auxquels on les attribue dans ledit catalogue. — Voyez HOGENBERG.

Un exemplaire (en 38 pl. et 2 frontispices), annoncé sous le titre de Entrée de Charles V à Bologne, et avec cette souscription : *Opus hoc absolutum est Nic. Rogenbergeo* (pour *Hogenbergeo*) *artifice*,

Engelberto Bruing socio impensarum, 139 fr. dans une vente faite à Paris le 15 décembre 1860.

L'ENTREE de la tres sacree maieste imperialle faicte en la ville de Augsbourg, le XV de Juing, lan M. cincq cens et XXX, auecq la belle et deuote procéssion faicte le lendemain...... en laquelle la maieste imperialle a teste nue portoit vne torche de chyre blanche. *Imprime a Anuer par Michiel de Hoochstrate, lan* M. D. XXX, pet. in-4. goth. [vers 26057]

Opuscule rare : vend. 30 fr. 50 c. en 1841, et 61 fr. mar. r. Solar.

TRIOMPHANTE entree de lempereur nostre sire Charles le cinquiesme....... faicte en la tres noble cite de Rome, auec les significations des epitaphes triumphantz et figures auctenticques en proses latins enuoyee a la magnificence du duc de Florence, par vng son bon amy estant lez empereur. *Imprimebat Joannes Stelsius, Antuerpiœ, ann.* M. D. XXXVI, pet. in-4. goth. de 4 pp. [25603]

125 fr. mar. r. Borluut.

Un exemplaire, rel. en *mar. olive*, a été payé 50 fr. en 1841, à la vente de MM. W. et AA., où se trouvait un autre opuscule sur le mème sujet, ayant pour titre :

NOVVELLES de Rome touchant lempereur. *Imprime en Anuers, par Michel de Hoochstruten lan* 1536, pet. in-4. goth. de 4 ff. Vend. 60 fr. Coste.

SENSVIVENT les triumphantes et honorables entrees faictes par le cõmãdemēt du roy tres christien Francoys premier de ce nõ a la sacree maieste imperiale Charles V de ce nom... ez villes Poictiers et Orleans. Auecque la harengue faycte par le baillif Dorleans à sa dicte M. J. et la reponse..... Item le honorable Recueil que luy feit le dict Roy tres chrestiē a son entrée du chasteau de Fontaine Bleau lan M. D. XXXIX. Itē la cõplaincte de Mars Dieu des bataylles sur la venue de lēpereur en France, par Claude Chappuys... le tout imprime sur la copie de celles lesquelles ont esté imprimees a Paris.... Item un Epigrãme de Clement Marot, sur la venue de Lempereur en France. *On le vent a Lille par Guillaumme* (sic) *Hamelin librayre demourant sur le marche au ble*, (à la fin) : *Imprime a Gand, pres lhostel de ville par Iosse Lambert, Lan* 1539, pet. in-8. de 32 ff. en lettres rondes. [24432]

Pièce fort rare ; en voici une autre qui ne l'est pas moins :

TRIUMPHES dhonneur faiz p le cõmandemēt du roy a Lempereur en la ville de Poictiers ou il passa venāt Despaigne ē Frãce le IXᵉ iour de Decēbre lan mil cinq cens xxxix. Ensemble de lentree et triumphes faitz au dict Empereur le premier iour de lan ensuiuant, par les vniuersite, cite et ville de Paris en France. *Imprime a Gand... par moy Pierre Cæsar lan M. cccc. xxxix. le xix ianuier*, pet. in-8. de 16 ff. lettres rondes.

LA MAGNIFIQUE et triumphante entree du tres illustre et sacre Empereur Charles Cesar toujours Auguste faicte en la excellente ville et cite de Paris le iour de lūne en bõne estreine, 1539 (*sans lieu d'impression*), in-4. goth. de 13 ff. sig. A—D1, à 31 lig. par page.

— AUTRE édition sous le même titre, également sans lieu d'impression, pet. in-8. goth. de 18 ff. [24172]

Un exempl. en *mar. r.* 300 fr. Bigant à Douai, en 1860.

— AUTRE édition (même titre). *On les vend à Lyon chez Francoys Juste* (sans date), in-4. goth. Biblioth. impériale.

LORDRE tenu et gardé a Lentree du treshault et trespuissant prince Charles Empereur... en la ville de Paris... Lordre du banquet faict au Palais ; Lordonnance des joustes et tournoys faictz au chateau du Louvre ; La description des arcz triumphans, magnificences... faictz en icelle ville.... M. D. XXXIX. *On les vend... es boutiques de Gilles corrozet et Jehan du Pre* (à Paris), in-8. goth. de 19 ff. non chiffrés.

En *mar. r.* 185 fr. Borluut.

— Pour l'entrée de Charles-Quint à Cambray, en 1539, voy. au mot DÉCLARATION, mais l'article eût été mieux placé ici.

LA SOLENNE et trionphante entrata de la Cesarea magesta nella Franza, con li superbi apparati et archi triomphali, con tutte le historie, pitture, motti latini, che in essi erano : con li ordine de tutte le feste che sono fate per tutte le terre de la Franza. *Stampato in Ferrara per Maestro Giovanni francese in la contrada di Fasoli*, 1539, in-4 de 4 ff. car. demi-goth.

Opuscule composé à l'occasion du passage de Charles-Quint par la France. 15 fr. (piqué de vers) Costabili, et 18 sh. Libri, en 1859.

LA SONTUOSA Intrata di Carlo V sempere augusto in la citta di Parigi con gli apparati, triomphi, feste, archi triomphali, livree, presenti, cirimonie ecclesiast., pompe regale, fatte a sua M. in Francia. *Stampato in Ferrara per Maestro Giovanni francese in la contrada di Fasoli* (senz' anno), in-4. de 4 ff. car. demi-goth.

Ces deux pièces rares sont portées dans le catal. Costabili, n°° 2807 et 2813. La seconde a été vendue 21 fr. 50 c. ·

LA TRIOMPHANTE et excellente entree de Lempereur faicte en la ville Dorleans par le commandement du Roy, ou est contenu lordre garde et obserue en icelle : auec la harangue faicte par le baillif Dorleans a Lempereur et la response de Lempereur audit baillif. *On les vend a Paris en la boutique de Charles Langelier* (privilége daté du 19 janvier 1539), pet. in-8. de 16 ff. non chiffrés. (Bibliothèque impér.)

Le texte de cette relation est en caract. goth., mais il est suivi d'une pièce de vers latins de Jean Binet, de Beauvais, en caractères romains.

LE DOVBLE et copie d'une lettre enuoyee Dorleans a vng abbé de Picardie contenant a la verite le Triumphe faict au dit lieu Dorleans a lentree et reception de Lempereur contre ce qui auparauant en a este imprime qui est faulx. — *Ilz se vendent a Paris es boutiques de Gilles Corrozet et Iehan du pre* (privilége du 21 janvier 1539), pet. in-8. de 20 ff. non chiffrés. (Biblioth. impér.)

— JOYEUSE entrée de Charles VI comme duc de Brabant. *Bruchelle*, 1717, pet. in-4.

LA TRIOMPHALE entrata del ser. Prence di Spagna nell' inclita città di Milano alli XIX di Decembre M D XLVIII (1548). *Milano, per Inn. di Cicognera*, in-4. de 6 ff.

A la fin de la relation : *Alberto de Nobili Volterano*, et ensuite un sonnet adressé au Prince. 38 fr. Costabili.

— ENTRÉE de Philipes prince d'Espagne dans la ville d'Anvers, voy. GRAPHEUS.

LA SOLENNE entrata dell' illustr. sig. duca di Firenze fatta in Roma alli VI del presente mese di Nov. M D LX. *Bologna, per A. Giaccarello et Comp.* 1560, in-4. de 4 ff.

Cette relation de l'entrée de Cosme I à Rome, en 1560, n'étant encore que duc de Florence, est plus rare que celle de l'entrée que ce prince fit dans la même ville, en 1569, avec le titre de grand-duc de Toscane. 30 fr. Costabili.

LA SONTVOSISSIMA entrata della gran duchessa di Toscana nella città di Firenze, col numero de' personaggi, liuree, feste et altre cose marauigliose fatte in quella città : aggiuntoui gl' intermedii della stupendissima comedia degli Intronati Senesi, et belliss. apparato di quella, con altri particolari degni d'esser intesi. *Ferrara, Baldini*, 1589, in-4. de 4 ff.

Cette relation de l'entrée de Christine de Lorraine, femme de Ferdinand Ier, grand-duc de Toscane, a été payée 30 fr. à la vente Costabili, à cause de sa rareté.

DISCOVRS de la magnifique réception et triomphante entrée de la grande duchesse de Toscane en la ville de Florence, avec les cérémonies de son couronnement et espousailles, les théâtres, arcs triomphaux, statues, inscriptions, devises, tournois, musique et autres singularitez ; ensemble les noms des princes, grands seigneurs, gentils hommes, et des soixante florentins qui portèrent le poisle. *Lyon, Ben. Rigaud*, 1589, in-8. de 30 pp.

— INTROITUS Ferdinandi Austriaci, voy. GEVARTIUS.

ENTRÉE magnifique de Bacchus avec madame Dimanche-Grasse sa femme, faicte en la ville de Lyon le 14 Febvrier 1627. (*sans lieu ni date*), pet. in-4. de 33 pp. [16939]

Ouvrage en vers devenu fort rare.

Une nouvelle édition, enrichie de notes et de vignettes, a été publiée à *Lyon, chez Léon Boitel*, en 1838, in-8., mais tirée à 50 exemplaires seulement. Il en a été tiré deux exemplaires sur VÉLIN, dont un, rel. en *mar. viol.*, s'est vendu 50 fr. Cailhava. L'autre est dans la Biblioth. lyonn. de M. Coste.

ENTRÉE (l') magnifique triomphante du Mardis-gras dans toutes les villes de son royaume, ensemble les priviléges octroyés à tous bons Frippelippes, Pathelins, Rabelistes, et Enfans sans soucy. *Paris*, 1650, in-4. [17867]

LE GRAND Courrier, ou le célèbre defenseur de Mardis-Gras, et son dialogue avec le Gros Guillaume, le Dodelu, et Frippe-Sauce. *Paris, Peté*, 1650, in-4.

— Voy. EXIL de Mardy Gras.

ENTRETIEN de Philarète. Voy. LEIBNITZ, ou mieux LEIBNIZ.

ENTRETIEN du sage ministre d'Estat sur l'égalité de sa conduitte en faveur et en disgrâce. *Leyden, chez les Elsevier*, 1645, aussi 1652, pet. in-12 de 8 ff. prél. 103 pp. 4 à 6 fr. [4030]

Deux éditions qui se correspondent page pour page, et qu'on ne recherche guère qu'à cause du nom de l'imprimeur. L'ouvrage avait déjà paru sous ce titre :

DE LA TRANQUILLITÉ du sage ministre d'Estat, dans les affaires et dans la disgrâce ; dialogue. *Liége, Jean Tournay*, 1641, pet. in-4. de 8 ff. prélim. et 116 pp.

Il est d'Edmond Breuché de La Croix qui, en signant l'épître dédicatoire, a pris le nom d'*Ergaste*, sous lequel il a donné un peu plus tard : *Le Divertissement*, Liége, Baudouin Bronckart, très-pet. in-8. ou in-16 de 71 ff. non chiffrés, recueil en prose et en vers, où l'on remarque *Le Malheureux content*, petit poème que l'auteur a reproduit avec d'heureux changements dans un autre recueil de prose et de vers ayant pour titre :

L'ACADÉMIE de Flémal au pays de Liége, établie par le sieur Edmond Breuché de La Croix, aumônier et prédicateur de S. A. R. Madame, duchesse d'Orléans... Liége, Baudouin Bronckart, 1655, in-16 de 142 ff. non chiffrés, en y comprenant quatre gravures de Natalis, et un f. blanc.

Le meilleur ouvrage de Breuché, et peut-être aussi le moins rare, est sa *Paraphrase sur le tableau de Michel-Ange du jugement dernier*, imprimé avec permission des supérieurs ; 1644 (*à Liége, chez Bauduin Bronckart*), in-4. de 8 ff. prélim., 25 et 146 pp.

Voir sur cet écrivain fort peu connu en France, la notice insérée dans le Bulletin du Bibliophile belge, 2e série, tome V, p. 298-318.

ENTRETIEN entre Louis XIV, roy de France, et Madame la marquise de Maintenon, abbesse de St. Denis et St. Cir, sur les affaires présentes et pour la conclusion de leur mariage. *Marseille*, *Pierre Matthieu (Hollande)*, 1710, pet. in-12 de 94 pp. [23880]

Pièce assez curieuse, mais non pas aussi rare que je l'avais dit précédemment, car dans le courant d'une seule semaine il en a été exposé en vente, à *Paris*, trois exemplaires. 14 fr. 50 c. Chateaugiron; 13 fr. 50 c. Bignon; 25 fr. 50 c. Labédoy...; 40 fr. *mar. r.* Nodier.

ENTRETIENS (les) galans d'Aristippe et d'Axiane, contenant le langage des T... le dialogue du fard et des mouches, d'un grand miroir et d'un miroir de poche, du masque et des gands. *Paris, Barbin*, 1664, pet. in-12 de 3 ff. et 252 pp. [18023]

Livre singulier, mais qui n'a rien d'obscène : vend. 20 fr. 50 c. Bignon ; 39 fr. 50 c. Veinant ; 30 fr. 50 c. *mar. v.* Parison.

ENZINA (*Juan* del). Voy. ENCINA.

ENZINAS (*Franzisco*). Dos informaziones : una dirijida al Emperador Carlos V, i otra a los Estados del Emperio; obra, al parezer, de Franzisco de Enzina : Prezede una Suplicazione, obra, al parezer, del Dr. Juan Perez. Ahora fielmente reimpresas, i seguidas de varias apenizes. Año de 1857 (*Londra, Trübner*), in-8. de 326 pp. et *Apendize* 57 et 29, 76 et 153 pp. 14 sh.

Réimpression faite sur une édition de 1559 qui est devenue fort rare. Elle appartient à une collection de *Reformatos antiguos Españoles*, imprimée aux dépens de M. BB. Wiffen, bibliothécaire du duc de Bedford. Il n'en a été tiré qu'un petit nombre d'exemplaires, destinés particulièrement aux bibliothèques de l'Amérique, et très-peu sont restés dans le commerce. — Voy. MONTES, PEREZ, VALDES, VALERA, et aussi DUCHESNE.

EOBANUS (Helius). Operum Helii Eobani Hessi farragines duæ ab eodem contractæ, quibus etiam non pauca multa accesserunt nunc primum et nota et edita. *Halæ-Saxonum (absque nota typogr.)* 1539, 2 part. en 1 vol. in-8. de 340 et 128 ff. chiffrés. [12979]

Édition rare, mais d'une médiocre valeur, ainsi que celle de *Francf.*, 1564, in-8.
— HELII Eobani, Hessi, et amicorum ipsius Epistolarum familiarium libri XII. *Marpurgi-Hessor., Christ. Egenolphus*, 1543, in-fol. [18758]
— JOACH. CAMERARII Narratio de Helio Eobano Hess. Epistolæ Eobani Hes. ad Camerarium et alios. *Norimb.*, 1553, in-8. — Libellus alter epistolas complectens Eobani et aliorum quorumdam doctiss. virorum. *Lipsiæ*, 1557, in-8. — Tertius libellus epistolar. Eobani et aliorum. *Lipsiæ*, 1561, in-8. — Libellus novus, epistolas et alia quædam monumenta doctorum complectens, *Lipsiæ*, 1568, in-8. — La *Narratio* a été réimpr. *Missenæ*, 1843, in-8.

Les éditions originales des divers opuscules de ce poëte sont indiquées dans les tables des *Annales typogr.* de Panzer.

EPAGATHE martyr de Lyon, tragédie représentée le 27 mai 1668 jour de la T. S. Trinité, par les rhétoriciens du collége de la Compagnie de Jésus, en la réception de MM. les Prévost des marchands et Echevins en qualité de fondateurs. *Lyon, Jacques Canier*, 1660, in-4. [16445]

Cet opuscule se compose de 24 pp. suivies de 28 autres contenant treize emblèmes gravés avec leur explication. (*Nouv. Spon*, p. 63.)

EPARCHUS Antonii Eparchi in eversionem Græciæ deploratio ; ejusd. epistolæ quædam spectantes ad concordiam reipublicæ christianæ ; ejusdem epitaphium in Cardinalem Contarenum (gr.). *Venetiis*, 1544, *mense septembre*, in-4. [12428]

Opuscule rare, lequel se compose de 17 ff. et d'un errata. La souscription est en grec. Il paraît être d'impression manutienne : vend. 1 liv. 14 sh. *non rogné*, Butler.
L'édition de Venise, 1524, *mens. sept.*, in-4., que cite Maittaire, II, 654, est évidemment la même que celle-ci, mais inexactement annoncée.

EPHÆSTION. Voyez HEPHÆSTION.

EPHORI Cumæi fragmenta, collegit atque illustravit Meier Marx ; præfatus est Fried. Creuzer. *Caroliruhæ*, 1815, in-8. 8 fr. [22812]

EPHRAEM Syrus (S.). Opera omnia quæ extant, græce, syriace, latine, in sex tomos distributa ad mss. codices vaticanos aliosque castigata, multis aucta, nova interpretatione, præfationibus, notis, variantibus lectionibus illustrata, nunc primum e bibliotheca vaticana prodeunt. *Romæ, ex typogr. vaticana*, 1732-46, 6 vol. in-fol. [887]

Cette belle édition coûte de 160 à 200 fr. Les trois premiers volumes contiennent les ouvrages grecs et latins, et les trois autres renferment les ouvrages syriaques avec la version latine. Jos.-Sim. Assemani a publié les tomes I à III ; P. Benedetti, les tomes IV à V, et Est.-Ever. Assemani, le VIe.
— S. EPHRAIM Syrus, græce, e codd. mss. Bodleianis (cum notis) cura Ed. Thwaites). *Oxonii*, 1709, in-fol.
Belle édition de CLVI discours grecs. La collection imprimée à Rome l'a rendue inutile.
La traduction latine des ouvrages de S. Ephrem, par Ger. Vossius, a été impr. à Rome, 1589-98, 3 part. in-fol.; ensuite réimpr. à Cologne, en 1603, en 1616, et aussi à Anvers, en 1609 et 1619, in-fol. On peut citer également : *S. Ephremi Opera omnia lat. multis aucta et illustrata studio Ang.-Mar. card. Quirini*. Venetiis, 1755, 2 vol. in-fol.
— CHRESTOMATHIA syriaca, sive S. Ephræmi carmina selecta ; ediderunt, notis criticis, philologicis, historicis, et glossario locupletissimo illustraverunt Aug. Hahn et Fr.-L. Sieffert : præmissæ sunt observationes prosodicæ. *Lipsiæ, Vogel*, 1826, in-8.

ŒUVRES de S. Ephrem (en arménien). *Venise*, 1836, 4 vol. gr. in-8. 24 fr.

Traduction faite au vᵉ siècle, laquelle renferme plusieurs traités et sermons de ce saint Père, qui n'existent pas dans les éditions syriaques et grecques de ses ouvrages.

— Pour des traductions françaises, voy. 888 et 889.

— **La fleur de predication selon S. Ephrem.**

— *Cy fine le sermon de Joseph et semblablement tout le liure contenant vingt sermons du bon pere Sainct Effrem : lequel liure a este translate du latin en francoys (par Pierre Cueuret), par le commandement du très reverend Pere en Dieu, Monsieur Philippes cardinal de Luxemboure, evesque du Mans et de Therouenne. Imprime a Paris pour Antoine verard : libraire demourant... aupres le car fourt Saint Severin* (sans date, mais en 1500), pet. in-fol. goth.

Édition fort rare.

CAESAR A LENGERKE. De Ephræmi Syri arte hermeneutica liber. *Regiomonti - Prussor., I. - II. Born,* 1831, in-8. de XVI et 282 pp.

EPICHARMI fragmenta (gr.), collegit H. Palman Kruseman. *Harlemi*, 1834, in-8. 6 fr., et plus maintenant.

EPICTETUS. Simplicii Commentarius in Epicteti Enchiridion, græce (cum ipsius Epicteti textu). *Venetiis, Jo. Ant. et fratres de Sabio,* MDXXVIII, *mense Iulii,* pet. in-4. de 102 ff. non compris le f. qui porte la souscription. [3685]

Première édition, rare ; le texte d'Épictète, non complet, s'y trouve amalgamé avec le commentaire. Vend. 16 fr. *mar. r.* Caillard ; 5 flor. Rover ; 15 fr. Carée.

— Epicteti Enchiridion, græce. Idem, latine, per Ang. Politianum. *Norenbergæ, apud Joan. Petreium,* 1529, in-8. de 38 ff.

Première édit. complète du texte d'Épictète. Elle a été donnée d'après un manuscrit par Greg. Hoffmann dit Haloander, qui ne connaissait pas l'édit. précédente. La version latine de Politien, qui en fait partie, a paru pour la première fois à Bologne, en 1497, à la suite de Censorinus (voyez CENSORINUS). L'édit. de Bâle, Cratander, 1531, in-8., est une copie de la précédente.

— Arriani Epictetus, græce (et Epicteti enchiridion, gr.). *Venetiis, in ædibus Bartholi Zanetti, arte vero et diligentia Francisci Trincavelli,* 1535, *mense septembri,* pet. in-8. [3686]

Cette édition a été donnée d'après un manuscrit par Victor Trincavelli. C'est la première où se trouvent les dissertations d'Arrien. Elle a 8 ff. prélim., et pour le corps du vol. des signat. de A—BBiiij, plus 2 ff. bl. et 1 f. pour la marque de l'imprimeur. Vend. 8 sh. Pinelli ; 20 fr. *m. r.* Le Blond.

L'édition de l'Enchiridion, gr. *mille in locis castigatum,* Paris., Neobarius, 1540, in-4., et celle du même livre, *multis in locis a Jac. Tusano castigatum,* Paris., Mart. Juvenis, 1552, in-4., sont rares, mais de peu de valeur, ainsi que celle de Paris, 1567, in-4., avec la version lat. de Politien.

— MORALIS philosophiæ medula, sive Epicteti enchi-

ridion, gr. et lat., cum explanatione Th. Naogeorgii. *Argentor., Windelin Rihel,* 1554, in-8. de 16 ff. et 479 pp.

Texte de l'édition d'Haloander, corrigé d'après la version de Politien et les conjectures de l'éditeur. Les notes sont de peu de valeur.

L'édit. de Bâle, Jo. Oporin, 1554, in-4., contient les dissertations d'Arrien, trad. en lat. pour la première fois par Jac. Schegk, la version latine de l'Enchiridion par Politien, et le texte grec des deux ouvrages, avec des variantes tirées des éditions de 1528 et 1531. Elle a été réimpr. par les soins de Jac. Ferandus, *Salmanticæ, Jac. Canova,* 1555, in-8. (Heber, I, 2364.)

— SIMPLICII Commentarius in Enchiridion Epicteti ex libris vett. emendatus (gr.) cum vers. Hier. Wolfii, et Cl. Salmasii animadversionibus et notis. = Cebetis Tabula, gr. lat. arab., et aurea carmina Pithagoræ, cum paraphr. arab. recensuit et in latinum convertit J. Elichmannus. *Lugd.-Batavor., Maire,* 1640, 3 part. en 1 vol. in-4., avec la fig. du Tableau de Cébès. 5 à 6 fr. [3687]

Cette édition a été donnée par Dan. Heinsius d'après celle de 1528, dont il compléta le texte à l'aide d'un manuscrit, mais en se livrant parfois à des conjectures malheureuses. Le commentaire prolixe de Saumaise n'a porte que sur les 8 premiers feuillets de Simplicius et sur le premier chapitre du Manuel. La plupart des éditions suivantes du texte du Manuel, antérieures à celle d'Upton, dérivent plus ou moins de celle d'Heinsius.

— ENCHIRIDION, cum Cebetis Tabula, gr. et lat., cum notis Merici Casauboni ; ejusd. Enchiridii paraphrasis græca, item paraphraseos versio cum notis Casauboni. *Londini,* 1659, in-8. 3 à 4 fr.

L'ancienne paraphrase grecque a paru pour la première fois dans cette édition, dont le texte est celui de l'édition d'*Amsterdam,* 1651, in-32.

— ENCHIRIDION, et Cebetis Tabula, gr. et lat. *Lugd.-Batav., Gaesbeek,* 1670, in-24. 3 à 4 fr.

Une des plus jolies petites édit. de ce livre faites en Hollande à la même époque.

— ENCHIRIDION unacum Cebetis Tabula, gr. et lat., ex recensione Abr. Berkelii, cum ejusdem animadvers. et notis, quibus accedunt notæ variorum cum græca paraphrasi. *Lugd.-Batav.,* 1670, in-8.

Ce vol. fait partie de l'ancienne collection *Variorum ;* on doit y trouver une grande planche de Rom. de Hooge : 4 à 5 fr. ; vend. 22 fr. *mar. r. d. de mar. dent.* La Valliere.

— IDEM et Cebetis Tabula, gr. et lat., cum notis var. ex recens. Abr. Berkelii ; editio secunda : acced. græca Enchiridii paraphrasis, lacunis omnibus codicis Medicei ope, a Jac. Gronovio repletis. *Delphis-Batavor.,* 1683, in-8. 4 à 5 fr.

Cette édition est, quant au texte, une pure réimpression de la précédente, mais on a ajouté, à la fin, des notes de Gronovius sur la paraphrase.

— ENCHIRIDION, et Theophrasti characteres, gr. et lat., edidit C. Aldrich. *Oxonii, e Th. sheld.,* 1707, in-8. 3 à 5 fr.

Vend. en Gr. Pap. dont les exemplaires sont très-rares, 60 fr. *m. r.* de Cotte ; 57 fr. F. Didot ; 50 fr. MacCarthy, et moins depuis.

— MANUALE et sententiæ, quibus accedunt tabula Cebetis et alia affinis argumenti in ling. lat. conversa a M. Meibomio ; accedunt ejusdem notæ, emendationes Cl. Salmasii in Epictetum, etc., cura Hadr. Relandi. *Trajecti-Batavorum,* 1711, in-4. 6 à 9 fr.

Édition estimée, au sujet de laquelle plusieurs bibliographes rapportent l'anecdote suivante : Marc Meibom avait fait une nouvelle récension du texte et une traduction du Manuel, qui furent imprimées aux frais du roi de Danemark, pendant que le savant éditeur était dans ce pays. Lors de son départ, il emporta toute l'édition en Hollande, et la conserva jusqu'à sa mort, qui arriva une quarantaine d'années après, en 1711. Les exemplaires ayant alors été vendus à un libraire, celui-ci chargea Adrien Reland de les publier avec les matériaux qui s'étaient trouvés dans les papiers de Meibom, notamment des notes de Saumaise, et les variantes d'un manuscrit de Copenhague dont Meibom n'avait eu connaissance qu'après l'impression de son texte. Cette édition ainsi enrichie parut à Utrecht en 1711, in-4. Le texte y est divisé en 50 chapitres.

Il y a des exemplaires tirés de format in-fol.: vend. 48 fr. de Selle, en 1761, et susceptibles d'une plus haute valeur, car ils sont extraordinairement rares.

— ENCHIRIDION, gr., latinis versibus adumbratum per Edv. Ivie. *Oxoniæ, e Theat. sheldon.*, 1715, in-8. 3 à 4 fr.

Il y a des exemplaires en Gr. Pap.: 23 fr. *v. b.* Caillard ; 20 fr. Mac-Carthy ; 9 fr. *mar.* Renouard.

— IDEM, et Cebetis Tabula, gr. et lat., cum notis var. e recens. Jo.-Casp. Schrœderi. *Delphis*, 1723, in-8. 3 à 5 fr.

Réimpression de l'édition de Berkelius de 1683, augmentée de quelques notes.

— IDEM ; Cebetis Tabula ; Prodici Hercules, et Theophrasti Characteres ; græca recognovit, vers. lat. reformavit, notas varior. recensuit et castigavit, suisque observationibus auxit et illustravit Jos. Simpson. *Oxonii, e Theat. sheldon.*, 1739, in-8. 3 à 5 fr.

Édition belle et correcte : vend. en Gr. Pap. *peau de truie*, 16 fr. Gouttard ; 57 fr. F. Didot: en *mar.* 1 liv. 9 sh. Drury ; 12 fr. 50 c. *mar.* Renouard. — Réimpr. à Oxford, 1740, et à *Londres*, 1758, in-8., mais moins correctement.

— QUÆ supersunt dissertationes ab Arriano collectæ, necnon Enchiridion et fragmenta, gr. et lat., cum integris Jac. Schegkii et Hier. Wolfii selectisque aliorum doctt. annotationibus ; recensuit, notis et indice illustravit Upton. *Londini*, 1739-1741, 2 vol. pet. in-4. 20 à 24 fr.

Belle édition, fort estimée ; on en recherche surtout les exemplaires en Gr. Pap. : vend. 80 fr. *m. r.* de Cotte ; 72 fr. *mar. r.* Caillard ; 64 fr. Larcher ; 30 flor. Meerman ; 4 liv. 4 sh. Dent ; 60 fr. *non rogné*, Labédoy...

— ENCHIRIDION ; Cebetis Tabula ; Prodici Hercules, et Cleanthis Hymnus, gr. et lat. *Glasguæ, R. Foulis*, 1744 et 1758, in-12. 2 à 3 fr.

— ENCHIRIDION, græce. *Glasguæ, Rob. Foulis*, 1751, in-24. 2 fr.

Les Foulis ont donné, en 1748, une édition in-18 du même auteur.

— IDEM, gr. et lat., cum scholiis gr. et novis animadvers. edidit Chr.-Got. Heyne. *Varsoviæ*, 1776 (nov. tit. *Lipsiæ*, 1783), gr. in-8. 5 à 6 fr.

— ENCHIRIDION, græce, curante J.-B. Le Febvre de Villebrune. *Parisiis, Pierres*, 1782, in-18.

Les exemplaires de cette édition sont de deux sortes : les uns sans notes, 2 fr.; les autres avec notes (pag. 44-96), 3 fr.; mais on ne recherche guère que ceux qui sont sur VÉLIN. 25 à 40 fr.

— IDEM, et Cebetis Tabula, gr. et lat., recensuit, latinam versionem recognovit et emendavit Joh. Schweighæuser. *Lipsiæ*, 1798, in-8. 8 fr. — Pap. fin, 10 fr.—Pap. de Hollande ou pap. vélin, 12 à 15 fr.

Bonne édition, que l'on désigne sous le nom de grande édition critique. Il faut la joindre à l'article suivant, parce qu'elle diffère de celle qui fait partie du 3e vol. de cette collection. Schweighæuser a donné dans le même temps deux autres éditions, l'une avec la version latine et les principales variantes, 3 fr., et pap. fin, 3 fr. 50 c.; l'autre ne contenant que le texte et quelques variantes.

— EPICTETI philosophiæ monumenta, scilicet : dissertationum ab Arriano digestarum lib. IV; ejusdem Enrichidion et fragmenta, post Uptoni aliorumque curas denuo ad codd. msstor. fidem recensuit, lat. versione, annotationibus, indicibus illustravit Jo. Schweighæuser. *Lipsiæ*, 1799, 3 tom. en 4 vol. in-8. 36 fr. = Simplicii commentarius in Epicteti Enchiridion, acced. Enrichidii paraphrasis christiana et Nili Enchiridion, gr. et lat., recensuit et varietate

lectionis notisque illustravit Schweighæuser. *Lipsiæ*, 1800, 2 vol. in-8. 20 fr.

Ces cinq volumes, qui ne doivent pas être séparés, forment une excellente collection dont les exemplaires sont fort recherchés, surtout en papier de Hollande. Ce dernier papier commence à devenir rare. Vend. avec le Manuel, édition de 1798, 159 fr. *m. r.* Caillard, et moins depuis.

— EPICTETI Enchiridion, Cebetis Tabula, Prodici Hercules, et Theophrasti Characteres ethici, gr. et lat., per Jos. Simpson, editio quinta, cui accedit versio metrica per Ed. Ivie. *Oxonii, e typogr. clarend.*, 1804, in-8. 5 fr. — Gr. Pap. 9 fr.

— LE MANUEL d'Epictète (texte revu par Coray), le Tableau de Cébès et la prière à Jupiter, par Cléante, en grec, avec la version française des deux premiers ouvrages par M. Thurot, et du troisième par Bougainville. *Paris, F. Didot*, 1826, in-8. 6 fr.

— LES QUATRE livres d'Arrien, intitulés Dissertations d'Epictète, revus et corrigés (avec des prolégomènes et des notes) par Coray (en grec). *Paris, impr. d'Eberart, librairie de F. Didot*, 1827, 2 vol. in-8. 16 fr.

Ces deux volumes, réunis au Manuel d'Epictète (ci-dessus) publié par Coray, forment les tom. VII, VIII et IX des suppléments de la Biblioth. grecque de ce savant helléniste. Ces différents ouvrages sont réunis au Théophraste dans l'édition des moralistes grecs, édit. donnée par M. Dübner, en 1840 (voy. THEOPHRASTUS).

Traductions.

—Altercation en forme de dialogue de l'empereur Adrian et du philosophe Epictete, soixante et trèze questions et autant de responses, rendues de latin en françois par monsieur maistre Jean de Coras. *Tolose, Antoine André*, 1558, pet. in-4. de 6 ff. et 321 pp.

Du Verdier cite une édit. de *Paris, Gabr. Buon*, 1558, in-8., dont il rapporte un morceau, lequel prouve que ce livre ne renferme que des maximes extraites du Manuel avec un long commentaire.

Une traduction du Manuel, par Ant. Du Moulin, a été impr. avec celle des Epîtres de Gruget, à Anvers, en 1558 (voy. PHALARIDIS Epistolæ).

Cette même traduction d'Epictète, par Du Moulin, réunie à celle des sentences des philosophes de Grèce, a d'abord été impr. à *Lyon, par Jean de Tournes*, en 1544, in-16 (selon Du Verdier), et pas à *Leyde*, comme le dit M. Graesse d'après M. Hoffmann.

— LA DOCTRINE d'Epictete, stoicien, comme l'homme peut se rendre vertueus, libre, heureus et sans passions, traduite du grec en francois par Antoine Riuaudeau, gentilhomme du Bas-Poitou : observations et interpretations du mesme aucteur sur les plus obscurs passages. *Poitiers, par Enguilbert de Marnef*, 1567, in-4. de 4 ff. prélim. et 53 pp. chiffrées.

La traduction du Manuel d'Epictète, avec celle des réponses d'Epictète aux demandes d'Adrien, par Guil. du Vair, a été impr. avec la Philosophie morale de ce magistrat, à *Paris*, en 1606, in-8., et dans les œuvres du même, *Paris, Séb. Cramoisy*, 1641, in-fol. (voy. DU VAIR).

— LE MANUEL d'Epictète et les commentaires de Simplicius : nouveau manuel d'Epictète (tiré d'Arrien), avec cinq traités de Simplicius, trad. en franç. par Andr. Dacier. *Paris*, 1715, 2 vol. in-12. 4 à 5 fr.

Vend. bel exempl. *m. r.* 18 fr. La Valliere ; 37 fr. *m. bl. l. r.* F. Didot.

— LA MÊME traduction. *Paris*, 1776, 2 vol. in-12. 5 à 6 fr.

On joint ordinairement cette édition à la *Biblioth. des anciens philosophes* (voy. DACIER).

— MANUEL d'Epictète, trad. par Dacier, avec une préface de L. Dutens. *Paris, de l'imprimerie de Didot l'aîné*, 1775, in-18.

Un exempl. sur VÉLIN a été vend. 100 fr. La Valliere; 51 fr. Mac-Carthy; 40 fr. Chateaugiron; 49 fr. Renouard.

Cette traduction de Dacier a été réimpr. avec le Tableau de Cébès (trad. par Belin de Ballu). *Paris, Bastien*, 1790, in-8.

— LE MANUEL d'Épictète (trad. par Naigeon). *Paris, Didot l'aîné*, 1782, in-18.

Premier vol. de la collection des moralistes anciens (voy. MORALISTES). Un exempl. sur VÉLIN, vend. 17 fr. Chardin.

— LE MÊME, en grec, avec une traduction françoise par Le Febvre de Villebrune. *Paris, Ph.-D. Pierres*, 1783, in-18.

Il y a au moins 12 exempl. de cette édition sur VÉLIN: vend. 50 fr. Mac-Carthy; 101 fr. Lair; 51 fr. Duriez; 30 fr. Renouard.

— LE MÊME, et Tableau de Cébès, en grec, avec une trad. franç. de Le Febvre de Villebrune. *Paris, Didot le jeune*, an III (1794), 2 tom. en 1 vol. in-18.

On ne recherche de cette édition que les exempl. sur VÉLIN: vend. 38 fr. Méon; 35 fr. en 1841.

— LE MANUEL d'Épictète et le tableau de Cébès, trad. du grec (par A.-G. Camus). *Paris*, an IV (1796), 2 vol. in-18.

Un exempl. en pap. bleu, *m. r.*, vend. 17 fr. Chardin.

— LE MANUEL d'Épictète, traduit du grec en françois, par P.-J.-Émile Chédieu. *Paris, Hachette*, 1847, in-8., avec le texte grec et une introduction qui occupe XXXVII pp.

Il a été tiré dix exemplaires de ce volume en Gr. Pap.

— NOUVEAU Manuel d'Épictète, extrait d'Arrien, trad. du grec en franç. (par de Bure Saint-Fauxbin). *Paris, de l'impr. de Monsieur*, 1784, 2 vol. in-18.

Un exempl. sur VÉLIN, vend. 96 fr. Didot jeune, en 1797.

— DISCOURS philosophiques d'Épictète, recueillis par Arrien, et trad. du grec en franç. par A.-P. Thurot. *Paris, L. Hachette*, 1838, in-8. 6 fr.

NOTICES sur les traductions franç. du Manuel d'Épictète (suivies d'un fragment d'un Epictetiana), par J.-F.-J. H. (Hécart). *Valenciennes, impr. de Prignet*, 1826, in-18.

Tiré à 62 exemplaires, dont 12 sur pap. vél. Un appendice de 12 pp. y a été ajouté en 1827.

— Manuale, greco-italiano. *Parma, nel regal Palazzo (Bodoni)*, 1793, pet. in-4.

Selon le catal. de Bodoni, cette édition n'aurait été tirée qu'à 100 exempl. 5 à 6 fr. Nous savons qu'on a tiré plus de 50 exempl. du texte grec séparément, sur pap. vélin d'Annonay, et un seul sur VÉLIN. Le même imprimeur a donné une petite édition in-8. en 1793: cette dernière, 3 à 5 fr. Il en a été tiré un exempl. sur VÉLIN. 10 fr. Renouard.

THE MANUELL of Epictetus, translated out of greeke into french and now into english, conferred with two latine translations: Herevnto are annexed annotations and also the apothegms (*sic*) of the same author, by Ja. Sanford. *London*, 1567, in-12, 12 sh. 6 d. Horne Tooke.

La version française d'après laquelle a été faite celle-ci doit être celle d'Ant. Du Moulin.

ALL THE WORKS of Epictetus, translated from the greek by Elisab. Carter, with notes, the second edit. *London*, 1759, in-4. 10 à 12 fr.; or 1768; 2 vol. in-12. — Réimpr. pour la 4ᵉ fois, *Lond.*, 1807, 2 vol. in-8.

———

— LES MORALES d'Épictète, de Socrate, de Plutarque et de Sénèque (extraites et trad. en franç. par J. Desmarets de Saint-Sorlin). *Au château de Richelieu, de l'impr. d'Est. Migon*, 1653, pet. in-8. [3672]

Cette jolie édition est recherchée des curieux, et les beaux exemplaires en sont rares. 15 à 20 fr. Vend. 38 fr. 50 c. *m. r.* Pixerécourt; 23 fr. 50 c. *mar. citr.* avec 3 portraits ajoutés, Labédoy. 32 fr. *mar. bl.* Renouard; *m. v. doublé de mar.* 37 fr. Nodier; 50 fr. Salmon, et en *mar. bl. d. de mar. r.*, anc. rel. 71 fr. Quatremère, 2ᵉ vente. L'exempl. en *mar. bl.* vend. 41 fr. La Valliere, réunissait les opuscules suivants impr. avec les mêmes caractères que les Morales, savoir: *La Vie spirituelle enseignée par Jésus-Christ*, en vers, 6 pp. avec un titre. — *Des Perfections de Dieu*, 15 pp. — *Maximes chrestiennes* (en vers), 30 pp. — *Les Psaumes de la pénitence* (en vers), 8 pp., d'un caractère plus petit que dans les autres pièces, mais appartenant au même imprimeur (voy. DESMARETS).

———

EPICURI physica et meteorologica, duabus epistolis ejusdem comprehensa, græca ad fidem librorum script. et edit. emendavit atque interpretatus est J.-G. Schneider. *Lipsiæ, Vogel*, 1813, in-8. 5 fr., et plus cher en pap. vél. [4209]

— FRAGMENTA libror. II et XI de natura, in voluminibus papyrac. ex Herculano erutis reperta, probabiliter restituta, latine versa, scholiis et commentariis a Car. Rosinio..... emendatia edidit, suasque annotationes adscripsit J.-O. Orellius. *Lipsiæ, Vogel*, 1818, in-8. 4 fr.; pap. vél. 6 fr.

EPICURO (*Antonio*). Dialogo di tre Ciechi. *Venezia, Giov.-Ant. e fratelli da Sabbio*, 1525, pet. in-8. [16637]

Cette composition dramatique d'Antoine Caracciolo, vulgairement nommé *Epicuro*, est un ouvrage écrit d'un style fort gracieux, et qui semble avoir donné au Tansillo le modèle de ses *Due Pellegrini*. L'édition de 1525, la plus ancienne connue de cette pièce, est rare, et vaut de 10 à 15 fr. en Italie.

— Dialogo di tre Ciechi. *Vinegia, Giov. Ant. e fratelli da Sabbio*, 1526, pet. in-8. sig. A—F2.

Autre édition rare. Vend. 17 fr. 50 c. de Soleinne; 29 fr. Libri, en 1847, et 12 sh. *mar.* en 1859.

La même pièce a été reproduite sous le titre suivant:

CECARIA, tragicomedia del Epicuro napolitano, intitulata la Cecaria, nuovamente aggiuntovi un belissimo lamento del Geloso con la Luminaria non piu posta in luce, con ogni diligentia revista, corretta e ristampata. 1532 et 1535, *Vinegia, Nicolo d'Aristotile detto Zoppino*, in-8. sign. A.—D IV. fig. sur bois.

Deux éditions assez rares. La dernière, 25 fr. 50 c. *mar. v.* de Soleinne.

L'édition de la *Cecaria*, sans lieu ni date, pet. in-8., sign. A—DIIII, décrite sous le nᵒ 4131 du catalogue de Soleinne, contient de plus que la précédente un *capitolo de poverta*, en trente-six vers.

La pièce de Caracciolo a été réimpr. à Venise, chez les Giolito, 1553, in-12; encore à Venise, chez *Fr. Rampazetto*, 1566, in-12. On en cite aussi une édit. de 1594.

EPIGRAMMATA antiquæ urbis (collegit Jac. Mazochius). *Romæ, Jac. Mazochius*, 1521, in-fol. fig. [29975]

Vend. 19 fr. *m. r.* La Valliere, et quelquefois plus ou moins cher.

Ce volume a 10 ff. prélim., CLXXX ff. de texte, et 6 ff.

d'errata, dont le dernier porte la souscription. La bibliothèque publique de la ville de Ulm en possède un exemplaire sur VÉLIN.

EPIGRAMMATA doctissimorum. Voyez DOCTISSIMORUM.

EPIGRAMMATA, Epitaphia, etc., ex veteribus græcis et gnomicis poetis selecta. *Londini, R. Faulder,* 1797, in-12.

Un exemplaire imprimé sur VÉLIN est porté à 1 liv. 8 sh. dans la *Biblioth. heber.,* VI, n° 4061, où l'on fait remarquer que l'ouvrage ne paraît pas être complet. Peut-être n'est-ce qu'une partie du recueil qu'indique Lowndes, p. 672, sous le titre de *Select epigrams,* Lond., 1797, 2 vol. in-12.

EPIGRAMMATA et poematia vetera, quorum pleraque nunc primum ex antiq. codic. et lapidibus, alia sparsim antehac errantia, jam undique collecta emendatiora eduntur. *Parisiis, apud Nic. Gillium,* 1590, pet. in-12. [12464]

Ce recueil, donné par le savant P. Pithou, est recherché et assez rare de cette édition. Le vol. a été imprimé par Denis Duval, dont le nom se lit à la fin, avec la date de 1589, que porte aussi le titre d'une partie des exemplaires : 5 à 8 fr. Vend. 20 fr. *mar. bl.* Renouard, et l'exempl. de De Thou, 11 fr. Soubise ; 17 fr. Courtois ; 99 fr. Giraud, et 69 fr. Solar.

Réimpr. *(Lugd.), apud Jac. Chouët,* 1596, pet. in-8., seu *Genevæ, apud Jac. Chouët,* 1619, pet. in-8. 3 à 4 fr.

EPIGRAMMATA et Poemata vetera, recens ad exemplum P. Pithœi e Reinesio, Sponio aliisque collecta, studio et opera Th. J. ab Almeloveen. *Amstelod., apud Janssonio-Waesbergios,* 1694, in-8. de 64 pages.

Ce recueil, qui est le pendant de celui de P. Pithou, fait partie des *Amœnitates theologico-philologicæ* de l'éditeur ; mais comme il a une pagination particulière, il a pu se vendre aussi à part.

EPIGRAMMATA græca. V. ANTHOLOGIA.

EPIGRAMMATUM delectus, ex omnibus tum veter., tum recentioribus poetis decerptus, cum dissertatione (Petri Nicole) de vera pulchritudine, etc. *Parisiis, Savreux,* 1659, in-12, 3 à 5 fr. [12465]

Ce recueil a été plusieurs fois réimprimé. La 7e édition, *cum novo alterius delectus specimine ex nuperis maxime poetis,* Londini, 1711, in-12, n'est pas la moins recherchée : 4 à 5 fr.

EPILOGO en medicina y en cirurgia conueniente a la salud... — *fue acabada la presente obra por maestro Arnaud Guillē de brocar en poplona a x doctubre año M. CCCC. lxxxxv.,* in-fol. goth. de lxxij ff. chiffrés, à 2 col. fig. en bois. [6615]

Ce livre, fort rare, est la plus ancienne production connue des presses de Pampelune : les figures singulières qui s'y trouvent le rendent curieux.

EPINAC *(Pierre* d'). Harangue prononcée devant le roy, séant en ses estats generaulx a Bloys, par le reverend pere en Dieu, messire Pierre d'Epinac, archevesque, comte de Lyon, primat de Gaules, au nom de l'estat ecclésiastique de France. *Paris, P. l'Huillier,* 1577, in-4. de 64 pp. [23552]

Harangue énergique prononcée le 17 janvier 1577. Elle a été réimpr. à *Anvers, chez Christ. Plantin,* 1577, pet. in-8. de 87 pp. avec privilége.

ÉPINAY *(Louise-Florence-Pétronille,* née Tardieu d'Eclavelles, femme de M. de Lalive d'). Mes Momens heureux (anonyme). *Genève, de mon imprimerie,* 1758, in-8. de 198 pp. [19122]

Cet ouvrage, qui contient des lettres et des portraits, n'a été tiré qu'à un petit nombre d'exemplaires. Il y en a une seconde édition, augmentée, portant aussi sur son titre les mots : *De mon imprimerie,* mais avec la date de 1759 : c'est un pet. in-8. de VIII et 224 pp., avec 12 pp. à la fin qui renferment le portrait de Mad.*** (d'Houdetot), en 1755. Vend. 14 fr. 50 c. Pixerécourt ; 29 fr. v. f. t. d. Parison.

— Lettres à mon fils (anonyme). *A Genève, de mon imprimerie,* 1759, pet. in-8. de 136 pp. [3880]

Ce petit vol. n'a, dit-on, été tiré qu'à 25 exempl. Il renferme 12 lettres que Mme d'Epinay écrivit à son fils pour servir à son éducation, et qui sont en partie réimpr. dans les Mémoires de cette dame. On y a ajouté 18 lettres d'un chanoine nommé Gaudon à M. De Linan, à M. d'Epinay, fermier général, et à sa femme. Ces dernières lettres, assez singulières de la part de ce chanoine, offrent peu d'intérêt. *(Nouv. Mélanges de M. Breghot, p. 17.)*

Les *Mémoires de Mad. d'Épinay* que nous avons publiés en 1818, avec le secours et après la révision de M. Parison, notre bien regrettable ami, ont été impr. trois fois en moins de six mois, en 3 vol. in-8. La seconde édition, dont on a tiré douze exemplaires sur pap. vél., renferme quelques lettres de plus que la première. On y peut joindre une brochure intitulée : *Anecdotes inédites pour faire suite aux Mémoires de Madame d'Epinay,* précédées de l'examen de ces Mémoires, *Paris, Baudouin,* 1818, in-8. de 115 pp. C'est à tort que l'auteur de cet écrit, V.-D, Musset-Pathay, conteste l'authenticité de ces mémoires et même celle des lettres de J.-J. Rousseau dont nous possédons les originaux. Sans doute Madame d'Epinay, qui a donné à son ouvrage la forme d'un roman, ne s'est pas toujours renfermée dans la stricte exactitude des faits ; mais l'éditeur, en avoir élagué ce qui lui a paru purement romanesque, a conservé, sans les altérer, tous les récits qui offraient quelque vraisemblance, et c'est là peut-être ce qui assure le succès de cette singulière autobiographie, aujourd'hui beaucoup plus connue que les *Conversations d'Emilie,* du même auteur, dialogues auxquels, cependant, l'Académie française, en 1783, a décerné le prix d'utilité.

EPIPHANIUS (S.). Divi Epiphanii episcopi Constantiæ Cypri, contra octoginta hæreses opus eximium ; liber ancoratus, omnem de fide christiana doctrinam complectens ; contra octoginta hereses operis a se conscripti summa ; libellus de ponderibus et mensuris. Omnia græce conscripta, nuncꝗ primum in lucem edita. *Basileæ* (*Jo. Hervagius*, 1544), in-fol. de 4 et 543 pp.

Première édition du texte grec d'une partie des écrits de S. Epiphane. Elle n'a ordinairement qu'un prix très-médiocre; mais un exemplaire en *mar. citr.*, avec le chiffre de Henri II et de Diane de Poitiers sur les plats, sur le dos et à la tranche gaufrée, et de plus les armes de France, a été payé 80 liv. sterl. à la vente Libri, en 1859.

— Opera omnia, gr. et lat., Dionys. Petavius ex veteribus libris recensuit, latine vertit, et animadversionibus illustravit. *Parisiis*, 1622, 2 vol. in-fol. 40 à 50 fr., et quelque chose de plus en Gr. Pap. [911]

Édition la meilleure de ce Père : elle a été réimpr. à Cologne (ou plutôt à Leipzig), 1682, 2 vol. in-fol. (24 à 30 fr.), et cette réimpression, faite par les soins de Jac. Thomasius, est augmentée de la pièce suivante : *D. Petavii appendix ad Epiphanianas animadversiones, sive elenchus disputatiuncularum Maturini Simonii de pœnitentiæ ritu veteri in ecclesia.* Imprimé d'abord séparément, *Paris, Cramoisy*, 1624, in-8.

EPIPHANII, Constantiæ in Cypro episcopi, Opera quæ reperiri potuerunt omnia; Dionysius Petavius recensuit, latine vertit et animadversionibus illustravit ; accedunt Nonni Panoplitani scripta quæ extant. *Petit-Montrouge, Migne*, 1858, 3 vol. gr. in-8. à 2 col. 25 fr.

Ces trois volumes forment les tomes XLI à XLIII de la Patrologie grecque publiée par le même éditeur.

— DE PROPHETARVM vita et interitu commentarius græcus, vna cum interpretatione e regione latina, Albano Torino interprete; Sophronii græce et Hieronymi latine libellus de vita euangelistarum, cum scholiis Erasmi Rot.; Parabolæ et miracula, quæ a singulis euangelistis narrantur, græcis versibus a Gregorio Nazianzeno conscripta, addita interpretatione latina; D. Hieronymi scriptorum ecclesiasticorum vitæ, per Sophronium e latina lingua in græcam translatæ et scholiis per Erasm. Rot. illustratæ; Gennadii illustrium virorum Catalogus. *Basileæ apud Andræam Cratandrum ann.* M. D. XXIX, in-4. de 4 ff., 210 pp. et 1 f.

Recueil peu commun, mais d'un prix médiocre.

— S. PATRIS nostri Epiphanii episcopi Cons. Cypri ad Physiologum (de uniuscujusque generis ferarum ac volucrum natura), in die festo Palmarum ejusdem sermo (gr. et lat.). Consali Ponce de Leon interpretis et scholiastæ bimestre otium. *Romæ, apud Zannettum, etc.*, 1587, in-4. de 8 ff., 124 pp. (les pp. 97-102 doubles), 6 ff.

Première édition, ornée de gravures en bois assez bonnes, et qui ont été copiées dans l'édition d'Anvers. 8 à 12 fr.

— EDITIO altera. *Antuerpiæ, ex officina Christ. Plantin.*, 1588, in-8. à 2 col. 8 ff. prélimin., 124 pp. de texte, et 6 ff. pour l'index. 6 à 9 fr.

Volume peu commun, lequel est orné de 25 jolies gravures. Vend. 1 liv. 2 sh. *mar. bl.* Hibbert.

— DE XII GEMMIS rationalis summi sacerdotis Hebræor. liber. Prodit nunc primo ex antiqua versione lat., opera et studio Petr.-Fr. Fogginii. *Romæ, Zempel*, 1743, gr. in-4.

Impr. d'abord en gr. et lat., *Jola Hierotarantino interprete*, dans *C. Gesner de omnium fossilium genere*, Zurich, 1565, in-8.

— COMMENTARIUM in cantica canticorum. Prodit nunc primum ex antiqua versione lat. (Epiphanii scholastici), opera et studio Pet.-Fr. Fogginii. *Romæ, Palearini*, 1750, gr. in-4.

Quelques critiques attribuent ce commentaire à Philon Carpasius.

— S. Epiphanii Panaria eorumque Anacephaleosis, ad vet. libros recensuit et cum latina Dio. Petavii interpretatione et integris ejus animadversionibus edidit Fr. Œhler. *Berolini, A. Asher*, 1859-1861, 3 parties, gr. in-8. de 717, XVI et 731, et 777 pp. 14 thl. 2/3.

EPIPHANII monachi et presb. edita et inedita, cura Alb. Dressel. *Parisiis et Lipsiæ*, 1843, in-8. 3 fr.

EPISCOPIUS (*Sim.*). Opera theologica. *Amstelod.*, 1650-65, 2 vol. in-fol. [1955]

Cette édition était recherchée autrefois, et valait de 40 à 50 fr.; mais elle a moins de valeur maintenant.

EPISCOPIUS (*J.*). Paradigmata graphices varior. artificum ex formis N. Wisscher. *Hagæ - Comit.*, 1671, in-fol. [9597]

Un frontispice gravé, 3 ff. de texte impr. et 57 pl. qui ne sont pas sans mérite. (Ebert, 6814.)

— Voy. ICONES signorum veterum.

EPISEMASIE, ou relation d'Aletin le martyr, concernant l'origine, antiquité, noblesse et saincteté de la Bretagne armorique, et en particulier de Nantes et Rennes; avec l'explication d'une épigraphe, ou inscription en l'honneur de Volianus... où sont contenues plusieurs recherches rares et curieuses, concernant les vieilles fondations des Gaulois et Bretons (par Pierre Biré, sieur de la Doucinière). *Nantes, de Huqueville*, 1637, in-4. [24436]

On trouve difficilement cette dissertation, qui, au jugement du P. Lelong (III, n° 35455), est aussi savante qu'elle est extravagante. Vend. 12 flor. Meerman.

EPISTELEN en ewangelien vanden gheheelen iaere. (*absque loci et typogr. indicatione, sed Gouda, Ger. Leeu*), 1477, in-fol. goth. de 137 ff.

Édition à 2 col. de 35 lign., sans signat. ni récl., mais avec des chiffres romains placés au bas des pages. Elle est fort rare, et c'est une des premières qui aient été faites à Gouda. Voyez le *Dictionn. de La Serna Santander*, n° 569. Ce bibliographe cite une autre édit. du même livre, impr. sans lieu ni nom d'imprimeur, en 1478, in-4. goth. de 325 ff., qu'il attribue à Jean Veldener, à Utrecht : 15 sh. Heber.

EPISTELEN (die) ende ewangelien mitten sermonen van den ghehlen jaere die een nae den anderen volghende, ende oec mede die prophecien ghenomen wt der bibelen volmaecktelick ende gherechtelic overgheset wt den latine in goede duutsche, ghelikerwys als men houdende is in der heiligher kerchen. *Dit boeck in gheprent in die goede stadt van Utrecht bi mi Jan Veldener.* (in fine) : *Dit is volmaect bi mi Jan Veldener int jaer ons Heren* M. CCCC. ende lxxxi, *op Sinte Victoers avont.*, pet. in-4. goth. fig. sur bois.

Livre précieux dont il s'est conservé fort peu d'exemplaires. Il commence par 24 feuillets contenant les tables des lettres dominicales, des nombres d'or, le calendrier, un feuillet blanc, la table des évangiles suivie d'un f. blanc au recto et chiffré XXXVI; sur le verso de ce même feuillet se voit un encadrement, l'écusson de Valdener et la souscription : *Dit boeck is gheprent...* Le texte occupe 336 ff. chiffrés, et est suivi d'un feuillet contenant la souscription et le jugement dernier grav. sur bois; les figures placées au verso des f. 230 et 232 représentent le siége d'une ville contre laquelle on tire le canon. Selon Koning, les deux dernières planches sont les mêmes dont Coster s'est servi pour le Speculum. Un exemplaire de ce volume a été payé 165 fr. à la vente Borluut.

Hain, *Repertorium*, n° 6649, indique une édition d'*Utrecht bij Ian Valdener*, 1479, in-4., et sous les n°⁵ 6650-58, plusieurs autres édit. du même livre impr. à la fin du XV° siècle.

EPISTOLA ad virgines xp̄i vni | uersas super hystoria noua | vndecim miliuũ (*sic*) virginum. (*absque nota*), in-4. goth. de 29 ff. à 36 lig. par page. [22080]
Édition de la fin du XV° siècle.

EPISTOLA de Insulis Indie. Voyez Co-LUMBUS.

EPISTOLÆ ad P. Victorium. Voy. au mot ITALORUM.

EPISTOLÆ apostolicæ, arabice. *In monasterio S. Johannis in Kesrowán,* 1758, in-4. de 403 pp.

EPISTOLÆ clarorum virorum, selectæ de quamplurimis optimæ, ad indicandam nostrorum temporum eloquentiam. *Venetiis,* 1556, *apud Paulum Manutium Aldi, F.,* in-8. de 129 et 3 ff. 4 à 6 fr. [18695]
Réimpr. la même année, à Paris, *apud Bernardum Turrisanum in Aldina bibliotheca,* pet. in-12, avec l'ancre aldine.

EPISTOLÆ clarorum virorum, quæ inter Ciceronis epistolas servatæ extant, duplici comment. illustratæ a B. Weiskio. *Lipsiæ,* 1792, in-8. 6 fr. [18685]

EPISTOLÆ cynicæ. Voyez PHALARIDIS epistolæ.

EPISTOLÆ græcæ. Epistolæ Basilii magni, Libanii rhetoris, Chionis platonici, Æschinis et Isocratis oratorum, Phalaridis tyranni, Bruti romani, Apollonii tyanensis, Juliani apostatæ. *Venetiis, apud Aldum* (1499), in-4. de 138 ff. dont le dernier est blanc. [18653] = Epistolæ diversorum philosophorum, oratorum, rhetorum sex et viginti. *Venetiis, apud Aldum, mense Martio.* M. ID. (1499), in-4. de 266 ff. dont le 86° est bl. [18654]
Ces deux recueils, qui ne doivent pas être séparés, se trouvent ordinairement réunis en un seul vol.

Vend. 48 fr. La Vallière; 130 fr. m. r. Caillard; 48 fr. Larcher; 51 fr. m. r. en 1825; 150 fr. trèsbel exempl. en 1827; 4 liv. 10 sh. Heber; 3 liv. 13 sh. 6 d. Butler; 101 fr. mar. r. Giraud, et même prix Solar; 78 fr. Costabili; 28 flor. ancienne rel. en mar. Butsch; 6 liv. Libri en 1859.
Chaque partie séparée a peu de valeur. Il y a de l'une et de l'autre des exempl. en papier fort.

— EPISTOLÆ græcæ elegantissimæ, ex diversis auctoribus selectæ; Luciani Saturnalia, etc., græce. *Lovanii, apud Theod. Martinum alostensem, anno M. D. XX,* pet. in-4. de 40 ff. [18654]
Édit. rare et assez recherchée : 54 fr. (avec Ésope, la Batrachomyomachie d'Homère, etc. *Bâle,* 1518) Villoison.

— DELECTÆ quædam græcæ epistolæ, ceu flosculi, de diversis editis quondam et ab Aldo et aliis (gr.) cum interpretatione latina plurium (edidit Jo. Camerarius). *In academia tubingensi elaboratæ, anno* 1540, pet. in-8.
Vol. rare, contenant 86 lettres. Il y a 4 ff. prélimin., 74 ff. chiffrés et 2 non chiffrés pour l'errata et la marque de l'imprimeur.

EPISTOLÆ Sapientum, scilicet Solonis, Thaletis, Chilonis, Pittaci, Cleobuli, Periandri, Anacharsidis, Epimenidis, Pherecydis, gr. et lat. *Parisits, apud Guil. Morelium,* 1554, in-4.
A la même date, Guil. Morel a donné le texte grec des épitres de Phalaris, également in-4., en y joignant la version latine de Franç. Arétin, et, en 1552, le texte d'une Anthologia de lettres grecques, in-8. avec la date de 1553, à la fin; et il a reproduit le même choix de lettres en 1557, in-4.

— EPISTOLÆ Hippocratis, Democriti, Heracliti, Diogenis, Cratetis, Apollonii Tyanei, Anacharsidis, Euripidis, Theanus, aliorumque ad eosdem; nunc primum editæ græce simul ac latine per Eilhardum Lubinum. *Ex officina commeliniana,* 1601 (tit. nov. 1609), 2 vol. in-8. [18659]
On réunit à cette collection le volume intitulé : *Phalaridis et Bruti epistolæ,* gr. et lat., impr. chez le même Commelin, en 1597, in-8.

— EPISTOLÆ græcanicæ mutuæ antiquorum rhetorum, oratorum, philosophorum, medicorum, theologorum, regum, etc. (gr. et lat.) a Jac. Cujacio magna ex parte latinitate donatæ. *Aureliæ-Allobr., sumptibus caldorianæ societatis,* 1606, in-fol. de 2 ff. et 438 pp. 8 à 10 fr. [18660]
Le texte grec adopté dans ce recueil est celui de l'édit. d'Alde, 1499, annoncée ci-dessus, et sans aucune augmentation; quant à la traduction latine on ne sait pourquoi elle est attribuée (en grande partie) à Cujas, sur le titre de cette collection, puisque, d'après l'extrait d'une lettre de Casaubon, citée par Huet (*De claris interpretibus*), cette version latine est l'ouvrage *obscuri cujusdam et mediocriter docti Germani* (consultez à ce sujet une note de M. Boissonade, dans les *Notices des manuscrits de la Biblioth. du roi,* X, 122).

— GRÆCORUM veterum selectæ ac breves epistolæ, gr. et lat. (accedunt Dicta septem sapientum, et eorum, qui iis numerantur). *Romæ, apud Barth. Zannettium,* 1699, in-16 de 54 et 68 pp. [18657]
Édit. peu commune. La date porte bien M. DC. XCIX, mais comme l'exempl. que j'ai eu sous les yeux était relié avec l'*Horus Apollo,* impr. à Rome en 1597 par Zanetti, et que le caractère est le même dans les deux ouvrages, je suis persuadé qu'il faut lire 1599 au lieu de 1699.

— Collectio epistolarum græcarum. Voy. SOCRATES.

EPISTOLÆ illustrium et eruditorum (ad Sorberium. *Parisiis,* 1669), pet. in-12. [18701]

Ce livre commence à la page 433, et il finit à la page 600. Il paraît que Sorbière, en le faisant imprimer ainsi, eut intention de le faire précéder par le recueil de ses lettres latines, mais qu'il abandonna ce projet. Au surplus, si, comme l'assure M. Barbier (catal. du conseil d'Etat, n° 6147), ce fragment n'a été tiré qu'à 60 exempl., il doit être regardé comme assez précieux.

EPISTOLÆ. Doctissime illustrium virorum epistolæ. *Venundantur Parrhisiis a Petro Gaudoul in clauso Brunelli. — Impressum est Parrhisiis anno* MCCCCXV (*sic*), in-4. goth. — Il y a erreur dans la date : il faut lire MCCCCCV ou MCCCCCXV.

Un exempl. en *mar. r.* 75 fr. Bulletin de Techener, mars 1857, n° 64.

Ce recueil est probablement le même que celui qui a été imprimé à Paris, *per Thomam Kees weSaliens... impensis Dionysii Roce,* sans date, in-4., sous ce titre : *Doctissime illustrium virorum epistole : quas rogatus Politianus in ordinem redegit.*

Dans cette édition, se trouve, comme dans celle de Lyon, 1499, l'épître de Josse Badius à Ant. Koburger de Nuremberg datée : *ex officina nostra litteraria ad Idus Februarias. Anno M.cccc.xcix.*

Le même recueil a souvent été reproduit en différentes villes et en différentes années dans le commencement du XVIᵉ siècle.

EPISTOLÆ. Illustrium virorū Epistole.‖ meri sales : meræ facetiæ ‖ meri lepores : meræ argutiæ ‖ meræ urbanitates : meræ delitiæ‖ meræ veneres : venerūq; gratiæ‖ ...Operis sequentis auctores‖ Angelus Politianus (et XXXVI alii auctores). (au recto du dernier f.): *Hoc opus diligēter impressum est Anno...* M. CCCC XCIX. *ad Idus‖ Februarias. in officina Nicolai Vvolfen. Lutri* (le verso est bl.), in-fol. de 84 ff. sign. A—O, par cah. de 6 ff., caract. romains, 35 lig. par page. [18690]

7 fr. 75 c. La Vallière; 10 fr. *mar. bl.* Coste.

Cette édition, sans nom de ville, a été placée par Panzer parmi les productions des presses parisiennes ; mais elle est de Lyon, ville dans laquelle le même imprimeur, *Nicolaus Lupus, hoc est, teutonice vocabulo, Wolf,* a donné également en 1499 une édition de Perse avec commentaire, et avec une préface de Joce Badius. Ce dernier a été aussi l'éditeur du curieux recueil de lettres ci-dessus, et l'a fait précéder d'une épître adressée par lui *Antonio Koberger nurembergensi.* Ajoutons que ce recueil de lettres avait déjà été impr. dans deux édit. des œuvres latines d'Aug. Politien, à Venise, chez Alde, en 1498, et à Florence en 1499 (Voy. POLITIANUS).

EPISTOLÆ Magni Turci. Voy. LAUDIVIUS.

EPISTOLÆ obscurorum virorū ad venerabilem virum magistrum Ortuinum Gratiū Daventriensem Coloniæ Agrippinæ bonas litteras docentem variis et locis et temporibus missæ, ac demum

in volumen coactæ. (à la fin) : Et sic est finis epl'aꝗ obscuroꝗ viroꝗ. *In Uenetia, impssum in impssoria Aldi Minutij : Annoꝗ supra : et cauissatū est vt in aliis, ne q's audeat post nos impssare ꝑ decenniū per illustrissimū p'ncipem Uenetianoꝗ,* in-4. goth. de 17 ff. non chiffrés. [18390]

Vend. 1 liv. 16 sh. Butler.

Édition regardée comme l'originale de la première partie de ce célèbre pamphlet dirigé contre le clergé de l'Eglise catholique. Malgré les noms de ville et d'imprimeur qu'elle porte, c'est évidemment une production des presses allemandes : mais on n'est pas d'accord sur le lieu de cette impression qui, selon M. Mohnike, serait Haguenau, et, selon Ort. Gratius, Mayence ; quant à la date, elle peut être postérieure à l'année 1516, date de l'avant-dernière lettre, puisqu'il existe sous cette date un opuscule in-4., impr. à Cologne sous ce titre : *Pipericornī defensio contra obscurorum virorum epistolas,* in-4., impr. à Cologne.

Panzer et Renouard, qui décrivent cette édition, en indiquent une seconde sous le même titre, et également in-4., mais de 22 ff., en caractères romains : 18 sh. Butler; une troisième : *cum multis alijs epistolis in fine ānexis ꝗ in prima impressura non habentur,* in-4. de 20 ff. non chiffrés, caract. goth. : 1 liv. 16 sh. Butler. M. Delepierre (*Macaronea,* p. 184) dit avoir vu deux exempl. qui n'ont que 19 ff., mais peut-être étaient-ils d'une autre édition. Il en existe une quatrième, toujours sous le même titre, mais composée de 24 ff., laquelle a été vendue 2 liv. 5 sh. Heber.

Il existe une 2ᵉ collection des *Epistolæ obscurorum virorum,* in-4., dont la 1ʳᵉ édition en 24 ff. porte à la fin : *Quinta luna obscuros viros edidit. Impressum romanæ curiæ,* et sur le titre un bois représentant six hommes. On croit qu'elle a été impr. à Bâle en 1517. (Panzer, tome IX, p. 174.)

— Epistolæ obscurorū virorum, nil præter lusum cōtinētes et jocū in paleas, feces, ꝛ quisquilias. (in fine) : *Hoc opus est impressum Berne, | Ubi quatuor prædicatorum Lucernæ, | Illuminauerunt totam Suitensium Regionem | Antequam Hochstat vexauit Joannem Capnionem.* (absque anno), pet. in-4. goth. de 35 ff. non chiffrés, signat. A—I, 47 lig. par page ; sur le titre il y a un bois représentant trois hommes.

Seconde édition de la 2ᵉ partie : 4 liv. 10 sh. *m. r.* Heber.

Ces deux pièces, qui ont fait tant de bruit lors de leur première publication, et qui ont été si souvent réimpr. depuis, sont généralement attribuées à la collaboration d'Ulric de Hutten et de J. Crotus Rubianus. Cependant M. Graesse rapporte l'opinion émise par M. Mohnike dans l'Encyclopédie allemande de Gruber et Ersch (1ʳᵉ sect., vol. IV, p. 106 et suiv.), d'après laquelle l'imprimeur Wolfgang, à Haguenau, aurait composé le premier tome, et Hutten et Crotus seraient les deux auteurs principaux du second ; on peut réunir aux deux premières l'article suivant :

LAMENTATIONES obscurorum virorum... *impresse anno domini* M. CCCCC. XVIII, in-4. de 12 ff. réimpr. *Colonie anno* M. CCCCC. XVIII, *in Augusto,* in-4. de 30 ff. Troisième édition où est reproduite la date de la première.

Les éditions originales de ces trois opuscules sont fort rares, et elles conservent encore une certaine valeur en Allemagne ; mais comme en France elles

Epistolæ medicinales, 7419.

n'ont d'importance que parce qu'elles se rattachent à la collection aldine, nous nous bornerons à ces courtes indications, et nous renverrons, pour plus de détails, aux articles curieux qu'a donnés Ebert, sous les n°s 6827-6847 de son Dictionnaire.

En 1689, un anonyme a donné, comme pendant des deux parties de ces lettres, un volume in-4. ayant pour titre : *Epistolarum obscurorum virorum a diversis ad diversos scriptarum et nil præter lusum iocumque continentium, in arrogantes sciolos, bonorum virorum obtrectatores plerumque famæ et sanioris doctrinæ contaminatores volumen tertium;* mais qui est fort inférieur au premier (voir *Schwetschke, Novæ virorum obscurorum epistolæ,* Halis, 1860, in-12, p. 163, cité par M. Graesse.

— EPISTOLARUM obscurorum virorum... volumina duo; accesserunt huic editioni epistola Bened. Passavantii ad Petrum Lysetum, et la complainte de Pierre Lyset, sur le trespas de son feu nez. *Londres, H. Clément,* 1710, in-12 de 352 pp.

Cette édition, donnée par Mich. Maittaire, est bien imprimée, et c'est celle qu'on recherche le plus en France; cependant elle est peu correcte, et nous en citerons de plus complètes : 4 à 6 fr.; vend. 15 fr. mar. Duriez. — Celle de *Londres, H. Clément,* 1742, in-12 de 352 pp., sous le même titre que la précédente, en est une réimpression qui paraît avoir été faite en Suisse. Vend. 5 fr. Duriez.

Les éditions suivantes sont plus complètes que ces dernières :

1° *Nova et accurata editio.* Francof. ad Mœn., 1643, pet. in-12 de 620 pp.

Elle a été faite en Hollande, et elle peut être jointe à la collection des Elzeviers. C'est une réimpression de l'édition de Francfort, 1624, 2 part. en 1 vol. in-8., laquelle contient dans la seconde partie : *De Generibus ebriosorum, de fide meretricum in suos amatores et de fide concubinarum in sacerdotes.* Les *Lamentationes obscur. viror.* ont été impr. séparément, *Coloniæ* (*Amstel.*), 1649, et *Lugd.-Batav., Lopes de Haro,* 1664, pet. in-12 de 155 pp.

2° *Francof.,* 1757, in-8., portraits. Édition donnée par J.-Gasp. Rasch, et qui contient : *Epistolæ obscur. viror.,* vol. I-III; *Lamentationes; Conciliabulum theolog.; De Generibus ebriosor.,* etc.; elle est fort incorrecte.

— EPISTOLARUM obscurorum virorum... volumina duo, ad fidem editionis Londin. (1710) restituta; editio secunda, cum nova præfatione, necnon illustratione hist. circa originem earum, atque notitia de vita et scriptis virorum in epistolis occurrentium, aucta ab H.-G. Rotermundo. *Hannov., Helwing,* 1830, in-8. 6 fr.

Citons encore :

— EPISTOLÆ obscurorum virorum aliaque ævi XVI monumenta rarissima, herausgegeben und erläut. von E. Münch. *Leipzig,* 1827, in-8.

EX OBSCURORUM virorum salibus cribratus dialogus, in quo introducuntur theologi tres, Ortuinus, Gingolphus, Lupoldus, tres item celeb. viri Reuchlin, Erasmus, et Faber, de rebus a se recenter factis disceptantes. *Apud Antipodas* (absque nota), pet. in-4.

Volume rare, impr. vers 1520 : vend. 16 fr. 05 c. Courtois.

EPISTOLÆ principum. Voy. PRINCIPUM epistolæ.

EPISTOLÆ SS. Patrum apostolicorum Clementis Romani, Ignatii et Polycarpi atque duorum posteriorum martyria, gr. et lat., cum variorum annotationibus et præfatione Jo.-Lud. Frey. *Basileæ,* 1742, in-8. 5 à 6 fr. [847]

EPISTOLÆ selectæ, latine, cum versione

italica. (*absque nota*), 2 part. en 1 vol. pet. in-4. de 36 à 40 ff. à 35 lign. par page, sans chiffres, recl. ni sign. [18675]

Tel est le titre sous lequel nous désignerons ici ce petit volume qui n'en porte aucun. La première partie, contenant cent lettres' s lines, commence avec la première page par ces mots : *Franciscus vicecomes mediolani est,* et se termine au verso de l'avant-dernier f. par ceux-ci : *et reliqua.* Le 36° f. est tout blanc. La seconde partie, qui donne la traduction des cent lettres latines, finit au verso du 39° f. de cette manière : *Soto Tomaso ferando bressano imitazione.* Le 40° et dernier f. est tout blanc. Ces lettres sont extraites en partie des livres treize et suivants des Épîtres familières de Cicéron, mais le texte en a été mutilé et dénaturé de la manière la plus déplorable. Le nom de Th. Ferrando, qui se lit à la fin de la seconde partie, a pu faire croire que ce livre était sorti de la presse de ce premier imprimeur de Brescia; mais M. Lechi (*Tipografia bresciana,* pp. 88-89), à la suite de la description qu'il donne de son propre exemplaire de ces lettres, ajoute qu'il le croit imprimé à Milan, en 1474, au plus tard.

EPISTOLARIO español. *Madrid, Rivadeneyra,* 1852, gr. in-8. à 2 col. 15 fr.

Ce volume contient une introduction par Eug. de Ochoa; *El centon epistolario de Cibdareal,* les lettres de Pulgar, *las cartas de Ayora, Pedro de Rhua, Ant. Perez, Solis,* et *l'Epistolario espirituel* du père maestro Avila.

EPISTOLE (l') et lectioni evangeli i quali si leggono in tutto l'anno nelle messi, sechondo l'uso della sancta chiesa di Roma. In-4. [698]

Édition sans nom de ville et sans date, impr. en beaux caract. ronds, vers 1472; on y compte 175 ff. non chiffrés et 32 lignes par page. Les 4 premiers ff. renferment une table, et sur le dernier f. du texte se lit une souscription commençant ainsi : (F) *Inite sono lepistole e le prophetie e le lectioni dellapocalis.....* Vend. en m. r. 153 fr. La Vallière.

— Incomiciāo epistole & lectioni evāgeli, etc. — *Stāpati Venesia p̄ Christophoro Arnoldo...* M. CCCC. lxxij. in-fol.

Édition fort rare. Celle de *Bologne,* 1473, in-fol., ne l'est pas moins. Cette dernière, qui commence par une table de 2 ff., est terminée par la souscription suivante en capitales : *Bononiæ, impressum anno domini* M. CCCC. LXXIII *die quarto-decimo decembris.*

— In comĩciāo le pistole & lectiōe & euāgelii : i quali si leghono ī tuto lāno alla messa... 1474, in-fol.

Édition en caractères rom. imprimée probablement à Venise ou à Parme; elle a 156 ff. y compris 10 ff. de table; le texte est à 2 colonnes, et se termine par la souscription : *Explicĩut. Evangelii et : epistole.....* avec la date disposée de cette manière :

     M . CCCC. LXXIIII : DIE :

         XX : IVLII .

           . M . B : F :

           . B . D . P .

Ædes althorp., II, n° 1111.

Il y a encore une édition de *Venise, Jenson,* 1476, in-fol., et plusieurs autres de la fin du XVe siècle. Celle de *Venise,* 1482, même format, en 89 ff. à 2 col., a été vend. 48 fr. m. r. La Vallière; elle ne conserve pas cette valeur.

Pour une traduction castillane des Épîtres et Évangiles, voy. EVANGELIOS (los).

EPISTOLIA. Voy. Estienne (*H.*).

EPISTOLLE. Lepistolle des prisonniers de Paris a madame Alienor royne de France, contenant le confort de sa desirable entree. (*Paris,* vers 1530), pet. in-8. goth. [13491]

Opuscule de 11 ff., avec une vignette en bois au-dessous du titre, et une autre à la fin de l'ouvrage, lequel renferme 26 octaves en français et une 27ᵉ en latin, cette dernière imprimée en italique. .

Voici l'indication de deux autres pièces qui se rapportent à la reine Alienor (autrement Eléonore d'Autriche, deuxième femme de François 1ᵉʳ) :

Epistre de la venue de la royne Alienor ou royaulme de France et du recouuremēt de messieurs les Daulphin et duc dorleans, pet. in-8. goth. de 12 ff. sign. A.—C.

Cette pièce doit être aussi de l'année 1530.

> LE VENITE nouueaumēt faict
> A la noble Royne de France
> Des prisonniers de chastelet
> Qui a son entree ont fiance.
>   cum priuilegio :
> Ceux qui me voullez achepter
> Allez faire solucion
> Deuers Nicolas Sauetier
> Qui ma mys en impression
> Vous en fera ostension
> Le cent aurez pour cent liards
> Me trouueres en sa maison
> Pres le colliege des Lombards.

pet. in-8. goth. de 8 ff. sign. a, b. [13614]

Cette pièce, qui fait suite à la précédente, est probablement la même que celle qui a pour titre *Lepistolle des prisonniers de Paris.*

Pour l'entrée en France de cette reine, voy. l'article Entrées.

EPISTRES. Voyez Epitres.

EPITAPHE. Le pitaphe de defunct maistre Jehan trotier, pet. in-4. goth. de 4 ff. à longues lignes. [13495]

Pièce en vers sur un événement arrivé le 11 janvier 1500. Il y a au verso du premier f. une gravure en bois, et au verso du dernier la marque de Pierre Le Caron que nous avons donnée, tome I, col. 967.

EPITAPHES (Les) || des feuz roys Loys unziesme de ce nom || z de Charles son filz viii. de ce nom que dieu ab || soille. Et la piteuse complainte de dame crestien || te sur la mort du feu roy Charles auec la comp || lainte des trois estatz. (*sans lieu ni date,* vers 1498), pet. in-4. goth. de 6 ff. à longues lignes, avec une petite figure et les armes de France sur le titre. [13496]

Opuscule en vers. Le verso du dernier f. est blanc.

EPITAPHES en Rondeaulx De la feue Royne Duchesse de Bretaigne. Et plusieurs aultres choses dignes de voir, pet. in-8. goth. de 8 ff., avec les armes de France et de Bretagne sur le titre. [13497]

Pièce de l'an 1524.

EPITAPHIA. In Lodoicæ regis matris mortem epitaphia latina et gallica. Epitaphes a la louange de Madame mere du roy

faictz par plusieurs recommandables autheurs. On les vend a Paris, deuant leglise de la Magdeleine a lenseigne du Pot cassé. (à la fin): *Imprime a Paris... par maistre Geofroy Tory de Bourges, marchant libraire et imprimeur du roy. Le xvij jour Doctobre* M. D. XXXI, in-4. de deux feuilles et demie , en caractères romains, avec des cadres à la première et à la dernière page. [12863]

Opuscule qui se trouve quelquefois réuni au *Sacre* et à l'*Entrée à Paris de la reine Eléonor,* qui se vendait chez le même Tory, lequel, dans celui-ci, prend la qualité d'*imprimeur du roy* (voy. Bochetel, et au mot Sacre). 15 fr. Monmerqué.

Une édition *sans lieu ni date,* in-4. goth. de 8 ff., est portée à 23 fr. dans un des catalogues pour les ventes de la Librairie des frères De Bure.

EPITAPHIA honorandi magistri nostri Petri a Cornibus. *Parisiis, Adam Saulnier,* 1542, pet in-8. [12864]

Dans ce recueil d'épitaphes composées à la mort du célèbre cordelier *Petrus a Cornibus,* on en remarque une de près de cent vers que le seigneur des Accords a réimpr. au chap. xvii de ses Bigarrures, et qu'il appelle Epitaphe *entrelardée* et *entrecousue,* parce que les vers en sont mi-partie de latin et de français.

EPITAPHS and monumental inscriptions of all ages and countries, collected by Silvester Tissington. *London,* 1857, in-8.

Les Anglais possèdent un certain nombre de recueils du même genre que celui-ci; Lowndes (Manuel, p. 747), en indique plus de vingt, parmi lesquels nous remarquons :

Collection of epitaphs and monumental inscriptions, with an essay by Sam. Johnson. *London,* 1806, 2 vol. in-12 et aussi in-8.

Nous indiquons à l'article *Swertius*, et sous le n° 12610 de notre table, deux recueils d'épitaphes dont les titres sont en latin, et sous le n° 14218, un autre de ces recueils sous un titre français.

EPITHALAMIA, exoticis linguis reddita. *Parmæ, ex regio typogr.,*1775.(au 2ᵉ f.): In nuptiis... Car. Emman. Ferdinandi, Subalpinæ Galliæ principis, et Mariæ Adelaidis Clotildis... epithalamia. In-fol. de 105 et 20 ff. [12234]

Ce volume, une des plus belles productions des presses de Bodoni, est remarquable par la variété des caractères de différentes langues orientales, par les jolies vignettes gravées qui sont en tête de chaque feuillet. La partie de 20 ff. qui doit s'y trouver contient un petit poème intitulé *Mnemosyne,* et que l'on rencontre quelquefois séparément, manque à plusieurs exemplaires : 34 fr. La Valliere; 49 fr. en 1805; 33 fr. F. Didot; 40 fr. Langlès; 13 fr. Boutourlin.

EPITHOMA. Voyez Rudimentum noviciorum.

EPITOME gestorum LVIII. regum Franciæ, a Pharamondo ad hunc vsque christianissimum Franciscum Valesium : Epitome des gestes des cinquante huict roys de France, depuis Pharamond iusques au present tres chrestien Francoys de Valoys. *Lyon, par Balthazar Arnoul-*

let, MDXLVI, pet. in-4. de 159 pp. en tout, texte latin et français. [23234]

Cet ouvrage, dédié au Dauphin, est orné de petits portraits gravés en taille-douce, les plus anciens en ce genre que nous ayons encore trouvés dans un livre imprimé en France. Ces portraits, que quelques personnes ont faussement attribués à Woeiriot, sont du maî're au monogramme double C., c'est-à-dire, selon les conjectures de M. Robert Dumesnil (tome VI, p. 8), Claude Corneille de Lyon. Il y a des exemplaires de ce volume rare et vraiment curieux, qui, au lieu du titre imprimé que nous avons transcrit ci-dessus, ont un frontispice gravé ainsi conçu : *Epitome des | roys de France en La | tin & en Francois | auec leurs vrayes | Figures.*

Fortis aduersis opponite | pectora rebus (sic) | Lugduni, Balthasar Arnoullet, 1546. Tel était celui qui a été vendu 80 fr. *mar. r.* Coste; 36 fr. Rob. Dumesnil. Un exempl. avec le titre imprimé a été donné pour 17 fr. 50 c. en 1841. Les mêmes planches ont servi pour une édition de cet *Epitome* impr. à Lyon, en 1552, pet. in-4., où elles sont collées à côté du texte. Elles se trouvent aussi dans la *Chronique abrégée*, imprimée en 1555 (voyez CHRONIQUE), et ce sont encore les mêmes qui figurent dans le vol. intitulé :

REGVM FRANCORVM a Faramundo ad Henricum II. Imagines, quam proxime fieri potuit, ad vivum expressæ et æri incisæ; una cum eorum vita, unicuique Imagini per compendium subjecta. *Lugduni, Balthazar Arnolletus,* 1554, pet. in-fol.

Quoique cette édition de 1554, in-fol., ne présente que des épreuves fatiguées, elle n'en a pas moins été vendue 81 fr. en 1855, et même l'exemplaire en *mar. citr.* à compartiments, qui, malgré son ancienne reliure d'une beauté remarquable, avait été donné pour 4 fr. 20 c. à la vente Bellanger, en 1740, a été porté à 400 fr. à l'encan de J.-J. De Bure, en 1853.

Une édition de l'Epitomé, Lyon, 1540, in-fol., est citée dans le Nouveau Lelong, n° 15714 ; mais là, à ce qu'il paraît, on a confondu l'*Epitome* avec la Chronique.

— CHRONIQUE sommairement traictée des faicts héroïques de tous les Roys de France et des personnes et choses mémorables de leurs temps. *Lyon, Clement Baudin,* 1570, in-8. de 263 pp. avec des bordures.

Les portraits gr. sur cuivre qui figurent dans ce livre avaient déjà été employés dans l'*Epitome des Roys de France*, à Lyon, en 1546; on a seulement ajouté ici ceux des rois Henry II, François II et Charles IX, également sur cuivre. Selon Du Verdier, George Bernard serait l'auteur du texte mis au bas des portraits. 20 fr. Coste; 15 liv. 1855 ; 50 fr. rel. par Duru en *mar. vert fleurdelisé;* 50 fr. Gancia, en 1860.

EPITOME chronicorum Regum Galliæ, a Pharamundo ad Carolum nonum. *Parisiis, Guil. Le Noir,* 1566, in-8. fig. sur bois, sign. A—K. par 8.

Les portraits, assez médiocres, que contient cet Epitomé, ont servi pour la traduction de ce livre, publiée par le même libraire, en 1566, sous le titre de *Chronique abrège des faits, gestes et vies illustres des Roys de France....* in-8. sign. A.—K, par 8. 19 fr. *mar. r.* Coste.

Des portraits du même genre se voient encore dans les deux ouvrages suivants :

LA CHRONIQUE des Roys de France, depuis Pharamond jusqu'au roy Henry troisiesme... avec l'effigie de chacun roy.... Le Catalogue des Papes, des Empereurs, etc. *Paris, Jean d'Ongoys,* 1576, pet. in-8.

M. Leber (Catalogue, IV, p. 383) attribue le texte de ce livre à Jean du Tillet, non le greffier, mais l'é-

vêque. Nous supposons que ce texte a été reproduit dans l'édition indiquée ci-dessous.

CHRONIQUE des roys de France sommairement traictant la vie, gestes et faits illustres d'iceux; avec l'effigie de chacun roy, présentée au plus près du naturel. *Paris, Sim. Calvarin,* 1585, in-8., sign. A.—K. 9 fr. 50 c. Coste. — Voy. RECUEIL des effigies des Rois.

Le livre suivant doit être un copie des recueils cidessus.

BREFVE cronicque des faicts illustres des roys de France avecq leurs pourtraits au naturel. *Venise,* 1597, pet. in-fol. avec 63 portr.

EPITOME Juris civilis, opusculum antiqui ac ignoti scriptoris, repertum Cadomi. *Parisiis, Jo. Richerius,* 1582, pet. in-8. [2469]

Opuscule devenu rare, et qui a été vendu jusqu'à 9 flor. 25 c. Meerman, bien qu'on ne puisse guère l'estimer que de 4 à 6 fr. Il a été réimpr. à Bourges (*Biturgis*), chez Bonav. Thorin, en 1595, en même temps que les *Sententiæ Julii Pauli,* lesquelles sont ordinairement réunies à cette seconde édition.

EPITRE a Damon sur le luxe des femmes de Lyon, par le sieur L., ensemble les nouvelles satires du sieur de *** avec l'art du geste des prédicateurs, M.DC.LXXXV, pet. in-12 de 34 pp. [14204]

Nouveau Spon, p. 64.

EPISTRE. Lepistre de madame la || Daulphine de france fille du roy dan||gleterre. A la royne nostre souueraine dame || Composee par le Seruiteur. *(sans lieu ni date)*, in-4. de 4 ff. [13489]

Pièce impr. vers 1518, en caractères goth. à 2 col. de 51 et même 53 lig. ; elle contient plus de six cents vers. Sur le titre sont les armes de France et de Bretagne, et au verso de ce titre, 49 vers sur une seule colonne. Cette épître, qui ne paraît être fort rare, n'est pas indiquée dans le P. Lelong. Elle se rapporte au mariage projeté, en 1518, de François, dauphin, fils de François Ier, et de Marie, fille de Henri VIII, alliance qui ne fut pas réalisée, mais qui donna lieu à plusieurs écrits en vers et en prose. — Voy. RINCE (*Bernardin*) et PACEE.

Cet opuscule commence au verso du titre par ces deux lignes :

*Au royal sceptre excelse tressublime
Ou paix fureur par clemence reprime*

et il finit de cette manière :

*Cy finist lespitre de madame la
Daulphine fille du Roy dàgleterre
A la Royne nte souueraine dame
Composees par le Seruiteur.*

Décrit d'après l'exemplaire provenant de M. Audenet, et qui est aujourd'hui dans mon cabinet.

EPITRE. Sensuyt lepistre des enfans de paris enuoiee aux enfans de Rouen. Auec Rondeaulx et Epistele *(sic)* a ce propos. *(à la fin): Ce fut faict le sixiesme iour de May Et imprime le .v. iour de Juillet là mil cccc. xxxii,* pet. in-8. goth. de 4 ff. en vers de 10 syllabes. [13492]

Cette pièce a été reproduite en fac-simile autogr. par M. Peyre de la Grave, à 25 exempl., plus 2 sur VÉLIN.

EPISTRE de la venue de la royne Alienor. Voyez EPISTOLLE.

EPISTRE. Lepistre du cheualier gris, en-uoyee a la tres-noble... et souueraine princesse et tres-sacree vierge Marie, fille et mere du tres-grant et tres souuerain Monarche uniuersal iesus de Nazareth. (au verso du dernier f.) : *Cy fine lepistre du cheualier gris imprime a Lyon par Jehan Lâbany demourãt en la rue Merciere pres Nostre Dame de Confort* (sans date), pet. in-8. goth. de 12 ff. à 25 lign. par page. [13493]

Au verso du titre se lit un rondeau, lequel donne, en acrostiche, le nom de l'auteur de cet opuscule en vers : frère *Estienne Dame*, ou *Damien*.

En *mar. r.* 155 fr. Veinant, et 340 fr. Solar.

Réimprimé dans le 3ᵉ vol. du Recueil de M. de Montaiglon.

EPISTRE d'une damoiselle françoise à une sienne amie dame estrangere sur la mort d'excellente et vertueuse dame Eleonor de Roye, princesse de Condé, contenant le testament et derniere volonte d'icelle, ensemble le tombeau de la dicte dame. (*Paris*), 1564, in-8. [13959]

34 fr. *mar.* olive, Monmerqué.

L'*Epître* est en prose et le *Tombeau* en vers.

Cette pièce a été traduite en anglais sous ce titre :

— The Translation of a letter written by a frenche Gentilwoman to an other Gentilwoman stranger, her frind, vpon the death of the ladye Eleonor of Roye, Princesse of Conde. contaynyng her last wyll and testament ; doone by Henry Myddlemore, gently-man at the request of the ladye Anne Throckmorton. *London, by John Doye from Humfrye Toye,* 1564, in-8. goth., sign. A—D par huit.

1 liv. 17 sh. Towneley ; 3 liv. Bindley ; 3 liv. 3 sh. Towneley ; 1 liv. 4 sh. Bright.

EPITRE (l') du roy envoyée à Hector de Troye, et aucunes autres œuvres assez dignes de voir. *Paris, Ambr. Girault*, in-4. goth. [13337]

Cette épître est de Jean Le Maire de Belges, et elle se trouve réimprimée sous son nom, à la suite de plusieurs éditions des *Illustrations des Gaules*, et notamment dans celle de 1528-29, par Ambr. Giraud (à Paris), où elle occupe 28 ff. à la fin du volume. —Voyez Le Maire.

EPISTRE du roy de France, enuoyee aux Electeurs de Lempire assemblez à Nuremberg, translatee de latin en francoys (par Pierre Collet), Lan Mil Cinq cens quarante troys. *Imprimée à Bourges (sans date)*, in-4. de 4 ff. en caract. goth. [vers 23465]. Biblioth. impér.

— Autre édition sous le même titre. *Imprimée à Paris, par Jehan Lhome*, 1543, in-8. de 8 ff. caract. goth.

Ce Jehan Lhomme, qui exerçait à Paris en 1543, imprimait la même année, à Rouen, la pièce suivante :

Ordonnances de la guerre, nouuellement faictes par le Roy nostre sire, touchant les legions de gens de pied par lui ordonnez et mis sur les provinces... *Nouuellement imprime à Rouen par Jehan Lhomme*, 1543, in-8. goth. de 12 ff.

Ces deux pièces, jointes à trois autres de 4 ff. cha-cune, impr. également par J. Lhomme en 1543 (voy. Double de la publication d'une lettre), ont été vend. 86 fr. rel. en *mar.* Coste, nᵒ 1522.

Voici l'indication de quelques autres pièces qui se rapportent à la guerre déclarée par François Iᵉʳ à l'empereur, en 1542 ; elles ont été imprimées en caract. goth., tantôt à Paris, tantôt à Rouen, par Jean Lhomme, qui, à ce qu'il paraît, avait un établissement dans chacune de ces deux villes.

La Declaration (*sic*) de la guerre, faicte par le tres chrestian Roy de France contre Lempereur et tous ces subjiectz, tant par mere que par terre. *Imprime par Jehan Lhomme, le deuzieme iour dauoust lan de grace mil cinq centz quarante deux*, in-8. goth. de 4 ff. [23464]

Double de la publication d'une lettre du discort et de la guerre qui est entre le Roy nostre sire et Lempereur roi Despaigne, 1543, in-8. de 4 ff.

Quatre des pièces ci-dessus et une cinquième également de 4 ff., ont été vend. ensemble 50 fr. m. r. Coste. On trouve dans le catal. de cet amateur, nᵒˢ 1519 et suiv., l'indication d'un certain nombre d'autres pièces rares qui se rapportent à la fin du règne de François Iᵉʳ.

Pour d'autres pièces analogues aux différends qui se sont élevés entre le roi de France et l'empereur, voyez l'article Bellay (*Jean du*), et aussi Double d'une lettre ; Exemplaria, et Recueil d'aucunes lettres.

EPISTRE envoiee av tigre de la France. (*sans lieu d'impression ni date*), pet. in-8. [23504]

Opuscule de 7 ff. non chiffrés, y compris le titre, et le 7ᵉ f. qui ne contient qu'un huitain. Chaque page du texte, impr. en gros caractères romains, a 21 lig., excepté la 10ᵉ qui en a 22. Cet éloquent pamphlet, dirigé contre le cardinal de Lorraine, alors tout-puissant, est une invective imitée de la première catilinaire de Cicéron. On l'a attribuée dans le temps au célèbre Fr. Hotman, et cette opinion a été récemment soutenue, avec toute vraisemblance, dans le *Bulletin du Bibliophile* de M. Techener, XIᵉ série, p. 773. Voici le début de cette pièce : *Tigre enragé, Vipere venimeuse, Sepulcre d'abominatiõ, spectacle de malheur: iusques à quand sera-ce que tu abuseras de la ieunesse de nostre Roy?* On voit que cette satire est en prose ; mais il en existe une autre en vers, qui ne nous est parvenue qu'en manuscrit, et qui, dans les copies que j'ai vues, porte pour titre : *Le Tygre satyre sur les gestes mémorables des Guysards*, 1561. Cette dernière pièce se compose de 371 vers, dont voici les quatre premiers :

Mechant diable acharné, sepulcre abominable
Spectacle de malheur, vipere epouuantable,
Monstre, tigre enragé, iusques à quand par toy
Verrons-nous abuser le ieune age du Roy?

Maintenant, si l'on se demande laquelle de ces deux pièces, évidemment calquées l'une sur l'autre, a paru la première, et est devenue une des causes du supplice de l'imprimeur *Martin Lhomme*, qui, par arrêt du Parlement de Paris, en date du 13 juillet 1560, fut condamné à être pendu pour avoir imprimé les *Epistres, liures et cartels diffamatoires plains de sédition, schisme et scandales........*, je répondrai que la seconde m'a semblé n'être qu'une simple paraphrase de la première, et que d'ailleurs la date qu'elle porte, en supposant que ce soit celle de la composition de la pièce, ne s'accorderait nullement avec l'époque bien précise de la condamnation du malheureux libraire. C'est donc la pièce en prose qui, selon toute apparence, a excité la rigueur de la justice. C'est un morceau devenu rare, que mon exemplaire est jusqu'ici le seul que l'on connaisse. Ch. Nodier l'a bien décrit dans une excellente notice intitulée : *De la liberté de la presse avant Louis XIV* : à notre spirituel académicien a eu grand soin de rapporter textuellement ce que Regnier de la Planche, Brantôme et J.-A. de Thou ont dit de l'*Epistre au Tigre*, qu'ils nomment simplement *Le Tigre* ou *Au Tigre*. Nous ne reproduirons pas ici ces détails qui ont tant d'intérêt et de charme sous la plume de Nodier : ils perdraient trop sous la nôtre. C'est dans le *Bulletin du Bibliophile* (1re série, n° 2) qu'il faut les lire, ainsi qu'une piquante réponse du même écrivain à M. D., où il est démontré que l'*Epistre* en prose est bien la pièce dont ont parlé les historiens cités (décembre 1841). Cette démonstration déjà si convaincante a encore été confirmée par M. A. Taillandier, qui a donné dans le même Bulletin (en mai 1842) un extrait des arrêts du Parlement dans l'affaire du malheureux Martin Lhomme. Au reste, quoique ce libraire ait été pendu pour avoir imprimé cette épitre, je doute fort qu'elle soit réellement sortie de sa presse, car l'impression en est évidemment étrangère ; peut-être est-elle de Bâle ou de Strasbourg, comme l'a dit Nodier ; à moins que Martin Lhomme ne se fût procuré des caractères étrangers pour donner le change à l'autorité : en quoi, comme on le voit, il aurait fort mal réussi.

Voici le *huitain* placé à la fin de l'*Epistre :*

> Il m'est advis qu'il le debvroit suffire
> (Tigre executé) Voyr le Roy nostre sire
> Vouloir souffrir remplir ta bource ainsi
> De ses tresors, va lui crier mercy
> Va infecte, qu'il te face fuire :
> Car s'il congnoit quelque iour en ses sens
> Que tu respans le sang des Innocens
> Tu pourras dire alors qu'aura du pire

Un exemplaire de la *Satyre* en vers, sous la date de 1561, copie pet. in-8. de 8 ff., écrite sur vélin par Fyot, et par conséquent il n'y a pas plus de 50 ou 60 ans, a été payé 31 fr. 50 c. chez Chardin, en 1824 ; et une copie toute récente du même manuscrit, in-4. de 20 pp. sur papier, s'est vend. 1 liv. 18 sh. à Londres, en 1835, et ensuite 27 fr. Crozet, à Paris, en 1841.

Enfin, M. Gratet Duplessis a fait imprimer à Douai, chez Ad. d'Aubers, en 1842, *vingt-cinq exemplaires* de cette satire sous le titre ci-dessus et de format pet. in-8. de 16 pp. L'exemplaire unique, imprimé sur VÉLIN, a été vendu 50 fr. Duplessis. Une autre édition de la même pièce (pet. in-8. de 16 pp.) a paru à Strasbourg, chez Salomon, en 1851, mais tirée à 60 exemplaires seulement, dont 2 sur pap. vert, 1 sur mouton et 2 sur PEAU-VÉLIN. Sur le dernier f. se lit une notice signée M. T.

EPISTRE enuoyée par Henri, roi d'Angleterre. Voy. ESPRIT.

EPISTRE. Lepistre et ordonnance du camp de monseigneur d'Alēcon ayant la charge du roy nostre sire Et aussi les nōs des capitaines estans en la cōpagnie du dit seigneur. (*sans lieu ni date*), pet. in-8. goth. de 4 ff. [13493]

En vers de 10 syllabes.

EPISTRE exhortatiue touchant la perfection τ commodite des ars liberaulx mathematiques. Voy. FINE (*Oronce*).

EPISTRE familiere de prier Dieu. Aultre epistre familiere d'aymer chrestiennement. Item briefue doctrine pour deuement escripre selon la propriété du langaige Françoys. (*sans lieu ni date*), pet. in-8. de 15 ff. lettres rondes. [1687 ou 13959]

Les deux épitres sont en vers, la seconde est soussignée *Florimond*. La *briefue doctrine* est en prose, et suivie de deux stances, avec la date 1533 au-des-

sous. Il y a ensuite deux autres ff., contenant l'*Instruction et foy d'ung chrestien*, mise en françoys par Clément Marot, en vers. Cet opuscule est aussi impr. à la suite du *Miroir de Marguerite de France* (voy. MARGUERITE).

EPISTRE ou Devis de Jesuchrist a lame deuote qui ne contient aultre chose que divines inspirations... *Paris, Joland Bonhomme*, 1555, in-8. goth. avec la marque de Thielman Kerver sur le titre et une figure au verso. [1661]

EPISTRE (une) satiricque envoyee de par cognoissance au roy de France. *Anvers, J. Grapheus*, 1527, pet. in-8. [13494]

Opuscule en vers. Vend. 19 fr. Lang ; 20 fr. Nodier.

EPITRES vénériennes. Voyez AMBOISE (*Michel* d').

EPISTRES belgiques, par lesquelles est discouru de la cause et du progrès des troubles qui de présent règnent en Flandres. *Rheims, J. de Foigny*, 1578, pet. in-8. [25029]

Pièce rare.

EPISTRES, élégies, épigrammes, etc. Voy. BOUCHET (*Jean*).

EPISTRES francoises des personnages illustres et doctes, à Joseph Juste de la Scala (Scaliger) mises en lumière par Jacq. de Reves. *Harderwyck, la veuve Th. Henry*, 1624, pet. in-8. [18818]

Recueil curieux, mais qui est assez rare. 6 à 10 fr.

EQUICOLA (*Mario*). Libro de natura de amore. *Venetiis, Lor. Lorio de Portes*, 1525, in-4. [17991]

L'édition, *Vinegia, Fr.-Aless. Bindoni*, 1531, in-8., est un moins rare que la première. Il y a une édit. corrigée par L. Dolce, Venise, *Gabr. Giolito*, 1554, in-12 ; une autre reformée par Th. Porcacchi, *Venetia, Gabr. Giolito*, 1562, in-8. L'ouvrage a été réimprimé, à Venise, 1583 et 1587, in-12, et depuis ; trad. en français, sous le titre suivant :

LES SIX LIVRES de la nature de l'amour, tant humain que divin, et de toutes les différences d'iceluy, mis en françois par Gabr. Chapuis. *Paris, Houzé*, 1584, in-8. 10 fr. Salmon. — Autres édit. *Paris, J. Houzé*, 1589, pet. in-12 ; et *Lyon, Veyrat*, 1598, in-12. 5 fr. 75 c. Salmon.

— ISTITUTIONI al comporre in ogni sorte di rima della lingua volgare, con uno eruditissimo discorso della pittura, e con molte segrete allegorie circa le muse e la poesia. *Milano*, 1541, in-4., sans nom d'imprimeur. [14425]

Dans cette édition se trouve une épître curieuse de Marco Sabino à Uberto Strozzi, laquelle n'est pas dans l'édition du même livre faite à Venise, 1555, in-4. (*Catal. Capponi*, p. 153.)

— Apologie de Marus Equicolus, gentilhomme italien, contre les médisants de la nation françoise, trad. de latin en françois (par Mich. Roté). *Paris, Vincent Sertenas*, 1550, pet. in-8. de VIII et 62 ff. [17965]

Livre rare : un exemplaire imprimé sur VÉLIN, et en

mar. bl. 32 fr. Gaignat; 48 fr. La Valliere; 67 fr. Mac-Carthy.

— D. Isabelle Estensis Mantue Principis iter in Narbonensem Galliam per Marium Æquicolam. (*absque nota*), in-4. de 36 ff. signat. A—I, à 23 lig. par page. [20124]

Relation impr. en Italie vers l'année 1532, époque à laquelle eut lieu le voyage d'Isabelle d'Est. Le titre que nous venons de donner se lit au verso du premier f., dont le recto contient la dédicace de *Marius Æquicola* à Ferdinand de Gonzague, fils de François IV, marquis de Mantoue. Le texte finit après la 8e ligne de l'avant-dernier f. verso par le mot *finis*; le dernier f. est entièrement blanc. Cette pièce, quoique rare, n'a été vendue que 5 fr. Reina, mais elle vaut davantage.

— Crenica di Mantova di Mario Equicola di Alveto (1522), pet. in-4. de 137 ff. non chiffrés, à 23 lig. par page. [25407]

Le frontispice de ce livre ne porte que les mots CHRONICA DI MANTOVA. Au verso sont les armoiries de la ville; au f. 2 commence le texte avec ce sommaire : *Di Mario Equicola di Alveto in li commentarii Mantuani prohemio.* Le volume a des signatures de A—Dd; au verso de l'avant-dernier feuille est une espèce de congé de l'auteur, en 16 lignes, et au-dessous la date M.D.XXI. *x del mese di Iuglio;* le dernier est tout blanc. Les deux bulles de Léon X, qui précèdent la souscription, sont du 1er juillet 1521. Dans la feuille signée H, il y a sept arbres généalogiques de la maison de Gonzague, et sur le feuillet E 5 se trouve une pièce de vers en langue provençale, avec la traduction en italien, intitulée : *Ragionamento de Sordello a di Pietro Guillelmo.*

Sans la date qu'elle porte, on pourrait croire cette édit. impr. vers 1470, tant elle ressemble à certains livres imprimés en Italie à cette époque reculée. Molini, *Operette*, donne 237 ff. à ce volume; d'après les signatures, pourtant, nous n'en avions trouvé que 137 dans l'exemplaire vendu chez La Valliere.

La seconde édition, *riformata secondo l'uso moderno di scriverc istorie*, *per Benedetto Osanna*, Mantova, Francesco Osanna, 1607 (aussi 1608 et 1610), in-4. de 14 ff. dont un blanc, 307 pp. et 2 ff. pour le registre et l'errata.

Vendu 12 fr. *mar. r.* Gaignat; 15 fr. en mauvais état, La Valliere; 15 sh. *mar.* Heber.

ERANDEL (*P.*). French garden for English Ladyes and gentlewomen to walk-in, or a summer dayes labour; in French and English, 1605, in-8. goth.

Porté à 1 liv. 11 sh. dans une vente faite par Sotheby.

ERASMUS roterodamus (*Desiderius*). Opera omnia, emendatiora et auctiora, ad optim. editiones exacta doctorumque virorum notis illustrata (ex recens. Joan Clerici). *Lugduni-Batavorum*, *Van der Aa*, 1703-6, 10 tom. en 11 vol. in- ol. [18981]

Belle édition, et la plus complète que l'on ait de ce grand polygraphe : vend. 137 fr. La Serna ; 140 fr. en 1818; 13 liv. 5 sh. Heber ; 192 fr. Daunou; et en Gr. Pap. 135 flor. Meerman; 31 liv. 10 sh. *m. r.* Williams.

L'édition des œuvres d'Erasme, publiée par Beatus Rhenanus, *Bâle, Jérome Froben*, 1540-41, 8 vol. in-fol., est rare, et n'a pas été entièrement effacée par celle de Jo. Le Clerc.

Les personnes qui veulent se contenter des principaux ouvrages de ce célèbre philologue peuvent se procurer les 27 opuscules imprimés séparément de format pet. in-12, à Leyde, chez Jean Maire, ou à la Haye et à Amsterd., de 1641-52, et qui se relient en 15 vol.; en voici les titres : 1° *Lingua, sive de linguæ usu et abusu liber.* 2° *Encomium moriæ,* auquel est joint *De ratione studii, et de ratione instituendi discipulos.* 3° *De immensa Dei misericordia.* 4° *De virtute amplectenda oratio; de preparatione ad mortem; de morte declamatio; de puero Jesu concio.* 5° *De contemptu mundi liber.* 6° *Enchiridion militis christiani.* 7° *Principis christiani institutio.* 8° *Explicatio in symbolum apostolorum et decalogum.* 9° *Enarratio triplex in psalmum XXII.* 10° *Enarratio in psalmum I Beatus vir.* 11° *Enarratio in psalmum XXXIV.* 12° *Interpretatio in psalmum LXXXVI.* 13° *Præcationes quibus homines assuescant cum Deo loqui.* 14° *Modus orandi Deum.* 15° *Consultatio de bello Turcis inferendo.* 16° *Querela pacis.* 17° *De sarcienda ecclesiæ concordia liber.* 18° *Dialogus de recta latini græcique sermonis pronunciatione.* 19° *Dialogus ciceronianus, sive de optimo genere dicendi.* 20° *De matrimonio christiano.* 21° *Liber de conscribendis epistolis.* 22° *De utraque verborum ac rerum copia libri duo.* 23° *Apophthegmatum libri octo.* 24° *Adagiorum epitome.* 25° *Colloquia.* 26° *Vita Erasmi: accedunt epistolæ illustres.* 27° *Erasmi flores ex ejus scriptis collecti.*

— (Erasmi opuscula). Pacis querela ; de regno administrando; institutio principis christiani; panegyricus ad Philippum et carmen, item ex Plutarcho, de discrimine adulatoris et amici, de utilitate capienda ex inimicis; De doctrina principum; Principi cum philosopho semper esse disputandum. Item declamatio super puero mortuo. *Venetiis, in ædibus Aldi*, 1518, in-8. de 222 ff. chiffrés, suivis d'un f. blanc, et d'un autre où est l'ancre. [18982]

Volume rare : 26 fr., quoique en mauvais état, en 1808 : 9 fr. Le Blond; 2 liv. 7 sh. Hibbert; 12 sh. Butler.

Nous trouvons dans le catalogue d'Hanrott, II, n° 888, l'annonce d'un exemplaire de cette édition qui contenait la dédicace rare en place de laquelle se trouve quelquefois un f. blanc, et aussi les ff. 197 et 198 doubles, dans l'un desquels le nom d'Erasme est supprimé. Cet exemplaire, rel. en *mar.* a été vendu 3 liv. 9 sh.

Un autre recueil d'opuscules d'Érasme, commençant également par *Queretæ pacis*, a été impr. à Bâle, en 1518, in-4. de 355 pp. On y trouve l'*Utopia* de T. Morus, et quelques opuscules du même auteur, et enfin *Epigrammata Erasmi.* C'est à Bâle aussi qu'ont paru pour la première fois une grande partie des ouvrages d'Erasme ; mais, malgré leur rareté, ces éditions primitives ont trop peu de valeur pour que nous en donnions la description, comme nous le ferons pour les éditions originales des plus célèbres ouvrages de ce grand philologue.

— Erasmi concio de puero Jesu. *Londini, typis J. et J.-B. Nichols, et S. Bentley*, 1818, in-8.

Jolie édition enrichie des ornements typographiques les plus recherchés : on en a tiré six exemplaires sur VÉLIN. La première édition de cet opuscule : *Argentorati, Joan. Hevagius*, 1524, est in-4.

— De ciuilitate morum puerilium per Des. Erasmum libellus nunc primum et conditus et æditus. *Basileæ, in officina frobeniana,* 1530, in-8. [3898]

Cet ouvrage a été souvent réimprimé, mais la plus belle édition est celle de Paris, *Rob. Stephanus,* 1540, in-8.

— Pour une traduction française, voy. au mot CIVI-LITÉ, et à l'article SALIAT.

L'édition de *Londres, W. de Worde,* 1532, in-16, présente sur deux col. le texte latin et la traduction anglaise par Robert Whytyngton ; elle a pour titre : *A lytell booke of good maners for chyldren by Erasmus Roterodam.*

— Moriæ Encomium, Erasmi roterodami declamatio. *Argentorati, in ædibus Math. Schurerii, mense augusto anno* M. D. XI, pet. in-4. de 47 ff., lettr. rondes [17914 ou mieux 18390]

Première édition avec date ; 10 fr. 60 c. mar. r. La Vallière ; 11 sh. Heber.

Il est probable que la première édition de l'*Encomium Moriæ* est celle de *Gilles Gourmont* (Paris, sans date), in-4. de 48 ff. sign. A—H. L'épître dédicatoire est datée du 9 juin 1508, dans les dernières éditions ; mais on est généralement convaincu que cette date est fausse, parce que ce n'est qu'à son retour d'Italie, en 1509, qu'Erasme composa cet ouvrage ; d'ailleurs cette date ne se trouve pas dans les premières éditions dont il n'a passé des exemplaires par les mains, et elle n'est pas non plus aux éditions faites en Hollande dans le courant du XVIIᵉ siècle.

— Opusculum, cui titulus est Moria, id est stultitia, quæ pro concione loquitur. *Venetiis, in ædibus Aldi, mense augusto,* 1515, in-8. de 4 ff. prélim. dont un blanc, et 48 ff.

Édition très-rare : vend. 16 sh. mar. Askew ; 12 sh. Pinelli ; 36 fr. Le Blond.

Celle de *Florence, per hæredes Phil. Juntæ,* 1518, in-8., n'est guère moins rare que l'aldine, mais elle n'est pas également recherchée, et nous ne la trouvons portée qu'à 1 flor. 15 s. dans le catalogue de Crevenna, et à 2 sh. 6 d. dans celui de Butler ; 5 fr. 10 c. m. v. Chardin.

On peut citer encore, comme étant d'une certaine rareté, l'édition de *Venise, per Jo. Tacuinum de Tridino,* 1515, pet. in-8.

—Idem, cum commentar. Ger. Listerii et fig. Jo. Holbenii, e codice Academiæ basiliensis. *Basileæ, typis genathianis,* 1676, in-8.

Cette édition s'annexe à la collection *Variorum* : 6 à 9 fr. ; vend. 19 fr. m. Renouard ; et en m. r. exempl. de Colbert, à qui l'édition est dédiée, 78 fr. De Bure. Elle a un frontispice gravé, 40 ff. prélim. dans lesquels se trouvent un portrait d'Erasme et deux portraits d'Holbein ; 356 pp. de texte, y compris deux lettres d'Erasme, l'une à Th. Morus, l'autre à Martin Daperius, et une lettre de Th. Morus à ce dernier. Les figures d'Holbein sont impr. dans le texte, dont elles dépassent quelquefois la largeur, ce qui a fait qu'on a été obligé de les coller sur les pages du livre.

— EADEM declamatio, cum comment. G. Listerii, ineditis Oswaldi Molitoris et figuris J. Holbenii : denuo typ. mandavit Guill.-Gottl. Beckerus. *Basileæ,* 1780, in-8. 4 à 5 fr.

La traduct. on allemande de cette satire, par W.-G. Becker, a été également impr. à *Bâle,* en 1789, in-8. avec les mêmes fig. que dans le texte latin.

— EADEM declamatio. *Parisiis, Barbou,* 1777.=Th. Mori Utopia. *Parisiis, Barbou,* 1777, 2 tom. en 1 vol. in-12. 3 à 4 fr.

— Μωρ. ἐγχ. id est Stultitiæ laus, declamatio, ad fidem editionis Ant. Froben. figuris holbenianis ornat. cum duabus Erasmi epistolis ad Mart. Daperium et ad Th. Morum : accessit dialogus epicureus. *Horn.,* 1839, in-8.

— De la declamation des louanges de folie, stile facessieux et profitable pour cognoistre les erreurs et abus du monde. *Paris, Pierre Vidoue, pour Galiot Dupre,* 1520, pet. in-4. goth.

Volume rare, composé de 68 ff., non compris les 4 ff. préliminaires. Il est orné de 37 gravures, dont plusieurs répétées deux fois, et de lettres grises, en bois, fort belles. Le privilége pour l'impression porte que le livre n'avait pas encore été imprimé, et qu'il est permis à Galiot du Pré de le vendre pendant trois ans, *pourvu que icelui du Pre mette ledit livre à juste prix.* Vend. 18 fr. mar. citr. Duquesnoy, et 2 liv. 12 sh. Hibbert ; 66 fr. en 1824.

Erasme, dans une lettre à Antoine de Berghues, abbé de St-Bertin, en date du 13 décembre 1517, parle d'une traduction française de cet ouvrage, par George d'Haloin ou Halluin, qu'il dit fort mauvaise ; c'est peut-être la même que celle-ci.

L'ÉLOGE de la folie, trad. du lat. par P. Gueudeville. *Amst., l'Honoré,* 1728, pet. in-8. fig.

La traduction de Gueudeville est plate et remplie de froids quolibets ; ce n'est donc à cause des gravures d'après Holbein, dont elle est ornée, qu'on recherche cette édition : 4 à 6 fr. Vend. en mar. 15 fr. 50 c. Duriez.

Il y a une contrefaçon sous la même date, mais très-facile à reconnaître, parce qu'elle est in-12, qu'elle a 340 pp. au lieu de 234, et que les vignettes tirées avec le texte sont en bois.

— L'ÉLOGE de la folie, traduit du latin par Gueudeville. *(Paris),* 1751, pet. in-8. fig. 3 fr.

Cette édition assez jolie a été donnée par Meunier de Querlon, homme de goût, qui a retouché la traduction de Gueudeville. On regrette de n'y trouver, au lieu des 80 petites figures d'Holbein, que 12 vignettes médiocres d'après Eisen. Il y a des exemplaires de format in-4. 6 à 9 fr. Le prix des exempl. en Gr. Pap., dont les fig. sont tirées en couleur, est plus considérable : 12 à 15 fr. Vend. m. v. tab. l. r. 84 fr. La Vallière ; 24 fr. F. Didot ; 30 fr. 50 c. Labédoy... ; 44 fr. Giraud, et avec les dessins originaux d'Eisen, 200 fr. m. r. Blondel d'Azincourt, en 1808.

La traduction de cet ouvrage par Barrett, *Paris,* 1789, in-12, fig., est meilleure que celle de Gueudeville et même que celle de Laveaux, impr. à Bâle, en 1780, in-8., avec des gravures en bois d'après Holbein. Les exemplaires de cette dernière, en pap. de Hollande, sont assez recherchés : 10 à 12 fr. Vend. 20 fr. Renouard ; 33 fr. m. bl. Labédoy... — N'oublions ni la traduction nouvelle par C.-B. de Panalhe (Ch. Brugnot), *Troyes,* et *Paris, Rorel,* 1826, in-8., ni l'édition de M. D. Nisard, *Paris,* 1843 et 1855, qui est précédée de l'histoire d'Erasme et de ses écrits.

L'Éloge de la folie a été trad. en italien par un anonyme qui y a joint une traduction française, *Bassano,* 1761, in-8. ; en anglais par Thomas Chaloner, *London,* 1569, in-4. ; dans la même langue par l'évêque Kennet, *London,* 1709, in-8., avec portr. et 46 pl. ; en allemand par Ch.-F. Rasca, *Francf.* et *Leipzig,* 1735, in-8. avec fig. d'après Holbein ; en hollandais par J. Westerbaan, *la Haye,* 1659, in-8. ; en suédois par Sam. Lundberg, *Stockh.,* 1728, in-8.

— DE DUPLICI copia verborum Des. Erasmi commentarii duo, *Lutetiæ, Rob. Stephanus,* 1546, in-8. 3 à 4 fr. [12054]

Ce traité a été impr. pour la première fois à Paris, *in ædibus Ascensianis,* en 1512, in-4., avec d'autres ouvrages du même auteur, et notamment l'*Encomium moriæ.*

— Adagiorum chiliades tres, ac centuriæ fere totidem. *Veneliis, in œdib. Aldi, mense sept.*, 1508, in-fol. [18450]

Belle édition rare et recherchée, contenant 26 ff. prélimin., 249 ff. et 1 f. bl. Vend. 1 liv. 2 sh. Pinelli; 30 flor. Crevenna ; 1 liv. 4 sh. Butler; 30 fr. Costabili. Elle a le mérite d'avoir été faite sous les yeux de l'auteur, qui demeurait alors à Venise.
Un exemplaire ayant appartenu à Grolier, mais avec la reliure refaite, 400 fr. Coste.

— Adagiorum chiliades quatuor, centuriæque totidem, quibus etiam quinta additur imperfecta. *Veneliis, Aldus et Andr. socer.*, 1520, in-fol. de 26 et 303 ff., et un blanc.

Édition un peu moins rare que la précédente, mais plus complète. Vend. 4 liv. Sykes; 1 liv. 19 sh. Butler, et quelquefois moins. Un très-bel exemplaire, en *mar. bl.* avec le nom et la devise de Grolier : 250 fr. en juin 1814, et revendu 1720 fr. chez Renouard, en 1854; un autre, ayant une reliure du même genre, mais en mauvais état, 132 fr. Mac-Carthy, et après avoir été réparé, 20 liv. Hibbert.
La première édition de ce recueil célèbre fut publiée à Paris, 1500, in-4., sous ce titre : *Desiderii Herasmi roterodami velerum, maximeque insignium parœmiorum, id est adagiorum collectanea.... Impressum hoc opus Parisii... Augustino Vincentino Caminado a mendis vendicatore, M. Ioanne Philippo Alamano diligentissimo impressore, anno* MVC. Ce n'était guère qu'un essai que l'auteur perfectionna par la suite, et qu'il porta à plus de 4400 adages. On doit faire remarquer que le nom de l'auteur est ici écrit *Herasmus*, comme il l'est à l'Hendecasyllabe que cet auteur a mis, en 1497, sur le titre du recueil d'odes latines, dont nous parlons à l'article HERMANNUS (*Guill.*), et qu'on regarde comme sa première pièce imprimée.

— Adagiorum chiliades quatuor, cum sesquicenturia ; Henrici Stephani animadversiones in Erasmicas quorumdam adagiorum expositiones. *Oliva Roberti Stephani*, 1558, in-fol.

Belle édition, beaucoup plus complète que les deux précédentes, mais moins ample que celle de *Paris, Mich. Sonnius*, 1579, in-fol., laquelle est augmentée de plus de 200 pages qui contiennent un grand nombre d'adages de différents auteurs dont on peut voir les noms sur le titre du livre; mais qui cependant a été mutilée, comme toutes celles qui ont paru après la belle édition de Florence, *apud Juntas*, 1513, in-fol., sous le titre d'*Adagia quæcumque ad hanc diem exierunt Pauli Manutii studio atque industria, doctissimorum theologorum consilio atque ope, ab omnibus mendis vindicata, quæ pium, et veritatis catholicæ studiosum lectorem poterant offendere :* toutefois ce même titre fait assez voir que l'édition (qui est dédiée au pape Grégoire XIII, et revêtue de son privilége) est tronquée, et il est à remarquer qu'on n'y fait pas mention du nom d'Erasme, dont l'ouvrage est ainsi défiguré. Un bel exemplaire de cette dernière, dans une ancienne rel. en *mar. r.* avec des fleurs de lis, 5 liv. 7 sh. 6 d. Libri, en 1859.
Il est inutile de parler ici des éditions qui ont paru après celle de 1575, et qui en sont la copie. Ajoutons seulement que M. Duplessis (dans sa *Bibliographie parémiologique*) a compté 49 éditions de ces Proverbes, depuis 1500 jusqu'en 1749.

— Adagiorum D. Erasmi epitome. *Amstelod., apud Lud. Elzevirium*, 1650, pet. in-12. 9 à 12 fr.

Vend. 30 fr. bel exempl. *m. r.* Gouttard; 25 fr. *vél.* Chénier; 25 fr. *mar.* Bignon.

L'édition d'*Amsterd., ex officina elzeviriana*, 1663, pet. in-12. 4 à 6 fr.

APOPHTHEGMATUM opus cumprimis frugiferum vigilanter ab ipso recognitum authore, e græco codice correctis aliquot locis, in quibus interpres Diogenis Laertii lapsus erat, Desiderio Erasmo authore. *Lutetiæ, ex officina Roberti Stephani*, 1547, in-8.

Ce volume a peu de valeur, à moins que ce ne soit un exemplaire revêtu d'une belle reliure ancienne, comme l'était celui qui s'est vendu 2 liv. 11 sh. Libri, en 1859.
La première édition, sous le titre d'*Apophthegmatum sive scite dictorum libri VI, ex optimis quibuscumque utriusque linguæ auctoribus*, est de Bâle, 1531, in-4.
Alde le jeune a publié à Venise, 1577, in-12, un autre extrait des Adages ayant pour titre : *Apophthegmatum ex optimis utriusque linguæ scriptoribus libri IIX, Paulli Manutii studio.*

APOPHTEGMES, c'est-a-dire, promptz, subtilz et scententieux ditz de plusieurs roys, chefs d'armée, philosophes et d'autres grands personnages tant grecz que latinz, translatez de latin en francois par lesleu Macault notaire, secretaire et valet de chambre du Roy. *A Paris, en la rue neufue Nostre-Dame, a lenseigne Sainct Jehan Baptiste... par Jeanne de Marnef vefue de Denis Ianot*, 1545, in-16.

Le prologue de ce livre est daté de juillet 1537, et cela fait supposer une édition antérieure à 1545. En effet, La Croix du Maine en indique une de *Paris, Vᵉ de Claude Chevalon*, 1543, in-16. En regard du prologue de celle de 1545 se lit un dizain de Clement Marot aux lecteurs françois.

LES APOPHTEGMES recueilliz par D. Erasme, translatez de latin en francoys par l'eslu Macault, reueuz et corrigez de nouueau. *Lyon, Guil. Rouille*, 1549. (à la fin) *: Impr. par Baltazar Arnoullet*, in-16 de 396 pp. et 3 ff. pour la fin de l'index. 10 fr. 50 c. *v. f.* Coste.
Il y a des exemplaires de cette édition de 1549, avec le nom du libraire *Macé Bonhomme*. 30 fr. Tross ; 20 fr. Riva.

LES CENT premiers apophthegmes d'aucuns illustres princes et philosophes, jouxte la traduction latine d'Erasme, réduits en rithme françoyse par Guillaume Haudent. *Paris, Nic. Buffet*, 1551, in-16, fig. sur bois.

— LES FAITS et gestes mémorables de plusieurs gens remplis d'une admirable doctrine et condition, trad. du latin d'Erasme en vers françois par Guil. Haudent. *Lyon, Benoist Rigaud*, 1557, in-16. 5 fr. *m. bl.* La Valliere.

— LES TROYS derniers livres des Apophthegmes, c'est-a-dire brieves et subtiles rencontres recueillies par Erasme, mises de nouveau en francois. *Paris, Jean Longis*, 1553, pet. in-8. 14 fr. 50 c. Veinant.

LES DEUX premiers livres des Apophthegmes, colligez et tirez de plusieurs autheurs, tant grecs que latins (d'après les Adages d'Erasme), trad. par quatrains en rime françoise par Gabriel Pot. — Su. e des 3ᵉ et 4ᵉ livres des Apophthegmes, contenant les dictz et sentences de Socrate, Aristipe, Diogène, e.c. *Lyon, Ben. Rigaud*, 1573 et 1574, 2 part. en 1 vol. pet. in-8. de 64 et 85 pp.

— Colloquia. *Lugd.-Batav., ex offici. a elzeviriana*, 1636 ou 1643, pet. in-12. [18620]

Ces deux éditions sont également recherchées : 8 à 10 fr. Vend. bel exempl. en *m. r.* 18 fr. Saint-é ran ; 24 fr. en *vélin*, Caillard.
Les éditions d'*Amsterd., Elzevier*, 1662 et 1679, p t. in-12, ont peu de valeur ; cependant un exempla e de cette dernière, *non rogné*, 22 fr. 50 c. Chalab e ; 36 fr. Bignon.
On n'a pas encore pu constater d'une manière bien

certaine la date de la première édition de ces *Colloquia*. Car l'édition de Daventer, *in ædib. Alberti Pafradi*, 1520, in-4., citée par Panzer (VI, p. 488) d'après la *Biblioth. thott.*, VII, p. 199, pourrait bien contenir, au lieu du recueil de colloques, les *Colloquiorum formula*, déjà impr. à Bâle, 1516. Toutefois Maittaire, II, p. 32 et p. 679, a prouvé qu'Erasme avait donné deux éditions distinctes de ses Colloques : l'une avec une épître *Joanni Erasmio Frobenio*, datée *Basilæ pridie Kalendas martias, anno* MDXXII ; et l'autre avec une épître différente, quoique adressée au même, datée *Basilæ-Kalend. August. Anno* M. D. XXIV, et il a reproduit ces deux épîtres, la première d'après l'édit. d'Anvers, *apud Michaelem Hillenium*, M. D. XXXVI (à la fin : M. D. XXVI, ce qui est la véritable date), in-8., dans laquelle les *Colloquia*, dâtés *mense januario*, sont suivis d'un *Auctarium*, daté de février ; la seconde d'après l'édition in-16 de Paris, *Simon Colinæus*, 1527, dont la souscription est de 1526, *Idib. Febr.* Ainsi, Froben aurait donné deux éditions de l'ouvrage, l'une en 1522 ou 1523, et l'autre en 1524 ou 1525, avec cet auctarium. C'est probablement sur cette dernière qu'il imprima celle qu'il fit paraître en 1527, in-8., sous ce titre : *Des. Erasmi Rot. Familiarium colloquiorum opus multis nominibus vtilissimum, adiectis aliquot colloquiis antea non excusis.*

— COLLOQUIA, cum notis variorum, accurante Corn. Schrevelio. *Lugd.-Batav.*, 1664, in-8. 5 à 6 fr.

Vend. 17 fr. bel exemplaire *peau de truie*, Gouttard.

L'édition de *Rotterdam*, 1693, et celle de *Delft*, 1729, in-8., sont également bonnes, et le prix en est à peu près le même.

— SELECTA colloquiorum Erasmi fragmenta. *Parisiis, typ. regiis*, 1783, pet. in-8. 3 à 5 fr.

Tiré à un petit nombre d'exemplaires.

— LES COLLOQUES d'Érasme, trad. du lat. en franç. par Gueudeville. *Leyde*, 1720, 6 vol. in-12. fig. Prix médiocre.

— Comédie, ou dialogue matrimonial, exemplaire de paix en mariage, extrait du devis d'Erasme, duquel est le tiltre : Uxor memphigamos (ou mempsigamos) c'est à dire la femme mary plaignant. *Paris, Jean Longis et V. Sertenas (imprimé par Denis Janot)*, 1541, in-8. de 16 ff.

Cette traduction est en vers ; Barthélemy Aneau pourrait bien en être l'auteur, parce que, dans son épître dédicatoire à Guillaume de Martheray, le traducteur anonyme, parlant à son livre, lui dit : « si lui diras l'aneau tout rond m'envoye. »

37 fr. 50 c. avec le *Livre des visions fantastiques*, 1542, de Soleinne, et seul 50 fr. Hebbelynck.

— DEUX dialogues traduits par Cl. Marot. Voyez . MAROT.

— Los coloquios de Erasmo, traduzidos en lengua castellana. *En Sevilla, Juan Cronberger* (à la fin : 1529), in-8. goth.

Cette édition est portée dans l'ancien catalogue de la Bibliothèque du roi, Z, 1180 ; une autre impr. à Tolède, *a costa de Cosme Damian mercador de livros*, 1530, le 1er février, in-8., est décrite par Maittaire et par Panzer.

— Epistolarum libri XXXI, et Phil. Melanchthonis libri IV, quibus adjicitur Thomæ Mori et Jo.-Lud. Vivis epistolæ. *Londini*, 1642, 2 vol. in-fol. portrait d'Erasme. 15 à 20 fr. [18697]

Nous croyons devoir placer ici cette notice sur un recueil de lettres adressées à Erasme :

JOANNIS Friderici Burscheri... Spicilegia autographorum illustrantium rationem quæ intercessit Erasmo Roterodamo cum aulis et hominibus ævi sui præcipuis omnique republica, sub auspiciis jubilæi magisterialis semisæcularis magnifici Burscheri die IX. augusti MDCCCII, collegit, edidit, præfatus est Fridericus Leberecht Schœnemann. *Lipsiæ, in bibliopolio Klaubartheo*, 1802, in-4.

Le professeur Burscher, de Leipzig, étant devenu le possesseur d'une collection de lettres autographes adressées à Erasme par divers correspondants, en publia d'abord le catalogue sous ce titre :

INDEX et argumentum epistolarum ad D. Erasmum Roter. autographarum quas ab anno 1520 usque ad annum 1536, cardinales, episcopi, alii ecclesiæ antistes, item aularum papæ, cæsaris, regum, electorum, principum proceres, viri fama et doctrina illustres, aliique homines Erasmi familiares exararunt... *Lipsiæ, apud Guill. Gottlob Sommerum*, 1784, in-8. de VIII et 80 pp.

Ensuite, il donna successivement, dans le cours de l'année 1784, en forme de programmes universitaires, des copies complètes d'un grand nombre de ces lettres ; ce sont ces programmes, au nombre de trente-trois, intitulés *Spicilegia*, que le docteur Schœnemann a réunis en un seul corps de volume sous le titre que nous avons donné au commencement de cette notice. Ce recueil contient, indépendamment de 8 pp. préliminaires, XXII, XXX, XXIV, XXX, XX, XX, XXVI, XVI, XXVIII, XVIII, XXIII, XXVII, XXVII, XXIV, XVI, XXII, XXIII, XX, XXII, XX, XVI, XV, XII, XII, XII, XXII, XXII, XV, XVI, XV et XVI pages.

— Voyez TESTAMENTUM novum.

Il n'entrait pas dans notre plan de donner ici un catalogue complet des ouvrages d'Erasme, catalogue qui d'ailleurs se trouve en grande partie tout fait dans les tables de Panzer, et surtout dans le livre intitulé :

CATALOGI duo operum Des. Erasmi Roter. ab ipso conscripti cum præfatione D. Bonav. Amerbachii, ut omnis deinceps imposturæ via intercluderetur, ne pro Erasmico quidpiam edat, quod vir ille non scripserit, dum viveret. Accessit in fine : Epitaphiorum ac tumulorum libellus quibus Erasmi mors defletur. *Basilæ*, 1537. (in fine) : *Basileæ per Hieron. Frobenium et Nic. Episcopium*, 1536.

Mais nous ne pouvons pas nous dispenser de parler de la première édition d'un ouvrage de l'illustre savant de Rotterdam, qui a donné lieu à un fait singulier. Il s'agit du traité intitulé : *Vidua Christiana, Basileæ*, Froben, 1529, pet. in-8., dédié à Marie, sœur de Charles-Quint et reine de Hongrie. Cette édition est restée célèbre dans les fastes de la typographie, à cause d'une faute plaisante qui s'y est glissée, soit par une malice du correcteur de l'imprimerie de Froben, soit par un effet du hasard. Erasme s'exprimait ainsi en parlant d'une dame charitable : *Mente illa usam eam semper fuisse, quæ talem fœminam deceret ;* mais au lieu de *mente illa* on imprima *mentula*, ce qui donnait à la phrase un sens tout à fait obscène. Il y eut, dit-on, mille exemplaires de distribués avant qu'un carton réparateur eût fait disparaître cette énormité. Erasme a écrit quelque part qu'il aurait donné 100 pièces d'or pour que la chose ne fût pas arrivée.

Suit l'indication de quelques ouvrages d'Érasme, anciennement traduits en français et en espagnol.

ENCHIRIDION ou Manuel du cheualier chrestien. aorne de commandemens tres salutaires par Desidere Erasme... auec vng prologue merueilleusement vtile de nouueau adiouste (trad. du latin par Louis de Berquin). *Par Martin Lempereur (Anvers) Lan mil cinq cens x vingt-neuf*, pet. in-8. goth. sign. A—R iiii. [1287] Le dernier f. contient les *errata* et la marque de l'imprimeur (ci-contre, col. 1043).

SOLA FIDES SVFFICIT

M R

Voyez, au sujet de ce livre rare, le *Dictionn. des ano-
nymes de Barbier*, I, n° 5077. — Autre édition.
*Imprime en Anuers en lhostel de M. Antoyne des
Goys. lan M. D. xliij*, in-16 goth. 40 fr. mar. r.
Veinant.

— AUTRE édition, *sans lieu ni date*, pet. in-8. goth.
de 166 ff. impr. et 2 ff. blancs. Sur le titre et au
verso du dernier f. se trouve une figure représentant J. C. dans un champ de blé.

Avant de parler des autres traductions de cet Enchiridion, nous devons dire que la première édition du
texte latin a paru dans un recueil intitulé : *Des.
Erasmi Lucubratiunculæ... Hantwerpiæ, opera
Theodori Martini*, 1509, in-4., lequel a été plusieurs fois réimpr. à Strasbourg, à Bâle, et ailleurs
de 1515 à 1535.

— LE CHEVALIER chrestien. Premierement composé
en latin par Erasme, & depuis traduict en francoys.
A Lyon, chés Est. Dolet, 1542, in-16, lettr. rond.
19 fr. mar. r. Coste.

Ce petit volume a 346 pp. et un f. non chiffré sur le
recto duquel on lit ce qui suit :

« *Cest œuure fut imprimé l'an de grace Mil cinq
cents quarente & deux, à Lyon chés Estienne
Dolet, demeurant pour lors en la rue merciere a
l'enseigne de la Dolouere d'or.* » Et au verso cette
marque et cette devise de Dolet :

SCABRA DOLO

DOLET,
Preserue moy o Seigneur,
des calumnies des
hommes.

Le texte ne commence qu'à la page 49; les pièces qui
le précèdent sont : 1. le titre; 2. l'extrait du privilége accordé à Dolet pour tous ses ouvrages et pour
10 ans, en date de Moulins, 6 mars 1537; 3. *Estienne Dolet au lecteur chrestien* (il y a dit que ce
présent œuvre a été regardé par quelques-uns comme
scandaleux ou illicite) ; 4. la dédicace d'Erasme.

Cette traduction est celle de Louis de Berquin dont
nous venons de parler; elle aura été retouchée par
Dolet. Il en existe une jolie édition de *Lyon*, 1542,
in-16, avec le nom de l'imprimeur Jean de Tournes, et celle de ses marques que nous avons donnée,
vol. I, col. 518.

CODICILLE D'OR, ou petit recueil tiré de l'institution du prince chrétien, composé par Erasme,
mis en françois avec d'autres pièces (par Cl. Joly).
(*sans lieu d'impression*), 1665, pet. in-12 de 187 pp.
non compris 2 pp. de corrections et additions. [3981]

Il a été fait deux éditions de ce petit livre, sous la
même date et avec la Sphère sur le titre. Elles peuvent être attribuées l'une et l'autre aux Elseviers :
10 fr. *mar.* Duriez, et 13 fr. Nodier. La seconde a
189 pp. chiffrées, mais pas d'additions et corrections. Il y a aussi une édition de 1666, vend. 9 fr.
95 c. *m. v.* Sensier; et une de 1667, copiée page
pour page et ligne pour ligne sur l'une de celles de
1665, et également avec la Sphère.

— ENQUIRIDIO o manual del cauallero cristiano... tra-
duzi o in castellano. 1528. (à la fin) : *Impresso in
Saragoça a vij del mes de Mayo. Anno M. D.
y. xxviij*. Pet. in-8. de 12 ff. prélimin. et 208 fol.
chiffr., goth., titre impr. en rouge.

— ENCHIRIDION o Manuel dell cauallero christiano...
en romance. Una carta del autor a Su Magesdad, y
respuenca. El sermon del Niño Jesu... *Anvers,
Nic. Nucio*, 1555, pet. in-8. 40 fr., malgré des raccommodages dans les marges, en mai 1860.

Cette traduction est de Bern. Perez.

La traduction anglaise de cet *Enchiridion*, par W.
Tindal, *London*, by W. de Worde, 1533, in-16, a
été réimpr. p.usieurs fois dans ce format (Lowndes,
p. 749). Il y en a une autre avec des notes par Phil.
Wyatt Crowther, *London*, 1816, in-8.

Il existe aussi une traduction allemande du même
ouvrage par Joh. Adelphus, Bâle, Val. Curion,
1521, in-4., avec un frontispice et des lettres initiales attribuées à Holbein.

LA CÔPLAINTE de la paix par Erasme, nouuellemēt traduite de latin en frācoys. (*sans lieu ni date*),
pet. in-8. goth. de 56 ff. non chiffrés. [23064]

Ce volume parait être sorti des presses lyonnaises
vers 1530. A la fin se lisent deux lettres latines,
l'une d'Erasme à l'Empereur, et l'autre de l'Empereur, en date du xiij. décembre 1527. Vend. 25 fr.
v. f. t. d. Veinant.

— TRACTADO de las querellas de lo paz... con otros
dos tractados... de la miseria de los cortesanos y
del sueño de la fortuna... trad. de latin en romance
por... D. Diego Lopez. *Alcala de Henares, Mig.
de Eguia*, 1529, in-4.

MANIERE de se confesser, par M. Erasme, premierement descripte en latin, puis apres translatee
en francois. *A Basle, le xxvi Dapuril, lan M. D.
xxiiij*, pet. in-8. goth. de 42 ff. [1321]

L'auteur de cette traduction, Claude Chansonnette, se
nomme au bas de son épistre dédicatoire à Marguerite de Valois : 30 fr. *mar. bl.* A. Giraud. La date que
porte ce livre est celle de la première édition du
texte latin ; la traduction ci-dessus a probablement
été imprimée en France.

PRÉPARATION à la mort autres fois composée en
latin par Erasme. *Lyon, Guil. de Guelques*, 1538
(impr. par *Jean Barbou*), 1538, in-16.

Se trouve ordinairement à la suite de l'*Internelle
consolation*, impr. sous la même date et pour le
même libraire (voy. INTERNELLE).

PRÉPARATIF à la mort, traduit en françois d'E-
rasme par Guy Morin, sieur de Loudon. *Paris,
Denis Janot*, 1541, in-16.

Réimpr. à *Lyon, chez Fr. Juste*, 1544, in-16. [1731]
Dans ce petit volume se trouve : *Le discours de la vie et mort accidentelle de noble homme Guy Morin, par Francoys de Sagon, secretaire, son vray amy*, 1539, en vers; et *Oraison funebre, faicte par le mesme autheur es exeques de feu messire Philippe Chabot, grant admiral de France, etc.*, en prose. Ces deux opuscules détachés de l'ouvrage d'Erasme sont portés dans le catal. de La Valliere, en 3 volumes, n° 3043, comme un livre complet. 24 fr. *mar. n.* Techener. Réimpr. en 1543, in-32 goth. Il y a une traduction espagnole de ce traité (*Preparacion para bien morir*), Anvers, Martin Nucio, 1555, pet. in-8. 20 fr. en 1860.

ERASMUS-JOHANNES. V. ANTITHESIS.

ERASTUS (histoire pitoyable d'). Voyez HISTOIRE pitoyable.

ERATOSTHENIS catasterismi, gr., cum interpret. lat. et commentario; curavit Jo.-Conr. Schaubach. *Gottingæ*, 1795, in-8. fig. 5 fr. [8201]

— ERATOSTHENICA, gr., composuit Gothofr. Bernhardy. *Berolini*, 1822, in-8. de 272 pp. 5 fr. [11960]
Recueil des fragments qui nous restent d'Eratosthène. L'éditeur les a distribués dans l'ordre suivant : I. *Geographica;* II. *Mercurius;* III. *Libri de mathematicis disciplinis;* IV. *Cubi duplicatio;* V. *Philosophica;* VI. *Commentarii de antiqua comœdia;* VII. *De Chronographiis.* (Voir le *Journal des Savants*, juin 1824.)

— GEOGRAPHICORUM fragmenta, gr. et lat., edidit Gunt.-Car.-Frid. Seidel. *Gottingæ*, 1789, pet. in-8. 3 fr. [19540]

ERCILLA y Zuñiga (*Alonso* de). La Araucana. *Madrid, Sancha*, 1776, 2 vol. in-8. fig. 15 fr. [15162]

La première édition de la *Araucana*, Madrid, 1569, in-8., ne renferme que la première part., ou les 15 premiers chants. On y trouve une dédicace à Philippe II, laquelle n'est pas dans les éditions postérieures. Cette partie a été réimpr. à *Anvers*, 1575, in-16. — La seconde partie a paru à la suite de la première, *Madrid*, 1578, in-8., et la troisième à la suite des deux autres, *Madrid*, 1590, in-8. — L'édit. d'*Anvers*, 1586, in-16, ne contient que deux part. ; une autre faite dans la même ville, 1597, in-16, en renferme trois, de même que l'édit. de *Barcelone*, 1592, et de *Perpignan*, 1596, in-16. — Les 4e et 5e part. (ou les chants 36 et 37) ont été ajoutées à ce poème, après la mort de l'auteur, par D. Diego de Santistevan Osorio, *Salamanca*, 1597, in-8., et réimpr. à *Barcelone*, 1598, in-16. Ces deux dernières sont réunies aux trois premières dans l'édit. de *Madrid*, 1733-35, en 2 vol. in-fol.

L'ouvrage entier a été réimpr. à *Lyon*, *Cormon*, 1824, et à *Paris*, 1824, en 4 vol. in-18, aussi à *Madrid*, 1828, 2 vol. in-16. 7 fr. — Pap. fin, 10 fr.

La *Araucana* fait partie d'un recueil publié à Paris chez Baudry, en 1840, sous le titre de : *Tesoro de los poemas españoles epicos, sagrados y burlescos... precedido de una introduccion en que se da una noticia de todos los poemas españoles por D. E. de Ochoa*, in-8.

ERCOLANI (*Gius.-Mar.*). Voy. NERALCO.

ERDL (*M.-P.*). Die Entwickelung des Menschen und des Hühnchens im Eie, zur gegenseitigen Erläuterung, etc. — Vol. I : Entwickelung der Leibesform. Part. 1 : Entwickelung der Leibesform des Hühnchens. *Leipzig, Voss*, 1845, in-4. avec 28 pl. — Part. 2 : Entwickelung der Leibesform des Menschen, 1846, in-4., avec 33 pl. 46 fr. [6859]

— ANATOMIE des Schädels, 6809.

EREMUNDUS. Origo et historia belgicorum tumultuum immanissimæque crudelitatis per Cliviam et Westphaliam patratæ fidelissime conscripta et tabellis æneis representata : accedit historia tragica de furoribus gallicis. auctore Ernesto Eremundo Frisio. *Lugd.-Batavor., Barth. Vander Bild*, 1619, pet. in-8. fig. [25004]

Ce livre, qui a été réimpr. à *Amsterdam*, chez *Jo. Jansson*, en 1641, pet. in-12, n'est ni fort rare ni d'un grand prix. Le second ouvrage qu'il renferme avait déjà paru en 1573, sous le nom d'Ern. Varamund (voy. VARAMUND); mais on croit qu'il est ou de Fr. Hotman ou d'Hub. Languet, si ce n'est même de Théod. de Bèze. Quant au prem. écrit (l'*Origo*), quelques bibliographes l'ont mal à propos attribué à l'un des trois auteurs que nous venons de nommer, car c'est tout simplement une traduction abrégée de l'ouvrage hollandais de Jean Ghysius (*Ghys ou van Ghysen*), publié en 1616, in-4., avec les mêmes gravures, sous le titre de *Oorsprong en voortgang der nederl. beroerten en allendigheden*, sans nom d'auteur (aussi sans nom de ville), et réimpr. à *Delft*, en 1626, in-4., avec ce nom (voy. *Biblioth. hulthem.*, n°s 26250 et 26271).

ERHART (*Hans*). Die Burgundische historie, ein Gedicht von Carls des Kühnen von Burgund lezten Feldzügen. (à la fin):

> Vñ durch diñe magtü vil küsch
> gantz zu eren diner glorie
> beschlüsset hie hans erhart tüsch
> die burgundesche historie

Getruckt zu Stroszburg. Anno dñi. zc. M.CCCC.Lxxvii. in-fol. de 25 ff. à 2 col., avec 8 figures en bois. [14589]

Poème décrit par Panzer dans les Annales typogr. allemandes, Suppl., p. 37, n° 80, et par Hain, n° 6664. Le titre donné est factice. L'ouvrage commence au 2e f. de cette manière : *Djs wart getruckt vñ geschrieben||als man von cristi geburt zelt|| Tusend vierhundert·sübtzig syben||zu lesen wem es wol gefelt.* Panzer cite aussi un autre poème sur le même sujet (*Von den letzten Feldzügen Karls bis zu des Herzogs Tode vor Nancy*), in-fol. de 10 ff., avec 8 grandes planches en bois. En voici le premier et les deux derniers versets copiés sur un exemplaire :

> *Czü lob vnd er der trinitat*

> *Gott gab den friden offem bor*
> *Dem danckent lieben kinder.*
> *M.CCCC.Lxx.vij Jor.*

Le même bibliographe parle encore d'un livre qu'il nomme *Geschichte Peter Hagenbachs und des Burgundischen Kriegs*, pet. in-fol. de 10 ff. avec fig. en bois, impr. en M.CCCC.LXX.VIJ ; en

Erastus (*Th.*). De lamiis, 8887.
Erath (*A.-U.* von). Calendarium, 23031. — Codex diplomat. quedlinburg., 26686.— Conspectus, 26709.
Erber (*B.*). Notitia Bohemiæ, 26478.
Erdely (*Jan.*). Nepodálok es Mondák, 15914.

Erdman (*J.-F.*). Versuch, 3325.
Erhardt (*J.*). Vocabulary of the Enguduk jloigob, 11957.

vers jambiques et sans titre. Il cite une *Burgundische Legend*, sans lieu ni date, in-4. de 7 ff., cité aussi par Hain, 8344.

EREC und Enite. Voy. HARTMANN von der Aue.

ERIGENA Johannis Scoti Erigenæ de divisione naturæ libri quinque : editio recognita et emendata (a C.-B. Schlüter) ; accedunt tredecim auctoris hymni ad Carolum Calvum ex palimpsestis Angeli Maii. *Monasterii Guestphalorum, Aschendorff*, 1838, in-8. de XXVIII et 610 pp. 3 thl. 16 gr. [4470]

Le traité *De divisione naturæ*, écrit vers le milieu du IXᵉ siècle, avait déjà été impr. à Oxford, en 1681, in-fol., avec les *Ambigua S. Maximi seu scholia ejus in difficiles locos S. Gregorii nazianzeni*, par les soins de Th. Gale. Pour les autres ouvrages d'Erigena, consultez Fabricius. *Biblioth. mediæ lat.*, édit. de Mansi, IV, 136.

ERINNA. Voy. ERYNNA.

ERIZZO (*Sebast.*). Le sei giornate, mandate in luce da Lod. Dolce. *Venetia, per Giov. Varisco*, 1567 , in-4. de 8 et 93 ff. plus un à la fin. [17448]

Édition peu correcte. Vend. 7 fr. Floncel ; 15 sh. *m. v.* Heber ; 20 fr. *mar. v.* Libri en 1857, et en *vélin* 1 liv. 2 sh., en 1859.

— Le medesime. *Londra (Livorno)*, 1794, in-8. portr. 6 fr.

Cette édition, dont on a tiré deux exemplaires sur pap. bleu, contient de plus que la précédente une nouvelle inédite. Vend. 1 liv. 11. sh. 6 d. *pap. bleu*, Borromeo ; 7 sh. Hibbert.

Réimpr. *Milano*, 1805, in-8. pour la collection des classiques italiens, et *Milano, Silvestri*, 1815, gr. in-16, pour la *Bibliotheca scelta*.

— DISCORSO sopra le medaglie degli antichi ; con la dichiaratione delle monete consulari, e delle medaglie degli imperadori romani ; quarta editione. *Venetia, Giov. Varisco e Paganino Paganini*, in-4. 9 à 12 fr. [29663]

Cette quatrième édition est sans désignation d'année, mais on y a conservé l'épître dédicatoire datée de 1559, quoiqu'elle ait paru après 1571 : voilà ce qui a donné lieu d'indiquer une édit. de 1559, in-4., tandis qu'il n'y a sous cette date qu'une édition in-8. beaucoup moins complète que celle-ci, laquelle contient un traité *delle monete consulari*, qui n'est pas dans les deux premières édition de 1559 et 1568, mais qui se trouve quelquefois ajouté dans l'édit. de 1571. Voyez, pour plus amples renseignements, le premier catalogue de Crevenna, tome V, page 238, et le Catal. de Cicognara, n° 2833.

— DISCORSO dei governi civili di M. Sebastiano Erizzo.... a M. Girolamo Veniero, in-4. de 14 ff. chiffrés, lettres rondes. [3944]

Opuscule sans indication de lieu ni date, mais qui appartient aux presses aldines. 19 sh. *mar. bl.* Butler.

— ESPOSIZIONE di Bast. Erizzo delle tre canzoni di Fr. Petrarca chiamate le tre sorelle mandata in luce da Lod. Dolce. *Venet., Arrivabene*, 1561, in-4.

— TRATTATO dell' istrumento e via inuentrice degli antichi. *Venetia, Plinio Pietra santa*, 1554, in-4. [12074]

Haym classe ce traité parmi les ouvrages sur la Rhétorique.

ERMAN (*Adolph*). Reise um die Erde durch Nord-Asien und die beiden Oceane, in den Jahren 1828, 1829 und 1830 ausgeführt. *Berlin, Reimer*, 1833-48, 2 part. en 5 vol. in-8., fig. ; avec atlas 40 fr. ; avec atlas color. 45 fr. [19891]

L'auteur est mort le 11 octobre 1851.

ERNAUD (*Louis*). Ample discours de la noblesse, avec l'origine et changement de plusieurs nations du monde, où est traicté de l'origine tant des François, Anglois, Hungres, Turcs, Aquitaniens et Normands, avec plusieurs conquestes par eux faictes, par Louis Ernaud, seigneur de Chantores. *Caen, Gabr. Granderye*, 1636, pet. in-8. de 16 ff. prélim. et 48 ff. chiffrés.

Peu commun.

ERNESTI (*Jo.-Aug.*). Archæologia litteraria ; editio aucta opera et studio G.-H. Martini. *Lipsiæ*, 1790, in-8. 5 fr. [29224]

— CLAVIS ciceroniana, accedunt græca Ciceronis ; edit. 4ᵉ. *Halæ*, 1777, in-8. 6 fr. [12137]

Ce volume forme le 8ᵉ tome du Cicéron d'Ernesti ; voyez CICERO.

— Opuscula, 12184. Voy. aussi HEDERICUS.

ERNESTI (*J.-H.*). Clavis horatiana , sive indices rerum et verborum philologico-crit. in opera Horatii. *Berolini*, 1802, 2 vol. in-8. 15 fr. [12509]

ERNST (Herzog). Hienach folgt ain hüpsche liepliche historie ains edeln fürsten herczog Ernst von bairn vnd vö österich. (*sans lieu ni date*), in-fol. fig. en bois. [17669]

Hain (6672-75) décrit plusieurs éditions de ce roman : 1° de 44 ff. à 36 lign., avec fig. en bois (caract. d'Ant. Sorg., à Augsbourg) ; 2° de 55 ff. à 32 lign. par page, avec fig. en bois (à Strasbourg, par un imprimeur inconnu) ; 3° avec *der Schildtberger*, et *Sant Brandons buch*, 145 ff. de 30 à 33 lignes par page, fig. en bois (caract. d'Ant. Sorg, à Augsbourg).

— HERCZOG Ernsts ausfart Wirt hye geoffenbart. Mit neun und achtzick gesetze Ein keiszer ward er zu lecze. *Gedruckt zw Erffort, in sant Pauls pfar (durch J. Spörer)*, 1502, in-4. de 20 ff. avec fig. en bois.

Ouvrage en vers, écrit dans le XVᵉ siècle (Ebert, 6907). — Hain, 6676, le décrit sous la date de M CCCCC.

Dès la fin du XIIᵉ siècle, Henri von Vildeck avait écrit un poëme sur le même sujet ; nous en citons une édition de 1830, sous le n° 15465 de notre table.

ERNST. Papillons d'Europe, peints d'après

Erichson (*G.-Fr.*). Familia Staphylinorum insectorum, 6045. ·

Ericsen (*J.*). Science of surgerie, 7490.

Ericus (*P.-P.*). Renatum principium philol., 10515.
— Humanæ linguæ genesis pars I, 10516.

Ericus rex. Lex siellandica, 3111.

Erlach (*F.-K.-F.* von). Volkslieder, 15509.

Erman (*J.-P.*). Les Réfugiés français en Prusse, 26072.

Ernestus (*J.-C.-T.*). Lexicon, 10720.

Ernouf (le baron). Histoire de Waldrade, etc., 24011.

nature par Ernst, gravés et color. sous sa direction (et sous celle de Gigot d'Orcy); décrits par Engramelle. *Paris*, 1779-93, 29 cahiers gr. in-4. fig. color. 150 à 200 fr. [6072]

Cet ouvrage, bien exécuté, est quelquefois relié en 4 vol., mais plus souvent en 8. Les planches, au nombre de 350, sont numérotées jusqu'à 342; les 8 autres, marquées 3ᵉ suppl. nᵒ 1 à 8, sont placées entre les nᵒˢ 84 et 85.

Il y a quelques exemplaires tirés sur pap. de Holl. in-fol.; j'en ai même vu un de ce genre, dont les planches étaient imprimées et peintes sur VÉLIN; et il y a aussi un exempl. in-4., avec les planches sur VÉLIN.

— EXPLICATIONS des planch. (I—CLXXXII, et I—VIII, troisième supplément) de l'ouvrage sur les papillons d'Europe, à madame la comtesse de Genlis. 1786, pet. in-4.

Ce volume, qui renferme autant de ff. qu'il y a de planches décrites, ne contient autre chose que les noms des individus; il a été composé par les enfants du duc d'Orléans décapité en 1793, et certainement il n'en a été tiré qu'un petit nombre d'exemplaires. Au surplus, il n'est point nécessaire pour l'ouvrage précédent.

ERONDELLE (*Pierre*). Remonstrance et exhortation catholick aux princes chrestiens à donner secours à l'Église de dieu et royaulme de France (en français et en anglais). *Londres, chez E. Aggas*, 1586, pet. in-8. goth. [23560]

Le nouveau Lelong n'indique point cette pièce rare, mais elle est portée dans la *Bibliotheca heber.*, VI, nᵒ 1119. — P. Erondelle a donné, en 1609, une traduction anglaise de la relation des trois voyages de MM. De Monts, de Pont Gravé et de Poutrincourt, d'après la première édition de l'*Histoire de la Nouvelle France*, par Marc Lescarbot, laquelle venait de paraître à Paris, cette même année 1609 (voyez LESCARBOT). Cette traduction a pour titre : *Nova Francia; or the description of that part of New France, which is one continent with Virginia*, London, Geo. Bishop, 1609, in-4., avec carte : 1 liv. 11 sh. Heber; 5 liv. Nassau.

EROPHILE. Les Theses ou conclusions amoureuses, contenant LXVII articles, adressees aux Dames, par le bachelier Erophile, auec les Responses... par le docteur Philarete. *Paris, Sam. Thiboust*, 1621, in-12. [17997]

Opuscule de 56 pp. non compris le privilége, à la suite duquel se trouve une autre pièce de 42 pp. intitulée :

LES ANTITHESES des dames de Cypre contre le bachelier Erophile et le docteur Philarete. *Paris, Sam. Thiboust*, 1621.

Vend. 11 fr. 50 c. Bignon; 9 fr. en 1839.

EROTASMES de Phidie. V. BUGNONIUS.

EROTIANI vocum quæ apud Hippocratem sunt collectio (gr. et lat.), cum annotat. Barth. Eustachii; ejusdem liber de multitudine. *Venetiis, Junta*, 1566, in-4. 6 à 9 fr. [6539]

Le lexique d'Erotianus a été impr. pour la première

Ernst (*S.-P.*). Histoire du Limbourg, 25112.
Ernstius (*H.*). Regum Daniæ genealogia, 27576.

fois en 1564, dans le *Dictionarium medicum* d'H. Estienne (voyez ESTIENNE).

— EROTIANI, Galeni et Herodoti glossaria in Hippocratem (gr. et lat.), cum emendationibus H. Stephani et aliorum; recensuit, varietatem lectionis addidit, suasque animadversiones adjecit Jo.-Geor.-Frid. Franz. *Lipsiæ*, 1780, in-8. 10 à 12 fr.

EROTICI græci. Voy. SCRIPTORES erotici.

EROTOPÆGNIA. Voy. PRIAPEIA.

ERPENIUS (*Th.*). Grammatica arabica, cum fabulis Lokmani, et excerptis anthologiæ veterum Arabiæ poetarum, arab. et lat., interprete Alb. Schultens. *Lugd.-Batav.*, 1748, seu 1767, in-4. 10 à 12 fr. [11592]

Ces deux éditions, qui se suivent ligne pour ligne, sont également bonnes. Cet ouvrage estimé parut d'abord à *Leyde*, en 1613, et il a été réimpr. plusieurs fois; mais on recherche peu ces premières édit., même celle de *Leyde*, 1656, in-4., augmentée par le savant J. Golius, parce qu'elles sont beaucoup moins complètes que les dernières.

— RUDIMENTA linguæ arabicæ; florilegium sententiarum arabicarum, et clavim dialector. adjecit Alb. Schultens. *Lugd.-Batav.*, 1770, in-4. 8 à 10 fr. [11594]

Cette édit. est faite sur la quatrième de 1733; on y a seulement ajouté des index plus étendus. La première est de 1620, in-8.

RUDIMENTS de la langue arabe de Th. Erpenius, traduits en français, avec des notes et un supplément, par E. Hebert. *Paris, impr. roy.*, 1844, in-8. 6 fr.

— PROVERBIORUM arabic. centuriæ II, arabice, cum interpretatione latina et scholiis Jos. Scaligeri et Th. Erpenii. *Lugd.-Batav.*, 1623, pet. in-4. 5 à 6 fr. [18510]

Seconde édition laquelle contient quelque chose de plus que celle de *Leyde*, 1614, in-4.

— Historia Josephi, 2233.

ERRARD (*Jean*). Le premier liure des instruments de mathematiques mechaniques. *Nancy, par Ian Ianson*, 1584, gr. in-4. de 44 ff. fig. [8046]

Ce premier livre, qui, à ce qu'il paraît, n'a pas eu de suite, est devenu rare. Les planches, au nombre de 40, sont gravées à l'eau-forte. La vingt-huitième représente *une nouvelle façon de presse plus compendieuse et aisée que les communes, tant pour imprimer livres que pour estamper toutes figures taillées en leton ou cuivre*. L'exemplaire décrit par M. Beaupré (*Nouvelles Recherches*, pp. 60 et 61) n'a que 43 ff.; mais ce savant suppose qu'il y manque un 44ᵉ f. pour la souscription de l'imprimeur.

J. Errard, de Bar-le-Duc, a composé d'autres ouvrages dont le plus capital est *La Fortification démontrée et réduite en art*, Paris, 1604, in-fol. — Seconde édition revue et augmentée par Alexis Errard, neveu de l'auteur, *Paris*, 1620, in-fol. [8643]

ERREURS amoureuses. *Lyon, Jean de Tournes*, 1555, in-8. [13655]

Livret rare, vend. 2 liv. 12 sh. 6 d. White Knights. Ces poésies sont de Pontus de Thyard, et elles ont été réimprimées dans ses Œuvres (voyez THYARD). Pour une continuation des *Erreurs amoureuses*, qui, à ce qu'il paraît, n'a rien de commun avec l'ouvrage de Pontus, voy. DU MOULIN.

ERREURS (les) du peuple commun
Qui pronostiquent la famine
de lan mil cīq cēs vingt et vng
comme le saige determine.

(*sans lieu ni date*), pet. in-8. goth. de
7 ff. à 20 lign. par page. [13490]
En vers de 10 syllabes.

ERRO y Aspiroz (*J.-B.* de). Alfabeto de la
lengua primitiva de España, y explica-
cion de sus mas antiguos monumentos
de inscripciones y medallas. *Madrid*,
1806, pet. in-4. fig. 10 fr. [11190]

— EL MUNDO primitivo, o examen filosofico de la
antigüedad y cultura de la nacion bascongada. *Madrid*, 1815, pet. in-4. 10 fr. [26150]
Tome premier, le seul publié.
Une traduction anglaise de ces deux ouvrages a été
imprimée à Boston en 1829, en un vol. in-8. sous le
titre d'*Alphabet of primitive language, etc.*

ERSCH (*Jean-Sam.*). Handbuch der deutschen Literatur (depuis le milieu du
XVIIIᵉ siècle jusqu'à présent, classé sys-
tématiquement et accompagné de tables, ouvrage continué par Rese et Geissler). *Leipzig, Brockhaus, 1822 - 40*,
4 vol. en 8 part. in-8. 70 fr. [31667]

La première édition de ce catalogue a paru à Leipz.,
1812-1814, et forme 3 tom. en 9 part. La seconde,
qui contient de nombreuses augmentations, est divisée ainsi : Vol. I. *Théologie, Philologie* et *Philosophie*, 2 parties. — II. 1ʳᵉ part. *Jurisprudence;*
2ᵉ part. *Beaux-arts* (comprenant la poésie, en vers
et en prose). — III. 1ʳᵉ part. *Médecine;* 2ᵉ part.
Mathématiques, Histoire naturelle, Industrie et
Arts divers. — IV. 1ʳᵉ part. *Histoire;* 2ᵉ part.
Mélanges. Une 3ᵉ édition de la partie philologique
a paru à Leipzig, en 1845, in-8. de 1029 col.
La *France littéraire*, depuis 1771 jusqu'en 1805,
Hamb., 1797-1806, 5 vol. in-8., y compris 2 suppl.,
a été entièrement effacée par l'ouvrage de M. Quérard, sous le même titre. [31649]

— Voy. ENCYCLOPÉDIES allemandes.

ERUDITORUM penitentiale. (*absque nota*), pet. in-4. goth. de 76 ff. non chiffrés,
avec signatures. [1312]

Édition impr. dans quelque ville des Pays-Bas, vers
1480; elle est ornée de 17 fig., gravées sur bois,
qui accusent l'enfance de l'art. On lit au recto du
2ᵉ f. : *Incipit eruditorum penitentiale cuilibet
christicole pernecessarium compendiose auctori-
tatibus sacre scripture insignitum.* — Vend. 19 sh.
Heber.

ERYNNÆ, Græc. vatis, quæ extant residua;
veterum poetarum in Erynnam encomiastica carmina; Erynnæ in Romam
Hymnus; Erynnæ ætas, patria, scripta,
dissertatione IV. *Upsalæ*, 1826, in-8.
de 5 feuilles 3/4. (Hoffmann, *Lexicon
bibliogr.*, II, p. 159.)

ERYTHRÆI (*Jani Nicii*). Eudemiæ libri

VIII. (*Lugd.-Batavor., Elzevir.*), 1637,
pet. in-12 de 311 pp., titre noir et rouge,
avec la Sphère. [17002]

Roman allégorique dont les personnages sont pris
parmi les conjurés de la conspiration de Séjan contre
Tibère. Jean-Victor Rossi est l'auteur de cet ouvrage, qu'il a donné, ainsi qu'une partie de ses autres écrits, sous le nom de *Nicius Erythræus*, en
déguisant ses noms sous une forme grecque.
Le petit livre ci-dessus appartient à la collection
elzevirienne, ce qui lui donne quelque prix. 5 à
6 fr. ; 15 fr. Riva. Il a été réimpr. *Coloniæ-Ubio-
rum (Amstelod., apud Joan. Blaeu*, 1645, pet.
in-8. augmenté de deux livres, et à *Francfort*, en
1740, avec une préface de Fischer.
Les meilleurs ouvrages du pseudo Erythræus sont
ses *Dialogi*, Coloniæ (Amstelod.), 1645 et 1649,
2 vol. in-8. [18622] ; sa *Pinacotheca imaginum
illustrium doctrinæ vel ingenii laude virorum
qui auctore superstite diem suum obierunt*,
impr. à *Amsterdam*, sous la rubrique *Coloniæ*, en
1643, en 1645 et en 1648, in-8. ; et aussi à *Leipzig*,
en 1692, et encore *Guelferbyti*, en 1729, in-8.
[30454] ; enfin, ses *Epistolæ ad diversos*, Coloniæ
(Amstelod.), 1645 et 1649, 2 vol. pet. in-8. A la fin
du second volume se trouvent : *Caroli a Sancto
Antonio patavino Epigrammata aliqua.* [18773]
Les *Epistolæ* ont été réimpr. à *Francfort*, en 1749,
in-8.

ESAAD Effendi Mufti. Lejatol-Lougât. Vocabulaire turc, arabe et persan. *Constantinople, impr. du grand-seigneur,
l'an de l'hégire* 1216 (1802), in-fol. de
841 pp. [11697]

Rare en France. Vend. 40 fr. Kieffer.

Ebert, n° 6924, cite ce livre sous la date de 1210
(1795), in-fol. de 951 pp. ; mais il paraît l'avoir confondu avec le dictionnaire turc intitulé *Kitab Be-
hedjet elloghat*, impr. effectivement en 1210 (1795)
Voy. KITAB.

ESBATEMENT moral. Voy. EBATEMENT.

ESCALANTE (*Bernardino* de). Discurso
de la navigacion que los Portugueses
hazen á los reinos y provincias del orien-
te, y de la noticia qq. se tiene de las
grandezas del reino de la China. *Sevilla,
por la biuda de Alonso Escriuano*,
1577, pet. in-8. [27952]
Petit volume rare.

ESCALE (le chev. de l'). Voy. L'ESCALE.

ESCALIER des sages (l'), ou la philosophie
des anciens, avec de belles figures, par
un amateur de la vérité, qui a pour l'a-
nagramme de son nom : En debes pul-
chra ferundo scire. *Groningue, Ch.
Pieman*, 1689, in-fol. de 240 pp. avec fig.
[8983]

Ouvrage dont les exemplaires peu communs sont
recherchés des amateurs d'alchimie : 48 fr. m. r.
Camus de Limare ; 36 fr. Méon ; 30 fr. en 1819, et
quelquefois moins.
L'auteur de ce livre est Bareut Coenders van Helpen ;
il a gardé l'anonyme dans l'édition de 1689, mais il
est nommé sur le titre d'une édition qui porte la
date de 1693, et qui, à l'exception de trois pages
d'errata, est absolument conforme à celle-ci. Cette
seconde édition a paru sous le titre suivant : *Thrésor de la philosophie des anciens, où l'on conduit
le lecteur par degrez à la connoissance de tous*

les métaux et minéraux... pour arriver enfin à la perfection du grand œuvre... Cologne, Cl. Lejeune, 1693, in-fol. de 240 pp., avec fig. Vend. 29 fr. Perrot; 36 fr. le baron d'Heiss.

Fr.-Mar. P. Colonne a retouché cet ouvrage et l'a fait reparaitre sous ce nouveau titre : *Introduction à la philosophie des anciens,* Paris, 1689, in-12 (*Dict. des anonymes,* n° 5330).

ESCALONA y Aguero. Voy. Aguero et ajoutez :

Une édition de Madrid, 1775, pet. in-fol., est portée à 1 liv. 6 sh. dans le catalogue de Salvá, n° 2913.

ESCAMPES (*Henry* d'). Musée Campana. Voy. Musée Campana.

ESCHENBACH (*Wolfram* von). Parcival. (*sans nom de ville ni d'imprimeur*), 1477, in-fol.

— Tyturell, 1477, in-fol.

Ces deux poëmes allemands, qui se rattachent à la fable du Saint-Graal, ont été écrits à la fin du XIIe siècle, ou au commencement du XIIIe. Dans la 86e stance du Tyturell, le poëte reconnaît qu'il est redevable du sujet de son poëme au troubadour Kyot (ou Guiot). Les deux éditions sont impr. à 2 col. de 40 lignes, sans chiffr., réclames ni signatures, avec les mêmes caractères que le *Speculum historiale,* de Vincent de Beauvais, sorti des presses de Mentelin, à Strasbourg, en 1473 (voy. Vincent). Le premier a 159 ff., et commence au f. premier, colonne première, de cette manière : *St zweiffel hertzen nachgebur.* Le second occupe 306 ff. de texte et un autre f. ; il commence ainsi : (*A*)*n anegenge uñ anlecze.* Les vers de ce dernier poëme, au nombre d'environ 48,000, ne sont pas séparés, mais seulement divisés par strophes de sept vers. Les 2 volumes ont été vend. ensemble 310 fr. en 1834 ; seulement 120 fr. Rætzel ; 246 flor. Butsch, en 1858 ; le 2e seul, 7 liv. Heber ; 79 flor. Butsch, et 13 liv. 5 sh., Libri, en 1859.

— Wolfram von Eschenbach, herausgegeben von Karl Lachmann. *Berlin, G. Reimer,* 1833, gr. in-8. de xliv et 640 pp. à 2 col. — Sec. édit., 1854, 4 thl. [15473]

Ce volume renferme le *Parcival* et le *Wilhelm,* avec une bonne notice littéraire.

Parzival und Titurel, Rittergedichte. Uebersetzt und erläutert von K. Simrock. *Stuttgart, Cotta,* 1857, in-8. 3e édition. La première est de 1842.

Parcival, Rittergedicht ; aus dem mittelhochdeutschen zum ersten Male übersetzt von San-Marte (Alb. Schulz). *Leipzig, Brockhaus,* 1857, 2 vol. in-8., 2e édit.

J.-Jac. Bodmer a donné une traduction du *Parcival* en vers allemands hexamètres, sous ce titre : *Der Parcival, ein Gedicht in Wolframs von Eschenbachs Denkart.* Zürich, 1753, in-4.

Études sur le Parcival de Wolfram d'Eschenbach, et sur la légende du Saint-Graal, par G.-A. Heinrich, *Paris, Franck,* 1855, in-8.

Thèse dont il y a des exemplaires sous un titre un peu différent.

On suppose que le *Parcival* renferme l'histoire de l'empereur Louis le Pieux, sous un nom imaginaire.

— Der jüngere Titurel, herausg. von K.-A. Hahn. *Quedlinb.,* 1842, in-8. 12 fr.

— Wilhelm der Heilige von Oranse, herausg. von Casparson. *Cassel,* 1781-84, 2 part. in-4.

— Lohengrin, ein altdeutsches Gedicht, nach der Abschrift des Vatican. Manuscriptes von Friedr.

Glöckle; herausg. von J. Görres. *Heidelberg,* 1813, in-8. 3 thl. [15474]

C'est à tort qu'on a attribué à Wilh. d'Eschenbach ce poëme dont H. Rückert a donné une nouvelle édition à *Quedlinburg,* 1858, in-8.

ESCHRICHT (*Dan.-Fr.*). Zoologisch-anatomisch - physiologische Untersuchungen über die nordischen Wallthiere. *Leipzig, Voss,* 1849, 1 vol. in-fol. avec 15 pl. lith. et 48 grav. en bois, 40 fr. tome I, le seul publié. [6674]

ESCHUID (*Joannes*). Summa astrologiæ iudicialis de accidentibus mundi quae anglicana vulgo nuncupatur Ioannis eshcuidi (*sic*) niri anglici... foeliciter inchoat. (in fine) : Finis hic, imponitur fostus. Opera quoꝗ & cura diligenti qua fieri potuit. Iohannis lucilii Sanctiter (pro Santriter) helbröensis germani... *Anno salutis.* 1489, *nonis Iulii impressione completum est,* in-fol. à 2 col. caract. rom. [9002]

Ce volume a 2 ff. prélim. pour l'avis *ad lectorem* et la table, 219 ff. de texte mal chiffrés, plus 1 f. pour le registre. 10 flor. Butsch.

ESCLAVE fortuné. Voyez Ambroise (*Michel* d').

ESCLAVONIE (*George* de). Le chateau de virginite (composé pour le salut et l'édification de dame Isabelle de Villeb-Blanche). — *Imprime a Paris le xxii. iour de nouembre. mil .v. cens et v. pour Anthoine Verard libraire...* pet. in-4. goth. de 62 ff. non chiffr. [1556]

La Bibliothèque impériale possède deux exemplaires de ce livre imprimés sur vélin, dont le premier est incomplet. Le second avait été vendu successivement 66 fr. chez Gaignat ; 90 fr. La Valliere ; 92 fr. Mac-Carthy. On conserve dans le même établissement *Le chasteau de virginite,* Paris, Jehan Trepperel, 1506, pet. in-4. goth. fig.

ESCLESIASTIQUE (l'), le Psaultier (cantique des cantiques), les paraboles de Salomon, le liure de sapience, et le liure des ecclesiastes. — *Cy finist le liure de lesclesiastique en francoys et semblablement le psaultier, les paraboles Salomon, le liure de sapience et le liure des ecclesiastes lesquels ont este nouuellement translate sur la bible au plus pres du latin, lan mil cccc quatre vingz et vng,* in-fol. goth. fig. en bois. [avant 121]

Édition rare, qui parait être de la même date que celle de la traduction ; elle consiste en 87 ff. imprimés à 2 col., de 30 lignes chacune quand elles sont entières ; avec des signatures de A1—L7 (*Biblioth.* léguée par *le baron de Westrenen de Tiellandt à la Biblioth. royale de La Haye*).

ESCOBAR (*Andreas* de). Voy. Andreas.

ESCOBAR (*Luis* de). Las quatrocientas respuestas a otras tantas preguntas quel señor don Fadrique Enriquez, almirante de Castilla y otras personas embiaron a preguntar al autor, non nombrado, mas de que era frayle menor, con las cient glosas o declarationes... *Valladolid, en casa de Fernandez de Cordava* (sic), 1550, pet. in-fol. = La segunda parte de las quatrocientas respuestas a otras preguntas, con las glosas y declaraciones. *Valladolid, Francisco de Cordova,* 1552, pet. in-fol. [15094]

Un exemplaire de ces deux parties a été porté à 75 liv. 12 sh. à la vente de *White Knights library,* et revendu seulement 10 liv. 10 sh. chez Hibbert; 7 liv. 7 sh. Heber; un autre 5 liv. 15 sh. 6 d. Hanrott; 6 liv. 6 sh. *m. v.* Heber. — Un autre, avec des feuillets de la première partie raccommodés, et sans le frontispice de la seconde, 79 fr. 50 c. Gohier; 50 fr. Rætzel; la première partie seule, 1 liv. 1 sh. Libri.

La prem. partie de cet ouvrage contient clxxxij ff. chiffrés, y compris le frontispice; la seconde 2 ff. non chiffrés, et ccxlv ff. chiffrés : cette dernière est très-rare, parce qu'il n'y en a eu qu'une seule édition, tandis qu'il en existe au moins cinq de la première. La troisième partie, promise dans la seconde, n'a jamais été publiée. Le nom de l'auteur se dévoile dans un acrostiche contenu dans les vers de l'invocation, au commencement de la sixième partie des *proverbios* du premier vol., où on lit : *Fray Luys d'Escobar hyzo esta letanya;* et dans la préface de la seconde partie l'auteur dit expressément qu'il est de la famille des Escobar de Sahagun.

On a constaté trois éditions de la première partie sous la date de 1545. L'une d'elles porte pour titre :

LAS QUATROCIENTAS respuestas a otras tantas preguntas que D. Fadrique Enriquez y otras personas en diversas vezes embiaron a preguntar al auctor... con quinientos proverbios de consejos y avisos, por manera de letania. *Valladolid, a costa y industria de Francisco Fernandez de Cordoua impresor, y de Alfaro Platero,* 1545, in-fol. goth. Vend. 40 fr. en mai 1826.

Une autre a été impr. à Saragosse par Diego Hernandez, 1545, pet. in-fol. goth.

— Las quatrocientas respuestas a otras tantas (sagradas) preguntas de D. Fadrique Enriquez, almirante de Castilla. *Anvers, Nucio,* pet. in-12.

Jolie édition, imprimée vers 1560. Elle se compose de 34 ff. non chiffrés, et de 298 ff. chiffrés. Les deux parties y sont réunies. Vend., rel. en 2 vol., 14 sh. Heber; 19 fr. *m. r.* Lecoulteulx, et plus cher depuis.

ESCOBAR (*Juan* de). Romancero, e historia del muy valeroso cavallero el Cid Ruy Diaz de Biuar, en lenguage antiguo; recópilado por Iuan Escobar. *Alcala, en casa de Juan Gracian,* 1612, in-12. [15075]

Édition la plus ancienne que nous connaissions de ce célèbre Romancero. Vend. 2 liv. 17 sh. *mar.* Hanrott; 1 liv. 18 sh. Heber. — Ce recueil a été souvent réimprimé, et nous pouvons en citer les éditions suivantes : *Lisboa,* 1615, in-12.; *Çaragoça, Juan de Larumba,* 1618, pet. in-12 de IV ff. prélim., 168 ff. chiffrés, plus un f. pour la souscription; *Segovia, D. Flamenco,* 1629, in-12, 19 sh.

Escobar (*Ant.* de). Doze novelas, 17665.

Hanrott, et 1 liv. 6 sh. Heber; *Valencia, J.-G. Guerriz,* 1629, 1 liv. 11 sh. *mar. v.* Libri, en 1859. —*Madrid, Mar. Quinones,* 1650, pet. in-12 allongé (45 fr. Bevoil). — *Madrid,* sans date, ou 1661, in-12. — *Pampelona e Cadiz,* 1702, pet. in-12 allongé. — *Pampelona,* 1706, in-24. — *Madrid,* 1726 ou 1747, pet. in-12 allongé; et *Barcelona,* 1757, 2 part. in-8.

—ROMANCERO del Cid, nueva edicion reformada sobre las antiguas, añadida e ilustrada con varias notas y composiciones del mismo tiempo y asunto, y con un epitome de la historia verdadera del Cid por D. Vicente Gonzalez del Reguero. *Madrid, Cano,* 1818, pet. in-12.

Cette édition ne renferme que 78 romances, tandis qu'il s'en trouve 102 dans les précédentes.

— EDICION completa, añadida y adornada con una version castellana de la historia de la vida del Cid por el famoso historiador aleman J. de Müller. *Francoforto,* 1828, pet. in-12. frontisp. gravé. 6 fr.
— Pap. vél. 8 fr.

Autre édition, publiée par A. Keller, *Stuttgart, Liesching,* 1840, pet. in-8. 5 liv.

— EL CID, Romances historicos, edicion aumentada y adicion., con las notas de Depping. *Palma,* 1844, in-16.

— EL CID, colleccion de los mas celebres romances antig. españoles, rica edicion adornada con hermosas laminas y viñetas. *Madrid,* 1850, in-4.

Enfin, *Le Romancero du Cid, traduction nouvelle,* avec le texte en regard, par Antony Renal. *Paris, Baudry.* 1843, 2 vol. in-8.

Nous citerons encore, pour mémoire, *Les Romances du Cid, imitées de l'espagnol* en vers français, par Creuzé de Lesser, *Paris, Delaunay,* 1814, in-18, et 2e édition, 1821, gr. in-32.

Les Romances du Cid, traduction libre de l'espagnol, suivie de l'abrégé historique de la vie du Cid, par le chevalier Renard, impr. à Bourges, et se vend à Paris, chez Ancelin, 1830, 2 vol. in-12; avec 6 pl.

— **Poëme du Cid,** texte espagnol accompagné d'uno traduction française, de notes, d'un vocabulaire et d'une introduction par Damas-Hinard. *Paris, imprim. impériale, se vend chez Perrotin,* 1848, in-4. de CXXXIV et 340 pp. 20 fr. [15144]

Publication importante et dont l'introduction est un morceau très-remarquable.

— Pour le Tesoro escogido de los Romances del Cid, voy. METGE (*Fr.*).

ESCHOLE de Salerne. V. VILLANOVANUS.

ESCOLANO (*Gaspar*). Historia de la insigne y coronada ciudad, y reyno de Valencia. *Valencia, Patricio Mey,* 1610-1611, 2 vol. pet. in-fol. [26201]

Histoire la meilleure et la plus complète que l'on ait de cette province. Les exemplaires bien conservés en sont très-rares, et Salvá en compte un 10 liv. 10 sh. Vend. seulement 15 fr. La Serna; 14 flor. 50 c. (avec l'Hist. de Valence par Diago) Meermann; 110 fr. Léon Leclerc; 122 fr. 2e vente Quatremère.

ESCORBIAC (*Jean* d'), seigneur de Bayonnette. La Christiade, ou poëme sacré contenant l'histoire sainte du prince de la vie, en cinq livres. *Paris, Pierre Codere,* 1613, pet. in-8. [13923]

Escoffier (*Ch.*). Description d'Orange, 24836.
Escoiquiz (*J.*). Mejico conquistado, 15315.

Goujet (*Biblioth. françoise*, XV, p. 77 et suiv.) a donné une analyse de ce poëme médiocre de J. d'Escorbiac, neveu et disciple de Du Bartas.

ESCOSSE (l') françoise. Discours des alliances commencées depuis l'an sept cens septante sept, et continuées jusqu'à present entre les couronnes de France et d'Escosse. *Paris, P. Mettayer*, 1608, pet. in-8. [27417]

Livre peu commun et qui conserve un certain prix en Angleterre.

ESCOSURA (don *Patricio* de la). L'Espagne artistique et monumentale, avec des descriptions des sites et des monuments artistiques les plus notables de l'Espagne, par don Patricio de la Escosura, les planches exécutées sous la direction de MM. don Genaro Perez de Villa-Ami et d'Escosura. *Paris, Hauser*, 1842-50, 3 vol. gr. in-fol. fig. [25962]

Les planches de cet ouvrage sont de très-belles lithographies; le texte est en français et en espagnol. Chaque vol. a été publié en 12 livr. au prix de 10 fr. chacune. Les 3 vol. dos de *mar. bl.* 260 fr. Busche.

ESCRITORES en prosa anteriores al siglo XV, recogidos é ilustrados por D. Pascual de Gayangos. *Madrid, impr. de M. Rivadeneyra, libr. de Lopez.* 1860, gr. in-8. de XII et 608 pp. 15 fr.

ESCRITORES del siglo XVI. *Madrid, Rivadeneyra*, 1853, 2 vol. gr. in-8. à 2 col. 30 fr.

Le 1er volume contient : *Obras completas de San Juan de la Cruz; Judicio critico sobre la Magdalena* de Pedro Malon de Chaide; *Tratado de la paciencia cristiana* de Fern. Zarate.

ESCUDERO (*J.-A.* de). Noticias estadisticas de Chihuahua. *Mexico, Juan Ojeda*, 1834, in-4. [28615]

ESEMPLARIO di lavori : doue le tenere fanciulle & altre doñe potrano facilmēte imparare il modo & ordine di lavorare, cusire, raccamare e far tutte quelle gentilezze e lodeuili opere le quali po fare una doña vertuose cõ laco in mano, con li suoi compassi & misure (au verso du dernier f.) : *Finisse il libro intitulato Esemplario de lauori... stampato in Venezia per Nicolo d'Aristotele detto Zoppino.* M. D. XXIX. pet. in-4. [10262]

Volume composé de 28 ff. dont un seul de texte au verso d'un titre impr. en rouge dans un frontispice gravé sur bois. Vendu 175 fr. Libri Carucci, n° 175.

ESEMPLARIO di lavore che insegna alle donne il modo ed ordine di lavorare, cusire e raccamare, e finalmente far tutte opere degne di memoria, le quali può fare una donna virtuosa col l' ago in mano. *Stampato in Vinegia per Gio. Andrea Valvassore detto Guidagnino.* 1546, in-4.

Ce livre, curieux et rare, a été vendu, *non relié*, 140 fr. Libri, en 1857; mais on l'avait donné pour 7 fr. 18 sous à la vente Sendras, en 1771, et encore

l'exemplaire était-il réuni à l'ouvrage intitulé : *Il Spechio di pensieri delle belle virtudiose donne*, impr. à Venise en 1548, in-4.

ESSEMPLARIO novo di più di cento variate mostre di qualunque sorte bellissime per cusire, intitulato Fontana de gli essempli. (*Venezia*) *Stampato per Giov.-Andr. Valvassore detto Guadagnino* (senz' anno), in-8. obl. [10263]

Recueil de jolis modèles de broderie à l'aiguille, gravés vers le milieu du XVIe siècle. Il se compose de 16 ff. en tout, dont le premier contient le titre, et au verso, un avis du *Pelliciolo*; les planches, au nombre de 28, sont suivies d'un f. impr. où se lit un avis de l'imprimeur. Vend. 36 c. 50 c. salle Silvestre, en mai 1837.

Le même recueil est annoncé sous la date de 1550, et plus amplement décrit dans le catal. Cicognara, n° 1818, et ce curieux catal. nous donne aussi (sous le n° 1583) la description d'un recueil de six traités du même genre que le précédent, lesquels ont paru à Venise, de 1557 à 1559, sous les titres suivants : 1° *il Monte*, 2° *le Pompe*, 3° *lo Splendore delle virtuose giovani*, 4° *la gloria et l'honore di ponti tagliati et ponti in acre*, 5° *Trionfo di virtu libro novo di cucir*, 6° *Belleze de recami et dessegni*. Chacun des cinq premiers traités se compose de 16 ff., et le 6e de 20 ff.

Pour d'autres ouvrages sur les travaux à l'aiguille des dames, voy. nos articles BURATO, BELLEZZE, FIORI, FLORINI, GIOCELLO, HIERONIMO, LUCIDARIO, FLEUR des patrons, OPERA nova, OSTANS, SPECCIO di Pensieri, TAGLIENTE, VECELLIO, VINCIOLO.

ESEQUIE dell' imperadore Ferdinando II celebre... nella collegiata di S. Lorenzo il 2 Aprile 1637. *Firenze, Massie Landi*, in-4. [25543]

Cet ouvrage contient 3 planches et un portrait gravés par Della Bella. On y joint : *Orazione funerale di Pietro Strozzi in monte di Ferdinando II*, avec le même frontispice et le portr. gravés. (Molini, *Operette*.)

ESLAVA (*Antonio* de). Primera parte de las noches de invierno. *Pamplona, Carlos de Labayen*, 1609, pet. in-8. [17644]

Réimpr. à Barcelone, 1609, pet. in-8., et à Bruxelles, Rog. Vulpio, 1610, in-12.

ÉSOPE et **ÉSOPET**. Voy. ÆSOPUS.

ESPAGNET (d'). Enchiridon physicæ. Voy. ENCHIRIDION.

ESPAGNOL (*Jean* l'). Histoire. notable de la conversion des Anglois, des saincts du pays, des monastères, églises et abbayes, des pélerinages, des apparitions des esprits, et des sainctes reliques, rapportés soubs la vie miraculeuse de saincte

Vaubourg vierge abbesse. *Douay, Balth. Bellere*, 1612, in-12.

Le mérite et la rareté de ce livre sont constatés dans le *British librarian* de Oldys (*Lond.*, 1738, in-8.), p. 92.

ESPEJO de cavallerias en el qual se ve-ran los grandes fechos, y espantosas avanturas que el conde don Roldan por amores de Angelica la bella, hija del rey Galafrŏ acabo, en las grandas y muy fermosas cavallerias que don Renaldos de Montalva y la alta Marfisa, y los pa-ladines fizierŏ, assi en batallas campales como en cavallerosas conpresas que to-maron. (à la fin du second livre) : *Aqui acaba el primo y secundo libro de Espejo del cavalleria traducido y compuesto por Pero lopez de Sancta-Catalina Es impresso en la muy noble ciudad de Sevilla por Juan Cromber-ger, anno de* Mil. D. XXXIII, 2 part. en 1 vol. in-fol. goth. à 2 col. [17515]

Édition fort rare des deux premières parties de ce ro-man, traduit ou imité de l'*Orlando innamorato* et de quelques autres poëmes chevaleresques ita-liens. Un exemplaire taché de mouillure, et dans le-quel il manquait la feuille B du premier livre, est porté à 50 fr. sous le n° 227 du Catalogue d'un choix de livres anciens (de M. Le Prévost). *Paris, décembre* 1857; et la feuille C manquant, 6 liv. 5 sh. Libri, en 1859. D'après la souscription ci-des-sus, Pero Lopez de Sancta Catalina serait le tra-ducteur et en partie l'auteur des deux premières parties de ce roman.

Quadrio (*Storia e regole d'ogni poesia*), tome IV, p. 553, donne le titre d'une édition de l'*Espejo de cavallerias* de Séville, 1535 et 1536, in-fol., et c'est d'après lui que Ferrario la cite à la page 207 du second vol. de sa *Storia degli Romanzi di cavalle-ria*. M. Graesse rapporte le titre d'une édition de la seconde partie, Séville, 1536, in-fol. Il ne faut pas confondre cet *Espejo de cavallerias* avec l'*Es-pejo de principes y cavalleros* dont nous parlons à l'article ORTUNEZ de Calahorra.

— Espejo de cauallerias : en el qual se trata de los fechos del cŏde dŏ roldă y de don Reynaldos. — *fenesce la pri-mera parte... impressa en Seuilla en la imprēta de Juă cromberger... año de M. d. xlv* (1545), in-fol. goth. à 2 col.

— LIBRO segundo de espejo de cauallerias ꝗ trata los amores de dŏ Roldă cŏ Angelica la bella y las es-trañas auēturas ꝗ acabo el infante dŏ ruserin hijo del rey dŏ rugiero y brădamŏte. *Año de M. D. xlix.*

— TERCERA parte.... en el qual se cuentan los famo-sos hechos del infante don Roserin : y el fin que ouo en los amores de la princessa Florimena. Donde vereys el alto principio y hazañosos hechos en ar-mas de dŏ Roselao de Grecia su hijo. (à la fin) : *Fue impressa la presente obra en..... Seuilla, en las casas de Jacome Cromberger. acabose a onze dias de Março. año de mil y quientos y cincuenta* (1550).

Il est fort difficile de trouver les trois parties de ce roman réunies. La première a Cxxxviij ff. (le der-nier coté cxxxii) ; la seconde a Cxv ff., et la troi-

sième Cix ff., y compris les titres. Une réimpr. de la première partie a paru à Séville, *en las casas de Jacome Cromberger*, 1551, in-fol. goth.

— PRIMERA, segunda y tercera parte de Orlando ena-morado. Espejo de cauallerias por Pedro de Rey-nosa, vezino de la muy noble ciuidad de Toledo. *Medina del Campo, por Francisco del Canto,* 1586 (à la fin : 1585), *a costa de Juan Boyer, mercader de libros,* 3 part. en 1 vol. in-fol. de cxxxxij ff., 119 ff. iv et 108 ff. lettres rondes.

Même ouvrage que le précédent; mais à la fin de la 3e partie de cette édition on promet une 4e partie. Il est à remarquer que le titre porte le nom de Pe-dro de Reynosa, et que le privilége désigne l'ou-vrage comme *traduzido de lengua toscana en nuestro castellano por Pedro de Reynosa.*

— LIBRO segundo de Espejo de cauallerias, en el quel se veran el fin que ouieron los amores del conde Roldan con Angelica la bella. *Toledo, Christoval,* 1526, in-fol. goth.

Cette édition est portée dans le catalogue de la biblio-thèque publique de Rouen, n° 2231. Si la date en est exacte, il faut supposer une édition du premier livre de l'*Espejo de cavallerias*, au moins aussi ancienne que celle-ci.

ESPEJO (*Ant.* de). Histoires des Terres nouuellement descouuertes, ausquelles a este ja trouué quinze belles prouinces remplies de villes et villages : ausquelles prouinces il se trouue grandes commo-dités et abondance de diuerses especes metalliques : lesquelles terres ont esté decouuertes par Antoine de Espeio et nommées le Nouueau Mexico. traduit de l'Espagnol en langue françoise par M. Basanier, gentilhomme françois. *Pa-ris, chez la vefue Nicolas Roffet,* 1586, in-8., titre, dédicace et texte, 48 pp. [21072]

Nous devons à l'obligeante communication de M. Ja-mes Lenox, de New-York, la connaissance de cet opuscule fort rare (vend., avec d'autres opuscules relatifs à l'Amérique septentrionale, 135 fr. Walcke-naer, n° 1158). Nous ignorons si le texte espagnol a été écrit par Espeio lui-même, et s'il a été im-primé séparément; mais il se trouve dans la collec-tion d'Hakluyt. Il en a été fait une traduction an-glaise sous ce titre :

NEW MEXICO, otherwise the voiage of Anthony of Espeio, who in the yeare 1583, with his com-pany, discouered a lande of 15 prouinces, reple-nished with townes and villages, with houses of four or fiue stories height. It lieth northward, and some suppose that the same way men may by place inhabited go to the lande tearmed De Labrador ; translated out of the spanish. *London, for Tho-mas Cadman* (no date, 1587), pet. in-8.

Fort rare. 6 liv. 2 sh. 6 d. Heber.

ESPEJO (el) de la Cruz. (à la fin) : *Fue la presēte obra imprimada en la cibdad de Seuilla por Meynardo vngut ale-mano e Lancalao polono cŏpañeros. Año de mil é quatrociētos e nouenta e dos años,* pet. in-4. goth.

Ce livre, composé de cinquante chapitres, est traduit de l'italien en castilan par Alfonso de Palencia. Mendez ne parle pas de cette édition de 1490, dont un exemplaire auquel il manquait plusieurs feuillets est porté à 2 sh. sous le n° 2921 du catalogue Salvá; mais il en décrit une plus ancienne, dans le prologue de laquelle on dit que cette traduction a été faite à Séville en l'année 1485, et *acabose de interpretar a xxi de Junio, e de imprimar a xx de Febrero* (Mendez, p. 173-74).

ESPEN (Van). Voyez VAN ESPEN.

ESPENCE (*Claude* d'). Institution d'un prince chrestien. *Lyon, Jean de Tournes*, 1548, pet. in-8. de 75 pp. [3986]

6 fr. 50 c. Coste.

Un exemplaire imprimé sur VÉLIN (sous la date de Paris, 1548), et ayant été présenté à Henri II, roi de France, à qui l'ouvrage est dédié : 137 fr. Mac-Carthy, pour la Bibliothèque du roi.

— DEUX notables traictez ; l'un desquels monstre combien les lettres et sciences sont utiles aux rois et princes ; l'autre contient une forme de devis et discours à la louange des trois lys de France. *Paris, Guill. Auvray*, 1575, in-8. [18111]

Nicéron (XIII) a donné le catalogue de 41 ouvrages de Cl. d'Espence, dont 19 en français. Parmi ces derniers nous remarquons : *Oraison funèbre ès obsèques de Marie, royne douairière d'Escoce, prononcée à Notre dame le 12 avril* 1560 ; et aussi *Oraison funèbre de M. François Olivier, chancelier de France, prononcée à S. Germain de l'Auxerrois, le 29 avril* 1560, l'un et l'autre impr. à Paris, chez Michel Vascosan, en 1561, pet. in-8. ; *Cinq sermons ou traitez....* Paris, 1562, in-8. [1442]

Quant aux ouvrages latins, qui se rapportent presque tous à la théologie ; après avoir été publiés séparément, ils ont été réunis par les soins de Gilb. Genebrard, sous le titre d'*Opera omnia et posthuma*, à Paris, en 1619, in-fol. [1197]

ESPER (*J.-Fréd.*). Description des zoolithes nouvellement découvertes, d'animaux quadrupèdes inconnus et des cavernes qui les renferment ; traduite de l'allemand par Jacq.-Fréd. Isenflamm. *Nuremberg*, 1774, in-fol., avec 14 fig. color. 15 à 20 fr. [5683]

ESPER (*Eug.-Joh.-Christ.*). Icones fucorum, cum characteribus system., synonymis auctorum, et descriptionibus novarum specierum (germanice). *Nurembergæ*, 1797, 2 vol. in-4. fig. color. [5524]

Il y a sept parties publiées de 1797 à 1808, au prix de 36 thl. Le 1er vol. contient 217 pp. avec les pl. I—III ; le 2e a 132, IV et 111 pp. avec les pl. CXII à CLXXXIV, lesquelles ne sont cotées que jusqu'à CLXIX. La 7e livraison, publiée en 1808, manque dans une partie des exemplaires.

On trouve sous le n° 1161 du catalogue de L'Héritier l'indication d'un ouvrage du même auteur, intitulé *Plantes marines*, avec la description en allemand. *Nurembergæ*, 1788-91, 4 cah. in-4. fig. color. : vend. 48 fr.

— Die europäischen Schmetterlinge in Abbildungen, etc. ; *c'est-à-dire*, les papillons d'Europe représentés et décrits d'après nature. *Erlangen*, 1829-1839, 5 tom. en 7 vol. in-4. [6073]

Ouvrage publié par livrais. ; en voici le contenu :

1er vol. (*Zugvögel*) en 2 part., 388 et 390 pp. et 93 pl. : 1er supplém., 120 pp. et pl. 94 à 116 ; 2e supplém. (11e livrais. du tome 4e publié en 1805), 24 pp. et pl. 117 à 126.

2e vol. (*Nachtvögel*, 1779), 234 pp. et 36 pl. ; supplém., 52 pp. et pl. 37 à 47.

3e vol. (*Spinnerphalänen*, 1782), 396 pp. et 79 pl. ; supplém., 104 pp. et pl. 80 à 94.

4e vol. (*Eulenphalänen*, 1786), en 2 part., 698 pp. et pl. 80 à 178 (dont la 117e *bis* et la 125e *ter*). — 2e part., 85 pp. et pl. 179 à 198.

5e vol. (*Spannerphalänen*, 1794), 244 pp. de texte et 46 pl. (9 livraisons), et une partie de texte de 90 pp.

L'ouvrage entier a été publié en 84 cah. ; ensuite, comme 3e édit., en 114 cah. On y a ajouté un index en 2 ff.

Cet ouvrage a d'abord paru de 1777 à 1805, et il a été publié de nouveau sous les dates 1829-1839, sans autres changements que quelques additions de son nouvel éditeur, Toussaint von Charpentier. Primitivement il a été payé 173 thl., mais on le trouve aujourd'hui pour beaucoup moins.

Les *Ausländische Schmetterlinge* du même auteur ont paru de 1785 à 1798, en 16 cah. Il y en a une nouvelle édition, publiée avec une continuation par T. von Charpentier, *Erlangen*, 1820, in-4., pp. 1 à 254 et 14, avec LXIV pl. enlum. dont LX A—a.

— DIE PFLANZENTHIERE, etc. ; *c'est-à-dire*, les zoophytes représentés et décrits d'après nature, en allemand. *Nuremb.*, 1788 à 1830, 3 vol. gr. in-8. pl. color. [6182]

Il paraissait en 1830 XVII cahiers de cet ouvrage, au prix de 50 thl. 20 gr. Le 1er vol. a 149 pl. ; le 2e, 130 pl. ; le 3e, 19 pl. Les livr. XVI et XVII ont été achevées par le professeur Hammer. La suite, sous le titre de *Fortsetz. oder Nachträge*, 1794 à 1806, forme 10 cah. avec 137 pl. enluminées.

ESPERONIER de discipline. V. DU SAIX.

ESPINAR (*Alonzo* Martinez). Voyez MARTINEZ.

ESPINAY (*Charles* d'), breton. Ses sonnets. *Paris, Rob. Estienne*, 1560, in-4. [13704]

Ce recueil, dont l'auteur est mort évêque de Dol, en Bretagne, contient 26 sonnets amoureux et une chanson qui ont, sinon mérité, du moins obtenu les éloges de Ronsard et de plusieurs autres poètes contemporains de l'évêque de Dol. Il en existe une première édition sous le titre de *Sonnets amoureux*, par C. D. B. Paris, Guill. Barbé, 1559, in-8.

ESPINE. Voyez L'ESPINE.

ESPINEL (*Vicente*). Relaciones de la vida del escudero Marcos de Obregon. *Madrid, Juan de la Cuesta*, 1618, pet. in-4. 10 à 15 fr. [17602]

Première édition d'un roman dont il a été fait plusieurs réimpressions. Celle de *Madrid, M. Repuellas*, est en 2 vol. pet. in-8.

Le Sage a imité dans son Gil Blas plusieurs morceaux de Espinel ; mais, antérieurement à ce célèbre romancier, les *Relations de Marc d'Obregon* avaient été trad. en français par d'Audiguier, *Paris, Petit-pas*, 1618, pet. in-8.

Antonio cite du même auteur :

VARIAS rimas. *Madrid, L. Sanchez*, 1591, in-8.

C'est à tort que le Catal. de la Bibliothèque du roi (Y 2, 1224) attribue à Vincent Espinel, mort en 1634, *La vida d'Estevanillo Gonzalez* qui est de Gonzalez lui-même (voyez GONZALEZ).

ESPINEL (*Jacente*). Voy. ADORNO.

ESPINELLE. Voyez DESPINELLE.

ESPINETTE. Lespinette du ieune prince

Espiard de Cologne (le baron). Artillerie pratique sous Louis XIV, etc., 8681.
Espinalt y Garcia (*B.*). Atlante español, 25944.

Conquerant Le royaulme de bonne renommee Nouuellement Imprime a Paris. — cum priuilegio. (au recto du dern. f.) : *Cy finist lespinette... Nouuellement compose et imprime a paris le .xiv°. iour de feurier mil cinq cens et huyt Pour anthoine verard marchant libraire...* in-fol. goth. de 124 ff. à 2 col. signat. a—x, avec fig. en bois. [13299]

Édition fort rare d'un poëme en dialogue composé de près de 20,000 vers, la plupart de 10 syllabes. L'auteur (Symon Bougouync) s'est nommé dans un acrostiche de 14 vers qui est à la fin de l'ouvrage, et qui a pour titre : *Le nom de lacteur en maniere de supplication.* La souscription fait mention du privilége, de cette manière : *Et a donne le roy nostre sire au dit verard lettre de preuileges et terme de trois ans pour vendre et distribuer ses ditz liures, affin de soy rembourser de ses fraiz et mises. Et deffend ledit seigneur a tous imprimeurs τ libraires de ce royaulme de non imprimer ledict liure iusques a troys ans sur paine de confiscacion desditz liures.* Vend. en m. r. 17 fr. Gaignat; 8 liv. White Knights; et en *mar. bl.* 20 liv. 10 sh. Heber; et 310 fr. exemplaire avec un f. habilement refait à la plume) en 1841; autre exempl. 295 fr. en 1842; 380 fr. *mar. citr.* d'Essling; 725 fr. *mar. v.* par Niedrée, vente Solar.

La Bibliothèque impériale conserve un très-bel exemplaire de ce livre imprimé sur VÉLIN, avec figures peintes.

— Lespinette du ieune prince. Conquerant le royaulme de bonne renommee Nouuellement imprime a Paris. (à la fin) : *Cy finist lespinette du ieune prince... Nouuellement imprime par Michel le noir Libraire...Et fut acheue ledit liure le derrenier iour du moys doctobre Mil cinq cens et quatorze,* pet. in-fol. goth. de 96 ff. non chiffrés, à 2 col., sign. *a—q,* avec fig. en bois.

Le titre porte la marque que nous avons donnée t. I, col. 1093.
Édition non moins rare que la précédente : 34 fr. (en médiocre condition) Lair; 4 liv. 6 sh. Sykes.

ESPINOSA (*Nic.*). Segunda parte de Orlando furioso. Voy. ARIOSTO.

ESPINOSA ou de Spinosa. Voy. SPINOSA (*J.* de).

ESPINOSA (*Pedro*). Primera parte de las flores de poetas ilustres de España, ordenada por P. Espinosa. *Valladolid, Luys Sanchez,* 1605, pet. in-4. [15068]

Espinosa a formé avec autant de goût que de critique cette collection des poëtes de son temps; il y a inséré nombre de pièces qui étaient alors inédites, et dont plusieurs ne se trouvent pas autre part; de ce nombre sont quelques poésies de l'éditeur lui-même. Le volume est devenu rare. Vend. 17 fr. Lecoulteux; 43 fr. Gohier; 25 fr. Rœtzel; 2 liv. 18 sh. Libri, en 1859; 4 liv. (exemplaire de De Thou) Heber.—La seconde partie n'a pas été publiée. Voy. ROMANCERO.

ESPINOY (*Ph.* de L'). Voy. L'ESPINOY.

ESPITRE. Voy. EPITRE.

ESPLANDIAN (Las sergas de). Voyez AMADIS.

ESPRIT. Sermon du P. Esprit de Tinchebray, sur ces paroles : *Sicut unguentum quod descendit,* etc. , prononcé dans l'église des religieuses de Hautes-Bruyères, en 1694, pet. in-12 de 10 ff. [18418]

Quelques personnes attribuent au célèbre Esprit Fléchier cette facétie satirique contre les prédicateurs capucins. Elle nous rappelle :
SERMON du R. P. Protoplaste, prédicateur capucin, prononcé à Nantes le 10 janvier 1702, dans le couvent des Ursulines, sur ces paroles : Sicut unguentum... *Nantes,* 1702, in-8.—Réimpr. à Nantes, 1734, in-12.

ESPRIT. Histoire du prince Apprius (Priapus), extraite des fastes du monde, depuis sa création; par Esprit (ou plutôt de Beauchamp). *Impr. à Constantinople* (*Paris,* vers 1722), ou *La Haye,* 1729, in-12, avec la clef impr. 3 à 5 fr. [18020 ou vers 18420]

ESPRIT (*Laur.*). Voy. SPIRITO.

ESPRIT (l') de Henry septiesme jadis roy d'Angleterre; a Henry huictiesme a presant regnant (avec la permission datée de Lyon le vint sixiesme may, mil cinq cens quarante quatre). *Lyon, Macé Bonhomme,* pet. in-4. de 42 pp., plus un f. contenant un fleuron. [13490]

Quoique le frontispice de ce livre porte le titre ci-dessus, le sommaire qui se lit au haut du texte commence ainsi : *Epistre de Henry septiesme iadis roy d'Angleterre, enuoyee le .xx. de Apuril mil cinq cēs xliiij.*
Cette pièce intéressante, dont on a rajeuni la date et probablement remanié le texte dans la présente édition, a été écrite, vers 1512, par Jean Bouchet; c'est la première des épitres familières dans le Recueil des épitres de ce poëte, impr. en 1545, in-fol. (voy. BOUCHET). Il en existe deux éditions in-8. en lettres gothiques, sans date et sans nom d'auteur, lesquelles sont antérieures à celle de Lyon; celle qu'on peut regarder comme la première, sous le titre d'*Epistre envoyee par feu Henry, roi d'Angleterre, a Henry son fils, huytiesme de ce nom, a present regnant,* se compose de trois cahiers sign. A. B. C., à 27 lignes par page, le titre porte une vignette en bois representant Salomon adorant les idoles. La seconde n'a que 2 feuilles, sign. A et B, à 37 lig. par page, en petits caractères. On y a imprimé un certain nombre de vers sans les couper, et comme de la prose. L'exemplaire que j'ai vu avait pour titre : *Epistre envoyee des champs Elisées au roy Henry dengleterre a present regnant audit royaulme.* C'est avec le secours de ces deux éditions que M. de Montaiglon a donné celle qui fait partie du 3° volume du *Recueil de poésies françoises* publié par lui.

ESPRIT (l') de la France et les maximes de Louis XIV découvertes à l'Europe.

Cologne, Pierre Marteau (Hollande), 1688, pet. in-12.

9 fr. Nodier; **11 fr.** *mar. bl.* Renouard.

ESPRIT de l'Esprit des lois, 1749, in-4. et in-8. [2338]

Cet opuscule, qui a été faussement attribué à l'abbé Le Gras du Villard, est de Jean-Louis, marquis de Maleteste. M. Barbier dit qu'il n'a pu le voir, mais il suppose que l'édition citée n'aura été tirée qu'à un très-petit nombre d'exemplaires. Au reste, cet ouvrage fait partie des *OEuvres diverses d'un ancien magistrat* (le même marquis de Maleteste), *Londres* (*Lausanne*), 1784, in-8. (voyez *Dict. des anonymes*, nos 2824 et 5414).

ESPRIT (l') de Luxembourg, ou conférence qu'il a eue avec Louis XIV, sur les moyens de parvenir à la paix. *Cologne* (*Hollande*), 1693, pet. in-12. 6 à 9 fr. [23859]

Vend. 7 fr. Méon; 15 fr. *mar. bl.* Renouard, et jusqu'à 30 fr. Morel-Vindé.

Il y a une édition de *Cologne*, 1695, pet. in-12 de 136 pp.: même prix.

ESPRIT des journaux. Voyez l'article JOURNAUX, à la fin de ce Manuel.

ESPRIT du cardinal Mazarin, ou entretiens sur ce qui se passe à la cour de France et dans celles des autres princes de l'Europe. *Cologne, P. Marteau* (*Hollande*), 1695, pet. in-12. [23856]

Vend. 14 fr. *br.* Pixerécourt; 30 fr. *mar. r.* Nodier. Dialogue satirique entre Mazarin et Mme de Maintenon. A la suite de la page 336 on doit trouver une épitaphe du cardinal, en vers, qui occupe 6 pages, et une chanson contre Mme de Maintenon et la Maison de Saint-Cyr.

ESPRIT (l') familier de Trianon, ou l'apparition de la duchesse de Fontange, contenant les secrets de ses amours et de sa mort. *Paris, veuve de Jean Felix* (*Amsterdam*), 1695, in-12 de 141 pp., y compris la pl. gravée. [17292]

Vend. en *mar.* 15 fr. Chénier; 10 fr. Bignon; 12 fr. Labédoy...

ESSAI d'analyse sur les jeux de hasard. Voy. MONTMORT.

ESSAI de mémoires sur M. Suard. Voyez SUARD (Mme).

ESSAI général de fortifications. Voyez BOUSMARD.

ESSAI sur l'état de la civilisation des Phéaciens, sur les arts, sur la littérature et sur les sciences des Corcyréens dans les beaux siècles de la Grèce; sur l'état de la civilisation des Corcyréens depuis ce temps jusqu'à la fin du dernier siècle. Κέρκουρα (*Corfou*), 1811, in-4. [22871]

Ouvrage écrit en grec moderne, avec la traduction française en regard, et des notes. Vend. 60 fr. salle Silvestre, en février 1842, sans avoir cette valeur.

ESSAI sur l'étude de la littérature. Voyez GIBBON.

ESSAI sur la littérature. Voy. CRAUFURD.

ESSAI sur la musique. Voy. LA BORDE.

ESSAI sur la nécessité et les moyens de plaire. Voy. MONCRIF.

ESSAI sur les apanages, ou mémoire historique de leur établissement (par Louis-Franç. du Vaucel, vers 1788), 2 tom. en 1 vol. in-4. [24051]

On prétend qu'il n'a été tiré que 12 exemplaires de cet ouvrage, l'auteur n'ayant pas voulu le rendre public. Cependant, sans être tout à fait commun, ce livre se trouve trop souvent pour qu'il n'ait pas été tiré à plus grand nombre.

Le 1er volume est de 372 pp., et le 2e de 403, sans les pièces justificatives, qui, avec la table, ont 142 pp. Vendu 38 fr. en mars 1812, et beaucoup moins cher depuis.

ESSAI sur l'histoire de l'ordre teutonique, par un chevalier de l'ordre (Guil.-Eug.-Jos. baron de Wal). *Paris, Reims* et *Liège*, 1784-90, 8 vol. in-12. [21993]

Ouvrage devenu rare, parce qu'une partie des exemplaires, et surtout des derniers volumes, ont été détruits pendant les orages de notre première révolution. Le même auteur a donné : *Recherches sur l'ancienne constitution de l'ordre teutonique, et sur ses usages comparés avec ceux des Templiers*, Mergentheim, George Thomm, 1807, 2 vol. in-8., livre auquel a eu part M. Polzer, archiviste de l'ordre.

ESSAIS de littérature et de morale (par Mlle de Meulan, depuis Mme Guizot).

Paris, 1802, in-8. de 175 pp. pap. vél. [18332]

Ce volume renferme des articles que Mlle de Meulan avait fait insérer dans le Publiciste ; il n'en a été tiré qu'un très-petit nombre d'exemplaires pour l'auteur. 6 fr. Chateaugiron ; 10 fr. Pixérécourt.

ESSAIS historiques de J. M. Voy. Muller (*J.* de).

ESSAIS historiques sur la vie de Marie-Antoinette d'Autriche. *Londres*, 1789, 2 parties en 1 vol. in-8. [23928]

Pamphlet infâme contre une reine infortunée, que la calomnie la plus audacieuse était parvenue à perdre dans l'opinion publique. La première partie finit à la page 91, et la seconde porte un nouveau titre ainsi conçu : *Essai historique sur la vie de Marie-Antoinette, reine de France et de Navarre, archiduchesse d'Autriche, née le 2 novembre 1755, orné d'un portrait, et rédigé sur plusieurs manuscrits de sa main, seconde partie de l'an de la liberté 1789. A Versailles, chez la Montansier, hôtel des courtisanes, in-8.* Un exempl. en *mar. bl.* 76 fr. Solar.

ESSAIS littéraires par une société de jeûnes gens (MM. Ch. Nodier, Weiss, Compagny, Vaud et Monnot). *Besançon, Charmet*, an vi, in-12. [19431]

Tiré à 50 exempl. seulement : 17 fr. *mar. citr.* Chateaugiron.

ESSAIS sur l'architecture des Chinois, sur leurs jardins, leurs principes de médecine, et leurs mœurs et usages, avec des notes (par L.-Fr. Delatour). *Paris, de l'impr. de Clousier*, 1803, in-8. [28287]

Ouvrage tiré à 36 exempl. seulement : vend. 64 fr. (exemplaire orné de 4 dessins color.) Delatour ; et un autre exempl. 36 fr. Langlès ; 20 fr. Chateaugiron ; 15 fr. Pixérécourt.

ESSAY on old maid. Voy. Hayley (*Will.*).

ESSAY on woman. Voy. Wilkes.

ESSAY (an) upon wind; with curious anecdotes of eminent peteurs. *Printed on superfin pot paper, at the office of Peter Puffendorf, Potsdam*, in-12. [17911]

Cette facétie, sans nom d'auteur et sans date, a été impr. à Londres, il y a quelques années, et il n'en a été tiré, dit-on, que 50 exempl. sur papier et 12 sur vélin. Un de ces derniers, 5 liv. Hibbert. Une tradition, peut-être mal fondée, attribue cette drôlerie au célèbre orateur Fox.

ESSAYISTS (british). V. British classics.

ESSAYS and observations. V. Edinburgh Society.

ESSEMPIO dun giovane ricchissimo : qual consumata la richezza : disperato a un trave si sospese. Nel qual il padre previsto il suo fatal corso gia molti anni avanti infinito tesoro posto havea, et quello per il carico fracasato ; la oc-

culta moneta scoperse. *Vinegia, Gul. da Fontane de Monferrato*, 1530, pet. in-8. [14923]

Nouvelle en vers, fort rare, 27 fr. 50 cent. *mar. r.* Libri.

ESSEMPLARIO novo. Voy. Esemplario.

ESTABLISSEMENS du duc de Bretaigne sur les plaidoieurs et leurs salaires. *Imprime en la cite de Lantreguet*, 1485, pet. in-8. goth.— Voy. ci-dessus col. 362 l'article Coutumes de Bretagne.

Vend. 22 fr. Motteley.

ESTAÇO (*Balth.*). Sonetos, cançoes, eglogas e outras rimas. *Coimbra, Gomes Loureiro*, 1604, pet. in-4. de iv et 200 ff. [15358]

ESTAÇO (*Gasp.*). Varias antiguedades de Portugal. *Lisboa, P. Gaesbeeck*, 1625, in-fol. de xii et 332 pp., plus 24 ff. non chiffrés. [26252]

A cet ouvrage se trouve ordinairement réuni le *Tratado da linhagen dos Estaços*. Vendu 8 flor. 50 c. Meerman.—*La Bibliotheca histor.* de Portugal cite une réimpression de *Lisbonne*, 1754, in-4.

ESTANCELIN (*J.*). Voy. Parmentier (*J.*).

ESTAT de la cour du grand turc. Voy. Geuffroy.

ESTAT (l') du Lendit. (*sans lieu ni date*), pet. in-8. de 8 ff. [13500]

Pièce en vers, imprimée de 1530 à 1540, avec une vignette en bois sur le titre. Elle faisait partie du Recueil annoncé dans la *Biblioth. heber.*, partie X, n° 2621, et qui depuis la vente de cette bibliothèque a été partagé.

Nous trouvons dans le Catalogue Barré, n° 6917 : *Le Voyage du Landit, avec la doctrine des Françoys*, pet. in-8. goth., en vers.

ESTATUTOS da Universidad de Coimbra, confirmados por el rey D. Joaõ IV, em o anno de 1653 ; impressos por mandado e orden de Manoel de Saldanha, etc. *Coimbra, Th. Carvalho*, 1654, in-fol. [30260]

Volume rare : vend. en *m. r.* 100 fr. Gaignat ; 24 fr. Camus de Limare.

Pour avoir la collection des statuts de l'Université de Coimbre, il faut réunir à ce volume les trois articles suivants :

Estatutos da Universidade de Coimbra, confirmados por el rei Philippe I, em o anno de 1591. *Coimbra*, 1593, in-fol.

Estatutos da Universidade de Coimbra, compilados de baxo da immediata et suprema inspecçao del rey D. Jose I. *Lisboa*, 1772, in-fol.

Compendio historico do estado da Universidade de Coimbra no tempo da invasaõ dos denominados jesuitas. *Lisboa*, 1771, in-fol.

ESTATUTZ de la confrayria de la Conception. Voy. Statuts.

ESTE (*Michael*). Madrigales to 3, 4 and 5

Essay on anatomy, 6755.
Essay on Petrarch, 30709.

Essigny (*Grégoire* d'). Sur les chaussées de Brunehaut, 24220.
Estancelin (*L.*). Les comtes d'Eu, 24327.

parts : apt for viols and voices. *London*, 1604, in-4. [vers 10197]

Première partie d'une suite d'airs qui se compose de sept volumes. La seconde, sous le même titre que la première, a paru à Londres en 1606 ; les autres, ayant pour titre Set of Bookes, ont également été impr. à Londres en in-4., savoir : la 3e suite en 1610, la 4e et la 5e en 1618, la 6e en 1624, et la 7e en 1838. M. Graesse, II, p. 505, en a donné les titres en entier ; mais le nouveau Lowndes, 751, se borne à la première partie, et pour les autres compositions de Mich. Este, il renvoie ses lecteurs à la *Bibliotheca madrigaliana* de Rimbault, 1847, in-8.

ESTEBAN de Terreros (el P.). Voy. TERREROS.

ESTENSIS (Presbiteri Hieronimi) libellus : in preconiũ vrbis Agrippine : Et de bello eius cõditoris adversus Persas Incipit feliciter. *Impressum Colonie apud lijskirchen* (absque anno), in-4. goth. de 50 ff., à 17 lig. par page. [26578]

Édition du xve siècle, laquelle se termine au recto du dernier f. par ce vers : *Perpetuas laudes nostro celebrabimus euo.* La souscription est au verso du 48e f., où se voit une vierge gravée sur bois.

ESTERNAUD ou ESTERNOD. Voyez D'ESTERNOD.

ESTEVANO (*Thom.*). Arte de la lingoa canara. *Rachol (Goa)*, 1650, pet. in-4. [11805]

Cette grammaire de la langue que l'on parle sur la côte de Canara, est très-rare, et c'est une des plus anciennes que l'on ait sur les langues de l'Indostan. Elle a été donnée par le P. Didace de Ribeiro, d'après le travail du P. Thomas-Etienne Buston, ou de Buten, jésuite, nommé sur le titre Thomas Estevano. Sautuel, *Biblioth. Soc. Jesu*, 768, et Ebert 6956, datent ce livre de 1640 ; la *Biblioth. marsden*, donne cette même date.

ESTEVE. Diccionario catalan-castellano-latino, por Esteve y Belvitges. *Barcelona*, 1803-5, 2 vol. in-fol. 40 à 50 fr. [11168]

ESTIENNE (*Robert*). Ad censuras theologorum parisiensium, quibus Biblia a Roberto Stephano typographo regio excusa calumniose notarunt, ejusdem Roberti Stephani responsio. *Oliva Rob. Stephani*, 1552, in-8. de 255 pp. 15 à 24 fr. [27]

Écrit passionné, mais d'un certain intérêt. 57 fr. *mar. bl.* Solar.

— **Les censures des theologiens de Paris, par lesquelles ils auoyent faulsement condamne les Bibles imprimees par Robert Estiëne, imprimeur du Roy : auec la response d'iceluy Robert Estienne. Traduictes de latin en francois.** *L'Oliuier de Robert Estienne (Paris)*, 1552, in-8. de 155 ff. chiffrés, plus 2 ff. dont le dernier est blanc.

Cette traduction est plus recherchée et plus rare que l'original. M. Renouard en a fait réimprimer la longue mais très-curieuse préface dans ses *Annales des Estienne* : vend. 9 fr. *mar.* Bonnier ; 84 fr., malgré des piqûres de vers, en juin 1860 ; 98 fr. rel. *en veau*, Solar ; et jusqu'à 12 liv. Libri, en 1859.

Le titre porte cette marque qui figure également sur l'édition latine :

— Voy. BIBLIA latina.

— **Evangel. Matthæi Marci Lucæ et in eadem commentarii a Stephano Roberto ex scriptoribus ecclesiasticis collecti, novæ glossæ ordinariæ specimen, authore Roberto Stephano. Andreæ Osiandri harmonia evangelica.** *Oliva Roberti Stephani.* M. D. LIII. *idib. Jan.*, in-fol.

C'est dans la préface de ce livre que Rob. Estienne reproche aux théologiens de France, ses persécuteurs, *de n'avoir pas seulement songé à faire brûler l'athée François Rabelais avec son Gargantua et son Pantagruel.* Le texte de ce passage curieux a été rapporté par M. Renouard à la p. 327 de ses *Annales des Estienne.*

— **Thesaurus linguæ latinæ ; editio nova, prioribus auctior et emendatior.** *Lond., Sam. Harding*, 1734-35, 4 vol. gr. in-fol. 36 à 40 fr. [10858]

Belle édition : vend. en très Gr. Pap. dont il n'y a que 10 exempl. 12 liv. *cuir de Russie*, Askew ; 6 liv. 10 sh. *mar. r.* Drury.

La première édition de cet ouvrage parut à *Paris*, chez Rob. Estienne, en 1531 (à la fin 1532), in-fol. ; la deuxième, augmentée, est de 1536 ; la troisième, beaucoup plus ample, est de 1543, et la quatrième, de *Lyon*, 1573, 4 vol. in-fol. Cette dernière renferme de nombreuses augmentations ; mais elle a été faite sans critique. Le prix en est ordinairement fort médiocre, quoiqu'un exempl. en *mar. bl.* aux armes du comte d'Hoym ait été vendu 380 fr. Solar.

Une édition moins connue que les précédentes, mais qui mérite d'être citée, est celle que Mar. Nizolius a donnée sous le titre suivant :

DICTIONARIUM, seu Thesaurus latinæ linguæ, nuper Venetiis impressus ; omnibus mendis diligenter repurgatus, et locupletatus per Marium Nizolium Brixellensem ; adjecta etiam vera et multiplici singulorum vocabulorum interpretatione græca suis cujusque capitibus apposita, tribus voluminib. *Ve-*

netiis, ex Sirenis officina, anno MDLI, in-fol. (à la fin du 3ᵉ vol.: *Venetiis apud hœredes Petri Ravani et socios, mense octobri* M.D.LI.).

M. Renouard, après avoir rapporté, à la p. 57 de ses *Annales de l'imprimerie des Estienne,* une anecdote relative à cette édition, ajoute : *Il ne paraît pas que cette édition vénitienne ait été achevée; au moins ne la vois-je mentionnée nulle part.* Elle est pourtant bien décrite dans la seconde partie de l'Index des *Annales typogr.* de Maittaire, pp. 95 et 96.

— THESAURUS linguæ latinæ ; cui post editionem Lond. accesserunt nunc primum Henr. Stephani annotationes autographæ; nova cura recensuit, repurgavit et animadversiones adjecit Ant. Birrius. *Basileæ,* 1740-43, 4 vol. in-fol. 36 à 45 fr.

Cette édition, quoique moins belle que celle de Londres, lui est préférée pour l'usage, à cause des augmentations qu'elle contient, et parce qu'elle a été plus exactement corrigée. L'éditeur a employé des notes que H. Estienne, fils de Robert, avait écrites sur un exemplaire de l'édition de 1573, conservé dans la biblioth. de Genève. Le papier ordinaire de ce livre est bis et sans colle ; mais il y a quelques exemplaires tirés sur papier fort, qui sont assez recherchés. Vend. tel tel rel. en *m. r. dent.* 158 fr. en 1813, et 70 fr. Labey.

— Voy. GESNER (*Math.*).

— Dictionarium latino-gallicum multo locupletius , Thesauro nostro recës excuso ita ex aduerso respõdens, vt extra pauca quædam aut obsoleta, aut minus vsitata vocabula , in hoc eadem sint omnia , eodem ordine , sermone patrio explicata : adjectis authorũ appellationibus quas in superiore latino-gallico prætermiseramus. *Lutetiæ, ex officina Roberti Stephani,* 1546, in-fol. [11037]

Dans les deux premières éditions de son *Thesaurus,* Rob. Estienne avait introduit l'interprétation française des mots latins; mais ayant donné en 1538 la première édition du Dictionnaire latin-franç. cidessus, ouvrage combiné de manière à correspondre au premier, il supprima cette interprétation dans la 3ᵉ édit. de son grand ouvrage. Le *Dictionarium latino-gallicum* a été réimpr. avec de nouvelles augmentations à Paris, chez Ch. Estienne, en 1552, et chez Fr. Estienne, en 1560 ou 1561, in-fol. —Voy. notre article NICOT.

Le même savant imprimeur (Rob. Estienne) a aussi donné les ouvrages suivants qui doivent trouver place ici, parce que ce sont les plus anciens Dictionnaires français que l'on ait imprimés.

1° DICTIONNAIRE françois-latin , contenant les mots et maniere de parler françois tournez en latin. *Parisiis, ex officina Rob. Stephani,* 1539 (à la fin 1540), in-fol. — corrigé et augmenté, *Paris, de l'impr. de Rob. Estienne,* 1549, in-fol.

2° DICTIONNAIRE des mots françois selon l'ordre des lettres, ainsi que les fault escrire ; avec les manieres de parler plus necessaires, tournez en latin et amplifiez de beaucoup pour l'utilité des enfans et autres. (*Geneve*), *l'Olive de Rob. Estienne,* 1557, in-4.

Il existe, sous cette même date de 1557, une autre édition de ce Dictionnaire : elle a 192 ff. comme celle-ci, mais le titre porte le mot *Petit* avant celui de Dictionnaire, et de plus *corrigé et augmenté par l'autheur.* Ce petit ouvrage a encore été reproduit sous ce dernier titre chez Ch. Estienne, à Paris, en 1559, in-4. Précédemment il avait déjà été imprimé à Paris, par Rob. Estienne, en 1544 et en 1547, in-4., sous cet autre titre : *Les mots françois selon l'ordre des lettres.* On peut le regarder comme une sorte de complément du *Dictionariolum puerorum,* publié par le même imprimeur, en

1542, en 1544, en 1547, en 1550, et en 1557, in-4., et aussi chez Ch. Estienne, en 1552, in-4.

— Traicte de la grãmaire françoise (par Rob. Estienne). *L'Olivier de Robert Estienne* (1557), pet. in-8. de 110 pp. [10936]

Première édition de cette grammaire. La date résulte d'un avis du VII *décembre* qui est placé à la fin, et où Rob. Estienne renvoie le lecteur au *Petit dictionnaire françois-latin* qu'il a imprimé *ceste presente année* M.D.LVII.

Un exempl. en *mar. r.* 65 fr. Giraud et 63 fr. Solar. Un autre avec l'édition latine de 1558, 17 fr. 50 c. Nodier.

Réimprimé à la date du VII *sept.* 1558, in-8., et traduit sous ce titre :

GALLICÆ grammatices libellus latine versus ab Henrico Stephano. *Oliva Roberti Stephani,* 1558, in-8. selon Renouard.

— IDEM latine conscriptum in gratiam peregrinorum, qui eam linguam addiscere cupiunt. *Parisiis, apud Adr. Wechelum,* 1560, in-8. 6 à 9 fr. 29 fr. *mar. r.* Giraud.

— Traicté de la Grãmaire francoise (par R. Estienne). *Paris, R. Estienne,* 1569, in-8. [10939]

24 fr. 50 c. Veinant.

On trouve ordinairement à la suite de cette grammaire la traduction latine qui en a été donnée sous le titre de *Gallicæ Grãmatices libellus latine conscriptus... Parisiis, ex officina Rob. Stephani,* 1569 ; traduction qui fut réimprimée en 1582, à la suite des *Hypomneses* de H. Estienne. Les 2 vol. en un , 50 fr. Busche, et 72 fr. *mar. r.* Solar. — Il existe des exemplaires des 2 vol. datés de 1569, avec un titre au nom de François Estienne, de Genève.

Opuscules de Rob. Estienne.

LA MANIERE de tourner en langue françoise les verbs actifz, passifz, gerondifz, supines et participes; Item les verbes impersonnelz ainsi termination active ou passive, avec le verbe substantif nomme Sum.— *A Paris, imprimé par Robert Estienne en lan mil cinq cent vingt six au mois de Novembre,* pet. in-8. [11000]

Première édition de cet opuscule dont M. Renouard cite les différentes réimpressions faites dans l'imprimerie des Rob. Estienne, en 1528, 1532, 1535, 1556, 1567 et 1587.

L'édition de *Paris, Rob. Estienne,* 1540, in-8. rel. en *mar. r.* a été vend. 37 fr. Giraud, et 30 fr. Solar.

—LA MÊME, reveue et corrigée en grande diligence. *Paris, Rob. Estienne,* 1545, in-8. de 32 pp. 30 fr. *mar. r.* Veinant.

MANIERE (la) de tourner en langue francoyse les verbes actifz, passifz, gerundifz, supins et participes. — Item les verbes impersonnels ayans termination active et passive, avec le verbe substantif nommé Sum. *On en trouve à Rouen chez Jehan Burges* (sans date), pet. in-8. goth. de 11 ff. seulement.

Édition rare qui reproduit un des opuscules qu'a donnés Rob. Estienne. 38 fr. *mar. r.* Veinant, en 1855 ; 37 fr. Solar.

—LA MÊME maniere de tourner en langue francoise les verbes actifz... — Item les verbes impersoñels ayant terminaison active ou passive...... *Caen, de l'imprimerie de Martin et Pierre Philippe,* 1554, in-8. 36 fr. *mar. br.* Solar.

C'est, à ce qu'il paraît, un ouvrage différent de celui qui a pour titre :

LA MANIERE de tourner toutes especes de noms latins en nostre langue françoyse à l'ustilité des jeunes enfans, estudians es bonnes lettres. *Parisiis apud Franciscum Stephanum,* 1537, pet. in-8. de 11 feuillets.

Réimpr. en 1540 et en 1547.

Nous citerons encore l'opuscule suivant :

> LES DECLINAISONS des noms et verbes que doib-uent sauoir entierement par cueur les enfans..... Ensemble la manière de tourner les noms, pro-noms, verbes, etc. 1545 (réimpr. en 1549), in-8.

> CONJUGAISONS latines et francoyses de verbes ac-tifz avec passifz, neutres, deponens et communs: aussi pareillement sum, volo, nolo, et aucuns im-personnelz de la voix active et passive. *Parisiis apud Franciscum Stephanum,* 1540, pet. in-8. de 56 ff. [10806]

Peut-être cet ouvrage est-il de François Estienne.

> LES DECLINAISONS des noms et verbes que doib-vêt scavoir entierement par cueur les enfans aus-quels on veult bailler entree en la langue latine... Ensemble la manière de tourner les noms, pronoms, verbes tant actifs que passifs, gerondifs, supins et participes : les verbes *sum, volo, nolo, fero, edo, es, flo, possum, memini* : aussi les impersonnels. Des huict parties d'oraison. La maniere d'exercer les enfans a decliner les noms et les verbes. *Paris, Rob. Estienne,* 1545, pet. in-8.

Réimpr. *Paris, Nic. Le Riche,* 1548, pet. in-8. (54 fr. *mar. v.* Solar), aussi en 1549, en 1555 et depuis.

ESTIENNE (*François*). Les Principes et premiers élémens de la langue latine, par lesquels tous jeunes enfans seront fa-cilement introduitz en la congnoissance d'icelle. — *Paris, en la maison de François Estienne,* 1546, in-8. [10806]

Cet ouvrage de Fr. Estienne a été réimprimé chez Rob. Estienne, 1549, in-8., en même temps en fran-çais et en latin. Un exemplaire de l'édit. de *Paris, Regn. Chaudiere,* 1546, in-8. réuni à la *Maniere de tourner toutes especes de noms latins en nos-tre langue,* et à la *Maniere de tourner en langue francoise les verbes,* en 1 vol. rel. en *mar. r.* par Trautz, 69 fr. Solar.

ESTIENNE (*Charles*). De dissectione par-tium corporis humani libri tres a Carolo Stephano editi, una cum figuris et inci-sionum declarationibus a Stephano Ri-verio compositis. *Parisiis, Sim. Coli-næus,* 1545, gr. in-fol. de 23 et 375 pp. fig. [6677]

Un exemplaire sur VÉLIN, avec figures peintes (avec un feuillet en papier), 500 fr. Soubise; 541 fr. Mac-Carthy.

Les figures, au nombre de soixante-deux, et les vi-gnettes imprimées dans ce livre, ont aujourd'hui fort peu de valeur pour la science anatomique ; mais elles sont remarquables comme production de la gravure en bois ; cinq sont marquées de la croix de Geofroy Tory, et les quatre dernières portent le nom de Jolat, accompagné des dates 1530, 1531 et 1532. Toutes ces planches, et deux autres de plus, dont une est datée de 1532, font partie de la traduc-tion française qui a paru sous le titre suivant :

> LA DISSECTION des parties du corps humain, di-visée en trois livres, par Ch. Estienne, docteur en medecine, avec les figures et declaratiõ des inci-sions, composees par Estienne de La Riviere, chi-rurgien. *Paris, Simon de Colines,* 1546, in-fol.

Belle édition, la dernière où figure le nom du célèbre imprimeur Simon de Colines.

Un volume in-fol., sans texte, publié à *Paris, par Jacques Kerver,* en 1575, reproduit les planches de l'ouvrage ci-dessus sous cet autre titre : *Les figu-res et portraicts des parties du corps humain.*

Parmi les soixante et une grandes planches qui com-posent ce dernier recueil, il s'en trouve trois qui ne figuraient pas dans les édit. de 1545 et 1546, elles sont signées de Jolat et portent la croix de Tory, avec la date 1533. Voir sur ces trois éditions le *Geofroy Tory* de M. A. Bernard, pp. 168 et suiv.

— **Prædium rusticum** in quo cuiusvis soli vel culti vel inculti plãtarum vocabula ac descriptiones, earumque conserē-darum atque excolendarum instrumenta suo ordine describuntur. In adulescen-tulorum bonarum literarum studioso-rum gratiam. *Lutetiæ, apud Carolum Stephanum typographū Regium,* 1554, pet. in-8. de 648 pp. et index. [6303]

Le titre porte cette marque :

Ch. Estienne refondit dans ce livre divers opuscules qu'il avait déjà publiés plusieurs fois séparément, en commençant par le *Vinetum* (*Parisiis, apud Fr. Stephanum,* 1537); depuis il traduisit, ou plu-tôt rédigea en françois le *Prædium rusticum,* et c'est cet ouvrage qu'après sa mort, Jean Liebaut, son gendre, publia sous le titre suivant :

> L'AGRICULTURE et Maison rustique de Charles Estienne, docteur en medecine, en laquelle est con-tenu tout ce qui peut estre requis pour bastir une maison champestre, nourrir et mediciner bestial et volaille de toutes sortes... plus un bref recueil de la chasse et de la fauconnerie. *Paris, Iaques du Puits,* 1564, in-4.

Première édition d'un livre qui a eu beaucoup de suc-cès, et dont le second titre (*Maison rustique*), adapté à de nouveaux ouvrages du même genre, s'est perpétué jusqu'à nos jours. Cette édition de 1564, qui a une préface datée de janvier 1564, a été reproduite à Paris en 1565, in-4., et dans la même année à *Lyon, chez Jean Martin,* de format in-16, de 25, 587 pp. et index.

— LE MÊME ouvrage... paracheué premierement, puis augmenté par Iean Liebaut... de la chasse du loup et de la fauconnerie, a reparu à *Paris, chez Jacq. Du Puys,* en 1570, en 1578, en 1583 et en 1586, in-4. fig.

Un bel exemplaire de cette dernière édition, 31 fr. Giraud.

Dans l'édition in-4., dont le titre porte *Pour Jacques Du Puys,* 1589, et que l'on croit impr. à Lyon, se trouve *la Chasse du loup, par Jean de Clamor-gan,* et *la fabrique de la jauge, ou diapason.* 22 fr. Veinant.

Trente autres éditions, toutes de format in-4., impr. à Paris, à Lyon, de 1591 à 1702 (presque toutes avec la Chasse au loup), sont indiquées dans le catal. de J.-B. Huzard, 2e part , nos 729 et suiv. Celle de 1640, contenant l'opuscule de Clamorgant, 29 fr. de Jussieu. La dernière, *mise de nouveau dans un meilleur langage*, est de *Lyon, André Laurens*, 1702. L'ouvrage de Louis Liger, publié pour la première fois à Paris, en 1700 (voy. LIGER), a remplacé complétement celui de Ch. Estienne, qui n'a pas été réimpr. depuis 1702.

— DISCOURS des histoires de Lorraine et de Flandres, au roy très chrestien Henry II. *Paris, Ch. Estienne,* 1552, pet. in-4. [24883]

Justification du droit d'Henri JI sur ces deux provinces.

— HISTOIRE des ducs de Milan, voy. JOVIUS (*Paulus*).

— Pour d'autres ouvrages de Ch. Estienne, voyez GUIDE des chemins; INTRONATI ; PARADOXES.

ESTIENNE (*Henri*).

Ouvrages écrits en français.

— Traicté de la conformité du language françois auec le Grec, diuisé en trois livres... Avec vne préface remonstrant quelque partie du desordre & abus qui se commet aujourdhuy en l'vsage de la langue françoise. En ce traicté sont descouuerts quelques secrets tant de la langue grecque que de la françoise : duquel l'auteur et imprimeur est Henri Estiene, fils de feu Robert Estiene. (*sans lieu ni date, mais avec la marque de H. Estienne*), pet. in-8. de 16 ff. prélim. et 159 pp. [10922]

Édit. originale de ce traité fort curieux. Elle a été imprimée à Genève, en 1565, au plus tard. Quoiqu'elle soit moins belle que l'édit. de 1569 ci-après, c'est celle que les amateurs recherchent le plus, parce qu'elle contient différents passages qui ont été supprimés dans la seconde. Le plus remarquable de ces morceaux supprimés est celui qui est dirigé contre le pape ; il se trouve au verso du 14e f. préliminaire. Un bel exemplaire en *mar. r.* 36 fr. Giraud ; autre 60 fr. Busche et jusqu'à 90 fr. Borluut ; 65 fr. *mar. v.* Veinant, et 71 fr. Solar.

— Le même traité. *Paris, Rob. Estienne* (ou *Iaq. du Puis*), 1569, pet. in-8. de 171 pp. et 18 ff. préliminaires.

Édition en plus gros caractères que la précédente. Vend. avec la Grammaire franç. de R. Estienne, 13 fr. Méon ; et seule, bel exempl., 37 fr. 50 c. Nodier ; en *mar.* 32 fr. Giraud.

— Project du livre intitulé : de la précellence du langage françois. *Paris, par Mamert Patisson*, 1579, pet. in-8. de 16 ff. et 295 pp. 18 à 24 fr. [10913]

Beaux exempl. en *mar.* 50 fr. Veinant ; 96 fr. Giraud. Ces deux traités, peu communs et fort recherchés, sont quelquefois réunis en un seul volume.

Il existe des exemplaires du dernier en pap. fort : vend. 38 fr. 50 c. Labédoy...; 26 fr. *vél.* F. Didot ; 48 fr. Nodier ; 60 fr. Parison ; 86 fr. *m. r.* Renouard ; 70 fr. Veinant ; 42 fr. Solar.

M. Léon Feugère a donné une nouvelle édition de *La Précellence du langage françois*, accompagnée d'une étude sur H. Estienne et de notes, *Paris, Delalain*, 1850, in-12, et aussi une nouvelle édition du *Traité de la conformité*, accompagnée de notes, *même libraire*, 1853, in-12. Ces deux nouvelles éditions, malgré l'avantage que le travail de l'éditeur leur donne sur les premières, n'en ont pas fait tomber le prix.

— Deux dialogues du nouveau langage françois italianizé, et autrement deguizé, principalement entre les courtisans de ce temps : de plusieurs nouveautez qui ont accompagné ceste nouveauté de langage ; de quelques courtisanismes modernes, et de quelques singularitez courtisanesques (par H. Estienne), pet. in-8. de 16 ff. prélim. et 623 pp. [10992]

Cet ouvrage piquant a été imprimé à Genève, en 1578, et non à Paris, en 1579, comme l'ont dit plusieurs bibliographes. L'auteur y a prodigué son immense érudition, mais en même temps s'y est permis certaines plaisanteries un peu hardies, qui lui attirèrent une verte semonce du conseil de Genève, par suite de laquelle il jugea prudent de s'absenter de cette ville pendant quelque temps (voy. les *Annales de l'imprimerie des Estienne, par M. Renouard*, t. II, pp. 112 et suiv.). Cependant H. Estienne avait évité de se nommer sur le titre de ce livre, dont l'Epistre *Aux lecteurs tutti quanti*, est sous le nom de *Jean Franchet, dict Philausone, gentil homme courtisano-politois.*

L'édition in-8. que nous venons de décrire est rare et justement recherchée : vend. 17 fr. *mar.* Courtois ; rel. en *vél.* 55 fr. Renouard ; *très-rogné*, 29 fr. Busche ; beaux exempl. en *mar.* 50 fr. Nodier, revendu 105 fr. Borluut ; 75 fr. Giraud ; 50 fr. Veinant. Il en existe deux autres d'*Anvers, Guill. Niergue*, 1579 et 1583, in-16, qui ne sont guère moins rares que la première, et dont le prix est assez élevé. 52 fr. Coste ; 69 fr. *mar. r.* Parison.

— Introduction au traité de la conformité des merveilles anciennes avec les modernes, ou traité préparatif à l'apologie pour Hérodote. L'argument est pris de l'apologie pour Hérodote, composée en latin par Henri Estiene, et est ici continué par lui-même. *L'an* M. D. LXVI, *au mois de novembre*, pet. in-8. de 16 ff. et 572 pp. [18402]

Édition originale, rare et recherchée, parce qu'elle est la seule des anciennes éditions dont le texte n'ait pas été altéré ; il s'en trouve cependant des exemplaires où, pour faire disparaître le passage licencieux de la p. 280, on a cartonné la feuille S : 30 fr. *m. r.* La Valliere ; 13 fr. *v. f.* Chardin ; 49 fr. Renouard ; 36 fr. en *mar. bl.* Solar ; 40 fr. Giraud ; un exemplaire réputé intact et rel. en *mar. br.* par Trautz, 145 fr. Bertin. M. de Lurde en possède un qui n'a aucun carton.

Il existe des exemplaires de l'*Introduction* au *Traité de la conformité....* de l'an M. D. LXVI, *au mois de Nouembre*, dans lequel se trouvent, entre le morceau intitulé *Henri Estienne a un sien ami* et la *Préface de la première partie*, un avertissement et une table dont les bibliographes ne parlent pas. En voici le titre :

AVERTISSEMENT de Henri Estienne, pour son liure intitulé l'Introduction au Traité de la conformité des merveilles anciennes auec les modernes, ou Traité preparatif à l'Apologie pour Herodote. Touchant ceux qui, sans prendre garde à l'argument, en iugét & parlent à la volee : pareillement touchât ceux qui l'ont corrôpu et falcifie depuy l'impression par luy mesme auec deux tables sur iceluy.

H. Estienne au lecteur :

Puisqu'un autre imprimeur a corrompu mon liure
Ou estant ignorant, ou estant fol, ou yuré,
Ne t'esbahis, lecteur, si tu ne l'entens bien :
Car moy qui suis l'auteur ie n'y entens plus rien.

Au-dessous de ces vers se voit la marque d'H. Estienne, comme au titre du livre.

L'avertissement occupe 6 ff. y compris le titre, sign.
* II à * XIIII; la table, 18 ff. non chiffrés, sign.
A—C III (pour C II).

A la fin de cet avertissement, Estienne désavoue une édition de son livre, qui, dit-il, a été publiée depuis environ un mois, et sur le titre de laquelle on a mis les noms de la ville et de l'imprimeur supposez, car il y a *en Anvers par Henry Wandellin*, combien qu'elle ait été imprimée à Lyon par un que je ne nommeray point, mais pour un qui a le nom Claude Ravot.

Il y a deux réimpressions faites sous la même date ; l'une a le même nombre de pages que l'édition originale, mais n'a point l'*Olivier d'Estienne* sur le fleuron du frontispice ; l'autre, imprimée en plus gros caractères, a 680 pages. 7 fr. Chardin ; 32 fr. *mar.* Bertin.

On a ajouté à la fin de l'ouvrage, dans l'édition de *Guill. des Marescs*, 1572, in-12, deux pièces de vers qui ne sont point dans les précédentes. La première de ces pièces est intitulée : *Prosopopée de l'idole aux pèlerins*, et l'autre : *Huitain de S. B. aux frères rasez*. Au surplus, ces éditions, dans lesquelles on a retranché presque tout l'article *C...ge*, qui devait se trouver au commencement du 21ᵉ chapitre, ont peu de valeur : 3 à 4 fr. Voyez les *Mémoires de Sallengre*, tome 1, pp. 38-58.

— APOLOGIE pour Hérodote, ou traité de la conformité des merveilles anciennes avec les modernes ; nouvelle édition augmentée de remarques par Le Duchat. *La Haye, Henri Scheuler*, 1735, 2 tom. en 3 vol. pet. in-8., avec 3 gravures.

Cette édit. est préférable aux précédentes à cause des remarques qu'elle contient. Le 21ᵉ chapitre y est entier, et la *Prosopopée* est impr. à la page XXI des pièces prélim. : 12 à 15 fr. ; vend. en *m. r.* 43 fr. Labédoy... ; en *mar. v.* 40 fr. Renouard.

— Les prémices, ou le I liure des prouerbes epigrammatizez, ou des epigrammes prouerbializez, c'est-à-dire, signez et scellez par les prouerbes françois ; aucuns aussi par les grecs et latins, ou autres pris de quelcun des langages vulgoires : rangez en lieux communs. (Genève), *Henri Estienne*, M. D. LXXXXIIII. (1594), pet. in-8. de 8 ff. prélim. et 207 pp. [18462]

Le plus rare des ouvrages français d'H. Estienne : 35 fr. 50 c., en 1839 ; 120 fr. *v. f.* Coste ; 140 fr. *mar.* Duplessis.

Ouvrages écrits en latin.

— JURIS civilis fontes et rivi : jurisconsultorum veterum quidam loci ex integris eorum voluminibus ante Justiniani ætatem excerpti. *Oliva H. Stephani*, 1580, in-8. 4 à 6 fr. [2446]

— (HENRICI Stephani) Dictionarium medicum, vel expositiones vocum medicinaliũ (græcarum), ad verbum excerptæ ex Hippocrate, Aretæo, Galeno, etc., cum latina interpretatione : Lexica duo in Hippocratem huic dictionario præfixa sunt, unum Erotiani, nunquam antea editum, alterum Galeni, multo emendatius quam antea excusum. *Excudebat Henr. Stephanus*, 1564, in-8. de 608 pp. et 14 ff. [6515]

Ce volume a été imprimé à Genève, ainsi que les autres ouvrages de H. Estienne que nous allons indiquer, à l'exception de ceux qui portent le nom d'une autre ville. Le *Dictionarium medicum* est censuré amèrement dans le *Scaligerana prima*, article *Erotianus*.

— DIALOGUS de bene instituendis græcæ linguæ studiis, ejusdem dialogus de parum fidis græcæ linguæ magistris, et de cautione in illis legendis exhibenda. Ad hujus autem posterioris dialogi argu-

mentum pertinet ab eodem Henr. Stephano editus antea liber Paralipomena grammaticarum græcæ linguæ institutionum. (*Typis H. Stephani, excudebatur anno* 1587, in-4. 4 à 6 fr. [10602]

— DE ABUSU linguæ græcæ in quibusdam vocibus quas latina usurpat admonitio Henr. Stephani. *Excudebat H. Stephanus*, 1563, in-8., 3 à 5 fr. [10604]

Cet ouvrage a été réimprimé par H. Estienne, en 1573, in-8., et plus tard avec les notes de J.-H. Kromayer, par les soins de Fr.-Guill. Roloffius, *Berlin*, 1730, in-8.

— Thesaurus græcæ linguæ (cum appendicibus). *Anno* 1572, *excudebat Henr. Stephanus,* 5 tom. en 4 vol. pet. in-fol. [10702]

Ouvrage fort estimé auquel on ajoute le volume dont voici l'intitulé :

GLOSSARIA DUO, e situ vetustatis eruta : ad utriusque linguæ cognitionem et locupletationem perutilia. Item de Atticæ linguæ seu dialecti idiomatis, comment. Henr. Steph. 1573. *Excudebat Henr. Stephanus.*

Il n'est pas facile de trouver ces 5 vol. réunis et bien conservés ; mais, depuis les nouvelles édit., le prix de celle-ci, qui s'était élevé à 400 fr. et plus, est réduit à moins de 150 fr.

Il y a des exempl. en Gr. Pap. dont la hauteur n'excède pas 392 millimètres. Vend. 400 fr. *m. r.* Pelletier de Saint-Fargeau ; 490 fr. *mar. r.* d'O... ; 1275 fr. *m. r. dent.* Mac-Carthy, et revendu 499 fr. en 1838.

Les 4 vol. du *Thesaurus* se trouvent assez souvent sans les *Glossaria duo*, et ils ne valent pas plus de 40 à 50 fr. (83 fr. *mar. r.* Solar ; mais le 5ᵉ vol. séparément se paye presque aussi cher que les quatre premiers, parce qu'il est rare : vendu 126 fr. en 1811, mais seulement 21 fr. *mar. v.* Solar ; en voici la description : 1ʳᵉ partie : 3 ff. prélim. contenant un frontispice, une épître dédicatoire et un avis au lecteur ; le glossaire latin et grec, col. 2—666. 2ᵉ partie : *De atticæ linguæ seu dialecti idiomatis...,* 4 ff. prélim., le titre compris ; ensuite le corps de l'ouvrage, page 12—247. Comme ce volume est mince, il est quelquefois rel. avec le 4ᵉ du *Thesaurus* ; en place de l'*appendix*, qui, pour lors, est relié séparément, et forme le tome 5ᵉ. Cette division rend les vol. plus égaux.

On a publié à Londres, en 1812, une réimpression de ces *Glossaria* tirée à 100 exempl. et à 25 en Gr. Pap. Cette réimpression, très-exacte et fort belle, a diminué la rareté de ce livre.

Henri Estienne a fait deux édit. ou tout au moins deux publications différentes du *Trésor de la langue grecque*. La première est revêtue de la date de 1572 ; la seconde n'en porte aucune. Le distique : *Nunc alii intrepide vestigia*, etc., qui se lit au frontispice de la première, est remplacé par celui-ci : *Quidam* ἐπιτέμνων, etc., et au-dessous de l'olivier, à la place qu'occupe la date de la première édit., on trouve, dans la seconde, ces mots : HENR. STEPHANI OLIVA. Si le grand nombre de feuilles entre lesquelles nous avons remarqué des différences, purement typographiques à la vérité, n'attestait pas qu'il existe réellement deux éditions de cet ouvrage, un avertissement de Henri Estienne, placé au verso du frontispice de la seconde édit., ne laisserait aucun doute à cet égard ; et afin que l'on ne croie pas que l'une de ces édit. soit préférable à l'autre, nous allons rapporter un passage de cet avertissement. Après s'être plaint amèrement du tort que lui fait le *Lexique* de Scapula, H. Estienne ajoute : *Hæc enim omnia* (il veut parler des corrections et additions qu'il aurait pu faire à son livre) *non huic posteriori thesauri editioni inserere, verum seorsum, edere visum est, ne ei qui jam priorem emisset, posterior etiam, si habere illa quoque vellet, comparanda esset.*

Il serait difficile de fixer la date précise de cette seconde édition ; mais il est évident qu'elle est postérieure à l'année 1580, époque à laquelle Scapula publia son *Lexique*. Aucune des observations que nous venons de faire n'a échappé à Maittaire ; elles sont consignées beaucoup plus au long dans son *Histoire des Etienne* (voyez *Stephanorum historia*, pages 355-59). Toutefois voici un fait qui semble devoir les modifier : M. Firmin Didot, après s'être livré à un examen de sept exempl. du grand lexique d'Estienne, a constaté la réimpr. d'une quantité de feuilles équivalant à la moitié du livre, c'est-à-dire 500 feuilles au moins ; mais il ne pensait pas que les quatre vol. eussent été réimpr. en totalité.

— THESAURUS græcæ linguæ ab H. Stephano constructus ; editio nova auctior et emendatior. *Londini, in ædibus Valpianis*, 1815-25, 8 vol. pet. in-fol. (en 39 livraisons).

Cette édition est assez belle, et elle renferme de nombreuses additions ; mais elle n'a pas été dirigée avec assez de critique. Les préliminaires, qui occupent Dlxviij col. au commencement du premier volume, contiennent les préfaces de H. Estienne, les *Testimonia*, divers traités sur la langue grecque par Kuster, Jablonski, Sturz, etc. Les *Glossaria græco-latina* occupent quatre cahiers. Le prix de souscription était de 44 liv. 10 sh., et de 96 liv. 10 sh. pour le Gr. Pap. On se procure maintenant l'ouvrage complet pour moins de 10 liv. — Vend. en Gr. Pap. 48 liv. 6 sh. Hibbert.

— Thesaurus græcæ linguæ ab H. Stephano constructus, post editionem anglicam, novis additamentis auctum, ordineque alphabetico digestum tertio ediderunt Car.-Bened. Hase, Guill. et Ludovicus Dindorfii. *Parisiis, excudebat Ambr.-Firm. Didot*, 1831 et ann. seqq. 8 vol. in-fol. à 2 col.

Édition bien imprimée et sur pap. vél., elle se publie par livraisons composées d'environ 160 pp. chacune, et au prix de 12 fr. Gr. Pap. 24 fr. Un prospectus raisonné a fait connaître d'avance les avantages nombreux que présente cette nouvelle édit. sur les précédentes. Ce prospectus ne promettait que xxviii livraisons, mais le désir d'employer les importants matériaux qu'ils se sont procurés et de faire de leur livre une sorte de bibliothèque philologique pour la langue grecque, a forcé les éditeurs de dépasser le nombre de livraisons annoncé et de le porter à 65 (en février 1861 il en a paru 61). L'ouvrage sera définitivement terminé en 1862. Il est à désirer qu'une entreprise si honorable pour la librairie française, et si utile pour les bonnes études, reçoive tous les encouragements qu'elle mérite.

— AD M. TERENTII Varronis assertiones analogiæ sermonis latini, appendix Henrici Stephani. Item et J.-Cæs. Scaligeri de eadem re disputatio doctissima. *Excud. H. Stephanus*, 1591, in-8. 4 à 6 fr. [10773]

— DE LATINITATE falso suspecta expostulatio Henr. Stephani ; ejusdem de Plauti latinitate dissertatio, et ad lectionem illius progymnasma. *Excud. Henr. Steph.*, 1576, in-8. 4 à 6 fr. [10825]

10 fr. *cuir de Russie*, Renouard ; 16 fr. Solar.

— HYPOMNESES de gallica lingua peregrinis eam discentibus necessariae , quædam vero ipsis Gallis multum profuturae, auctore H. Stephano, qui et gallicam patris sui grammaticen adjunxit : Cl. Mitalerii epistola de vocabulis quæ Judæi in Galliam introduxerunt. (*Typis H. Stephani*), 1582, in-8. de 8 ff. prélim., 215 et 11 pp. 10 à 12 fr. [10939]

Vend. 30 fr. *mar. r.* Giraud.

Traité rare. La grammaire qui d'après le titre doit y être jointe porte une pagination séparée, mais n'a pas de titre particulier.

— CICERONIANUM lexicon græco-latinum, id est ex variis græcorum scriptorum locis a Cicerone inter-pretatis collectum ab Henr. Stephano. Loci græcorum authorum cum Ciceronis interpretationibus. *Ex officina Henr. Stephani parisiensis typographi*, 1557, in-8. de III et 200 pp. 6 à 8 fr. [12134]

Vend. 15 fr. Soubise ; 9 fr, 50 c. *mar. v.* Renouard.

Cet ouvrage a été réimprimé à Turin, 1743, in-8. (voy. ci-dessus, col. 10). Dans l'édit. originale se trouve une partie intitulée : *In Ciceronis quamplurimos locos castigationes H. Stephani*, 1557.

— PSEUDO-CICERO, dialogus Henr. Stephani, in hoc non solum de multis ad Ciceronis sermonem pertinentibus, sed etiam quem delectum editionum ejus habere, et quam cautionem in eo legendo debeat adhibere lector monebitur. *H. Stephanus*, 1577, in-8. 5 à 8 fr. [18188]

Réimpr. à Halle, en 1737, in-8., par les soins de Fr.-Guill. Roloff.

— VIRTUTUM encomia, sive gnomæ de virtutibus, ex poetis et philosophis utriusque linguæ excerptæ ; græcis versibus adjecta interpretatione Henr. Stephani. *Excud. H. Stephanus*, 1573, in-16, 4 à 6 fr. [12269]

— POESIS philosophica, vel saltem reliquiæ poesis philosophicæ, Empedoclis, Xenophanis, Timonis, Parmenidis, Cleanthis. Adjuncta sunt Orphei illius carmina qui a suis appellatus fuit ὁ θεολόγος. Item Heracliti et Democriti loci quidam, et eorum epistolæ (gr. edita ab H. Stephano). *Excud. H. Stephanus*, 1573, in-8. de 222 pp. 5 à 6 fr.

Vend. 18 fr. (exempl. de De Thou) Soubise ; 10 fr. 50 c. *mar. bl.* Renouard.

— EPIGRAMMATA græca selecta ex Anthologia , interpretata ad verbum et carmine ab H. Stephano, quædam et ab aliis. *Excud. H. Stephanus*, 1570, in-8. 6 à 8 fr. [12293]

13 fr. *mar. bl.* Renouard.

— FRAGMENTA poetarum veter. latinorum, quorum opera non extant : Ennii, Accii, Lucilii, etc., undique a Rob. Stephano summa diligentia olim congesta : nunc autem ab Henr. Stephano digesta , et priscarū quam in illis sunt vocum expositione illustrata. *Anno* 1564, *excudebat H. Stephanus*, in-8. de 433 pp. 8 à 12 fr. [12468]

Ce recueil est fort recherché : vend. 20 fr. exempl. de De Thou, en *mar. v.* Soubise, et 71 fr. Renouard.

— ARTIS typographicæ querimonia de illitteratis quibusdam typographis propter quos in contemptum venit ; epitaphia græc. et lat. doctorum quorumdam typographorum. *Excudebat H. Stephanus*, 1569, in-4. 6 à 9 fr. [12935]

Ce petit poëme a été réimpr. avec la traduction française (de Lottin aîné), *Paris*, 1785, in-4.; il se trouve aussi dans l'*Hist. Stephanorum* de Maittaire, pag. 293-303, et dans la 2e part. de l'ouvrage de M. Renouard sur le même sujet.

— CARMEN de senatulo fœminarum, magnum senatui virorum levamentum atque adjumentum allaturo. *Argentorati, Antonius Bertramus*, 1596, in-4. [12936]

Pamphlet poétique devenu fort rare : vend. 24 fr. Brienne ; mais seulement 2 sh. Heber.

— Comicorum græcorum sententiæ, in est gnomæ latinis versibus ab Henr. Stephano redditæ et annotationibus illustr., etc. *Excud. Henr. Stephanus*, 1569, in-24. 3 à 6 fr. [16076]

— Anthologia gnomica : illustres veterum græcæ comœdiæ scriptorum sententiæ, prius ab Henr. Stephano qui et singulas latine convertit editæ ; nunc duplici insuper interpretatione metrica singulæ auctæ, inque gratiam studiosorum, quibus et variæ scutorum natalitiorum imagines libello passim insertæ vsui erunt, in hoc enchiridion collectæ a Christiano Egenolpho. — *Impressum Francofurti ad Mœnum, apud Geor. Corvinum, impensis Sigismundi Feyerabendij,* 1579, pet. in-8. de VIII et 190 ff.

Volume curieux, dont presque tous les ff. sont ornés de jolies gravures en bois plus singulières les unes que les autres, mais qui se répètent plusieurs fois. Ces figures sont tirées du *Stam und Wapenbuch* de Jost Ammon (voy. AMMON). Un bel exemplaire *mar. r.* et avec deux petites vignettes d'Albert Durer ajoutées au livre, 1 liv. 17 sh. Heber; un autre rel. en *mar. r.* par Trautz, 173 fr. Solar. Celui de Courtois s'était donné pour 3 fr. en 1820.

— De criticis veteribus græcis et latinis eorumque variis apud poetas potissimum reprehensionibus dissertatio Henr. Stephani : Restitutionis comment. Servii in Virgilium, et magnæ ad eos accessionis specimen. (*Parisiis*), *excudebatur anno* 1587, in-4. 5 à 6 fr. [18148]

— SCHEDIASMATUM variorum, id est observation., emendationum, expositionum, disquisitionum libri tres, qui sunt pensa succisivarum horarum Januarii, Februarii et Martii. *Excud. H. Stephanus,* 1578, in-8. == Schediasmatum variorum libri tres, qui sunt pensa succisivarum horarum Aprilis, Maii, Junii. *Excud. Henr. Stephanus,* 1589, in-8. 6 à 9 fr. [18187]

Ces deux volumes, qui doivent être réunis, ne se trouvent pas facilement, 15 fr. *mar. citr.* Giraud; mais ils ont été réimpr. dans. *Gruteri Lampas,* tome V, suppl., pp. 1-254.

— NIZOLIODIDASCALUS, sive monitor Ciceronianorum Nizolianorum dialogus Henrici Stephani. *Excudebat H. Stephanus,* 1578, in-8. 5 à 8 fr. [18190]

— Parodiæ morales Henr. Stephani in poetarum veterum latinor. sententias celebriores, totidem versibus græcis ab eo redditas, etc. *Excudebat H. Stephanus,* 1575, in-8. 5 à 7 fr. [18443]

30 fr. *m. v.* par Derome, 30 fr. Giraud.

— EPISTOLIA, dialogi breves, oratiunculæ, poematia, ex variis utriusque linguæ scriptoribus. Inter poemata autem hic est satyra elegantissima, quæ inscribitur Lis, non prius edita (collegit H. Stephanus). *Excud. H. Stephanus,* 1577, 2 tom. en 1 vol, in-8. 5 à 6 fr. — 10 fr. Renouard. [19374]

— EPISTOLA, qua ad multas multorum amicorum respondet, de suæ typographiæ statu ; de suo Thesauro linguæ græcæ : in posteriore autem ejus parte, quam misera sit hoc tempore veterum scriptorum conditio in quorundam typographorum prela incidentium, exponit. Index librorum qui ex officina Henrici Stephani hactenus prodierunt. *Anno* 1569, *Excud. H. Stephanus,* in-8. 6 à 9 fr. [31235]

Réimprimé dans la Vie des Estienne par Maittaire, pp. 304-41, et dans l'ouvrage de M. Renouard sur cette même famille, mais sans l'index librorum. Cet index, qui termine le volume, n'a ordinairement que 32 pp., il y en avait 6 de plus dans l'exempl. vendu 11 fr. 50 c. Renouard.

Voici encore quelques autres ouvrages de H. Estienne, que le mérite rare de leur auteur me détermine à placer ici, quoiqu'ils aient peu de valeur dans le commerce :

AD SENECÆ lectionem proodopœia ; in qua et nonnulli ejus loci emendantur ; authore H. Stephano ; ejusdem epistolæ ad Jac. Dalechampium, partim diorthotikæ quorumdam Senecæ locorum, partim etiam in quosdam exetastikæ. *Anno* 1586, in-8. 3 à 4 fr. [3430]

PARALIPOMENA grammatic. græcæ linguæ institutionum. Item Animadversiones in quasdam grammaticorum græc. traditiones, autore H. Steph. Numeri paginarum lectorem ad eam (Lud. Enoci) grammaticem remittunt, quæ inscripta est De puerili græcar. litterarum doctrina. *Oliva Henr. Stephani,* 1581, in-8. 3 à 4 fr. [10603]

On trouve quelquefois à la suite de ce petit vol. l'opuscule de L. Enoc, auquel H. Estienne renvoie, et qui a pour titre : *De puerili græcarum literarum doctrina liber.* Oliva Rob. Stephani, 1555, in-8.

AD AUGUSTISSIMUM CÆSAREM Rodolphum secundum et ad universos sacri rom. Imperii ordines, Ratisbonæ, conventum habentes, Henr. Stephani oratio adversus lucubrationem Uberti Folietæ de magnitudine ac perpetua in bellis felicitate Imperii turcici, etc. *Francofordii ad Mœnum, Wechelianis typis,* 1594, in-8. 3 à 4 fr. [12168]

PRINCIPUM monitrix musa, sive de principatu bene instituendo et administrando poema; auctore H. Stephano ; ejusdem poematium, cujus versus intercalaris *Cavete vobis, principes* ; ejusdem libellus in gratiam principum scriptus de Aristotelicæ ethices differentia ab historica et poetica. *Basileæ,* 1590, in-8. [12937] Vend. 7 sh. Heber.

On trouve en tête de ce volume rare le proême en 124 vers d'un poëme français intitulé l'*Ennemi mortel des calomnies,* lequel avait été présenté à Henri III, par Estienne, mais, à ce qu'il paraît, n'était pas encore imprimé. Pour connaître le contenu de ce vol. mieux que ne l'indique le titre, il faut savoir qu'après les 224 pp. de *Musa monitrix* se trouvent, en 64 pp., deux opuscules qui y font suite, savoir : *Rex et Tyrannus,* et *De principatu bene instituendo et administrando,* en vers hexamètres ; ils sont suivis de soixante-trois distiques, tous ayant pour refrain *Cavete vobis, principes.* Enfin à ces distiques succède un dialogue *Philoctetæ et Coronelli,* en 48 pp., qui leur sert de commentaire. Ajoutons que *Coronellus* est H. Estienne, qui latinise ainsi le nom *Stephanus.*

H. STEPHANI annotationes in Sophoclem et Euripidem ; ejusdem tractatus de orthographia quorundam vocabulorum Sophoclis, cum cæteris tragicis communium ; ejusdem dissertatio de sophoclea imitatione Homeri. (*Typis H. Stephani*), 1568, in-8. 5 à 6 fr. [16058]

DE J. LIPSII latinitate palæstra prima Henrici Stephani parisiensis ; nec Lipsiomimi, nec Lipsiomomi, nec Lipsiocolacis, multoque minus Lipsiomastigis, cum ejusdem præludio : Libertas volo sit latinitati, sed licentia nolo detur illi : hic multa non vulgaria vulgi literatorum linguis de latinitate illa antiquaria tantum non digladiantibus opponuntur. *Francofordii,* 1595, pet. in-8. 3 à 4 fr. [18191]

FRANCOFORDIENSE emporium, sive francofordienses nundinæ : quam varia mercium genera in hoc emporio prostent, pagina septima indicabit. *Anno* 1574, *excudebat Henr. Stephanus,* in-8. de IV ff. et 120 pp. [18191] Vend. 2 sh. Heber, et plus cher depuis.

Recueil assez rare, composé de diverses pièces en vers et en prose ; la première, celle dont le volume porte le titre, est la plus curieuse.

DE MARTINALIA venatione, sive de Therophonia segetum et vitium alexicaca, edita ab illustrissimo principe Friderico IV, Palatino electore. Epigrammata H. Stephani. *A Heidelbergæ,* 1592, in-4. de 32 pp.

Nous plaçons ici cet opuscule peu commun parce qu'on y trouve 31 épigrammes d'H. Estienne , précédées d'une préface dont il est aussi l'auteur.

— Voy. aux mots ANTHOLOGIA ; CONCIONES ; HOMERI et Hesiodi certamen ; MEDICÆ artis principes ; ORATORUM veter. orationes ; POETÆ græci principes ; PLUTARCHI apophthegmata ; DISCOURS merveilleux.

C'est par erreur que M. Graesse classe parmi les ouvrages d'Henri Estienne les *Affinitates omnium principum,* qui sont d'Estienne Lusignan, religieux dominicain, comme l'indique le titre du livre (voy. LUSIGNAN).

ESTIENNE (*Robert*). Les larmes de saint Pierre et autres vers sur la passion ; plus quelques paraphrases sur les hymnes de l'année, à monsieur Phelypeaux. *Paris, de l'impr. de Rob. Estienne,* 1606, pet. in-8. 8 à 10 fr. [13905]

Ces poésies sont de Rob. Estienne, troisième du nom, imprimeur, lequel s'est désigné par les lettres R. E. que porte la dédicace à M. Phelypeaux. 25 fr. *mar. bl.* Solar. Un exemplaire impr. sur pap. bleu et rel. en *mar.* par Bauzonnet, 31 fr. 50 c. en 1841. Il existe une première édition de ces poésies, avec le nom de l'auteur, *Paris, Mamert Patisson,* 1595, pet. in-8. L'exemplaire que possède M. A.-F. Didot (dont se suivi des *Lagrime di S. Pietro,* poëme ital. de Louis Tansillo (voy. ce nom), 2 ff. prélim. et 14 ff. qui ne paraissent pas avoir été impr. chez les Estienne. Citons encore l'opuscule suivant du même Estienne :

 Discours en vers présenté au connestable de Montmorency sur sa venue à Paris. *Paris, Mamert Patisson,* 1595, in-4. (Catalogue de la bibliothèque du roi, Y, 4821.)

M. Ambr.-Firmin Didot donne, dans le tome XVI de la *Nouvelle Biographie générale,* des notices sur les différents membres de la famille des Estienne, lesquelles, avec les *Annales des Estienne,* d'A.-A. Renouard, sont ce que l'on a de meilleur sur ces savants typographes et sur leurs écrits.

ESTIENNE (*Henri*), sieur des Fossez. L'Art de faire des devises, où il est traicté des hiéroglyphes, symboles, emblesmes, œnigmes, sentences, paraboles, revers, médailles, armes, blasons, cimiers, chiffres et rébus ; avec un traicté des rencontres ou mots plaisans, dédié au cardinal Mazarin. *Paris, Jean Paslé,* 1645, in-8. 8 à 10 fr. [18598]

Cet ouvrage curieux a été traduit en anglais par Th. Blount, *Londres,* 1646, ou seconde édition augmentée, 1650, in-4.

— Triomphes de Louis le Juste, voy. Valdor.

ESTIENNE (*F.*). Voy. Remontrance charitable ; — Traité des danses.

ESTIVAL (*J.*). Le Boscage d'amour, où les rets d'une bergère sont inévitables. *Paris, Jean Millot,* 1608, in-12 de 11 ff. et 108 pp. [16378]

Pastorale en 5 actes, écrite en fort mauvais vers, et pour cela même, peut-être, vendue 13 fr. de Soleinne.

ESTOILE du monde. V. Avertissemens.

ESTOILE (*P.* de l'). Voy. L'Estoile.

ESTRANGES prophéties sur les mondanitez des femmes et des filles de ce temps. (*Paris*), 1632, pet. in-8. de 8 pp. [14197]

Opuscule en vers précédé d'une courte préface en prose. Réimprimé sans la préface et sous le titre de *Remontrance aux femmes et filles de France;*

extrait du prophete Esaye, au chapitre III de sa prophetie, dans les Variétés de M. Ed. Fournier, IV, p. 361.

ESTRÉE (*Jean* d'). Quatre livres de danseries, contenant le chant des branles communs, gays, de Bourgogne, de Poitou, d'Escosse, de Malte, des sabots, de la guerre et autres ; gaillardes, ballets, voltes, basse, danses, hauberrois et allemande. *Paris, Ballard,* 1564, in-4. obl. [10377]

Recueil rare, contenant les airs qui alors étaient en vogue pour les danses de différents caractères.

ESTREINE de Pierrot à Margot. *Paris, P. Ménier,* 1615, in-8. [13960]

Pièce facétieuse en vers que l'on dit des plus piquants : 31 fr. Monmerqué. On la trouve sous la date de 1614, dans le catal. de La Valliere, en 6 vol., n° 15026, classe des chansons. — Elle a été réimpr. à *Troyes, Oudot,* 1638, in-12.

ÉTAT de la cour du grand Turc. Voy. Geoffroy (*Ant.*); — de la France sous Charles IX, etc. Voy. Mémoires ; — de l'homme. Voy. Beverland ; — de la Provence. Voy. Robert (*Dom.*); — de l'église. Voy. Crespin (*J.*).

ÉTAT généalogique des noms et armoiries des officiers du parlement de Provence, des consuls d'Aix, des procureurs, du pays de Provence, etc. *Aix, chez Coelemans, graveur,* treize feuilles in-fol. de blasons. 50 fr. de Martainville. [28869]

ÉTATS tenus à Tours. Voy. Ordre des estats.

ÉTHICUS ou ÆTHICUS, Cosmographia. Voy. Pomponius Mela.

ETRADIMENTI et iniquita grande de Pisani superbi iniqui dolorosi maligni et villani in sonetti et in canzone et in frottole et i rima.—*Finite lopre de Pisani superbi iniqui et otrani,* in-4.

Opuscule de 4 ff. à 2 col. sans indication de lieu ni de date, mais qui doit avoir été impr. à Florence dans les premières années du XVIe siècle (Biblioth. Palatine de Florence).

ETRENNES. Les estrennes des filles de Paris, depuys Noel iusques a vng mois apres. (*sans lieu ni date,* vers 1530), pet. in-8. goth. de 4 ff. [13500]

Pièce en vers, devenue fort rare. Vend. 2 liv. 12 sh. *m. bl.* Heber, et 30 fr. en 1841.

ETRENNES de la Saint-Jean. V. CAYLUS.

ETRURIA pittrice, ovvero storia della pittura toscana, dedotta dai suoi monumenti che si esibiscono in stampa dal secolo X sino al presente. *Firenze,* 1791-95, 2 vol. gr. in-fol. fig. [31040]

Ouvrage composé de 120 pl., avec un texte en italien et en français par le savant Lastri. Il se payait 150 fr. en Italie, et on le trouve rarement en France : 100 fr. Reina ; 127 fr. Boutourlin ; 181 fr. Busche.

ETTERLYN (*Peterman*). Kronica von der lobliche̅n Eydtgnoschaft jr herko̅men vnd sust seltzam stritten vnd geschichten. (à la fin) : *In der loblichen statt Basel von Michael Furtter Getruckt. Durch den fürnemen herren Peterman Etterlyn, gerichtschriber zu Lutzern zesamm̅e̅ gevasset und Rudolfen Husenagk corrigyert...* 1507, in-fol. de ix et 124 ff., avec fig. en bois. [25905]

Édition rare de cette chronique de la confédération suisse. Il s'en trouve des exemplaires où après le titre est placé un f. qui contient une dédicace et deux lettres ; dans d'autres ce f. manque, mais le verso du titre présente une gravure en bois qui n'est pas dans les premiers. Une des pl. de ce volume représente Guillaume Tell abattant une pomme sur la tête de son fils. Vend. 2 liv. 15 sh. Heber ; 58 fr. *mar. r.* Bearzi.

J.-J. Spreng a donné à Bâle, en 1752, une nouvelle édition de la Chronique d'Etterlyn, en 1 vol. in-fol.

ETTINGSHAUSEN (*Constantini*) et Aloisi Pokorny Physiotypia plantarum austriacarum. *Vindobonæ,* 1856, 5 vol. in-fol. et un vol. in-4. [5146]

Impression naturelle appliquée à la représentation des plantes vasculaires, et particulièrement à celle de leur nervation. L'ouvrage, composé de 500 planch. in-fol. et de 30 pl. in-4., a été imprimé aux frais de l'État par l'imprimerie impér. et roy. d'Autriche.

ETUDES prises dans le bas peuple et principalement les cris de Vienne (en Autriche). *Vienne,* sans date (1775), in-fol. max. [9646]

Recueil de 40 pl., avec les noms en allemand et en français : 51 fr. (colorié) Librairie De Bure.

Un exempl. impr. sur VÉLIN est porté à 18 liv. dans un des catal. de Longman de Londres.

ETYMOLOGICUM magnum græcum, gr. (cum gr. præfatione M. Musuri). *Venet., sumptibus Nic. Blasti, opera Zachariæ Calliergi,* 1499, gr. in-fol. [10682]

Très-belle édition, rare et recherchée ; l'intitulé et la souscription que nous donnons ici en lat. sont en grec. Le volume contient 223 ff. à 2 col. de 50 lig., sous les sign. A—ΔΔa, y compris le titre et le dernier f., sur lequel est le registre. Vend. 76 fr. *m. r.*

Ettella. Voy. Aliette.
Ettmuller (*M.*). Opera, 6630.
Ettmüller (*L.*). Vaulu-spa, 15663.
Ettmueller (*L.*). Lexicon anglo-saxonicum, 11310.

La Valliere ; 120 fr. Larcher ; 81 fr. Coulon ; 20 fr. exempl. médiocre, Boutourlin ; 81 fr. exempl. de Brunck, Renouard ; 23 flor. Butsch, en 1858 ; 1 liv. 9 sh. Libri, en 1859 ; 61 fr. *mar.* Solar.

— MAGNUM etymologicum græcæ linguæ, nunc recens summa adhibita diligentia excusum, et innumerabilibus pene dictionibus locupletatum, gr. *Venetiis, apud Federicum Turrisanum,* 1549, in-fol.

Belle édition, assez rare et plus ample que la précédente ; elle est imprimée par Paul Manuce, avec l'ancre aldine sur le titre et à la fin du volume, lequel a en tout 178 ff. chiffrés jusqu'à 175, y compris 2 ff. non chiffrés qui sont placés après le 156e, et le f. portant l'ancre aldine. Vend. 55 fr. 50 c. Bosquillon ; 40 fr. *mar.* Chardin ; 1 liv. 8 sh. Butler ; 35 fr. Costabili ; 10 flor. Butsch ; 19 sh. Libri, et en *mar. r.* avec des notes de Saumaise, 58 fr. Renouard.

— ETYMOLOGICUM magnum : superiorum editionum variorumque auctorum collatione a multis ac fœdis mendis repurgatum, perpetuis notis illustratum, tribusque utilissimis indicibus nunc recens adauctum opera et cum notis Frid. Sylburgii. *E typogr. Hier. Commelini,* 1594, in-fol. de IV ff., 828 et 163 pp.

Bonne édit., peu commune, mais dont la réimpression in-4. a fait tomber le prix. Vend. 96 fr. *v. f.* Caillard ; 60 fr. Bosquillon ; 50 fr. Clavier, et de 10 à 12 fr. depuis.

— IDEM (cura Panagiotæ Sinopei). *Venet., ex typogr. Ant. Borioli,* 1710, in-fol. de 2 ff. et 445 pp.

Cette édition, assez rare en France, contient quelques augmentations dans le texte, quoique d'ailleurs on en ait retranché les index de Sylburg.

On peut y ajouter la pièce suivante :

L. KUHLENKAMP Specimen emendationum et observat. in etymologicum magnum. *Gœttingæ,* 1765, in-4. de 43 pp.

— ETYMOLOGICUM magnum, editio nova correctior et auctior (a G.-H. Schæfer). *Lipsiæ, Weigel,* 1816, in-4. 18 fr.

Bonne réimpression de l'édition de Sylburg, mais imprimée sur fort mauvais papier. Il y en a des exemplaires en pap. vél. On réunit à ce volume les deux ouvrages suivants :

ETYMOLOGICUM græcæ linguæ gudianum, cum aliis scriptis nunc primum editis ; accedit appendix notarum ad etymologicum magnum ineditarum, quarum auctores sunt E.-H. Barker, Imman. Bekker, Lud. Kuhlenkamp, etc., quas vero digessit et edidit Frid.-Guil. Sturzius, cum indice locupletissimo. *Lipsiæ, Weigel,* 1819, gr. in-4.

ORIONIS Thebani Etymologicon, e museo F.-A. Wolfii primum edidit, annotationes P.-H. Larcheri, ejusdem Wolfii et suas addidit F.-G. Sturzius. *Lipsiæ, Weigel,* 1820, in-4. 10 fr. ; pap. collé, 15 fr. ; pap. vél. 20 fr. Chacun des deux premiers volumes coûtait 30 fr. ; pap. collé, 40 fr. ; pap. vél. 60 fr.

— Etymologicon magnum seu, verius, Lexicon sæpissime vocabulorum origines indagans, ex pluribus lexicis, scholiastis et grammaticis anonymi cujusdam opera concinnatum : ad codd. mss. recensuit et notis variorum instruxit Thomas Gaisford. *Oxonii, e typographeo academico,* 1848, in-fol.

Belle édition, accompagnée du fac-similé d'un manuscrit de d'Orville. Elle a été ainsi distribuée : pp. 1 à 8, I à LVI, et 1 à 828 ; l'index, paginé de 2309 à 2470, fait suite aux notes qui sont cotées par colonnes de 1 à 2308. Elle a coûté 3 liv., et en Gr. Pap. 6 liv. Il s'en fait en ce moment une réimpression en Allemagne.

ETYMOLOGICUM univers. Voy. WHITER.

EUCLIDES. Euclidis elementorum lib. XV; in primum ejus librum commentariorum Procli libri IV, gr. (cum præfatione Sim. Grynæi). *Basileæ*, *Hervagius*, *mense Septembri*, 1533, in-fol. de VI ff. prélim., 268 et 115 pp. [7774]

Première édition : vend. 25 fr. *m. r.* Trudaine ; 49 fr. 50 c. Labey ; 8 flor. 6 kr. Butsch ; 13 fr. Libri, en 1857.

— Elementorum libri XV (gr., cura et cum versione ital. Angeli Cajani). *Romæ, apud Ant. Bladum asulanum*, 1545, 2 tomes en 1 vol. pet. in-8.

Édition rare, mais dont on a supprimé les démonstrations et les figures, comme n'étant pas d'Euclide. Le second volume contient la version italienne. Les 2 vol. 25 fr. Libri, en 1857. Le premier seul, 3 flor. Rover ; 7 flor. 50 c. Meermann.

— Euclidis quæ supersunt omnia, ex recens. Dav. Gregorii, gr. et lat. *Oxonii, e Theatro sheld.*, 1703, in-fol. fig.

Édition correcte, revue sur des manuscrits, et contenant des notes de H. Savile ; elle a 8 ff. prélim., 686 pp., un f. d'errata et un frontispice gravé. Les exempl. en sont peu communs : 27 à 36 fr. ; et en Gr. Pap. vend. 85 fr. *mar. r.* de Cotte ; 91 fr. 50 c. *cuir de Russie*, Caillard ; 125 fr. Mac - Carthy ; 40 flor. Meerman ; 1 liv. 13 sh. Drury ; 60 fr. 50 c. Labey.

— Les OEuvres d'Euclide, en grec, latin et français, par M. F. Peyrard. *Paris, l'auteur*, 1814-18, 3 vol. in-4. fig.

Dans cette édition le texte grec est rétabli sur un manuscrit très-ancien ; on a tiré 600 exemplaires en papier ordinaire : 35 à 36 fr. ; 50 en pap. vél. ; 25 en Gr. Pap. fin ; 25 en Gr. Pap. vél. : prix arbitraires.
— ELEMENTA, ex opt. libr. in usum tironum græce edita ab E.- F. August. *Berolini, Trautmann*, 1826-29, 2 vol. in-8. fig. 11 fr.

Édition critique.
— ELEMENTORUM lib. XIII, ex traditione Nasiridini Tusini nunc primum arabice impressi. *Romæ, ex typ. medicea* (1594), in-fol. de 453 pp.

Cette édition était encore, il y a quelques années, en nombre d'exempl. chez Molini ; à Florence. Vend. 36 fr. Soubise ; 22 fr. 50 c. Mérigot ; 24 fr. sans le titre latin, de Sacy ; 30 fr. Quatremère.

Les exemplaires qui n'ont que 400 pp. ne renferment pas le 13e livre. En place du titre, en arabe et en latin (comme ci-dessus), il s'en trouve quelquefois un en arabe seulement.
Une édition d'Euclide en arabe, impr. à Constantinople, en 1588, in-fol., est indiquée dans les *Ædes althorp.*, I, 127 ; et si cette date est exacte, l'édit. de 1594 ne serait pas la première, comme l'annonce le titre.
La Géométrie d'Euclide, en arabe, *Calcutta*, 1824, in-8., a été vend. 15 fr. Kieffer.

KITAB Euclides... Commentaire sur l'Euclide de Nasir-Eddin, par Mohammed fils de Mohammed, en arabe. *Scutari*, 1216 (1801), in-4. de 222 pp. 25 fr. de Sacy.

— Opus elementorū euclidis in geometriā artē In id quoꝗ Campani pspicacissimi Cōmentationes. *Erhardus ratdolt*....

venetiis impressit anno..M.CCCC. lxxxij, in-fol. goth. de 137 ff., signat. a—r 4.

Première édition de cette version, et en même temps un des plus anciens livres imprimés où se trouvent des fig. de mathématiques. Vend. jusqu'à 60 fr. (bel exempl. *mar. bl.*), en 1825 ; 22 flor. Meerman, et quelquefois 24 à 36 fr.
Il y a des exemplaires dans lesquels l'épitre dédicatoire de Ratdolt, qui occupe le verso du premier feuillet, est imprimée en encre d'or : 53 fr. Brienne-Laire. On conserve à la Biblioth. impér. un exemplaire imprimé sur VÉLIN, avec l'épitre en or.
Cette version, faite sur l'arabe, a été réimprimée à Vicence, *per Leonardum de Basilea*, en 1491, in-fol. de 136 ff. avec fig.

— Euclidis opera a Campano interprete fidissimo translata. Que cum antea librariorum culpa mendis fedissimis adeo deformia essent ut vix Euclidem ipsum agnosceremus, Lucas Paciolus (de Burgo)... indicio castigatissimo detersit, emendavit, figuras centum et undetriginta que in aliis codicibus inverse et difformate erant ad rectam symmetriam concinnavit et multas necessarias addidit. Eumdem quoque plurimis locis intellectu difficilem commentariolis aperuit, enarravit, illustravit. — *A. Paganius Paganinus caracteribus accuratissime imprimebat* (*Venetiis*), 1509, in-fol. goth. de CXXXV ff. fig. en bois.

Édition recommandable et peu commune. 50 fr. et 40 fr. deux exempl. Libri, en 1854.
La version lat. de Campano est reproduite dans un recueil contenant, indépendamment des XV livres de géométrie d'Euclide, le commentaire de Théon sur les treize premiers livres, et celui d'Hypsiclis sur les deux derniers, de la version de Barth. Zambert : *Venetiis, in ædibus Joannis Tacuini, anno* M.D.V. VIII *kalendas nouebris*, in-fol. fig. Volume amplement décrit par Dav. Clément, VIII, p. 144-148. Vend. 12 flor. 30 kr. Butsch, en 1858.
Une autre édition in-fol. du même recueil a été donnée par les soins de Michel Pontan, sous la direction de Jacq. Le Febvre, qui l'a dédiée à Fr. Brissonet, et l'a fait paraître à Paris, *in officina Henrici Stephani e regione scholæ decretorum* (*Anno* M.D. XVI, *postridie Epiphaniæ domini*). Chose singulière, M. Hoffmann, qui est ordinairement fort exact, a placé cette édition dans son *Lexicon bibliographicum*, I, p. 170, de la première (et II, p. 43 de la seconde) sous la date de 1505, et il a ajouté à la souscription ci-dessus les mots : *in fine : impressum Venetiis ære cruditi viri Marci Firmani in officina Simonis Bevilaquæ... Anno domini Milesimo quingentesimo secundo. Die vero decimo mensis Novembris*, qui sont exactement les termes de la souscription d'une édit. des *Commentationes Georgii Vallæ in Ptolemei Quadripartitum*, laquelle édition se sera trouvée reliée avec le recueil ci-dessus, impr. pour Henr. Estienne : d'où il résulte, dans le livre de M. Hoffmann, un double emploi de l'édit. d'Estienne, et une description erronée d'une prétendue édition de 1502. C'est ce dont M. Graesse ne s'est pas aperçu, en reproduisant cet article de M. Hoffmann.

— Elementorum lib. XV, unacum scholiis antiquis, a Fed. Commandino in lat. conversi, commentariisque quibusdam illustrati. *Pisauri*, 1572 ou 1619, in-fol.

Deux éditions également bonnes de cette traduction estimée. La seconde 15 fr. Libri, en 1857.

— ELEMENTORUM lib. XV; accessit XVI de solidorum regularium cujuslibet intra quodlibet comparatione : omnes perspicuis demonstrationibus accuratisque scholiis illustrati : auctore Christ. Clavio. *Romæ, Grassus*, 1589, 2 vol. in-8.

Un des plus amples et des meilleurs commentaires d'Euclide. Il y en a une première édition de Rome, 1574, en 2 vol. in-8., mais la seconde a été retouchée et considérablement augmentée par l'auteur. Vend. 5 flor. Meerman. L'ouvrage a été réimprimé, avec de nouvelles augmentations, à Cologne, en 1591, en 2 vol. in-8., ensuite à Rome, en 1603, et à Francfort, en 1607, en 1612, en 1627 et en 1654, en 2 vol. in-8.

— EUCLIDIS elementorum libros XIII, Isidorum et Hypsiclem et recentiores de corporibus regularibus, et Procli propositiones geometricas immissionemque duarum rectarum linearum continue proportionalium inter duas rectas, tam secundum antiquos, quam secundum recentiores geometras, novis ubique fere demonstrationibus illustravit, propositionibus, corollariis, et animadversionibus, ad geometriam recte intelligendam necessariis, locupletavit Claudius Richardus. *Antuerpiæ, Hier. Verdussius*, 1645, in-fol. fig. de 12 ff., 563 pp. et 25 ff. de table.

Vend. 51 fr., *v. f.*, armes de De Thou, chez Labey, et beaucoup moins cher ordinairement.

— EUCLIDIS Elementa libris XV. ad germanam geometriæ intelligentiam e diversis lapsibus temporis injuria contractis restituta, adimpletis præter majorum spem, quæ hactenus deerant, solidorum regularium conferentiis ac inscriptionibus : Accessit decimus sextus liber, de solidorum regularium sibi invicem inscriptorum collationibus ; novissime collati sunt decimus septimus et decimus octavus, priori editione quodam modo polliciti de componendorum, inscribendorum, et conferendorum compositorum solidorum inventis, ordine et numero absoluti. Authore D. Francisco Fussate Candalla. *Lutetiæ, apud Jac. Du Puys*. (in fine) : *Lugduni, ex officina Jo. Tornæsii, typographi regii*, 1578, in-fol.

Ce travail a été impr. pour la première fois à Paris, chez Jean Roger, en 1566, in-fol., et dédié à Charles IX.

— ORONTII Finei in sex priores libros geometricorum elementorum Euclidis demonstrationes : quibus ipsius Euclidis textus gr. suis locis insertus est : una cum interpret. lat. Barth. Zamberfi, ad fidem geometricam per eundem Orontium recognita. *Parisiis, Sim. Colinæus*, 1536, in-fol. de IV ff. et 174 pp.

Un exemplaire imprimé sur VÉLIN se conserve à la Bibliothèque impériale. — L'ouvrage a été réimpr. à Paris, en 1544 et en 1551, in-4.

— ELEMENTORUM libri VI priores, gr. et lat. ex versione Fed. Commandini. *Londini*, 1620, in-fol. Édition publiée par Henri Brigges.

— ELEMENTORUM lib. VI priores, item XI et XII, ex vers. lat. Fed. Commandini (cura Joan. Keill). *Oxonii, e Th. sheld.*, 1747, in-8. à 6 fr.

Cette édition est plus complète que celle de 1715, sortie des mêmes presses.

— IIDEM libri VI priores, XI et XII, ex vers. Commandini, curante Rob. Simson. *Glasguæ, Foulis*, 1756, in-4. 5 à 6 fr.

Vend. en Gr. Pap. 40 fr. Mac-Carthy ; 5 flor. Meerman.

ELEMENTORUM libri priores XII, ex Commandini et Gregorii versionibus edidit, auxit et emendavit Sam. Horsley. *Oxonii, typogr. clarendon.*, 1802, in-8. 9 sh. 6 d.

Le volume suivant se réunit à celui-ci :

EUCLIDIS datorum liber, cum additamento aliisque ad geometriam pertinentibus; edidit S. Horsley. *Oxonii, typ. clarend.*, 1803, in-8. 6 sh.

— EUCLIDIS elementorum libri VI priores, gr. et lat., commentario e scriptis veterum et recentiorum mathematicorum et Pfleidereri maxime illustrati :

edid. I.-G. Camerer et C.-F. Hauber. *Berolini, Reimer*, 1824-26, 2 vol. in-8. 18 fr. et réduit à 10 fr.

Le premier de ces deux vol. avait d'abord paru sous un titre différent.

Traductions des Éléments d'Euclide en langues vivantes.

— LES NEUF livres des Élémens d'Euclide, trad. par P. Forcadel. *Paris, de Marnef*, 1564, in-4.

Veend. 9 fr. 50 c. Labey.

LES SIX premiers livres des Éléments d'Euclide, traduits et commentés par P. Forcadel. *Paris*, 1569, in-4. 19 fr. Libri, en 1857.

ÉLÉMENS de géométrie d'Euclide, traduits littéralement, et suivis d'un traité du cercle, du cylindre, du cône et de la sphère, de la mesure des surfaces et des solides, par F. Peyrard. *Paris, Louis*, 1804, in-8. 6 fr.

Les principales traductions françaises des quinze livres des Éléments d'Euclide antérieures à celle-ci sont : 1° celle de D. Henrion, dont la seconde édit., avec la réponse apologétique pour les traducteurs d'Euclide, est de *Paris*, 1623, pet. in-8., et la 5e édit., de *Rouen*, 1649 (et aussi 1676), pet. in-8. ; 2° celle de P. Le Mardelé, *Paris*, 1632, pet. in-8. vend. 16 fr. Libri, en 1857 ; réimpr. à *Lyon*, 1646, in-8. 4 fr. 50 c. Labey.

On a aussi :

LES ÉLÉMENS d'Euclide (livres I à VI, XI et XII) appliqués d'une manière nouvelle et très-facile, par le P. Cl. Franç. Millet Dechalles. *Paris, Michallet*, 1672, in-12, ouvrage souvent réimprimé. Les édit. de *Paris*, 1709 et 1720, in-12, ont des augmentations par Ozanam, et celle de 1741, in-12, des augmentations par Audierne.

GLI ELEMENTI d'Euclide, libri quindici, con gli scholii antichi tradotti primo in lingua latina da Fed. Commandino e con commentarii illustrati, et hora d'ordine dell' istesso trasportati nella nostra vulgare, et da lui riveduti. *Urbino, Domenico Frisolino*, 1575, in-fol. 10 fr. Libri, en 1857.

Bonne traduction qui a été réimpr. à *Pesaro*, chez *Flaminio Concordia*, en 1619, in-fol.

EUCLIDE megarense philosopho... diligentemente reassettato, et alla integrità ridotto, per Nicolo Tartalea Brisciano, secondo le due tradottioni ; con una ampla espositione. *Stampato in Vinegia per Ventur. Roffinelli ad instantia .... di G. de Monferra, P. de Facolo libraro et di Nicolo Tartalea... tradottore.*

Première édition de ce travail estimé. Les deux traductions dont s'est servi Tartaglia sont celle de Campano et celle de Bart. Zamberto. 65 fr. Libri ; 20 fr. salle Silvestre, en 1857.

Réimpr. à Venise, *per Curtio Troiano*, 1565 (aussi 1566), in-4. fig. 10 fr. Libri, et en 1585, in-4. 15 fr. le même en 1857.

EUCLID'S Elements, with dissertations intended to assist and encourage a critical examination of those elements, by James Williamson. *Lond.*, 1781-88, 2 part. in-4. 20 fr.

Il existait déjà une ancienne traduction anglaise des Elements d'Euclide faite sur la version latine par H. Bellengsley, *London, by John Deye*, 1570, in-fol. avec une préface du Dr John Dee.

La dernière et la meilleure traduction anglaise des mêmes Éléments est celle du rév. D. Lardner, dont la XIe édit. est de Londres, 1855, in-8.

— EUCLID in syllogisms, with diagrams and symbols, in colours, by O. Byrne. *London, Pickering*, 1848, in-4. 1 liv.

Il y a une traduction anglaise des livres I à VI, et XI et XII d'Euclide, par Rob. Simson, *Edimb.*, 1775 ou 1816, in-8. ; une autre des mêmes livres, par J. Playfair, *Edimb.*, 1814, in-8.

— Translation of Euclid's Elements book

VII to book XV, into chinese, by A. Wylie. *Shanghae*, 1857, 3 vol. gr. in-8.

Cette traduction, impr. à la manière chinoise, est précédée d'une courte préface en anglais, dans laquelle le traducteur fait connaître les traductions des différents traités d'Euclide qui ont été faites et imprimées en Chine, et jusqu'en 1773, et où il parle des secours qu'il a reçus de plusieurs savants chinois pour son propre travail. Il est dit dans cette préface que les six premiers livres des Éléments d'Euclide ont été traduits en chinois par Matteo Ricci avec le secours d'un natif, et impr. en 1608 de notre ère.

— DATA; Cl. Hardy e bibl. Paris. gr. nunc primum edidit, lat. vertit,-scholiisque illustravit : adjectus est Marini commentarius gr. et lat. *Lutet.-Paris., Mondiere*, 1625, in-4. de 181 pp.

— QUINDECIM elementorum geometriæ primum : ex Theonis commentariis, gr. et lat., cui accesserunt scholia, in quibus quæ ad percipienda geometriæ elementa spectant, breviter et dilucide explicantur, authore Conr. Dasypodio (Rauchfass) ; Euclidis elementorum geometriæ secundum, ex Theonis comment. gr. et lat. ; item Barlaam monachi arithmetica demonstratio, etc. Propositiones reliquorum librorum geometriæ, gr. et lat., per Conr. Dasypodium. *Argentorati, apud Christ. Mylium*, 1564, 3 part. en 1 vol. in-8.

Volume peu commun, mais d'un prix médiocre.

— LES TROIS livres de Porismes d'Euclide, rétablis pour la première fois d'après la notice et les lemmes de Pappus, et conformément au sentiment de R. Simson sur la forme des énoncés de ces propositions, par M. Chasles. *Paris, Mallet-Bachelier*, 1860, in-8. avec 259 fig. dans le texte. 10 fr.

— EUCLIDIS rudimenta musices, ejusdem sectio regulæ harmonicæ, nunc primum gr. et lat. excusa, Jo. Pena interprete. *Parisiis, Andr. Wechelus*, 1557, in-4. de 16 pp. et 10 ff. 5 à 6 fr. [10099]

On trouve ordinairement, avec ce traité, l'ouvrage suivant :

EUCLIDIS optica et catoptrica, nunquam antea græce edita : eadem lat. reddita per J. Penam. *Paris, Wechel.*, 1557, de 48 et 64 pp. (réimpr. *Paris, Duval*, 1604, in-4.).

Ebert, n° 7013, cite une première édition de la Catoptrique, en gr., avec la version lat. de Casp. Dasypodius. *Argentor.* (*Rihel*), 1557, in-4. de 19 ff.

Le *Livre de la musique* d'Euclide a été traduit en français par P. Forcadel. *Paris, Ch. Périer*, 1566, in-8. 6 fr. Veinant.

— LA PERSPECTIVE d'Euclide, traduite en françois sur le texte grec, original de l'auteur, et démontrée par Roland Freart de Chantelou, sieur de Chambray. *Au Mans, de l'imprimerie d'Isambart*, 1663, in-4. fig.

Pour la traduction italienne de ce traité par Viviani, voy. VIVIANI.

EUDEMARE (*François* d'). Histoire excellente et heroique du roy Willaume le Bastard, jadis roy d'Angleterre et duc de Normandie. *Rouen, Nic. Ango*, 1626, pet. in-8. de 6 ff., 615 pp., et un f. d'errata. [26889]

Ouvrage devenu rare. Il y en a des exemplaires avec un nouveau titre au nom de *Rob. Feron*, et sous la date de 1629 ; mais c'est toujours la même édition, dont on a retranché le f. d'errata. (Vend. 12 fr. Pluquet ; 10 fr. Le Chevalier.) Pourtant M. Frère en décrit une autre sous la même date, *Rouen, vefve Orange*, 1629, pet. in-12 de 673 pp. plus la table ; et il donne le titre de plusieurs ouvrages de Fr. Eudemare (voir son *Manuel du bibliogr. norm.*, I, p. 441).

EUDEMI Rhodii Ethica. Voy. ARISTOTELIS Ethica.

EUDES (le P. *Jean*), frère aîné de Mezeray et fondateur des Eudistes. Dévotion au très-sacré cœur et au très-sacré nom de la bienheureuse Vierge Marie. *Caen, P. Poisson*, 1643, in-12; aussi, *Caen, Poisson*, 1663, pet. in-12. [1674]

Parmi les autres écrits de ce religieux nous remarquons :

L'ENFANCE admirable de la mère de Dieu. *Paris, René Guignard*, 1676, in-12.

Le CŒUR admirable de la mère de Dieu. *Caen*, 1681, in-4.

Volume rare, et duquel on aurait offert 1000 fr., à ce qui nous a été dit dans une lettre que M. le sous-directeur des Frères de Passy nous a fait l'honneur de nous écrire ; mais cette offre nous paraît peu vraisemblable.

EUGENIANUS. Voy. NICETAS.

EUGUBINUS (*Aug.*). Voy. STEUCHUS.

EULENSPIEGEL. Voy. ULESPIEGEL.

EULER (*Leonard*). Dissertatio physica de sono. *Basileæ*, 1727, in-4. [4268]

Premier ouvrage de ce célèbre mathématicien : 6 à 9 fr.

— Mechanica, sive motus scientia analytice exposita. *Petropoli, e typ. acad. scient.*, 1736, 2 vol. in-4. fig. 24 à 30 fr. [8070]

— Mekanik oder analytische Darstellung der Wissenschaft von dem Beweyung mit Anmerkungen und Erläuterungen herausgegeben von J. Ph. Wolfers. *Greitswald*, 1848-53, 3 tom. en 2 vol. in-8. 30 fr.

— Tentamen novæ theoriæ musicæ. *Petropoli, typ. acad.*, 1739, gr. in-4. fig. 6 à 9 fr. [10164]

Vend. 14 fr. 50 c. Caillard ; 10 fr. 50 c. Labey.

— Methodus inveniendi lineas curvas maximi minimive proprietate gaudentes. *Lausannæ*, 1744, in-4. fig. 12 à 15 fr. [7963]

— Introductio in analysin infinitorum. *Lausannæ*, 1744, 2 vol. in-4. fig. 12 à 15 fr. [7983]

Édition préférée à la réimpr. faite à *Lyon*, 1797, 2 vol. in-4.

— INTRODUCTION à l'analyse infinitésimale, trad. du lat. en franç., avec des notes, par J.-B. Labey. *Paris, Barrois l'aîné*, an IV (1796), 2 vol. in-4. fig. 10 à 15 fr.

— THEORIA motuum planetarum et cometarum. *Berolini*, 1744, in-4. 6 à 7 fr. [8276]

— OPUSCULA varii argumenti. *Berolini*, 1746-50-51, 3 vol. in-4. 15 à 20 fr. [7830]

Les tables du soleil et de la lune, que l'on trouve quelquefois séparément, font partie du 1er vol. de ce recueil. Ces 3 volumes, ne contenant guère que 600 pp. en tout, sont ordinairement réunis en un seul.

— SCIENTIA navalis, seu tractatus de construendis ac dirigendis navibus. *Petropoli*, 1749, 2 vol. in-4. fig. [8460]

Vend. 36 fr. 50 c. Caillard; 14 fr. 50 c. Labey.

— THEORIA motuum lunæ, exhibens omnes corporum inæqualitates, cum additamento. *Petropoli et Berol.*, 1753, in-4. 6 à 9 fr. [8295]

— DISSERTATIO de principio minimæ actionis, una cum examine objectionum Cl. Koenigii contra hoc princip. factarum. *Berol.*, 1753, pet. in-4. [8098]

En latin et en français.

— Institutiones calculi differentialis, cum ejus usu in analysi infinitorum ac doctrina serierum. *Petropoli et Berolini*, 1755, in-4. [7897]

Cette édition est quelquefois partagée en 2 vol. : 26 fr. v. f. Caillard; 10 fr. Labey.

— EDITIO altera (ex Euleri schedis mss. auxit Fed. Speroni). *Ticini*, 1787, 2 vol. in-4. 15 à 20 fr.

— EDITIO altera. *Petropoli*, 1804, 2 vol. in-4. 36 fr.

Traduit en allemand par Michels, avec un supplément par J.-P. Grüson. *Berlin*, 1790-98, 4 vol. in-8.

— CONSTRUCTIO lentium objectivar. ex duplici vitro. *Petropoli*, 1762, in-4. fig. [8418]

— MEDITATIONES de perturbatione motus cometarum ab attractione planetarum orta. *Petrop.*, 1762, in-4. [8315]

— THEORIA motus corporum solidorum seu rigidorum. *Rostochii*, 1765, pet. in-4. fig. 10 à 12 fr. [8099]

— EDITIO nova locupletata. *Gryphiswaldiæ*, 1790, in-4., avec 18 pl. 15 fr.

— Institutiones calculi integralis. *Petrop.*, 1768-70, 3 vol. in-4. 36 à 45 fr. [7898]

— EDITIO altera, correctior. *Petropoli*, 1792-94, 4 vol. in-4.

Vend. 80 fr. Delambre; 40 fr. 50 c. Labey; 48 fr. Libri, en 1857.

La troisième édition, *Petropoli*, 1824-27-45, 4 vol. in-4. fig., ne coûte que 44 fr.

On peut joindre à cet ouvrage :

L. MASCHERONII Adnotationes ad calculum integralem Euleri. *Ticini*, 1790, 2 vol. in-4.

Il existe une traduction allemande du texte d'Euler, par J. Salmon. *Vienne*, 1828-30, 3 vol. in-8.

— DIOPTRICA. *Petropoli*, 1769-71, 3 vol. in-4. fig. [8417]

Vendu 54 fr. Caillard; 13 fr. Labey.

— Novæ tabulæ lunares, singulari methodo constructæ. *Petrop.*, 1772, in-8. [8344]

— OPUSCULA analytica. *Petropoli*, 1783-85, 2 vol. in-4. 20 à 24 fr. [7831]

Vendu 45 fr. Caillard; 26 fr. Delambre.

— LETTRES d'Euler à une princesse d'Allemagne, sur quelques sujets de physique et de philosophie. *Pétersbourg*, 1768-72, 3 vol. in-8. fig. [4363]

Édit. rare et qui se vendait 24 fr. avant la réimpression de *Paris*, 1812, 2 vol. in-8. fig., avec des notes (très-peu nombreuses et dans le 1er vol. seulement) par J.-B. Labey : 15 fr. Cette dernière a aussi fait tomber de prix celle de *Berne*, 1778, 3 vol. in-8.

— Une nouvelle édit., annotée par A.-A. Cournot, a été publiée à *Paris, chez Hachette*, en 1842, 2 vol. in-8., avec planches, au prix de 12 fr. — Une autre, avec une introduction et des notes par Emile Saisset. *Paris, Charpentier*, 1859, 2 vol. gr. in-18 avec 215 fig. dans le texte. 7 fr.

On fait peu de cas de l'édition de *Paris, Royez*, 3 vol. in-8., qui devait être accompagnée d'un 4e vol. de notes par Condorcet, parce qu'elle n'est point belle, et qu'elle a éprouvé des suppressions.

— ÉLÉMENS d'algèbre, trad. de l'allemand par J. Bernoulli, avec des notes par Lagrange et Garnier. *Paris*, 1807, 2 vol. in-8. fig. 12 fr. [7881]

Les éditions de *Lyon*, 1774 et 1796 sont moins chères. L'original en allemand a paru à Saint-Pétersbourg, 1770, en 2 vol. in-8. : on y ajoute un 3e vol. contenant le travail de Lagrange, *Francfort*, 1796, in-8. Il y en a une édition de Saint-Pétersbourg, 1802, en 2 vol. in-8., sous le titre de *Vollständige Anleitung zur Algebra*.

— THÉORIE complète de la construction et de la manœuvre des vaisseaux (le style retouché par Kéralio). *Paris*, 1776, in-8. fig. 4 à 5 fr. [8408]

L'édition originale a paru à *Saint-Pétersbourg*, en 1773, in-8.

COMMENTATIONES arithmeticæ collectæ. Auspiciis academiæ imperialis scientiarum petropolitanæ ediderunt auctoris pronepotes P. H. Fuss et Nic. Fuss : insunt plura inedita tractatus de numerorum doctrina capita XVI aliaque. *Petropoli*, 1849, 2 vol. gr. in-4., le premier de LXXXVII et 584 pp.; le second de VIII et 651 pp. 43 fr. [7872]

— CORRESPONDANCE mathématique de quelques célèbres géomètres du XVIIIe siècle, précédée d'une notice sur les travaux de Léonard Euler, tant imprimés qu'inédits, et publiée sous les auspices de l'Académie impér. des sciences de Saint-Pétersbourg, par P.-H. Fuss. *Saint-Pétersbourg*, 1843, 2 vol. in-8. [7831]

Les lettres d'Euler et de Bernoulli que renferme ce recueil lui donnent de l'importance.

Les ouvrages d'Euler sont estimés, et il est difficile d'en former la collection complète; cependant, comme ils ont déjà un peu vieilli, le prix de plusieurs d'entre eux ne se soutient pas.

On trouvera une notice plus étendue sur les écrits de ce savant mathématicien à la suite de son *Éloge* par N. Fuss, Saint-Pétersbourg, 1783, in-4.

On a commencé à Bruxelles, en 1839, la publication d'une édition des Œuvres complètes d'Euler, qui devait former 25 vol. in-8., mais dont il n'a paru que les 2 premiers tomes.

EULER (*Joan.-Alb.*). Theoria motuum lunæ, nova methodo pertractata, una cum tabulis astronomicis; opus dirigente Leon. Eulero. *Petropoli*, 1772, in-4. [8296]

Vendu 14 fr. de Lalande; 6 fr. Labey.

EUNAPIUS Sardianus, de vitis philosophorum et sophistarum, nunc primum, gr. et lat. editus, interprete Hadr. Junio, cum indice et græci exemplaris castigatione. *Antuerpiæ, ex offic. Christ. Plantini*, 1568, 2 tom. en 1 vol. pet. in-8. de 213 pp., 1 f., 194 pp. et 3 ff. 4 à 6 fr. [30419]

Édition faite sur un manuscrit incomplet (e Bibliotheca Joan. Sambuci). Le titre ci-dessus est celui de la version latine : le premier titre est en grec.

— IDEM Eunapius, Hadr. Junio interprete: græca cum mss. palatinis comparata, aucta et emendata Hieron. Commelini opera : nunc recens accedunt ejusdem auctoris legationes. *Apud Hier. Commelinum*, 1596, in-8. 3 à 4 fr.

Texte revu sur deux manuscrits d'Heidelberg. L'édition de Genève : *Oliva P. Stephani* (seu *Coloniæ-Allobr., apud P. et Jac. Chouet*), 1616, in-8., est une réimpression peu correcte de la précédente; elle est quelquefois jointe au Diogène Laërce de 1615 et 1616, in-8. (voy. DIOGENES).

— Eunapii Sardiani vitas sophistarum et fragmenta historiarum recensuit notisque illustravit J.-Fr. Boissonade : accedit annotatio Dan. Wyttenbachii. *Amstelodami, P. den Hengst*, 1822, 2 part. in-8. 15 fr. — Pap. de Holl. 30 fr.

La meilleure édition du texte de cet auteur : elle ne renferme point de version latine, mais il s'y trouve un excellent commentaire critique.

Il existe une traduction anglaise d'Eunapius, par W. B. *London*, 1579, in-4.

EUPHORION. De Euphorionis Chalcidensis vita et scriptis disseruit, et quæ supersunt ejus fragmenta collegit et illustravit Aug. Meineke. *Gedani, sumptibus Alberti*, 1823, in-8. de VIII et 211 pp. 1 thl. [30433]

Pour les Analecta alexandrina de A. Meineke, voyez le n° 18289 de notre table.

EURIPIDES. Medea, Hippolytus, Alcestis et Andromache, græce, cura Jo. Lascaris. (*Florentiæ, per Laurentium de Alopa, ante annum* 1500), pet. in-4.

Édition très-rare, imprimée en lettres capitales, à l'instar de l'Anthologie et des trois autres vol. que nous décrivons aux mots APOLLONIUS rhodius, CALLIMACHUS, et GNOMÆ; elle consiste en 98 ff. en tout, sous les signat. A—N. La signat. K est répétée, et la lettre Λ a été mise par erreur pour M à un des cahiers. Les pages qui sont entières portent 28 lignes. Le verso du premier f. commence par l'alphabet grec, suivi de six diphthongues grecques et de l'argument de la *Médée* : cette pièce commence au verso du second f. de cette manière : ΕΥΡΙΠΙΔΟΥ ΜΗΔΕΙΑ. Le volume est terminé au verso du dernier f. avec l'Andromaque.

Vendu 106 fr. Gaignat ; 11 liv. 5 sh. Askew ; 82 flor. Rover ; 280 fr. Larcher ; 600 fr. bel exempl., MacCarthy ; 11 liv. 11 sh. Sykes ; 18 liv. 5 sh., 14 liv. *mar. v.* et 6 liv. (trois exempl.) Heber ; 36 liv. 15 sh. bel exempl. Renouard, à Londres ; 375 fr. Boutourlin ; 370 fr. Bearzi.

Deux exempl. impr. sur VÉLIN se conservent, l'un dans la bibliothèque Magliabecchi, à Florence ; l'autre dans celle de la ville de Leipzig. La collation de ce dernier comparé avec un exempl. sur pap. de la biblioth. de Dresde, a présenté un grand nombre de variantes qui dénotent, sinon une seconde édit., du moins la réimpression de plusieurs ff. On peut consulter à ce sujet le *Lexicon bibliogr.* d'Hoffman, II, page 202, et surtout F.-A. Wolf, *Litter. Analecten*, II, pages 474-80, où sont rapportées les variantes des deux exemplaires.

— Tragœdiæ septemdecim (18), ex quib. quædam habent commentaria. *Venetiis, apud Aldum, mense februario* M. D. III (1503), 2 vol. in-8. [16065]

Cette édition est la première de la plupart des pièces qu'elle renferme, au nombre de 18, y compris l'Hercule furieux, dont le titre ne fait pas mention, mais qui a été ajouté à la fin du second volume. Il manque l'Electre (impr. pour la première fois à Rome en 1545 ; voy. ci-après), et les fragments de la Danaé, qui n'ont paru qu'en 1597. Quoique cette édition soit reconnue très-fautive, elle est recherchée, et les beaux exemplaires se trouvent difficilement.

Le premier volume a 268 ff., y compris le titre et les quatre derniers ff. où sont la table des pièces, le registre, la souscription et l'ancre. Le second vol. renferme 190 ff., y compris aussi le titre, le registre, la *souscription* et l'ancre.

Vend. 65 fr. Gouttard ; 80 fr. *mar. bl.* F. Didot, en 1808 ; 192 fr. Mac-Carthy ; 78 fr. Curée ; 26 flor. 25 c. Meerman ; 7 liv. 10 sh. (prem. rel. en *mar.*, mais

avec des piqûres de vers) Heber ; 4 liv. 12 sh. Butler ; 99 fr. *mar. r.* Giraud ; avec l'Electre, édit. de 1545, *mar. r.* 6 liv. 10 sh. Libri, en 1859, et quelquefois de 48 à 72 fr.

Renouard indique trois exemplaires de cet Euripide impr. sur VÉLIN. La Bibliothèque impériale en possède un, et conserve aussi deux exemplaires précieux du même livre sur papier, le premier revêtu d'une reliure ornée du chiffre de notre roi Henri II, et le second enrichi de nombreuses notes marginales, en français, de la main du grand poëte Jean Racine. — Dans le supplément à la 3° édition des *Annales des Alde*, il est fait mention d'un premier vol. en Gr. Pap.

— Eædem tragœdiæ, græce. *Basileæ, apud Jo. Hervagium*, 1537, in-8. 6 fr.

Réimpression médiocre de l'édition aldine ; elle est rare, mais peu recherchée.

— EURIPIDIS tragœdiæ, græce. *Basileæ, Jo. Hervagius*, 1544, in-8.

Cette édition, qui présente quelques corrections trop hardies faites par J. Oporin, se joint aux scolies d'Arsenius, que le même Hervagius a également impr. en 1544. Ce dernier a mis au jour, en 1551, une édition grecque d'Euripide, gr. in-8., faite sur la précédente, mais augmentée de l'Electre, pièce réunie alors pour la première fois aux autres tragédies de l'auteur.

— TRAGŒDIÆ octodecim, quorum nomina in sequenti invenies pagina. *Francof (ex officina Burbachii, absque anno)*, in-8.

Édition rare, dont Ebert marque la date *vers l'année* 1558. C'est un volume de 1137 pp. (les pp. 525-26 et 605-6 sont en blanc). Chaque pièce a un titre particulier. Il se trouve des exemplaires avec la première feuille réimprimée, et où on a ajouté dans le titre, après le mot *pagina*, ceux-ci : *his accessit ejusdem Electra, valde quidem hactenus ab eruditis desiderata tragœdia, ac nuper demum in lucem edita Francofurti*. Cette dernière pièce (*Electra*) se compose de 32 ff. non chiffrés, dont le dernier est blanc. Les exemplaires où elle se trouve ont un certain prix. Vend. jusqu'à 7 liv. 10 sh. Sykes, mais seulement 2 liv. 2 sh. et 1 liv. 1 sh. Heber, et quelquefois moins encore.

L'édition de Bâle, *Oporinus*, 1562, in-fol., est accompagnée des notes de Jean Brodeau et de la version latine de Gasp. Stiblin, qui a coupé les tragédies par actes ; elle mérite d'être citée, malgré son peu de valeur dans le commerce.

— TRAGŒDIÆ XIX, gr., in quibus præter infinita menda sublata, carminum omnium ratio hactenus ignorata nunc primum proditur : opera Guliel. Canteri. *Antuerpiæ, ex offic. Christ. Plantini*, 1571, in-16. 8 à 12 fr.

Première édition de cet auteur où l'on se soit occupé de la critique métrique. Elle est jolie et ne se trouve pas facilement bien conservée. On y compte 809 pp. de texte, 16 ff. préliminaires, et 19 ff. à la fin pour les notes de Canter et les sentences : vend. en *m. r.* 19 fr. Le Blond ; 24 fr. Bosquillon, et jusqu'à 40 fr. 50 c. Larcher.

— EÆDEM tragœdiæ XIX, et vigesimæ initium, gr. et lat.; interpretationem M. Æmil. Portus correxit et expolivit ; carminum ratio ex Gul. Cantero diligenter observata, additis ejusdem in totum Euripidem notis. *Heidelbergæ, typis Hier. Commelini*, 1597, 2 vol. in-8.

Édition assez estimée ; on y a donné, pour la première fois, le fragment de Danaé ; à la fin du 2° volume doivent se trouver *M. Æmilii Porti in Euripidem notæ*, partie séparée de 119 pp., impr. en 1599. 10 à 12 fr.; 36 fr. *m. r.* rel. ant. F. Didot.

— Tragœdiæ quæ extant (gr.), cum latina Guliel. Canteri interpretatione ; scholia doctor. virorum in septem Euripidis tragœdias : accesserunt doctæ Jo. Brodæi, Guil. Canteri, Casp. Stiblini, Æm. Porti annotationes, cum indicibus. *Excudebat Paulus Stephanus*, 1602, in-4.

La plus complète et la meilleure édition qui eût paru jusqu'alors de ce poète. Elle est toujours estimée, et les exemplaires n'en sont pas communs. Le volume, qui se partage ordinairement en 2 tomes, doit renfermer : les sept premières tragédies d'Euripide avec les scolies d'Arsenius, 747 pp.; douze autres trag. du même, 846 pp.; les notes de J. Brodeau, 136 pp.; celles de Canter et de Portus, 16 ff.; celles de Stiblinus, 215 pp. et 18 ff. d'index. Il y a des exemplaires, sous la même date, qui ne contiennent ni les notes ni les index, et sur le titre desquels ne se lisent pas les mots : *accesserunt docta... annotationes*, etc. La version latine n'est point de Canter, comme l'indique le frontispice, mais d'Æmilius Portus. Les exemplaires complets et bien conservés se payent de 15 à 20 fr. Vend. en *m. bl.* 1 liv. 18 sh. . Heber ; 37 fr. *mar. r.* Giraud.

— Quæ extant omnia : tragœdiæ nempe XX, præter ultimam, omnes completæ : item fragmenta aliarum tragœd. et epis-·tolæ V nunc primum et ipsæ huc adjectæ : scholia collecta ab Arsenio, etc. Adduntur scholia aliquot mss. ; item selectiores doctor. virorum notæ et conjecturæ, cum perpetuis ad posteriores fabulas commentariis; scholia vetera et latina versio emendatiora, opera et studio Jos. Barnes. *Cantabrigiæ, ex offic. Jo. Hayes,* 1694, in-fol.

Cette édition se recommande par sa belle exécution typographique, et parce qu'elle est plus complète qu'aucune de celles qui l'ont précédée ; mais l'éditeur a manqué de critique, et son travail a été surpassé de nos jours par plusieurs savants qui se sont occupés du même auteur. Aussi ce livre, qui se vendait il y a quelques années 100 fr. et plus, est-il tombé à moins de 50 fr. Vend. 128 fr. *mar.* Caillard ; 67 fr. *mar. bl.* sans les portraits, Wailly ; 66 fr. *mar. r.* Coulon ; 70 fr. *v. f.* aux armes du comte d'Hoym, Parison.

Il y a dans ce volume 4 ff. prélim., 330 et 529 pp. et 21 ff. d'index, plus 2 portr. Ces derniers manquent quelquefois. Il existe quelques exempl. en Gr. Pap. dont la grande rareté fait tout le mérite, car ils ne sont pas beaux: vend. 1800 fr. Mac-Carthy ; 35 liv. 14 sh. Sykes ; 30 liv. 9 sh. Williams ; 610 fr. rel. par Lewis, Labédoy...

—EURIPIDIS Tragœdiæ, gr. et lat.; fragmenta collegit, varias lectiones notasque subjecit, interpretationem lat. reformavit Samuel Musgrave: accedunt scholia græca in septem priores tragœdias. *Oxonii, e typ. clarend.*, 1778, 4 vol. gr. in-4.

Cette édition est belle; elle présente un texte corrigé d'après des manuscrits, et elle renferme des notes critiques et interprétatives; cependant elle n'est pas fort estimée: 50 à 60 fr. —160 fr. *m. bl.* F. Didot ; 130 fr. *mar. r.*, par Derome, Giraud.

Tous les exemplaires que nous avons vus de ce livre sont en grand et très-beau papier ; mais il paraît qu'il en existe en papier commun.

— Tragœdiæ, fragmenta et epistolæ, gr. et lat., ex editione Josuæ Barnesii, nunc recusa et aucta appendice observationum e variis doctorum virorum libris collecta : curavit Christ. Dan. Beckius. *Lipsiæ*, 1778-88, 3 tom. in-4. 50 à 60 fr., et plus en pap. fort.

Édition commencée par Sam.-Fréd.-Nath. Morus et continuée par M. Beck. On y a suivi pour les deux

prem. volumes le texte de Barnes, mais le 3ᵉ réunit tout ce que l'édition de Musgrave avait de nouveau, et les travaux de plusieurs autres savants qui, depuis Barnes, s'étaient occupés d'Euripide. Ce même volume renferme un *Index verborum* très-étendu, lequel a été réimpr. séparément, *Cantabrigiæ*, 1829, in-8., augmenté de la collation des principales éditions par Beaston.

Beck a fait impr. à Kœnigsberg, en 1792, le premier vol. in-8. d'une édition grecque d'Euripide, qui n'a pas été continuée.

— EÆDEM tragœdiæ, gr. et lat., ex recens. Sam. Musgravii. *Glasguæ, Andr. Foulis*, 1797, 10 vol. pet. in-8.

Édition fort médiocre : 30 à 40 fr., et plus cher en Gr. Pap.

— EURIPIDIS Dramata et fragmenta fabularum deperditarum, edidit, scholiis, versione latina, observationibus et lexico græcitatis euripideæ illustravit Ern. Zimmermann. *Francofurti*, 1807-15, 4 vol. in-8.

Cette édition a eu peu de succès, et elle n'est point terminée : 15 à 20 fr., et plus en pap. fort et en pap. vél. Il en a été tiré sur VÉLIN un exemplaire de format in-4., avec un 5ᵉ vol. qui contient la traduction latine ; mais il n'y a pas de titre pour les tomes I, II et V de cet exemplaire unique, dont on demandait 1000 fr. il y a quelques années.

—TRAGŒDIÆ, græce ; edidit C.-H. Schæfer. *Lipsiæ, Tauchnitz*, 1810, 4 vol. in-18. 10 fr.

Texte de Musgrave ; réimpr. en 1820 et en 1826.

— EÆDEM, gr., cum variis lectionibus, ex editione Jos. Barnes. *Oxonii, Bliss*, 1811, 6 vol. in-32. 15 à 18 fr.

Édition assez jolie, à laquelle on joint l'Eschyle et le Sophocle, impr. de la même manière, ce qui forme une collect. commode par son format.

— Tragœdiæ et fragmenta ; recensuit, interpretationem latinam correxit, scholia græca e codicibus manuscriptis partim supplevit, partim emendavit Augustus Matthiæ. *Lipsiæ, Weigel*, 1813-37, 10 vol. in-8.

Une des meilleures édit. du poète. Pour en améliorer le texte, l'éditeur a profité de la collation des manuscrits de Florence, de Turin et de Wolfenbuttel. Les 5 premiers vol. donnent le texte et les scolies; les tom. 6, 7 et 8, le commentaire ; le 9ᵉ, les fragments ; le 10ᵉ, un index abrégé et les scolies vaticanes sur la Troade et sur le Rhésus. Ce dernier vol., qui n'a que VIII et 166 pp., a été donné par le Dʳ Kempmann. Le prem. éditeur promettait une version corrigée, mais il ne l'a pas mise au jour. Les deux fils de ce savant viennent de publier le premier volume d'un lexique, ayant pour titre :

LEXICON euripideum, confecerunt Constantinus et Bernhardus Matthiæ Augusti filii. *Lipsiæ, Fleischer*, 1841, in-8. 3 th. 18 gr.

Prix des 10 vol., 25 thl. — Pap. fin, 30 thl. — Pap. vél., 39 th.

— Opera omnia ; gr., ex editionibus præstantissimis fideliter excusa ; latina interpretatione, scholiis antiquis, et eruditorum observationibus illustrata : necnon indicibus omnigenis instructa. *Glasguæ, cura et typis Andr. et Joan. Duncan, impensis Ric. Priestley*, 1821, 9 vol. gr. in-8. 90 à 100 fr. — très Gr. Pap., tiré en assez grand nombre, 140 à 180 fr.

Édition la plus belle et la plus complète que nous ayons d'Euripide, et qui, sous le rapport typographique surtout, peut servir de modèle aux éditeurs futurs des classiques grecs. Elle a été entreprise d'après les conseils de Ch. Burney, et achevée sur le plan de ce savant helléniste. Il paraît que MM. Duncan ont été les principaux éditeurs de ce livre; mais MM. Rob.-H. Evans, P. Elmsley, Edv. Maltby et Ch.-Jac. Blomfield y ont aussi donné des soins. La typographie de ces vol. est disposée de manière que chaque page présente, sans confusion, le texte grec, la version latine de Musgrave, la paraphrase, les scolies, et les notes des principaux commentateurs. On a choisi, pour chaque tragédie, le texte regardé comme le meilleur : ainsi celui de R. Porson, pour les quatre premières; pour l'Hippolyte et pour l'Alceste, celui de Monk; on a donné l'Andromaque, l'Electre et la Danaé, ainsi qu'une grande partie des fragments, d'après la grande édition de Musgrave; les Suppliantes et les deux Iphigénies, d'après Jér. Markland; le Rhésus, les Troyennes, le Cyclope, l'Hélène et l'Ion, d'après Matthiæ; les Bacchantes, d'après Brunck; les Héraclides, d'après P. Elmsley; et l'Hercule furieux, d'après God. Hermann. On a eu soin de conserver les préfaces particulières et les notes de chacun de ces éditeurs, et l'on a adopté la division et les arguments de chaque pièce par Beck, ainsi que les variantes recueillies par Matthiæ. Au commencement du prem. vol. se trouvent les différentes préfaces et les autres pièces intéressantes des éditions de Barnes, de Musgrave, de Beck, de Matthiæ et de Porson. A la fin du 5e vol. sont placées des scolies inédites sur le Rhésus et les Troyennes, tirées d'un manuscrit du Vatican. Le 8e volume renferme, avec *Valckenaerii diatribe in Euripidis fragmenta*, un ample supplément aux scolies, tiré de l'édition de Matthiæ. Enfin, le 9e volume est entièrement occupé par les index, et principalement par celui de Beck, augmenté et adapté à la présente édition.

— Tragœdiæ, gr. et lat., ex nova recognitione Aug. Matthiæ. *Oxonii*, 1821, 3 vol. in-8. 21 à 27 fr.
Édition réputée correcte. Il en a été tiré 20 exemplaires en Gr. Pap., dont un rel. en *mar.* et *non rogné* s'est vend. 17 liv. 17 sh. chez Williams. Ce dernier exemplaire était annoncé comme contenant la version latine; cependant, selon M. Dibdin (*Introduction*, 4e édit., I, 538), ces sortes d'exemplaires ne la renferment point.

— Tragœdiæ XIX (et fragmenta), græce, curante J.-F. Boissonade. *Paris*, *Lefevre* (*typ. J. Didot*), 1825, 5 vol. gr. in-32, pap. vél. 15 fr., et plus en Gr. Pap.
La meilleure et la plus jolie édition en ce format. L'éditeur y a joint de courtes notes.

— Tragœdiæ, græce, cum notis a F.-H. Bothe. *Lipsiæ*, 1825-26, 2 vol. in-8. 20 fr.
Partie d'une collection des poëtes dramatiques grecs, publiée par M. Bothe. Ce savant avait déjà donné une traduction allemande d'Euripide. *Berlin*, 1800-3, 5 vol. in-8. 40 fr.

— Euripidis Tragœdiæ, ex nova recognit. Aug. Matthiæ; accedunt notæ textui matthiæano accommodatæ, et index copiosus C.-D. Beckii. *Oxonii*, *J. Parker*, 5 vol. in-8. 40 à 50 fr.
Cette édition comprend les deux articles suivants :
Notæ philologicæ et grammaticæ in Euripidis tragœdias : e variis virorum doctorum commentariis maxima et parte selectæ, et textui matthiæano accommodatæ. *Londini*, 1828, 2 vol. in-8. 18 sh.
Index græcitatis euripideæ, auctore Dan. Beckio. Editio accuratior : cui nunc primum accedit præcipuarum editionum, quæ ad versuum notationem attinet collatio. *Cantabrigiæ*, 1829, in-8. 15 sh.

— Tragœdiæ et fragmenta, gr., ex recensione G. Dindorfii. *Oxonii*, *J. Parker*, 1834, 2 vol. in-8.
Édition faite d'après celle de Leipzig, Teubner, 1825, 2 vol. in-12. On y ajoute les *Annotationes*, 1840, 2 part. in-8., et les 4 vol. coûtent 1 liv. 15 sh.

— Fabulæ : recognovit, latine vertit, in duodecim fabulas annotationem criticam scripsit, omnium ordinem chrono-

logicam andagavit Theobaldus Fix. *Paris., Firm. Didot*, 1844, gr. in-8. 15 fr.
Fragmenta Euripidis iterum edidit, perditorum tragicorum omnium nunc primum collegit Fr.-Guil.-Wagner; accedunt indices locupletissimi, Christus patiens, Ezechieli et christianorum poetarum reliquiæ dramaticæ; ex codicibus emendavit et annotatione critica instruxit Fr. Dübner. *Parisiis, Firm. Didot*, 1847, gr. in-8. 15 fr.
Ces deux volumes doivent être réunis.

Euripides restitutus, sive scriptorum Euripidis ingeniique censura, quam faciens fabulas quæ extant explanavit examinavitque, earum quæ interierunt reliquias composuit atque interpretatus est, omnes quo quæque ordine natæ esse videntur disposuit et vitam scriptoris enarravit J.-A. Hartingus. *Hamburgi, Fr. Perthes*, 1843-44, 2 vol. in-8. 22 fr.

— Tragœdiæ gr. ex recensione Adph. Kirchhoffii. *Berolini, Reimer*, 1855, 2 vol. in-8. 20 fr.

Traductions.

Les Tragédies d'Euripide, trad. du grec par Prévost. *Paris*, 1782-97, 4 vol. in-12. — Ces 4 vol. ne contiennent que la traduction de 12 pièces.

Tragédies du même, trad. par M. Artaud. *Paris, Lefèvre*, 1842 (3e édit. chez *Didot frères*, 1857), 2 vol. gr. in-18, 6 fr.

— Tragedie di Euripide intere XIX, frammenti, ed epist. gr. ital., in versi; illustrate d'annotazioni, etc., opera del P. Mic. Carmeli. *Padoua*, 1743-49, 20 part. en 10 vol. in-8. 25 à 30 fr.
Vend. en Gr. Pap., rel. en 7 vol. *m. r.*, 120 fr. de Cotte.
Édition très-peu estimée. Il faut y réunir : *Pro Euripide et novo ejus italico interprete dissertatio P. Carmeli*, Paduæ, 1750, in-8.
Tragedie di Euripide, trad. da Felice Bellotti. *Milano, Stella*, 1829, in-8., tome I, 7 fr. 50 c.; pap. vél., 12 fr.

— Euripides's Tragedies, translated (by R. Potter). *London*, 1781-83, 2 vol. in-4. 15 à 18 fr.
Réimpr. à Oxford, 1814, en 2 vol. in-8.

— The same tragedies and fragments, translated by Mich. Wodhull, with notes illustrative and critical; new edition, corrected throughout by the translator. *Lond.*, 1809, 3 vol. in-8., 24 fr., et plus en Gr. Pap.
Cette traduction (imprimée pour la première fois à *Lond.*, 1782, en 4 vol. in-8.) se joint à celle d'Eschyle par Potter, et à celle de Sophocle par Francklin, impr. la même année; ce qui compose la collection des tragiques grecs en anglais, en 5 vol., qui coûtait 60 fr. en pet. pap., et 250 fr. en Gr. Pap.

The Plays of Euripides, literally translated according to the text of Dindorf, by T.-A. Buckley. *London*, 1850, et depuis *London*, H. Bohn, 2 vol. pet. in-8. 10 sh.

Euripides Werke, verdeutscht von J.-J.-C. Donner, *Heidelberg, C.-F. Winter*, 1841-52, 3 vol. in-8. 4 thl. 1/2.

Scolies.

— Scholia græca in septem Euripidis tragœdias, ex antiq. exemplaribus ab Arsenio archiepo monêbasiê collecta, & nunc primum edita (gr.). *Venetiis, in offic. Lucæ Antonii Juntæ*, 1534, in-8. 10 à 12 fr. [16066]
Volume peu commun, contenant 4 ff. prélim., 293 ff. chiffrés, sign. A—NN, et 1 f. pour la marque de l'imprimeur. Vend. 18 fr. Soubise, et 48 fr. trèsbel exemplaire *m. bl.* Mac-Carthy; 14 fr. *mar r.* Giraud. Ces scolies ont été réimprimées à Bâle, par J. Hervagius, 1544, gr. in-8.

— Aristologia euripidea. Voy. Neander.

Diverses pièces réunies.

— TRAGOEDIÆ IV : Hecuba, Phœnissæ, Hippolytus et
Bacchæ, gr., ex optimis exemplaribus emendatæ
(a Rich.-Fr.-Ph. Brunck). *Argentorati*, 1780, in-8.
6 à 8 fr.

Vend. en Gr. Pap. 40 fr. Larcher, en pap. de Holl. et
en *mar. r.* 29 fr. Renouard.

Très-bonne édition : il y a des exempl. in-4. 10 à
12 fr. Vend. 53 fr. annoncé en Gr. Pap.Larcher.

— SUPPLICES mulieres, Iphigenia in Aulide et in
Tauris, cum notis Jer. Marklandi integris et aliorum selectis : accedunt de Græcorum quinta declinatione inparisyllabica et inde formata Latinorum
tertia quæstio grammatica, explanationes veterum
aliquot auctorum, epistolæ quædam ad d'Orvillium
datæ, cum indicibus necessariis. *Oxonii, J. Cooke*,
1811, 2 vol. in-8. 12 fr.

Bonne édit., publiée sous la direction de M. Gaisford :
on en a tiré des exemplaires sur beau pap. vél.,
2 tom. en 1 vol. in-4. 20 fr.; et de ce dernier format,
seulement 20 exemplaires en Gr. Pap. 5 liv. 10 sh.
Dent; 5 liv. *mar.* Williams.

— TRAGOEDIAS (gr.) ad opt. libror. fidem recensuit
et brevib. notis instruxit A. Seidler. *Lipsiæ, Fleischer*, 1812 et ann. seqq. 3 part. in-8.

Ces trois volumes ne contiennent que les Troyennes,
l'Electre et l'Iphigénie en Tauride, avec de courtes
notes.

— Hecuba, Orestes, Phœnissæ et Medea,
ad fidem mss. emendatæ et brevibus
notis emendationum potissimum rationes reddentibus instructæ a R. Porson :
editio tertia, correctior et auctior, indicibus locupletissimis instructa : accesserunt additamenta editionis novissimæ
londin. *Lipsiæ, Fleischer*, 1824, 4 part.
in-8. 10 à 12 fr.

Les deux prem. réimpressions de ces 4 pièces, faites
à Leipzig, en 1802 et 1807, renferment des notes de
MM. Schæfer et Erfurt. Les titres portent l'indication de tome I. C'est d'après la 3e édition de *Leipzig*
qu'ont été faites celles de *Lond., Priestley*, 1825,
in-8.; de *Lond., Revington*, 1826, avec de courtes
notes de J. Scholefield; réimpr. à *Cambridge*,
1829, in-8. 14 sh.

— SUPPLICES mulieres et Iphigenia utraque, gr.,
cum annotationibus Marklandi, Porsoni, Gaisfordi,
Elmsleii, Blomfieldi et aliorum : accedunt indices.
Lipsiæ, Hartmann, 1822, 2 vol. in-8. 15 fr.

— TRAGOEDIÆ, gr., recensuit God. Hermann. *Lipsiæ,
Weidmann*, 1831-41, in-8. 36 fr.

Réunion en 2 vol., plus la 1re partie d'un 3e vol., de
huit pièces d'Euripide, publiées dans l'ordre suivant : Vol. I, *Hecuba*, 1831; *Iphigenia in Aulide*,
1831; *Iphigenia Taurica*, 1833. Vol. II, *Helena*,
1837; *Andromache*, 1838; *Cyclops*, 1838; *Phœnissæ*, 1840. Vol. III, *Orestes*, 1841. Chaque pièce
s'est vend. séparément.

Nous indiquons ci-après, dans les pièces d'Euripide
impr. séparément, l'*Hercules furens*, l'*Ion*, la
Medea, et les *Supplices mulieres*, édités par God.
Hermann.

— TRAGOEDIÆ, gr. Recensuit et comment. in usum
scholarum instruxit A.-J.-E. Pflugk. *Gothæ*, 1829-
58, 2 vol. in-8., contenant *Medea, Hecuba, Andromache, Heraclides, Helena, Alcestis, Hercules
furens*, et *Phœnissæ*. 20 fr., et plus en pap. fin.

— HECUBA, et Iphigenia in Aulide, Euripidis, tragœdiæ in latinum translatæ Erasmo Roterodamo interprete; ejusdem (Erasmi) Ode de laudibus Britanniæ, regisque Henrici septimi, ac regiorum
liberorum ejus. Ejusdem Ode de senectutis incom-
modis. *Venetiis, in œdibus Aldi, mense Decembri*.
M. DVII. pet. in-8. de 80 ff. Le 7e est tout blanc.

Petit volume rare, dont plusieurs exempl. se trouvent

mutilés ou au moins couverts de ratures, soit dans
les pièces préliminaires, soit à la fin, dans des passages qui ont attiré l'attention des inquisiteurs.

Vend. 30 fr. *mar.* Chardin, 11 flor. *non rogné* Crevenna, et 10 liv. 15 sh. également *non rogné* Sykes;
15 fr. *mar. r.*, mais taché d'eau, de Soleinne.

L'exemplaire imprimé sur VÉLIN que possède la Bibliothèque impér. a malheureusement été mutilé.

Réimpr. à Florence, par les héritiers de Phil. Junta,
1518, in-8. de 78 ff.; et antérieurement, sans lieu
ni date (à Lyon), in-8., ff. non chiffr. Cette contrefaçon de l'édition aldine, qui ne vaut pas 5 fr., a été
payée 8 liv. à la vente Renouard, à Londres, et
1 liv. 1 sh. Butler.

L'édition des deux mêmes pièces trad. par Érasme,
impr. à Paris, *ex officina Mich. Vascosan*, 1554,
in-8. de 88 ff., contient de plus *Medea, Geor. Bu-
chanano interprete* (en vers), de 32 ff. 3 à 4 fr.

29 fr. 50 c. *mar. v. d. de mar. r.* de Soleinne.

— EURIPIDIS Hecuba et Iphigenia in Aulide, gr. *Lovanii, apud Theod. Martinum Alostensem*, 1520,
mense Augusto, in-4.

Édition très-rare, citée par Maittaire, qui indique
aussi une édition de *Medea et Hecuba, utraque
seorsim cum scholiis græcis*, Paris., apud Jo.-
Lodoic. Tiletanum, 1547 (ou plutôt 1545), in-4., et
une édition de l'*Hecuba*, gr., *Paris, Vascosan*,
1552, in-8.

Dans le catalogue d'Askew, nº 1528 à 1533, sont portées les six pièces suivantes, en grec, impr. à Paris,
de format in-4., et vend. ensemble 2 liv. 5 sh., savoir : *Hecuba, apud Morel*, 1612. — *Medea, apud
Morel*, 1622. — *Heraclidæ, apud Libert*, 1627. —
Troades, ibid., 1622. — *Alcestis, ibid.*, 1619. —
Orestes, ibid., 1623. Cinq de ces éditions sont restées inconnues à Maittaire.

— EURIPIDIS tragœdiæ duæ, Hecuba et Iphigenia in
Aulide (gr.) latine factæ, Des. Erasmo interprete.
Basileæ, apud Ioan. Frobenium, 1524, gr. in-8.
de 140 ff.

— EURIPIDIS Medea et Phœnissæ, græco-latinæ, cum
scholiis græc. integris, commentario, variis lection., etc., studio et opera Wilhel. Piers. *Cantabrigiæ, typ. acad.*, 1703, in-8. 4 à 5 fr.

Il y a des exempl. en Gr. Pap. 64 fr. *mar. bl.* d'O....
24 fr. *v. br.* Mac-Carthy; 3 liv. Sykes; 1 liv. 10 sh.
Williams; 30 fr. *mar. r.* par Trautz, vente Solar.

— EÆDEM tragœdiæ, gr. et lat., ex versione Geor.
Buchanani. *Edinburgi*, 1722, in-8. 3 à 4 fr.

— HECUBA, Orestes et Phœnissæ, collatis decem manuscriptis; textum et scholia emendavit; scholiis
ineditis, versione elegantiore, notis perpetuis, et
dissertatiunculis de metro tragico auxit et illustravit Joh. King. *Cantabrigiæ, typ. acad.*, 1726, 2 vol.
in-8. 8 à 10 fr.

Vend. en Gr. Pap. 90 fr. *m. r. dent.* Caillard; 80 fr.
m. citr. F. Didot; 83 fr. *v. br.* Mac-Carthy; 3 liv.
8 sh. Sykes; 2 liv. 5 sh. Williams.

— EDITIO alia, curis Th. Morell, qui Alcestin adjecit. *Lond.*, 1748, 2 vol. in-8. 10 à 12 fr.

Édition préférable à la précédente.

— TRAGOEDIÆ, Hecuba, Orestes et Phœnissæ, gr.,
cum variis lect. et notis Sam. Musgravii. *Oxonii*,
e typogr. clarend., 1809, in-8. 6 fr., et plus en
Gr. Pap.

Publié par les soins du professeur Gaisford.

— TRAGOEDIÆ IV, gr. with prose translation by T.-
W.-C. Edwards. *London*, 1838, in-8. 1 liv.

Pièces séparées.

— ALCESTIS, gr. et lat., cum notis Barnesii, Musgravii, Reiskii aliorumque, quibus et suas adjecit Ch.-
Thph. Kuinöl. *Lipsiæ*, 1789, in-8.

— ALCESTIS euripidea, edidit, diatriba recognita et
adnotatione perpetua illustravit Glo.-Adolph. Wagner. *Lipsiæ*, 1800, in-8. 4 fr. — Pap. fin, 5 fr.

— ALCESTIS, græce, cum variis lectionibus. *Oxonii*,
1806, in-8. 3 fr.

Édition donnée par Pierre Elmsley.

— ALCESTIS, emendavit et annotationibus instruxit J.-H. Monk; accedit G. Buchanani versio metrica; editio tertia. *Cantabrigiæ*, 1826 (iterum 1830), in-8. 5 fr.

La première édition de l'*Alceste* de Monk a été impr. à Cambridge, en 1816, in-8., en pct. et en Gr. Pap.; il y en a une seconde de *Cambridge*, 1818, in-8. Le texte donné par cet helléniste a été suivi dans l'édition suivante :

— ALCESTIS, cum integra J.-H. Monkii annotatione suisque animadversionibus edidit Ern.-Frid. Wüsteman. *Gothæ*, 1823, in-8.

— ANDROMACHE, græce, cum notis. *Oxonii*, 1807, in-8. Édition attribuée à P. Elmsley.

Une édition de l'Andromaque, extraite de l'Euripide impr. à *Glascow*, 1821, en 9 vol. in-8., a paru séparément en 1 vol. in-8., ainsi que plusieurs autres pièces du poëte, extraites de la même collection.

— ANDROMACHE, gr., recognovit, adnotationi Barnesii, Musgravii, Brunckii fere integræ et Matthiæi selectæ suam adjecit, scholia emendatiora et indices addidit I. Dav. Körner. *Züllichav.*, *Darnmann*, 1826, in-8. 4 fr.

— ANDROMACHE, græce; vetera scholia in Andromache. Edidit cum sua tam ad fabulam quam ad scholia adnotatione I. Lenting. *Zutphaniæ, Thieme*, 1829, in-8. de 16 et 424 pp. 6 à 9 fr.

Dibdin, dans la dernière édition de son *Introduction*, I, 551, cite, d'après Fabricius, une édition grecque de cette même pièce, imprimée à *Louvain*, 1537, in-4., avec le poëme de D. Pyrrus : *De Remediis adversus fortunæ impetus.*

— BACCHÆ, recensuit et illustravit P. Elmsley. *Oxonii*, *typ. clarend.*, 1821, in-8. 6 fr. Réimpr. à Leipzig, 1822, in-8. 3 fr.

— CYCLOPS, gr., recensuit et perpetua adnotatione illustravit J.-G.-Ch. Höpfner. *Lipsiæ*, *Vogel*, 1789, in-8.

— ELECTRA, nunc primum in lucem edita (cura P. Victorii}, græce. *Romæ (Bladus)*, 1545, pet. in-8. Première et très-rare édition de cette pièce. On l'annexe à l'Euripide d'Alde, dans lequel elle n'est pas imprimée. C'est un volume de 30 ff. seulement, y compris le titre, une épitre dédicatoire et l'argument. Vend. séparément 33 fr. *mar. r.* d'Hangard ; 1 liv. 19 sh. Williams; 1 liv. 1 sh. Heber ; 25 fr. 50 c. *non rogné*, Librairie De Bure.

L'exemplaire de cette édition de l'*Electra*, porté dans le *Catalogue d'un amateur* (M. Renouard), I), p. 208, renferme la version latine de cette tragédie, morceau de 31 ff. non chiffrés, signat. E. F. G. H., probablement impr. à Bâle, et qui semble avoir été disposé pour faire suite au texte grec impr. à Rome. Cependant ces mêmes feuillets se trouvent aussi quelquefois réunis à la traduction latine en prose des XVIII autres pièces d'Euripide, par Rob. Camillus, sous le nom de *Dorotheus Camillus*, impr. à Berne, en 1550, in-8.

— ELECTRA, gr., cum var. lectionibus. *Oxonii*, 1807, in-8. Édition attribuée au Dr Elmsley. Elle est devenue peu commune.

— ELECTRA, gr., emendavit et annotationibus instruxit Hastings Robinson. *Cantabr.*, 1822, in-8. 6 fr. Bonne édition critique, à l'usage des étudiants.

— ELECTRA, gr., recognitis duobus libris scriptis, additaque annotatione edidit P. Camper. *Lugd.-Batavor.*, 1831, in-8. 6 à 9 fr.

— Tragœdia HECUBA, cum interpretatione et explicatione accurata, quæ ad eorum humana quoque captum attemperata est, qui rudimenta modo græcarum litterarum degustaverunt. Quorum studio hæc opera plurimum adjumenti afferre, et profectuum imprimis adjuvare poterit, auctore M. Matthæo Hevslero Iavrano. *Edebatur Lipsiæ in officina Geor. Hantschii*, 1554, in-8. de 8 et 291 ff. chiffr., plus 13 ff. pour l'index et 1 f. d'errata.

Il y a des exemplaires sous la date de 1555.

— HECUBA, gr., et G. Hermanni, ad eam et ad R. Porson notas, animadversiones. *Lipsiæ*, 1800, in-8. 4 fr. — Pap. fin, 5 fr.

Cette édition est plus estimée que celle de la même pièce qu'a donnée Ammon, à *Erlang*, en 1789, in-8., d'après le texte de Barnes.

Le Dr Porson a publié à Londres, en 1797, une édition in-8. de l'Hécube, qui a été réimpr. avec des augmentations, à Cambridge, 1802, in-8. (5 sh. — Gr. Pap. 7 sh. 6 d.; on en a tiré deux exempl. sur VÉLIN); et encore à Londres, en 1808, in-8.

— HECUBA, e recens. G. Hermanni, cum animadvers., scholiis excerptis et indice copioso edidit Guill. Lange. *Halis-Saxon.*, 1828, in-8. 5 fr.

Seconde édition augmentée. La première a paru à Halle, 1805, in-8.

— **La tragédie d'Euripide, nommée Hecuba, traduicte du grec en rhythme françoyse (par Laz. de Baïf).** *Paris, de l'imprim. de Rob. Estienne,* 1544, in-8.

Vend. 10 fr. en mar. bl. La Valliere ; 47 fr. *mar. v.* Solar.

Volume de 104 pp. y compris 3 ff. prélim. Depuis la page 77 jusqu'à la page 104 se trouvent différents morceaux de poésie, savoir : *La fable de Caunus et Byblis suivant Ovide, Silve de Silvanius, etc.;* à la fin la devise de Baïf : *Rerum vices.*

L'édition de *Paris, Rob. Estienne*, 1550, in-8. 7 fr. 60 c. La Valliere, et (avec *le Ravissement d'Europe* du même Lazare de Baïf, *Paris, Veufue Maurice de La Porte*, 1552) m. r. 34 fr. 50 c. de Soleinne.

— ECUBA, trag. tradotta in verso toscano da Matteo Bandello ; tratta da un codice vaticano e pubblicata da Gugl. Manzi. *Roma, de' Romanis*, 1813, in-4. de 127 pp. pap. vél. 8 fr.

Réimpression d'une traduction ancienne, dédiée à Marguerite de France, sœur de François Ier. Il s'en trouve un exemplaire impr. sur VÉLIN à la Bibliothèque impériale.

— HECUBA, translated into english prose, with notes, by T.-W.-C. Edwards. *London*, *Simpkin*, 1822 (aussi 1838), in-8. 8 sh.

Le même traducteur a donné également en grec et en anglais : *Medea*, 1821 ; *Orestes*, 1824 ; *Phœnissæ*, 1823 (aussi 1838) ; *Alcestes*, 1824 (aussi 1838) ; chaque pièce in-8. au prix de 5 sh.

— HERACLIDÆ et Medea, gr., ex recensione P. Elmsley, qui annotationes suas et aliorum (præcipue Hermanni) selectas adjecit; editio altera auctior et emendatior. *Oxonii, typ. clarend.*, 1828, in-8. 8 à 10 fr.

P. Elmsley avait d'abord publié séparément chacune de ces deux pièces : la première en 1813, la seconde en 1818. Les Héraclides ont été réimprim. à Leipzig, en 1821, in-8.

— HERCULES furens, gr., recensuit God. Hermann. *Lipsiæ*, 1810, in-8. 3 fr.

HIPPOLYTUS, ex mss. Biblioth. reg. paris. emendatus (gr.), cum variis lectionibus et notis editoris (Sam. Musgrave) : accessere Jerem. Marklandi emendationes. *Oxonii, e typogr. clarendon.*, 1756, in-4. 4 à 5 fr., et plus en Gr. Pap.

Bonne édition, mais qui a été effacée par celle de Walckenaer.

— TRAGOEDIA Hippolytus, quam, latino carmine conversam a Geor. Ratallero, adnotationibus instruxit Lud.-Gasp. Valckenaer. *Lugd.-Bat.*, 1768, in-4. Édition très-recherchée.

On trouve ordinairement dans le même volume :

    L.-Gasp. Valckenaer Diatribe in Euripidis perditorum dramatum reliquias. Lugd.-Batav., 1767, in-4.

L'Hippolyte, pap. de Holl., *mar. r.*, a été vendu 51 fr. Caillard ; et les *Diatribe*, pap. fort, 26 fr. *mar. v.* le même.

Ces deux pièces ont été réimpr. *Lugd.-Batavor.*, 1822, in-4., et aussi *Lipsiæ*, *Hartmann*, 1823-24, 2 part. in-8. 15 fr., et plus en pap. vél. Dans cette dernière édit. sont ajoutés *Th. Tyrwhitt conjecturæ in Euripidem.*

— HIPPOLYTUS, gr., cum scholiis, versione lat., variis lectionibus, Valckenaerii notis integris ac selectis aliorum, quibus suas adjunxit Fr.-Henr. Egerton. *Oxonii*, 1796, gr. in-4.

Belle édition, tirée à un petit nombre d'exempl. qui ont été distribués en présent par l'éditeur. Elle est d'ailleurs peu estimée, et elle se donne maintenant pour une vingtaine de francs, quoiqu'elle se soit vendue beaucoup plus cher autrefois. Pour être complet ce volume doit contenir 8 ff. prélimin., 293 pp., 3 ff. d'*Addenda*, 92 pp. d'autres *Addenda*, et 99 pp. de notes. Les numéros 9, 10, 11, 12 et 13 des *Addenda et corrigenda* (imprim. à Paris, en 1816) ne se trouvent que dans peu d'exemplaires.

— HIPPOLYTUS coronifer, græce, ad fidem manuscriptorum et veterum editionum emendavit et annotationibus instruxit Jac.-Henr. Monk; editio secunda. *Cantabrigiæ*, 1813, in-8. 5 sh.

La première édition est de 1811. Il y en a une troisième, *Cantabrigiæ*, 1821, in-8., et c'est sur cette dernière qu'a été faite celle de Leipzig, 1823, in-8. 5 fr.

— ION, gr., commentario perpetuo, prolegomenis et indicibus illustravit; studio F. Hülsmann. *Lipsiæ*, *Schwickert*, 1801, in-8. de XVIII et 314 pp. 1 thl.

— ION, gr., recensuit G. Hermannus. *Lipsiæ*, *Fleischer*, 1827, in-8. 1 thl.

— IPHIGENIA in Aulide et Iphigenia in Tauris, gr. et lat., ad codd. mss. recensuit, et notulas addidit Jer. Markland. *Londini*, *Bowyer*, 1771, in-8.

Édition recherchée : 6 à 9 fr. — Vend. 18 fr. Larcher.

Elle a été réimpr. en 1783, in-8., par les soins du docteur Heberden, mais incorrectement. — Et depuis à Oxford, 1810, in-8.

— L'Iphigenie d'Euripide... tournée de grec en françois par l'auteur de l'art poétique (Th. Sibilet). *Paris, Gilles Corrozet*, 1549 (nouv. titre, 1550), pet. in-8. de 7 ff. prélim. et texte ff. 9 à 75.

Vendu 9 fr. *m. r.* La Valliere et Chénier ; en *mar. bl.* par Derome, 51 fr. de Soleinne ; en *mar. r.* 59 fr. 50 c. Giraud, et 27 fr. Solar.

— MEDEA, gr., ad fidem manuscriptorum emendata et brevibus notis instructa. Edidit Ric. Porson. *Cantabrigiæ*, 1801, in-8.

De cette première édition de la Médée donnée par Porson, il a été tiré de ces exempl. en Gr. Pap. et deux sur VÉLIN. La seconde édit., *Cantabrigiæ*, 1817, in-8., coûtait 3 sh.

— MEDEA, gr., recensuit et illustravit P. Elmsley. *Oxonii*, 1818, in-8. 6 à 7 fr.

Édition non moins recommandable pour le texte que pour les notes.

— MEDEA, gr., editio auctior et emendatior : accedunt God. Hermanni annotationes. *Lipsiæ, Hartmann*, 1822, in-8. 6 à 7 fr.

— EADEM, gr., ex recensione et cum notis Lentingii. *Zutphaniæ*, 1819, in-8. 5 à 6 fr.

— ORESTES, gr. *Parisiis, Fed. Morel*, 1584, in-4. (Rare.)

— ORESTES, gr. et lat., ex editione Jos. Barnes. *Glasguæ, Foulis*, 1753, pet. in-8. 2 à 3 fr.

Il y a du papier fin.

— ORESTES, gr. et lat., ex recens. J. Barnesii, varietate lectionis et animadversionibus illustravit J.-F. Facius (cum præfatione C.-G. Heyne). *Coburgi*, 1778, in-8. 2 à 3 fr.

— ORESTES, gr., ad fidem manuscr. emendata et brevibus notis instructa (edidit R. Porson). *Londini*, 1798, in-8.

Réimpr. à Londres, en 1811 et en 1818, in-8.

— PHOENISSÆ, tragœdia, gr., emendata ex manuscriptis et latina facta ab Hug. Grotio. *Parisiis, Ruart*, 1630, in-8.

Volume peu commun ; il en existe des exemplaires avec un nouveau titre portant : *Amstel., Colinus*, 1631. Valckenaer a inséré cette traduction de Grotius dans son édition des Phéniciennes.

— PHOENISSÆ, gr. et lat., interpretationem addidit H. Grotii ; græca castigavit, atque adnotationes instruxit ; scholia partim nunc primum evulgata subjecit Lud.-Casp. Valckenaer. *Francqueræ*, 1755, in-4. 6 à 9 fr. — Il y a des exemplaires en pap. de Hollande, mais ils sont fort rares.

— PHOENISSÆ, tragœdia, gr. et lat., cum notis Valckenaerii. *Lugduni-Batavor.*, 1797 vel 1802, in-4.

Très-bonne édition, plus complète que la précédente : 15 fr. — Elle a été réimpr. à Leipzig, pour Hartmann, 1824, en 2 vol. in-8. 12 fr.

— PHOENISSÆ, tragœdia, gr. ad fidem manuscript. emendata et brevibus notis instructa (a R. Porson). *Lond.*, 1799, in-8. Réimpr. en 1811.

— PHOENISSÆ, gr., cum notulis edidit G. Burgess. *Londini*, 1809, pet. in-8. 5 fr.

— PHOENISSÆ, cum scholiis gr., in usum lectionum iterum edidit, adhibitis Valckenaerii, Brunckii et Porsoni recensionibus, H. Grotii versionem lat. indicemque verbor. adjecit Ch.-G. Schütz. *Halæ, Hendel*, 1820, in-8. 6 à 7 fr.

Schütz avait déjà donné une édition de cette pièce, en 1772.

— PHOENISSÆ, cum commentario edidit Jo. Geelius : scholia antiqua in Euripidis tragœdias, partim ineditis integriora adjunxit C.-G. Cobetius. *Lugduni-Batavor.*, *Hazenberg*, 1847, in-8. 12 fr.

— RHESUS, gr., cum scholiis antiquis recensuit et annotavit Frid. Vaterus ; præmittuntur vindiciæ hujus tragœdiæ. *Berolini, Duemmler*, 1837, in-8. de XVIII, CLXVI et 320 pp. 5 à 6 fr.

— Drama : SUPPLICES mulieres, gr. et lat., ad codd. recensitum, et versione correcta, notis uberioribus illustratum... cum explicatione locorum aliquot ex auctoribus græcis et latinis (edidit Jer. Markland). *Londini, G. Bowyer*, 1763, in-4. 9 à 12 fr.

Édition impr. aux frais du Dr Heberden, corrigée par Jortin, et tirée à 250 exemplaires seulement. On y trouve la dissertation *De Græcorum quinta declinatione imparisyllabica, et inde formata Latinorum tertia quæstio grammatica*, laquelle avait d'abord été impr. séparément en 1761, et tirée à 40 exempl. pour les amis de l'auteur.

— DRAMA, Supplices mulieres, gr., ad codd. mss. recensitum, et versione correcta, notis uberioribus (Jer. Markland) illustratum : accedit De Græcorum quinta declinatione imparisyllabica, et inde formata Latinorum tertia quæstio grammatica ; editio altera. *Londini, Bowyer*, 1775, in-8. 6 à 7 fr.

Cette édition contient de moins que la précédente l'explication des passages parallèles des auteurs grecs et latins.

— SUPPLICES mulieres, gr., recensuit G. Hermann. *Lipsiæ, Fleischer*, 1811, in-8. 2 fr. 50 c.

— SUPPLICES mulieres, gr., cum notis Marklandi integris et aliorum selectis. *Oxonii*, 1818, in-8. 8 sh.

Donné par le professeur Gaisford.

— TROADES, gr., *Londini, apud J. Dayum*, 1575, in-12.

Un exemplaire de cette édition rare, rel. en *m. v.*, a été vendu 1 liv. Heber, VI, n° 1139.

— TROADES, tragœdia, græce, partim codd. manuscript., partim ope conjecturarum emendata. Subjicitur appendix in qua carminibus euripideis quæ vulgo habentur monostrophica verus et vetus ordo nunc demum restituitur, stud. G. Bruges. *Cantabrigiæ*, 1807, in-8. 5 sh. et plus en Gr. Pap.

Travail d'un éditeur qui n'avait pas encore vingt ans lorsqu'il l'entreprit.

EUSEBE (*Jean*). La Philosophie rationale, vulgairement appellée dialectique, pour les chirurgiens françois, et autres amateurs de la langue françoyse; nouvellement dressée par maistre Jean Eusèbe, bourbonnoys. *Lyon, J. Saugrain*, 1566, in-8. [7451]

— La science du poulx, le meilleur et plus certain moyen de juger des maladies. *Lyon, Jean Saugrain (sans date, mais vers 1568)*, in-8. [7156]

40 fr. Coste.
Ces deux traités se trouvent difficilement ainsi que l'ouvrage ci-dessous, et quelques personnes les recherchent encore.

INSTITUTIONES grammaticæ perbrevis in tabularum formam redactæ, Joan. Eusebio, borbonensi, authore. *Parisiis, apud Mich. Fezandat*, 1557, in-4. [10811]

EUSEBIUS. Eusebii Pamphili opera omnia quæ extant, gr. et lat., curis variorum nempe H. Valesii, P. Vigeri, etc., edita; collegit et denuo recognovit J.-P. Migne. *Montrouge, impr. de Migne*, 1856-57, 6 vol. gr. in-8. 60 fr.

— Præparationis evangelicæ lib. XV, gr. *Lutetiæ, Rob. Stephanus*, 1544.—Ejusdem demonstrationis evangelicæ, lib. X, gr. *Lutetiæ, Rob. Stephanus*, 1545, 2 tom. en 1 vol. in-fol. [879]

Première édition, très-bien exécutée, mais peu recherchée : 10 à 15 fr.

— Præparatio evangelica (gr. et lat.), Fr. Vigerus recensuit, latine vertit, notis illustravit.=De demonstratione evangelica libri X, græce et latine (interprete Donato Veronensi), quibus accessere nondum hactenus editi nec visi contra Marcellum libri duo; de ecclesiastica theologia libri tres, et liber contra Hieroclem, gr. et lat. : omnia studio R. M. (Rich. Montacutii) latine facta, notis illustrata, et indicibus locupletata. *Parisiis, Mich. Sonnius*, 1628, 2 vol. in-fol.

Une des meilleures édit. que l'on ait jusqu'ici de ces divers écrits d'Eusèbe. Elle est fort recherchée, mais les beaux exemplaires se trouvent difficilement : 60 à 72 fr., et jusqu'à 100 fr. Clavier; vend. en Gr. Pap. *mar. viol.* 63 fr. de Cotte; 89 fr. Caillard.
L'édition de Cologne, sous la date de *Leipzig*, 1688, 2 vol. in-fol., est fort mal exécutée; cependant on la prend à défaut de celle de Paris, dont elle est la copie : 36 à 40 fr. Vend. 45 fr. Langlès.
Il est bon de remarquer que le prologue, une partie des premiers chapitres, et quelque chose de la fin de la Démonstration évangélique, manquent dans toutes les anciennes éditions de cet ouvrage, et que ce qui forme ces lacunes a été retrouvé dans un ancien manuscrit par J.-Alb. Fabricius, et publié par ce savant dans son ouvrage intitulé : *Delectus argumentorum, etc.* Hamburgi, 1725, in-4.— Voy. FABRICIUS.

Eurpin (*Th.*). Comitum terranensium... annales, 28887.

— EVANGELICÆ demonstrationis libri X cum versione latina Donati Veronensis. Recensuit Thom. Gaisford. *Oxonii, Parker*, 1852, 2 vol. in-8. 27 fr.

— EVANGELICÆ præparationis libri XV, ad codd. mss. recensuit Th. Gaisford. *Oxonii, Parker*, 1853, 4 vol. in-8. 54 fr.

— EUSEBII Pamphili contra Hieroclem et Marcellum libri. Edidit Thom. Gaisford. *Oxonii, Parker*, 1852, in-8. 14 fr.

— ECLOGÆ prophæticæ, e codice ms. bibliothecæ cæsar. vindobonensis nunc primum edidit Th. Gaisford. *Oxonii, Parker*, 1842, in-8. 12 fr.

— Eusebii libri de præparatione evangelica, latine, Geor. Trapezuntio interprete. — *Hoc Ienson ueneta Nicolaus in urbe uolumen promsit...* M. CCCC. LXX. in-fol. de 142 ff. non chiffrés, à 39 lig. par page.

Première édition, très-bien imprimée : vend. 63 fr. *m. r.* Brienne-Laire; 45 fr. Chardin; 60 fr. Duriez; 79 fr. *mar. r.* Le Chevalier, en 1857, et jusqu'à 270 fr. bel exemplaire, avec lettres initiales en or et en couleur, Costabili.
Le volume commence par l'épitre de *Georgius Trapezuntius*, dont voici la première ligne :
(E)*usebium Pamphili de cuangelica præparatione.*
On lit à la fin une souscription de 8 vers, précédée de ce sommaire :

Antonii Cornazani in laudem
Artificis Epigramma.

Il y a des exemplaires sur VÉLIN. Celui de la vente Mac-Carthy a été retiré à 400 fr. et offert depuis à 1000 fr.

— Eadem præparatio evangelica, latine, a G. Trapezuntio. M. CCCC. LXXIII, *Leonhardus Aurl*, in-fol.

Volume de 149 ff. non chiffrés, à 37 lig. par page; au verso du dernier f. se lit une souscription de 4 vers, commençant ainsi :

Artis hic : & fidei splendet...

Vendu 51 fr. Gaignat; 15 flor. Crevenna; 50 fr. F. Didot.
Les caractères de cette édition sont les mêmes que ceux des *Orationes* de Cicéron données par Adam de Ambergau en 1472, ce qui fait croire que Léonard Aurl a succédé à ce dernier. Plusieurs bibliographes ont dit que cet Adam avait résidé à Venise, mais M. Van Praet pensait que c'était plutôt dans quelque ville d'Allemagne.

— LA PRÉPARATION évangélique, traduite du grec d'Eusèbe Pamphile, avec des notes crit., histor. et philologiques, par M. Séguier de Saint-Brisson. *Paris, Gaume*, 1846, 2 vol. in-8. 10 fr.

— THEOPHANIA, or divine manifestations of our Lord and Saviour by Eusebius, bishop of Cæsarea, syriac, edited by the profes. S. Lee. *London*, 1842, in-8. 12 fr.

Imprimé d'après un ancien manuscrit, et aux frais de la Société des publications orientales.

— EUSEBIUS, on the Theophania, or divine manifestation of our Lord and Saviour Jesus Christ into english with notes, from an ancient syriac version of the greek original, now lost, by Sam. Lee. *Cambridge*, 1843, gr. in-8. 9 fr.

— Chronicon a S. Hieronymo latine versum et continuatum. *Mediolani, Phil. Lavania* (circa 1475), pet. in-fol.

Ancienne édition, impr. sans chiffr., récl. ni signat., en caractères romains, à 35 lig. par page. Il y a au verso du prem. f. une épigramme en 10 vers, de l'éditeur Boninus Monbritius, dans laquelle se trouve le nom de l'imprimeur, indiqué de cette manière :

...... *Tabulis impressit ahenis*
Utile Lauania gente Philippus opus.

L'ouvrage se termine au recto du 208e f. par ces mots : *Mediolanenses Laudem receperunt.*

Vend. 41 flor. Meerman ; 6 liv. 6 sh. Sykes; 16 sh. seulement Heber; 8 fr. Boutourlin.

L'édition de Venise, par Erhard Ratdolt, 1483, in-4. de 180 ff., a peu de valeur.

— Thesaurus temporum : Eusebii Pamphili chronicorum canonum omnimodæ historiæ libri duo, interprete Hieronymo ; item auctores omnes derelicta ab Eusebio et Hieronymo continuantes; ejusdem Eusebii utriusque partis chronic. canon. reliquiæ græcæ, quæ colligi potuerunt, opera et studio Jos. Scaligeri; editio altera, auctior (studio Alex. Mori publicata). *Amstelod., Joan. Janson,* 1658, in-fol. [21200]

Bonne édition, mais qui a perdu beaucoup de son intérêt depuis la découverte que l'on a faite d'une traduction complète, en arménien, de la Chronique d'Eusèbe, dont nous allons citer deux éditions : 10 à 12 fr. La prem. édit. de l'ancienne version, *Lugd.-Batav.*, 1606, in-fol., est à très-bas prix.

Le travail de Scaliger a été attaqué dans un ouvrage intitulé : *Hier. de Prato dissertatio de chronicis libris II ab Eusebio scriptis et editis,* Veronæ, 1750, in-8.

— EUSEBII Pamphili chronicorum canonum libri duo, opus ex haicano codice a Johan. Zohrabo diligenter repressum et castigatum; Ang. Maius et Joh. Zohrabus nunc primum conjunctis curis latinitate donatum notisque illustratum additis græcis reliquiis, ediderunt. ⸗ Samuelis presbiteri aniensis temporum usque ad suam ætatem (1179 J. C.) ratio, e libris historicorum summatim collecta, opus ex haicanis quinque codicibus a Joh. Zohrabo diligenter descriptum atque emendatum; F. Zohrabus et Ang. Maius ediderunt. *Mediol., regiis typis,* 1818, gr. in-4. 15 à 18 fr.

Publication importante, qui a devancé celle du texte arménien. On en a tiré des exempl. in-fol. en pap. vél. 24 à 36 fr.

Il faut y joindre :

ANNOTAZIONE di G. Leopardi sopra la cronica d'Eusebio. *Roma,* 1823, in-8.

— EUSEBII Pamphili cæsariensis episcopi chronicon bipartitum, nunc primum ex armeniaco textu in latinum conversum, adnotationibus auctum, græcis fragmentis exornatum opera P. Jo.-Baptistæ Aucher Ancyrani monachi armeni et doctoris mechitaristæ. *Venetiis, typis cœnobii PP. Armenorum,* 1818, 2 vol. gr. in-4.

Quoique datée de 1818, cette édition n'a paru qu'en juin 1819, dix mois après la précédente. L'ouvrage de Samuel n'en fait pas partie. 30 fr., et plus en pap. fin. — Il y a quelques exempl. in-fol. en pap. vélin.

— COMIENÇA el comento o exposicion de Eusebio de las chronicas o tiempos interpretado en vulgar por Alph. Tostado por mandado del cardinale Fran. Ximenes. *Impressa en Salamanca, por Hans Gisser,* 1506, 5 part. in-fol. goth.

Édition fort rare : vend. 4 liv. Heber.

— Eusebii Pamphili ecclesiasticæ historiæ lib. X; ejusdem de vita Constantini lib. V; Socratis lib. VII; Theodoreti episc. Cyrenensis lib. V; collectaneorum ex historia ecclesiastica Theodori lectoris lib. II; Hermii Sozomeni lib. IX; Evagrii lib. VI (græce). *Excud. Rob. Stephanus, Lutetiæ-Parisior.,* 1544, in-fol. de 4, 353, 181 pp. et 4 ff. [21354]

Édition originale, et qui mérite d'être recherchée,

comme étant le premier livre exécuté avec les beaux caractères grecs de Garamond : 10 à 15 fr. Vend. 48 fr. *mar. r.* de Cotte; un exemplaire en Gr. Pap. m. *citr.*, aux armes de Longepierre, 154 fr. Solar.

— Eorumdem quæ extant historiæ ecclesiasticæ (et de vita Constantini imperat. lib. V), gr. et lat., Henr. Valesius græcum textum ex mss. codd. emendavit, latine vertit et annotationibus illustravit; Guil. Reading novas elucidationes, præsertim chronologicas, in hac editione adjecit. *Cantabrigiæ, typ. acad.,* 1720, 3 vol. in-fol. 80 à 90 fr.

Bonne édition : vend. en Gr. Pap. 180 fr. Mac-Carthy ; 120 fr. *v. m.* Clavier, et même prix Parison.

L'édition donnée à *Paris,* par H. Valois, et composée de 3 vol. in-fol. qui ont paru séparément de 1659 à 1673, et avec de nouv. titres en 1677, est beaucoup moins recherchée. Il s'en trouve des exemplaires sous la date d'*Amsterdam,* 1695. Cette même édition a été réimpr. très-incorrectement, *Moguntiæ* (*Francof. ad Mœn.*), 1672-79, en 3 vol. in-fol. — Il existe aussi une réimpression de l'édition de Reading, *Augustæ-Taurinor.*, 1748, 3 vol. in-fol. 50 à 60 fr.

— EUSEBII ecclesiasticæ historiæ libri X; ejusd. de vita Constantini libri IV; necnon Constantini oratio ad sanctos et panegyricus Eusebii, gr. et lat., ad fidem optt. librorum edidit, selectam lectionis varietatem notavit, indices adjecit Ern. Zimmermann. *Francof. ad Mœn., Hermann,* 1822, 1 tom. en 2 vol. in-8. de VI et 1252 pp. 24 fr.

Premier volume d'une collection de Pères grecs projetée et non continuée. L'éditeur a fait usage de l'édition d'Eusèbe commencée par F.-And. Stroth, et dont il n'a paru que le premier vol. in-8. (à Halle, en 1779).

— HISTORIÆ ecclesiasticæ libri X, gr., ex nova recognitione, cum aliorum ac suis prolegomenis, integro H. Valesii commentario, selectis Readingi, Strothii aliorumque viror. doctorum observationibus edidit, suas animadversiones et excursus, indices emendatos ac longe locupletiores adjecit Frid.-Adolph. Heinichen. *Lipsiæ, Kayser,* 1827-28, 3 vol. in-8. 27 fr.

SUPPLEMENTUM notarum ad Eusebii Historiam ecclesiasticam et excerpta ex editione Burtoniana cum ejusdem ac Schoedelii vindiciarum flavianarum censura et cum collatione codicis Dresdensis edidit Frider.-Adolph. Heinichen. *Lipsiæ, Kayser,* 1840, in-8. 4 fr.

EUSEBII Pamphili de vita Constantini lib. IV, et panegyricus atque Constantini ad sanctorum cœtum oratio, ex nova recognitione, cum integro H. Valesii commentario, selectis Readingi, Strothii, etc., observationibus, edidit, suas animadversiones, excursus atque indices adjecit Fr.-Adolph. Heinichen. *Lipsiæ, Nauck,* 1830, in-8. de X et 589 pp. 12 fr.

Ce volume fait suite à l'*Historia eccles.* d'Eusèbe, publiée par le même éditeur.

— EUSEBII Historiæ ecclesiasticæ libri decem, gr., ad codices manuscriptos recensuit Edward Burton. *Oxonii,* 1838, 2 vol. in-8. 1 liv. — Aussi *Oxonii,* 1845, in-8.

ANNOTATIONES variorum in Historiam ecclesiasticam Eusebii, edidit E. Burton. *Oxonii, H. Parker,* 1852, 2 vol. in-8.

Pour les autres écrivains grecs sur l'histoire ecclésiastique qui ont été impr. à Oxford, voy. EVANGRIUS, SOCRATES et THEODORETUS.

— Eusebii Cesariensis hystoria per Rufinum virum eloquentissimum de græco in latinum traducta incipit feliciter. — *Explicit felicii .M°.cccc°.lxxiiij°.* (absque loci et typogr. nomine), in-fol. goth. de 204 ff. non chiffrés, à 31 lig. par page. ✓

Édition exécutée avec les caractères de Nicolas Ketelaer et Gerard de Leempt, imprimeurs à Utrecht : 30 fr. *m. bl.* Gaignat ; 230 fr. La Serna ; 70 flor. Meerman ; 80 fr. *mar. r.* Borluut.

Les 9 premiers ff. contiennent un prologue, l'éloge d'Eusèbe et la table ; la souscription se trouve au verso du dernier feuillet.

— EADEM , ex recens. Joan.-Phil. de Lignamine. *Millesimo.* CCCC. LXXVI. *Die .*XV. *Maii. P. M. Sixti quarti. anno cius Quinto completû est... Rome (in domo J.-Ph. de Lignamine, per Ulricum Han)*, in-fol. de 218 ff. à 32 et 33 lig. par page, non compris l'épître.

Édition dont il y a deux sortes d'exemplaires différant entre eux par l'épître dédicatoire, qui occupe les deux premières pages. Dans les uns, cette épître est adressée au pape Sixte IV ; dans les autres, elle l'est au cardinal Guill. d'Estouteville ; il y a aussi des différences dans les 8 premiers ff. du texte. Vend. 123 fr. La Vallière ; 95 fr. Soubise ; 30 flor. Crevenna ; 73 fr. Brienne - Laire ; 41 flor. Meerman ; 7 liv. 7 sh. Sykes, et quelquefois beaucoup moins.

Il existe de la même traduction une édition fort ancienne, sans indication de lieu ni date ; c'est un vol. in-fol. de 128 ff. à 2 col. de 40 lig. chacune, impr. en caractères goth. semblables à ceux de l'histoire ecclésiastique de Bède, indiquée ci-devant (voyez BEDA), et que l'on attribue soit à H. Eggesteyn, soit à Conr. Fyner. Il commence de cette manière :

Prolog². Beati. Iheronimi pres biteri ī historias. Eccl'asticas Di ñi. Eusebij, etc.

— EUSEBII ecclesiastica historia per Rufinum de græco in lat. traducta. *Mantuæ, J. Schallus,* 1479, in-fol. de 170 ff. à 34 lig. par page.

Vend. en *m. bl.* 24 fr. 50 c. Chardin ; 2 liv. 2 sh. Sykes ; 10 fr. Boutourlin.

— HISTORIÆ ecclesiasticæ scriptores... Joanne Christophorsono, anglo. interprete cum Suffridi Petri illustrationibus. *Coloniæ-Agripp., apud hæredes Arnoldi Birckmanni,* 1581, in-fol.

Un exemplaire en *m. r.* aux secondes armes de J.-A. de Thou, a été vendu 250 fr. Solar ; sans cette reliure, il eût été donné pour 3 fr.

Nous citerons une édition plus usuelle de la même version latine, avec des notes par P.-Th. Cacciari, Rome, 1740-41, 2 vol. gr. in-4.—et aussi une édition de la version latine et des dissertations d'H. Valois, etc. (d'après l'édition de Reading), *Venise, Zatta,* 1763, 3 vol. in-4.

— L'Histoire ecclesiastique d'Eusebe, evesque de Cesaree, translatee de latin en françois par messire Claude de Seyssel, evesque lors de Marseille et depuis archevesque de Turin. Imprimee par commendement du Roy. On les vend a Paris, par maistre Geofroy Tory de Bourges marchant libraire et imprimeur du roy. (à la fin) : *Ce present liure fut acheue d'imprimer le* XXI *iour d'octobre* M.D.XXXII, in-fol.

Édition rare et que recommande le nom de Geofroy Tory. Cette même traduction a été réimpr. plusieurs fois : 1° *A Anvers, par Martin Lempereur,* en M.D.XXXVIII, pet. in-8. goth. de 12 ff. non chiffrés, et de 297 ff. chiffrés : 15 fr. *mar. r.* A. Martin, et en *mar. r.* par Trautz, sous la date de 1533, 56 fr. Solar. 2° *A Paris, on les vend au Palais... par Gilles Corrozet* (sans date), pet. in-8. goth. 19 fr. *r. f.* Cailhava. 3° *Paris, Arn. L'Angelier* ou *Vivant*

Gaultherot, 1553 et aussi 1554, pet. in-8. 30 fr. *m. r.* A. Giraud. 4° *Paris, Pierre Gaultier,* 1560 et aussi 1567, in-16.

— AN HISTORICAL history to A. D. 324, translated by the rev. C.-F. Cruse ; third edition. *London,* 1842, in-8.

— HISTOIRE de l'Église, écrite par Eusèbe, Socrate, Sozomène, Théodoret, etc., trad. par le Pr. Cousin. *Paris,* 1675, 4 vol. in-4. 15 à 20 fr.

L'édition de Hollande, *suivant la copie imprimée à Paris,* 1686, 5 tomes en 6 vol. in-12, moins commune, est plus recherchée. 20 à 25 fr.

Les mêmes historiens trad. en anglais, *Lond.,* 1842-46, 6 vol. in-8., aussi 1851, 4 vol. pet. in-8. — La traduction anglaise abrégée de ces mêmes auteurs, avec des notes et un index par Parker ; 3° édition. *London,* 1729, in-4., est encore assez recherchée.

— Eusebii onomasticon urbium. V. PAULO (*Car.* a S.).

— Miracles d'Apollonius , 880.

EUSEBIUS. Die histori von Alexander. Voy. ALEXANDER.

EUSEBIUS Emesenus. Quæ supersunt opuscula græca, ad fidem codicum vindobonensium et editionum diligenter expressa, et adnotationibus historicis et philologicis illustrata a Jo.-Chr.-Guil. Augusti. *Elberfeldiæ, Büschler,* 1829, in-8. de 192 pp. 4 fr. [12120]

La publication de ce volume avait été précédée de celle de l'opuscule suivant :

EUSEBII EMESENI oratio in sacrum Parasceves diem e duobus codd. vindobon. (græce), nunc primum edita et observationibus illustrata ab J.-C.-G. Augusti. *Bonnæ,* 1820, in-4. de 26 pp.

EUSEBII Alexandrini episcopi, Eusebii Emeseni, Leontii Byzantini opera quæ reperiri potuerunt omnia intermiscentur Theodorici Schythopolitani, Theodosii Alexandrini, S. Gregentii Tapharensis, Epiphanii Alexandrini, S. Gregorii Tapharensis, Epiphanii C. P. S. Isapei Ninivitani, episcoporum, Thimotheii hierosolymitani, presbyterorum Joannis Maxentii, Theodori lectoris, Procopii presbyteri tyronum, S. Barsanuphyii anachoretæ palæstini, Agapeti C. P. diaconi, Eustathii monachi, epistolæ, tractatus, opuscula : accedunt Justiniani imperatoris Augusti scripta dogmatica, accurante J.-P. Migne. Leontii tomus prior, cæterorum tomus unicus. *Parisiis, Migne,* 1860, gr. in-8. — La suite de ce volume a été publiée sous ce titre :

LEONTII Byzantini Opera omnia : accedit Evagrii scholastici Historia ecclesiast. ; intermiscentur E. Eulogii alexandrini archiepiscopi, S. Eutychii constantinopolitani patriarchæ ; S. Ephraimi antiocheni patriarchæ ; Zachariæ, Modesti, hierosolymitanorum patriarcharum, Erechtii Antiochiæ in Perside episcopi, S. Petri Laodiceni, S. Symeonis junioris, Jubii monachi, Pauli Silentiarii, scripta vel scriptorum fragmenta quæ supersunt accurante et denuo recognoscente J.-P. Migne. Leontii tomus posterior, cæterorum tomus unicus. 1861, gr. in-8. de 798 pp. à 2 col.

Tome LXXXVI de la Patrologia græca. Les 2 volumes 22 fr.

EUSTACE (*John* Chetwode). Classical tour through Italy, executed in the year 1802, exhibiting a view of its scenery, its antiquities and monuments; second edition. *London*, 1814, 2 vol. gr. in-4. fig. 40 à 50 fr. [20180]

Cette relation a obtenu beaucoup de succès. La première édition, *Lond.*, 1813, est en 2 vol. gr. in-4., fig.; il faut y joindre un supplément. Les 4e, 5e et 6e éditions ont été publiées en 1815, 1817 et 1821, en 4 vol. in-8., fig.; dans la dernière, qui coûtait 3 liv. (et se donne pour moins de 36 fr.), les citations en langues étrangères sont traduites en anglais. Il y a une 8e édition, *London*, 1841, en 3 vol. pet. in-8. L'ouvrage intitulé : *The classical tour in Italy and Sicily*, by H. Colt Hoare, Lond., 1818, in-4., fig., 15 à 20 fr., ou 1819, 2 vol. in-8., 12 à 15 fr., qu'on réunit à celui d'Eustace, n'a pas été aussi bien accueilli.

EUSTACHIUS (*Barth.*). Tabulæ anatomicæ, cum notis Joh.-Mariæ Lancisii. *Romæ*, 1714, in-fol. fig. 10 à 12 fr. [6680]

Ces planches, dont on faisait jadis beaucoup de cas, ont été gravées en 1552; mais elles étaient restées inédites jusqu'en 1714. Outre cette édition, il y en a une d'*Amsterdam*, 1722, et une de *Rome*, 1750, in-fol., dans laquelle on a joint aux huit planches d'Eustache, cinquante planches composées et décrites par Gaetano Petrioli, et de plus la traduction italienne d'un écrit de Boerhaave relatif à ces planches, partie dont l'impression a été terminée à Rome en 1760. Elles ont été effacées toutes les trois par celle d'Albinus (voyez ALBINI explicatio). — *Eædem tabulæ novis explicationibus illustratæ ab And. Maximino*, Romæ, 1783, in-fol.
On fera bien de réunir à cet ouvrage le suivant :
GEORGII MARTINI in Barth. Eustachii tabulas anatomicas commentaria. *Edimburgi*, 1755, gr. in-8.
— TABULÆ anatomicæ, cum præfatione et notis J.-M. Lancisii, accedunt epistolæ J.-B. Morgagni et aliorum. *Venetiis*, 1769, in-fol.
Un exemplaire impr. sur VÉLIN, 92 fr. La Vallière; 81 fr. Mac-Carthy.

EUSTATHIUS. De Ismeniæ et Ismenes amoribus lib. XI, Gilb. Gaulminus primus græce edidit et latine vertit. *Lutetiæ-Parisiorum*, *Drouart*, 1617 seu 1618, in-8. 6 à 9 fr. [16979]

Édition peu commune, à la fin de laquelle doivent se trouver 45 pages de notes, qui manquent quelquefois. Vend. 14 fr. 50 c. *vél.* Caillard.
Il passe pour constant que ce roman n'est pas d'Eustathe, célèbre scoliaste d'Homère, mais d'un certain Eumathe, grammairien du XIVe siècle.
— DE ISMENIÆ et Ismenes amoribus libellus, græce et latine, curavit L.-H. Teucherus. *Lipsiæ*, 1792, in-8. 3 à 5 fr.
Réimpression de l'édition précédente, mais sans les pièces liminaires ni les notes.
Une édition du texte grec du même roman a été imprimée à Vienne en 1791, in-8., par les soins de Polyzor.
— LES AMOURS d'Ismenius, composez par le philosophe Eustatius, trad. de grec en francoys par Jean de Louveau. *Lyon, Guill. Rouille*, 1559, pet. in-8.
Rare, mais peu recherché.
— LES AMOURS d'Ismene et d'Isménias (trad. du grec par de Beauchamps). *La Haye (Paris, Coustelier)*, 1743, pet. in-8. fig. 2 à 3 fr.

Un exemplaire imprimé sur PARCHEMIN a été vendu 211 fr. *m. r.* de Cotte; 45 fr. *mar. bl.* Morel-Vindé et 55 fr. Nodier. — Voyez COLLECTION des romans grecs.
— GLI AMORI d'Ismenio, di greco tradotti per Lelio Carani. *Firenze, Lor. Torrentino*, 1550, in-8.
Édition belle et rare : 5 à 6 fr. Celle de *Venise, Guerra*, 1560, in-8., n'est pas moins recherchée : 8 fr. *m. viol.* La Vallière; 11 fr. Caillard.
Réimpr. à Pise, en 1801, dans la *Raccolta degli erotici greci*.

EUSTATHIUS, Metropolita Thessalonicensis. Opuscula, gr. : accedunt Trapezuntinæ historiæ scriptores Panaretus, et Eugenicus : e codd. Basileensi, Parisinis, Veneto nunc primum edidit Theoph.-Luc.-Frid. Tafel. *Francof. ad Mœn.*, *Schmerber*, 1832, in-4. de 480 pp. 9 thl. [18934]

— Voyez DIONYSIUS alex., et HOMERUS.

EUSTORG de Beaulieu. Voyez BEAULIEU.

EUSTRATIUS. Eustratii et aliorum insignium peripateticorum commentaria in libros X Aristotelis de moribus ad Nicomachum, una cum textu suis in locis adjecto (græce). *Venetiis, in ædib. hæredum Aldi Manutii, etc.*, 1536, in-fol. [3678]

Volume de 189 ff. précédés de 2 ff. liminaires, et suivis d'un f. portant l'ancre : vendu 1 liv. 7 sh. Pinelli ; 36 fr. *mar. r.* de Cotte; 15 flor. Meerman ; 1 liv. 5 sh. Butler.
Nous indiquerons deux exempl. sur VÉLIN, l'un dans la Biblioth. impériale, à Vienne, l'autre dans celle de Paris, où se trouve aussi un exempl. du même livre en très Gr. Pap.

— Voy. JOANNES Grammaticus.

EUTECNIUS sophista. Paraphrasis prosaica in Oppiani ixeutica, nunc prim. gr. edita, et lat. versione donata ab Eras. Pauli fil. Windingio. *Hauniæ*, 1702 (seu nov. tit. 1715), pet. in-8. [12390]

Volume peu commun : 6 à 9 fr.
Cette paraphrase a été réimpr. dans les éditions d'Oppien données par Schneider, et par Belin de Ballu (voyez OPPIANUS).

EUTHYMIUS Zigabenus. Commentarius in IV evangelia : textum græcum nunquam antea editum ad fidem duorum codd. mosquens. et repetita vers. lat. Jo. Hentenii suisque animadv. edidit Chr.-Frid. Matthæus. *Lipsiæ*, 1792, 3 tom. en 4 vol. in-8. 30 fr. — Pap. fin, 40 fr. [482]

La version latine d'Hentenius, qui fait partie de cette édition, a été impr. pour la première fois à Louvain, en 1544, in-fol. — On a une édition du texte grec des *Panoplia dogmatica* d'Euthymius, impr. en 1710, in-fol.
— EUTHYMII monachi Zigaboni commentationes in omnes psalmos de græco in latinum conversæ per R.-D. Philippum Saulum episcopum Brugnatensem, aureum ac divinum opus. — *Veronæ, per Stephanum Nicolinum Sabiensem et fratres*, M. D. XXX, mense januario, in-fol.
L'exemplaire de ce volume, qui est porté sous le

n° 1141 de la 3e partie du catalogue Quatremère, y est annoncé comme rel. en *bas. ornem. tr. dor.* (rel. ancienne). Or, conformément aux instructions qu'il avait reçues de son commettant, le libraire chargé de la vente, homme très-peu versé dans la connaissance des vieux livres, et surtout dans celle des anciennes reliures, mit sur table cet exemplaire au prix de 15 fr., ce qui, dans l'état supposé du livre, était plutôt trop élevé que trop bas. Cependant le commissaire-priseur qui dirigeait les enchères, s'étant aperçu qu'au lieu d'une reliure en basane il avait sous les yeux une de ces riches reliures en maroquin vénitien, avec les ornements, le nom et la devise du célèbre Jean Grolier, que les amateurs recherchent avec tant d'empressement, ce précieux volume fut retiré, et l'homme qui l'avait mis sur table à 15 fr. le vendit un peu plus tard 1500 fr. à M. Solar, à la vente duquel l'exemplaire, après avoir été porté à 1220 fr., fut ensuite donné pour 1005 fr., parce qu'il avait des taches d'humidité.

Cette traduction a été réimpr. à Paris, chez Jean Roigny en 1560, in-8.

EUTRAPEL (les Baliverneries d'). Voyez **FAIL** (*Noël* du).

EUTROPIUS (incipit) historiographus : et post eum Paulus Diaconus de historiis italice provincie ac romanorum. — *Rome impressus anno dñi* M. CCCC. LXXI, *die lune* .XX. *mensis mai*, gr. in-4. [22885]

Première édition de cet historien, laquelle paraît appartenir aux presses de Geor. Laver, à Rome; vend. 105 fr. Gaignat; 12 liv. 12 sh. Askew; 901 fr. La Vallière; 13 liv. Pinelli; 230 fr. Mac-Carthy; 5 liv. 15 sh. Sykes; 1 liv. 10 sh. exempl. en mauvais état, Heber.

Le volume commence par 8 ff. de table, et contient en tout 104 ff. non chiffrés, à 32 lig. par page. On lit, au verso du dernier, une souscription qui commence ainsi :

Eutropius historiographus Rome impressus.

— Eutropij dece libri historiaru ita candide ꝛscripti ut quisꝗ rudimenta historie Romane nancisci volens. atꝗ seriem multaru gestaru veru apud exteras gentes cognoscere breui ex volumine cupiens. id ex opera huius autoris se consecuturu studiosa lectione perpetua. (in fine, recto) : ...*in ciuitate Cracovie. Expensis... Johannis Haller impressi Anno... M. CCCCC. x. in vigilia sancti Mathie...* in-4. de 58 ff. non chiffrés, sign. a—k, avec une vignette en bois au frontispice.

Cette édition doit être du 20 septembre, veille du jour de S. Matthieu. Panzer paraît ne pas l'avoir connue, mais il en cite une autre (VI, p. 453) du même imprimeur et de la même année *vigesima die Aprilis*, et par conséquent antérieure à celle-ci. Elle a une préface de Mich. Coccinus.

— HISTORIÆ romanæ libri X, his additi Pauli Diaconi libri IIX (edente P. Merula). *Lugduni-Batavor., apud Ludov. Elzevir.*, 1592, pet. in-8. 5 à 6 fr.
Une des plus anciennes éditions connues où figure ce nom d'Elsevier devenu ensuite si célèbre dans les annales de la typographie. Vend. 20 fr. *mar.* Nodier; 15 fr. Chalabre.

— BREVIARIUM historiæ rom. notis et emendationibus illustrav. Anna Tanaq. Fabri filia, in usum Delphini. *Parisiis*, 1683 seu 1726, in-4. 5 à 6 fr.
Réimprimé à *Oxford*, 1696, à *Londres*, 1716, etc., in-8.

— EUTROPIUS, cum metaphrasi græca Pæanii; Messala Corvinus de Augusti progenie; Jul. Obsequens de prodigiis; anonymi oratio funebris, in imper. Constantium, gr. lat., cum variant. lectionibus et annotationibus (Tho. Hearne). *Oxonii, e Theatro sheld.*, 1703, in-8.

Il n'y a que des exemplaires en Gr. Pap. qui conservent de la valeur. Vendu tel, 20 fr. (rel. en *peau de truie*) Gouttard; 45 fr. *m. r.* Caillard; 1 liv. 6 sh. Williams.

— EUTROPIUS, cum metaphrasi græca Pæanii, et not. varior.; accedunt Sexti Rufi breviarium, et Messala Corvinus de progenie Augusti, etc.; recensuit Sigebertus Havercampus. *Lugd.-Batav.*, 1729, in-8. 5 à 6 fr.

— EDITIO alia, cum metaphrasi græca Pæanii, et notis var.; accedit Rufus Festus, cum notis diversorum : recensuit, suasque adnotationes addidit Henr. Verheyk. *Lugd.-Batav.*, 1762, in-8.
Bonne édition, pour la collection *Variorum.* Les notes et l'index y sont plus amples que dans la précédente; mais comme on n'y trouve ni *Messala Corvinus*, ni l'*Anonymi funebris oratio in Constantium Constantini M. Fil.*, qui sont dans cette première, il est bon de les avoir toutes deux : 10 à 12 fr. Celle-ci a reparu en 1793, avec un nouveau titre et la préface réimprimée.

— EUTROPIUS. *Paris., Jos. Barbou*, 1754, in-12. 3 fr.
Cette édition est celle de *Coustelier*, 1746, avec un nouveau frontispice.
L'édition de 1793, soignée par Capperonnier, est mal imprimée, mais elle contient de plus que la précédente le *Sextus Rufus*.

— BREVIARIUM historiæ rom. recensitum et viror. doctorum notis vel integris vel selectis illustratum, adjectis suis, edidit Ch.-Henr. Tzschucke. *Lipsiæ*, 1796, in-8. 10 fr. — Pap. fin. 12 fr.

— EUTROPII historiæ romanæ epitome, Sexti Rufi breviarium. *Parisiis, Renouard*, 1796, in-18. pap. vél.
Il y a dix-sept exemplaires en papier de Hollande et un seul sur VÉLIN : ce dernier a été vendu 21 fr. Renouard.

— EUTROPIUS, recensuit et notis instruxit Car.-H. Tzschucke. *Lipsiæ, Göschen*, 1804, in-8. 3 fr.
Édition plus belle que ne le sont la plupart de celles qui s'impriment en Allemagne. On a tiré celle-ci en pap. vél. : 6 fr.

— BREVIARIUM historiæ romanæ, ex editione Verheyk, cum notis et interpretatione in usum Delphini, variis lectionibus, notis variorum et indice locupletissimo. *Londini, Valpy*, 1821, in-8.
Partie des n°s 26 et 27 de la collection de Valpy.

— ΕΥΤΡΟΠΙΟΥ ἐπιτομή, *c'est-à-dire*, Eutrope, abrégé de l'histoire romaine, trad. de lat. en grec ancien par Pæanius, et de la en grec moderne par Néophyte Doucas. *Vienne*, 1807, 2 vol. in-8. 12 fr.

— L'ancien trésor historial des impériales couronnes de Rome et de toute l'Italie, traduit du latin d'Eutrope et de Paul par Guillaume Michel. *Paris*, *Michel le Noir*, 1521, in-fol. goth. à 2 col.

ABRÉGÉ de l'histoire romaine, écrit en latin par Eutrope, et trad. en franç. par l'abbé Lézeau, avec des notes, etc. *Paris*, 1717, in-12.
La même traduct. d'Eutrope, revue par de Wailly, mais sans nom d'auteur, a été impr. à Paris chez Barbou, en 1783 et en 1804, pet. in-12.
EUTROPE. Abrége de l'histoire romaine, traduct. nouvelle, par M. N.-A. Dubois. — Le livre de Messala Corvinus à Octavien Auguste sur sa généalogie, trad. en français pour la première fois par le même. — OEuvres de Sextus Rufus, des provinces et des victoires du peuple romain; des régions de la ville de Rome, traduction nouvelle par le même. *Paris*, *Panckoucke*, 1844, 3 tom. en 1 vol. in-8.

EUTYCHIUS, patriarcha alexandr. Ecclesiæ suæ origines, ex ejusdem arabico nunc primum typis edidit ac versione et commentario auxit J. Selden. *Londini*, 1642, in-4. 5 à 6 fr. [21545]

— Contextio gemmarum, sive Eutychii Annales (arab. et lat.), interprete Edw. Pocockio. *Oxonii, H. Hall*, 1658-59, 2 vol. in-4. [21267]

Vend. 30 fr. Anquetil ; 35 fr. (annoncé Gr. Pap.) Boutourlin, et 7 fr. Langlès ; 18 flor. 30 kr. Butsch ; 33 fr. Quatremère. — Il y a des exemplaires dont le titre du premier vol. est daté de 1656, et celui du second 1654 : tel était celui qui a été vendu 64 fr. de Sacy.

On fera bien de joindre au premier de ces deux ouvrages le livre intitulé :

EUTYCHIUS..... vindicatus, et suis restitutus orientalibus : sive responsio ad Joan. Seldeni origines... auctore Abr. Ecchellensi. *Romæ*, 1661, in-4. 10 fr. 50 c. de Sacy.

EUURE nouuellemět translatee de jtalienne rime : en rime francoyse contenant laduenement du trescrestien Roy de france Loys XII. de ce nom a Millan : *τ* la triumphante entree audit millan auec grande cōpaignie de noblesse estant auec luy. Et de la dolente prinse de Riuolte (*sic*) sur les venitiens. Aussi cōment il a vaincu et rue ius larmee venitiēne : *τ* prins prisonnier le seigneur Bartholomy Dauigliano. Et cōment il fut mene a millan : et de la ioy des ditz millānoys et autres : de la dite victoire nouuellemět comme dessus est dict trāslate ditalien : en rime francoyse : a este soubz congees et licence *Imprime a Lyon le ix iour de iuing Lan mil cinq cens et neuf*, in-8. ou pet. in-4. goth. de 8 ff. à 31 lig. par page, avec 2 gravures en bois. [13502]

Pièce en vers de huit syllabes, annoncée dans le catalogue de La Valliere, n° 2921, sous le titre de : *L'Advenement du tres chretien Roy de France.* L'exemplaire étant suivi d'une autre pièce, on n'en avait pas aperçu la date. Vend. 6 fr. La Valliere ; 2 liv. 3 sh. Lang ; 7 liv. 10 sh. Heber ; 50 fr. (annoncé sous le titre de : *Livre nouvellement...*), en 1841, et 60 fr. (avec une complainte sur la mort de Charles VIII), de Soleinne.

Il en existe une autre édition, impr. à Lyon, *le xxiiii. iour de iuing. la de grace mil cinq cens τ neuf*, pet. in-4. de 8 ff. caract. goth.

EVAGRII Historia ecclesiastica, gr., ex recensione H. Valesii. *Oxonii, H. Parker*, 1844, in-8. 7 sh. [21354]

EVANGELIA (quatuor), gr., cum variant. lectionibus e codd. mss. bibliothecæ vaticanæ, etc., edidit And. Birch. *Hauniæ*, 1788, in-4. [150]

Vend. 6 fr. Villoison ; 8 flor. 25 c. Meerman. Ce livre a coûté 9 thl., et en Gr. Pap., format in-fol., 18 thl.

Plus tard And. Birch a donné :

VARIÆ lectiones ad textum Actorum apostol., Epistolarum apostolorum et S. Pauli. *Hauniæ*, 1798, in-8.

VARIÆ lectiones ad textum Apocalypseos, e codd. græc. collectæ. *Hauniæ*, 1800, in-8.

VARIÆ lectiones ad textum IV Evangeliorum. *Hauniæ*, 1801, in-8.

— Codex Theodori Bezæ cantabrigiensis, Evangelia et apostolorum acta complectens, quadratis litteris græco-latinis edidit, codicis historiam præfixit notasque adjecit Thomas Kipling. *Cantabrigiæ, e prelo acad.*, 1793, 2 vol. gr. in-fol. pap. vél. [152]

Cette belle édition, copie fidèle du manuscrit de Cambridge, n'a été tirée qu'à 250 exemplaires ; 70 flor. Meerman ; 5 liv. 7 sh. 6 d. mar. bl. Sykes, et 120 fr. le duc de Plaisance, et quelquefois moins.

Il y a quelques exemplaires en très Gr. Pap.

ANTIQUISSIMUS quatuor Evangeliorum canonicorum codex sangallensis græco-latinus interlinearis, nunquam adhuc collatus : ad similitudinem ipsius libri ms. accuratissime delineandum et lapidibus exprimendum curavit Rettig. *Turici*, 1836, in-4. 27 fr.

Fac-simile d'un manuscrit précieux qui n'avait pas encore été collationné.

EVANGELIA (quatuor), gr., recensuit et cum commentariis perpetuis edidit Car.-Fr.-Aug. Fritzsche. *Lipsiæ*, 1830, in-8. 12 fr.

Travail estimé, mais dont on n'a que les deux prem. vol. contenant les Evangiles de saint Matthieu et de saint Marc.

— FRAGMENTUM Evangelii S. Johannis græco-copto-thebaicum sæc. IV. Additamentum ex vetustiss. membranis lectionum evangelicarum : divinæ missæ cod. diaconici reliquiæ, et liturgica alia fragmenta veteris Thebaidensium ecclesiæ ante Dioscorum, ex veliterno museo Borgiano nunc prodeunt in lat. versa et notis illustrata, opera et stud. Aug.-Ant. Georgii editum. *Romæ*, 1789, in-4. [209]

Vend. 17 fr. Villoison ; 15 fr. Langlès ; 27 fr. Klaproth.

— Evangelia apocryph. Voy. ACTA apostolorum.

Versions latines, gothiques, anglo-saxones, françaises, etc.

— Evangeliarium quadruplex lat. versionis antiquæ seu veteris italicæ, e codd. mss. editum a Jos. Blanchino. *Romæ*, 1749, 4 tom. en 2 vol. in-fol. 36 à 40 fr. [211]

Vend. 20 flor. Meerman ; 45 fr. en 1842.

EVANGELIUM palatinum ineditum, sive reliquiæ textus evangeliorum latini ante Hieronymum versi ; ex codice palatino primum edidit F. Const. Tischendorf. *Lipsiæ*, 1847, gr. in-4. 50 fr.

— SACROSANCTUS Evangeliorum codex S. Eusebii vercellensis manu exaratus, studio J. And. Irici ex autographo basilicæ vercell. exhibitus. *Mediolani*, 1748, 2 vol. in-4., aussi in-8. [212] 25 fr. 50 c. Quatremère.

— Quatuor Evangeliorum versiones perantiquæ duæ, gothica scilicet et anglo-saxonica ; edidit Fr. Junius : accessit glossarium gothicum, etc. *Dordrechti, typis et sumptibus Junianis*, 1665, 2 part. en 1 vol. in-4. 6 à 10 fr.

Vend. 35 fr. 50 c. Klaproth.

Première édition des *Fragmens d'Ulphilas*. Elle a reparu avec un nouveau titre et avec la dédicace réimpr. à Amsterd., *apud Janssonio-Waesbergios*, en 1684. Vend. 15 fr. Clavier ; 5 fr. 50 c. Quatremère. Il y a des exemplaires en très Gr. Pap.

— Eadem Evangelia, nunc cum parallelis versionibus, sueo-gothica, norræna seu islandica et vulgata lat. edita. = Glossarium Ulphilæ gothicum, per Fr. Junium, nunc auctum per Georg. Stiernhielm. *Holmiæ*, 1671 et 70, 2 tom. en 1 vol. in-4.

Édition rare et recherchée : 20 fr. de Tersan ; 18 flor. 50 c. Meerman ; 20 fr. de Sacy ; 8 fr. 75 c. Quatremère.

— EADEM, e codice argenteo emendata, cum interpret. lat. et annotat. Erici Benzelii, edidit, observationes suas adjecit et grammaticam gothicam præmisit Edw. Lye. *Oxonii, e Theatr. sheld.*, 1750, gr. in-4. 18 à 24 fr. [215]

— ULPHILÆ versionem gothicam nonnullorum capitum epistolæ Pauli ad Romanos, e codice ms. eruit et commentatus est Fr.-Ant. Knittel. *Excudi curavit principale apud Brunovicenoes Orphanotropheium* (1762), in-4. fig.

Vend. 4 flor. Meerman ; 18 fr. 50 c. Langlès.

— EADEM fragmenta versionis ulphilanæ, jam a Fr.-Ant. Knittel edita, nunc, cum annotationibus et duobus dissert. typis reddita a Jo. Ihre. *Upsaliæ*, 1763, in-4.

Vend. 10 fr. Villoison.

Il a paru à *Weissenfels*, en 1805, une belle édit. des quatre *évangiles d'Ulphilas*, due aux soins de M.-J.-Christ. Zahn. Elle est de format gr. in-4. et coûte 32 fr., et en pap. vél. 60 fr. Le travail de l'éditeur et le titre sont en allemand.

Deux dissertations de Ihre et Stolberg, intitulées : *Ulphilas illustratus*, ont été impr. à *Stockholm*, 1752, et à *Upsal*, 1755, in 4. 6 flor. 25 c. Meerman.

Nous citerons encore :

Jo. IHRE scripta versionem ulphilanam et linguam mœso-gothicam illustrantia, edita a Busching. *Berol.*, 1773, in-4. 6 fl. 25 c. Meerman. [217]

Enfin nous ne devons pas oublier les publications suivantes :

ULPHILÆ partium ineditarum in ambrosianis palimpsestis repertarum specimen, gothice, gr. et lat., curis a Maii et C. Oct. Castillionæi editum. *Mediolani*, 1819, in-4.

ULPHILÆ gothica versio epistolæ divi Pauli ad Corinthios secundæ, quam ex ambrosianæ bibliothecæ palimpsestis depromptam cum interpretatione, adnotationibus, glossario edidit C.-O. Castillionæus. *Mediolani, typis regiis*, 1829, in-4.

CODEX argenteus sive sacrorum evangeliorum versionis gothicæ fragmenta, quæ iterum recognita adnotationibusque instructa per lineas singulas ad fidem codd. additis fragmentis evangel. codd. Ambrosianorum et tab. lapide expressa edidit Andr. Uppström. *Upsaliæ, Bonnier*, 1854, in-4. 20 fr.

ULFILAS. Die heiligen Schiften alten und neuen Bundes in gothischer Sprache. Mit gegenüberstehender griechischer und lateinischer Version, Anmerkungen, Wörterbuch, Sprachlehre und geschichtlicher Einleitung von H.-F. Massmann. *Stuttgart, Liesching*, 1855-56, 2 vol. in-8. 36 fr.

— Voy. l'article BIBLIA, VI.

— The Gospels of the fower Evangelistes, translated in the olde saxon tyme out of latin in the vulgare toung of the Saxons, newly collected out of auncient monumentes of the sayd Saxons, and now published for testimonie of the same. *London, by John Daye*, 1571, in-4. [214]

Volume de 408 pp. non compris la dédicace de John Foxe à l'archevêque Parker. Il est porté à 3 liv. 13 sh. 6 d. dans le catal. de Rivington, pour 1824.

— Otfrid, Evangelium buch in alt frenckischen reimen. Voyez OTFRID.

EVANGELIA slavice quibus olim in regum Francorum oleo sacro inungendorum solemnibus uti solebat ecclesia remensis, vulgo Texte du sacre, ad exemplaris similitudinem descripsit et edidit J.-B. Silvestre. Evangelia latine vertit eamdemque interpretationem latinam e regione adjecit B. Kopitar. *Paris, Silvestre*, 1843, in-4. [217]

Ce beau volume se compose de 200 feuillets, savoir : 94 de fac-simile gravés et coloriés, 94 de traduction lat., 3 titres, 7 de dissertations en forme de préface, 2 composant un tableau de tous les alphabets cyrilliens et glagolitiques. Il a coûté 80 fr.

Réannoncé sous ce titre :

ÉVANGÉLIAIRE slave, dit texte du sacre de la Bibliothèque de Reims ; fac-simile par J.-B. Silvestre ; traduction latine par feu Kopitar ; notice française et éclaircissements historiques, par Louis Paris. 1852, gr. in-4., contenant 128 pp. de texte et 94 pl. color., avec initiales. 90 fr.

— Evangiles en francoys : Les Choses contenues en ce present liure : Une epistre exhortatoire. La S. Euangile selon S. Mathieu. La S. Euangile selon S. Marc. La S. Euangile selon S. Luc. La S. Euangile selon S. Jehan. (à la fin) : *Imprime en la maison Simon de Colines... Lan de grace Mil cinq cens xxiiii le xij iour dauril*, in-8. goth. de 8 ff. prél. et 207 ff. chiffrés.

Première partie du NOUVEAU TESTAMENT trad. par Lefebvre d'Estaples ; voir notre article BIBLE, aussi DOLET, et l'article TESTAMENT (Nouveau).

— LE SAINT ÉVANGILE de Jésus-Christ, trad. par de Sacy, orné de 51 planches d'après Raphaël, Paul Véronèse, etc., publié par Landon. *Paris*, 1810, gr. in-4. à bas prix, même en très Gr. Pap. [214]

— Les saints Évangiles, trad. de la Vulgate par M. l'abbé Dassance, illustrés par douze grav. sur acier, d'après les tableaux de Tony Johannot, encadrées dans des ornements dessinés par M. Cavelier père ; avec dix vues des principaux sites et monuments de la Terre Sainte, etc. *Paris, Curmer*, 1836, 2 vol. gr. in-8. publ. en 24 livrais. 40 fr.

ÉVANGILES des dimanches et des fêtes, illustrés par Barbat père et fils. *Châlons-sur-Marne, imprimerie lithogr. de Barbat*, 1844, in-4. de 288 pp. fig.

Ouvrage d'une exécution fort remarquable. Le texte est imprimé sur papier de Bristol, en encre d'or, d'azur, rouge, etc., et il est orné de riches bordures composées d'arabesques en or, en argent et en couleurs. 46 fr. en 1860.

Il serait curieux de comparer ce livre si richement illustré avec le premier essai d'illustrations typographiques des presses de la même ville de Châlons dont nous parlons à l'article DIT des oiseaux.

N'oublions pas de faire mention ici de deux éditions illustrées des Evangiles, trad. par Le Maistre de Sacy, l'une publiée à *Paris, chez Dubochet*, en 1837, gr. in-8. avec fig. de Fragonard, des bordures et de riches ornements gr. sur bois ; l'autre publiée chez *Furne*, en 1843, gr. in-8., plus remarquable par les sujets gravés sur acier qui la décorent que par ses bois.

— El Evangelio segun san Mateo, traducido al vascuence, dialecto guipuzcoano, por P.-Fr.-José-Antonio de Uriarte, para el principe Luis-Luciano Bonaparte. *Londres*, 1858 (*W.-H. Billing*), 1858, in-8. de 9 feuilles 3/8.

Tiré à 24 exemplaires numérotés, à l'exception d'un seul; plus un exemplaire in-4. non numéroté, composé de 18 feuilles 3/4, outre l'errata.

EL EVANGELIO segun san Mateo, traducido al vascuence, dialecto vizcaino, por el P. Fr.-José Antonio de Uriarte. *Londres*, *W. H. Billing*, 1857, in-8. de 9 feuilles 3/4, plus una errata.

Tiré à 10 exemplaires dont neuf numérotés, portant sur la première page le nom imprimé du destinataire; de plus, un seul exempl. in-4. ayant 19 feuilles 3/4 outre l'errata.

EL EVANGELIO segun san Mateo traducido al vascuence, dialecto navarro, por D. Bruno Etchenique de Elizondo. *Londra*, 1857 (*H.-W. Billing*), in-8. de 7 feuilles 5/8, plus une page d'errata.

Tiré à 10 exemplaires dont huit numérotés et avec le nom du destinataire.

L'ÉVANGILE selon S. Matthieu, sur la version de M. Le Maistre de Sacy, trad. en langue basque, dialecte bas-navarrais, par M. Salaberry (d'Ibarolle). *Bayonne, imprimerie de veuve Lamaignère*, 1856, in-8. de 5 feuilles 3/4.

Tiré à 12 exempl. dont 10 numérotés, avec le nom du destinataire, et un sur papier grand-raisin vélin.

LE MÊME Évangile, trad. en basque souletin par l'abbé Inchauspe. *Bayonne, impr. de veuve Lamaignère*, 1856, grand in-8 de 10 feuilles 3/4, plus 2 feuilles 7/8 de notes grammaticales sur la langue basque.

Tiré à 12 exemplaires dont 10 numérotés, et avec le nom du destinataire.

Le prince L.-Lucien Bonaparte a également fait imprimer plusieurs autres versions de l'Evangile de S. Matthieu, savoir : en breton de Vannes, *Londres, George Barclay*, 1857, in-16 de 4 feuilles 1/8, tiré à 251 exempl.

— IN LOWLAND Scotch, from the english authorised version, by H.-S. Ridell. *London, Robson, Levey, and Franklyn*, 1856, in-8. de 8 feuilles 1/8.

Tiré à 18 exempl. tous numérotés, à l'exception de deux.

— HET EVANGELI van Matteus vertaald in het Land-Friesch door J.-H. Halbertsman, *London, G. Barclay*, 1858, in-4. de 17 feuilles et 3/4.

Tiré à 250 exempl. dont 248 sont numérotés, et les deux autres ont la lettre initiale et le n° de chaque chapitre en rouge.

Il a aussi donné l'Évangile de S. Matthieu en dialecte *sardo logudorese*, par le chanoine G. Spano, *Londra, G. Barclay*, 1858, in-16 de 4 feuilles 1/8, tiré à 250 exempl.

Il a fait mettre sous la presse, dans le courant de l'année 1859, ce même Evangile dans les dialectes vénitien, napolitain, milanais, bergamasque, frioulan, aussi de format in-16, et tiré également à 250 exemplaires.

— Evangelia et Epistolæ ex missali novo romano in linguam ragusinam translata per B. Kassich. *Romæ*, 1641, in-fol.

— Voyez EPISTOLÆ.

— QUATUOR Evangelia et Actus Apostolorum, necnon eorundem versio melitensis. *Londini, R. Watts*, 1829, in-8. [219]

— IL VANGELIO di Giesù Cristo secondo san Giovanni, trad. in lingua italiana e maltese. *Londra, R. Watts*, 1822, in-8.

— Épîtres et Évangiles à l'usage du margrave de Haute-Lusace, en allemand et en vandale. *Bautzen*, 1800, in-8.

20 fr. 3e vente Boutourlin.

— EVANGELIUM, das Ostromirsche, von J. 1056-57, mit Hinzufüg. des griech. Textes und grammat. Erklär. herausgegeben von A. Wostokoff. *Petersbourg*, 1843, gr. in-4.

— EVANGILES en groenlandois : Evangelium okausek tussarnersok Gub Niarnanik Innungortomik okausianiglo Usornartulleniglo, tokomello umarmello, Killaliarmello, Innuin annauniartlugit, aggerromartomiglo, tokorsut tomasa umartitsartorllugit. Karalit okausiet attuørtlugo aglekpaka Paul Egede. *Kongib Iglorperksoarne, Kiøbenavnne*, 1744, pet. in-8. [218]

Vend. 30 fr. 50 c. Langlès, et quelquefois beaucoup moins.

Versions en différentes langues de l'Asie, de l'Afrique, etc.

— Quatuor Evangeliorum versio persica, syriacam et arabicam suavissime redolens, ac verba et mentem græci textus fideliter concinnata... per Abr. Whelocum. *Lond., Jac. Hesher*, 1657, in-fol. [221]

Vend. 9 fr. Anquetil; 18 fr. Langlès.

— Sacrorum Evangeliorum versio syriaca philoxeniana, nunc primum ex mss. Ridleyanis edita, cum interpret. et notis Jos. White. *Oxonii, e typ. clarend.*, 1778, 2 vol. in-4. [210]

Vend. 37 fr. Anquetil.
Il faut joindre à ces deux volumes.

ACTUUM APOSTOLORUM et Epistolarum tam catholic. quam Pauli versio syriaca philox. ex cod. ms. Ridleii, nunc prim. edita cum interpret. et annotat. Jos. White. *Oxonii, e typ. clarend.*, 1799, 2 vol. in-4.

Les 4 vol. se vendent 2 liv. 2 sh.

— TEXTUS Evangeliorum sacrorum versionis simplicis syriacæ, juxta edit. schaafianam collatus cum duobus cotld. mss. bibl. bodl. nec non cum cod. ms. commentarii Gregorii Bar-Hebræi a Ricardo Jones. *Oxonii*, 1805, in-4. 10 sh. 6 d. [160]

Ce livre doit être joint au Nouveau Testament en syriaque, édition de *Schaaf*, impr. à *Leyde*, en 1717 (voyez TESTAMENTUM).

REMAIN of a very ancient recension of the four Gospels in syriac, hiterto unknow in Europe, discovered, edited and translated by William Cureton. *London, J. Murray*, 1858, in-4. 30 fr.

— Quatuor Evangelia, arabice et latine (studio Jo.-B. Raymundi). *Romæ, ex typ. medicea*, 1591, in-fol. fig. [220]

Édition ornée de fig. gravées sur bois par Lucas Pennis, d'après les dessins d'Ant. Tempesta : vend. 24 fr. (exemplaire daté de 1619) *mar. r.* La Vallière.

Il y a trois sortes d'exempl. de ce livre : 1° sans titre, ou avec un f. qui en tient lieu, et qui porte ces mots : *Sanctum Dei evangelium arab.-lat.* (et quelquefois la date de 1592) 14 fr. 50 c. Boutourlin; 2° avec quatre ff. prélim. qui contiennent un titre daté de 1619, une épître dédicatoire de J.-Ant. Rodolus au card. Madrulius, le portrait de ce prélat, et un avis de l'imprimeur. Ce même avis, qui se trouve à la fin du volume et avec la date de 1591, dans les premiers exemplaires, est ici sans date ; 3° avec un faux titre arabe et latin, sans date, et avec une préface datée : *Florentiæ , ex typographeo linguarum exoticarum, V. kalend. julii* 1774. On trouvait encore, il y a quelque temps, de ces derniers exemplaires en nombre, à Florence, chez Molini, au prix de 50 fr. L'exemplaire de l'édit. de 1619 décrit dans le catal. de M. de Sacy, n° 879, a été vendu 20 fr. 50 c. M. Merlin a donné, à la page 410 du 1er vol. du catalogue de ce savant, des détails curieux sur l'imprimerie des Médicis, qui a produit cette édition arabe.

L'édit. in-fol. des Évangiles, en arabe seulement, qui avait d'abord paru à *Rome*, en 1590, avec les mêmes figures, se vendait 30 fr. chez le même Molini.

— LIVRE de l'Évangile saint et pur du flambeau resplendissant. *Imprimé à Alep, aux frais d'Anastase, patriarche des Grecs d'Antioche, en* 1706, in-fol. de 283 ff. (titre arabe).

Ces Évangiles en arabe sont fort rares en Europe. L'exemplaire porté à 150 fr. sous le n° 1337 du catal. de M. de Sacy, y est fort bien décrit. Nous trouvons, sous le n° 1341 du même catalogue : *Le livre glorieux des prophéties*, impr. à Alep, en 1708, par les soins de Cyrille, patriarche d'Antioche, in-fol. de 128 ff. à 2 col. (vendu 140 fr.), non moins rare que le précédent.

— EVANGELIA, arabice. *In monasterio S. Johannis in Monte Kesrowan*, 1776, in-fol. de 315 pp.

— LE SAINT ÉVANGILE de Jésus-Christ, selon la description des quatre évangélistes, et les Actes des apôtres, en langue damulique, trad. du grec (par P. Baldeus, Adr. de Mey, Ph. de Mello et autres). *Colombo, dans l'impr. de la Compagnie des Indes orient. des Provinces-Unies*, 1748, in-4. Titre en hollandais. [222]

Vend. 60 fr. en 1807; 12 flor. 75 c. Meerman.

— LES SAINTS ÉVANGILES selon la description de SS. Matthieu, Marc, Luc et Jean, trad. en langue singalaise. *Colombo*, 1739 et 1780, in-4. [222]

Deux éditions impr. en caractères singalais, avec un titre en hollandais.

— EVANGELIA (quatuor) et Acta apostolorum, in lingua malaica, cum vers. belgica per Alb. Ruyl, Jo. van Hasel, et Just. Heurnium. *Amstelod., jussu director. Indiæ societ.*, 1651, in-4. [223]

Cette édition ayant été envoyée dans l'île de Formose, est très-rare en France.

Les mêmes éditeurs ont publié aussi une édition du *Psautier*, en malais et en hollandais. *Amst.*, 1652, in-4.

— QUATUOR Evangelia et Acta apostolorum, malaice (edente Th. Hyde). *Oxford.*, 1677, pet. in-4. 6 à 9 fr.

Impr. en caractères latins, titre malais et anglais : 19 fr. Caillard.

Réimpr. dans la même ville, en 1704, in-4.

— L'ÉVANGILE de S. Jean, en chinois. *Serampore, mission press*, 1813, pet. in-fol. [224]

Vend. 21 fr. Langlès; 16 fr. Rémusat.

— L'ÉVANGILE de S. Marc, en chinois. *Serampore*, 1813, in-8.

Vend. 12 fr. ibid.

— EVANGELIA æthiopica. (*Londini, Watts*), 1824, pet. in-4. 12 sh. [225]

Vend. 13 fr. Rémusat.

C'est la Société biblique anglaise qui a donné cette édition, ainsi que le *Psautier*, en éthiopien, en 1 vol. in-4., qui se vend 7 sh. 6 d.

— EVANGELIA sancta, sub auspiciis D. Asselini in linguam amharicam vertit Abu-Rami (Abu-Rumi) Habessinus; edidit Th. Pell Platt. *Lond., Watts*, 1824, in-4. 12 sh. [226]

Cette traduction des SS. Évangiles en langue amharique, ou langue vulgaire d'Abyssinie, a été publiée aux frais de la Société biblique de Londres : 15 fr. 50 c. Saint-Martin; 17 fr. 50 c. Rémusat; 3 fr. Klaproth.

— THE GOSPELS according to St. Matthew, St. Mark, St. Luke ad St. John, translated into the language of the Esquimaux Indians on the coast of Labrador, by the missionaries of the Unitas fratrum. *Lond., M'Dowall*, 1813, in-12. [227]

Vend. 24 fr. Rémusat ; 5 fr. 25 c. Klaproth.

— TE EVANELIA na Luka l'Évangile selon S. Luc, en langue d'Otahiti). *Eimeo, South-Sea mission press*, in-12. Vend. 32 fr. Langlès.

— TE EVANELIA a Ioane no Iesu-Christ to tatou fatu, iritihia ei harau Tahiti. *Tahiti, mission press*, 1821, in-12. [228]

Évangile de S. Jean, trad. en idiome de Tahiti, et impr. en caract. rom. 20 fr. 50 c. Rémusat.

On a aussi les Épîtres de S. Paul trad. en idiome de Tahiti, impr. à *Tahiti*, en 1824, in-12. 31 fr. Klaproth.

EVANGELIARIUM, Epistolarium et Lectionarium aztecum sive mexicanum ex antiquo codice mexicano, nuper reperto, depromptum, cum præfatione, interpretatione, adnotationibus, glossario edidit Bernardinus Biondelli. *Mediolani*, 1858-60, in-fol. avec fac-simile. [755]

Publié par livraisons, au prix de 20 fr. chacune. Les cinq livr. qui ont paru (en 1860) contiennent lij pp. prélim. et 464 pp. La 6e livr. terminera l'ouvrage.

EVANGELIORUM liber, quæ in ecclesia Senonensi, et tota diœcesi, singulis totius anni diebus, inter missarum solennia decantari solent. *Senonis, Ægid. Richebæsius*, 1561, in-fol. [734]

Un exemplaire impr. sur VÉLIN, et rel. en *mar. v. à compart. dorés*, 31 fr. Mac-Carthy; 8 liv. 5 sh. Hibbert.

EVANGELIOS (Fenecen los) e Epistolas, siquier liciones de los Domingos, e Fiestas solemnes de todo el anyo, e de los Sanctos e Apostolos, etc., e la glossa, e apostilla sobre ellos. Laqual obra fue acabada de trasladar por Micer Gonzalo Garcia de Santa Maria, jurista, ciudedano di Zaragoza a XXIV de Deciembre del anyo mil CCCCLXXXIIII, *e fue la susodicha obra emprentada en la sobredicha ciudad por industria de Paulo Hurus Aleman de Constancia a xx de Febrero del anyo mil* CCCCLXXXV, in-fol.

Selon Denis, cette version serait en portugais; mais Mendez, qui en rapporte la souscription que nous donnons ici-dessus, à défaut du titre, prétend qu'elle est en castillan. Diego Barbosa Machado, dans sa *Bibliotheca lusitana*, nous apprend que Gonzalo Garcia de Santa Maria a éclairci par ses réflexions les *Epistolas e Evangelios que se cantan no discurso do anno*, impr. en lettres gothiques en 1479, sans lieu d'impression.

EVANGELIUM infantiæ. Voy. SIKE.

EVANGELIUM S. Matthæi. Voy. MATTHÆUS.

ÉVANGILE (l') de Rome comme il a été immédiatement reçeu du pape et publié par messire Iacques Dauy, sieur du Perron et autres auquel pour le mieux entendre sont adioustez un traité de la remission des pechez contre les indul-

gences des Papes, etc. *Par Gabriel Cartier* (*à Geneve*), 1600, pet. in-8.[2110]

Ouvrage dédié à Philippe de Mornay.

ÉVANGILES des quenoilles, pet. in-fol. goth. [17814]

Édition extrêmement rare, sortie des presses de Colard Mansion, imprimeur à Bruges, vers 1475 ; elle n'a ni chiffres, ni réclames, ni signatures, et l'on n'y compte que 21 ff. en tout, dont les 4 prem. sont impr. à longues lig., et commencent par les deux suivantes :

Cy commence le traittie intitule les euuangiles des que\|noilles faittes en lonneur z exaucement des dames

Cette partie a 32 lig. par page entière ; la seconde de 17 ff. est à 2 col., dont celles qui sont entières portent 34 lig. L'ouvrage se termine sur le verso du dernier f. par la *Conclusion de lacteur*.
M. Van Praet, qui a décrit cette édition dans sa notice sur Colard Mansion, page 60, suppose que cet ouvrage singulier et très-piquant a été composé dans la ville de Bruges ; cependant nous trouvons dans le catalogue de Brochard (*Musæum selectum*), n° 1872[2], l'annonce des *Evangiles dictes des Quenouilles*, recueillis par M⁰ Fouquart de Cambray, M⁰ Ant. du Val, et Jean d'Arras dict Caron, in-4. manuscrit.

— Le liure des connoilles. (à la fin) : Cy finissèt les euãgiles des coñoilles | lesqelles traictent de plusieurs choses iouyeuses |. (*sans lieu ni date*), pet. in-4. goth. de 38 ff. non chiffrés à 25 lig. par page, sign. a—eiij.

Édition fort rare qui paraît être sortie des presses lyonnaises avant 1500, et qui doit être plus ancienne que celle qui n'a que 27 ff. Le premier feuillet ne contient que les quatre mots du titre ci-dessus en une seule ligne. Vend. en *mar. v. d. de mar. r.* (quelques marges restaurées), 650 fr. Cailhava.

— Le liure des connoilles. Pet. in-4. de 27 ff., le titre compris, 31 lig. par page.

Édition sans chiffres ni réclames, sans lieu ni date, impr. en caract. goth. dans le genre de ceux de Math. Husz, de Lyon, avec des fig. en bois. On lit au recto du dern. f. (et en 2 lign.) : *Cy finissent les euangiles des coñoilles lesquelles traictent de plusieurs choses ioyeuses.*
Le texte commence par ces mots : *Maintes gens sont aujeur dhui qui alleguent et autorisent leurs parolles.*

— Les euangiles des connoilles faites a lhonneur et exaulsement des dames, lesquelles traitent de plusieurs choses ioyeuses, racontees par plusieurs dames assemblees pour filer durant six journees. *Lyon*, *Jean Mareschal*, 1493, in-4. goth.

Édition très-rare, citée par Du Verdier : j'en ai vu une autre in-4. goth. avec fig. en bois, sans lieu ni date, laquelle se compose de 32 ff., signat. a—d., et porte pour titre : *Le liure des connoilles*. C'est cette même édition qui est annoncée dans le catalogue de la Biblioth. du roi, comme de *Lyon*, 1493, quoiqu'elle n'ait ni date, ni nom de ville.

— Le liure des quenoilles. — *Cy fine le liure des quenoilles... imprime a Rouen pour Raulin Gaultier libraire demourant au dit lieu... a lenseigne du fardel*, pet. in-4. de 21 ff. à 36 lign. par page, caract. goth.

Autre édition rare : 12 fr. *m. r.* La Vallière, et vaudrait davantage aujourd'hui.

— LE LIVRE des quenoilles, ou les euangiles des femmes... (*sans lieu ni date*), pet. in-8. goth. de 32 ff.

Cette édition faisait partie du recueil n° 1807, du catalogue Morel-Vindé. Vend. séparément 8 fr. Duquesnoy ; 8 liv. 8 sh. Heber ; 73 fr. *mar. v. d. de mar. r.* Crozet ; 30 fr. Baudelocque.

— LE LIVRE des cō | noilles. (à la fin) : *Cy finist, etc.,* pet. in-8. goth. de 32 ff. à 27 lign. par page, avec une vignette au frontispice.

Cette édition n'est pas la même que la précédente ; elle paraît être d'Alain Lotrian, de 1530 à 1536. Le verso du dernier f. n'a que 20 lignes. Vend. 1 liv. 5 sh. Lang ; 114 fr. *mar. r.* Nodier ; 260 fr. avec Le Puis S.-Patrice, en novembre 1835.

— LE LIVRE des Quenoilles. — *Cy finist le liure des Quenoilles, lequel traicte de plusieurs choses joieuses.* (sans lieu ni date), pet. in-8. goth., sign. a—fiiii, avec une vignette au frontispice.

Édition du commencement du XVIᵉ siècle, citée dans la préface de l'édition suivante.

LES EVANGILES des quenouilles, nouvelle édition revue sur les éditions anciennes et les manuscrits, avec préface, glossaire et table analytique. *Paris, P. Jannet*, 1855, in-16. 5 fr. et plus en pap. fort.

Il a été tiré 12 exemplaires sur papier de Chine.

Cette bonne édition donne le texte de celle de Colard Mansion, complété d'après l'édition de Rouen, pour Raulin Gaultier, avec les variantes des manuscrits et le texte différent d'après le manuscrit de M. Cigongne. Une autre réimpression de l'ancien texte de cette facétie fait partie de la Collection des joyeusetés, publiée par Techener.

— The Gospelles of Dystaues. *Enprynted at London in Flete strete at the Sygne of the sonne by Wynkyn de Worde* (no date), in-4. goth. de 60 ff. (ou pages), avec fig. en bois.

Traduction de l'ouvrage précédent. C'est un livre fort rare, dont un bel exemplaire, rel. en *mar.* par Lewis, a été vend. 15 liv. 5 sh. Heber. Il est décrit dans les *Typogr. antiquities*, édition de Dibdin, II, page 332.

EVE ressuscitée, ou la belle en chemise, avantures plaisantes. *Cologne, L. Sincere* (*Hollande, à la Sphère*), 1683, pet. in-12. [17203]

Vend. 51 fr. *m. r.* Nodier, et quelquefois moins.
Ce petit ouvrage se compose d'avantures plus ou moins décentes, mais racontées en termes décents. Eve ne se trouve en chemise qu'à la dernière ligne.

EVELYN's (*John*) miscellaneous works, now first collected, with occasional notes, by Will. Upcott. *London, H. Colburn*, 1825, in-4. 12 à 15 fr. [19340]

—Sylva, or a discourse of forest-trees, etc., with notes by A. Hunter. *York*, 1776, gr. in-4. port. et fig. [6387]

Édition la meilleure qui eût paru jusqu'alors de cet

Evans (*W.-D.*). Collect. of statutes, 3061.
Evans (*G.-W.*). Voyage, 21177.
Evans (*Th.*). Old ballads, 15717.
Evans (*W.*). English-welsh dictionary, 11354.
Evans (*Oliv.*). Ingénieur mécanicien, 8116.
Rvanson (*R.*) and H. Maunsel. Diseases of children, 7625.

ouvrage estimé : 24 à 30 fr. Celle d'*York*, 1786, 2 vol. in-4., fig., est augmentée d'un mémoire de l'auteur intitulé *Terra* (impr. d'abord à *Lond.*, en 1675, in-8.) : 36 à 40 fr. Il y a des exempl. en Gr. Pap. avec fig. color.

Réimpr. à *York*, en 1801 et en 1812, en 2 vol. gr. in-4. fig., même prix ; et enfin à *Lond.*, 1825, 2 vol. in-4., édition qui contient les dernières améliorations de Hunter. Elle coûtait 4 liv. 10 sh., mais elle ne conserve pas ce prix.

La *Sylva* a été impr. pour la première fois à Londres, en 1664, in-fol., par ordre de la Société royale, ensuite réimpr. en 1669, 1671, 1679, 1706 et 1729, in-fol.

— Sculptura, or the history and art of chalcography and engraving in copper, with an ample enumeration of the most renowned masters, and their works, to which is annexed a new manner of engraving or mezzo tinto, communicated by his highness prince Rupert to the authour of this treatise. *London,* 1662, pet. in-8. [9499]

Édition dont on recherche beaucoup les exempl. où se trouve, à la page 144, une gravure (tête de l'exécuteur) en manière noire (*mezzo tinto*), par le prince Rupert ou Robert : 21 fr. Mariette, et quelquefois de 1 à 2 liv. en Angleterre. La seconde de 1755 (in-8., 6 à 9 fr.) renferme quelques corrections et additions, une notice sur la vie de l'auteur, le portrait de ce dernier par Worlidge, et une copie de la grav. du prince Robert par Houston. Une note curieuse de Mariette relative à ce livre se lit dans le catalogue de Cicognara, n° 258.

— MEMOIRS of John Evelyn, illustrative of his life and writings, comprising his diary, from the year 1641 to 1705-6, and a selection of his familiar letters ; with the private correspondence between K. Charles I and sir Edward Nicolas, and between the earl of Clarendon and sir Richard Browne. *Lond., Colburn*, 1819, 2 vol. gr. in-4. fig. 2 liv. 10 sh. · [30909]

Ces mémoires intéressants ont été publiés par M. Will. Bray. L'édition de 1819 est la seconde, et elle renferme des additions que l'on a impr. séparément pour la joindre à la première édition publiée en 1818, aussi en 2 vol. in-4. M. Dibdin (*Library companion*, pag. 550-54 de la 1re édit.) donne des détails curieux sur cet ouvrage dont il y a une édit. de 1827, en 5 vol. in-8., sous le titre de *Diary and Correspondence*, avec portr. et pl. 2 liv. 2 sh., — et une de 1850-52, en 4 vol. pet. in-8., revue par Will. Bray, 1 liv. 1 sh. — Autre édition, publiée par John Forster, *London*, 1857 (et de nouveau 1858), 4 vol. pet. in-8. 1 liv.

— THE STATE of France, as it stood in the ninth yere of this present Monarch, Louis XIIII, written to a friend by J.-E. *London*, 1652, pet. in-8.

Ouvrage peu connu en France.

— A CHARACT. of England : as it was lately presented in a letter to a nobleman of France ; the third edition, with reflexions upon Gallus castratus. *London*, 1659, in-12.

Plaisanterie satirique à laquelle l'auteur n'a pas mis son nom. La première édition est de 1652.

— THE HISTORY of religion : a rational account of the true religion ; now first published from the original manuscrit ; edited with notes, by the rev. M. Evanson. *London*, 1850, 2 vol. in-8.

Pour les autres ouvrages de J. Evelyn, consultez Lowndes, 2e édition, pp. 767-68.

EVENTAIL (l') satyrique, fait par le nouveau Theophile, avec une apologie pour la satyre (en prose). M.D.XXVIII, pet. in-8. [13960]

Pièce assez piquante qui parut, croyons-nous, pour la première fois en 1622, sous ce titre :

LE TABLEAU à deux faces, de la foire Saint-Germain, ou les nouveaux satyriques au carnaval, avec une apologie pour la satyre.

On l'a réimprimée en 1625 sous le titre de l'*Eventail satyrique*, mais sans l'*Apologie*. Peut-être en existe-t-il encore d'autres éditions. Les mots *fait par le Nouveau Theophile*, se lisent sur le titre de celle de 1628 et de deux autres : ils désignent probablement Pierre Cotignon, sieur de Lacharnay, lequel dès l'année 1626 avait pris le nom de *Nouveau Theophile* sur le titre de son recueil *de vers satyriques enigmatiques* (voy. COTIGNON).

Cette satire est réimprimée dans le VIIIe vol. des *Variétés*, publiées par M. Ed. Fournier, où se trouve également la réimpression d'une autre pièce du même genre, intitulée : *Consolation aux dames sur la reformation des passemens et habits*.

EVERSMANN (*Ed.*). Fauna Lepidopterologica, Volgo-Uralensis exhibens Lepidopterorum species, quas per viginti quinque annos in provinciis Volgam fluvium inter et montes Uralenses sitis observavit et descripsit. *Casani*, 1844, in-8. 18 fr. [6087]

EVIDENS designatio receptissimarum consuetudinum, ornamenta quædam et insignia continens, magistratui et Academiæ argentinensi a majoribus relicta, etc. *Argentor., Jo. Carolus,* 1605, in-8. [24915]

Volume composé de 61 pl., vend. 22 fr. *mar. r.* La Valliere, en 1767 ; 18 fr. Lamy, et avec 28 pièces ajoutées, 101 fr. *mar. r.* De Bure.

EVONYMUS Philater. Voyez GESNERUS (*Conr.*).

EVORDANUS. The first and second part of the history of the famous Evordanus prince of Denmark, with the strang adventures of Iago, prince of Saxonie and of both their severall fortunes in Loue. *London, by J. R. for R. B.*, 1605, in-4. goth., sign. a—z et Aa et Bb., par 4 ff.

1 liv. 13 sh. Heber, et revendu 12 liv. Bliss, en 1858.

ÉVREMONT (S.). Voy. SAINT-ÉVREMONT.

EWALD (*G.-A.-Henr.*). Geschichte des Volkes Israel. *Göttingen, Dietrich*, 1851-59, 7 vol. et append. in-8. 80 fr. [22735]

Seconde édition ; la première, *Göttingen*, 1843, etc., est en 3 vol. Le 5e volume de la dernière contient l'histoire de Jésus-Christ et de son époque.

— Lehrbuch der hebräischen Sprache, 11544. — Grammatica arabica, 11612. — De numeris carminum arabicis, 15941.

EXAMEN (l') de conscience du mal et du bien de l'ame. — (à la fin) : *Imprime a Rouen par Jehan Le bourgoys pour Pierre Regnault libraire de luniuersite de Caen* (vers 1490), pet. in-4. goth. de ccxii ff. [1322]

Livre très-rare. La Bibliothèque impériale en possède deux exemplaires imprimés sur VÉLIN. Sur l'un de ces exemplaires se voit la marque que nous ici réduite, tandis qu'elle a été grattée dans l'autre :

— Voy. QUENTIN.

EXAMEN de las medallas antiguas. Voy. BUSTAMANTE.

EXAMEN des historiens d'Alexandre. Voy. SAINTE-CROIX.

EXAMINATIONES gramaticales. (in fine): *Tarvisii expliciunt examinationes primæ gramaticales*, pet. in-4. [10793]

Édition en caractères romains, à 22 lignes par page, sans chiffres, récl. ni signat. Elle ne porte ni date ni nom d'imprimeur; mais la justification des pages, les caractères et le papier sont les mêmes que dans le *S. Augustinus de aspiratione ad Deum*, sorti des presses de Gerard de Lisa, à Trévise, en 1471 (I, col. 565); et il est à présumer que c'est un des premiers ,essais de cet imprimeur flamand. L'ouvrage est divisé en deux parties, dont la première renferme les préceptes de grammaire, et la seconde la rhétorique. L'auteur est François Rholandello, le même qui a pris soin des éditions publiées à Trévise par Gerard de Lisa, et au sujet duquel Dominique-Marie Federici a donné une intéressante notice dans ses *Memorie trevigiane* (Venez., 1805, in-4.), p. 106 à 116. Il ne paraît pas que Panzer ait connu cette édition précieuse de Rholandello.

Examen critique des apologistes de la religion chrétienne, 2302.
Examen critique de saint Paul, 2308.
Examen... de los sinonimos, 11153.
Examen sur la cabale des frères de la Croix-Rosée, 22492.

EXCELLENCE (l') des barbes rouges côtre les noires. *Nouuellement imprime* (sans date), pet. in-8. [13961]

Pièce en vers de 10 syllabes, avec une lettre en prose signée N. R., et adressée à M. de P. T. Q. Elle paraît être de la fin du XVIᵉ siècle. Le frontispice est entouré d'une bordure historiée.

EXCELLENCE (l') des chansons les plus joyeuses et récréatives, composées de ce temps, recueillies et imprimées nouvellement. *Lyon, Ben. Rigaud*, 1584, in-16. [14278]

Petit recueil devenu rare (La Vallière-Nyon, 15023).

EXCELLENT tournoy du vertueux chevalier de La Racine, gentilhomme bourbonnois, illustré de poésies tant italiennes que francoises à sa louange. *Paris*, 1576, in-8. [13961]

Vend. 14 fr. 50 c. Librairie De Bure, 3ᵉ vente.

EXCELLENTES (les) vaillances, batailles et conquestes du Roy (Louis XII) delà les Mons, composées (en vers) par plusieurs orateurs et facteurs et presentez audit seigneur. *Paris* (sans nom d'imprimeur ni date, vers 1509), in-8. goth. [13502]

Ancien catalogue de la Biblioth. du roi, Y, 4460.

EXCERPTA varia græcorum sophistarum ac rhetorum, Heracliti, Libanii antiocheni, Nicephori, et aliorum, a Leone Allatio primum vulgata græce et lat. reddita. *Romæ, Mascardus,* 1641, in-8. [12093]

Volume recherché : 6 à 10 fr.

EXCERPTA ex tragœdiis, etc. Voy. GROTIUS.

EXCERPTA Polybii, etc. Voy. POLYBIUS.

EXCLAMATION. Lexclamation des os sainct Innocent.(*sans lieu ni date, mais imprimé à Paris vers* 1520), pet. in-8. de 16 ff. à 28 lig. à la page en caract. goth. [13502]

Opuscule en stances de 8 vers à rimes brisées et batelées dans le genre de Molinet et de Cretin. On voit en tête trois petits bois empruntés à une danse macabre marginale d'un livre d'heures. Le bois du milieu est intitulé *le Sergent*, et les deux bois accessoires représentent la Mort. L'ouvrage, en effet, n'est qu'une espèce d'imitation de la Danse macabre, dans laquelle les ossements que renfermaient les charniers du cimetière des Innocents prennent la parole pour rappeler aux grands et aux petits que la mort est le terme inévitable des vanités humaines. Il y a dans ces vers une sombre et terrible énergie; malheureusement le texte est défiguré par des fautes d'impression. M. Paul Lacroix, à qui nous devons la communication de cette notice faite d'après l'exempl. de la Biblioth. de l'Arsenal, doit donner dans le Bulletin du Bibliophile une bonne édition de ce curieux opuscule, avec des notes auxquelles nous renverrons nos lecteurs.

EXCURSION sur les côtes et dans les ports de Normandie (par J.-N. Lefebvre-Durufié), avec les vues d'après les dessins de Bonington et Luttringhausen.

Paris, J.-F. Osterwald (*imprim. de J. Didot aîné*), 1823-25, in-fol., avec 40 pl. à l'aqua-tinta. [24295]

Les trois premiers cahiers de cet ouvrage ont paru sous le titre de *Voyage pittoresque dans les ports et sur les côtes de France;* mais l'éditeur s'étant borné à la Normandie a donné ensuite à son recueil le titre ci-dessus. — Le volume a coûté 120 fr. — avant la lettre, 180 fr. — avant la lettre sur pap. de Chine, 240 fr. — épreuves coloriées, pet. in-fol. 280 fr. — épreuves color., gr. in-fol. 400 fr.; ces prix ne se soutiennent pas.

EXCUSE (l') *τ* respōse du tres illustre trespuissant *τ* tres redoubte Empereur, faicte par illustre seigneur Dauaille, marquis d'Al Gasto, aux tres reverends... princes les Electeurs *z* aultres princes du sainct Empire, a lencontre du roy de Franche, de laqlle facillement on pourra cognoistre *τ* apperceuoir loccasion *τ* causes par lesquelles la presente guerre a este esmenee. *Imprime en Anuers, par moy Martin Nuyts, lan M. D. xlii.* (à la fin) : *imprime au mois de nouembre, lan M. D. xlij,* pet. in-8. de 20 ff., sign. a—e. [26056]

Opuscule rare : vend. 12 fr. La Valliere ; 70 fr. Solar.

EXEA (*Andrex* ab)... de ærario, fiscoque ac utriusque ratiociniorum præfectura libellus nunc primum in lucem editus. *Seb. Gryphius excudebat Lugduni,* 1532, pet. in-4. de 47 pp. [4109]

Deux exempl. impr. sur VÉLIN se conservent, l'un dans la Biblioth. impér., l'autre dans celle de Montpellier.

EXEMPLA Sacre Scripture ex utroque Testamēto, secund. Ordinē Literarū collecta. *Impressa apud villã sancti Albani,* 1481, in-8. [276]

Volume fort rare, dont Lowndes indique deux exemplaires, celui du *British Museum,* et celui de *Middle Temple Library.* Il a des sign. de *a—l,* savoir *a* par 8 ff. dont un blanc, *b* par 8, *c* par 6, *d, e, f* par 8, *g* par 6 (*h* est omis), *i, k* et *l* par 8. L'ouvrage finit sur le f. *l* 6, lequel est suivi d'une table alphabétique en 2 ff.

Ces *Exempla* avaient déjà été impr. à Paris, *in sole aureo anno a natiuitate Domini Nostri Jesu Christi.* M. CCCC. LXXVII, in-4., et avec le nom d'Ulric Gering, M. CCCC. lxxviij. xxiii *Ianuarii,* in-4. de 72 ff. non chiffrés, en caract. rom.

Il y en a aussi une première édition, sans lieu ni date, ni nom d'imprimeur, in-4. goth. de 101 ff. à 29 lig. par page, sans chiffres, sign. ni réclames, mais qui appartient aux premières presses parisiennes. On en cite encore deux éditions de Paris, pet. in-8., l'une de Pierre Levet, vers 1487, l'autre par M. N. de la Barre, 1500, *die xx. mensis nouembris.*

EXEMPLAIRE des femmes mariées. Voy. PETRARCHÆ historia Griselidis.

EXEMPLAIRE. Lexemplaire de confession. (au verso du dernier f.) : *Cy finist lexemplaire de confession imprime a Rouen par Jaques le forestier demou-*

rāt en la paroisse saint martin du pont prez le fardel. Et fut acheue ledit exemplaire le dernier iour de ianuier Mil. cccc. iiii xx τ xiiii, pet. in-4. goth. [à côté du n° 1322]

Ce volume rare est composé de 57 ff., sous les sign. a—h ; les sign. a b d e g de 8 ff., c et f de 6 ff., et h de 5 ff. Sur le titre est la marque suivante :

Une édit. de Rouen, par *Jacq. le Forestier,* 1488, in-4., est citée par Hain, n° 6767.

— LE LIVRE intitulé l'exemplaire de confession, où il est traité des conditions que doit avoir le pénitent, de la manière de se bien confesser, et des cas reservés, *impr. par Baptiste Bourguet* (sans nom de ville et sans date), in-4. goth.

Édition portée sous le n° 323 du catal. de Gaignat; elle n'a été vend. que 3 fr. à la vente de cet amateur, qui l'avait payée 7 liv. 10 s. tournois. Le titre me paraît factice.

— SENSUIT le grãt examen de conscience tres utile pour le salut de lame. *Paris, par Alain Lotrian,* 1529, in-4. goth.

EXEMPLAIRE pour bien et proprement escrire la lettre françoise, contenant plusieurs beaux quatrains, composés la pluspart par un grand personnage de ce siècle, à l'imitation de Phocylide, et autres anciens poëtes grecs. avec les premieres et principales reigles d'arithmétique. *Lyon, par Ant. Gryphius,* 1579, pet. in-fol. [9054]

Ouvrage impr. en cursive française, et composé de deux livres : le premier en 22 ff., le second en 14 ff. Vend. 8 fr. La Valliere. Ce doit être la reproduction ou tout au moins une imitation d'un in-fol. publié précédemment par Jac. de La Rue, maître écrivain, sous le titre suivant :

PREMIER LIVRE de la bonne écriture françoise, contenant une instruction à la jeunesse par quatrains et distiques moraux. *Paris, Cl. Micard,* 1578, in-fol.

Ces deux recueils d'exemples doivent naturellement être devenus fort rares, mais ils n'ont pas une grande importance.

EXEMPLARIA literarum quibus & christianissimus Galliarum Rex Franciscus, ad adversariorum maledictis defenditur, & controversiarum causæ ex quibus bella hodie inter ipsum et Carolum V. Imper. emerserunt, explicantur : unde ab utro potius stet jus æquumque Lector prudens perfacile deprehendet. *Parisiis, ex officina Roberti Stephani*, 1537, in-4. de 215 pp. [23457]

Réponse au manifeste de Charles-Quint dont nous rapportons le titre à l'article RECUEIL d'aucunes lettres. Rob. Estienne en a donné deux édit. dans la même année : l'une *Postridie Non. August.*; l'autre *Calend. Septemb.* A la fin, doit se trouver un double feuillet en tableau contenant la suite des héritiers des Duchés de Bourgogne, de Milan et de Savoye. — Voyez DOUBLE d'une lettre.

Citons encore :

EXEMPLUM responsionis christianissimi Galiarum regis ad protestationem qua Cæsarea majestas Romæ in eum invecta est. *Parisiis, Galeotus a Prato*, 1536, in-8. de 20 ff., sign. A–C.

EXEMPLARIO contra los engaños del mundo. Voy. BIDPAI.

EXEMPLARIO di lavori. Voy. ESEMPLARIO.

EXEQUIÆ. Voy. POMPES funèbres.

EXERCICES de ce temps. Voy. SONNET (*Thom.* de Courval).

EXERCITIUM puerorũ grãmaticale per dietas distributum. (in fine) : *Impressus z finitus in... Hagenowe per Heinricum gran. Anno gratie Millesimo quadringentesimo nonagesimo primo* (1491). *tertio kalendas Augusti*, in-4. goth. de 131 ff.

Hain décrit cette édit. sous le nº 6768 de son *Repertorium*, et ensuite des édit. de *Liptzk*, 1493, de *Strasbourg*, 1494, 1495, 1498 et de 1500, in-4., ces dernières sans lieu d'impression ni nom d'imprimeur.

EXERCITIUM super-Pater noster. In-fol. [390]

Cet opuscule, très-rare et très-précieux, est regardé comme un des plus anciens monuments de la xylographie : il consiste en 10 pl. gravées en bois, et imprimées d'un seul côté, avec une courte explication placée au-dessus de chaque planche (*Dict. de Santander*, tome II, p. 403).

EXHORTATION au martyre. Voy. CALVIN.

EXHORTATION aux dames vertueuses, en laquelle est demonstré le vrai point d'honneur; avec l'Hecatonphile de Leon-Bapt. Alberti, contenant l'art d'aimer, en italien et en françois. *Paris, Guillemot*, 1597, pet. in-12. [17997]

L'Exhortation aux dames a pour but de les exciter à l'amour. Ce petit ouvrage a été réimpr. séparément à *Paris*, chez *Lucas Breyer*, 1598, pet. in-12, et il a donné lieu à un autre écrit intitulé :

DISCOURS contre un petit traité intitulé : Exhortation aux dames vertueuses, *Paris, Lucas Breyer*, 1598, pet. in-12 de 81 pp. non compris le titre ni la dédicace.

L'*Exhortation* et le *Discours contre...* ont été réimpr. à *Rouen, par Charles Gendron*, 1598, pet. in-12, la première pièce, en 47 pp. y compris le titre, la seconde en 84 pp. titre compris. Dans l'exemplaire de cette édition, qui est porté à 34 fr. dans le Bulletin de M. Techener, 1860 (p. 915, nº 480), se trouvait, après l'*Exhortation*, un opuscule de 23 pp. intitulé : *Response à un curieux demandant pourquoy les hommes s'assubictissent aux femmes*, imprimé également par Gendron, en 1598.

EXHORTATIONS chrétiennes imitées des anciens pères grecs et latins. *Paris, de l'imprimerie de Rob. Estienne*, 1620, pet. in-8. [839]

M. Renouard a dit de ce livre (*Annales des Estienne*, p. 204) : « Il est peu important, mais je n'en ai jamais vu aucune autre mention, et je le crois très-rare. Peut-être a-t-il été imprimé à fort petit nombre pour être donné. » Et d'après cette recommandation, l'exemplaire rel. en *v. f.* aux armes de De Thou, qui y a donné lieu, s'est vendu 50 fr. Renouard.

EXIL de Mardygras, ou arrest donne en la cour de Riflasorets establie en la royale ville de Saladois, par lequel, nonobstant la garantie des epicurois et atheismates, oppositions des esleuz de la frelanderie, malades, pauvres, artisans, amoureux, dames, gueux et fermier de la boucherie de Caresme, mardygras auec tous les suppots, est bany du ressort et empire de la dite cour pour le temps et espace de quarante et un iours. *A Lyon, par les suppots de Caresme*, 1603, pet. in-8. de 32 pp. [17827]

Facétie du même genre à peu près que le *Formulaire recréatif* attribué à Benoist de Troncy : c'est une parodie joyeuse des arrêts judiciaires, comme le *Formulaire* est la parodie des actes des notaires. Vend. 229 fr. Cailhava ; 120 fr. Coste.

Réimprimé dans le 5e vol. des *Variétés histor. et littér.* publiées par M. Edouard Fournier.

EXIMINES ou XIMENEZ (*Fr.*). Le liure des sains anges. (au verso du dernier f. en 2 lig.) : *Cy fine le liure des sains anges imprime a Genefue lan de grace Mil. cccc. lxxviij le xxiiije iour de mars*, in-fol. goth. à long. lig., au nombre de 31 sur les pages entières. [1238]

Édition très-rare, la première de cet ouvrage, et de plus le premier livre impr. à Genève. On y compte 189 ff., sans chiffr., récl. ni signat., y compris 7 ff. prélim. pour le prologue et la table. Le premier f. commence par ce sommaire :

Cest le prologue de cest present liure appelle le liure des sains anges compile par frere francoys eximines de lordre des freres mineurs a la requeste de messire pierre dartes cheualier chambellain et maistre dostel du roy darragon.

L'imprimeur n'est point nommé dans la souscription

Eximeno (*Ant.*). Musica, 10087.

de ce vol.; mais on sait qu'*Adam Steynschaber de Schweinfurt* imprimait à Genève, en 1478 (voy. JEAN d'Arras : Melusine); et c'est sans doute à lui que sont dues toutes les impressions faites dans cette ville à la même époque.

Vend. m. r. 36 fr. La Valliere ; 40 fr. Brienne-Laire.

— Le liure des saints auges. (au verso de l'avant-dernier f.) : *Cy finist le liure des sainctz anges. Jmprime a Lyon par maistre guillaume le roy. le .xx. iour du moys de may lan de grace Mil. cccc.lxxxvi,* in-fol. goth. de 154 ff. à longues lig., au nombre de 36 sur les pag., sign. a—viij, avec fig. en bois.

Au verso du prem. f., dont le recto est blanc, se voit une grande planche sur bois représentant le Père Eternel; cette fig. est répétée au recto du dernier f. Le prologue commence avec le 2ᵉ f. marqué *a*, et il est suivi de la table; le 8ᵉ f. du prem. cah. est tout blanc. Vend. 40 fr. *mar. bl.* Gaignat ; le même prix Mac-Carthy ; 24 fr. exempl. médiocre, Librairie De Bure.

— LE LIVRE des sainctz anges. — Cy finist le liure des sainctz anges q̃ contiět plusieurs beaulx traictiez et p especial de mõseigneur sainct Michiel leur honorable presidẽt. *Imprime a Paris p Michel le noir le 11ᵉ iour daoust l'an mille cinq cens et cinq,* in-4. goth. de 153 ff.

Édition bien exécutée. Le même imprimeur en a donné une autre en 1518, in-4. goth.

Selon Santander, l'original de cet ouvrage a été écrit en catalan vers 1392 ; il y a une édit. fort ancienne rapportée dans le Catal. de la Bibliothèque du roi, D, nᵒ 507, sous le titre suivant : *Libre dels Angels,* Barcelona, Johã Rosenbach de Haydelberch, 1494, in-fol.; la traduction espagnole avait été impr. antérieurement à *Burgos, por Fabrique de Basilea,* 1490, in-fol. — Voy. XIMENES.

EXODUS, hebraice, cum versione chaldaica, arabica, et notis Raschii. *Constantinopoli, anno mundi* 5305 (*Christi* 1545), in fol. très-rare. [107]

Un exemplaire imprimé sur VÉLIN, 31 liv. 10 sh. Williams.

EXPÉDITION (l') d'Ecosse, ou le retour du prince de Galles en France, tragicomédie, en vers françois. *A Paris, chez Louis Entrepreneur et Jaques Fuiard, derrière la place des Victoires, à l'enseigne des Gasconades maritimes,* 1708, pet. in-12 de 80 pp., y compris le titre. [16582]

Pièce rare : vend. 24 fr. La Valliere ; 60 fr. Pixérécourt ; 28 fr. 50 c. *mar. bl.* Gancia.

EXPÉDITION scientifique en Morée, entreprise et publiée par ordre du gouvernement français : architecture, sculptures, inscriptions et vues du Péloponèse, des Cyclades et de l'Attique ; mesurées, dessinées, recueillies et publiées par Abel Blouet, architecte ; Amable Ravoisié, Achille Poirot, Frédéric de Gournay, ses collaborateurs; et Félix Trézel, *Paris, F. Didot,* 1831-39, 3 vol. gr. in-fol.

Cet ouvrage, d'un grand intérêt sous le rapport architectonique et archéologique, forme 3 vol. in-fol.

atlant. Il a été publié en 49 livrais. de 6 pl. chacune, accompagnées de leur texte. Prix de la livraison, 12 fr.; — épreuves sur pap. de Chine, 20 fr. Le 1ᵉʳ vol. a paru en 14 livrais., le 2ᵉ en 15, et le 3ᵉ en 20. L'ouvrage complet se paye de 200 à 240 fr. dans les ventes, et le suivant n'est pas plus cher.

— Expédition scientifique de Morée : travaux de la section des sciences physiques, sous la direction de M. Bory de Saint-Vincent. *Paris et Strasbourg, Levrault,* 1832 et ann. suiv., 3 vol. gr. in-4. et atlas in-fol.

Publié en 40 livrais., au prix de 12 fr. 50 c. chacune.

RELATION du voyage de la commission scientifique de Morée, dans le Péloponèse, les Cyclades et l'Attique, par J.-B.-G.-M. Bory de Saint-Vincent. *Strasbourg, Levrault,* 1839 et ann. suiv., in-8. (les tom. I et II, en 4 livrais., avec un atlas in-fol., 60 fr.), extrait du grand ouvrage ci-dessus.

EXPEDITION (Exploring) of the United States. Voy. WILKES (*Ch.*).

EXPILLY (*Claude*), président au parlement de Grenoble. Ses Poëmes. *Grenoble, Pierre Verdier,* 1624, gr. in-4. 15 à 20 fr. [13991]

La première édition de ces poésies, *Paris, Abel L'Angelier,* 1596, in-4., est bien moins complète que la seconde, laquelle renferme un supplément à la vie de Bayard, qui a été réimprimé à la suite de l'Histoire de ce guerrier, écrite par le Fidèle Serviteur, édit. de *Grenoble,* 1650 (aussi 1651), in-8.

— La bataille de Pont-Charra et journée de Salbertrand, gaignee par le duc d'Esdiguieres, descrites par Cl. Expilly. *Grenoble, P. Marniolles,* 1621, gr. in-4.

Ces poésies, à ce qu'il paraît, font partie du recueil impr. en 1624.

L'Ortographe françoise selon la prononciation de notre langue, par Cl. Expilly, *Lyon,* 1618, in-fol., est un ouvrage curieux, mais assez rare maintenant. [10985]

Nous ne devons pas oublier de citer le recueil intitulé :

PLAIDOYEZ de Cl. Expilly... *Paris, Vᵉ d'Abel l'Angelier,* 1612, in-4. 26 fr. Monmerqué.

PLAIDOYEZ de Mᵉ Claude Expilly, et plusieurs arrêts et règlemens notables du parlement de Grenoble. *Lyon, Laurent Durand,* 1636, in-4. [2739] C'est la 5ᵉ édition, augmentée de plus d'un tiers. Il y en a eu plusieurs autres depuis.

On a une Vie de Cl. Expilly écrite par Ant. Boniel de Cathillon, son neveu, *Grenoble, Charuys,* 1660, in-4.

EXPILLY (l'abbé). Dictionnaire géographique, historique et politique des Gaules et de la France. *Paris,* 1762-70, 6 vol. in-fol. 90 à 100 fr. [23125]

Ouvrage assez estimé, mais qui malheureusement est resté interrompu à la lettre S. 95 fr. Léon Leclerc. Le 6ᵉ vol. est peu commun.

EXPLICATION de divers monumens singuliers. Voy. MARTIN (*J.*).

EXPLICATION de l'énigme du roman (de M. Montjoye) intitulé : Histoire de la conjuration de Louis-Philippe-Joseph

---

Experience de Bapaume, 8714.
Explication des cérémonies de la Fête-Dieu, 22367.

d'Orleans (attribué à Jac.-Mar. Rouzet de Folmont). *à Vérédishtad (sans date)*, 3 part. en 4 vol. in-8. [23956]

Cet ouvrage, imprimé aux frais de feu mad. la duchesse d'Orléans douairière (avant 1814), n'a pas été mis en vente, ni même en circulation, du vivant de cette princesse ; depuis lors quelques exemplaires ont paru dans les ventes. Le 1er volume a 220 pp. ; le 2e, VIII et 296 ; le 3e, VIII et 359 pp. ; le 4e, xxvij et 387 pp. ; de plus 5 pp. d'errata pour les 4 vol. Vend. 150 fr. Boulard, en 1833 ; 159 fr. Labédoy... ; 141 fr. en 1841, et moins depuis.

L'Histoire dont le livre ci-dessus donne l'explication a été impr. à Paris, 1796, en 3 vol. in-8. Il en a été fait un abrégé sous le titre de : *Conjuration de L.-Ph.-Jos. d'Orléans*, Paris, 1831 (réimpr. en 1832), in-8. de 150 pp.

EXPLORATION scientifique de l'Algérie, pendant les années 1840 à 1844 : Sciences historiques et géographiques. *Paris, impr. roy.*, 1844-54, 16 vol. gr. in-8. 120 fr. [28410]

Voici la distribution de ces seize vol. : 1. *Etude des routes suivies par les Arabes dans la partie méridionale de l'Algérie et de la régence de Tunis*, par E. Carette, 1854, gr. in-8. avec une carte. 15 fr. — 2. *Recherches sur la géographie et le commerce de l'Algérie méridionale, par le même*, 1854, avec 3 cartes. 15 fr. — 3. *Recherches sur l'origine et les migrations des principales tribus de l'Afrique septentrionale et principalement de l'Algérie, par le même*, 1853, 12 fr. — 4 et 5. *Etude sur la Kabylie proprement dite, par le même*, 1848, 2 vol. in-8. avec une grande carte. 24 fr. — 6. *Mémoires histor. et géograph. sur l'Algérie, par E. Pellissier*, 1844, 12 fr. — 7. *Histoire de l'Afrique de Moh'ammed Ben-abi-el-Raïni-el-K'aïrouani, trad. de l'arabe par E. Pellissier et M. Rémusat*, 1845, 12 fr. — 8. *Recherches géographiques sur le Maroc, par M. Renou*, 1846, avec une grande carte. 12 fr. — 9. *Voyage dans le sud de l'Algérie, etc., par Al-Alliaci-Moula-Ahmed, trad. par Adr. Berbrugger*, 1846, 12 fr. — 10 à 15. *Précis de Jurisprudence musulmane, par Khalil-Ibn-Ish'ak, trad. de l'arabe par M. Perron*, 1848-54, 7 vol. in-8. dont 1 pour la table alphabétique. 92 fr. — 16. *Description de la régence de Tunis, par E. Pellissier*, 1853, avec une carte, 12 fr.

Autres parties de l'Exploration scientifique de l'Algérie.

1° SCIENCES médicales, par Périer. 2 vol. gr. in-8.

2° RECHERCHES de physique générale ; recherches de physique sur la Méditerranée et observations sur le magnétisme terrestre, par G. Aimé. 2 vol. in-4. 60 fr.

3° GÉOLOGIE de l'Algérie, par Renou, 1848, in-4. 25 fr.

4° BOTANIQUE, par Bory de Saint-Vincent et Durieu de Maisonneuve, in-4. tome Ier, livr. 1 à 15, pl. color. à 15 fr. chacune. — Tome II, livr. 16 et suiv.

5° ZOOLOGIE. Histoire naturelle des animaux articulés, par H. Lucas, in-4., livr. 1 à 33, fig. color. à 16 fr. chacune.

6° HISTOIRE natur. des mollusques, par Deshayes, in-4., livr. 1 à 25, fig. color. ; plus feuilles supplémentaires 3 livr. et spécimen, 1 livr. Prix de chacune 16 fr.

7° ZOOPHYTES, par le même, 1 vol. in-4. avec un atlas de 84 pl.

8° SCIENCES physiques, géolog. et minéralog. 1 fascicule. Richesses minérales de l'Algérie, par H. Fournel, in-4., prem. livr. et atlas du prem. vol. gr. in-fol.

9° ARCHÉOLOGIE, par Delamarre, gr. in-4. 3 vol. complets en 32 livr. 320 fr.

10° BEAUX-ARTS, architecture et sculpture, par Amable Ravoisier. *Paris, F. Didot*, 1846 et ann. suiv., gr. in-fol. livr. 1 à 52 à 16 fr. chacune.

EXPOSITIO fidelis de morte D. Thomæ Mori et quorundam aliorum insignium virorum Angliæ. *Antuerpiæ*, 1536, pet. in-8. [30886]

Opuscule rare et fort curieux, attribué à Érasme dans la 3e part. du catal. Hanroit, n° 763, où l'exemplaire est porté à 2 liv. Le même ouvrage, 1 liv. 5 sh. Paris.

EXPOSITION de la doctrine de l'Église catholique. Voy. BOSSUET.

EXPOSITION. La tres-ample et vraye Exposition de la reigle monsieur sainct Benoist, tres vtile et necessaire a toutes gens de religion et specialement a deuotes sanctimonialles militantes soubz le statut et diuine institucion dicelluy sainct Benoist q est le resplendissant mirouer de la vie monastique. *Nouuellement imprime a Paris par Pierre Vidoue pour Simon Vostre* (sans date), in-fol. goth. de 175 ff. à 2 col. [3258 ou 21742]

Cet ouvrage fut écrit en 1480 par Thibaud Artauld, religieux célestin ; mais, d'après le nom de l'imprimeur, l'édition ne peut pas être antérieure à l'année 1510. La Caille, p. 67, a eu tort de dire que c'est Sim. Vostre qui l'a imprimé pour Pierre Vidoue. Sa note a d'ailleurs été mal comprise par Dav. Clément, qui cite le même livre comme *impr. chez Ulric Rambolt pour Pierre Vidoue*, ce qui a été copié par Panzer.

EXPOSITION des euangiles. (au verso du dernier f.) : *Cy finist lexposition des euuãgilles et des epistres de tout lan translatees de nouueau de latin en francoys. Jmprimees A chambery Par Anthoine neyret .lan de grace M .cccc. lxxxxiiij. Le .vi .iour du moys de iuillet. Deo gratias*, in-fol. goth. [1413]

Cette exposition n'est autre chose qu'une ancienne traduction des Sermons de Maurice de Sully, évêque de Paris, mort à la fin du XIIe siècle, traduction dont on a rajeuni le style. L'édition ici décrite est extraordinairement rare, et c'est d'ailleurs le plus ancien livre qui ait été impr. à Chambéry, car le *Baudoyn comte de Flandres*, que les bibliographes ont jusqu'ici regardé comme la première production des presses de la capitale de la Savoie, n'est que la seconde, puisqu'il porte la date du mois de novembre.

Nous avons vu à la Bibliothèque impériale un exemplaire de ce livre précieux qui paraît être incomplet ; en voici la description : 67 ff. à longues lignes, au nombre de 33 sur les pages entières, sign. a ij. —eiiij. et A—E iij., avec fig. en bois. On lit au haut du f. a ij recto (le premier de l'exemplaire) les mots : *Jncipiunt sermones Mauricii parisiensis episcopi*, imprimés en capitales onciales, dans le genre du romain ; et sur la même page, à côté d'une petite gravure, les quatre lignes suivantes : ·

mauricij parisiensis
episcopi Jn domini
cis diebus et in solē
nitatibus sanctorū.

Le cah. *a* est de 5 ff.; *b* et *c* en ont 6 chacun ; *d* et *e* 8 ; A. B. C. D. 8 chacun ; E n'en a que 2, et commence par E iij, mais il doit manquer plusieurs ff. Au verso du dernier se lit la souscription rapportée dans le titre ci-dessus.

Un exemplaire incomplet de 2 ff. et ayant de fortes piqûres de vers, 295 fr. Leber, en décembre 1860.

— Les expositions des euangilles en Francoys. (à la fin, au recto du dernier f.) : *Cy finist les expositions des ‖ euāgilles en frācois imprimees a ‖ chablis p guillaume le rouge Im ‖ primeur lan mil. cccc. quat ‖ tre vingz et neuf. Le* XVIII *iour ‖ doctobre* (avec la marque de l'imprimeur), in-fol. goth. de 60 ff. à 2 col. de 36 lig. non chiffrés, sig. a—h.

Au verso du titre une grande planche en bois (un Calvaire). Le verso du dernier f. est blanc. Le 2ᵉ f. commence : *Incipiunt sermones mauricii parisisis episcopi...*

Cette édition, non moins rare que la précédente, a été acquise par M. Potier, libraire, à la vente de H. Tarbé, faite à Sens en 1850.

— Les Expositions des evangiles en francoys. — *Cy finist lexposition des evangiles imprimes a Lion. Deo gratias...* (sans nom d'imprimeur ni date), pet. in-fol. goth. fig. en bois, sans chiffres, mais avec sign., 34 lig. à la page.

Même ouvrage que le précédent. Le premier f. porte les six premiers mots du titre ci-dessus, en deux lignes, avec une gravure en bois au verso. On lit au commencement du 2ᵉ f.: *Incipit sermones opera Maurici paris. Episcopi...* La souscription finale est au verso du f. I. b.; le recto du f. suivant offre une gravure représentant la résurrection de Jésus-Christ; au verso sont les *dix commandemens de la loy*, suivis des cinq commandements de la sainte Eglise. L'impression de ce livre est attribuée à *Gaspard Ortuin*, qui exerçait vers 1500. (*Lettres lyonnaises*, p. 23, d'après M. Gazzera.)

EXPOSITION des euangiles en francoys. — Cy finissent les euangiles en francoys (*sans lieu ni date*), in-4. goth. de 80 ff. non chiffrés, sign. A—K, 34 lig. par page, fig. sur bois.

Édition du commencement du XVIᵉ siècle. En mar. r. 62 fr. Veinant, en 1860.

LES SERMONS de Maurice de Sully, d'après un manuscrit françois de l'abbaye de Jumièges; par Eugène de Beaurepaire. *Avranches, Tostain*, 1859, in-8.

EXPOSITIONES terminorū legum anglorū. Et natura brevium, cum diversis casibus regulis ꝛ fundamentis legū tam de libris magistri Litteltoni quā de aliis legum libris collectis et breviter compilatis pro iuuenibus valde necessariis. (au recto du f. CLIII) : *Impressum xv die Julii, anno dñi MVC xxvij* (1527), pet. in-8. goth. de 8 ff. prél. et texte coté de I à CLIII, plus à la fin un f. contenant 2 fig. sur bois, l'une au recto et l'autre au verso. [3050]

Ouvrage en vieux français, à l'exception du titre écrit en latin, et du *Proœmium* qui est en anglais. Vend.

18 fr., mal annoncé sous la date de 1577, Mac-Carthy.

AN EXPOSITION of certaine difficult and obscure wordes and termes of the lau of this Realme, newly set foorth and augmented, both in French and English, for the helpe of yonge studentes...—*Imprinted at London, by Richarde Tottell*, 1579, petit in-8. goth. de 4 ff. prélim. et texte, ff. 1 à 210.

EXQUEMELIN (*Alexandre-Olivier*). De AmericaenscheZee-Roovers. Behelsende eene pertinente in waerachtige Beschrijving van alle de voornaemste Roveryen, en onmenschlijcke wreend heden die Englese en France Rovers, tegens de Spanjaerden in America, gepleeght hebben; Verdeelt in drie deelen... Beschreven door A. O. Exquemelin, die self alle dese Roveryen... *t'Amsterdam, by Jan ten Hoorn*, anno 1678, in-4. de 4 ff. prélim., 186 pp. avec 2 titres, dont 1 gravé, plus 2 cartes et 1 portr.

Texte original de cette histoire des Flibustiers qui a été traduite dans les principales langues de l'Europe. L'exemplaire porté sous le n° 574 de la *Bibliothèque américaine*, en vente à Leipzig, chez F.-A. Brockhaus, en 1861, y est apprécié 15 thl., tandis que l'édition d'*Amsterdam*, 1709, in-4. fig., n'est portée qu'à 2 thl.

L'ouvrage fut d'abord traduit en espagnol sous ce titre :

PIRATAS de l'America, y luz a la defensa de las costas de Indias occidentales... traducido de la lengua flamenca en española, por Alonso de Buena-Maison. *Impresso en Colonia Agrippina en casa de Lorenzo Struikaman, año* 1681, in-4. de 19 ff. 16 pp., 328 pp. et 2 ff. fig.

Cette traduction est précédée d'une description *de las islas*, en vers espagnols. 10 thl. même catal. de Brockhaus. On cite une édit. in-12 également sous la date de 1681.

C'est sur la version espagnole de Buena-Maison qu'a été faite la traduction anglaise dont voici le titre :

— BUCANIERS of America : or, a true account of the most remarkable assaults committed of late years upon the coast of the West-Indies by the Bucaniers of Jamaica and Tortuga, both English and French... written originally in Dutch by John Esquemeling... and thence translated into Spanish by Alonso de Bonne-Maison; now faithfully rendred into English. *London, for William Crook*, 1684, in-4.

A ce volume doit en être joint un second : *Containing the dangerous voyage and bold attempts of capt. B. Sharp and others performed upon the coasts of the South sea, by capt. Basil Ringrose*, ibid., 1685, in-4.; édition préférable à celle de Londres, 1684, in-8.

Les 2 vol. in-4. ont été quelquefois payés jusqu'à 4 liv. 4 sh. à Londres.

L'auteur de cette histoire est nommé *Exquemelin* sur le titre du texte hollandais, *Esquemeling* sur celui de la version anglaise, et enfin *Oexmelin* sur celui de la traduction française. Cette dernière, qui est de M. de Fontignières, a été faite sur l'anglais. Elle a paru d'abord à *Paris, chez Jacq. Le Febure*, en 1686 (aussi 1688), en 2 vol. in-12, sous le titre d'*Histoire des aventuriers qui se sont signalés dans les Indes*. On y a joint le *Journal d'un voyage fait à la mer du Sud avec les Flibustiers de l'Amérique, en 1684 et ann. suiv.*, par le sieur Raveneau de Lussan, Paris, Coignard, 1689, ou *seconde édition*, 1699, in-12 ; et ensuite l'*Histoire des Pirates anglois, depuis leur établissement dans l'isle de la Providence jusqu'à présent, avec la vie et les aventures de deux femmes pirates*, *trad. de l'anglois du capit. Johnson*, Paris, Ganeau, 1726, in-12. Les trois ouvrages sont réunis dans les édit. de Trevoux, 1744 et 1775, en 4 vol. in-12, sous le titre d'*Histoire des aventuriers Flibustiers.*

EX QUO... Voy. VOCABULARIUS.

EXTRACTS (elegant). Voy. ELEGANT.

EXTRAIT d'aucuns registres. V. POMAR.

EXTRAITS de plusieurs petits poëmes, écrits à la fin du XIVᵉ siècle, par un prieur du Mont-Saint-Michel. *Caen, Mancel*, 1837, gr. in-8. de 67 pp. [13227]

Tiré à 150 exemplaires.

EXTRAITS de quelques poésies des XIIᵉ, XIIIᵉ et XIVᵉ siècles (faits par J.-R. Sinner, dans les mss. de Bongars). *Lausanne*, 1759, pet. in-8. de 96 pp. 5 à 6 fr. [13197]

EXTRÉME-ONCTION (l') de la marmite papale, petit traitté auquel est amplement discouru des moyens par lesquels la marmite papale a été jusques icy entretenue à profit et mesnage. 1561, pet. in-8. [2086]

Pièce de 14 ff., à la fin de laquelle se lisent les lettres T. A. R. E. P. A. P. A. P. Vend. en *m. bl.* 42 fr. La Valliere; 38 fr. Mac-Carthy; 48 fr. Chateaugiron; sans avoir toujours cette valeur.

— L'Extrême onction (comme ci-dessus), par Jo. du Ch. *Lyon*, 1563, pet. in-8. de 37 pp.

Édition plus rare que la précédente. 57 fr. *mar. v.* Solar. D'après les lettres initiales de l'auteur qui sont ajoutées au titre, on a supposé avec beaucoup de vraisemblance que l'ouvrage était de Jo. Du Choul (*Archiv. du Bibliophile*, 1860, n° 28, pp. 100-162).

EYB (*Albertus* ab). Margarita poetica. *Nurembergæ, per Johannem Sensenschmid*, 1472, *die secunda decembr.*, in-fol. goth. [12049]

Première édition, très-rare; elle contient 477 ff., dont les 25 premiers pour la table (les 26ᵉ et 341ᵉ tout blancs). Vend. en 2 vol. *mar. v.* 170 fr. Brienne-Laire; 39 fr. Rœtzel.

— Margarita poetica. *Romæ, per Vldaricum Gallum alias Han*, 1475, in-fol. de 323 ff. à 44 lig. par page.

Édition encore assez recherchée: 81 fr. *mar. r.* La Valliere, et moins depuis. Le volume commence par une table de 17 ff., qui est suivie d'un feuillet blanc, et il y a à la fin un f. de registre.

Les autres éditions de cette grande compilation, imprimées avec ou sans date, dans le XVᵉ siècle, sont peu recherchées; cependant une édit. in-fol. goth., sans indication, a été vend. 38 fr. *mar. r.* La Valliere; une édition de *Paris, in vico sancti Jacobi in intersignio viridis follis* (circa 1475), in-fol. de 164 ff. à 23 lignes par page (ne contenant que la moitié de l'ouvrage), 40 fr. *m. r. ibid.* Une édition de *Paris*, sous la même adresse, in-fol., 17 fr. Lamy. Une édition de 1480, in-fol. de 12 et ccxlij ff. *m. citr.* 28 fr. La Valliere.

Nous citerons encore l'édition de Paris, *per Vlricum Gering*, 1478, in-fol., et deux éditions sans date: 1° in-fol. de 243 ff. à 2 col. de 51 lig.; 2° in-fol. de 6 ff. non chiffrés, et 297 ff. chiffrés à 2 col. de 44 lig. (Hain, nᵒˢ 6814 et 6815).

— Ob einen mañe sey zu nemē ein eelichs weyb oder nicht. (*absque nota*), in-fol. de 58 ff. à 32 lig. par page, sans chiffr., récl. ni sign. [18098]

Cette édition, fort rare, est probablement la première de cet ouvrage singulier, dans lequel l'auteur résout affirmativement la question : *si un homme doit se marier ?* Selon Ebert, 7237, ce livre a été imprimé à *Nuremberg, par Koburger*, en 1472. Le même bibliographe cite encore de cette piquante dissertation les éditions de *Nuremberg, Creusner*, 1472, in-4. de 119 ff. à 21 lig. par page; de *Gunther Zainer* (à *Augsbourg*); 1472, in-fol., et d'*Augsbourg, Bälmer*, 1474, également in-fol. de 62 ff. à 28 lig. par page.

On a du même auteur : *Spiegel der sitten : ir latein genaüt Speculum morum.* Augsbourg, 1511, in-fol. (voir Panzer, *Annalen*, tome 1ᵉʳ, p. 327, n° 689).

EYMERICI (*Nicolai*), ord. præd. Directorium inquisitorum. Sequuntur decretales tituli de summa trinitate et fide catholica. (in fine) : Explicit Directorium inquisitorum hæreticæ privatis compilatum Avinione per Fr. Nicolaum Eymerici, *impressum Barchinonæ per Joannem Luschner alemanum, sub factis et expensis Didaci de Deca, episcopi Palentini, anno* M. D. III, in-fol. goth. [3210 ou 21675]

Un des livres les plus anciens et aussi des plus rares que l'on ait sur l'inquisition : il a été réimprimé à Rome, *in ædibus populi romani*, en 1578, in-fol., avec des notes de François Pegna, et plusieurs fois depuis.

EYQUEM de Martineau. Voy. PILOTE.

EYRIÈS (*J.-B.-Ben.*). Abrégé des voyages modernes. Voy. LA HARPE.

— Nouv. annales des voyages. Voyez MALTE-BRUN. — Naufrages, 19804. — Costumes, mœurs, etc., 23109.

EYSENGREIN (*Guil.*). Catal. testium veritatis. Voy. FLACCIUS Illiricus.

EYTON (*T.-C.*). Monograph of the anatidæ, or duck tribe, including the geese and swans. *London*, 1838, in-4. fig. 4 liv. [5802]

Ce volume contient 24 pl., dont 6 sont coloriées, plus nombre de vignettes en bois.
Le même naturaliste est auteur d'un supplément à l'Ornithologie anglaise de BEWICK (voy. ce nom).

EYTZINGER. Voy. AITSINGER.

EYZINGER (*Mich.*). Iconographia regum Francorum, das ist, ein eigentliche Abconterfeyung aller Könige in Frankreich. *Cologne, J. Buchszmacher,* 1587, in-4. [23236]

Portraits des 62 rois de France, depuis Pharamond jusques et y compris Henri III (Bibl. impér.). Il est probable que ce sont ceux qui ont été gravés par Virgile Solis et Jost Amman (voy. AMMAN).

EZANVILLE. Invention nouvelle des esperviers et globes de guerres, du grand chiffre indechiffrable, et d'une saliere qui ne verse point (en prose) ; plus quatre vingt quatrains sentencieux, servant de préceptes à l'utilité d'un chacun et chacune, dédiés aux filles légères, par le sieur Ezanville, premier homme de chambre de Mgr le duc d'Elbeuf. *Paris, de Montrœil,* 1610, pet. in-12. [13918]

Vend. 30 fr. Leber.

A côté de ce valet poëte, qui a inventé des globes de guerre et des salières, on a placé dans le catal. de La Valliere-Nyon, n° 14630, un autre poëte qui a exercé sa verve sur les arquebuses et les pistolets. Voici le titre de son ouvrage :

QUATRAINS sur la façon des harquebuses et pistolets, enseignant le moyen de recognoistre la bonté et le vice de toutes sortes d'armes à feu, et les conserver en leur lustre et bonté, par Fr. Poumerol, avec un discours sur une pourmenade du même autheur. *Paris, Rocolet,* 1631, in-8. — Livre qui a reparu en 1635, avec les *Solitaires pourmenades et recreatives occupations* de l'auteur. C'est le texte de l'édition de 1631 qu'a reproduit en l'annotant M. Ed. Fournier, dans le 5e volume de ses *Variétés.*

EZGUERRA (*Domingo*). Arte de la lengua bisaya de la provincia de Leyte, compuesta por el P. Domingo Ezguerra, de la compañia de Jesus... tiene enxeridas algunas advertencias de la lengua de Zebu, y Bool. *Reimpresa en Manila,* 1747, pet. in-4. de 5 ff. prélim., et 88 ff. chiffrés. [11916]

Volume fort rare, vend. 155 fr. salle Silvestre, en mai 1826 ; 3 liv. 2 sh. Fleher. La première édition doit être de l'an 1662, ou environ, car c'est cette date que porte la première approbation conservée dans la réimpression de 1747.

EZOUR-VEDAM (l'). Voy. SAINTE-CROIX.

EZRÆ (Liber). Voy. LAURENCE.

F

FABBRICHE di Venezia. Voy. CICOGNARA.

FABEL (li) dou dieu d'amour, extrait d'un manuscrit de la Bibliothèque royale ; publié pour la première fois par Achille Jubinal. *Paris, Techener,* 1834, in-8. de 50 pp. en tout. [13215]

Tiré à 100 exemplaires.

FABER (*Johannes*) de Werdea. Proverbia metrica τ vulgariter rytmisata Magistri Ioannis Fabri de werdea..... (*absque nota*), in-4. goth. de 40 ff. à 32 et 34 lig. par page. [18449]

Édition imprimée à la fin du XVe siècle, et dont le dernier f. recto porte la marque typographique de Martin Landsberg, imprimeur à Leipsick.

—Joannis Fabri (de Werden). Panegyricon in Jesu Christi triumphum. (in fine) : *Impressus Dauentrie opera et impensis et characteribus Richardi Paffraet civis Daventriensis. Anno natali christianissimo sexto supra millesimum quadringentesimo decimo septimo calendas octobres,* in-4. goth. de 66 ff. [12979]

La présente édition de ce petit poëme latin est une des premières productions des presses de Rich. Paffraet. 40 fr. Borluut.

Hain (n°s 6849-59) décrit plusieurs autres traités du même auteur, écrits tant en vers lat. qu'en prose.

FABER (*Felix*). Fratris Felicis Fabri evagatorium in Terræ Sanctæ, Arabiæ et Ægypti peregrinationem edidit L.-D. Hœssler. *Stuttgarti,* 1843-45, 3 vol. gr. in-8. 27 fr. [20530]

Imprimé pour la Société des Bibliophiles de Stuttgart (voir la col. 927 de notre 1er vol.).

La description en allemand (*Eigentliche Beschreibung*) des voyages faits à la Terre Sainte, en 1480, par ce religieux dominicain, avait déjà été imprimée en 1557.

FABER, episc. viennensis (*Joan.*). Sermones consolatorii..... super immanissimi Turcorum Tyranni altera imminenti obsidione inclytæ urbis Viennensis. *Impr. Viennæ-Pannoniæ per Joan. Singerinum,* 1532, in-4. [1432 ou 12160]

Un exempl. sur VÉLIN se conservait chez le comte Melzi, à Milan.

FABER (*Wenceslaus*) de Bundweiss. Opusculum tabularum vtile verarum solis et lune conjonctionum per magistrum Wenceslaum Fabri de Buderweis, medicine doctorem quondam editum Anno quoque Christi 1491, ab eo reformatum

---

F. (*L.-F.*). Catalogue de l'œuvre d'Isr. Silvestre, 9565.
Faber (*Tan.*). Epistolæ, 18785.

Faber (*P.*). Agonosticon, 29035.
Faber (*J.*). Synglosse, 10562-63.
Faber (*Nic.*). Opuscula, 18198.

(*Lipsiæ, Martinus Herbipolensis*), in-4. goth. de 9 ff. [9021]

L'auteur de cet opuscule a publié successivement, de 1482 à 1498, des pronostications astrologiques, en latin ou en allemand, impr. à Leipsick, de format in-4., et que Hain décrit sous les nos 6862 à 6875 ; mais il serait bien difficile de les réunir.

FABER Stapulensis (*Jacobus*). In Aristotelis octo physicos libros paraphrasis. (in fine) : *Impressum Parisii Anno domini millesimo quadringentesimo nonagesimo secundo*, in-fol. [4201]

On remarque à la fin de cette édition, à la suite de la date, un *carmen decastichum* Jodoci Clichtouei, pour remercier ceux auxquels est due l'impression du livre, et dont les deux derniers distiques donnent le nom de l'imprimeur de cette manière :

Debetis grates Alemano et adusque Johanni ‖ Higman : qui propriis sumptibus egit opus ‖ Mandam corripui fido comitante Bohemo ‖ (Ut potui) in plumbo si qua relicta fuit.

— In hoc libro contenta (Jacobi Fabri stapulensis) Epitome compendiosaque introductio in libros arithmeticos divi Severini Boethii ; adjecto familiari commentario dilucidata (Jodoci Clicthovei) Praxis numerandi certis quibusdam regulis constricta. (Car. Bovilli) Introductio in geometriam breviusculis annotationibus explanata ; sex libris distincta. Liber de quadratura circuli ; Liber de cubicatione sphere ; perspectivæ introductio ; insuper (Jac. Fabri) Astronomicon. — *Id opus impresserunt Volphgangus Hopilius et Henricus Stephanus ea in arte socii in almo Parisiorum studio Anno christi.* M. D. III. *Die vicesima septima Iunii*, in-fol. fig. en bois. [7793]

24 fr. Bearzi, et quelquefois moins.

—JACOBI FABRI Stapulensis ars moralis : in magna moralia aristotelis introductoria. (au recto du 16 f.): *Impressum parisii ano Christi saluatoris........ M. cccc. xciiii, idibus Junii*, in-4. goth. de 16 ff.

Cet opuscule est dédié *ad studiosû virum Germanû de gana yconsiliariû regium τ decanum beluacen.* Il a été réimprimé *Parisii in Bellouisu per Guidonem Mercatorem anno...* M.CCCC.XCIX, *xix Februarii*, in-4.

— DE MARIA Magdelena, triduo Christi et una ex tribus Maria disceptatio ad Franciscum Molinum... *Parisiis, ex officina Henrici Stephani*, M. D. XIX, in-8.

Troisième édition de cette dissertation impr. par H. Estienne. Les deux premières sont de 1517 et 1518, in-4.

— DE TRIBUS et unica Magdalena disceptatio secunda ad Dyonisium Briçonnetum episcopum Macloviensem... *Parisiis, ex officina Henr. Stephani*, 1519, in-8.

Seconde dissertation, plus rare que la première. A ces deux dissertations de Le Fevre, Jo. Fischer, évêque de Rochester, en opposa deux autres, l'une sous le titre de *De unica Magdalena, libri III*, et l'autre sous celui de *Confutatio secundae disceptationis Jacobi Fabri de Magdalena*, toutes les deux impr. à Paris, *in œdibus Jodoci Badii*, 1519, in-4.

— Commentarii initiatorii in quatuor Evangelia... (in fine) : *Meldis, impensis Simonis Colinæi anno salutis humanæ* .M. D. XXII *mense junio*, in-fol. de 6 ff. limin. et 377 ff. chiffrés. [484]

Livre remarquable comme ayant été impr. à Meaux. M. Auguste Bernard en a donné une bonne notice dans le Bulletin du Bouquiniste, n° 76, février 1860, pp. 101-105, où il conjecture que, comme il n'existait pas alors d'établissement typographique à Meaux, Jacques Lefevre aura fait venir dans cette ville une succursale de l'imprimerie de Simon de Colines (successeur d'H. Estienne, en 1520), afin de pouvoir faire imprimer sous ses yeux le gros livre dont il s'agit. Le titre de ce vol. est dans un grand cadre gravé sur bois, orné des symboles des quatre évangélistes, et ayant pour marque la croix de Tory. L'auteur n'y est pas nommé, mais son nom se trouve à la préface qui commence au second feuillet liminaire, et qui se termine au quatrième par la date *Metis, anno* M.D.XXI. M. Bernard fait remarquer que les Evangiles sont impr. en gros caractères (saint-augustin), et les commentaires en petits caractères (cicéro), parmi lesquels figure un fort beau gros avec accents. La préface de Lefevre, datée de 1521, a été reproduite dans les éditions de son livre qui ont paru depuis à Bâle, à Cologne et à Anvers, en différents formats.

— Agones martyrum, voy. AGONES. — Artificialis introductio, voyez ARISTOTELIS ethicorum libri. — Contemplationes idiotæ, voy. CONTEMPLATIONES. — De musica, voy. JORDANUS Nemorarius. — Quintuplex psalterium, voy. PSALTERIUM. — Epistolæ B. Pauli, voy. PAULUS, et pour d'autres ouvrages du même auteur consultez les deux tables de Panzer.

FABER (*Dionysius*). Carmen de purissimo Mariæ virginis conceptu. *Trecis. Joan. Lecoq* (circa 1520 ad 1530), pet. in-4. goth. [12865]

Pièce rare : 20 fr. Courtois.

FABER (*Ant.*). Opera juridica. *Lugduni*, 1658-63, 10 vol. in-fol. [2530]

Cette collection contient : *Jurisprudentiæ papinian c scientia*, 1 vol.—*De erroribus pragmaticorum et interpretum juris*, 2 vol.—*Comment. in Pandectas*, 5 vol.—*Codex fabrianus*, 1 vol.—*Conjecturæ juris civilis*, 1 vol. On y ajoute :

HIERON. BORGIÆ Investigationes juris civilis, in conjecturas Ant. Fabri. *Neapoli*, 1678, 2 vol. in-fol.

Le tout réuni vaut de 80 à 100 fr.

On trouve séparément les Comment. sur les Pandectes, 1659-63, 5 vol. 40 à 50 fr.

Pour les ouvrages français de ce jurisconsulte, voyez l'article FAURE.

FABER (*Basilius*). Thesaurus eruditionis scholasticæ, post Buchneri, Cellarii, Grævii operas et emendationes, ac multiplices Andr. Stubelii et Jo.-Math. Gesneri curas, iterum recensitus, emendatus et locupletatus (ab Joh.-Henr. Leichio). *Francofurti* et *Lipsiæ*, 1749, 2 vol. in-fol. 20 à 24 fr. [10865]

Dernière édition d'un ouvrage dont la première publication date de 1571, et qui a été successivement augmenté par les savants nommés ci-dessus. Vend. 10 flor. Meerman. L'édit. de Gesner, *Lipsiæ*, 1726, et réimpr. *Hagæ-Comit.*, 1735, 2 vol. in-fol., est moins complète que celle-ci, laquelle n'est elle-même que fort peu recherchée maintenant.

FABER (*George* Stanley). The Origin of pagan idolatry, ascertained from historical testimony and circumstantial evidence. *London, Rivington,* 1816, 3 vol. gr. in-4. fig. [22557]

Ouvrage le plus considérable de ce savant théologien anglais dont les écrits sont en général fort estimés : 4 liv. 10 sh. Sykes; 90 fr. *cuir de Russie,* Langlès; 2 liv. 12 sh. Heber.

Parmi ceux dont Lowndes et M. James Darling donnent le catalogue, nous remarquons l'article suivant :

HORÆ mosaicæ, or a view of the mosaical records; the second edition enlarged. *London,* 1818, 2 vol. in-8.

— A DISSERTATION on the mysteries of the Cabiri. *Oxford,* 1803, 2 vol. in-8.

FABER (*Jo.*). Voy. URSINUS.

FABER (*Sam.*). Le monde dans une noix. Voyez CRAMER.

FABERT (*Abr.*). Voyage du roy (Henri IV) à Metz, l'ocasion d'iceluy : ensemble les signes de reiouyssance faits par ses habitans pour honorer l'entrée de sa majesté. 1603. (*Impr. à Metz, par Abr. Fabert,* en 1610), in-fol. de 8 et 72 pp., avec un frontispice gravé. [24876]

Ouvrage curieux et devenu rare. On doit y trouver, indépendamment du frontispice, 15 grav. sans nom d'artistes; 2 grav. d'armoiries de la maison d'Espernon, avec le nom du graveur A. Vallée; une vue du cours de la Moselle; la carte du pays messin; enfin le portrait de la ville et cité de Metz; 15 fr. de Soleinne; 70 fr. Monmerqué. On attribue au même Fabert un ouvrage anonyme du même genre que celui-ci, et qui porte le titre suivant :

COMBAT D'HONNEUR concerté par les quatre élémens sur l'heureuse entrée de madame la duchesse de La Vallette en la ville de Metz, ensemble la resiouyssance publicq concertée par les habitans de la ville et du pays, sur le même sujet (par le P. Jean Motet de Briançon) (*sans lieu ni date,* 1624), in-fol. de 4 ff. et 130 pp.

Volume orné de 22 gravures y compris le frontispice, savoir 3 pl. de blason, 11 grandes planches et 7 plus petites impr. dans le texte. Il ne porte pas de lieu d'impression, mais probablement il a été publié à Metz vers 1624. Il n'est pas commun. 41 fr. Monmerqué; 18 fr. de Soleinne.

FABIAN (*Rob.*). Voy. FABYAN.

FABLE (la) des abeilles, ou les fripons devenus honnêtes gens, avec le commentaire, trad. de l'angl. (de Bern. Mandeville, par Jean Bertrand). *Lond.* (*Amst.*), 1740, 4 vol. très-pet. in-8. 8 à 12 fr. [3748]

Édition préférée à celle de 1750 : Gr. Pap. *mar. citr.* 40 fr. F. D., en 1809.

La première édition du texte anglais de cet ouvrage paradoxal (*The Fable of the bees*) a paru à Londres, 1723-28, 2 vol. in-8. La sixième, augmentée d'une apologie de l'ouvrage, est de *Lond.,* 1732-33, en 2 vol. in-8., et la dernière, complète en un seul vol., de *Lond.,* 1806, in-8.

FABLE de Psyché. Voy. APULEIUS.

FABLE (la) du faux cuyder. Voy. MARGUERITE de Valois.   .

FABLES en allemand. Voyez BÖNER. — Fables et contes. V. MÉRARD de St.-Just.

FABLIAUX. Voy. BARBAZAN, JUBINAL, LEGRAND et MÉON.

Nous recommandons, comme introduction à la lecture des anciens fabliaux français, l'excellente notice qu'a donnée sur ces sortes de compositions poétiques M. Victor Le Clerc, dans le XXIII vol. de l'*Histoire littér. de la France,* p. 69 à 216. Nous recommandons également la lecture d'un curieux travail de M. Paulin Paris (*Catalogue des manuscrits françois,* VI, p. 404 et suiv.), dans lequel, en décrivant le recueil manuscrit, n° 7218, ce savant donne la nomenclature de tous les fabliaux et autres petits poëmes du XIIIe siècle (au nombre de 247) que contient ce précieux vol.: et il indique celles de ces pièces qui ont été imprimées et dans quels recueils elles se trouvent; il a soin de désigner celles qui étaient restées jusqu'alors inédites ; elles étaient au nombre de cinquante-cinq, dont dix-neuf dévotes et six très-obscènes.

FABLOS, contes, epitros et autros pouesios prouvençales. *Aix, Gaudibert,* 1829, in-8. [14403]

Tiré à 200 exemplaires. L'épître dédicatoire est signée *Diouloufet.*

FABRE (*Pierre*). Traité singulier, duquel on peut apprendre en quel cas il est permis à l'homme chrétien de porter les armes, traduit du latin en franç. 1576, in-8. [1331]

Vend. 7 fr. 25 c. m. r. Mac-Carthy; 13 fr. De Bure.

FABRE. Essai sur la manière la plus avantageuse de construire les machines hydrauliques, et en particulier les moulins à blé. *Paris,* 1783, gr. in-4. fig. 15 fr. [8157]

— Essai sur la théorie des torrens et des rivières, à l'usage des ingénieurs, etc. *Paris,* an v (1797), gr. in-4. fig. 14 fr. [8137]

Voir le n° 8016 de notre table.

FABRE. Voyez FABER.

FABRETTI (*Raph.*), de aquis et aquæductibus Romæ dissertationes tres. *Romæ,* 1680, in-4. fig. 4 à 6 fr. [29437]

Il y a une nouvelle édition de cet ouvrage, augmentée de notes. *Rome,* 1788, in-4.

— De columna Trajani syntagma, etc. *Romæ,* 1683 seu 1690, in-fol. fig. 6 à 9 fr. [29479]

— Inscriptionum antiq. quæ in ædibus

paternis asservantur explicatio , cum emendationibus gruterianis aliquot. *Romæ*, 1699 et 1702, in-fol. [29919]

Ces deux dates se rapportent, à ce qu'il paraît, à une même édition dont on a changé le titre. 15 fr. Tochon, et rel. en *mar. r.* 42 fr. Parison.

FABRETTI (*Ariodant*). Glossarium italicum in quo omnia vocabula continentur ex umbricis, sabinis, oscis, volscis, etruscis ceterisque monumentis quæ supersunt collecta et cum interpretationibus variorum explicantur cura et studio Ariodantis Fabretti. *Augustæ-Taurinorum, typographia regia*, 1858, in-4., avec grav. sur bois et lithogr. [10595]

Cet ouvrage doit être publié en dix cahiers , au prix de 5 fr. chacun. Il en avait paru cinq en 1860.

FABRI (*Pierre*). En suyt vng petit traicte dialogue fait en lhôneur de dieu ꝛ de sa mere , nôme le defesore de la ꝯceptiō , auꝗl traicte sōt ꝑduictz deux ꝑsōnages. cest assauoir lamy ꝛ le sodal ꝗ par maniere de argumētaciō ramainent toutes les auctoritez ꝛ raisōs qui sōt de la part de ceulx qui diēt quelle est cōceue en peche originel..... (au verso du 87ᵉ f.) : *Cy finist le ꝺ traicte qui fait et cōpose a este par..... maistre pierre fabri.....* (au verso du dernier f. la marque et le nom de *Martin Morin*, imprimeur à Rouen; voy. col. 363 du present volume), pet. in-4. goth. de 90 ff. signat. A—M. [1218]

Traité singulier et assez rare, avec un privilége daté de *Rouen* le *.xxxiiii. iour de nouêbre lan de grace mil cinq cês quatorze*. L'ouvrage finit au verso du 87ᵉ f. coté lxxxıx; ensuite se trouvent 3 autres ff. pour la table, le privilége et la marque de l'imprimeur. Vend. 8 fr. Méon ; 40 fr. Morel-Vindé, 27 fr. Librairie De Bure ; 195 fr. Lechevalier, en 1857.

— En lhonneur, gloire, et exaltation de ‖ tous amateurs de lettres et signamment de eloquence ‖ Cy ensuyt le grant et vray art de pleine Rhe ‖ torique vtille, proffitable, et necessaire : a ‖ toutes gens qui desirent a bien elegā ‖ ment parler et escrire. Com ‖ pille et compose par tres ‖ expert, scientificque ‖ et vray orateur maistre ‖ Piere. Fabri. En ‖ son viuant cure‖de Meray et natif de Rouen. ‖ Par leꝗl ‖ vng chascun en ‖ lysant pourra fa ‖ cillemēt ‖ cōposer , et faire toutes ‖ descriptiōs : tā en prose cō‖me en rithme... — *Imprime a Rouẽ. le xvij. iour ‖ de Januier. Mil. cccc.XXI. auant pasques. Pour Symon ‖ Gruet libraire. demeurāt auꝺ lieu. au portail des libraires*, 2 part. en 1 vol. pet. in-4. goth.

6 ff. préliminaires pour le titre, le privilége et la table de la 1ʳᵉ partie. Texte du 1ᵉʳ livre chiffré de I à CIII (le dernier non coté) ; le 2ᵉ livre est coté de I à XLVIII. Sur un dern. f. se lit la souscription : *en l'honneur, gloire... Nouuellement imprime a Rouen par Thomas Rayer, demourant au moulin de sainct Ouen, pour Symon Gruet.....* Ce feuillet manque dans un exemplaire que j'ai vu. 50 fr. 50 c. de Soleinne.

Ce livre ne se conserve plus guère aujourd'hui qu'un intérêt de curiosité, mais il a eu du succès dans sa nouveauté ; car, indépendamment de l'édition ci-dessus, la même, nous le croyons, que celle qui est annoncée sans date, et aussi avec les noms de Th. Reyer et de Sim. Gruel ou Gruet, dans le premier catal. de La Valliere, il en existe plusieurs dont nous allons parler, et d'abord : une édit. de *Paris* (*Pierre Sergent*), 1532, vend. en *mar. r.* 4 liv. 10 sh. 3 liv. 1 sh. Heber. [12059]

— GRANT et vray art de pleine rethoricque... *On les vend a Paris en la grāt salle du palais... en la boutique de Denis Janot : Nouuellement imprime a Paris le septiesme iour de Nouembre Mil cinq cens xxxiiii*, 2 vol. en un : pet. in-8. goth. de 2 ff. prélim., prem. livre Clxııı ff.; second livre, 2 ff. prélim. et lxiiii ff. chiffrés.

Vend. 39 fr. Coulon ; 41 fr. Heber, à Paris, et avec le nom de P. Sergent au lieu de celui de Denis Janot, 30 fr. d'Essling, — et avec le nom de Jean Longis, et rel. en *mar. r.* 59 fr. Lechevalier, en 1857.

— LE GRAND et vray art de pleine rethorique utille, proffitable et necessaire a toutes gens qui desirent a bien elegantement parler et escripre, compile et compose par tres expert, scientifique et vray orateur maistre Pierre Fabri, en son vivant cure de Meray, et natif de Rouen. On les vend a Lyon cheux Olivier Arnoullet. (à la fin) : *Cy finist le second liure de la vray rethorique , nouuellement imprime a Lyon, le vingtneufuiesme de apuril* M. D. XXXVI, 2 part. en 1 vol. pet. in-8, goth.

La première partie a 2 ff. prélim. pour le titre et la table, et 178 ff. (le dernier coté lxxviij) ; le second livre 2 ff. prélim., lxix ff. , plus un 70ᵉ contenant une fig. en bois. Vend. 39 fr. *mar*. Coste.

— LE GRANT et vray art de pleine Rhetoricque... M. D. XXXIX. *On les vend a Paris en la rue neufue Nostre Dame a l'enseigne de la corne de cerf, par Vincent Sertenas*. (à la fin) : *Nouuellement imprime a Paris par Estienne Caueiller imprimeur*, 2 tom. en 1 vol. pet. in-8. goth., même nombre de feuillets que l'édit. de 1534.

Un exemplaire avec le nom de *Jean Longis*, 80 fr. *mar. v.* Giraud.

— LE MÊME grand et vray art de plaine rethorique... *Imprime a Paris, pour Oudin Petit, demourant au dict lieu en la rue sainct Jacques*, 1544, 2 part. en 1 vol. pet. in-8. goth.

30 fr. 50 c. avec quelques mouillures, de Soleinne.

A ces éditions nous devons ajouter celle de *Caen au Mont Sainct-Michel, sont a vendre prez les Cordeliers* (adresse de Michel Angier), pet. in-8. goth., indiquée par M. Frère à la page 448 du 1ᵉʳ vol. de son Manuel.

FABRI (*Adhémar*). Les libertes et franchises de Geneve. (à la fin) : *Imprimees lan mil cinq cens et sept par maistre Jehan Belot imprimeur bourgoys de ladite cite. le* XXVII. *iour de juillet*, in-8. de 27 pp. car. goth. [25934]

Ces libertes ont d'abord été écrites en latin et recueillies par l'évêque Adhémar Fabri, en 1387, puis ensuite confirmées par Félix V, administrateur de l'église de Genève en 1444. La traduction française ci-dessus a été faite en 1455 par Michel Montyon,

---

Fabri. Marmo viterbese, 25266.

Fabri (*G.*). Ravenna, 25650.

citoyen de Genève et notaire. L'édition citée est fort rare ; on y voit au-dessous du titre un encadrement, en dehors duquel sont écrits les quatre vers (*Gloire soit à la Trinité, etc.*). Dans l'encadrement est un arbre aux branches duquel sont suspendus deux écussons et dont le centre présente les armes de la ville de Genève, accompagnées des deux lettres I. B., initiales du nom de l'imprimeur. Au verso de ce titre se lisent quatre octaves de vers de dix syllabes, commençant ainsi : *Pour bien public et a lutilié*. Le dernier f. se termine par la souscription de l'imprimeur et par huit autres vers français (*Les franchises icy dessus descriptes*).

Il existe une édition du texte latin de ce code, accompagné de la traduction française, sous ce titre : COUTUMES, ordonnances, franchises et libertés de la ville de Genève, 1767, in-8.

Nous avons fait connaître ci-dessus, article BAGUYON (*Jean*), un traité sur les coutumes de Genève, écrit en latin, sous la date de 1487, et qui paraît avoir été imprimé dans cette ville à la même époque.

FABRI patavinus (*Alex.*). Diversarum nationum ornatus cum suis iconibus. *Padova*, 1593, in-8. fig. [9618]

Collection assez bien gravée, et dont les exemplaires sont rares ; elle se compose de plusieurs suites de costumes de différents peuples. 104 pl. de costumes des peuples vénitiens et orientaux forment la première partie. La seconde renferme environ 100 pl., et la troisième 100 autres pl. sous ce titre : *Additio ad duos superiores libros habitus diversarum nationum* (Catal. Cicognara, n° 1643). La dernière partie de ce recueil paraît se rapporter à celui de Bertelli (voy. BERTELLI).

FABRI (*Ottavio*). L'uso della squadra mobile con la quale si misura geometricamente ogni distanza, altezza e profondita da Ottavio Fabri data in luce. *Padova*, *Bertelli*, 1595, in-4. fig. [8051]

75 fr. Libri-Carucci, 329.

Une édit. de Venise, Bariletti, 1598, in-4., est portée dans le catal. de Floncel, 1198, et aussi dans la *Bibliotheca italiana* d'Haym.

FABRI. Voy. FABER.

FABRICA linguæ arabicæ. V. GERMANUS.

FABRICE (*Pol*). Le cours et signification du comete qui a esté veu l'année précédente en mars, par maistre Pol Fabrice, mathématicien du roy des Rommains , dans le discours duquel il dispute doctement de son opinion touchant la fin du monde... *Imprime en Anuers, chez Jehan Withaye , l'an* M.CCCCC.L.UIJ (1557), pet. in-4. de 8 ff. dont le dernier est tout blanc.

21 fr. en juin 1855.

FABRICI. Delle allusioni, imprese, & emblemi del sig. Principio Fabrici da Teramo sopra la vita , opere et attioni di Gregorio XIII. Pontifice massimo libri VI, nei quali sotto l'allegoria del Drago, arme del detto Pontifice, si descriveano la vera forma d'un principe christiano, et altre cose. *Roma , Burth. Grassi*, 1588 ; *intagliati da Natal Bonifacio Sib.* in-4., 8 ff. prélim., texte page 1 à 400, et 31 ff. contenant plusieurs tables. [18606]

Il y a dans ce volume 231 vignettes en taille-douce, avec un sonnet italien au bas de chacune. 12 fr. 10 c. m. bl. La Valliere. Il serait beaucoup plus cher maintenant.

FABRICIUS ab Aquapendente (*Ant.*). Opera omnia anatomica et physiologica, cum præfatione Bern. Siegfried Albini. *Lugd.-Batav.*, 1737, in-fol. fig. [6679]

—Opera chirurgica. *Lugduni-Batavorum*, *Boutestein*, 1723, in-fol. fig. [7472]

Ces deux volumes, qui sont ordinairement réunis, n'ont presque plus de valeur, quoique les écrits qu'ils contiennent occupent toujours un rang distingué parmi les meilleurs ouvrages anciens sur l'anatomie et la chirurgie : 5 fr. et 16 fr. Hallé.

FABRICIUS hildanus (*Guil.*). Opera , accessit M.-R. Severini de efficaci medicina libri III. *Francof.*, 1682, 2 tom. en 1 vol. in-fol. fig. [6626]

Bonne édition : vend. 15 fr. Baron ; 22 fr. Le Monnier ; 12 fr. 60 c. Béclard.

On fait moins de cas de l'édition de *Francfort*, 1646, in-fol. fig.

— OBSERVATIONUM et epistolarum chirurgico-medicarum centuriæ , in certum ordinem digestæ... editæ a Jo.-Sigism. Henningero. *Argentor.*, 1713 seu 1717, 2 vol. in-4. 6 à 10 fr. [6627]

Les éditions de *Lyon*, 1641, et de *Genève*, 1669, in-4., ont encore quelque valeur.

FABRICIUS (*Geor.*). Poetarum ecclesiasticor. opera. Voy. POETÆ.

FABRICIUS (*Joan.-Alb.*). Codex pseudepigraphus V. Testamenti, collectus, censuris et animadvers. illustratus, editio altera. *Hamburgi*, 1722-41, 2 vol. in-8. 12 à 18 fr. [244]

La première édition est de 1713 et 1723.

— Codex apocryphus N. Testamenti, collectus, castigatus et illustr. editio IIª. *Hamburgi*, 1719-43 , 3 part. en 2 vol. in-8. 12 à 18 fr. [245]

Ces deux ouvrages sont recherchés, et se vendent ordinairement ensemble (36 fr. Clavier, et jusqu'à 63 fr. Langlès ; 49 fr. Daunou). Il est convenable d'y réunir l'article suivant :

AUCTARIUM codicis apocryphi N. Testamenti Fabriciani, gr. et lat., edidit A. Birch. *Hauniæ*, 1804, in-8., fasciculus I.— Voy. CODEX apocryphus.

— DELECTUS argumentorum et syllabus scriptorum qui veritatem religionis christianæ adversus atheos, epicureos, deistas, etc., lucubrationibus suis asseruerunt : præmissa sunt Eusebii prooemium et capita priora demonstrationis evangelicæ, quæ in editionibus hactenus desiderantur. *Hamburgi*, 1725, in-4. 8 à 12 fr. [1758]

— Voy. EUSEBIUS.

— SALUTARIS lux evangelii toti orbi per gratiam divinam exoriens, sive notitia historico-chronologica, literaria et geographica propagatorum per orbem totum christianor. sacrorum. *Hamburgi*, 1731, in-4. [21569]

Curieux et peu commun.

— OPUSCULORUM historico-critico-litterariorum sylloge. *Hamburgi*, 1738, in-4. 5 à 8 fr. [18228]

Fabricius (*G.*). Origines saxonicæ, 26341. — Res Germaniæ, 26342.

Fabricius (*V.*). Poemata, 12980.

—Bibliotheca græca, sive notitia scriptor. veterum græcorum quorumcumque monumenta integra aut fragmenta edita extant; editio III[a]. *Hamburgi*, 1718-28, 14 vol. pet. in-4. [31634]

Cet ouvrage capital, fruit de 40 années du travail assidu d'un des hommes les plus savants qu'ait produits l'Allemagne, renferme tout ce qu'on savait au commencement du XVIIIe siècle sur la littérature grecque, et prouve que l'auteur n'avait pas moins de jugement que d'érudition ; mais malheureusement le défaut d'ordre dans l'arrangement des matériaux rend ce livre d'un usage incommode, et la table qui termine le dernier volume ne remédie qu'imparfaitement à ce défaut. La partie bibliographique laisse beaucoup à désirer : 40 à 50 fr. Le premier volume de la *Bibliotheca græca* avait déjà été impr. en 1705 et 1708, mais il faut choisir la 3e édition que nous annonçons. On trouve dans cette ancienne édition de la Bibliothèque grecque différents opuscules et fragments inédits d'auteurs grecs, dont plusieurs n'ont point été réimprimés ailleurs, et ne sont pas insérés dans la nouvelle édition.

— Eadem, editio quarta, curante Gotl.-Chr. Harles ; acced. C.-A. Heumanni supplementa inedita. *Hamb.*, 1790-1811, 12 vol. in-4.

Dans la rédaction de cette édition, considérablement augmentée, Harles a fait preuve d'un zèle infatigable, mais il a montré peu de critique; et en mêlant, comme il l'a fait, ses augmentations au texte de Fabricius, il a souvent ajouté à la confusion qui régnait déjà dans l'ouvrage. Les citations sont d'ailleurs fort incorrectes, et la partie bibliographique fourmille de fautes. Le 12e volume ne va que jusqu'à la page 544 du 11e volume de l'ancienne édition, en sorte qu'il faudrait encore 4 volumes pour terminer l'ouvrage, que l'éditeur, mort en 1815, a laissé interrompu. M. Schoell a donné, dans le prem. vol. de son Histoire de la littérature grecque, 2e édit., pag. XXXV-XLII, la concordance des volumes et des pages des deux éditions, pour faciliter l'intelligence des citations qui peuvent être faites de l'une ou de l'autre. Les 12 vol. ont coûté 275 fr. — Pap. collé, 370 fr., et se vendent maintenant 120 fr. et 160 fr. On y ajoute un index général (des 12 vol.), cah. in-4. de 2 ff. et 94 pp., daté de 1838, lequel se vend 6 fr.

— Bibliotheca latina, nunc melius delecta, rectius digesta et aucta diligentia, J.-Aug. Ernesti. *Lipsiæ*, 1773-74, 3 vol. in-8. 15 à 18 fr. — Pap. fin, 18 à 24 fr. [31637]

La première édition de cette Bibliothèque a paru à Hambourg, en 1697, in-4. La cinquième, *Hamb.*, 1721-22, 3 vol. in-8., est plus complète, et renferme dès morceaux que n'a pas reproduits l'édition d'Ernesti; mais le supplément et les corrections contenus dans les tomes II et III rendent l'usage de ce livre incommode, et voilà pourquoi on préfère l'édition de Venise, 1728, 2 vol. in-4., où les suppléments se trouvent refondus. L'édition d'Ernesti est malheureusement défigurée par un grand nombre de fautes ; mais, d'un autre côté, l'éditeur y a mis de l'ordre, et y a fait des améliorations et des augmentations assez considérables pour compenser avantageusement la suppression de différents opuscules qu'il a jugés inutiles. Le 4e volume, qui devait contenir les écrivains chrétiens et des tables, n'a pas paru.

—Fabricii Bibliotheca latina mediæ et infimæ ætatis, cum supplemento Christiani Schoettgenii, editio a P.-Joan.-Domin.

Mansi correcta, illustrata et aucta. *Patavii*, 1754, 6 tom. en 3 vol. pet. in-4. [31639]

Édition la meilleure que l'on ait de cet ouvrage estimé ; elle commence à devenir rare : 60 à 75 fr. La bibliothèque de Sainte-Geneviève, à Paris, en conserve un exemplaire enrichi de nombreuses notes du savant Mercier, abbé de Saint-Léger. L'édition d'*Hambourg*, 1734-46, 6 vol. pet. in-8., dont le 6e vol. a été publié par Chr. Schoettgen, 18 à 24 fr.

— Bibliotheca ecclesiastica, sive collectio var. auct. de scriptoribus ecclesiasticis. *Hamb.*, 1718, in-fol. [31609]

Ce recueil, quoique assez estimé, n'est pas d'un grand prix.

— Bibliographia antiquaria, editio tertia locupletata, studio et opera Pauli Schaffshausen. *Hamburgi et Lipsiæ*, 1760, pet. in-4. [31790]

Édition la meilleure d'un ouvrage qui aurait grand besoin d'être travaillé de nouveau et continué. 10 à 12 fr. Celle d'*Hambourg*, 1716, in-4. est à bas prix.

— Centifolium lutheranum, sive notitia litteraria scriptorum omnis generis de Luthero... in lucem ab amicis et inimicis editorum. *Hamburgi*, 1728-30, 2 vol. in-8. 8 à 10 fr. [30823]

Ces deux volumes renferment une table des lettres de Luther, pour laquelle il se trouve un supplément dans *Ukert Luthers Leben*, Gotha, 1817, 2 vol. in-8. Le catalogue de la bibliothèque de Fabricius a paru sous ce titre : *Bibliotheca J.-Alb. Fabricii*, Hamburgi, 1738-39, 3 vol. in-8., avec son portrait. — *Manuscripta*, ibid., 1741, in-8. Ce catalogue est bien rédigé et mérite d'être recherché; le 4e vol. est rare. La bibliothèque de Fabricius renfermait 29,321 vol. imprimés, et 440 manuscrits. Ces derniers ont passé dans la bibliothèque de l'Université de Copenhague.

— Théologie de l'eau, 1806. — Monologium, 21248. — Hamburgenses memoriæ, 26720.

FABRICIUS (*Joan.*). Historia bibliothecæ fabricianæ. *Wolffenbutteli*, 1717-24, 6 vol. in-4. 18 à 24 fr. [31544]

Cet ouvrage, travaillé avec soin et qu'on a souvent cité, est d'un faible intérêt maintenant, car sur 916 articles dont il contient l'examen, près de la moitié consiste en vieille théologie. Il devait avoir deux autres vol. qui sont restés en manuscrit.

FABRICIUS (*Otho*). Grönlandske ordboek. *Copenhague*, 1804, in-8. de VIII et 795 pp. [11298]

Ce dictionnaire groenlandais-danois a été vendu 30 fr. chez Rætzel, en 1837.

Oth. Fabricii fauna groenlandica. *Hafniæ*, 1780, in-8. 5 à 8 fr. [5627]

FABRICIUS (*J.-Phil.*). Voy. Dictionary malabar.

FABRICIUS (*Jean-Chrétien*). Entomologia systematica, emendata et aucta. *Hafniæ*, 1792-94, 4 tom. en 6 vol. in-8. — Index alphabeticus. *Hafniæ*, 1796, in-8. — Supplementum. *Hafniæ*, 1798, in-8. — Index supplementi. 1799, in-8. 66 fr. [5933]

— Epitome entomologiæ systematicæ secundum Fabricium, auctore Gust.-Fred. Hentschio. *Lipsiæ*, 1804, in-4.

Fabricius, après avoir donné son *Entomologia systematica*, refondit de nouveau cet ouvrage, et, lorsque la mort le surprit, il avait déjà publié les quatre classes suiv. de ce dernier travail :

SYSTEMA Eleutheratorum, secundum ordines, genera et species; adjectis synonymis, locis, observationibus, descriptionibus. *Kiliæ*, 1801, 2 vol. in-8. 30 fr. [5938]

INDEX alphabeticus in systema Eleutheratorum. *Brunswigæ*, in-4.

SYSTEMA Rhyngotorum. *Brunswigæ*, 1803 seu 1822, in-8. 12 fr. [5939]

INDEX alphabeticus in systema Rhyngotorum. *Brunswigæ*, 1805, in-4.

SYSTEMA Antliatorum. *Brunswigæ*, 1804 seu 1822, in-8. 15 fr. [5940]

INDEX alphabeticus in systema Antliatorum. *Brunswigæ*, 1805, in-4.

SYSTEMA Piezatorum. *Brunswigæ*, 1805 seu 1822, in-8. 14 fr. — Index alphabeticus, 1804, in-4. [5941]

On a encore de ce célèbre entomologiste :

SYSTEMA entomologiæ. *Flensb.*, 1775, in-8.

GENERA insector. *Chilonii* (1777), in-8. [5934]

PHILOSOPHIA entomologica. *Hamburgi*, 1778, in-8. très-estimé. [5935]

SPECIES insectorum. *Hamburgi*, 1781, 2 vol. in-8. 15 fr. [5936]

MANTISSA insectorum, sistens eorum species nuper detectas, etc. *Hafniæ*, 1787, 2 part. in-8. 14 fr. [5937]

— Voyage en Norwége, 20379.

FABRICY (*Gabr.*). De Johannis Hyrcani Hasmonæi Judeorum summi pontificis Hebræo - samaritico numo, Borgicini musei Velitris, plane anecdoto, Pœnicum litteratura cujus fontes primum inquiruntur, illustrando commentarius. (*absque nota*), 2 vol. in-8. fig. [29763]

Ces deux volumes, imprimés à Rome en 1803 pour le savant dominicain provençal Gabr. Fabricy qui en est l'auteur, ne forment que la première partie d'un livre qui devait offrir une collection complète de tous les monuments phéniciens expliqués; ils portent pour titre particulier : *De Phœniciæ litteraturæ fontibus*, mais ils n'ont pas de grand titre. Il est à regretter que l'auteur, mort vers 1803, ait laissé inachevé un ouvrage d'une érudition si profonde. La seule partie qu'il ait fait imprimer est rare, parce que probablement elle n'a pas été livrée au commerce. 39 fr. 50 c. de Sacy.

— Révélation, 556. — Sur l'équitation des anciens, 29031.

FABRIS (*Salvator*). De lo schermo, overo scienza d'arme. *Copenhagen*, 1606, in-fol. fig. [10308]

Livre très-difficile à trouver : 30 fr. en janvier 1829. Il y en a une autre édition sous ce titre : *Della vera prattica e scienza d'arme*. Padova, 1624, in-fol. fig.

FABRITII (*Aloyse Cynthio* degli). Libro della origine delli volgari Proverbj di Aloyse Cynthio delli Fabritii, della poderosa et inclita citta di Vinegia cittadino, delle arte et di medicina dottore, ad Clemente settimo, degli illustrissimi signori de Medici Imperatore Massimo. (au verso du dernier f.): *Stampata in Vinegia per maestro Bernardino et maestro Matheo de i Vitali Fratelli Venetiani A di ultimo Septebrio* M. CCCCC. XXVI *in Vinegia*, in-fol. [18479]

Ouvrage dans lequel l'auteur explique, par des contes orduriers, écrits en vers, l'origine de 45 proverbes. Les exempl. en sont devenus très-rares. Vend. 265 fr. Floncel ; 125 fr. (avec 2 ff. réimpr.) La Val-

liere; 95 flor. Crevenna, et 506 fr. (bel exemplaire m. r. à la fin duquel se trouvait un proverbe inédit, écrit de la main de l'auteur, et intitulé : *Chi prima va al molino prima macina*) Méon, et 400 fr. d'Ourches. Autres exempl., 24 liv. 10 sh. Hibbert; 17 liv. 10 sh. Hanrott; rel. en *mar.* par Bauzonnet, 575 fr. Libri; 430. fr. T. S. en 1851; 670 fr. vente Chesnet, en 1853 ; en *mar.* par Bozerian, 750 fr. Renouard.

On trouve en tête du volume 4 ff. prélim., dont le premier commence sans intitulé , par ces mots imprimés en capitales : *Ady|tvm igna|vis |procvl hinc|abeste|profani*; les deux suivants contiennent la préface, et le quatrième, impr. à 2 col., deux sonnets et d'autres vers italiens; le texte commence au f. coté 1, par l'intitulé rapporté ci-dessus, et finit au verso du f. cxciii suivi de 2 ff. blancs. Borromeo, selon son *Catalogo de' novellieri italiani*, p. 26, possédait un exemplaire de ces proverbes contenant un sonnet et une *sestina* de l'auteur qui manquent dans presque tous les autres, parce qu'ils ne sont parvenus à l'imprimeur que lorsque l'édition était en grande partie épuisée. Cet exemplaire précieux a été porté à 42 liv. sterl. à la vente Borromeo, en 1817.

Quant au proverbe qui était resté si longtemps inédit, M. Renouard en a fait faire, chez Didot l'aîné, vers 1812, une édition in-fol. de 12 pp., dont il n'a été tiré que 27 exempl., y compris 2 en pap. jaune et un seul sur VÉLIN. 22 fr. Renouard.

Magné de Marolles, auteur d'un *Manuel bibliographique*, manuscrit (dont il a été plusieurs fois question dans ce Dictionnaire), a fait insérer dans l'*Esprit des journaux*, septembre 1780, pp. 213 et suiv., une lettre curieuse de M. P. à M. de L., sur l'*Origine delli proverbi*, et il en a fait tirer quelques exemplaires séparément.

Cette lettre a été réimprimée à Paris chez Dupont, en 1856, in-4. et in-8., avec une note indiquant les exemplaires de ces proverbes qui ont passé dans les ventes depuis 1780.

FABRONI (*Angelo*). Dissertazione sulle statue appartenenti alla favola di Niobe. *Fiorenza*, 1779, in-fol., avec 19 pl. [29554]

Cette dissertation existe aussi en français, sous la même date : 7 fr. Morel-Vindé.

Th. Piroli a publié, sous le titre de *Niobes historia græcæ sculpturæ miraculum*, 15 pl. avec un frontispice et une explication, et ces planches sont gravées avec plus de correction et de goût que celles qui accompagnent la dissertation justement estimée de Fabroni.

— Vitæ Italorum doctrina excellentium, qui sæculis XVII et XVIII floruerunt. *Pisis*, 1778-1805, 20 vol. in-8. 60 fr. [30660]

Ce recueil fort intéressant contient 154 vies particulières, y compris celle de l'auteur, qui occupe une partie du 20e vol. Les deux derniers tomes ont été imprimés à Lucques, après la mort de Fabroni, par les soins de Dominique Pacchi.

Les *Lettere inedite d' uomini illustri*, Firenze, 1773-75, 2 vol. in-8., servent d'appendice à cet ouvrage. L'éditeur promettait un 3e vol. qui n'a pas paru. Les 22 vol. 51 fr. Libri.

On peut réunir à cette collection les deux articles suivants du même biographe :

ELOGJ d' illustri italiani. *Pisa*, 1786-89, 2 vol. in-8. 9 fr.

ELOGJ di Dante, di Poliziano, di Ariosto e di Tasso. *Parma*, *stamp. reale*, 1800, in-8., 5 fr. — Pap. fin, 7 fr.

Fabroni (*Ad.*). De Bombice, 29013.

— Laurentii Medicis Magnifici vita. *Pisis*, 1784, 2 part. gr. in-4. 12 à 15 fr. [25537]

Cet ouvrage a été traduit en français par de Serionne, sous le titre de *Vie de Laurent de Médicis*, Berlin, 1791, in-8. Celui de M. Roscoe le rend presque inutile (voy. Roscoe).

— Vita magni Cosmi Medicei. *Pisis*, 1788-89, 2 vol. in-4. 12 fr. [25535]

— Vita Leonis X, Pont. Max. *Pisis*, 1797, in-4. 6 à 7 fr. [21648] — Historia Academiæ pisanæ, 30256. — Illustri Pisani, 30501. — Vita Petrarchæ, 30707.

FABROTUS. Voy. Basilicon.

FABULÆ. Voyez Æsopus.

FABYAN (*Robert*). Chronicle of England and France. *London, Rich. Pynson,* 1516, 2 tom. en 1 vol. in-fol. goth. [26844]

Selon M. Dibdin, *Typograph. antiquities*, tom. I, *Notes on Herbert's preface*, page 57, et tome II, page 471, un exemplaire bien conservé de cette édit. peut être mis au rang des livres anglais les plus rares qui existent : 84 liv. Roberts, en 1815, et exemplaire incomplet 26 liv. 10 sh. Utterson, en 1856.

W. Rastall a publié une seconde édition de Fabyan, en 1533 (vend. 8 liv. Sykes ; 6 liv. A!chorne) ; John Raynes, une 3ᵉ en 1542 (vend. 3 liv. 11 sh. Steevens ; 4 liv. 8 sh. Dent ; 5 liv. Heber) ; et John Kingston, une 4ᵉ et dernière, en 1559 ; toutes in-fol. Cette dernière, qui est la meilleure des quatre, se paye de 5 à 6 liv. Il s'en trouve des exemplaires qui diffèrent entre eux aux pp. 566 à 571, dans la relation de la mort de la reine Marie. Depuis M. H. Ellis a donné à *Londres*, en 1811, une édition in-4. de cette chronique, d'après celle de 1516, conférée avec les éditions de 1533 et 1559, et avec un manuscrit du temps de l'auteur ; il y a joint une préface biograph. et littér., et une table : 1 liv. 4 sh.

FACCIOLATI (*Jac.*). Lexicon. Voy. Forcellini, et pour ses autres ouvrages le bas de cette colonne.

FACET (*J.*). Voy. La Hogue (*Jacq.* de).

FACETIÆ facetiarum, hoc est jocoseriorum fasciculus novus, exhibens varia variorum auctorum scripta, non tam lectu jucunda et jocosa, quam lectu vere digna et utilia, multisve moralibus et mores seculi nostri accommodata, illustrata et adornata. *Pathopoli, apud Galastinum Severum,* Aᵒ 1645, pet. in-12 de 596 pp. avec un frontispice gravé. [7802]

Cette édition est bien imprimée et elle contient six morceaux qui ne sont pas dans celle de 1615 (*Francofurti ad Mœnum*), pet. in-12 ; mais elle a de moins les trois pièces suivantes : I. *De Arte jocandi* ; II. *Friscilini in ebrietatem elegia* ; III. *Obsopæus de arte bibendi*. On l'a attribuée aux Elsevier de Leyde, à cause de l'arbre qui se voit sur le titre ; toutefois cet arbre n'est accompagné ni du solitaire ni de la devise elsevirienne, et ce volume ne doit pas être sorti de leurs presses. 5 à 6 fr. et plus rel. en *mar.* Il existe une réimpression de ces *Facetiæ*, sous la date de 1647, avec les mêmes noms (supposés) de ville et de libraire, dans la-

quelle on a conservé le frontispice gravé avec la date de 1645. Ce même frontispice est aussi dans l'édition de 1657. Il y a aussi une édition sous l'indication de *Londres*, 1741, pet. in-12, avec un second titre en français ainsi conçu : *Le Petit thresor latin des ris et de la joye.*

FACETIÆ. Musarum Deliciæ, or the Muses recreation. *London*, 1817, 2 vol. pet. in-8. 1 liv. 1 sh. [15729]

Ces deux volumes, dont il n'a été tiré que 150 exemplaires, reproduisent deux recueils de poésies joviales, déjà publiés séparément par John Mennes et par James Smith, en 1656, en 1658, et aussi *Wits Recreations*, d'après l'édit. de 1640, avec les augmentations et les figures en bois des éditions subséquentes. Ils ont été publiés avec une préface et des notices par Th. Park et Ed. Dubois.

FACETIE, motti, etc. Voy. Domenichi, et aussi Facécies et mots subtils.

FACÉTIEUSES journées (les), contenant cent certaines et agréables nouvelles, recueillies et choisies de tous les plus excellents auteurs étrangers, par G. C. D. T. (Gabriel Chappuis). *Paris, Houzé,* 1584, in-8. [17345]

Ce volume, qui renferme plusieurs nouvelles plus ou moins licencieuses, se trouve difficilement : 15 fr. Méon ; 22 fr. Mazoyer ; en *mar. r.* 64 fr. Nodier ; 106 fr. Salmon.

FACETIEUX et agréable chasse-chagrin, fournissant un très-bon moyen aux mélancoliques de chasser l'unutile (*sic*) soin et la pernicieuse tristesse, et de les envoyer aux brutaux Américains et Indiens. *A Gaillardeville, chez Urbain le Joyeux,* 1679, pet. in-12 avec un joli titre gravé. [17864]

Un exempl. en *mar. r.* est porté à 50 fr. dans un petit catalogue de livres, provenant de M. Tripier.

FACETIEUX (le) réveil-matin des esprits mélancoliques, ou remède préservatif contre les tristes, auquel sont contenues les meilleures rencontres de ce temps, capables de réjouir toutes sortes de personnes. *Leyde, Dav. Lopez de Haro,* 1643, pet. in-12. [17864]

Jolie édition impr. avec les caractères des Elseviers, et qui se réunit à la collection de ces célèbres imprimeurs, auxquels Lopez de Haro était allié. Le volume contient quatre ff. prélim., dont un frontispice gravé daté de 1644, et un titre impr. daté de 1643 ; texte 358 pp. et 7 ff. de table. Un joli exemplaire *mar. r.* 20 fr. Caillard et 60 fr. Duriez.

— Le Facétieux reveille-matin des esprits mélancoliques, ou remède préservatif contre les tristes. *Paris, Toussaint Quinet,* 1645, in-8. de 464 pp. et la table, frontispice gravé.

Bien qu'en raison de sa date cette édition soit placée ici après celle de Leyde, il est à présumer que le recueil facétieux, qu'elle contient, avait été impr. à Paris avant de paraître en Hollande, et qu'il doit en exister une édition antérieure à 1643.— L'édition de *Rouen*, 1656, in-8., présente le même texte et a le même nombre de pages que l'édition de Paris. Ce sont néanmoins deux éditions différentes.

Fabvier (*Eug.*). Histoire de Lyon, 24596.

Fac-simile of ancient heraldic manuscr., 28812.

Facciolati (*Jac.*). Animadvers. criticæ, 10885. — Ortografia, 11092. — Orationes, 12181-82. — De optimis studiis, 18120. — Epistolæ, 18804. — Gymnasius patavinus, 30255.

Facéties provençales, 14404.

L'édition d'*Utrecht*, *Théod. d'Achersdijck*, 1654, pet. in-12, est jolie aussi : 9 fr. Méon ; 59 fr. *m. bl.* Nodier. Une autre d'*Utrecht*, 1662, pet. in-12, 9 sh. 6 d. Heber. Celle de *Nymwègue, de l'imprimerie de Reguier Smetius*, 1678, pet. in-12, 11 fr. Desjobert ; 45 fr. *mar. r.* Nodier ; 56 fr. Solar, et une seconde de *Nymwègue, Smetius*, 1681, même format, 9 fr. Lambert, en 1780.

LE FACÉTIEUX réveil Matin... en cette dernière édition augmenté de divers contes très récréatifs. *Paris, Cl. Barbin* (Hollande), 1668, pet. in-12. 45 fr. *mar. bl.* Veinant.

Ce recueil singulier a été imprimé plusieurs fois à *Rouen*, savoir : chez *J. Besogne*, sans date, pet. in-12 (vend. 17 fr. en 1814) ; chez *Martin de la Motte*, en 1654 et 1656 (in-8. de 464 pp. et la table), en 1664, en 504 pp., 25 fr. *mar. r.* Duplessis, et aussi en 1699, in-12. Plusieurs de ces éditions de Rouen diffèrent dans le texte avec les premiers, mais si elles sont les plus complètes elles ne sont certainement pas les plus belles. — Voyez RÉVEIL-MATIN.

FACÉCIEUX (le), drôlifique et comique Réveil-matin des esprits melancoliques, contenant les récréations les plus agréables et divertissantes de ce tems. *A Vaudemont, chez Jean Tapage, demeurant chez Madame Carillon*, 1715, in-12. [17864] Ce recueil est tout différent de celui dont on vient de lire le titre ; mais c'est, à ce qu'il paraît, la même chose que le *Recueil des pièces comiques*. Il est évident que le nom de ville et celui du libraire sont supposés. 25 fr. Veinant ; 37 fr. 50 c. *mar. v.* Duplessis ; 49 fr. *mar. bl.* Salmon ; 17 fr. cartonné, Leprevost, en 1857.

FACETUS. Liber Facete docens mores hominū precipue iuuenū in supplementum illorum qui a Cathone erāt omissi iuenib' vtiles. — *Impressus Dauētrie per me Rickardum pafraet. Anno dñi M. cccc. xcvj*, in-4. goth. de 17 ff. avec signatures. [12599]

Édit. portée sous le n° 6888 du *Repertorium* de Hain, où sous les n°° 6684-6685 sont décrites ou simplement indiquées plusieurs autres éditions du même opuscule, savoir deux de Cologne, *per Henricum Quentell*, in-4., goth. sans date, l'une en 15 ff. et l'autre en 12 ff. ; deux de Daventer, la 1ʳᵉ de 1494, la 2ᵉ *per Jacobum de Breda*, 1496, et la 3ᵉ de 1499, in-4. ; mais aucune n'a beaucoup de valeur.

—Incipit liber Faceti de moribus juvenum docens, qui a Catone erant omissi, per Seb. Brant in vulgare nouiter tranlatus (lat. et germ.). *Ulmæ, J. Schäffler*, 1497, in-4. de 14 ff. caract. goth.

Cette version avait déjà été impr. à Bâle, en 1496, in-4. goth. de 16 ff. Elle l'a été dans la même ville, en 1498 et en 1499, in-4. de 16 ff. (20 fr. Courtois), et plusieurs fois dans le commencement du XVIᵉ siècle. Le *Facetus* fait partie des *auctores viii* (voy. AUCTORES ; FLORETUS). D. Rivet l'a attribué à Jean Garlande.

FACULTÉ (la) vengée, comédie en 3 actes, en prose, par M*** (de La Mettrie). *Paris*, 1747, in-8. [16589]

Cette pièce satirique a été réimpr. sous ce titre : *Les Charlatans démasqués, ou Pluton vengeur de la société de médecine, comédie ironique.* Paris (Hollande), 1762, in-8., avec la clef. Vend. 10 fr. (les 2 éditions réunies) By.

FAEHSE (M. *Godf.*). Sylloge lectionum græcarum, glossarum, scholiorum in tragicos græcos atque Platonem ex codd. mss. paris., acced. observationum critt. sylloge in scriptores aliquot et græcos et romanos. *Lipsiæ, Weidmann*, 1813, in-8. 9 fr. — Pap. fin. 11 fr. [16048]

LEXICON græcum in tragicos, vel collectio interpretationum veterum ex scholiis et glossis grammaticorum lexicographorum extractarum suisque locis insertarum. *Primislaviæ, Ragoczy* (1830-32), in-4. [16045] Deux cahiers : 2 thl.

FÆREYINGA saga, oder Geschichte der Bewohner der Faröer, in isländischem Grundtext mit faröischer, dänischer und deutscher Uebersetzung herausgegeben von C.-C. Rafn und G.-C.-F. Mohnike. *Kopenhagen*, 1833, gr. in-8. avec un fac-simile. [27622]

FAERNUS (*Gabr.*). Fabulæ C. ex antiquis auctoribus delectæ et a Gabriele Faerno carminibus explicatæ (a Silvio Antoniano editæ). *Romæ, Vin. Luchinus*, 1564, in-4. de IV ff. prélim. et 100 ff. chiffrés, avec fig. 15 à 20 fr. [12684]

Édition originale, recherchée et peu commune. Les planches faites sur de bons dessins qu'on a attribués au Titien, sont gravées à l'eau-forte.

Il y a des exemplaires sous la date de 1563, et d'autres sous celle de 1565 ; ils sont conformes à ceux de 1564, seulement, il est naturel de le croire, l'édition de 1563 contient le prem. tirage des planches.

—FAERNI fabulæ. *Antuerpiæ, Plantinus*, 1567, 1573, seu 1585, pet. in-12, en bois.

Jolies éditions dont on recherche les exemplaires bien conservés : 3 à 6 fr. Les gravures sont copiées sur celles de l'édition de 1564, que l'on a également imitées pour l'édit. de *Bruxelles, Foppens*, 1682, pet. in-8.

— FABULÆ et carmina (edente Jo.-Ant. Vulpio). *Patavii, Cominus*, 1718, gr. in-4. 5 à 6 fr.

Édition estimée, plus complète que les précédentes, et tirée seulement à 300 exempl. Comino en a donné une seconde en 1730, qui contient de nouvelles augmentations. 10 à 12 fr.

— FABULÆ et carmina varia. *Parmæ, Bodonianis typis*, 1793, in-4. 6 à 8 fr.

Il y a un exemplaire impr. sur VÉLIN. Une autre édition de Faerne, in-4., sous la même date que celle-ci, est sortie des presses de Bodoni, vers 1796.

— TRADUCTION des fables de Faerne, en vers françois, par Ch. Perrault. *Amsterdam*, 1718, in-12, fig. 6 à 9 fr.

Édition recherchée pour les gravures qui ne sont pourtant que des copies médiocres de celles de l'édition latine de 1564. Vend. 26 fr. *mar. r.* A. Martin. Cette traduction avait déjà été impr. à Paris, en 1699, in-12.

CENT FABLES choisies des anc. auteurs, mises en vers latins par G. Faerne, et trad. en vers françois par Ch. Perrault. *Londres, G. Darres*, 1743, in-4. fig. 10 à 15 fr., et en *mar. r.* 36 fr. Quatremère.

— FABLES, in english and french verse. *London*, 1741, in-4. avec 100 fig.

FAGE (*Raymond* de La). Voy. LA FAGE.

Facius (*B.*). De Viris illustribus, 30390.
Faden (*W.*). Atlas, 19650. — Carte d'Espagne et de Portugal, 19673.—de l'Amérique méridionale, 19722.

Fagan (*Ch.-B.*). Théâtre, 16500.
Fagano (*G.-C.* di). Matematiche, 7833.

FAGE (mistris *Mary*). Fame's Roule, or the names of K. Charles, Q. Mary and his posterity ; together with the names of the dukes, marquesses, etc., of England, Scotland of Ireland ; anagrammatiz'd and expressed by acrosticke latin on their names. *London,* 1637, in-4.

Ouvrage singulier, où se trouvent 420 noms anagrammatisés. 20 liv. 5 sh. Sykes; 8 liv. Heber, et 7 liv. 15 sh. Putteck, en 1850.

FAGES (*Durand*). Voy. THÉATRE sacré des Cévennes.

FAGIFACETUS. Libellus pulcherrim' ‖ metrice compositus tractans de face‖cia et moribus mense qui et fagiface‖tus appellatur. (au verso du dernier f.) : Explicit libellus qui ‖ Fagifacetus appellat ‖ Noscere qui mensis decori sint lector honores ‖ si cupis aut mores dogmata nostra legas‖ grecia legifere ceteri sua testmophoria (?) ‖ Indidit , at per nos thesmophogia patet. (*absque nota*), in-4. goth. de 9 ff. à 32 lig. par page. [12980]

Opuscule décrit sous le n° 6900 du *Repertorium* de Hain, qui décrit également une édition du même opuscule, avec une traduction allemande *per Sebastianâ Brandt... Anno tc. nonagesimo kalendis aprilibus*, in-4. goth. de 20 ff. à 36 lignes par page, avec lettres initiales fleuronnées.

FAGIUOLI (*Giambatista*). Rime piacevoli. *Firenze, Nestenus e Moucke,* 1729-34, 6 part. pet. in-4. 20 à 24 fr. et plus en pap. fin. [14585]

Il doit se trouver à la fin de la 6e partie un opuscule de 60 pp. contenant *Chiave e note del dott. Antonmaria Biscioni*. Une septième partie de ces *Rime piacevoli*, impr. à Lucques, en 1743, par les soins de Marie Brocchi, complète les six premières, lesquelles ont été aussi imprimées à Lucques, en 1733 et 1734, en 6 vol. in-8. D'autres éditions de ces poésies avaient précédemment paru à Florence, à Naples et à Venise, sous le titre de *La Fagiuolaia*, et la fausse date d'*Amsterdam*. Elles renferment différents morceaux qui ne font pas partie de celle qu'a donnée et avouée l'auteur. Un bon choix de ses poésies a été imprimé à Bologne, 1823, en 2 vol. in-12.

On a encore de ce poëte : *Comedie*, Firenze, 1734-36, 7 vol. in-12, auxquels se réunissent ses *Prose*, Firenze, 1737, in-12. [16719] — Réimpr. à Venise, 1753, 7 vol. in-12.

FAGOT de myerre (cy commence le liure intitulé), compose par vng religieux de lordre des cordeliers. *a Paris, au cloz Bruneau par Guill. le Bret* (*Impr. par Jean Real*, vers 1540), in-8. goth. [1559]

— CY COMMENCE le livre intitule le Fagot de Myerre presche en leglise de Saincte-Croix, en la cite Dangier. Mil cinq cens xxv. — *Imprime a Paris par Yoland Bonhomme, veufue de Thielman Kerver*. (sans date), pet. in-8. goth.

Vend. en mar. *r.* 28 fr. Veinant; et avec l'*Armeure de patience*, impr. par la même Yoland Bonhomme en 1539 (voy. TRAITÉ intitulé), 32 fr. Monmerqué.

On lit à la fin de ce traicté qu'il a été *presche par*

vng beau pere de l'obseruance de Sainct Francoys du couuent de la Balmete, situé pres Angers, et cela , joint à ce que porte le titre du livre, a fait supposer une édition d'Angers qui probablement n'existe pas.

Voici l'indication de deux autres ouvrages ascétiques dont les titres ont beaucoup d'analogie avec le précédent :

1° BOUQUET de Myrrhe, ou considérations sur les playes de J.-C. par Caraffa. *Paris, Bechet,* 1553, in-12. Catal. de Méon, n° 229.

2° LE FAISCEAU de Myrrhe de l'épouse du cantique, ou le recueillement intérieur, par le Sr de S. M. B. P. S. *Rouen, le Boullenger,* 1667, in-12. 12 fr. Veinant.

FAICTZ. Voyez FAITS.

FAIFEU (*Pierre*). Voyez BOURDIGNÉ.

FAIGUET. Mémoire pour la suppression des festes. (*sans lieu ni date,* mais impr. vers 1750), in-12 de 2 ff. et 70 pp. sans frontispice. [4107]

Cet opuscule , devenu rare comme tant d'autres qui sont morts en naissant, est moins curieux par le fond que par le système bizarre d'orthographe que l'auteur s'est créé, et dont il donne la clef en tête de son mémoire. Vend. en *mar.* 21 fr. Nodier; 15 fr. en 1839.

FAIL (*Noël* du). Propos rvstiqves, de maistre Leon Ladvlfi champenois. *Lyon, par Iean de Tournes,* M.D.XLVII, pet. in-8. de 100 pp. en tout, lettres ital. [17817]

C'est là la plus ancienne édition que nous connaissions de cette facétie faite à l'imitation de Rabelais, par Noël du Fail, depuis sieur de La Herissaye, qui s'est caché ici sous l'anagramme de son nom; elle est bien imprimée, et si rare qu'aucun bibliographe, que nous sachions, n'en a fait mention avant nous. Quant à l'ouvrage, malgré le succès qu'il obtint alors , et qui s'est renouvelé de nos jours, il est fort inférieur à son modèle.

Sur le titre se voit la marque que nous avons donnée tome I, col. 518.

— Discovrs d'avcvns propoz rvstiqves facecievx & de singuliere recreation, de maistre Leon Ladvlfi champenois. revevz et amplifiez par l'vn de ses amys. *a Paris, Par Estienne Groulleau,* 1548, in-16. lettres ital. (*Bibl. de l'Arsenal.*)

En mar. bl. 39 fr. Nodier, et 79 fr. Baudelocque.

Réimpression de l'ouvrage précédent avec quelques changements et des additions dans le texte. Les ff. n'en sont pas chiffrés, mais les signat. des cahiers sont de A jusqu'à *m* par 8, excepté *m* qui n'a que 7 ff., dont le dernier porte l'une des marques d'Estienne Groulleau ; cette marque est la même que celle de Denys Janot, dans le *Cry et Proclamation* (voyez ci-dessus, col. 435) ; la seule différence qu'on y remarque est la suppression dans le monogramme des lettres D, E et A, et l'addition de la devise *Patere, aut abstine. Nul ne s'y frotte*. Au f. L commencent *Les propos de la seCôde iournée par Thibaud Monsieur & Fiacre*

Fahn (*Ant.*). Geschichte der Kölnischen, Jülichschen und Bergischen Geschlechter, 26694. — Geschichte der Westphälischen Geschlechter... 26689. — der Grafen... zu Salm-Reiffersheid, 26889.

Faidit (*Hug.*) et Raymond Vidal. Grammaires provençales, 11047.

Faget de Baure. Sur le Béarn, 24695.

sire, neueuz de maistre Hugues. Ensuite on trouve : *Chanson de maistre Huguet du temps qu'il estoit amoureux ;* puis *La deliberation de Guillot sur l'ordre de la Hemée, ou banquet de la dedicace de Borneu, feste annuelle de toute la chastelenie de Vaudeuire,* morceaux qui ne sont pas dans les éditions de Lyon, 1547 et 1549. Estienne Groulleau a donné une réimpression de ce petit volume en 1554, in-16, lettres rondes, avec fig. en bois, sign. a—i par 8.

— Propos rvstiques de maistre Leon Ladulfi, champenois, reueuz, corrigez et augmentez par luy mesme. *Lyon, par Iean de Tournes,* M. D. XLIX, in-16 de 187 pp. chiffrées.

Édition en lettres rondes, moins complète, mais plus jolie que celle de Paris, 1548. Elle nous a paru conforme à l'édition de 1547. C'est par erreur qu'elle est datée de 1548 dans le catal. de La Valliere par Nyon.

Le même ouvrage a été réimprimé à *Orléans, chez Eloi Gibier,* en 1571, et aussi sans date, in-16 de 127 pp.

—Les ruses et finesses de Ragot, iadis capitaine des gueux de l'hostiere, et de ses successeurs. Auec plusieurs discours plaisans et recreatifs, pour s'entretenir en toute honneste compagnie. *Paris, Iean Ruelle,* 1573, in-16 de 88 ff. en lettres rondes, sign. A—L.

Nous lisons dans une note de B. de La Monnoye, sur Baillet, *Jugements des Savants* (édit. in-4., VI, p. 308, ou édit. in-12, V, 2ᵉ part., p. 130), ces mots : « Il n'est pas vrai que les *Tromperies de Ragot, prince des gueux,* soient, comme le dit La Croix du Maine, p. 288 (de l'édit. in-fol., ou p. 35 du 2ᵉ vol. de l'édition in-4.), la même chose que les *Propos rustiques.* Celui-ci est tout différent. » Eh bien, malgré une dénégation aussi tranchante, La Croix du Maine avait complétement raison, les *Ruses de Ragot* sont absolument la même chose que les *Propos rustiques,* de l'édition de Paris, 1548 ; seulement on n'y a pas réimpr. la *Deliberation de Guillot,* dont nous avons parlé ci-dessus. Ce qui, en cette circonstance, peut excuser le critique dijonnais, c'est qu'après avoir lu les *Propos rustiques,* où Ragot ne figure nullement, il a dû croire qu'un livre ayant pour titre les *Tromperies,* ou plutôt, comme l'a dit plus exactement La Croix du Maine, les *Ruses de Ragot,* devait être effectivement tout à fait différent du premier. Ici une ruse de libraire, qui n'a été que trop souvent renouvelée, une substitution de titre, a mis en défaut la perspicacité de l'annotateur, lequel, il faut bien le reconnaître, a souvent trouvé plus commode d'opposer à des faits réels des conjectures hasardées, que de faire les recherches nécessaires pour s'assurer de la vérité.

L'édition de *Lyon, de Tournes,* 1576, in-12, portée dans le catal. de Du Fay, n° 2167, est sous le même titre que celle de 1573, ci-dessus. C'est probablement pour conserver les deux titres qu'on a mis sur celui de la réimpression faite en 1732, d'après l'édit. de 1554 : *Propos rustiques... ou Ruses de Ragot.*

Les anciennes éditions de cette facétie, et surtout les premières, ainsi que celle de 1573, sont devenues fort rares, et les bibliophiles les recherchent beaucoup ; c'est assez dire qu'elles ont une certaine valeur.

—Baliverneries, ou contes nouueaux d'Eutrapel, autrement dit Leon Ladulphi. *Paris, imprimé pour Pierre Trepperel,* 1548, pet. in-16 de 36 ff. non chiffrés,

sign. A—E, lettres ital. [17818 ou avant 17336]

Édition moins belle, mais plus rare encore, et probablement plus ancienne de quelques mois que celle de Groulleau sous la même date.

—Baliverneries, ou contes nouveaux d'Eutrapel, autrement dit Leon Ladulphy. *Imprime a Paris, p. Nicolas Buffet pres le college de Reims,* M. D. XLVIII, in-16 de 40 ff., lettres rondes, avec fig. en bois.

Édition plus complète que celle de Trepperel. Le dernier f. est occupé par deux vignettes en bois, sur la première desquelles se lit le mot *terra.* Vend. 200 fr. m. v. (titre raccommodé) Crozet ; autre, mar. bl. d. de mar. r. 220 fr. Nodier ; 210 fr. A. Martin. Il s'en trouve des exemplaires avec un titre à l'adresse d'*Estienne Groulleau.* C'est d'après un de ces derniers qu'a été faite la jolie réimpression in-18 dont nous allons parler.

LES BALIVERNERIES (même titre que ci-dessus, et à la fin) : *Chiswick, de l'imprimerie de C. Whittengham,* 1815, in-18, pap. vél. de 6 ff. prél., XII et 100 pp., plus 2 ff. pour la marque de Groulleau et la souscription : *br. en cart.* 15 à 20 fr.

Un avertissement de l'éditeur anonyme (M. S.-W. Singer) est ajouté à cette édition, et après le frontispice il y a un f. séparé contenant ce qui suit : *Cette édition des Baliverneries d'Eutrapel, tirée à cent exemplaires et imprimé* (sic) *à Chiswick sur les bords de la Tamise aux frais de trois amateurs de la littérature comique, se trouve chez R. Triphook, rue St-Jacques, à Londres,* 1815. Vend. 32 fr. 50 c. mar. doré, A. Martin ; 24 fr. m. bl. Labédoy..., et 85 fr. Solar. Il en a été tiré un exempl. sur pap. de Chine.

— Baliverneries, etc. *Lyon, Pierre de Tours,* 1549, in-16 de 48 ff., lettres rondes.

Autre édition rare : vend. en m. r. 9 fr. La Valliere ; 20 fr. Méon ; 40 fr. Le Duc ; 158 fr. Pixerécourt.

—Contes et discours d'Eutrapel, reveuz et augmentez par le seigneur de La Herissaye. *Rennes, Noel Glamet,* 1585, in-8. de 2 et 224 ff. 50 à 80 fr. [17336]

60 fr. mar. Nodier ; 35 fr. 50 c. v. f. Busche.

Il ne faut pas confondre ce recueil avec les Baliverneries ; il est tout différent et beaucoup plus considérable. Un très-bel exemplaire en mar. bl. d. de mar. par Trautz, 210 fr. Solar. On en a des réimpressions faites à Rennes, chez le même Noël Glamet, en 1586, in-16 et in-8., 1587 (24 fr. mar. bl. Le Chevalier), et 1598, in-16, de 5 ff. prélim. et 550 pp. (vend. 20 fr. m. r. Pixerécourt) ; en 1597, in-8., 25 fr. vélin, Hebbelynck ; enfin, en 1603, in-8. Un bel exempl. de cette dernière édition rel. en m. r. l. r. s'est vend. 31 fr. 50 c. chez La Valliere ; un autre, en mar. citr. par Trautz, 89 fr. Veinant ; mais, en condition ordinaire, ces différentes éditions de Rennes ne se vendent que de 15 à 20 fr. Nous indiquerons encore une édition d'*Anvers, Iean Natoire,* 1587, in-16.

—Les mêmes contes et discours d'Eutrapel. (*Paris*), 1732, 2 vol. pet. in-12.

Jolie réimpression, mais réimpression pure et simple d'une des édit. de Rennes. On y réunit :

DISCOURS d'aucuns propos rustiques facétieux, et de singuliere recreation, ou les ruses et finesses de Ragot..., 1732, pet. in-12 (réimpression de l'édition de 1554). 9 à 12 fr. les 3 vol. Vend. 35 fr. mar. r. Labédoy...

PROPOS rustiques, baliverneries, contes et discours d'Eutrapel, édition annotée; précédée d'un essai sur la vie et les écrits de Noël du Fail par J.-Mar. Guichard. *Paris*, *Ch. Gosselin*, 1842, gr. in-18. — Seule édition complète qui ait été faite des facéties du sieur de La Herissaye.

Ce gentilhomme breton ne figure ici qu'à cause de ses ouvrages fantastiques; mais il en a publié un d'un tout autre genre, sous le titre suivant :

MÉMOIRES recueillis et extraicts des plus notables et solemnels arrests du Parlement de Bretaigne, divisez en trois livres. *Rennes*, *Julien Duclos*, 1579, in-fol. — et nouvelle édition augmentée par Sébast. Durand, *Paris et Rennes, Jean Vatar*, 1653, in-4. [2715]

LES PLUS SOLENNELS arrests et reglements donnez au Parlement de Bretaigne, recueillis par Noel du Fail... avec les annotations de Mathurin Sauvageau, revus, corrigés et augmentés par Mich. Sauvageau, son fils. *Nantes, Jacq. Mareschal*, 1715-16 (nouv. titre : *Rennes, Jos. Vatar*, 1737), 2 vol. in-4.

FAINTISES du monde. Voy. GRINGORE.

FAITS ou faicts de Iesus Christ (des). Voy. ANTITHESIS.

FAITS et dicts mémorables de plusieurs grands personnages et seigneurs françois, et des choses rares et secretes advenües en France, es regnes des roys François I, Henry et François II, et Charles IX ; contenuz en la réponse faite par un Gentilhomme de Haynaut à la lettre à lui envoyée souz le nom d'un seigneur de son Pays le deuxieme d'avril M.D.LXIIII. *Paris*, M.D.LXV, pet. in-4. de 152 pp. [23511]

Réimpr. sous le même titre et sous la même date, pet. in-8. de 282 pp. 80 fr. *mar. r.* Coste.

Ouvrage composé à l'occasion du différend qui survint en 1564 entre le cardinal de Lorraine et le maréchal de Montmorency, alors gouverneur de Paris. Ce différend donna lieu à plusieurs écrits. Celui que nous venons de citer a été impr. au moins deux fois sous la même date. (Vend. édit. in-8. en m. v. 20 fr. Méon; en m. citr. 30 fr. Bignon). Il faut y réunir les pièces suivantes :

RÉPONSE faite par M. le maréchal de Montmorency quand on lui présenta le congé obtenu par le cardinal de Lorraine , de faire porter armes défendues à ses gens; ensemble le discours du voyage fait à Paris par M. l'admiral (de Coligny), 1565, in-8.

DISCOURS sur le congé impétré par M. le cardinal de Lorraine, de faire porter armes défendues à ses gens, pour la tuition et défense de sa personne, et sur ce qu'il lui advint à l'occasion de cela, à son arrivée à Paris, le 8 janvier 1565, avec la copie dudict congé (par Jacq.-Paul Spifame), 1565, in-8. Séparément, 10 fr. *mar.* en 1841.

LETTRE d'un seigneur du païs de Hainault, envoyée à un sien voisin et amy, suyvant la cour d'Espaigne (par le card. de Lorraine). *Anvers, par G. Richman* (1565), pet. in-8.

RÉPONSE à l'épistre de Charles de Vaudemont, cardinal de Lorraine, jadis prince imaginaire des royaumes de Jérusalem et de Naples... et maintenant simple gentilhomme de Hainault. 1565, pet. in-8.

Attribué à l'amiral de Chatillon dans le catal. de Secousse , et à Regnier de La Planche, par Prosper Marchand.

DÉSAVEU d'un seigneur de Hainault, de la lettre escripte en son nom par M. le cardinal de Lorraine. *Anvers*, 1565, pet. in-8. goth.

DU GRAND et loyal devoir , fidelité et obeissance de messieurs de Paris envers le roy et couronne de France. Adressée à messieurs Claude Guyot, seigneur de Charmeaux... prevost des marchans, Jehan Le Sueur, bourgeois...conseiller de ville, Pierre Prevost eslu pour le roy... Jehan Sanguin... et Jehan Merault..., echevins de la dicte ville. 1565, pet. in-8. de 2 ff. prélim. et 205 pp. chiffrées depuis 21. [23511]

Ouvrage attribué à Louis Regnier, sieur de La Planche. Il y en a sous la même date plusieurs édit., dont une revue et corrigée, in-12. Une édit. de 1567, in-16, est à la Biblioth. impériale et dans le catalogue de La Vallière par Nyon, 22330, avec cette addition au titre : *ou le livre des marchands*. C'est en effet par ces mots que commence le titre de l'édit. donnée par Buchon dans un vol. du *Panthéon littéraire*.

La pièce suivante se joint à celles que nous venons d'indiquer :

LETTRES d'un gentilhomme champenois à un sien amy parisien, pour responce à certains libelles fameux, nouuellement publiez. *Orleans*, 1565, pet. in-8.

Voir sur cet objet une notice curieuse de M. Beaupré, intitulée : *Pamphlets pour et contre les Guise*, 1565, in-8. de 23 pp. Extrait des mémoires de la société royale des sciences, lettres et arts de Nancy, année 1846.

FAITS et gestes du chevalier Geoffroy à la Grand-Dent. Voy. GEOFFROY ; et pour tous les autres romans de chevalerie, voy. le nom du héros, comme GODEFROY, JOURDAIN de Blaves, JASON, etc.

FAICTS (des) et gestes des très chrestiens roys de France Henry II et François ; ensemble plusieurs autres choses dignes de mémoire advenues en diverses régions. *Orléans, Eloy Gibier*, 1561, in-16. [23469]

Ce petit volume rare est la réimpression augmentée d'un ouvrage déjà publié deux fois, 1° sous ce titre :

DES FAICTZ et gestes du tres chrestien roy de France Henri second de ce nom, ensemble plusieurs aultres choses dignes de mémoire advenues en diverses régions. *Orléans, Eloy Gibier*, 1556, in-16 de 63 ff. chiffrés, titre compris. 80 fr. *mar. bl.* de Coislin. 2° sous cet autre titre :

GESTES et faitz mémorables du roy Henry II, avec plusieurs conquestes et prinses de ville, jusqu'au trépas dudit seigneur, ensemble les mariages de François II , de Philippe, roy des Espagnes, et du prince de Piedmont. *Lyon, Jean d'Ogerolles*, 1559, in-16 de 159 pp. 51 fr. *mar. bl.* Coste.

FAITS mémorables advenus depuis Pharamond, premier roi des François, tant en France, Espagne, Angleterre, qu'Italie, selon l'ordre des années jusqu'en 1557, le catalogue des papes et des empereurs. *Lyon, Ben. Rigaud et Jean Saugrain*, 1557, in-16. [23023]

Vend. 23 fr. 50 c. *m. r.* Pixerécourt.

Ces faits mémorables sont, sous un autre titre, la même chose que les Chroniques des rois de France, impr. pour Galiot du Pré. — Voy. CHRONIQUES des rois.

FAITZ de Virgile. Cy commence les faitz

---

merueilleux de Virgille. (au recto du dernier f.) : *Cy finissent let* (sic) *faitz merueilleux de Virgille nouuellement imprimes a Paris par Jehan trepperel, libraire demourant en la rue neufue nostre dame a lenseigne de lescu de france*, pet. in-4. goth. de 10 ff. à longues lignes, fig. en bois. [17079, et mieux avant 17122]

Édition la plus ancienne que nous connaissions de cet opuscule singulier. Un exemplaire *en m. r.* a été vendu successivement 8 fr. La Valliere; 17 liv. 17 sh. Roxburghe; 4 liv. 4 sh. White Knights; 11 liv. Heber; *mar. r.* 330 fr. d'Essling; 305 fr. *mar. d. de mar.* Bertin.

Ce roman en prose est divisé par chapitres, où sont rapportés les faits merveilleux de Virgille, célèbre nécromancien qui avait étudié à Tolette (*sic*).

— Les faictz mer | ueilleux de Vir | gille. Imprimez nouuellement. (au recto du dernier f.) : *Cy finissent les faitz mer- ueilleux de vir- | gille. Imprimees* (sic) *nouuellement a Paris pour | Jehan Sainct Denis Libraire demourant en | la rue neufue Nostre Dame a Lenseigne sainct Nicolas*, pet. in-8. goth.

Vend. 3 liv. 5 sh. Lang; 10 liv. *mar. bl.* Heber, et 180 fr. à Paris, en janvier 1837; 173 fr. d'Essling.

Volume de 16 ff., signat. A—D, chacune de 4 ff., 27 lig. à la page, une gravure en bois sous les trois lignes du titre. Le texte commence au verso du premier f.; le verso du dernier f. est occupé par la marque de l'imprimeur anglais, *Wynkyn de Worde.*

— Les faits merueilleux de Virgille. *Impr. nouuellement,* pet. in-8. goth. de 16 ff. non chiffrés.

Au commencement et à la fin de cette édition sans date se voit une vignette gravée sur bois représentant un moine assis devant son pupitre.

— Les faictz merueilleux de Virgille. (au recto de l'avant-dernier f.): *Cy finissent les faictz merueilleux de virgille nou- uellement imprimez a Paris p̃ Guil- laume Nyuerd demourant en la rue de la iuyfrie a lymage sainct Pierre ou a la premiere porte du Palays*, pet. in-8. goth. de 16 ff.; le 16e f. présente au recto une gravure en bois, et au verso la marque du libraire.

Vend. 7 fr. *m. r.* La Valliere.

Nyuerd a donné une autre édition de ce petit roman,

de format pet. in-8., dans laquelle la gravure du titre est répétée au verso du dernier f. C'est sur une édition différente qu'a été faite la réimpression en lithographie publiée à *Paris*, chez *Techener*, en 1831, in-16, et dont, selon les annonces de ce libraire, il n'a été conservé que 38 exempl., savoir : 18 sur VÉLIN avec des bordures propres à être coloriées (34 fr.); 12 sur pap. de Chine avec ces mêmes bordures (6 fr.), et 8 sur pap. de couleur, sans encadrement. Un exempl. impr. sur VÉLIN, avec les ornements peints, et rel. en *mar.*, s'est vendu 32 fr. salle Silvestre, en 1831. 48 fr. Solar.

Une seconde réimpression fac-simile de l'édition de Nyverd (où la figure du titre n'est pas répétée à la fin) a été faite le 10 juin 1831, à *Paris*, chez *Pinard*, in-16, et tirée à 42 exemplaires, dont 32 sur pap. de Hollande (16 fr.), 8 sur pap. de Chine et 2 sur VÉLIN.

— La vie: les ditz, et merueilles de Vergille. Quil fist lui estant en Romme. Nouuellement imprimee. (au recto du dern. f.): *Imprime a Lyon en la maison de feu Barnabe Chaussard* (1520 à 1530), pet. in-8. goth. de 20 ff. non chiffrés, signat. a. b. c. à 24 lig. par page.

Vend. 1 liv. 14 sh. Heber, et ensuite 125 fr. à Paris, et 126 fr. *m. r.* Veinant; 300 fr. Solar.

— This Boke treatethe of the Lyfe of Virgilius and of his death, and many maravayles that he dyd in his lyfe tyme... — *Emprynted in the cytie of Anwarpe by me John Doesborcke* (sans date), pet. in-4. goth. de 30 ff. fig. en bois.

Un exempl. de ce petit roman, imité de l'opuscule français qui précède, a été successivement vendu 54 liv. 12 sh. Roxburghe; 29 liv. 8 sh. White Knights; 29 liv. 18 sh. Hibbert; 25 liv. 10 sh. Heber, et chaque fois annoncé comme le seul connu. Il en a été fait une réimpression sous le même titre (*Virgilius..this boke treateth of the lyfe of Virgilius...*) à Londres, en 1812, par J. M'Creery, pet. in-4., aux frais de M. Utterson, et tirée à 60 exempl. seulement. Vend. 1 liv. 6 sh. Hibbert; 50 fr. 50 c. *m. bl.* salle Silvestre en 1829. On en conserve un exemplaire sur VÉLIN, au *British Museum.*

FAJARDO ou Faxardo (*Alonso Guajardo*). Proverbios morales en redondillas. *Cordova, Gabr. Bejarano*, 1585, pet. in-8.

Ces proverbes ont été réimpr. à Paris, en 1614, à la suite de *La Doleria del sueño del mundo*, comédie espagnole de P. Hurtado de la Vera (voy. HURTADO).

FALABACCHIO e Chattabrigha giganti (*senza luogo ed anno*), in-4. goth. de 12 ff. à 2 col. de 32 lig. caract. semi-goth. avec fig. en bois. [14758]

Petit poëme en 173 stances, dont le sujet est tiré du 24e chant du Morgante di Pulci. L'édition citée paraît avoir été impr. à Florence au commencement du XVIe siècle. Le titre ci-dessus y est impr. en majuscules goth. au recto du premier f., qui ne contient rien de plus. C'est d'après un exemplaire dont le premier feuillet manquait que M. Melzi a décrit ce livret précieux sous le titre de *Regina antea* qu'il porte effectivement dans des éditions postérieures à celle-ci, laquelle a été vendue 155 fr. *m. r.* Libri (voy. REGINA ANTEA).

FALBE. Numismatique de l'ancienne Afrique. Ouvrage préparé et commencé par C.-T. Falbe et J.-Chr. Lindberg, refait, achevé et publ. par L. Müller. Premier volume : Les Monnaies de la Cyrénaïque. *Copenhague, imprimerie de Bianco Luno par F. S. Muhle,* 1860, in-4., avec nombreuses grav. sur bois dans le texte. [29844]

— Emplacement de Carthage, 22771.

FALCAND. Historia de rebus gestis in Siciliæ regno, ab anno 1085 ad annum 1169; auctore Hugone Falcando, siculo, cum Gervasii Tornacensis præfatione, studio et beneficio Matthæi Longogæi. *Parisiis, Dupuis,* 1550, in-4. [25838]

Édition originale de cette chronique écrite au XIIᵉ siècle. L'ouvrage a été réimpr. dans plusieurs collections, et notamment dans le 7ᵉ vol. de celle de Muratori.

FALCO (*Benedetto* di). Descrittione dei luoghi antichi di Napoli, e del suo amenissimo distretto. *Napoli, Sugganappo,* 1549, pet. in-8. de IV et 68 ff. [25760]

Ouvrage estimé. Un exemplaire de cette édition, impr. sur VÉLIN, se trouvait il y a quelques années chez le duc de Cassano.

La première édition est sans date, mais il y en a de 1568, 1580, 1589 et 1617, in-8.

C'est une la 6ᵉ édition de Naples, 1679, in-4., qu'a été faite la traduction latine de Sig. Havercamp, qui fait partie du IXᵉ vol. du *Thesaurus antiq. Ital.* de Burmann.

Parmi les autres écrits de l'auteur on distingue le suivant :

DE ORIGINE hebraicar., græcar. et latinar. literarum, deque numeris omnibus. *Neapoli,* 1520 et 1541, in-4.

La première de ces deux éditions est à la Bibliothèque impériale. La *Biographie univers.,* article *Falco,* en cite une de 1510, et cite aussi un *Rimario* in Napoli appresso, Matteo Canze, 1535, in-4.

FALCON ou mieux Salcon (*Nic.*). Voir l'article HAYTHON.

FALCON (*Jean*) sur le Guidon. Voyez à la fin de l'article HAYTON Cauliac.

FALCONER (*Will.*). The Shipwreck, a poem, a new edition, with notes and a life of the author by J. Stanier Clarke. *London, Miller,* 1804, gr. in-8. [15829]

Ce poëme, qui date de 1762, a été souvent réimpr. L'édit. de 1808, devenue rare, surtout en très Gr. Pap., est la plus recherchée; les gravures qui la décorent sont préférables à celles de la réimpression de Londres, 1811, gr. in-8. Cette dernière édition, ornée de 20 gravures, par Fittler, d'après de nouveaux dessins de M. Pocock, coûte 12 sh., et en Gr. Pap. 1 liv. 4 sh.

— Dictionary of the marine, 8450.

FALCONETO de le bataie che lui fece con li Paladini di Franza e de la sua morte : *Impressum Venetiis per Io. Bapt. Sessa anno Dñi M. D. die xxvij Martii,* in-4. de 20 ff. caract. rom. [14736]

Poëme en quatre chants, en stances de huit vers.

— Lo stesso, col il sopra indicato titolo.— *Venesia, per Marchion Sessa, nel* M. D. XI. *Adi .xxx. de Mazo,* in-4. de 20 ff. à 2 col. sign. A—E, caract. rom. fig. (cité par M. Melzi).

— Falconeto de le bataglie che lui fece con li paladini in Franza e de la sua morte. (au recto du 20ᵉ f.): *Finis. Stampato in Venetia,* 151z (1512), pet. in-4. goth. de 20 ff. à 2 col. sign. A—E, avec fig. en bois.

Cette édition peu connue est à la Bibliothèque impériale. Chaque colonne entière contient cinq octaves; mais il y en a plusieurs où la gravure occupe la place d'une octave. Le frontispice est orné d'une gravure représentant le héros du poëme à cheval. Les chants ne sont pas distingués.

—Qui incominza le battaglie de Falconeto. — *Impresso in Milano per Augustino de vicomercato. A le spesse de Ioanne Iacobo & fratelli de Legnano. Nel anno...* M. D. XXI. *adi. v. de Aprile,* in-4. de 16 ff. à 2 col., sign. A et B., avec une fig. au frontispice. (*Biblioth. ambrosienne.*)

Le *Falconeto delle battaglie....* a été réimprimé à Bresse, *Damiano Turlini,* 1546, in-8. fig. en bois; — à Milan, *Valerio et Hieron. fratelli da Meda,* 1572, in-8. fig.; — à Venise, *Dom. Imberti,* 1605, in-8.; — *in Trevigi ed in Pistoja* (senz' anno), in-8.

—Vendetta di Falconeto. — *Impresso nela cita de Milano per...Iohanne de Castelliono nel anno del signore. M.cccc.xij. adi. vii. de zugnio,* in-4. à 2 col. caract. demi-goth. sign. aii—ddiii. [14737]

Le premier f. ne contient que les trois mots du titre ci-dessus; sur le second, sign. Aij, on lit : *Incomenza la uendeta de Falconeto historiata nouamente stampata.* Le registre des cahiers est au verso du dernier feuillet.

Cette édition presque inconnue était chez M. Melzi, mais le titre manque à l'exemplaire.

— LIBRO di Mirandi Facti di Paladini intitulato Vendetta di Falchonetto. Nouamente historiato. (au recto du dernier f.): *Qui finisse il Libro chiamato la vendeta* (sic) *di Falchoneto. Stampata in Venetia nel* M. D. XIII. *adi xxviii de octobrio,* in-4. de 80 ff. non chiffr., à 2 col. sign. A—K, lettres rondes, avec fig. en bois.

Sur le titre se voit une figure en bois représentant Charlemagne à cheval. Vend. 15 fr. La Vallière ; 1 liv. 11 sh. Heber.

Dans cette édition (dit M. Melzi, p. 66), le texte ne contient qu'une petite partie du poëme tel qu'il est dans l'édition de Milan, 1512. On y a ajouté une dernière octave où est promis un autre poëme intitulé *Tiburgo.* Ce Tiburgo est un des héros dont les prouesses sont rapportées dans le grand poëme ci-dessus, impr. en 1512. S'il existe réellement un poëme sous ce nom, il est à croire qu'il est extrait de la *Vendetta di Falconeto;* comme de l'*Innamora-*

mento di Carlo est tiré le *Salione*. (Voy. CARLO Magno.)

— FALCONECTO tutto Hystoriato Stampato di Nuovo. *Ad istanza di Bern. da Pescia* (senz' anno), in-4. fig. en bois.

Édition rare, vend. 4 liv. 18 sh. Hibbert; 1 liv. 4 sh. Heber.

Quoique le titre ci-dessus ne nous fasse pas connaître exactement s'il s'agit là du *Falconeto delle battaglie* dont nous avons parlé plus haut, ou de *la Vendetta di Falconeto*, nous pensons que le vol. de M. Hibbert contenait ce dernier poëme, lequel est également en stances de huit vers, mais beaucoup plus étendu que le premier. Quant au libraire *Bern. de Pescia*, nommé dans le titre, M. Melzi conjecturait que ce pourrait bien être le même qu'un *Bernardo de Zuchetta*, qui demeurait à Florence en 1525; mais il n'en a rien dit dans sa seconde édition.

FALCONIA. Probæ Falconiæ cento virgilianus. In-fol. de 12 ff. [12565]

Ancienne édit. sans chiffr., récl. ni signat., avec les caract. goth. de *Mich. Wensler* de Bâle, vers 1475; les pages entières ont 30 lignes.

Cet opuscule commence par une courte notice de 7 lignes, dont voici les premiers mots : *Isidor' in cathalogo illustriū viror.*, etc. On lit au verso du dernier f. une souscription commençant ainsi : *Explicit Virgilio cētona probe, etc.* Vend. 1 liv. 11 sh. Heber.

— Probe centone clarissime fœmine excerptum e Maronis carminibus ad testimonium veteris novique Testamenti opusculum sequitur. (in fine) : *Probe centone clarissime fœmine opusculum finit*, in-4. de 17 ff. sans réclame ni signat.

Édition impr. vers 1470-72, sans lieu d'impression et sans date. Un exempl. impr. sur VÉLIN et rel. en *mar. bl.* a été vend. 380 fr. Libri.

Les éditions d'*Anvers*, *Leeu*, 1489, et de (*Paris*, 1499, *Alyate*, in-4., sont à bas prix.

Ces centons ont été impr. pour la première fois en 1472, à la suite d'Ausone (voy. AUSONIUS).

— PROBÆ Falconiæ, vatis clarissimæ a divo Hyeronymo comprobatæ centonam (pro *centones*), de fidei nostræ misteriis e Maronis carminibus excerptum opusculum. (in fine) : *Impressum in florentissima Lugdunēsi ciuitate*, *solertia Stephani de Basignana*, *Gorgoni carmelite... in officina Fernandi Lescuyer.* 1516, pet. in-8. de 16 ff. non chiffrés, sign. A — B. avec la marque d'Etienne Basignan au verso du dernier feui.let. 14 fr. 50 c. *m. r.* Coste.

Petite édition, bien exécutée et assez rare ; singulière en ce qu'elle paraît avoir été faite par un carme.

— CENTO virgilianus historiam V. et N. Testamenti complexus, edente J. Henr. Kromayero. *Halœ-Magdeburgicæ*, 1719, in-8. 3 fr.

— ELEGANTES variorum Virgilio-Ovidio centones. Voy. à la suite de l'article VIRGILE.

AMAS chrétien, ou extrait de la poésie de Virgile, accommodez au Vieil et Nouveau Testament, reduitz en deux livres par Proba Fauconie, femme d'Adelphus, romain ; par le Nomophile Marchois (Pardoulx Du Prat, marchois). *Lyon, Jean d'Ogerolles*, 1557, pet. in-8. de 69 pp.

Petit livre rare. La Croix du Maine et Du Verdier (article Richard Le Blanc) en citent une autre qui ne l'est pas moins, et qui aurait pour titre :

OPUSCULE sur le mystère de notre foi, colligé des Carmes de Virgile, réduits en ordre par Proba Fal-

conia, femme bien recommandée en la poésie, approuvée de S. Hiérosme, trad. en francoys par Richard Le Blanc. *Paris, Robert Masselin*, 1553, in-16.

FALCONIS (*Jacobi*) Opera poetica, nova editio, quamplurimis ejusdem auctoris operibus, quæ nondum lucem viderunt, locupletata. *Barcinone*, 1624, pet. in-8. 5 à 6 fr. [12951]

On a du même poëte : *Epigrammata*, Valentiæ, 1647, pet. in-8.

FALDA (*Gio.-Bat.*). Li Giardini di Roma, disegnati ed intagliati da Falda. *Roma*, 1683, in-fol. obl. 20 pl. et un titre. 8 à 10 fr. [9857]

— Il nuovo teatro delle fabriche ed edificj di Roma moderna. *Roma*, 1665-99, 4 part. en 1 vol. in-fol. obl., contenant 142 pièces. 12 à 15 fr. [9855]

Ce recueil donne une idée assez exacte des lieux et des monuments qui y sont représentés. Les trois premiers livres ont été dessinés et gravés par Falda, et le quatrième est d'Alex. Specchi. Le tout a été publié par J.-J. de Rossi.

— LE FONTANE di Roma, delineate da Falda e da Fr. Venturini. *Roma*, 1691, 4 tom. en 1 vol. in-fol. obl., contenant 107 pièces. 10 à 15 fr. [9856]

Exact et bien gravé : 17 fr. Hurtault. Le 4e livre, contenant 28 pl., manque quelquefois.

FALDERMANN (*Fr.*). Coleoptera fauna entomologica transcaucasica. *Moscou*, *Semen*, 1836-37, 2 vol. in-4. fig. color. [6038]

Ces deux volumes font partie des tomes IV et V des *Nouveaux mémoires de la Société impér. des naturalistes de Moscou.*

On a du même auteur :

COLEOPTERORUM ab illustr. Bungio in China boreali, Mongolia, etc., collectorum illustrationes. *Petropoli*, 1835, in-4., avec 5 pl. color. [6039]

FALETI (*Hieron.*) de bello sicambrico lib. IIII, et ejusd. alia poemata, lib. VIII. *Venetiis, Aldus*, 1557, in-4. [12685]

Volume peu commun : vend. 15 sh. Pinelli : 21 fr. 50 c. d'Ourches; 9 sh. Butler, et *non rogné* 1 liv. 13 sh. Libri, en 1859.

Il a paru aussi à Venise, chez Alde, en 1558, *Orationes XII Hieron. Faleti*, in-fol., livre d'une valeur médiocre.

— DE BELLO sicambrico lib. IV, præmissa est epistola Corn.-Val. Vonck ad Janum de Back. *Noviomagi*, 1749, in-8. 5 fr. — Voy. ATHENAGORAS.

FALISCUS (*Gratius*). Cynegeticon. Voy. GRATII Cynegeticon.

FALKENSTEIN (Dr *Karl*). Geschichte der Buchdruckerkunst in ihrer Entstehung und Ausbildung. Ein Denkmal zur vierten Sæcular-Feier der Erfindung der Typographie. *Leipzig, Verlag und Druck von B.-G. Teubner,* 1840, in-4. fig. 8 thl. [31194]

Ce bel ouvrage est divisé en trois parties : la première, la plus curieuse des trois, est consacrée aux premiers essais de l'imprimerie faits à l'aide de planches de bois, avec ou sans texte, en commençant au S. Christophe de 1423. On y donne de bons fac-simile de ces anciennes productions xylographiques, soit d'après les originaux, soit d'après les auteurs qui les ont déjà fait connaître. Parmi ces gravures nous avons remarqué surtout un grand Calendrier de Johann von Gmünden, ou *de Gamundia,* avec des petites vignettes à chaque mois ; morceau qu'on suppose être de l'an 1439. Cette partie est terminée par un résumé des différentes opinions sur les inventeurs de l'imprimerie. La seconde partie, également enrichie de bons fac-simile, est une histoire de la propagation de l'art typographique dans les différents pays de l'Europe et même dans les autres parties du monde, en commençant par l'Allemagne, où l'auteur s'arrête avec une complaisance que nous ne saurions blâmer. L'article consacré à la France est fort incomplet, et ne reproduit pas même, relativement à Angers, Metz, etc., ce qu'avait déjà fait connaître le Manuel du libraire et son supplément. La troisième partie est une courte histoire du mécanisme de l'imprimerie, où l'on passe en revue les différents perfectionnements et les applications qui s'y rattachent. Cette section est décorée de grav. impr. en couleur, et accompagnée de plusieurs index. Enfin le volume se termine par 10 ff. de spécimens des caract. orientaux, et des autres caractères exotiques de l'imprimerie royale, à Paris. L'ouvrage de M. Falkenstein est un excellent résumé des principaux écrits déjà publiés sur le même sujet, et l'impression du livre fait honneur à M. B.-G. Teubner, dont le grand établissement typographique est décrit à la page 187 de ce même livre.

— Königl. Bibliothek zu Dresden, 31538.

FALKNER (*Thomas*). A Description of Patagonia, and the adjoining parts of south America : containing an account of the soil, etc., an account of the language of the Moluches, with a grammar and a short vocabulary. *Hereford,* 1774, in-4., avec une carte. [28336]

Réimprimé par Allan de Darlington, en 1788, in-4. — Voy. PENNANT.

FALLMERAYER (*J.-Ph.*). Geschichte des Kaiserthums von Trapezunt, etc. *Munich,* 1827, in-4. de xv et 354 pp. [22997]

Cet ouvrage, qui se rattache à l'*Histoire du Bas-Empire,* a été couronné par la Société royale des sciences à Copenhague. M. Hase en a rendu un compte avantageux dans le *Journal des Savans,* octobre 1828, où cependant sont relevées quelques inadvertances et plusieurs omissions de l'auteur. Vend. 19 fr. Saint-Martin.

FALLOT (*L.-F.*). L'Innocence opprimée, ou la mort d'Iwan, empereur de Russie, tragédie par L.-F. Fallot, C. D. S. M. (*St-Petersbourg,* 1765), pet. in-8. de 112 pp. en tout. [16566]

Fall (*Ph.*). Account of Jersey, 27188.
Fallot (*Gust.*). Formes grammaticales, 10932. — Patois, 11059.

Voir, sur cette pièce rare en France, le catal. de M. de Soleinne, 2081, où elle est portée à 13 fr. 50 c.

FALUGI (*Domenico*). Triompho magno nel qual si coutiene il famose guerre d'Alexandro magno jmperator di Grecia commenciando avanti sua nativita : composto p Domenico Falugi Ancisano poeta laureato al jll. S. Hippolito de Medici. (au recto du dern. f.) : *Impressum Romæ, per Marcellum Silber dictus Franck, anno dñi* M.D.XXI, in-4. à 2 col. lettres rondes. [14653]

Poëme en octaves : 24 fr. 50 c. *m. r.* La Vallière. — Pour un autre poëme sur le même sujet, voy. 1, col. 165.

FALUGIO (*Giovanni*) (da l'Ancisa in Toscana). Morte di Giovanni de' Medici : *Venezia, per Aurelio Pinsio Veneziano,* M. D. XXXII, pet. in-8. [14999]

Petit poëme en *ottava rima,* imprimé en petits caractères ronds, fort jolis. Catal. Capponi, p. 157.

FAMEUSE comédienne (la), ou histoire de la Guérin, auparavant femme et veuve de Molière. *Francfort, Frans Rottenberg,* 1688, pet. in-12 de 89 pp. y compris les prélim. Il y a de plus un f. non chiffré. [30604]

Édition impr. en Hollande, avec des caractères et des fleurons dans le genre de ceux des Elseviers. Les trois dernières pages contiennent des portraits en vers de huit comédiennes de l'Hôtel de Guénégaud. Vend. 20 fr. (avec l'histoire de Frétillon), Garnier, et (seule) 64 fr. 50 c. Pixérécourt ; 45 fr. de Soleinne ; 40 fr. Giraud.

Cette histoire romanesque et satirique est attribuée à une dame Boudin, comédienne, dans le *Diction. des anonymes,* nº 6625, où se lit un article curieux relatif à l'ouvrage. Langlet du Fresnoy, *Bibl. des romans,* page 68, cite une édition de *Francfort,* 1685, et une autre de *Cologne,* 1688, in-12 :

— HISTOIRE des intrigues amoureuses (sic) de Molière et celle de sa femme. *Sur l'imprimé à Paris,* 1688, in-12 de 129 pp.

Les passages supprimés dans l'édit. sous le titre d'*Intrigue de Molière,* sont dans celle-ci aux pages 42 et 43. Vendu 30 fr. Monmerqué. Ils sont aussi dans une édition de Francfort, *Frédéric Arnaud,* 1697, pet. in-12 de 96 pp., non compris le titre. 17 fr. de Soleinne ; 51 fr. *mar. vert* par Trautz, Veinant.

L'ouvrage a été réimpr. avec des changements dans une grande quantité de phrases, sous le nouveau titre suivant :

LES INTRIGUES amoureuses de M***, et de Mad.*** son épouse. *Dombes,* 1690, in-12 de 120 pp. (deux éditions sous la même date, dont l'une pet. in-8.).

Et encore sous cet autre titre :

LES INTRIGUES de Molière et celles de sa femme. (*sans lieu ni date*), in-12 de 88 pp. Vend. 13 fr. Morel-Vindé ; 44 fr. 50 c. de Soleinne.

Cette dernière édition reproduit en partie celle de 1690 ; mais outre qu'on y a fait quelques nouveaux

Falloux (le vicomte de). Histoire de saint Pie V, 21654. — Louis XVI, 23917.
Fallue (*L.*). Histoire de l'Église et du diocèse de Rouen, 24432.
Falret (*J.-P.*). Hypocondrie, 7301.
Falsterus (*Chr.*). Amœnitates philologicæ, 18230.

changements dans le style, on en a retranché un passage qui est dans l'édition de 1688, aux pages 30 à 32, et dans la précédente aux pages 37 à 40, passage relatif aux amours du duc de Bellegarde et à ceux du comédien Baron.

FAMEUSE (la) compagnie de la Lesine ou Alesne, c'est-à-dire la manière d'espargner, acquerir et conserver... traduction nouvelle de l'italien, par le pasteur Philandre. = Continuation des canons et statuts de la fameuse compagnie de la Lesine... = Nouvelle consulte des femmes, pour estre admises en la confrairie de la Lesine, 1re partie. *Paris, Abrah. Saugrain*, 1604, 2 tom. en 1 vol. pet. in-12. [17904]

Réimprimé à *Paris, Rolet Boutonné*, 1618, pet. in-12. J'ai vu un exemplaire de cette réimpression qui contenait de plus que l'édition de 1604 : *Commentaire sur la Lésine, ou Histoire véritable du capitaine de la Sablonnière, où l'on voit plusieurs beaux traits pour espargner honorablement son bien, et lettre de M*lle *de Beauvais lorsque la cour estoit à Verdun ;* mais cette partie de 3 ff. et 26 pp., 367 à 407, pourrait bien appartenir à une autre édition (catal. de Soleinne, n° 4707).

La Contre-Lésine, ou plustôt discours, constitutions et louanges de la Libéralité... Augmentez d'une comédie intitulée les Nopces d'Antélésine; ouvrage du pasteur monopolitain, et traduict nouvellement de l'italien. *Paris, Abrah. Saugrain,* 1604, 2 part. en 1 vol. pet. in-12.

Ce volume, qui doit être réuni au précédent, a aussi été réimpr. à *Paris, Rollet Boutonné,* en 1618.

Les deux vol. de 1618, *mar. bl.* 70 fr. de Soleinne, et quelquefois de 12 à 20 fr.

Le recueil italien dont ces deux volumes sont la traduction se compose de différentes pièces qui ont paru successivement, et qui sont peut-être de plusieurs auteurs. Celui de la *Compagnia della Lesina* serait, selon Baillet (édit. in-12, VI, 2e part., p. 203), un nommé Vialardi ; mais le P. Merati (cité par Melzi, p. 173) attribuait l'ouvrage à Tommaso Buoni, prêtre lucquois, lequel a donné, sous le nom de *Buoso Tomani*, un écrit du même genre intitulé :

Della compagnia de Tagliacantoni... *Venezia,. Marco Guarisco,* 1601, in-4.

L'édition de la *Compagnia della Lesina* qui est regardée comme la plus ancienne a pour titre :

Capitoli da osservarsi inviolabilmente da tutti i confratelli dell' onorevole compagnia della Lesina, ec., con alcune stanze d'autore incerto. *Stampati per ordine degli otto operai.* C'est un in-4. sans date et sans nom de lieu ni d'imprimeur, mais que l'on croit être sorti des presses des Giunti, à Florence, dans la seconde moitié du XVIe siècle. Selon le catal. Libri (1847), n° 2468, cette ancienne édit. n'aurait que 23 ff., y compris les *Stanze del poeta Sciarra* qui sont à la fin (voy. Sciarra) , et une autre de Ferrare, *Vittor. Baldini,* 1590, in-4. vend. en *mar. r.* 17 fr. 50 c., serait probablement la première avec date. La plupart des autres édit. in-4., in-8. et in-12 portent pour titre : *Della famosissima compagnia della Lesina dialogo, etc.* Elles renferment plusieurs pièces qui ne sont pas dans les premières éditions. On peut voir dans le catal. de La Vallière-Nyon, n°s 18847 et 18860, ce que renferment l'édit. d'*Orvieto, Colaldi,* 1600, pet. in-12, et celle de *Vicenza, Perin,* 1602, in-12. L'édit. de Venise, 1603, in-8., est bien décrite dans le catal. de Soleinne, n° 4703, ainsi que la *Contra lesina* et le *Nozze d'Antilesina,* sous la même date. Cette dernière pièce a reparu sous cet autre titre : *Il Pignatto grasso, comedia nuova e piacevole, con l'ya li affumicati lesinati, del pastor Manopoli-*

tano. Venetia, Felice Barezzi, 1612, pet. in-12; elle fait aussi partie de l'édition de la *Compagnia della Lesina,* de Venise, *Paolo Baglioni,* 1664, 2 tom. en 1 vol. in-12. Les nombreuses éditions de ces différentes facéties prouvent qu'elles ont eu jadis un succès que, certes, elles n'obtiendraient pas maintenant.

FAMILIARIS clericorum post omnes omnium impressiones cum cura summoque · studio nuper emendatus, cantus qui ubique depravatus habebatur : ad amussim recognitus : et in pristinam harmoniâ restitutus. *Venetiis, apud heredes L. Ant. Junte,* 1542, in-8. avec la musique notée. [10104 ou avant 10194]

En *m. r.* 30 fr. Riva.

FAMILLE ridicule (la) , comédie messine en vers... achevée d'imprimer pour la première fois en 1720. *Berlin, Jean Toller,* pet. in-8. [16597]

Cette comédie en patois messin est assez généralement attribuée au savant philologue Jacq. Le Duchat, qui naquit à Metz et mourut à Berlin. Il en existe deux éditions sous la même date, l'une de 77 pp., et l'autre de 76 pp. seulement. A la fin de cette dernière se lit une épitaphe de *Perrin des Grilles* (en 8 vers), laquelle n'est pas dans la première. Une de ces édit. a été vend. 13 fr. en 1840 ; la dernière 6 fr. de Soleinne, et moins depuis.

FAMIN (*A.*) et A. Grand-Jean de Montigny. Architecture toscane, ou palais, maisons et autres édifices de la Toscane. *Paris,* 1806, gr. in-fol. [9864]

Ouvrage terminé en 1815 et qui se compose de 18 livrais. dont la dernière renferme un texte explicatif. Chaque livrais. de 6 pl. 4 fr.; — Pap. de Holl. 8 fr.; — lavé et color. 30 fr.

Publié de nouveau à Paris, chez Bance, 1837, in-fol., avec 109 pl., et nouvelle édition augmentée de 24 pl. des plus beaux tombeaux des XVe et XVIe siècles. *Paris, Salmon,* 1846, in-fol. de 133 pl.

FAMIN (*Cés.*). Peintures, bronzes et statues érotiques formant la collection du cabinet secret du musée royal de Naples, avec leur explication. *Paris, Abel Ledoux,* 1832, gr. in-4. pap. vél., avec 41 pl. 15 à 20 fr. [29292]

— Rivalité et protectorat des églises chrétiennes en Orient, 21540.

FANELLI (*Fr.*). Atene attica, descritta da suoi principj all' anno 1687, colla relazione de' suoi re, principi, etc. *Venezia,* 1707, in-4. fig. 8 à 10 fr. [22853]

FANFARANA (*Sebastiano*). Il Viaggio in Eliconia. *Bergamo, per Comin Ventura,* 1595, in-4.

Petit poëme en *ottava rima* dans lequel l'auteur célèbre la beauté de 32 dames dont les noms sont donnés dans la table du livre. 16 fr. Libri.

FANFARES (les) et courvées abbadesques

Famiglie illustre di Padova, 28900.

Fancan. Tombeau des romans, 16965.

Fangé (*Aug.*). Histoire de la barbe, 17947. — Vie de Calmet, 30629.

des roule-bon-temps de la haute et basse coquaigne et dependances, par I.-P.-A.

Musis concurrunt ludus, et usus.

a Chambery, par Pierre Dufour imprimeur de S. A. M. D C. XIII, pet. in-8. [17839]

Livre rare, singulier, et même des plus bizarres que l'on puisse voir. L'importance qu'il s'est acquise dans ces derniers temps nous détermine à en donner une description détaillée : 4 ff. prélim. contenant le titre; dédicace de I.-P.-A. à M. Favier, avocat général; au lecteur; sonnet à l'auteur et sixain au même; texte, pages 1 à 168 divisé ainsi : *Paradoxe poétique* (en vers), pages 1 à 11; *extract des archives de la basoche* (en vers), pages 13-39; *Palinodie de l'amant* (en vers), pages 41-43; *Chanson*, page 44; *Apologie problématiquement carnavalisée de la bonne fillette Sophire* (en prose), pages 45-94; *Dialogue en rithme françoise et savoyssienne* (à 6 personn., en 4 actes), pages 95-144; *Cartel à M. D. L. G. D. M. pour le capitaine des Egyptiens ou Sarrasins* (en vers), pages 145-167. Vis-à-vis du frontispice doit se trouver une gravure singulière où sont personnifiés le paradis et l'enfer. Vend. 13 fr. *m. v.* Gaignat, et 10 fr. *m. r.* La Vallière. Un autre exempl., d'abord en mauvais état, s'est donné pour 20 fr. en janvier 1829; puis après avoir été lavé et rel. en *m. bl.* à riches compart., dans le genre de Grolier, ce même exempl. a été porté à 500 fr. à la 2e vente de Ch. Nodier, en janvier 1830, et revendu 380 fr. d'Essling; enfin, l'exemplaire de Gaignat a été revendu 200 fr. *mar. r.* Bignon; 350 fr. Tripier, et 500 fr. Solar.

FANFRELUCHES poétiques par un Matagraboliseur : *Homini bono dedit Deus lætitiam*, Eccles. II, 26. *Paris, impr. de Firmin Didot*, 1845, in-8. [14096]

Volume de XVI, 342 et 3 pp., plus un supplément intitulé : *Quatre épîtres par un* Matagraboliseur, 23 pp., et des cartons pour les pages 21-22, 67-68, 83 et 84, 127-128, 177-178. L'auteur de ces poésies est M. Lambert-Ferdinand-Joseph Vandenzande, qui n'en fit tirer que cent exemplaires, et ne les mit pas en vente. On a du même auteur des Fables, impr. à *Paris, chez F. Didot*, en 1849, in-18 de VII et 328 pp., tirées à 200 exemplaires, non destinées à être vendues.

FANI (Scheik *Mohammed* Mohhsen). Le Dabistan, en persan. *Calcutta, décembre* 1809, pet. in-fol. [2241]

Vendu 136 fr. Langlès, n° 289, et 150 fr. chez le même, n° 2767, et 101 fr. de Sacy, n° 1609.

— The Dabistan, or school of manners, translated from the original persian, with notes and illustrations, by David Shea and Ant. Troyer. *Paris*, 1843, 3 vol. in-8. 48 fr.

Le Dabistan, ou traité de la religion des anciens Persans, avait déjà été trad. en anglais par Fr. Gladwin, et de l'anglais en allemand par F. de Dalberg, *Aschaffenbourg*, 1809, pet. in-8. de 118 pp.

FANT. Scriptores rerum suecicarum medii ævi, ex schedis præcipue Nordinianis collectos, dispositos ac emendatos edidit Eric. Mich. Fant. *Holmiæ et Upsaliæ*, 1818, in-fol. [27647]

Ce recueil devait avoir 3 vol. Les deux premiers, les seuls que nous connaissions, coûtent environ 50 fr. chacun.

FANTAISIES de mere Sotte. Voy. GRINGORE.

FANTI ferrarese (*Sigism.*). Triompho di fortuna, el qual tratta delli accidenti de mondo si per scienzia naturale come per astrologia da Mercurio Vanullo romano fidelmente esposto. Opera utilissima et iocosa. *Venegia, per Agostin da Portese ad Instantia di Giacomo Giunta mercante Fiorentino*, 1527, in-fol. de 148 ff. [8931]

Ouvrage rare et fort singulier, du même genre à peu près que les *Sorti* de Lorenzo Spirito (voy. SPIRITO); il contient les réponses à 72 demandes dont la table se trouve au commencement du volume. Ces réponses sont prétendues calculées par les règles de l'astrologie judiciaire. Le vol. est tout en figures grav. en bois, excepté 16 ff. prélim. qui contiennent le frontispice, le privilége, la table, etc. Les trois premières figures ne sont pas chiffrées, mais les autres le sont depuis 1 jusqu'à 128; il y a ensuite un dernier f. pour la souscription et le registre. Vend. 17 fr. exempl. taché, de Couronne; et un bel exempl. en *mar.* 3 liv. 19 sh. Hibbert; 4 liv. 4 sh. avec plusieurs feuillets restaurés, Libri, en 1859.

— Sigismundi de Fantis præclarissimus liber elementorum litterarum. *Venetiis, per Joannem Rubeum*, 1514, in-4.

Ouvrage écrit en italien quoique sous un titre latin. C'est, nous le supposons, un premier essai de celui que nous décrivons sous le titre de *Tesoro de Scrittori*, à l'article Ugo da Carpi. Les pages de l'édit. de 1514 ci-dessus sont entourées de bordures en bois et donnent la proportion mathématique des lettres. 2 liv. 6 sh. Libri, en 1859.

FANTONI detto Labindo (*Giov.*). Poesie. *Italia (Firenze)*, 1823, 3 vol. gr. in-8. portr. 18 fr. [14605]

Édition la plus complète : on a inséré dans le 3e vol. les *Memorie storiche* de l'auteur, et quelques écrits en prose. — Les *Poesie di Fantoni*, Milano, Silvestri, 1823, gr. in-16, font partie de la *Biblioteca scelta*.

FANTUZZI (*Giov.*). Notizie degli scrittori bolognesi. *Bologna*, 1781-94, 9 vol. pet. in-fol. [30683]

Ouvrage d'une exactitude scrupuleuse, et tout à fait à la manière de Mazzuchelli : le 9e vol. est un supplément. 90 à 100 fr. en Italie. — Vita di Aldrovando, 30743.

FANTUZZI (*Marco*). Monumenti ravennati de secoli di mezzo, per la maggior parte inediti. *Venezia*, 1801-4, 6 vol. in-4. fig. [25653]

Livre rare, tiré à très-petit nombre, pour les amis de l'auteur. Il renferme peu de gravures de monuments; mais il présente une suite nombreuse d'actes authentiques et de notices historiques et diplomatiques qui le rendent curieux (*Cat. Cicognara*, n° 4000) : 60 fr. 50 c. Reina.

FARAMOND, ou l'histoire de France (par de La Calprenède et continuée depuis le huitième volume par P. d'Ortigue de Vaumorière). *Paris, 1661-70, 12 vol.* pet. in-8. 36 à 48 fr. [17175]

102 fr. *mar. r.* Giraud, exempl. médiocre.

Les grands romans qui ont paru vers le milieu du XVIIe siècle étaient naguère presque entièrement négligés; mais ceux de La Calprenède et de Mlle de Scudéry sont aujourd'hui, sinon beaucoup plus lus, au moins bien plus recherchés.

L'édition d'*Amsterdam, jouxte la copie imprimée à Paris, 1664-70, 12 vol.* pet. in-8., est jolie, et elle a l'avantage d'être beaucoup moins volumineuse que celle de Paris : vend. 34 fr. 50 c. Pixerécourt, et quelquefois plus.

FARCA a manera de tragedia como passo de hecho en amores de un cavallero y una dama. *Fue imprimida... en la ciudad de Valencia. Año de Mil y quinientos treynta y siete* (1537), in-4. goth. de 12 ff. à 2 col. (*Biblioth. grenvil.*, pp. 241 et 617.)

— Voy. FARSA.

FARCE de la Pipée. *Paris, Silvestre, 1832, gr. in-8.* goth. [16275]

Imprimé pour la première fois, d'après une copie manuscrite communiquée à l'éditeur (M. Francisque Michel) par M. Monmerqué : c'est la dern. pièce du premier recueil publié chez M. Silvestre, libraire (voy. POÉSIES).

FARCE (la) de la querelle de Gaultier Garguille et de Perrine sa femme, avec la sentence de séparation entre eux rendue. *Vaugirard, chez A, E, I, O, U,* pet. in-8. [16401]

Farce rare, dont le dialogue est licencieux; elle a été réimpr. pour CARON (voy. ce nom).

FARCE des Quiolards (la), tirée de cet ancien proverbe Normand : y ressemble à la Quiole, y fait de gestes : par P. D. S. J. L. *Rouen, J. Oursel* (sans date), pet. in-12. [16355]

Farce que le duc de La Valliere place sous l'année 1596. Vend. 7 fr. Laire. Il en existe plusieurs éditions.

FARCE (la) des Theolo ‖ gastres, a six personnages. (*sans lieu ni date*), pet. in-fol. de 8 ff., caract. goth. à 54 lig. par page, sign. *a* et *b*. [16280]

Pièce en vers contre l'Église catholique, composée vers l'année 1526, et imprimée peut-être un peu plus tard. L'édition originale est de la plus grande rareté, puisqu'on n'en connaît qu'un seul exempl., celui que s'était procuré M. Coste, de Lyon, et qui, à sa vente faite à Paris en 1854, a été acquis au prix de 1005 fr. pour la Bibliothèque impériale; mais l'ouvrage a été réimpr. à Lyon, chez Rossary, 1830, in-8. de 38 pp. en tout, avec un avis de l'éditeur, signé G.-D. (Duplessis). Le bibliophile à qui nous devons cette réimpression n'en a fait tirer que 64 exemplaires, savoir : 50 en Gr. Pap. vél., 10 sur Pap. de Hollande, et 4 sur papier de couleur.

Faraday. Researches in electricity, 4308. — Chemical manipulation, 4422.

FARCE (joyeuse) a trois personnages d'un Curia qui trompa par finesse la femme d'un laboureur; le tout mis en rithme savoyarde, sauf le langage dudit Curia, lequel en parlant audit laboureur, escorchoit le langage francois..... est une chose fort recreative. Ensemble la chanson que ledit laboureur chantoit en raccoustrant son soulier tandis que le Curia iouyssoit de la femme du Laboureur. Puis les reproches & maudissions faites audit Laboureur par sa femme, en luy remonstrant fort aigrement & auec grand courroux, que c'estoit lui qui estoit la cause de tout le mal, d'autant que l'ayant menacée a battre, elle ne pouuoit de moins faire que de luy obeyr, Parquoi le Laboureur oyant l'affront que lui auoit faict le Curia se leua de cholere & demandoit son espée & sa tranche-ferranche, pour tuer le Curia, mais sa femme l'appaisa. *A Lyon*, 1595, pet. in-8. de 16 pp. [16338]

Réimprimé (*Paris, imprim. de Guiraudet, 1829*), in-16 de 12 ff., et tiré à très-petit nombre.

FARCE (la) joyeuse de Martin bâton, qui rabbat le caquet des femmes, et est à cinq personnages. (*Chartres, imprim. de Garnier*, 1832), in-8. de 8 pp. [16355]

Réimpression tirée à 50 exempl. d'après l'édition de *Rouen, Jean Oursel l'aîné*, sans date. Cette pièce se trouve aussi dans plusieurs recueils. — Voy. MALICE des femmes.

FARCE joyeuse et récréative à trois personnages, à sçavoir : Tout, Chascun et Rien. *Paris, impr. de Firm. Didot, 1828, gr. in-8.*

Pièce publiée par M. de Monmerqué dans le VIe volume des *Mélanges de la Société des bibliophiles françois*. Il en a été tiré à part un exemplaire sur VÉLIN, lequel, réuni au *Dialogue du fol et du sage*, édit. de 1829, également sur VÉLIN, s'est vendu 89 fr. Solar.

FARCE joyeuse et récréative du Galant qui a faict le coup, à quatre personnages. *Paris*, 1610, in-8. de 27 pp.

Édition publiée par Caron, à 55 exempl., d'après un manuscrit dans lequel on avait rajeuni cette farce en vers, plus ancienne que la date qu'elle porte, 15 fr. 50 c. *dos de mar.* de Solennne.

FARCE joyeuse et proffitable à un chacun, contenant la ruse, meschanceté & obstination d'aucunes femmes par personnages. Le Mary. Le Seruiteur. La femme. Le Serrurier. M.D.XCVI. (*sans lieu d'impression*), pet. in-8. [16342]

Cette pièce n'a que 13 pp. : on lit sur la dernière : par G. F. D. M. E. F. Il en a été fait une réimpression à Paris, chez Guiraudet, en 1829, in-16 de 8 ff., tirée à 15 exemplaires.

Farce de Pates-Ouaintes... 16249.

FARCE joyeuse et récréative de Poncette et de l'amoureux transy. *Lyon, Jean Marguerite,* 1595, pet. in-8. [16339]

Ces deux farces, très-rares, étaient chez le duc de La Vallière, dans le recueil n° 3401 du catal. en 3 vol. de cet amateur.

Cette dernière a été réimprimée chez Guiraudet, en 1829, et tirée à 15 exempl. seulement, ainsi que les deux pièces suivantes :

    FARCE nouvelle qui est tres bonne et fort ioyeuse, a quatre personnages, c'est a scavoir : La Mere. Le Compere. Iouart. Et l'Escolier. *a Troyes, chez Nicolas Oudot, demeurant en la rue Nostre Dame, au Chappon d'or couronné,* 1624, pet. in-12 de 15 ff. en lettres rondes, [16399] Vend. 15 fr. *mar. r.* La Vallière.

Pièce en vers. On trouve à la fin trois sonnets : 1° *sur la perte du mal'heur masculin aux filles,* 2° *des gestes des dames, etc.*

    FARCE nouvelle du Musnier et du gentilhomme, à quatre personnages. C'est a scavoir : L'Abbé. Le Musnier. Le Gentilhomme. Et son Page. *a Troyes, chez Nicolas Oudot,* 1628, pet. in-12 de 16 ff. [16400] Vend. 9 fr. *m.* La Vallière.

Autre pièce en vers, à la fin de laquelle se trouve *la vraye medecine qui guarit tous les maux z de plusieurs autres,* également en vers.

FARCE plaisante & recreative sur un trait qu'a ioué un Porteur d'eau le iour de ses nopces dans Paris. M. DC. XXXII, in-8. de 16 pp. [16418]

Édition très-rare, mais réimpr. à Paris, chez Guiraudet, en 1829, in-16.

FARCE nouuelle tresbonne et fort ioyeuse des deux sauetiers. *Sans lieu ni date (Paris, vers* 1530), pet. in-fol. goth. de 4 ff. [16280]

Pièce fort rare, du même format allongé que la Moralité de *Mundus Caro, Demonia* (voy. MORALITÉ), à la suite de laquelle était celle l'exempl. de Barré (Catalogue, n° 3808), aujourd'hui dans la Biblioth. royale de Dresde. Cette farce à trois personnages est réimprimée dans le *Recueil de plusieurs farces* publié à Paris, en 1612 (voyez RECUEIL), et d'après l'édition originale, dans le second vol. de l'*Histoire du théâtre françois,* par les frères Parfait ; enfin avec *Mundus Caro.*

On a découvert, il y a quelques années, des fragments de deux autres pièces du même format que la précédente et d'un caractère semblable ; en voici les titres :

    FARCE Nouuelle fort ioyeuse Des femmes s' apreuent a escrire en grosse lettre a cinq personnages Cest assauoir deux femmes le maitre et deux escoliers. (57 lignes par page.)

    FARCE nouuellemēt faicte a quatre personnages Cest assauoir. Formage Farine Petit tournois et tartelette. (à la fin) : *Cy finist la farce de formage. Imprimee a paris pour guillaume Bineaulx demourant au bout du pont aux meusniez.* (46 lig. à la page.)

Extrait de l'avertissement du libraire, placé au commencement de la réimpression de la Moralité des Blasphémateurs publiée chez Silvestre (voy. MORALITÉ).

FARCES (Recueil de). Voy. RECUEIL.

FAREL (*Guillaume*). Lettres certaines d'aucuns grands troubles et tumultes advenus a Genève avec la disputation faite l'an 1534, par Monsieur nostre maistre frere Guy Furbiti, docteur de Paris, en la faculté de theologie, de l'ordre de Saint-Dominique, du couvent des freres preschers de Montmellian, a l'encontre d'aucuns qu'on appelle predicants qui etoient avec les ambassadeurs de la seigneurie de Berne (de Geneve, le 1er avril 1534), pet. in-8. goth. de 95 pp. non chiffrées, sign. A à F. 5. [1917]

Cet ouvrage, comme le dit M. Gaullieur (*Études sur la typographie genevoise,* p. 83), est de Farel qui le composa à Genève et le fit imprimer à Neufchâtel, immédiatement après la fameuse dispute qu'il soutint, avec Viret et Caroli, contre Furbiti, dans l'église de Saint-Pierre, de Genève, devant les députés de Berne ; Farel l'a fait précéder d'une préface (*l'imprimeur au lecteur*) dans laquelle il suppose que ces lettres ont été écrites par un notaire de Genève, et adressées par celui-ci à un de ses amis de Vienne. Senebier cite un texte latin de cette relation sous le titre suivant :

    DISPUTATIO Genevæ habita anno 1534 a monacho dominicano, doct. theol. Parisiensi, et concionatore evangelico, theologo Bernensi. *Genevæ,* 1534, in-8.

Il cite également :

    DISPUTE tenue à Genève, l'an 1534, entre le dominicain Furbity et un théologien de Berne, les entreparleurs étant le moine dominicain... et un Prêcheur du saint Evangile, de Berne, trad. du latin par Fr. Manget. *Genève, Jacques de La Pierre,* 1644, in-8. de 139 ff. (Il ne donne que 134 pages à cette édition.)

À la page 543, il rapporte ce titre :

    PRO GUL. FARELLO et collegis ejus adversus Petri Caroli theologastri calumnias defensio Nicolai-Gallasii, 1545, in-8.

Et à la page 148, ceux-ci :

    EPISTRE de maistre Pierre Caroly, docteur de Sorbonne, en forme de defiance, envoyée à M. Guillaume Farel, avec la response. *Genève,* 1543, in-8.

    LA SECONDE epistre envoyée au docteur Caroly, par Guil. Farel, prêcheur du saint Evangile. *Genève,* 1543.

    LA TRES SAINTE Oraison que N. Seigneur J.-C. a baillé à ses apostres, les enseignant comme ils et tous vrais chrestiens doivent être, avec un Recueil d'aulcuns passages de la Sainte Escriture, fait en maniere de prieres. *Genève,* 1543, pet. in-8.

    TRAITÉ du Purgatoire, 1543, pet. in-8.

    EPISTRE envoyée au duc de Lorraine par Guillaume Farel, prêcheur du Saint Evangile. *Genève, Jean Girard,* 1545, pet. in-8. de 118 pp.

La summaire et brieve declaration, 1534, in-8, dont nous donnons le titre à l'article *Livre des marchands,* est attribuée à Farel par Senebier, I, 149, où celui-ci cite une édit. de *Genève, par Jean Mirard,* 1552, in-16, d'après Du Verdier.

    EPISTRE exhortatoire à tous ceux qui ont cognoissance de l'Evangile, les admonestant de cheminer purement et vivre selon iceluy, glorifiant Dieu et edifiant le prochain par paroles et par œuvres, et sainte conversation, par Guillaume Farel de Gap (sans nom de ville ni d'imprimeur), 1544, in-12.

Catal. de La Vallière, par Nyon, n° 1536.

    LE GLEVE de la parole véritable contre le Bouclier de defense duquel un cordelier s'est voulu servir. *Genève,* 1550, pet. in-8.

    DU VRAY usage de la croix de Jesus-Christ, et de l'abus et de l'idolâtrie commise autour d'icelle ; et de l'authorité de la parole de Dieu et des traditions

---

Farcy (J.). Steam-engine, 8113.
Fardel (Durand). Ramollissement du cerveau, 7292.

humaines, par Guillaume Farel ; avec un advertissement de Pierre Viret, touchant l'Idolatrie et les empeschemens qu'elle baille au salut des hommes. *Par Jean Rivery.* (*à Genève*), 1560, pet. in-8.

Pour les autres ouvrages français attribués à Farel, voyez les articles CONFESSION de foy. — LIVRE des Marchands. — MANIERE et façon dont on baille le baptesme.

FARGES (les). Voy. LES FARGES.

FARGET ou Ferget. Voy. FERGET.

FARHAT. Dictionnaire arabe par Germanos Farhat, maronite, évêque d'Alep, revu, corrigé et considerablement augmenté sur le manuscrit de l'auteur, par Rochaïd de Dahdah, scheick maronite. *Marseille*, 1849, in-4., avec le portr. de Ger. Farhat. 80 fr. [11625]

FARIA (*Manoel* Severim de). Discursos varios ; Vidas de João de Barros, Diego de Couto et Luiz de Camoëns. *Evora, Man. Carvalho*, 1624, pet. in-4., avec portraits. [18362 ou 30783]

Réimprimé à Lisbonne, en 1791 et en 1805, in-8.

— Noticias de Portugal, escritas por M.-S. de Faria, nesta segunda impressaõ acrescentadas pelo P. Jose Barbosa. *Lisboa*, 1740, in-fol. [26244]

La première édition est de Lisbonne, 1655, in-fol. L'ouvrage a été réimprimé dans la même ville, en 1791, en 2 vol. in-8.

M. Ferdinand Denis a donné dans la *Nouvelle Biographie générale*, t. XVII, p. 110, les titres de plusieurs autres ouvrages de Severim de Faria, qui sont peu connus en France.

FARIA y Sousa (*Manuel*). Historia del regno de Portugal. *Bruselas* ou *Amberes*, 1730, in-fol. fig. [26258]

Une des éditions les plus complètes de cette histoire estimée : 24 à 30 fr. Vend. 58 fr. La Serna. La première est de *Madrid*, 1628, 2 part. in-4. (sous le titre *d'Epitome de las historias portuguezas*.— Celle de Bruxelles, 1678, in-fol. 13 fr. Quatremère), et la dernière de *Bruxelles* (*Lisbonne*), 1779, in-fol.

Nous citerons encore du même auteur :

Europa portugueza. Lisboa, 1678-1680, 3 vol. in-fol. — *Asia portugueza.* Lisboa, 1666-75, 3 vol. in-fol. ; vend. 100 fr., et 54 fr. Quatremère (voy. BARROS).—*Africa portugueza.* Lisboa, 1681, in-fol. 80 fr. Quatremère. Les 7 vol. 60 flor. Meerman.

— Voy. SEMMEDO.

FARID-UDDIN. Mantic Utteïs, ou le langage des oiseaux, poëme de philosophie religieuse par Farid-Uddin, publié en persan, par Garcin de Tassy. *Paris, imprim. impériale*, 1857, gr. in-8. 12 fr. [15975]

LA PHILOSOPHIE religieuse chez les Persans, d'après le Mantic de Farid-Uddin-Attar, par Garcin de Tassy ; 2e édit. *Paris, B. Duprat*, 1857, gr. in-8.

de 71 pages. (Extrait de la *Revue contemporaine*, tome XXIV.)

Il existe une traduction turque du Mantic de Farid-Uddin, d'après le texte persan, *Constantinople*, 1858, in-8.

FARIN (*Francois*). La Normandie chrestienne, ou l'histoire des archevêques de Rouen qui sont au catalogue des saints, contenant une agréable diversité des antiquités de Roüen non encore veües et plusieurs autres recherches curieuses ; avec un simple discours du privilege de sainct Romain (par F. Farin)... *Rouen, Louys Du Mesnil*, 1659, in-4. de x ff. prél. et 724 pp. et dans quelques exempl. 2 gravures. [22061]

12 fr. 50 c. Le Chevalier ; 13 fr. Le Prevost.

— Histoire de la ville de Rouen, divisé en trois parties... où sont employez plusieurs noms, armoiries, alliances, généalogies et recherches touchant les anciennes familles de la province. *Rouen, Jacq. Herault*, 1668, 3 vol. pet. in-12. [24334]

Première édit. de cet ouvrage estimé. 15 fr. 50 c. v. f. Le Chevalier. Il y en a une seconde, revue, corrigée et augmentée par Jean Le Lorrain, *Rouen, Jacq. Amyot* et *Eust. Herault*, 1710 (ou avec de nouveaux titres portant : *Bruxelles, Fr. Foppens*, 1734), 3 vol. in-12.

— HISTOIRE de la ville de Rouen, divisée en six parties ; 3e édition, par un solitaire (D. Ignace, chartreux), et revue par plusieurs personnes de distinction, par Louis Du Souillet. *Rouen, L. Du Souillet*, 1731, 2 vol. in-4. et aussi 6 vol. in-12, avec le plan de Rouen.

Malgré d'importantes additions, cette édition ne se paye guère plus cher que celle de 1668. Il s'en trouve des exemplaires avec de nouveaux titres au nom du libraire *Bonav. Le Brun*, et la date de 1738, mais, quoique ce titre les annonce comme une *édition augmentée et corrigée, suivant les mémoires fournis par la noblesse*, ils n'ont de changements que trois feuillets réimprimés. (Frère, Manuel, I, pp. 455-56.)

FARINATOR de Wyenna (*Matth.*). Liber moralitatum elegantissimus magnarum rerum naturalium, lumen animæ dictus. *Augustæ, Ant. Sorg*, 3 sept. 1477, in-fol. de 369 ff., caract. goth., sans chiffr., récl., ni signat. [31842]

Première édition d'un livre aujourd'hui peu consulté, mais dans lequel il est fait mention de *Theophilus Presbyter*, inventeur prétendu de la peinture à l'huile (voy. Fiorillo, *Artist-Schrr.*, I, 197 not.). Toutefois cet ouvrage est plus ancien que Farinator, et ce carme en a été seulement mentionné comme l'éditeur, ainsi qu'on peut le voir dans les *Singularités histor.* de D. Liron, I, pp. 368 et suiv.

— AUTRE édition, sans lieu ni nom d'imprimeur, *ult. die Decembr.* 1477, in-fol. demi-goth. 348 ff. à 43 lignes par page, attribuée à Gunter Zeiner, à Augsbourg.

— AUTRE, sans lieu ni nom d'imprimeur (*Eustadii, G. Reysner*), 1479, in-fol. goth. 268 ff. à 44 lig. par page.

Farget (*L.*). Le Monarque saint et glorieux, 23365.
Fariac. Sa Vie et ses aventures, 20580.
Faribault (*G.-B.*). Catalogue d'ouvrages sur l'hist. de l'Amérique, 31786.

Farinacius (*Prosp.*). Opera, 3188.

—AUTRE, 1482, in-fol. goth. de 272 ff. à 2 col. Vend.
72 fr. *mar. bl.* La Valliere, sans avoir cette valeur.
D. Liron n'a pas connu les éditions plus anciennes
que celle-ci.

FARINGTON (*Jos.*). Views (20) of the
lakes, etc., in Cumberland and Westmorland. *London, by Wm. Byrne*,
1789, in-fol. obl., avec 20 pages de texte,
en anglais et en français. [27140]

Publié de 1785 à 1789. Vend. 2 liv. 3 sh. Townshend.
— *Proofs*, 4 liv. 16 sh. Beckford. — Voyez CLARKE
(*James*).
— THE LAKES of Lancashire, Westmorland and Cumberland, delineated in forty-three engravings from
drawings by Jos. Farington, with descriptions hist.,
topogr. and picturesque : the result of a tour made
in the summer of the year 1816, by Th. Hartwell
Horne. *London*, 1816, gr. in-4. 2 liv. 2 sh.
Il y a des épreuves avant la lettre. Ces planches de
cet ouvrage sont reproduites dans la *Britannia de-
picta* de Lyson.

— The rivers of Great-Britain. Voy. BOY-
DELL.

FARIS el Chidiac. La Vie et les aventures
de Fariac. Relation de ses voyages, avec
ses observations critiques sur les Arabes
et les autres peuples. *Paris, Benj. Duprat*, 1855, gr. in-8. 50 fr. [30991]
Ouvrage écrit en arabe.

FARISSOL. Voy. PERITZOL.

FARLATI (*Dan.*). Illyricum sacrum. *Venetiis*, 1751-1819, 8 vol. in-fol. [21476]
Le 8ᵉ vol. de ce grand ouvrage est de Jacq. Coleti :
après sa publication il restait encore à paraître un
supplément. Vend. 130 fr. en 1840.

FARNESE (*Octav.*). Quæstiones definitæ
ex triplici philosophia, rationali, naturali, morali, in Parmensi Academia publice triduum disputatæ ab Octav. Farnesio seren. Ranutii, Parmæ, Placen-
tiæ, etc., ducis IV filio. *Parmæ, Viotti*,
1613, in-fol. de 374 pp. [3452]
Cet ouvrage d'un jeune prince, alors à peine âgé de
quatorze ans, et qui depuis mourut dans une af-
freuse prison où son père eut la cruauté de le laisser languir ; cet ouvrage, disons-nous, est non-seulement remarquable par les nombreuses questions
qui y sont traitées (il n'en renferme pas moins de
2370), mais il a encore un intérêt particulier d'un
autre genre : le commencement de chaque chapitre
y est orné de traits hardis d'écriture grav. en bois,
qui représentent des figures d'hommes, d'animaux,
et autres objets entrelacés, où il règne une grande
variété, et surtout une sorte d'expression dont paraissent peu susceptibles de pareils jeux de la plume.
Les artistes à qui l'on doit ces singulières productions se sont nommés de la manière suivante :
Brondulus inven. Ferrarius incid. (voy. Ebert,
nᵒ 7345).

FAROUL (*Simon*). De la Dignité des roys
de France, et du privilége que Dieu leur
a donné de guérir les escrouelles; ensemble la vie de S. Marcoul, abbé de
Nanteuil, au pays de Constantin en Normandie, les reliques duquel reposent en
l'église de N. D. de Mantes. *Paris,
Chaudiere*, 1633, pet. in-8. 10 à 12 fr.
[24003]

Livre recherché à cause de sa singularité ; la Vie de
S. Marcoul en occupe la plus grande partie. Il a
donné lieu à l'ouvrage suivant :
APOLOGIE pour le pèlerinage de nos roys à Cor-
beny au tombeau de S. Marcoul abbé de Nanteuil,
et verité de ses reliques contre l'opinion de M. Faroul, par D. Oudard Bourgeois, benedictin. *Rheims,
Fr. Bernard*, 1638, in-4.

FARSA. Questa è una farsa recitata a gli
excelsi signori di Firenze, nella quale si
dimostra che in qualunque grado che
lhomo sia non si puo quietare e vivere
senza pensieri e prima in luogho di pro-
lagho, di proemio et argumento uno in
sulla dice (*senza luogo ed anno*), in-8.
de 24 ff. sign. A—F. [16631]
Cette pièce en vers paraît avoir été impr. à Florence
dans le commencement du XVIᵉ siècle. Deux de
ses interlocuteurs s'expriment en langue rustique,
un troisième en patois de Pavie, un quatrième en
patois de Plaisance : 100 fr. *m. r.* Libri, en 1847.
Une édition de Florence, *per Granstefano da Pavia*,
1520, in-8., est portée dans le catal. Capponi, p. 167.
L'une et l'autre sont devenues fort rares.

FASCICULUS rerum expetendarum. Voy.
GRATIUS.

FASCICULUS temporum (auctore Wer-
nero Rolewinck, carthusiensi). — *Impressa est hec cronica que dicitur fasciculus tẽporũ colonie agrippie sicut
ab autore suo quodã deuoto carthusiensi colonie edita est. ac secundũ
primũ exemplar quod ipse venerabilis
autor ꝑprijs cõscripsit manibus ad
finẽ usqჳ deducta ꝑ me arnoldũ ther
huerne. sub annis dñi* M.cccc.lxxiiij...
in-fol. goth. de 73 ff. non chiffrés, avec
fig. en bois au simple trait. [21278]

Première édition avec date d'une Chronique qui a eu
une grande vogue à la fin du XVᵉ siècle, et dont il
a été fait de nombreuses édit. Celle-ci commence
par une table impr. à 3 col. et que précède un intitulé tiré en rouge ; le texte avec un prologue se
termine au recto du 73ᵉ f. par la souscription ci-
dessus, également tirée en rouge, et suivie du monogramme de l'imprimeur. Vendu 24 fr. (exempl.
imparfait d'un feuillet) La Valliere ; 60 fr. *mar. r.*
Brienne-Laire; 4 liv. 10 sh. Sykes.
Il existe plusieurs éditions sans date de cette même
chronique, mais nous les croyons postérieures à
celle-ci. En voici l'indication sommaire : 1ᵒ in-fol.
goth. de 73 ff., avec des signat. et des fig. en bois,
commence par le prologue : (G) *Eneratio et gene-
ratio laudabit opa tua*, et finit par une table en
8 ff. ; 2ᵒ in-fol. goth. de 6 f. non chiffrés et xc ff.
chiffrés avec fig. en bois (deux éditions différentes),
50 fr. Quatremère ; 3ᵒ in-fol. goth. de CCLXXX pp.
à 2 col. chiffrées, un f. non chiffré, et 35 ff. ou pages

Farini (*L.-C.*). Stato romano dell' anno 1815 all' anno
1850, 25603.
Farkas de Farkasdfalva. Gram. hongroise, 11457.

Farquhar (*G.*). Works, 16894.
Farulli (*G.-A.*). Storia del monastero degli Angioli
di Firenze, 21772. — Annali di Arezzo, 25556.
Fasciculus variorum scriptorum, 1236.

pour la table. Elle commence par *Incipit prologus*. Sur la 2ᵉ col. du 2ᵉ f. recto se voit la marque de l'imprimeur, avec ces mots au-dessous : *Nicolaus gotz de sletzstat*. Ces noms sont répétés au recto du dernier f. de la table, laquelle s'étend *a tpe adc vsque od annos cristi* 1474, ce qui prouve que l'édition ne peut être antérieure à cette dernière date. On sait que Nicolas Gotz de Sletzstat exerçait à Cologne. L'exemplaire annoncé dans l'*Index librorum* de Laire, t. I, p. 176, étant imparfait de toute la table, n'a été vendu que 15 fr.

Donnons maintenant la liste des plus anciennes éditions datées, après celle de 1474.

1° *Coloniæ*, *per Conradum de Hoemborch*, 1476, *feria sexta ante Martini epī*, in-fol. goth. de 73 ff. non chiffrés, avec fig. en bois : commence par *tabula brevis*, en 8 ff.; il y a ensuite 2 ff. blancs qui sont suivis du texte : vend. 60 fr. *mar*. Mac-Carthy ; 1 liv. 1 sh. Hibbert.

2° *Impressa in universitate lovaniensi..... per Johannem Veldener..... M.cccc.lxxxvi, quinto Kalendas januarias*, in-fol. goth. de 72 ff. non chiffrés, avec fig. en bois : commence par la table en 8 ff. à 3 col. Vend. 23 fr. La Valliere ; et la même édition, ayant le dernier feuillet double, avec des augmentations, 34 fr. chez le même ; 16 flor. Meerman.

3° (*Spiræ*) *per Petrum Drach... M.cccc.lxxvij. octauo Kalendas decembris*, in-fol. goth. de 73 ff. non chiffrés, fig. en bois : commence par la table en 9 ff. Vend. 3 liv. 6 sh. Sykes, et quelquefois moins.

4° *Vsque in Annum* 1478. *a me Nicolao gotz de Sletzstat impssum* (*Coloniæ*), in-fol. de 72 ff. non chiffrés, dont 8 pour la table, avec fig. en bois. 29 fr. *mar*. *r*. La Valliere.

5° *Coloniæ*, *per Henricum Quentel*, 1479, in-fol. goth. de 71 ff., dont 8 pour la table, fig. en bois. 5 fr. Boulard.

6° *Venetiis*, *Georgius Walch*, 1479, in-fol. goth. de 7 ff. prélim. et 64 ff. chiffrés, fig. en bois. 20 fr. Costabili.

7° *Coloniæ*, *Henricus Quentel*, 1480, in-fol. goth. de 71 ff., dont 8 pour la table (paraît être la même édition que celle de 1479, dont on aurait réimpr. les ff. 58 à 65). Quentel a donné une autre édition du *Fasciculus temporum*, en 1481.

8° *Venetiis*, *Erhardus Ratdolt*, 1480, in-fol. goth. de 7 ff. prélim. et 68 chiffrés, fig. en bois (commence par la même Ratdolt, en 1481, 12 *cal. jan*. 20 fr. non rel. A. Martin ; en 1484, 1485, etc., avec des fig. en bois. L'édit. de 1485, 30 fr. Costabili). Ces éditions de Venise sont beaucoup plus belles que celles qui ont été faites en Allemagne.

9° Fasciculus temporum. — *Cronica impressa Ispaleñ. singulari industria atque impensa Bartholomei segura atque Alfonsi de portu anno domini*, 1480, in-fol. goth.

Édition très-rare, et, selon Mendez, le plus ancien livre impr. en Espagne dans lequel on ait employé des chiffres arabes, tant dans le texte que pour l'ordre des ff. 4 liv. sterl. Salvá.

10° CHRONICA que dicitur fasciculus temporum edita in alma vniuersitate colonie agrippinae super renum... Nunc vero non sine magno labore ad pristinum statum reducta. cum quibusdam additionibus per humilem virum fṙem henricum Wirczburg de Vach..... *anno dñi* MCCCCLXXXI (*sine loci et typogr. nomine*), in-fol. goth.

Cette édition est la première qui contienne les interpolations et les additions de Henri Wirczburg de Vach, religieux de l'ordre de Cluny, à Rougemont, lesquelles ont passé dans une partie des éditions postérieures à celle-ci, mais ne se trouvent point dans celle de Memmingen, *per Albertum Kune de Duderstat*, 1482, in-fol. goth. de 71 ff., dont 8 de table, avec fig. en bois. Parmi les passages retouchés par le moine de Cluny, il en est un fort remarquable, parce qu'il a trait à l'invention de l'imprimerie. Ce passage d'abord très-sommaire (au

f. 73, sous l'année 1457) dans l'édition de 1474, où il n'est pas fait mention de Mayence, a ensuite été reproduit dans l'édition de Cologne, 1479, avec l'addition des mots *ortum suæ artis habentes in Maguntia*; mais il est beaucoup plus développé dans l'édition de 1481 (sans lieu d'impression), comme on peut le voir dans les *Origines typogr*. de Meerman, II, p. 122, et dans d'autres historiens de l'imprimerie.

Citons encore l'édit. de Bâle, *per Bernardum Richel... sub anno* M cccc lxxxij, *x kl. mens. marcij*, in-fol. goth. de 7 ff. non chiffrés et 90 ff. chiffrés, avec fig. sur bois; — Enfin deux édit. de Strasbourg, *per Johannem prys*, 1487 et 1488, l'une et l'autre in-fol. goth. de 6 ff. non chiffrés et 90 ff. chiffrés avec fig. sur bois.

Le *Fasciculus temporum* a été réimpr. avec la continuation de J. Linturius jusqu'en 1514, dans *Pistorii scriptores rer. Germ., edente Struvio*, t. II, 397 pp.

— **Le petit fardelet des faits, trad. par P. Farget.** *Lyon*, 1483, in-fol. goth. fig.

Traduction de l'ouvrage précédent, revue sur le texte retouché par H. Wirczburg. L'édition de 1483 est fort rare, et elle était à peine connue en 1814, lorsque j'ai eu occasion de décrire l'exempl. appartenant à la biblioth. de Sainte-Geneviève; c'est un vol. de 94 ff. en tout, avec des signat. de *a—miiij* par cah. de 8 ff., excepté le premier et le dernier qui n'en ont que sept : on lit sur le premier f. ce qui suit : (*A*) *lonneur de dieu tout puissant et de la glorieuse vierge marie .. ce present liure intitule le petit fardelet des fais et notament est dit petit, nō pas pourtāt q̄ le ouure soit petite mais pourtāt q̄ grādes et anciēnes choses sont subtilement ꝑprises en petit volume a este trāslate de latin en cōmun language...* Il y a au verso du f. *mij* une souscription ainsi conçue : *ce pſēt liure intitule petit fardelet des faitz ou fardelet de temps a este translate de latin en francoys par venerable et discrete personne maistre Pierre farget... de l'ordre des augustins du couvent de Lyon et imprime audit Lyon lan mil* cccc. LXXXIII... On trouve ensuite une table à trois colonnes qui occupe 5 ff. Le passage relatif à l'invention de l'imprimerie est au verso du 88ᵉ f. Les caractères sont ceux que Math. Husz a employés dans les éditions du *Miroir de la redemption*, en 1488 et 1493 (voy. l'article SPECULUM). Un exempl. rel. en *mar*. *bl*. par Bauzonnet, 316 fr. Solar.

L'éditeur de La Croix du Maine cite une édition de Lyon, 1478, in-fol.; mais il faut remarquer que cette date est celle de la traduction faite par Farget (l'édit. de 1498 porte *Sarget*), et qu'elle est répétée dans la souscription de l'édition de ce dernier : *Imprimee a Lyon par maistre Mathie Hus Lan M. cccc. xcvuj*, pet. in-fol. Nous n'avons pas vu l'édition de *Lyon*, 1490, qu'indique Maittaire.

— **Les fleurs ᴣ manieres des temps passez et des faitz merueilleux de Dieu tant en lancien Testament cōme au nouueau. Et des p̄miers seigneurs prices ᴣ gouuerneurs tēporalz en cestuy monde de leurs gestes ᴣ definement iusques au p̄nt cy cōmēce a lōneur de dieu.** (au verso du f. m ij) : *Imprime a Geneue. le .xxviij. iour dauril lan M. C C C C. xcv* (*par Loys M. Cruse*), in-fol. goth. sign. a—m iiii, y compris la table à 3 col. qui occupe les 5 dern. ff., avec fig. en bois.

— **Fasciculus tempoᴣ en francoys. Cest le fardelet historical ꝗtenant en brief quasi toutes les hystoires tant de lancien testaint** (*sic*) **que du nouueau et general-**

lement tous les merueilleux faitz dignes de memoire ꝗ ont este depuys la creation iusques a cestuy an M. CCCC lxxxxv. (au verso du dernier f. 2ᵉ col.)... *imprime a Genesue lan mille ccccxcv auquel an fist si tres grãt vent le ix iour de ianuier quil fit remonter le rosne dedans le lac bien vng quart de lieue audessus de Geneue*, in-fol. goth. de 95 ff. non chiffrés, à longues lign., sign. *a—m* iiii, avec fig. en bois.

Même ouvrage que le précédent, sous un autre titre, un peu plus complet et d'une édition plus récente de quelques mois. Du reste les figures sont les mêmes dans les deux éditions, et la seconde est terminée, comme la première, par une table impr. à 3 col. sur 5 ff. L'imprimeur n'y est pas nommé. 108 fr. mar. Cailhava; 160 fr. Solar.

Il existe une édit. de cette même traduction, *Paris, Nic. Desprez pour Jehan Petit* ou *pour Guil. Eustace, le 21ᵉ iour de nouembre*, 1505, in-fol. fig. 25 fr. Monmerqué, intitulée : *Fasciculus temporum en francois, les fleurs et manieres...,* et une autre de format pet. in-fol. dont le titre porte *Les fleurs et manieres...* à la fin se lit : *le present liure dit le fasciculus ou fardelet des temps a ete translate de latin en francois par... Pierre Farget... lan* M. CCCC. *lxxxiij et depuis par Pierre Desrey... augmente et additione... iusquen lan mil cccc et xiij, et a este imprime à Paris pour Jehan Petit et Michel le Noir.* Le vol. a 95 ff. chiffrés, non compris le titre; à la fin est une table à 2 col. qui occupe 7 ff. Vend. 16 fr. en 1818, et un exempl. en 101 ff., rel. en *mar. noir*, 40 fr. Cailhava.

Panzer, VII, p. 535, cite une édit. de *Paris*, 1508, in-fol., que nous n'avons pas vue.

—Chronica die hietFasciculus temporum, etc. (à la fin) : *Hier eyndet, etc., by my volmaect Jan Veldenar..... t' Utrecht* M. CCCC. lxxx, in-fol. fig. en bois.

Traduction hollandaise, vend. 21 flor. Meermann; 49 fr. Borluut. Dans quelques exemplaires de cette belle édition se trouve à la fin, et placées au-dessus d'un écusson gravé sur bois, les deux lignes suivantes : *Loeff ketelaer woennende tutrecht ‖ in Loeff bermmakers fract borgher* (Van Praet, *notice sur Colard Mansion*, p. 83).

Une traduction allemande de ces chroniques a été impr. à Bâle, chez Richel, 1481, in-fol. de 15 ff. non chiffrés et 126 ff. mal chiffrés, le dernier porte cxxix, et aussi (à Strasbourg) en 1492, in-fol. de 14 ff. non chiffrés et de 126 ff. numérotés de i—lxxvi et de lxxviij à cxxvij, avec fig. en bois.

FASTES (en lat. et en franç., par L. Petit-Radel). *Paris, P. Didot l'aîné*, an XIII (1804), gr. in-4. de 2 et 76 pp. [12906]

Ce livre, composé à l'occasion du couronnement de Napoléon Bonaparte, n'a point de valeur; mais nous en citerons deux exempl. précieux : l'un sur VÉLIN, vend. 119 fr. P. Didot, en 1823; l'autre in-fol. impr. en or et sur pap. bleu, 40 fr. même vente. — Voir sur cet ouvrage G. Peignot, *Répertoire de bibliogr. spéc.*, pages 105 et 171.

FASTES militaires de la France et de l'Angleterre (par M. Amiot aîné). *Paris, Gosselin*, 1856, gr. in-fol. [8796]

Histoire de la campagne des armées alliées en Orient, représentée en 25 pl. dessinées et lithographiées par MM. A. Adam et Lebreton, avec une page de texte franç. et angl. pour chaque planche.

FASTI Limpurgenses, d. i. ein wohlgeschrieben Fragment einer Chronik von der Stadt und den Herren zu Limpurg an der Lohne. *Gedruckt bey Gotthard Vögelin*, 1617, in-8. de 8 ff., 123 pp. et 2 ff. [26591]

Édition rare, et la première d'une chronique qui est curieuse parce qu'elle contient beaucoup de passages d'anciens poëtes lyriques, importants pour l'histoire des mœurs et usages en Allemagne. L'ouvrage, qui va de 1336 à 1402, a pour prem. auteur le greffier Tillmann, mort en 1400, et qui a conduit son travail jusqu'en 1399. J. Gensbein l'a transcrit en 1473 et y a ajouté des supplém. pour les années 1299, 1317, 1456 et 1461; mais cette édition donnée par J.-F. Faust ne renferme que le travail de Tillmann. Il y a une réimpress. sans la dédicace de Faust, *bey Gotth. Vögelin*, 1619, in-fol., qui est reliée ordinairement avec *Regkmann's Lübeck. Chronik*, de la même date. L'édition de *Wetzlar*, 1720, in-8, en allemand moderne, renferme les augmentations de Gensbein, et l'on y a conservé la dédicace de Faust. Une autre édition de la même chronique, faite sur un manuscrit différent, a été donnée par G. C. N. Auban (G. Cp. Neller, aubanensis), sous le titre de *Fragment von einer alten Chronik, etc.*, sans lieu d'impression, 1747, in-8. Après Gensbein, l'ouvrage fut continué par G. Emmel, mort en 1538, et par Ad. Emmel, qui vivait encore en 1561. J. Mechtel a incorporé en entier cette chronique, avec tous ses suppléments, dans son *Chronicon Limpurgense*, qui va de 1009 à 1610 (*in Hontheim prod. hist. Trevir.*, pages 1046-1166). (*Ebert*, 7363-66.)

FASTORUM anni romani reliquiæ. Voyez VERRIUS (Flaccus).

FATALITÉ de Saint-Cloud près Paris (par le P. Bern. Guyart, 1674), in-fol. de 49 pp. [23593]

Ce volume n'a point de frontispice, mais on lit au commencement l'intitulé ci-dessus, en forme de sommaire. L'auteur l'a fait supprimer avec tant de soin que l'exemplaire vend. 30 fr. m. r. chez La Vallière, a passé pour unique; ce qui est pourtant une exagération. La réimpression en 1 vol. pet. in-8. de 144 pp., sous la fausse date de 1672, est commune, ainsi que celle de 1674, pet. in-8. de 103 pp.; d'ailleurs l'ouvrage se trouve dans le 2ᵉ vol. des différentes éditions de la Satire Ménippée en 3 vol. in-8.

FATICHE d'Ercole. Voy. BASSI.

FATIS (de) linguarum orientalium arabicæ, nimirum persicæ et turcicæ commentatio. *Viennæ-Austr.*, 1780, in-fol. de 164 pp. [11574]

Dissertation curieuse dont l'auteur se nommait Bern. de Jenish. Elle forme l'introduction du prem. vol. de la dern. édit. du *Meninski*, mais elle a aussi été tirée séparément. 10 à 15 fr. Un exemplaire imprimé sur VÉLIN est porté à 96 fr. dans un catal. de Tross, 1854, n° 4476.

FATOU (le R. P. *Nic.*). Discours sur les prodiges du Saint-Cierge apporté par la très aug. et très misericord. mere de Dieu, comme remede souverain contre le feu ardent, dans l'église cathedrale d'Arras, le 27 may 1105, selon ce rare chronographe Cerevm, composé par le

_____

Fasti delle chiese nelle vite de' Santi, 22026.

R. P. Nicolas Fatou, de l'ordre des freres prescheurs. *Arras, Anselme Hudsebaut,* 1696, pet. in-8. [22364]

Livre singulier, devenu rare : vend. 6 fr. Méon ; 10 fr. Morel-Vindé ; 52 fr. *mar. r.* Duplessis. Il en existe une prem. édit. de *St-Omer,* 1693, et une réimpression faite à *Arras,* en 1744, in-12.

— Le Paradis terrestre du saint Rosaire de l'auguste vierge Mere de Dieu, divisé en douze jardins à huit parterres, autrement en douze octaves à huit discours, excepté le onzième qui en a douze : Idée qui, sans aucun trait de poesie, va produire une rose à cent feuilles ou cent discours tres propres sur la même matiere du Rosaire. *Saint-Omer et Lille,* 1692, in-12.

Volume que son titre doit faire placer parmi les livres singuliers.

FATTI di Carlo Magno. Voy. PULCI (il Morgante di).

FATTO (el) darme fatto a Rauena nel MDxii. Adi XI de aprile. — *Finis,* in-4. de 4 ff. à 2 col., vignette en bois au premier f. [14671]

Petit poëme en stances de huit vers ; il y en a quatre à chaque col. Molini, p. 151, indique cet opuscule comme impr. à Ravenne.

FAUCHET (*Claude*). Ses OEuvres, revûes et corrigées en cette dernière édition, suppléées et augmentées sur la copie, mémoires et papiers de l'auteur, de plusieurs passages et additions en divers endroits. *Paris, Dav. Le Clerc,* 1610, in-4. de près de 1400 pages. [19059]

Collection curieuse et fort recherchée. Elle a paru d'abord sans le titre général que nous venons de donner, titre qui a été ajouté un peu plus tard ainsi qu'un catalogue des ouvrages contenus dans le volume, savoir : 1° *les Antiquitez gauloises et françoises,* 3 part.; la première, livres I à V, a 10 ff. prélim. et 196 ff. chiffr.; la seconde, livres VI à VIII, 8 ff. prélim. et le texte coté de 197 à 320 ; la troisième, livres IX à XII, 10 ff. prélim. et le texte coté de 321 à 470. 2° *Origines des dignitez et magistrats de France,* 5 ff. prélim. et texte coté de 472 à 505. 3° *Origine des chevaliers, armoiries et heraux...,* 2 ff. prélim. et texte coté 506 à 532. 4° *Recueil de l'origine de la langue et poésie françoise,* 4 ff. prélim. et texte, feuillets 533 à 591. 5° *La table générale,* en 51 ff. non chiffrés, mais avec signatures depuis le 4ᵉ f. du cah. R sept jusqu'au second f. du cah. G huit. Il doit se trouver de plus, après le feuillet 532, un *Traité des libertés de l'église gallicane,* en 12 ff., et deux opuscules en 2 ff. chacun, intitulés, l'un *de la ville de Paris,* l'autre *pour le couronnement du roy Henri IIII.* Comme ces quatre derniers feuillets ne sont point chiffrés

et qu'ils ont pour signatures des étoiles qui ne correspondent pas avec les signatures du volume (A premier alphabet jusqu'à G huitième alphabet), ils pourraient manquer sans qu'on s'en aperçût, car ils ne sont pas portés dans le catalogue qui accompagne le titre ajouté par le libraire Dav. Leclerc. Les titres particuliers de chaque partie portent le nom du libraire *Jean de Hugueville* joint à celui de son confrère. 15 à 24 fr.; de beaux exempl. en *mar. rouge,* 112 fr. De Bure l'aîné ; 79 fr. Giraud.

Réimprimé sous ce titre :

Les Antiquités et histoires gauloises et françoises... Genève, par P. Marceau, pour la Société Caldorienne, 1611, in-4.

Les Origines de la langue françoise ne sont pas dans cette édition, qui est d'ailleurs moins belle que la précédente. Vend. cependant 26 fr. 50 c. Labey.

Les divers ouvrages réunis dans ces deux recueils avaient déjà été publiés séparément, comme on peut le voir dans le 25ᵉ vol. de Niceron, p. 324 et suiv.

— Recueil de l'origine de la langue et poésie françoise, ryme et romans : plus les noms et œuvres des 127 poëtes françois vivans avant l'an 1300. *Paris, Mamert Patisson,* 1581, in-4. [10919]

Ouvrage estimé et peu commun de cette édition : 34 à 36 fr. Vend. 40 fr. bel. exempl. *m. r.* Méon ; 40 fr. *vél.* Renouard ; 41 fr. *v. f.* Giraud ; 84 fr. *mar. r.* par Trautz, Solar.

— Origine des dignités, 24062.

FAUJAS-DE-SAINT-FOND (*Barthel.*). Recherches sur les volcans éteints du Vivarais et du Velay. *Grenoble,* 1778, gr. in-fol. fig. 12 à 15 fr. [4626]

— Histoire naturelle de la montagne de Saint-Pierre de Maëstricht. *Paris,* an VII (1799), gr. in-4., avec 54 pl. 80 fr. — in-fol. gr. pap. vél. 160 fr. [4629]

Cet ouvrage a été donné quelquefois pour le quart de ces prix.

— Histoire naturelle du Dauphiné, 4496. — Géologie, 4569. — Volcans, 4622. — Voyage en Angleterre, 20315.

FAULCETE damours.

La faulcete trayson et les tours
De ceulx qui suiuent le train damours.

in-4. goth. de 58 ff. non chiffrés, à 2 col. [13503]

Ouvrage en vers de 10 syllabes, imprimé vers l'an 1500. Le prem. f. ne contient que les deux vers formant le titre ci-dessus. Vend. 9 fr. La Valliere ; 7 liv. 17 sh. Heathcote, 8 liv. 8 sh. Heber.

FAULCON damours. (*Paris,* vers 1500), pet. in-4. goth. de 25 ff. [13531]

Cet opuscule en prose et en vers est le même que le livre du Faulcon des Dames (voy. LIVRE). Le frontispice porte une pl. en bois, où figurent un homme et deux faulcons. L'ouvrage finit au verso du 23ᵉ f. par le mot *explicit.* Vend. avec l'*Ospital d'amour,* imprimé à Lyon, vers 1490, 10 liv. 10 sh. Heber, et

---

Fattorini (*M.*). De claris bononiens. professoribus, 30684.

Fau (*J.-A.*). Anatomie des formes extérieures, 6756.

Fauché-Prunelle (*Alex.*). Anciennes institutions des Alpes cottiennes, 24864.

Faucher (*Ch.*). Histoire de Photius, 22385. — Histoire du cardinal de Polignac, 23898.

Faucher (*Léon*). Mélanges, 4057. — Études sur l'Angleterre, 26772.

Faucogney (*Prud.* de). Vie de sainte Claire, 22144.

Faulconnier (*P.*). Descript. de Dunkerque, 24937.

Faulkner (*Th.*). Description of Chelsea, 27255. — Account of Fulham, 27256. — Hist. of Kensington, 27257.

Faulkner (*Alex.*). The orientalist's grammatica vade-mecum, 11732.

revendu ensuite 6 liv. 16 sh. 6 d., parce qu'il manquait dans l'exempl. 2 ff. du cah. B; le même exempl. du *Faulcon* (seul), avec les 2 ff. parfaitement refaits à la plume, 151 fr. *mar. d. de mar.* Crozet.

FAUNE française, ou histoire naturelle générale et particulière des animaux qui se trouvent en France, constamment ou passagèrement, à la surface du sol, dans les eaux qui le baignent, et dans le littoral des mers qui le bornent; par M. L.-P. Vieillot, A.-G. Desmarest, H.-M. Ducrotay de Blainville, etc. *Paris, Rapet,* 1821 et ann. suiv., in-8. [5615]

La Faune française, commencée en 1821, a été interrompue en 1823, ensuite reprise en 1828. L'ouvrage devait être composé de 90 livrais. de 10 pl. chacune, avec un texte. Prix de la livrais. 4 fr. — fig. color. 10 fr. — in-4. 15 et 25 fr. Il n'en a paru que 29 livrais.

FAUNILLANE ou l'infante jaune, conte. *A Badinopolis (Paris), chez les frères Ponthommes, à l'enseigne du roi d'Egypte,* 1741, in-4. fig. [17322]

Édition originale de cette facétie composée par le comte Auguste-Gustave de Tessin. L'auteur l'a fait imprimer à Paris où il résidait alors en qualité d'ambassadeur de Suède, et, pour la décorer, il fit exécuter, d'après les dessins de Boucher, 10 grav. à l'eau-forte par Chedel; mais soit qu'il n'eût fait tirer du texte qu'un très-petit nombre d'exemplaires, deux seulement, s'il faut s'en rapporter à une ancienne tradition, soit qu'il eût fait détruire la plus grande partie des exemplaires imprimés, il est certain que le tirage des planches resta presque entièrement sans emploi. Pour se le rendre utile, le libraire qui en était possesseur eut l'idée d'engager Duclos à composer un nouveau conte où ces figures pussent trouver leur place. C'est là ce qui a donné naissance au conte d'*Acajou et Zirphile,* impr. à Paris, sous la date de *Minutie,* 1744, vol. in-4. où se trouvent les planches gravées pour la *Faunillane.* Cependant ce dernier ouvrage ayant été réimpr. en 1745, et même en 1767, de format in-12, quelques personnes voulant le réunir à l'*Acajou,* in-4., ont fait monter des exemplaires de ces réimpressions sur papier in-4. Tel était l'exempl. de l'édit. de 1743 réuni à l'*Acajou,* qui est évalué à 60 fr. dans le catal. de M. de Boze, n° 1238, et qui cependant n'a été payé que 2 fr. 55 c. à la vente des frères Boutin, en 1798; tel était aussi l'exempl. rel. en *veau, tr. doré, par Niédrée,* apprécié à 30 fr. sous le n° 450 d'un petit catalogue publié par M. Potier en 1854, et enfin l'exemplaire de l'édit. de 1767, payé 59 fr. à la vente de M. Bourdillon, grâce à une note, bien hasardée, portant que cette édition avait été toute brûlée, à l'exception de huit exemplaires laissés à Duclos. Selon nous, la seule édition de la Faunillane qui soit réellement précieuse à cause de sa rareté bien constatée, est celle de 1741, in-4., dont un exemplaire rel. en *mar. r. dent.* a été vendu 37 fr. en 1850 (catal. de M. Baudelocque, n° 1237). Peut-être les deux éditions in-12 n'en font-elles qu'une seule sous deux dates de l'*Acajou. Ajoutons qu'Acajou et Zirphile* a aussi été impr. de format in-12 sous la date de 1744, avec des figures réduites d'après les pl. in-4.

FAUQUEL (*Antoine*). Epitaphe de la ville de Calais, par Ant. Fauquel, natif de la cité d'Amiens; plus une châson sur la prinse dudit Calais. *Paris, Jean Caveiller,* 1558, pet. in-8. [13699]

Vend. 29 fr. 50 c. *mar. r.* Crozet.

Ant. Fauquel, dont ni La Croix du Maine ni Du Verdier n'ont parlé, est encore auteur d'un opuscule intitulé :

DISCOURS du testament de la prise de Guines. *Paris, Olivier de Harsy,* 1558, in-8. de 8 ff.

Ces deux pièces en vers ont été reproduites dans le IVe vol. du Recueil de M. de Montaiglon.

Les événements célébrés par notre poète ont donné lieu à plusieurs petits écrits, parmi lesquels nous remarquons ceux-ci :

DISCOURS de la réduction de Calais au royaume de France, détenu par les Anglais depuis l'an 1347, et du comté d'Oye, Guines, Ham et autres places de mer, par P. D. T. A. *Lyon, Temporal,* 1558, in-8. [22461]

DISCOURS de la prinse de Calais par Monseigneur de Guyse. *Paris, L'Homme,* 1558, in-8. — Autre édition, *Tours, I. Rousset,* 1558, in-8.

DESCRIPTION de la prinse de Calais et de Guines, composée par forme et style de procès, par M. G. de M. (*sans lieu ni date*), in-8., en vers. — Voir TOTALE description.

FAURE (*Antoine*), S. J. B. Les Gordians et Maximins, ou l'ambition, œuvre tragique en cinq actes, premiers et derniers essais de poésie de... *Chambery, Claude Pomar,* 1589, in-4. de XVI et 120 pp. [16333]

Cette tragédie, dont les exemplaires sont devenus rares, est très-longue; mais, quoiqu'en général faiblement écrite, on y trouve quelques vers assez beaux. Vend. 7 fr. 20 c. *mar. bl.* Méon, et le même exemplaire 40 fr. de Soleinne; 71 fr. Cailhava.

Cet Ant. Faure est le même que Ant. Favre, célèbre jurisconsulte, père de Vaugelas, de qui on a le recueil intitulé : *A. Fabrii Opera juridica,* 10 vol. in-fol., et autres écrits latins (voyez FABER).

Selon Beauchamps, il existerait une édit. des Gordians, *Lyon,* 1596, in-8.

— ENTRETIENS spirituels sur l'amour divin, sur la pénitence, sur le S. Sacrement de l'autel, et sur le Rosaire, par Ant. Faure. *Paris, Chevallier,* 1602, pet. in-8. [13913]

Ces poésies sont divisées en trois centuries de sonnets. La première centurie a d'abord paru séparément sous ce titre :

CENTVRIE première de sonets spirituels de l'amour diuin et de penitence par Antoine Faure S. S. *A Chambery par Claude Pomar,* M.D.XCV, pet. in-8. de 126 pp. sign. A—H. C'est un livre que sa rareté fait tout le mérite. (*L'Ami des livres,* 1860, n° 12, p. 228.)

Les Quatrains du président Faure ont été publiés séparément en 1601, in-8., ensuite dans différentes édit. de ceux de Du Faur de Pybrac; aussi avec *cent quatrains consolatoires du sieur de La Primaudaye* (voy. ce nom), impr. par *François Le Fevre,* 1609, in-8.; enfin, avec les *Quatrains de la vanité du monde* (au nombre de 74), *Troyes, Pierre Chevillot,* 1615, in-8.

FAURIS-SAINT-VINCENS (*J.-F.-P.*). Recueil de divers monumens d'antiquités trouvés en Provence, précédé d'une notice sur la vie de M. Fauris de St-Vin-

---

Faur. Vie privée de Richelieu, 23908.
Faure (*G.-S.*). Flambeau de la mer, 19741.
Faure (*J.*). Histoire de Bergen-op-Zoom, 25208.
Faurlel (*C.*). Chants populaires de la Grèce, 12442.
—Origine de l'épopée chevaleresque, 13147.— Croisades contre les Albigeois, 13154. — Gaule méridionale, 24721. — Hist. de la poésie provençale, 13149.
— Dante, 30079.

cent (par A.-J.-A. Fauris de St-Vincent, son fils). *Paris, De Bure,* 1805, gr. in-4., avec 17 pl. [29275]

Les mémoires qui composent ce recueil ont été tirés à petit nombre, et même le titre et la table à 25 exemplaires seulement : vend. 16 fr. Librairie De Bure, et 9 fr. J.-J. De Bure. La notice a été impr. à Aix en 1800, in-4.

FAUSTE. Histoire prodigieuse et lamentable de Jean Fauste, magicien, avec son testament et sa mort épouvantable (trad. de l'allemand par Vict. Palma Cayet). *Paris,* 1598, in-12, ou seconde édition, *Paris, Binet,* 1603, in-12. [8899]

Cette histoire romanesque, fondée sur les traditions les plus absurdes, ne trouvait plus guère de lecteurs, lorsque le Faust de Goethe est venu donner une nouvelle célébrité au vieux sorcier allemand, et tirer de l'oubli le roman dont il est le héros. Les deux éditions que nous venons de citer, et la première surtout, sont fort rares ; mais l'ouvrage a été réimpr. à *Rouen,* en 1604 ; *chez Th. Doré,* en 1606 ; *jouxte la copie impr. à Rouen, par Nicolas L'Oyselet,* 1616 (vend. 31 fr. 50 c. *mar. bl.* Nodier ; 27 fr. en 1841 ; 80 fr. Solar) ; à *Paris, Vᵉ du Carroy,* 1622, pet. in-12, à *Rouen, Clément Malassis,* 1667, pet. in-12. 62 fr. en *mar. r.* par *Trautz,* Solar ; à *Paris,* en 1673 ; à *Amsterd., Cl. Malassis,* 1674, in-12 (vend. 12 sh. *m. r.* Hibbert) ; et enfin sous le titre d'*Histoire prodigieuse de J. Faust..., avec son testament et sa vie épouvantable,* Cologne, Marteau, 1712, pet. in-12. Cette dernière édition, dans laquelle on n'a pas réimpr. l'épître dédicatoire du traducteur signée V. P. C., est la plus jolie et la plus répandue ; on sait qu'elle a été imprimée à *Bruxelles,* chez *George de Backer.* 10 à 12 fr., et rel. en *mar.* 24 à 36 fr.

La première rédaction allemande de cette histoire a paru à *Francfort,* chez *J. Spiess,* 1588, sans nom d'auteur : on en cite même une édition de *Berlin,* 1587, in-8. Elle est tout à fait différente de l'ouvrage de Geor.-Rod. Widmann sur le même sujet, quoiqu'on ait souvent confondu les deux productions. Celle de Widmann a paru à *Hambourg,* 1599, 3 part. en 1 vol. in-4. (vend. 20 fr. Rœtzel), et Lipenius, bibliographe peu sûr, cite une édition de *Hambourg,* 1598-1600, 3 vol. in-4. Le même texte, revu et augmenté par J.-N. Pfitzer, a été réimpr. à *Nuremberg,* 1674, in-8., et plusieurs fois depuis : on y peut réunir l'*Hist. de Wagner, valet de Faust,* en allemand, par Fred. Schot, et publ. par P.-J. M. (Marperger), *Berlin,* 1714, in-8. Pour plus de détails, consultez *Ebert,* 7371-79, et la seconde édit. de la brochure de M. Fr. Peter, intitulée : *Die Literatur der Faustsage bis Ende des Jahres* 1850. Leipzig, Fr. Voigt, 1851, in-8. — La traduction hollandaise, impr. en 1608, 2 part. en 1 vol. in-4., avec fig. en bois, n'a été vendue que 8 fr. Heber.

THE HISTORY of the damnable life and deserved death of Dr. John Faustus. *London, by G. Brown for M. Hotham (no date),* in-4.

Cette édition, *newly printed, and in convenient places impertinent matter amended, according to the true copy printed at Frankford, and translated into english by P.-R. Gent,* comme le porte son titre, est celle qui a été reproduite dans la *Collection of early prose romances,* par Thoms. Lowndes indique d'autres édit. de Londres, 1622, 1626, 1636, 1663 et 1690, in-4., qui ont été vend. chacune de 1 à 2 liv. sterl. Nous citerons encore d'après le même bibliographe :

THE SECOND Report of Doctor John Faustus conteaning his apparances and the deeds of Wagner. London, *by Abell Jeffes for Cuthbert Burby,* 1594, in-4. (1 liv. 17 sh. Heber), réimpr. à Londres, en 1680, in-4.

N'oublions pas la pièce anglaise de Christophe Marlowe intitulée : *The tragical histories of the life and death of Dr. Faustus,* London, 1604, in-4., laquelle a été plusieurs fois réimprimée.

FAUSTINUS. Perisauli Faustini tradocii de honesto appetitu. Faustinus trad., de triumpho stultitiæ. *Arimini typis Hieronymi Soncini iterum omni diligentia excussa.* (sine anno), in-8. sign. A—H. ff. non chiffr., caract. ital. [12686]

Maittaire, Index, I, 393, après avoir donné l'indication de ce poëme, à peu près, comme ci-dessus, ajoute : *Et in fine, Venetiis sub inclito principe Andrea Griti per Franciscum et Jo.-Antonium de Rusconibus fratres.* M.CCCCC.XXIIII. *die* VII *Decembris.* Or cette souscription ne se trouve ni dans l'exemplaire de la Bibliothèque Mazarine (21236), ni dans un autre que j'ai vu, et dont voici la description. Le titre copié ici est imprimé en rouge et noir, dans un passe-partout gravé en bois ; derrière ce frontispice se lit une épître dédicatoire de Jérôme Soncino à Gorus Gerius, évêque de Fano, laquelle n'est point datée. Le premier poëme, *De honesto appetitu,* commence au f. Aii et finit au f. Biiij recto ; le 2ᵉ poëme finit au 3ᵉ f. recto de la signat. H., au verso duquel on lit l'épitaphe (en 6 vers) de l'auteur, suivie de l'indication *Apud Ariminum per Hieronymum Soncinum;* et le 4ᵉ f. de ce même cahier H est tout blanc. Il existe bien cependant une édition de ces deux poëmes, impr. à Venise *per fratres de Rusconibus,* 1524, pet. in-8., laquelle était chez Pinelli, II, nᵒ 5144, et chez Courtois, vend. 28 fr. *m. r.,* et revend. seulement 3 sh. chez Heber. Maittaire aura vu un exemplaire de cette édition, auquel se trouvait ajouté le titre de la précédente.

Faustinus, selon toute apparence, est le même que le Faustino nommé dans le titre de la pièce suivante :

BARZELLETTA del preclarissimo poeta misser Faustino da Rimine : con altre opere di diversi autori. *(senza luogo ed anno),* in-4. de 2 ff. à 2 col. [14980]

Opuscule qui paraît être sorti d'une presse florentine, au commencement du XVIᵉ siècle. Il est en caractères ronds, avec le titre en caract. goth. au haut de la première page, et contient quatre pièces en vers, savoir une *Barzelletta,* une *Canzone sopra l'ingratitudine; Gli setti dolori de lamore, del magnifico Laurentio de Medici,* pièce dont il n'y a peut-être pas d'édition plus ancienne que celle-ci, laquelle n'a pas été connue de Gamba (voy. MEDICI Selve d'Amore), et enfin un sonnet moral sur la manière de se farder. Vend. 110 fr. *m. r.* Libri ; 30 fr. *demi-rel.* Gancia.

FAUSTUS de Byzance. Histoire d'Arménie (en arménien). *Constantinople,* 1730, in-4. [28040]

Vend. 10 fr. 50 c. Saint-Martin.

Cette histoire, qui fait suite à celle d'Agathange jusqu'en 390, a été réimpr. à Venise, en 1832, in-8. 5 fr.

FAUSTUS Andrelinus. Voy. ANDRELINUS.

FAUX (le) visage découvert du fin renard de la France, à tous catholiques unis, etc., contre l'ennemi de Dieu, ouvert et couvert : ensemble quelques anagrames et sonnets propres pour la saison du jour-d'hui. *(Paris), Jacq. Varengue,* 1589, pet. in-8. [23568]

Faustinus. Opera, 1046.
Fauvelet Du Toc. Les Secrétaires d'État, 24084.

Cette pièce était la première dans un recueil de huit pièces, sous la même date, vendu 75 fr. Mac-Carthy.

FAVART (*Charles-Simon*). Théâtre. *Paris, Duchesne*, 1763-72, 10 vol. in-8. fig. 20 à 30 fr. [16555]

Il faut voir si la *Belle Arsenne* se trouve à la fin du tome X. — On a donné à Paris, en 1809, un *Théâtre choisi de Favart*, en 3 vol. in-8., dont il y a du pap. vél., et où se trouvent une parodie inédite d'*Annette et Lubin*, et les *Rêveries renouvelées des Grecs*, deux pièces qui ne sont ni dans l'édition en 10 vol., ni dans les *OEuvres choisies de Favart*, édition stéréotype de Didot, 1812, 3 vol. in-18, dont il existe deux exempl. tirés sur VÉLIN. Un de ces derniers, 43 fr. 50 c. en 1828. — Les *Mémoires et correspondance littéraire, dramatique et anecdotique* de C.-S. Favart, *Paris*, 1808, 3 vol. in-8., ont été publiés par le petit-fils de l'auteur, en société avec H.-F. Dumolard.

FAVOLIUS (*Hugo*). Hodœporici byzantini libri tres. *Lovanii, Sassenus,* 1563, pet. in-8. de 106 ff. [13039]

Relation en vers héroïques du voyage de l'auteur à Constantinople. Elle est rare.

FAVORAL. Les contes et discours facécieux, recueillis par le Sr Favoral, où sont plusieurs rencontres subtiles pour rires en toutes compagnies. *Paris, J. Corrozet*, 1615, in-12. 15 à 24 fr. [17846]

Vend. 31 fr. *v. f.* Nodier.

Réimprimé sous le titre de *Facétieuses journées*, Paris, 1618, in-12, et sous celui de *Plaisantes journées...* Paris, 1626, et en 1644, pet. in-12, même prix.

FAVRAT (*Lud.*). Aurea catena Homeri, id est concatenata naturæ historia physico-chymica, latina civitate donata. *Francof.*, 1763, pet. in-8. 3 à 5 fr. [8946]

FAVRE (*Ant.*). Voy. FABER.

FAVRE (*Jean-Bapt.*). Récul d'uvras patoisas. *Montpellier, J.-G. Tournel*, 1815, 2 vol. pet. in-12. [14388]

Le premier volume contient les ouvrages de l'auteur qui avaient déjà été imprimés; le second les ouvrages inédits, avec une préface de L.-J. Brunier, qui en est l'éditeur, Paris, en 1821 et 1826, en 2 vol. in-12, et, je le crois, encore depuis.

FAVYER (*Nic.*). Figure et exposition des pourtraictz et dictons contenuz es médailles de la conspiration des rebelles en France, opprimée et estaincte par le roy Charles IX, le 24 jour d'aoust 1572. *Paris, chez Jean Dallier*, 1572, pet. in-8. [23522]

Opuscule de 6 ff. seulement, et qui est fort rare. Ce qui le rend surtout curieux, ce sont les empreintes de deux médailles frappées à l'occasion du massacre de la Saint-Barthélemy. La seconde porte pour légende : *Charles IX domteur des rebelles* 24 *août* 1573. — Vend. 20 fr. m. r. La Valliere ; 46 fr. Monmerqué ; 82 fr. Coste. Cette pièce a été réimpr. à Lyon, par B. Rigaud, 1573.

Le même auteur n'a pas craint de faire l'apologie du meurtre de Coligny, dans une pièce de vers intitulée :

DISCOURS sur la mort de Gaspard de Coligny qui fut amiral de France, et de ses complices. 1572, in-8.

FAVYN (*André*). Le Théâtre d'honneur et de chevalerie, ou l'histoire des ordres militaires des roys et princes de la chrestienté, et leur généalogie et tout ce qui concerne la chevalerie de l'ordre, l'institution des armes et blasons, hérault, joustes, tournois. *Paris, Fouet*, 1620, 2 vol. in-4. fig. [28725]

Quoique cet ouvrage soit peu estimé, il conserve encore de la valeur : 24 à 30 fr. ; vendu même 120 fr. Bergeret, à cause de la reliure en *mar. r.* qui a dû coûter 80 fr. — La traduction anglaise, *London*, 1623, in-fol., se paye de 1 liv. 10 sh. à 2 liv. en Angleterre.

— Histoire de Navarre, 24701.

FAXARDO (Alonso Guarxado). Voyez FAJARDO.

FAXARDO Saavedra. Voy. SAAVEDRA.

FAYETTE (de La). Voy. LAFAYETTE.

FAYI (*Jac.*) Defensio religionis, necnon Mosis et gentis judaicæ, contra Joh. Tolandum. *Ultrajecti,* 1709, in-8. 3 à 5 fr. [2279]

FAZELLO (*Th.*). De rebus siculis decas I, criticis animadvers. et auctario illustr. Vic.-Mar. Amico et Stella. *Catanæ*, 1749. Decadis II, libri VII. *Ibid.*, 1751. Decadis II. libri tres ultimi. *Ibid.*, 1753, 3 vol. in-fol. 36 à 45 fr. [25826]

Édition la plus complète de cet ouvrage estimé : 60 fr. Libri. La première est de Palerme, 1558, ou avec quelques ff. réimpr. contenant des changements, 1560, in-fol.

Les Décades de Fazello ont été insérées dans le Xe vol. du *Thesaurus antiquit. ital.* de Burman. Elles ont été trad. en italien par Remigio (Nanni), *Venez.*, 1574, in-4., et édit. corrigée par Mart. Lafarina, *Palerme*, 1628, in-fol. Réimpr. *Palerme*, 1817, 3 vol. in-8. Cette dernière édition coûte 24 fr. — Il y en a aussi une avec une continuation de 1556 à 1750 par Vito Amico, trad. par Jos. Bertini, *Palerme*, 9 vol. in-8., dont le dernier a paru en 1836.

FAZIO [Bonifazio] degli Uberti. Incominza el libro primo Dita mundi cumponuto per Fazio di Gluberti da Firenza, etc.

— *Vicentia, maestro Leonardo de Basilea,* 1474, in-fol. [14846]

Première édition, fort rare, mais très-fautive, d'un poëme que, à défaut de mérite littéraire, recommande son ancienneté; elle a des signat. A—O, et consiste en 106 ff. à 2 col. de 39 lig. Vend. 800 fr. Floncel; 480 fr. La Valliere; 5 liv. 10 sh. Pinelli; 62 flor. Crevenna; 8 liv. 5 sh. exempl. défectueux, Hibbert ; 210 fr. piqué de vers, Boutourlin; 260 fr. Riva; 12 liv. cuir de Russie, Libri, en 1859.

Nous ferons observer que les signatures de cette édition sont impr. tout au bas des pages, à 55 millimètres au moins de distance du texte, de manière qu'elles peuvent manquer, pour peu que l'exemplaire soit trop rogné.

L'exemplaire de Floncel était très-beau; « mais (dit l'abbé de Saint-Léger, dans sa Lettre au baron de H., page 24) il n'existe plus, si l'anecdote suivante est vraie. On raconte qu'un amateur anglais ayant donné commission à quelqu'un de l'acheter pour lui, sans fixer le prix, le livre fut porté jusqu'à 400 fr. (il faut lire 800 fr.), et que l'amateur, outré de l'avoir payé si cher, le jeta au feu, de dépit, dès qu'il lui fut parvenu. » Fort heureusement que les bibliomanes anglais ne se dépitent pas aujourd'hui pour si peu de chose, car au prix où ils portent maintenant les livres rares, on pourrait craindre que des bibliothèques entières n'éprouvassent le sort du *Ditta mundi.*

— Opera di Faccio Degliuberti Fiorentino Chiamato Ditta mundi. Uolgare. Cum Privilegio. (au verso du dernier f.) : *Impresso ĩ Venetia per Christofaro* (sic) *di Pensa da mãdelo. Adi ˙.iiii. setẽbrio.* M. CCCCC. I, pet. in-4. de 266 ff. non chiffrés, lettres rondes.

Édition plus incorrecte encore que la précédente, et beaucoup moins rare, sans être commune : 9 fr. *m. r.* La Valliere; 1 liv. 1 sh. Pinelli; 38 fr. *m. r.* Boutourlin; 75 fr. Riva. — Celle de Venise, *per Andreola,* 1820, 3 vol. pet. in-8., n'est pas meilleure. A l'occasion de l'édit. du *Ditta mundi* de 1501, in-4., *m. r.* vend. 60 fr. (n° 1017), M. Libri fait observer que ce poëme est un des plus anciens ouvrages impr. en Italie dans lesquels on trouve des morceaux considérables en français et en provençal. Au chapitre 23 du III° livre il y a un dialogue en grec moderne; dans le chapitre 17 du IV° livre, on lit environ 80 vers en français, et au chapitre 21 du même livre une trentaine de vers en provençal.

— Il DITTAMONDO, ridotto a buona lezione, *Milano, Silvestri,* 1826, gr. in-16. 5 fr. Il y a douze exemplaires en pap. vél. et deux en pap. bleu.

Édition la meilleure de ce poëme, et qui forme le 176° vol. de la *Bibliot. scelta.* On y a fait usage des nombreuses variantes ou corrections de Guil. Perticari, qui ont été publiées par Monti dans le dernier vol. de sa *Proposta* (Milano, 1817-24, 3 tom. en 6 part. in-8.), et aussi de celles que Fr. del Furia a données dans le 1er vol. des *Atti* de l'Académie *della Crusca* (Firenze, 1819, in-4.). Malgré ces importantes améliorations, l'ouvrage reste encore trop souvent inintelligible. Différentes pièces de poésie de Fazio se trouvent dans divers recueils, notamment dans les *Poeti antichi* d'Allacci (voy. ALLATIUS), dans les *Rime antiche* de 1527 (voy. SONETTI), et dans la *Raccolta di rime antiche,* Palermo, 1817, 4 vol. pet. in-4.

FEAU (*Charles*). Voy. BRUEYS.

Fea (*Carlo*). Description de Rome, 25581. — Leda, 29243. — Viaggio ad Ostia, 29455. — Fasti consolari, 29942.

Featherston Kaugh (*G.-W.*). Tour through the slave States of North America, 20978.

FEBONI (*Mutius*). Voy. PHŒBONIUS.

FEBRER. Trobes de Mosen Jayme Febrer, en que tracta dels llinatges de la conquista de la ciutat de Valencia e son reyne. *Valencia, Imprenta del Diari,* 1796, pet. in-4. avec 14 pl. de blasons. [15328]

Volume rare, vendu 24 fr. 30 c. Gohier, et moins depuis. On y réunit :

OBSERVACIONES historico-criticas a las trobas intituladas de Mosen Jayme Febrer, por el P.-L. Fr. Bartolomé Ribelles. *Valencia, Jos. de Orga,* 1804, pet. in-4. de 84 pp.

FEBRÈS (el P. *Andres*). Arte de la lengua general del reyno de Chile, con un dialogo chileno-hispanol; a que se añade la Doctrina christiana, etc., y por fin un vocabulario hispano-chileno. *Lima,* 1765, pet. in-8. [12002]

Cette grammaire était devenue rare, et elle a même été payée 65 fr. Chaumette; mais elle a été réimprimée avec des augmentations sous ce titre :

GRAMATICA de la lengua Chilena, escrita por el R. P. Andres Fabres... adicionada i correjida por el R. P. Ant. Hernandez. *Santiago,* 1846, in-4. de 330 pp. 24 fr.

En 1846 on a fait paraître également à Santiago le *Diccionario Hispano-Chileno y Chileno-Hispano* du P. Febres, revu et augmenté par le P. Hernandez, à *Santiago,* 1846, en 2 part. in-8. 18 fr.

FEBRIBUS (de) opus aureum, in quo trium sectarum clarissimi medici, græci, arabes et latini, habentur, qui de hac re egerunt. *Venetiis,* 1576, in-fol. [7161]

Volume peu commun : 11 fr. Patu de Mello. Il a été réimpr. sous le titre de *Medici antiqui... de febribus, edente Jo. Fernelio.* Venet., 1594, in-fol. 31 fr. Baron, en 1788, et beaucoup moins depuis.

FEBVRE (Le). Voy. LE FEBVRE.

FEBUS (*Gaston*). Voy. PHEBUS.

FEBUSSO e Breusso, poema, ora per la prima volta publicato da un manoscritto inedito per cura e spese di Lord Vernon. *Firenze, Tipografia Piatti,* 1847, gr. in-8. avec fac-simile du manuscrit.

Poëme chevaleresque du XIV° siècle, qui était resté inédit. Il n'en a été tiré, dit-on, que 78 exemplaires. 13 fr. Gancia.

FEDELI (*Gios.*). Opere spirituale in versi, intitolata Fonte del Messia nuouamente composta per Gioseph Fedeli di Luca detto Catonello MDXXXI. (in fine) : *In Vinegia per Giovann' Antonio et i fratelli da Sabbio...ne l'anno del Signore,* M. D. XXXI. in-8. de VIII ff. prélim., 143 ff. chiffrés et 1 f. blanc, sign. AA et A—S, lettres rondes. (Molini, 168.)

FEDELI (*Aurelia*). Il Refuti di Pindo, poesie d'Aurelia Fedeli, comica ita-

Febronius (de Hontheim). De Statu ecclesiæ, 3225.
Féburier. Abeilles, 6451.
Febvre (le). Voy. Le Febvre.

liana, dedicata al Re. *Parigi, C. Che-
nault*, 1666, pet. in-8.

Ces poésies d'une actrice italienne qui a joué sur plusieurs théâtres de Paris, n'ont guère d'intérêt que
parce qu'il s'y trouve des pièces de vers adressées à
Mlle de La Valliere, à Corneille, à Racine, à Molière,
et autres personnages. 20 fr. m. r. Gancia.

FEDERICI (*Cesare* de i). Viaggio nell'
India et oltra l' India. *Venetia, Andrea
Muschio*, 1587, pet. in-8. [20661]

Volume rare, vendu 2 liv. 19 sh. m. olive, Hanrott;
2 liv. 2 sh. Butler, et quelquefois brun. La relation
de Federici a été réimpr. dans le 3e vol. de Ramusio, édition de 1613 (voy. RAMUSIO).

— THE VOYAGE and Traile of M. Cæsar Frederick,
merchant of Venice, into the East Indies, the Indies
and beyond the Indies: out of Italian by T. H.
(Thomas Hickock). *London, R. Jones and E.
White*, 1588, in-4. 13 liv. 13 sh. 6 d, North; 14 liv.
lord Valentia.

FÉE (*Ant.-Laur.-Apollinaire*). Essai sur
les cryptogames des écorces exotiques
officinales, précédé d'une méthode liché-
nographique et d'un genera, avec des
considérations sur la reproduction des
Agames. *Paris, F. Didot*, 1825-37,
2 part. in-4., avec 34 et 91 pl. color.
60 fr.; pap. vél., fig. doubles, 120 fr.
[5350]

— Mémoires sur la famille des fougères :
1er *mémoire :* Examen des bases adoptées dans la classification des fougères,
et en particulier de la nervation; 2e :
Histoire des acrostichées, *Strasbourg*,
Levrault, 1844, gr. in-fol. avec 66 pl.,
tiré à 150 exempl., 76 fr. — 3e et 4e *mémoires :* Vittariées, pleurogrammées et
antrophysées. *Ibid., et Paris, Baillière*,
1852, in-fol. avec 6 pl., 15 fr. — 5e *mémoire :* Polypodiacées. *Ibid., et Paris,
Baillière*, 1853, in-4. avec 32 pl., 54 fr.
—6e *mémoire :* Iconographie des espèces nouvelles, décrites et énumérées
dans le Genera filicum. *Ibid.*, 1855,
in-4. avec 8 pl. [5406]

— FLORE de Virgile, voy. à l'article VIRGILIUS. —
Histoire natur. pharmaceutique, 7379. — Vie de
Linné, 30981.

FEEROZABAD. The Kamoos, or the
ocean; an arabic dictionary by Mujd-
ood-deen, Moohummud-Oobno Yakoob,
of Feerozabad; collated with many manuscript copies of the work and correc-

ted for the press, by Shykh Ahmud-
Oobno Moohummudin il Ansareyool
Yumunee Yoosh Shirwanee. *Calcutta,
press of editor*, 1817, 2 vol. pet. in-fol.
9 liv. [11618]

Ouvrage fort estimé, et qui, avant d'être imprimé,
avait déjà servi de base au dictionnaire arabe de
Giggei (voy. GIGGEI). 310 fr. de Sacy; 140 fr. Léon
Leclerc; en Gr. Pap. et rel. en mar. r. 255 fr.
3e vente Quatremère.

— El-Okeanus, al-bèssit fiterdschümet il-
Kamus almuhit; *c'est-à-dire :* L'Eten-
due de l'Océan ou le grand Océan qui
embrasse tout. *Scutari*, 1230-33 (1814-
17), 3 vol. in-fol. de plus de 900 pp.
chacun.

Vend. 470 fr. Kieffer; 45 fr. de Sacy.

Cette traduction du Kamoos en langue turque est
d'Abul-Kemel Es-Seid Ahmed Aassim. Elle coûtait
175 piastres à Constantinople. Le savant Rosenmüller en a rendu compte dans le Lpz. litt. Zeit., 1818,
vol. II, 1593 (voy. aussi Journal de la litt. étr.,
1818, 375).

L'auteur arabe qui est nommé ici Feerozabad, d'après
l'orthographe anglaise du titre du livre, est placé
sous le nom de Firouzabadi dans la Biogr. univers., 1re édit., XIV.

FEIGEL (*Jos.-Thdr.-Ant.*). Chirurgische
Bilder zur Operations- und Instrumen-
ten - Lehre, mit erklärendem Texte.
Würzburg, Stahel, 1850, gr. in-fol.,
83 pl. lith. et color. 72 fr. Réduit à 42 fr.
50 c. [7638]

— Handbuch der Anatomie, 7497.

FEIJOO. Voy. FEYJOO.

FEITHII (*Ever.*) antiquitatum homericarum lib. IV, editio nova, notis aucta.
Argentorati, 1743, pet. in-8. fig. 4 à
6 fr. [12336]

L'édit. de Leyde, 1677, in-12, est moins complète.

FELBINGER. Griechisch-Deutsch ΛΕΞΙ-
KON, darinnen alle Wörter dess Neuen
Testaments sampt den gemeinen gram-
matischen zuf allen ordentliche vorge-
stellt werden. *Leyden, bey Johan Elsevier*, 1657, pet. in-12 de 5 ff. prélim.
et 180 pp. [588]

Un des volumes les moins communs de la collection
elzevirienne. L'auteur n'est pas nommé sur le
titre, mais en tête de l'avis au lecteur placé au f. qui
suit ce titre se lit le nom de Jeremias Felbinger.
10 fr. seulement, en 1855.

FÉLIBIEN (*André*), sieur des Avaux. Tableaux du cabinet du roi, avec la description. *Paris, impr. royale*, 1677,
gr. in-fol. [9368]

Ce volume fait ordinairement partie du Cabinet du

Feder (*C.-A.-L.*). Observationes criticæ, 18284.
Federici (*Plac.*). Res pomposianæ, 25642.
Federici (*G.-B.*). Antichi duci di Gaeta, 25774.
Federici (*F.-D.-M.*). Cavalieri gaudenti, 22007. —
Memorie trivigiane, 31015. — Sulla tipografia trivi-
giana, 31256.
Federici (*Fort.*). Degli Scrittori greci e latini, 30040.
— Tipogr. Volpi-cominiana, 31258.
Federici (*Camillo*). Opere teatrali, 16734.
Fedorenko (*Ivan*). Position moyenne des étoiles,
8307.

Fehr (*Jos.*). Geschichte der europäischen Revolutio-
nen, 23069.
Feinaigle (*G.*). Mnémonique, 9042.
Feith (*Rhynvis*). Oden, 15646.
Feletz (*Ch.-M.* Dorimon de). Mélanges, 18338.
Félibien (*J.*). Pentateuchus, 440.

roi, mais il se trouve quelquefois séparément. L'édition de 1677, que nous indiquons, est la première et la plus recherchée ; elle ne renferme cependant que 24 planches, tandis que la dernière en contient 38 et même 40 : vendu 150 fr. Soubise, et jusqu'à 300 ou 400 fr. lorsque les pièces précieuses s'y trouvent avec les remarques. Voyez ci-devant, tome 1er, col. 1442.

— Descript. du château de Versailles, 24176. — Entretiens sur les peintres, 31027.

FÉLIBIEN (D. *Mich.*). Histoire de l'abbaye de Saint-Denis en France. *Paris*, 1706, in-fol. fig. 30 à 40 fr. [21749]

Vendu 46 fr. Gr. Pap. *m. r. l. r.* La Vallière ; en *m. r.* avec les armes de Louis XIV, 191 fr. Solar.

L'*Histoire de la ville de Paris*, du même auteur, augmentée et mise au jour par D. Guy-Alexis Lobineau, *Paris*, 1725, 5 vol. in-fol., fig., est à bas prix, même en Gr. Pap. [24128]

FELICE (il) successo ottenuto dal christ. Re di Franza contra lutterani, ugonotti et ribelli di S. Maesta ; dove intenderette la morte dello Amiraglio et di molti personnaggi, e la crudel giustitia fatta in diversi luoghi del suo regno con la morte di infiniti lutterani ; messa in ottava rima. *Siena*, 1572, in-4. [14678]

Pièce de 4 ff. seulement, impr. en partie sur 2 col. 48 fr. *m. r.* Coste.

·FÉLICE. Code de l'humanité, ou législation universelle, naturelle, civile et politique, par une société de gens de lettres (Bouchaud, de Jaucourt, Durand de Maillane, de Lalande, etc.), mis en ordre alphabétique par de Félice. *Yverdon*, 1778, 13 vol. in-4. [2348]

Ouvrage moins recherché en France que chez l'étranger : 60 à 80 fr. ·

— Leçons de droit de la nature, 2359. — Voy. BURLA-MAQUI, et DIDEROT.

FELICIANO (*Franc.*). Libro de Abaco nouamente composto per magistro Francesco da la zesio veronese, el quale insegna a fare molte rasone merchantile τ come respondano li preci τ monete nouamente stăpato. (au recto du dern. f.) : Franciscus Felicianus. q. dominici de scholaribus de Lazisio Gardesane arithmeticus ac geometricus composuit hunc libellum die decimo octauo Iulii 1517. *Stampato in Venetia, per Nicolo Zopino e Vincentio suo compagno del* M. D. XVIII, *adi 27 Agosto*, pet. in-8. de 20 ff. non chiffrés, sign. A—C. [7865]

80 fr. Riva.

Opuscule rare, sur le titre duquel se retrouve la même jolie vignette en bois qui est le titre d'une édition des Voyages de Varthema, impr. à *Venise* en 1518 (voy. VARTHEMA).

On a pu voir par le développement que nous avons donné au titre ci-dessus que Lazisio ou Lazescio

n'est nullement un nom propre, comme l'ont cru quelques bibliographes.

— LIBRO de Abaco, novamente composto per maestro Francesco de Lazesio Veronese, intitulato Spasso de Mercandanti, il qual insegna a fare molte ragioni, et come respondeno le monete, con alcuni giochi piacevoli per via de numeri... *Vinegia, per Fr. di Alessandro Bindoni et Mapheo Pasini*, 1550, pet. in-8. fig. sur le titre.

Un bel exemplaire en *mar. br.* 100 fr. Nouv. catalogue de L. Potier, 1860, n° 512.

—Libro di Arithmetica et Geometria speculatiua et praticale : composto per maestro Feliciano da Lazisio veronese. intitulato Scala grimaldelli : Nuouamente stampato. (à la fin) : *Stampato... Vinegia... per Franc. di Alessandro Bindoni et Mapheo Pasini...* 1527 *del mese di Zenaro*, in-4., feuillets non chiffrés, sign. A—V. [7799]

Édition la plus ancienne que nous connaissions de cet ouvrage. Au-dessous du titre impr. en caract. gothiques est figurée une échelle, en travers, avec un rossignol dessus, puis un sonnet et la date 1526. (Molini.)

LIBRO di Arithmetica e Geometria speculativa e praticale di maestro Fr. Feliciano da Lazasio, veronese, intitolato Scala Grimaldelli. *Venetia, Bindoni*, 1545, in-4. fig.

Cet ouvrage a été plusieurs fois réimprimé, ce qui en constate le succès. L'édit. de 1545 ci-dessus fut portée à 90 fr. à la vente de Bearzi ; mais, à la même époque, l'édit. de Venise, Bindoni, 1550, in-4., a été donnée pour 10 fr. vente Libri-Carucci. Le même traité a été réimprimé sous le titre de *Scala Grimaldelli, libro.... ristampato, accresciuto di molte cose da M. Filippo Macario, con la gionta della regola del Catain. Padova*, 1629, in-4. fig.

FELICIANO da Silva. Voy. l'article AMA-DIS de Gaule.

·FELIX. Los quatro libros del valerosissimo cauallero Felix magno hijo del rey Falangris de la gran Bretaña y de la reyna Clarine. *Barcelona, Amoros,* 1531, in-fol. [17552]

Livre très-rare, qui se trouve porté dans le catal. de Du Fay, n° 2399.

—Los quatro libros del muy noble y valeroso cauallero Felix magno hijo del rey Falangris de La gran bretaño, y de la reyna Clarinea en que se cuentan sus grandes fechos. — *Imprimiosse en... Seuilla en casa de Sebastian Trugillo impressor d libros. acabosse miercoles : a quatro dias del mes de Julio año de... mil τ quinientos τ quarěta·τ nueue años* (1549), in-fol. goth. à 2 col.

Édition presque aussi rare que la précédente : 51 fr. Heber. Les deux premiers ff. contiennent le titre en rouge et noir avec une fig. en bois, et le prologue adressé à Fadrique de Portugal. Le texte du premier et du second livre occupe les ff. iii à cxj. Il y a à la fin du second livre une souscription particulière datée du dernier avril 1549. Les livres 3 et 4 occupent

---

ensemble cxxxiiij ff. terminés par la souscription ci-dessus (*Biblioth. mazarine*).

— HISTORIA del nobile et valeroso cavalier Felice magno, figliuolo del Re Falangré della Gran Brettagna et della Reina Clarinea, tradotta di Spagnuolo in lingua italiana. *Verona, appresso Sebastiano delle Donne ad istanza di Francesco de' Franceschi*, 1587, in-8. de 12 ff. prélim., 298 ff. chiffrés, et un pour le registre et la date.

Ce volume porte à la fin la date de 1586 : vend. 1 liv. 8 sh. Hibbert.

FELIX MARTE de Yrcānia. Primera parte de la grande historia del muy animoso y esforçado principe Felix-marte de Yrcānia, y de su estraño nascimiento. En la qual se tratan grandes hazañas del valeroso principe Flosaran de Misia su padre, segun que la scriuio en Griego, el grande historiador Philosio Atheniese, Traduzida de lengua Toscana en nuestro vulgar, por... Melchior Ortega. 1557. — *Acabose el presente libro, en... Valladolid (Pincia otro tiempo llamada) en la officina de Francisco Fernandez de Cordua... a veynte dias del mes de Agosto. Año de mill y quinientos y cinquenta y seys años* (1556), in-fol. goth. de cclvj (256) ff. à 2 col. (*Biblioth. impér.*) [17553]

Roman en trois parties. Le titre et le prologue sont en lettres rondes. Il y a 4 ff. prélim., et le texte commence au f. coté ix. Le privilége est daté de 1554.

FELL (*Joan.*). Voyez RERUM anglicarum scriptores.

FELLENBERG (*Daniel*). Jurisprudentia antiqua, continens opuscula et dissertationes quibus leges antiquæ illustrantur. *Bernæ*, 1760-1, 2 vol. in-4. 15 à 20 fr. [2563]

Ce livre a reparu sous le nouveau titre de *Philosophia juris antiqui*, Francof. et Lips., 1776, in-4.

FELLER (*Franç.-Xavier* de). Dictionnaire historique, ou histoire abrégée des hommes qui se sont fait un nom. Septième édition enrichie d'un grand nombre d'articles nouveaux. *Paris, Méquignon-Havard*, 1827-29, 17 vol. in-8. [30377]

Une huitième édition du même dictionnaire *continué sous la direction de M. R.-A. Henrion*, s'est publiée chez *Paul Méquignon*, de 1833 à 1835, en 20 vol. in-8, à 3 fr. chacun. Il s'est fait aussi à Besançon une édition en 13 vol., et à *Lyon* (et à *Paris*), *chez Poussielgue-Rusand*, en 1852, une édit. en 8 vol. in-8., et enfin une dernière sous le titre de *Biographie universelle des hommes qui se sont fait un nom....*, *revue et continuée par l'abbé Simonin*, Lyon, Pélagaud, 1860, 8 vol. in-8., ensemble de 4780 pp.

Le Dictionnaire de Feller, dont la première édition a été publiée à Liége, en 1782, en 6 vol. in-8., n'était guère, originairement, que l'ouvrage de Chaudon retouché par un écrivain jésuite ; on l'a depuis fort augmenté, et toujours dans le même esprit.

— Catéchisme, 1857. — Mélanges, 19145.

FELLOWES (*W.-D.*). Historical sketches of the later part of the reign of Charles the first, including his trial and execu-

tion : with an account of the sums exacted by the commonwealth from the royalists, and the names of all those who compunded for their estates, with several important documents, and numerous original portraits. *Paris et London, Murray*, 1828, in-4. avec 50 pl. 1 liv. 1 sh. [26954]

Imprimé à Paris pour le compte de l'auteur, et tiré à petit nombre.

FELSTIN (ou mieux Felsztynski). Opusculum utriusque Musicæ, tam choralis, quam etiam mensuralis compilatum per Dominum Sebastianum de Felstin. *Cracoviæ, in officina Floriani*, 1519, in-4. [10136]

— ALIQUOT hymni eccles. vario melodiarum genere editi per Sebast. Felstinensem. *Cracoviæ, apud Hieron. Vietorem*, 1522, in-8.

Nous pouvons hardiment placer parmi les livres rares ces deux ouvrages du Polonais Felsztynski. On a du premier une seconde édition, *Cracoviæ, per Hier. Vietorem*, 1534, in-4., revue par l'auteur, et à laquelle est ajouté *Musica figurativa Martino Cromero autore*.

FEMME (la) docteur, ou la théologie tombée en quenouille (com. en 5 actes par le P. Bougeant). *Liége, Veuve Procureur*, 1730, in-12 de 7 ff. prél. et 162 pp.

Édition originale de cette pièce satirique qui fait partie de ce qu'on a nommé le *Théâtre janséniste* ; elle a été réimpr. à Douay, en 1731, à Avignon, s. d., et ailleurs.

Les autres pièces qui appartiennent au *Théâtre anti-janséniste* sont :

LA CRITIQUE de la Femme docteur... *Londres, Tonson*, 1731, in-12 de 124 pp. — Réimprimé sous le titre d'*Arlequin Janséniste*, ou Critique de la Femme docteur. *Cracovie, Jean le Sincère*; 1732, pet. in-8. de 2 ff. et 172 pp.

SUITE de la Femme docteur, comédie nouvelle. *Liége, Veuve Procureur*, 1732, pet. in-8. de 104 pp. et 2 ff. non chiffrés. Le faux titre porte : *La Femme docteur vengée, ou le théologien logé à Bicêtre*.

APOLOGIE de Cartouche, ou le scélérat sans reproche, par la grâce du Père Quesnel (Dialogue entre un docteur catholique et un Janséniste de bonne foi). *Cracovie, Jean le Sincère*, 1731, in-8. de 98 pp. et 3 ff. non chiffrés.

Réimpr. sous la date de *La Haye, Pierre du Marteau*, 1732, et à *Avignon*.

LE SAINT deniché, ou la banqueroute des marchands de miracles, comédie (par le P. Danton). *La Haye* (sans nom de libraire), 1732, in-12 de 168 pp. ; — aussi *Bruxelles, Pierre Prudent*, s. d. in-12 de 146 pp. ; — et encore *La Haye, Pierre l'Orloge*, 1732, in-12 de 144 pp.

LE QUAKER françois, ou les nouveaux trembleurs, comédie (attribuée au P. Bougeant). *Utrecht, Henryk Khyrskte jeune*, 1732, in-12 de 66 pp. et 1 f. non chiffré.

A ces six pièces qui, réunies, ne valent guère que de 12 à 15 fr., quelques curieux joignent le *Nouveau Tarquin*, qui n'y a pas un rapport direct (voy. NOUVEAU Tarquin).

FENDT (*Tobias*). Monumenta sepulcrorum cum epigraphis virorum illustrium,

---

tam prisci quam nostri sæculi, ex archetypis expressorum, et in æs incisorum anno christi 1574, per Tobiam Fendt pictorem vratislaviensem, in-fol. [26399]

Cent vingt-cinq monuments sépulcraux gravés sur cuivre, sous la date de 1573.

FÉNELON (*François* de Salignac de la Mothe). OEuvres publiées d'après les manuscrits originaux et les éditions les plus correctes, avec un grand nombre de pièces inédites (par les soins de MM. Gosselin et Caron). *Paris, Lebel,* 1820-24, 22 vol. in-8. [19088]

Édition la plus complète que l'on ait donnée jusqu'ici de cet illustre écrivain; on y a rétabli avec beaucoup de soin les textes de plusieurs ouvrages qui avaient été altérés; 90 à 110 fr.—Pap. vél. 150 fr. Cinq feuilles de cartons pour les tomes XIII à XVIII ont été distribuées en 1827 aux acquéreurs de la collection, et il a paru en 1830 des tables des œuvres de Fénelon (ou mieux Fénelon, selon sa propre signature) précédées d'une revue de ses ouvrages. *Paris, Leclere,* 1 vol. in-8. de près de 400 pp. Il faut réunir à ces 23 vol. les deux articles suivants:

CORRESPONDANCE de Fénelon, publiée pour la première fois sur les manuscrits originaux et la plupart inédits (par M. Caron). *Paris, Ferra jeune,* 1827-29, 11 vol. in-8. 44 fr. — Pap. vél. 66 fr., publication qui n'est pas sans intérêt, et de plus : *Lettres et opuscules inédits de Fénelon,* 1850, in-8.

HISTOIRE de Fénelon, composée sur les mss. originaux, par M. le cardinal de Bausset; 3e édit. *Versailles, Lebel,* 1817, 4 vol. in-8. portr.

Enfin, il est convenable de réunir à ce dernier ouvrage le *Supplément aux histoires de Bossuet et de Fénelon, par M. de Bausset;* par M. Tabaraud, *Paris Delestre-Boulage,* 1822, in-8.

Une édition des œuvres complètes de Fénelon a été impr. à Besançon, chez Gauthier, 1834, en 27 vol. in-8.

Ces deux éditions des œuvres complètes de Fénelon ont entièrement effacé celle de *Paris, de l'impr. de Fr.-Ambr. Didot l'aîné,* 1787-92, 9 vol. in-4. (avec le portrait de Fénelon et celui du duc de Bourgogne), de laquelle il a été tiré des exemplaires en Gr. Pap. d'Annonay (un bel exempl. en *mar. citr.* 231 fr. 2e vente Quatremère). Cette édition in-4. devait avoir 20 vol., mais elle n'a pas été terminée. Le premier vol. est entièrement rempli par une vie de Fénelon écrite par l'abbé de Querbeuf, qui a dirigé l'édition. C'est sur cette dernière qu'ont été faites celles de Paris, 1810 (et aussi 1822), en 10 vol. in-8. et en 10 vol. in-12, avec l'éloge de Fénelon par La Harpe, ainsi que celle de Toulouse, 1811, en 19 vol. in-12. — L'édition de *Paris, Dufour et Berquet,* 1825-26, en 12 vol. in-8., est un peu plus complète que l'in-4. et que celles de 1810 et 1822, in-8. et in-12, mais beaucoup moins que la précédente (de 1820) en 22 vol., dont on a d'ailleurs suivi le texte pour les ouvrages admis dans celle-ci. Le 1er vol. contient seulement une vie de Fénelon par M. Fabre de Narbonne.

— ŒUVRES complètes de Fénelon, précédées de son histoire littéraire, par M. Gosselin, directeur au séminaire de Saint-Sulpice. *Lille, chez Lefort; Paris et Besançon, chez Gaume, etc.,* 1852, 10 vol. gr. in-8. à 2 col. 80 fr.

Le dernier vol. de cette collection renferme l'Histoire de Fénelon par le card. de Bausset.

— ŒUVRES de Fénelon, précédées d'études sur sa

vie, par Aimé Martin. *Paris, Lefèvre,* 1835 (de nouveau, *Paris, Didot frères,* 1838), 3 vol. gr. in-8. 30 fr.

Choix plus complet que celui que comprennent les différentes éditions des *œuvres choisies* de Fénelon, publiées jusqu'alors, savoir: 1° édition publiée par M. Jauffret, *Paris, Leclere,* 6 vol. in-12.—2° autre, avec l'éloge de Fénelon par La Harpe, et une notice abrégée par M. de Féletz, *Paris, Delestre-Boulage,* 1821, 6 vol. in-8. — 3° avec une notice par M. Villemain, *Paris, Guibert,* 1825, 6 vol. in-8. Il y a dans cette édition quelques morceaux de plus que dans la précédente, et notamment la *lettre à Louis XIV,* qui a paru pour la première fois dans le 3e vol. des Eloges de d'Alembert, et que M. Renouard a fait imprimer séparément d'après le ms. original, *Paris,* 1825, in-8., avec un fac-simile et 2 portraits (il a été tiré sur VÉLIN deux exempl. de cet opuscule). — 4° *Paris, Emler,* 1829, 6 vol. in-8.

— ŒUVRES diverses. *Paris, Lefèvre (impr. de J. Didot),* 1824, gr. in-8. 5 fr. — Très Gr. Pap. vél. 15 à 20 fr.

Ce volume fait partie de la collect. des classiques français. Il contient : les *Dialogues sur l'éloquence,* le *Discours pour le sacre de l'électeur de Cologne,* et le *Sermon pour la fête de l'Epiphanie;* l'*Examen de conscience sur les devoirs de la royauté,* la *Lettre à l'Académie françoise;* les *Aventures d'Aristonoüs, etc.*

— Ses œuvres spirituelles. *Rotterdam,* 1738, 2 vol. in-4. 10 à 12 fr. [1575]

Les exempl. tirés de format in-fol. sont rares : 15 à 20 fr.; vend. en *m. r.* 76 fr. La Vallière; *m. v. tab.* 60 fr., 3e catal. Quatremère. — Les édit. d'*Amsterdam,* 1732, 5 vol. in-12, et de *Paris,* 1740, 4 vol. in-12, sont encore assez recherchées. Cependant celle de *Paris, Leclere,* 1802, 5 vol. in-12, contient quelques morceaux de plus.

— LETTRES spirituelles de Fénelon, édition revue et corrigée par M. Silvestre de Sacy. *Paris, Techener,* 1856, 3 vol. in-16 ou gr. in-32. 18 fr. — Pap. de Hollande, 45 fr. [1575]

Troisième publication de la *Bibliothèque spirituelle,* donnée par M. de Sacy.

—Explication des maximes des saints sur la vie intérieure. *Paris, P. Aubouin,* 1697, in-12. [1683]

Édition originale devenue peu commune. On sait que l'ouvrage fut condamné et qu'il causa la disgrâce de l'auteur. On ne le trouve, que je sache, dans aucune des collections des œuvres de Fénelon, si ce n'est dans celle en 3 vol. gr. in-8. Un exempl. qu'on disait être en Gr. Pap., avec une lettre autogr. de Fénelon à Bossuet : 81 fr. Nodier, en 1827. Des exemplaires en *v. f. tr. d.* 32 fr. Walckenaer; 17 fr. Giraud ; en *mar. r.* 120 fr. Renouard ; en *mar. br.* 37 fr. Solar ; en *mar. d. de mar.,* aux armes de Jacques II, roi d'Angleterre, 500 fr. De Bure; en *mar. r. aux armes et avec des notes autographes de Godet Desmarais, évêque de Chartres, un des examinateurs de ce livre,* 240 fr. Parison.

L'*Explication des maximes des saints* a été réimprimée à *Bruxelles,* 1698, in-12, et à *Amsterd., Wetstein,* 1698, in-12, avec l'instruction pastorale de Fénelon touchant ce livre. Cette dernière édition, 28 fr. Mac-Carthy.

La publication de cet ouvrage ascétique a donné naissance à beaucoup d'écrits pour ou contre, et dont l'ancien Catalogue de la Biblioth. impér., Théologie, II, p. 373 à 383, donne une liste trop étendue pour pouvoir être reproduite ici. Les plus importants de ces écrits ont été réimprimés dans les OEuvres de Fénelon et dans celles de Bossuet (voy. ce nom); les autres, et principalement les nombreux mandements des évêques de France, ne méritent guère

---

Fénelon (*Bertr.* de Salignac de La Mothe). Recueil de dépèches, 24117.

d'être tirés de l'oubli. Néanmoins, nous citerons encore :

LE TÉLÉMAQUE spirituel, ou le roman mystique sur l'amour divin et sur l'amour naturel, condamné par le pape Innocent XII et tous les évêques de France, dans l'Explication des maximes des saints sur la vie intérieure (*sans lieu d'impression*), 1699, in-M.

C'est une seconde lettre à madame la marquise de ***.

— Education royale, ou examen de conscience pour un prince, par messire François de Salignac de La Mothe-Fénelon, archevêque de Cambray. *Amsterdam, chez M. Magerus, libraire* (1734), gr. in-4. de 40 pp. [1330]

Édition originale de cet ouvrage; elle devait paraître à la suite du Télémaque (même date) avec d'autres pièces dont nous parlerons ci-après, mais elle fut supprimée exactement, et il ne s'en est répandu que bien peu d'exemplaires : celui de M. Renouard a été vendu 30 fr. avec trois autres pièces. C'est d'après cette édition qu'ont été faites celle de *La Haye*, 1748, in-8., et celle de *Paris*, 1774, in-12.

— DIRECTION pour la conscience d'un roi ou examen de conscience sur les devoirs de la royauté; trois lettres du même à Louis XIV, à Mad. de Maintenon et à M. de Louville. *Paris, Renouard*, 1825, in-18, avec 3 portr. et un fac-simile. 3 fr. — In-12, pap. vél. 6 fr. [1330]

La plus jolie édition de cet ouvrage impr. séparément. Elle est faite sur celle de la collection des œuvres de Fénelon, impr. chez Lebel, laquelle reproduit le ms. original, présente de bonnes corrections et une addition importante. — Il y a des exempl. de l'édition de 1825, en pap. de paille, et plusieurs in-12 sur VÉLIN, 21 fr. Renouard ; aussi in-8. sur VÉLIN, 46 fr. le même.

RÉFUTATION des erreurs de Ben. de Spinosa, par de Fénelon, le P. Lami, et le comte de Boullainvilliers, avec la vie de Spinosa, par J. Colerus (publiée par Lenglet du Fresnoy). *Bruxelles*, 1731, pet. in-12. 3 à 5 fr. [2293]

Ce volume est ordinairement réuni au traité de Spinosa, impr. en 1678 (voyez SPINOSA).

— De l'Éducation des filles, *Paris, Renouard*, 1807, in-12, portrait. [3910]

Une des meilleures éditions de cet excellent traité. Il y en a des exempl. en pap. vél., plusieurs en pap. vél. rose, et deux seulement sur VÉLIN. 40 fr. Renouard.

L'édition originale, *Paris, P. Auboin*, 1687, in-12, 12 fr. Monmerqué ; 9 fr. 25 c. Walckenaer ; jusqu'à 57 fr. *mar. bl.* Bertin, et *mar. r.* ancienne reliure, 82 fr. Solar.

Celle d'*Amsterdam, Schelte*, 1697, in-12, réunit à l'ouvrage de Fénelon l'*Instruction pour une jeune princesse*, par de La Chetardye, ouvrage déjà impr. à *Paris, Giraud*, 1688, in-12.

TRAITÉ du ministère des pasteurs, par M. l'abbé de Fénelon. *Paris, Pierre Auboin*, 1688, in-12. [1752]

— DÉMONSTRATION de l'existence de Dieu, tirée de la connaissance de la nature, et proportionnée à l'intelligence des plus simples. *Paris, Jacq. Estienne*, 1713, in-12. 5 à 6 fr. [1767]

Deux éditions sous la même date ; la seconde a de plus que la première une préface du P. Tournemine.

— RÉFLEXIONS sur la grammaire, la rhétorique, la poétique et l'histoire, ou Mémoire sur les travaux de l'Académie françoise. *Paris, J.-B. Coignard*, 1716, in-12. [12666]

Première édition de la Lettre à l'Académie françoise, 8 fr. 50 c. Walckenaer : cette lettre a été réimpr. avec *le Dialogue sur l'éloquence en général, et*

sur celle de la chaire en particulier, *Paris, Florent Delaulne*, 1718, in-12, ouvrage posthume, publié avec une préface du chanoine Baudoin.

— LETTRES sur divers sujets touchant la religion et la métaphysique. *Paris, Jacq. Estienne*, 1718, in-12, avec une préface de Ramsay.

— RECUEIL de fables composées pour l'éducation de M. le duc de Bourgogne. *Paris, J. Estienne*, 1701, in-12.

— Suite du quatrième livre de l'Odyssée d'Homère, ou les Avantures de Télémaque, fils d'Ulysse. *A Paris, chez la veuve de Claude Barbin, au Palais, sur le second perron de la Sainte-Chappelle*. M. DC. XCIX. *avec privilège du Roy*, in-12 de 4 ff. prélim. et 208 pp. à 23 lig. par page. [17110]

Quoique cette première édition du Télémaque soit revêtue du privilége du roi accordé à la veuve Barbin, l'impression en fut interrompue par ordre supérieur, lorsqu'il n'y avait encore d'imprimé que 208 pp. dont la dernière a 24 lignes et finit par ces mots : *il* (Idoménée) *marche chancelant vers la ville en demandant son fils.* Cette première partie n'est donc qu'un fragment qui ne va que jusqu'au tiers du 5ᵉ livre des éditions divisées en 24 livres. Toutefois, l'interruption dont il vient d'être parlé ne fut que momentanée, et la suite de l'ouvrage, formant quatre nouvelles parties, fut mise au jour avant la fin de l'année. Mais avant de décrire cette suite nous croyons devoir nous arrêter sur la première partie et sur les réimpressions plus ou moins furtives qui en ont été faites.

Les quatre ff. préliminaires de l'édition originale contiennent un faux titre, portant : *Les Avantures de Télémaque fils d'Ulysse*, un titre (celui que nous avons donné ci-dessus) ; *Le libraire au lecteur*, avis accompagné d'un errata, en dix lignes ; l'*Extrait du privilége du roy*, daté du 6 avril 1699. Au titre courant du texte on lit *Odicée* jusqu'à la page 120 ; après cette page, jusqu'à la page 168, *Odissée*, et ensuite *Odyssée*. Dans une autre édition, en 4 ff. et 208 pp., qui reproduit celle-ci, page pour page et ligne pour ligne, on a corrigé au frontispice, dans l'adresse du libraire, *Chapelle*, au lieu de *Chappelle* ; à la page 17, *élevé*, au lieu d'*élevez* ; *Télémaque*, au lieu de *Témélaque* ; et le titre courant porte d'un bout à l'autre (et dans quelques exempl. jusqu'à la page 168) *Odicée*. Nous ignorons si cette réimpression est bien réellement celle que Ch. Nodier a décrite sous le n° 782 de son dernier catalogue, d'après un exemplaire dont le format est de 13,535 millimètres (6 lignes) plus haut que celui de l'édition originale. Toutefois l'ingénieux auteur du catalogue cité a supposé que les deux éditions qu'il possédait n'en faisaient qu'une seule, dont une partie des exemplaires avait été publiée avant que les corrections de l'auteur eussent été faites sur les formes destinées à l'impression du livre. D'où il résulterait que ce qu'on regarde généralement comme la réimpression de ce fragment aurait été au contraire la première édition publiée. Nous ne dirons rien des autres réimpressions du même fragment qui ont paru en 1699, et que l'abbé Caron a signalées ; mais nous en décrirons une dont il n'a pas parlé. C'est un in-12 ordinaire de 214 pp., non compris le titre, ainsi conçu : *Les Avantures de Télémaque*. A Paris, chez la veuve de Claude Barbin...... M. DC. XCIX, avec privilège du roy. Elle n'a ni faux titre, ni pièces préliminaires, ni titre courant. Les pages n'ont que 22 lignes, et la dernière porte 11 lignes et le mot *fils*. Comme le caractère en est usé et le papier médiocre, ce doit être une contrefaçon sortie de quelque presse clandestine ou provinciale.

Une autre édition absolument sous le même titre que cette dernière, mais qui paraît avoir été imprimée avec les mêmes caractères que plusieurs livres que vendait Barbin, a été décrite et portée à 30 fr. dans le *Bulletin* de M. Techener, avril 1856; c'est un in-12 de 214 p. ayant chacune 20 lignes, et la dernière seulement 13 lig. et demie. Il n'a ni faux titre ni pièce liminaire, et le titre est compris dans les 214 pp. Les pages du volume portent en titre courant : *les Avantures de Télémaque.*

Des exemplaires de l'édition originale de cette première partie, qui est impr. en cicéro et sur beau papier, ont été vendus 51 fr. Desjobert; 55 fr. Parison; en *mar. r.*, 41 fr., en 1841; en *mar. bl.*, 121 fr. Giraud.

La réimpression, de 4 ff. et 208 pp., 20 fr. Nodier, et quelquefois moins.

Le docteur Bosquillon, à qui est due l'édition du Télémaque imprimée chez Crapelet, en *l'an VII* (1799), gr. in-18, supposait que la suite de ce premier fragment avait paru pour la première fois (en 350 pp.), une autre édition in-12 de ce même fragment, en 80 pages; mais il est de fait que l'édition originale de cette suite a été imprimée à Paris, pour le compte de la veuve Barbin, immédiatement après la publication de la première partie. Cette continuation forme 4 vol. in-12, sans indication de lieu ni de libraire; les caractères et le papier y sont en tout semblables à ceux de la première partie, dans l'édition dite *réimpression.* Le premier tome de cette suite, qui est le second de l'ouvrage, est intitulé : *Seconde partie des Avantures de Télémaque fils d'Ulysse*, M. DC. XCIX. Ce titre est répété en tête du poëme, mais on a mis aux titres courants *suite de l'Odyssée* (ou *Odissée*). Le nombre des pages de chacune des quatre parties est, pour la 1re, de 230 ; pour la 2e, de 204; pour la 3e, de 215, et pour la dernière, de 208. Un exemplaire des cinq parties, pet. in-12, rel. en *mar. r.*, a été payé 89 fr. à la dernière vente de Nodier, et revendu 420 fr. Bertin; un autre, en *v. br.*, ayant en double la réimpression de la première partie, 179 fr. vente du marq. de Coislin, en 1857.

— Les Avantures de Télémaque..... *suivant la copie de Paris, à La Haye, chez Adrian Moetjens, Marchand libraire.* M. DC. XCIX, pet. in-12 de 208 pp. (ou seconde édition, même date et même nombre de pages).

L'édition originale venait à peine de paraître lorsque Moetjens donna celle-ci, avec un avertissement en date du mois de juin; un peu plus tard ce libraire publia (sous la même date) un tome second dont la 1re page est cotée 209, et la dernière 466, non compris 2 ff. pour le titre et l'avis du libraire. La page 209 commence ainsi : SUITE DE L'ODYSSÉE D'HOMÈRE: *Cependant le peuple...,* et il donna successivement une *suite du second tome*, pp. 485 à 680, et une IIe *suite du second tome*, le tout formant avec la première partie 899 pp. qui finissent par ces mots du livre XIV (ou XVIII) : *pour le soulagement du peuple.* FIN. Le tome III, qu'il publia après, aussi en 1699, contient le reste du Télémaque. Les premières pages, jusqu'à la 44e, sont cotées en chiffres romains, et les suivantes en chiffres arabes, recommençant à la p. 1 et finissant à la p. 224.

Moetjens a donné au moins cinq éditions de l'ouvrage entier, sous la date de 1699, et il y en a plusieurs autres qui, quoique portant son nom, ne se vendaient pas chez lui. Les siennes sont assez belles, et leurs titres portent son fleuron ordinaire, représentant un arbre surmonté d'un oiseau, et accompagné de deux figures. Ce fleuron ne se trouve pas sur le titre des éditions imprimées en France sous le nom de Moetjens, et qui sont du format in-12 ordinaire.

Parmi les autres éditions qui portent également la date de 1699, nous en citerons une sans nom de ville ni de libraire, mais qui paraît avoir été faite à Paris : elle est en 4 part. in-12; la première a 6 ff.

prélim. et 208 pp.; la 2e, 322 pp.; la 3e, 276 pp., et la 4e, 249 pp. Un exempl. rel. en 2 vol. *v. f. tr. d.* 38 fr. Giraud.

Dans les différentes éditions que nous venons de décrire le texte n'est pas divisé par livres; les premières dans lesquelles il le soit sont celles de *Liége*, 1699, et de *Bruxelles, Fr. Foppens*, même date, l'une et l'autre impr. en France, en 2 vol. in-12, et en dix livres. Celle de *Bruxelles, Fr. Foppens*, 1700, 2 vol. in-12 de 278 et de 290 pp., également faite en France, est en 16 livres; son titre est en rouge et noir, et on y annonce que l'édition est *augmentée et corrigée d'une infinité de fautes qui s'étaient glissées dans les autres.* Elle est effectivement assez correcte; nous avons vu un exemplaire du second volume auquel était joint *Aristonoüs et Sophronime*, 20 pp. plus un f. contenant le faux titre, en rouge, et au verso un avertissement.

N'oublions pas de citer l'édition de *La Haye, Adrien Moetjens*, 1701, en un vol. in-12. Elle est impr. en petits caractères assez jolis et sur beau papier. Le libraire l'annonçait comme étant faite d'après la révision de l'auteur, dont le nom est donné là pour la première fois sur le titre de son roman. Le texte, divisé en dix livres, y est précédé d'une préface de J.-B. de La Landelle, abbé de S.-Remy, dans laquelle Bossuet n'est pas ménagé. Cette préface a été reproduite dans plusieurs autres éditions, et notamment dans celles de 1703 et 1705, in-12, qui ont été impr. en France, sous la rubrique de *La Haye, Adr. Moetjens.* Celle de 1703, également en 10 livres, est augmentée des *Aventures d'Aristonoüs*; celle de 1705, 2 tom. en 1 vol. avec fig., dont un exempl. en *mar. r.* a été payé 40 fr. à la vente Giraud, est en 16 livres, et on y trouve à la suite du Télémaque les *Aventures d'Aristonoüs* et trois dialogues des morts qui avaient déjà paru en 1700.

Nous ne nous étendrons pas davantage sur les anciennes éditions du Télémaque; celle de 1717 les a presque entièrement effacées; d'ailleurs, elles ont été, pour la plupart, fort bien décrites par l'abbé Caron, dans l'excellent travail qu'il a publié en 1840, sous le titre de *Recherches bibliographiques sur le Télémaque, les Oraisons funèbres de Bossuet, et le Discours sur l'histoire universelle*, seconde édition ; et qui a été reproduit dans l'*Histoire littéraire de Fénelon, ou Revue historique et analytique de ses œuvres, par M. Gosselin, directeur au séminaire de Saint-Sulpice. Lyon*, 1843, in-8. portr.

— Les Avantures de Télemaque (sic)... par de La Mothe Fenelon, première édition conforme au manuscrit de l'auteur (avec un discours sur la poésie épique, par de Ramsay). *Paris, Jacq. Etienne* ou *Florentin Delaulne*, 1717, 2 vol. in-12, fig. 24 à 36 fr.

De toutes les anciennes éditions du Télémaque imprimées à Paris, celle-ci est la plus belle et celle qui mérite le plus de conserver une place dans la bibliothèque d'un curieux; elle a été donnée par le marquis de Fénelon, petit-neveu de l'auteur, sur un manuscrit original qui se trouva à la mort de l'archevêque de Cambray, et qui offrait, outre beaucoup de corrections, des augmentations considérables. En voici la description : Tome I, un portr. de Fénelon, par Cl. Duflos jeune, d'après Bailleul; 82 pages prél. cotées jusqu'à LVIII, contenant le titre, une épître du marquis de Fenelon au Roy, signée simplement *Fenelon;* un avertissement, p. IV—VI; *Discours sur la poésie épique, et de l'excellence du poème de Telemaque* (sic), pp. VI à LVIII, suivi de l'Approbation, signée de Sacy, et des sommaires des douze premiers livres. Tome II, une gravure en face du titre, et les sommaires des douze derniers livres, 7 ff. ; suite du texte, 472 pp. et une ode en XIV strophes, p. 473 à 478, et enfin l'extrait du privilege du roy, accordé au marquis de Fenelon, et cédé par lui aux deux libraires. A chaque livre se trouve une planche gravée par P.-E. Giffart, d'après le dessin de Bonnart. Il y a de plus une carte des voyages de Télémaque, par Rousset. Cette édition, où le texte est divisé en 24 livres, a servi de base aux éditions suivantes, et, quoiqu'elle ne soit pas exempte de fautes, elle est beaucoup plus correcte que celle que les mêmes libraires firent paraître à Paris, pendant l'année 1717, en un seul vol. in-12, petits caractères. On n'y trouve pas les *Aventures d'Aristonoüs*, qui, comme nous l'avons dit, sont cependant dans plusieurs autres éditions d'une date plus ancienne. Ces *Aventures* ont paru d'abord sous le titre de *Sophronime* (sans date), in-12; ensuite sous celui de *Sopronime, ou les aventures d'Aristonoüs, et quelques dialogues*, 1700, in-12 (voir le catal. de La Valliere par Nyon, n°ˢ 9217 et 9218).

Par suite d'une concurrence acharnée survenue entre un très-riche financier et un simple bibliographe, ce dernier a payé 1785 fr., à la vente de son ami Parison, faite en 1856, un exemplaire du Télémaque de 1717, en 2 vol. rel. en *mar. bl.*, portant les insignes bien connus de Longepierre, mais qui n'avait coûté que 30 fr. au défunt. Un autre exempl. en *mar. r.*, rel. par Capé, 99 fr. Giraud; et un second, rel. en *mar. r.* par Trautz, 215 fr. Gancia.

—Les mêmes aventures de Télémaque, avec des remarques pour l'intelligence de ce poëme allégorique. *Rotterdam*, *Hofhout*, 1719 *et* 1725, ou *Amsterdam*, *Wetstein*, 1719 et 1725, in-12 fig.

Ces deux éditions, qui ont eu quelque réputation parmi les amateurs, sont d'une exécution assez médiocre, tant pour l'impression que pour les figures, et quoique l'éditeur les donne pour plus correctes que celle de Paris (1717), on y a remarqué un très-grand nombre de fautes. Ce ne serait donc que les applications que l'on a faites dans les notes ajoutées à ces éditions, qui pourraient les faire rechercher des curieux, si ces notes n'avaient point été réimprimées plusieurs fois depuis dans d'autres édit. Celle de 1719 est préférable à la seconde pour les épreuves des gravures, et cette dernière est un peu moins incorrecte que la première : dans une partie des exempl. se trouve un petit dictionnaire mythologique et géographique en 44 pp. : 6 à 8 fr. Des exempl. rel. en *mar.* ont quelquefois été vend. de 20 à 30 fr.

—Les Aventures de Télémaque, avec des remarques pour l'intelligence de ce poëme allégorique. *Londres*, *Tonson*, 1719, 2 vol. in-12, fig.

Il est bien certain que cette édition a été donnée par Jean-Armand Du Bourdieu, qui en a signé l'épître dédicatoire adressée à Frédéric, petit-fils de George Ier, roi d'Angleterre; mais cela ne prouve nullement que Du Bourdieu soit l'auteur des remarques annoncées sur le titre, ainsi que l'a prétendu M. Barbier. Ces remarques sont les mêmes qui se lisent dans l'édition de 1719, publiée à Rotterdam, chez Hofhout, avec une épître dédicatoire de ce libraire au prince d'Orange; et Du Bourdieu, comme il le dit lui-même, en ayant eu connaissance pendant l'impression du texte, a cru devoir les placer à la fin de son édition, laquelle est plus correcte et plus belle que celle de Rotterdam, et est d'ailleurs devenue rare comme le sont presque toutes celles de nos classiques impr. en Angleterre, lorsque quelque circonstance particulière ne les a pas fait introduire chez nous au moment de leur publication. Un mot encore au sujet des notes dont nous venons de parler. Elles ont été assez généralement attribuées à H.-Phil. Limiers, d'après le témoignage de Brueys (*Mémoires*, I, 305), son coreligionnaire, et qui a résidé en Hollande en même temps que lui; cependant nous n'avons pas la certitude qu'il en soit l'auteur. L'épître de Du Bourdieu, ainsi que

les notes, se trouvent également dans l'édit. de *Londres*, *Tonson*, 1726, in-12 fig., et dans celle de *Londres*, *J. Brotherton*, 1732, in-12, laquelle n'est pas, comme nous l'avions dit par erreur, la même que celle de 1719, chez Tonson, puisque dans celle-ci les notes sont placées à la fin du 2e vol., tandis que dans l'autre (1732) ces mêmes notes sont aux endroits qui les ont occasionnées. Au reste, cette édition de 1732 n'a guère qu'une valeur ordinaire, quoiqu'un bel exempl. rel. en *mar. v. à compart.* ait été vendu successivement 160 fr. en 1830 et 46 fr. 50 c. en 1833.

M. Barbier (*Dict. des Anonymes*, III, n° 17304) a parlé d'un exempl. de 1732, avec un frontispice daté de 1742, et cet exempl. a depuis été annoncé dans le catal. de ce savant bibliographe (n° 595) sous le titre suivant :

AVENTURES de Télémaque......, avec des remarques pour l'éclaircissement de cet ouvrage, et une dédicace par Du Bourdieu. *Londres*, 1742, in-12.

Or si, comme nous croyons l'avoir vérifié, ce titre est exact, il faut qu'il ait paru deux édit. du Télémaque à Londres, en 1742, car nous en avons vu une dont le titre porte : *nouvelle édition revue sur les meilleures éditions précédentes*, Londres, chez J. Gray, 1742. Cette dernière est un vol. in-12 de XXVI et 416 pp., sans compter ni le titre ni l'avertissement signé P. Des Maizeaux, ni la table des matières. L'épître dédicatoire de Du Bourdieu ne s'y trouve pas, mais les notes de la précédente y sont reproduites, bien que le titre n'en fasse pas mention. On y voit aussi des vignettes, assez médiocres, gravées par Hulett. Nous parlerons ci-après d'une autre édition sous la même date.

— LES MÊMES, avec des notes. *Paris*, Ve *Delaulne*, 1730, in-4. fig. 5 à 6 fr.

Édition en gros caractères, sur beau papier, mais peu correcte. Les gravures, faites sur les dessins de Coypel et autres, sont médiocres. Vend. en Gr. Pap. *mar. r.* 48 fr. La Valliere.

—Les mêmes aventures, etc. *Amsterdam*, *Wetstein*, 1734, in-fol. ou plutôt in-4. sur nom de Jésus, fig. de B. Picart et autres.

Cette belle édition, dont on ne tira que 150 exemplaires, a encore été soignée par le marquis de Fénelon, alors ambassadeur de France à La Haye. Quelques lacunes de l'édition de 1717 s'y trouvent remplies, et beaucoup de fautes y ont été corrigées. Elle valait autrefois de 300 à 500 fr., mais elle est moins chère aujourd'hui : vend. en *m. r.* 198 fr. Detienne; 120 fr. Jourdan; 155 fr. *mar. r.* avec des fig. doubles, Renouard.

Le volume est ordinairement terminé à la p. 395; cependant certains exemplaires ont de plus les cinq pièces suivantes :

1° *Examen de conscience pour un roi*, 40 pag.

2° *Récit de la vie de Fénelon*, 43 pages.

3° *Chapitre de la généalogie de Fénelon*, 8 pag.

4° *La liste des ouvrages de Fénelon*, 10 pages.

5° *Mémoire concernant madame Guyon*, 3 pag. à 2 colonnes.

Ces cinq pièces, dont les quatre dernières sont du marquis de Fénelon, devaient faire partie de l'édition; mais, la cour de France en ayant exigé la suppression, l'éditeur ne put les conserver que dans quelques exemplaires. Un de ces derniers, très-bien rel. en *mar. bl. dent.* et orné d'estampes doubles, épreuves de graveur, avant 5 avant la lettre, a été vend. 506 fr. Caillard, et 305 fr. Labédoy...

— LES MÊMES, avec les mêmes gravures. *Amsterdam*, 1734, in-4. 15 à 20 fr.

On fait peu de cas de la réimpress. faite à *Amsterd.*, 1761, in-4. ou in-fol., avec les mêmes planches : 10 à 12 fr. ou 20 à 24 fr.; cependant les cinq pièces supprimées dans l'édition de 1734, ont été jointes à celle-ci.

— Les mêmes Aventures de Télémaque. *Londres,
R. Dodsley*, 1738, 2 vol. in-8. fig.

Cette édition est, pour le texte, d'une exécution très-
médiocre, et les gravures sont réduites sur celles
de la précédente : cependant les beaux exemplaires
en sont rares, et ils étaient extrêmement recherchés
des curieux avant que les éditions de luxe de ce
poëme se fussent multipliées : 18 à 24 fr. Vend. en
mar. 71 fr. d'Ourches; 30 fr. en 1838; 40 fr. De
Bure.

— Les mêmes; édition enrichie des imitations des
anciens, de la vie de l'auteur, et d'un petit dictionnaire mythologique et géographique (par David
Durand). *Londres, Watts*, 1745, pet. in-8. fig.

Cette édition, estimée et encore assez recherchée, est
rare en France : 12 à 15 fr.

* La vie de Fénelon par D. Durand, et les imitations
des anciens, se trouvaient déjà dans une édition de
Télémaque, pet. in-8. fig. (2 part. en 1 vol.), publiée à *Hambourg, chez Van den Hoech*, en 1731,
et qui reparut l'année suivante avec un titre nouveau : 10 à 12 fr. Vend. 38 fr. *cuir de Russie*,
F. Didot ; 40 fr. Labédoy...

Une édition qui mérite encore d'être distinguée, c'est
celle de *Londres, Nourse et Vaillant*, 1742, in-12
(voy. ci-dessus). On y a suivi celle de 1731, à peu
de chose près, et on y a joint un petit dictionnaire
mythologique. M. Adry assure qu'elle est plus correcte que toutes celles qui avaient paru jusqu'alors;
il faut sans doute excepter celle de 1734.

— Les mêmes; édition imprimée pour
l'éducation du Dauphin. *Paris, imprim.
de Didot l'aîné*, 1783, 2 vol. gr. in-4.
pap. vél. 50 à 60 fr.

Édition tirée à 200 exemplaires : dans quelques-uns
se trouvent les fig. de Monnet et Tilliard, dont nous
parlerons ci-après. Fr.-Ambr. Didot l'aîné avait
déjà impr. pour le comte d'Artois, en 1781, une
jolie édition du Télémaque, en 4 vol. in-18; depuis
il en a donné deux autres à l'usage du Dauphin : la
première, en 1783, 4 vol. in-18. tirée à 450 exempl.,
40 à 60 fr., selon la reliure; la seconde, en 1784, 2
vol. pet. in-8., tirée à 350 exemplaires (30 à 60 fr.),
plus 6 sur VÉLIN, dont un s'est vendu 221 fr.
Galitzin, en 1825; 128 fr. en 1841.

Ces trois éditions ont repris de la faveur, quoique,
selon Bosquillon, elles aient été faites d'après d'anciennes copies, et qu'elles contiennent environ un
millier de fautes qui se rencontrent dans les premières éditions, mais qui sont corrigées dans les
copies qu'a suivies le neveu de l'auteur, en 1717 et
1734.

— Les mêmes aventures de Télémaque. *Paris, impr.
de Monsieur*, 1785, 2 vol. gr. in-4. pap. vél.

Assez belle édition, qui a été faite pour recevoir les
fig. gravées par Tilliard, sur les dessins très-médiocres de Monnet : elle se vend, avec ces fig., de
80 à 120 fr., selon la beauté des reliures. — Il s'en
trouve des exemplaires avec des épreuves avant la
lettre; d'autres avec les fig. de Moette, coloriées. —
Vend., avec les dessins originaux de Monnet, 395 fr.
Detienne, et, en *mar. r. dent. tabis*, avec les gravures d'après Monnet, avant la lettre, celles de
l'édit. de Hollande, 1734, et les portraits par Dre-
vet et par Saint-Aubin, 250 fr. De Bure.

Le texte sans les figures, 20 à 24 fr.; les fig., sans le
texte, 24 à 36 fr., selon la beauté des épreuves.

Il existe quatre exemplaires de cette édition sur
VÉLIN : vend. tel et avec fig. color., 1021 fr. Lamy;
1280 fr. Mac-Carthy; 802 fr. Galitzin.

Les 96 dessins de Monnet ont été revendus 241 fr. Renouard.

L'édition de *Paris, impr. de Didot jeune*, 1790, 2
vol. gr. in-8. pap. vél., n'a quelque prix que lorsqu'il s'y trouve des vignettes, soit celles de Marillier, soit celles de Moreau jeune. Ces dernières,
au nombre de 26 et qui sont assez jolies, ont été
exécutées aux frais de M. Renouard, qui les ven-

dait 30 fr.; — avant la lettre, 60 fr.; — tirées en
in-4., 36 et 60 fr. Ces 26 dessins, avec leurs gravures avant la lettre sur pap. de Chine, et 6 portraits ajoutés, 500 fr. Renouard.

— Les mêmes. *Paris, Deterville, de l'impr. de Crapelet*, 1796, 2 vol. in-8. pap. vél. fig, de Marillier.
15 à 18 fr. — Gr. Pap. fig. avant la lettre, 20 à 30 fr.

L'édition de *Paris, Bleuet, de l'impr. de Didot
l'aîné*, 1796, 4 vol. in-18, fig. de Queverdo, n'a
qu'un prix fort ordin., et même en Gr. Pap. vélin.

— Les mêmes; nouvelle édition, enrichie de variantes,
de notes critiques, de plusieurs fragments extraits
de la copie originale, et de l'histoire des diverses
éditions de ce livre (par M. Bosquillon). *Paris,
impr. de Crapelet*, an VII (1799), 2 vol. gr. in-18.
Prix ordinaire.

Édition en petits caractères, mais remarquable par les
variantes qui y sont jointes; toutefois M. Caron ne
l'a pas jugée favorablement : elle n'a été tirée qu'à
490 exemplaires, savoir : 200 en pap. ordinaire,
200 en pap. vél., 80 sur Gr. Pap. vél., 5 sur pap.
vél. rose, et 5 sur pap. vél. bleu.

— Les mêmes aventures de Télémaque. *Paris, stéréotype de Didot*, an VIII, 2 vol. in-18.

Un exemplaire sur VÉLIN, de format in-12, 250 fr.
m. v. Renouard, en 1804, et beaucoup moins cher
depuis.

Il y a aussi des exemplaires d'une autre édition de
Télémaque, avec Aristonoüs, *Paris, Renouard*,
1802, 2 vol. in-18, imprimés format in-12 (avec
(avec les dessins de Lefèvre et autres illustrations,
161 fr. Renouard), et de plus 3 exemplaires sur pap.
rose. On ajoutait aux exemplaires de cette dernière
édition, tirés sur papier vélin, in-12, 26 vignettes,
d'après les dessins de Le Febvre.

— Les mêmes, enrichies d'une notice (par M. de Féletz), de réflexions sur Télémaque, d'une carte de
ses voyages (par Barbier du Bocage), des principales variantes, etc. *Paris, impr. d'Eberhart*,
1810, 2 vol. in-4.

Un portrait de Fénelon, gravé par Saint-Aubin, et les
72 pl. de Tilliard, retouchées, décorent cette édition, qui cependant se donne à très-bas prix.

— Les Aventures de Télémaque, nouvelle édition
collationnée sur les manuscrits et les imprimés;
augmentée d'un précis de la vie de Fénelon; des
principales variantes; d'une liste raisonnée des éditions, etc., par J.-F. Adry. *Paris, Duprat-Duver-
ger*, 1811, 2 vol. in-8. fig. 10 fr. — Pap. vél. 12 à
15 fr.

Le travail du savant éditeur n'est pas exempt d'inexactitudes, et nous avait même induit en erreur à
l'égard de la première édition du Télémaque; quant
au texte, il présente bien des leçons arbitraires qui avaient été changées par l'auteur, et l'on
y a omis jusqu'à des lignes entières. C'est cependant celui qu'on a suivi dans l'édit. in-fol. faite
par Bodoni, en 1812, et dans l'in-8. de la collection
de P. Didot, impr. en 1814.

— Les mêmes. *Parme, de l'imprimerie de Bodoni*,
1812, 2 vol. gr. in-fol. pap. vél. Prix peu élevé.

Cette édition magnifique, tirée à 150 exemplaires
seulement, est le commencement d'une collection
de classiques français que Joachim Murat, alors roi
de Naples, a fait imprimer pour l'éducation de son
fils aîné. — Voy. nos articles BOILEAU, LA FON-
TAINE, RACINE.

— Les mêmes. *Londres, White*, 1812, 2 vol. pet.
in-8. fig. 10 à 12 fr.

Assez jolie édition, avec l'éloge par La Harpe, des notes illustratives, et une table.

— Les mêmes. *Paris, P. Didot*, 1814, 2 vol. in-8.
pap. fin, 6 fr.; pap. vél. 10 à 12 fr.

— Les mêmes; édition collationnée sur les trois manuscrits connus à Paris. *Paris, Lequien* (impr. de
P. Didot), 1819, 2 vol. in-8., portr. Prix ordinaire.

Quoique cette édition soit, à vrai dire, la première
qui ait donné un texte généralement conforme à
l'original, elle est inférieure à celle de 1824 (ex-

traite des œuvres), dont nous allons parler. On y
ajoute 24 gravures très-médiocres. Il y a du pap.
vél. ordinaire, et du Gr. Pap. vél.

— LES MÊMES, suivies des Aventures d'Aristonoüs,
précédées d'une notice par M. Villemain. *Paris,
Malepeyre (impr. de F. Didot)*, 1824, 2 vol. gr.
in-8. pap. vél. portr. 9 fr.

Assez belle édition.

— LES MÊMES; édition rétablie sur le manuscrit original et sur deux copies auxquelles l'auteur a fait
plus de 700 corrections et additions, accompagnée
des principales variantes et suivie de l'examen de
conscience d'un roi, pour la première fois conforme
au ms. autographe. *Paris, Ferra jᵉ*, 1824, 2 vol.
in-8. fig. d'après Marillier. 10 à 15 fr.

Édition extraite des Œuvres de Fénelon, impr. chez
Lebel, et dont on n'a tiré que 500 exempl. à part.
Si ce n'est point un livre de luxe, c'est au moins
le meilleur texte que l'on eût encore donné du Télémaque, et celui que devront suivre désormais les
éditeurs jaloux de reproduire l'ouvrage dans toute
sa pureté. On y a adopté la division en 18 livres,
que l'auteur lui-même avait établie dans une des
deux copies dont parle le nouvel éditeur.

— LES MÊMES, avec des notes critiques et géographiques, et les passages grecs et latins que Fénelon a imités (extrait des notes de Dav. Durand et
autres, avec un avertissement par M. Boissonade).
Paris, Lefèvre (impr. de J. Didot), 1824, 2 vol.
gr. in-8. pap. vél., avec un portr. et une carte géog-
graph. 12 fr.; très-Gr. Pap, 36 à 48 fr.

Belle édition de la collection des classiques français.
On y a suivi le texte et la division de la précédente.

LES AVENTURES de Télémaque. Nouvelle édition,
à laquelle on a joint la traduction des six livres de
l'Odyssée et les Aventures d'Aristonoüs; enrichie
des passages grecs et latins imités par Fénelon, recueillis par J.-A. Fabricius et Dav. Durand; avec
des notes et remarques de ces deux savants; augmentée d'une notice sur Fénelon et de la préface
de l'abbé de Saint-Remy. *Lyon, Rusand*, 1829,
3 vol. in-8. portr.

Cette édition, commencée en 1815, n'a été rendue publique qu'en 1831. Elle contient une notice sur Fénelon, suivie d'une liste chronologique de ses écrits
par M. Beuchot; le reste du travail appartient aux
éditeurs lyonnais.

— LES MÊMES. *Paris, chez l'éditeur (Lefèvre) et
chez V. Lecou*, 1853, 2 vol. in-8. 15 fr.

Édition ornée de 18 vignettes, gravées sur bois d'après
les compositions de Moreau le jeune. Il en a été
tiré vingt exemplaires en pap. de Hollande, avec les
fig. sur pap. de Chine. Ces exemplaires, qui portent
l'adresse de Techener libraire, coûtaient 40 fr.

— AUTRE édition. *Paris, Furne*, 1854, gr. in-8.,
avec 13 vignettes. 6 fr.

N'oublions pas l'édition du Télémaque et des Aventures d'Aristonoüs, avec une notice de M. Jules Janin, et des vignettes d'après Tony Johannot, *Paris*, 1842, gr. in-8. 10 fr.

Parmi les éditions du Télémaque en petit format, faites à Paris dans ces derniers temps, on distingue
les quatre suivantes, toutes en 24 livres : — de *L.
Debure (impr. de F. Didot)*, 1823, 2 vol. gr. in-32,
pap. vél. 6 fr. — de *Lefèvre*, 1824, 2 vol. gr. in-32,
fig., impr. par J. Didot. — de *Mame et Delaunay-
Vallée*, 1825, 2 vol. in-48, fig. — de *Dufour et
Comp.*, 1827, 2 vol. in-48, portr., impr. par Didot
l'aîné.

Le Télémaque, mis en vers françois (par Hardouin),
Paris, impr. de Didot, 1792, 6 vol. pet. in-12, est
peu estimé.

Télémaque polyglotte, et diverses traductions.

— TÉLÉMAQUE polyglotte, contenant le français, l'anglais, l'allemand, l'italien, l'espagnol et le portugais. *Paris, Baudry*, 1837, in-4. portr. 20 fr.

Édition impr. sur six col. La même composition ty-

pographique a servi pour une édition en 6 vol.
in-12, où chaque langue est imprimée à part, et
aussi pour quinze éditions différentes, en 2 vol.
in-12, où deux langues sont impr. en regard l'une
de l'autre, comme par exemple le français et l'anglais, l'anglais et l'italien, l'espagnol et le portugais, etc.

— Τύχαι Τηλεμαχοῦ, etc.; c'est-à-dire, les Aventures de Télémaque, trad. en grec vulgaire par Demetrius Panagioti Govdelaas, avec des notes. *Bude*,
1801, 2 vol. in-8. 20 à 24 fr.

Vend. jusqu'à 80 fr. Villoison.

Il avait déjà paru à *Venise*, chez Ant. Bertalo, en
1742, une traduction grecque du Télémaque, en
1 vol. in-8., dédiée à Athanase Joanaqui.

FATA Telemachi, latino carmine reddita. *Berolini*, 1743, 2 part. in-8. fig. 8 à 10 fr.

Cette traduction, peu estimée, est divisée en 24 livres.
Celle de Jos.-Cl. Destouches, sous le titre de *Telemachus Ulyssis filius*, Augustæ, 1764, pet. in-4.,
est en 12 livres. Une autre traduction beaucoup
meilleure que ces deux-là a paru sous le titre suivant :

TELEMACHIADOS libros XXIV e gallico sermone
in latinum carmen transtulit Steph.-Alex. Viel. *Lutetiæ-Parisior.*, *typis Didot natu majoris*, 1808,
in-12. — Secunda editio, emendata et accurata. *Paris., Aug. Delalain*, 1814, in-12. 5 fr.

— FATA Telemachi (a Gregorio Trautwein sermone
latino reddita). *Ulmæ*, 1755, pet. in-8.

Édition bien imprimée, et dans laquelle on a inséré
le texte français : elle est devenue rare ; mais, selon
M. Adry, elle a été réimpr. à *Eslingen*, sous la
date de *Stoutgard*, 1758, in-8. Il en a paru une
nouvelle édition sans le texte, avec des changements, à Vienne en Autriche, 1807, in-8.; quoique
réimprimée deux fois, il ne paraît pas que cette
traduction ait beaucoup de mérite.

AVENTURES de Télémaque, trad. en arménien littéral, par le Dᵣ Manuel Dchakhdchakhian (ou le P.
E. Tchaktchak). *Venise*, 1826, gr. in-8. fig. Vend.
8 fr. St-Martin.

— AUTRE traduction arménienne, par. E. Hurmuz.
Venise, 1849, 2 vol. in-16, fig.

— IL TELEMACO in ottava rima tratto dal francese da
Flaminio Scarcelli. *Roma, Ant. de' Rossi*, 1747,
2 part. in-4. fig. 18 fr. mar. r. Quatremère.

— AVENTURAS de Telemaco... trad. por D. Jose de
Covarrubias. *Madrid*, 1797, 2 vol. in-4. fig.

Il faut réunir à ces deux volumes :

*Commentarios con glosas criticas y jocoserias
sobre la nueva trad. castel. de J. de Covarrubias,
de Telemaco, por D. Ant. Capmany.* Madrid,
1798, in-4.

— AVENTURAS de Telemaco, traduz. em portuguez
por Manuel de Souza. *Lisb.*, 1776, 2 vol. in-8., ou
1785, in-8.

— THE ADVENTURES of Telemachus, translated by
Hawkesworth, corrected and revised by G. Gregory. *London*, 1795, 2 vol. in-4., avec 12 gravures
d'après Stothard. 18 à 24 fr.

Traduction souvent réimprimée.

Nous citerons encore les traductions suivantes du Télémaque : 1º en allemand, Ulm, *Wagner*, 1771,
2 vol. in-8., avec le texte français et une savante
préface ; — en franç. et en allem., *Vienne*, 1814,
2 vol. in-8.; — en allemand seulement, *Nuremberg*, 1806, in-8. fig.; 2º en hollandais, *Rotterd.*,
1720, in-8., *Amsterdam*, 1730, 2 vol. in-8., etc.;
3º en danois, *Copenh.*, 1727, in-8.; 4º en suédois,
par Dietr. Granadenflycht, *Stockh.*, 1721, in-4., et
par Dn. Ehrenadler, *ibid.*, 1723, 2 vol. in-8.; 5º en
polonais, par J. Stawiarski, *Breslau*, 1810, 2 vol.
in-8. fig.

— **Maximes morales et politiques, tirées
de Télémaque, imprimées par Louis Auguste Dauphin.** *Versailles, de l'imp. de*

Mgr le Dauphin, dirigée par A.-M. Lottin, 1766, pet. in-8. de 36 pp. et la table. [17111]

On prétend que cette édition a été imprimée par Louis XVI, dans son enfance, et tirée seulement à 25 exemplaires : vend. 31 fr. *m. citr.* Duquesnoy; 51 fr. Morel-Vindé; 20 fr. Chateaugiron.

Il a été fait deux réimpressions de ce petit ouvrage. La première à *Londres, chez l'Homme*, en 1799, in-8. de 31 pp. en tout, pap. vél. La seconde à *Paris, imprimerie de P. Didot aîné*, 1815, in-18, avec deux portraits et un *fac-simile* : 3 fr.; on en a tiré plusieurs exemplaires sur VÉLIN, sur tabis rose, sur soie blanche et sur pap. vél. rose.

— Dialogues des morts composés pour l'éducation d'un prince. *Paris, Fl. Delaulne*, 1712, in-12. [18629]

Cette édition, sans nom d'auteur, contient 45 dialogues. Elle avait été précédée de la publication subreptice de quatre de ces dialogues sous ce titre :

DIALOGUES divers entre les cardinaux de Richelieu et de Mazarin, et autres (Denis, Damon et Pythias; Rhadamanthe, Caton et Scipion; Louis XII et François Ier). *Cologne, P. l'Enclume*, 1700, pet. in-12. 14 fr. Giraud.

Une autre édition, plus complète que celle de 1712, a été publiée après la mort de l'auteur; ensuite est venue l'édition suivante :

DIALOGUES des morts anciens et modernes, avec quelques fables composées pour l'éducation d'un prince. *Paris*, 1718, in-12.

Les mêmes dialogues, *Paris, P. Didot l'aîné*, 1819, in-8., forment le 45e vol. de la Collection des meilleurs ouvrages de la langue française.

Quoique, pour faciliter les recherches, nous ayons placé ici l'auteur du Télémaque sous le nom de Fénelon, nous avons cru devoir laisser à l'art. *Salignac* celui du marquis de Fénelon, un de ses ancêtres (voy. SALIGNAC).

FENESTELLA (*Luc.*). De magistratibus Romanorum, et primo de pane liceo incipit. — *Impressum Mediolani in calendis mensis februarii*. M.CCCC.LXXVII, pet. in-4. [29201]

Édition rare et la première de cet ouvrage avec date. On y compte en tout 46 ff., signat. *a—f*. Il y a à la fin une table des chapitres, et le dernier f. est blanc.

— Lucii Fenestele ꝯ romanoꝝ magr̃atib' Liber ĩcipit. (*absque nota*), in-4.

La plus ancienne édition sans date : elle a 22 ff. et 30 lig. par page, caract. demi-goth., sans chiffres, récl. ni signat. *Biblioth. spencer.*, VII, 229.

— AUTRE édition du même ouvrage, faite dans le XVe siècle, in-4., sans lieu ni date, sans chiffres, récl. ni sign., caract. rom. (de Ph. de Piero, à Venise), 42 ff., 23 lig. par page. *Ibid.*, 231, et catal. Boutourlin, n° 705.

— AUTRE édition du XVe siècle, contenant de plus *Albericus philos. de imaginibus deorum*, in-4. de 56 ff., sans lieu ni date, beaux caract. rom., sign. *a—g* par 8 ff. chacune, 25 lig. par page. *Biblioth. spencer.*, III, 323 (attribuée aux presses de Florence). Il y a deux éditions à peu près semblables et dont les pp. portent 25 lig.; dans l'une les chiffres qui accompagnent les signat. sont romains, et dans l'autre arabes. — Autre édition des deux mêmes ouvrages, fin du XVe siècle, in-4. de 52 ff., caract. rom. grossiers, sans lieu ni date, sign. a—g, 27 lig. par page. *Fossi, Biblioth. magl.*, p. 664.

Ces deux ouvrages, et *Pomp. Lætus de magistratibus Rom.*, ont été réimpr. à Rome, par Mazochius, 1517, in-4. de 48 ff., et souvent depuis.

Les différentes éditions sans date que nous venons de décrire ne sont pas des livres chers, et leur prix est à peu près le même : vend. 11 fr. La Valliere; 8 sh. Pinelli; 12 fr. Brienne-Laire; 15 fr. Mac-Carthy.

On sait que l'auteur, qui a pris le nom de *Lucius Fenestella*, est André-Dominici Fiocco, chanoine florentin, mort vers le milieu du XVe siècle.

FENICE (*Vincenzo*), detto il Renovato. Primavera commedia. *Venezia, per Marchio Sessa*, 1531, in-8.

Pièce en vers, portée dans le catal. Capponi, p. 159.

FENIN (*Pierre* de). Ses mémoires, comprenant le récit des événemens qui se sont passés en France et en Bourgogne sous les règnes de Charles VI et Charles VII (1407-27). Nouvelle édition publiée d'après un manuscrit, en partie inédit, de la Bibliothèque royale; avec annotations et éclaircissemens, par Mlle Dupont. *Paris, Jules Renouard*, 1837, in-8. 9 fr. [23378]

Ces mémoires ont été impr. pour la première fois en 1653 dans l'édit. de l'histoire de Charles VI, par Juvénal des Ursins et autres, donnée par D. Godefroy (voy. ce dernier nom).

FENN (*John*). Original letters, written during the reigns of Henry VI, Edward IV and Richard III, by various persons of rank or consequence... digested in a chronological order, with histor. notes. *London*, 1787-89, 4 vol. in-4. [26830]

Collection intéressante, connue sous le nom de *Papiers de la famille Paston* : elle est ornée de facsimile des écritures, des cachets et des marques du papier. Vend. 48 flor. Meerman, et de 5 à 6 guinées en Angleterre. Les exempl. en Gr. Pap. sont extrêmement rares. — Un 5e vol. de ces lettres a été publié à Londres, chez Murray, en 1823, et coûtait 2 liv. 2 sh. — Les 5 vol. 8 liv. 8 sh. Hibbert.

Il a paru à Londres, chez Ch. Knight, en 1840-41, une édition en 2 vol. in-12, dans laquelle le style de ces lettres est rajeuni, et les lettres les moins intéressantes sont abrégées.

FENOLLAR (*Bernardo*). Certamen poetich, en lohor de la Concecio. *En Valencia*, 1474, in-4. [15324]

Opuscule très-rare, que Mendez, page 56, et après lui Santander, indiquent comme le premier livre imprimé en Espagne, avec date certaine. C'est un recueil de 36 pièces de vers, composées par différents auteurs pour un concours poétique ouvert à Valence, le 25 mars 1474. Une de ces pièces est en ital., 4 sont en espagnol et 31 en limousin.

Mendez cite aussi un *Comprehensorium*, traité de grammaire à l'usage de la jeunesse, par un certain Juan : *Valentie impr. anno M.CCCC.LXXV, die vero xxiii februarii*, in-fol.; et le même bibliographe indique l'ouvrage suivant de Bern. Fenollar :

HISTORIA de la Pasió de nostre senyor Deu Jesu Christ... *Valencia en u de Giner de* 1493, *por Jayme de Villa*, in-4.

— Lo proces de los Olives. Voyez ROIG (*Jaume*).

Fenet (*P.-A.*). Recueil, 2835.
Fenier (le P.). Siége de Péronne, 24235.

FENTON. A discourse of the ciuile warres and late troubles in France, drawn into englishe (*sic*) by Geffray Fenton. *London, H. Bynnemann* (1570), pet. in-8. goth. 8 ff. prélim., 218 pp. plus un f. contenant la souscription et la marque de l'imprimeur. [23517]

Cet ouvrage, fort rare en France, n'est point indiqué dans la Bibliothèque de Lelong.

FENTON. Sammlung von Original-Zeichnungen, etc., berühmter Meister im Brittischen Museum, in photographischen Nachbildungen von R. Fenton. *London*, 1856-58, gr. in-fol.

Recueil de 42 photographies de dessins, de gravures, etc., dont on trouve la description sous le n° 22746 de *Rodolph Weigel's Kunstcatalog*, n° XXX, 1860, pp. 36 et suiv., où il est porté à 90 thl.

FEOLI. Veduta generale in prospettiva del cortile nel museo Pio Clementino... da Vincenzo Feoli. (*Roma*), in-fol. max. [29284]

Volume composé de 24 pl. d'une très-grande dimension : 55 fr. *demi-rel.* Caillard. Il peut être joint au *Museo Pio Clementino* (voyez VISCONTI). — Fabbriche di Roma (voy. VALADIER).

FERABOSCO (*Mart.*). Voy. BUONARROTI.

FERAUD (l'abbé). Dictionnaire critique de la langue française. *Marseille*, 1787, 3 vol. in-4. 12 à 18 fr. et plus en Gr. Pap. [11015]

Quoique cet ouvrage ne soit pas sans mérite, on le recherche peu.

FERDOUSEE. Voy. FIRDUSI.

FERE (*Jean*). Précations et forme de prier Dieu, trad. du latin de Jean Fere docteur en théologie, par Nicolas Bacquenois. *Reims, Bacquenois*, 1551, in-16.

Ce petit ouvrage est cité par Du Verdier, et si la date qu'il donne est exacte, ce serait le premier livre connu imprimé à Reims.

Je présume que ce Jean Fere est le même que Jean *Ferus*, nommé en allemand *Wild*, et qui a son article sous ce dernier nom dans la *Biogr. univers.*, d'après Niceron, XXVI, etc.

Selon La Croix du Maine, l'imprimeur Bacquenois serait l'auteur d'un *Brief traicte de l'ordre du divin office des religieuses servantes a Dieu, sous la reformation de Fontevrault*, impr. par lui à Reims en 1558. Ce Bacquenois, après avoir exercé à Reims en qualité d'imprimeur du card. de Lorraine, transporta ses presses à Verdun, en 1560, et y imprima en cette année le Bréviaire de l'évêque Nic. Psaulme, en 2 vol. in-8., qui est décrit dans les Recherches de M. Beaupré, p. 165.

FERET. Les Primices dites le vray François, ou poèmes, avis et mémoires, nõ moins inspirez qu'acquis au biẽ du S. Pere et Clergé, Roy, Princes et Estats souve-

rains et peuples de l'univers, et establisemẽt (*sic*) de l'amesnagement public, et affaires de justice et police, piété et clemence, par Denys Feret, advocat à Moret pres Fontaine-bleau (1614), in-8. [13923]

Le volume qui porte ce titre singulier est certainement un livre rare, mais les vers de l'auteur sont trop mauvais pour qu'on doive tenir beaucoup à les conserver. L'exemplaire porté sous le n° 3234 du catal. de La Valliere contenait cinq parties, la première de 90 pp. ; la 2ᵉ de 40 pp. intitulée : *La pétition de l'office du recorrectal général d'imprimerie* ; la 3ᵉ, l'*Y grec martel d'hérésie*, poëme de 112 pp. ; la 4ᵉ intitulée : *L'entrée aux biens et sortie des maux des François*, en sonnets, 8 pp. ; la 5ᵉ, *Poëme des affaires de justice*, vers et prose, 40 pp. La dédicace à Marguerite de Montmorency est datée de décembre 1614.

L'avocat Feret a composé d'autres poésies qui se trouvaient réunies dans un recueil indiqué sous le n° 3233 du catal. de La Valliere. Dans sa *Biblioth. franç.*, XV, 83, l'abbé Goujet a caractérisé en peu de mots ces misérables productions qui, selon lui, le mauvais goût et la barbarie de l'expression sont si bien d'accord, qu'on ne peut décider lequel des deux l'emporte sur l'autre.

FERGET (*P.*). Voy. FASCICULUS temporum ; RODERICUS ZAMORENSIS ; TESTAMENT (ancien et nouveau) ; THERAMO.

FERGUSON (*David*). Scottish proverbs gathered together by D. Ferguson, sometime minister at Dunfermline, and put ordine alphabetico when he departed this life anno 1598. *Edinburgh*, 1641, pet. in-4. [18513]

Édition rare, dont un exemplaire *non rogné*, rel. en mar., a été vendu 5 liv. 5 sh. Hibbert. Il doit y en avoir une plus ancienne, publiée vers 1598. Celle de 1675, in-4., contient 940 proverbes. L'ouvrage a été réimpr. à Edimb. en 1706 et en 1785, in-12.

FERGUSON (*Adam*). An Essay on the history of civil society. *Edinburgh*, 1767, in-4. 8 à 10 fr. [3941]

Cet excellent ouvrage a été réimpr. à Londres, en 1768, en 1773, en 1782, en 1793, en 1814 et depuis, in-8. Bergier l'a trad. en français, *Paris*, 1783, 2 vol. in-12.

— The History of the progress and fall of the roman republic. *London*, 1783, 3 vol. gr. in-4., avec cartes. 30 à 36 fr. [22926]

Réimprimé avec quelques corrections à *Edimb.*, 1799 (en 1813 et en 1825), et à *Londres*, 1805, en 5 vol. in-8. : 35 à 42 fr. ; enfin à *Lond.*, 1825, en un seul vol. in-8. La traduction française (par Demeunier et Jac. Gibelin), *Paris*, 1791, est en 7 vol. in-8., ou in-12, avec cart. : prix ordinaire.

Les *Institutes of moral philosophy* du même auteur, *Edinb.*, 1770, in-12, et ses *Principles of moral and political sciences*, Edinb., 1792, 2 vol. in-4., sont peu recherchés.

FERGUSSON (*John*). Dictionary of the

Fenton (*Rich.*). Tour through Pembrokshire, 20333.
Feraud (l'abbé). Histoire de Manosque, 24863.
Ferber. Letters, 4722.
Feret (*P.-J.*). Sur Dieppe et sur ses bains, 24347.

Feret et Galinier. Voyage en Abyssinie, 20816.
Fergola (*N.*). Sezioni coniche, 7079.
Ferguson (*J.*). Mechanics, 8084. — Astronomy explained, 8240.

hindostane language, in two parts : 1°
english and hindostane ; 2° hindostane
and english; to which is prefixed a grammar of the hindostane language. *London*,
1773, in-4. [11775]

Ce livre est devenu très-rare, parce que la presque
totalité de l'édition a été envoyée aux Indes, et
qu'une grande partie a été perdue ou gâtée pendant le trajet : vendu 153 fr. Court de Gébelin ;
120 fr. Anquetil ; 57 fr. gâté, salle Silvestre, en 1810,
et beaucoup moins cher depuis.

FERGUSSON *(James)*. Picturesque illustrations of ancient architecture in Hindostan. *London*, 1847, in-fol. 3 liv. 3 sh.
[10034]

24 planches lithogr. color. avec plans, grav. sur bois
et texte explicatif. C'est la suite de l'ouvrage du
même auteur dont voici le titre :
ILLUSTRATIONS of the Roch-cut temples of India,
1845, in-fol., 18 pl. en lithogr. tinté, avec texte
in-fol. 1 liv. 10 sh.

Nous citerons encore les ouvrages suivants de J. Fergusson :
AN ESSAY on the ancient topography of Jerusalem, with restored plans of the temple, with plans,
sections, and details of the church built by Constantine the great over the Holy Sepulchre. *London*,
1847, gr. in-8. [22739]
AN HISTORICAL inquiry into the true principles
of beauty in art, more particularly with reference
to Architecture. *London*, 1849, gr. in-8. 1 liv.
10 sh. [9704]
HANDBOOK of architecture, a history and description of all styles in all countries and all ages. *London*, 1853, 2 vol. in-8., fig. [9692]

FERHENGI. Dictionnaire persan. Voyez
MONTEFERRICA.

FERIA (*Pedro* de). Doctrina christiana en
lengua castellana y çapoteca ; compuesta
por el... padre Fra Pedro de Feria, provincial de la orden de Sancto Dominigo,
en la provincia de Sanctiago de la nueva
Hespaña. *En Mexico, en casa de Pedro
Ocharte*, 1567, in-4. de VII et 116 ff.
[1403]

Livre rare, comme tous ceux qui ont été impr. à
cette époque-là dans la Nouvelle-Espagne ; il est
précieux sous le rapport du langage (*Bibl. bodl.*).

FERID-EDDIN. Pendeh-i-Attar, the coun-
sels of Attar, edited from a pers. ms. by
J.-H. Hindley. *London, Black*, 1809,
in-12 7 sh. 6 d.
— PENDEH-ATTAR, ou livre des conseils (en persan).
Boulack, l'an de l'hégire 1243 (1828), in-8. [15981]

— Pend-Namèh, ou le livre des conseils,
en persan et en français, traduit et publié
par M. le baron Silvestre de Sacy. *Paris
(impr. roy.)*, De Bure, 1819, in-8. 20 fr.
— Pap. vél. 40 fr.

Tiré à 300 exemplaires, dont 50 en pap. vél. Un exemplaire impr. sur VÉLIN, 140 fr. de Sacy.
Pour un autre *Pend-Namèh* composé à l'imitation de
celui-ci, voy. SADI.

FERIOL (de). Cent estampes. Voyez LE
HAYE.

FERISHTA. Tarikhi-Ferishta, or history

of the rise of the mahomedan power in
India, till the year A.D. 1612, by Mahomed Kasim Ferishta of Astrabad, edited
and collated from various manuscript
copies by Major-General John Briggs,
assisted by Munshi Mir Kheirat Ali Khan
Mushtak of Akberabad. *Bombay*, 1831,
2 vol. in-fol. de 830 et 892 pp. [28140]

Cette édition lithographiée du texte persan de Ferishta est une des plus belles publications orientales faites dans l'Inde, et en même temps une des
plus importantes. M. J. Mohl en a rendu compte
dans le *Journal des Savans*, année 1840.
70 fr. de Sacy ; 63 fr. Quatremère.
— THE HISTORY of the rise and progress of the mahomedan power in India, from its commencement
in the year 1000 till 1620, translated by Lieut.-
Colonel John Briggs, from the original persian of
Mahomed Kasim Astrabady, entitled Ferishta, *London, Longman*, 1829, 4 vol. in-8. 30 à 40 fr.
— HISTORY of Dekkan, from the first mahummedan
conquests... and the history of Bengal, from the
accession of Aliverdee Khan to the year 1780, by
Jonathan Scott. *Schrewsbury*, 1794, 2 vol. in-4.
Vendu 38 fr. Langlès, et moins depuis.
Continuation de l'histoire de l'Inde de Dow (voy. ce
nom). La première partie contient la traduction du
3e livre de Ferishta, et le second volume se compose de Mémoires sur Aureng-Zeyb. Ce livre a été
réimprimé à *Londres*, en 1800, 2 vol. in-4. Il y en
a aussi une édition en 3 vol. in-8. Des noms des
deux auteurs *Ferishta* et *Jonathan Scott*, on a fait
Jonathan Schof-Heristal dans la Bibliothèque des
Voyages de M. de La Richarderie, tome V, page 76.

FERMAGLIO pretioso delle donne.—Istă-
pato adĭstantia di M. F. Bĕvenuto. (*sans
date*), in-4. de 4 ff. à 2 col. avec une
vignette sur bois sous le titre.

Opuscule en vers impr. en caractères ronds, de 1515
à 1520.

FERMAT (*Petri* de) varia opera mathematica. *Tolosæ, Jo. Pech*e, 1679, in-fol.,
fig. et portrait. [7815]

Ouvrage très-recherché, et devenu peu commun :
24 à 36 fr. Vend. 22 flor. Meerman. On y trouve
quelquefois réuni le Diophante, publié par Fermat
en 1670 (voy. DIOPHANTUS). Les 2 vol. en un, 75 fr.
50 c. Labey.

FERMELUYS. Poëme spirituel, contenant
l'histoire de la vie, mort et miracles de
saint Roch, avec plusieurs odes et prières
chrestiennes et dévotes, composé par
Jean Fermeluys, escrivain et maistre
d'escole. *Paris, chez l'auteur, rue du
Plat d'Estain*, 1619, pet. in-8. avec un
titre gravé.

Sur ces poésies écrites avec bonne foi et simplicité,
sans trop d'incorrection, voy. Goujet, XIII, p. 296,
et le catal. de Viollet Le Duc, p. 392.

FERNANDEZ (*Alphonsus*). Historia Par-
tenopea. *Romæ, apud Stephanum Guil-
leretium de Lotharingia*, 1516, in-fol.
[15108]

Poëme espagnol, en huit livres, sur les actions de Gonzalve de Cordoue. Il est écrit en *coplas de arte mayor*, et il commence par ce vers :

    El rey que a su mesa a comer convidara.

L'ouvrage a été publié après la mort de l'auteur par Louis de Gibraleon, et le nom de ce dernier se trouve dans l'approbation donnée par Léon X. Voilà ce que nous apprend Nic. Antonio, qui, après avoir parlé de ce poëme avec détail à l'article *Alphonsus Fernandes* (I, p. 23), le donne ensuite à Louis de Gibraleon, à la p. 35 du tome II, sans se rappeler ce qu'il en a dit précédemment. Nous ajouterons que ce livre est fort rare.

FERNANDEZ de Costantina Vezino de belinez (*Juan*). Cãcionero llamado Guirlanda esmaltada ∂ galanes y eloquentes dezires de diversos autores copilado y recolegido por Juan Fernandez de Costantina. (*sans lieu ni date*), pet. in-4. goth. de 4 ff. non chiffrés et 88 ff. chiffrés, à 2 col. de 34 lig. le f. LXXXVIII est coté LXXVIII. [15087]

Voir, sur ce précieux recueil, la *Biblioth. grenvil.*, p. 114, la note où l'on établit qu'il peut avoir paru 25 ou 30 ans avant le *Cancionero* de Valence, 1511. L'exemplaire décrit est celui qui a été acheté 3 liv. à la vente Heber ; il n'a que 87 ff. en tout, parce qu'il y manque les 5 ff. 81 à 86 du texte. Un exemplaire complet se trouve dans la Biblioth. roy. de Munich.

FERNANDEZ de Ouiedo (*Gònçalo*). Voy. CLARIBATTE.

FERNANDEZ (*Benedictus*). Doctrina christiana en lengua mixteca. *Mexici*, 1550, in-4. [1402]

Édition d'une grande rareté, et qui est probablement sortie des presses de *Juan Pablos Lombardo*, lequel se nomme *Joannes Paulus Brixianus* sur le frontispice des *Ordinationes*, impr. par lui en 1549 (voy. ORDINATIONES), et prend le titre de *typographus primus in hac magna civitate Mexici* dans l'édition des *Constitutiones archiepisc. civitatis de Tenuztitlam Mexico*, qu'il a donnée en février 1556, in-fol. J.-J. de Eguiara, qui, dans sa *Biblioth. mexicana*, cite cette édition de 1550, en indique une autre de 1564, in-4., également impr. à Mexico ; et, selon Antonio, il en existerait une troisième donnée dans la même ville en 1568, in-4.

FERNANDEZ (*Diego*). Primera y segunda parte de la historia del Peru, que se mando escrivir a Diego Fernandez : contiene la primera, lo succedido en la Nueva España y en el Peru, sobre la execucion de las nuevas leyes : y el allanamiento, y castigo, que hizo el presidente Gasca, de Gonçalo Piçarro y sus sequaces. La segunda contiene, la tyrannia y alçamiento de los Contreras, y Don Sebastian de Castilla con otros muchos acaescimientos y successos. *Sevilla, Hernando Diaz*, 1571, 2 tom. en 1 vol. pet. in-fol. [28686]

Livre curieux et qui est devenu d'autant plus rare que la circulation en a été arrêtée par le Conseil des Indes, et qu'il n'a pas été réimprimé : 24 fr. Soubise ; 26 fr. Santander ; 41 fr. Rœtzel ; 2 liv. Heber.

FERNANDEZ del Castillo. Voyez CASTILLO.

FERNANDEZ (*Geronimo*). Don Belianis. Libro primero (y segundo) del valeroso e inuincible principe don Belianis de Grecia, hijo del emperador don Belanio de Grecia. Enel qual se cuentan las estrañas y peligrosas auenturas que le sucedieron con los amores que tuuo con la princesa Florisbella, hija del soldan de Babylonia. Y como fue hallada la princesa Policea, hija del rey Priamo de Troya. Sacado de lengua Griega, en laqualle escriuio el sabio Friston, por vn hijo del virtuoso varon Toribio Fernandez. *Burgos, por Alonso y Esteuan Rodriguez impressores. año* 1587, in-fol. de 237 ff. en tout, à 2 col. [17528]

La seconde partie, qui a son titre particulier, commence au 115e f. Le privilège est du 10 octobre 1579. Vend. 4 liv. 19 sh. *mar. v.* Heber.

C'est probablement par suite d'une faute d'impression qu'on a cité une édition de 1547 (pour 1587). Toutefois il en existe une des deux mêmes parties, *En Çaragoça, en Casa de Domingo de Portonariis y Ursino*, 1580, in-fol. de 267 ff. à 2 col. Antonio fait mention d'une édit. du *Libro primero... Estella, por Adriano de Amberes*, 1564, in-fol. à 2 col., et il y en a une autre du même livre et probablement aussi du second, de *Burgos*, 1579, in-fol. à 2 col.

— Tercera y quarta parte del imbencible (*sic*) principe Don Belianis de Grecia, etc., compuesta por el licenciado Geronimo Fernandez assi mismo autor de la primera y segunda. *Impressa en Burgos por Pedro de Santillana*, 1579, in-fol.

Ces deux dernières parties ont été publiées après la mort de l'auteur par Andres Fernandez son frère. L'exemplaire, porté dans la *Biblioth. heber*, VI, n° 1740, étant défectueux, n'a été vendu que 2 liv. 12 sh. 6 d.

On cite une édition de ces mêmes parties, impr. à Burgos par les deux mêmes imprimeurs, en 1587, in-fol.

HISTOIRE de Don Belianis de Grece, traduite nouvellement (par Cl. Du Bueil). *Paris, Touss. du Bray*, 1625, pet. in-8. Première partie, la seule publiée.

HISTORIA del magnanimo, et invincible principe don Belianis... tradotta di lingua greca in Castigliana & di Castigliana in Italiana da Oratio Rinaldi Bolognese (parte prima). *In Ferrara, per Vittorio Baldini*, 1586, in-8. — Seconda parte, *in Verona, appresso Sebastiano dalle Donne* (1587), in-8.

Pour les traductions anglaises de ce roman, consultez Lowndes au mot *Belianis*.

Belianis de Grèce se place à la suite des Amadis, et après le Chevalier du Soleil (voy. ORTUÑEZ).

FERNANDEZ Trancoso (*Gonçalo*). Los contos e historias de proveyto e exemplo. *Lixboa, Marcos Borges*, 1585, 2 part. en 1 vol. pet. in-4. de 2, 50, 2 et 52 ff. [17662]

La première et la plus rare édition de ces contes. Il y en a une autre de *Lisbonne*, 1589, en 2 part. in-8., à laquelle se joint une 3e partie imprimée à Lisbonne, en 1596, in-8. Les trois parties réunies ont été réimpr. dans la même ville, en 1633, en 1646, en 1681 et en 1710, in-8.

FERNANDEZ (*Alonso*). Historia ecclesiastica de nuestros tiempos..... conversion de idolatras y reducion de hereges. *Sevilla* (ou *Toledo*), 1611, pet. in-fol. [21590]

Détails curieux sur les missions de l'Amérique méridionale et des Indes : 23 fr. Rætzel.

FERNANDEZ de Avellaneda. Vida y hechos de don Quixote de la Mancha ; contiene su quarta salida y la quinta parte de sus aventures. *Madrid*, 1732, pet. in-4. [17560]

Cette édition contient l'ouvrage entier, avec tous les passages qui ont été supprimés dans la réimpression faite à *Madrid*, 1805, en 2 vol. pet. in-8. Nous avons cité l'édition de 1615 à l'article CERVANTES. La grande célébrité que s'est acquise le D. Quixote de Cervantes, aussitôt sa publication, a éclipsé celle de la seconde partie de Avellaneda, peut-être injustement ; car si l'incomparable production de Cervantes n'existait pas, le roman d'Avellaneda, bien écrit et riche d'invention, serait considéré comme un des meilleurs modèles de la littérature espagnole dans ce genre. (Salvá.)

FERNANDEZ (D. *Ramon*). Coleccion de poetas españoles. *Madrid*, 1785-97, 20 vol. pet. in-8. 60 à 80 fr. [15055]

Cette collection est bien exécutée, et comprend les auteurs suivants : *Lupercio Leonardo de Argensola*, 1 vol. — *Bartolome Leonardo de Argensola*, 2 vol. — *Fernando de Herrera*, 2 vol. — *Juan de Jauregui*, 3 vol. — *D. Luis de Gongora y Argote*, 1 vol. — *Fray Luis de Leon*, 1 vol. — *Tomé de Burguillos*, 1 vol. — *Christobal de Castillejo*, 2 vol. — *Conquista de la Betica, poema heroyco de Juan de Cueva*, 2 vol. — *Poesias escogidas de nuestros cancioneros y romanceros antiguos*, 2 vol. — *Poésias ineditas de Fr. de Rioja*, 1 vol. — *Las heroydas de Ovidio, traducidas en verso castellano por Diego Mexia*, 1 vol. Le volume qui compte pour le 20e a été publié le premier, en 1785 ; il a pour titre : *Poesias de Francisco de Figueroa*. Une partie des volumes de cette collection ont été réimprimés depuis 1792 jusqu'en 1808, mais sur un papier inférieur.

FERNEL (*Jean*). La Chirurgie de Fernel, translatée de latin et enrichie de brièves annotations et d'une methode chirurgique, par Simon de Provenchieres. *Paris, Guil. Chaudiere*, 1579, in-16.

Jean Fernel, célèbre médecin du XVIe siècle, dont la mémoire s'est conservée jusqu'à nous, est surtout connu par sa *Medicina universa*, qui a eu un grand nombre d'éditions. Une des meilleures est celle de Paris, 1567, in-fol. — Voici les deux plus récentes : JOAN. FERNELII universa medicina, nova hac editione quæ obscura erant, illustrata ; quæ deficiebant suppleta sunt. *Lugd.-Batavor., Hackius*, 1645, 2 vol. in-8. [6619]

— UNIVERSA medicina, edita cum notis et observationibus Joan. et Othon. Heurnii. *Trajecti ad Rhenum, a Zijll*, 1656, 2 tom. en 1 vol. in-4,

J. Provenchieres, traducteur de la partie chirurgicale des œuvres de Fernel, a aussi traduit *La Chirurgie* de Jacques Hollier, *Paris, Ch. Macé*, 1576, in-16. Pour les œuvres latines d'Hollier, voy. le n° 6623 de notre table, et pour les écrits de son traducteur, voy. PROVINCHIERES.

La Physiologie de Fernel a été trad. en français par Ch. de Saint-Germain, Paris, Guignard, 1655, in-8.

FERNUS (*Michael*). De legationū italicarum ad divū Alex. Pont. Max. VI. pro obediētia, advētu et apparatu, plurimisqʒ ab obitu Innocentii memorandis, Epistola Michaelis Ferni ad Iacobum Antiquarium. *Eucharius Argenteus impressit Romæ (absque anno)*, in-4. de 60 ff. à 26 lig. par page, sans chiffres ni signat.

Cette édition doit être de 1493, date qui se trouve avec la signature de trois lettres dans le courant du volume. Dans l'exemplaire, décrit par Jos. Molini, le verso du dernier f. ne porte que les mots : *Historia nova Alex. VI ‖ Ab Innocentii obitu : VIII*. Pour plus de détails, consultez Audiffredi, *Catal. edition. romanar.*, p. 455-56. Hain, n° 6978, ne donne que 54 ff. à cette même édition.

FERRABOSCO. Voyez FORABOSCO.

FERRALDUS. Insignia peculiaria christianiss. Francorum regni, numero viginti seu totidem illustrissimæ Francorum coronæ præcrogativæ et præeminentiæ per Joannem Ferraldum... *Parisiis, Antonius Bonnemere impensis Jo. Petit*, 1520, *die 28 Januarii*, pet. in-8. goth. de 23 ff. chiffrés. [24006]

Petit livre que n'a pas cité Panzer.

FERRAND de Bez. Voyez BEZE.

FERRAND Carthaginois. Le guidon du Prince, traictant de l'office d'un chef et conducteur de gens de guerre, vrayment chrestien : compose en latin par Don Ferrand Carthaginois, il y a enuiron XIe ans. Liuret fort conuenable a ces temps que nous auons à guerroyer contre les heretiques ; traduit nouuellement en françois par Paul Du Mont ; auec vn petit aduertissement tire de la saincte Escriture touchant la guerre, et vne Epistre seruant de toque-singe d'armes, a tous Princes catholiques pours'éployer chrestiennement, et tot a l'extirpation des hæresies. *Douay, de l'imprimerie de Iean Bogart*, 1592, in-16 de 83 ff. chiffrés, 2 ff. non chiffrés et 2 pp. blanches.

Petit volume décrit dans l'*Appendice à la Bibliographie douaisienne*, n° 73, où se trouve une note curieuse sur ce livre, lequel contient plusieurs pièces de vers de Jean Loys (voy. ce nom).

FERRAND (*Jacq.*). De la Maladie d'amour, ou mélancolie érotique. *Paris, Denis Moreau*, 1623, in-8. de 20 ff. prélimin., 270 pp. et 5 ff. pour les noms des auteurs cités. 6 à 10 fr. [7304]

Vend. 24 fr. *m. r.* By, et 15 fr. Librairie De Bure.

Cet ouvrage avait d'abord paru sous le titre de *Traité*

Feron (*J.*). Farriery, 7741.

Ferot (*Fulg.*). Saints des trois ordres, 21819.

Ferrand (*Ant.*). L'Esprit de l'histoire, 21308. — Théorie des révolutions, 21323. — Démembrements de la Pologne, 27851.

de l'essence et guérison de l'amour, Tolose, Colomiez, 1612, in-12. Il existe une traduction anglaise par Ed. Chilmead, *Oxford*, 1640, pet. in-8.

FERRAND (*David*). La Mvse normande, ou Recveil de plvsieurs ovvrages faccecievx en langve pvrinique ov gros normand, recueillis de divers autheurs. *Rouen, David Ferrand*, pet. in-8. carré. [14355]

Recueil divisé en XXVIII parties, ayant chacune une pagination particulière et des dates différentes (de 1625 à 1651). Il en paraissait probablement un cah. chaque année. Cette première édition diffère par son format et son contenu de l'édition de 1655. Comme il est très-difficile de la retrouver complète, nous allons reproduire ici la description qu'en a donnée M. Frère (I, p. 462), d'après l'exemplaire de la bibliothèque de Rouen.
La 1re et la IIe partie réunies forment 48 pp.; la IIIe, 39 pp.; la IVe, 32 pp.; la Ve, 39 pp.; la VIe, 31 pp.; la VIIe, 40 pp.; la VIIIe, 31 pp.; la IXe, 40 pp.; la Xe, 32 pp.; la XIe, 30 pp.; la XIIe, 40 pp.; la XIIIe, 31 pp.; la XIVe, 30 pp.; la XVe, 24 pp.; la XVIe, 32 pp.; la XVIIe et la XVIIIe, ensemble 54 pp.; la XIXe, 40 pp.; la XXe, 48 pp.; la XXIe, 20 pp.; la XXIIe, 40 pp.; la XXIIIe, 48 pp.; la XXIVe, 44 pp.; la XXVe, 40 pp.; la XXVIe (indiquée XXIV), 48 pp.; la XXVIIe, 40 pp.; la XXVIIIe, 38 pp.

— Inventaire général de la muse normande, divisée en XXVIII parties, où sont décrites plusieurs batailles, assauts, prises de villes, guerrês étrangères, victoires de la France, histoires comiques, esmotions populaires, grabuges et choses remarquables arrivées à Rouen, depuis quarante années. *Rouen, chez l'autheur*, 1655, pet. in-8.

Ce volume, assez mal imprimé et en mauvais papier, contient le titre ci-dessus, dédicace au duc de Longueville, table et épître *O Luysard*, 16 pp. Un second titre : *Premiere, seconde Muse normande*, et jusques et y compris la 28e part., 484 pp., avec lacune de 20 pp. de 433 à 454. M. Frère a fait au sujet de cette édition les remarques suivantes :
Dans quelques exemplaires, le second titre porte la date de 1654, et dans d'autres celle de 1666. Dans les premiers le *Cant Rial, Jansenius au rang des Hérétiques*, pièce de 4 pp. numérotées 63 à 66, manque, ou bien il est placé, soit au milieu, soit à la fin du volume. Dans les exemplaires avec le second titre, daté de 1666, *Jansenius* se trouve à la p. 58 et non à la p. 477, comme l'indique la table, et *Cant ryal, mes dix coppins...* y manque. Page 44, l'*Ombre de David Ferrand* remplace l'*Esmotion rouënnoise*. Enfin, dans quelques exemplaires, se trouve le second titre avec l'adresse *de Jean Oursel*, et au verso de ce titre commence le chant ryal, *Jansenius au rang des Hérétiques*, paginé 2, 3 et 4. Quant aux exemplaires dont le titre porte : *INVENTAIRE général de la Mvse normande ov recveil de plvsievrs ovvrages faccecievx en langue Purinique ou gros normand. Rouen, chez la vefue de D. Ferrand, et Jean Oursel*, 1668.
On croit qu'ils n'ont de réimprimé que le frontispice. Les exemplaires ordinaires de cet *Inventaire général* se donnent quelquefois pour 10 ou 12 fr.; mais un exemplaire choisi, rel. en *mar. bl.*, a été vendu 47 fr. Veinant, en 1856.

— LA I, II, et III partie de la Mvse normande, ou recueil de plusieurs ouvrages facétieux en langue

purinique ou gros normand. *Rouen, Dav. Ferrand*, 1654, pet. in-8. de 48 pp.

Quoique ce ne soit là qu'un fragment de la Muse normande, l'exemplaire que nous décrivons a été porté à 40 fr. dans une des ventes Nodier en 1827, parce que le catalogue l'annonçait comme *édition originale, infiniment plus rare que celle de 1655*. Il est vrai, en effet, que cette première édition du fragment est plus rare que les nombreuses réimpressions qui en ont été faites depuis ; mais, certes, elle ne vaut pas les éditions du recueil entier, et surtout la véritable édition originale.
Parmi les éditions de ce même fragment on remarque celle de *Rouen, chez la vefue de D. Ferrand, et Jean Oursel*, 1666, pet. in-8.
D'autres ont été impr. à Rouen, sans date, à la fin du XVIIe siècle et dans le courant du XVIIIe, soit dans le format pet. in-8., soit en pet. in-12, avec l'adresse des libraires J.-B. Besongne, J. Oursel, Guil. Dumesnil ; aussi sous l'indication de *Cologne, P. Marteau*, in-12 de 28 pp. Aucune de ces éditions n'a de véritable valeur, quoique certains exemplaires rel. en *mar.* aient été quelquefois vendus de 20 à 30 fr.
Voici l'indication de quelques pièces que leur titre semble devoir rapprocher de la Muse normande.

LES ESTRENNES de la Muse normande sur le dereglement du temps qui court; dedié aux habitans des terres nouuellement decouvertes. *Rouen, chez l'autheur*, s. d., pet. in-8. de 24 pp.
LES ENTRETIENS de la Mvse normande. *Rouen*, s. d., pet. in-8. de 15 pp.
LES ADIEUX de la Muse normande aux Palinods. *Rouen*, s. d., pet. in-8. de 31 pp.
LE CONGÉ burlesque de l'armée normande. *Rouen, jouxte la copie*, 1649, in-4. de 4 ff. en vers.
Il existe une édition de cette mazarinade, sans date, également de 4 pp., sur le titre de laquelle le mot burlesque ne se trouve pas, non plus que dans l'édition de *Paris, Cardin Besongne*, 1649, de 7 pp.
LES ENTRETIENS (Evretins selon M. Frère), de la Mvse normande, ov les discovrs plaisants et recréatifs tenvs ces iours gras chez vne nouuelle accouchée. *Rouen, David Ferrand*, 1657, pet. in-8. de 16 pp.
RÉTABLISSEMENT de la Muse normande. *Rouen*, 1659, in-8.
M. Frère nous fait encore connaître les ouvrages suivants de David Ferrand :
RÉJOUISSANCES de la Normandie sur le triumphe de la Paix. *Rouen, D. Ferrand*, 1616, in-8. Opuscule dont le titre a beaucoup de rapport avec celui que nous avons donné à l'art. DIALOGUE récréatif.
LES LARMES et complaintes de la reyne d'Angleterre sur la mort de son espoux, à l'imitation des quatrains du sieur de Pibrac. *Paris, Mich. Mettayer*, 1649, pet. in-4. de 8 pp.
LA MVSE saincte ou les divins advantages de la sacrée mère de Dieu, dedié aux Pelerins et confreres de la devote confrairie de Nostre Dame de Laurette. *Rouen, Dav. Ferrand*, 1659, in-4. de 8 pp. avec une grav. en bois sur le titre.

FERRANDE (*Pierre*). Voy. GARCIE.

FERRANDI (*Thomæ*) Epistolæ, latine. (*absque nota*), pet. in-4. de 10 ff. à 25 lig. par page. [18729]

Cet opuscule renferme huit lettres latines et deux épigrammes dans la même langue ; il commence au haut du premier f. de cette manière : *Ad illustr. Mediolani duc. Gal. M. Viscomitem. T. Ferrandus brix. S.* On ne sait s'il a été impr. par Ferrando lui-même ; mais la seconde lettre prouve que ce ne peut pas avoir été avant l'année 1474. Le seul exempl. qu'on connaisse de ce petit livre se conservait dernièrement dans la collection de M. Standish, baronnet anglais ; il doit être aujourd'hui dans la riche bibliothèque de M. le duc d'Aumale.
On a encore de Ferrando : *In nuptiis illust. man-*

tuani marchionis oratio (absque nota), pet. in-4. de 4 pp. à l'occasion du mariage de François II de Gonzague, qui eut lieu en 1490. — Voir l'article EPISTOLÆ.

FERRANT (*L.*). Traité du tabac en sternutation. *Bourges,* 1655, in-4. Rare : 6 à 10 fr. [7072]

FERRANTE Imperato. Voy. IMPERATO.

FERRARA (*Francesco*). Antichi edificj ed altri monumenti di belle arti, ancora esistenti in Sicilia ; disegnati e descritti dall' abate Ferrara. *Palermo,* 1814, in-fol., avec 5 pl. [29387]

— DESCRIZIONE dell' Etna, con la storia delle eruzioni, e il catalogo dei prodotti, dell' abate Francesco Ferrara. *Palermo, Dato,* 1818, in-8. fig. pap. vél. 10 fr. [4642]

FERRARI (*Gio.-Franc.*). Le rime burlesche sopra varii et piacevoli soggetti... date inluce da Giovan francesco Ferrari. *Venetia, Heredi di Marchio Sessa,* 1570, pet. in-8. [15002]

Recueil de capitoli facétieux, dans plusieurs desquels l'auteur s'est servi de divers dialectes italiens, et même de l'argot. 37 fr. *mar. r.* Libri, en 1847, et 1 liv. 5 sh. *mar. citr,* en 1859.

FERRARI (*Ant.*). Pompeo, comedia. *Turino, Fr. Dolce,* 1568, in-8. [16691]

Pièce rare. Plusieurs personnages y parlent espagnol, et l'un d'eux y chante une chanson fort libre en cette langue. 16 fr. 50 c. *m. oliv.* Libri.

FERRARI (*Ant.*), surnommé Galateo. Voy. GALATEUS.

FERRARI (*Ludov.*). Voy. TARTAGLIA.

FERRARI. Carte des Pays-Bas autrichiens, du Brabant, du duché de Luxembourg, du pays de Liége, etc. 25 feuilles gr. aigle. [19681]

Cette carte est faite sur la même échelle que celle de France par Cassini, à laquelle elle fait suite : 80 à 100 fr., en supposant l'exemplaire collé sur toile (voyez CARTE).

FERRARI (*G.*). Le Opere del pittore plasticatore Gaudenzo Ferrari, disegnate ed incise da S. Pinazzi, descritte da G. Bordiga. *Milano,* 1835, gr. in-fol. fig. en taille-douce. [9333]

FERRARII (*Fr.-Bernard.*) de veterum acclamationibus et plausu libri VII. *Mediolani,* 1627, in-4. 4 à 6 fr. [28995]

En Gr. Pap. *m. r.* 15 fr. Saint-Céran.
Réimpr. dans le *Thesaurus antiquitatum romanarum* de Grævius, t. VI. — De ritu concionum, 649.

FERRARII (*Jo.-Bapt.*). Hesperides, sive de malorum aureorum cultura et usu libri IV. *Romæ, Herm. Scheus,* 1646, in-fol. 9 à 15 fr. [5476]

Cet ouvrage contient des planches gravées sur cuivre par C. Bloemaërt d'après *Pietre de Cortone,* et c'est ce qui lui conserve quelque prix : 16 fr. *mar. citr.* Patu de Mello, et un exempl. avec plusieurs gravures doubles, noires et color., rel. en *mar. citr.* à compartiments, offrant des branches de citronnier en or de différentes couleurs, et les armes de la maison de Pins, 204 fr. à la vente du marquis de Pins-Montbrun, faite à Toulouse en 1861.

— Florum cultura, 6485.

FERRARIIS (*Joannes Petrus* de). Practica nova Judicialis. (in fine) : *impssa que extitit opera et īpendio Ioannis de Colonia nec non Uendelini de Spira Uenetijs* M. cccc. lxxiij, gr. in-fol. goth. de 250 ff. à 2 col. de 50 lig. sans chiffres, récl. ni signat. [2587]

Cette édition est la première de cet ouvrage avec une date ; mais Hain (6984 et 6985) en décrit deux, sans date et sans nom d'imprimeur, qui sont peut-être plus anciennes : l'une, qu'il suppose imprimée à Mayence, est un in-fol. de 231 ff. à 2 col. de 56 lig. en caract. goth., et l'autre, qu'il attribue aux presses d'H. Eggesteyn, à Strasbourg, est un in-fol. de 229 ff. à 2 col. de 59 à 61 lig. en caract. goth. Toutes les deux sans chiffres, récl. ni signat.

— Practica nova juris. (in fine) : *Sub Anno domini* M. cccc. lxxvij. *Lugduno Francie vrbe p̄stantissima... opus illud exactum est... a fidedignis correctũ viris a celeberrimis. ingenioq̃ʒ capacissimis Nicolao Philippi de bensheim. Marco Reinhart de Argentina optima velim videas littera impressũ est...* in-fol. goth. à 2 col. de 48 lig. sans chiffres, récl. ni signat.

Autre édition rare, et qui est une des plus anciennes productions, avec date, des presses lyonnaises. Le premier feuillet, blanc au recto, contient au verso : (F)*Orma interrogationum...* Au f. 11, recto, on lit : *Explicit tabula* ; le verso du même f. est blanc, ainsi que le 12e. Le texte commence au 13e recto par ces mots : (q)*Uoniam vita breuis,* et finit à la 2e col. du verso du 213e f. Le 214e f., recto, donne la souscription dont nous avons rapporté des fragments ci-dessus.

FERRARIO (*Jules*). Le Costume ancien et moderne, ou histoire du gouvernement de la milice, de la religion, des arts, sciences, usages, etc., de tous les peuples anciens et modernes, déduite des monuments. *Milan, de l'impr. de l'auteur et éditeur,* 1816-27, 13 vol. gr. in-4. fig. [28976]

Compilation d'une faible importance, sous le rapport de l'érudition, et dont les planches n'ont pas été assez soignées, surtout dans les derniers volumes. Il s'en est publié en même temps deux éditions, l'une avec le texte italien, et l'autre avec le texte français : le tout distribué en 143 livraisons. Prix de chacune : 12 fr. — Pap. vél. fig. color. 16 fr. Un exempl. color. est porté à 2288 fr. dans le catal. du libraire Stella de Milan pour 1830 ; mais j'en ai vu vendre un semblable pour moins de 1000 fr.

Vingt et un nouveaux cahiers, formant 3 volumes, ont été publiés à Milan, en 1835, sous le titre d'*Aggiunta e rettificazioni*. Le prix de chaque cahier est comme ci-dessus.

Dans les nouveaux exemplaires, l'ouvrage complet se compose de 21 volumes, imprimés de 1826 à

1834, savoir : Asie, 4 volumes; Europe, 6 tomes en 9 vol. (le tome 1er est en trois parties, et le 3e en deux) Afrique, 2 vol. ; Amérique, 2 vol. Le volume XVIII, impr. en 1829, contient la table générale alphabétique des dix-sept volumes précédents. Les tomes XIX, XX et XXI donnent les *Correzioni*, avec une table des matières séparée. Ces quatre derniers volumes manquent dans les exemplaires qui ont un texte français.

— Il costume antico e moderno ; seconda edizione riveduta ed accresciuta. *Firenze*, gr. in-8., fig. color., cartes, etc.

Cette réimpression, faite de 1823 à 1838, in-8., a 28 vol. en 33. Elle reproduit les 20 premiers vol. de l'édit. in-4., mais on n'y a pas joint la table générale qui forme le XXIe vol. de cette première. Le prix des exemplaires était, avec les figures en noir, 273 fr., et avec fig. color., 364 fr.

— Le classiche di stampe, 9520.

— STORIA ed analisi degli antichi romanzi di cavalleria e dei poemi romanzeschi d'Italia, con dissertazioni sull' origine, sugl' istituti, sulle cerimonie de' cavalieri, sulle corti d' amore, sui tornei, sulle giostre ed armature de' Paladini, sull' invenzione ed uso degli stemmi, ec., con figure tratte dai monumenti d'arte. *Milano, dalla tipografia del dott. Giulio Ferrario*, 1828-29. 4 vol. in-8. fig. 36 fr.
— Pap. vél. fig. color. 60 fr. [14715]

Les deux premiers volumes de cet ouvrage curieux contiennent la partie historique, le troisième renferme les analyses, et le quatrième la *Bibliographie*. Ce dernier vol. est de M. D. *Gaetano de'conti Melzi;* il en a été tiré, ainsi que du volume d'analyses, vingt-cinq exemplaires en très-Gr. Pap. vél., auxquels on a ajouté 20 planches où sont représentées les marques typographiques des différents imprimeurs dont il est question dans le volume. Ces exemplaires extraordinaires ont été distribués en présents par l'auteur, qui, plus tard, a donné un *Supplemento alla Bibliografia dei romanzi e dei poemi romanzeschi d'Italia (Milano, coi tipi di Felice Rusconi,* 1831), pages 273 à 424, où sont refondues le *giunte e correzioni* qui se trouvaient déjà dans l'ouvrage, et où l'on a réimpr. les tables. Cet excellent supplément n'a été tiré que pour les exempl. en Gr. Pap. et ne s'est point vendu. Mais heureusement l'ouvrage entier, c'est-à-dire la *Bibliografia*, a été réimprimé en 1838, avec des améliorations nombreuses et fort essentielles (voyez MELZI).

Il existait déjà sur le même sujet un ouvrage de Franç. Henrion, sous ce titre : *Istoria critica e ragionata de' romanzi di cavalleria, con la biblioteca italiana de' predetti romanzi,* Firenze, 1794, in-4., mais c'est un livre très-superficiel.

— MONUMENTE sacri e profani dell' imperiale e reale basilica di Sant-Ambrosio in Milano, rappresentati e descritti dal dottore Giulio Ferrario. *Milano*, 1824, pet. in-fol. fig. color. [9002]

120 fr. Louis-Philippe.

— DESCRIZIONE de' principali teatri antichi e moderni. *Milano*, 1830, gr. in-8. et atlas in-4. obl. 15 à 18 fr. [7993]

Il y a des exemplaires en pap. vél.

FERRARIS (*Fr.-Lucus*). Prompta bibliotheca canonica, juridica, moralis, theologica, studio Fr.-Mar. Vallarna publicata, et cum ejusdem additionibus aucta. *Matriti*, 1795, 10 tom. en 5 vol. in-fol. [3160]

Cette édit. est portée à 150 fr. dans le catal. de Salvá. Celle de Venise, 1782, en 10 vol. in-fol. est moins chère.

— IDEM opus. Editio novissima mendis expurg., etc., opera et studio monachorum ord. S. Benedicti ab-

batiæ Montis Casini. *Romæ*, 1844-45, 2 vol. gr. in-4. 80 fr.

C'est d'après cette édition qu'a été faite celle de Montrouge, Migne, 1856-57, 8 vol. gr. in-8. à 2 col. 60 fr.

FERREIRA de Vasconcellos (*Jorge*). Comedia Eufrosina. *Coimbra*, 1560, pet. in-8. [16808]

Cette pièce, qui conserve de la réputation en Portugal, a été réimpr. à Lisbonne, en 1616, in-8., *emendada por Franc. Rodriguez Lobo;* et *Lisboa*, 1786, in-8. Il en existe une bonne traduction castillane, par D. Fernando de Ballesteros y Saavedra, *Madrid*, 1631, in-16, et réimpr. en 1735, pet. in-8.

Pour une pièce espagnole sous le même titre (*Eufrosina*), voy. RUEDA (Lop. de).

On a du même auteur : *Comedia Ulissipo*, Lisboa, 1618, et *Comedia Antegrafia,* Lisboa, 1619, in-8., deux pièces qui ont été impr. pour la troisième fois à Lisbonne, 1787, pet. in-8. La date de la première édit. ne nous est pas connue.

— Memorial das proësas da segunda tavola redonda. Voy. MEMORIAL.

FERREIRA (*Antonio*). Poemas lusitanos. *Lisboa, Craesbeeck*, 1598, in-4. [15347]

Édition rare, citée par l'Acad. portugaise. Le Manuel publié chez Roret en indique une de 1592 dont on ne donne pas le format. Celle de *Lisbonne*, 1771, 2 vol. pet. in-8., est bonne aussi, et la tragédie d'*Inès de Castro*, qui n'est pas dans la première, en fait partie. Le recueil a été réimprimé à Lisbonne, 1829, en 2 part. in-16. On a du même auteur des comédies, en portugais, impr. à Lisbonne, 1622, in-4.

FERREIRA (*Diogo Fernandez*). Arte da caça da Altenaria. *Lisboa, G. Rodriguez*, 1616, in-4. [10458]

Ce traité de fauconnerie se rencontre rarement.

FERREIRA de Lacerda (Donna *Bernarda*). Hespaña libertada, poema. *Lisboa*, 1618, 2 vol. in-4. [15259]

Ce poëme est rare : 1 liv. 18 sh. Heber. Il a cependant été réimpr. en 1673, selon la *Bibliotheca lusitana*, où sont indiqués d'autres ouvrages poétiques de la même dame.

FERRER (*Mig.* de). Palmerin de Inglaterra. Voy. PALMERIN.

FERRERAS (*D. Juan* de). Historia de España. *Madrid*, 1700-27, 16 vol. pet. in-4. 40 à 50 fr. [25990]

Cette histoire, qui finit en 1598, est plus exacte et plus méthodique que celle de Mariana, mais elle lui est fort inférieure pour le style. Ç'a été longtemps la meilleure histoire d'Espagne que nous eussions, et néanmoins elle a donné lieu à plusieurs critiques.

L'édition de Madrid, 1775-81, en 17 vol. pet. in-4., a été vend. 70 fr. 50 c. Rodriguez. Il en existe des exemplaires en Gr. Pap.

— Histoire générale d'Espagne (jusqu'en 1598), trad. de l'espagnol, avec des notes histor. et crit. par d'Hermilly. *Paris*, 1751, 10 vol. in-4. cart. 25 à 36 fr., et plus en Gr. Pap.

FERRERI de Labiano (*Fr.-Mar.*). Histoire généalogique de la maison royale de Savoye. *Turin, Zappara,* 1703, in-fol. [28904]

Ce volume renferme 33 portraits grav. par Giffard et Tasnière : 34 fr. Libri. Il a d'abord paru en 1702 sous le titre de *Sabaudæ domus arbor gentilitia,* Augustæ-Taurinor., 1702, in-fol. (en *mar. r.*) 34 fr. Tôchon d'Annecy.

FERRERII (*Zachariæ*), Vicentini, Pont. gardien. hymni novi ecclesiastici, juxta veram metri et latinitatis normam a Clemente VII, Pont. Max... approbati et novis Ludovici vicentini ac Lautitii perusini characteribus in lucem traditi. *Romæ, in ædib. Ludov. Vicentini, etc.,* 1525, in-4. de cxv ff., dont les 8 premiers ne sont pas chiffrés. 6 fr. La Valliere. [12687]

— Vita beati Casimiri confessoris ex Poloniæ regibus clarissimi, a Patre Zacharia Ferrerio Vicentino scripta Vilnæ anno salutis M. D. XX. *Cracoviæ in ædibus Joan. Haller, eodem anno excusa,* in-4. [22072]

Ouvrage à placer à côté de la Vie de saint Stanislas, impr. à Cracovie en 1519 (voy. Dlugosch).

FERRERIO. Palazzi di Roma de' più celebri architetti, disegnati da P. Ferrerio. 2 tom. en 1 vol. in-fol. 10 à 15 fr. [9862]

Ce recueil, médiocrement exécuté, contient 43 et 62 planches. Il ne porte pas de date.

FERRETTI (capitano *Francesco*). Diporti notturni, dialoghi familiari; con la dimostratione figurale intagliata da Michel Aggelo Marrelli anconitano. *Ancona, Fr. Salvioni,* 1580, in-12, fig. [18644]

Cet ouvrage est recherché en Angleterre, parce que l'auteur, qui a visité ce pays, en parle avec éloge, et qu'il qualifie les Anglaises de *donne di maraviglioza belleza, e mirabilmente ingegnose.* C'est d'ailleurs un livre devenu rare, et dont les planches sont fort curieuses. Vend., annoncé sous la date de 1579, 5 liv. 2 sh. 6 d. *m. v.* Hanrott, et sous celle de 1580, 2 liv. 2 sh. Heber.

L'édition d'*Ancône,* 1604, rel. en *mar.,* 1 liv. 18 sh. Hanrott.

FERRIER (*Oger* ou *Augier*), seigneur de Castillon, medecin natif de Tolose. Des Jugemens astronomiques sur lès nativitez. *Lyon, Jean de Tournes,* 1550, pet. in-8. de 4 ff. prélim., 220 pp. et 1 f. pour la marque du libraire. [9008]

Dans cette édition l'auteur est nommé Ogier Ferrier,

et dans celle de *Lyon, de Tournes,* 1582, in-12, Auger.

— De lue hispanica seu morbo gallico libri duo, et quod chyna et apios diversæ res sint..... avec un extrait des dictz livres pour les Barbiers, touchant l'administration de certains particuliers remedes. *Parisiis, apud Ægidium Gillium,* 1564. [7268]

— Remedes preservatifs et curatifs de la Peste. *Tholose, Guyon Boudeville,* ou *Lyon, Jean de Tournes,* 1548, in-16. [7195]

Pour les autres ouvrages de ce médecin, voy. La Croix du Maine, article Auger, et Du Verdier, article Ogier. Pour son *Avertissement à Jean Bodin,* voir notre article Bodin.

FERRIER (*Alphonse*). De l'administration du Sainct Boys en diverses formes et manieres, contenues en quatre traictés : ensemble la forme de ministrer le vin faict par Alfonse Ferrier, napolitain, traduit de latin en françoys, par Nicolas Michel. *Poictiers, Jehan et Enguilbert de Marnef,* 1546, in-16. [7678]

Ces ouvrages des deux Ferrier sont plus rares que recherchés.

FERRIER (*Louis*) de La Martinière. Son Théâtre, contenant Anne de Bretagne et Adraste. *Paris,* 1679 et 1680, 2 tom. en 1 vol. pet. in-12. [16469]

Vend. 10 fr. Delaleu, et 2 fr. 75 c. de Soleinne.
L'édit. de l'Adraste, *Amsterdam, H. Scheltz,* 1705, pet. in-12., rel. en *v. f.* par Bauzonnet, 8 fr. de Soleinne.

FERRIERES (*Raoul* de). Les chansons de messire Raoul de Ferrieres tres ancien poëte normant (xiiie siècle), nouuellement impr. a Caen. — *Imprimées pour la premiere fois a Caen chez F. Poisson et fils, par les soins et aux depens de G. S. Trebutien, du Cingalois.....* 1857, in-16 de 23 pp. car. goth. avec une vignette. [14255]

Tiré à 120 exemplaires.

FERRIERES (*Guil.* de). Les chansons et saluts d'amour de Guillaume de Ferrieres, dit le Vidame de Chartres, publ. par Louis Lacour. *Paris, Aug. Aubry,* 1856, pet. in-8. de 80 pp. [14255]

FERRO (*Gio.-Franc.*). Istoria dell' antica città di Comacchio, libri IV. *Ferrara, Pomatelli,* 1701, in-4. fig. [25640]

Volume peu commun ; on doit trouver à la fin trois *Documenti* ou pièces justificatives, avec un avertissement où l'auteur annonce qu'il a fait rétablir, par un imprimeur de Rome, un passage qui remplissait la page 520, mais que l'imprimeur de Ferrare s'était permis de supprimer. Ces *documenti* sont-ils la même chose que le supplément in-4. impr. (à Rome), en 1705, sans indication de lieu, qui est porté dans la *Bibliotheca Card. Imperialis* (Rome 1711), in-fol., p. 182? C'est ce que je n'ai pas eu occasion de vérifier.

Quoiqu'il ait paru sous le nom de J.-Fr. Ferro, cet ouvrage est de Barthélemi Ferro, auteur de l'*Istoria delle missioni de' cherici regolari Teatini*, Roma, 1704, 2 vol. in-fol., ainsi qu'on peut le voir dans le catalogue que nous venons de citer.

FERRY (*Paul*), messin, ses premières œuvres poétiques, où soubs la douce diversité de ses conceptions se rencontrent les honnestes libertés d'une jeunesse. *Lyon, Pierre Coderc*, 1610, pet. in-8. de 9 ff. et 235 pp. [15936]

L'auteur, dans sa dédicace à M. Joly, procureur à Metz, dit qu'il ose pour la seconde fois publier un ouvrage. La première édition de celui-ci serait-elle celle de *Montauban*, 1610, que cite Goujet d'après D. Calmet? L'édit. de Lyon a été vend. 42 fr. *mar. r.* de Soleinne : on y trouve une pastorale en six actes, sous le titre d'*Isabelle ou le desdain de l'amour*, pièce qu'on accuse le sieur De La Croix, avocat, d'avoir reproduite en grande partie dans sa *Célimène*, tragi-comédie pastorale, impr. à Paris dès l'année 1629, et qui a été réimpr. dans la même ville, chez Jean Corrozet, en 1636 et aussi en 1637, in-8. Malgré ce plagiat, M. P. Lacroix (catal. de M. de Soleinne, 2ᵉ suppl., nᵒ 137) qualifie la *Célimène* de pièce que La Fontaine n'a pas dédaigné d'imiter. Ferry, qui composa ces pièces à dix-neuf ans, devint plus tard ministre de l'église calviniste, et il avait 62 ans lorsqu'il publia son célèbre catéchisme, sous ce titre :

CATÉCHISME général de la réformation de la religion presché dans Metz, par Paul Ferry, ministre de la parole de Dieu. *A Sedan par François Chayer*, 1654, pet. in-8. de 151 pp. [1943]

Ouvrage dont la réfutation fut la première production du grand BOSSUET (voy. ce nom).

Le Catéchisme de Paul Ferry a été réimpr. à *Genève, chez Chouet*, 1656, pet. in-8., 21 fr., en juin 1860.

FERTEL (*M.-Dom.*). La Science de l'imprimerie, nouv. édit., refondue, corrigée et augmentée de différens procédés nouveaux et utiles, par Annoy-Vandevyver. *Bruxelles, Delemer*, 1822, in-4. fig. 20 fr., et plus en pap. vél. [9081]

La première édition de ce traité, aujourd'hui assez rare, a été impr. à Saint-Omer, en 1723, in-4. fig. 5 à 6 fr.

FERUSSAC (d'Audebard de). Histoire naturelle générale et particulière des mollusques terrestres et fluviatiles, tant des espèces que l'on trouve aujourd'hui vivantes, que des dépouilles fossiles de celles qui n'existent plus ; classées d'après les caractères essentiels que présentent ces animaux et leurs coquilles.... œuvre posthume de M. le baron J.-B.-L.

d'Audebard de Ferussac..... continué, mis en ordre et publié par le baron d'Audebard de Ferussac, son fils. *Paris, Arthus Bertrand* (et *J.-B. Baillière*), 1820-1851, 4 vol. gr. in-4. [6125]

Ouvrage le plus magnifique que l'on ait sur cette partie de l'histoire naturelle. Il a été publié en 42 livraisons, et, à partir de la 29ᵉ, par G.-P. Deshayes. Le texte forme deux vol., le 1ᵉʳ de 402 pp.; le second est en 2 part., savoir : 1ʳᵉ part., pp. 1 à 128; nouvelles additions à la famille des limaces, 24 pp. et historique p. 129 à 184; la 2ᵉ part. 260 pp., plus une table générale alphabétique de l'ouvrage, et une table de classification des 247 pl., et les planches color., au nombre de 247, deux autres volumes. Le prix, qui était d'abord de 490 fr., vient d'être réduit à 200 fr. Les exemplaires de format in-fol. se sont payés 1050 fr., mais on les donne pour 500 fr.

— SUITE (Histoire naturelle des aplysiens, première famille de l'ordre des tectibranches, par M. Sander-Rang). *Paris, Arthus Bertrand*, 1828, in-4., avec 25 pl. color. 18 fr. — in-fol. 60 fr.

— HISTOIRE naturelle, générale et particulière des céphalopodes acétabulifères vivants et fossiles, comprenant la description zoologique et anatomique de ces mollusques, etc., par M. Ferussac et M. Alc. d'Orbigny. *Paris, Art. Bertrand* (et *J.-B. Baillière*), 1838-48, 2 vol. gr. in-4. dont un est composé de 144 pl. color., 80 fr. — le même, de format in-fol., 120 fr. [6125]

Publié en 21 livraisons.

FERVILLE ou Fierville. Voy. FIERVILLE.

FESTA (la) del vitel sagginato. Qui comincia la rapresentione (*sic*) de vitello sagginato in primo vno angelo comincia annuntiare cosi. — Finita la festa del vitello sagginato. (*senza nota*), in-4. de 4 ff. à 2 col. de 35 lig. caractères rom.

Opuscule écrit en octaves et impr. vers 1500. Il y a deux fig. en bois sur la première page.

FESTEAU (*Paul*). Nouvelle grammaire angloise, enrichie de dialogues curieux touchant l'estat et la cour d'Angleterre, augmentée d'un recueil de proverbes anglois expliqués en françois. *Londres, George Wells*, 1685, pet. in-8. de 350 pp. [11317]

M. G. Duplessis a fait remarquer dans sa Bibliographie des proverbes, nᵒ 844, l'intérêt qu'ont encore les dialogues qui accompagnent cette grammaire tout à fait hors d'usage. Son exemplaire a été vendu 14 fr. Une édition de *Londres, Thomas Thornicroft*, 1672, pet. in-8. dont M. D. n'a pas parlé, est portée dans l'ancien catalogue de la Bibliothèque du roi, X, 1542.

FESTIN nuptial. Voy. à la fin de l'article Æsopus, ÉSOPE en belle humeur.

FESTIVAL (*F.*). Liber festivalis. *Westmynstre, by W. Caxton*, M. CCCC. LXXXIII, in-fol. [757]

Édition très-rare de cet ancien ouvrage de liturgie ; elle comprend, dans une seconde partie, l'opuscule intitulé *Quatuor sermones*. Caxton a donné une autre édition des deux mêmes ouvrages, in-fol. à 2 col., sans date, de laquelle un exemplaire a été vend. 105 liv. sterl. Roxburghe, quoiqu'il eût le prem. feuillet refait à la plume : c'est sur cette édition qu'a été faite celle d'*Oxford*, *Thod. Rood and Tho. Hunt*, 1486, in-fol., dont un exemplaire incomplet a été vend. 6 liv. 10 sh. Utterson, en 1850. Le même livre a été réimpr. en 1493, in-4., par Wynkyn de Worde, et cette édition est la première production des presses de cet imprimeur, presque aussi ignoré sur le continent qu'il est célèbre en Angleterre. — Parmi les éditions anciennes du *Festival* qu'indique Lowndes, nous en remarquons une de *Rouen*, 1494, in-4., une autre impr. *in celeberrima vrbe parisiensi*, 1495, in-4. de cxxv ff., et encore une de Rouen, *Martin Morin*, *impensis Joanis Richardi*, 1499, in-4. à 2 col.

FESTUS (*Pomp.*). Voy. POMPEIUS.

FÊTES publiques données par la ville de Paris, à l'occasion du mariage de M. le Dauphin, en 1745, in-fol. max. fig. [24174]

Ce volume, qu'on trouve ordinairement relié en *mar.*, est donné dans les ventes pour 30 ou 45 fr.

Les autres descriptions de fêtes données par la ville de Paris en 1740 et en 1747; par la ville de Strasbourg en 1744, et au Havre en 1753, n'ont pas plus de valeur. Cependant celles de Strasbourg, qui sont les moins communes, ont été vendues quelquefois jusqu'à 50 fr.

Voyez nos articles ENTRÉES, SACRE, etc.

FÉTIS (*F.-J.*). Biographie universelle des musiciens, et bibliographie générale de la musique. *Bruxelles*, 1835 et ann. suiv., 10 vol. in-8. 80 fr. [31116]

Une nouvelle édition revue et considérablement augmentée, qui formera 10 vol. gr. in-8. à 2 col., est actuellement en cours de publication chez Didot frères et fils, depuis 1860. Le second vol. a paru en avril 1861, et le troisième le suivra de près.

— Harmonie simultanée des sons chez les Grecs et les Romains, 10084. — La musique, 10173. — Traité d'harmonie, 10183.

FEU-ARDENT (Frère *François*). Entremangeries et guerres ministrales, *c. à. d.* haines, contradictions, accusations..... fureurs et furies des ministres de ce siècle, les uns contre les autres, touchant les principaux fondemens de la foy et de la religion chrétienne; 3ᵉ édit. *Paris, Vᵉ Nivelle*, 1604, pet. in-8. de 389 pp. [1842]

Le seul des nombreux ouvrages de controverse de ce fougueux cordelier qui ait conservé quelque valeur. Vend. 15 fr. Nodier, en 1827; 40 fr. *mar.* Solar. L'édit. de *Caen, Tite Haran*, 1601, est beaucoup moins complète que celle-ci. Elle n'a que 314 pp. La seconde est de Paris, 1601, in-12, selon Niceron, qui a donné, dans son XXXIXᵉ vol., un catalogue de trente ouvrages de Feu-Ardent, où nous remarquons celui-ci :

EXAMEN des confessions, prières, sacremens et catéchisme des calvinistes; avec la refutation de la réponse d'un ministre, où ils sont convaincus de six cens soixante-six, tant contradiction, erreurs, que blasphèmes contenus en iceux ; seconde édition. *Paris, Mich. Sonnius*, 1601, pet. in-8.

La première édition, *Paris*, 1599, in-8. a pour titre : *Brief examen*... c'est celle qui a provoqué la réponse de Brouaut (voy. ce nom), à laquelle Feu-

Ardent a répliqué par un écrit dont voici le titre singulier :

RÉPONSE modeste aux aphorismes et furieuses repliques de maistre Jehan Brouaut, jadis prieur de Saint-Eloi, et à présent, puisqu'il lui plaît, ministre de Carantan, médecin, peintre, poëte, astrologue, philosofe, académique, alchimiste, mathématicien, géographe, musicien, organiste, sergent, tabellion, joueur de flûte, de viole, de harpe, de manicordion, de mandole et d'autres instruments qu'il sait bien. *Caen, Tite Haran*, 1601, pet. in-12 de 314 pp.

— HISTOIRE de la fondation de l'église et de l'abbaye du Mont S.-Michel au peril de la mer, et des miracles, reliques et indulgences données en icelle, le tout recueilli des archives dudit lieu, par Fr. Feu-Ardent, de l'ordre de S. François. *Constance* (pour *Coutance*), 1604, pet. in-12. [21442]

Cet ouvrage, dont les premières éditions sont très-rares, a été réimpr. plusieurs fois (et dernièrement à Avranches, 1818 et 1827). C'est le même que celui qui est porté dans le catal. de Bayeux, nᵒ 561, sous ce titre : *Histoire abrégée du Mont Saint-Michel*, pet. in-12, probablement impr. à Avranches, sans date, et au sujet duquel on a écrit la note suivante : « Cette édition contient une liste des reliques conservées au Mont Saint-Michel, qui ne se trouve pas dans les réimpressions modernes. » L'exemplaire indiqué a été vendu 16 fr.

L'édition d'*Avranches, Menuet*, 1624, in-12, a pour titre : *La fondation de l'église et de l'abbaye du Mont Saint-Michel, des miracles, reliques et indulgences*.

FEUILLÉE (*Louis*). Journal des observations physiques, mathématiques et botaniques, faites sur les côtes orientales de l'Amérique méridionale et dans les Indes occidentales. *Paris*, 1714-25, 3 vol. in-4. fig. 18 à 24 fr. [4545]

Le troisième volume, contenant l'*Histoire des plantes médicinales* en usage au Pérou et au Chili, manque souvent; ce qui réduit alors le prix des exemplaires. Ce troisième volume a été traduit en allemand par Geor.-Léonard Huth. *Nuremberg*, 1756-57, 2 tom. en 1 vol. in-4. fig. color. Vend. 6 fr. De Bure, et beaucoup plus cher autrefois.

FEVRE (*Raoul* Le). Voy. LEFEVRE.

FEYDEAU. Histoire des usages funèbres et des sépultures des peuples anciens, par Ernest Feydeau. *Paris, Gide*, 1857 et ann. suiv., 3 vol. gr. in-4. [28984]

Cet ouvrage formera 3 vol. (avec environ 100 pl. gravées ou lithographiées), en 25 livr. au prix de 4 fr. chacune, et avec les pl. sur pap. de Chine, 5 fr. Il n'est pas encore terminé.

FEYERABEND (*Sigism.*). Voy. REYSEN-BUCH.

FEYJOO (D. *Miguel*). Relacion de la ciudad y provincia de Truxillo del Peru.

Madrid, 1763, pet. in-fol. portr. et plan. [28693]

30 fr. Libri, en 1857.

FEYJOO y Montenegro (D. *Fran.-Benito-Geronymo*). Teatro crítico universal, ó discursos varios en todo género de materias, para desengaño de errores comunes. *Madrid*, *Ibarra*, 1777, 8 vol. — Cartas eruditas y curiosas. *Madrid*, 1777, 5 vol. — Ilustracion apologética al primero, y segundo tomo del Teatro crítico. *Madrid*, 1777, 2 tom. en 1 vol. — Demonstracion crítico - apologética del Teatro crítico. *Madrid*, 1779, 2 vol. — Indice general alfabético. *Madrid*, 1774, 1 vol. : en tout 17 vol. pet. in-4. [18366]

Cette édition et celle de Madrid, 1780-81, 17 vol. pet. in-4., sont les meilleures que l'on ait du *Teatro crítico* : 48 à 72 fr. L'ouvrage a paru pour la première fois de 1726 à 1760, et le succès en fut alors si grand que plusieurs des premiers vol. furent réimpr. jusqu'à quinze fois. Dans les édit. antérieures à 1777, le *Teatro crítico* a un 9e vol. ou supplément qui se trouve refondu dans celle-ci. La *Demonstracion crítico-apologética...* qui forme le 14e volume, est de Mat. Sarmiento. Il y en a plusieurs édit. : la 3e est de *Madrid*, 1751, 2 vol. pet. in-4.

On cite dans la *Biogr. univers.*, XIV, 477, une édition des ouvrages de Feyjoó, *Madrid*, 1780, 33 vol., entreprise par les soins et aux frais de Campomanes, qui y aurait joint une vie de l'auteur; mais nous ne l'avons pas vue.

D'Hermilly avait commencé une traduction de cet ouvrage, dont les quatre premiers volumes ont paru sous le titre de *Théâtre critique, ou discours sur toutes sortes de matières*, Paris, 1742, in-12.

Voici l'indication de deux critiques faites à l'occasion du *Teatro crítico* :

    RESIDENCIA medico-christiana... por el doctor B.-B. Lopez de Araujo. *Madrid*, 1727, in-4. 12 fr. 95 c. Rodriguez.

    ANTI TEATRO CRITICO..... por D. *Salvador José* Mañer. *Madrid*, 1729, 2 vol. pet. in-4. 9 fr. 50 c. Rodriguez.

FIALETTI. De gli habiti delle religioni, con le armi, e breve descrittion loro, opera di Od. Fialetti. *In Venetia*, 1626, in-4., contenant 72 pl. [21708]

Vend. 9 fr. Morel-Vindé; 21 fr. Libri, en 1857.

Les planches de Fialetti ont été reproduites deux fois à Paris : 1° sous le titre de *Briefve histoire des ordres religieux, avec les fig. de leurs habits*, 1658, in-4.; 2° sous celui d'*Histoire de l'institution des ordres religieux dispersés par tout le monde*, en italien et en français, 1680, in-4.

FIALHO Ferreira (*Ant.*). Relaçao da viagem que de ordem de su magestade fez A. Fialho Ferreira deste reino à ciudade de Macao na China, etc. *Lisboa*, 1643, in-4. [20746]

Relation curieuse, mais difficile à trouver.

Feynes (de). Voyage à la Chine, 19932.
Fezensac (le duc). Hist. de la maison Montesquiou-Fezensac, 28886.
Fialin de Persigny (*M.*). Destination et utilité des pyramides d'Egypte, 29469.

FIAMMA. Scielta di rime spirituali di Monsign. Reuerendiss. Gabriel Fiamma vescouo di Chioggia. *Bergamo*, *per Comin Ventura*, 1606, in-4. de 16 ff. non chiffr., fig. en bois, caract. ital. [14669]

Volume rare, orné de charmantes vignettes d'après les compositions d'Albert Durer. — Les *Rime spirituali di Fiamma* ont été impr. à Venise par Franc. de Franceschi, en 1570, 1573 et 1575, in-8.

FICHET (*Guill.*). Rhetoricorum libri III. *in Parisiorum Sorbona* (*Ulricus Gering*, *Martinus Crantz et Mich. Friburger*), pet. in-4. à longues lignes, au nombre de 23 sur les pages. [12047]

Édition rare, la seule que l'on ait de cet ouvrage; elle est due aux trois Allemands associés qui ont introduit l'art typographique à Paris, et c'est certainement une des premières productions de leurs presses. Quoiqu'elle ne porte point de date, on ne saurait douter qu'elle ne fût déjà imprimée en 1471, puisqu'il existe, sous cette date, plusieurs lettres écrites par Fichet, en envoyant à divers personnages distingués un exemplaire de sa Rhétorique. La lettre à l'archevèque de Lyon porte à la fin : *scriptâ impressumqз anno uno ɋ septuagesimo ɋdrin̄gentesimo supra nillesimum.* Ce livre est imprimé en caractères romains et sur un beau papier. Vend. 91 fr. *m. r.* La Valliere; 120 fr. *m. v.* Brienne; 8 liv. 12 sh. Sykes, et 4 liv. 6 sh. Heber; 530 fr. Chenest en 1853, et le même exempl. 555 fr. salle Silvestre, en 1857.

Il a été tiré sur VÉLIN au moins cinq exemplaires de cette Rhétorique; et à plusieurs de ces exemplaires Fichet a joint une épître particulière portant le nom de la personne à laquelle le livre était adressé : vend. (exempl. adressé à Sixte IV) 600 fr. Paris de Meyzieu; 750 fr. Camus de Limare; 31 liv. Paris, à Londres (aujourd'hui au Muséum britannique); 401 fr. (avec la copie manuscrite de deux épîtres de Fichet) La Valliere (acheté par la Biblioth. impér. de Vienne); 501 fr. Mac-Carthy (à la Bibliothèque impériale de Paris).

Ce volume commence par 2 ff. séparés qui contiennent deux épîtres de l'auteur, l'une adressée à Charles, archevèque de Lyon, l'autre au cardinal Bessarion : cette dernière est datée de Paris, en Sorbonne. (Ces deux lettres sont, à la vérité, dans l'un des exemplaires de la Bibliothèque impériale, d'après lequel De Bure et moi avons donné notre description, mais elles ne se trouvent pas ordinairement dans les exemplaires; du moins plusieurs autres que nous avons vus ne les avaient pas.) Le surplus du volume contient 191 ff., y compris 4 ff. pour la préface. La souscription *in Parisioɋ Sorbona*, etc., se lit au recto du 190e f.; elle est suivie du panégyrique de l'auteur, en 28 vers latins.

Les cinq lettres missives de Fichet, toutes datées de 1471, et destinées à accompagner les cinq exempl. sur VÉLIN de sa Rhétorique, se trouvent réunies en un vol. avec 3 lettres manuscrites du même auteur, à la Bibliothèque impériale, et c'est qui a donné lieu à plusieurs bibliographes d'annoncer, comme édition des lettres de Fichet, un recueil probablement unique.

— GUILLERMI Ficheti parisiensis carmen inscriptum Philippo Levino Arelatensi Archiep. tit. SS. Petri et Marcellini Presbytero Cardinali, praemissa epistola e carmine Joannis Philippi siculi ad Guillermum de Estoutauilla Cardinalem Hostiensem, qui vulgo Rothomagensis nominatur. (*absque nota*), in-4. de 4 ff.

A en juger par la lettre de Phil. de Lignamine, cet

Fiaschi (*Ces.*). Trattato dell'imbrigliare i cavalli 10319.

opuscule aurait été impr. par lui à Rome, entre 1473 et 1476. Le titre ci-dessus qu'en rapporte Panzer (XI, p. 336),[d'après l'abbé Morelli], est évidemment factice.

— CONSOLATIO luctus et mortis Parrhisiensis, edita a Guil. Ficheto. *Prostat Parhisiis sub Cochleari e regione templi diui Hylarii.* (à la fin) : *Parisiis, opera et impensis Petri Gromorsi, Anno dñi Millesimo quingentesimo .XXI. die vero XIIII Augusti,* pet. in-4. de 2 et XLVIII ff. [12154]

Un exemplaire en VÉLIN à la Bibliothèque impériale.

Au recto du dernier. f. et au-dessous de la souscription se voit la marque suivante :

P. GROMORS.

FICHTE (*Jh.-Gott.*). Sammtliche Werke. Herausgegeben von J.-H. Fichte. *Berlin, Veit und C°*, 1845-46, 8 vol. in-8. 40 fr. Tom. IX, X et XI, sous ce titre : Nachgelassene Werke. *Bonn, Marcus,* 1846, in-8. 21 fr. [3491]

— Voir les nos 3319 et 3490 de notre table.

FICHTEL (*Leop.* a) et Joh.-Paul.-Car. a Moll. Testacea microscopica aliaque minuta ex generibus Argonauta et Nautilus, lat. et germ. *Viennæ,* 1798 seu 1803, in-4., cum 24 fig. [6161]

Ce volume a coûté 10 fr. — color. 15 fr. — en Gr. Pap. 30 fr.

FICINUS. Marsilii Ficini liber de christiana religione ad Laurentium Medicem. (*absque nota*), pet. in-4. [1760]

Première édition, belle et rare, impr. à Florence par les Cennini avant 1480. Elle a 135 ff. à 26 lig. par page, en caractères romains, sans chiffres, récl. ni signat., *Biblioth. magl.,* 1, 669, et *Catal. Boutourlin,* n° 742, où l'on ne compte que 134 ff., dont 2 de table. Ce dernier exemplaire était accompagné d'un autographe de Ficin, ce qui l'a fait porter à 100 fr.

Fichot (*Ch.*) et A. Aufauvre. Monument de Seine-et-Marne, 24183.

Il y a une traduction italienne par l'auteur lui-même, et dont nous allons décrire quatre éditions. La première, in-4. de 114 ff. à 29 lig., sans chiffres, récl. ni signat., les deux premiers pour la table. Le f. 82 qui précède le *capitolo* XXVIIII est blanc. On lit à la fin du dernier : *finis deo gratias amen :* ‖ *amen :* en capitales. Les caractères sont ceux dont Niccolò di Lorenzo della Magna s'est servi pour son édit. de la *Vita del beato Giovanni Colombini* de Belcari. La seconde, in-fol. de 2 ff. de table et 112 ff. non chiffrés, sign. a—oiiii, pii etqi, porte cette souscription : *Impresso in pisa A Serlorenzo, e Seragnollo fiorentini delmese digiugno adi II.* ‖

M. CCCC. LXXXIIII.

Il y a à la fin du volume une lettre de l'auteur, en 4 pages, qui ne se trouve pas dans l'édition précédente. Nous plaçons ci-dessous la traduction française de ce livre.

— Theologia platonica, sive de animarum immortalitate. *Florentiæ, per Ant. Miscominum,* 1482, in-fol. de 316 ff. [3368]

Première édition : 23 fr. m. r. Boutourlin.

— Liber de vita, in tres libros divisus : primus de vita sana, secundus de vita longa, tertius de vita cœlitus. *Florentiæ, Ant. Mischominus,* 1489, pet. in-fol. de 91 ff. à 32 lig. par page, signat. a—m. [6875]

Vend. 13 sh. Pinelli.

Avant de donner cette édition datée *tertio nonas decembr.,* l'imprimeur Mischominus en avait donné une première sous la date *xvi sept. M. cccc lxxxix,* in-4. de 100 ff. à 35 lig. par page.

—Marsilius Ficinus florentinus de triplici vita, una cũ textu Salerni. — *Impressum Rothomagi per Petrum Regnault, magistrum Petrum Violete et Natalẽ de Harsy* (absque anno), pet. in-4. goth.

Édition de la fin du XVe siècle ou du commencement du XVIe (Hain, n° 7064, et Frère, *Manuel,* II, p. 66).

L'ouvrage a été plusieurs fois réimprimé à la fin du XVe siècle et dans le XVIe, et trad. en franç. sous ce titre :

LE PREMIER LIVRE de Marsille Ficin de la vie saine : le second livre de la vie longue, traduict de latin en francoys par Jehan Beaufilz. *Paris, Denys Janot,* 1541, pet. in-8. goth. Vend. 20 fr. 50 c. bel exempl., A. Martin.

Et aussi sous celui-ci :

LES TROIS LIVRES de la vie, par Le Fevre de La Boderie, *Paris,* 1582, in-8.

— Epistolæ familiares. *Venetiis, Math. Capcasa,* 1495, pet. in-fol. contenant 6 ff. prélim., 197 ff. chiffrés et 1 f. non chiffré, caractères rom. [18731]

Vend. 12 fr. Brienne ; 15 sh. Heber.

Réimpr. à Nuremberg, par Ant. Koburger, en 1497, in-4. goth. de 10 ff. non chiffrés et 243 ff. chiffrés.

— Commentaria in Platonis Parmenidem, Sophistam, Timæum, Phædrum et Philebum, etc. *Florentiæ, per Laurentium Francisci de Venetiis.* M.CCCC.lxxxxvi, pet. in-fol. goth. de 158 ff.

Il se conserve deux exempl. de ce livre impr. sur VÉLIN, l'un dans la Biblioth. impér., et l'autre dans celle de Magliabecchi.

LE COMMENTAIRE de Marsille Ficin sur le banquet d'amour de Platon faict françois par Symon Silvius dit J. de La Haye. *Poictiers*, 1546, pet. in-8. [3360]

DISCOURS de l'honneste amour sur le Banquet de Platon, par Marcile Ficin, traduicts du toscan par Guy Le Fèvre de la Boderie, avec un traité de J. Picus Mirandulanus sur le mesme sujet. *Paris, Jean Macé*, 1578, pet. in-8. 9 à 12 fr.

Un exempl. en *mar. r.* par Duru, 40 fr. Bergeret.
Réimprim. à *Paris, Abel Langelier*, 1588, in-12.

On a du même traducteur :

DE LA RELIGION chrestienne par Marcile Ficin, avec la Harangue de la dignité de l'homme, par Jean Picus, comte de Concorde et de Mirandoles, *Paris, Gilles Beys*, 1578, pet. in-8. [1760]

— MARSILIO FICINO sopra lo amore over' convito di Platone. *Firenze, Neri Dortelata*, 1544, in-8. de 20 ff., 251 pp. et 22 ff. Le registre est au recto du dernier.

Traduction faite par Ficino lui-même du commentaire dont nous venons de donner le titre. L'éditeur est Cosimo Bartoli : 10 fr. *m. r.* La Valliere, et jusqu'à 41 fr. Parison ; mais en vél., 5 fr. Riva. Gamba a placé ce livre dans la 2ᵉ partie de sa *Serie*, où il a également admis une autre traduction italienne de Ficino, savoir :

TRATTATO della religione cristiana, e della vita sana libri II, *Firenze, Iacopo Giunti*, 1568, in-8.

—Marsilii Ficini liber de sole (et de lumine). *(absque nota)*, in-4. de 31 ff. non chiffrés, sign. a—d. à 28 lig. par page. [8281]

Édition en caractères romains, impr. à Florence vers 1490, et dont le recto du premier f. est tout blanc : elle n'a point de valeur, puisque l'édition du même livre imprimée à Florence, par Ant. Mischominus, en 1493, pet. in-4. de 37 ff. sign. a — e, à 26 lign. par page, augmentée de l'apologie de l'auteur *in librum suum de sole et lumine*, et du *Catalogus librorum Mars. Ficini*, a été donnée pour 2 fr. vente Brienne, en 1792. Nous en faisons mention ici seulement pour dire qu'un exempl. en *mar. rouge*, portant le nom et la devise de Grolier, et remarquable par l'élégance de la dorure des plats de la couverture, a été porté au prix excessif de 1500 fr. à la vente de M. Coste, quoique le dos du volume, qui est de la plus grande simplicité, eût été restauré.

— CONSILIO di Marsilio Ficino Fiorentino contro la Pestilentia. (à la fin) : *Impressum Florentie apud Sanctum Iacobū de Ripolis* M. CCCC LXXXI. in-4. de 48 ff. en caract. rom. [7192]

La dernière édition des œuvres de Marsille Ficin (*Opera omnia*), Paris., 1641, 2 vol. in-fol., se trouve difficilement ; mais elle est à bas prix, ainsi que les éditions de Bâle, 1561, 1567 et de 1576, 2 vol. in-fol. [18960]

FICORONI (*Fr.* de'). La Bolla d' oro de' fanciulli nobili romani, e quella de' libertini, ed altre singolarità spettanti a' mausolei nuovamente scoperti, spiegate e divise in due parti. *Roma, de Rossi*, 1732, in-4. fig. 6 à 9 fr. [29181]

Vend. 11 fr. en 1829.
— LE MASCHERE sceniche e le figure comiche d' antichi Romani, brevemente descritte. *Roma*, 1736, in-4., avec 84 fig. 8 à 10 fr. [29217]

Un exempl. de dédicace, tiré en pap. fort, et rel. en *m. r.* 48 fr. de Linare.
L'édition de 1748, in-4., n'est pas plus chère.
— DISSERTATIO de larvis scenicis et figuris comicis antiquorum Roman., ex italica in lat. linguam versa. *Romæ*, 1750 seu 1754, in-4. fig. 8 à 10 fr. et plus en Gr. Pap.

— I TALI ed altri strumenti lusorii degli antichi Romani, descritti da Franç. de' Ficoroni. *Roma*, 1734, in-4. fig. 5 à 6 fr. [29218]

Vend. 9 fr. *m. r.* De Cotte.
— LE VESTIGIE e rarità di Roma antica, ricercate e spiegate. *Roma*, 1744, gr. in-4. 6 à 9 fr. [29406]
— GEMMÆ antiquæ literatæ aliæque rariores, acced. vetera monumenta, omnia collecta et illustrata a N. Galeotti. *Romæ*, 1757, gr. in-4. fig. 6 à 8 fr. [29606] Vend. 11 fr. *m. r.* Lamy.
— I PIOMBI antichi. *Roma*, 1740, in-4., fig. 5 à 7 fr. — Gr. Pap. 8 à 10 fr. [29869]

Traduit en latin, Rome, 1750, in-4. fig.
— LE MEMORIE ritrovate nel territorio della prima e seconda città di Labico. *Roma*, 1745, in-4. fig. [29647]

C'est dans cet ouvrage qu'a figuré pour la première fois la fameuse ciste que venait de découvrir son savant auteur (voir au nom de BRÖNDSTED).

FIDE (de) concubinarum. Voy. OLEARIUS.

FIDEI orthodoxæ brevis et explicata confessio quam sacrosancta romana Ecclesia docet et iis maxime proponendam edit, quicumque ob orientalium errore, ad catholicæ veritatis communionem accedere et romano Pontifici præstare obedientiam statuunt... *Romæ, jussu sanctiss. D. N. Pii V, in collegio societatis Jesu*, 1566, pet. in-4. de 15 ff. [1760]

Confession de foi, composée par Pie IV, et trad. en arabe par le P. Elian : c'est un opuscule très-rare, mais dont le caractère arabe est fort imparfait : 60 fr. 50 c. de Sacy (voir le nº 1232 de son catalogue).

FIDELISSIMI. Li Giardino morale di Gio. Batt. Fidelissimi, nel quale in rime et versi lirici toscani si contengono detti, proverbi, amentramenti, e sentenze di molti sapientissimi Principi e Filosofi. *Bologna, Nicolo Rebaldini*, 1622, in-4. de 56 pp. frontisp. orné de bordures.

Opuscule curieux : 5 fr. Duplessis ; 17 fr. Costabili.

FIDENTIO. I cantici di Fidentio. (*senza luogo, anno e stampatore*), pet. in-8. de 15 pp. [15002]

Édition la plus ancienne que l'on connaisse de ces poésies pédantesques attribuées à Camillo Scrofa, noble vicentin. L'épître dédicatoire y est datée de *Reggio el primo maggio*, 1562. Scrofa (dit M. Delpierre, *Macareana*, p. 21) fut l'inventeur du *pédantesque*, et n'y eut pas d'égal. Ses poésies ont été souvent réimprimées avec d'autres morceaux du même genre. M. Melzi (*Dizionario di opere anonime... p.* 404) en décrit quatorze éditions. Une de ces éditions, sans lieu d'impression, mais sous la date de 1564, in-18, est annoncée : *con aggionta d'alcune vaghe compositioni* (20 fr. Libri, en 1857). Celle de Florence, 1565, a pour titre : *I cantici di Fidentio Glottochrysio ludimagistro*. C'est aussi celui de l'édition de *Vicenza, Pier Antonio Berno*, 1743, in-8. La plus récente et la meilleure jusqu'ici est celle de Venise, *dalla tipografia di Alvisopoli*, 1832, in-8., due aux soins de Giovanni Schio.

FIEF-MELIN (*André* Mage, sieur de). Ses OEuvres, divisées en deux parties. *Poictiers, Jean de Marnef*, 1601, 2 tom. en 1 vol. pet. in-12. [16358]

Ce recueil, qui est devenu très-rare, renferme plusieurs compositions dramatiques.

L'exemplaire fort médiocre vendu 22 fr. 50 c. de Soleinne a été l'objet de la note suivante, sous le n° 886 du catal. de cet amateur : « Ce volume est formé de plusieurs parties imprimées et augmentées successivement, en sorte que les exemplaires sont plus ou moins complets et très-difficiles à collationner à cause des fautes de pagination et des omissions de signatures; on peut croire que 2 ff. chiffrés, 100 et 101, ont été supprimés par l'auteur lui-même dans la seconde partie. Les pièces contenues dans l'exemplaire sont : *Accueil poétique et chrestien faict pour Anne du Pons, le Triomphe d'amour, Alcide, jeu comique et moral, Aymee, jeu tragique, Jephté, ou le vœu, trag. et mélange de poésie.* » Toutes ces pièces, à l'exception de Jephté, font partie du recueil publié d'abord sous ce titre :

LA POLYMNIE ou diverses poésies d'A. M. S. de F.; divisée ès leux et és meslanges suyvans. *Poictier, Jean de Marnef* (sans date), pet. in-12 de 57 ff. Vend. 14 fr. m. r. de Soleinne.

FIELDING (*Henry*). Works, with the life of the author. *London*, 1762, 4 vol. gr. in-4. [17727]

Cette édit. est bonne et conserve quelque prix en Angleterre.

— Works, with the life by Arth. Murphy. *London*, 1821, 10 vol. in-8. 3 liv. 3 sh.

On a plusieurs éditions de ce recueil, soit en 8 et en 10 vol. in-8., soit en 12 vol. in-12 ou in-18, qui n'ont qu'un prix ordinaire.

— NOVELS, plays and miscellanies, edited by H. Roscoe, *London*, 1848, in-8. avec 20 planches par G. Cruikshank, 14 sh.

La collection des romans de Fielding, trad. en français, édition de Cazin, forme 23 vol. in-18.; elle contient : *Tom Jones*, 5 vol. — *Amélie*, 5 vol. — *Roderick Randon* (par Tob. Smollett), 4 vol. — *David Simple* (par Sara Fielding, sœur de Henry), 3 vol. — *Joseph Andrew*, 3 vol. — *Jonathan Wild*, 2 vol. — *Julien l'apostat*, 1 vol.

— TOM JONES, ou histoire d'un enfant trouvé, traduction nouvelle et complète (par M. le comte de La Bédoyère), ornée de douze gravures. *Paris, imprimerie de Firm. Didot*, 1833, 4 vol. in-8. 30 fr. [17728]

Traduction beaucoup plus exacte que celle de La Place, tant de fois imprimée, et mieux écrite que celle de Chéron (*Paris*, 1804, 6 vol. in-12). Il en a été tiré 100 exempl. sur Gr. Pap. in-4., avec les vignettes d'après Moreau, *avant la lettre, sur papier de Chine*, 50 fr., et de plus 25 exempl. sur carré vélin, *fig. avant la lettre, sur pap. blanc*. Ces derniers n'ont pas été mis dans le commerce.

TOM JONES... traduction nouvelle, par Defauconpret, précédée d'une notice biographique et littéraire sur Fielding, par Walter Scott. *Paris, Furne*, 1836, 2 vol. in-8., avec 4 fig. 8 fr.

La première édition du texte anglais de cet excellent roman a paru à Londres, en 1749, 6 vol. in-12; l'ouvrage eut dès lors un très-grand succès, et il a

été souvent réimprimé; néanmoins, et c'est une remarque à faire, les Anglais n'en ont encore donné aucune édition de luxe; en sorte que les seules éditions modernes qui méritent d'être citées sont celles de *Londres, Walker*, 1809 (réimpr. en 1819 et en 1825), en 2 vol. in-24, fig.; de *Chiswick*, 1823, in-18; et celle qui fait partie de la collection des romans anglais, de format gr. in-18, que l'on a publiée à Londres, il y a quelques années. N'oublions pas, cependant, l'édition de *Paris, Didot l'aîné*, 1780, en 4 vol. in-8., dont il y a des exempl. en Gr. Pap. d'Annonay : elle est fort correcte, et les Anglais eux-mêmes la recherchent assez.

Après Tom Jones vient le charmant roman intitulé : *Joseph Andrew*, Lond., Walker, 1818, in-24, fig., et *Chiswick*, 1823, in-18.

FIELDING (*T.-F.*). A picturesque tour of the english lakes, with 48 coloured views, drawn by T.-F. Fielding and J. Walton, during two years' residence in the most romantic parts of Cumberland, Westmoreland and Lancashire. *London, R. Ackerman* (no date), pet. in-4. 1 liv. 1 sh., et plus en très-gr. in-4. [27141]

FIELLSTRÖM (*P.*). Grammatica lapponica. *Holmiæ*, 1738, pet. in-8. [11389]

Vend. 8 fr. Renouard.

— Dictionarium sueco-lapponicum. *Holmiæ*, 1738, in-8. 8 à 12 fr. [11285]

FIENI (*Th.*) de viribus imaginationis tractatus. *Lugd.-Batav., ex offic. elzev.*, 1635, in-24. [3646]

Édition assez recherchée : 4 à 6 fr.

FIERABRAS (*Hervé*). Méthode briève et facile pour aisément parvenir à la vraie intelligence de la chirurgie, en laquelle est déclarée l'admirable construction du corps humain; le symbole du corps et de l'âme, et un régime de vivre très singulier. *Lyon, Ben. Rigaud*, 1571, in-16. [7471]

Petit livre rare et assez recherché, comme le sont tous les anciens traités de chirurgie écrits en français. Celui-ci a été réimpr. à *Paris*, en 1583, in-12, et ensuite revu par Jean de Montigny, *Paris*, 1647, in-8.

FIER-A-BRAS. Der Roman von Fierabras provenzalisch, herausgeg. von Im. Bekker, *Berlin, Reimer*, 1829, in-4. 11 fr.
— Pap. fin, 15 fr. [13154]

Ce poëme, écrit dans la langue des Troubadours, se compose de 5084 vers de 12 syllabes. Il a été publié dans le X° vol. des *Mémoires de l'Académie de Berlin*, et aussi tiré à part. M. Raynouard en a rendu compte (*Journal des Savans*, 1831, pages 129 et suiv.).

FIER A BRAS, chanson de geste, publiée pour la première fois, d'après les manuscrits de Paris, de Rome et de Londres, par MM. A. Kræber et G. Servois, suivi de la duchesse, chanson de geste; 2° édition, revue et corrigée d'après le manuscrit unique de Paris; par MM. F. Guessard et L. Larchey. *Paris, Vieweg*, 1861, in-16 de CII et 330 pp.

Quatrième vol. dans l'ordre de publication de la collection des anciens poëtes de la France, 1re partie : Cycle carlovingien.

FIER A BRAS (le roman de), le géant.

Imprime a Geneve lan de grace mil cccc. lxxviij le xxviij^e iour de nouembre, in-fol. goth. de 115 ff. non chiffrés, à 31 lig. par page. [17042]

Première édition, très-rare, de ce roman en prose : elle a 6 ff. prélim. pour la table des chapitres, et 109 ff. de texte ; le recto du dernier f. porte seulement 20 lignes et la souscription ; le verso est tout blanc : vendu 100 fr. Brienne-Laire ; 38 liv. 17 sh. Roxburghe ; 51 liv. Heber ; 1000 fr. d'Essling.

L'auteur nous apprend, dans le prologue et à la fin de son ouvrage, qu'il l'a entrepris à la demande de Henri Bolmier, chanoine de Lausanne, et qu'il a principalement traduit et extrait le premier et le troisième livre de son roman *d'ung liure qui se dit le miroir historial* ; et que, pour le second livre, il l'a *tant seulement reduit dung roman ancien en francois et sans aultre information que de celluy liure.* Au commencement du livre second, il annonce de nouveau qu'il en tire la matière *dung roman fait a lancienne facon sans grant ordonnance dont jai ete insite a le reduire en prose par chapitres ordonnez* ; enfin, dans un manuscrit du même roman appartenant à la Biblioth. de Genève, notre auteur s'excuse de son style peu châtié, sur ce qu'il est natif de Savoie, en Veau (Gaullieur, *Etudes*, p. 32, et *Hist. de la Biblioth. de Genève*, p. 8).

— Fier a bras. *Geneve, Simon Du Jardin* (sans date), in-fol. goth. à longues lign., au nombre de 31 sur les pages.

De même que l'édition de 1478, celle-ci, qui est aussi fort ancienne, n'a ni chiffres, ni réclames, ni sign. ; le seul exempl. qu'on en connaisse se conserve à Londres, dans la collection léguée au *British Museum* par l'honorable Th. Grenville, provient de la vente de Vander Velde, faite à Gand, en 1832 : il a 5 ff. pour le prologue et la table (non compris 1 ff. tout blanc), et 105 ff. de texte. Le prologue commence par cette ligne :

S   aint Pol docteur de verite nqus dit que

L'ouvrage finit au verso du dernier f. par celles-ci :

ferontlire. AMEN.
Explicit fierabras p symon
du Jardin a Geneve.

Les lettres initiales sont peintes.

L'exemplaire ici décrit est porté à 35 liv. dans le catal. de Thorpe, Lond., 1833, 4e partie.

Une édition de *Genève, Loys Garbin*, 1483, in-fol. goth., est dans le grand catalogue du roi d'Angleterre, vol. III, page 41.

— Fierabras. — *Cy finist Fierabras imprime a Lyon par maistre guillaume le roy le xx. iour de ianuier* M. CCCC. *lxxxvi,* pet. in-fol. goth. fig. en bois.

Édition impr. à longues lignes au nombre de 33 sur les pages entières, sans chiffres ni récl., mais avec des signatures. Elle a 116 ff. dont 6 prélim. contenant le titre (lequel est manuscrit dans l'exempl. de La Vallière ici décrit, ét, je le crois, n'est pas imprimé dans aucun autre), le prologue, la table des chapitres et le commencement du texte qui est ainsi : *Comme on list es histoires des troyens apres la destruction de troye...* A la fin, après la souscription de l'imprimeur, se trouve une grande figure en bois sur un f. particulier. Vend. 49 fr. La Vallière ; 24 liv. 13 sh. 6 d. White Knights ; 43 liv. Heber ; 900 fr. d'Essling, et 650 fr. dernière vente A. Martin.

— Autre édition. (au ! as de l'avant-dern. f.) : *Cy finist Fierabras imprime a lyon par maistre Guillaume* ‖ *le roy le* XVI *iour du moys de Nouembre Deo gratias Amen,* in-fol. goth. de 116 ff. non chiffrés, à longues lignes au nombre de 33 par page, sign. a—n par 8, et o et p par 6 chacun.

Le recto du premier f. est blanc, mais le verso contient une grande planche sur bois représentant Fier-à-bras à cheval ; suivent le prologue et la table f. a 2 recto, jusqu'au recto du 6e f. au verso duquel commence le texte, qui finit au bas de l'avantdernier f. par la souscription en deux lignes rapportée ci-dessus. Le dernier f. ne contient autre chose qu'une grande planche où figure un roi sur son trône, entouré de ses chevaliers. Indépendamment des deux grandes planches, ce volume précieux en présente plusieurs autres moins grandes et assez remarquables. Un exemplaire très-grand de marges et revêtu d'une reliure en *mar. richement dorée*, 826 fr. Coste. Le 1er feuillet de cet exemplaire portant la figure de Fier-à-bras nous a paru être de fabrication toute moderne ; il avait, en outre, plusieurs feuillets assez mal restaurés.

— Fierabras. — *Cy finist Fierabras Jmprime a lyon par maistre Guillaume | le roy. Le cinquiesme jour du moys de Juillet. Deo gratias,* pet. infol. goth. fig. en bois, feuillets non chiffrés, 36 lig. par page, signat. a—o.

Sur le titre se voit la fig. de Fier-à-bras armé de toutes pièces. Le texte finit au verso de l'avantdernier f. par la souscription ci-dessus, en 2 lignes. Le dernier f., dont le verso est blanc, offre sur son recto la même planche que dans l'édition précédente. Chaque cahier est composé de 8 ff., excepté *n* et *o* qui n'en ont que 6 (en tout 108 ff.). Cette édition, en 108 ff., est, selon nous, un peu moins ancienne, mais tout aussi rare que celles qui en ont 116. Un bel exempl. en *mar. d. de mar.* par *Trautz-Bauzonnet*, avec la première majuscule peinte : 1350 fr. Bulletin de Techener, 1853, n° 1391.

— Fier a bras. *Lyon, J. Maillet,* 1489, pet. in-fol. ou gr. in-4. goth. de 86 ff. signat. *a—liij,* 38 lig. par page, fig. en bois.

Le premier f. de ce volume rare est une planche représentant Fier-à-bras ; les trois ff. suivants renferment la table précédée d'une préface qui commence par les mots : *saint pol docteur.* On lit à la fin du dernier f. du texte : *cy finist Fier a bras imprime a Lyon par Jacques Maillet Lan de grace Mil cccc. lxxxxix. le xxi iour de Juillet.* Il y a ensuite un f. séparé dont le recto offre une gravure. L'exempl. que nous venons de décrire a été mal annoncé sous la date de 1484 dans un des catalogues de Molini de Florence, et dans la 3e édition de de notre Manuel. 855 fr. *mar. bl.* Bourdillon.

— Fierabras. — *Cy finist Fierabras imprime a Lyon lan de grace mil quatre cens quatre vingt et seize le xx. iour de novembre,* in-fol. goth. fig. en bois.

Panzer, tome Ier, p. 550, décrit cette édition, trèsrare, qui était en sa possession. Elle a 65 ff., plus le titre représentant un cavalier armé, et 2 ff. pour la table.

— Le même. — *Cy finist Fierabras imprime a Lyon par Pierre Mareschal et Barnabas Chaussard. Lan de grace*

M. cccc. xcvij (1497), *le iiij de auril*, gr. in-4. goth. fig. en bois.

Édition non moins rare que les précédentes : elle a des signat. de A—KIIIJ. Le frontispice représente un cavalier armé de toutes pièces, et porte le mot *Fierabras.* Un exempl. incomplet, vend. 300 fr. Morel-Vindé, et 3 liv. 6 sh. Heber.

L'histoire de Fier-à-bras n'a plus été réimprimée depuis cette date que sous le titre de *Conqueste que fit le grand roi Charlemagne, etc.* (voy. CONQUESTE).

— Eyn schöne kurtzweilige Histori von eym machtigë Riesen auss Hispanië, Fierrabras genannt........ newlich auss Frantzösischer sprach in Teutsch gebracht. *Siemern, Iheron. Rodler.*, 2 *mai* 1533, in-fol. de 52 ff. fig. en bois.

Un exempl. en *mar. r.* 200 fr. vente Kraenner, en 1855 ; un autre moins beau 15 flor. Butsch, et avec quelques feuillets raccommodés, 19 sh. Libri.

HISTOIRE de Fierabras, ou apokolokintose, dédiée à la mémoire de M. Raoul Poisson, sieur de La Chapelle, etc. (*sans nom de ville ni d'imprimeur*), 1609, in-8.

Cet opuscule est porté dans le catal. de La Vallière par Nyon, sous le n° 7958, à la classe des Oraisons funèbres.

FIERABRACCIA ed Ulivieri (*senza luogo, stampatore ed anno*), in-4. de 70 ff. non chiffrés, à 32 lig. par page, caractères ronds, avec des signatures. [14764]

Poëme en treize chants, sur un sujet tiré de l'*Innamoramento di Rinaldo* (voy. RINALDO). Le prem. f. porte le titre ci-dessus. Sur le second commence l'ouvrage dont voici les deux prem. vers :

Altissimo Dio padre et signore
uo cominciar un bel dilectoso

On lit au verso du 68ᵉ f., après la 3ᵉ stance :

Finito il libro del Re Fierabraccia et Vliueri. Deo gracias amen.

Comincia il padilion del re Fierabraccia

Le f. suivant contient 8 stances dudit *Padiglione*, et le dernier f. seulement cette ligne :

Finito el padiglion del Re Fierabraccio

Cette rarissime édition, qui paraît être de la fin du XVᵉ siècle, a été bien décrite par M. Melzi, p. 232, d'après l'exemplaire de la bibliothèque Corsini, à Rome.

FIERÆ mantuani medici (*Baptistæ*) Cœna. (*Mantuæ*, circa 1490), in-4. de 30 ff. non chiffrés, sign. a—d. Le prem. f. est blanc. [12688]

Opuscule en vers.

FIERLANTS. Les grands Peintres avant Raphaël, photographiés d'après les tableaux originaux par Edmond Fierlants, publiés par Didron l'aîné, 1ʳᵉ série : Belgique, in-fol. [9291]

Cette collection reproduit dix-sept tableaux, dont le plus important, *la Châsse de sainte Ursule de Hemmling*, a 14 planches qui coûtent 136 fr. Les prix des seize autres tableaux varient de 8 à 80 fr. On en trouve le détail dans les *Ann. archéol. publ.* pa M. Didron, t. XVIII, p. 310-2. Depuis il a paru *l'Abbé des Dunes* et *la Vierge de miséricorde du*

mattre *C. D.*, à 12 fr. chaque. Indépendamment de ces tableaux anciens, M. Fierlants a encore photographié le *portrait de l'abbé de Saint-Cyran, par Philippe de Champagne*, 10 fr., et deux sujets contemporains, *la Marche des invités de M. Leys*, de deux grandeurs, à 22 et 70 fr., et *les Hospitalières de Bruges.*

FIERVILLE ou Ferville, Caco-Gynie, ou méchanceté des femmes, par le sieur de Fierville. *Caen, Mich. Yvon*, 1617, in-12. [18079]

Cette édition est rare (vend, 6 sh. Heber); mais l'ouvrage qu'elle contient a été réimprimé sous ce titre :

LA MÉCHANCETÉ des femmes, par le sieur D. F. D. L. *Paris, Nic. Rousset* (ou *Rocolet*), 1618, in-12. Vend. 12 fr. 50 c. *mar. r.* Mac-Carthy. — *Paris, Guerreau*, 1619, in-12, et aussi *Lyon*, 1650, in-12. —Voy. MÉCHANCETÉ des femmes.

FIESOLE (*Giovanni Angelico* di). Voy. ANGELICO et GIOVANNI.

FIGARO da Crespaoro (Tuogno). Smissiaggia de sonagitti, canzon, e smaregale in lengua pavana. *Padova, Joan. Cantoni*, 1586, in-4. [15030]

Ouvrage bizarre, devenu très-rare, et dans lequel se trouvent des poésies en padouan rustique, sur des sujets imités de Pétrarque (Marsan, *Bibliothèque petrarch.*).

FIGARUELAS. Museo de las medallas desconocidas españolas. *Saragoça*, 1644, in-4.

Ce livre est porté à 31 fr. dans le catal. de Páris de Meyzieu ; mais, certainement, ce n'est pas autre chose que l'ouvrage de *Lastanosa de Figueruelas*, sous le même titre (voy. LASTANOSA), et il aura été mis par erreur sous le nom de Figaruelas, par le rédacteur du catalogue cité, où nous avons remarqué plus d'un quiproquo du même genre.

FIGON (*Jean*) de Montélimart en Dauphiné. Ses poétiques trophées, contenant odes, epistres et epigrammes. *Tolose, Guion Boudeuille*, 1556, in-8. [13778]

Du Verdier, II, 414.

— La course d'Atalante et la victoire d'Hippomeine. *a Tolose, chez Pierre du Puy, a l'enseigne de la Fontaine, de l'imprimerie de Guion Boudeuille, iure de l'Uniuersité*, 1558, pet. in-8. de 23 pp.

Pièce en vers non moins rare que la précédente. 45 fr. *mar. r.* Nodier ; 50 fr. Baudelocque.

— LE MOYEN d'éviter procès, faict pour l'utilité des marchands et autres négociateurs, au seigneur Josserand de Monts, gentilhomme dauphinois, par J. Figon. *Lyon, Benoist Rigaud*, 1574, pet. in-8.

Opuscule en vers. 86 fr. *mar. r.* par Trautz, Solar.

—Amitié banni du monde. Voy. THEODORUS Prodromus.

Du Verdier, article Jean Figon, cite un ouvrage en prose du même auteur, sous ce titre :

LA PEREGRINATION de l'enfant vertueux, *Lyon, Franç. Arnoullet*, 1584, in-16.

Figaniere (*J.-Ces.*). Bibliotheca portugueza, 31773.
Figaro. Voy. Larra.

« Œuvre contenant le sommaire des disciplines qui conduisent à plus haute vertu; avec trois chants royaux parmi la prose. »

FIGRELIUS (*Edm.*). De Statuis illustrium Romanorum liber. *Holmiæ*, 1656, in-8. 5 à 6 fr. [29518]

On doit trouver à la suite de cet ouvrage : *J. Scheffer, de antiquor. torquibus*, 1656.

FIGUEIRA (*Luis*). Arte de grammatica da lingua brasilica. *Lisboa*, 1687, in-8. de 167 pp. [11993]

Vend. 67 fr. en 1860.
Réimprimé à Lisbonne en 1754, in-8., 4e édit., 1 liv. 11 sh. 6 d. Trübner, et encore en 1795, pet. in-4.

FIGUEROA (*Fr.*). Obras de Francisco de Figueroa laureado Pindaro hespañol; publicadas por el licenciado Luis Tribaldos de Toledo, chronista mayor del Rey... *En Lisboa, por Pedro Craesbeck, año 1625, a costa de Antonio Luis Mercader*, pet. in-8. de 76 ff. non chiffrés, dont 29 pour les prélim. [15152]

Seule édition connue de ce poëte, qui mourut le 5 septembre 1572. Elle est bien décrite dans le *Bibliophile belge*, 2e série, vol. V, p. 331.

FIGUEROA (*Avalos* y). Voy. AVALOS.

FIGUEROA (Suarez de). Voy. SUAREZ.

FIGUEROA (Prato de). Voy. RAPHAEL.

FIGULI (*Car.*) Ichthyologia, seu dialogus de piscibus. *Coloniæ*, 1540, in-4. de 8 ff. [5857]

— Ejusdem Mustella. *Coloniæ*, 1540, in-4. de 8 ff. [5719]

Vend. 7 fr. Gaignat; 16 fr. *mar. r.* de Limare.
Ces deux pièces rares, et qui se trouvent quelquefois réunies, étaient beaucoup plus recherchées autrefois qu'elles ne le sont aujourd'hui. On a du même auteur un dialogue intitulé : *Botanomethodus*, Coloniæ, 1540, in-4. Vend. 2 fr. L'Héritier.

FIGURES (les) de l'Apocalipse de saint Jan, apostre et dernier euangeliste, expose en latin et vers francoys. — Dix histoires du Nouueau Testament, exposées tant en latin que rithme francoyse, auec vn cantique crestien en faueur de ceux qui ayment les saintes et sacrées chansons, par le petit Angevin (Jean Maugin). *Paris, imprimerie d'Estienne Grouleau*, 1547, in-16 de 48 ff. [388]

Ce petit volume renferme trente jolies vignettes sur bois. Le second ouvrage commence à la signat. F, et fait, par conséquent, partie intégrante du livre.

---

26 fr. 50 c. *mar. r.* Duplessis; 72 fr. *mar. bl.* Veinant. Il se trouve quelquefois réuni aux *Amours de Psyché*, publié par Est. Grouleau (voyez APULEIUS).

Le privilége, en date du 14 août 1546, pour imprimer ce livre, a été accordé à *Jeanne de Marnef veuve de Denis Ianot, actuellement mariée à Est. Grouleau*. Ce dernier a donné une autre édition pet. in-8. des fig. de l'Apocalypse, avec un titre daté de 1552, et la date de 1551 à la fin. L'exemplaire du duc de La Vallière avait 48 ff. en tout, y compris les pl. pour l'Apocalypse. Les mêmes planches ont servi depuis pour une édition de *Paris, chez la Vᵉ Ruelle*, 1574, in-16. — Voy. DUVET.

> FIGURES du Nouveau-Testament. *à Paris, de l'imprimerie de Hierosme de Marnef et Guillaume Cauellat*, sans date, in-16 de 52 ff. [365]

96 fig. en bois, et au-dessous de chacune 6 vers français en italique, dédicace de Ch. Fontaine. Ce recueil se joint aux fig. de l'Apocalypse ci-dessus. Il y a une édition ou peut-être une copie imprimée à *Lyon, par J. de Tournes*, 1579, in-8., contenant le même nombre de planches.

FIGURES de la mort, in-12, goth. [9586]

Ce livret, composé de 12 ff. seulement, n'a point de titre. Chaque page présente une gravure en bois, avec des vers qui ont rapport au sujet de la gravure, mais qui sont imprimés comme de la prose. Le format est oblong. Un exemplaire impr. sur VÉLIN, 27 fr. *mar. bl.* La Vallière; 66 fr. Mac-Carthy.

FIGURES des monnoies de France. Voy. HAULTIN.

FIGURES (les) du vieil | Testament ɛ du nouvel. — *Cy finist ce present liure intitule le regard des deux testamens imprime a paris pour Anthoine verard marchant libraire demourant pres lostel dieu devant la rue neufue nostre dame..... pet. in-fol. goth. de 99 ff., à 2 col., fig. en bois au nombre de 40.* [330]

Édition sans date, mais qui doit avoir paru vers 1503. Vend. 14 fr. La Vallière; 450 fr. *mar. bl.* A. Martin, en 1847. Il s'en conserve un exempl. sur VÉLIN au Muséum britannique.
Ce livre est une imitation de l'ouvrage connu sous le nom de *Biblia pauperum* (voy. HISTORIÆ V. et N. Testamenti). Aux textes de l'Ecriture et aux légendes latines qui se trouvent sur les planches, on a joint un texte français en forme de commentaire : toutefois, les planches sont inférieures à celles de l'original, et les textes de ces planches présentent des différences. Il existe une autre édit. de ce livre sous le même titre de *Figures*. On lit au verso du dern. f., en 8 lig. : *Cy finist cestuy present liure... Imprime par Gillet couleau* (avec la marque de l'imprimeur, voyez à l'article Le Moyne), et au bas *imprime a Paris* (vers 1520), in-fol. goth. de 99 ff. à 2 col. : ce sont les mêmes planches de gravures que dans la précédente, à l'exception de celle du verso du 1ᵉʳ f. qui est différente.

FIGURES du Vieux et du Nouveau-Testament. (*sans lieu ni date*), pet. in-8. goth. de 99 ff., avec fig. en bois.

Livre dont le verso de chaque f. présente une gravure en bois; le texte est en prose, mais le sommaire de chaque sujet est rendu en 2 vers. Le premier f. Aij contient 16 vers commençant ainsi :

> *En ce liuret pourront ieunes et vieulx*

L'exemplaire décrit n'a point de frontispice; c'est celui qui est porté sous le n° 129 du catal. de La Valliere, en 3 vol., sous le titre d'*Abrégé de l'histoire de l'Ancien et du Nouveau-Testament.*

— Voyez QUADRINS.

FIGURES de la Bible, illustrées de huictains françoys (par Guillaume Gueroult). *Lyon, Guill. Roville,* 1565. — Figures du Nouv.-Testament illustrées de huictains françoys pour l'interpretation et intelligence d'icelles (par Claude de Pontoux). *Ibid.*, 1570, 2 tom. en 1 vol. pet. in-8. [339]

Vend. 1 liv. 5 sh. Hibbert; et 29 fr., titre restauré, Coste.

Ces gravures en bois sont de J. Moni de Lyon, dont le nom se trouve à la planche qui représente S. Jude, et à celle du chapitre X de l'Apocalypse. Elles sont au nombre de 266 dans l'*Ancien-Testament* et de 79 dans le *Nouveau*, ou de 159, y compris les *Actes des apôtres*. Le même artiste a copié les figures de la Bible gravées en bois par Bernard Salomon dit le Petit-Bernard (voyez QUADRINS), et ses copies font partie du livre intitulé : *Figures de la Bible déclarées par stances, par* G. C. T. (*Gabriel Chappuys*) : *augmentées de grand nombre de figures aux Actes des apôtres,* Lyon, Barthel. Honorati, ou Estienne Michel, 1582, 3 part. en 1 vol. in-8. (savoir : l'Ancien-Testament, le Nouveau, et les Actes des apôtres). 83 fr. *mar. v.* Coste. Papillon, I, 229, dit que dans ces copies les figures, les lointains et les arbres sont toujours tronqués ; que les gravures des Actes des apôtres, qui font partie de ce recueil et que Moni a lui-même composées, sont bien coupées et un peu chargées de contretailles. Elles ont paru séparément sous le titre ci-dessous :

ACTES DES APÔTRES représentées par un grand nombre de figures qui n'ont pas cy devant esté veües, et sont interprétées par stances, par G. C. T. (Gabr. Chappuys). *Lyon, Estienne Michel,* 1582, pet. in-8.

FIGURE de la Biblia, illustrate de stanze toscane, per Gabr. Symeoni. *Lyone, Gul. Rouillio,* 1565-70, 2 part. en 1 vol. pet. in-8.

Ce sont les mêmes figures de J. Moni que Roville a employées dans l'édition française ci-dessus. Cet imprimeur en a donné une nouvelle édition avec les stances ital., à Lyon, 1577, in-8. — Il y a aussi une édition de Venise, *hered. di Nicolo Bevilaqua,* 1574, in-8.

— WOL gerissnen und geschnidten figuren Ausz der Bibel, Alten und Newen-Testament. *Zu Lyon, durch Hans Tornesius,* 1564, 2 tom. en 1 vol. in-8. de 164 ff. avec 328 fig. en bois. Texte en vers allemand. 48 flor. Butsch.

FIGURES de la Bible en cinq cents tableaux, avec une courte explication (par Rondet). *Paris,* 1767, in-4. 24 à 30 fr. [358]

Ces gravures, très-médiocres, sont celles de la Bible de Demarne, qui ont été coupées. On les a fait paraître de nouveau avec un titre daté de 1810 (voy. DEMARNE).

FILADELFO da Modena (*Dionigi*). Cento avvenimenti ridicolosi. *Modena,* 1665, pet. in-8. [17487]

L'auteur, caché sous le nom de Filadelfo, est *Lodovico Vedriani* de Modène, à qui l'on doit aussi plusieurs ouvrages historiques. Les *Cento avvenimenti* ont été réimprim. à Modène, en 1675, et encore en 1678, mais l'édition de 1665 est la plus rare. [17487]

FILANGIERI (*Gaëtano*). La Scienza

della legislazione, ec. *Milano, tip. de' classici ital.*, 1822, 6 vol. in-8. 30 fr. [2340]

Cet ouvrage a paru pour la première fois à Naples, 1780-85, en 7 vol. in-8.; il est fort estimé et se réimprime très-souvent. L'édition de 1822, que nous venons d'annoncer, et qui est une des meilleures, a été faite sur celle de *Livourne,* 1807, en 5 vol. in-8. On y a ajouté les *Opuscoli scelti* de l'auteur, ainsi que sa vie par Donato Tomasi. Nous pouvons encore citer les éditions de *Genoa,* 1798, 8 vol. pet. in-8. — *Filadelfia* (*Livorno*), 1819, 5 vol. in-8. — *Milano,* 1817-1818, 6 vol. in-16, avec les *Opuscoli inediti.* 18 fr.— *Livorno,* 1826, 6 vol. in-8., avec la traduction du commentaire de Benj. Constant. 27 fr. — *Firenze, Conti,* 1820-21, 5 vol. in-8., dont il y a des exemplaires en pap. vél.—Aussi, *Milano,* 1856, 2 vol. in-8. 24 fr.

La *Scienza della legislazione* a été trad. en français par Jean-Ant. Gauvain Gallois, *Paris,* 1786 ou 1798, 7 vol. in-8., et sous le titre d'*OEuvres de G. Filangieri, nouvelle édition accompagnée d'un commentaire, par Benj. Constant, et de l'éloge de Filangieri, par M. Salfi,* Paris, Dufart (impr. de Didot l'aîné), 1822, 5 vol. in-8. 20 fr. Le 5e vol. contient les opuscules, et le commentaire de Benj. Constant forme un 6e vol. qui a paru en 1822 et 1824, en 2 parties. Le tout a été réimpr. à Paris, en 1840, pour Aillaud et Dufart, en 3 vol. in-8. 15 fr.

FILÈRE (*Alex.-Paul* de). Discours contre les citations du grec et du latin, es plaidoyés de ce temps, par Alexandre-Paul de Filère, thoulouzain. *Paris, Fr. Hubi,* 1610, in-12 de 65 pp. [2723]

Il faut joindre à cet opuscule la pièce suivante :

DISCOURS parénétique aux advocats pour l'usage des citations du grec et du latin, en leurs plaidoyez, contre le Discours du sieur de Filaire (*sic*) ; par maître Antoine de Rambaud. *Paris, Fr. Hubi,* 1611, in-12 de 95 pp.

Les deux pièces sont portées à 28 fr. dans le *Bulletin du Bibliophile,* 1857, p. 396.

FILET d'Ariane (le), pour entrer avec sûreté dans le labyrinthe de la philosophie hermétique (par Gaston Dulco ou Duclo, dit de Claves). *Paris,* 1695, in-12. [8987]

Vend. 7 fr. 50 c. Baron ; 6 fr. Méon.

L'auteur est nommé quelque part en latin *Gasto claveus.*

FILHOL. Cours de peinture, ou galerie du musée Napoléon. *Paris, Filhol,* 1804-1815, 10 vol. gr. in-8. 300 à 350 fr. — Pap. vél. 400 à 500 fr. [9371]

Ouvrage assez bien exécuté. Il a paru en 120 livraisons, et chaque livraison, composée de 6 pl. avec l'explication, coûtait 8 fr.— Pap. vél. 12 fr. — In-4. pap. vél., épr. avant la lettre, 24 fr. Les prem. livraisons n'ayant point été tirées in-4., on est obligé de les encadrer pour les rendre aussi grandes que les autres. Le texte des neuf premières livraisons de ce recueil a été rédigé par M. Caraffe ; la suite est de Jos. La Vallée ou des fils. Outre les épreuves sur pap. vél. gr. in-8., avec la lettre grise, il en existe un très-petit nombre, mêmes papier et format, *épreuves avant toute lettre,* et même avec les noms des graveurs à la pointe sèche ; enfin un plus petit nombre encore avec toutes les *eaux-fortes,* et avec des épreuves sur papier de Chine. Dans une partie des exemplaires tous les titres sont datés de 1814 et 1815 , et l'on·y a substitué le mot *français* au mot *Napoléon.*

— Musée royal de France, ou collection ˙gravée des chefs-d'œuvre de peinture et de sculpture dont il s'est enrichi depuis la restauration, publié par mad. veuve Filhol (le texte par M. Jal). *Paris, imprim. de Firm. Didot,* 1827, gr. in-8.

Cet ouvrage, qui fait suite au précédent, devait former 2 vol. de 12 livraisons chacun ; mais il n'en a paru que 12 livraisons de 6 pl. Prix de la livrais., 10 fr. — Pap. vél., lettre grise , 15 fr. — In-4., pap. vél., avant la lettre, 25 fr. — In-4. sur pap. de Chine, avant toute lettre, tiré à 25 exemplaires, 30 fr. — Voy. Concours décennal.

FILIABUS Sion, Lutetiæ virginibus votivum carmen gallico-latinum. Epistre aux filles et femmes de Paris. *(sans lieu ni date),* pet. in-8. [12866]

Pièce rare impr. à Paris vers 1560.

FILICAIA *(Lodovico* da). Leggenda, overo vite del dispregiator del mondo, christifero santo Francesco, composta in ottave rime. *Venezia, alla Speranza,* 1549, in-4. de 79 ff. à 2 col. [14967]

Poëme peu commun auquel se trouve quelquefois réuni l'ouvrage suivant :

Gli Atti degli Apostoli secondo S. Luca, tradotti in terza rima, per fra Lodovico da Felicaia da Firenze, cappuccino. *Venezia, alla Speranza,* 1549, in-4. de 75 ff. à 2 col.

FILICAJA *(Vincenzo* da). Poesie toscane. *Firenze,* 1707, in-4. 10 à 12 fr. [14578]

Bonne édition, dont il y a quelques exempl. tirés de format in-fol., qui sont aujourd'hui rares et chers. — Le medesime poesie. *Londra (Livorno), Masi,* 1781, 2 vol. in-12. 5 à 6 fr.

Bonne réimpression, qui contient quelques augmentations, et entre autres la vie de l'auteur par Th. Buonaventuri, laquelle se trouvait déjà dans une édit. de ces poésies, impr. à *Florence,* 1720, in-12. Il en a été tiré un exemplaire sur vélin. — L'édition commune de *Prato,* 1793, 2 vol. in-8., renferme quelques pièces de plus que les précédentes. — Poesie toscane, edizione formata sopra quella di Martini del 1707. *Venezia, Vitarelli,* 1812, 2 vol. in-16. 5 fr.

Réimprimé à Florence, 1819, 2 vol. pet. in-8. 6 fr., et *con nuovo aggiunto,* Firenze, Chiari , 1823, in-8. pap. vél. Belle édition.

— Egloghe. *Ferrara, Gardi,* 1760, in-4.

Ces églogues ont été publiées par Ant. Meloni ; il n'est pas certain qu'elles soient de Filicaja. — Le chanoine Domenico Moreni a fait paraître à Florence, en 1821, l'ouvrage suivant du même auteur : *Pellegrinaggi della vener. compagnia di S. Benedetto Bianco alla S. casa di Loreto,* in-8., et aussi *Prose e rime inedite del Filicaja e di altri,* in-8.

FILIMONOFF *(G.).* Opissanïe pamiatnikof drevnosti tzerkovnavo i grajedanskavo byta. — Description des monuments de l'antiquité ecclésiastique et civile qui se trouvent dans le musée russe de P. Korobanoff. *Moscou, impr. de l'univ.,* 1849, in-fol. Prix, 8 roubles. [27788]

L'atlas magnifique qui appartient à cet ouvrage, se compose de 31 grandes planches lithochromiques représentant des images saintes, des reliquaires, etc. Ce musée a été acquis , après la mort du propriétaire, par le gouvernement russe.

FILIPPI *(Jos.).* Voy. Contant *(Clément).*

FILIPPINI *(Ant.-Piet.).* Historia di Corsica insino al anno 1594, raccolta da diversi autori. *Turnone,* 1594, in-4. fig. [25877]

Volume rare et recherché : vend. 36 fr. Villoison, et 55 fr. en 1839 ; 37 fr. Libri en 1857, malgré la nouvelle édition dont le titre suit :

— Istoria di Corsica del arcidiacono Anton. Pietro Filippini, seconda edizione (rivista, corretta e illustrata con inediti documenti dell' avocato Gio.-Carlo Gregori). *Pisa, presso Nic. Capurro,* 1827-31 (aussi sous la date de 1832), 5 vol. gr. in-8.

Édition imprimée aux frais du comte Pozzo di Borgo : 60 fr. Il en a été tiré quelques exempl. en Gr. Pap. vél. En 1832 , l'éditeur promettait la continuation de cette histoire , mais je ne sache pas qu'il l'ait donnée.

FILLASTRE *(Guillaume).* Le premier volume de la Thoison dor, Compose par reverend pere en dieu, Guillaume [Fillastre], iadis euesque de Tournay, abbe de Sainct Bertin et chancelier de la Thoison dor du bon duc Philippe de bourgongne. Auquel soubz les vertus de magnanimite et justice appartenans a lestat De noblesse, sont contenus les haulx , vertueux et magnanimes faitz (tant) des tres·chretieñes maisons de France, Bourgõgne et Flandres que dautres roys et princes de lancien et nouueau testament. Nouuellement imprime. Ils se vendent a Paris en la rue sainct Jacques a lenseigne sainct Claude. (au recto du dernier f. du second vol.) : *Cy fine le second volume de la Thoison dor imprime a Paris Lan mil cinq cẽs ɀ xvi. Le xxvii*e·*iour de mars Pour Francois regnault....* 2 tom. en 1 vol. in-fol. goth. à 2 col. de 50 lig. avec fig. en bois. [31812]

Première édition de cet ouvrage curieux : elle renferme dans la première partie 2 ff. prélim., et c. xxxii ff., et dans la seconde 3 ff. prélim., et texte, ff. iii à cc. xxxii. — Vend. 18 fr. La Vallière; 27 fr. Santander; 4 liv. Heber; 145 fr., quoique très-taché, Solar.

La seconde édition (même titre), impr. à *Paris, par Ant. Bonemerc pour Franç. Regnault,* 1517 , 2 tom. en 1 vol. in-fol. goth., est aussi rare que la première : vend. 20 fr. Morel-Vindé. 149 fr. bel exempl. Louis-Philippe. Celle de *Troyes par Nicolas le rouge Jmprimeur et libraire Lan mil cinq centz et trente le vingt et ungiesme dapuril,* aussi en 2 part. pet. in-fol. à 2 col. de 47 lig., contient 2 et c xxxvj. ff. pour la première partie, et 3 et cc xliij. ff. pour la seconde : vend. 1 liv. 5 sh. Hibbert; 82 fr. Bignon; 82 fr. *cuir de Russie,* Cailhava; 150 fr. mar. r. Giraud; 133 fr. Solar.

L'édition annoncée dans le catal. de La Vallière, n° 5062, sous la date de *Paris, Jean Petit,* 1530

Filiasi *(G.).* Memorie de' Veneti, 25442.

Filinto Elysio. Voy. Manoel do Nacimento.

(et vend. 18 fr.), est la même que la précédente (de Troyes), seulement le titre du premier vol. porte : *On les vend a Paris en la rue sainct Jaques a lenseigne du Loup deuant les Mathurins,* tandis que la souscription impr. au recto du dernier f. du second volume est comme ci-dessus. Un autre exemplaire, sous la date de 1530 et rel. en *mar. v.,* 47 fr. 50 c. St-Mauris, en 1840 ; 100 fr. Borluut.

Indépendamment des deux parties de cet ouvrage qui sont imprimées, l'auteur en a écrit une troisième traitant de la vertu de prudence : elle se trouve parmi les manuscrits du moyen âge de la Biblioth. roy. de Copenhague, desquels M. Abraham a donné dernièrement le catalogue, impr. de format in-4.

FILLEUL (*Nic.*). Les théâtres de Gaillon. *Roüen, George L'Oyselet,* 1566, in-4. de 52 ff. sign. A—N. [16291]

Ce recueil contient quatre églogues dialoguées et deux tragédies ; en *mar. v.* 16 fr. de Soleinne. Il faut y joindre *Achille,* tragédie du même auteur. *Paris, Th. Richard,* 1563, in-4. de 32 ff., dont un bel exemplaire *mar. r. d. de mar.* a été payé 42 fr. 50 c. de Soleinne, 43 fr. Bertin, 60 fr. Giraud.

LA COURONNE de Henry le victorieux, roi de Pologne, par Nic. Filleul. *Paris, Gabr. Buon,* 1573, in-4.

Nous citerons encore un recueil de sonnets moraux, ayant pour titre :

LE DISCOURS de Nic. Filleul, normant. *Rouen, Martin le Megissier,* 1560, in-4.

FILLON (*Artur*). Speculum curatorum ; una cum confessionali ac tractatu de mysterio misse, omnia edita studio Arthuri Fillon Theol. *Trecis, Iohan. Le Cocq* (absque anno), pet. in-8. goth. [1322]

Ce petit livre, qui appartient au commencement du XVIᵉ siècle, est à la Biblioth. impér. (anc. catalogue, D, 6955). Le même catalogue (D, 6988) nous fait connaître un autre opuscule impr. à Troyes, également au commencement du XVIᵉ siècle, sous ce titre :

OPUSCULUM de peccatis capitalibus et eorum speciebus, editum studio Constantini Lepi. *Trecis, Joh. Lecoq* (absque anno), pet. in-8.

Le *Speculum curatorum* ci-dessus nous parait avoir beaucoup de rapport avec l'*Eirudictorium atque directorium curatorum,* d'Artur Filon, impr. à Lyon, chez Claude Nourry, 1515, pet. in-8. (*Bibl. impér.*, D, 5255.)

Selon Du Verdier, I, p. 169 : Artur Fillon a écrit *Sermons des commandemans de Dieu, que pourront faire les curés et vicaires, à leurs paroissiens, par chascun Dimanche,* imprime a Rouen (il faut probablement lire *a Troyes*) *par Jean Le Coq* (sans date), in-16.

FILOGENIO. Voy. PAOLUCCIO.

FILOTEO. Voy. PHILOTEO.

FILOXENO. Voy. PHILOXENO.

FINARENSIS (*David*). Epitome de la vraie astrologie, et de la reprouuee, auquel est traite du franc arbitre, de predestination, prescience, prouidence, etc. *Paris, Est. Groulleau,* 1547, pet. in-8.

Filleau (*Jean*). L'Université de Poictiers, 30252.
Filleau de la Touches (*J.*). Dictionnaire des familles du Poitou, 24428.
Fillias (*Achille*). Conquête de l'Algérie, 28412.
Fillon (*B.*). Sur les Monnaies de France, 20105. — Etudes numismatiques, 29708.

Du Verdier, à l'article *David* Finarensis (ou de Final), donne un long extrait de cet ouvrage, aujourd'hui très-peu commun.

A l'article CAVIGIOLLES (des) nous avons parlé d'un traité de Finarensis, *De la nuisance du vinaigre;* le même médecin en a donné un autre sur *la nuisance du vin,* sans lieu ni date, in-12, porté sous le nº 6774 du catal. de Falconet.

FINDEN royal Gallery of British Art. *London,* 1838-49, gr. in-fol. [9365]

Recueil d'environ 50 belles gravures d'après Turner, Collins, Redgrave, Cooper, Linton, Landseer, Newton, Reynold, Eastlake, Wilkie, M. Clise, etc. Le prix de 20 liv. a été réduit à 6 liv. 10 sh. catal. Willis.

FINE (*Oronce*). La theorique des ‖ cielz, mouuemẽs ‖ et termes practicques ‖ des sept planetes ‖ nouuellemẽt et tres ‖ clerement ‖ redigee en langaige frã‖cois. Auec les figures ‖ tres utiles en leurs lieux‖ propremẽt inserees, ‖ cum priuilegio ‖ a Paris ‖ M.D. xxviij (au verso du f. xlv.) : *Im ‖ prime a ‖ Paris par ‖ maistre Simon ‖ du bois imprimeur ‖ demourant audit lieu ‖ en la rue Judas pour Jehã ‖ Pierre de Tours mar ‖ chant…. Lan ‖ de ‖ grace mil cinq ‖ cens vingt‖ huyt, le dernier‖ iour du mois daoust.* In-fol. de xlv ff. chiffrés, car. goth. avec fig. sur bois. [8223]

On lit au verso du titre de ce volume précieux un privilége accordé à Jehan Pierre, où il est dit qu'il a faict rediger et traduyre de latin en francois vng liure intitulé les *theoriques des planetes.*

Un exemplaire rel. en *mar. r.* par Duru, 200 fr. *Nouv. catalogue* de L. Potier, 1860, nº 530. Un autre se conserve dans la Bibliothèque de l'Institut. M. A.-F. Didot possède un fragment de ce volume imprimé sur VÉLIN.

Ce traité est le premier ouvrage français qu'ait fait paraître Oronce Fine, célèbre professeur de mathématiques sous François Iᵉʳ, et c'est aussi celui dont l'usage s'est conservé le plus longtemps. L'édition de 1528, qui ne porte pas de nom d'auteur, est fort rare et Niceron, qui a donné dans son 38ᵉ vol. un bon catalogue des ouvrages de Fine, ne l'a pas connue. Il a seulement cité l'édition suivante :

LA THEORIQUE des cieux et sept planetes, auec leurs mouuemens, orbes et disposition tres necessaire tant pour l'usage et pratiques astronomiques, que pour la connoissance de l'uniuersité de ce haut monde celeste. *Paris, Guil. Cavellat,* 1557, in-8.

Autre édit. de la *Théorique des cieux...* Paris, Denise Cavellat, 1607 (ou nouv. titre, *Paris, Jacques Quesnel,* 1609), in-8. fig. 12 fr. Monmerqué.

Avant de publier sa *Théorique* Oronce Fine avait donné une édit. des *Theoricæ novæ planetarum* de George Purbach, avec des scolies et des figures, Paris, Reg. Chaudière (*Calderius*), 1525, in-4. Réimpr. à Paris pour le même Reg. Chaudière, en 1534, in-4.

Comme les ouvrages latins de Fine n'ont plus maintenant qu'un intérêt historique, et que d'ailleurs Niceron les a fait assez bien connaître, nous nous contenterons d'indiquer ses écrits français ou ceux qui ont été traduits dans notre langue.

EPISTRE exhortatiue touchant la perfection *z* commodite des arts liberaulx mathematiques, composee soubz le' nõ et tiltre de la tres antienne et noble princesse Dame philosophie, Et puis naguares presentee au tres chrestien Roy de Frãce. *Imprimee a Paris, par Pierre Leber. Auec congé z priuilege pour vng an.* M.D.XXXI. *Le VIII de Januier,* pet. in-8. goth. de 8 ff. [7755]

On lit au dernier feuillet de cette pièce rare : *Hāc Epistolam sub ipsa philosophia dictabat Orontius F. Delph. liberalium mathematicarum professor regius. Lutetiæ Parisiorum, Anno Christi,* M. D. XXXII.

LA SPHERE du monde proprement ditte cosmographie, composee nouuellement en francois, et diuisée en cinq liures, comprenant la premiere partie de l'astronomie, et les principes uniuersels de la geographie et de l'hydrographie. *Paris, Mich. Vascosan,* 1551, in-4. [19522]

L'épître ci-dessus est réimprimée dans ce volume. Vascosan a donné en 1551 et en 1555 deux éditions du texte latin de ce traité, lequel avait déjà été impr. à Paris, chez Simon de Colines, en 1530 (ou 1532) et en 1542, in-fol. avec l'*Arithmetica* et la *Geometria*, etc., de l'auteur.

LES CANONS et documens tres amples, touchant l'usage et pratique des communs almanachs, que l'on nofmme ephemerides ; briesue et isagogique introduction sur le judiciaire astrologique des choses aduenir ; auec vn traité d'Alcebice nouuellement adlouté, touchant la conjonction des planetes en chascun des douze signes... *Paris, Regnault Chaudiere,* 1551, in-8, de 37 ff. [8335]

La première édition de cet opuscule a été imprimée à Paris, chez Sim. de Colines, en 1543. On lit au commencement de la seconde une épltre en vers de l'auteur à André Blondet.

DESCRIPTION de l'horloge planetaire faite par l'ordre de M. le cardinal de Lorraine, de l'inuention d'Oronce Fine, en 1553, in-4. [8403]

Cette horloge a été longtemps conservée dans le cabinet de Sainte-Geneviève à Paris.

LA COMPOSITION et vsage du quarré geometrique, par lequel on peut mesurer fidelement toute longueur, hauteur et profonditez, tant accessibles comme inaccessibles, que l'on peut apperceuoir à l'œil ; le tout reduit nouuellement en françois, escrit et pourtraict par Oronce Fine. *Paris, Gilles Courbin,* 1556, in-4. [8051]

LA PRATIQUE de geométrie d'Oronce, professeur du roy es mathematiques, en laquelle est comprins l'usage du quarré geometrique, et de plusieurs autres instruments servans à même effet : ensemble la maniere de bien mesurer toutes sortes de plans et quantités corporelles, auec les figures et demonstrations ; reuue et traduite par Pierre Forcadel. *Paris, Gilles Courbin,* 1570, in-4. [7998]

Le texte latin (*De re et praxi geometrica libri tres*) a été impr. à Paris, en 1555, et réimpr. en 1586, in-4.

— Voy. ci-dessus Euclides, col. 1809.

La carte ou description de la France et des Gaules, par Oronce Fine, imprimée à Paris, l'an 1557, par Alain de Matoniere, selon La Croix du Maine, avait déjà été donnée en français en 1525, comme on le voit par le titre ci-dessous rapporté par Gesner, et d'après lui par Maittaire et Panzer.

ORONTII Finei nova totius Galliæ descriptio (*gallice*) ædita in tabulâ sex circiter chartarum magnitudine, *apud Simonem Colinæum,* 1525. [23110]

FINESTRES et de Montsalvo (*Jos.*). In Hermogeniani jurisconsulti juris epitomarum libros VI commentarius. *Cervariæ-Lacetanorum, apud Ant. Ibarram viduam,* 1757, 2 vol. in-4. [2468]

Ouvrage très-estimé, contenant un abrégé historique des meilleurs jurisconsultes catalans : 13 flor. 50 c. Meerman. A la même vente se trouvaient les ouvrages suivants de Finestres :

PRÆLECTIONES cervarienses, seu comment. ad titulos Pandectarum de liberis et posthumis, etc. *Cervar.-Lacet.,* 1750-52, 2 part. in-4. 8 flor. 25 c.

DE JURE dotium. *Cerv.-Lacet.,* 1754, in-4. 9 flor.

SYLLOGE inscriptionum romanarum, quæ in principatu Cataloniæ vel extant vel aliquando exstite-

runt, notis et observationibus illustratarum. *Cervar.-Lacet.,* per Ant. Ibarram, 1762, in-4. [29908]

— Ouvrage fort curieux : 7 flor. 75 c. Meerman. Il faut y ajouter l'article suivant :

INSCRIPTIONES romanæ in Catalonia repertæ post J. Finestres syllogen, a R. Lazaro Dou et de Bassols. *Cervar.-Lacet.,* 1769, in-4. [29999]

Le même auteur a donné : *Exercitationes academ. XII. Cervar.,* 1745, in-4.

FINI. Hadriani Fini in Judæos flagellum, ex sacris scripturis excerptum.—*Venet., per P. de Nicolinis de Sabio : sumptibus vero Federici Turresani ab Asala,* 1538, in-4. 8 à 12 fr. [1815]

Volume rare, que l'on annexe à la collection des *Alde*, parce que Fréd. Turrisan a été l'associé de Paul Manuce. Vend. 24 fr. salle Silvestre, en 1808 ; 1 liv. 12 sh. bel. exempl. Butler. Les édit. de Venise, 1569, et de Ferrare, 1573, n'ont pas de valeur.

FINLAYSON (*George*).Voy. RAFFLES.

FINOTTI (*Christ.*). Parnassi violæ ; odarum, disticorum et anagrammatum lib. III, etc. *Venetiis,* 1619, in-8. [12689]

Vendu 5 fr. Méon.

FIORAVANTE. Libro che tratta di Bataglia : chiamato Fioravante. *Venetiis, per Marchio Sessa,* 1506, in-4. fig. en bois. [14820]

Ce poëme est porté à 5 liv. dans la *Bibl. heber.*, I, 2767 ; mais jusqu'alors aucun bibliographe, que je sache, n'en avait parlé. Il en est cependant fait mention et dans une stance de la *Schiatta de' Reali di Francia* (voy. SCHIATTA), et dans l'avant-dernière stance des *Reali di Francia* de l'Altissimo (voy. ALTISSIMO). M. Melzi conjecture que ce dernier poëte pourrait bien être l'auteur du Fioravante.

FIORAVANTI (*Léonard*). Miroir universel des arts et sciences, mis en françois par Gabr. Chappuys. *Paris, Pierre Cavellat,* 1586, in-8. [31845]

Vend. 9 fr. 50 c. mar. viol. Duquesnoy ; 19 fr. Arago.

Il y a dans le même volume les *Caprices de Léonard Fioravanti,* trad. de l'italien en français par Cl. Rocard, ouvrage qui n'est pas dans l'édition du *Miroir*, Paris, 1584, in-8., mais qui fait aussi partie de celle de *Paris, Chaudiere,* 1598, in-8.

L'original italien du même Miroir (*Specchio*) a été publié à Venise, 1564, in-8., ainsi que le *Cappricio medicinale* du même auteur ; il en existe plusieurs réimpressions. C'est dans le dernier ouvrage que Fioravanti donne une origine singulière à la maladie vénérienne, prétendant que, durant la guerre de 1456, les vivres ayant manqué dans les deux armées, les vivandières préparèrent en secret des mets de chair humaine qu'elles vendirent fort che r aux troupes ; ce qui répandit la maladie. Un pareil trait ne peut nous donner une idée fort avantageuse de la critique de notre auteur.

FIORE della Biblia. Voy. LIBRO chiamato fiore.

FIORE di virtu che tratta di tutti i vitii

humani... et come si deve acquistare la virtu. *Venetia*, 1474, in-4. de 75 ff. ou 76 selon la *Bibl. grenvil.*, p. 245. [3809]

Vend. 41 fr. Brienne-Laire.

Ouvrage composé vers l'année 1320, et attribué à Tomaso Leoni.

— Fiore di virtu. — M CCCC LXXIIII. *adi xxviiij, april finito al nome di dio in Venexia*, in-4. de 72 ff. sans chiffres, récl. ni signat.

Édition impr. avec les mêmes caractères que le Pétrarque de Venise, 1473, et peut-être antérieure à la précédente.

On lit à la fin de cette édition de 1474, les six vers suivants qui servent de souscription :

> *De la virtu : io son chiamato el flore*
> *La feste almen : lezeme per amore ;*
> *Fui renovato : nel mile quatrocento.*
> *Setanta quatro : nel beretin covento :*
> *De la cha grande : se chiama la giesia.*
> *Grande ornamento : de l'alma Venesia.*

Ces mêmes vers sont reproduits dans l'édition de 1477 ci-dessous, où l'on a seulement mis *septanta septe* au lieu de *septanta quatro*; dans d'autres éditions, on a conservé les trois premiers vers et changé les trois autres pour y exprimer la date et le lieu de l'impression. Ainsi dans l'édition de Florence 1489, ces trois derniers vers sont remplacés par ceux-ci :

> *Octanta nove : nella cipta famosa*
> *Che di virtu per tucto fama spande*
> *Firenze bella gratiosa & digna.*

Hain décrit, sous le n° 7091, une édition du même livre, sans lieu ni date, in-4. de 72 ff. à 24 lig. par page, en caractères rom., sans chiffres, signat. ni récl., laquelle commence ainsi (i) *Ncomicido le Tfrascripta rubriche o uer Ca|pituli del libro nöato flor de uirtu & pria ||* etc., et finissant au verso du dernier f. après la 21e lig. par le mot *Finis*, en grandes capitales.

Une édition de 1477, in-4. de 49 ff. non chiffrés, à 33 lignes par page, est décrite dans le catal. de La Vallière, en 3 vol., n° 1283, où elle est portée à 33 fr.

Parmi les nombreuses éditions du *Fiore di virtù* faites dans le XVe siècle, et que cite Panzer, nous en remarquons une de *Vicence*, 1475, in-4., et une autre de *Messine*, sans date, in-4. de 65 ff. à 32 lig. par page (cette dernière d'après Fossi). — Celle de Florence, *per ser Francesco Bonaccorsi & Antonio Venetiano*, 1488, in-4. a été vend. 2 liv. 12 sh. Libri en 1859, et celle de *Bressa per Bernardino Misinta*, 1495, in-4. 3 liv. même vente. Celle de Trévise, *Michele Manzolo da Palma*, 1489, in-4., de 48 ff. non chiffrés, dont 2 blancs, vend. 26 fr. 50 c. Boutourlin, est moins connue que l'édition de Florence, sous la même date, in-4. de 42 ff. Une autre de Florence, 1498, in-4., avec de jolies gravures, a été vend. 1 liv. 15 sh. Hibbert.

Fior de virtù. *Impresso in Turino per Maistro Antonio Ranoto et Eustachio Heberto cõpagno suo, nel anno 1520 a 24 de Decëbrio*, in-4. goth. de 28 ff.

Nous avons signalé les éditions les plus rares de ce petit ouvrage; indiquons-en maintenant les meilleures : 1° *Roma, de Rossi*, 1740, in-8., donnée par Jean Bottari d'après un manuscrit et avec les variantes : 3 à 4 fr. et plus en Gr. Pap. Réimpr. sous la même date, mais avec cette souscription à la fin : *Verona, per Dionisio Romanzini*, 1810 ; 2° *Padova, Comino*, 1751, in-8., donnée par Gaet. Volpi. Il y a des exemplaires en Gr. Pap. et en pap. bleu ; 3° *Palermo*, 1819, in-8., donnée par de Cosmi.

LIBRO llamado, Flor de Virtudes. *en Burgos por Fadrique Aleman*, 1516, in-4.

Traduction de l'ouvrage précédent.

— MUY prouechoso y con mucha de diligentia de diuersos autores sacados : segun que por el se hallara. — Libro llamado Flor de virtudes. (in fine) : *Acabose el presente tratado en Medina del Campo, en casa de Petrotovans, cerca de la casa de artilleria. Anno de Mil et quinientos y treynta y quarto*, in-4. goth.

— LIBRO llamado flor de virtudes. Agora nueuamente impresso. — *Fue impressa la presente obra en la ciudad de Toledo, en la casa de Juan Ferrer*, 1558, pet. in-4. goth. de 36 ff. sign. A—Dvi. Le dernier f. est blanc.

Il existe une traduction arménienne de cet ouvrage, *Rome*, 1675, in-8., et aussi une trad. française (voy. FLEUR de vertu).

FIORE o Fiorità de Italia. — *Impresso ne lalma e inclita citade de Bologna p mi Ugo & rugerij... neli anni del signore... M. CCCC. lxxxx a di xxv de octobre*, in-4. [31822]

Édition rare impr. en caractères demi-goth., ff. non chiffrés, signat. *a—l* par 8 et *m* par 4 ff. L'ouvrage qu'elle contient, et qui date du commencement du XIVe siècle, est cité dans le *Vocabolario della Crusca*, d'après des textes manuscrits. C'est une série de 30 historiettes écrites en prose entremêlée de vers, et qui ont pour auteurs *Armanno*, juge à Bologne, et *Guido del Carmine*, Pisan. Une édition de cette *Fiorità*, faite sur celle de 1490, a été impr. à Bologne, chez *Romano Turchi*, en 1824, in-8., par les soins de M. Louis Muzzi.

Les *Fatti di Enea volgarizzati, ec.*, de Guido da Pisa, qui font partie du *Fiore d'Italia*, ont été impr. séparément à Venise, *tipografia d'Alvisopoli*, en 1834, in-16 et in-8., sous la direction de Gamba, lequel en avait déjà donné une édition beaucoup moins bonne en 1831. Le même morceau a aussi été réimpr. à Naples, en 1834, et de nouveau en 1836, in-8., par les soins du marquis Basilio Puoti. Pour plus de détails, consultez la 4e édition de la *Serie* de Gamba, nos 93, 445-49, et 509.

FIORE da Cropani (il P. *Giov*.). La Calabria illustrata, opera varia istorica, in cui non solo si descrive con perfetta corografia la situazione, promontorj, porti, seni di mare, città, ec., ma anche con esatta cronologia si registrano i dominanti, le antiche reppubliche, e i fatti d'armi in esse accaduti. *Napoli*, 1691 et 1743, 2 vol. in-fol. [25802]

On trouve difficilement ces deux volumes réunis. Le premier a été publié après la mort de l'auteur par le P. Giovanni del Belvedere, et le second par le P. Domenico de Badolato, qui l'a fort augmenté. Ce second volume est consacré à l'histoire religieuse du pays. — Un troisième volume resté en manuscrit se conserve dans le monastère de Monteleone ; il en a été fait plusieurs copies.

FIORELLI (*Jos.*). Monumenta epigraphica Pompejana, pars prima. *Napoli, Gaet. Nobili*, 1855, in-fol. atlantico. 120 fr. [29931]

Cette première partie donne, avec la plus grande exactitude et dans leur véritable dimension, les fac-simile des inscriptions en ancienne langue osque trouvées à Pompéi. Il y a des exemplaires avec les

---

Fiore della poesia italiana, 14452.

planches pliées en deux, et un titre portant *seconde édition*. Ils sont d'un prix bien moins élevé.

— Notizia dei vasi dipinti rinvenuti a Cuma nel MDCCCLVI posseduti da sua A. R. il conte di Siracusa. *Napoli, Gaet. Nobili*, 1857, in-fol. de 30 pp. avec 18 pl. color. 75 fr. [29639]

FIORENTINO (*Cristof.*). V. ALTISSIMO.

FIORETTI. Opera gentilissima et utilissima a tutti li fideli christiani laqual se chiama li Fioretti de misser Santo Francesco asemiliativa a la vita et alla passion de Jesu xpo e tutte le soe sancti vestige. — *In casa de missier pre Lunardo Longo rector de la giesia de sancto Paulo de Vincenza. curendo lano..... M. CCCC. LXXVI. adi. XIII. lujo*. in-4. [21820]

Édition très-rare, indiquée par *Panzer*, III, 510. Il paraît que ce n'est pas la plus ancienne, car M. Pezzana (dans un opuscule intitulé : *Due edizioni del secolo XV*, impr. à Parme, en 1830, in-4.) en a décrit une in-4., sans lieu ni date, qu'il juge être antérieure aux éditions datées ; elle est en caract. romains, et avec des signat. commençant à la lettre *G*.

FIORETTI de Santo Francesco...*Venexia, in caxa di Nicolo Girardengo*.MCCCC LXXX. *Adi* XXIII *de decembrio*, in-4.

Décrit dans la *Serie di Gamba*, in-4., n° 451. — Un exemplaire de l'édition de Florence, 20 mai 1489, in-4., impr. sur VÉLIN, se conserve dans la Bibl. de l'Académie *della Crusca*. Un autre sur papier, 15 fr. 50 c. Boutourlin. — L'édition de Pérouse, 1481, in-4. goth., a été vend. 15 fr, *mar. r.* La Vallière. — Une autre de Venise, 1493, in-4. fig. sur bois, 30 fr. Riva.
— FIORETTI di S. Francesco, edizione corretta e migliorata con varj mss. e stampe antiche. *Verona, Libanti*, 1822, in-4. 6 fr.

Cette édition, donnée par Ant. Cesari, est préférable à celle de Florence, 1718, in-4., citée par La Crusca, et à celle de Bologne, 1817, en 3 vol. in-8. Il y a des exemplaires en Gr. Pap. royal.

FIORETTI di Paladini. (*senz' anno*), in-4. signat. *a. quaderno*, et *b. quinterno*, à 4 octaves par page. [14727]

Il se conserve dans la Bibliothæ palatine de Florence un exemplaire de cette édition, que M. Jos. Molini juge être une production des presses de la même ville, vers la fin du XVe siècle. Le prem. f. porte au recto le titre ci-dessus, et au verso commence le texte de cette manière :

> Al nome sia di dio padre E signore
> di tutte quante le cose create.

Le poëme finit à l'avant-dernier f. ainsi :

> propter peccata veniunt adversa

Au recto du dernier f. commence une pièce *in terza rima* dont voici le premier vers :

> Il tempo vola come al vento polvere

Elle se termine ainsi :

> Spera in deo & Fac bonitatem
> Finiti fioretti de paladini.

(Melzi, 47.)

Fiorentini (*F.-M.*). Memorie di Matilda, 25278.

— Fioretti (et Vanto) de' Paladini. *Siena ad instanza di G. (Giovanni) Cartolaro di Alexandro Sanese adi 6 di marcio*, 1514, in-4. de 8 ff. à 2 col. de 5 stances chacun, lettres rondes, avec fig. en bois. [14728]

Vend. 1 liv. 13 sh. Hibbert.

Il y a plusieurs édit. de cet opuscule impr. de format in-4., sans lieu ni date, mais dans la première moitié du XVIe siècle. Elles font ordinairement partie de recueils comme dans le catal. de La Vallière (tome II, n° 3735), et dans le catal. Hibbert, 4304. En voici deux que nous ne devons pas oublier :

IL VANTO di Paladini : et il Padiglione de Carlo. *Venetia, Agostino Bindoni* (senz' anno), in-4. de 4 ff. à 2 col. fig. en bois.

Édition qui paraît appartenir à la première moitié du XVIe siècle. Entre le *Vanto* et le *Padiglione* se trouvent trois *Barzellette*. 112 fr. *mar.* Libri.

Une autre édition in-4. de 4 ff. à 2 col., sans date, mais qui est du XVIIe siècle, a pour adresse *Firenze et Pistoia, P. A. Fortunati*. 31 fr. *m. r.* Libri.

— Lo stesso Vanto delli Paladini, e del Padiglione di Carlo Magno, con due Barzellette bellissime. *Venezia, per Gio.-Battista Bonfadino*, 1594, in-4. (Catal. Capponi).

Le Quadrio nomme comme l'auteur du premier poëme un certain Giovanni di Cinardi, et il cite du second poëme (qui porte aussi le titre de *Descrizione delle figure del Padiglione di Carlo Magno*) une réimpression in-4. datée de Venise, *Marco Classeri*, 1598. Ajoutons que ces petits poëmes ont été deux fois réimpr. de nouveau, de format in-4., savoir : *Firenze, all' insegna della stella*, vers 1650, et *Venezia e Bassano, per Ant. Remondini*, vers la fin du XVIIe siècle.

FIORETTI (libro chiamato). Voy. LIBRO.

FIORETTO di cose nove nobilissime de diversi autori (Pizeno, Lorenzo Carbone, Pietro Bembo, e Vincenzo Calmeta) noviter stampate; cioè sonetti, capitoli, epistole, eghloghe, disperate, strambotti, barzellette, & una contradisperata. *Venetia, per Nicolo detto il Zoppino*, 1508, in-8. [14448]

FIORETTO di cose noue nobilissime et de diuersi auctori noufter stapate, cioe Sonetti, Egloghe, etc. ÷ *Impresso in Venetia per Georgio de Rusconi Milanese, ne li ani...* MCCCCCXVI. *Adi 24 Zenaro*, in-8., sign. A—M., caract. rom. (*Biblioth. grenvil.*)

Recueil dont il existe plusieurs éditions, qui sont devenues presque aussi rares les unes que les autres. Celle-ci est indiquée par Crescimbeni, et d'après lui par Capponi, Haym et Panzer. Celle de Venise, *Giorgio Rusconi*, 1510, in-8., est portée à 6 sh. dans la *Biblioth. heber.*, VI, n° 1162. Une autre, de Venise, *Nicolo detto Zoppino*, 1521, in-8., est dans la *Biblioth. crofts.*, n° 3228. — Enfin l'édit. de Venise, *per Zoanne Francisco e Antonio, fratelli de Rusconi*, 1522, pet. in-8., est citée dans la *Bibliogr. instruct.*, n° 3304, comme la moins commune et la plus recherchée, et pour ce motif s'est vendue 1 liv. 11 sh. *mar. r.* Heber; pourtant, nous le ferons remarquer, les édit. qui ont précédé celle de 1522 ne sont pas moins rares que cette dernière.

Il existe un autre recueil du même genre, et contenant en partie les mêmes pièces que celui-ci : il en a également été fait plusieurs éditions, et sous différents titres, savoir :

OPERA nuova di Vincenzo Calmeta, Lodovico Carbone, Orfeo Mantovano, Venturino da Pesaro, ed altri. *(sans lieu ni date)*, in-8. (Catal. Capponi, p. 93).

— *Venezia*, 1506, in-8. (Biblioth. Pinelli, IV).

— Même titre. *Venetia, Gior. Rusconi*, 1507, in-8., citée par Crescembeni.

COMPENDIO de cose nobile & delectevole de Vincenzo Calmeta & d' altri auctori : cioe Sonetti, ec. *Impressa in Venetia, per Simone de Luere*, MDXIIII, in-8., réimpression de l'édition de 1507. C'est probablement une même chose que *Fior de cose nobilissime di diversi autori*, Venezia, Simon de Luere, 1514, cité par Haym, p. 258.

OPERA moralissima di diversi... *Venetia, P. Nicolo Zopino e Vicentio compagno*, 1524, in-8. (Catalogue La Valliere-Nyon, IV, n° 16475.)

— Et finalement une édition de *Chivasso, per Francesco Garrone da Livorno*, 1529, in-8., qui paraît être plus complète que les autres, est décrite dans le catal. Capponi, p. 93.

Voici un autre recueil du même genre qu'il ne faut pas confondre avec les précédents :

OPERA NOVA di Cesar Torto, Esculano; et Augustino da Urbino, et Nicolo Filibene Senese, et Bernardo Illicino. *Venet., G. di Rusconi*, 1508, in-8. 10 sh. *mar. v.* Heber. [14447] — Non cité par Panzer.

FIORI *(Giov.* de), ou Flores. Voy. FLORES.

FIORI di ricami nuovamente posti in luce. *Fiorenza*, 1596 *ad instanza di Matheo Florini*, in-4. obl. de 2 ff. de texte, et 24 pl. (chez M. Yéméniz).

FIORI e disegni (Prima parte de). Voyez OSTANS et VECELLIO (*Cesare*), et aussi aux mots FIORINI et GIOIELLO.

FIORIO e Biancifiore. Voy. FLORES.

FIRALOF (*God.*). Samooutchitel' soderjachtchii... *c'est-à-dire* le maître de soi-même, contenant la grammaire, des règles, et un vocabulaire en langue russe et en langue grousinique (géorgienne). *St.-Pétersb., Joannesof*, 1820, in-4. [11725]

Vend. 26 fr. St.-Martin; 28 fr. 50 c. Klaproth.

FIRDOUSI, Ferdusi et Firdousee (*Aboul-Cacem-Manssour*). The Shah Namu, being a series of heroic poems on the ancient history of Persia, from the earliest times down to the subjugation of the persian empire by its mohummundan conquerors under the reign of king Yuzdjird, by the celebrated Abool Kausim i Firdousee, of Toos. *Calcutta, Watley*, 1811, pet. in-fol. [15968]

Premier volume d'une édition qui devait en avoir huit, mais qui n'a pas été continuée : il ne contient que le texte persan, sans notes, avec une courte préface en anglais par M. Lumsden, qui en fut l'éditeur. 89 fr. Langlès; 24 fr. de Sacy.

— The Shah Nameh, an heroic poem containing the history of Persia from Kioomurs to Yesdejird, that is, from the earliest times to the conquest of that empire by the Arabs, by Abool Kasim Firdousee, in the original Persian, carefully collated with a number of oldest and best manuscripts, and illustrated by a copious glossary of obsolete words and obscure idioms, with an introduction and life of the author, in english and persian, and an appendix containing the interpolated episodes, etc., found in different manuscripts, by captain Turner Macan, persian interpreter. *Calcutta, printed at the Baptist mission press, and sold by William Starker*, London, 1829, 4 vol. gr. in-8. 10 liv. 10 sh.

Publication très-importante. M. Silvestre de Sacy en a rendu compte dans le *Journal des Savans*, 1833. 87 fr. de Sacy; 165 fr. Louis-Philippe; 125 fr. *cuir de Russie*, 3e vente Quatremère.

Il a paru à Téhéran (Perse), en l'an de l'hégire 1267 (1851), une édition in-fol. de Firdousi : c'est une reproduction exacte de celle de Macan (ci-dessus) et même de l'appendice qui ne fait pas partie du Livre des Rois : l'exécution lithographique en est bonne et généralement correcte (J. Mohl).

— Le Livre des rois, par Abou'lkasim-Firdousi, publié, traduit et commenté par M. Jules Mohl. *Paris, impr. roy.*, 1838-55, in-fol. Tome I—IV.

Ce bel ouvrage fait partie de la collection orientale qui fait tant d'honneur à l'imprimerie impériale. Chaque vol. 90 fr.; les quatre, 201 fr. Quatremère. Le 4e vol. s'arrête à la mort de Rousten.

— THE POEMS of Ferdosi, translated from the persian by Jos. Champion. *London*, 1788, in-4. de 448 pp.

Traduction libre en vers anglais du commencement du Shah Nameh; la suite n'a point paru. — Une édition de *Calcutta*, 1785, in-4., est portée à 1 liv. 11 sh. 6 d. dans un des catalogues du libraire Rivington, à Londres.

THE SHAH NAMEH of the persian poet Firdousi, translated and abridged in prose and verse, with notes and illustrations, by James Atkinson. *London, Murray*, 1832, in-8. 10 sh.

NOTICE sur le Châh Namè de Ferdoucy, et traduction de plusieurs pièces relatives à ce poëme, ouvrage posthume de M. le conseiller de Vallenbourg. *Vienne*, 1810, in-12.

Ce volume, qui est rare en France, a été publié par M. de Bianchi, ami de l'auteur.

SOOHRAB, a poem, freely translated from the original persian of Firdousee, being a portion of the Shahnamu of that celebrated poet by James Atkinson. *Calcutta*, 1814, gr. in-8. 15 sh.

Cette traduction est accompagnée du texte persan et de nombreuses notes.

EPISODES from the Shah Nameh; or annals of the persian kings, by Feerdoosee, translated into english verse, with notes and authorities, a verbal index pers. and engl. and some account of the whole poem, by St. Weston. *London*, 1815, gr. in-8. de 125 pp. avec une pl.

ROSTUM ZABOOLEE and Soohrab, from the history of Persia Shah-Nameh, or the book of kings, translated into english verse, by W. Tulloh Robertson. *Calcutta*, 1830, in-8.

Avec le texte persan en regard de la traduction.

Florilio (*J.-D.*). Kleine Schriften, 9171. — Zeichnende Künste, 30059.

Florino (il) d' oro antico, 25296.

Une traduction abrégée du Livre des Rois en vers hin-
doustanis par le mounschi Mol a été impr. à Calcutta, en 1846, en gr. in-8.

DAS HELDENBUCH von Iran, etc., le Livre des
héros d'Iran, extrait du Shah Nameh de Firdussi,
trad. en allemand, par J. Görres. *Berlin, Reimer*,
1820, 2 vol. in-8. fig. 6 thl.

— EPISCHE Dichtungen aus dem persischen des Firdusi, von A.-F. von Schak. *Berlin*, 1853, 2 vol. in-8.
15 fr.

— HELDENSAGEN, zum ersten Male metr. übers. von
A.-F. von Schack. *Berlin*, 1851, in-8. 10 fr.

FIRENZUOLA (*Agnolo*). Rime. *Fiorenza,
Bern. Giunta,* 1549, in-8. [14515]

Bonne édit. donnée par Lor. Scala : elle a 136 ff.
chiffrés et un f. pour la souscription. Vend. 9 fr.
Bonnier ; 18 fr. Mac-Carthy ; 19 fr. 50 c. *mar. r.*
Crozet ; 88 fr. ancienne rel. en *m. r.* Sebastiani.

— Prose. *Firenze, Bern. di Giunta,* 1548,
in-8. [19202]

Édition originale, devenue rare : elle est moins belle,
mais plus correcte que celle de Torrentino. Le vol.
se divise en 3 parties : la 1re (*Discorsi degli animali*) de 55 ff. chiffr. et un f. bl. ; la 2e (*Dialogo
della bellezza delle donne, etc.*), avec un frontispice séparé, contient les ff. 56 à 112 ; la 3e, sous le
titre de *Raggionamenti*, a 96 ff. chiffrés à part. Les
Juntes en ont fait une réimpression exacte à Florence, 1562, in-8. de 4 ff. prélim., 369 pp. chiffrées ;
au verso de la dernière le registre et la date.

— Prose. *Firenze, Lor. Torrentino,* 1552,
in-8.

Édition aussi rare que la précédente, mais rangée
dans un ordre différent, et contenant de moins
l'*Elegia a Selvaggia* : elle a 430 pp. chiffr., un f.
pour le privilége et 2 fl. bl. ; vend. quelquefois
12 fr. et plus. Réimpr. *Venezia, Gio. Griffio, ad
istantia di Pietro Boselli,* 1552, in-12.

— Le Novelle di Agn. Firenzuola. *Venec-
tia, Gio. Griffio (senz' anno),* in-12 de
46 ff. chiffrés, plus le titre et 1 f. pour
la marque de l'imprimeur. [17465]

Les huit nouvelles qui sont réunies dans ce petit volume impr. à part vers 1550, font partie du *Raggionamenti* de l'auteur qui se trouvent dans les différentes éditions de ses *Prose* que nous avons citées.
20 fr. mar. olive, Libri.

— LE OPERE di Agn. Firenzuola. *Firenze (Neapoli)*,
1723, 3 vol. gr. in-12. 10 à 12 fr. [19201]

Édition estimée qui réunit les 2 vol. ci-dessus et l'A-
pulée (voy. APULEIUS). On n'y trouve pas les deux
comédies du même auteur citées par La Crusca ;
mais ces deux pièces (*i Lucidi*, et *la Trinuzia*) ont
été réimpr. dans le même format, à Naples, vers
1730, sous la date de *Firenze*, 1552, et peuvent former un 4e volume.

i Lucidi, impr. d'abord, *Firenze, Bern. Giunta*,
1549, in-8. de 44 ff., ont été réimpr. dans le même
atelier, en 1552, in-8. de 44 ff., et cette seconde édition est plus belle et plus correcte que la première.
[16662]

La Trinutia a paru, *Firenze, Bern. Giunta*, 1549,
in-8. de 44 ff., et a été réimpr. deux fois, en 1551,
par les héritiers de Junte, in-8. : la première fois
en 39 ff., et la seconde fois en 44 ff., dont le dernier est coté 43. [16663]

— LE STESSE opere di Firenzuola. *Firenze* (*Venezia*), 1763-66, 4 vol. in-8. 10 à 12 fr.

Les deux comédies sont dans le troisième volume, et
le quatrième contient différentes pièces qui manquent dans la précédente édition.

Firenze antica e moderna, 25547.

— OPERE complete. *Milano*, 1802, 5 vol. in-8. 20 fr.
De la collection des classiques italiens.

— LE STESSE. *Pisa, Cappuro*, 1810, 6 vol. in-18.
15 fr. ;— aussi *Firenze*, 1848, 2 vol. in-12.

— CONSIGLI de gli animali, cioè Ragionamenti ciuili
di Agnolo Firenzuola, nè quali con marauiglioso, e
vago artificio trà loro parlando, raccontano sim-
boli, auertementi, istorie, prouerbi, e motti, che
insegano il viuer ciuile, et gouernare altri con pru-
denza ; aggiuntoui vn Discorso di P. Ieronimo Ca-
pagnano, oue proua che gli animali ragionano insieme... e di più XI orationi in lode d'animali (di
Hort. Lando). *Venetia, Barrezzi*, 1604, 3 part. en
1 vol. in-12.

Ce recueil a été payé 39 fr. à la vente Huzard, dans
laquelle l'édit. de Venise, 1622, 3 tom. en 1 vol. pet.
in-8. en *mar. citr.*, s'est vendu 31 fr. 50 c.

— PLAISANT et facécieux discours sur les animaux,
trad. par Gabriel Cottier. *Lyon*, 1556, in-16. [vers
17941]

Traduction du premier morceau des *Prose*, édit. de
1548, ci-dessus ; il y en a une autre dont nous parlons à l'article LARIVEY.

— DISCOURS de la beauté des dames, prins de l'italien du seigneur Ange Firenzuole, par J. Pallet.
Paris, Abel l'Angelier, 1578, in-8. de 8 ff. prélim.
et texte ff. 2 à 52. [18060]

Le *Dialogo delle bellezze delle donne*, de Firenzuola,
dont nous venons d'indiquer la traduction, a paru
pour la première fois en 1548, in-8., sans nom de
ville ni d'imprimeur. Il a été réimprimé plusieurs
fois depuis. Voyez DOLCE (*Lodovico*).

— Philosophie fabuleuse. Voy. LARIVEY.

FIRMIANA (bibliotheca). Voyez BIBLIO-
THECA.

FIRMICUS Maternus junior (*Julius*), de
nativitatibus (sive matheseos libri VII).
*Venetiis, per Simon. Papiensem,
dictum Biuilaqua,* 1497, in-fol. de
4 ff. prélim. et 115 ff. chiffrés à 2 col.
[9000]

Première édition : 25 fr. La Valliere ; 1 liv. 4 sh. Pinelli ; 20 fr. *m. r.* Trudaine ; 27 flor. Butsch. —
Réimpr. avec des corrections et des augmentations
faites d'après un ms. dans les *Astronomi veteres*
d'Alde, 1499 (voy. ASTRONOMI). C'est sur l'édition
d'Alde qu'a été faite celle de *Regio, Mazali*, 1503,
in-fol.

— ASTRONOMICON libri VIII, per N. Prucknerum ab
innumeris mendis vindicati : acced. Cl. Ptolemæi
quadripartitum, etc. *Basileæ, J. Hervag.*, 1533 ou
1551, in-fol.

— DE ERRORE profanarum religionum, ad Constantium et Constantem Augustos liber, edente Fr. Mün-
ter. *Hauniæ*, 1826, in-8. [983]

Imprimé pour la première fois par les soins de Math.
Flaccius. *Argentor.*, 1562, in-8., et réimprimé par
ceux de J. a Wower, *Hamb.*, 1603, in-8. ; ensuite
avec Minutius Félix, *Lugd.-Batav.*, 1709, in-8., et
aussi avec S. Cyprien. *Paris*, 1666.

FISCHER (*Jo.-Frid.*). Commentarius in
Xenophontis Cyropædiam, edidit C.-T.
Kuinoel. *Lipsiæ*, 1803, in-8. 6 à 8 fr.
[22805]

Ce volume doit être joint à la Cyropédie de Xénophon,
donnée par Schneider.

— Jo.-FRID. FISCHERI Prolusiones de vitiis lexicorum N. Testamenti. *Lipsiæ*, 1791, in-8. 8 fr. [592]

— IN GRAMMATICAM Welleri commentarius. Voyez WELLER.

FISCHER de Waldheim (*Gotthelf*). Essais sur les monuments typographiques de J. Gutenberg, inventeur de l'imprimerie. *Mayence*, an X (1802), in-4. fig. 10 à 12 fr. [31196]

Ouvrage curieux auquel il faut joindre :

NOTICE du premier monument typographique en caractères mobiles, avec date, connu jusqu'à ce jour, découvert par Fischer. *Mayence* (1804), in-4., pièce de 8 pp., avec une planche.

Le même auteur a publié par cahiers in-8. un ouvrage allemand (*Beschreibung....*) dont voici le titre en français, *Description de quelques curiosités typographiques*. Le sixième et dernier cahier a paru en 1805.

— Entomographia imperii rossici et genera insectorum systematice exposita et analysi iconograph. instructa, auctoritate Societatis cæs. mosquensis nat. scrut. collecta et in lucem edita. *Mosquæ, ex typogr. Aug. Semen*, 1820-28, 3 vol. in-4. fig. color. 280 fr. [6006]

Ouvrage écrit en latin et en français. Le 1er vol. a 26 pl., le 2e, annoncé en 1826, 40 pl., et le 3e, publié en 1828, 18 pl. Vend. 130 fr. en 1836.

Dans la préface du 4e vol. de cet ouvrage, l'auteur parle de la perte qu'il a faite de la presque totalité de ce qui existait des trois premiers vol. de l'*Entomographie*, occasionnée par des mains infidèles. Cette perte, qui porte particulièrement sur le 2e vol. et plus encore sur le 3e dont il n'avait été distribué que peu d'exemplaires, a réduit à bien petit nombre les exemplaires complets. Le 4e volume a été annexé aux Mémoires de la Société des naturalistes de Moscou dont il forme le XIVe tome (8e des Nouveaux mémoires). A la mort de l'auteur il n'avait encore paru du 5e vol. (daté de 1851) que VIII et 152 pp. avec 18 pl. La publication en a été reprise en 1855, et depuis lors on a dû faire paraître la seconde partie de ce volume qui ne devait pas contenir de planches : le 4e vol. et la 1re partie du 5e en ont ensemble 139.

C'est G. Fischer qui a publié les *Mémoires de la Société impér. des naturalistes* de Moscou, vol. I à VI, *Moscou*, 1808-17, in-4. fig., et probablement aussi les 8 premiers vol. des *Nouveaux mémoires* de la même Société, *Moscou*, 1829 et ann. suiv. in-4. fig.

— Oryctographie du gouvernement de Moscou. *Moscou*, 1830, et aussi 1837, in-fol., avec 64 pl. tant sur cuivre que lithogr. [4812]

Ce sont deux éditions qui ont de grandes différences entre elles, tant dans le texte que dans les planches. La première a 7 cartes et 44 pl. relatives aux fossiles, et 16 pl. d'histoire naturelle, et la seconde a 7 cartes et 51 pl., toutes relatives aux fossiles, plus un portrait de l'auteur. Elle a coûté près de 100 fr.

G. Fischer est encore l'auteur de différents ouvrages sur l'histoire naturelle, dont on peut voir le détail dans la *France littéraire* de M. Quérard, vol. III, page 124.

— MUSÉUM Demidoff, mis en ordre systématique et décrit par G. Fischer. *Moscou, imprimé aux dépens du propriétaire, chez C.-F. Schildbach* (pour le premier volume), et à *l'imprimerie de l'Université impériale* (pour les deux autres) 1806-1807, 3 vol. in-4. avec pl.

Cet ouvrage, rare en France, est ainsi distribué : tome Ier, catalogue systématique des livres de la bibliothèque de Paul Demidoff, avec une notice sur sa vie et son portrait, LXXIV et 275 pp.; — tome II, Minéraux et pétrifications, XVIII et 302 pp. avec 6 pl.; — tome III, Végétaux et minéraux, de IV, X et 330 pp. avec 6 pl. Le quatrième volume, qui devait décrire les objets d'arts, les médailles, les estampes, etc., n'a pas paru.

— Bibliographia, 31725.

FISCHER (*Jos.*). Monumens de l'architecture et de la sculpture du moyen âge dans l'empire d'Autriche, avec des planches décrites par J. F., en allemand et en franç. *Vienne*, 1817, in-fol. fig. [9968]

Cet ouvrage s'est publié par cahiers. Nous n'avons vu que les deux premiers.

FISCHER, Edler von Röslerstamm (*J.-E.*). Voyez HUEBNER.

FISCHER (*F.-E.-L.*). Sertum petropolitanum, seu icones et descriptiones plantarum quæ in horto botanico imperiali petropolitano floruerunt, auctoribus E.-L. Fischer et C.-A. Meyer. *Petropoli*, 1846, gr. in-fol. avec 11 pl. color. 30 fr., en noir 20 fr. [5345]

Il n'a paru que ce premier fascicule.

FISCHER (*Léop.-Henri*). Orthoptera europæa. Accedunt tab. lapidibus incisæ XVIII, quarum ultima coloribus partim illustrata. *Lipsiæ, Engelmann*, 1854, in-4. 50 fr. [6060]

FISCHER (*Joh.-Bern.*). Essai d'une architecture historique, ou recueil de bâtimens antiques, avec des explications en allemand et en françois. *Leipsick*, 1725, in-fol. obl. fig. 15 à 24 fr. [29404]

Ce traité, assez mal exécuté, doit être composé de 5 livres.

FISCHER vel Fisher (*Johan.*), roffensis episcopus. Opera omnia in unum collecta. *Wircæburgi, Georg. Fleischmanus*, 1597, in-fol. 1 liv. 16 sh. Lowndes. [1195]

Réunion des écrits latins de ce célèbre théologien anglais qui mourut victime de la tyrannie de Henri VIII. On y a placé mal à propos l'*Assertio septem sacramentorum adversus Mart. Luterum*, qu'on sait être de ce prince lui-même (voy. HENRICUS).

Les écrits latins et anglais ont d'abord paru séparément, et en Angleterre on en recherche encore beaucoup les éditions originales dont plusieurs sont rares et d'un grand prix, ainsi qu'on le peut voir dans le Manuel de Lowndes, pp. 799 et 800. En voici trois que nous croyons devoir citer particulièrement :

DE CAUSA matrimonii serenissimi regis Angliæ liber, Joanne Roffensi Episcopo autore. (*Compluti, apud. Mich. de Eguia*, 1530), in-4. de 43 ff. [26906]

Défense de la validité du mariage de Henri VIII, roi d'Angleterre, avec Catherine d'Aragon. L'ouvrage a été si exactement supprimé qu'il est devenu fort rare. Dans un avertissement, l'imprimeur « *Typographus complutensis* » prévient le lecteur que le manuscrit de cette défense lui a été remis par l'archevêque de Tolède. Vend. 6 liv. Heber, I, 2770, et jusqu'à 25 liv. Conde, en 1824.

THIS TREATISE concernynge the fruytfull saynges of Davyd the Kynge and prophete in the seven penytencyall psalmes, devyded in seven sermons, was made and compyled by... Johan Fysscher... at the exortacion... of Margarete countesse of Rychemont and Derby and moder to ours soverayne lord Kynge Henry the VII. *Enprynted at London: in the fletestrete at the synge of the sonne by Wynkyn de Worde. In the yere of our lorde* 1508, *the* XVI *day of ye month of Juny*, in-4. goth. de 142 ff.

Un exemplaire impr. sur VÉLIN est décrit dans la *Bibliotheca grenv.*, vol. 1, p. 246.- Un autre se trouve dans la bibliothèque publique de Cambridge.

SERMON compyled and sayd in the Cathedrall chyrche of saynt Poule, by John, bysshope of Rochester, the body beyng present of the mooste famouse prynce Kyng Henry the VII, the 10 day of Maye 1509. *Prynted by Wynkyn de Worde*, 1509, in-4. goth. de 12 ff. Vendu (avec *a mornynge remenbraunce*, autre pièce in-4. de 12 ff. du même auteur et sous la même date) 15 liv. 15 sh. Bindley. La *Mornyng remembraunce*, seule, 10 liv. 10 sh. Harman en 1847, et même prix Horner en 1854.

LIFE of Dr. John Fischer, by the rev. John Lewis, with an introduction, by Th. Hudson Turner. *London*, 1854, 2 vol. in-8.

— De unica Magdalena. Voy. l'article FABER Stapulensis.

FISCHER (*Thomas*). A Series of antient allegorical, historical and legendary paintings which were discovered in the summer of 1804 on the walls of the chapel of the Trinity at Stratford-upon-Avon, in Warwickshire, also views and sections illustrative of the chapel, drawn, etched and published by Th. Fischer. *London*, 1807-9, gr. in-fol. [27325]

Cet ouvrage, resté pendant plusieurs années incomplet, ne contenait d'abord que 33 pl. en partie color., savoir : n° I, titre ; n° IV-XIX, peintures ; n° II, III, IV et IV*, sceaux ; n° V, VII, VIII, IX, X, XI, indulgences ; n° XII, XII*, XIII, XIII*, XVI, spécimens d'écritures, et sceaux , n° XVII. Avec le second numéro fut donné un avertissement, et avec le troisième un appendice de 4 ff. Les légendes furent réimprimées, d'après les originaux de Caxton, en lettres goth. ; mais on ne donna pas le texte impr. qui devait compléter les dessins. Après la mort de Th. Fischer, arrivée en 1836, l'ouvrage fut remis au jour par M. H. Bohn, avec 23 planches additionnelles et un texte impr. par M. Gough Nichols, sous la date de 1838.

FISSCHER. Bijdrage tot de kennis van het

Japansche rijk, *c'est-à-dire*, Secours pour la connaissance de l'empire du Japon, par J.-F. Overmeer Fisscher, envoyé de la Compagnie des Indes néerlandaises au Japon. *Amsterdam, Müller*, 1833, in-4. pap. vél. [28309]

Bel ouvrage orné de quinze gravures coloriées et dorées à la manière des peintures japonaises : 39 fr. Klaproth.

FITELIEU (de). La Contre-mode de monsieur de Fitelieu, sieur de Rodolphe et du Montour. *Paris, Louys de Heuqueville*, 1642 (aussi *chez Pepingué*, 1645), pet. in-12 de VIII ff. prélim., 406 pp. et 1 f. non chiffré. 10 à 12 fr. [17952]

Une note curieuse de M. P. L. (*Bulletin du Bibliophile*, 1860, page 1581) est venue rappeler à notre mémoire ce petit volume qui est de quelque intérêt pour l'histoire du costume et des mœurs en France.

FITTLER (*James*). Voy. NATTES (*J.-Cl.*).

FITZ-CLARENCE (lieut.-colonel). Journal of a route across India, through Egypt to England, in the years 1817 and 1818. *London, Murray*, 1819, gr. in-4., avec 19 cartes ou pl. color. 1 liv. 1 sh., et plus en Gr. Pap. [20651]

Vend. Gr. Pap. en mar. 5 liv. 10 sh. le duc d'York.

FITZGEOFRIDI (*Caroli*) Affaniæ, sive epigrammatum libri tres; ejusdem Cenotaphia. *Oxoniæ, Jos. Barnesius*, 1601, pet. in-8. [13094]

Petit volume rare, mais d'un intérêt purement local. Vend. 12 sh. Boswell, et un bel exempl. rel. en *mar.* 5 liv. 19 sh. Hibbert.

Nous citerons du même Fitzgeffry : *Sir Francis Drake his honorable lifes commendation and his tragical deathe's lamentation*, Oxford, 1596, in-16. Ouvrage qui a été réimpr. il y a quelques années : *at the private press at Lee Priory.*

FITZHERBERT. La nouvelle Natura brevium du juge tres reuerend Monsieur Anthoine Fitzherbert dernierement reueue et corrigee par laucteur, auec une table parfaicte des choses notables..... par Guilliaume Rastell et jammais par cy deuant non imprimee. *Londini, in ædibus Richardi Tottelli*, 1553, in-8. goth. de 36 ff. pour le titre et la table, texte ff. 1 à 271. [3050]

Une grande partie du texte de cet ouvrage est en vieux français normand, et c'est ce qui, chez nous, doit le faire rechercher.

— NEW-NATURA Brevium, to which is added a commentary by lord Hale ; ninth edition collated with former editions, and corrected, etc. *London*, 1794, 2 vol. gr. in-8.

Lowndes cite cette édition comme la meilleure, et il dit que les anciennes ont peu de valeur.

— L'office et aucthoritie de Justice de peace, in part collect per le tresreuerende, Monsier Antho: Fitzherbert, iades, vn des justices del common Banke, et inlarge per R. Crompton, vn apprentice de la common ley, et orc per luy reuyse, corrygie, et augment. 1584. A que est annex loffice de Viscountes, Baylifes, Escheators, Constables, Coroners, &c., collect par Mounsier Fitzherb. *At London by Richard Tottell, — Imprinted at London..... by Rychard Tottel, An.* 1584, in-4. goth., 12 ff. prélim. texte fol. 1 à 227, et 1 f. pour les errata. [3050]

Une partie de l'ouvrage est en vieux français, tout aussi corrompu que celui du titre ci-dessus. Il en existe un assez grand nombre d'éditions.

Ant. Fitzherbert a publié un ouvrage considérable qui a pour titre : *Grand abridgmcnt of the common law*, vol. in-fol. en 3 parties.

Dibdin, *Typ. antiq.*, II, pp. 210 et 455, en décrit deux éditions : la première de 1514, impr. par Rich. Pynson ; la seconde de 1516 (*A° dñi millecimo quigētesimo sexto decimo*), laquelle aurait été imprimée pour Wynkyn de Worde, mais à l'étranger, et probablement en France, où les lois françaises étaient mieux comprises qu'ailleurs. Cet *Abridgement* a été réimpr. à Londres, en 1565 et en 1577, in-fol. Selon le même bibliographe, on attribue à Fitzherbert un petit ouvrage intitulé *Diuersite de courtz et leur jurisdiction et alia necessaria*, London, per me Rob. Redman, 1522, in-16, livre dont il cite plusieurs édit., de 1525, 1526, 1528, etc., en faisant observer que la date de 1522 doit être inexacte, parce que dans le volume qui la porte il est fait mention d'un statut rendu seulement en 1529.

Le GRAVNDE ABRIDGEMENT de Rob. Brooke, *Lond.*, 1568, 1570, etc., in-fol., est basé sur l'ancien ouvrage de Fitzherbert ci-dessus.

Les deux ouvrages suivants, du même magistrat, sont plus précieux que ses écrits sur le vieux droit anglais :

— Here begynneth a new tracte or treatyse moost profytable for all Husbandemen : and a very frutefull for all other persons to rede : — thus. endeth the boke of Husbandrie. *Imprinted at London in flete strete by Rycharde Pynson.....* (1522), in-4. goth. fig. en bois. [6330]

Première édition de cet ouvrage, qui est le plus ancien livre d'agriculture écrit en anglais que la presse ait produit.

— HERE begynneth a ryght frutefull mater. and hath to name the boke of surueyeng and improumētes. — *Imprinted at London in fletestrete by Rychard Pynson; printer to the kynges noble grace, The ycre of our lorde god.* M.D.XXIII. *the xv day of July*, in-4. goth. fig. en bois. [6330]

Il est dit dans le prologue que le *Book of Husbandry* a précédé celui-ci. Les deux unis ont été portés à 15 liv. sterl. à la vente Heber. Ce célèbre bibliophile les avait payés 20 guinées, sans la reliure en *mar.* par Lewis, qui lui avait coûté 3 liv. Pour les autres éditions de ces deux ouvrages, consultez le Manuel de Lowndes, 2e édit., p. 804.

FLACCHIO. Généalogie de la maison Latour-Tassis. *Bruxelles*, 1708, 3 vol. gr. in-fol., avec portraits et blasons. [28901]

Vend. 28 fr. et 80 fr. 1re et 4e vente de la Librairie De Bure ; 58 fr. de Martainville.

FLACCUS (Valerius) et Flaccus (Verrius). Voy. FLACCUS.

—————————————

Fitz-Stephen (*Will.*). Description of London, 27084.

FLACE (*René*). Catéchisme catholique et sommaire de la doctrine chrétienne. *Au Mans, Marin Chalumeau*, 1576, pet. in-8. de 10 feuilles.

Avant de donner ce catéchisme en vers français, dont la rareté fait le seul mérite, il en avait donné un autre en vers élégiaques latins, sous ce titre : *Catechismus catholicus, in quo discipulus Doctorem interrogat authore Renato Flacœo, Parisiis*, G. Buon, 1574, in-8. ; plus tard il y ajouta : *Catechismi catholici pars posterior, Cenomanis, H. Olivier*, 1590, pet. in-8. On lui doit aussi : *De admirabili Ascensione Christi carmen panegyricum. Cenomanis, H. Olivier*, 1591, pet. in-8., et selon La Croix du Maine, *des Prieres tournées de latin en vers françois, au Mans, Martin Chalumeau*, 1582, pet. in-8. Le même bibliographe nous apprend que René Flace a écrit plusieurs tragédies et comédies françaises non encore imprimées, et entre autres une tragédie d'*Elips, comtesse de Sabery en Angleterre*, qui fut représentée publiquement au Mans, au mois de juin 1579. Quant à la chanson que notre poète fit en l'honneur de ladite comtesse, elle a été impr. au Mans, chez Marin Chalumeau, en 1579. La Croix du Maine, qui publiait sa Bibliothèque en 1583, n'a pu citer l'opuscule de René Flace ayant pour titre : *Copie d'une lettre écrite par le curé de la Culture a vng sien confrere touchant le dernier concile de Tours, au Mans*, 1592, petit in-8.

FLACHAT (*E.*). Traité de la fabrication du fer, envisagé sous les rapports chimiques, mécaniques et commercial, par E. Flachat, A. Barrault et J. Petiet. *Paris, Mathias*, 1842-46, 3 part. in-4. [10227]

L'ouvrage complet forme 1484 pages de texte, avec 136 tableaux et beaucoup de figures dans le texte, et avec un atlas de 92 pl. 200 fr.

FLACIUS Illyricus, vulgo Francowitz (*Matth.*). Missa latina, quæ olim ante romanam, circa 700 domini annum in vsu fuit, bona fide ex vetusto codice descripta; item, quædam de vetustatibus missæ scitu valde digna : adiuncta est Beati Rhenani præfatio in missam Chrysostomi a Leone Tusco, anno domini 1070 versam (edente Mat. Flacio Illyrico). *Argentinæ, Mylius*, 1557, in-8. de 117 pp., plus le titre. [688]

Édition devenue très-rare ; vend. 290 fr. *m. viol. d. de mar. citr. à compart.* Gaignat ; 100 fr. d'Hangard ; 84 fr. Duquesnoy ; 108 fr. de Servais ; 140 fr. d'Ourches ; 170 fr. Mac-Carthy ; et avec le Sulpitius Severus, 82 fr. Nodier ; 61 fr. librairie De Bure.

Les exemplaires dans lesquels la préface et l'appendice, pp. 103-117, manquent, n'ont presque pas de valeur.

— Voyez SEVERUS (Sulpicius).

— DE SECTIS, dissentionibus, contradictionibus et confusionibus doctrinæ, religionis, scriptorum et doctorum pontificiorum liber. *Basileæ, per Paulum Queckum*, 1565, in-4. 24 ff. prélim., texte (pp. 49 à 344), plus 10 ff. pour l'index. [1878]

Vend. 24 fr. Gaignat ; 9 fr. *m. r.* La Valliere ; 15 fr. Mac-Carthy.

— REFUTATIO invectivæ Bruni contra centurias historiæ ecclesiasticæ. *Basileæ, per Jo. Oporinum*, 1566, in-4. 4 ff. prélim., texte (pp. 9-280), et 10 ff. d'index. [21389]

27 fr. *m. r.* La Valliere ; 12 fr. Mac-Carthy.

— CATALOGUS testium veritatis, qui ante nostram ætatem pontifici romano, ejusq. erroribus reclamarunt, cum præfat. Flacii Illyrici. *Argentinæ*, 1562, et (in fine) : *Basileæ, ex offic. Joan. Oporini*, pet. in-fol. 6 ff. prélim., texte 586 pp., index, 6 ff. appendice, pages 2-58. [1874]

Vend. 24 fr. *m. r.* La Valliere.

L'édition de Bâle, *Joan. Oporinus*, 1556, in-8. de 16 ff. prélim. et 1095 pp., 9 fr. *m. r.* Ibid.

Réimpr. par les soins de J.-Ch. Dieterich, avec un *auctarium*, Francof., 1666-67 (ou nouveau titre 1672), in-4. L'édition de *Lyon*, 1597, 2 vol. in-4., donnée par Simon Goulart, est tellement changée, que c'est pour ainsi dire un nouvel ouvrage; elle a été réimpr. à Genève, 1608, in-fol. Très-bas prix.

Voici le titre d'un ouvrage qui a été opposé par un catholique au *Catalogus* de Flacius Illyricus :

CATALOGUS testium veritatis locupletissimus, omnium orthodoxorum matris ecclesiæ doctorum, qui adulterina ecclesiæ dogmata, etc., impugnarunt, variaque scriptorum monumenta reliquerunt seriem complectens, Guil. Eysengrein de Nemeto spirensi authore. *Dilingæ excudebat Sebaldus Mayer*, 1565, in-4.

— HISTORIA certaminum inter romanos episcopos, et sextam carthaginensem synodum, etc. de primatu seu potestate papæ. *Basileæ* (1554), in-8. [1872]

Volume rare, vend. 35 fr. *m. r.* Gaignat, et 7 fr. *mar. bl.* Chardin.

— ANTILOGIA papæ, hoc est de corrupto ecclesiæ statu, etc., scripta aliquot veterum authorum... nunc primum in lucem eruta & ab interitu vindicata (collectore Flacio Illyrico) cum præfatione Wolfg. Wissenburgi. *Basil., ex offic. Jo. Oporini*, 1555, in-8. de 12 ff. prélim., 787 pp., 4 ff. d'index et 1 f. pour la souscription. [2080]

24 fr. Gaignat; 15 fr. *mar. r.* La Valliere, et 17 fr. Mac-Carthy.

— OMNIA latina scripta hactenus sparsim, contra adiaphoricas fraudes et errores edita, et quædam prius non excusa. *Magdeburgi*, 1550, in-8.

11 fr. *mar. bl.* Mac-Carthy.

— SCRIPTA quædam papæ et monarcharum de concilio tridentino, cum præfat. Flacci Illyrici. *Basileæ* (*circa* 1554), in-8. 4 à 6 fr. [1873]

Vend. 16 fr. *m. r.* Gaignat, et 29 fr. Renouard.

— BREVES summæ religionis Jesu Christi et Anti Christi. *Magdeburgi*, 1550, in-8. de 14 ff. [1871]

Vend. 10 fr. *m. r.* Mac-Carthy; 16 fr. De Bure.

— SCRIPTUM contra primatum papæ, ante annos 120 compositum; item, Flacci Illyrici de eadem materia. (cum epistola inscripta *Magdeb.*, 1550), in-8. de 23 ff. [1875]

Vend. 19 fr. *m. r.* La Valliere.

On peut opposer à cet ouvrage un opuscule pet. in-4. de 22 ff., ayant un frontispice gravé avec ce titre : *Monarchia del Papa*, et pour souscription : *Stampato in Roma in campo di fiore per M. Antonio Blado alli xxiij. di Decembre* M.D.LI. (1551)

— CONTRE la principauté de l'Evesque Romain, par Mathias Flacc Illiricus. *Lyon, Ravot*, 1564, pet. in-8.

Cet opuscule n'est pas, comme nous l'avions cru, la traduction du *Contra papatum* de Luther (voy. LUTHER), mais bien celle d'une partie du *Scriptum* ci-dessus.

— APOLOGIA pro suis demonstrationibus in controversia sacramentaria, contra Theod. Bezæ cavillationes. 1566, in-8. [1881]

On joint à ce vol. une pièce de 8 ff. intitulée : *Repetitiones apologiæ M. Flacci Illyrici*, Jenæ, 1566; vend. en *m. r.* 17 fr. Gaignat; 6 fr. Mac-Carthy; 8 fr. De Bure.

Cette *Apologia* se rapporte à l'ouvrage du même théologien luthérien, intitulé :

FLACII Illyrici Demonstrationes xxx de præsentia et distributione corporis et sanguinis Christi in sacra cœna. *Urcellis*, N. *Henricus*, 1565, in-8.

Les deux écrits ont été réimpr. avec deux autres, sous ce titre :

OMNES libelli hactenus in sacramentaria controversia editi. *Petri Brubachii typis*, 1567, in-8.

Volume d'environ 800 pp., lequel commence par *Fidelis admonitio de retinendo sacrosancta Jesu Christi Testamento incorrupto*, et se termine par *Appendix novas demonstrationes continens*, suivi d'un index général des matières. Un exemplaire en *mar. v. rel.* par Derome, est porté à 65 fr. dans le *Bulletin du Bibliophile*, 1857, p. 285.

— LIBER de occasionibus vitandi errorem in essentia injustitiæ originalis, etc. *Basileæ*, 1569, in-8. de 36 et 38 pp. [1882]

9 fr. *m. r.* La Valliere; 4 fr. Mac-Carthy.

— CARMINA vetusta ante 300 annos scripta, quæ deplorant inscitiam evangelii, etc. (edita cum præfatione Flacii Illyrici). *Witebergæ*, 1548, in-8. de 32 ff. sign. A—D. 5 à 6 fr. [12602]

Vend. 12 fr. d'Ourches.

— VARIA doctorum piorumque virorum de corrupto ecclesiæ statu, poemata, ante nostr. ætatem conscripta (cum præfat. Flacii Illyrici). *Basileæ, per Lud. Lucium* (1557), pet. in-8. de 494 pp., non compris le f. de souscription. [12605]

Volume rare et recherché : 21 fr. Méon; 24 fr. d'Ourches; 10 fr. *mar. r.* Chardin.

Ces différents ouvrages de *Francowitz*, auteur connu sous le nom de *Flacius Illyricus*, étaient beaucoup plus recherchés autrefois qu'ils ne le sont aujourd'hui, et ils n'ont conservé que très-peu de valeur; c'est pourquoi nous nous dispensons d'en indiquer ici plusieurs autres, qui, quoique vendus autrefois de 10 à 15 fr. chacun, ne valent pas maintenant 6 fr. par volume.

— Voy. CENTURIATORES, DIASSORINUS, et NAOGEORGUS.

FLACOURT (de). Dictionnaire de la langue de Madagascar, avec un petit recueil des noms et dictions propres, plus quelques mots du langage des sauvages de la baye de Saldagne; un petit catéchisme, etc., en françois et en cette langue. *Paris, Josse*, 1658, pet. in-8. 10 à 12 fr. [11947]

Vend. 22 fr. Langlès. — Le *Petit catéchisme franç. et madag.* imprimé séparément, *Paris*, 1657, pet. in-8., 6 fr. le même.

On a du même auteur :

HISTOIRE de la grande île de Madagascar. *Paris*, 1658 ou 1661, in-4. fig. 10 à 12 fr. [28455]

FLAMANG. Voy. FLAMENG.

FLAMEL (*Nic.*). Le grand éclaircissement de la pierre philosophale, pour la transmutation de métaux. *Amsterd.* (*Paris, Lamy*), 1782, in-12. [8948]

Livre peu de valeur, mais dont il y a plusieurs exemplaires impr. sur VÉLIN. Vend. tel 60 fr. Mac-Carthy; 32 fr. Chardin.

— Sommaire philosophique. Voyez LA FONTAINE (de).

FLAMEN (*Albert*). Icones diversorum piscium... Figures de plusieurs sortes de poissons, tant de la mer que de l'eau douce, desseignez et grauez sur le naturel par Albert Flamen peintre. 1664, *Paris, chez van Merlen*, in-4. obl. [5861]

Recueil de planches bien exécutées, et dont les bonnes épreuves sont rares et fort recherchées. Il doit contenir 6 parties, indépendamment du frontispice ci-dessus, savoir : *Diverses espèces de poissons de mer*, trois parties de 12 pièces chacune ; 2° *diverses espèces de poissons d'eau douce*, deux parties de 12 pièces chacune. Les premières épreuves sont pour ces cinq parties, avant les n°ˢ et avant l'adresse de Van Merlen ; 3° *diverses espèces de poissons, tant de mer que d'eau douce*, 7 pièces. Les premières épreuves de cette 6ᵉ partie sont avant l'adresse de Lagniet. On trouve quelquefois réunies à ce recueil diverses suites gravées par le même artiste, comme par exemple : *Diverses espèces d'animaux faits d'après nature* (*Quadrupèdes*), 7 pièces ; *Diversæ avium species*..... 1659, 13 pièces ; *Livre d'oyseaux, dédié à messire Gilles Fouquet*, 12 pièces ; *Veuë de divers paisages au naturel d'alentour de Paris*, 12 pièces, avec l'adresse de P. Mariette, etc., etc. L'œuvre entier de A. Flamen, composé de 584 pièces, est amplement et, autant que nous en pouvons juger, fort exactement décrit dans le 5ᵉ vol. du *Peintre-graveur français* de M. Robert-Dumesnil.

— Devises et emblêmes d'amour moralisez, gravées par A. Flamen. *Paris, Olivier de Varennes,* 1653, pet. in-8. [18597]

Cinquante gravures à l'eau-forte, composées avec esprit, et de plus un frontispice gravé, où, après le nom de Flamen, on lit : *Louis Boisseuin excud...* Il y a des exemplaires avec un titre imprimé, sous la date de 1658 : on y a conservé le frontispice de 1653. Il y a aussi une édition de Paris, *Gervais Clousier,* 1666, et enfin une de *Paris, Est. Loyson,* 1672, in-12. Dans cette dernière, les planches n'ont pas de texte imprimé au verso. La première édition est assez recherchée : 10 à 12 fr. — A l'article CHESNEAU (*Aug.*), nous avons parlé d'un autre recueil d'emblèmes, gravé par A. Flamen, et qui a pour titre : *Orpheus eucharisticus.* Il en existe un troisième en 52 pièces, et qui a été composé pour le livre intitulé :

LA VIE SYMBOLIQUE du bienheureux François de Sales, evesque et prince de Genève, comprise sous le voile de 52 emblèmes qui marquent le caractère de ses principales vertus, etc., par Adr. Gambart. *Paris,* 1664, in-12.

FLAMENG. Deuote exhortacion pour auoir crainte du grãt iugement de dieu cõpose par venerable ɀ discrete psõne maistre Guillaume flameng chanoine de Langres. (*sans lieu ni date*), pet. in-4. goth. de 6 ff., avec 2 grav. en bois sur le premier. [13311]

Pièce en 27 strophes de 8 vers de 10 syllabes : 35 fr. *m. v.* Crozet ; 27 fr. Baudelocque.

LA VIE et passion de monseigneur sainct Didier, martir et évesque de Lengres, jouée en ladicte cité en lan mil CCCC XX et deux, composé par venerable et scientifique personne maistre Guillaume Flamang, chanoine de Lengres ; publiée pour la première fois d'après le manuscrit de la bibliothèque de Chaumont, avec une introduction et un glossaire par J. Carnandet. *Chaumont, et à Paris, chez Techener,* 1855, in-8. de XL et 458 pp. 6 fr.

— Voy. VIE DE S. Bernard.

FLAMINII (*Mar. - Ant., Jo. - Ant.* et *Gabr.*) Carmina , edente Fr. Mancurtio. *Patavii, Jos. Cominus,* 1743, in-8. 3 à 5 fr. [12690]

Il manque dans cette édition, ainsi que dans celle de 1727, donnée par le même *Comino,* quatre pièces de M.-Ant. Flaminio, qui se trouvent dans l'édition

des poésies de Marulle et de Flaminio. *Fano,* 1515, in-8., et que Crevenna a fait réimprimer dans son premier catalogue, tome III, page 262.

— M. ANT. FLAMINII epistolæ familiares, nunc primum editæ et argumentis, notis, auctoris vita, aliisque accessionibus illustratæ a D.-J. Capponi. *Bononiæ,* 1744, in-4. 6 à 9 fr. [18786]

FLAMINIUS (*Mar.-Ant.*). Carminum sacrorum libellus elegantissimus. *Patavii, Jos. Cominus,* 1743, in-8. [12691]

Les Volpi n'ont fait tirer que 50 exemplaires de cet opuscule de 24 pp. Il s'en est fait une réimpression dans l'imprimerie de Comino, et sous la même date; mais on reconnaît l'édition originale à la dernière page, qui ne doit contenir que les armes de Volpi et la date. Cette même page a de plus, dans la réimpression, cinq lign. de l'index. Les anciennes éditions des poésies sacrées de Flaminius ont peu de valeur.

— LES DIVINES poésies de Marc.-Ant. Flaminius, mises en françois, avec le latin, répondant l'un à l'autre ; avec plusieurs sonnets et cantiques, ou chansons spirituelles pour louer Dieu (par Anne de Marquetz). *Paris, Nic. Chesneau,* 1568 (aussi 1569), in-8. 20 fr. Veinant.

L'auteur de cette traduction a mis son nom au bas de l'épître dédicatoire d'un recueil de sonnets impr. en 1562 (voy. SONNETS), et qu'on lui attribue ; cette dame a aussi composé 380 sonnets spirituels qui ont été publiés après sa mort par Marie de Fortia, religieuse, sous le titre suivant :

SONNETS spirituels de feue tres vertueuse et tres docte dame sœur Anne de Marquetz, religieuse à Poissy, sur les dimanches et principales solemnités de l'année. *Paris, Cl. Morel,* 1605, pet. in-8.

— COMPENDIO della volgar gramatica di Marcantonio Flaminio. *Bologna, Hicron. Benedetti,* 1521, in-8.

FLAMSTEED (*Joan.*). Historia cœlestis britannica, complectens stellarum fixarum necnon planetarum omnium observationes, etc. *Londini,* 1725, 3 vol. infol. [8329]

Ouvrage estimé et peu commun en France ; il indique la place de 2934 étoiles. Vend., avec l'atlas, 72 fr. La Valliere ; 20 flor. Meerman ; 40 fr. Labey, sans l'atlas, et 19 fr. Delambre.

La première édition de 1712, 1 vol. in-fol. fig., publiée par le Dʳ Halley, sans le consentement de Flamsteed, indique seulement 2680 étoiles ; elle est à bas prix.

— Atlas cœlestis Flamstedii. *Londini,* 1729, en 25 cartes, ou 1753, en 28 cartes, gr. in-fol. [8355]

Cet atlas, que l'on joint ordinairement à l'ouvrage précédent, a été surpassé par celui de Bode : vendu 24 fr. De Lalande ; 33 fr. édit. de 1753, Delambre, et 30 fr. 50 c. Labey.

ATLAS céleste de Flamsteed, réduit et publié par Fortin ; 3ᵉ édition augmentée. *Paris,* 1795, in-4. 6 à 9 fr.

N'oublions pas d'indiquer ici *An account of the rev. John Flamsteed,* London, 1835, in-4. de 672 pp., ouvrage rédigé sur les propres manuscrits de cet astronome, et d'après documents authentiques encore inédits, auxquels on a joint le catalogue britannique des étoiles, corrigé et augmenté par Fr. Baily, et en 1837 un supplément.

FLANDIN. Voyage en Perse, de MM. Eugène Flandin, peintre, et Pascal Coste,

Flaminio des Sale. Voy. Sale.

Flandin (*Ch.*). Traité des poisons, 7409.

architecte, attachés à l'ambassade perse, en 1840 et 1841. *Paris, Gide*, 1843-54, 6 vol. in-fol. [20618]

Ce bel ouvrage a été publié sous la direction de MM. Eugène Burnouf, H. Le Bas et Ach. Leclère. On y réunit la relation d'un voyage en Perse en 1840 et 1841. *Paris, Gide*, 1851, 2 vol. gr. in-8.

Les planches forment 72 livraisons au prix de 20 fr. chacune : un exemplaire complet 400 fr. Rébilliot.

— L'Orient, par Eugène Flandin. *Paris, Gide et Baudry*, 1856 et ann. suiv., gr. in-fol. [27986]

Cet ouvrage aura trois volumes répartis en 30 livr. de 5 pl., à 10 fr. par livr. Le premier volume est *au jour* et il contient 50 pl. sur le Bosphore, Constantinople, Scutari, les Dardanelles et Smyrne.

— Monuments de Ninive. Voy. BOTTA.

FLANDRE (la), poème à Monseigneur, plus XIV sonnetz françoys et quelques vers latins. *Anvers*, 1582, pet. in-8. [13962]

Catal. de La Valliere par Nyon, 16121.

FLAUTI (*Vinc.*). Opere, cioe : gli elementi di Euclide, il primo libro di Archimedo della sfera e del cilindro, le sezioni coniche di Felice Giannattasio, e il trattato analitico delle sezioni coniche di Nic. Pergola da V. Flauti emendati, con note ed aggiunte : e l'analisi algebrica e la trigonometria dello stesso Flauti. *Napoli*, 1827, 7 tom. en 5 vol. in-4. 120 fr. [7840]

Porté dans un catal. de Jos. Molini, Florence, 1840. Voir les n°* 7923, 7951 et 7990 de notre table.

FLAVIN (*Melchior* de), religieux cordelier, prédicateur, etc. De l'estat des âmes après le trépas, comment elles vivent estant séparées du corps, et des purgatoires qu'elles souffrent en ce monde et en l'autre, après icelle séparation. *Tholose, Jacq. Colomiez*, 1563, in-4. [1249]

Cet ouvrage singulier a été réimpr. à *Paris, chez Guil. Chaudiere*, en 1579, et aussi à *Arras, chez Gilles Baudouin*, 1605, in-8., avec une épitre dédicatoire de l'imprimeur. L'auteur avait déjà donné un écrit intitulé : *Remontrance de la vraie Religion, au roy*, Paris, Nic. Chesneau, 1562, in-8. Plus tard il en publia un autre sous ce titre : *De la préparation à la mort*, en trois traités. *Tholose, par Arnauld et Jacques Colomiez*, 1570, in-4.

FLAVIN (de La Roche). Voy. LA ROCHE.

FLAVIUS Blondus. Voy. BLONDUS.

FLAXMAN (*John*). Lectures on sculpture as delivered by him before the royal Academy, with a brief memoir of the author.

London, Murray, 1829 (aussi London, H. Bohn, 1838), gr. in-8., avec 54 pl. 2 liv. 2 sh. [9674]

— THE ILIAD and Odyssey of Homer, engraved by Th. Piroli, from the composition of Flaxman. London, 1795, in-fol. obl. 64 pl. [9479]

En 1804, il a paru à *Londres*, chez *Longman*, une nouvelle édition de cette suite, augmentée de 11 pl.; les 75 fig. étaient annoncées à 4 liv. 4 sh., prix qu'elles ne conservent pas.

— COMPOSITIONS from the tragedies of Æschylus, designed by John Flaxman, engraved by Piroli. London, 1795, in-fol. obl. 31 pl. 20 à 25 fr. [9480]

Ces figures se trouvent ordinairement insérées dans l'*Eschyle* de 1795 (voy. ÆSCHYLUS).

— THE THEOGONY, Works and the Days of Hesiod, engraved from the composition of Flaxman by J. Blake. *London*, 1817, in-fol. obl. 37 pl. 2 liv. 12 sh. 6 d. [9480]

Les suites de Flaxman pour l'Iliade et l'Odyssée, pour l'Eschyle et pour l'Hésiode, ont été regravées à Paris par Netot-Dufresne; cette copie, qui s'est publiée en 4 part. in-fol. obl., au prix de 48 fr., a contribué à faire tomber le prix des éditions originales, mais n'a pas conservé le sien. Les mêmes suites d'après l'édit. de Londres ont été reproduites à Florence, chez Piazzini, 1826, en 140 pl. in-fol. : 25 fr. Boutourlin; et Riepenhausen a donné la suite homérique à Gottingue, 1803-4, in-fol., en 64 pl.

— A SERIES of engravings to illustrate Dante, engraved by Piroli, from the composition of J. Flaxman. *London*, in-fol. [9481]

Recueil de 111 planches pour l'Enfer, le Paradis et le Purgatoire; on y a joint la description en italien, et les passages correspondants traduits en anglais par M. Boyd : 36 à 40 fr. Une autre édition de ces gravures a été donnée en 1802, en un vol. in-4. obl., sous le titre de *La divina comedia di Dante*. 11 à 24 fr. en 1819. — Une troisième édition des figures pour Dante a paru sous le titre d'*Atlante Dantesco*, Milano, Batteli, 1822, in-4. obl.; elle est due à Ph. Pitrucci, qui y a ajouté plusieurs morceaux de sa composition, ce qui porte à 127 le total des planches. Ces différentes compositions de Flaxman ont été aussi grav. à Paris, par M. Reveil, en 268 pl. qui se divisent en 8 part. gr. in-8. 26 fr.

FLAYDERUS (*Frid.-Hermannus*). Imma portatrix, comœdia nova et consultoria; item musæ seriojocosæ. *Tubingæ, typis Theod. Werlini*, 1625, pet. in-8. de 5 ff. et 152 pp. [16174]

Vend. 5 fr. m. r. Bonnier; 25 fr. Courtois, et 5 fr. 50 c. de Soleinne.

— LUDOVICUS bigamus, comœdia nova et festiva, acta in illustri collegio Tubingæ, anno 1625, 25 Augusti. *Tubingæ, typis Theodor. Werlini*, 1625, in-8. de 4 ff. et 154 pp. 15 fr. de Soleinne.

Pièce plus difficile à trouver que la précédente, laquelle, comme celle-ci, fut représentée au collége de Tubingue.

— DE ARTE volandi; cujus ope quivis homo, sine periculo, facilius quam ullum volucre, quocunque lubet semet ipsum promovere potest; authore Hermanno Flaydero. (*Tubingæ*), 1627 seu 1631, pet. in-12. 4 à 6 fr. [4302]

FLEAU (le) de Henry soy disant roy de Navarre lequel avec vives raisons il est chassé de la couronne de France, qu'impiement et tyranniquement il se veut usurper. *Paris, Guill. Faudiere*, 1589, pet. in-8. de 45 pp., la dernière non chiffrée. [23604] (Voir la col. 1283.)

Une rel. de Derome en *mar. r.* a fait porter à 100 fr. l'exempl. de cet opuscule appartenant à M. Renouard, tandis que celui de M. Coste a été abandonné pour 1 fr.

FLÉAU des Démons. Voy. BODIN.

FLÉAU (le) des putains et des courtisannes. *Paris, Jacq. Le Roy*, 1612, pet. in-8. de 22 pp. [1346]

Opuscule rare : 10 à 12 fr. Pour un opuscule italien sur le même sujet, voy. MASSINONI.

FLÉCHIER (*Esprit*). Ses Œuvres, avec une notice sur sa vie et ses ouvrages par A.-V. Fabre de Narbonne. *Paris*, 1825-28, 10 vol. in-8. portr. 25 fr. [19036]

Édition impr. en plus gros caractères que celle de Nîmes, 1782, 5 tom. en 10 vol. in-8. (30 fr.), avec les notes de l'abbé Ducreux, mais beaucoup moins complète, comme on peut le voir dans la nouvelle *France littér.*, III, 131.
Une édition des œuvres de Fléchier, précédées de sa vie et accompagnées de notes par M. Menard, était sous presse à Paris, chez Ballard, en 1761, mais il n'en a été imprimé que le premier volume in-4. et une partie du tome second, où se trouve le commencement de *la Relation des grands jours d'Auvergne*. Ces fragments ayant été en grande partie détruits, il est fort difficile de se les procurer. 30 fr. 50 c. Monmerqué.
M. l'abbé Migne a publié une nouvelle édition des œuvres complètes de Fléchier, *au Petit-Montrouge*, en 1856-57, en 2 vol. gr. in-8. 14 fr.

— Oraisons funèbres composées par M. Esprit Fléchier; troisième édition. *Paris, Ant. Dezalliere*, 1691, 2 vol. in-12. 10 à 15 fr. [12191]

50 fr. *m. v.* Ch. Giraud.
Première édition complète. Celles de 1680 et 1681, in-4. et in-12 ne le sont pas. La quatrième, *Paris, Grég. Dupuis*, 1699, 2 tom. en 1 vol. in-12, n'est pas moins belle que celle de 1691.
Chacune de ces oraisons funèbres avait d'abord paru séparément, de format in-4, à Paris, *chez Séb. Mabre Cramoisy et chez Ant. Dezallier*, aux époques où elles furent prononcées, c'est-à-dire de 1672 à 1690. Les sept pièces rel. en 1 vol. *mar. r.* 180 fr. Ch. Giraud ; 151 fr. Solar.
— ORAISONS funèbres de Fléchier, suivies des oraisons funèbres de Turenne par Mascaron, et du prince de Condé par Bourdaloue. *Paris, Lefèvre* (*imprim. de J. Didot*), 1826, gr. in-8. portr. 5 fr.
— très Gr. Pap. vél. 15 à 20 fr. [12191]
40e vol. de la collection des classiques français.
Nous citerons encore l'édit. de *Paris, J. Didot*, 1824, in-8., de la collection des meilleurs ouvrages de la langue française ; celle de *Paris, Werdet*, 1827, in-8. portr., avec les notes de tous les commentateurs, et enfin celle des collections de *Lefèvre*, et de *De Bure*, 1825, et 1826, in-32 (voy. BOSSUET).

— Histoire de Théodose le Grand. *Suivant la copie impr. à Paris* (*Hollande, au Quærendo*), 1681, in-12. [22983]

Cette édition a du rapport avec les impressions elseviriennes, et c'est ce qui lui donne quelque prix aux yeux des amateurs de ces sortes de livres : 5 à 6 fr. Vend. 24 fr. *cuir de Russie*, Nodier, en 1827. — La belle édition de *Paris, Cramoisy*, 1679, in-4., dont il y a du Gr. Pap., quoique selon nous bien préférable à celle de 1681, ci-dessus, n'a pas un haut prix, non plus que les nombreuses réimpressions du même ouvrage faites à Paris, dans le format in-12.
L'*Histoire du cardinal Ximenès*, du même auteur,

Paris, Jean Anisson, 1693, in-4. [26044] n'a qu'un prix fort médiocre, et cependant un exempl. en Gr. Pap. rel. en *mar. r.* aux armes de Bossuet, a été payé 100 fr. à la vente De Bure.
MÉMOIRES de Fléchier sur les grands jours tenus à Clermont, en 1665-66, publiés par B. Gonod. *Paris, Porquet* (*imprimerie de Thibaud Landriot à Clermont*), 1844, gr. in-8. [24660]
Cet ouvrage était devenu rare et se vendait 30 fr. et plus ; mais il a été réimpr. par les soins de M. Chéruel et avec une notice de M. Sainte-Beuve : *Paris, L. Hachette et C*, en 1856, in-8. 7 fr. 50 c. Il a été tiré 100 exemplaires sur Gr. Pap. collé et numérotés à la presse au prix de 15 fr.
EXAMEN critique des mémoires attribués à Fléchier, par M. le comte de Resie. *Clermont*, 1845, in-8.
— LETTRE pastorale de Mgr l'évêque de Nîmes, au sujet de la croix de saint Gervasi. *Lyon, Ant. Molin*, 1707, pet. in-12 de 35 pp. Opuscule peu commun.
— Panégyriques, 1447.

FLEETWOOD (*Guill.*). Inscriptionum antiquarum sylloge. *Lond.*, 1691, in-8. 4 à 6 fr. [29915]

— Chronicon preciosum : or an account of english money. *London*, 1745, in-8. [27068]

Cette édition se paye environ une guinée en Angleterre ; mais celle de 1707, in-8., est moins chère.

FLEGETONTE. La Cryselia de Lidaceli, fameusa y verdadera historia de varios acontecimientos de Amory y armas, con graciosas digressiones de encantamientos, y colloquios pastorales, del capitan Flegetonte (Flegoni) comico inflammado. *Paris, Cottereau*, 1609, in-12. [17590]

Sorte de parodie des Amadis. Elle a été traduite en français sous le titre de *La Cryselie de Lidaceli...* etc. *Paris*, 1609, in-12. L'édition du texte espagnol est portée sous le n° 10388 du catal. de La Vallière-Nyon. Ce roman a été réimpr. à Madrid en 1720, in-8.

FLEISCHER (*Henr.-Orthobius*). Catalogus codd. mss. orientalium Bibliothecæ regiæ dresdensis : accedit Fr.-Ad. Ebert catalogus codd. mss. oriental. bibliothecæ ducalis guelferbytanæ. *Lipsiæ, Vogel*, 1831, pet. in-4. [31419]

FLEMING (*Abr.*). Verborum latinorum cum græcis anglicisque conjunctorum locupletissimi commentarii. *Londini*, 1583, in-fol. [10859]

Volume de 1153 pp. à 2 col. non compris les pièces préliminaires. Il est fort peu connu en France. 5 liv. 2 sh. 6 d. Perry.

FLEMING a Kaskis. Res in Finnia qui mutarint et variarint per octennium a morte Joannis III, Sueciæ regis, breviter et vere narratum. (*absque loco*), 1603, in-4. [27702]

Livre si rare qu'en Suède même on n'en connaît, dit-on, que deux exemplaires (Ebert, 7626).

FLEMING et Tibbins. Grand dictionnaire français-anglais et anglais-franç. *Paris, F. Didot*, 1840-41, 2 vol. in-4. 48 fr. [11337]

FLEMING ou Flaming. Voy. FLAMING.

FLEMINGI hiberni (*Patricii*) collectanea sacra, seu S. Columbani, hiberni abbatis, necnon aliorum aliquot e veteri itidem Scotia seu Hibernia antiquorum sanctorum acta et opuscula, nusquam antehac edita, per Th. Sirinum recens castigata et aucta. *Lovanii*, 1667, in-fol. de 15 ff. non chiffrés et 454 pp.; y compris l'index. [22077]

Livre très-rare, porté à 40 liv. dans la *Biblioth. heber.*, 1, n° 2874, mais vendu depuis 22 liv. Evans, en 1840; 16 liv. 10 sh. Bright; 14 liv. Horner.

FLEMMYNG (*Rob.*). Voy. LUCUBRACIUNCULÆ tiburtinæ.

FLETCHER (*Giles*). Of the Russe common wealth, or manner of gouernement of the Russe emperour (commonly called the Emperour of Moscouia) with the manners, and fashions of the people of that country. *London, by T. D. for Thomas Charde*, 1591, pet. in-12 de 116 pp. [27729]

Édition originale contenant une dédicace à la reine Elisabeth, qui n'a pas été réimpr. dans les édit. de Londres, 1643 et 1657, in-12. Celle de 1591, qui fut supprimée par ordre de la reine, s'est vend. jusqu'à 2 liv. 10 sh. Hanrott. L'ouvrage a été réimpr. en 1856 pour l'*Hakluyt Society*.

FLETCHER (*Robert*). The nine english Worthies : or famous and worthy princes of England, being all of one name; beginning with king Henry the first, and concluding with prince Henry eldest sonne to our soueragne lord the king. *London, John Harrison*, 1606, in-4. fig. en bois, sign. A—K. [15768]

Ouvrage en prose et en vers, devenu très-rare. Vend. 18 liv. 7 sh. 6 d. Saunders, en 1818; 37 liv. 10 sh. Bindley, seulement 7 liv. 10 sh. Hibbert, mais 20 liv. Jolley, en 4843.

FLETCHER (*J.*). Voy. BEAUMONT.

FLEUR (la) de poesie francoyse, recueil joyeulx contenant plusieurs huictains, dixains, quatrains, chansons, et aultres dictez de diuerses matieres mis en notte musicalle par plusieurs autheurs, et reduictz en ce petit liure. 1543. *On les vend a Paris, en la rue neufue nostre dame a lenseigne de lescu de France, par Alain lotrian*, pet. in-8. de 64 ff. non chiffrés, lettres rondes. [13629]

Volume orné de vignettes en bois, dont plusieurs passablement lestes : les mêmes sujets sont répétés. Malgré ce que porte le titre, les airs ne sont pas notés. Ce livret est fort rare.

FLEUR (la) de toute ioyeusete; contenant epistres, ballades et rondeaulx ioyeux et fort nouueaulx. (*sans lieu ni date*), pet. in-8. goth. [13634]

Petit recueil très-rare de cette édition, probablement impr. à Paris, vers 1530. Il se compose de 56 ff., sous les signat. A—G, y compris le titre et le f. de la fin où se voit, au recto, un cavalier armé de toutes pièces, et au verso, trois folies avec la devise *tout vient a bien qui peut attendre*. Il y a deux autres éditions de ce livre, *Paris*, 1538 ou 1540, in-16, en lettres rondes (voyez PETIT traicté).

— La Fleur de toutes joyeusetez. contenant epistres, ballades et rondeaulx tres recreatifz joyeulx et fort nouueaulx. Et auec plusieurs nouuellement composez et adioustez. On les vend a Lyon en la maison de feu Bernabe Chaussard, pres nostre dame de Confort. (au verso du dernier f.) : Cy fine la fleur de toutes joyeusetez. *Imprimes a Lyon.* M.D.xlvi, pet. in-8. goth. de 64 ff. non chiffrés, sign. A.—H. titre en rouge.

Édition non moins rare et plus complète que les précédentes. Voy. RECUEIL de tout soulas.

FLEUR (la) de toutes les plus belles chansons qui se chantent maintenant en France, tout nouuellement faites et recueillies. *Imprimé à Paris*, 1600, in-24 de 421 pages, dont 10 pour la table. [14284]

Joli recueil, d'une grande rareté. Il en existe une autre édition de Paris, 1614, également sans nom de libraire, et de format in-24, laquelle a 417 pp., plus 12 pp. pour la table : elle est un peu moins belle que la première.

FLEUR (la) de vertu, auquel est traicte de l'effet de plusieurs vertus et vices contraires a icelles, en induysant a propos les dictz et sentences des sainctz docteurs et philosophes, traduycte de vulgaire italien en langaige francoys. *Imprime a Paris. On les vend en la boutique de Galiot du Pre*, 1530, pet. in-8. goth., avec fig. en bois. [3809]

C'est la traduction du *Fiore di virtù* ci-dessus : vend. 2 liv. 10 sh. *mar. bl.* Heber; 24 fr. 50 c. Nodier. Réimpr. à Paris : *On les vend en la boutique de Jehan Longis.* (à la fin) : *Imprime a Paris pour Denys Ianot*, 1532, pet. in-8. de 99 ff. chiffrés, avec fig. sur bois; en mar. r. 19 fr. 50 c. Veinant.

FLEUR des antiquités. Voy. CORROZET.

FLEUR des batailles. Voy. DOOLIN.

FLEUR (la) des chansons. Les grans chansons nouuelles qui sont en nombre cent et dix, ou est coprinse la châson du roy, la châson de Pavie, la châson que le roy fit en Espaigne, la châson de Rome, la chanson des Brunettes et te remutu, et plusieurs aultres châsons. — *Cy finis-*

sent plusieurs belles chansons nouuel-
lemēt imprimees (vers 1530), pet. in-8.
goth. de 32 ff. [14257]

Recueil fort rare, qui renferme plusieurs chansons
joyeuses. Vend. 45 fr. en mars 1815 ; 5 liv. 14 sh.
Lang, ensuite porté à 350 fr. dans le Bulletin de
Techener, et serait encore plus cher aujourd'hui.
Les chansons qui le composent, ainsi que celles du
recueil donné en 1586, ont été réimprimées dans la
collection de facéties publiée sous le titre de JOYEU-
SETEZ. Un exemplaire de cette réimpression, sur
VÉLIN, 36 fr. en 1839.

La Fleur des chansons a encore été réimpr. à Gand,
chez Duquesne, en 1856, in-16 tiré à 170 exempl.,
2 fr. 50 c. ;—20 en pap. fin, 4 fr., et plusieurs en pap.
vélin de couleur.

FLEUR (la) des chansons amoureuses ; où
sont comprins tous les airs de court, recueillis aux cabinets des plus rares poètes
de ce temps. *Rouen, Adrian de Lau-*
nay, 1600, in-12. [14283]

Recueil devenu rare.

FLEUR (la) des chansons noūuelles. *Lyon,*
par Ben. Rigaud, 1586, in-16 de 87 ff.,
y compris la table. [14282]

Ce recueil diffère de celui qui porte le titre suivant :
LA FLEUR de plusieurs belles chansons nouvelles
tant d'amour que de guerre... *Lyon (sans nom*
d'imprimeur), 1596, in-16 de 64 pp. seulement.
L'un et l'autre se trouvent quelquefois réunis à d'autres du même genre, tels que : *Requiel* (sic) *de*
toutes les plus belles chansons, 1596, in-16. —
Voyez les articles JOYEUX bouquet ; —CABINET des
plus belles chansons ; — CHANSONS nouvelles fort
amoureuses, etc ; et notez que tous ces chanson-
niers sont devenus fort rares, et ont acquis depuis
quelques années une assez haute valeur.
FLEUR des chansons des plus excellents musiciens. Voy. LASSUS (*Orlande* de).

FLEUR (la) des commandemens. (au
dernier f.) : Cy fine le liure intitule la
fleur des commandemens de Dieu, auec
plusieurs exemples extraicts tāt des Escriptures sainctes que dautres docteurs
et bons anciens peres, lequel est moult
vtile a toutes gēs. Et a este nouuellemēt
imprime a Rouen par Jean le bour-
geois a līstāce de Pierre regnault li-
braire de luniuersite de Caen, leqͅel
fut acheue le xxie iour de iuillet Mil.
CCCC. LXXXXVI, pet. in-fol. goth. à 40
lig. par page. [1286]

Édition à peine connue, dont un exemplaire très-fati-
gué et auquel manquait le premier f. a été vendu
13 fr. seulement, catalogue d'un choix de livres
anciens (de M. Leprevost), Paris, décembre 1857,
n° 23. Au commencement du volume se trouvent
deux tables : la première en 4 ff. suivis d'un f. bl.
ayant au verso une grande pl. sur bois ; la seconde
en 22 ff. dont un bl. sign. A. B. C. Le texte a les signatures de a—hh, le plus souvent par 8 ; le dernier cahier n'a que 6 ff. Le verso du dernier porte
la marque de l'imprimeur. Les ff. de ce texte sont
chiffrés par le haut, de I à CXXIV, non pour indiquer l'ordre des feuillets, mais bien celui des histoires contenues dans le volume, lesquelles occupent le plus souvent deux feuillets, et quelquefois
quatre, comme la première, ou trois, comme la seconde. Plusieurs de ces histoires sont assez singulières et même, pourrait-on dire, facétieuses.

LA FLEUR des commandemens de Dieu, auec plusieurs exemples et autorites, extraites tant des
saintes ecritures que des docteurs et bons anciens
peres. *Paris, pour Ant. Verard*, 1499, le 6e iour
de septembre, in-fol. goth.
Cet ouvrage a été réimprimé à *Paris, par Nic. Des-*
prez, 1502 ; par *Guill. Nyverd*, 1516.
— LA FLEUR des commandemens de Dieu, *imprime*
a Paris, par Michel Trauers, le viiie iour de
nouembre mil cinq cens et douze, in-fol. goth. Sur
le titre, le nom de Fr. Regnault.
L'imprimeur Mich. Travers n'est pas dans le catalogue
des libraires de Paris donné par Lottin.
Aux préceptes contenus dans la première partie de ce
livre succède l'*exemplaire des commandemens de*
Dieu, offrant des histoires miraculeuses, pour la
plupart, et racontées fort naïvement.
— LA FLEUR des commandemens de Dieu, auec plusieurs exemples ē autorités, extraites tāt des sainctes escriptures que dautres docteurs et bons anciens
peres. Lequel est moult vtile ē prouffitable a toutes
gens. On les vēd a Paris par Philippe le Noir. (au
verso du dernier f., 2e col.) : Cy fine le liure intitule la fleur des commādemens de dieu... *Et a este*
nouuellement imprime a Paris par Anthoine
bonne Mere demourant en la rue Saict Jehan de
Beauuais lequel fut acheue lan mil cinq cens vingt
ē cinq. Pet. in-fol. goth., 14 ff. pour le titre et la
table, texte fol. I—clxviii ē 2 col. Un exemplaire
rel. en *mar. br.* 120 fr. Catal. de L. Potier, 1860.

Réimpr. à *Paris, par Nic. Cousteau*, en 1536 et en
1539, in-fol. goth.
La traduction anglaise par Andrew Chertsey, sous le
titre de *The Floure of Commandments of God*, a
été impr. par Wynkyn de Worde, en 1505, en 1509
et en 1521, in-fol. goth. à 2 col. fig. sur bois. Cette
dernière, dont les ff. sont cotés jusqu'au CCXI, doit
en avoir effectivement CCLXII, puisque les signatures vont jusqu'à X x 6, par six : elle a été vend.
17 liv. 17 sh. Bindley, et en *mar.* 26 liv. 10 sh.
Gardner, en 1854.

FLEUR (la) des patrons de Lingerie a deux
endroits, à points croisés, à point couché et à point piqué ; en fil d'or, fil d'argent et fil de soye ou aultre, en quelque
ouvrage que ce soit, en comprenant
l'art de broderie et tissuterie, ou tissote-
rie. *Lyon, Pierre de Sainte-Lucie*, 1549,
pet. in-4. goth. fig. [10261]

Livre curieux pour l'histoire de la fabrication des
étoffes et des broderies en France (Catalogue La
Vallière, en 2 vol., n° 2204). Peut-être est-ce le
même que celui dont voici le titre :
LIVRE nouueau dict patrōs de lingerie..... *On les*
vend a Lyon en la maisō de Claude nourry dict
le prince (et à la suite) : sensuyuēt les patrōs de
messire Anthoine Belyn Recluz de sainct Martial de
Lyon. Itē plusieurs aultres beaux patrōs.... inuentez par frere Jehā Mayol carmie de Lyō (suit la
marque de Claude Nourry, mais sans date), pet. in-4.
(chez M. Yéméniz). Au surplus, ce n'est pas le plus
ancien que nous ayons en ce genre, car on trouve
dans le catal. Picart, n° 445 :
LA FLEUR de la science de pourtraicture ; et patron de broderie, façon arabique et italique, *Paris*,
1530, in-4. [10260]
Dans un recueil très-curieux d'ouvrages du même
genre, que décrit le Catalogue d'Estrées, n° 8843,
nous remarquons le titre suivant : *Patrons de di-*
verses manieres, duisans a Brodeurs et Lingie-
res, etc. Lyon, in-4. goth. avec fig.
Pour d'autres livres analogues à ceux-ci, voy. les articles ESEMPLARIO, OSTRANS, VINCIOLO.

FLEUR (la) des sentences. Voyez COR-
ROZET.

FLEUR et manière des temps passés. Voy.
FASCICULUS temporum.

FLEUR et triomphe de cent et cinq rondeaux. Voy. RONDEAUX nouveaux.

FLEURS, fleurettes et passe-temps, ou les
divers caractères de l'amour honneste
(par Robert de Bonnecase de Saint-
Maurice). *Paris, Jacq. Cottin,* 1666,
pet. in-12. [17871]

Ouvrage singulier, dans lequel se trouvent des petits
romans entremêlés de facéties et de bouffonneries.
M. P. L. l'a fait bien connaître dans le *Bulletin du
Bibliophile,* 1858, p. 1242, où il a donné des détails
curieux sur l'auteur et ses divers écrits.

FLEURS (les) de la Somme angelique des
branches des sept pechez mortelz, translatés de latin en françoys. *Paris, Antoine Verard* (sans date), in-4. goth.
[1335] (Bibl. impér. D. 4671).

-- Les Fleurs de l'histoire de la terre d'O-
rient. Voy. à l'article HAYTON.

FLEURS (les) des plus excellens poètes de
ce temps. (Bertaud, Treslon, de Pibrac,
du Perron, Porcheres, etc.). *Paris,
Nic. et Pierre Bonfons (sans date,* ou
sous celle de 1599), pet. in-8., 4 ff.
prélim., y compris le frontispice gravé,
179 ff. et 3 pour la table. [13645]

Recueil dans lequel, après des cantiques religieux, se
trouvent des épigrammes obscènes : il est terminé
par les *Lagrime di Christo* de Torquato Tasso.

FLEURS du bien-dire, recueillies ès cabinet des plus rares esprits de ce temps,
pour exprimer les passions amoureuses... avec un amas des plus beaux traits
dont on use en amour... Plus un traité
inscrit l'orateur françois, dans lequel est
compris tout l'art de bien-dire, nouvellement imprimé en ceste troisième édition. *Paris, Matth. Guillemot,* 1600,
pet. in-12 de 4 ff. prélim. dont 1 bl. et
333 ff. chiffrés. [10971]

Cette troisième édition est beaucoup plus complète
que les deux premières, savoir : celle de *Langres,
Pierre La Roche,* 1598, pet. in-12 de 179 ff. ; vend.
35 fr. *mar. r.* Nodier, et 32 fr. Baudelocque; et
celle de *Paris, Guillemot,* même date, pet. in-12.
L'ouvrage a encore été réimpr. à *Langres* et à *Paris,
M. Guillemot,* 1603, pet. in-12. Cette dernière,
20 fr. *mar. r.* Courtois.
C'est par erreur, nous le croyons, qu'on a attribué
ce livre à Fr. Desrues, auteur de la *Marguerite
françoise,* ouvrage du même genre que celui-ci, et
qu'à la vérité son titre (dans l'édit. de 1603) annonce comme une *seconde partie des Fleurs de
bien dire.* En effet, l'épître dédicatoire des *Fleurs
de bien dire* est signée M. G. (c.-à-d. Matth. Guillemot) dans l'édit. de 1598, et A. D. M. B. dans celle
de 1600, ce qui ne saurait désigner *François Desrues, constancois* (voy. DESRUES).
Voici les titres de deux volumes dont le sujet paraît
avoir quelques rapports avec celui des *Fleurs du
bien dire :*
    TRÉSOR d'amour des lettres et de bien dire. *Pa-
ris, Bonfons,* 1600, pet. in-12.
    LE TRÉSOR d'amour. *Lyon, Ancelin,* 1602 ou
1606, pet. in-12.

— Voy. THRESOR ou plutôt TRÉSOR d'amour.

FLEURANGE (*Robert* de La Marck, de).
Ses Mémoires, impr. avec ceux de du
Bellay. Voir notre vol. 1er, col. 747-48.

FLEUREAU (*Bazile*). Les Antiquités de
la ville d'Estampes, avec l'histoire de
l'abbaye de Morigny et des remarques
qui regardent l'histoire générale de
France. *Paris, Coignard,* 1683, in-4.
24 à 30 fr. [24194]

Peu commun : vend. jusqu'à 40 fr. Delaleu.

FLEURIEU (*Ch.-Pierre* Claret de).
Voyage fait en 1768 et 69, pour éprouver en mer les horloges marines inven-
tées par Ferdinand Berthoud. *Paris,
impr. royale,* 1773, 2 vol. in-4. fig. 10
à 15 fr. [19935]

— Découvertes, 21145.

— Neptune du Cattégat et de la Mer Baltique. *Paris,* 1809, gr. in-fol. [19744]

Cet atlas, commencé en 1785, a été rédigé par Bua-
che, dessiné et dressé par M. Beautemps-Beaupré.
Les événements de la révolution empêchèrent l'auteur de s'en occuper, et lorsqu'en 1809 Napoléon
voulut le faire terminer, il s'aperçut que l'ouvrage
n'était pas au niveau des connaissances acquises, et
on se contenta, dit-on, d'en faire tirer trente exemplaires. Cette carte se compose de 69 ff. grand-
aigle, savoir : 1 *tableau allégorique* servant de
faux titre; 1 frontispice orné, 2 ff. d'explication, et
65 cartes, plans et vues, dont une partie des car-
touches est encore en blanc; les nos 1 et 65 ne sont
pas achevés. Il faut joindre à cet atlas un petit volume in-4., impr. à Paris en l'an II, sous le titre
de : *Fondemens des cartes du Cattégat et de la
Baltique, ou examen et discussion des observations astronomiques et des opérations géodésiques auxquelles ont été assujetties les cartes qui
composent le nouveau Neptune de ces deux mers.*
L'exempl. de M. de Rossel n'a pas été vend. que 30 fr., et
un autre 50 fr. 50 c. en mars 1833, et 13 fr. seulement Edeven, en 1858.
Une note très-curieuse, relative à cet atlas, se trouve
sous le n° 2082 du catalogue des cartes géographiques du prince Alex. Labanoff de Rostoff (voy. LA-
BANOFF).

FLEURY (*Joh.*), dit *Floridus.* Voyez ARE-
TINUS (*Leon.*).

FLEURY (*Claude*). Traité du choix et de
la méthode des études, suivi de l'histoire
du droit français. *Paris, L. Janet,*
1822, in-8. 5 fr. [18122]

Le premier de ces deux ouvrages a paru pour la première fois à Paris, chez Auboin, en 1686, in-12, et
il a été réimpr. avec des corrections et des augmentations considérables, tirées d'un manuscrit alors
nouvellement découvert, *Nimes,* 1784, in-12. La
première édition de l'*Histoire du droit françois* est
de *Paris,* 1674, in-12.

— Histoire ecclésiastique (jusqu'en 1414),
avec la continuation (jusqu'en 1595, par
le P. Jean-Cl. Fabre et Goujet). *Paris,*
1691 ou 1722-37, 36 vol. in-4. — Table
générale des matières, par Rondet. *Paris,* 1758, in-4. 100 à 125 fr. [21368]

Fleury (*Amédée*). S. Paul et Sénèque, 21362.

L'Histoire ecclésiastique de Fleury est un ouvrage bien écrit et que recommande son impartialité : sous ce double rapport il mérite d'être placé dans toute bibliothèque un peu volumineuse. Vend. bel exemplaire, *l. r. v. f. l. d.* 180 fr. de Cotte; 201 fr. *mar. bl.* en 1813, et 259 fr. le duc de Plaisance; 296 fr. *m. r.* y compris l'introduction de Calmet, salle Silvestre, en 1825; en 37 vol. *mar. r.* 669 fr. 3e vente Quatremère. Précédemment, un bel exemplaire en *mar. bl.* avait été vendu jusqu'à 1200 fr. — En Gr. Pap. *v. f.* 170 fr. Patu de Mello.

L'édition de *Caen*, en 25 vol. in-4. 40 à 50 fr.

La même histoire, *Paris*, 1724 ou 1740-58, 40 vol. in-12, y compris 4 vol. de table, 60 à 80 fr. Un exempl. en 36 vol. in-12, rel. en *mar. r.*, aux armes de la comtesse d'Artois, et les 4 vol. de table, en *v. f.*, 330 fr. Solar. — L'édition de Bruxelles, 1716 à 1740, en 36 vol. in-12, n'est pas moins belle que celle de Paris. — Celle de *Nîmes*, 1778-80, 25 vol. in-8., 60 à 72 fr. On y ajoute les opuscules de Fleury, *Nîmes*, 1780, 5 vol. in-8.

Réimpr. sous le titre d'*Histoire de l'Église chrétienne*, Paris, 1830-37 (ou 1840), 6 vol. gr. in-8. à 2 col. sans la continuation. Édition très-médiocre.

L'*Histoire de l'Ancien et du Nouveau Testament* par D. Calmet (*Paris*, 1737, 4 vol. in-4.) sert d'introduction à l'Hist. ecclésiastique de Fleury. Il en existe une édit. en 7 vol. in-12.

Les huit *Discours* sur l'*Histoire ecclésiastique*, par Fleury, qui font partie des premiers vol. de son grand ouvrage, ont été réimpr. à part, en 1708 et depuis. Dans l'édition de *Paris, Hérissant*, 1763, in-12, sont ajoutés quatre autres discours du même auteur, et le *Discours sur le renouvellement des études ecclésiast.* par *Goujet.* Le *Discours sur les libertés de l'Église gallicane*, qui fait partie de l'édition de 1763, a été impr. plusieurs fois séparément. La première édition, sans lieu ni date (*Paris*, 1723), in-12, accompagnée de notes de l'abbé De Bonnaire, fut supprimée par arrêt du Conseil (voy. *Dictionnaire des anonymes*, I, n° 4158). Le texte de ce discours a été plus ou moins altéré par les différents éditeurs qui l'ont publié; mais l'abbé Émery s'en étant procuré le manuscrit original, l'a donné dans toute sa pureté parmi les *Nouveaux opuscules de Fleury*, à Paris, en 1807, in-12.

CRITICA della storia ecclesiastica e de' discorsi di Fleury, da Giov. Marchetti. *Venezia*, 1794, 2 vol. in-8. — *Roma*, 1819, 2 vol. in-8. [21370]

CRITIQUE de l'histoire ecclésiastique de Claude Fleury, avec une addition sur son continuateur, par le docteur J. Marchetti; traduit littéralement de l'italien, d'après la quatrième édition, à Venise, 1794. *Besançon, Petit*, 1829, 2 vol. in-12.

Citons encore :

OBSERVATIONS théologiques, historiques, critiques, etc., sur l'Histoire ecclésiastique de Fleury. *Bruxelles* (*Venise*), 1746, 3 vol. in-12.

— Mœurs des Israélites et des Chrétiens. *Lyon, Ballanche*, 1810, in-8. [22737]

Édition impr. sur mauvais papier, mais dont il y a des exempl. en pap. vél. 6 fr.

Ce volume réunit deux excellents ouvrages qui ont d'abord paru séparément, *Paris, veuve de Gervais Clousier*, 1681 et 1682, in-12, et qui ont souvent été réimpr. en deux ou en un seul vol. in-12. L'édition des *Mœurs des Israélites* et celle des *Mœurs des Chrétiens*, la Haye, Moetjens, 1682, pet. in-12 en 1 vol. chacune, s'annexent à la collection des Elseviers : 10 à 15 fr.

— Catéchisme histor., 1388. — Droit ecclésiast., 3154. — Marguerite d'Arbouze, 21970.

FLEURY de Bellingen. Voy. BELLINGEN.

FLEURY (la duchesse de). Voy. ALVAR.

FLINDERS (*Matth.*). Voyage to Terra australis undertaken for the purpose of completing the discovery of that vast country, in the years 1801, 1802 and 1803, in the ship the Investigator. *London*, 1814, 2 vol. gr. in-4. fig. et atlas gr. in-fol. [21166]

Relation peu intéressante : 50 à 60 fr., et plus en Gr. Pap.

FLISCUS de Soncino (*Steph.*). Synonyma, seu variationes sententiarum. *Finitum est presens opusculum per... Johannez Bulle de Bremis Rome sub Anno Millesimoquadringentesimo septuagesimonono*, in-4. de 70 ff. [12054]

Édition décrite dans la *Biblioth. spencer.*, VII, n° 232. Vend. 19 sh. Pinelli.

Cet ouvrage de rhétorique était fort en usage à la fin du XVe siècle, et il paraît qu'on l'adaptait ordinairement à la langue du pays dans lequel on l'imprimait, car dans l'édit. de 1477, in-4. de 131 ff. (ou 129 ff., selon Hain), sans nom d'imprimeur, mais qu'on attribue à Gunter Zainer, à Augsbourg, les exemples des synonymes sont en allemand. Ces mêmes exemples sont en italien dans l'édit. de 1479, ci-dessus, et en français dans une édit. intitulée *Stephanus Fliscus*, impr. à Paris (sans date, attribuée, je ne sais trop sur quel fondement, à Verard), in-4. goth., vend. 33 fr. *mar. r.* Laire; dans une édition de *Paris, Ant. Chappiel*, 1502, in-4. goth. vend. 26 fr. Veinant; et dans une autre édition in-4., caract. demi-goth., de 56 ff. non chiffr., sign. A—J. Cette dernière commence par un frontispice sur lequel est une gravure en bois représentant Jésus en croix, avec ces mots au-dessus : *Stephanus Fliscus*, et au-dessous cette adresse : *Venales reperiûtur | apud collegiû remêse | ad intersignium divi stephani in domo Joannis Nicolle*. Le traité de Fliscus finit au recto du 53e f., après quoi vient un autre petit traité de *Gasparinus Pergamenis* sur l'éloquence latine, suivi d'un avis de Josse Clichtove au lecteur, morceau qui finit au recto du 56e f. Le libraire Jean Nicolle, qui vendait ce livre, et dont Lottin n'a pas parlé (non plus que d'*Ant. Chappiel* ci-dessus), était établi à Paris, en 1505, comme on le voit à la fin d'un recueil de Faustus Andrelinus (*De Obitu Caroli octavi, etc.*), impr. cette même année par Nicolas Desprez, et portant le même fleuron (un cœur rayonnant sur la croix, avec les lettres I H S en gros goth.) qui est au verso du dern. f. du *Fliscus*.

Selon l'abbé de Saint-Léger (*Supplém. à l'histoire de l'impr.*, 2e édit., page 74), l'édit. de Fliscus, impr. à Turin, *per Johannem Fabrum Lingonensem*, 1480, in-fol., aurait aussi les exemples en français; ce qui, au rapport de Hain, n° 7148, existerait également dans l'édit. de Venise, *arte & diligentia Petri plasii cremonemsis* (sic) : *Bartholomei blanii alexandrini & Andree toresani de asola... Mcccclxxx. die xxvii Septembris*, in-4. de 76 ff. à 32 lign. par page. Pourtant nous nous sommes assuré que dans cette dernière les exemples sont en italien.

On cite encore les édit. suivantes de ces *Synonyma* : 1° *Mediolani, apud Simonem Magnigum*, 1480, pet. in-fol. 2° *Per Petrum de Breda Zwollis incolam impr.*, 1480, in-4. 3° *Romæ*, 1481, in-4. 4° *Anno M cccc lxxxiiij* (avec la marque de Pierre Drach, à Spire), in-4. goth. de 125 ff. non chiffrés. Vend. 49 fr. (en 121 ff.) La Valliere. 5° *Anno dñi. M.cccc lxxxv*, in-4. goth. de 100 ff. (édit. qui paraît appartenir aux presses d'Augsbourg). 6° même date, in-4. goth. de 125 ff. (caractères de Fréd. Creusner, à Nuremberg). 7° *Anno dñi M. cccc lxxxvj*, in-4. goth. de 109 ff. non chiffr., à 32 lig. par page. 8° *Venet. per Damianum de Mediolano*, M. CCCC.XCIIII. *die xxx Augusti*, in-4. *Autres éditions du* XV° *siècle, mais sans lieu et sans date.* — In-4. goth. de 134 ff. non chiffrés (caractères de Gunther Zainer, à Augsbourg). — In-4. goth. de 103 ff. à 33 lign. par page (caract. de Reyser, à Eystet). — In-4. goth. de 20 ff. non chiffrés, et 152 ff. chiffrés, savoir : de I—III et v—cliij. — In-4. goth. de 108 ff. non chiffr. Ces trois dernières avec les exemples en allemand. — In-4. goth. de 72 ff. (caract. d'Étienne Planuck).

FLITNER (*Joan.*). Nebulo nebulonum, hoc est joco-seria modernæ nequitiæ censura; qua sceleratorum fraudes, doli ac versutiæ æri, aërique exponuntur publice; (annis abhinc centum, censore Th. Murnero, rhythmis germanicis edita, deinde vero) carmine iambico dimetro adornata a Joanne Flitnero. *Francofurti*, 1620, pet. in-8. fig. [18397]

Édition originale de cet ouvrage singulier, dont les exemplaires sont peu communs, 6 à 12 fr. : vend. bel exempl. *cuir de Russie*, 28 fr. 50 c. Courtois.
Il y a une édition de Francfort, 1663, pet. in-8., sur le frontispice de laquelle se trouvent les mots *annis abhinc*, etc., que nous avons rapportés entre parenthèse dans le titre ci-dessus.
Nous avons vu une édition de Hollande, 1636, pet. in-8. fig., portant : *secundo edita a Joan. Coopmans leowerdiense*, comme celle de 1634 qui l'a précédée.

FLODOARD seu Fodoar. Historiæ remensis ecclesiæ libri IIII, auctore Flodoardo, presbytero et canonico ejusdem ecclesiæ; studio et cum scholiis Geor. Colvenerii. *Duaci, Jo. Bogard*, 1617, in-8. [21420]

Écrivain du X° siècle, dont l'ouvrage a été réimprimé dans la *Biblioth. Patrum*, et dans le VIII° vol. du recueil de D. Bouquet. L'édition de 1617 est préférable à celle qu'avait déjà donnée Jac. Sirmond, à Paris, en 1611, in-8., mais la nouvelle édition la rend inutile. Flodoard est d'ailleurs reproduit dans le grand ouvrage de Guil. Marlot (voy. ce nom).
— FLODOARDI Historia remensis ecclesiæ. Histoire de l'église de Reims, par Flodoard, traduite par M. Lejeune. *Reims, Regnier*, 1855, 2 vol. in-8. Flodoardi chronicon. Chronique de Flodoard, de l'an 919 à l'an 976, avec un appendice de quelques années, avec une introduction nouvelle et des notes, suivi d'un index pour l'histoire de Reims, par feu l'abbé Bandeville, 1855, in-8. !
RICHERI Historiarum quatuor libri. Histoire de Richer en quatre livres, avec traduction, notes, cartes géogr. et fac-simile du manuscrit de Richer, par M.-A.-M. Poinsignon. *Reims*, 1855, in-8.
Ce volume fait suite aux trois précédents, publiés comme celui-ci par l'Académie impér. de Reims.
La traduction française sous le titre d'*Histoire de l'église de Reims par Flodoard*, traduite par Nic. Chesneau, *Reims, de Foigny*, 1581, in-4., a été faite sur un mauvais manuscrit et n'est pas fidèle.

FLOERKE (*H.-G.*). Deutsche Lichenen. *Rostock*, 1816-22, 10 cah. in-8. [5391]

Chaque cah. de 20 planches accompagnées d'une feuille de texte coûtait 9 fr.

FLOIRE et Blacellore. Voy. FLORES.

FLOR de Romances. Voyez ENRIQUEZ, PERES (*Arias*) et au mot ROMANCES, où nous décrirons les IX parties de la *Flor de Romances*.

FLOR de virtudes. Voyez FIORE.

FLORA danica. Voy. OEDER.

FLORÆ fulminensis Icones nunc primo eduntur (Petro, nomine ac imperio, brasiliensis imperii defensore, imo fundatore..... jubente, edidit Antonius de Arriba, episcopus de Anemuria)... *Parisiis, in officina lith. Senefelder, curante L. Knecht*, 1827, 11 vol. gr. in-fol. [5299]

Pritzel place ce livre dans son *Thesaurus*, n° 10696, sous le nom de Joaquim Vellozo de Miranda, de qui sont probablement les dessins de ces figures.
La Flore de Rio-Janeiro se compose de 1640 pl. lithographiées et de 2 feuilles de texte portugais : 132 fr. 44 fr. seulement de Jussieu. — Gr. Pap. vél. 205 fr. Les *indices* des planches, formant un petit vol. à part, se vendent 10 fr.

FLORAMBEL. Comienca el quarto libro del inuincible cauallero Florambel de Lucea, hijo del Rey Florineo de Escocia, el qual se recuenta las grandes cuytas e trabajos que desterrado de la gracia de su señora la infante Graselinda passo : e de los peligros y extrañas auenturas que andando en demanda de su padre acabo, llamandose el cauallero Lamantable y de como al fin se hallo librandole a el su madre e hermanos de muy cruel morte. (au f. LXXI) : Comienca el quinto libro del esforçado cauallero Florambel... (à la fin) : *Fue impressa esta quarta y quinta parte... en Valladolid por Nicolas Tierri al 25 de Setiembre de* M. D. XXXII *años*, in-fol. goth. à 2 col. [17547]

Édition très-rare, dont la Biblioth. impér. de Vienne possède un exemplaire.
Une autre édition des deux mêmes parties, *en Sevilla, por Andres de Burgos*, in-fol. goth., était dans la *Biblioth. heber.*, VI, n° 1741 ; et quoique l'exemplaire eût plusieurs ff. endommagés, il a été vendu 2 liv. 12 sh. 6 d. Nous ignorons la date des trois premières part., et Antonio, qui cite l'ouvrage (*Bibl. nova*, II, page 397), n'en indique ni le lieu de l'impression ni l'année, mais elle ne saurait être postérieure à l'année 1532.
— LA PRIMA parte dell' istoria del valorosissimo cavaliero don Florambello di Lucea, tradotta per M. Mambrino Roseo di spagnuolo nella lingua italiana. *Venezia, Mich. Tramezzino*, 1560, in-8.
Cette première partie, la seule qu'on ait publiée de ce roman en italien, n'a qu'un seul frontispice, mais elle est divisée en 5 livres qui ont chacun une

pagination particulière. Le 1er livre a 11 ff. prélim., 119 ff. chiffrés et 1 bl. ; le 2e, 199 ff. chiffrés, 1 bl. et 5 ff. pour la table ; le 3e, 167 ff., 1 f. bl. et 4 pour la table ; le 4e,,186 ff. de texte et 4 pour la table ; le 5e, 184 ff. de texte et 4 pour la table. A la fin la date.

Réimpr. *Venet.*, *Lucio Spineda*, 1609, 2 vol. in-8.

FLORANDO (Don). Comiença la coronica del valiente y esforçado prĩcipe dõ Florãdo dͬ Jnglatierra hijo dͬl noble y esforçado prĩcipe Paladiano en q̃ se cuentã las grãdes y marauillosas aueturas q̃ dio fin por amores dͬla hermosa prĩcesa Roselinda hija del empador de Roma. — *Aqui se acaba la primera y segunda y tercera parte de la cronica del... principe don Florãdo de Jnglatierra.....* *Fue impressa en... Lisbona por Germã Gallarde impressor dͬ libros. Acabose a veynte dias del mes de Abril. Enel año de mil z quinientos y quarenta z cinco años* (1545), in-fol. goth. à 2 col. fig. en bois, 2 ff. prélim. et cclj (251) ff. [17546]

Ce roman, suivant le traducteur, serait tiré de l'anglais ; il est divisé en trois parties dont les deux premières sont du 20 février 1545. Vend. 26 liv. 15 sh. 6 d. White Knights ; 10 liv. mar. Heber ; et avec 2 ff. de moins, 2 liv. 2 sh. le même.

FLORE des serres et des jardins de Paris, au XIXe siècle, collection des fleurs les plus rares et les plus élégantes, composée de 600 pl. color. accompagnées chacune d'un texte explicatif, indiquant la classification d'après Linné et Jussieu, la synonymie et la culture de chaque espèce. *Paris*, *Parent-Desbarres* (vers 1830), 6 vol. gr. in-4. [4965]

Cet ouvrage s'est vendu originairement 720 fr., mais il ne conserve pas, à beaucoup près, ce prix.

FLORE (*Jeanne*). Comptes amoureux, par Mad. Jeanne Flore, touchant la punition que faict Vénus de ceulx qui contemnent et mesprisent le vray amour. *Paris*, *J. Réal*, 1543, in-8. [17135]

Édition rare : celle de *Lyon*, *à la marque d'Icarus*, sans date, in-8. de lxxxiiij ff. chiffrés, lettres rondes, avec fig. en bois, 13 fr. La Valliere ; 1 liv. 15 sh. *m. r* .Lang ; 1 liv. 17 sh. Hanrott ; 2 liv. 12 sh. Heber ; 29 fr. en 1841 ; 105 fr. Nodier.

Une autre de *Lyon*, *Ben. Rigaud*, 1574, in-16 de 301 pp., 9 fr. 50 c. *m. r.* La Valliere.

Du Verdier cite une édition de ces contes de *Paris*, *Poncet le Preux*, 1532, in-8. ; et il y en a une autre de *Paris*, 1555, in-8.

Enfin, [dans un recueil porté sous le n° 11561 du catal. Falconet, et qui doit être à la Biblioth. impériale, nous remarquons le titre suivant :

  . LA PUNITION de l'amour contempne, extrait de l'amour fatal de Me Jane Flore. *Lyon*, 1540, in-12.

FLORENAS. Voy. ARDUENNA.

FLORENCE Miscellany (the). *Florence*, 1785, in-8., en vers. [15836]

Les auteurs de ce recueil, qui est rare, sont MM. Piozzi, Bertie Greathead, Robert Merry et W. Parsons. Vend. 4 liv. 16 sh. Roscoe, 1 liv. 2 sh. Sykes ; 1 liv. 11 sh. 6 d. Dent, et moins depuis.

Un exemplaire de ce *Miscellany* étant tombé entre les mains de M. Gifford, lui donna lieu d'écrire sa satire : *La Baviad et la Mæviad.*

FLORENS Christianus (*Q.-Sept.*). Voy. ANTHOLOGIA.

FLORENT. Lhistoire de Florent z Lyon (enfants de lempereur de Rome Octavien). *Nouuellement imprime a paris pour Nicolas Bonfons libraire demourant en la rue neufue nostre Dame a lenseigne sainct Nicolas* (vers 1560), pet. in-4. goth. de 40 ff. à 2 col., avec fig. en bois. [17084]

Volume rare, vendu 9 fr. La Valliere ; 12 liv. 5 sh. Heber ; 200 fr. *m. bl.* Crozet, et 221 fr. Baudelocque ; en *mar. r. doublé* de *mar.* 280 fr. Solar.

  FLORENT et Lyon : enfans de lempereur de Rome. Cy finist l'histoire de Florent et Lyon, nouuellement imprime a Paris pour Jehan Bonfons, libraire, sans date, pet. in-4. goth. à 2 col.

Autre édition rare (catal. Cicongne, n° 1876).

L'ouvrage a été réimprimé sous le titre de Roman de Florent, etc., Troyes, sans date, in-8. fig. Il commence par un prologue dans lequel il est dit que ce liure a este translate de latin en françois, extraict des croniques et pour ce que plusieurs se delectent a lire en prose a ete translate de rithme en prose ainsi qui sensuit. Voici maintenant les premiers mots du texte : du temps que le roi dagobert regnoit en France...

— Lhistoire de Florent et Lyon. VIII ff. à Louvain de l'imprimerie de Iean Bogard. demourant à la Bible d'or. (à la fin : approbation en date du VI d'Aougst lan 92), in-4. goth. à 2 col., sign. A—h par 4 et I par 2.

m. v. 45 fr. Ch. Giraud ; 185 fr. Bergeret ; 105 fr. Solar.

FLORENTII, vigornensis monachi, Chronicon ex chronicis ad annum domini 1118 ductum : accessit continuatio usque ad annum 1141, per anonymum ejusdem cœnobii eruditum (primum editum cura Guillelmi Houvardi). *Londini*, *excudebat Thomas Dousanus pro Ricardo Watkins*, 1592, in-4. [26819]

Vend. 1 liv. 6 sh. cuir de Russie, Sykes.

Édition originale de cette chronique, laquelle a été réimpr. avec Matthieu de Westminster à Francf., 1601, in-fol.

La traduction anglaise de cette chronique et de ses deux continuations par Th. Forster, pet. in-8., fait partie de l'*Antiquarian library* publiée à Londres chez le libraire H. Bohn.

FLORENTINI turonensis de destructione constantinopolitana (sive de ultione Trojanorum contra Græcos) carmen. — *Impressum est Parisiis hoc opusculum*

---

per Antonium Denidel prope collegium de Coqueret (circa ann. 1496), pet. in-4. de 12 ff. caract. goth. [12867]

Petit poëme peu connu : 1 liv. 11 sh. 6 d. Payne et Foss, en 1837.

FLORENTINUS (*Fr.-Maria*). Voy. Martyrologium occid.

FLORES cantionum. Selectissimarum sacrarum cantionum (quas vulgo Moteta vocant) Flores, trium vocum : ex optimis ac præstantissimis quibusque divinæ Musices authoribus excerptarum. Jamprimum summa cura ac diligentia collecti et impressi liber primus (secundus et tertius). *Lovanii, ex typographia Petri Phalesii*, 1569, 3 part. pet. in-4. obl. [vers 10194]

Le premier livre contient 18 motets, le second en a 24 et le troisième 20. Les parties de chant sont le *superius*, le *tenor* et le *bassus*; dans chaque livre elles ont toutes XXXI pp. sign. A—D.

Recueil des fleurs produictes de la divine musique a trois parties, par Clement non Papa, Thomas Cricquillon et aultres excellens musiciens. *A Lovain, de l'imprimerie de Pierre Phalese, libraire juré*, 1569, trois livres pet. in-4. obl.

Dans ce recueil, le premier livre contient 28 chansons, le second 23 et le troisième 25; les parties de chant sont comme ci-dessus et elles ont le même nombre de pages.

Nous citerons encore le recueil suivant imprimé également par P. Phalese.

Sacrarum ac aliarum cantionum trium vocum, tam viva voce quam instrumentis cantatu commodissimarum atque jam primum in lucem æditarum liber unus; authore M. Gerardo a Turnhout insignis ecclesiæ beatæ Mariæ Antuerpiensis Phonasco. *Lovanii, etc., anno* 1569, pet. in-4. obl.

Trente-neuf morceaux à trois parties; chaque partie occupe 69 pp. avec un index au verso de la dernière.

FLORES Musice omnis cătus Gregoriani. (in fine) : *Imp̄ssum Argĕtine p̄ Iohannem pryss Anno* M. cccc. lxxxviij, in-4. goth. de 97 ff. non chiffrés, à 17 et 30 lig. par page. [10113]

Ce livre, aussi rare que singulier, a des signat. depuis A jusqu'à M. Au verso du titre copié ci-dessus, et qui est en très-gros caractères goth., se trouve la table des matières dont traite le commentateur anonyme dans sa glose sur les quatre chapitres de l'ouvrage. Cette table, qui se continue au 2e f., ne renvoie pas aux ff. du livre, mais aux lettres par lesquelles sont indiquées les différentes parties de ce commentaire. A ces deux ff. liminaires succède l'ouvrage même, commençant (signature A) par *Prohemium. incipit Prologus in flores musice artis.* Le texte, écrit en vers léonins ou rimés (mais imprim. de suite comme de la prose), est en gros caractères gothiques, et le commentaire d'un anonyme en plus petits caractères gothiques. Le chant y est impr. sur cinq lignes et en caractères de fonte. La souscription rapportée ci-dessus est au bas du 6e f. verso du cahier M., et après ce 6e f. il y en a un 7e, impr. au recto, qui contient *Exercitium vocum musicalium.* Le 8e f. de cette dernière signature manque dans l'exemplaire que nous décrivons, mais nous savons qu'il doit être tout blanc.

Les 535 vers techniques qui forment le fond de cet ouvrage, et que le commentateur a cherché à éclaircir dans sa glose, sont de Hugues, prêtre de Reutlingen, ainsi qu'il le dit lui-même en ces termes

au chapitre 4e, *de Tonis*, à la signature L de notre édition :

M solum, tria c, simul x tria præterire
Post Christum natum binum si junxeris annum
Cum flores istos contexuit Hugo Sacerdos
Reutlingensis noris si nomen scire vis
Contio Suevorum quo colligitur variorum
Post annos denos hinc plurima consociavit
In variis spaciis hujus librique locavit,
Qui nunc sexcent V tria X versus retinebit
Ex queis diversos variis neumis adhibebit.

Le commentateur explique ces vers dans les termes suivants : « *Hic autor paulisper digreditur a materia hujus libri describendo tempus et locum in quibus iste liber descriptus est et dicit quod ab incarnatione domini effluxerunt mille anni tricenti triginta duo quando iste liber fuerat conscriptus per versus quadringentos præter triginta. Deinde post annos decem autor hujus libri considerans se plura necessaria obmisisse, superaddidit ad diversa loca hujus libri CCLXXV versus. Subjungit etiam in littera nomen suum et officium, et deinde subjungit quod liber iste continet sexcentos triginta quinque versus quorum versuum aliqui neumis sunt associati.* » Les calculs de l'auteur et du commentateur ne sont pas justes : le poëme avait d'abord 370 vers; or on y en ajouta 275, ce qui donne 645 et non pas 635 vers. Quoi qu'il en soit, nous apprenons par les vers précédents qu'ils furent écrits en 1332 par Hugues, prêtre à Reutlingen en Souabe, qui dix ans après y inséra 275 vers nouveaux.

Les *Flores musice* sont divisées en quatre parties ou chapitres : le 1er *de Alphabetis*, le 2e *de Monocordo*, le 3e *de Modis*, et le 4e *de Tonis*; le tout précédé d'un prologue qu'accompagne un commentaire, où, après avoir dit que Tubal, inventeur de la musique, sachant que le monde devait périr par un déluge universel, grava les principes de cette science sur deux colonnes, l'une de brique et l'autre de marbre, afin que l'eau détruisît la première, la seconde se conservât, le commentateur ajoute que ce fait, rapporté par l'historien Josèphe, est aussi indiqué par *egregius doctor et metrificator Dominus et Magister Petrus in libro qui intitulatur Aurora*, dont il rapporte six distiques. Or ce *Magister Petrus* est Pierre de Riga, chanoine régulier de S.-Denys de Reims, dont parle fort au long Polyc. Lyser, et d'après lui Fabricius dans sa Biblioth. latine du moyen âge. Les mss. de cette *Aurora* ne sont pas rares en France, et la seule Biblioth. impér., à Paris, en possède plusieurs.

Dans le premier chapitre, *de tribus alphabetis*, le poëte et son commentateur parlent de la main gauche, si fameuse dans la vieille musique, et sur les cinq doigts de laquelle sont des lettres indicatives des principes musicaux. Cette main est représentée dans notre livre, avec les susdites lettres imprimées, et accompagnées des deux vers suivants :

Disce manum tantum si vis bone discere cantum
Absque manu frustra disces per plurima lustra.

Ce livre est un des plus anciens où la musique soit impr.; aussi est-il cité comme tel par Gotthold-Ephraim Lessing dans ses *Kollectaneen zur Literatur*, publiés après sa mort à Berlin en 1790, en 2 vol. in-8., par les soins de Joach. Eschenburg, qui y a ajouté beaucoup de remarques. Voy. dans ces *Kollectanea* l'art. *Octavius Petrucius de Fossombrone* (vol. II, page 268); Lessing y parle des *Flores musicæ*, mais sans dire que cet ouvrage est écrit en vers et sans en nommer l'auteur. (Extrait réduit d'une longue notice de l'abbé de Saint-Léger.)

Hain, en décrivant ce livre précieux sous le n° 7174 de son *Repertorium*, fait remarquer qu'il en existe deux sortes d'exemplaires :

1° Avec la souscription ainsi figurée, au verso du 96e f. :

Imp̄ssum Argĕtine p̄ Iohan
nem pryss Anno M cccclxxxviij.

Sur le 97ᵉ . recto sont des notes musicales; avec l'inscription *De Tonis*, et au verso se voit une gravure en bois.

2° Exemplaires dont les 23 derniers ff. sont d'une impression différente : la souscription au verso du 96ᵉ f. y est disposée comme ci-dessus, mais le mot *Argentine* n'a pas d'abréviation ; le 97ᵉ f. est tout blanc.

Le même bibliographe décrit une autre édition des *Flores musicæ*, sans lieu d'impression ni date, in-4. goth. de 84 ff. à 18 et 35 lig. par page, avec des notes musicales. La *Schedula hoc est dispositio monochordi*, qui dans l'édition de 1488 est placée entre les ff. 28 et 29, se trouve entre les ff. 23 et 24 dans celle-ci.

La Biblioth. roy. de Berlin possède, indépendamment des deux éditions portant la date de 1488, une troisième édition sans date, mais différente de celle que nous venons de décrire; une autre encore est décrite par M. Fétis dans sa *Bibliographie musicale*, V, p. 212. Comme ces cinq éditions présentent les mêmes planches, il est à croire qu'elles ont été imprimées dans le même atelier. Un exemplaire d'une des deux édit. de 1488, *non rogné*, 66 fr. vente Scalini, en 1860.

FLORES Poetarum de virtutibus et viciis ac donis Sancti Spiritus. (*absque nota*), in-4. goth. sign. A—M, ff. non chiffrés. [12598]

Cette édit. a été faite avec les caractères employés par Arnold Ther Hoernen dans celle qu'il a donnée (en 1474, à Cologne) du *Fasciculus temporum*, in-fol., et paraît être à peu près du même temps. C'est probablement la première édition des *Flores poetarum*, livre qui a été souvent réimpr., mais avec des différences. Le cahier A renferme la table des chapitres des 9 livres du recueil, et cette table finit au recto du 7ᵉ f. par la souscription : *Et sic est finis capitulorum noni libri et per consequens totalis..... Deo gracias.* Le verso de ce f. est blanc, ainsi que le recto du 8ᵉ, au verso duquel se trouve la table des auteurs, au nombre de 45, qui ont été mis à contribution pour former ce recueil. Le premier livre, précédé d'un *Prohemium*, commence au f. Bi marqué par erreur Ai. L'ouvrage finit par ces mots : *Que omnia habentur per ordinem in ultimo libro in Anticlaudiano Alani.*

— EDITIO alia (*absque nota*), in-4. goth. sign. a—n, feuillets non chiffrés.

Cette édition paraît avoir été exécutée à Cologne, vers 1480. La table des auteurs cités dans l'ouvrage est impr. au verso du 1ᵉʳ f. dont le recto est tout blanc; au 2ᵉ f., sign. aj, commence le *Prohemium* ; le 9ᵉ livre de l'ouvrage finit au 5ᵉ f. verso de la sign. n. Suit un f. tout blanc, après lequel vient la table des chapitres, sur 8 ff. séparés et finissant par la souscription *et sic est finis capitulorum...*

L'édition de *Delft, anno dñi M cccclxxxvij*, in-4. goth. de 98 ff., 14 sh. Heber.

— FLORES poetarū de virtutibus z viciis. — *Finit liber anno Mcccc. xc.* (*Coloniæ, Jo. Koelhoff*), in-4. sign. a—o, feuillets non chiffrés.

A la tête de cette édition se trouvent 8 ff. contenant le titre ci-dessus en très-gros caract. et en deux lignes, la table des chapitres et celle des poëtes cités. Le prologue commence au f. sign. ai, et le dernier livre finit au recto du 8ᵉ f. de la signat. o, par la souscription imprim. aussi en gros caract. Le verso de ce même f. est occupé par l'écusson de l'imprimeur : cet écusson est supporté à gauche par un aigle, à droite par un lion, avec les deux lettres majuscules I. K. au-dessus.

FLORES. Floire et Blanceflor, poëmes du XIIIᵉ siècle, publiés d'après les manuscrits, avec une introduction, des notes et un glossaire, par M. Edélestand Du Méril. *Paris, P. Jannet*, 1856, pet. in-16. [13211]

Deux versions différentes du même poëme, l'une en 2974 vers, l'autre en 3470 (le reste manquant); plus un épisode en 254 vers. L'introduction occupe ccxxxiv pp.; c'est un morceau d'érudition qui a été fort critiqué.

M. Im. Bekker avait déjà publié une édition de ce poëme français sous ce titre :

FLOR UND BLANCEFLOR, altfranzösischer Roman, nach der Uhlandischen Abschrift der Pariser Handschrift n° 6987, herausgegeben von Immanuel Bekker. *Berlin*, 1844, in-4. et aussi pet. in-8.

C'est ce roman français qu'ont traduit ou imité les Espagnols, les Italiens, les Allemands, les Flamands et même les Danois.

— **Flores y Blancaflor.** La historia de los dos enamorados Flores y Blancaflor, rey y reyna de España y emperadores de Roma. Nuevamente imprimido en la noble universidad de Alcala de Henares. (à la fin) : *Emprimiose este presente tratado por Arnao Guillem de Brocar acabose año de mil cccc y xij*, in-4. [17565]

Livre fort rare, contenant seulement 24 ff. non chiffrés, avec signat.; impr. à longues lignes et en caract. gothiques. Le frontispice est entouré d'une gravure en bois. Une édit. in-4. sans date, avec un titre orné : 13 sh. *mar.* Heber ; 150 fr. De Bure.

Il est difficile de dire aujourd'hui, avec quelque certitude, si cet ouvrage est une imitation de J. Boccace, ou si, comme l'a cru M. de Tressan, il est tiré d'un poëme espagnol plus ancien que Boccace. Il a été réimprimé, à *Alcala*, par Juan Gracian, en 1604, in-4. de 28 ff., et Jacques Vincent l'a traduit en français sous le titre suivant :

— **Histoire amoureuse de Flores et Blanchefleur sa mye, avec la complainte que fait un amant, contre amour et sa dame. Le tout mis d'Espagnol en François par maistre Iaques Vincent. *Paris, de l'imprimerie de Michel Fezandat*, 1554, pet. in-8. de 95 ff. y compris le titre, et à la fin un f. pour la date.

5 fr. La Valliere, et serait plus cher maintenant.
— HISTOIRE amoureuse de Flores et Blanchefleur... *Anvers, Jean Waesberghe*, 1561, in-4.
Édition peu commune.

Réimpr. à *Lyon, B. Rigaud.* (à la fin : *impr. par Fr. Durelle*), 1570, in-16 de 282 pp. ; et aussi à *Rouen, du Petit-Val*, 1597, pet. in-12.

C'est d'après cette traduction que M. de Tressan a rédigé l'extrait de ce roman qu'il a inséré dans la *Biblioth. des romans*, Févr. 1777, et depuis dans le 1ᵉʳ vol. du *Corps d'extraits de romans de chevalerie.*

On a aussi : *Avantures de Flores et de Blanchefleur, tirées de l'espagnol, par mad. L. G. D. R.* (*Le Gendre de Richebourg*), Paris, 1735, 2 tom. en 1 vol. in-12.

— **Questa sie la istoria di Fiorio e Biancifiore.** (*senz' anno*), in-4. de 8 ff. à 2 col. de 36 lign. caract. romains. [14705]

Cette édition, qui appartient au XVᵉ siècle, se conserve à la Biblioth. de l'Arsenal, mais comme elle est reliée avec le *Buovo d'Antona*, impr. à Bologne, par Bazaliéro de Bazalieris, en 1480 (voy. BUOVO), M. Dibdin l'a inexactement décrite sous cette date, dans son *Bibliographical tour*, édition de 1821, II, page 331. La dernière page, formant le recto du 8e f., ne contient que 20 vers dans chaque colonne, et au bas cinq lignes en gros caractères, et espacées comme ci-dessous :

Finito e il libro del fidelissimo Amore
Che portorno insieme Fiorio e Bianciflore

Secreto solo, e in arma ben amaistrato
Sia qualunque uole essere inamorato

Got geben ir eynen guten seligen morgen

Eber, n° 7659, cite une édition de 1485, sans nom de ville ni d'imprimeur, in-4. de 18 ff. En voici une autre assez précieuse :

HISTORIA de Florio & Bianciflore. (au verso du dernier f.) : *Impressum Mediolani per Petrum Martirem de Mantegaciis. Ad Instanciam Iohannis Iacobi & fratrum de Legnano. Anno Dñi. M. cccc v. Die xxvij. septembris*, pet. in-4. de 8 ff. à 2 col., avec une fig. en bois sur le prem. f., lettres rondes.

Ce petit poëme en octaves a été attribué à Boccace, peut-être parce qu'il a composé un long roman en proseur le même sujet (voy. BOCCACCIO Philocopo).

Le P. Audiffredi a décrit dans son *Catalogus edit. roman.*, page 419, un opuscule in-4. intitulé : *Dio damore Bianchiflore Florio*, et qui se compose de 137 strophes en 12 ff., avec signatures, ornés de huit gravures en bois. L'édition est de la fin du XVe siècle.

Enfin nous trouvons dans le catalogue d'Hibbert, n° 3101, *La Inamoramento di Florio e di Bianciflore*, in-4. de 4 ff. à 3 col. par page, avec une gravure en bois au frontispice, sans lieu ni date, *mar. bl.* Vend. 2 liv. 3 sh. et 1 liv. 2 sh. Heber.

— **Ein gar schone newe Histori der hochen Lied des kuniglichen Fürsten Florio : vnd von seyner lieben Biancefora.** (au verso du dernier f.) : *Gedruckt zu Metzs in der Freyen lobichen Statt durch Caspar Hochffeder..... tausent vier hundert vnd im neun vnd neuntzigisten iar* (1499), in-fol. de 4 et 125 ff. à longues lig., fig. en bois.

Livre très-rare : vend. avec le Chevalier de La Tour, en allemand, Bâle, 1493, 60 fr. Heber.

Réimpr. à Metz, par le même typographe, en 1500 (*Thausent vnnd fünfflhundert Jar*), in-fol. de 4 et CXXVI ff. à 2 col. fig. en bois. Ce Caspar Hochffeder, que nous trouvons à Metz en 1499, avait déjà exercé à Nuremberg en 1496 (Panzer, II, p. 223, n° 279, et mieux Hain, 8291) ; ensuite, il imprima à Cracovie en 1503, 1504 et 1505 ; il retourna à Metz en 1509 (voy. SPECULUM). Le roman allemand qui fait l'objet du présent article a été réimprimé dans *Buch der Liebe*, Francof., 1587, in-fol., pages 118 à 179. L'ouvrage est en prose, et il ne faut pas le confondre avec le poëme de Cr. Fleck, sur le même sujet, imprimé dans *Müllers Sammlung*, vol. II, et à part sous ce titre :

FLORE und Blanscheflor, eine Erzählung von Konrad Fleck, herausgegeben von Emil Sommer. *Quedlinburg*, 1846, in-8.

C'est une traduction en vers allemands, faite vers l'an 1230, de l'ancien roman français de Flore et Blanchefleur, que le traducteur attribue à un poëte qu'il nomme Robert d'Orbent. Le texte qu'il a traduit différait en plusieurs points notables du poëme français qui a été dernièrement publié par Imm. Bekker. Voir l'*Hist. littér. de la France*, XXII, p. 823.

— HISTORIE aff Flores oc Blantzeflor. *Köpenhaffn, wedh Gottfred aff Ghemen*, 1509, in-8.

Ce poëme danois, composé de 1883 vers, a été reproduit en 1542, 1695 et 1745, in-8.

FLORES (*Juan* de). La historia de Grisel

y Mirabella con la disputa de Torrellas y Braçayda , la qual compuso Juan de Flores a su amiga. *Sevilla por Jac. Cromberger Aleman año de mill y quiniētos y veynte y q̄tro* (1524), in-4. goth. de 24 ff. sign. a—c. [17565]

Édition fort rare : 156 fr. *non relié*, salle Silvestre en juillet 1858.

— LA HYSTORIA de Grisel y Mirabella cō la disputa de Torellas τ Braçayda. La qual compuso Juan de Flores a instācia τ ruego de su amiga. — *fue imprimido en... Toledo. a xvij. dias de deziēbre. Año de mill τ quiniētos τ veynte y seys años* (1526), in-4. goth. de 24 ff. sign. a—c.

Autre édition rare.

Nous n'avons pas vérifié si ce roman est celui que De Bure, *Bibliogr. instr.*, n° 3865 , cite sous le titre suivant :

TRATADO compuesto , por Juan de Flores, donde se contiene el triste fin de los amores de Grisel y Mirabella. *En Sevilla , por Jacobo Cromberger*, 1524, in-4. goth.

Toutefois nous nous sommes porté à le croire.

— **La deplorable fin de flamete , elegante inuention de Jehan de flores espaignol , traduicte en langue francoyse** (par Maurice Scève), 1535. *On les vend a Lyon, chez Francoys Juste*, pet. in-8. goth. de lxxi ff. chiffrés, plus un f. blanc. [17569]

Livre fort rare. Vend. 43 fr. 50 c. Heber ; 70 fr. *mar. r.* Libri ; 80 fr. *mar. v.* Coste.

— LA DEPLORABLE fin de Flamecte, elegante inuention de Iehan de Flores espaignol, traduicte en langue Françoyse. Nouuellemēt imprimee a Paris par Denis Ianot, 1536. On les vend en la rue neufue Nostre dame a l'enseigne sainct Iehan Baptiste... (à la fin) : *Cy fine la deplourable fin de Flamette... nouuellement imprimee a Paris par Denis Ianot...* pet. in-8. de 64 ff. en lettres rondes.

Cette édition est la même que celle qui est annoncée sans date sous le n° 4191 du catalogue de La Vallière, en 3 vol. On trouve au commencement une *epistre proemiale*, et un huitain avec cette devise : *souffrir se ouffrir*, qui est aussi dans l'édition de 1535.

— **Le jugement damour auquel est racomptee lhystoire de Jsabel fille du roy Descoce, translatee de Espaignol en Francoys** (de Jean de Flores), M. D. XXX. (au verso du dernier f.) : *Cy fine le iugement Damour , nouuellement imprime.* M. D. XXX , pet. in-8. de 41 ff., sign. a—e, lettres rondes.

Édition la plus ancienne que nous connaissions de cette traduction : 20 fr. 50 c. *mar.* en 1841.

— LE IVGEMENT d'amour, auquel est racōptee l'hystoire d'Ysabel fille du roy d'Écosse, translatee d'espaignol en françoys. *Lyon, Arnoullet*, 1532, in-16. [17568]

Vend. 24 fr. 50 c. *m. r.* Mac-Carthy.

— LE JUGEMENT d'amour, auquel est racomptée lhystoire de Ysabel, fille du roy Descosse, trāslatée de langaige espaignol en langue françoyse—ensuivant le jugement damours, icy commence le messagier damour. *Paris, pour Anthoine Bonnemere* (sans date), 2 tom. en 1 vol. in-16.

Édition non moins rare que les précédentes. La première partie est de 72 ff., et est certainement le même ouvrage que l'*Histoire d'Aurelio et d'Isabelle* (ci-après). La seconde pièce (de 20 ff.) est en vers, et c'est la réimpression d'un petit ouvrage attribué à un certain Pilvelin (voyez MESSAGIER d'amour). Elle manque quelquefois. Vend. 25 fr. *m. r.* sans la 2e pièce, Morel-Vindé. Les deux parties sous la date de 1533, 48 fr. Bearzi.

HISTORIA in lingua castigliana composta et da M. Lelio Aletiphilo in parlare italico tradutta... (in fine) : *Stapeto* (sic) *ī Milano ī casa di Gianotto da Castiglio : alle spese di Andrea Calvo : del* M. D. XXI. *con gra. et privilegio del Papa : et del ūro Re christianiss.*, in-4., sign. A—K, lettres rondes.

Belle édition. Après la dédicace se trouve ce second titre : *Historia de Isabella et Aurelio, composta da Giovanni de Fiori... tradutta ī lingua volgare italica per M. Lelio Aletiphilo...* L'édition traduction italienne a été réimprimée à Venise, en 1526 et en 1529, in-8.

— HISTOIRE d'Aurelio· et Isabelle, fille du roy d'Ecosse (par J. de Flores), en italien, espagnol, français et anglais. *Anvers*, 1556, in-8.

Cette édition, en quatre langues, est rare : vend. 12 fr. Duquesnoy. Elle a été réimpr. à *Bruxelles*, *chez Jean Mommart*, en 1608, in-8. à 2 col.

Il y a aussi une édition de *Bruxelles*, 1596, in-16, en espagnol et en français. Vend. 6 fr. Thierry.

— LA MÊME histoire d'Aurelio et d'Isabelle (en italien et en français, trad. par Gilles Corrozet). *Paris, G. Corrozet*, 1547, in-16.

Vend. 5 fr. *m. citr.* Gaignat, et serait beaucoup plus cher aujourd'hui.

— LA MÊME en italien et en françoys, en laquelle est disputé qui baille plus d'occasion d'aymer, l'homme à la femme, ou la femme à l'homme; plus, la Deiphire de Léon-Baptiste Albert qui enseigne d'éviter l'amour mal commencé. *Lyon, Guill. Rouille*, 1555, in-16.

Vend. 8 fr. Mac-Carthy, et rel. en *mar. v.* par Trautz, 80 fr. Veinant.

Une édition de *Lyon*, *Eustace Barricat*, 1552, pet. in-12, en français et en ital., est citée dans le *Nouveau Spon*, p. 11.

Il existe au moins quatre autres réimpressions de ce petit volume : 1° *Lyon, Rigaud*, 1574, 15 fr. 50 c. *mar. bl.* Morel-Vindé; — 2° *Paris, Bonfons*, 1581; — 3° *Rouen, Mallard*, 1581, in-16; vend. 20 fr. en mars 1829; — 4° *Lyon, Rigaud*, 1582, in-16, de 287 pp. in-16. *mar. bl.* Coste.

FLORES de Grèce. Voy. HERBERAY.

FLORES (*Pedro* de). Voy. ROMANCERO.

FLORESTA de rimas antiguas... Voyez BOEHL DE FABER.

FLORESTA de rimas modernas castellanas, o poesias selectas castellanas desde el tiempo de Ignacio de Luzan hasta nuestros dias, con una introduccion historica, y con noticias biograficas y criticas, recognidas y ordenadas por Fernando José Wolf. *Paris*, *impr. de Casimir*, 1836, 2 vol. in-8. 15 fr. [15322]

FLORESTA de varios romances, sacados de las historias antiguas de los hechos famosos de los doze Pares de Francia, agora nuevamente corregidas por Damian Lopez de Tortajada. *Madrid*, 1711 et aussi 1713, pet. in-12. 8 à 10 fr. [15071]

Réimprimé à Madrid en 1746 et en 1764, in-12 allongé.

Ce recueil renferme 42 des meilleures anciennes romances, tirées en grande partie du *Cancionero de Romances*. Pellicer, dans son édit. de D. Quixote,

de 1797, I, p. 105, en cite une édition bien antérieure à 1711.

FLORESTA española. Voy. SANTA CRUZ.

FLORETUS. Incipit liber pulcherrimus metrice cōpositus qui dicit floret' quasi flos de sacre scripture libris qui et alio noīe dicit facet'. (*absque nota*), in-fol. [12481]

Ce *Floretus*, qui a été mal à propos attribué à saint Bernard, renferme 1168 vers latins rimés, dits léonins. L'édition que nous citons, et qui est fort rare, a été impr. avec les caractères employés par Ketelaer et De Leempt, dans l'*Historia scholastica Novi Testamenti*, d'Utrecht, 1473 (voy. au mot COMESTOR). C'est un opuscule de 20 ff. sans chiffres, récl. ni sign., finissant au recto du 20e f., ligne 30, par ces mots : *Explicit floretus feliciter*.

— Floretus in·quo flores omnium virtutum et detestationes viciorum metrice continentur, una cum commentŏ Joan. Jarson (Gerson). *Lugduni*, *per Joan. Fabri Alemanum*, M. CCCC. xciiij, *die xxi junii*, in-4. goth. de 196 ff. à 49 lig. par page.

Vend. 20 fr. *mar. bl.* Mac-Carthy.

Sur le frontispice de cette édition se trouve le chiffre de l'imprimeur formé des trois lettres I. M. F. liées ensemble : ce qui a donné lieu d'attribuer faussement à Jean Fust de Mayence un exemplaire dans lequel manquait le feuillet où se lit la souscription (voy. *Bibliogr. instr.*, n° 571, et le 1er catal. de La Valliere, n° 531).

Dom Rivet; qui dans le VIIIe vol. de l'*Hist. littér. de la France*, p. 94, attribue le *Floretus* à Jean de Garlande (voy. GARLANDIA), cite plusieurs éditions de ce petit livre, parmi lesquelles nous remarquons celle de *Limoges*, *chez Jean Breton*, 1508, impr. in-4., avec la *Tobiade* de Matthieu de Vendôme.

— Voy. AUCTORES VIII.

FLORET en francoys. — *Cy finist floret en franczoys imprime a Rennes Lan de grace Mil quatrecens quatre vingtset v*, pet. in-4. goth., avec la marque de l'imprimeur que nous avons donnée à la col. 361 du présent volume.

Ce livret fort rare est en totalité de 40 ff. non chiffrés et à longues lignes; il n'a été vend. (réuni à cinq autres pièces) que 18 fr. La Valliere, mais il vaut bien davantage. Le poëme, en vers de 8 syllabes, qu'il renferme est une traduction du *Floretus* ci-dessus. A la fin de la présente édit. se trouve *un envoi* en 57 vers, qui n'a pas été réimpr. dans la suivante.

— Cy commence le noble liure Floret qui le veuşt ensuyure ne peut faillir d'estre deliure de tout mal et sainement viure. (*sans lieu ni date*), pet. in-8. goth. de 64 ff. non chiffrés.

Vendu 5 fr. 30 c. La Valliere; 60 fr. Thierry; 39 fr. Leduc; 5 liv. Heber; 106 fr. Nodier.

FLOREZ (el P. *Henrique*). Clave Historial con qui se facilita la entrada al conocimiento de los hechos ocuridos desde el nascimiento de nuestro señor Jesuchristo hasta nuestros dias. *Madrid, Ibarra*, 1817, pet. in-4. 7 fr. [21261]

Neuvième édit. de cet ouvrage utile, qui parut pour la première fois en 1743. La *Clave geografica* du même auteur a été aussi souvent réimprimée de format in-8.

— **España sagrada, Teatro geografico-historico de la iglesia de España**, etc., contin. por Fr. Manoel Risco, etc. *Madrid*, 1754-1856, 48 vol. pet. in-4. fig. [21487]

Un exempl. en 46 vol. 440 fr. en 1840, et en 47 vol. 400 fr. Quatremère.

Ouvrage d'un intérêt beaucoup plus général que le titre ne semble l'indiquer. C'est une source abondante où se trouvent un grand nombre de documents-exacts sur l'histoire et la géographie du moyen âge, beaucoup de diplômes jusqu'alors inédits, ainsi que les textes corrigés sur d'anciens manuscrits de plusieurs chroniques et écrits historiques d'Idacius, d'Ildephonse, d'Isidore de Séville, et autres; enfin une foule de précieux renseignements sur les époques anciennes et modernes, et nombre d'additions et de corrections pour la *Biblioth. hisp.* d'Antonio. Les douze premiers vol., dont la première édit. a paru à Madrid, de 1747-53, ont été réimpr. en 1754 et années suiv.; mais je ne sache pas que les autres l'aient été. On a encore réimprimé le premier volume en 1779. Le P. Florez étant mort le 8 juin 1773, avant l'impression du 28ᵉ tome (ce volume-là, ainsi que le 29ᵉ, porte le nom de frère Manuel Risco, qui les a publiés. Ce dernier est le seul auteur des tomes XXX à XLII, et le 43ᵉ volume, consacré à l'évêché de Girone, est d'Antolin Merino et de Jos. de La Canal, religieux augustins; on doit à celui-ci le 44ᵉ et le 45ᵉ vol. Chacun des derniers volumes coûte 10 fr. Le savant J.-A. Llorente a donné des détails curieux sur ce grand ouvrage, dans la *Revue encycl.*, 1819, V, pp. 565 et suiv.

— MEMORIAS de las reynas catolicas, historia genealogica de la casa real de Castilla y Leon, etc.; segonda edicion. *Madrid*, 1770, 2 vol. pet. in-4. fig. 12 à 18 fr. [26108]

La première édition est de Madrid, 1761. Ebert en cite une 3ᵉ de 1790. 2 vol. gr. in-8., qui est douteuse.

— MEDALLAS de las colonias, municipios, y pueblos antiguos de España. *Madrid*, 1757-73, 3 vol. in-4. fig. 30 à 36 fr. [29842]

Le *Manuel de bibliogr. univers.* publié chez Roret (I, p. 105) ne donne que 2 vol. à cet ouvrage qu'il dit être in-fol., et, par suite d'une faute d'impression, il en nomme l'auteur *Henriquez Llorez*.

— ELOGIOS del santo rey Don Fernando, puestos en el sepulcro de Sevilla en hebreo y arabigo : Tablas de las hegiras ó años de los Arábes. *Madrid*, 1752-1754, pet. in-4. fig. 8 fr. [26014]

— Cantabria, 26145.

NOTICIAS sobre la vida, escritos y viajes de R. P. Fr. Enrique Flores, de la orden de S. Augustin... primer escritor de la España sagrada, por Fr. Francisco Mendez; segunda edicion, que con notas y adiciones publica la real Academia de la historia. *Madrid*, *Sanchez*, 1860, in-4. de xx et 446 pp. avec le portrait du P. Florez.

Édition plus complète que la première de Madrid, 1780, in-4.

— Voy. MORALES (*Ambr.*).

FLORI Historia romana. Voy. FLORUS.

FLORI (*Lod.*). Trattato del modo di tenere il libro doppio domestico sol suo esemplare, composto dal padre Lodovico Flori della compagnia di Giesu, per uso delle case della medesima compagnia nel regno di Sicilia. *Stampato in Palermo, et ristampato in Roma per il Lazzari Varse*, 1677, 3 part. in-fol. [3858]

Ouvrage curieux, 18 fr. Riva. Il en a été composé un autre du même genre par dom A. Pietra, à l'usage des religieux du mont Cassin, sous le titre de : *In drizzo degli economie...* Mantoua, 1686, in-fol. 15 fr. Riva.

FLORIAN (el bachiller *Joan Rodriguez*). Comedia llamada Florinea : que tracta de los amores del buen duque Floriano cõ la linda y muy casta y generosa Belisea nueuamẽte hecha. *Media del Campo, en casa de Adrian Ghemart*, 1554, in-4. [16766]

Pièce fort rare, laquelle occupe 106 ff. chiffr., non compris 4 ff. prélim. : 4 liv. 4 sh. en mar. Heber, et 1 liv. 8 sh. le même; 26 fr. Rœtzel; 37 fr. 50 c. de Soleinne.

FLORIAN do Campo. Voy. OCAMPO.

FLORIAN (*J.-P.* Claris de). Ses OEuvres. *Paris, Briand (impr. de Rignoux)*, 1824, 13 vol. in-8. fig. [19139]

Édition ornée d'un portrait, de 24 gravures médiocres et d'un fac-simile : 36 à 45 fr. — Gr. Pap. vél. fig. avec la lettre grise, sur papier de Chine, et les eaux-fortes, 100 à 130 fr. C'est jusqu'à présent la seule de ce format qui contienne les œuvres posthumes et un choix des œuvres inédites : cette partie supplémentaire forme 6 vol. et s'est vendue séparément.

L'édition stéréotype, *Paris, Renouard et Boulland*, 1820-24, en 20 vol. in-18, s'est vend. avec 31 gravures en médaillons, 20 fr., ou avec 80 vignettes d'après Moreau, Desenne et autres, 36 fr.; — de format in-12, avec les 80 vignettes, 50 fr.; même format, papier vél., avec les mêmes vignettes, 80 fr. Le premier tirage des 16 premiers volumes est de 1812. Les quatre derniers vol., qui contiennent les *œuvres inédites*, recueillies par M. Guilbert de Pixerécourt, en 1824, ont en général fort peu d'intérêt, et l'on a très-bien fait de n'en admettre qu'un choix dans l'édition in-8. de 1824.

— LES MÊMES œuvres. *Paris, Ladrange et Furne*, 1829, 16 vol. gr. in-18, pap. vél. 40 fr.

Édition ornée des 80 jolies vignettes de l'édition précédente, anciennes épreuves *réservées* : les œuvres inédites n'en font pas partie.

— FABLES de Florian, précédées d'une notice sur sa vie et ses ouvrages; édition augmentée de fables inédites. *Paris, Ponthieu*, 1825, in-8. 4 fr. — Gr. Pap. vél. 9 fr. [14169]

Florian est regardé comme le premier de nos fabulistes, après l'inimitable La Fontaine; aussi son recueil a-t-il été très-fréquemment réimpr., surtout dans les formats in-18 et in-32. Nous citerons encore l'édition de *Paris, Ch. Froment*, 1828, in-8. portr., dont il y a des exempl. en pap. caval. vél.; l'édition *illustrée par Victor Adam*, avec une préface par Ch. Nodier. *Paris, Delloye*, 1838, gr. in-8. fig. 14 fr. et une autre illustrée par Granville, *Paris, Dubochet*, 1842, gr. in-8. fig. sur bois.

Les différents ouvrages de Florian ont d'abord été publiés séparément par lui-même, et imprimés à Paris, chez *Didot l'aîné*, dans le format in-18 (savoir : *Théâtre*, 3 vol. — *Galatée*, 1 vol. — *Estelle*, 1 vol. — *Numa*, 2 vol. — *Gonzalve*, 3 vol. — *Six Nouvelles*, 1 vol. — *Nouvelles nouvelles*, 1 vol. — *Fables*, 1 vol.); et in-8. (*Théâtre*, 2 vol. — *Galatée et Estelle*, 1 vol. — *Numa*, 1 vol. — *Gonzalve*, 2 vol. — *Nouvelles*, 1 vol. — *Fables et Mélanges*, 1 vol.). Ces éditions primitives, imprimées de 1784 à 1792, sont fort jolies, surtout en pap. vélin, et méritent d'être recherchées. Au moment de la mort de l'auteur, la collection de ses œuvres formait ou 14 vol. in-18, ou 8 vol. in-8. Depuis on y a réuni la traduction du Don Quichotte, en 6 vol. in-18, ou en 3 vol. in-8.; *Guil-*

*laume Tell; Eliézer et Nephtali; Nouveaux mé-
langes*, et la *Jeunesse de Florian* (en in-18 seulement); le tout formant 24 vol. in-18, dont il a été
fait plusieurs éditions, parmi lesquelles nous citerons celle du libraire Guillaume, parce qu'il en a
été tiré des exemplaires en Gr. Pap. vélin. L'édition
de *Paris*, Didot l'aîné, 1805, 8 vol. in-8. fig., pap. ordinaire et pap. vél., renferme, outre les ouvrages publiés du vivant de l'auteur, le *Guillaume Tell* et
l'*Eliézer*; mais le surplus y manque.
Plusieurs des premières éditions des ouvrages ci-dessus ont été imprimées sur VÉLIN, tels que la *Galatée*, Paris, Didot l'aîné, 1784, in-8., vend. 144 fr.
St-Céran ; 250 fr. d'Ourches ; — les *Six nouvelles*,
1784, in-18 ;—les *Fables*, 1792, in-18 ; un seul exemplaire avec les dessins originaux, et un autre exemplaire in-8.; ce dernier, 50 fr. Galitzin : — et enfin
les *Nouvelles*, édit. de l'an VII (1799), gr. in-18.
La *Galatée*, édit. de *Paris, Defer de Maisonneuve*,
1793, gr. in-4. fig. en couleur, est à très-bas prix,
même en pap. vélin. Cependant deux exemplaires,
rel. en *mar. r.*, ont été vendus, l'un 30 fr. et l'autre 22 fr. 50 c., 2ᵉ vente Quatremère.

FLORIANA. Voy. COMEDIA.

FLORIANI lectura super vigesimo secundo
ffoʒ. *Per Bertholdum Rihing argenti-
nensem Neapolim Impressa....., anno
1475*, in-fol. de 55 ff. à 2 col. [2500]
Édition rare, et d'un imprimeur dont on a peu de
productions. Ædes althorp., II, n° 1117.

FLORIDUS Sabinus (*Fr.*). Voy. SABINUS.

FLORII libellus. Voy. FLORIUS.

FLORILEGIUM epigrammatum. Voyez
ANTHOLOGIA.

FLORIMOND, surnommé Montflory. Epistre familière. Voy. EPISTRE.

FLORIMONT. Hystoire et ancienne cronicque de lexcellent roy Florimont, filz
du noble Mataquas duc d'Albanie en laquelle est contenu comment en sa vie
mit a fin plusieurs aduentures... et comment pour lamour de la damoiselle de
lisle celee par trois ans mena vie si douloureuse quil fut appele pouure perdu.
(à la fin) : *Cy fine cette presente hystoire,
imprimee pour Jehan Longis demou-
rant au palais a Paris, et fut acheuee
d'imprimer le vingtiesme iour dauril
l'an mil cinq cens vingt huyt*, in-4. goth.
fig. en bois. [17102]
Première édition de ce roman, fort rare et d'une certaine valeur. Elle consiste en 78 ff. impr. à longues
lign., signat. a—tiij, y compris le titre, au verso
duquel est un privilége accordé à Jean Longis. Vend.
229 fr. (rel. avec deux autres ouvrages aussi précieux que celui-ci) Morel-Vindé, et seul 455 fr.
mar. De Bure.
— La même *Histoire...* Lyon, Oliuier Arnoullet. (à la
fin) : *Imprimee a Lyō par Oliuier Arnoullet le
premier iour de tuing Lan mil cinq cens vingt et
neuf*, in-4. goth. de 54 ff. à longues lignes, sign.
a.—g. (*Biblioth. de l'Arsenal.*)

Florianus a S. Joseph. Chronicon ordinis S. Trinitatis, 21851.
Floridi (*L.-A.*). Dissertazioni sopra diversi soggetti
d'antichità, 28964.
Florilegio da poesia brasileira, 15423.

— LA CHRONIQUE de Florimond, en laquelle est contenue comment en sa vie, mit à fin plusieurs aventures et comment pour l'amour de la demoiselle de
l'Isle Celée, par trois ans mena vie si douloureuse,
qu'il fut appellé pauvre perdu. *Lyon, Oliv. Arnoullet*, 1555, in-4. de 54 ff.
Vend. 10 fr. 50 c. La Valliere. Il y a du même roman
une édition de *Rouen, Nic. Mulot*, sans date, in-4.
à 2 col. caract. rom. Une autre de *Rouen, Richard
le Prévost*, sans date, in-4. fig. en bois : 3 liv.
8 sh. *cuir de Russie*, Heber.

FLORINDO. Libro agora nueuamente hal-
lado del noble y muy esforçado cavallero
don Florindo hijo del buen Duque Floriseo de la estraña ventura, que con
grandes trabajos gano el Castillo encan-
tado de las siete venturas. En el qual se
contienen differenciados Riebtos de car-
teles y Desafios Juyzios de batallas, Espe-
riencias de guerras, Fuerças de amores,
Dichos de reyes, ansi en prosa como en
metro, y Escarmientos de juegos y otras
cosas de mucha utilidad pa el bien de los
lectores y plazer de los oyentes. (à la fin) :
*Fue impresa la presente obra en la...
ciudad de Çaragoça por Maestro Pedro Hardouyn Imprimidor de libros,
y fue acabada xxi dias del mes de
Mayo de Año... de MDXXX*, in-fol. goth.
de 159 ff. chiffrés, plus le titre, et à la
fin 3 ff. pour la table. [17533]
Livre très-rare : 150 flor. Meerman ; 13 liv. Heber.
Au verso du titre se lit un privilége accordé à Fernando Basurto, demeurant alors à Saragosse, et daté
de *la Villa de Mendoça*, 1528. C'est aussi sous cette
date que le roman de Florindo est annoncé dans le
Catalogue de la bibliothèque d'un amateur (M. Renouard), d'après un exemplaire dépourvu des 3 derniers ff., à la fin desquels se trouve la souscription
ci-dessus. L'auteur, nommé dans le privilége Fern.
de Basurto, est, selon toute apparence, le même
que Ferd. de Vasurto dont il est question dans la
Biblioth. hisp. vetus d'Antonio ; 2ᵉ édition, II, 342,
n° 855 (voy. RAYMUNDO de Grecia).

FLORINI (*Matheo*). Voy. aux mots FLORI
et GIOJELLO, et à l'article VECELLIO
(*Cesare*).

FLORIO e Biancifiore. Voy. FLORES.

FLÓRIO (*Mich.-Agnolo*). Voy. AGNOLO.

FLORIO (*Jean*). Florio his first fruites :
which yeelde familiar speech, merie
prouerbes, wittie sentences, and golden
sayings : also a perfect introduction to
the italian and english tongues. *London*
(1578 ou sous la date de 1591), in-4.
Vend. 1 liv. 11 sh. 6 d. Bindley.
— FLORIO second frutes : to which his annexed his
Garden of recreation yeelding six thousand italian
proverbs. *London*, 1591, in-4. [18464 ou 18509]
Les 2 vol. vend. 2 liv. 2 sh. Steevens.
Ce recueil existe aussi sous le titre suivant :
GIARDINO di ricreatione, nel quale crescono fronde, fiori e frutti, vaghe, leggiadre e soave, sotto
nome di sei miglia proverbii, e piacevoli riboboli
italiani : raccolto da Giovanni Florio. *Londra, Th.
Wodcock*, 1591, in-4.
Vend. 3 liv. 17 sh. Roscoe ; 31 fr. Duplessis.

Pour une traduction française du *Giardino*, voy. GOMES de Trier.

FLORISANDRO. L'*historia e gran pro-dezze in arme di Don Florisandro, prin-cipe di Contaria, figliuolo del valoroso don Florestano re di Sardegna. *Venetia, Tramezzino*, 1550, in-8. de XII et 364 ff.

Une des branches des Amadis (voy. AMADIS).

On lit *Florisandro* sur le titre, et *Floriando* dans tout le reste du volume.

FLORISÉE (Hist. des amours de). Voy. REINOSO.

FLORISEO (Libro de). Voy. au Supplément BERNAL (*Fernando*).

FLORISEL de Niquea. Voy. AMADIS, col. 212 de notre 1er vol.

FLORIUS florentinus (*Franc.*). Francisci Florii Florentini de amore Camil‖li et Emilie aretinorum ad Guillermum tar‖ divum prologus feliciter incipit. — Inci-pit alius libellus de‖duobus amantibus ‖ (Leon. de Guiscardo et Sigismunda Tan-credi filia), per Leonardum aretini (*sic*) in latinū ex boccacio ‖ transfiguratus. (*absque nota*), in-4. de 49 ff. à 42 lign. par page. [16992]

Édition sans chiffres, récl. ni signat., mais impr. avec les mêmes caract. que le *Manipulus curatorum* donné par P. de Cæsaris et J. Stol, à Paris, en 1473 (voy. de MONTE-ROCHERII). Le premier f. com-mence par la première ligne du titre, ci-dessus.

On lit à la fin du premier roman, au recto du 41e f., la souscription suivante : *Francisci Florii de duo-bus amantibus liber felici‖ter expletus est turo-nis... editus ‖ in domo domini Guillermi archi‖ episcopi turonēsis , pridie kalen ‖ das iannarii anno dñi millesi‖mo quadringentesimo sexagesi‖ mo septimo* (ou dans un autre exemplaire M. CCCC. LXVII).

Deux choses sont à remarquer dans cette souscrip-tion : d'abord les mots *Guillermi archiepiscopi*, qu'il ne faut pas traduire par Guillaume, archevêque, mais par Guillaume Larchevesque ; ensuite la date 1467 qui est celle de la composition ou de la trans-cription de l'ouvrage, et non pas celle de l'impres-sion. Vend. 50 fr. Gaignat ; 80 fr. La Vallière ; 58 fr. Mac-Carthy ; 4 liv. 19 sh. Hibbert ; 2 liv. 9 sh. Heber.

—De amore Camilli et Emiliæ... prologus, etc. (*absque nota*), pet. in-4.

Édition faite avec les mêmes caractères, et qui pré-sente la même justification des pages que la précé-dente ; toutefois elle finit ainsi :

cro sepeliri ambos fecit.
Finis.

tandis que l'édition décrite la première est termi-née de la manière suivante :

dem sepulchro sepeliri ambos fecit
Finit feliciter.

Un exemplaire de l'une de ces deux éditions, impr. en partie sur VÉLIN, en partie sur papier, se con-serve dans la précieuse bibliothèque du duc de De-vonshire.

— FRANCISCI Florii florentini de amore Camilli et

Emilie aretinorū ad Guillermū tardiuum prologus feliciter incipit. Pet. in-4. de 36 ff. à 33 lig. par page, sign. Aj—Eij, caract. goth.

Imprimé à Paris, vers 1480. Au recto du 4e f. du cah. D. se trouve la souscription datée de Tours, 1467, dont nous venons de parler ; au verso du même f. commence *alius libellus de duobus aman-tibus p Leonardū aretini in latinū ex boccacio trāsfigurat'*, et au recto du f. E.ij : *Epistola ber-nardi siluestris sub gubernatione reifamiliaris feliciter incipit.*

L'édition in-4. goth. de 42 ff. à 26 lign. par page, est peut-être un peu plus ancienne que la précédente. Nous en connaissons une autre également in-4. et avec la même souscription que ci-dessus, mais où se voit, au commencement et à la fin, la marque de Jean Lambert, imprimeur de Paris, vers la fin du XVe siècle. Cette marque représente deux singes assis sous un arbre.

Pour la traduction française du second de ces romans, voy. ARETINUS (*Leonardus*).

FLORS (les) del gay saber, o las Leyes d'a-mors, texte, et traduction de M. le mar-quis d'Aguilar, revue et completée par M. Gatien-Arnoult. *Toulouse, Paya*, 1841 et ann. suiv. 3 vol. gr. in-8. [14367]

LES JOYAS del gay saber, trad. par le docteur Noulet. *Toulouse*, 1848, gr. in-8.

Le premier volume de ce recueil, augmenté d'un rapport de l'éditeur, a été donné sous le titre de *Monuments de littérature romane depuis le XIVe siècle*. Les quatre ont été annoncés au prix de 30 fr.

FLORTIR. La historia dove si ragiona de i valorosi e gran gesti e amori del caval-lier Flortir figliuolo dell'Imperator Platir. *Venetia, Tramezzino*, 1554-60, 2 vol. in-8. [17535]

Ce roman est traduit de l'espagnol, et parait appar-tenir à la suite des Amadis. Vend. 1 liv. 11 sh. Hib-bert.

Le prem. vol. a 12 ff. prélim., 462 ff. chiffrés et 2 à la fin pour le registre et la date. Il a été réimpr. en 1560. — Le second vol. (*libro secondo*) a XVI ff. prélim., 446 ff. et 2 ff. blancs. Il a été réimpr. à Venise, en 1562, par *Comin da Trino*. Les 2 vol. l'ont été par *Tramezzino* , en 1565 ; ensuite par *Dom. Farri*, en 1573 ; sans nom d'imprimeur en 1581, et enfin par *Spineda* , en 1608, *con libro se-cundo, di nuovo ritrovato negli annali delle ca-vallerie de' Greci, et tradotto nella lingua italiana.*

FLORUS (*Lucius-Annæus*). Epitomatum in Titum Livium libri. (*absque nota*), pet. in-fol. [22882]

Édition ancienne, impr. sans chiffr., récl. ni signat., en caract. ronds, assez semblables à ceux de l'Au-sone de Venise, 1472. Le vol. a 58 ff. en tout, et les pages entières portent 33 lignes ; il commence au recto du prem. f. de cette manière :

Lucii Annei Flori epitomatum
in Titum Livium liber primus.

On lit à la fin une souscription de 8 vers, dont voici le premier :

Florus habet parvo : numerosa volumina Livi.

Vend. 22 liv. 1 sh. Pinelli, 130 fr. Brienne-Laire.

— Lucii Annæi Flori de tota hystoria Titi Livii epitoma fœliciter incipit. (*absque nota*), pet. in-4.

Ce volume de 89 ff. commence au verso du premier par un argument ; les pages entières ont 23 lig. On lit au recto du dern. f. 8 vers latins, précédés d'une souscription qui commence ainsi :

L. Annei Flori epitoma de Tito Livio finit liber quartus.

Édition impr. avec les mêmes caractères que la *Rhétorique* de Fichet, dont nous avons parlé ci-devant (voy. FICHET), et exécutée à Paris, en *Sorbonne*, vers 1470 ou 1471. Vend. 801 fr. Camus de Limarc.

— Lucii Annæi Flori epitoma. (*absque nota*), in-fol. de 29 ff. à 2 col. de 46 lig.

Édition sans chiffr., récl. ni signat., imprimée avec les petits caractères d'Arnold Therhoernen, à *Cologne*, de 1471 à 1473. La prem. lig. du prem. f. recto est ainsi :

Lucij ānei flori epitoma idest abbre-

• Florus finit au f. 24 recto, et au verso du même f. commence le traité de Jordanus *De commendatione Rom. imperii.*

Vend. 96 fr. Brienne-Laire; 13 liv. 13 sh. Sykes; 1 liv. 10 sh. *mar. r.* Heber ; 40 flor. Butsch.

— Epitome historiæ romanæ, ex recens. Phil. Beroaldi. *Parmæ, per Stephanum Corallum* (absque anno), in-4. de 80 ff. à 27 lig. par page; en caract. rom., avec des réclames.

Le nom de l'imprimeur est indiqué dans l'épître dédicatoire de Beroalde, laquelle occupe 3 pp. dans les 2 prem. ff. Le texte de Florus commence au recto du 3e f. et finit au verso du dernier de cette manière :

L. Flori epithomatis liber ultimus

... `.` FINIS ;

Vend. 2 liv. 5 sh. Pinelli.

— Romana historia. (*absque nota*), in-fol. de 48 ff. à 36 lig. par page, caract. rom.

Cette édition, sans chiffr., récl. ni signat., est probablement antérieure à 1480. Elle se distingue par des lettres capitales gothiques placées particulièrement dans les 12 prem. ff. (*Biblioth. spencer.*, II, 34). C'est peut-être la même édit. qui a été vend. 5 liv. 12 sh. 6 d. Sykes. La prem. lig. du prem. f. recto est ainsi conçue :

Lutii Amnei (sic) *flori Romane*

et la souscription placée au recto du dernier f. se termine par les mots *Laus Deo.*

— Lvcy flori historiographi Epithomata. *Lipsiæ, Conradus Gallicus,* 12 cal. *jun.* 1487, in-4. goth. de 56 ff. à 30 lig. par page, signat. *a—g.*

Édition revue par Fridianus Pighinutius d'après un ms. d'Halberstadt, offrant de bonnes leçons qui lui sont particulières. Réimpr. *Leipsiæ, Mt. Herbipol.,* 1494, in-fol. de 32 ff. et avec de nouv. corrections, *Lips., Thaner* (sans année, mais entre 1487 et 1494), in-fol. goth.

— Idem Florus. Cl. Salmasius addidit Lucium Ampelium nunquam antehac editum. *Lugd.-Batav., apud Elzevirios,* 1638, pet in-12. 6 à 9 fr.

Il y a deux éditions sous la même date ; la plus belle se reconnait à la page 200 qui est bien cotée, tandis que dans la réimpression cette page porte 220. L'édition originale a été vendue 12 fr. *mar. r.* de Boissy : 17 fr. *mar. r.* Caillard, et 22 fr. Desjobert.

Il paraît que pour la première édition de 1638 il a été fait, pendant le tirage, une correction à la planche servant de frontispice, car il se trouve des exemplaires où les quatre lettres placées près des pattes de devant de la louve sont ainsi disposées avant la correction : S. R. Q. R., et, S. P. Q. R. après cette correction.

L'édition de Leyde (*Lugd.-Batavor.*), *apud Joan. Elzevirium,* 1657, pet. in-12, reproduit page pour page celle de 1638, et a le même frontispice gravé dont on a changé le bas. L'épître dédicatoire seule est différente.

— IDEM; interpretatione et notis illustravit Anna Tanaq. Fabri filia, in usum Delphini. *Parisiis,* 1674 vel 1726, in-4.

Édition assez estimée, mais commune et à bas prix. Elle a été réimpr. à Londres, de format in-8.

— IDEM, ex recens. Grævii, cum ejus annotationibus longe auctioribus : accedunt notæ Cl. Salmasii; J. Freinshemii et varior. cum variant. lectionibus et indicibus ; in fine additus est Lucius Ampelius. *Amstelod.,* 1702, 2 tom. en 1 vol. in-8. fig. 5 à 6 fr.

Malgré ce qu'annonce son titre, cette édition renferme peu de notes nouvelles; beaucoup de leçons du texte y sont en contradiction avec les notes de Grævius ; les variantes des premières édit. y manquent tout à fait, et les notes de Freinsheim ne sont pas entières ; elle a donc peu d'avantage sur l'édit. d'*Utrecht*, 1680, donnée par Grævius, et réimpr. à *Amsterd.*, 1692, in-8. fig.

— FLORI libri duo priores correcti, cum textus ratione notisque varior. adornavit Laur. Begerus. *Coloniæ-Marchicæ* (*Berolini*), 1704, in-fol. fig.

Cette édition est fort peu estimée, parce que le texte y est changé arbitrairement et sans critique, et que les gravures ne sont ni bonnes ni utiles. Elle est restée incomplète à la mort de l'auteur. Vend. 30 fr. *m. r.* Lolliée, mais ordinairement à très-bas prix.

— FLORUS et Lucius Ampelius (ex recens. Mich. Maittaire). *Lond., Tonson,* 1715, in-12. 2 à 3 fr.; et en Gr. Pap. 6 à 12 fr.

— IIDEM, cum integris Salmasii, Freinshemii, Grævii, et selectis aliorum animadversionibus; recensuit, suasque adnotationes addidit Car.-Andr. Dukerus. *Lugd.-Batavor.,* 1744, in-8.

Bonne édition : à la fin du vol. se trouve *Ampelius.* 39 pp. 8 à 10 fr.

La première édition donnée par Duker, *Lugduni-Batavorum,* 1722, in-8., a quelques notes de moins que celle-ci : 5 à 6 fr.

— FLORUS, ex recensione Grævii, cum animadvers. ejusdem : præter Ampelium libellumque varr. lectt. præfatio F.-J. Fischeri. *Lipsiæ, Fritsch,* 1760, in-8. 3 fr.

Bon texte.

— FLORUS, ex edit. Fischeri; Velleius Paterculus, ex edit. Krausii. *Londini, Rodwell, etc.,* 1818, gr. in-18. 3 à 4 fr. (Collection du Régent.)

— FLORI epitome rer. romanar. recensuit, subditia et interpolata a textu disclusit, prolegomena, notas criticas et variantium tabellam addidit Fr.-Nic. Titze. *Pragæ,* 1819, in-8. 6 à 7 fr.

— EPITOME rer. romanar. ex editione Fischeri, cum notis et interpret. in usum Delphini, variis lectt. et notis varior. et indice locupl. accurate recensita. *Lond., Valpy,* 1822, 2 vol. in-8.

Formant les nos 39 et 40 de la nouvelle collection *ad usum.*

— FLORUS et Ampelius, quibus selectas varior. notas, indicem Freinsheimianum et novam passim interpretationem subjunxit N.-E. Lemaire. *Parisiis,* typ. Jul. Didot, 1827, in-8. 6 fr.

— EPITOME rerum romanar. cum integris Salmasii, Freinshemii, Grævii et select. alior. animadversionibus, recensuit suasque adnotation. addidit C.-A. Dukerus ; editio altera auctior et emendatior. *Lips., Köhler,* 1832, 2 vol. in-8. 12 à 15 fr.

— LUCII Flori epitomæ de Tito Livio bellorum omnium annorum DCC libri II. Recensuit et emendavit Otto lahn. *Lipsiæ, Weidmann,* 1853, in-8. 4 fr.

— ABRÉGÉ de l'histoire romaine de Florus, traduit, avec des notes, par l'abbé Paul. *Paris, Barbou,* 1774, in-12. 3 fr.

— LE MÊME, trad. par F. Ragon, avec une notice par M. Villemain. *Paris, Panckoucke,* 1827, in-8., avec le texte. 6 fr.

— Histoire romaine, traduction nouvelle, accompagnée d'un commentaire et de notes histor. et crit. par M. Ch. Du Rozoir (avec le texte en regard). *Paris, Belin*, 1829, in-8.

La traduction de Cam. Paganel, *Paris, Verdière*, 1833, in-8., avec le texte en regard, n'a point été remarquée.

FLORY (*François*). Tariffe, ou table proportionnelle des changes en Anuers et ailleurs, sur plusieurs places de l'Europe, et leur retour pour soudain trouver son compte faict, en quelque calculation que ce soit : ensemble une reduction de monnoyes, poids et aulnages de plusieurs villes, regions foraines, à l'argent, poids et mesures d'Anuers, et d'entre elles : très utile et profitable à toute sorte de marchants; par François Flory de Lille, arithmeticien. — *En Anuers, par Gilles Van den Rade, pour le dit Flory*, 1572, pet. in-8. contenant 4 ff. prél., la table, 1 f. bl. et 797 pp. [4180]

Livre curieux sur l'histoire des relations commerciales et financières de différents peuples à l'époque où il fut écrit. On trouve au commencement *Cenno Poggini am. Francesco Flori sopra la presente opera*, et des vers français de Hans Redermaker à l'auteur. (*Bibliophile belge*, 2e série, vol. V, p. 334.)

FLOSI (*Claro*). L'Opinione tiranna moralmente considerata ne gli affari del mondo. *Mondovi*, 1690 ou 1691, in-12. 3 à 4 fr. [3738]

FLOURANCE (Rivault). Voy. RIVAULT.

FLUDD (*Rob.*), alias de Fluctibus, Opera. *Oppenhemii, Francofurti et Goudæ*, 1617-38, 6 vol. in-fol. fig. [8958]

Cette collection doit être composée de 17 parties imprimées séparément, dont 16 sont décrites dans le catalogue de La Valliere, n° 1784, et avec plus d'exactitude dans le Lexicon d'Ebert, n° 7701. La 17e, intitulée : *Clavis philosophiæ et alchimiæ fluddanæ*, Francof., 1633, est une pièce de 87 pp.

Vend. (16 part. en 5 vol.), 80 fr. La Valliere, 17 parties en 6 vol. *m. v.* 162 fr. Patu de Mello; 60 fr. Fourcroy; 19 liv. 19 sh. Hibbert; 37 fr. (une table manquant) Librairie De Bure; en 16 part. et de condition médiocre, 67 fr. Libri, en 1857. Les exemplaires incomplets sont à très-bas prix.

On peut réunir à ces 6 vol. :

Tractatus apologeticus integritatem societatis de Rosea Cruce defendens, auth. Rob. de Fluctibus. *Lugd.-Batav.*, 1617, in-8. de 186 pp. [22490] — publié d'abord sous le titre d'*Apologia compendiaria*, Leydæ, 1616, in-8.

Rodolphi Otreb (Rob. Fludd) tractatus theol. philosophicus de vita, morte et resurrectione, dedicatus fratribus a Cruce Rosea. *Oppenhemii, de Bry*, 1617, in-4.

FLÜGEL (*Gust.*). Concordantiæ Corani. Voy. MAHOMET.

FLVSTE (la) de Robin, en laqvelle les chansons de chasque mestier s'egayent, et vous y apprendrez la maniere de jouër de la fluste; ou bien de vous en taire, avec traitz de parolles dignes de vostre veuë, si les considerez. (*sans lieu d'impression ni date*), pet. in-8. de 48 pp. [17835]

Facétie fort graveleuse et très-singulière, écrite en prose, vers le commencement du xviie siècle. Les exemplaires en sont d'une grande rareté. A la fin se lisent quatre vers latins sur la flûte. Chose remarquable, les 16 premières pages sont impr. en plus gros caractères que les autres, et n'ont que 26 lig. chacune au lieu de 28. Vend. 101 fr. *m.·v.* Nodier, en 1830, et 60 fr. en 1839.

Il en existe une autre édition également sans lieu ni date, mais en plus petits caractères, et qui n'a que 38 pp., 35 fr. *mar. bl.* titre restauré, Veinant.

L'exemplaire in-8., en 38 ff., vend. 50 fr. *m. r.* en novembre 1847, avait sur le titre la fausse date M. D. XIX, probablement pour 1619. Il y a aussi des éditions de *Troyes, P. Piot, rue Perdue* (sans date), pet. in-8., adresse qui paraît supposée; de *Rouen, chez Adrien Morront, tenant sa boutique dans l'Estre Nostre-Dame*, M. DC. XXII. (M. de Châteaugiron en a eu la copie mss.), pet. in-8.

FOCALOIR, etc. Voy. BRIEN (O').

FOCARD (*Jacques*). Paraphrase de l'astrolabe, contenant les principes de géométrie, la sphère, l'astrolabe ou déclaration des choses célestes; le miroir du monde, ou explication des parties de la terre. *Lyon, Iean de Tournes*, 1546, gr. in-8. de 8 ff. prélim. et 187 pp. fig. sur bois. [8367]

L'auteur se nomme en tête de son épître dédicatoire. 22 fr. 50 c. Eyriès; 14 fr. Coste.

Autre édition *revue et corrigée par Iacques Bassentin, escossois, avec une amplification de l'usage de l'Astrolabe, par lui-mesme aioustée.* Lyon, Iean de Tournes, 1555, in-8. de 6 ff. prél. et 192 pp., fig. sur bois. Un exempl. en *mar. bl.* est porté à 80 fr. dans le Bulletin de M. Techener, 1860, p. 920, n° 486, où se lit une note curieuse sur ce livre peu commun. Un autre exemplaire a été vendu 30 fr. en 1855, et seulement 5 fr. Libri.

FOE (De). Voy. DEFOE.

FOEHERAN (de). Voy. PONT-AYMERIE.

FOE KOUE KI. Voy. CHY FA HIAN.

FOENISECA. Opera Joannis Foenisecæ [Maderi] Augustensis hæc in se habent : Quadratum sapientiæ : continens in se septem artes liberales veterum. Circulos bibliæ IIII. in quibus metaphysica mosaica commentaria horum... (in fine) :

Flotte d'Argençon (*Magl.* de). Portulan, 19751.

Flourens (*P.*). Développement des os, 6764. — Anatomie de la peau, 6790. — Système nerveux, 6895. — Génération, 6932. — Mémoires d'anatomie et de physiologie, 6671. — De la Vie et de l'intelligence; Longévité humaine, 6879. — Découverte de la circulation du sang, 6889. — Eloges histor., 30297. — Fontenelle, 30630. — Des Manuscrits de Buffon, 4478.

Flügge (*Ch.-W.*). Theolog. Wissensch., 1146.

Focke (*H.-C.*). Negerengelsch Woordenboek, 11957.

Fodera (*M.*). Doctrines médicales, 7132.

Foderé (*Fr.-Em.*). Pauvreté, 4078. — Épidémies, 7191. — Traité du délire, 7313. — Médecine légale, 7394.

Fœlix et Demangeat. Droit international, 2369.

Impressa Augustæ Vindelicorum, communibus impensis Joannis Miller atque Joannis Foenisecæ. Anno M.D.XV. *ad* III *cal. maias, in-4.* fig. [3443]

Nous donnons ici, d'après Panzer, VI, p. 143, n° 82, le titre de cet ouvrage, peu connu en France : il est porté sous le n° 537 du dernier catal. de M. Libri (1861) ; mais pour pouvoir l'y placer sous le mot *Arithmetic,* le rédacteur du catal. l'a développé en ajoutant après OPERA : *Grammatica hebraica. Alcarithmus* (sic), *Arithmetica, Geometria, Perspectiva, Astronomia, Geographia, Horologia, tabula quantitatis dierum, Musica, Physica et Metaphysica,* etc.

FOESIUS (*Anutius*). OEconomia Hippocratis, alphabeti serie distincta. *Francof.,* 1588, in-fol., 8 à 10 fr. [6540]

Cet *Index* doit être joint à celles des éditions d'Hippocrate de Foës dans lesquelles il ne se trouve pas (voy. HIPPOCRATES).

FOGELBERG. L'OEuvre de Fogelberg, sculpteur suédois, publié par Casimir Lecomte, avec le concours de membres de l'Institut, littérateurs, etc. *Paris, A. Hauser,* 1856, gr. in-fol. avec 38 pl. et un portrait, 60 fr. ; — pap. de Chine, 80 fr. ;—avant la lettre sur Chine, 100 fr. [9685]

FOGGINI (*P.-Fr.*). Voy. BYZANTINA, n° 31.

FOGLIANI sive Foliagni. Mvsica theorica Ludovici Foliagni Mutinensis docte simul ac dilucide pertractata : in qua quãplures de harmonicis interuallis : non prius tentatæ : continentur speculationes. (in fine) : *Venetiis per Io. Antonium & fratres de Sabio. Anno Domini* MDXXIX, *mense Iulii,* in-fol., 2 ff. prélim., texte XLIII ff. chiffr., sign. A— G, lettres rondes, fig. en bois. [10136]

Rare. Vend. 15 fr. Reina, et serait plus cher maintenant.

FOGLIETTA. Voy. FOLIETA.

FOHMANN (*V.*). Das Saugadersystem der Wirbelthiere. *Heidelberg et Leipzig, Groos,* 1827, in-fol. [6786]

Ouvrage important sur les vaisseaux absorbants des animaux à vertèbres : il n'en a paru qu'une seule livraison qui traite des poissons, et contient 18 pl. lithogr. 35 fr.

FOIGNY (*Gabr.* de). Voy. SADEUR.

FOIX (*Gaston* de). Voy. PHEBUS.

FOIX (*Paul* de). Lettres de messire Paul de Foix, archevêque de Tolose, ambassadeur auprès du Pape Grégoire XIII,

écrits au roi Henri III (pendaut les années 1581 et 1582, publiées par Auger de Moléon, sieur de Granier). *Paris, Ch. Cappellain,* 1628, in-4. [24117]

Ces lettres n'ont pas moins de mérite que celles du card. d'Ossat, qui a été secrétaire de P. de Foix, et comme il n'y en a qu'une seule édition, les exemplaires en sont assez rares : 12 à 18 fr. Un exempl. en Gr. Pap. est porté à 50 fr. dans un catalogue de M. Techener.

FOLENGII (*J.-B.*) commentaria in primam D. Joannis epistolam. *Venetiis, Aldus,* 1559, pet. in-8. [492]

Ce livre a été payé 55 fr. à la vente Libri en 1847 et 2 liv. 5 sh. en 1859, parce que Renouard n'en a pas parlé dans ses Annales des Aldes. L'édition de 1546, que ce bibliographe a décrite, se vendrait à peine 6 fr.

FOLENGO (*Theophilo*). Merlini Cocai poetæ mantvani macaronices libri XVII, non ante impressi. (in fine) : *Venetiis, in ædibus Alexandri Paganini,.. Kalē. Ianua.* M. D. XVII., pet. in-8. de 12 ff. prélim. et 119 ff. non chiffr. sign. A— P, 27 lig. par page ; le dernier f. est blanc. [13129]

Première édition de ce chef-d'œuvre macaronique de Théophile Folengo ; elle est en lettres italiques, et ce caractère n'a aucun rapport avec le cursif bizarre que Paganino a employé dans l'édition de Merlin Coccaie donnée par lui en 1521. Vend. 11 sh. Pinelli ; 10 fr. exemplaire médiocre, Heber ; 33 fr. Nodier ; 69 fr. salle Silvestre, en novembre 1857.

— Macaronea. Merlini Cocai poete Mantuani macaronices libri XVII. post omnes impressiones, ubiq3 locorũ excussas, nouissime recogniti, omnibusq3 mendis expurgati. Adjectis insuper q̃pluribus pene viuis imaginibus materie librorum aptissimis, & congruis locis insertis, & alia multa, quæ in aliis hactenus impressionibus non reperies. (in fine) : *Impressum Venetiis summa diligentia per Cesarem Arriuabenum Venetum Anno... Millesimo quingentesimo supra uigesimu3 die decimo mensis Ianuarii,* pet. in-8. de CXIX ff. chiffrés, en tout ; 31 lig. par page.

Cette édition de 1520 (augmentée de quelques morceaux prélim.) est impr. en caract. rom. et ornée de fig. en bois. La vignette du frontispice représente un homme qui joue du violon. La souscription est au recto du dernier f. coté par erreur XIX, et dont le verso porte la marque de l'imprimeur. A en juger par le titre ci-dessus, l'édit. de 1520 aurait été précédée par plusieurs autres ; cependant nous ne connaissons que celle de 1517 qui soit plus ancienne : vend. 22 fr. 50 c. Heber ; 25 fr. Nodier. L'une et l'autre sont rares, et quoiqu'elles soient moins complètes que celle de 1521, il est bon de les avoir, parce qu'elles présentent un texte différent de celui des éditions postérieures.

Jos. Molini a décrit, sous le n° 292 de ses *Aggiunte,* une édition de cette *Macaronea,* in-8., sans date, en caractères romains et portant absolument le même titre que celle de 1520 ci-dessus : elle a CVIII ff. chiffrés, et des signat. de A—P. Le texte finit par les mots LAVS DEO. Comme ce texte ne présente pas les corrections que Lodola a faites à l'édition de 1521, elle doit être antérieure à cette dernière, et peut-être même a-t-elle précédé celle de 1520.

—Merlini Coccaii Poete Mantuani opus Macaronicorum, totū in pristinam formam per magistrum Acquarium Lodolam optime redactū; in his infra notatis titulis divisum : Zanitonella, quę de amore Tonelli erga Zaninam tractat, quę constat ex tredecim sonolegiis, septem æclogis, ī una strambottolegia : Phantasiæ Macaronicon , divisum in vigentiquinꝗ macaronicis , tractans de gestis magnanimi , è prudentissimi Baldi : Moschææ facetus liber in tribus partibus divisus, ē tractans de cruento certamine Muscarū ē formicarꝥ : Libellus epistolarum ē epigrammatum , ad varias personas directarum. (au recto du 272ᵉ f.) : *Tusculani apud Lacum Benacensem Alexander Paganinus.* M.D.XXI. *die* v. *Ianuarii*, in-16 de 272 ff. chiffrés et 8 ff. non chiffrés , avec de petites vignettes en bois.

Édition imprimée avec des caractères très-menus et assez singuliers. Elle est fort recherchée, mais il est très-difficile d'en trouver des exemplaires dont les notes marginales n'aient pas été atteintes par le couteau du relieur. Le titre ci-dessus, que nous avons eu soin de rapporter en entier, prouve qu'elle est beaucoup plus complète que les deux éditions précédentes.

Le corps du volume se compose de 272 ff. chiffrés , sous les signatures A.—LL.; ensuite doit se trouver un cahier de 8 ff. sign. MM., lequel contient ordinairement *Epistola dil autor del Merlino*, la réponse de Paganini à l'auteur, l'excuse au sujet des fautes d'impression, l'*errata* en 8 pp., le *repertorium facetiarum*, et un sonnet au recto du dernier f. dont le verso est blanc. Dans quelques exemplaires ce même cah. de 8 ff. présente de grandes différences ; l'errata y est réduit à 6 pp. et le sonnet est au verso du dernier f. Au moyen de ce remaniement on a pu ajouter un paragraphe à la réponse de Paganini, un dialogue sous ce titre : *Dialogus Philomusis dissertissimus , interloquentibus Euticio et Eudemo*, et une nouvelle *epistola volgare dil autor del Merlino*. (L. Lechi, *Tipografia bresciana*, p. 105.) — Dans l'exempl. vendu chez Méon, les 8 feuillets que nous venons de décrire étaient sous la date de 1564.

Vend. exempl. du C. d'Hoym, 36 fr. d'Hangard ; 36 fr. Mac-Carthy ; 24 fr. *mar.* Coulon ; 41 fr. *mar. bl.* Boutourlin , et 66 fr. Solar. Un exempl. *m. r.*, avec les huit ff. prélim. doubles et offrant entre eux des différences, 3 liv. 5 sh. Hanrott ; 60 fr. *mar. r.* Libri ; 40 fr. Giraud.

Cette édition a été reproduite *Mediolani, per magistrum Augustinum de Vicomercato, ad instantiam domini presbyteri Nicolai Gorgonzolæ*, M.CCCCC XXII, *die xxiij mensis Augusti*, in-8.

—Macaronicorum poema, Baldus, Zanitonella, Moschœa epigrammata. — *Cipadæ , apud magistrum Aquarium Lodolam*; in-12 allongé.

Zeno, dans ses notes sur Fontanini, tome I, page 304, cite cette édition comme la meilleure et la moins connue que l'on ait de ces *Macaronica*; il conjecture, d'après la lettre de Fr. Folengo placée au commencement, qu'elle a été impr. à Venise, en 1530, par Alex. Paganino. Cette édition a le mérite d'avoir

été revue par l'auteur qui a cherché à y perfectionner son ouvrage , mais qui, en même temps, y a adouci plusieurs traits satiriques qu'il se repentait d'avoir insérés dans la première édition. Il y a à la fin trois pages et demie d'errata. A l'égard du nom d'*Aquarius Lodola*, il faut remarquer que c'est celui qu'a pris en 1521 l'éditeur, lequel devait être Folengo lui-même.

La mention qui a été faite d'une édition de 1529, in-4. (lisez in-8.), par Dav. Clément, d'après la *Bibliotheca Lambertina* (Paris., *Gabr. Martin*, 1730), in-8., p. 330, paraît être le résultat d'une négligence du rédacteur de ce dernier catalogue. L'exemplaire qui a donné lieu est probablement le même qui est porté à 15 fr. dans le catal. du C. d'Hoym, nᵒ 2229 ; c'est-à-dire l'édit. de 1520, in-8., à la suite de laquelle se trouvait reliée la Macaronée d'Arena, ayant à la fin la date M. D. XXIX (rendue mal par le chiffre 1524). Ce même exemplaire se retrouve avec la même date, dans le catal. de Sandras (Paris, 1771), nᵒ 1459. (Vendu 12 fr.), et dans celui de La Vallière, en 3 vol., nᵒ 2689 (vendu 6 fr. 1 s.), avec la date de 1519 (pour 1529). Nous l'avons eu sous les yeux. De pareilles erreurs de date se glissent facilement dans les catalogues et donnent souvent lieu à des indications bibliographiques mal fondées.

Les éditions de Merlin Coccaie , postérieures à 1521 et 22, paraissent pouvoir être divisées en deux classes: celles qui reproduisent le texte de 1521, mais, à ce qu'il semble, sans l'appendice, et celles qui suivent le texte de l'édition sans date de *Cipada*.

— MERLINI COCALII (*sic*) poetæ mantuani Macaronicarum poemata, nunc recens accurate recognita cum figuris locis suis appositis. (à la fin) : *Venetiis apud hæredes Petri Ravani et socios*, 1554, in-12 de 24 ff. prélim. et 252 ff. de texte, lettres rondes, fig. en bois.

Un bel exempl. en *mar. bl.* 9 fr. 50 c. La Vallière ; 60 fr. Libri.

Une édition de Venise, 1552, par les mêmes libraires, est dans le catal. Crevenna, nᵒ 4535, à côté de l'édit. de 1554. Les deux édit. y sont portées à 10 fr. 9 sous.

— MACARONICORUM poema : Baldus, Zanitonella, Moschæa, Epigrammata. *Venetiis, apud Petrum Bosellum*, 1555, in-16.

Cette édition a le même titre que celle qui a paru vers 1530 (chez Paganino), sous l'indication de *Cipadæ* (voir ci-dessus). Le Baldus y est divisé en cinq sections de 5 livres chacune. Je n'ai pas vérifié si son titre porte les quatre vers : *Tum sibi dissimilis...* rapportés par Zeno dans l'édit. de *Cipada*. Ces quatre vers refaits presque entièrement (à l'exception du troisième), se lisent sur le titre de l'édit. de *Venise, apud Joan. Variscum, et socios*, 1561, in-16 de 320 ff. avec fig. en bois. Or cette édit. de 1561 est sous le même titre que celles de 1552 et 1554 ; elle est fort différente de celle de 1521, dont elle ne reproduit ni les pièces préliminaires ni les huit feuillets d'appendice ; le titre y est suivi d'un avis de *Vigaso Cocaio à li lettori*, servant de préface. Le texte des poésies y a éprouvé de nombreux changements, et l'on en a retranché les arguments et les prologues.

L'édition de Venise, *Nicol. Bevilacqua*, 1564, in-16, fig., reproduit au contraire le titre de 1521.

Autres éditions de ces macaronées.

— *Venetiis Simbenius*, 1572, in-16 (catal. d'Hoym, nᵒ 2231, 6 fr.).

— *Venetiis, Joan. Variscus*, 1573, in-16, fig. (Boze, 1040 ; Courtois, 2095).

— *Venetiis, Horatius de Gobbis*, 1581, pet. in-12, fig.

— *Venet., Dom. de Imbertis*, 1585, pet. in-12. Chacune de ces deux éditions peut être estimée de 5 à 6 fr. Cependant un exempl. de la seconde, rel. en v. f. *aux armes de De Thou*, a été vendu 62 fr. Solar.

— *Venetiis, apud Nicolaum Bevilacquam* , 1613, pet. in-12 de 541 pp. sans la table, avec fig. en bois:

Cette édition porte le même titre que celle de 1521, mais avec la marque de *Lazarus Zetzenus*, qui fait supposer qu'elle a été imprimée en Allemagne pour ce libraire; le papier et le caractère en sont assez mauvais, **16 fr.** Libri.

Ce livre a quelquefois été annoncé inexactement sous la date de 1513, de là est venue l'erreur qui a fait dire que ces poésies avaient paru dès cette année-là.

— Opus macaronicorum. *Amstelodami* (vel potius *Neapoli*), *Abrah. a Someren*, 1692, pet. in-8. fig.

Édition faite sur celle de 1521 dont elle reproduit le titre, et au verso de ce titre l'*Hexasticon Joannis Baricocolæ*. Les anciennes pièces préliminaires y sont précédées de la vie de Théophile Folengi, en latin, *ex Phil. Tomasino desumpta;* mais il y manque l'épître à Paganino et les autres pièces qui terminent l'édit. de 1521. Elle se paye de **10 à 15 fr.** et plus quand l'exemplaire est relié en maroquin.

Il y a des exempl. en Gr. Pap. fort qui sont d'un format beaucoup plus haut (175 millim. environ), mais de la même largeur que les autres. Vend. **207 fr.** de Cotte, et **61 fr.** St-M., en 1840.

— OPUS macaronicum, notis illustrat. cui accessit vocabularium vernaculum, etrusco-latinum. *Amst.* (*Mantuæ*), 1768-71, 2 vol. gr. in-4. fig.

Édition enrichie de notes très-utiles, mais qui a été faite d'après le texte altéré de 1530. Vend. **14 fr.** Villoison; **19 fr. 50 c.** en 1841.

— Histoire maccaronique de Merlin Coccaie, prototype de Rabelais; plus l'horrible bataille advenue entre les mouches et les fourmis. *Paris,* 1606, 2 vol. pet. in-12. **10 à 12 fr.**

Vendu **31 fr.** *non rogné*, Labédoy...

— LA MÊME histoire maccaronique. (*Paris*), 1734, 2 vol. pet. in-12.

Édition commune dont une partie des exemplaires porte la date de 1606; il y a des exemplaires sur VÉLIN, en 6 ou en 4 vol., qui sont recherchés : **348 fr.** Gouttard; **180 fr.** Mac-Carthy; **128 fr.** Chardin; **260 fr.** *mar. r. dent.*, en 1841; **135 fr.** Renouard, et **140 fr.** Solar.

— LA MÊME... avec des notes et une notice par Gust. Brunet, de Bordeaux; nouv. édition revue et corrigée sur l'édit. de 1606, par P. L. Jacob. *Paris,* A. *Delahays,* 1859, in-16.

MACCHERONEE dieci di Merlin Coccajo, tradotte da Jac. Landoni. *Milano,* 1819, in-8.

MOSCHEIDOS, macaronicum carmen Merlini Cocaii, italicis versibus interpretatum, a F. Antolini : accedit Homeri Batrachomyomachia. *Mediolani,* 1817, in-8. **6 fr.**

— La humanita del figlivolo di Dio, in ottava rima per Theophilo Folengo Mantoano. (au recto du dernier f.) : *In Venegia nella officina di Aurelio Pincio Venetiano. A di. XIIII di agosto* M. D. XXXIII, in-4. de 4 ff. prélim., CXCI ff. chiffrés, et un f. pour l'errata et la souscription, lettres rondes. [14634]

Vendu **15 fr.** *mar. r.* La Vallière; **6 fr.** *vél.* Boutourlin; **15 fr. 50 c.** Gancia.

— Orlandino di Limerno Pittocco [Theoph. Folengo]. — *Stampato in Vinegia, per Giov. Antonio e fratelli da Sabio,* 1526, in-8. fig. en bois, lettres ital. [14731]

Comme le 92e et dernier f. de cette édition porte une réclame ainsi conçue : *Segue il Chaos del mede-*

simo *authore*, il est bien certain que le *Chaos del triperuno*, impr. en 1527, doit se trouver à la suite de l'*Orlandino :* il n'était pas dans l'exemplaire vendu **10 fr.** La Vallière, mais bien dans un autre vendu **3 liv. 16 sh.** *mar. v.* Ilibbert.

Zeno (*Bibliot. della eloquenza italiana,* tome 1er, page 302) cite une autre édition de ce poëme impr. à *Venise,* en 1526, par *Gregorio de' Gregorij,* in-8. (vend. **7 liv. 7 sh.** bel exempl. *m. bl.* White Knights); il cite aussi une édit. de *Rimini, per Jeronimo Soncino,* 1527, in-8., et il fait observer que dans cette dernière il manque plusieurs stances du 7e chapitre et presque toutes celles du 8e.

— Orlandino. *Venet., Melch. Sessa,* 1530, *del mese di decembrio,* pet. in-8. fig. en bois.

Vend. **1 liv.** Heber.

— Orlandino. *Vinegia, Melchior Sessa,* 1539, in-8.

Édit. augmentée d'une apologie de l'auteur : **9 à 12 fr.**

— Lo stesso. *Vinegia, appresso Agostino Bindoni,* 1550, pet. in-8. de 92 ff., avec fig. en bois.

Ces diverses éditions sont également rares, mais on préfère généralement la dernière. Vend. **37 fr.** *m. bl.* Gaignat; le même prix, Mac-Carthy; jusqu'à **145 fr.** *mar. v.* exempl. de Girardot de Préfond, Riva, et ordinairement de **15 à 20 fr.**

La réimpression faite sous la même date (1550) est incorrecte et fort vilaine. On la reconnaît aux trois lettres Z. A. V. qui se trouvent impr. sur le titre : **9 fr.** Mac-Carthy; **10 fr. 50 c.** Riva.

— Lo stesso, corretto et arrichito di annotazioni. *Londra* (*Parigi, Molini*), 1773, in-12. **3 à 4 fr.**—in-8. Gr. Pap. **6 à 8 fr.**

Il y a des exemplaires gr. in-8. impr. sur VÉLIN : vend. rel. en *mar.* **72 fr.** de Limare; **75 fr.** Lamy; **50 fr.** Chardin.

— Chaos del triperuno (overo dialogo de le tre etadi da Teofilo Folengo). *Vinegia, Giov.-Ant. et fratelli da Sabio,* 1527, in-8. [15009]

Édition rare et la plus recherchée de ce poëme allégorique moral, où se trouvent plusieurs morceaux en style macaronique. Elle se compose de 124 ff. non chiffrés, dont les deux derniers contiennent, l'un la souscription, l'autre un fleuron. Elle devait être précédée de l'*Orlandino,* du même auteur, édit. de 1526. Vend. **37 fr.** *m. bl.* Gaignat; **29 fr.** Mac-Carthy; **45 fr.** Labédoy...; **60 fr.** *mar. r.* Libri, et **96 fr.** Solar : *mar. v.,* **30 fr.** Riva; **1 liv. 18 sh.** (avec *Orlandino* de 1526) Pinelli.

— Il medesimo chaos del triperuno. *Vinegia, fratelli da Sabio,* 1546, pet. in-8. de 112 ff.

Cette édition n'est guère moins rare que la précédente : **12 à 20 fr.**, et jusqu'à **76 fr.** bel exemplaire *m. r. tab.* Renouard, en 1805; **39 fr. 50 c.** même exemplaire, Caillard.

FOLENGO (*Jo.-Bapt. Chrysogoni*) Mantuani anachoritæ dialogi, quos Pomiliones vocat. (in fine) : *In promontorio Minervæ ardente Sirio,* M. D. XXXIII, pet. in-8. signat. A–O. [18621]

À la fin de ce volume, impr. en jolis caract. ronds, se trouvent (depuis le 6e f. de la signat. K) les poésies latines de Théophile Folengo. La dernière pièce de ce recueil est le *Janus,* poëme composé d'environ 500 vers hexamètres. Ce livre rare a probablement été impr. à Rome. 20 fr. *mar. r.* Libri ; même prix, *cartonné*, Riva.

Ce J.-B. Chrysogon Folengo doit être le même que J.-B. Folengi, ci-dessus, lequel était frère de l'auteur qui a pris le nom de Merlinus Cocaius. Son principal ouvrage a pour titre *Commentaria in Psalmos*, réimpr. à Rome chez Bonfadini, en 1585, in-fol., par les soins des religieux bénédictins.

FOLIAGNI. Voy. Fogliani.

FOLIE (la) fainte de l'amant loyal, histoire nouuelle, contenant plusieurs chansons, stances & sonnets. reueue et changee du tiltre, puis la premiere impression, par N. C. I. R. auteur d'icelle. *Lyon, par André Papillon*, 1597, in-16 de 288 pp. y compris 7 ff. prélim., lettres rondes. Prose et vers. [13944]

Vend. 9 fr. *m. citr.* La Valliere ; 1 liv. 4 sh. Heber ; 47 fr. *mar. r.* Cailhava. Réimpr. à *Rouen*, 1599, pet. in-12.

FOLIETA (*Ubertus*). Opera subcisiva : opuscula varia : de linguæ lat. usu et præstantia ; clarorum Ligurum elogia. *Romæ, Fr. Zanetti*, 1579, in-4. 12 à 15 fr. [19006]

Recueil rare et qui mérite d'être recherché. Vend. 16 flor. 75 c. Meerman.

— Historiæ Genuensium libri XII, ab origine gentis ad ann. 1528. *Genuæ, Hier. Bartoli*, 1585, in-fol. [25332]

Cet ouvrage, jadis assez cher, l'est moins aujourd'hui ; on le trouve réimpr. dans le prem. vol. du *Thesaurus antiquitatum Italiæ* de Grævius. Jacq. Bonfadio en a donné la continuation jusqu'en 1550, *Papiæ*, 1586, in-4. On a une trad. italienne du premier ouvrage par Fr. Serdonati, et de celle du second par Bart. Paschetti, impr. l'une et l'autre à Gènes, chez Gir. Bartoli, en 1597, in-fol. Ces deux trad. réunies, 33 fr. Boutourlin.

— De lingua latina, 10758. — Conjuratio Flisci ; Tumultus napol., etc., 23072.

FOLKES (*Mart.*). Table of english silver and gold coins, first published by Folkes, now reprinted with explanation by the Society of antiquaries. *Lond.*, 1763, gr. in-4. fig. [27071]

Vendu 15 fr. Saint-Céran ; 29 fr. de Tersan.

Bonne édition, augmentée par la Société des antiquaires ; elle contient, indépendamment du texte, 42 pl. de monnaies d'argent, 19 de monnaies d'or, et 6 pl. suppl. par F. Perry. On la paye 3 liv. et plus en Angleterre. L'édit. de 1745 est beaucoup moins chère ; elle a cependant été vend. 63 fr. Gr. Pap., Mac-Carthy.

FOLLES entreprises (les). V. Gringore.

FOLLISIUS. Jacobi Follisii, edinburgensis, calamitosæ pestis elega Deploratio. Ejusdem ad divam Margaritam Reginam sapphicum carmen. De mercatorum facilitate Asclepiadeum, item et alia quædam carmina. *Parisiis, Egidius Gour-*

. **Foligny** (Ancelot de). Théologie, 1666.
Folie. Voyage, 20850.

---

montius (circa 1515-20), in-4. de 20 ff. caract. ronds. [13095]

Ces poésies de l'Écossais Jacques Follis ou Foulis sont aussi peu connues que leur auteur, et Panzer n'en a pas parlé, quoiqu'il eût pu en trouver le titre dans le catal. impr. de la Biblioth. du roi, Y, n° 3357, source qu'il a trop souvent négligée. Foulis a dédié son recueil à Alexandre Stevart, archevêque de St-André. Les *Deliciæ poetarum scotorum*, impr. à Amsterd. en 1637, ne contiennent aucune pièce de lui.

FOLYE (la) des Angloys, composee par maistre L. D. (*sans lieu ni date*), pet. in-8. goth. de 8 ff. [13504]

Pièce en vers qui paraît se rapporter à l'année 1513. Le titre présente la même planche (le roi à cheval à la tête de son armée) qui est au frontispice d'une autre pièce impr. à Paris, à la même époque, par Symon Troude (voyez Deploration des trois estatz). Réimprimé dans le 2e vol. du Recueil de M. de Montaiglon.

FOLZ ou Volcz (*Jean*). Liber collationum. Ypocrat. Abstinentia est summa medicina. Gula est multarum infirmitatum causativa. Hec Galienus. (*absque loco*), 1485, in-fol. goth. fig. en bois. [15492]

Pièce de vers allemands composée par Hans Foltz, barbier à Nuremberg. Elle a seulement 7 ff. dont le premier porte le titre ci-dessus. Le dernier vers est ainsi conçu :

Spricht hans foltz tzu nurnberg barbirer. 1485.

Un exemplaire impr. sur vélin était dans la bibliothèque de Panzer. Un autre, qui a 8 ff., se conserve à Wolfenbüttel. Hain, 7205-7224, Ebert, n° 7715, et M. Graesse, II, pp. 609 et 610, indiquent plusieurs autres pièces du même poète ; les premières sont sous la date de 1479 ; ensuite vient celle qui a pour titre : *Ein teütsch worhaftig poetisch ystori von wannen das heylig römisch reiche seinen ursprûg erstlisch hab*. Nurnperg, 1480, in-4. de 20 ff. La plus longue est un in-fol. de 58 ff. à 53 lignes par page, intitulé : *Ein gutte lere von allen wildbanden*. Elle a été réimpr. à Strasb., en 1504, in-8.

On a aussi de ce barbier des pièces de carnaval écrites en allemand et impr. à Nuremberg en 1519 et 1521. Une partie de ce qui nous reste de Hans Folz a été reproduit dans les *Altdeutsche Gedichte*, publiés par A. Keller, à Tubingue, en 1846, in-8. Pour un catalogue plus complet des pièces imprimées du même poète, M. Graesse renvoie à *Goedeke, Grdr.*, pp. 99 et suiv.

FONCEMAGNE (Lauréault de). Voy. Richelieu (le card. de).

FONDATION (la) et erection de la saîcte deuote t miraculeuse eglise de nostre dame du Puy, bastie par reuelatiôs diuines. Ensemble les noms des sainctes t miraculeuses reliques ou la plus part qui y reposent. Pareillement la charge t noblesse de lhospital dicelle eglise t cite du Puy. (au recto du 32e f.) : *Imprime nouuellement a Lyon par Claude nourry dit le Prince. Lan de grace Mil cccc. xxiij. le .xiij. iour de Feurier*, in-4. goth. de 36 ff. signat. a—e. [24642]

Ouvrage en prose et en vers (en ballades), avec les passages latins de l'Ecriture sainte en marge. Il est indiqué sous le titre de *sensuyt la charge noblesse z bonne ordonnance de lhospital de Nostre Dame du Puy...* et sous la date de 1528, dans le catal. de La Valliere-Nyon, n° 14179 ; mais l'édition est bien de l'année 1523, et quant au titre donné par Nyon, c'est celui d'une pièce de 4 ff. qui forme le cah. *e* du vol., mais qui dans l'exemplaire décrit est placée au commencement du vol., ainsi que nous l'avons vérifié à l'Arsenal.

FONDATIŌ de la saincte eglise et singulier oratoire de nostre dame du Puy. Translate de latin en frācoys. Et cōment le devot ymage fut trouue par Hieremye le Prophete. *On les vend a Paris en la rue neufue nostre dame a lenseigne de lescu de France* (vers 1530), pet. in-8. goth. de 20 ff. [22355]

Opuscule rare. Le prologue du translateur est en vers, et il se trouve également des vers à la fin de l'ouvrage.

FONDEMENT (le) du saint Hospital et de l'ordre de la chevalerie des hospitaliers de saint Jehan Baptiste de Jerusalem. *(sans lieu ni date)*, in-fol. goth. [21979]

C'est une traduction du latin. Voy. CAOURSIN, et l'article STABILIMENTA.

FONDEMENT (le) et origine des tiltres de noblesse & excellēs estatz de tous nobles & illustres quant a la difference des Empires, Royaulmes, Duchez, Contez, & aultres seigneuries. Et la maniere cōment elles ont este erigees pour la deffence et gouuernemēt de la chose publicque. Auec la maniere de faire les roys d'armes, heraulx et poursuyvans. Ensemble le parfond secret de l'art d'armayrie, auec l'instruction de faire les combats, contenant la difference diceulx faict en l'hoñeur et exaltation de tous nobles princes. (à la fin le dialogue de noblesse, par Symphorien Champier). 1535. *On les vend a Paris a l'enseigne de sainct Jehan Baptiste,* pet. in-8. de 40 ff., lettres rondes, pages encadrées. [28784]

Recueil fort rare : vend. 121 fr. Revoil ; 32 fr. Coste. Il a été reproduit à Paris, *de l'imprimerie de Denys Janot,* 1544, in-16 (15 fr. Nodier), et selon Du Verdier, à *Lyon, par Jean de Tournes,* 1547.

FONDEVILLE. La Pastourale deu paysan, qui cerque méstiée a soun hilh, chéns në trouba à son grat, pesse divertissénte et connégube én Bearn, ainsi quë tant d'autès oubratgës d'eü medich authou, en quate actes, per Moussû Fondeville, de Lescar. *Pau, Isaac-Charles Desbaratz, et Lescar, J.-B. Bergé,* 1763, in-12 de 48 pp. [14391]

9 fr. mar. r. de Soleinne.

Cette petite pièce, en vers béarnais, a été réimpr. à Pau, chez Vignancour, sans date (en 1827), in-8. de 64 pp. mais avec beaucoup de différences dans l'orthographe, et par exemple *Foundeville* au lieu de *Fondeville.*

FONS vitæ. Voy. FONTAINE de la vie.

FONSECA (*Damian*). Justa expulsion de los Moriscos de España : con la instruccion, apostasia y traycion dellos. *Roma,* 1612, in-4. [26219]

Vend. 1 liv. 7 sh. *cuir de Russie,* Heber.

L'auteur donna cet ouvrage en italien sous ce titre : *Del giusto scacciamento de' Moreschi da Spagna lib. VI,* Roma, 1611, in-4.; ensuite il le traduisit en espagnol.

FONSECA. (*Pedro-Jose* da). Diccionario portuguez e latino. *Lisboa,* 1791, pet. in-fol. 15 à 18 fr. [11183]

Ce dictionnaire a été réimprimé plusieurs fois. La dernière édit. est de format in-4. Son auteur a eu une grande part à la rédaction du premier et unique volume du dictionnaire de la langue portugaise publié par l'Académie des sciences de Lisbonne (voy. ci-dessus, col. 688).

FONSI castiglionese (*Francisco*). Egloga pastorale nuova e dilettevole intitolata Corilo. *Siena,* etc. *Adi* XX *di Febraro,* 1519, pet. in-8. [16644]

— EGLOGA... intitulata Leonida. *Siena, per Michelagnolo di Bart. F.,* etc. *Adi* XIX *di Febrario* M.D.XX., pet. in-8. de 12 ff.

— Eloga pastorale... intitulata **Appetito** vario. *Siena,* etc. *Adi* XXIX *di Gennaro, nel* 1521, pet. in-8. de 14 ff. — Réimpr. *Siena,* etc. Adi XIII di setembre 1531.

— COMMEDIA rusticale in Moresca intitulata Piata de Venera. *Siena per Michelagnolo di Bart. F.,* 1521, in-8. de 8 ff.

— EGLOGA pastorale nuova e delectevole del docto et discreto giovane maestro Francisco Fonsi, intitolata Cinnia. *Siena per Michelagnolo di Bart. stampatore di libri. Ad instantia di Giovanni di Alexandro libraro. Adi* VI *di Febraio nel* 1519, pet. in-8. de 12 ff. avec frontisp. grav. en bois. [16644]

Pièce rare dont on cite une édit. sans lieu ni date, in-8. de 12 ff. sign. A et B, en lettres rondes.

Il y en a une autre de *Florence, per Zanobi Caiozzi da Prato,* 1568, pet. in-8., laquelle est portée dans la *Biblioth. pinell.,* IV, n° 8716, ainsi que les deux pièces suivantes du même auteur :

VEGLIA villanesca : composta per el discreto giovane M. Francesco Fonsi, castiglionese. *Siena, Michelagnolo di Bart. F.,* 1521, pet. in-8. de 8 ff. fig. en bois. [16644]

— Comedie in moresca, etc., intitulata Lincia. *Siena,* etc. *Adi* VII *di Febraro,* 1521, in-8.

Ces sept pièces appartiennent à la collection des *Rozzi* de Sienne. Elles ont toutes un frontisp. gr. sur bois. Chacune d'elles est portée à 8 ducats dans le catal. Selvaggi ; l'avant-dernière, ici en *m. r.,* est marquée 40 fr. dans le catalogue Libri de 1847, où se trouve une note curieuse à son sujet. Le même catalogue, n°* 1855 et suiv., nous fait connaître plusieurs autres pièces rares impr. à Sienne à la même époque, et qui ont été vendues à peu près le même prix que la précédente, ainsi que nous le rapportons aux articles ALTICOCIO, COMEDIA, CAMPANI, LEGACCI, RONCHAGLIA, STRAFALCIONE, VOLPINO.

FONTAINE (la) Damours, et la description. nouuellement imprimee. Et se commence : *nescio quid sit amor....* pet. in-8. goth. de 4 ff. à 22 lig. par page, fig. en bois sur le titre et sur le dernier feuillet. [13504]

En vers de 8 syllabes : vend. 3 liv. 13 sh. 6 d. Heber ; 45 fr. *mar. v.* Nodier.

— LA FONTAINE da ‖ mours et la description. ‖ Nouuellemēt Imprime ‖ et cōmence. Nescio quid sit amor... (au bas du recto du dern. f.) : *Imprime a. Rouen pour. Pierre ‖ preuost. Demourant a Paris*, pet. in-8. de 4 ff. à 20 lignes par page, en gros caract. goth.

Édition du commencement du XVIᵉ siècle. Sur le titre sont deux petites vignettes qui doivent avoir figuré au calendrier de quelque livre de prières ; elles sont pour les mois d'avril et juin. Pierre Prevost n'a pas été connu de Lottin.

FONTAINE (la) de vie de laquelle ressourdent tres doulces consolations singulierement necessaire aux cœurs affligez. *Lyon, par Jean de Tournes*, 1543, in-16. [1626]

Cette édition est peu connue. Du Verdier n'en a pas fait mention ; mais il en a cité une autre sous ce titre un peu différent :

LA FONTAINE de vie et de vertu, extraite de toute la Sainte Ecriture, de laquelle distillent tres doulces consolations singulierement necessaires aux cœurs affligés. *Lyon, par Jacques Berion*, 1549, in-16.

Ce titre nous en rappelle un autre ainsi conçu (selon M. Graesse, II, p. 610) : *Fons vitæ ; ex quo scaturiunt suavissimæ consolationes, afflictis mentibus imprimis necessarius. — Impressum Norimbergæ apud Joan. Montanum et Ulricum Neuberum*, 1561, in-24 de 80 ff. non chiffrés. C'est celui d'un recueil de vers bibliques divisés dans un ordre systématique, recueil dont il existe peut-être une édition antérieure à celle de la *Fontaine de la vie*. Nous n'avons pas eu occasion de comparer ce recueil latin avec un autre dont voici le titre :

FONS vitæ et sapientiæ, vel ad veram sapientiam acquirendam hortatio, in qua divinæ scripturæ et sapientiæ, sacræque theologica necessitas et dignitas explicatur. *Venetiis, apud Zenerum*, 1588, in-8.

Ce dernier a été mis à l'*index* de Rome, peut-être à cause de la satire et des autres morceaux en vers latins qui sont placés au commencement du livre. La satire est signée du nom de P. Girolamo Novelli, et les autres vers sont sous les noms de plusieurs élèves de ce professeur ; mais, selon M. Melzi (*Dizionario*, 423), ils paraissent être tous du professeur lui-même, ce qui pourtant ne veut pas dire, comme paraît l'avoir compris M. Graesse, que Novelli soit l'auteur du *Fons vitæ*.

FONTAINE des Amoureux et des Devis amoureux. Voyez LA FONTAINE.

FONTAINE périleuse (la). La fōtaïe peril'euse auec la chartre damours. (*sans lieu ni date*), in-8. goth. de 28 ff. [13528]

Édition rare, vend. 30 fr. *mar. v.* en 1815, et avec le

Testament dung amoureux, 100 fr. de Soleinne. Nous en indiquons une autre plus récente à l'article LIVRE de la fontaine.

FONTAINE ou De la Fontaine (*Charles*). La victoire et triumphe d'argent contre Cupido Dieu d'amours, naguierres vaincu dedans Paris, avec la réponse. *Lyon, Fr. Juste*, 1537, in-16 goth. [13711]

La *Victoire et triumphe d'argent* est un poème anonyme d'Almanque Papillons, et la réponse seule est de Charles Fontaine. Ce petit volume est fort rare.

—La contr'amyé de Court. (*Paris*), *Adam Saulnier*, 1541, in-8. [13712]

Un exemplaire *m. r.* vend. 2 fr. Méon ; 40 fr. Morel-Vindé ; et daté de 1543, 51 fr. 50 c. en mars 1829 ; 36 fr. Labédoy...

Cet ouvrage, en vers, sert de réponse à l'*Amie de court* inventée par le seigneur de La Borderie, *Paris, Gilles Corrozet*, 1541 et 1542, in-8., et à la *Parfaite amye*, par Ant. Heroet, *Troyes, Nic. Paris*, in-8. La Croix du Maine en cite une édition de *Lyon, J. de Tournes*, 1541. Ces trois opuscules ont été réimpr. dans plusieurs recueils. Voy. GUEVARA (*Ant.*); HEROET.

—Estreines à certains seigneurs et dames de Lyon, par maistre Charles Fontaine, a quoi est adjousté un chant nuptial de l'auteur faict pour les nopces du conseiler Torveon et Mad. Magdel. du Peyrat : ensemble une eglogue pastorale sur les nopces de l'autheur à luy adressee et-faicte par un sien amy, poete et advocat de Paris. *Lyon, Jean de Tournes*, 1546, pet. in-8. [13713]

—La Fontaine d'amours, contenant élégies, épistres, et épigrammes (anonyme). *Paris, imprim. de Jeanne de Marnef*, 1546, in-16 de 120 ff. caract. ital. [13714]

Vend. 5 fr. *m. r.* La Valliere, et édition de 1547, in-16, *m. bl.* 90 fr. Crozet.

— Voy. JARDIN d'amour.

— S'EN SVIVENT les ruisseaux de Fontaine, œuure contenant epistres, elegies, chants divers, epigrammes, odes et estrennes pour ceste presente annee 1555 ; par Charles Fontaine, parisien : Plus il y a vn traité des passe-temps des amis auec vn translat du liure d'Ovide, et de 28 enigmes de Symposias (Lactance), traduits par ledit Fontaine. *Lyon, par Thibaud Payen*, 1555, pet. in-8. de 399 pages. [13715]

Le Passe-temps des amis est *un Livre contenant espitres, epigrammes en vers françois qu'ils ont envoyés les uns aux autres ; le tout composé par certains auteurs modernes et nouvellement recueillis par Charles Fontaine, parisien, auteur d'une partie.* On remarque dans ce recueil une épistre de *G. Teshault* à Fontaine, datée de Valence, en Dauphiné, où l'auteur étudiait sous le jurisconsulte Coras. Goujet, qui fait bien connaître les *Ruisseaux de Fontaine*, ne s'est pas aperçu que *Teshault* est l'anagramme de *Des Hautels* (voir la *Bibliothèque poétique* de M. Viollet Le Duc, pp. 296 et suiv.).

Ce livre a été vendu 22 fr. *mar. citr.* Thierry ; et il se payerait beaucoup plus cher maintenant.

— Les sentences du poète Ausone, sur les dits des Sept sages. Odes et autres compositions pour inciter a la vertu ; le tout

Fonssagrives (*J.-B.*). Hygiène navale, 7354.
Fontaine (*Nic.*). Mémoires, 21644.
Fontaine (*Alex.*). Mémoires, 7830.

nouuellement traduit et composé pour l'utilité d'un chacun, par Charles Fontaine. *Lyon, Jean Brotot*, pet. in-8.

Le privilége est du 1er octobre 1555; mais l'épître dédicaloire à M. le duc d'Angoulesme est du 1er mai 1558, ce qui prouve que ce livre n'a pas dû paraitre avant cette date.

MIMES de Publian (Publius Syrus), mis de latin en françois et accordé auec plusieurs bons auteurs, ensemble XII paraboles et VI enigmes, par Ch. Fontaine. *Lyon, Jean Citoys*, 1557, in-8. (La Valliere-Nyon, 12640.)

On a encore de Charles Fontaine :

1° LE QUINTIL-HORATIAN, sur la defense et illustration de la langue françoise (de Joach. du Bellay). *Lyon*, 1551, in-8., anonyme. [10912]

Cette dissertation a été réimpr. à la suite de l'*Art poétique françois* de Sibilet (voy. SIBILET).

2° RÉPONSE à Ch. Huet, dit Hueterie, qui fait du Mytouart le gris, in-8., impr. séparément, et dans le recueil intitulé : *Les disciples et amys de Marot contre Sagon, la Hueterie et leurs adherentz.* Lyon, P. de Sainte-Lucie, dit le Prince, in-8., sans date.

Ce dernier recueil a été réimpr. à *Paris, pour Jehan Morin*, 1537, in-8., et se retrouve dans le livre qui a pour titre : *Plusieurs traitez... par aucuns nouveaux poetes*, Paris, 1539, in-16 (voyez PLUSIEURS traités). Lenglet Dufresnoy l'a inséré dans ses deux éditions des œuvres de Marot (voyez MAROT).

3° ODES, enigmes et epigrammes, adressez pour estreines au roy, à la royne, à madame Marguerite et autres princes et princesses de France. *Lyon, Jean Citoys*, 1557, pet. in-8. de 111 pp.

4° ODE de l'antiquité et excellence de la ville de Lyon, composée par Ch. Fontaine (avec plusieurs épigrammes du même). *Lyon, Jean Citoys*, 1557, in-8. de 51 pp.

Cette pièce se trouve quelquefois réunie au recueil ci-dessus.

5° LES NOUVELLES et antiques merveilles, plus un traicté des douze Cesars, premiers empereurs de Rome, traduit d'italien en françois; enfin il y a une ode pour Dieu gard à la ville de Paris, faite en juin 1554. *Paris, Guill. le Noir*, 1554, in-16.

L'ouvrage est anonyme, mais Du Verdier le donne à notre Fontaine.

LA DESCRIPTION des terres trouvées de nostre temps, avec le sommaire de plusieurs belles antiquitez, contenant une partie de l'excellence et magnificence des richesses, triumphes et largesses des anciens. *Lyon, Ben. Rigaud (imprime par Jean Pallon dit de Trin)*, 1559, in-16 de 40 ff. en tout. [31819]

Ce petit livre commence par une épitre de Ch. Fontaine à M. D'Ivan. Ce doit être un extrait de l'ouvrage ci-dessus dont on aura déguisé le titre. La partie intitulée *le Sommaire du livre des nouvelles isles* (d'Amérique) n'y occupe que 10 ff.

— EPITOME d'Artemidorus, voy. ARTEMIDORUS.—Figures du N. Testament, voy. QUADRINS.—Traduction des épitres d'Ovide, voy. l'article OVIDIUS.

FONTAINE (*Simon*). Histoire catholique et ecclésiastique de nostre temps, touchant l'estat de la religion chrestienne, depuis l'an 1517 jusqu'en 1548, enrichies de plusieurs choses notables depuis 1546 jusqu'en 1550, par Symon Fontaine, docteur en Théologie, de l'ordre de S. François. *Paris, Claude Fremy*, 1558, in-8. [22411]

Ouvrage opposé à celui de J. Sleidan (voy. ce nom). Il a été réimprimé à *Anvers, Jean Steelsius*, 1558,

in-8. de 244 ff., et aussi à *Paris, Guill. Julien*, 1562, in-8.

FONTAINE (*Jean*). Petit jardin pour les enfans fort agreable et profitable pour apprendre le latin. *Lyon, par les héritiers de Benoist Rigaud*, 1598, pet. in-8. de 104 pp. [10813]

14 fr. 50 c. v. f. t. d. Coste.

Le même ouvrage a été donné en latin sous le titre d'*Hortulus puerorum...* 1598.

FONTAINE (*Jacques*). Discours des marques des sorciers et de la réelle possession que le diable prend sur le corps des hommes, sur le subject du procès de l'abominable et détestable sorcier Louys Gaufridy... qui n'aguieres a esté executé à Aix par arrest du parlement de Prouence. *Paris, Denis Langlois*, 1611, pet. in-8. 10 à 12 fr. [8898]

Réimpr. à *Lyon, par Claude Larjot*, 1611, pet. in-8. de 46 pp. 38 fr. mar. r. Coste.

Le catalogue Libri 1859, n° 2518, donne l'indication de deux pièces rares qui se rapportent à Gaufridy, savoir :

CONFESSION faicte par messire Louys de Goufredy prestre en l'église des Accoules de Marseille, prince des magiciens, etc. *Rocherov, P. Gautier*, 1611, pet. in-4.

DISCOURS des declarations et confessions de Magdelaine de la Palude possédée du diable par la piperie et artifice de messire Louis Gaufredy prestre. *Aix, J. Tholozan*, 1611, pet. in-4. Ensemble, 1 liv. 12 sh.

— Voy. DOMPTIUS.

TRAITÉ de la Thériaque, par Jaques Fontaine, docteur en médecine. *En Avignon, Iaques Bramereau*, 1601 (aussi 1602), in-12 [7671]

DISCOURS problematique de la nature, usage et actions du Diaphragme. *Aix, J. Tholosan*, 1611, in-12. [6888]

DEUX paradoxes appartenant à la chirurgie : le premier contenant la maniere de tirer les enfans de leur mere par la violence extraordinaire; l'autre est de l'usage des ventricules du cerveau, contre l'opinion la plus commune. *Paris*, 1611, in-12. Ces trois ouvrages sont peu communs.

FONTAINE (de La). Voy. LA FONTAINE.

FONTAINE (*P.-F.-L.*). Voy. PERCIER.

FONTAINES. Conseils de Pierre de Fontaines, ou Traité de l'ancienne jurisprudence françoise; nouvelle édition publiée d'après un manuscrit du XIIIe siècle, avec notes explicatives du texte et des variantes, par M. A.-J. Marnier. *Paris, Joubert et Durand*, 1845, in-8. 6 fr. [2631]

Cet ouvrage passe pour avoir été composé de 1250 à 1270; c'est donc, après la première rédaction des Assises de Jérusalem, le plus ancien traité sur nos vieux usages qui ait été écrit en langue vulgaire française. Du Cange l'avait déjà publié dans son édition de Joinville; mais l'édition nouvelle est préférable à celle qu'a donnée ce savant, parce qu'elle présente un texte plus ancien et des variantes importantes tirées de plusieurs manuscrits. Voir sur P. de Fontaine l'*Histoire littéraire de la France*, in-4., tome XIX, pages 131-138; tome XXI, pages 547 et 843.

FONTANA. Gabrielis Paveri Fontanæ Pla-

centini de vita et obitu Galeaz Mariæ Sfortiæ Vicecomitis Mediolani ducis quinti
ad Ill. Dominum Ludovicum Gonzagam
Mantuæ marchionem lib. (*absque nota*),
pet. in-4. de 28 ff. à 20 lig. par page,
caractères rom. [12692]

Édition sans chiffr., récl. ni signat., qui paraît avoir
été impr. vers 1477, à Milan, où Fontana, auteur
de ce poëme, avait établi une imprimerie sous la
direction d'Ant. Zarot, dès l'année 1472. La Bibliothèque impér. possède un exemplaire de cet opuscule impr. sur VÉLIN.

FONTANA (*Dom.*). Della transportatione
dell' obelisco vaticano, e delle fabriche
di papa Sixto V. *Roma, Domenico Basa*,
1590, in-fol. fig. [8107]

Ouvrage curieux : on l'a réimprimé à *Naples*, 1603,
in-fol., avec un second livre, contenant *Alcune fabriche fatte in Roma e in Napoli da Dom. Fontana*. Ce dernier livre est quelquefois joint aussi à
l'édition de Rome, qui vaut alors de 24 à 36 fr.
20 flor. Butsch. Le premier livre a 94 ff. chiffrés
(dont le 66e et le 86e sont répétés); et un f. non
chiffré; le second livre, 30 ff. (le 4e passé et le 22e
répété), et un f. non chiffré entre le 27e et le 28e ;
plus, à la fin, une planche sans numéro.

FONTANA (*Carlo*). Il tempio vaticano e
sua origine, opera tradotta in lingua
latina da Giov.-Gius. Bonnerue de S.
Romain (lat. et ital.). *Roma, 1694*,
gr. in-fol. 79 pl. [9875]

Ouvrage le plus beau et le plus complet qu'on ait eu
pendant longtemps sur ce grand édifice : vend.
35 fr. Hurtault ; 17 flor. Meerman ; 20 fr. 50 cent.
Reina.
— UTILISSIMO TRATTATO dell' acque correnti in III li-
bri. *Roma*, 1696, in-fol. fig. [8126]
Vend. 9 fr. Hurtault ; 31 fr. *mar. r.* Librairie De Bure.
— L'ANFITEATRO Flavio, descritto e delineato. *Nell'
Haia*, 1725, in-fol. max., avec 24 pl. 10 à 15 fr.
[29429]
Ouvrage savant et bien fait : 21 fr. *mar. r.* de Cotte.

FONTANA (*Félix*). Traité sur le venin de
la vipère, sur les poisons américains,
sur le laurier-cerise, et sur quelques
autres poisons végétaux, etc. (trad. de
l'italien sur le manuscrit de l'auteur par
Jacq. Gibelin). *Florence*, 1781, 2 vol.
in-4. fig. 10 à 15 fr. [7412]

On doit trouver à la fin du tome II un supplément qui
occupe les pp. 303-73. Ce même ouvrage, écrit en
italien, a été impr. à *Naples*, 1787, 4 vol. pet. in-8.
fig., sous le titre de *Trattato del veleno della vi-
pera*, etc. On y ajoute les *Opuscoli scientifici di
Felice Fontana*, Napoli, 1787, pet. in-8., qui avaient
déjà été trad. en français par Gibelin, *Paris*, 1784,
in-8., d'après l'édit. de Florence, 1783.

FONTANA (*Lod.* Savioli). Voy. SAVIOLI.

FONTANGE (la) bernée, comedie nouvelle.
*Suivant la copie imprimée à Paris,
chez Th. Guillain*, 1696, pet. in-12 de
2 ff. prélim., 64 pp. et 1 f. non chiffré.
[16580]

9 fr. 50 c. Walckenaer ; 4 fr. 25 c. de Soleinne.
Cette pièce est la même que celle qui porte pour titre :
LA FONTANGE, ou les façonnières, comédie nouvelle. *Amsterdam, Nic. Parmentier*, 1693, in-12.
3 fr. 75 c. de Soleinne.
Pour deux autres comédies intitulées *les Fontanges*,
voir la *Biblioth. du Théâtre françois*, III, 109, et
le catal. de Soleinne, II, 1516.

FONTANI (*Fr.*). Dei riti nuziali della
Grecia. *Firenze, Grazioli*, 1789, in-fol.
[29138]

Un exemplaire impr. sur VÉLIN se conserve dans la
Biblioth. de l'Acad. de la Crusca.

— Viaggio pittorico della Toscana (dell'
ab. Francesco Fontani). *Firenze, fratelli Terreni*, 1801-1803, 3 vol. gr. in-fol.
fig. au bistre. [20209]

Les planches de cet ouvrage, au nombre de 209, sont
d'une exécution médiocre : vend. 262 fr. Millin ;
218 fr. Hurtault ; 100 fr. Boutourlin, et même prix
Borluut.
Il y a une seconde édition de *Florence*, 1817, en 6 vol.
in-12, fig., et une 3e, *Firenze, Batelli*, 1827, 6 vol.
in-8., et 2 vol. contenant 220 pl.

— Voy. LAMI, et PEINTURE des vases.

FONTANINI (*Just.*) de antiquitatibus
Hortæ coloniæ Etruscorum libri tres.
Romæ, 1723, in-4. fig. 5 à 6 fr. [29154]

Le 3e livre forme une partie séparée de 102 pp. L'ouvrage avait déjà paru à Rome, en 1708, in-4. fig. Il
a été inséré dans le *Thesaurus antiquitatum ital.*,
VIII, part. 3.
— CATALOGUS librorum bibliothecæ Jos. Renati Imperialis cardinalis. *Romæ*, 1711, in-fol. 6 à 10 fr.
[31514]
Bon catalogue, rangé par ordre alphabétique, mais
avec des tables systématiques.
Il a paru à Rome, en 1793, *Catalogo della libreria
del cardinal Gius.-Ren. Imperiali*, 2 vol. in-8.
— BIBLIOTECA dell' eloquenza italiana, con le annotazioni di Apostolo Zeno. *Venezia*, 1753, 2 vol. in-4.
[31655]
Bonne édition de cette Bibliothèque ; les notes nombreuses de Zeno, qui l'accompagnent, sont très-estimées : 10 à 12 fr. Le traité *Della Eloquenza italiana* de Fontanini, *Roma*, 1736, in-4., belle édition
(réimpr. *Venezia*, 1737, in-4.), est divisé en 3 livres,
dont le dernier, qui renferme la *Biblioteca*, est le
seul qui ait été réimprimé en 1753. Il faut réunir
au vol. de 1737 : *Esame di varj articoli sopra il
libro intitol. Della eloquenza ital.* (da L.-A. Muratori, Gio.-And. Barotti, Scip. Maffei ed un ano-
nimo), Roveredo (Venezia), 1739, in-4.; critiques
auxquelles Fontanini a en partie répondu dans la
*Lettera..... scritta da gli Elisj al autore delle
Osservazioni letterarie*, Napoli, senz' anno, gr.
in-12.
La nouvelle édition de la *Biblioteca*, Parma, Gozzi,
1803-4, 2 vol. in-4., contient quelques augmentations.
L'index, qui doit en faire partie, n'a été publié
qu'en 1810.
L'*Historia litter. aquileiensis*, du même auteur, *Romæ*, 1722, in-4., 8 à 10 fr.

FONTANUS (*Jacobus*). De Bello rhodio

libri III. Voy. ARCOS, et ajoutez à l'article :

La traduction italienne porte ce titre :

DELLA GUERRA di Rhodi libri III. Aggiunta la descrittione dell'Isola di Malta concessa a cavalieri dopo che Rodi fu pressa, il modo del governarsi con la bussola in mare per i venti di Gio. Quintino; moltre uno commentario dell'Isola di Rhodi e dell'ordine di cavalieri di quella; tradott' in volgare per M.-F. Sansovino. *Vinegia*, *Vincenzo Vaugris*, 1545, pet. in-8. 10 sh. Libri en 1859.

FONTE (*Moderata*). Tredici canti del Floridoro. *Venet.*, *Rampazzetti*, 1581, in-4. [14709]

Vend. 8 sh. Pinelli.

L'auteur, caché sous le nom de Moderata Fonte, est *Modesta Pozzo*, dame qui a laissé plusieurs autres ouvrages, parmi lesquels on remarque : *Il Merito delle donne, scritto in due giornate,* Venet., 1600, publié après sa mort par Cécile Giorgi, sa fille.

FONTECHA. Voy. ALONZO.

FONTEIUS (*Jo.-Bapt.*). De prisca Cæsiorum gente commentarior. lib. II, cum Julii Jacoboni appendice. *Bononiæ, Jo. Rossius,* 1582, in-fol. [22951]

Ouvrage savant et devenu fort rare. Indépendamment de recherches curieuses sur la famille *Cæsia,* ce livre renferme beaucoup de choses relatives aux antiquités romaines, aux inscriptions, à des mots latins peu connus; et enfin on a ajouté à la première partie ; *C. Cæsii Bassi commentarius in Germanici Cæsaris phænomena aratæa recognitus, et fragmentum de metris sive de pedum compositione ad Neronem Cæsarem.* Première partie, VI ff. prélim., 232 pp. et 6 autres ff. Appendice, avec un titre particulier, daté de 1583, 14 ff. prélim., 312 pp. et 2 ff. d'errata. *Struvius-Meusel,* IV, 2ᵉ part. 100. (*Ebert*, 7769.)

FONTENAY. Guido de Fontenayo Bituricensis, de multifario vivendi ritu hominum præsentis sæculi, deque Prælatis litteratorum osoribus, ineptis se munificentiores exhibentibus ; cum terminorum expositiunculis. (*absque anno*), in-4. de 12 ff. [12868]

DE OBITU Mauri Ludovici ipsiusque exequiis a serenissimo Francorum rege sua gratia celebratis. (*absque anno*), in-4. de 8 ff., dont le dernier est tout blanc.

DE SEPTEM virtutibus, videlicet theologicis, quatuor autem moralibus, quibus omnem bene beateque vivendi disciplinam... edocet. (*absque anno*), in-4. de 10 ff.

EPITHALAMIUM super connubio Caroli et Margaritæ Principum qui quidem ex origine liligera Valesiorum natalia contraxerunt. Cum Gallorum laudibus et simul eorum multiplicibus triumphis. (*absque anno*), in-4. de 8 ff.

Ces quatre opuscules poétiques de Guy de Fontenay, sieur de la Tour de Vevre en Berry, sont impr. en caractères ronds, et portent tous, sur le frontispice, la marque et le nom de Robert Gourmont, imprimeur à Paris, au commencement du XVIᵉ siècle. Le premier est en vers hexamètres, et les trois autres en vers élégiaques. Panzer n'a point connu ces quatre pièces qui se conservent à la Bibliothèque

Mazarine, sous le nᵒ 10621, mais il a cité l'ouvrage suivant du même auteur :

GUIDONIS DE FONTENAYO collectorium historicum ex litteraria diuersorum authorum officina conformatum et in modum fasciculi recollectum. (in fine) : *Sortitus est finem iste libellus Anno domini Millesimo decimo sexto supra quingentesimum* (1516) *ad kalendas Januarias et impressus Parisiis....., cura Joannis Gourmontii...* in-4.

On a encore de Guy de Fontenay, *Synonymorum liber,* impr. aussi à Paris, par Jean Gourmont, en 1517, in-4.

FONTENELLE (*Bernard* Le Bouvier de). Ses OEuvres diverses. *La Haye, Gosse,* 1728-29, 3 vol. in-fol. fig. de B. Picart. [19099]

Cette édition incomplète ne peut être recherchée qu'à cause des belles gravures dont elle est ornée : 20 à 30 fr. Vend. en *m. bl.* 80 fr. Jourdan ; 57 fr. *m. r. dent.,* en 1825, et 78 fr. 2ᵉ vente Quatremère.

Les exemplaires en Gr. Pap. sont rares. Vend. (beaux exemplaires en *mar.*) de 300 à 450 fr. de Cotte, Méon, Caillard, etc., et seulement 140 fr. Morel-Vindé; 200 fr. Labédoy...; 149 fr. Renouard, et en *v. éc.* 26 fr. 50 c. en 1840. Les exemplaires dont le titre porte la date d'*Amsterdam, Changuion,* 1743, ne diffèrent des autres que dans le titre et la préface, qui ont été réimprimés : toutefois on y a ajouté une épitre dédicatoire à G. G. baron d'Imhof, et le portrait de ce baron, gravé par Houbraken. Un de ces derniers exemplaires en Gr. Pap., 22 fr. 50 c. Librairie De Bure.

L'édition de 1728, en 3 vol. gr. in-4. fig., faite en même temps que l'in-fol. et avec les mêmes gravures : 10 à 15 fr.

— SES OEUVRES complètes. *Paris, Bastien,* 1790, 8 vol. in-8.

Assez bonne édition : 30 à 40 fr.

Celle de *Paris,* 1758-66, 11 vol. in-12, est bien imprimée, mais elle n'a qu'un prix ordinaire. Il y en a une de *Paris,* 1818, en 3 vol. in-8., avec plusieurs lettres inédites, un *fac-simile* de l'écriture de Fontenelle, la relation de l'île de Bornéo, et d'autres petits écrits philosophiques attribués à cet auteur : 15 fr., et plus en pap. vél. L'édition de *Paris, Salmon,* 1824-25, 5 vol. in-8., est incomplète et très-médiocrement exécutée.

— Entretiens sur la pluralité des mondes. *Paris, veuve G. Blageart,* 1686, in-12, fig. 5 à 6 fr. [8267]

30 fr. *m. r.* Ch. Giraud.

Première édition de ces Entretiens; l'auteur n'y est pas nommé, non plus que dans la seconde, *Paris, Mich. Guérout,* 1687, laquelle est augmentée d'un entretien.

— ENTRETIENS sur la pluralité des mondes. *Dijon, P. Causse,* an II (1793), pet. in-8. pap. vél. 3 fr. [8267]

Plusieurs exemplaires de cette édition ont été tirés sur VÉLIN : vend. 37 fr. Librairie De Bure ; 60 fr. Renouard ; 74 fr. Le Chevalier, en 1857.

— LES MÊMES Entretiens. *Paris, Didot jeune,* 1796, gr. in-4. pap. vél. fig. 6 à 9 fr.

— LES MÊMES, précédés de l'Astronomie des dames, par Jér. De Lalande. *Paris, Janet et Cotelle* (impr. *de Didot l'aîné*), 1820, in-8. 4 fr.—Gr. Pap. vél. 12 fr.

Réimprimé avec une notice biographique, *même libr. et même impr.,* 1825, in-8. fig. Dans les différentes réimpressions in-12 de cet ouvrage ingénieux se sont glissées des fautes que l'astronome De Lalande a corrigées dans l'édit. de *Paris,* 1800, in-18. Celle de *Berlin, Himburg,* 1783, pet. in-8. fig., est curieuse à cause des remarques que le célèbre astronome Bode y a ajoutées. — Il existe une traduction de ces Entretiens, en grec.moderne, par Toussaint Codrika, avec une préface. *Vienne,* 1794, in-8.

Fontenai (*Louis-Abel* de Bonafous, abbé de). Dictionn. des artistes, 30999.

Fontenay (*J.* de). Manuel de l'amateur de jetons, 24111.

— Nouveaux Dialogues des morts (anonyme). *Paris, Cl. Blageart* (aussi *Gabr. Quinet*), 1683, in-12. [18029]

Édition originale, 14 fr. 50 c. mar. bl. Monmerqué; 30 fr. mar. v. Ch. Giraud.

Il faut y joindre :

Jugement de Pluton sur les nouveaux Dialogues des morts, *Paris, Cl. Blageart*, 1684, in-12, également anonyme. 11 fr. mar. bl. Monmerqué.

Les deux ouvrages ont été réimprimés ensemble. *Paris, Mich. Brunet*, 1700, 2 vol. in-12, et depuis en un seul vol.

— Histoire des oracles ; voir le n° 22017 de notre table.

— Histoire du renouvellement de l'Académie royale des sciences en 1699, et les éloges historiques des académiciens morts depuis ce temps-là, avec un discours préliminaire sur l'utilité des mathématiques et de la physique. *Paris, Mich. Brunet*, 1708, in-12. [30294]

Ce premier vol. ne contient que douze éloges; il a été réimpr. à *Paris* en 1714, et depuis. Un second recueil, contenant dix-sept autres éloges, a paru en 1717, chez le même libraire, qui, en 1722, en donna un troisième composé de onze éloges : vingt-neuf autres éloges ont été successivement ajoutés aux premiers dans les réimpressions qui ont été faites de ces recueils. La première édition qui renferme les soixante-neuf éloges est celle de *Paris, Brunet*, 1744, en 2 vol. in-12; elles forment les tomes V et VI des œuvres de l'auteur : on n'y a pas joint la belle préface de l'ancienne histoire de l'Académie des sciences, en 1666, impr. pour la première fois en 1733, et réimpr. depuis dans le 10ᵉ vol. in-12 des œuvres.

Ce recueil d'éloges est l'ouvrage de Fontenelle qui lui a fait le plus d'honneur, et qui mérite le mieux de rester; par malheur, comme l'a fait remarquer M. Flourens (*Journal des Savants*, 1846, p. 338), les éditions en sont toutes plus ou moins défectueuses, si l'on en excepte celles qui ont paru du vivant et sous les yeux de l'auteur, nous ajouterons, et surtout dans le recueil des Mémoires de l'Académie des sciences.

— Relation de l'île de Bornéo (par Fontenelle, avec des additions et la clef). *En Europe* (*Paris, Didot l'aîné*), 1807, in-12 de 48 pp., pap. vél. [17325]

Réimpression tirée à 94 exemplaires, non compris 2 sur pap. rose, 2 sur pap. bleu, 3 sur vélin, et un sur soie. Elle a été faite sous la direction de Gabr. Peignot.

On a réuni à quelques exemplaires de ce petit ouvrage une *Lettre de Fontenelle au marquis de La Fare sur la résurrection*, avec un supplément. Cette pièce, datée aussi de 1807, et de 20 pages seulement, a été exécutée dans l'imprimerie particulière d'un M. Thomassin, de Besançon, éditeur de la *Polymachie des Marmitons* (voy. Polymachie). Il n'en a été tiré que 60 exemplaires, et on a ajouté à celui que j'ai vu un nouveau titre portant : *Lettres facétieuses de Fontenelle, qui n'ont jamais été impr. dans ses œuvres*, Bagdad, MCCCCCCCCIIX (1808). Ce même exempl. vendu 41 fr. Nodier, en 1829, renfermait de plus un autre opuscule de 20 pp., également tiré à 60 exempl. et ayant pour titre : *La Création et le Paradis perdu, potpourri tiré un Bourguignon* (Gabr. Peignot). Bagdad (sans date). — La lettre sur la résurrection, sans le supplément, a été réimpr. sous cette date : *En Europe*, 1819, pet. in-8. de 5 feuillets, tirés à 50 exemplaires. 10 fr. 10 c. Nodier.

Nous citerons encore :

Supplément aux œuvres de M. de Fontenelle, contenant son traité de la liberté et sa relation de l'île de Bornéo, *Neufchâtel*, 1768 (point 1760), in-12. Vend. 7 fr. 30 c. Nodier.

— Voy. Vertot.

FONTENY (*Jacq.* de). La première partie de ses ébats poétiques. *Paris, Guill. Linocier*, 1587, in-12. [16328]

Dans ce vol. se trouve *Le beau Pasteur*, pastorale à 12 personnages, qui fait aussi partie du recueil suivant :

Le Bocage d'amour, contenant deux pastoralles; l'une du Beau Pasteur, l'autre de la Chaste Bergère. *Paris, J. Corrozet* (et aussi *Fr. Julliot*), 1615, 2 part. en 1 vol. pet. in-12 de 56 et 62 ff.

20 fr. mar. viol. De Soleinne.

Un exempl. sous la date de *Paris, Jean Corrozet*, 1624, in-12, est porté dans le catal. de La Vallière par Nyon, n° 17332.

Il est à remarquer que *la Chaste Bergère*, qui accompagne *le Beau pasteur* de Jacq. de Fonteny, se trouve aussi dans les éditions des œuvres de S. G. de La Roque, impr. en 1597 et depuis, et qu'elle a même été impr. séparément sous ce dernier nom, à *Rouen*, en 1599.

La *Bibliothèque du Théâtre françois*, I, page 220, cite une édition du *Bocage d'amour*, sous la date de 1578, et de plus : *Les Ressentimens de Jacq. de Fonteny pour sa Celeste*, 1587, in-12, dont fait partie une pastorale en 5 actes, intitulée : *La Galatée divinement délivrée*.

Jacq. de Fonteny a fait imprimer à Paris, en 1606, des *Anagrammes et sonnets*, dédiés à la reine Marguerite, in-4., et il a encore donné depuis un opuscule en vers, sous ce titre :

L'Œuf de Pasques ou pascal, à Monsieur le Lieutenant civil, *Paris, chez la veufve Hubert Velut et Paul Masan*, 1616, in-8.

Réimpr. dans les *Variétés historiques*, publ. par M. Edouard Fournier, V, p. 59.

— Voy. Andreini.

FONTES rerum austriacarum. Voy. Académie impériale de Vienne.

FONTETTE (Fevret de). Voy. Le Long.

FONTIUS (*Barthol.*). Explanatio in Persium (et opusculum de mensuris et ponderibus). *Florentiæ, apud Sanctum Jacobum de Ripoli*, 1477, in-4. de 90 ff. à 25 lig. par page. [12535]

Impr. sans chiffres ni récl., mais avec des signat. de *a—n* (*k* manque). Le volume commence par une épître de l'auteur à Laurent de Médicis. 31 fr. mar. r. Libri.

—Orationes VI, vita Pauli Giacetti, Donatius seu de pœnitentia. (*absque nota*), in-4. de 52 ff. à 26 lign. par page, signat. *a—f.* [18970]

Panzer cite une édition de ce recueil impr. à Florence, 1477, mais c'est peut-être la même que celle-ci qui se sera trouvée reliée avec l'article précédent. Ces deux petits recueils, réunis à d'autres opuscules du même auteur, ont été réimpr. par les soins de Geor. Remus, sous le titre d'*Opera exquisitissima*, Francof., 1621, in-12. C'est un volume rare dont fait partie le texte de Perse, qui n'est pas dans la première édition du commentaire de Fontius.

FOPPENS (*Jos.-Fr.*). Bibliotheca belgica, sive virorum in Belgio vita scriptisque illustrium catalogus, continens scriptore

---

a Valerio Andrea, Aub. Miræo, Franc. Sweertio, aliisque recensitos, usque ad ann. 1680. *Bruxellis*, 1739, 2 vol. in-4. fig. 20 à 25 fr. [30850]

Vend. en Gr. Pap. 12 flor. Meerman.
Les planches des portraits employés dans ces deux volumes avaient déjà servi pour les *Elogia belgica* de Le Mire, et pour l'Académie de Bullart.
Prosper Marchand a trouvé bien des fautes dans cet ouvrage : voyez son *Dictionnaire*, 1ʳᵉ part., pages 104-8, article *Bibliothèques belgiques*. Ajoutons que jusqu'à sa mort l'auteur n'avait cessé de travailler à perfectionner sa *Bibliotheca belgica*, et qu'il a laissé, indépendamment d'un Supplément en 5 vol. in-4., manuscrit, deux exempl. de l'imprimé, chargés de corrections et d'additions ; tout cela a passé de la Biblioth. de Van Hulthem dans celle de la ville de Bruxelles.

FORABOSCO. La Gigantea (da Forabosco, sotto qual nome si volle nascondere Girolamo Amelonghi detto il Gobbo da Pisa), et la Nanea (del F. Aminta), insieme con la guerra de' mostri (di Ant.-Fr. Grazzini, detto il Lasca). (au verso du dernier f.): *In Firenze, appresso Ant. Guiducci, nel* CIƆ IƆ CXII (1612), pet. in-12 de 141 pp. y compris 4 ff. prélim. [14912]

Volume rare, vend. 19 fr. Floncel ; 26 fr. La Valliere ; 1 liv. 4 sh. mar. Heber ; 18 fr. 50 c. Libri.
L'édition de la *Gigantea* et de la *Nanea*, stampata *in Firenze, ad istanza di Alessandro Ceccherelli* (par les fils de Torrentino), 1566, in-4. de 43 pp., est beaucoup plus rare encore et présente une meilleure leçon que la précédente. 50 fr. mar. r. Libri, en 1847 ; 3 liv. 18 sh. mar. r. par Trautz, en 1859. Au sujet de ces deux éditions, consultez Gamba, 4ᵉ édition, nᵒˢ 533-34, où est citée une réimpr. de ces petits poëmes, formant le second volume de la *Raccolta di poemi eroico-comici*, sous la date d'*Yverdun*, 1772, in-12.

— La Gigantea nuovamente posta in luce. (*senza luogo ed anno*), in-8. de 16 ff. sign. A—B.

Selon le catal. Libri, de 1847, nᵒ 1157, cette édition de ce petit poëme burlesque serait la première, et aurait paru vers le milieu du XVIᵉ siècle. L'exempl. décrit a été vend. 46 fr. 50 c., mais rel. en mar. r. par Bauzonnet.

FORBES (*James*). Oriental Memoirs : selected and abridged from a series of familiar letters written during seventeen years residence in India : including observations on parts of Africa and south America, and narrative of occurrences in four India voyages. *Lond.*, *White*, 1813, 4 vol. gr. in-4. fig. [27984]

Cet ouvrage est écrit d'un style diffus, et, quoique ce soit le fruit de longues et laborieuses recherches, il présente peu de faits nouveaux. On y trouve 90 pl. dont plusieurs color. : vend. 300 fr. Langlès. Le prix, qui était d'abord de 16 guinées, a été réduit à moitié, en même temps qu'on a ajouté aux exemplaires 27 pl. par Th. et Will. Daniel, lesquelles se vendent séparément 2 liv. 2 sh.

— FORBES oriental memoirs, 'abridged by his daughter, the countess of Montalembert. *London*, 1834, 2 vol. in-8. avec un atlas in-4. contenant 85 pl.

Le même auteur a donné :

LETTERS from France, written in the years 1803 and 1804 : including a particular account of Verdun. *London*, 1806, 2 vol. gr. in-8. fig.

FORBES (*James*). Salicetum woburnense : or a catalogue of willows indigenous and foreign in the collection of duke of Bedford, at Woburn Abbey, systematically arranged. (*London*), 1829, in-4. de XVI, 294 pp. et 140 pl. color. [5342]

— PINETUM woburnense : or a catalogue of coniferous plants, in the collection of the duke of Bedford, at Woburn Abbey, systematically arranged. *Londini*, 1839, gr. in-8. de XVI, 226 pp., 67 pl. color. et une en noir.

Ces deux ouvrages n'ont été tirés qu'à cent exemplaires chacun, et n'ont pas été mis en vente. L'auteur n'est nommé que dans la préface. Citons encore :

HORTUS ericaceus woburnensis : or a catalogue of heats in collection of the duke of Bedford... (*London*), 1825, in-4. de 42 pp. avec 6 pl. color. [5341]

HORTUS woburnensis, a descriptive catalogue of upwards of six thousand ornamental plants, cultivated at Woburn Abbey, with numerous illustrative plans for the erection of forcing houses, green house and an account of their menagement throughout the year. *London*, 1833, in-8. de XXIV, 440 pp., index et 27 pl. en part. color., 2 liv. 12 sh. 6 d.

Pour l'*Hortus gramineus woburnensis*, voy. SINCLAIR (*George*).

FORBES (*Duncan*). Dictionary hindustani - english and english - hindustani ; second edition, greatly enlarged and revised throughout by Duncan Forbes. *London*, *Allen*, 1858, gr. in-8. d'environ 1000 pp. 2 liv. 5 sh. 6 d. [11782]

La première édition est de 1848.

— GRAMMAR of the hindustani language in the oriental and roman characters, with numerous illustrations of the Persian and Devengari systems of alphabetic writing, to which is added a selection of easy extracts for reading, and a vocabulary. *London*, 1859, in-8. de 148 et 56 pp., 4 liv. 6 d.

— THE ADVENTURES of Fatim Taï, translated of the persian, by Duncan Forbes. *London*, *Murray*, 1830, in-4., 20 fr. [17776]

— HISTORY of Chess, from the early invention of the game in India till the period of its establishment in western and central Europe, by Duncan Forbes. *London*, *Allen*, 1860, in-8. 15 sh. [30233]

FORBES (*A.-K.*). Râs Mâlâjor hindoo Annals of the province of Goozerat in Western India. *Calcutta*, 1856, 2 vol. in-8. fig. [28193]

Catal. d'H. Wilson, 1861, nᵒ 374.

FORBES Royle. Voy. ROYLE.

FORBIGER (*Alb.*). Handbuch der alten Geographie, aus den Quellen bearbeitet.

Leipzig, Mayer, 1842-48, 3 vol. gr. in-8. 9 cartes. 68 fr. [19581]

FORBIN (le comte *Louis-Nic.-Phil.-Aug.* de). Un mois à Venise, ou recueil de vues pittoresques, dessinées par M. le comte de Forbin et M. Dejuinne, et lithogr. par MM. Aubry-Lecomte, Fragonard, etc., avec un texte histor. et explicatif. *Paris, Engelmann,* 1825, gr. in-fol., avec 15 pl. sur pap. de Chine. 25 fr. [20213]

— Souvenirs de la Sicile. *Paris, impr. roy. (Delaunay),* 1823, gr. in-8., avec une pl. 6 fr. — Pap. vél. 12 fr.

—Voyage dans le Levant (en 1817 et 1818). *Paris, imprimerie royale,* 1819, in-fol. max. pap. vél. [19968]

Ouvrage tiré à 325 exempl., et qui est orné de 80 pl. presque toutes lithographiées. Le prix de souscription était de 200 fr. (aujourd'hui 30 à 40 fr.). On a donné en même temps une édit. du texte en 1 vol. in-8. : 7 fr., et vendu séparément les pl. in-fol.

— Le Porte-Feuille de M. le comte de Forbin, avec un texte par M. de Marcellus. *Paris,* 1843, in-4. de 60 pp. avec 43 dessins et le portrait de Forbin.

FORBISHER ou Frobisher. Voyez Frobisher.

FORCADEL (*Estienne*). Le chant des Seraines, avec plusieurs compositions nouvelles, en vers. *Paris, Gilles Corrozet,* 1548, in-16 de 79 ff. [13777]

Vend. 48 fr. *m. bl.* rel. par Bauzonnet, en 1841.

L'auteur, dont les initiales sont E. F., avait pour devise : *Espoir sans espoir.* Depuis le f. 64 jusqu'à la fin sont diverses pièces sous ce titre : *Extrait d'un petit traité contenant 63 articles sur le fait de la réformation et de la superfluité des habits des Dames de Paris,* composé par *Alphonce de Beser, jadis abbé de Livry...* — *Blason des Dames, selon le pays, l'Allemande, la Genevoise, l'Espagnole,* etc. *Blason des Couleurs, Chansons, Ballades,* etc. Il y a une édition du même recueil, *Lyon, Iean de Tournes,* 1548, in-8., et Du Verdier en cite une de *Toulouse,* 1548, in-16, sous le titre de *Rimes d'amour,* etc.

—Poësies d'Estienne Forcadel. *Lyon, Iean de Tournes,* 1551, pet. in-8. de 238 pp.

120 fr. *m. r.* Cailhava ; 99 fr. Giraud.
Recueil différent du précédent, dont il reproduit pourtant plusieurs pièces, et entre autres le Chant des trois Seraines. Ce même chant a été réimpr. dans un recueil intitulé : *Déploration de Vénus* (voyez Déploration).

—OEvvres poetiques de Estienne Forcadel, jurisconsulte, édition reueue, corrigée et augmentée. *Paris, Guill. Chaudiere,* 1579, pet. in-8. [13778]

Édition donnée après la mort de l'auteur par L.-P. Forcadel, son fils. Vend. 10 fr. A. Martin ; 36 fr. 50 c. Heber ; 50 fr. Monmerqué ; 59 fr. *mar. r.* Sebastiani ; 49 fr. 50 c. Veinant, et 195 fr. Solar.

— De Gallorum imperio et philosophia libri VII, Steph. Forcatulo authore. *Paris., Guill. Chaudiere,* 1579 (aussi 1580), in-4. [23176]

Cet ouvrage, dans lequel l'auteur a prouvé plus d'érudition que de critique, ne donne guère que des origines fabuleuses. Réimpr., *apud Jacob. Chouet (Genevæ et Lugd.),* 1595, in-8.

Montmorency Gaulois, opuscule de l'origine et antiquité mémorable de la très-noble maison de Montmorency, avec les dignités et prouesses d'icelle, et autres gestes des François. *Lyon, Jean de Tournes,* 1571, in-4. Cité par Du Verdier.

Les œuvres latines de Forcadel (*Forcatulus*), jurisconsulte d'un faible mérite, ont été imprimées à Paris, 1595, in-fol.; on y remarque plusieurs traités sous des titres singuliers, et entre autres : *Cupido jurisperitus* [19003], ouvrage qui avait été imprimé séparément, *Lugduni, apud Joan. Tornæsium,* 1553, in-4. de 141 pp. et un f. blanc, y compris *ad calumniatores epistola.* Nous citerons encore: *Forcatuli epigrammata,* Lugd., Tornæsius, 1554, in-8. [12869]

On a encore de ce poëte :

— Sphæra legalis. *Lugduni, Joan. Tornæsius,* 1554, in-4. de 27 pp.

— Plausus Academiæ tolosanæ, pro Caroli IX regis adventu, sive Stephani Forcatuli somnium. *Tholosæ,* 1565, in-4.

Voici une autre pièce qui peut être rapprochée de celle-ci :

— De obitu Caroli IX, reg. Francor., carmina Academiæ tholosanæ. *Tolosæ, Salinerius,* 1574, in-4.

— Polonia fœlix Henrico Franco Valesio regnante tantopere exoptato. *Lugduni, apud Guil. Rouillium,* 1574, in-4. de 58 pp.

— Prometheus, sive de raptu animorum dialogus, alienæ inventionis prædones et ineptos imitatores incessens. *Parisiis, Guil. Chaudiere,* 1578, in-8.

FORCADEL (*Pierre*). L'Arithmétique... en laquelle sont traictées quatre reigles briefues... le tout de l'invention du dict Forcadel. *Paris, Cavellat,* 1557, in-4.

Cet ouvrage se compose de trois livres. Les dédicaces des deux premiers sont datées de 1555.

—L'Arithmetique par les gects, de P. Forcadel, de Beziers, divisée en trois livres. De l'invention du dict Forcadel. *A Paris, pour Guill. Cavellat,* 1558, in-8. de 4 et 88 ff. 21 fr. Bergeret. [7869]

Le titre porte cette marque :

Gecter, dit l'auteur de ce petit livre en tête de ses définitions, *est poser un ou un nombre par une ou plusieurs unités.*

On a encore de Pierre Forcadel, frère d'Étienne :

LE PREMIER livre d'Archimede des choses également pesantes, traduict et commenté. *Paris, Ch. Perier*, 1565.

LE LIVRE d'Archimede des poids, qui est dict des choses tombantes en l'humide, traduict et commenté. *Ibid.*, 1565.

DEUX livres de Proclus du mouvement, traduict et commenté. *Ibid.*, 1565.

DESCRIPTION d'un anneau solaire convex, descripte et demonstrée de l'invention de P. Forcadel. *Paris, Hier. de Marnef*, 1569.

Ces quatre opuscules in-4. rel. en 1 vol., 25 fr. Riva. Les trois premiers avec *Euclide, la science des nombres*, trad. par le même Forcadel, 1565, in-4., 51 fr. Libri, en 1857. — Voy. l'article EUCLIDE.

Forcadel a aussi traduit l'Arithmétique de Gemma Phrison ou Frison. Voy. GEMMA.

FORCE (de La). Voy. LA FORCE.

FORCELLINI (*Ægid.*). Totius latinitatis Lexicon ; edidit, anglicam interpretationem in locum italicæ substituit et appendicem patavinam lexico passim intertexuit ; pauca de suo huc atque illuc sparsit ; auctarium denique, et Horatii Tursellini de particulis latinæ orationis libellum, etiam Gerrardi siglarium romanum, et Gesneri indicem etymologicum adjecit Jacobus Bailey. *Londini, Baldwin and Cradok, etc.*, 1828, 2 vol. très-gr. in-4. [10862]

Édition que recommandent et sa belle exécution typographique et les additions qu'elle contient. Elle serait d'un usage plus général si l'on y eût conservé l'interprétation italienne. Ces deux vol. parurent d'abord à Londres, chez *Rich. Priestley*, en 1826, sans l'*auctarium* qui comprend les trois ouvrages portés dans le titre ci-dessus, et cependant au prix de 10 guinées. Les libraires acquéreurs des exemplaires y ont ajouté, depuis, l'*auctarium*, un nouv. titre, et en ont réduit le prix à 6 liv. 16 sh. 6 d., somme qui a paru encore trop élevée sur le continent, où l'édit. de Padoue est à meilleur marché.

Le premier vol. a 28 pp. prélimin. et 1294 pp. de texte : le 2e, 950 pp. de texte, et ensuite l'appendice, contenant : 1° *Jacobi Bailey auctarium*, pag. 951-1163. 2° *Horatius Tursellinus de particulis latinæ orationis libellus*, d'après l'édition de Schwartz, 126 pp. 3° *Siglarium romanum... ex edit. Gerrard*, 75 pp. 4° *Latinitatis index etymologicus ex J.-M. Gesneri thesauro*, 50 pp.

—Totius latinitatis lexicon, consilio et cura Jac. Facciolati, opera et studio Ægidii Forcellini : in hac tertia editione auctum et emendatum a Jos. Furlanetto. *Patavii*, 1827-31 , 4 vol. gr. in-4. — Appendix, 1841, contenant 2 ff. et 211 pp.

Édition soignée et qui renferme d'importantes augmentations : elle a été publiée en 16 fascicules : 100 fr. Le Gr. Pap. de format in-fol, coûte le double ; il est beaucoup plus beau que celui des deux précédentes éditions de Padoue, savoir : celle de 1771 et celle de 1805, en 4 vol. in-fol., auxquelles il faut joindre un appendice impr. en 1816, et qui est orné d'un portrait de Forcellini (40 à 50 fr.). Ce supplément a été commencé par Cajetano Cognolato, puis achevé et publié après la mort de celui-ci par Jos. Furlanetto. Il est disposé de manière qu'il peut être divisé et réparti à la fin de chacun des quatre volumes.

Une édition de ce dictionnaire (*in Germania prima, cura G. Hertel et A. Voigtlænder*) a paru à Zwickau (*Schneebergæ*), chez Schumann, de 1831 à 1835, en 4 vol. in-fol. : 60 fr. C'est une réimpression peu élégante de la 3e édit. de Padoue.

Une autre plus complète est , depuis 1858 , en cours de publication à Prato, *apud Alberghettum et socios*, sous le titre de *Lexicon... totius latinitatis in hac editione novo ordine digestum, amplissime auctum atque emendatum adjecto insuper altera quasi parte onomastica totius latinitatis, cura et studio doct. Vincentii De-Vit*. Elle forme 6 vol. in-4. d'environ 800 pp., et sera distribuée en 60 livrais. au prix de 3 lire de Florence chacune.

On en annonce également une sous ce titre : *Lexicon totius latinitatis J. Facciolati, Æg. Forcellini et J. Furlanetti..... nunc demum juxta opera R. Klotz, G. Freund, L. Döderlein auctius... curante Fr. Corradini*. Patavii, 1858, in-4. Livr. I à V, à 4 fr. chacune.

FORCHE (le) caudine. Voy. DANIELE.

FORD (*John*). The dramatic works, with notes critical and explanatory by W. Gifford ; to which are added Fame's memorial and verses to the memory of Ben Jonson. *London, Murray*, 1827, 2 vol. in-8. 1 liv. 16 sh. [16884]

Édition la meilleure de ce poëte contemporain de Shakspeare. Celle d'*Edinburgh et Lond.*, 1811 , 2 vol. in-8., avec une introduction et des notes par H. Weber, coûtait 1 liv. 10 sh., et en Gr. Pap. 2 liv. 2 sh. Une autre de Londres, 1847, en 2 vol. in-12, fait partie de la *Family Library* de Murray.

FORDUN scotus (*Joannes* de). Chronicon, cum supplementis et continuatione Walteri Boweri editum : præfixa est ad historiam Scotorum introductio ; cura Waltheri Goodall. *Edimburgi*, 1759, 2 vol. in-fol. [27405]

Cette chronique , dont les exemplaires sont rares en France, a été vend. 60 fr. La Serna ; 35 fr. Librairie De Bure. L'édition d'*Oxford*, 1722, en 5 vol. in-8, qui fait partie de la collection d'Hearne, est plus rare et plus chère (voy. HEARNE).

FORESI. Libro chiamato ambitione composto per ser Bastiani Foresi, notaio fiorentino al Lorenzo de Medici nel quale si dichiarano precepti d'agricultura secundo la Georgica di Virgilio. (*absque nota*), in-4., avec des signat. de *a—m*. à 24 lig. par page. Rare. [12497]

Paraphrase libre des Géorgiques de Virgile, *in terza rima*, impr. à Florence vers 1490. 74 fr. rel. en mar. r. par Bauzonnet, Libri.

FOREST de conscience. Voyez MICHEL (*Guill.*).

FOREST (la) et description des grands et sages philosophes du temps passe, contenant doctrines et sentences merueilleuses, et a toutes gens de bon esprit de quelle qualité qu'ilz soient, tres vtiles, et delectables. *On les vend a Paris, deuant lhostel Dieu a lenseigne de la*

Forchhammer (*P.-W.*). Die Ebene von Troja, 22785.

Ford (*R.*). Bull fights of Spain, 10303.

Fordyce (*Will.*). History of the county of Durham, 27160.

Forest (l'abbé). Jeux floraux, 30305.

Corne de Cerf, 1527, pet. in-8. goth. fig. en bois. [3669]

Un exempl. en *mar. bl.* 42 fr. Gancia. L'édit. de *Paris, Pierre Leber*, 1529, pet. in-8. goth. 27 fr. Filheul.

FORESTANI (*Lor.*). Practica d'Arithmetica e Geometria. *Venetia*, 1603, in-4. fig.

Livre rare dans lequel se trouvent plusieurs problèmes relatifs aux équations indéterminées. Catal. Libri, 1861, vol. I, n° 538.

FORÊT (la) nuptiale, où est représentée une variété bigarrée... de divers mariages, selon qu'ils sont observés et pratiqués par plusieurs peuples (par de Colieres). *Paris, Bertault*, 1600, in-12. [21331]

Vend. 6 fr. *m. r.* Duquesnoy ; 12 fr. Courtois.

Cet ouvrage ne paraît point avoir de rapport avec les *Sylvæ nuptiales* de Nevizan, indiquées ci-après. Voy. NEVIZANI Sylvæ.

‹FORESTI (*Jac.-Phil.*). Voy. BERGOMENSIS (*Philippus*).

FORESTI (*Petri*) observationum et curationum medicinalium ac chirurgicarum opera omnia. *Rothomagi*, 1653, 4 tom. en 2 vol. in-fol. [6625]

Vend. 28 fr. Bichat; 32 fr. Bosquillon, et moins depuis. L'édition de *Francfort*, 1634, 3 vol. in-fol. 20 fr. Le Monnier.

FORESTIER (*Thomas*). Le regime contre epidemie et pestilence, etc. *Rouen, par Jacq. le Forestier*, in-4. goth. [7192]

Un avis qui se lit à la fin de ce volume nous fait connaître que l'ouvrage est de Th. Forestier, médecin, et qu'il a été impr. en 1495. Peut-être est-ce une traduction de l'opuscule latin de KAMITUS (voyez ce nom et aussi RÉGIME contre la pestilence).

FORESTIER (*Ant.*). Voy. SYLVIOLUS.

FORFATTER - LEXICON. Almindeligt, for Kongeriget Danmark med telhörende Belande, fra 1814-1840, ved Th.-H. Ersleo. *Kjobenhavn, Gyldendal*, 1843-53, 3 vol. gr. in-8. — Supplement, 1841-1854, 2 vol. gr. in-8. Continuation de Rasnn. Nyrut et de J.-E. Kraft, *Almindelight Litteraturlexicon for Danmark*, etc. *Copenh.*, 1820, 2 vol. in-4. 70 fr. [31669]

Le supplément devait être complet en 6 cahiers, mais le 7e a paru et l'ouvrage n'est pas achevé.

On a ajouté à ces deux lexiques : *Norsh Forfatter-Lexicon*, 1814-1856, af *Jeros E. Kraft. Efter Forfatterens Död, ordnet, foröget, forsat og ungivet of Chr. A. Lange.* Christiania, 1857-61, 1 vol. in-8. en 6 cah.

FORGE (*J. de La*). Voy. LA FORGE.

FORGET (*Germain*), advocat au duché d'Evreux. Les plaisirs et félicitez de la vie rustique. *Paris, Ambroise Drouart*, 1584, in-4. [13847]

Réimprimé à *Rouen, Raph. Du Petit Val*, 1605, pet. in-12.

L'auteur de ces poésies avait déjà fait paraître :

PANÉGIRIC, ou chant d'allégresse sur la venue de Henri III. *Paris, Jean Poupy*, 1574, in-8.

On lui doit aussi :

LES PARAPHRASES sur les loix des républiques anciennes des Egyptiens, Athéniens, Lacédémoniens, Locres et Thuriens ; naissance et progrès du Droit romain, et coustumes du pays et duché de Northmandie. *Paris, Guillaume Auvray*, 1577, in-8. [2319]

Du Verdier a donné un long extrait de ce dernier ouvrage (article *Germain* Forget) ; mais il n'a pu connaître les deux autres productions du même auteur publiées plus tard, savoir un *Traité général des criées, accommodé au titre* 22 *de la coutume de Normandie, Paris*, 1604, in-8.

DES PERSONNES, choses ecclésiastiques et décimales ; avec un traité des droits de régales et pensions bénéficiales. *Rouen, Rom. de Beauvais*, 1611 (aussi 1625), in-8.

FORLIVIO (*Jacobi* de) in aphorismos Hippocratis expositiones.—*Feliciter expliciunt penultimo octobris* M.CCCC.LXXIII, in-fol. [6548]

Première édition, en lettres rondes, sans chiffres, réclames ni signatures.

— Super libros tegni Galeni. — *Johannes Herbert de Selgenstat Padue impressit anno dni millesimo quadringentesimo septuagesimo quinto*, in-fol. de 262 ff. [6560]

Première édition.

— IN LIBRUM canonis Avicennæ. (in fine) : *Mira Parmensis Zarot me Antonius arte anguigeri prima fecit in urbe Ducis.* (absque anno), in-fol.

Pour les autres édit. de ces trois commentaires, qui ont été faites à la fin du XVe siècle, consultez le *Repertorium* de Hain, n°s 7234 à 7251.

FORME (la) dés prieres et chants ecclesiastiques avec la maniere d'administrer les sacrements, etc., selon la coutume de l'Eglise ancienne et comme on l'observe à Genève. 1542, in-8. [1934]

Cette seconde liturgie protestante a été souvent réimprimée, soit séparément, soit à la suite des Psaumes.

— Voir l'article MANIERE et fasson.

FORMI (*P.*). Traité de l'Adianton, ou cheveu de Vénus, contenant la description, les utilitez et les diverses préparations galéniques et spagyriques de cette plante, pour l'usage familier de toute sorte de personnes, en la guérison de quelle indisposition que ce soit. *Montpellier, Buisson*, 1644, pet. in-8. de 80 pp. avec une préface et une pl. [5409]

Ouvrage rare de cette édition : 5 à 9 fr., et plus cher autrefois. *Buc'hoz* l'a fait réimprimer en 1780, avec le Traité de la nature et de l'origine des macreuses, 1 vol. in-12, sous ce titre : *Traités très-rares concernant l'histoire naturelle.*

FORMULAIRE fort recreatif de tous con-

---

tratz, donations, testamens, codicilles et autres actes qui sont faicts et passés par devant notaires et tesmoings. Faict par Bredin le cocu, notaire rural et contre-rooller des Basses-marches au royaume d'Utopie, par lui depuis nagueres reveu et accompagné pour l'édification de tous bons compagnons d'un dialogue par luy tiré des œuvres du philosophe et poète grec Symonides de l'origine et naturel fæminini generis. *Lyon, P. Rigaud,* 1594, in-16 de 308 pp. et un f. de table. [17827]

Livre curieux et qui est fort recherché. L'édition de 1594 est la plus ancienne et la plus rare, mais les autres ne sont·pas beaucoup plus communes; en voici l'indication exacte et dans l'ordre de leur publication : *Lyon, P. Rigaud,* 1602, in-16 de 284 pp. et 1 f. de table. 17 fr., exemplaire fort médiocre, de Soleinne. — *Lyon, Jean-Baptiste Gros,* 1603, in-16 de 128 ff. y compris la table. — *Lyon, Pierre Rigaud,* 1610, in-16, 248 pp. et 1 f. de table, vend. 37 fr. 50 c. *mar.* Courtois; 100 fr. Labédoy..., et depuis 190 fr. Borluut. — *Paris*, sans nom de libraire, 1615, pet. in-12, 308 pp., plus un f. de table et un autre sur lequel est un fleuron. — *Lyon, P. Rigaud,* 1618, in-16, de 284 pp. et 1 f. non chiffré, rel. en *mar.* 50 fr. en mars 1829; 31 fr. Coulon; 76 fr. *mar. viol.* Nodier ; 51 fr. *m. r.* Hebbelynck, et 75 fr. Solar. — *Lyon, Huguetan* ou *Fr. de la Boutiere,* 1627, pet. in-12 de 286 pp. 16 fr. Bignon ; 39 fr. *mar.* Coste, et 66 fr. Solar; 60 fr. rel. par Bauzonnet, Veinant. — *Paris*, 1831. Voy. Joyeusetez.

M. Ant. Péricaud, ancien bibliothécaire de Lyon, a donné sur cet ouvrage une notice curieuse dans la *Bibliogr. de la France,* 1821, page 442. Selon ce bibliophile, les mots *bonté ny soit,* qui sont en guise de signature à la fin de l'avis au lecteur de ce *formulaire,* seraient l'anagramme du nom de l'auteur, *Benoist (du) Troncy,* dont on a d'autres ouvrages publiés à Lyon, chez Rigaud, libraire, qui vendait les éditions du Formulaire.

Formulaire fort récréatif... par Benoît de Troncy; nouvelle édition, collationnée sur les anciennes, par C. Breghot du Lut. *Lyon, Dumoulin et Ronet,* 1846, pet. in-8. 10 fr. Édition tirée à petit nombre.

FORMULARE und tütsch rhetorica. (à la fin): *Getruckt zu Strasbourg, J. Prusz,* 1483, in-fol. de 112 ff. [18902]

Le plus ancien formulaire de lettres en allemand. Il a été impr. d'abord, sans date (à Ulm, J. Zener, vers 1474), in-fol. de 88 ff. chiffrés et un f. bl.; ensuite à Augsbourg, chez Sorg, en 1483 et 1484, in-fol., et depuis.

FORMULARIO da ditare litere a ogni persona ed a rispondere a tutte con ornato parlare e con tutte le mansioni. *Stampato p Lazaro di Souardi in venesia laño* 1502, pet. in-8. [18857]

Porté à 15 fr. dans un catal. de Tross, où les réimpressions de Venise, *Manfredo de Monteferrato,* 1505, ou par *Alessandro de Bindoni,* 1520, pet. in-8., sont estimées 12 fr. chacune, de même qu'une édit. in-8. goth. sans lieu ni date. — Voy. Landino.

FORMULARIUM instrumentorum. *Rome, per Johan. Nicolaum Hanheymer de Oppeinheym et Johannem Schurner de Bopardia,* 1474, in-fol. de 260 ff. [2509]

Tel est le titre factice sous lequel les bibliographes annoncent ce livre très-rare, lequel commence par

une table de 12 ff. (*Tabula huius libri est ut sequitur.*) La souscription : *Opus hoc magno, etc.,* est placée au recto du 259e f., et le dernier f. contient le registre.

M. Graesse (II, p. 616) en cite une édit. sans lieu ni date, in-fol., contenant 19 ff. non chiffrés, 31 ff. chiffrés, 1 f. bl. et 88 ff. chiffrés, qu'on suppose avoir été impr. à Ulm, par J. Zainer, vers 1474, et qui est portée à 12 flor. chez Butsch.

FORMULARIUM modernum et universale diversorum contractuum nuper emendatum per eximium legum doctorem florentinum Dominum.... huiuscemodi artis notarie peritissimum et cunctis notariis utilissimum. (*absque nota*), in-fol. de CLVI ff. chiffrés et 2 ff. pour la table. [2972]

Ce formulaire paraît avoir été impr. à Florence et vers 1488, c'est-à-dire à la date du premier contrat qui est du 15 décembre de cette même année. Le nom de l'auteur est resté en blanc ; mais dans l'exemplaire décrit par Jos. Molini (*Operette*) se lit le nom *Leonardum,* d'une écriture de la fin du XVe siècle.

FORMULARIUS procuratorum. *Rome impressus per magistrum Johannem Bremer alias Bulle anno domini* M. cccc. lxxviii.., *die xxj mensis Marcii,* in-fol. goth. de 172 ff. à 50 lig. par page, sans chiffres, récl. ni signat. Les 5 prem. contiennent la table, et le dernier le registre. [3192]

Pour les autres édit. de ce Formularium impr. dans le XVe siècle, consultez Hain, nos 7291 à 7300.

FORNACIUS (Amatus). Voy. AMATUS.

FORNARI. La Spositione di M. Simon Fornari da Rheggio sopra l'Orlando Furioso di M. Lodovico Ariosto. *In Fiorenza, appresso Lorenzo Torrentino,* 1549-50, 2 vol. in-8., le premier de 795 pp. chiffrées, plus 3 non chiffrées; le second, de 345 pp. Lettres ital. [14742]

Ce livre est amplement décrit dans les *Annali della tipografia di Lor. Torrentino,* pp. 37 et 60.

FORNARIS. Voy. FOURNARIS (*Fabr.*).

FORNIER (*Jean*). L'Uranie, de I. Fornier, au tres chrestien roy de France Henry, deuxième de ce nom. *Charles. L'Angelier,* 1555, pet. in-8. de 78 pp. [13781]

Dix-huit sonnets sur la naissance de Henri II, suivis de l'*Uranomachie du Taureau et du Capricorne,* p. 37 à 78.

— Epigrammes érotiques (au nombre de plus de deux cents). *Tolose, Jacques Colomiez,* 1557, pet. in-8. ou in-16.

Ces deux petits volumes sont rares ; au frontispice du second se voit un portrait de la maîtresse de l'auteur, gravure en bois, avec une inscription en vers que l'on peut lire dans l'*Examen critique* de Barbier, p. 344.

Fornari (*C.-M.*). Anno memorabile de Carmelitani, 21839.

Du Verdier cite encore les *Chansons lyriques* du même auteur (au nombre de 19). *Tolose, par Guion Boudeville*, in-16, dont il ne donne pas la date.

Pour la traduction des 15 premiers chants de Roland furieux par notre Fornier, voy. ARIOSTO; pour celle des *Affections amoureuses*, voy. PARTHENIUS; et pour son *Histoire des Guerres*, impr. en 1568, l'article PRÆCLARA facta Francorum.

FORNMANNA Sögur... Voy. SCRIPTA historica Islandorum.

FORO real gloxado de Spagna. cum privilegio. (in fine, fol. CLI verso) : *Exactum completūꝗ extat presens hoc opus in venetiarumpreclara vrbe arte Simonis de Luere : impensis... Andree Torresani de Asula impressum... Anno... M.cccc. p̄die idus januarii,* très-gr. in-fol. goth. de CLI ff. (le dernier chiffré CL), et 7 ff. de table non chiffrés. [2986]

Le titre de ce livre rare est en 2 lig. et impr. en rouge, avec les armes d'Aragon et de Castille.

— Voy. FUERO.

FORQUEVAULS (*R.* de Pavie, sieur de). V. INSTRUCTIONS sur le fait de la guerre.

FORREST (Capt. *Thomas*). A voyage to New Guinea, and the Moluccas, from Balambangan... during the years 1774-76. *London*, 1779 or 1780, gr. in-4., with 27 pl. 15 à 18 fr. [21149]

Réimpr. à *Dublin*, 1779 ou 1780, in-8. : 6 à 7 fr.; et ensuite trad. en français (par Demeunier). *Paris*, 1780, in-4. fig. 6 à 8 fr.
— A VOYAGE from Calcutta to the Mergui archipelago, lying on the east side of the bay of Bengal, also an account of the islands Jan Sylan, Pulo Pinang, and the port of Queda, ... to which are added an account of the island Celebes; a treatise on the monsoons in India, etc. *London*, 1792, gr. in-4. fig. [20689]

Cet ouvrage contient des détails importants pour la géographie maritime : vend. 20 fr. Langlès. Il y a des exempl. en Gr. Pap.

FORREST. Picturesque tour to the river Ganges and Jumna, in India : consisting of twenty-four coloured views, a map, and vignettes, from original drawings made on the spot by lieut.-colonel Forrest. *London, Ackermann*, 1824, très-gr. in-4. 1 liv. 1 sh. — in-4. atlant. 2 liv. 2 sh. [20689]

FORS (los) et costumas de Bearn. Voyez notre article COUTUMES, paragraphe XII*.

FORS (los) et costumas de royaume de Navarre, avec l'estil et aranzel deudit royaume. *Pau, Jer. Dupoux*, 1722, 2 part. en 1 vol. in-8. [3002]

Vend. 24 fr. 50 c. en 1842.

FORSKÅL. Symbolæ botanicæ, sive descriptiones plantarum quas in itinere, imprimis orientali collegit Petrus Forskål. *Hauniæ*, 1790-94, 3 part. en 1 vol. gr. in-fol. avec 75 pl. [4338]

Livre peu connu en France, et dont on ne trouve pas de mention dans le *Thesaurus* de Pritzel : 64 fr. de Jussieu. Il reproduit probablement les 43 pl. que Carsten Niebuhr avait déjà publiées en 1776 sous le titre d'*Icones* (voy. notre article NIEBUHR).

FORSSELL (*C.*). Une année en Suède, ou Tableau des costumes, mœurs et usages des paysans de la Suède, suivi de sites et monumens historiques les plus remarquables. *Stockholm, Hjerta*,1836, in-4., avec 48 pl. et une feuille de musique. [27633]

Cet ouvrage a été publié en 12 cahiers au prix de 40 thl., avec le texte soit en suédois soit en français, et il en a été extrait un Album sous cet autre titre :

ALBUM pittoresque du Nord. Tableau des costumes, mœurs et usages des paysans de la Suède. *Londres et Berlin, Asher*, gr. in-4. de 24 pp., avec 16 pl. color. et une pl. de musique. 14 thl. 16 gr.

FORSTER (*Joan.-Rein.* et *Georg.*). Characteres generum plantarum quas in itinere ad insulas Maris Australis collegerunt et descripserunt annis 1772-75. *Londini*, 1776, gr. in-4. 75 pl. 20 à 24 fr. [5040]

Vendu (de format in-fol. dont les exemplaires sont très-rares) 180 fr. Camus de Limare, et beaucoup moins cher depuis.

— Voy. COOK.

FORSTER (*Joan.-Rein.*). Zoologia indica, sistens descriptiones animalium selectorum, observationes de finibus et indole aëris, soli, marisque Indici : denique faunam indicam. Curis Joan.-Reinholdi Forster; editio secunda (germanice et latine). *Halæ ad Salam, Gebauer*, 1795, in-fol. de 42 et 38 pp., avec 15 pl. color. [5633]

A la première édition de *Halle*, 1781, in-fol., il faut joindre : *J. Latham* et *H. Davies faunula indica secundis curis correcta a J.-Rein. Forster*, Halæ, 1795, in-fol. L'ouvrage paraît être une traduction de l'*Indian zoology*, de Pennant (voy. PENNANT).
— LIBER singularis de Bysso antiquorum, quo ex ægyptia lingua res vestiaria antiquor. explicatur. *Londini*, 1776, in-8. de 133 pp. 5 à 6 fr. [29012]

Dissertation recherchée.

— Histoire des découvertes, 19800.

FORSTER (*George*). Journey from Bengal to England, through the northern part of India, Kachmire, Afghanistan and Persia, and into Russia, by the Caspian sea. *London*, 1798 or 1806, 2 vol. in-4. 24 à 30 fr. [20649]

Un des bons voyages en Asie. La première édition du premier vol. de cet ouvrage, imprimé à *Calcutta*, en 1790, in-4., est rare : 12 fr. Langlès.

Försök (*G.-G.*). Dictionnaire biograph. de la Suède (en suédois), 30978.
Förster (*A.*). Atlas der mikroskopischen Anatomie, 6723. — der patholog. Anatomie, 6743.
Förster (*Ch.*). Mahometanism unveiled, 1847. — Historical geography of Arabia, 27988.

43

La traduction française, *Paris*, 1802, 3 vol. in-8., ¿ contient des additions par Langlès : 10 à 15 fr. — Pap. vél. 21 fr.

— Sämmtliche Schriften, 19319. — Voyage sur le Rhin, 20281.

FORSTER (*H.-P.*). Vocabulary in two parts, english and bengalee, and vice versa. *Calcutta,* 1799-1802, 2 vol. gr. in-4. [11812]

Rare, Vend. 130 fr. Langlès ; 40 fr. de Sacy.

— An Essay on the principles of sanskrit grammar, by H.-P. Forster, senior, merchant on the Bengal etablishment. *Calcutta,* 1812, in-4. tome 1er, 36 fr. [11747]

FORSTER (*Edw.*). The british gallery of engravings, from pictures of the italian, french, flemish, dutch, and english schools, now in the possession of the king, and the noblemen and gentlemen of the united kingdoms; with some account of each picture, etc.; by Edw. Forster. *London*, 1807-13, gr. in-fol. [9426]

Cet ouvrage a paru en 13 cahiers, et contient en tout 52 pl. (il y a un cah. supplémentaire publié par Hurst). Porté à 12 liv. 12 sh. catal. Bohn pour 1841 ; en Gr. Pap. et prem. épreuves, vendu 31 liv. 10 sh. Fonthill ; 8 liv. 18 sh. Hanrott ; avec les gravures, *proofs*, et les eaux-fortes sur papier de Chine, 40 liv. 19 sh. vente North. — En épreuves ordinaires, 68 fr. Busche, et même prix Thibaudeau, en 1857.

FÖRSTER (*Ernst*). Denkmale deutscher Baukunst, Bildnerei und Malerei, von Einführung des Christenthums bis auf die neueste Zeit. *Leipzig, Weigel*, 1855 et ann. suiv. in-fol. et in-4. [9111]

Ouvrage en cours de publication et qui doit former 12 vol. en 300 livr. Chaque livr. in-4. coûte 2 fr. 75, et l'in-fol. 4 fr. 25 c. Il en paraissait 147 en avril 1861.
Les éditeurs *A. Morel et Cie* publient en ce moment une traduction française de cet ouvrage sous le titre de *Monuments d'architecture, de sculpture et de peinture de l'Allemagne*, avec les planches de l'édition allemande. Elle se composera de 200 livr. in-4. de 2 pl., à 1 fr. 50 c. par livraison.
Une première publication du même ouvrage, avec une traduction de M. D. Ramée, a été commencée en 1856 par les éditeurs Gide et Baudry, mais il n'en a paru qu'une série composée de 50 pl. et qui se vendait 60 fr.
— GESCHICHTE der deutschen Kunst. *Leipzig, Weigel*, 1851-60, 3 vol. in-8. 57 pl. 27 fr. [9103]

FORSTER (*C.*). The one primeval language traced through ancient inscriptions. 2d edit. *London,* 1852, 3 vol. in-8. fig. [10552 ou 29900]

FORSTNER (*Casp.*). Epistolæ politicæ.

(*Luneburg, Lipper,* circa 1709), in-4. [18795]

Il n'y a eu d'imprimé que les 128 premières pages de cet ouvrage, que la disgrâce de l'éditeur (*Magnus von Wedderkopp*, chancelier du Holstein) n'a pas permis de terminer.

FORT (Le) de la Morinière. Voy. BIBLIOTHÈQUE.

FORTALICIUM fidei, in V libros (per Alphonsum de Spina). Gr. in-fol. goth. [1759]

Édition imprimée vers 1472, et attribuée à J. Mentelin de Strasbourg. Elle est à 2 col. de 49 lign., sans chiffr., récl. ni signat. Les huit premiers ff. contiennent la table, qui se termine à la 22e ligne du 8e f. recto et est suivie de la relation de deux miracles. Le texte a 240 ff., le dernier desquels n'est imprimé qu'au recto et porte 48 lig., dont la dernière est ainsi : *actio sine fine amen.* — M. Dibdin a remarqué que les caractères de ce volume sont les mêmes que ceux d'une espèce de catalogue ou placard, imprimé d'un seul côté, dont il donne un fac-simile dans les *Ædes althorp.*, II, p. 131. Or ce catalogue, commençant par les mots : *Volentes emere pistolas Aurelij Augustini,* et finissant à la 19e lig. ainsi conçue : *Veniät ad hospiciä zudem;* ce catal., disons-nous, où se trouve porté le *Fortalicium fidei,* indique bien à la vérité les épitres de saint Jérôme, le Josèphe, le Virgile, le Térence et le Valère-Maxime qu'on attribue aux presses de Mentelin, mais les types qu'il présente ne se retrouvent dans aucun livre véritablement connu pour être une production de l'imprimeur que nous venons de nommer; et, pour ne parler que des lettres capitales, ce ne sont ni celles de l'*Ars predicandi* (voy. vol. I, col. 560), ni celles du Virgile, du Térence ou du Valère-Maxime, ni même celles du *Speculum historiale* de 1473.
Une autre édition, imprimée à 2 col. de 47 lign., avec les caractères de Richel, de Bâle, vers 1475, consiste en 232 ff., non compris 8 ff. pour la table, et *Narratio duorum miraculorum;* elle se termine au verso du dernier f., 2e col., de cette manière : *arum actio sine fine amen.* vend. 96 fr. m. r. La Vallière; 36 fr. Brienne-Laire, et moins depuis. — Les éditions postérieures à celle-ci sont à très-bas prix.

FORTEGUERRI (*Nic.* et *Scipion*). Voyez CARTEROMACO.

FORTI (*Girolamo*). Voy. RINALDO.

FORTIA d'Urban. Voy. LA CLEDE.

FORTIN (*Fr.*). Voy. RUSES innocentes.

FORTINI. La terza giornata delle novelle de' novizi, di Pietro Fortini, ora per la prima volta data alla luce. *Siena, per gli eredi di Fr. Quinza (Milano),* 1811, in-12, pap. vél. [17449]

On a tiré de ce petit volume deux exemplaires sur VÉLIN, aussi 35 exemplaires in-8. Gr. Pap. vél., un sur papier bleu, et 180 exemplaires en papier ordinaire.

— Lo AGNELLINO dipinto, nouelle due di P. Fortini senese e di Giuseppe Parini milanese (1812), in-8, de 16 ff. en tout. [17450]

Au verso du titre de l'exemplaire sur VÉLIN que possède la Bibliothèque impér., se lit l'avis suivant imprimé en lettres capitales : *Edizione di esemplari quattro impressi in carta pecora, et di due in carta colorata di Francia, e di sei carta velina.* M. D. CCC. XII. Cet opuscule a été imprimé pour prouver que la Nouvelle sur le même sujet, écrite par Joseph Parini, et ici annexée à celle de Fortini, doit être regardée comme un plagiat.

Il se trouve quatorze nouvelles de P. Fortini dans le premier volume des *Novelle di autori senesi* (voy. NOVELLE).

FORTIS (*Alberto*). Viaggio in Dalmazia. *Venezia*, 1774, 2 vol. in-4., fig. 12 à 18 fr. [20217]

Dans l'exemplaire vendu 39 fr. Langlès se trouvait un opuscule de 47 pp. intitulé : *Iter Buda Hadrianopolim anno* 1553 *exaratum ab Antonio Verantio, nunc primum a verantiano carthophylacio* (sic) *in lucem editum* (ab *Alb. Fortis*).

Il y a une traduction française de ce Voyage en Dalmatie, *Berne*, 1778, 2 vol. in-8, fig. très-mal écrite : 8 à 10 fr.

L'inexactitude de cette relation a été démontrée par Jean Lovrich, dans une dissertation intitulée : *Osservazioni sopra diversi pezzi del Viaggio in Dalmazia*, Venezia, 1776, in-4.

FORTIS (*F.-M.*). Voyage pittoresque et historique à Lyon, aux environs et sur les rives de la Saône et du Rhône. *Paris, Bossange* (et *Arth. Bertrand*), *impr. de F. Didot*, 1821-22, 2 vol. in-8. et atlas gr. in-fol. de 50 pl. [20122]

Cet ouvrage a coûté 250 fr., et *avant la lettre* 500 fr., mais il ne conserve pas ces prix. Les planches ont été publiées en 10 livraisons, accompagnées d'un texte. Les 2 vol. in-8. se vendaient séparément.

FORTIUS ou Phortius (*Leonardus*).ΠΟΙΉ MANE'ON (*sic*) ΠΑ'ΝΥ ὡραῖον καὶ ὠφέλιμον τοῖς ἀναγινωσκομένοις περὶ στρατιωτικῆς πραγματίας; συνθεμένον παρὰ λεωνάρδου φορτίου ῥωμαίου κομήτος παλατίνου. (Poema novum, valde speciosum et utile legentibus, de re militari, compositum a Leonardo Fortio, Romano comite Palatino). *In Veneggia per Vettor q. Pierro Ravano della Serena et compagni. Nel anno del Signore* M. D. XXXI. *Del mese di maggio*, in-8. [12435]

Poëme en grec moderne, en vers de 8 syllabes, avec de belles gravures en bois représentant les instruments de guerre, etc. C'est un livre de la plus grande rareté (Panzer, X, p. 51). Il s'en est cependant trouvé deux exemplaires dans la collection de R.'Heber : l'un, part. II, n° 4747, vend. 3 liv.; l'autre, part. VI, n° 2686, vend. 1 liv. 8 sh.

FORTUNATIANUS Chirius. V. CHIRIUS.

FORTUNATO. Libro chiamato Fortunato

figliol de Passamonte el qual fece vendeta de suo padre contra magancesi. — *Impresso in Uenetia per Melchior Sessa* .M. V. viij. (sic) *Adi x. de Feuraro*, in-4. goth. à 2 col. sign. A—K, fig. en bois. [14776]

Dans cette édition très-rare, ainsi que dans les deux suivantes, qui ne le sont guère moins, ce poëme est divisé en dix chants ; il est en onze chants dans les éditions d'une date postérieure. Une stance du premier chant commençant : *l'impresa che già tolsi vo finire*, nous apprend que l'auteur de ce livre a aussi composé un roman de *Passamonte*; or, on sait que ce dernier poëme est de Giov.-Andrea Narcisso (voy. PASSAMONTE).

— Libro chiamato Fortunato figliol de Passamonte el quale fece vendetta de suo padre contra de Magancesi. *Vinegia,per J. Tacuino de Trino*, 1519, in-4. fig. en bois.

Autre édition rare : 3 liv. 13 sh. 6 d. Heber, IX, 1261.

— Lo STESSO libro chiamato Fortunato figliuolo de Passamonte...— *Stampata in Bressa per Damiano Turlino...*, 1549, in-4. à 2 col. sign. A—L. fig.

— Lo STESSO, et giuntovi a li suoi canti le sue dichiarazioni colle sue figure. *Venez., Fabio et Agostino Zoppini fratelli*, 1583, in-8.

Réimpr. à Venise, *Agostino Zoppini et nepoti*, 1597, in-8. fig. Vend. 1 liv. 15 sh. Hibbert ;—et aussi dans la même ville, en 1620, in-8. fig.

FORTUNATO. Historia dilettevole di due amanti, i quali dopo molti travagliati accidenti, ebbero del suo amore un lietissimo fine. Con altri casi seguiti, ora dal Fortunato posti in luce. In-8. [17475]

Petit volume fort rare, imprimé en Italie dans le XVIe siècle, sans indication de lieu ni de date ; il contient la nouvelle de *Camillo et Virginia*, avec la nouvelle de Masuccio, intitulée *Mariotto Sanese*. M. Borromeo en avait deux exemplaires dans l'un desquels se trouvaient deux autres nouvelles intitulées, l'une, *Un amoroso caso degno di pietà occorso;* et l'autre, *Ricardo re di Tebe.* Le premier a été vendu 1 liv. 3 sh., et le second 1 liv. 13 sh.; ensuite 1 liv. 1 sh. Heber.

HISTORIA de dui amanti... con le lettere amorose che continuamente si scrivevano l' uno all' altro.— *Venetia, per Gieronimo Calepino, ad istantia di Maffeo Taglietti, detto il Fortunato*, 1563, pet. in-8. de 8 ff. sign. A et B.

NOVELLE piacevoli del Fortunato, raccolte per diletto... nuovamente poste in luce. *Parma, Seth. Viotto*, 1566, pet. in-8. de 8 ff. [17475]

Petit recueil de quatre nouvelles dont la seconde est tirée de la *Moral filosofia* du Doni, et la quatrième forme la 6e nouvelle de la 6e journée du recueil de Sansovino, édition de 1561. Il est décrit dans la *Bibliografia delle novelle*, édition de Florence, page 268, où sont aussi indiqués les deux opuscules suivants qui diffèrent presque entièrement de ceux que nous venons de décrire.

NOUELLE piacevoli del Fortunato, raccolte per diletto di quelli che cercano di fuggir l' otio, et allegramente viuere. Di nuouo con diligentia stampate et poste in luce. *In Verona, per Bastian dalle donne et Giouanni fratelli* (senz' anno), in-8. de 4 ff. caract. ronds.

NOUELLE piacenoli del Fortunato... hora venute in luce con alcuni dubbi et enigme. *In Venetia, per Hieronimo Calepino* (senz' anno), pet. in-8. de 8 ff. lettres italiques.

FORTUNATUS (*Venantius Honorius Cle-*

mentianus). Carminum, epistolarum, expositionum lib. XI; access. Hrabani Mauri poemata sacra nunquam edita : omnia illustrata notis variis a C. Browero. *Moguntiæ, Bern. Gualtherus,* 1617 ou 1630, in-4. 4 à 6 fr. [12586]

La première édition de ces poésies chrétiennes a paru dans la capitale de la Sardaigne, sous le titre suivant :

VENANTII Honorii Fortunati presbyteri italici vetustissimi ac christiani poetæ carminum libri VIII nunc primum typis excussi. *Calari, exscudebat* (sic) *Sembeninus Salodiensis,* 1574, in-8.

— Opera omnia quæ extant... nunc recens ad codd. nec non ad vett. edit. collata et novis additamentis variisque lectt. aucta, notis et scholiis illustrata opera Mich. Aug. Luchi. *Romæ,* 1786-1787, 2 vol. in-4.

Édition la meilleure et la plus complète : 30 à 40 fr., et jusqu'à 63 fr. Parison. — Celle des poésies, Cambrai, chez Hurez, en 1822, in-12, a pour titre : *Fortunati opera.*

FORTUNATUS. (à la fin) : *Zu trucken verordnet durch J. Heybler Appoptegker in... Augspurg,* 1509, in-4. de 108 ff., avec fig. en bois. [17674]

Première édition, très-rare. 36 flor. Butsch.

Réimprimé à Augsbourg, H. Steiner, en 1530, en 1534 et en 1544, in-4. ; aussi à Francf., en 1551 et en 1554, in-8., et souvent depuis.

— FORTUNATUS mit seinem Säckel und Wunschhütlein, wie er dasselbe bekommen vnd ihm damit ergangen ist; eine anmuthige Lebensgeschichte. Verbessere und mit Fig. gez. Auflage. Gedruckt in diesem Jahr. (*Nürnberg*), in-4.

VON FORTUNATO auch seinem Säckel und Wünschhütlin (sic), jetzundt mit schönen lustigen Figuren zugericht. *Cöln,* 1588, pet. in-8. fig. en bois. Ce roman populaire a paru en différentes langues. Nous l'avons en français sous ce titre :

HISTOIRE comique, ou les aventures de Fortunatus, traduct. nouvelle (par Ch. Vion, sieur d'Alibray). *Lyon, Champion,* 1615, in-12. C'est l'édition la plus ancienne de cette traduction qu'on dit faite sur l'espagnol. [17154] — Réimprimée sous le titre d'*Histoire des aventures de Fortunatus,* à Rouen, *Jacques Cailloué et Jean Roger,* 1626, in-8., et à Troyes, in-8. et in-12, dans la *Bibliothèque bleue.*

LES RICHES entretiens des advantures, et voyages de Fortunatus, nouvellement traduits d'espagnol en françois. *Paris, Hebert,* 1637, pet. in-8. de 4 ff., 311 pp. et la table.

Je suppose que ce volume contient le même ouvrage que le précédent, car le sommaire qui se lit au commencement du texte est ainsi conçu : *Histoire plaisante des advantures de Fortunatus, avec sa bourse et son chapeau.*

— AUTRE édition. *Rouen, Jean Boullay,* 1656, in-8.

THE RIGHT pleasant and variable tragical history of Fortunatus, first penned in dutch tongue, therehence delivered and now first of all published in english by T. C. (Thom. Churchyard). *London* (no date), in-8.

Impr. vers la fin du XVIe siècle, et souvent réimpr. depuis.

Le même roman a été trad. en italien par Marsillo Rappone, *Napoli,* 1676, in-8.; en danois, *Copenh.,* 1664, in-8., et plusieurs fois réimpr.; aussi en suédois, *Stock.,* 1651, 1675, 1694, etc., in-8.

FORTUNATUS siculus. Voy. BUSONE.

FORTUNE d'amours, sermon ioyeulx dung verd galant et d'une bergiere iolye. *On les vend a Paris, en la rue Neufue Nostre-Dame, a l'enseigne de l'escu de France* (sans date), pet. in-8. goth. fig. en bois. [13505]

Pièce en vers : vend. avec le *De profundis des amoureux,* 53 fr. mar. viol. Nodier.

FORTUNIO (*Gio.-Franc.*). Regole grammaticali della volgar lingua. *Ancona, Bernardin Vercellese,* 1516, *del mese di settembre,* pet. in-4. de 4 et 36 ff. lettres italiques. [11075]

C'est la plus ancienne grammaire italienne qui ait été imprimée. L'édition citée est la première, et ne se trouve que très-difficilement; mais on compte au moins quinze réimpressions dont trois faites à Venise, chez les Alde, en 1541, 1545 et 1552, pet. in-8. Ces dernières ont chacune 52 ff. en tout : aucune n'est chère.

FORUS. Voy. FUERO.

FOSBROOKE. British monachism or manners and customs of the monks and nuns of England : to which are added. I. Peregrinatorium religiosum; or manners and customs of ancient pilgrims. II. Consuetudinal of anachorets and hermits. III. account of the continentes, or women who had made vows of chastity. IV. four select poems, in various styles, by Th. Dudley Fosbrooke. *London, Nichols,* 1817, in-4. fig. 1 liv. 1 sh., et plus en Gr. Pap. [21517]

Seconde édition considérablement augmentée. La première est de *Londres,* 1802, 2 vol. in-8. Il y en a une troisième de *Londres,* 1843, in-8. fig.

— Encyclopædia of antiquities, and elements of archæology, classical and mediæval. *Lond., J.-B. Nichols,* 1823-25, 2 vol. in-4., avec 35 pl. et 42 vignettes. 2 liv. — On ajoute à cet ouvrage 33 pl. supplémentaires. 1 liv. 1 sh. [28957]

Réimpr. à *Londres,* 1843, 2 vol. gr. in-8., avec 107 pl. 1 liv. 1 sh.

— Gloucester, 27171.

FOSCARINI (*Marco*). Della letteratura veneziana libri otto. *Padova,* 1752, in-fol. Tome Ier. 10 à 12 fr. [30095]

Il n'a paru que ce volume, lequel renferme les quatre premiers livres. La Bibliothèque impér. s'en est procuré un exemplaire impr. sur VÉLIN. Une nouvelle édition, *con aggiunte inedite,* a été publiée à Venise, chez Th. Gazzei, en 1854, in-8., au prix de 13 lire. Avant de composer cet ouvrage, l'auteur en avait écrit un autre sur le même sujet, et qui est resté longtemps inédit. Ant. Revedin l'a fait impr. sous le titre suivant :

RAGIONAMENTO della letteratura della nobiltà veneziana. *Venezia, tipogr. di Alvisopoli,* 1826, in-4. Belle édit., tirée à 100 exempl. seulement.

FOSCOLO (*Ugo*). Didymi clerici prophetæ

minimi hypercalypseos liber singularis.
Pisis, in ædibus sapientiæ, 1815, in-4.
[12693]

Satire contre les littérateurs italiens qui ont célébré la domination française. Elle a été impr. pour l'auteur, et ensuite supprimée : 3 liv. 3 sh. *m. v.* Hanrott.

-- ESSAY on Petrarca. Voy. PETRARCHA, à la fin de l'article.

— VESTIGJ della storia del sonetto italiano dall'anno MCC al MDCCC. *Tre copie sole di questo libretto si stampano in Zurigo pel giorno* 1 *dell'anno* 1816, in-8. de 48 pp. [14972]

Ce volume se compose de 26 sonnets, par autant de poëtes différents, et disposés par ordre chronologique. Les 18 dernières pages contiennent de courtes notices (*postille*) biographiques et littéraires sur les auteurs qui forment ce recueil.

— Prose e poesie edite ed inedite, di Ugo Foscolo, ordinate da Luigi Carrer, con la vita dell'autore. *Venezia, al Gondoliere*, 1842, in-8. à 2 col.

Cette édition est jolie, mais incomplète : il y manque les tragédies de l'auteur, plusieurs autres de ses compositions et particulièrement ses *Ultime lettere d'Ortis*, impr. d'abord à Milan, en 1795 et à Londres en 1817, in-8., roman célèbre dont il a été fait de nombreuses éditions, dans quelques-unes desquelles ne se trouve pas la belle lettre du 4 décembre 1798 sur une entrevue avec Parini (*Molini, Opcrette*).

On a une édition des *Opere scelte* d'Ugo Foscolo, *Voghera, tip. Sermani*, 1829, 3 vol. in-16, et une autre sous le titre suivant :

OPERE scelte di Ugo Foscolo, in gran parte inedite, si in prose che in verso, con nuovi cenni biogr. del prof. Gius. Galeffi. *Firenze*, 1835, 2 vol. in-8. [19254]

Le libraire Le Monnier a publié à Florence les ouvrages suivants de Foscolo, dans le format in-18, savoir : *Prose letterarie*, 4 vol. in-16 ; *Prose politiche*, 1 vol.; *Epistolario*, 3 vol.; *Poesie*, 1 vol. Chaque vol. 4 fr.

FOSSA da Cremona. Libro nouo de lo inamoramento de Galuano.—*finisse il primo libro del inamorato Galuano cõposto per il laureato poeta Fossa da Cremona, ad instãtiam Io. Ia. de Leg.* (*Joannis Jacobi de Legnano*) *et fratribus suis. Impressum Mediolani per Petrum Martirem et fratres ejus de Mãtegatiis* (circa 1500), in-4. à 2 col. signat. a—d par huit. [14833]

Premier livre d'un poëme in *ottava rima.* Cette édit. est décrite par M. Melzi, p. 321.

— Libro de Galuano. — *Impressum Venetiis per Melchiorem Sessa. M.cccco. viii. Die. xxxviii. Februarius,* in-4. de 32 ff. non chiffrés, à 2 col. de 40 lignes, sign. a—h. par 4.

Édition fort rare. Il y a sur le frontispice une gravure en bois représentant Galuano (autrement Gauvain) à cheval, et combattant un dragon, et avec cette figure les mots *Libro de Galuano.* Au verso se trouve une pièce de vers de *Fosse Cremenosse* (sic) *al magnifico miser Lorenzo loredano patritio Veneto.* Le poëme commence au recto du second feuillet, après ce sommaire, en sept lignes : *Comēcia il primo libro del inamo | rato Galuano composto per il laurea | to poeta Fossa da cremona ad in-stan|tia & petitione dil magnifico Miser|Lorenzo Loredano q. del Magnificho | Miser Fantino Lo-*

redano *Zentilho | mo Venetiano.* Le verso du dern. f. est tout blanc. (D'après un exemplaire communiqué par M. Libri.) 330 fr. *m. r.* Libri.

L'édition de Venise, *Domenico Imberti,* 1607, in-8., n'est pas commune non plus.

FOSSATI (*George*). Recueil de diverses fables dessinées et gravées par lui ; en italien et en françois. *Venise,* 1744, 6 part. en trois vol. pet. in-fol. fig. en couleurs. [16950]

Vend. 90 fr. *m. v.* La Vallière, mais ordinairement de 30 à 36 fr.

FOSSATI. Aya Sofia, Constantinople, as recently restored by ordre of H. M. the sultan Abdul-Medjid, from the original drawings by Chev. Gaspard Fossati, lithographed by Lewis Haghe. *London,* 1852, in-fol. 25 chromolithogr. [10032]

FOSSÉ. Idées d'un militaire pour la disposition des troupes confiées aux jeunes officiers dans la défense et l'attaque des petits postes. *Paris, Didot l'aîné,* 1783, gr. in-4. fig. color. 20 à 24 fr., et plus en pap. fin d'Annonay. [8621]

Ouvrage estimé : 30 fr. *mar.* Langlès.

FOSSEMBRONE (*Baldassare* de). Quivi comincia l'opera intitolata el menzognero o veramente bosadrello facta e composta per lo eloquente e famosissimo Baldassare da Fossembruno... nel quale si dimostra la volubilità de' tempi e quanto pocho si usò il vero. Composto a petition de la illustre Marchesana di Mantova. (in fine) : *Sever. Ferrar.* FF. II. pet. in-4. [14976]

Édition très-rare, en caractères romains, impr. à Ferrare, par Severino, vers 1475. L'ouvrage se compose de sonnets (*Antonelli,* Ricerche, p. 86).

FOSSETIER (*Julien*). Conseil de volentier morir. *Imprimé en Anvers par Martin Lempereur, Lã M. D. xxxij,* pet. in-8. goth. de 24 ff. dont le dernier est blanc. [13343]

Opuscule en vers d'une grande rareté. L'auteur l'adresse à l'empereur Charles-Quint, à qui il se nomme de cette manière :

Je Julien Fossetier, prebstre indigne,
Qui en Henault ay eu Dath origene
Anchier de quattre vingz ans et plus.

Julien Fossetier, on le voit par ce dernier vers, était né au milieu du XVᵉ siècle et non vers la fin, comme l'a dit Paquot (VIII, p. 383) dans le petit article qu'il a consacré à cet écrivain peu connu, dont il ne cite que deux ouvrages, restés l'un et l'autre en manuscrit, savoir : la *Vie de Jésus-Christ,* in-4., et les *Chroniques Margueritiques,* en 3 vol. in-fol., dédiées à Marguerite d'Autriche, et au commencement desquelles se lisent deux *Rondelets* de l'auteur, sur la devise de cette princesse : *Fortune, infortune, Fort une.* Ces deux rondelets sont rapportés par Paquot, qui d'ailleurs n'a pas connu le *Conseil de volentier morir.*

Un exemplaire du *Conseil de volentier morir,* fort rogné, a été offert à 100 fr. dans une vente faite à Paris, en décembre 1856, et retiré faute d'enchère, et ensuite rel. en *mar. vert,* par Trautz, vendu 180 fr. Solar.

FOSSI (*Ferd.*). Catalogus codicum sæculo xv impressorum, qui in bibliotheca magliabechiana, Florentiæ adservantur. *Florentiæ, Excudebat Cambiagius,* 1793-95, 3 vol. in-fol. [31508]

Catalogue que les descriptions très-détaillées qu'il renferme rendent très-curieux : 24 à 30 fr., et en Gr. Pap. 40 fr. Quoiqu'il ait paru sous le nom de Fossi, on sait que M. Vincent Follini, garde de la bibliothèque Magliabechi, en est l'auteur.

FOSSOMBRONI (*Vittorio*). Memorie sul principio del velocità virtuale. *Firenze,* 1796, in-4. [8105]

C'est dans ce Mémoire que, pour la première fois, le principe mécanique des vitesses virtuelles a été exactement démontré. Les exemplaires en sont rares.

— MEMORIE Idraulico-storiche sopra la Val-di-Chiana. *Montepulciano,* 1835, in-8. fig. 10 fr. [8158]

Troisième édition, corrigée et augmentée par l'auteur. La première de Florence, 1789, in-4. fig., est fort belle, et il y en a des exemplaires en Gr. Pap.

FOSTER (*John*). An Essay on accent and quantity ; the third edition, corrected and much enlarged. *London, Priestley,* 1820, in-8. 12 sh. [10678]

Ouvrage fort estimé. Nous citons à l'art. MUSURUS la seconde édition de 1763 : celle-ci renferme de plus : *Two dissertations on greek accents,* par Henry Gally, auxquelles Foster a répondu, et qui avaient d'abord paru séparément (*Etonæ,* 1755-62, in-8.), sous le voile de l'anonyme.

FOUCQUÉ (*Michel*), prestre de S. Martin de Tours. Vie, faictz, passion, mort, resurrection et ascension de nostre seigneur Jesus-Christ, selon les quatre sainctz euangelistes, sans quelconque omission de tous les mots y contenus, en sens ou en lettres mys en vers françoys heroïques, auec les epistres dedicatoires. *Paris, Jehan Bienne,* 1574, in-8. [13795]

Ouvrage en vers. La Croix du Maine ne le croyait pas imprimé ; pourtant l'édition que nous citons est à la Biblioth. impériale et à celle de l'Arsenal, et a été vend. 8 fr. *mar. r.* d'Heiss, en 1785, et même condition, 45 fr. Gancia.

Du Verdier, qui nomme l'auteur Michel Fourque ou Phoque, cite sous ce nom des traductions en vers dont voici le titre :

PRIERE divine de S. Jehan Chrysostome ; Lactance Firmian, de la passion de J.-C. ; avec une complainte de Jesus aux procheurs, perissant par leur propre faute. *Tours, Mathieu Chercelé,* 1550, in-8. (catal. de La Vallière par Nyon, 13999).

FOUET (le) des hérétiques, politicques et traistres de la France, associez du feu roy

---

---

de Navarre. *Sur la copie impr. à Paris, Lyon, Loys Tautillon,* 1590, pet. in-8. de 55 pp. [23608]

Vend. 17 fr. 50 c. Mac-Carthy.

FOUET (le) des jureurs et blasphemateurs du non (*sic*) de dieu, par vn des peres de la congregat. des pœnitens reguliers du troisième ordre de Saint François. *Lyon,* 1615, in-16 de 6 ff. et 148 pp. [1340]

On a conservé en tête de cette édition la dédicace de frère Vincent Mussart, datée du couvent de S.-Louis à la Guillotière-lez-Lyon, le jour de S. Jean, 1608, qui se trouve aussi dans l'édition de *Rouen, chez David Ferrand,* in-16 de 10 ff. prélim. et 194 pp. Cette dernière, sans date, mais avec une approbation datée de Rouen, le 1er septembre 1608, doit être la copie d'une édition de Lyon, 1608, ou de celle de *Rouen, Jean Crevel,* 1608, in-16. 3 à 5 fr. L'édition de *Troyes,* 1614, in-12, 9 fr. Detienne. Le *Fouet divin des jureurs,* impr. à Douay en 1618, est un ouvrage plus étendu que celui-ci (voy. BERNARD).

FOUET (le) des paillards, ou juste punition des voluptueux et charnels conforme aux arrests divins et humains, par M. L. P. (Mathurin le Picard), curé de Menil-Jourdain. *Rouen, Est. Vereul,* 1623 ou 1628, in-12. [1344]

Vend. en *m. r.* 8 fr. Detienne ; 11 fr. Mazoyer ; 11 fr. *v. mar.* Busche. — L'édit. de 1623 a 12 ff. prélim., 352 pp. et 2 ff. pour la table.

Voici une pièce qui se rapporte à la triste fin de l'auteur de cet écrit :

ARREST du parlement de Rouen, contenant le procès et exécution de Mathurin le Picart, curé de Mesnil-Jourdain et de son vicaire, brûlés vifs le 21 aoust 1647, pour magie et sortilége ; avec le récit des exorcismes des religieuses de Louviers. *Paris, Alliot,* 1647, in-8.

Pour d'autres pièces relatives à la même procédure, voy. HISTOIRE de Magdelaine Bavent.

FOUGERES (*F.*). Voy. CONBROUSE.

FOUILLOUX (*Jacques* du). La Venerie... plusieurs receptes et remedes pour guerir les chiens de diuerses maladies ; plus l'adolescence de l'autheur (poëme en 368 vers). *Poitiers, les de Marnefz et Bouchetz freres,* 1561, in-fol. fig. [10417]

Première édition d'un ouvrage curieux et qui est encore très-recherché : 69 fr. Huzard ; 250 fr. Veinant.

— La Venerie de Jacques du Fouilloux... *Poitiers, par les Marnefz et Bouchetz freres* (sans date), in-fol. de 4 ff. 214 pp. plus un f. contenant la complainte du cerf, par Guill. Bouchet.

Édition sans date, mais dont le verso du frontispice porte l'extrait du privilége en date du 23 décembre 1560. C'est identiquement la même que celle de 1561 ; il n'y a que le bas du frontispice qui diffère. 59 fr. Huzard ; avec 2 ff. refaits, 170 fr. Gancia.

Les mêmes imprimeurs ont publié de nouveau ce livre de format in-4., à *Poitiers*, en 1562 et en 1568 (21 fr. A. Martin; 70 fr. Huzard; 80 fr. *mar. v.* Veinant). Galiot du Pré en a fait imprimer à Paris, en 1573, une édition in-4., à laquelle on a joint l'*Art de chasser aux bêtes privées et sauuages, extrait du livre du roy Phœbus* (150 fr. Huzard); mais toutes ces éditions, quoique peu communes, ont moins d'importance que les réimpressions suivantes, où sont réunis divers auteurs qui ont traité le même sujet.

Une réimpression de l'édit. de 1568 a été faite à *Bey-reuth*, par *Fred.-Elie Dietzel, imprimeur de la cour*, en 1754, in-4. aux frais de l'électeur de Bavière et pour le service de sa vénerie. Les figures gravées à l'eau-forte et qui sont placées dans le texte diffèrent entièrement, et surtout dans les costumes, de celles de l'édition originale. Un exempl. rel. en *mar. r.* par Duru a été payé 301 fr. à la dernière vente Veinant, ce qui est un prix excessif.

— LA MÊME Vénerie, et la Fauconnerie de Jean Franchières et autres diuers autheurs, reueues, corrigées et augmentées de chasses non encore par cy deuant imprimées, par J.-D.-S. Gentilhomme P. *Paris, Abel L'Angelier* (ou *Le Mangnier*), 1585, 2 tom. en 1 vol. in-4. fig.

67 fr. et 53 fr. Huzard; et en *mar. r.* par Trautz, 260 fr. Bergeret.

On recherche cette édition ainsi que toutes celles dans lesquelles Franchières et autres auteurs se trouvent réunis: comme dans les édit. de *Paris*, 1601-2 (60 fr. Huzard), 1606-7 (42 fr. 50 c. Revoil; 80 fr. S.-M. en 1840; 99 fr. Huzard); 1613, 1614 (51 fr. Huzard), et 1618, 1621 (38 fr. Huzard); 1624 (26 fr. Huzard; 100 fr. Gancia); 1628 (30 fr. Huzard), toutes in-4. 24 à 36 fr. — Les éditions de *Paris*, 1635 (20 fr. Duriez; 53 fr. Huzard; 49 fr. Bergeret); 1640 (52 fr. 50 c. S.-M.; 40 fr. Riva; 88 fr. *mar. v.* Gancia), et de *Rouen*, 1650, in-4. (44 fr. en mai 1841), ne contiennent pas le Franchières et les autres auteurs, mais on les y a remplacés par le *Miroir de fauconnerie de P. Harmont* dit *Mercure*, ouvrage qui a été impr. séparément, à *Paris*, 1634, et *Rouen*, 1650, in-4. de 38 pp., et qui l'avait d'abord été à Paris, en 1620, in-8.

L'édit. de *Rouen*, Clément Malassis, 1650, in-4. 31 fr. Huzard; 41 fr. Bergeret; 49 fr. et 57 fr. Gancia.

—La même Vénerie, précédée de quelques notes biographiques et d'une notice bibliographique (par Pressac). *Angers, Ch. Lebossé*, 1844, gr. in-8. avec fig. sur bois, 12 fr. Pap. vél. 15 fr.

Quelques exemplaires ont été tirés sur papier de couleur et se vendaient 20 fr. — Celui de la vente Pressac, rel. en *mar. bl.* 45 fr. 50 c.

La Vénerie de Du Fouilloux a été trad. en italien sous le titre suivant:

LA CACCIA di Giacomo di Foglioso, scudiero e signore di esso luogo, paese di Gustina in Poitu, tradotta di lingua francese da Cesare Parona. *Milano, Antonio Comi*, 1615, pet. in-8. fig. sur bois, 21 fr. *non rogné*, Riva; en *v. f. tr. d.*, 57 fr. Veinant.

Il y en a aussi une traduction allemande, *Strasbourg*, 1590, pet. in-fol. fig. Réimpr. à *Dessau*, 1727, in-fol.

FOUILLOUX (*Nic.* du). Voy. PIPOUX (*J.*).

FOULLON (*Abel*). Vsaige et description de l'Holometre, pour sauoir mesurer toutes choses qui sont soubs l'etandue de l'œil, tant en longueur et largeur, qu'en hauteur et profondité, necessaire à ceux qui veullent promptement, et sans aucune subjection d'arithmetique, sauoir la distance des places, arpenter terre, et faire cartes topographiques.

Paris, Pierre Beguin, 1561, in-4. fig. [8051]

Cité par La Croix du Maine sous la date de 1567. Celle de 1561 est donnée dans le catal. de La Vallière-Nyon, nº 6810. L'ouvrage a été traduit en italien, à Venise, en 1564, in-4.

Abel Foulon nous a laissé une traduction de Perse en vers français (voy. PERSIUS).

FOUNDEVILLE. Voy. FONDEVILLE.

FOUNTAINE (*Andreas*). Numismata anglo-saxonica, breviter illustrata. *Oxoniæ*, 1704, in-fol. fig.

Cet ouvrage, vend. 35 fr. Millin, est un morceau extrait du *Thesaurus linguarum septentr.* de Hickes (voy. HICKESIUS).

FOUQUELIN. La rhetorique francoise d'Antoine Fouquelin de Chanuny en Vermandois. a Madame Marie royne d'Escosse: nouuellement reueüe et augmentee. *Paris, André Wechel*, 1557, pet. in-8. de 64 ff., y compris le titre, un tableau de la rhétorique en 2 pp., et la marque de Wechel sur un f. blanc. [12060]

Ouvrage curieux à cause de la dédicace à Marie Stuart, et des citations nombreuses que l'auteur fait des poëtes français de son époque. Il en existe sous la date de 1555 une prem. édition qui est portée sous le nom de Foclin dans le catal. de la Biblioth. du roi, X, 3291, où au nº 3292 l'édit. de 1557 est annoncée sous celui de Fouquelin, comme ci-dessus.

FOUQUET ou Foucquet (Mme). Recueil de receptes choisies, expérimentées et approuvées, contre quantité de maux fort communs... *Villefranche*, 1675, in-16. [7632]

Édition originale, recherchée des curieux: 4 à 6 fr. Vend. 13 fr. *m. r.* Méon; 15 fr. A. Martin. Elle ne porte pas le nom de Mad. Fouquet.

Les éditions en 2 vol. in-12 sont moins chères, malgré les augmentations qu'elles contiennent.

FOURBERIES du siècle. Voy. TRON DE CODOLET.

FOURIER (*J.-B.-Jos.*). Théorie analytique de la chaleur. *Paris, F. Didot*, 1822, in-4. [4282]

Ouvrage d'une haute portée et devenu rare: 60 fr. Libri en 1857; il ne se vendait que 25 fr.

Fouque (*V.*). Révolution communale au moyen âge, 24073. — Corporations des archers, etc., 24101.

Fouque. Fastes de la Provence, 24792. — Histoire du commerce de Marseille, 24820.

Fouquet (*Victor*). Histoire de Chalon-sur-Saône, 24555.

Fouquet (*H.*). Sur le pouls, 7159.

Fouquier-Cholet. Saint-Quentin, 24227.

Fourcault. Organisme vivant, 6885.

Fourcroy (*Ch.-R.* de). Fortification, 8647.

Fourcroy (*A.-Fr.* de). Système des connaissances chimiques, 4390. — Tableaux, 4391. — Philosophie chimique, 4406. — Nomenclature, 4415. — Entomologia, 5976.

Fourcy (*A.*). Artillerie, 8687. — École polytechnique, 30254.

Fourier (*Ch.*). Œuvres, 3960.

— Analyse des équations déterminées, 7912.

FOURMENNOIS (*Gabr.*). Voy. GUEVARA.

FOURMONT (*Steph.*). Meditationes sinicæ, complectentes artem legendi linguæ sinicæ characteres. *Paris.*, 1737, in-fol. 12 à 15 fr. [11863]

— LINGUÆ Sinarum mandarinicæ hieroglyphicæ grammatica duplex, latine, et cum characteribus Sinensium. *Parisiis*, 1742, in-fol. 15 à 20 fr. [11864]
— RÉFLEXIONS sur l'origine, l'histoire et la succession des anciens peuples, Chaldéens, Hébreux, Phéniciens, etc., jusqu'au temps de Cyrus; édit. augmentée de la vie de l'auteur. *Paris*, 1747, 2 vol. in-4. 12 à 15 fr. [22705]
Même édition que celle de 1735, à laquelle on a mis de nouveaux frontispices et ajouté la vie de l'auteur, avec le catalogue de ses ouvrages.
— Examen pacifique, 18302.

FOURNARIS. Angélique, comédie de Fabrice de Fournaris napolitain, dit le capitaine Cocodrille comique confident, mis en françois, des langues italienne et espagnolle, par le sieur L. C. *Paris, Abel Langelier*, 1599, pet. in-12. de 118 ff. chiffrés et 1 non chiffré. [16700]

Pièce rare; vend. 20 fr. en 1810, et 10 fr. Lair; 21 fr. 50 c. de Soleinne. L'original italien, sous le titre d'*Angelica*, a été imprimé à Paris, chez Abel L'Angelier, en 1585, pet. in-12, et réimpr. à Venise, chez Franç. Barilette, 1607, même format.

FOURNEAU (*Nic.*). L'Art du trait de charpenterie. *Rouen*, 1768-72, ou *Paris, Didot fils,* 1786, 4 part. en un vol. in-fol. fig. 24 à 36 fr. [10060]

On réunit quelquefois cet ouvrage à la collection des arts et métiers. La prem. partie a été réimpr. en 1802, la deuxième en 1804, la troisième en 1823, et la quatrième en 1826.

FOURNEL. Richesses minérales. Voy. EXPLORATION de l'Algérie. — Gîtes houillers. [4704]

FOURNIER ou Fornier (*J.*). Voy. FORNIER.

FOURNIER le jeune (*Pier.-Sim.*). Manuel typographique. *Paris*, 1764-6, 2 vol. pet. in-8. fig. 12 à 15 fr. [9082]

Le prem. vol. de cet ouvrage intéressant traite de la gravure et de la fonderie des caractères d'imprimerie; le second (qui n'a paru qu'en 1768) contient les épreuves des différentes sortes de caractères. Ces deux vol. devaient être suivis de deux autres, dont l'un aurait traité de l'art de l'imprimerie, et l'autre de l'histoire des typographes célèbres; mais la mort de l'auteur nous a privés de cette suite. On

doit trouver 16 pl. à la fin du premier volume. Il y a des exemplaires dont les feuilles ont été cylindrées, et que l'on a mal à propos annoncés comme tirés sur pap. de Hollande. Vend. beaux exempl. en *m.* 20 fr. Bailly; 47 fr. Chateaugiron.

— ÉPREUVES de deux petits caractères nouvellement gravés et exécutés dans toutes les parties typographiques. *Paris*, 1757, in-18 de 4 ff. 3 à 4 fr. [9097]

Petite pièce rare : vend. 19 fr. La Valliere.

— TRAITÉS historiques et critiques sur l'origine et les progrès de l'imprimerie. *Paris, Barbou* (sans date), in-8. [31185]

Ce volume, dont plusieurs exemplaires ont un titre daté de 1764, doit contenir les 5 traités suivants : 1° Dissertation sur l'origine de l'art de graver en bois, 1758. — 2° De l'origine et des productions de l'imprimerie primitive en taille de bois, 1759. — 3° Observations sur un ouvrage intitulé : *Vindiciæ typographicæ*, 1760.—4° Remarques sur un ouvrage intitulé : *Lettre sur l'origine de l'imprimerie*, 1761. — 5° Lettre à Fréron, 1763. Quand ce recueil est ainsi complet, il vaut de 9 à 12 fr. On peut y joindre :

LETTRE sur l'origine de l'imprimerie, servant de réponse aux observations publ. par Fournier, sur l'ouvrage de Schœpflin, intitulé: *Vindiciæ typographicæ* (par Fred.-Ch. Bær). Strasbourg (Paris), 1761, in-8. [31186]

FOURNIER (*Fr.-Ign.*). Essai portatif de bibliographie, rédigé et impr. par un imprim.-libraire de 18 ans. *Paris, impr. de Didot jeune,* 1796, in-8. [31335]

Tiré à 25 exemplaires seulement, dont deux ou trois au plus sont sortis des mains du rédacteur : vend. 12 fr. d'Ourches. C'est un abrégé du Dictionnaire bibliogr. connu sous le nom de Cailleau; il a servi de base au *Dictionnaire portatif de bibliographie* publié sous le nom de M. Fournier, en 1805 et en 1809, in-8., et auquel ont eu beaucoup de part l'abbé Mauger d'abord, ensuite le libraire Jardé.

FOURNIER (Le). Voy. LE FOURNIER.

FOURNIER (*Edouard*). Variétés historiques et littéraires, recueil de pièces revues et corrigées par lui. *Paris, P. Jannet,* 1855-59, in-16, vol. I à IX. [19425]

Ce recueil, vraiment curieux, reproduit un grand nombre d'opuscules devenus presque introuvables.
— L'Esprit dans l'histoire, 18528 ou 31826.

FOURNIVAL (*Richard* de). Le Bestiaire d'amour, par Richard de Fournival, suivi de la reponse de la dame, enrichi de 48 dessins gravés sur bois; publiés pour la première fois d'après le manuscrit de la Bibliothèque impériale, par M. Hippeau. *Paris, Aug. Aubry,* 1860, pet. in-8.; tiré à 350 exemplaires. 8 fr. [7995]

Ouvrage en prose écrit au milieu du XIIIe siècle. Il en existe une imitation en vers dont nous avons parlé à l'article BESTIAIRE Damours.

FOUSCH. Voy. FUCHS.

FOUSTEAU (Du). Voy. DU FOUSTEAU.

FOUX amoureux. Voy. DUFOUR.

FOWLER. Coloured engravings of the

Fourmont (*Cl.-L.*). Plaines d'Héliopolis, 28360.
Fourmont (*H.* de). La Chambre des comptes de Bretagne, 24455.
Fournel (*J.-F.*). Histoire des avocats, 2740. — Traité du voisinage, 2851. — Lois rurales, 2888. — Etat de la Gaule, 23203.
Fournel (*H.*). Conquête de l'Afrique par les Arabes, 28344.
Fournet. Recherches sur l'auscultation, 7329.
Fournier. Essais historiques sur Blois, 24287.
Fournier (*C.-F.*). Navigation, 8503.

Fournier (*H.*). Typographie, 9089.

principal mosaic pavements, stained glass windows, norman Tiles, and specimens of gothic architecture, in Great Britain, particularly York, Lincoln, and other cathedrals; a series from Castle Howard, and a splendid series of seven Norman earls of Chester, from the windows at Aston Hall. *Winterton, Yorkshire*, 1804, 2 vol. in-fol. atlant. [29509]

Ces deux volumes se composent de 54 pl. coloriées avec soin par Will. Fowler. On prétend qu'il n'en existe pas plus de 30 à 40 exemplaires complets. Leur prix était de 31 liv. 10 sh.

FOX ou Foxus (*Joan.*). Christus triumphans, comœdia apocalyptica, accessit in Christum triumphantem autoris ejusdem panegyricon. *Basilex, per Joan. Oporinum* (1556), pet. in-8. de 7 ff. et 121 pp. [16158]

Volume rare à la fin duquel doit se trouver : *De christo triumphante in Apocalypticon Joannis Foxi comœdiam Laurentius Vinfredus*, en 4 ff. Vend. 20 fr. mar. r. d'Ourches; 14 fr. Courtois; 20 fr. de Soleinne; 13 fr. Baudelocque.

Selon Chauffepié (Dictionn., II, lettre F, p. 75, note A), cette pièce aurait d'abord été impr. à *Lond.*, en 1551; et cela est d'autant plus probable que la traduction française est de 1552. Il existe une édition du texte latin de *Lond.*, 1672, in-8., dédiée à tous les maîtres d'école par T. C.; — et aussi une traduction anglaise par l'imprimeur Richard Daye, *Lond.*, 1579, in-16, réimpr. en 1607.

— Le triomphe de iésuschrist, comédie apocalyptique, traduite du latin de Iean Foxus, anglais, en rithme frācoise, et augmentee d'un petit discours de la maladie de la Messe, par Iaques Bienuenu, citoyen de Geneue. *Geneue, par Iean Bonnefoy, pour Iaques Bienuenu*, M. D. LXII, in-4. de 76 ff. en lettr. rondes, avec 4 ff. prélim.

Cette traduction est beaucoup plus rare que l'original latin : on y trouve à la fin deux pages de musique : 60 fr. La Vallière ; 330 fr. Coulon; 190 fr. mar. doublé de mar. de Soleinne ; 200 fr. vélin Bourdillon.

— Acts and monuments of matters most speciall and memorable happening in the Church... with the bloody times and great persecutions against the true martyrs of Christ, especially in England and Scotland. *London*, 1684, 3 vol. in-fol. fig. [22475]

Neuvième édit., et, après celle de 1641, la meilleure de cet ouvrage peu favorable à l'Eglise romaine. Elle est toujours recherchée en Angleterre, où elle se paye de 6 à 8 liv. Vend., même en Gr. Pap. *peau de truie*, 21 liv. Williams. — La prem. édit., *London, John Daye*, 1562-63, en un seul vol. in-fol., caract. goth., avec des fig. en bois, ne se trouve que très-difficilement en bon état, et même on n'en connaît pas d'exemplaires tout à fait complets : elle renferme divers passages qui n'ont pas été réimprimés ; vend. 56 liv. Saunders, en 1823; et, sans le

titre et avec plusieurs feuillets encadrés, 18 liv. 7 sh. 6 d. Inglis ; 39 liv. Hurd, en 1832.

— ACTS and monuments, with a life of the martyrologist by S. R. Catley, preface and vindication of the work, by the rev. Geo. Townshend. *London*, 1843-49, 8 vol. in-8. 3 liv. 3 sh., et plus en Grand Papier.

L'édition de Londres, 1844 (aussi 1851), en 3 vol. gr. in-8., donnée par le Dʳ Cumming, est ornée d'environ 800 bois. 3 liv. 3 sh.

— Commentarii rerum in ecclesia gestarum maximarumque persecutionum a Vuiclevi temporibus descriptio, liber primus. *Argentorati, V. Rihelius*, 1554, pet. in-8.

Lowndes porte à 9 liv. 9 sh. ce volume rare, qui est fort recherché en Angleterre.

— Rerum in Ecclesia gestarum, quæ postremis et periculosis his temporibus evenerunt, maximarumque persecutionum ac sanctorum Dei Martyrum, cæterarumque rerum si quæ insignioris exempli sint, commentarii : in qua de rebus per Angliam et Scotiam gestis, atque in primis de horrenda sub Maria nuper regina persecutione narratio continetur. *Basilex, per N. Brylingerum et Jo. Oporinum, mense Augusto*, 1559, in-fol. [22475]

C'est la meilleure édition de cette histoire. Elle est portée à 12 liv. 12 sh. dans le Manuel de Lowndes, p. 830, auquel nous renvoyons pour les autres ouvrages de J. Fox.

FOX (*Ch.-James*). Speeches in the house of commons. *London, Longman*, 1815, 6 vol. in-8. 2 liv. 2 sh. [12218]

L'introduction est de lord Erskine.

Réimpr. à Londres, 1851, en un seul vol. gr. in-8. avec un portr. 18 sh.

Ces discours ont été traduits en français, avec ceux de Will. Pitt, et publiés par M. H. de Janvry, *Paris*, 1818-20, 12 vol. in-8., auxquels on a ajouté une table et mis de nouveaux titres, en 1822.

— HISTORY of the early part of the reign of James II, with an introductory chapter, and appendix, to which is prefixed a preface by lord Holland. *London*, 1808, in-4., 8 à 10 fr., et plus en Grand Papier. [26996]

On a tiré 50 exemplaires de ce livre sur très Gr. Pap. (*elephant paper*).

Il est bien connu que M. Miller, libraire de Londres, a payé 4500 liv. sterl. le manuscrit de cet ouvrage posthume, dont le succès n'a répondu ni à son attente, ni à celle du public. La traduction française que nous avons de cette histoire (*Paris*, 1809, 2 vol. in-8.) est tronquée.

Il faut placer à la suite de cet ouvrage de Fox les trois articles suivants :

OBSERVATIONS on the historical work of the late C.-J. Fox; with a narrative of events which occurred in entreprise of the earl of Argyle in 1685, by sir Patrick Hume, by the rev. George Rose. *London*, 1809, in-4.

A VINDICATION of Mr Fox's history of the early part of the reign of James II, by Samuel Heywood. *London*, 1811, in-4.

Voici l'indication d'un autre ouvrage sur le même sujet :

MEMOIRS of the reign of James II, by John Lord Viscount Lansdale. *York, printed by Wilson*, 1808, in-4. de 64 pp.

Fox (*Geor.*). The Quaker, journal, 22524.

Fox (*W.-B.*). Ceylon portuguese language, 11179.

Ces Mémoires d'un contemporain de Jacques II ont été tirés à très-petit nombre, et on ne les a pas mis dans le commerce. Vend. 2 liv. 10 sh. (avec l'ouvrage ci-dessus de Fox) Heber.

MÉMOIRS and correspondence of C.-J. Fox, edited by lord J. Russel. *London*, 1852, 2 vol. in-8.

FOXE (captain *Luke*). The north-west Fox, or Fox from the north-west passage ; beginning with King Arthur, Malaga, Octhur, the two zenis of Iseland, Estotiland, and Dorgia ; following with briefe abstracts of the voyages of Cabot, Frobisher, Davis, Waymouth, Knight, Hudson, Button, Gibbons, Bylot, Baffin, Hawbridge ; together vith the latitudes, longitudes, variations, etc., James Hall's three voyages to Groynland, with a topographicall descriptions of the countries ; etc., with the author his owne voyage, being the xvi[th], etc. *London, B. Alsop and Th. Fawcett*, 1635, pet. in-4. de 5 ff. et 272 pages. [20956]

Recueil curieux et devenu rare : on doit y trouver, outre un globe gravé sur bois, une carte gravée sur cuivre : 2 liv. 15 sh. vente Nassau, et jusqu'à 8 liv. 3 sh. Sotheby, en 1856.

FOY (la) dévoilée. Voy. PARIZOT.

FRACASTORII (*Hieron.*) Opera omnia, editio tertia. *Venetiis, Junta,* 1584, in-4. 6 à 10 fr. [18990]

Dans cette édition, de même que dans celles de Venise, *apud Juntas,* 1555 et 1574, in-4., il manque le poëme *De Cura canum,* lequel fait partie de l'édition de *Lyon*, 1591, 2 tom. en 1 vol. in-8.

—Fracastorii, Adami Fumani, et Nic. Archii carminum editio II. adjectæ sunt italicæ Fracastorii epistolæ. Item Jo. Bapt. Rhamnusii et Fracastorii de Nili incremento libri (edentibus Vulpiis fratribus). *Patavii, Cominus,* 1739, 2 vol. in-4. 15 à 20 fr. [12694]

Belle édition, très-bonne et fort estimée. Celle de 1718, in-8., imprimée par le même *Comino,* est moins complète : 3 à 5 fr. On trouve dans l'édition in-4. une traduction italienne de la *Syphilis* par *Vinc. Benini,* de laquelle il y a eu quelques exempl. tirés séparément.

—Syphilis, sive morbus gallicus. *Veronæ,* 1530, pet. in-4. de 36 ff. [12694]

Première édition : 18 sh. Libri, et quelquefois de 10 à 12 fr.; un exempl. sur VÉLIN, 61 flor. Crevenna ; 50 fr. Mac-Carthy (Biblioth. impér.).

— SYPHILIS (edidit Car. Peters). *Lond.,* 1720, in-4., avec un portrait de l'auteur par Vertue. 4 à 5 fr., et plus cher en Gr. Pap.

LA SIPILIDE, poema di Girolamo Fracastoro, tradotto da Gio. Luigi Zaccarelli. *Parma, co' tipi Bodoniani,* 1829, gr. in-4. pap. vélin.

Traduction en vers, avec le texte latin en regard. Il en a été tiré des exempl. de format in-fol. en pap. vél. blanc et en pap. vél. azuré.

SYPHILIS, ou le mal vénérien, poëme latin de

Fracastor, avec la traduct. françoise et des notes (par Macquer et Lacombe). *Paris,* 1753, in-8.

Réimpr., *Paris, Lucet,* 1796, in-18, pap. ordinaire et pap. vélin.

LA SYPHILIS, poëme en vers latins de Jérôme Fracastor, traduit en vers français, précédé d'une étude historique et scientifique sur Fracastor, et accompagné de notes par Prosper Yvaren. *Paris, Baillière,* 1847, in-8.

LETTERA di Girol. Fracastoro alle lagune di Venezia ora per la prima volta pubblicata ed illustr. con lettera del conte Simeone Stratico. *Venezia,* 1815, in-4.

Il a été tiré un exempl. sur VÉLIN.

FRACCI (*Ambr.-Novidii*) Fastorum sacrorum libri XII, cum romanis consuetudinibus per totum annum, etc. *Romæ, Bladus,* 1547, in-4. fig. en bois. 6 à 8 fr. [12695]

Vendu 9 flor. 25 c. Meerman.

— ALTERA editio. *Antuerpiæ,* 1559, pet. in-12. Vend. 12 fr. *m. r.* Brienne, et 5 fr. Courtois.

FRACINCTUS (*Rod.*). Iudicium Paridis et elegiæ per Rodulphum Fracinctum Termanum.— *Excudebat Ancona Bernardinus Gueraldus anno salutis* M. DXXIIII. *cal. Sept.* in-8. Rare. [12696]

FRAEHN (*Chr.-Mart.*). Ibn Fozlan's und anderer Araber Berichte über die Russen älterer Zeit, etc., *c'est-à-dire*, Les Russes des temps anciens , relation tirée d'Ebn - Fozlan et d'autres écrivains arabes; publiée en original et accompagnée d'une traduction et de notes critiques et philologiques, avec trois dissertations concernant les diverses branches primitives des Russes et la ville de Kiew, les Varenges et la mer des Varenges, enfin le pays de Wisou, le tout pareillement d'après les écrivains arabes par M. Fraehn ; publié par l'Académie des sciences (en allemand). *Saint-Pétersb.,* 1823, in-4. de lxxxj et 281 pp. [27728]

Vend. 15 fr. 50 c. Klaproth.

Voir le *Journal des Savants*, sept. 1824.

M. Fraehn avait déjà publié : De Baschkiris quæ memoriæ prodita sunt ab Ibn Foszlano et Jakuto (absque nota), in-4.

— NUMOPHYLACIUM orientale Pototianum, leviter adumbravit C.-M. Fraehn. *Casani, ex universitatis typogr.*, 1813, in-8. de 80 pp. [29849]

Vend. 6 fr. Langlès ; 2 fr. Klaproth.

Premier ouvrage impr. à Casan, en caract. latins. Précédemment l'auteur, à défaut de types occidentaux, avait été obligé d'écrire en arabe sa *Descriptio numorum aliquot orientalium*, Casani, 1808, in-4.

— DE NUMORUM bulgharicorum forte antiquissimo libri II ; accedit hujus aliorumque aliquot musei fuchsiani qui data occasione illustrantur numorum tabula ænea. *Casani, universit. typogr.*, 1816, in-4. de 173 pp. [29844]

20 fr. Langlès ; 14 fr. Klaproth ; 11 fr. Quatremère.

— NUMI kufici ex variis museis selecti. *Petropoli*, 1823, in-4. fig. 11 fr. Quatremère. [29855]

— DE MUSEI sprewitziani, Mosquæ, numis kuficis nonnullis antehac ineditis, qui Chersonesi humo erecti esse dicuntur, commentationes duæ, plura

Foy (*Max.-Séb.*). Guerre de la Péninsule, 8781. — Discours, 12201.

Foy. Cours de pharmacologie, 7380.

eædem ut numismaticæ ita geographiæ et historiæ asiaticæ capita obscuriora illustrantes. *Petropoli*, 1825, in-4. fig.

Vend. 15 fr. Klaproth.

— NUMI muhammedani, qui in Academiæ imper. scientiarum petropolitanæ museo asiatico asservantur, auspiciis Acad. digessit, interpretatus est, prolegomenis et commentario palæograph. philolog. histor. illustravit, additisque notabiliorum tabulis æneis. Tom. I. recensionem omnium musei asiat. numor. muhammedanorum seu titulos eorum interpretatione auctos continens. *Petropoli*, 1826, in-4. de XXXII et 795 pp. fig. 36 fr. [29856]

42 fr. Klaproth ; 40 fr. et 33 fr. 50 c. Quatremère.

     CH. M. FRAEHNII Opusculorum posthumorum pars prima imagine beati ornata : edidit Bern. Dorn. *Petropoli*, 1855, in-8. de XX et 450 pp. 10 fr.

Contient : *Nova supplementa ad recensionem nummorum muhammedanorum Academiæ imper. scientiarum...*

— DIE MÜNZEN der Chane vom Ulus Dschutschi's oder von der goldenen Horde, nebst den verschiedenen anderen muhammedanischen Dynastien im Anhange, etc. *Saint-Pétersbourg*, 1832, in-8. de XII, 78 pp. avec 17 pl. gravées. 10 fr. — En cuir de Russie, 14 fr. 50 c. Quatremère.

M. Fraehn avait déjà publié les opuscules suivants sur les monnaies musulmanes :

     1° BEITRÄGE zur muhammedanischen Münzkunde aus Saint-Petersburg. *Berlin* (1818), in-4., avec 1 pl. 11 fr. 50 c. Quatremère.

     2° DE ACADEMIÆ imperialis scient. petropolitanæ museo numario muslemico prolusio prior. *Petrop.*, 1818, in-4.

     3° NOVÆ symbolæ ad rem numariam Muhammedanorum. *Ibid.*, 1819, in-4., avec 5 pl.

     4° ANTIQUITATIS muhammedanæ monumenta varia. *Ibid.*, 1820, in-4., 1re part.

Ces trois derniers ensemble, 14 fr. Quatremère.

     5° DAS MUHAMMEDANISCHE Münzkabinet des asiatischen Museums der kais. Akad. zu St.-Petersburg. *Ibid.*, 1821, in-8. 12 fr. 50 c. Quatremère.

Deux dissertations : 1° *Epitaphium cuficum melitense...* ; 2° *Inscriptiones Thuæ Koranicæ Kasimorriensis lampadis bylocriensis, Pallii, etc.* Petrop., 1820, in-4., sont annoncées sous le titre d'*Antiquitatis muhammedanæ monumenta varia explicavit. C. M. Fræhen*, dans un catal. de Dondey-Dupré.

— Indications bibliographiques... 31686.

FRAENKEL (*S.-J.*). Voy. HAGIOGRAPHA posteriora.

FRAGMENTA comicorum græcorum, collegit et disposuit A. Meineke. *Berolini, Reimer*, 1839-57, 5 vol. in-8. 25 thl. et moins depuis. [16077]

Le premier volume de ce recueil a pour second titre : *Historia critica comicorum græcorum*. Le second vol. (*Fragmenta comœdiæ antiquæ*) est en 2 part. Le troisième contient *fragmentà comœdiæ mediæ* ; le quatrième, *fragmenta comœdiæ novæ* ; le cinquième des index. L'édition abrégée, *Berolini*, 1847, 2 vol. in-8. coûte 6 thl.

— Poetarum comicorum fragmenta : post Augustum Meineke recognovit et latine transtulit Fred. Henr. Bothe : accessit index nominum et rerum quem construxit I. Hunzicker. *Parisiis, Firm. Didot*, 1855, gr. in-8. 15 fr. [16077]

— POETARUM scenicor. fragmenta. Voir ci-dessus POETÆ scenici.

— COMICORUM græcorum fragmenta quædam, curavit et notas addidit Rod. Walpo e. *Cantabrigiæ*,

typis academ. excudeb. R. Watts : veneunt apud J. Mawmann. *Londini*, 1805, gr. in-8.

— COMICORUM græcorum fragmenta, cum versionibus R. Cumberland, Fr. Fawkes, Fr. Wrangham, et notis et versionibus tum latinis, tum etiam anglicis J. Bailey. *Cantabrigiæ*, 1840, in-8. 12 fr.

FRAGMENTA elegiacorum poetarum. Voy. ΣΩΖΟΜΕΝΑ.

FRAGMENTA historicorum græcorum, Hecatæi, Charonis, Xanthi, Hellanici, Pherecydis, Acusilai, Antiochi, Philisti, Timæi, Ephori, Theopompi, Phylarchi, Clitodemi, Phanodemi, Androtionis, Demonis, Philochori, Istri, Apollodori Bibliotheca, cum fragmentis. Auxerunt, notis et prolegomenis illustrarunt, indice plenissimo instruxerunt Car. et Theod. Mulleri. Accedunt Marmora Parium et Rosettanum, hoc cum Letronii, illud cum C. Mulleri commentariis. *Parisiis, editore Ambr. Firm. Didot*, 1841, gr. in-8. 20 fr. [22789]

Premier volume d'une importante collection qui en a quatre. Les trois derniers ont paru successivement sous des titres particuliers, savoir :

     VOLUMEN IIum : *Fragmenta historicorum græcorum* collegit, disposuit, notis et prolegomenis illustravit, indicibus instruxit Car. Muller. Accedunt fragmenta Diodori Siculi, Polybii et Dionysii Halicarnassensis e codice escorialense nunc primum edita. 1848.

     VOLUMEN IIIum : Fragmenta (ut supra), 1849. Contient la suite, par ordre chronologique, des fragments de cent onze historiens grecs, et particulièrement ceux de Nicolas de Damas, recueillis pour la première fois à la biblioth. de l'Escurial.

     VOLUMEN IVum : Fragmenta... insunt fragmenta Praxagoræ Atheniensis, Bemarchii Cæsariensis, etc. Aliorum auctorum supra quingentos numero quorum ætas est incerta. Accedunt addenda et indices locupletissimi auctorum, titulorum, rerum nominumque. 1851.

Les tom. II et III coûtent 15 fr. chacun, et le 4e 20 fr.

FRAGMENTA philosophorum græcorum collegit, recensuit, vertit, annotationibus et prolegomenis illustravit, indicibus instruxit Fr.-Guil.-Aug. Mullachius. Poeseos philosophicæ cæterorumque ante Socratem philosophorum quæ supersunt. *Paris., Firm. Didot fratres, filii*, etc., 1860, gr. in-8. 15 fr. [3334]

FRAGMENTA juris civilis. Voy. MAI.

FRAGMENTA oratorum romanorum ab Appio inde Cæco et M. Porcio Catone usque ad Q. Aurel. Symmachum ; collegit atque illustravit H. Meyerus, editio secunda et emendata. *Turici, Orell*, 1842, in-8. 3 thl. [12126]

La première édition est de 1832 ; elle a été réimpr. avec des augmentations, à Paris, en 1837. Voyez ORATORUM fragmenta.

FRAGMENTA poetarum latinorum. Voyez ESTIENNE (*Henri*).

FRAGMENTA. Græcorum satyrographorum fragmenta, exceptis iis quæ sunt Æschyli, Sophoclis, Euripidis ; collegit et illustravit Car. Friebel; post mortem auctoris edi curavit F. Larsow : præmissa est expositio de dramatis satyrici origine atque natura, etc. *Berolini, Dümmler,* 1837, in-8. 3 fr. [16077]

FRAGMENTA vetustissimorum auctorum summo studio ac diligentia nunc recognita (sunt autem Ser. Myriclii Lesbii, M. Porci Catonis, Archilochi, Berosi, Manethonis, Metasthenis, Xenophontis, Q. Fabii Pictoris, C. Sempronii, Sext. Julii Frontini). *Basileæ, apud Joannem Bebel. anno* M. D. XXX, in-4. [1937]

Ce recueil est rare, mais peu.recherché.

FRAGMENTA sacra. Voy. l'article BIBLIA græca.

FRAGMENTOS de hum cancioneiro ine dito que se acha na livraria do real collegio dos nobres em Lisboa; impresso à custa de Carlo Stuart. *Em Paris, no paço de sua magestade brittanica*, 1823, in-4. pap. vél. [15339]

Ces poésies portugaises ont été impr. aux frais de M. Ch. Stuart, ambassadeur d'Angleterre, et tirées à *vingt-cinq* exempl. : elles sont extraites d'un manuscrit, dont un fac-simile est joint à l'édit., et qui paraît être du XIVᵉ siècle, et peut-être même antérieur. Il est à remarquer que le texte de ce vol. commence à la page 41, comme le manuscrit. Consultez le *Journal des Savants*, août 1825. Vend. 90 fr. Brito, en 1827; 118 fr. en mars 1829.

Cette rareté typographique a perdu de son importance depuis la publication d'une meilleure édition des mêmes pièces qu'a donnée M. Adolfo Varnhagen, sous ce titre :

　TROVAS e cantares de um codice do XIV seculo : ou antes mui provalvelmente « O livro das cantigas » do conde de Barcellos, *Madrid*, 1849, in-16.

FRAILLYONA. Recitus veritabilis super terribili esmeuta Païsanorum de Ruellio : autore Samon Fraillyona. (*absque nota*), pet. in-8. de 8 pp. [13141]

On trouve difficilement cette macaronée que Naudé regardait comme une des meilleures qui eussent été écrites en France. Elle est de Jean-Cécile Fray, docteur en médecine et professeur de philosophie, mort en 1631, lequel a composé plusieurs pièces latines en vers ou en prose que l'on peut appeler *difficiles nugæ*. De ce nombre sont : 1º *Panegyris una cujus omnes voces ab initiali littera C. occipiunt ;* — 2º *Panegyris altera, in qua litteræ R et S. penitus adsunt,* Paris., Fr. Pomeray, 1616, in-4.; — 3º *Mariæ Medices augustæ reginæ elogia ex dictionibus quæ omnes ab initiali regii nominis et cognominis littera M. incipiunt,* Parisiis, Langlæus, 1628, in-4. Chaque pièce se compose de 4 ff. seulement : aucune n'est comprise dans les deux recueils d'ouvrages de l'auteur, publiés par Jean Ballesdens, en 1645 et 1646, in-8., sous le titre d'*Opera* et d'*Opuscula varia.*

FRAISSE. Livre de dessins chinois, tirés d'après des originaux de Perse, des Indes, de la Chine, etc.; dess. et grav. par Fraisse. *Paris*, 1735, in-fol. [9577]

Vend. 27 fr. La Valliere; et un exemplaire color., 82 fr. le même.

FRANC (*Martin*). Le champion des dames. (*sans lieu ni date*), pet. in-fol. goth. fig. en bois. [13243]

Édition ancienne et rare, contenant 185 ff. à 2 col. de 36 lign., sans chiffres, récl. ni initiales, avec des signat. de a—Aiij, second alphabet. Les quatre premiers ff. renferment le titre, l'épître dédicatoire de l'auteur à Philippe, duc de Bourgogne, et une grande fig. en bois. Le dernier f. du texte finit ainsi :

　Veuilliez pour Martin requerir
　le royaulme de paradis.

Vend. 25 fr. m. r. La Vallière, et revendu 330 fr. Bergeret; 64 fr., quoique un peu gâté, Thierry, et un exempl. revêtu d'une riche reliure en *mar. r. doub. de mar. par Trautz*, 1400 fr. Solar.

M. Van Praet, dans son second catal., II, page 133, attribue l'impression de ce vol. à Guill. le Roy, parce que les deux lignes du titre ressemblent parfaitement aux caract. employés par cet imprimeur dans l'édition du *Doctrinal de sapience* de Guy de Roye, publ. par lui en 1485 (voy. ROYE).

Un exempl. imprimé sur VÉLIN est indiqué dans la *Bibliogr. instruct.*, nº 2989, mais on ignore où il a passé.

— Le Champiõ des Dames, livre plaisant copieux & habondant en sentences. Contenant la defense des dames, contre Malbouche, & ses consors, & victoires d'icelles. compose par Martin Franc... & nouuellement imprime a Paris. (au recto du dernier f.) : *Imprime a Paris par maistre Pierre Vidoue, pour... Galliot du Pre...* M. D. XXX, pet. in-8. fig. en bois.

Cette jolie édition, en lettres rondes, est rare et recherchée; elle contient un titre, 6 ff. de table, un prologue en 5 ff., puis le corps de l'ouvrage qui occupe CCCCX ff. chiffrés : vend. beaux exemplaires en *mar.* 55 fr. Gouttard; 50 fr. Chénier; 111 fr. Mac-Carthy; 121 fr. *mar. bl.* en 1823; 200 fr. *m. r.* Labédoy...; 90 fr. *m. citr.* Labey; 178 fr. en 1840. Un exemplaire à grandes marges, ayant de hauteur 143 millim. ou 5 pp. 3 lig. et demie, mais le titre doublé, 455 fr. Monmerqué. Il a été depuis rel. en *mar.* par Bauzonnet-Trautz. L'exempl. en *mar. citr.*, armes du comte d'Hoym, ayant plusieurs feuillets raccommodés, a été vendu 21 liv. sterl. Utterson en 1857; un autre, en *mar. citr.*, mais trop rogné, 350 fr. Solar.

Dans tous les exempl. que nous avons vus de ce livre se trouvaient des ff. maculés. Suivent les deux marques typographiques que présentent le titre et le dernier f. de ce volume.

— Lestrif de fortune. (*sans lieu ni date*), in-fol. goth. [13244]

Édition extraordinairement rare, et qui doit être la première de cet ouvrage mêlé de prose et de vers. Elle est imprimée avec les mêmes caractères que le Boèce en françois sorti des presses de Colard Mansion à Bruges, en 1477; on peut donc, sans hésiter, l'attribuer à cet imprimeur, et augmenter ainsi d'un article la liste que Jos. Van Praet a donnée des productions typographiques de son célèbre compatriote. Ce volume précieux a 218 ff., ou 219 si l'on compte un f. blanc qui, dans l'exemplaire vendu 38 liv. Heber, et revendu 1500 fr. d'Essling, se trouve entre la 2ᵉ partie qui finit au verso du 121ᵉ f. et le 3ᵉ livre. Il est impr. sans chiffres, récl. ni sign., et ne porte ni nom de lieu ni date; chaque page entière a 23 ou 24 lignes; sur le premier f. recto se lit une épître de l'auteur avec l'adresse suivante imprimée en rouge :

a tres haut tres puissant et tres excellent prince‖
Phelippe duc de bourgoigne, etc. Martin le‖
franc preuost de lausane secretaire de nᵉ saint‖
pere pape nicolas tres humble recommandacion

Le texte se termine sur le 218ᵉ et dernier f. recto, après la 21ᵉ ligne de cette manière :

> *fin de lestrif de*
> *fortune et vertu*

Nous ne connaissons que deux exemplaires de ce livre : celui que nous venons de décrire et qu'Heber avait acquis à la vente de Vander Velde, faite à Gand en 1832, et l'exemplaire conservé à la Bibliothèque Sainte-Geneviève, à Paris. Ce dernier est d'un tirage beaucoup moins net que l'autre, et c'est ce qui nous avait empêché d'y reconnaître les caractères de Colard Mansion.

— Lestrif de fortune et de vertu desquelz est souuerainement demonstre le poure ꝟ foible estat de fortune contre lopinion commune. Nouuellement imprime a

Paris, Le. xxviii. de iuing Lan mil cinq cens ꝟ xix. (à la fin) : *Cy finist lestrif de fortune ꝟ vertu fait par maistre Martin le franc... Jmprime a Paris par Michel le noir libraire iure... lan mil .v. cēs xix. le xxv iour du moys daoust,* in-4. goth. de 102 ff. à longues lignes.

Le dernier f. contient, au recto, une fig. en bois, et au verso la marque de Lenoir. Vend. 9 fr. La Valliere; 10 fr. Méon, et beaucoup plus cher depuis.
La Croix du Maine cite une édition de *Paris, Michel le Noir*, 1505, in-4., contenant 18 feuilles de caractères bâtards.

FRANCE (la) en décadence par la réduction des deux importantes places de Namur et Casal. *Cologne, P. Marteau (Hollande)*, 1695, pet. in-12 de xviii et 339 pp. [23857]

Vend. 5 fr. Librairie De Bure.

FRANCE galante (la), ou histoires amoureuses de la cour. *Cologne, Pierre Marteau (Hollande)*, 1689, pet. in-12. 6 à 9 fr. [17281]

Vend. bel exempl. *m. r.* 16 fr. La Valliere, et 48 fr. 50 c. Bignon.
Ni cette édition ni celle de *Cologne, Pierre Marteau*, 1688, pet. in-12 de 562 pp. en gros caractères, ne contiennent les *Amours du Dauphin avec la comtesse du Roure*, morceau qui fait partie de l'édit. de 1695, pet. in-12 (26 fr. *mar. non rogné*, Renouard; et sous la date de 1696, *v. f. t. d.*, 24 fr. Giraud); et de plusieurs autres réimpr. du même recueil, soit en un seul, soit en deux vol. pet. in-12. L'édition de *Cologne, P. Marteau*, sans date, en 2 vol. pet. in-12, fig., qu'on croit être de l'année 1737, environ, est en gros caractères, et se paye de 10 à 12 fr. (16 fr. 50 c. Renouard). Elle contient, outre la *France galante*, narré, qui est un résumé des pièces comprises dans les recueils intitulés : Amours des Dames (voy. AMOURS); *Les derniers dérèglements de la cour* (ou *Amours de Mᵐᵉ de Maintenon*); *les Vieilles amoureuses* (Mᵐᵉ de Lionne et la Marquise de Cœuvres); *Histoire de la maréchale de La Ferté*; la *France devenue italienne*; le *Divorce royal*, et enfin les *Amours du Dauphin avec la comtesse du Roure.* — Voy. CONQUÊTES amoureuses.

FRANCE (la) intrigante. (*Hollande*), *Jean Petit*, 1676, pet. in-12.

6 fr. 50 c. mar. bl. Renouard.

FRANCE (la) mourante, consultation historique à trois personnages. *Se trouve chez tout le monde, et principalement à l'Hospice de la rue de Grenelle Saint-Germain.* (*Paris, Crapelet*), 1829, in-8. [16574 ou 23689]

Réimpression d'une pièce composée au commencement du xviiᵉ siècle, et qui a été insérée dans le *Recueil relatif au connétable de Luynes*, 1632, petit in-8. A l'édit. de 1829 est jointe la *Chemise sanglante de Henri IV* (voy. CHEMISE). Il a été tiré 14 exemplaires de ces deux pièces en Gr. Jésus vél. 6 fr., et 7 seulement en Gr. Pap. de Holl. 10 fr

FRANCE (la) ruinée sous le règne de Louis XIV, par qui, et comment; avec les

---

Français (les) en Portugal, 26316.

moyens de la rétablir en peu de temps. *Cologne, P. Marteau (Hollande)*, 1695 et 1696, pet. in-12 de 214 pp., avec un frontispice et une carte. [23867]

Vend. 9 fr. Le Marié ; 24 fr. *m. r.* Thierry ; 15 fr. *m. v.* Labédoy...

Ces éditions sont en gros caractères, mais il en existe une en caractères plus petits sous ce titre : *Détail de la France, ou la France ruinée...* Cologne, P. Marteau, 1696, pet. in-12 de 83 pp., sans gravures, et qui paraît être postérieure à la date qu'elle porte : 14 fr. *non rogné*, Labédoy... D'après le témoignage de l'auteur du Dictionn. des anonymes, nos 3588, 11768 et 17685, la *France ruinée* est de Pierre le Pésant de Bois-Guilbert. L'ouvrage a d'abord paru sous le titre de *Détail de la France, ou Traité de la diminution de ses biens, et des moyens d'y remédier* (Rouen), 1695, in-12; on l'a fait ensuite reparaître sous différents titres et avec des augmentations successives. Ces titres sont : 1° *Mémoire pour servir au rétablissement général des affaires de France...* Villefranche, Pierre et Jean, 1697, in-12.—2° *Détail de la France*, 1707, 2 vol. in-12; ou Bruxelles, 1712, et aussi 1716, in-12.—3° *Testament politique de M. de Vauban*, 1707, 2 vol. in-12.

FRANCE (la) sans bornes : comment arrivée à ce pouvoir suprême et par la faute de qui. *Cologne, P. Marteau (Hollande, à la Sphère)*, 1684, pet. in-12 de 144 pages. 4 à 6 fr. [23839]

FRANCE-TURQUIE (la), c'est-à-dire, conseils et moyens tenus par les ennemis de la couronne de France pour réduire le royaume en tel état que la tyrañie turquesque.—Lunettes de christal de roche, par lesquelles on veoyt clairement le chemin tenu pour subjuguer la France à mesme obéissance que la Turquie, adressées à tous princes, seigneurs, gentils-hommes et autres d'une et d'autre religion, bons & légitimes Francoys, pour servir de contrepoison à l'antipharmaque du chevalier Poncet. *Orléans, de l'imprim. de Thibaut des Mures*, 1576, in-8. de 71 pp. [23548]

Deux pièces rares, réunies en un seul volume, sous une seule série de chiffres. Les pp. 17 à 30 contiennent la réimpression de l'*Antipharmaque du chevalier Poncet...* d'après l'édit. de *Paris, par Frédéric Morel, imprimeur du roy*, 1575.

Vend. 27 fr. La Valliere ; 30 fr. *m. r.* Méon ; 35 fr. Mac-Carthy ; 36 fr. Duricz ; 15 fr. Renourd.

On a réimprimé séparément :

L'ANTIPHARMAQUE du chevalier Poncet, dédié aux princes, seigneurs et gentilshommes de ce royaume. (*sans lieu*), 1626, pet. in-8.

FRANCES (*Rich.*). Voy. PROMPTORIUS.

FRANCESCO da Bologna. La lettera mandata dal R. Padre frate Francesco da Bologna, dal India ouer noua Spagna, e della citta di Mexico al R. P. frate Clemente di Bologna... tradotta in vulgare da uno frato del prefato ordine de minore d'osseruanza. *Bologna, per Bartholomeo Bonardo e Marco Antonio Groscio*, senz' anno in-4. goth de 4 ff.

Une des plus anciennes lettres des missionnaires à Mexico. *Biblioth. grenvil.*, p. 255.

FRANCESCO da Fiorenza. Persiano figliolo de' Altobello. *In Venetia, p Christofolo da Madelo, del mile quatrocēto nouanta tre* (1493), *die primo mensis augusti*, in-4. à 2 col. sign. *a—r*, en caractères romains.

Cette édition est fort rare, mais il doit y en avoir une autre plus ancienne ; car dans les dernières stances de ce poëme que l'on a conservées dans les diverses réimpressions, il est dit que l'ouvrage est de *Francesco de Fiorenza*, que *Maistro Luca di Domenico figlio... lo stampo in prima* (à Venise)... *nel mille quattrocento ottante trene*.

—Lo stesso. *Venetia, Giorgio de Rusconi*, 1506, *a di 4 Decembrio*, in-4. fig. [14725]

— Libro chiamato Persiano qual tratta de Carlo Magno imperadore : z di tutte li paladini : z de molte battaglie crudelissime. *Venetia, Gulielmo de Fontanetto de Monfera adi xij. de settembrio.* M. D. XXII, in-4. à 2 col. sign. A—S, lettres rondes, fig. en bois.

Réimprimé : *Vinegia, Pietro di Nicolini da Sabio*, 1536, *del mese di settembrio*, in-4. à 2 col. — *Vineg., Barth. detto Imperatore e Francesco suo genero*, 1556, in-8. fig. — *Vinegia, Aless. del Viano*, 1570, pet. in-8. — di nuovo di bellissime historie adornato a li luoghi suoi qual ne li altri non vi sono, *in Vinegia, in Frezaria al segno della Regina*, 1587, pet. in-8. — à Venise, *Dom. Imberti*, 1611, in-8. à 2 col. fig. —enfin une édition in-8. (*sine nota*) a été vend. 9 sh. 6 d. Hibbert. Malgré toutes ces réimpressions, l'ouvrage ne se trouve pas facilement.

FRANCESCO (*Bastiano* di). Comedia di Pindinzuolo nouamente composta, per tal di tale, ad instantia di tali : Ecloga de amicitia composta per lo faceto homo Bastiano di Francesco Senese. (à la fin) : *Venetia, Marchio Sessa*, 1531, pet. in-8. de 24 ff. chiffrés. [16646]

La comédie peu connue que renferme ce petit volume est en vers de diverses mesures, sans distinction d'actes ni de scènes : 19 fr. de Soleinne. Allacci en indique une édition de Sienne, 1546.

FRANCESCO de Trivigi. Voyez au mot HORE.

FRANCHERE. Voy. DESTERNOD.

FRANCHETTI (*Gaetano*). Storia, e descrizione del Duomo di Milano, corredata di xxx tavole incise in rame. *Milano, Giegler*, 1821, in-4. pap. vél. 20 fr. [9901]

— Voyez DUOMO di Milano, et METROPOLITANA.

FRANCHIERES (*Jean* de ou des). Le liure de lart de Faulconnerie. *Paris, pour Pierre Sergent* (sans date), pet. in-4.

---

goth. de 48 ff. à 31 lig. par page, sign. A—L. [10452]

Sans nul doute cette édition est celle que Lallemand cite (dans sa *Bibliothèque des auteurs qui ont traité de la chasse*), et qu'il croit être de 1511, mais qui doit avoir vingt ans de plus, puisque Sergent n'a pas exercé avant 1531. Toutefois cette édition rarissime est la plus ancienne que l'on connaisse de ce livre. En voici la description ; le titre commence et finit ainsi : (C) *Est le liure de lart de Faulconnerie lequel Frere Jehan de Francieres... a extraict et assemble, cestassauoir Les liures des troys maistres faulconniers cy apres nommez : lesquelz en leur temps furêt moult expers z scauans audit art de faulconnerie z selon la nature des faulcons. Ensemble le deduyt des chiens de chasse...* — On lit au bas du f. XXXIX, verso : *Cy finist le liure de lart de Faulconnerie nouuellement imprime a Paris pour Pierre sergent demourant en la rue Neufue nostre dame a lenseigne sainct Nicolas. Sensuyt la table du present liure.* — Ensuite, au verso du 42e f.: *Cy finist le liure de lart de Faulconnerie...* puis se trouve la marque suivante :

et au-dessous de cette marque ces deux lignes : *On les vend a Paris en la rue neufue | nostre dame a lenseigne sainct Nicolas.* — Enfin le dernier cah. de 6 ff., sign. L, commence ainsi : *Sensuyt le liure des chiēs de chasse.* Les ff. de ce volume ne sont cotés que jusqu'à XXXIX.

Vendu 200 fr. Libri-Carucci, en 1855.

— La fauconnerie recueillie des livres de M. Martino, Malopin, Michelin, et Amé Cassian, auec une autre fauconnerie de Guillaume Tardif, plus la vollerie d'Artelouche d'Alagona. Davantage, un recueil de tous les oyseaux de proye servant à la fauconnerie et vollerie. *Poitiers, Enguilbert de Marnef et les Bouchetz, frères*, 1567, in-4. fig.

Édition rare : 25 fr. Duquesnoy ; 35 fr. et 29 fr. Huzard ; 49 fr. *mar. v.* Veinant, et 60 fr. annoncé sous la date de 1560, Libri en 1857. Il s'en trouve des exemplaires avec l'épître dédicatoire signée soit du nom de Guill. Bouchet, soit de celui d'Enguilb. de Marnef ; mais c'est d'ailleurs la même édition.

Ce recueil a été réimprimé avec quelques augmentations, à *Paris, chez Abel l'Angelier*, 1585, in-4. (37 fr. *m. bl.* en 1841), et aussi en 1602, 1607, 1618, 1624 et 1628, in-4. ; et il est ordinairement joint à la *Vénerie de Du Fouilloux*, dans quelques-unes des éditions de cet ouvrage, que nous indiquons au mot FOUILLOUX (Du).

L'édit. de 1602 a été vend. 40 fr. Huzard ; celle de 1607, 18 fr., et celle de 1627, 12 fr.

Il est à remarquer que l'édition de 1567, en caractères italiques, diffère beaucoup de celle de 1585 et des réimpressions qui en ont été faites pour être jointes à la Vénerie de Du Fouilloux. Ces différences consistent en des commencements de chapitres qui ont été retranchés. Dans l'édition de 1567 il est dit que Franchières a composé son ouvrage d'après *quatre* maitres fauconniers, tandis que dans celle de 1585 (et suivantes) il n'est question que de *trois* maitres fauconniers, comme dans l'édit. goth. de Sergent. Cela doit faire supposer que l'édit. de 1567 a été faite sur un manuscrit différent de celui qu'a suivi le premier éditeur, et que dans les éditions de 1585 on est revenu à ce premier texte.

FRANCHINI (*Francisci*) poemata et epigrammata. *Romæ*, 1554, in-8. [12696]

Vend. 5 sh. Pinelli.

FRANCHINI (*Francisci*) oratio de circumcisione Domini habita in Sacello Quirinali ad Paulum V. *Romæ, typis J. Moscardi*, 1618, in-4.

Un exemplaire imprimé sur VÉLIN, 12 sh. Libri, en 1859.

FRANCI (*Adr.*). Le lettere aggiunte. Voy. TRISSINO.

FRANCINE (*Alexandre*). Livre d'Architecture, contenant plusieurs portiques, et différentes inventions sur les cinq ordres de colonnes. *Paris, Melchior Tavernier*, 1631 (nouveau titre 1640), in-fol. avec le portr. de Francine et des fig. de A. Bosse. [9765]

17 fr. Callet, en 1855 ; 23 fr. Salmon.

FRANCISCI assisiatis (S.) necnon S. Antonii paduani Opera omnia, postillis illustrata et expositione locupletata opera et industria Joannis de la Haye. *Parisiis, Dion. Bechet*, 1641, in-fol. [1136]

Ni cette édition ni celles de Lyon, 1653, et d'Augsbourg (ou *Pedeponti*), 1739, 2 tom. en un volume in-fol., qui l'ont reproduite, n'ont une haute valeur.

LEGENDA major Beati Francisci. Voy. BONAVENTURA, col. 1090-91 de notre prem. vol., et ajoutez à l'article : La traduction allemande de cette Légende, impr. à Nuremberg en 1514, in-4., est ornée de 56 jolies fig. sur bois par C. Rosenthal, ce qui en a fait porter le prix à 15 thl. vente Hagen, et même à 30 thl. R. Weigel.

FRANCISCUS Aretinus. Libellus de mirabilibus civitatis Puteolorum et locorum vicinorum : ac de nominibus virtuti-

Franchini (*P.*). Storia delle matematiche, 7751. — Storia dell'algebra, 7878.

Francis (*James-F.* Lowell). Hydraulic experiments; 8140.

busq; balneorum ibidem existentium. Et primo ponitur epistola clarissimi Francisci Aretini : ad Pium pontificem.. — *Hoc opusculum recollectum impressum est per Arnaldũ de Bruxella in civitate Neapolis... die ultimo mēsis Decembris...* M. CCCC. LXXV. pet. in-4. de 46 ff. caract. rom. [25766]

Opuscule très-rare, décrit dans le *Catal. biblioth. magliab.*, I, 635. François d'Accoltis n'est que l'éditeur de l'ouvrage, qui a été réimpr. sous le nom de *Joannes Elysius* dans la collection intitulée *De balneis*, Venet., 1553 (voy. BALNEIS). C'est aussi sous le nom d'Elysius que ce traité est placé dans le catal. de Magliabechi.

LIBELLUS de mirabilibus civitatis Poteolorum et locorum vicinorum : ac de nominibus virtutibusq; Balneorum ibidem existentium. (derrière ce titre, qui est en lettres capit., on lit) : *Augustinus Tyfernus Sigismundo Mair S.* (et à la fin, après la table) : Hoc opusculũ p eunde; Augustinũ Tyfernũ cursim revisum et auctũ : *Impressũ est Neapoli a Sigismundo Mair... prima Iunii. Anno...* M. D. VII, in-4. sign. a—g.

FRANCK (*Sébast.*). Sprichwörter, Schone, Weise, Herliche Clügreden vnnd Hoffsprüch; darinnen der alten vnd nachkommenen, aller Nationen vnd Sprachen grosste vernunft, vnnd Klügheyt, etc. *Gedruckt zu Franckfurt bey Chr. Egenolffen* (1541), 2 part. in-4. de 6 ff. prélim., 163 et 111 ff. chiffrés. [18499]

Il existe une seconde édition de ce recueil de proverbes, sous le titre de *Tütscher nation erstlich durch Seb. Franken gesamelt...* Zurich, bey Eustach. Froschauer (1545), 2 part. in-4., et un autre recueil de proverbes, intitulé aussi *Sprichwörter*, etc., mais différent du précédent, et qui a été aussi impr. à Francfort, chez Egenolff, en 1548, in-4.; puis réimpr. dans la même ville, en 1591, in-8. M. Graesse décrit aux pp. 627 et 628 de son *Trésor* plusieurs autres ouvrages de Séb. Franck, célèbre prosateur allemand du XVIᵉ siècle ; mais auxquels il n'assigne que des prix très-médiocres, à l'exception du *Weltbuch*, 1 vol. in-fol., impr. à Tubingue, en 1533, en 1534 et aussi en 1542, et dont une réimpression forme le premier tome d'un recueil du même genre, impr. à Francf., Sig. Feyerabend, 1567. Vend. 17 flor. 30 kr. Butsch.

FRANCKINI (*J.-Mar.*). Voy. CATALOGUS.

FRANCKLIN ou Franklin (*Will.*). Observations made on a tour from Bengal to Persia, in the years 1786-87, with a short account of the remains of the palace of Persepolis, etc. *Calcutta*, 1788, in-4. [20697]

Édition rare. Celle de Londres, 1790, in-8., coûtait 5 sh. L'ouvrage a été trad. en français par Langlès, *Paris*, 1798, in-18, pour la collection portative de Voyages. Voy. LANGLÈS.

— Inquiry concerning the site of ancient Palibothra conjectured to lie within the limits of the modern district of Bhaugulpoor according to researches made on the spot in 1811 and 1812. *London, Black*, 1815, in-4. fig. [28112]

On réunit à ce mémoire :

PART II, containing a journal kept during a survey of the river Chundun, conjectured to be the Erannoboas of the Greeks. 1817, in-4. fig. — Part III, containing a continuation of the journey from Deo Ghur to the pass on the Ramghur frontier, etc. 1820, in-4. — Part IV, containing a tour from Bhaugulpoor to Mandar, from thence to Corruckpoor, etc. 1822, in-4. fig. Les quatre part. 80 fr. Langlès ; 14 fr. Walckenaer.

Le même auteur a donné :

HISTORY of the reign of Shah-Aulum, emperor of Hindostaun. *Lond.*, 1798 , in-4. 15 fr. Langlès.

TRACTS political, geogr. and commercial on the dominions of Ava and the north western part of Hindostaun. *Lond.*, 1811, gr. in-8. 7 sh.

LOVES of Camorupa and Camalata, an indian tale, translated from the persian. *Lond.*, 1793, in-12.

RESEARCHES on the tenets and doctrines of the Jeynes and Boohists, conjectured to be the Brachmanes of ancient India. *London*, 1827, in-4. fig. 15 sh.

FRANCO (*Matteo*) e Luigi Pulci. Sonetti giocosi, e da ridere. (*Firenze*), *a petizione di Piero Pacini da Pescia*, in-4. de 19 ff. à 2 col. de 40 lign. [14983]

Édition rare, impr. vers 1513 : 1 liv. 16 sh. Pinelli; 21 fr. *m. v.* Méon ; 37 fr. en 1800 ; 2 liv. 15 sh. *mar.* Heber.

—Sonetti di missere Matheo Franco e di Luigi Pulci iocosi e faceti cioe da ridere. (*senz' alcuna data*), in-4.

Édition peut-être aussi ancienne, et certainement plus belle que celle que nous venons de décrire. Elles sont l'une et l'autre également inexactes. Le vol. sans date a 44 ff. et 33 ou 34 lig. par page, avec des signat. a—f. Il est terminé par un cah. de 6 ff. signé *g*, lequel contient la *Confessione di Luigi Pulci* (Gamba , édit. in-4., nᵒ 379). — L'édition de Florence, sans date ni nom d'imprimeur, in-8., exécutée avec les mêmes caractères que les *Pistole di L. Pulci*, de Bern. Giunta, 1518; et l'édit. de Venise, *Zopino*, 1520, in-8., sont aussi des livres assez rares et de quelque prix.

—I medesimi, con la Confessione di Luigi Pulci, le stanze in lode della Beca, con altre rime del Pulci. (*Lucca*), 1759, in-8. 4 à 6 fr. et plus cher en Gr. Pap.

Édition publiée par Filippo de' Rossi.

FRANCO (*Pietro-Maria*). Agrippina. *Venetia per Aurelio Pincio*, MDXXXIII, *nel mese di Decembre*, in-4. à 2 col. [14821]

Premier livre d'un poëme relatif aux paladins de Charlemagne; il ne contient que 12 chants, et la suite que promettait l'auteur n'a probablement pas paru (*Catal. Crofts*, nᵒ 3249). L'ouvrage n'ayant pas été réimprimé est devenu fort rare. 4 liv. 4 sh. *m. r.* Hibbert.

FRANCO (*Nic.*). Sonetti (contra l'Aretino),

con la Priapea. *Torino* (ovvero *Casale di Monferrato*), *Guidone*, 1541, in-8. [14983]

Édition rare : 12 fr. de Boisset, et 25 fr. d'Hangard. Il en existe une de 1546, et une 3ᵉ de 1548 , in-8., toutes deux sans nom d'imprimeur, et plus rares encore que la première. Dans la dernière, qui est de 225 pages, les sonnets contre l'Arétin sont au nombre de 257, et ceux de la Priapea au nombre de 200 ; au contraire, dans l'édition de 1541, la Priapea n'a que 195 sonnets. Voy. TANSILLO.

— TEMPIO d'Amore di Nic. Franco. (*senza luogo ed anno*), in-8. de 20 ff. [14983]

Portraits en *ottava rima* des plus belles dames de Venise, à l'époque à laquelle a paru cet opuscule rare : 36 fr. *mar. r.* Libri en 1847 et 2 liv. 10 sh. en 1859. On en cite une édit. de Venise, 1536.

— LA PHILENA, historia amorosa. *Mantova, per J. Ruffinelli*, 1547 (ou 1557), in-8. de 470 pp. [17384]

Cette histoire, en 12 livres, n'est qu'une longue et fade imitation de la Fiametta de Boccace ; néanmoins un exempl. en 2 vol. *mar. bl.* a été vendu 1 liv. 15 sh. Heber.

— DIALOGHI piacevoli. *Venetia, Gabr. Jolito de Ferrari*, 1541 et 1542, in-8. de 8 et 143 ff. 6 à 9 fr. [18638]

Les meilleures éditions de ces dialogues sont, avec les deux précédentes, celles de Venise, 1539, 1545, 1554 et 1559, pet. in-8., toutes de Gabr. Giolito. Les autres, Venise, 1590, etc., ont été mutilées par Jérôme Gioannini.

— DIX PLAISANS dialogues, trad. d'italien en françois par G. C. (Gabr. Chappuis). *Lyon, J. Beraud*, 1579, in-16 de 16 ff. et 261 pp.

Vend. 9 fr. *mar.* Chardin; 17 fr. Pixerécourt ; 25 fr. Coste ; 20 fr. Salmon.

— DIALOGO del medesimo, dove si ragiona delle bellezze. *Casale di Monferrato, Guidone*, 1542, in-4., ovvero *Venetiis apud Ant. Gardane*, 1542, in-8. En *mar. r.* 26 fr. Libri. [18639]

— IL PETRARCHISTA, dialogo di Nic. Franco. *Venetia, Gabr. Giolito de Ferrari*, 1541 ou 1543, in-8. de 55 ff. et 1 f. pour la marque de l'imprimeur. [18640]

Réimprimé avec le *Petrarchista* d'Ercole Giovanni, *Venet., Barezzi*, 1623, in-8. de 109 et de 198 pp.

— LE PISTOLE vulgari. *Venetia, Ant. Gardane*, 1538, in-fol. [18877]

Édition originale, laquelle renferme quatre lettres qui ont été retranchées dans les réimpressions in-8. de 1562 et 1604 : 27 fr. en 1800, et 17 fr. *m. v.* Méon.

FRANCO (*Demetr.*). Gli illustri et gloriosi gesti et vittoriose imprese fatte contra Turchi dal sign. G. Castriotto detto Scanderberg, prencipe d'Epirro. *In Vinegia, presso Altobello Salicato*, 1584, (aussi 1591), in-4. [27917]

L'auteur de cet ouvrage, Demetrio Franco, avait servi dans la guerre dont il donne l'histoire. Il a écrit en latin, et son livre a été traduit sur le manuscrit inédit par J.-M. Bonardo. Ce n'est donc pas une traduct. de Mar. Barletius (voy. ce nom), comme semblait le croire Meusel (III, 2ᵉ part., p. 399), qui a cité une édition de la même version imprimée en 1591, sous le nom de J.-M. Monardo, et qui, en indiquant l'*Istoria di G. Castriotto*, par J.-Mar. Biemmi, *Brescia*, 1741, in-8., a oublié de dire que cette histoire était tirée du même manuscrit latin dont nous venons de parler. (*Biblioth. grenvil.*, 123.)

FRANCO (*Pierre*). Traité des hernies, contenant une ample déclaration de toutes leurs espèces, et autres excellentes parties de la chirurgie, assavoir de la pierre, des cataractes des yeux, et autres

maladies, etc. *Lyon, Thibault Payan*, 1561, in-8. de 554 pp. non compris les prélim., avec fig. [7548]

Volume peu commun : 9 fr. Le Monnier ; 19 fr. Béclard. C'est la seconde édition de l'ouvrage ; elle est plus complète, mais peut-être moins rare que la première de *Lyon*, 1556, in-8., qui était chez Falconet.

FRANCO (*Giacomo*). Habiti d'huomi e donne veneziane con la processione della sereniss. signoria ed arti particolari... *Venet.* (1610), pet. in-fol. [9633]

24 pl. et le frontispice. En 32 pl. *con trionfi, feste, ceremonie publiche della citta di Venezia*, 39 fr. 50 c. Libri, en 1857.

— Habiti delle donne veneziane, intagliati in rame nuovamente. (*senz' anno*), pet. in-fol.

20 pl. avec un texte en latin et en français.

Quoique différent du recueil précédent, celui-ci a le même frontispice gravé. Les deux recueils ont reparu à Venise, 1614, 2 part. in-4. Vend. 10 fr. La Valliere ; 30 fr. Morel-Vindé ; 26 fr. Reina.

FRANÇOIS Iᵉʳ. Poésies du roi François I, de Louise de Savoie, duchesse d'Angoulême, de Marguerite reine de Navarre, et correspondance intime du roi avec Diane de Poitiers et plusieurs autres dames de la cour. Recueillies et publiées par Aimé Champollion-Figeac. *Paris, impr. roy.* (se vend chez *Firmin Didot*), 1847, pet. in-fol. avec 5 pl. 36 fr. [13741]

M. Paris (*Manuscr. franç.*, VII, p. 61-63) a reproché à l'éditeur d'avoir trop négligé le mss. 7234³ de la Biblioth. impér., qui lui aurait offert quelques leçons préférables à celles qu'il a adoptées.

Pour des manifestes écrits au nom de François Iᵉʳ, voy. BELLAY (*Guill. Du*) et aux mots EXEMPLARIA et LETTRES.

FRANÇOIS de Sales (S.). Voy. SALES.

FRANÇOIS (*Gérard*). La maladie du grand corps de la France, des causes et première origine de son mal : et des remedes pour le recouvrement de sa santé. *Paris, Jamet Mettayer*, 1595, pet. in-8. [13874]

L'auteur de ce poëme s'est montré meilleur citoyen que bon poëte ; néanmoins son ouvrage conserve un intérêt historique. Il n'en est pas de même des *trois premiers livres de la santé*, autre poëme de François, impr. à Paris, chez Jehan Richer, en 1583, in-16.

FRANÇOIS, archevêque. L'OEuvre de pacification ou catéchisme des controverses en forme de décision, par le religiossime (*sic*) François, archevesque de Normandie. Le Ministre propose et

Francœur (*L.-B.*). Mathématiques, 7858. — Géodésie, 8009. — Mécanique, 8075. — Uranographie, 8246. — Astronomie, 8247.
François (*R.*). Voy. Binet.
François (*D.-J.*). Bibliothèque, 31609.
François (*Ferd.*). Dictionnaire des racines de la longue française, 11023.

l'archevêque resout. Seconde édition. *A Gaillon, par Henry Estienne*, 1640, in-8. de 620 pp.

Henri Estienne, quatrième du nom, qui a imprimé à Gaillon cette seconde édition du catéchisme de François (de Harlay), archevêque de Rouen, en avait déjà imprimé une première in-4. dont la souscription porte *au château archi-episcopal de Pontoise, par Henry Estienne, imprimeur ordinaire de mondit seigneur. Et se vend à Paris, par Ant. Estienne, imprimeur et libraire du roi..., acheué d'imprimer le 26 sept. 1639.* Cet Henri Estienne IV est probablement le même de qui on a *L'Art de faire les devises*, impr. à Paris, en 1645, in-8. (voir la colonne 1083 ci-dessus). Je ne sache pas qu'il ait jamais eu une imprimerie à lui ; il aura seulement dirigé celle que l'archevêque de Rouen avait établie dans son château de Pontoise au château de celui de Gaillon. C'est pour constater ces faits concernant un membre de l'illustre famille des Estienne que nous indiquons ici un livre qui n'a en lui-même que fort peu de valeur.

FRANÇOIS (le P. *Jean*). L'Art des fontaines ; c'est-à-dire, pour trouver, distribuer et conduire les sources dans les lieux publics, etc. *Rennes*, 1655, in-4. fig. [8147]

Volume rare et curieux : 15 fr. Mercier de Saint-Léger, et moins depuis. Toutefois ce n'est qu'une partie de l'ouvrage du même auteur, intitulé : *La Science des eaux* (Rennes, 1653, in-4.), réimpr. séparément avec des augmentations.

FRANÇOIS (*Jean*). Voyez DICTIONNAIRE roman ; HISTOIRE de Metz ; VOCABULAIRE ; et dans la table méthodique, n° 31609.

FRANÇOIS Spera, ou le désespoir, tragédie par J. D. C. G. (*Genève*), 1608, pet. in-8. [16378]

Cette pièce en 5 actes et en vers, mais sans distinction de scènes, est certainement l'ouvrage d'un protestant. On a supposé que les lettres initiales du nom de l'auteur désignaient Jos. Duchesne, seigneur de la Violette, Genevois ; pourtant le seigneur de la Violette n'était pas Genevois, bien qu'on ait des pièces de lui impr. à Genève (voy. DUCHESNE), et il habitait Paris en 1608, un an avant sa mort.

FRANCQUART (*Jacobus*). Pompa funebris principis Alberti III, archiducis Austriæ, ducis Burg., Brab., etc., veris imaginibus expressa a Jacobo Francquart archit. reg.; ejusdem principis morientis vita, scriptore E. Puteano. *Bruxellæ, apud Joan. Mommartium*, 1623, in-fol. obl. [25062]

Ce volume curieux renferme, outre un frontisp. gravé par Corn. Galle, lxiiii planches représentant la chapelle ardente érigée dans la nef de Sainte-Gudule de Bruxelles, et tous les costumes des personnages qui ont figuré dans cette magnifique cérémonie. Le texte explicatif est en latin, français, espagnol et flamand. 101 fr. Borluut. L'édition de Bruxelles, Léonard, 1729, in-fol., sous un titre français, 31 fr, même vente.

Jacques Francquart est l'auteur d'un *Premier livre d'Architecture, contenant diverses inventions de portes*, Bruxelles, in-fol. contenant 21 bonnes pl. et un texte, en flamand, français et latin. [25062]

FRANCS (les) fripons dans le libraire banqueroutier et le Mercure au gibet. *Cologne, Louis le Sincère*, 1686, pet. in-12. fig. 6 à 9 fr. [18416]

FRANCUCCI. La caccia etrusca, poema di Scipione Francucci Aretino. *Firenze, i Giunti*, 1624, in-4. de 4 ff. et 400 pp. [14868]

Poème en 16 chants sur une chasse du grand-duc Ferdinand II de Médicis : 6 fr. Huzard, et quelquefois plus.

FRANCUS (*Ambrosius*). Privilegia et diplomata et quas investituras vocant. Oli a divis Romanorum imperatoribus, regibus, ducibus, ac aliis principibus illustrissimis comitibus de Arco irrogata & concessa. Nuperrime opera Ambrosii Franci e tenebris propemodum eruta, et *Arci* excussa, pet. in-fol. de 25 ff. [2887]

Le titre de cet opuscule est dans un cartouche gravé en bois où on lit *Guettas a Judicharia jnc.* 1584. Un exemplaire impr. sur VÉLIN, 50 fr. Mac-Carthy, pour la bibliothèque du roi. Jos. Van Praet l'a porté dans le Ve vol. de son catalogue, p. 127, n° 148, à l'Histoire de la Noblesse, parmi les maisons nobles de la Normandie, et pourtant la ville d'*Arco* est située dans le Tyrol.

FRANEAU ou Frasneau (*Jean*), sieur de Lestocquoy. Jardin d'hyver, ou cabinet des fleurs, contenant en XXVI élégies les plus rares et signalez fleurons des plus fleurissants parterres, illustré d'excellentes figures representant au naturel les plus belles fleurs des jardins domestiques. *Douay, imprimerie de Pierre Borremans*, 1616, in-4. [13924]

Volume de 8 ff., 198 et 22 pp., plus un f. non coté, avec un frontispice d'Ant. Serrurier. C'est un livre que recommandent la facilité des vers, l'érudition des notes et la belle exécution des planches : 8 fr. d'Heiss ; en m. r. 30 fr. 75 c. Petit ; 26 fr. A. Martin ; 75 fr. Nodier, et 70 fr. Baudelocque.

FRANGIDELPHE Escorche-messes [*Th. de Bèze*]. Histoire de la mappemonde papistique en laquelle est déclaré tout ce qui est contenu & pourtraict en la grande table, ou carte de la mappemonde, composée par Frangidelphe... *Imprimée en la ville de Luce-nouvelle (Genève), par Brifaud Chasse-Diable*, 1567, in-4. de 4 ff. et 190 pp. [2100]

Satire violente contre la cour de Rome. Les exemplaires en sont rares et recherchés. L'opinion com-

---

nunc est qu'elle est de Théod. de Bèze; cependant de Marolles dit, dans son Manuel, avoir vu un exemplaire sur le frontispice duquel se lisait le nom de P. Viret, écrit par une main contemporaine. Vend. (exempl. en *mar.*) 48 fr. Gaignat; 50 fr. La Vallière; 32 fr. 50 c. Duriez; 24 fr. Pixerécourt; 2 liv. 10 sh. *mar. bl.* Libri, en 1859; 17 flor. Butsch.

— Voy. Origine.

FRANK (*Sébast.*). Voy. Franck.

FRANK (*Joan.-Petr.*). Delectus opusculorum medicorum antehac in Germaniæ diversis Academiis editorum : collegit et notis illustravit J.-P. Frank. *Papiæ*, 1785-91, 12 vol. in-8. [7118]

Vend. 65 fr. Béclard.

— De curandis hominum morbis epitome, libri V. *Manhemiæ*, 1792-1807. — Libri VI¹ pars prima. *Tubingæ*, 1811. — libri VI¹ partes 2 et 3. *Vindobonæ*, 1820-21, en tout 8 part. en 6 vol. in-8. 75 fr. [7114]
L'ouvrage entier a été réimpr. à Vienne, et aussi à Milan, 1811 et années suiv., en 10 vol. in-8. 60 fr. Il y en a une traduction allemande, *Mannh. et Tubingue*, 1794 et ann. suiv., 8 vol. in-8. — une traduction française par M. Goudareau, *Paris*, 1820-28, 6 vol. in-8. — Nouvelle édition, augmentée de la traduction des *Interpretationes clinicæ*, avec une introduction par M. Double, *Paris, J.-B. Baillière*, 1842, 2 vol. gr. in-8. à 2 col. 24 fr. — et plusieurs traduct. italiennes.
Interpretationes clinicæ, observationum selectar., quas ex diariis suis academicis ad propriam epitomen de cur. hom. morbis illustrandam collegit, pars Iᵃ. *Tubingæ*, 1812, in-8. 10 fr.
Réimprimé à Milan, 1812, in-8.
Opuscula posthuma, a Jos. Frank filio edita. *Viennæ et Tubingæ*, 1824, in-8. fig. (vend. 15 fr. Béclard). — Réimprimé à Turin, 1825, in-8.
— System einer vollständigen medicinischen Polizey. *Mannheim, Tubingue et Vienne*, 1786-1819, 6 tom. en 8 vol. in-8. [7395]
Ouvrage estimé-et dont le prem. vol. a été réimpr. pour la troisième fois en 1804. Le 6ᵉ tome, impr. à Vienne, de 1817 à 1819, est en 3 part. ; le tout coûte environ 90 fr.
La traduction italienne, intitulée *Sistema completo di poliza medica*, a paru à Milan, 1808 et ann. suiv., et a été réimpr. en 1827, en 19 vol. in-8. 95 fr.

FRANK (*Jos.*). Praxeos medicæ universæ præcepta; editio secunda. *Lipsiæ, Weigel*, 1821-43, 14 vol. in-8. 160 fr., et plus en pap. collé et en pap. vél. [7117]

–Grundsätze der gesammten praktischen Heilkunde. Nach der neuesten Originalausgabe übersetzt von G.-Ch.-G. Voigt. *Leipzig, Weigel*, 1842-43, 9 vol. gr. in-8. 66 fr.
Pathologie interne, traduction des Praxeos medicæ præcepta (par A.-J.-L. Bayle). *Paris*, 1837-45, in-8., tomes I à VI.

FRANK (*Othm.*). Chrestomathia sanskrita, quam ex codd. mss. adhuc ineditis Londini exscripsit, et versione, expositione, tabulis grammaticis illustratam edidit Othmarus Frank. *Monachii*, 1820-21, 2 part. in-4., avec planches lithograph. [19480]

Vend. 38 fr. Langlès; 20 fr. de Sacy.

— Vjacaranam schatrat scha kshush..... Grammatica sanskrita ; nunc primum in Germania edidit Othm. Frank. *Wirceburgi*, 1823, in-4., avec pl. 25 fr.

Le Viacarana avait déjà été imprimé à Rome, en 1794, in-4., par les soins du P. Paulin de Saint-Barthélemy. [11741]
— De philos. der Hindu, 3327. — De persica lingua, 11639.

FRANKENAU (*Georg.* Frank de). De Palingenesia, sive resuscitatione artificiali plantarum, hominum et animalium e suis cineribus liber. *Halæ*, 1717, in-4. 5 à 6 fr. [3614]

— Satyræ medicæ XX,' quibus accedunt dissertationes VI, varii simulque rarioris argumenti, una cum oratione de studiorum noxa, editæ ab autoris filio Greg.-Frid. Frank de Frankenau. *Lipsiæ*, 1722, pet. in-8. 4 à 5 fr. [7429]
— Onyxologia, 6912.

FRANKLIN (*Benjamin*). Works, containing several political and historical tracts not included in any former edition, etc., with notes and a life of the author by Jared Sparks. *Boston*, 1840 (nouv. édit. 1850), 10 vol. gr. in-8. 3 liv. 3 sh. [19373]

Il y a une édition des mêmes œuvres, de Philadelphie, 1852, en 2 vol. gr. in-8. à 2 col.
— The complete works in philosophy, politic and moral now first collected ; with memoirs of his early life, written by himself. *London, Longman*, 1806 and 1811, 3 vol. in-8. 3 liv. 16 sh.
— The private correspondence, now first published from the original. *London, Colburn*, 1817, in-4.
— Memoirs of the life and writings of B. Franklin, written by himself, to a late period, and continued by his grandson W. Temple Franklin; now first published from the original mss. *Lond., Colburn*, 1818-19, 2 vol. in-4. portr. et fac-similé. The second vol. contient des ouvrages posthumes. [30997]
Ces deux articles réunis coûtaient 8 guinées, mais ils ont été donnés depuis pour moins de 2 liv. ; il y a une édition de *Londres*, 1818-20, 6 vol. in-8. portr. 2 liv. 10 sh.
An autobiography of B. Franklin; with a narrative of his public life and services, by the rev. Hasting Weld. *New-York*, 1849, gr. in-8. avec illustrations. 14 sh.
The life of B. Franklin; containing the Autobiography ; with notes and continuation by Jared Sparks. *Boston*, 1856, in-8. de 628 pp.
Nous avons en français les traductions suivantes des écrits de Franklin : 1° OEuvres (physique et politique), publ. par *Barbeu Dubourg* (trad. par M. l'Ecuy), *Paris*, 1773, 2 part. in-4. fig. [4304] 2° Vie et œuvres morales, polit. et littér., par Castera, *Ibid.*, 1798, 2 vol. in-8. — 3° Correspondance polit. et littér. de 1753-90, *Ibid.*, 1817, 2 vol. in-8. — 4° OEuvres posthumes de Franklin, contenant sa correspondance choisie, Ibid., Treuttel, 1817, in-8. On y réunit: *Mémoires sur sa vie et ses écrits*, continués par W. Temple Franklin, *Ibid.*, 1818, 2 vol. in-8. — 5° *Mélanges*

Frank (*F.-G.*). Systema chronologiæ, 21223.
Frank Forrester [H.-W. Hebert]. Fish and fishing... 5887. — Field-Sports of the United States, 6416.

de morale, d'économie politique de Franklin, extraits de ses ouvrages, et précédés d'une notice sur sa vie par A.-Ch. Renouard. Paris, 1825, 2 vol. in-18. 5 fr. Un exemplaire impr. sur VÉLIN a été annoncé à 220 fr.

Citons encore :

LA SCIENCE du bonhomme Richard, en anglais et en français (avec les lettres et autres opuscules de Franklin). *Dijon, Causse*, 1795, pet. in-8. pap. vél. [4114]

Édition dont il a été tiré six exempl. en Gr. Pap. et aussi huit exempl. sur VÉLIN, y compris deux en gr. in-8.

FRANKLIN (the capt. *John*). Narrative of a journey to the shores of the Polar Sea, in the years 1819, 20, 21 and 22; with an appendix on various subjects relating to science and natural history, illustrated by numerous plates and maps. *London, Murray,* 1823, gr. in-4., avec 30 pl. et 3 cartes. 1 liv. 1 sh. [20966]

Réimpr. *Lond., Murray,* 1824, 2 vol. in-8. 12 sh. ; aussi en 1825, in-4.

— NARRATIVE of a second expedition to the shores of the Polar Sea, in the years 1825, 26 and 27, including an account of the progress of a detachement to the Eastward, by John Richardson. *London, Murray,* 1828, in-4, 32 pl. et 6 cartes. 1 liv. [20967]

Deux relations importantes pour l'histoire de la navigation. Pour deux ouvrages d'hist. naturelle qui se rattachent à cette expédition, voy. HOOKER (Jackson), et RICHARDSON (*J.*). — Il a été fait un abrégé des voyages de Franklin. *London, Murray,* 1829, 4 vol. in-18. fig. 12 sh.

PAPERS relative to the Arctic expedition in search of sir John Franklin and the crews of H. M. S. Erebus and Terror. *London,* 1854, 2 vol. in-fol. imprimés par ordre du gouvernement anglais.

FRANTIN (*Jean-Mar.-Félicité*). Annales du moyen âge, comprenant l'histoire des temps qui se sont écoulés depuis la décadence de l'empire romain jusqu'à la mort de Charlemagne (anonyme). *Dijon, Victor Lagier,* 1825-26, 8 vol. in-8. 30 fr. [23033]

Ouvrage très-estimable et dont l'illustre Heeren a fait l'éloge dans les notices savantes de Gœttingue, 1828, n° 12.

LOUIS LE PREUX et son siècle, par J.-M.-J. Frantin. *Dijon et Paris,* 1838, 2 vol. in-8.

FRANZ (*J.*). Elementa epigraphices græcæ. *Berolini, Nicolai,* 1840, in-4. 18 fr. [29907]

FRANZINI (*Hieron.*) antiquitates romanæ urbis ; ejusdem templa Deo et sanctis ejus dicata. *Romæ,* 1599, 2 vol. in-16. fig. en bois. [29161]

Vend. bel exempl. en *mar. citr.* 30 fr. Brienne, en 1797 ; 22 fr. Méon, mais moins cher ordinairement.

FRASER (*James*). The History of Nadir

Shah ; formerly called Thamas Kuli Khan, to which is prefix'd a short history of the moghol emperors ; at the end is inserted a catalogue of about 200 mss. in the persic and other oriental languages. *London,* 1742, in-8. 6 à 9 fr. [28082]

Vend. 20 fr. Langlès.

FRASER (*James* Baillie). Journal of a tour through part of the snowy range of the Himala mountains, and to the sources of the rivers Jumna and Ganges. *London, Rodwell,* 1820, gr. in-4. fig. 18 à 24 fr. [20710]

Il y a des exempl. en très Gr. Pap.

—Views in the Himala mountains. *Lond., Rodwell,* 1821, in-fol. max.

Recueil de 20 belles planches en couleur qui se réunissent à l'ouvrage précédent : publié à 25 liv. et réduit à 8 liv. 8 sh. Vendu, avec le vol. in-4., 8 liv. Heber, et quelquefois moins.

— NARRATIVE of a journey into Khorasan, in the years 1821 and 1822, including some account of the country to the north east of Persia ; with remarks upon the national character, government and resources of that kingdom. *London, Longman,* 1825, gr. in-4. fig. et une carte par Arrowsmith. 15 à 20 fr. [20623]

— TRAVELS and adventures in persian provinces on the southern banks of the Caspian sea ; with an appendix containing short notices on the geology and commerce of Persia. *Lond., Longman,* 1826, gr. in-4. de viij et 384 pp. 10 à 15 fr. [20522]

Autres relations de M. Fraser :

WINTER'S journey from Constantinople to Tehran, with travels through various parts of Persia. *London,* 1838, 2 vol. in-8. fig. 1 liv. 1 sh. [20624]

TRAVELS in Koordistan and Mesopotamia. *Lond.,* 1840, 2 vol. in-8. fig. 1 liv. 4 sh. [20625]

NARRATIVE of the residence of persian princes to London, in 1835 and 1836 ; with an account of their journey from Persia, etc.; second edit. *London,* 1838, 2 vol. in-8. 15 sh.

FRASER. Zoologia typica or figures of new and rare Mammals and Birds described in the Proceedings or exhibition in the col. of the Zoological society of London. *London,* 1849, in-fol. 70 pl. color. 8 liv. 8 sh. [5578]

FRASER (*Ch.*). Annals of the turkish empire. Voyez NAIMA.

FRASSO (Lo). Voy. Lo FRASSO.

FRAUNCE (*Abrah.*). The countesse of Pembroke's Yuychurche, conteining the affectionate life and unfortunate death of Phillis and Amyntas ; that in a pastorall ; this in a funerall ; both in english hexameters. *London, W. Ponsonby and T. Woodcock,* 1591, 2 part. en 1 vol. in-4., ensemble 48 ff. sign. A—M. [15757]

La pastorale qui forme la première partie de ce volume est, jusqu'à la seconde scène du 5e acte, une traduction de l'Aminte du Tasse ; la seconde partie, *the Funerall*, est traduite presque entièrement du poëme latin de Th. Watson, intitulé Amyntas, et qui a été imprimé en 1585.

THE THIRD part of the countess of Pembroke's Yuychurch, intituled Amintas Dale. *London, for Th. Woodcocke*, 1592, in-4. de 122 pp.

Ces deux volumes sont rares et on les recherche beaucoup en Angleterre. Le premier a été vendu 13 liv. 2 sh. 6 d. Saunders en 1818, 14 liv. 15 sh. Jolley en 1843, et d'autres fois plus ou moins cher ; le second, 15 liv. 15 sh. Saunders et même prix Jolley. Lowndes, après avoir donné ces deux titres, rapporte celui-ci :

THE LAMENTATIONS of Amintas for the death of Philis, paraphrase cally translated out of latine into english hexameters, by Abraham Fraunce ; newly corrected. *Printed by Iohn Charlewood for Th. Newman and Th. Gubbin*, 1588, in-4. 14 liv. 5 sh. Bright,

Et il ajoute que la première édit. est de 1587 ; la troisième de *Lond., Rob. Robinson*, 1589, in-4. 19 sh. Bliss, en 1858. Il cite encore plusieurs autres ouvrages du même poëte, savoir : *The Countesse of Pembroke' Emanuel*, conteining the *Nativity, Passion, Buriall and Resurrection of Christ ; together with certains Psalms of David : all in english hexameters*, London, 1591, in-4. de 19 ff. sign. A—E. vend. 1 liv. 10 sh. et 6 liv. 10 sh. — *The lawiers Logicke*, Lond., by Will. How, 1588, in-4. de 161 ff., ouvrage rempli d'extraits de poésies anciennes et modernes. — *Arcadian Rhetoricke, or the precepts of Rhetoricke made plaine by exemples, greeke, latyne, englysshe, italyan, frenche and spanishe*. London, 1588, in-8. (en prose et en vers). Rare et curieux.

FRAYSSINOUS (*Denis* de), évêque d'Hermopolis. Défense du christianisme. *Paris, Adr. Leclère*, 1825, 3 vol. in-8. dont il y a des exemplaires en pap. vél. [1778]

La 2e édit. est en 4 vol. in-12. L'ouvrage a été fréquemment réimpr. depuis : la 16e édit. en 3 vol. in-12 et la 17e en 3 vol. in-8., sont de 1846.

— Vrais principes de l'Église gallicane, 3245.

FREARD de Chambray. Voy. CHAMBRAY.

FRECULPHI episcopi lexoviensis chronicorum libri duo, opus nunc primum typis excusum. (*Coloniæ*) *imprimebat Melch. Novesianus*, 1539, in-fol. de 4 et CLX ff. [21265]

Chronique écrite vers l'an 830 de J.-C., et qui s'arrête au VIe siècle de la même ère ; 10 à 12 fr. — Le bel exempl. de Grolier, dont les ornements de reliure sont figurés dans le *Bibliogr. Decameron* de Dibdin, et qui a été vendu 6 liv. 2 sh. 6 d. Heber, serait payé de 1000 à 1200 fr. aujourd'hui. L'ouvrage a été réimpr. *apud Commelin*. (*Heidelbergæ*), 1597, in-8., et dans la *Biblioth. Patrum*, édition de Lyon, XIV, 1061.

FREDENHEIM. Voy. MUSEO (ex).

FRÉDÉRIC II, empereur. V. FRIDERICUS.

FRÉDÉRIC II, roi de Prusse. OEuvres complètes de Frédéric le Grand. *Berlin, de l'imprimerie de Decker et fils*,

1846 et ann. suiv. 31 vol. in-4. avec portraits, fig. et fac-simile. [19189]

Édition de luxe, tirée seulement à 200 exemplaires, que le roi régnant alors s'est réservés pour en faire des présents. La bibliothèque impériale et celle de l'Institut la possèdent. Les 31 volumes sont ainsi répartis : Ouvrages historiques, 7 vol. — Traités de philosophie, 2 vol. — Poésies et mélanges littéraires, 6 vol. — Écrits sur les sciences militaires, 3 vol. — Correspondance, 12 vol. Le 31e volume renferme un catalogue chronologique des écrits de Frédéric, et une liste de ceux qui lui ont été attribués. Il s'est publié en même temps pour le commerce (de 1846-57), une édit. en 31 vol. in-8. avec cartes, plans et fac-simile, qui coûtait 55 thl. et dont on ne peut avoir séparément que les ouvrages historiques, en 7 vol. : prix, 30 fr.

L'ancienne édition, *Potsdam*, 1805, en 24 vol. in-8. contient : Les *OEuvres primitives*, 4 vol.; les *OEuvres posthumes*, 19 vol.; et la *Vie de Frédéric*, par *Denina*, 1 vol. Elle a été imprimée à Liége, en 1790, sous la rubrique d'*Amsterdam*, et l'on y a mis de nouveaux frontispices en 1805. — L'édition de *Berlin* (*Strasb.*), 1788, 15 vol. in-8, avec 6 vol. de supplément, n'a plus de valeur.

Éditions originales des premières œuvres de Frédéric le Grand.

OEUVRES du philosophe sans souci, *au Donjon du Château*, 1750, 3 vol. gr, in-4..

Édition de luxe exécutée à l'imprimerie royale établie dans le donjon du palais, à Berlin, et ornée de nombreuses vignettes de G.-F. Schmidt. Elle n'a été tirée qu'à petit nombre, pour les amis les plus intimes du roi. Une première édition du tome Ier, qui doit être de 1750, fut retirée et détruite avec le soin le plus minutieux, après l'impression du Palladion. Il est douteux qu'il en ait été conservé un seul exemplaire; mais on prétend que la réimpression qui a été faite de ce volume en 1752, gr. in-4. de 416 pp., est en tout semblable à la première édition; seulement il lui manque sur le titre l'indication *au Donjon du Château*. Le second volume a 246 pp., et le troisième 312 pp.

MÉMOIRES pour servir à l'histoire de Brandebourg. *Au Donjon du Château*, 1751, gr. in-4. avec cartes, vignettes et portraits. [26666]

PIÈCES diverses. *Berlin*, 1760, gr. in-4. de 444 pp. Édition faite pour tenir lieu de copies manuscrites, et conséquemment tirée à très-petit nombre, ce qui l'a rendue excessivement rare.

Un exemplaire de ces cinq volumes, rel. en *mar. r.* a été offert au prix de 200 thl. par J.-A. Stargardt, libraire à Berlin, qui regarde son 5e vol. comme unique, d'après ce qu'en a dit Preuss dans son livre intitulé *Friedrich der Grosse als Schriftsteller*, Berlin, 1837, p. 120.

FRÉDÉRIC de Sicile. *Suivant la copie à Paris, chez Jean Ribou* (*Hollande*), 1680, 3 part. en 1 vol. pet. in-12. [17202]

Ce roman est de Mlle de Bernard, qui le termina à l'âge de 17 ans : il a été réimprimé sous ce titre : *Le Prince Frédéric de Sicile*, par *Mademoiselle de B.*, Paris, Guillain, 1690, 3 vol. in-12 ; mais il n'y a que l'édition de Hollande qui conserve quelque prix; encore ne le doit-elle qu'à la manie qu'ont certains amateurs de rassembler cet sortes d'éditions pseudo-elseviriennes. Celle-ci a été vendue 14 fr. Nodier, et jusqu'à 96 fr. exempl. *non rogné*, en février 1826.

FREDERICK (*Ces.*). Voy. FEDERICI.

FREDERIKE (of Jennen). This mater treateth of a merchauntes wyfe, that afterwarde went lyke a man, and becam a great lorde, and was called Frederyke

---

Freer (*Marthe-Walker* Freer). Life of Marguerite d'Angoulême, 23467. — Henry III, king of France, 23543.

of Jennen afterwarde. *Imprynted in Andwarpe by me John Dusborowghe, dwellynge besyde de Camer porte in the year of our lorde Gode* MCCCCC *and* XVIIJ, in-4. de 25 ff. avec fig. sur bois. [17717]

Le duc de Roxburghe, mort en 1811, avait trouvé ce livre très-rare dans un volume qui contenait deux autres pièces d'une égale rareté, et impr. à Anvers à la même époque, savoir : *The story of Mary of Nemegen*, et *The life of Vergelius*. On prétend même que ce célèbre amateur s'était procuré pour 12 shillings ce merveilleux volume, qui, à sa vente faite en 1812, ayant été divisé, produisit jusqu'à 186 liv. 14 sh., c'est-à-dire 65 liv. 2 sh. pour le premier article, 67 liv. pour le second, et 54 liv. 12 sh. pour le troisième.

FREGOSE (*Bapt.*). Anteros. V. FULGOSE.

FREGOSO (*Ant.-Phileremo*). Riso di Democrito, e pianto di Heraclito. *Mediolani, per Petrum Martyrem de Mantegatiis*, 1506, in-4. [14878]

Édition rare, rapportée dans le catal. Capponi. — Celle de *Milan, J.-A. Scinzenzeler*, 1511, in-4., a été vend. 11 sh. Heber. L'édition de Milan, *impr. p Zanoto de Castione*, M. CCCCC. XV. *a di VI de aprile*, pet. in-4. de 51 ff. non chiffrés, lettres rondes : 10 fr. mar. La Valliere. — Il y en a une autre édition de Milan, *per Andr. de Brachis*, 1515, pet. in-8. de 50 ff., et aussi des réimpressions faites à Venise, par *Giorg. Rusconi*, 1517, par *Aless. et Bened. de Bendoni*, 1520, et enfin en 1522, 1542, 1554, etc., toutes in-8.

— Voy. AMBOISE (*Michel* d').

— Opera nova del cavalier Fregoso Antonio Phileremo, Lamento d'amore mendicante; Dialogo di musica; Pergoletta da le laudi d'amore : discorsi cottidiani non vulgari : De lo instinto naturale : De la probita : Dei tre peregrini. — *Impresso in Milano per Bartolomeo de Crema, ad instantia de messer Jacobo et fratelli de Legnano, nel* M. D. XXV, *adi xxix de Lujo*, pet. in-4. de lxxviii ff. chiffrés, y compris le titre. [14505]

Vend. 6 fr. m. r. La Valliere, et 1 liv. 7 sh. Heber. L'édition de Venise, *Nic. Zoppino*, 1528, in-8. 14 fr. Mac-Carthy.

— Cerva bianca. — *in Milano, Johãne Angelo Scinzezeler nel* M. D. XII. *a di* XII *Febrario*, in-8. sign. a—liiii, feuillets non chiffrés. [14879]

— Cerua bianca. (à la fin) : *Impressum Anconæ p Bernardinũ Guerraldũ* M. CCCCC XVI. *Die* XXIX *mẽsis Ianuarii*, in-4. sign. A.—Iv., feuillets non chiffrés.

Deux éditions en lettres rondes, que Panzer n'indique pas. Il y en a une plus ancienne, impr. à Milan, *per Peiro Martire de Mantegazzi*, 1510, *a di xxv de Augusto*, in-4. Vend. 14 sh. Heber.

— Cerva bianca del magnifico cavaliere

Antonio Phileremo Fregoso. *Alessandro Paganino*, 1516, in-16.

Cette petite édition, imprimée à *Toscolano*, est fort rare. Il y en a d'autres de Venise, *Marco Sessa*, 1516, in-8., 1518, in-4. de Venise, *per Nic. Zopino de Aristotile*, 1525 (20 fr. anc. rel. en mar., Libri; 67 fr. Gancia), et autres dont les prix sont médiocres.

— DIALOGO de Fortuna del cavalier Ant. Fileremo Fregoso. *Venetia, per Nic. Zopino, etc.*, 1521, ou 1525 ou 1531, pet. in-8.

Trois éditions différentes dont le prix est médiocre.

FREHERUS (*Marquardus*). Rerum germanicarum scriptores aliquot insignes, nunc denuo recogniti, additis scriptoribus aliis antea ineditis, cum glossario, locis parallelis, notis ac indice; curante Burc.-Gotth. Struvio. *Argentor.*, 1717, 3 vol. in-fol. 30 à 36 fr., et plus cher au trefois. [26860]

La première édition, *Francof.*, 1600-11, 3 vol. in-fol., et la seconde des tom. I et II, *ibid.*, 1624-27, ont peu de valeur.

— Directorium histor., 23029. — Scriptores rerum bohemicarum, 26480. — Origines palatinæ, 26583.

FREHERUS (*Paulus*). Theatrum virorum eruditione clarorum a sæculis aliquot ad hæc usque tempora florentium. *Norimb., litteris Sigism. Frobergii*, 1688, 2 tom. en 1 vol. in-fol. [30530]

Ouvrage peu estimé, dans lequel on trouve 82 pl. où figurent 1312 portraits fort médiocres. 30 fr. 50 c. rel. en 3 vol. Librairie De Bure; 42 fr. Borluut.

FREIDANK. Voy. FREYDANK.

FREILE (*Juan-Diaz*). Summario compendioso de las quentas de plata y oro, que en los reynos del Piru son necesarias a los mercadores. *Mexico*, 1556, in-4.

D'après Antonio, Biblioth. nova, I, p. 683.

FREIND (*J.*). History of the physick, from the time of Galen, to the beginning of the sixteenth century. *London*, 1758, 2 vol. in-8. 10 à 15 fr. [6490]

Cette histoire, dont la première édit. est de Lond., 1725-26, 2 vol. in-8., fait suite à celle de Dan. Le Clerc (voy. LE CLERC). Il y en a deux traductions françaises, l'une par Et. Coulet. *Leyde*, 1727, in-4. ou 3 vol. in-12, 5 à 6 fr.; l'autre (par De B.), revue par Senac, *Paris*, 1728, in-4. Cette dernière est la meilleure.

J. Wigan a donné une traduction lat. de ce même ouvrage, *Lond.*, 1734, 2 vol., réimpr. *Lugd.-Bat.*, 1750, 3 vol. in-8.

— OPERA omnia medica (cura J. Wigan). *Londini*, 1733, in-fol. [6634]

Bonne édition : 15 fr. L'Héritier et Bichat.

— Opera medica. *Paris*, 1735, in-4.

FREIRE (*Joã Nuñez*). Os Campos Elysios. *Porto, Jo. Rodriguez*, 1626, pet. in-4. [15366]

Édition portée dans le catal. de Crofts. *Antonio* et l'auteur du *Summario* ne citent que celle de *Porto,* 1624, in-4.

FREIRE (*Fr.-Joze*). Voy. CANDIDO.

FREITACH (*Adam*). L'Architecture militaire, ou fortification nouvelle, augmentée et enrichie de forteresses régulières, le tout à la pratique moderne, par Adam Fritach, mathématicien. *A Leyde, chez les Elsevier*, 1635, in-fol. de 4 ff. prélim. y compris le frontispice gravé, 179 pp. avec 35 grandes pl. et 8 tableaux imprimés. [8644]

L'auteur est nommé Fritach sur le titre de ce livre, mais l'épître dédicatoire est signée Freitach, comme elle l'est dans l'édition du texte allemand du même ouvrage également impr. par les Elsevier de Leyde, en 1635, in-fol. (M. Graesse a écrit *Fraytag*.) Il se trouve des exemplaires de ce même texte sous les dates de 1642 et 1665.

FREJES (*Francisco*). Historia breve de la conquista de los estados independientes del imperio mexicano. *Zacatecas, A. Willagrasan*, 1838, in-4. [28600]

FRENCELII (*Abrah.*) de originibus linguæ sorabicæ libri duo. *Budisinæ-Lusatorum, et Sittaviæ-Lusator.*, 1693-95, 2 part. in-4. [11441]

Rare. Vend. 1 liv. 11 sh. Heber. Le tome 1er, sous la date de 1696, 13 fr. 50 c. Klaproth.

FRENCH (*Nicholas*). Protesta y supplica de los catolicos de Irlanda, y de la Gran Bretaña. Al emenentissimo... cardinal Julio Mazarino, etc., presentola Nicolas Frensh (*sic*) obispo Fernense... *Sevilla, por Juan Lorenzo*, 1659, in-4. [21526]

Nic. French, évêque catholique de Ferns, en Irlande, a fait impr. hors de son pays plusieurs ouvrages devenus fort rares. Celui-ci, qui n'a que 8 ff., s'est vendu 3 liv. 18 sh. chez Heber, où se trouvait aussi l'ouvrage suivant du même auteur :

A NARRATIVE of the earl of Clarendon's settlement and sale of Ireland whereby the just english adventurer is much prejudiced, the ancient proprietor destroyed, and public fed violated... *Lovain*, 1668, in-4. de 20 ff. : en *mar. v.* 2 liv. 12 sh. 6 d. [27518]

— RÉCIT exact et fidèle de la vente et partage du royaume d'Irlande, faits sous Charles II, par le comte de Clarendon, chancellier d'Angleterre ; envoyé de la campagne en forme de lettre, par un gentilhomme à un grand seigneur de la cour ; écrit pre-

mièrement en anglais et ensuite écrit en français. (*sans lieu d'impression*), 1696, pet. in-8.

Cette traduction n'est pas moins rare que le texte anglais dont nous venons de rapporter le titre.

THE VNKINDE desertor of loyall men and true friends. (*Paris*), *superiorum permissu*, año 1676, in-8. [27519]

Cet ouvrage satirique, écrit par Nic. French, se rapporte à la rébellion d'Irlande, et il explique la conduite de Glamorgan et Ormond dans cette circonstance. Comme c'est un livre très-rare, il a été payé 7 liv. 10 sh. vente Lloyd, et jusqu'à 31 liv. 10 sh. Towneley ; 15 liv. 15 sh. Bohn. Nous le citons ici, parce qu'il a été imprimé à Paris, et qu'il n'est peut-être pas impossible de l'y trouver. Voici la description qu'en donne Lowndes : titre 1 f., *censura* 4 pp., préface 17 pp., avertissement 2 pp., texte pp. 22-199, 400-446 (pour 200 à 246 fr.), table du contenu 8 pp.

Pour les autres écrits de Nic. French concernant l'Irlande, voy. Lowndes, 2e édit., p. 840, et surtout le *Biblioth. grenvil.*, I, p. 257-58.

FRÉNICLE (*Nicolas*). Les OEuvres de N. Frénicle, conseiller du roy et général en sa cour des monnoyes. *Paris, Jean de Bordeaux* (*et aussi Toussaint Du Bray*), 1629, 3 part. en 1 vol. in-8. avec le portr. de Frénicle et celui de sa femme sous le nom d'Isis. [13991]

Un exempl. en Gr. Pap. avec un envoi *pour la plus belle fille du monde*, 30 fr. de Soleinne ; un autre exemplaire ordinaire, 4 fr. chez le même ; 16 fr. Veinant, et 26 fr. Libri, en 1857.

Frénicle avait déjà donné ses *Premières OEuvres poétiques*, Paris, Touss. Du Bray, en 1625, in-8., et de nouveau avec ses *Elégies pour la belle Isis*, Paris, Cl. Hulpeau, 1627, 2 vol. in-8.

Il a fait paraître depuis :

ENTRETIENS des illustres bergers. *Paris, Jacq. Du Gast*, 1634, in-8. de 8 ff. prélim., y compris le titre gravé et deux portr., 430 pp. et 1 f. non chiffré. On trouve ordinairement avec ces Entretiens : *Palémon, fable boccagère*, 1632, in-8. de 4 ff. prélim., 142 pp. et 1 f. non chiffré, avec les deux mêmes portr.; *La Niobé*, 1632, in-8. de 4 ff. prélim. et 30 pp. vend. 23 fr. 50 c., et revendue 15 fr. de Soleinne.

JÉSUS crucifié, poëme, *Paris, Jean Camusat*, 1636, in-12.

HYMNE de la Vierge, *Paris, Ant. de Sommaville*, 1641, pièce in-4., etc.

FRÈRE (*Édouard*). Manuel du bibliographe normand, ou Dictionnaire bibliographique et historique, contenant : 1º l'indication des ouvrages relatifs à la Normandie....; 2º des notes biographiques, critiques et littéraires sur les écrivains normands, sur les auteurs de publications qui se rattachent à la Normandie, et sur les diverses notabilités de cette province; 3º des recherches sur l'histoire de l'imprimerie en Normandie. *Rouen, A. Le Brument*, 1858-60, 2 vol. gr. in-8. 35 fr. [30074]

Cet ouvrage, résultat des immenses recherches de l'auteur et des nombreux renseignements qui lui ont été communiqués par plusieurs savants normands, répond parfaitement à ce que promet son titre ; et c'est, à notre avis, un des plus curieux que nous ayons sur la bibliographie de nos anciennes provinces; il est seulement à désirer que de bonnes tables en facilitent l'usage, et remédient à l'inconvénient d'avoir placé sous un même ordre alphabétique des noms de villes, des noms d'auteurs, des titres d'ouvrages et des faits historiques. Nous indiquons, sous le n° 31244 de notre table, deux opuscules de M. Frère sur la typographie normande.

FRERET (*Ant.*). OEuvres complètes mises dans un nouvel ordre, augmentées de plusieurs mémoires inédits, et accompagnées de notes et d'éclaircissements historiques par M. Champollion-Figeac. *Paris, F. Didot*, 1825, in-8. [19100]

Cette édition devait avoir 8 vol., mais il n'a paru que le premier; il est d'autant plus à regretter qu'elle n'ait pas été continuée, que l'édition des *OEuvres complètes de Freret*, Paris, 1796, 20 vol. pet. in-12, commencée par Leclerc de Sept-Chênes, qui est mort avant de l'avoir terminée, est incomplète et incorrecte. — Le recueil intitulé *OEuvres de Freret*, Paris, Bastien, 1792, 4 vol. in-8., est presque entièrement composé d'ouvrages irréligieux qui n'appartiennent pas à ce savant académicien : de ce nombre sont les *Lettres à Eugénie* (par d'Holbach), l'*Examen critique du Nouv.-Testament*, l'*Examen critique des apologistes de la religion chrétienne*, attribué sans certitude à Lévêque de Burigny ; les *Recherches sur les miracles, etc.* Quant à la *Lettre de Thrasybule*, quoiqu'on l'ait donnée presque généralement à Freret, il est fort douteux qu'il en soit l'auteur.

FRÉRON. Voy. article JOURNAUX à la fin de ce Manuel et au bas de cette colonne.

FRESCOBALDI (*Lionardo di Niccolò*). Viaggio in Egitto e in Terra Santa; con un discorso dell' editore (Gugl. Manzi) sopra il commercio degli Italiani nel secolo XIV. *Roma, Mordacchini*, 1818, in-8. 4 fr., et plus en Gr. Pap. vél. [20522]

Ouvrage cité par La Crusca. Il est imprimé pour la prem. fois d'après un manuscrit de la biblioth. Barberini, qui paraît peu exact. (*Gamba*, n° 468.)

FRESEN (*R.*). Voy. TRAGICA historia.

FRESNAIE Vauquelin (La). V. VAUQUELIN.

FRESNE (Du). Voy. DU CANGE.

FRESNEAU (*I.*). Voy. FRENEAU.

FRESNEL (*Fulgence*). Expédition scientifique en Mésopotamie, exécutée par ordre du gouvernement, de 1851 à 1854, par MM. Fulgence Fresnel, Félix Thomas et Jules Oppert, publiée par ce dernier. *Paris, Gide*, 2 vol. in-4. et un atlas in-fol. [20494]

Cet ouvrage, en cours de publication, se composera de 2 vol. in-4. de texte, le premier en deux livr., le second en trois; chaque livr. à 15 fr., et d'un atlas in-fol. de 10 cartes et plans de Babylone et de 12 vues, en 5 livr., au prix de 10 fr. chacune.

FRESNOY (Du). Voy. LENGLET.

Fréron (*E.-C.*). Histoire de l'empire d'Allemagne, 26385. — Marie Stuart, 27439.

Freschot (*Cas.*). Histoire d'Utrecht, 25191.

Fresenius (*Remigius*). Analyses chimiques, 4423.

FREUND (*Guil.*). Grand dictionnaire de la langue latine, sur un nouveau plan; traduit de l'allemand en français, revu sur les textes et considérablement augmenté d'après les travaux lexicographiques et épigraphiques les plus récents, français et étrangers, par N. Theil. *Paris, F. Didot frères, etc.*, 1858 et ann. suiv., gr. in-4. à 3 col. [10887]

Cet excellent Dictionnaire aura trois volumes; le premier a plus de 1200 pp. et coûte 35 fr. ; la suite se publie par livraisons, au prix de 7 fr. chacune. L'édition originale a été impr. à Leipzig de 1834 à 1845, en 4 vol., sous le titre de : *Gesammtwörterbuch der lateinischen Sprache.* 16 thl.

M. Theil a déjà donné un Dictionnaire latin-français, en 1 vol. gr. in-8. de plus de 1700 pp., d'après celui de Freund, et qui est à sa seconde édition. 7 fr. chez *F. Didot frères.*

FREY (*J.-S.-C.-F.*). Hebrew, latin and english dictionary, containing all the hebrew and chaldee words used in Old Testament..... with copious vocabularies..... latin and hebrew, and english and hebrew. *London*, 1815, 2 vol. gr. in-8. [11550]

Cet ouvrage, qui a peu de mérite, a été entièrement effacé par la seconde édition du dictionnaire de Gesenius (voy. ce nom) ; il coûtait originairement près de 5 liv. et plus en Gr. Pap. , mais il se donne maintenant pour 1 liv. 10 sh.

Le même auteur a mis au jour, en 1813, une grammaire hébraïque, avec des points, dont il y a une édit. augmentée par Geor. Downes, Lond., Baldwin, 1823, et une dixième édit. Lond., 1839, in-8., en anglais, 9 sh.

FREY (*J.-C.*). Voy. FRAILLYONA.

FREYCINET (*Louis-Claude* de). Voyage de découvertes aux terres australes, exécuté par ordre du gouvernement (Navigation et Géographie), publié par M. L. Freycinet. *Paris, imprimerie royale*, 1815, gr. in-4. et atlas gr. in-fol. de 32 cartes. 40 à 50 fr. [21165]

Cette relation fait suite à celle de Péron. Voy. PÉRON.

— VOYAGE autour du monde, fait par ordre du roi, sur les corvettes *l'Uranie* et la *Physicienne*, pendant les années 1817 à 1820. *Paris, Pillet aîné*, 1824-1844, 9 vol. in-4. accompagnés de quatre atlas formant en tout 348 planches, dont 117 color. [19877]

Ce grand et bel ouvrage a été publié en 56 livrais. non compris la *Navigation* et l'*Hydrographie*. Chaque livrais. du prix de 12 fr. et pap. vélin, 24 fr. pour les souscripteurs à l'ouvrage entier; les volumes ont paru dans l'ordre suivant :

Histoire du Voyage, rédigée par M. de Freyci-

Fresquet (*R.* de). Droit romain, 2433.

Fret (*L.-Jos.*). Antiquités percheronnes, 24376.

Fréval. Discours de Cicéron, 12138.

Freville (*Ern.* de). Sur le commerce maritime de Rouen, 24343.

Frey (*Heinr.*). Histologie und Histochemie der Menschen, 5654.

Frey (*H.*) und Rud. Leukart. Wirbellose Thiere, 5618.

Freycinet (*Ch.* de). Mécanique rationnelle, 8074.

nct, 3 vol. en 4 part. in-4., avec un atlas de 112 pl., publ. en 24 livrais. (la dernière en 1840), 288 fr. Le *Vocabulaire des langues des sauvages*, qui devait accompagner cette histoire, n'a pas paru.

Zoologie, rédigée par MM. Quoy et Gaimard, 16 livrais. formant 1 vol. in-4., et un atlas de 96 pl. dont 80 color. 192 fr. — Pap. vél. 488 fr. — Avec fig. sur pap. de Chine, 576 fr.

Botanique, rédigée par M. Gaudichaud, 12 livrais. formant 1 vol. in-4., et un atlas de 120 pl., 120 fr. — Pap. vél. 296 fr. — Avec fig. sur pap. de Chine, 412 fr.

Figure du Globe et observations du pendule, in-4. 14 fr. — Pap. vél. 28 fr.

Magnétisme terrestre, in-4. formant une livraison. 12 fr.

Météorologie, in-4. 25 fr. — Pap. vél. 50 fr. Cette partie, publiée après la mort de l'auteur, a été terminée en 1844 par ses deux neveux.

Navigation et Hydrographie, 1 vol. in-4. en 2 part. et atlas de 22 cartes in-plano, 72 fr. — Pap. vél. 144 fr.

FREYDANG (*Jac.*). Der layen Biblia. *Francof. ad Mœn.*, *Rabe, Feyerabend und Han*, 1569, in-fol. de 6, 166 et 22 ff., avec 163 fig. en bois par Virg. Solis. [340]
Abrégé de l'histoire de l'Ancien et du Nouveau Testament, en vers allemands. On ne le recherche qu'à cause des gravures. Voy. SOLIS.

FREYDANK.

Der Freydank nüwe mit den figuren‖ Fügt pfaffen, adel, layen, buren.‖ Man hielt etwan uff kein Spruch nicht‖ Den nit herr freydank het gedicht.

(*Strasb.*), *J. Grüninger*, 1508, in-4. [15479-80]
Recueil de sentences morales, en vers allemands, originairement écrites vers le milieu du XIIIe siècle (par Walther von der Vogelweide, suivant W. Grimm), et refaites depuis par Seb. Brandt. Il a été réimpr. à Augsbourg, par Hans Schönsperger, 1510, in-fol. de 19 ff. à 2 col. de 47 lig. 49 flor. Butsch ; 100 fr. catal. Asher ; il l'a été encore à *Augsb. Schönsperger*, 1513, in-4., et Panzer en cite une édit. in-4. de 36 ff., sans lieu ni date, sous le titre de *Proverbia eloquentis Freydangks innumerās in se utilitates cōplectentia*, en latin et en allemand, dans laquelle on a cru reconnaître les caractères de Conr. Koeloffen, de Lubeck, vers 1490 : porté à 45 fr., catal. Asher. On a aussi la version de Seb. Brandt, refaite de nouveau, *Worms*, *Seb. Wagner*, 1538, in-fol. de 3 et 40 ff. à 2 col. fig. en bois. Le texte original a été inséré par Chr.-H. Muller dans son recueil des poëtes allemands des XIIe, XIIIe et XIVe siècles, *Berlin*, 1784, in-4., et aussi publié par W.-Ch. Grimm, à Gœttingue, en 1834 (réimprimé en 1860), in-8.

FREYDIER. Plaidoyer contre l'introduction des cadenas ou ceintures de chasteté. *Montpellier*, 1750, in-8. fig. [2753]
La figure du cadenas qui doit se trouver dans ce volume manque à beaucoup d'exempl. : 9 fr. Méon ; 15 fr. mar. r. Duriez, et quelquefois plus cher.

FREYER (*C.-F.*). Beiträge zur Geschichte europaïscher Schmetterlinge. *Augsb.*, 1827-31, in-12, avec 144 planch. color. 18 thl. [6079]

— Neuere Beiträge zur Schmetterlingskunde, mit Abbildungen nach der Natur.

Augsb., *Kollman*, 1831-1856, in-4., vol. I à VII, fig. [6079]
En 1858 il paraissait 120 cah. de 6 pl. Prix de chaque cah. : 22 gr. (3 fr. 50 c.)

FREYTAG (*Frid.-Gotth.*). Analecta litteraria de libris rarioribus. *Lipsiæ*, 1750, pet. in-8. 3 à 5 fr. [31346]

— Adparatus litterarius, ubi libri partim antiqui, partim rari recensentur. *Lipsiæ*, 1752-55, 3 vol. pet. in-8. 10 à 12 fr. [31347]
Ces deux ouvrages, dans lesquels, parmi beaucoup de choses insignifiantes, on trouve quelques détails curieux, doivent être réunis. Le premier est le moins commun. Le même auteur a donné la première partie d'un ouvrage allemand intitulé : *Nachrichten von seltenen und merkwürdigen Büchern*, Gotha, 1776, in-8., dont il a laissé la suite en manuscrit ; et aussi *Decas oratorum*, 30429.

FREYTAG (*G.-W.*). Lexicon arabico-latinum, præsertim ex Djeuharii Firuzabadiique et aliorum Arabum operibus, adhibitis quoque Golii et aliorum libris, confectum : accedit Index vocum latin. locupletissimus. *Halis, Schwetschke et fil.*, 1830-37, 4 vol. gr. in-4. 25 thl. (réduit à 16), et plus en Gr. Pap. impérial et en Gr. Pap. vélin. [11625]
Il a paru un abrégé de ce grand dictionnaire sous le titre suivant :
LEXICON arabico-latinum, ex opere suo majore in usum tironum excerptum, edidit G.-W. Freytag. *Halis-Saxon.*, 1837, in-4. de 694 pp. 10 thl.

— Darstellung der arabischen Verskunst, etc. L'art métrique des Arabes, avec un appendice composé de six parties, et contenant un poëme arabe didactique sur l'art métrique, et sa traduction ; des remarques sur la poésie des Arabes, sur les poëtes arabes, sur quelques espèces de vers qui sont employés dans les poëtes modernes, sur diverses particularités de la langue poétique; enfin l'explication d'un grand nombre d'expressions techniques relatives à la poésie : le tout rédigé d'après des sources manuscrites, et accompagné de tables, par le docteur G.-W. Freytag. *Bonn*, 1830, in-8. de xvj et 557 pp. en allemand. [15942]
Quoique ce long titre promette beaucoup, on peut assurer que l'ouvrage contient encore davantage : telles sont les propres expressions dont s'est servi M. Silvestre de Sacy au commencement de l'article qu'il a consacré au livre de M. Freytag, dans le *Journal des Savans*, 1831, pag. 137 et suiv.

— SELECTA ex historia Halebi e codice arabico Bibliothecæ reg. paris. edidit, latine vertit et adnotationibus illustravit G.-W. Freytag. *Lutetiæ-Paris.*, e typograph. reg. (Treuttel et Würtz), 1819, gr. in-8. 12 fr. — Pap. vél. 24 fr.

— Arabum proverbia, vocalibus instruxit, latine vertit, commentario illustravit et sumptibus suis edidit G.-W. Freytag. *Bonnæ ad Rhenum*, *apud A. Marcum*, 1838-43, 3 vol. gr. in-8. 75 fr. [18519]
Publication importante. Les deux premiers vol. ren-

ferment, avec une traduction et de savantes notes de l'éditeur, tous les proverbes de la collection de Meïdany; le troisième volume est divisé en deux parties : la première contient 3321 proverbes recueillis de divers auteurs, avec leur traduction, les *jours célèbres des Arabes*, et un choix d'*apophthegmes*; la seconde partie renferme un travail très-remarquable sur les proverbes arabes et sur la collection formée par Meïdany, les tables et des corrections pour les deux premiers volumes. (G. D.)

FREZIER (*Amédée-Fr.*). Traité de stéréotomie, ou la théorie et la pratique de la coupe des pierres et des bois. *Strasb.*, 1738, ou *Paris*, 1754, 3 vol. in-4. fig. 24 à 30 fr. [9840]

L'abrégé de cet ouvrage estimé, sous le titre d'*Élémens de stéréotomie*, 1759, 2 vol. in-8. fig., est à bas prix.

— Feux d'artifice, 10223 ; — Voyage, 21147.

FREZZI (*Federico*). Incomincia el libro intitolato Quatriregio del decursu della uita hūana de messer Federico (Frezzi) Fratre dellordine de Sancto Dominico... —*Impresso a Peruscia per Maestro Steffano arns almano, nel* M. CCCC. *lxxxi*, in-fol. demi-goth. de 79 ff. [14627]

Première édition de ce poëme composé à l'imitation de la *Divina comedia* : 50 fr. Floncel; en *mar. r.* 105 fr. La Valliere; 66 fr. Brienne-Laire.
Le texte, imprimé à 2 col. de 40 et 41 lignes, et précédé de 3 ff. de tables, a des signat. de A—N, par cah. de 6 ff., à l'exception du dernier, qui en a 7 imprimés et 1 blanc.

— Il Quadriregio. *Firenze* (absque anno), in-fol.

Imprimé à 2 col. de 45 lign. en caractères romains, avec des signat. de *a—m*, par cah. de 6 ff. Il y a au commencement du volume 4 ff. de table. Voici la dernière ligne de la souscription :

diligètia emēdato. Impresso ĩ Firenze.

Cette édit. sans date est, mot pour mot, conforme à celle de 1481 ci-dessus, et il est difficile de reconnaître laquelle des deux est une copie de l'autre.
L'édition de *Milan, Ant. Zarot*, 1488, in-fol. de 70 ff., dont 3 de table, a été vend. 1 liv. Pinelli; 18 sh. Heber. — Celle de Bologne, *Fr. de Ragazonibus*, 1494, in-fol., se compose de 74 ff. à 2 col. non chiffrés; on doit y trouver deux cahiers sign. *a*, dont le premier, de 4 ff., contient la table et pourrait manquer sans que le livre parût incomplet : 121 fr. *mar. r.* Libri, en 1847, et 3 liv. autre exempl. en 1859. Après l'édit. de 1494, vient celle de Venise, *P. da Pavia*, 1501, in-fol. : cette dernière, 30 fr. en 1825; et même prix Boutourlin; 1 liv. 18 sh. Libri, en 1859. Nous citerons encore l'édition de Florence, *ad instanza di P. Pacini*, 1508, in-fol. fig., et celle de Venise, 1. *Dec.*, 1511, in-4 : celle 15 fr. 60 c. La Valliere; 1 liv. 6 sh. Hibbert; 83 fr. *mar.* Libri, en 1847, et 1 liv. 9 sh. en 1859.

— Il Quadriregio, corretto e coll' ajuto di antichi codici mss., alla sua vera lettione ridotto; con le annotazioni di Ang.-Gugl. Artegiani, le osservazioni istor. di Giust. Pagliarini e le dichiarazioni di alcune voci di G.-B. Boccolini : aggiuntavi la dissertazione apologet. di P. Canneti intorno allo'stesso poema e al suo vero autore. *Fuligno*, 1725, 2 vol. pet. in-4. 15 à 18 fr.

Bonne édition.

FRIANORO. Voy. VAGABOND.

FRIANT dessert des femmes mondaines, par un licencié en droit canon, dédié à la plus mauvaise du monde. *Paris*, 1643, in-12.

Ouvrage de morale, mais que son titre pourrait faire prendre pour tout autre chose. L'exemplaire porté sous le n° 328 du catal. de M. Hope, étant taché d'eau et ayant le titre refait à la plume, n'a été vendu que 7 fr.

FRICK (*Fr.*). Le Château de Marienbourg en Prusse. *Berlin*, 1803, in-fol. atlant. pap. vélin. [26705]

Bel ouvrage orné de figures à l'aqua-tinta, avec un texte en allemand et en français. Il a coûté 300 fr.; vend. 130 fr. Hurtault.

FRICKIUS (*Joan.-Geor.*). Commentatio de Druidis occidentalium populorum philosophis; acced. opuscula quædam rariora, etc., ex recens. Alberti Frickii. *Ulmæ*, 1744, in-4. fig. 6 à 10 fr. [22651]

FRIDEBURG (*G.*). Rossiski tzarstvenny dom Romanovych. La maison russe impériale des Romanoff. Ouvrage dédié aux élèves des institutions militaires. *St-Pétersb., impr. de la II° sect. de la chancellerie impériale*, 1855, in-fol. [27765]

Bel ouvrage, qui en 1859 était en cours de publication. Chaque livraison est accompagnée d'un portrait.

FRIDERIC (*André*). Emblêmes nouveaux esquels le cours de ce monde est dépeint et représenté par certaines figures, desquelles le sens est expliqué par rimes : dressés pour plus grande incitation aux gens de bien et honorables, d'en suivre la piété et vertu..... premièrement en allemand par André Frideric, et maintenant en françois, mis en lumière par Jacq. de Zettre. *Francfort, Abr. Paccard* (ou *Lucas Jennis*), 1617, pet. in-4. fig. 8 à 12 fr. [11811]

Ce volume renferme 88 pl. à l'eau-forte, parmi lesquelles on remarque plusieurs scènes d'une Danse des morts. Chaque gravure est tirée sur le verso du f. avec l'indication du sujet au-dessus, et au bas un quatrain qui en donne l'explication. Une interprétation plus étendue et également en vers est placée vis-à-vis de chaque planche.
Un tirage de ces mêmes planches, avec un texte allemand, avait déjà paru à Francfort, chez Jac. de Zetter, en 1617, in-4.; plus tard le même éditeur a reproduit de nouveau ces gravures avec un texte latin sous ce titre :

VIRIDARIUM hieroglyphico-morale, opusculum novum et rarum, in quo virtutes et vitia atque mores hujus ævi, secundum tres ordines hierarchicos, explicantur... per Henr. Oræum Assenheim. *Francof., Jacq. de Zetter*, 1619, in-4.

Les mêmes planches se retrouvent encore dans l'ouvrage suivant :

PHILOSOPHIA practica, varias inclinationes, animorum affectus, atque adeo diversissima humanarum actionum studia artificiosis figuris, et apposite dictis exprimens, lat. german. et gallice. *Francof., apud Jac. de Zetter*, 1644, in-4. obl., avec 97 pl.

FRIDERICI imperatoris historia. Voyez BURCHARDUS.

FRIDERICI II, imperatoris, reliqua librorum de arte venandi cum avibus, cum Manfredi regis additionibus; ex membranis vetustis nunc primum edita. Albertus magnus de falconibus, asturibus, et accipitribus (edidit M. Velserus). *Augustæ-Vindelicorum, apud Joan. Prætorium,* 1596, pet. in-8. Rare. [10449]

33 fr. Bearzi; 30 fr. *mar. v.* Veinant.

— Reliqua librorum Friderici II imperatoris de arte venandi cum avibus; cum Manfredi additionibus : accedunt Alberti magni capita de falconibus, etc., quibus annotationes addidit suas Jo.-Gottl. Schneider ad reliqua librorum Friderici II, et Alberti magni capita commentarii, cum auctario emendationum ad Æliani de natura animalium libros; auctor Jo.-Gottl. Schneider. *Lipsiæ,* 1788-89, 2 vol. in-4. 24 à 30 fr.

Il est à regretter qu'en publiant cette édition, Schneider n'ait pas pu avoir connaissance d'un manuscrit de l'ouvrage de l'empereur Frédéric II, acheté vers 1798, par l'antiquaire Le Blond, qui en a fait don à la bibliothèque Mazarine ; ce manuscrit est de deux tiers plus ample que l'imprimé.

— Historia diplomatica Friderici secundi, sive constitutiones, privilegia, mandata, instrumenta quæ supersunt istius imperatoris et filiorum ejus : accedunt epistolæ Paparum et documenta varia. Collegit, ad fidem chartarum et codicum recensuit, juxta seriem annorum disposuit et notis illustravit L.-A. Huillard-Bréholles, auspiciis et sumptibus H. de Albertis de Luynes. *Parisiis, Franck,* 1853-59, tom. I à V, et VI, 1re part. in-4. [26413]

Chaque vol. se compose de 2 part., à l'exception du troisième qui n'en forme qu'une seule. L'ouvrage se composera de 6 vol. en tout. Chaque partie coûte 16 fr.
— Voy. CONSTITUTIONES.

FRIEBEL. Græcor. satyrographorum fragmenta. Voy. FRAGMENTA.

FRIEDERICH III, empereur d'Allemagne. Ses lettres d'interdiction contre l'archevêque Diether d'Isenbourg en 1461 (en allemand), feuillet in-fol. obl.

Ce feuillet, qui n'a que 28 lig., paraît avoir été impr. à Mayence par Fust et Schoeffer avec les mêmes caractères que la Bible de 1462, et pour être affiché aux portes des églises. Il commence ainsi :

« (W) Ir Friederich von gottis gnaden Romischer Keyser, zu allen czitten merer des Riches. zu Hungern Dalmacien Croacien Konig | Hertzog zu osterich, etc. » Et il finit : *Geben czu Gretz mit vnserm Keyserlichem vffgedrughtem Ingesiegel besie | gelt am samszdag vor sant Laurenczdag Nach Cristi geburt vierczenhondert vnd I m eynundsechtzigsten* (1461) *vnser riche. des romische | Im czwey vnd czwenczigsten. Des Keyserthomb Im czehenden. und des hungristen Im dritten Jaren.*

58e catal. d'Asher de Berlin, n° 605, où ce précieux document est porté à 275 fr., et où il est dit qu'on n'en connaît d'une manière certaine que trois exemplaires.

FRIES. Vues pittoresques du Rhin, de la Moselle, etc. Recueil de 72 pl. dessinées d'après nature par Fries, Kunz, Rottmann, etc., gravées par Geissler, Hegy, etc. *Heidelberg, Engelmann,* 1823-26, in-fol. [26566]

A ce recueil se joint un texte en allemand et en français de format in-8.

FRIES (*Elias-Magnus*). Systema mycologicum, sistens fungorum ordines, genera et species quas ad normam methodi naturalis determinavit, disposuit atque descripsit Fries. *Griphiswaldæ, Mauritius,* in-8., savoir : vol. I, 1821; vol. II, p. 1, 1822; vol. II, p. 2, 1824; vol. III, p. 1, 1829 ; vol. III, p. 2 et ultima, index, 1833 : — Supplementum voluminis primi, 1830 : le tout 9 thl. [5363]

— EPICRISIS systematis mycologici, seu synopsis hymenomycetum. *Upsaliæ et Lundæ,* 1836-38, in-8. de XII et 610 pp. 20 fr.

Autres ouvrages du même botaniste.

ELENCHUS fungorum, sistens commentarium in systema mycologicum. *Gryphiswaldæ, Mauritius,* 1828, in-8., pp. I et II, 2 thl. [5364]

NOVITIÆ floræ suecicæ, editio altera, auctior et in formam commentarii in cel. Wahlenbergii floram suecicam redacta. *Londini-Gothor.,* 1828, in-8. 9 fr. [5195]

La première édition de cet ouvrage a paru à Lund et à Copenhague, de 1815 à 1821, en 7 cah. in-4. Il faut joindre à celle-ci :

CONTINUATIO, sistens mantissas I, II, III, uno volumine comprehensas : accedunt de stirpibus in Norvegia recentius detectis prænotationes e maxima parte communicatæ a Matth. N. Blytt. *Lundæ et Upsaliæ,* 1832-42, in-8. de 84, 64, x et 204 pp. 12 fr.

FLORA HALLANDICA, sistens enumer. vegetabilium in Hallandia sponte crescentium. *Londini-Gothor.,* 1818, in-8. [5198]

OBSERVATIONES mycologicæ, præcipue ad illustrandam floram suecicam. *Hafniæ,* 1815-18, in-8. fig. 12 fr. — Réimpr. en 1824, in-8. fig.

SCLEROMYCETI Sueciæ. *Ibid.,* 1819, in-4. décad. I à XXX (catal. de Leipz. Oct. 1824). (Ersch n'indique que 4 décades.)

SYSTEMA orbis vegetabilis; primæ lineæ novæ constructionis. *Ibid.,* 1825, in-8. P. I. *Plantæ homonemenæ,* 7 fr.

LICHENOGRAPHIA europæa reformata : compendium in practicam lichenum cognitionem in usum tironum. *Lundæ,* 1831, in-8. 15 fr. [5390]

SCHEDULÆ criticæ lichenibus exsiccatis Sueciæ, I—XIV. *Londini-Gothorum (Lincopiæ et Norcopiæ),* 1824-33, in-4.

Ce recueil contient 420 espèces, en six parties de 24, 14, 4, 34, 22, 22 et 17 pp.

FLORA Scanica. *Upsaliæ*, 1835, in-8. de XX et 394 pp.

Premier volume d'un recueil publié sous le titre de *Corpus florarum provincialium Sueciæ*, et qui n'a pas été continué.

SUMMA vegetabilium Scandinaviæ... *Holmiæ et Lipsiæ*, 1846-50, in-8.

Pour les autres écrits de ce célèbre botaniste, consultez Pritzel, n° 3382 et suiv. où cependant ne se trouve pas l'article suivant, indiqué par M. Graesse sous ce titre : *Lichenes helvetici cxsiccati*. *Ups.*, 1824-52, in-4. vol. I—XII (40 thl. Friedländer).

FRIESS (*L.*). Underweisung und vsslegunge der Cartha Marina oder die mercarten, darin man sehen mag, wa einer in d'welt sey, und wa ein ytlich land, wasser und stet ligen. *Strasburg, Grieninger*, 1530, in-fol. de 21 ff. avec 3 pl. sur bois. [19733]

Cet atlas maritime est rare et d'une certaine importance. Le nouveau monde y est nommé America. 44 flor. Butsch.

FRIPPESAUCE. La vie de puissante et très haute dame madame Guelinine, revue et augmentée de nouveau par M. Frippesauce. *Rouen*, 1612, in-8. [13980]

Facétie en vers ; 12 fr. Chardin.

FRIQUASSÉE (la) crotestyllonnée des antiques, modernes chansons... par une grande herchelée des plus mémoriaulx et ingénieux cerveaux de notre année, lesquels ont chacun leur pallée, comme verrez cy derrière si vous n'êtes aveugles. *Rouen, Abr. Le Cousturier*, 1604, pet. in-8. de 14 ff. [14286]

Pièce rare, et que son titre bizarre recommande assez à nos bibliophiles : il s'en trouvait un exemplaire dans un recueil porté dans le catal. de Méon, n° 2475, et dans celui de M. Morel-Vindé, n° 1807. M. E. de Beaurepaire en a donné un extrait d'après l'exemplaire que possède la Bibliothèque de Rouen. (*Bulletin du Bouquiniste*, n° 34.)

FRISCH (*Jean-Léon*). Vorstellung der Vögel, etc., *c'est-à-dire*, Représentation des oiseaux d'Allemagne, et occasionnellement de quelques oiseaux étrangers, peints avec leurs couleurs naturelles (texte allemand). *Berlin*, 1734-63, 12 part. en 2 ou en 3 vol. in-fol. [5754]

Vend. 96 fr. Courtanvaux.

Cet ouvrage a reparu en 1764, avec de nouveaux titres et des index. Un exemplaire sous la date de 1763, avec 292 pl., a été vendu 54 fr. en 1802, et 76 fr. Librairie De Bure; un semblable avait été payé plus de 300 fr. chez Crevenna.

L'ouvrage complet doit contenir, selon le catal. de Banks, 255 pl. sous 240 numéros, et 43 ff. de texte. Il a reparu encore en 1817.

— Beschreibung von allerlei Insecten in Deutschland. Description des insectes d'Allemagne (en allem.). *Berlin*, 1721-

38, 13 cah. en 1 vol. in-4., avec 38 pl. 10 à 15 fr. [5985]

Il y a des exemplaires datés de 1766, dans lesquels plusieurs parties se trouvent réimprimées.

— Origo characteris slavonici, vulgo dicti cirulici, ortusque et progressus characteris glagolitici, tanquam historiæ linguæ slavon. pars; cum continuationibus I-IV. *Berolini*, 1727, in-4., avec 1 pl. [30166]

— Deutsch.-lat. Wörterbuch, 11249.

FRISCHLINUS (*Nicodemus*). Quæstionum grammaticarum libri duo, ex probatissimis auctoribus collecti. *Venetiis, apud Aldum*, 1584, in-8. de VIII et 432 pp. [18187]

Vend. 9 sh. 6 d. Butler.

Recueil estimé et rare. On y réunit l'ouvrage suivant du même auteur :

STRIGILIS grammatica, qua grammatistarum quorundam sordes, arti liberalissimæ adspersæ deterguntur. *Venetiis, Aldus*, 1584, in-8. de 2 ff. 107 pp. et 8 ff. (Réimpr. à *Strasb.*, 1594, in-8.).

Cet écrit a été l'objet d'une critique de Mart. Crusius, à laquelle Frischlin a répondu dans sa *Disputatio grammatica*, Argentor., 1586, in-8. La réplique de Crusius à ce dernier fait partie du livre intitulé : *Mart. Crusii libri duo ad Nic. Frischlinum*, 1586, in-8.

Voici encore trois autres pièces qui se rattachent à cette polémique :

MART. CRUSII adversus Nicod. Frischlini quinque rei grammaticæ dialogos, defensio. *Basileæ*, 1593, in-8.

POPPYSMI grammatici dialogus tertius contra Antistrigilim Mart. Crusii et moropolitarum Tubingæ Bacchantium, conscriptus a Nic. Frischlino, post auctoris obitum editus, etc. 1596, pet. in-8. Vend. 6 fr. m. r. Bonnier.

NICOD. FRISCHLINUS factus redivivus, per Jac. Frischlinum, adversus Mart. Crusii calumnias, nugas, et pura puta mendacia, quibus iste irrequietus senex nititur totam familiam et nomen Frichlinum exosum et invisum reddere omnibus bonis viris. *Argentorati*, 1599, pet. in-8. Vend. 6 fr. m. r. Bonnier. — Les deux mêmes volumes, 7 fr. Courtois; 9 sh. Heber.

— CARMEN de astronomico horologio argentoratensi. *Argentorati*, 1575, in-4. 5 à 6 fr. [12982]

Vend. 6 flor. Rover.

A la suite de ce poëme sont des remarques de Gull. Xylander sur la fameuse horloge de Dasypodius.

— OPERUM poeticorum pars epica, edente G. Pfluegero. *Argentorati*, 1598, in-8. 5 à 6 fr. [12983]

Réimpr. à *Strasb.*, en 1612, in-8.; avec des augmentations.

— OPERUM poeticorum paralipomena, videlicet V libri carminum heroicor., et VIII satyræ adversus Jac. Rabum, ex recens. Val. Clessii. *Darmstadii, Hofman*, 1610, pet. in-8. [12985]

Vend. 8 fr. 60 c. Courtois.

Les huit satires ont été impr. séparément, *Geræ ad Elistrum*, 1607, pet. in-8.

— PARS elegiaca. *Ibid.*, 1601, in-8. 4 à 5 fr. [12984]

— PARS paraphrastica, qua continentur P. Virgilii Bucolica, Georgica, Æneidos libri duo priores..... Q. item Horatii Flacci Epistolarum libri duo, tum A. Persii Flacci satyræ sex... luculenter exposita... *Francofurti ad Mœnum, Joh. Spiessius*, 1602, pet. in-8.

— HEBRÆIS, continens XII libros, quibus tota regum judaicorum et israeliticorum historia carmine he-

---

Frietas (*Fr.-Ser.* de). De justo imperio, 27953.
Friman (*Cl.*). Almuens Sanger, 15672.
Friponnerie laïque. Voy. Bentley.

roico virgiliano describitur. *Geræ ad Elistrum*, 1599, in-8. 2 fr. Courtois. [12986]

— LIBELLI carminum tres, quorum primus epigrammata, alter anagrammata, tertius carmina, etc., continet. *Ibid.*, 1622, in-8. [12987]

— OPERUM poeticorum pars scenica : comœdiæ V et tragœdiæ II. (*Argentorati*), *apud B. Jobinum*, 1585, pet. in-8. [16163]

Vend. 15 fr. *m. r.* Courtois, et moins depuis.

Autre édition, *Argentorati*, 1587, in-8. Vend. 12 fr. Courtois; 2 sh. Heber. Celles de (la même ville) 1596 ou 1604, in-8., contiennent de plus que les précédentes une comédie intitulée : *Helvetio-Germani*, laquelle avait déjà été impr. séparément, *Helmstadii*, 1589, pet. in-8. Vend. 9 fr. Courtois; 12 fr. *vél.* de Soleinne. (Voir ci-dessous.)

L'édition de Wittemberg, *hæredes Clementis Bergeri*, 1636, in-12, assez mal exécutée, est plus complète que les précédentes. 5 fr. 75 c. de Soleinne.

— PHASMA, hoc est : comœdia posthuma, nova et sacra de variis hæresibus et hæresiarchis...... auctore Nicod. Frischlino. *Jmpressum in Iazygibus-Metanastis* (*Argentorati*), 1592, pet. in-8. sign. A—H. ff. non chiffrés, lettr. ital. [16165]

Réimpr. sous la même indication, en 1598 et 1612, pet. in-8. 3 à 5 fr. — Vend. 8 fr. Courtois. L'édit. de 1598, en 60 ff.; 20 fr. de Soleinne; 9 fr. 50 c. Baudelocque.

Cette pièce n'est dans aucune des quatre premières éditions du recueil ci-dessus; mais elle fait partie de l'édit. de 1636.

     PRISCIANUS vapulans; Nicodemi Frischlini comœdia lepida, faceta et utilis,... scripta in laudem hujus seculi. *Argentorati*, *Bernh. Jobinus*, 1580, pet. in-8. de 16 ff. prélim. et 53 ff. 1 fr. 75 c. de Soleinne.

     HELVETIO Germani, comœdia nova.... *Helmstadii*, *Jacobus Lucius*, 1589, pet. in-8. de 147 pp. et 5 ff. non chiffrés. 9 fr. Courtois ; 12 fr. et 4 fr. de Soleinne.

     SUZANNA, comœdia nova, sacra et lectu jucunda atque utilis : in qua fœmini pudoris exemplum proponitur. *Argentorati*, *Ant. Bertramus*, 1595, pet. in-8. de 47 ff. 4 fr. 75 c. *mar. bl.* le même.

— FRISCHLINI et Henr. Bebelii facetiæ, accessere sales, seu facetiæ ex Poggii libro selectæ; necnon Alphonsi et Adelphi facetiæ, etc. *Argentorati*, 1600, 1603, 1609 ou 1625 (et aussi *Amstel.*, 1651), in-12. 3 à 5 fr. [17796]

L'édition d'*Amsterdam*, 1660, pet. in-12, vend. 7 fr. Renouard ; 5 fr. Courtois.

Il est difficile de réunir les différents ouvrages de cet auteur, dont nous citerons encore : *Orationes insigniores aliquot, quibus hac tertia editione accessit ejusdem vita, etc., Geor. Pfleuger.* Argentor., 1618, in-8. Les deux premières édit. sont de 1598 et 1615.

Sous le n° 30826 de notre table nous donnons le titre d'une monographie de D.-F. Strauss sur la vie et les écrits de Frischlin.

FRISI (*Pauli*) Opera mathematica et mechanica. *Mediolani*, 1782-83, 3 vol. gr. in-4. fig. [7827]

Ces trois vol. coûtaient 39 fr. en Italie : vend. 30 fr. Labey.

— Cosmographia physica et mathematica. *Mediolani*, 1774, 2 vol. in-4. fig. [7828 ou mieux vers 8268]

Le meilleur ouvrage du P. Frisi : vend. 18 fr. De Lalande. — Les autres ont trop peu de valeur pour que nous les indiquions ici. — Pour son éloge de Galilée, voy. notre n° 30749.

Frisi (*A.-F.*). Memorie di Monza, 25384. — Memorie di Ferrara, 25637.

FRISIUS (*Joannes*). Brevis musicæ isagoge, Joanne Frisio tigurino authore ; accesserunt priori editioni omnia Horatii carminum genera; item heroica, elegiaca, etc., quatuor vocibus ad æquales, in studiosorum adolescentum gratiam composita. *Tiguri, apud Froschoverum*, 1555, in-8. obl. Rare. [10146]

FRISIUS (Gemma). Voy. GEMMA.

— Voy. HORATIUS.

FRITOT. Science du publiciste, ou traité des principes élémentaires du droit considéré dans ses principales divisions, avec des notes et des citations tirées des auteurs les plus célèbres, par M. Alb. Fritot. *Paris, Bossange père (imprim. de F. Didot)*, 1820-23, 11 vol. in-8. 40 à 48 fr. [2349]

FRITSCHIUS. Tractatus de typographis, bibliopolis, chartariis et bibliopegis, in quo de eorum statutis et immunitatibus, abusibus item et controversiis, censura librorum, inspectione typographiarum et bibliopoliorum, ordinatione taxæ, etc., agitur; scriptus opera et studio Ahasveri Fritschii. *Ienæ, Zach. Hertelius*, 1675, in-4. [31135]

Nous citons cet opuscule à cause du sujet. Il est d'ailleurs assez rare.

FROBISHER (*Martin*). A true reporte of the laste voyage into the west and northwest regions, etc. 1577, worthily atchieved by captaine Frobisher, of the sayde voyage the first finder and generall; with a description of the people there inhabiting, and other circumstances notable written by Dionyse Settle, one of the companie in the sayde voyage... *Imprinted by Henric Middleton, London*, 1577, in-8. de 24 ff. goth. [20996]

Relation très-rare : 13 liv. Inglis; 5 liv. 7 sh. 6 d. Heber. Elle a été traduite en français sous le titre suivant : *La navigation du capitaine Martin Forbisher* (sic) *anglois, ez regions de west et nord west, en l'année* 1577. (Genève), par Ant. Chuppin, 1578, in-8., avec une préface de Nic. Pithou, sieur de Cham-Gobert, une carte et des fig. 23 fr. Eyriès : ensuite de français en latin par J. Th. Freigius, sous cet autre titre :

DE MARTINI Forbisseri *Navigatione in regiones occidentis et septentrionis narratio historica*, ex gallico sermone in latinum translata per Th. Freigium. *Norimbergæ*, 1580, in-8., avec une planche grav. sur bois. 12 flor. 30 kr. Butsch, et exempl. moins beau, 4 flor. 12 kr., et 46 fr. à Paris, en 1860.

Frissard. Port du Havre, 24352.

Fritz (*Théod.*). Système d'instruction, 3890.

Fritze (*E.*) und Reich. Die plastische Chirurgie, 7512.

Fritzsche (*F.-V.*). De Babyloniis, 16087.

Frizon (*Nic.*). Vie de Bellarmin, 21672.

Frizon (*Leon.*). Opera poetica, 12870. — Vie de S. Sigisbert, 23349.

— Une édit. de *Hambourg*, 1675, in-4. fig. *cum observationibus et appendice ex Museo D. Capelli*, est portée à 40 fr. catalogue Asher, 1858, n° 68. Voy. BEST (*Georg*).

LA MÊME relation trad. du français en allemand. *Nürnberg*, 1580, in-4. 7 flor. 30 kr. Butsch.

— LO SCOPRIMENTO dello strelto artico e di meta incognita, ritrovato nel anno M D. L. XXVII. e 1578 (*sic*) dal capitano Martino Forbisero inglese, posto nel italiano dal sig. Lorenzo Anania. *Napoli*, 1582, pet. in-8.

Volume rare. 2 liv. 10 sh. Bright.

Lowndes (Manuel, p. 733) cite *T. Ellis, True report of Martin Frobisher's his last and third voyage*, London, Dawson, 1578, in-4.

— Navigation au détroit. Voy. le n° 28562 de notre table.

FRODOARD. Voyez FLODOARD.

FROELICH (*Erasmi*) Notitia elementaris numismatum antiquorum. *Viennæ*, 1758, in-4. fig. 6 à 9 fr. [29671]

— Voyez NUMISMATA.

— Annales compendiarii regum et rerum Syriæ, numis veteribus illustrati, deducti ab obitu Alexandri Magni, ad Cn. Pompeii in Syriam adventum, ex prælectionibus Jo.-Bapt. Prileszky. *Viennæ*, 1744 seu 1754, in-fol. fig. [29771]

Vend. 33 fr. de Cotte, mais ordinairement de 12 à 20 fr. La seconde édition de cet important ouvrage renferme des augmentations. Nous citons sous les n°° 26539, 29670 et 29776 de notre table, plusieurs ouvrages de l'auteur, lesquels n'ont qu'un prix très-ordinaire.

FROES. Carta do padre Luis Froes, da companhia de Jesus, em a qual da relação, das grandes guerras, alterações e mudanças que ouue nos reinhos do Japão e da cruel perceguição que o rey uniuersal aleuanto contra os padres da companhia e contra a christiandade, ajuntou-se tambem outra do padre Organtino, do mesma companhia, que escreveo das partes de Miaco. *Lisboa, A. Alvarez*, 1589, pet. in-8. [21583]

Cette lettre, dont l'édition originale de 1589 est fort rare, a été réimpr. à Coimbre, par Antonio de Barreira, et insérée avec d'autres relations du même P. Froes dans la collection de *Cartas dos PP. Jesuitas da China e Japam*, Evora, 1598, 2 vol. in-fol.

FROETOLA. Voy. FROTTOLA.

FROGER. Relation d'un voyage fait de 1695-97 aux côtes d'Afrique, détroit de Magellan, Brézil, etc., par une escadre commandée par M. de Gennes. *Paris*, 1698 ou 1699, *Amsterd.*, 1699, in-12, fig. 3 à 5 fr. [20039]

Il y a une édit. d'*Amst.*, 1715, dont le titre porte : *Relation d'un voyage de la mer du Sud, etc.*
Froger avait rédigé la relation d'un voyage qu'il avait fait sur l'*Amphitrite*, de 1698 à 1700, et qui avait principalement pour but les côtes de la Chine.

Froebal (*C.* Poppo). Selecta carmina, 12597.
Froes Perim. Voy. San Pedro.

Cette relation, présentée à M. de Pontchartrain, allait être mise sous presse, à Paris, lorsque la mort du libraire Barbin fils, arrivée en 1701, en empêcha l'impression. Le même officier ayant été nommé commandant de la flûte *l'Amazone*, s'embarqua sur ce navire, le 7 septembre 1704, et fit voile pour la côte du Sénégal, mais on ignore ce qu'il devint ensuite. Je possède une correspondance fort curieuse de cet ingénieur avec Nicolas Thoinard.

FROISSART (*Jehan*). Le premier (le second, le troisieme et le quart) volume des Croniques de France, Dangleterre, Descoce, Despaigne, de Bretaigne, de Gascongne, de Flandres et lieux circunuoisins (de 1326 à 1400). *Imprime a paris pour Anthoine verard marchant libraire demourant a Paris sur le pont Nostre-Dame* (sans date), 4 vol. in-fol. goth. [23341]

Première édition, imprimée vers 1495. Vérard en a donné une seconde, également sans date, et qui est copiée page pour page sur celle-ci. On la reconnaît à la première lettre initiale en bois du titre de chaque volume, laquelle représente deux têtes, tandis qu'il n'y en a qu'une dans l'original; on les reconnaîtra mieux encore à la souscription du 1ᵉʳ vol. ainsi conçue : *Imprime pour Anthoine Verard marchant libraire demourant a Paris, deuant la rue neuue Nostre Dame pres thostel Dieu* (ce qui indique une édition faite après 1500). Ces deux éditions sont d'une égale rareté, et à peu près du même prix. 400 à 600 fr.

Un exempl. de la première édit., impr. sur VÉLIN, avec miniat. 540 fr. Gaignat; 920 fr. La Valliere; 4250 fr. Mac-Carthy (il est à la Bibliothèque impériale). Les tomes I et II de la 2ᵉ édit. impr. sur VÉLIN, avec plusieurs ff. refaits à la plume, 150 flor. Meerman; le tome IVᵉ de la 2ᵉ édition, également sur VÉLIN, 200 fr. d'Ourches.

Le premier volume contient cclxxi ff. chiffrés, précédés de 8 ff. non chiffrés qui renferment le titre (portant *Le premier volume de Froissart, etc.*), la table et un répertoire pour assembler les cahiers de ce tome. — Le second a cclxxix ff. chiffrés et de plus 8 ff. prélimin. pour le titre, la table et le répertoire des cahiers. — Le troisième, composé de ccxxxi ff. chiffr., signat. bbbj à eeee iiij, n'a que 6 ff. prélimin. pour le titre et la table. — Le quatrième se compose de cxj ff. chiffrés, signatures AAAi jusqu'à OOOiij, non compris trois ff. pour le titre, la table et une gravure. A la fin se lit cette souscription : *Cy finist le quart volume de Froissart.... imprime a Paris pour Anthoine Verard marchand libraire demourant sur le pont nostre dame.*

— La même Chronique de Froissart. (au recto du dern. f. du 4ᵉ vol.), 2ᵉ col.): *Cy fine le quart volume de messire Jehã Froissart... imprime a paris par Michel le noir libraire demourãt au bout du pont nostre dame deuant saint denys de la charte a lymage nostre dame lan mil cinq cens τ cinq le xxviij. iour du mois de Juing*, 4 tom. pet. in-fol. goth. à 2 col. de 42 et de 44 lignes.

Fröhlich (*R.-A.*). Anleitung zur Erlernung der vier slavischen Sprachen, 11401. — Illyrische Sprache, 11406.

Frois (*L.*). Mort de vingt-six chrestiens, 22308.

Édition aussi rare que celle de Verard : 4 liv. 6 sh. Heber (avec un vol. de 1513).

Tome I, 8 ff. prélimin. pour le titre, la table des chapitres du vol. et le registre des cahiers , texte ff. *i-cc lxxj.* souscript. datée du xxviij de mars. — II, 6 ff. prélimin. pour le titre et la table, texte, ff. *i-cc lxxix,* souscript. du xv de juillet. — III, 6 ff. prélimin. comme ci-dessus , texte, ff. *i-cc xxxi,* souscript. du vij de juing. — IV, 2 ff. prélimin., texte, ff. *i-c xj.*

Celle de *Paris, Guill. Eustace,* 1513 et 1514, 4 tom. en 3 vol. in-fol. goth., a été vend. 30 fr. en 1798; 5 liv. 2 sh. 6 d. Heber; 12 liv. 12 sh. *mar. bl.* Lang. En voici la description : Tome I, 7 ff. préliminaires, texte, cc ixxj ff. — Tome II, 6 ff. et cclxxix ff. — Tome III, 6 et cc xxxj ff. — Tome IV, 2 et cxj ff. Un bel exempl. impr. sur VÉLIN, 3000 fr. Soubise ; 150 liv. sterl. Paris.

—Les Chroniques de Froissart. (à la fin du 4e vol.) : *Cy finist le quart volume de messire iehan Froissart... imprime a Paris Lan de grace mil cinq cens et dix huyt le xii. iour doctobre pour Anthoine verard demourant deuat la rue neufue nostre dame....* 4 part. en 2 vol. pet. in-fol. goth. à 2 col. de 43 lignes.

Cette édition a été imprimée pour le compte des libraires Ant. Verard (second), Francoys Regnault et Jehan Petit. Il s'en trouve des exempl. soit avec le nom et la marque d'un de ces trois associés, à tous les volumes, soit avec différents noms à chaque volume. — Le premier vol. a 7 ff. prélim. pour le titre, le registre et la table des chapitres, et cc. lxxi ff. chiffrés. — Le second, 6 ff. prélimin. et cc. lxxix ff. — Le troisième , 6 ff. prélimin. et cc. xxxi ff. chiffrés. — Le quatrième , 2 ff. prélimin. et c. xi ff. chiffrés. — Vend. 52 fr. *mar. r.* La Valliere ; 36 fr. Daguesseau ; 170 fr. (avec le nom de Verard) Thierry, et 425 fr. *mar. r.* Giraud ; 6 liv. (avec le nom de J. Petit) Heber, et en *m. bl.* 385 fr. d'Essling; avec le nom de Fr. Regnault, *mar. bl.* 295 fr. Bertin.

—La même, nouuellement oultre les precedentes impressiõs Imprime : a Paris, on les vend en la rue Sainct Jaques a lenseigne de la fleur de lys dor en la boutique de Jean petit. (à la fin du 4e vol.) : *Cy finist le quart volume..... imprime a Paris par Antoine Couteau imprimeur pour Jehan petit libraire... et fut acheue le deuxiesme iour de septebre lan mil cinq cens trente,* 4 tom. en 2 vol. in-fol. goth. à 2 col. de 53 lig.

Tome I, 6 ff. prélim. et cc.xiij ff. — II, 3 ff. prélim. et cc.lxxix ff. — III, 4 ff. prélim. et cc.lxxii ff. — IV, 2 ff. prélim. et lxxx ff. Vend. 29 fr. La Valliere ; 9 liv. 14 sh. Roxburghe ; 3 liv. 4 sh. Heber, et avec le nom de *Galliot du Pré* sur le titre, 7 liv. 15 sh. Libri, en 1859.

Il se trouve quelquefois des exempl. de Froissart composés de vol. qui appartiennent à plusieurs éditions différentes.

— La même histoire et cronique. Reueu et corrigee sur diuers exemplaires , & suyuant les bons auteurs, par Denis Savvage. *Lyon, lan de Tournes,* 1559-61, 4 tom. en 2 vol. in-fol. 36 à 45 fr.

Cette édition, devenue peu commune, est très-belle, et, malgré le jugement désavantageux qu'en a porté

Jean Le Laboureur (*Mémoires de Castelneau,* I, page 677), elle mérite d'être recherchée ; car, selon Sainte-Palaye, juge irrécusable en pareille matière, Sauvage, avec le peu de secours qu'il a pu se procurer alors, a fait, pour améliorer le texte de Froissart, tout ce qui était en son pouvoir ; et si son édition est encore très-imparfaite, elle n'a point de défauts qui ne lui soient communs avec les éditions précédentes auxquelles elle est du reste infiniment supérieure (*Mém. de l'Acad. des inscriptions et belles-lettres,* XIII, pag. 568 et suiv.): vend. 72 fr. (rel. antiquée) Le Seigneur, en 1804. Un exemplaire en *m. r.* aux armes de notre de Thou, 15 liv. 10 sh. Hibbert, et plus tard 900 fr. à Paris.

L'édition de *Paris,* 1574, 4 tom. en 2 vol. in-fol., est la plus commune : 20 à 30 fr. Vend. bel exempl. *l. r.* rel. en *v. f.* 48 fr. La Valliere. J'en ai vu un en Grand Papier.

— Les mêmes chroniques. (*Paris, impr. royale,* vers 1788), in-fol., tome Ier.

Les suites de la révolution de 1789 ont empêché la continuation de cette édition dont il n'y a eu d'imprimé que 632 pages du tome Ier, contenant une grande partie du prem. livre. Ce fragment précieux a même presque entièrement disparu, car deux ou trois exempl. au plus ont échappé à la destruction qui a été faite des feuilles déjà tirées. Cette édition, fruit des soins de M. Dacier, devait présenter un texte tout neuf, augmenté d'un tiers, et dans lequel le nom des personnages et des lieux, ainsi que les passages altérés, auraient été rétablis, les lacunes remplies, les leçons vicieuses remplacées par d'autres incontestablement meilleures. Les marges des volumes auraient contenu la traduction des anciens mots les moins connus, et l'on aurait placé au bas des pages, d'une part les variantes fournies par divers manuscrits, de l'autre des remarques historiques, géographiques et chronologiques, où les récits de Froissart auraient été tantôt éclaircis, tantôt rectifiés, selon qu'ils ont besoin de l'être. Tel est effectivement le plan qui a été suivi dans le volume dont nous venons de parler, et dont un exemplaire a été vendu 61 fr. Dacier ; 42 fr. Monmerqué.

— Les mêmes chroniques. *Paris, Verdière et Carez,* 1824-26, 15 vol. in-8. 75 fr. — Pap. vél. 120 fr.

Partie de la *Collection des chroniques nationales françaises,* publiée par J.-A. Buchon (voyez COLLECTION).

En entreprenant cette édition de notre meilleur chroniqueur, le nouvel éditeur a eu à sa disposition le travail de M. Dacier, qui malheureusement ne s'étend pas au delà du premier livre, mais qui lui a été d'un grand secours pour cette partie de l'ouvrage, et a pu lui servir de modèle pour le reste. Toutefois, M. Buchon s'est beaucoup trop écarté du plan qui lui était tracé, en supprimant les variantes et plusieurs notes, surtout en imprimant le texte d'après l'orthographe moderne, et en n'en soignant pas assez la correction; aussi, tout en convenant que l'édition dont nous parlons est plus complète, souvent meilleure, et en général d'un usage plus commode que les précédentes, sommes-nous forcé d'ajouter qu'elle fourmille de fautes d'impression, et qu'ainsi que nous l'avons vérifié , les leçons qu'elle présente ne sont pas toujours préférables à celles de Sauvage ; en sorte qu'elle n'a pas entièrement effacé cette dernière, et que, pour tout dire, un bon Froissart reste encore à publier.

— Les mêmes chroniques... nouvellement revues et augmentées d'après les manuscrits, avec notes, éclaircissements, tables et glossaire, par J.-A. Buchon. *Paris, Desrez,* 1835, 3 vol. gr. in-8. 30 fr.

Partie de la collect. intitulée : *Panthéon littéraire.*

— FROISSARDI historiarum opus omne, jam pridem et

breviter collectum et latino sermone redditum. *Parisiis, ex officina Sim. Colinæi,* 1537, in-8.

Cette traduction abrégée, dont on fait peu de cas, est de Jean Sleidan, qui y a joint une épître au cardinal Jean du Bellay. Il en a été fait une traduction anglaise, par F. Golding. *Lond.,* 1608, aussi 1611, in-4.

RECUEIL diligent et profitable, auquel sont contenues les choses plus notables à remarquer de toute l'histoire de Jean Froissart, illustré de plusieurs annotations par François de Belleforest. *Paris , Jean Hulpeau,* 1572, in-16. 5 à 6 fr.

— CI SENSIEUT vn trettie de moralite q sappelle le temple donnour. fait ditte et ordõne par venerable ɀ discrete psonne sire Jehan Froissart. Non encores ci deuant imprime (publié par P. Chabaille), *acheuc d'imprimer le 25 juillet 1845 par Crapelet, et se vend a Paris, chez Silvestre,* in-16 goth. 6 fr. [13228]

Dix-neuvième livraison de la *Collection de poésies, romans, etc.* (voy. COLLECTION).

POÉSIES de J. Froissart, extraictes de deux manuscrits de la Bibliothèque du roi, et publiées pour la première fois par J.-A. Buchon. *Paris, Verdière (Toul, imprim. de Carez),* 1829, in-8. 6 fr. — Pap. vél. 12 fr. [13228]

Ce volume se réunit à la chronique ci-dessus, en 15 volumes, mais il est inséré dans l'édition de 1835, en 3 vol.

— The cronicles of Englande, Fraunce, Spayne, Portyngale, etc., translated out of Frenche into our maternall englysshe tonge, by Johan Bourchier knight lorde Berners. *Imprented at London in Fletestrete by Richarde Pynson,* 1523-25, 4 tom. en 2 vol. in-fol. goth.

Cette édition très-rare est fort recherchée en Angleterre, et, malgré la nouvelle traduction qu'a publiée M. T. Johnes, elle conserve encore beaucoup de valeur : vend. 63 liv. Roxburghe, en 1812 ; 42 liv. Sykes ; 32 liv. Hibbert ; 22 liv. Heber ; 40 liv. Puttic, en juin 1858.

Comme il a été fait deux réimpressions du prem. vol. de cette traduction, par *Wyll. Myddlyton,* à Londres, 1525, in-fol., et au moins une réimpression du second vol. sous le nom de *Rich. Pynson,* il arrive quelquefois que les exempl. de ce livre précieux sont formés de volumes ou de parties de volumes qui appartiennent à différentes éditions. Consultez à ce sujet Lowndes, p.752, 2ᵉ édit., p. 842-843, et *Biblioth. heber.,* VI, nᵒˢ 1936 et suiv.

M. E.-V. Utterson a fait réimprimer à Londres (en 1812), en 2 vol. in-4., cette ancienne traduction anglaise de Froissart, d'après l'édition de Pynson, avec une préface biographique et un index; mais cette réimpression, qui a coûté 6 liv. 6 sh., est maintenant à bas prix.

—CHRONICLES of England, France, and the adjoining countries, from the latter part of the reign of Edward II. to the coronation of Henry IV, newly translated by Th. Johnes. *At the Hafod press, by James Henderson,* 1803-10, 5 vol. gr. in-4.

Traduction faite sur l'édition française de Denis Sauvage, mais avec des variantes et des corrections tirées de plusieurs bons manuscrits. L'édit. est belle et ornée de 60 pl. grav. d'après les miniat. des mss. de Froissart, qui sont à Paris, dans la Biblioth. impér. Le 5ᵉ vol., impr. en 1810, est un supplément qui renferme la vie de Froissart, par de Sainte-Palaye, trad. en anglais, la description d'un ancien manuscrit de cette chronique, et un index. Le prix de cette édition est de 16 liv. 16 sh. On a ajouté dans quelques exempl. les fig. doubles peintes en miniature : ainsi orné, ce livre se paye de 25 à 30 guinées. Vend. avec le Monstrelet, et le Joinville, les 11 vol. rel. en *cuir de Russie,* 27 liv. 10 sh. Hibbert. Il y a aussi 25 exempl. en très Gr. Pap., format in-fol., qui ont acquis une valeur très-con-

sidérable en Angleterre : vend. 52 liv. Sykes ; 35 liv. double de lord Spencer, et avec le Monstrelet, aussi en très Gr. Pap. 150 liv. Sykes.

La seconde édition de cette traduction, *Hafod,* 1805, 12 vol. in-8., avec les pl. in-4., se paye de 3 à 5 liv.
— Il y en a une troisième de *Lond., H. Bohn,* 1852, gr. in-8. avec 120 bois. 1 liv. 8 sh.

Hafod, résidence de feu M. Johnes, et qui doit désormais tenir son rang dans la géographie typographique, à côté de *Strawberry-Hill,* est situé dans le Cardiganshire, province au sud du pays de Galles. Nous indiquons ci-après, tome V, article SMITH, un ouvrage intitulé *Tour to Hafod.* Ajoutons qu'un terrible incendie a réduit en cendres cette belle résidence, ainsi que les objets précieux qu'elle renfermait. Voy. au mot CATALOGUE.

FROISSARD, étude littéraire sur le XIVᵉ siècle, par M. Kervyn de Lettenhove. *Paris,* 1857, 2 vol. in-12. [30579]

FROLOFF (*Nic.*). Magasin de géognésie et de voyages ; recueil géographique, publié par Nic. Froloff (en russe). *Moscou,* 1853 et ann. suiv., 5 vol. gr. in-8. 100 fr. [19659]

FROMMEL (*G.*). Scholia in Aristidem. Voy. ARISTIDES.

FROMMENT (*Ant.*). Actes et Gestes merueilleux de la cité de Geneue nouuellement conuertie à l'Evangile, faits du tems de leur reformation ; comment ils l'ont reçue, redigee par escrit en forme de chroniques, annales ou histoires, commençant l'an 1532, dedié au conseil de Geneue. *Geneue,* 1536, pet. in-8. [22428]

Cet ouvrage, cité par Senebier, *Histoire littér. de Genève,* I, p. 92, a été supprimé par le Conseil de Genève avec tant de rigueur, que, selon le nouvel éditeur, aucun exemplaire n'a échappé à cette suppression. C'est donc sur le manuscrit autographe de l'auteur qu'a été faite la nouvelle édition que M. Revilliod a publiée sous ce titre :

LES ACTES et gestes merveilleux de la cité de Genève, par Anthoine Fromment, mis en lumière par Gustave Revilliod. *Genève, imprimé par Jules-Guill. Fick,* 1854, in-8. de XXXI, 249 et CCXVI pp. avec portraits et vignettes. 15 fr.

— Deux epistres préparatoires aux histoires et actes de Genève : l'une dédiée au Sénat ; l'autre exhortatoire à tout le peuple de Genève, composées par Ant. Froment (*sic*). *Genève, Jean Gerard,* 1554, pet. in-12, fig. a—dIII. [22428]

A la fin de cet opuscule se lit un dizain français sur le nom de Genève :

Mon nom tourné porte ce mot : Vengée.

(Gaullieur, *Typ. genev.,* p. 138.)

FRONSPERGER (*Lienhart*). Kriegsbuch. *Francof. am Mœn., Feyerabend,* 1573, 3 part. en 1 vol. in-fol. fig. en bois. [8584]

Bonne édition de cet ouvrage intéressant dans lequel sont en partie refondus deux autres traités du même genre (*Fünf Bücher von Kriegsregiment und Or-*

Fromageau. Cas de conscience, 1325.
Fromondus (*Lib.*). In S. Paulum., 497.

denung, et vonn Geschütz vnnd Fewrwerck) donnés par Fronsperger, à Francf., en 1555 et 1557,
in-fol., et réimpr. en 1564.

La première partie du Kriegsbuch (von kayserli-
chen Kriegssrechten, Malefitz vnd Schuldhändlen,
Ordnung und Regiment) a 4 ff. prélim., 257 et 6 ff.
La seconde partie (von Wagenburgk vmb die Veld-
leger) 6 ff. prélim., 227 et 6 ff.; et la troisième partie (von Schantzen und Befestungen) 4 ff. prélim.,
362 et 7 ff. 25 fr. 50 c. Bearzi.

L'édition de Francf., Feyrabends Erben, 1596, 3 tomes en 1 vol. in-fol. fig., est inférieure à celle de
1573.

La première partie de cet ouvrage a d'abord paru séparément à Francf., en 1565, sous ce titre : von
kaiserl. Kriegsrechten. Il y en a une troisième
édition de 1578.

On a imprimé à Berlin, en 1820 et suiv., le prem. vol.
d'une édit. du Kriegsbuch, mis en style moderne,
par F.-W.-A. Böhm; mais la suite n'a pas paru.

FRONTINUS (Sext.-Jul.). Libri quatuor Strategematicon, cum notis integris Fr. Modii, Stewechii, P. Scriverii, etc., curante Fr. Oudendorpio qui suas adnotationes variasque msstor. lectiones adjecit. Lugd.-Batavor., 1731, in-8. 5 à 6 fr. [8570]

Cette édition est bonne, mais elle a été effacée par la
réimpression faite par les soins de Corn. Ouden-
dorp, qui y a ajouté de nouvelles notes, Lugd.-Ba-
tavor., 1779, in-8. 6 à 9 fr.

La première édition des Strategemata a paru à Rome,
en 1487. Voy. VETERES de re militari scriptores ; et
aussi VEGETIUS.

— STRATEGEMAT. lib. IV, cum notis selectis var.: accedunt J.-F. Herelii animadvers. criticæ, curante
Nic. Schwebelio qui suas adnotat. adjecit. Lipsiæ,
1772, in-8. fig. 4 fr.

L'édition donnée par Jos. Valart, Paris, 1763, pel.
in-12, est peu estimée.—Celle de Deux-Ponts, 1783,
in-8., renferme les différents écrits de Frontin, mais
sans notes.

— STRATEGEMATICON lib. IV, recensuit, illustravit et
german. reddidit Andr. Diederich. Vesaliæ, 1841,
in-8. 9 fr,

— LES RUSES et cautelles de guerre (par Remy Rousseau). (Paris), Jehan Petit (sans date), pet. in-8.
goth. de 64 ff., sign. a—h.

Remy Rousseau n'est guère que l'éditeur de ce livre :
il se nomme en tête de son épitre dédicatoire au
duc de Bourbon, en date du XXIIII de nouembre
1514, et où il dit qu'il a fait usage de la traduction
de Frontin par Emery de Saincte-Rose. Le surplus
de l'ouvrage est extrait de différents auteurs. Vend.
20 fr. Revoil ; et avec le titre monté, 1 liv. 13 sh.
Libri.

Un exempl. de ce vol. impr. sur VÉLIN est porté dans
la Biblioth. thottiana, VII, p. 251, nº 470.

LES STRATAGÈMES, ou ruses de guerre, recueillis
par Frontin, trad. en françois. Paris, Didot aîné,
1772, in-8.

La traduct. de Frontin, par Perrot d'Ablancourt, est
réunie à celle de Polyen (voy. POLYÆNUS).

SEXTUS Julius Frontin. Les Stratagèmes; Aqueducs de la ville de Rome, traduction nouvelle, par
Ch. Bailly. Paris, Panckoucke, 1849, in-8.

Il existe une ancienne traduction anglaise de Frontin,
par Rycharde Morysine, London, in œdib. T. Ber-
theleti, 1539, in-16, 1 liv. 7 sh. Sykes; et une nouvelle trad. par Scott, Lond., 1811, aussi 1816, in-8.

Panzer, VIII, p. 288, cite une traduction espagnole
du même ouvrage, sous ce titre :

TRIUMPHOS de locura, por Hernan Lopez de Yanguas, a saver que cosa et locura y prudencia. Los
quatros libros de Frontino sobre los exemplos y
avisos de la guerra, En Salamanca por Lor. de
Liom, 1516, in-4.

Antonio ne parle pas de ce livre; mais à l'article Ferdinandus Lopez de Yanguas, il cite Triunfos de la
locura, 1542, in-4., et du même auteur Cinquenta
Preguntas, Valencia, 1550.

— Ejusdem de aquæductibus urbis Romæ commentarius, restitutus atque explicatus opera et stud. Jo. Poleni. Patavii, 1722, in-4. fig. 6 à 9 fr. [8829]

On peut réunir à cette édition l'opuscule suivant :

FRONTINI de aquæductibus urbis Romæ loca des-
peratissima ope mss. ad veram lect. restituta a
J.-Fr. Corradino de Allio. Venetiis, 1742, in-4. de
28 pp.

— IDEM commentarius, adspersis J. Poleni aliorumque notis unacum suis, editus a G.-Ch. Adler. Al-
tonæ, 1792, in-8. 3 fr.

COMMENTAIRE de S.-J. Frontin sur les aqueducs
de Rome ; traduit avec le texte en regard ; précédé
d'une notice sur Frontin, de notions préliminaires
sur les poids, les mesures, les monnaies et la manière de compter des Romains ; suivi de la description des principaux aqueducs construits jusqu'à nos
jours ; des lois ou constitutions impériales sur les
aqueducs, et d'un précis d'hydraulique ; avec 30 pl.
par J. Rondelet. Paris, l'auteur (imprim. de F.
Didot), 1820-21, 2 part. in-4. et atlas in-fol obl.
30 fr.

— COMMENTARIO di S. G. Frontino degli aquedotti
della città di Roma (ital. et lat.), con note et fig.
illustrato da B. Orsini. Perugia, 1805, in-8. 9 fr.

FRONTO (M.-Corn.). Opera inedita, cum epistulis item ineditis Antonini Pii, M. Aurelii, L. Veri et Appiani, necnon aliorum veterum fragmentis. Invenit et commentario prævio, notisque illustravit Angelus Maius. Mediolani, typis regiis, 1815, 2 vol. in-8. fig. 16 fr. [18936]

Il y a des exempl. en Gr. Pap., de format in-4., et,
selon M. Dibdin, Bibliograph. tour, III, 595, il
s'en conserve un imprimé sur VÉLIN dans la biblioth. particulière de l'empereur, à Vienne.

Cette édition de 1815 qu'a effacée celle de Rome,
1823, a été reproduite à Francfort-sur-le-Mein,
1816, en un seul vol. in-8., au prix de 10 fr. —
Pap. de Holl., 15 fr.

— FRONTONIS reliquiæ ab Ang. Maio primum editæ,
meliorem in ordinem digestas suisque et Phil. Butt-
manni, L.-F. Heindorfii ac selectis Ang. Maii animadversionibus instructas iterum edidit B.-G. Niebuhr : accedit liber de differentiis vocabulorum,
et ab eodem Ang. Maio primum edita Q. Aurelii
Symmacchi octo orationum fragmenta. Berolini,
Reimer, 1816, in-8. 6 fr.

Il est convenable de réunir cette édition à celle de
Maï, dont elle diffère beaucoup dans l'arrangement des pièces. L'éditeur italien a pris la défense
de son travail contre les critiques de Niebuhr, dans
un écrit intitulé : Commentationes de editionibus
principibus mediolan. fragment. Ciceronis et
operum Frontonis, Mediolani, 1817, in-8. de 37 pp.

— C. Frontonis et M. Aurelii imper. epistulæ ; L. Veri, et Antonini Pii, et Appiani epistularum reliquiæ : fragmenta Frontonis et scripta grammatica : editio prima romana plus centum epistulis aucta ex codice rescripto bibliothecæ pontificiæ vaticanæ, curante Ang. Maio. Romæ, Burlæus, 1823, in-8. fig.

Édition que le titre fait suffisamment connaître. 15 fr.
Il y a des exemplaires en gr. in-4., qui coûtaient
48 fr.

Les ouvrages de Fronton, dont nous sommes redevables au cardinal Mai, sont au nombre de vingt environ, savoir : sept livres d'épîtres aux empereurs Antonin, Marc-Aurèle, L. Verus et à ses amis ; un sur les féries; un sur la mort de son neveu ; deux livres de leçons sur quelques parties de l'art oratoire; trois fragments d'oraisons; une épître consolatoire à Marc-Aurèle, sur la défaite essuyée par les Romains dans la guerre contre les Parthes ; un essai sur la guerre parthique; un éloge de la fumée et de la poussière, etc. Le traité de Fronton *De vocabulorum differentiis* a été impr. pour la première fois par les soins d'Aulus Janus Parrhasius, à Vicence, en 1509, in-fol., avec d'autres grammairiens. Il se trouve aussi dans différents recueils du même genre, et notamment dans celui de *Putschius* (voyez ce nom dans notre 3ᵉ volume).

— M. Corn. Frontonis et M. Aurelii imperatoris epistolæ, L. Veri et Antonini Pii, etc., epistolarum reliquiæ, e codice rescripto biblioth. vaticanæ, curante Ang. Maio ; editio in Germania prima. *Cellis, Schultze*, 1832, in-8. 4 fr.

Ce volume porte aussi le titre suivant : *Frontonis opera inedita, cum epistolis item ineditis Antonini Pii, etc., editionum mediolanensis, francofurtanæ et niebuhrianæ supplementum.*

Lettres inédites de Marc-Aurèle et Fronton, trouvées dans les palimpsestes de Milan et de Rome ; traduites avec le texte latin en regard et des notes, par Armand Cassan (et Corpet). *Paris, Levavasseur*, 1830, 2 vol. in-8. 10 fr. [18687]

FRONTON DU DUC. L'histoire tragique de la Pucelle de Don-Remy, aultrement d'Orléans. Nouuellement departie par actes, τ representée par personnages. *A Nancy, par la refue Iean Ianson pour son filz imprimeur de son Altesse*, 1581. (au recto du dern. f.) : *acheuée d'imprimer le dernier iour du mois de Iuin 1581*, in-4. de 8 ff. prélim. et 46 ff. chiffrés, sign. A2—O2. [16312]

Cette pièce a été composée par le savant Fronton du Duc, jésuite, et représentée par ses élèves, au collége de Pont-à-Mousson, en 1580, devant le duc Charles III. L'année suivante, Barnet, conseiller de ce prince, l'a fait imprimer après l'avoir retouchée et y avoir joint une dédicace, signée de lui, et adressée au comte de Salm, gouverneur de Nancy, mais sans y faire aucunement mention du Père Fronton du Duc. Une analyse étendue de cette pièce fort rare a été donnée par M. Beaupié, dans ses *Nouvelles recherches de bibliographie lorraine* (1854), p. 22-50.

— L'histoire tragique de la Pucelle d'Orléans, par le P. Fronton du Duc, représentée à Pont-à-Mousson, le VII sept. M.D.LXXX, devant Charles III, duc de Lorraine, et publiée en M.D.LXXXI par J. Barnet, *Pont-à-Mousson, imprimerie de P. Toussaint*, 1859, pet. in-4. de XXVIII et 106 pp. 10 fr.

Cette édition, publiée par les soins de M. D. d. L. (Durand de Lançon), ancien membre de la Société des Bibliophiles, et reproduite d'après celle qui précède, n'a été tirée qu'à 150 exemplaires numérotés à la presse, dont les quinze premiers sur papier d'Annonay supérieur.

FROSCH (*Joannes*). Rerum musicarum opusculum rarum et insigne totius ejus negotii rationem mira industria et brevitate complectens. *Argentor., Petr. Schöffer*, 1555, in-fol. fig. 24 à 30 fr. [10145]

Froschel (*F.-H.*). Das Gebiss der Schnecken... 5836.

FROTTOLA di diuersi autori fiorentini, cosa piaceuole e ridicula con due capitoli et VII sonetto d'amore dell' Altissimo poeta fiorentino. *Nuouamente ristampata (senza luogo ed anno)*, pet. in-4. de 4 ff. à 2 col. lettres rondes. [15000]

Catal. La Vallière, 3549, art. I.

FROTTOLA di dua (*sic*) vecchi fattori di Monache, l'uno chiamato Corpo sodo, e l'altro Bernardo. (*Senza luogo ed anno*), in-4. de 2 ff. à 2 col. avec 1 fig. en bois. [vers 15000]

Petite farce satirique impr. vers le milieu du XVIᵉ siècle, et probablement à Florence : 46 fr. m. r. Libri.
— Elle a été réimpr. sous le titre de *Corpo sodo, e Bernardo fattori di monache*, à Florence, *appresso sant' Apolinari*, 1620, in-4. de 2 ff. à 2 col. fig. en bois. 26 fr. 50 c. m. r, le même.

FROTTOLA d'un padre che haveva dua (*sic*) figliuoli, un buono chiamato Benedetto & l'altro cattivo chiamato Antonio, nuovamente ristampata. — *Stampata in Firenze da San Pulinari, ad instanza di Jacopo Perini*, 1575, in-4. de 4 ff. à 2 col. avec une fig. en bois. (La Vallière, 3549, art. 2.) [vers 15000]

Cette frottola est une espèce de petite comédie écrite en pur florentin. Le catal. Libri, nᵒ 1816, en décrit une édition in-4. de 4 ff. qu'on suppose avoir été impr. à Florence au commencement du XVIᵉ siècle ; elle est ornée d'une figure en bois, au bas de laquelle se voient les armes des Médicis, sans couronne (voir l'*Aggiunte* de Molini, nᵒ 282). Deux autres éditions, in-4. de 4 ff. à 2 col., sans date, sont portées sous les nᵒˢ 1817 et 1818 du catal. Libri; l'une du milieu du XVIᵉ siècle, et l'autre du commencement du XVIIᵉ; cette dernière, *non rognée*, 19 fr.

FROTTOLE, libro primo (lib. IX). — *Impressum Venetiis per Ottavianum Petrutium Forosemproniensem...* M. CCCCCIIII (*usque ad* M. D. VIII), 9 part. pet. in-4. en travers. [vers 15000]

Il n'existe peut-être pas dans la bibliographie italienne de livre plus rare que cette collection de *Frottole*, avec les airs notés. M. Ant. Schmid l'a amplement décrite dans son *Ottaviano dei Petrucci*, pp. 51 à 77, d'après l'exemplaire complet de la Bibliothèque roy. de Munich, et les livres 1, 2, 3, 5, 6 et 9 conservés dans la Biblioth. impériale de Vienne. Nous nous bornerons à en donner ici une courte description. Le texte des chansons est en lettres gothiques, mais les titres de chaque livre sont en romain. Le verso de ces titres donne l'index alphabétique, à 2 col., des pièces contenues dans le vol., avec le renvoi en chiffres romains à la page où elles se trouvent; le dernier f. présente avec la souscription de l'imprimeur et la date, le registre des cahiers et, presque toujours, la marque de l'imprimeur.
Le premier livre, sous la date *Die xxviii nouembris... M.cccciiii*, a des signat. de A—G. (*quaterni*), et il contient les chansons, *numero sesantadui* (62). Dans le second, daté du VIII *Januarii*, 1504, sign. A—G. (*quaterni*), les chansons sont *numero cinquanta tre*. L'exemplaire appartenant à la Bibl. impér. de Vienne porte pour date : M.D.VII. *die*

Frost (*John*). History of California, 28622.

xxix Januarii. Le troisième livre (*Frottole numero sesantuna*) est du vi *Febr.*, 1504, signatures AA—HII (*quaterni*). L'exemplaire de Vienne est de M.D.VII. *die xxvi. nouembris.*

Le quatrième livre a pour titre :

STRAMBOTTI, ode, frottole, ‖ sonetti, Et modo de cantar ‖ versi latini e capituli. ‖ Libro quarto.

Les pièces y sont *numero nonanta una*, les ff. cotés de I à LV, et les cah. de AA—GG. L'exemplaire de Munich, le seul qu'ait vu M. Schmid, ne porte ni la souscription finale ordinaire de l'imprimeur, ni la date, qui pourrait être de 1505. — Le cinquième livre (*Frottole numero sesanta*), a 55 ff. chiffrés et un 56ᵉ f. portant la souscription de l'imprimeur, et la date *die xxiii Decembris...* M.CCCCCV. Les cah. sont sous les sign. aaa—ggg (*quaterni*). — Le sixième livre (*Frottole, sonetti, strambotti, ode Justiniane numero sesanta sie*) a également 55 ff. chiffrés, et sur le 56ᵉ la souscription sous cette date : *Die v Februarii...* M.CCCCCV. Les cahiers (*quaterni*) sous les sign. Aa—Gg. — Le septième livre (les pièces *numero sesanta sette*), est sous la date de 1507, *die 6 Junii.* Les cahiers (*quaterni*) portent les sign. A—G en gothique allemand. — Le huitième livre (*Frottole numero cinquesanta sie*), sous la date de 1507, *Die xxi Madii*, a des sign. de aa—gg (*quaterni*). — Le neuvième livre (*Frottole numero sesanta quatro*) a, comme les précédents, 55 ff. cotés en chiffres arabes ; le 56ᵉ porte la souscription, avec la date M.D.VIII. *Die xxii Januarii*, et le registre AA—GG (*omnes quaterni*).

FROTTOLE composte da piu autori. Tu ti parli (*sic*) o cuor mio caro. (*senza luogo ed anno*), in-4. de 4 ff. à 2 col. avec une fig. au prem. feuillet. [vers 15000]

On a imprimé sous ce titre de *Frottole* plusieurs recueils de *Canzoni à ballo* composés par Laur. de Médicis, Politien et autres (voy. MEDICI). Celui-ci, qui paraît avoir été impr. à Florence vers le milieu du XVIᵉ siècle, a été porté à 86 fr. vente Libri, en 1847, nᵒ 1487.

A la même vente se trouvait (vend. 45 fr. *m. r.*) *Frottole diverse da più autori composti*, in-8. de 4 ff. impr. probablement à Venise vers 1550, mais sans date et sans nom de ville. Opuscule contenant sous des titres parfois différents les sept premières pièces que renferme l'édit. de 1560 (*del mese de Gennaio*), ci-dessous.

FROTTOLE composte da diversi autori, cioe la Brunettina mia ; la Pastorella si leva per tempo : la canzone del Chirocotto. Amor mi priva di liberta. *Fiorenza*, 1560, *a di 3 di Febraro*, in-4. de 2 ff. à 2 col. avec une fig. au prem. feuillet. [vers 15000]

Cet opuscule fort rare contient des pièces de Laur. de Médicis et de Politien ; il a été payé 110 fr. (*m. r.*) à la vente Libri, où l'on a porté à 81 fr. un autre recueil de pièces des mêmes auteurs, différentes de celles que renferme celui-ci. Il était annoncé sous ce titre : *Frottole composte da piu autori. Fiorenza*, 1560, *del mese di Gennaio*, in-4. de 2 ff. à 2 col. avec une fig. en bois.

Nous aurions désiré pouvoir vérifier si ce dernier recueil ne serait pas l'édition originale de celui dont Gamba, nᵒ 267, a cité, d'après Poggiali, des édit. de 1562 et 1614, sous le titre de *Canzone a ballo* (voy. MEDICI).

FROUMENTEAU. Le thrésor des thrésors de France, c'est-à-dire, le secret des finances, ou préparatif propre et nécessaire pour payer les dettes du roi, décharger ses sujets, etc. (*Paris*), 1581, 3 tom. en 1 vol. in-8. 9 à 15 fr. [23553]

Ouvrage qui donne des renseignements curieux sur la statistique de la France à l'époque où écrivait l'auteur. De Bure et d'autres bibliographes l'ont annoncé sous le titre que nous venons de donner ; cependant nous en avons vu plusieurs exemplaires avec l'intitulé suivant : *Le secret des Finances de France, descouvert et departi en trois livres par N. Froumenteau, et maintenant publié pour ouvrir les moyens légitimes et nécessaires de payer les deniers du roy, décharger ses sujets des subsides imposés depuis trente-un ans, et recouvrer tous les deniers pris a sa majesté*, 1581, sans nom de ville ni d'imprimeur, mais avec un titre particulier à chaque livre, et qui, par conséquent, ne sont pas anonymes ; il y a même deux éditions sous ce dernier titre, l'une en beau papier, et l'autre en papier très-commun ; dans celle que nous regardons comme la meilleure, l'article *Le*, qui se trouve au haut du frontispice, est en capitales italiques : dans la contrefaçon il est en capitales romaines.

Il existe une première édition beaucoup moins complète que celle-ci, et qui a pour titre : *Le secret des thrésors de la France descouvert et departi en deux livres*, 1581, in-16.

M. Weiss, l'un des collaborateurs les plus utiles de la *Biographie universelle* de M. Michaud, prétend que *Froumenteau* est un nom supposé sous lequel s'est caché *Nic. Barnaud*, qui, dans une autre circonstance, aurait pris le nom de Nic. Montand (voy. CABINET du roi de France, et MONTAND) ; mais les auteurs de la *France protestante* (tome II) pensent, au contraire, qu'il n'est pas exact d'identifier ces deux noms.

FRUCHTGARTEN (der deutsche), oder Auszug aus Sicklers deutschem Obstgärtner und dem allgemeinen deutschen Garten-Magazin. *Weimar*, 1816-1829, 8 vol. gr. in-8., fig. color. [4988]

Chaque volume de cet ouvrage se compose de 10 cah., et chaque cah. de 5 pl. color. ou en noir avec texte. Prix réduit, 10 thl.

FRUGONI (*Carlo-Innoc.*). Opere poetiche. *Lucca, Bonsignori*, 1779-80, 15 vol. in-8. portr. [14597]

Cette édition est moins belle que celle de Parme, *Bodoni*, 1779, 10 vol. gr. in-8., y compris le supplément : 25 à 30 fr. ; mais elle contient 216 pièces de plus. Au reste, il y a trop de choses médiocres dans ces deux recueils, et même le choix de poésies de Frugoni, impr. à Brescia, de 1782 à 1783, en 4 vol. in-8., gagnerait à être réduit de moitié. Il y a une édition des *Poesie scelte* du même auteur : *Bassano*, 1812, 4 vol. in-12.

FRUICTZ (les) sacrez du cordon indulgenciaire de saint François, avec un brief recueil des saintes indulgences que peuvent gaigner les confrères. *Paris*, N. *Du Fossé*, 1604, pet. in-12, fig. de Léonard Gaultier. [1682]

Ce livre, aujourd'hui sans application directe, restera comme objet de curiosité. 7 fr. 50 Monmerqué. Il a été réimprimé en 1615 et 1621, et probablement encore depuis cette dernière date.

FRY (*Edm.*). Pantographia, containing accurate copies of all the known alpha-

---

bets in the world... to which are added specimens of all well authenticated oral languages. *London*, 1799, 2 part. en 1 vol. in-8. fig. 10 à 12 fr. [10569]

Ce recueil contient les alphabets des différentes langues alors connues, et le *Pater* dans ces mêmes langues : ce serait un livre fort curieux s'il avait été fait avec plus de critique, et si l'impression en était moins incorrecte. — Un des deux exemplaires impr. sur VÉLIN, 3 liv. 12 sh. Hibbert.

FRYER (*John*). A new account of East-India and Persia, in eight letters being nine years travels begun 1672 and finished 1681. *London, Chiswell*, 1698, pet. in-fol. fig. [20632]

10 fr. Langlès; 25 fr. 50 c. Burnouf.

FUCHS (*Léonard*). De historia stirpium commentarii insignes, maximis impensis et vigiliis elaborati, adjectis earundem vivis plusquam quingentis imaginibus, nunquam antea ad naturæ imitationem artificiosius effictis et expressis. *Basileæ, in officina Isingriniana*, 1542, in-fol. [4891]

Première édition d'un ouvrage qui a été souvent réimprimé soit en Allemagne, soit en France. Elle a 896 pp. avec 512 fig. très-bien gravées sur bois, et une préface. 6 fr. de Jussieu; 8 flor. Butsch. Les éditions de *Lyon, Balthas. Arnoullet*, 1549 et 1551, in-8., fig. en bois, sont assez belles; il y en a aussi de *Paris, Math. Dupuys*, 1546 ou chez *Bagard*, 1547, in-12 sans figures, comme celle de *Lyon*, 1547, in-16.

COMMENTAIRES tres excellens de l'hystoire des plantes composez premierement en latin par Leonhart Fousch, homme tres renommé; et depuis en françois par un homme tres savant et bien expert en la matiere (Eloy Maignan). *Paris, Jacq. Gazeau*, 1549, in-fol. avec fig. sur bois.

L'HISTOIRE des plantes mise en commentaires par Leonart Fuchs... et nouuellement traduict de latin en françois auec vraye observation de l'auteur en telle diligence que pourra tesmoigner ceste œuure presente par Guillaume Gueroult. *Lyon, chez Guillaume Rouille*, 1558, in-4. de 607 pp. avec de petites fig. en bois, une préface et un index. Du Verdier indique ce livre sous la date de *Lyon, par Thibaud Payan*, 1548.

Réimpr. sous le titre d'*Histoire des plantes reduicte en tres bon ordre... à Lyon, par Ch. Pesnot*, 1575, in-fol. avec fig. en bois.

HISTOIRE des plantes avec les noms grecs, latins et françois, augmentee de plusieurs portraicts, avec ung extraict et leurs vertuz, en lieu et temps. *Paris*, 1549, in-8. de 519 pp.

Ce sont les figures réduites du grand ouvrage de Fusch, d'après celles des édit. données à Bâle, par Mich. Isingrin, depuis 1545, in-8., sous un titre allemand ou sous un titre latin. Les éditions de Bâle donnent 516 fig. avec les noms en grec, en latin, en français et en allemand, et de plus en italien dans celle de 1552. Ces noms sont aussi en cinq langues dans l'édit. de *Lyon, Baltaz. Arnoullet*,

1552, in-16, sous un titre latin. La traduction française sous la date de 1549 contient 520 fig., quelques-unes de plus et quelques autres de moins que les édit. allemandes ou latines; elle a été reproduite plusieurs fois à Rouen, à Troyes, etc.

On a encore le même livre en espagnol, sous ce titre :

HISTORIA de las yervas y plantas, sacada de Dioscoride, Anazarbo y otros insignes autores, con los nombres griegos, latinos y españoles, traducida nuevamente en español por Juan Jarava; *En Anvers, por los herederos de Arnoldo Byreman*, 1557, in-8. de 521 pp. avec un index et des fig. en bois.

Pour plus de détails sur ces petits herbiers, et sur quelques écrits de l'auteur en réponse à la critique d'un certain Christ. Egenolphe, il faut consulter Pritzel, nos 3432 à 3437.

Léonard Lusch ou Fuchs a été non moins célèbre comme médecin que comme botaniste. Ses écrits sur la médecine, après avoir été publiés séparément, ont été réunis sous le titre d'*Opera didactica*, Francofurti, 1566 aussi 1606, in-fol.

Celui qui a pour titre *Medendi Methodus*, impr. à Hagueneau en 1531, et à Bâle en 1541, in-8., a été réimprimé avec des augmentations à Paris, chez J. Dupuy en 1550, in-8. C'est, de tous ses ouvrages de médecine, celui qui s'est soutenu le plus longtemps. La dernière édition sous le titre d'*Institutiones medicinæ seu medendi methodi libri quinque*, a été impr. à Bâle en 1618, in-8., par les soins d'Emmanuel Stupan. [7105]

Voici le titre de la traduction française :

METHODE, ou brieve introduction pour parvenir à la congnoissance de la vray et solide medecine, composé par M. Leonard Fuchs et traduite en françois par maistre Guillaume Paradin. *Lyon, par Jean de Tournes et G. Gazeau*, 1552, in-16.

Citons encore :

LE TRESOR de medecine, tant theorique que pratique, composé par Leonard Fouschs et Jean Goy; œuure fort singuliere pour le secours du corps humain. *Poictiers, Nic. Peletier*, 1560, in-8. — Réimprimé sous le même titre à peu près. *Lyon, B. Rigaud*, 1578, in-24.

BENEFICE commun à tout le monde contenant plusieurs specifiques, pillules, huiles, sirops et remedes pour la conservation de la santé, etc., trad. du latin de Leonard Fuschs. *Paris*, 1574, in-16. On trouve ordinairement dans ce petit volume : *Figures des plantes et herbes dont on vse coustumierement*, avec l'explication.

REGIME et remede contre la peste, composé par Lienard Fousch, medecin tres renommé aux Allemaignes, et nouuellement tourné de latin en francoys par l'amateur de santé publique. *Paris, Jacq. Gazeau*, 1545, pet. in-8.

Cet ouvrage est quelquefois relié avec celui qui a pour titre : *Conseil tres vtile contre la famine, et vn regime de santé pour les poures, facile à tenir*, Paris, Jacq. Gazeau, 1546.

RECEPTES et remedes contre la peste, trad. du latin par l'amateur de santé publique. *Paris, Mich. Buffet*, 1580, in-16.

FUENTES (*Alonso* de). Quarenta cantos de diversas y peregrinas historias, declarados y moralizados, por el magnifico cavallero Alonso de Fuentes. (*Sevilla*), 1550, in-4. [15135]

Ouvrage en vers et en prose, appartenant à la classe des *Romanceros*. L'édition que nous citons est rare et précieuse; elle a été vend. 2 liv. 16 sh. et 2 liv. 19 sh. mar. v. Heber. — Celle de Saragosse, *en casa de Juan Millon*, 1564, pet. in-4. goth.,

---

est rare aussi; elle a 4 ff. prélim., CCXXV ff. chiffrés et 1 f. pour la marque de l'imprimeur. 71 fr. *mar. bl.* Duplessis. Antonio en cite une autre, de Grenade, *Ant. de Nebrisa*, 1563, pet. in-8.

— LIBRO de los quarenta cantos que compueso un cavallero de Sevilla llamado Alonso de Fuentes. *Alcala, Gracian*, 1587, pet. in-8.

Ce volume contient 8 ff. prélim., 415 ff. de texte chiffrés, plus un f. pour la souscription. Le texte y est accompagné d'un très-long commentaire, lequel renferme, dit-on, une foule de renseignements curieux. Vend. 2 liv. 9 sh. *mar. r.* Antonio cite cette même édition sous la date de 1557. — Cancionero de Romances, voy. l'article SEPULVEDA (*Laur.*).

— Summa de philosophia natural, en la qual assi mismo se tracta de astrologia y astronomia, e otras sciecias. En estilo nũca visto nueuamẽte sacada. *Seuilla, Juã de Leõ*, 1547, pet. in-4. goth. [4351]

Livre rare, à la fin duquel se lit la note suivante : *Nota lector el artificio de esta obra, que toda la prosa en que pregunta, y habla Ethrusco, es verso suelto italiano; y la prosa en que responde y habla Uandalio, es verso suelto castellano.* Vend. 1 liv. 11 sh. 6 d. *m. r.* Heber. — Selon Antonio, la *Summa de philosophia* a été trad. en italien, sous le titre de *Le sei giornate*, Venezia, 1567, in-8.

FUENTES (*Diego* de). Obras poeticas in vario genero de versos. *Saragoça*, 1563, in-8. [15136]

Antonio, qui rapporte ce titre, cite encore l'ouvrage suivant du même auteur :
LA CONQUISTA de Africa : La conquista de Sena : verdadera narracion de un desafio que pasó en Italia entre Marco Antonio Lunel, y Pedro de Tomayo, etc. *Anvers*, 1570, in-8.

— Voy. VALLES.

FUERERI ab Haimendorf (*Christóphori*) Itinerarium Ægypti, Arabiæ, Palestinæ, Syriæ, aliarumque regionum orientalium : addita est oratio funebris, et carmina exsequialia ejus manibus scripta. *Norimbergæ, Abr. Wagenmann*, 1620 seu 1621, pet. in-4. fig. [20007]

Volume rare et assez recherché. Vend. 4 fr. Courtanvaux; 40 fr. Langlès; 1 liv. 6 sh. Hibbert.

FUERO Juzgo. Forus antiquus Gothorum regum Hispaniæ, olim liber judicum, hodie fuero juzgo nuncupatus, XII libros continens, ad vetustiss. fidem exemplarium excusus atque commentariis illustratus : acced. brevis eorumdem historia, etc., auctore Alph. a Villadiego. *Matriti, Madrigal*, 1600, in-fol. [2587]

Livre rare et recherché : 12 fr. Santander; 30 flor. Meerman. La première édition a été donnée par P. Pithou, sous le titre de *Codicis legum Wisigothorum lib. XII.* Paris., 1579, in-fol. L'ouvrage est réimpr. dans le *Codex legum antiqq.* (voyez LINDENBORG), et dans *Petri Georgish corpus juris german. antiqui.* Halæ, 1738, in-4. V. GEORGISH.

— FUERO Juzgo, en latin y castellano, cotejado con los mas antiguos y preciosos codices por la real Academia española. Precede un discurso de D. Manuel de Lardizabal y Uribe sobre la legislacion de los Wisigodos, etc. *Madrid, Ibarra*, 1815, in-fol., avec le fac-simile d'un manuscrit du XIIIe siècle.

Bonne édition : 33 fr. Rodriguez. Elle a effacé celle que D. J.-A. Llorente a donnée sous ce titre :
LEYES del Fuero juzgo, o recopilacion de las leyes de los Wisigodos..... seconda edicion del texto castellano, mejor que la prima : precede un discurso preliminar y una declaracion de voces antiguadas. *Madrid*, 1792, in-4.

FUERO real de España. Voy. FORO real; MONTALVO (*Alonso* Diaz de).

FUEROS y observantias de las costumbres escriptas del Reyno de Aragon. *Çaragoça, Grab. Dixar*, 1576 (caract. goth.).

— Fueros del Reyno de Aragon del año 1585. *Çaragoça, Sim. de Portonariis*, 1586; y del año 1592. *Çaragoça, Lor. de Robles*, 1593, in-fol. [2988]

Vend. 20 fr. Gohier.—Autre édition, Zaragoza, 1664-78, 2 vol. in-fol. Pour l'édit. de 1517, voy. OPUS universum fororum.

— Furs e ordinacions fetes per los gloriosos reys de Arago als regnicols del regne de Valencia. *Valencia, Lambert Palmart*, 1482, pet. in-fol. goth.

Première édition, très-rare, dont le seul exemplaire connu fait partie d'une collection en 5 vol. in-fol. portée à 50 liv. sous le n° 3015 du catalogue Salvá, laquelle, indépendamment de l'édition de 1482, contient :
FURS nous fets per lo rey don Fernando. *Valencia, Pere Hagembach e Leonard Hutz alamany*, 1493.
FURS de Monço. *Valencia, Juan Joffre*, 1518, etc.
COPILATIO forum civitatis et regni Valentiæ, usque in annum 1542 inclusive factorum. *Valencia, J. de Mey*, 1548. — Furs, capitols, provisions e actes de cort fets..... en la vila de Monço en 1547 e 1564. *Valencia, J. de Mey*, 1555 et 1565, 3 tom. en 2 vol. in-fol. Vend. 40 fr. Gohier.
AUREUM opus regalium privilegiorum civitatis et regni Valentiæ. *Valentiæ, Didacus de Gumiel*, 1515, in-fol. goth. Vend. 7 fr. 50 c. Gohier.

— Fueros de Navarra, 3002.

FUERST. Librorum Vet. Testamenti concordantiæ hebraicæ atque chaldaicæ quibus ad omnia canonis sacri vocabula tum hebraica cum chaldaica loci in quibus reperiuntur ad unum omnes certo ordine recensentur, addito lexico linguæ sacræ hebr. et chald. duplici, uno neohebraice altero latine scripto quo collatis interpretamentis translationibusque antiquissimis vocabulorum origines ac formæ historica atque analytica ratione explicantur. Adjecta sunt nomenclatura omnium vocabul. hebr., ad quæ loci scripturæ sacræ adducti sunt, onomasticon sacrum, etc., auctore Dre Jul. Fuerstio. *Lipsiæ, Car. Tauchnitz*, 1840, très-gr. in-4. [259]

Édition stéréotype publiée en 12 cah. 18 thl.; 20 fr. Burnouf.

— Bibliotheca judaica, 31682.

FUESLY. Voy. WALCH.

FUESSLI (*Henri*). Collection de (XXIV)

vues suisses remarquables par rapport à l'histoire, dessinées d'après nature, par H. Fuessli, et accompagnées d'une description historique. *Zurich*, 1802, 2 vol. pet. in-fol. obl. fig. color. 100 fr. [25898]

Publié d'abord avec un texte allemand, *Zurich*, 1796-99, 4 cah. in-4. obl. en 16 pl.

— DER RIGHIBERG. Description du Mont Righi, dessinée par H. Fuessli et H. Keller, un texte par J.-H. Meyer. *Zurich*, 1807, gr. in-fol. 12 pl. color. et une carte, 60 fr.

FUESSLY (*Jean-Gasp.*). Archives de l'histoire des insectes, publiées en allemand, trad. en français. *Winterthour* et *Zurich*, 1794, in-4., avec pl. noires et color. 20 à 25 fr. [5967]

L'édition avec le texte allemand a paru de 1781 à 1786, en 8 fascicules, dont les deux derniers sont de J.-F.-W. Herbst. Les planches y sont aussi au nombre de 51, et cotées jusqu'à 51 et même 54 (les n°° 36 à 42 manquent). Il y a de cet ouvrage une édition de *Londres*, 1795, in-4., avec 51 pl. color. texte anglais et français.

— Insectes de Suisse, 5982.

FUESSLY (*Jean-Rodolph*). Allgemeines Künstler-Lexicon, *c'est-à-dire*, Dictionnaire général des artistes, ou notices sur la vie des peintres, sculpteurs, architectes, graveurs, etc. *Zurich*, 1771-79, in-fol. — Second vol. et supplément, de 1780-1805, par H.-H. Fuessly. *Zurich*, 1806-21, in-fol. [31000]

Cet ouvrage estimé est le fruit des recherches laborieuses et éclairées de deux hommes fort versés dans l'histoire des beaux-arts. Le prem. vol., qui va de A—Z, a été réimpr. sans changements à *Zurich*, en 1811, et coûte 12 thl. Le second (du prix de 60 thl.) s'est publié en 12 cahiers dont le 7° a un supplément. Le premier cahier d'un second supplément a paru dans la même ville en 1824, au prix de 6 thl.

FUESSLY (*H.-R.*). Kritisches Verzeichniss der allerbesten Kupferstiche, die nach den berühmtesten Malern aller Schulen gestochen worden sind. *Zürich*, 1798-1806, 4 part. in-8., avec des vignettes. 4 thl. 16 gr. [9519]

FUGGER. Ein nutzlich und wolgegründt Formular manncherley schöner Schrifften, als teutscher, lateinischer, griechischer, und hebraisscher Buchstaben, durch Wolg. Fugger. *Nurnberg*, 1553, in-4. obl. [9051]

Modèles d'écritures en quatre langues. 40 fr. Libri, en 1857.

FUGGERORUM et Fuggerarum, quæ in familia natæ, quæve in familiam transiverunt, quotquot extant expressæ imagines. *Augustæ-Vindelicorum*, 1618, in-fol. [30511]

Cent vingt-sept planches, gravées par Dom. Custos,

et Luc. et Wolfg. Kilian : 123 fr. Bearzi, et quelquefois moins.

L'édition de ce recueil, *Augsbourg*, 1593, très-rare, a l'avantage de présenter les premières épreuves. Dans une partie des exemplaires de celle de 1620, avec un texte allemand, se trouvent deux portraits de plus que dans les précédentes. Quant à l'édit. de Ulm, 1754, pet. in-fol. (sous ce titre : *Fuggerorum S. R. I. comitum ac baronum in Kierchberg et Weissenhorn pinacotheca, editio nova*), elle renferme 139 portr., dont les 127 premiers sont des épreuves effacées des planches des éditions précédentes, et les autres ont été ajoutés.

FUITTE (la) des dames et bourgoyses de Paris, avec les regretz de leurs maris, rescripvans à icelles, craignant la fureur des dieux Mars et Vénus. *Rouen*, Jehan Lhomme, 1544, pet. in-8. [13505]

Pièce en vers, devenue fort rare (Biblioth. impér., Y, 3507° de l'ancien catalogue).

FULCO (*Th.*). Μετρομαχία, sive ludus geometricus. *Londini*, *Th. Vautrellerius*, 1578, in-4. de 51 pp., avec un tableau in-fol. [7855]

Il y a une première édition de 1566.

— Οὐρανομαχία, hoc est astrorum ludus. *Londini*, 1572, in-4. [7856]

Deux jeux dans le genre de celui des échecs. L'auteur ici nommé *Th. Fulco* serait au contraire Will. Fulke, selon Lowndes (p. 845), et différent d'un Will. Fulke, de qui l'on a un petit traité sur le jeu des échecs, sous ce titre :

THE MOST ANCIENT and learned play, called the philosopher's game, invented for the honest recreation of the studious, by W. F. *Imprinted by Rowland Hall*, 1563 (nouv. titres 1571), in-16 goth. de 40 ff. fig. et tables. Volume rare, dédié à Rob. Dudley, dont le portrait est placé au verso du titre.

FULGENTIUS ruspensis (*Fab.-Cl.* Gordianus). Opera omnia, ad mss. codd. necnon ad editiones antiquiores et castigatiores emendata, aucta et in unum volumen collecta : access. Amadii lausan. homiliæ. *Venetiis, Savioli*, 1742, in-fol. 24 à 36 fr. [1073]

Édition plus complète que celle de Paris, 1684, in-4., donnée par L.-Urb. Mangeant, et réimpr. à Venise, 1696, in-8. — A Paris, chez J.-P. Migne, 1854, gr. in-8. à 2 col. — Les œuvres de ce saint évêque ont été imprimées pour la première fois à Haguenau, en 1520, in-fol.

FULGENTIUS (*Fab.-Cl.* Gordianus). Liber absque litteris de ætatibus mundi atque hominis, absque A, absque B, etc., eruit e mss. codd. Jac. Hammey et notis illustravit : editio II. auctior. *Pictavii et Parisiis, Coignard*, 1696, in-8. [21263]

Production singulière d'un moine qui mourut vers

Fuessli (*J.-C.*). Geschichte der besten Künstler in der Schweitz, 31074.

Fuhr (*Max.*). De Pythea massiliensi, 19553.

Fuhrmann (*M.*). Decus solitudinis, 21729.

Fuhrmann (*G.-D.*). Handbuch der classischen Literatur, 31628.

Fulbert (*D.*). Opera, 1113.

Fulchiron (*J.-C.*). Voyage dans l'Italie méridionale, 20189.

l'an 533, et qu'il ne faut pas confondre avec l'évêque de Ruspe (ci-dessus). L'ouvrage avait originairement 23 ou 24 livres, mais l'imprimé n'en contient que 13 avec un supplément. Ces livres ou chapitres sont fort courts, et dans chacun d'eux une lettre de l'alphabet est progressivement retranchée. (*Biographie univers.*, XVIII, 121.)

FULGENTIUS. Enarrationes allegoricæ fabularum Fulgentij Placidis. Vocabula quædam obscura p Fulgentiũ exposita ad Calcidiũ Grămaticũ. *Venetiis, per Bernardinum de Vitalibus* (absque anno), in-4. [22536]

Édition princeps, avec des signat. *a—k*, caract. ronds et 28 lig. à la page. Le volume a 40 ff. non chiffrés, dont le 32ᵉ est blanc. Il y a deux souscriptions, l'une à la fin des fables, l'autre à la fin du vocabulaire : vend. 1 fr. 50 c. seulement Boutourlin.

— Enarrationes allegoricæ fabularum Fulgentii Placidis (cum comment. Joan.-Bapt. Pii). — *Mediolani, per Vlder. Scinzenzeler*, 1498, in-fol.

Prem. édition avec date : vend. 1 liv. 5 sh. Pinelli, et moins cher depuis. Ce vol. renferme 48 ff. signat. A—Gɪɪɪ. La souscription est placée sur le 5ᵉ f. de la signat. f. Le cah. G n'est point mentionné dans le registre des signatures.

Réimpr. sous le titre de *Mythologiar. libri III, cum scholiis Philomusi (Jac. Locheri).* Augsb., 1521, in-fol., et aussi dans les *Mythographi latini.*

FULGOSUS. Baptistæ C. Fulgosi Anteros. (au recto du dernier f.) : *Impressum Mediolani per Magistrum Leonardum Pachel Anno domini. M. cccc. lxxxxyi. die. x. Maii,* pet. in-4. de 77 ff. non chiffr. à longues lignes, au nombre de 29 par page, lettres rondes, sign. a—k. [17988]

Ce livre rare renferme deux dialogues contre l'amour, écrits en italien mêlé de passages latins. Au verso du titre est une figure en bois. On trouve ensuite deux pièces de vers latins intitulées : l'une, *Platinus in Anterota illustris Baptiste. C. fulgosi ad lectorem,* et l'autre, *Auctor tyronibus amoris.* Le texte commence au 3ᵉ f. par le sommaire suivant impr. en capitales et en 4 lignes : *Baptistæ. C. Fulgosi. anterotis ad splendidum : equitem Ioannem Franciscum Pusterlam liber primus.*

41 fr. mar. r. La Valliere, et moins cher depuis.
— CONTRAMOURS : l'Anteros ou contre amour de Fulgose ; le dialogue de Batiste Platine contre les folies amours ; Paradoxe contre l'amour (traduit par Thomas Sibilet). *Paris,* 1581, pet. in-4. 10 à 15 fr.

Th. Sibilet, auteur de cette traduction, y a ajouté le *Paradoxe contre l'amour,* ouvrage de sa composition. Le titre des Contramours est rapporté différemment dans la *Biogr. univers.,* XVI, p. 5, article *Fregose,* où l'on reproche même à la plupart des bibliographes de l'avoir défiguré : nous pouvons néanmoins garantir l'exactitude de celui que l'on vient de lire.

— De dictis factisque memorabilibus (illis exceptis quæ Valerius Max. edidit) collectanea : a Camillo Gilino latina facta. *Mediolani, Jac. Ferrarius,* 1509, in-fol. de 336 ff. [31812]

Ouvrage estimé et peu commun de cette édition, qui est l'originale : 18 fr. m. r. Gaignat ; 17 sh. Pinelli ; 19 flor. 25 c. Meerman ; 15 sh. Libri. La

Biblioth. impér. en possède un exempl. impr. sur VÉLIN.

L'édition de *Paris, Petr. Vidoue,* 1518, in-4., et celles d'*Anvers,* 1565, *Bâle,* 1567 et *Cologne,* 1604, in-8., sont à bas prix.

FULKE (*Will.*). Voy. FULCO (*Th.*).

FULLER (*Thomas*). The History of the Worthies of England. *London,* 1662, in-fol., avec le portr. de l'auteur par D. Loggan. [30514]

Quoique rédigé d'une manière indigeste, et laissant beaucoup à désirer, cet ouvrage est intéressant, et l'édition in-fol. que nous citons se paye encore de 3 à 5 guinées en Angleterre, malgré la réimpression, avec des corrections et des notes de Jean Nichols, faite à Londres, en 1811, 2 vol. in-4., laquelle se vend 2 liv. 2 sh. Il y en a une édition, *with notices of Worthies since the time of Fuller, notes and indexes by Dr Nuttall,* London, 1840, 3 vol. in-8., 1 liv. 5 sh.

— The church-History of Britain, from the birth of Jesus Christ untill the year 1648. *London,* 1655 or 1656, in-fol. fig. [21513]

Ouvrage toujours recherché, et où se trouvent l'histoire de l'Université de Cambridge, et celle de l'abbaye de Waltham : 3 à 4 liv. Il a été réimpr. à Londres, 1837, 3 vol. in-8. 36 sh., sans l'histoire de Cambridge et de l'abbaye de Waltham, impr. à part, en 1840, in-8. Il en a paru une nouvelle édit. à *Oxford,* 1845, 6 vol. in-8., donnée par le révér. J.-S. Brewer, d'après celle de 1662, 3 liv. Th. Fuller a laissé beaucoup d'autres écrits dont Lowndes (2ᵉ édit., p. 847-49), donne la liste.

FULLONIUS ou le Foulon. Voy. GNAPHÆUS et PALSGRAVE.

FULMEN brutum. Voy. SIXTUS V.

FULMINANTE (la) pour feu très-grand et très-chrestien prince Henry III, roi de France et de Pologne, contre Sixte V, soi-disant pape de Rome, et les rebelles de France (1589), pet. in-8. de 82 pp. y compris 2 ff. prélim. [23580]

Cette pièce (vend. 9 fr. La Valliere) est une réponse au libelle intitulé :
HARANGUE prononcée par N. S. P. le Pape (Sixte V) en plein consistoire, le 11 sept. 1589, contenant le jugement de sa saincteté touchant la mort de Henry de Valois, et l'acte du frères Jacques Clément, en latin et en françois. *Paris, Nivelle,* 1589, in-8. de 32 pp. — Autre édition, *Lyon, J. Pillehotc,* 1589, in-8. de 30 pp. et l'approbation. L'édition de *la Fulminante,* 1606, pet. in-12, a 58 pp. : 10 fr. La Valliere. J'en ai vu un exempl., avec lequel se trouvait une autre pièce sous le titre suiv. : *La Maladie de la France,* 45 pp. Cette dernière paraît être une traduct. d'un ouvrage de Gabr. Minut (voyez MINUT). Ces deux pièces appartiennent au Recueil d'excellens et libres discours, impr. en 1606 (voy. RECUEIL d'excellens...).

FULVIUS (*Andreas*). Antiquaria Urbis per Andream Fulvium. *Impressa Romæ, per Jacobum Mazochium Romanæ academiæ Bibliopolam Anno* MDXIII,

---

in-4. de 58 ff. non chiffrés, caractères ronds. [12696]

Poëme en vers hexamètres, divisé en deux livres et précédé d'une dédicace de l'auteur à Léon X, et de l'éloge en vers de ce pape. C'est un livre rare qu'on a quelquefois confondu avec les *Antiquitates urbis* du même A. Fulvius, impr. à Rome, en 1527, pet. in-fol, de IX, 106 et 5 ff.

— Illustrium imagines. (in fine) : *Imperatorum et illustrium virorum ac mulierum vultus ex antiquis numismatibus expressi : emendatum correptumque opus per Andream Fulvium. Romæ, Jac. Mazochius,* 1517, in-8. de CXX ff. 22 fr. *mar.* Riva, et quelquefois de 6 à 12 fr. [29695]

Cet ouvrage a été fait d'après la collection de médailles de Jean Mazochi, mais il n'est pas de lui, quoiqu'on l'ait mis sous son nom dans le catal. de Pinelli, où un exempl. sur VÉLIN est porté à 5 liv. 5 sh. Le même exempl. a été vendu 266 fr. Mac-Carthy.

ILLUSTRIUM ymagines. *Impressum Lugduni, in ædibus Antonii Blanchardi calcographi : impensis honestorum virorum Johannis Monsnier et Francisci Juste,* 1524, pet. in-8., fig. sur bois, 6 à 9 fr. Réimpression du recueil ci-dessus, 20 fr. *m. v.* Coste.

FUMAGALLI (*Ant.*). Voyez ANTICHITÀ Lombardico-Milanesi à la col. 314 de notre Ier vol.

D'autres ouvrages du même auteur sont indiqués au bas de la présente colonne.

FUMÉE (*Gilles*). Miroir de loyauté. Voy. tom. Ier, col. 442, article Ariosto.

FUMI (*Barth.*) summa : quæ aurea armilia inscribitur. *Venetiis, apud Aldi filios,* 1554, in-8. de viij et 448 ff. [1323]

Ce traité de théologie morale est un lui-même sans intérêt, et M. Renouard n'en a fait mention dans ses *Annales des Alde* qu'à cause de la nécessité où il était de rendre complète la liste des éditions. Cependant ce même livre a été payé 2 liv. 15 sh. à la vente Sykes, où des édit. aldines, beaucoup plus importantes, se sont données à vil prix. Ce fait singulier, auquel nous pourrions rattacher mille exemples semblables, s'explique par le besoin qu'ont pu avoir de ce volume insignifiant plusieurs personnes qui s'attachent à former la collection des productions des presses aldines. On sait d'ailleurs que, pour ces sortes de livres, comme les moins utiles sont quelquefois les plus rares, le prix est presque toujours en raison inverse de leur mérite réel. Ce même livre, rel. en *mar. r.* 11 sh. Butler. L'ouvrage a été réimprimé plusieurs fois à Lyon et à Anvers, in-8.

FUNCCII (*Joan.-Nic.*) leges XII tabularum, suis, quotquot reperiri potuerunt fragmentis, restitutæ ac observationibus illustratæ. *Rintelii,* 1744, in-4. 8 à 12 fr. [2450]

On a du même auteur :

DE ORIGINE et pueritia latinæ linguæ ; Spicilegium lit. de legum decemviralium restitutione, et vindicatio tractatus de pueritia lat. linguæ. *Marburgi-Cattorum,* 1735, 2 part. in-4. [10759]

La première édition de cet ouvrage est de 1720. Dans la seconde l'auteur a ajouté le *Spicilegium,* qui est une réponse à la critique que Barth. Branchu avait faite de son traité.

DE ADOLESCENTIA lat. linguæ tractatus. *Marburgi,* 1723, in-4. [10760]

DE VIRILI ÆTATE linguæ latinæ. *Marburgi-Catt.,* 1727, in-4. [10761]

DE IMMINENTI lat. linguæ senectute. *Marburgi,* 1736, in-4. [10762]

DE VEGETA lat. linguæ senectute. *Marburgi,* 1744, in-4. [10763]

DE INERTI ac decrepita latinæ linguæ senectute. *Lemgoviæ,* 1750, in-4. [10764]

Les 6 vol. ont été vendus ensemble, 34 fr. Villoison.

DE LECTIONE auctorum classicorum liber singularis ; editio secunda. *Lemgoviæ,* 1745, in-4. 4 à 6 fr. [10765]

FUNCK (*Heinr.-Christ.*). Cryptogamische Gewächse, besonders des Fichtelgebirges, in natürlichen Gestalten gesammelt, zweite Ausg. *Leipzig, Barth,* 1806-38, in-4. fig. [5348]

42 cah. de plantes sèches (nos 1 à 865), avec un texte et des notes ; ouvrage interrompu à la mort de l'auteur. Chaque cah. 2 fr. 50 c.

— DEUTSCHLANDS Moose, ein Taschenherbarium, etc. *Baireuth,* 1820, in-8. de 70 pp. et 60 ff. contenant des mousses sèches. 18 thl.

FUNDGRUBEN des Orients, bearbeitet durch eine Gesellschaft von Liebhabern. Mines d'Orient exploitées par une société d'amateurs, sous les auspices du comte Wenceslas Rzewusky. *Vienne, Schaumburg,* 1809 à 1818, 6 vol. in-fol. [19469]

Recueil périodique dont une grande partie est due à la plume de M. Jos. de Hammer. 44 thl. Vend. 220 fr. Langlès ; 144 fr. Rémusat ; 120 fr. Klaproth, et moins depuis.

FUNDUKLÉ (*J.*). Obozrénïe Kïeva. Vue générale des antiquités de la ville de Kïef. *Kïef, Wallner,* 1847, in-4. avec planches. 10 roubles argent. [27790]

— Obozrénïe moghil, valof i gorodistch Kïefskoï goubernii. Vue générale des tombeaux antiques et des ruines dans le gouvernement de Kïef. *Kïef, Geücksberg,* 1848, in-fol. avec planches. 5 roubles. [27790]

FUNERALI di Ag. Caraccio. Voy. MORELLO (*Bened.*).

FUNES, Ensayo de la historia civil del Paraguay, Buenos-Ayres y Tucuman, escrita por D. Greg. Funes. *Buenos-Ayres, Gandarillas,* 1816-17, 3 vol. pet. in-4. [28703]

Vend. 36 fr. Rætzel ; 38 fr. 2e vente Quatremère.

FUR prædestinatus, sive dialogismus inter quemdam ordinis prædicantium, calvi-

Fumagalli (*A.*). Le Vicende di Milano, 25374. — Codice diplomatico, 25376. — Istituzioni diplomatiche, 30193.

Funck (*K.-W.-Fr.* von). Gemälde aus dem Zeitalter der Kreuzzüge, 23056.

Funke (*C.-Ph.*). Realschullexikon, 18146.

nistam et furem ad laqueum damnatum habitus. *Londini*, 1651, in-12.

Traité singulier attribué à William Sancroft, archevêque de Canterbury, par George D'Oyly, qui, même, l'a fait réimprimer à la suite de la vie de ce prélat qu'il a donnée sous ce titre : *The life of Will. Sancroft, compiled principally from original and scarce document; with an appendix containing the diary of the learned Henry Wharton now first published from a manuscript in Lambeth Palace : also the remaining works, now scarce, of Archbishop Sancroft;* London, 1851, 2 vol. in-8.

Le *Fur prædestinatus* a été réimpr. en 1813, pet. in-8., et traduit en anglais par le rév. B. Nicholls, 1814, pet. in-8. L'édit. de 1651, réunie aux *Articuli Lambethani*, sous la même date, et rel. en *mar. bl.* 15 fr. Mac-Carthy, avec un ouvrage de Th. Naogeorgus intitulé : *De infantium et parvulorum salute*, Basileæ, 1556, in-8. en *mar. bl.*

FURBITI (*Guy*). Voy. FAREL.

FURETIÈRE (*Antoine*). Essay d'un dictionnaire universel, contenant tous les mots françois, tant vieux que modernes, et les termes de toutes les sciences et les arts. (*Paris*), 1684, in-4. — Réimpr. à *Amsterdam, pour Henry Desbordes,* 1685, in-12. [11004]

Cet opuscule est une sorte de prospectus du dictionnaire que Furetière préparait depuis longtemps, mais qui ne parut que deux ans après sa mort. Ce dictionnaire attira sur l'auteur le courroux de l'Académie française à laquelle il appartenait depuis plus de vingt ans, et dont il fut expulsé le 22 janvier 1685, après des débats et un procès qui donnèrent lieu à la publication de trois Factums pour Furetière, impr. in-4. et in-12, à un *Dernier placet* du même à M. le Chancelier, enfin à une *Ordonnance du lieutenant de police*, en date du 24 décembre 1686, contre les factums et autres libelles composés par Furetière, pièce in-4. Plusieurs de ces pièces, et quelques autres qui sont analogues au même fait, ont été réunies dans deux recueils, sous ces titres :

1° RECUEIL de plusieurs vers, épigrammes et autres pièces qui ont été faites entre Furetière et Messieurs de l'Académie françoise. *Amsterdam*, *H. Des Bordes*, 1687, in-12.

2° NOUVEAU recueil de factums du procès d'entre Furetière et quelques membres de l'Académie françoise. *Amsterdam, H. Des Bordes,* 1694, 2 vol. in-12, 8 à 10 fr. [2736 ou 11004 ou vers 30287]

Dans ce recueil se trouve : *Plan et dessein du poëme allégorique et tragico-burlesque intitulé : Les Couches de l'Académie*, morceau déjà imprimé séparément à *Amsterdam, chez P. Brunel*, 1687, in-12, sous le nom de Furetière. 5 à 6 fr. — 40 fr. *mar. v.* Nodier.

RECUEIL des factums d'Antoine Furetière... suivi des preuves et pièces historiques données dans l'édition de 1694, avec une introduction et des notes historiques et critiques, par M. Charles Asselineau. *Paris, Poulet-Malassis, etc.*, 1859, 2 vol. in-12, 7 fr.

Le *Dictionnaire universel* de Furetière, impr. à *Rotterdam, chez les Leers*, en 1690, en 2 vol. in-fol. et aussi in 3 vol. in-4., est sans contredit le meilleur dictionnaire françois qui eût paru jusqu'alors ; il a été réimpr. à *La Haye*, en 1701, en 3 vol. in-fol. avec des augmentations et de nombreux changements, par les soins de Basnage de Beauval. C'est d'après cette édition qu'a été fait le Dictionnaire imprimé

à *Trévoux*, en 1704, en 3 vol. in-fol., lequel a reçu ensuite et successivement des additions si nombreuses, que la dernière édition, impr. à Paris, en 1771, forme 8 vol. in-fol. : c'est le livre qu'on désigne encore sous le titre de Dictionnaire de Trévoux.

Autres ouvrages de Furetière.

L'ÆNEIDE travestie, liv. IV, contenant les amours d'Ænée et de Didon. *Paris, Aug. Courbé,* 1649, in-4. (catal. de La Valliere, par Nyon, n° 13203).

— POÉSIES diverses de Furetière ; seconde édition, augmentée et corrigée. *Paris, Louis Billaine et aussi Guil. de Luyne ou Th. Joly*, 1664, in-12. [14040]

La première édition de ces poésies a été impr. à *Paris, pour Guil. de Luyne*, en 1655, in-4.

Le *Voyage de Mercure*, satire du même poëte, a paru pour la première fois à *Paris, chez Louis Chamhoudry*, en 1653, in-4.; il a été réimpr. dans la même ville en 1659, 1662 et 1664, et pour la 4e fois, chez *André Boutonné*, en 1669, in-12. [14040]

FABLES morales et nouvelles, par Ant. Furetière? *Paris, Cl. Barbin*, 1671, in-12.

LE ROMAN bourgeois, ouvrage comique. *Paris, Cl. Barbin*, ou *Denis Thierry*, ou *Jolly*, ou *Theod. Girard*, 1666, in-8. 8 à 12 fr. [17186] 18 fr. 50 c. v. f. Giraud.

Réimprimé à *Amsterdam, chez Gérard Koyper*, 1704 et aussi 1709, pet. in-12 et avec des remarques historiques et une satire en vers, *Nancy, Cusson*, 1713, in-12, fig., édition que reproduit celle d'*Amsterdam, P. Mortier*, 1714, pet. in-12; enfin à *Paris, P. Jannet*, 1855, in-16.

NOUVELLE allégorique, ou histoire des derniers troubles arrivez au royaume de l'éloquence. *Paris, Guil. de Luyne*, 1658, in-8., avec la carte gravée en taille-douce. [18411]

— Seconde édition. *Ibid.*, 1658 et aussi 1659, in-12, 3 à 4 fr.

— *Suivant la copie imprimée à Paris* (*Hollande, Elsevier*), 1658, pet. in-12 de 152 pp. avec une carte. 10 à 12 fr.; — 40 fr. *mar. r.* Nodier.

— *Amsterdam, H. Des Bordes*, 1702, in-12.

F***, ou les bons mots et les remarques d'histoire, de morale, de critique, de plaisanterie et d'érudition de M. de Furetière (mis au jour par les soins de Guy-Marais). *Paris, Th. Guillain*, 1696, in-12. [18537]

PARABOLES de l'Évangile, trad. en vers par Furetière. *Paris, Le Petit*, 1672, in-12, ou *Paris, Warin*, 1687, 2 vol. in-12. (La Valliere-Nyon, 15367-68.)

ESSAIS de lettres familières sur toutes sortes de sujets, avec un discours sur l'art épistolaire et quelques remarques nouvelles sur la langue françoise, ouvrage posthume de l'abbé ***, de l'Académie françoise. *Paris, J. Lefebvre*, 1690, in-12.

On a attribué à Furetière ces Essais qui sont de l'abbé Cassagne ; c'est apparemment parce que plusieurs lettres imprimées dans le volume et l'élégie qui le terminent sont signées de la lettre F (voir l'*Examen du Dictionnaire histor.*, par Barbier, article Furetière).

FURGOLE (*Jean-Bapt.*). Ses OEuvres. *Paris*, 1775-76, 8 vol. in-8. [2767]

Seule édition collective des œuvres de ce jurisconsulte estimé. Quoique peu correcte, elle est recherchée et conserve de la valeur : 40 à 48 fr.

— TRAITÉ des testamens, codicilles, donations, etc. *Paris*, 1779, 3 vol. in-4. [2781]

Édition beaucoup plus complète que celles de 1745-48, ou de 1777 (*Lyon* ou *Toulouse*), 4 vol. in-4.

FURMERUS (*Bern.*). De rerum usu et

Furber. Flower-garden, 4954.
Furchau (*F.*). Hans Sachs, 30826.

Furgault. Dictionnaire des antiquités, 29128.
Furiette. De Musivis, 29502.
Furlanello (*Gius.*). Lapide Patavine, 29983.

abusu, auctore Bernardo Furmero Phrysio. *Antuerpiæ, ex officina Chr. Plantini,* 1575, in-4. de 2 ff. prélim. et 25 ff. de texte et fig. [18566]

25 belles planches gravées sur cuivre oĉcupent le recto des feuillets de ce volume. La seconde porte le monogramme de H. Wierx.

Suivant une note du catalogue Borluut, n° 1724, le texte de Furmerus a été traduit en vers hollandais sous ce titre :

RECHT ghebruyck ende misbruyck van tydicke have, welckers sin-rycke af beeldingen van D. V. Coornhert zyn bedacht, ooch met zyn eygen hand in 't Koper gesneden. Hier by is gevoeght 't bedrogh des werldis, of het luije in leckere leven, door Pand. Collenutius, mede den lof-zang van 't goud. *Amst., P. van Ravesteyn,* 1620, in-4. (Planches regravées par le traducteur lui-même.) Vend. 18 fr. Borluut.

On en cite des édit. de 1610 et 1611, et effectivement en 1609 les vers de Coornhert, Coruhert, etc., étaient déjà traduits sous ce titre :

EMBLEMATA moralia et oeconomica de rerum usu et abusu olim inventa et belgicis rythmis explicata a T. Cornhertio nunc vero variis carminum illustrata a R. Lubbaeo Broemerio Frisio. *Arnhemi, J. Janson,* 1609, in-4. (Les planches de cette traduction sont les mêmes que celles de l'ouvrage de Furmerus, 1575.)

FURS. Voy. FUEROS.

FUSCONI (*Lorenzo*). Poesie e prose. *Parma, Bodoni,* 1783, 4 vol. in-8. 12 à 15 fr. [14600]

FUSÉE Aublet. Voyez AUBLET.

FUSELIER. Voy. HÉNAULT.

FUSI ou Fuzi. Le Mastigophore, ou précurseur du Zodiaque, au quel par manière apologétique sont brisées les brides à veaux de maistre Juvain Solanicque, pénitent repenti, seigneur de Morddreet, et d'Amplademus en partie, du côté de la mouë ; traduit du latin en françois par Maistre Victor Grevé, géographe microcosmique. (*sans lieu d'impression*), 1609, pet. in-8. de 330 pp. [18407]

Antoine Fusi, curé de S.-Leu-et-S.-Gilles à Paris, est l'auteur de cet ouvrage dont le style est aussi ridicule que le fond. Fusi y attaque principalement Nic. Vivian, marguillier de sa paroisse, qui avait été le promoteur des premières procédures faites contre lui, et avait contredit un fait qu'il avait avancé, savoir : que le sang menstruel d'une femme, qu'il appelle *les souillures féminines du sang lunier,* avait la vertu d'éteindre le feu. A l'occasion de cette première procédure, qui n'eut pas alors de suite fâcheuse pour lui, le curé de S.-Leu publia un mémoire intitulé : *Factum pour M° Antoine Fusi..., contre maitre Nicolas Vivian et autres marguilliers de S.-Leu-S.-Gilles, et Marguerite Ribelet,* in-8. de 22 pp. ; mais, par malheur, il n'en resta pas là, et, pour se défendre, et en même temps pour se venger, il écrivit son *Mastigophore.* Ce fut alors que, poursuivi de nouveau par Vivian qu'il avait si violemment attaqué, il fut mis en prison et traduit devant l'officialité, où, tant pour son li-

belle que pour ses hérésies et ses impudicités, il fut privé de ses bénéfices, interdit de toute fonction ecclésiastique et condamné à une réparation envers Vivian. Cet arrêt, deux fois attaqué par le condamné, fut définitivement confirmé en parlement. Après l'avoir subi, Fusi se retira à Genève, où il embrassa le calvinisme, et fit paraitre, sous le titre suivant, un gros livre dans lequel il déchirait à tort et à travers l'église catholique :

LE FRANC ARCHER de la vraye Église contre les abus et énormités de la fausse, par noble Anthoine Fusi, jadis prothonotaire apostolique, docteur sorboniste, etc., 1619, in-8. de 932 pp. [1842]

Ce vol. donna lieu à un opuscule dont voici le titre :

LA BANQUEROUTE de maistre Antoine Fusi, ci-devant curé de S.-Barthelemy, et S.-Leu-S.-Gilles, à Paris, n'aguère devenu apostat à Geneve; ensemble le jugement donné contre son écrit détestable intitulé : Franc Archer catholique. *Paris, Sylvestre Moreau, jouxte la copie à Lyon,* 1619, in-8. de 16 pp.

Pour d'autres petits écrits qui se rapportent au procès de Fusi, consultez Niceron, XXXIV, pp. 304 et suiv., où se lisent de curieux détails sur cet apostat.

FUSTAILLIERIUS (*Jo.*). De vrbe et antiquitatibus matisonensibus liber ex codice autographo erutus a A. I. Baux, nunc primum editus cura et sumptibus N. Yémeniz. *Lugduni, Ludovicus Perrin typographus,* 1846, pet. in-8. [24553]

Texte authentique d'une chronique dont Philib. Bugnyon avait donné sous son propre nom une édition tronquée et altérée. Celle que M. Yémeniz a fait imprimer à ses frais, a été tirée à petit nombre et non mise en vente. Elle est fort bien exécutée, et elle contient une seconde partie sous ce titre :

DE LA VILLE et des antiquités de Macon, par I. Fustaillier, traduit en françois par I. Baux.

Voici le titre de la version de Bugnyon :

CHRONICON urbis Mantissanæ ; Philibertus Bugnonius concinnavit. *Lugduni, apud Jo. Tornæsium,* 1559, pet. in-8. de 53 pp. y compris 2 ff. mplo 14 fr. de Fontette ; 55 fr. *m. r.* La Vallière et 40 fr. Cailhava.

CHRONIQUE de la ville de Mascon, faite en latin par Philibert Bugnyon I. C. Depuis mise en françois par Nic. Edoard, champenois. *Lyon, Nic. Edoard,* 1560, pet. in-8. de 72 pp. y compris 2 ff. prél., lettres rondes.

L'édition de 1846 diminue l'importance de ces deux petits volumes, mais non leur rareté.

FUSTAWA Alemgiri. Voy. NIZAM.

FUSTER. Biblioteca valenciana de los escritores que florecieron hasta nuestros dias ; con adiciones y enmiendas a la de D. Vicente Ximeno por Pastor Fuster. *Valencia,* 1827-30, 2 vol. pet. in-fol. [30774]

Vendu 38 fr. Quatremère, et avec le *Ximeno,* 75 fr. de Pressac.

Supplément indispensable de la biblioth. de *Ximeno* (voy. ce nom), pour laquelle il renferme nombre d'additions, ainsi que de longs extraits d'anciens poëtes limousins inconnus. Il se trouve à la fin du premier vol. : *Breve vocabulario valenciano y castellano de las voces mas obscuras ó anticuades;* partie qui a aussi été imprimée séparément à Valence, 1827, pet. in-8.

FUZY. Voy. FUSI.

Fürstenberg (*Ferd.* de). Monumenta paderbornensia, 26090.

Fusco (*G.-V.*). Zecche e monete battute nel reame di Napoli... 25759.

Fuseli (*Henri*). Works, 9173.

Fuss (*N.*). Éloge d'Euler, 30785.

Fuss (*G.*), A. Sawitsch und G. Sabler. Ermittelung der Höhen-Unterschiede zwischen dem schwarzen und dem caspischen Meere, 28043.

G

G. G. R. theologi ad Ludovicum decimum tertium regem christianiss. admonitio, qua breviter et nervose demonstratur Galliam fœde et turpiter impium fœdus iniisse, et injustum bellum hoc tempore contra Catholicos movisse, salvaque religione prosequi non posse. *Augustæ-Francorum,* 1625, pet. in-4. de 21 pp. [23685]

A cette pièce s'en trouve quelquefois jointe une seconde sous ce titre :

MYSTERIA politica, hoc est : Epistolæ arcanæ virorum illustrium sibi mutuo confidentium. *Antucrpiæ, II. Aertssius* (seu *juxta copiam in Germania impressam*), 1625, pet. in-4.

Ce sont deux libelles injurieux contre Louis XIII, qui ont été condamnés au feu et sévèrement supprimés. Vend., avec la *sentence du lieutenant civil* et la censure de la Faculté de théologie contre l'*Admonitio,* 20 fr. 50 c. *mar. r.* Librairie De Bure. — La première de ces deux pièces a été traduite en français sous le titre suivant :

AVERTISSEMENT au roi tres chrestien, écrit avec beaucoup de fidélité, de respect, de vérité..... *Francheville,* 1627, in-4.

Le P. Lelong indique aussi une traduction française de la seconde pièce, mais sans en donner le titre ni la date. — L'*Admonitio* et les *Mysteria politica* sont l'un et l'autre attribués au jésuite Jacques Keller (en latin *Cellarius*), dans le Dictionnaire des anonymes, n°s 20476 et 20999 (où l'on a imprimé Heller pour Keller) ; mais il paraît que la seconde de ces deux pièces est la seule qui soit réellement de Keller, lequel est effectivement nommé dans l'arrêt de condamnation. Quant à la première pièce, elle fut d'abord attribuée au fameux ligueur J. Boucher, au nom duquel il est fait allusion dans la *Réponse au libelle intitulé :* Admonitio (*Paris*), 1625, pet. in-8.; mais ce théologien, alors chanoine de Tournay, s'empressa de la désavouer dans sa *Défense contre l'imputation à lui faite d'un libelle intitulé : Ad Ludovicum XIII admonitio,* etc., Tournay, 1626, in-4. Au surplus, si elle n'est ni de Boucher, ni même d'André Eudemon-Johannes, que Baillet en croyait être l'auteur, elle est encore moins de *Jansénius,* auquel Naudé l'a attribuée par inadvertance. Il existe plusieurs réfutations des deux libelles ci-dessus, ainsi qu'on peut le voir dans la *Bibliothèque de la France* du P. Lelong, n°s 28645 et suiv.

GABBIANI (*Ant.-Domen.*). Raccolta di cento pensieri diversi, fatti intagliare in rame da Ign.-Enr. Hagford. *Firenze,* 1762, in-fol. 12 à 15 fr. [9463]

— Collection de cent pensées, gravées par J.-B. Galli et autres. *Rome,* 1786, in-fol.

Ces volumes sont en général d'une exécution médiocre : il y a pourtant dans le premier plusieurs planches grav. par J.-B. Cipriani et Fr. Bartolozzi.

Gaal (*G.* von). Sprichwörterbuch, 18503.
Gabbema (*S.*). Epistolæ, 18703.
Gabbett (*J.*). Abridgment of the statute law of England and Ireland, 3060.

GABDORRHACHAMAN, fils de Nasar. L'Onirocrite musulman, ou doctrine et interprétation des songes, selon les Arabes ; trad. sur le ms. (arabe) par P. Vattier. *Paris, L. Billaine,* 1664, pet. in-12. [8924]

Vend. en *mar.* 15 fr. Langlès ; même prix, *v. éc.,* Nodier.

GABRIAS. Voy. Æsopi fabulæ, et au mot BABRIO (de).

GABRIEL veneziano (*Leonardo*). Nova Spagna d'Amor e morte dei Paladini... la qual tratta d'armi e d'amor. — *Vinegia, Pietro e Giovan Maria fratelli dei Nicolini da Sabbio,* 1550, in-4. de 209 ff. (le dernier coté 207), plus un f. pour le registre, la date, etc., avec fig. en bois. [14816]

Ce poëme est divisé en deux livres, le premier en 35 chants, et le second en 5. Dans sa préface, l'auteur promettait un troisième livre. Vend. 1 liv. 19 sh. Hibbert ; 2 liv. 5 sh. et 2 liv. 12 sh. Heber.

GABRIELLI (*Magino*). Voy. MAGINO.

GABY (Le Fr. *J.-B.*), religieux observantin. Relation de la Nigritie, contenant une exacte description de ses royaumes, etc., avec la découverte de la rivière du Senega. *Paris, Couterot,* 1689, in-12, avec une carte. 5 à 6 fr. [20879]

Vend. 13 fr. salle Silvestre, en 1842.

GACE de la Bigne, de la Buigne ou de la Vigne. Voy. PHEBUS (*Gaston*).

GACHET (*Émile*). Les sires de Gavres, fac-simile d'un curieux manuscrit du XVe siècle, publié par M. Émile Gachet, avec un glossaire et un avertissement. *Se vend chez Vandale, à Bruxelles* (1845), in-4. avec 95 sujets color. composés par Kreins. [10908]

Gabelentz (*H.-C.*). Grammaire mantchoue, 11862. — Grammatik der Dajak-Sprache, 11957.
Gabet (*Gabr.*). Science de l'homme, 6869.
Gabourd (*Amédée*). Histoire de France, 23269. — Histoire de la Révolution et de l'Empire, 23953.
Gabriel (l'abbé). Théodicée pratique, 3575.
Gabrielly (le vicomte). La France chevaleresque et chapitrale, 28751.
Gabussi (*Gius.*). Revoluzione degli stati romani, 25603.
Gachard (*L.-P.*). Anciennes ordonnances de la Belgique, 3011. — Archives de la Belgique : Analectes, documents, etc., 24983. — Actes des états généraux de 1600, 25041. — Troubles de Gand, 25089. — Retraite et mort de Charles-Quint, 26060.

Ce volume, exécuté à la lithogr. de Gobert, reproduit en entier et page pour page le texte et les vignettes du manuscrit qu'il représente. L'introduction qui en fait partie imite le style de l'époque de manière à faire illusion. L'ouvrage a été annoncé sous le titre d'*Histoire des seigneurs et princes de Gavres*, au prix de 60 fr. Vendu seulement 19 fr. 50 cent. de Martainville, et un exemplaire revêtu d'une reliure élégante par Schavye, et renfermant une planche tirée à cinq ou six exemplaires seulement, laquelle représente l'auteur et le dessinateur (M. Kreins) faisant hommage du livre au roi Léopold, 160 fr. vente de Jonghe, à Bruxelles, en 1860.

— Glossaire roman des Chroniques rimées de Godefroy de Bouillon, du Chevalier au Cygne et de Gilles de Chin, par Emile Gachet. *Bruxelles*, 1859, gr. in-4. de 447 pp. 16 fr. [10908]

Ouvrage posthume achevé et publié par M. Liebrecht. Il fait partie de la collection des chroniques belges inédites, et il complète le tome VI des *Monuments pour servir à l'histoire des provinces de Namur, de Hainaut et de Luxembourg*, recueillis par M. de Reiffenberg (voy. COLLECTION de chroniques belges); mais il en a été fait un tirage spécial avec une pagination particulière et la biographie de l'auteur. C'est un vocabulaire indispensable pour bien comprendre les épopées auxquelles il se rattache particulièrement, et qui peut servir à faciliter l'intelligence des autres monuments littéraires du moyen âge du même genre.

GACHI de Cluses (Frère *Jehan*). Trialogue nouveau contenant l'expression des erreurs de Martin Luther, les doleances de jerarchie ecclesiastique et les triumphes de verite invincible. — *Cy se termine le present trialogue... faict lan mil cinq cens et xxiiij* (sans lieu d'impression), pet. in-4. goth. de 35 ff. [1832]

Ouvrage en vers et en prose. A la fin se lit une épître de l'auteur, en prose, à Charles de Montbrun, sieur de Previgny, etc., datée de *Cluse, le centre des Allobroges*, aux calendes octobriennes, 1524. Un passage de ce livre rapporté dans la *Macaroneana* de M. Delepierre, page 9, a été imité par Rabelais. Vend. 7 fr. 20 c. (exempl. terminé avec le cah. k) La Valliere ; 10 fr. 50 c. en 1815 ; 4 liv. 2 sh. Heber, et 40 fr. *m. bl.* en 1841.
On peut, avec beaucoup de vraisemblance, attribuer à J. Cachy, ou Gaci, une pièce en vers intitulée :
LA DEPLORATION de la cite de Genefve sur le faict des Hereticques qui l'ont tiranniquement opprimee. (*sans lieu ni date*), in-4. goth. de 4 ff. à 30 lig. par page. [13465]
A la fin se lisent les mots : *J'en feray grace,* qui en effet doivent être l'anagramme de *Frère Jean Gacy.* Cette pièce a été réimpr. dans le 4ᵉ vol. du *Recueil* de M. de Montaiglon, d'après le seul exemplaire que l'on connaisse de l'original, lequel appartenait à M. le baron La Roche de La Carelle.

GADDIUR (*Jac.*). De scriptoribus non ecclesiasticis, græcis, latinis, italicis, pars 1ᵃ, *Florentiæ*, 1648 ; pars 2ᵃ, *Lugduni*, 1649, 2 vol. in-fol. [31625]

Ouvrage de peu d'importance, mais dont on trouve difficilement les deux volumes réunis.

Gacon et de Lateyssonnière (MM.). Histoire de Bresse et du Bugay, 24617.

Gadebled (*L.-L.*). Dictionnaire du département de l'Eure, 24321.

GADOU (*Adrien* de). Le premier livre des paysages du seigneur du Saussay Adrian de Gadou, de Thimerais, païs chartrain; à tres illustre prince Mgr le duc d'Alençon, frère du roy. *Paris, Gabr. Buon*, 1573, in-4. de 30 ff. [13789]

A la suite de ces odes se trouve une pièce de 6 ff. également impr. chez *Gabr. Buon*, en 1573, sous ce titre : *Le Songe du Saussay sur le trépas d'Adrian Gallot.*

8 fr. 25 c. Viollet Le Duc ; 20 fr. Duplessis.

La Croix du Maine et d'après lui Goujet nomment ce poète Adrian de Gesdou ; mais le titre du livre ci-dessus porte bien Gadou, comme l'a écrit Ant. Du Verdier, lequel cite le recueil suivant du même auteur :

LA MARGUERITE, autrement la jeunesse de l'auteur, contenant trente-neuf sonnets, plus l'Hermitage ; Reprehension notable pour ce temps ; de Veturie, dame romaine, à son fils Coriolan, tenant Rome assiegée, etc. *Paris, Jean Mettayer*, 1574, in-4.

Ce second recueil est plus rare encore que le premier.

GÆA Norvegica von mehreren Verfassern, herausgegeben von Balth.-Math. Keilhau. *Christiania, Dahl*, 1850, 3 livr. in fol. 7 pl. 60 fr.

GAEDECHENS. Hamburgische Münzen und Medaillen. Herausgegeben von einem Ausschusse des Vereins für Hamburgische Geschichte und redigirt von O.-C. Gaedechens. *Hamburg, Perthes*, 1843-55, 11 cah. in-4. fig. 68 fr. [26720]

GÆOMEMPHIONIS cantaliensis satyricon. *Anno christi* M. DC. XXVIII, pet. in-12 de 5 ff. prélim., 340 pp. et un f. d'errata. [17002]

Ce petit ouvrage, sur lequel un article piquant de M. Philarète Chasles (*Journal des Débats*, 1ᵉʳ août 1838) a attiré l'attention des bibliophiles, n'était pas tout à fait inconnu, comme l'a avancé un peu légèrement le spirituel écrivain que nous venons de nommer ; il se trouvait même, il est vrai, depuis plus d'un siècle, à la Bibliothèque du roi (Z, nᵒ 1331), où tout le monde a pu le consulter ; néanmoins c'est un livre assez rare, et qui fait connaître les mœurs populaires de la France au commencement du XVIIᵉ siècle. L'auteur, caché sous le nom de *Gæomemphio*, et qui a dédié son roman à Louis XIII, ne serait-il pas Claude-Barth. Morisot, de Dijon, de qui l'on a plusieurs ouvrages du même genre, et entre autres une continuation de l'*Euphormion* de Barclay, sous ce titre :

ALITOPHILI veritatis lacrymæ, sive Euphormionis Lusinini continuatio, *Genevæ*, 1624 (ou sous le nom de Gabriel *a Stupen*, et sous la date de 1626), pet. in-12.

Ce qui nous autoriserait à le croire, c'est que le roman satirique de *Gæomemphio* paraît être sorti des presses genevoises, comme celui du *Pseudo-Alitophile*, et que d'ailleurs Morisot a écrit un autre roman latin, intitulé *Peruvianus*, où il a donné également, sous des noms empruntés, l'histoire de quelques personnages de son temps (voy. MORISOT). D'un autre côté, pourtant, les aventures de *Gæomemphio* nous rappellent un poète de la même époque qui s'est donné pour laquais de l'archevêque d'Auch, qui est aussi nommé *le philosophe naturel, le docteur de ce temps, le fidèle, le plaisant,* et qui enfin a publié ses ouvrages sous le nom de *Gaillard* (*Ant.*). Voy. ci-après.

GÆRTNER (*Jos.*). De fructibus et seminibus plantarum. *Stuttgardiæ*, 1788, et *Tubingæ*, 1791, 2 vol. in-4., cum 180 tab. 100 fr. [4847]

Ouvrage très-estimé, auquel il faut réunir l'article suivant :

C.-F. GÆRTNERI Carpologia, seu descriptiones et icones fructuum et seminum plantarum. *Lipsiæ*, 1805-7, 3 part. en 1 vol. in-4. 50 fr. [4848]

Ce volume a aussi paru sous le titre de *De fructibus et seminibus plantarum tomus tertius.* Pl. 181-225. Les deux ouvrages, 120 fr. Pappenheim ; 91 fr. de Jussieu.

—Ueber die Bastarderzeugung in Pflanzenreiche, 4848.

GÆRTNER (*Fréd.*). Vues des principaux monumens grecs de la Sicile (10 vues et 6 dimensions), dessinées d'après nature et lithographiées : texte allemand et français. *Munich, J.-G. Zeller*, 1819-21, gr. in-fol. obl. [29388]

Publié en trois livraisons. 32 thl.

— Ausgeführte Gebäude, München, etc., 9967.

GAETANUS. Museum mazzuchellianum, seu numismata virorum doctrina præstantium quæ apud Joan.-Mar. Mazzuchellum servantur a P.-A. de Comitibus Gaetanis edita atque illustr. cum vers. ital. a Cosimo Meo. *Venetiis*, 1761-63, 2 vol. in-fol. fig. 40 à 50 fr. [29728]

GAFFAREL (*Jac.*). Curiositez inouyes sur la sculpture talismanique des Persans ; horoscope des patriarches et lecture des estoilles. *Paris*, 1629, ou 1637, ou 1650, in-8., avec 2 gr. pl. 5 à 6 fr. [9007]

La traduction latine, avec les savantes notes de Grég. Michaelis, *Hamb.*, 1676-1678, ou 1706, 2 vol. pet. in-8., se paye un peu plus cher que le texte français auquel il faut réunir l'ouvrage suivant, que Ch. Sorel a donné sous le nom du sieur de l'Isle :

DES TALISMANS, ou figures faites sous certaines constellations pour se faire aimer, et respecter des hommes, les enrichir, pour guérir les maladies, etc., avec des observations contre les curiositez innouies de Gaffarel, et un traité de l'onguent des armes, ou onguent sympathique, par C.-S.-S. De Lisle. *Paris, Sommaville*, 1636, pet. in-8., reproduit en 1640, sous le titre de *Secrets astrologiques.*

GAFFORI. Clarissimi ac prestantissimi musici Franchini Gafori laudensis theoricum opus musice discipline..... prohemium. — *Impressum Neapolis, per Frãciscũ de Dino, anno dñi* M. CCCC. LXXX, *die octavo octobris*, in-4. de 114 ff., y compris 1 f. pour le registre ; 26 lig. par page : avec fig. en bois. [10110]

Les ouvrages de Gaffori ou Gafuri ont eu beaucoup de succès au moment de leur publication, et sont encore recherchés maintenant. La première édition du *Theoricum opus* que nous venons d'indiquer est surtout fort rare, et il en a été vendu un exemplaire 10 liv. Sykes ; 130 fr. Libri, en 1857. L'exemplaire vend. 36 fr. Boutourlin contenait 111 ff. en tout,

savoir : 4 ff. pour la table et le *Prohemium*, 1 f. blanc, texte, ff. 6 à 110, plus un feuillet pour le registre.

— Theorica mvsice Franchini Gafvri Lavdensis. (in fine) : *Impressum Mediolani per magistrum Philippum Mantegatium dictum Cassanum opera & impensa magistri Ioannis Petri de lomatio anno salutis* Mcccc. L. *xxxxxii, die xv Decembris*, in-fol. fig. en bois.

Belle édition en lettres rondes : 24 fr. Brienne-Laire ; 1 liv. 15 sh. Heber ; et avec *Practica musicæ*, édition de 1496, 54 fr. Reina. Description : 4 ff. préliminaires contenant le frontispice représentant un jeu d'orgue, la table, la dédicace ; texte, 62 ff. sign. a—k. Au recto du dernier f. du cah. b est une grav. en bois en quatre compartiments, représentant divers instruments de musique ; avec les noms de *Iubal* et *Pytagoras.* L'ouvrage est terminé par le *Carmen Lancini Cvrtii*, suivi de la souscription. Un exempl. impr. sur vélin se conserve à la Bibliothèque impér. M. Van Praet y a compté 68 ff.

L'édition de 1486, portée dans le catalogue Soubise, n'existe probablement pas. L'exemplaire qu'on a annoncé sous cette date dans le catalogue du prince était de 1492, mais il se trouvait à la suite : *Practica musicæ* du même auteur, *Milan*, 1496, in-fol. Vend. en *mar. cilr.* aux armes de De Thou, 24 fr. Soubise, et 7 liv. 15 sh. Hibbert.

— Musicæ angelicum ac divinum opus. — *Impressum Mediolani per Gotardum de Ponte anno... millesimo quingentesimo, die decima mensis novembris...* in-fol.

Édition non moins rare que la précédente.

— Angelicum ac diuinum opus musice | Franchini Gafurii laudensis Re | gii musici ecclesieq̃ Me | diolanensis phonasci | materna lingua | scriptum. — *Impressum Mediolani per Gotardum de põte Anno salutis millesimo quingẽtesimo octauo die sextadecima septembris*, in-fol. de 48 ff. sign. A—I, y compris le titre ; lettres rondes.

Vend. 16 fr. 50 c. Reina, et quelquefois plus.

Au verso du dernier f. se voit la même planche qui forme le frontispice de l'édition de 1492.

— Practica mvsice Franci Gafori Lavdensis. (in fine) : *Impressa Mediolani opera & Impensa Ioannis petri de Lomatio per Guillermum Signerre Rothomagensem anno salutis Millessimo quadringentessimo nonagessimo sexto die vltimo septembris...* in-fol. [10111]

Belle édition en caractères ronds, avec la musique notée : vend. 20 fr. Brienne ; 10 fr. Reina ; 30 fr. en 1842 ; 65 fr. Libri, en 1857. Elle a 4 ff. préliminaires contenant un frontispice gravé, au verso duquel est imprimé le registre des cahiers, la table des chapitres, et l'épitre dédicatoire à Louis-Marie Sforce, duc de Milan, 22 ff. sign. a—c, et 85 ff. sign. aa—ll, non chiffrés.

M. Van Praet cite un exempl. impr. sur VÉLIN.

— Musice utriusq̃ cantus practi | ca excellentis Frãchini Ga | fori Laudensis libris | quatuor modu | latissima. (à la fin) : *Impressa Brixiæ opera & impensa*

Angeli Britannici : anno salutis millesimo quadringentesimo nonagesimo septimo : nono kalen : octobris, in-fol., lettres rondes, avec la musique notée.

4 ff. prélim. pour le titre, etc., comme dans l'édition précédente; texte, 22 ff. sign. A—C, et 85 ff. sign. aa—ll. Vend. 26 fr. 50 c. et 13 fr. Reina ; 1 liv. 15 sh. Heber.

— Practica musicæ utriusq3 cantus excellentis franchini gaffori Laudensis, quatuor libris modulatissima. (in fine) : *Brixiæ impressa per Bernardinum Misintam de Papia. Sumptu & Impensa. Angeli Britannici. Anno Salutis.* M. D. II. *Idibus sextilibus*, in-fol., avec la musique.

Belle édition en lettres rondes, impr. page pour page sur celle de 1497; le titre est en caract. gothiques. Vend. 30 fr. 50 c. Reina.

— Practica musicæ vtriusq3 cătus excellētis Frăchini gaffori laudēsis. Quatuor libris modulatissima : Sŭmaq3 diligētia nouissime ĩpressa.(in fine, fol. 82 recto) : *... Impressa nouissime Venetiis : multisq3 erroribus expurgata per Augustinum de Zannis de Portesio... Anno...* M. D. XII. *Die .xxviii. Iulii*, in-fol. de 82 ff. chiffr., signat. A—K, y compris le frontispice gravé et la table, lettres rondes, avec la musique.

Cette édition a été vend. 41 fr. 50 c. Reina, ce qui ne prouve pas cependant qu'elle soit ou plus rare ou meilleure que les trois précédentes. Il en existe une 5e de Venise, 1522, in-fol.

—Francisci Gafuri de harmonia musicorum instrumentorum opus. — *Impressum Mediolani per Gotardum Pontanum calcographum die xxvi nouembris* 1518, pet. in-fol. de 4 ff. prélim., C (cent) ff. chiffrés et 2 non chiffrés. [10199]

Vend. 28 fr. Boisgelou ; 1 liv. Heber ; 27 fr. 50 c. Reina ; 25 flor. Butsch, et avec l'*Angelicum opus* et le *Regeinetum* de 1533, 119 fr. Cailhava.
On cite une édition de 1508 que l'on a peut-être confondue avec l'*Angelicum opus*, sous cette date, et qui se sera trouvée reliée à la suite du vol. de 1518 ci-dessus, comme l'était l'exemplaire que j'ai eu sous les yeux. L'édition de 1518 renferme plusieurs pièces de vers latins en l'honneur de Jean Grolier, et présente l'écusson de ce trésorier de François Ier, et on trouve à la fin du volume une notice biographique sur Gafori, par Pantaleone Maleguli.

— Apologia Franchini Gafuri musici aduersus Ioannem Spatarium et complices musicos Bononienses. (in fine) : *Impressum Taurini per magistrum Augustinum de Vicomercato. Anno domini* M. D. XX. *die .xx. Aprilis*, in-fol. de 10 ff. non chiffrés, sous la signat. A, lettres rondes. [10132]

L'ouvrage ci-dessus se termine par cette phrase : *cum opera nostra sana sint si sane intelligantur, et sententia nostræ rectæ nisi peruertantur. Quo fit : ut si incôcessa rabie torquereris : Harmonia Gafurii et Joannes Grolierius patronus æternum uiuant.* Le verso du dern. f. est blanc. L'écusson

(trois étoiles, et au-dessous trois o) qui précède la souscription, est celui de Grolier, et porte en légende : *Musarum cultor Joannes Grolierius.* Cette particularité relative au célèbre bibliophile Grolier donne quelque prix à cette pièce, qui, d'ailleurs, est rare.

Spatarius ou Spadarius, vulgairement Spaturo, et un certain *Joannes Vaginarius* avaient écrit précédemment contre Gafori (voy. SPADARIUS). Leur critique fit naître, outre la réponse ci-dessus, une autre apologie impr. également à Turin en 1521. Voy. VEGIUS (*Maph.*).

—Musicæ rudimenta. Voy. AVENTINUS (*Joannes*).

GAGE (*Thom.*). Survey of the West-India, containing a journal of three thousand and three hundred miles within the main land of America. *London*, 1677, in-8. 6 à 9 fr. [21062]

Les deux premières éditions de cette relation, *Lond.*, 1648 et 1655, in-fol., sont à très-bas prix.
— NOUVELLE relation de Th. Gage contenant ses voyages dans les Indes occidentales ou la Nouvelle-Espagne, et son retour par la province de Nicaragua, trad. de l'angl. par Beaulieu Hues Oneil; 3e édit. *Amst.*, 1699 ou 1721, 2 vol. in-12, fig. 5 à 6 fr.
Cette trad. qui parut d'abord à *Paris*, en 1676, 2 vol. in-12 (sous le titre de *Nouvelle description des Indes occidentales*), a subi des suppressions qui portent principalement sur les passages où l'auteur combat les dogmes de l'Eglise romaine. L'édition de 1676 est la seule où se trouve jointe la *Brieve instruction pour apprendre la langue indienne, appelée Poconchi Pocoman.*

GAGE (*John*). The Benedictional of St. Athelwold, Bishop of Winchester, an illuminated Ms of the X. century, in the library of the duke of Devonshire, with a pref. dissertation, and a description of the Benedictional of Archbishop Robert, an illuminated Anglo-Saxon Ms. of the same century, in the public library of Rouen, communiqued to the Society of Antiquaries by Jo. Gage (Rokewode). *London*, 1832, in-4. [10901]

Ces mémoires ont paru dans le 24e vol. de l'*Archæologia*, mais l'auteur en a fait tirer 25 exemplaires à part.

GAGER (*William*). Ulisses redux, tragœdia nova, in Æde Christi Oxoniæ publice academicis recitata, octavo Idus Februarii, 1591. *Oxonii*, 1592, pet. in-8. sign. A—F6 [16162]

—Meleager, tragœdia. *Oxonii*, 1592, pet. in-8.

Deux pièces rares dont l'auteur passe pour avoir été un des meilleurs poëtes latinistes de son temps, dans le genre dramatique (Lowndes, p. 853).

Gage (*J.*). History of Suffolk, 27302. — of Hengrave, 27312.

Gagern (*H.-C.-E. von*). Mein Antheil an der Politik, 25179.

Gagern (*H. von*). Das Leben des Generals Friedrich von Gagern, 25179.

Gagnard (l'abbé). Église d'Autun, 21454.

Gagnier (*J.*). Vie de Mahomet, 28000.

GAGUIN (*Robert*). In hoc volumine hec continentur. Roberti gaguini iuris canonici interpretis epistole. — Eiusdem quedam orationes. — Eiusdem de conceptione virginis defensio. — Eiusdem de eadé conceptione ad fratres sui ordinis oͬo. — Eiusdem de arte metrificandi precepta. — Eiusdem epigrammata. — Eiusdem de Christi morte atqɜ resurrectione. Item de miserijs humane vite : et contra poesis detractores breues tractatuli metro scripti. (ante ultimum tractatum) : *Epistolarũ et orationũ... aliorũqɜ opusc'lorum dͬñi Roberti gaguini finis. Que oͬia Durandi gerleri biblyopole parisiaci ĩpensa impressa sunt, Et in vico Sancti Iacobi ad diui dyonisii signũ... venalia habent. Anno dͬñi M. cccc. xcviij. Nouͤb' secunda et vigesima. ꝓ magͬm Andreã bocard,* pet. in-4. goth. de 106 ff. chiffrés, jusqu'à lxiiij, à 39 lig. sur les pag. [18962]

Dans ce recueil se trouve le poëme singulier de Gaguin, *De puritate conceptionis virginis Mariæ,* qui a été réimprimé sous le titre de *Detestatio Gaguini contra Vincentium,* in-8. goth., et à *Paris,* 1617, in-8., édition augmentée de 124 vers (voir Dav. Clément, IX, p. 17).

Durand Gerlier a donné également, en 1498, *R. Gaguini epistolæ et orationes,* de format in-16.

ᴿᴼᴮᴱᴿᵀᵁˢ Gaguinus de puritate côceptionis beate Marie virginis (*Parisiis, Felix Baligault, absque anno*), in-4. goth. de 14 ff. à longues lignes, au nombre de 30 et 31 par page.

Opuscule dont l'impression doit avoir précédé celle du recueil ci-dessus. Le titre porte la marque de Félix Baligault. Les deux derniers feuillets contiennent le petit poëme : *In côceptione beate Marie virginis per eundem Gaguinum officium.*

— Traité de la conception de la Vierge Marie, par Rob. Gaguin. *Paris*, 1480, in-4. goth. sans chiffres ni récl.

Ce livre, qui est porté à 5 fr. dans le catal. de Sepher, nᵒ 555, doit être la traduction de l'ouvrage précédent ; mais nous avons lieu de douter de la date, car nous ne connaissons pas d'édition du texte latin qui soit aussi ancienne.

— De arte metrica. Eiusdem versus. (*absque nota*), in-4. de 56 ff. à 28 lig. par page. [12871]

Édition sans chiffres ni récl., mais avec des signatures ; De caractères sont ceux de Géring, vers 1477. Il y a 3 ff. prélim. sur le prem. desquels se lisent quatre distiques précédés de ce sommaire :

Ad libellum recognitũ Auctoris ꝓloquiũ.

Vend. 12 fr. La Vallière.

Une autre édition ancienne de ce traité, in-4., en caract. goth., et également sans indication de lieu et sans date, n'a que 27 ff. à 41 ou 42 lig. par page.

— Sensuit le passe temps doysiuete de maistre Robert gaguin docteur en decret ministre et general de lordre Saincte trinite et redemption des captifz pour le temps quil estoit a lõdres en ambassade auec tres noble et puissant seigneur francoys mõseignͬr de Luxͤbourg pour le roy de france Attendant le retour de tres noble hõme waleren de saint bally de Senlis Leͨl estoit retourne en france deuers le dit seigneur pour certains articles touchans la charge de lambassade. Mil. cccc. iiii. xx. ix. au moys de decͤbre. (au 23e f. verso) : *Explicit le passe temps doysiuete fait a londres ꝑ maistre Robert gaguin,* pet. in-8. de 28 ff. non chiffrés, caract. goth. [13280]

Recueil de vers de 8 syllab. ; En 9 fr. m. La Vallière. A la suite du *Passe-temps d'oisiveté* se trouve (au verso du 23e f.) : *Question menee entre françois monsieur de luxͤbourg et maistre robert gaguin..* Est aussauoir dont procede vertu ou de necessite ou de honnestete. Cette pièce se termine à l'avant-dern. f. par le mot *explicit.* Le dern. f. ne contient autre chose qu'une fig. en bois, de chaque côté. Réimprimé dans le VIIᵉ vol. du Recueil de poésies publié par M. de Montaiglon.

— Gestes romaines. Voy. Lıvıus.

— Rob. Gaguini compendium super Francorum gestis ab ipso recognitum et auctum. (*Paris.*) *impressit Thielmanus Kerver...impensis...bibliopolorum Durandi Gerlerii et Joannis parvi. Anno. M. quingentesimo ad idus januarias,* in-fol. [23230]

Édition et lettres rondes, plus belle, plus ample et plus correcte que les trois ou quatre autres édit. qui l'ont précédée. Elle a 6 ff. prélim., clxix ff. de texte, plus 5 ff. à la fin. La Biblioth. impér. en possède un exempl. impr. sur VÉLIN, et décoré de miniat. On sait que la 1ʳᵉ édit. de cet ouvrage porte la date de 1495, *pridie kalendarum octobris, in ædibus diui maturini parisiensis,* mais on n'en connaît pas d'exemplaire, quoique Gaguin lui-même la relate dans l'avertissement de l'édition de Lyon, *John. Trechsel,* 1497, laquelle a 4 ff. prél. et cxxiii ff. chiffrés, et se termine par la souscription suivante : *Impress. Lugduni impͤsis M. Jo. Trechsel alemanni et diligenti accuratione Iodici Badii ascensii anno millesimo quadrĩgͤtesimo nonagesimo septimo ad viii kalendas iulii,* laquelle souscription est évidemment calquée sur celle de l'édition de Paris, 1497, in-fol., ainsi conçue : *Finis compendij... Impressi Parisiis impͤsis magistri Durandi gerlerii : diligenti vero accuratione magistri Andree bocard ; anno christiane pietatis millesimo quadringentesimo nonagesimo septimo : ad ij. kal. april.* Cette édition parisienne a 109 ff. en menus caractères gothiques. Ainsi, on le voit, à cette époque il existait déjà une concurrence entre les imprimeurs de Paris et ceux de Lyon. Dès qu'il paraissait dans la capitale un livre qui promettait du débit, ces derniers s'en emparaient sans façon, ou quelquefois, pour déguiser leur larcin, ils changeaient les titres des éditions originales, annonçaient des augmentations et ne négligeaient rien pour attirer l'acheteur. Cela s'est pratiqué ainsi pendant presque tout le xvıᵉ siècle, non sans quelques représailles de la part des libraires de Paris.

Une autre édition de ces chroniques, faite à Paris, porte dans la souscription finale : *Anno salutis Millesimo quadringentesimo nonagesimo nono, pridie calendarum octobris;* mais, dans une partie des exemplaires, le mot *nono* est remplacé par *quinto :* elle a été vend. 11 sh. Hibbert. C'est sur l'édition de 1500 que fut faite celle de Paris, Gerlier, 1504, in-fol. L'ouvrage a été souvent réimprimé depuis, dans les formats in-fol. et in-8., avec ou sans continuation ; mais aucune de ces éditions n'est chère ni fort recherchée.

— Les grandes croniques; excellens faitz et vertueux gestes des... roys de France... composees en latin par Rob. Gaguin... et depuys en lan christifer Mil cinq cens et quatorze soigneusement reduictes et translatees a la lettre de latin en nostre vulgaire francoys. *Paris, pour Poncet le Preux et Galliot Dupre*, 1514, *au moy d'Auril*, in-fol. goth. fig. en bois.

Édition rare de cette traduction attribuée à Pierre Desrey, auteur du prologue et de la continuation de ce livre. Le vol. a 12 ff. prélim. et cclijj ff. de texte; on en connait plusieurs exemplaires impr. sur VÉLIN et enrichis de miniatures. Vend. tel, 200 flor. de Holl. Dubois, en 1725; 40 liv. 8 sh. à Londres, en 1817. Un exempl. sur pap., annoncé sous la date de 1509, a été vend. 1 liv. 10 sh. Hibbert; 60 fr. Le Prevost, en 1857.

— LES CRONIQUES de France... depuis lexidion de Troye la grande jusqu'au regne du... roy Francoys premier. *Paris, les mêmes*, 1515, in-fol. goth. fig. en bois. 12 ff. prélim. et ccxl iiij ff. de texte.

M. Van Praet en cite un exempl. impr. sur VÉLIN.

Réimprimé sous le titre de *Mirouer historial de France*, Paris, pour Galliot du Pre, le *xviij feurier mil cinq cens et seize*, in-fol. goth. de clxxxv ff. chiffr., non compris les pièces limin.

Il y a une autre édition sous le titre de : *La mer des croniques et miroir historial de France... impr. a Paris par maistre Nicole de la barre, lan Mil .cccc. xviij*, in-fol. goth. fig. en bois (12 ff. prélim. et ccxlvj ff. de texte); elle était continuée jusqu'en 1518. Vend. 16 fr. A. Martin, et quelquefois plus.

Un exempl. sur VÉLIN, *Biblioth. Harl.*, II, 8685.

L'ouvrage a été réimpr. sous le même titre, *Paris, Regnault Chaudiere, a lenseigne de lhomme sauuage* (sans date), in-fol. goth., avec cette marque au recto du premier f. :

·REGNAVLT·CHAVDIERE·

Le texte de cette édition sans date finit à l'année 1520. Vend. 75 fr. 50 c. Librairie De Bure; — réimpr. aussi à *Paris, Phil. Le Noir* (ou *Ambr. Girault*), 1525, in-fol. goth. fig. Vend. bel exempl. 3 liv. 3 sh. Hibbert. —*a lenseigne de la fleur de lys dor*, 1527, in-fol. goth. fig. de 10 ff. prélim. et ccxxxv ff. — *Paris, Jaqs Nyuerd*, 1530. Le verso du CC xxviii° et dernier f. porte la marque que nous donnons à l'article GRANT CONFESSION.

40 fr. Librairie De Bure; 100 fr. *mar. r.* Coste.— *Paris, rue S. Jacques, a la fleur de lys dor*, 1532. — *Paris, rue S. Jacques, a lenseigne des deux Cochets, et rue neuue nostre Dame, a S. Nicolas*, 1536. Ces trois édit. sont in-fol., et continuées jusqu'en 1530.—Celle de Paris, *a la rue saint Jacques a l'enseigne de la fleur de lys dor*, 1536, in-fol. goth. de 10 et cc.xlvj ff., va jusqu'en août 1532. Enfin nous citerons un abrégé des mêmes chroniques, publié sous le titre suivant : *Cest le sommaire historial de France... nouuellement reduict en forme dung promptuaire ou epitome... depuis le premier roy de France iusquau roy Françoys premier... selon les volumes de Rob. Gaguin et aultres fidelcs cronicqueurs*, Paris, Phil. Le Noir, pet. in-fol. goth. fig. en bois. L'épître dédicatoire est datée de 1523. Vend. 40 fr. A. Martin; même prix (annoncé in-4.) de Nugent; 20 fr. Librairie De Bure; 28 fr. en 1839.

— Voy. DISCEPTATIO.

GAIETA de Neapoli (*Stephanus*). Voyez STEPHANUS.

GAIETANI de Thienis in metheoror. Aristotelis libros expositio. *Patavii, per Petr. Maufer*, 1476, *die 6ª augusti*, in-fol. goth. [3544]

Édition rare qui commence par un f. contenant la table : vendu (exempl. relié avec l'article suivant) 213 fr. Brienne-Laire.

ALBERTI MAGNI mineralium libri V. *Impress. per Petrum Maufer*, 1476, *die 20 septembris*, in-fol. goth.

— Gaietani Thienensis commentum in tria volumina Aristotelis de anima. *Patavii, Petr. Maufer*, 1475, 2º *nonis septembris*, in-fol. goth. à 2 col. sign. *a—l*. [4206]

Volume non moins rare que les deux précédents, et qui commence également par un f. de table.

GAIGNEAU (*Antoine*), Foresien. Le Carquois satyrique (avec cette épigraphe) : Ridendo dicere verum quid vetat. (*sans lieu ni date*), in-16. [13926]

M. Éd. Fournier a reproduit cet opuscule dans ses *Variétés*, VI, pages 287 à 301, sans en indiquer le format et sans en donner la date, qui doit être rapprochée de celle de l'ouvrage suivant du même A. Gaigneau :

LES PERLES de Minerve. *Paris, P. Rocolet*, 1617, in-16 oblong de 96 pp. [13926]

Ce livret, fort peu commun, a été l'objet d'une spirituelle notice de M. P. L., insérée dans le *Bulletin* de M. Techener, 1860, p. 1147.

GAIGNY (*Jehan de*). Sermon des six paroles de Jesus-Christ en croix, trad. du latin par Jehan de Gaigny. *Lyon, Jean de Tournes*, 1543, in-16. [14392]

Cité par La Croix du Maine et par Du Verdier. Ce serait un des premiers livres impr. par J. de Tournes.

— Voy. LIVRE de nouveau réimprimé, et aussi GUERRICUS et PRIMASIUS.

GAIL (*J.-B.*). Le Philologue, ou recherches historiques, militaires, géographiques, grammaticales, lexicologiques, d'après Hérodote, Thucydide, Xéno-

Gail (*J.-Fr.*). Culte de Bacchus, 22502.

phon, Polybe, Strabon, etc., pour servir à l'étude de l'histoire ancienne. *Paris, Ch. Gail*, 1814-28, 21 vol. in-8. et un atlas in-4. de 107 pl. [18337]

M. Quérard a consacré deux pages et demie de sa *France littér.* (III, 234-36) à la description de cette rapsodie, si difficile à collationner, et, grâce à lui, on sait enfin de quoi se composent ces 22 vol. dont le 15ᵉ est une table générale des 14 premiers, et le 18ᵉ un atlas.

— Géographie d'Hérodote. Voy. HERODOTUS.

GAILHABAUD (*Jules*). Monuments anciens et modernes, collection formant une histoire de l'architecture des différents peuples à toutes les époques, contenant des notices archéologiques, par MM. Jomard, F. Breton, Raoul Rochette, L. Vaudoyer, de Caumont, Le Noir, J. Gailhabaud, etc. *Paris, Gide, et F. Didot*, 4 vol. gr. in-4. 300 fr. [9847]

Cet ouvrage a eu beaucoup de succès, non-seulement en France, mais aussi en Angleterre, en Allemagne et en Italie.
L'édition allemande publiée sous ce titre : *Denkmäler der Baukunst. Unter Mitwirkung von Frz. Kugler und Jac. Burckhardt herausgeg. von L. Lohde.* Hamburg, Meissner, 1847-52, 4 vol. gr. in-4. coûtait 100 thl.
L'édition italienne est *rifusa e riordinata per cura di Luigi Tatti.* Torino, 1846, in-4.

— L'Architecture du Vᵉ au XVIIᵉ siècle, et les arts qui en dépendent, publiés d'après les travaux inédits des premiers architectes français et étrangers. *Paris, chez Baudry et chez Didron*, 1850-59, 4 vol. gr. in-4. [9847]

Ces 4 vol. renferment 400 pl. avec un texte descriptif. Ils ont été publiés en 200 livrais. Prix de chacune, 1 fr. 75 c.; sur pap. de Chine, 2 fr. 50 c.
Le même auteur publie en ce moment un ouvrage intitulé : *L'Art dans ses diverses branches chez tous les peuples à toutes les époques jusqu'en 1789*, également in-4. Chaque vol. sera composé de 36 livr. : prix de chacune, 1 fr. 75 c. sur papier de Chine, 3 fr. en mai 1861. 17 livr. ont paru.

— Revue archéologique, 30000.

GAILLARD (*Th.*). Le traictié des quatre degrez damour et charite violente — *Icy est la fin de ce present liure.... compose par maistre Thomas Gaillard.... item le Manuel de monseigneur sainct Augustin translate de latin en francoys. Et tout imprime au champ Gaillard : aux depens... de Jehan Petit libraire* (à Paris) *Lan mil cinq cens et sept, le xxvj feurier*, in-8. goth. [1631]

GAILLARD (*Antoine*). Les OEuvres du sieur Gaillard. *Paris, imprimé pour l'auteur, ou chez Jacq. Dugast*, 1634,

in-8. de 8 ff. prélim. y compris le titre gravé, avec fig. par Callot, 88 et 94 pp. [14001]

Ce volume rare et curieux est orné du portrait de l'auteur caché sous le nom d'Ant. Gaillard, et qui était certainement un des poëtes les plus gais et les plus spirituels de son époque. La principale pièce de ce recueil est une satire dialoguée, en cinq actes, sous ce titre : *La furieuse monomachie de Gaillard et de Braquemard :* vend. 9 fr. le baron d'Heiss ; 59 fr. *mar. r.* de Soleinne ; 40 fr. Nodier.
— Il est fort douteux qu'Antoine Gaillard, sieur de la Porteneille, auteur de *la Carline*, comédie pastorale en vers (*Paris, Corrozet*, 1626, in-8.), attribuée à l'auteur de la *Monomachie*, dans la *Bibliothèque du théâtre françois*, soit le même que le sieur Gaillard dont nous venons de décrire les œuvres.

— Voyez GÆOMEMPHION.

GAILLARD (*G.-H.*). Histoire de la rivalité de la France et de l'Angleterre, avec le supplément. *Paris*, 1771-77, 7 vol. in-12. [23338]

HISTOIRE de la querelle de Philippe de Valois et d'Edouard III, continuée sous leurs successeurs, pour servir de suite à la Rivalité. *Paris*, 1774, 4 vol. in-12.
Ces deux ouvrages, dont il y a des exemplaires avec des titres datés de 1798, ont été réimprimés. *Paris, Blaise*, 1818, 6 vol. in-8. 18 à 21 fr., et plus en pap. vélin.
— HISTOIRE de Charlemagne, augmentée de la vie de Witikind le Grand. *Paris, Foucault*, 1818, 2 vol. in-8. 6 fr. et plus en pap. vélin. [23355]
— LA MÊME, suivie de l'histoire de Marie de Bourgogne, par Gaillard. *Paris, Blaise*, 1819, 2 vol. in-8. 6 à 7 fr., et plus en pap. vélin.
Dans la première édit. de cette histoire, *Paris*, 1782, 4 vol. in-12, se trouve l'éloge du premier président Lamoignon ; en sorte qu'elles ont toutes les trois quelque chose de particulier.
— HISTOIRE de François Iᵉʳ, roi de France. *Paris, Foucault*, 1818, 5 vol. in-8., avec un portrait. 15 à 18 fr.—Pap. vél. 30 fr. [23447]
Cet ouvrage, quoique superficiel, comme le sont en général les histoires écrites par Gaillard, est assez recherché ; il a paru d'abord à Paris, 1766, en 7 vol. in-12, et ensuite, avec des augmentations, en 1769, 8 vol. in-12; aussi, *Paris, Blaise*, 1819, 4 vol. in-8.
Les éditions in-8. des ouvrages de Gaillard sont d'un extérieur plus agréable que le format in-12. Nous indiquons dans notre table les autres écrits de l'auteur, savoir : Rhétorique, 12064.—Mélanges, 19152. — Observations, 23258. — Rivalité de l'Espagne, 23339. — Marie de Bourgogne, 24989.

GAILLARD (*Jos.*). Description des monnaies espagnoles et des monnaies étrangères qui ont eu cours en Espagne depuis les temps les plus reculés jusqu'à nos jours, composant le cabinet monétaire de don José Garcia de la Torre, par Joseph Gaillard, antiquaire français. *Madrid, impr. de Nic. de Castro Palomino*, 1852, in-8. de XVI et 516 pp. avec 22 pl. 18 fr. [26123]

GAILLIARD ou Galliard (*Augié*), Roudié de Rabastens en Albigez. Las obros. *Bordeaux, Jac. Olivier*, 1579, pet. in-8. de 170 pp.

Édition décrite par M. Gust. Brunet de Bordeaux.

— Lou banquet, al cal banquet a belcop de sortos de meises, per so que tout lou moun n'est pas d'un goust. *Paris, Fr. Audebert*, 1584, pet. in-8. de 211 ff. chiffrés, y compris le titre, et 8 ff. à la fin pour la table, etc. [14372]

Vendu 12 fr. De Bure; 11 sh. Heber. — Volume peu commun, qui, selon Du Verdier, article *Augier Gaillard*, a aussi été impr. à *Agen*, en 1583, in-8. Il y en a une édition de *Paris, Sim. Ribactière*, 1583, in-8., sous ce titre : *Toutos las obros d'Au-gié Galliard, roudie de Rabastens en Albigez; ambe lou banquet*, et qui, selon M. G. B., a 211 ff. plus la table, 5 ff., épître en langue rabastinense, 3 ff.: vend. 40 fr. Courtois; 19 sh. Heber; 75 fr. *m. v.* Nodier ; 100 fr. Solar. Le même recueil a été réimprimé en 1610, in-12; ensuite *jouxte la copie impr. à Paris*, 1612, in-12. 9 fr. Chardin, en 1824 ; enfin à *Lyon*, en 1614 et en 1619, in-12. Goujet in-dique une édition de *Paris, Fr. Audebert*, 1614, laquelle, selon lui, ne contient rien de plus que celle de 1584.

POÉSIES languedociennes et françoises d'Auger Gaillard, dit lou Roudié dé Rabastens, publiées par M. Gustave de Clausade. *Albi, impr. de Rodière*, 1843, in-18, portrait. 4 fr. 50 c.
Cette édition renferme, indépendamment des *Obros*, les *Amours prodigieux* et quelques autres opus-cules de Gaillard; mais l'éditeur a supprimé des *Obros* quelques passages licencieux.
Le Nouveau Lelong cite l'ouvrage suivant d'Auger Gaillard :

DESCRIPTION du Chateau de Pau et des Jardins d'icelui, avec la merveilleuse propriété de la fon-taine de Saliés, en Bearn, laquelle produit du sel aussi blanc que neige, et la description de la ville de Lescar, 1592, in-8.

— Les amours prodigieux du même, en vers françois et en langue albigeoise. 1592, in-4.

On a encore de cet auteur :
LOU LIBRE gras, Recoumendatious d'Auglé Gail-lhard (sic) poete de Rabastens, en Albigez, al Rey, per estre mes en cabal per la sio Magestat. *Lyon* (sans nom d'imprimeur ni date), in-8.
Cinq feuilles d'impression, en caractères ital. avec un portrait. M. Pierquin de Gambloux a donné, dans le *Quérard*, II, 272, le titre de cet opuscule ainsi que le format. C'est un supplément aux *Obros*, impr. en 1583.

GAIMAR (*Geoffroi*). The Anglo-Norman metrical chronicle of Geoffrey Gaimar, printed for the first time entire from the ms. of the British Museum, with illustrative notes, and an appendix con-taining the lay of Havelok, the legend of Ernulf, and the life of Herward; edi-ted by Th. Wright. *London, printed for the members of the Caxton Society*, 1850, in-8. de XV, 229 et 108 pp. [13197]
Voir, sur le contenu de ce volume curieux, Frère, *Manuel du Bibliographe normand*, II, p. 5.

GAIMARD (*Paul*). Voyage en Islande et au Groënland, exécuté pendant les an-nées 1835 et 1836, sur la corvette *la Recherche*, commandée par M. Tre-houart, publié sous la direction de M. Paul Gaimard. *Paris, Arthus Ber-trand*, 1840 et ann. suiv. 7 vol. gr. in-8. et 2 atlas in-fol. et un in-8., con-tenant ensemble 236 pl. dont 50 tirées en couleur, et retouchées au pinceau. [10983]

Première partie des *Voyages de la commission scien-tifique du Nord*... elle forme six divisions qui se vendaient ensemble 534 fr., et en papier vélin, fig. sur Chine, 1068 fr.
La seconde partie se publie sous le titre suivant :
VOYAGE de la commission scientifique du Nord en Scandinavie, en Laponie, au Spitzberg et aux Feroë, pendant les années 1838 à 1840, sur la cor-vette *la Recherche*, commandée par M. Fabre, pu-blié sous la direction de M. Paul Gaimard. *Paris, Arthus Bertrand*, 1842 et ann. suiv. gr. in-8., et atlas gr. in-fol.
Cette seconde partie se compose de neuf divisions; elle formera 93 livraisons de pl. in-fol. et 38 livr., ou deux vol. de texte in-8. En 1856, il parais-sait 78 livr. de pl. à 12 fr. 50 c. et 32 livr. de texte à 5 fr. 50 c. Les exemplaires sur papier jésus vélin pour le texte, et sur papier de Chine pour les plan-ches, se payent le double.
Pour les titres de chaque division et les noms de leurs auteurs, nous renvoyons au catalogue de la Librairie d'Arthus Bertrand publié en 1856.

GAINSBOROUGH (*Thomas*). A Collection of prints illustrative of english scenery, from original drawings by Gainsborough, engraved by Wells and Laporte. *Lon-don*, 1802, in-fol. 73 pl. [26749]
Treize n°s, vend. 3 liv. 13 sh. Hibbert; *proofs mar.* 5 liv. 10 sh. North.

— LIFE of Th. Gainsborough, by G.-W. Fulcher, edi-ted by his son, E.-S. Fulcher. *London*, 1856, in-12, fig.

GAISFORD (*Th.*). Lectiones platonicæ. Voy. PLATO; voy. aussi POETÆ minores, et SCRIPTORES latini.

GAIUS. Titi Gaii institutionum, Juliique Pauli sententiarum cum titulorum om-nium indice in easdemque præfatione opus. *Petrus Vidouxus excudebat Lu-tetiæ impensis Conradi Resche*, 1525, pet. in-4. de lxiiij ff. sans l'épître dédi-catoire ni la table. [2456]
Édition fort rare, donnée par Almaric Bouchard, et dédiée au chancelier Duprat : vend. 17 flor. 70 c. Meerman. Le sommaire des Institutes de Gaius a paru pour la première fois dans l'édit. princeps du *Codex theodosianus*, publiée par P. Ægidius, An-tuerp., 1517, in-4. (voy. THEODOSIANUS codex).
GER. MEERMAN Specimen animadversionum cri-ticarum in Caii jurisc. institutiones secundis curis auctius: accedit earumdem institutionum summa-rium a P. Ægidio primum publici juris factum anno 1517, nunc vero iterum, emendatius quidem, in lucem editum. *Lutetiæ-Parisior., Merigot*, 1748, pet. in-8. de xvj et 63 pp.
Un exemplaire sur VÉLIN, 30 flor. Meerman ; un autre en Gr. Pap. 5 flor. 50 c. le même. — L'édi-tion dont le titre porte : *Mantuæ-Carpentanorum*, 1743, mais qui a été faite en Allemagne, est la se-conde de cet ouvrage : elle est très-fautive, et la date en est supposée. *Biblioth. meermaniana*, I, p. 188, n° 630.
— GAII Institutionum commentarii quatuor, e codice rescripto biblioth. capitul. veronensis auspiciis reg. scientiar. Academiæ Boruss. nunc primum editi :

Gaionta (*Stef.*). Fioretto delle cronache di Mantua; 25410.

accedunt fragmenta veteris jurisconsulti de jure fisci ex aliis ejusdem bibliothecæ membr. transcripta ; editio altera auctior et emendatior. *Berolini, Reimer*, 1824, in-8., avec 3 pl. [2457]

Impr. d'abord à Berlin, 1820, in-8., et ensuite avec un travail critique de Jo.-Fred. Goeschen, revu et publ. par Lachman. *Berolini*, 1842, in-8. 5 fr.

— GAII jurisconsulti Institutionum commentarius quartus, sive de actionibus; recensuit, restituere conatus est, adnotationem perpetuam, librumque observationum adjecit A.-J. Heffter. *Berolini*, 1827, in-4.

INSTITUTES de Gaius, récemment découvertes et traduites pour la première fois en français, par J.-B.-E. Boulet, avec des notes. *Paris*, 1827, in-8. 7 fr. 50 c. — Les mêmes, traduites et annotées, avec le texte en regard, par M. L. Domanget. *Paris, Cotillon*, 1843, in-8. — 2e édit. (ou nouv. titre) en 1847.

GALANI (*Clem*.). Conciliatio ecclesiæ armenæ cum romana, ex ipsis armenorum patrum et doctorum testimoniis, in duas partes, historialem et controversialem divisa, armen. et lat. *Romæ*, 1650 et 1658-61, 2 tom. en 3 vol. in-fol. [1820]

Livre peu commun : vend. 24 fr. Langlès; 51 fr. Klaproth. La partie historique qui forme le 1er volume, et qui est la plus intéressante, a été réimpr. à Rome, en 1690, in-fol., et en latin seulement, sous le titre d'*Historia armena ecclesiastica et politica*, Coloniæ, 1686 (nouv. titre, *Francof.*, 1701), in-8.

— Grammaticæ et logicæ institutiones linguæ litteralis armenicæ; addito vocabulario armeno-latino dictionum scholasticarum. *Romæ, congreg. de propag. fide*, 1645, in-4. 10 à 12 fr. [11708]

Vend. en m. r. 20 fr. Anquetil.

GALANT (le) nouvelliste, histoires du temps. *La Haye, Henri de Bulderin*, 1693, pet. in-12. [17207]

Jolie réimpression d'un roman qui venait de paraître à Paris, cette même année, chez J. Guignard, en 1 vol. in-12, et qui a ensuite été reproduit sous le nom de la comtesse de L***, à Paris, chez Ribou, en 1703, in-12. Barbier a attribué l'ouvrage à la comtesse d'Anneuil; mais, dans une note curieuse écrite à l'occasion d'un exemplaire de l'édit. de *la Haye*, en mar. bl., porté à 24 fr. dans le Bulletin de Techener (1858, n° 428), M. P. L. a prouvé qu'il était de mad. de Gomez de Vasconcelle, laquelle, dans le privilége de ses ouvrages, prenait quelquefois le nom de son mari, Gillot (de Beaucour).

GALANTERIE (la) monachale, ou conversations familières des moines et moinesses ; nouvellement augmentée de plusieurs bons contes. *A Neuf-Chatel, chez l'amant oisif (Hollande, à la Sphère*, sans date), pet. in-12, fig. [17213]

Vendu 25 fr. Duriez; 28 fr. en mars 1829, 40 fr. Nodier, en 1829.

GALANTERIES des rois de France, depuis le commencement de la monarchie (par Vannel) ; édition augmentée des amours des rois de France sous plusieurs races, par Sauval. *Suivant la copie impr. à Paris*, 1738, 2 vol. in-12, fig. de B. Picart. 6 à 9 fr. [17271]

L'édition de *Bruxelles* ou *Cologne*, 1694, 2 vol. pet. in-8., sous le titre d'*Intrigues amoureuses*, ne contient pas les *Amours des rois de France*, par Sauval, et est mal exécutée : vend. cependant 22 fr. m. r. Caillard. — Celle de *Paris*, en 3 vol. pet. in-12, sans lieu ni date, ne contient pas non plus l'opuscule de Sauval.

GALANTERIES (les) de la cour de Saint-Germain, nouvelles véritables. *Londres, Jac. Vaillant (Hollande*), 1729, pet. in-12. 9 à 12 fr. [17315]

Vend. 22 fr. m. r. Chénier.

C'est, au frontispice près, le même livre (et de la même édition) qui avait déjà paru en 1695, sous le titre de *La Cour de Saint-Germain, ou les intrigues galantes, etc*. Voy. COUR.

GALANTES vertueuses (les). Voy. DESFONTAINES.

GALAPHE (*Hans* du). Voy. TESTAMENT de taste-vin.

GALARDI (de). La Tyrannie heureuse, ou Cromwell politique, avec ses artifices et intrigues dans tout le cours de sa conduite. *Leyde, Jean Pauwels (Bruxelles*), 1671, pet. in-12 de 8 ff. prélim. y compris le frontispice gravé et 108 pp. de texte. 5 à 6 fr. [26973]

On place dans la collection elsevirienne cette jolie édition, dont le titre impr. porte la Sphère; mais D. Elsevier, dans son catalogue de 1674, l'indique comme de *Bruxelles*. Il y a deux édit. sous la même date et dans le même format, et également belles. L'une a un errata et l'autre n'en a point; le nom du libraire *Pauwels* est écrit dans celle-ci par un double v (w), et dans celle-là par deux v séparés. Vend. 15 fr. 60 c. m. bl. Mazoyer; 8 fr. 95 c. Sensier; 7 fr. 50 c. Duriez; 15 fr. Nodier.

Le même auteur a donné : *Séjour de Londres, ou solitude de cour*, Cologne, Jacques Fontaine, 1671, pet. in-12, également impr. avec des caractères elseviriens : 6 à 9 fr. [26991]

GALASIUS ou Gallasius, voy. DES GALLARDS.

GALASSO (*Hor*.). Giochi di carte bellissimi di regola, e di memoria, e con secreti particolari, composti e dati in luce per Horatio Galasso d'Arienzo. *Venezia*, 1593, pet. in-8. 10 fr. Riva. [10480]

Il existe un livre qui porte à peu près le même titre que celui-ci, avec ces mots : *Composti e dati in luce per il Calabro;* il a été imprimé, *in Verona, per Francesco dalle Donne*, 1597, in-12, fig. — Le titre qui en est donné dans le catal. de La Vallière, par Nyon, n° 7389, porte *il Cartaginese*, au lieu de *il Calabro*.

PLUSIEURS jeux de cartes fort plaisans et recréatifs, de règle, de mémoire et de chiffres, contenant plusieurs secrets, trad. de l'italien d'Oratio Gallace. *Jouxte la copie d'Avignon*, 1603, in-8.

Livre peu commun porté dans le catal. de Barré, n° 6891. C'est évidemment la traduction de l'ouvrage ci-dessus, seulement le nom de Galasso est rendu par Gallace.

GALATEUS liciensis (*Ant*. Ferrarius) Gal-

lipolis descriptio, et Liber de situ Japy-
giæ. *Basileæ, Perna,* 1558, in-8. [25794]

Vend. 6 fr. *m. r.* La Valliere.

— EJUSDEM de situ elementorum, de situ terrarum,
de mari et·aquis et fluviorum origine. *Basileæ,
Petr. Perna,* 1558, in-8. [4239]

Ces deux ouvrages, qui sont ordinairement réunis,
ont été réimpr. à *Naples,* 1624, in-4., avec des notes
d'Ant. Scorrano, et depuis, *Lecce,* 1727, in-8., avec
des notes et plusieurs opuscules du même auteur,
et des notes de Jean Bernardin Taruffi.

GALATINI (*Pet.* Columnæ, a patria) opus
de arcanis catholicæ veritatis; hoc est
commentarii in loca difficiliora Vet. Testamenti, ex libris hæbr. *Orthonæ-
Maris, per Hier. Soncinum,* 1518, in-
fol. [403]

Édition originale de cet ouvrage peu recherché maintenant, mais qui s'est vendu assez cher autrefois
(27 fr. *mar. bl.* Gaignat; 24 fr. La Valliere). Elle
renferme plusieurs pièces qu'on n'a pas réimpr.
dans les éditions de Bâle, Hervagius, 1550 et 1561,
in-fol., ni dans celle de Francfort, 1612, in-fol., lesquelles contiennent de plus que la première le
traité de J. Reuchlin *De arte cabalistica.* Dav. Clément, IX, pag. 25 et suiv., donne de longs détails
sur deux édit. de ce livre.

GALAUP ou Gallaup de Chastueil (*Louis*
de). Imitation des psaumes de la pénitence, avec plusieurs autres poésies. *Paris, Abel L'Angelier,* 1597, in-4. de
53 pp. [13883]

L. de Chastueil avait donné en 1596 une édit. in-8. de
ses psaumes, mais l'édition in-4., dédiée à Henri IV,
est plus complète. On y remarque un petit poëme
sur la *réduction de Marseille au roi,* dans lequel
l'auteur fait paraître une grande connaissance de
l'histoire de la Provence.

Ce poëme avait déjà paru séparément sous ce titre :
POEME sur la reduction de Marseille, au tres chrestien roy de France et de Navarre Henry IIII, par
Loys de Gallaup, sieur de Chastueil. *A Marseille,
auec la permission de Messieurs,* CIƆ IƆ XCVI
(1596), in-4. de 6 ff. non chiffrés, avec un joli portrait d'Henri IV, au verso du second feuillet.

Le titre de cet opuscule ne porte pas de nom d'imprimeur, mais le verso contient un avis au lecteur
signé *Jean Poncet,* que M. Bory suppose avoir
été d'abord ouvrier de Mascaron, puis ensuite directeur de la typographie marseillaise *de par Messieurs.*

GALAUP (*Jean*), seigneur de Chastueil.
Discours sur les arcs triumphaux dressés en la ville d'Aix a l'heureuse arrivee
de.... Louis XIII, par Chastueil Galaup.
Aix, pour Jean Tholosan, 1624, in-fol.
fig. [24805]

Ouvrage curieux. Un autre livre du même genre a
été donné en 1701, par Pierre Galaup, fils du précédent (voy.· DISCOURS sur les arcs triumphaux).

GALAUT (*J.*). Recueil de divers poemes
et chans royaux, avec le commencement
de la traduction de l'Æneide (publié par
Jacq. Galaut, son frère). *Tolose, veuve
de Jacq. Colomiez et R. Colomiez,*
1611, pet. in-12 de 10 ff. et 238 pp.
portrait. [13913]

On trouve dans ce volume, pag. 73-147, une tragédie intitulée *Phalante.* En *mar. r.* 39 fr. de Soleinne; 31 fr. Baudelocque.

GALE. Historiæ britannicæ, saxonicæ, an-
glo-danicæ scriptores XV; necnon historiæ anglic. scriptores V, editi et in
unum collecti opera Th. Gale. *Oxonii,*
1691 et 87, 2 vol. in-fol. [26821]

On ajoute à cette collection celle dont J. Fell a publié un volume sous le titre de *Rerum anglicarum
scriptores* (voy. au mot RERUM). Les trois volumes
se trouvent difficilement, et se payent de 8 à 12
liv. sterl. en Angleterre, mais moins cher en France;
il en a été tiré quelques exempl. en Gr. Pap., qui
sont beaucoup plus beaux que le pap. ordinaire :
vend. 33 liv. 12 sh. Towneley; 45 liv. bel exempl.
mar. Williams, et 69 liv. Hanrott.

— Voy. RHETORES selecti; — HISTORIÆ
poeticæ scriptores; — OPUSCULA mythologica.

GALENUS. Opera omnia (græce, ediderunt Andr. Asulanus et J.-B. Opizo).
*Venetiis, in ædibus Aldi et Andreæ so-
ceri,* 1525, 5 vol. pet. in-fol. [6557]

Première édition , en grec, de ce recueil : quoique
peu correcte, elle est assez recherchée. Vend. en
m. r. 85 fr. La Valliere ; 120 fr. de Cotte; 80 fr.
Bosquillon; 50 fr. Costabili; 2 liv. Heber, et un
exempl. *non rogné,* 11 liv. 11 sh. Butler.

Les exemplaires en Gr. Pap, sont aussi précieux que
rares : 8 liv. 8 sh. Askew; 170 fr. Soubise, exemplaire revendu 54 guinées Renouard , à Londres, en
1828.

Collation. Tome I, 4 ff. prélim., 24 et 181 ff. (cotés
jusqu'à 180, parce que 167 est répété : le 44e est
blanc), plus 108 ff. — II, 4 ff. prélim., 184 et 100 ff.
(le dernier coté 160). — III, 4 ff. prélim. (le 3e blanc),
106 ff. (le 84e blanc) , 155 ff., plus un autre pour la
souscription. — IV, 4 ff. prélim. (le 3e blanc),
113 ff. et un f. blanc. 74 et 57 ff., plus un f. pour
l'errata. — V, 4 ff. prélim., 346 ff. chiffrés inexactement, et finissant par le folio 327 (il y a un f.
blanc entre les deux ff. cotés 163) , plus 6 autres ff.

— OPERA omnia, gr., ad fidem vetustorum exempla-
rium emendata atque restituta (ab Hier. Gemusæo,
Leonardo Fuchsio et Jo. Camerario), *Basileæ, Andr.
Cratander (et apud Ioan. Hervagium et Jo.
Erasmum Frobenium),* 1538, 5 vol. in-fol.

Édition moins incorrecte que la précédente, mais
laissant encore beaucoup à désirer pour l'exactitude
du texte; elle est d'ailleurs à très-bas prix (1 liv.
6 sh. Heber et 19 fr. Boutourlin). — Il faut joindre
à ces cinq volumes :

GALENI libri aliquot græci, partim hactenus non
visi, partim a mendis innumeris repurgati, cum
annotationibus J. Caii. *Basileæ, Froben.,* 1544,
in-4. de 4. ff., 32, 354 et 91 pp.

— OPERA omnia, gr. et lat., editionem curavit
D*r* Car.-Gottl. Kühn. *Lipsiæ, Cnobloch,* 1821-33,
20 vol. in-8.

Seule édition in-8. de Galien, en grec et en latin. Le
texte a été revu par le professeur Schæfer, qui y a
ajouté des variantes et la version latine corrigée
par le D*r* Kühn. Le premier titre porte : *Opera
medicorum græcorum quæ extant.* Voy. ARETÆUS,
HIPPOCRATES. Les tom. XVII et XVIII sont en 2 part.;
le 20e et dernier volume, contenant les index, a été
annoncé en mars 1833. Le prix, qui était de 105 thl.,
a été depuis réduit de moitié.

— OEuvres anatomiques, physiologiques
et médicales de Galien, traduites sur les
textes imprimés et manuscrits, accompagnées de sommaires, de notes, de
planches et d'une table des matières,
précédées d'une introduction ou étude
biographique, littéraire et scientifique

sur Galien par le D^r Ch. Daremberg.
Paris, J.-B. Baillière, 1854 et 1856,
gr. in-8. fig. Tomes I et II, les seuls
publiés jusqu'en 1860.

— GALENI Opuscula varia, a Theod. Goulstono græce
recensita mendisque repurgata et in linguam lat.
clarius traducta : accedunt ab eodem lectiones variæ et annotationes criticæ. *Londini , Badger*,
1640, in-4. 5 à 6 fr.
Les *Lectiones variæ et annott.* occupent 14 ff. séparés, à la fin du volume.

— OPERA omnia, latine, in octo classes digesta. *Venetiis, ex offic. Farrea*, 1541-45, 10 vol. in-8.
Vend. 48 fr. Baron; 30 fr. Villoison.
Édition donnée par les soins de Vict. Trincavelli et
d'Augustin Ricci, qui y ont joint des notes marginales et des index. On la trouve difficilement complète.
La première édition de la version latine d'une grande
partie des ouvrages de Galien a été impr. à Venise,
*per Philippum Pintium, anno M. cccclxxxxx. die
vero. xxvij Augusti*, en 2 vol. in-fol. de 222 , 243,
et 6 ff. à 2 col. Diomedes Bonardus, qui en a été
l'éditeur, s'est aidé des secours de L. Malatenus.

— EADEM, latine, ex nona Juntarum editione, supe-
rioribus præstanti. *Venetiis , Juntæ*, 1625, 5 vol.
in-fol.
La dernière et la meilleure des nombreuses édit. latines des Œuvres de Galien, données par les Juntes
de Venise : 48 fr. Baron; 63 fr. Bosquillon; 36 fr.
Hallé. — Les deux premières de 1522, en 3 vol., et
de 1528, en 4 vol. in-fol., paraissent n'être que des
réimpressions soignées de l'édition donnée à Pavie,
en 1515-16, en 3 vol. in-fol. Cependant celle de
1528 a reçu quelques augmentations. — L'édition
juntine de 1541, 4 vol. in-fol., est fort améliorée,
et c'est celle qu'on a depuis qualifiée d'*editio prima
juntina;* mais elle a été effacée par l'édition de
1550, en 7 vol. in-fol. , la première qui ait l'index
d'Ant. Musa Brassavoli. Les autres éditions sorties
des mêmes presses , savoir , celles de 1556, 1565,
1576, 1586 , 1597-1600 , 1609 et 1625 , également
in-fol., ont successivement reçu des augmentations
et des améliorations tant dans le texte que dans
l'index. Plusieurs de ces éditions , et surtout celle
de 1586, se recommandent par leur belle exécution.
Un exemplaire de celle de 1556, en 8 parties, 40 fr.
Thierry.
Le volume in-fol. intitulé : *Galeni extra-ordinem
classium libri : Venetiis apud hæredes L. A.
Juntæ*, 1541, qui seul ne vaut pas 5 fr., a été payé
42 liv. sterl. à la vente Libri à cause de sa reliure en
mar. br. à compart. où l'on voit Apollon dirigeant son
char, et autour la devise : ΟΡΘΩΣ ΚΑΙ ΜΗ-
ΛΟΞΙΩΣ, qui est celle que portent tous les livres
provenant du D. Canovaro, médecin du pape Urbain VIII, livres qui, depuis quelques années, sont
presque aussi recherchés que ceux de Jean Grolier,
auxquels ils ne sauraient pourtant être comparés.

Traités séparés de Galien.

— ADHORTARIUS sermo ad artes; de optima doctrina;
quod optimus medicus etiam philosophus, gr. et lat.
Des. Erasmo interprete. *Lutetiæ, apud Chr.
Wechel.*, 1547, in-4. [6561]
Guill. Morel a imprimé en grec le premier de ces trois
traités, en 1563 , in-8., et Fréd. Morel les deux autres, en 1577, in-4.

— PARAPHRASIS in Menodoti exhortationem ad artes,
gr. et lat. , ex Des. Erasmi interpretatione, a Fed.
Jamotio recognita et annotationibus illustrata. *Lutetiæ, Fed. Morellus*, 1583, in-4.
Vend. 11 flor., à cause de la reliure, Meerman.

— ADHORTATIO ad artes (gr.) , cum sua annotatione,
et versione lat. Des. Erasmi edidit Abr. Willet.
Lugd.-Batavor., 1812, in-8. 4 fr., et plus cher en
pap. de Hollande. — Voy. CALLIMACHI hymni, dans
notre Ier vol., col. 1481.

— DE OSSIBUS, gr. et lat., Fred. Balamio interprete,
cum notis perpetuis Casp. Hofmani. *Francof. ad
Mœnum*, 1630, in-fol.
Le texte grec de ce traité a d'abord été impr. à Paris,
chez Vascosan, 1543, in-4., et *apud Colinœum*,
sans date, in-8. La version latine de Balamius a vu
le jour pour la première fois à Rome, en 1535,
in-4. — Il y a une édit. du même traité, en gr. et
en lat., avec des notes, par J. Van Horne , *Lugd.-
Batav.*, 1665, pet. in-12.

—Therapeuticorum libri XIV, et ad Glau-
cum libri II, gr. *Venetiis, sumptibus
Nic. Blasti cretensis*, 1500, gr. in-fol.
[6559]

Première édition, très-rare ; elle est exécutée avec
les mêmes caractères et dans le même grand format que l'*Etymologicum magnum*, édition de
1499, indiquée ci-dessus, col. 1085, et elle consiste en 111 ff. distribués en 14 cah., sous les
signat. Ab—Ξ. En tête du 1er f. se lit l'intitulé suivant, imprimé en rouge et accompagnant une vi-
gnette tirée de la même manière : ΓΑΛΗΝΟΥ
ΘΕΡΑΠΕΥΤΙΚΗΣ ΜΕΘΟΔΟΥ ΛΟΓΟΟ ΠΡΩ-
ΤΟΟ; le recto du dernier f. contient le registre
des signat., suivi d'une vignette tirée en rouge. La
souscription placée au verso du 110e f. est en grec.
Vend. 60 fr. F. Didot.

— IN APHORISMOS Hippocratis commentaria, gr. et
lat., ex interpret. Fœsii et Guil. Plantii, cum annot.,
ex recensione Adr. Toll. *Lugd.-Bat.*, 1633, pet.
in-12. 3 à 4 fr. [6547]
Vend. 6 fr. *m. r.* By.

— METHODUS medendi, Th. Linacro interprete. *Paris., apud Desiderium Maheu*, 1519, in-fol.
Selon le *Repert. bibliogr.* , 42 , la bibliothèque du
Musée britannique possède deux exemplaires de ce
livre imprimés sur VÉLIN ; l'un est dédié à Henri VIII,
l'autre au card. de Wolsey.

— DE COMPOSITIONE medicamentorum lib. VII, Joan.
Guinterio interprete. (*Paris.*, 1530), in-fol. de 13 ff.
et 219 pp.
Un exemplaire impr. sur VÉLIN , qui a été présenté à
François Ier, se conserve à la Bibliothèque impér.,
ainsi qu'un exempl. (également sur VÉLIN et offert
au même monarque) du traité de Galien *De pulsibus, Herm. Cruscrio interprete*, Paris., Sim.
Colinæus, 1532, in-fol. de 8 ff. 147 et 133 pp.

— DE AFFECTORUM locorum notitia libri sex, latine,
Guil. Copo interprete. *Parisiis, apud Henr. Stephanum*, 1513, in-4. de 138 et 4 ff. [6558]
Un exempl. impr. sur VÉLIN, 12 liv. Askew ; 23 liv.
2 sh. Willett.

— GALENI (sic) pergamensis de temperamentis, et de
inæquali intemperie libri tres, Th. Linacro anglo interprete, opus... nunc primum prodit in lucem.
*Impressum apud preclaram Cantabrigiam , per
Joann. Siberch*, 1521, pet. in-4. de 74 ff. non compris la table.
Livre très-rare, impr. en caract. rom., avec quelques
mots grecs. Il est regardé comme la plus ancienne
production, avec date, des presses de Cambridge.
C'est aussi, à ce que l'on croit, la plus ancienne
édition anglaise où l'on ait fait usage de caract.
grecs fondus ; mais, dès l'année 1519, Wynkyn de
Worde avait employé des caractères grecs en bois
dans l'ouvrage de Whittinton, *De concinnitate
grammatices*, etc. (Dibdin's *Library companion*,
567.)
La bibliothèque Bodléienne conserve un exempl. de
cette édition imprimé sur VÉLIN ; le titre n'y porte
point la date.

—Galeni Dialectica, græce, edidit Minoïde
Minas. *Paris., F. Didot*, 1844, gr. in-8.
de 208 pp. en tout.
Il y a des exemplaires en papier de Hollande.

Anciennes traductions françaises de Galien.

LE QUATRIESME liure de la therapeutique, ou methode curatiue de Claude Galien, prince des medecins, auquel est singulièrement traictee la cure des ulceres, translate par Philiatros. *Lyon, Fr. Juste*, 1537, in-16, petits caract. goth.

L'exemplaire de ce petit livre qui est porté à 60 fr. dans le Bulletin de Techener, 1858, n° 582, était accompagné du *Cinquiesme liure de la methode therapeutique de Cl.* Galien, *Lyon, Pierre de Saincte-Lucie, dict le Prince* (sans date), in-16 goth., et du *Sixiesme liure* du même médecin (*sans lieu ni date*), in-16 goth. avec des rubriques marginales. A la fin de ce dernier, se trouvent deux gravures sur bois. représentant des instruments servant à contenir les membres fracturés, un *glottotomon de l'invention de M° François Rabelais, docteur en medecine*, et un *syringotome*.

PERIOCHE des vii premiers liures de la methode therapeutique de Galien, traduict par Guillaume Cristian. *On les vend a Paris, par Denys Janot*, 1540, pet. in-8. en 1853.

Le traducteur nommé *Cristian* sur le titre de ce livre est G. Chrestien médecin, père de Florent Chrestien. Il a extrait des écrits de Galien un livre intitulé :

PHILALETHES sur les erreurs anatomiques de certaines parties du corps, impr. à *Lyon, par Jean Barbou pour François Gueiart d'Orleans*, 1536, in-8.

Il a également traduit plusieurs traités d'Hippocrate dont Du Verdier donne le catalogue.

DU MOVVEMENT des muscles liures deux, autheur Galien, nouuellement traduict en francoys par monsieur maistre Jean Canappe. *Lyon, Sulpice Sabon pour Anthoine Constantin*, 1541, pet. in-8.

On en cite une édit. de *Lyon, Dolet*, 1541, dans laquelle les deux livres ci-dessus seraient joints à l'*Anatomie des os du corps humain*. Ce dernier traité a été réimpr. sous ce titre :

L'ANATOMIE des os et des nerfs du corps humain ; auec la maniere d'administrer icelle anatomie, nouuellement traduict du grec et latin en françois, par maistre Iean Canappe. *Lyon, Benoist Rigaud*, 1588, in-16.

Édition à laquelle se trouve réuni l'ouvrage suivant, sous la même date, et avec le même nom de libraire, et de même format.

L'ANATOMIE des nerfs du corps humain, auec la maniere d'administrer icelle anatomie, nouuellement traduict du grec en nostre langue françoise.

DES TUMEURS oultre le coustumier de nature, opuscule nouuellement trad. du grec en latin, et de latin en françois (par Pierre Tolet). *Lyon, Est. Dolet*, 1542, pet. in-8. 19 fr. Veinant.

LIVRE de la curation par mission du sang, et par sangsues, reuulsion, cornettes et scarification, mis en françois par maistre Pierre Tollet, *Lyon, Est. Dolet*, 1540, in-8.

Édition citée par Du Verdier, ainsi que celles de *Paris, Charles l'Angelier*, et de *Lyon, Jean de Tournes*, 1552. – Il y en a aussi une de *Lyon, Ben. Rigaud*, 1590, in-16.

DEVX livres des simples de Galien, c'est assauoir, le cinquiesme et le neufuiesme, nouuellement trad. de latin en francoys, par Monsieur maistre Jehan Canappe. *Lyon, chez Est. Dolet*, 1542, in-8. de 164 pp., la dernière cotée 162.

L'ŒVVRE de Cl. Galien, des choses nutritiues, contenant trois livres, trad. en françois par Jean Massé, médecin dauphenois. *Vivant Gaultherot*, 1552, in-16 de 8 ff. prél., 26 ff. chiffrés et 3 ff. de table.

Ce volume est impr. par Michel Fezendat ; il paraît qu'il en existe des exemplaires à l'adresse de *Pierre Drouart.*

LE LIVRE de C. Galen, traictant des viandes qui engendrent bon et mauuais suc, mis en françois.

Paris, *Vincent Sertenas*, 1553, pet. in-8. 9 fr. Veinant.

TROIS livres de Galien de la composition des medicaments, trad. par Jean Breche de Tours, auec vn traite du bois de l'Esquine, et la maniere d'en preparer en breuuage, et vser d'icelui, par Thib. Lesplegny, *Tours, Jean Rousset*, 1545, pet. in-8.

— Voyez COMPOSITION des médicaments.

DE L'VSAGE des parties du corps humain, liures XVII, ecrits par Claude Galien, et traduicts fidèllement du grec en françois (par Claude Dalechamps), *Lyon, Guil. Rouille*, 1566, pet. in-8.

Réimprimé plusieurs fois depuis.

GALEOMYOMACHIA, tragœdia græca sic dicta, cum præfatione gr. Aristobuli Apostolii hierodiaconi. Pet. in-4. [16096]

Opuscule de dix ff , sign. ai–aiiij, excessivement rare, impr. sans indication de lieu ni de date, et sans titre, avec les caract. gr. dont *Alde Manuce* s'est servi, vers 1494, pour le *Musæus* : on n'y trouve point, comme dans ce dernier poëme, de lettres ornées, grav. en bois, et c'est là un motif pour y voir un premier essai des types qu'on y a employés. A peine une dizaine d'exempl. de ce précieux fragment ont pu échapper au ravage du temps, et, sur ce nombre, deux seulement sont en France, savoir : 1° celui que le hasard nous a fait découvrir il y a quelques années dans un recueil conservé à la bibliothèque Mazarine, et qui, après avoir été momentanément absent de cet établissement, y a été rétabli volontairement depuis, mais sans les pièces qui en avaient été détachées ; 2° celui que M. Yéméniz de Lyon a payé 1105 fr. à la vente de Delasize faite à Rouen en 1846 par M. François, libraire, actuellement à Paris. L'exempl. porté dans le catal. d'Askew, n° 1818, n'a été vendu que 2 liv. 2 sh. ; mais un autre, où il manquait les ff. 5 et 6, a produit 15 liv. 4 sh. 6 d. chez Rich. Heber. Ce même exemplaire n'a plus été vendu que 9 liv. chez l'évêque Butler, quoiqu'on y eût rétabli les deux ff. manquants, et cela au moyen d'un fac-simile admirablement exécuté à la plume par Harris.

Aristobule, éditeur de ce petit drame, est le même que celui qui, sous le nom d'*Arsenius*, publia, un peu plus tard, le *Violier grec*, que nous avons indiqué à l'article ARSENIUS ; il ne connaissait pas l'auteur de cette pièce, mais Villoison, dans ses *Anecdota græca*, tome II, page 243, a assez bien établi que c'était Théodorus Prodromus, auteur du roman des amours de Rhodantes et Dosiclès. Voyez les *Mélanges de Chardon de la Rochette*, tome I, page 240.

M. Audin a fait faire à Florence, à l'imprimerie de l'archevêché, en 1842, une réimpression de la Galéomyomachie, en grec, d'après l'édit. aldine. C'est un in-8. de 12 ff. seulement, dont il n'a été tiré que 50 exempl., plus quatre sur VÉLIN ou plutôt sur parchemin. Mais pour qu'un pareil livre eût quelque intérêt, il faudrait que ce fût un véritable facsimile de l'original, et celui-ci n'en est pas un.

— Homeri vatis naturalissimi de murium felisque bello comœdia (gr. cum versione lat. ab Oliverio poeta anxianensi, et præfatione Aristobuli Apostolii)... *Anno salutis* M. D. XVIII. — *Finis, impressum Ortone, per Hieronymum Soncinum*, pet. in-8. de 32 ff. signat. A—F.

Cette petite édition, impr. à Ortona, est très-rare. Cependant R. Heber en possédait deux exemplaires, dont l'un a été vendu 2 liv. 11 sh., et l'autre, quoique annoncé *non rogné*, 1 liv. 10 sh. seulement ; un autre rel. en *mar. citr.* 46 fr. de Soleinne.

La Galéomyomachie a été souvent réimpr. soit avec la Batrachomyomachie (voyez HOMERUS, à la fin de l'article), soit avec les fables d'Esope (voyez

Æsopus). La meilleure édition, peut-être, est celle qui est jointe aux hymnes d'Homère de l'édit. de Halle, 1796, donnée par C.-D. Ilgen.

GALEOTTI. Martii. Narniensis. Lib. de Homine Inchoat. Primvs. (in fine, folio ultimo verso) : *Galeotti Martii Narniensis Secundus, Et Vltimus de Homīe Liber Explicit* (absque nota), in-fol. ff. non chiffrés, à 32 lign. par page. [6864]

Impr. en caractères ronds, sans chiffres, récl. ni sign. La place des citations grecques est restée en blanc, ce qui nous fait conjecturer que l'édition doit être plus ancienne que celle qui suit. L'exempl. de Boutourlin, qui n'avait que 67 ff., n'était pas complet.

— Galeoti Marcii de homine libri duo. (*absque nota*), pet in-fol.

Édition impr. en caractères romains, vers 1475 ; elle a 76 ff. et 32 lign. par page, sans chiffres, récl. ni signat. ; les citations grecques y sont imprimées. L'ouvrage a été l'objet de la critique suivante :

G. MERULA in librum de homine Galeotti opus : interpretatio in Sapphus epistolam et emendationes in Plinium et Virgilium (*Venetiis, per Vindelinum de Spira :* absque nota), in-4. de 85 ff. sign. *a—m*, 28 ou 29 lignes à la page. [6865]

Et Galeotti a opposé à cette critique un écrit intitulé :

REFUTATIO objector. in librum de homine. *Bononiæ, Dom. Lapio procurante,* 1476, in-4., ou *Venetiis, Jac. Rubcus,* 1476, in-4.

Ces trois opuscules ont été réimprimés ensemble, à Milan, 1490, in-fol., et plusieurs fois depuis.

GALEOTTI (*Nicolaus*). Imagines præpositorum generalium soc. Jesu, delineatæ et æris formis expressæ ab Arnoldo van Westherhout, addita perbrevi unius cujusque vitæ descriptione : editio secunda auctior et emendatior. *Romæ, sumptibus Venantii Monaldini,* 1751, in-fol. [21891]

Cette seconde édition renferme 16 portraits, avec de courtes notices, en latin et en italien. La première n'en contient que 15, mais de premières épreuves. On ajoute à la dernière le portrait de Ricci, 17e général de l'ordre.

— Museum odescalcum. Voyez BARTHOLI (Sante).

GALERIA (ovvero Galleria) giustiniana del marchese Vincenzo Giustiniani. *Roma,* 1640, 2 vol. in-fol. max. [29281]

Recueil contenant 322 pièces en tout : savoir 153 dans le tome 1er, et 169 dans le tome 2e ; 60 à 80 fr. Vend. en *m. r.* 121 fr. de Cotte ; 119 fr. Morel-Vindé, et plus cher anciennement.

Les premières épreuves sont avant les numéros, comme dans le bel exemplaire *m. r.* vendu 400 fr. La Vallière.

Les exemplaires nouvellement tirés se donnent à très-bas prix.

GALERIE (la) agréable du monde, ou l'on voit un grand nombre de cartes et de figures, les principaux empires, royaumes, républiques, etc., avec une courte

description (publiée par P. van der Aa). *Leyde, van der Aa,* 66 tom. rel. en 33 ou 22 vol. in-fol. [19656]

Collection peu estimée, mais dont les exemplaires ne sont pas communs. Elle se compose d'un grand nombre de planches (environ 2400) qui avaient déjà été employées dans différents ouvrages, et auxquelles on a joint des explications historiques (pour une centaine d'exempl.) : 150 flor. Crevenna ; 332 fr. en 1808 ; 120 fr. en 1824.

GALERIE. Die Gemälde-Gallerie des Königlichen Museums in Berlin. In Lithographien der vorzüglichsten Gemälde derselben. *Berlin, Simion,* 1841-45, 12 livr. gr. in-fol., pl. lithogr. 288 fr.; sur pap. de Chine, 336 fr. ; sur pap. de Chine avant la lettre, 576 fr. [9413]

GALERIE. Recueil d'estampes gravées d'après les tableaux de la galerie et du cabinet du comte de Bruhl. *Dresde,* 1754, in-fol. en 50 pièces. [9413]

Il n'a paru que la prem. partie de cette suite, de laquelle, dit-on, il n'a été tiré que 200 épreuves. Quant à la 2e partie, il y en a eu 18 planches de gravées, mais elles n'ont pas été publiées. Vend. 62 fr. (avec les 18 pièces de la 2e partie) Mariette ; 84 fr. (avec le portrait du C. de Bruhl, par J.-J. Balechou) de Saint-Yves.

GALERIE des tableaux du musée royal de Copenhague, dessinée par Bröndsted, J.-C. Spengler, J.-L. Lund et N.-B. Krossing, avec un texte en danois et en français. *Copenhague, lithograph. roy.,* 1831, gr. in-fol. [9431]

Publié par cah. de 4 pl., au prix de 21 fr. chacun ; — le 7e cah. en 1837.

L'exemplaire de la Bibliothèque impériale est sans texte, et il porte ce titre : *De Kongelige Billed-Gallerier paa Slottene Christiansborg i Kjobenhavn, Fredensborg og Fredriksborg i Sjaelland ; udgiwe af Bröndsted.....*

On a commencé à Copenhague, en 1852, une nouv. publication avec un texte danois, en allemand et en français, sous le titre de : *Choix de tableaux de la galerie royale du château de Christiansburg et de la collection du comte Moltke à Copenhague,* gr. in-fol.

GALERIE royale de Dresde (recueil d'estampes d'après les plus célèbres tableaux de la), avec une description en ital. et en franç. *Dresde,* 1753-7, 2 part. en 1 vol. in-fol. max. 101 pièces. [9411]

On doit trouver, dans ce recueil précieux, le portrait en pied d'Auguste III, roi de Pologne et électeur de Saxe, gravé par J.-J. Balechou, d'après Hyac. Rigaud. Cette pièce, très-rare et singulièrement estimée, augmente de beaucoup la valeur des exempl. où elle se trouve ; elle a été vend. seule 164 fr. Alibert, en 1803 ; 125 fr. de Saint-Yves. Les prem. épreuves de ce portrait sont avant l'année 1750 placée au-dessus du nom du graveur, et avant le titre de chevalier de l'ordre de Saint-Michel, après le nom du peintre. Il y a aussi quelques épreuves avant la lettre, mais elles sont de toute rareté.

Vend. (les 2 vol. avec le portr.) 520 fr. La Vallière ; 436 fr. en 1816 ; 560 fr. en 1818 ; 330 fr. Busche ; 345 fr. Thibaudeau ; 360 fr. Borluut, et 402 fr. (exemplaire de présent avec les mots *exemplaire royal,* impr. au bas du cartouche du titre du prem. vol.) Caillard ; sans le portrait, 250 fr. Lamy.

Un 3ᵉ volume de cette galerie se publie à Dresde depuis quelques années; il paraissait 38 pl. en 1833, lesquelles sont portées à 60 thl. 12 gr. dans un des catal. de L. Weigel.

— Die vorzüglichsten Gemälde der königlichen Gallerie in Dresden, nach Originalen auf Stein gezeichnet. Herausgeg. von Franz Hanfstängl. *Dresden* et *Leipzig, R. Weigel,* 1836 et ann. suiv., gr. in-fol. [9412]

Suite publiée en 60 cah. de 3 lithogr., avec texte en allemand et en français : prix de chaque cah., 2 thl.; pap. de Chine, 3 thl.; les 60 cah. 400 fr. Thibaudeau.

GALERIE royale de l'Escurial, ou collection de gravures d'après les tableaux originaux des principaux maîtres espagnols, italiens, etc., qui sont dans la galerie royale du palais de l'Escurial. *Madrid,* in-fol. max. [9407]

Ce recueil, très-peu connu, a été gravé par les premiers artistes espagnols, aux frais du roi Charles III. Il renferme 64 estampes d'après des tableaux, un portrait de Charles II, et 12 vues de l'Escurial, par Jos. Gomez de Navia. Un exemplaire, dont 59 estampes sont avant la lettre, est porté au prix peut-être un peu exagéré de 84 liv. sterl. dans le catalogue de Priestley et Weale, *Lond.*, 1823.

— Voyez COLECCION de las estampas. — COLECCION de cuadros del rey de España.

GALERIE de Florence. Tableaux, statues, bas-reliefs et camées de la galerie de Florence et du palais Pitti, dessinés par Wicar, et gravés sous la direction de Lacombe et Masquelier, avec les explications par Mongez l'aîné, etc. *Paris,* 1789-1821, gr. in-fol. [9396]

Les planches de cette galerie sont bien exécutées, mais presque toutes d'un médiocre intérêt : le recueil est composé de 50 livrais. de 4 pl. chacune, avec le texte qui y est relatif. Chacune des 20 prem. livrais. a coûté 18 fr.; avant la lettre, 36 fr., et les autres un tiers de plus; mais on se procure l'ouvrage fort au-dessous du prix de souscription (300 à 350 fr. et 700 à 800 fr.). Il existe des dessins pour une continuation qui, vraisemblablement, ne sera pas publiée. Les 49ᵉ et 50ᵉ livrais., terminant ce bel ouvrage, ont été publiées à Paris, en 1821, chez Aillaud, libraire, qui a donné en même temps des titres et une table pour le recueil entier, divisé en 4 vol. On a fait à la même époque un tirage des planches sur papier de Chine. En 1827, une réimpression du texte et des planches a paru chez Froment et chez Feret. Depuis, MM. Firmin Didot ayant acquis les cuivres de cet ouvrage, les ont fait retoucher avec soin par le graveur le Maître et ont obtenu ainsi un tirage bien supérieur au précédent : leur édition, tirée à 200 exemplaires, se vend 300 fr.

— Galleria imperiale di Firenze..... *Firenze, Molini,* 1811, e seg., 13 vol. in-8. fig. au trait, 200 fr. — avec les pl. in-4. 300 fr. [9397]

Ces 13 vol. sont ainsi distribués : *Quadri di Storia,* 3 vol. avec 129 pl.; *Quadri di vario genere,* 1 vol. avec 42 pl.; *Ritratti di pittori,* 4 vol. avec 249 pl.; *Statue, Bassirilievi, Busti e Bronzi,* 3 vol. avec

157 pl.; *Cammei ed intagli,* 2 vol. avec 54 pl. Le texte pour la partie des antiquités a été rédigé par le savant J.-B. Zannoni, les planches ont été gravées par Lasinio, d'après les dessins de V. Gozzini, et sous la direction du chevalier P. Benvenuti et pour les tableaux par le chevalier Ant. Montalvi. Il en a été fait un tirage de format in-4. Le texte franç., dont il a paru quelques livraisons en 1812, n'a pas été terminé.

GALERIE de Florence gravée sur cuivre et publiée par une société d'amateurs, sous la direction de L. Bartolini, J. Bezzuoli, avec un texte en français par Alexandre Dumas. *Florence, 1841 et ann. suiv.,* 6 vol. gr. in-fol., savoir : 3 pour le texte et 3 pour les planches.

Ces gravures de la Galerie de Florence ont paru en même temps avec un texte français (vend. ainsi 490 fr. *dos de mar. v.* Thibaudeau en 1859), et avec un texte italien dont voici le titre :

IMPERIALE et reale Galleria di Firenze pubblicata con incisioni in rame da una Società, e illustrata da Ferd. Ranalli. *Firenze,* 1840 et ann. suiv. in-fol. Cette belle collection est en cours de publication; elle sera terminée en 150 livr. dont 110 environ paraissaient en 1860. Chaque livr. de 4 pl. avec texte coûte 15 fr.; sur Gr. Pap. teinté, avec les épreuves avant la lettre, 25 fr.

GALERIE de Pitti. Imperiale e reale Galleria Pitti, illustrata per cura di Luigi Bardi, dedicata a S. A. I. Leopoldo, granduca di Toscana. *Firenze, L. Bardi,* 1837-42, 4 tom. en 8 vol. gr. in-fol. [9400]

Cet ouvrage a été publié en 100 livr. de 5 pl. Prix de la livr. : 10 fr., et avant la lettre, 20 fr. On la trouve aujourd'hui pour moitié de ces prix. Il y en a des exemplaires avec texte français sous ce titre :

GALERIE du palais Pitti, gravée sur cuivre par les meilleurs artistes italiens, et illustrée par une société de gens de lettres, dédiée à S. A. R. le grand-duc de Toscane. *Florence, L. Bardi.* Un de ces exemplaires rel. en 4 vol. 390 fr. Thibaudeau.

GALLERIA dell'imperiale e reale academia delle Belle Arti di Firenze, pubblicata con incisioni in rame, da una società artistica, ed illustrata da chiare e intelligenti penne italiane. *Firenze,* 1843, in-fol. 60 pl. 130 fr.; sur pap. de Chine, 145 fr., et sur pap. de Chine avant la lettre, 270 fr.

GALERIE de Lucien Bonaparte. Choix de gravures à l'eau-forte d'après les peintures et les marbres de la Galerie de Lucien Bonaparte. *Lond., Miller,* 1812, très-in-4., avec 142 pl. [9405]

Vend. en m. bl. 6 liv. 10 sh. Hibbert; 33 fr. 50 c. Boutourlin. — Voy. COLLECTION de gravures.

GALLERY (the national), a series of twenty-nine plates from the best pictures in that celebrated collection. *London,* 1846, in-fol. [9426]

39 fr. Busche.

Galeron (*Fréd.*). Arrondissement de Falaise, 24364, 24365.

— The national gallery of pictures by the great masters. *London* (no date), in-4. contenant 172 pl.

54 fr. *mar. r.* Thibaudeau.

GALERIE nationale des tableaux des grands maîtres qui ont été achetés par le parlement britannique pour le compte de la nation, ou qui ont été offerts par des particuliers ; trad. de l'anglais, par J.-F. Girard. *Londres,* sans date, 2 vol. in-4. contenant 114 pl.

80 fr. Borluut.

— The royal Gallery of pictures, being selection of the cabinet paintings in Her Magesty's private collection at Buckingham palace, published on surintendence of John. Linuell. *London,* 1850, in-4. contenant 32 pl. 1 liv. 11 sh. 6 d., et plus sur pap. de Chine.

En *mar. r.* 68 fr. Thibaudeau.

— Dulwich Gallery, a series of 50 coloured plates, from the most celebrated pictures in that collection, executed by R. Cockburn. In-fol. impér.

Cinquante feuilles montées sur papier carton et publiées chacune séparément. Vend. ensemble d'abord 40 liv. et ensuite réduites à 16 liv. 16 sh. Le titre de chaque pl. est donné dans la 2e édit. du Manuel de Lowndes, p. 857-58.

— Vernon Gallery of british art, edited by S.-C. Hall. *London,* 1850, 5 vol. in-4.

Les quatre prem. vol. ont coûté 2 liv. chacun, et le 5e, contenant les statues, 3 liv. Il y a des épreuves avant la lettre sur pap. de Chine, sur pap. colombier, mais sans texte.   *c*

Pour les autres Galeries indiquées sous différents noms dans le courant de ce Dictionnaire, consultez les nos 9368 et suivants de notre table, où sont portés en lettres capitales les mots sous lesquels il faut les chercher, comme par exemple : Galerie du Belvédère, voy. HAAS; — de la duchesse de Berry, voy. BONNEMAISON; — de Dusseldorf, voy. PIGAGE; — de l'Ermitage, voy. GOHIER-DESFONTAINES; — de Munich, voy. BOISSERÉE, PILOTY et STRIXNER; — du Palais-Royal, voy. COUCHÉ; — du duc d'Orléans, voy. VATOUT; — de Turin, voy. AZEGLIO; — de Versailles, voy. LE BRUN et GAVARD; — des peintres flamands, voy. LE BRUN.

GALERIE des peintres vivants des écoles flamande et hollandaise. *Bruxelles* et *Paris,* gr. in-fol. [9393]

Il paraissait en 1838 au moins 12 livrais. de 6 pl. ; chaque pl. est lithographiée par l'auteur du tableau qu'elle représente. Prix de la livrais., 18 fr. ; avec fig. sur pap. de Chine, 30 fr., et en Gr. Pap., 45 fr.

GALERIE dramatique (petite). *Paris,* *Martinet,* in-8. [9669]

Recueil de planches coloriées de costumes dramatiques, publiées séparément chez Martinet et ses successeurs, et auxquelles on adapte des titres et des tables. Chaque volume se compose de 100 pl. Un exempl. en 14 vol. contenant 1400 pl., 162 fr. de Soleinne.

GALERIE théâtrale, ou collection des portraits en pied des principaux acteurs qui ont figuré ou qui figurent sur les trois premiers théâtres de la capitale. *Paris, Bance aîné,* (1819-34), 3 vol. gr. in-4. Chaque vol. avec 48 pl., coûtait 60 à 75 fr. ; fig. color. 90 à 120 fr. [9668]

GALERIE des artistes dramatiques de Paris, avec

des notices biographiques par MM. Alex. Dumas, A. Arnould, Berlioz et autres. *Paris, Marchant,* 1841-42, 2 vol. in-4.

80 portraits en pied et en costumes dessinés par Alex. Lacauchie, et lithogr. par Rigo frères, 30 fr. 50 c. de Soleinne. D'autres vol. de cette collection ont dû paraître depuis 1842.

GALERIE française, ou collection de portraits des hommes et des femmes célèbres qui ont illustré la France dans les XVIe, XVIIe et XVIIIe siècles, par une société d'hommes de lettres et d'artistes. *Paris, Lefort (impr. de F. Didot),* 1821-23, 3 vol. gr. in-4. pap. vél. [30476]

Les portraits sont de MM. Chrétien, Gautherot, Rulmann, Weber, etc., et les notices de MM. Andrieux, Auger, Campenon, Denon, Fourier, Lémontey, Miel, de Ségur, Villemain, et autres écrivains connus. Le premier vol. est composé de 10 cah. de 4 pl., et de cinq nos d'introduction ; le second vol. a 12 cah., et le troisième 16 cah. formant ensemble 622 pp. Quoique daté de 1823, ce dernier vol. n'a été complété qu'en 1830. Chaque cah. de 4 pl. avec des notices et des fac-simile a coûté 6 fr. 50 c.

GALERIE française des femmes célèbres. Voy. LAMESANGÈRE.

GALERIE historique des illustres Germains, depuis Arminius jusqu'à nos jours, avec leurs portraits et des gravures (par Klein). *Paris, de l'impr. de Didot l'aîné,* 1806, gr. in-fol. pap. vél. [30508]

Cet ouvrage, tiré à 200 exempl., contient 31 grav. médiocres : 24 à 36 fr. Il y a dix exemplaires en Gr. Pap. L'original allemand, *Mannheim,* 1803, 5 part. in-fol., a été vend. 50 fr. Millin.

— Gallery of portraits. *London, Charles Knight,* 1834, 2 vol. in-fol. [30522]

Selon les annonces, ce livre n'aurait été tiré qu'à 125 exemplaires ; mais, à moins que les planches n'aient été détruites, on a pu en faire un nouveau tirage. Le premier vol. renferme 72 portr., et le second 96. Vend. en *mar. viol.* 360 fr. L.-Philippe.

GALFREDUS (*Petrus*), Baiocensis Gallus. De vita ac moribus atque panis miraculo sancti Nicholai de Tollentino, comedia. (absque nota, sed *Londini, Rich. Pynson*), pet. in-8. de 16 ff. [16132]

Cette pièce, écrite par un auteur normand, est d'une si grande rareté que l'exemplaire conservé dans la Bibliothèque Lambeth passe en Angleterre pour être unique. Elle appartient au commencement du XVIe siècle (Lowndes, I, p. 856).

GALFRIDI le Baker de Swinsbroke, chronicon Angliæ tempor. Edwardi II et Edwardi III. Nunc primum ex unico msto. bodleiano edidit J.-A. Giles. *London,* 1846, in-8. [26896]

GALFRIDUS Monemutensis. Britaniæ utriusqʒ regü et pricipü origo ƹ gesta insignia ab Galfrido Monemutensi ex antiquissimis Britannici sermonis monumentis in latinü sermonē traducta ; & ab Ascensio cura & impēdio magistri Iuonis Cauellati in lucem edita : pstant in eiusdem ædibus. (in fine) : *Ex ædibus nostris ad idus Iulias Anni* MDVIII

(*Parisiis*), pet. in-4. de 8 et CI ff. lettres rondes. [26838]

Première édition de cet historien anglais de la fin du XIIe siècle. Il s'y trouve une préface curieuse intitulée : *Iuo Cauellatus Hervco Kaerquiffinenno*, et datée : *ex collegio nostro Corisopitensi ad idus Iulias anni salutiferi*. M. D. VIII. Le volume est terminé par un avis de Josse Badius au lecteur. Vend. 1 liv. 15 sh. Roscoe ; 2 liv. 5 sh. Roxburghe ; 16 sh. Heber.

Cet ouvrage a été réimprimé : *Parisiis apud Badium Ascensium ad idus septëbr.* M. D. XVII, pet. in-4. : même nombre de ff. Vend. 1 liv. 8 sh. Steevens. Cette même histoire se retrouve, mais divisée en 12 livres, dans les *Scriptores rerum britannicarum*, impr. à Heidelberg, chez Commelin, en 1587, in-fol., et dans d'autres recueils. Elle n'est qu'en 9 livr. dans les édit. précédentes.

GALFRIDI Monemutensis historia Britonum, nunc primum in Anglia novem codicibus mss. collatis edidit J. A. Giles ; Pontici Virunii Tarvisini historiæ britannicæ libri sex, ex editionibus prioribus accurate recensiti. *Londini, D. Nutt*, 1844, in-8. 10 fr.

— The british history of Jeffrey of Monmouth, translated with a large commentary, by Aaron Thompson. *Lond.*, 1718, in-8.

Ce volume se paye de 20 à 25 sh. en Angleterre : vend. en Gr. Pap. 1 liv. 11 sh. Dent ; 2 liv. 15 sh. Sykes ; 1 liv. 15 sh. Williams. La Chronique de Geoffroy de Monmouth est la source d'où Rob. Wace a tiré ce poëme du Brut (voy. WACE) ; c'est aussi celle de presque tous les romans de la Table Ronde.

GOTTFRIED'S von Monmouth historia regum Britanniæ, mit literar.-historischer Einleitung und Brut Tysylio altwälschen Cronik, herausgegeben von San Marte. *Halle*, 1854, in-8. 4 thl.

Le même éditeur avait déjà publié :

DIE SAGEN von Merlin, mit altwälschen, bretagnischen, schottischen, italien. und latein. Prophetia Merlini. *Halle*, 1852, in-8.

— Gaufridi Arthurii Monemuthensis archidiaconi, postea vero episcopi Asaphensis, de vita et vaticiniis Merlini Calidonii, carmen heroicum. *Londini, e typogr. Gul. Nicol*, 1830, in-4. de 4, XV et 67 pp. [13096]

Tiré à quarante-deux exemplaires, plus trois sur VÉLIN, et présenté au *Roxburghe club*, par l'honorable et rév. G. Neville Grenville. L'édition a été impr. d'après une copie faite par M. Will. Henry Black sur un manuscrit de la collection cottonienne au British Museum. M. John Martin fait mention d'un exemplaire contenant une préface de XX pp. signée : W.-H. Black, laquelle a été supprimée par un motif que l'on ignore.

— GALFRIDI de Monemuta vita Merlini. Vie de Merlin, attribuée à Geoffroy de Monmouth, suivie des prophéties de ce barde, tirées du quatrième livre de l'histoire des Bretons ; publiées d'après les manuscrits de Londres, par Francisque Michel et Thomas Wright. *Paris, Silvestre*, 1838, gr. in-8. 12 fr. — Pap. de Holl. tiré à 10 exempl. 20 fr.

— Pour le roman de Merlin en prose, voy. MERLIN.

GALIANI (l'abbé). Voy. SERGIO ; et au bas de cette colonne.

GALIBERT. Constantinople ancienne et

moderne, comprenant aussi les sept églises de l'Asie Mineure, etc., illustrée par 96 gravures sur acier d'après les dessins de Th. Allom, précédées d'un essai historique, par Léon Galibert. *Paris, Fisher fils et Cie*, sans date (1838), in-4. [27911]

Publié en 49 cah. de 2 pl. à 1 fr. 25 c. chaque cah. Les pl. ont été gravées en Angleterre.

GALIEN. Voy. GALENUS.

GALIEN Rethore. — *Cy fine le romant de Galyen rethore auec les batailles faictes a ronceuaulx par la trahison de Gannes per de France auec sa miserable execution faicte de par lempereur Charlemaigne..... nouuellement imprime a Paris le douziesme iour de decëbre. lan de grace mil cinq cens pour Anthoine Verard......*, pet. in-fol. caract. goth. de CXX ff. y compris 6 ff. prélim. fig. en bois. [17044]

Édition la plus rare de ce roman : vendu 426 fr. à Paris, en 1824. Un exempl. impr. sur VÉLIN se conserve au Musée britannique.

— Galien Rethore. *Paris, Veuve de Jehan Trepperel, etc.*, 1521, in-4. goth.

Autre édition rare.

L'édition de Lyon, par *Claude Nourry alias le Prince*, lan de grace M. CCCCC. XXV. *le xviij iour du moys daoust*, pet. in-fol., ou gr. in-4. goth. fig. en bois, a pour titre : *Les nobles prouesses et vaillances de Galien restaure fils de noble Oliuier le marquis, et de la belle Jaqueline, fille du roi Hugon, empereur de Constantinople.* Elle a 71 ff. en tout, sign. *a—siij.* à long. lign. Vend. 19 fr. Gaignat, et se payerait au moins 200 fr. maintenant. Celle de *Paris, Alain Lotrian et Denis Janot*, sans date, goth. in-4. à 2 col. XXV cah. sign. a—&, fig. sur bois, 1 liv. 13 sh. mar. r. Hibbert ; 7 liv. 10 sh. Heber ; 150 fr. mar. v. d'Essling.

— Galien rethore noble ƺ puissant cheualier : filz du conte Oliuier de Vienne per de France : contenant plusieurs nobles victoires, tant en Espaigne que en Grece : nouuellement imprime a Paris. XXVII. ca. — On les vend a Paris en la rue Neufue Nostre Dame a lëseigne Sainct Nicolas Par Pierre Sergent. (à la fin du texte recto) : *Cy fine le romant de Galien rethore auec les batailles faictes a Ronceuaulx par la trahyson de Gannes per de France, auec sa miserable execution faicte par lempereur Charlemaigne aupres de Sainct Martin a Laon en Laonoys. Imprime a Paris pour Pierre Sergent demourant en la rue neufue nostre Dame, a lenseigne Sainct Nicolas*, pet. in-4. goth. de 110 ff. à 2 col. y compris le titre et 3 ff. qui terminent la table des chapitres, avec fig. en bois.

Vendu 9 fr. La Valliere; 150 fr. d'Essling; 11 liv. st.
Utterson.

— LES NOBLES prouesses et vaillances de Galien restaure... *On les vend a Lyon aupres Nostre Dame
de Confort chez Oliuier Arnoullet* (sans date),
in-4. goth. fig. en bois, sign. a—x, par cah. de 4 ff.

Dans l'exemplaire que j'ai vu de cette édition peu
connue, il manquait les derniers ff., en sorte que
je ne puis en rapporter la souscription.

— LHYSTOIRE du preux et vaillant cheualier Galien
rethore... *Paris, Jehan Bonfons* (sans date, mais
vers 1550), pet. in-4. goth.

L'exempl. vendu 10 fr. chez Crozat, en 1750, et 3 fr.
chez le B. d'Heiss, en 1785, a été porté à 8 liv. chez
Heber. Un autre, de *Paris, Nic. Bonfons* (après
1560), pet. in-4. goth. 200 fr. m. bl. belle rel. de
Bauzonnet, Crozet.

Les éditions de ce roman, impr. à Troyes, *Oudot*,
1606, 1622, etc., in-4., ont peu de valeur; vend.
cependant (1606, *mar. bl.*) 1 liv. 12 sh. Heber;
16 fr. 50 c. d'Essling.

GALIGAI. Voy. GHALIGAI.

GALILEI (*Galileo*). Opere (pubbl. dal
abbate Gius. Toaldo). *Padova*, 1744,
4 vol. in-4. fig. [8249]

Le 4e vol. de cette édition contient le *Dialogue sur
le Système du monde,* augmenté, et qui manque
dans plusieurs autres éditions; 15 à 20 fr.

Depuis la publication de la dernière édit. de Galilée,
on recherche peu celle de *Bologne,* 1655 ou 1656,
2 vol. in-4., donnée par Charles Manolessi, et celle
de *Florence,* 1718, 2 vol. in-4., donnée par Bottari
et Th. Bonaventuri.

— Le medesime. *Milano*, 1808, 13 vol.
in-8. fig. 78 fr.

Le 13e vol. de cette édition contient: la *Lettera a
madama Cristina di Lorena,* et quelques autres
morceaux qui ne sont pas dans celle de 1744.

— Opere, prima edizione completa con-
dotta sugli autentici manoscritti palatini,
e dedicata a S. A. I. e R. Leopoldo II,
Granduca di Toscana. *Firenze, societa
editrice fiorentina,* 1842-1856, 16 vol.
in-8. fig. 145 fr., et in-4., tiré à petit
nombre, 250 fr.

Cette édition, dirigée par le professeur Eugenio Al-
bèri, comprend tout ce que l'on connaissait déjà
d'écrits de Galilée imprimés soit dans les différentes
éditions des œuvres, soit séparément; plus une quantité de morceaux inédits qui constituent à peu près
le tiers de la collection, parmi lesquels la correspondance de Galilée avec les savants de son temps, composée de près de 1600 lettres contenues en six volumes. Il s'y trouve aussi une quantité d'autres
pièces qui se rapportent aux œuvres et à la vie de
Galilée, ce qui constitue un corps d'ouvrage qui
laisse bien en arrière toutes les précédentes éditions
des œuvres de ce grand homme.

— Discorso intorno alle cose che stanno
in su l'acqua o che in quella si muo-
vono, di G. Galilei. *Firenze, Giunti,*
1612, in-4.

10 fr. Libri, en 1857.

Ce discours, dont il existe une seconde édition sous la
même date que la première, a donné lieu à la publication de plusieurs écrits pour et contre les idées
de l'auteur, savoir:

CONSIDERAZIONI di Vincenzio di Garzia, sopra il
discorso de G. Galilei, *Firenze,* 1612, in-4.

CONSIDERAZIONI dell' accademico incognito sopra
il discorso di Galilei. *Pisa, Boschetti,* 1612, in-4.

DISCORSO apologetico di Lodovico delle Colombe,
intorno al medesimo del Galilei discorso. *Firenze,
Pignoni,* 1612, in-4.

RISPOSTA alle oppositioni di Lod. delle Colombe
e di Vinc. di Grazia contro all' trattato di Galilei. *Firenze, Giunti,* 1615, in-4.

On trouve rarement ces cinq pièces réunies. La dernière passe pour être de Galilée lui-même, bien
qu'elle ait paru sous le nom de Benedetto Castelli.
Elle est portée à 19 fr. dans le catal. Libri, 1857, et
avec trois autres, à 60 fr.

— Dialogo sopra i duo sistemi del mondo
tolemaico e copernicano. *Firenze, G.-
B. Landini,* 1632, in-4. [8257]

Dialogue rare de cette édition qui a été supprimée.
On l'a réimpr. in-4. (à *Naples,* 1710), sous l'indication de *Florence,* sans date; et dans cette réimpr.,
assez commune se trouvent la *Lettera a madama
Cristina di Lorena* et autres pièces qui forment
un appendice de 83 pp.

Une traduction latine de ce Système du monde, par
Math. Bernegger, a paru sous le titre suivant: *Systema cosmicum. Augustæ-Treboc.,* 1635, in-4.
(10 fr. Riva; en Gr. Pap., 76 fr. le même), et en dernier lieu, à *Leyde,* 1699, en 2 part. in-4., avec le
traité *De motu.* — Voir ci-après.

— Istoria e demostrazioni intorno alle
macchie solari e loro accidenti comprese
in tre lettere scritte da Galileo Galilei.
Roma, G. Mascardi, 1613, in-4. fig. et
portr. de l'auteur.

19 fr. Riva; 17 fr. Arago.

— Il Saggiatore nel quale con bilancia es-
quisita e giusta si ponderano le cose
contenute nella libra astronomica e filo-
sofica di Lotrario Sarsi sigensano, scritto
dal signor Galileo Galilei. *Roma, G.
Mascardi,* 1623, in-4., titre gravé et
portr. — Voy. SARSIUS.

31 fr. Riva; 9 fr. 50 c. Libri, en 1857, et sous la date
de 1624, 16 fr. le même.

C. BERIGARDI Dubitationes in dialogum Galilei.
Firenze, 1632, in-4.

— DISCORSI e dimostrazioni matematiche intorno a
due nuove scienze attenenti alla meccanica e ai mo-
vimenti locali del Galileo Galilei... con una appendice del centro di gravità d'alcuni solidi. *Leida, gli
Elzevirii,* 1638, in-4.

24 fr. Libri, en 1857, et un exempl. *non rogné,* 40 fr.
même vente.

LES NOUVELLES pensées de Galilée, où il est
traité de la proportion des mouvemens naturels et
violens, et de tout ce qu'il y a de plus subtil dans
la mécanique, trad. de l'italien. *Paris, Quenon,*
1639, pet. in-8.

— Operazione del compasso geometrico e
militare di Galileo Galilei. *Padoua,
Frambotto,* 1640, in-4.

— NOVA-ANTIQUA sanctiss. patrum et probatorum
theologorum doctrina, de sacræ scripturæ testimoniis, in conclusionibus mere naturalibus...... nunc
vero juris publici facta, cum lat. versione italico
textui simul adjuncta. *Augustæ-Treboc., empen-
sis Elzeviriorum* (*Argentor.*), 1636, in-4. [8258]

Ce petit volume, très-rare, qui fait partie du livre intitulé: *Systema cosmicum, Augustæ-Treboc.,*
1635, renferme la fameuse *Lettera a madama
Cristina di Lorena,* laquelle lettre est composée
de 60 pp. non compris 4 ff. prélim. et 2 ff. à la
fin, conten. *Excerptum ex Didaci commentariis, etc.* Ce livre vaut de 30 à 48 fr. en Italie, et il

a même été porté à 135 fr. à la vente Gradenigo, et à 66 fr. à celle de Labey, à Paris; et *non rogné* 65 fr. Riva, et 2 liv. 15 sh. Libri, en 1859.

— CONSIDERAZIONI al Tasso; e discorso di Gius. Iseo sopra il poema di Torq. Tasso. *Roma, Pagliarini* 1793, in-4. 4 fr., et plus en Gr. Pap.

Publié pour la première fois. — Réimpr. à Venise, en 1793, in-12.

— MEMORIE e lettere inedite finora o disperse di Galileo Galilei, ordinate ed illustrate con annotazioni del cav. Giamb. Venturi. *Modena, Vincenzi*, 1818-21, 2 vol, gr. in-4., avec portr. et fac-simile.

Ce recueil est un complément nécessaire des anciennes éditions des œuvres de Galilée. Nous citerons encore : *Vita e commercio letterario di Galileo Galilei, scritta da Giambatt. Clemente Nelli*, Lausanna (Firenze), 1793, 2 vol. in-4. fig. [30748]; compilation faite avec peu de soin, et à laquelle devaient être joints d'autres documents dont la mort de l'auteur a empêché la publication. L'ouvrage n'a paru qu'en 1820. Depuis, M. Bart. Gamba a donné : *La Vita del Galilei ed alcune lettere familiari*. Venez., 1826, in-16, extraits des deux recueils ci-dessus.

Citons ici un *canzone* en l'honneur de ce grand homme :

ALLA sacra maestà cesarea dell' imperatore, in lode di Galileo Galilei... canzone. *Firenze, Landini*, 1631, in-4. de 8 pp. avec la date à la fin.

La première partie du nouveau catalogue de M. Libri, publié en avril 1861, article Galilée, contient, sous les nos 2985 à 3235, une curieuse nomenclature des ouvrages de cet illustre savant et des écrits qui s'y rattachent.

GALILEI (*Vinc.*). Dialogo della musica antica e della moderna. *Fiorenza, Marescotti*, 1581, in-fol. 15 à 24 fr. [10080]

Ouvrage rare contenant 149 pp. précédées de 2 ff. et suivies de 5 autres ff. On doit trouver à la page 120 un f. oblong où sont notées les différences des sons chez les anciens.

— Il Fronimo, dialogo sopra l'arte del ben entavolare, et rettamente suonare la musica negli stromenti artificiali, si di corde come di fiato, ed in particolare nel liuto. *Venet.*, 1584, in-fol., avec des planches de musique. 15 à 24 fr. [10201]

Livre non moins rare que le précédent. Il y a une édit. plus ancienne; mais celle-ci est tellement améliorée, que, selon l'auteur lui-même, on peut la regarder, pour ainsi dire, comme un livre différent. — On a du même écrivain : *Discorso intorno alle opere di Gios. Zarlino*. Firenze, 1589, in-8. de 134 ff. et 1 f. d'errata. [10152]

GALITANI (*Antonio*). Rinaldo Pedranzana. *In Academia Veneta*, M. D. LVIII, in-8. [17503]

Cette nouvelle est un ouvrage posthume d'Antonio Gagliardi de Padoue; elle a été impr. à Venise, en 1834. Joseph Pasquali, qui en a été l'éditeur, et l'a dédiée à *Tolomeo Crusio* (masque de Bartolomeo Gamba), a eu la fantaisie de donner à cet opuscule l'apparence d'une production des presses de la célèbre *Accademia Veneta della Fama*, et il a fait mettre sur le frontispice l'ancre aldine. On en a tiré 50 exempl. tant sur pap. blanc que sur des pap. de couleur; 2 sur pap. de Chine et 2 sur VÉLIN (Gamba, *Bibliogr.*, 2e édit., n° 229).

GALL (*F.-Jos.*) et Spurzheim. Anatomie et physiologie du système nerveux en général, et du cerveau en particulier; avec des observations sur la possibilité de reconnaître plusieurs dispositions intellectuelles et morales de l'homme et des animaux, par la configuration de leurs têtes. *Paris, Schoell*, 1809, 1811, 1818 et 1819, 4 vol. in-4. et les pl. in-fol. 480 fr. — Texte et pl. in-fol. pap. vél. 920 fr. [6806 ou 6996]

Ouvrage curieux et qui est assez recherché; toutefois il ne conserve pas les prix élevés que nous venons de coter.

— SUR LES FONCTIONS du cerveau et sur celle de chacune de ses parties, avec des observations sur la possibilité de reconnaître les instincts, les penchans, les talens, ou les dispositions morales et intellectuelles des hommes et des animaux, par la configuration de leur cerveau et de leur tête. *Paris, Boucher*, 1822-25, 6 vol. in-8.

Nouvelle édition du système du célèbre Dr Gall. On en a retranché l'anatomie du système nerveux et du cerveau, qui devait être publiée à part; mais il y a été fait, du reste, de grandes améliorations. 42 fr. Le titre ci-dessus est celui que portent les faux frontispices des vol.; autrement les tomes I et II ont pour titre : *Sur l'origine des qualités morales et intellectuelles de l'homme et sur les conditions de leur manifestation*; le tome III : *Influence du cerveau sur la forme du crâne*; les tom. IV et V : *Organologie, ou exposition des instincts, des penchans, etc.*; le tome VI : *Revue critique de quelques ouvrages anatomico-physiologiques et exposition d'une nouvelle philosophie des qualités morales et des facultés intellectuelles*.

GALLACINI (*Teof.*). Trattato sopra gli errori degli architetti, coll' osservaz. di Ant. Visentini. *Venezia*, 1767-72, 2 vol. in-fol. fig. 24 à 30 fr. [9786]

L'ouvrage de Gallacini, écrit vers le milieu du XVIIe siècle, n'est pas sans mérite; mais le vol. d'observations de Visentini lui est fort inférieur (*Catal. de Cicognara*, n° 514).

GALLÆUS (*Phil.*). Effigies XLIV doctorum virorum de disciplinis bene merentium. *Antuerpiæ*, 1572, in-4., et aussi de format in-fol. [30392]

Gravé d'après les originaux.

— Effigies LI doctorum virorum qui bene de studiis litterarum meruere. *Antuerpiæ*, 1581 et 1587, in-4. et in-fol.

— Effigies pontificum XXVII ad vivum expressæ. *Antuerp.*, 1572 (aussi sous la date de 1595), in-4. et in-fol.

Ces trois recueils se trouvent difficilement et sont assez recherchés. Les deux premiers, in-fol., 20 flor. Meerman.

Le célèbre graveur Ph. Galle est l'auteur d'un écrit anonyme publié sous le titre suivant, et qui est devenu fort rare :

SOMMAIRE annotation des choses plus mémorables advenues de jour à autre ès XVII provinces du Pays-Bas, dès l'an 1566 jusques au premier jour de l'an 1579. *Anvers, Chr. Plantin, pour Phil. Galle*, 1579, pet, in-8. de 25 ff. [25010]

Réimpression des annotations qui sont jointes à une carte des XVII provinces du Pays-Bas, publiée antérieurement par Phil. Galle.

GALLÆUS (*Theod.*). Voy. Ursinus.

GALLÆUS (*Joan.*). Voy. Amoris divini...

GALLÆUS (*Servatius*). Dissertationes de Sibyllis earumque oraculis. *Amstelodami, Boom*, 1688, pet. in-4. 4 à 6 fr. [21612]

— Sibyllina oracula, commentariis diversorum illustrata opera et studio Servatii Gallæi; accedunt etiam oracula magica Zoroastris, Jovis, Apollinis, etc., Astrampsychi oneirocriticum, etc., gr. et lat., cum notis variorum. *Amstelod., Boom*, 1689, pet. in-4.

Ces deux articles sont ordinairement réunis : 8 à 12 fr. Vend. en Gr. Pap. mar. v. 130 fr. Caillard.

— Voy. Sibyllina oracula.

GALLAND (*Auguste*). Du Franc-Alleu, et origine des droits seigneuriaux, avec les lois du pays d'Albigeois; par Simon, comte de Montfort, l'an 1212, ensemble les usages et les coustumes données par le roy St Louys à la ville d'Aigues-Mortes, et les anciennes coustumes de Lorris données par le roi Louys le gros, par Auguste Galland. *Paris, Est. Richer*, 1637, in-4. [2802]

Ouvrage curieux et encore assez recherché : 15 à 18 fr. L'auteur en avait déjà donné la substance sous ce titre :

Contre le Franc-Alleu, sans titre, prétendu par quelques provinces au préjudice du roi. *Paris, Rob. Estienne*, 1629, in-8.

Le système de Galland a été combattu dans l'ouvrage suivant :

Le Franc-Alleu de la province de Languedoc, établi et défendu; 2e édition, augmentée d'un second livre, avec un traité de l'origine et des privilèges des États généraux de la même province; ensemble un recueil de chartes de ses privilèges, libertez et franchises, par P. Caseneuve. *Tolose, Jean Boude*, 1645, in-fol.

La première édition, sous le titre d'*Instruction pour le Franc-Alleu*, est de *Toulouse*, 1640, in-fol.

· — Mémoires pour l'histoire de Navarre et de Flandre, contenant le droit du roy au royaume de Navarre, etc.; le droit particulier du roy comme seigneur des villes et chastellenies de Dunkerque, de Bourbourg et de Gravelines en Flandre, et comme seigneur chastelain de Lille; avec l'histoire de cent cinquante années des guerres d'entre la France et la Flandre, depuis 1180 jusqu'en 1331, qui justifient le droit de la France sur Lille, Douay et Orchies et sur les comtés de Flandre et le pays de Waes, avec les preuves authentiques; le tout dressé sur les titres et mémoires du cabinet de M. Auguste Galland. *Paris, Math. Guillemot*, 1648, in-fol. 12 à 15 fr. [24007]

Cet ouvrage mérite d'être recherché à cause des pièces fort curieuses qui en forment les preuves.

GALLAND (*Ant.*). V. Mille et une nuits, et au bas de cette colonne.

GALLANDIUS (*Andreas*). Bibliotheca græco-latina veterum patrum antiquo-

Galland (*Ant.*). De l'origine du café, 7073. — Paroles remarquables, 18523.

Galland (*Louis*). Pèlerinage de la Mecque, 2238.

rumque scriptorum ecclesiasticorum, cura et studio Andr. Gallandii. *Venet.*, 1765-81, seu 1788, 14 vol. in-fol. [808]

Cette collection se compose de 380 écrivains, don 180 ne se trouvent pas dans la *Bibliotheca Patrum* imprimée à *Paris* et à *Lyon*. Elle n'a été vend. que 160 fr. br. et en Gr. Pap., Villoison; mais aujourd'hui elle se vendrait peut-être 600 fr. et plus, tant elle est peu commune.

— De vetustis canonum collectionibus dissertationum sylloge. *Venetiis, Bettinelli*, 1778, in-fol. [3166]

Réimpr. *Moguntiæ*, 1790, 2 vol. in-8.

GALLANDUS (*Petrus*). Voy. Duchastel.

GALLAUP, sieur de Chastueil. Voy. Galaup.

GALLE. Voy. Gallæus.

GALLENSIS (*Johannes*). Voy. Summa collationum.

GALLERIA et GALLERY. Voy. à l'article Galerie.

GALLERIA di Minerva, ovvero notizie universali in qualunque materia sacra e profana, retorica, poetica, politica, istorica, geografica, etc. *Venezia*, 1696-1717, 7 tom. en 3 vol. in-fol. [19438]

Recueil rare, renfermant nombre de dissertations intéressantes : 30 à 36 fr.

GALLESIO (*Giorgio*). Pomona italiana, ossia trattato degli alberi fruttiferi, contenente la descrizione delle migliori varietà dei frutti coltivati in Italia, colla loro classificazione, la loro sinonimia, e loro cultura, accompagnato da figure disegnate, e colorite sul vero, e precedute da un trattato elementare di Pomologia. *Pisa, Cappuro*, 1817 e seg. ann. 3 vol. in-fol. fig. color. [4987]

Pour la beauté de l'exécution, cet ouvrage ne le cède en rien à ceux du même genre que l'on a publiés en France depuis une cinquantaine d'années. Gallesio est mort en novembre 1839, après avoir publié la 41e livraison de son ouvrage. On promettait deux autres livraisons d'après les manuscrits de l'auteur, et d'y joindre les frontispices et les tables afin qu'on pût relier les volumes, mais elles n'ont pas paru. Chaque livrais. avec un texte in-fol., fort bien imprimé, coûtait 40 fr. L'auteur a donné à ses souscripteurs une brochure in-8. intitulée : *Quadro sinottico de gli agrumi dei Giardini di Firenze.*

GALLETII (*D. Petri-Aloys.*) inscriptiones romanæ infimi ævi Romæ extantes. *Romæ*, 1760, 3 vol. in-4. 15 à 18 fr. [29976]

Gallasch (*J.-H.*). Muza Morawská, 15917.

Gallegos (*M.* de). Gigantomachia, 15281. — Obras, 15282.

Gallenberg (*H.* von). Leonardo da Vinci, 31047.

Gallerato (*P.*). Antiqua Novarensium monumenta, 25391.

Galleria biblica, 360.

Gallery of portraits of distinguished individuals, 9600.

Gallesio (*G.*). Citrus, 5479.

— INSCRIPTIONES bononienses infimi ævi Romæ extantes. *Romæ*, 1759, in-4. 10 fr. 50 c. Libri. [29979]

— INSCRIPTIONES pedemontanæ infimi ævi Romæ extantes. *Romæ*, 1766, in-4. [29980]

— INSCRIPTIONES Piceni infimi ævi Romæ extantes. *Romæ*, 1761, in-4. [29981]

— INSCRIPTIONES venctæ infimi ævi Romæ extantes. *Romæ*, 1757, in-4. [29982]

Ces sept volumes des Inscriptions rassemblées par Galletti ont été vendus 2 liv. 12 sh. 6 d. Pinelli; chaque ouvrage vaut séparément de 5 à 8 fr. le volume.

— GABIO antica città di Sabina scoperta ove è ora Torri, ovvero le grotte di Torri, discorso. *Roma*, 1757, in-4. fig. [25615]

Vend. 9 fr. de Cotte.

GALLETTI. Del Gundebano d'Enea Galletti Empolese i primi cinque canti e i principii degl' altri, come per saggio, all' illustriss. eccellentiss. sig. il signor Giovanni Medici Sig. et Patron collendissimo. *In Roma, appresso Bartholomeo Bonfadino*, 1594, pet. in-8. [14834]

Poëme romanesque peu connu, impr. en lettres ital. Le vol. contient 6 ff. prélim. pour le titre et le *Discorso del Galletti al suo Patrono Medici nella poesia;* les 5 chants du poëme, 137 pp. chiffr., à 3 stances par page ; les premières stances des chants 6 à 22 que Galletti se proposait de faire imprimer, 6 pp. non chiffrées. A la fin la permission d'imprimer. (*Melzi*, 322.)

GALLIÆ antiquitates quædam selectæ (a Scip. Maffeio), accedunt epistolæ duæ, altera sorbonicorum doctorum ad auctorem, altera Mar.-Jo. Poleni. *Veronæ*, 1734, in-4. fig. 8 à 10 fr. [23154]

Vend. 18 fr. Villoison.

L'édition de *Paris*, 1733, in-4., est moins chère, parce qu'elle n'est pas aussi complète que celle-ci.

GALLIARD. Voy. GAILLARD.

GALLISSARD (*P.*). Pulicis encomium physica ratione tractatum, authore D. Petro Gallissardo Araquæo. *Lugduni, apud Joan. Tornæsium*, 1550, pet. in-8. de 38 pp. [17936]

Dissertation beaucoup moins connue que l'*Encomium pulicis* de Cœlius Calcagninus : 30 fr. *mar. bl.* Coste.

GALLO. Le venti giornate dell' agricoltura e de' piaceri della villa di Agostino Gallo ; nuova edizione, accresciuta di annotazioni e di un' aggiunta. *Brescia*, 1775, in-4. fig. 9 fr. [6304]

Dernière édition que je connaisse de cet ouvrage estimé. La première, qui ne contenait que dix journées, parut à *Brescia*, en 1564, in-4., et fut réimpr. à *Venise*, 1565, in-8., puis en 20 journées, à *Venise*, 1569, 1572, 1584, 1596, 1607, 1622, etc., in-4.,

et à *Turin*, 1580, in-8. Enfin Fr. Belleforest a donné une traduction française du même ouvrage sous ce titre : *Secrets de la vraye agriculture, et honestes plaisirs qu'on reçoit en la ménagerie des champs.* Paris, Nic. Chesneau, 1571 ou 1572, in-4. 12 fr. 50 c. de Jussieu.

GALLO (*Alonso*). Declaracion breve y summaria del valor del oro. *Madrid*, 1613, pet. in-8. de 74 ff. [4744]

Petit volume peu commun : vend. en *m. v.* 12 fr. Gaignat ; 18 fr. La Vallière, et 5 fr. Mac-Carthy.

GALLON. Machines et inventions approuvées par l'Académie des sciences. *Paris* (sans date), 3 vol. in-fol. 20 à 30 fr. [8174]

Cette édition ne renferme que le contenu des 6 premiers vol. de l'édition en 7 vol. in-4. qui fait suite aux Mémoires de l'Académie des sciences (voy. ACADÉMIE).

GALLONIO (*Anton.*). Trattato degli instrumenti di martirio e delle varie maniere di martoriare usati da' Gentili contro i Cristiani. *Roma*, 1591, in-4. 12 à 15 fr. [22035]

Édition originale, recherchée, parce qu'elle contient les premières épreuves des fig. en cuivre d'Ant. Tempesta.

—De sanctorum martyr. cruciatibus liber. *Romæ*, 1594, in-4.

Première édition de cette traduction latine ; les figures qui s'y trouvent sont gravées en bois : 5 à 6 fr. Les exemplaires dans lesquels on a mis les figures de Tempesta, tirées de l'édition précédente, ont un peu plus de valeur.

On fait moins de cas de l'édition de *Paris*, 1660, in-4., quoiqu'elle soit la plus belle, qu'on y ait joint les traités de Magius *De equuleo* et de Juste Lipse *De cruce*, et que les fig. grav. par Tempesta s'y trouvent. — La petite édit. d'*Anvers*, 1668, pet. in-12, fig., est à bas prix.

— Vita de Philippi di Neri, 21866.

GALLUCCI (*Gian-Paolo*). Della fabrica et uso di diversi stromenti di astronomia et cosmographia. *Firenze, Giunti*, 1578, in-4. fig. [8361]

27 fr. Libri, en 1857.

L'auteur avait déjà publié :

DELLA FABRICA et uso del nuovo Horologio universale ad ogni latitudine. *Venetia, Perchancino*, 1590, in-4. fig.

GALLUCCII (*Ang.*) de bello belgico, ab anno 1593 ad annum 1609, partes duæ. *Romæ*, 1671, 2 vol. in-fol. [24996]

Cet ouvrage fait suite à celui de Strada, sur les guerres de Flandre. Quoi qu'il soit médiocrement donné à très-bas prix (5 flor. Meerman), il a été vend. 51 fr. La Serna. — Réimprimé à Sulbac, 1677, en 2 vol. in-4.

GALLUS. Cornelii Galli fragmenta. cum gratia et privilegio (edidit Pomponius Gauricus). *Venetiis, per Bernard. Ve-*

---

netum de Vitalibus, 12 janu. 1501, in-4. de 13 ff., en caract. ronds. [12527]

Édition rare, la prem. des fragments de ce poëte, impr. séparément et sous son véritable nom. Après les élégies se trouvent *Lyricum quod a plærisque C. Gallo attribuitur : Lidia bella puella candida, etc., et Pomponii Gaurici Neapolitani elegiacon.* Les mêmes fragments ont d'abord été mis au jour sous le titre de *Maximiani philos. ethica suavis,* à Utrecht, vers 1473, in-fol. (voyez CLAUDIANUS, *De raptu Proserpinæ*), et on les a souvent réimpr. depuis à la suite de Catulle (voy. CATULLUS).

— Asinii Cornelii Galli elegia, nunc primum e tenebris eruta ab Aldo Manuccio: Ejusdem epigrammata tria. *Florentiæ, ex typogr. Georgii Marescotti,* 1588, pet. in-8. de 8 ff.

Une des pièces rares de la collection des Alde ; vend. 4 liv. 5 sh. Butler: 106 fr. *mar. bl.* Libri , en 1847, en *mar. r.* 3 liv. 15 sh., en 1859.

— CORNELII Maximiani Etrusci Galli elegiæ tres, ex recensione et cum notis Wernsdorfii. Iterum excudi fecit Jo. Allen Giles. *Londini,* 1838, in-8. 10 sh. 6 d.
Tiré à 100 exemplaires seulement.

GALLUS (*Alexander*). Voy. ALEXANDER de Villa Dei.

GALLUS. Galli Egidii Romani comœdiæ.
— *Galli Egidii Romani comœdix finiunt fœliciter. Impressæ Romæ, per Joannem de Besicken. Anno salutis.* M. D. V. *die viii mensis Aprilis,* in-fol. de 30 ff., lettres rondes.

Volume fort rare, contenant *Bophilaria* et *Annularia,* deux pièces en vers, sans distinction d'actes ni de scènes. Vend. 106 fr. *mar. r.* de Soleinne.
Ce poëte, qu'il ne faut pas confondre avec Gilles Colonna, théologien de la fin du XIIIe siècle , comme l'a fait le rédacteur du catal. de M. de Soleinne, n° 175 ; ce poëte, disons-nous , vivait sous le pontificat de Léon X, et il est cité par Fr. Arsilli dans son opuscule en vers latins, *De poetis Urbanis,* qui est imprimé à la suite des *Coryciana,* 1524, in-4. (voy. PALLADIUS). Panzer n'a pas connu ces deux comédies; mais il a donné (VIII, 250, n° 44), d'après Maittaire, le titre ci-dessous d'un autre ouvrage de notre poëte, savoir :
CALLI (*sic*) Ægidii Romani Poet. Laur. Libri quinque de Viridario Augustini Chigii Patricii. Senen. Veræ. *Impressum Romæ per Stephanum Guillerti et Herculem Nani consocios Anno Domini* M. D. XI, in-fol.

GALLUZZI (*Riguccio*). Istoria del Granducato di Toscana sotto il governo de' Medici. *Firenze, Marchini,* 1822, 11 vol. in-8. 30 à 36 fr. [25532]

Ouvrage estimé , dont la première édition a paru à Florence, en 1781, en 5 volumes in-4., et en 9 vol. in-8. Il a été réimprimé à Livourne, 1781, en 8 vol. in-8., et aussi 1820, en 7 vol. in-12 ; enfin à Florence, 1830, en 18 vol. in-18. Nous avons une traduction franç. de cette histoire (par Lefebvre de Villebrune et Mlle de Kérolio), *Paris,* 1782-83, 9 vol, in-12.

GALLY Knight. Voy. KNIGHT.

GALT (*John*). Voyages and travels in 1809, *1810* et 1811, containing statisti-

cal, commercial and miscellaneous observations on Gibraltar, Sardinia, Sicily, Malta , Serigo and Turkey. *London , Cadell,* 1812, in-4. fig. [20462]

Relation d'un faible intérêt. Vend. 35 fr. 50 c. Langlès, et beaucoup moins depuis.

— Letters from Levant, 20448. — Life of Wolsey, 26916.

GALTHERUS Burley, voy. BURLEY ; — de Hemminford, voy. HEARNE, n° 28.

GALTHERUS, seu Gualtherus [de Castellione] (*Philippus*), episcop. insulanus. Gesta Alexandri magni. (*absque nota*), pet. in-4. [12872]

Édition sans lieu ni date , mais dont le titre porte le chiffre de Guillaume Le Talleur, imprimeur à Rouen, de qui l'on a les *Chroniques de Normandie,* de 1487 (voy. tome I, col. 1871). Le volume ici décrit porte des signat. de *a* jusqu'à *s,* et les pages entières renferment chacune 20 lig. en caract. demi-goth. Panzer, I, 510, décrit , d'après Denis, une édition du même livre , avec le monogramme de Rich. Pynson (imprimeur à Londres, depuis la fin du XVe siècle) , et qui, tant par les signatures que pour le nombre des lignes de chaque page , se rapporte à celle de Le Talleur. Hain en figure ainsi la souscription finale : *Galteri poete, virgiliani carminis non infimi scrutatoris, ac bone poesios amatoris et imitatoris: Alexandreis finit feliciter. ‖ Preteriti serie reuoluta temporis annos ‖ Humani generis a conditione notato. ‖ Unum tolle datis ad millia quinque ducentis, ‖ Nascenti Domino tot Beda dat a Protoplasto ‖ Usque triumphantis ad bellica tempora Magni ‖ In summa annorum bis millia bina leguntur ‖ Bisque quadringenti decies sex, bisque quaterni.* De son côté, M. Beloe (*Anecdotes of literature,* tome V, p. 255) parle d'une édition du même livre, avec le chiffre de R. Pynson , mais sans la décrire assez bien pour qu'on puisse voir quel rapport elle peut avoir avec la précédente. Une autre édition in-4., annoncée sous la date de 1496, est marquée à 2 liv. 2 sh. dans le catal. de Steevens, n° 514.

—Alexandri magni, regis Macedonum, vita per Gualtherum episcopum insulanum heroico carmine elegantissime scripta. *Renatus Beck civis Argentinensis impressit Anno* M. D. XIII, in-4. goth., signat. a—t.

Édition rare, publiée par J. Adelphus. Il y a à la fin un f. d'errata. Vend. 10 flor. 25 c. Meerman ; 2 liv. 15 sh. Dent.; 26 fr. en janvier 1829.

— Alexandreidos libri X. *Ingolstadii, Weissenhorn,* 1541, pet. in-8. de 116 et 4 ff.

Donné par les soins d'Oswald von Eck, et avec des notes de Sébast. Link. Vend. 9 fr. Duriez; 13 sh. Heber.

— Alexandreidos libri X , nunc primum in Gallia, gallicisque caracteribus editi. *Lugduni, excud. Rob. Granjon,* 1558, pet. in-4. de 89 ff.

Cette édition, exécutée en caractères cursifs , dits de *civilité,* est peu commune et assez recherchée ; ce n'est cependant pas la première faite en France, comme l'annonce son titre. Vend. 18 fr. Méon ; 20 fr. de Tersan ; 1 liv. 12 sh. et 16 sh. *mar.* Heber ; 2 liv. 2 sh. *mar. r.* Libri, en 1859.

— ALEXANDREIS sive Gesta Alexandri mag. libris X comprehensa, ex vett. mss. in lucem edita opera

Athan. Gugger. *In Monasterio S. Galli, formis ejus*, 1659, pet. in-12 de 224 pp.

L'éditeur de ce volume rare ne connaissait pas les éditions précédentes, et il a donné l'ouvrage comme inédit, d'après deux manuscrits qu'il avait à sa disposition.

GALUZZO ovvero Galluzzo (*Ces.*). Il valoroso Ruggiero, primo Marchese dell' antica città d'Atesta, libro primo dove si contiene le grande imprese di Ruggiero, Fatte per Amor della Leggiadra Donna Luciana, côtro i Magansesi. Novamente composta da M. Cesare Galluzzo Ferrarese. — *Stampato in Ferrara, per Giouanni. de Buglhat, Et Antonio Hucher Compagni Et fu finito, A di 6 di Maggio*, 1550, in-4. de 96 ff. (dont le dern. bl.) à 2 col., lettres ital. [14791]

Poëme en onze chants, duquel on ne connaît bien que l'édition de 1550; car celle qui, selon le Quadrio, porterait la date de 1557 sur le titre et à la fin 1558, peut bien avoir été altérée dans ses dates (Melzi, 259).

GALVANI (*Giov.*). Osservazioni sulla poesia de' trovatori è sulle principali maniere e forme di essa, confrontate brevemente colle antiche italiane. *Modena, gli eredi Soltani*, 1829, in-8. de 530 pp. [13153]

Cet ouvrage présente un assez grand nombre de morceaux des anciens auteurs italiens, que l'auteur compare avec des passages analogues qui se trouvent dans les poésies des troubadours. M. Raynouard en a parlé très-favorablement dans le *Journal des Savants*, 1831, pag. 341 et suiv.
— Lezioni accademiche, 18356.

GALVÃO (*Duarte*). Chronica do principe Don Affonso Henriques, primeiro rey de Portugal. *Lisboa, Ferreira*, 1726, in-fol. [26276]

Composé vers le commencement du XVIe siècle. — Il y a des exempl. en Gr. Pap., et dans deux de ces derniers seulement se trouvent, selon Ebert, no 8132, les chapitres XI à XIII qui ont été supprimés par l'Inquisition.

GALVÃO (*Antonio*). Tratado que compôs o nobre e notauel capitão Antonio Galuão, dos diuersos e desuayrados caminhos, por onde nos tempos passados a pimenta e especearia veyo da India ás nossas partes, e assi de todos os descobrimentos antigos e modernos que são feitos em a era de mil e quinhentos e cincoenta cõ os nomes particulares das pessoas que os fizeram ; e em que tempos, e as suas alturas, obra certo muy notauel e copiosa... Impressa na casa de João da Barreira. (à la fin) : Se acabou o liuro dos descobrimentos das Antilhas

e India. *Imprimio-se* (Lisboa) *em casa de Joham da Barreira, impressor del Rey nosso senhor. Aos quinze de dezembro de mil e quinhentos e sessenta e tres annos* (1563), in-8. de 80 ff. plus le titre et le prologue. [19796]

Ce livre rare a été réimprimé sous le titre suivant :

TRACTADO dos descobrimentos antigos et modernos feitos até a era de 1550, composto pelo famoso Antonio Galvão... *Lisboa*, 1731, pet. in-fol. de 100 pp.

Halckluyt en a donné une traduction anglaise, Londres, 1601, in-4. goth. (4 liv. Inglis ; 8 liv. Jadis), qui a été réimpr. dans la collection des Voyages publiée chez Osborne.

GAMA (*Vasco* da). Roteiro da viagem que em descobrimento da India... fez dom Vasco de Gama em 1497, *Lisboa*, 1838, in-4. [19797]

Document précieux publié par MM. Kopke et Païva, d'après un manuscrit découvert par eux dans la bibliothèque publique de Porto. M. Ferd. Denis en a donné une traduction française dans le 3e vol. des *Voyageurs anciens et modernes*, publiés en 1855, par M. Ed. Charton.

GAMA (*Ant.* de Leon y). Descripcion historica y cronologica de las dos piedras que con ocasion del nuevo empedrado que se esta formado en la plaza principal de Mexico, se hallaron en ella el año de 1790. Explicase el sistema de los calendarios de los Indios, el metodo que tenian de dividir el tiempo, y la correccion que hacian de el para igualar el año civil, de que usaban, con el año solar tropico..., por D. Ant. de Leon y Gama; data a luz con notas..., por Carlos Maria de Bustamante ; seg. edic. *Mexico, Valdes*, 1832, 2 part. en 1 vol. pet. in-4. fig. [28607]

Vend. 29 fr. Klaproth ; 42 fr. Quatremère. — Les notes de Bustamante, dont cette édition est accompagnée, la rendent préférable à celle de *Mexico, Zuniga y Ontiveros*, 1792, pet. in-4., fig. (11 fr. Langlès).

GAMACHE (*Charles* de). Le Sensé, raisonnant sur les passages de l'Escriture saincte contre les prétendus reformez, leur faisant voir par le seul sens leur difformation sans se seruir de l'authorité de l'Eglyse ni des Pères lesquels ils rejettent. Plus des lettres de dedication de chasque traicté au Roy, aux princes, aux mareschaux de France z seigneurs, et vn epistre liminaire au fils de l'autheur, contenant l'instruction d'vn enfant de qualité auec plusieurs instructions necessaires à vn caualier z entre'autres vn aduertissement a harder cheuaux aduantageusement. Diuisé en vingt traictez. fait par hault z puissant seigneur

Galtier (le Dr). Toxicologie médicale, 7409.—Matière médicale, 7377. — Pharmacologie, 7383.
Galvani (*Aloys.*). Vires electricitatis, 4321.
Galvani (*Ant.*). Opere, 4321.

Galvez (*Mar.-R.*). Obras, 15309.
Gama (*Leonarda Gil* da). Orbe celeste, 15386.
Gama (*J.-P.*). Plaies de la téte, 7508.

messire Charles de Gamache, vicomte de Resmond, seigneur de Chasteau Meilhan. (*sans. lieu ni date*), in-8. de 263 pp. chiffr., plus 2 pp. non chiffr. pour la table des traités. [1838]

Volume fort rare, formé d'une série de petites dissertations, datées de 1622 et 1623, et qui paraissent être le produit d'une imprimerie particulière. L'auteur, qui, comme on en peut juger par son livre, était un ardent catholique, a été le second mari d'Eléonore, fille de Michel Montaigne; aussi remarque-t-on parmi les personnes auxquelles chaque traité est dédié, les noms d'une partie des membres de la famille de l'auteur des Essais. Cette circonstance remarquable nous a été signalée par M. le docteur J.-F. Payen, de qui nous tenons les détails que nous venons de donner sur ce livre précieux, dont il ne connaît qu'un seul exemplaire.

GAMBA (M. le chevalier). Voyage dans la Russie méridionale et particulièrement dans les provinces situées au delà du Caucase, fait depuis 1820 jusqu'en 1822; deuxième édition. *Paris, Trouvé*, 1826, 2 vol. in-8., avec 4 cartes. 10 fr. — et avec un atlas in-4. de 60 cartes ou pl., 24 à 30 fr. [20600]

GAMBA da Bassano (*Bartolommeo*). Serie dei testi di lingua e di altre opere importanti nella italiana letteratura scritte dal secolo xiv al xix, quarta edizione riveduta, emendata e notabilmente accresciuta. *Venezia, co' tipi del Gondoliere*, 1839, très-gr. in-8. de xxviii et 795 pp. à 2 col., avec le portr. de l'auteur. 20 fr. [31658]

Excellent ouvrage, divisé en deux parties. La première contient les auteurs cités par La Crusca, et la seconde les meilleures éditions des autres écrivains, depuis le xv° siècle jusqu'au commencement du xix°, dont la connaissance est utile pour faire une étude approfondie de la langue italienne. Cette nouvelle édition, qui est fort bien imprimée et un peu plus complète que la troisième de *Venise*, 1828, in-4., a entièrement effacé les deux premières de *Bassano*, 1805, in-8., et de *Milan*, 1812, 2 vol. in-16.

— DELLE novelle italiane in prosa Bibliografia di Bartolommeo Gamba bassanese. *Venezia, dalla tipografia di Alvisopoli*, 1833, in-8. de xvi et 226 pp., avec 6 portr. à l'eau-forte. [31757]

Il n'a été tiré de cette édition que cent exempl., tous en papier vélin, plus quatre en papier fort; mais l'ouvrage a été réimpr., *edizione seconda, con correzioni ed aggiunte* (tant de l'auteur que de M. Jos. Molini, qui en a été l'éditeur), *Firenze, tipografia all' insegna di Dante*, 1835, in-8. de xv et 290 pp., et 16 non chiffr., contenant l'*Indice generale*. Pap. vél. 8 fr. — in-4. tiré à petit nombre, 30 fr. On retrouve dans cette réimpression les mêmes portraits que dans l'édition de Venise, laquelle est d'ailleurs un peu plus belle que celle-ci. M. P.-A. Tosi en a rendu compte dans le 80° vol. de la *Biblioteca italiana*, Milano, 1836; et il a fait tirer à part quelques exemplaires de son article, formant 8 pp. qu'il est convenable de réunir à l'ouvrage de Gamba.

— RITRATTI di donne illustre veneziane, con illustrazioni da B. Gamba. *Venez., tipogr. d'Alvisopoli*, 1826, pet. in-4. avec xii portr. [30497] Il en a été tiré deux exempl. sur VÉLIN.

— GALERIA dei letterati ed artisti delle provincie veneziane, nel secolo xviii. *Venezia, Alvisopoli*,

1824, 2 vol. gr. in-8., avec 122 portr. au simple trait. Vend. 30 fr. en mars 1833. [30672]

— SERIE degli scritti impressi in dialetto Veneziano, compilata da Bart. Gamba, giuntevi alcune odi di Orazio tradotte da P. Bussolin. *Venezia*, 1832, in-12, 4 fr.

— Bassanesi illustri, 30673.

Bart. Gamba, mort en 1841, a été l'éditeur d'un grand nombre d'ouvrages de différents auteurs, plusieurs desquels sont cités dans nos volumes (voy. HARWOOD, NOVELLE, etc.).

GAMBADO (*Geoffr.*). Academy for grown horsemen, containing the completest instructions, for walking, trotting, cantering, etc.; the second edition. *London*, 1788, gr. in-4. pap. vél., avec 12 fig. 10 à 12 fr. [10363]

La première édition de ce singulier ouvrage a paru à Londres, 1787, gr. in-4.; les 12 estampes-caricatures qu'elle contient y sont tirées au bistre. Il y a une troisième édition de 1796, in-4.

— ANNALES of horsemanship : containing account of accidental experiments and experimental accidents both successful and unsuccessful, communicated by various correspondents to Geoffrey Gambado. *London, W. Dickinson*, 1791, gr. in-4. pap. vél., avec 17 pl. 12 à 15 fr. [10364]

Livre du même genre que le précédent; les estampes sont aussi des caricatures. Les deux ouvrages ont été réimprimés à *Londres*, 1809, en 1 vol. in-8., avec 29 pl. gravées d'après les dessins de Bunbury, 15 fr., et aussi en 1822, in-4.

GAMBARA (*Veronica*). Rime e lettere, raccolte da Felice Rizzardi. *Brescia*, 1759, gr. in-8. 4 à 5 fr. [14531]

Les poésies de cette femme célèbre avaient déjà été imprimées dans le recueil intitulé : *Rime di diversi eccelenti autori Bresciani, raccolte da Gir. Ruscelli*, Venet., 1553, in-8., et dans d'autres recueils, notamment dans celui qui a pour titre : *Rime delle signore Lucr. Marinella, Ver. Gambara, ed Isab. della Morra, di nuovo date in luce da Ant. Bulifon, con aggiunta di quelle fin' ora raccolte della sig. Mar. Selvaggia Borghini*, Napoli, 1693, in-12.

GAMBARÆ (*Laur.*) rerum sacrarum liber, cum argumentis Jac. Pacti. *Antuerpiæ, Plantinus*, 1577, in-4. fig. [12697]

Vend. 5 fr. Courtois.

— De navigatione Christophori Columbi lib. IV; acced. epitaphia Hippol. Capilupi in Chr. Columbum, etc. *Romæ*, 1585, in-8. [12698]

Vend. 7 fr. Courtois; 16 fr. *mar. r.* Libri.

La première édition du poème *De Navigatione Columbi* est de Rome, *apud Fr. Zanettum*, 1581, in-8.; vend. 10 fr. Riva. A la même vente a été payé également 10 fr. un poème latin de Gambara, tiré de Longus, et qui a pour titre :

L. GAMBARÆ Expositi et A. Pernottum cardinalem Granvellanum. *Romæ, apud Fr. Zanettum*, 1581, in-8.

On a encore d'autres poésies latines de Gambara, une partie desquelles a été réimpr. sous le titre de *Poemata*, Romæ, Bladus, 1555, in-4.; sous celui de *Poematum libri tres* (avec *Bas. Zanchii poematum libri octo*), Basileæ, 1555, in-8., et de nouveau sous le titre de *Poemata*, Antuerpiæ, Plantin., 1569, in-8. Les poèmes intitulés *Venetiæ* et *Caprarola* ont été impr. séparément à Rome, en 1581, in-8., et l'*Anguis*, à Venise, 1565, in-4. On cite une édition des *Poemata*, Rome, 1580, in-8.

GAMBIGLIONIBUS de Aretio (*Angeli* de) solennis et aurea lectura super titulo de actionibus institutionum. — *Finit Tholose, anno* M. CCCC. LXXX, *die xxix mensis aprilis* (*per Joannem Teutonicum*), in-fol. goth. de 131 ff. non chiffr., à 2 col. de 65 lig. [2481]

Vend. 52 fr. *m. r.* La Valliere.

— Tractatus maleficiorum D. Angeli di Gambilionibus... cum omnibus additionibus novissime per ipsum factis, post compilationem hujus aurei ac preciosissimi operis. — *Petrus adā Mātus opus hoc impssit in urbe illic nullus eo scripserat ere prius. anno* M. CCCC. LXXII, gr. in-fol. de 108 ff. à 2 col. de 51 lig. [2531]

Édition très-rare, qui est décrite dans les *Ædes althorp.*, II, n° 1273, où on ne lui donne que 106 ff.; c'est, comme l'indique la souscription, un des premiers livres impr. à Mantoue. Le P. Audiffredi, *Catalogus edit. romanar.*, p. 121, en cite une autre sous la même date, mais sans lieu d'impression, et qu'il croit sortie des presses romaines.
L'édition de *Paris* (*Gering, etc.*), 1476, in-4. de 146 ff. à 40 lig. par page, 36 fr. La Valliere; 16 fr. Daguesseau.
Les autres ouvrages du même auteur, impr. vers la fin du XV° siècle, sont peu recherchés. Hain en donne le catalogue à l'article *Aretio* (Angelus de), n°° 1597 à 1633.

GAMBINI ou Cambini (*Ant.*). Voy. à la fin de l'article JOVIUS (*Paulus*).

GAMBOA (*Fr.-Xav.* de). Comentarios a las ordenanzas de minas. *Madrid, Ibarra,* 1761, in-fol. [3146]

Ouvrage très-estimé en Espagne. Salvá le porte à 60 fr., et Gr. Pap. 75 fr.

GAMELIN (*Jacq.*). Nouveau recueil d'ostéologie et de myologie, dessiné d'après nature pour l'utilité des sciences et des arts. *Toulouse,* 1779, 2 part. in-fol. atlant. 100 pl. et un texte. [6754]

Ouvrage à l'usage des artistes : 22 fr. de Miroménil, et moins depuis.

GAMEZ (Gutierre Diez de). Voy. tome Ier, col. 1878.

GAMMA ou Gama (*Joanna* da). Dictos diversos postos por ordem de alfabeto com mais algunas' trovas, vilhancios, sonetos e romances, em que se contem sentenças e avizos notaveis. *Evora, And. de Burgos,* 1555, in-8. [15346]

Livre rare, connu en Portugal sous le titre de *Dictos da Freira...*

GAMMARO. Silvano de misser Thomaso Gammaro 'Sclaricino sonetti. *In Bologna,* 1491, in-4. [14484]

Porté dans la *Biblioth. pinel.*, IV, p. 333.

Gambarellus (*Aug.*). Observat., 16106. — Oppositorum liber, 18194.
Gambini (*A.*). Origine de' Turchi, 27865.
Gamble (*J.*). The Society in Ireland, 27481.
Gamerra (*G.*). La Corneide, 14914.

GAMON (*Christophle* de). Les pescheries, divisées en deux parties, où sont contenus... les plaisirs inconnus de la mer et de l'eau douce. *Lyon, Thibaud Ancelin,* 1599, pet. in-12. [13917]

Ouvrage rare, écrit en vers. Vendu en *mar. bl. dent.* 15 fr. Méon ; 17 fr. Mac-Carthy.
On a du même poète : *Le Jardinet de poésie de C. de G. avec sa muse divine,* Lyon, Cl. Morillon, 1600, in-12, dans lequel se trouvent des monologues servant d'addition aux *Pescheries.* 16 fr. *v. f.* Veinant. Gamon a aussi composé les deux poëmes suivants :
1° LA SEMAINE, ou création du monde, contre celle de Du Bartas. *Genève, Petit,* 1609 ; seconde édition, *Lyon, Claude Morillon,* 1609 ; autre, *Niort, Lambert,* 1615, pet. in-12. [13916]
2° LE TRÉSOR des trésors, imprimé avec un commentaire de Henri Linthaut, sieur de Mont-Lion, revu et augmenté par l'auteur. *Lyon,* 1610, petit in-12. [13918]
Ce dernier poëme, qui est alchimique, avait d'abord paru dans le *Jardinet de poésie,* ci-dessus.

GANANDER (*Henricus*). Grammatica laponicæ linguæ, europæarum prope antiquissimæ, solidam planamque viam monstrans. *Holmiæ, Laur. Salvius,* 1743, pet. in-8. 6 à 9 fr. [11392]

En *mar. r.* 17 fr. 50 c. Nodier.

GANASSONI (*Andr.-Benedicti*) Opuscula quædam (decem) juris civilis. *Venetiis,* 1765-73, in-4. [2532]

Un exemplaire impr. sur VÉLIN, *m. r.* vendu 60 fr. Brienne, en 1797 ; 50 fr. Mac-Carthy.

GANDAVO (*Henrici* a) [Goethals] summa quæstionum ordinariarum theologiæ. *Parisiis, Jod. Badius,* 1520, in-fol. [1155]

Un exempl. sur VÉLIN : 250 fr. La Valliere ; 331 fr. Mac-Carthy ; autrement ce livre n'a point de valeur.
— EJUSDEM quodlibeta theologica in lib. IV sententiarum. *Paris., Jod. Badius,* 1518, 2 vol. in-fol.
Un exempl. impr. sur VÉLIN, 120 fr. Mac-Carthy.
La *Summa,* de Henri de Gand (surnommé le docteur solennel), conserve encore de l'intérêt sous le rapport philosophique ; la meilleure édition est celle de *Ferrare, Fr. Succius,* 1646, 3 vol. in-fol.; elle est augmentée d'un index fort ample sous le titre de *Medulla aurea,* par Jérome Scarpari.
RECHERCHES sur la vie, les ouvrages et la doctrine de Henri de Gand, par Fr. Huet. *Gand,* 1838, in-8, portr. — Voir aussi la notice sur Henri de Gand, par M. Félix Lajard, *Histoire littér. de la France,* vol. XX.

GANDAVO (*Johan.* de). Voy. JOHANNES de Janduno.

GANDAVO (*Pedro* de Magalhaens de). Voy. MAGALHAENS.

GANDELLINI (*Gio.* Gori). Notizie istoriche degli intagliatori ; seconda edizione col proseguimento dell' opera dal P. Luigi de Angelis. *Siena,* 1808-16, 15 vol. in-8. 60 fr. [9514]

Les trois premiers vol., les seuls qui appartiennent à Gandellini, ont été impr. pour la première fois à

Gand (*J.* de). Recherches sur Martens d'Alost, 31252.

Sienne, en 1771; ils sont meilleurs que la continuation, dans laquelle, selon M. Cicognara (Catal. n° 260), l'auteur reproduit toutes les erreurs de ses devanciers, sans offrir aucune notice neuve et utile.

GANDUCIO (*Od.*). Discorso sopra l'inscrittione ovvero epitafio ritrovato a Tortona in un marmo d'un decurione antico genovese. *Genova*, 1714, in-4. [29787]

Vend. 9 fr. de Cotte.

GANDY. Pompeiana. Voy. GELL.

GANGNEUR. Voy. LEGANGNEUR.

GANO (tradimento di). Voy. TRADIMENTO.

GANTEZ (*Annibal*). L'Entretien des musiciens; par le sieur Gantez, prieur de la Magdeleine en Provence, chanoine semi-prébandé, maistre des enfants de chœur et de musique en l'église et cathédrale Sainct-Estienne d'Auxerre. *Auxerre, Jacq. Bouquet*, 1643, in-16 de 6 ff. et 295 pp. [10159]

Ouvrage singulier et devenu rare. L'abbé Lebeuf, dans une lettre adressée au *Mercure de France*, décembre 1738, a fait remarquer que ce petit livre renferme bien des détails sur l'histoire de la musique et des musiciens; à quoi il pouvait ajouter qu'on y trouve aussi des détails singuliers sur les prouesses des chantres, et enfin des chansons à boire. Porté à 38 fr. dans le *Bulletin du Bibliophile*, 1857, p. 398.

GARASSE (le P. *François*). La Doctrine curieuse des beaux esprits de ce temps, ou pretendus tels, combattuë et renversée. *Paris, Sébast. Chapelet*, 1623 (aussi 1626), in-4. de 1025 pp. sans compter la table. 12 à 15 fr. [après 1848]

Ce livre, écrit d'un style burlesque, s'est acquis une triste célébrité dans le monde littéraire, et il a été souvent cité pour les contes et les historiettes ridicules que l'auteur y a semés sans discernement. C'est à ce titre qu'il est encore conservé dans les bibliothèques et qu'il trouve une place ici (20 fr. en 1856). Citons les pièces auxquelles a donné lieu ce gros sottisier.

JUGEMENT et censure du livre de la doctrine curieuse de Fr. Garasse (par Franç. Ogier). *Paris*, 1623, in-12.

APOLOGIE du P. Fr. Garassus, pour son livre contre les athéistes et libertins de notre siècle, et reponse aux censures et calomnies de l'auteur anonyme. *Paris, Séb. Chapelet*, 1624, in-12.

LETTRE du P. Garasse à M. Ogier, touchant leur

reconciliation, et réponse de M. Ogier. *Paris*, 1624, in-12.

NOUVEAU jugement de ce qui a été dit et écrit pour et contre le livre de la Doctrine curieuse des beaux esprits de ce temps. *Paris*, 1625, in-12 de 143 pp.

Donné sous le nom de Guay par le P. Garasse lui-même.

Un autre ouvrage fort singulier de ce jésuite, qui à l'époque où il parut ne fit pas moins de bruit que le précédent et s'attira même la censure de la Faculté de théologie de Paris, a pour titre:

LA SOMME théologique des véritez capitales de la religion chrétienne, *Paris, Séb. Chappelet*, 1625, in-fol. de 983 pp. [après 1205]

Il faut y réunir:

LA SOMME des fautes et faussetés capitales, contenues en la Somme théologique du P. Garasse, divisée en 4 tomes. *Paris, Joseph Bouillerot*, 1626, in-4.

Cette critique, dont Bayle a fait un grand éloge, est du célèbre abbé de S.-Cyran (Duvergier de Hauranne), qui dans le privilège a pris le nom d'*Alexandre de l'Exclusse*. Il n'en a paru que les deux premiers tomes et un abrégé du quatrième. Le P. Garasse y a répondu, mais sans se nommer, dans l'*Avis touchant la réfutation de la Somme théologique...* Paris, 1626, in-12.

MÉMOIRES du P. Garasse, publiés pour la première fois avec une notice et des notes par Ch. Nisard. *Paris, Amyot*, 1861, in-12.

Pour d'autres ouvrages de ce trop fécond écrivain, voy. les articles PASQUIER (*Est.*), et RABELAIS réformé.

GARAT (*Dom.-Jos.*). Précis histor. de la vie de M. Bonnard. *Paris, Didot jeune*, 1785, in-18 de 109 pp. 3 à 4 fr. [30641]

Ce petit volume, imprimé seulement pour l'auteur et ses amis, n'est pas commun. Il en existe une réimpression de 139 pp. faite en 1787, à laquelle on a ajouté un supplément aux notes, contenant quelques pièces satiriques.

— Mémoires sur Suard, 30648.

GARAY (Nuño de). La Cronica de los nobles caualleros Tablante de Ricamonte, z de Jofre hijo del conde Don Ason z de las grandes auenturas z hechos de armas q̃ vuo yendo a libertar al conde don Miliã : que estaua preso como en la cronica siguiente parescera la qual fue sacada de las cronicas z grãdes hazañas d̃ los caualleros de la tabla redonda.— *Fenesce la coronica de los nobles caualleros Tablante de Ricamonte z de Jofre hijo del conde Donason nueuamente impressa en..* Toledo. Acabose. A. xx z jx dias de nouiebre. Año de mil z quinientos z veynte z seys años (1526), in-4. goth. de 48 ff. sign. a—f. [17548]

Édition très-rare. Le nom de l'auteur ne s'y trouve pas, mais il est à l'édition de 1604, ci-après.

Cette chronique est la traduction espagnole du roman provençal *Jaufre*, lequel a été publié pour la première fois dans le premier vol. du Lexique roman de Raynouard, tome I, pp. 48 à 153.

—Tablante y Jofre. La coronica de los no-

Gandelot (l'abbé). Histoire de Beaune, 24549.

Gandini (*Fr.*). Viaggi in Italia, 25219.

Gandini. Opere teatrali, 16738.

Gangler (*J.-F.*). Lexicon der Luxemburger Umgangssprache, 11252.

Ganilh (*Ch.*). Dictionnaire d'économie politique, 4035. — Systèmes, 4049. — Théorie, 4050. — Principes, 4051. — Revenu, 4112.

Gannal (*J.-N.*). Embaumements, 6847.

Gannerou (*Edm.*). La Cassette de S. Louis, 10076.

Ganot (*A.*). Physique expérimentale, 4233.

Ganot (*Séb.*). Vie de Robert d'Arbrissel, 21934.

Gantillon (*Chr.-Et.*). Fabrication des étoffes de soie, 10259.

Garampi (*J.*). De Nummo argenteo, 21619. — Si gillo della Garfagnana, 25348.

tables caualleros Tablante de Ricamonte, y de Jofre hijo del Conde. Donasson. (au recto du dern. f.) : *Haze fin la Coronica... la qual fue sacada de las coronicas francesas por el honrado varon Felipe Camus, y agora nueuamente impressa en la ciudad de Seuilla : en la imprenta de Iuan de Leon... año de mil y quinientos y nouenta y neue* (1599), in-4. de 44 ff. non chiffrés, sign. A—F.

Édit. en lettres rondes, avec une vignette au frontispice, et un portrait au verso du dernier f. Vend. 10 fr. Librairie De Bure ; et *non rogné*, 60 fr. J.-J. De Bure.

— La chronica de los muy notables caualleros Tablante de Ricamonte, y de Jofre hijo del conde Donason. compuesto por Nuño de Garay. *Alcala de Henares, en casa de J. Gracian*, 1604, in-4. de 43 ff.

Vend. 1 liv. 13 sh. Heber.

Philippe Camus, dont on vient de lire le nom dans la souscription de l'édition de 1599 (ci-dessus), est le même qui a trad. en franç. le roman de *Clamadès*, et l'*Olivier de Castille*. A-t-il aussi écrit en espagnol ? il faut le croire, car Antonio lui a consacré un article, où est citée une édit. de la *Coronica de Tablante de Ricamonte*, de Séville, 1629.

GARAY (*Blasco* de). Cartas de refranes de Blasco de Garay, con otras de nueuo añadidas. *Impressas año* M.D.XLV, pet. in-4. goth. de 24 ff. [15152]

Cette édition, sans nom de ville, ne doit pas être la première, puisque le titre la présente comme une édition augmentée. Antonio ne l'a pas connue, et même les plus anciennes qu'il cite sont celles de *Medina del Campo por Fr. del Canto*, 1569, et de *Osca, por Juan Perez de Valladolid*, 1581, l'une et l'autre in-16 ; mais nous trouvons dans la *Biblioth. grenvill.*, II, p. 617 :
DOS CARTAS en que se contiene, come sabiendo una señora que un su servidor se queria confessar : le escrive per muchos refranes, etc., hecas por Blasco de Garay. *En Toledo*, 1541, in-4. goth. de 12 ff.

— Cartas de refranes de Blasco de Garay, con otro quatro romances, que tratan de la batalla y victoria naual que vuo en Leuante el señor D. Juan d'Austria nel año 1571, y como la gente real entró undeando vn braço de la mar entre la ysla de la Tola y Duquelanda en el año de 1575, por Luys de Ojeda. *Anberes, en casa de Antonio Tylenio*, 1577, très-petit in-16 de 75 ff., lettres rondes.

Jolie édition plus complète que les précédentes. La signature G y a été omise, sans qu'il y ait pourtant de lacune. 49 fr. *mar. bl.* Nodier.

Les *Cartas* de Garay ont été insérées dans différents recueils de proverbes espagnols, et dans les *Cartas de amores*, impr. en 1553 (voy. PROCESSO).

Une traduction espagnole de l'Arcadie de Sannazar, par Blasco de Garay, impr. à Tolède, en 1549, in-4., est citée par Antonio.

Garçao (*P.-Ant.* Correa y Salema). Obras, 15395.

GARCIA de Palacio (*Diego*). Instrucion nauthica, para el buen uso, y regimiento de las naos, su traça y gouierno conforme à la altura de Mexico. *Mexico*, 1587, pet. in-4. [8493]

A la fin de ce volume rare se trouve : *Vocabulario de los nombres que usa la gente de la mar.* 2 liv. 2 sh. Salvá. Antonio cite l'ouvrage suiv. du même auteur : *Dialogos militares*, Mexico, 1583, in-4.

GARCIA (*Gregorio*). Origen de los Indios de el Nuevo Mundo y Indias occidentales averiguado con discurso de opiniones. *Valencia*, 1607, pet in-8. [28463]

Vend. 8 fr. 50 c. Rætzel.

La seconde édition de cet ouvrage curieux, *Madrid*, 1729, in-fol., renferme de nombreuses additions de l'éditeur, And. Gonz. de Garcia : 8 flor. 50 c. Meerman ; 10 fr. Rætzel.

GARCIA (*Gaspar*). Primera parte de Murgetana del Oriolano, guerras y conquista del reyno de Murcia por el rey don Iayme primero de Aragon. con la redempcion del Castillo de Origuela; donde se illustra casi toda la nobleza de España, compuesta por Gaspar Garcia Oriolano. *Impressa en Valencia, por Iuan Vicente Franco*, 1608, pet. in-8. de 8 et 108 ff. plus 8 ff. non chiffrés. [15225]

Poëme en octaves, vend. 10 sh. Heber.

GARCIA (*D.*). L'Antiquité des larrons ; ouvrage non moins curieux que délectable, traduit de l'espagnol, par D'Audiguier. *Paris, Touss. du Bray*, 1621, pet. in-8. 4 à 6 fr. [31834]

L'original espagnol a paru sous ce titre : *La Antiguedad y noblesa de los ladrones*. Paris, Ant. Tiffen, 1619, in-12.

GARCIA (*Charles*). L'Opposition et conjonction des deux grandes lumières de la terre d'Espagne et France, composée en espagnol, par le docteur Ch. Garcia, nouvellement corrigé et augmenté d'un compendium historiael (*sic*) des monarchies de France. *Gandt, Alex. Sersanders*, 1645, in-12 de 24 pp. non chiffrées, titre et texte en espagnol et en français. [26106]

Cet ouvrage avait déjà été impr. à *Paris, Huby*, 1617, pet. in-8., et réimpr. à Rouen, en 1627. Il est peu recherché maintenant.

GARCIA rector de Vallfogona (Dr *Vicens*). Poesias jocosas y serias. *Barcelona, R. Figuero*, 1700, pet. in-4. [15334]

Sous le titre de *La Armonia del Parnas* : 1 liv. Libri, en 1859.

— Nova edició aumentada, corregida y ar-

Garção-Stockler (*F.* de Borja). Origem e progresso das mathematicas em Portugal, 7752. — Obras, 7840.

Garces (*Greg.*). Fundamento, 11149.

Garcia (*Man.*). Art du chant, 10193.

Garcia de Mascarenhas. Voy. Mascarenhas.

reglada á la ortografia moderna. *Barcelona*, *Jos. Torner*, 1820, pet. in-4. 12 fr.

Ces poésies catalanes ont été prohibées par l'Inquisition.

GARCIA y Cubes (*Antonio*). Atlas geográfico, estadistico e historico de la republica mejicana. *Mejico*, *imprenta de Jose M. Lara*, 1856-58, in-fol. contenant 33 cartes. [19722]

GARCIA de la Huerta. Voyez HUERTA.— de Resendo. Voyez CANCIONERO et RESENDO.—De Santa Maria. Voy. CRONICA.

GARCIE ou Gracie (*Pierre*). Grant routier ૪ pilotage ૪ enseignemẽt pour ancrer tant es portz, haures, q̃ autres lieux de la mer, ſait par Pierre garcie, dit ſerräde, tant des parties de Fräce, Bretaigne, Angleterre, Espaigne, Flädres ૪ haultes Allemaignes. auec les dägers des portz, haures, riuieres ૪ chenalz des parties ૪ regions dessus dictes. auec uῆg kalendrier ૪ cõpost a la ſin dudit liure tresnecessaire a tous cõpaignõs. et les iugemens doleron touchant le ſait des nauires. cum priuilegio. *On les trouuera a rouen ches Jehã burges le ieune, demourant prez le moulin saint Ouen* (sans date), in-4. goth. [8491]

Volume de 78 ff. à long. lign. sign. A (non marqué) jusqu'à T, avec ſig. en bois. Au verso du dernier f. l'adresse et la marque de Jehã Burges :

On trouve au recto du second f. une lettre intitulée : *Pierre garcie alias Ferrande a Pierre ybert mon ſillol et cher amy salut par durable.* et datée de *saint gille le dernier iour du moys de may. Lau... mil quatre centz quatre vingtz et trois*, ce qui donne la date de la composition de l'ouvrage. Quant à celle de l'impression, ce doit être 1521, à en juger par un exemple donné au commencement du calendrier, feuillet T. 2. Vend. 2 liv. 3 sh. Heber.

Une édit. de *Rouen*, *chez Jean de burges le jeune*, 1525, pet. in-4. goth., est portée à 16 liv. sterl., sous le n° 1152 du catal. Libri, 1859, où il est dit que le nom de l'auteur est écrit *Gracie* et non Garcie comme il l'est ici. Pourtant l'édition que nous venons de décrire porte bien *Garcie*, et c'est ainsi que La Croix du Maine et Du Verdier nomment ce marin. Parmi les passages en vers qu'on remarque dans ce routier, il en est un commençant ainsi :

> *En lan mil quatre vingtz et quatre*
> *Du moys de iuing le iour vingt quatre*
> *Pierre Ferrand pour entendre*
> *Les figures et aussi la memoire*
> *Du pays despaigne.....*

Du Verdier cite une édit. de cet ouvrage, *Poictiers*, *Enguilbert de Marnef*, 1520, in-4. Il y en a une de *Poitiers*, *Jean de Marnef*, sans date, in-4., reueue et corrigée de nouueau; une autre de *La Rochelle*, *Barth. Breton*, 1560, et enfin de *La Rochelle*, 1571, pet. in-4. Ces dernières, dans lesquelles l'auteur est encore nommé *Garcie*, ont été fort altérées quant au style, et il paraît qu'on y a employé les ſigures grossières des premières éditions.

GARCILASSO de la Vega. Obras. *Madrid*, 1788 (réimpr. en 1817), pet. in-12. [15114]

Jolie édit. de ces poésies, et réimpression de celle de Madrid, 1765, in-12, avec des notes (par D. José Nic. de Azara), laquelle est également estimée. Les poésies de Garcias Laso, vulgairement Garcilasso de la Vega, ont paru pour la première fois avec celles de Boscan, en 1547 (voy. BOSCAN). Il y en a une édit. de *Salamanque*, 1574 (réimprim. par *D. Lopez y P. de Adurça*, en 1589 et 1604), in-16, avec les notes de Fr. Sanchez, plus connu sous le nom de Sanctius. (Un exempl. en *mar.* 3 liv. 6 sh. Libri, en 1859) ; une autre, avec un commentaire très-prolixe de Fernando de Herrera, *Seville*, 1580, in-4. (2 liv. 4 sh. Heber); une avec les notes de Th. de Vargas, *Madrid*, 1622, in-32, et deux enfin de *Lisbonne*, *Pedro Craesbeeck*, 1626 et 1632, in-32, très-jolies. On en a fait plusieurs autres dans ces derniers temps, mais qui n'ont rien de remarquable, à l'exception de celle de *Paris*, impr. de *J. Didot*, 1828, gr. in-32, avec une pl. 5 fr.

THE WORKS of Garcilasso, translated into english verse, with a critical and histor. essay on spanish poetry and a life of the author, by J.-H. Wiffen. *London*, *Hurst*, 1823, pet. in-8. 12 sh.

VIDA del celebre poeta Garcilaso de la Vega, escrita por D. Eustaquio Fernandez de Navarrete. *Madrid*, *Gonzalez*, 1850, in-4. avec portrait et fac-simile. [30779]

GARCILASSO de la Vega (el Ynca). Primera parte de los comentarios reales, que tratan del origen de los Yncas, reyes que fueron del Perú, de su idolatria, leyes, etc. La historia general del Perú. *Lisboa*, *Craesbeeck*, *y Cordova*, 1609-16, 2 vol. pet. in-fol. [28687]

Édition originale, peu commune et qui est très-recherchée : vend. 33 fr. 50 c. La Serna ; 71 fr. Langlès ; 37 fr. Rœtzel ; 4 liv. 10 sh. Libri. La première partie, imprimée à Lisbonne, porte à la ſin la date de 1608. Il y a des exempl. de la seconde partie, avec un titre daté de 1617, et un de ces derniers a été vendu 30 fr. Langlès, quoiqu'il ne s'y trouvât pas le f. contenant l'approbation et des errata, qui était dans l'exemplaire de 1616, dépendant de la même vente.

— Comentarios de el origen de los Incas, etc. = Historia general del Perú. *Madrid*, 1723 et 1722, 2 tom. en 1 vol. in-fol. 18 à 24 fr. Vend. 27 fr. (sous la date de 1729), Léon Leclerc.

On réunit ordinairement à ces deux ouvrages la *Florida...* 1723, 2 tom. en 1 vol. in-fol. (ci-après), dont le second vol. renferme *Ensayo cronol. para la historia general de la Florida*, de 1512 à 1722, par Ant. Gonzales de Barcia, sous le nom de Gabr. de Cardenas. Les 4 part. ont été vend. 48 fr. Rodriguez; 22 flor. 50 c. Meerman.

— Historia general del Perú, ó comentarios reales de los Incas, etc. *Madrid*, 1800-3, 17 vol. in-18. 60 fr.

Jolie édition qui comprend la Floride, en 4 vol.

— La Florida del Ynca, Historia del adelantado Hernando de Soto, governor y capitan general del reyno de la Florida, y de otros heroicos cavalleros españoles e indios. *Lisboa, Pedro Craesbeeck*, 1605, in-4. [28555] Rare.

Vendu 1 liv. 11 sh. et 14 sh. Heber.

— La Florida del Inca. Historia del adelantado Hern. de Soto, por el Inca Garcilasso de la Vega. *Madrid*, 1723, 2 tom. en 1 vol. in-fol. 15 à 20 fr.

— Histoire des Incas, rois du Pérou, trad. de l'espagnol de Garcilasso de la Vega (par J. Baudouin), avec l'hist. de la conquête de la Floride par le même auteur (trad. par P. Richelet). *Amsterd.*, 1737, 2 vol. in-4. fig. de B. Picart. 24 à 30 fr.

Les exempl. en Gr. Pap. sont rares, n'ayant été tirés qu'au nombre de 50 : vendu en *v. f. fil.* 60 fr. Patu de Mello; 73 fr. *mar. r.* en 1798; 70 fr. Caillard; même prix De Bure.
La même traduction de l'Histoire des Incas avait d'abord été imprimée à *Paris*, 1633, 2 vol. in-4.; et à *Amsterdam*, 1704 ou 1715, 2 vol. in-12, fig. L'*Histoire des guerres civiles des Espagnols dans les Indes*, formant la 2ᵉ partie de l'original espagnol, a aussi été trad. en français par J. Baudouin. *Paris*, 1650 et 1658, 2 vol. in-4. réimpr. à *Amsterd.*, 1706, 2 vol. in-12. Elle ne fait pas partie des 2 vol. impr. en 1737, où se trouve la traduction de la Floride, par Richelet, laquelle avait déjà été impr. séparément, à *Paris*, en 1670 et en 1709, à *Leyde*, en 1731, et à *La Haye*, 1735, 2 tom. en 1 vol. in-12, ou pet. in-8. Les dernières éditions sont augmentées d'une préface par Lenglet Du Fresnoy.
existe une seconde traduction de l'Histoire des Incas, avec des notes et des additions sur l'histoire naturelle (par Dalibard), *Paris*, 1744, 2 vol. in-12, et une traduction de la Conquête de la Floride sous ce titre :
HISTOIRE de la conqueste de la Floride par les Espagnols sous Ferdinand de Soto, écrite en portugais par un gentilhomme de la ville d'Elvas, traduite en françois par D. C. (de Citri et La Guette), *Paris, Den. Thierry*, 1685, in-12 avec carte.

GARCIN de Tassy. Rudimens de la langue hindoustani, à l'usage des élèves de l'é-cole des langues orientales vivantes. *Paris, De Bure frères (impr. roy.)*, 1829, in-4. 15 fr. [11773]

Un appendice, composé de 8 feuilles d'impression et de 7 pl., a paru en 1833. L'ouvrage complet 16 fr.

— Histoire de la littérature hindoui et hindoustani. *Paris, impr. roy.*, 1839 et 1847, 2 vol. gr. in-8. 30 fr. [30153]

Impr. aux frais du Comité anglais des traductions d'ouvrages orientaux.
A HISTORY of urdoo Poets, chiefly translated from Garcin de Tassy, by F. Fallon. *Delhi college Press*, 1848, pet. in-fol. de 504 pp. lithogr.
Cette traduction en hindoustani est impr. en beaux caractères persans (*Journ. des Savants*, 1850, p. 320).

— CHRESTOMATHIE hindoustani (Urdû et Dakni). *Paris*, 1847, in-8. 6 fr.
— RUDIMENS de la langue hindoui et Chrestomathie hindoui. *Paris*, 1847, 2 vol. in-8. 8 et 6 fr.

GARDANE (*Ant.* de). Voy. l'article JENNEQUIN (*Clément*).

GARDE (de La). Voy. LA GARDE.

GARDINER (*Samuel*). A Booke of angling or fishing, wherein is shewed, by conference with Scriptures, the agreement betweene the fishermen, fishes, fishing of both nature, temporall and scripturall. (*London*), *printed by Th. Purfoot*, 1606, pet. in-8. de 4 et 162 pp. [10464]

Livre fort rare dont un exemplaire payé 4 liv. à la vente du Dʳ Cotton en 1838 aurait été revendu 40 liv. à celle du fils du docteur, en 1856 (Lowndes, 2ᵉ édit., p. 862).

GARDINER (*William* Nelson). Catalogues of books for the years 1809-14, *London*, 6 part. en 1 vol. in-8. [31586]

Nelson Gardiner, jadis libraire dans Pall-Mall, à Londres, était un homme très-bizarre, qui, en bon Anglais, a fini par le suicide. M. Dibdin ayant trouvé plaisant de l'introduire, sous le nom de *Mustapha*, dans sa Bibliomanie, p. 163, et d'en faire le portrait le plus grotesque, notre libraire fut vivement piqué, et se livra à tout son ressentiment dans une réponse qu'il fit au *révérend* satirique dans son catalogue de 1812. Cette petite querelle fit alors du bruit, et donna quelque importance à des feuilles qui, sans cela, n'en auraient eu aucune. La suite de celles-ci est encore recherchée, car il s'en est vendu une 2 liv. sterl. chez Hibbert, en 1829. Consultez le *Bibliographical Decameron*, III, 8.

GARDNOR (*J.* and *R.*). Views taken on and near the river Rhine at Aix-la-Chapelle, and on the river Maese, by the rev. J. Gardnor : engraved by J. and

Garcin (*E.*). Dictionnaire de la Provence, 24785.
Garden (le comte de). Traité de diplomatie, 2367. — Traités de paix, 2380.
Gardener (*Geor.*). Travels in the interior of Brazil, 21102.
Gardien. Accouchements, 7597.
Gardin Dumesnil. Synonymes, 10866.
Gardiner (*Allen-F.*). South Africa, 20916.
Gardner (*Th.*). Dunwich, etc., 27304.

Rich. Gardnor. *London*, 1788, gr. in-fol. 2 liv. 2 sh. Bohn. [26564]

Ce livre, qui renferme 32 pl. en *aquatinta*, coûtait 200 fr.; avant la lettre, 300 fr.; et colorié, 600 fr. Les mêmes vues ont été réduites pour une nouvelle édition, publiée sans date en 1791, pet. in-4, pap. vél. 20 fr.; et pour la traduction française faite par J. Coudroy, sous le titre de *Voyage pittoresque par Mannheim, Mayence, etc.* Londres, 1792, in-4. 44 fr, Millin, et moins depuis.

GARDYNE (*Alex.*). Garden of Grave and Godlie flowres, sonets, etc. *Edinburgh, Finlason*, 1609, in-4. [15766]

Volume rare : 8 liv. 8 sh. Il a été réimpr. pour l'*Abbotsford club*, et il existe deux exempl. de cette réimpression tirés sur VÉLIN. 20 liv. Bolton, en 1856.

GARDYNER (*Geor.*). Description of the New World, or Islands and continents of America as they were all in the year 1649. *London*, 1651, in-12. [28460]

Ce volume, qui avait peu de valeur autrefois, a été payé 6 liv. 10 sh. à la vente Forster, en mars 1857.

GAREL (*Helye*). Sophonisbe, tragédie. *Bordeaux, Arnauld Du Brel*, 1607, in-16 de 186 pp. et un f. d'errata. [16375]

Pièce fort rare, à laquelle est réuni le *Triumphe d'Astrée*, poëme du même auteur, impr. également à Bordeaux chez Du Brel, mais sans date, in-16 de 83 pp. 30 fr. de Soleinne.

GARENNE (la). Voy. LA GARENNE.

GARGANTUA. Voy. RABELAIS.

GARGIULO (*Raff.*). Collezione delle diverse forme de' vasi italico-greci, detti comunemente etruschi. *Napoli, de Dominicis*, 1822, in-4. fig. [29632]

— RACCOLTA de' monumenti più interessanti del real Museo Borbonico e di varie collezioni private da Raffaele Gargiulo. *Napoli*, 1825, in-4. contenant 80 pl. 34 fr. Raoul-Rochette. [29292]

GARIBAY y Zamalloa (*Estevan*). Los XL libros del compendio historial de las chronicas, y universal historia de todos los reynos de España. *Anvers, Christ. Plantin*, 1571, 4 tom. en 2 vol. in-fol. [25983]

Édition originale, imprimée sous les yeux de l'auteur : 50 fr. Soubise; 52 fr. La Serna; 39 flor. Meerman. M. F.-L. Hoffmann d'Hambourg en a donné une description étendue dans le *Bibliophile belge*, VI, 265-68.
L'édition de *Barcelone*, 1628, 4 tom. en 2 vol. in-fol., est moins estimée : 20 fr. Rodriguez; 46 fr. Rœtzel.
On a du même auteur :
ILLUSTRACIONES genealogicas de los catholicos Reyes de las Españas, y de los christianiss. de Francia, y de los Emperadores de Constantinopla, hasta el Rey D. Felipe II y sus hijos. *Madrid, L. Sanchez*, 1596, in-fol. [à côté de 23023]
Rare, mais non terminé (Antonio, *Biblioth. nov.*, II).

GARIDEL (*Pierre*). Histoire des plantes qui naissent aux environs d'Aix et dans plusieurs autres endroits de la Provence. *Aix*, 1715, in-fol. fig. 15 à 20 fr. [5081]

Vend. en mar. r. 34 fr. de Jussieu, et avec fig. color. 100 fr. m. r. La Valliere.

Les exempl. dont le titre porte : *Aix*, 1719, ou *Paris, Osmont*, 1723, sont de la même édition. Les planches, au nombre de cent, non compris le frontispice, sont irrégulièrement chiffrées.

GARIEL (*Pierre*). Idée de la ville deMontpellier, recherchée et présentée aux honnêtes gens. *Montpellier, Dan. Pech*, 1665, in-fol. [24761]

Cet ouvrage, assez recherché et dont les exempl. sont rares, est divisé en quatre parties séparées. La première, précédée de 4 ff. pour le titre, l'épître dédicat. et le portr. de l'auteur, a 263 pp.; la seconde en a 156; la troisième commence à la p. 75 et continue jusqu'à la p. 296; la quatrième est de 191 pp. La lacune qui existe dans tous les exemplaires de la troisième partie est attribuée à un incendie qui aurait même détruit un certain nombre d'exemplaires de l'ouvrage entier. Vend. beaux exemplaires en *mar.* 49 fr. Gaignat; 31 fr. La Valliere; 61 fr. Mac-Carthy.

— Series præsulum Magalonensium et Monspeliensium... ab anno 451 ad ann. 1665. *Tholosæ*, 1665, 2 tom. en 1 vol. in-fol. [24766]

Seconde édition, plus complète que celle de 1652. L'ouvrage contient un grand nombre d'actes curieux, dont une partie est relative aux rois de Majorque, d'Aragon et des Goths. C'est à tort que le P. Sotuel l'attribue au P. Bonnefoy, jésuite.
Voici deux autres écrits du P. Gariel, qui sont peu communs :
LES GOUVERNEURS anciens et modernes de la Gaule narbonaise, ou de la province de Languedoc, depuis les Romains jusqu'à nous. *Montpellier, Pech*, 1665 et aussi 1669, in-4.
EPITOME rerum in inferiore Occitania pro religione gestarum, ab excessu Henrici quarti regis, sive anno 1610 ad annum 1657. *Monspel.*, 1665, in-4. Attribué faussement au P. Bonnefoy.

GARIMBERTO. Les problemes de Iérome Garimbert, traduitz du tuscan en francoys par Jean Louueau. *Lyon, Guill. Rouille*, 1559, pet. in-8. 10 à 15 fr. [17964]

Dissertations singulières, dont le texte original a paru sous ce titre :
PROBLEMI naturali e morali. *Venet., Valgrisio*, 1549, et *Venet., Giolito*, 1552, pet. in-8.
— IL CAPITANO generale di G. Garimberto, nuevamente mandato in luce. *Venetia, Giordano Ziletti*, 1556 (aussi 1557), in-8., en *m. r.* 17 sh. Libri.

— Conceptions très excellentes de Hier. Garimbert et autres autheurs de nostre temps, mises par lieu-communs pour escrire et discourir familièrement avec toutes personnes, par R. M. R. I. *Paris, A. L'Angelier*, 1598, pet. in-12. [18524]

10 fr. m. r. Courtois.
Traduction du livre italien intitulé :
CONCETTI di Girolamo Garimberto, ed altri autori, raccolti da lui per scrivere e ragionare familiarmente. *Venezia, Giolito*, 1551, overo 1563, pet. in-8.; aussi *Venezia, Dusinelli*, 1591, in-8.

GARIN. Li romans de Garin le Loherain, publié pour la première fois et précédé de l'examen du système de M. Fauriel

Gariel (*H.*). Delphinalia, 24848.

sur les romans carlovingiens, par M. P. Paris. *Paris, Techener*, 1833-35, 2 vol. in-12, avec fac-simile. [13195]

Tiré à 400 exempl. (18 fr.), plus 20 en pap. vél.

ANALYSE critique et littéraire du roman de Garin le Loherain, précédée de quelques observations sur l'origine des romans de chevalerie, par Le Roux de Lincy. *Paris, Techener*, 1835, in-12 de 96 pp. (tiré à petit nombre).

LA MORT de Bégon de Belin, épisode extrait et traduit du roman de Garin de Loherain, par M. Ed. Le Glay. *Valenciennes, impr. de Prignet*, 1835, in-8. de 48 pp., tiré à 50 exempl.

LA MORT de Garin le Loherain, poëme du XIIᵉ siècle, publié d'après douze manuscrits par Edélestand du Méril. *Paris, Franck*, 1846, in-12.

Tiré à 400 exempl. 6 fr. — Pap. de Holl. 15 fr.

GARIN. Voyez GUERIN.

GARISENDI (*Gratii* Lodii) Indices in Homeri poemata. *Bononiæ, Rossius*, 1597, in-8. [13222]

Ce volume est rare, et comme il contient une lettre d'Alde le jeune (écrite en février 1597, l'année même de sa mort), on le réunit à la collection aldine : 1 liv. 4 sh. Butler.

GARLANDIA. (*Joannes* de). Synonyma cum expositione Galfridi anglici. De recenti tam in versibus quam in sententiis orthographia; atque diligentissime Parisii correcta et impressa. — *Impressa in alma parisien. Vniuersitate per me Vvolfgangum Hopyl impensis mĝri Nicolai comitis in londino supra cimiterium sancti Pauli in intersignio sancti Nicolai commorantis anno salutis* XCIIII. *post millenum quadringentenum nouembris vero die tertia et vigesima* M. NICOLAS LE CONTE. *confido in domino*, in-4. goth. [1822]

Cet ouvrage métrique, aujourd'hui entièrement oublié, a été autrefois d'un grand usage pour l'enseignement de la langue latine, dans une partie de l'Europe et principalement en Angleterre. Il a été fréquemment imprimé à la fin du XVᵉ siècle et au commencement du XVIᵉ. La plus ancienne édition avec date connue est celle de *Reütllingen*, 1487, in-4. goth. de 90 ff. (Hain, 7472). L'édition de 1494, dont nous venons de rapporter le titre tel que nous l'ont donné Maittaire, et après lui Panzer et Hain, a cela de remarquable qu'elle a été impr. à Paris pour un libraire de Londres, auquel presque tous les exemplaires ont dû être envoyés : elle n'est pourtant portée qu'à 8 sh. 6 d. dans la *Biblioth. heber.*, part. X, n° 1428. Celle de Londres; par *Richard Pynson*, 1496, in-4. goth., est beaucoup plus précieuse, puisqu'elle a été payée jusqu'à 21 liv. sterl. dans une vente faite à Londres (*Biblioth. grenvil.*, I, p. 267).

Pour les autres éditions, tant des *Synonyma* que des *Æquivoca*, de Garlande, qui ont été imprimées à Londres, par *Richard Pynson*, ou par *Wynkyn de Worde*, consultez les *Typogr. antiquities*, édit. de Dibdin, II, 95-98 et 406-408; et pour les édit. impr. hors de l'Angleterre, les tables de Panzer, et le *Repertorium* d'Hain au mot GARLANDIA. Panzer n'a pas fait mention d'une édit. des *Synonyma*, impr. à Anvers, en 1507, in-4., *impensis Judoci pelgrim et Henrici Jacobi*, et qui se vendait à Londres, *apud bibliopolas in cimiterio Sancti Pauli* (Biblioth. grenvil., I, p. 267).

— Johannis de Garlandia Cornutus, s. antiqua distigia per Johannem Drolshagen. Ottonis de Lunenborch Cornutus novus per eundem Drolshagen lectorem loci sexti Zwollensis studii. 1481, in-4. [13096]

Les distiques moraux, impr. dans ce livre sous le titre de *Cornutus antiquus*, se trouvent quelquefois dans les manuscrits, soit sous celui de *Distichium*, soit sous celui de *Scholarium morale*. L'édition de 1481, quoiqu'elle soit rare, n'est portée qu'à 4 sh. dans la *Biblioth. heber.*, I, n° 2857. Celle d'Haguenau, *per Henricū Gran*, 1488, in-4. goth., qui a 1 f. non chiffré, 57 ff. chiffrés et 6 non chiffrés pour la table, est la plus ancienne production des presses de cette ville. Hain cite une autre édition d'Haguenau, *per Henricū Gran*, 1489, in-4., avec le même nombre de feuillets.

N'oublions pas un petit dictionnaire latin de notre Garlande, qui a été inséré dans le volume in-4. des *Documents histor.*, publié par M. Geraud à Paris, en 1837, sous le titre de *Florelus de Philippe le Bel* (p. 580 à 612), et qui, à ce qu'indique une note écrite sur la garde du manuscrit suivi par l'éditeur, aurait déjà été imprimé à *Caen*, sous la date du 12 janvier 1508. À l'article *Auctores octo*, nous avons cité des éditions de plusieurs opuscules attribués au même auteur, également impr. à Caen en 1508 et ann. suiv. Peut-être le petit *Dictionarius*, dont il s'agit fait-il partie d'un de ces opuscules ?

On a attribué à J. de Garlande le *Facetus*, le *Floretus* et même le *De contemptu mundi*, trois ouvrages en vers du même genre que le précédent, et qui ont été souvent réimprimés, soit séparément (voy. FACETUS et FLORETUS), soit dans le recueil intitulé *Auctores octo* (voy. AUCTORES).

On a du même auteur un poëme latin sur les mystères de l'Eglise, impr. pour la première fois par M. Otto dans ses *Commentarii in codices bibliothecæ academiæ gissensis*, Gissæ, 1842, in-4., et aussi un poëme latin, en huit livres, sur les Triomphes de l'Eglise. On en a donné l'analyse dans le 22ᵉ vol. de l'*Hist. littér. de la France*, page 79 et suiv., d'après une copie d'un manuscrit inédit du Musée britannique.

— Multorum vocabulorum equivocorum interpretatio. *Londini, Wynkyn de Worde*, 1499, in-4.

Réimpr. par le même imprimeur en 1505, en 1510 et en 1514, in-4. Cette dernière édit., réunie aux *Synonyma* ci-dessus, sous la même date, 3 liv. sterl. vente Gordonstoun.

— Libellus de verborum compositis. *Rothomagi, in officina Laurentii Hostingue et Jameti Loys* (absque anno), pet. in-4. goth.

Livre porté sous ce titre et à 65 fr. sous le n° 192 du catalogue d'un choix de livres anciens (de M. Leprevost), Paris, décembre 1827. Il n'en est pas fait mention par Panzer, qui pourtant décrit plusieurs autres ouvrages de Jean de Garlande, impr. à la fin du XVᵉ et au commencement du XVIᵉ siècle. On sait que Laur. Hostingue et Jamet Loys ont exercé ensemble à Rouen un peu avant 1510, époque à laquelle nous trouvons Hostingue établi à Caen.

Jean de Garlande (ou selon quelques manuscrits Gallrande), grammairien, lexicographe, et plutôt versificateur fécond que véritablement poëte, vivait vers le milieu du XIIIᵉ siècle et non dans la seconde moitié du XIᵉ, comme l'ont dit D. Rivet et d'autres savants après lui. Deux vers de son poëme *De triumphis Ecclesiæ*, qu'on peut lire à la page 370 du 21ᵉ vol. de l'*Hist. litt. de la France*, nous apprennent qu'il était né en Angleterre, mais qu'il préférait à sa patrie la France qui l'avait nourri. Indépendamment des ouvrages déjà cités, notre auteur en a

composé d'autres dont on trouvera la nomenclature et l'analyse dans l'*Histoire littéraire de la France*, VIII, 83-98; XXI, 369-72; XXII, 11-13 et 77-103.
— Voy. COMPENDIUM totius grammaticæ.

GARNETT (*Th.*). Observations on a tour through the Highland and parts of western isles of Scotland, particularly Staffa and Icolmkill : to which are added a description of the falls of the Clyde, etc. *London*, 1800, 2 vol. in-4. fig. : 30 à 40 fr. [20348]

Ouvrage médiocre, mais décoré de 52 pl. à l'aquatinta, d'après les dessins de W.-H. Watts.

GARNIER de Pont-Sainte-Maxence. La vie de saint Thomas le martyr, archevêque de.Canterbury, par Garnier de Pont - Sainte - Maxence, poëte du XIIᵉ siècle ; publiée et précédée d'une introduction par C. Hippeau. *Paris*, *Aubry*, 1859, pet. in-8. de LVII et 228 pp. 6 fr.
— Pap. vergé, 9 fr. [13198]

Tiré à 350 exempl. dont 50 sur pap. vergé.

GARNIER (*Jean*). Briefve et claire confession de la foy chrestienne, contenant cent articles, selon l'ordre du symbole des apostres, faicte et déclairée lan 1549 par Jean Garnier. (*sans lieu d'impression*), 1552, pet. in-8. de 7 ff. prélim. et 89 pp. [1933]

Écrit d'un ministre de l'Église réformée de Strasbourg. 10 fr. 50 c. Monmerqué.

LA MEME Brefve et claire confession... (*Strasbourg*), *de l'imprimerie de Jacques Poullain et Ant. Rebul*, 1558, in-16. 14 fr. Bearzi.

Il en existe une traduction anglaise sous ce titre : *A briefe and plaine confession of the christian faithe*, par Nic. Malbie, *London*, *John Kynston*, 1562, in-8. D'après ce titre, le texte original aurait d'abord été publié à Strasbourg, en 1549. Du Verdier en cite une édition de *Strasbourg, par Jacq. Poullain et René Houldouyn*, 1555, in-8.

GARNIER (*Jo.*). Institutio gallicæ linguæ, in usum juventutis Germaniæ, authore Joan. Garnerio. *Genevæ, apud J. Crispinum*, 1558, pet. in-8. 6 à 9 fr. [10941]

40 fr. m. v. Giraud.

Probablement l'auteur de cette grammaire est le même que le ministre ci-dessus.

GARNIER (*Robert*). Ses tragédies. *Paris*, *Mamert Patisson*, 1585, pet. in-12 de 12 ff. prélim. et 332 ff. de texte. [16305]

Une des éditions les plus belles et les plus recherchées que l'on ait de ce poëte : vend. en *mar. r.* 11 fr. Méon ; 25 fr. Duriez ; 30 fr. de Soleinne.

Voici quelques détails sur les différentes éditions de ce théâtre ; les pièces qui le composent parurent d'abord séparément, de 1568 à 1583 ; les six premières, de format pet. in-8., savoir :

PORCIE, tragedie françoise, représentant la cruelle et sanglante saison de guerres civiles de Rome : propre et convenable pour y voir depeincte la calamité de ce temps par R. Garnier, fertenois. *Paris*, *Robert Estienne*, 1568 ; 36 ff., sign. A—I.

Réimpr. chez le même *Estienne*, en 1574 ; 4 ff. prélim. et 32 ff. chiffrés.

HYPPOLYTE, tragedie. *Paris*, *R. Estienne*, 1573 ; 52 ff. chiffrés, y compris les préliminaires.

CORNELIE, tragedie. *Paris*, *Rob. Estienne*, 1574 ; 40 ff. 30 fr. *mar. r.* Solar.

MARC ANTOINE. *Paris*, *Mamert Patisson*, 1578 ; 39 ff.

LA TROADE. *Paris*, *Mamert Patisson*, 1579 ; 4 ff. et 43 pp.

ANTIGONE ou la Piété, tragedie. *Paris*, *Mamert Patisson*, 1579 (manquait à M. de Soleinne).

Mamert Patisson donna, en 1580, une édition pet. in-12 des six premières pièces, laquelle contient 4 ff. prélim., 206 ff. chiffrés, et *Antigone*, 51 ff. Ni *Bradamante* ni *Les Juives* ne s'y trouvent, à moins qu'on ne les ait réunies après coup à l'exemplaire. Deux ans plus tard, le même imprimeur fit paraître une autre édition pet. in-12 de 302 ff. chiffrés, commençant par *Bradamante*, mais sans *Les Juives*. On ne trouve point dans ces deux éditions la dédicace en prose et l'épître en vers au roi de France et de Pologne, qui sont dans toutes les autres. Ayant vu autrefois un exemplaire de l'édition de 1580, avec un titre daté de 1582, j'en avais conclu mal à propos que ces deux dates se rapportaient à une même édit. dont on avait seulement rafraîchi le titre.

Les autres réimpr. de ce théâtre (en pet. in-12, ou en in-16) ont paru dans l'ordre suivant :

— *Tolose, P. Jagourt*, 1588, pet. in-12 de 662 pp., bien imprimée et fort rare. Un exempl. rel. en *mar. v. doublé de mar. r.* et d'une grande beauté, a été successivement vendu 50 fr. By, et 100 fr. Labédoy... ; 80 fr. de Soleinne.

— *Lyon, Paul Frellon et Abr. Cloquemin*, 1592.

— *Anvers, Th. Ruault*, 1592, in-16, assez jolie, avec des signat. de A—xxiiii ; mais les pages ne sont pas chiffrées. A la fin se lit un *avis*, en vers, sur *les tragédies de R. Garnier*, par *E. G. seigneur de Terneuf*, morceau qui, je le crois, n'est que dans cette édition et dans celle de Saumur, 1602. Celle d'Anvers a été vend. 9 fr. Thierry.

— *Lyon, Paul Frellon et Abr. Cloquemin*, 1595.

— *Rouen, Du Petit Val*, aussi *Thomas Mallard*, 1596, 646 pp. 60 fr. *mar. r.* par Trautz, Solar.

— *Lyon, Jean Pillehotte*, 1597, où se trouve le Tombeau de Ronsard.

— *Nyort, Th. Porteau*, 1598. Vend. 30 fr. Auger ; 43 fr. *mar. bl.* Gancia.

C'est probablement l'édition citée par Beauchamps, sous la date de 1589.

— *Paris, Vᵉ Gabriel Buon, ou Abel L'Angelier*, 1599. 40 fr. 50 c. *mar. bl.* Nodier.

— *Paris, Pierre Bertault*, 1599 ; 620 pp.

— *Rouen, Raph. Du Petit Val*, 1599.

— *Lyon, chez les héritiers de Rigaud*, 1600. Un exempl. *m. r.* par Derome, 48 fr. Lienard.

— *Saumur, Th. Porteau*, 1602, qui a 10 ff. prélim. et 281 ff. chiffrés. 22 fr. 50 c. de Soleinne.

— *Lyon, Abr. Cloquemin*, 1601 et aussi 1602.

— *Rouen, Théodore Reinsart*, 1604 ; 646 pp., titre gravé.

On cite encore une édition de *Rouen, Raph. Du Petit Val*, 1604, pet. in-12 de 608 pp. chiffrées et 6 non chiffrées, la seule à la fin de laquelle se trouverait le *Tombeau de messire Des Portes, abbé de Tyron*, par Garnier.

— *Rouen, Raph. Du Petit Val*, 1605 (*mar. bl.* 38 fr. Nodier). Deux éditions sous la même date, l'une de 646 pp., l'autre de 648. Les 8 dernières pages de la première contiennent une élégie sur le *Trépas de Pierre Ronsard, par Rob. Garnier*, morceau qui est aussi dans l'édition de 1616, mais que j'ai vainement cherché dans les éditions antérieures à 1605, et dans plusieurs d'une date postérieure à 1616.

— *Lyon, Thibaud Ancelin,* 1606, en 332 ff.

— *Paris, Abr. Lefevre,* ou *Cath. Nyverd,* 1607. Peut-être est-ce la même que celle de *Paris, J. Fuzy,* 1607, qui a 648 pp. 25 fr. *m. r.* de Soleinne.

— *Paris, Nic. Lecuyer,* 1608.

Une édition de *Lyon, François Arnoullet,* 1608, pet. in-12 ou in-16 de 352 ff. chiffrés, dont le dernier est mal chiffré 332 (chez M. Hubault, à Marseille).

— *Rouen, Thomas Doré,* ou *Rob. de Rouves,* ou *Raph. Du Petit Val,* 1609, en 600 pp. (ce seraient trois édit. sous la même date). Une autre de *Rouen,* chez *Théod. Reinsard,* 1609, pet. in-12 de 546 pp. chiffrées, en lettres ital. avec les prélim. en lettres rondes, est décrite dans le *Bulletin du Bibliophile,* VIIe série, page 991, d'après l'exemplaire conservé dans la bibliothèque du Mans.

— *Rouen, Adrian Ovyn,* ou *Pierre l'Oyselet,* 1611.

— *Rouen, Rob. de Rouves,* 1612.

— *Rouen, Raph. Du Petit Val,* 1616, en 646 pp.

— *Lyon, Claude Morillon,* 1617, en 704 pp.

— *Rouen, Julien Courant,* ou *Pierre l'Oyselet,* ou *Jean Boulley,* ou *Rob. de Rouves,* ou *Adr. Morront,* ou *Guill. de La Haye,* 1618 (ce qui fait six éditions ou tout au moins six titres différents sous la même date), en 600 pp.

— *Rouen, Corneille Piterson,* 1619.

— *Paris, Est. Vallet,* sans date. Édition peut-être antérieure à 1600, Est. Vallet ayant commencé à exercer dès l'année 1588.

— *Paris, Mathieu Guillemot,* sans date, en 332 ff., plus un frontispice gravé.

— ANTONIUS, a tragedie written in french by R. Garnier, with a discourse of life and death, written in french by Ph. Morney, both done in english by Mary Herbert, countess of Pembroke. *Lond.,* 1592, in-4. Vend. 8 liv. 12 sh. vente Rhodes; 4 liv. 10 sh. Roxburghe.

Une autre édition de la trad. anglaise de cette pièce, *Lond., W. Ponsonby,* 1595, in-16 de 110 pp. 5 liv. 10 sh. Roxburghe; 8 liv. 10 sh. 6 d. Bindley.

— CORNELIA, translated by T. Kidd. *Lond.,* 1594, in-4. Vend. 1 liv. 9 sh. Roxburghe; 4 liv. Rhodes.

Il y a une autre édition de *Lond.,* 1595, in-4.

— Hymne de la monarchie à G. Du Faur seigneur de Pibrac, advocat du roy au parlement de Paris, par R. Garnier Fertenoys. *Paris, Gabriel Buon,* 1567, in-4. de 12 ff. [13814]

Premier ouvrage de l'auteur; je ne sache pas qu'il ait été réimprimé dans ses œuvres.

GARNIER (*Claude*). L'Amour victorieux de Claude Garnier, gentilhomme parisien; plus quelques poézies tirées des OEuvres de l'autheur. *Paris, Gilles Corrozet* ou *Gilles Robinot,* 1609, pet. in-12. [13931]

18 fr. mar. r. Baudelocque.

Parmi les poésies qui sont placées dans ce volume à la suite de l'*Amour victorieux,* se trouve une églogue pastorale sur la naissance du Dauphin, etc., déjà imprimée dans le volume intitulé :

LES ROYALES couches sur les naissances de Monsieur le Dauphin et de Madame, composées en vers françois par Claude Garnier. *Paris, Abel l'Angelier,* 1604, in-8. de 10 ff. et 226 pp. Vend. 16 fr. 50 c. de Soleinne, et en *mar. bl.* par Capé, 168 fr. Solar.

Goujet (XIV, p. 244), qui a donné l'analyse du recueil impr. en 1609, parle d'un *livre fait à la suite de la Franciade de Ronsard,* par Cl. Garnier, mais qui, selon lui, n'aurait pas paru; cependant ce poëme, impr. à Paris en 1604, pet. in-8., est porté dans le catal. de la Biblioth. du roi, Y, 4869.

Autres opuscules de Claude Garnier.

CHANT pastoral sur le trépas de feu Mgr le Chevalier de Guyse (à quatre personnages, avec un chœur des Nymphes). *Paris, Cl. Percheron,* 1615, in-8.

TOMBEAU de très haut... prince Henry le Grand... dédié au roy. *Paris, Jean Libert,* 1610, pet. in-8. de 40 pp.

MAUSOLÉE du grand roy Henry IV, dédié au treschretien Louis XIII, par Cl. Garnier. *Paris, Jean de Bourdeaulx,* 1611, pet. in-8. de 70 pp.

LA MUSE infortunée contre les froids amis du temps. (*sans lieu d'impression*), 1624, in-8.

Cette pièce, qui porte le nom de Garnier, est réimpr. dans les *Variétés* de M. Ed. Fournier, II, p. 247. Si elle est de notre Claude Garnier, ainsi que le *Panégyrique sur la promotion de monseigneur le président Seguier, par Garnier,* Paris, 1633, in-8., c'est que ce poëte aurait survécu de dix-sept ans à l'année 1616, qu'on disait être celle de sa mort.

GARNIER (*Sébast.*). Les trois premiers livres de la Loyssée, contenant le voyage de Sainct Loys, roy de France, pour aller en Egypte contre les Sarrazins, son embarquement et son arrivée en l'Isle de Cypre, et adventures surprenantes. *Bloys, Ve Gomet,* 1593, in-4. [13902]

Ce poëme, quoique inachevé, mérite d'être conservé à cause du sujet.

L'auteur a écrit un autre poëme intitulé *La Henriade,* et qu'il avait divisé en 16 livres. Il n'en a publié que les deux premiers (en 1594), et les huit derniers (en 1593), *Bloys, Ve Gomet,* in-4. Les autres livres sont restés en manuscrit.

Les éditions que nous venons de citer sont rares, mais les ouvrages qu'elles contiennent ont été réimpr. à *Paris, Musier,* 1770, in-8. [14110]

GARNIER (*Phil.*), aurelianensis. Præcepta gallici sermonis. *Aureliæ, Joannes Nyon,* 1621, in-12. [10947]

Cette grammaire, écrite pour l'instruction d'un étranger, a été réimpr. plusieurs fois en Allemagne et en Hollande, ainsi que les autres ouvrages du même auteur, savoir :

THESAURUS adagiorum gallico-latinorum collectus a Phil. Garnerio, *Francofurti, Dom. Custos,* 1612, in-12.

GEMMULÆ gallicæ linguæ, latine et germanice ita adornatæ, ut exinde jucundo labore lingua gallica addisci queat : accessit ad hanc editionem nova genuini idiomatis italici versio, studio L. Donati, *Francofurti, Hæredes Laz. Zetzneri,* 1644, in-8. Imprimé d'abord en 1625, en latin, en français et en

---

Garnier. Algèbre, 7884. — Calcul différentiel, 7893. — Géométrie, 7937. — Statique, 8090.

Garnier (*F.*). Puits artésiens, 8149.

Garnier (*A.*). Psychologie, 7003.—Facultés de l'âme, 3612.

Garnier (*D.*). Introduction à l'histoire de Picardie, 24220.

Garnier (*Jos.*). Éléments d'économie politique, 4038.

Garnier (*M.-D.*). Répertoire de l'enregistrement, 2934.

allemand seulement, et plus tard en quatre langues, y compris l'italien, à *Amsterdam*, *L. Elzevier*, 1656, in-8.; aussi sans le latin et sous ce titre français :

DIALOGUES en quatre langues, françoise, espagnole, italienne, par Garnier francois, Fernandes espagnol, et Donati italien. *Amsterdam*, *L. Elzevier*, 1656, in-8. Enfin en cinq langues, y compris le latin, reveus et augmentez par Philemon Fabri, parisien, *Strasbourg*, *les héritiers d'Eberard Zetzner*, 1659, in-8.

GARNIER (*Jean-Jacq.*). Figures de l'histoire de France, dessinées par Moreau le jeune, et gravées par Le Bas, avec des explications par l'abbé Garnier. *Paris*, 1785, gr. in-4. [23260]

Collection de 164 pl. qui ne va que jusqu'à l'année 1356; elle a paru en 16 livrais. : 60 fr. et plus cher avant la lettre. Dans le nombre de ces pl. sont comprises 4 cartes. On y réunit quelquefois 36 pl. d'une suite du même genre commencée par Le Bas, en 1778, d'après les dessins de Lépicié et de Monnet, et qui ont été supprimées et remplacées par de nouvelles planches d'après Moreau. Ces pl. faisaient partie de l'exemplaire vendu 54 fr. Duriez, et d'un autre, avec les épreuves avant la lettre, vendu 175 fr. Morel-Vindé, et d'un troisième, vendu 82 fr. Renouard. A ces exemplaires était aussi réuni le *Discours sur l'histoire de France par M**** (*Ant. Dingé*). Paris, imprimerie de Monsieur, 1790, gr. in-4. pap. vél. Ouvrage non terminé.

Si l'on devait s'en rapporter au témoignage de M. Villenave (*Biogr. univers.*, LXII, page 487), Dingé serait le véritable auteur du texte succinct qui accompagne les figures de Moreau, et qui porte le nom de Garnier.

Il s'est répandu dans le commerce, il y a quelques années, un certain nombre d'exempl. des figures de l'Histoire de France, tirées sans soin, sur du papier petit et mince, et par conséquent très-faciles à distinguer des anciens exempl. qui sont sur beau papier.

— 121 dessins originaux de ce recueil, avec leurs gravures tirées sur papier de Chine, 471 fr. Lamy. La même suite de dessins complétée et portée à *cent soixante-trois* pièces, y compris deux cotées 165 et 166, qui n'ont pas été gravées, le tout accompagné de gravures tirées sur pap. de Chine, formant 4 vol. in-fol., avec des titres imprimés à part : 995 fr. Renouard.

— Origine du gouvernement, 24035.

GARON (*François*). Vocabulaire de cinq langues (latin, italien, françois, espagnol, allemand). *Lyon*, *par Jacq. Moderne*, 1542, in-4. [10883]

Ce titre est rapporté ici d'après Du Verdier, I, 651. Le Nouveau Spon, à la p. 72, le donne en latin. — Voy. nos articles VOCABULARIUM et VOCABULISTA.

— Voyez VELLY.

GARON (*Louis*). Le Chasse-ennuy, ou l'honneste entretien des bonnes compagnies. *Lyon*, *Cl. Larjot*, 1628-31, 2 vol. in-12. [17858]

Ce livre est rarement complet, avec la seconde partie qui contient cinq centuries comme la première : c'est cette première seulement qui a été réimpr. à *Paris*, en 1633, 1641 et 1645, et à *Rouen*, en 1651 et 1662, in-12.

Un exemplaire des 2 vol., édition de Paris, 1641, et Lyon, 1631, a été vendu 39 fr. *mar. v.* Morel-Vindé. L'édition de *Rouen*, 1651, *mar. bl.* 1 liv. 6 sh. Hibbert.

Dans son *Trésor*, article CARON (*Lud.*), M. Graesse parle d'un livre allemand intitulé : *Exilium melancholiœ*, *das ist* : *Unlust Vertreiber... Strasb.*, 1643 (et de nouveau 1655 et 1669), in-8., avec frontispice. C'est un ouvrage tiré du *Chasse ennuy* de Garon.

Plusieurs autres ouvrages de Garon sont décrits dans l'article curieux que, dans ses *Variétés* (p. 81 et suiv.), M. Ant. Péricaud a consacré à cet auteur peu connu. — Voy. aussi COLLOQUE des trois suppots, et SPELTE.

GARRARD (*George*). A Description of the different varieties of Oxen, common in the british isles; embellished with engravings : being an accompaniment to a set of models of the improved breeds of cattle, executed by George Garrard upon an exact scale from nature. *London*, *for the author by J. Smeeton* (vers 1800), gr. in-fol. obl. pap. vél. [5696]

Ouvrage orné de 28 planches assez bien exécutées. 27 fr. Huzard.

GARRAULT (*Franc.*), sieur des Georges. Des mines d'argent trouvées en France, ouvrage et police d'icelles. *Paris*, *Dallier*, 1574, pet. in-8. [4715]

Le plus ancien traité qui ait paru en France sur cette matière. Du Verdier en cite une édition de *Paris*, *Roffet*, 1579, non moins rare que la première. L'ouvrage a été réimpr. dans le 1er vol. des *Anciens minéralogistes de la France*, publ. par Gobet, à Paris, 1779, in-8.

— Les recherches des monnoyes, poix (*sic*) et manières de nombrer des premières et plus renommées nations du monde. *Paris*, *Martin Le Jeune*, 1576, pet. in-8. [4129]

Réimpr. sous ce titre :

MÉMOIRES et recueils des nombres, poids, mesures et monnoies anciennes et modernes des nations plus renommées, rapport et conférence des unes aux autres, avec une réduction aux royales de France, qui sont en usage en la ville de Paris. *Paris*, *Jean Mettayer*, 1595, pet. in-8. : vol. peu commun. 30 fr. Leber, en 1860.

— Paradoxe sur le faict des monnoyes. *Paris*, *J. Dupuy*, 1578, pet. in-8. de 16 ff.

Cet opuscule est ordinairement réuni à un autre ouvrage du même auteur, également publié *chez J. Dupuy*, en 1578, sous ce titre :

RECUEIL des principaux advis donnez es assemblées faictes en l'abbaye St-Germain des prez sur le contenu des mémoires presentez à sa majesté portant l'establissement du compte par ecuz et suppression de celui par solz et livres, pet. in-8. de 20 ff.

Les deux pièces se trouvent quelquefois à la suite du Discours de Bodin, sur le même sujet (voy. BODIN).

GARRICK (*Dav.*). Private correspon-

Garnodier (l'abbé). Recherches archéologiques sur Saint-Romain de Lerp, 24863.

Garofula (*Aloys.*). Tabularium, 25844.

Garonne (*M.*). Histoire de Montpellier, 24764.

Garreau (l'abbé). Vie de la duchesse de Montmorency, 21962.

ment cherché dans les éditions antérieures à 1605, et dans plusieurs d'une date postérieure à 1616.

— *Lyon, Thibaud Ancelin*, 1606, en 332 ff.

— *Paris, Abr. Lefevre*, ou *Cath. Nyverd*, 1607. Peut-être est-ce la même que celle de *Paris, J. Fuzy*, 1607, qui a 648 pp. 25 fr. *m. r.* de Soleinne.

— *Paris, Nic. Lecuyer*, 1608.

Une édition de *Lyon, François Arnoullet*, 1608, pet. in-12 ou in-16 de 352 ff. chiffrés, dont le dernier est mal chiffré 332 (chez M. Hubault, à Marseille).

— *Rouen, Thomas Doré*, ou *Rob. de Rouves*, ou *Raph. Du Petit Val*, 1609, en 600 pp. (ce seraient trois édit. sous la même date). Une autre de *Rouen, chez Théod. Reinsard*, 1609, pet. in-12 de 546 pp. chiffrées, en lettres ital. avec les prélim. en lettres rondes, est décrite dans le *Bulletin du Bibliophile*, VIIe série, page 991, d'après l'exemplaire conservé dans la bibliothèque du Mans.

— *Rouen, Adrian Ovyn*, ou *Pierre l'Oyselet*, 1611.

— *Rouen, Rob. de Rouves*, 1612.

— *Rouen, Raph. Du Petit Val*, 1616, en 646 pp.

— *Lyon, Claude Morillon*, 1617, en 704 pp.

— *Rouen, Julien Courant*, ou *Pierre l'Oyselet*, ou *Jean Boulley*, ou *Rob. de Rouves*, ou *Adr. Morront*, ou *Guill. de La Haye*, 1618 (ce qui fait six éditions ou tout au moins six titres différents sous la même date), en 600 pp.

— *Rouen, Corneille Piterson*, 1619.

— *Paris, Est. Vallet*, sans date. Édition peut-être antérieure à 1600, Est. Vallet ayant commencé à exercer dès l'année 1588.

— *Paris, Mathieu Guillemot*, sans date, en 332 ff., plus un frontispice gravé.

— ANTONIUS, a tragedie written in french by R. Garnier, with a discourse of life and death, written in french by Ph. Morney, both done in english by Mary Herbert, countess of Pembroke. *Lond.*, 1592, in-4. Vend. 8 liv. 12 sh. vente Rhodes; 4 liv. 10 sh. Roxburghe.

Une autre édition de la trad. anglaise de cette pièce, *Lond., W. Ponsonby*, 1595, in-16 de 110 pp. 5 liv. 10 sh. Roxburghe; 8 liv. 10 sh. 6 d. Bindley.

— CORNELIA, translated by T. Kidd. *Lond.*, 1594, in-4. Vend. 1 liv. 9 sh. Roxburghe; 4 liv. Rhodes.

Il y a une autre édition de *Lond.*, 1595, in-4.

— Hymne de la monarchie à G. Du Faur seigneur de Pibrac, advocat du roy au parlement de Paris, par R. Garnier Fertenoys. *Paris, Gabriel Buon*, 1567, in-4. de 12 ff. [13814]

Premier ouvrage de l'auteur; je ne sache pas qu'il ait été réimprimé dans ses œuvres.

GARNIER (*Claude*). L'Amour victorieux de Claude Garnier, gentilhomme parisien; plus quelques poézies tirées des OEuvres de l'autheur. *Paris, Gilles Corrozet* ou *Gilles Robinot*, 1609, pet. in-12. [13931]

18 fr. mar. r. Baudelocque.

Parmi les poésies qui sont placées dans ce volume à la suite de l'*Amour victorieux*, se trouve une églogue pastorale sur la naissance du Dauphin, etc., déjà imprimée dans le volume intitulé :

LES ROYALES couches sur les naissances de Monsieur le Dauphin et de Madame, composées en vers françois par Claude Garnier. *Paris, Abel l'Angelier*, 1604, in-8. de 10 ff. et 226 pp. Vend. 16 fr. 50 c. de Soleinne, et en *mar. bl.* par Capé, 168 fr. Solar.

Goujet (XIV, p. 244), qui a donné l'analyse du recueil impr. en 1609, parle d'un *livre fait à la suite de la Franciade de Ronsard*, par Cl. Garnier, mais qui, selon lui, n'aurait pas paru; cependant ce poëme, impr. à Paris en 1604, pet. in-8., est porté dans le catal. de la Biblioth. du roi, Y, 4869.

Autres opuscules de Claude Garnier.

CHANT pastoral sur le trépas de feu Mgr le Chevalier de Guyse (à quatre personnages, avec un chœur des Nymphes). *Paris, Cl. Percheron*, 1615, in-8.

TOMBEAU de très haut... prince Henry le Grand... dédié au roy. *Paris, Jean Libert*, 1610, pet. in-8. de 40 pp.

MAUSOLÉE du grand roy Henry IV, dédié au tres-chretien Louis XIII, par Cl. Garnier. *Paris, Jean de Bourdeaulx*, 1611, pet. in-8. de 70 pp.

LA MUSE infortunée contre les froids amis du temps. (*sans lieu d'impression*), 1624, in-8.

Cette pièce, qui porte le nom de Garnier, est réimpr. dans les *Variétés* de M. Ed. Fournier, II, p. 247. Si elle est de notre Claude Garnier, ainsi que le *Panégyrique sur la promotion de monseigneur le président Seguier, par Garnier*, Paris, 1633, in-8., c'est que ce poëte aurait survécu de dix-sept ans à l'année 1616, qu'on disait être celle de sa mort.

GARNIER (*Sébast.*). Les trois premiers livres de la Loyssée, contenant le voyage de Sainct Loys, roy de France, pour aller en Egypte contre les Sarrazins, son embarquement et son arrivée en l'Isle de Cypre, et adventures surprenantes. *Bloys, Ve Gomet*, 1593, in-4. [13902]

Ce poëme, quoique inachevé, mérite d'être conservé à cause du sujet.

L'auteur a écrit un autre poëme intitulé *La Henriade*, et qu'il avait divisé en 16 livres. Il n'en a publié que les deux premiers (en 1594), et les huit derniers (en 1593), *Bloys, Ve Gomet*, in-4. Les autres livres sont restés en manuscrit.

Les éditions que nous venons de citer sont rares, mais les ouvrages qu'elles contiennent ont été réimpr. à *Paris, Musier*, 1770, in-8. [14119]

GARNIER (*Phil.*), aurelianensis. Præcepta gallici sermonis. *Aureliæ, Joannes Nyon*, 1621, in-12. [10947]

Cette grammaire, écrite pour l'instruction d'un étranger, a été réimpr. plusieurs fois en Allemagne et en Hollande, ainsi que les autres ouvrages du même auteur, savoir :

THESAURUS adagiorum gallico-latinorum collectus a Phil. Garnerio, *Francofurti, Dom. Custos*, 1612, in-12.

GEMMULÆ gallicæ linguæ, latine et germanice ita adornatæ, ut exinde jucundo labore lingua gallica addisci queat : accessit ad hanc editionem nova genuini idiomatis italici versio, studio L. Donati, *Francofurti, Hæredes Laz. Zetzneri*, 1644, in-8.

Imprimé d'abord en 1625, en latin, en français et en

---

allemand seulement, et plus tard en quatre langues, y compris l'italien, à *Amsterdam*, *L. Elzevier*, 1656, in-8. ; aussi sans le latin et sous ce titre français :

DIALOGUES en quatre langues, françoise, espagnole, italienne, par Garnier françois, Fernandes espagnol, et Donati italien. *Amsterdam*, *L. Elzevier*, 1656, in-8. Enfin en cinq langues, y compris le latin, reveus et augmentez par Philemon Fabri, parisien, *Strasbourg*, *les héritiers d'Eberard Zetzner*, 1659, in-8.

GARNIER (*Jean-Jacq.*). Figures de l'histoire de France, dessinées par Moreau le jeune, et gravées par Le Bas, avec des explications par l'abbé Garnier. *Paris*, 1785, gr. in-4. [23260]

Collection de 164 pl. qui ne va que jusqu'à l'année 1356; elle a paru en 16 livrais. : 60 fr. et plus cher avant la lettre. Dans le nombre de ces pl. sont comprises 4 cartes. On y réunit quelquefois 36 pl. d'une suite du même genre commencée par Le Bas, en 1778, d'après les dessins de Lépicié et de Monnet, et qui ont été supprimées et remplacées par de nouvelles planches d'après Moreau. Ces pl. faisaient partie de l'exemplaire vendu 54 fr. Duriez, et d'un autre, avec les épreuves avant la lettre, vendu 175 fr. Morel-Vindé, et d'un troisième, vendu 82 fr. Renouard. A ces exemplaires était aussi réuni le *Discours sur l'histoire de France par M**** (*Ant. Dingé*). Paris, imprimerie de Monsieur, 1790, gr. in-4. pap. vél. Ouvrage non terminé.

Si l'on devait s'en rapporter au témoignage de M. Villenave (*Biogr. univers.*, LXII, page 487), Dingé serait le véritable auteur du texte succinct qui accompagne les figures de Moreau, et qui porte le nom de Garnier.

Il s'est répandu dans le commerce, il y a quelques années, un certain nombre d'exempl. des figures de l'Histoire de France, tirées sans soin, sur du papier petit et mince, et par conséquent très-faciles à distinguer des anciens exempl. qui sont sur beau papier.

— 121 dessins originaux de ce recueil, avec leurs gravures tirées sur papier de Chine, 471 fr. Lamy. La même suite de dessins complétée et portée à *cent soixante-trois* pièces, y compris deux cotées 165 et 166, qui n'ont pas été gravées, le tout accompagné de gravures tirées sur pap. de Chine, formant 4 vol. in-fol., avec des titres imprimés à part : 995 fr. Renouard.

— Origine du gouvernement, 24035.

GARON (*François*). Vocabulaire de cinq langues (latin, italien, françois, espagnol, allemand). *Lyon*, *par Jacq. Moderne*, 1542, in-4. [10883]

Ce titre est rapporté ici d'après Du Verdier, I, 651. Le Nouveau Spon, à la p. 72, le donne en latin. — Voy. nos articles VOCABULARIUM et VOCABULISTA.

— Voyez VELLY.

GARON (*Louis*). Le Chasse-ennuy, ou l'honneste entretien des bonnes compagnies. *Lyon*, *Cl. Larjot*, 1628-31, 2 vol. in-12. [17858]

Ce livre est rarement complet, avec la seconde partie qui contient cinq centuries comme la première : c'est cette première seulement qui a été réimpr. à *Paris*, en 1633, 1641 et 1645, et à *Rouen*, en 1651 et 1662, in-12.

Un exemplaire des 2 vol., édition de Paris, 1641, et Lyon, 1631, a été vendu 39 fr. mar. v. Morel-Vindé. L'édition de *Rouen*, 1651, *mar. bl.* 1 liv. 6 sh. Hibbert.

Dans son *Trésor*, article CARON (*Lud.*), M. Graesse parle d'un livre allemand intitulé : *Exilium melancholiæ*, *das ist* : *Unlust Vertreiber... Strasb.*, 1643 (et de nouveau 1655 et 1669), in-8, avec frontispice. C'est un ouvrage tiré du *Chasse ennuy* de Garon.

Plusieurs autres ouvrages de Garon sont décrits dans l'article curieux que, dans ses *Variétés* (p. 81 et suiv.), M. Ant. Péricaud a consacré à cet auteur peu connu. — Voy. aussi COLLOQUE des trois suppots, et SPELTE.

GARRARD (*George*). A Description of the different varieties of Oxen, common in the british isles; embellished with engravings : being an accompaniment to a set of models of the improved breeds of cattle, executed by George Garrard upon an exact scale from nature. *London*, *for the author by J. Smeeton* (vers 1800), gr. in-fol. obl. pap. vél. [5696]

Ouvrage orné de 28 planches assez bien exécutées. 27 fr. Huzard.

GARRAULT (*Franç.*), sieur des Georges. Des mines d'argent trouvées en France, ouvrage et police d'icelles. *Paris*, *Dallier*, 1574, pet. in-8. [4715]

Le plus ancien traité qui ait paru en France sur cette matière. Du Verdier en cite une édition de *Paris*, *Roffet*, 1579, non moins rare que la première. L'ouvrage a été réimpr. dans le 1er vol. des *Anciens minéralogistes de la France*, publ. par Gobet, à Paris, 1779, in-8.

— Les recherches des monnoyes, poix (*sic*) et manières de nombrer des premières et plus renommées nations du monde. *Paris*, *Martin Le Jeune*, 1576, pet. in-8. [4129]

Réimpr. sous ce titre :

MÉMOIRES et recueils des nombres, poids, mesures et monnoies anciennes et modernes des nations plus renommées, rapport et conférence des unes aux autres, avec une réduction aux royales de France, qui sont en usage en la ville de Paris. *Paris*, *Jean Mettayer*, 1595, pet. in-8. : vol. peu commun. 30 fr. Leber, en 1860.

— Paradoxe sur le faict des monnoyes. *Paris*, *J. Dupuy*, 1578, pet. in-8. de 16 ff.

Cet opuscule est ordinairement réuni à un autre ouvrage du même auteur, également publié *chez J. Dupuy*, en 1578, sous ce titre :

RECUEIL des principaux advis donnez es assemblees faictes en l'abbaye St-Germain des prez sur le contenu des mémoires presentez à sa majesté portant l'establissement du compte par ceux et suppression de celui par solz et livres, pet. in-8. de 20 ff.

Les deux pièces se trouvent quelquefois à la suite du Discours de Bodin, sur le même sujet (voy. BODIN).

GARRICK (*Dav.*). Private correspon-

Garnodier (l'abbé). Recherches archéologiques sur Saint-Romain de Lerp, 24863.
Garofula (*Aloys.*). Tabularium, 25844.

Garonne (*M.*). Histoire de Montpellier, 24764.
Garreau (l'abbé). Vie de la duchesse de Montmorency, 21962.

dence with the most celebrated persons of his time, now first published from the originals and illustrated with notes. *London*, 1831-32, 2 vol. gr. in-4. 1 liv. 1 sh. [18918]

GARRICK'S poetical works, with explanatory notes. *London*, 1785, 2 vol. in-12.
— THE DRAMATIC works. *London*, 1798, 3 vol. in-12. 15 à 18 fr. [16905]
Collection incomplète.
Th. Davies a donné des *Memoirs of the life of Dav. Garrick*, dont la meilleure édition est celle de *Lond.*, 1808, 2 vol. in-8., avec des notes par Etienne Jones, et le portrait de Garrick. Il existe une autre vie de ce grand acteur par Arth. Murphy, *Lond.*, 1801, 2 vol. in-8. portr. [30922]

GARRIDO deVillena.El verdadero successo de la famosa batalla de Roncesvalles, con la muerte de los doze pares de Francia, dirigida al... señor don Carlos de Austria, infante de los Españas, etc., por Francisco Garrido de Villena, ca-uallero de Valencia. *Fue impressa en la insigna y coronoda ciudad de Va-lencia, en casa de Joan Mey, flandro en el año* 1555, in-4. à 2 col. fig. sur bois. [15159]

Édition fort rare, la plus ancienne que l'on connaisse de ce poëme : elle a CLXXXVI feuillets, plus une feuille prélim. et un arbre généalogique de Charles-Quint et de Philippe, son fils, désigné comme roi d'Angleterre (*Bibliophile belge*, III, 1846, p. 258).
— EL VERDADERO successo de la famosa batalla di Roncesuallo, con la muerte de los doze pares de Francia. *Toledo*, 1583, in-4., fig. en bois.
Autre édition rare : 40 fr. Soubise ; 8 liv. 8 sh. Paris. Un poëme espagnol, sous le même titre que celui-ci, se trouve dans la seconde partie de l'*Orlando fu-rioso*, en vers castillans (voy. ARIOSTO).
Fr. Garrido a donné une traduction espagnole de l'*Orlando innamorato* (voy. BOIARDO).

GARROS (*Pey* De). Poesias gasconas de Pey de Garros, laytores, dedicadas a magnific e poderos princep lo princep de Navarra son seño. *Tolosa, per Jam-mes Colomes*, 1567, pet. in-4., sign. A—LIII. [14371]

Vend. (exemplaire de De Thou) 12 fr. Soubise, et 1 liv. 12 sh. Paris ; autre, 13 flor. 50 c. Meerman ; 7 liv. 7 sh. Heber ; 50 fr. en 1837 ; 142 fr. mar. v. Solar. Nous citons dans notre tome IV, à l'article PSALTERIUM, une traduction des psaumes en vers gascons, par le même Garros.

GARRUCCI (*Raffaele*). Vetri ornati di figure in oro trovati nei cimiteri dei Christiani primitivi di Roma. *Roma*, 1858, in-8. de XXIV et 112 pp., avec 43 pl. in-fol. 50 fr. [29556]
— Monumenta reipubl. Ligurum, 29274. — I Piombi antichi, 29870. — Graffite di Pompei, 29993.

GARSAULT (*Fr.-Ant.* de). Description, vertus et usages de 719 plantes et de 134 animaux, en 730 pl. grav. sur les des-sins de Garsault, et rangées suivant l'ordre de la matière médicale de Geof-froy. *Paris*, 1767, 5 vol. gr. in-8. 20 à 25 fr. [7369]

Cet ouvrage avait d'abord paru en 1764, sous le titre de *Figures des plantes et animaux d'usage en médecine*, sans l'explication ; mais le texte fut publié séparément en 1 vol. intitulé : *Explication abrégée de* 719 *plantes, etc.*, Paris, 1765, et on l'intercala à chaque volume, dans l'édit. de 1767. Les plantes de Garsault se joignent au Dictionnaire raisonné de matière médicale, impr. en 1773 (et réimpr. en 1793), en 8 vol. in-8.
— Le parfait maréchal, 7725. — Anatomie du che-val, 7730. — Traité des voitures, 10274. — Guide du cavalier, 10349.

GARSIAS Matamorus (*Alphonsus*). Opera omnia, nunc primum in unum corpus coacta : accedit commentarius de vita et scriptis auctoris (a D. Franc. Cerda y Rico). *Matriti*, 1769, gr. in-4. [18994]

Savant philologue du XVIe siècle, dont les ouvrages de rhétorique et de critique avaient déjà été im-primés séparément à Valence et à Alcala, de 1539 à 1570 (consultez Antonio, *Biblioth. hisp. nova*, I, 25, et Sempere, article *Cerda*). Voici le titre de son principal écrit :
DE RATIONE dicendi libri duo, quibus accessere singulorum generum orationes. *Compluti, J. Bro-carius*, 1548 (réimpr. en 1561), pet. in-8. [12055]

GARSIE (*Petri*) determinationes magis-trales contra conclusiones apologales Joannis Pici Mirandulani concordie co-mitis. — *Impressum Rome per Eucha-riû Silber alias Franck. M. cccc. lxxxix. die xv. mensis Octobris*, pet. in-fol. goth. de 118 ff. à 42 lig. par page. [3439]

GART (*Thiebolt*). Joseph, ein schöne und fruchtbare comedy, auss heiligen Bibli-scher Schrifft... und durch Thiebolt Gart geordnet. — *Gedruckt zu Stras-burg, bey Jac. Froelich*, 1546, pet. in-8., sign. A—H3 avec fig. en bois.

Pièce en vers : 36 fr. de Soleinne.
Voici le titre d'une autre pièce en vers allemands sur le même sujet :
EIN HÜPSCH nüwes spil von Josephen dem fro-men jüngling|usz etlichen capiteln desz buchs der Eschopffen gezogen | insonders lustig und nutz-lich zulesen. *Gedruckt Zürich by Augustin Friesz*, anno M.D.XLIX, pet. in-8. goth. signature A—M iii, fig. sur le titre.
Elle est en cinq actes, avec un prologue. En mar. r. 60 fr. Lair ; 59 fr. 50 c. de Soleinne.

GARYPUY. Carte du canal du Langue-doc, avec celle des rivières, ruisseaux et rigoles qui y fournissent l'eau, exécu-tées en 1771 et 1774, par Garypuy (ou Garipuy), ingénieur en chef des états de la province. 23 feuilles grand-aigle. 20 à 24 fr. [19669]

GARZONI (*Tomaso*). L'Hospital des fols incurables, où sont déduictes de point en point toutes les folies et les maladies d'esprit, tant des hommes que des femmes, tiré de l'italien et mis en nostre langue françoise par Fr. de Clarier, sieur de Longval. *Paris, François Julliot*, 1620, in-8. 6 à 9 fr. [17977]

Vend. en *mar.* 15 fr. 50 c. en 1825, et 20 fr. Nodier.

L'original italien, sous le titre de l'*Ospedale de' pazzi incurabili*, a été impr. à Venise, 1586 et 1588, in-4 ; il se trouve aussi dans les *Opere di Tomaso Garzoni*, Venetia, 1617, in-4., volume qui contient encore *La piazza universale di tutte le professioni del mondo* par le même Garzoni. Ce dernier ouvrage eut beaucoup de succès, car il s'en fit en peu de temps plusieurs éditions. Nous avons vu celles de Venise, 1585, 1587, 1588, 1596, 1616 (en *mar. r.* 23 fr. 50 c. Libri), 1638, etc., toutes de format in-4., qui, au reste, n'ont qu'une valeur très-médiocre, et il en est de même de la traduction lat., sous le titre d'*Emporium universale*, par Nic. Belli, *Francf.*, 1614, in-4.

— THÉATRE des divers cerveaux du monde, auquel tiennent place toutes les manières d'esprits et d'humeurs des hommes, tant louables que vicieuses, déduites par discours, doctes et agréables, trad. de l'italien (de Garzoni) par G. C. D. T. (Gabr. Chappuis de Tours). *Paris, Le Mangnier*, ou *Jean Heusé*, 1586, in-16. 6 à 12 fr. [17978]

L'original italien intitulé *Teatro de' varj e diversi cervelli mondani* a été impr. à Venise, 1583 et 1585, etc., in-4.

— IL ADMIRABILE cornucopia consolatorio de Th. Garzoni da Bagnascavello discorso, novo, vago e dotto ne più dato in luce. *Bologna, gli heredi di Giov. Rossi*, 1601, pet. in-8. [17978]

Facétie à la louange des cornes, pour la consolation d'un ami dont la femme lui était infidèle.

GARZONI (*Maurizio*). Grammatica e vocabolario della lingua kurda. *Romæ, typ. e prop. fide*, 1787, in-8. de 288 pp. [11680]

Ouvrage à l'usage des missionnaires : vend. 7 fr. Villoison ; 4 fr. 60 c. Langlès.

GASCOIGNE (*George*). The whole woorkes. *London, Abell Ieffes*, 1587, in-4. [15756]

Troisième édition de ce poëte : elle est devenue rare et se paye en Angleterre de 10 à 15 liv. — La première édition a pour titre : *A hundreth sundrie flowres bounde up in one small poesie*, London, Rich. Smith (1572), in-4. de 454 pp., goth. Elle vaut de 4 à 6 liv. au moins, et a été vendue jusqu'à 14 liv. Heber. La seconde édition, *corrected, perfected and augmented by the author*, 1575, London, Rich. Smith, in-4. de 502 pp., à la même valeur à peu près, 12 liv. Heber. On y réunit ordinairement : *The Steele glas, a satyre, with the complaint of Philomene, printed for R. Smith* (1576), in-4. de 132 pp.

— The princelye pleasures at the courte at Kenelworth. *London, Rich. Johnes*, 1576, in-8. goth.

Porté à 25 liv. dans la *Biblioth. poetica.*

Réimprimé avec une préface et des notes, *Lond.*, 1821, in-8., avec portr., tiré à 100 exemplaires.

Une grande partie des poésies de Gascoigne ont été réimpr. dans la Collection des poëtes anglais publiée par Chalmers. N'oublions pas de citer *Geor. Whetstone's metrical life of G. Gascoigne*, Bristol, 1815, in-4., tiré à 100 exemplaires.

Gaschon (*J.-B.*). Code des aubains, 2394.

Gaspar da Madre de Deos (*Fr.*). Memorias, 28665.

GASPARA (Madona). Voy. STAMPA.

GASPARINUS pergamensis [Barzizius bergomensis]. Gasparini pergamensis clarissimi oratoris epistolaȝ liber fœliciter incipit. (*absque nota*), in-4. [18720]

Édition très-rare, imprimée à Paris, vers 1470, et, selon toute apparence, la première production de la typographie de cette ville. Le volume, composé de 118 ff. non chiffrés, à 22 lig. par page, commence par une épître de Guil. Fichet à Jean de La Pierre (*Lapidanus*), prieur de Sorbonne, qui occupe le premier f. et il finit au recto du dernier par ces mots : *Fœlix Epl'aȝ Gasparini finis*, suivis de huit vers latins, dont voici les quatre derniers :

Primos ecce libros, quos hæc industria finxit
   Francorum in terris, ædibus atque tuis.
Michael Vdalricus, Martinusȝ magistri
   Hos impresserunt : ac facient alios.

Vend. en *m. r.* 50 fr. Gaignat ; 89 flor. Crevenna ; 80 fr. Mac-Carthy ; 112 fr. en 1825 ; 520 fr. *mar. r.* Libri ; 400 fr. Barrois, en 1855, et *piqué des vers*, 100 fr. Le Prévost, en 1857. Dans l'exempl. de M. Libri, le sommaire servant de titre, au haut du second feuillet, était tiré en rouge : il est en noir dans d'autres exemplaires.

Un fort bon fac-simile de la prem. page de cette édition se trouve dans le *Résumé historique de l'introduction de l'imprimerie à Paris, par M. A. Taillandier*, Paris, 1837, gr. in-8.

C'est d'après cette édition de Paris qu'a été fait l'in-fol. impr. sans lieu ni date avec les caractères romains de Jean de Westphalie à Louvain, laquelle a 53 ff. non chiffrés, à 31 lig. par page, avec des sign. à la marge latérale, et commence également par l'épître de Fichet. Vend. en *mar. r.* 30 fr. Ch. Giraud ; 45 fr., malgré quelques piqûres, 2e vente Quatremère.

Les lettres de Gasparino Barziza méritent d'être conservées à cause de leur belle latinité. Outre les deux éditions que nous venons de citer, il en a paru plusieurs à la fin du xve siècle et depuis (voir Hain, n°ᵉ 2669 et suiv.) ; mais toutes ces éditions, bien que rares, n'ont que peu de valeur dans le commerce ; elles sont d'ailleurs effacées, sous le rapport littéraire, par celle qui fait partie du recueil intitulé :

GASPARINI BARZIZII Bergomatis et Guiniforti filii opera quorum pleraque ex mss. codicibus nunc primum in lucem eruta recensuit, ac edidit Jos.-Alex. Furiettus. *Romæ, Jo.-Mar. Salvioni*, 1723, 2 part. en 1 vol. in-4. de 336 et 184 pp. [18943]

Le traité *De eloquentia* du même auteur a été impr. à Turin, en 1480, in-fol., avec *Stephani Flisci synonyma* (voy. FLISCUS).

— Gasparini pergamensis orthographiæ liber feliciter incipit. (*absque nota*), in-4. [10821]

Édition impr. avec les mêmes caractères que les *Epistolæ* décrites au commencement de cet article, et probablement dans le même temps ; on lit à la fin de l'ouvrage : *Orthographiæ Gasparini secunda pars fœliciter finit.* Vient ensuite un petit traité de *Guarinus veronensis* intitulé : *De diphthongis libellus*, de 9 ff. seulement, terminé par le mot FINIS.

GASS (*Patr.*). Voy. LEWIS.

GASSAR (*Achyle*), ou Achilles Pirminus Gassarus. Brief recueil de toutes chroniques, quant aux illustres et plus notables personnages, faites et advenues depuis le commencement du monde jusqu'au temps present... avec le catalogue de tous les empereurs et papes romains... (traduit du latin). *Anvers, Martin Lempereur*, 1534, pet. in-8. goth. de 88 ff. sign. A—L. [21290]

Vend. 8 fr. 50 c. Revoil, 21 fr. *mar*. Veinant.

Cette traduction est beaucoup plus rare que l'original latin intitulé : *Historiarum et chronicorum mundi Epitome*, et dont les bibliographes citent cinq éditions différentes, de format in-8. : — 1° *Basileæ*, 1532.— 2° *Recens recognitus, emaculatus, auctus, locupletatus*, Venetiis, per Jo.-Antonium et fratres de Sabio, 1533. — 3° *Antuerpiæ, a Joanne Steelsmano*, 1533, *mense Junio, typis Joan. Graphæi.* — 4° *Basileæ, excudebat Henricus Petrus mense martio*, anno 1535. — 5° *Antuerpiæ, in ædibus Joan. Stelsii*, 1536.

Maittaire, et d'après lui Panzer, citent une chronique impr. à Anvers, par Simon Coquus, sous le titre de *Cronica ab exordio mundi ad annum 1534*, *per Amandum Zierbecensem*.

GASSENDI (*Petrus*). Opera omnia. *Lugdini, Anisson*, 1658, 6 vol. in-fol. [3463]

Collection à la publication de laquelle ont pris part plusieurs savants et hommes de lettres distingués, tels que Chapelain, H. Bernier et Sam. Sorbière : 36 à 48 fr. — en Gr. Pap. 50 fr. Labey. — Il y a une édition de *Florence*, 1727, 6 vol. in-fol., donnée par Nic. Averani.

N'oublions pas de citer l'*Abrégé de la philosophie de Gassendi*, par Fr. Bernier, *Lyon*, 1678, 8 vol. in-12, ou 1684, 7 tom. en 6 vol. in-12.

— Institutio astronomica, 8226. — Vita Fabricii de Peiresc, 30592. — Vitæ Tychonis-Brahei, Copernici, etc., 30827.

GASSION (*Hugues* de). Voy. LE MAISTRE (*Raoul*).

GASSOT (*Jacq*.). Le discours du voyage de Venise à Constantinople, contenant la querele du Grand Seigneur, contre le Sophy ; avec élégante description de plusieurs lieux, villes et citez de Grèce, et choses admirables en icelles. *Paris, Ant. Leclerc*, 1550, pet. in-8. [20407]

Cette édition, devenue rare, a été publiée par Fr. Habert, qui y a joint une épître en vers de sa composition, adressée à Jacq. Thibout, seigneur de Quantilly. Vend. 8 sh. Lang, mais susceptible d'un prix plus élevé. Une édition de cette relation : *Paris, Fr. Jacquin*, 1606, in-8. est portée dans le catal. du maréchal d'Estrées, II, n° 12453.

Plus tard, une autre édit. a paru sous le titre suivant :

LETTRE écrite d'Alep en Syrie par Jacques Gassot Sr d'Effens, à Jacques Thiboust Sr de Quantilly, notaire et secrétaire du roy et son élu en Berry, contenant son voyage de Venise à Constantinople, de la à Tauris en Perse et son retour audit Alep. *Bourges*, 1674, in-8.

GAST (*J.-Fr.*). Geschichte des sächsischen Prinzenraubes. *Zwickau, Industr.-Compt.*, 1823, in-4. [26645]

Gassendi. Aide-mémoire, 8689.

Histoire de l'enlèvement des princes de Saxe, le 7 juillet 1455. L'ouvrage est orné de 30 portraits et de 4 vues color. gr. in-fol. Il a coûté environ 50 fr.

GASTALDI (*Hieron*. Cardinalis) tractatus de avertenda et profliganda peste politico legalis. *Bononiæ*, 1684, in-fol. fig. [7193]

Ouvrage curieux, contenant le résultat des observations de l'auteur sur la peste de Rome, en 1656 et 1657. Les exemplaires en sont rares : vend. 21 fr. Hallé.

GASTELIER de Latour (*Den.-Fr.*). Armorial des états de Languedoc. *Paris, Vincent*, 1767, in-4. fig. [28868]

Ouvrage bien exécuté : 18 fr. Crozet; 25 fr. de Pins-Montbrun, à Toulouse, en 1861.

Le *Nobiliaire de Languedoc*, du même auteur, en 3 vol. in-4., que Le Nouveau Le Long indique comme étant sous presse (en 1771), n'a pas été imprimé.

— Dictionnaire héraldique, 28774.

— Voy. DUBUISSON.

GASTIUS (*Joann.*). Voy. CONVIVALIUM sermonum liber.

GASTON (Phœbus). Voy. PHEBUS.

GATTI (D. *Bassiano*). Maria regina di Scotia, poema heroico. *Bologna*, 1633, in-4. [14684]

Poëme recherché en Angleterre à cause du sujet ; il est d'ailleurs assez rare : 19 fr. salle Silvestre, en janvier 1829 ; 1 liv. 1 sh. Heber, et seulement 1 fr. 50 c. Reina.

L'*addolorata madre di Dio*, poëme italien de Bassiano Gatti, *Bologna*, 1626, in-4., est orné de fig. dessinées et gravées par Oliverio Gatti et Salmincio, qui lui donnent du prix. 15 fr. Reina. [14637]

GATTICUS. Acta selecta cæremonialia s. romanæ ecclesiæ, ex variis mss. codd. et diariis sæc. XV-XVI ; aucta et illustrata pluribus aliis monumentis nondum editis a Jo.-Bapt. Gattico. *Romæ, apud hæred. Barbiellini*, 1753, in-fol. [692]

Premier volume d'un ouvrage dont le pape Benoît XIV empêcha la continuation et arrêta la publication. Il est fort rare en France, et par ce motif il a été payé 71 fr. Boutourlin ; cependant ce même volume, auquel étaient jointes les feuilles d'un second tome non terminé, n'est porté qu'à un écu 20 baïoques (environ 7 fr. 50 c.) dans le catalogue de Garampi, *Rome*, 1796, in-8., tome I, n° 831.

GATTINI ou Gouatini. Voy. GOUATINI.

GATTULA (*Erasm.*). Historia abbatiæ ordinis cassinensis, et ad historiam cassinensem accessiones. *Venetiis,* 1733-34, 4 vol. in-fol. fig. [21758]

Cet ouvrage est recherché, parce qu'il renferme une suite nombreuse de chartes dont plusieurs remontent au VIIIe siècle. L'auteur est nommé Gattula sur les titres des deux premiers vol., et Gattola sur les deux autres : 82 fr. en 1840 ; 41 fr. *br.* en 1842.

GAU (*F.-C.*). Antiquités de la Nubie, ou monumens inédits des bords du Nil, situés entre la première et la seconde cataracte, dessinés et mesurés en 1819, par F.-C. Gau de Cologne. *Paris, De Bure (imprim. de F. Didot et de Paul Renouard)*, 1822-27, gr. in-fol., avec 78 pl. [28387]

Ce bel ouvrage a été publié en 13 livrais., dont la dernière est double : chaque livrais. coûtait 18 fr. — Pap. vél. 36 fr.; mais on trouve l'ouvrage entier pour moins de 100 fr. Il en a paru en même temps une édition avec le texte allemand, à *Stuttgart*, chez *Cotta*, de 1820-26, in-fol.

— Continuation des ruines de Pompeï. Voy. MAZOIS.

GAUBIL (le P. *Ant.*). Histoire de Gentchiscan et de toute la dynastie des Mongous, ses successeurs, conquérans de la Chine, tirée de l'histoire chinoise. *Paris,* 1739, in-4. 10 à 15 fr. [28258]

TRAITÉ de la chronologie chinoise, par Ant. Gaubil, divisé en trois parties et publié pour servir de suite aux Mémoires concernant les Chinois, par M. Silvestre de Sacy. *Paris, Treuttel,* 1814, in-4. 15 fr. [28281]

Ce traité fait partie du 16e volume des Mémoires concernant les Chinois ; mais il se vend aussi séparément (voy. MÉMOIRES).

— Le Chou-King. Voy. CONFUCIUS.

GAUCHET (*Claude*). Le plaisir des champs, en quatre parties, selon les quatre saisons de l'année, édition augmentée d'un devis d'entre le chasseur et le citadin, avec l'instruction de la vennerie, volerie et pescherie. *Paris, Abel l'Angelier,* 1604, in-4. [13901]

La première édition de ce poëme, *Paris, Nic. Chesneau,* 1583, est moins complète que celle-ci ; mais, à d'autres égards, elle lui est préférable parce qu'elle renferme plusieurs passages, ou licencieux ou relatifs aux malheurs du temps, qui n'ont point été réimprimés : l'ouvrage, médiocre d'ailleurs, est assez remarquable pour ce qui concerne la chasse, et sous ce rapport il mérite encore d'être lu. On trouve des exempl. de l'édition de 1604 sous un titre daté de 1621 : vend. (1604) 15 fr. Nodier, en 1827 ; 25 fr. *cuir de Russie*, en 1841 ; 10 fr. Huzard ; 90 fr. *mar. r.* Veinant. L'édit. de 1583, 17 sh. *m. r.* Heber ; 15 fr. 50 c. *veau* Huzard ; 46 fr. *mar. v.* Veinant, et 145 fr. Solar.

GAUDENTII Brixiæ episcopi (S.) Sermones ad fidem mss. codd. recogniti et emendati ; accesserunt Ramperti et Adelmanni opuscula : recensuit ac notis illustravit Paulus Galeardus. *Patavii,*

Jos. Cominus, 1720, in-4. 8 à 10 fr. [1072]

Bonne édition de ce recueil, lequel a été réimpr. à Augsbourg, en 1757, in-4., et à la suite de *Philastrius* dans les *Veterum Brixiæ episcoporum opera* (voy. le mot VETERUM).

GAUDENTII jocosi nugæ doctæ et inauditæ, gravissimis patribus melancholicorum conscriptis dicata. *Salisbaci, Buggelius,* 1725, pet. in-12. [17810]

Vend. 6 fr. Bonnier ; 3 fr. 65 Courtois.

GAUDICHAUD (*Ch.*). Voy. FREYCINET.

GAUDIN (*Mart.-Mich.-Ch.*), duc de Gaëte. Mémoires. Voy. ci-dessus, colonne 148.

GAUDIN (*J.-Fr.-Gottl.*). Flora helvetica, sive historia stirpium hucusque cognitarum in Helvetia et in tractibus conterminis, aut sponte nascentium aut in hominis animaliumque usus vulgo cultarum, continuata. *Turici, Orell,* 1828-33, 7 vol. in-8. fig. color. 70 fr. [5122]

SYNOPSIS floræ helveticæ, opus posthumum Jo.-Fr.-Gottl.-Phil. Gaudin, continuatum a J.-P. Monnard. *Turici,* 1836, in-8. 12 fr.

GAUFFECOURT (Capperonnier de). Traité de la reliure des livres (vers 1763), in-8. [10273]

Ce petit ouvrage, sans aucun mérite, a été impr. par l'auteur, qui avait une imprimerie dans sa maison de campagne (voy. LEVÊQUE de Pouilly). On prétend qu'il n'y en a eu que 25 exempl. de tirés ; celui que j'ai vu (vend. 24 fr. en mars 1829) a 72 pp., plus un faux titre au verso duquel se lit une espèce d'épître dédicatoire signée de *Gauffecourt* ; un autre exempl. *ex dono auctoris*, 1763, vend. 40 fr. Coulon ; 15 fr. 60 c. Chalabre ; 29 fr. 50 c. Bignon ; 18 fr. en 1839, et 24 fr. en 1841.

M. Breghot a donné, dans le 2e vol. de ses Mélanges, une notice curieuse d'Adamoli, de Lyon, sur Gauffecourt. Ce personnage, dont Rousseau a parlé avec éloge dans ses Confessions, mais qui a été travesti dans les Mémoires de Mad. d'Epinay, est mort à La Motte, maison de campagne, près de Lyon, en mars 1766, âgé de 75 ans.

GAUFREDUS Malaterra. Roberti Viscardi Calabriæ ducis, et Rogerii ejus fratris Calabriæ et Siciliæ ducis, principum Normanorum, et eorum fratrum rerum in Campania, Apulia, Bruttiis, Calabris, et in Sicilia gestarum libri IV ; auctore Gaufredo Malaterra Rogerii ipsius hortatu : Rogerii Siciliæ regis rerum gestarum quibus Siciliæ regnum in Campania, Calabris, Bruttiis et Apulia usque ad ecclesiasticæ ditionis fines constituit, libri IV, auctore Alexandro : Genealogia Roberti Viscardi, et eorum principum, qui Siciliæ regnum adepti

---

sunt, ex Ptolemæi Lucensis Chronicis decerpta. *Cæsar - Augustæ, ex officina Domini A. Portonariis de Ursinis,* 1578, in-fol. [25724]

Ce recueil est rare, mais les morceaux qui le composent ont été reproduits mieux dans les *Rerum italic. Scriptores* de Muratori, et ailleurs.

GAUFRIDUS Monemuthensis. Voy. GALFRIDUS.

GAUFRIDY (*Louis*). Voy. FONTAINE (*Jacques*).

GAULCHÉ (*Jean*). L'Amour divin, tragicom. contenant un bref discours des saincts et sacrés mystères de la rédemption de l'humaine nature. *Troyes, Claude Briden,* 1601, pet. in-8. [16359]

Cette pièce, qui manquait à M. de Soleinne, est dans le catal. de La Vallière-Nyon, 17271.

GAULFRIDO and Barnardo. The Pityfull historie of two loving italiani : Gaulfrido and Barnardo le Vayne, Translated out of Italian into English meeter by John Drout, of Tavis Inn, Gent. *London, H. Binneman,* 1570, pet. in-8. de 30 ff. car. goth.

Livret fort rare. M. Collier en a fait faire par J. Shobert une réimpression in-4. en caract. goth., tirée à 25 exempl. seulement (Lowndes, 2ᵉ édit., p. 869).

GAULTERON (*Guil.*) Scanderberg. Voy. JOVE (*Paul*).

GAULTIER Garguille. Ses chansons. *Paris, Targa,* 1632, pet. in-12 de 12 ff. prélim., y compris le frontispice gravé, plus 190 pp. [14314]

Première édition de ce recueil ; elle est fort rare.

Ces chansons grivoises et remplies d'équivoques grossières sont du comédien Hugues Guéru dit *Flèchelles,* au nom duquel est expédié le privilège daté du 4 mars 1631. L'édit. de 1636, pet. in-12, est une copie exacte de la première. Dans l'exemplaire que nous avons vu, le frontispice gravé porte la date de 1632, quoique le titre imprimé soit de 1636. L'édit. de 1636, en *mar. r.* 24 fr. Chénier ; 65 fr. Nodier ; 280 fr. De Bure ; 102 fr. et 139 fr. deux exempl. Solar. Il a paru une seconde édition entre celle de 1632 et la troisième. Quant à celle de 1739, ou plutôt de 1639, que M. Renouard annonce dans son catal. comme étant *la première et la meilleure,* si elle existe réellement sous cette dernière date, ce n'est que la quatrième tout au plus, et nous craignons bien que ce ne soit uniquement à l'avantage de s'être trouvée dans la bibliothèque de M. Renouard qu'elle doive la qualification de *meilleure édition.* Nous en citerons deux autres, assez mal imprimées : la première de 1641, la seconde sous le

titre de *Nouvelles chanssons de Gaultier Garguille,* Paris, Johan Promé, 1643, pet. in-12 de 129 pp. et 2 ff. de table ; le frontispice est gravé et il n'y a point de titre imprimé (135 fr. mar. r. Veinant) ; enfin, une dernière de *Londres* (*Paris*), 1658 (1758), sur la copie imprimée à Paris en 1631, in-12 : vend. 6 fr. *mar. r.* Méon ; 32 fr. *mar. v.* Nodier.

CHANSONS de Gaultier Garguille, nouvelle édition, suivie de pièces relatives à ce farceur, avec introduction et notes par Edouard Fournier. *Paris, P. Jannet,* 1858, in-16. 5 fr. et plus en pap. fort.

Dans cette édition, les chansons de Gaultier Garguille sont précédées d'un morceau curieux sur la farce et la chanson avant 1660, formant CXII pp., et suivies de la réimpression de diverses facéties dans lesquelles figurent ce farceur, et dont nous citons ci-dessous les éditions originales. Ces pièces occupent les pp. 119 à 254.

LES CHANSONS folastres et récréatives de Gaultier Garguille, comesdien ordinaire de l'hostel de Bourgongne, nouvellement revues, corrigées et augmentées oultre les précédentes impressions. *Paris, Claudin,* 1858, in-16, vignette.

Édition tirée à 300 exempl., savoir : 200 en pap. ordinaire, 10 fr.;—40 Gr. Pap. de Hollande, 15 fr.;—30 pap. de couleur à 18 fr. ; — 10 pap. de Chine, 20 fr.—15 Gr. Pap. de Hollande, en couleur, 20 fr. Gr. Pap. de Chine, 25 fr.

Opuscules qui se rapportent à ce facétieux personnage, et que nous croyons devoir réunir ici :

TESTAMENT de feu Gautier Garguille, trouvé depuis sa mort, et ouvert le jour de la réception de son fils adoptif, Guillot Gorgeu. *Paris,* 1634, in-8. [17862]

RENCONTRE de Gautier Garguille avec Tabarin en l'autre monde, et les entretiens qu'ils ont eus dans les Champs-Elysées sur les nouveautés de ce temps. *Paris,* 1632 (réimpr. en 1634).

L'ENTRÉE de Gaultier Garguille en l'autre monde, poëme satyrique. *Paris,* 1635, pet. in-8. de 8 pp.

TESTAMENT de Gros Guillaume et sa rencontre avec Gaultier Garguille, en l'autre monde. *Paris, J. Martin,* 1634, in-8.

APOLOGIE de Guillot Gorju, adressée à tous les beaux esprits. *Paris, Mich. Blageart,* 1634, in-8.

LA RENCONTRE de Turlupin en l'autre monde, avec Gautier Garguille et le Gros Guillaume, et la grande joye et allégresse qu'ils eurent à son arrivée aux Champs-Elysées. *Paris,* 1637, in-8.

LES BIGNETS de Gros Guillaume, envoyés à Turlupin et Gautier Garguille, pour leur mardy-gras, par le sieur Tripotin, gentil-homme fariné de l'hôtel de Bourgogne, in-8.

LA QUERELLE de Gautier Garguille et de Perrine, sa femme, avec la sentence de séparation entre eux rendue. *A Vaugirard,* in-8.—Réimpr. dans la collection de Caron.

LES DÉBATS et facétieuses rencontres de Gringalet et de Guillot Gorgeu, son maître : revues tout de nouveau et augmentées de ses ordonnances touchant la police humaine (par Bertrand Harduyn dit *Guillot Gorju*). *Paris, Ant. de Roffé,* in-12.

— LES MÊMES. *Troyes, Nic. Oudot,* 1682, in-12.

L'édition de *Rouen, Vᵉ Oursel,* sans date, in-12 de 24 pp., porte à la fin l'approbation datée de Paris, 30 avril 1735 (peut-être pour 1635).

Toutes ces pièces se trouvaient dans le recueil, nᵒ 3913 du Catal. de La Vallière, en 3 vol.

GAURICI neapolitani (*Pomponii*) de sculptura, ubi agitur de symetriis, de

---

lineamentis, de physiognomonia, de perspectiva, de chimice, de ectyposi, de cælatura, etc. *Florentiæ (Ph. Junta)*, VIII *cal. Januar*. M. D. IIII, in-8. de 46 ff. [9670]

Ce petit volume (dont un exemplaire sur VÉLIN se conservait dernièrement chez Fr. Reina, à Milan) est fort rare; mais, selon le Toppi cité par Dav. Clément, il en existerait une autre édition, *Pisauri penes Hieronymum Soncinum*, 1504, in-8., qui serait la première. L'ouvrage a été réimprimé, *Antuerpiæ, apud Joannem Graphæum*, 1528, in-8., avec une épître dédicatoire de *Corn. Graphæus* substituée à celle d'*Ant. Placidus*, qui est dans l'édition de Junte. — *Norimbergæ, apud Joan. Petreium*, 1542, in-4., avec une épître de Jac. Curio. —Et de nouveau avec d'autres traités de Demontiosus et de Gorlæus, *Antuerp.*, 1609, in-4.; enfin dans le IXe vol. du *Thesaurus antiquitatum græcarum* de Grævius, 725.

—Pomponii Gaurici Neap. Elegiæ, eclogæ, silvæ et epigrammata. (*absque loco*), 1526, pet. in-8. [12699]

Cette édition est fort rare. Renouard, qui ne l'avait pas vue, doutait qu'elle fût sortie des presses aldines et la supposait impr. à Lyon; mais un passage de l'épître dédicatoire à Ferdinand, prince de Salerne, en date de *Venise, 5 cal. Septemb.* 1526, qui est en tête de ce vol., et où on lit les mots : *in Urbe Veneta Aldinis typis*, décident la question. Voir à ce sujet la note impr. sous le n° 1078 du catal. Libri, de 1859, à l'occasion d'un exemplaire du livre dont il s'agit qui a été vendu 5 liv. 10 sh., quoiqu'il eût été donné pour 9 sh. à la vente Butler, et avec *Catossi Troctæ annotationes in Gaurici elegias*, Neapoli, 1523, pet. in-8., pour 10 fr. 5 c. à celle de Courtois.

GAURICI (*Lucæ*) Ars metrica : De quantitate syllabarum in componendis versibus necessaria : Jo. Pollii Pollastrini canonici Aretini de componendis carminibus opusculum, elegiaco carmine editum. *Romæ, in ædibus Bern. Juntæ*, 1541, in-4. [12700]

Vend. 13 sh. Heber.

Les œuvres de Luc. Gauric, frère de Pomponius, ne renferment pas moins de vingt-un ouvrages différents : elles ont été publiées sous le titre d'*Opera omnia quæ quidem extant Lucæ Gaurici... astronomi, ac astrologi præstantissimi, vatisque celeberrimi*, Basileæ, 1575, 3 vol. in-fol.; mais on les recherche peu.

GAUSS (*Car.-Frid.*). Disquisitiones arithmeticæ. *Lipsiæ, G. Fleischer*, 1801, gr. in-8. [7874]

Ouvrage très-recherché et qui est devenu rare. Il n'a coûté primitivement que 3 thl., mais il est porté à 60 fr. dans le 62e catal. d'Asher de Berlin.
— RECHERCHES arithmétiques, traduites par Poullet Delisle. *Paris, Courcier*, 1807, in-4.
Cette traduction ne se trouve plus que difficilement. 44 fr. Libri; 40 fr. Arago.

— Theoria motus corporum cœlestium. *Hamburgi, Perthes*, 1809, in-4. fig. 18 fr. et plus en pap. vél. [8280]

THEORY of the motion of the heavenly bodies moving about the sun in conic section, by C.-Fr. Gauss, translated by Ch.-H. Davis, with an appendix. *Boston*, 1857, gr. in-4.
Nous citons cette traduction à cause de l'appendix qui y est joint.

Ce célèbre mathématicien a publié, soit séparément, soit dans des recueils scientifiques, un assez grand nombre de mémoires dont les principaux sont portés dans notre table sous les n°* 7904, 7979, 7980, 7987, 7988, 8105, 8125.
Le plus ancien a pour titre :
DEMONSTRATIO nova theorematis omnem functionem algebraicam rationalem integram universalem unius variabilis in factores reales primi vel secundi gradus resolvi posse. *Helmstadii, Fleckeisen*, 1799, in-4.

GAUSSART Flamingon (*Guy*). Six livres des similitudes de toute sorte d'animaux extraictes de divers autheurs chrestiens et profanes. *Paris, Gilles Bey*, 1577, in-16.

Livre singulier composé pour l'instruction morale d'un enfant de onze ans.

GAUTHEY (*Émilian-Marie*). Traité de la construction des ponts (ouvrage posthume, publié avec des additions considérables, par N. Navier, neveu de l'auteur). *Paris, Firmin Didot*, 1809-16, 3 vol. gr. in-4., avec 36 pl. [8835]

Cet ouvrage estimé se vendait originairement 72 fr., mais comme l'édition des tomes II et III est épuisée, on le paye plus cher aujourd'hui. Le troisième volume est composé de mémoires concernant les canaux de navigation.

GAUTHIER (*M.-P.*). Les plus beaux édifices de la ville de Gènes et de ses environs. *Paris, P. Didot*, 1818-31, gr. in-fol. fig. [9898]

Publié en 30 livraisons : prix de chacune, 6 fr.—Pap. de Hollande, 10 fr., et donné pour le tiers de ces prix dans les ventes publiques.

GAUTIER (*Albin*). L'union d'amour et de chasteté, pastorale (en 5 act. et en vers), de l'invention d'A. Gautier, apotiquaire avranchois. *Poictiers, Ve Jean Blanchet*, 1607, pet. in-8. de 66 ff. [16376]

Cette pièce est rare : mais ce n'est pas là son seul mérite, car, selon l'auteur de la *Bibliothèque du théâtre françois*, I, p. 372, elle est remarquable par de jolies chansons qui terminent les actes, par le style qui est très-correct, et surtout par la richesse des rimes. 31 fr. de Soleinne.

GAUTIER d'Agoty (*Jacq.*). Myologie complète, en 20 pl., avec les explications de Duverney. *Paris*, 1746, gr. in-fol. fig. en couleurs. [6686]

Publié d'abord sous le titre d'*Essai d'anatomie, etc.*, 1745, avec 8 pl., et *Suite de l'essai d'anatomie*,

---

1745, 12 pl., ou sous celui de *Myologie du tronc et des extrémités*, 1745.

ANATOMIE de la tête, en 8 pl., expliquées par Duverney. *Paris*, 1748, gr. in-fol. fig. en coul.

ANATOMIE générale des viscères; angiologie et névrologie, en 18 pl.; figure d'hermaphrodite, avec l'explication de Mertrud. *Paris* (1752), gr. in-fol.

Ces trois ouvrages forment la première collection des planches anatomiques de Gautier; ils ont coûté ensemble 168 fr. aux souscripteurs, mais ils ont peu de valeur aujourd'hui parce qu'on a beaucoup mieux: vend. 44 fr. Bichat, et moins cher depuis.

— EXPOSITION anatomique de la structure du corps humain, en 20 pl., impr. en couleurs, pour servir de supplément à celles qui ont déjà été données. *Marseille*, 1759 ou 1770, gr. in-fol. [6687]

Vend. 30 fr. Bichat; 18 fr. Hallé.

— ANATOMIE des parties de la génération de l'homme et de la femme. *Paris*, 1773, gr. in-fol., avec 8 pl. en couleurs. [6821]

Vend. 21 fr. Blondel; 23 fr. Bichat.

Ordinairement le même volume renferme l'ouvrage intitulé: *Exposition anatomique des maux vénériens sur les parties sexuelles de l'homme et de la femme.* Paris, 1773, 4 pl. et 26 pp. de texte.

— OBSERVATIONS sur l'histoire naturelle, sur la physique et sur la peinture, avec pl. en couleurs; par Gautier, années 1752-55. *Paris*, 18 part. en 6 vol. in-4. — Observations périodiques sur la physique, etc.; ou journal des sciences et des arts, par Toussaint; avec des pl. en couleurs par Gautier fils (les 6 derniers mois de 1756 et l'année 1757). *Paris*, 3 vol. in-4. [6214]

On ne trouve que difficilement cette collection ainsi complète: 71 fr. L'Héritier, et moins depuis.

Les gravures ont été recueillies séparément sous le titre suivant:

COLLECTION de planches d'histoire naturelle, en couleurs, par Gautier. *Paris*, 1757, in-4.

GAUTIER (*Théophile*). Trésor d'art de la Russie ancienne et moderne par Théophile Gautier; ouvrage publié sous le patronage de S. M. l'empereur Alexandre II, dédié à S. M. l'impératrice Marie Alexandrovna, 200 pl. héliographiques par A. Richebourg. *Paris, Gide*, 1859, gr. in-fol. [9187]

On annonce que cet ouvrage sera publié en 16 ou 17 livraisons de 12 ff. chacune, au prix de 100 fr. par livraison. Nous avons vu les trois premières prêtes à paraître en mai 1861.

— Émaux et camées, 10076. — Poésies, 14096.

GAUTIER d'Arras. Eraclius; deutsches und französisches Gedicht des zwölften Jahrhunderts (jenes von Otte, dieses von Gautier d'Arras), nach ihren je beiden einzigen Handschriften, nebst mittelhochdeutschen, griechischen, lateinischen Anhängen und geschichtlicher Untersuchung, zum ersten Male herausgegeben von H.-F. Massmann. *Quedlinburg und Leipzig*, 1842, in-8. [13192]

Dans les manuscrits ce poème de Gautier d'Arras est intitulé l'*Empereour Eracles* (Héraclius). Voir sur ce poëte, qui vivait au XIIe siècle, l'*Hist. littér. de la France*, tome XXII, pp. 791 et 851.

GAUTIER d'Aupais. Voy. OISY (*Eng.* d').

GAUTIER de Coinsy. Le Miracle de Théophile, mis en vers au commencement du XIIIe siècle, par Gautier de Coinsy, publié pour la première fois d'après un vieux manuscrit de la bibliothèque de Rennes, par D. Maillet. *Rennes, Mollieux*, 1838, in-8. [13214]

— Les Miracles de la sainte Vierge, traduits et mis en vers par Gautier de Coincy, prieur de Vic-sur-Aisne, et religieux bénédictin de Saint-Médard de Soissons, publié par M. l'abbé Poquet, avec une introduction, des notes explicatives et un glossaire. *Paris, Parmantier*, 1857, in-4. 50 fr. [13214]

Volume de près de 800 pages, orné de nombreuses planches représentant les miniatures du manuscrit d'après lequel cette édition a été publiée. Il n'en a été tiré que 167 exemplaires, tous numérotés.

GAUTIER ou Gaultier de Lille. Voy. GALTHERUS.

GAUTIER Mape. Voy. MAPES.

GAUTIER de Metz. Voy. LIVRE de Clergie, et MIROUER du Monde.

GAUTIER (*Fr.*). Voy. RECUEIL de Noëls.

GAUTIER Garguille. Voy. GAULTIER.

GAUVAIN. Belle et delectable histoire du noble chevalier Gauvain et de ses chastes amours depuis qu'en costume de moine il delivra une duchesse jusqu'à ce qu'il fut proclamé duc de Bretagne (en allemand). *Strasbourg*, 1540, pet. in-4. fig. en bois. [17678]

Vend. 28 fr. 50 c. Heber.—Voy. GIGLAN.

GAVANTI (*Barthol.*) Thesaurus sacrorum rituum, cum novis observationibus et addit. Caj.-Mar. Merati. *Romæ*, 1736-38, 4 vol. in-4. 50 à 60 fr. [651]

Bonne édition de cet ouvrage estimé, lequel a été réimpr. à Turin, 1736-40, en 5 vol. in-4., puis à Venise, 1749, en 2 vol. in-fol., 1762, en 3 vol. in-fol. et 1823, en 5 vol. in-4.

Les anciennes éditions de ce livre sont en un seul vol. in-4. On y peut joindre le supplément de Merati, lequel a été imprimé séparément sous le titre suivant:

NOVÆ observationes et additiones ad commentaria Barth. Gavanti, in rubricas missalis et breviarii romani, *Aug.-Vindel.*, 1740, 2 vol. in-4.

GAVARD. Galeries historiques de Versailles, publiées par ordre du roi, sous la direction de MM. Gavard, Calamatta et Mercuri, pour les gravures... *Paris,*

Gautier (*Théod.*). Histoire de Gap, 24863.

Gautier (*Toussaint*). Histoire de l'imprimerie en Bretagne, 31245.

Gautier de Sibert. Vies de Tite-Antonin, etc., 22959.
— Variations de la monarchie, 24034. — Ordres de Notre-Dame du Mont-Carmel, etc., 28766.

Gautrain (*Fr.* de). Question histor. sur Tournay, 25099.

Gauttier d'Arc (*L.-Ed.*). Conquêtes des Normands, 24316.

Gavard (*H.*). Ostéologie, 6696.

Gavard, 1837 et ann. suiv., 16 vol. gr. in-fol., y compris un vol. de texte. [9375]

Ce grand ouvrage, exécuté au moyen du diagraphe inventé par M. Gavard, capitaine au corps royal d'état-major, a été publié en 300 livr. auxquelles on a ajouté depuis un supplément formant 160 autres livraisons. On y compte 1422 pl. sur acier et 800 vignettes sur bois. Voici de quelle manière doit être divisé un exemplaire complet :

Tome 1er. Résidences royales, tableaux et croisades, années 270 à 1643. — II. Louis XIV à Louis XVI, 1643 à 1791. — III. Campagnes de 1796 à 1799 ; expédition d'Egypte et Consulat, 1799 à 1803. — IV. Napoléon, 1804 à 1807. — V. Louis XVIII à Louis-Philippe 1er, 1814 à 1840. — VI. Amiraux, connétables, maréchaux et guerriers célèbres. — VII. Rois de France jusqu'à Louis XIII. — VIII. Personnages célèbres sous Louis XIV et Louis XV. — IX. Personnages célèbres, depuis Louis XVI jusqu'à Louis-Philippe ; statues et bustes, de Clovis à Napoléon. Le texte forme un tome dixième. — Deuxième partie. Supplément. Tome 1er. Résidences royales ; Croisades. — II. Règnes de Clovis à Louis XIV. — III. Règnes de Louis XV à Louis - Philippe. — IV. Amiraux, connétables, maréchaux, chefs des croisades. — V. Personnages célèbres, depuis le XIIe siècle jusqu'à Louis XVI. — VI. Personnages célèbres, depuis Napoléon jusqu'à Louis-Philippe ; Statues, bustes et tables.

Le texte a été publié séparément, sous ce titre :

GALERIES historiques de Versailles (Histoire de France), servant de texte explicatif aux peintures et sculptures qu'elles renferment, par J. Janin. *Paris*, 1838, 4 vol. in-4.

Trois éditions de ce grand ouvrage ont paru simultanément : 1° une édition de luxe, gr. in-fol. (pap. vél. demi-colombier), avec les planches sur papier de Chine, et le texte orné de vignettes, culs-de-lampe et ornements gravés sur bois, au prix de 5 fr. chaque livrais.; 2° une édition in-fol. (pap. vél. demi-jésus), avec le texte sans vignettes ni culs-de-lampe, etc., au prix de 2 fr. 50 c. chaque livrais.; 3° une édition gr. in-4. (jésus) contenant un choix de gravures prises dans les autres éditions. Cette dernière ne forme que 6 vol. qui ont coûté 120 fr. et depuis 60 fr. seulement. La grande édition a coûté plus de 2,000 fr., mais on l'a pu avoir depuis pour 1,000 fr. dans des ventes publiques On a payé l'in-fol. ordinaire, 515 fr. Busche, le gr. in-fol. *dos de mar.* 749 fr. de Martainville.

L'éditeur s'est servi de plusieurs planches déjà employées dans les *Galeries historiques de Versailles*, pour publier d'autres ouvrages, en particulier la *Galerie des maréchaux de France*, 1 vol. gr. in-8. orné de 40 portraits en pied, 15 fr.

GALERIE historique du palais de Versailles. *Paris*, impr. roy., 1839-48, 10 vol. gr. in-8.

Catalogue des tableaux, statues et autres objets d'art que contient la galerie de Versailles ; on y a reproduit les armoiries de la salle des Croisades. L'ouvrage, imprimé aux frais de la liste civile de Louis-Philippe, ne devait pas être mis dans le commerce ; mais, en 1852, il en a été livré 500 exemplaires aux enchères publiques, ce qui les a rendus communs et en a fait tomber le prix.

Citons encore :

MUSÉE de Versailles, ou tableaux de l'histoire de France, avec un texte explicatif par Henri Martin, Michaud, Burette, etc. *Paris, Furne*, 1851, in-4. avec 56 pl.

LES GLOIRES de la France, par Lélius. Choix des plus beaux tableaux du musée de Versailles, peints par les maîtres de l'école française et reproduits sur acier par nos premiers graveurs. *Paris*, 1859, gr. in-fol. 100 pl. et un texte, 120 fr. [9375]

— Galerie Aguado : choix des principaux tableaux de la galerie de M. le marquis de las Marismas del Guadalquivir, par

M. Ch. Gavard. Notices sur les peintres, par Louis Viardot. *Paris, Gavard*, 1839 et ann. suiv., gr. in-fol. [9385]

Cet ouvrage, qui devait avoir environ 60 livr., n'a pas été continué. Il n'en a paru que 13 livraisons, renfermant ensemble 52 pages de texte, 35 pl. gravées, plus le titre. Chaque livraison coûtait 12 fr. — Pap. de Chine, 15 fr., et avant la lettre, 30 fr.; mais ces prix ne se soutiennent pas.

GAVARNI (*Paul* Chevallier, connu sous le nom de). OEuvres choisies, revues, corrigées et nouvellement classées par l'auteur, avec un texte par Altaroche, de Balzac, Théophile Gautier, Jules Janin, etc. *Paris, Hetzel*, 1845, 4 vol. in-8. 40 fr. [9490]

GAVIN (*Ant.*). Passe-partout de l'église romaine, ou histoire des tromperies des prêtres et des moines en Espagne, traduit de l'anglais (par Fr.-Mich. Janiçon). *Londres*, 1728, 3 vol. in-12. 10 à 12 fr. [2125]

GAY (*Jean*). Histoire des schismes et hérésies des Albigeois, conforme à celle du présent, par laquelle appert que plusieurs grands princes et seigneurs sont tombés en extrêmes désolations et ruines pour avoir favorisé aux hérétiques : à messire Anne de Montmorency, connétable, par Jean Gay, procureur en la cour de parlement de Tholose. *Paris, Pierre Gaultier*, 1561, pet. in-8. [22392]

Du Verdier, article Jean GAY, et le NOUVEAU Lelong, n° 17831.

GAY (*John*). The Works. *London*, 1772-5, 6 vol. in-12. [15812]

Édition portée de 1 liv. 10 sh. à 2 liv. dans les catalogues anglais. On peut y joindre : *Gay's chair, poems never before printed*. Lond., 1820, in-12 de 147 pp.

Les pièces de théâtre de Gay ont été impr. séparément, *London*, 1760 et 1772, in-12. — Les *Poems on several occasions*, imprim. d'abord à Londres, 1720, en 2 vol. in-4., ont aussi été souvent réimpr. à Londres, en 2 vol. in-12. Il y en a une édition de *Glascow, Foulis*, 1751, 2 vol. pet. in-8.

— FABLES of Gay, with his life. *London, Stockdale*, 1793 or 1797, 2 tom. en 1 vol. très-gr. in-8., avec 70 pl. d'après Stothard et autres. [15813]

Belle édition : 20 à 30 fr.

La plus ancienne édit. que nous connaissions de ces fables est celle de *Lond., Tonson*, 1727-33, en 2 vol. in-4. Le même fablier a été réimprimé de 1733 à 1738, et en 1753, 2 vol. in-8., fig., et souvent depuis.

— FABLES. *London, Whittingham* (1796), 2 tomes, 1 vol. pet. in-12, pap. vél. avec 70 pl.

Cette jolie édition coûtait 18 fr., et plus cher en Gr. Pap. Il y en a une de *Londres*, 1808, in-12, avec une jolie vignette à chaque fable ; une autre, Lond., *Whittingham*, 1820, in-32, avec 100 vignettes en bois, et enfin, *edited by O.-F. Owen, illustrated by Harvey*, London, 1856, in-12. 5 sh.

L'édition de *Paris, Renouard*, 1802, in-18, dans la-

Gavlnl de Campile. Servitudes, 2846.
Gay (*Ch.*). Négociations, 25739.
Gay de Vernon (*Sim.-Fr.*). Art militaire, 8595.

quelle on a imprimé les Fables de Moore, est commune ; mais il en a été tiré deux exempl. sur VÉLIN.

⌐ FABLES de Gay, suivies du poëme de l'éventail, trad. de l'anglais par madame de Keralio. *Paris*, 1759, in-12.

On a des *Fables choisies de Gay, mises en vers françois (par de Mauroy)*, Paris, 1784, in-12.

— FABLES by the late M. Gay, with a translation into urdu poetry by kali Krischna Bahâdur. *Calcutta*, 1836, gr. in-8. à 2 col.

Chaudon, induit en erreur par un catal. de *Cazin*, avait dit à l'art. *Gay*, dans son Dictionnaire historique (édit. en 13 vol.), *Cazin a donné une édition des œuvres de Gay*, Paris, 3 vol. in-12 ; et, sans nul doute, il s'agissait là de l'édition d'Édimbourg, en 3 vol. in-18 de la collection de Bell, que Cazin a portée dans ses catalogues, car ce libraire n'a point fait imprimer d'édition de Gay. Or, comme les erreurs en bibliographie sont contagieuses, le rédacteur de l'article *Gay*, dans la Biogr. universelle, première édition, tome XVI, p. 617, n'a pas manqué de répéter que *Cazin a donné une édition des œuvres de Gay ;* mais pensant que cette édition ne devait pas être en anglais, il a ajouté *traduites en français ;* ce qui , pour être plus vraisemblable, n'est pas plus exact, et est même moins excusable.

GAY (*Claudio*). Historia física y política de Chile, segun documentos adquiridos en esta republica durante doze años de residencia en ella, y publicada bajo los auspicios del supremo gobierno. *Paris, H. Bossange,* 1844-54, 24 vol. in-8. et atlas en 2 vol. in-4., 315 pl. color. 150 fr. [28696]

Ouvrage d'un grand mérite et qui est divisé ainsi : Histoire, 6 vol. — Documents historiques, 2 vol. — Flore, 8 vol., auxquels s'adaptent 103 pl. de l'atlas. — Zoologie, 8 vol., avec 135 pl. de l'atlas.

GAYA (*Louis* de). Cérémonies nuptiales de toutes les nations. *Paris*, 1680 ou 1681, pet. in-12. [21332]

Les éditions de *La Haye*, 1681, ou *Cologne*, 1694, in-12, se vendent comme celles de Paris : 3 à 4 fr.

L'ouvrage anonyme intitulé : *Coup d'œil anglais sur les cérémonies du mariage...* Genève (Paris), 1750, in-12, n'est guère, suivant Barbier (*Dict. des anonymes*, n. 3076), que la copie de celui de Gaya ; il a été rédigé par Hurtault, maître de pension.

— HISTOIRE généalogique des Dauphins du Viennois, depuis Guignes, en 1227, jusqu'à Louis V, fils de Louis le Grand, par Louis de Gaya. *Paris, Michallet*, 1683, in-12, avec des blasons. 6 à 9 fr. [24848]

GAYE (*Gio.*). Carteggio inedito d'Artisti dei secoli XIV, XV e XVI, pubblicato ed illustrato, con documenti, pure inediti, da Gio. Gaye. *Firenze, Molini*, 1839, 3 vol. in-8. 30 fr. et plus en Gr. Pap. [9165]

Recueil d'un grand intérêt pour l'histoire des beaux-arts ; les documents qu'il renferme commencent en 1326 et se terminent par soixante lettres de Vasari, publiées d'après les autographes : on y a joint les fac-simile lithogr. de l'écriture de 84 artistes et autres personnages célèbres.

Gay de Vernon (le baron). Opérations des généraux Custines et Houchard, 8750.—Vie de Gouvion Saint-Cyr, 29997.

Gay-Lussac (*Jos.-Louis*). Recherches physico-chimiques, 4370. — Cours de chimie, 4399. — Instruction sur l'essai... 4435.

Gayard (*Perrin*). Titres du comté de Forez, 24616.

GAYOT(*E.*). Atlas statistique de la production des chevaux en France, pour servir à l'histoire naturelle agricole des races chevalines du pays. 1851-52, gr. in-fol. [6411]

Chacune des trois livraisons de cet atlas contient 10 planches représentant les différentes races de chevaux, dessinées par M. Lalaisse ; les trois ensemble, avec 10 cartes coloriées, 75 fr.

Ces planches se joignent à *la France chevaline*, du même auteur, ouvrage en 2 parties de 4 vol. in-8. chacune : la première sous le titre d'*Institution hippique*, 1849-52 ; la seconde, sous celui d'*Etudes hippologiques*, 1850-52. Les 8 vol. 52 fr.

GAYTON (*Edmund*). Chartæ scriptæ, or a new game at cards called Play by the Booke. *London*, 1645, in-4. [10480]

Vendu 2 liv. Bindley ; 1 liv. 16 sh. Bliss, et en *mar*. 4 liv. 7 sh. North.

Parmi les autres ouvrages d'Edm. Gayton dont Lowndes donne les titres, nous distinguons : *Festivous notes on the history of the renowned Don Quixotte*. London, 1654, in-fol.

GAZA (*Theodorus*). Theodori introductivæ grammatices libri quatuor, ejusdem de mensibus opusculum ; Apollonii grammatici de constructione libri quatuor ; Herodianus de numeris (græce). *Venet., in ædibus Aldi romani octauo Calendas Ianuarias*. M. CCCCLXXXXV, pet. in-fol. de 198 ff. [10615]

Première édition de ce recueil : 92 fr. La Vallière ; 103 fr. *m. r.* Larcher ; 72 fr. Bosquillon ; 2 liv. 11 sh. Heber ; 33 flor. Meerman ; 50 fr. *mar. v.* Giraud ; 30 fr. Costabili.

— GRAMMATICES introductionis libri IV ; de mensibus ; Georgius Lecapenus de constructione verborum, gr. *Florentiæ, impensis Ph. Juntæ, labore vero et dexteritate Bartholomæi Brisianci*, 1515, in-8. de 213 ff. 8 à 12 fr.

— THEODORI introductivæ grammatices libri quatuor (græce). *Parisiis, Ægid. Gourmontius*, 1516, in-4.

Dans cette édition, qui est fort rare, chaque livre a un titre séparé, et les deux premiers livres sont imprimés en plus petits caractères que les deux autres. C'est sur le dernier que se trouve la date : vend. 19 sh. Heber.

Au commencement du XVIe siècle, la grammaire de Théodore Gaza était d'un usage général pour l'enseignement de la langue grecque, et les différents livres qui la composent se réimprimaient fréquemment. Ebert, n° 8210, cite une édition du premier livre : *Dionysiæ, Gourmont*, 1531, in-4., laquelle, dans l'exempl. de la biblioth. de Dresde, est accompagnée de trois autres livres de l'édition de 1516, ci-dessus.

— INTRODUCTIVÆ grammatices libri IV. *Lovanii, Theod. Martinus*, 1516, in-4.

Autre édition rare : 8 sh. 6 d. Heber.

— GRAMMATICES libri IIII. de mensibus liber ejusdem ; Georgii Lecapeni de constructione verborum ; Emmanuelis Moschopuli de constructione nominum et verborum, et de accentibus (græce). *In ædibus Aldi et Andr. Asulani soceri*, 1525, in-8. de 236 ff. suivis de l'ancre et de la souscription sur 2 autres ff.

Édition revue par Fr. d'Asola, qui l'a rendue supérieure à celle de 1495. Elle est difficile à trouver : 33 fr. *m. r.* en 1829 ; 6 sh. 6 d. Butler.

Ce recueil a été réimpr. à *Florence*, chez les héritiers

---

de *Phil. Junte*, en 1526, in-8. de 284 ff. y compris *Hephæstionis enchiridion*, partie de 52 ff. qui se trouve quelquefois séparément.

— INTRODUCTIVÆ grammaticæ libri IV, gr., cum interpretatione lat. ab Hercule Girlando. *Venetiis, in ædibus Fr. Garoni*, 1527, in-4.

Vend. 2 sh. 6 d. Pinelli; 2 liv. 12 sh. 6 d. Sykes, et 10 sh. Heber.

— EÆDEM institutiones, gr., cum versione latina, *Paris., Chr. Wechel*, 1529, in-8.

— EÆDEM. *Parisiis, apud Mich. Vascosanum*, 1534, in-8.

Ces deux éditions, quoique peu communes, ne sont pas chères, non plus que celle de Paris, *apud Petr. Gaudoul et Petr. Gromors*, 1529, pet. in-8.—Pour un commentaire sur le 4e livre de cette grammaire, voyez NÉOPHYTE.

— GRAMMATICÆ introductionis liber primus. *In ædibus Theodori Martini Alostensis*, 1516, *mense Martis*, in-4.

Texte grec, lequel a été suivi, au mois de juin, de la version latine du même livre, également impr. par Martin d'Alost, lequel a donné, en 1518, le second livre de cette grammaire avec la version latine d'Erasme.

GAZÆUS (*Angelinus*). Pia hilaria, claris iambis expressa. *Londini*, 1657, 2 part. in-8. 8 à 10 fr. [13041]

La première partie de ces poésies mystiques a paru à Reims, 1618, à Douai, 1619, et à Anvers, 1629, in-16, et la seconde à Lille (*Insulis, P. De Rache*), 1638, in-8.; une partie de l'ouvrage a été trad. en français, sous le titre suivant:

PIEUSE récréation du R. P. Angelin Gazée, œuvre remply de sainctes joyeusetés et divertissemens pour les ames dévotes (mis en français par Remy). *Paris, Targa*, 1628, ou *Rouen*, 1637, et Ve *Du Bosc*, 1647, in-12.

GAZÆUS (*Æneas*). Voy. ÆNEAS platon. de immortalitate liber.

GAZANO (*M.-A.*). La Storia della Sardegna. *Nella reale stamperia di Cagliari*, 1777, 2 vol. in-4. [25871]

Cet ouvrage, qui se vend de 15 à 20 fr. en Italie, a été payé 140 fr. à la vente Millin, et seulement 18 sh. Heber.

GAZÈS (*Anthimius*). Ἀνθίμου Γαζῆς λέξικον ἑλληνικὸν, etc. Dictionnaire analytique et critique de la langue hellénique, expliquée par le grec moderne. *Vienne, impr. par Mich. Glykys*, 1809-16, 3 vol. in-4. [10722]

Ce lexique, auquel celui de Schneider a servi de base, a été sensiblement amélioré dans la seconde édition, *Vienne*, 1835-37, en 3 vol. in-4. 60 fr.

GAZET (*Guillaume*). Magdalis, comœdia sacra, authore Gulielmo Gazæo Ariensi Parœciæ D. Magdalanes apud Atrebates pastore. *Duaci, Joan. Bogardus*, 1589, in-8. de 36 ff.

5 fr. 50 c. de Solcinne.

Ouvrages français de Guill. Gazet.

BRIÈVE histoire de la sacrée manne et de la sainte chandelle miraculeusement données de Dieu et religieusement conservées en la ville et cité d'Arras,

avec le miracle des ardens tant de ladite ville que de Paris, Tournay, et la vie de S. Vaste, évesque et patron d'Arras, le tout recueilli de plusieurs bons auteurs et des chartres et tresors de diverses églises. *Arras, Gilles Baudnyn*, 1598 (aussi 1599), pet. in-8. de 62 pp. [22363]

Cet opuscule a été réimprimé à *Arras, chez Guill. de La Riviere*, en 1612, in-12 de 64 pp.; dans la même ville, en 1670, en 1678, en 1682, en 1710 et depuis, et aussi à *Lille*, s. d., pet. in-12.

LE CABINET des dames, contenant l'ornement spirituel de la femme, fille et vefve chrestienne; plus le Cabinet de la vierge, avec un Calendrier historial des sainctes et vertueuses dames, par G. Gazet. *Arras, Guill. de La Riviere*, 1602, pet. in-8. [1718]

Livre singulier et assez rare, lequel renferme plusieurs pièces de vers qui sont rapportées dans les *Recherches sur l'imprimerie à Arras*, par MM. d'Héricourt, 1re part., p. 107 et suiv.

— TABLEAUX sacrés de la Gaule belgique, pourtraits au modèle du Pontifical romain... et la bibliothèque des docteurs théologiens... et autres écrivains célèbres de ce pays. *Arras, Guill. de La Riviere*, 1610, pet. in-8. de XVI et 122 pp.

HISTOIRE ecclésiastique des Pays-Bas, contenant l'ordre et la suite de tous les évesques et archevesques de chacun diocèse... ensemble le Catalogue des saints... un ample récit des histoires miraculeuses... plus la succession des comtes d'Artois. *Arras, ou Valenciennes, J. Vervliet*, 1614, in-4. de XVI et 581 pp. [21464]

Ouvrage impr. après la mort de l'auteur, et qui réunit la substance de différents opuscules qu'il avait publiés sur l'histoire ecclésiastique de la Belgique, savoir:

L'ORDRE et suite des évêques et archevêques de Cambray, *Arras*, 1597, pet. in-8. de 64 pp.

L'ORDRE des évêques d'Arras, depuis leur séparation de l'évêché de Cambray..., avec l'histoire de la sacrée manne et de la sainte chandelle, *Arras*, 1598, pet. in-8. de 105 pp.

L'ORDRE et suite des évêques d'Arras jusqu'à messire Jean Richardot, *Arras*, 1604, in-8. de 71 pp., etc.

HISTOIRE de la vie, mort, passion et miracles des saints desquels l'église catholique fait fête et mémoire, par toute la chrestienté, premièrement extraicte des écrits de Simon Métaphraste, Aloysius et autres autheurs approuvez et maintenant reduite en sommaire.... augmentée de cent vies nouvellement traduictes et recueillies de Surius, Molanus, comme aussi des chartes de diverses églises et abbayes... avec les expositions des principales cérémonies de l'église; le tout reduit par douze mois en deux tomes. *Arras, Jean Bourgeois*, 1584, 2 vol. in-12.

LA SOMME des péchés et le remède d'iceux, comprenant tous les cas de conscience et résolution de doutes, touchant les péchez, simonies, usures, changes, commerce, censures, restitutions, et tout ce qui concerne la réparation de l'âme pécheresse du sacrement de la pénitence, premièrement recueillie par R. P. F. J. Benedicti, et maintenant réduite en épitome, par M. G. Gazet. *Arras, Rob. Maudhuy*, 1592, in-8. de 726 pp. sans les pièces liminaires ni les tables.

LE CONSOLATEUR des âmes scrupuleuses par M. Guil. Gazet... avec un recueil de consolations pour les pusillanimes, du R. P. Louis de Blois et autres docteurs; plus la manière d'acquérir la divine grâce et les degrez pour y parvenir. *Arras, Rob. Maudhuy*, 1617, in-16 de 444 et 216 pp.

LES RÈGLES et constitutions des ordres réformés des Clarisses, Brigittes, Annonciades, Carmelines, avec les vies des sainctes dames fondatrices desdits ordres. *Arras, Guill. de La Riviere*, 1623, in-16.

GAZET (le P. *Nicolas*). Histoire sacrée des bonheurs et malheurs d'Adam et Ève, enrichie de notables recherches et moralités et preschée en divers lieux par

---

Gazaignes, dit Philibert. Annal. des Jésuites, 21879.
Gazanyola (*Jean* de). Histoire du Roussillon, 24778.

le P. N. Gazet. *Arras, Rob. Maudhuy*, 1615 et 1616, 2 tom. en 1 vol. in-8. [après 1444]

10 fr. 50 c. Monmerqué.

Ces sermons, au nombre de trente et un, étaient préparés pour la chaire, mais n'ont pas été prononcés.

— Le Miroir des Veufves (avec le Miroir de la vie de Louise de Lorraine, reine doüairiere de France et de Pologne, décédée en 1601). *Paris, Lombard*, 1601, pet. in-8.

CHRONIQUES, ou institution première de la religion des Annonciades fondées en l'honneur de la Vierge Marie, par la princesse Jeanne de France, fille de Louis XI, épouse de Louis XII et sœur de Charles VIII, roys de France, avec leur reigle, priviléges et cérémonies : le tout tiré des mémoires du cloitre des Annonciades, en Bethune, par le P. Nic. Gazet. *Arras, Guill. de La Riviere*, 1607, in-12 de 306 pp. sans les préliminaires ni la table intitulée *les Marguerites recueillies dans tout ce livre*. [21937]

GAZETTE (la) :

La Gazette en ces vers
Contente les cervelles
Car de tout l'univers
Elle reçoit nouvelles.

Paris, jouxte la copie imprimée à Rouen, par Jean Petit, 1609, pet. in-12. [13962]

Volume peu commun qui contient, indépendamment du programme d'une Gazette satirique en vers, deux autres satires dont voici les titres : *Les ballieurs* (balayeurs) *des ordures du monde*, et *la Caballe des matois*, plus un Discours *de la mode et bigarrure du monde*, et *Les joyeux et attristez par la Blanque* (voir sur ce petit recueil la *Bibliothèque poétique* de Viollet Le Duc, p. 349).

GAZETTE (la) françoise pour le temps présent. *Troyes*, 1626, in-12, aussi en vers (Catal. de la Valliere par Nyon, n° 15956).

GAZETTE (la) des Halles, touchant les affaires du temps et tirée de l'histoire de France. — La Gazette de la Place Maubert, ou la suite de la Gazette des Halles, secondes nouvelles.—Suite de la Gazette de la Place Maubert. *Paris, Mich. Mettayer*, 1649, in-4. de 4 et 6 ff. plus 14 pp.

Trois mazarinades en vers, patois de Gonesse.

GAZETTE sur la culbute des coyons. *A Montalban*, par A.B.C., etc. 1617, pet. in-8. de 25 pp. [13963]

Pièce en vers sur la chute du maréchal d'Ancre.

GAZETTE de France. — Gazette nationale, ou Moniteur universel. Voyez l'article JOURNAUX, à la fin de ce Manuel.

GAZOLDI Gaidani (*Joannis*) poetæ facundissimi epigrammaton libellus; Ap-

pendices; Eligidia una; Eglogæ duæ ornatissimæ. Qui equs troianus inscribitur. *Carpi, Benedictus Dulcibellis* (circa 1506), in-8. [12701]

Édit. très-jolie et rare, selon M. Renouard. L'imprimeur *Dulcibellis* exerçait à Carpi, en 1506, et à Novi, en 1508. C'est ce qui peut fixer la date du présent recueil.

— Joannis Gazoldi Gaidani, poetæ laureati, Anthropoviographia. (in fine) : *Impresū Boñ. p. Iustinianū de Heriberia* (absque anno), in-8. de 20 ff. non chiffrés, sign. A—E. caractères ronds, titre en lettres capitales.

Petit poëme en vers hexamètres, suivi de poésies diverses du même auteur. Ce recueil, où se trouvent plusieurs pièces licencieuses, n'est pas sans mérite. Il doit avoir paru vers la fin du XVe siècle, car Justinianus de Heriberia, qui l'a imprimé, exerçait à Bologne, dès l'année 1495. C'est une édition fort rare que Panzer n'a point connue, mais qui se trouve à la bibliothèque Mazarine, n° 21564.

GAZULL (*Jacobo*). Lo somni de Joan Joan. Voyez l'article ROIG.

GEBELIN (*Ant.* Court de). Le monde primitif, analysé et comparé avec le monde moderne. *Paris*, 1773-82, 9 vol. in-4. fig. 40 à 48 fr. [10549]

Cet ouvrage systématique et dans lequel l'auteur a déployé une érudition plus vaste que solide, est aujourd'hui peu recherché. Les premiers volumes ont été réimprimés en 1787; le tome 9e, qui renferme un *Dictionnaire étymologique de la langue grecque*, manque à beaucoup d'exemplaires, et ne se trouve que difficilement seul. L'ouvrage suivant est extrait du 3e volume du Monde primitif :

HISTOIRE naturelle de la parole, ou précis de l'origine du langage et de la grammaire universelle. *Paris*, 1776, ou nouvelle édition, avec un discours préliminaire et des notes par M. de Lanjuinais. *Paris*, 1816, in-8., avec une pl. en couleur. 7 fr. [10525]

— Racines latines, 10881. — Troubles des Cévennes, 22452.

GEBER. Geberi liber qui flos naturarum vocatur. (in fine) : *Opus maximi philosophi ac regis Indiæ Geberi fœliciter hic complectum est ac impressum anno Jesu Christi* : M. CCCC. LXXIII. III nonas augusti, in-4. [8945]

Vend. 51 fr. m. r. Mac-Carthy; et 3 liv. 3 sh. Pinelli, avec l'ouvrage suivant dans le même volume :

LIBER trium verborum. Alexandri Magni epistola. Geberi liber investigationum magisterii. Anonymorum carmina latina. Francisci (Cecco) de Asculo, fratris Eliæ, et anonymi carmina italica (*sine ulla nota*), in-4. Edition en caractères romains, sans chiffr., récl. ni signat., ayant 25 lignes à la page, et contenant 120 ff., y compris le registre placé à la fin : elle y a été portée à 70 fr. à la vente Mac-Carthy, et vend. 1 liv. Libri, en 1859. Hain, qui l'a décrit sous le n° 7505 de son *Repertorium*, lui donne aussi 120 ff., mais *non compris* le registre.

Geber ou Yber, chimiste arabe, qui a vécu à la fin du VIIIe et au commencement du IXe siècle, a été le plus célèbre alchimiste du moyen âge, et ses ouvrages, qui, presque tous, ne nous sont parvenus qu'en latin, tiennent encore une place honorable dans l'histoire de la science, et c'est ce qui nous engage à en indiquer les principales éditions.

GEBERI philosophi perspicacissimi summa perfectionis magisterio in sua natura, ex bibliothecæ

Vaticanæ exemplari emendatissimo nuper edita. (in fine) : *Impressum Romæ, per Marcellum Silber,* (absque anno), in-8.

Cette édition ne doit pas être de beaucoup antérieure à l'année 1513, la première où le nom de Marcel Silber figure dans les *Annales* de Panzer. Elle est fort rare, mais l'ouvrage a été plusieurs fois réimprimé, soit séparément, soit avec d'autres traités alchimiques. La dernière, je crois, est celle qui a été impr. à Dantzick (*Gedani*), 1682, pet. in-8., *cum additione ejusdem Gerberi reliquorum tractatuum.*

— GEBERI.... de alchimia libri tres. *Argentorati, Johan Grieninger,* 1529, in-fol.

Réimprimé avec le *Speculum alchemiæ Rogeri Bachonis,* le *Correctorium alchemiæ Richardi, Angli,* etc. *Norimbergæ, Joh. Petreius,* 1541, in-4. fig.

N'oublions pas l'édition de l'*Investigatio magisterii,* revue par Gasp. Horn, qui y a ajouté *Medulla alchymiæ Gebricæ,* Lugd.-Batavor., Arnoldus Doude, 1668, pet. in-12.

— TRES-BRIEF traicté de la chiromantique phisionomie de Jehan Geber, philosophe tres profond. *Paris, Guillaume Le Noir,* 1557, in-8. [8927]

GEBWILER. In gloriosiss. S. Cæsareæ atque majestatis, capto Galliarum rege, triumphum Terpsichores hecatostichon, elegiacum carmen, una cum libello Hier. Gebwileri... originem et interitum illust. Zeringiæ domus... continente. *Hagenoæ, Guil. Selz,* 1529, pet. in-8. [12988]

Nous citons d'après le catal. Leber (IV, art. 395) cet opuscule poétique, parce qu'il se rapporte à un événement historique célèbre, et aussi parce que nous ne le trouvons pas porté dans les *Annal. typ.* de Panzer, où sont indiqués plusieurs écrits de Jér. Gebwiler relatifs à Charles V et aux affaires du temps.

GEDEFRIDI. Dye Woestyne des Heere, leerende hoe een goet Kersten mensch Christum, dlicht der waerheyt zal navolgen : int licht ghebrocht von den Eer. pater Petro Gedefridi, generael minister van den Bruers ende Susters des derde regels S. Francisci, ende overste vant vant Couvent van Antwerpen. (à la fin) : *Gheprint Thantwerpen, op die Lombaerde Veste in den witten Hasewind, by Jan Van Ghelen,* 1554, in-4. goth. fig.

Ce volume est orné de 30 fig. sur bois d'après Albert Durer et autres : 58 fr. Borluut.

GEDICCUS (*Sim.*). Voyez DISPUTATIO.

GEER (*Ch.* de). Mémoires pour servir à l'histoire des insectes. *Stockholm,* 1752-78, 7 tom. en 8 vol. in-4. fig. [5961]

Cet ouvrage, un des meilleurs que nous ayons sur cette partie de l'histoire naturelle, est fort recherché et difficile à trouver : vend. 280 fr. Trudaine; 15 liv. 15 sh. Hibbert; 281 fr. Boutourlin; 250 fr. Huzard; 202 fr. Walckenaer; 140 fr. Léon Leclerc.

Le premier volume surtout est fort rare, parce que

l'auteur, mécontent de son peu de succès, détruisit, dit-on, une partie de l'édit. — Nombre des planches : Tome I, 37 pl. et le portrait de Geer. — II, 1re part. 15 pl.; II, 2e part. pl. 16 à 43. — III, 44 pl. — IV, 19 pl. — V, 16 pl. — VI, 30 pl. — VII, 49 pl.

Ces Mémoires ont été trad. en allemand par J.-A.-Ephr. Gœze, *Nuremb., Raspe,* 1776-82, 7 vol. in-4. fig. 28 thl. 16 gr.

GEGENBAUR (*C.*). Untersuchungen über Pteropoden und Heteropoden. Ein Beitrag zur Anatomie und Entwickelungsgeschichte dieser Thiere. *Leipzig, Engelmann,* 1855, in-4. 8 pl. lith. et color. 32 fr. [6051]

GEILER. Voyez GEYLER.

GEINITZ (*H.-B.*). Die Versteinerungen der Grauwackenformation in Sachsen. *Leipzig,* 1852-53, in-fol., 2 part. avec 26 pl. 32 fr. [4792]

— Die Versteinerungen der Steinkohlenformation in Sachsen. *Leipzig, Engelmann,* 1855, in-fol., 36 pl. lith. 80 fr.

— GEOGNOSTISCHE Darstellung der Steinkohlenformation in Sachsen. 1e Abth. *Leipzig,* 1856, gr. in-fol. avec 12 pl. 48 fr.

— GRUNDRISS der Versteinerungs-Kunde. *Dresden,* 1845, 3 vol. in-8. fig. 32 fr.

— CARAKTERISTIK der Schichten und Petrefacten des sächsischen Kreidegebirges. *Dresden,* 1839, 3 part. en 1 vol. in-4. avec 24 pl. 20 fr.

GELASIR. Voyez PRÉTIEUSE (la).

GELBKE (*C.-H.* de). Description des ordres de chevalerie, croix de mérite et autres marques de distinction en usage chez toutes les maisons souveraines et autres gouvernements. *Berlin, Reimer,* 1832 et ann. suiv., gr. in-fol. [28752]

Ce bel ouvrage s'est publié en XI cahiers contenant 4 pl. impr. noir, or, en argent et en couleur, avec 4 ff. de texte en allemand et en français. Chaque cahier coûtait 17 thl. 8 gr.

— Abbildungen der Wappen sämmtlicher Europäischen Souveraine, der Republiken und freien Städte, nebst Erklarung der einzelnen Wappenfelder und Titel der Regenten. *Berlin, Reimer,* 1830-33, 13 cah. in-fol. obl. 104 thl. [28820]

GELENIUS (*Sigismundus*). Lexicum symphonum quo quatuor linguarum Europæ familiarium, scilicet latinæ, germanicæ, græcæ, sclavinicæ (*sic*) concordia consonantiaque indicatur. *Basileæ, Hieron. Frobenius,* 1537, in-4. [10592]

Un des plus anciens vocabulaires de la langue sclavone : on n'y trouve qu'un petit nombre de mots; mais il est curieux par l'analogie frappante qu'il fait voir entre les mots de ces quatre langues (*Biogr. univers.*, XVII, page 33). Il y a une seconde édition de ce lexique, *juxta duplo auctius*, *Basileæ, Rob. Winter*, 1544, in-4. Elles sont toutes les deux rares, néanmoins la seconde est la plus précieuse.

GELIOT (*Louvan*). La vraye et parfaite science des armoiries, augmentée par P. Palliot. *Dijon, Palliot, et Paris, Hélie Josset*, 1660 (ou 1661, ou 1664), in-fol. [28802]

Vend. 54 fr. en 1841 ; 154 fr. L.-Philippe ; 126 fr. Barrois ; 190 fr. Borluut, 205 fr. et 250 fr. de Martainville, et un bel exempl. en *mar. r. doub. de mar.* 515 fr. Giraud.

La première édition de cet ouvrage estimé a paru sous le titre d'*Indice armorial, ou sommaire explication des mots utiles au blason des armoiries*, Paris, 1635, in-fol. La seconde est fort augmentée et présente un grand nombre d'écussons grav.

Louvan Geliot était poëte, ou au moins faisait-il des vers : on a de lui une pièce en 5 actes, avec des chœurs, laquelle a paru sous ce titre :

PSYCHE, fable morale. *Agen, Domaret*, 1599, in-16. [16349]

Petit volume fort rare, et qui probablement se payerait presque aussi cher que l'in-fol. continué par Palliot. M. de Soleinne n'en avait qu'une copie manuscrite. Cette pièce allégorique est traitée d'une manière assez peu décente, ainsi qu'on le peut voir dans la *Biblioth. du théâtre françois*, 1, 326.

GELL (*Will.*). The Topography of Troy and its vicinity, illustrated and explained by drawings and descriptions. *London, Longman*, 1804, gr. in-fol. [22784]

Ce volume, orné de 41 pl., dont plusieurs sont color., coûtait 10 liv. 10 sh., mais il se donne pour moins de 5 liv. 79 fr. *m. r.* Quatremère. Une 2ᵉ édit., ornée de 45 pl., a paru en 1807. Le même auteur a publié :

THE GEOGRAPHY and antiquities of Ithaca. *London*, 1807, in-4. fig. 15 à 18 fr. [25861]

30 fr. *mar. r.* Quatremère.

THE ITINERARY of Greece, with a commentary on Pausanias and Strabo, and an account of monuments of antiquity existing in that country. *London, Payne*, 1810, in-4., avec 28 pl. 12 à 15 fr. [19582]

Cet ouvrage est le même que celui qu'Ebert cite sous le titre d'*Argolis*.

ITINERARY of the Morea, being a description of the routes of that peninsula. *London*, 1816, pet. in-8. fig. 8 sh.

NARRATIVE of a journey in the Morea. *Lond., Longman*, 1823, in-8. fig. 12 sh. [20450]

L'*Attica*, 1817, in-fol., rapporté à l'article Gell, dans le *Bibliographer's Manual*, a été publié par la Société des *dilettanti*. Nous en parlerons à l'article STUART (*James*).

POMPEIANA : the topography, edifices and ornaments of Pompeii (by W. Gell and John-P. Gandy). *London, Rodwell*, 1817-19, gr. in-8. fig. [29341]

Première série d'un ouvrage curieux et fort bien exécuté : 4 liv. 4 sh. (vend. 110 fr. Langlès) ; in-4. avec les premières épreuves des gravures (*proofs*) et les eaux-fortes sur papier de Chine, vend. rel. en *mar.* 12 liv. 15 sh. Drury, et 12 liv. 12 sh. Hibbert. — L'édition de 1821, gr. in-8., est moins recherchée, parce que les épreuves des gravures en sont un peu fatiguées. Le volume contient 5 pl. non chiffrées et 77 chiffrées très-inexactement, qu'il faut vérifier d'après la liste des planches, où n'est pas portée cependant la 4ᵉ pl. *Mont Vésuve*.

La seconde édition, 1821, gr. in-8. fig. 21 fr. *mar. v.*, 1ᵉʳ catal. Quatremère.

— VUES des ruines de Pompéi (d'après l'ouvrage précédent). *Paris, impr. de F. Didot*, 1828-32, in-4. fig. Publié en 25 livraisons à 6 fr. sur pap. Jés. vél., 10 fr.

sur pap. de Chine, et maintenant 36 fr. la collection sur pap. vélin.

— POMPEIANA, edifices and ornaments of Pompeii, by sir W. Gell, illustrated with more than one hundred plates. *London, Jennings* (1830-31), 1832, gr. in-8.

Suite et complément de l'ouvrage ci-dessus. Le vol. a paru en 12 part. : prix de chacune 10 sh. 6 d. — impérial in-8., 12 sh. 6 d. — royal in-4., *proofs*, 18 sh. — *India proofs*, avec les eaux-fortes, *vingt-cinq* exempl. seulement, 1 liv. 11 sh. 6 d. Les prix de ces deux vol. ont été réduits de plus de moitié.

— THE TOPOGRAPHY of Rome and its vicinity. *London*, 1846, in-8., avec une grande carte. 1 liv. 1 sh., et plus en Gr. Pap. [25582]

C'est, dit-on, le meilleur ouvrage de l'auteur.

GELLI (*Jac.*). Libro volgare detto di consolato di Jacopo Gelli, cioe capitoli, e statuti per la Mercanzia di mare. *Roma, Ant. Blado*, 1519, in-fol. [2953]

Livre rare cité par Haym.

GELLI (*Giambatista*). I Dialogi del Gello. *Firenze, appresso il Doni*, 1546, pet. in-4. [18643]

Cette première édition des *Capricci del Bottaio*, donnée sans l'agrément de l'auteur, ne contient que sept dialogues. Après la préface se trouve un second titre ainsi conçu : *Ragionamenti di Giusto Bottaio di Firenze ; raccolti da ser Bindo suo nipote.* Une seconde édition, non moins rare que la première, a paru également à Florence, chez Doni, en 1546, mais sous cet autre titre :

CAPRICCI del Gello col dialogo dell' *Inuidia*, e con le tauole, nuouamente aggiunte. Elle est aussi de format pet. in-4., portr. 57 fr. 50 c. *m. r.* Libri ; 28 fr. Riva.

I CAPRICCI del Bottaio di Giovanbat. Gelli, ristampati nuouamente con alcuni che vi mancavano. *In Firenze*, MDXLVIII, in-8., portr.

Cette belle édition, due aux presses de Torrentino, qui ne s'est pas nommé, occupe 224 pp., précédées de 8 ff., y compris le titre et un f. bl. Elle renferme dix dialogues. C'est un livre rare et recherché, qui vaut de 30 à 45 fr. en Italie. Vend. 24 fr. Soubise ; 5 flor. 10 sh. Crevenna ; 3 liv. 4 sh. Roscoe ; 2 liv. 8 sh. *mar. olive*, Libri, en 1859.

L'édition de Florence (aussi par Torrentino), 1549, in-8. de 199 pp. chiffr., en caract. italiq., y compris 5 ff. préliminaires, est moins belle que celle de 1548, mais presque aussi rare : 8 fr. 55 c. La Vallière ; 12 fr. *mar. r.* Libri, en 1847. La cinquième édition de Florence, *Torrentino*, 1551, in-8. de 218 pp. et 3 ff. bl., avec portr. au verso du titre, est rare aussi, et elle se paye 36 fr. et plus en Italie (9 fr. *mar.* La Vallière ; 20 fr. Riva). Deux édit. des mêmes dialogues ont été impr. à Venise, en 1550, in-8., l'une par *Giov. Rapicio e Bartolom. Cesano*, l'autre par *Bindoni*.

Le titre de l'édit. de Venise, *Marco degli Alberti*, 1605, in-8., porte ces mots : *Tolto via tutto quello che poteva offendere il bell' animo del pio lettore ;* lesquels, certes, ne la recommandent pas aux bibliophiles. Il y a encore une édit. de 1619, sans nom de ville, in-8.

— Les discours fantastiques de Justin tonnelier, composez en italien par J.-B. Gelli, et trad. en franç. par C. D. K. P. (Cl. de Kerquifinen parisien). *Lyon, à la Salamandre (Ch. Pesnot)*, 1566, in-8. Les exemplaires de ce livre qui se trouvent bien con-

Gellert. Chimie métallurgique, 4433.
Gellert (*C.-F.*). Schriften, 19283. — Fabeln, 15540.

ditionnés valent de 10 à 15 fr. — 21 fr. *vélin*, Libri, en 1857. — L'édition de *Paris*, *Cl. Micard*, 1575, in-16, est assez jolie (15 fr. *mar. v.* Chardin), et sous ce rapport préférable à celle de *Paris*, 1597, pet. in-12. Une autre de *Lyon*, *Baudin*, 1575, in-16, rel. en *mar. v.* 21 fr. Coste.

— THE FEARFULL fancies of the Florentine Couper, translated from the Toscane into English, by Wil. Barker. *London*, 1568, in-16 de 138 ff.

—La Circe, nuovamente accresciuta e riformata. *Firenze*, *Torrentino*, 1550, in-8. de 224 pp. portr. [17382]

Vend. 14 fr. Boutourlin; 39 fr. rel. en *mar.* Libri.

Édition rare et préférable à celle de 1549, par le même Torrentino, vol. in-8. de 266 pp., y compris le frontispice et la dédicace, datée du 1er mars 1548. La 3e édition de la Circé, sortie des presses de Torrentino, en 1562, in-8. de 98 ff. non chiffr., avec portr., est impr. en plus petits caract. que les deux autres. Ces trois éditions ont une certaine valeur en Italie, mais on fait moins de cas de celles de Venise, 1550 et 1590, in-8. Une édit. sans lieu ni date, impr. vers 1550, in-8. de 96 ff. sign. A—M. 10 sh. 6 d. Libri.

— LA CIRCE. *Venezia*, *tipogr. di Alvisopoli*, 1825, in-16, portr.

Édition donnée par Bart. Gamba. Il en a été tiré des exemplaires, in-8., pap. vél., et un seul sur VÉLIN.

LA CIRCEE de M. Giovan Baptista Gello, academic florentin; nouvellement mis en francoys, par le seigneur du Parc, champenois. *Lyon*, *chez Guil. Roville*, 1560, pet. in-8. de 309 pp. Lettres italiq. 30 fr. *mar.* Cailhava.

Ce seigneur du Parc, traducteur de la Circée, est Denis Sauvage. Dans plusieurs de ses catalogues Gabr. Martin l'a confondu avec Nic. Du Moulinet, sieur Du Parc (voy. MOULINET).

Cette traduction a été réimprimée à Lyon, chez le même Roville, en 1554, in-16, aussi en 1569, in-16 de 428 pp. *m. bl.* 21 fr. Nodier; et 10 fr. 50 c. Coste; enfin à *Paris*, *J. Ruelle*, 1572, in-16 de 142 ff. chiffrés, édit. dont il y a des exempl. à l'adresse soit de *Galliot du Pré*, soit de *Macé*.

On trouve dans le catal. de La Valliere, par Nyon, n° 10483, le titre d'une autre traduction de la Circé de Gelli, *Paris*, *De Luynes*, 1681, in-12. Il y a une traduction anglaise de ce roman par Henri Iden, *London*, *J. Cawood*, 1557, in-16 goth.

— La Sporta, comedia in prosa. *Firenze (senza nome di stamp.)*, 1543, in-8. [16661]

Édition rare, que l'on croit être sortie des presses de Junte. Cette pièce a été réimpr. à Florence (par *Torrentino*), 1548, in-8., portr.

— LA SPORTA. *Firenze*, *B. Giunta*, 1550, in-8. 6 à 9 fr.

Cette édit. n'a d'autre avantage sur la précédente que celui d'avoir été à l'usage de l'Académie de la Crusca.

Citons encore la pièce suivante du même auteur :

LO ERRORE, comedia recitata alla cena che fece Ruberto di Filippo Pandolfini alla Compagnia de' Fantastichi l'anno 1555. *Firenze*, *Torrentino*, 1556, in-8. Rare de cette édition.

—Tutte le lettioni fatte da G.-B. Gelli nell' Accademia fiorentina (sopra Dante e Petrarca). *Firenze (Torrentino)*, 1551, in-8. de 486 pp. et 1 f. pour l'errata. 6 à 9 fr. [18345]

L'édit. de *Florence*, 1555, est la même que celle-ci, dont on a seulement réimprimé les 8 premiers feuillets. Le titre, daté de 1551, porte *Celli* au lieu de *Gelli*.

La plupart des douze *Lezioni* que renferme ce recueil avaient déjà été imprimées séparément de 1547 à 1548 ; toutefois nous ne devons pas entrer dans le

détail de ces éditions originales, sur lesquelles, ainsi que sur les sept parties de l'ouvrage suivant, nous renvoyons à la *Serie* de Gamba, 4e édition, n°s 499 et suiv.

— Letture VII, sopra lo Inferno di Dante. *Firenze*, *Sermartelli e Torrentino*, 1554-61, 7 part. in-8. [14621]

Cette collection, dont la 5e partie est rare, ne se trouve pas facilement complète : 3 liv. 10 sh. Libri, en 1859, et quelquefois de 24 à 30 fr.

— Opere di Gelli. *Milano*, *soc. de' classici*, 1804-7, 3 vol. in-8. [19207]

Cette bonne édition contient les *Capriccj*, *la Circe*, *la Sporta*, et *lo Errore*, suivis d'une notice sur l'auteur, par Fr. Reina. Il en a été tiré deux exemplaires en Gr. Pap.

GELLIOT (*Louvan*). Voy. GELIOT.

GELLIUS (*Aulus*). Noctes atticæ, ex recognitione Joan. Andreæ. *Romæ*, *in domo Petri de Maximis*, 1469, in-fol. [18150]

Première édition d'Aulu Gelle ; elle est rare, mais beaucoup moins que le Lucain et surtout le Virgile sortis des mêmes presses en 1469. Les passages grecs y sont imprimés. Vend. 400 fr. Gaignat; 1130 fr. La Vallière ; 58 liv. 16 sh. Pinelli ; 525 fr. exemplaire très-rogné, de Servais ; 860 fr. Larcher ; 43 liv. 1 sh. Sykes : Rich. Heber en avait réuni quatre exempl., dont le plus beau a été vend. 20 liv. et le second 12 liv. 12 sh. ; les deux autres étaient incomplets.

Ce livre précieux contient en tout 199 ff. non chiffrés, à 38 lig. par page. Les cinq premiers renferment la lettre de l'évêque d'Aléria à Paul II, commençant ainsi : *Clarissimum inter latinos auctores esse Au. Gellum...* Ils sont suivis de la table des chapitres, qui occupe 14 ff. ; vient ensuite le texte de l'auteur, lequel est terminé par 38 vers de l'éditeur, accompagnés de la souscription : *Anno Christi* M. CCCC. lxix... etc.

Un magnifique exemplaire sur VÉLIN de cette première édition d'Aulu Gelle, se conserve dans la Bibliothèque impériale de Vienne ; il provient de celle de Saint-Marc, à Venise. Un autre exempl. sur VÉLIN appartient à la biblioth. de Blenheim.

— Eædem. *Romæ*, *Conrad. Suueynheym et Arnoldus Pannartz*, 1472, in-fol. de 196 ff. non chiffrés, à 37 et 38 lig. par page.

Cette seconde édition de *Rome* est plus rare que la première, dont elle reproduit le texte ligne pour ligne. L'épître de l'évêque d'Aléria ne s'y trouve pas ; mais il y a une table des chapitres qui se place indifféremment au commencement ou à la fin du vol. Cette table doit être de 15 ff. A la suite du texte se lisent les 38 vers indiqués ci-dessus, lesquels sont accompagnés de la souscription :

Aspicis illustris lector...

et de la date :

In domo Petri de Maximis
M. CCCC. LXXII. die
Sexta Augusti.

Vend. 601 fr. La Valliere ; 200 flor. Meerman ; 28 liv. Sykes.

— Editio alia. *Venetiis*, *per Nic. Jenson*, 1472, in-fol. de 172 ff. non chiffrés, à 40 lig. par page.

Édition magnifiquement exécutée et encore très-rare : vend. 100 fr. Gaignat ; 136 fr. Mac-Carthy ; 3 liv. 19 sh. Heber ; 13 fr. exempl. défectueux, Boutourlin.

Le vol. commence par une table de 14 ff., ayant l'intitulé suivant :

AVLI GELII NOCTIVM ATTICARVM,
COMMENTARII CAPITVLA PRIMI LIBRI.

Le texte suit, commençant au 15e f., et finissant au 172e f. recto, par la souscription :

AVLI GELII NOCTIVM ATTICARVM COMMENTARII
FINIS : IMPRESSI VENETIIS PER NICOLAVM
IENSON...

— Noctes atticæ. *Venetiis, per Andream Jacobi catharensem*, 1477, in-fol. de 197 ff. à 36 lig. par page, avec signat.

Belle édition faite sur d'autres manuscrits que les trois précédentes, et plus correctement imprimée. La table des chapitres y occupe 16 ff., soit au commencement, soit à la fin : 6 liv. 16 sh. Pinelli ; 25 flor. *m. r.* Röver ; 30 flor. Meerman ; 48 fr. Mac-Carthy ; 2 liv. 5 sh. Heber.

— Eædem. *Brixiæ, Boninus de Boninis,* 1485, *die tercio Marcii*, in-fol. de 192 ff. à 37 lig. par page.

Vendu 2 liv. 3 sh. Pinelli.
Les autres éditions d'Aulu Gelle, impr. à la fin du xve siècle, sont toutes de Venise : savoir de 1489, 1490, 1493, 1494, 1496 et 1500, in-fol. ; mais elles ont peu de valeur.

— Noctes atticæ, cura Ioannis Conelli carnotensis. — *Impressa rursum (Lugduni) ad exēplar Beroaldinæ recognitionis impēsis Bart. Trot*, M. D. XII, in-8. 20 fr. *mar. bl.* Renouard.

Édition rare faite d'après celle de Ph. Beroalde, impr. à Bologne, par *Bened. Hectoris*, en 1503, in-fol. Panzer l'a placée dans ses *Annales typogr.* aux articles *Bononia, Lugdunum* et *Parisiis*, sans s'apercevoir que d'une seule édition il en faisait trois.

— Noctes redditæ nuper omni discussa caligine micantissimæ (ex recens. Car. Aldobrandi). *Florentiæ, Ph. de Giunta, mense Ianuario*, 1513, in-8.

La bibliothèque Riccardienne à Florence (devenue celle de la Crusca) possède un exempl. de ce livre impr. sur VÉLIN.

— Noctium atticarum libri undeviginti (ex recens. Joan.-Bapt. Egnatii). *Venetiis, in æd. Aldi et Andr. soceri, mense septembri*, 1515, in-8. 10 à 12 fr.

Ce volume contient 32 ff. non chiffrés, dont le dernier est blanc, 289 ff. chiffrés, suivis de 51 ff. non chiffrés. Vendu 24 fr. Soubise ; 42 fr. *mar. r. tab.* en 1808 ; 20 fr. Coulon ; 28 fr. Duriez ; un bel exemplaire 38 fr. Costabili.
Il y a deux éditions sous la même date : dans la première le dernier f. porte *duerniorem*, mot qui, dans la seconde, se lit correctement *duernionem ;* on y trouve encore plusieurs autres variations du même genre : au reste le choix entre les deux est indifférent (Renouard).

—Noctes atticæ. *Argent., Knobloch, mense martio,* 1521, in-8. 5 à 6 fr.

Même texte que dans l'édition sortie des presses de Knobloch, en 1517, in-fol. — Les éditions de *Lyon, Seb. Gryphius,* 1534, 1539, 1550 et 1559, in-8., ont peu de valeur.

— Noctes atticæ, quas nunc primum a magno mendorum numero magnus vett. exemplarium numerus repurgavit. H. Stephani noctes aliquot parisinæ (e viginti septem II, III, IV, VI, VII et VIII),

atticis Gellii noctibus invigilatæ : Ejusd. H. Stephani annotationes in alios Gellii locos prodibunt, cum notis Lud. Carrionis prelo jam traditis. *Parisiis,*1585, pet. in-8. 5 à 6 fr.

Cette édition, impr. à Paris pour H. Estienne, qui s'y trouvait alors, ne porte point de nom d'imprimeur : elle contient ordinairement un titre, une épître à P. Delbene, en 2 ff., 23 pp. prélim., 587 pp. de texte, 37 ff. pour les *indices*, 16 pp. prélim. et 205 pp. pour les *Stephani noctes ;* mais plusieurs bibliographes ont prétendu que quelques exemplaires renfermaient de plus les *Notæ Carrionis*, fragment en 120 pp. d'un travail non terminé, mais que ni M. Renouard ni moi n'avons rencontré dans aucun des exemplaires qui ont passé sous nos yeux. Pourtant celui qui est porté dans le catal. de M. de Morante, n° 2812, paraît le contenir. 14 fr. 50 c. *v. f. tr. d.* Giraud, et revêtu d'une ancienne rel. en *mar. à compart. dorés*, et parfaitement conservé, 131 fr. De Bure.

— Noctes atticæ ; editio nova et prioribus omnibus docti hominis (Jo.-Fr. Gronovii) cura multo castigatior. *Amstelod., apud Ludov. Elzevirium,* 1651, pet. in-12.

Jolie édition, dont les exemplaires bien conditionnés ne se trouvent pas facilement : 10 à 12 fr. ; 18 fr. Gouttard ; 25 fr. *m. r. l. r.* en 1827 ; et jusqu'à 50 fr. Labédoy...
L'édition d'*Amsterdam, ex officina elseviriana,* 1665, pet. in-12, est moins belle et moins chère. 3 à 5 fr. ; vend. cependant 22 fr. Mac-Carthy.

— Eædem, cum selectis novisque commentariis, et accurata recensione Ant. Thysii et Jac. Oiselii. *Lugd.-Batav.,* 1666, in-8. 8 à 9 fr.

Édition qui fait partie de l'ancienne collection *Variorum :* 25 fr. (bel exempl. en *peau de truie*) Gouttard.

— NOCTES atticæ, cum notis et emendat. Jo.-Fred. Gronovii. *Lugd.-Batav.,* 1687, in-8.

Cette édition est moins belle que la précédente : 5 à 6 fr. : vendu 25 fr. *m. bl.* Caillard. Il s'en trouve des exempl. dont la forme allongée semble indiquer un Gr. Pap.

— EÆDEM, interpretatione et notis illustr. Jac. Proust, ad usum Delphini. *Parisiis,* 1681, in-4. 6 à 9 fr.

Les notes de cette édition sont sans importance.

— Noctium atticar. libri XX prout supersunt, quos ad libros mss. exegerunt, perpetuis notis et emendationibus illustraverunt J.-F. et Jac. Gronovii : accedunt Casp. Scioppii mss. duor. codd. collatio, P. Lambecii lucubrationes gellianæ et ex L. Carrionis castigationibus excerpta, ut et selecta variaque commentaria ab Ant. Thysio et Jac. Oiselio congesta. *Lugd.-Batav., Corn. Boutesteyn,* 1706, in-4. 10 à 15 fr.

Édition la meilleure qui ait paru jusqu'ici.

— NOCTES atticæ, cura Pauli-Dan. Longolii. *Curtæ-Regnit.,* 1741, in-8. 4 à 6 fr.

— NOCTIUM atticarum libri, ex edit. gronoviana ; præfatus est, et excursus operi adjecit Joh.-Ludov. Conradus. *Lipsiæ,* 1762, 2 vol. in-8. 8 à 10 fr.

Bonne édition, impr. sur mauvais papier. Il y en a des exempl. tirés sur pap. plus grand et très-beau. 14 fr. Renouard.
C'est d'après le texte de cette édition qu'a été faite celle de Deux-Ponts, 1784, 2 vol. in-8.

— NOCTES atticæ : collatis mss. et editt. vet. recensuit, annotationibus crit., etc., illustravit, indici-

busque copiosiss. instruxit A. Lion. *Gottingæ*, *Vandenhöck*, 1824, 2 part. in-8. 8 à 10 fr.
Bonne édition critique.

— NOCTES atticæ, ex edit. Jac. Gronovii, cum notis et interpretatione in usum Delphini, variis lectionibus, notis variorum, recensu editionum et codicum, indice locupletiss. recensita. *Londini, Valpy*, 1824, 4 vol. in-8.

Nos 64 à 67 de la collection des *ad usum*, publ. par Valpy.

LES NUITS ATTIQUES d'Aulu Gelle, traduites, accompagnées d'un commentaire, et distribuées dans un nouvel ordre, par l'abbé de V. (Jos. Douzé de Verteuil). *Paris*, 1776-77, 3 vol. in-12.

LES NUITS ATTIQUES d'Aulu Gelle, traduites en français, avec le texte en regard, et accompagnées de remarques, par Victor Verger. *Paris, Fournier*, 1820 (nouv. titres, *Paris, Brunot-Labbe*, 1830), 3 vol. in-8. 12 fr. — Pap. vél. 20 fr.

Cette traduction est complète, et l'on y a suivi l'ordre de l'ouvrage : celle de l'abbé de Verteuil, au contraire, est par ordre de matières, et il est à remarquer qu'elle laisse à désirer plus de cent chapitres, et que parmi les chapitres traduits un certain nombre ne le sont pas entièrement.

LES NUITS ATTIQUES, traduction nouvelle par E. de Chaumont, Felix Flambart, E. Buisson. *Paris, Panckoucke*, 1845-47, 3 vol. in-8., texte en regard.

THE ATTIC NIGHTS, translated into english by the rev. Will. Beloe. *London*, 1795, 3 vol. in-8. 27 fr.
Traduction estimée.

GEMAELDE-SAMMLUNG in München Sr. Königl. Hoheit des Don Augusto Herzogs von Leuchtenberg und Santa Cruz, Fürsten von Eichstädt, etc., in Umrissen auf Kupfer, mit deutschem und franzos. Texte herausgeg. vom Inspector J.-N. Muxel. *München, Finsterlin*, 1836, in-4. 50 à 60 fr. [9416]

Publié en 27 cahiers. La seconde édit., avec un texte allemand par M. Passavant, *Francf.-a.-M., Baer*, 1851 (aussi 1856), est inférieure pour les gravures.

GEMINI (*Th.*). Compendiosa totius anatomie delineatio, ære exarata per Thomam Geminum. — *Londini, in officina Joanni* (sic) *Herfordii, anno Domini*, 1545, gr. in-fol. [6677]

Ce livre, qui n'est autre chose que l'*Epitome* de Vesale (voy. VESALIUS), se compose d'un frontispice gravé, de 44 ff. imprimés et 40 pl. gravées en taille-douce. Il est moins remarquable sous le rapport de la science anatomique que pour ses planches, les plus anciennes de ce genre, peut-être, qui aient été exécutées en Angleterre. Gemini, ou Geminie, était graveur, ainsi que le prouve le titre ci-dessus, qui dans l'édition de 1545, la première de cet ouvrage, dédiée à Henry VIII, porte les armes de ce prince. Dans la seconde édit., faite avec les mêmes planches (*Londres*, 1552), celle du frontispice donne le portrait d'Edouard VI, en place des armes d'Henry VIII ; et dans l'édition de 1559, *printed at London within the blacke fryars, by Thomas Gemini*, le portrait de la reine Elisabeth a remplacé sur le frontispice celui d'Edouard VI. Dibdin l'a reproduit par une gravure en bois qu'il a placée à la p. 538 du IVᵉ vol. de ses *Typographical antiquities*, où il a fait remarquer que la planche originale est le plus ancien portrait gravé que l'on ait de la reine Elisabeth. M. Le Blanc n'a pas donné d'article à Th. Gemini dans son Manuel.

                              •

Gemeiner (*K.-Th.*). Chronik von Regensburg, 26622.
Gemelli Careri. Giro del mondo, 19841.

GEMINIANO (*Dominic.* de Sᵗᵒ). Lectura super secunda parte libri sexti decretalium. (*Romæ*), *per Magistrū Adam Rot... Anno...* M. CCCC. LXXI, *die vero lune vltima septembris*, gr. in-fol. de 270 ff. [3181]

Nous plaçons ici, à cause de sa date, cette édition qui a été vendue 1 liv. 2 sh. Pinelli ; mais pour les autres éditions de différentes parties de ce commentaire qui appartiennent au XVᵉ siècle, nous renvoyons au *Repertorium* de Hain, nos 7528 et suiv. Nous renvoyons encore au même Répertoire, nos 7542 et suiv., pour la *Summa de exemplis* de Johannes de Sᵗᵒ Geminiano.

GEMINUS. Elementa astronomiæ, gr. et lat., interprete Edone Hilderico. *Altorfiæ*, 1590, in-8. [8209]

Cette édition et celle de Leyde (*Lugd.-Batav.*), 1603, pet. in-8., 3 à 5 fr., sont les seules où l'on ait donné séparément cet ouvrage, qui n'a pas été inséré dans les *Astronomi veteres*, mais qui se trouve dans les deux éditions de l'*Uranologium* du P. Petau. Un bel exempl. en *mar. r.* aux armes de De Thou, 80 fr. Parison.

GEMISTUS sive Pletho (*Geor.*). Elegans ac brevis quatuor virtutum explicatio, gr. et lat. nunc primum edita, Adolfo Occone interprete ; de moribus philosophorum locus ex Platonis Theæteto ; Aristotelis de virtutibus et vitiis libellus (gr. et lat.). *Basileæ, Oporinus* (1552), in-8. de VIII ff. et 127 pp. [3807]

Première édition du Traité des vertus, lequel a été réimpr. dans le livre intitulé : *Doctrina recte vivendi ac moriendi*, Bâle, 1577 ou 1588, in-8., aussi dans le *Stobæus*, édition de 1575, et à la suite du traité d'Aristote *De Virtutibus et vitiis*, édition d'Oxford, 1752, in-8.

M. Mai a publié ce même ouvrage comme inédit, sous le titre de *Philonis Judæi de virtute ejusque partibus*, Mediol., 1816, in-8.

— ZOROASTREOR. et platonicor. dogmatum compendium, gr. et lat., per Val.-Herm. Thryllitzsch. *Wittebergæ*, 1719, in-4. [3366], et dans le 14ᵉ vol. de la Biblioth. gr. de Fabricius, imprimé en 1728, pp. 137-144.

— PLETHONIS [Gemisti] libellus de fato ; ejusdem et Bessarionis card. epistola de eodem argumento, una cum Matth. Camariothæ orationibus II, gr. et lat., ex recens. H.-S. Reimari. *Lugd.-Batav.*, 1722, 2 part. en 1 vol. in-8. 6 à 8 fr. [3551]

— GEORGII GEMISTI Plethonis comparatio Platonis et Aristotelis, græce. *Parisiis, Conr. Neobarus*, 1541, in-12. [3367]

Déjà impr. avec *Bernardi Donati veronensis dialogus de Platonicæ atque Aristotelicæ philosophiæ differentia*, Venet., apud Scotum, 1532 et 1540, pet. in-8.

— Georgii Gemisti qui et Pletho dicitur, ex Diodori et Plutarchi historiis de iis quæ post pugnam ad Mantineam gesta sunt, per capita tractatio. Herodiani a Marci principatu historiarum libri octo, quos Angelus Politianus elegantissime latinos fecit. Enarratiunculæ antiquæ, et perbreves in totum Thucydidem (omnia græce). *Venetiis in Aldi neacademia, mense octobri* M.DIII., in-fol. de 108 ff. [22814]

Ce volume est un fragment de celui qui a pour titre *Xenophontis omissa* (voy. XENOPHON) ; il a été publié séparément, en 1525, avec un titre particulier et une courte préface, afin qu'on pût le joindre au Xénophon complet, impr. cette même année. — Vend. 2 liv. 4 sh. Sykes, et 14 fr. Costabili.

— DE IIS quæ post pugnam mantinensem apud Græcos gesta sunt, libri II, græce edi..it Henr.-God. Reichardus. *Lipsiæ*, 1770, pet. in-8. 2 fr. Édition incorrecte.

Nous citerons encore l'opuscule suivant de *Gemistus* ou *Gemisthus* :

GEORGII GEMISTHI Plethonis et Michaelis Apostolii orationes funebres duæ in quibus de immortalitate animi exponitur, græce, nunc primum e mss. edidit G.-G. Fülleborn. *Lipsiæ*, 1793, in-8.

GEMISTUS. Joannis Gemisti, græci, secretarii Anconæ, Protrepticon et Pronosticon, ad Leonem X, Pontific. maximum. — *Impressum Anconæ per Bernardinum Guerraldum Vercellensem Anno dñi 1516, die 28 mensis Januarii*, in-4. de 36 ff., caract. ronds. [12702]

Poëme héroïque, dans lequel l'auteur engage le pape Léon X à se mettre à la tête des princes chrétiens pour aller délivrer les Grecs du joug sous lequel ils gémissent. Sur le titre du volume on voit deux gravures, dont l'une représente le poëte, à genoux, présentant son livre à Léon X, et l'autre les armes de ce pape.

GEMMA Frisius (*Renierus*). Arithmeticæ practicæ methodus facilis. *Antuerpiæ*, 1540, pet. in-4. [7368]

Première édition d'un ouvrage dont on a fait grand usage au milieu du XVIᵉ siècle, et même depuis. Parmi les nombreuses réimpressions qui en ont été faites nous citerons celle de *Lyon, J. de Tournes*, 1556, in-4., avec les annotations de Jacq. Peletier du Mans, et celle de *Cologne*, 1571, in-8., avec les augmentations que son titre indique ainsi : *Hunc accesserunt J. Peletarii annotationes ; de fractionibus astronomicis compendium : et de cognoscendis per memoriam calendis, idibus, nonis, festis mobilibus et loco solis et lunæ in Zodiaco ; nunc vero a J. Stein recognita et novis aucta additionibus*. Il est probable que toutes ces augmentations se retrouvent dans les éditions faites après 1571, et notamment dans celle de Wittenberg, G. Kelner, 1614, in-8. (Catal. Libri, 1861, nᵒ 545.)

— L'ARITHMETIQUE de Gemme Phrison : traduite en françois par Pierre Forcadel... et par luy illustree de commentaires, contenans plusieurs inuentions nouuelles dudit Forcadel. Augmentee en ceste derniere edition des Commentaires sur les reigles des fractions. *Paris, H. de Marnef et veufue G. Cavellat*, 1585, in-8., 183 ff., plus 1 f. ayant sur le recto la marque donnée par M. Silvestre, sous le nᵒ 811.

La dédicace de Forcadel à Jér. de la Rouvière, datée du 14 déc. 1560, fait supposer une édition antérieure à celle-ci. Toutefois la plus ancienne que nous ayons rencontrée est d'*Anvers, Jean Bellere*, 1582, in-8. de 120 ff. y compris le titre.

— Les principes d'Astronomie et Cosmographie : auec l'usage du Globe. Le tout composé en latin par Gemma Frizon, et mis en langage françois par M. Claude de Boissiere, daulphinois : plus est aiousté l'usage de l'Anneau astronomic, par ledict Gemma Frizon : et l'exposition de la Mappemonde, composee par

ledict de Boissiere. *Paris, Guillaume Cauellat*, 1556, pet. in-8, de 128 ff. chiffrés. [8221]

Édition impr. en caractère italique, et ornée de fig. en bois assez bonnes. L'ouvrage de Gemma, aujourd'hui presque entièrement oublié, a eu du succès dans sa nouveauté. Le texte latin a paru pour la première fois sous ce titre :

GEMMA Phrysius de principiis Astronomiæ ac Cosmographiæ : de vsu Globi, de orbis diuisione ac insulis. *Joan. Graphæus typis excudebat Antuerpiæ*, 1530, *mense octobr.*, in-4.

Il a été réimprimé plusieurs fois.

GEMMARUM antiquarum delectus, ex præstantioribus desumptus, quæ in dactyliothecis ducis Marlburiensis conservantur. *Londini* (1780-91), 2 vol. gr. in-fol. [29602]

Magnifique ouvrage, orné de 100 pl., non compris les deux frontispices gravés par Bartolozzi, d'après les dessins de Cipriani. Il a été exécuté aux dépens de lord Marlborough, qui n'en a fait tirer que 50 exempl. pour faire des présents.

Ces deux volumes ont été plusieurs fois portés à 200 guinées dans des ventes faites à Londres, mais ils sont moins chers maintenant : vend. 60 guinées, Dent ; 71 liv. 8 sh. Hibbert, et 400 fr. seulement De Bure. On trouve une description détaillée de toutes les planches de ce livre dans le prem. vol. des *Ædes althorpianæ*, pag. 148-154. Le texte latin du premier vol. est de Jacq. Bryant, et la traduction franç. du Dʳ Maty : le Dʳ Will. Cole a écrit l'explication latine du second vol., et Louis Dutens l'a traduite en français.

GEMMULA vocabulorum. Voy. VOCABULORUM gemmula.

GÉNÉALOGIE de la famille de Coloma (par P.-Alph. Livin, comte de Coloma). (*Louvain*, 1777), in-fol. [28898]

Ce volume, dont il n'y a eu que 150 exemplaires d'imprimés, ne va que jusqu'à la page 500, et n'a pas été achevé : vend. 48 fr. de Servais.

GENEALOGIE (Cest la) des tres chretiens roys de France qui y ont regne depuis que les Francoys vindrent habiter sur la riuiere de Seine, jusquau roy Francoys premier de ce nom... Et en icelle genealogie sont mises les maisons descendues diceulx tant par ligne masculine que feminine. — *imprime a Paris le xxᵉ jour de mars, Mil v. c. xx (1520) auant pasques, par maistre Pierre Vidoue, pour Galliot du Pre*, in-fol. goth. [23231]

Sept feuillets impr. d'un seul côté, avec quelques figures en bois. Il y en a plusieurs exemplaires impr. sur VÉLIN ; un de ces derniers dont les feuillets étaient collés bout à bout, ce qui formait un rouleau de près de 3 mètres, 133 fr. Chardin, en

Gence (*M.*). Considérations sur l'auteur de l'Imitation, 1522.

Gendrin (*A.-N.*). Médecine pratique, 7125. — Causes des fièvres, 7176. — Histoire des inflammations, 7177.

Généalogie de la maison de Chasteigner en Poitou, 8878. — de Chasteler, 28899. — de Crèvecœur, 28882. — des familles nobles des Pays-Bas, 28890.

1824. Une autre édition sous cette date, *Paris le xxvij iour d'octobre mil v. c. xx*, par *Pierre Vidoue*, pour *Galliot du Pré*, 8 ff. sur VÉLIN et réunis en un rouleau, 5 liv. Libri, en 1859.

GÉNÉALOGIE. La genealo | gie du grant | Turc a present || regnant. (au recto du dern. f.) : *Cy fine ce present liure lequel fut acheue || dimprimer le* vi^e *iour de nouembre Lan || mil cinq cens dix neuf pour François re || gnault libraire de luniuersite*, gr. in-8. goth. de 63 ff. signat. a—h 2, y compris les quatre ff. prélim. contenant le titre, la table et le prologue. [27867]

Livre fort rare, dont je dois la communication à mon ami M. Coppinger, bibliophile éclairé.

Dans son prologue, l'auteur anonyme dit qu'il a résidé à *Constantinoble* (sic) quatre ou cinq ans avant la publication de son livre, lequel est divisé en 36 chapitres. Au verso du dernier f. se voit la marque de F. Regnault. Il existe une autre édition, imprimée en 1535, mais dont le titre manque à l'exemplaire que nous décrivons. Cette réimpression devait probablement porter le même titre que l'édition précédente ; elle a 64 ff. y compris le titre, sign a—h. Le dernier chapitre est terminé au recto de l'avant-dernier f., de cette manière :

Cy fine ce present liure lequel fut||acheue dimprimer le xxviii. || iour de octobre lan mil || cinq cens xxxv.

Au verso du même f. commence *La table de l'origine des princes des turcs, ordre de la courst et meurs de la dicte nation;* elle occupe, outre cette page, les deux pages du dernier feuillet.

La Croix du Maine, II, p. 168, nous a conservé le titre d'un petit volume qui semble reproduit de l'ouvrage ci-dessus. Ce titre est ainsi conçu :

LA GÉNÉALOGIE du grand Turq, et la dignité des offices et ordres de sa cour ; avec l'origine des princes, et la manière de vivre, et cérémonie des Turqs. Plus une briève narration de la grande et inhumaine cruauté du sultan Solyman, grand empereur des Turqs, contre Soltan Mustapha, son fils aîné, traduite de latin, et *imprimée à Lyon, par Benoist Rigaud et Jean Saugrain*, 1557, in-16.

A la fin de nos *Recherches bibliogr.* sur les éditions originales de Rabelais, nous avons donné, sous le titre d'*Anecdotes bibliographiques*, l'histoire de la découverte singulière faite à Philadelphie, de l'édit. de 1519, ci-dessus.

GENEALOGIE et descente de la tres illustre maison Daustrice.— *Imprimee en Anuers par Robert Peril, resident au dict lieu.* Auec grace et privilege de la Sacree Imp. M. Et de tres illustre princesse et Dame, Madame Marie Royne de Hongrye et de Bohême, Regente et Gouuernante des pays de par deça pour son frere Charles cinquiesme. Ayant icelle diligentement reuisee par Monsieur le Chancelier de l'ordre. Par messire Cornille Dupl. Scepperus, cheualier et conseiller de Lempereur... et soubs la correction de Messieurs par maistre Roland Boucher, docteur en theologie, carme et humble orateur a Messire Anthoine de Croy, cheualier de lordre de la Toyson..... par lordonnance duquel docteur et diligente correction ceste

Cronique a este fidelement comme dict et imprimee... mise en lumiere ce vingt et troisieme de feburier lan MDXXXV, in-fol. [26414]

Collection rare et précieuse, composée de vingt-deux feuilles, imprimées d'un seul côté, avec blasons et figures gravées sur bois, et l'explication en caractères gothiques mobiles. L'histoire généalogique de la maison d'Autriche, représentée sous forme d'un très-grand arbre, occupe le milieu de toutes les planches, commence à Pharamond et finit à Charles-Quint ; le portrait de ce dernier, en empereur romain, assis sur un trône et entouré des princes de l'empire, forme le couronnement du tableau ; les portraits des principaux personnages de la maison d'Habsbourg et de quelques-uns des premiers rois de France, sont dispersés sur toute la longueur de l'arbre ; au dern. feuillet se trouve le titre général de l'ouvrage, avec l'adresse de l'imprimeur, le privilège, etc., en 22 lignes : acheté 430 fr. à la vente Paelinck, pour le prince Engelbert d'Arenberg. Le rédacteur du catal des livres de M. Joseph Paelinck (*Bruxelles*, 1860, 2e part., n° 402), de qui nous empruntons cette notice, a constaté l'existence de deux sortes d'exemplaires de cette Généalogie, imprimés sur les mêmes bois, exactement conformes pour le texte, l'adresse et les ornements, mais offrant des différences dans le nombre des feuillets. L'exemplaire qui appartient à M. Serrure, à Gand, se compose de 21 feuilles ; au bas de la seconde, on lit les noms des enfants de Charles-Quint, noms qui, dans le tirage postérieur, ont été découpés et remplacés par une nouvelle planche en bois, qui offre le portrait de Philippe II, avec des médaillons représentant don Carlos, Fernand II et les princesses Marie et Jeanne, filles de Charles-Quint; substitution qui a dû avoir lieu de 1545 à 1555, époque du second voyage de Philippe II en Flandre. L'exemplaire décrit dans le catal. de M. Paelinck contient cette 22e planche.

GENEBRAND (*Gilbert*). Traité de la lithurgie ou sainte messe, selon l'usage et forme des apostres et de leur disciple S. Denys, apostre des Francois. Seconde édition augmentée. *Lyon, Nivelle*, 1594, pet. in-8. [657]

La première édit. est de *Paris, Jean Le Blanc*, 1592, pet. in-8. Niceron cite celle de Lyon, 1597 et de Paris, 1602, in-8. Ce bibliographe a donné dans son XXIIe vol., le catalogue de 31 ouvrages du savant bénédictin Genebrand, presque tous écrits en latin. Parmi ces derniers nous en remarquons un sous ce titre :

DE CLERICIS, præsertim episcopis, qui participarunt in diuinis scienter et sponte cum Henrico Valesio post cardinalicium T. P. Assertio, ejusque illustratio. *Parisiis*, 1589, pet. in-8.

Les lettres T. P. signifient *Theologi parisiensis* et désignent Gilb. Genebrand, dont l'opuscule a été traduit sous cet autre titre :

EXCOMMVNICATION des ecclésiastiques qui ont assisté au seruice auec Henri de Valois, après le massacre du cardinal de Guise. *Paris*, 1589, in-8.

Voici un autre ouvrage de Genebrand que nous ne devons pas oublier, parce qu'il s'y trouve un passage fort singulier.

ORAISON funèbre sur le trepas de messire Pierre Danès, euesque de Lavaur, prononcée a S. Germaindes Prés... *Paris, Martin le jeune*, 1577, in-4. ou in-8. [12188] avec quelques poésies hébraïques, grecques, latines et françaises. On lit à la p. 38 de l'in-4., ces paroles :

« J'ai discouru en public contre ceux qui *se plaisent d'être enterrés de nuit ou à la chandelle*, parce que c'est chose trop plus que détestable et pleine d'infidélité. Semble que c'est un jugement de Dieu, pour montrer qu'on a mérité en son vivant la corde. Car cela proprement appartient à un pendart, pendu, infame, criminel, justicié ou justiciable de mort publique que d'être ainsi inhumé. »

GENERALIA statuta, sive decreta fratrum tertij ordinis sancti Francisci, de pœnitentia nuncupati, regularis observantiæ congregationis Longobardæ in habitu heremitico degentium. *Venetiis, apud Aldi filios*, 1551, in-4. de 40 ff. dont le dernier est blanc. [3263]

A cet opuscule doivent être réunies les deux pièces suivantes, sorties des mêmes presses et dans la même année :

1° Apostolica privilegia fratrum tertii ordinis... in-4. de 28 ff. dont le dernier blanc.

2° Ordinationi delli fratri osseruâti, et regolari del terzo ordine di san Francesco...... in-4. de 6 ff.

Les trois pièces réunies et rel. en *mar. r.* 6 liv. 12 sh. 6 d. Butler.

GENERIBUS (de) ebriosorum et ebrietate vitandâ questio facetiarum et urbanitatis plena : quam pulcerrimis optimorum scriptorum flosculis referta : in conclusione quodlibet Erphurdiensi anno Christi MDXV. circa autumnale equinoctium scolastico more explicata. — *Impressum Nurnbergæ per Hieronymum Hoeltzel anno dñi Millesimo quingentesimo decimo sexto* (1516), pet. in-4. [17922]

Une des plus anciennes éditions de cet ouvrage singulier. On y remarque une gravure en bois assez grotesque, 9 fr. Heber. — Une autre édit. in-4., sous le même titre que la précédente, et que Panzer croit imprimée à Erfurt, porte pour souscription : *Finis Adest* M. CCCCC. XVI. La fig. grotesque s'y trouve aussi.

— De Generibus ebriosorum et ebrietate vitanda jocus lepidissimus,... item de meretricum in suos amatores (autore Jac. Hortlieb), et concubinarum in sacerdotes fide (autore Paulo Oleario). *In Vormatia, excudebat Gregor. Comiander*, pet. in-4. fig.

Petit volume rare, de 84 pp. en tout, y compris le traité *De concubinarum in sacerdotes fide*, imprimé séparément en caract. goth., tandis que les deux autres traités sont en lettres rondes. La date de 1515, qui est au verso du frontispice, est celle de la composition de l'ouvrage, et non celle de l'impression : 10 à 15 fr.

Nous avons vu une autre édit. du même ouvrage, avec la même souscription que dans la précédente, mais qui n'a que 59 ff. sign. A.—Piij. — L'édition de 1557, pet. in-12 de 93 ff., sans lieu d'impression, 13 fr. *m. r.* La Vallière; celle de *Francfort*, 1599, in-8. *m. bl.* 4 flor. Crevenna.

— Voyez Epistolæ obscurorum virorum.

GENESIS (liber), hebraice, cum Aphta-

roth. *Florentiæ, in hebr. typogr. Isaaci filii Mosis de Pas*, 1754, in-4. [110]

Un exempl. sur vélin, 118 fr. Crevenna.

— Geneseos (liber) illustris familié Schidloviciè MDXXI. (*Paris, imprimerie de Crapelet*, 1848), in-fol. fig. sur pap. de Chine.

Ce beau volume, publié par le comte Dzyalynski, a été tiré à petit nombre et n'a pas été mis dans le commerce. Il s'en est cependant vendu un exempl. 60 fr.

GENESIUS (*Jos.*). V. Byzantina, n° 24.

GENEST (*Ch.-Cl.*). Son Théâtre, contenant 3 tragédies, savoir : Zénobie, Pénélope et Joseph. *Paris et Rouen*, 1682-1711, 3 part. en 1 vol. pet. in-8., bas prix. [16485]

La tragédie de Pénélope a eu du succès. Elle fut d'abord imprimée en Hollande sous le nom de M. de La Fontaine, avec ce titre : *Pénélope ou le retour d'Ulysse de la guerre de Troye, ppuvant servir de suite aux aventures de Télémaque, à la Haye, chez Adr. Moetjens*, 1702, in-12. L'abbé Genest dit à ce sujet (dans la préface des éditions de Paris) : « Je pourrois me tenir honoré de ce qu'on a bien voulu l'attribuer à un auteur si célèbre, mais j'ai beaucoup à me plaindre des négligences et des fautes qui défigurent cette impression. » (Catal. de M. de Soleinne, II, n° 1488.) Cette pièce a été réimprimée plusieurs fois et on l'a insérée dans le troisième volume du *Répertoire du théâtre françois*; il y en a même une traduction portugaise par Jean-Xavier de Matos, sortie des presses de l'impr. roy. de Lisbonne, en 1771, in-8.

GENETAY de la Gilleberdiere. L'Ethiopique, tragi-comédie des chastes amours de Théagène et Chariclée. *Rouen, Théodore Reinsard*, 1609, pet. in-12. [16389]

Cette pièce (vend. 18 fr. de Soleinne) est beaucoup plus rare que celle qu'Alex. Hardy a composée sur le même sujet (voy. Hardy).

GENETHLIAQUE, autrement triomphe sur la naissance de Monseigneur le Daufin, par l'infanterie dijonnoise, le 27 décembre 1601, dédié à Monseigneur le duc de Biron. *Cisteaux, pour Pierre Grangier libraire à Dijon.* (sur le dernier f.) : *à Cisteaux par Jean Savine, imprimeur*, 1602, in-8. de 32 ff. non chiffrés. [13962]

Vend. 11 fr. *non relié* Coste.

Deux choses sont à remarquer dans cette pièce en vers, c'est qu'elle est en partie écrite en patois bourguignon, et qu'elle sort d'une presse établie à Citeaux, dont n'ont parlé ni Cotton ni M. Ternaux.

GENGA (*Bernardino*). Anatomia per uso ed intelligenza del disegno, preparata su i cadaveri. *Roma*, 1691, in-fol. 59 pl. 8 à 12 fr. [6752]

GENINGES's life. Voyez LIFE.

GENNADIUS, patriarche de Constantinople, contre les doutes de Pléthon sur Aristote, livre premier, ouvrage trouvé dans un manuscrit, publié et traduit pour la première fois, avec le texte grec en regard, par Minoïde Mynas. *Paris, 1858*, in-8. de 288 pp. en tout. [3367]

Seule partie publiée. Il en a été tiré des exemplaires en pap. de Hollande.

GENNARELLI (*Achille*). La Moneta e i monumenti primitivi dell' Italia antica messi in rapporto cronologico con quelli delle altre nazioni civili dell' antichità. *Roma*, 1843, in-4. avec 9 pl. [29830]

27 fr. Raoul Rochette.

GENOVESI (*Antonio*). Opere scelte. *Milano, typogr. de' classici ital.*, 1824, 2 vol. in-8. portr. 12 fr. [19229]

Choix fait avec goût, et accompagné de la vie de l'auteur, trad. du latin de Fabroni. — B. Gamba a donné *Opuscoli e lettere familiari di Genovesi*, Venezia, Alvisopoli, 1827, in-16, contenant un choix des lettres les plus importantes tirées de la collection (*Lettere familiari*), impr. à Venise, 1775, 2 vol. in-8.

GENSIUS (*Jac.*). Victimæ humanæ Gentilium, opus complectens modos, ceremonias et tempora quibus olim homines diis suis immolabant et humanum sanguinem libabant. *Groningæ*, 1675, 2 parties en 1 vol. in-12. 3 à 6 fr. [22609]

Dissertation difficile à trouver.

GENT (*P.-T.*). Voy. BLANCHARDIN.

GENTE (la) poiteuinrie (ici sept vers). Aueque le preces de Iorget et de son vesin. Et chansons ieouses compousi en bea Poicteuin. *Poeters Emer Mesner*, pet. in-8. de 55 ff. sign. A—Gııj, lettres rondes, fig. sur bois. [14360]

Édition la plus ancienne que l'on connaisse de ce recueil. Le frontispice ne porte pas de date, mais les *Chansons ieouses* qui commencent au 5e feuillet du cah. F, ont un titre daté de 1572. Un bel exempl. en mar. citr. 94 fr. 50 c. de Soleinne.

Parmi les chansons il s'en trouve une qui avait déjà été impr. en 1569 (voy. CHANSON).

Une édition de Poitiers, 1595, in-12, est portée dans le catal. de Bigot, n° 5723 des in-8.

— La Geute poictevin'rie, ouecque le precez de Iorget et de san vesin, et chonsons jeouses compousie in bea poitevin, et le precés criminel d'in Marcacin. *Poeters, Jelian Thorea*, 1620, pet. in-12.

Édition assez rare, 12 fr. *mar. r.* Duriez, et quelquefois plus. — Celle de Poitiers, *Gabr. Garné*, sans date, pet. in-8. 21 fr. Heber.

Ce recueil a été réimpr. : *Poeters, Fleurea*, 1646, pet. in-12, avec une 2e partie intitulée : *Rolea divisi in beacot de peces, etc.* Les deux parties se trouvent dans l'édition de *Poeters, Jon Fleura*, 1660, pet. in-12, dont la 2e part. (*Rolea*) à 132 pp. et la seconde (la *Gente poctevin'rie*) 108 pp. Selon une note du catal. de Soleinne, n° 3966, l'édit. de 1660 serait moins complète que celle de 1572, et le texte présenterait beaucoup de différences d'orthographe : ce qui ne peut s'entendre que de la *Gente poctevin'rie*. Un exempl. de celle de 1660, en *mar. r.* 17 fr. 50 c. Chateaugiron, et 45 fr. Saint-Martin, en 1840 ; un autre, couvert en parchemin, 30 fr. de Soleinne ; en *m. r.* 48 fr. Pressac ; 102 fr. Solar ; et un autre (*non rogné*), 6 liv. 6 sh. Libri, en 1859. Une édition de *Poitiers*, 1671, in-8., est portée dans le catal. Falconet, n° 11738, et probablement il en existe encore d'autres plus récentes.

GENTHE. Geschichte der macaronischen Poesie und Sammlung ihrer vorzüglichsten Denkmale, von Dr F.-W. Genthe. *Halle und Leipzig, Reinicke*, 1829, pet. in-8. de XVI et 350 pages. 6 fr. [13125]

M. Raynouard a rendu compte de cet ouvrage curieux dans le *Journal des Savants*, déc. 1831.

— Deutsche Dichtungen, 15425. — Handbuch, 30054.

GENTILIS Fulginas. Incipit tractatus de Balneis secundum Gentilem de Fulgineo. — *Explicit hoc opus per magistrum Johannem de anno domini millesimo quadragentesimo septuagesimo tertio* (1473) *die vigesimo quarto martii*, in-4. de 12 ff. à 29 lig. par page, caract. rom. [4657]

Une des premières productions des presses de Jean de Reno, imprimeur qui exerça d'abord à *Saint-Ursio*, et passa ensuite à *Vicence*, en 1475, puis à *Venise*, en 1482. Le premier f. du volume est blanc au recto et porte sur le verso l'*Index capitulorum*. Hain, n° 7561 et suiv., décrit les autres ouvrages de ce médecin qui ont été impr. à la fin du XVe siècle.

GENTILIS (*Albericus*). Dissertationes duæ de actoribus et spectatoribus fabularum non notandis, et de abusu mendacii. *Hanoviæ*, 1599, pet. in-8. 6 à 10 fr. [16024]

Considérations morales sur les spectacles. Dans la seconde dissertation, l'auteur soutient que le mensonge officieux est permis. 60 fr. de Bearzi, n° 2387.

— Ad Joan. Reinoldum de ludis scenicis epistolæ duæ. *Middelburgi, Rich. Schideler*, 1600, in-4.

La traduction anglaise de ces deux lettres fait partie d'un livre intitulé :

TH' OVERTHROW of stage playes, by the way of controversie between D. Gager und D. Rainoldes : where into are added certeine letters betwixt maister Rainoldes and D. Gentilis, concerning the matter. *Oxford*, 1629, in-4. (Lowndes en cite une édit. de 1590.)

Albéric Gentilis et son frère Scipion ont publié un assez grand nombre d'ouvrages sur différents sujets et principalement sur des matières de droit. On en trouve le catalogue dans les tom. X et XV du P. Niceron. Nous indiquons, sous le n° 1533 de notre table, une édit. des œuvres de Scipion Gentilis, en 8 vol. in-4.

GENTILLET (*François*). Discours de la court avec le plaisant récit de ses diversitez. *Paris, Rich. Breton*, 1558, in-8. [13698]

Vend. 20 fr. Coulon ; 15 fr. 50 c. en 1839.

Ouvrage en vers, impr. avec les caractères de civilité de Phil. Danfrie. La Croix du Maine ne l'a point connu ; et ce bibliographe a confondu notre poëte avec *Innocent Gentillet*, auteur du *Discours sur les moyens de bien gouverner et maintenir en bonne paix un royaume... contre Machiavel.* (sans nom de ville ni d'imprimeur), 1576, pet. in-8., ou 1579, in-16, discours que l'auteur a d'abord publié en latin, sous le titre de *Commentariorum de Regno... libri tres*, 1571 ou 1577, in-8., et qui a été réimpr. sous celui-ci : *De regno adversus Machiavellum libri III*, Lugd.-Batav., Hier. de Vogel, 1647, pet. in-12. [3984]

Innocent Gentillet est aussi l'auteur du *Bureau du concile de Trente* (Genève), par Den. Preud'homme, 1586, pet. in-8., contre plusieurs des décisions de ce concile.

GEOFFROY de Montmouth. Voy. GALFRIDUS.

GEOFFROY (*Ét.-Fr.*). Voy. GARSAULT.

GEOFFROY (*Ét.-Louis*). Histoire abrégée des insectes qui se trouvent aux environs de Paris. *Paris*, 1762 ou (nouv. titre) 1764, 2 vol. in-4. fig. 18 à 20 fr. [5974]

La dernière édition, *Paris*, an VII (1799), ou 1800, 2 vol. in-4., est augmentée d'un supplément ; il en a été tiré des exempl. en très-Gr. Pap. vél. partagés en 4 vol., avec fig. color. 40 à 60 fr.

C'est d'après l'ouvrage de E.-L. Geoffroy que A.-F. Fourcroy a rédigé le livre intitulé : *Entomologia parisiensis, sive catalogus insectorum quæ in agro parisiensi reperiuntur, secundum methodum Geoffræanam in sectiones, genera et species distributus.* Parisiis, 1785, 2 vol. pet. in-12.

— Coquilles des environs de Paris, 6130. — Hygieine, poema, 12873.

GEOFFROY SAINT-HILAIRE (le chev. *Étienne*) et *Fréd.* CUVIER. Histoire naturelle des mammifères, avec des figures originales enluminées, dessinées d'après les animaux vivants; ouvrage publié sous l'autorité de l'administration du Muséum d'histoire naturelle. *Paris, impr. de F. Didot, et chez Belin*, 1819-1842, 7 vol. gr. in-fol. [5675]

Un des ouvrages les plus exacts et les mieux exécutés que l'on ait encore donnés sur les mammifères. Il a été publié en 72 livraisons de 6 pl., avec texte. Prix de chacune, 15 fr. L'édition in-4., commencée en 1826, et qui devait former 4 vol., n'était encore parvenue qu'à la 13e livraison (en juillet 1833), et n'a pas été continuée.

ÉTUDES progressives d'un naturaliste pendant les années 1834 et 1835, faisant suite à ses publications dans les 42 volumes des Mémoires et Annales du Muséum d'histoire naturelle, par Geoffroy Saint-Hilaire (Etienne). *Paris, Roret*, 1835, in-4. de 200 pp., avec 9 pl. 15 fr.

— Cours d'histoire natur., 5665. — Philosophie anatomique des monstruosités humaines, 6958.

GEOFFROY SAINT-HILAIRE (*Isidore*). Histoire générale et particulière des anomalies de l'organisation chez l'homme et les animaux. Ouvrage comprenant des recherches sur les caractères, la classification, l'influence physiologique et pathologique, les rapports généraux, les lois et les causes des monstruosités, des variétés et vices de conformation, ou traité de Tératologie. *Paris, J.-B. Baillière*, 1832-36, 3 vol. in-8., avec atlas de 20 pl. 27 fr. [6959]

— Histoire naturelle des règnes organiques, 6878. — Essai de zoologie, 5574. — Acclimatation, 5574. — Vie d'Etienne Geoffroy Saint-Hilaire, 30653.

GEOFFROY à la grand dent. Les conquestes du tres-noble et vaillant Geoffroy a la grand dent, seigneur de Lusignan, et sisiesme fils de Melusine et de Raymondin conte du dict lieu. *Paris pour Jehan Bonfons* (sans date), in-4. goth. [17096]

Cette édit. est rare, mais peut-être moins ancienne que celle de 1549. Elle a des signat. de a—Liij. Vend., avec le dernier f. refait à la plume, 1 liv. 10 sh. Hibbert.

—Le même sous ce titre : les faits et gestes des nobles conquestes de Geoffroy a la grand dent, etc. *Imprime a Lyon sur le Rosne pres nostre dame de confort, par Olivier Arnoullet le xxv de Octobre Mil. CCCCC. xlix* (1549), in-4. goth.

Édition impr. à longues lignes, au nombre de 33 par page, sign. a—m par 4.

Vend. 16 fr. 20 c. mar. La Valliere ; 15 liv. Roxburghe, et 12 liv. 5 sh. Heber ; 150 fr. d'Essling. — Cette même édition est annoncée sous la date de 1544, dans le catal. de Lang, n° 1036.

LES CONQUESTES du tres noble et vaillant Geoffroy à la grant dent, seigneur de Lusignan, etc. *Louvain, Jean Bogard* (sans date), in-4. goth. Édition imprimée vers 1560. Catal. d'Edw. Vernon Utterson, Lond., 1857, n° 721.

Les éditions de *Lyon, B. Rigaud*, 1580 et 1597, pet. in-8. *Rouen, J. Oursel*, 1681, in-8., ont encore une certaine valeur.

HISTOIRE de Geoffroy, surnommé à la grand' dent, sixième fils de Mélusine, prince de Lusignan (par Nodot). *Paris, Cl. Barbin*, 1700, in-12.

Ce volume doit être réuni à l'*Histoire de Mélusine*

---

du même auteur impr. en 1698. — Les 2. v. f. fil. 36 fr. Giraud, mais ordinairement 8 à 12 fr.

GEOGRAFIA, tavole moderne di geografia de la maggior parte del mondo di diversi autori, raccolte e messe secondo l'ordine di Tolomeo, con i disegni di molte città et fortezze di diverse provincie. *Stampate in rame con studio et diligenza, in Roma*, gr. in-fol. [19639]

Recueil de cartes gravées à Rome de 1550 à 1580. La bataille de Lépante y est représentée en plusieurs grandes planches : 60 fr. Walckenaer.

GÉOGRAPHE (le) turc. Voyez CHALFA (Hadgi).

GEOGRAPHIA nubiensis. Voy. EDRISI.

GEOGRAPHIÆ veteris scriptores græci (et arabici) minores, cum interpret. lat., dissertationibus, ac annot. (H. Dodwelli, Jo. Hudson et Edw. Wells). *Oxonii, e Theat. sheldon.*, 1698, 1703, 1712, 4 vol. in-8. [19537]

Cette collection est connue sous le nom de *Petits Géographes*. Naguère il s'en est vendu des exempl. 300 fr. et plus ; mais les nouvelles collections du même genre, dont il sera parlé plus bas, ont fait tomber le prix de celle-ci à 150 fr. environ. Vend. 200 fr. Langlès ; 160 fr. *mar. bl.* en 1838 ; 90 fr. Riva ; 122 fr. *mar. r.* Quatremère.

Les exemplaires en Gr. Pap. sont de la plus grande rareté, et doivent être estimés beaucoup plus haut que les autres : vend. 2000 fr. F. Didot ; 36 liv. 10 sh. Sykes ; 27 liv. Dent ; 31 liv. 10 sh. Hanrott.

Nous allons donner la description des trois premiers volumes : quant au quatrième, qui n'est autre chose que la Géographie de *Denys Périégète*, suivie de quelques autres ouvrages, il doit être de l'édition de 1712, plus complète que celle de 1697 ; cependant comme cette première édition contient une cinquième carte qui n'est pas dans la seconde, il y a des personnes qui réunissent l'une et l'autre : nous ne devons pas oublier d'ajouter que ce quatrième volume de 1712 avait d'abord paru en 1710 sous le titre de *Dionysii orbis descriptio*, et qu'on en a seulement changé le frontispice. Il a encore reparu en 1717 sous son premier intitulé.

Le tome I, de 1698, contient un frontispice gravé, 9 ff. préliminaires (le titre, l'épître dédicatoire d'Hudson, la préface et les sommaires des huit dissertations qui suivent et occupent 172 pp. On trouve ensuite les auteurs ci-après, imprimés séparément, savoir : *Hannonis Periplus*, 4 pp. non chiffrées et 6 pp. chiffrées. — *Scylacis Periplus*, 6 pp. non chiffrées et 56 pp. chiffrées. — *Agatharchidis Periplus*, 2 et 69 pp. — *Arriani Periplus*, 2 et 25 pp. — *Periplus maris Erythræi*, 2 et 38 pp. — *Nearchi Paraplus*, 2 et 40 pp. — *Marc. Heracleotæ Periplus*, 4 et 89 pp. — *Periplus Ponti Euxini*, 2 et 17 pp. Ces ouvrages sont accompagnés de notes qui occupent 94 pp., et le volume est terminé par 11 ff. qui renferment un *errata* précédé d'un *Index locorum*, etc.

On trouve dans le tome II de 1703, d'abord un frontispice gravé et un titre, une épître dédicatoire d'Hudson à Ph. Sydenham, un avis au lecteur avec un sommaire des dissertations ; ces pièces préliminaires, qui occupent 8 ff., sont suivies des six dissertations formant ensemble 208 pp. Ensuite viennent les auteurs et ouvrages ci-après, imprimés séparément, savoir : *Dicæarchus*, 4 et 31 pp. — *Isidorus*, 2 et 8 pp. — *Scymnus*, 2 et 56 pp. — *Libellus de fluviis*, 2 et 50 pp. — *Agathemeri compendium*, 2 et 61 pp. — *Chrestomathia ex Strabonis Geographicis*, 2 et 229 pp. On trouve

ensuite 44 pp. de notes, et le volume finit, comme le précédent, par un *Index locorum*, etc., une table des citations, une liste des omissions et un *errata*, qui forment ensemble 16 ff.

Le tome III, de 1712, contient un frontispice gravé et un titre, une épître dédicatoire, une courte préface, et les 9 traités suivants, savoir : *Excerpta ex Dionysio Byzantio*, 2 et 23 pp. — *Arriani Periplus Ponti Euxini*, 2 et 16 pp. — *Anonymi expositio totius mundi, etc.* 2 et 20 pp. — *Variæ lectiones in anonymum ravennatem*, 22 pp. — *Ptolemæi Arabia*, 32 pp. — *Abulfedæ descriptio Chorasmiæ, etc.*, 80 pp. — *Abulfedæ descriptio Arabiæ, binæ tabulæ geographicæ*, 152 pp. — *Excerpta ex Georgii Medici Chrysococcæ syntaxi Persarum, etc.* 49 pp. — *Ptolemæi catalogus fixar. stellarum*, 42 pp. On trouve ensuite deux index, l'un pour le grec et l'autre pour l'arabe, et enfin le catalogue des ouvrages cités par Albulféda, le tout en 9 ff.

— Συλλογὴ τῶν ἐν ἐπιτομῇ τοῖς πάλαι γεωγραφθεντῶν. *Viennæ, Schrambl*, 1807-8, 2 vol. in-8., avec cartes.

Édition du texte grec de la collection des Petits Géographes, dans laquelle sont ajoutés des extraits de la Géographie d'Abulféda, traduits en grec moderne par Demetrius Alexandrides. Elle est mal impr. et en mauvais papier. 24 fr. Vend. 40 fr. Langlès. Le 1er vol. a 816 pp., le 2e 530 pp., plus 291 pp. pour la partie arabe avec la version grecque, et 80 pp. pour la table géographique.

— Geographici græci minores : hudsonianæ editionis adnot. integras cum Dodwelli dissertationibus edidit suasque et variorum adjecit ; textum denuo recensuit, et varias lectiones subjecit ; versionem latinam recognovit ; copiosissimis denique indicibus ac tabulis in ære incisis instruxit Joan.-Franc. Gail. *Lutetiæ-Parisiorum, ex typogr. regia (Bossange, Treuttel)*, 1826 et ann. seqq. in-8.

Cette édition devait avoir 6 vol., mais il n'en a paru que 3 dans l'ordre suivant : I. 1826. *Hannonis et Scylacis Peripli*. 14 fr. — II. 1828. *Dicæarchi Geographica, Scymni Chii orbis descriptio cum fragmentis et anonymi Stadiasmum maris magni.* 14 fr. — III. 1831. *Arriani Periplus Ponti Euxini.* 8 fr.

— Iidem, ex recensione Godofr. Bernhardy : vol. I. Voy. DIONYSIUS Periegetes.
— DICÆARCHUS.

GEOGRAPHI græci minores : e codicibus recognovit, prolegomenis, annotatione, indicibus instruxit, tabulis æri incisis illustravit Carolus Mullerus. *Parisiis, F. Didot*, 1855-61, gr. in-8.

Excellente édition dont le second volume vient de paraître. Le premier contient : *Hannonis Periplus, Scylacis Periplus, Dicæarchus, Agatharchides de mari Erythræo ; Scymnus Chius, Dionysius Calliphons, Isidori Characeni Mansiones parthicæ, Anonymi Periplus maris Erythræi, Arriani Indica et Ponti Periplus, Anonymi Periplus Ponti Euxini, Anonymi Stadiasmus maris Magni, Marciani Heracleensis Peripli*, avec un excellent atlas in-8. contenant 29 cartes color. 30 fr.

GRANDS et Petits Géographes grecs et latins. Esquisse bibliographique des collections qui ont été publiées, entreprises ou projetées, et revue critique du volume de Petits Géographes grecs, avec notes

et prolégomènes, de M. Ch. Muller, par M. d'Ave-
zac. *Paris, A. Bertrand*, 1856, in-8.

Voici l'indication de deux publications récentes qui
se rattachent aux collections des Petits Géographes :

PÉRIPLE de Marcien d'Héraclée, épitome d'Arté-
midore d'Éphèse, les Stathmes parthiques, Isidore de
Charax, etc., ou supplément aux dernières éditions
des Petits Géographes, d'après un manuscrit grec
de la Bibliothèque royale, avec une carte par E.
Miller. *Paris (imprim. royale), Brockhaus et
Avenarius*, 1839, in-8. 15 fr.

Pour une autre édition de ces fragments, voyez MAR-
CIANUS.

FRAGMENTS des poëmes géographiques de Scymnus de Chio et du faux Dicéarque, restitués principalement d'après un manuscrit de la Bibliothèque
royale ; précédés d'observations littéraires et critiques sur ces fragments, sur Scylax, Marcien d'Héraclée, Isidore de Charax, le Stadiasme de la Méditerranée ; pour servir de suite et de supplément à
toutes les éditions des géographes grecs ; par M. Letronne. *Paris, Gide*, 1840, 15 fr.

GEOGRAPHICA antiqua, hoc est : Scyla-
cis Periplus maris Mediterranei ; Anonymi Periplus Mæotidis Paludis et Ponti
Euxini ; Agathemeri hypotyposis geographiæ, etc., gr. et lat., cum not.
varior. et emendat. Jac. Gronovii, etc.
Lugd.-Batav., 1700, in-4. 10 à 15 fr.
[19536]

Cette édition est la même que celle de 1697, in-4.;
seulement on a réimpr. la première feuille et ajouté
à la fin une pièce de 63 pages, intitulée : *Jac. Gronovii animadversio in recentem ab Oxonio Scylacis editionem, et dissertationis de Scylacis
ætate examen.*

GEOGRAPHICA varia. Voy. VARIA.

GEOGRAPHICA Marciani, Scylacis, Ar-
temidori, Dicæarchi, Isidori, omnia
nunc primum, præter Dicæarchi illa, a
D. Hoeschelio ex mss. codd. edita. *Augustæ, ad insigne pinus*, 1600, in-8. de
8 ff. et 207 pp. [19536]

Première collection des Petits Géographes grecs.

GEOPONICA. ΓΕΩΠΟΝΙΚΑ. De re rustica
selectorum libri XX, gr., Constantino
quidem Cæsari nuncupati (Cassiano
Basso collectore), Jo.-Alexandri Brassi-
cani opera in lucem editi : item Aristotelis de plantis libri duo græci. *Basileæ,
Rob. Winter* (1539), pet. in-8. de 551 pp.
et 23 ff. préliminaires. [6296]

Première édition, assez rare, et néanmoins peu recherchée : 7 fr. L'Héritier ; 20 fr. 50 c. *m. v.* Mac-
Carthy ; 1 liv. 6 sh. Sykes.

Le catalogue de Falconet, n° 3930, indique une édition grecque de *Venise*, 1538 ; mais je puis assurer
que cette annonce n'est pas exacte, car ayant eu
sous les yeux l'exempl. même qui y a donné lieu,
j'ai vu que la date était ainsi exprimée αχοδ, c'est-
à-dire 1674. Il est probable que l'on aura confondu
cette édition avec la version latine de Janus Cor-
narius, réellement impr. à *Venise* en 1538, in-8. ;
et réimpr. à *Bâle* dans la même année.

— GEOPONICORUM sive de re rustica lib. XX, Cassiano Basso collectore, antea Constantino Porphy-
rogenneto a quibusdam adscripti, gr. et lat., græca
cum mss. contulit, prolegomena, notulas et indices
adjecit Petrus Needham. *Cantabrigiæ, typis academicis*, 1704, in-8. 8 à 10 fr.

Vend. 31 fr. *cuir de Russie*, F. Didot ; 25 fr. 50 c.
Mac-Carthy ; 12 fr. *mar. r.* Huzard.

— EORUMDEM libri XX, gr. et lat., post Petri Need-
hami curas ad mss. fidem denuo recensiti et illustrati ab Jo.-Nic. Niclas. *Lipsiæ*, 1781, 4 vol. in-8.
12 à 15 fr. — Pap. fin, 15 à 18 fr.

Édition plus ample et d'un meilleur texte que la précédente.

— Les XX livres de Constantin César, aus-
quelz sont traictez les bons enseignemens d'agriculture, traduictz en françoys par Anthoine Pierre. *Poictiers,
Jehan et Enguilbert de Marnef frères*,
M. D. XLIII, in-fol., lettres ital.

— LE GRAND et bon mesnager, compose en latin par
Constantin Cesar de Constantinoble, et traduict en
francoys par maistre Anthoine Pierre licencie en
droict. *Imprimé nouuellement en lan* 1544 (sans
nom de ville), pet. in-8. goth.

Édition plus rare encore que la précédente, dont elle
n'a pas conservé le titre. 10 fr. 50 c. Huzard ; 26 fr.
de Jussieu.

Cette traduction est jusqu'à présent la seule de cet ouvrage que nous ayons en notre langue. Il paraît
qu'elle fut d'abord très-favorablement accueillie, car
on la réimprima sous son premier titre : 1° à *Poictiers*, chez les *de Marnef*, 1545, pet. in-8. 12 fr.
50 c. de Jussieu ; 2° à *Poictiers*, chez les mêmes,
1550, in-16 ; 3° Revue de nouveau par le traducteur,
Paris, Est. Groulleau, ou *Gilles Corrozet*, ou
Jean Longis, 1550, in-8.; édition dont on trouve
des exemplaires avec des titres différents, au nom
de l'un ou de l'autre de ces trois libraires ; 4° *Lyon*,
Bacquenois ou *Thibauld Payan*, 1550, in-16 ;
5° *Lyon*, par Thib. Payan, 1557 (impr. par Jan
d'Ogerolles), in-16 de 31 ff. prélim. et 559 pp. en
mar. r. 16 fr. Huzard.

Le catal. Huzard, n° 584, indique une édition de
cette traduction, *Paris, Arnould l'Angelier*, pet.
in-8., à laquelle se trouvait joint :

TRAICTÉ nouueau de l'Agriculture et maniere de
planter, arracher, labourer, semer et emonder les
arbres sauuages, bois hault et bois taillis, en quel
lieu, quel tems et comment ; le plaisir et commodité qu'on en reçoit, pour l'aornement et beauté
des maisons de plaisance. *Paris, Gilles Corrozet*,
1551, pet. in-8. 5 fr. 25 c.

Le même recueil a été traduit en italien par Pierre
Lauro, *Venise, Giolito*, 1542 ou 1549, in-8. ; et par
Nic. Vitelli, 1542, in-8.

Un abrégé des Géoponiques, extrait du grec en français par un amateur (Ch.-Ambr. Caffarelli, avec des
notes de Bosc), a été imprimé à Paris, chez Mme Huzard, 1812, in-8. de 147 pp., et dans le 13e vol. des
Mémoires de la Société d'agriculture.

— GEOPONICA, agricultural pursuits, translated from
the greek, by the rev. T. Owen. *London*, 1805-6,
2 vol. in-8.

GEORGE de Monte-Mayor. Voy. MONTE-
MAYOR.

GEORGI (*J.-Gottl.*). Voy. DESCRIPTION
de toutes les nations.

GEORGICA vetustiss. authorum. Voyez
au mot VETUSTISSIMORUM.

GEORGIEVITZ de Croacia (*Bartholo-*

meo), detto Pellegrino hierosolymitano. Opera nova che comprende quattro libretti : si come' nel sequente foglio leggendo, meglio si potra intendere. Bartholomeo Georgieuitz de Croacia detto Pellegrino hierosolymitano authore, 1555. (au verso de l'avant-dernier f.) : *In Roma appresso Antonio Barre*, in-8. de 70 ff. non chiffrés, sign. A—R. [20543]

31 fr. Riva.

Belle édition impr. en caract. italiques. Le titre est entouré d'une charmante bordure gravée en bois et représentant plusieurs petits sujets. Au feuillet G. se trouve un plan de Jérusalem, et sur le dernier f. un bois offrant un pèlerin à genoux devant un Christ. Le contenu ou *catalogo* placé au 2e f. est ainsi :

« Il primo libretto tratta del pellegrinaggio della terra santa di promessione, et di tutti piu notabili luoghi che questo tēpo dalli Christiani pellegrini si sogliono ueder' ꝫ uisitare, delle cerimonie et processioni sante, ch'iui si usan' osseruare. Il secondo libretto. Delle miserie ꝫ afflittioni che i poueri Christiani schiaui ò tributarij patiscono, i quali sotto l'imperio del gran Turco dimorare si ritrouano. Il terzo libretto. Il presagio, della calamità ꝫ le persecutioni del popolo christiano, che ci saranno fatte, dalla natione infedele; dalla perdita della Macometana setta. Il quatro libretto. L'epistola essortatoria contra l'infideli. Et insegna modo et via di ricoperar in breue tempo li Reami perduti, et soggiagare tutti i paesi d'infideli all' imperio christiano. Cose molti degne di leggere, & di sapere, vtili & necessarie ad ogni pio' & christiano lettore. »

Nous ignorons si l'auteur de ce livre l'a écrit en italien, ou si c'est une traduct. de différents opuscules de Georgievitz, lesquels avaient déjà paru sous les titres suivants :

DE AFFLICTIONE tam captivorum quam etiam sub Turcæ tributo viventium christianorum, auctore Bartolomeo Georgii Hungaro. *Antuerpiæ, typis Copenii*, 1544, pet. in-8.

Opuscule orné de plusieurs vignettes gravées sur bois, assez bonnes, et qu'on retrouve dans une traduction hollandaise, in-8. de 20 ff., avec une préface datée de 1544. Les mêmes planches ont encore servi pour une traduction française dont voici le titre :

LES MISERES et tribulations que les chrestiens tributaires ꝫ esclaves tenuz par les Turcz souffrent ꝫ sont contrainctz endurer mises par figures Auec aulcunes oraisons ꝫ vocables en langue esclauoniꝗ qui iusques ycy nont este veues ni mises en lumiere. Composez par Bartholomieu Georges, pelerin de Hierusalem ꝫ depuys mises en lāgue gallicque ; lequel par accidētz a este prins, lie ꝫ vendu maintes foys par les dictz Turcs ꝫ a seruy treize ans en Turquie. (à la fin) : *Imprime en Anuers par Jehan de Graue*, 1544, pet. in-8. goth. de 20 ff. non chiffrés.

Le texte latin et les versions française et hollandaise, réunies en un seul volume, ont été vend. 13 sh. Hanrott et 18 sh. Heber.

L'édit. du texte latin (*De Afflictione*), *Vangionum-Vormaticæ*, 1545, pet. in-8., fig. en bois, contenant un petit vocabulaire des langues sclavone et turque, a été vend. 9 fr. salle Silvestre, en 1842.

Il existe une édition du traité *De Afflictione* ci-dessus réunie au traité *De Turcarum ritu et cæremoniis* du même auteur, *Antuerpiæ, Greg. Bontius*, 1544, pet. in-8., réimpr à Paris, en 1545, in-16, et aussi sous le titre suivant :

DE TURCARUM moribus epitome, Barthol. Georgieviz peregrino autore, ex variis editionibus adauctum opus, et linguæ turcicæ principiis locupletatum. *Paris., H. de Marnef*, 1566 seu 1568, in-16, fig. en bois.

Ce volume renferme plusieurs opuscules analogues du même auteur, lesquels avaient déjà été impr. séparément. L'épitre dédicatoire est celle de l'édit. de Rome, *Ant. Bladus*, 1552, in-8., fig. en bois (sous le titre de *Libellus vere christianæ religionis lectione dignus diversas res Turcharum breui tradens*). L'édit. de 1568 a été vend. 9 fr. Langlès.

LA MANIERE et ceremonie des Turcs, par Bartolomieu hongrois pelerin de Hierusalē, lequel ayāt été illec esclave a cogneu par experiēce tout ce qu'est contenu en ce present liure. *Paris, Ch. l'Angelier*, 1545, in-16 de 39 ff. non chiffrés.

Meusel, *Biblioth. histor.*, II, 1re part., page 309, et X, 2e part., p. 186, prétend que cet ouvrage a d'abord paru en allemand sous ce titre : *Von der Türken Gebräuchen, Gewonheyten und Ceremonien, etc.* Si cela est, il doit y avoir une édition de ce texte antérieure à celle de Nuremberg, 1545, in-8., qu'il cite.

— VOYAGE de la saincte cité de Hierusalem, jointe la description des citez, villes, ports, lieux et autres passages. Ensemble les ceremonies des Turcz, auec lestat de leur Empereur, ordre de sa gendarmerie, finances et succes de ses conquestes, ꝫ Picça escrits par Bartelemi Georginitz, hongrois pelerin du dit voyage, par vn long temps esclaue en Turquie le tout mis en lumiere, par Lambert Darmont liegois. *A Liege, par Leonard Street, imprimeur juré aux depens de Lambert*. In-4. de 62 ff. non chiffrés.

Traduction d'une partie de l'ouvrage précédent. Cette relation est succincte, mais elle passe pour exacte. La seconde partie porte le titre suivant :

DISCOVRS de la maniere de viure, et ceremonies des Turcs, faict par Barthelemy Hongrois pelerin de Ierusalem qui estant esclaue a cognu par experience tout ce qui est contenu en ce present liure ; et la maniere de cōpter en Turquois, saluer et repōdre. Ensemble lestat de la court du grand turc, l'ordre de sa gendarmerie, et ses finances : auec un brief discours de leurs conquestes, depuis le premier de ceste race, iusques à present. *A Liege, aux depens de Lambert de la Coste*, M. D. C. Les feuillets non chiffrés ont des sign. A.—F. par 4 et G par 6.

Le vol. se termine par dix vers français adressés par *M. Lambert Darmont à l'homme Pelerin.*

— HÆC NOVA fert Africa. Mysterium sanctissimæ Trinitatis arabice. Pro fide christiana cum turca disputationis habitæ, et mysterio sanctiss. Trinitatis in Alchorano invento, nunc primum in latinum sermonem verso, brevis descriptio, aut. Barpth. Georgievits, *Viennæ, Hæredes Syngrenii*, 1548, pet. in-8. de 24 ff.

Sur le titre et au verso du 1er f. de la signat. B, se trouve la formule arabe *bismilla...*, en caractères arabes, réservés en blanc sur le fond noir d'une petite grav. sur bois. Ce petit volume curieux contient, entre autres choses non annoncées sur le titre, le Pater, l'Ave Maria, le Credo, en turc et en latin, traduct. interlin., et une prophétie en turc, avec explication grammaticale.

GEORGII. Voy. GEORGIUS.

GEORGISCH (*Petr.*). Regesta chronologico-diplomatica, in quibus recensentur omnis generis monumenta et documenta publica. *Francof. et Lipsiæ*, 1740-42. Index alphabeticus. *Halæ*, 1744, en tout 4 vol. in-fol. [23025]

Ce catalogue de toutes les pièces diplomatiques impr. s'étend depuis l'année 305 jusqu'en 1730. M. Reuss, à Gœttingue, en avait préparé une continuation : 41 fr. Daguesseau ; 110 fr. Heber.

— CORPUS juris germanici antiqui, quo continentur leges Francorum salicæ et ripuariorum, Alemanorum, Bajuvariorum, Burgundionum, et Frisionum, etc., cum variantibus lectionibus et indice. *Halæ*, 1738, in-4. [2603]

On trouve à la tête de ce recueil une savante préface d'Heineccius.

GEORGIUS Acropolita. Voy. Byzantina, n° 16. — Alexandrinus chronicon pascale, *ibid.*, n° 4.

GEORGIUS Cyprius. Voy. Gregorius.

GEORGIUS. Georgii Diaconi et Pachymeri, epitome logicæ Aristotelis, græce. *Parisiis*, *Vascosanus*, 1548, pet. in-8. 3 à 4 fr. [3509]

Rare, mais peu recherché. — Voy. Pachymeres.

GEORGIUS Gemistus. Voy. Gemistus, et Xenophontis omissa.

GEORGIUS major. Sententiæ veterum poetarum, per Georgium majorem in locos communes digestæ, ac tandem multum auctæ ac locupletatæ; Ant. Mancinelli de poetica virtute libellus. *Lutetiæ, Rob. Stephanus*, 1551, in-8. [12479]

Édition rare : 5 à 6 fr.

GEORGIUS Pisides. Voy. Pisides.

GEORGIUS Syncellus. Voy. Byzantina, n° 5.

GEORGIUS. Georgii Trapezuntii viri doctissimi atque eloquentissimi rhetoricorum liber primus (libri V). *Per Vindelinum de Spira* (*Venetiis, circa* 1472), in-fol. [12046]

Première édition, consistant en 156 ff. non chiffrés, à 41 lig. par page. A la fin se lit, après le mot τέλος, une souscription de six vers commençant ainsi : *Quæ superat reliquas artes, etc.* Vend. 57 fr. Gaignat; 45 flor. Crevenna; 26 flor. Meerman.

— Ejusdem rhetoricorum libri V; Consulti Chirii Fortunatiani lib. III; Aquilæ romani de figuris sententiarum, etc., lib.; Aristotelis rhetoricorum lib. III : Georgio Trapezuntio interprete, etc. *Venet., in ædibus Aldi et And. Asulani soceri*, 1523, in-fol. de 166 ff., y compris 4 ff. prélim., dont un blanc et un autre pour l'ancre. 15 à 20 fr. [12008]

Ce recueil se joint aux Rhéteurs grecs, édition d'*Alde*, dont il renferme en partie la traduction (voy. Rhetores) : 30 flor. Crevenna; 24 fr. Le Seigneur, en 1804.

— Georgii Trapezuntii de partibus orationis ex Prisciano compendium. *Mediolani*, M. CCCC. LXXII, in-4.

Ce volume rare commence par *Ge. Trapezuntii epistola ad Andream filium*, et se termine par *Epistola ad Colam Montanum scripta Rome IV. Kal. Nouembris M. CCCC. LXXI*.

GEORGIUS (*Fr.*), venetus. Minoritanæ familiæ. De harmonia mundi totius cantica tria. *Venetiis, Bern. de Vitalibus*, 1525, in-fol. [3560]

15 fr. v. f. Gaignat; 18 fr. m. r. La Valliere, et moins cher depuis.

Les autres éditions n'ont point de valeur.

— L'Harmonie du monde divisée en trois cantiques, œuvre premierement composée en latin par François Georges, Vénitien, et depuis traduict et illustré par Guy Le Fevre de La Boderie... Plus l'Heptaple de Jean Picus, comte de la Mirandole, translaté par Nicolas Le Fevre de la Boderie. *Paris, Jean Macé*, 1578, in-fol.

24 fr. m. r. Burnouf.

GEORGIUS (*Bernardus*), venetus. Epitome principum venetorum. *Venetiis, apud Aldi filios*, 1547, in-4. de 18 ff. [12703]

Petite chronique en vers : 1 liv. 5 sh. Butler. Un exempl. sur vélin, 3 liv. 15 sh. Pinelli; 200 fr. Mac-Carthy, et 240 fr. Bearzi.

— Epitaphia et epigrammata aliquot, quæ dum prætorem Patavii ageret, obiter composuit. *Venetiis, apud Aldi filios*, 1558, in-4. [12704]

Opuscule de 18 ff., dont le dernier bl. La souscription est au verso du 15° f., après quoi doit se trouver : *Dialogus in laudem Palatii Patavinæ civitalis*, 2 ff. qui ne sont pas dans tous les exemplaires. Vend. complet 17 sh. et 1 liv. 9 sh. Butler, et avec l'article précédent, 10 liv. 10 sh. Heber; seul, 1 liv. 4 sh. le même, et sans les 2 ff. 8 sh.

Voici l'indication de plusieurs autres opuscules du même auteur qui appartiennent à la collection aldine et qui sont devenus fort rares :

Bernardi Georgii Patricii veneti epistola ad Octavium Stephanium de vita solitaria et tranquilla. *Venetiis, Aldus* (*septimo Idus Iunias*, M. D. XXXVII), in-4. de 6 ff.

Bernardi Georgii P. V. Periocha, XIII in publicas solemnitates in quibus præter aliquot alias illustriss. Princeps Venetus comitantibus senatoribus quotannis in publicum prodit. *Venetiis*, 1559, in-8., avec l'ancre aldine.

Cette pièce aurait 10 ff. selon M. Renouard; l'exempl. de M. Butler n'en avait que huit, et il était relié avec deux autres opuscules, savoir :

Bern. Geor. Selectæ IIII epistolæ. Aliquot item ejusdem de sacrosancto Paulo III. Max. Pont. elogia, de 8 ff.

De Paulo III. Max. Rom. Pont. B. G. P. V. opuscula, de 9 ff. en vers.

Les trois pièces ont été vend. 5 liv. 10 sh. mar. r. Butler.

M. Renouard (*Annales*, 3° édition, page 264) cite ces deux dernières pièces comme étant de l'année 1538, et de format in-4.; il suppose qu'elles ont été imprimées à Venise, par *Giovanni Padoano*, pour le compte de Fr. Turrisan.

GEORGIUS, seu Giorgi (*Aug.-Ant.*). Alphabetum tibetanum, missionum apostolicar. commodo editum : præmissa est disquisitio qua de vario literarum ac regionis nomine, gentis origine, moribus, superstitione ac Manichæismo disseritur, Beausobrii calumniæ in S. Augustinum... refutantur. *Romæ, typ. congr. de prop. fide*, 1762, 1 tom. en 2 vol. gr. in-4. [11827]

Vend. de 26 à 27 fr. Barthélemy, Anquetil et Villoison, et quelquefois moins.

La date ci-dessus est exacte, bien que les catal. de Langlès et Klaproth donnent par erreur celle de 1772.

DE MIRACULIS S. Coluthi et reliquiis actorum S. Panesnil martyrum thebaica fragmenta duo ; præit dissertatio St. Card.'Borgiæ de cultu S. Coluthi ; accedunt fragmenta varia notis inserta : omnia ex musæo Borgiano Veliterno deprompta et illustrata, opera ac studio F. Aug.-Ant. Georgii. *Romæ, Fulgonius*, 1794, in-4. [22150]

Vend. 11 fr. Langlès ; 22 fr. de Sacy.

— V. EVANGELII fragmentum (II, col. 1118). — De inscriptionibus palmyr., 29968.

GERALDINUS (*Antonius*). Carmen bucolicum. (in fine) : *Inceptum opus Cesaraugustæ Anno....* (1484) *Impressum Romæ anno sequenti* (1485) *cura auctoris... viii. Idus Iunias,* in-4. de 26 ff. non chiffr. à 25 et 26 lign. par page. [12702]

Opuscule rare, décrit par Hain, n° 7611.

GERALDINUS. Itinerarium ad regiones sub æquinoctiali plaga constituta Alexandri Geraldini Amerini, episc. civitatis S. Dominici apud Indos occidentales, opus antiquitates, ritus, mores et religiones populorum Æthiopiæ, Africæ, Atlantici Oceani, Indicarumque regionum, complectens : nunc primum edidit Onuphrius Geraldinus, autoris abnepos. *Romæ, typis Facciotti*, 1631, pet. in-8. [20003]

Cette relation, écrite vers 1524, est curieuse, et le serait davantage si l'on pouvait y ajouter foi ; mais malheureusement l'auteur paraît s'être peu attaché à l'exactitude des faits, et on l'accuse même d'avoir supposé d'anciennes inscriptions latines qu'il prétend avoir copiées le long de la côte d'Afrique. Ce vol. est devenu rare. Voyez *Biograph. univers.*, XVI, p. 166, et *Classical Journal*, XVI, p. 139. Vend. 4 flor. 95 c. Meerman ; 26 fr. Eyriès et 2 liv. 12 sh. 6 d. Libri, en 1859.

GERANDO (le baron *Joseph-Mar.* de). Histoire comparée des systèmes de philosophie, considérés relativement aux principes des connaissances humaines ; seconde édit., revue et augmentée. *Paris, Eymery*, 1822-23, 4 vol. in-8. [3305]

La prem. édition est de 1804, en 3 vol. in-8.; mais le premier vol. de l'ouvrage a d'abord paru en l'an XI, sous ce titre : *De la Génération des connaissances humaines.*

HISTOIRE comparée des systèmes de philosophie... deuxième partie. Histoire de la philosophie moderne, à partir de la renaissance des lettres ; deuxième édition, revue, corrigée et augmentée. *Paris, Ladrange*, 1847-48, 4 vol. in-8. 26 fr.

— DES SIGNES et de l'art de penser, considérés dans leurs rapports mutuels. *Paris*, 1800, 4 vol. in-8. 30 à 36 fr. [3653]

Ouvrage recherché, mais qui ne se trouve que difficilement.

— Droit administratif, 2918. — Génération des connaissances, 3051. — Education des sourds-muets, 3659. — Perfectionnement moral, 3893. — Bienfaisance publique, 4083.

GERARD d'Euphrate. Le premier liure de l'histoire & ancienne cronique de Gerard d'Euphrate, duc de Bourgongne : traitant pour la plus part, son origine, ieunesse, amours, & cheualereux faitz d'armes : auec rencontres, & auantures merueilleuses, de plusieurs Cheualiers et grans seigneurs de son temps : Mis de nouueau en nostre vulgaire Francoys. *Paris,* pour Vincent Sertenas, libraire, 1549. (au dernier f.) : *Fin du premier liure de Gerard d'Euphrate, imprimé à Paris, par Estienne Groulleau, pour luy, Ian Longis, & Vincent Sertenas, libraires,* 1549, in-fol. de 6 et cxxxvij ff. lettres rondes. [17039]

Vend. 55 fr. Revoil ; 62 fr. 50 c. *mar. bl.* en 1840 ; 76 fr. d'Essling ; 130 fr. Giraud ; 175 fr. Solar.

Dans l'épître aux lecteurs, qui fait partie des pièces liminaires, le traducteur anonyme s'exprime ainsi : ... *Me mis, trente ans y a et plus, à traduire en nostre vulgaire vn poete Vuallon traitant des guerres d'un grand seigneur, apelé Gerard d'Euphrate... Mais le peu de recueil que l'on faisoit adoncq' des traductions de M. Seissel et illustrations de Iean le Maire, œuvres certes dignes de louange et merite, m'en descouragea, fit cacher et mettre en layette mes mynutés, jusques à Ian mil cinq cens trente neuf, que le Gentil homme des Essars fit reuiure son Amadis.*

L'édition de Lyon, par *Benoist Rigaud*, 1580, in-16 de 570 pp. plus 6 ff. de table, porte le même titre que l'édition ci-dessus, dont elle reproduit le texte ; on en a seulement retranché les mots : *Le premier liure :* vend. 6 fr. La Valliere ; 12 fr. Mac-Carthy ; 13 sh. Heber ; 21 fr. *mar. bl.* Crozet ; 32 fr. *mar. r.* d'Essling. Du Verdier en cite une de *Paris, Est. Groulleau*, 1545, in-fol.; date inexacte, car le privilége de l'édition de Groulleau, de 1549, est du 15 novembre 1548.

Contant d'Orville a donné un extrait fort étendu de cet ancien roman, *Paris*, 1783, 2 vol. in-12.

GERARD, comte de Nevers. L'histoire de tresnoble et cheualereux prïce Gerard, côte de Neuers, et de la tresuertueuse et treschaste princesse Euriant de Sauoye, sa mye (trad. de rime de Gibert de Montreuil en prose). — *Imprime a Paris le* xxiij*e de may* M. CCCC. XX *pour Hemon le feure,* in-4. goth. [17082]

Cette édition, qui est bien exécutée et ornée de gravures en bois, est la plus ancienne que je connaisse de ce roman. Elle a des signatures de A—tiij, y compris le titre. On la trouve très-difficilement. 250 fr. en *mar.*, mais avec plusieurs feuillets remmargés, Giraud, et 560 fr. Solar.

Celle de *Paris*, le 1er *iour de septembre* m cccc *xxvj. pour Philippe Lenoir*, in-4. goth. de 94 ff. fig. en bois, signat. a—viiij, est moins belle que la précédente, et elle en diffère en plusieurs endroits, principalement à la fin de l'ouvrage, où se lit un passage qui n'est pas dans la première édition, et dont voici le commencement : « *Puis apres quant il eut ce fait, il sen retourna en sa comte de Neuers, auec sa femme Euriant...* »

Vend. 6 fr. Gaignat ; 7 fr. 50 c. La Valliere ; 10 liv.

Geppert (*Karl-Ed.*). Die Götter und Heroen der alten Welt, 22565.—Die altgriechische Bühne, 29145.

Geramb (M. *Jos.* de). Pèlerinage à Jérusalem, 20570.

Gerando (*A.* de). La Transylvanie, 26536.

Gerard (*Jul.*). La Chasse au lion, 10440.

Gérard (*P.-L.*). Le Comte de Valmont, 1848. — Leçons d'histoire, 22700.

Heber; 256 fr. *mar. r.* d'Essling; autre exempl. 350 fr. même vente; 280 fr. Cailhava; 15 liv. 15 sh. Utterson.

— LA MÊME histoire de Gérard, comte de Nevers, avec des notes (par Gueulette). *Paris*, 1727, pet. in-8. 4 à 6 fr.

Édition faite sur celle de 1520. — Voy. GIBERT.

— LA MÊME histoire de Gérard de Nevers, extraite par de Tressan. *Paris, impr. de Didot jeune*, 1792, in-18, pap. vél. fig. 3 à 5 fr.

Vend. 15 fr. *m. r.* épr. avant la lettre, Lamy. Il y a des exempl. en Gr. Pap.

Ce vol. est ordinairement réuni à l'*Histoire de Jehan de Saintré*, également extraite par M. de Tressan (voy. JEHAN).

GÉRARD de Rayneval *(Jos.-Mathias).* Institution du droit de la nature et des gens ; nouvelle édition. *Paris, Rey et Gravier,* 1832, 2 vol. in-8. 10 fr. [2361]

Avant cette réimpression, la première édition, *Paris*, 1803, in-8., était devenue rare et chère.

— Liberté des mers, 2388.

GÉRARD *(François).* OEuvre du baron François Gérard. *Paris, Vignères et Rapilly,* 1852-57, 3 part. in-fol. 170 fr. [9350]

La première partie de l'œuvre de ce peintre comprend 83 portraits histor. en pied, la seconde renferme 43 tableaux historiques et de genre, gravés à l'eauforte. La troisième contient 40 compositions, 11 facsimile et 68 portr. à mi-corps et en buste ; des notices et des tables alphab. et chronolog., 2 portr. de Fr. Gérard, et le fac-simile d'une lettre de lui au graveur Toschi. Les notices de la 2ᵉ part. sont signées H. G. (H. Gérard).

GERARD de Rossillon, chanson de geste ancienne publiée en provençal et en français, d'après les manuscrits de Paris et de Londres, par Francisque Michel. *Paris, P. Jannet,* 1856, in-16. [vers 13154]

La source des différentes versions provençales et françaises du roman de Gerard de Roussillon, est un texte latin écrit vers la fin du XIᵉ siècle, dont il ne nous reste plus que des copies beaucoup plus récentes, et même en partie paraphrasées. Quant au poëme provençal et au poëme français, M. Michel vient de les publier pour la première fois, d'après deux manuscrits que l'on croit uniques, mais qui malheureusement sont incomplets, l'un au commencement et l'autre au commencement et à la fin. Pour bien connaître l'histoire des différents textes de ce roman, il faut consulter la notice donnée par M. Fauriel dans le XXIIᵉ vol. de l'*Histoire littér. de la France*, pp. 169-190, et 449, et aussi la préface de la présente édition. Pendant qu'elle était sous presse, une autre édition du poëme provençal paraissait en Allemagne sous ce titre :

Die Werke der Troubadours in provenzalischer Sprache, herausgegeben von C. A. F. Mahn, Epische Abtheilung. Erster Band. *Girartz de Rossilho,* nach der Pariser Handschrift herausgegeben von Dʳ Conr. Hofmann ; *Berlin*, 1855, in-12, deux livraisons, formant 128 pp. et renfermant 6003 vers.

— Girart de Roussillon. Le Roman en vers de excellent, puissant et noble homme Girart Rossillon jadis duc de Bourgoigne, publié pour la première

Gérard *(Al.).* Essai sur le goût, 18295.
Gerard de Nerval. Voyage en Orient, 19981.

fois d'après les manuscrits de Paris, de Sens et de Troyes, avec de nombreuses notes philologiques, et suivi de l'histoire des premiers temps féodaux, par Mignard. *Dijon, Lamarche,* et *Paris, J. Techener,* 1858, in-8. de XLVIII et de 464 pp. 12 fr.

Cette édition est ornée de 9 planches, reproduisant en chromolithographie les dessins du manuscrit original, 15 fr. Il n'en a été tiré qu'un petit nombre d'exemplaires, dont 50 sur pap. de Hollande avec les dessins sur Chine, d'après les manuscrits de Paris, de Sens et de Troyes.

M. Littré a donné dans le *Journal des Savants*, avril et mai 1860, une intéressante notice sur ce poëme écrit à la fin du XIIIᵉ siècle ou tout au commencement du XIVᵉ.

— Sensuyt lhystoire de monseigneur Gerard de Roussillon iadis duc et côte de Bourgongne et Dacquitaine. on les vend a Lyon au pres de nostre dame de confort cheulx Oliuier Arnoullet. (à la fin) : *Cy finist lhystoire de mõseigneur Gerard de roussillon... imprime nouuellemẽt a Lyon par Oliuier Arnoullet,* pet. in-4. de 36 ff. signat. *A—J.* caract. goth. [17085]

Cet ouvrage, qui est plutôt une légende romanesque qu'un roman de chevalerie, est divisé en 27 chapitres, et nous paraît avoir été rédigé et imprimé vers le commencement du XVIᵉ siècle, d'après des écrits latins et français d'une date beaucoup plus ancienne.

— Gerard de Roussillon. Sensvyt l'hystoire de monseignevr Gerard de Rovssillon, iadis dvc et conte de Bovrgogne et d'Acqvitaine. *Lyon, par Louis Perrin,* 1856, in-8. de L et 149 pp. plus 2 pl.

Belle édition, donnée par M. A. de Terrebasse, qui y a joint des *préliminaires historiques et bibliographiques* d'un grand intérêt. Il n'en a aussi été tiré qu'un petit nombre d'exemplaires. 7 fr.

Ce joli volume donne la copie fidèle de l'édition originale ci-dessus, d'après le seul exemplaire que l'on en connaisse, celui-là même qu'avait bien voulu nous communiquer, il y a quarante-cinq ans, M. de Pina, marquis de Saint-Didier, et qui, après la mort de cet ancien député de l'Isère, a été acquis pour la bibliothèque de Grenoble, par M. H. Gariel, bibliothécaire de cet établissement.

HISTOIRE et legende de Gerard de Roussillon et de la duchesse Berthe, concernant le pays de la Montagne et le Chatillonnais, par Mignard. *Dijon et Paris, V. Didron,* 1853, in-8. de 40 pp. avec une pl.

GERARDE *(John).* Herball, or general history of plants. *London, Adam Islip,* 1633, in-fol. fig. [4901]

Cette édition, augmentée par Th. Johnson, est préférable à la première publiée en 1597. Il y en a une sous la date de 1636.

Les botanistes font encore cas de cet ouvrage. — Vend. 60 fr. L'Héritier ; 50 fr. de Jussieu, 4 liv. 8 sh. (bel exempl.) Hibbert; fig. color. 4 liv. 5 sh. Dent.

GERARDI cremonensis (Magistri) viri clarissimi Theoria planetarum fœliciter incipit. — *Impressi Andreas hoc opus ;*

cui Francia nomẽ tradidit... (Ferra-riæ), M. CCCC. LXXII, in-4. [8285]

Opuscule de 16 ff., impr. en beaux caractères et sur beau papier : on a laissé des espaces vides pour y ajouter des figures d'astronomie (*Fossi,* Catal. magliab., tome I, p. 579).

Cet opuscule, que l'on a réimprimé plusieurs fois à la suite de la *Sphœra* de Sacrobosco (voy. ce nom), est, à ce qu'il paraît, de Gerard de Sabbionetta. Consultez à ce sujet la dissertation de M. Baltas. Boncompagni, *Della Vita e delle opere di Gherardo Cremonese e di Gherardo da Sabionetta,* Roma, 1851, in-4.

GERARDIN de Mirecourt (*Sébastien*). Tableau élémentaire d'ornithologie, ou histoire naturelle des oiseaux que l'on rencontre communément en France. *Paris,* 1806 (nouv. titre, 1822), 2 vol. in-8. et atlas in-4. de 41 pl. 15 à 20 fr. et plus en pap. vél. [15734]

GERBERT (*Mart.*). De Cantu et musica sacra, a prima ecclesiæ ætate usque ad præsens tempus. *Typis San-Blasianis,* 1774, 2 vol. in-4. fig. 30 à 36 fr. [10103]

Vendu 44 fr. Libri.

— Scriptores ecclesiastici de musica sacra potissimum, ex variis codd. mss. collecti. *Typis San-Blasianis,* 1784, 3 part. in-4. 36 à 45 fr. [10104]

Ces deux ouvrages de Gerbert sont fort estimés : ensemble 75 fr. Libri.

— ITER alemannicum, italicum et gallicum. *Typis San-Blasianis,* 1765, 2 tom. en 1 vol. in-8. fig. 10 à 12 fr. [20065]

Édition originale, la seule où se trouvent les *Glossaria theotisca,* morceau dont Oberlin n'a pas fait usage : vend. 24 fr. 50 c. Boutourlin. La traduction allemande par J.-L. Köhler, *Ulm,* 1767, in-8., n'est pas complète.

— Liturgia, 741-42. — Historiæ Nigræ Sylvæ, 26599.

Il ne faut pas confondre ce savant avec *Ernest-Louis Gerber,* qui a donné un *Dictionnaire historique des compositeurs célèbres,* en allem., *Leipzig,* 1790-92, 2 vol. in-8., et dans la même langue un *Nouveau Dictionnaire des compositeurs,* Leipzig, 1812-14, 4 vol. in-8. [31114], qui doit être réuni au précédent, car il n'en est pas une nouvelle édition, comme nous l'avons dit autrefois.

GERBIER (sir *Balthasar*). The Interpreter of the Academy for forrain languages and all noble sciences and exercises. *London,* 1648, 2 part. en 1 vol. in-4.

Cet ouvrage, peu connu en France, est en français et en anglais, et c'est pourquoi nous le plaçons ici. Un exemplaire avec le portrait de l'auteur a été payé 3 liv. 1 sh. à la vente Bindley ; mais un autre, sans portrait, s'est donné pour 10 sh. Parmi les autres ouvrages de B. Gerbier, que cite Lowndes, nous en remarquons deux :

1° SUBSIDIUM peregrinantibus, or an assistance to a traveller in his convers with Hollanders, Ger-

mans, Venetians, Italians, Spaniards and French ; directing him, after the latest mode, to the greatest honour, pleasure, security, and avantage in his travels : written to a princely traveller (James duke of Monmouth) for a Vademecum. *Oxford, for Rob. Gascoigne,* 1665, in-16.

2° A SOMMARY description, manifesting that greater profits are to bee done in the hott that in the cold part off America : also advertissement for men inclined to plantations in America, by Balth. Gerbier (with an account of his ill usage, and the death of his daughter by the violence of the dutch at Surinam). *Rotterdam,* 1660, in-4.

B. Gerbier, devenu baron Douvily, et chef commandeur de la colonie hollandaise de la Guyane, a écrit en hollandais le récit sommaire (*Sommier Verhael*) de son voyage en Amérique, récit où il donne des détails sur l'assassinat commis sur sa personne et celle de sa fille Catherine par Otto Keye. C'est un opuscule in-4. de 5 feuilles, *Gedruckt voor den autheur. Anno* 1660, avec 2 gravures : 6 thl. 15 gr. *Bibliothèque américaine* de F.-A. Brockhaus (Leipzig, 1861), n° 306. Une autre édition en 6 ff. in-4., avec les mêmes gravures, contenant de plus que celle-ci l'extrait du procès-verbal dressé par le magistrat d'Amsterdam, le 9 septembre, dans l'affaire de Balthasar Gerbier, en 4 feuilles, 7 thl. 15 gr., n° 307 du même catalogue, dans lequel, sous les n°s 284 à 287, et 299 à 301, se trouvent les titres de plusieurs écrits hollandais relatifs à la colonie qu'a dirigée notre Gerbier.

GERDIL (*Giac.-Sigism.*). Opere edite ed inedite (pubbl. da D. Leo. Scati). *Roma, delle stampe di Vinc. Poggioli,* 1806-21, 20 vol. in-4. 220 fr.

Collection importante qui renferme des ouvrages écrits dans les trois langues latine, française et italienne. M. Quérard en a donné le détail à la p. 331 du 3e vol. de la *France littéraire.* C'est probablement par erreur que Gamba porte à 30 le nombre des vol. de cette édition.

Une édition des *Opere scelte* de ce prélat a été impr. à Milan, 1836, en 3 vol. in-8. ; et dès l'année 1826 il avait paru, à *Paris, chez Trouvé,* les deux premiers vol. in-8. des *OEuvres choisies du Card. Gerdil, publ. et recueillies par l'abbé Cabanès ;* mais cette dernière collection, qui devait avoir 12 vol., n'a pas été continuée.

— Vie d'Alexandre Sauli, 22269. — Combats singuliers, 28749.

GERHARD (le chevalier *Édouard*). Antike Bildwerke, zum ersten Male bekannt gemacht von Eduard Gerhard. *Stuttgart, Cotta,* 1827-30, gr. in-fol. [29525]

Voici l'indication de ce qui a paru des planches de cet ouvrage : Ire cent. en 5 cah., pl. 1—100 ; cent. II, en un seul cah., pl. 101—120. (La cent. III n'a pas été publ.) Cent. IV, pl. 301—320. Le tout 22 thl. 1/6. Il existe trois livr. du texte. *Munich et Stuttgart,* 1828-44, in-4. 21 fr.

— Coupes grecques et étrusques du Musée

---

royal de Berlin. *Berlin, Reimer,* 1840, gr. in-fol., fig. 30 thl. [29634]

— Vases et coupes du Musée royal de Berlin et d'autres collections. *Berlin, Reimer,* 1848-50, 2 part. gr. in-fol. 37 pl. 120 fr.

— Etruskische und Kampanische Vasenbilder des Königl. Museums zu Berlin. *Berlin, Reimer,* 1843, gr. in-fol. 31 pl. 96 fr.

— Auserlesene griechische Vasenbilder, hauptsächlich etruskischen Fundorts, herausgegeben von Ed. Gerhard. *Berlin,* 1840-47, 3 vol. gr. in-4., 318 lithogr. color. Prix réduit, 40 thl. [29632]

Bel ouvrage, publié en 44 cah. au prix de 8 fr. chacun. Vend. (282 pl.) 190 fr. Raoul Rochette.
— ETRUSKISCHE Spiegel. *Berlin,* 1839-48, in-4. [27947] Publié en 24 cah. de 10 pl. à 8 fr. chacun.
— GRIECHISCHE Mythologie. *Berlin, Reimer,* 1854-1855, 2 vol. in-8. 20 fr. [22637]
Depuis l'année 1843 M. Ed. Gerhard publie à Berlin une *Archäologische Zeitung,* in-4., avec planches, dont la collection, jusqu'en mars 1854, a été payée 100 fr. seulement à la vente de Raoul Rochette. L'ouvrage se continue depuis 1849 sous le titre de *Denkmäler, Forschungen und Berichte, als Fortsetzung der Archäol. Zeitung,* et chaque année il en paraît un volume. Chaque partie en 4 cah. coûte 4 thl. (en 1861, 146 cah. dont 50 pour la suite). [28972]

— Vases apuliens du Musée royal de Berlin. *Berlin, Reimer,* 1843, gr. in-fol., 21 pl. dont 16 col. 120 fr.

GERHARD (*Bernh.*). Versuch einer Monographie der europäischen Schmetterlingsarten : Thecla, Polyamattus, Lycæna, Nemeobius als Beitrag zur Schmetterlingskunde. *Hamburg,* 1850-1853, in-4., 22 pp. avec 39 pl. lith. et color. 40 fr. [6074]

GERHARDUS (*Joh.*). Meditationes sacræ ; editio postrema, prioribus emendatior. *Lugd.-Batav., ex officina elzeviriana,* 1627, in-24. [1893]

— EXERCITIUM pietatis quotidianum quadripartitum, studio J. Gerhardi. *Lugd.-Batav., ex offic. elzeviriana,* 1630, in-24. [1894]
Ces deux ouvrages ont été souvent réimpr., mais les deux éditions que nous citons sont les seules qu'on recherche en France; la seconde surtout est rare, et il en a été vendu un exemplaire jusqu'à 100 fr. chez M. Morel-Vindé; elle ne vaut cependant que de 4 à 6 fr.
Ce théologien luthérien, si célèbre en Allemagne et en Hollande, n'est cité que pour deux petits vol. sortis des presses des Elsevier; il est cependant l'auteur d'un grand nombre d'ouvrages impr. dans les formats in-fol. et in-4. Voici le plus considérable :
Loci theologici ; denuo edidit, variique generis observatt. necnon præfat. adjecit J.-F. Cotta. *Tubingæ,* 1761-81, 20 vol. in-4., plus un *Index gener.* par G.-H. Muller, 1788-89, in-4. [1892]

GERICKE ou Gehricke (*J.-F.-C.*). Erste

Gronden der Javaansche taal, etc., *c.-à.-d.* Premiers éléments de la langue javanaise, avec un recueil de lectures et un vocabulaire javanais. *Batavia,* 1831, in-4. de 69, III et 84 pp. [11905]

Vend. 31 fr. Rémusat ; 20 fr. de Sacy.
— JAVAANSCH-NEDERDEUTSCH woordenboek, of lasten in dienst van het nederlandsche bijbelgenootschap zamengesteld. Uitgegeven op uitnooding van het nederlandsch gouvernement en vermeerdert en verbeterd door F. Roorda. *Amsterdam, Müller,* 1847, gr. in-8. 58 fr. [11907]

GERILEON d'Angleterre. Voy. MAISON-NEUFVE.

GÉRINGER. L'Inde française. Voy. BURNOUF.

GERINI (*Andr.*). Le vedute più nobili e vaghe delle contrade, piazze, chiese e palazzi di Firenze. *Firenze,* 1744, in-fol. max. 15 à 20 fr. [9890]

Vendu 25 fr. Hurtault.
Ce recueil de 24 vues est annoncé dans les catalogues, tantôt sous le nom de *Gerini* et sous la date de 1744, tantôt sous celui de *Gius. Magni* et sous l'année 1754. Cela vient de ce que, dans une partie des exemplaires, outre le frontispice gravé d'après le dessin de Jos. Magni et daté de 1754, il se trouve une planche contenant une épître dédicatoire signée d'André Gerini et sous la date de 1744. Les vingt-quatre vues sont de Jos. Zocchi, de qui l'on a un autre recueil intitulé : *Vedute delle ville, e d'altri luoghi della Toscana.* Firenze, 1744, in-fol. obl. Vend. 19 fr. Hurtault. — Reproduit à Florence, 1757, gr. in-4. Vend. 15 fr. le même.

—Raccolta di stampe rappresentanti i quadri più scelti dei signori marchesi Gerini. *Firenze,* 1759, gr. in-fol. [9398]

Le 1er volume de ce recueil contient 40 pièces, avec l'explication en franç. et en ital., composée en partie par Mariette : 30 à 40 fr. Le 2e vol., publié en 1786, est également de 40 planches, mais il se trouve rarement. Les deux part. 97 fr. Boutourlin.

GERMAIN (*Mich.*). Voy. MONASTÈRES de l'ordre de S.-Benoît et le n° 21954 de notre table.

GERMANICI Cæsaris, inclyti ducis, poetæ elegantis, reliquiæ quæ extant omnes, ex recensione et cum notis Jo.-Gasp. Orellii : additis præterea notis omnibus Casp. Barthii, Jani Broekhusii, P. Burmanni secundi, Hug. Grotii, H. Meyeri, Guil. Morelli, Cl. Salmasii, Jos. Scaligeri, J.-C. Schwarzii, H. Turnebi, Jani Ulitii, et aliorum : quibus etiam scholia

vetera auctoris incerti, ex editione Buh-
liana, adjunxit Jo. Allen Gilis. *Londini*,
1838, in-8. [12522]

Édition tirée à cent exemplaires seulement. 1 liv. 1 sh.
— Voy. Aratus..

GERMANUS (S.). S. N. P. Germani, archiepiscopi constantinop., Opera omnia, juxta editiones card. Ang. Mai, Jo.
Dom.Mansi, etc., ad prelum revocata : accedunt SS. Gregorii Agrigentini, Tarasii
CP., Cosmæ Hyerosolymitani, Pantaleo-
nis diaconi, Adriani monachi, Epiphanii
Catanensis, Pachomii monachi, Philo-
thei monachi, Anonymi Beccuciani,
scripta quæ supersunt; accurante J.-P.
Migne. *Parisiis, Migne*, 1860, gr. in-8.
à 2 col. 11 fr.

98e vol. de la *Patrologia græca.*

GERMANNUS (*L.-Chr.-Frid.*). De miraculis mortuorum libri tres, quibus præmissa dissertatio de cadavere et miraculis in genere, opus physico medicum...
editum ab Immanuele Heinr. Ger-
manno, fil. *Dresdæ*, 1709, in-4. 8 à
12 fr. [4358]

Volume recherché et peu commun : vend. 20 fr. Patu
de Mello. L'édition de 1670 ne contient que le premier livre.

GERMANUS de Silesia (*Domin.*). Fabrica
linguæ arabicæ, cum interpretatione lat.
et ital. accommodata ad usum linguæ
vulgaris et scripturalis. *Romæ, congreg.
de propag. fide*, 1639, in-fol. [11620]

Vend. 37 fr. Soubise ; 22 fr. Haillet de Couronne ; 10 fr.
de Sacy.

Dom. Germain avait déjà publié à Rome, en 1636, un
essai de Grammaire arabe, in-4., sous le titre peu
exact de *Fabrica overo dittionario della lingua
volgare arabica ed italiana.*

GERMANUS (*Joannes*). Historia brevissima Caroli Quinti imperatoris a provin-
cialibus paysanis triumphanter fugati et
desbifati. Quæque in provincia illo exis-
tente novissime gesta fuere macaronico
carmine recitans per l.-V.-D. Joan. Ger-
manum in sede Forcalquieri advocatum
composita. (*Lugduni, apud Franciscum
Justum*), 1536, in-8. de 18 ff. en caract.
ronds. [13133]

On a plus d'une fois confondu cette pièce fort rare
avec la *Meygra entrepriza* d'Ant. de Arena (voy.
ce nom), autre macaronée composée à l'occasion
du même événement, mais tout à fait différente de
celle-ci, laquelle est pourtant fort bien annoncée
dans la Biblioth. de Du Verdier (*Supplementum
Gesneri*), édit. in-4., IV, p. 130. Au reste, c'est le
cas de le dire ; à quelque chose malheur est bon ;
car cette méprise des bibliographes a donné à
Ch. Nodier l'occasion d'ajouter un bon article de
plus à ceux dont il a enrichi le Bulletin de Te-

chener (voir la p. 323 de la 2e série). La Macaronée
de Germain (annoncée comme étant celle d'Arena)
a été vend. 50 fr. Mac-Carthy ; 91 fr. *mar. r.* Nodier ; 220 fr. Borluut.

GERMAR (*E.-F.*). Fauna insectorum Europæ. *Halæ, Kümmel*, 1813, in-8. obl.
[5973]

Cet ouvrage se publie par cahiers de 25 pl. color. au
prix de 5 à 6 fr. chacun. Les deux premiers cahiers
sont de A. Ahrens ; la suite est due à MM. Germar
et F. Kaulfuss. Il paraissait 24 cahiers en 1848.
On a encore de M. Germar : *Magazin d'entomologie*, Halle, Hendel, 1815-21, in-8. fig. tom. I à IV
(publ. avec Th.-F. Zincken), 40 fr.; et d'autres ouvrages cités par Ersch. Il est mort en juillet 1853.

—Petrificata stratorum lithantracum Wet-
tini et Lobejuni in circulo Salæ reperta.
Hallæ, Schwetschke, 1847-53, 8 fasc.
gr. in-fol., 40 pl. lith. 64 fr. [4808]

— Entomologie, 5968.

GERMINI (i) sopra quaranta meretrici
della città di Firenze, dove si contiene
quattro ruffiane, le quali danno a chias-
cuna... il suo essere. Con una agiunta
nouamente messa tel giuoco delle carte,
in vanto di alcune altre cortigiane fiorentine che non furono messe ne germini, & nel fine un bel sonetto. (*senza
luogo ed anno*), in-4. de 6 ff. à 2 col.
fig. sur bois. [15013]

Selon M. Libri (n° 1504 de son catalogue de 1847) ce
petit poème fort rare aurait été impr. à Florence
de 1540 à 1550. Le texte répond à ce que promet
le titre, et l'on peut dire que les figures sont dignes
de ce texte. L'exemplaire décrit était rel. en *m. r.*
et il a été vendu 102 fr., et plus tard revendu 6 liv.
sterl. en 1859.

GERMON (*Barth.*). De veteribus regum
francorum diplomatibus, etc., ad Joh.
Mabillonium disceptatio. — Disceptatio
2a.—Disceptatio 3a adversus Theod. Rui-
nartii et Justi Fontanini vindicias. *Parisiis*, 1703-7, 3 vol. in-12. [30182]

Cet ouvrage se joint à la Diplomatique de Mabillon ;
il a quelque valeur, lorsque les 3 vol. se trouvent
réunis. Il en existe une seconde édition sous ce titre :
Barth. Germonii Dissertationes diplomaticæ quibus præmittitur earundem historia e gallico Ægid.
Ber. Raguet in lat. verso. *Viennæ*, 1790, pet. in-4.

GERNING (*J.-J.* baron von). A picturesque tour along the Rhine, from Mentz
to Cologne ; with illustrations of the scenes, of remarkable events, and of popular traditions : embellished with twenty
four coloured engravings, from the drawings of M. Schuetz ; translated from
the german, by John Black. *London*,
Ackermann, 1820, très-gr. in-4. 20 à
25 fr.; in-fol., 30 à 36 fr. [20284]

GERRARD (*Joan.*). Siglarium romanum,
sive explicatio notarum aut litterarum,
quæ hactenus reperiri potuerunt in mar-

Germannes (l'abbé). Révolutions de Corse, 25880.
Germano (*Giov.*). Figure anatomiche degli animali,
5580.

Geronymo de la Concepcion. Cadiz, 26235.

moribus, lapidibus, nummis, etc. *Londini*, 1792, gr. in-4. 18 à 24 fr., et plus en Gr. Pap. [29911]

GERSON (*Joan.* Charlier). Opera, ex editione Lud. Ellies du Pin. *Antuerpiæ*, 1706, 5 vol. in-fol. 60 à 80 fr. [1138]

Édition la plus complète et jusqu'ici la meilleure que l'on ait des œuvres de ce célèbre théologien : on y a joint plusieurs ouvrages qui ne sont pas de lui. Dans le 3e vol. se trouvent plusieurs sermons écrits en français. On rencontre des exemplaires de cette collection avec de nouveaux titres, sous la date : *Haga-Comitum*, 1728.
La première édition collective des œuvres de Gerson a été impr. à Cologne, par Jean Koelhoff, en 1483, en 4 vol. in-fol. Elle ne conserve que fort peu de valeur, et il en est de même des autres édit. faites, soit à la fin du XVe siècle, soit dans le courant du XVIe.

— De spiritualib' nupciis Incipit opusculũ magistri Johãnis de Gersona..... super cãtica cãticorum.... *Nurenberge, anno septuagesimo, impressorie artis industria effigiatum (per Joh. Sensenschmid)*, in-fol. goth. de 39 ff. [446]

Vendu 70 fr. Brienne-Laire, et moins cher depuis.

— Collectorium super magnificat... — *Et sic terminatur hec ɔpilatio devota..... anno dñi M° cccc° lxx. iij.* In-fol. goth. de 169 ff., à 39 lig. par page. [447]

Vend. en *m. bl.* 24 fr. Lauraguais ; 28 fr. Brienne-Laire ; 38 fr. 50 c. Mac-Carthy.
On reconnaît dans cette édition les caractères de Conrad Fyner, qui imprimait à Eslingen. Le P. Laire, *Index typogr.*, a fait remarquer que ce livre renferme du plain-chant noté : c'est, je crois, le premier où l'on en trouve d'imprimé. Les deux derniers ff. contiennent la table des rubriques et le registre.

— Concordantiæ evangelistarum sive Monotesseron. (*absque nota*), in-fol. de 66 ff. à 40 lig. par page. [484]

Première édition, impr. à longues lignes, caract. d'Arn. Therhoernen. En tête du vol. sont 7 ff. contenant le prologue et 2 tables, dont l'une est datée de 1471. Vend. 30 fr. La Valliere.

— Tractatus pulcherrimus de consolacione theologie.... iohannis gerson.... incipit feliciter. — *Consũmatũ ac cõpletũ est hoc opus..... ac impressũ per me Arnoldũ terhoernẽ.....* (circa 1471), in-4. [1140]

Première édition, imprimée à longues lignes, au nombre de 27 sur les pages, sans chiffr., récl., ni signatures.

— Incipit tractatus..... tractans de pollutione nocturna, an impediat celebrantem vel non. — Incipit tractatus de cognicione castitatis et pollutionibus diurnis. — Incipit forma absolutionis sacramentalis. (*absque nota*), in-4. goth. de 32 ff. dont le premier est blanc, 27 lig. à la page. [1326]

Gersaint (*E.-F.*). Catalogue de l'œuvre de Rembrandt, 9531. — de Quentin de Lorangère, 9550.

Édition imprimée avec les caractères d'Ulric Zell, vers 1470 : vend. en *mar. r.* 80 fr. La Valliere ; en demi-rel. 59 fr. seconde vente Quatremère, et quelquefois moins. On trouve séparément le premier de ces opuscules, qui est de 15 ff., et qu'Ulric Zell a impr. plusieurs fois.

— Incipit tractatus de mendicitate spũali (spirituali) ve || nerabili Magistri Ioañis Gerson cancella || rii parisiẽn. (au recto du dernier f.) : *Explicit tractatus de mẽdicitate spũali.....* pet. in-4. goth. de 68 ff. à 27 lig. par page, sans chiffres, récl. ni signat.

Imprimé avec les caract. d'Ulric Zell, à Cologne, avant 1470. 32 fr. 2e vente Quatremère.

— Alphabetum diuini amoris de eleuatione mentis in Deum. *Impressum per me Theodoricum Martini, in oppido Alostensi, comitatus Flandrie, anni* M.CCCC.LXXXVII, *sexta die februarii*, pet. in-8. goth.

40 fr. Borluut.
Hain (n°s 7621 à 7731) donne la description des différents traités de Gerson, qui ont été impr. à la fin du XVe siècle, et qui, pour la plupart, ne conservent pas de valeur ; mais il omet plusieurs des traductions françaises que nous allons faire connaître.

— Copie de deux grands tableaux. Pet. in-4. goth. de 30 ff. à 25 lig. par page.

Le premier f. commence au recto par ce sommaire imprimé en rouge :

C Est cy la coppie des deux grans tableaux, esquelz tout le cõtenu de ce liure est en escript. qui sõt atachiez au dehors du cœur de leglise nře dame de terewane, au coste deuers midi pour lIstruction et doctrine de tous xpĩens et xpĩennes de quelconque estat quilz soient. Laquelle doctrine et instruction fut composee en luniuersite de paris, par tressaige z tresdiscret hõme. et maistre en diuinite. Maistre iehñ iarson, chancelier de nře dame de paris.....

Livre très-rare, imprimé sans lieu ni date, mais où l'on reconnaît les caractères que Jean Veldener a employés dans l'édition dũ *Fasciculus temporum*, en flamand, donné par lui à Utrecht, en 1480. Les réclames et signatures de ce vol. y sont placées d'une manière tout à fait exceptionnelle, dans la marge du fond, et perpendiculairement à l'impression. Au verso du dernier f., après les mots *Explicit feliciter*, se lit la souscription suivante :

Aspice presentis scripture gratia que sit
Confer opus opere. spectetur codice codex
Respice q̃ʒ munde. q̃ʒ terse. q̃ʒq̃ decore
Jmprimit hec ciuis brugesis brito Johãnes
Jnuenies artem nullo monstrãte mirãdam
Instrumẽta quoq̃ non minus laude stupẽda

Ce *Jean Briton* ou *de Brit*, dont on vient de lire le nom, n'était point un imprimeur, comme on pourrait le croire par le mot *imprimit*, mais un habile calligraphe qui florissait à Bruges, de 1454 à 1492. Cela a été démontré jusqu'à l'évidence dans l'*Esprit des Journaux*, nov. 1779, et janv. 1780 ; ce qui n'a point empêché que l'abbé Ghesquière n'ait émis une opinion contraire dans des *Réflexions* imprimées à Nivelle, en 1780.
L'exemplaire de ce livre qui faisait partie de la bibliothèque de M. Meerman, à la Haye, a été acquis en 1824 pour la Bibliothèque royale de France, au prix de 510 flor. de Holl. M. Meerman ne l'avait payé que 8 flor. à la vente Major, faite à Malines en 1767. C'est le même exempl. qui est décrit dans la *Notice sur Colard Mansion*, par M. Van Praet, p. 94.

— Incipit opusculũ triptitum de ‖ preceptis decalogi De ɔfessiõe ‖ τ de arte moriẽdi. p eximiũ sa ‖ cre theologie pſessore; Magi ‖ strũ iohãnem gerson alme vni ‖ uersitatis pisiens. cãcellariũ. (au recto du dern. f.) : Explicit opusculũ triptitum... (*absque nota*), pet. in-4. de 30 ff. à 27 lig. par page, sans chiffres, récl. ni sign. [1380]

Édition imprimée avec les petits caract. goth. d'Ulric Zell, à Cologne, avant 1470. C'est une des plus anciennes que l'on ait de ce traité, que la presse a si souvent reproduit depuis.

— Opus tripartitum magistri Ioannis Gerson : continens instructiones curatorum ; opusculum... de septem sacramentis ecclesiæ, et arte audiendi confessiones ; documenta quædam fidei et morum, gallico sermone composita. Pro diœcesi carnotensi. (à la fin) : *Parisiis, apud Simon. Colinæum*, 1526, in-4.

Nous citons cette édition à cause de la traduction et des documents en français qui y sont joints ; elle est portée dans l'ancien catalogue impr. de la Bibliothèque du roi, B, 1498, ainsi qu'une autre édition, B, 1497, impr. à Paris, chez Iolande Bonhomme, 1538, in-4., qui réunit aussi les deux textes et les documents français à l'usage du diocèse de Chartres. Cette dernière porte sur le titre la marque de Th. Kerver, que nous avons donnée I, 606.

Une autre édition, en latin et en français, mais sous le titre de *L'instruction des Curez pour instruyre le simple peuple*... Paris, 1531, in-4., goth., est portée dans le même catalogue, sous le n° 1499.

— Le livre appele Opus tripartitum. (*sans lieu ni date*), in-4. de 40 ff. en caract. demi-goth., sans chiffres, récl. ni sign., à 21 lig. par page.

Édition imprimée avec les mêmes caractères que le *Livre de Baudouyn*, sorti des presses d'Ant. Neyret à Chambéry, en 1484 et 1485, et probablement un peu avant ce roman puisqu'elle n'a pas de signatures, et que le Baudoyn en a.

Le premier feuillet est tout blanc. Au recto du second le texte commence sans titre ni sommaire, par ces deux lignes :

Ceste brieufue doctrine est ordonnee
pour quatre manieres de personnes.

Et il finit au verso du 40e par cette souscription en six lignes.

Cy finist le liure de maistre ichan Ger ‖ son docteur en theologie τ chanselier de nͬe da‖me de paris, appelle en latin opus tripartitũ ‖ en frãcoys vn liure de troys parties. Cest assauoir ‖ des cõmademẽts de nͬe seigneur, de ɔonfessiõ et dͬ ‖ la science de bien morir. Deo gratias. 100 fr. Libri-Carucci, avec deux traités de Gerson en latin, impr. en lettres rondes, et le même exemplaire, rel. en *mar. br.* par Trautz, mais sans les opuscules latins, 565 fr. Solar.

— Opus tripartitum, contenant trois traitez, des commandemens de Dieu, de la confession, et de l'art de bien mourir, traduit de Jean de Gerson. *Lyon, pour Pierre Mareschal*, 1490 (in-4.).

Édition indiquée par Du Verdier, et d'après lui par La Caille, Maittaire et Panzer.

— Instruction des curez pour instruire ‖ le simple peuple. Il est enioinct a tous les curez, vicaires, maistres des ‖ escolles, dospitaulx et aultres p tout leuesche de Pa ‖ ris dauoir auec eulx ce present liure en en lire souuent ‖ Et y a grans pardons en ce faisant. (au verso du 37e f.) : Cy fine le liure de maistre Jehan

Gerson... appelle en latin Opus tripartitum... *imprime a Paris par Nicolas Higmã pour Simon Vostre libraire*... (sans date), in-4. goth. de xl ff. chiffrés.

Cette instruction n'est, comme on peut le voir ci-dessus, qu'une traduction française de l'*Opus tripartitum*. Il y a sur le titre le nom et la marque de Simon Vostre, et au verso une gravure sur bois représentant J.-C. portant sa croix. Au recto du f. xxxviii commence le *Livre de Jesus-Christ*, partie en vers. Au bas du 40e f. verso sont deux petites vignettes sur bois assez bonnes. (Catal. du baron de Warenghien, n° 110.)

Une autre édition, sans lieu ni date, pet. in-8. goth. de 76 ff. contient, indépendamment de l'*Opus tripartitum*, en français, *Le livre de Jesus, qui est sommaire du livre dessus dit et contient la doctrine necessaire a tous chrestiens* : 30 fr. mar. v. Cailhava.

INSTRUCTION des curez pour instruire le simple peuple, cest assauoir le liure des troys parties des commandemens de Dieu, de confession : et de lart de bien mourir : compose en latin et en francoys par Jehan Gerson pour linstruction de tous simples chrestiens. (et à la suite) : Le liuret de Jesus lequel contient la doctrine necessaire a tous chrestiens. a *Poictiers (par Enguilbert de Marnef, vers 1516)*, pet. in-4. goth., sign. A—F. par 8 et G. en 6. 28 fr. 50 c. Veinant.

Réimprimé aussi sous le titre d'*Instruction des Curez*... avec le livre de Jesus, ou la doctrine necessaire a tous chrestiens (en vers), *Paris*, 1541, pet. in-8. ; édition dont un exempl. impr. sur VÉLIN, mais sans frontispice, est porté dans le premier catalogue de La Valliere, I, n° 619. L'Instruction pour les curés, vicaires, etc., a été réimpr. à *Paris, chez Guill. Thiboust*, 1556, in-16.

Court de Gebelin (*Monde primitif*, V, p. LXXI) cite une traduction de l'*Instruction pour les curez, vicaires, etc.*, en rouergais, impr. à Rodez, en 1556, par ordre du cardinal d'Armagnac, évêque de cette ville, mais il n'en marque pas le format. C'est un livre aussi curieux que rare.

— TRIPARTITO del christianissimo y consolatorio doctor Iuan Gerson de doctrina christiana : a qualquiera muy puechosa. Traduzido de latin en lẽgua castellana para el biẽ d muchos necessario. Impresso en Mexico : en casa de Iuan Cromberger, Por mãdado y a costa del R. S. Opispo de la mesma ciudad Fray Juã Çumarraga. Reuista y examinado por su mandado. Año d. m. d. xliiij. (in fine) : Acabose el tripartito de Iuan Gerson... El qual se imprimio en la grã ciudad de Tenuchtil lan (sic) Mexico desta nueva España en casa de Iuã Crõberger q Dios aya. Acabose de imprimir. Año de M.d.xliiij, pet. in-4. goth. de 28 ff. non chiffrés, sign. a—d. titre encadré.

Ce livre est décrit dans le Bulletin de M. Techener, 1859, p. 185. Pour deux autres imprimés également à Mexico en 1544, voy. ÇUMARRAGA, et PEDRO de Cordova.

— Cy commence vn petit traittie jntitule le denat es- ‖ pirituel que fist honnourable et sauant discret maistre je- ‖ han jarson en son viuant docteur en sainte theologie ‖ et chancellier de Paris translate de latin en francois ‖ et *imprime a bruges par Colard mansion*, lequel ‖ contient en soy. viij parties. Et pour le mieulx et ‖ plus parfaittement entendre je lay mis par ma- ‖ niere de dyalogue. faingnant vn disciple qui de- ‖ mande : et vn docteur le meismes qui le composa q̃ ‖ respond. Et qui bien le lira et entendera jl trouue- | ra doctrine moult prouffitable et deuote pour par- | uenir au royame pardurable. (*sans date*), pet. in-fol. [1524]

On ne connaît d'autre exemplaire de cette édition que celui de la bibliothèque publique de Lille, lequel est relié avec d'autres traités. Le *Denat espirituel* est un opuscule de 18 ff. seulement, impr. à longues lignes, au nombre de 23 sur les pages entières, avec les mêmes caractères que le *Jardin de dévotion* (voy. JARDIN) et que la *Doctrine de bien vivre*. Le titre ci-dessus, imprimé en rouge, qui se lit au verso du prem. f., est accompagné de l'écusson de l'imprimeur (voy. tome Ier de ce Manuel, col. 1035).

Le *Donatus moralizatus* de Gerson, en latin, a été impr. au moins huit fois à la fin du xve siècle, soit en in-fol., soit en in-4. La seule de ces édit. qui ait une date est celle de Strasbourg, *apud Martinum Flachen*, 1477, in-4.; mais ce n'est pas la plus ancienne (Hain, nos 7723-7730). Une édition in-fol. goth. de 7 ff. à 32 lig. par page, caractères de Fr. Creusner, à Nuremberg, vers 1475, a été vend. 41 fr. La Valliere, sans avoir conservé cette valeur.

— Les contemplacions, hystoriez sur la passion nostre seigneur composees par maistre Jehan gerson docteur en theologie. — *Imprime a Paris Lan mil cinq cës τ sept le xxvie iour de mars Pour Anthoine verard marchant libraire... Et a le roy nostre sire doñe au dict verard lectres de priuilege de troys ans...*, pet. in-fol. ou gr. in-4. goth. de 34 ff. non chiffr., à 2 col. de 40 lig., avec 15 fig. sur bois. [1525]

Un exempl. impr. sur VÉLIN, avec les fig. peintes, se conserve à la Biblioth. impér.

— La doctrine de bien viure en ce monde. — *Explicit cest euure compile par maistre Jehan de gerson*, in-fol. goth. [1735]

Édition sans indication de ville, d'imprimeur, ni de date; elle contient 42 ff. et 32 lig. par page entière. Les caract. sont les mêmes que ceux du *Jardin de dévotion*, premier livre impr. par Colard Mansion, à Bruges. Nous avons trouvé à la suite de ce livre, dans l'exemplaire que nous a communiqué M. Van Praet, un autre ouvrage sans intitulé, mais qui est certainement l'*Art de bien mourir*; il est imprimé avec les mêmes caract. que le premier, et voici comme il commence : (*C)ombien que le phylosophe dye en son tiers liures dethiqs q̃ de toutes terribilites la mort du corps est la plus terrible. Mais la mort de lame nest nullement a comparer a icelle*. Ce dernier traité est de 22 ff. : on y voit à la fin l'écusson de Mansion, qui est aussi dans le premier.

Dans notre premier vol. (col. 509 à 512), article ARS MORIENDI, nous avons déjà parlé d'un *Art de mourir*, imprimé par Verard, mais différent du précédent, et duquel il existe une traduction anglaise que Lowndes a décrite sous le nom de Gerson, à la p. 882 de la 2e édit. de son Manuel.

— Les reigles de bien viure selon maistre Jehâ Jarson. (à la fin) : *Finissent les reigles τ doctrines de maistre Jehan Jarson, moult proufitables a toute creature viuant : nouuellement imprimees a Paris pour... Anthoine verard bourgois, marchant τ libraire demou-*

rant a lymage sainct Jehan leuangeliste deuant la Rue neufue nostre dame... Lan mil cinq centz τ six. le secõd iour de jãuier, in-4. goth. de 24 ff. non chiffrés.

Ce traité diffère de celui que Colard Mansion a impr. sous le titre de *La doctrine de bien vivre*; il se trouve quelquefois joint aux *Enseignemens moraulx et les concilles des deuots* (voyez ENSEIGNEMENS). La Bibliothèque impér. possède un exempl. de l'édit. de 1500, impr. sur VÉLIN.

— Cy apres ensuit la confession maistre Jehan Gerson... — *Cy fine la ꝓfession maistre iehan Gerson autremẽt dicte lexamen de conscience*, in-4. de 4 ff. à 32 lig. par page, caract. goth. [1321]

Opuscule sans lieu d'impression ni date, mais imprimé à Paris, vers la fin du xve siècle. La place des lettres majuscules y est laissée en blanc.

— Tresor de Sapience le quel fit τ composa maistre Jehan Jarson..... (à la fin, au verso du dernier f., 2e col.) : *Deo gracias cy finist le Tresor de sapience* (sans lieu ni date), in-fol. goth. de 24 ff. à 2 col. de 26 lign. sign. *ai — cIIJ.* [1334]

Édition imprimée vers 1480, avec les mêmes caractères que le *Lucidaire* (voyez ce mot) et que la *Vie de nostre benoit sauueur ichuscrit* (voy. VIE), qui sont deux productions des presses lyonnaises.

— Le Tresor de Sapience, compose par Jehan Jarson. *Paris, Denis Mellier* (*sans date*), in-4. goth. (Catal. de Girardot de Prefond, nº 267.)

D. Mellier ou Meslier a exercé à Paris dès l'année 1491; voy. l'article DESTRUCTION de Jérusalem et, pour sa marque, l'article VIE de S. Fabien, dans notre 5e volume. Lottin ne l'a pas connu.

— Enseignement pour soy oster de peché. Voy. LAFOSSE.

— Le Traicte des dix commandemens de la loy, selon maistre Jehan Gerson, en son viuant chancelier de Paris (*sans lieu ni date*), in-4. goth.

Édition qui paraît avoir été imprimée à Lyon à la fin du xve siècle, avec les caractères de J. Maillet.

Une édition de *Paris, Pierre Levet*, 1487, in-8. goth. [1285] est dans le catal. Picard, nº 71.

LES COMMANDEMENS de la saincte Eglise et la confession generale du jour de Pasques par les paroisses. Le petit traicte maistre Jehan Gerson qui aprent a bien mourir (*sans lieu ni date*), pet. in-4. goth. de 12 ff. 26 fr. Bergeret.

LES COMMANDEMENS de saincte Eglise et la confession generale du jour de Pasques par les paroisses. Le petit traicte de maistre Jehan Gerson qui aprent a bien mourir. — *Cy finyst les commandemens de l'Eglise, imprime a Paris par la veufue feu Jehan Trepperel et Jehan Jehannot* (vers 1515), in-4. goth.

Un exemplaire en *mar. r.* relié avec un opuscule en vers intitulé : *La cõplainte nostre mere saiĉte eglise* (avec un bois sur le titre). 89 fr. Bergeret.

— Sensuyt le confessionnal autrement appele le directoire des confesseurs... de nouuel mis de la langue latine en langue

francoyse a lutilite de la chose publique.
On les vend a Paris en la rue Saint-Jacques, a lenseigne du loup, 1547, in-16 goth. 14 fr. 50 c. Hebbelynck.

— La Mendicite spirituelle, les meditations de lame, le consolatif de tristesse (par Jean Gerson). *Impr. a Paris par Michel le Noir. lan mil* cccc. *le* xv *feurier*, pet. in-4. goth. signat. a.—l., fig. sur bois. [1700]

Un bel exempl. rel. en *mar. r.* 152 fr. Bergeret.

— La Mendicite spirituelle. Les meditacions de l'ame. le consolatif de tristesse (compose par le deuot docteur maistre Jehan jarson). — Cy finist la consolation... *Imprime a Paris par Michel Lenoir lan mil cinq cens et dix neuf le troisieme iour de may*, pet. in-4. goth. sign. A—l., fig. sur bois.

Édition dans laquelle on remarque au recto du f. v une lettre majuscule singulière. 51 fr. mar. Veinant.

— (S) Ermon fait deuant le Roy charles sixiesme et tout le conseil contenant les remonstrances touchant le gouuernement du Roy et du royaulme moult vtille et proufitable fait par maistre Iehan gerson de par luniuersite de paris :

Francorum regum clara : mitissima proles
Parcere subiectis didiscit (*sic*) punire rebelles,

(Ici se trouve la marque de Gerlier que nous avons donnée t. I, col. 1733, puis au verso du dern. f.) : *Cy finissent les remostrances faictes au Roy Charles sisiesme. Present son coseil touchat. le fait et gouuernemet du Roy z so royaulme. p maistre Ieha Gerso chacelier de lesglise de Paris comis de par luniuersite* (sans lieu ni date), in-4. goth. de 36 ff. à 32 lig. par page. [23380]

Édition très-rare de cette harangue prononcée en 1404; elle est sortie des presses parisiennes, soit à la fin du xvᵉ siècle, soit au commencement du xviᵉ. Gerlier a commencé à exercer en 1489.

M. Yémeniz, bibliophile distingué, résidant à Lyon, me mande que son exemplaire (même édition), commence ainsi : *Harangue faicte deuant le roy...*

Cette pièce, fort curieuse, a été réimpr. à *Paris, Gilles Corrozet*, en 1560, en 1561, en 1588, et enfin en 1624, in-8. L'édition de 1561 a 48 ff.

SERMON de la conception de la glorieuse vierge Marie, faicte et preschee en leglise de Sainct-Germain Lauxerois a Paris, par feu digne de louange et bonne memoire maistre Jehan de Gerson.... en la presence de la Royne et de plusieurs seigneurs et dames du sang royal et aultres gens de diuers estats, lan mil quatre cens et vng (sans lieu ni date), in-4. goth. de 14 ff. à 32 lign. par page, avec un bois.

Opuscule impr. à Paris vers l'an 1500. 35 fr. Bergeret.

SERMON inédit de Gerson sur le retour des Grecs à l'unité, prêché en présence de Charles VI, en 1409; publié pour la première fois d'après le manuscrit de la Bibliothèque impériale, par le prince Augustin Galitzin. *Paris, Benj. Duprat*, 1859, in-4. de 55 pp.

Tiré à 200 exemplaires seulement.

— Joh. Gerson, Bok af Djäfvulsens frästilse. *Stockh., per Joh. Fabri*, 1495, in-4. goth., 26 ff. de 29 lignes par page.

Cet ouvrage est, suivant M. J.-E. Schröder, le premier livre impr. en suédois. C'est une traduction du traité *De diabolica tentatione*. Le traducteur, Ericus Nicolaus, chanoine d'Upsal, a daté sa dédicace du 15 févr. 1493. (Hain, n° 7713.)

— Voyez IMITATIONE Christi (de).

GERSONIDES (*Levi*). Commentarius in Pentateuchum, hebraice. *Per Abraham. Conath Salomonis filium,* in-fol. de 408 ff. [393]

Première édition, vend. 46 flor. Crevenna. Abr. Conath, imprimeur de cet ouvrage, est le même qui a donné, à Mantoue, en 1476, le premier Ordo de Ben Ascer (voy. ASCER).

— Commentarius in Job, hebraice. (*Ferrariæ, seu Pisauri*), *per Abr. Ben Chaiim pisaurensem, feria* vi, *anno min. supp.* 237 (1477), pet. in-4. [398]

Marqué 55 flor. catal. de Crevenna, n° 213, où il est annoncé comme le 2ᵉ livre impr. en hébreu portant date d'année. Voir de Rossi, *Annales,* pp. 12 et suiv.

GERVAIS (*Paul*). Zoologie et paléontologie françaises, ou nouvelles recherches sur les animaux vivants et fossiles de France. *Paris, Arth. Bertrand,* 1850, 2 vol. in-4. et atlas de 80 pl. 100 fr. [5615]

— LES TROIS RÈGNES de la nature. Histoire naturelle des mammifères.... par Paul Gervais. *Paris, Curmer,* 1854-55, 2 vol. gr. in-8. fig. 50 fr.

GERZAN (*Francois* du Soucy, sieur de). Histoire asiatique de Carinthe, de Calianthe et d'Artenice, avec un traicté du thresor de la philosophie des dames, par le sieur de Gersan. *Paris, Pierre Lamy,* 1634, pet. in-8. de 10 ff. et 594 pp., plus un frontispice gravé par Jaspar Isac. [17162]

M. P. L. a fait connaître dans le *Bulletin du Biblio-*

phile (1860, p. 1478) ce roman qui n'est guère remarquable que par les deux petits recueils de secrets chimiques qui en font partie, et en faveur desquels le livre est coté à 28 fr. *L'histoire afriquaine de Cléomède et de Sophonisbe*, autre roman du même auteur, *Paris, Moclot*, 1627-28, 2 tom. en 4 vol. in-8., est porté dans le catal. de La Valliere par Nyon, n° 8728.

GESANGBUCH (Ein) ‖ der Brüder in Behemen ‖ vnnd Merherrn, Die man auss hass ‖ vnd neyd Pickharden, Waldenses, etc. ‖ nennet. Von jnen auff ein newes (son‖derlich von Sacrament des Nacht‖ mahls) gebessert vnd etliche schö‖ne newe Geseng hinzu gethan. — *Nurnberg, Joh. vom Berg und Ulr. Neuber* (sans date, mais vers 1540), in-8. avec musique notée et fig. en bois. [1865]

Livre singulier, fort recherché en Allemagne. Nous donnons le titre de cette édit. d'après le catal. des doubles de Munich, vendus par Butsch à Augsburg, en 1858, où l'exempl. décrit est porté à 63 flor. La préface du volume nomme l'éditeur Joh. Horn; mais, dans une autre édition du même livre, plus ancienne que celle-ci, l'éditeur est nommé Mich. Weise. Voici le titre qu'Ebert, n° 8397, donne de cette édition :
Gesangbuch, das Picardisch, oder Kirchenordnung der Christlichen Brüderschaft Picarden genunnt (von Mich. Weise). *Gedruckt zum Jungen Buntzell inn Behmen durch G. Wylmschwerer*, 1531, in-8. avec musique notée.
Il y a une autre édition : *aufs new corrigirt*, Ulm, 1539, in-8. oblong, avec notes; et aussi des éditions de Nuremberg, 1564, 1575, 1583, et 1611, in-8. (d'après celle de J. Horn), toutes avec les chants notés. Ebert cite encore, sous le n° 8400, un *Dresdner Gesangbuch*, Dresde, 1734, in-8., livre tout différent, dont la Biblioth. roy. de cette.ville conserve un exemplaire imprimé en lettres d'or.

GESCHICHTE der europäischen Staaten. Voy. à l'article Heeren.

GESENIUS (Guil.). Thesaurus philologico-criticus linguæ hebrææ et chaldaicæ Veteris Testamenti; editio secunda secundum radices digesta, priore germanica longe auctior et emendatior. *Lipsiæ, Vogel* (1829-35), et 1840-57, 3 vol. in-4. [580]

Chaque vol. de cet excellent ouvrage a coûté 6 thl. et en pap. collé, 8 thl. Le dernier cah. du 3e vol., renfermant les *Indices* n'a paru qu'en 1857.
La première édition, sous le titre d'*Hebräisch-deutsches Handwörterbuch über die Schrr. des alt. Testam.*, a paru à Leipzig, 1810-12, gr. in-8. Il y en a un abrégé, Leipzig, 1815, in-8., réimpr. en 1847, gr. in-8. 18 fr.
— Hebräisches und Chaldäisches Handwörterbuch über das alte Testament. *Leipzig*, 1857, 2 vol. in-8., 5e édit. donnée par F. E. C. Dietrich. 16 fr.
A Hebrew and english lexicon to the Old Testament, including the biblical Chaldee, edited, with improvements from the german work of W. Gesenius, by Josiah W. Gibbs. *London, Howell*, 1827, in-8. 1 liv. 5 sh.
Édition soignée par le rev. Lancelot Sharpe.
A Hebrew and english lexicon of the Old Testament, including the biblical Chaldee; from the latin of Will. Gesenius, by Edw. Robinson; with correc-

tion and large additions, partly furnished by the author in manuscript, and partly condensed from his larger Thesaurus, as completed by Rödiger. Fifth edition, revised and stereotyped. *Boston*, 1855, in-8. 1 liv. 5 sh.
— Ausführliches grammatisch-krit. Lehrgebäude der hebr. Sprache. *Leipzig, Vogel*, 1819, in-8. de plus de 900 pp. 4 thl. [11518]
Avant cette grammaire hébr. qui est très-étendue, l'auteur en avait donné une autre plus courte, *Leipzig*, 1813, in-8. (18e édit. 1857). Nous devons aussi à ce savant hébraïsant une histoire critique de la langue hébraïque, en allem. *Leipzig*, 1816, in-8. [11518]
— Carmina samaritana, e codicibus londinensibus et gothanis edidit, emendavit et commentario illustravit D. Guil. Gesenius. *Lipsiæ, Vogel*, 1824, in-4. [15936]
Ce volume a paru aussi sous le titre d'*Anecdota orientalia, fasc. I.*

— Scripturæ linguæque phœniciæ monumenta quotquot supersunt, edita et inedita, ad autographorum optimorumque exemplorum fidem edidit, additisque de scriptura et lingua Phœnicium commentariis illustravit Guil. Gesenius. *Lipsiæ, Vogel*, 1837, in-4. de XXVIII et 481 pp., avec 46 pl. lithogr. Prix réduit 5 thl. [11569]

30 fr. 50 c. de Sacy; 26 fr. Quatremère.
M. Étienne Quatremère a signalé dans le *Journal des Savants* (1838) les trésors de critique et d'érudition que renferme ce livre de Gesenius.
— Catholicon lexicon hebr. et chald., 11545. — Inscriptio phœnicio-græca, 29959.

GESNERUS (Conr.). Historiæ animalium liber I. de quadrupedibus viviparis. *Tigurini, Froschover*, 1551 = Liber II. de quadrupedibus oviparis, cum appendice. 1554 = lib. III. qui est avium natura. 1555 = lib. IIII. qui est de piscium et aquatilium animantium natura. 1558 = lib. V. qui est de serpentium natura; adjecta est ad calcem scorpionis insecti historia, 1587; en tout 5 vol. gr. in-fol., fig. en bois. [5588]

Pendant près de deux siècles ce grand ouvrage ou plus exactement cette grande compilation a été le livre le meilleur et le plus complet que l'on eût sur la zoologie générale, et sous plus d'un rapport il mérite encore une place distinguée dans la bibliothèque du naturaliste curieux de suivre l'histoire des progrès de la science. L'édition que nous venons de citer est la plus belle et la plus estimée; mais il est difficile d'en trouver des exemplaires bien complets, avec la 5e partie qui a été donnée par Jac. Carron et Casp. Wolphe. Vend. 96 fr. La Valliere; 78 fr. m. r., l. r. David; rel. en 7 vol. 4 liv. 18 sh. Heber.
— Avec les fig. color., 148 fr. m. r. St-Céran; 138 fr. m. bl. Patu de Mello; et avec les trois parties de l'ouvrage suivant, 240 fr. La Serna, et beaucoup moins cher depuis.
Les exempl. où la 5e partie (contenant 6 ff. prélimin., 85 et 11 ff.) ne se trouve pas, et ceux dans lesquels on a mêlé des vol. des édit. de Francfort, sont à très-bas prix. Ces dernières éditions, très-inférieures

---

Gesetze der Angelsachsen, 3032.
·Geslin de Bourgogne et A. de Barthélemy. Anciens évêchés de Bretagne, 21447.

. à la première pour l'exécution typogr., ne valent pas plus de 20 à 24 fr. Elles sont, pour le premier livre, de 1585, 1603 et 1620; pour le 2e, de 1586 et 1617; pour le 3e, de 1585 et 1617; pour le 4e, de 1604 et 1620; et de 1621 pour le 5e.

— Icones animalium quadrupedum, quæ in historiis animalium Conr. Gesneri describuntur, cum nomenclaturis latina, ital., gall. et germanica. *Tiguri*, 1553, in-fol. de 64 pp. et 2 ff. 6 à 10 fr. [5589]
Ce volume n'a quelque valeur que lorsque les planch. qu'il renferme ont été enluminées avec soin. 30 fr. *m. r.* Gaignat. La seconde édition, augmentée, est de 1560; elle a 127 pp. et 4 ff. Il faut annexer à ce recueil : *Icones animalium, in mari et dulcibus aquis degentium*, Tiguri, 1560, de 14 ff. et 374 pp.; et *Icones avium omnium*, Tiguri, 1555, seu *editio secunda, novis aliquot iconibus aucta*, 1560, in-fol. de 237 pp. et 5 ff. Quelquefois les 3 vol. sont reliés en un. Il y a une 3e édition *Heidelberg*, 1606, 3 tom. in 1 vol. in-fol.

— Conr. Gesneri Opera botanica, nunc primum in lucem edidit et præfatus est D. Cas.-Chr. Schmiedel. *Norimbergæ*, 1754, in-fol., fig. [4892]
Il y a dans ce vol. 21 pl. en taille-douce, et 22 pl. en bois ; 24 fr. Petit ; 9 fr. de Jussieu.

— Historiæ plantarum fasciculi duo, edidit et illustravit D. C.-Chr. Schmiedel. *Norimbergæ*, 1759-70, 2 part. en 1 vol. in-fol., avec 31 fig. color. 18 à 24 fr. [4892]
Ce vol. est la suite du précédent.

— De raris et admirandis herbis, quæ.... lunariæ nominantur, commentariolus ; et obiter de aliis etiam rebus quæ in tenebris lucent; ejusdem descriptio montis Pilati, juxta Lucernam, his accedunt Jo. du Choul Pilati montis in Gallia descriptio..... *Tiguri*, 1555, pet. in-4. fig. en bois. [5480]
Traité rare et assez recherché; il a 2 ff. prélimin., 86 pp. et 5 autres ff. pour l'index. 5 à 6 fr.
L'édit. de *Copenhague*, 1669, pet. in-8., est moins complète. Elle est ordinairement jointe à l'ouvrage de Th. Bartholin, intitulé : *De Luce hominum et brutorum libri III*. Hafniæ, 1669, pet. in-8.

— De chirurgia scriptores. Voy. CHIRURGICI.

— Tresor de Evonine Philiastre, des remedes secrets, liure physic, medical, alchymic et dispensatif de toutes sustantiales liqueurs. *Lyon, Balthazar Arnoullet*, 1555, pet. in-4.
Cet ouvrage est traduit du latin de Conrad Gesner par Barthélemy Aneau. Une édition de *Lyon, Balth. Arnoullet*, 1557, pet. in-8., est portée dans le catal. de Courtois, n° 370.
Le texte latin, que l'auteur a fait paraitre sous un nom supposé, a pour titre :
Thesaurus Evonymi Philiateri, de remediis secretus liber physicus, medicus et partim etiam chymicus et œconomicus. *Tiguri, Andr. Gesnerus*, 1554, in-8.
Il en a été fait plusieurs éditions : celle de *Zuric*, 1558, a quelques additions. Après la mort de l'auteur il a paru un second livre de son traité *De remediis secretis*, publié par Gasp. Wolphe. *Zuric*, 1569, in-8.

— Mithridates, de differentiis linguarum, tum veterum, tum quæ hodie apud diversas nationes in toto orbe terrarum in usu sunt, observationes. *Tiguri*, 1555, in-8. 4 à 6 fr. [10555]
Vend. 9 fr. Clavier. Réimpr. à *Zurich*, en 1610, in-8.,. avec un comment. de Gasp. Waser.

— Bibliotheca universalis, sive Catalogus omnium scriptorum locupletissimus, in tribus linguis, latina, græca et hebraica : extantium et non extantium, veterum et recentiorum in hunc usque diem, doctorum et indoctorum, publicatorum

et in bibliothecis latentium. *Tiguri, Christ. Froschover*, 1545, in-fol. de 631 ff. [31323]
Nous nous reprocherions comme une négligence impardonnable de n'avoir pas consacré un article un peu étendu dans notre Manuel à cet ouvrage du plus ancien et d'un des plus savants bibliographes de l'Allemagne; d'un homme au sujet duquel Ebert s'écrie, dans son admiration : *O bibliographorum quicquid est, assurgite huic tam colendo nomini!* Gesner avait à peine vingt-cinq ans lorsqu'il commença à ramasser les matériaux de sa Bibliothèque, et trois ans lui suffirent pour achever l'énorme vol. qu'il publia en 1545. Ce laborieux écrivain avait divisé son ouvrage en trois parties distinctes. La première, formant la Bibliothèque ci-dessus, contient les noms des savants, rangés selon l'ordre alphabétique de leurs prénoms, avec les titres de leurs ouvrages, le sujet qu'ils traitent, et les jugements que l'on en a portés. La seconde a pour titre : *Pandectarum sive partitionum universalium Conradi Gesneri... libri XXI. seu Bibliothecæ tom. secundus*, Tiguri, Christ. Froschover, 1548-49, 2 part. en 1 vol. in-fol. de 374 et 157 ff. sans les pièces limin. L'auteur y a rangé par ordre de matières les ouvrages cités dans le premier vol., et en a ajouté de nouveaux qu'il n'avait pas connus d'abord. Quoique le titre du vol. impr. en 1548 annonce 21 livres, il n'y en a que 19. Le 21e (*Partitiones medicinæ*) n'a jamais paru ; mais le 20e (*Pandectæ theologicæ*) s'est publié séparément en 1549. Chaque livre est dédié, par l'auteur, à un imprimeur contemporain, dont il fait connaitre avec plus ou moins de détails les productions typographiques. Quant à la troisième partie, elle devait présenter dans l'ordre alphabétique les matières qui, dans la seconde, sont classées méthodiquement; l'auteur y a renoncé, et il s'est contenté de mettre à la fin de ses Pandectes une table alphabétique des matières pour faciliter les recherches. L'ouvrage complet, 37 fr. Bearzi. On s'étonne aujourd'hui qu'un seul homme, et avec si peu de secours, ait pu achever en moins de huit années un travail aussi étendu et qui demandait tant de recherches; un travail qui, malgré d'inévitables erreurs, contient des renseignements nombreux, précis, et en général assez exacts. L'utilité de la *Bibliotheca universalis* fut tout d'abord généralement reconnue; mais des abréviateurs s'emparèrent de l'ouvrage, et le succès de l'abrégé empêcha la réimpression de la grande Bibliothèque. Le premier de ces abrégés fut donné par *Conrad Lycosthenes*, sous le titre *Elenchus scriptorum omnium... Basileæ*, Oporinus, 1551, in-4. de 1096 col. sans les pièces limin. ni la table. Quoiqu'il fût très-inférieur au grand ouvrage, et qu'on en eût supprimé l'indication du format, du nombre des pages et une partie des dates, il eut un débit rapide. C'est ce qui détermina *Josias Simler* à faire paraitre à Zurich, en 1555, son *Epitome Bibliothecæ Conr. Gesneri*, in-fol. de 184 ff., sans les prélim. et sans la table; avec une préface de Gesner lui-même. Cependant ces deux abrégés contenaient un assez grand nombre d'articles nouveaux, qui furent réunis et publiés ensuite en 1 vol., sous le titre d'*Appendix Bibliothecæ Conr. Gesneri*, Tiguri, 1555, in-fol. de 105 ff. de texte, pour compléter la grande Bibliothèque. Une nouvelle édit. de l'Epitome de Simler, augmentée de moitié, fut ensuite donnée chez Chr. Froschover, en 1574, in-fol. de 691 pp. de texte, et bientôt suivie d'une autre, *Jam vero amplificata, per Johan.-Jac. Frisium*, également imprimée à Zurich, chez Froschover, 1583, in-fol. de 835 pp. de texte [31324]. Cette dernière fourmille de fautes; aussi Dav. Clément préférait-il celle de 1574 pour les articles qui se trouvent dans l'une et dans l'autre, et ne se fiait-il guère aux articles nouveaux de Frisius. Il nous reste à parler des suppléments que l'on a donnés pour la Bibliothèque de Gesner. Les voici dans l'ordre de leur publication :

ROBERTI CONSTANTINI nomenclator insignium scriptorum quorum libri extant vel mss. impressi ex bibliothecis Galliæ et Angliæ; Indexque totius Bibliothecæ atque pandectar. C. Gesneri, *Paris., Andr. Wechel*, 1555, in-8. vend. 4 flor. 25 c. Meerman.

ANT. VERDERII supplementum epitomes bibliothecæ gesnerianæ, *Lugduni*, 1586, in-fol., et réimpr. en 1773, avec des notes de La Monnoye, dans le 4ᵉ vol. de la Bibliothèque françoise de Du Verdier, in-4., édition donnée par Rigoley de Juvigny.

JO. HALLERVORDII Bibliotheca curiosa... *Regiomonti et Francof.*, 1676, in-4., ou avec un nouv. titre daté de 1687, ouvrage d'une très-faible importance.

Nous citerons encore *G.-H. Welschii specimen supplementorum ad Bibliothecam Gesnero-Simlero-Frisianam*, dans *Schelhornii amœnitates litter.*, VI, 490-507; et *J. Fabricii emendationes* dans son *Historia bibliothecæ Fabric.*, III, 96-106. — Pour plus de détails, consultez Dav. Clément, vol. IX, pp. 145-62.

— Fossilium genera, 4688. — De lacte, 7067.

GESNERUS (*Jo.-Matth.*). Primæ lineæ isagoges in eruditionem universalem, nominatim philologiam, historiam et philosophiam, in usum prælectionum ductæ; edit. 3ª cum prælat. Chr.-Got. Heyne. *Goettingæ*, 1786, in-8. 8 à 10 fr. [18140]

— Novus linguæ et eruditionis romanæ Thesaurus post Rob. Stephani et aliorum curas digestus, locuplet. emend. a J.-M. Gesnero: *Lipsiæ*, 1749, 4 tom. qui se relient en 2 vol. in-fol. [10859]

Cette nouvelle édit. du *Thesaurus* de R. Estienne est estimée, et on la payait anciennement de 80 à 100 fr.; mais la publication de nombreuses éditions du FORCELLINI (voy. ce nom) a réduit ce prix de plus de moitié.

Les *Spicilegia J.-M. Gesneri ad thesaurum suum* sont impr. dans les *Acta societatis lat. Jenensis*, IV, pp. 147 et suiv., et V, pp. 24 et suiv.

— PRIMÆ lineæ artis oratoriæ: accedunt Rutilius Lupus, Aquila Rom. Jul. Rufianus (cum notis J.-M. Gesneri). *Jenæ*, 1753, in-8. [12058]

— Index etymologicus, 10893. — Socrates, 17935.

GESNERUS (*Joh.*). Tabulæ phytographicæ analysin generum plantarum exhibentes, cum commentario, editæ a Casp.-Sal. Schinz. *Turici*, 1795-1826, gr. in-fol. fig. [4916]

Il a paru 21 fascicules contenant 82 pl., le tout au prix de 38 thl., et plus en pap. vél.; et avec fig. color., 222 thl. 20 gr. (environ 900 fr.). Les exemplaires vendus en 1815 n'avaient que 64 pl.

TABLES phytographiques, rangées d'après le système de Linné, par J. Gessner. *Zurich, H. Fuessli*, 1798, in-fol.

Un exemplaire impr. sur VÉLIN, avec 5 pl. peintes par Chr.-Théoph. Grissler, est porté dans le catal. du comte Golowkin, nᵒ 102.

GESPRÄCH (Ein) von einer Mutter..... Voy. BARBELI.

GESSÉE ou Jessée (de La), ou Gesseus. Voy. LAJESSÉE.

GESSNER (*Salomon*). Schriften. *Zürich*,

Gessner (G.). J.-C. Lavater, 30786.

1810, 3 vol. in-8. avec vignettes. 20 fr. [17685]

Jolie édition. Celles de Zurich, 1764, 4 vol. in-8., et 1765-72, 5 vol. in-8., sont également bien imprimées.

— Contes moraux et nouvelles idylles (traduits de l'allem.). *Zurich, chez l'auteur*, 1773-77, 2 vol. in-4. fig.

Cette édition, dont les figures ont été dessinées et gravées par Gessner lui-même, est recherchée et peu commune: cependant ni la *Mort d'Abel*, ni *Daphnis* n'en font partie. Vend. en m. r. 27 fr. Labédoy...

Il a paru également chez l'auteur, en 1777 et 1778, une édition des mêmes ouvrages, en allemand, 2 vol. in-4., avec les grav. de l'édition française.

— OEuvres de Gessner, trad. en françois (par Huber, Meister et l'abbé Bruté de Loirelle). *Paris, Barrois l'aîné* (1786-93), 3 vol. gr. in-4. fig. de Le Barbier.

Édition assez bien exécutée: 40 à 50 fr., — en Gr. Pap., format in-fol. fig. avant les numéros de pages: vendu 160 fr. Delcro; 211 fr. m. r. dent. Clos, et 122 fr. 2ᵉ vente Quatremère.

Un exemplaire unique, avec les dessins originaux de Le Barbier, rel. en mar. r. dent. tab. 871 fr. Detienne.

— Les mêmes œuvres de Gessner. *Paris, Renouard, de l'imprim. de Crapelet*, 1799, 4 vol. in-8. pap. vél. fig. de Moreau jeune.

Jolie édition, ornée de 51 fig.: 24 à 30 fr., et plus en Gr. Pap. vél. fig. avant la lettre. A un très-petit nombre de ces derniers exempl. sont réunies les eaux-fortes: 60 à 80 fr.

Il a été tiré 20 exempl. du texte sur pap. de Holl. très-mince (37 fr. mar. bl. Renouard), et 2 exempl. sur VÉLIN, dans l'un desquels sont placés les dessins originaux de Moreau. Ce dernier exempl. 495 fr. Renouard.

Avant de publier cette édition, M. Renouard en avait déjà fait imprimer une autre à *Dijon, chez Causse*, 1795, 4 vol. pet. in-8. pap. vél., dont il y a aussi du Gr. Pap. et deux exempl. sur VÉLIN, dont un enrichi de diverses fig. 125 fr. Renouard. — Ajoutons que l'édition de 1799 a reparu avec de nouveaux titres datés de *Paris, P. Dupont*, 1827.

Les éditions de Gessner, en 3 vol. in-18, fig., et celle en 2 vol. gr. in-8., ne sont pas chères. Il y manque, ainsi que dans les précédentes, les lettres de Sal. Gessner, publiées dans le *Recueil de lettres de la famille Gessner*, Berne et Paris, 1801 et 1802, 2 vol. pet. in-8.

— La Mort d'Abel, trad. de l'allemand (par Huber). *Paris, Defer de Maisonneuve*, 1793, très-gr. in-4. fig. en couleur; à très-bas prix, et même en pap. vél. [17686]

— LA MÊME, *Paris, Renouard*, 1802, in-12, fig. pap. ordinaire et pap. vél. Prix ordinaire.

Nous avons plusieurs traductions de la Mort d'Abel en vers français; la dernière est celle de M. Boucharlat. *Paris*, 1812, in-18.

Le texte allemand (*Tod Abels*) a paru pour la première fois en 1758, pet. in-8.

— OEuvre de Salomon Gessner. *Zurich*, 2 vol. in-fol. [9595]

Cet œuvre contient les 336 pl. que Gessner a dessinées et gravées, parmi lesquelles on remarque surtout les fig. qu'il a insérées dans l'édition de ses ouvrages, et sa suite de paysages.

On nous a assuré qu'il n'y avait eu de formé que 25 exempl. complets de ce recueil. Vend. 241 fr. mar. dent. en 1816, et 80 fr. Labédoy...

Les deux suites ci-après, qui en font partie, se trouvent quelquefois séparément :

1° 52 *paysages dessinés et gravés par Gessner*, in-8, obl.

2° *Paysages dessinés et gravés par le même*, 32 pl. in-fol. obl.

Nous indiquerons encore : *Tableaux de Sal. Gessner, gravés à l'eau-forte par Kolbe*. Zurich, 1805, 6 cahiers in-fol., qui coûtaient 120 fr.

GESSNERUS (*Joan.-Jac.*). Specimen rei nummariæ, cum prolegomenis et amplissima veterum numismatum collectione. *Tiguri*, 1735-38, 2 vol. in-fol. [29698]

Cette collection, qui réunit presque toutes les médailles grecques et romaines connues à l'époque de sa publication, n'est pas fort estimée, parce qu'on y a admis sans critique des médailles fausses ou suspectes, et que d'ailleurs les planches sont médiocrement gravées. Néanmoins, comme les exemplaires complets sont rares, ils conservent une certaine valeur dans le commerce : vendu 200 fr. *m. r.* (exempl. annoncé sous le titre de *Numismata regum Macedoniæ*) d'Ennery ; 132 fr. Morel-Vindé ; 48 fr. Barthélemy, et 32 fr. De Cotte. Ces deux derniers exemplaires n'étaient pas complets.

Le titre de *Specimen rei nummariæ*, sous lequel ce livre est généralement connu, est celui de la première livraison ; mais comme chaque partie de l'ouvrage a son titre particulier, il se rencontre des exemplaires dont le premier titre n'est pas le même que dans les autres : ce qui a donné lieu d'annoncer cette collection de deux manières, et d'en faire mal à propos deux ouvrages distincts. La description suivante, en faisant mieux connaître ce grand recueil, fera éviter désormais une pareille confusion. — Tome 1er, sous le titre de *Specimen rei nummariæ*, ou sous celui de *Numismata antiqua populorum et urbium*, ou enfin sous le titre de *Numismata regum Macedoniæ*, qui est celui de la première série de l'ouvrage : 126 pp. de texte imprimé, dont les quatre dernières sont cotées 223 à 226 (les pages 75 et 76 sont doubles). La suite du texte est gravée et cotée 227 à 354 ; on trouve ensuite 7 planches des *rois de Macédoine*, avec un titre particulier, 9 des *rois de Syrie*, 3 d'*Egypte*, 4 des *Arsacides* et du *Pont*, avec un frontispice, 5 des *rois de Sicile*, 3 pl., *regum minorgentium*, et entre autres, *Judæorum*, et 4 *virorum illustrium*, avec un frontispice ; enfin un autre frontispice et 85 pl. des peuples et des villes, par ordre alphabétique. La pl. 19e est double. Le second volume renferme 34 pl. des familles romaines, avec un frontispice, et 183 autres pl., avec un frontispice intitulé : *Numismata antiqua imperatorum romanorum latina et græca*, le tout sans texte. Longtemps après la publication de cette dernière partie, il a paru une pl. cotée 184, qui y fait suite, et un supplément de huit pl. contenant des médailles tirées de Pellerin, d'Eckhel et autres ; ce supplément ne porte point de date, mais il doit être postérieur à l'année 1775. La description qu'Ebert a placée sous les n°s 8425 à 8432 de son Dictionn. bibliogr. s'accorde avec la nôtre, excepté pour la première partie : *Specimen rei nummariæ*, 1735, à laquelle le bibliothécaire de Dresde ne donne que 2 ff. et 117 pp. Il faut alors que l'exemplaire qu'il a eu sous les yeux soit d'une autre édit. beaucoup moins complète que celle que nous avons vue. Il indique aussi 36 pp. de texte pour les *Numismata regum Macedoniæ*, qui ne se trouvaient pas dans l'exemplaire que nous avons décrit.

Il faut ajouter à cet ouvrage l'article suivant :

ALOYSII comitis Christiani appendicula ad numismata gr. populorum et urbium a Gessnero repræ-

sentata. *Vindobonæ*, 1762 (nouv. titre, 1769), in-4. fig., et Jos. Khell appendicula secunda. *Ibid.*, 1764, in-4.

GESTA christi. (*absque anni et loci indicatione*), in-fol. [298]

Opuscule de 11 ff. à 2 col. de 32 lignes, avec les signat. a et b. commençant au recto du f. aij, 1re col., par ces mots : *Incipiunt gesta christi*. Le verso du 11e f. porte 15 longues lignes, au-dessous desquelles se lit la souscription finale : *Explicit gesta christi*. Il y a de plus dans l'exempl. de lord Spencer la moitié du 12e f. qui contient une table des rubriques, en 32 lign. Le caractère est un romain grossier conforme à celui du *Turrecremata* de 1472, qu'on attribue à P. Drach, imprimeur à Spire, et dont le fac-simile se voit dans la *Biblioth. spencer.*, III, page 338. Vend. 15 fr. Brienne-Laire. L'ouvrage est de Jean Huss, et se trouve dans le tome II de ses œuvres.

GESTA Dei per Francos. V. BONGARSIUS.

GESTA et vestigia Danorum. Voy. PONTOPPIDAN.

GESTA Karoli magni francorum regis. (in fine) : *opus magistrorum Joannis Boveri et Guillermi bouchet accuratissime castigatum et a mendis scriptorum priorisque impressionis vigili cum diligentia revelatum*, in-4. de 48 ff. à 23 lign. par page, caract. goth. sign. A—F. [12872]

Poëme romanesque, en 7 livres et en vers hexamètres, sujet tiré de la chronique attribuée à l'archevêque Turpin. Il commence ainsi : *Incliti quo memori teneas cordi Karolelti*. Cette édition est fort rare, mais on voit par le titre ci-dessus qu'il y en a une plus ancienne que nous ne connaissons pas. Celle-ci est impr. sans lieu ni date : cependant elle est annoncée comme de *Paris*, dans le Catalogue de Gaignat, n° 1712, et dans le Dictionnaire bibliographique d'Ebert, n° 8444, sans doute parce que Jean Bover ou Bovyer et Guill. Bouchet imprimaient dans cette ville en 1496. Ce motif n'est pourtant pas concluant ; car nous trouvons les deux mêmes imprimeurs établis à Poitiers, de 1499 à 1512, et il est possible que ce soit dans cette dernière ville qu'ils aient impr. les *Gesta Karoli magni*. Vend. 12 fr. 60 c. *mar. r.* Gaignat ; 11 liv. 9 sh. Hibbert ; 18 sh. Heber ; 71 fr. Librairie De Bure ; 120 fr. (relié avec *Prudentius de conflictu virtutum et vitiorum*, Paris, Ant. Cayllaut, circa 1505) Courtois, n° 985 bis, où l'édition est annoncée comme de Poitiers, vers 1515 ; le même exemplaire, 1 liv. 12 sh. Heber.

Un autre poëme latin, sous le même titre, est imprimé dans le 5e vol. des Historiens de France, de D. Bouquet.

GESTA (Honorifica), solemnes ceremonie, et triumphi nuper habiti in suscipienda Maximiliani Romanorum imperatoris et filii sui Karoli principis Castelle archiducis Austrie legatione pro sponsalibus et matrimonio inter prefatum principem Karolum et principem Mariam prenominati regis filiam contrahendis ; nec non ritus et ordo in hujusmodi sponsaliorum et matrimonii celebratione observati. (à la 7e page) : *Erat dies quinto Decembris currente anno a Natale christiano milleno quingenteno octavo et regis Henrici septimi vigesimo* *quarto.* (et à la dernière page) : *Ry-chard Pynson*, in-4.

Opuscule rare décrit par Maittaire, *Index*, II, p. 61.

GESTA proxime per Portugalenses in India : Ethiopia et aliis orinetalibus (*sic*) terris. — *Impressum Rome per Joannem Besicken*, *anno* M. CCCCC VI. *die vij. mensis novembris,* in-4. de 6 ff. [27955]

Pièce fort rare, où sont relatés des événements qui s'étaient passés quelques mois avant sa publication.

— Gesta proxime per Portugalenses ī Jndia. Ethiopia. ꝛ alijs oriëtalibus terris. (in fine) : *Impressum colonie Anno dñi M. cccco vij. Prima die mensis Februarij ꝑ me Joannem Landen...,* pet. in-4. goth. de 4 ff.

Réimpression du précédent opuscule : 9 fr. La Vallière. Pierre - Alphonse Malherus en a été l'éditeur.
— Autre réimpression, *Nurembergæ, per Joannem Weyssenburger*, 1507 in-4. de 4 ff.

GESTA Romanorum. Ex gestis romanoꝛ hystorie nõabiles de vitiis ẏtutibusqꝫ tractātes cũ applicatiõib' moralizatis et misticis : Incipiunt feliciter. (*absque nota*), in-fol. goth. [16986]

Ancienne édition , que quelques bibliographes ont donnée pour la première de cet ouvrage ; elle est à 2 col. de 36 lig. chacune, sans chiffr., récl. ni signat., caract. d'Ulric Zell. Elle commence par l'intitulé que nous avons donné ci-dessus, et elle se compose de 169 ff., dont les dix dern. pour la table. Vend. 83 fr. Brienne ; 15 fr. d'Ourches, et 5 liv. 10 sh. (bel exempl.) Heber.
Les *Gesta Romanorum* sont un recueil d'historiettes ou de contes empruntés à la littérature sacrée, aux traditions orientales et aux fables accréditées en Europe au moyen âge. On a longtemps ignoré le nom de l'auteur de cette compilation, mais un passage du 68ᵉ dialogue du livre intitulé *Dialogus creaturarum* (voy. DIALOGUS), nous le révèle par ces mots : *Elimandus in gestis romanorum.*

— Incipiunt hystorie notabiles atqꝫ magis principales collecte ex gestis romanoꝛ et qbusdã alijs notabilib' gestis cum moralizacionib' eorumdem. (*absque nota*), in-fol. goth. de 125 ff. non chiffr., à long. lign., au nombre de 32 par page.

Édition sans chiffr., récl. ni signat.; caract. semblables à ceux auxquels Nic. Ketelaer et Ger. de Leempt ont impr. à *Utrecht*, en 1473, *Scholastica historia Novi Testamenti.* Elle commence par l'intitulé ci-dessus, en 3 lig., et le texte finit au bas du dernier f. verso par cette ligne :

tũ multitudine celos ascendit : Et sic est finis.

Comme elle ne contient que 151 chapitres, et qu'elle n'a point de table, nous la croyons plus ancienne que l'édition de Zell, laquelle renferme 181 chapitres.
On trouve aussi 181 chapitres dans plusieurs autres éditions de ce recueil, également sans lieu ni date, et notamment dans les deux suivantes :

1° *Gesta romanoꝛ cũ applicatiõibus moralisatis ꝛ mysticis,* in-fol. goth., contenant 1 f. de titre, 93 ff. chiffrés et 6 ff. de table, à 2 col. de 51 lig., sign. *a—o.*
Selon Hain, 7745, elle aurait un premier f. non chiffré, et la souscription impr. au recto du f. xcɪɪɪ

porterait la date *Mcccclxxxviij, kalendas vero februarij xviij.*

2° *Gesta romanorum....* in-fol., contenant un f. de titre et 91 ff. chiffrés, à 2 col. de 50 lig., signat. *a—n.*

N'oublions pas de citer encore une édition en 151 chapitres, également sans lieu ni date, mais plus ancienne que les deux précédentes ; c'est un in-fol. de 118 ff. (et un blanc) à 2 col. de 38 lig., impr. avec les caractères de *Terhoernen* de Cologne, et dont le texte se termine au recto du dernier f. par cette ligne :

dientis ꝛc. Et sic est finis.

Ædes althorp., II, n° 1125.

Le catal. de Roscoe, n° 1471, donne la description d'une édition des *Gesta Romanorum,* impr. sans lieu ni date, et marquée 12 liv. 12 sh. sterl. C'est un in-fol. à 2 col., dont celles qui sont entières portent 49 lig. de caract. goth. dans la forme de ceux de Schoyffer. Les feuillets, au nombre de xcɪx ont un double numérotage, de manière que le même n° se voit par 2 pp. ; la 2ᵉ col. du feuillet xcɪɪ recto offre la souscription : *ex gestis romanor. cũ pluribus, etc.* Cette édit., en 181 chapitres, paraît avoir beaucoup de rapport avec celle qui a été vendue 3 liv. Libri, en 1859, et qui est décrite dans le *Repertorium* de Hain, n° 7739. Ce dernier bibliographe (n°ˢ 7738 et 7740) décrit deux autres édit. du même recueil, également sans date, une de 118 ff. à 2 col., l'autre de 101 ff. à 2 col. de 44 à 47 lig.

— Ex gestis Romanorum historie notabiles de vitiis virtutibusque tractante, cum applicationibus moralizatis et misticis. (in fine, fol. 134) : *in gouda... per Gerardum leeu finitum est. Anno..... Millesimo quadringentesimo octuagesimo... In-fol. goth.*

Première édition de ces histoires, avec une date. Elle est imprimée à 2 col. de 37 lig., avec des signat. ; elle a 134 ff. pour le texte et à la fin 10 ff. de table. Le titre ci-dessus (*Ex gestis*) est le véritable. Celui que l'on a donné dans le catalogue de La Vallière, n° 4939 (*Recollectorium ex gestis*), est tiré de la souscription finale de l'exempl.: vend. 20 fr.; un autre, 41 fr. Borluut.

— Ex GESTIS Romanorum historiæ notables de viciis virtutibusque tractantes... *Impressit Johannes de Westphalia alma in universitate lovaniensi,* pet. in-4. goth. de 154 ff.

Cette édition, annoncée par plusieurs bibliographes, sous la date de 1473, n'est point datée, et d'ailleurs elle ne peut être regardée comme aussi ancienne. La *Biblioth. grenvil.* lui donne 156 ff.
Citons encore l'édit. *d'Hasselt, anno domini M. cccc. lxxxi.* P. B. (*Petrus os de Breda*), in-fol. goth., contenant 9 ff. pour la table, 1 f. bl. et 133 ff. de texte ; 24 fr. de Servais.
Celle de *M.cccc.lxxxix. in die sancti Sixti, pape ꝛ martyris* (sans nom de lieu ni d'imprim.), in-fol. goth. à 2 col. de 46 lig., contenant 8 ff. non chiffrés et 93 ff. chiffrés. Vend. 1 liv. 9 sh. Hibbert.
Les tables des *Annales typogr.* de Panzer, au mot *Gesta,* donnent l'indication d'un assez grand nombre d'éditions de ces histoires fabuleuses, faites à la fin du xvᵉ siècle et au commencement du xvɪᵉ : ce qui prouve que ce livre, aujourd'hui si peu lu, quoiqu'il conserve un intérêt de curiosité, a eu jadis une grande vogue.

— Le violier des histoires Romaines moraliseez sur les nobles gestes, faictz vertueulx et anciennes Cronicques des Romains fort recreatif et moral nouuellement translate de latin en Francois et imprime pour Jehan de la Garde... —

Cy finist le viollier des hystoires rom-
maines... imprime a Paris pour Jehan
de la Garde, libraire iure de Luniuer-
site Et fut acheve le .vi. iour Dapu-
ril. Lan M. cccc. xxi. Pet. in-fol.
goth., fig. en bois. 1 liv. 1 sh. *mar.*
Hibbert.

Un exemplaire impr. sur VÉLIN, avec fig. enluminées
(provenant de l'abbaye de S.-Jean-des-Vignes à
Soissons) est porté à 10 liv. 10 sh. dans le catal. du
libraire Edwards, Lond., 1796. L'édit. de 1520, par
J. de la Garde, que cite Du Verdier, est probablement la même que celle-ci. Il y en a une autre de
Paris, par Phil. Le Noir, sans date, in-4. goth.
fig. en bois.

— LE VIOLIER des hystoires romaines : moralisez sur
les nobles gestes, faictz vertueulx *z* anciennes cronicques de toutes nations de gês fort recreatif et
moral. nouuellement translate de latin en francoys.
xxxij. On les vend a paris en la rue du Marchepalu
par Denys ianot a la corne de cerf. (au recto du
dernier f.): *Cy finist le viollier* (sic) *des hystoires
Romaines....* imprime pour Denis ianot.... et fut
acheue le *xve* iour doctobre mil cinc cens xxix.
pet. in-4. goth. de 4 ff. prélim. et cxl ff. chiffrés, avec
fig. en bois et la marque que nous avons donnée
t. I, col. 1857.

Un exempl. rel. en *mar. r.* 2 liv. 18 sh. Lang.

Ce *Violier* est une traduction peu fidèle des *Gesta
Romanorum;* mais les *Gestes romaines,* trad. par
Rob. Gaguin, ouvrage qu'on a quelquefois confondu
avec le précédent, sont tirées de la 3e décade de Tite
Live (voy. LIVIUS, à la fin de l'art.).

LE VIOLIER des histoires romaines, ancienne traduction française des *Gesta Romanorum,* nouvelle
édition, revue et annotée, par M. G. Brunet. *Paris,
P. Jannet,* 1858, in-16. 5 fr.

— Gesten der romeynen gemoralizeert.
Gouda, Gerard Leeu, 1481, in-fol. de
240 ff. à 2 col. de 35 lig.

Première édit. de cette traduction hollandaise. Il y en
a une autre, *Zwolle, P. Van Os,* 1484, in-fol.
goth. avec fig. en bois, également rare. Cette dernière 1 liv. 17 sh. Heber.

La traduction allemande, *Augsb., Hans Schobser,*
1489, in-fol. de 4 et Cxxviij ff. à 2 col., ne contient
que 93 chapitres. Vendu 2 liv. 12 sh. 6 d. Heber ;
1 liv. 18 sh. Libri, en 1859.

Il y en a une nouvelle donnée par M. Graesse. *Dresde,*
1842, 2 vol. in-8.

Lowndes cite plusieurs anciennes traductions anglaises du même ouvrage ; il en existe une nouvelle
sous ce titre :

GESTA ROMANORUM ; translated from the latin,
with preliminary observations and copious notes
by the rev. C. Swan. *London,* 1824, 2 vol. in-12.
12 sh.

Une ancienne traduction anglaise des *Gesta Romanorum,* jusqu'alors inédite, a été publiée par sir
F. Madden, à Londres, en 1838, en un beau vol.
in-4., contenant : introduct., xxj pp.; texte, pp.
1-503; notes et corrections, pp. 504-517. Il n'en a
été tiré qu'un petit nombre d'exempl. pour les
membres du Roxburghe Club.

On trouve une dissertation curieuse sur cette compilation dans le 2e vol. des *Illustrations of Shakspeare* de M. Douce, prem. édit., pp. 333 à 428,
et édit. de 1839, en 1 vol., pp. 519 et suiv.

GESTES des solliciteurs. Voy. BEAULIEU
(Eustorg de).

GESTES et faitz. Voy. FAICTS et Gestes.

GETA et Birria. Voy. LIBRO di Gieta.

GEUFFRIN. La Franciade, ou histoire
générale des rois de France depuis Pha-
ramont jusqu'a Louis le juste, à présent
régnant ; mis en vers francois par le
sieur Geuffrin, controleur au grenier à
sel de Noyon... *Paris, Ant. de Sommaville,* 1623, pet. in-8. [13817 ou 13924]

L'auteur entreprit cette nomenclature rimée, pour
faire suite à la Franciade de Ronsard ; il est, dit
M. Viollet Le Duc, beaucoup moins poète que son
prédécesseur, mais infiniment plus judicieux, sans
être aussi aride et sec qu'il aurait pu l'être.

GEUFFROY (*Antoine*). Briefve description de la cour du Grand-Turc, et vng
sommaire du règne des Othmans, auec
un abrégé de leurs folles superstitions :
ensemble l'origine des cinq empires
issus de la secte de Mehemet, par F.-A.
Geuffroy, de l'Ordre de Saint-Jehan de
Jérusalem. *Paris, André Wechel,* 1546,
pet. in-4. [27868]

Vend. en *mar. citr.* 2 liv. 2 sh. Heber.

Une première édition de cet ouvrage fût d'abord
donnée à Paris, en 1542, à l'insu de l'auteur, par
les soins de Jean Quintinus ; mais comme elle était
remplie de fautes typographiques, l'auteur en donna
lui-même une seconde plus correcte en 1543, in-8.,
et enfin une troisième en 1546 (Meusel, II, prem.
part., p. 308). C'est donc avec raison que La Croix
du Maine attribue à Ant. Geuffroy l'ouvrage suivant qui est réellement la première édition de celui
dont nous venons de donner le titre.

ÉTAT de la cour du Grand-Turc, l'ordre de sa
gendarmerie et de ses finances, avec vng brief discours de leurs conquestes, depuis le premier de
cette race. *Paris, Chr. Wechel,* 1542, in-4.
[27868]

Il y a au commencement de ce livre une épître dédicatoire, en latin : *Reuerendo D. Guilelmo Quy-
nenio priori corbotiensi... Jo. Quintinus Hœ-
duus,* laquelle a été conservée dans l'édition de
l'Estat de la court du Grand Turc, publiée à
Enuers en la maison de Jehan Steels, 1542 (imprime en Anvers par moy Martin Nuyt de Mera),
pet. in-8., feuillets non chiffrés, sign. A—G.

L'ouvrage a été traduit en anglais sous ce titre :

THE ORDER of the Greate Turckes courte, of hye
menne of warre, and of all hys conquestes, with
the summe of Mahumetes Doctrine ; translated oute
of Frenche 1542, *Richardus Grafton excud.,* in-16,
sign. A—H... par 8. Après la préface se trouve cet
autre titre :

THE ESTATE of the courte of the great Turcke,
plus conforme à celui du texte français.

La traduction latine du texte français de cet ouvrage
fait partie d'un recueil ayant pour titre :

AULÆ Turcicæ, othomanicique imperii descriptio, primum ab Ant. Geufræo, gallice edita, deinde
per Guil. Godeleuæum latine reddita, postremo
nunc aucta, Mahometicæ sectæ refutatio utilissima
addita ; item Solymani XII et Selymi XIII, Turcar.
Imp. contra Christianos, vicissinq.re Christian rum
contra hos, sub auspiciis Impp. Caroli V, Ferdinandi
et Maximiliani, res gestæ, bella, prœlia, et expedi-
tiones, ab anno 1520 usque in an. 1577 peractæ,
ex variis auctoribus in unum opusculum collectæ

Gestel (*C.* van). Historia archi-episcopatus mechli-
nensis, 25064.

Gesualdo (*Er.*). Osservazioni, 29214.
Geuslus (*Jac.*). Exercitationes, 18212.

per N. Honigerum Koningshof, Franc. *Basileæ*, *Sebastianus Henricpetri*, 1577, in-8., déjà impr. à Bâle, en 1573. Voy. l'article Bizzari (*Petr.*).

GEVARTIUS (*Casp.*). Pompa introitus Ferdinandi Austriaci, Hispaniai. infantis, etc., in urbem Autuerpiam, iconibus a P. P. Rubenio delineatis et comment. G. Gevartii illustrata. *Antuerpiæ*, 1642, in-fol. [25069]

Ce volume a 8 ff. prélim., savoir : le portrait de Gasp. Gevaert, d'après Rubens, par Paul Pontius; un faux titre, un frontisp. gravé, la dédicace au Pr. Ferdinand; la préface, l'explication du frontispice, et une fig. représentant le prince Ferdinand à cheval, gravé par Pontius d'après Rubens, laquelle est presque toujours remplacée par un autre portrait du même prince, vu debout, gravé d'après Van Thulden, par J. Neefs. Le texte a 189 pp. suivies de 6 autres ff. contenant l'explication des fig., l'index, la table des figures au nombre de xxix. 25 fr. de Soleinne; 85 fr. Borluut.

Un exemplaire sur vélin, avec un portrait de Rubens, gravé par Paul Pontius et également sur vélin, a été vend 920 flor. Verdussen, à Anvers, en 1776; 1700 fr. La Valliere; 1825 fr. Camus de Limare; il se conserve maintenant à la Biblioth. impér. Cet exemplaire renferme de plus que la plupart des exemplaires en papier, une fig. par Bolswert, placée entre les pp. 144 et 145, laquelle, ainsi que le portrait de Gasp. Gevaert, qui est en tête du volume, n'est point indiquée dans la table des planches. A la fin de ce même exemplaire, la date est exprimée en chiffres romains (cɪɔ ɔc. xlɪ), tandis que dans les autres elle porte toujours 1642, soit en chiffres romains, soit en chiffres arabes. — Les exemplaires du premier tirage sont ceux qui (comme l'exemplaire sur vélin), ont le faux titre imprimé en sept lignes, et commençant par les mots *Pompa introitus....* On y lit au bas du frontispice gravé : *Antuerpiæ, veneunt exemplaria apud Theod. a Tulden.* avec les mots *Jac. Neefs sculpsit*, qu'on n'a jusqu'ici trouvés dans aucun exempl. sur papier. D'autres exemplaires qui paraissent aussi avoir de bonnes épreuves, portent pour adresse, dans le même frontispice gravé : *Antuerpiæ, apud Joannem Meursium.* On en rencontre quelques-uns où le faux titre a neuf lignes, et commence par les mots : *Pompa triumphalis introitus.* L'adresse du frontisp. gravé y conserve les mots : *Antuerpiæ veneunt exemplaria apud Theod. a Tulden;* mais on a ajouté au bas de la gravure : *Prostant apud Guilielmum Lesteenium, et Henricum Aertssens.* Enfin quelques-uns encore portent au bas du faux titre, en sept lignes, l'adresse : *Prostant exemplaria apud Guilielmum Lesteenium, et Henricum Aertssens.* (Catal. des livres impr. sur vélin de la Biblioth. du roi, V, p. 140.)

Gevaert a composé pour diverses solennités des inscriptions et des vers latins. Plusieurs de ces pièces de circonstance ont même été imprimées sur des feuilles volantes, dont l'auteur lui-même avait formé un recueil in-fol. que conserve la Bibliothèque roy. de Bruxelles, et que le *Bibliophile belge* (III, 1855, p. 168) décrit.

— Electorum libri, 18199.

GEWS (*Joan.*). Tractatus de vitiis linguæ. Voy. notre tome Iᵉʳ, col. 129, article Albertano, où il faut lire *Gews* au lieu de *Grews*.

GEYLER. Nauicula sive speculũ fatuoӡ Prestãtissimi sacraӡ literarũ doctoris Joannis Geyler Keyersbergij conciona-

Geyer. Voy. Geijer.

toris Argẽtineñ. in sermones iuxta turmarum seriem diuisa : suis figuris iam signita : atꝗ a Jacobo Othero diligenter collecta. Compendiosa vite eiusdem descriptio, per Beatum Rhenanum Selestatinum. ad Narragoniam. (au recto du dernier f.) : *Argentorati transcriptum. xvi. die Mensis Ianuarij. An.* m.d.xi, pet. in-4. goth. de 22 ff. prél., cxxxxvii ff. de texte, et 3 ff. contenant *Jo. Geyleri vita*, et la souscription; avec des gravures en bois. [17920]

Satire contre les mœurs du temps et surtout contre les abus de l'Eglise romaine. L'ouvrage est orné de gravures en bois fort jolies, qui pour la plupart sont des copies de celles du *Navis stultifera* de Seb. Brandt (voy. Brandt). Il n'est porté qu'à 9 fr. 75 c. dans le catalogue de La Valliere; il est plus cher maintenant : 3 liv. et 1 liv. 11 sh. 6 d. *mar.* Heber; 32 fr. De Bure, et en *mar. doublé de mar.* 68 fr. Borluut; en peau de truie 3 liv. 8 sh. Libri, en 1859. L'exempl. de Grolier a même été payé 43 liv. sterl. à la vente d'Edwards, en 1815.

Il existe une autre édition de cet ouvrage, in-4. goth., à la fin de laquelle on lit : *Exscriptum in œdibus Schurerianis*, et qui a également été imprimé à Strasbourg. Le corps de ce volume a des signatures de A—Ss; il est précédé de 26 ff. et suivi de 6 autres. On n'y trouve que deux gravures, la première au titre, et la seconde à la dernière page des préliminaires. Peut-être ce livre est-il antérieur à 1511, mais il ne porte point la date de 1499, comme l'ont dit plusieurs bibliographes, et même il n'en a aucune. Ebert, nᵒˢ 8226-250, fait connaître plusieurs traduct. allemandes de cet ouvrage, ainsi que différentes productions théologiques du même auteur; elles sont précieuses à cause des gravures en bois de Hans Burgkmaier qui les décorent.

Parlons encore d'une édition de la *Navicula*, pet. in-4. sous le même titre à peu près que dans l'édit. de 1511, mais avec le nom de *Geiler* écrit sans y. Elle porte pour souscription : *Argentorati, in officina literatoria Joannis Knoblouchii, iterum castigatius transcriptum.* xxiiii die Januarii, anno m. d. xiii. Vend. 50 fr. m. r. Noël, en 1841, et quelquefois beaucoup moins.

—Das ist der passion so der durchleuchtig' herr Johann Geyler von Kaisersperg, Doctor vnd Predicant der loblichen statt Strassburg, seinen Kinden daselbs, 'hat geprediget, etc. *Muenchen, Hanns Schobsser*, 1516, in-fol. de 14 ff. avec 25 gravures sur bois.

36 fr. 2ᵉ vente Quatremère.

Pour les sermons et autres ouvrages de Geyler, consultez le Xᵉ vol. de Panzer, et Dav. Clément, t. IX.

GEYN (*Jac.* de). Gheyn.

GEYSTLICHE Gesangbüchlin | Erstlich *zu Wittenberg, vnd vol‖gend durch Peter schöffern ‖ gedruckt im jar ‖* m. d. xxv, pet. in-4. oblong. [vers 10194]

Ce livre est en cinq parties, savoir : *Tenor*, 47 ff. A—Il; *Discant*, 28 ff. A—E; *Altus*, 29 ff. a—e; *Bassus*, 30 ff. Aa—Ee, et *Vagant*, 12 ff. non chiffrés, aa et bb. La partie du tenor est la seule qui donne le texte complet des hymnes. Au verso du titre de cette partie et sur le recto du feuillet suivant se lit un avis : *Vorrede Martini Luthers*, où il est dit que l'ouvrage est de plusieurs auteurs. Ce morceau a été reproduit dernièrement par Wackernagel. Au verso du dernier f. de la partie Altus se trouvent les mots : *auctore Joanne ‖ Walhero.*

Dans la description détaillée qu'il a faite de ce livre curieux, M. Ant. Schmid (dans son *Petrucci*, p. 174-76) a donné la table par ordre alphabétique des morceaux qui y sont contenus, et deux fac-similé.

GHALIGAIO (*Fr.* de). Summa de arithmetica. *Firenze, per Bernardo Zucchetta,* 1521, in-4. de 111 ff. en tout. [7866]

Un exemplaire sur VÉLIN, décoré d'une miniature et qui a été offert au cardinal Julien de Médicis, 101 fr. Mac-Carthy.

PRATICA d'Aritmetica di Francesco Ghaligai fiorentino, rivista e ristampata con diligentia. *Firenze, appresso Bernardo Giunta,* 1548, pet. in-4. Cette édition, presque aussi rare que la précédente, a été vend. 40 fr. Libri, en 1857, et celle de Florence, 1552, in-4., 45 fr. chez le même, et 29 fr. Arago. Il y en a de plus récentes.

GHEBEDT onses Heeren ende Salighmaeckes Jesu Christi. *Amsterdam,* 1631, in-4.

Ce qui donne du prix à ce volume, ce sont diverses scènes de la passion gravées sur bois et accompagnées d'entourages et d'arabesques, le tout portant les monogrammes M. II inv. C. V. S., c'est-à-dire, selon Brulliot, gravés d'après Martin Heemskerken, par Christophe van Sichem. Un exempl. en *mar.* vert est porté à 175 fr. dans le catal. de Techener, 1855, n° 1678.

GHEERAERT (*Marc*). Figures des fables d'Esope, avec des vers flamands, sous le titre de *De warachtighe fabelen der dieren.* Voyez à la col. 101 de notre premier volume.

GHELEN. Voy. GELENIUS.

GHERINCX (*Philippe*), medecin. Description des fontaines acides de Spa et de la fontaine de fer de Tungre. *Liege, chez G. Morberius,* 1583, in-12. [4665]

Un des livres les plus rares parmi ceux qui traitent des eaux minérales. La description de la fontaine de Tungres qui en occupe les douze derniers feuillets et qui est précédée d'une pièce de cent vers lat. sur le même sujet, par Dom. Lampson, avait déjà été impr. séparément sous ce titre :

DESCRIPTION de la fontaine ferrugineuse de Saint-Gille, près de Tungre, *à Liège, chez G. Morberius,* 1576, in-12. Il en a paru une édition revue et corrigée par les soins de J.-A. Cuypers, *à Liège, J.-L. de Milst,* 1700, in-12 de 3 ff., IV et 25 pp. L'éditeur en a supprimé les vers latins de Lampson qu'il a remplacés par d'autres vers latins de sa façon. La description de la fontaine de Spa ayant été traduite en latin par Th. de Rye, *Leodii, apud H. Hovium,* 1592, in-12, avec des observations nouvelles, ces augmentations furent introduites dans une nouvelle édition publiée sous ce titre :

DESCRIPTION de la nature et faculté des fontaines acides de Spa, par M. Phil. Gherincx... nouuellement augmentée et eclaircye par Thomas de Rye, medecin. *Liège, Nic. Van der Hulst (imprimerie d'A. Corswarem),* 1599, in-12 de 26 ff.

GHETALDI (*Marini*) de resolutione et compositione mathematica libri V, opus posthumum. *Romæ,* 1630, in-fol. [7804]

Un exempl. en *v. f.,* aux armes de De Thou, a été vend. 17 fr. Patu de Mello, et 30 fr. Labey; mais il contenait un second ouvrage de De La Faille, impr. à Anvers, en 1632.

On a du même géomètre :

APOLLONIUS redivivus, seu restituta Apollonii Pergæi inclinationum geometria. *Venet.,* 1597 seu 1607, in-4.

SUPPLEMENTUM Apollonii Galli, *ibid.,* in-4., à l'occasion de l'*Apollonius Gallus* de Fr. Viet, impr. à Paris, en 1600, in-4. Ce supplément est d'Alex. Anderson, Écossais, lequel a donné depuis :

Alex. *Andersoni scoti pro Zetetico Apolloniani problematis a se jampridem edito in supplemento Apollonii redivivi, explicatio. Parisiis, Varennes,* 1615, in-4.

PROMOTUS Archimedis, seu de variis corporum generibus gravitate et magnitudine comparatis. *Romæ, Zanettus,* 1603, in-4. 20 fr. Labey.

VARIORUM problematum collectio. *Romæ,* 1007, in-4. [7952]

Vendu avec l'*Apollonius redivivus* ci-dessus, et le supplément, 38 fr. Libri, en 1857.

GHETYDEN des heyligen Cruces. (au recto du dernier f.) : Dit teghenwoerdige boec is voleynt ‖ *in der printerie de Delff in Hollant Int ‖ iaer ons heeren : dusent vier hondert ende‖vierentachtich.* (1484) *den ghentiensté dach ‖ in Iulio.* In-4. goth. de 190 ff. à 21 lig. par page, avec la marque typographique portant l'inscription *Delf in Hollant.*

Ce volume a 12 ff. prélim. pour le calendrier dont le premier f., resté bl. au recto, présente au verso le 12 signes célestes.

— Voy. HISTOIRE de la sainte Croix.

GHEYLOVEN (*Arnoldi*) speculum conscientiæ, quod Gnotosolitos dicitur. *Bruxellæ (apud fratres vitæ communis),* 1476, 25 *maii,* in-fol. goth. à 2 col. de 50 lig. [1306]

Cette édition, peu importante en elle-même, a pourtant le mérite d'être la première production typographique connue qui ait été exécutée à Bruxelles. Elle commence par 11 ff. de table (voy. le Dictionn. de Santander, II, 435-38) : 48 fr. de Servais ; 74 fr. en mars 1827.

GHEYN (*Jacq.* de). Maniment d'armes, d'arquebuzes, mousquets et piques, représenté par figures. *Amsterdam et la Haye, Rob. de Baudous,* 1608, in-fol., contenant 42, 43, et 32 pièces. [10309]

Livre curieux : 18 fr. 50 c. Reina, et 25 fr. 50 c. en 1841 ; 76 fr. Bearzi, et 75 pièces, avec un texte allemand, 80 fr. catal. de L. Potier, 1860, n° 751.

MANIMENT d'armes..., ensemble les enseignemens par escrit à l'utilité de tous capitaines et commandeurs... *Francfurt am Main, Wilhem Hoffman,* 3 part. en 1 vol. in-4., texte allemand et français.

Un exempl. en *mar. r.* 102 fr. Veinant, en 1860. — Il en existe avec des titres hollandais, allemands ou français. — Voy. BOISSARD.

Gezelius (*Geor.*). Biografisk Lexicon, 30523.

Gherardi (*Evar.*). Théâtre, 16546.

Gherardini (*G.*). Voci e maniere di dire italiane, 11114. — Supplemento, 11114.

Gherardo (*G.*). Commedie, 16739.

Ghesquière (*J.*). Sur l'auteur de l'Imitation, 1521. — Acta sanctorum Belgii, 22068. — Mémoires, 24902.

GHEZZI. Raccolta di xxiv caricature disegnate colla penna da Pet.-Leone Ghezzi, conservate nel gabinetto del re di Polonia. Mathi. Oesterreich sculps. *Dresda,* 1750, in-fol. 24 planches et un titre. 12 à 18 fr. [9489]

La seconde édition, augmentée de dessins d'Internari, *Potsdam,* 1766, in-fol., contient 42 pl.

GHIBELLINI (*Lorenzo*). Il pietoso lamento che fa in fra se stesso Lorenzino de' Medici. che ammazzo l'illustrissimo signor Alessandro de' Medici primo duca di Firenze (in terza rima). *Firenze, alle Scale di Badia* (senz' anno), pet. in-4. [14998]

Ce petit volume, qui appartient au xvi⁰ siècle, est assez rare : 18 sh. Libri, en 1859.

GHILLANY (*F.-W.*). Geschichte des Seefahrers Ritter Martin Behaim, nach den ältesten vorhandenen Urkunden bearbeitet. Eingeleitet durch eine Abhandlung: Ueber die ältesten Karten des neuen Continents und den Namen Amerika, von Alex. von Humboldt. Mit einer genauen Abbildung des Behaim'schen Globus vom J. 1492, in zwei Planigloben nach seiner natürlichen Grösse, und drei der ältesten Karten von Amerika. *Nürnberg, Bauer und Raspe,* 1853, in-fol. 10 thl. [19837]

— Index aliquot rarissim. librorum quos habet bibliotheca noribergensis, 31415.

GHIRARDACCI (il P. *Cherub.*). Historia di Bologna : parte prima, dalla sua fondatione all' anno 1320 ; parte sec. dall' an. 1321 all' an. 1425, data in luce dal P. Aur.-Agost. Solimani. *Bologna,* 1596 (aussi 1605 et 1667), 2 vol. in-fol. [25630]

Quoique cette histoire ne passe pas pour être fort exacte, on la recherche assez, et le second volume en est devenu rare : vend. en 2 vol. 31 fr. Floncel ; 18 fr. 50 c. Boutourlin ; 42 fr. 50 c. Libri, en 1857.

GHIRARDELLI (*Corn.*). Cefalogia fisionomica, divisa in dieci deche, dove si esaminano le fisionomie di cento teste umane. *Bologna,* 1570, in-4. fig. en bois. 6 à 9 fr. [6993]

Réimpr. à *Bologne,* 1674, in-8., en abrégé, *ibid.,* 1673, in-8.

GHIRARDINI (*Giov.*). Relation du voyage fait en Chine, en 1698, par le sieur Ghirardini, peintre italien. *Paris, N. Pepie,* 1700, in-12. [20748]

Une note de M. Walckenaer, rapportée sous le n° 3845 de son catalogue, qualifie ce livre d'*ouvrage charmant et d'une extrême rareté,* a fait porter l'exempl. de ce savant à 25 fr. Celui de Langlès n'avait été vendu que 7 fr., et anciennement un autre avait été donné pour 10 sols, chez Barré, en 1744.

Cette relation a reparu à la suite des *Remarques savantes et curieuses sur divers sujets.* Paris, Guillain, 1702, in-12 (catal. Langlès, 1535). Plus tard le même ouvrage a été réimprimé, mais, selon M. Walckenaer, tout mutilé, dans un livre intitulé :

LA CHINE mieux connue, ou les Chinois tels qu'il faut les voir..., précédée d'un voyage fait à la Chine en 1698. *Paris, an* V (1796-97), 2 vol. in-18.

Le nom de Ghirardini est transformé en *Ghaiadini* dans la *Biblioth. des voyages* de Boucher de La Richarderie, V, 281.

GHIRLANDARI. Pietoso, et miserabile avvenimento di due amalti (*sic*); posto in luce dal capitanio Gio.-Batt. Ghirlandari cittadino fiorentino. — *In Modona, Paolo Gadaldino,* 1576, in-4. [17441]

Nouvelle très-rare, occupant 55 pp. chiffr., avec la marque de l'imprimeur sur une page non chiffr. Vend. 1 liv. 13 sh. Borromeo, en 1817, et moins depuis.

GHISI. Laberinto di A. Ghisi, nel quale si vede 1260 figure quali sono tutte pronte al servitio, con la sua obedienza e corrispondenza. *Venetia, Deuchino,* 1616, in-fol. [10505]

Jeu à combinaison pour connaître la figure qu'une personne aura pensée : 29 fr. Libri-Carucci.

GHISTELE (Van). Tvoyage van Mher Joos van Ghistele... in den landen van Sclavonien, Griecken, Turckien, Candien, Rhodes eñ Cypers. Voords ooc in den lande van Beloften, Assirien, Arabien, Egypten.... *Gendt, Henric van der Keere,* 1557, in-4. de 6 ff. prélim. et 348 pp. [19905]

Édition rare, décrite dans la *Bibliographie gantoise* de M. Ferd. Vanderhaeghen, t. 1, p. 163, n° 184. Le titre porte la marque donnée par M. Silvestre, sous le n° 361.

L'édit. de Gand, 1563, in-4. de 12 ff. prélim. et 348 pp., n'est autre que celle de 1557 dont on a réimpr. les feuill. préliminaires, et à laquelle on a ajouté une table alphabétique. Le titre ne porte plus la marque. Elle est cotée à 7 flor. 25 c. dans le catal. Meerman, III, 98, n° 48.

— TVOYAGE... in landen van Sclavonien, Griecken, Turckyen, Rhodes, ende Cypers; voorts oock in den lande van Beloften, Assyrien, Arabien, Egypten, Ethiopien, Barbarien, Indien, Perssen, Meden, Caldeen, ende Tartarien : metter gheleghentede der selver landen, ende meer andere plaetsen, insulen, ende steden van Europen, Asien, ende Afriken... *Ghendt (Gand, veuve de Gerard van Salenson, de l'impr. de Gilles van den Rade),* 1572, pet. in-fol. goth. de 384 pp. non compris les pièces liminaires, qui sont le titre, la dédicace, deux préfaces et deux tables.

Relation d'un voyage commencé en 1481. Elle a été écrite sous les yeux de Josse Van Ghistèle, par Ambroise Zeebout, son chapelain et compagnon de ses voyages. Ce qui la rend curieuse c'est qu'elle paraît être faite de bonne foi ; mais il n'y faut pas chercher cette critique qui sait écarter les fausses merveilles et se tenir en garde contre les traditions populaires. (Consultez Paquot, t. XVIII, p. 130-37.)

GIACOMINI Tebalducci Malespini (*Lo-*

---

renzo). Orazioni e discorsi. *Firenze, Sermartelli*, 1597, in-4. de 2 ff., 91 pp. et le f. de souscription. [12211]

Cette édit. ne contient qu'une partie des discours de l'auteur ; d'autres sont imprimés dans les tomes I et II de la première partie des *Prose florentine*, et ont été cités par les académiciens de la Crusca, ainsi que les premiers. Ceux-ci (de 1597) se trouvent le plus ordinairement rel. avec la *Vita del Giacomini*, écrite par Jac. Nardi, et publiée à Florence, la même année et par le même imprimeur. Il y en a des exemplaires en Gr. Pap. Pour d'autres ouvrages de Giacomini, consultez Gamba, 4ᵉ édition, n° 513.

GIAMBATISTA da Udine. Voy. UDINE.

GIAMBONI (*Bono*). Della miseria dell' Uomo : Giardino di consolazione : introduzione alle virtù, aggiuntavi la scala dei claustrali ; testi pubblicati ed illustrati dal dott. Franc. Tassi. *Firenze, G. Piatti*, 1836, in-8.

Traité de morale chrétienne, composé ou traduit au XVᵉ siècle. Le premier est une traduction du traité *De miseria conditionis vitæ humanæ*, dont nous parlons à l'article LOTHARIUS diaconus.

GIAMBULLARI (*Bernardo*). Sonaglio delle done. — Finisse il sonaglio delle donne di Bernardo Giambullari. (*senza luogo ed anno*), in-4. de 4 ff. à 2 col. de 40 lig. [14874]

Édition la plus ancienne peut-être que l'on ait de cette satire facétieuse, écrite en *ottava rima*; on suppose qu'elle a été imprimée à Florence vers 1500. Vend. 77 fr. *mar. r.* Libri, en 1847 ; et 2 liv. 18 sh., en 1859. Gamba (*Serie*, n° 965) en signale trois autres également in-4., et de 4 ff., dont le premier f. présente une gravure en bois que n'a pas celle que nous venons de décrire.
L'édition de Livourne, sous la rubrique de *Leida*, 1823, in-18, donne les variantes des trois précédentes.

— La cõtentione di mona Costanza et di Biagio : ei puossi far in comedia. (à la fin) : Composte per Bernardo Giamburlari ‖ ci ‖ tadin Fiorenti ‖ no. (*sans lieu ni date*), in-4. de 4 ff. à 2 col. sig. *az.*

Opuscule fort rare, d'impression florentine des dernières années du XVᵉ siècle. Il y a sur le titre une vignette sur bois, et à la fin du texte trois canzoni. Cette composition est analogue à celles qu'on publiait en France à la même époque sous le titre de *Debat*. (Colomb de Batines, d'après l'exempl. de la *Palatina* de Florence.)

—OPERETTA delle semente : laquale nsegna quando si debbe seminare... come si debbe far le ricolte, con due bellissimi capitoli uno di Bern. Giambullari e l'altro di Pamphilo Sasso sopra il destino. *Firenze, presso al Vescovado*, 1560, in-4. de 6 ff. à 2 col.

Ce petit poëme géorgique (*in ottava rima*), intitulé *le Semente*, est de Bern. Giambullari, qui a continué le *Ciriffo Calvaneo* de Luca Pulci (voyez PULCI). Un exempl. de l'édit. de 1560, en *mar. r.* 60 fr., et revendu 64 fr. Libri. A la même vente se trouvait une édit. du même opuscule, *Fiorenza, alla stella* (senz' anno), in-4. de 4 ff. à 2 col. 17 fr. 50 c., et une autre, *Firenze, Bartol. Sermartelli*, 1625, in-4. de 6 ff. à 2 col. avec fig. en bois, 18 fr. *m. r.* Dans cette édition comme dans les précédentes, se trouve la *Tavola di agricoltura*, en prose, d'après P. de Crescenzio.

GIAMBULLARI (*Piet.-Franc.*). Il Gello

(cioè ragionamento de la prima e antica origine della Toscana et particolarmente della lingua fiorentina). *Fiorenza, il Doni*, 1516, pet. in-4. 6 à 9 fr. [11069]

Bonne édition, qui se compose de 79 pp., dont la dernière est cotée 78, et est suivie d'un errata et d'une table en 2 ff.: 15 sh. Libri. Celle de Florence, *Torrentino*, 1549, sous le titre d'*Origine della lingua fiorentina*, a été, comme la précédente, citée par les académiciens de la Crusca; c'est un volume assez rare, de 176 pp. chiffrées, avec 8 ff. à la fin pour la table et l'errata. Cette édit. a reçu des augmentations et des améliorations : 6 à 9 fr. Il s'en trouve des exempl. en Gr. Pap.

— Apparato et festo nelle noze dello duca di Firenze e della duchessa sua consorte, con le sue stanze, madrigali comedia & intermedii in quelle recitati. *Firenze, per Benedetto Giunta*, 1539, in-8.

Livre rare et curieux dont l'auteur est nommé derrière le frontispice. La comédie (*il commodo*) qui en fait partie est d'Ant. Landi ; elle est accompagnée d'intermèdes de G.-B. Strozzi et de quelques stances de G.-B. Gelli. Un exemplaire imprimé sur VÉLIN, annoncé comme *unique*, 10 liv. Libri, en 1859.
Gamba, *Serie*, édit. de 1839, p. 723, nous apprend que les *Canzonette* insérées dans ce volume ont été réimpr. dans un petit in-4. intitulé :

MUSICHE fatte nelle Nozze dello illustriss. duca di Firenze signore Cosimo de' Medici, e della illustriss. consorte sua madama Leonora de Tolosa. *Venezia, nella stamperia d'Antonio Gardane, nel anno* M.D.XXXIX, *nel mese di Agosto*.

— DE'L SITO, forma, et misure dello Inferno di Dante. *Firenze, Neri Dortelata*, 1544, in-8. [vers 14621]

Livre curieux dans lequel des signes particuliers marquent la prononciation du peuple de Florence, à l'époque où il parut. 10 fr. *mar. r.* Libri, en 1847, et en *vél.* 8 sh. 6 d. en 1859.

— DELLA lingua che si parla e si scrive in Firenze, con un dialogo di Giambatt. Gelli ; che fa parte, senz' anno (*Torrentino*, 1551), in-8. de 402 pp., avec portrait.

Cette grammaire, la première qui ait été composée par un auteur toscan, a paru pour la première fois à Florence, en 1547, in-8.; mais l'édition sans date est préférable.

— LEZIONI quattro lette nell' Accademia fiorentina. *Firenze* (*Torrentino*), 1551, in-8. de 157 pp. plus un f. bl. [18345]

17 fr. *mar. bl.* Libri.

Ouvrage cité par la Crusca, ainsi que le suivant. Ces quatre leçons, réunies au *Gello*, ont été réimprimées à *Milan, Silvestri*, 1827, in-16, avec portr.

— ISTORIA dell' Europa, dall' anno 800 sin al 913 di nostra salute. *Venezia, Francesco Seneze*, 1566, in-4. de XVI et 166 ff. [23036]

Édition très-incorrecte, donnée par Cosimo Bartoli après la mort de l'auteur qui avait laissé l'ouvrage imparfait : il y en a des exemplaires avec un frontispice différent. L'édition de *Pise, Nic. Capurro*, 1822, 2 vol. in-8., forme les tomes XIX et XX de la collection des meilleurs écrivains italiens, servant de supplément aux classiques de Milan. Elle est due aux soins de M. Aless. Mortara qui y a joint une notice sur la vie et les écrits de Giambullari : Gamba la dit infiniment préférable à la première. 9 fr.

— SAGGIO di poesie inedite. *Firenze, Magheri*, 1820, in-4. portr. [14548]

Belle édition publiée par le chanoine Dom. Moreni, avec des notes. Il y en a des exempl. en Gr. Pap.

— TRE NOVELLE di P.-Fr. Giambullari, et Valerio Marcellino. *Venezia, tipografia di Alvisopoli*, 1824, gr. in-8. [17476]

M. Giul.-Bern. Tomitano a fait imprimer ces nouvelles d'après la *Storia d'Europa* de Giambullari, et d'après le *Diamerone* de Marcellino ; il n'en a fait tirer que quelques exempl. en pap. commun, 2 sur vieux papier du Japon, 2 en pap. royal, et un sur VÉLIN. (Gamba, 118.)

GIANCARLI. La Capraria, comedia di Gigio Arthemio (Giancarli), Rhodigino. *Venetia, Francisco Marcolini,* 1544, in-8. sign. A.—Iiiii. [16654]

Pièce singulière, en prose, dans laquelle plusieurs personnages parlent le dialecte vénitien. 5 fr. 25 c. de Soleinne. Haym en cite une édition de *Venise, Cesano,* 1552, in-8.

— La Zingana, comedia di Gigio Arthemio Giancarli. *Mantoua* (sans nom de libraire), 1545, in-8. de 92 ff. [16554]

Comédie en prose dont le principal personnage, la Zingana, s'exprime en ce langage bizarre qu'employaient les bohémiens au XV° siècle. L'auteur y a aussi introduit le vénitien, le bergamasque et le grec moderne corrompu.

Haym, qui cite les éditions de *Mantoue,* 1545, in-8., et de *Venise, Franceschini,* 1564, in-8., auxquelles il pouvait ajouter celle de *Venise,* 1610, in-8., dit que dans le prologue de cette pièce l'auteur se vante de l'avoir composée dans le court espace de huit heures.

Une autre édition, *Venezia, Agost. Bindoni,* 1550, pet. in-8., sous le titre de *La Cingana,* a été vendue 38 fr. mar. r. Libri, et 18 sh. en 1859, et celle de 1610, chez le même, 8 sh.

GIANGOLINO (*Carlo*). Hedenografia, ouero descrittione del Paradiso terrestre. *Messina, Mattei,* 1649, in-fol. front. gravé et une carte. [28026]

Ouvrage curieux, contenant une description historique et topographique de l'Arménie, la Mésopotamie, la Chaldée, l'Assyrie, etc. Pourtant Molini ne l'estime que 15 fr.

GIANI (*Archangeli*). Annales ordinis fratrum Servorum B. Mariæ Virginis a suæ institutionis exordio (1233 usque ad an. 1609), cum notis, additionibus et castigationibus (et continuatione ab an. 1610 ad an. 1705), Aloy.-Garbii, et continuatione Placidi Mar. Bonfrizzerii ad an. 1725. *Lucæ,* 1719-21-25, 3 vol. in-fol. [21871]

Molini n'estimait que 18 fr. ce livre, qui a été payé 125 fr. à la vente Libri, en 1857.

VERA origine del sacro ordine de' Servi di S. Maria, cominciato in Firenze l'anno 1233. *Firenze, Marescotti,* 1594, in-4. de 132 pp., et à la suite : *Regola che dela Papa Martino V. a' fratelli e le sorelle della compagnia de' Servi...* 113 pp.

GIANNETTASII (*Nic.* Parthenii) Halieutica. *Neapoli,* 1689, pet. in-8. fig.

— BELLICA. *Neapoli,* 1699, pet. in-8. fig.
— PISCATORIA et Nautica. *Neapoli,* 1685, seu editio altera auctior. 1686, pet. in-8. fig.
— ÆSTATES surrentinæ. *Neapoli,* 1696, pet. in-8.
— AUTUMNI surrentini. *Neapoli,* 1698, pet. in-8.
— VER HERCULANUM. *Neapoli,* 1704, pet. in-8.

Ces six ouvrages ne se trouvent pas facilement réunis : les trois premiers sont en vers, et les trois autres mêlés de prose et de vers : 12 à 18 fr.

On a un recueil des poésies latines de Giannettasi, impr. à Naples, 1725, en 2 vol. in-4. et qui contient : *Piscatoria et Nautica : Halieutica, Naumachia, seu de bello navali libri V, et Bellicorum libri V,* impr. séparément, en 1714 et 1715. Il faut y joindre les ouvrages suivants du même auteur : *Xaverius viator, seu Saberidos carmen posthumum,* 1721, in-4. — *Annus eruditus in partes quatuor distributus : Herculanum, Æstates surrentinæ, Autumni surrentini et Hyemes puteolanæ.* 1722, 2 vol. in-4. [12705 à 12710] Les 5 vol. ont été vend. 27 fr. Courtois.

GIANNONE (*Pietro*). Dell' istoria civile del regno di Napoli libri XL. *Napoli,* 1723, 4 vol. in-4. [25717]

Édition originale de cette excellente histoire : 24 à 40 fr. et plus en Gr. Pap.

Les réimpressions, *con accrescimento di note, riflessioni, medaglie, etc.* Haia, 1753, ovvero *Palmyra,* 1762, 4 vol. in-4., ont peu de valeur, et on ne fait aucun cas de celle de *Venise,* 1766, 4 vol. in-4.

On peut joindre à cette histoire :

RIFLESSIONI morali e teologiche sopra l' historia di Napoli del Giannone, da F. Filopatro (G. San-Felice). *Colonia,* 1728, 2 vol. in-4.

La Storia del regno di Napoli, de C. Pecchia, Naples, 1795, 4 vol. in-4. [25733], vend. 23 fr. Libri, est un supplément de celle de Giannone.

— OPERE postume di Giannone in difesa della sua storia civile del regno di Napoli, con la di lui professione di fede. *Lausanna,* 1760, in-4. [25718]

Ce volume, qui a été aussi réimpr. à *Venise,* 1768, en 2 part. in-4., fait suite à l'histoire de Naples.

La profession de foi de l'auteur ne se trouve pas dans tous les exemplaires de l'édition de 1755, publiée sous l'indication de *Palmyra.*

— STORIA civile del regno di Napoli, accresciuta della vita, note, riflessioni, opere postume. *Napoli,* 1770, 7 vol. in-4. ou 22 vol. in-8.

Deux éditions données par Léonard Panzini, qui y a joint une longue notice sur la vie de l'auteur : elles contiennent quelques additions et plusieurs corrections importantes, mais elles sont médiocrement imprimées.

— LA STESSA. *Italia (Firenze),* 1821, 11 vol. gr. in-8. portr. 40 fr., et plus en pap. vél.

Cette édition présente de nombreuses corrections inédites de l'auteur : les œuvres posthumes occupent les 3 derniers volumes.

— LA STESSA. *Milano, typogr. de' classici ital.,* 1823-24, 14 vol. in-8. portr. 60 fr.

Édition correcte, avec la notice par Léon. Panzini ; les 3 derniers vol. renferment les *opere postume,* plus complètes que ci-dessus.

— LA STESSA, con note e biografia dell' autore scritte appositamente per questa edizione da Felice Turotte. *Milano,* 1845-47, 5 vol. in-8. avec un portr. et des vignettes dessinées par Focosi et grav. par Gandini. 40 fr.

— HISTOIRE civile du royaume de Naples, traduite de l'italien de P. Giannone (par Desmonceaux). *La Haye,* 1742, 4 vol. in-4. 15 à 18 fr., et plus en Gr. Pap.

Traduction infidèle et mal écrite, que Chaudon attribue à Desmonceaux, et Senebier à l'avocat Beddevolle. Voyez le *Dictionnaire des anonymes* n° 7310.

GIANNOTTI (*Donato*). Opere storiche e politiche (pubblicate da Giov. Rosini).

Giampalo (*Paolo-Nic.*). Dialoghi sulla religione, 1779.

Gianni (*Fr.*). Pinete ravennati, 25651.
Giannini (*Egid.*). Pergola, 25665.

Pisa, Capurro, 1819, 3 vol. in-8. 12 fr.
[19207]

Cette collection contient : *Della Republica di Vinegia*, impr. d'abord à Rome, en 1540, in-4. et in-8., et réimpr. à Lyon, en 1570, in-8.; *Della Republica florentina*, impr. pour la première fois à Venise, en 1721, in-8., et les *discorsi e lettere*.

GIANNOTTI (*Gasp.*). Parere di Gasparo Giannotti sopra il ristretto delle rivoluzioni del reame di Cipri, e ragioni della seren. Casa di Savoia sopra di esso. *Francofurti*, 1633, in-fol. [25308]

Ce volume, qui a été donné pour 1 fr. 20 c. chez Floncel, en 1774, s'est vendu 38 fr. salle Silvestre, en 1842.

GIANUARIO (*P.-Jac.*). Pastorale de Petro Jacobo Gianuario Patricio Parthenopeo. Egloghe. (in fine) : *Impressa in Napoli per maestro Ioan Anthonio de Caneto Papiente, nel anno* M.DVIII, in-4. sign. A—H. Lettres rondes. [14928]

GIANUTIO della Mantia. Voy. MANTIA.

GIARDINI (*Joan.*) promptuarium artis argentariæ, ad cujuscumque generis vasa argentea ac aurea invenienda ac conficienda utile. *Romæ*, 1750, 2 tom. en 1 vol. in-fol., avec 100 planches. 25 à 30 fr. [10240]

Cet ouvrage a beaucoup vieilli ; mais, comme l'ancien redevient nouveau, il est encore recherché : 22 fr. Librairie De Bure ; 70 fr. Riva. Ce sont probablement les mêmes pl. qui avaient déjà été publiées sous ce titre :
DISEGNI diversi per uso d' argentieri da Giov. Giardini ; intagliati da Maxim.-Gius. Limpach. *Roma*, 1714, in-fol.
Cette première édition, 45 fr. 50 c. Boutourlin.

GIBBON (*Edward*). History of the decline and fall of the roman empire. *London*, 1774-88, 6 vol. gr. in-4. 60 à 90 fr. [22973]

Belle édition d'un ouvrage très-estimé (le prem. vol. a été réimpr. en 1782).

Cette histoire a été réimpr. plusieurs fois en 12 vol. in-8. 60 à 72 fr. La dernière édit. qu'ait revue l'auteur est celle de 1788.—Celle d'*Oxford*, 1828, 8 vol. gr. in-8. portr. 40 à 48 fr. Il en a été tiré 50 exempl. en Gr. Pap.

— THE SAME history, with an introductory memoir of the author by Will. Youngman. *London, Robinson*, 1830, gr. in-8. à 2 col. 1 liv. 1 sh.
Édition stéréotype, très-lisible. Celle de *Londres, Jones*, 1825 et 1828, 4 vol. in-8., est médiocre. 24 fr.
— Il y en a aussi une de *Paris, Baudry*, 1840, 8 vol. in-8., avec des notes de MM. Milman et Guizot, un portr. et des cartes. 40 fr.
— THE SAME history, adapted to the use of families and young persons, by Th. Bowdler. *London, Longman*, 1825, 5 vol. in-8. 2 liv. 2 sh.

L'éditeur a fait soigneusement disparaître de cette édition tous les passages irréligieux, ou d'une tendance peu morale.

On sait que les 15ᵉ et 16ᵉ chapitres de cette histoire contiennent des propositions fort peu orthodoxes sur les commencements de la religion chrétienne, et que Gibbon s'est attiré à ce sujet la censure de plusieurs membres distingués du clergé anglais, et particulièrement celle de MM. Rich. Watson, James Chelsum, H.-Edw. Davis ; d'autres parties du même

ouvrage ont également éveillé l'attention des critiques, et donné lieu à la publication de divers écrits dont on trouve le curieux détail dans le *Bibliographer's Manual* de Lowndes, 2ᵉ édit., pp. 885-86 ; ils sont terminés par l'indication d'un ouvrage italien de N. Spedalieri, intitulé *Confutazione dell' esame del Cristianismo fatto da Gibbon*, Roma, 1784, 2 vol. in-4.

— HISTOIRE de la décadence et de la chute de l'empire romain, trad. de l'anglais par Le Clerc de Sept-Chênes (et depuis le 4ᵉ vol. par Demeunier, Boulard et Cantwel). Nouvelle édition revue et corrigée (par mad. Guizot, née Pauline de Meulan), précédée d'une lettre sur la vie et le caractère de Gibbon, par Suard, et accompagnée de notes par M. Guizot. *Paris , Maradan*, 1812, 13 vol. in-8. 45 à 54 fr.

Cette édition est bien préférable à celle de *Paris*, 1788-95, 18 vol. in-8. Celles de *Paris, Lefèvre*, 1819, et *Paris, Ledentu*, 1829, également en 13 vol. in-8., ont le même avantage. 40 à 45 fr.

La même traduction a été réimpr. à *Paris, Desrez*, 1835, 2 vol. gr. in-8.

Il passe pour certain que Louis XVI, étudiant l'anglais sous la direction de M. Le Clerc de Sept-Chênes, lecteur de son cabinet, s'est exercé sur le premier vol. in-4. de l'histoire de Gibbon, publié en 1776, et qu'arrivé aux 15ᵉ et 16ᵉ chapitres, il abandonna l'ouvrage que revit, continua et fit imprimer M. de Sept-Chênes (le premier vol. en 1777) : voilà la seule part que Louis XVI a eue à cette traduction, et c'est bien à tort qu'on lui en a attribué une plus grande.

Dans la traduction italienne du même ouvrage, réimpr. à Milan, 1823, en 13 vol. in-8., se trouvent les réfutations de *Spedalieri*.

M. Adam a donné en anglais un abrégé de ce grand ouvrage de Gibbon, en 2 vol. in-8., et M. Briand l'a traduit en français. *Paris*, 1804, 3 vol. in-8.

— Miscellaneous works and memoirs (published by John lord Sheffield). *London*, 1796, 2 vol. gr. in-4. 20 à 24 fr. [19359]

Avant la publication de ces deux vol., l'éditeur avait fait tirer à part quelques exemplaires des *Antiquities of the house of Brunswick*, qui en font partie, et les avait mis au jour sous la date de 1794.

L'édition de ces Mélanges, *London*, 1814, 5 vol. in-8. 30 fr., et plus en Gr. Pap., contient environ un tiers de plus que celle de 1796 ; mais les augmentations qu'elle renferme ont été données séparément, en 1 vol. in-4. que l'on réunit aux deux précédents. Ce recueil a été en partie réimpr. sous ce titre : *Life (autobiographical) of Gibbon, with selection of his correspondence, and illustrations by the rev. H. H. Milman to which is added : Essay on study of literature, by Ed. G.* London, 1839, in-8., 9 sh.

Les *Mémoires de Gibbon* et quelques autres opuscules qui font partie de ses Mélanges ont été trad. en français par Marinié. *Paris*, an V, 2 vol. in-8.

— ESSAI sur l'étude de la littérature (par Edw. Gibbon). *Londres*, 1761, pet. in-8. 4 à 5 fr. [18112]

Cette édition est peu commune, mais l'ouvrage a été réimpr. dans les *Miscellaneous works* de l'auteur, et aussi trad. en anglais par lui-même : *Lond.*, 1764, pet. in-8.

— MÉMOIRES littéraires de la Grande-Bretagne pour 1767 et 1768, *Londres*, 1768, 2 vol. pet. in-8. [18378]

Ce sont les deux premiers volumes d'un journal publié par Gibbon et son ami Deyverdun, mais qui, malgré son mérite, n'ayant pas eu de succès, s'est peu répandu, et ne se trouve que très-difficilement. Il n'a pas été continué. Vendu en *mar. citr.*, 6 liv. 16 sh. 6 d. Hanrott, et avec l'*Essai sur la littérature* du même Gibbon, 4 liv. 19 sh. Heber.

L'ouvrage anonyme du célèbre John Wilkes, qui porte le titre de *Supplement to the miscellaneous works of Mr. Gibbon*, Lond., 1796, in-4., est un morceau qui avait déjà paru dans *The Observer*, en 1780.

GIBBS (*J.*). Book of architecture, containing designs of buildings and ornaments. *London*, 1728 (ou 2ᵉ édit. 1739), in-fol. [9780]

Recueil de 150 planches : 24 à 36 fr.

GIBBS (*Jos.-Will.*). Voy. GESENIUS.

GIBECIÈRE (la) de Mome, ou le thrésor du ridicule, contenant tout ce que la galanterie, l'histoire facétieuse et l'esprit égayé ont jamais produit de subtil et d'agréable pour le divertissement du monde. *Paris, Den. David*, 1644, pet. in-8. de 457 pp., avec un frontispice gravé. [17865]

Vendu 18 fr. Duquesnoy; 18 fr. 50 c. Morel-Vindé; 14 fr.. 50 c. Bignon, et jusqu'à 55 fr. Mac-Carthy; 32 fr. *v. f.* Nodier.

GIBELIN (*E.*). Études sur le droit civil des Hindous, recherches de législation comparée sur les lois de l'Inde, d'Athènes et de Rome, et les coutumes des Germains. *Pondichéry*, 1846-47, 2 vol. in-8. [3134]

Nous donnons place ici à ces Études à cause du lieu où elles ont été imprimées.

GIBERT de Montreuil. Roman de la Violette ou de Gérard de Nevers, en vers, du XIIIᵉ siècle, publié pour la première fois d'après deux manuscrits de la Bibliothèque royale, par M. Francisque Michel. *Paris, Silvestre (de l'impr. de Pinard)*, 1834, gr. in-8., avec deux facsimile et six gravures entourées d'arabesques. [13207]

Ce volume n'a été tiré qu'à 200 exemplaires numérotés à la presse, savoir : 1 sur VÉLIN, 9 sur pap. de Chine : 60 fr.; 15 sur pap. de Holl. et 175 sur Gr. Pap. vél. : 36 fr.; avec fig. peintes (25 exempl.) 80 fr. Quelques exemplaires en pap. de Chine et en pap. de Holl. sont ornés des gravures tirées sur VÉLIN, peintes avec soin, rehaussées d'or et imitant les anciennes miniatures. Ces ornements sont dus au talent de M. Jouy, artiste lithographe, qui les a exécutés d'après les jolies miniatures du beau manuscrit du même roman, peint ou peinte, que possède aussi la Biblioth. impér. et qui provient du cabinet de Gaignat. — Voyez GÉRARD de Nevers.

GIBOIN (*Gilbert*). Tragi-comédie sur les amours de Philandre et Marisée; par Gilbert Giboin, harpeur, arithméticien et maistre écrivain en la ville de Molins en Bourbonnois. *Lyon, Jonas Gautherin*, 1619, pet. in-8. de 95 pp. [16394]

7 fr. de Soleinne.

Gibelin (*Esprit-Ant.*). Lettres sur les tours antiques d'Aix en Provence, 24804. — Origine des bonnets de la liberté, 29014.

Gibert (*Balth.*). Jugements des savants, 12003. — Rhétorique, 12062.

Gibert (*J.-P.*). Consultations, 3202.

Gibert (*Jos.-Balt.*). Mémoires, 23172.

GIBOULT (*Toussaint*). Adresse pour trouver espoir en desespoir et repos en adversité. *Tolose, Guion Boudeuille*, 1559, pet. in-8. 10 fr. Veinant. [1628]

Du Verdier indique deux autres ouvrages de ce théologien.

GIBSON (*Edm.*). A Preservative against Popery, in select discourses upon the principal heads of controversy between protestants and papists, written and published by the most eminent divines of England, chiefly in the reign of James II. *London*, 1738, 3 vol. in-fol. [1960]

Cet ouvrage est recherché en Angleterre, et y est porté de 5 à 6 liv. sterl. dans les catal. des libraires. Il y en a une nouvelle édition, *London*, 1848-49, en 18 vol. pet. in-8., revue par le Dʳ Cumming.
— SUPPLEMENT to Gibson's Preservative from Popery being important treatises on the romish controversy. *Lond.*, 1849, 8 vol. in-8.
— Voy. tome I, article CHRONIQUE, et dans la table Codex juris ecclesiasticus, 3281.

GIBSON (*W.-S.*). History of the monastery of Tynemouth, to the honour of God, under the invocation of the blessed Virgin Mary, and S. Oswin. *London, Pickering*, 1846-47, 2 vol. in-4. [21518]

Belle édition, ornée de nombreuses planches, de facsimile et de lettres initiales, dont une partie peinte en or et en couleurs. Le prix, qui était d'abord de 6 liv. 6 sh., a été réduit à 3 liv. 3 sh.

GIBSON (*Antony*). Voy. PONT-AYMERIE.

GIEBEL (*C.-G.*). Odontographie. Vergleichende Darstellung des Zahnsystems der lebenden und fossilen Wirbelthiere. *Leipzig, Abel*, 1854, in-4., 52 pl. 70 fr. [6771]

— DEUTSCHLANDS Petrefacten. Ein systematisches Verzeichniss aller in Deutschland und den angrenzenden Ländern vorkommenden Petrefacten, nebst Angabe der Synonymen und Fundorte. *Leipzig, Abel*, 1852, in-8. 24 fr. [4807]

DIE SÄUGETHIERE in zoologischer, anatomischer und paläontologischer Beziehung umfassend dargestellt. *Leipzig, Abel*, 1854-55, 11 livr. gr. in-8. 30 fr. [5577]

GIEGHER. Li tre trattati di Mattia Giegher, bavaro di Mosburc, trinciante dell' illustrissima natione alemana in Padova, nel primo si mostra il modo di piegare ogni sorte di panni lini, cioè, Salviette e Touaglie, e d'apparecchiare una tavola, con altre galanterie : nel secondo, intitolato lo Scalco, s'insegna oltr'al conoscere le stagioni di tutte le cose che si mangiano, la maniera di mettere in tavola le vivande : nel terzo, detto il Trinciante, s'insegna il modo di trinciare ogni sorte di vivande. *Padova, Frambotto*, 1639, in-4. obl. fig. [10278]

Curieux et assez rare. 80 fr. Riva; 27 fr. en 1860.

GIELÉE (*Jacquemard*). Voy. RENART (le livre de Mᵉ).

GIESELER (*Th.-Carl-Ludw.*). Lehrbuch

der Kirchengeschichte. *Bonn, Marcus*, 1844-1857, 6 tom. formant 12 vol. in-8. 96 fr. [21400]

Cet ouvrage en est à sa quatrième édition. Les tomes V et VI, publiés après la mort de l'auteur, l'ont été par E.-R. Redepenning.

GIEUHARI (al). Voy. AL-GIEUHARI, et aussi au mot DICTIONARIUM.

GIGANTEA (la). Voy. FORABOSCO.

GIGANTOMACHIE, pour réponse à la Gigantostéologie (par Riolan). 1613, pet. in-8. de 46 pp. et un errata. 4 à 6 fr. [4974]

On trouve ordinairement d'autres pièces sur le même sujet, reliées avec ce volume : ces pièces sont au nombre de onze. La première et la plus rare a pour titre :

HISTOIRE véritable du géant Theutobochus, roy des Teutons, Cimbres et Ambrosins, défait par Marius, consul romain, etc. (par Jacques Tissot) *Paris, Jean Houzé*, ou *Fleury Bourriquant* (sans date), pet. in-8. de 15 pp. [6972]

Cette *Histoire véritable...* a paru en 1613. On en cite une autre édition impr. la même année, à *Lyon*, par *Jean Poyet*, sous le titre de *Discours véritable de la vie, mort, et des os du géant Theutobochus*. L'auteur n'a pas mis son nom sur le titre, mais il s'est nommé à la fin de cette pièce, laquelle a été attribuée à un Jacques Bassot dans le *Mercure françois*, III, 191, et ensuite par Prosp. Marchand : ce dernier a même consacré un article de son Dictionnaire à ce *Bassot*. Là se trouve la liste des différents écrits auxquels donna lieu l'exhibition des os du prétendu géant Theutobochus. Dans la classification de ces pièces, il faut commencer par celle de Tissot, placer ensuite la *Gigantostéologie* d'Habicot (voy. HABICOT), puis la réponse de Riolan, et les autres pièces dans l'ordre de leur publication (voy. RIOLAN, et IMPOSTURE). Le Discours véritable est reproduit, d'après l'édit. de Lyon, dans le IXᵉ vol. des *Variétés* de M. Ed. Fournier.

N'oublions pas d'en faire la remarque, Prosper Marchand a dit qu'un certain Pierre Masuyer, chirurgien à Beaurepaire, était l'auteur de l'*Imposture*, mais non pas, comme le lui fait dire M. Graesse (I, p. 309), qu'il eût écrit l'*Histoire véritable*.

GIGAS ou Gygas (*Hermannus*). Flores temporum, sive chronicon universale ab orbe condito ad ann. 1349, et abhinc ad ann. 1513 continuatum a Mich. Eysenhart, ex ipso hujus manuscripto autographo editum, et præmisso glossario latinitatis ferreæ a J.-Gerh. Meuschenio. *Lugd.-Batavor.*, 1743, in-4. [21274]

Gigas est un écrivain du XIVᵉ siècle. Saxius cite son ouvrage sous la date de 1750.

GIGAULT (*Ach.-Et.*). Voyez VOYAGE pittoresque en Sicile.

GIGGEI (*Ant.*) Thesaurus linguæ arabicæ. *Mediolani, ex Ambrosiani collegii typographia excudebat Joa.-Petr. Ramellatus*, 1632, 4 vol. in-fol. [11619]

Gifford (*A.*). English coins, 27071.
Gifford (*John*). History of France, 23265. — History of Will. Pitt, 27032.
Gifford (*W.*). The Baviad, 15868.

Quoiqu'en grande partie effacé par les lexiques arabes qui l'ont suivi, cet ouvrage renferme un assez grand nombre d'interprétations que jusqu'à ces derniers temps on eût cherchées vainement ailleurs : vend. 80 fr. Soubise ; 130 fr. Langlès ; 76 fr. Librairie De Bure ; 36 fr. *br.*, en 1840 ; 30 fr. 50 c. de Sacy.

— Voy. FEEROZABAD.

GIGLAN. LHistoire de Giglā filz de messire Gauuain qui fut roy de Galles. Et de Geoffroy de Maience son compaignom (*sic*) tous deux chenaliers de la table Ronde. Lesquelz feirent plusieurs et merueilleuses entreprises : et eurent de grandes fortunes et aduentures, autāt que cheualiers de leur tēps : Desquelles par leur noble prouesse et cueur cheualeureux vindrēt à bout et hōnorable fin, cōe on pourra veoir en ce p̄sent liure. Lequel a este nouuellemēt trāslate de langaige Espaignol en nostre langaige Francois. *On les rend a Lyon en la maison de Claude Nourry dict Le Prince : demourant pres nostre dame de Confort*, in-4. goth. de 76 ff. non chiffrés, long. lign. au nombre de 43 par page, fig. en bois. [17020]

Roman très-rare ; vend. 60 fr. *m. r.* La Valliere.

Le prem. f. contient le titre avec une gravure, et au verso le prologue dans lequel on lit ce qui suit : *Moy frere Claude platin hūble religieux de lordre monseigneur Sainct Anthoine vng iour en vne petite librairie la ou iestoye trouuay vng gros liure de parchemin bien vieil escript en rime espaignolle assez difficile a entendre auquel liure ie trouuay vne petite hystoire laquelle me sembla biē plaisante qui parloit de deux nobles cheualliers..... vn vouiu trāslater la dicte hystoire de celle ryme espaignolle en prose francoise.....* Le texte commence au 2ᵉ f. par ces mots : *Ainsi que tesmoigne Jchan bocasse en son liure des nobles malheureux.....*

L'exemplaire de La Valliere, d'après lequel est faite cette description, a le dernier f. refait à la plume, et ne présente pas de souscription. Il est très-douteux que ce soit là l'édition de 1530, indiquée comme in-fol. dans le catal. de Gaignat (et vend. 21 fr.).

— Lhistoire de Giglā filz de messi | re Gauuain qui fut roy de Galles et de Geoffroy de Maience son compai | gnon : tous deux cheualiers de la table Rōde. Jmprime nouuellemēt a Lyon. (sans date), pet. in-4. goth. de 80 ff. non chiffrés, à longues lig., au nombre de 41 par page, sign. *a—t*, avec fig. en bois.

Édition qui paraît avoir été mise au jour vers 1530. La planche du frontispice représente deux chevaliers. On lit à la fin de ce roman :

Cy fine le liure de Giglan roy de Galles
et de Geoffroy son compaignon.

Vend. 5 fr. 60 c. le baron d'Heiss ; 139 fr. Thierry ; 299 fr. Librairie De Bure, et 479 fr. d'Essling.

— LYSTOIRE de Giglan... — *Lyon, par Gilles et Jacques Huguetan freres, le second iour de Juing Lan de grace Mil VC. xxxix*, in-4. goth., sign. *a—i* par 8 et k par 4, avec fig. en bois.

Édition à longues lignes : vend. 7 liv. 7 sh. Lang ; 20 liv. 10 sh. Heber ; *m. r. d. de mar. citr.*, mais très-rogné, 700 fr. Crozet. Elle a le même nombre de feuillets que celle qui se vendait en la maison de Claude Nourry (voir ci-dessus).

— Voy. GAUVAIN.

GIGLI (Gir.). Voy. CATHERINA da Siena, à la fin de l'article.

— Regole per la toscana favella, 14431. — Opere, 19219.

GIHAN Numa. Geographia orientalis ex turcico in latin. versa a Math. Norberg. · Londini-Gothor., 1818, 2 vol. in-8.

Cet ouvrage nous paraît être la traduction de celui d'HADJY-KHALFA (voy. ce nom).

GILBERT (Cl.). Voyez HISTOIRE de Calejava.

GILBERT (sir Humfrey). A Discourse of a Discouerie for a new passage to Cataia. London, Henry Middleton for Richard Ihones, 1576, in-4. goth. sign. B—I-2, par quatre, plus 14 ff. prélim. [20728] .

D'après la Biblioth. grenv., I, p. 275, cet ouvrage serait un des livres anglais les plus rares de la classe des Voyages, surtout avec la carte gr. sur bois qui s'y rapporte et qui se place au f. III. Les pièces préliminaires se composent du titre, de l'avis : George Gascoigne, to the reader, d'un sonnet du même Gascoigne, d'une lettre de H. Gilbert, et de la table. Un exemplaire avec la carte a été payé 16 liv. 5 sh. à la vente Jadis.

La pièce suivante trouve naturellement sa place ici : DE NAVIGATIONE... Humfredi Gilberti ad deducendam in novum orbem coloniam suscepta, carmen ἐπιβατικόν Stephani Parmenii Budeii. Londini, apud Thomam Purfatium, An. 1582, in-4. de 8 ff.

GILBERT (Gabr.). Son Théâtre, 1642-67, in-4. et in-12. [16455]

Le Théâtre de Gilbert se compose de cinq pièces, de format in-4., et de six de format in-12, toutes imprimées à Paris. Les premières sont : 1° Marguerite de France, tragi-coméd., 1641 ; 2° Téléphonte, tragi-coméd., 1642 ; 3° Rodogune, 1646 ; 4° Sémiramis, 1647 ; 5° Hippolyte, ou le Garçon insensible, 1647. Les in-12 sont : Les Amours de Diane et d'Endimion, 1657 (réimpr. en 1681) ; Chresphonte, 1659 ; Arie et Petus, 1660 ; Les Amours d'Ovide, pastorale, 1660 ; Les Amours d'Angélique et de Médor, 1664 ; Les Intrigues amoureuses, comédie, 1667. Il y a une réimpression de Téléphonte, sous le titre de Philoclée et Téléphonte, in-12. Il y en a aussi une des Amours d'Ovide, suivant la copie imprimée à Paris, 1663, pet. in-12 de 83 pp., d'impression elzevirienne, et enfin une des Intrigues amoureuses, sur l'imprimé à Paris, se vend à Amsterdam, 1667, pet. in-12 de 96 pp. Ces deux dernières pièces, 8 fr. 50 c. de Soleinne.

L'Hippolyte et la Rodogune, sans renfermer aucune

Gigli (Ottav.). Bibliotheca classica sacra, 1151.
Gigot (Ph.). Histoire de Hollande, 25151.
Giguet (P.). Histoire militaire de la France, 24087.
Gil y Zarate (Ant.). Obras dramaticas, 16806.
Gilbert. Prairies artificielles, 6362.
Gilbert (Th.). Voyage to Canton, 20736.
Gilbert (C.-S.). History of Cornwall, 27137.
Gilbert (A.-P.-M.). Basilique de Paris, 21418. — Cathédrale d'Amiens, 21423. — Abbaye de S.-Riquier, 21424. — de Rouen, 21434. — Eglise de S.-Ouen, 21437.
Gilbert (W.). Treatise on banking, 4180.

---

beauté du premier ordre, offrent assez d'endroits remarquables pour mériter d'échapper à l'oubli auquel elles semblent être condamnées. Les onze pièces n'ont été vend. que 11 fr. de Soleinne.

Citons encore :

LES POÉSIES diverses de M. Gilbert, secrétaire des commandements de la royne de Suède et son résident en France. Paris, Guil. de Luyne, 1661, in-12. [14034]

GILBERT (Nic.-Jos.-Laur.). OEuvres complètes, publiées pour la première fois, avec les corrections de l'auteur et les variantes, accompagnées de notes littéraires et historiques (par M. Mastrella). Paris, Dalibon (imprim. de J. Didot), 1823, in-8., avec un portrait et 4 vignettes d'après Desenne. [14210]

La meilleure édit. de ce poëte : 6 à 7 fr. — Gr. Pap. vél. fig. avant la lettre, 15 à 20 fr.—Il y a des exemplaires avec les eaux-fortes, et d'autres avec figures avant la lettre et eaux-fortes sur pap. de Chine. — Un exempl. sur Gr. Pap. de Chine, avec les dessins originaux de Desenne, les gravures avant la lettre et les eaux-fortes, 200 fr. Nodier, en 1827.

Les éditions des mêmes œuvres, Paris (impr. de J. Didot), 1824, 2 vol. gr. in-32, pap. vél.—et Paris, L. De Bure (impr. de F. Didot), 1826, gr. in-32, pap. vél., portr., méritent d'être citées. Jusqu'à présent, on ne trouve dans aucune édition des œuvres de Gilbert sa satire intitulée Le Siècle, dédiée à l'abbé Sabatier de Castres, et imprim. à Nancy (par les soins de Babin, libraire), sous la rubrique de Genève, chez Teron, avec approbation, 1774, in-12 de 8 pp.

GILBERT de Varennes. Voy. VARENNES.

GILBERT (Louis). La Marbrerie, choix de dessins représentant des travaux de marbrerie, monuments funéraires, cheminées, autels, dallages, etc. Paris, A. Morel, 1858-59, in-4. 90 fr. [10058]

En 12 livr. de 10 pl. chacune.

GILBERTI (Fr. Maturino). Vocabolario de la lengua Tarasca de Michoacan, dirigido al D. Vasco de Quiroga, primero obispo de aquella provincia. Mexico, 1559, in-4. [11981]

Le même auteur a donné :

DIALOGO de la doctrina cristiana en lengua Tarasca ; dedicada al virey D. Luis Velasco. Mexico, 1555. (Herm. Ludewig, The literature of american languages, p. 182.)

GILBERTUS (Guillelmus). De Magnete magnetisque corporibus, et de magno magnete tellure. Londini, 1600, pet. in-fol. de 240 pp. [4311]

Ouvrage curieux dans lequel, selon Lalande, Képler aurait puisé une partie de ses idées sur l'attraction et la physique céleste. 5 fr. Libri ; 15 fr. Arago. Il y en a une édition augmentée par les soins de Wolfgang Lochman, Sedini, Gotzius, 1633, in-4. fig. On a du même auteur :

DE MUNDO nostro sublunari philosophia nova, opus posthumum, ab authoris fratre collectum. Amstelod., Lud. Elzevir., 1651, in-4.

GILCHRIST (John Borthwick). A Dictionary english and hindoostanee ; in which the words are marked with their distinguishing initials, with an appendix. Calcutta, *from the press of Stuart and Cooper,* 1787-90, 2 part. en 1 vol. gr. in-4. [11776]

Quoique ce dictionnaire soit complet, on lit à la fin de la seconde partie : *The end of the first vol.* Les chiffres des pages des deux parties se suivent ; il doit se trouver, après la seconde, un appendice de 184 pp. en petits caract., savoir : 84 pages pour la première partie, et le reste pour la seconde. Il y a de plus des errata qui occupent 4 feuillets.

— A GRAMMAR of the hindoostanee language, or part third of vol. first of a system of hindoostanee philology. *Calcutta,* 1796, in-4. [11765]

Cette partie fait le complément du vol. précédent. Les 3 parties sont portées à 7 liv. 7 sh. catal. de Rivington, pour 1824. Dans l'exempl. vend. 199 fr. Langlès, il se trouvait de plus l'article suivant, qui paraît appartenir à la même collection, mais qui se vend séparément.

THE ORIENTAL LINGUIST, an easy and familiar introduction to the popular language of Hindoostan, comprising the rudiments of that tongue, with an extensive vocabulary, english and hindoostanee, and hindoostanee and english..... to which is added the english and hindoostanee part of the articles of war (from W. Scott's translation) with practical notes and observations by J. Gilchrist, *Calcutta, Ferris,* 1798, in-4.

Ce dernier ouvrage a eu une seconde édition. *Calcutta,* 1802, in-4.

— HINDOOSTANEE philology : comprising a dictionary english and hindoostanee, also hindoostanee and english ; with a grammatical introduction, by John Borthwick Gilchrist ; second edition, with many additions and improvements by Th. Roebuck. *Edinburgh, Walker,* 1810, in-4. [11760]

Ce volume, marqué *vol. I.,* est une nouvelle édit. du *Dictionary english and hindoostanee* (1787-90), ci-dessus, imprimée en caractères beaucoup moins gros que ceux de la première édition. La partie *hindoostanee and english,* annoncée sur le titre, devait former le second volume, et ce dernier tome est porté dans le *London catalogue* de 1818, et dans le Manuel de Lowndes. Le premier volume coûtait 4 liv. 14 sh. 6 d. Vend. 71 fr. Langlès ; et seulement 12 fr. 50 c. de Sacy. Une nouvelle édition de l'*Hindoostanee philology,* vol. I, a paru à Londres, 1825, gr. in-4., 2 liv. 2 sh.

— THE ANTI-JARGONEST, or a short introduction to the hindoostanee language (called moors), comprizing the rudiments of that tongue, with an extensive vocabulary english and hindoostanee, and hindoostanee and english. *Calcutta,* 1800, in-8. 12 sh. [11785]

C'est en partie l'abrégé de l'*Oriental linguist* du même auteur. Voy. ci-après *Indian monitor.*

THE HINDEE manual, or casket of India ; compiled for the use of the hindoostan students, under the direction of Gilchrist. *Calcutta, Hindoostanee press,* 1802, in-4. [11768]

— THE HINDEE story-teller, or entertaining expositor of the roman, persian and nagree characters, simple and compound, in their application to the hindoostanee language, as a written and literary vehicle, by the author of the hindoostanee dictionary, grammar, etc. *Calcutta,* 1802-3, 2 vol. gr. in-8. [11782]

Un des ouvrages les plus utiles qu'ait publiés Gilchrist. Vend. avec le 2ᵉ vol. de la seconde édit. de 1806, 40 fr. Langlès.

— THE HINDEE-ROMAN orthoepigraphical ultimatum, or a systematic, discriminative view of oriental and occidental visible sounds, on fixed and practical principles, for the languages of the east, exemplified in the popular story of Sukoontula Natuk. *Calcutta,* 1804, in-8.

— THE SAME exemplified in 100 anecdotes, tales, jests, etc., of hindoostanee storyteller. *London,* 1820, in-8. Bas prix.

—THE HINDEE moral preceptor : and persian scholar's shortest road to the hindoostanee language, or vice versa : translated, compiled, and arranged, by a learned native, under the direction of Gilchrist. *Calcutta, Hindoostanee press,* 1803, gr. in-8. 6 fr. de Sacy. [11759]

— THE HINDEE moral preceptor, or rudimental principles of persian grammar as the hindoostanee scholar's shortest road to the persian language..... including the Pundnamu, with an hindoostanee literal version. *Lond., Black,* 1821, in-8. [11658]

La seconde partie de cet ouvrage a pour titre :

THE hindee-persic and english vocabulary connected with the rudimental principles of persian grammar. *London, Cox,* gr. in-8.

Les deux parties coûtaient 1 liv. 10 sh. Vend. 19 fr. Langlès.

— NEW THEORY and Prospectus of the persian verbs, with their hindoostanee synonymes in persian and english. *Calcutta,* 1801, in-4. 15 sh. [11652]

Réimpr. en 1804.

— THE BRITISH indian monitor, or the antijargonist, stranger's guide, oriental linguist, and various other works, compressed into a series of portable volumes, on the hindoostanee language, improperly called moors ; with considerable information respecting eastern tongues, manners, customs, etc., by John Borthwick Gilchrist. *Edinburgh,* 1806-8, 2 vol. gr. in-8. [11767]

Ce recueil, dont les deux premiers volumes se vendent 80 fr., devait être continué : 46 fr. Langlès, et moins depuis.

— STRANGER'S infallible East India guide, or hindoostanee multum in parvo, as a grammatical compendium of the grand, popular and military language of all India (long, but improperly), called the moors or moorish-jargon ; third edition. *London, Black,* 1820, in-8. 1 liv. [11700]

La première édition de cet ouvrage est de *Calcutta,* 1802, pet. in-8., et la seconde de *Londres,* 1808, in-8.

— THE GENERAL english East-India guide and vademecum. *London,* 1825, in-8. 48 sh.

— DIALOGUES, english and hindoostanee, calculated to promote the colloquial intercourse of Europeans, etc., by J. Borthwick Gilchrist. *Edinburgh,* 1809, in-8.

— DIALOGUES english and hindoostanee... including the articles of war. *London, Black,* 1820, in-8. 15 sh.

Tous ces ouvrages de Gilchrist, quoique déjà anciens, sont encore recherchés des personnes qui cultivent les langues orientales, et ils se trouvent difficilement en France ; cependant leurs prix ne se soutiennent pas. Voyez, pour d'autres livres persans ou indiens publiés sous sa direction, les mots HIDAYUT, HOEDUR, HUSUN, NIHAL, SADEE, UMMUN.

GILDAS.

GILDAS. Opus novum. Gildas britannus monachus, cui sapientis cognomentum est inditum, de calamitate, excidio et conquestu Britanniæ, quam Angliam nunc vocant (cum præfatione Polydori Vergilii ad Cuthbertum Tonstallum...*ad viii Id. April.* M. D. XXV. *Londini*), pet. in-8. [26878]

Satire violente des mœurs du temps. L'édition que nous citons est incomplète et incorrecte, mais c'est la première de cet ouvrage. On croit qu'elle a été imprimée à Londres, l'année même de la date de l'épître dédicatoire. Vend. 45 sh. Roxburghe et Dent.

— GILDAS de calamitate... Britanniæ : Pontici Virunii Britannicæ historiæ libri sex. *Augustæ-Vindel., Alex. Weyssenhorn,* 1534, in-8. — Réimpr. à Bâle, 1541, in-8.

—De excidio et conquestu Britanniæ epistola. *Londini excudebat Joan. Daius*, 1568, in-16 de 99 ff., avec une préface adressée à l'archevêque Parker.

Édition plus complète que les précédentes : 1 liv. 11 sh. Bindley ; 18 sh. Hibbert. Un meilleur texte de cet ouvrage se trouve dans les *Scriptores hist. britann.*, édit. de 1691, pp. 1-39 (voy. GALE), et dans la collection de *Bertram*.

— DE EXCIDIO Britanniæ ad fidem codd. mss. recensuit J. Stevenson. *Londini*, 1838, in-8. Publié par la Société historique anglaise.

La lettre de Gildas a été trad. en anglais par Th. Habington, *Lond.*, 1638, in-12, avec un portrait par Marshall. Réimpr. en 1652, sous le titre de *Description of the state of Great Britain*, in-12 de 327 pp. non compris les préliminaires.

THE WORKS of Gildas and Nennius, translated from the latin, and with the former translations, carefully compared and corrected by J.-A. Giles. *London, Parker*, 1841, in-8.

GILDEMEISTER. Voy. SCRIPTORUM arabum opuscula.

GILII (*Filippo Salvadore*). Saggio di storia americana, o sia storia naturale, civile e sacra, de' regni e delle provincie spagnuole di terra ferma nell' America meridionale. *Roma, Perigo*, 1780-84. 4 vol. in-8. fig. 24 fr. [28492]

Le troisième volume de cet ouvrage contient des détails curieux sur les langues de l'Amérique méridionale.

GILII (*Filip.*). Architettura della basilica di S. Pietro in Vaticano, opera di Bramante Lazzari, Michel Angelo Buonarroti ed altri celebri architetti, espressa in XXXII tavole da Mart. Ferraboschi, con una succinta dichiarazione compilata da Filippo Gilii. *Roma, de Romanis*, 1812, gr. in-fol. 24 fr. [9876]

GILL (*Alexander*). ΠΑΡΕΡΓΑ, sive Poetici conatus, ab aliquammultis antehac expetiti, tandem in lucem prodeunt. *Londini*, 1632, in-12. [13096]

Ces poésies latines ont été louées par Milton , et cet honorable suffrage leur a donné de la célébrité. Vend. 2 liv. 2 sh. Bindley ; 5 liv. Hibbert.

GILL (*John*). An Exposition of the Old and New Testaments. *Lond.*, 1743-63, 9 vol. in-fol. [434]

Le Dr Gill, dit M. T.-H. Horne, n'a pas d'égal dans la littérature rabbinique, et cette connaissance lui a donné le moyen d'éclaircir maints passages de l'Ecriture ; mais il a souvent spiritualisé son texte jusqu'à l'absurde. La troisième édition, *Lond.*, 1809-10, en 9 vol. in-4., est regardée comme la meilleure : 9 liv. 9 sh., et plus en Gr. Pap. — Celle de *Lond.*, *Allyot*, 1855, a 6 vol. gr. in-8., et coûte 3 liv. 18 sh. — Pour les autres ouvrages de ce sa-

vant théologien, nous renvoyons au Manuel de Lowndes, pp. 892-93.

GILLEBAUD (*Ben.*). Voy. PROGNOSTICATION du siècle.

GILLES (*Nicole*). Les tres elegantes, tres veridiques et copieuses annales des tres preux, tres nobles, tres chrestiens et tres excellens moderateurs des belliqueuses Gaules. Depuis la triste desolatiou de la tres inclyte *z* tres fameuse cite de Troye jusques au regne du tres vertueux roy Francois a present regnant. Compilees par feu... maistre Nicole gilles iusques au temps de tres prudent *z* victorieux roy Loys vnziesme. Et depuis additiõees selon les modernes hystoriens iusques en Lan Mil cinq cens et vingt. On les vend a Paris... en la boutique de Galiot du pre. (à la fin) : *Et fut acheue dimprimer Lan mil cinq cens vingt z cinq le vi[e] iour de Decembre par Anthoine couteau pour Galliot du pre libraire*, 2 tom. en 1 vol. in-fol. goth. [23228]

Édition la plus ancienne que nous ayons vue de cette chronique extraite de celles de Saint-Denis. Toutefois il y en aurait une à Paris, 1520, si l'annonce qui en est faite dans la *Bibliotheca Bigot.*, n° 245, était exacte. Le premier volume de 1525 a 6 ff. prélim. et Clviii ff. de texte ; le second, 4 ff. prélim. et Cxliiij ff. de texte.

L'exemplaire impr. sur VÉLIN, orné de 14 miniat., qui se voit maintenant à la Biblioth. impér., avait été successivement vendu 31 liv. 10 sh. Askew ; 802 fr. La Valliere ; 532 fr. Camus de Limare ; 850 fr. Mac-Carthy.

Il existe une autre édition impr. par *Nic. Couteau pour Galliot Dupre*, le 9 septembre 1527, 2 tom. en 1 vol. in-fol. goth. Tome I, 6 ff. préliminaires et c. xliiii ff.; tome II, 4 ff. prélim. et c. xlij ff.

Le P. Le Long , *Biblioth. hist. de la France*, prem. édit. , n° 7433, et nouv. édit., n° 15689, cite une édition des Annales de Nic. Gilles sous ce titre : *Les Annales et chroniques de France, de l'origine des François et de leur venue ès Gaules, faites jadis brievement par Nicole Gilles, secretaire du roi Louis XII, avec la suite des rois et princes des Gaules jusqu'au roi Charles VIII*, Paris, 1492, in-4. Or ce titre est évidemment factice, puisque Louis XII, qui y est nommé, n'a commencé son règne qu'au 9 avril de l'année 1497 (vieux style, 1498 selon le nouv. calendrier). Aussi, nous le supposons, ce livre, impr. en 1492 et donné comme une édition des Annales de Nic. Gilles, n'est-il autre chose que les *Chroniques de France abrégées*, impr. à *Paris, par Jean Treperel, le 4 Fevrier* 1492, in-4. Quant à l'édition de 1498, in-fol., que cite aussi Le Long, et d'après lui Maittaire, sous le titre ci-dessus, il est très-probable qu'on l'aura confondue également avec les Chroniques de France abrégées, édition de *Paris, J. Treperel, du 15 Novembre* 1498, in-4. (voy. CHRONIQUES de France abrégées). Ce qui aura induit en erreur les bibliographes, c'est que le texte de l'histoire de Louis XI, qui fait partie des Annales et chroniques de Nic. Gilles, est absolument le même que celui qui se trouve dans les différentes éditions des Chroniques abrégées in-4., quoique pour tout le reste les deux ouvrages soient entièrement différents. Nic. Gilles

---

Gildemeister (*Joan.*). Bibliothecæ sanscritæ specimen, 31687.

Glieberti Carmina, 13041.

Giles (Dr. *J.-A.*). Scriptores græci minores, 19391.— History of the ancient Britons, 26875. — Alfred the Great, 26883.

Gilli (*Fil.*) e Cas. Xuarez. Osservazioni litologiche, 5110.

Gilles de Chin. Chronique, 13427 et 25100.

Gilles (*P.*). Eglises réformées, 22397.

n'est pas, comme l'a dit le P. Le Long, le premier qui ait fait mention du prétendu royaume d'Yvetot, et même il n'en a pas parlé du tout. L'initiative de cette mention appartient à Rob. Gaguin, comme on peut le vérifier dans la traduction française de sa Chronique, édit. de 1514, fol. 13, vie de Clotaire I, où il dit que le possesseur de la terre d'Yvetot en avait été fait roi en l'an de grâce 536, et ajoute que dans un procès qui eut lieu en 1428, pendant l'occupation de la Normandie par les Anglais, le prévôt de Calais reconnut, dans un jugement, que le revenu d'Yvetot, réclamé pour le roi d'Angleterre, appartenait au seigneur de cette terre.

— Les tres elegantes... Annales (comme ci-dessus) additionnees selon les modernes hystoriens iusques en Lan mil cinq cens vingt-huyt, veues z corrigees iouxte les premieres imprimees. (à la fin du 2e vol.) : *Cy fine le second volume des Annales z croniques de France... augmentees... iusqs en lan mil cinq cès vingt huyt le .v. iour Doctobre par Guillaume bossozel pour Jehā petit libraire iure de luniversite de Paris,* 2 tom. en 1 vol. in-fol. goth.

Cette édition est celle qui est mal indiquée sous la date de 1524, et avec le nom de *Busseral* pour *Bossozel*, dans le catalogue de La Vallière, en 3 vol., n° 5025. Elle a 6 ff. prélim. et cxl ff. chiffrés dans le 1er vol., et 4 ff. prélim. avec cxxxiiii ff. chiffrés dans le second.

Les tres elegantes et copieuses Annales... compilées par feu... maistre Nicole Giles, iusques au temps de tres prudent et victorieux roy Loys XI. Et depuis additionnees selon les modernes hystoriēs iusques en lan M. D. XXXII. Nouuellement veues z corrigees oultre les précédentes impressions. On les vend a Paris a la rue saincte Jacques a lenseigne de la fleur de lis dor (chez Jean Petit). (à la fin de la 2e part. au recto du dernier f.) : *Nouuellement imprimees a Paris et furent acheuees le xij° iour de may, mil cinq cens XXXIII,* 2 tomes en 1 vol. in-fol. goth. à longues lignes.

La première partie a 6 ff. prélim., contenant le titre en rouge et noir dans une bordure, le proesme et la table à 2 col., texte f. i à cxxxvi. — Seconde partie : 5 ff. prélim. pour le titre dans une jolie bordure gravée sur bois, avec le nom d'*Egidius Gormontius*, la table à 2 col. avec l'arbre généalogique des Valois, texte f. i à cxlij. — Vend. 41 fr. Riva; 42 fr. Gancia.

Les tres elegantes et copieuses Annales... additionnees selon les modernes hystoriēs iusques en

Jehan Longis.

lan Mil cinq cens. XXXVI. Nouuellement veues z corrigees oultre les precedentes impressions. *On les vend au palais... par Jehan Longis,* Mil. D. XXXVj, 2 tom. en 1 vol. in-fol. goth., fig. en bois.

La première partie a 6 ff. prélim., contenant le titre impr. dans un cartouche gr. en bois, avec le nom d'*Egidius Gormontius* au bas, le proesme adressé à Charles duc de Vendosme, et la table du premier volume sur 2 col., texte c.xxxviii ff. chiffrés. — Seconde partie : 5 ff. prélim. pour le titre, la table et l'arbre généalogique des Valois, texte C. xiv ff. chiffrés. (au recto du dernier f.) : *Acheuees le xvj iour d'Octobre, mil cinq cens XXXVI.* Au verso la marque de Jehan Longis que nous venons de donner ci-contre.

D'après l'exemplaire, porté à 120 fr. dans le 20e catal. de Tross, n° 2805, je doute que l'édition annoncée sous la date de *Paris, Gourmont,* 1534, dans un prem. catal. de A. Martin, et vend. 26 fr. 60 c. fût différente de celle-ci.

L'édition, *imprimee a Paris par Nicolas Cousteau, Mil dxxxviii,* 2 tom. en 1 vol. in-fol. goth., rel. en *cuir de Russie,* 59 fr. Giraud, et 101 fr. Gancia. — Autre édition : *On les vend a Paris, rue Neufue nostre Dame a l'enseigne Sainct Jehan Baptiste,* 1541, 2 tom. en 1 vol. in-fol. goth., fig. en bois : 30 fr. (titre déchiré) Leprevost, en 1857. — Une édition de 1544, 2 tom. en 1 vol. in-fol. goth., est portée 2 liv. 8 sh. dans le catal. de Barthès et Lowell, Lond., 1857, n° 11358.

— Les mêmes... additionnees selon les modernes historiens, iusques en Lan mil cinq cens quarante et sept... *Paris, Galliot du Pre* (impr. par Rene Avril), 1547, 2 vol. in-fol. de 6 ff. préliminaires et cxxxii ff., 6 ff. prélim. et cxlij ff.

Édition en lettres rondes.

L'exemplaire impr. sur VÉLIN, avec 65 miniatures et les armes de Cl. d'Urfé, qui a été vendu 670 fr. La Vallière, et 1020 fr. Mac-Carthy, se conserve à la Bibliothèque impériale.

L'édition de *Paris, Galliot du Pré,* 1552, 2 vol. in-8., augmentée par Denis Sauvage, est recherchée à cause de la commodité du format : vend. 100 fr. bel exemplaire m. r. Gouttard, et 6 liv. Heber, et quelquefois moins.

Il y en a une autre de *Paris, J. Ruelle,* 1558, in-fol.

Ces chroniques, après avoir été additionnées par Sauvage jusqu'au règne de François II, ont été revues et augmentées jusqu'à celui de Charles IX, par Franç. de Belleforest, ensuite par Gabr. Chappuis (*Paris,* 1573, 1585 et aussi 1600), in-fol.; enfin continuées jusqu'à Louis XIII dans les éditions de *Paris, Seb. Chappelet,* 1617 et 1621, in-fol. Ces dernières renferment tous les portraits des rois, en taille-douce, plus la *Sainctete du roi Louys dit Clovis,* par J. Savaron (voy. SAVARON); cependant on en fait peu de cas, et elles n'ont pas de valeur.

GILLES ou Gille (*Fl.*). Collection d'armes, ou Musée de Tzarskoe-Selo de S. M. l'empereur de Russie, dessiné par Rockstuhl, avec une introduction histor. par Fl. Gille. *Saint-Pétersbourg, et Carlsruhe,* 1835-53, 2 part. gr. in-fol. avec pl. lithogr. par Asselineau. 120 à 150 fr., et plus en Gr. Pap. [8677]

Tome I, 57 ff. de texte, plus le frontispice et le titre ; pl. A. B. et I-LXXVIII. — Tome II, pl. LXXIX-CLXXX, plus 180 bis. Publié en 30 livraisons.

— Lettres sur le Caucase et la Crimée, ouvrage enrichi de 36 vignettes et d'une carte. *Paris, Gide,* 1859, gr. in-8. 20 fr. [27797]

—Antiquités du Bosphore cimmérien. Voy. l'article ANTIQUITÉS, t. Ier, col. 321.

GILLES (*J.-M.*). Astronomical expedition to the southern hemisphere (the United States), during the years 1849 to 1852, *Washington*, 1855, in-4. de 872 pp. avec 8 cartes : 4 liv. [21061]

GILLES de Noyers. Voy. NUCERIENSIS.

GILLES de Redon. Voy. REDON.

GILLES de Rome. Voy. ÆGIDIUS.

GILLES de Saint-Joseph. Voyez SAINT-JOSEPH.

GILLET (*N.*). Epithalame et chant nuptial sur la nopce du tres chrestien roy de France et de Pologne, Henry troisiesme de ce nom et de Loyse de Lorraine. *Lyon, Michel Jove et Jean Pillehotte*, 1575, pet. in-8. de 8 ff. en tout. [13796]

22 fr. mar. bl. Coste.

GILLET de La Tessonnerie. L'Art de régner ou le sage gouverneur, tragi-comédie (anonyme). *Suivant la copie imprimée a Paris (Leyde, les Elzevier)*, 1649, pet. in-12 de 103 pp. [16442]

Réimpression de l'édition de *Paris, Touss. Quinet*, 1645, in-4. fig.

— Le Desniaisé, comédie (anonyme). *Suivant la copie imprimée à Paris, (Leyde, les Elzevier)*, 1649, pet. in-12 de 96 pp. [16443]

D'après l'édition de *Paris, Quinet*, 1648, in-4.

Ces deux éditions elzeviriennes ont été payées, la première en *mar. r.* 27 fr. dans une des ventes Renouard ; la seconde, aussi en *mar. r.* 25 fr. 50 c. Ch. Giraud. Les deux ensemble, et *non reliées*, 22 fr. 50 c. de Soleinne. Il est à remarquer qu'un exemplaire des sept pièces du même auteur, décrites sous le n° 1184 du catal. de Soleinne, n'a été vendu que 7 fr., quoique *le Campagnard*, comédie, impr. à *Rouen, pour Guil. De Luyne*, 1657, in-12, pièce rare, fit partie du lot. Ce n'est donc que comme appartenant à la collection elzevirienne, et non pas pour leur propre mérite, que les deux pièces citées se sont venduees si cher. Le *Sigismond, duc de Varsan*, tragi-comédie du même auteur, sur *l'imprimé à Paris, chez Touss. Quinet*, 1647, pet. in-8. de 4 ff. et 98 pp. (copie de l'édit. de 1646, in-4.), a atteint à peine 3 fr., quoiqu'elle fût annoncée *très-rare* dans le même catal. de Soleinne.

GILLIES (*John*). History of the ancient Greece, its colonies and conquests. *Lond.*, 1786, 2 vol. gr. in-4. 20 à 24 fr. [22833]

Réimpr. à Londres, en 1787, en 1792, en 1809 et en 1820, en 4 vol. in-8., et encore en 1825, en un seul vol. in-8.

La traduction française de cet ouvrage, par Carra, 1787, 6 vol. in-8., n'est pas estimée, mais on fait cas de l'original.

— THE HISTORY of the world from the reign of Alexander to that of Augustus, comprehending the latter ages of european Greece, and the history of the greek kingdoms in Asia and Africa, from their foundation to their destruction, etc., by Gillies. *London, Cadell*, 1807, 2 vol. in-4. 24 à 30 fr. [22834]

Réimpr. aussi à *Lond.*, 1820, 4 vol. in-8.

GILLION de Trasignies (Histoire de) et de dame Marie sa femme, publiée d'après le manuscrit de la bibliothèque de l'Université d'Iéna, par M. O.-L.-B. Wolff. *Paris, Brockhaus, et Leipzig, Weber*, 1839, in-8. de XIV et 216 pp. 8 fr. [17105]

Roman écrit au XVᵉ siècle.

GILLIS (*Petrus*). Hypotheses. Voy. l'article GRAPHEUS.

GILLRAY (*James*). The genuine works, engraved by himself with the addition of many subjects not before collected. *London, Th. Lean*, 1830, 2 vol. gr. in-fol. [9493]

Réunion de caricatures fort piquantes, et où la France n'est pas ménagée. Il faut y joindre :

AN HISTORICAL and descriptive account of the caricatures of James Gillray, by Th. Wright, and R.-H. Evans. *London, H.-G. Bohn*, 1851, in-8. de 496 pp. 15 sh.

Vend. 250 fr. Biblioth. de Rosny ; 220 fr. L.-Philippe ; 230 fr. Bertin.

Lowndes, p. 894, indique cette collection sous le titre suivant :

GILLRAY's Caricatures, printed from the original plates, designed and engraved by himself between 1779 and 1810, comprising the best political and humorous satires of the reign of George the third, in upwards of six hundred highly spirited engravings, in-fol. atlant. 8 liv. 8 sh.

L'exemplaire que possède la Bibliothèque impériale a pour titre :

THE WORKS of James Gillray from the original plates with addition of many subjects not before collected. *Lond., for Henry-G. Bohn, by Ch. Whiting* (sans date). C'est un vol. in-fol. de 582 pl. de divers formats ne contenant que les sujets politiques. Il est accompagné d'un autre vol. composé à 45 pl. de sujets de mœurs dont quelques-uns sont fort lestes. Lowndes qualifie ce second volume de : *Suppressed Plates*, et le porte à 1 liv. 11 sh.

A la vente Rosny se trouvaient : *The caricatures of Gilleray* (sic) *with historical and political illustrations, and compendious biographical anecdotes and notices*. London, 9 part. in-4. obl. fig. color. Vend. 169 fr.

GILLY (rev. *Will.-Stephen.*). Narrative of an excursion to the mountains of Piedmont in the year 1823, and researches among the Vaudois or Waldenses, protestant inhabitants of the cottian Alps. *London, Rivington*, 1824, in-4. fig. 2 liv. 2 sh. [20194]

Il y a une seconde édition, *Lond.*, 1825, et une troisième de 1826, in-8. 18 sh.

On a du même auteur :

WALDESIAN researches, during a second visite to the Vaudois of Piedmont. *London*, 1831, in-8.

GILPIN (*Will.*). Observations on the river Wye, and several parts of south Wales,

Gillet (*Fr.-P.*). Plaidoyers et autres œuvres, 2745.

Gillet Cypriot. Histoire des rois de Chypre de la maison de Lusignan, 28022.

Gillier. Tableau de Limoges, 24648.

Gillingwater (*Ed.*). Hist. of Lowestoft., 27307.

Gillius (*Petr.*). Lexicon græco-lat., 10699.

etc. , relative chiefly to picturesque beauty : made in the summer of the year 1770, by Will. Gilpin, the fifth edition. *London, Cadell,* 1800, in-8., avec 17 fig. [20307]

La prem. édition de cet ouvrage, *Lond.*, 1782, in-8., ne contient que 15 pl. fort inférieures à celles que l'on a gravées pour les autres éditions. La seconde, de 1789, est la seule dont on ait tiré des exempl. in-4. La troisième est de 1792, in-8.; et la quatrième de 1800, pet. in-8., n'a point de planches. La cinquième, sous la même date, in-8., a 17 pl. à l'aquarelle.

— OBSERVATIONS relative chiefly to picturesque beauty, made in the year 1772, on several parts of England ; particularly the mountains and lakes of Cumberland and Westmoreland, by Will. Gilpin. *London,* 1786, 1788 et 1792, 2 vol. in-8. fig. [20308]

Trois éditions différentes. Il y a des exemplaires de la dernière tirés en pet. in-4. Une quatrième édition, dont les titres portent faussement troisième édition, a paru à Londres, chez Cadell, 1808, 2 vol. in-8. fig.

— OBSERVATIONS relative to picturesque beauty made in several parts of Great-Britain, in the year 1776, chiefly in the High-Land of Scotland. *London,* 1789, 1792, or 1808, 2 vol. in-8. fig. [20306]

La traduction française (par Guédon de Berchère), sous le titre de *Voyages en différentes parties de l'Angleterre,* Paris, 1789, 2 vol. in-8. fig., a reparu avec un nouveau titre en l'an v (1797) : 10 à 12 fr.

— REMARKS on forest scenery, and other woodland views, illustrated by the scenes of New Forest in Hampshire, in three books, by Will. Gilpin, the second edition. *London,* 1794, 2 vol. in-8. fig. [20309]

La première édition est de Londres, 1791, 2 vol. in-8. Il y en a des exempl. tirés in-4. Une troisième édition a paru dans la même ville, en 1808, aussi en 2 vol. in-8.

A ces quatre articles se réunissent les ouvrages suivants du même auteur :

1° OBSERVATIONS on the coasts of Hampshire, Sussex, and Kent. *London,* 1804, in-8., et aussi in-4. [20310]

2° OBSERVATIONS on several parts of the counties of Cambridge, Norfolk, Suffolk and Essex. *London,* 1809, in-8. [20311]

3° OBSERVATIONS on the western parts of England. *London,* 1798 et 1808, in-8., et aussi in-4. [20312]

4° ESSAYS on prints. *London,* 1768, or 1781, or 1792, in-8. [9504]

5° THREE ESSAYS : on picturesque beauty; on picturesque travel; on sketching landscape : to which is added a poem on landscape painting. *London,* 1792, in-8. [9151]

La collection des 12 vol. de Gilpin, rel. en *mar.*, vend. 10 liv. 10 sh. Bendley; en 11 vol., 6 liv. Hibbert; en Gr. Pap., 11 vol., 29 liv. 18 sh. 6 d. à Fonthill, et beaucoup moins depuis.

— OBSERVATIONS pittoresques sur différentes parties de l'Angleterre (traduites en français par le baron de Blumenstein). *Breslau,* 1801, 2 vol. gr. in-8. pap. vél. fig. 15 à 20 fr.

OBSERVATIONS pittoresques sur le cours du Wye et sur différentes parties du pays de Galles (trad. par de Blumenstein). *Breslau,* 1800, gr. in-8. pap. vél. fig. 6 à 9 fr.

Ce volume se réunit aux deux précédents.

— ESSAI sur le beau pittoresque et sur les voyages pittoresques. *Breslau,* 1799, gr. in-8. pap. vél. fig. 6 à 8 fr.

— ESSAI sur les gravures, trad. de l'angl. sur la 4e édition par le baron de B. (Blumenstein). *Breslau,* 1800, gr. in-8. pap. vél.

Ces 5 vol. réunis, et annoncés sous un titre collectif,

ont coûté 88 fr. : vend. 72 fr. Renouard, en 1805 ; 48 fr. Lamy.

GINANNI ou Zinanni (*Giuseppe*). Delle uova e dei nidi degli uccelli libro primo, con una dissertazione sopra varie spezie di cavallette. *Venezia,* 1737, 2 part. en 1 vol. gr. in-4. fig. [5742]

Cet ouvrage était fort recherché autrefois, mais il l'est moins maintenant. Les planches, au nombre de 22 et 8, sont passablement exécutées : vend. 24 fr. *mar.* de Boisset ; 10 fr. *v. br.* Librairie De Bure.

— OPERE postume, nelle quali si contengono 114 piante che vegetano nel mare Adriatico, e testacei marijimi, ec. *Venezia,* 1755-57, 2 part. in-fol., avec 55 et 38 pl. [5526]

Vendu 18 fr. L'Héritier, et quelquefois plus. — L'auteur est nommé Ginanni sur le titre de cet ouvrage, et Zinanni sur celui du précédent.

GINANNI (*Marc' Antonio*). L' arte del blasone dichiarata per alfabeto. *Venezia, Zerletti,* 1756, gr. in-4., avec 35 pl. [28816]

Ouvrage classique dans son genre, et qui vaut de 18 à 20 fr. en Italie.

GINDRON (*Franç.*). Voy. DU PLESSIS (*A.-D.*).

GINESI (*Anton.*). Nuovo corso d'architettura civile dedotta dai migliori monumenti greci, romani, e italiani del cinque cento. *Firenze,* 1813 (ou 4e édition, 1835), gr. in-4. fig. 30 fr. [9719]

GINGUENÉ (*P.-L.*). Histoire littéraire d'Italie; seconde édition, revue et corrigée sur les manuscrits de l'auteur, et augmentée d'une notice historique par M. Daunou. *Paris, Michaud,* 1824-35, 14 vol. in-8. portr. 84 fr. [30079]

Cet ouvrage bien fait, et qui a obtenu le suffrage des Italiens eux-mêmes, est plutôt un cours de littérature italienne qu'une histoire littéraire complète de l'Italie; aussi ne peut-il tenir lieu de la grande histoire littéraire de Tiraboschi. Les tomes VII et IX de Ginguené sont posthumes, et ils ont même été complétés par M. Salfi et revus par M. Daunou. C'est aussi à M. Salfi que sont dus et le tome X qui complète le XVIe siècle, et les tomes XI à XIV consacrés au XVIIe siècle. On ne peut plus se procurer séparément ces cinq derniers, dont tous les exemplaires restant alors ont été réduits en cendres lors de l'incendie des magasins de la rue du Pot-de-Fer (aujourd'hui Bonaparte).

La première édition des neuf prem. volumes de cette histoire a paru de 1811 à 1819, aussi in-8. On a réimpr. l'ouvrage à Milan, en 1820, de format in-12. Il y a une traduction italienne par Benedetto Perotti. *Milano,* 1823-25, 12 vol. in-16. Réimpr. à *Florence,* 1828, 12 vol. in-8.

GIOANNINI (*Lattantio*). Raccolta di varii poemi in lode del sig. Annibale Marescotti. *Bologna, per A. Bennaci,* 1586, pet. in-4.

Gimma (*G.*). Storia dell' Italia letterata, 30076. — Gemme, 4689. — Dissertationes, 6251.

Gimma (*D.-G.*). Elogj, 30690.

Ginnani (*P.*). Scrittori ravennati, 30681.

Gintrac (*E.*). Cours de pathologie, 7091.

On trouve dans ce recueil une épigramme latine d'Alde Manuce, alors professeur d'éloquence à Bologne, et c'est ce qui a fait porter à 1 liv. 2 sh. l'exempl. décrit dans le catal. Libri de 1859.

GIOANNINI da Capugnano. Nuovi fioretti del Serafico P. S. Francesco e di molti suoi discepoli, et seguaci, ne' quali si contiene la vita et miracoli, ch' essi fecero in diuerse parti del mondo ; da Ottaviano Gioannini da Capugnano... *Venetia, appresso Sessa*, 1601, in-16 de 225 et 2 ff., avec fig. en bois. [21825]

Volume peu commun : vend. en m. bl. 10 fr. La Vallière. — Comme l'épître dédicatoire porte la date d'octobre 1591, peut-être existe-t-il une édition antérieure à celle-ci.

GIOJA (*Melchiore*). Opere complete. *Lugano*, 1832-40, 33 vol. in-8. 140 fr.

Bonne édition dont il y a des exempl. en pap. vél.
Les principaux ouvrages de Gioja sont :
Nuovo prospetto delle scienze economiche, ossia somma totale delle idee teoriche e pratiche in ogni ramo di amministrazione privata et pubblica. *Milano*, 1817 e segg., 6 vol. in-4. 48 fr. [4041]
Filosofia della statistica, seconda edizione con aggiunte di Domenico Romagnosi. *Milano*, 1829, 4 vol. in-8. portr. 20 fr. [4491]
La première édit. est de 1816, en 2 vol. in-4.
Del Merito e delle ricompense, trattato storico e filosofico ; seconda edizione. *Lugano*, 1830, 2 vol. in-4. 18 fr. — Pap. vél. 27 fr. [3820]
La première édit. est de Milan, 1818, 2 vol. in-4.
— On a de Gioja plusieurs autres ouvrages philosophiques moins étendus que les précédents. Le plus répandu est le *Nuovo Galateo*, Milan, 1823, 2 vol. in-12, souvent réimprimé.

GIOIELLIO della Corona per le nobili e virtuose donne. *In Fiorenza, appresso Fr. Tosi*, 1594, in-4. obl.

Recueil de 25 pl. de guipures et de broderie, vendu 145 fr. Solar. Nous pensons que c'est le même ouvrage dont nous indiquons une édit. de Venise, à l'article VECELLIO (*Ces.*), et une autre de Florence, 1596, à l'article FIORI di ricami.

GIORDANO II. Rime di Paolo Giordano II, duca di Bracciano. *Bracciano, Andrea Fei*, 1648, in-4. [14574]

M. Van Praet, 2e catal., vol. II, n° 217, cite deux exempl. de ce livre impr. sur VÉLIN, dont un se conserve à la Biblioth. Mazarine, où se trouve aussi un exempl. sur VÉLIN de l'ouvrage suivant :
Paralello fra la città e la villa, satire undici. intendesi della città di residenza oue Monarca abiti. u Marto Stellante-Posto. Bracciano, Andrea Fei, 1648, in-4.

GIORDANO da Rivalto (*fra*). Prediche. *Firenze, Viviani*, 1739, in-4. [1498]

Recueil de 91 sermons prononcés de l'an 1303 à 1306, et que l'on recherche encore pour la pureté et la naïveté du style. L'auteur ne les a point laissés par écrit, mais ils ont été recueillis dans son auditoire. L'édit. de 1739 est due au savant Ant.-M. Biscioni,

qui y a joint ses notes, et une préface de Mar. Manni : 6 à 8 fr. Il y en a des exempl. en Gr. Pap.
— Réimprimé à Bologne, 1821, en 7 vol. pet. in-8., dans la *Biblioth. classica sacra*, en 31 volumes.
Les ouvrages suivants du frère Giordano doivent encore être indiqués ici :
PREDICHE sulla Genesi, recitate in Firenze nel 1304, *Firenze, Magheri*, 1830, in-4. [1499]
PREDICHE dette in Firenze dal 1303 al 1306. *Ibid.*, 1831, 2 vol. in-8. [1500]
Deux recueils publiés par Dom. Moreni.
LA VITA attiva e contemplativa, predica. *Verona, Crescini*, 1831, in-8. *Testo di lingua* publié par les soins de Paul Zanotto d'après un ms. de la Biblioth. Laurentiane.

GIORDANO (*Dom.*). Voy. JORDANO.

GIORDANO (*Luca*). Galleria riccardiana. Voy. RICCARDI.

GIORGI. Voy. GEORGIUS.

GIORGINI (*Giov.*). Il Mondo nuovo, poema di Giovanni Giorgini da Jesi, con gli argomenti in ottava rima del signore Pietro Colini, & in prosa del sig. Girolamo Ghisilieri. *Jesi, Farri*, 1596, in-4. [14685]

Poème devenu fort rare : 1 liv. 11 sh. Heber. Haym n'en parle pas, mais il cite l'ouvrage suivant du même auteur :
I CINQUE LIBRI delle odi di Orazio Flacco, dette in canzoni, sestine, ballate e madrigali. *Jesi, Farri*, 1595, in-12. *Libro rarissimo.*

GIOSTRE (le), i trionfi, et gli apparati mirabili fatti in Viena alla corte di Ferdinando Imperatore nella venuta di tutti i figliuoli et figliuole di S. M. Cesarea, doue succintamente racconta il combatter, d'un Castello per terra et per acqua, e i tornei, le pompe, le liuree, et il valor de cauallieri che si prouarono nell' armeggiare, cosa non men degna d'udire che dessere ammirata. (à la fin) : Prospero Brutto Viena, 1560. *Bologna, Bernardo*, in-4. de 4 ff. [26409]

29 fr. Costabili.

GIOTTO. Voy. RUSKIN.

GIOVANE (Maestro). Opera dignissima : et vtile per chi si diletta di cucinare : con molti bellissimi secreti di compõere, et conseruare viuande : et molti altri secreti di più cose : composto p il valete. maestro Giouane de la cucina de la Santita di nostro Summo Pontefico. (in fine) : *Stampata nela magnifica citta di Milano per Pietro Paulo Fiorentino in la cotrada delle bandiere all ballone.* (senza data), pet. in-8. lettres rondes. [10285]

Cet ouvrage, peu connu , appartient au XVIᵉ siècle (Molini, *Operette*, 146).

GIOVANBATISTA da Udine. Voy. UDINE.

GIOVANNE Cieco veneto. Prouerbi e ammaestramenti nouamente composti per Giouanne Cieco veneto. (in fine si legge) : *Stampata in Venetia per Agostino Bindoni, nel Anno* 1549, pet. in-8. de 4 ff. impr. moitié en romain, moitié en caract. goth. [14961]

Petite pièce en vers, rare et fort peu connue, 37 fr. *mar. r.* Duplessis.

GIOVANNI (frate). Opera dilettevole. Voy. DUPLAN.

GIOVANNI di Fiesola (*Angelico*). Marco convento dei padri predicatori in Firenze illustrato e inciso principalmente nei dipinti di B. Giovanni de Fiesola, ditto il beato Angelico, con la vita dello stesso pittore a un junto storico del convento medesimo del padre Vincenzo Marchese. *Firenze, presso la società artistica,* 1853, in-fol. avec 40 pl. 80 fr. [9293]

LEBEN und Werke des Fra Giovanni Angelico da Fiesole, eine Monographie mit 22 Abbildungen von Dr. Ernst Förster, 22 Bl. Kupferstiche, meist in Umrissen nach den Zeichnungen von E. Förster, E. Fischer, und C. Schaudolph, gest. von B. Petzsch, H. Schütz, H. Walde, J. Burger und Kräutle, mit dem Portrait de Fiesole im Tode, und Text. *Regensburg*, 1859, gr. in-fol. 16 thl. [9293]

— La *Vita di Gesù*, du même peintre, est placée, tome I, col. 287, sous le surnom d'ANGELICO.

GIOVANNI Fiorentino. Il Pecorone, nel quale si contengono cinquanta novelle antiche. *Milano, per Giovanantonio degli Antonii,* 1558. (in fine) : *In Milano imprimeuano i fratelli da Meda* M D LVIII, in-8. [17412]

Édition très-rare et non corrigée. Elle se compose de 227 ff. chiffr. d'un seul côté, et d'un f. séparé pour la souscription. Vend. 55 fr. *m. r.* Gaignat ; 101 fr. d'Hangard ; 7 liv. Pinelli ; le même prix Hibbert ; 72 fr. à Paris, en 1829 ; 400 fr. *mar. r.* Libri, en 1847, et 11 liv. *mar. citr.* en 1859, et quelquefois de 200 à 300 fr. en Italie.

Les exemplaires datés de 1559 sont de la même édit., seulement la moitié de la première feuille s'y trouve réimpr. avec quelques corrections : 2 liv. *m. r.* Heber.

— Il medesimo Pecorone. *Venezia, per Dom. Farri,* 1560, *ovvero* 1565, in-8. de 227 ff.

Éditions moins recherchées que la précédente, parce qu'elles ont été corrigées, et que l'épître dédicatoire n'y est pas. Vend. 1 liv. 15 sh. Pinelli ; 10 sh. Heber.

Les deux réimpressions faites à Trévise, en 1601 et 1630, pet. in-8., sont encore plus mutilées et plus incorrectes que celles de 1560 et 1565. Quant à l'édition pet. in-8. dont le titre porte : *Milano apresso Antonio degli Antonj,* M D LIIII, il est reconnu qu'elle a été impr. à Lucques, vers 1740. C'est une réimpression de l'édit. de 1565, et par conséquent peu exacte ; il s'en trouve des exemplaires auxquels sont ajoutées l'épître dédicatoire de Dome-

nichi et 6 pp. d'errata. La date prouve qu'on a voulu faire passer ce livre pour une édition antérieure à celle de 1558 ; à quoi on a assez bien réussi, puisque des exempl. s'en sont vend. 1 liv. 12 sh. Pinelli, et jusqu'à 75 fr. en 1825. Il est vrai que la même édition a été donnée pour 5 fr. Boutourlin, et en Gr. Pap. *non rogné*, 1 liv. 5 sh. Libri, en 1859 (voir, sur cette contrefaçon, Gamba, *Bibliografia*, édition de Florence, page 35).

— IL PECORONE, con note di Antonio-Maria Salvini. *Londra* (*Livorno, per Tomaso Masi e compagni*), 1793, 2 vol. in-8. 9 à 10 fr.

Réimpression faite sur l'édition de 1558, et qui passe pour correcte. Il y en a eu deux exempl. tirés sur papier bleu, dont un a été vendu 1 liv. 9 sh. Borromeo, et aussi un exempl. sur VÉLIN.

— IL PECORONE. *Milano*, 1804, 2 vol. in-8.

— IL PECORONE. *Milano, Gio. Silvestri,* 1813-16, 2 vol. in-16, 8 fr.

Édition préférable à celles qui l'ont précédée. On y a ajouté les trois nouvelles attribuées au même auteur, déjà publiées par Poggiali, en 1796, dans les *Novelle di autori fiorentini,* les explications et corrections de Salvini, etc.

— NOVELLE scelte. *Modena, eredi Soliani,* 1830, in-8.

Belle édition enrichie de notes de M.-A. P. (Marc' Antonio Parenti), à l'usage des jeunes gens (*Gamba*).

GIOVANNI (*Tito*). I quattro libri della caccia di Tito Giovanni Scandianese con la dimostratione de luoghi de greci e latini scrittori e con la tradottione della Sfera di Proclo... *In Venegia, Gabr. Giolito,* 1556, in-4. fig. [14867]

Ce volume, bien imprimé et assez rare, est en deux parties. La première renferme un poëme en octaves, et la seconde la version en prose de la Sphère de Proclus : 16 fr. Huzard ; 32 fr. *mar.* Veinant.

L'auteur, connu sous le nom de *Scandianese*, a écrit plusieurs autres ouvrages, et particulièrement un petit poëme intitulé *La Fenice*, Venegia, Giolito, 1555 (et avec des augmentations, 1556 et 1557), in-4.

GIOVANNI (*Giov.* di). L'Ebraismo della Sicilia ricercato, ed esposto. *Palermo,* 1748, in-4. 8 à 12 fr. [25816]

Vend. 16 fr. de Cotte.

L'auteur de ce livre est nommé *Johannes de Johanne*, sur le titre du *Codex diplomaticus Siciliæ*, imprimé à Palerme, en 1743, in-fol. Voy. le nº 25817 de notre table méthodique.

GIOVENAZZI (*Vito-Maria*). Dissertazione sulla città di Aveia ne' Vestini, ed altri luoghi d' antica memoria. *Roma,* 1773, in-4. 8 à 10 fr. [25799]

Vend. 16 fr. 60 c. Villoison.

GIOVIO (*P.*). Voy. JOVIUS.

GIRALDI Cinthio (*Joan.-Bapt.*). De Obitu divi Alphonsi Estensis, epicedium : Hercules dux salutatus, sylvarum lib. I, elegiarum lib. I, epigrammat. lib. II, etc. *Ferrariæ, F. Rossi,* 1537, in-4. [12711]

Ces poésies latines se trouvent difficilement ; elles ont

Giovannelli (*Mario*). Cronistoria di Volterra, 25570.

Giovannini (*L.*). Rimenbranze della vita di Napoleone, 23997.

Gipser (*J.-K.-J.*). Musterpredigten, 1901.

été réimpr. à Bâle, en 1540, in-8., et dans les *Deliciæ poetarum italorum.*

— Dell' Hercole... canti ventisei. — *Modena, nella stamper. di Gadaldini,* 1557, in-4. à 2 col., lettres ital. [14692]

Volume peu commun, qui contient 353 pp., y compris le titre, au verso duquel se voit le portrait de Giraldi, grav. sur bois. La dernière page présente les *Stanze amorose di M. Flavio Ant. Giraldi;* ensuite se trouvent quatre ff. qui renferment *Sonetto di S. Domenico Venieri,* les *errori,* la souscription impr. en capitales, et enfin une table en 4 ff. 15 à 24 fr. Un exempl. sur *pap. bleu* (avec la table en *pap. blanc*), et rel. en *m. r.,* 40 fr. Gaignat; 45 fr. La Vallière. Il serait plus cher aujourd'hui.

— LE FIAMME. *Vinegia, Gabr. Giolito,* 1548, in-8. 6 à 9 fr. [14535]

— TRAGEDIE nove, cioè : Orbecche, Altile, Didone, gli Antivalomeni, Cleopatra, Arrenopia, Euphemia, Epitia, Selene. *Venezia, Giulio Cesare Cagnacini,* 1583, in-8. [16673]

Vend. 7 sh. Pinelli; 17 fr. de Soleinne. Chaque pièce a un titre particulier et s'est vendue séparément.

— Orbecche, tragedia. *In Vinegia, in casa de' figliuoli d' Aldo, nell' anno* M. D. XLIII, in-8. de 64 ff., dont un bl. [16672]

Cette pièce est regardée comme la meilleure de l'auteur. L'édition que nous indiquons est rare : 6 à 9 fr. (1 liv. *mar. r.* Heber) ; mais il y en a deux contrefaçons également de 64 ff. et fort mal imprimées, l'une avec le même nom et la même date, l'autre sans autre souscription que la date MDXLVII; l'édition originale se distingue de la première contrefaçon à la manière dont la souscription de la fin est conçue. D'ailleurs, dans une partie des exemplaires de l'édition originale se trouve, au verso du titre, un portr. de Cinthio, gravé sur cuivre, avec deux vers latins au-dessous, ou bien, à la place de la pl. sur cuivre, un autre portr. sur bois, découpé et collé, tandis que les deux contrefaçons ont un portrait gravé sur bois, tiré sur le frontispice même.

— Egle, satira. (*senza data*), pet. in-8. de 48 ff. chiffrés, y compris le titre, où se voit le portrait de l'auteur. [16654]

Édition rare, mais peu correcte, de cette petite composition dramatique en vers. Dans sa dédicace à Bartol. Cavalcanti, Giraldi rapporte que sa pièce avait été représentée deux fois à Ferrare en 1545. Le comte Faustino, de Brescia, a fait faire, au commencement du XVIIᵉ siècle, une contrefaçon de cette édition, tirée à très-petit nombre, mais qui est un plus grand in-8., et a des ornements gravés en bois.

— Autre édition également sans indication de lieu ni de date, pet. in-4. de 96 pp. y compris les ff. prélim. 4 fr. 25 c. de Soleinne. Le texte en est amélioré, et le titre porte la marque de *Giolito* gravée sur cuivre, telle que l'a employée Famanzini de Vérone dans ses réimpressions des *Storici greci* (Gamba, 4ᵉ édit., nᵒ 1433).

— De gli hecatommithi di M. Giovan battista Gyraldi Cinthio nobile ferrarese parte prima (e la seconda parte). *Nel Monte Regale Appresso Lionardo Torrentino,* 1565, 2 vol. in-8., en lettres italiques. [17442]

Cet ouvrage est en deux parties, et divisé de la manière suivante :

Parte prima. Frontispice, avec le portrait de l'auteur au verso; un feuillet contenant une inscription latine, et au verso *Licenza del Revisore;* ensuite 5 ff. chiffrés, contenant la dédicace de l'auteur à Emmanuel, duc de Savoie; puis la table des *Hecatommithi,* en 6 ff. non chiffrés; dédicace à *Girolamo Rovere,* en 2 ff., et un autre f. tout blanc; le texte de l'ouvrage, pp. 1 à 199 chiffr. (et même 224 dans l'exempl. de la Biblioth. impér.) ; une dédicace à *Tommaso Langusco,* 2 ff. non chiffres; suite du texte, pp. 201 (sic) à 320, un f. bl., puis une lettre au card. *Aluigi da Este,* en 2 ff., dont un bl. ; suite du texte, pp. 329 à 486; un f. blanc, puis une lettre à *Laura Eustochia da Este,* en 2 ff.; suite du texte, pp. 489 à 623; lettre à *Cassiano dal Pozzo,* en 2 ff.; suite du texte, pp. 625 à 751; lettre à *Margherita di Francia, Duchessa di Savoia,* en 2 ff.; suite du texte, pp. 753-902; enfin un f. non chiffré, contenant le registre.

Parte seconda. Frontisp., portrait, inscription, et *Licenza,* comme au 1ᵉʳ vol., 2 ff. ; puis lettre à *Alfonso da Este,* en 5 pp.; table des *Hecatommithi,* en 10 pp., et la 11ᵉ p. blanche; lettre au prince de Piémont, 1 f. et 1 f. bl. ; texte, pp. 1 à 63; lettre à *Giovanni Andrea d'Oria,* 2 ff.; suite du texte, pp. 65 à 209, et après cette page la pagination est par feuillet, de 210 à 224; ensuite lettre à *Francesco da Este,* un f. suivi d'un autre f. bl. ; suite du texte, chiffré par page, de 217 à 317 (avec de fréquentes erreurs), un f. bl. ; lettre à *Carlo conte di Lucerna,* 2 ff.; suite du texte, pp. 321 à 368; lettre à *Lucio Paganucci,* 2 ff., texte, pp. 369 à 490; lettre à *Antonio Maria Savoia conte di Collegno,* 1 f.; suite du texte, pp. 493 à 623; lettre à *Donno Alfonso da Este,* 2 ff.; suite, pp. 625 à 796 (coté 769), où se termine le texte. Ensuite *Lettera di Arlenio Arnoldo a' Gentili Spiriti,* et un f. bl., puis un capitolo : *L' Autore all' opera,* pp. 799 à 820. Les pp. 821 et 822 renferment un avertissement pour la distribution des lettres susdites et pour le registre. Après cela une partie chiffrée de 815 à 820, et qui contient : lettres de *Bartol. Cavalcanti* et de *Salustio Piccolomini,* suivies d'un f. bl. ; la table alphabétique des deux parties, 39 ff. non chiffr., un f. contenant deux sonnets, l'un de *Lazaro Donzelli* et l'autre de *Lucio Latini,* avec un hendécasyllabe latin d'*Arn. Arlenio.* Le volume se termine par sept feuillets pour les errata et les variantes, et par un f. blanc.

La difficulté de rencontrer ce livre bien complet en fait et la rareté et la valeur. Il est à remarquer qu'il s'en trouve des exemplaires avec des différences notables dans le *capitolo* placé à la fin du 2ᵉ vol. Ce capitolo, où l'auteur a voulu nommer avec éloge les hommes et les femmes illustres de son temps, est, dans quelques exemplaires, composé de 164 *terzine* seulement, impr. dans le cahier HHH, feuillets 1 à 8; dans d'autres ce capitolo contient jusqu'à 221 *terzine,* impr. dans la même feuille HHH, mais avec les ff. HHH. 9 et 10 ajoutés. Cette édition a l'avantage d'être l'originale, bien imprimée et enrichie de tables de matières très-détaillées, qui n'ont pas été reproduites dans les réimpressions subséquentes; mais, d'un autre côté, elle est très-incorrecte, ainsi que le prouve le long errata que nous avons indiqué. Vend. 100 fr. *m. r.* Gaignat; 44 flor. Crevenna; 140 fr. bel exempl. *mar. r.* D'Hangard; 5 liv. 5 sh. *mar bl.* Heber; 30 fr. exempl. médiocre, Reina; 51 fr. Boutourlin, et plus cher depuis.

La seconde édition des *Hecatommithi,* Vinegia, Girol. Scotto, 1566, 2 vol. in-4., est beaucoup plus correcte que la précédente; mais ce qui lui manque, c'est la réimpression (à la fin de la 2ᵉ part.) tant du *capitolo* du *Giraldi* que de la table des matières et de quelques morceaux à la louange de l'auteur. Quant aux dédicaces particulières qui, dans l'édition de 1565, sont placées au commencement de chaque décade de nouvelles, on les retrouve ici, quoi qu'en ait dit et Zeno et Haym, et si elles manquaient, le livre serait incomplet; c'est seulement dans les éditions suivantes qu'on les a omises. Celle-ci contient, tome I, 8 ff. non chiffr. et 500 pp.

chiffr.; tome II, 6 ff. non chiffr. et 464 pp. chiffr. : 20 à 30 fr. Vend. 1 liv. 15 sh. Pinelli.

— **Gli hecatommithi, terza impressione.** *In Venetia, Enea de Alaris*, 1574, 2 part. in-4.

Tome I, 8 ff. prélim., 251 ff. chiffr. et 1 f. bl.; tome II, 4 ff. non chiffr., mais compris dans la pagination du texte, qui commence au f. 6 et se termine au f. 232; ensuite le *capitolo* de l'auteur en 8 ff. Edition faite avec quelque soin et assez belle; elle est meilleure que celle de 1580, *Venet., Fabio e Agostino Zoppini*, 2 vol. in-4., qui conserve la même distribution et a le même nombre de feuillets. A la fin de la prem. partie se lit : *In Venetia presso gli heredi di Francesco Rampazetto*, M. D. LXXIX. La 5e édition est de Venise, 1584, 2 vol. in-4; la 6e, de Venise, *Dominico Imberti*, 1593, 2 vol. in-4., est augmentée d'une vie de l'auteur, par Jeronimo Gioannini da Capugnano, placée au commencement de la première partie. La 7e et dernière édit., *Venise*, 1608, 2 vol. in-4, est la moins complète de toutes, car elle ne contient ni la vie de l'auteur, ni les lettres prélim., ni le *capitolo* de la fin. Vend. cependant 24 fr. Thierry.

— Pour l'édition de Florence, 1834, voy. RACCOLTA di Novellieri.

— **Premier (et deuxième) volume des cent excellentes nouvelles de J.-B. Giraldy Cynthien... contenant plusieurs beaux exemples et notables histoires, etc., mis d'italien en françois, par Gabr. Chappuys.** *Paris, pour Abel l'Angelier*, 1583 ou 1584, 2 vol. in-8.

Cette traduction est rare et fort recherchée : 40 fr. mar. r. Méon; 59 fr. Bignon; 76 fr. 50 c. v. f. Pixerécourt, et 120 fr. Nodier.

Il existe une traduction espagnole de ces nouvelles par Luys Gaytan de Vozmediano, *Toledo, P. Rodriguez*, 1590, in-4.

— **Discorsi intorno al comporre de' romanzi, delle commedie, e di altre maniere di poesie.** *Venet., Gabr. Giolito*, 1554, in-4. [14427]

— DIALOGUES philosophiques, italiens-françois, touchant la vie civile, contenant la nourriture du premier âge, l'instruction de la jeunesse, et de l'homme propre à se gouverner soy-mesme, traduits des trois excellens dialogues de Giraldi Cynthien, par Gabr. Chappuis. *Paris, Abel l'Angelier*, 1583, in-12. 6 à 9 fr. [3856]

30 fr. mar. olive, Gancia.

— DE FERRARIA et Atestinis principibus·commentariolum. *Ferrariæ*, 1556, in-4.

On a payé 30 fr., à la vente Libri, en 1857, un exemplaire de cet ouvrage portant un envoi autographe. de l'auteur à Lod. Domenichi, qui a trad. cette histoire en italien sous le titre suivant :

COMMENTARIO delle cose di Ferrara e de' principi d'Este, di Giov. Batt. Giraldi, tratto dal epitome di Gregorio Giraldi, tradotto per Lodov. Domenichi. *Venetia, Gio. de' Rossi*, 1556, in-8.

Réimprimé avec la *Vita di Alfonso da Este*, de Paul Jove, à Venise, chez Sessa, 1597, in-8.

GIRALDI (*Lilio-Greg.*). Voy. GYRALDI.

GIRALDI (*Giuliano*). Esequie d'Arrigo quarto, re di Francia e di Navarra, celebrate in Firenze dal S. D. Cosimo, gran-duca di Toscana, descritte da G. Giraldi. *Firenze, Bartol. Sermartelli*, 1610, pet. in-fol. fig. [23639]

Ce volume renferme 26 planches gravées au burin, où sont représentées les principales circonstances de la vie de Henri IV. En *mar. r.* 70 fr. Libri.

GIRALDO. Novelle di Giraldo Giraldi fiorentino, per la prima volta date in luce (dal Sig. Dott. Gaetano Cioni). *Amsterdamo (Firenze)*, 1796, in-8. [17419]

Ces nouvelles, au nombre de neuf, sont, dit-on, l'ouvrage de Gaetano Cioni lui-même, qui les a données comme des compositions écrites de 1475 à 1479. Cependant, il paraît que la quatrième est réellement de Giraldo: un exempl. en pap. bleu, 13 sh. Borromeo.

— **Novelle, con aggiunte di altre novelle inedite.** *Amsterd. (Firenze, Ricci)*, 1819, in-8. 5 fr.

Seconde édition du recueil précédent, augmentée de 4 nouvelles dont la 4e est véritablement de Giraldo (Gamba, *Serie*, p. 689). Il y a des exemplaires en papier vélin et en papier bleu. 7 fr. Boutourlin.

GIRALDUS cambrensis. Itinerarium Cambriæ, seu laboriosæ Balduini Cant. archiep. per Walliam legationis descriptio, cum annotationibus Dav. Poweli. *Londini, Bulmer*, 1806, in-4. [27368]

Édit. donnée par R.-C. Hoare et tirée à 200 exemplaires seulement : 18 fr. Walckenaer. Vend. en Gr. Pap. 1 liv. 6 sh. Sykes; 2 liv. 16 sh. Hibbert. Cette relation du voyage de l'archevêque Baudouin ou Balduin, écrite par Giraud Barry, dans le XIIe siècle, a d'abord été publiée dans un recueil pet. in-8., sous le titre suivant :

ITINERARIUM Cambriæ, seu laboriosæ Balduini cantuariensis archiepiscopi per Walliam legationis accurata descriptio; auctore Sil. Giraldo cambrense, cum annotationibus Davidis Poweli. *Londini*, 1585; elle y est suivie de *Cambriæ descriptio* du même auteur (*Annales des voyages*, tome III, p. 310).

— **Giraldus de Barry's Itinerary of archbishop Baldwin through Wales, in 1188, translated into english, and illustrated with views, annotations and a life of Giraldus, by Rich. Colt Hoare.** *London*, 1806, 2 vol. gr. in-4. fig.

Édition magnifique : 40 fr. Walckenaer. Il y a des exempl. en très Gr. Pap., vend. en *mar.* 4 liv. 18 sh. Sykes; 8 liv. Hibbert.

GIRARD (*Jean*). Traité auquel est naïvement depeint le sentier que doit tenir l'homme, pour bien et heureusement régir et gouverner les actions de sa vie, cherissant la vertu et detestant le vice, prenant origine de la connoissance de soi-même. *Lyon, Ben. Rigaud*, 1579, in-16. [3856]

Ouvrage cité par Du Verdier, ainsi que le volume suivant du même auteur :

CHANTS du premier advenement de Jesus-Christ; plus chansons de caresme. *Lyon, Jean d'Ogeroles*, 1500, in-8.

J. Girard est moins connu pour ses vers français que pour les vers latins qu'il a publiés sous les titres suivants :

Jo. GIRARDI divionensis Poemata Sichostratia : Epigrammatum centuriæ quinque. — Carminum libri sex. *Lugduni, apud Petr. Fradin*, 1558, 3 tom. en 1 vol. in-8. [12874] 11 fr. *mar.* Courtois.

Les *Epigrammata* avaient déjà été impr. à Lyon, chez Math. Bonhomme, 1552, pet. in-4.

— EPIGRAMMATON legalium liber facetissimus, ejusdem scholia in singula epigrammata. *Lugduni, apud Clementem Bodin*, 1575, in-8.

— POEMATA nova (in quibus XX narrationes fictæ). *Parisiis, Guliel. Auvray*, 1584, in-8.

GIRARD (*C.*). L'Orphée sacré du paradis, qui, par les mélodieux accords de plusieurs préceptes moraux, etc., enchante doucement les brutales affections du vice et en désabuse les esprits mondains. *Lyon, de l'imprim. de feu Jonas Gautherin,* 1627, in-8. [14101]

Vend. 6 fr. *m. r.* La Vallière, et plus cher depuis.

Ce volume a 8 ff. prélim. y compris le frontispice gravé et le titre impr., 248 pp. de texte, et 1 f. pour la souscription de l'imprimeur.

GIRARD (*Bernard* de), seigneur du Haillant. De l'Estat et succez des affaires de France, depuis Pharamond... jusqu'au roi Louis onzième; œuvre depuis les précédentes éditions augmenté, enrichy et illustré. Ensemble une sommaire histoire des seigneurs contes et ducs d'Anjou. *Paris, Pierre L'Huillier,*1572, in-4., portr. de l'auteur. [23238]

Troisième édition d'un ouvrage qui a eu beaucoup de succès et qui est encore bon à consulter. La première et la seconde, moins complètes que celle-ci, ont été publiées à *Paris, chez l'Huillier,* en 1570 et en 1571, in-8. Dans toutes les trois, l'histoire des seigneurs d'Anjou forme un morceau à part qui se trouve quelquefois séparément.

L'*État des affaires de France* a été réimpr. plusieurs fois chez le même L'Huillier, savoir : en 1573, 2 parties en 1 vol. in-16; en 1594 et en 1595, in-8., avec des augmentations qui ont passé dans l'édit. d'*Anvers,* 1596, in-8.; encore avec de nouvelles augmentations, à *Paris, chez Marc Orry,* en 1609 (aussi *Genève, impr. de J. Stoer*), in-8., et enfin après la mort de l'auteur, *Paris, Le Mur,* 1611, et *Paris, Robinot,* 1613, in-8.

— Histoire générale des rois de France, contenant les choses mémorables advenues tant au royaume de France qu'ès provinces étrangères sous la domination des François, jusqu'a Charles VII... continuée de la chronique de Louis XI, des escrits d'Arnauld, et quelques autres auteurs jusqu'a Louis XIII. *Paris, Séb. Cramoisy et J. Petit-Pas,* 1615, 2 vol. in-fol. [23238]

Cette édition et celle de *Paris, Sonnius,* 1627, aussi en 2 vol. in-fol., sont les deux dernières de cette

histoire. La première est de *Paris, Pierre L'Huillier,* 1576, in-fol. Celle de 1584 (aussi 1586), in-fol., a une nouvelle épître dédicatoire à Henri III, et celle de *Paris, L'Huillier,* 1585, est en 3 vol. in-8. Dans l'épître dédicatoire de 1584, l'auteur dit : « Je suis le premier qui ai écrit l'Histoire de France, et (peut-être) le seul qui l'ai fait en bon ordre et beau langage. » Ce qui n'empêche pas que son livre ne soit presque entièrement oublié aujourd'hui. Avant que d'en publier la première édition, il avait fait paraître les deux opuscules suivants :

DE LA FORTUNE et vertue de la France, ensemble un sommaire discours sur le dessein de l'Histoire de France. *Paris, L'Huillier,* 1570 (aussi 1571), in-8.

PROMESSE et dessein de l'Histoire de France au Roi. *Chez L'Huillier,* 1571, in-8. Il a ajouté à son nom : *ayant charge et commendement de sa majesté descrire la dite Histoire.*

Il a écrit en vers-d'autres opuscules, savoir :

LE TREPAS de Henri II et son epitaphe, par B. de Girard, *Paris, Mich. de La Guierche,* 1559, in-8.

L'UNION des princes par les mariages de Philippe, roy d'Espagne, et de Mᵐᵉ Elizabeth de France, et encore de Philibert Emmanuel, duc de Savoie, et de Mᵐᵉ Marguerite de France. *Paris,* 1559, in-8. [13756]

Citons encore :

RECUEIL *d'avis et conseils sur les affaires d'estat, tiré des vies de Plutarque, par Bern. de Girard, sieur du Haillan.* Paris, P. L'Huillier, 1578, in-4.

— Voy. DISCOURS sur les causes de la cherté.

GIRARD (*Albert*). Invention nouvelle en algèbre. *Amsterdam, Blaeu,* 1629, in-4. [7908]

On trouve dans cet opuscule, devenu fort rare, certains théorèmes relatifs à la théorie des équations, attribués communément à Newton (remarque faite par M. Libri dans le *Journal des Savants,* 1844, p. 550).

— Table des sinus, tangentes et sectantes selon le raid de 100,000 parties, avec la trigonometrie tant plane que sphérique, d'une méthode plus succincte et d'une manière plus facile que jamais auparavant : où se trouvent aussi plusieurs autres tables et règles necessaires et nouvelles de la même matière et finalement des opérations arithmétiques secrètes incogneues jusqu'à présent, par Albert Girard, mathématicien. Seconde édit. *A La Haye, chez Jacob Elsevier,* 1629, pet. in-12, feuillets non chiffrés, signat. A—L5. 6 à 9 fr. [8031]

Jolie édition qui fait partie de la collection elsevirienne. Quoique son titre porte *seconde édition,* c'est effectivement la troisième ; car, indépendamment de la première, publiée à La Haye chez le même Jacob Elsevier, en 1626, pet. in-12, il y en a une est de 1627, même libraire et même format, laquelle a été revue, corrigée et augmentée d'un *appendice*. On trouve des exemplaires de l'édition de 1629, avec le texte en flamand et sous ce titre : *Tabulæ sinuum, tangentium et secantium ad radium* 100,000. *met*

Girard (*G.*). Vrais principes, 10952. — Synonymes, 10988.

Girard. Petits prônes, 1490.

Girard (*J.*). Anatomie vétérinaire, 7707. — Traité du pied, 7708. — Hernies inguinales, 7747.

Girard (*Fulg.*). Histoire du Mont St-Michel, 24387.

Girard de Villethierry (*J.*). Vie de S. Jean de Dieu, 21873.

een nieuwe, etc. Alles door Albert Girard, in S' Gravenhaye, by Jacob Elsevier, anno 1629.

GIRARD (Pierre-Simon). Mémoires sur le canal de l'Ourcq et la distribution de ses eaux ; sur le desséchement et l'assainissement de Paris, et les divers canaux navigables qui ont été mis à exécution ou projetés dans le bassin de la Seine, pour l'extension du commerce de la capitale. Paris, Carilian-Gœury, 1831-43, 2 vol. gr. in-4. et atlas. 90 fr. [8826]

Autres ouvrages de cet ingénieur qui sont portés dans notre table : Résistance des solides, 8101.—Recherches expérimentales, 8106.—Eaux de Paris, 8818.—Mouvement des eaux, 8822.

GIRAUD (Gio.). Commedie. Roma, 1808, 4 vol. in-8. [16742]

Réimpr. à Milan, 1825, 5 vol. in-12 ; à Florence, 1825, 6 vol. in-12.

Un choix des pièces du comte Giraud et d'Alb. Nota, trad. en français, a été publié à Paris, 1829, en 3 vol. in-8.

GIRAUDEAU (Bonav.). Praxis linguæ sacræ, complectens grammaticam et dictionarium hebraicum biblico-chaldaicum et rabbinic. Rupellæ, 1757, in-4. 10 à 15 fr. [11520]

—INTRODUCTION à la langue grecque, à l'usage des colléges. La Rochelle, 1751-55, 5 part. in-12. 10 à 15 fr. [10643]

Ce cours de langue grecque est estimé, et ne se trouve pas facilement ; il contient : Livre pour la 5e. — Livre pour la 4e. — Regulæ grammaticæ, pour la 3e.—Evangelium Matthæi, gr. et lat., pour la 2e. — Iliadis Homericæ quatuor libri priores, gr. et lat., pour la rhétorique.

—Évangile médité, 1725.

GIRAUDET (Gabr.). Discours du Voyage d'Outremer au saint-sepulchre de Jeru-

---

---

salem, et autres lieux de la Terre Sainte, de Jerusalem et du Mont Sinaï. Tolose, A. et J. Colomiès, 1583, pet. in-8. [20546]

Volume rare, vend. 12 fr. en 1830 ; 14 fr. 50 c. Eyriès ; 31 fr. Erdeven. Du Verdier en cite une édition de Lyon, Mich. Jove, 1575, in-8. Il y en a une de Paris, Th. Brumen, 1585, in-8. : vend. 26 fr. 50 c. bel exempl., en 1839 ; en mar. r. 46 fr. Cailhava ; en vél. 71 fr. Monmerqué ; 27 fr. (titre raccommodé) en 1860. — Pour un autre ouvrage sous le même titre, imprimé à Lyon, en 1573, voyez REGNAULT (Ant.).

GIRAULT (François). Le moyen de soy enrichir profitable et vtille a toutes gens compose par maistre Frācoys Girault. Paris, rue St-Jacques, audessus de la † Sainct-Benoist (sans date), in-8. goth. [13379]

Pièce de 4 ff. en vers de 8 syllabes : 40 fr. 50 c. mar. r. Nodier.

GIRAULT (Simon). Dialogue pour apprendre les principes de la langue latine, par S. Gir., lengrois. Lengres, Jehan de Preyz, 1590, in-4. sign. A—Miij, fig. en bois. [10813]

Un article curieux des Mélanges tirés d'une petite bibliothèque (pages 371 et suiv.) a fait, pour un jour, la fortune de ce dialogue, dont la rareté est incontestable, mais auquel, sans Ch. Nodier, on n'aurait peut-être jamais songé. Vend. 30 fr. 95 c. v. f. t. d. Nodier, en 1830, et le même exemplaire 10 fr. Heber.

—LE GLOBE du monde, contenant bref traité du ciel et de la terre. Langres, 1592, in-4. figures en bois. [8257]

Ouvrage moins connu et plus rare que le précédent. L'auteur s'y élève contre l'astrologie judiciaire.

GIRAULT DE PRANGEY (M.). Monumens arabes et moresques d'Espagne, coutenant souvenirs de Grenade et de l'Alhambra. — Mosquée de Cordoue, Alcazar et Giralda de Séville, vues générales, intérieurs, détails, coupes et plans dessinés et mesurés en 1832 et en 1833, par Girault de Prangey, et lithographiés par divers artistes. Paris, Veith et Hauser, 1839, gr. in-fol. de 56 feuilles, pl. et texte. [9952 ou 25962]

Ces deux ouvrages se vendaient réunis 115 fr. ; sur papier de Chine, 140 fr., et avec les détails coloriés, 195 et 215 fr. Le second, séparément, 40 fr. papier de Chine, 50 fr., avec les détails coloriés, 65 et 75 fr.

GIRAVA (Hieronimo). La cosmographia y geographia, en la qual se contiene la descripcion de todo el mondo, e particularmente de las Yndias, y tierra nueva. Venetia, Zilete, 1570, in-4. fig. sur

---

bois, avec une grande mappemonde pliée. [19522]

La première édition de cet ouvrage a été impr. à Milan, en 1556, pet. in-4., sous le titre de *Dos libros de cosmographia*, et avec une carte. On y trouve sur l'Amérique des détails plus étendus que dans les autres traités du même genre publiés jusqu'alors. 1 liv. 1 sh. Salvá. L'édit. de 1570 s'est vendue 32 fr. en 1860.

GIRODET-TRIOSON (*Anne-Louis*). Ses Œuvres posthumes, suivies de sa correspondance, précédées d'une notice historique, et mises en ordre, par P.-A. Coupin. *Paris, J. Renouard*, 1829, 2 vol. gr. in-8., pap. vél., avec un portrait et cinq pl. 15 fr. [19168]

On remarque dans cette collection, la Peinture, poëme en six chants, la traduction de Héro et Léandre, celles des odes d'Anacréon, et des imitations de divers poëtes grecs et latins. Malheureusement on ne peut pas dire des vers de ce grand peintre : *sicut pictura poesis*.
— LES AMOURS des dieux, recueil de compositions dessinées par Girodet, lithographiées par MM. Aubry-Lecomte, Châtillon, Counis, etc., avec un texte explicatif rédigé par M. P.-A. Coupin. *Paris, Engelmann*, 1826, in-fol. pap. vél. 16 pl. sur pap. de Chine. 40 fr. [9468]
Vend. 30 fr. 50 c. Nicolle, et moins depuis.

— Voyez ANACRÉON.

— L'ÉNÉIDE (et les Géorgiques), suite de compositions dessinées au trait par Girodet, lithographiées par MM. Aubry-Lecomte, Châtillon, Counis, etc. *Paris, Chaillou-Potrelle et Noël*, 1825-27, in-4. [9467]
Publié en 14 livraisons dont 13 pour l'Énéide, et une seule pour les Géorgiques. Prix de chacune, 12 fr.
— Papier de Chine, 20 fr. Vend. complet, 45 fr. Boutourlin.

GIRON le courtois. Voy. GYRON.

GIRONI (*Robustiano*). Pinacoteca del palazzo reale delle scienze e delle arti di Milano, pubblicata da Michele Bisi incisore, col testo di Robustiano Gironi. *Milano, stamp. reale*, 1812 e seg., 3 vol. gr. in-4., avec 247 pl. à l'eauforte. 300 fr. [9388]

On a tiré 30 exempl. sur pap. vél. impérial.
— LE NOZZE dei Greci, descritte e pubblicate in occasione del faustissimo matrimonio Vassalli e Ricci. *Milano*, 1819, in-4., avec 3 planch. de monuments. [29139]
Tiré à 40 exemplaires (Cicognara, 1662).
— SAGGIO intorno alla musica de' Greci. *Milano, Ferrario*, 1822, in-4., avec 10 pl. [10084]
Cette dissertation n'étant point destinée au commerce, il n'en a été tiré que trente exemplaires, et l'auteur en a fait hommage à une dame à l'occasion de son mariage. Les gravures sont d'après les dessins de peintres célèbres. Le même auteur a publié aussi un Essai sur le théâtre des Grecs, avec deux planches, et tiré également à trente exempl. (*Journal de la littérature étrangère*, 1822, p. 275.)

GIROUFFLIER (le) aux dames. ensemble le dit des Sibiles. Epistre de Seneque a Lucille côsolatoire de liberal leur amy

ꝗ estoit triste pour ce ꝗ la cite de lyon dont il estoit, estoit arse ꝣ brulee : Par ceste epistre on peut clerement cognoistre quãt et cõment la cite de lyon fut dniereñt destruite. Et en quel lieu elle estoit fondee et quelle elle estoit et les ans de sa duree. (*sans lieu ni date*), pet. in-4. goth. de 16 ff. à longues lig., sign. a-d, avec 23 gravures en bois, titre rouge et noir; le verso du dernier f. est blanc. [13505]

Le premier opuscule est en vers de 10 syllabes, le second également en vers, et l'Epistre de Senèque en prose. Probablement cette édition aura été impr. à Lyon dans le commencement du XVIe siècle: 121 fr. Librairie De Bure; 155 fr. *m. bl.* Crozet; 120 fr. Baudelocque; 307 fr. *m. d. de mar.* Coste.

— Le girofflier aux dames. ‖ Ensemble le dit des sibiles ‖ (comme ci-dessus). (à la fin) : *Cy finist lespistre de Senecque a lucille. Imprime a paris par Mich. le noir* (sans date), in-4. goth., sign. A et B, à longues lig., avec 17 fig. en bois.

Cette édition n'a que 12 ff., y compris les épîtres de Sénèque à Lucille. Le titre porte *Le girofflier, etc.* Le verso du dernier f. est occupé par la marque de l'imprimeur que nous avons donnée réduite, tome I, col. 1857. Vend. rel. avec le *Chasteau d'Amour* de Gringore 36 fr. La Vallière; 180 fr. Morel-Vindé, et 220 fr. 50 c. salle Silvestre, en 1837.
En 1861 ce livre a été reproduit par le procédé Pilinski, et on en a tiré quelques exempl. sur VÉLIN.

— Le Girouflier aux Dames, ensemble le dit des douze Sybilles. *Avignon, Jehan de Channey*, pet. in-8. goth. de 24 ff., avec fig. en bois.

8 fr. *mar. r.* La Vallière, et se vendrait peut-être vingt fois plus cher aujourd'hui.
A la fin de ce petit volume se trouve la marque suivante, que Channey a empruntée des Alde :

IEHAN DE   CHAN NEY

GIRY (*Estienne*). Histoire des choses me-

Girod-Chantrans. Géographie physique du Doubs, 4495. — Conferves, 5383.
Giron (*J.-F.*). Origen de España, 25966.

Girs (*Æg.*). Gustaf I, etc., 27661.
Giry (le P.). Vie de S. François de Paule, 21856. — Vies des saints, 22020.

morables advenues en la ville de Sommières, en Languedoc, dans les deux siéges qu'elle a soufferts pendant les derniers troubles. *Lyon, Ben. Rigaud,* 1578, pet. in-8. [24756]

Cette pièce est rare, et même ni La Croix du Maine ni Du Verdier ne l'ont citée; mais elle a été réimpr. dans le 3e vol. des Pièces fugitives publiées par Ménard.

GISBERTO de Macona. V. Libbo darme.

GISSEY (le P. *Odo* de), jésuite. Discours historique de la très-ancienne dévotion à N. Dame de Puy et de plusieurs remarques concernant l'histoire des évesques du Velay. *Lyon, L. Muguet,* 1620, in-8. [24642]

19 fr. Coste.

Réimpr. *au Puy, chez Varoles,* 1644, in-8.

GIULIANELLI. Voyez Memorie degli intagliatori.

GIULINI. Memorie spettanti alla storia, al governo ed alla descrizione della città, e della campagna di Milano nei secoli bassi, raccolte dal conte Gior. Giulini. *Milano,* 1760-1775, 12 vol. in-4., dont trois pour la continuation, fig. [25368]

Cet ouvrage s'étend jusqu'à l'année 1447. Il n'a été vendu que 36 fr. Reina, mais il vaut davantage. Il y en a une nouvelle édition, *con note ed aggiunte, Milano, Fr. Colombo,* 1854-57, in-8. avec gravures et cartes, tom. I à VII. 60 fr.

GIULIO romano, Giove che fulmina li giganti, rappresentato in pittura, in Mantua, nel palazzo ducale, disegnato et intagl. da P. Sante Bartholi. (*In Roma*), *Dom. de' Rossi,* in-fol. obl., 8 pièces. [9310]

Vend. 42 fr. La Valliere.

GIUSEPPE di S. S. Teresa. Istoria delle guerre del regno del Brasile accadute tra la corona di Portogallo e la republica di Olanda (1626 al 1634), composta P.-F.-Gio. Giuseppe di S. Teresa, carmelitano. *Roma, Ant. de Rossi,* 1698 (aussi 1700), 2 tom. en 1 vol. in-fol., portr. et cartes. [28664]

Ouvrage devenu peu commun : 50 fr. (mal annoncé sous la date de 1590) Léon Leclerc, et quelquefois moins.

GIUSTINIANI (*Mich.*). Lettere memora-

bili dell' abbate Mich. Giustiniani, patritio genovese, de' signori di Scio e d'altri. *Roma, Nic. Ang. Tinossi,* 1667, 3 vol. in-12. [18884]

Recueil contenant des particularités intéressantes. 22 fr. Libri en 1857. Il a été réimprimé à Naples, chez les héritiers de Cavallo, 1683, en 2 vol. in-12.

GIUSTINIANI (*Bern.*). Historie cronol. dell' origine degli ordini militari e di tutte le religioni cavalleresche. *Venezia,* 1692, 2 vol. in-fol. fig. [21977]

Vend. 27 fr. 50 c. La Serna, et quelquefois plus.

— Voy. Histoire des ordres militaires.

GIUSTINIANI (*Bern.* et *Laur.*). Voyez Justiniani.

GIUSTINIANI (*Vinc.*). Voy. Galeria.

GIUSTINIANI (*Girol.-Ascanio*). Estro poetico-armonico, parafrasi sopra salmi, poesia di G.-A. Giustiniani, musica di Benedetto Marcello. *Venezia,* 1803-5, 8 vol. in-fol. 60 fr. [10198]

Composition célèbre. L'ancienne édition de *Venise,* 1724, pareillement en 8 vol., était devenue rare, et se payait fort cher, en Italie, avant celle-ci.

Il a été publié à *Paris, chez Carli,* en 1821, une édition des *Psaumes de Giustiniani,* mis en musique par Marcello, avec accompagnement de piano de la composition de F. Mirechi, Polonais, 4 vol. in-fol.

GIUSTINIANO (*Agostino*). Castigatissimi annali della... republica di Genoa. *Genoa, Bellono,* 1537, in-fol. [25329]

Peu commun : vend. 25 fr. m. r. Floncel; 17 sh. Pinelli; 15 fr. 50 c. Boutourlin.

GIUSTINIANO (*Leon.*). Voy. Justiniano.

GLADWIN (*Francis*). Ayeen Akbery, or the institutes of the emperor Akber, translated from the original persian (of Abul-Fazel). *Calcutta,* 1783-86, 3 vol. in-4. [3950]

Cet ouvrage est une espèce de statistique de l'Hindoustan : vend. 100 fr. Langlès; 30 fr. Klaproth; 23 fr. de Sacy; 27 fr. Quatremère : il coûtait originairement 200 fr.

La réimpression faite à *Londres,* en 1800, 2 vol. in-4. ou in-8., n'a qu'un prix très-ordinaire : on la dit très-incorrecte.

— A compendious vocabulary, english and persian, including all the oriental simples in the materia medica, employed in modern practice, with tables subjoined of the succession of the kaliffs, and of the kings of Persia and Hindostan. *Printed at Malda in Bengal,* 1780, in-4. [11678]

Vend. 50 fr. en 1810; 68 fr. pap. de Hollande, Langlès, et seulement 16 fr. Klaproth.

— The persian Moonshee. vol. I, the third edition; and vol. II, second edition. *Calcutta,* 1800 et 1799, 2 vol. in-4. [11451]

La première édition du prem. vol. est de *Calcutta*, 1795, et la seconde de 1799. Ce vol. contient *Grammar of the persian language, a dissertation on persian syntax, arabic grammar* suivie d'*arabic derivation used in the persian language*. Le second vol. renferme neuf opuscules détaillés dans la table. Vend. 65 fr. Langlès; 56 fr. Klaproth, et moins depuis.

— THE persian Moonshee (containing grammatical rules, forms of adress, select tales, etc., persian and english by Galwin). *Calcutta, and reprinted at London*, 1801, in-4. figures.
Ouvrage différent du précédent. 10 fr. Renouard.

— THE same, second edition, revised, corrected, and translated in the roman character by Will. Carmichael Smyth. *Paris, Firm. Didot*, 1840, in-8. 20 fr.

— THE persian guide, exhibiting the arabic derivatives. *Calcutta*, 1800, in-4. de 491 pp. [11650]
Vend. 45 fr. Langlès, et moins depuis.

— A COMPENDIOUS vocabulary english and persian, for the college at fort William in Bengal (by Gladwin). *Calcutta*, 1800, in-4. de 172 pp. [11679]
Vend. (avec un opuscule de 9 pp., intitulé : *A Scheme for expressing persian in english characters*) 90 fr. Langlès; seul, 28 fr. Klaproth.
Imprimé d'abord à Calcutta, 1797, in-4.

— DICTIONARY persian, hindoostanee and english, including synonyma. *Calcutta, hindoostanee press*, 1809, 2 part. en 1 vol. gr. in-8. de 4 ff. prélim., 1066 pp. et 6 ff. d'errata. [11676]
Vend. 61 fr. Langlès ; 20 fr. de Sacy.

— DICTIONARY of mahomedan law and bengal revenue terms. *Calcutta*, 1797, in-4. [11821]

— DISSERTATIONS on the rhetoric, prosody and rhyme of the Persians. *Calcutta*, 1798, pet. in-4. [12084]
Vend. 10 fr. Klaproth.
Réimprimé à *Londres*, 1801, in-4. 12 fr.

— THE oriental miscellany, consisting of original productions and translations (published by Gladwin). *Calcutta*, 1798, in-8. [19468]
Premier volume, le seul publié. 12 fr. Langlès.

— A NARRATIVE of the transactions in Bengal during the soobahdaries of Azeem, Jafferushan, etc., translated from the original persian. *Calcutta*, 1788, in-8. [28197]

— THE History of Hindoostan during the reigns of Jehangir, Shah Jehan and Aurungzebe. *Calcutta, Stuart and Cooper*, 1788, in-4. Premier vol., le seul publié. [28143]

—Voyez ABDULKURREEM; DJAMI; SADI; DICTIONARY.

GLAIVE de Goliath. Voy. LEOPARD.

GLANDORP (*Joan.*). Onomasticon historiæ romanæ, quo de familiis et reliquis illustr. personis romanis expositio est (edente Reiner. Reineccio). *Francofurti ad Mœn., Wechel*, 1589, in-fol. [22914]
Ouvrage d'une utile érudition. Il est devenu rare, sans être fort cher.

GLANVILLA anglicus (*Bartholomæus* de). Incipit prohemium de proprietatib' rerum fratris Bartholomei anglici de ordine fratrum minoꝫ. — *Explicit... impressus per Nicolaꝫ pistoris de Bens'-*

heym, et Marcum reinhardi de Argentina socios. Sub anno dñi Millesimo quadringētesimo octogesimo (1480). die vero Julij xxix, in-fol. goth. de 320 ff. à 2 col. de 48 et 49 lig. sans chiffres ni récl. sign. a—z, ꞇ, ꝝ et A—H. par huit. [3841]
Cette édition, quoique la première avec date, n'est pas la plus ancienne de cet ouvrage, ainsi qu'on va le voir ci-dessous : elle ne porte point de nom de ville, mais on sait que les deux imprimeurs nommés dans la souscription étaient établis à Lyon, et l'on ne voit pas pourquoi Laire, dans son *Index libror.* tome II, p. 29, la donne à *Venise*. Vend. 10 fr. Brienne-Laire; 24 fr. L'Héritier; 49 f. Coste.

— Incipit phemiũ de ꝓprietatibus reꝫ fratris bartholomei anglici de ordine fratꝝ. minoꝫ. — *Explicic* (sic) *tractatus...* gr. in-fol. goth.
Édition ancienne, sans chiffres, réclames ni signatures, impr. à 2 col. de 60 et 61 lig. chacune, contenant 218 ff., y compris 3 ff. de table. Les caractères sont ceux de Richel et Wensler, à Bâle. 25 fr. (avec 2 ff. de table) Huzard.
Une autre édition ancienne, in-fol., sans lieu ni date, attribuée à Ulric Zell, se compose de 247 ff. à 2 col. de 55 lig.; les quatre derniers renferment une table des chapitres. C'est l'édit. décrite dans la *Biblioth. Spencer*, n° 628, où on ne lui donne que 238 ff.
Ces deux éditions nous paraissent être antérieures à 1480 ; mais elles doivent avoir été précédées d'une autre beaucoup plus précieuse, impr. à Cologne par Will. Caxton, vers 1470, et dont l'existence est constatée par le passage suivant d'une pièce de vers placée à la fin de la traduction anglaise du même ouvrage imprimé par Wynkyn de Worde. Voici ce passage décisif :

And also of your charyte call to remembraunce
the soule of William Caxton firts prýter of this boke
in laten tong at Coleyn, hyself to avance
that every well disposed man may thercon loke.

Malgré un témoignage aussi positif, on n'a encore trouvé aucun exemplaire qui présentât effectivement les caractères bien connus de Will. Caxton; seulement M. H.-S. Leigh Sotheby, qui a donné dans ses *Principia typographica* (vol. III, pp. 89 et 102-104) un fac-simile des caractères de l'édit. à 55 lig., décrite ci-dessus, a reconnu que ces types étaient les mêmes que ceux dont s'est servi Goltz de Sletztat, à Cologne, en 1474, et il a jugé qu'il y avait identité entre ladite édition et celle à laquelle doit s'appliquer le témoignage allégué de Wynkyn de Worde. C'est là, selon nous, un jugement un peu hasardé, mais il n'a pas paru tel à M. Edw. Tross, puisque ce libraire a porté à 800 fr., dans son catalogue de 1861 (n° IV, article 644), un exemplaire de l'édition dont nous venons de parler.

— Incipit liber de proprietatibus rerum... (au recto du dernier f.) : *Impressus per Petrum Ungaꝫ sub anno domini millesimo quadringentesimo octuagesimo secundo, die vero nouembris* XXI, in-fol. goth. à 2 col. de 55 lig. signat. a—x et A—F.
Édition imprimée à Lyon, 60 fr. mar. v. Coste, et en v. br. 5 fr. Huzard, I, n° 153, sous lequel on lit cette note relative à l'exemplaire : « A la signature M 4. le feuillet verso laissé en blanc à la retiration, et son correspondant aussi en blanc, prouveraient que dès cette époque on imprimait les deux pages en même temps. »
Une autre, également de 1482, mais du 10 décembre,

---

sans nom de ville ni d'imprimeur, a été vend. 10 fr. Huzard.

A cette même vente Huzard s'est donné pour 5 fr. l'édition de 1481, in-fol. goth. de 457 ff., impr. *per Johannem Koelhoff de Lubech Colonie civem*, mais le titre y manquait.

Une autre édition in-fol. goth. à 2 col., sans nom de ville, mais avec cette date : *Impressus sub anno domini millesimo quadringentesimo octuagesimo secundo, die vero decembri* x, y a été payée 10 fr.

Les autres éditions de cet ouvrage, faites à la fin du xv° siècle, ont trop peu de valeur pour que nous en fassions mention. Hain les a décrites sous les n°⁵ 2504 à 2511 de son *Repertorium*.

Le *Liber de proprietatibus rerum* de frère Barthélemy de Glanvilla, écrit vers le milieu du xiv° siècle, est une sorte d'Encyclopédie d'histoire naturelle et de médecine qui a été longtemps en usage et qu'on a encore réimprimée au commencement du xvii° siècle, comme le prouve l'édition de Francfort, Wolfg. Richter, 1609, in-8, à laquelle est ajouté un 19° livre, *De variarum rerum accidentibus*, et qui est la seconde qu'ait donnée Geor. Barthold Pontanus.

— Cy commence vng tres excellent liure nomme le proprietaire des choses trãs-late de latin en françoys... (au recto du dernier f., 2° col.) : *Cestuy liure des pprietez des choses fut trãslate ď latin en frãcoys lan de grace, mil. ccc. lxxii p̃ le cõmandement de tres puissant et noble prĩce Charles le quint ď son nom regnãt en ce tẽps en frãce paisiblemẽt. Et le trãslata sõ petit τ hũble chapelain frere iehan corbichõ... Et a este reuisite par venerable τ discrete personne frere pierre ferget..., du couuent des augustins de lyon Et imprime au dit lieu de lyon par hõnorable hõe maistre mathieu hutz* (sic) *maistre en lart de impression le .xii. iour de nouembre .Mil. CCCC. huytante et deux,* gr. in-fol. goth. à 2 col. de 46 lig., sign. *a—x* et A—Tv., avec fig. en bois.

Au commencement du vol. sont 8 ff. portant aussi la sign. *a*, et contenant le prologue du traducteur, lequel commence comme ci-dessus, le prologue de l'acteur, et les rubriques des xix livres dont se compose cette espèce d'Encyclopédie. 24 fr. Brienne-Laire, et se vendrait beaucoup plus cher aujourd'hui.

— Cy commence vng tres excellent liure nomme le proprietaire des choses. — *cestuy liure... fut translate de latin en francois lan de grace mil ccc. lxxii... et le translata... frere Jehan corbichõ... et a este reviste p̃... frere Pierre ferget... et imprime audit lieu de Lyon par... Mathieu Husz, maistre en lart de impression le* xii *iour doctobre. Lan mil cccc. huitante τ cinq,* gr. in-fol., fig. goth., à 2 col., sign. a—z et A—Niij, non compris 8 ff. prélim.

70 fr. Huzard; 102 fr. Cailhava; 6 liv. 8 sh. 6 d. Libri, en 1859.

— Le même livre. — *Imprime a lyon par Mathieu Husz, le viij jour dauril, lan*

mil cccc lxxxvii, in-fol. goth. à 2 col. de 50 lig., avec fig. en bois.

Cette édit. a 8 ff. prélim. (sign. *a*) pour le titre, le prologue et la table des rubriques ; lesquels sont suivis du texte, sous les sign. a—z et A—L.v. La souscription, accompagnée de la marque de Husz, est au verso du 9° f. du dernier cah. Vend. 30 fr. Heber ; 145 fr. mar. v. Coste.

— Le même propriétaire des choses. (au verso de l'avant-dernier f., 2° col.)... *Et imprime au dit lieu de lyon par... Mathieu husz... le* xv. (M. Péricaud a lu le *vi* sur un exemplaire) *iour de mars lan Mil CCCC. lxxxxi,* in-fol. goth. à 2 col. de 57 lign., signat. *a—z, τ, ⱷ* et A—B, fig. en bois.

Cette édition commence par 6 ff. prélim. pour les prologues et la table, et se termine au dern. f. recto par un registre des cah., lequel porte *primum vacat,* 3 liv. Libri.

—Le même. *Lyon par Jean Cyber maistre en lart de impression* (sans date), in-fol. goth. à 2 col. de 55 lig., fig. en bois. Il y a sept ff. prélim. pour le prologue et la table.

80 fr. mar. r. Huzard ; 125 fr. Monmerqué.

—Le Propriétaire en francois.— *Imprime a paris pour anthoine verard marchant libraire* (sans date), in-fol. goth. à 2 col., fig. en bois.

Les huit premiers ff. contiennent le titre, le prologue et la table. (Panzer, IV, p. 400.)

Une édition de *Lyon, Jehan Dyamantier,* 1500, in-fol. goth., est citée par Maittaire.

LE PROPRIETAIRE des choses tresutille et proffitable aux corps humains : auecques aulcunes addicions nouuellemẽt adioustees. Cest assauoir. Les vertus et pprietez des eaux artificielles : et des herbes pareillemẽt. Les natiuitez des hommes et des femmes selon les xii signes de lan. Item plusieurs receptes contre aulcunes maladies. Item ung remede tresutille contre fieure pestilencieuse : et aultre maniere depydemye approuuee par plusieurs docteurs en medecine. Item est adiouste a la fin vne medicine tresutille appellee la medicine des cheuaulx : et autres bestes. Le tout reueu et corrige nouuellement. Translate du latin (de Bartholome de Glanuille, anglois), par Jehan Corbichon. (*sans lieu ni date*), pet. in-fol. goth. à 2 col.

Un exemplaire de l'édition qui porte ce titre a été vendu 25 fr. Huzard; nous supposons qu'il y manquait le dernier feuillet donnant la souscription de l'imprimeur avec la date, et qu'il s'agit là d'une des éditions faites au commencement du xvi° siècle. Plusieurs autres éditions de cette traduction, qui ont paru dans la première moitié du même siècle, sont portées dans le catal. Huzard, tome I, n°ˢ 162 et suiv.

1° *Impr. a Paris lan de grace mil cinq cens et dix le* xv *iour de nouembre, pour Jehan Petit et Michel le Noir.*

2° *... avec aucunes additions nouuellement adioustees, cest assauoir les vertus et proprietez des eaux artificielles et des herbes... — Imprime a Rouen, en lan mil* v *cens et* xii. *le* xv° *iour de nouembre, pour francoys regnauld libraire en luniuersite de Paris, et pour Jean Mace... a renes, et pour Michel angier...de Caen, et pour Richard mace... a Rouen.*

3° *1518, le* viii° *iour de janvier, pour Jehan petit et Michel le noir.* (Il existe aussi une édition de Paris, Phil. Le Noir, *le* 20° *iour de may,* 1525.)

4° 1539, à *Paris, Iehan Longis ;* chacune de ces quatre édit. est in-fol., en caract. goth., avec des fig. en bois.

5° Le même... contenant plusieurs diuerses maladies et dont ilz procedent, et aussi les remedes preseruatifz. Auec les proprietez du ciel, de la terre, des bestes, des oyseaulx, des pierres et des metaulx. *Paris, Ch. l'Angelier,* 1556, in-fol., fig. et lettres ornées. Edition en caractères romains, 18 fr. Huzard. Les quatre éditions précédentes n'ont été payées que de 6 à 7 fr. chacune, mais elles se vendraient plus cher aujourd'hui.

— El libro de las propriedades de las cosas transladado de latin en romance por fray Vicente de Burgos. *En Tholosa, Enrique Meyer,* 18 sept. 1494, in-fol. goth., avec fig. en bois.

Édition à 2 col. avec sign., mais sans réclames ni chiffres. Le titre ci-dessus est tiré de la souscription finale. Celui du commencement porte : *El libro de proprietatibus rerum.* Vend. 19 sh. Heber.

— LIBRO de proprietatibus rerum, transladado de latin en romance por padre fpay Vicente de Burgos. *Toledo, Gaspard de Avila,* 1529, in-fol. goth. Vendu 36 fr. Camus de Limare.

— Le grand proprietaire des choses, trad. en hollandais. *Harlem, Jacop Bellaert,* 1485, in-fol. goth.

Vend. 30 fr. *m. r.* La Valliere.

On cite une première édition de cette traduction sous la date de 1479, sans lieu d'impression.

— Bartholomeus de proprietatibus rerum (translated into english by John Trevisa). *Printed by Wynkyn de Worde,* in-fol. goth.

Un des premiers livres imprimés sur du papier fabriqué en Angleterre. Vend. 70 liv. 7 sh. Roxburghe; 53 liv. 11 sh. White Knights; 36 liv. 15 sh. Watson Taylor; 45 liv. en août 1858.

Nous nous dispenserons d'indiquer ici les autres traductions de cet ouvrage.

GLAREANUS (*Henr.*), Loritus. Isagoge in musicen. *Basileæ,* 1516, pet. in-4. 20 fr. 50 c. Heber. [10129]

Panzer ne cite pas cet ouvrage, mais il en indique un autre du même auteur sous ce titre : *De ratione syllabarum brevis isagoge, etc. Basileæ in œdibus Adæ Petri de Langendorff,* 1516, in-4., lequel a été réimprimé plusieurs fois avant le milieu du XVI° siècle.

— Dodecachordon. *Basileæ, H. Petri,* 1547, pet. in-fol. de plus de 400 pp. fig. [10130]

Ouvrage important, où l'auteur a réuni des exemples choisis parmi les chefs-d'œuvre des meilleurs maitres de son époque : 16 fr. Boisgelou; 1 liv. 3 sh. Heber.

— Musicæ epitome ex Glareani Dodecachordo una cum quinque vocum melodiis super ejusdem Glareani panegyrico de Helveticarum XIII urbium laudibus, per Manfredum Barbarinum coregiensem. *Basileæ, H. Curio,* 1559, pet. in-8.

— De geographia liber vnus. (à la fin) : *Basileæ, anno* M. D. XXVII. *Excudebat Ioannes Faber Emmeus,* in-4. de 35 ff., titre gravé et fig. en bois. [19522]

Première édition de cette géographie qui a été réimpr. plusieurs fois. Il n'y est parlé que très-sommairement de l'Amérique. 7 thl. catal. de la Biblioth. américaine de Brockhaus, 1861, n° 3.

Glaréan a écrit des poésies latines et différents ouvrages dont Panzer donne les titres, mais qu'on ne recherche plus.

GLAS (*George*). History of the discoveries and conquest of the Canary islands, translated of spanish manuscripts. *London,* 1764, in-4., with maps. 15 à 20 fr. [28446]

GLASSIUS (*Sal.*). Philologia sacra his temporibus accommodata. Tom. I. Grammatica et Rhetorica sacra, cura J.-A. Dathe; editio tertia. *Lipsiæ,* 1818. Tom. II, sect. 1 et 2. Critica et hermeneut. sacra, cura G.-Lr. Bauer. *Lipsiæ,* 1795-97, 2 vol. gr. in-8. 30 fr. [569]

Dans cette édition la *Philologia sacra* de Glass. impr. précédemment à Leipzig, en 1725, in-4., a été entièrement refaite.

GLAUBER (*Joan.-Rudol.*). Opera. *Amst.,* 1654-69, in-8. [8975]

Nous indiquons, sous cet intitulé, le recueil des ouvrages ou opuscules latins de cet auteur, lesquels, pour la plupart, ont rapport à l'alchimie. Un exempl. relié en 5 vol., contenant 20 opuscules, est décrit dans le catalogue de Santander, sous le n° 2293. Cette collection, quoique rare, n'est pas chère. Nous citerons encore.

LA PREMIÈRE (2° et 3°) partie de l'œuvre minérale de Glauber, où est enseignée la séparation de l'or des pierres à feu, sable, etc., mise en françois par Du Teil. *Paris,* 1674, in-8. [8976]

LA DESCRIPTION des nouveaux fourneaux philosophiques, ou art distillatoire, etc., trad. par Du Teil. *Paris,* 1659, in-8. fig. [8977]

TRAITÉ de la médecine universelle, ou le vray or potable, etc., mis en françois par Du Teil. *Paris,* 1659, in-8. [8995]

Les 3 vol. réunis en 2, 18 fr. Baron, et quelquefois plus ou moins.

GLEICHEN (*G.-Fr.* de). Découvertes les plus nouvelles dans le règne végétal, ou observations microscopiques sur les plantes, etc., traduit de l'allemand par Jac.-Fred. Isenflamm. *Nuremberg,* 1770 (nouv. titre, 1790), 3 part. 1 vol. in-fol., avec 50 pl. color. [4345]

69 fr. La Valliere; 68 fr. Petit; 40 fr. Librairie De Bure.

L'édition de 1764 (nouv. titre, 1790), en allemand, in-fol., même nombre de pl., 15 fr. L'Héritier.

— AUSERLESENE mikroskop., *c. à. d.,* Découvertes microscopiques sur les plantes, fleurs, etc. (en allemand). *Nuremberg,* 1777-81, in-4., 6 cah. avec un portr. et 83 pl. color. 14 thl. [4346]

Vend. 14 fr. L'Héritier, mais susceptible d'une plus haute valeur.

— DISSERTATION sur la génération, les animalcules spermatiques et ceux d'infusion, trad. de l'allemand (par Lavaux). *Paris, an* VII (1799), in-4. fig. 12 fr. [6175]

L'original allemand, sous le titre de *Abhandlung über den Saamen von den Infusionsthierchen,* Nuremberg, 1778, in-4., pl. color., coûtait 4 thl.

Gleaninus in Africa, 28430.

GLEIM (*J.-W.-L.*). Sämmtliche Werke, aus des Dichters Handschrr. durch W. Körte. *Halberst.*, 1811-13, 7 vol. in-8. 25 fr. — Pap. fin, 48 fr. [15569]

On réunit à ces 7 vol. *Gleim's Leben von W. Körte*, Halberst., 1811, in-8. 6 fr. — Pap. fin, 8 fr., et un volume complémentaire (*Ergänzungsband*) *Leipzig*, 1841, in-8.

GLEN (*Jean* de). Des habits, mœurs, ceremonies et façons de faire anciennes et modernes du monde, avec les pourtraicts des habits taillés. *Liége, Jean de Glen*, 1601, in-8. [21330]

Volume curieux et peu commun, lequel renferme 200 pl. sur bois, dans le genre de celles de Vecellio (voyez ce nom). Ces planches ont été gravées par Jean de Glen, lui-même, lequel s'est fait aider pour le texte par son frère J.-B. de Glen. Un exempl. en *mar. v.* 50 fr. Goddé, et 60 fr. Borluut; 120 fr. *mar. bl.* par Trautz, Veinant en 1860.

GLEN (*J.-B.* de). La messe des anciens chrétiens, dits de Saint-Thomas, en l'évêché d'Angamal et des Indes orientales, purgée des erreurs du Nestorianisme, par les soins de D. Alexis de Ménésès, archevêque de Goa, trad. du syriaque en latin et mise en françois. *Anvers*, 1609, in-8. [672]

Cet ouvrage, annoncé comme un livre complet dans la *Bibliogr. instr.*, n° 186, et vend. en *m. bl.* 15 fr. Gaignat, 14 fr. *v. f.* Chardin, c'est une partie nécessaire du volume intitulé : *Histoire orientale des progrès de l'Eglise catholique*, etc., et n'en doit pas être séparé. V. GOUVEA (*Ant.* de).

— Du debvoir des filles, traicté brief, et fort utile, divisé en deux parties : la premiere est de la dignité de la femme, de ses bons deportements, et debvoirs; des bonnes parties et qualités requises aux filles, qui tendent au mariage : l'autre traicte de la virginité, de son excellence, des bonnes parties necessaires à celles qui en font profecion, des moyens de la conserver, et plusieurs autres choses qui se verront plus à plein au sommaire des chapitres; par frere Jean-Baptiste de Glen, docteur en théologie de la faculté de Paris, et prieur des Augustins de Liége. Item plusieurs patrons d'ouvrage, pour toutes sortes de lingerie, de Jean de Glen; le tout dédié a madame Anne de Croy, marquise de Renty, etc. *Liege, chez Jean de Glen*, 1597, 2 part. en 1 vol. in-8. obl. [3863]

Livre curieux et qu'on trouve difficilement complet, surtout dans les planches des *patrons de lingerie* qui sont de Jean de Glen, et donnent du prix au volume. La prem. partie a 14 pp. limin. et 120 pp. de texte; la seconde 12 pages de texte, non chiffrées, et 39 pl. L'exemplaire en *mar. r.* vendu 11 fr. Méon, se payerait beaucoup plus cher aujourd'hui.

— ECONOMIE chrestienne, contenant les reigles de bien vivre, tant pour les gens mariés qu'à marier, pour nourrir et élever les enfans, fils, filles, etc. *Liége*, 1608, in-8. [1742]

Ouvrage singulier et d'un style des plus naïfs. Citons encore :

HISTOIRE pontificale, ou plustot demonstration de la vraye Eglise fondée par Jesus-Christ et ses apostres, contenante sommairement les faictz les plus signalez advenuz en icelle et les plus preignantes marques de la vraye Eglise, etc. Avec les pourtraicts naturels des Papes taillez par Jean de Glen Liegois. *Liége, Arnoult de Coerswarem*, 1600, in-4. de 889 pp.

Traduction de l'ouvrage déjà donné en latin par J.-B. Glen, sous ce titre : *Vitæ romanorum Pontificum a Petro usque ad Clementem VIII... Leodii, ex officina H. Hovii*, 1597, in-8. de 24 ff. et 499, avec les portraits gravés sur bois par J. de Glen, frère de l'auteur.

L'édition de la traduction française ne s'étant pas bien vendue, on l'a fait reparaître avec le nouveau titre ci-dessous et quelques nouveaux feuillets ajoutés à la fin.

S. PIERRE premier pape institué par Jésus-Christ, et tous ses légitimes successeurs jusques à Innocent X inclusivement... avec leurs pourtraicts naturels : composé par F. J.-B. de Glen, et depuis augmenté et continué jusqu'en 1649, en cette dernière édition. *Liége, Nicolas Gaen*, 1649, in-4. de 917 pp. [21608]

GLICAS (*Michel*). Voy. BYZANTINA, n° 11.

GLOBUS mundi. Declaratio siue descriptio mundi et totius orbis terrarum globulo rotundo comparati, vt sphera solida. Qua cuiuis etiã mediocriter docto ad oculũ videre licet antipodes esse. quor. pedes nostris oppositi sunt. Et qualiter in vnaquaqu. orbis parte homines vitam agere queunt salutarẽ. sole singula terre loca illustrare. que tamen terra in vacuo aere pendere videtur. solo dei nutu sustētata. alijsque permultis de quarta orbis terrarũ parte nuper ab Americo reperta. (in fine) : *Valete feliciter ex Argentina vltima Augusti, Anno post natũ saluatorẽ. M. D. IX. Joannes grüniger imprimebat. Adelpho castigatore*, pet. in-4. goth. de 14 ff. [6361]

Nous reproduisons ici en entier le titre curieux de cet opuscule peu connu, dans lequel se trouve, entre autres fig. sur bois, une mappemonde où l'Amérique est figurée sous le nom de *Niew welt*. C'est à cause de cette mappemonde que ce livre est porté à 125 fr. dans le VIII° catal. d'Asher, 1858, n° 161. Panzer n'a donné que les deux premiers mots du titre ci-dessus, d'après le second catal. de Crevenna, n° 1999, où l'exemplaire, réuni au *Cosmographicus liber Petri*, édit. de 1533, n'est porté qu'à 1 florin de Hollande.

GLOIRE (la) de St Joseph, victorieux des principaux démons de la possession des Ursulines de Loudun; où se voit particulierement ce qui arriva le jour des Rois 1636, en la sortie d'Isacazon, du corps de la mere prieure, par les RR. PP. exorcistes de Loudun. *Au Mans*, 1636, pet. in-8. [23714]

Une des pièces les plus rares que l'on ait sur l'affaire des religieuses de Loudun : elle n'est pas indiquée dans le nouveau Le Long, où l'on cite cependant (n° 4847) un autre opuscule intitulé :

LES MIRACULEUX effets de la Vierge, de saint Joseph et de saint François, dans le soulagement et délivrance des filles Ursulines possédées à Loudun, contre tous les efforts des diables et démons. *Paris, 1637, pet. in-8.*

Pour les autres écrits relatifs à la même affaire, voy. HISTOIRE des diables de Loudun, et l'article VÉRITABLE relation, sous lequel se trouve aussi la *Démonomanie de Loudun.*

GLOIRES de la France. Voy. ci-dessus, col. 1509, article GAVARD.

GLORIA mulierum. Qvi comenza el proemio del ordine del bem viver de le done maridade chiamato gloria mvliervm. (*Venetiis, per Nic. Jenson, circa* 1471), pet. in-4. [1739]

Ce petit volume, très-rare , est conforme, pour l'exécution typographique, au *Decor puellarum* portant la fausse date de 1461; il consiste en 16 ff. impr., dont chaque page entière a 21 lig. Vend. en 15 ff. 80 fr. *m. r.* Gaignat ; 260 fr. *m. bl.* La Valliere ; 50 flor. en 14 ff. Crevenna.

L'exemplaire en 16 ff. qui se trouvait chez Pinelli, était relié à la suite du *Decor puellarum*, et le même volume (vend. 21 liv.) renfermait de plus un opuscule de 10 ff. ayant pour titre : *Parole devote de l'anima inamorata in misser Jesv*, et portant à la fin : M. CCCC. LXXI. *octavo idvs Aprilis : per Nicolaum Jenson gallicũ opusculũ hoc feliciter impressum est.*

GLORIEUX (le) et triomphant martyre de Baltazar Girard, advenu en la ville de Delft en Hollande, le xiiij° de juillet 1584 ; ensemble le tombeau de Guillaume de Nassau, jadis prince d'Orenge, terminé audict lieu le x dudict mois de juillet audict an. *Douay, Jean Bogard,* 1584, pet. in-12 de lvj pp. [25036]

Livre curieux et rare, où se voit (à la page xlij) un monument funèbre, sur lequel est inscrite une épitaphe satirique de Guill. de Nassau : vend. 10 fr. Sépher ; il serait plus cher aujourd'hui.

On verra , à l'article NASSAU, par quel écrit les Espagnols ont provoqué l'assassinat du prince d'Orange, et quand ce crime a été exécuté. Dans sa prose francovallone, l'ouvrage décrit ci-dessus glorifie l'auteur de cet attentat. En voici un autre où le criminel est célébré en vers latins ; il a pour titre :

IN HONOREM inclyti herois, Balthasaris Gerardi, tyrannidis auraicæ fortissimi vindicis, carmen : quo et Guillelmi Nassavii principis auraici cædes, et percussoris tormenta breviter enarrantur ; authore T. S. A. V. B. *Lovanii,* Joan. *Masius,* 1588, in-8. de 16 ff. non chiffrés.

— Voir l'article CRUELS tormens.

GLORIEUX (du) retour de Lempereur de Provence, par ung double de lectres, escriptes de Bouloigne a Romme a Labbe de Caprare : translate d'Italien en françoys. (*sans lieu ni date*), in-4. de 8 ff. non chiffrés. [23459]

Édition originale de cette pièce écrite vers 1536 ; il en existe une réimpression sous le titre porte, après le nom de Caprare : *Translate Dytalien en Francoys: adiouste le double du dicton prononce a la condempnation de Lempoisonneur de feu monsieur*

le *Dauphin de France ;* c'est un pet. in-8. de 8 ff. à la fin duquel se lit : *On les vend a Lyon en la rue Merciere par Jean Mousnier,* 1537. Une autre réimpression sans date et sans lieu d'impression, pet. in-8. de 8 ff., paraît être une copie de la précédente.

GLOSSARIA græca. Voy. MATTHÆUS.

GLOWER (*R.*). Leonidas, a poem. *Lond., Bensley,* 1798, 2 vol. pet. in-8. pap. vél. fig. [15837]

Jolie édition : 12 à 15 fr. — Gr. Pap. 2 liv. 8 sh. *m. r.* Williams.

Ce poëme qui, dans la première année de sa publication (1737-38) a eu jusqu'à quatre éditions, est aujourd'hui aussi injustement négligé, peut-être, qu'il a été autrefois loué avec excès. Il y en a deux traductions françaises, anonymes : l'une impr. à *Genève,* 1738, 2 part. in-12 ; l'autre à *La Haye,* 1739, in-12. Cette dernière, de J. Bertrand, est la plus exacte. — Memoirs, 30925.

GLÜCK (*Ch.-F.*). Erläuterung der Pandekten nach Hellfeld. *Erlang., Palm,* 1796-1849, in-8. tomes I à XLV. [2498]

Commentaire le plus complet qui ait encore paru sur les Pandectes. (Les tom. 35 à 43 sont de Mühlenbruch, et les tomes 44 et 45 de E. Fain.) Il faut y joindre : *Vollständiges Sach-und Gesetz-Register des Commentar über die Pandekten*, vom 1 bis 35n Bd. Erl., 1822-23-32, 3 vol. in-8. Chaque vol. du comment. coûte de 6 à 7 fr. Pour les autres ouvrages de l'auteur, consultez Ersch, *Handbuch*, 2e volume, édition de 1823.

GLUGE (*Glieb.*). Atlas der pathologischen Anatomie. *Jena, Mauke,* 1843-50, 22 livr. in-fol. fig. 162 fr. [6743]

GMELIN (*Jo.-Georg.*). Flora sibirica, sive historia plantarum Siberiæ. *Petropoli, typis acad.,* 1747-69, 4 vol. in-4. fig. 36 à 40 fr. [5244]

Vend. en *m. v.* 80 fr. Chardin ; 52 fr. Hallé.

Nombre des planches : tom. I, 50 ; — tom. II, 98 ou même 99 ; — tom. III, 67 ; — tom. IV, 83.

Sam.-Gottl. Gmelin, neveu de Jean-Georg., a été l'éditeur des deux derniers vol. de cette Flore.

— VOYAGE en Sibérie (fait de 1735-43), trad. de l'allem. par de Kéralio. *Paris,* 1767, 2 vol. in-12. [20769]

Cette traduction n'est qu'un extrait de l'ouvrage allemand, impr. à *Gottingue,* de 1751-2, en 4 vol. in-8. fig.

GMELIN (*Sam.-Gottl.*). Historia fucorum. *Petropoli, typis acad.,* 1768, in-4. avec 35 pl. 15 à 20 fr. [5523]

Cet auteur, neveu du précédent, a fait un Voyage en Russie dont la relation, en russe, a été impr. à *Pétersbourg,* 1771, en 3 vol. in-4. ; et la traduct. allem. dans la même ville, de 1770 à 1784, 4 tom. en 3 vol. in-4. [20392] — L'édition russe, 48 fr. L'Héritier ; la trad. allem., 60 fr. le même. Il y a des exempl. de cette dernière dont les planch. sont color. et qui coûtaient près de 240 fr. Ce voyage avait pour but principal l'histoire naturelle.

GMELIN (*Leop.*). Handbuch der Chemie. *Heidelberg, Winter*, 1852-60, in-8. vol. I à VIII, 5ᵉ édit. 126 fr. [4404]

L'auteur était un des plus célèbres professeurs de chimie de l'Allemagne; il est mort le 13 avril 1853. Son ouvrage a été continué par MM. K. Kraut et autres.

GMELIN (*Joan.-Frid.*). Voy. MURRAY.

GMUNDEN (*Joan.* de). Voyez ARITHMETICA.

GNAPHEUS (*Guillaume* Volder, ou Le Foulon, dit). Acolastus. De filio prodigo, comœdia Acolasti titulo inscripta, authore Guilielmo Gnapheo, Gymnasiarcha Hagiensi Coloniæ (in fine) : *Guilhelmus Fullonius canebat apud Hagienses suos anno* M. D. XXIX, pet. in-8. [16138]

Cette édition est probablement la première de cette pièce qui a été souvent réimprimée. Elle est indiquée par Panzer, XI, p. 401. Il y en a une autre sous cette date : *Godoridus Dumæus Antuerpiæ excudebat anno* M D XXIX, in-8. de 35 ff. 3 fr. de Soleinne.

Nous citerons encore les quatre éditions suivantes, toutes les quatre sous la date de 1530.

— *Antuerpiæ, Mich. Hillenius excussit, anno* 1530, *mense augusto*, in-8. — *Lutetiæ, Christ. Wechel*, in-8. de 35 ff. 2 fr. 75 de Soleinne. — *Coloniæ, J.Gymnicus excudebat*, pet. in-8. fig.—*Antuerpiæ, apud Martinum cæsaren*, pet. in-8. sign. A—E 3. Panzer en cite sept autres impr. à Anvers, à Cologne, à Leipzig et à Bâle, de 1532 à 1536, sans parler de celle de *Paris, Chr. Wechel*, 1534, in-8., qui est à la Biblioth. impér. Courtois possédait celles de *Paris, Wechel*, 1539, aussi celle de *Paris, Vidua Mauricii a Porta*, 1554, pet. in-8. de 16 ff. prél., 199 ff. chiffrés, commençant au 9ᵉ, et 1 f. non chiffré. Cette dernière est augmentée d'un commentaire de *Gabr. Prateolus Marcossius* (3 fr. 75 c. de Soleinne) ; de *Cologne, P. Horst*, 1554, pet. in-8. Nous pouvons encore citer les éditions de *Paris, Pringent Calvarin*, 1550, pet. in-8. (avec la marque ci-dessous), de *Paris, Fezendat*, 1554, in-8; d'*Anvers, Jo. Lœns*, 1555, pet. in-8. de 32 ff., et de *Lyon, Ben. Rigaud*, 1581, in-8. Aucune n'est chère.

— Voyez PALSGRAVE.

HYPOCRISIS. De hypocrisis falsa religione, ficta disciplina, et supplicio, deque Psyches calamitate, et restituta illi per veram pœnitentiam salute, tragicomœdia hypocrisis titulo inscripta, autore Gul. Gnapheo. *Basileæ*, 1544 (in fine) : *apud Barptholomeum* (sic) *Vuesthemerum*, pet. in-8. de 78 pp., plus un f. pour la souscription. [6130]

MOROSOPHUS de vera et personata sapientia, comœdia non minus festiva, quam pia : Morosophi titulo inscripta; authore Guilielmo Gnapheo Hagense ludi literati apud Ælbigenses moderatore primario : accesserunt et quædam alia poematia. *Excudebat Gedani Franc. Rhodus*, 1541, pet. in-4. de 28 ff.

Édition fort rare, dont un exemplaire en mauvais état a été vendu 3 fr. 75 c. de Soleinne.

Autre édition : *Nurembergæ, Valentinus Furmannus*, 1599, pet. in-8. sign. A—D. [6140]

Ces deux pièces sont plus rares que l'Acolastus, mais d'un prix médiocre.

GNODALIUS (*Petr.*). Seditio repentina vulgi, præcipue rusticorum, anno 1525 per universam fere Germaniam exorta. *Basil., H. Petri*, 1570, in-fol. [26435]

Réimpr. dans *Schardii scriptores rerum german.* (1673), II, page 131 et suiv., trad. en allemand par Jac. Schlusser, *Basil.*, 1573, in-fol.

GNOMÆ monostichæ, sive sententiæ ex diversis poetis, secundum ordinem alphabeti; accedit Musæi poematium de Herone et Leandro, cura Jo. Lascaris; græce. Pet. in-4. [12264]

Édition très-rare, exécutée en lettres capitales, sans indication de lieu et sans date, mais probablement à *Florence*, de 1494 à 1500. Elle n'a que 18 ff. divisés en 3 cah., sous les signatures A, B, C. Vend. 200 flor. Crevenna ; 420 fr. d'Ourches ; 350 fr. Larcher; 43 liv. *non rogné*, Grafton ; 12 liv. 5 sh. Hibbert; 15 liv. 10 sh. Heber; 189 fr. Boutourlin; 720 fr., avec le *Callimaque* en lettres capitales, Soubise. Sur la première page se voit l'alphabet grec, avec les diphthongues ; puis au-dessous l'index des sentences en 18 lignes.

— Gnomologia, sive moralium sententiarum collectanea ab Hier. Aleandro recognita, scilicet Carmina Theognidis, Pythagoræ, Phocylidis, Sibyllæ erythrææ, Catonis romani per Maximum Planudem græce redditi ; Gnomæ diversorum poetarum ; Apophthegmata sapientum, et illustrium quorundam virorum ; Rudimenta quædam græca ; Oratio dominica et preces aliæ ; Symbolum Apostolorum et Nicænum, etc., græce. *Apud Matthæum Bolsecum divi Ivonis Britonum tutellaris numinis signum in vico Scholarum decretorum proferentem bibliopolam parisiensem, millesimo quingentesimo duodecimo; undecimo calendas Januarias*, in-4.

Vend. 1 liv. 12 sh. Askew.

Ce recueil, devenu fort rare, a probablement été imprimé chez Gourmont, quoiqu'il ne porte pas son nom. Cet imprimeur a donné, en 1507, un recueil du même genre. Voy. ALPHABETUM græcum.

— SCRIPTORES aliquot gnomici: Æsopi et Gabriæ fabulæ; Agapetus de officio regis; Hesiodi opera; Theognidis, Pythagoræ et aliorum sententiæ, græce;

Basileæ, *Jo. Frobenius*, 1521, in-8. de 6 ff. et 343 pp. 3 à 6 fr. [12265]

— Gnomologiæ veterrimorum poetarum, Theognidis, et XVI aliorum, græce. *Parisiis*, *Turnebus*, 1553, in-4. 5 à 6 fr. [12266]

— Voy. NEANDRI liber aureus.

GNOMICI poetæ græci, emendavit Rich.-Fr.-Ph. Brunck. *Argentorati*, 1784, pet. in-8. 6 à 7 fr. [12271]

En Gr. Pap., format in-4., 15 à 20 fr. Vend. 36 fr. *m. r.* F. Didot; 50 fr. Larcher.

On ne trouve, dans cette édition, la version latine que de quelques morceaux.

— EDITIO nova, correcta notisque et indicibus aucta (a Schæfero). *Lipsiæ*, 1817, in-8. 7 fr.

— POETÆ græci gnomici : Theognis, Tyrtheus, Solon, Simonides, Pythagoras, Phocylides, græce, curante J.-Fr. Boissonade. *Paris., Lefevre (typis Julii Didot)*, 1823, gr. in-32. pap. vél. 3 fr. — Gr. Pap. jésus vél. 6 fr.

GOAR. Εὐχολόγιον sive rituale Græcorum complectens ritus et ordines divinæ liturgiæ, officiorum, sacramentorum, consecrationum, benedictionum, funerum, orationum, etc., cuilibet personæ, statui vel tempori congruos, juxta usum orientalis ecclesiæ, cum selectis mss. et editis exemplaribus collatum : interpretatione latina, nec non mixobarbarum vocum brevi glossario, æneis figuris, et observationibus ex antiquis PP. et maxime græcorum theologorum expositionibus illustratum, opera R. P. F.-Jacq. Goar. *Lutetiæ-Parisiorum, Sim. Piget*, 1647 (nouv. titre 1676), in-fol. [677]

Ouvrage très-estimé et dont les exemplaires sont rares : 49 fr. Delasize; 69 fr. de Sacy.

L'édition de *Venise*, 1730, in-fol., a été vendue 30 fr. 50 c. Boutourlin; celle de Paris ne valait jadis que de 18 à 24 fr.

GOAZI (*Marco* de). Voy. GUAZZI.

GOBIN (*Robert*).

Les loups rauissans.

     Cestuy liure
     Ou autrement doctrinal moral
     Intitule est : qui deliure
     Douze chapitres en general
     Ou chascun se brutte est rural
     Nest pas trop, il pourra congnoistre.
     Comment euiter vice et mal
     On doit et tres vertueux estre.

(au recto du dernier f.) : *Cy fine ce present liure des loups rauissans fait et compose par maistre Robert gobin prestre maistre es ars, licencie en decret, doyen de crestiête de laigny sur marne... Imprime pour anthoine verard marchant libraire demourant a*

Gobati (*J.-B.*). Bullarium ord. S. Hieronymi, 21843.

Gobbilion. Vie de Louise de Marillac, 22213.

Gobert (*Th.*). Pratique des forces mouvantes, 8096.

Gobet. Anciens minéralogistes, 4713.

Paris deuant la rue neufue nostre dame... (vers 1503), in-4. goth. de 308 ff. non chiffrés, à 36 lig. par page, sign. a jusqu'à Dij du troisième alphabet. [13293]

Ouvrage en vers et en prose, orné de figures en bois. C'est un livre rare et certainement des plus curieux que nous ayons en ce genre. L'auteur a voulu en faire un traité de morale, mais, comme le dit Goujet, *Biblioth. françoise*, tome X, page 178 : « Rien de plus bizarre et de moins convenable à son but que le tour qu'il prend pour détourner du vice ceux qu'il avait dessein d'instruire. Les Loups ravissans parlent chez lui aussi souvent que *Sainte Doctrine*; et que ne disent-ils pas ? Les maximes les plus corrompues sont toujours dans leur bouche; leur école est celle du libertinage le plus outré; les peintures qu'on y fait des vices y sont extrêmement libres; tout y est montré sans voile; tout y est dit sans énigme. » — Cette inconséquence, sans doute blâmable, de Gobin, est peut-être ce qui a le plus contribué à sauver de l'oubli un livre aussi diffus et aussi pénible à lire que l'est le sien. Une chose pourtant doit lui donner quelque prix aux yeux des amateurs de notre ancienne littérature, c'est qu'on y trouve plusieurs fables narrées avec assez de naturel, et entre autres celle du *Meunier, son fils et l'âne*, que notre bon La Fontaine a si agréablement embellie depuis, en croyant ne la devoir qu'à Malherbe.

La Croix du Maine dit au sujet des Loups ravissans : « C'est le plus hardi livre, pour parler en toute liberté des ecclésiastiques, que nous ayons encore vu écrit par un homme de sa profession. » A quoi l'abbé de Saint-Léger a ajouté, sur son exemplaire de La Croix du Maine : « Je n'en suis pas surpris, d'après le proverbe trivial *marchand d'oignons se connoît en ciboule.* Voyez comment les apostats ont mené les moines ! »

Autrefois ce livre n'était pas cher, car il ne s'est vendu que 14 fr. 50 c. *mar. r.* La Valliere, et 6 fr., exempl. piqué de vers, chez le baron d'Heiss; mais ce dernier exempl. a été porté à 230 fr. chez Thierry, en 1817, et 116 fr. Bignon; un autre plus beau à 11 liv. Lang.; 15 liv. 15 sh. Heber : un 4e exempl. 400 fr. *mar. bl.* Crozet; un autre en *mar. bl.* 28 liv. Libri, en 1859; 365 fr. Solar.

Dans l'exemplaire imprimé sur VÉLIN, qui appartient à la Biblioth. impériale, les 43 pl. sur bois, ainsi que les nombreuses initiales, sont peintes.

Ajoutons qu'au verso du dernier f. du cahier rr. de ce livre, commence la Vision d'une danse des morts, morceau en vers qui occupe les 62 derniers ff. du volume, et est orné de 24 vignettes en bois fort remarquables par leur originalité. Cette danse des morts est précédée d'un petit prologue de l'*acteur*, en prose. Voici les premiers vers du premier dialogue entre la mort et l'acteur :

Ie suis la mort grande debellaresse
De dieu p̄mise menât guerre aux humaîs,
Ie suis la mort sur toutes vaïquerresse
Tât sur les hôes q̄ sur mõstres inhumaîs.

Ni ce morceau curieux, ni les gravures qui l'accompagnent ne se trouvent dans l'édition de Phil. Le Noir, dont nous allons parler, et où cependant on a copié les autres vignettes de l'édit. de Verard.

— Les Loups rauissans dit le doctrinal moral, contenant douze chapitres, ou chascun pourra facilement congnoistre que cest de bien, et fuyr mal. Auec les exemples iointes a chascun chapitre. *On les vend a Paris en la grant rue sainct Jacques a lenseigne de la Rose blanche couronnee (chez Phil. le Noir, vers 1525), pet. in-4. goth. de 206 ff.*

non chiffrés, à 39 et 40 lig. par page, sign. A—X, AA—V, et AAA—FFF, avec fig. en bois.

Édition plus rare encore que la précédente, mais moins belle et moins précieuse. Outre les vignettes en bois dont nous avons parlé, il s'y trouve des initiales fleuronnées: Le verso du dernier f. porte la marque et le nom de Philippe Le Noir, et au-dessus le chiffre xlvij, indicateur du nombre des cahiers, lesquels sont de 4 ff., à l'exception du premier qui en a 6, et de I et FFF qui en ont cha-cun 8. Dans les trois exemplaires que j'ai vus de cette édition, il paraissait y avoir une lacune entre le 4e f. du cah. X et le premier de AA. Toutefois les 47 cahiers indiqués s'y trouvaient bien. 255 fr. *mar. v.* Veinant.

— Confession generalle en Rime. Appelle laduertissement de conscience. (à la fin) : *Ce liure appelle laduertissement de conscience fut compose lan mil v. cens et six le x iour de feurier par maistre robert gobin , prestre licencier en de-cret doyen de laigny sur marne au diocese de paris,* pet. in-4. goth. de 12 ff. non chiffrés, à longues lignes, avec une fig. sur le titre. [13292]

Pièce en vers de 8 syllabes. Le dernier f. porte sur le recto une gravure en bois, et au verso la marque de Mich. Le Noir. Vendu 4 fr. seulement, La Val-liere.

GOBINEAU (*Esprit*), sieur de Montluy-sant, chartrain. L'Ordre sacré de la saincte pretrise, mis en vers françois. *Metz, Cl. Felix,* 1633, pet. in-4. de 28 pp. [13996]

En mai 1860 on a vendu 50 fr. un exemplaire de cet opuscule, en simple brochure. C'est beaucoup plus qu'il ne vaut.

GOBO da Venesia, Orland Furius. Voy. ARIOSTO, fin de l'article Orlando.

GODARD (*Jac.*). Voy. PETIT traictie.

GODARD (*Jean*). L'Oracle, ou chant de Protée, où sont prédites les glorieuses victoires de Henri IIII, roy de France et de Navarre; ensemble les trophées du dict seigneur, augmentez et corrigez de nouveau par Jean Godard, parisien; avec les commentaires de Cl. Le Brun. *Lyon, Thibaud Ancelin,* 1594, in-4. de 12 ff. prélim. et 134 pp. avec 2 portr.

Les Trophées de Henri quatriesme, de J. Godard, avaient déjà été impr. à Paris, par Fed. Morel, cette même année, 1594, in-4. de 23 pp. y compris le titre.
On trouve quelquefois relié avec l'*Oracle* soit le *Roy triomphant* d'Alex. de Pont-Aymery (voy. ce nom), soit *les Pilliers d'Estat, dediez au roy, par E. D. B.,* où il est monstré que la piété et la justice sont les vrais fondements des empires et que sans elles ils ne peuvent longtemps subsister. Lyon, Thibaud Ancelin, 1594, in-4. de 44 pp. En vers.

La plus ancienne production de ce poëte a pour titre : *Les prémices de la flor ou des amours de J. Go-dard,* Paris, février 1587, pet. in-12 ; elle se trouve reproduite dans le recueil de ses œuvres, où il n'a pas mis son petit poëme intitulé :
LE GAN de Jean Godard à N. Thibaut G. P. *Paris, Gabr. Perier,* 1588, pet. in-8. Cette dernière pièce a été réimprimée dans les *Variétés histor. et littér.* de M. Ed. Fournier, V, p. 173 et suiv.

— Les œuvres de Iean Godard, parisien, divisées en deux tomes, à Henry IIII tres chrestien et tres victorieux roy de France et de Navarre. Plus les Trophées du roy composez et adioutez depuis l'impression des présentes œuvres. *Lyon, Pierre Landry,* 1594, 2 tom. en 1 vol. pet. in-8. [13929]

45 fr. et 30 fr. *m. r.* de Soleinne.
Le premier volume de ce recueil doit avoir 8 ff. prél., 315 pp. et 1 f. non chiffré ; le second, 369 pp., 10 ff. non chiffrés et 34 pp. avec un portrait sur bois de Henri IV. *La Franciade,* tragédie, et *les Déguisés,* comédie, font partie de ce second volume.
Il y a des exemplaires dans lesquels *les Trophées du roy* ne se trouvent pas.
— MÉLANGES poétiques , tragiques , comiques et au-tres diverses , de l'invention de *L.* D. L. F. *Lyon, Ambroise Travers,* 1624, in-8. de 398 ff. chiffrés, non compris le titre.
Le volume publié sous ce titre est le second tome des *OEuvres de J. Godard,* édit. de 1594, dont on a réimprimé seulement quelques feuillets. Il con-tient la *Franciade,* tragédie, plus les *Déguisés,* co-médie imitée des *Suppositi* de l'Arioste, et qui a été réimprimée dans le VIIe tome de l'*Ancien théâ-tre françois,* publié par M. Jannet. Voy., pour plus de détails, le catal. de M. de Soleinne, no 853, et Goujet, XV et XVI.
— LA NOUVELLE Muse, ou les loisirs de Jean Godard, parisien, cy-devant lieutenant général au bailliage de Ribemon. *Lyon, Claude Morillon,* 1618, pet. in-8. [13930] A la fin de ce volume se trouve un *discours en prose sur la lettre H,* morceau qui contient de bonnes observations, et qu'on rencontre aussi sous le titre de l'*H françoise.* Lyon, 1618.
— LA LANGUE françoise de Jean Godard, parisien, première partie. *Lyon, Nicolas Jullieron,* 1620, in-8. [10947]
Goujet dit, en parlant de cet ouvrage (I, p. 133): « Je ne sçai guères de grotesque en ce genre plus ridi-cule que ce livre. »

GODARD (*J.-B.*). Histoire naturelle des Lépidoptères, ou papillons de France, ouvrage basé sur la méthode de Latreille, avec les figures dessinées et coloriées d'après nature par M. P. Duménil, con-tinué par M. P.-A.-J. Duponchel. *Paris, Crevot et Méquignon-Marvis,* 1820-46, 18 vol. in-8., fig. color. [6081]

Les 18 vol. dont se compose cet ouvrage contiennent 546 pl. color. et ont coûté 807 fr. (prix réduit depuis à 400 fr.) y compris le supplément par M. Dupon-chel, et le catalogue, formant ensemble 5 vol. avec 152 pl. color., et qui se vendaient séparément 140 fr.
On joint à ces 18 volumes :
Iconographie et histoire naturelle des chenilles... par *MM. Duponchel et Guenée,* 1849, 2 vol. in-8. avec 92 pl. color., 50 fr.

Gobineau (*A.* de). Inégalités des races humaines, 5654.
Godard (*Léon*). Description historique du Maroc, 28401.

Godard (l'abbé). Cours d'archéologie sacrée, 30009.
Godard-Faultier et Hawke. L'Anjou, 24416.

GODDIN. La chirurgie militaire, tres-utile a touts chirurgiens, principalemēt à ceux qui vœulēt suvir (*sic*) un camp en tēps de guerre. Pareilemēt a touts aultres, en côditiŏ pestilēte ou dysenterique. Côposée par maistre Nicolas Goddin, docteur en medicine en la ville d'Arras, trâslatée de latin en françois par maistre Jacques Blondel, chirurgien a Lille. *Jmprime a Gand par Josse Lambert, taylleur de lettres, lan mille DL iij, cum privilegio cæsareo*, pet. in-8. [7576]

En *mar. puce*, 37 fr. Hebbelynck.
Du Verdier ne cite pas cette édition, mais il indique celle d'*Anvers, Jean Bellere*, 1558, in-8., qui est aussi portée dans le catal. de Falconet, n° 7450.

GODEAU (*Ant.*), évêque de Vence. Paraphrase des Psaumes de David, en vers françois; dernière édition revue, et les chants corrigez et rendus propres et justes pour tous les couplets, par Th. Gobert. *Suivant la copie, à Paris, chez Pierre le Petit*, 1676, pet. in-12, avec un frontisp. gravé. 4 à 6 fr.

Il est à remarquer que le titre de ce volume a été imprimé en Hollande et porte la devise au *Quærendo*, tandis que le livre paraît être sorti des presses parisiennes. Vend. 13 fr. 60 c. *mar.* Sensier; 41 fr. *non rogné* Riva.
La première édition de cette paraphrase des Psaumes est celle de *Paris, V° Camusat*, 1648, in-4., et la seconde de *Paris, Pierre le Petit*, 1649, in-12; il se trouve de beaux exemplaires de l'une et de l'autre, rel. en maroquin et décorés de ces riches dorures pour lesquelles excellait le relieur Le Gascon. Dans la 4° édition, *Paris, P. Le Petit*, 1656, in-12, les vers de Godeau ont été mis en chant par Artus Aucousteaux, et dans celle de *Paris, P. Le Petit*, 1661, in-4., par *Th. Gobert, maistre de la musique de la chapelle du Roy*.
Les *Poésies chrétiennes* de cet évêque de Vence, *Paris, P. le Petit*, 1660-63, sont en 3 vol. in-12. [14025] Goujet en a fait connaître le contenu à la page 437 du 18° vol. de sa *Biblioth. françoise*. Il se trouve des exemplaires des *Poésies chrestiennes et morales, jouxte la copie imprimée à Paris, chez P. le Petit*, 1663, pet. in-12, auxquels feu Motteley, dans le dessein de faire passer ce volume pour une édition elsevirienne, a mis un titre imprimé à ses frais, portant la devise avec la devise : *Ne extra oleas*; par ce moyen il a obtenu 36 fr., en 1825, d'un exemplaire qui sans cela eût été donné pour 3 fr. Si l'on tient à compléter la collection des poésies de Godeau, il faut réunir aux trois vol. ci-dessus : *S. Paul*, poëme chrétien, 2° édition, *Paris*, 1664, in-12, et *Les Fastes de l'Eglise, pour les douze mois de l'année*, Paris, Fr. Muguet, 1674, in-12, ouvrage posthume, en vers.

—Les Tableaux de la penitence. *Jouxte la copie, à Paris, chez Ant.·Th. Jolly (Bruxelles)*, 1665, pet. in-12, avec 22 fig. 12 à 15 fr. [1640]

Édition dont on recherche les exemplaires bien conservés : 26 fr. 60 c. *vél.* A. Martin ; 30 fr. 50 c. *mar. gris*, ancienne vente Renouard.

Goddonesche. Médailles de Louis XV, 23896.
Goddé (*Jules*). Catalogue de livres relatifs aux beaux-arts, 31721.

L'édit. de *Paris, Courbé*, 1656, in-4. fig., est peu recherchée; cependant les gravures dont elle est ornée devraient lui donner quelque prix.
Les principaux ouvrages en prose du même auteur sont, indépendamment du *Discours sur les ouvrages de Malherbe*, impr. dans l'édit. de 1624, in-4. (voy. MALHERBE) :
L'HISTOIRE de l'Église, depuis la naissance de J.-C. jusqu'à la fin du IX° siècle, avec un abrégé préliminaire de l'histoire universelle, depuis Adam jusqu'à J.-C. *Paris, L. Billaine*, 1657 (ou avec quelques changements et des corrections dans les deux premiers volumes, 1663), 5 vol. in-fol. [21356] (le 5° vol. a paru chez *F. Muguet*, en 1678).·— Autre édit. *sur la copie de Paris* (à Bruxelles), 1680, 6 vol. in-12.
Cette histoire, qui a eu d'abord un certain succès, a été entièrement effacée par les Mémoires de Tillemont et par le grand ouvrage de l'abbé Fleury.
VIE de saint Augustin, *Paris, P. le Petit*, 1652, in-4., ou *Lyon*, 1685, in-8. [22109]
MORALE chrétienne pour l'instruction des curez et des prêtres du diocèse de Vence. *Paris*, 1709, 3 vol. in-12.
VIE de saint Charles Borromée. *Paris*, 1657, in-8., ou 1663, in-12; — avec des notes par l'abbé Sepher, 1748, 2 vol. in-12. [22140]

GODEFROY de Boulion. La genealogie auec | ques les gestes τ no | bles faictz darmes du trespreux et renomme| prince Godeffroy de boulion : et de ses cheuale| reux freres Baudouin et Eustace : yssus τ descē | dus de la tres noble τ illustre lignee du vertueux | cheualier au cyne. Auecques aussi plusieurs aultres | tres cro- nicques τ histoires miraculeuses : tant | du bon roy sainct loys côme de plusieurs aul | tres puissans et vertueux cheualiers. | *Jehan Petit.* (au verso du dernier f.) : *Cy finit le cheualier au Cyne auec- ques les faictz de Godeffroy de bouliŏ et de plusieurs aultres princes τ barŏs crestiens. Jmprime a Paris po* Jehan petit libraire demourât en la rue sainct Jacques a lenseigne du Lyon dargent... Et fut acheue le dixiesme iour doctobre Lan de grace Mil cinq centz τ quatre,* in-fol. goth. de 158 ff. à 2 col., avec fig. en bois, sign. a—Biiii, seconde signat. [17057]

Ce roman a été rédigé par Pierre Desrey de Troyes, lequel, dans son prologue daté de *lan M. cccc. quatre vingt τ dix neuf*, dit que ce sont des chapitres de Vincent de Beauvais (*Speculum historiale*, lib. xxv, cap. 96 et seqq.), qu'il a translatés en françois. Ce translateur y a ajouté une continuation tirée de divers manuscrits. L'édit. de 1504 est la plus ancienne que je connaisse, mais la date du prologue en peut faire supposer une antérieure à 1504. Un exempl. fort médiocre en *mar.* rel. anglaise, 250 fr. d'Essling.

— La genealogie, auecques les gestes et notables faitz darmes du tres preux et renomme prince Godeffroy de Boulion... — *Imprime a Paris par Mich. le Noir... et fut acheue le* xxiv *iour doctobre mil cinq cens et unze,* in-fol. goth., fig. en bois.

Édition presque aussi rare que la précédente, et qui

se compose de 160 ff. non chiffrés, signat. a—Biiij, seconde signature, y compris le titre. Vend. 20 fr. De Servais; 12 liv. 12 sh. Heber; 343 fr. *mar. r.* par Bauzonnet, en 1841; 500 fr. d'Essling, et jusqu'à 1100 fr. Borluut, et un exemplaire où il manquait 2 ff., 4 liv. 11 sh. 6 d. Lang.

— La genealogie auec les gestes et nobles faictz d'arme de Godefroy de Boulion et de ses cheualeureux freres Baudoyn et Eustace. — *Cy finist le cheualier au Cyne : auec les faicts de Godefroy de Boulion, et de plusieurs princes et barons crestiens, imprime a Paris par Philippe le Noir... et fut acheue le troyziesme iour doctobre* 1523, in-4. goth., fig. en bois.

Vend 61 fr. en 1824.

Il existe une édition in-4. goth., avec fig. en bois, intitulée : *Les Faitz et gestes du preux Godeffroy de Boulion..... aussi plusieurs croniques et histoires, tant du roy Sainct Loys, etc. On les vend a Paris en la rue Nostre Dame par Nicolas Chrestien.* Elle a 8 ff. prélim. pour le titre et la table ; le texte commence par le prologue, daté de 1499, et occupe les cahiers A—EEE iii ; on lit à la fin : *Cy finist les faits de Godeffroy de Boulion, etc.* En *mar. bl.* 180 fr. A. Martin.

Il y en a une autre de *Paris, Jehan Bonfons,* sans date, in-4. goth., fig. en bois, en lxvij cah. signat. a—eee. Vend. 23 liv. bel exemplaire Roxburghe ; 12 liv. 5 sh. Hanrott, et 18 liv. 18 sh. Heber ; 380 fr. d'Essling ; 240 fr. Giraud.

— LA GENEALOGIE et nobles faitz d'armes du trespreux et renommé prince Godffroy de Bouillon, lequel fut roy de Jerusalem, et de ses cheualeureux freres Baudouin et Eustace : yssus et descendus de la tres noble et illustre lignee du vertueux cheualier au Cygne. *Le voyage d'outre mer en la terre sainte faict par le roy Saint Loys, et plusieurs autres cronicques et histoires miraculeuses. De nouueau corrigé et amendé de fautes infinies des precedentes impressions, et remis en bon françois, auec une table par chapitres et feuillets pour facilement trouver ce que l'on voudra. Lyon, François Arnoullet, 1580.* (à la fin) : *imprimé à Lyon par Basile Bouquet, 1580,* pet. in-8. de 741 pp., y compris 7 ff. prélim., plus à la fin 5 ff. pour la table, lettres rondes.

On trouve à la fin du texte : *La complainte de la terre sainte adressante aux princes, prélats et seigneurs chrestiens,* en vers, pp. 734-41. Vend. 9 fr. La Vallière ; 10 fr. 50 c. Revoil ; 1 liv. 9 sh. Lang ; 40 fr. *m. r.* d'Essling ; 25 fr. Libri, en 1857.

— Voy. PASSAGE de oultre mer.

— Hienach volgt ein warhaft und bewerte historie wie die türckë vn̄ andre geschlecht der ungleübigen die cristelichen Kirchë, etc. (au verso du dern. f.) : *Dise warhafftige history hat gedruckt hanns Bämler zu Augspurg vnd volenndet An mäntag vor Jeory. Anno zĕ Jm lxxxij jare zĕ* (1482), in fol. goth. à longues lign. au nombre de 28 aux pages pleines, sans chiffres, récl. ni signat.

Édition fort rare, contenant 94 ff. Au verso du premier se voit une gravure en bois où est représenté le pape Urbain prêchant la croisade. Le second commence par un sommaire impr. en rouge et dont nous avons fait le titre ci-dessus. On compte dans le corps du volume 47 pl. en bois à mi-page. Ce livre est indiqué par Zapf (*Hist. de l'impr. d'Augsbourg*), I, p. 65, n° 21, sous le titre d'*Historie von der Kreuzfahrt...* Vend. 60 fr. catal. de M. J. L. D., en 1836 ; 130 fr. Borluut, et un exemplaire auquel manquaient 3 ff., 38 flor. Butsch, et 18 sh. Libri. Il paraît que l'article suivant est la réimpression de cette édition.

HERTZOG GOTFRID wie er wider die Turgen vnd hayden gestritten... (Le duc Godefroi de Bouillon ; comment il a combattu les Turcs et Païens, et gagné le saint sépulcre). *Augsbourg, Lucas Zeissenmair,* 1502, pet. in-4. goth. 30 fr. en 1836.

La traduction flamande, in-fol., impr. à Harlem, vers 1486, est fort rare. Elle commence ainsi : *Hier beghint die prologhe van der scoenre historien hertoghe Godeuaertus Van Boloen.* Il y en a une édit. d'Anvers (*Gheprent Thantwerpen by my Govaert Back*) vers 1510, in-fol. de 86 ff. à 2 col. de 42 lig. sign. a ii—o iii, avec 45 gravures sur bois. Réimpr. à *Anvers,* 1544, in-fol. 18 sh. Heber.

Ce roman a été traduit en anglais sous le titre d'*History of Hilyas Knight of Swanne, London, by W. de Worde,* 1512, in-4. (Ames en cite un exemplaire impr. sur parchemin, avec fig.) Il y en a une autre traduction dont Lowndes rapporte ainsi le titre, partie IV, page 1034, d'après l'exemplaire du *British museum,* supposé unique :

THE HISTORY of ye noble Heylas, Knyght of the Swanne, newly translated out of Frensshe in to Englishe at Thinstigacion of ye puyssaunt and illustryous Prynce Lord Edwarde Duke of Buckyngham. *London, by W. Copland* (no date), in-4. goth. fig. sign. A-S 2. — Réimpr. dans *Thoms' Collection of Early Prose Romances,* 1827. (Un exempl. sur VÉLIN, Utterson, en 1852.)

Pour la traduct. anglaise impr. par *W. Caxton* voyez LAST siege.

GODEFRIDUS Besselius. Voy. BESSELIUS.

GODEFROY (*Théod.*). Le Cérémonial françois, recueilly par Théodore Godefroy, et mis en lumière par Denys Godefroy. *Paris, Séb. Cramoisy,* 1649, 2 vol. in-fol. 24 à 30 fr. [24024]

46 fr. Gr. Pap. *mar. r.* La Vallière.

Cette édit. devait avoir 3 vol., mais elle est restée inachevée, et il y manque plusieurs morceaux qui font partie du *Cérémonial de France,* par Théod. Godefroy, *Paris,* 1619, in-4., ouvrage beaucoup moins complet d'ailleurs que celui-ci, dont il peut être regardé comme la première édition. Il est bon de réunir au recueil des Godefroy un opuscule intitulé :

PROJET d'un nouveau cérémonial françois, augmenté d'un grand nombre de pièces qui n'ont pas été publiées par Godefroy (par Ant.-Fr. Joly). *Paris, Prault,* 1746, in-4.

— Entrevue de Charles IV, etc., 23026. — Histoire de J. Boucicaut, 23374.

GODEFROY (*Den.*). Histoire de Charles VII (par Jean Chartier, Jacq. le Bouvier dit Berry et autres auteurs), enrichie de titres, mémoires, etc. *Paris, imprim. roy.,* 1661, in-fol. [23378]

— Histoire de Charles VIII (par Guill. de Jaligny, André de la Vigne, et autres historiens de ce temps-là), enrichie de plusieurs mémoires, titres, etc. *Paris, impr. roy.,* 1684, in-fol. [23408]

Malgré leur importance réelle, ces deux volumes, auxquels on ajoute l'*Histoire de Charles VI,* par Juvénal des Ursins et autres, augmentée par le même D. Godefroy (*Paris,* 1653, in-fol.), n'ont pas encore atteint une bien haute valeur : 12 à 15 fr. chacun. Le premier, en *mar. r.* 41 fr. 50 c. Crozet, et 81 fr. Solar ; et Juvénal des Ursins, etc., également en *m. r.* 45 fr. 50 c. Crozet, et 51 fr. Giraud.

— Histoire des connétables, chanceliers, etc. Voy. LE FERON.

GODESCARD. Voyez BUTLER.

GODET (*Louis*). Le sacré Hélicon, ou le dévot logis de la muse dévote de Louys Godet, escuyer sieur de Thilloy, Champenois-Chaalonois. *Chaalons, Claude Guyot*, 1608, in-12. [13918]

Nous ne voyons guère que quelques bons Champenois qui puissent rechercher aujourd'hui ce recueil de poésies pieuses, mais très-médiocres, de leur compatriote, lequel a encore donné :
APOLOGIE des jeunes avocats, avec la recommandation de la poésie et de la nouvelle jurisprudence. *Chaalons, Julien Griffard*, 1613, in-8.

GODEUAERTUS Van Boloen. Voyez GO-DEFROY de Boulion.

GODFRIDUS viterbiensis. Pantheon, sive universitatis libri, qui chronici appellantur XX, jam primum in lucem editi (a Bas.-J. Heroldo). *Basileæ, Jac. Parcus*), 1559, in-fol. [21269]

Écrivain du XIIe siècle dont le récit s'arrête à Charles le Chauve. Sa chronique a été réimpr. avec de nouvelles variantes dans *Pistorii scriptores rerum germanic. edente Struvio*, tom. II.
Les cinq derniers livres, corrigés et augmentés, ont été insérés dans *Scriptores rerum ital.* de Muratori, VII, pag. 346 et suiv.

GODINHO Cardozo (*Manoel*). Relaçam do naufragio da nao Santiago, e itinerario da gente que della se salvou. *Lisboa*, 1601, pet. in-4.

GODINHO (Padre *Manoel*). Relaçaõ do novo caminho, que fez por terra, e mar, vindo da India para Portugal, no ão de 1663. *Lisboa, Henr. Valente d'Oliveira*, 1665, pet. in-4. [20645]

Ce livre est rare et manquait aux meilleures collections de voyages vendues en France depuis nombre d'années : 15 flor. 25 c. Meerman ; 3 liv. 10 sh. Hibbert. Il a été réimpr. de format in-8., en 1842, aux frais de la Société portugaise des connaissances utiles.
— NOTICIAS singulares de cousas succedidas em Constantinopla depois da rota de su exercito sobre Viena enviadas de Constantinopla a hum cavalheiro Maltez. *Lisboa*, 1684, in-4.
Ouvrage encore moins connu que le précédent.

GODLEY. Italian scenery, representing the manners, customs and amusements of the different states of Italy, containing 32 coloured engrav. by J. Godley, from original drawings by P. van Lerberghi : the narrative by M. Buonaiuti. *London*, 1806, in-fol. [25225]

Ouvrage assez bien exécuté, tant dans les gravures que dans le texte.

GODOFREDUS Proverbiorum liber, Petro Godofredo, carcasonensi jurisconsulto, authore. *Parisiis, apud Caro-*

lum Stephanum, 1555, pet. in-8. de 176 pp. [18452]

Vend. 1 liv. 3 sh. *mar bl.* Heber, et 3 sh. 6 d. le même.

GODOLIN. Voy. GOUDELIN.

GODRAN (*Charles*). Epicedium in prematuram, immeritam, et omnibus seculis deplorandam mortem illustrissimi principis Francisci a Lotharingia Guysiaci ducis ; adjectis aliquot ex iis quæ non ita pridem scripsit Episcopus Regiensis : Ex scholiis Caroli Godran canonici divionensis. *Divione excudebat, Joann. Des Planches*, 1564, in-4. de 8 ff., dont un blanc. [12874]

Un exemplaire imprimé sur VÉLIN 36 fr. Mac-Carthy ; un autre rel. en *mar r.* 156 fr. Libri.

Ch. Gaudran a composé plusieurs petits poëmes latins qui ont été imprimés séparément à Dijon par J. Des Planches, de format in-4., savoir : 1° DE AUSPICATO Regis Caroli IX in urbem Divionem.... ingressus Euphemia, 1564. — 2° HISTORIA crucis Dominicæ, 1565. — Réimpr. avec 500 vers ajoutés, sous le titre de *Encomium crucis*, 1566. — 3° JUDITH viduæ historia, 1569. —4° MISTERIUM evangelicum, 1569. — 5° SUSANNÆ Helchiæ filiæ tragicomœdia, 1571. — 6° THOBIÆ Nephthalii, Raphaële archangelo prænuncio, fœlix epithalamium ; in argumentum fœlicissimi epithalamii Caroli IX Francorum regis, ac Isabellæ Austriæ, 1571. — 7° SACRIFICII Abrahami hypotyposis, 1572.

GODWIN (*Franc.*). De præsulibus Angliæ commentarius, omnium episcoporum necnon cardinalium ejusdem gentis nomina, tempora, seriem atque actiones maxime memorabiles exhibens, cum addition. Guill. Richardson. *Cantabrigiæ*, 1743, in-fol. 24 à 30 fr. [21506]

Un exemplaire *Ch. max.* 45 fr. Mac-Carthy ; 31 fr. le duc de Feltre ; 2 liv. 18 sh. Williams.
Bonne édition de cet excellent ouvrage : la première est de Londres, 1616, in-4.
Fr. Godwin est l'auteur d'un petit roman philosophique qui a pour titre :
THE MAN in the moon, or a discourse of a voyage thither by Domingo Gonsales, *London*, 1638 (aussi 1657, etc.), in-12.
Ce livre a eu du succès, et l'on a supposé que Swift en avait emprunté quelques passages pour son Gulliver. On l'a traduit en français sous le titre suivant :
L'HOMME dans la lune, ou le voyage chimérique fait au monde de la lune, nouvellement découvert par Dominique Gonzales, aventurier espagnol, autrement dit le courrier volant, mis en nostre langue par J. B. D. (Jean Baudoin). *Paris, Fr. Piot*, 1648, in-8.
Cette traduction a été réimpr. à *Paris, chez J. Cochart*, en 1666, avec figures ; et dans la même ville, *chez de Heuqueville*, en 1731, in-12.

GODWIN (*Will.*). Life of Geoffrey Chaucer, including memoirs on life of his friend, John of Gaunt, duke of Lancastre, and an essay on the english manners, opinions and literature, during

---

Godwin (*W.*). Caleb Williams. — S. Leon. — Mandeville, 17750.
Godwin (*W.*). On Population, 4073.

the 14th century. *London, Phillipps,*
1803, 2 vol. gr. in-4. 24 à 36 fr. [30884]

Réimpr. à *Lond.*, 1804, 4 vol. in-8. 20 à 24 fr.
Quoique diffus, cet ouvrage est assez intéressant. —
Voyez CHAUCER.

— LIVES of Edward and John Philips, nephews and
pupils of Milton : including various particulars of
the literary and political history of their times : to
which are added : I. collection for the life of Milton,
by John Aubrey ; II. the life of Milton, by Edw.
Philips. *London, Longman,* 1815, in-4., avec
3 portr. 15 à 20 fr. [30903]

— HISTORY of the commonwealth of England, from
its commencement to the restoration of Charles II.
London, Colburn, 1824, 4 vol. in-8. 30 à 36 fr.
[26962]

GODY (D. *Simplicien*). Odes sacrées pour
l'honneste recréation de toutes sortes de
personnes, divisées en huit parties...
avec la table des airs sur lesquels elles
se chantent, par Pierre G. Gody. *A S.
Nicolas, par Jacob François,* 1629,
in-16 de 4 ff. prélim. et 184 pp. [13995]

— LES HONNESTES et diverses poésies de Placidas
Valornancien, divisées en cinq livres. *A Nancy, par
Sébastien Philippe,* 1631, pet. in-8. de 4 ff. prélim.
204 pp. suivies d'un f. blanc et d'un errata sur un
autre feuillet. [13995]

Ces deux volumes ne sont pas communs. Dans le second le nom de l'auteur, *Placidas Gody,* se lit à
la fin d'une épître dédicatoire à *très-noble et très-
vertueuse Charité.* Il y a une édition des *Honnestes
poésies... Paris, Jean Guillemot,* 1632, in-8. avec
une épître dédicatoire à madame de Combalet signé P. P. (Placidas Philémon).

39 fr. *mar. citr.* Solar.

— HUMBERTUS, tragœdia, authore R. P. S. G. (R. Patre Simpl. Gody), religioso cluniacensi. *Parisiis,*
apud *Joan.* Guillemot, 1632, pet. in-4. de 6 ff. prél.
et 76 pp. avec un portrait de H. de Sourdis, archevêque de Bordeaux. [6177]

Pièce singulière, en 5 actes, à la fin de chacun desquels se trouvent des vers français dans le style
burlesque. 7 fr. et 12 fr. deux exempl. de Soleinne.
Pour d'autres ouvrages de D. Gody, voy. la *Biogr.
univ.,* tome XVII, p. 576. Voy. aussi notre article
RICHECOURT.

GOEBEL (*Joan.-Guil.*). Commentationum de jure venandi biga, quarum prior
agit de jure venandi generatim, posterior de variorum gentium venandi modis, cœremoniis, ritibusque officialibus
et privilegiis, ordinibus pariter equestribus in honorem venationis institutis :
accedunt statuta ordinis S. Huberti, et
alia quædam adjuncta. *Helmstadii,
Weygandus,* 1743, 2 part. en 1 vol.
pet. in-4. [10392]

Volume curieux qui n'a été vendu que 4 fr. Huzard,
où l'on a donné pour moins encore une dissertation
de Jacopo Duranti sous ce titre :

DEL COLLEGIO degl' antichi cacciatori Pollentini
in Piemonte e della condizione de' cacciatori sotto
i Romani, contra le opinioni del sig. Goebel. *Torino, Fontana,* 1773, in-8. Opuscule vendu seul
31 fr. en 1860. [10392]

GOEBEL (*Fr.*). Reise in die Steppen des
südlichen Russlands ; von Fr. Göbel,
C. Claus und A. Bergmann. *Dorpat,*
1840, in-4., avec 18 vues lithogr. et une
carte. 40 fr. [20405]

GOEDART (*Jean*). Métamorphoses naturelles, ou histoire des insectes, trad. en
françois. *Amsterd.,* ou *la Haye,* 1700,
ou *sans date,* 3 vol. pet. in-8. fig. [5954]

Ce livre, peu recherché, n'a de valeur que quand les
fig. sont color.- avec quelque soin. Vend. 36 fr.
mar. r. Patu de Mello.

L'édit. latine, *Medioburgi,* apud *Jac. Fierensium,*
sans date (1662), 3 vol. pet. in-8., dont il y a aussi
des exempl. enluminés, est encore moins chère.
Cependant un exempl. annoncé comme le modèle
qui avait servi pour enluminer les autres, a été
vendu 40 fr. Camus de Limare, en 1786.

GOEDTHALS (*Franç.*). Les proverbes
anciens, flamengs et françois, corres-
pondans de sentence les uns aux autres,
colligés et ordonnés par M. François
Goedthals. *Anvers, imprim. de Christofle Plantin,* 1568, pet. in-8. de
143 pp. [18506]

Livre curieux et rare : 83 fr. Duplessis.

GOEPPERT (*Heinr.-Rob.*). Systema filicum fossilium. *Breslau und Bonn,*
1836, gr. in-4. de XXXII et 486 pp., avec
44 pl. (texte allemand). 8 thl. [5016]

— LE GENRE des plantes fossiles comparé avec ceux
du monde moderne expliqués par des figures (texte
en allem. et en françois). *Bonn,* 1841-45, in-4. obl.
120 pp. et 55 pl. en six livr. 8 thl.

— MONOGRAPHIE der fossilen Coniferen, mit Berücksichtigung der lebenden. *Leyden,* 1850, in-4. obl.
avec 58 pl. 54 fr. [5013]

— DIE TERTIÄRE Flora von Schlossnitz in Schlesien.
Görlitz, Heyn, 1855, in-4. avec 26 pl. lithogr.
20 fr. [5155]

GOERÉE (*G.*). Voyez CUNEUS.

GOES (*Damianus* a). Aliquot opuscula :
Fides, religio moresque Æthiopum,
Epistolæ aliquot Pretiosi Joannis, Paulo
Jovio et ipso Damiano interpretibus ;
Deploratio Lappianæ gentis ; Lappiæ
descriptio ; Bellum Cambaicum ; De rebus et imperio Lusitanorum ; Hispaniæ
ubertas et potentia ;... Epistolæ (clarorum virorum) cum farragine carminum
ad ipsum Damianũ. *Lovanii, ex officina
Rutgeri Rescii,* 1544, in-4., sign. A—n
seconde signature. [19001]

Ce recueil est assez recherché ; il faut y joindre *De
bello cambaico ultimo commentarii tres,* Lovanii, Servat. Sassenius, 1549, in-4. Vendu complet
7 flor. 50 c. Meerman.

Dav. Clément, tome IX, a consacré un article curieux
à notre Goes : il y indique les éditions séparées de
chacun des opuscules dont la réunion forme le volume ci-dessus.

Nous nous contenterons de citer ici les art. suivants :
LEGATIO magni imperatoris Presbyteri Joannis
ad Emmanuelem Lusitaniæ regem anno 1513 ; item
de Indorum fide, ceremoniis, religione, etc. *Lovanii,* apud *Joan.* Graphæum, 1532, in-4.

HISPANIA Damiani a Goes, equitis lusitani. *Lovanii excudebat Rutgerus Rescius*, 1542, in-4.

COMMENTARII rerum gestarum in India circa Gangem a Lusitanis anno 1538... *Louani, ex officina Rutgeri Rescii*, 1539, mens. sept. in-4., sign. A—D par 4, E par 8. — Traduit en italien sous ce titre :

AVISI di le cose fatte da portuesi ne l'India di qua del Gange nel 1538, scritti in lingua latina da Damiano de Goes, e trad. in thoscana. *Venetia*, 1539, pet. in-8.

— Damiani Gois equitis lusitani, urbis Lovaniensis obsidio. *Olisipone, apud Lodov. Rhotorigium typographum*, 1546, pet. in-4. de 24 ff. [25060]

Édition originale et fort rare de cet opuscule, qui se rapporte à un événement dont Goes avait été le témoin et la victime. Il existe une autre relation du même siége par P. Nannick, sous ce titre :

PETRI NANNII oratio de obsidione lovaniensi : adjunctus est dialogus de milite peregrino. *Lovanii, Serv. Sassenius*, 1543, pet. in-4. de 30 ff., dont un bl.

En indiquant ce dernier ouvrage à l'article de son auteur (*Mémoires pour servir à l'hist. littér. des Pays-Bas*, XIV, p. 67), Paquot a rapporté une anecdote intéressante sur le siége de Louvain, en 1542.

— Chronica do felecissimo Rey D. Emanoel, dividida em 4 partes. *Lisboa, Fr. Correa*, 1565-67, 4 part. en 1 vol. in-fol. [22688]

La plus ancienne édition de cette chronique et celle que cite l'Académie de Lisbonne. 12 flor. Meerman; 2 liv. 2 sh. et 2 liv. 19 sh. Heber; 23 fr. Rætzel. On a retranché de la réimpression (Lisbonne, 1619, in-fol.) plusieurs passages qui avaient attiré des désagréments à l'auteur. L'ouvrage a encore été réimprimé à *Lisbonne*, 1749, in-fol.

— Chronica do principe D. Joaõ, rey que foi destes reinos, segundo de nome, em que summariamente se trataõ has cousas substanciaes, que nelles acontecẽraõ do dia do seu nascimento até ho em que el rey D. Affonso seu Pai faleceo. *Lisboa, Fr. Correa*, 1567, in-fol. [22689]

Édition citée par l'Académie de Lisbonne. 14 fr. La Serna. Celle de Lisbonne, 1724, in-8. 3 flor. Meerman.

— CHRONICA do senhor rei D. Manoel e do serenissimo principe don Joaõ. *Coimbra*, 1790, 2 vol. pet. in-4.

Bonne réimpression des deux ouvrages ci-dessus.

GOES (*J.-Antonides* van der). De Ystroom begrepen, in vier boeken. *Amsterdam*, 1671, in-4. [15634]

Ce poème est orné de planches gravées par Rom. de Hooghe : 40 fr. reliure curieuse, en veau doré, Borluut.

Les poésies hollandaises de Van der Goes sont estimées. Il en a été fait plusieurs édit. : celle d'*Amsterdam*, 1748, in-4., est la sixième.

GOESIUS. Voy. REI agrariæ auctores.

GOETGHEBUER (*P.-J.*). Choix des monuments, édifices et maisons les plus remarquables du royaume des Pays-Bas, dessinés par lui. *Gand, l'auteur*, 1821 et ann. suiv. in-fol. [9954]

Ouvrage publié par livraisons de 6 pl. avec une expli-

cation. Chaque liv. 5 fr. — Pap. vél. 8 fr., et plus cher avec les fig. ombrées ou color. Il devait y avoir 20 livr., la 16e a paru en 1826.

GOETHALS (*Henr.*). Voy. GANDAVO.

GOETHE (*J.-Wolfg.* von). Sämmtliche Werke. *Stuttgart, Cotta*, 1828-1830, 40 vol. in-8. [19308]

Édition la plus complète qui ait été donnée du vivant de cet illustre polygraphe ; il en a été tiré des exempl. en pap. bl. et en pap. vél. On y a joint 15 vol. supplémentaires impr. en 1832-34. Il a paru aussi plusieurs édit. en 55 vol. in-16, pap. ordin. et pap. vél. (y compris le supplément). Il a été publié séparément à *Leipzig*, chez *Fleischer*, 40 frontispices grav. d'après Ramberg, pour l'édit. in-8. de 1828, et aussi une suite de gravures pour les mêmes œuvres.

— SÄMMTLICHE Werke. Vollständig neu geordnete Ausgabe. *Stuttgart, Cotta*, 1850-51 (aussi 1857). 30 vol. in-8. 96 fr.

— POETISCHE und prosaische Werke. *Stuttgart, Cotta*, 1847, 2 tom. en 3 vol. gr. in-8., avec 11 gravures en acier. 70 fr.

Il y avait déjà une édit. du même recueil, *Stuttgart, Cotta*, 1836-37, en 2 vol. gr. in-8. avec fig. qui coûtait 60 fr. — Celle de *Stuttgart*, 1841, 40 vol. in-16, 60 fr. Il vient d'en paraître une nouvelle, *Stuttgart*, 1860-61, 6 vol. gr. in-8. avec 12 gravures sur acier. 12 thl.

ŒUVRES de Goethe, traduction nouv. par Jacques Porchat. *Paris, Hachette*, 1860, 9 tomes en 10 vol. in-8. 60 fr. Savoir : Tome I, divisé en deux parties : 1re part., *Vie de Gœthe ; Poésies ; 2e part., Pensées ; Divan*, avec le Commentaire.— Tomes II, III, IV : *Théâtre*. — Tome V : *Poëmes et romans*. — Tome VI : *Les années d'apprentissage de Wilhelm Meister*. — Tome VII : *Les années de voyage de Wilhelm Meister ; Opuscules*. — Tome VIII : *Mémoires*. — Tome IX : *Voyages*.

Cent exemplaires numérotés ont été tirés sur grand raisin superfin collé : 150 fr. Cette collection ne contiendra rien de la correspondance de Gœthe.

— HERMANN und Dorothea. *Braunschweig, Vieweg*, 1822, gr. in-8. pap. vél. [15594]

Édition ornée de 4 pl. par Kolbe et Mart. Esslinger. Il y a des exempl. avec des épreuves avant la lettre, sur pap. de Chine, et les doubles épreuves color. Une troisième édit. avec les mêmes gravures, *Braunsch., Vieweg*, 1828, gr. in-8. a été annoncée à 20 fr.

Bitauhé a donné une faible traduction de ce poëme charmant. *Paris, Treuttel*, 1800, in-18, pap. ordinaire et Gr. Pap. vél., avec une grav. Réimpr. *Paris, Dentu*, 1801, in-8.

POÉSIES de Goethe, trad. pour la première fois de l'allemand, par Mad. Ern. Panckoucke. *Paris, Panckoucke*, 1825, in-32.

— GÖTZ VON BERLICHINGEN, Schauspiel, mit Holzschnitten nach E. Neureuter. *Stuttgart*, 1846, gr. in-8. fig.

L'édition originale de cette pièce, *Hamburg*, 1773, in-8., est recherchée. L'auteur n'y est pas nommé.

— Faust. Eine Tragödie. Mit Zeichnungen von Engelb. Seibertz. *Stuttgart, Cotta*, 1852-57, 2 vol. in-fol., avec gravures au burin et illustrations. [18833]

Belle édition publiée en 16 livraisons. 77 fr. — Pap. de Chine, 116 fr.

Le Faust a paru d'abord en 1790 sous le titre : *Dr.*

Goethals. Dictionnaire des familles nobles des Pays-Bas, 28893. — Histoire des lettres, etc., en Belgique, 30125.

Faust, ein Trauerspiel; en 1808, l'auteur, après l'avoir retouché, lui donna le titre de : *Faust, eine Tragödie*. La seconde partie n'a paru qu'après la mort de Gœthe, en 1833.

— FAUST, trag. traduite en français par M. Albert Stapfer, ornée du portrait de l'auteur et de 17 dessins sur pierre, par M. Eugène Delacroix. *Paris, Motte, Sautelet, etc.*, 1828, in-fol. 30 fr.
Les exempl. avec fig. sur pap. de Chine. 50 fr. — Jésus vélin, fig. pap. de Chine, 72 fr. ; prix qui ne se soutiennent pas.

FAUST, de Goethe ; suivi du second Faust. Choix de ballades et de poésies de Goethe, Schiller, Bürger, Klopstock, Schubart, Körner, Uhland, etc., trad. par Gérard. *Paris, Ch. Gosselin*, 1840, gr. in-18.

FAUST, trag. de Goethe, trad. en vers français, et précédée de considérations sur l'histoire de Faust, par Alph. de Lespine. *Paris, Durand*, 1840, in-8.

LE FAUST de Goethe, traduction complète, précédée d'un essai sur Goethe, accompagnée de notes et de commentaires, et suivie d'une étude sur le mystique du poëme, par Henri Blaze. *Paris, Charpentier*, 1841 et autres dates, gr. in-18.

LE FAUST de Goethe, traduit par M. le prince A. de Polignac, avec une préface de M. Arsène Houssaye. *Paris, Librairie nouvelle*, 1859, gr. in-18.

BILDER zu Göthe's Faust von Pt. Cornelius, gestoch. von Ruscheweyh. *Francfort, Wenner*, 1817, gr. in-fol.
Suite de 24 pl. publ. en 3 livraisons. 90 fr.

UMRISSE zu Göthe's Faust, gezeichn. von Retzsch.. *Stuttgart und Tübingen, Cotta*, 1816, pet. in-4. de 12 pp. de texte et 26 pl. 9 fr., et nouvelle édit., 1836, avec 40 pl. 14 fr.
Cette dernière suite a été copiée à Paris, et publiée chez *Audot*, en 1 vol. in-8. obl. avec une analyse du drame de Gœthe, par Mad. Elise Voiart.

DARSTELLUNGEN zu Göthe's Faust, von L. Nauwerck. *Hamburg*, 1832, gr. in-fol. 12 lithogr. teintées. 9 thl.

— ŒUVRES dramatiques de Goethe, trad. de l'allemand (par MM. Stapfer, Cavagnac et Margueré), précédées d'une notice biograph. et littér. par Albert Stapfer; seconde édition. *Paris, Alex. Mesnier*, 1828, 4 vol. in-8. 18 fr. [16833]
Même édition que celle qui a été publiée chez Bobée et chez Ladvocat, de 1821 à 1825, et pour les trois derniers vol. de laquelle un supplément de 19 feuilles un quart a été distribué en 1826.
Une autre traduction française de plusieurs pièces de Goethe fait partie des *Chefs-d'œuvre des théâtres étrangers*, publ. chez Ladvocat (voyez CHEFS-D'ŒUVRE).

— Die Leiden des jungen Werther. *Leipzig*, 1774, in-8. [17701]
Cette édition et celle de 1775, les deux premières du texte de Werther, sont anonymes. Quoiqu'elles soient moins complètes que celles qui ont paru en 1800 et depuis, elles sont fort recherchées en Allemagne.

— WERTHER, trad. de l'allemand par M. L. de Sevelinges; nouvelle édition, ornée de gravures. *Paris, Dentu*, 1825, gr. in-18, 4 fig. pap. vél. 6 fr.
La meilleure traduction française de ce roman célèbre, avant la publication de celle de P. Leroux. Il en existe plusieurs autres parmi lesquelles trois méritent d'être citées :

1° Par Aubry (ou selon quelques bibliogr., le comte de Schmettau), *Paris, impr. de Didot jeune*, 1797, 2 vol. in-18. fig. pap. ordin., pap. vél. et Gr. Fap. vél., épreuves avant la lettre.

2° Sous le titre de Souffrances du jeune Werther (par M. le comte de La Bédoyère) ; 2ᵉ édit. *Paris, Didot l'aîné*, 1809, in-8. avec 3 vignettes dessinées

par Moreau jeune. Il en a été tiré un exemplaire sur VÉLIN. La première édit., *Paris*, an XII, in-12, n'a été impr. qu'à un très-petit nombre d'exemplaires.

3° Sous le titre de Werther, traduction nouvelle, précédée de considérations sur la poésie de notre époque, par M. P. Leroux, suivie de Herman et Dorothée, traduct. nouvelle, avec une préface, par M. X. Marmier. *Paris, Charpentier*, 1842 (aussi 1859), gr. in-18.

WERTHER, traduit et précédé d'une préface, par Pierre Leroux, et accompagné d'un travail littéraire, par George Sand. *Paris*, 1845, in-8. fig. 10 fr.

GOETHE et Werther. Lettres inédites de Goethe, la plupart de l'époque de sa jeunesse, accompagnées de documents justificatifs, publiées par A. Kestner, et traduites en français par L. Poley. *Paris, Glaeser*, 1856, gr. in-18.
Ces lettres donnent la clef des personnages de ce roman.

— BRIEFWECHSEL mit einem Kinde. *Berlin*, 1835, 2 vol. in-8. ; seconde édition, 1837.
La traduction de cet ouvrage, seule partie de la correspondance de Goethe qui jusqu'en 1856 ait été publiée séparément en français, a paru sous ce titre : *Goethe und Bettina, correspondance inédite de Goethe et de Mᵐᵉ Bettina d'Arnim;* traduit de l'allemand par Séb. Albin (pseudonyme). *Paris, Comon*, 1843, 2 vol. in-8. Cependant M. Saint-René Taillandier a donné de nombreux extraits de la correspondance de l'auteur de Werther avec Schiller ; ils sont dans le *Magasin de librairie*, Paris, Charpentier, 1860, in-8. Le texte publié à *Stuttgart*, 1828-1830, forme 6 vol. in-8.

— Reineke Fuchs, voy. l'article RENART.

— Zur Farbenlehre, 4274. — Histoire natur., 6222. — Winckelmann, 30833. — Mémoires, 30847.

RAND-ZEICHNUNGEN zu Göthe's Balladen und Romanzen, lithogr. von Neureuter. *Stuttgart, Cotta*, 1829-30, 4 cah. gr. in-fol.

GALERIE GOETHE. Types de femmes créés par Goethe. *Francfort-sur-le-Mein*, in-fol.
Collection des planches photographiées reproduisant en fac-simile les cartons de M. W. von Kaulbach, au nombre de 21. On annonce 7 livraisons au prix de 140 fr. ; la première a paru en octobre 1860. Ces planches ont 1 mètre 2 cent. de haut sur 77 cent. de large. On les vend séparément 60 fr. chacune.
Nous indiquerons ici comme bon à consulter l'ouvrage que M. Lewis a publié sous ce titre : *The life and works of Goethe*, London, 1856, 2 vol. in-8.

GOEVROT

GOEVROT (*Jehan*). Lentretenement de la vie, opuscule à tous lecteurs tres utile, sommairement compose par maistre Jehan Goevrot, medecin du roy Françoys I. *Lyon, Iehan Faiolet* (sans date), pet. in-8. goth. [7016]
Édition rare, vend. 8 fr. Bignon. La Croix du Maine en cite une de *Paris*, 1530. — Une édition de *Lyon, Payen*, 1537, in-8. goth. (avec *un régime singulier contre la peste*, par Nic. de Houssemayne), est dans le catalogue de Méon.

LE SOMMAIRE de toute médecine et chirurgie, contenant les remèdes les plus speciaux et experimentés des maladies survenantes quotidiennement au corps humain, non seulement necessaire aux médecins et chirurgiens, mais à toutes gens de quelqu'état et vacation qu'ils soient, tant pauvres que riches. *Alençon, Simon Dubois*, 1530, in-16 (ou pet. in-8.) de 88 ff.
Édition citée dans le Manuel de M. Frère, II, p. 34. Si, comme nous devons le croire, la date donnée

Goetze (*P.* von). Stimmen der russ. Volks in Liedern, 15929.

Goetzinger (*M.-W.*). Deutsche Dichter, 15433.

est exacte, ce serait celle du premier livre impr. à Alençon.

— Autre édition sous ce titre : *Le summaire et entretenement de vie tressingulier de toute medecine et cirurgie.* Item *vng Regime singulier contre la peste; item le Regime de sante compose par maistre Pierre de Tuniganes translate par Claude Griuel; item vne table* (sans lieu ni date), pet. in-8. goth. 1 liv. 12 sh. Libri, en 1859.

LE SOMMAIRE | et entretenement de vie tres singulier de | toute medecine ꝛ cirurgie... compose | et approuue par maistre Jehan Goevrot | docteur en medecine... Item ung regime singulier côtre la peste. Item le traicte ou Regime de sante compose recentement par maistre Pierre de Tuviganes Docteur ꝛ monarche de medecine. *Poictiers, par Jacques Bouchet, Imprimeur* (sans date, vers 1544), pet. in-8. goth. de 80 ff., plus 4 ff. non chiffrés pour la table.

Édition portée dans le catal. Falconet, n° 7934, où l'auteur est mal appelé *Seuvrot*.

Du Verdier, après avoir donné le titre de cet ouvrage de J. Goevrot, ajoute : « Il a traduit aussi du latin de Prosper Calanius, *Traité de l'entretenement de santé...* Paris, Fr. Giraud, 1549, in-16, et Lyon, Jean Temporal, 1550. » (Voy. CALANIUS).

GOEZ (de). Exercices d'imagination de différens caractères et formes humaines, inventés, peints et dessinés par J.-F. de Goez. *Se vend à Augsbourg* (1785), in-4. [9622]

Cent planches représentant des costumes du temps. 90 fr. Salmon, et un autre exemplaire en 84 pl. 44 fr. même vente.

GOGOL (*Nikolaï*). Sotchinéniia i pisma. Œuvres, romans, drames et lettres. Édition de N. Koulich. *St-Pétersbourg, Jacobson*, 1857, 6 vol. in-8., avec le portrait de l'auteur. [19328]

C'est la meilleure édition des œuvres complètes de cet auteur favori de la Russie actuelle.

GOGUET (*Ant.-Yves*). Origine des lois, des arts et des sciences, et de leur progrès chez les anciens peuples (par A.-Y. Goguet, aidé par Alex.-Conr. Fugère). *Paris*, 1758, 3 vol. in-4. fig. 12 à 18 fr. [22716]

Belle édition de cet ouvrage encore estimé quoiqu'il ne soit pas très-profond. Celle de *Paris*, 1759, 6 vol. in-12, est la meilleure après celle-ci : 12 à 18 fr. Il y a aussi une édition de *La Haye*, 1758, 3 vol. in-12, assez belle; une autre de *Paris*, 1778, 6 vol. in-12, mal imprimée, mais moins mauvaise cependant que celles de *Paris*, 1809 et 1820, en 3 vol. in-8.

GOHIER-DESFONTAINES. Galerie impériale de l'Ermitage, lithographiée par les premiers artistes de France, avec un texte explicatif sous la direction de M. Gohier-Desfontaines. *Saint-Pétersbourg*, 2 vol. gr. in-fol. [9433]

Cet ouvrage a été annoncé à Paris chez Jules Renouard, en 1854; il devait se composer de 120 pl. en 30 livr.,. au prix de 12 fr. chacune. Le premier

Goezmann (*L.-V.*). Les quatre âges de la pairie de France, 24061.

Goffres (le *D.*). Bandages, pansement, etc., 7497.

Gohier (*Jér.*). Mémoires, 23975.

vol., avec des explications en russe et en français, a été exécuté de 1844 à 1846; il a été vendu 105 fr. Thibaudeau.

Pour une autre suite publ. par Labensky, voy. CAMILLE.

GOHORY (*Jacq.*). Instruction sur l'herbe Petum, ditte, en France, l'herbe de la royne ou médicée; et sur la racine mechiocan principalement (avec autres simples rares et exquis), exemplaire à manier philosophiquement tous autres végétaux, par J.-G. P. *Paris, Galliot du Pré*, 1572, pet. in-8. de 16 et 8 ff. [5457]

Un des plus anciens écrits sur le tabac. 32 fr. de Jussieu (sous la date de 1573); 30 fr. Veinant, en 1860, et quelquefois beaucoup moins. Du Verdier en cite une édition de *Paris, J. Parent*, 1580.

— De usu et mysteriis notarum liber, in quo vetusta litterarum et numerorum ac divinorum ex Sibylla nominum ratio explicatur. *Paris., Vinc. Sertenas*, 1550, pet. in-8. [30172]

— Livre de la conqueste de la Toison d'or, par le prince Jason de Tessalie, faict par figures avec l'explication d'icelles. (*Paris*), 1563, in-fol. obl. [9562]

Recueil de 26 gravures en taille-douce, d'après Léonard Tyri, par René Boyuin. Il y a au commencement un titre imprimé, une épître dédicatoire au roi, signée Jehan de Mauregard, et 2 ff. de texte, par Jacques Gohory. Vend. 50 fr. Morel-Vindé, et seulement 10 fr. P. Didot, dans la même année. Une édition de ce recueil, avec un titre et un texte en latin, est indiquée ci-après, au mot JASON.

M. Robert du Mesnil, en décrivant ces 26 pl. dans le VIIIe vol. de son *Peintre graveur*, en a constaté trois états différents : dans le premier, ces planches sont avant les n° qui, à ce qu'il nous semble, ont été ajoutés à l'époque où parut ce livre.

Dans l'édit. de 1563, il se trouve au bas de chaque planche une lame accessoire contenant quatre vers français. On a fait depuis un nouveau tirage de cette suite sans les lames accessoires dont nous venons de parler, et on y a mis un titre gravé, en 1699, par Gilbert cadet, et qui occupe le centre d'un cartouche gravé par Charles Simonneau. Ce titre est ainsi conçu : *Histoire de Jason peinte par M. Roui à Fontainebleau.*

Il se rencontre des épreuves de cette suite, dont les n° ont été enlevés, et dont la première pièce contient, en différents sens, le titre que voici : *L'on voit en ce livre l'histoire de Iason et de Médée ou la conqueste de la toison d'or; par Martin de Bologne peintre de François I... se vend à Paris, chez E. Desrochers, rue du foin pres la rue St.-Jacques.*

C'est ainsi que des dessins véritablement de Léonard Tyri sont présentés d'abord comme des peintures du Rosso et ensuite comme étant l'ouvrage du Primatice.

— Voy. LIVRE de La Fontaine, et SUAVE (*Orl.* de).

GOLAGRUS and Gawane. The knightly tale of Golagrus and Gawane, and other ancient poems. *Printed at Edinburgh, by W. Chepman and A. Myllar*, 1508, in-4. de 24 ff. [15723]

On ne connaît d'autre exemplaire de cette édition que celui de la biblioth. des Avocats, à Edimbourg, d'après lequel l'ouvrage a été réimprimé dans la même ville, en 1827, in-4. en caract. goth. Cette réimpression est elle-même rare, puisque, selon Lowndes, 2ᵉ édition, p. 908, soixante-douze exemplaires seulement ont échappé à l'incendie qui s'était déclaré dans le local où était déposée l'édition, et que même ils conservent des traces de ce sinistre. 3 liv. 16 sh. Utterson, en 1852; 4 liv. 9 sh. Gutch, en 1858. Un des quatre exemplaires qui ont été tirés sur VÉLIN (contenant onze opuscules séparés, avec 28 pp. prélim. et 20 pp. pour la table et l'errata) est porté dans la *Biblioth. grenvilliana*, p. 278.

GOLBÉRY (*Marie-Phil.-Aimé* de). Antiquités de l'Alsace, ou châteaux, églises, et autres monumens des départemens du Haut-Rhin et du Bas-Rhin, avec un texte historique et descriptif. *Paris et Mulhouse, Engelmann*, 1825-28, gr. in-fol. pap. vél. [24908]

Composé de 20 livraisons : 10 pour le *Haut-Rhin* et 10 pour le *Bas-Rhin*. Le texte de cette dernière partie est de J.-G. Schweighæuser. Chaque livraison de 4 pl. avec texte coûtait 6 fr., et avec fig. sur pap. de Chine, 9 fr. M. Golbéry a ajouté depuis à cet ouvrage : Supplément; *Antiquités romaines des pays limitrophes du Haut-Rhin*, Paris et Mulhouse, 1828 et 1829, 1ʳᵉ et 2ᵉ livrais, à 8 et à 10 fr. chacune. — Voy. VILLENEUVE.

GOLDAST ab Haiminsfeld (*Melchior*). Paræneticorum veterum pars I (et unica). *Insulæ, ad lacum Acronium, ex offic. Joan. Lud. Brem.*, 1604, in-4. de 490 pp. fig. et tables. [19397]

Livre aussi curieux que rare, décrit fort au long par Dav. Clément, IX, pp. 212-15. Parmi les huit pièces qu'il contient, on remarque les poésies du roi Tyrol, de Winsbek et de sa femme, morceaux qui ont été reproduits dans le *Thesaurus antiquitatum germanic.* de Schilter.

— Suevicarum rerum scriptores aliquot veteres. *Ulmæ*, 1727, in-fol. [26587]

Vend. 4 flor. 60 c. Meerman. La première édition est de *Francf.*, 1605, in-4.

— Rerum alamannicarum scriptores aliquot vetusti, cura H.-Ch. Senkenbergii. *Francof. et Lipsiæ*, 1730, 3 tom. en 1 vol. in-fol. [26357]

La première édition est de *Francf.*, 1606, et la seconde de 1661, in-fol.

On a du même auteur : *Collectio constitutionum imperialium*, Francof., 1713, 4 vol. in-fol. fig. — *Politica imperialis*, Francof., 1614, in-fol. — *Monarchia S. Romani imperii*, Hanov., 1612, et Francof., 1614-15, 3 vol. in-fol. Ces trois derniers ouvrages, réunis aux *Scriptores rerum alamannicarum*, ont été vend. 30 flor. Meerman.

— Voy. SIBYLLA francica.

GOLDEN (the) lyre. Specimens of the poets of England, France, Germany, and Italy, edited by J. Macray. *London, Haas*, 1829, pet. in-8. [15883]

Petit bijou typographique imprimé entièrement en or, mais d'un seul côté, sur papier vélin vernissé. Les morceaux de poésies qu'il renferme sont chacun dans la propre langue de leurs auteurs. 120 fr. 50 c.

de Nugent. L'ouvrage est une sorte d'almanach dont il s'est publié un second volume, en 1830. Chaque vol. en impression ordinaire coûtait 10 sh. 6 d.

GOLDFUSS (*Aug.*). Petrefacta Germaniæ, tam ea quæ in museo universitatis regiæ Borussicæ Fridericiæ Wilhelmiæ Rhenanæ servantur, quam in alia quæcumque in museis Höninghusiano Muensteriano aliisque extant iconibus et descriptionibus illustrata. *Dusseldorf, Arnz*, 1841-44, 3 tom. en 2 vol. in-fol., avec un atlas contenant 205 pl. en neuf livraisons. 330 fr. [4800]

Cet ouvrage important a commencé à paraître en 1826 sous le titre de *Petrefacta musei universitatis bonnensis*.

Le même auteur publie *Naturhistorischer Atlas*, Dusseldorf, 1824 et ann. suiv., in-fol., qui devait avoir 25 livrais. d'environ 20 pl. chacune; prix de la livrais. : 4 thl. 12 gr. Il en paraissait 23 en 1844.

GOLDICUTT (*John*). Specimens of ancient decorations from Pompeii. *London, Rodwell*, 1825, imper. in-8. 1 liv. 1 sh. — Gr. in-4. 2 liv. 2 sh. [29348]

GOLDMAN (*Nicolas*). La nouvelle fortification. *Leyde, chez les Elsevier*, 1645, in-fol. de 8 ff. prélimin., y compris le frontispice gr. et 224 pp. avec fig. dans le texte. [8644]

On a du même auteur :

ELEMENTORUM architecturæ militaris libri quatuor. *Lugd.-Batavor., ex officina elzevir.*, 1643, in-8. avec tableaux et figures.

GOLDONI (*Carlo*). Raccolta di tutte le sue opere teatrali, fra le quali molte finora inedite ; edizione distribuita in quattro classi. *Venezia*, 1788 ovvero 1794-95, 44 vol. in-8. [16731]

Une des éditions les plus complètes que l'on ait de ce théâtre : 80 fr. *br.*; pap. fin, fig. 120 fr. Il faut y joindre les Mémoires de l'auteur, *Venise*, 1788, 3 vol. in-8., qui font partie de l'édit. de Venise, 1804, 44 vol. in-8.

L'édition de *Venise, Pasquali*, 1761, 18 vol. gr. in-8. fig., est la plus belle; mais elle n'est pas complète, non plus que celle de Turin, 1772 ou 1778, en 34 vol. in-12.

— LE STESSE. *Prato, Giachetti*, 50 vol. pet. in-8.

Bonne édition, 150 fr. — Pap. fin, 200 fr., et plus en pap. vél. Elle est ainsi distribuée : *Drami e opere diverse*, 1823-27, 17 vol. — *Comedie*, 1827-29, 30 vol. — *Memorie*, 1829-30, 3 vol. [30762] — L'édition de *Turin*, 1793, 44 vol. pet. in-8. 60 fr. — *Venise*, 1817-23, 50 vol. in-16, 50 fr. — *Como*, 1828, 48 vol. in-16, 60 fr. — Une autre édit. in-8. pap. vél., avec frontispices gravés et vignettes, a été commencée à Florence, en 1827, au prix de 3 fr. le vol; elle en a 53.

— COMMEDIE scelte (con vita dell' autore, dal dott. Gio. Gherardini). *Milano, tip. de' classici ital.*, 1821, 4 vol. in-8. portr. 24 fr.

— LE STESSE. *Milano, Silvestri*, 1825, 3 vol. in-12. portr. 15 fr.

— I CAPOLAVORI di C. Goldoni, edizione illustrata. *Trieste*, 1856-57, 2 vol. gr. in-8. 30 fr.

On a publié à *Lyon* et à *Paris*, an IX (1801), les 3 premiers vol. in-8. des *Chefs-d'œuvre dramatiques de Goldoni, trad. en françois par Amar-Durivier*, avec le texte italien; mais cette entreprise n'a pas été continuée.

GOLDSMITH (*Olivier*). An History of the earth and animated nature, the 2ᵈ edit. *London,* 1779, 8 vol. in-8. fig. [4484]

Ouvrage sans valeur scientifique et qui cependant a été réimpr. *London,* 1806, et en 1822, 6 vol. in-8. fig., augmenté par Turton ; aussi *London, Fischer,* 4 vol. in-8., avec 43 pl. Prix ordinaire.

— Poems of Goldsmith and Parnell. *London, Bulmer,* 1795, in-4. pap. vél. 12 à 15 fr. [15834]

Belle édition, avec une notice biographique par Isaac Reed, et des figures gravées en bois par les frères Bewick, très-habiles artistes en ce genre. On a tiré de ce livre trois exemplaires sur VÉLIN, qui se vendaient de 12 à 15 guinées, et un seul sur taffetas blanc.

Une autre édit. des poëmes de ces deux auteurs, in-8., avec les figures en bois de Bewick, a paru à *Londres,* en 1804 : 10 fr. — Gr. Pap. *mar.* 1 liv. 14 sh. Williams. — Celle de *Londres, Bensley,* 1800, pet. in-8. pap. vél. fig., est jolie. 6 à 9 fr., et plus en Gr. Papier.

— THE POETICAL works ; with remarks attempting to ascertain, from local observation, the actual scene of the deserted village : embellished with seven illustrative engravings by Mᶜ Aikin, from drawings taken on the spot, by R.-H. Newell. *London,* 1811, in-4. 1 liv. 1 sh.

— THE POETICAL works. *London, Sharpe,* 1816, gr. in-18, avec fig. de Westall, 6 sh. — Gr. Pap. *proofs plates,* 15 sh.

— POETICAL works, edited with life and notes by Bolton Corney. *London, Longmans,* 1845, pet. in-4.

Belle édition ornée de gravures exécutées par les membres de l'Etching Club. 1 liv. 1 sh.

— Deserted village, illustrated by the Etching Club. *London,* 1841, in-fol.

Ce beau volume est accompagné de quarante pages gravées, sur chacune desquelles sont deux sujets relatifs au poëme ; le tout exécuté par les artistes les plus distingués de l'Angleterre. Un exemplaire en Gr. Pap. avec les planches *avant la lettre,* sur pap. de Chine, et qui avait coûté primitivement 13 liv. 13 sh., est porté à 5 liv. 15 sh. 6 d. sous le nº 1393 du catalogue des libraires Nattali et Bond, 1856 ; un autre à 9 liv. 9 sh. dans le catal. de Willis et Sotheran, 1857.

— THE VICAR of Wakefield. *London,* 1800, pet. in-8. pap. vél. fig. [17735]

Jolie édition : 6 à 9 fr., et plus en Gr. Pap.

— THE VICAR of Wakefield. *London, Ackermann,* gr. in-8., avec 24 pl. color. par Rowlandson : 10 à 12 fr.

L'édition de *Lond., Sharpe,* in-16, 5 sh. 6 d., ou in-12, 8 sh., est ornée de jolies vignettes d'après Westall. Celle de *Paris, Renouard,* 1800 , in-18, est à bas prix. Il en a été tiré 2 exempl. sur VÉLIN, qui ont quelque valeur.

Le Vicaire de Wakefield, chef-d'œuvre de Goldsmith, a été traduit en français, d'abord par Mad. de Montesson. *Paris,* 1767, in-12 ; puis par Gin, *Paris,* 1797, in-8. ; par Et. Aignan, *Paris,* 1803, in-12. Réimpr. avec le texte, *Paris, Baudry,* 1829, 2 vol. in-18 ; par M. Hennequin, *Paris, Bredif,* 1825, in-8. ; enfin sous ce titre :

LE VICAIRE DE WAKEFIELD, nouvelle traduction (le texte en regard) par Ch. Nodier, avec une notice biographique par le même. *Paris, Bouguelerel,* 1837, gr. in-8.

Édition ornée de 10 pl. grav. sur acier par Finden, d'après les dessins de Tony Johannot, d'un frontispice et d'un grand nombre d'illustrations grav. en bois : 15 fr.

— THE MISCELLANEOUS works, a new edit., edited by Washington Irving. *Paris, Galignani* (impr. de

J. Didot), 1824, 4 vol. in-8. 16 fr. et plus en Gr. Pap. vél. [19836]

Réimpress. de l'édit. de *Londres,* 1820, 4 vol. in-8.

Ce recueil avait déjà été impr. à Lond., en 1801 et en 1812, en 4 vol. in-8.; à Lond., 1806, 5 vol. in-12 ; il contient *The Vicar ; Citizen of the world ; Essays and poems.*

— THE WORKS of Oliver Goldsmith, now first collected, with notes by James Prior. *London, Murray,* 1837, 4 vol. in-8. fig.

On réunit à cette édition *The Life of Goldsmith, by J. Prior.* London, Murray, 1837, 2 vol. in-8.

— WORKS, new edition, with notes by P. Cunningham. *London, Murray,* 1854, 4 vol. in-8., 1 liv. 10 sh.

— Grecian history, 22830. — Roman history, 22925. — History of England, 26863.

GOLIUS (*Jacobus*). Lexicon arabico-latinum. *Lugduni - Batavor., Bonav. et Abrah. Elzevirii,* 1653, in-fol. [11621]

Ouvrage estimé et d'une très-belle exécution typographique, mais dont les exemplaires se trouvent rarement en bon état. Il se vendait de 120 à 150 fr. avant la publication du *Lexicon* de Freytag ; aujourd'hui on le trouve pour 15 fr., c'est à ce prix qu'a été vendu l'exempl. en *mar. r.* d'Etienne Quatremère, 3ᵉ catalogue. Il y a au commencement 6 ff. prélim. pour l'intitulé et la préface, et à la fin une partie de 20 ff. contenant un avis, des errata, et un index imprimé à 5 col.

— V. ALFRAGANUS, AHMEDES, ERPENIUS.

GOLLUT (*Louis*). Mémoires historiques de la république séquanoise et des princes de la Franche - Comté de Bourgogne. *Dôle, Dominique,* 1595, in-fol. [24572]

Il y a des exempl. avec un nouveau titre portant : *Dijon,* 1647, vend. 17 fr. 50 c. en 1841, et quelquefois plus cher.

— LES MÊMES Mémoires... nouvelle édition corrigée sur les documents contemporains et enrichie de notes et éclaircissements historiques, par M. Ch. Duvernois, accompagnée de tables méthodiques, etc., par Emm. Bousson de Mairet. *Arbois, Javel,* 1844-46, in-8. en deux parties de 67 feuilles, non compris les préliminaires, 20 fr.

— PAROLES mémorables de quelques grands personnages, entre lesquels sont plusieurs mots joyeux et rustiques. *Dole,* 1589, in-12. [18460]

Petit volume qu'avec raison M. Weiss dit très-rare.

GOLOWNINE. Zapiski o priklioutchéniiach ïevo v plénou ou Iapontzef. Mémoires du capitaine de vaisseau G. sur les événements de sa captivité chez les Japonais, durant les années 1811, 1812 et 1813. *St-Pétersbourg, impr. de la marine,* 1816, in-4.—En 1851, il a paru une nouvelle édition, augmentée de la biographie de l'auteur.

Pour la traduction française, voir le nº 20766.

— Poutéchestvïe rossiskavo imperatorskavo chlioupa Diany. Voyage du sloop russe impérial Diane, de Kronstadt au Kamtchatka, dans les années 1807, 1808 et 1809. *St-Pétersbourg, impr. de la marine,* 1819, 2 vol. in-4. Carte, plan et vues. [19902]

— POUTÉCHESTVÏE vokroug svéta. Voyage autour du monde, fait par ordre de l'empereur Alexandre Ier, sur le sloop de guerre Kamtchatka, en 1817, 1818 et 1819. *St-Pétersbourg, impr. de la marine*, 1822, 2 vol. in-4., avec 2 cartes, 5 plans et 7 vues. [19878]

Cette relation est un des ouvrages les plus importants et les plus utiles que jusqu'alors on eût publiés en Russie. (*Revue encyclop.*, XXVIII, page 466.)

GOLTZ (*Huber*). Fasti magistratuum et triumphorum Romanorum. *Brugis - Flandror., typis Goltzii*, 1566, in-fol. — C. Jul. Cæsar seu historia imperator. cæsarumque romanor. *Ibid.*, 1563, in-fol. — Gæsar Augustus. *Ibid.*, 1574, in-fol. — Sicilia et magna Græcia. *Ibid.*, 1576, in-fol. — Thesaurus rei antiquariæ, ex antiq. numismatibus. *Antuerp.*, 1579, in-4., réimpr. *Antuerpiæ*, 1618, in-fol. [29694]

Éditions originales qui contiennent les premières et les meilleures épreuves des planches. Quelques personnes les préfèrent pour cela à la collection plus complète publiée depuis. Ebert doute que les *Numismata Græciæ* aient été également impr. à Bruges, et effectivement cette partie ne se trouvait pas dans l'exemplaire en 5 vol. *mar. r.* vend. 66 fr. le comte d'Hoym et depuis 80 fr. De Cotte (325 fr. Librairie Potier, et 11 liv. Libri, en 1859), exempl. dont les *Icones imperator.*, édition de 1645, avec *Nonnii comment. in Goltzii Græciam, etc.*, 1644, formaient le 5e vol.; et si nous trouvons dans le catal. Meerman, vol. III, 2e part., n° 989 : *H. Goltzii Græcia, sive ejus historia ex antiq. numismatibus restituta*, Brugis-Flandror., 1576, in-fol., fig., il est à remarquer que ce volume ne donne que les médailles de la Sicile et de la grande Grèce, et que celui qui devait donner les médailles de la Grèce proprement dite n'a pas paru. Les 5 vol. (1563-1581), 3 liv. 13 sh. 6 d. Hibbert.

— Romanæ et græcæ antiquitatis monumenta, e priscis numismatibus eruta et L. Nonnii commentario illustrata. *Antuerp., ex offic. plantin.*, 1645, 5 vol. in-fol. fig.

Édition augmentée des commentaires de Louis Nonnius et d'Andr. Schott, des portraits des empereurs d'Autriche et de quelques autres pl. dessinées de la main de Rubens. Le titre ci-dessus est un titre général, mais chaque vol. a son frontispice particulier, savoir : tome I, *Fasti magistratuum et triomphor. Romanor.*, 1644. — II. *C. Julii Cæsaris, Augusti et Tiberii numismata*, 1644, avec 45, 81 et 11 pl. — III. *Græciæ ejusque insular. et Asiæ Minoris numismata*, 1644, avec 31 ff. de gravures. — IV. *Siciliæ et magnæ Græciæ hist.*, 1644, avec 19 ff. de pl. et une carte impr. avec le texte. — V. *Icones imperatorum romanor.*, 1645, avec de grands médaillons impr. en brun : 50 à 60 fr. Vend. 96 fr. *mar. r.* de Cotte.

L'édit. antérieure d'Anvers, tome I, 1617; II, 1620; III, 1618, et IV, 1618, est moins belle, tant pour le papier que pour l'impression; il faut y joindre le 5e vol. de 1645. — L'édit. d'*Anvers*, 1708 (ou avec de nouv. titres datés de 1758), 5 vol. in-fol., intitulée : *Opera omnia numismatica*, est la plus commune. 40 à 50 fr. Vend. 55 fr. le duc de Plaisance.

Il est à remarquer que la collection de Goltz a beaucoup perdu de son ancienne réputation depuis que Eckhel a démontré qu'elle renfermait nombre de médailles supposées ou inexactement copiées.

— LES IMAGES ou médailles de tous les empereurs, depuis Jules César jusqu'à l'empereur Ferdinand, avec leurs éloges, par Hubert Goltzius. *Anvers*, 1561, gr. in-fol.

Cette édition, avec un texte français, est peu commune; elle a été précédée de deux autres également in-fol., impr. à Anvers, sous la date de 1557, l'une avec un texte latin, et l'autre avec un texte italien, et ayant pour titre : *Le vive imagini di tutti quasi gli' Imperatori da Julio Cesare insino a Carlo V.* Les différentes éditions de ces *Images* sont remarquables par le tirage en couleur des belles planches sur bois qui les décorent ; mais il ne paraît pas que jusqu'ici elles aient acquis une grande valeur dans le commerce.

GOMAIN (*Franç.*). Histoire ioyeuse contenant les passions et angoisses d'un Martyr amoureux d'une dame : le tout en ballades, rondeaux, epistres, huictains et triolets. *A Lyon, par Rigaud et Jean Saugrain*, 1557, in-16 de 127 pp. en lettres rondes, avec petites fig. en bois. [13689]

L'auteur n'est point nommé sur le titre, mais son nom se trouve au commencement d'un sonnet placé en tête du livre, lequel est fort rare.

GOMARA ou GOMERA (*Franc.* Lopez de). Primera y segunda parte de la historia general de las Indias, con todo el descubrimiento y cosas notables que han acaescido dende que se ganaron ata el año de 1551, con la conquista de Mexico y de la Nueva España (por F. Lop. de Gomara). *Saragoça, en casa de Agustin Millan*, 1552-53, in-fol. goth. [28486]

Ouvrage intéressant et bien écrit, mais qui contient beaucoup de faits inexacts, qui ont été réfutés par *Diaz de Castillo* (Voy. DIAZ). L'édit. de 1552 est la première. Vend. 17 fr. Santander, et plus cher depuis. Il y en a une de *Medina del Campo, Guil. de Millis*, 1553, en 2 part. in-fol. 10 liv. 10 sh. bel exempl. Heber. — Une autre : *Saragoça, en casa de Pedro Bernuz, y de Agustino Millan*, 1554, in-fol. goth., dont la seconde partie est intitulée : *Cronica de la Nueva España con la conquista de Mexico, y otras cosas hechas por Hernando Cortes*. Vend. 10 flor. 10 s. Crevenna ; 6 liv. 10 sh. *mar. r.* Hibbert.

— Historia general de las Indias... *Anvers, en casa de J. Steelsio*, 1552 ou 1554, pet. in-8. de 16 ff. prél. et 287 ff. chiffrés.

18 et 10 flor. (deux exempl.) Butsch.

— La conquista de Mexico; con el descubrimiento de la Nueva España. *Anvers, Nucio*, 1553, pet. in-8. de 340 ff.

Ces deux parties réunies, en *mar. r.*, 33 fr. en 1857, en rel. ordinaire 67 flor. Butsch, en 1858.

Il y a une autre édition de la première partie : *Anvers, por Martin Nucio*, 1554, in-12 de 300 ff., et une autre d'*Anvers, J. Bellero*, 1554, pet. in-8. impr. par Juan Lacio, de 16 ff. prélim. et 287 ff. : laquelle est moins belle que celle de *Mart. Nucio*, sous la même date, mais elle contient de plus une table alphabétique des provinces, villes, etc., ce que le titre annonce ainsi : *Añadiose de nuevo la descripcion de las Indias, con una tabla de las provincias, etc.* On y trouve une petite carte du nouveau monde, gravée en bois. L'édit. de Nucio, sous la date de 1554, doit être accompagnée de *la segunda parte... que contiene la conquiste de Mexico, etc.*, sous la même date.

Gomar (*Fr.*). Opera, 1954.

Cette même seconde partie a été réimpr. sous ce titre :

HISTORIA de Mexico, con el descubrimiento de la nueva España, conquistada por... Fernando Cortes, marques del Valle, escrita por Francisco Lopez de Gomara clerigo. Añadiosa de la nuevo (*sic*) descripcion y traça de todas las Indias, con una tabla alphabetica de las materias y hazañas memorables en ella contenedas. *En Anvers, en casa de Iuan Steelsio*, 1554. (à la fin : *Impresso en Anuers, par Iuan Lacio*, 1554), pet. in-8. de 349 ff. y compris le titre et la dédicace, plus 11 ff. non chiffrés pour la table.

— HISTORIA de las conquistas de Hernando Cortes, escrita en español por F. Lopez de Gomara, trad. al mexicano por J.-B. de San Anton Muñon Chimalpain Quauhtlehunitzin indico mexicano : publicala con varias notas y adiciones Carlo Maria de Bustamente. *Mexico, imprenta de la testamentaria de Ontiveros*, 1826, 2 vol. pet. in-4.

Chimalpain avait traduit en mexicain l'ouvrage de Gomara, et y avait fait des corrections et de nombreuses augmentations. C'est d'après cette traduction qu'a été faite l'édition espagnole ci-dessus. A la fin du 2e vol. se trouve un supplément en 37 pp., daté de 1827.

L'ouvrage de Gomara a été inséré par extrait dans le 2e vol. des *Historiadores primitivos* de Barcia (voy. BARCIA).

— Histoire générale des indes occidentales et terres neuves qui, jusqu'à présent, ont été découvertes ; trad. en françois par Mart. Fumée, sieur de Marly le Chastel. *Paris, par Bernard Turrisan, à la boutique d'Alde* (ou avec le nom de *Mich. Sonnius*), 1569, pet. in-8. de 258 ff. de texte, 6 ff. prél. et 12 pour la table.

Édition rare, qui s'annexe à la collection aldine : 10 fr. 50 c. Rætzel ; 4 liv. 14 sh. 6 d. *mar. bl.* Hanrott.; 16 sh. *mar. r.* Butler.

Cette traduction a été réimpr. à Paris, en 1578, en 1580, en 1584, et 1606. Le titre de l'édit. de 1584 porte : *cinquième édition augmentée de la description de la Nouvelle Espagne, et de la grande ville du Mexique... trad. en françois par Martin Fumée sieur de Genille*. C'est d'après cette édition, plus complète que la première, qu'ont été faites celles de Paris, 1587 (32 fr. rel. en vél. en 1860), 1597 et 1605, pet. in-8. Un exempl. de l'édit. de 1580, en *mar. r.* 51 fr. 4e vente Quatremère.

LA HISTORIA generale delle Indie occidentali, con tutti li discoprimente et cose notabili che in esse sonno successe, da che si acquistorno fino hora, scritta per F. Lopez de Gomara ; tradotta nel volgare italiano per Augustino de Cravaliz. *Roma, per Valerio et Luigi, Dorici*, 1556, in-8.

LA HISTORIA del illustriss. et valorosiss. D. Fernando Cortes marchese della Valle, et quando discoperse, et acquisto la Nuova Spagna... di Fr. Lopez de Gomara, tradotta dalla lingua spagnola nella italiana, per Augustino Cravaliz. *Roma, i Dorici*, 1556, pet. in-4.

Ces deux traductions sont peu communes, et même un exemplaire de la première est porté à 100 fr. dans un catal. de livres rares et précieux à vendre chez M. Potier, libraire, en 1859.

THE PLEASANT historie of the conquest of the weast India, now called New Spayne atchieued by the most woorthy prince Hernando Cortes, marques of the valley of Huexacac, most delectable to reade, translated out of the spanishe tongue by T. (Thomas) N. (Nicholas). *London, by Henry Bynneman*, 1578, in-4. goth.

Nous plaçons ici ce volume, parce que c'est réellement une traduction de l'ouvrage de Gomara ; cependant la *Biblioth.* grenvil., I, 168, en donne le titre à la suite des lettres de Cortès, et Lowndes à l'article Diaz (Bernal), erreur qu'il paraît avoir lui-même reconnue à l'article *Lopez* de Guevara. Il y

en a une édit. de *Lond., by Thomas Creede*, 1596, in-4., vend. 4 liv. 14 sh. 6 d. Gordonstoun.

GOMBAULD (*Jean* Ogier de). L'Endimion. *Paris, Nic. Buon*, 1624, in-8. [17160]

Volume orné de dix-sept gravures de Léonard Gaultier, Crispin de Pas et J. Picart, 6 à 9 fr.

Un exempl. en *mar. r. ancien*, 47 fr. Renouard.

La seconde édition, *Paris, Buon*, 1626, in-8., avec les mêmes planches déjà fatiguées, est moins recherchée que la première.

— Les Poésies de Gombauld. *Paris, Aug. Courbé*, 1646, in-4. [14017] ₀

11 fr. 50 c. Walckenaer; 20 fr. 50 c. Bertin.

— Les épigrammes de Gombauld, divisées en trois livres. *Paris, Aug. Courbé*, 1657, in-12. [14213]

C'est la partie des poésies de l'auteur qui conserve le plus de lecteurs. Il y en a une édit. *jouxte la copie de Paris*, 1657, pet. in-12, et une nouvelle donnée aux frais et par les soins de M. J.-V.-F. Liber. *Lille, typogr. de A. Béhague, et Paris, J. Tardieu*, 1861, pet. in-12, tiré à 100 exempl., 6 fr. (quelques exempl. sur papier de Chine). Son *Amaranthe*, pastorale (*Paris, Fr. Pomeray, etc.*, 1631, in-8.), et ses *Danaïdes*, tragédie (*Paris*, 1658, in-12), se trouvent difficilement aujourd'hui. On a encore de lui des *Lettres, Paris, Aug. Courbé*, 1647, pet. in-8. [18820]

GOMBERT. Nicolai Gomberti musici excellentissimi Pentaphthongos Harmoniæ, que quinque vocum Motetta vulgo nominantur ; additis nunc eiusdem quoque ipsius Gomberti, nec non Jachetti, et Moralis Motettis, opus mehercule summo studio nostro ac diligentia nuper in lucem prodiens, cælestem plane referens concentum, humanasque aures insolita modulatione permulcens. Liber primus (et liber secundus). *Venetiis, apud Hieronymum Scotum*, 1541, 2 vol. gr. in-4. oblong. [vers 10194]

Ces deux livres contiennent chacun cinq parties de chant, savoir : *Cantus, Tenor, Altus, Bassus* et *Quinta*. Il y a 26 motets dans le premier et 21 dans le second. Chaque partie de chant est de 22 ff. pour le premier livre et 20 pour le second. (Schmid, p. 147-48.)

— Nicolai Gomberti musici imperatorii motectorum nuperrime maxima diligentia in lucem editorum liber secundus. *Venetiis apud Hieronymum Scotum*, 1541, in-4. oblong.

Dix-neuf motets à quatre voix, savoir : *Cantus, Tenor, Altus* et *Bassus*. Chaque partie occupe 20 ff. (*Idem.*, p. 148).

Les productions de ce célèbre compositeur se trouvent insérées dans un grand nombre de recueils de chants imprimés avant 1541 et depuis, mais elles y sont mêlées à celles de divers musiciens alors en renom.

GOMBERVILLE (*Marin* Le Roy de). La Doctrine des mœurs, tirée de la philosophie des stoïques, représentée en cent tableaux, et expliquée par de Gomberville. *Paris, Louis Sevestre*, 1646, in-fol. fig. 10 à 15 fr. [3713]

Cet ouvrage est peu recherché maintenant, malgré les figures gravées par Pierre Daret dont il est orné, et qui sont la copie des *Emblemata horatiana* d'Othon Vænius (voy. ce nom). Il y a une édition de *Paris*, 1684, in-12 avec fig. Le portrait de Gomberville est à la tête de l'édit. in-fol. avec ses premiers noms ainsi grécisés : *Thalassius Basilides Gombervilla ætatis suæ* 43, *anno* 1643. Les Discours moraux sont reproduits dans l'édition des Emblèmes tirés d'Horace, impr. à Bruxelles en 1678, in-fol., sous le titre de *Théâtre moral de la vie humaine.*

— Polexandre, reveue, changée et augmentée dans cette nouvelle édition. *Paris, Touss. Du Bray,* 1632, 2 vol. in-4. et aussi in-8. frontispice gravé. [17166]

Balzac, dans une des dissertations impr. à la page 634 du 2ᵉ vol. de l'édit. in-fol. de ses œuvres, a dit de ce roman : « Le Polexandre est à mon avis un ouvrage parfait en son genre. » Sans le juger aussi favorablement aujourd'hui, on convient néanmoins qu'il est bien écrit pour le temps et qu'il mérite d'être conservé. L'auteur l'avait fait paraître d'abord sous le titre d'*Exil de Polexandre, Paris, Touss. Du Bray,* 1629, in-8.; il le donna ensuite sous celui de *Polexandre,* après l'avoir refait entièrement; il y ajouta bientôt un 3ᵉ et un 4ᵉ vol., et enfin un 5ᵉ intitulé : *Suite de la quatrième partie de Polexandre, à Paris, chez Augustin Courbé,* 1637, in-8., avec un front. gr. par A. Bosse. Nous ne connaissons que les deux premiers volumes de ce roman dans le format in-4., mais tous les cinq existent in-8. sous la date de 1637, édition dont il a été tiré des exemplaires en Gr. Pap. (39 fr. *mar. viol.* La Valliere). Il y en a aussi une sous la date de 1638, 1640 et 1641. L'auteur n'a donné l'édit. de 1637 qu'après avoir fait de nouveaux changements dans ses premiers volumes.

La Cythérée du même, *Paris, Aug. Courbé,* 1640-44, 4 vol. in-8. [17167], n'a pas été réimprimée, non plus que la *Caritée,* qu'il avait fait paraître en 1621, en 1 vol. in-8. *La jeune Alcidiane,* autre roman du sieur de Gomberville, impr. à Paris, en 1651, in-8., est restée au premier volume.

Lenglet Du Fresnoy a cité avec éloge l'ouvrage suivant du même écrivain :

Discours des vertus et des vices de l'histoire, et de la manière de la bien écrire, avec un traité de l'origine des François. *Paris,* 1620, in-4.

La première production de Gomberville a pour titre :

Tableau du bonheur de la vieillesse opposé aux malheurs de la jeunesse, composé en quatrains, par Marin Le Roy. *Paris, La Quehaye,* 1614, in-8.

GOMBOUST (*Jacques*). Plan de Paris toisé par lui, 1652, en neuf grandes feuilles. [24144]

Ce plan, qui représente l'état de Paris en 1647, est devenu fort rare; il est très-bien exécuté et donne de précieuses indications sur les hôtels célèbres, monuments religieux et autres qui existaient à Paris au milieu du XVIIᵉ siècle. C'est à Jacques Gomboust qu'est due toute la partie géométrique de ce beau travail; mais pour les dessins et la gravure des bordures et des fleurons qui ornent ce plan, on suppose qu'il a eu plusieurs collaborateurs, au nombre desquels il faudrait placer Abraham Bosse, Collignon, et peut-être aussi Goyard et Israël Silvestre. Dans le nombre des sept exemplaires de ce plan dont l'existence est bien constatée, plusieurs sont accompagnés d'un texte historique qui n'est pas dans les autres, et même, dans un des deux exemplaires que conserve la Bibliothèque Impériale, au lieu de l'avis qui devait se trouver sur les feuilles IV et VII, on lit une dédicace au roy. Un exemplaire du plan en 9 feuilles assemblées sur toile, et sans texte, a été acheté 735 fr. pour M. le duc d'Aumale, à la vente Walckenaer; un autre également sans texte, 450 fr.

à la vente de Gilbert, en 1858, au moment même où venait de paraître la nouvelle édition de ces feuilles, sous le titre suivant :

Plan de Paris, par Jacques Gomboust, avec le texte, les vues et les ornements qui accompagnent quelques exemplaires; gravés en fac-simile par Lebel, et publié par la Société des Bibliophiles françois. *Paris, Potier, Techener, etc.,* 1858, gr. in-fol., 55 fr.

Excellente reproduction de ce plan, auquel est joint un texte in-8. ayant pour titre :

Notice sur le plan de Paris de Jacques Gomboust, ingénieur du roi, publié pour la première fois en 1652, reproduit par la Société des Bibliophiles françois en 1858, suivi du Discours sur l'antiquité, grandeur, richesse, gouvernement de la ville de Paris, par P. P. (Pierre Petit), et d'une table alphabétique des rues, des portes, des églises, des couvents, des collèges, des palais et hôtels indiqués sur ce plan, par M. Le Roux de Lincy, 1858.

Pierre Petit, intendant général des fortifications de France, auquel est attribué le Discours réimprimé dans la notice dont nous venons de donner le titre, a mis son nom à la pièce suivante qui se rapporte à la ville de Paris :

Discours fait en l'assemblée de l'hostel de ville, tenue le 24 mai 1658, touchant les remèdes qu'on peut apporter aux inondations de la Seine; donné au public par ordre de ladite assemblée, avec la carte nécessaire à l'éclaircissement d'iceluy, par le sieur Petit... *Paris,* 1658, in-4.

A l'article Androuet Du Cerceau nous avons parlé d'un plan de Paris exécuté vers 1560, et qui est attribué à ce célèbre architecte; ajoutons ici, pour mémoire, qu'un plan de Paris levé en 1676, par Bullet, architecte, en 4 grandes feuilles, a été payé 96 fr. à la vente Rebilliot, en 1857; un autre, dédié à Simon Arnauld de Pomponne, par Albert Jouvin de Rochefort, en 8 pièces, 181 fr. même vente. — Voir les *Etudes sur les anciens plans de Paris, des* XVIᵉ *et* XVIIᵉ *siècles,* par M. Bonnardot. *Paris,* 1851, in-4.

Jacq. Gomboust a levé sur la même échelle que celle de son Plan de Paris :

Rouen (Plan de). *Paris, chez l'autheur; Rouen, chez M. Martinot,* 1655, 6 feuilles, avec encadrement composé de vues de Rouen, des principales campagnes des environs, etc.

Il faut joindre à ce plan un texte intitulé : *Description des antiquités et singularitez de la ville de Rouen,* impr. par Laurens Maurry, 1655, en 9 feuilles.

Plan de Caen, en 6 feuilles, grav. par F. Bignon, *Paris,* Vᵉ *Le Sage,* 1672.

Cet ingénieur a aussi exécuté les dessins de sept planches de petite dimension représentant les villes de Caen, Cherbourg, Dieppe, Granville, Le Havre, Honfleur, Pont-de-l'Arche, et ces planches ont été insérées dans la huitième partie de la *Topographia Galliæ,* publiée par Gasp. Mérian, à Francfort, en 1657, in-fol. (voy. Zeiller).

GOMECII toletani (*Alvari*) de vita et rebus gestis a Fr. Ximenio, archiepiscopo toletano, libri VIII. *Compluti, de Angulo,* 1569, in-fol. [26042]

Cet ouvrage, fort recherché, surtout en Espagne, se trouve difficilement; vendu 30 fr. *mar. v.* Thierry, et 23 fr. 60 c. Rodriguez. Il a été quelquefois donné pour 12 ou 15 fr. — Réimprimé dans l'*Hispania illustr.,* 927-1156.

GOMERA. Voy. Gomara.

GOMES de Santo Estevano. Livro do infante D. Pedro, que andou as quatro partidas do mundo, feito por Gomes de Santo Estevão. *Lizboa,* 1554, in-4.

Relation tout à fait apocryphe d'un voyage qui cependant eut réellement lieu. Elle a été très-souvent réimpr. en Portugal et à Séville; il y en a une édition de Lisbonne, 1824, pet. in-4.

GOMES de Trier. Le Jardin de récréation, auquel croissent rameaux, fleurs et fruicts..., sous le nom de six mille proverbes, et plaisantes rencontres françoises, recueillies et triées par Gomes de Trier. *Amsterdam, Paul de Ravesteyn,* 1611, in-4. [18464]

Vend. 9 fr. *m. r.* La Vallière; 15 fr. Thierry; 3 liv. *mar. v.* Hanrott; 30 fr. 50 c. *bas.* Crozet; 50 fr. *mar. rouge,* Duplessis, et avec le *Verger,* 45 fr. en 1860.

Volume peu commun, qui contient 6 ff. prélim., texte, sign. a—dd. A la fin, sur un f. séparé, la récapitulation des proverbes, au nombre de 5806. Ces proverbes sont rangés par ordre alphabétique. On voit, dans la préface de cet ouvrage, que l'auteur avait déjà publié en 1605 le *Verger des colloques récréatifs,* en français et en bas allemand (il s'en trouve des exempl. sous la même date que le *Jardin de récréation*), et en 1607, un *Extrait du Verger.* Il a donné depuis :

LE VERGER des colloques récréatifs, en françois et en italien. *Amsterd.,* 1623, in-4. Vend. 1 liv. 18 sh. *mar. citr.* Hanrott, et 50 fr. Duplessis.

Le *Jardin de récréation,* ainsi que nous l'avions soupçonné, et comme l'a reconnu positivement M. Duplessis, n'est que la traduction du *Giardino di ricreatione,* dont nous avons donné le titre à l'article FLORIO.

GOMESII miedis (*Bernardi*) de vita et rebus gestis Jacobi I, regis Aragonum, cognomento expugnatoris, libri XX. *Valentiæ, Vidua Pet. Huete,* 1582, in-fol. de 394 pp., sans les prélim. ni la table. [26180]

Ouvrage bien écrit et dont les exemplaires sont rares. Il a été réimpr. dans l'*Hispania illustr. de Schott,* III, pp. 383 et suiv. L'auteur, lui-même, l'a trad. en espagnol, *Valencia,* 1584, in-fol., et cette traduction est plus rare encore que l'original. (Consultez Dav. Clément, t. IX, p. 226.)

GOMEZ de Cibda Real. Centon epystolario del bachiller Fernan Gomez de Cibda Real fisico del mui poderoso e sublimado Rei don Juan el segundo deste nonbre. Estas epistolas fueron escritas al mui poderoso rei don Juan el segundo e a otros grandes e prelados e caualleros en que ai muchos casos e sucesos e motes e chistes que por estas epistolas son aclarados e dinos de se sauer. *Fue estanpado, e correto por el protocolo del mesmo bachiller Fernanperez por Juan de Rei e a su costa en la cibda de Burgos el año* M.CDXCIX (1499), pet. in-4. goth. de 165 pp. cotées en chiffres arabes. [18897]

Antonio (*Biblioth. vetus,* II, p. 250), en parlant de ces lettres (qui, selon lui, *Elegantes quidem ipsæ, quæ illius temporis elegantia erat, facetiis partim, saleque innoxio aspersæ, ceteroqui rerum tot annis in turbulentissimo regno gestarum il-*

lustrem summam vere continent), paraît croire que l'édition dont nous venons de rapporter le titre est postérieure à la date qu'elle porte, et que l'éditeur, pour des raisons particulières, a voulu la faire passer pour une production de la fin du XVe siècle, et l'a fait inprimer avec des caractères gothiques fondus exprès, vers l'année 1600. Ce livre a effectivement quelque chose qui décèle, au premier coup d'œil, une édition de cette époque-là : d'abord l'éditeur du frontispice, ensuite les chiffres arabes, qui marquent l'ordre des pages, de chaque côté des feuillets, tandis qu'en Espagne, à la fin du XVe siècle et au commencement du XVIe, les feuillets n'étaient ordinairement chiffrés que d'un seul côté, et en chiffres romains. Il est cependant certain que l'auteur écrivait au commencement du XVe siècle, et que l'édition dont il s'agit est un livre rare. Salvá l'estime 2 liv. 2 sh. Vend. 10 fr. Rætzel.

Ces lettres ont été réimpr., avec d'autres ouvrages, sous ce titre : *Centon epistolario de Fernando Gomez; generaciones y semblanzas de Fern. Perez de Guzman; claros varones de Castilla, y letras de Fernando de Pulgar,* Madrid, impr. real de la Gazeta, 1775, pet. in-4.; et encore à Madrid, en 1790, pet. in-8., sans le *Fernando Pulgar.*

GOMEZ (*Gaspar*). Tercera parte de la tragicomedia de Celestina. — agora nuevamente compuesta por Gaspar Gomez. *Acabose la presente obra en la muy noble villa de Medina del Campo. A seys dias del mes de Julio. Año de mil y quinientos y treynta y seyes* (1536) *años,* in-4. goth. [16459]

Panzer, IX, p. 532, d'après la *Biblioth. josch.*

— Tercera parte de la tragicomedia de Celestina : rapsiguiendo en los amores de Felides y Poladria nuevamente compuesta por Gaspar Gomez. — *Acabose la presente obra en la muy noble et imperial ciudad d' Toledo a veyente dio del mes de nouiembre, en casa de Hernãdo de Santa Catalina, año de mil y quinientos y trento y nueue años,* in-4. goth., signat. a—q. feuillets non chiffrés.

A en juger par le titre ci-dessus, cette pièce ne doit pas être la même que la *Tragicomedia de Lysandro y Roselia,* appelée aussi *tercera Celestina* (voy. LYSANDRO). Antonio n'en a pas parlé.

GOMEZ (*Alvarus*). Thalichristia ad beatissimum Hadrianum ex. cardinali Dertosano Pontificem maximum (carmine heroico, in quo Jesu Christi redemptoris triumphus redemptionisque nostræ mysteria celebrantur libris xxv). *Compluti Carpetaniæ in officina Arnaldi guillelmi de brocario. Anno...* M. D. XXII. *absolutum tertio idus aprilis,* in-4. de IV et CCVI ff., plus 2 feuillets pour l'errata et la souscription. [12951]

Poème devenu fort rare, au commencement duquel se lit une préface de Ælius Ant. Nebrissensis.

— Musa Paulina, hoc est epistolæ Pauli apostoli cantatæ, atque elegis versibus interpretatæ. *Compluti, apud Mich. de Eguia,* 1529, in-4. [12951]

Non moins rare que le précédent : 1 liv. 16 sh. *mar.* par Lewis, Heber.

— De militia principis Burgundi, quam Velleris aurei vocant, ad Carolum Cæsarem ejusdem militiæ principem libri V. *Toleti, apud Joan. de Aiala*, 1540, in-8. [12952]

Petit poëme regardé comme le chef-d'œuvre d'un auteur que l'on a surnommé le Virgile espagnol : 14 sh. Heber.

— Theologica description de los misterios sagrados, partida en doze cantares. *Toledo, Juan de Ayala*, 1541, in-4. [15117]

liv. rel. par Lewis, Heber.

GOMEZ (*Anton.-Enriquez*). Academias morales de las musas. (Poemas varios y 4 comedias). *Bourdeaux, Pedro de la Court*, 1642, in-4. [15263]

Réimpr. à *Madrid, Jos.-Fern. de Buendia*, 1688 : en 1690 et en 1734, in-4.

— EL SIGLO pitagorico, y vida de D. Greg. Guardana. *Roan, L. Maurry*, 1644, in-4.

Réimprimé à *Rouen*, en 1682, in-4., et à *Madrid*, 1788, in-8.

GOMEZ de Luque (*Gonzalez*). Libro primero de los famosos hechos del principe Celidon de Ibernia. *Alcala de Henares, Juan Iñigues de Leguerica*, 1583, pet. in-4. de 4 ff. prélim. et 198 ff. à 2 col. [15179]

Poëme en 40 chants : vend. 4 liv. *m. r.* Hanrott ; 2 liv. 19 sh. et 2 liv. 18 sh. *mar.* Heber. Antonio le cite sous la date de 1584, et in-8.

GOMEZ d'Oliveyra (*Antonio*). Idylios maritimos, y rimas varias. Primera parte. *Lisboa, P. Graesbeek*, 1617, in-8. — Sonetos heroicos. *Lisboa*, 1641, in-8. [15371]

Deux ouvrages cités par l'Académie de Lisbonne.

GOMEZ de Ortega. Voy. QUER.

GOMEZ Texada de los Reyes (*Cosmos*). Leon prodigiosa. Apologia moral entretenida, y provechosa a las buonas costumbres, trato virtuoso y politico. *Madrid*, 1636, pet. in-4. titre gravé. [15262]

Ce livre contient plusieurs petits poëmes d'un certain mérite ; il a une seconde partie, *Alcala*, 1673, pet. in-4.

GOMMER de Luzancy (le P. de). De l'autourserie et de ce qui tient au vol des oiseaux. *Paris, Jean Houzé*, 1605 (et aussi 1608), pet. in-8. de 38 ff., fig. [10456]

L'Autourserie de P. de Gommer avait déjà été impr. à *Chaalons*, chez Guyot, en 1594, in-8., fig. (35 fr. Huzard) ; mais l'édition de Paris est celle que l'on rencontre ordinairement (sous la date de 1605, 17 fr. 50 c. Huzard ; sous la date de 1608, 12 fr. 50 c. le même) : elle est quelquefois réunie à la Fauconnerie de Charles d'Arcussia, publiée en même temps par le libraire Houzé. — Voy. ARCUSSIA.

GONÇALEZ ou Gonzalez de Mendoza (*Fr.-Joan.*). Historia de las cosas mas notables, ritos y costumbres del gran reyno de la China, sabida assi por los libros de los mesmos Chinas, como por relacion de religiosos y otras personas que han estado en el dicho reyno ; con un itinerario del Nuevo Mundo (por Fr. Mart. Ignatio). *Roma, Accolti*, 1585, pet. in-8. [28272]

Ouvrage tiré du chinois, et dans lequel parurent pour la première fois, en Europe, les caractères de cette langue. L'édition de Rome est rare, mais ce livre ayant eu du succès a été réimprimé à *Madrid, P. Madrigal*, 1586, in-8., et la même année, à *Barcelone, chez Juan Pablo Mareschal*, in-8. ; ensuite à *Medina del Campo, por Sanctiago del Canto*, 1595, pet. in-8. — à *Anvers, P. Bellero*, 1596, pet. in-8. — Le même livre a été traduit en français, par Luc de la Porte, sous le titre d'*Histoire du grand royaume de la Chine, divisée en deux parties*, Paris, l'Angelier et Jér. Perier, 1588 (en *m. bl.* 35 fr. 50 c. Veinant). Réimpr. en 1589 et en 1600, pet. in-8. (12 fr. 50 c. Walckenaer), et aussi sans lieu d'impression, chez *Jean Arnaud*, 1606, pet. in-8., sous un titre un peu différent (voy. HISTOIRE du royaume de la Chine). — La traduction italienne par Fr. Avanzo, a pour titre : *Dell' historia della China... parti due*, Roma, Grassi, 1586, pet. in-4. (5 fr. 80 c. Langlès), et *Venezia, Muschio*, 1587, pet. in-8. Enfin ce même ouvrage a été trad. en latin par Marc Hennines, sous le titre de :

NOVA et succincta historia de amplissimo regno China. *Francof., Sigism. Feyrabend*, 1589, in-8., et aussi par Jean Bruel (Brulius).

Sous cet autre titre :

RERUM morumque in regno chinensi maxime notabilium historia. *Antuerpiæ*, 1655, in-4.

Vendu 9 fr. 25 c. La Serna.

GONÇALEZ de Holguin. Voy. HOLGUIN.

GONÇALO de Cordova, el gran capitan. Suma de la conquista del reyno de Napoles, conquistado por el grand capitan Gonçalo Fernandez, del rey don Fernando el quinto nuestro señor. *Alcala, en casa de Juan Gracian*, 1604, pet. in-4. de 20 ff. [25745]

Vendu 1 liv. 9 sh. Hibbert.

— Voy. CHRONICA, ou plutôt l'article CHRONIQUES espagnoles, dans notre tome I, col. 1885.

GONÇALVES ou Gonzalvez (*J.-A.*). Arte china, constante de alphabeto e grammatica, comprehendendo modelos das differentes composiciones : composta por J.-A. Gonçalvez. *Macao, colleg. de S. Jose*, 1829, pet. in-4. de VIII, 502 et 45 pp. [11869]

— Lexicon magnum latino-sinicum. *Macao*, 1841, in-fol. 100 fr. [10900]

GRAMMATICA latina ad usum sinensium juvenum, a J.-A. Gonsalves congregationis missionis presbytero post longam experientiam redacta, et *Macao in collegio S Joseph typis mandata*, 1828, in-12. [10819]

Ce petit volume, qui ne vaut pas 12 fr., a été payé 50 fr. à la vente Klaproth.

— Diccionario portuguez-china, no estilo vulgar mandarim e classico geral, composto por J.-A. Gonçalves. *Macao, R. coll. de S. Jose*, 1831, pet. in-4. 40 fr. [11873]

Vend. 60 fr. Klaproth.

— Diccionario china-portuguez, composto por J.-A. Gonçalves. *Macao, R. coll. de S. Jose*, 1833, pet. in-4. 45 fr.

Vend. 66 fr. le même.

GONDAR. Chroniques françoises de Jacques Gondar, clerc, publiées par Fr. Michel ; suivies de recherches sur le style par Charles Nodier. *Paris, Louis Janet,* in-8. goth. 11 fr. 50 c. Borluut, n° 5498.

Édition tirée à petit nombre et ornée de gravures coloriées imitant les miniatures des manuscrits.

GONDOIN. Description des écoles de chirurgie. *Paris, Pierres,* 1780, in-fol. max. fig. [9941]

On prétend que ce livre n'a été tiré qu'à cent exemplaires. Vend. 25 fr. Mérigot ; 36 fr. Hurtault.

GONDOYN (*Gilbert* de), dauphinois. Quatrains extraits des diuines sentences du tressage roy Salomon. *Genève, par Elie Viollier,* 1586, pet. in-8. de 102 pp.

Réimprimé sous ce titre :

QUATRAINS spirituels et moraux extraits des sainctes et divines sentences... par Gilbert de Gondouyn de Rhomans en Daulphiné. *Paris, Nicolas Bonfons,* 1587, pet. in-12 de 60 ff. non chiffrés. [13852]
Une édition de Lyon, 1587, pet. in-8., sous le même titre que celle de Genève, 1586, est portée dans le catal. de La Valliere-Nyon, 13738.

GONETUS de Prato. Magistri goneti đ prato loquendi facetia a multis doctoribus solerter approbata. (au recto du dernier f.) : *Hec loquēdi facetia nobili Francisco de Cauallione legata. a multis pfecto doctoribus approbata a mḡro Goneto de prato : parisius graduato inclite ville Priuacii fuit cōfecta. sub curriculo anni dñi millesimj quadringentesimj nonogesimj sextj. in venusto abolene oppido : penes insignem basilicaȝ nostre domine de planis : ꝛ in edibus nobiliuȝ Sazi : ad dei honorem fuit terminata,* in-4., goth. de 38 ff. non chiffrés, à longues lignes, au nombre de 21 par page, sign. a—f. [3698]

Le titre de cet opuscule porte la marque de *Pierre Mareschal* et *Bernabe Chaussard* (voy. t. II, col. 244), imprimeurs qui ont exercé à Lyon, dès 1490. La souscription rapportée ci-dessus est impr. en onze lignes. Vend. 26 fr. Mac-Carthy ; 10 fr. Librairie De Bure.

GONGORA y Argote (*Luis* de). Las Obras, comentadas por Garcia de Salcedo Coronel. *Madrid,* 1636-45-48, 3 vol. in-4. 36 à 45 fr. [15240]

On trouve difficilement ces trois volumes réunis. Il faut y joindre : *Illustracion y defensa de la fabula de Piramo y Tisbe, compuesta por L. de Gongora,* Madrid, 1636, in-4. (les 4 vol. 75 fr. La Serna), et *Jos. Pellicer, leciones solemnes à las obras de Gongora,* Madrid, 1630, in-4. Nous citerons encore : *Todas las obras de L. de Gongora y Argote, recogidas por Gonzalo de Hozes y Cordova,* Madrid, 1654, in-4. Vend., avec l'article précédent, 1 liv. 4 sh. Heber. — Réimprimé à *Bruxelles,* 1659, in-4. (La première édition de ce recueil, *Madrid,* 1627, in-4., a été donnée par Juan Lopez de Vicuña.)

Le 9e volume de la collection de Fernandez (voyez ce nom) contient une bonne édition des poëmes de Gongora.

—Quatro comedias de D. Luis de Gongora, y Lopez de Vega. *Madrid,* 1617, in-8.

Vend. 18 fr. *mar. v.* Thierry.

GONIN. Voyez TOURS de Me Gonin.

GONNELLA. Le Buffonerie di Gonnella, cosa piacevole e da ridere, et di nuovo aggiuntovi una bella burla, che egli fece alla duchessa di Ferrara. *Firenze, (senz' anno),* in-4. à 2 col. avec une fig. en bois. [15020]

Rédaction en ottava rima des mots facétieux attribués à un bouffon du XIVe siècle nommé Gonella. L'édition ici décrite paraît être du milieu du XVIe siècle ; elle a été vend. en m. r. 27 fr. 50 c. Libri. Une autre, in-4. de 4 ff. à 2 col., à la fin de laquelle on lit : *In Firenze appresso alla Badia* MDLXVIII, *ad instantia di Bartolomeo Anichini,* est portée dans le catal. La Valliere, 3549, art. 8. Celle de Florence, *all'insegna della Testuggine,* 1615, in-4. de 4 ff. à 2 col. fig. en bois, 22 fr. *m. r.* Libri, en 1847 et 1 liv. 9 sh. en 1859. Il en existe plusieurs autres.

La rédaction en prose des mêmes bouffonneries de Gonnella se trouve imprimée dans les recueils de facéties du même genre. — Voy. ARLOTTO et DOMENICHI.

GONNELLI (*Gius.*). Monumenti sepolcrali della Toscana, disegnati da Vinc. Gozzini, e incisi da Giov.-Paolo Lasinio, sotto la direzione dei sign. Cav. P. Benvenuti e L. de Cambray Digny, con illustrazioni (di Giuseppe Gonnelli). *Firenze,* 1819 (réannoncé en 1840), pet. in-fol., avec 47 pl. au trait. 48 fr. [9894 ou 25487]

Ouvrage exécuté avec soin, et dont il y a des exemplaires en Gr. Pap. vél. d'Angleterre.
La contrefaçon par l'imprimeur Mareningh a fait faire à Florence, en 1821, avec le texte traduit en français, contient à la vérité 29 pl. de plus que l'original, mais la gravure est bien loin de valoir celle de Lasinio, et les monuments modernes ajoutés ont peu d'intérêt.

GONON (le R. P. *Benoist*), célestin de Lyon. La Chasteté recompensée, ou l'histoire de sept pucelles, doctes et savantes ; ensemble celle du chaste Floris, et de Héliodore son amante malheureuse,

Goncourt (*Jules* de). La société française pendant la Révolution et sous le Directoire, 23953.
Goncourt (*Edm.* et *Jules* de). Histoire de Marie-Antoinette, 23929.
Gondon (*G.*). Vie d'Ant. Yvan, 21955.
Gonfreville (*D.*). Teinture des laines, 4455.

Gonnella (*T.*). Opuscoli matematici, 8419.
Gonod (*B.*). Les Évêques de Clermont, 21452. — Statistique, 24659. — Catalogue, 31456.
Gonon. Bibliographie historique de Lyon pendant la révolution, 31766.

recueillie de plusieurs célèbres historiens. *Imprimé à Bourg en Bresse, par
Jean Tainturier*, 1643, in-8. de 179 pp.
[17167]

Roman pieux dans le genre de ceux du fécond évêque
de Bellay, J.-P. Camus : 40 fr. 50 c. Coste, sans
avoir cette valeur.

GONSALVES. Voy. GONÇALVES.

GONTCHAROFF (*J.*). Rousskïe v Ïaponïe.
Les Russes au Japon en 1853 et 1854.
*St-Pétersbourg, impr. de l'Académie
des sciences*, 1855, in-8. [20768]

GONTHIER (*Jean*). Voy. GUINTERIUS.

GONTIER (*J. de Prevost, sieur de*). Les
amours de la belle du Luc, ou est demonstrée la vengeance d'amour envers
ceux qui mesdisent de l'honneur des
dames ; dernière édition reveue par l'auteur. *Paris, Nic. Bonfons*, 1598, pet.
in-12. [17144]

Quoiqu'il ait la forme d'un roman, cet ouvrage intéressant est le récit d'un événement réel qui se passa
sous le règne d'Henri III, et fit alors beaucoup de
bruit. Les amours de la belle du Luc ont eu un
grand succès, ainsi que l'attestent de nombreuses
édit., dont la première doit être antérieure à 1597.
De ces édit. nous connaissons seulement celles de
Rouen, Doré, 1597, de *Lyon, pour Abrah. Cloquemin*, 1598, de *Rouen, Cousturier*, sans date,
de *Lyon, P. Rigaud*, 1606, et de *Lyon, Huguetan*,
1625, toutes de format pet. in-12.

—Histoire pitoyable des parricides commis
par Jacques Gentet et sa femme, envers
leurs peres, meres et sœurs, en la ville de
Blaye, avec le sommaire de leur procès,
et arrest de la cour de parlement de
Bourdeaux contre les dits parricides; par
I. Prevost, sieur de Gontier. *Paris, Nic.
Rousset*, 1610, pet. in-8. de 69 pp.
[2733]

Opuscule rare, vendu 22 fr. Gaignat; 30 fr. La Valliere, avec les deux pièces suivantes :
  DISCOURS merveillable d'un Demon amoureux,
lequel a poussé une jeune Damoyselle a brûler une
riche abbaye, et couper la gorge à sa propre mere.
Rouen, Abr. Cousturier, 1605, pet. in-8. de 16 pp.
  NOTABLE discours estrangement arrive en la ville
de Pellepontce, pays Vivaroys, le 8 janvier 1611,
de deux enfants ayant malheureusement meurtry
et assassiné leur pere. *Paris, suivant la copie
imprimée à Clairmont*; 1611, pet. in-8. de 16 pp.

GONZAGA da Gazuolo (*Lucrezia*). Lettere. *Venegia, Gualtero Scoto*, 1552,
in-8. [18872]

Vend. 13 fr. Pinelli et Crevenna; 3 liv. 6 sh. bel
exempl. mar. Hanrott, et 1 liv. 4 sh. Butler.
Il passe pour certain que ces lettres ont été composées
par Ortensio Lando, médecin milanais (voyez
LANDO).

GONZAGA (*Curzio*). Il fido amante, poema
eroico. *Mantova, Giacomo Ruffinello*,
1582, in-4. 6 à 9 fr. [14651]

Poëme peu estimé, quoique Torquato Tasso en ait
parlé avec éloge : il a été réimprimé à Venise, en
1591 et en 1641, in-4.

GONZALES de Bovadilla (*Bernardo*). Primera parte de las nimphas y pastores de
Henares, en seys libros. *Alcala de Henares, Juan Gracian*, 1587, pet. in-8.
[15184]

Un des livres de la biblioth. de D. Quichotte, que le
curé livre au bras séculier de la servante du bon
chevalier. Antonio en a mal nommé l'auteur *Perez*
au lieu de *Gonzales*. Vend. 9 fr. Thierry; 38 fr.
De Bure. M. Graesse nomme cet auteur Perez de
Bobadilla, et place l'article sous ce dernier nom.

GONZALEZ (*Dom.*). L'Homme dans la
lune. Voy. GODWIN (*Fr.*).

GONZALEZ de Castro (*Sebast.*). Declaracion del valor de la plata, ley, y peso de
las monedas antiguas de plata, ligada de
Castilla, y Aragon ; y la quarta forma
que se ofrece para moneda da Prouincial,
reducida a la antigua de estos. *Madrid,
Diego Diaz de la Carrera*, 1658, in-4.
de 8 ff. prélim., 37 ff. de texte et 2 ff.
pour la table. 10 à 12 fr. [4132]

Vend. 20 fr. m. r. Gaignat ; 27 fr. La Vallière.

GONZALEZ (*Estevanillo*). La vida i hechos de Estevanillo Gonzalez, hombre
de buen humor; compuesto por el mismo. *Amberes, viuda de Juan Cnobbart*,
1646, pet. in-4. [17622]

Dans le catal. de la Biblioth. impér., Y 2, 1224, ce
livre est attribué à Vincent Espinel, auteur de la
Vida de Marcos de Obregon (voyez ESPINEL) ;
c'est une erreur, car le privilège est accordé à
Estevanillo Gonzalez, et celui-ci a signé l'épître
dédicatoire à *Picolomini de Aragon, duc d'Amalfi*,
dont il était le bouffon. Cette histoire romanesque
a été réimpr. à Madrid, en 1652, pet. in-8., et dans
la même ville, chez Ruiz, 1795, 2 vol. pet. in-8.
Notre Le Sage en a donné une imitation en français,
qui est bien loin de valoir le Gil Blas.

GONZALEZ de Manuel. Verdadera relacion y manifiesto de la antiguedad de las
Batuecas, y su descubrimiento. *Madrid*,
1693, pet. in-4. [26226]

Ouvrage curieux que Salvá estime 1 liv. 1 sh.

GONZALEZ (*Fr. Diego*). Poesias. *Valencia*, 1817, in-8. fig. 6 fr. [15305]

Imitateur de L. de Léon, et un des meilleurs poètes
espagnols de la fin du XVIIIe siècle. Le même recueil
a été impr. à Madrid, en 1805, et en 1813, in-8.
portraits.

GONZALEZ. Navegacion especulativa, y
practica... por el almirante D. Joseph
Gonzalez. *Impressa en Manila en el co-
vento de San Francisco*, 1734, in-fol.
fig. [8496]

Ouvrage utile pour la connaissance des mers de Chine;
il est d'ailleurs fort rare en France.

— Voy. GONÇALEZ.

GONZALVIUS Montanus (*Reginald*). Voy. MONTANUS.

GONZATI (P. *Bernardo*). La Basilica di S. Antonio descritta ed illustrata. *Padova*, 1854-55, 2 vol. in-4. avec 51 pl. 54 fr. [9906]

GOOD (*John* Mason). Pantalogia : comprehending a complete series of essays, treatises, and systems, alphabetically arranged; with a general dictionary of arts, sciences and words: the whole presenting a distinct survey of human genius, learning and industry, by J. Mason Good, Olinthus Gregory and Newton Bosworth, etc. *London, Sherwood*, 1813 (or 1816), 12 vol. in-8. [31864]
Cette petite encyclopédie a déjà beaucoup vieilli; elle est ornée de 373 pl., dont 196 pour l'histoire naturelle sont coloriées.
— THE STUDY of medicine, third edition published by Samuel Cooper. *London, Underwood*, 1829, 5 vol. in-8., or 4th edition, 1834, 4 vol. in-12. 2 liv. 10 sh. [7078]
Ces éditions contiennent les dernières corrections de l'auteur, et beaucoup d'augmentations ajoutées par l'éditeur. La prem. édition est de 1822, en 4 vol. in-8., et la 2e de 1825, en 5 vol. in-8.
Olinthus Gregory a donné : *Memoirs of the life, writings and character of the late John Mason Good*, London, Fischer, 1827, in-8. 10 sh.

GOODRICH. Court of Napoleon, or society under the first Empire; by Goodrich. *New-York*, 1857, gr. in-8. [23990]
Ce livre passe pour être un des plus beaux qu'ait produits la librairie américaine ; il est orné des portraits en couleurs des dames de la cour de Napoléon Ier, d'après les originaux conservés au palais de Versailles. Il a coûté 100 fr.

GOOL (*Joh.* van). Voy. HOUBRAKEN.

GORDIANUS. Voy. FULGENTIUS.

GORDON (*Patrick*). The famous historie of Robert surnamed the Bruce, king of Scotlande, and of Sundrie other valiant Knights, both Scots and English ; enlarged with an addition of the scottische Kinges lineallie descended from him to Charles now prince; together with a note of the beginninges of the most parte of the ancient and famous nobilitie of Scotland ; a history both pleasant and profitable, set forthe and done in heroik verse by P. Gordon. *Dort, printed by George Waters*, 1615, pet. in-4. [15900]
Édition fort rare : vend. 9 liv. *mar.* Heber.
Réimprimé à *Edinburg*, 1718, in-12 : vend. 13 sh. Roxburghe; et à *Glascow*, 1753, in-12.
— The fyrste booke of the famous history of Penardo and Laissa, otheways called the Warres of Love and Ambition, done in heroik verse. *Dort*, 1615, in-12. [15900]
Petit livre dont, selon Lowndes, on ne connaît que deux exemplaires. 20 liv. Pinkerton, et revendu 12 liv. 5 sh. Heber.

GORDON (*Robert*). A genealogical history of the Earldom of Sutherland, from its origin to the year 1630 ; with a continuation to the year 1651. *Edinburgh*, 1813, in-fol. [28940]
Cet ouvrage, publié par Henry Weber, contient nombre de documents authentiques relatifs à l'histoire ancienne de l'Écosse : vend. en *cuir de Russie*, 1 liv. 13 sh. Bindley; 3 liv. 5 sh. Hibbert. Il a été tiré un exemplaire sur VÉLIN pour le marquis de Stafford.

GORDON (*Alex.*). Itinerarium septentrionale, or a journey through most of the counties of Scotland, and those in the north of England, containing an account of all the monuments of roman antiquity, found in that journey. *Lond.*, 1726 or 1727. — Additions and corrections to the itinerarium septentr. 1732, in-fol., with 72 pl. 36 à 48 fr. et plus cher en Gr. Pap. [27400]

GORDON (*Th.*). Voyez SALLUSTIUS et TACITUS.

GORDONIO (*Bernardus* de). Incipit Liber Lilii super practica medici ‖ nali editus per magistru; Bernardum de ‖ Gordonio Lege feliciter. (au verso du dernier f.) : *Finit lilium... in alma civitate Neapoli per dominum franciscum de tuppo parthenopeum legum studentem impressum, Anno domini Millesimo* CCCC. LXXX, *Die ricesima mensis Mai*, pet. in-fol. de 200 ff. à 2 col. de 44 lign. caract. romains.
L'exemplaire, vend. 15 fr. seulement Libri, en 1847, a été porté à 2 liv. sterl. en 1859.
— INCIPIT pratica excellentissimi medicine monarce domini magistri Bernardi de Gordonio dicta lilium medicine. — *Ferrariæ, per Andream Gallum* anno dñi 1486, die 18 maii, in-fol. goth. 185 ff. à 2 col. de 52 lig. 50 fr. Costabili.
— EADEM practica. *Lugduni per Anthonium Lambillionis et Martinum Saracenum consociorum* Anno domini 1491, die 2 Maii, in-fol. goth.
Pour les autres éditions du texte latin du *Lilium medicinæ*, impr. au XVe siècle, consultez Hain, n° 7797 et suiv., et pour celles du XVIe siècle, les tables des tomes X et XI de Panzer.

Goodall (*Walter*). Scots statesmen, 27427.
Goodisson (*W.*). Corfu, Leucadia, etc., 25861.
Goræus (*J.*). Opera, 6621.
Gorani (*Jos.*). Recherches sur la science du gouvernement, 3948.
Göransson (*J.*). Edda hyperboreorum, 15655. — Alle Swea, 27646.
Gordon (*Alex.*). Vie d'Alexandre VI, 21643.
Gordon (*W.*). American war, 28531.
Gordon (*M.-J.*). Histoire d'Irlande, 27510.
Gordon (*Th.-F.*). Laws of the United-States, 3149. — History of America, 28482. — of New-Jersey, 28576. — of Pennsylvania, 28578.

Gordon (*G.*). The Pinetum, 5525.
Gordon (*Patr.*). Tagebuch, 27772.

Parmi les ouvrages de Bern. Gordon qui n'ont été publiés qu'au xvi⁰ siècle, nous remarquons *Tractatus de conservatione vitæ humanæ a die nativitatis usque ad ultimam horam mortis*, publié à Leipzig, en 1570, in-8. par Joach. Baudes, et réimpr. à Lyon, en 1580, in-8., avec deux autres écrits du même Gordon.

— Cy cõmence la pratique de tresexcellent docteur et maistre en medecine maistre Bernard de Gordon qui sappelle fleur de lye en medecine. — *Cy finist la practicque.... laquelle fut accomplye.... en la noble estude de Montpellier.... lan de grace 1307. et translate de latin en francoys, a Rome lan 1377... et imprime a Lyon Lan mil ccccxcv le dernier iour d'aoust*, pet. in-fol. goth. à 2 col. [7100]

Édition très-rare, dont le f. Aɪ est tout blanc. Vend. 1 liv. 2 sh. Heber, et porté à 200 fr. dans l'*Ami des livres*, 2⁰ année, p. 153.
La traduction espagnole sous le titre de *Lilio de Medicina*, impr. à Séville, *por Meinardo Ungut Aleman e Stanislao Polono, a 18 dias de el mes de April de* 1494, pet. in-fol. goth., n'est pas moins rare que la traduction française ci-dessus.

GORETIUS. Oratio Leonhardi Goretii equitis poloni de matrimonio regis ac reginæ Angliæ, Hispaniæ, etc., ad populum principesque Angliæ. *Londini, G. Powell*, 1554, in-4., signat. a—k par 4. [26921]

Pièce rare : vend. 2 liv. 19 sh. *mar. v.* Heber.

GORGOLE de Corne. Quatre traictez vtiles et delectables de l'Agriculture : le premier traicte de la maniere de planter, arracher, labourer, semer... : le second de la maniere d'enter, et nourrir arbres et jardins ; par Gorgole de Corne, florentin ; le tiers de la maniere de semer et faire pepinieres..., par Fr. Dany : le quart de l'art d'enter... cultiuer iardins, par Nicolas du Mesnil. Nouuellement veuez et corrigez. *Paris, Ch. l'Angelier*, 1560, pet. in-8. de 8 ff. et 127 pp. [6334]

Livre curieux et rare. Le privilége en date du 20 janvier est accordé à Gilles Corrozet, dont le nom se trouve sur le titre d'une partie des exemplaires. Voy. DANY.

GORI (*Ant.-Fr.*). Symbolæ litterariæ : opuscula varia philologica, scientifica, antiquaria complectentes, ex auctoribus diversis. *Florentiæ,* 1748-53, 10 vol. in-8. fig. [19401]

— SYMBOLÆ LITTERARIÆ ; ejusdem generis opuscula complectentes. *Romæ*, 1751-54, 10 vol. in-8. fig.
Les 20 vol. 49 fr. de Cotte, et quelquefois moins.

— Thesaurus veterum diptychorum consularium et ecclesiasticorum ; accessere J.-B. Passerii additamenta. *Florentiæ,* 1759, 3 vol. gr. in-fol. fig. [21237]

Vend. 2 liv. 15 sh. Sykes ; 46 fr. Reina ; 50 fr. Boutourlin ; en Gr. Pap. 100 fr. Borluut.

Il y a dans le 3⁰ vol. une partie séparée qui a pour titre : *Passerii in monumenta sacra eburnea ad quartam partem reservata expositiones*.

— Museum florentinum, exhibens insigniora vetustatis monumenta, quæ Florentiæ sunt in thesauro mediceo, cum observationib. Ant.-Fr. Gorii. *Florentiæ, ex typ. Mich. Nesteni,* 1731-66, 12 vol. in-fol. max. fig. [29288]

Collection très-curieuse et bien exécutée : elle contient les *Pierres gravées*, 2 vol. — *Statues*, 1 vol. — *Médailles*, 3 vol. — *Portraits de peintres*, 4 vol. — *Supplément aux portraits des peintres par Ant. Pazzi*, 2 vol. rel. quelquefois en un seul : vend. en *mar. r.* 1100 fr. La Valliere ; 790 fr. Hurtault ; 507 fr. *v. éc.* Morel-Vindé ; 480 fr. *mar.* en 1827 ; rel. *en cart. non rogné*, 375 fr. Tochon, d'Annecy, en 1858. Elle perd beaucoup de son prix lorsque les derniers vol. n'y sont pas ; les 6 prem., les seuls qui soient de Gori, se donnent pour 100 ou 120 fr. — On ajoute quelquefois à ce recueil les portraits des hommes illustres de Toscane, en 4 part., gr. in-fol. Voy. ci-après SERIE di ritratti. Pour une réduction du grand ouvrage de Gori, voy. DAVID.

— Museum etruscum exhibens insignia veterum Etruscorum monumenta, cum observationibus Ant.-Fr. Gorii. *Florentiæ, in ædibus auctoris,* 1737-43, 3 vol. in-fol. fig. 48 à 72 fr. [29316]

Vend. en *mar. r.* 120 fr. de Cotte ; 152 fr. Hurtault ; 47 fr. Boutourlin ; 51 fr. Tochon d'Annecy ; 26 fr. Raoul Rochette.
Ouvrage le plus vaste qui eût paru jusqu'alors sur cette branche des antiqui:és : il renferme environ 300 pl., savoir : 200 dans les deux prem. volumes, et 18, 18, 33 et 30 dans le troisième. Ce dernier vol. est enrichi de cinq dissertations de J.-B. Passeri.

ANTIQUITATES etruscæ, in compendium redactæ a M.-N. Schwebelio. *Norimbergæ*, 1770, in-fol. fig. Vend. 18 fr. Librairie De Bure.

— Musei Guarnacii antiqua monumenta etrusca eruta e volaterranis hypogæis, observat. illustrata ab Ant.-Fr. Gorio. *Florentiæ,* 1744, in-fol. fig. 10 à 12 fr. [29316]

16 fr. 50 c. Raoul Rochette.

— Monumentum sive columbarium libertorum et servorum Liviæ Augustæ et Cæsarum Romæ detectum, etc., adjectis notis Ant.-Mar. Salvinii. *Florentiæ,* 1727, pet. in-fol. cum 20 tab. 10 à 12 fr. [29433]

Vend. en Gr. Pap. *m. r.* 30 fr. Chardin.
Réimpr. dans le *Thesaurus antiq.* de Poleni, III.

— Columna trajana exhibens historiam utriusque belli dacici, a Trajano gesti ; ab Andr. Morellio delineata et in ære incisa, nova descript. et observat. illustrata, cura Ant.-Fr. Gorii. *Amstelod.,* 1752, gr. in-fol., avec 14 pl. 18 à 24 fr. [29481]

— Thesaurus gemmarum antiquarum astriferarum : acced. Atlas farnesianus marmoreus una cum dissertationibus in gemmas antiq. a J.-B. Passerio. *Floren-*

tiæ, 1750, 3 vol. in-fol. fig. 30 à 36 fr. [29579]

Vend. en *m. r.* 81 fr. David, et 55 fr. Quatremère.

— Dactyliotheca smithiana, cum enarrationibus Ant.-Fr. Gorii. *Venetiis*, 1767, 2 vol. pet. in-fol. fig. [29589]

Vend. en *m. r.* 60 fr. La Valliere; 33 fr. Librairie De Bure.

— Voyez DONI; INSCRIPTIONES antiquæ; et ZANETTI (*Ant-Mar.*).

GORI Gandellini. Voy. GANDELLINI.

GORIONIDIS (*Josephi*) Historia. Voyez JOSIFFON.

GORLÆUS (*Abrah.*). Dactyliotheca, seu annulorum sigillarium quorum apud priscos tam græcos quam romanos usus, promptuarium, cum explicat. Jac. Gronovii. *Lugd.-Batavor.*, 1695 seu 1707, 2 vol. in-4. 10 à 12 fr. [29586]

Les planches de cet ouvrage sont très-inexactes et fort mal gravées ; il n'y a donc que les explications de Gronovius qui puissent donner quelque prix à ces deux éditions : elles ne sont pas dans celle de 1778 ci-dessous. La première édition de la *Dactyliotheca* a été impr. à Delft, en 1601, in-4. On peut joindre à celle de 1695 l'article suivant :
   L. BERGERI Contemplatio gemmar. quarundam dactyliothecæ Gorlæi, *Berolini*, 1697, in-4. fig.

— CABINET de pierres antiques gravées, ou collection choisie de 216 bagues et de 682 pierres, tirées du cabinet de Gorlée et autres. *Paris, Lamy*, 1778 2 vol. in-4. fig. Bas prix.

GORLIER (*Simon*). Premier livre de tablature d'espinette, contenant motets, fantasies, chansons, madrigales et gaillardes. *Lyon, S. Gorlier*, 1560, in-4. [10197]

Cité par Du Verdier, qui indique les ouvrages suivants du même compositeur : un *Livre de tablature de flûtes d'allemand*, impr. à Lyon, en 1558 ; un *Livre de tablature de guiterne*, un *Livre de tablature de cistre*, et un *Livre de musique*, à quatre ou cinq parties, en 5 vol., impr. à Lyon. Tout cela est aujourd'hui presque introuvable.

GORTER (*Jo.* de). Medicina hippocratica exponens aphorismos Hippocratis. *Amstelod.*, 1755, in-4. 10 à 12 fr. [6554]

On a plusieurs autres ouvrages du même auteur, mais celui-ci est le seul qui soit encore recherché.

GORY. Monographie des cétoines et genres voisins, formant, dans les familles de Latreille, la division des scarabées mélitophiles, par H. Gory et A. Percheron. *Paris, Baillière*, 1832-36, in-8., avec 77 pl. color. 60 fr. [6046]

— Voy. CASTELNAU.

GOSCHKEWITZ. Dictionnaire japonais-russe (titre en russe). *St-Pétersbourg*, 1857, gr. in-8. [11856]

GÖSEKEN (*H.*). Manuductio ad linguam oesthonicam. Anführung zur östhnischen Sprache. *Reval*, 1660, in-8. [11382]

Rare. (Ebert, 8654.)

GOSMOND. Voy. DEVONSHIRE's cabinet.

GOSPELS (the). Voy. EVANGELIA.

GOSSELIN (*Joannes*). Historia imaginum cœlestium nostro sæculo accommodata in qua earum vicinitates seu habitudines inter se atque stellarum fixarumque situs et magnitudines explicantur. *Parisiis, Ægid. Beys*, 1577, in-4. [8323]

J. Gosselin a composé des Ephémérides ou Almanach du jour et de la nuit pour cent ans, impr. à *Paris*, chez Guil. Chaudière, en 1571 ; il a aussi donné un *Kalendrier grégorien perpetuel*, trad. du latin, imprimé à *Paris, par Pierre Le Voirrier, imprimeur du roy, pour Iean Gosselin, garde de la librairie de sa majeste*, 1583, in-4. de 32 ff. non chiffrés, sign. A—K.
Ce dernier calendrier est porté à 18 fr. dans le *Bulletin du Bibliophile*, juillet 1859, p. 519, où se trouve une curieuse note signée P. L.

GOSSELIN (*Jacques*). La signification de l'ancien jeu de chartes pythagoriques et la declaration des deux doubtes qui se trouvent dans le jeu de paume, par J. G. (Jacques Gosselin). *Paris*, 1582, pet. in-8. [10504]

20 fr. *mar. r.* de Bearzi.

GOSSELIN (*G.*). Guillelmi Gosselini, cadomensis, de arte magna, seu de occulta parte numerorum quæ et algebra et almucabala vulgo dicitur libri IV, in quibus explicantur æquationes Diophanti, regulæ quantitatis semplicis et quantitatis surdæ. *Parisiis, apud Ægid. Beys*, 1577, pet. in-8. [7907]

Montucla, qui, par erreur, attribuait cet ouvrage à un Pierre Gosselin, de Cahors, a cru y apercevoir des essais ingénieux de l'application de l'algèbre à la géométrie.
Guill. Gosselin a trad. en français l'Arithmétique de Nic. Tartaglia (voy. ce nom).

GOSSELIN Issæus (*Guil.*). De ratione discendæ docendæque mathematices repetita prælectio. 1583, in-8. de 85 ff. [7753]

Un exemplaire impr. sur VÉLIN, vend. 2 liv. 10 sh. Askew; 30 fr. La Valliere; 40 fr. Mac-Carthy.

GOSSELIN (*Antonius*). Historia Gallo-

---

rum veterum. *Cadomi, P. Poisson,* 1636, in-8. [23178]

Ouvrage assez rare, mais qui a peu d'importance. Sam. Bochart l'a vivement critiqué dans une dissertation qui a été insérée dans ses œuvres après la mort d'A. Gosselin.

GOSSELLIN (*Pasch.-Franç.-Jos.*), Géographie des Grecs analysée, ou les systèmes d'Eratosthène, de Strabon et de Ptolémée, comparés entre eux et avec nos connoissances modernes. *Paris, impr. royale,* 1790, gr. in-4. cart. 10 à 12 fr. [19576]

— Recherches sur la géographie systématique et positive des anciens, pour servir de base à l'histoire de la géographie ancienne. *Paris, impr. de la républ.,* an VI (1797) et 1813, 4 vol. gr. in-4. cart. 30 à 50 fr. [19577]

Les tomes III et IV de ce savant ouvrage se vendaient seuls 42 fr.

Le même auteur a donné des *Observations génér. sur la manière de considérer et d'évaluer les anciens stades itinéraires.* Paris, 1805, in-4. Pièce. [19533]

GOSSET. La Vie et miracle de sainte Opportune, princesse de France, écrite par S. Adelin, évesque (VIIIᵉ siècle), et publiée d'après un ancien cartulaire par Nic. Gosset. *Paris, de Luyne,* 1654, 3 tom. en 1 vol. pet. in-8. fig. [22233]

Cette Vie a été écrite en latin au VIIIᵉ siècle par S. Adelin. Il y a des exemplaires de ce livre à l'adresse du libraire *Chrestien,* et sous la date de 1655 (ou 1659). L'auteur en a changé le titre et a substitué à la préface qui occupait (à la tête de la quatrième partie) de puis la page 327 jusqu'à 337, une autre préface, beaucoup plus ample, contenant 16 pp. de petits caractères, et remplie de beaucoup de faits relatifs au chapitre de sainte Opportune. Le nouveau Lelong, à qui nous empruntons ce renseignement (IV, 367, nᵒ 14854), donne ainsi, à la p. 898 de son premier volume (nᵒ 14854), le titre de cette légende : *Vie de Sainte Opportune, enrichie des antiquités de Paris et de l'abbaye d'Almanesche.....* 1654.

GOSSON (*Stephen*). The schoole of abuse conteining a pleasunt inuective against poetes, pipers, plaiers and such like carterpillers of a commonwelth. *London, by Th. Woodcock,* 1579, in-16. [1361 ou 1662]

Petit livre fort rare, mais qui a été réimpr. dans le 3ᵉ volume *Somer's Collection,* et par la Shakspeare Society. Il est convenable d'y réunir les trois articles suivants, qui ne sont pas moins rares que le précédent :

1ᵒ REPLY.to Stephen Gosson's School of abuse (by Th. Lodge), 1579, in-16 goth.

2ᵒ PLAYES - CONFUTED in fiue actions.... *London* (1581), in-16 par Gosson.

3ᵒ A SECOND and third Blast of retrait from plaies and theaters : set forth by Anglo-phile Eutheo. *London,* 1580, in-16. — Voir le Manuel de Lowndes, 2ᵉ édit., p. 918.

GOSYNHYLL (*Edward*). The Prayse of all women called Mulierū Pean. *London, by me Wyllyam Myddylton (no date),* in-4. goth. de 40 pp. [15750]

Opuscule en vers à la louange des femmes : 22 liv. Saunders, en 1818 ; 22 liv. Hibbert. Il doit avoir paru au plus tard en 1541, car il en est fait mention dans un autre petit poëme in-8. goth. (sign. A—Dij), ayant pour titre : *Here begynneth a lytle boke named the Shole House of Women : wherin euery man may rede a gooly prayse of the condicyons of women. The yeare our Lorde* M. D. XLI, et pour souscription : *Prynted at London in Paules Churche Yearde, at the Sygne of the Maydens heed, by Thomas Petyt,* M. D. LXI (pour XLI). Ce poëme anonyme est une satire contre les femmes, et c'est probablement pour y répondre que Rob. Vaghne a écrit son *Dialogue defensyue for Women, etc.,* in-4. goth., à la fin duquel se trouve cette souscription : *Thus endeth the Faucon and the Pye. Anno dn̄i* 1542, *Imprented by me Robert Wyer for Rycharde Banckes.* (*Typographical antiquities,* édit. de Dibdin, vol. III, pp. 181 et 510.) Ces trois pièces sont également rares.

GOT zu lob dem menschen zu besserung sind dise figur vnd Exempel von aygen gericht vnd Sterbenden mēschē zu munichen gehaltē worden 1.5.1.0. (à la fin) : Hye eundet sich das Buechel von dem aygen gericht des sterbenden menschen, mit Exempel unnd Figuren. *Gedruckt zu München, von mayster hannssen schobsser anno etc. im zehnten jare am freitag vor marie magdalene,* in-4. de 46 ff., signat. A—G, avec fig. sur bois. [16818]

Pièce dramatique en vers rimés, composée dans le genre de nos anciens mystères. Une des grandes gravures qui ornent ce volume appartient à l'*Ars moriendi,* et plusieurs des petites sont des sujets de la danse des morts. Un exemplaire a été vendu 59 fr. à Paris en 1860, et est porté à 200 fr. dans le catalogue de la librairie Tross, 1860, nᵒ 1581.

GÖTHE. Voy. GOETHE.

GOTHOFREDUS (*Jac.*). Opera juridica minora edente Ch.-Henr. Trotz. *Lugd.-Batavor.,* 1733, in-fol. 12 à 20 fr. [2534]

— Voy. THEODOSIANUS codex.

GOTHOFREDUS (*Dionys.*). Voy. JUSTINIANUS. — Et pour l'Immo, le nᵒ 2484.

GOTTFRIED (*Joan.-Lodewyk*). Newe Welt und american. Historien. *Francof. ad Mœnum,* 1631 (réimpr. en 1655), in-fol., avec fig. de Matt. Merian. [28489]

Abrégé des douze premières parties de la collection des Grands et Petits Voyages en allemand (voy. BRY). L'auteur de cet abrégé est, à ce qu'on assure, le même que Jean Phil. Abelinus, lequel a commencé le *Theatrum europœum,* dont nous donnons le titre sous le nᵒ 23073 de notre table. C'est au même auteur que l'on doit le 12ᵉ vol. des Petits Voyages impr. en 1628 ; mais certainement il n'a pas pu être l'éditeur de la collection des Voyages en hollandais dont nous allons parler ; seulement il

---

paraît que le libraire Vander Aa, en employant l'ouvrage ci-dessus dans sa collection, a cru devoir donner le tout sous le nom de Gottfried. Pour d'autres ouvrages du même auteur, voy. Ebert, n°ˢ 8721 et 8722.

— De aanmerkenswaardigste, etc., *c'est-à-dire :* les voyages de mer et de terre les plus curieux, faits par les Portugais, les Espagnols, les Anglais, et différentes nations (en hollandais). *Leydè, Vander Aa*, 1727, 8 vol. in-fol. fig. [19822]

Cette collection curieuse n'est pas commune en France, mais on l'y recherche peu, quoiqu'elle renferme un certain nombre de relations postérieures à celtes que donne le recueil précédent : 150 fr. Fleurieu, et quelquefois 40 à 60 fr. Il y a une édition du même recueil en 30 vol. pet. in-8., sous la date de 1707.

GOTTFRIT von Strazsburg. Tristan von Meister Gottfrit von Strazsburg, mit der Fortsetzung des Meister Ulrich von Turheim, in zwei Abtheilungen herausg. von Ebh. von Groote. *Berlin, Reimer*, 1821, in-4. 21 fr. et réduit à 9 fr. [15463]

— GOTTFRIED'S von Strassburg Werke aus den besten Handschrr. mit Einleitung und Wörterb. herausg. von F.-H. von der Hagen. *Breslau*, 1823, 2 part. in-8., avec une pl. 15 fr. — Pap. vél. 20 fr. [15464]

Poésies du XIIIᵉ siècle. Le second volume contient la continuation du Tristan de Gottfried par Henri de Friberg, plus *Gottfrieds Minnelieder*, et des morceaux français, anglais, etc., sur Tristan et Isolde.

— TRISTAN und Isolde; übersetzt von Th. Simrock. *Leipzig*, 1855, 2 vol. in-8. 14 fr. [15464]

GOTTIFREDI. Specchio d'amore, dialogo di Mess. Bartolomeo Gottifredi nel quale alle giovani s'insegna innamorarsi, con una lettera piacevole del Doni in lode della chiave. — *Stampato in Fiorenza per il Doni l'anno* M D XLVII, pet. in-8. de 71 ff. chiffrés, plus un f. pour le registre et la date. [14887]

Livre très-rare. La lettre de Doni qui en fait partie, et qui contient une allusion obscène, a été réimpr. dans le second livre des *Lettere* de cet auteur, édition de Venise, 1552, in-8.

GOTTIGNIES (*E.-F.*). Logistica, sive scientia cui mathematicum nullum problema insolubile. *Romæ*, 1674, in-4. [7847]

Ouvrage curieux. 28 fr. Libri, en 1857.

GOTTWALD (*Gasp.*). Museum Gottwaldianum. *Absque anni et loci indicatione* (*Gedani*, 1714), in-fol. [6265]

Un portrait, un frontispice gravé, 49 pl. de coquilles, et 62 pl. d'anatomie et de zoologie : voilà tout ce

qui compose ce volume. Le texte n'a jamais paru; plusieurs planches, même, n'ont point été terminées, et il n'y a eu que quelques exemplaires du recueil de mis en circulation; en sorte que c'est un livre fort rare. Ebert en connaissait seulement trois exemplaires qui renfermaient 42 pl. de coquilles et 58 ou 60 pl. d'anatomie et de zoologie. 70 fr. Jussieu.

— J.-SM. SCHRÖTER. Die Conchylien, Seesterne und Meergewächse der chemal. Gottwaldischen Naturalien-Sammlung. *Nuremberg, Raspe*, 1782, in-fol., avec 2 portr. et 69 pl. C'est une partie des planches de l'ouvrage ci-dessus.

GOUAN (*Ant.*). Illustrationes et observationes botanicæ, seu variarum plantarum pyrenaicarum exoticarum adumbrationes, synonymorum reformationes, descriptionum castigationes, varietatum determinationes et icones. *Turici*, 1773, in-fol. de 83 pp. et 26 pl. 15 fr. [4999]

— Histoire des Poissons, 5867.

GOUDELIN (*Pierre*). Le Ramelet moundi del Sʳ Goudelin. *A Toulouso, de l'imprimario de R. Colomies*, 1617, pet. in-8. de 8 ff. prélim., 120 pp., et un frontisp. gravé ajouté. [14377]

Voici la plus ancienne édition que nous ayons vue de ces poésies languedociennes, mais non pas, peut-être, la première qui ait paru, car le privilège du roi, à la fin du volume, est sous la date du 14 janvier 1615.

Avant de publier son recueil, Goudelin avait déjà fait paraître un opuscule intitulé :

STANSOS del Sʳ Goudelin, a l'hurouso memorio d'Henric le gran, inbincible rey de Franço et de Nabarro. *A Toulouso, de l'imprimario de Colomiez*, 1610, in-8.

Morceau fort rare dont il a paru à Toulouse, chez Auguste Abadie, en 1859, une réimpression, in-12, tirée à 100 exempl. en pap. vél., 1 fr. 50 c.; à 25 sur pap. vergé, et 25 sur pap. de couleur, 2 fr.

Le nom de Colomies, que portait l'imprimeur de la première édit. de cet opuscule, figurait dans l'imprimerie toulousaine depuis l'année 1514 au plus tard. Les Colomies ont réimpr. *Le Ramelet moundi, longtens acrescet d'un Broutou et de noubel d'un segoun Broutou*. Toulouso, en 1621, en 1627, en 1631 et en 1637, pet. in-8., et maintes fois encore.

— LE RAMELET moundi de tres flouretos, o las gentilessos de tres Boutados del Sʳ Goudelin, et le tout se courouno d'un noubel dictiounari per intelligenço des mots plus escartats de la lengo fracezo. *Toulouso, Jean Boudo*, 1638, pet. in-8.

Le dictionnaire qu'annonce ce titre se trouvait déjà dans l'édit. de 1631 et dans des exemplaires de celle de 1637. On l'a depuis réimprimé dans presque toutes les éditions de ce poëte.

— LAS OBROS de Pierre Goudelin, augmentados d'uno noubelo floureto. *Toulouso, Pierre Bosc*, 1648, in-4.

Il avait déjà paru, en 1645 et 1647, deux éditions in-4. de Goudelin, sous le titre d'*Obros*. Celle de 1648 est la première complète et la dernière publiée du vivant de l'auteur, qui mourut le 16 septembre de l'année suivante; le Dictionnaire en fait partie.

— LAS OBROS, augmentados de forço pessos, et le dictiounari sus la lengo moundino. *Toulouso, Peche*, 1694, 2 tom. en 1 vol. in-12. 6 à 9 fr.

Gotti (*V.-J.*). Veritas religionis, 1769.
Gottschal (*Rod.*). Die deutsche Nationalliteratur, 30019.
Gottsche (*C.-M.*), etc. Synopsis hepaticarum, 5404.
Gottsched (*J.-Chr.*). Le Maître de la langue allemande, 11237. — Gedichte, 15541. — Nöthiger Vorrath zur Gesch. der deutsch. dramat. Dichtkunst, 16814. — Vita Chr. Wolfii, 30832.

Götz (*J.-N.*). Gedichte, 15552.
Götze (*J.-Ch.*). Kön. Bibliothek zu Dresden, 31536.
Goube (*J.-J.-C.*). Histoire de Normandie, 24300.
Goudareau. Médecine pratique, 7116.

Les éditions de ce poëte, impr. dans le format in-12, et surtout les anciennes, conservent toutes quelque valeur. — Voy. RECUEIL des poëtes gascons.

— ŒUVRES complètes de P. Godolin, avec traduction en regard, notes historiques et littéraires; par MM. J.-M. Cayla et Cléobule Paul. *Toulouse, Delboy,* 1843 (aussi 1853), gr. in-8. fig. 15 fr.

M. Aug. Abadie, libraire et relieur à Toulouse, a donné en 1859, indépendamment de l'édition des *Stansos del Sr Goudelin*, déjà mentionnée ci-dessus, une notice des éditions des œuvres de ce célèbre poëte languedocien, au nombre de vingt-trois, et dont nous avons indiqué les principales. Ce libraire est lui-même poëte, et même assez distingué; quoique encore très-jeune, il s'est déjà fait connaître par deux recueils, le premier intitulé *Roses et Dalias,* Toulouse, de l'impr. de la Ve Sens, 1853, gr. in-8., opuscule que, dans les *Muses prolétaires* (Paris, 1856, in-12, p. 183), on dit avoir été tiré à 100 exemplaires, mais qui ne l'aurait été effectivement qu'à 25, à ce que me marque l'auteur. Le second a pour titre : *Anathèmes et louanges : Les Régions du ciel,* Bruxelles, J.-B. Tarride, 1856, in-32 de 164 pp.

GOUDIMEL (*Claude*). Chansons spirituelles de Marc-Antoine de Muret, au nombre de dix-neuf, mises en musique, à quatre parties. *Paris, Nicol. Du Chemin,* 1555, pet. in-4. obl. [14336]

— Les Psalmes de David, compris en huit livres, mis en musique, à quatre parties en forme de motets. *Paris, Adrian Le Roy et Rob. Balard,* 1565, 2 part. pet. in-4. oblong.

Tenor et Contra. 80 fr. en 1860.

Réimprimé à *Genève, chez Pierre de Saint-André,* 1580, en 4 part. in-12.

Deux recueils rares. Du Verdier, qui les cite, n'a pas connu les Odes d'Horace, mises en musique par le même compositeur (voy. HORATIUS, à la fin de l'article).

GOUGENOT, de Dijon. Son Théâtre, savoir : la fidelle tromperie (tragic.-comédie), et la comédie des comédiens. *Paris, Ant. de Sommaville et Pierre David,* 1633, 2 pièces, pet. in-8. [16419]

Vend. 10 fr. Delaleu; 6 fr. 75 c. de Soleinne.

GOUGH (*Richard*). British topography, or an historical account of what has been done for illustrating the topographical antiquities of Great Britain and Ireland (by Rich. Gough). *London,* 1780, 2 vol. in-4. 30 à 40 fr. [26738]

Cet ouvrage de Gough est estimé, et les exemplaires en sont devenus rares. La première édition est de Londres, 1768, en 1 vol. in-4. Le premier volume d'une troisième édition a été réduit en cendres dans l'incendie qui détruisit, en 1808, une grande partie de l'établissement de John Nichols, imprimeur à Londres (voy. BIBLIOTHECA topographica).

— Sepulchral monuments in Great Britain, applied to illustrate the history of the families, manners, habits and arts at the different periods from the norman conquest to the 17th century (by Gough).

Gougenot des Mousseaux (le chev.). La Magie au XIXe siècle, 8856.

London, Nichols, 1786-96, 3 tom. en 5 vol. in-fol. max. fig. [26807]

Un des ouvrages les plus importants qui existent sur les antiquités de l'Angleterre. Il est aussi bien exécuté que bien conçu, et les planches sont du style le plus convenable à un livre de ce genre. Il n'en a été tiré que 250 exemplaires. Le prix, qui n'était d'abord que de 25 liv. sterl., est porté maintenant à 60 liv. et plus lorsque l'exemplaire est pur et bien complet : vend. 730 fr. *mar. viol.* Caillard, et jusqu'à 73 liv. Sykes; 54 liv. Hibbert, et en *mar. bl.* 32 liv. 10 sh. en 1856.

Rich. Gough, mort au commencement de 1809, avait préparé une nouvelle édition de cet important ouvrage, et il en légua les matériaux, ainsi que les anciennes planches et les nouveaux dessins, à l'université d'Oxford. Ce savant antiquaire doit à juste titre être compté au nombre des enfants célèbres, car, n'étant encore âgé que de onze ans, il avait déjà écrit un ouvrage intitulé : *The History of the Bible, translated from the french (of David Martin), by R. G. junior,* 1746. *Printed (by James Waugh) in the year 1747,* in-fol., dont il n'y eut de tiré que 25 exemplaires pour les amis du jeune traducteur.

— The History and antiquities of Pleshy, in the county of Essex. *London, Nichols,* 1803, in-4. fig. [27168]

La plus grande partie de l'édition de ce livre, laquelle consistait en 250 exemplaires, dont 25 en pap. fin, a été détruite dans l'incendie de l'imprimerie de Nichols.

— Coins of the Seleucidæ, kings of Syria, with historical memoirs (by Gough), illustrated with plates from the cabinet of Mathew Duane. *London,* 1803, in-4. de 212 pp. et 24 pl. [29772]

Rare et recherché : 81 fr. Visconti; 3 liv. 9 sh. Dent; 7 liv. *mar.* Hibbert; 79 fr. Tochon d'Annecy.

Les planches de cet ouvrage sont gravées par Bartolozzi d'après Math. Duane (voy. DUANE). Il en avait été tiré quelques épreuves avant que Gough les eût publiées.

— ACCOUNT of a rich illuminated missal executed about the year 1425 for John duke of Bedford, regent of France. *London,* 1794, in-4. fig. 9 fr. [31439]

Un exempl. impr. sur VÉLIN, avec les copies des miniatures de l'original, est marqué 12 liv. 12 sh. dans le catal. d'Edwards pour 1796, et a été vendu 24 liv. 13 sh. 6 d. Sykes.

SOME account of the alien Priories and of such lands as they are known to have possessed in England and Wales. *London, Payne,* 1779, 2 vol. pet. in-8. fig. [21431]

Cet ouvrage, que Lowndes attribue à Rich. Gough, serait de Ducarel, selon d'autres. On y trouve une carte de Normandie et des vues de plusieurs cathédrales et abbayes de cette province. Ces deux volumes sont recherchés, ainsi que le volume suivant qui se réunit ordinairement aux deux autres :

HISTORY of the royal abbey of Bec, near Rouen in Normandy, by D. John Bourget, benedictin monk of the congregation of S.-Maur... translated from the french (by Dr. Ducarel). *London, Nichols, or Payne,* 1779, pet. in-8., avec 2 pl. Ce volume seul 15 fr. Le Chevalier, en 1857.

Pour suppléer le texte original de cette histoire qui n'a pas été imprimé, M. Victor-Evremont Pillet a donné dans les *Mémoires de la Société des Antiquaires de Normandie* (tome XII, p. 366 à 404) une traduction en cette langue de la version anglaise ci-dessus, mais sans l'appendix qui est joint à cette version dans l'édit. de Londres, p. 113 à 134. Quelques exemplaires de la traduction de M. Pillet ont été tirés à part, in-4., sous la date de 1841.

Lowndes (p. 921) cite sous le nom de *Richard Gough*, qui doit être un autre que le précédent, un vol. in-fol., *privately printed* par Th. Phillips, sous ce titre : *Human nature displayed in the history, antiquities and Memoirs of Myddle, co. Salop ; written in 1700. Middle Hill, Worcester*, 1834, in-fol., estimé 5 liv. 5 sh.

— Voy. Camden ; Stukeley ; Vertue.

GOUJET (*Cl.-Pierre*). Bibliothèque françoise, ou Histoire de la littérature françoise. *Paris, Mariette et Guérin*, 1740-56, 18 vol. in-12. 30 à 45 fr. [31647]

Ouvrage entrepris sur un plan trop vaste et qui n'a pu être achevé. Il n'y est traité que des grammairiens, des orateurs et des poëtes, et pour ces derniers l'auteur s'est arrêté à l'année 1694. Son livre, on peut le dire, a été fait avec conscience ; il n'y a guère parlé que des ouvrages qu'il avait lus, ou au moins parcourus ; mais il a jugé trop sévèrement les poëtes antérieurs à Boileau, et il n'a pas toujours su trouver dans leurs écrits ce qu'ils ont d'intéressant pour l'histoire de la langue française, et pour celle des mœurs et usages de nos ancêtres. Malgré ce défaut la *Bibliothèque françoise* sera toujours consultée avec fruit, et il est certain qu'elle n'est pas encore remplacée. Les quatre premiers volumes ont été réimprimés avec des additions qu'on a reproduites dans les volumes suivants, en faveur des acquéreurs de la première édition.

— Mémoires historiques et littéraires sur le collège royal de France. *Paris, Aug.-Mart. Lottin*, 1758, 1 vol. in-4. ou 3 vol. in-12. 12 à 15 fr. [30247]

Parmi les nombreux écrits de cet écrivain laborieux et fécond celui-ci et le précédent sont ceux qu'on recherche le plus. Pour l'indication des autres nous renvoyons nos lecteurs aux *Mémoires historiques et littéraires de l'abbé Goujet*, La Haye (Paris), 1767, in-12, volume curieux, publié par l'abbé Barral, et dans lequel se trouve une liste exacte des ouvrages de l'auteur. [30632] — Histoire des Inquisitions, 21680.

GOUJON (*Jean*). Son œuvre, gravé au trait d'après ses statues et ses bas-reliefs par M. Reveil, accompagné d'un texte explicatif sur chacun des monuments qu'il a embellis de ses sculptures, et précédé d'un essai sur sa vie et ses ouvrages, par M. I. G**** ; recueilli et publié par Audot. *Paris, Audot, etc.*, 1829-33, gr. in-8. pap. vél. fig. [9678]

Publié en 18 livraisons de 5 pl. à 4 fr.

GOUJON (le P. *Jacq.-Florent*). Histoire et voyage de la Terre sainte, où tout ce qu'il y a de plus remarquable dans les saints lieux est très exactement décrit. *Lyon, P. Compagnon et Rob. Taillandier*, 1670 (aussi 1671), in-4. 10 à 12 fr. [28027]

Dans cet ouvrage, devenu peu commun, l'auteur a fait preuve d'une pieuse crédulité entièrement dépourvue de critique.

GOULART. Thrésor d'histoires admirables et mémorables de nostre temps,

recueillies de plusieurs autheurs, mémoires et avis de divers endroits, mises en lumiere par Sim. Goulart. *Genève*, 1620, 4 tom. en 2 vol. in-8. 10 à 15 fr. [31825]

Compilation qui n'est pas sans intérêt. Vend. 18 fr. bel exempl. Méon, et jusqu'à 57 fr. Pixerécourt. L'édit. de *Genève* et *Cologne*, 1610 et 1614, 4 tomes en 3 vol. in-8. 20 fr. *v. f.* Ch. Nodier, en 1827. Sim. Goulart a publié, soit comme auteur, soit comme traducteur ou simple éditeur, un assez grand nombre d'ouvrages qu'on ne recherche plus guère. Voy. cependant nos articles Osorius, et Recueil contenant les choses, etc. — Délivrance de Genève, 25936.

GOULD (*John*). The Birds of Europe. *London*, 1832-37, 5 vol. très-gr. in-fol. fig. coloriées. [5748]

Magnifique ouvrage, lequel renferme 449 pl. d'une grande dimension, où la plupart des oiseaux sont représentés de grandeur naturelle ; il a été publié en 22 livraisons au prix de 3 sh. chacune : vend. 570 fr. salle Silvestre, en 1841.

Monograph of the Ramphastidæ, or Toucans. *Lond.*, 1834, très-gr. in-fol., avec 34 pl. color. Supplément, 1855, 2 part., ensemble 12 liv. 12 sh. [5746]

Monograph of the Trogonidæ. *London*, 1838, très-gr. in-fol. , avec 36 pl. color. 7 liv. 17 sh. 6 d.

— The Birds of Australia. *London*, 1842-51, 7 vol. gr. in-fol., pl. en couleur. [5790]

Ouvrage exécuté d'une manière splendide, et qui contient près de 600 espèces. Il a été publié en 36 part. au prix de 3 liv. 3 sh. chacune, excepté la 36e qui a été payée 4 liv. 12 sh. On y a ajouté un supplément dont il paraissait trois livraisons en 1860.

— Synopsis of the birds of Australia and the adjacent islands. *London,*1837-38, 4 vol. gr. in-8.,avec 72 pl. color. 5 liv. — Introduction to the Birds of Australia. *Lond.*, 1848, in-8.

Monographies publiées par le même naturaliste.

— Birds of Asia. *London*, 1850, et ann. suiv., gr. in-fol. fig. color.

En cours de publication par livraisons, au prix de 3 liv. 3 sh. chacune. Il en paraissait onze en 1860.

Monograph of the Macropodidæ ; or Family of Kanguroos. *Ibid.*, 1841-42, in-fol. impér., part. I et II, avec fig. color. à 3 liv. 3 sh.

Monograph of the Odontophorinæ ; or Partridges of America. *Ibid.*, 1844-50, in-fol. impér. , fig. color. 8 liv. 8 sh.

Monograph of the Trochilidæ ; or Family of Humming birds. *Ibid.*, 1850 et ann. suiv., in-fol. impér., livraisons 1 à 10, à 3 liv. 3 sh.

Mammals of Australia. *Ibid.*, 1845 et ann. suiv., in-fol. impér., pl. col., en cours de publication par livr. au prix de 3 liv. 3 sh. chacune. Il en paraissait sept en 1859.

Les Icones avium... in various parts of the globe, du même auteur, *London*, 1837-38, in-fol. fig. color., n'ont pas été continuées, et il n'en a paru que 2 livr. contenant 18 pl.

— A Century of birds from the Himalayan mountains. *London, the author*, 1832, in-fol. avec 80 pl. color. comprenant 100 fig. 14 liv. 14 sh. [5779]

Très-bel ouvrage.

The Zoology of the voyage of H. M. S. Beagle, under the command of capt. Fitzroy, during the years 1832 to 1836 (Birds, by J. Gould). *Lond.*, in-4. fig. color.

GOULET (*Robertus*). Compendium re-

Goujet et Merger. Dictionnaire du droit commercial, 2874.
Goujon (*A.*). Saint-Germain-en-Laye, 24184.
Goulard-Henrionnet. Guide du géomètre, 8011.

center editum de multiplici Parisiensis Universitatis magnificentia, dignitate et excellentia, ejus fundatione, mirificoque suorum suppositorum ac officiariorum et collegiorum nomine. Preterea supplementum de duabus artibus et heptadogma pro erigendo recenter gymnasio, multis cum aliis utilibus documentis. *Venundantur Parisiis in vico sancti Jacobi, prope sanctum Yvonem, ad crucem ligneam, per Toussanum Denis bibliopolam et librarium.* (in fine) : *Impressum in alma Parisiorum Universitate, pro Toussano Denis librario...* 1517, in-4. goth. [30245]

Le plus ancien ouvrage imprimé qui traite de l'Université de Paris.

GOULET (*Florent*), Percheron Nogentin. Les pleurs et regrets sur le trepas de Monsieur Christofle de Thou. *Paris,* 1583, pet. in-8. [13816]

Opuscule en vers. 30 fr. Salmon.

GOULIANOF (*J.-A.* de). Archéologie égyptienne, ou recherches sur l'expression des signes hiéroglyphiques et sur les éléments de la langue sacrée des Égyptiens. *Leipzick et Paris, Dufart,* 1839, in-8., vol. I à III. [29126]

Cet ouvrage devait avoir 9 vol., mais il n'a pas été continué.

— Hiéroglyphes, 29090.

GOURGAUD (*Gaspard*). Mémoires pour servir à l'histoire de France sous Napoléon, écrits à Sainte-Hélène par les généraux qui ont partagé sa captivité, et publiés sur les manuscrits entièrement corrigés de la main de Napoléon. *Paris, Firm. Didot, et Bossange frères,* 1822-25, 8 vol. in-8. (dont 2 de *Mélanges*), 50 fr. — Pap. vél. 80 fr. [23985]

Quoique ces Mémoires n'aient pas entièrement répondu à l'attente du public, ils ne sont point sans intérêt. Le général Gourgaud en a écrit 2 vol.; les autres sont du général de Montholon. La seconde édit., *Paris, Bossange père,* 1830, 9 vol. in-8., annoncée au prix de 67 fr. 30 c., est disposée dans un nouvel ordre et augmentée de chapitres inédits.

L'ouvrage si connu sous le titre de *Mémorial de Sainte-Hélène* a été rédigé avec beaucoup d'adresse, mais ne nous paraît pas mériter la même confiance que le précédent; néanmoins il en a été fait nombre d'éditions (voy. Las Cases).

— Napoléon et la grande armée, 8772.

Goulin (*Jean*). Mémoires littéraires, 31731.

Goupil (*J.-M.*). Nouvelle doctrine médicale, 7134.

Gouraud (*Ch.*). Hist. de la politique commerciale de la France, 24113.

Gourbillon (*J.-A.* de). Voyage à l'Etna, 20234.

Gourcy (l'abbé de). Apologistes, 862. — État des personnes, 23210.

Gourdon de Genouillac. Armoiries des maisons nobles, 28824.

Gouré. Géométrie et trigonométrie, 7938.

GOURGUES (*Dom.* de). Voy. Laudonnière.

GOURLIER, etc. Choix d'édifices publics construits ou projetés en France, extrait des archives du conseil des bâtiments civils, publié par MM. Gourlier, Biet, Grillon et Tardieu, et gravé sous la direction de M. Clémence. *Paris (impr. de J. Didot),* chez *L. Colas,* 1826-51, 3 vol. in-fol. fig. [9935]

Ouvrage publié en 67 livraisons contenant ensemble 368 pl. grav. au trait, avec des notices relatives aux édifices qui y sont représentés. 268 fr.

GOURMONT (*B.* de). Voy. Déploration de Robin.

GOURNAY (*Marie* de Jars de). Proumenoir de M. de Montaigne, par sa fille d'alliance. *Paris, Abel l'Angelier,* 1594, in-12 de 108 ff. chiffrés. 12 à 18 fr. [19068]

Ce livre, qui contient des morceaux en prose et en vers, est rare et assez recherché : 26 fr. Labey. Il a été réimpr. à Paris, en 1595, pour le même l'Angelier, pet. in-12 de 106 ff. en tout, ensuite à *Chambery par Maurice Malicieu,* 1598, in-12 de 77 ff. chiffrés, reproduction intégrale du texte des deux édit. précédentes, et pour la 4e fois, à *Paris, A. l'Angelier,* en 1599, in-12, avec des augmentations, au nombre desquelles on remarque la grande préface apologétique des Essais de Montaigne, qui avait paru dans l'édition in-fol. de 1595. Cette édition in-12, de 1599, contient 5 ff. non chiffrés, le *Proumenoir,* suivis de quelques poésies jusqu'au f. 78 inclusivement; ensuite la préface, ff. 111 à 133, avec un errata au verso du dernier f., dans une partie des exemplaires. La lacune qui semble exister entre les ff. 78 et 111 n'est qu'apparente, car les signatures se suivent (vend. 12 fr. salle Silvestre, en 1842, et quelquefois plus cher). Un article de M. le docteur Payen, inséré dans le *Bulletin du Bibliophile,* juin 1860, p. 1285 et suiv. (et qui a été tiré à part), nous fait connaître une 5e édit. dont le titre porte : *édiction troisiesme, plus correcte et plus ample que les précédentes,* à *Rouen, par Roland Chambart,* 1607. C'est un pet. in-12 ou in-16 de 220 pp. contenant : *Proumenoir, fragment de l'Enéide, bouquet poétique,* et la grande préface. Elle paraît avoir été faite sur l'édit. de 1599.

Ces divers écrits ont été réimpr. dans les édit. que l'auteur a données de ses Mélanges, d'abord sous le titre de *L'Ombre de la demoiselle de Gournay, œuvre composé de meslanges;* Paris, J. Libert, 1626, in-8. de 1202 pp. 16 fr. 50 c. Giraud; ensuite sous celui-ci : *Les Advis ou les présens de la demoiselle de Gournay;* Paris, Toussaint du Bray, 1634 (ou 3e édition, 1641), in-4. de 860 pp. 18 fr. Monmerqué.

M. Payen, à la fin de l'article dont nous venons de parler, a signalé à l'attention des bibliophiles plusieurs opuscules de Mlle de Gournay dont les éditions séparées sont devenues fort rares, mais qui ont dû être reproduites dans ses œuvres. En voici les titres :

Bienvenue de monseigneur le duc d'Anjou, par Mademoiselle de G. *Paris, Fleury Bourriquant,* 1608, in-12.

Adieu de l'ame du roy, par Mlle de G. *Ibid.,* 1610, in-8.

Version de quelques pièces de Virgile, etc. *Ibid.,* 1619, in-8.

L'Égalité des hommes et des femmes, 1622, in-8., dont la dédicace est signée Gournay.

Remerciment au Roy, 1624, in-4. de 30 pp., sans

nom de ville ni de libraire, mais avec celui de Gournay à la dédicace.

GOURREAU. Sur le trepas de Henri de Bourbon, marquis de Beaupreau, etc., elegie, epistre consolatoire à M. le prince de la Roche-sur-Yon, son pere, epigrames, epitaphe, eglogue et autres vers, tant latins que françois, par Me Fiacre Gourreau dit La Chamberrie. *Paris*, 1560, in-8. [13787]

(Bibl. impér., 4607.) Fiacre Gourreau n'est ni dans La Croix du Maine ni dans Du Verdier.

GOURY aîné (*G.*). Souvenirs polytechniques, ou recueil d'observations, mémoires et projets concernant la navigation intérieure, les bacs, les desséchements, les ports maritimes, les routes, les ponts, l'architecture et autres objets divers. *Paris, Carilian*, 1827, 2 vol. in-4. et atlas in-fol. de 59 pl. — Appendice des souvenirs polytechniques. *Ibid.*, 1829, in-4., avec 6 pl. 65 fr. les 3 vol. [8806]

GOURY (*Jules*). Voy. JONES (Owen).

GOUSSAINCOURT (*Mathieu* de). Le Martyrologe des chevaliers de S. Jean de Hierusalem, dits de Malte, contenant les éloges des chevaliers, leurs blasons et généalogies, avec la suite des grands maîtres. *Paris, Noël*, 1643 (nouveau titre, 1654), 2 tom. en 1 vol. in-fol. fig. grav. par Mich. van Lockan. [21986]

Ouvrage peu commun, dont le prix est tout à fait arbitraire.

GOUTES (*Jean* des). Voy. PHILANDRE.

GOUVEA ou Govea (*Ant.* de). Iornada do arcebispo de Goa D. Frey Aleixo de Menezes, quando foy as serras do Malauar et lugares em que morão os antigos Christiãos de S. Thome, et os tirou de muytos erros et heregias em que estauão et reduzio a nossa sancta fè catholica, et obediencia da santa igreja romana, da qual passaua de mil annos que estauão apartados, recopilada de diversos tratados de pessoas de autoridade, que a tudo forao presentes, por Frey Antonio de Gouvea. *En Coimbra, Gomes Loureyro*, 1606. = Synodo diocesano da igreja e

bispado de Angamale dos antigos Christiãos de Sam Thome das serras do Malavar das partes da India Oriental, celebrado por D. Frey Aleixo de Menezes. *Ibid.*, 1606, pet. in-fol. [21556]

Volume rare et recherché : 20 fr. Langlès ; 44 fr. 50 c. Librairie De Bure.

— HISTOIRE orientale des grands progrès de l'église catholique, en la réduction des anciens chrétiens, dits de S. Thomas, par les bons devoirs de D. Alexis de Menéses, archevêque de Goa ; composée en langue portugaise par le P. Ant. Govea ; et puis mis en espagnol par Fr. Munoz et tourné en françois par J.-B. de Glen. Item, la messe des anciens chrétiens. *Anvers, Werdussen*, 1609, in-8. 2 part. en 1 vol. pet. in-8.

Vend. 6 fr. La Serna ; 8 fr. Chardin.— Voy. GLEN.

La traduction latine d'une partie de l'ouvrage portugais ci-dessus se trouve dans un livre intitulé :

JO. FACUNDI RAULIN Cæsaraugustani historia ecclesiæ malabaricæ, cum Diamperitana synodo apud Indos Nestorianos, S. Thomæ christianos nuncupatos, coacta ab Alexio de Menezes, anno 1599, nunc primum e lusitano in latinum versa, cui accedunt cum liturgia malabarica tum dissertationes variæ : omnia perpetuis animadversionibus illustrata. *Romæ, Maynardus*, 1745, in-4. [21558]

L'ouvrage suivant ne doit pas être oublié :

RELATION des grandes guerres et victoires obtenues par le roy de Perse Cha Abbas, contre les empereurs de Turquie Mahomet et Achmet, en suite du voyage de quelques religieux envoyez en Perse par le roy de Portugal, par le P. Fr. Anth. de Govea, trad. du portugais. *Rouen, Loyselet*, 1646, pet. in-4. [28079]

GOUVEA (*Antonio*), autre que le précédent. Voy. INNOCENTIA victrix, et aussi GOVEANUS.

GOUVERNEMENT des princes. Voyez ARISTOTE et ÆGIDIUS (de Columna), Regimen principum.

GOUVERNEMENT (le) présent, ou éloge de son éminence (le cardinal de Richelieu), satyre, ou la Miliade. (*sans lieu ni date*), pet. in-8. de 66 pp. [14200]

Cette satire, qui est assez recherchée, a paru vers 1635 : on l'appelle *Miliade*, parce qu'elle consiste près de mille vers. Favreau en est, dit-on, l'auteur : quelques personnes cependant l'attribuent à d'Estelan : vend. 14 fr. m. r. Caillard ; 15 fr. mar. citr. Chateaugiron.

L'exemplaire vendu 12 fr. chez La Valliere était d'une édition pet. in-8. de 66 pp. chiffrées, en lettres ital., et la fin portait : *Imprime a Enuers*.

Il y a une édition de *Paris*, 1643, in-8. : 5 à 6 fr. ; vend. en mar. 18 fr. Duquesnoy. Nous en connaissons une autre in-4. de 8 ff. à 2 col.

On a réimpr. cette pièce dans le recueil intitulé : *Tableau de la vie et du gouvernement des cardinaux de Richelieu et Mazarin*, etc. Cologne, 1694, in-12, et aussi dans le IXe volume des *Variétés historiques* de M. Ed. Fournier. Il ne faut pas la confondre avec *La Miliade, ou l'éloge burlesque de Mazarin, pour servir de pièce de Carnaval*, 2e édit., 1652, in-4., qui a été écrite contre le card. Mazarin.

GOUVION - SAINT - CYR (le maréchal *Louis* de). Mémoires sur les campagnes des armées du Rhin et de Rhin et Moselle, de 1792 jusqu'à la paix de Campo-Formio. *Paris, Anselin*, 1829, 4 vol. in-8., avec un atlas in-fol. 70 fr. [8751]

— MÉMOIRES pour servir à l'histoire militaire, sous le directoire, le consulat et l'empire. *Paris, Anselin*, 1831, 4 vol. in-8. et atlas in-fol. 64 fr.

Cet ouvrage, qui est une suite du précédent, n'a paru qu'après la mort de l'auteur.

JOURNAL des opérations de l'armée de Catalogne en 1808-9.... pour servir à l'histoire de la guerre d'Espagne. *Paris, Anselin*, 1821, in-8. et atlas in-fol. de 14 pl. 25 fr. [8786]

GOUYN (*Olivier*), de Poictiers. Le mepris et contemnement de tous jeux de sort. *Paris, Ch. l'Angelier*, 1550, in-8. de 90 ff. [10471]

Vend. 9 fr. Le Marié; 34 fr. Pressac.

GOVEANUS (*Ant.*). Opera juridica, philolog. et philosophica, ex biblioth. Ger. Meerman : edidit J. Van Vaassen. *Roterod.*, 1766, in-fol. 10 à 15 fr. [18983]

Recueil des ouvrages d'un célèbre jurisconsulte portugais du XVIe siècle. Il y a des exemplaires en Gr. Pap.

GOWER. Confessio amantis, that is to saye in englysshe, the confessyon of the louer, maad and compyled by Johan Gower, etc. *Enprynted at Westmestre by me Willyam Caxton... the yere... a thousand cccc lxxxxiij* (by mistake for 1483), in-fol. goth. [15738]

Ce poème, dont les exemplaires complets sont très-rares, contient 6 ff. de table, et le texte ff. 2 à 211 : les chiffres 32, 91 et 132 sont répétés ; le 157e est omis. Vend. 336 liv. Roxburghe ; 315 liv. Willett ; 205 liv. 5 sh. White Knights ; et les 6 prem. ff. manquant, 131 liv. 5 sh. Inglis.

Les éditions de *London, Th. Berthelette*, 1532 et 1554, in-fol., sont encore fort recherchées en Angleterre et ne se trouvent pas facilement ; elles sont portées depuis 2 jusqu'à 10 liv. dans les catal. de Londres (2 liv. 12 sh. et 3 liv. 3 sh. Heber).

— CONFESSIO amantis, edited and collected with the best mss (with a new life of the author, and a glossary) by Dr Reinhold Pauli. *London*, 1857, 3 vol. in-8. 2 liv. 2 sh.

GOYA (*Franc.*). Caprichos inventados y grabados al agua forte por Francesco Goya. (*Madrid*, vers 1799), gr. in-4. [9491]

Recueil de 80 pl. allégorico-satiriques composées avec esprit. Il est porté à 90 fr. dans le catal. de Salvá, impr. en 1836 ; 131 fr. *dos de mar.* Saint-Maurice ; et un exemplaire des premières épreuves auquel était joint un portrait de la duchesse de Benavente par Goya, 400 fr. Solar.

Nous avons de cet artiste plusieurs autres recueils de gravures moins connus que celui-ci ; par exemple, des courses de taureaux, des scènes d'invasion, etc. Un catalogue raisonné de son œuvre se trouve dans le *Cabinet de l'Artiste et de l'Amateur*, Paris, 1842, tome I, p. 337-36. On peut aussi consulter l'opuscule de L. Matheron, intitulé *Goya. La Tauromaquie* de cet artiste, in-fol. obl. contenant 37 eaux-fortes, prem. épreuves, 316 fr. Solar.

GOZINI. Voy. GONNELLI (*Gius.*).

GOZZI (*Gasparo*). Opere. *Padova, ti-*

pogr. *della Minerva*, 1818-20, 16 vol. in-8. 48 fr. et plus cher en Gr. Pap. vél. [19234]

Édition la plus complète que l'on ait de ce célèbre écrivain ; elle a été donnée par Angelo Dalmistro, à qui l'on devait déjà celle de Venise, 1794, 14 vol. pet. in-8. (y compris les *Lettere famigliari*, 1808, 2 vol. 18893), plus correcte que la dernière. Il y manque cependant plusieurs petites pièces en prose, qui ont paru plus tard.

Réimpr., *Brescia*, 1826-29, 20 vol. in-16. 40 fr.

— Opere scelte. *Milano, tipogr. de' classici ital.*, 1821-22, 5 vol. in-8. portr. 30 fr.

Bon choix, précédé d'une vie de l'auteur, par Gio. Gherardini. — Il a paru à Venise, chez Alvisopoli, en 1830, *Alcuni scritti di Gasp. Gozzi*, qui ne sont pas imprimés dans la collection de ses œuvres.

— Rime piacevoli. *Lucca*, 1751, in-8. [15017]

Un exemplaire sur VÉLIN, 2 liv. 2 sh. Pinelli ; 50 fr. Mac-Carthy.

Les éditions complètes des œuvres de Gozzi renferment des *Novellette* que l'auteur avait insérées dans la *Gazzetta veneta*, ann. 1760 et 1761 ; ces mêmes *Novellette piacevoli* ont été impr. séparément à *Venise*, 1791, en 2 vol. in-12.

— Marfisa bizzarra, 14800.

Gamba (4e édition, pp. 616 et suiv.) donne le catalogue des ouvrages de Gozzi qui ont été impr. séparément, au nombre desquels plusieurs ont paru postérieurement à l'année 1820, et par conséquent ne font pas partie de la collection de ses œuvres en 16 vol.

GRAAF (*Regnier* de). Nouvelles découvertes sur les parties de l'homme et de la femme qui servent à la génération, avec un traité du pucelage, du pancréas, de l'usage du siphon, etc. Traduit du latin par N. P. D. M. *Varsovie, chez F. Clouski*, 1701, pet. in-8. fig. [6820]

Livre singulier et rare : 18 fr. Saint-Maurice. C'est la réimpression de l'ouvrage qui avait déjà paru sous le titre d'*Histoire anatomique des parties génitales de l'homme et de la femme qui servent à la génération*. Basle, König, 1699, pet. in-8. fig.

Les différents écrits latins de R. de Graaf dont nous venons d'indiquer la traduction française ont d'abord paru séparément à Leyde, de 1638 à 1673, en 3 part. in-8., et ils ont ensuite été réunis sous le titre de *Regneri de Graaf Opera omnia*, Lugd.-Batavor., ex officina Hackiana, 1677, in-8. On les recherche peu maintenant.

GRAAF (*Nic.* de). Voyage aux Indes orient. et autres lieux de l'Asie, et des mœurs et du commerce des Hollandois établis dans les Indes, avec une relation de Batavia. *Amsterd., Bernard*, 1719, in-12, fig. 4 à 6 fr. [20478]

Traduction du texte hollandais publié en un vol. in-4., à *Amsterdam*, en 1701, d'après les manuscrits de l'auteur.

GRAAL (San). Voy. SAINT-GRAAL.

GRABIUS (*Joan.-Ernestus*). Spicilegium SS. Patrum, ut et hæreticorum sæculi post Christum natum 1, 2 et 3; editio auctior. *Oxonii, e Th. sheldon.*, 1724, 2 vol. in-8. 15 à 18 fr. [824]

L'édition d'*Oxford*, 1699 et 1700, 2 vol. in-8., est un peu moins chère : vend. cependant en Gr. Pap. *m. r.* 21 fr. La Valliere ; 80 fr. d'Ourches.

— Voy. VETUS TESTAMENTUM gr.

GRACE (capt. *Henry*). The Code of military standing regulations of the Bengal establishment..... *Calcutta, Cooper* (1791), pet. in-4. [28197]

Vend. 20 fr. 50 c. Langlès.

GRACE (Sheffield). Memoirs of the family of Grace, being a genealogical history of the family of Grace, from their settlement in Ireland, temp. Henry II, to the present time. *London*, 1823, gr. in-8. fig. 2 liv. 12 sh. [28945]

Privately printed. Il y a 25 exempl. in-4. divisés en 2 vol. et impr. sur papier teinté, et qui ont plus de gravures que le pap. ordinaire : 10 liv. Il y en a aussi six exempl. in-fol. en pap. teinté, 20 liv.

Pour d'autres ouvrages qui se rapportent à la famille Grace, voir Lowndes, p. 924.

GRACIA Dei. Voy. GRATIA.

GRACIAN (*Lorenzo*). Obras. *Madrid, Pablo de Val*, 1664, 2 vol. in-4. 10 à 12 fr. [19268]

Réimpr. à Anvers, en 1669 et en 1702, à Madrid en 1720, à Barcelone en 1757, 2 vol. in-4., et à Madrid, 1773, aussi en 2 vol. in-4.

GRACIE, ou mieux Garcie (*Pierre*). Voy. GARCIE.

GRÆCI codices manuscripti, apud Nanios asservati (descripti a J. Aloysio Mingarellio). *Bononiæ*, 1784, gr. in-4. 10 à 12 fr. [31394]

Vend. 20 fr. Villoison.

— Voy. ASSEMANI ; ÆGYPTIORUM codicum reliquiæ ; MORELLI.

GRÆCORUM (Sorani et Oribasii) chirurgici libri e collectione Nicetæ, ab antiquo et optimo codice florentino, descripti, conversi atque editi ab Ant. Cocchio. *Florentiæ*, 1754, gr. in-fol. [7460]

Très-belle édition : vend. 24 fr. *v. f.* Caillard ; 30 fr. Hallé.

GRAECORUM satyrographorum fragmenta,. voy. FRAGMENTA.

GRAEFE (*C.-.-Fred.*). De rhinoplastice

sive arte curtum nasum ad vivum restituendi commentatio, e germanico in lat. conversa a Just.-F.-C. Hecker. *Berolini, Reimer*, 1818, in-4. fig. 20 fr. [7511]

Ouvrage curieux, dont le texte allemand, sous le titre de *Rhinoplastik...* a également paru en 1818, même format et même prix.

GRAESSE (*Jean-George-Theodor*). Lehrbuch einer allgemeinen Literaturgeschichte aller bekannten Völker der Welt von der ältesten bis auf die neueste Zeit. *Dresden, Arnold*, 1837-1843, 3 gros vol. in-8., plus un 4e vol. composé d'une table qui n'a paru qu'en 1859. [30014]

Vaste compilation qui atteste l'érudition de l'auteur et ses connaissances profondes des sources de l'histoire littéraire. Elle n'est guère connue en France où la langue allemande n'est encore que peu répandue, et il faut croire qu'en Allemagne même le succès du livre ne s'est pas soutenu, puisque les exemplaires, qui coûtaient primitivement 50 thl., viennent d'être réduits à 18 ou 20 thl., y compris le 4e vol. qui se vend séparément 2 thl. Le tome 1er, en deux livraisons, comprend les temps anciens ; le tome 2e, en six livraisons, le moyen âge, et le 3e tome, en dix livraisons, les temps modernes. Le 4e est une table, occupant v et 385 pp.

L'auteur du *Lehrbuch* en a fait paraître (chez le même libraire, de 1844 à 1850) un abrégé sous le titre d'*Handbuch*, en 4 vol. in-8., savoir : tome I, de XVI et 448 pp., pour l'histoire littéraire de l'antiquité ; tome II, de X et 710 pp., pour celle du moyen âge ; tome III, de XII et 1094 pp., pour la poésie moderne, depuis le commencement du XVIe siècle jusqu'à nos jours ; tome IV, de VIII et 1296 pp., pour les ouvrages écrits en prose pendant la même période ; plus pour les 4 vol. un index des sujets et des noms, occupant 129 pp. Prix réduit, 50 fr.

— Trésor de livres rares et précieux, ou nouveau Dictionnaire bibliographique. *Dresde, Rudolf Kuntze*, 1858-61, et ann. suiv., gr. in-4. Tomes I et II (A—Fy). [31336]

Cet ouvrage a été entrepris dans le but de remplacer notre Manuel dont il suit assez exactement le plan et reproduit littéralement un grand nombre d'articles, mais en laissant entièrement de côté la table méthodique, qui certes n'est pas la partie la moins utile de notre livre. M. Graesse, cherchant à être universel, a cru devoir donner place dans son *Trésor* à un grand nombre de livres qui, n'étant ni rares ni précieux, ni d'un véritable intérêt, n'auraient pas dû y être admis ; d'un autre côté, écrivant à Dresde, il a dû nécessairement faire aux littératures du Nord, et à celle de l'Allemagne particulièrement, une place plus large que celle que nous pouvions leur accorder à Paris, et en même temps être souvent moins sévère que nous sur le choix des éditions. Les personnes qui ont eu occasion de consulter ce Trésor ont pu remarquer que l'auteur a amplement profité de nos anciennes recherches ; ce qui, pourtant, ne l'a pas empêché de nous d'une manière peu courtoise à la page 553 de son premier volume ; mais, nous sommes heureux de le dire, c'est un tort qu'il s'est reproché depuis et dont il nous a fait, par écrit, des excuses que nous avons acceptées avec empressement. D'ailleurs, nous ne l'avions pas oublié, précédemment ce savant bibliophile avait apprécié notre ouvrage de la manière la plus flatteuse pour nous. En effet, dans un passage qui termine la dernière page du 4e vol. de son *Handbuch*, publié en 1850, passage qu'on nous pardonnera peut-être de donner ici en traduction, M. Graesse

---

Gråberg de Hemsö (*J.*). Su gli Scaldi, 15650. — Doutes et conjectures sur les Huns, 27549. — Imperio di Marocco, 28401.

Gråces (les), 22597.

Gracian (*Balt.*). Homme de cour, 4028.

Gradmann (*J.-J.*). Das gelehrte Schwaben, 30800.

Gradus ad Parnassum, 12455.

s'exprimait ainsi : « Nous avons aussi mis à profit le Lexicon de l'excellent bibliographe Ebert, qui maintenant, il est vrai, se trouve éclipsé par la nouvelle édition du célèbre Manuel du libraire de J.-Ch. Brunet, un vrai chef-d'œuvre. » Pour cimenter le bon accord qui existe maintenant entre le bibliothécaire de Dresde et le bibliographe parisien, nous nous abstiendrons à son égard de toute critique qui pourrait le blesser. Mais si nous croyons devoir garder cette réserve envers l'auteur, nous n'avons pas le même motif pour ménager son libraire. Celui-ci, dans le but d'attirer à lui les acheteurs et de les prévenir contre l'édition que nous leur annoncions, a fait au public des promesses qu'il savait bien ne pouvoir pas réaliser, et n'a pas hésité d'imprimer sur la couverture de la 2ᵉ livraison du livre dont il s'agit, cet avis : *Nous avons dit dans notre prospectus que notre* TRÉSOR *n'irait pas au delà de 16 livraisons, nous croyons pouvoir le promettre encore.* Eh bien ! la 12ᵉ livraison vient de paraître (avril 1861), elle termine le 2ᵉ vol., mais ne va encore que jusqu'au mot *Fyfe*. Ce qui fait supposer que l'ouvrage formera 36 livraisons, et coûtera 72 thl. (environ 260 fr.). Nous aimons à croire que ce prix n'éprouvera pas plus tard la même réduction que celui du *Lehrbuch*.

HANDBUCH der alten Numismatik von den ältesten Zeiten bis zur Zerstörung des römischen Reichs, etc. *Leipzig, E. Schäfer*, 1853-54, in-8. avec pl. lithogr. publié en 24 cah. au prix de 2 fr. chacun. [29680]

Pour les autres ouvrages de ce savant fécond, voy. la *Nouvelle Biographie générale*, t. XXI, col. 586.

GRÆVIUS (*Joan.-Georg.*), *Jac.* Gronovius, etc. Thesaurus antiquitatum græcarum et romanarum, 39 vol. in-fol. fig.

Cette importante collection se compose des articles suivants :

THESAURUS græcarum antiquitatum, congestus a Jac. Gronovio. *Lugduni-Batavorum*, 1697-1702, 13 vol. [29129]

THESAURUS antiquitatum romanarum, congestus a J.-G. Grævio. *Trajecti ad Rhenum*, 1694, 12 vol. [29159]

NOVUS THESAURUS antiquitatum romanarum congestus ab Alb.-H. de Sallengre. *Hagæ-Comitum*, 1716, 3 vol.

UTRIUSQUE THESAURI antiquitatum romanarum græcarumque nova supplementa a Joan. Poleno. *Venetiis*, 1737, 5 vol.

LEXICON antiquitatum romanarum, auctore Sam. Pitisco. *Leovardiæ*, 1713, 2 vol. [29156]

INSCRIPTIONES antiquæ totius orbis romani, in absolutissimum corpus redactæ a Jano Grutero. *Amstelodami*, 1707, 4 vol.

Ces six ouvrages réunis valent de 800 à 900 fr. (vend. même 999 fr. *rel. en vél.* Reina en 1838), et en Gr. Pap. de 1000 à 1200 fr. Lorsqu'on y joint les 45 vol. des deux articles suivants, le prix devient considérable : vend. les 84 vol. Gr. Pap. (rel. en 63 vol. vél.) 1782 fr. La Vallière ; 2110 fr. d'Ennery ; 1136 fr. Soubise ; 920 f. De Cotte.

Le *Grævius*, le *Gronovius* et le *Sallengre* ont été réimpr. à *Venise*, 1732-37, en 28 vol. in-fol.; mais cette édition est moins belle que celle de Hollande.

Pour le prix de chaque ouvrage en particulier, voyez leur article respectif.

— Thesaurus antiquitatum et historiarum Italiæ, collectus cura et studio Joan.-Georg. Grævii, et ad finem perductus a P. Burmanno. *Lugd.-Batav.*, 1704-23, 9 tom. en 30 vol. in-fol. [25230]

— Thesaurus antiquitatum et historiarum Siciliæ, Sardiniæ, Corsicæ, etc., digeri cœptus cura et studio Jo.-G. Grævii, cum præfationibus P. Burmanni. *Lugd.-Batav.*, 1723-25, 15 vol. in-fol. fig. 500 à 600 fr. les deux articles. [25231]

Ces deux recueils se joignent ordinairement à la collection précédente, laquelle a été l'objet d'un travail publié d'abord à Bologne en 1838, et reproduit en 1853, avec des augmentations, sous ce titre :

CATALOGI quatuor quorum duo ad Gronovii, Grævii, Sallengri, Polini et Burmanni Thesauros antiquitatum græcarum, romanarum et italicarum ; duo ad collectionem scriptorum rerum italicarum Muratorii, Tartinii et Mittarelli. *Bononiæ, Guidi*, pet. in-8. de 161 pp.

Les deux premiers catalogues sont par noms d'auteurs et par matières, les deux autres par noms d'auteurs et par localités.

— Collectio dissertationum, 18156. — Epistolæ, 18792.

GRAF (*Leop.*). Die Muskellehre des Pferdes, in 13 Blättern, unter seiner Leitung gezeichnet und lithogr. von Jos. Zürnich. *Wien, Paterno*, 1848, gr. in-fol. 32 fr. [7733]

GRAFEN-HÄUSER (Deutsche) der Gegenwart, in heraldischer, historischer und genealogischer Beziehung (von Ernst-Heinr. Kneschke). Mit 501 Wappen in Holzschnitt. *Leipzig, Weigel*, 1852-54, 3 vol. gr. in-8. 72 fr. — Edit. de luxe sur pap. collé et pl. color. 520 fr. [28921]

GRAFF (*Eberh.-Gottlieb*). Althochdeutscher Sprachschatz, oder Wörterbuch der althochdeutschen Sprache. *Berlin*, 1834-44, 8 vol. in-4., y compris la table par Massmann. 150 fr. [11227]

Ce savant philologue a été l'éditeur de plusieurs ouvrages en ancien haut allemand, et entre autres de *Diutiska, Denkmale deutscher Sprache und Literatur aus alten Handschriften;* Stuttgart und Tübing., 1826-29, 3 vol. in-8.

— Voy. OTTFRIED.

GRAFFENRIED et Stürler. Architecture suisse, ou choix de maisons rustiques des Alpes du canton de Berne. *Berne, Burgdorfer*, 1844, gr. in-fol., 33 pl. lith. en couleur. 56 fr. [9802]

GRAFIGNY (*Françoise* d'Issembourg d'Happoncourt de). Lettres péruviennes. *Paris, de l'imprimerie de P. Didot l'aîné*, 1798, 2 vol. in-18. fig. 4 à 5 fr. — Pap. vél. fig. 6 à 9 fr. — Gr. Pap. 10 à 15 fr. [17230]

Il y a deux exemplaires de cette édition sur VÉLIN.

La première édition de ce roman est un in-12 qui a paru en 1747, sous cette indication : *A Peine*, sans date.

— LES MÊMES, avec la traduction italienne de Deodati. *Paris, Migneret*, 1797, in-8. fig. 5 à 6 fr. — Gr. Pap. 6 à 8 fr.

Vend. bel exemplaire en Gr. Pap., avec les dessins originaux et rel. en *vél. bl. tab.* 210 fr. Clos.

Græter (*F.-D.*). Carmen de Helgio, 15661. — Volospe, 15662.

Gräfe (*C.-F.* von). Encyclopädisches Wörterbuch der medicinischen Wissenschaften, 6524.

— ŒUVRES COMPLÈTES (avec son Théâtre). *Paris, Briand*, 1821, in-8., avec grav. et le portr. de l'auteur. 5 fr. Les gravures sont celles de l'édit. in-8. des *Lettres péruviennes* (ci-dessus).

Une jolie édition de ces mêmes lettres a paru à *Paris, chez Werdet*, 1826, gr. in-32, avec frontispice gravé et une vignette. — M. Dubois a publié, en 1820, un vol. in-8., intitulé : *Vie privée de Voltaire et de mad. Du Chatelet, par l'auteur des Lettres péruviennes.* [30635]

— Théâtre, 16503.

GRAFTON (*Richard*). Chronicle at large, and meere history of the affayres of Englande and kinges of the same, deduced from the creation of the worlde, and so by contynuaunce unto the first yere of the reigne of our queene Elizabeth. *London, Denham,* 1568 et 1569, 2 vol. in-fol. goth. [26848]

Cette édition est rare, et on la recherche encore assez en Angleterre, où elle se vendait il y a quelques années jusqu'à 10 et 12 liv. sterl. Elle est moins chère maintenant : 3 liv. 6 sh. Sykes ; 4 liv. Dent ; 2 liv. 10 sh. Hibbert ; 8 liv. 15 sh. bel exemplaire, Heber. Le premier volume, daté de 1569, a 6 ff. prélim., 192 pp., sommaires et table, 4 ff. Le second volume, daté de 1568, a 1369 pp., plus, table générale des règnes, en 16 ff.; celle du volume 5 ff., et sur un dernier f. de cette chronique la devise de Grafton, datée de 1569, et la souscript. : *Imprinted by Henry Denham for R. Tottly.*

L'édition de *Lond.*, 1809, 2 vol. in-4., à laquelle est ajoutée : *Table of the bailiffs, sheriffs and mayors of the city of London, from the year 1189 to 1558 inclusive*, coûte 2 liv. 2 sh.

Il existe un abrégé de la Chronique de Grafton, dont Lowndes cite les éditions de Londres, 1563, 1564, 1570 et 1572, in-16, et un abrégé de l'abrégé : *Manuell of the chronicles of Englande*, jusqu'en 1565. *Lond., Kingston*, in-24.

GRAGAS. Hin forna lögbôk islendinga sem nefnist grágás. Codex juris Islandorum antiquissimus, qui nominatur Grágás, ex duobus manuscriptis pergamenis (quæ sola supersunt) bibliothecæ regiæ et legati arnæ-magnæani, nunc primum editus, cum interpretatione latina, lectionibus variis, indicibus vocum et rerum; præmissa commentatione historica et critica de hujus juris origine et indole, ab J.-F.-G. Schlegel conscripta. *Haunix, Gyldendal,* 1829-30, 2 vol. in-4. 48 fr. [3114]

Pour le *Codex* nommé *Jarnsida*, impr. en 1847, qui doit être placé à côté de celui-ci, voy. le n° 3115 de notre table.

GRAHAME (*Simion*). The passionate Sparke of a relenting minde. *London,* 1604, in-4. [15775]

Recueil de vers vendu quelquefois de 3 à 5 liv.

— THE ANATOMIE of humours. *Edinburgh*, 1609, in-4.

Cet ouvrage, mêlé de prose et de vers, s'est vendu de 2 à 7 liv. à Londres. On suppose qu'il a suggéré à Burton l'idée de son *Anatomy of melancholy* (voy. BURTON). R. Jameson a fait réimprimer les deux ouvrages à Edimbourg, en 1830, en 1 vol. in-4., pour le *Bannatyne Club*, et il en a fait tirer deux exemplaires sur VÉLIN.

GRAINDORGE (*André* de). Traité de l'origine des macreuses, mis en lumière par Th. Malouin. *Caen, J. Poisson,* 1680, pet. in-8. de 4 ff. et 89 pp. 10 à 15 fr. [5815]

Vend. jusqu'à 24 fr. bel exemplaire *mar. bl. dent. tab.* La Vallière, et *veau* 21 fr. en 1861.

Buc'hoz a fait réimprimer ce traité. Voy. FORMI.

GRAMMAIRE françoise. Voy. MAUPAS.

GRAMMAIRE françoise, selon qu'elle se prononce et escrit és cours de France, tant du roy que de son parlement de Paris, chancellerie et chambre des comptes. *Rouen, Adam Mallassis,* 1603, pet. in-8.

Livre peu commun : 31 fr. *mar. br.* Veinant.

GRAMMAIRE générale et raisonnée, contenant les fondemens de l'art de parler, etc.; nouvelle édition augmentée de nouveau (par Cl. Lancelot et Ant. Arnauld). *Bruxelles, E.-H. Fricx,* 1676.

— Nouvelle méthode pour apprendre en peu de temps la langue italienne (par Cl. Lancelot); troisième édit. *Ibid.,* 1677.— Nouvelle méthode pour apprendre facilement et en peu de temps la langue espagnole (par le même). *Ibid.,* 1676, 3 tom. en 1 vol. pet. in-12. 6 à 9 fr. [10949]

Jolie édition qui se réunit à la collection elsevirienne. Vend. 14 fr. *mar. bl.* Mazoyer, 16 fr. *m. v.* Nodier.

La Grammaire générale, connue sous le nom de *Grammaire de Port-Royal*, est fort estimée, et les curieux en recherchent particulièrement la première édition, *Paris, Le Petit*, 1660, in-12, parce qu'elle contient les grammaires abrégées des langues italienne et espagnole, qui ne sont point dans les réimpressions modernes, mais que l'on trouve dans l'édition de *Bruxelles* ci-dessus. Duclos a donné une édition de cette grammaire, avec un commentaire : *Paris*, 1754, in-12. — réimpr. en 1803 et 1811, in-8., avec des notes de M. Petitot. Il y a aussi une édition de 1756. et une autre de 1769, in-12, où l'on a ajouté les *Réflexions sur les fondemens de l'art de parler*, par l'abbé Fromant. — Citons encore l'édition de *Paris, Aug. Delalain,* 1830, 2 vol. in-8., sans notes, mais avec la Logique dite de Port-Royal (voy. LOGIQUE).

GRAMMAIRE italienne composée en francoys (par Jean-Pierre de Mesmes). *Paris, Estienne Groulleau* ou *Gilles Corrozet,* 1548, pet. in-8. [11080]

Cette grammaire est devenue fort rare, quoiqu'elle

ait été réimprimée à *Paris, chez Rob. Le Man-gnier,* en 1567 : l'auteur n'y a pas mis son nom, mais il s'est désigné à la fin par cette devise ou jeu de mots : *Per me stesso son sasso,* qui signifie *De moi mesme je suis Pierre.* Un exemplaire de l'édition de 1548, avec la signature de *Henry Darnley,* le second époux de Marie Stuart, s'est vendu 1 liv. 7 sh. Heber.

GRAMMAIRE italienne composée en françois pour l'intelligence des deux langues. *Lyon, Ben. Rigaud,* 1568, in-16.

Ce livre, cité dans le Nouveau Spon, est probablement une réimpression de l'ouvrage ci-dessus.

GRAMMAIRE tartare et russe. Voyez TROÏANSKI.

GRAMMAIRE turque (par le P. Holderman). *Constantinople,* 1730, pet. in-4. 18 à 20 fr. [11686]

Volume peu commun et assez recherché. Vend. 40 fr. m. r. Maucune. Il y a des exemplaires dont les pages sont entourées de bordures dorées, mais ils ne sont pas beaucoup plus chers que les autres. M. Renouard a possédé un exempl. dont chaque feuille était imprimée sur un papier de couleur différente.

GRAMMAR for learning the principles of the malabar language; properly called the tamul or tamulian language; by the english missionaries of Madras. *Printed at Wipery near Madras,* 1789, in-8. [11799]

Seconde édition. La première est de 1778; elles sont portées l'une et l'autre dans le catalogue de Marsden.

GRAMMAR of the malay tongue, as spoken in the peninsula of Malacca, the Islands of Sumatra, Java, Borneo, etc., collected from the Bowrey's dictionary, etc. *London,* 1800, in-4. 10 à 12 fr. [11892]

GRAMMAR of the taithian dialect of the polynesian language. *Burdespoint, mission's press,* 1823, in-8. [11928]

Ce volume est annoncé dans le *Journal de la littérature étrangère,* 1827, p. 149, comme le premier livre qui ait été impr. à Otahiti; mais il y a dans le catalogue de Langlès deux ouvrages plus anciens, quoique sans date, imprimés dans les mêmes contrées, savoir : n° 101, *Te Evanelia na Luka* (en langue d'Otahiti), *Elmeo, South sea, mission-press,* in-12 : vend. 32 fr.; et n° 1086, *Te abi Tahiti R. Howe, printer, Australia,* pet. in-8. de 12 pp., contenant l'alphabet à l'usage d'Otahiti, suivi de prières en langue de ce pays. Vend. 21 fr. — Voy. aussi à l'article EVANGELIA.

GRAMATICA de la lengua castellana, compuesta por la real Academia española; 5ª edicion. *Madrid,* 1821, pet. in-8. 4 fr. [11146]

Cette grammaire, qui est très-estimée, a été trad. en français, avec des notes et des augmentations, par M. Chalumeau de Verneuil. *Paris,* 1820, 2 vol. in-8.

GRAMATICA indostana, a mais vulgar que se practica no imperio do gram Mogol. *Romæ, typ. congr. de propag. fide,* 1778, in-8. [11764]

GRAMATICA marastta a mais vulgar que se practica nos reinos do Nizamaxa et Idalxa. *Romæ, typ. congr. de propag. fide,* 1778, in-8. de 45 pp. [11794]

Ces deux derniers articles, 10 fr. Langlès; le second, 6 fr. Anquetil.

GRAMMATICA de la lengua vulgar de España. *Impresso en Lovaina, por Bartholomé Gravio,* 1559, in-16. [11145]

Cette petite grammaire doit être rare.

GRAMMATICA linguæ sinensis. (*absque nota*), in-fol. de 15 pp. sans titre. [11860]

Fragment peu connu et dont le papier et les caractères ont une certaine analogie avec la collection des voyages de Thévenot (voy. THÉVENOT), de laquelle l'ouvrage devait probablement faire partie. Vend. 16 fr. Rémusat.

GRAMMATICA portugueza, hum vocabulario em portuguez e malabar. *Tranquebar,* 1733, in-8. Rare. [11178]

GRAMMATICA. Die Rothwelsch-Grammatic unnd barlen der Wanderschafft. Derdurch den Weisshulmen geuopt, die Häutzin befeselt, unnd die Horcken vermonet, damit man Stettinger unnd Speltling uberkrompt, im Schrefenboss Iohann zu Schöcheren, unnd mit Rinblingen Zurüren bab. (*sans lieu ni date*), in-4. de 24 pp. [11471]

Édition qui paraît être du milieu du XVIᵉ siècle. Elle a été payée 130 fr. à la vente Fr. Michel, où une autre édit. in-4., en 28 pp., a été donnée pour 25 fr.

— Autre édition : *Francfurt am Mayn,* 1583, in-4.

Grammaire du jargon ou de l'argot des vagabonds bohémiens. Le vocabulaire de ce même jargon se trouve dans *Liber Vagatorum. Den bettler orden man mich nendt, etc.,* sans lieu ni date, in-4. (voy. LIBER); dans *Van der falschen Battler Buener, mit Mart. Luther Vorr.* Wittemb., 1528, in-4., dans *Rotwelsche Grammatik nebst Wörterb.,* Francf. und Leipzig, 1755, 2 vol. in-8.

Les recueils anglais du même genre sont : *The fraternity of vacabondes,* Lond., 1565 ou 1575, in-4. goth. — *A caueat for commen cursetors vulgarely called vagabones, set forth by Th. Harman,* Lond., 1567, in-4. (voyez HARMAN). Pour ces deux ouvrages, consultez *Brydges bibliographer,* II, pp. 12 et 515, et pour d'autres renseignements, Eichhorn, *Geschichte der Lit.,* V, 293; Flögel, *Gesch. der Burlesken,* 24.

GRAMMATICÆ methodus rhitmica. *Moguntiæ* (1466), in-fol. [10785]

Cet opuscule de 11 ff. seulement (impr. avec les plus petits caractères de Fust et Schoiffer, celui du *Rationale* de 1459) est de la plus grande rareté. La première page contient 51 lign., et commence de cette manière :

　　　O pîis et'ms fons deriuate scatebris.

Les quatre vers suivants, placés à la fin de l'ouvrage

(au verso du dernier f., après la 13ᵉ lign.), indiquent la date et le lieu de l'impression :

Actis terdeni iubilaminis octo bis annis,
Moguncia reni me condit z imprimit amnis.
Hinc nazareni sonet oda p ora iohannis.
Nãꝗ sereni luminis est scaturigo pennis.

Au-dessous de ces vers se lisent encore 23 lignes de prose.

Acheté 3300 fr. à la vente de M. de Brienne, pour la Biblioth. impér. Un autre exempl. provenant de la cathédrale de Francfort-sur-le-Mein, se conserve chez lord Spencer, dont le père l'avait payé 1900 flor. en 1814. Pour une seconde édit., augmentée d'une seconde partie, voyez REGULÆ grammatices.

GRAMMATICÆ latinæ auctores. Voyez PUTSCHIUS.

GRAMMATICI græci, edente Guil. Dindorfio. vol. I. Æl. Herodiani de irregulari dictione libri duo, primum editi : Arcadius de accentibus, ex libro ms. auctus et emendatus : Favorini eclogæ; editoris annotatio critica. *Lipsiæ, Kühn,* 1823, in-8. [10606]

Seul volume publié, 10 fr. Il y en a des exemplaires en pap. fin et en pap. vélin.

— Voyez CORPUS grammaticorum.

GRAMMATICI latini ex recensione Henr. Keilii. *Lipsiæ, Teubner,* 1855—1860, in-8., tom. I à III en 2 parties, ensemble 19 thl. [10770]

Collection en cours de publication. Le tome III, de 602 pp., contient les ouvrages de Priscien.

GRAMMATOGRAPHIA ad prompte citoque discendam grammaticen, tabulas tum generales, tum speciales continens; in gratiam Magdalenes Francisci I. filiæ elaborata. *Parisiis, apud Sim. Colinæum,* 1529, *mense octobri,* in-4. [10805]

Volume peu commun. Il y en a une seconde édit. par le même libraire, sous la date de 1533, in-4., en rouge et noir, avec une préface de Sim. de Colines, que Maittaire a réimpr. dans ses *Annal. typogr.,* II, pp. 402-3 : vend. en *mar.* 1 liv. 19 sh. Heber.

Pour un autre ouvrage élémentaire à l'usage de la même princesse, voy. VOCABULAIRE ; et pour plusieurs traités sur la grammaire latine qui ont été impr. soit à la fin du XVᵉ siècle, soit au commencement du XVIᵉ, consultez les tables placées aux vol. V, X et XI, des *Annales typogr.* de Panzer, au mot *Grammatica.*

GRAMONT, sieur de Saint-Germain (*Scip.* de). L'abbrégé des artifices, traictant de plusieurs inventions, et surtout d'un secret et moyen exquis pour entendre et comprendre quelle langue que ce soit dans un an, mesme la latine et la grecque, qui sont les plus nécessaires. *Aix, Jean Tholosan,* 1606, pet. in-8. [10536]

Traité devenu fort rare. On y trouve, dit M. Weiss (*Biogr. univers.*), des anecdotes assez curieuses et

des idées très-justes sur la théorie de l'enseignement des langues.

— De la nature, qualitez et prérogatives admirables du poinct où se voient plusieurs admirables curiosités, par Scipion de Gramont. *Paris, Mich. Daniel,* 1619, pet. in-8. [7952]

Ouvrage de géométrie. L'exempl. en *v. f. tr. d.* vendu 27 fr. Veinant, était présenté dans le catalogue de cet amateur comme appartenant à la grammaire.

— Le Denier royal, traicté curieux de l'or et de l'argent. *Paris, Toussainct du Bray,* 1620, pet. in-8. [4141]

Un exempl. en *mar. r.* rel. pour Peiresc, 29 fr. Veinant.

Livre curieux dans lequel l'auteur soutient, contre l'opinion contraire, que le prix des denrées a suivi la valeur relative du numéraire, et que, par conséquent, il n'est pas plus élevé à l'époque où il écrit qu'il ne l'était sous le règne de Charles V.

GRAN conquista (la) de ultra mar (en 4 libros). *Salamanca, Hans Gieser,* 21 *junio,* 1503, in-fol. goth. [23048]

Cet ouvrage, écrit par Alphonse le Sage, est, selon Ebert, nᵒ 15920, la source d'où sont tirés les deux livres français que nous décrivons à l'article PASSAGES d'outre-mer. Consultez sur l'original espagnol : *Memorias histor. de Alonso el Sabio,* par Ibanez, marquis de Mondexar, *Madr.,* 1777, pet. in-fol., page 471.

GRAN contrasto (il) di messer Carnevale, e madonna Quarisma. *Siena* (senz' anno e stamp.), in-4. [14892]

Petit poëme facétieux et rare, écrit en octaves.

Il y en a une édition sans date, sous ce titre : *El contrasto di Carnesciale & laquaresima* (voy. CONTRASTO).

GRAN (la) guerra, et Rotta dello Scapigliato. *In Firenze appresso Giraffi con licenza de' superiori,* in-4. [14775]

Édition sans date, mais imprim. vers le milieu du XVIᵉ siècle. Il y en a une autre du même format, et sans lieu ni date, qui diffère de celle-ci dans la première octave et dans les deux derniers vers. Dans l'une, le premier vers du texte, placé après les sept mots du titre et au-dessous d'une gravure en bois, est ainsi :

Voi ch' auete disio di saper come

La seconde présente le même titre, commençant de cette manière : *Grande guerra.....,* avec une gravure en bois, et au-dessous :

Vero signor di tutto l' universo

M. Melzi indique sommairement une édition de *Brescia,* 1532, in-4., et il en décrit une autre impr. *in Fiorenza, l' anno 1568,* in-4. de 6 ff. à 2 col., avec gravure en bois sur le premier f. Ce petit poëme est du même auteur que la *Dama-Rovenza* (voyez LIBRO chiamato), ainsi que le prouvent les dernières stances dudit poëme.

GRAN (il) teatro delle pitture e perspettive di Venetia, in due tomi diviso. *Venetia, per Domenico Louisa a Rialto,* 1720, 2 vol. gr. in-fol. obl. [9321]

Cet ouvrage devait contenir 200 planches, mais on n'a publié que 62 pièces des tableaux, formant le tome premier, et 65 pièces des vues, formant le tome deuxième. Les cinq dernières pièces du premier volume ont même été données après coup ; vend. 59 fr. en 1798 ; 29 fr. Caillard.

GRANADA (Fr. *Luis* de). Obras con su vida escrita por el lic. Luis Muños. *Madrid, Sancha*, 1786-9, 19 vol. in-8., ou *Madrid*, 1800, 6 vol. pet. in-fol. [1611]

Écrivain ascétique de la fin du xviᵉ siècle, dont les ouvrages ont été depuis fréquemment réimpr. La dernière édition est celle de *Madrid, Ribadeneyra*, 1848-50, 3 vol. gr. in-8. à 2 col., avec la vie de l'auteur par Jos. Joachim Mora. 36 fr.

Le Guide des pescheurs est de tous les ouvrages de Louis de Grenade celui qui a été le plus souvent traduit en français. On a d'abord la traduction impr. à *Douay, chez J. Bogard*, 1574, in-8., édition citée par Du Verdier, article *Paul Du Mont*, mais qui ne l'est pas dans la *Bibl. douaisienne*, non plus que l'édit. de *Douay, J. Bogard*, 1577, pet. in-12, ni celle de 1594, par le même imprimeur, et dont le titre donné par Paquot, XVIII, p. 48, porterait : *nouvellement corrigé, et enrichy avec les annotations des auteurs par Julien de Ligne*. La traduction de Nicole Colin, chanoine de Reims, impr. à *Reims par Jean de Foigny*, 1577, in-16 ; — Réimpr. à *Paris, Rob. le Fizelier*, 1583, pet. in-12, et depuis, celle de Paul Du Mont, déjà citée, laquelle a été réimpr. à *Lyon, chez Jehan Pillehote*, 1585, pet. in-12. — Celle de Guil. Girard, *Paris, P. Le Petit*, 1658, in-8., fréquemment réimprimée, et même de nos jours ; enfin, celle du P. Cyprien de Saint-Angélique, *Lyon, Jean Grégoire*, 1674, in-8.

Le chanoine Nicole Colin, dont nous venons de parler, a traduit en français les ouvrages suivants du P. de Grenade, savoir :

    LE MÉMORIAL de la vie chrestienne, *Reims, par J. de Foigny*, 1578, in-16 ; — revu par Jean Chabanel, *Paris, de la Noue*, 1587, in-8., et *Lyon, Jean Pillehotte*, 1590, in-16.

    LIEUX communs et discours spirituels en forme de méditations, etc. *Paris, Guil. Chaudiere*, 1580 et 1582, 2 vol. ; Catechisme, ou instruction du symbole de la foy, *Paris, Guil. Chaudiere*, 1581, in-fol. — Réimpr. plusieurs fois en 4 vol. in-8., mais avec des corrections de style.

Dès l'année 1576, l'infatigable Fr. Belleforest avait fait paraître à *Paris, chez Guil. de la Noue*, la traduction de plusieurs ouvrages du P. de Grenade dont Du Verdier a donné les titres.

Les traductions les plus répandues sont celles de Guil. Girard et de Nic.-Jos. Binot, que nous indiquons sous le nº 1611 de notre table méthodique.

— ROSARIO della sanctissima Vergine Maria raccolta dall' opere del padre Luigi di Granata, per il R. P. Girolamo Berouardo. *Venetia, Bern. Giunti*, 1587, in-4. de 4. ff. prélim. et 140 ff.

Livre orné de 24 gravures en taille-douce par Giacomo Franco, lesquelles sont impr. avec le texte. Dans le même volume se trouve quelquefois réuni :

    Novo rosario della gloriosissima Vergine Maria, con quindeci sonetti, 150 ottave rime, etc. del R. P. Gasparo Ancarano. *Venetia*, 1588, *appresso Bernardo Giunti*, in-4. de 20 et 80 ff. ornés de 21 pl., les mêmes que dans l'ouvrage ci-dessus.

Avant l'édit. de 1587 que nous venons de citer, il avait déjà paru à Rome, chez Joseph de Gli Angeli, en 1573, un *Rosario della S. Vergine Maria, raccolto dall' opere di Luigi di Granata, per Andrea Gianetti da Salo*, vol. in-4. orné de figures gr. par Adam Mantuaneo ; réimpr. dans le même format à *Venise, Giov. Varisco*, 1582, également avec figures.

GRANADOS y Galves (Fr. *Joseph*). Tardes americanas : gobierno gentil y catolico : breve y particular noticia de toda la historia indiana : sucesos, casos notables, y cosas ignoradas, desde la entrada

de la gran nacion Tulteca a esta tierra de Anahuac, hasta los presentes tiempos ; trabajadas por un Indio, y un Español, sacalas a luz J. Granados. *Mexico*, 1778, pet. in-4. [28606]

Peu connu : vend. 57 fr. et 37 fr. Rætzel.

GRAND (*Jacq.* Le). Voy. MAGNUS.

GRAND (Le). Voy. LEGRAND.

GRAND (le) Bal de la reyne Marguerite, faict devant le roy, la Reyne, et Madame, le dimanche 26 aoust, en faveur de M. le duc de Pastrana, ambassadeur extraordinaire, pour les alliances de France et d'Espagne. *Paris, Jean Nigaut*, 1612, pet. in-8. [23681]

En mar. vert 36 fr. Gancia.

GRAND blason des faulses amours. Voy. ALEXIS (*Guill.*), et MARTIAL d'Auvergne.

GRAND Cathalogue des sainctz. V. NATALIBUS (*P.* de).

GRAND Coustumier de France. Voy. ci-dessus, col. 345.

GRAND (le) Cuysinier de toute cuysine tres vtile et profitable, contenant la maniere d'habiller toutes sortes de viandes, tant chair que poisson : et seruir es banquetz et festes ; le tout composé par plusieurs cuysiniers fort expers. *Paris, Jean Bonfons.* (sans date, mais vers 1560), pet. in-8. en lettres roundes. [10285]

142 fr. mar. bl. Bertin.

Une autre édition, à peu près sous le même titre, *Rouen, imprimerie de Th. Doré* (vers 1620), pet. in-12. 24 fr. mar. Hope.

— Voy. PIDOUX et TAILLEVANT.

GRAND Marial (le) de la Mere de vie, des oracles, merites, louenges, hystoires et prerogatiues de la tres sacrée Vierge Marie, Emperiere des cieulx, dame des anges, reine de misericorde, tresoriere de graces (avec la prose de maistre Adam de Saint-Victor en l'honneur de la Vierge, translatée de latin en vers françois). De la tres pure et immaculee conception de la Vierge Marie tres digne mere de Dieu qui est le second liure du Grand Marial de la mere de vie. *Paris, par Thielman Vivian*, 1539, 2 tom. en 1 vol. in-4. [1674]

Du Verdier cite cet ouvrage à l'article *Adam de Saint-Victor*, quoique ce religieux (du xiiiᵉ siècle) ne soit l'auteur que du texte latin de la prose indiquée dans le titre ci-dessus ; il est vrai que ce biblio-

---

graphe ajoute : *aucuns attribuent la dite œuvre à un nommé Raymond l'Hermite* (c'est-à-dire, selon La Monnoye, Raymond, religieux augustin, natif de Pontautout, en Normandie, lequel vivait au commencement du xve siècle). La première partie du Grand Marial est en caractères gothiques (6 ff. prélim., xcv ff. de texte, et un f. portant une gravure sur bois), et, selon Du Verdier, elle a été imprimée à Paris, en 1537. La seconde est en lettres rondes, et a 4 ff. prélim. plus le texte.

Ce livre, peu connu, est porté à 2 fr. dans le catal. de La Vallière, n° 574 ; et à 40 fr. dans le *Bulletin du Bibliophile*, 1857, n° 212.

GRAND dictionnaire des rimes. Voy. LE FEVRE (*Jean*).

GRAND et loyal devoir. Voyez l'article FAITS et dicts mémorables.

GRAND examen de conscience. Voyez EXAMEN.

GRAND (le) théâtre historique ou nouvelle histoire universelle jusqu'au commencement du xviiie siècle (rédigé par P. Gueudeville). *Leyde*, 1703, 5 tom. en 3 vol. in-fol. fig. 20 à 30 fr. et plus en Gr. Pap. [21296]

Les gravures qui décorent cet ouvrage en font tout le mérite, mais elles ne sont pas assez belles pour lui donner une grande valeur.

GRAND (le) théâtre sacré du duché de Brabant, contenant la description de toutes les églises, etc. (trad. du latin de Sanderus par Jacq. Le Roy). *La Haye*, 1729 ou 1734, 2 tom. en 4 part. in-fol. fig. [25048]

— Voy. SANDERUS.

— **Le grand théâtre profane du duché de Brabant, contenant la description de ce pays** (par Jacq. Le Roy). *La Haye*, 1730, in-fol. fig. [25049]

Ces deux ouvrages se trouvent ordinairement réunis : vend. 59 fr. Abrial, 60 fr. La Vallière ; 109 fr. La Serna ; 181 fr. Borluut.

GRAND (la) victoire dv tresillustre Roy de Poloine, contre Veyeuode duc de Muldauie, tributaire τ subiect au grand Turc, faicte le xxii iour daoust, lan mil cinq cens trète τ vng, translatee de latin en francois. *Imprime a Paris a lescu de Basle, lan M.D.xxxvi, le quatorziesme de Nouembre*, in-4. goth. [27835]

Pièce de 4 ff. dont le verso du dernier est tout blanc. On lit à la fin : *Donne a Bruxelles en la cour de lempereur, le xxiiii de septembre lan mil cinq cens trente cinq.* Vend. 41 fr. mar. (annoncé sous la date de 1531), en 1841.

GRAND voyage de Jérusalem. Voy. BREYDENBACH.

GRAND ou Grande diablerie. Voyez DIABLERIE.

— — — — — —

Grandgagnage (*C.*). Dictionnaire de la langue wallonne, 11064.

GRAND-DIDIER (l'abbé *Phil.-André*). Vues pittoresques de l'Alsace, dessinées, grav. et terminées au bistre par Walter, accompagnées d'un texte historique (par Grand-Didier). *Strasbourg*, 1785-90, gr. in-4. [24907]

Publié en sept cahiers ; le texte des deux derniers est de Schoell : vend. 20 flor. 25 c. Meerman.

— Église de Strasbourg, 21464.

GRAND herbier. Voy. ARBOLAYRE.

GRANDE (la) bataille et victoire du seigneur conte Phillipin Doria contre larmee du roy Despaigne faicte en mer pres de Salerne I. may. 1528. (*sans lieu ni date*), in-4. goth. [25336]

Porté dans la *Biblioth. Crofts*, n° 8129, sous le nom de Polo Jovio.

GRANDE. La grāde confrarie des Saoulx douurer : et enragez de rien faire. Auecques les pardons et statutz dicelle. Ensemble les monnoys Dor et Dargent seruant a la dicte confrarie. *Nouuellement imprimee* (sans lieu ni date), pet. in-8. goth de 8 ff. [17816]

Facétie en prose dont il y a plusieurs éditions en caractères goth., auxquelles sont ordinairement jointes : *La lettre d'Escorniflerie*, et d'autres pièces du même genre (voy. LETTRE). Une de ces éditions, sous le titre de *Confrarie des soulx douurer et enragez de rien faire*, Paris, 1537, in-8., s'est vend. 8 sh. Heber (VII, 1380). Cette même pièce a été réimpr. à Lyon et à Rouen, Oursel (vers 1610), in-8., et sous le titre suivant :
LES GRANDS STATUTS et ordonnances de la grande confrairie des souls d'ouvrer et enragez de rien faire... *Paris*, 1620, pet. in-8.

GRANDE (la) et merueilleuse prinse que les Bretons ont faicte sur mer depuis troys sepmaines en ca. Auecques des lettres missiues, enuoyees a sa dame en se moquant delle. Et aussi la reponse de la dicte dame. (vers 1520), pet. in-8. goth. de 4 ff. [24457]

Facétie en prose et en vers. 155 fr. *mar. n.* Cailhava, et revendu 111 fr. de Coislin, en 1847.

GRANDE (la) et merueilleuse prophesie ancienne composee de trente-troys docteurs. En la montaigne de Lobat : Auec la deploration, faicte par Republicque pour la mort du catholique roy Henry Dengleterre (à la fin) : *Imprime a Paris par Jehan le Dung, le douziesme iour de feburier*, 1517, pet. in-4. goth. de 4 ff. fig. sur bois.

Pièce en vers qui se trouve portée sous le n° 279 du catal. de M. C. B. *Paris, Potier*, 1840.

GRANDE (la) et triumphante monstre et bastillon de six mille Picardz faicte a Amiens à lhonneur et louenge de nostre sire le Roy, le xx iour de iuing mil cinq centz xxxv, faicte en maniere de chanson, et se chante sur celle de : Monsieur de Bacqueville, capitaine de mille hom-

mes. (sans lieu ni date d'impression),
pet. in-8. goth. de 4 ff. [13509]

Pièce en vers terminée par une *chanson nouvelle sur
Las que dit-on en France de Monsieur de Bourbon.* Elle a donné lieu à une autre chanson, dont
voici le titre :
La Replicque des Normands contre la chanson
des Picardz, faicte sur le chant : *Dieu si veulle garder de mal roy Francoys premier de ce nom*
(sans lieu ni date), pet. in-8. goth. de 4 ff., avec
une vignette en bois sur le premier f. [13580]
Les deux pièces se trouvent réimprimées dans le 1er
volume du Recueil de M. de Montaiglon.

GRANDE et veritable pronostication des
c... sauvaiges, avec la maniere de les
aprivoiser ; nouvellement imprime par
lauctorite de l'abbe des Conars.

> Ce liure cy fut compose
> A Naples au pays de suerie
> Duquel lieu a ete porte
> A vng maistre d'imprimerie
> Lequel soudain, je vous affie,
> Pour limprimer cessa toute œuvre.
> On les vend a la Bourgeoysie
> De Rouen, rue de la Chieure.

Rouen, Yves Gomont, in-8. goth. de
10 pp. [13508]

Cette pièce en vers s'est trouvée une ou deux fois accompagnée des deux opuscules suivants :
Sermon joyeux dung depucelleur de nourrisses
(en vers), in-8. goth. 10 pp.
La Source du gros fessier des nourrisses, et la
raison pourquoy elles sont si fenduees entre les jambes, avec la complainte de Monsieur le Cul contre
les inventeurs de vertugalles, et une chanson pour
la reponse et la consolation des dames. *Rouen, Gomont,* in-8. goth. de 18 pp.
Ces éditions originales sont rares, mais on trouve plus
facilement les réimpressions qui ont été faites en
lettres rondes. Voy. Procès et amples examinations.

GRANDE et vraye Pronostication generale, pour quatre cens quatre vigt dix-
neuf ans, calculee sur la ville de Paris et
aultres lieux de mesme longitude. *On les
vend en la rue de Coyppeaux les Paris
aux trois treilles de fer, par Nicolas
Barbou, imprimeur,* 1542, pet. in-8.
goth. [13565]

Pièce de 8 ff. en vers. Vend. 20 fr. Crozet, et depuis
40 fr.

GRANDE (la) genealogie de Frippelippes,
composee par vng jeune poete champestre, adressant le tout a Francoys Sagon.
*On les vend au Mont Sainct-Hylaire
au Phœnix (Paris,* 1537), pet. in-8. de
8 ff. [13509]

Réimpr. à *Lyon, par Pierre de Saincte Lucie dit le
Prince,* pet. in-8. de 8 ff.
Cette pièce en vers, contre Clément Marot, fait partie
du recueil intitulé *Plusieurs traictez* (voy. ces
mots). L'auteur, désigné sur le titre par sa qualité
de *jeune poëte,* est Matthieu ou Macé de Vaucelles,
imprimeur et libraire au Mans, né en 1507 dans
cette même ville, où il mourut le 1er janvier 1578.
La Croix du Maine, qui en parle avec assez de détails, lui attribue plusieurs compositions, tant en
vers qu'en prose, qui auraient été imprimées soit
séparément, soit avec des ouvrages de différents
auteurs. On lui devrait aussi l'impression de la Carte

ou Description du Maine, écrite par Macé Ogier
(voy. Ogier) en 1539, et réimprimée en 1565, avec
un fort docte épître de sa façon, discourant des
louanges du Maine, etc.
Il ne faut pas confondre ce Matth. de Vaucelles avec le
Lyonnais *Matth. de Vauzelles,* auteur d'un *Traité
des peages, impr. à Lyon, chez Jean de Tournes,
en 1550,* in-4.

GRANDE (la) nef des fols du monde. Voy.
Brandt.

GRANDE (la) patience des femmes contre
leurs maris. La grande loyaulte des
femmes. (*sans lieu ni date,* vers 1530),
pet. in-8. goth. [13510]

Deux pièces en vers, de 4 ff. chacune. Vend. rel. en
m. bl. 1 liv. 11 sh. Lang, et 4 liv. 4 sh. Heber. —
Autre exempl. 5 liv. le même.

GRANDE pronostication. Voy. Pronostication.

GRANDE propriété des bottes. Voy. Commodité des bottes.

GRANDE (la) trahison et volerie du roy
Guillot, prince et seigneur de tous les
larrons, bâdolliers, sacriléges, voleurs et
brigans du royaume de France (suivent
treize vers). (vers 1567), pet. in-8. de
20 ff. [13962]

Satire très-vive contre le Pr. de Condé ; elle se compose de 77 stances de 10 vers de huit syllabes. Vend.
18 fr. m. r. La Vallière.

GRANDE triumphe (la) et entree des enfans de France. Voy. l'article Entrées.

GRANDES (les) chroniques de Bretaigne.
Voy. Bouchard (*Alain*).

GRANDES (les) et effroyables merveilles
veues pres la ville d'Authun, en la duché
de Bourgongne, de la caverne nommée
aux Fées, et de la déclaration de la dite
caverne, tant des fées, seraines, géants et
autres esprits ; le tout veu par le seigneur
de Gaultiere et le tesmoignage de deux
paysans, lesquels luy firent ouverture en
la dite caverne. *Suivant la copie imprimée à Rouen,* 1582, pet. in-8. [6245]

Pièce singulière et qui est devenue rare, comme tant
d'autres du même genre.

GRANDES et recreatives prognostications,
pour cette presente année 08145000470,
selon les promenades et beuuettes du
soleil, par les douze Cabarets du Zodiaque, et enuisagemens des conjoinctions
copulatiues des planetes, par maistre
Astrophile le roupieux, intendant des
affaires de Saturne, grand eschanson de
Jupiter, premier escuyer du Dieu Mars,
maistre chartier du soleil, premier valet
de la garde-robbe de Cypris, porte caducée de Mercure, Garde des Sceaux de la
lune et tres grand contemplateur des
Ephemerides Bourrabachales. Dédiées
aux beaux esprits. (*sans lieu ni date*),
pet. in-8. de 31 pp. [17830]

Vend. 6 fr. La Valliere.

Facétie fort plaisante dont il existe plusieurs éditions et entre autres une de *Paris, J. Martin* (vers 1630), pet. in-8., *dédiée à Jean Potage*, sur laquelle aura probablement été faite celle de *Troyes, Pierre des Molins* (sans date), pet. in-8. de 12 ff.

GRANDES postilles. Voy. LYRA.

— Voy. GRANDS, GRANS et GRANT.

GRANDIER (*Urbain*). Oraison funebre de Scévole de Sainte-Marthe, prononcée en l'église Saint-Pierre de Lodun, le 11 septembre 1623. *Paris,* 1629, in-4. [12189]

Ouvrage de l'infortuné Grandier, qui fut brûlé vif comme sorcier en 1634. Vend. 61 fr. Salmon, et sans doute quelquefois beaucoup moins. — Voy. HISTOIRE des Diables de Loudun.

GRANDIN (*Fr.*). Destruction de l'orgueil mondain, ambition des habits et autres inuentions nouuelles. *Paris, Cl. Fremy,* 1558, pet. in-8. [1349]

Volume peu commun, dont un bel exempl. en *m. r.* a été vendu 59 fr. Veinant en 1860. A la fin de l'ouvrage se trouve le Blason des basquines, pièce en vers, qui a été réimprimée séparément à Lyon en 1563 (voy. BLASON DES BASQUINES).

GRANDISSIMI dolori, et gli insopportabili tormenti che pat scono (*sic*) le povere cortigiane, e chi le seguita. Donde è si entende in quanti modi sono tormentate dagli acerbi dolori del mal franzese (*senza luogo ed anno*), in-4. de 2 ff. à 2 col. avec une fig. en bois. [15018]

Deux pièces en vers, l'une en *ottava* et l'autre en *terza rima,* qui paraissent avoir été impr. à Florence dans la première moitié du XVIᵉ siècle. 102 fr. *m. r.* Libri, en 1847.

GRAND-JEAN de Montigny. Voy. FAMIN.

GRANDJEAN (*Est.*). Voy. TRAGÉDIE de saint Sébastien.

GRANDS (les) jours d'Antitus, Panurge, Gueridon et autres. (*sans lieu ni date*), pet. in-8. de 48 pp. [18409]

Facétie politique sur les guerres civiles, pour cause de religion, qui désolèrent la France sous Louis XIII (vers 1622).

Il faut y joindre :

CONTINUATION des grands jours interrompus d'Antitus, Panurge et Gueridon, pet. in-8. de 78 pp.
— Conférence d'Antitus, Panurge et Gueridon, pet. in-8. de 27 pp.

M. Leber, qui décrit ces deux dernières pièces dans son catal., et les dit *des plus rares,* paraît n'avoir pas connu la première. Elles étaient toutes les trois chez le duc de La Valliere, et quoique rel. en *m. r.* elles n'ont été vend. que 4 fr. 20 c., 2 fr. 55 c., et 2 fr. 50 c. Les trois ensemble en un vol. *mar. r.* 30 fr. Pressac.

A la vente La Valliere se trouvait (sous le n° 3898 du catalogue en 3 vol.) :

LES GRANDS JOURS tenus à Paris, par M. Muet, lieutenant du petit criminel, 1622, pet. in-8. de 32 pp. ; — suivis de :

LA RÉPONSE de quelques malcontens du Châtelet, aux grands jours et plaidoyers de M. Muet, avec les commentaires de César sur ce subject, 1622, in-8. de 14 pp.

La Conférence d'Antitus, Panurge, etc., est reproduite avec des notes dans le VIIIᵉ tome des *Variétés* publiées par M. Ed. Fournier, p. 279 à 301.

GRANDS (les) suffraiges et devotes oraisons a Nostre Seigneur. *Paris, Ant. Verard,* in-8. [1688]

Un exemplaire sur VÉLIN, 47 fr. Detienne.

Ces prières se trouvent aussi dans les *Heures* impr. pour Verard.

GRANDZ triumphes, festes, pompes et liurees, faictes par les seigneurs rommains, pour la feste qu'on ha faicte a Romme, en la place qu'ils appellent d'Agon, et de Testaccio. Auec la signification des charriotz et entreprises qui y estoient, et le nom de tous les mestiers qui y sont entreuenuz, et combien ilz etoient de chasqu'une compagnie. Traduict du vulgaire italien en langage francoys. *A Lyon, par Iean de Tournes,* 1545, pet. in-8. de 20 pp. [25603]

Pièce rare : en *mar. r.* 42 fr. Veinant.

GRANGE (La). Voy. LAGRANGE.

GRANGER (*Guillaume*). Paradoxe que les métaux ont vie, composé par Guillaume Granger, dijonnois, médecin du roy et de Monsieur. *Paris, Michel Soly,* 1640, in-8. [4738]

Livre vend. 20 fr. Leber, en 1860, à cause de sa singularité.

GRANGER (*James*). Biographical history of England, from Egbert the Great to the Revolution..... adapted to a methodical catalogue of engraved british heads; fourth edition. *London,* 1804, 4 vol. in-8. 30 fr. — Gr. Pap. 45 fr. [30517]

Une suite de 310 portraits in-8., relatifs à cet ouvrage, a été publiée en 72 livraisons, par Richardson, au prix de 5 sh. par livraison. — in-4., 6 sh. 6 d. L'ouvrage de Granger parut d'abord en 1769, en 4 vol. in-4. ; on y ajouta un volume de supplément en 1774, et en 1775 il fut réimpr. en 4 vol. in-8., avec le supplément refondu. Enfin M. Mark Noble a composé une continuation de cette biographie iconographique : *Londres,* 1806, 3 vol. in-8. 27 fr. — Gr. Pap. 45 fr.

— BIOGRAPHICAL history of England... the fifth edition, with the addition of nearly four hundred new lives, communicated to the late Will. Richardson. *London, Baynes,* 1824, 6 vol. in-8.

Cette édition, qui a eu peu de succès, se vendait, sans portraits, 3 liv. 3 sh. — en Gr. Pap. 4 liv. 10 sh. ; avec les 310 portraits publiés antérieurement par Richardson, et d'un second tirage, 8 liv. 8 sh. Il y a des exemplaires tirés in-fol. en 3 vol. portraits sur pap. de Chine.

COPIE of rare Granger portraits including some to Noble's supplement. *London, published by T. and H. Rodd,* 1820-2, in-8.

Grandjean de Fouchy. Éloges, 30296.

Grandpré (*L.-Mar.-J.* O'Hier de). Répertoire polyglotte, 8458. — Géographie maritime, 19727. — Voyage dans l'Inde, 20699. — en Afrique, 20886.

Granelli (*P.-Giov.*). Tragedie, 16730.

Grangent et Durand. Monuments antiques, 24717.

Grangent (*J.-Math.*). Ile de Cette, 24767.

Composé de 12 livraisons ; et a coûté 3 liv. 12 sh. — in-4., 4 liv. 10 sh. — Premières épreuves sur papier de Chine, 7 liv. 4 sh.

GRANGERET de Lagrange (*J.-B.*). Anthologie arabe, ou choix de poésies arabes inédites, traduites pour la première fois en français et accompagnées d'observations critiques et littéraires. *Paris, De Bure frères (impr. roy.*), 1828, in-8. 10 fr. — Pap. vél. 15 fr. [15947]

GRANGIERII (*Joan.*) de loco (in campis catalaunicis) ubi victus Attila fuit olim, dissertatio. *Paris.*, 1641, in-8. de 38 pp. 3 à 4 fr. [23120]

Réimpr. avec des notes, *Leipzig*, 1746, in-8.

GRANI Liciniani (*Gaji*) Annalium quæ supersunt ex codice ter scripto Musæi Britannici londinensis nunc primum edidit Karl-Aug.-Fred. Pertz. *Berolini, G. Reimer*, 1857, in-4. de XVIII et 49 pp. avec un fac-simile du palimpseste.

Fragments d'un annaliste latin antérieur à Tite-Live, d'après un palimpseste dont, selon l'éditeur, la première écriture serait du IIe ou du IIIe siècle.

— QUÆ supersunt emendatiora edidit philogorum Bonnensium heptas. *Lipsiæ, Teubner*, 1858, in-8.

GRANOLLACHS (*Bernard*). El Summario de la luna per B. Granollachs, in lo quale sonno li conjunctioni e oppositioni de la luna per ciaschun anno dal anno presente 1489 sino al 1550. (*senza indicazione di loco*), pet. in-4. de 34 ff. sign. a—d, avec fig. en bois. [8380]

Cette édition, qui n'était pas connue, s'est vend. 99 fr. Libri, en 1857. Une autre, sous le titre de *Lunare cioe Laragione della Luna o vero Tacuino perfecto in lingua fiorentina* (1496-1550), Firenze per Lorenzo Morgiani ad istantia di Piero Pacini, 1496, in-4. 1 liv. 9 sh. Libri, en 1859. L'ouvrage nous parait être la traduction de celui dont Hain (nos 7861-64) décrit cinq éditions latines qui avaient paru successivement en 1485, 1488, 1490, 1494 et 1500, premières dates des observations qu'elles donnent, et qui s'arrêtent toutes les cinq à l'année 1550. Trois de ces édit. sont in-4., et paraissent avoir été impr. à Rome par Etienne Plannck ; celle qui commence en 1490 a 32 ff.; celle qui commence en 1500, sous le titre de *Lunarium*, est un in-8. de 28 ff. Panzer, vol. XI, p. 370, décrit une autre édit. du *Lunarium*, de 1511 à 1550, in-8., également sans lieu ni date, et qu'il place arbitrairement parmi les impressions exécutées à Barcelone, parce que cette ville est la patrie de l'auteur. Il est à présumer qu'il a été fait plusieurs autres éditions de cet almanach au commencement du XVIe siècle.

GRANS. Les grãs τ merueilleux faitz du seignr Nemo auec les priuileges q̃l a, et la puissance quil peut auoir Depuis le cõmencement du monde iusq̃s a la fin. (*sans date*), pet. in-8. goth. de 8 ff. [13509]

Granié (*P.*). Histoire de Charlemagne, 23357.
Granier de Cassagnac (*A.*). Voyage aux Antilles, 21074. — Causes de la révolution française, 23907. — Les Girondins, 23962.— Chute de Louis-Philippe, etc., 23999.

Opuscule en vers de huit syllabes, attribué à Jean d'Abundance. Du Verdier, à l'article de cet auteur et à la fin de la lettre N, en cite une édition in-16, impr. à Lyon, par *Pierre de Sainte-Lucie*, et une autre de *Lyon, par Macé Bonhomme*, in-8., toutes les deux sans date. Il en existe une in-4. de 2 ff. à 2 col. en lettres gothiques, et qui est probablement antérieure aux éditions in-8.

GRANS (les) graces de france. Nouuellement composees Pour le ioyeux retour du roy nostre sire. Cõtenans ses grãs prouesses, depuis son sacre, τ couronnement iusques a present... (*sans lieu ni date*), pet. in-4. goth. de 8 ff. non chiffr. avec les armes de France sur le 1er feuillet.

Cette pièce, à la louange de Louis XII, se compose de 47 strophes de 8 vers de 8 syllabes. Elle ne doit pas être antérieure à l'année 1509, puisque cette date y est consignée. L'auteur se nomme à la fin du poëme, dans un acrostiche en 8 vers, intitulé : *Excusation de l'acteur*, et qui donne le mot *Descousu*, nom d'un savant qui avait pour prénoms *Celse-Hugues*. Voir le nº 13511 de notre table.

GRANS (les) merueilles aduenus au pays de lempereur, pres les terres du noble et puissant duc de Cliaues, comme plusieurs tremblemens de terre fort terribles et espouuantables a considerer a lentendement humain, auec autres choses dignes destre mises en commemoration, ainsi que verres cy apres plus amplement declairez. *Imprime a Paris, pour Gilles Preuost marchant, le dixiesme iour de decembre M. D. xliij*, pet. in-8. goth. dè 4 ff. [4252]

Vend. en *mar. bl.* 85 fr. Cailhava.

GRANS. Les grãs noelz nouueaulx composez sur plusieurs chansons, tant vieilles que nouuelles, en francoys, en Poyteuin, et en Ecossois. (à la fin) : *On les vend a paris Joignãt la p̃miere porte du Palays par Jacques Nivert.* (sans date), pet. in-8. goth. de 24 ff. [14329]

Ces 2 noëls faisaient partie du recueil nº 3081 du catal. de La Valliere. En voici une autre édition sous le même titre, mais avec des différences dans les abréviations :

LES GRÃS Noelz nouueaulx, cõposez sur plusieurs chãsons. Tant vieilles q̃ nouuelles en frãcoys en poiteuin Et en Ecossois. *On les vend en la rue de la iuyfry a lenseigne saint pierre, τ au secõd ouuroir de la Premiere porte du Palays*, pet. in-8. goth. de 24 ff., contenant 25 noëls.

A l'exempl. vendu 4 fr. 50 c. La Valliere, nº 3082, et 8 fr. chez Méon, étaient jointes les deux pièces suivantes :

LES DITEZ des Noelz nouueaulx lesquelz ont este composez sur les chansons qui sensuyuët, pet. in-8. goth. de 24 ff., renfermant 22 noëls.

NOELZ nouueaulx. (à la fin) : *Imprime a Paris pour la Carronne... son ouurouer a la premiere porte du Palays*, pet. in-8. goth. de 8 ff., contenant 7 noëls.

Ces trois pièces sont également rares, mais la première est la plus curieuse ; elle vaudrait aujourd'hui 100 fr. et plus. — Voy. au mot NOELS.

— Les grans Noelz nouueaulx composez nouuellement en plusieurs langages sur le chant de plusieurs chansons. *Paris, Jehan Bonfons*, pet. in-8. goth. de cliiij feuillets.

Vend. 15 fr. en 1816, avec un autre recueil de noëls de l'an 1563, et 24 fr. Le Duc.

GRANS (les) regretz et cõplainte de madamoyselle du palais, pet. in-8. goth. de 4 ff. [13522]

En vers de 10 syllabes. L'auteur se nomme dans un rondeau en acrostiche placé à la fin, et qui donne *Jehan Chaperom*. Sa devise est *tout par soullas*. Cette pièce fait partie de la Collection publ. chez Silvestre (voy. COLLECTION de poésies, romans, etc.)

GRANT (*Paris*). La louange de Mars, avec une chanson de la paix faicte au pays de Cambresis, lan 1559, par Paris Grant. *En Anvers, imprimé par J. Mollyns, avec visitation et consentement.* (sans date), pet. in-8. lettres ital. [13745]

Opuscule en vers qui a dû paraître en 1559.

GRANT (la) ‖ Confession Generale ‖. (*Paris, sans date*), pet. in-8. goth. de 8 ff. non chiffr., gravure en bois sur le titre. [1321]

Vend. 245 fr. Solar, sans avoir cette valeur.

Au verso du dernier feuillet de cet opuscule se trouve la marque de G. Nyverd, que nous donnons ici réduite.

GRANT (la) et vraye pronostication ou revelation que Dieu reuela au prophete Esdras, translatee de hebreu en francoys par vn astrologue nomme Samuel. (*sans lieu ni date*), pet. in-8. de 4 ff. [9007]

Pièce qui paraît être une production des presses lyonnaises exécutée vers 1530. 70 fr. *mar. bl.* Cailhava.

GRANT (le) Jubille de Millan, lequel traicte des conspirations et trahisons des millanoys et lombars. *Imprime nouuellement* (vers 1500), pet. in-8. goth. de 8 ff. fig. en bois. [13506]

Petit poëme composé de près de 400 vers de 8 syllabes. Les sept derniers vers donnent en anagramme le mot *Lemonde;* peut-être est-ce le nom de l'auteur de cet opuscule; vend. 1 liv. 19 sh. Heber; 35 fr. en 1841.

GRANT malice (la) des femmes. (*Sans lieu ni date*, vers 1540), pet. in-8. goth. de 8 ff. sign. A et B, à 22 lign. par page. [13513]

Vendu 1 liv. 16 sh. Lang; 4 liv. 4 sh. Heber.

Cette pièce en vers est la même que celle que nous indiquons au mot MALICE ; mais, à ce qu'il paraît, d'une autre édition ; M. de Montaiglon, en la reproduisant dans le 5e vol. de son Recueil, p. 305, fait remarquer que c'est un ramassis de vers pris au hasard dans le *Matheolus* et même dans le *Rebours*, et qu'il s'en trouve une leçon meilleure dans *la Nef des princes et des batailles*, attribuée à Symphor. Champier, édit. de Lyon, 1502, in-4., ff. xlv verso—xlvij recto (voy. CHAMPIER).

GRANT (le) naufraige des folz. V. BRANT.

GRANT (le) Re‖gret et cõplain‖te du preux et va‖illãt Capitaine‖Ragot, Tres sci‖entifique ẽ lart‖de parfaicte beli‖strerie.‖ (*sans lieu ni date, vers* 1530), pet. in-8. goth. de 4 ff. [13513]

Pièce en vers de 10 syllabes, très-rare. Vend. en *mar. bl.* 1 liv. 13 sh. Lang. Elle était dans le recueil acquis par la Bibliothèque du roi, n° 3096 du catal. de La Valliere, où se trouvait aussi : *Le Testament‖du hault ɀ notable homme nomme Ra‖got. Lequel en son viuant a affrõte main‖te fine personne achaptes lay et le payes‖comptant‖.* (sans lieu ni date), pet. in-8. goth. de 4 ff., avec les armes de France et celles de Bretagne sur le titre. Pièce en vers de 10 syllabes, non moins rare que la précédente. M. de Montaiglon les a reproduites toutes les deux d'après une édition qui n'a pas d'armoiries sur le frontispice; il y a joint une note curieuse sur Ragot. Pour les Ruses et finesses de Ragot, voyez l'article FAIL (*Noël* du).

GRANT stille. Voy. STILLE.

GRANT testament de Taste-vin. Voy. TESTAMENT.

GRANT (la) triumphe et honneur des dames et bourgeoises de paris, et de tout le Royaulme de France : auec la grace, ɀ hõnestete : Pronostiquees dicelles. Pour lan Mil cĩq cens XXXI, pet. in-8. goth. de 4 ff., avec une gravure en bois au 1er f. [13514]

15 strophes, la plupart de 10 vers de 10 syllabes. On lit à la fin :

Fèmes de bien ie vous prye pardonnez
A ce facteur, et pardon luy donnez
Si rien a dict qui ne fust bon a dire
Car ne vouldroit iamais de nul mal dire.

Grant (*R.*). History of physical astronomy, 8189.
Grant (*G.*). Sur les fièvres, 7165.

Grant (*R.*). East-India company, 27064.

GRANT (la) triüphe et joye faicte de la reception des tres nobles et puissans seigneurs messieurs le Dauphin et le duc Dorleans en la ville et cite de Bourges. (*sans lieu ni date*), pet. in-8. goth. [23456 ou 24490]

Opuscule de 8 ff., impr. vers 1530. Vend. 30 fr. *mar. olive*, en 1841.

GRANT (*Jacques* le). Voy. MAGNUS.

GRANT (*James*). Narrative of a voyage of discovery performed in his majesty's ship the lady Nelson, in the years 1800, 1801 and 1802, to, new South-Wales. *London*, 1804, in-4. fig. 12 à 15 fr., et plus avec les pl. color. [21163]

GRANT (*Charles*), viscount de Vaux. History of Mauritius, or the Isle of France, and the neighbouring islands, from their first discovery to the present time. *London*, 1801, gr. in-4. cart. 20 fr. [28454]

Vend. 34 fr. 50 c. *cuir de Russie*, Langlès.

GRANUCCI di Lucca (*Nicolò*). La piacevol notte e lieto giorno, opera morale. *Venet., Jac. Vidali*, 1574, pet. in-8. [17439]

Recueil de 11 nouvelles : il a 186 ff. chiffr., plus 2 ff. à la fin pour l'errata et la souscription : vend. 7 fr. 60 c. *mar. r.* Gaignat ; 1 liv. *mar. bl.* Heber.
— SPECCHIO di virtù, nel quale brevemente si descrive la buona amicitia, la grandezza e principio del matrimonio : e di quanta eccellenza sia nelle femmine la castità, ec. *Lucca, per il Busdrago*, 1566, in-8. [17438]
— L'EREMITA, la Carcere, e il Diporto, con novelle, ed altre cose. *Lucca, appresso Vicenzo Busdraghi*, 1569, in-8. [17440]

Volume rare ; vendu 6 fr. Floncel, et 1 liv. 11 sh. 6 d. Borromeo. Il contient 170 ff. chiffrés, un f. d'errata, 4 ff. pour la table, et enfin un f. portant le registre, la date et cette souscription : *A stanza di Francesco Fagiani da Trino*.

GRANVELLE (*Ant.* Perrenot cardinal de). Lettres interceptées du cardinal de Granvelle : item deux du président Foncq. *Anvers, Fr. de Ravelenghien*, 1580, in-4. [25032]

A cette pièce est ordinairement réunie celle-ci :
LETTRES interceptées de quelques patriotes masqués. *Ibid., Guill. Riviere*, 1580, in-4. de 47 pp.
On doit y joindre :
RESPONCES de messire Jehan Sceyfve, chevalier, seigneur de Sainct Aechtenrod, jadis chancelier de Brabant, sur certaines lettres du cardinal de Granvelle. *Anvers, Corn. de Bruyn*, 1580, in-4.
Les Lettres interceptées du cardinal de Granvelle et autres ont encore été imprimées à Anvers, en 1582.
Les pièces que nous venons d'indiquer nous rappellent un *Mémoire historique* de M. Grappin, impr. à Besançon, en 1787, in-8., où ce savant essaye de prouver que le cardinal de Granvelle n'eut point de part aux troubles des Pays-Bas, dans le XVIᵉ siècle.
Voici le titre d'un éloge funèbre de ce cardinal, qui est peu connu :
J.-B. SACCI oratio funebris de laudibus Ant. Per-

Grant (*R.*). Comparative anatomy, 6671.

renotti card. Granvellani : ad ejus funus parata, sed non habita. *Antuerpiæ, Plantin.*, 1586, pet. in-8.

Ce célèbre prélat avait réuni une précieuse collection de livres, dont une partie, ainsi que ses propres manuscrits, se conserve dans la biblioth. de la ville de Besançon. Les livres qui lui ont appartenu portent ses armes, impr. soit au verso du titre, soit à la fin du livre ; le mot *Durate* accompagne son blason. Je possède un exemplaire des *Plinii epistolæ*, édition d'Alde, 1518, où il a écrit sur l'une des gardes sa devise : *Adversante fortuna*.

Les papiers d'État de ce cardinal se publient depuis 1839, par les soins de M. Weiss, dans la collection des Documents inédits sur l'histoire de France, imprimés par ordre du gouvernement. Ils doivent occuper 13 vol. dont 9 paraissent (en juin 1861).

GRANVILLE (*A.-B.*). St. Petersburgh : a journal of travels to and from that capital through Flanders, the Rhenish Provinces, Prussia, Poland, Silesia, Saxony, the federated states of Germany, and France. *London, Colburn*, 1828, 2 vol. in-8., avec 70 pl. 1 liv. 10 sh. [20100]

GRAPALDI (*Francisci Marii*) : poetæ laureati : de partibus ædium : addita modo : verborum explicatione, etc. *Parmæ, per Oct. Saldum et Fr. Ugolem*, 1516, in-4. [9741]

Douze éditions de cet ouvrage, faites en moins de 40 ans, prouvent qu'il a eu dans le temps un certain succès. L'édit. que nous citons est plus complète que celles qui l'ont précédée, et c'est son texte que l'on a reproduit à Turin, à Paris et à Lyon. La plus ancienne de toutes est une vol. in-4. de 124 ff., en caractères ronds, imprimé à Parme, par *Angelo Ugoletto*, sans date, vers 1494. — Consultez Panzer, II, page 359 ; Santander, *Dict.*, III, page 531 ; et Cicognara, catal., II, 518.

—Joannes Maurus Constantianus, traductio vocabulorum de partibus ædium in linguam gallicam et vasconicam ex Francisco Mario Grapaldo. *Mons Albani, in ædibus Joannis Gilberti, bibliopolæ*, (absque anno), in-18 (ou pet. in-8.).

Ce titre est donné dans *le Quérard*, II, p. 273, par M. Pierquin de Gembloux ; mais on y a imprimé *bibliopolo* au lieu de *bibliopolæ* que je donne ici, M. Pierquin ajoute que la dédicace porte : *Aginni, kalend. martias quingent* (1500), ce qui ne saurait être exact. Du Verdier, qui a parlé de ce livre à l'article Jean le More, n'en a pas donné la date.

A l'article MAURUS, nous décrivons un ouvrage de ce grammairien impr. à la Réole en 1517.

GRAPHEUS. La tres admirable, tres magnifique et triumphante entree du.... prince Philipes (II) d'Espaignes... ensemble la vraye description des spectacles, theatres, archz triumphaulx... faictz et bastis a sa tres desiree reception en la... ville d'Anvers, anno 1549; premierement composee en langue latine par Cornille Grapheus... et depuis trad. en Francois. (à la fin) : *Imprime a Anuers pour Pierre Coeck d'Allost par Gillis van Diest*, 1550, pet. in-fol. de 58 ff. fig. sur bois. [25067]

Vend. 13 fr. 50 c. salle Silvestre, en 1842 ; 18 fr. 50 c. de Soleinne, et plus cher depuis. (Voy. la col. suiv.)

Ouvrage curieux et par les détails statistiques qu'il contient, et par les nombreuses figures en bois dont il est décoré. Au premier f. (Ai), dans un encadrement gravé sur bois, on lit : *Le Triumphe d'Anvers faict en la susception du Prince Philips, Prince d'Espaigñ.* Le texte latin, également imprimé à Anvers, a paru sous ce titre :

SPECTACULORUM in susception Philippi Hisp. Princ. divi Caroli V. Cæs. F. an. M.D.XLIX. Antuerpiæ æditorum mirificus apparatus, per Cornelium Grapheum, eius urbis secretarium, & uere, & ad uiuum accurate descriptus. (à la fin) : *Antuerpiæ, pro Petro Alosteñ. impressore iurato Typis Ægidii Disthemii, Anno M.D.L. Men. iun*, pet. in-fol. de 59 ff. non chiffrés, sign. A.-Piii.

Vendu seulement 13 fr. de Soleinne, et un très-bel exemplaire, rel. en veau avec d'élégants compartiments noir et or et le nom et la devise de Grolier : 1080 fr. Coste. Un second exemplaire, relié pour Grolier, est à la Bibliothèque impériale.
Citons ici le programme des fêtes célébrées à Anvers, en l'honneur de Charles-Quint :

HYPOTHESES sive argumenta spectaculorum, quæ sereniss. et invictiss. Cæsari Carolo pio, felici, inclyto semper Augusto, præter alia multa et varia fides et amor celebratissimæ civitatis Antuerpiensis antistis (superis faventibus) sunt edituri (authore Petro Ægidio, vulgo Gillis). *Antuerpiæ, Mich. Hellenius* (1520) , pet. in-4. Vend. 16 fr. Heber, à Gand, en 1835.

On a de Corn. Grapheus divers opuscules poétiques en latin, plus rares que recherchés, au nombre desquels en est un qui porte ce titre :

ANDROTHEOGONIA, id est, hominis Dei nativitates. *Lovanii, Theod.-Martinus Alost.*, 1514, pet. in-8.
Ce petit poëme a été réimprimé sous le titre de *Theander* dans les *Sacrorum bucolicorum eglogæ III* de Grapheus, *Antuerpiæ, Jo. Steelsius*, 1536, in-8. [13042]

GRAPPOLINO (Messer). Il convito Borghesiano. *Londra, Isac Jacson* (forse *Milano*), 1800, in-8. [17504]

Cette nouvelle licencieuse est de Joseph Grapputo, avocat vénitien, lequel s'est caché sous le nom de *Grappolino.* Il en a été tiré des exempl. in-4. et in-fol., et deux sur VÉLIN.
Dans un exemplaire *in carta turchina*, qui faisait partie de la biblioth. de l'avocat Reina, et qui a été vendu 11 fr. Libri, le véritable nom de l'auteur se trouvait et sur le frontispice et au bas d'une épître dédicatoire adressée *al Co. Giulio Bernardino Tomitano*, laquelle épître manque dans tous les exempl. portant le nom de Messer Grappolino.

— MASETTO e Agnoletta, novella. (*Milano, Mussi*), 1806, in-8.
Tiré à 50 exempl. de format in-8., 12 in-4. et 2 sur VÉLIN. La 5ᵉ satire de l'Arioste est réimpr. à la suite de cette Nouvelle.

— GNAZIO e la Nencia, novella. *Udine, Vendrame*, 1827, in-8.
Sur le titre de cette Nouvelle, tirée à 75 exempl. environ, se lit le véritable nom de l'auteur. Un exemplaire sur VÉLIN, chez M. Oliva del Turco, à Aviano.

— VIAGGIO al Tempio di Possagno, novelle. *Venezia, Giambatt. Merlo*, 1834, in-16.
Outre le pap. ordinaire, il a été tiré 12 exempl. sur pap. vél. L'auteur a composé d'autres Nouvelles qui ont été insérées dans les *Novelle inedite ec.*, impr. à Venise, en 1822, et dans les *Novelle tre*, impr. en 1826 (Gamba, *Bibliografia*, 2ᵉ édition, nᵒ 230).

GRASSET Saint-Sauveur (*Jacques*). Encyclopédie des voyages. *Paris*, 1795 ou

1796, 5 vol. in-4., avec 432 pl. color. 40 à 50 fr. [19631]

Ouvrage d'une exécution très-médiocre. Une partie des mêmes planches a servi pour les *Voyages pittoresques dans les quatre parties du monde*, par le même Grasset, *Paris*, 1806, in-4.
Nous citerons encore du même auteur : *Muséum de la jeunesse, ou tableaux historiques des sciences et des arts*, Paris, 1809-11, in-4., fig. color., publié en 24 livraisons.

GRASSI. Le Fabbriche principali di Pisa, e vedute della stessa città, di R. Grassi. *Pisa*, 1830, in-fol. fig. [9896]

Publié par cahiers.

GRASSO. Comedia di Nicola (*sic*) Grasso Mantouano, intitolata Eutichia, nuouamente corretta & con ogni diligenza stampata MDXXX. (au verso du 46ᵉ f.) : *Stampato in Vinegia per Nicolo d'Aristotile detto Zoppino* M. D. XXX, pet. in-8. de 46 ff., plus un f. bl. et un autre offrant une gravure en bois. [16645]

Comédie en prose, imprimée d'abord à Rome, en 1524, pet. in-12 de 40 ff. (4 fr. 25 c. de Soleinne), ensuite à Venise, en 1527 et en 1530, et encore à Rome, en 1534, pet. in-8. L'édit. de 1530 s'est vend. 39 fr. Riva.

GRASSO Legnaiuolo. Voy. NOVELLA.

GRASSUS. Benvenuti Grassi hierosolimitani doctoris celeberrimi ac expertissimi de oculis eorumque egritudinibus et curis feliciter incipit. (in fine) : *Sever. ferrar. F. F.* II, pet. in-4. de 36 ff. à 25 lig. par page. [7524]

Volume impr. en caractères romains, sans chiffr., récl. ni signat. ; il ne porte pas de date, mais il a paru à Ferrare, vers l'année 1475. C'est un opuscule fort rare, et l'un des plus anciens traités sur les maladies des yeux. Le dernier f. est bl.
Vend. 1 liv. 7 sh. Pinelli ; 30 fr. Andry ; 10 sh. Heber.

GRATAROLUS (*Guil.*). De vini natura, artificio et usu. *Argentorati*, 1565, in-8. 4 à 5 fr. [7055]

Vend. 8 fr. L'Héritier.

— VERÆ alchemiæ artisque metallicæ citra ænigmata, doctrina, certusque modus, scriptis tum novis tum veteribus comprehensus. *Basileæ*, 1561, in-fol. 9 à 12 fr. [8939]
Vend. 23 fr. m. bl. La Valliere.

— DISCOURS notables pour conserver et augmenter la mémoire, avec la physionomie faite latine par G. Gratarol, et par Et. Coppé, translaté en françois. *Lyon, Ben. Rigaud*, 1586, in-16. [9034]
Traité peu commun ; 5 à 6 fr. Vendu 9 fr. 50 c. Duquesnoy ; 10 fr. d'Ourches.
Cet ouvrage avait d'abord été imprimé à *Lyon, Eustace Barricat*, en 1555, in-16, sous le titre de *Préceptes et moyens de recouvrer, augmenter et contre garder la mémoire...* L'original latin du Traité de la mémoire parut à la prem. fois à

Zurich, en 1553, in-8., puis de nouveau avec des additions de l'auteur, à *Bâle*, en 1554, in-8., et il fait partie des *Opuscula* du même auteur, *Lugduni*, 1558, in-16.

GRATET Duplessis. Voy. DUPLESSIS.

GRATIA DEI (*Petr.*). Blason general de todas las insignias del universo ; dedicado al serenissimo principe alto y muy poderoso rey de Portugal. Libro de la nobleza. *Coria, per Bartolome de Lila flamenco. Mill.* CCCCLXXXIX, in-4. fig. en bois. [28818]

Ouvrage fort rare, impr. avec des caract. goth. grossiers et d'une forme singulière : vend. 6 liv. 12 sh. 6 d. Hanrott. Cotton, à l'article *Coria* (ou *Soria*), nomme l'auteur de ce traité *Petrus Gratia dei*. Mendez ne parle pas de ce livre, auquel Hain a donné par erreur la date de 1469.

GRATIA DEI Esculani, seu ab Esculo. Quæstiones in libros Physicorum Aristotelis in studio Patauino disputatæ. *Ad instantiam Antonii de Regio, anno* M. CCCC. LXXXIIII, *pridie calendas maias Venetiis impressæ*, in-fol. [4203]

Un exempl. impr. sur VÉLIN, et rel. en *mar. olive*, vend. 13 liv. 2 sh. Williams.

Pour d'autres ouvrages de ce commentateur d'Aristote, consultez Hain, nᵒˢ 7874 et suiv.

GRATIAN. La Vie, mœurs, esprit, zèle et doctrine de la servante de Dieu, Therese de Jesus, de l'ordre de Nostre-Dame du Mont Carmel, et fondatrice de la congregation des Carmes déchaussés ; reduitte en sommaires par les freres Jean de S. Hierosme, et Jean de Jesus Maria, religieux du même ordre ; mis en latin par Guillaume Gratian de la mere de Dieu, et rendue françoise par G. D. R. (Guillaume de Rebreviette), gentil homme. *Arras, Guil. de La Riviere*, 1610, in-12 de 260 pp. [21838]

Au commencement de ce volume se trouve une pièce d'environ 200 vers (signée Guillaume de Rebreviette) sur la devise de la bienheureuse Thérèse de Jésus : *Ou mourir, ou patir*.

GRATIANI (*Girolamo*). Voy. GRAZIANI.

GRATIANO. Di Orlando santo vita et morte, con vinti mila christiani uccisi in Roncisvalle, cavata dal catalogo de' santi, da Giulio Cornelio Gratiano ; libri otto. *Trevigi, Evangelista Deuchino*, 1597, in-12. [14747]

Petit poëme en stances de huit vers : vend. 11 sh. Hibbert. — Il a été réimprimé à Venise, en 1609 et 1639, in-12.

GRATIANUS. Gratiani decretum cum apparatu Bartholomæi Brixiensis. (in fine, rubro) : *Presens Gratiani decretum...*

est cõsũmatũ Per venerabilem virũ Heinricũ Eggesteyn.... civem inclite ciuitatis Argentiñ. Anno dñi M.ᵒCCCC.ᵒ LXXI.ᵒ, in-fol. max. [3168]

Première édit. de cet ouvrage, et en même temps le premier livre imprimé à *Strasbourg*, avec date ; vend. 120 fr. Brienne-Laire.

Le volume, ordinairement partagé en 2 tomes, est composé de 459 ff. à 2 col. de 47 lignes, texte entouré de la glose. On lit au commencement : *In nomine sancte et indiuidue | trinitatis. Incipit concordia di | scordãtium canonum...*

— Idem decretum. (in fine, rubro) : *Presens Gratiani decretũ unacũ apparatu dñi johannis theuthonici, atqʒ additionibus Bartho. Brixieñ... est ꝓsũmatũ per venerabilē·virũ Heinricũ Eggesteyn... Ciuẽ inclite ciuitatis Argentiñ. Anno domini* M.ᵒ CCCC.ᵒ LXXII.ᵒ. 1 tom. en 2 vol. gr. in-fol. goth.

Édition conforme à la précédente, tant pour le nombre des ff. que pour celui des lignes de chaque page, et pour le sommaire qui se lit au commencement ; la souscription présente seule d'assez grandes différences. Vend. 320 fr. La Valliere ; 150 fr. Brienne-Laire ; 82 fr. Giraud.

— Incip discordantiũ canonũ ꝺco ‖ rdia, ac primũ de iure nature et hu ‖ mane constitutionis Rubrica. (in finę rubro) : *Anno incarnationis dñice* M. cccc. *lxxij. Idibʹ augustijs... in nobili vrbe Mogũcia... hoc presens Gratiani decretum... Petrus schoiffer de gerns'heim... feliciter consummauit*, 1 tom. en 2 vol. in-fol. goth. de 412 ff. à 2 col. de 61 lig. texte entouré de la glose. Au-dessous de la souscription est placée la marque que nous avons donnée tome I, col. 870.

Vendu en *m. r.* 200 fr. Brienne-Laire ; un exempl. sur VÉLIN, 420 fr. Gaignat ; 1150 fr. La Valliere ; retiré à 700 fr. Mac-Carthy. Un autre provenant de la Bibliothèque roy. de Munich, et ayant un feuillet raccommodé, 2900 fr. 2ᵉ vente Quatremère, et revendu 1200 fr. Solar.

Il se conserve encore une douzaine d'exemplaires de ce livre impr. sur VÉLIN. Celui de la Biblioth. impériale a bien 412 ff., quoique Panzer n'en donne que 410 ou 411 à l'édition.

L'édition impr. : *Industria atqʒ impensa Nicolai Ienson Gallici Uenetiis*, *M. cccc. lxxiiij, q̃rto calẽdas iulias*, gr. in-fol. de 380 ff. à 2 col. caract. goth., est assez rare ; il y en avait un exemplaire impr. sur VÉLIN dans la collection de M. Melzi. Celui de la Biblioth. impériale n'a que 151 ff. de VÉLIN.

Il se conserve aussi plusieurs exemplaires sur VÉLIN de l'édition de Venise, Nic. Jenson, 1477, gr. in-fol. de 409 ff. à 2 col., caract. goth. (Biblioth. impér.). — Nous citerons encore l'édit. de *Rome*, per Sim.-Nicolaum de Luca, 1475 ; — celle de *Rome*, Geor. Laur, 22 mars 1476, in-fol. de 477 ff. à 68 lig. par page, caract. romains ; — celle de *Bâle*, Ben. Richel, 16 juin 1476, gr. in-fol. de 412 ff. à 2 col., caract. goth.; — de *Venise*, Adam de Rotwyl (avec une préface de l'éditeur, Gysbert de Stoutenburch, v111 cal. Febr. 1480), in-4. de 523 ff. à 4 col., caractères goth., dont il y a un exempl. impr. sur VÉLIN à la bibliothèque de Sainte-Geneviève, à Paris, et un autre dans la Bibliothèque Magliabecchi, à Florence.

— GRATIANI decretorum libri V, secundum Gregorianas decretales distincti, per Jo. a Turrecremata ;

cura J. Fontanini. *Romæ*, 1726, 2 tom. en 1 vol. in-fol. 15 à 20 fr.

— GRATIANI canones genuini ab apocryphis discreti, corrupti ad emendatior. codd. fidem exacti, interpretatione illustrati, opera et studio Ch.-Seb. Berard. *Augustæ-Taurinor.*, 1752, 3 vol. in-4. [3169] Réimpr. à Venise, en 1774 et en 1785, 4 vol. in-4.

N'oublions pas de citer l'édition des Décrétales qui a pour titre :

ANTIQUÆ collectiones tres decretalium cum notis Ant. Augustini ad primam ; accedit collectio quarta cum scholiis J. Teutonici et aliorum. *Illerdæ, Petr.-Rob. et Joan. Villanova*, 1576, in-fol. Rare.

Celle de Barcelone (*Barcinonæ*), 1592, in-fol. [3167] Vend. 10 flor. 25 c. Meerman, est peut-être la même que l'édition de 1576.

L'édition de Paris, *Sébast. Cramoisy*, 1609 ou 1621, in-fol., quoique plus belle que la précédente, et augmentée des notes de Cujas et de la *Notitia episcopatuum orbis christiani*, d'Aubert Le Mire, n'est pas très-chère.

GRATIUS Faliscus. Cynegeticon cum poematio cognomine Nemesiani : notis perpetuis variisque lectt. adornavit Th. Johnson ; acced. Hier.-Fracastorii Alcon, Caii de canibus libellus, etc. *Londini*, 1699, in-8. 5 à 6 fr. [12532]

— CYNEGETICON, cum notis variorum. *Mitaviæ*, 1775, in-8. 3 fr.

— GRATII Falisci et Olympii Nemesiani carmina venatica, cum duobus fragmentis de aucupio : cum scripturæ varietate et aliorum suisque commentationibus edidit Reinh. Stern. *Halæ-Sax., libr. Orphanot.*, 1832, in-8. 5 fr.

— Voy. NEMESIANUS. — POETÆ tres.

GRATIUS (*Orthuinus*). Fasciculus rerum expetendarum et fugiendarum, prout ab Orthuino Gratio... editus est Coloniæ... in Concilii tunc indicendi usum et admonitionem ; ab innumeris mendis purgatus... una cum appendice scriptorum veterum qui Ecclesiæ romanæ errores et abusus detegunt et damnant, necessitatemque reformationis urgent... opera et studio Edwardi Brown. *Londini, R. Chiswell*, 1690, 2 vol. in-fol. [780]

Édition recherchée, surtout à cause de l'appendice, formant 911 pp. et contenant 77 pièces, presque toutes publiées d'après des manuscrits : 36 à 48 fr. ; vend. en Gr. Pap. mar. viol. 49 fr. de Cotte ; et aussi en Gr. Pap. annoncé comme *presque unique*, 22 flor. Meerman.

La première édition de la partie qui forme la base de cet ouvrage est intitulée : *Commentariorum Æneæ Sylvii Piccolominei, de concilio Basileæ celebrato libri duo...*; c'est un in-fol. de 349 pp. (non compris l'avis au lecteur), sans lieu d'impression ni date, mais qui a été impr. à Cologne, vers l'année 1522, et, à ce que l'on croit, par les soins de Jac. Sobius. Le même ouvrage fut ensuite réimpr. avec des changements, des suppressions dans les notes, mais avec de nombreuses additions, sous le titre de *Fasciculus rerum expetendarum et fugiendarum, in quo primum continetur concilium basiliense... anno* 1535 (Coloniæ), in-fol. Quoique cette édition de 1535 ait paru sous le nom d'Orthuinus Gratius, il reste encore à décider si ce dernier en a été réellement l'éditeur. On a reproché avec raison à Edw.

Brown de n'avoir pas rétabli dans son édit. du *Fasciculus* les passages de la première édition, qui ont été supprimés dans celle de 1535 qu'il a suivie. (David Clément, VIII, pp. 238-49.)

GRAVELLE (de). Voy. RECUEIL de pierres gravées.

GRAVELOT (*Henr.-Fr.* Bourguignon, *dit*) et Cochin. Iconologie par figures, ou traité complet des allégories, emblèmes, etc. *Paris, Lattré*, 4 vol. pet. in-8. fig. 24 à 30 fr. ; et en Gr. Pap. 30 à 40 fr. [9174]

Les figures de cet ouvrage sont celles de l'*Almanach iconologique de Lattré*, auxquelles on a ajouté des bordures.

GRAVENHORST (*J.-L.-Ch.*). Ichneumologia europæa. *Vratislaviæ*, 1829, 3 vol. in-8. [6066]

Malgré le mérite bien reconnu de cette monographie, son prix qui était de 15 thl. a été réduit à 5 thl.

— Deliciæ musei zoologici vratislaviensis. *Lipsiæ, Voss*, 1829, in-fol., avec 17 pl. color. 24 thl. et réduit à 10 thl. [5612]

Première livraison des Reptiles, contenant les Chéloniens et les Batraciens : la seconde livraison devait renfermer les Sauriens et les Ophidiens.

— Monographia Coleopterorum micropter., 6041.

GRAVENWEERT (*J.* de S'). Essai sur l'histoire de la littérature néerlandaise, par J. de S' Gravenweert. *Amsterdam, Delachaux*, 1830, in-8. de 231 pp. [30127]

Nous citons cet ouvrage comme le seul, écrit en français, qui donne une idée satisfaisante de la littérature hollandaise, si peu connue en France. M. Marron en a rendu compte dans la *Revue encyclopéd.*, septemb. 1830, pages 656-72. — On doit à M. Van Kampen une *Histoire abrégée de la littérature et des sciences* dans les Pays-Bas, jusqu'à la fin du XVIIIe siècle, *La Haye*, 1821-26, 3 vol. in-8., en hollandais.

Nous indiquerons aussi un *Précis de l'histoire littéraire des Pays-Bas*, par M. Matt. Siegenbeek, *Harlem*, 1826, in-8., en hollandais. — trad. en français par J.-H. Lebrocguy, *Gand*, 1827, in-18.

GRAVES (*George*). British Ornithology; being the history, with an accurately coloured representations of every known species of british birds, with copious description; second edition. *London, Sherwood*, 1821, 3 vol. gr. in-8. 4 liv. 10 sh. [3765]

Chaque volume renferme 48 planches coloriées. — La première édition est de *Lond.*, 1811-16, 2 vol. in-8. fig. color.

— OVARIUM britannicum ; being a correct delineation

---

of the eggs of such birds as are native of, or domesticated in, Great Britain. *London*, 1816, gr. in-8. fig. color. [3766]

Première partie, la seule qui ait paru. — Le même auteur a publié *Monograph of the british Grasses*, in-8., par cahier de 12 pl., avec un texte. Chaque cahier : 4 sh. 6 d. — color., 6 sh., le premier en 1822.

GRAVESANDE (*Guil.-Jacob* s'). OEuvres philosophiques et mathématiques, publiées par Allamand. *Amsterdam*, 1774, 2 vol. in-4. fig. 10 à 14 fr. [3473]

— Introduction à la philosophie, 3532.

GRAVINA (*Petrus*), neapolitanus. Poematum libri; epigrammatum liber; sylvarum et elegiarum liber; carmen epicum. (in fine) : *Neapoli ex officina Joannis Sulsbachii*. VI *mai Anno* M.D. XXXII, in-4. [12711]

Volume de 70 ff., non compris *Vita Petri Gravinæ a Paulo Jovio*.

GRAVINA (*Jo.-Vinc.*). Origines juris civilis, cum annotat. Got. Mascovii. *Lips.*, 1737, in-4. 10 à 12 fr. [2423]

Bonne édition, préférée à celle de 1717, in-4. — Celles de *Venise*, 1730 ou 1758, in-4., sont moins belles, mais la dernière contient de plus que les autres l'Institution canonique ; 17 fr. Clavier.

Les *Origines juris* ont été trad. en français par Requier, sous le titre d'*Esprit des lois romaines*, Paris, 1766, 3 vol. in-12; et nouvelle édition, *Paris*, *Videcoq*, 1821, in-8., ou sous le titre plus exact d'*Origines du droit civil, ou histoire de la législation chez les Romains*, Paris, Bavoux, 1822, in-8.

— OPERE italiane e latine, con la vita dell' autore (scritta da Ant. Sergio). *Napoli*, 1756-58, 4 vol. in-4. 18 à 24 fr. [19218]

— OPERE scelte. *Milano, tipogr. de' classici ital.*, 1819, in-8. 6 fr.

Ce recueil contient les deux traités *Della ragion poetica* et *Della tragedia*, les discours *sull' Endimione*, *Della divisione d' Arcadia ; Della istituzione dei poeti ; le Regolamento degli studj di nobil donna*, et diverses poésies. Il y en a une autre édition, *Milano, Silvestri*, 1827, gr. in-16. — Le premier traité ci-dessus a été traduit de l'ital. en franç. par Requier. *Paris*, 1755, 2 vol. in-12. [12227]

GRAVIUS (*Joh.*). Elementa linguæ persicæ; item anonymus persa de siglis Arabum et Persarum astronomicis, persice et latine. *Londini*, 1649, in-4. 6 à 8 fr. [11644]

Ce livre n'est guère qu'une traduction, avec des améliorations, de la *Grammatica persica* de Louis de Dieu, impr. à Leyde, en 1639 (voy. DIEU).

— Astronomica quædam ex traditione Shah Cholgii persæ; una cum hypothesibus planetarum ; stud. et opera Joh. Gravii, persice et lat. *Lond.*, 1652, in-4. [8215]

Vend. 8 fr. De Lalande.

Les *Miscellaneous works* de Jean Greaves (en latin *Gravius*), publiés avec une notice sur la vie et les écrits de l'auteur, par Th. Birch, *London*, 1737, 2 vol. in-8., sont peu recherchés en France.

— EPOCHÆ celebriores. Voy. ULUG-BEIG. — Binæ tabulæ. Voy. EDDINUS (*Nassir*).

Gravier (*M.*). Histoire de S.-Dié, 24901.

GRAY (*Th.*). Works, containing poems and letters, with memoirs of his life and writings by Will. Mason, to which are subjoined extracts philological, poetical, and critical, from the author's manuscripts, selected and arranged by Thom.-James Mathias. *London, printed by Bulmer for J. Poter*, 1814, 2 vol. in-4. fig. [15833]

Belle édition, plus complète que celles qui l'ont précédée ; elle coûtait 7 liv. 7 sh. — pap. impér. 12 liv. 12 sh., prix réduits de plus des trois quarts.

Celle de Londres, 1816, 2 vol. in-4., avec des notes de John Mitford, n'est pas moins bonne que la précédente ; mais publiée au prix de 4 liv. 4 sh., elle se donne aujourd'hui pour moins de 1 liv. M. Mitford avait donné antérieurement : *The english and latin poems of Th. Gray, with critical notes, a life of the author, etc.* London, 1814, in-8. 12 fr.

Nous citerons encore l'édit. de Londres, Pickering, 1836, 5 vol. pet. in-8.

Avant ces éditions, les meilleures étaient celles de *Lond.*, 1775, in-4., avec la vie de l'auteur, par Mason, réimpr. à *York*, en 1778, 4 vol. in-8.; de *Lond.*, 1789, gr. in-4. fig., et 1807, 2 vol. in-8. Elles ont maintenant peu de valeur.

— THE POETICAL works and letters of Th. Gray, with a memoir of his life and writings. *London, Harding*, 1825, 2 vol. pet. in-8. 10 sh. et plus en Gr. Pap.

— POEMS of Th. Gray. *Parma, Bodoni*, 1793, in-4. Bas prix.

Édition tirée à 300 exempl., dont 100 en Gr. Pap. On doit y trouver réuni : *Elegia inglese sopra un cimiterio campestre, colle traduzioni in versi italiani di G. Torelli e Cesarotti, ed in versi latini di Giov. Costa*.

— POETICAL works. *London, Duroveray (printed by Bensley)*, 1800, in-8. fig.

Jolie édition : 10 fr. et plus en Gr. Pap. On y ajoute les vignettes de Westall tirées de l'édition de Sharpe. Un exemplaire impr. sur VÉLIN, 5 liv. 7 sh. 6 d. Edwards.

Lemierre neveu a donné la traduction française d'une partie des poésies de Gray, *Paris*, 1798, in-8.

GRAY (the major *W.*) and Dochard. Travels in western Africa... during the years 1818 and following. *London, Murray*, 1825, in-8. 10 sh. [20857]

La traduction française par Mme Charlotte Huguet porte le titre suivant :

VOYAGE dans l'Afrique occidentale pendant les ann. 1818-21, depuis la rivière Gambie jusqu'au Niger, en traversant les Etats de Woulli, Bondoo, etc., par le major Gray et feu Dochard. *Paris, Avril de Gastel*, 1826, in-8., et atlas de 14 pl. avec une carte, 11 fr.

GRAY (*J.-Edw.*). Illustrations of indian zoology, consisting of coloured plates of new or hitherto unfigured indian animals, from the collection of major-general Hardwicke ; selected and arranged by John-Edward Gray. *Lond., Treuttel et Würtz*, 1830-34, in-fol., avec 202 pl. color. et un portr. 200 à 300 fr. [5634]

Publié en 20 cahiers.

Le même auteur publie des *Spicilegia zoologica*, in-4., et un grand nombre de mémoires sur les mollusques et les reptiles.

GRAY (*George-Robert*). Genera of birds, comprising their generic characters and habits, with an extensive list of species referred to their several genera. *London, Longman,* 1837-1849, 3 vol. in-4. impér. [5738]

Ce bel ouvrage renferme 185 planches coloriées avec soin, et un même nombre en noir pour les détails, par D.-W. Mitchell et Wolf. Il se vendait d'abord 31 liv. 10 sh., mais on le donne maintenant pour la moitié de ce prix.

GRAY (*Asa*). Phanerogamia, *New-York,* 1854 et 1857, in-4. et atlas de 100 pl. [5385]

Ce livre fait partie du grand ouvrage sur l'expédition dans la mer Pacifique, sous le commandement du capitaine Wilkes (voy. WILKES); mais il en a été tiré à part 150 exempl. qu'on a vendus séparément. Pour les autres ouvrages de ce célèbre botaniste américain, voy. les n°ⁱ 4830, 5275, 5280 et 5385 de notre table.

GRAZIANI (*Girolamo*). Il Conquisto di Granata (ediz. pubbl. da Ant. Rubbi). *Venezia, Ant. Zatta,* 1789, 2 vol. pet. in-8. 6 fr. [14661]

Un exempl. impr. sur VÉLIN, et partagé en 4 vol., 120 fr. Mac-Carthy.

La première édition de ce poëme est de *Modène, Soliani,* 1650, in-4., avec les arguments de Flaminio Calvi; il y en a une autre de *Paris,* 1654, 2 vol. in-12.

La *Cleopatra,* autre poëme du même auteur, *Bologna,* 1626 et 1653, in-12, n'est pas non plus sans mérite. [14654]

IL CROMVELI, tragedia del Co. Girolamo Gratiani. *Bologna, li Manolessi,* 1671, in-4. avec 6 ff. et 160 pp. avec un front. gravé et cinq figures. [16717]

Pièce dédiée à Louis XIV. 10 fr. de Soleinne, n° 4513.

GRAZZINI (*Ant.-Franc.*) detto il Lasca. Le sue rime. *Firenze,* 1741-42, 2 vol. in-8. 6 à 7 fr., et plus en Gr. Pap. [14538]

Bonne édition, dont les notes sont de l'imprimeur Moucke, et non pas de Biscioni, comme l'a prétendu Mazzuchelli.

—La Guerra de' mostri. *Firenze, Domen. Manzani,* 1584, in-4. [14910]

Cet opuscule, très-rare, de 8 ff. seulement (lettres italiques, stances numérotées), est le commencement d'un poëme badin, qui devait être suivi de plusieurs autres morceaux. Il est très-cher en Italie, et a même été acheté 135 fr. à la vente *Gradenigo,* faite à *Venise* en 1809; 90 fr. mar. r. Libri, en 1847. Il y a une autre édition sous la même date, mais elle est de format in-8., en lettres rondes, et les stances n'en sont pas numérotées.

—La Nanea. Voy. FORABOSCO.

— EGLOGHE, sonetti, canzoni, madrigali, madrigalesse, epitaffi ed ottave. *Livorno,* 1799, in-8.

Quoique portant la date de 1799, ce volume n'a paru qu'en 1817. Il a été publié par Dominique Poggiali, fils de Gaëtan.

— LE COMEDIE, cioe, la Gelosia, la Spiritata, la Strega, la Sibilla, la Pinzochera, i Parentadi. *Venetia, Bern. Giunti,* 1582. 6 part. en 1 vol. pet. in-8. 6 à 9 fr. [16670]

Dans ce recueil, *la Gelosia* et *la Spiritata* étant corrigées et mutilées, on recherche beaucoup l'édition de chacune de ces deux pièces qui a été faite séparément à *Florence,* chez les Junte, en 1551 et 1561, in-8., parce qu'elle est entière. Chaque pièce séparément vaut, en Italie, de 8 à 10 fr. Il y a une édition de *la Gelosia,* de Florence, chez les Junte, 1568, in-8., non tronquée, mais avec des changements dans les intermèdes.

— L'ARZIGOGOLO, comedia di Grazzini. *Firenze,* 1750, in-8. [16671]

Un exemplaire impr. sur PARCHEMIN, vend. 37 fr. Brienne, en 1797; 33 fr. Mac-Carthy.

Cette pièce se trouve aussi dans le tome IVᵉ du *Teatro comico fiorentino.*

— LA PRIMA e la seconda cena, novelle; con una novella della terza cena, ec. *Londra (Parigi),* 1756, pet. in-8. 5 à 6 fr. [17437]

Il y a des exemplaires tirés de format pet. in-4. 12 à 18 fr., dont quelques-uns en Gr. Pap.; un de ces derniers, vend, 42 fr. m. r. Caillard; 2 liv. 14 sh. mar. Hibbert; 60 fr. Labédoy... et 39 fr. Libri. Quoique la pagination des deux parties se suive, la *seconda cena* a un frontispice particulier daté de *Stambul,* 1743. L'éditeur, qui s'est désigné par les lettres initiales F. N. B. P. R., est, selon Poggiali, *F. Nicolo B. Pagliarini Romano.* Cette édition a été contrefaite sous la même date (à *Lucques*); mais la contrefaçon est facile à reconnaitre, parce qu'elle ne contient que 27 lig. à la page, tandis que l'édition originale en a 28, et que la *Dichiarazione de' vocaboli* y occupe 6 ff. au lieu de 5.

— LA SECONDA cena. *In Stambul, dell'Egira* 122 (sic), *apresso Ibrahim Achmet, etc.*, in-8. 5 à 6 fr. [17438]

Édition très-correcte, que l'on doit à l'abbé Bonducci, qui l'a fait imprimer à Florence, en 1743, in-12. Un exempl. en mar. r. a été payé 23 fr. à la vente Libri, en 1847, à cause d'une note rapportant qu'une partie des exemplaires de ce livre a été livrée aux flammes par ordre du cardinal Borromeo. Il en a paru une contrefaçon in-12, facile à distinguer, parce qu'elle contient 228 pages, et que la première n'en a que 220. Vend., avec des additions mss., 19 sh. Pinelli.

— LA PRIMA e seconda cena, ec. *Londra (Livorno),* 1793, 2 vol. pet. in-8. portr.

Édition augmentée de quelques notes attribuées à Ant.-Mar. Salvini; 7 à 9 fr. M. Gaetano Poggiali, qui en est l'éditeur, en a fait tirer deux exemplaires sur papier bleu : 1 liv. 7 sh. Borromeo, et un seul sur VÉLIN.

On fait peu de cas d'une réimpression in-8., faite sous la date de *Leida, P. Vander Aa* (*Lucca, Giov. Batti*), 1790, et dont il se trouve des exemplaires sur beau papier azuré.

— NOVELLE, o sia le Cene, con giunta inedita. *Milano, Silvestri,* 1815, 3 vol. in-16. 8 fr.

Édition plus correcte que celle de Livourne; il y en a des exemplaires in-8., en pap. vél., 18 fr., et quatre exemplaires en pap. azuré. Le 3ᵉ vol. se compose de deux nouvelles du Lasca, tirées d'un manuscrit de la biblioth. Magliabecchi, et précédées d'une lettre de l'auteur à Massaccio da Carolignia. Il en a été tiré à part et de format in-4. (semblable à l'édition sous la date de Londres, 1756), 20 exemplaires en pap. vélin blanc, 20 fr. et même 26 fr. Libri; deux en pap. royal de Hollande, et cinq en pap. royal de Parme.

LES NOUVELLES d'Ant.-Fr. Grazzini, trad. en françois (par Le Febvre de Villebrune). *Berlin (Paris),* 1776, 2 part. in-8.

Gray (J.). Das neue Hamburg, 26717.
Gray (Geor.) et H. Bleek. Handbook of african Philology, 11898.

—Voy. CICALAMENTI del grappa ; et TUTTI i triomphi.

GREAL. Voy. SAINT-GRAAL.

GREAVES (*J.*). Voy. GRAVIUS.

GREBAN ou Gresban (*Sim.* et *Arnoul*). Voy. MYSTÈRE des actes des apôtres.

GRÉCOURT (*J.-B.-Jos.* Villart de). Ses OEuvres. *Paris*, 1796, 4 vol. in-8. fig. 16 fr., et plus en pap. vél. [14055]

L'édition de *Luxembourg* (*Paris*), 1764, 4 vol. pet. in-12, et celle de *Londres* (*Paris, Cazin*), 4 vol. in-18, sont assez bien exécutées.

GREENE (*Robert*). Dramatic works, to which are added his poems, with an account of his life and writings, by the rev. Alex. Dyce. *London, Pickering,* 1831, 2 vol. pet. in-8. 1 liv. 1 sh. — Gr. Pap., 2 liv. 2 sh. [16882]

Réimpression collective d'une partie des ouvrages d'un poëte anglais contemporain de Shakspeare. Les édit. originales des différentes pièces qu'elle réunit sont rares et chères, ainsi qu'on le peut voir dans le Manuel de Lowndes, pp. 935-938 de la 2ᵉ édit.

GREENWICH observatory. Voy. POND.

GREEPE (*Th.*). Voy. t. II, col. 831, article DRACKE.

GREFF (*Joach.*). Tragoedia des buchs Judith inn deudsche reim verfasset durch Joachi Greff von Zwickaw. Nutzlich zu lesen. Wittemberg, 1536. (à la fin) : *Gedruckt zu Wittemberg durch Georgen Rhaw,* pet. in-8. goth. sign. A—Fv. [16818]

Pièce en cinq actes avec prologue, en vers. 28 fr. *v. f.* de Soleinne.

GREGOIRE (*Pierre*). Reponse au conseil donné par Charles Des Molins, sur la dissuasion de la publication du concile de Trente en France, par Pierre Grégoire. *Lyon, Jehan Pillehotte,* 1584, in-16. [21699]

Ce livre, peu commun, est annoncé sous ce titre et sous cette date dans la Biblioth. de Du Verdier, article *Pierre Grégoire*, et dans le catal. de Barré ainsi que dans le 1ᵉʳ catal. de La Vallière, nᵒ 270. Dans la *Bibliogr. instructive*, nᵒ 237, De Bure en nomme mal l'auteur Pierre *Gringoire*, et donne au livre la date de 1564; en effet, cette date, qui est celle du *Conseil sur le fait du concile de Trente*, par Charles Du Molin, *Lyon,* 1564, pet. in-8., peut bien s'appliquer à une autre édition de la Réponse que celle dont nous venons de donner le titre.

GRÉGOIRE de Rostrenen. V. ROSTRENEN.

GRÉGOIRE (*Henri*). Essai historique sur les Arbres de la Liberté. *Paris, De-*

---

senne, Bleuet, Firm. Didot (*imprim. de Didot l'aîné*), an II de la république française, in-18 de 68 pp. [29045]

Opuscule écrit dans le style révolutionnaire de l'époque, et qui renferme les maximes les plus sanguinaires contre les rois. Il était devenu rare, mais on l'a réimprimé après la révolution de 1830, comme une pièce de circonstance. Un exemplaire en pap. vél. *non rogné*, 31 fr. 50 c. *m. r.* Chateaugiron ; 14 fr. 50 c. Pixerécourt. Il y en avait un, impr. sur VÉLIN, dans la bibliothèque d'Ant.-Aug. Renouard.

HISTOIRE des sectes religieuses qui sont nées, se sont modifiées, se sont éteintes dans les différentes contrées du globe, depuis le commencement du siècle dernier jusqu'à l'époque actuelle. *Paris, Baudouin*, 1828-45, 6 vol. in-8. 36 fr. [22374]

Ouvrage fort curieux dont le 6ᵉ vol. a été publié par M. Carnot. La première édition, de 1810, 2 vol. in-8., ne put alors circuler librement.

— Mémoires, 23969. —Littérature des Nègres, 30155.

On trouve la liste des nombreux écrits de l'auteur dans la *France littéraire* de M. Quérard, t. III, pp. 460 et suiv.

GREGORAS (*Niceph.*). Voy. BYZANTINA, nᵒ 20.

GREGORII (*Davidis*) astronomiæ, physicæ et geometriæ elementa. *Oxonii, e Th. sheld.,* 1702, in-fol. fig. 8 à 10 fr. [8229]

L'édition de *Genève*, 1726, 2 vol. in-4., contient quelques augmentations. La traduction anglaise de cet ouvrage a été impr. en 1726, en 2 vol. in-8.

GREGORIO. Rerum arabicarum quæ ad historiam siculam spectant ampla collectio, arabice et lat., opera et stud. Rosarii Gregorio. *Panormi, ex reg. typ.,* 1790, in-fol. [25821]

Vend. 76 fr. Millin ; 45 fr. Langlès, et 70 fr. en 1840 ; 30 fr. Libri en 1857.

— Considerazioni sopra la storia di Sicilia. *Palermo,* 1805-16, 7 vol. pet. in-4. [25836]

Ouvrage d'une grande importance, et qu'on regarde comme le chef-d'œuvre de son savant auteur. Un exemplaire en 6 vol. 52 fr. Libri. Nous citerons encore les *Discorsi intorno alla Sicilia*, ouvrage posthume de Gregorio, impr. à Palerme, 1821, en 2 vol. pet. in-4. et *Introduzione al dritto pubblico siciliano*, Palermo, 1794, in-8.

— Bibliotheca scriptorum qui res in Sicilia gestas sub Aragonum imperio retulere, eam uti accessionem ad historicam bibliothecam Carusii instruxit, adornavit atque edidit Rosarius Gregorio. *Panormi, e reg. typ.,* 1791-92, 2 vol. in-fol. [25823]

Recueil important, et dont une partie des exemplaires a péri dans un incendie. Vend. 161 fr. en 1840 ; 67 fr. Libri en 1857.

— Voy. CARUSIUS.

GREGORIUS agrigentinus (Papa II). Libri X explanationis ecclesiasticæ, græce primum et cum lat. interpr. ac com-

---

mentariis vulgati ; quibus præposita est vita ejusdem a Leontio monacho scripta nec hactenus græce edita (cura Steph.-Ant. Morcelli). *Venetiis, Coleti,* 1791, in-fol. de cxxvij et 385 pp., avec le portrait de l'auteur. [953]

Ce volume, peu répandu en France, coûtait 12 fr. à Venise. Vend. 17 fr. Villoison.

GREGORIUS Aneponymus. Compendiosum philosophiæ syntagma, græce cum versione et notis Jo. Wegelini augustani. *Augustæ-Vindel.,* 1600, pet. in-8. [3419]

L'ouvrage publié ici sous le nom de *Gregorius Aneponymus* est généralement attribué à George Pachymère (voy. PACHYMERES). Vend. 7 fr. Soubise.

GREGORIUS de Arimino. Tractatus de imprestantiis Venetorum et de usura. *In inclita civitate Regii Æmiliæ (Regione Modenæ).* M. DVIII, in-4. [1156]

Un exemplaire imprimé sur VÉLIN, 2 liv. 15 sh. Libri, en 1859.

GREGORIUS corinthius metropolita. De dialectis liber (gr.) : e codicibus mss. emendavit et notis illustr. Gisb. Koen : accedunt grammatici leidensis de dialectis opuscula. *Lugd.-Batavor.,* 1766, in-8. 5 à 6 fr. [10670]

— Gregorii corinthii et alior. grammaticorum libri de dialectis linguæ græcæ ; quibus additur nunc primum editus Manuelis Moschopuli libellus de vocum passionibus ; recensuit, et cum Gisberti Koenii, F.-Jac. Bastii, J.-Fr. Boissonadi suisque notis edidit J.-H. Schæfer. *Lipsiæ, Weigel,* 1811, in-8. fig.

Excellente édition qui a effacé la précédente. 18 fr. — Pap. fin, 24 fr., et plus Pap. vél.

Les traités de Gregorius corinthius et de Moschopulus ont paru pour la première fois à la suite des *Erotemata* de Demetrius Chalcondyla, édition de Milan, vers 1493 (voy. CHALCONDYLA).

GREGORIUS cyprius. Laudatio maris, seu universæ aquarum naturæ, gr. et lat. seorsim, Fed. Morello interprete. *Lutetiæ-Parisior., Fed. Morellus,* 1597, in-8. [12125]

Imprimé d'abord en grec seulement, *Lugd.-Batav., ex offic. Plantin. Rapheleng.,* 1591, in-8., séparément, et avec *Aristoteles de Mundo.* Traduit en français sous le titre suivant : *Louange de la mer, et de la nature de l'eau en general, trad. sur l'original grec.* Paris, par Fédéric Morel, 1596, in-8. Rare.

GEORGII seu Gregorii Cyprii patriarchæ CPolitani vita, quæ ex codice Lugd.-Batavo nunc primum græce in lucem prodiit, cum lat. interpr. et notis : accedunt dissertationes duæ histor. et dogmat. cum binis epistolis ejusdem Cyprii, nunc primum editis, queis byzantina Georgii Pachymeri historia illustratur, auctore Jo.-Fr.-Bern. M. de Rubeis. *Venet.,* 1752, in-4. [21542]

GREGORIUS Magnus (S). Opera omnia, studio et labore monachorum ord. S. Benedicti, e congr. S. Mauri (Dion. Sam-

marthani et Guil. Bessin). *Parisiis,* 1705, 4 vol. in-fol. 80 à 100 fr. [1077]

Avant cette édition il en avait été publié plusieurs autres, tant à Rome qu'à Paris, en 4 ou en 3 vol. in-fol., mais elles ont peu de valeur.

— Opera omnia, jam olim emendata studio et labore monachor. ord. S. Benedicti, a Jo.-Bapt. Gallicioli iterum exacta atque notis locupletata. *Venetiis,* 1768-76, 17 vol. in-4. 70 fr.

M. l'abbé Migne a donné une édition des œuvres de saint Grégoire le Grand, en 5 vol. gr. in-8. à 2 col. impr. à Montrouge. 35 fr.

— Epistola beati Gregorii pape de expositione Ezechielis ad Marianum episcopum. — *Expliciunt omelie Gregorii pape in Ezechielem prophetam : Deo gracias, amen.* (absque nota), in-fol. goth. [1078]

C'est ainsi que commence et finit cette ancienne édit. impr. à 2 col. de 38 lig., sans chiffres, récl. ni sign., avec les caractères des Frères de la vie commune, à *Bruxelles,* vers 1475. Vend. 60 fr. La Serna.

— Moralia in Job. (*absque nota*), in-fol. goth. de 421 ff. [1079]

Ancienne édition, sans chiffr., récl. ni signat., impr. à 2 col. de 48 lignes, caract. de *Bertholde Rodt,* à Bâle, vers 1470. Elle commence ainsi : *Monitum de ipso opere cujus initium* : (B)*atus Gregorius papa in librum Job, petente Sancto Leandro, etc.;* et on lit à la fin : *Explicit registrū moraliū Gregorii pape.* Vend. 3 liv. 4 sh. Pinelli ; 45 fr. Brienne-Laire, exemplaire rel. en *mar. r.* et sur lequel était écrite cette note qui paraissait être du temps : *Hunc solvi anno* MCCCCLXVIII *Joseph de Vergers, præsbiter ecclesiæ Sti Hylarii Moguntini,* ce qui cependant ne l'a pas fait porter à un haut prix.

Hain, n° 7926, décrit un exemplaire qui commence au verso du premier f. de cette manière : (B)*catus gregorius papa librū be* ‖ *ati iob petēte sancto Leādro* ‖ *spalense episcopo exponit sicut* ‖...

L'édition de *Nuremberg* (par Jean Sensenschmidt et J. Kefer), *anno M. cccc. lxxi, die decima mensis septembris,* gr. in-fol. goth., commence par cet intitulé : *Narratio historica de libris moralium Gregorii, Romæ, per miraculum inventis;* elle a 383 ff. à 2 col. de 49 lig., un f. blanc et une table en 20 ff. Vend. 30 fr. *mar. r.* piqué de vers, Mac-Carthy.

— MORALIA in Job. — *Expletum est opus istud.... Impressum Romæ apud Sanctum Marcum (per Simonem de Luca) anno.... millesimo quadringentesimo septuagesimo quinto die quinta mensis septembr.,* in-fol. de 364 ff. à 2 col. de 55 et 56 lig.

Vend. 62 fr. La Valliere ; 26 fr. Boutourlin.

M. Van Praet indique un exemplaire de cette édition impr. sur VÉLIN, et aussi un exempl. sur VÉLIN de l'édition de Venise, *per Reynaldum de Novimagio. Anno Millesimo quadringètesimo octuagesimo quarto decimo Iunij,* gr. in-fol.

Nous citerons encore l'édition de Paris *p Udalricū Gerĩg... et Berchtoldū Rēbolt.* M. cccc. xcv. *die ƫo ultia octobris,* in-fol. de 380 ff. à 2 col.

— I Morali di S. Gregorio Magno sopra il libro di Giobbe, volgarizzati da Zanobi da Strata. *Roma,* 1714-30, 4 vol. in-4. 24 à 36 fr. en Italie.

Bonne édit. de cette traduction, citée par La Crusca ; la première est de Florence, *per Nicholo di Lorenzo della Magna,* 1486, 2 vol. in-fol., ensemble de 626 ff. à 2 col. de 43 et 44 lignes. Vend. 20 flor. Crevenna ;

23 fr. La Vallière; 100 fr. Boutourlin; 4 liv. 10 sh. Libri, en 1859; 150 fr. Riva. Dans ces derniers exemplaires se trouvait le premier f. du tome Ier, orné d'un beau portrait de saint Grégoire gravé sur bois, et au-dessous duquel se lit cette ligne imprimée en rouge : *Morali di S. Gregorio vulgari in lingua toschana.*

Il y a une réimpr. de Naples, 1745-46, 4 vol. in-4. médiocre; et une autre : *Verona*, 1852, 3 vol. gr. in-8.

— MORAL on the book of Job, translated with notes and indices. *Oxford*, 1844-50, 3 vol. in-8.

— Commentum super cantica canticorum. (*absque nota*), in-fol. goth.

Première édition, impr. sur 2 col. de 37 lignes, sans chiffr., récl. ni signat., caractères d'Ulric Zell, vers 1473. Elle finit au verso du 39e et dern. f., col. 1re, lig. 16, par ces mots : *Explicit commentum beati Gregorii pape super cantica canticorum.* Vend. 39 fr. Brienne-Laire.

Les éditions de Bâle, 1496, et de Paris, Gering et Rembolt ou Renbolt, 1498, in-4., ont peu de valeur.

— Homeliæ XL. — *Adeptus est finis ambaꝗ parciũ omeliaꝗ beatissimi gregorij pape vrbis rome in die s^(cti) hermetis sub Anno dñi. Mcccclxxiij*, in-fol. goth. à 33 lig. par page. [1080]

Volume de 142 ff., y compris le f. de table qui le termine. On le croit imprimé à *Augsbourg*, par *Gunth. Zainer*, et il est sans chiffr., récl. ni signat.

L'édit. de *Paris, Michel Friburger, etc.*, 1475, in-fol. de 145 ff. à 2 col. de 32 et 33 lig. (les 5 derniers ff. pour le *Repertorium sive tabula alphabetica*), a été vend. 26 fr. Gaignat; 28 fr. La Vallière; 12 fr. Mac-Carthy.

— Les omelies Sainct Gregoyre imprimez nouuellement a Paris. (à la fin): *Imprime a Paris lan mil cinq* (cents) *r vng pour Anthoine Verard*, in-fol. goth. de 2 et Cxi ff.

Un exempl. sur VÉLIN, avec miniatures, vend. 120 fr. Gaignat; 150 fr. La Vallière; 251 fr. avec deux pages refaites à la plume, Mac-Carthy (pour la Biblioth. impériale).

— Libro de le omelie di mesere S. Gregorio papa. *Milano, Leonardo Pachel ed Ulderico Scinzenzeller*, 1479, 20 *Aug.* in-4. de 156 ff. à 2 col. de 35 lig., avec des signat. a ii—u.

Vend. 100 fr. *m. r.* La Vallière, et moins depuis.

Les éditions de cette traduction, désignées par La Crusca, sont celle de *Florence*, 1502, pet. in-fol. de 92 ff. à 2 col., sans nom d'imprimeur, mais qu'on attribue aux Junte, et celle de *Venise, Bindoni*, 1543, in-8. de 192 ff., avec de petites vignettes sur bois, fort médiocres. Elles sont rares l'une et l'autre; la première surtout est chère en Italie.

— LE STESSE omelie. *Brescia, Gaetano Venturini*, 1821, 4 vol. in-8.

Édition donnée par l'abbé Alemano Barchi, qui y a joint le texte de saint Grégoire, et les Évangiles auxquels il se rapporte. Il y a des exemplaires en papier vélin.

Une traduction flamande de ces homélies, avec un prologue daté du 22 avril 1479, a été impr. avec les caractères de Jean Valdener, à Utrecht (sans lieu ni date d'impression), in-fol.

— Dialogorum libri IV. (*Moguntiæ, Petr. Schoiffer*, circa 1470), in-fol. goth. [1084]

Édition à 2 col. de 37 lig., sans chiffr., récl. ni signat., imprimée, selon Ebert, avec le même caract. que la Bible de 1462, ou, selon le catalogue de La Vallière, en 3 vol., n° 508, avec ceux dont P. Schoiffer s'est servi pour les Décrétales de 1473. Ce vol. commence par la table des chapitres du 1er livre, sur un f. séparé. Vend. 18 fr. La Vallière.

— Iidem libri. (*absque nota*), in-fol. goth.

Édition impr. avec les mêmes caract. que *Ludolphi vita Christi*, de Strasbourg, par Eggesteyn, 1473. Elle a 57 ff. à 2 col. de 42 lig. : vend. 33 fr. *m. r.* en octobre 1825. Il est probable que cette édition, sans chiffr., récl. ni signat., est la même que celle dont, au rapport de Palmer (*Hist. of printing*, London, 1733, in-4., p. 299), il se trouvait dans la bibliothèque des comtes de l'embroke un exempl. portant cette souscription remarquable : *Presens hoc op' factum est per Johan. Guttenbergium apud Argentinam, anno millesimo cccclviij*, souscription toutefois faite à la main, et qui ne mérite pas de confiance. Voy. Dav. Clément, IX, p. 275; Schoëpflin, *Vind. typogr.*, 40; Beloe, *Anecdotes of liter.*, IV, 185, et Dibdin, *Decameron*, III, 290.

— Dialogus beati Gregorii Papæ ejusque Diaconi Petri in quatuor libros divisus, de vita et miraculis Patrum ytalicorum et de æternitate animarum. (in fine) : *Dialogus beati Gregorii finit fe | liciter. Impressus Parisius ꝑ ve | nerabilem virũ Petrum Cesaris | in artibus Magistrum ac huius | artis ingeniosum opificem*, pet. in-fol. de 80 ff. à 2 col. de 35 lig., sans chiffr., récl. ni signat.

Cette édit., impr. en caract. ronds, n'est point datée, mais comme le nom de Cesaris y figure seul dans la souscription, elle doit être antérieure à l'association de cet imprimeur avec Stol, c'est-à-dire de l'an 1473 environ. Vend. 28 fr. *mar. bl.* La Vallière.

Udalric Gering et Bartholde Rembolt ont impr. à Paris, en 1494, une édition des mêmes dialogues, in-4. de 94 ff. avec des notes marginales.

— Le dialogue Mons. Sainct gregoyre (translate de latin en francois). *Paris, Ant. Verard*, 1509, pet. in-4. goth. de cxlvij ff.

La Bibliothèque impériale possède un exempl. de cette édition, impr. sur VÉLIN, avec des miniatures.

— Le Dyalogue monseigneur sainct gregoire translate de latin en francoys nouuellement imprime a paris. (au recto du 132e f.) : *Cy finist le dyalogue saint gregoire nouuellement imprime a Paris ꝑ Pierre liber demourãt au coig du paue*, pet. in-4. goth. de Cxxxij ff. chiffrés.

Sur le titre, la marque et le nom de *Pierre Gaudoul*, libraire qui exerçait à Paris dès l'année 1518.

— Dialogo di miser sancto Gregorio volgariz. da Frate Lunarda da Udine. — M. CCCC. LXXV. *die vigesimo mensis Aprilis. Impressũ Veneciis. P. M. F. Deo gratias. Amen*, gr. in-4. de 112 ff.

Édition imprimée en caractères romains, à 2 col. de 33 lignes, sans chiffres, récl. ni signat. Les trois derniers ff. contiennent la table des chapitres.

— Dialogo de Miser sancto Gregorio papa, vulgarizato. *Venetiis, Joan. de Colonia ac Joan. Manthen de Gherretzem. M. cccc. lxxv*, pet. in-fol. ou gr. in-4. de 120 ff. à 35 lig. par page, signat. a—p.

A la fin de cette édition se trouve *La vita di S. Gregorio Papa*, morceau de 6 ff. qui n'est pas dans la précédente. 2 liv. 9 sh. Libri, en 1859.

Hain, n° 7973, donne le titre d'une édition de cette même traduction, in-fol. à 2 col. en caractères romains, et dont il rapporte ainsi la souscription : *Impresso in Modena per Domenego Rhocociola adi dexe de Novembre.* — Il cite aussi l'édition de Milan, par *Leonard Pachel et Ulric Scinczenceller,* 1481, *adi nove di marzo,* pet. in-fol. à 2 col., en caract. romains ; celle de Venise, *per Andrea de Torezani de Asola,* 1487, *adi 20 de febraro,* in-4. goth. 1 liv. Libri en 1859 ; — et enfin, *in Gajeta per maistro Iusto* M.CCCC. *octanto octo, xxiiii di Marzo,* in-fol.

Les académiciens de la Crusca citent cette traduction, mais c'est sur l'édition de Florence, *per Jo. Stephano da Pavia,* 1515, in-4., laquelle est rare et vaut de 36 à 48 fr. en Italie ; 26 fr. Libri, en 1857, 1 liv. 2 sh. en 1859. Bottari en a donné une nouvelle édition fort bonne, *Roma, Pagliarini,* 1764, in-8. où est restituée à Cavalca la traduct. du dialogue de S. Grégoire qui avait paru sous le nom de Léonard d'Udine, dans la première édition ci-dessus : vend. en Gr. Pap. 15 fr. 50 c. Boutourlin.

Citons une traduct. allemande du même dialogue, à la suite de laquelle se trouvent des traductions, en cette même langue, de *Visio Tundali,* du *Speculum mundi,* du *Tractatus quatuor novissimorum, etc.,* le tout impr. en 1473, sans lieu d'impression, mais avec les caractères de Jean Bämler, à Augsbourg, in-fol. goth. de 193 ff. à 29 lig. par page, vend. seulement 17 sh. Heber.

Une autre édition de ces quatre traités, impr. avec les mêmes caractères, et contenant également 193 ff. in-fol., porte la date de 1476.

— Incipit liber regule pastoral gregorii pape ad johǎnem Archiepi‖scopum Rauěnensem Prologus. (au recto du dernier f.) : Explicit liber regule pastoral. gre ‖ gorii pape : ad Johanen (*sic*) archiepi‖scopǔ Rauěnensem. (*absque nota*), in-4. goth. de 152 ff. à 24 lig. par page.

Édition sans chiffres, récl. ni signat., caractères de Fust et Schoiffer, à Mayence, vers 1470.

— Autre édition du même *Pastorale,* sans lieu ni date, in-4. goth. de 105 ff. à 27 lig. par page, sans chiffres ni récl., caractères d'Ulric Zell, à Cologne, vers 1470.

— Liber epistolarum. (in fine) : Liber Eplarum beati Gregorij Pape p ‖ Aplicě ecclesieɔseruatione : Felicip regimi‖ne. Ad sanctos aliosp Katholicos prelatos ‖ missarum. Vnde etiam decreti liber origině ‖ sumpsit. Feliciter explicit. Pro fine cui' sit‖ laus & gloria Xp̄o Amen. (*absque loci et typogr. nomine*), gr. in-fol. goth. de 10 ff. non chiffrés et 154 ff. chiffrés, à 2 col. de 60 lig.

Édition qui paraît avoir été impr. à Augsbourg, avec les caractères de Gunther Zainer, vers 1472. La partie de 10 ff. qui précède le corps du vol. commence par ce sommaire impr. en rouge, et dont voici les deux premières lignes : *In nomīe dīii nostri Ihesu Christi* ‖ *Incipiunt capitula libri sequětis.*

Nous nous dispensons d'indiquer ici plusieurs autres éditions des ouvrages du même Père, imprimés à la fin du xve siècle, mais qui n'ont point de valeur. On en trouvera la description dans le *Repertorium* de Hain.

— Homélies et autres ouvrages traduits en français, 1081-86.—Vie de S. Benoît, 21740.

GREGORIUS II, papa. Voy. GREGORIUS agrigentinus.

GREGORIUS nazianzenus. Opera omnia, gr. et lat., ex interpret. Jac. Billii Prunæi, cura et studio Feder. Morelli. *Lutetiæ-Parisiorum*, 1609-11, 2 vol. in-fol. [901]

Cette édition est préférée à celle de 1630, quoique cette dernière soit augmentée de quelques lettres : 30 à 36 fr., et plus en Gr. Pap.

La première édition de ce Père est celle de *Bâle, Hervagius,* 1550, in-fol., en 2 part.: l'une pour le grec, et l'autre pour la version latine.

— Opera, gr. et lat., interprete Jac. Billio, cum varior. commentariis : acced. quamplurima a Tollio et Muratorio ex vetustiss. codd. collecta et notis illustrata. *Venetiis, Zatta,* 1753, 2 vol. in-fol.

Cette édition a été longtemps la plus complète que l'on eût de ce Père. 30 à 40 fr.

Celle de Cologne, 1680, 2 vol. in-fol., copie de celle de 1609, a été vend. 24 fr. 50 c. en 1836.

— Editio alia, gr. et lat., opera et studio monachorum S. Benedicti, e congreg. S.-Mauri. *Parisiis,* 1788, in-fol. tom. I.

Belle édition qui a enfin été complétée. On l'a fait reparaître, avec un second volume, sous le titre suivant :
S. GREGORII theologi, vulgo Nazianzeni, Opera omnia (gr. et lat.) post operam et studium monachorum ord. S. Benedicti, edente et accurante A.-B. Caillau. *Paris., Parent-Desbarres,* 1837-40, 2 vol. in-fol. 120 fr. (44 fr. les 2 vol. en octobre 1857).

Le second volume se vend séparément. Les œuvres complètes de ce Père, en gr. et en lat., impr. à Montrouge, 1857, en 4 vol. gr. in-8. à 2 col., 44 fr., font partie de la Patrologie grecque de M. Migne.

— Orationes lectissimæ XVI, græce (edente M. Musuro). *Venetiis, in ædibus Aldi,* 1516, in-8. [902]

Ce volume a 8 ff. prélim. dont le dernier blanc, 311 ff. chiffrés, plus un f. séparé où est l'ancre : 12 fr. *mar. bl.* La Vallière ; 15 sh. Butler.

— ORATIONES novem, Gregorii nysseni liber de homine ; quæ omnia nunc primum, emendatissima in lucem prodeunt (græce). *Venetiis, in ædibus hæredum Aldi,* 1536, in-8.

Volume de 148 et 76 ff. (le dernier est coté 68), plus 4 ff. pour la souscript., la table et l'ancre : 5 à 6 fr.; vend. 18 fr. *mar. bl.* Duriez.

— GREGORII nazianzeni in Julianum invectivæ duæ, cum scholiis græcis, nunc primum editis ; et ejusdem authoris nonnullis aliis : omnia ex bibliotheca H. Savilii, edidit R. Montagu, gr. *Etonæ,* 1610, in-4. 5 à 6 fr. [905]

Ce livre peu commun, renferme des ouvrages qui ne se trouvent pas dans les anciennes édit. de saint Grégoire de Nazianze. Beloe, *Anecdotes,* tome V, donne des détails intéressants à ce sujet. Vend. 30 fr. (*mar. r.* armes de De Thou) Clavier.

— BINÆ orationes, gr. et lat., varr. lectiones, commentarium (Nicetæ) duplicem et scholia nunquam antea edita ex codd. Mosquensibus adjecit Ch.-Fr. Matthæi. *Mosquæ,* 1780, in-4.

— Carmina (gr.), nuper e græco in lat. translata. *Venetiis, ex Aldi academia,* 1504, in-4. [12405]

Volume de 234 ff., y compris les 4 derniers, qui contiennent des corrections du texte, et une table; il forme le tome IIIe de la *collection des poëtes chrétiens* (voy. POETÆ CHRISTIANI). Vend. séparément 15 fr. Lamy, et quelquefois plus cher, surtout lorsque le *Nonnus, paraphrasis evangelii Johannis*, s'y trouve joint, comme dans l'exemplaire porté à 60 fr. vente Chardin, en 1824.

— CARMINA selecta; Cyrilli alex. de plantarum et animalium proprietate liber, Synesii hymni X, etc. hæc omnia græce (cura et stud. Hieron. Brunelli). *Romæ, Zanettus*, 1590, in-8. 4 à 6 fr.

— GREGORII nazianzeni tragœdia Christus patiens, græce. *Romæ, Ant. Bladus*, 1542, in-8. [16095]

Édition rare (10 sh. Heber) à laquelle on peut joindre : *Gregorii naz. tragœdia Christus patiens, latino carmine reddita per Fr. Fabricium.* Antuerpiæ, 1550, in-8.

— CHRISTUS patiens, gr. *Parisiis, ex offic. Chr. Wechelii*, 1544, in-8. 3 à 5 fr.

— CHRISTUS patiens, Ezechieli et christianorum poetarum reliquiæ dramaticæ (gr. et lat.), ex codicibus emendavit et annotatione critica instruxit Fred. Dübner. *Parisiis, F. Didot*, 1847, gr. in-8. de 94 et XVI pp.

Cette édition fait partie des *Fragmenta Euripidis et aliorum poetarum tragicorum*, donnés par le même éditeur en 1846. Elle a été l'objet de plusieurs bons articles de M. Magnin, insérés dans le *Journal des Savants*, ann. 1848 et 1849.

Quoique le *Christus patiens* ait été publié sous le nom de S. Grégoire de Nazianze, il n'est pas certain qu'il soit de lui. Valckenaer (*præfatio ad Euripidis Hippolytum*) le croit composé en grande partie de centons tirés de plusieurs poëtes grecs, et notamment d'Euripide. Consultez aussi *II.-C. Eichstaedt in Drama Christianum, quod* Χριστὸς πάσχων *inscribitur, num Gregorio naz. sit tribuendum*, Jenæ, 1816, in-4. de 40 pp.

    QUATRE homelies : de saint Gregoire de Nanzienne, du iour de Natiuite de nostre Seigneur; saint Jean-Chrisostome, de resurrection et du profit de l'Euangile; saint Basile, des louenges de jeusne. *Lyon, par Jean de Tournes*, 1544, in-16, lettres rondes.

— Sermons, 903. — Discours, 904-905. — Quæstiones, 906.

GREGORIUS nyssenus (S.). Opera omnia, gr. et lat., nunc primum e mss. codd. edita (stud. Front. Ducæi). *Parisiis, Cl. Morellus*, 1615, 2 vol. in-fol. [909]

Il faut joindre à cette édition : *Appendix Gregorii, ex editione Jac. Gretseri*, Paris, 1618, in-fol. Les 3 vol. 40 à 50 fr.

L'édition de *Paris, sumptibus Ægid. Morelli*, 1638, 3 vol. in-fol., est moins belle que celle de 1615, mais elle est plus ample et plus commune. On la dit peu correcte; même prix; et en Gr. Pap. 120 fr. La Valliere; 26 flor. Meerman.

    GREGORII episcopi nysseni Opera quæ reperiri potuerunt omnia, gr. et lat., nunc denuo correctius et accuratius edita et multis aucta. *Petit-Montrouge*, 1858, 3 vol. gr. in-8. à 2 col. 33 fr.

Édition faite sur celle de Cl. Morel, 1638.

— EPISTOLÆ septem, gr. et lat., ex versione et cum notis Jo.-Bapt. Caraccioli. *Florentiæ*, 1731, pet. in-fol. [910]

— S. GREGORII episc. nysseni de anima et resurrectione cum sorore sua dialogus, gr. et lat., ad codd. mss. fidem recensuit et illustravit Jo.-Geor. Krabingerus. *Lipsiæ, Wuttig.*, 1837, in-8. de XXVI et 374 pp.

GREGORIUS Thaumat. S. Gregorii Thaumaturgi sive Neocæsar.; Macarii ægyptii et Basilii Seleuciæ episcopi opera omnia, nunc primum gr. et lat., conjunctim edita (a Ger. Vossio) : acc. J. Zonaræ ex-

positio canonicarum epistolarum. *Paris., 1621 (et 1622) seu 1626, in-fol. 18 à 24 fr. [877]

Édition plus complète que celle de Mayence, 1604, in-4.

— S. GREGORII, cognomento Thaumaturgi opera, quæ reperiri potuerunt omnia : accedunt S. Zophirini, S. Calisti urbani scripta, vel scriptorum fragmenta quæ supersunt. *Petit-Montrouge, Migne*, 1857, gr. in-8. 11 fr.

— De l'Ame, 878.

GREGORIUS turonensis. B. Gregorii, Turonensis episcopi, historiarum præcipue gallicarum libri X; in vitas patrum fere sui temporis lib. I; de gloria confessorum præcipue Gallorum lib. I. Adonis, Viennensis episcopi, sex ætatum mundi breves seu commentarii, usque ad Carolum simplicem, Francorum regem. — *Venundantur ab impressore Jodoco Badio (et ab Joan. Parvo, Parisiis*, 1512), pet. in-fol. goth. [23330]

Première édition de cet historien ; elle a été publiée par ordre de Guillaume Petit, confesseur du roi, religieux dominicain, auquel elle est dédiée par une épître datée : *Anno M. D. XII, ad XII. Dec.*, et qui a été conservée dans une seconde édit. in-fol. donnée *in Ædibus ascensianis, anno salutis nostræ M.D.XXII, ad idus Novemb.*

La Vie de S. Martin, le traité de la Gloire des Martyrs, et plusieurs autres opuscules latins de S. Grégoire de Tours avaient déjà été publiés à la suite de la Vie de S. Martin et de quelques autres écrits de Sulpice Sévère, d'Odon et de Fortunatus, par les soins de Jérome Clicthove, *Parisiis, per Johannem Marchant pro Joanne Parvo*, 1511, pet. in-4. (*Hist. littér. de la France*, III, p. 394).

— Gregorius turonensis. Opera omnia, nec non Fredegarii epitome et chronicon cum suis continuatoribus, et aliis antiquis monumentis : ad codd. mss. et vett. editiones collata, emendata, aucta et illustrata, opera et studio Theoderici Ruinart. *Parisiis, Muguet*, 1699 ; in-fol. [1076]

Édition fort recherchée, et qui est peu commune : 60 à 72 fr. — Un bon texte de l'histoire des Français de ce saint prélat fait partie du 2e vol. de la collection de D. Bouquet.

— Histoire ecclésiastique des Francs, par Georges-Florent Grégoire, évêque de Tours, en dix livres. Revue et collationnée sur de nouveaux manuscrits, et trad. par MM. J. Guadet et Taranne. *Paris, Jules Renouard*, 1836-41, 4 vol. gr. in-8. 36 fr.

Il a été tiré à part des exempl., soit du texte lat., soit de la version française, laquelle est précédée d'un avant-propos.

— LES LIVRES des miracles et autres opuscules de Georges Florent Grégoire, évêque de Tours, revus et collationnés sur de nouveaux manuscrits et traduits pour la Société de l'histoire de France par H.-L. Bordier. *Paris, J. Renouard*, 1857-60, 2 vol. in-8. 18 fr.

Ces traductions des ouvrages de S. Grégoire de Tours ont entièrement effacé celle que l'abbé de Marolles a donnée sous le titre d'*Histoire des François de S. Grégoire, évêque de Tours, avec le Supplément de Frédegaire*, Paris, Fréd. Léonard, 1668, 2 vol.

in-8. (avec un portrait de Louis XIV, par G. Edelinck). — Pour la traduction de Sauvigny, voyez ce nom.

— GRÉGOIRE de Tours et Frédegaire. Histoire de France et chronique, traduction de M. Guizot; nouvelle édition entièrement refondue, augmentée de la géographie de ces deux historiens, par M. Alfred Jacobs. *Paris, Didier*, 1861, 2 vol. in-8., avec une carte des Gaules.

La première édition de cette traduction forme les deux premiers volumes de la collection des mémoires sur l'histoire de France publiés par M. Guizot, voy. ci-dessus, col. 113.

— S. GEORGII Florentii Gregorii, turonensis episcopi, liber ineditus de cursu stellarum, ratio qualiter ad officium implendum debeat observari, sive de cursibus ecclesiasticis, nunc primum edidit, recensuit, vindicavit Frid. Haase. *Vratislaviæ, Jos. Max et socii*, 1853, in-4. de 52 pp.

GREGORIUS IX, papa. Incipit nova compilatio decretalium (cum glossa ordinaria Bernhardi (Bottoni) papiensis. — *Anno... M. cccc. lxxiij. ix. kl'. decembris...in... vrbe Mogûcia..... Petrus schoiffer..... feliciter consummauit...* gr. in-fol. goth. de 304 ff. [3171]

Première édition de cet ouvrage, avec date. On trouve au verso du dernier f., dans certains exemplaires, plusieurs pièces de vers rapportées dans l'*Index librorum* de Laire, tome Ier, page 302. D'autres exemplaires ont les mêmes vers imprimés sur le recto d'un f. supplémentaire dont le verso est resté blanc : vend. 71 fr. Gaignat; 96 fr. La Vallière; 280 fr. bel exempl. Brienne-Laire, et moins cher depuis.

Un exemplaire imprimé sur VÉLIN, 750 fr. Gayot; retiré à 500 fr. et offert à 1200 fr. Mac-Carthy; un autre exemplaire imparfait des 30 prem. ff. 200 fr. Brienne-Laire; un troisième, 805 fr. Renouard.

A la page 9 du second vol. de son catalogue des livres impr. sur vélin, M. Van Praet cite des documents desquels il résulte qu'en 1477 il restait encore dans les magasins de Schoiffer 180 exemplaires en papier et 20 en vélin de cette édit. de 1473, ce qui prouve qu'il en avait été tiré un assez grand nombre.

Il y a deux éditions de cet ouvrage, imprimées à *Rome*, en 1474, in-fol.: l'une par *Udalricus Gallus et Sim.-Nic. de Luca*, dans laquelle on trouve les mêmes vers qui sont placés à la fin de la précédente; l'autre par *George Laur* ou *Laver*. Cette dernière, 33 fr. m. r. Brienne-Laire.

— NOVA compilatio decretalium Gregorii Papæ IX, cum glossis Bernardi (Bottoni) papiensis. — *Impressa Venetiis, ïpensa atqj industria singulari Nicolai Jenson Gallici... millesimo cccc lxxv...* in-fol. goth. à 2 col.

Ce vol. a 304 ff., dont le premier porte au verso une épître d'Alexander Nevus, et le dernier renferme une épître de Petrus Albignanus Trecius à Fr. Colucia, etc. M. Van Praet (Catal. des livres impr. sur vélin de la Biblioth. du roi, II, 9) cite 4 exemplaires de cette édition impr. sur VÉLIN, non compris celui qui est porté à 225 flor. dans le catal. de Meerman.

Les éditions d'une date postérieure sont à très-bas prix. Parmi les éditions non datées, il en est une qui peut bien être antérieure à celle de 1473. C'est un gr. in-fol. de 385 ff. (en comptant 3 ff. blancs) à 2 col. de 75 lig., y compris la glose, le tout impr. avec les caract. goth. de Henri Eggesteyn, à Strasbourg.

GREGORII XIII, papæ, litteræ, processus, lectæ, die cœnæ Domini, anno 1580, *Parisiis*, 1580, in-8. [3195]

Cette bulle de 23 pp. a été vendue, avec l'arrêt du parlement rendu contre elle, 50 fr. *m. bl.* Gaignat, mais elle n'a plus de valeur aujourd'hui.

On trouve dans le recueil n° D² 1136 de l'ancien catalogue imprimé de la Bibliothèque du roi : *Lettres du pape Grégoire XIII à l'archevesque de Cologne (Gebhard de Truchses), auec la response du dit archeuesque. Traduit de latin en françois* .M.DLXXXIII, in-8. de 20 pp.

— Tractatus universi juris, duce et auspice Gregorio XIII in unum congesti. *Venet., Ziletus*, 1583-86, 18 tom. en 29 vol. in-fol. y compris la table en 4 vol. [2560]

Cette volumineuse collection n'est pas achevée, et elle conserve peu de valeur : vend. cependant (en 28 vol.) 201 fr. Soubise.

GREGORIUS Tiphernas. Hoc volumine hæc continentur : P. Gregorii Tipherni, poetæ illustris, opuscula. Francisci Octavii poetæ Elegiæ; Ejusdem epistolæ ad Juliam. Sulpitiæ carmina LXX nuper Georgii Merulæ opera in lucem edita. Cornelii Galli... Elegiarum fragmenta. Pomponii Gavrici Neapolitani elegiacon. (in fine) : *Argentoraci ex offic. Shureriana mense Julio* M. D. VIIII (1509), in-4. signat. A—kii, ff. non chiffrés, caract. ronds. [12712]

Vend. 13 fr. *m. bl.* Méon.

Ce recueil est en partie la réimpression de celui qui a été imprimé à Venise, *per Bernardinum Venetum de Vitalibus*, 1498, *mensis Junii*, in-4., et du *Gallus*, impr. à Venise en 1501, par le même Bernardinus Venetus (voyez GALLUS). Le recueil de 1498 est divisé en 3 parties : 1° le *Tifernus* (sic), de 20 ff., sign. a—e, avec la table de chaque pièce au verso du 1er f.; 2° *Joviani Pontani Nœnia et epigrammata*, en 8 ff., signat. A et B.; 3° *Octavius*, sign. aa—dd.

Les poésies lat. de Gregorius Tifernas parurent d'abord avec l'édition d'Ausone, impr. à Venise en 1472, in-fol. (voy. AUSONIUS), où elles sont indiquées dans la table, mais elles manquent dans une partie des exemplaires qui nous restent de ce livre précieux. On cite aussi une édit. in-fol., sans lieu ni date, dont Mittarelli a donné la description dans son *Catalogus mss. S. Michaelis prope Murianum* (Venet., 1779, in-fol.), Appendix, page 450. Il existe enfin une édition de ces poésies, in-4., en caract. italiques, et portant cette souscription : *Impressum in ciuitate Castelli p Magistrum Antonium de Mazochis Cremonensis et Nicolaum de Gurciis de Cortona.* Cette édit., très-peu connue, est à la Bibliothèque Mazarine, n° 10644 (à la suite du recueil impr. à Strasbourg en 1509). Elle ne porte point de date, mais on y trouve une épître dédicatoire de Jérôme Cerbonius Tifernas à Paul Vitellus, où ce second Tifernas entre dans des détails curieux sur la personne et les écrits de notre poëte, son compatriote, et où il dit en parlant des poésies qu'il publie : *Hæc autem pauca quæ supersunt Venetiis primo impressa fuerunt anno abhinc XL jam exacto*; ce qui donnerait à son édition la date de 1512, s'il a voulu parler de l'Ausone de 1472, ou celle de 1538, si c'est du recueil de 1498 qu'il s'agit. Quoi qu'il en soit de la véritable date de cette édition rare, nous pouvons remarquer que *Citta di Castello* (en latin *Tifernum*) ne se trouve pas dans la liste des villes où, selon Panzer, on a impr. de 1501 à 1536, et que Panzer n'a fait non plus aucune mention de ces deux imprimeurs qui ont exercé dans cette ville, à l'époque dont il s'est occupé.

Gregorovius (F.). Geschichte der Stadt Rom, 25586.
— Corsica, 25882.

GREGORY (*G.* de). Istoria della vercellese letteratura ed arti. *Torino, tipogr. Chirio e Mina,* 1819-24, 4 vol. gr. in-4. 30 à 40 fr. [30093]

Ouvrage orné de 40 portraits et de 24 gravures de monuments. Il en a été rendu compte dans la *Revue encycl.*, XXVI, 785-86. Depuis, une partie de l'édition a été détruite par accident.
— Voy. IMITATIONE CHRISTI (de).

GRELOT (*G.-J.*). Relation nouvelle d'un voyage de Constantinople, enrichie de plans levés par l'auteur sur les lieux, et de figures de tout ce qu'il y a de plus remarquable dans cette ville, presentée au roi par Grelot. *Paris, Veuve de Damien Foucault,* 1680, in-4. [20419]

Livre recherché à cause des plans et des fig. faits sur les dessins de l'auteur, et qui passent pour être fort exacts : 10 à 12 fr. Vend. en *mar.* 35 fr. De Bure.
Réimpr. à *Amsterd.* avec un titre de *Paris, P. Rocollet,* 1681, in-12, fig.
C'est Grelot qui a dessiné les figures du voyage de Chardin, comme on le peut apprendre dans les *Mélanges* de Chardon de La Rochette, III, p. 131 et suiv., où est rapportée une anecdote curieuse à ce sujet.

GRENADE (*Louis* de). Voy. GRANADA.

GRENAILLE, sieur de Chateaunieres (*Franç.*). Le Plaisir des dames, dediez à la reyne de la Grande-Bretagne. *Jouxte la copie impr. à Paris (Leyde, Elsevier*), 1643, pet. in-12. [17863]

Ce livre singulier est divisé en cinq parties, savoir : *le Bouquet, le Bal, le Cours, le Concert, la Collation.* Vend. 20 fr. Chardin ; 25 fr. A. Martin ; 8 fr. 95 c. ancienne vente Renouard. L'édit. de Paris, 1641, in-4., d'après laquelle celle-ci a été faite, conserve peu de valeur. Les autres ouvrages du même auteur n'en ont aucune.

GRENIER (*Nicole*). Le Bouclier de la foy, extraict de la sainte escriture, et des plus anciens docteurs de l'eglise, par frere N. Grenier, religieux de Saint Victor : nouuellement reueu et augmente : auec vne briefue apologie contre vn clabault Lutherien qui a voulu ronger le bouclier de la foy. *Paris, Claude Fremy,* 1555, in-16. [1760]

Le frère Grenier a écrit en faveur de la religion catholique plusieurs ouvrages desquels La Croix du Maine et Du Verdier donnent les titres ; mais son *Bouclier* est celui qui a eu le plus de succès. Il y en a une édition de *Paris, Vivant Gaultherot,* 1550,

in-12, qui ne doit pas être la plus ancienne, puisque Bayle (voir la note EE de son article Luther) dit s'être servi d'une édit. d'*Avignon,* 1549. Le Clabault luthérien dont il est question sur le titre de l'édit. de 1555 ci-dessus est probablement Barthelemy Causse, auteur du livre intitulé :

LE VRAY bouclier de la foy chrestienne, mis par dialogues, demontrant par la sainte escriture les erreurs et fausses allegations d'un livre intitulé le Bouclier de la foy, jadis fait par un moine de S. Victor, se disant le Bienallant. *Geneve, Zach. Durand,* 1563, pet. in-12 de 3 ff. prélim., 566 pp. et 9 ff. pour l'index (La Valliere, 898). — Il y en a une édit. (du Bouclier) de 1562, in-16, sans lieu d'impression (catal. Gaignat, 423) ; — une autre de 1557, in-8. (catal. Méon, 325). Le frère Garnier a donné postérieurement à ces dates un second tome du *Bouclier de la foy,* contenant l'antidote contre les adversaires de la pure conception de la mere de Dieu, *Paris, Vivant Gaultherot,* in-16, selon Du Verdier, ou *Paris, Cl. Fremy,* 1565, in-8., selon La Croix du Maine. Ces deux bibliographes citent des édit. du Bouclier, impr. à *Paris, chez Grouleau, Cl. Fremy et Cavelat,* en 1566 et 1567 ; et encore du même auteur : l'*Epée de la foy,* et l'*Armure de la foy,* 1564 et 1566, in-8.

GRENIER (le chev. *Jacques-Raymond*). Mémoires de sa campagne et de ses découvertes dans les mers de l'Inde, où il propose une route qui abrége de 800 lieues la traversée de l'Ile de France à la côte de Coromandel et en Chine. *Brest,* 1772, in-4. avec une carte. [20735]

Volume peu commun : 6 à 10 fr.

GRENVILLE (*W. Wyndham lord*). Nugæ metricæ. (*Oxonii*), 1824, in-4. [13097]

Collection de poésies originales, en grec et en latin, avec les traductions anglaises. Il n'en a été tiré d'exemplaires que pour faire des présents. Vend. 4 liv. Hanrott ; 3 liv. Heber, et moins depuis.
Lord Grenville a écrit sous le titre d'*Oxford and Locke* (London, 1829, in-8.), une défense de l'Université d'Oxford contre les attaques de Dugald Stewart au sujet de l'expulsion de Locke ; il en a été tiré un exemplaire sur VÉLIN. Il existe sous la même date une seconde édit. de cette défense dont on a tiré 6 exempl. en Gr. Pap.

GRENVILLE (*Th.*). Voy. PAYNE.

GRESSET (*Jean-Bapt.-Louis*). Ses OEuvres, avec le Parrain magnifique. *Paris, Renouard,* 1811, 3 vol. in-8. fig. de Moreau. 15 fr. — Pap. vél. 30 fr. [14060]

Cette édition est la plus complète et la meilleure qu'on ait encore de ce poëte ; il en a été tiré un exempl. sur VÉLIN, auquel sont réunis les neuf dessins originaux de Moreau et celui de Saint-Aubin pour le portrait. Cet exempl., rel. en 7 vol. pet. in-4., a été vendu 905 fr. Renouard. A la même vente un des deux seuls exemplaires en Gr. Pap. que l'on ait tirés de cette édition a été payé 300 fr. à cause des différentes gravures et vignettes dont il était illustré.
L'édition de *Paris, impr. de P. Didot,* 1803, 3 vol. in-18, fig., donnée par Fr.-Jos.-Mar. Fayolle, a aussi été tirée sur pap. vél. et même sur Gr. Pap. vél., mais elle a peu de valeur. Il en existe un exemplaire impr. sur VÉLIN.

Nous citerons encore l'édit. de *Paris, Aug. Boulland*, 1824, 4 vol. in-32, fig., pap. vél., impr. par F. Didot, avec le Parrain magnifique, 8 fr.; celle de *Paris, L. De Bure (imprim. de F. Didot)*, 1826, 3 vol. gr. in-24, pap. vél., portr. 7 fr. 50 c., et celle de *Paris, Furne*, 1830, 2 vol. in-8., avec le Parrain magnifique.
— ŒUVRES choisies. *Paris, Didot jeune*, an II (1794), in-18, pap. vél. fig. de Moreau. 3 à 4 fr. — Avant la lettre, 5 à 6 fr., et plus en Gr. Pap.
— ŒUVRES choisies de Gresset, précédées d'un essai sur sa vie et ses ouvrages par M. Campenon. *Paris, Janet et Cotelle (imprim. de J. Didot)*, 1823, in-8., avec une grav. 4 fr. — Pap. d'Annonay, 5 fr. Il y a des exempl. en Gr. Pap. vél., fig. avant la lettre. 10 à 12 fr.

GRESWELL (the rev. *William* Parr). Annals of parisian typography, containing an account of the earliest typographical establishments of Paris; and notices and illustrations of the most remarkable productions of the parisian gothic press. *London, Longman,* 1818, in-8., fig. en bois. 9 fr., et plus en Gr. Pap. [31231]
— A VIEW of the early parisian greek press; including the lives of the Stephani; notices of other contemporary greek printers of Paris; and various particulars of the literary and ecclesiastical history of their times. *Oxford,* 1833, *printed by S. Collingwood, for D. A. Talboys,* 2 vol. in-8. 12 à 15 fr. [31234]
Ces deux ouvrages sont des compilations qui ne renferment presque aucun fait nouveau, et où nous avons remarqué bien des inexactitudes. Néanmoins ils se font lire avec intérêt.
— Memoirs of Politian, etc., 30657.

GRESWELL (*Edw.*). Prolegomena ad harmoniam evangelicam. *Oxonii,* 1840, in-8. = Harmonia evangelica sive quatuor evangelia (græce), pro temporis et rerum serie in partes quinque distributa. *Oxonii, Parker,* 1845, in-8. [234]
C'est la quatrième édition. Les deux premières sont de 1830 et 1833.
— INTRODUCTION to the tables of the fasti catholici.
— Fasti temporis catholici, et Origines kalendariæ italicæ. *Oxonii, Parker,* 1852, 5 vol. in-8. et les tables. 3 liv. [21349]
— ORIGINES kalendariæ italicæ. *Oxonii, H. Parker,* 1845, 4 vol. in-8. 2 liv.
Le même auteur avait déjà donné :
DISSERTATIONS or principles and arrangement of a harmony of the Gospels; second edition enlarged. *Oxford,* 1837, 5 vol. in-8. 3 liv.

GRETSCH (*Nicolas*). Grammaire raisonnée de la langue russe, précédée d'une introduction sur l'histoire de cet idiome, de son alphabet et de sa grammaire; ouvrage traduit du russe par Ch.-Ph. Reiff. *Saint-Pétersbourg, imprim. de l'auteur,* 1828, 2 vol. in-8. [11418]
En annonçant le premier volume de cet ouvrage dans la *Rev. encyclop.,* 1829, XLII, p. 702, Héreau a donné des détails curieux sur les diverses grammaires russes qui existent.

GRETSER (*Jacobus*). Opera. *Ratisbonæ,* 1734-41, 17 vol. in-fol. [12070]

Grétry. Mémoires, 10185.

Collection assez rare en France. Elle se compose d'écrits théologiques, philologiques ou historiques composés à la fin du XVIe siècle et au commencement du XVIIe, lesquels avaient déjà été publiés séparément.
— De sacris peregrinationibus, 22316.

GREUZE (*J.-B.*). Divers habillements suivant le costume de l'Italie : dessinés par Greuze, ornés de fonds par J.-B. Allemand, et gravés par P.-E. Moitte. *Paris,* 1768, in-fol., 24 pièces. [9630]
26 fr. m. r. La Vallière.

GREVÉ (*Victor*). Le mastigophore. Voyez FUSI.

GREVILLE (*Robert* Kaye). The scottish cryptogamic Flora, or coloured figures and descriptions of cryptogamic plants found in Scotland, belonging chiefly to the order fungi. *Edinburgh,* 1823-29, 6 vol. gr. in-8. fig. color. 6 liv. 6 sh. [5358]
La publication de cet ouvrage estimé s'est faite en 60 cahiers. Chaque volume renferme 60 pl. et autant de feuillets de texte.

— Flora edinensis, or a description of plants growing near Edinburgh. *Edinburgh,* 1824, in-8. fig. 12 sh. [5190]
ALGÆ BRITANNICÆ, or description of the marine and other inarticulated plants of the british Islands belonging to the order Algæ; with plates illustrative of the genera : to which is added a systematic enumeration of all the known species; by R.-K. Greville. *Edinburgh,* 1830, in-8., avec 19 pl. color. 1 liv. 10 sh. [5379]

GREVIN (*Jacq.*). Les regrets de Charles d'Autriche, empereur, cinquiesme de ce nom; ensemble la description du Beauvoisis, et autres œuvres. *Paris, Martin L'Homme,* 1558, pet. in-8. [13768]
Opuscule rare, ainsi que l'hymne du même auteur sur le mariage de François, dauphin de France, et de Marie Stuart, également impr. à Paris, en 1558. Le libraire qui l'a publié est le même qui, deux ans plus tard, fut pendu pour avoir vendu plusieurs libelles, et entre autres l'*Épistre au tigre de la France* (voy. EPISTRE).
— CHANT de joie de la paix faicte entre le roi de France Henri II et Philippe, roi d'Espagne, par Jacques Grevin de Clermont. *Paris, Martin L'Homme,* 1559, in-4. [13768]

— L'Olimpe de Jacq. Grevin, ensemble les autres œuvres poétiques dudit auteur. *Paris, Rob. Estienne,* 1560, in-8. de 8 ff. et 214 pp. [13769]
Les poésies réunies sous le titre d'*Olimpe* et de *Jeux Olimpiens* sont l'expression des sentiments amoureux de Jacq. Grevin pour Nicole Estienne, fille de Charles Estienne, médecin; il la recherchait en mariage, mais il ne put obtenir sa main. Nicole Estienne épousa plus tard Jean Liebault, médecin. Un bel exemplaire de l'*Olimpe,* édit. de 1560, 38 fr. mar. de Soleinne; un autre, rel. en mar. bl. par Bauzonnet, a été payé 146 fr. à la vente Veinant en 1856.

— Théâtre de Jacq. Grevin, ensemble la seconde partie de l'Olimpe et de la Gélodacrye. *Paris, Vinc. Sertenas,* 1562, pet. in-8. [16285]

Vend. 20 fr. *m. r.* Delaleu; 18 fr. *m. v. tab.* Méon; 55 fr. d'Ourches, et 53 fr. Labédoyere; 74 fr. Nodier; 77 fr. 50 c. de Soleinne; 130 fr. Borluut.

Il y a aussi une édition de *Paris, Vincent Sertenas,* 1561, in-8. de 12 et 328 pp. Vend., avec l'Olimpe, 50 fr. 50 c. Labédoyere.

Nous avons remarqué que l'exemplaire sous la date de 1562 avait le même nombre de feuillets que l'édit. de 1561, et qu'on y trouvait également le privilége en date du 16 juin 1561; peut-être n'y a-t-il de différence que dans le titre qui aura été réimpr. en 1562.

Un exemplaire sous cette dernière date, et rel. en mar. *bl.* par Bauzonnet, 161 fr. Veinant. On y avait placé, à la fin du volume, une *Elégie de Bonnard à Grevin,* et une *Ode de damoiselle Marya L.,* qui n'en font pas ordinairement partie.

La tragédie de César, qui se trouve dans ce recueil, a été réimprimé séparément à *Paris, chez Nicolas Bonfons,* 1578, in-8. de 24 ff. chiffrés, avec un avis au lecteur qui ne se trouve pas dans les édit. du Théâtre, 7 fr. 25 c. de Soleinne; et aussi sous ce titre : *La Liberté vengée, ou César poignardé* (sans nom d'auteur), *Rouen, Raph. du Petit Val,* 1606, pet in-12 de 46 ff. en tout. Cette dernière est augmentée d'une préface curieuse de l'éditeur. *Même prix.*

— Deux livres des venins, ausquels il est amplement discouru des bestes venimeuses, thériaques, poisons et contrepoisons, par Jacq. Grevin, ensemble les œuvres de Nicandre, médecin et poëte grec, trad. en vers françois. *Anvers, Christ. Plantin,* 1567-68, 2 tom. en 1 vol. in-4. 10 à 15 fr. [7406]

Vend 18 fr. *mar.* Fourcroy.

Cet ouvrage a été traduit en latin par Hiremia Martius, et imprimé avec la traduction latine du Nicandre, *Antuerpiæ, Plantin.,* 1571, in-4. — Voy. WIER.

— Proëme sur l'histoire des François et hommes vertueux de la maison de Médici. *Paris, Robert Estienne,* 1567, in-4. [13770]

Opuscule en vers occupant huit feuillets; au verso du premier est une épître en prose adressée *à la Royne de France, mère du Roy* (c'est-à-dire à Catherine de Médicis), signée Robert Estienne. Celui-ci dit qu'il ignore le nom de l'auteur de ces vers; mais on sait qu'ils sont de notre Jacques Grevin, également auteur d'une ode à Rob. Estienne. Grevin, devenu calviniste, ne pouvait pas offrir lui-même ses vers à Catherine. En donnant le titre de cette pièce, il ne faut écrire ni *poëme,* comme on l'a fait dans la 4ᵉ édition du Manuel, ni *proesme,* avec M. Renouard, qui, probablement, n'avait pas vu l'opuscule.

— PORTRAITS anatomiques. Voy. VESALIUS.

GREW (*Nehemiah*). Anatomy of plants, with an idea of a philosoph. history of plants. *London, printed by Rawlins,* 1682, in-fol., avec 83 pl. 10 à 12 fr. [4843]

Un sieur Le Vasseur a donné de cet ouvrage une

traduction française dont il faut choisir l'édition de *Leyde,* 1691, in-12, comme étant plus ample que celles de *Paris,* 1675 et 1679.

— MUSÆUM regalis Societatis, or a catalogue and description of the natural and artificial rarities... preserved at Gresham colledge, made by Neh. Grew; whereunto is subjoyned the comparative anatomy of stomachs and guts, by the same. *London,* 1681, 2 part. en 1 vol, pet. in-fol. 8 à 12 fr. [6270]

Ouvrage orné de 32 pl., y compris le portrait. Les exemplaires datés de 1686 ou de 1694 sont également de l'édition de 1681, dont on a rafraîchi le titre, en conservant à la 2ᵉ part. la première date.

GREW (*Joan.*), viennensis. Voy. l'article ALBERTANO.

GREY (*Jane*). The literary remains of lady Jane Grey, with a memory by N.-H. Nicolas. *London,* 1825, pet. in-8. 7 sh. 6 d. — Gr. Pap. 15 sh. [26920]

Lowndes donne, à la p. 944 de son Manuel, une notice des écrits de cette infortunée princesse et des ouvrages qui la concernent. En voici un dont nous croyons devoir faire mention :

THE LIFE, death and actions of the most chaste and learned lady Jane Gray, containing four principal discourses written by her own hand. *London, G. Eld for John Wright,* 1615, in-4. goth. avec portr. Il a été réimpr. *Lond., Burn,*1829, in-8. à 100 exempl., plus 25 en Gr. Pap.

GREZIN (*Jac.*). Voy. ADVERTISSEMENTS faits à l'homme.

GRIBEAUVAL (*Jean-Baptiste* Vaquette de). Règlement concernant les fontes et les constructions de l'artillerie de France. (*Paris,* 1764-92), 3 vol. gr. in-fol. de texte, et 3 vol. in-fol., atl. pour les pl. [8709]

Cet ouvrage important n'a paru qu'après la mort de l'auteur, arrivée en 1789, et l'on prétend qu'il n'y en a eu de tiré que 40 exempl., dont le gouvernement s'est réservé la distribution; en voici la description :

TOME I, 1ʳᵉ part., un faux titre que nous avons rapporté ci-dessus; un titre gravé portant : *Tables des constructions des principaux attirails de l'artillerie, proposées ou approuvées depuis 1764 jusqu'en 1785, par M. de Gribeauval... exécutées par M. de Manson et par plusieurs autres officiers du corps de l'artillerie* (ce frontispice est répété à chaque volume du texte et des pl.); 9 ff, prélim.; texte : Avertissement; table des matières; errata de la 1ʳᵉ part.; supplément à l'avant-train de 4 à limonière; fleurons qui ont servi à l'impression des Règlements de l'artillerie de 1785; texte, 82 et VIII pp. — TOME I, 2ᵉ part., faux titre et IV ff. prélim.; texte, 294 et xvij pp. — TOME II, faux titre; frontisp. gravé, 3 ff. prélim. (table et errata); texte, 357 et x pp. — TOME III, faux titre; frontispice gravé, 2 ff. prélim. dont l'errata; texte, 232 pp., plus *tables et dessins des canons en fer pour la marine,* en 1787; titre, 4 tables, et 3 autres ff.; légende. — PLANCHES de la 1ʳᵉ partie du tome Iᵉʳ des tables des constructions, etc., 1792. Faux titre; frontispice gravé; tables des 40 pl., les pl. numérotées de 1 à 26, et de 26 A jusqu'à 26 O. — PLANCHES de la 2ᵉ partie du tome Iᵉʳ. Faux titre; frontispice gravé; table des 50 pl. : les 50 pl. cotées de 27 à 72. —TOME II° des pl. Faux titre; frontisp. gravé; table des 35 pl., et ces pl. — TOME III° des pl. Faux titre; frontispice gravé; table des 21 pl., ces 21 pl., plus 15 pl. des canons pour la marine, etc.

Cette description est prise sur un exemplaire rel. en 5 vol., qui a appartenu au général Pommereul, et dont il a été offert jusqu'à 2000 fr. Les frontispices gravés portent les armes et les attributs de la monarchie française, et doivent avoir été supprimés dans les exemplaires distribués postérieurement au 10 août 1792. Vend. 500 fr. en 1822.

Les améliorations introduites depuis quelques années dans l'artillerie française diminuent de beaucoup l'intérêt et l'utilité du grand ouvrage de Gribeauval.

GRIBOÏEDOFF (*A.*). Gore ot ouma. Malheur à force d'esprit. Comédie en quatre actes et en vers. *Moscow, Semen,* 1833, in-8. [16919]

Cette comédie a eu un grand nombre d'éditions, mais on préfère celle-ci, qui est la première et la plus complète, à toutes les autres. On ne la trouve que fort difficilement.

GRIEVE (*Jacq.*). Voy. KRASHENINNIKOW.

GRIFFITH (*Will.*). Icones plantarum asiaticarum, arranged by John Mac Clelland. *Calcutta,* 1844-57, 4 part. in-4. [5225]

Imprimé par ordre du gouvernement du Bengale, et seulement pour être offert en présent (*Catal. d'H. Wilson,* 1861, n° 543).

GRIJALVA ou Grifalva (*Juan* de). Cronica de la orden de S. Augustin, en las provincias de la Nueva España, desde 1533 hasta 1592. *Mexico,* 1624, in-fol. [21593]

50 fr. Chaumette.

GRILLANDARI (*Gio.-Battista*). Repudio della reina Maria d'Inghilterra, sorella del duca di Cleves et difesa sua con molta eloquentia inverso il re; di franzese in toscano. *Bologna,* 1558, in-4. [26923]

Vend. 1 liv. 9 sh. Heber.

GRILLANDUS (*Paulus*). Tractatus de hæreticis et sortilegiis, omnifariam coitu, eorumque pœnis; item de quæstionibus et tortura, ac de relaxatione carceratorum, autore Paulo Grillando castilioneo.

Grierson and Power. Irish statutes, from Edward III to the union, 3101.
Griesbachius (*J.-J.*). Symbolæ, 595. — Commentarius, 596. — Opuscula, 18285.
Griffet (*H.*). Preuves de l'histoire, 19498. — Hosties miraculeuses, 22340. — Hist. de Louis XIII, 23671. — Recueil de lettres, 23746. — Délices des Pays-Bas, 24951, et dans ce Dictionnaire à l'article ANNÉE chrétienne.
Griffin (*Edm.*). Literary remains, 19373.
Griffiths (*J.-W.*). Marine and naval architecture, 8476. — The Shipbuilder's Manuel, 8476. — L'Artilleur anglais, 8688. — Naval architecture, 8476.
Griffiths (*Mich.*). Voy. Alfordus.
Griffiths (*John*). Travels, 19960.
Grignon. Mémoire sur le fer, 4750.
Grijalva (*J.* de). Cronica de la orden de S. Augustin, 21593.

Lugduni, Benedictus Boninus, 1536, pet. in-8. goth. [3209]

Curieux et assez recherché.

GRILLI pistolese (*Amadore*). Novella travagliata d'amore. *Lucca, Busdrago* (senz'anno), pet. in-8. [vers 14923]

Novelle en *ottava rima,* impr. vers 1550. Vend. 30 fr. 50 c. *mar. r.* Libri, en 1847.

GRILLO. Voy. OPERA nuova piacevole.

GRIMACHE (M°). Sa médecine. Voyez PLAISANT jardin.

GRIMALDI (*F.-M.*). Physico-Mathesis de lumine, coloribus et iride aliisque adnexis. *Bononiæ,* 1666, in-4. [4269]

Volume peu commun et qui expose les découvertes de l'auteur sur les effets de la lumière (catal. Libri, 1861, n° 3515).

GRIMAUD (*Bernard*). Le dret cami del cel dins le pays moundi, o la bido del gran patriarcho Sant Benoist : le tout despartit en diberses cants, tan jouyouses que debouciouses, è claufit de mouralos tirados del texto sacrat, et de la doctrino des sants payres. *Toulouse, Fr. Boudot,* 1659, pet. in-8. de VIII et 389 pp. [14382]

Vend. 6 fr. *mar.* Méon; 9 fr. 50 c. Mac-Carthy; 10 fr. Librairie De Bure; 9 sh. Libri.

Pour la Batrachomyomachia de Grimaud, voy. à la fin de l'article HOMERUS.

GRIMAUDET (*François*). Des monnoyes, augment et diminution du prix d'icelles. *Paris, Martin Le Jeune,* 1576, pet. in-8. [4139]

Ce traité a été réimpr. à Paris, chez de Marnef, en 1586, pet. in-8. 7 fr. 50 c. Busch; il fait partie des Œuvres de l'auteur, *Amiens et Paris,* 1669, in-fol., lesquelles renferment neuf ouvrages touchant le droit ecclésiastique, le droit public et le droit civil, déjà impr. séparément à Paris de 1564 à 1589.

GRIMM (*Fréd.-Melchior*). Correspondance littéraire, philosophique et critique de Grimm et de Diderot, depuis 1753 jusqu'en 1790. Nouvelle édition, revue et mise dans un meilleur ordre, avec des notes et des éclaircissemens où se trouvent rétablies, pour la première fois, les phrases supprimées par la censure impériale (par M. Jules Tasche-

Grille de Beuzelin (*E.*). Sur les monuments histor. des arrondissements de Nancy et de Toul, 24903.
Grillet (*J.-L.*). Dictionnaire des départements du Mont-Blanc et du Léman, 25298.
Grimaldi (*F.-A.*). Annali del regno di Napoli, 25731.
Grimaldi (*G.*). Leggi di Napoli, 2977.
Grimaldi (*S.*). Origines genealogicæ, 28923.
Grimarest (Le Gallois, sieur de). Vie de Molière, 30603.
Grimaud (*G.* de). Fièvres, 7172.
Grimaud de Caux. Physiologie, 6927.
Grimes (l'abbé). Esprits des saints auteurs ascétiques, 1511.

reau). *Paris, Furne et Ladrange*, 1829, 15 vol. in-8. 45 fr. (publié à 75 fr.)
— Pap. vél. tiré à 25 exemplaires, 90 fr. [30069, ou dans la classe des journaux littéraires.]

La meilleure et la plus belle édition de cette correspondance, quoique les nouvelles notes ne soient pas toutes bonnes. On ajoute à ces 15 volumes : CORRESPONDANCE inédite de Grimm et de Diderot, et recueil de lettres, poésies, morceaux et fragments retranchés par la censure impériale, en 1812 et 1813 (publiée par MM. Chéron et Thory). *Paris, Fournier le jeune*, 1829, in-8.
Volume qui peut aussi être joint aux 16 vol. de la première édition de cette collection, impr. en 1812 et publ. en 3 part. : la première par Michaud aîné et Chéron ; la seconde par Salgues, la troisième par Suard. — Le supplément, *Paris*, 1814, in-8., a été donné par A.-A. Barbier.

GRIMM (*Jacob-Ludw.*). Deutsche Grammatik. *Göttingen, Dieterich*, 1819-37, 4 vol. in-8. 18 thl. [11236]

Ouvrage le plus important de ce célèbre philologue. Le premier volume a été réimpr. en 1822, et tous les quatre l'ont été en 1852, sous les dates de 1822, 1826, 1831 et 1837. Il faudrait encore un 5e vol. pour compléter cette grammaire.
— DEUTSCHE Rechtsalterthümer. *Göttingen, Dieterich*, 1854, in-8. 2e édit. 15 fr. [3021]
Les coutumes françaises au moyen âge n'ont pas été oubliées dans cet ouvrage curieux.
— GESCHICHTE der deutschen Sprache. *Leipzig, Hirzel*, 1848, 2 vol. in-8. 2e édit. 1853. 16 fr. [11212]
— WEISTHÜMER. Mitherausgegeben von E. Dronke und Heinr. Beyer. *Göttingen, Dieterich*, 1840-42, 3 vol. in-8. 48 fr. [11216]
— UEBER den altdeutschen Meistergesang. *Gött.*, 1811, in-8. [15453]
— DIE BEIDEN ältesten deutschen Gedichte aus dem achten Jahrhundert : das Lied von Hildebrand und Hadubrand, und das Weissenbrunner Gebet ; zum ersten Mal in ihr. Metrum dargest. und herausg. durch die Brüder Grimm. *Cassel*, 1812, in-8. [15439]
— GEDICHTE des Mittelalters auf König Friedrich I den Staufer, und aus seiner wie der nächst folgenden Zeit. *Berlin, Besser*, 1844, in-4. fig. 6 fr. [15456]
— DEUTSCHE Mythologie. *Göttingen, Dieterich*, 1854, 2 vol. in-8. 3e édit. 22 fr. [22654]
— DEUTSCHES Wörterbuch, von Jacob und Wilh. Grimm. *Leipzig*, 1852 et ann. suiv., in-4. [11245]
Cet ouvrage devait avoir 6 vol., mais en 1861 il n'en paraît encore que deux et 5 livraisons du troisième, s'arrêtant au mot *Ewig*. Depuis la mort de Guillaume Grimm, l'ouvrage est continué par Jacob Grimm son frère, qui avait été son collaborateur, et qui s'est adjoint plusieurs savants philologues allemands.
— UEBER den Ursprung der Sprache. 4te Ausg. *Berlin*, 1858, in-8. 2 fr. [10532]
— Voy. EDDA.

GRIMM (*Wilh.-K.*). Altdänische Heldenlieder, Balladen und Märchen. *Heidelb.*, 1811, in-8. 13 fr. 50 c. [15669]
— DREI altschott. Lieder nebst Zusätzen und Verbess. zu den altdän. Heldenliedern. *Ibid.*, 1813, in-8. [15670]
— UEBER deutsche Runen. *Göttingen*, 1821, in-8., et XI pl. in-4. 12 fr. [11216]
— DIE deutsche Heldensage. *Göttingen*, 1829, in-8. [15454]
Les deux savants MM. Grimm frères ont publié ensemble :
— ALTDEUTSCHE Wälder. *Francf.*, 1814-15, 3 vol. in-8. 24 fr. [15456]

— DEUTSCHE Sagen. *Berlin*, 1816-18, 2 vol. in-8. 15 fr. [15456]
— KINDER- und Hausmärchen. *Göttingen, Dieterich*, 1857, 3 vol. in-16. 7e édit. 12 fr. [17084]

GRINDAL (*William*). Hawking, hunting, fouling and fishing, with the true measures of blowing... now newly collected by W. G. *London, by Adam Islip*, 1596, in-4. goth. [10406]

Édition rare : 4 liv. 4 sh. Haworth ; 6 liv. Milner. Lowndes en cite une de Londres, *imprinted by Ed. Allde*, 1586, in-4. Vend. 5 liv. 15 sh. 6 d. Bindley, et un f. manquant 4 liv. 7 sh. Milner.

GRINDLAY (capt. *Robert* Melville). Scenery, costumes and architecture, chiefly on the western side of India. *London, Smith*, 1826-30, très-gr. in-4. [28115]

Publié en 6 parties de 6 pl., grav. à l'aquatinta et color., avec un texte. 8 liv. 8 sh.

GRINFIELD (*Edward*). Scholia hellenistica in Novum Testamentum, Philone et Josepho, Patribus apostolicis, aliisque Ecclesiæ antiquæ scriptoribus, necnon libris apocryphis maxime deprompta. Instruxit atque ornavit Novi Testamenti hellenistica illustrati recens editor. *Londini*, 1848, 2 vol. in-8. 1 liv. 10 sh. [536]

GRINGALET. Réflexions pieuses inspirées à la Bastille à Samuel Gringalet sur les IV questions : qui suis-je? où suis-je? qui m'y a mis? et pourquoi? Essais philosophiques et théologiques pour arriver à la parfaite intelligence de tous les mystères renfermés dans l'Ecriture sainte. *La Haye, J. Vaillant*, 1725, pet. in-8. de 174 pp. [2195]

Ce livre singulier et assez rare ne contient qu'un premier *Essai théologique*, ouvrage presque inintelligible.

GRINGORE (*Pierre*). OEuvres complètes de Gringore, réunies pour la première fois par MM. Ch. d'Hericault et A. de Montaiglon. *Paris, P. Jannet*, 1858. in-16, vol. I, le seul publié jusqu'ici.

Il y a quarante ans personne, je crois, ne se fût douté qu'un éditeur aurait le courage de réimprimer ces poésies, si longtemps et assez justement négligées. Pourtant le haut prix qu'on met aujourd'hui aux éditions originales des productions de Gringore a déterminé M. Jannet à entreprendre celle-ci.

— Le chateau de Labour. (à la fin) : *Ce present liure appelle le Chasteau de labour a este acheue le dernier iour de Decembre mil CCCC. IIII xx. XIX*

(1499). *Pour symõ Vostre libraire de-mourãt a Paris en la rue neuue Nostre dame a lenseigne sainct iehã leuã-geliste*, pet. in-8. goth. de 50 ff. non chiffrés, sign. a—f. fig. en bois. [13314]

Poëme allégorique sur les différentes tribulations de la vie, et particulièrement sur celles du mariage ; c'est le plus ancien ouvrage de Gringore avec date, et le meilleur, peut-être, qu'il ait composé. L'auteur se nomme à la fin dans un acrostiche de huit vers commençant ainsi :

> *Grace rendz au hault createur*

il termine par ce quatrain :

> *Le vendredi de deuant la Toussainctz*
> *Vingt & cinquiesme octobre du matin*
> *Mil CCCC. nonante neuf rien moins*
> *le noble pont nostre dame print fin.*

Dans l'exemplaire de l'édition de 1499, vend. 30 fr. 50 c. Librairie De Bure, et qui serait beaucoup plus cher aujourd'hui, le feuillet qui tient lieu de frontispice portait la marque de Pigouchet, avec la souscription au-dessous. Sur le dernier f. se voyait au recto une grav. sur bois, et au verso une autre planche avec les mots : *Le Chateau de Labour.*

Une édition du Château de Labour. — *Acheue le dernier iour de may mil cinq cens : pour Symon Vostre... a Paris*, pet. in-8. goth. fig. en bois (exempl. non relié et sans le dernier f.), a été vendu 99 fr. salle Silvestre, en avril 1844. C'est, à ce qu'il paraît, une copie de l'édition achevée le dernier jour de décembre 1499, car elle a également 50 ff. sign. a—e par 8, et f par 10. Un bel exemplaire relié en mar. v. par Trautz, 600 fr. Solar.

— LE CHASTEAU de Labour, auec aulcunes ballades. — *Acheue le dernier iour de mars Lan mil cinq cens pour Simon Vostre... a Paris*, gr. in-8. goth. de 60 ff. non chiffrés, sign. a—g par 8, et h par 4, avec de jolies fig. en bois.

Vendu 12 fr. *m. r.* Gaignat ; 33 fr. en mars 1819 ; 7 liv. 10 sh. *m. citr.* Heber ; 50 fr. 50 c. Bignon ; 43 fr. *m. bl.* Crozet ; 59 fr. Baudelocque ; 250 fr. Giraud.

— LE CHATEAU de labour. (au recto du dernier f.) : *Ce present liure... a este imprime a Rouen, par Jaqs leforestier demourant audit lieu a lenseigne de la Tuylle dor pres the augustins. Et fut acheue le cinquiesme iour du moys de Nouēbre, lan de grace mil cinq cēs*, pet. in-4. goth. ff. non chiffrés, sign. A—D, par 6, et E—F, par 8.

Édition encore plus rare que les deux précédentes. Vend. en mar. *r.* 8 liv. 10 sh. Heber ; 295 fr. d'Essling. L'exempl. n'avait été acheté que 9 fr. chez le B. d'Heiss, en 1785 ; autre 13 liv. 15 sh. Utterson ; en mar. *r.* 470 fr. Solar.

— LE CHASTEAU de Labour. (au verso du dernier f.) : *Imprime a paris par Gaspard philippe demourãt en la rue sainct iaques a lenseigne de trois pygçons* (sans date), pet. in-4. goth. de 41 ff. non chiffrés, à 37 lig. par page, sign. A—G, avec fig. en bois.

Sur le frontispice de cette édition se voit la marque de l'imprimeur dans une grande vignette en bois, avec une devise latine autour de la bordure. La dernière page contient l'acrostiche de huit vers donnant le nom de l'auteur ; on y remarque aussi les quatre vers sur la chute du pont Notre-Dame, et la souscription de l'imprimeur. J'ai vu cette édition in-4. vend. 4 liv. 16 sh. chez Heber, et 161 fr. à Paris, en 1835 ; je crois que c'est la même qui, annoncée comme pet. in-8., dans le catalogue de M. G. D. B., en 1824, avait été payée 40 fr.

— LE CHASTEAU de la bur(*sic*). (à la fin) : *Ce present livre appelle le chateau de labour a este Jmprime a paris par Gillet couteau demourant en la rue Garnier Saint Ladre pres la faulse porte saint martin*, pet. in-4 goth. de 52 ff. non chiffr., avec fig. en bois.

— LE CHASTEAU de labbur, en ryme. *Paris, Trepperel* (sans date), in-4. goth. de 22 ff. à 2 col. fig. en bois. Biblioth. de Dresde. (Ebert, 8944.)

— LE CHASTEAU de Labeur(*sic*) nouuellemēt imprime, hystorie, cõmente, ₹ curieusement amende. *On les vend a Paris en la rue neufue nostre dame a lenseigne de Lescu de France* (sans date), pet. in-8. de 60 ff. non chiffr., sign. A—Hii, caract. goth. fig. en bois.

Au verso du dernier f. se voit la marque d'Alain Lottrian, que nous donnons ici :

— LE CHASTEAU de labour. *Lyon, impr. par Barnabe Chaussard*, pet. in-8. goth.

Cette édition a des sign. de *a—g*. La souscription est au recto du 8e f. du dernier cah.

— LE CHATEAU de labeur, nouuellement imprime, historie, commente, et curieusement emende. *On les vend a Lyon sur le Rosne, en la maison de Claude Nourry, dit le Prince, demourant pres Nostre Dame de Confort*, 1526, pet. in-8. goth. de 64 ff. sign. a—h, avec fig. en bois.

Vend. en mar. r. doub. de mar. 145 fr. Nodier.

Probablement cette édition est celle qui, dans le catal. de la ville de Lyon, n° 2601, est citée inexactement sous la date de 1516 ; elle est bien de 1526.

— LE CHASTEAV de Labour, auquel est contenu ladresse de richesse, et chemin de pouurete. Les faintises du monde. Imprime a Paris pour Galliot du Pre. 1532. (à la fin) : *Imprime a Paris par Antoine Augereau... pour Galiot du Pre.... et fut acheue le xvi. Iour de May*. M. D. XXXII, in-16 de 109 ff. chiffrés (les ff. 87 et 88 sont répétés).

Très-jolie édition en lettres rondes, et qui contient de plus que les précédentes *Les faintises du monde*, commençant au f. 88. Vend. joli exemplaire *m. r.* 24 fr. La Valliere, et 4 liv. 9 sh. Heber ; un autre rel. par Lewis, 3 liv. 10 sh. le même.

— LE MÊME chasteau de labour, auquel est contenu ladresse de richesse et chemin de pouurete. Les faintises du monde. *Rouen, Pierre Mulot* (sans date, mais vers 1560), in-16, lettres rondres.

Édition mal exécutée : vend. 25 fr. Morel-Vindé.

THE CASTELL of labour wherein is richesse, vertu and honour (translated by Al. Barclay). *London, by Wynkyn de Worde, Anno dñi M. cccc. vi.* in-4. goth. sign. A—Iiii. avec fig. en bois.

Dibdin (*Typogr. antiq.*, II, 127) décrit cette édition d'après l'exemplaire de la bibliothèque publique de Cambridge, et à la page 557 il en cite une réimpression, *sans date*, faite par Rich. Pynson, et également in-4. avec fig.

C'est bien à tort que Niceron, et d'après lui les rédacteurs du catal. de la Bibliothèque du roi, ainsi que l'auteur de la *Bibliographie instruct.*, ont attribué le Chateau de labour à Octavien de Saint-Gelais, puisque, comme nous l'avons dit ci-dessus, Gringore s'est nommé à la fin de ce poëme.

Pierre Gringore, que M. l'abbé de La Rue (*Essais histor.*, III, 344) place parmi les hommes célèbres auxquels la ville de Caen a donné naissance, fut un des versificateurs les plus féconds et les plus habiles de son temps; plusieurs de ses ouvrages ont été réimpr. jusqu'à huit ou dix fois, et tous sont aujourd'hui fort recherchés, quoique, à vrai dire, la lecture n'en soit pas très-attrayante. Les plus rares sont ceux qui n'ont été imprimés qu'une ou deux fois.

— Le Casteau (*sic*) damours. (*Paris*), in-4. goth. de 6 ff. [13315]

On voit sur le titre la marque de Jean Trepperel, et au verso du dernier f. une fig. en bois, représentant Betzabée au bain surprise par David.

Cette pièce anonyme, impr. avant l'an 1500, commence par 36 vers de 10 syllabes, mais les autres vers sont de 8 syllabes. Gringore y a ajouté une suite qui se trouve dans l'édition de 1500. C'est sur la précédente qu'a été faite la réimpression publiée à Paris, chez Silvestre. Voy. POESIES.

— Le Chasteau damours. (au recto du dernier f.) : *Imprime mil. cccc. Le xx. decembre* (sans lieu d'impression, in-4. goth. de 36 ff. non chiffrés à longues lignes, sign. A—Fiij, fig. en bois.

Édition fort rare, impr. à *Paris*. Au verso du 6e f. se voit la figure représentant David et Betzabée : la même fig. est répétée au verso du dern. f. Vend. avec le *Giroflier aux dames*, 36 fr. La Valliere ; 180 fr. Morel-Vindé ; 220 fr. 50 c. salle Silvestre, en 1837.

A la fin on trouve des vers qui donnent, en acrostiche, les noms de trois libraires, dont celui de *Lenoir* fait partie. Dans l'exemplaire de La Valliere, le cahier *a* n'a que 4 ff., mais il devrait en avoir 6, ce qui donnerait 36 ff. au vol. Ces six premiers ff. forment une partie complète, à laquelle l'auteur a ajouté une suite beaucoup plus étendue que l'ouvrage primitif.

— LE CHASTEAU damours. (*Paris*, *Sim. Vostre*), in-8. goth. de 44 ff. non chiffr., avec fig. en bois, sur le titre la marque de Phil. Pigouchet, que nous avons donnée ci-dessus, col. 382.

Vend. 10 fr. La Valliere.

Au verso du 8e f. se trouve encore la figure de Betzabée.

Gringore qui, comme on peut le voir dans presque tous ses ouvrages, aimait beaucoup les acrostiches, en a composé trois pour cette édition : le premier en 9 vers, désignant le nom de l'imprimeur *Pigouchet*, commençant :

Prenez vraye amour naturelle

le second donnant en onze vers *le nom et le surnom du marchant qui a fait faire ce liure* (Simon Vostre) :

Seruez dieu principallement

le troisième offrant *le surnom de lacteur qui a fait et compose ce liure* (Gringore) : en voici le 1er vers :

Gens de bien qui lisez ce liure.

Du Verdier cite une édition de *Paris*, 1500, in-8. :

LE CHASTEAU damours. nouuellement compose. A lutilite de tous gentilz Hommes couuoyteulx de choses honnestes. M. D. XXXIII. *On les vẽd a Lyõ en la maisõ de Frãcoy Juste*, deuãt nostre Dame de Confort, in-24 allongé, goth. 40 ff. sign. A—E par huit.

Édition peu connue, dont le frontispice porte la bordure ordinaire de Juste avec son chiffre, et une petite vignette en bois représentant trois personnages à table. (D'après un exemplaire bien conservé, mais non relié, qui était à vendre en 1859, chez M. Potier, qui l'estimait 150 fr.)

— Lettres nouuelles de Milan. Auec les regretz du seigneur Ludouic. (*sans lieu ni date,* vers 1500), pet. in-4. goth. de 6 ff. à longues lignes, avec une grav. en bois au 1er f. [13315 ou 23429]

Cet opuscule commence par une lettre de Louis XII, datée de Lyon v avril (1500), relative à la prise de Ludovic Sforce. Ensuite se lit une pièce en vers de huit syllabes, intitulée :

Sensuyt le debat des francois contre le sire Ludouic. Auec les regretz diceluy z complainte des milannoys.

Ce morceau est de Pierre Gringore, dont le nom se trouve, par acrostiche, dans les huit derniers vers, commençant ainsi :

Lacteur.
Gentilz françoys soyez de la victoire
Remercians iesus le createur.

— Les abus du monde. (à la fin) : *Paris par maistre Pierre le Dru pour icelluy Gringore lan* M. D IX. *le dixieme iour doctobre*, pet. in-8. goth. de 72 ff. non chiffrés, sign. A—I, par 8, fig. en bois. [13317]

On a quelquefois annoncé cette édition sous la date de 1504, parce qu'on avait lu IV au lieu de IX. Vend. 8 liv. 5 sh. Libri, en 1859 ; 420 fr. mar. bl. Solar.

— Les abus du monde. *Nouuellement imprimez a Rouen* (sans nom d'imprimeur ni date), pet. in-8. goth. de 72 ff.

Vend 2 liv. 18 sh. m. bl. Lang, et 1 liv. 7 sh. Heber.

Au verso du titre on lit : *Sensuyuent les abus du monde composez par pierre gringoire dit mere sotte*, et à la fin du texte : *Fin des ditz abuz.*

— LES ABUS du monde. *Nouuellement imprimez a Paris.* (sans date), pet. in-8. goth. de 72 ff. sign. A—liii.

Au verso du titre *Sensuyvent les abus.* (comme dans l'édit. de Rouen) ; 241 fr, bel exempl. m. r. Caillhava.

— LES ABUZ du monde. Les abus du monde comment sy desus par figure voyes ou iourdhuy de visses on fait uertuz et visses sont enleues et bonnes verteus sont mis en bas et leses comme par figure sy de seus voyes. *Imprime a lyon par Anthoine Du Ry*, pet. in-8. goth. de 60 ff. non chiffr., avec des petites fig. en bois.

Ouvrage satirique en vers de dix syllabes. Les huit derniers (*Glorifions le filz de Dieu*) donnent le nom de l'auteur. Au-dessous de ces vers se voit la marque d'*Anthoine Du Ry*, avec la devise *Post tenebras spero lucem.*

— Les folles entreprises qui traictẽt de plusieurs choses morales. Imprimees nouuellement a Paris.

En la rue neufue, ou pent lescu de France
Vous trouuerez les folles entreprises
Ou les faultes de plusieurs sont comprises
A tous venans on les vent et deliure

(à la fin) : *Cy finist le liure des folles entreprises nouuellement Jmprime a Paris*, pet. in-4. goth. de 48 ff. non chiffr., avec une fig. en bois sur le titre, signat. A—K. [13316]

Dans cet ouvrage, comme dans plusieurs autres qui sont sortis de sa plume, Gringore combat les vices de tous les états et de toutes les conditions, et particulièrement les grands et les gens d'église.

Le nom de l'auteur se trouve dans les lettres initiales des huit derniers vers, dont voici le premier :

Grans et petitz ce liure en gre prenez

L'imprimeur doit être Jean Trepperel.

Vend. 9 fr. La Valliere; 5 liv. Heber; 285 fr. *mar. bl.* d'Essling, et 350 fr. Solar.

— LES FOLLES entre ‖ prises. (puis la marque) :

Qui en veult auoir se transporte
Sans deshonneur ꝛ sans diffame
Pres du bout du pont nostre dame
A lenseigne de mere sotte.

(à la fin) : *Impri‖me a paris, par maistre Pierre le Dru impri ‖ meur pour iceluy Gringore le xxiii iour de ‖ decembre. Lan mil cinq cens et cinq.* Pet. in-8. goth. de 60 ff. sign. A—G par 8 ff. et H par 4, le dernier est blanc, grav. sur bois. (Biblioth. impér., Y, 4434, Réserve.)

— AUTRE édit., sous le même titre, avec cette marque:

Le dernier vers est ainsi imprimé :
　　A lenseigne de me re sote.

et la souscription finale disposée de cette manière : *Imprime ‖ a paris par maistre Pierre le Dru imprimeur ‖ pour icelluy Gringoire* (sic) *le xxiii iour de decem‖bre. Lan mil cinq cens et cinq.* (Même bibliothèque, Y, 4430, A. Réserve.)

Cette édition nous paraît être la seconde, sous la date du 23 décembre 1505. A la vérité, elles ont l'une et l'autre le même nombre de feuillets; mais cette dernière a de plus quelques vers et une gravure sur bois; son dernier feuillet n'est pas blanc, et ses marges portent des notes indiquant la source des sujets, ce que n'a pas la première.

Des exempl. de l'une de ces deux édit., nous ne saurions dire de laquelle, ont été vendus 13 fr. 50 c. salle Silvestre, en 1808; 4 liv. 10 sh. Heber; 201 fr. *m. r.* Crozet; 400 fr. Borluut.

Nous en avons vu deux exempl. de la seconde édition de 1505, impr. sur VÉLIN, et avec les 22 pl. peintes, l'un rel. pour Diane de Poitiers et provenant de M. Renouard, acheté 185 fr. à la vente Mac-Carthy (aujourd'hui chez M. le duc d'Aumale), et l'autre ayant le 8e f. du cahier C habilement refait à la plume. Ce dernier, 51 fr. La Valliere; 7 liv. 17 sh. 6 d. Heber. Dans tous les deux, la date que porte la souscription s'est trouvée effacée. Ajoutons que dans la souscription, placée au verso du dernier f., il est fait mention du Privilége accordé à Gringore pour vendre ce livre pendant un an; ce qui se trouve répété à la fin de deux éditions des Folles entreprises données par le même imprimeur (P. Le Dru), en 1507, l'une à la date dn vie iour de Janvier, et l'autre du xxixe iour doctobre, pet. in-8. goth., avec fig. en bois. Une des deux en *mar. bl.* 85 fr. Bertin.

Une autre édition des Folles entreprises, imprimée *a Paris, lan mil cinq cens et six le xix iour de mars,* in-8. goth. de 64 ff., avec fig. en bois, a été vendue 134 fr. *mar. r.* Crozet.

— AUTRE édition. ...Paris au Pellican rue sainct iacques... (à la fin) : *Imprime a Paris Lan mil cinq cens ꝛ sept le penultieme iour de Janvier,* in-8. goth. sign. A—H par 8. (Cabinet de M. Ambr.-Firm. Didot.)

— Lentreprise de venise. auec les villes citez chasteaulx : forteresses et places que vsurpent et detiennent les ditz veniciês : des Roys ductz prices ꝛ seigñrs crestiens. *(sans lieu ni date,* mais vers 1509), pet. in-8. goth. de 8 ff., avec les armes de France au verso du titre. [13317]

En stances de 7 vers. A la fin se lisent huit vers en acrostiche, qui donnent le nom de Gringore. Il y a au verso du dernier f. une gravure en bois.

— Lespoir de paix. (à la fin) : *Imprime pour Gringore le 8 Fevrier* 1510, pet. in-8. ou in-16 goth. de 11 ff. non chiffrés. [13319]

Pièce en vers dont le 2e f. porte un second titre conçu à peu près comme dans l'édit. ci-dessous.

— LESPOIR de paix. (au verso de ce titre) : Ce traite est intitule lespoir de paix ꝛ y sont declares plusieurs gestes ꝛ faitz daucuns papes de romme. Lequel traite est à lhõneur du tres chrestié Loys douziesme de ce nom Roy de France. compille par Maistre Pierre Gringore. *(sans lieu ni date)* , pet. in-8. goth. de 8 ff., avec les armes de France au recto du premier f. Le nom de Gringore se trouve, par acrostiche, dans les 8 derniers vers de cette pièce.

— AUTRE édition, *par Thomas du Guernier,* 1510, pet. in-8. de 12 ff. non chiffrés (Biblioth. impériale).

Au-dessous du titre les armes de France, et au verso

la gravure sur bois dont le sujet se trouve indiqué par le verset : *Cor regis ī manu...* lequel est suivi d'un nouveau titre plus développé. Le dernier f. imprimé porte : *Imprime pour ce ‖ luy Gringore Par Maistre Thomas du ‖ Guernier demourant en la rue de la harpe ‖ a lymaige Sainct yues. Le xiiii iour de‖feburier Mil cinq cens et Dix.*

— **La chasse du cerf des ‖ cerfz compose par pierre Gringore. Pet. in-8. goth. de 8 ff. non chiffr. grav. sur. bois.** [13320]

Pièce allégorique sur les différends des princes avec les papes, composée à Estiolles et imprimée à Paris, vers 1510. Le titre fait allusion à l'humble surnom de *Servus Servorum* que prennent les papes ; c'est ce qu'ignorait le libraire de Paris qui, dans un catalogue impr. en 1841, a placé cet opuscule avec les livres qui traitent de la chasse.
— LA CHASSE du cerf des cerfz. (*Paris*, *impr. de Pinard*, 1829), pet. in-8. de 8 ff. fig. en bois.
Réimpression fac-similé en caractères goth. tirée à 42 exemplaires, dont 32 sur pap. de Hollande, 16 fr.; 4 sur pap. de Chine rose, 4 sur pap. de Chine jaune paille, 2 sur VÉLIN.

— **La coqueluche** (par P. Gringore). *Impr. par Pierre le Dru*, 1510, *le 14ᵉ iour daoust* (à Paris), pet. in-8. goth. [13318]

Pièce de 8 ff., dont une copie manuscr. figurée sur VÉLIN (en 6 ff.) s'est vend. 31 fr. Méon, et 39 fr. Morel-Vindé.

— **Le ieu du prince des sotz. Et ‖ mere sotte —joue aux halles de paris, le mardy gras, lan mil cinq cens et unze. (à la fin).:** *Fin du Cry, sottie, moralite, et farce cōposez par Pierre Gringoire, dit mere sotte, z Imprimee pour iceluy,* pet. in-8. goth. de 44 ff. signat. a—f. [16277]

Ce jeu est composé d'une sottie, d'une moralité et d'une farce. Cette dernière a pour titre : *Faire vaut mieux que dire*, et ce titre porte la vignette des trois fous, que nous donnons ci-contre, col.1747.

—**Le même, ioue aux halles de pis** (Paris), **le mardy gras** (1511), **iiij. (au recto du dernier f.)** : *Nouuellemēt imprime a Paris*, pet. in-4. goth. de 16 ff. à 2 col. de 39 lig.

Le seul exemplaire connu a été vendu 600 fr. Gaignat, et 461 fr. La Valliere. Il fut acheté à cette dernière vente par M. de Mejanes, qui a légué sa riche bibliothèque à la ville d'Aix.
Ces deux éditions sont excessivement rares, mais l'ouvrage a été réimprimé à Paris, vers 1801, de format pet. in-8. (voy. CARON).

—**Sotise a huit persōnaiges; cestassavoir : le monde, abuz, sot dissolu, sot glorieux, sot corrōpu, sot trōpeur, sot ignorāt et sotte folle** (attribuée à P. Gringore ou à J. Bouchet). *Ilz se vendēt a la juifrie a lenseigne des deux Sagittaires, etc.* (*Paris, chez Guillaume Eustace*, vers 1514), pet. in-8. goth. de 38 ff. [16278]

Un exempl. sur VÉLIN, vend. 121 fr. Gaignat ; 272 fr. Mac-Carthy, et 330 fr. de Soleinne ; un autre, 200 fr. La Valliere (acquis pour la Bibliothèque impériale).
— Sur pap. et rel. en *mar.* 140 fr., et 160 fr. de Soleinne.

—Voy. NOUVEAU monde.

— **Les fātasies de mere sote. imprimees a Paris pour Jehan petit libraire iure de luniversite du dict lieu Ayant par transport le priuilege du dict mere sotte, autrement dit Pierre Gringoire. Et se vendent a lenseigne de la fleur de lys dor en la rue Sainct Jacques pres des Mathurins...** (à la fin) : *On les vēt a la fleur de lys dor en la rue S. Jacq̄s*, in-4. goth. de 111 ff. à longues lig., avec fig. en bois. [13321]

Ces fantaisies, écrites en prose et en vers, sont un des ouvrages de l'auteur qu'on recherche le plus. Le poëte y a traduit ou imité une trentaine d'histoires tirées des *Gesta Romanorum*, et les a accompagnées de longues moralités en vers. Au second f. se lit le privilége accordé à P. Gringore, pour 4 ans, à dater du 27 octobre 1516 ; et à la fin un acrostiche de 14 vers, donnant les deux noms de Pierre Gringore, et commençant ainsi : *Prenez en gre princes, seigneurs, prelatz.* Vend. 9 fr. 50 c. La Valliere ; en *m. bl.* 10 liv. Heber, et 305 fr. d'Essling.
— LES FĀTASIES de mere sote. cum puillegio regis. (*sans lieu ni date*), pet. in-4. goth. de 110 ff. non chiffrés, à 29 lig. par page, sign. A—P, fig. en bois.
Cette édition, sans date, a évidemment été impr. à Paris, et elle porte l'extrait du privilége accordé par François Iᵉʳ à P. Gringore, le·27 octobre 1516. L'exemplaire impr. sur VÉLIN, de la Biblioth. impériale, n'a point de nom d'imprimeur, mais sur le titre de plusieurs exempl. ordinaires se lit : *On les vend a lelephant sur le pont nostre dame a Paris.* Vend. en *mar. bl.* 11 fr. Gaignat ; 61 fr. Mérigot ; 100 fr. Méon ; 6 liv. 5 sh. Hibbert ; 10 liv. 10 sh. Heber; et le même exempl. rel. de nouveau *m. v.* 160 fr. en 1839, 148 fr. en 1841, et 500 fr. Borluut en 1858.
— SENSUYUENT les fātaisies de mere Sote : contenant plusieurs belles hystoires moralisees Jmprimees nouuellement a Paris *xxv. f. d.* On les vend a Paris en la rue neufue nostre dame a Lenseigne de Lescu de France. (à la fin) : *Cy finist les fātaisies de mere Sotte nouuellement Par la veufue feu Jehan trepperel z iehā iehannot Jmprimeur z libraire... demourant en la rue neufue Nostre dame...* in-4. goth. à longues lign., titre rouge et noir.
On trouve sur le titre de cette édition, comme sur celui de la précédente, cette figure des trois fois que nous avons donnée réduite, colonne 1747. Le chiffre XXV n'indique point la date du livre, mais bien le nombre des cahiers. Vend. 18 fr. *mar. r.* La Valliere, et se vendrait dix fois plus cher.
— SEN SUYUENT les fantaisies de mere sotte, contenant plusieurs belles histoires moralisees. Jmprime nouuellement a Paris par Alain Lottrian, a lenseigne de Lescu de France .xxvi. pet. in-4. goth. de 101 ff. non chiffrés, chaque cahier de 4 ff. (excepté le dernier qui en a 5), fig. en bois.
Vend. 51 fr. 50 c. Bonnier ; 31 fr. 50 c. *mar. citr.* Caillard, et en *veau*, Morel-Vindé ; en *mar.* 297 fr. Labédoyere ; 147 fr. Bertin.
Il existe, on le voit, quatre ou cinq éditions des Fantaisies de mere sotte, in-4., sans date et sous le même privilége ; mais il est difficile de savoir bien positivement quelle est la plus ancienne de toutes : néanmoins, à notre avis, celle de Jean Petit doit avoir précédé les éditions de la veuve Trepperel et d'Alain Lottrian.

—**Les diuers fantaisies des hommes et des femmes composees par Mere sotte, contenant plusieurs belles exemples moralles & le tout figure de nouuelles figures, nouuellement imprime a Paris**

✶ 1538 ✶ On les vend en la rue neufue nostre Dame a lenseigne Sainct Iehan Baptiste. (à la fin) : *Cy finissent les fantasies de Mere Sotte nouuellement Imprimees a Paris, le dixiesme de Iuillet mil cinq cens trente huyt, par Denis Ianot libraire...* in-16 de 127 ff. chiffr., non compris le dernier où se lit la souscription ; lettres rondes.

Cet ouvrage est le même que celui qui porte le titre de *Fantaisies de Mere Sotte ;* seulement on a omis dans cette édition un prologue de 58 vers qui, dans les autres, se trouve placé au commencement du livre. Vend. 17 fr. La Vallière ; 61 fr. Coulon ; 91 fr. Baudelocque ; 170 fr. *mar. v.* Nodier.
Une autre édit. (même titre que ci-dessus), *Paris, Estienne Groulleau*, 1551, in-16, est citée par Du Verdier, et dans le catal. Barré, n° 4294.

— Les menus propos. — *Imprime a Paris par Gilles Couteau, lan mil cinq cents vingt et vng le dernier iour de decembre,* gr. in-8. goth. de 130 ff. non chiffrés, sign. A—rii, fig. en bois. [13322]

On remarque particulièrement dans ce recueil une longue pièce intitulée le *Testament de lucifer*, que le P. Niceron a réimpr. en entier dans son 34ᵉ vol. Le nom de l'auteur se lit à la fin du livre dans un acrostiche commençant :

Gardons nous bien de estre enfans luciferes

Vend. en *mar.* 30 fr. Gaignat ; 51 fr. Delaleu, et avec 4 ff. refaits à la plume, 2 liv. Hibbert ; 291 fr. d'Essling ; 170 fr. demi-rel. De Bure ; un très-bel exemplaire en *mar. r.* par Derome, 901 fr. Solar.
— LES MÊMES. — *Cy finissent les menus propos composes par Pierre Gringore... nouuellement imprimes a Paris par Philippe Le Noir*, 1522, pet. in 8. goth. de 130 ff. non chiffrés, sign. a—rii, fig. en bois.
Édition copiée page pour page sur la précédente, mais en plus petits caractères : vend. en *m. r.* 41 fr. Méon ; 61 fr. Morel-Vindé. Un exempl. annoncé sous la date de 1525, pet. in-8. (titre raccommodé), *m. r.* 2 liv. 14 sh. Heber ; 55 fr. en 1841.
— SENSVIVENT les menus propos de mere sotte... *On les vend a Paris par Philippe le Noir libraire ...* (sans date), pet. in-4. goth. fig. en bois, 84 ff. sign. A—V, et 4 ff. non signés.
Vendu 51 fr. de Soleinne.
— SENSVIVÉT les menus propos Mere Sotte... (à la fin) : *Cy finissent les menus ppos... imprime a Paris par Philippe le noir, libraire et relieux iurc en luniuersite... lan mil cinq cens vingt et cinq, le 25 iour d'octobre,* pet. in-8. goth. fig. sur bois.

Le titre porte le bois que nous avons donné col. 1747. Même description que pour l'édition de 1528 (ci-dessous). Un exempl. rel. en *mar. r.* par Bauzonnet-Trautz, 405 fr. Solar.
— SEN SUYVENT les menus propos mere sote nouuellemét compose par Pierre Gringoire herault darmes de mõseigneur le duc de Lorraine. Auec plusieurs addicions nouuelles... On les vend a Paris par Philippe le Noir... (à la fin) : *Cy finissét les menus propos... Nouuellemét imprime a Paris par Philippe le Noir Libraire et Relieux... et fust acheue le septiesme iour de iuillet lan mil cinq cens vingt et huit,* in-8. goth. de 128 ff. non chiffrés, titre en rouge et noir, avec la fig. des trois fols que nous avons donnée col. 1747, sign. a—q. La souscription sur un f. séparé.
Vend. 9 fr. La Valliere ; 40 fr. Mac-Carthy ; 32 fr. *v. f.* Le Duc ; 160 fr. *m. v.* riche rel. Crozet ; 104 fr. Nodier ; 83 fr. Baudelocque.
— LES MÊMES. *Lyon, Olivier Arnoullet*, 1535, pet.

in-8. goth. sign. *a—o,* par 8, excepté *h* qui n'a que 6 ff. Vend. 39 fr. (avec plusieurs ff. restaurés) Bignon.
Pour un autre petit poëme sous le même titre, voyez MENUS propos.
Du Verdier, à l'article *Pierre Gringore,* cite *Les visions de mere sotte imprimees a Paris, par Denis Janot,* 1534, dont il ne marque pas le format.

— Heures de nostre dame translatees en francoys et mises en rithme par Pierre Gringoire (*sic*) dit Vaudemõt... par le commandement de... madame Regnee de Bourbon duchesse de Lorraine... *Et se vendent cheuz Jehan Petit a la rue Sainct Jacques a la fleur de lis dor,* pet. in-4. goth. 8 ff. prélim. et texte f. ɪ-ʟxc., avec fig. en bois. Le texte lat. est à la marge. [13324]

Parmi les pièces préliminaires de ces Heures se trouvent le privilége pour trois ans, daté de Lyon, le 10 octobre 1525, et un almanach donnant la table des fêtes mobiles de 1524 à 1538. 140 fr. *mar. r.* de Coislin.

— Chantz royaulx figurez morallement sur les misteres miraculeux de nostre saulueur et redépteur Jesuchrist ⟨ sur sa passion ; auec plusieurs deuotes oraisons ⟨ rondeaux contéplatifz, cõposez par Pierre Gringoire, dict Vaudemõt... *On les vẽd a Paris... en la maison de Jehan petit.* (sans date), in-4. goth. de 32 ff., sign. ai—hii (avec un privilége en date du 10 octobre 1527). [13325]

Un exemplaire imprimé sur VÉLIN, 45 fr. Lauraguais ; 36 fr. La Valliere ; 81 fr. Mac-Carthy.
Après avoir publié séparément ses Chants royaux, Gringore les réunit aux *Heures de notre dame,* déjà impr. en 1525, et pour la réimpression desquelles il obtint un nouveau privilége, en date du 15 novembre 1527.
Les deux ouvrages réunis ont été vendus 21 fr. Morel-Vindé ; 2 liv. 2 sh. Heber ; 114 fr. *mar. r.* rel. de Bauzonnet, en 1841 ; et bel exempl. en *mar. bl.* par Trautz, 650 fr. Solar ; et autre exempl. *mar. bl.* par Duru, 385 fr. même vente ; 30 fr. 50 c. (avec 2 ff. tachés) Labey. Outre ces deux éditions des *Heures,* faites chez Jean Petit, sans date, mais avec priviléges de 1525 et 1527, il y en a une de 1528, in-4., vend. 17 fr. Duriez. L'existence bien constatée de ces dernières éditions s'accorde peu avec les dispositions d'un arrêt du parlement, en date du 28 août 1527, qui ordonnait que les Heures de *Pierre Gringoire* ne seraient pas réimprimées (*Résumé historique de l'introduction de l'imprimerie à Paris, par M. Taillandier,* p. 55).

— HEURES de Nostre Dame translatees de latin en francoys en rime, additionées de plusieurs chantz royaulx figurez et moralisez sur les mysteres miraculeux de la passiõ de nostre redempteur Jesu Christ. *Paris, Jehan Petit,* 2 part. en 1 vol. in-4. goth., avec un calendrier pour 16 ans, commençant en 1534.

La première partie contient treize gravures sur bois, dont la dernière porte la marque donnée par Brulliot, tome I, n° 2256 (la première) ; la seconde partie (*Chantz royaulx*) en renferme sept. Un exempl. en *mar. v.* par Bauzonnet, est porté à 275 fr. dans le catal. de L. Potier, 1860, n° 1180.
Une édit. en 2 part. en 1 vol. pet. in-4. goth., sous le même titre, mais avec un privilége daté de 1527, et un almanach de 1539 à 1544, exempl. en *mar. v.* par Bauzonnet, 10 liv. Libri, en 1859.
Les Heures de Nostre dame et les Chants royaux ont

été réimpr. à *Paris, chez Regnault*, en 1540, pet. in-8. en lettres rondes, avec fig. en bois. Vendu, rel. en *mar. d. de mar.* par Bauzonnet, 240 fr. Veinant; — chez *Odin Petit*, sans date, avec les Chants royaux datés de 1541; — et à *l'hôtel d'Halbret, par Ant. Bonnemere*, 1544, pet. in-8. fig. en bois. (L'édit. de 1540 a été vend. 36 fr. 50 c. Labey.)

— Les chantz royaulx (comme ci-dessus). *A Paris, chez Oudin Petit, en la rue Sainct-Jaques, a la Fleur-de-Lys,* 1541, pet. in-8.

Jolie édition en lettres rondes, avec des vignettes sur bois. 79 fr. m. bl. Nodier; le même exempl., 81 fr. Baudelocque.

— **Notables enseignemens, adages et proverbes faictz et composes par Pierre Gringoire dit Vauldemont... On les vend en la boutique de Galliot du Pré.** (à la fin) : *Nouuellement imprimez a Paris p maistre Simon Du Boys, et furent acheuez d'imprimer le premier iour du moys de feburier lan de grace mil cinq cens vingt et sept,* pet. in-8. goth. de 68 ff. [13326]

Première édition de cet ouvrage en stances de huit vers : elle est moins complète que la seconde. Au verso du titre est placée une gravure sur bois avec la marque ✝. Vend. 20 fr. en 1819, et 4 liv. Hibbert; en *mar. r.* par Derome, 300 fr. Solar.

—NOTABLES enseignemens, adages et prouerbes faictz ꝛ composez par Pierre Grigore dit Vauldemöt..... nouuellemët reueuz ꝛ corrigez Auecꝗs plusieurs aultres adioustez, oultre la precedente Jmpression. On les vend... en la boutique de Galliot du Pre..... (à la fin): *Fin des notables enseignemens et adages... imprimez a Paris p Nicolas Couteau... et furët acheuez dimprimer le xxviᵉ iour du moys de ianvier Lan de grace mil cinq cens vingt et huyt,* in-8. goth. de 2 ff. prélim. pour le titre, le prologue et une fig., cxxxiii ff. chiffrés et 1 f. non chiffré pour la souscription.

Vend. 15 fr. Picart; 30 fr. Bonnier; 20 fr. Duriez; 120 fr. m. n. Crozet; 103 fr. Baudelocque; en *mar. v.* 130 fr. De Soleinne; 137 fr. Giraud.

L'édition de *Paris, en la rue sainct Jacques, a lenseigne de Lelephant* (Fr. Regnault, sans date, mais avec le privilége en date du 15 novembre 1527), a également au titre les mots : *nouuellement reueuz et corrigez auecques plusieurs aultres adioustes, oultre la precedente impression.* C'est un pet. in-8. goth. de 104 ff. chiffrés, non compris les deux derniers. Vend. 240 fr. bel exempl. *m. r.* Veinant.

— NOTABLES enseignements (la suite comme dans l'édit. de 1528). *On les vend a Lyon, chez le grand Jacques moderne, en rue Mercière, aupres Nostre-Dame-de-Confort* (s. d.), gr. in-8. goth. de 84 ff. à 31 lig. par page.

Édition peu commune dont le dernier f. porte la souscription : *Imprime a Lyon, chez le Grand Jacques,* etc. Vend. en *cuir de Russie,* 150 fr. Cailhava.

— LES MÊMES. *Paris, rue Neuue Nostre Dame a lescu de France.* (sans date), pet. in-8. goth. ff. non chiffr., sign. a–n, par cah. de 8 ff.

Vend. 20 fr. Bignon, et 50 fr. Revoil.

Une édition de *Lyon, Oliv. Arnoullet,* 1533, in-8. goth., a été vendue 16 sh. Heber; en *mar. r.* par Bauzonnet, 480 fr. Solar. Une autre édit. des Notables enseignements... *nouuellement reueuz et corrigez* (sans lieu ni date), in-16 goth. de 208 pp., est portée à 125 fr. dans le Bulletin de Techener, 1ʳᵉ série, nᵒ 2231.

— Rondeaux, en nombre trois cens cin-
quante, singuliers et a tous propos. Nouuellement imprimez a Paris... (à la fin) : *Jmprime a Paris par maistre Simon du bois pour Galliot du pre, le vingtiesme iour de may mil cinq cens vingt et sept,* pet. in-8. goth. de 8 et cxij ff. [13328]

Recueil attribué à P. Gringore, et fort rare de cette édition. Au verso du fol. lxx commence : *Rondeaux contenans plusieurs menuz propos que deux vrays amans ont eu nagueres ensemble, depuis le commencement de leur amour, iusques a la mort de la dame, auec plusieurs aultres adioustez a la fin, corrigez, reueuz et conuenable audict propos et matiere.* — A la fin du dernier rondeau se lit la devise : *Fors de Mercy.*

— RONDEAULX en nombre troys cens cinquante, singuliers et a tous propos. On les vêt a Paris, en la rue neufue Nostre Dame, a lenseigne de l'escu de France. (à la fin) : *Imprime nouuellement a Paris pour Alain Lotrian...* (vers 1530), pet. in-8. goth. de 106 ff. chiffrés plus 6 ff. de table, sign. A–O.

Les différentes éditions de ces rondeaux renferment la plus grande partie des rondeaux compris dans le recueil dont nous parlons à l'article RONDEAUX nouveaux.

— SÈSUYUÈT les‖trois cens cinquãte Rõdeaulx‖moult singuliers a tous pro‖pos nouuellement imprimes. ‖ *On les vẽd a Lyon cheulx ‖ Olliuier Arnoullet* (sans date). (à la fin) : *Imprime nouuellemẽt a Lyon... par Oliuier Arnoullet... le iii de decembre M. cccc. xxxiiij,* pet. in-8. goth. de 6 ff. prélim. et le texte coté depuis le verso du 6ᵉ f. jusqu'à CVI.

Vend. 48 fr. 50 c. Morel-Vindé; 17 sh. Hibbert; 5 liv. 2 sh. 6 d. Heber; 151 fr. *mar. bl.* Crozet; 60 fr. *mar. r.* Coste; 500 fr. Solar, et un autre exempl. annoncé sans date dans le catal. Solar, nᵒ 1116, a été vendu 400 fr.

— **Contredicts de sõgecreux. On les vend a paris... en la boutique de Galiot du pre.** (à la fin) : *Fin des contrediz de Songecreux cõlenans plusieurs abuz en chascun estat de ce monde nouuellement imprimez a Paris par Nicolas Couteau... pour Galliot du pre libraire. et fut acheue dimprimer le second iour du moys de may lan Mil cinq* (sic) *et trente,* pet. in-8. goth. [13329]

Ouvrage satirique et moral, en prose et en vers. Il a 2 ff. prélim. contenant le titre, la table des chapitres et une fig. en bois, cciiii ff. chiffrés pour le texte, plus un f. non chiffré où se lit la souscription, accompagnée de la marque de Galliot du Pré. Vend. 18 fr. Delaleu; 8 fr. *mar. r.* La Vallière; 36 fr. *mar.* Bonnier et Méon; 65 fr. Morel-Vindé; 6 liv. et 6 liv. 6 sh. (deux exempl.) Heber; 301 fr. d'Essling; 170 fr. *mar. v.* Giraud; 120 fr. *mar. r.* avec quelques ff. raccommodés, Le Chevalier, en 1857, et 229 fr. Solar.

L'édition in-18, ou plutôt in-16, sans lieu ni date, dont parle Goujet, est probablement celle de 1532 ci-dessous, sans le f. de souscription.

— CONTREDICTZ du prince des sotz autrement dit Songecreux.

Pour euiter les abus de ce monde
De sõgecreux lisez les contredictz
Et retenez dessoubz pensee munde
Ceulx de pseut ꝛ ceulx du têps iadis
En ce faisant par notables edictz
Pourrez debatre et le pro et contra
Et soustenir allegat maltz bõs dictz
Ce ꝗ par eulx en voye rencontra.

on les vend a Paris en la boutique Jehan longis. (à la fin) : *Fin des contredictz du prince des sotz... nouuellement imprime a Paris le xxv. iour daoust M.D.xxxii,* in-16 goth. de C.lxxxix ff. chiffr. et un f. non chiffré contenant la table et la souscription. Vend. 11 fr. *mar. citr.* Chardin; 1 liv. 12 sh. Lang; 4 liv. Heber; rel. en *mar. r.* par Trautz, 300 fr. Solar.

Les vers rapportés ci-dessus sont aussi sur le titre de l'édition de 1530.

— **Epistre de Clorinde à Rheginus.** *(sans lieu ni date),* pet. in-8. goth.

L'auteur de cette petite pièce ne se nomme point; mais, dans un rondeau qui précède son épître, il dit :

Le Songe creux qui tous plaisans mots liure
A vous, Monsieur, il presente ce liure

et cela désigne probablement notre Gringore.

— **Paraphrase et dévote exposition sur les sept très précieux et notables pseaumes du royal prophète David.** *Paris, Ch. l'Angelier,* 1541, pet. in-12. (Catal. de la Biblioth. du roi, A, n° 1447.) [13330]

Ouvrages de Gringore dont la date est incertaine.

— **Les dictz et auctoritez des saiges philosophes.** (à la fin) : *Cy finissent les dictz des saiges,* in-4. goth. de 8 ff. non chiffrés.

Cet opuscule renferme 62 maximes morales, exprimées chacune en 4 vers de 8 syllabes, à l'exception des deux dernières, dont l'une a 8 vers et l'autre 6. Si cet ouvrage anonyme est effectivement de P. Gringore, comme le disent plusieurs bibliographes, ce doit être une de ses plus anciennes productions, car l'édition paraît avoir été imprimée vers 1490. Goujet en cite une édition in-8. de 8 ff.

Une édit. in-4. goth. de 8 ff. non chiffrés à 25 lig. par page, mêmes gros caractères que dans le livre des Quatre Choses, impr. à Lyon à la fin du XVe siècle : le dernier f. est blanc : 181 fr. *mar. citr.* Cailhava; en *mar. r.* 225 fr. Solar.

L'édition pet. in-4. goth., sans lieu ni date, qui est portée à 9 liv. 15 sh. sous le n° 1166 du catal. Libri, 1859, ne paraît pas être la même que la précédente, car elle a seulement 7 ff., dont le verso du dernier est blanc, et le texte est terminé au recto de ce même f. par le mot *Amen.*

— **Complainte de trop tard marie.** — *Cy finit la complainte de trop tard marie faicte et composee par Pierre Gringore, nouuellement imprimee a Paris* (sans date), pet. in-8. ou in-16 goth. de 8 ff. [13331]

Pièce en vers de 10 syllabes. L'auteur n'est point nommé dans toutes les éditions qui en ont été faites, mais il a eu soin de se désigner à la fin de son poème par un acrostiche de 8 vers, qui commence :

Gouuerner debuez la maison.

— **La même.** *Imprime a Chartres* (sans date), pet. in-8. goth. de 8 ff.

Vend. 55 fr. *m. r.* Crozet.

Une autre édit. pet. in-8. goth., sans lieu ni date, a été vend. 39 fr. en 1824.

— **La complainte de trop tard marie** *(impr. par Jehan Guyart),* pet. in-8. de 8 ff. caractères goth.

Sur le titre de cette édition se voit la marque de l'imprimeur, que nous reproduisons ici :

J. Guyart a donné à Bordeaux, en 1529, les *Gestes des solliciteurs,* d'Eustorg de Beaulieu (voy. BEAULIEU).

La complainte de trop tost marie, pièce anonyme, en vers de 8 syllabes, et qui n'occupe que 4 ff., a été impr. avec les mêmes caractères que l'opuscule précédent, et l'édition dont il s'agit porte les armes de la ville de Bordeaux au bas du verso du 4e f. (Biblioth. impér., exemplaire du catal. Rothelin, n° 2225). Cet opuscule n'est pas le même que la complainte du nouveau marié. — Voy. COMPLAINTE.

— **Les faintises du monde qui regne.** *(sans lieu ni date),* in-4. goth. de 20 ff. non chiffrés, signat. A—Ciii irrégulières, longues lignes.

Cette édition, qui contient 106 strophes de 8 vers, est impr. en gros caractères gothiques irréguliers, semblables à ceux dont Pierre Levet s'est servi pour les *Blasons des fausses amours,* qu'il a donnés en 1486 (voy. ALEXIS). Il est probable que c'est une des premières des Faintises du monde, ouvrage dont l'auteur ne s'est pas nommé. Un exemplaire *rel.* en *mar. v.* par Duru, 330 fr. Solar.

— LES FAINTISES du monde qui regne. (au verso du dernier f.) : *Ci finissent les faintises du monde qui regne* (sans lieu ni date), pet. in-4. goth. de 17 ff. non chiffrés, à longues lignes, avec une fig. en bois au verso du titre. [13323]

Nous doutons que cette édition soit aussi complète que la précédente. Parmi les autres il y en a qui n'ont que 90 strophes; d'autres, notamment celle de 1532, en ont 108.

— LES FAINTISES du monde. *(sans lieu ni date),* pet. in-8. goth. de 16 ff. non chiffrés, avec une vignette en bois au commencement et à la fin.

Même pièce que la précédente.

— LES FAINTISES | du monde. Cy finissent les faintises du monde *[sans lieu ni date],* in-4. goth. de 16 ff. non chiffrés, 30 lig. par page, sign. a et b par 6 et c par 4.

Édition lyonnaise imprimée vers 1500. Sur le titre, dont le verso est blanc, se voit une fig. en bois représentant un homme qui écrit. Le verso du dernier f. est également blanc (exemplaire acheté à Lyon, en oct. 1858, par M. Boon, de Londres, qui a bien voulu me le communiquer).

Il y a une autre édition des Faintises du monde, in-4. goth., également de 16 ff. non chiffrés, à 30 lig. par page, mais avec la marque et le nom de Jehan Trepperel au dernier feuillet (elle contient 100 strophes), 29 fr. en 1824; 2 liv. 10 sh. Heber; un 2ᵉ exempl. 6 liv. sterl. même vente, et en *mar. v.* par Kœhler, 140 fr. Bertin. L'édition de *Paris, Michel Le Noir,* sans date, in-4. goth., n'a que 14 ff. non chiffrés.

— LES FAINTISES du monde. — *A Lyon imprimees cheux Barnabe Chaussard* (sans date), pet. in-8. goth. de 19 ff.

Vend. 23 fr. 50 c. en mars 1815, et 3 liv. 10 sh. Heber; 39 fr. Coste.

— LES FAINTISES du monde. *Imprimes a Rouen pour Jehan Mace, demourant a Rennes, pour Michel Augier, demourant a Caen, aux cinq chappeletz, deuant Nostre Dame, pres le portail des libraires.* (sans date), pet. in-8. goth. de 20 ff.

Vendu, en *mar. r.* 104 fr. Nodier; 98 fr. Baudelocque.

— LES FAINTISES du monde, nouvellement réimprimées et précédées d'une notice littéraire. *Douai, imprimerie de V. Adam,* 1841, in-8. de 40 pp. en tout.

Édition tirée à 40 exempl. seulement, et que recommande une excellente notice sur Gringore et ses écrits par M. G. Duplessis.

Les *Faintises* se trouvent avec le *Chasteau de labour,* édit. de *Paris, Galliot du Pre,* 1532, et dans un recueil impr. à *Lyon, chez Jacq. Moderne.* Voy. dans notre tome Iᵉʳ, col. 511, ART et science de bien vivre.

— **Le Blazon des heretiques** (par Pierre Gringore). *Achevé d'imprimer le 24 décembre 1832, par Garnier fils, à Chartres (se vend à Paris, chez Techener),* gr. in-8. de 31 pp. [13334]

Réimpression d'un opuscule dont l'édit. originale, impr. à *Paris, chez Philippe Le Noir,* en 1524, in-4., à 35 lig. par page, est devenue fort rare. Cette nouv. édit. est due à M. Hérisson, à Chartres, qui y a joint une courte notice sur P. Gringore. Il n'en a été tiré que 66 exemplaires, dont six sur pap. vél., et six sur des pap. de couleur. Sur le frontispice de ce livre se voit une vignette allégorique gravée en bois. Ce blazon a été imprimé plusieurs fois sous le titre de *Chronique des Lutheriens.* Voir notre 1ᵉʳ vol., col. 1863.

— L'OBSTINATION des Suisses. (*sans lieu ni date*), pet. in-8. goth. de 4 ff. [13333]

Opuscule en vers, attribué à P. Gringore.

— SENSVIT le testament de Lucifer, composé par Pierre Gringore dit mere solion. *Nouuellement imprime a Paris* (sans date), pet. in-8. goth. de 6 ff., avec fig. en bois. [13332]

Morceau très-rare ainsi que le précédent; il a été réimprimé avec les *Menus propos* (ci-dessus, col. 1751).

— LA COMPLAINCTE de∥la cite crestienne fai∥cte sur les lamenta∥tions Hieremie, pet. in-8. goth.

Du Verdier attribue à Gringore cette complainte dont il cite une édition de *Paris, Pierre Bigne,* sans date, in-8., devenue très-rare. L'exemplaire que nous avons eu sous les yeux était incomplet et il y manque la partie inférieure du titre, ce qui ne nous a pas permis de juger s'il appartenait à l'édition citée. C'est néanmoins un fragment curieux qui va nous servir à faire connaître ce livre mieux qu'il ne l'a été jusqu'ici. Le premier f. recto porte le titre ci-dessus en gros caractères gothiques, en quatre lignes, et au-dessous une vignette sur bois. Sur le second feuillet, recto, au-dessus d'une vignette représentant une ville que nous croyons être Nancy, se lit cet autre titre en quatre lignes :

Lexil ɛ bănissement de paix auec lincitation ∥ ɛ remoustrance (sic) *dicelle aux princes modernes ɛ ∥ Complaincte de la cite crestienne sur les lamenta∥tions de Hieremie.*

et au-dessous de la vignette le mot *Lacteur* et les trois premiers vers d'un prologue commençant ainsi :

    Un iour pensif sur ung banc ie me mys
    Dedens Nancy ou triste mendormys

et finissant de cette manière :

    Puis le transmys au bon duc de Lorainc
    Qui est oyseux a souuent pensee vaine...

vient ensuite *Lamentation de paix,* puis au bas du 4ᵉ f., verso, *Lamentation de la ∥ cite crestienne.* Le reste manquait.

Pour d'autres ouvrages qui sont également attribués à P. Gringore, voy. CENT épigrammes. — CENT nouveaux proverbes. — LACU (*Jehan* de). — MAISTRE Aliborum. — VIGILE des morts. — Ce poëte, indépendamment de ses ouvrages imprimés, en a composé d'autres qui sont restés en manuscrit. Parmi ces derniers nous citerons l'article suivant, extrait du catal. de Soleinne, nᵒ 580, où il est porté à 50 fr.

Cy commance la vie Monseigneur Sainct Loys Roy de France, par personnaiges (au nombre de 59), composée par Pierre Gringoire, à la requeste des Maistres et Gouuerneurs de ladite confrarie dudit Saint Loys, fondée en leur chappelle de Sainct Blaise, à Paris (en vers, et divisé en IX livres), in-8. Copie faite par Méon, d'après le manuscrit de la Bibliothèque impériale.

GRIPPIS mediolanensis (*Fortunatus* de). De Superstitione et vinculis dæmonum secundum Ægyptiorum et Chaldæorum dogmata, juxta etiam Tychonis calendarium accurate emendatum. *Mediolani (sumptibus auctoris typis datum),* 1805, in-fol. fig. [22629]

Ouvrage singulier, tiré à un petit nombre d'exemplaires, et qui n'a pas été mis dans le commerce. (Catal. Cicognara, nᵒ 4710.)

GRISEL (*Jehan*). Ses premières œuvres poétiques. *Rouen, imprimerie de Raph. du Petit-Val,* 1599, pet. in-12 de IV ff. et 136 pp., lettres ital. [13888]

La principale pièce de ce joli volume a pour titre : *Les martiales visions.* C'est un poëme où l'auteur célèbre les actions glorieuses de Henri IV.

GRISEL (*Her.*). Herculis Griselii, presbyteri, fasti rotomagenses, seu descriptio omnium rerum visu dignarum in urbe Rotomagi, duobus voluminibus. *Rotomagi,* 1631, in-4. [12873]

Cet ouvrage est écrit en vers hexamètres et partagé en 12 livres, portant chacun le nom d'un des mois de l'année. L'auteur, qui le fit imprimer à ses frais, y a décrit les fêtes civiles et religieuses, les processions, cérémonies et autres choses qui se passaient chaque mois à Rouen; il y a décrit aussi les monuments et les curiosités de cette ville. Nous ne connaissons l'édition de 1631 que par la mention qu'en ont faite le P. Lelong, nᵒˢ 35, 243, et Lenglet du Fresnoy, *Méthode d'étudier l'histoire,* édit. de 1772, tome XIII, page 65. M. Frère qui, à l'égard de cette édition, a puisé à la même source que nous, ajoute à ce qu'en a dit le P. Lelong : « Il y eut probablement plusieurs éditions de ce livre, qui parut in-4. et in-8. Ces éditions présentent

Griscom (*J.*). A Year in Europe, 20094.
Grisebach (*Aug.-H.-Rud.*). Spicilegium Floræ rumelicæ, 5216. — Flora of the West-Indian Islands, 5223.

entre elles des différences de texte : dans l'in-4. il n'y a qu'une dédicace par trimestre, tandis qu'il s'en trouve une en tête de chaque cahier mensuel in-8. » M. Frère donne ensuite le titre de quelques-unes des parties de cet ouvrage, qu'il est difficile de trouver complet. Le premier de ces titres est celui du trimestre d'hiver, impr. à *Paris, chez Gerv. Alliot,* en 1643, in-4., et cette date nous fait douter que l'édit. de 1631 renferme effectivement les douze mois de l'année. Parmi les autres poésies latines de Grisel que cite M. Frère, nous ne trouvons pas : *Herculis Griselli poeseôn libri duo, Parisiis, Gerv. Alliot,* 1639 et 1641, 2 part. in-4., qui sont indiquées sous le n° 1217 du catal. de Courtois. *Paris, Merlin,* 1819.

GRISELIDIS (la patience de). Voyez PÉTRARQUE, vers la fin de l'article; et aussi aux mots MIROUER et MYSTÈRE.

GRISONI (*Freder.*). Ordini di caualcare, et modi di conoscere le nature de' caualli, emendare i vitii loro, et ammaestrargli per l' uso della guerra et commodità de gli huomini; composti dal signor Federico Grisoni, gentilhuomo napolitano. *Venelia, Vincenzo Valgris,* 1552, pet. in-8. [10317]

Ce traité a été souvent réimprimé dans les formats in-4. et in-8. L'édit. de 1552 est la plus ancienne que nous connaissions; mais d'autres sont plus complètes. Dans celle de Venise, *Valvassori,* 1571, 2 part. pet. in-4., le titre porte : *Aggiangeuisi vna scielta di notabili auuertimenti, perfare eccelenti razze, e per rimediare alle infirmità de' Caualli,* et c'est sur cette édition qu'ont été faites celles de 1584, 1590, et les autres d'une date plus récente. Aucune n'est chère.

Les *Ordini di Cavalcare* de Grisoni sont trad. en espagnol, sous le titre de *Reglas de la caualleria de la brida...* par Ant. Flores de Benauides, *Baeça, Juan-Bapt. de Montoya,* 1568, in-4.; et en allemand, sous celui de *Künstlicher Bericht...* par Jean Fayser, *Augspurg, Manyer,* 1570, in-fol. fig.

— L'ÉCUIRIE du sr Federic Grison, gentilhomme napolitain, en laquelle est monstre l'ordre et l'art de choysir, dompter, piquer, dresser et manier les cheuaux, tant pour l'usage de la guerre qu'autres commodités de l'homme, auec figures de diuerses sortes de mors de bride; naguères traduitte d'italien en françois. *Paris, Ch. Perier,* 1559, in-4. fig. [10318]

Cette traduction n'a pas eu moins de succès en France que le texte original en Italie. Est-elle de Th. Sibillet, comme celui-ci le dit dans la préface de sa traduction du *Contr' amour* de Fregose, et comme l'a répété La Croix du Maine, ou est-elle de Bernard Du Puymonclard (voy. notre article POEY), comme l'ont dit le même La Croix du Maine et Du Verdier dans leurs Bibliothèques? c'est ce qui importe peu aujourd'hui. Toutefois c'est *du Poey-Monclar* qui est nommé sur le titre de l'édition de *Paris, Ch. Perier,* 1565, in-4., portée à 83 fr. dans le catal. de L.-Philippe, n° 985, mais qui n'a pas cette valeur ordinairement. Indépendamment des édit. de 1559 et 1565, il y en a de 1563 et de 1568. Celle de *Paris, Guil. Auuray,* 1575, in-4. fig., est annoncée comme *nouuellement reueue et augmentée et enrichie d'abondant de la figure et description du bon cheual :* ce qui doit se trouver aussi dans l'édit. de

1579, vendue par le même libraire, et dans celle de *Paris et Lyon, Adrian Perrier,* 1584 (aussi 1585), in-4. fig. — L'édit. de *Tournon, Cl. Michel,* 1599, in-4. fig., contient de plus *Les remedes tres-singuliers pour les maladies des cheuaux, adioustez par le sr Francisco Lanfray, escuyer italien.*

GRITOS (los) de Madrid. *Madrid* (sans date), pet. in-8. [9639]

72 pl. enluminées, représentant des marchands crieurs de Madrid. Ce recueil a été vendu 63 fr. Rodriguez. Il ne vaut pas la moitié de ce prix.

GRITSCH (*Joannes*). Quadragesimale fratris iohis Gritsch ordinis fratz̄ minoz̄ doctoris eximij. (à la fin) : *Impressum z̄ otinuatũ.... p̄ Iohannez̄ zeiner de Rütlingen (Ulmx). Anno zc̄. lxxv.* (1475) *die p̄ vicesim. octobris,* in-fol. goth. de 269 ff. à 2 col. de 48 à 50 lig. [1417]

Ces sermons paraissent avoir été en grande faveur en Allemagne à la fin du xve siècle, car Hain, n° 8057 à 8082, en décrit 25 éditions impr. à cette époque. La plus ancienne avec date est celle de 1475, mais les unes et les autres n'ont que fort peu de valeur aujourd'hui.

GRIVAUD de la Vincelle (*C.-M.*). Antiquités gauloises et romaines, recueillies dans les jardins du palais du Sénat, pendant les travaux d'embellissement qui y ont été exécutés. *Paris, Buisson,* 1807, in-4. avec atlas in-fol. de 26 pl. 12 fr. — Pap. vél. 15 fr. — Gr. Pap. vél. 20 fr. [29888]

— RECUEIL de monuments antiques, la plupart inédits et découverts dans l'ancienne Gaule. *Paris,* 1817, 2 vol. in-4., avec 40 pl. 12 fr. — Pap. vél. 24 fr. [23156]

— ARTS et métiers des anciens, représentés par les monumens, ou recherches archéologiques servant principalement à l'explication d'un grand nombre d'antiquités recueillies dans les ruines d'une ville gauloise et romaine, découverte entre Saint-Dizier et Joinville, et accompagnées de 130 planches : ouvrage publié d'après les matériaux de l'abbé de Tersan, par Grivaud de la Vincelle (et continué après la mort de ce dernier par G. Jacob père). *Paris, Nepveu,* 1819 et ann. suiv. in-fol. fig. [29264]

Cet ouvrage devait être composé de 18 livraisons, mais il n'en a paru que 16. Prix de chacune, 12 fr. — Pap. vél. 24 fr.; les 16 livrais. 54 fr. Walckenaer.

GROGNET ou Grosnet. Voy. GROSNETTUS et à l'article de CATON.

GROHMANN (*J.-God.*). Mœurs et coutumes des Chinois et leurs costumes en couleur : 60 pl., avec le texte français et allemand. *Leipzig,* gr. in-4. 24 à 30 fr. [9963]

Ce volume est une copie médiocre de l'ouvrage anglais que nous indiquons au mot COSTUME. Le même éditeur a donné *Les Châtimens usités par*

Griselini (*Fr.*). Il Setifico, 10257.
Grisier (ou plutôt le comte Ludovic d'Horbourg). Les Armes et le duel, 10314.
Grisolle (*A.*). Pathologie interne, 7090. — Pneumonie, 7332.

Griswold (*R.-W.*). Poets and poetry of America, 15882. — Prose writers of America, 19404.
Grognier. Ouvrages sur l'art vétérinaire, 7706.
Groen van Prinsterer (*G.*). Archives de la maison d'Orange, 25162.
Grœnland historiske Mindesmœrker, 27726.

les Chinois, et d'autres recueils de costumes tirés des originaux anglais. — Voyez MAGASIN d'idées.

GROLIER (*César*). Historia expugnatæ et direptæ urbis Romæ per exercitum Caroli V. imper. die sexta Maii 1527, Clemente VII pontifice; Cæsare Grolierio Lugdunensi auctore. *Parisiis, Cramoisy*, 1637, in-4. [25601]

Cette relation, écrite par le fils naturel du célèbre Jean Grolier, est, dit-on, plus oratoire qu'historique; cependant l'auteur a été témoin de l'événement qu'il y décrit. 10 fr. Coste.

GROLL (*A.*). Voy. SACKEN (*E.* von).

GROMATICI veteres. Voy. l'article REI agrariæ scriptores.

GRONOVIUS (*Jo.-Fred.*). In Papinii Statii Silvarum lib. V diatribe. *Hagæ-Comitum*, 1637, pet. in-8. [12543]

Éméric Cruceus, auteur des notes sur Stace, impr. à Paris, en 1620, in-16, a répondu à cette critique de Gronovius par un écrit intitulé : *P. Statii Sylvarum frondatio, sive Anti-diatribe*, Paris., 1639, pet. in-12; ce qui donna lieu à une réplique du savant hollandais sous ce titre :

ELENCHUS anti diatribes Mercurii frondatoris ad Statii Sylvas : accessit epistola Cl. Salmasii ad auctorem. *Paris.*, 1640, pet. in-8. — A quoi Cruceus riposta par son *Muscarium, sive elenchus*, Paris., 1640, pet. in-8.

Ces différentes pièces, et surtout la troisième, dont les exemplaires ont été en grande partie supprimés, étaient devenues rares ; mais M. Ferd. Handius les a fait réimprimer à Leipzig, chez G. Fleischer, 1812, en 2 vol. in-8. : 15 fr.; et dans cette réimpression, accompagnée de notes' de l'éditeur, la Diatribe de Gronovius est donnée d'après un exemplaire corrigé et augmenté de la main de l'auteur.

— LECTIONES plautinæ, quibus non tantum fabulæ plautinæ et terentianæ; verum etiam Cæsar, Cicero, Livius, etc., illustrantur : accedit vita auctoris. *Amstelod.*, 1740, in-8. [16102]

Ouvrage estimé et que l'on peut joindre au Plaute Variorum : 5 à 6 fr.

— Voy. TERENTIUS.

OBSERVATIONUM lib. IV. Post Frid. Platnerum denuo edidit, vitam Gronovii præmisit, ejusdem observatorum in scriptoribus ecclesiasticis monobiblon brevesque adnotationes suas adjecit Cor.-Henr. Frotscher : accedunt indices locupletissimi. *Lipsiæ, Lehnhold*, 1831, in-8. de 800 pp. 14 fr. [18211]

Édition préférable à celle de Leipzig, 1755, in-8.

— De Sestertiis, 29063.

GRONOVIUS (*Jacobus*). Thesaurus græcarum antiquitatum. *Lugd.-Batav.*, 1697, 13 vol. in-fol. fig. 200 à 250 fr. [29129]

Partie de la collection des antiquités. Voy. GRÆVIUS.

GRONOVIUS (*L.-Th.*). Museum ichthyologicum, sistens piscium omnium, qui in museo L.-Th. Gronovii adservantur, descriptiones. *Lugd.-Batav.*, 1754-56, 2 tom. en 1 vol. in-fol. 10 à 12 fr. [5893]

— Zoophylacium gronovianum, exhibens animalia quadrupedia, amphibia, in-

secta, etc., fasciculi tres. *Lugd.-Batav.*, 1763-81, 3 part. in-fol., avec 20 fig. 12 à 15 fr. [6268]

— Bibliotheca regni animalis, 31722.

GROOT (*A.-D.* de). Javaansche Spraak-Kunst, uitgegeven in namen op verzoek van het Bataviasche Genootschap van Kunsten en Wetenschappen, door J.-F.-C. Gericke, etc., 2ᵉ verb. en verm. uitgaaf. *Amsterdam, Müller*, 1843, in-8. 20 fr. [11906]

GROS (*F.-T.*), de Marsillo. Recuil de pouèsiés prouvençalos, eme uno explicacien dei mots lei plus difficiles. *Marseille, Sibié*, 1763, in-8. 9 à 12 fr. [14401]

C'est une nouvelle édition augmentée. La première, dont le titre ne porte que les initiales des noms de l'auteur, est de *Marseille, Fr. Berte*, 1734, in-8. Elle se compose de parties impr. séparément et avec quatre *permis d'imprimer* particuliers et de dates diverses. Celle de 1734 est dans le corps de l'ouvrage. M. Crouzet de Marseille, qui a publié de curieux *Fragments biographiques sur F.-T. Gros, Marseille*, 1860, in-8. de 7 pp., tirés à 80 exempl., pense qu'une partie de ces poésies devait déjà être imprimée en 1732.

GROSE (*John-Henry*). A Voyage to the East Indies, containing account of the Mogul, Decan, Bengal, of Angria, the Morattoes and Tanjoreans, of the mahometan, gentoo and persee religions, and their customs and antiquities. *London, Hooper*, 1772, 2 vol. in-8. fig. [20679]

Troisième édition, la meilleure de ce voyage curieux : elle est devenue rare : 60 fr. Langlès; 1 liv. 9 sh. Drury; 1 liv. 14 sh. Hibbert.

C'est ancien de la première édition de Londres, 1757, in-8., qu'à été faite la traduction française, par Hernandez, sous le titre de *Voyage aux Indes orientales*, Paris, 1758, in-12. La seconde, de Londres, 1766, 2 vol. in-8., est fort augmentée.

GROSE (*Fr.*). A classical dictionary of the vulgar tongue (by Fr. Grose). *London, Hooper*, 1785, in-8. [11333]

Première édition, où se trouvent quelques mots et plusieurs explications signalées comme indécents, et qui n'ont pas été admis dans les réimpressions du même livre. 12 à 18 fr. La seconde édition, *Londres*, 1788, in-8., vend. 19 fr. d'Ourches. La troisième édition, corrigée et augmentée, est de *Londres*, 1796, in-8., il y en a une de 1811, in-8., et une autre *with additions by Pierce Egan*, 1823, in-8. 8 sh.

— A PROVINCIAL glossary, with a collection of local proverbs and popular superstitions. *London, Hooper*, 1787 (aussi 1790), in-8. 8 à 10 fr. [11341]

Réimpr. avec un supplément par Pegge, *Lond.*, 1814, in-8. 10 sh., et en 1838, pet. in-8.

— THE OLIO ; being a collection of essays, dialogues, letters, etc., by the late Fr. Grose; second edit. improved. *Lond.*, 1796, in-8. 5 sh. [18375]

— Antiquities of England and Wales. *London*, 1773-77, 6 vol. gr. in-4. fig. [26791]

Gropp (*Ign.*). Collectio scriptorum virceburgensium, 26635.

Édition la plus recherchée de cet ouvrage, parce qu'elle renferme les prem. épreuves des nombreuses planches qui le décorent. Les 2 dern. vol. sont des suppléments qui ne s'y trouvent pas toujours réunis. Vend. les 6 vol. 18 liv. 18 sh. Bindley; 13 liv. 13 sh. Sykes. La seconde édition, *sans date*, divisée en 8 vol. in-4., et renfermant 699 planch., coûtait 21 liv., et en Gr. Pap. 26 liv. 5 sh. Il y a aussi une édition de 1783, en 8 vol. gr. in-4., qui se vendait 8 liv. 8 sh.; et une dernière de *Londres, Stockdale*, 1811, 8 part. in-4., peu recherchée, parce que les grav. en sont fatiguées.

— MILITARY antiquities, or history of the english army from the conquest to the present time. *London*, 1786-88, 2 vol. in-4. fig. 50 à 60 fr. [26792]

— TREATISE on ancient armour, and weapons of war. *London*, 1786, in-4. fig. 24 à 30 fr.

Cet ouvrage a été réimpr. avec les *Military antiquities*, London, 1801 ou 1812, 2 vol. gr. in-4. fig. 50 à 60 fr.

— ANTIQUITIES of Ireland. *London*, 1791-95, 2 vol. in-4. fig. 80 fr. — Gr. in-8. 40 fr. [26793]

— ANTIQUITIES of Scotland. *London*, 1789-91, 2 vol. in-4. fig. — Réimpr. en 1797, 2 vol. in-4. 50 à 60 fr. — Gr. in-8. 30 fr. [26794]

Ces cinq articles, faisant suite les uns aux autres, doivent être réunis: vend. en 10 vol. (édition de 1773-91), *cuir de Russie*, 26 liv. 10 sh. Heber. Il y a des exemplaires en Gr. Pap. Un exempl. en 13 vol. *mar.* demi-rel, *non rogné*, 34 liv. Heber; en 14 vol. 55 liv. 18 sh. Hanrott, et moins depuis.

On a encore du même auteur une édition de *Darell's History of Dover Castle*, London, 1786, in-4. fig.

— PRINCIPES de caricatures, suivis d'un essai sur la peinture comique, traduit de l'anglais. *Leipzig*, 1802, gr. in-8. 29 fig. 10 fr. [9210]

M. Renouard a donné à Paris, en 1802, une édit. in-8. de cette même traduction retouchée par lui; elle contient les mêmes planches que l'édit. de Leipzig, et elle n'a été tirée qu'à 200 exempl., plus un seul sur VÉLIN.

L'original anglais, sous le titre de *Rules for drawing caricatures, etc.*, a été impr. à *Londres*, 1788, ou deuxième édition, 1791, in-8.

GROSIER (*Jean-Bapt.-Gabr.*). De la Chine, ou description générale de cet empire, rédigée d'après les mémoires de la mission de Pe-Kin... troisième édition considérablement augmentée. *Paris, Pillet*, 1819, 7 vol. in-8. 28 à 35 fr., et plus en pap. vél. [28275]

La prem. édition en un seul vol. in-4., impr. en 1787, sert de 13e vol. à l'Histoire de la Chine de Moyria de Maillac, publiée par l'abbé Grosier. La deuxième est en 2 vol. in-8. (voy. MAILLAC).

— Mémoires d'une Société célèbre, voir à la fin de ce Dictionnaire l'article JOURNAUX.

GROSLEY (*J.-J.*). Voy. MÉMOIRES de l'Académie de Troyes, et MÉMOIRES sur les campagnes, etc.

— Droit français, 2588. — OEuvres, 19120. — Mémoires, 24501. — Ephémérides, 24502. — Vie de Pithou, 30539.

GROSNETTUS Altissiodorensis (*Petrus*). Haud inutile libidinis siue luxuriæ dehortamentum. cum laicis, tum ecclesiasticis viris vtilissimis, necnon accommodissimum, 1536. *Parhisiis, apud Dyonisium Ianoteum,* in-16, feuillets

non chiffrés, signat. A—E. par 8 et F. par 4, lettres rondes. [1343]

Ce livret de Pierre Grosnet ou Grognet est singulier et peu commun (l'auteur a mis son nom *Grosnettus* à l'épitre dédicatoire). C'est probablement ce même ouvrage que, suivant La Croix du Maine (article *Pierre Grosnet*), il a traduit en français sous le titre de *Le Desenhortement du peché de luxure*, et généralement *de tous les peches mortels*, Paris, 1537.

Du Verdier dit que Grosnet ou Grognet a traduit du latin le *Manuel ou promptuaire des vertus morales et intellectuelles*, Paris, Pierre Sergent, in-8. dont le texte original, sous le titre d'*Enchiridion*, a été impr. en 1538. L'abbé Le Beuf a donné dans le *Mercure de France*, année 1739, plusieurs lettres sur ce poëte, et en 1740, dans le même *Mercure*, des poésies de Grognet, intitulées: *Recollection des merueilleuses choses et nouuelles aduenues au noble royaume de France en nostre temps depuis l'an de grace 1480*. A la suite de la traduction des *Distiques* de Caton, faite par notre Grosnet (voy. notre 1er vol., col. 1470-71) se trouvent plusieurs morceaux qu'il a composés en vers français.

On trouvera encore le nom de Pierre Grosnet à l'article SÈNÈQUE.

GROSSE (la) enuvaraye Messine, ou Devis amoereux d'un gros Vertugay de village à sa mieus aymee Vazenatte : escript en vray langage du haut pays Messin. *Metz, Abr. Fabret*, 1615, in-8. [14417]

Pièce rare, en vers, et dont il y a une édition de *Metz, J. Antoine*, 1634, in-8., laquelle contient, comme celle de 1615, une *fable récréative*, également en langage messin. Le même opuscule a été réimpr. (à 70 exempl.) à Bordeaux, en 1840, in-8. de 34 pp., par les soins de M. G. Brunet, qui y a joint quelques extraits d'autres ouvrages écrits dans l'idiome de la Lorraine, et plusieurs notes curieuses.

GROSSETÊTE (*Rob.*). Voy. ROBERTUS Lincolnensis.

GROSSI (*Giambattista Gennaro*). Biografia degli uomini illustri nelli arti dipendenti dal designo del regno di Napoli, ornata dei loro rispettivi ritratti, con una dissertazione sull' origine e progressi delle arte medesimi. *Napoli*, 1820, in-4., avec le portrait de l'auteur et 39 portraits d'artistes. 30 fr. [31018]

GROSSON (*J.-B.*). Recueil des antiquités et monumens marseillois qui peuvent intéresser l'histoire et les arts. *Marseille*, 1773, in-4. fig. 10 à 12 fr. [24814]

Vend. 14 fr. Clavier.

GROTE (*George*). History of Greece. *London, J. Murray*, 1851-56, 12 vol. in-8., avec portr. et cartes. 9 liv. 12 sh. [22836]

Ouvrage capital dans lequel l'auteur a montré autant

Grosius (Henneng.). Magica, 8882.

Grosse (M.). Commentaire sur la transcription hypoth., 2854.
Grossi (J.). Louise de Ballon, 21957.
Grossi (Tomaso). Marco Visconti, 17390.
Grote (H.). Geschlechts- und Wappenbuch des Königreichs Hannover, etc., 28829.
Grote (Mrs.). Life of Ary Scheffer, 31073.

de saine critique que d'érudition. Le dernier volume se termine à la mort d'Alexandre. Les tomes I à IV ont eu trois éditions, et les tomes V à VIII deux.

GROTIUS, sive de Groot (*Hugo*). Opera theologica. *Amstel.*, *Blaeu* (seu *Londini*), 1679, 4 vol. in-fol. [1956]

A très-bas prix, même en Gr. Pap. — Réimpr. à Bâle, 1732, 4 vol in-fol.

— Grotius. De veritate religionis christianæ liber. *Lugd.-Batavor.*, *Elzevir.*, 1662, pet. in-12. 3 à 6 fr. [1785]

La plus belle des quatre éditions de ce traité, données par les Elzevier, vend. 8 fr. mar. Duriez; celles de 1669, 1675 et 1680 ont peu de valeur; celle qu'on a annoncée comme étant de L. Elzevier, sous la date de 1640, nous paraît être de Jean Maire. On fait encore cas de celle d'*Amst.*, 1709, in-8., avec les notes de J. Le Clerc, et surtout de celle de *Halle*, 1739, in-8., donnée par J.-Casp. Köcher.

Il y a plusieurs traductions françaises de cet ouvrage: nous citerons celle de P. Le Jeune, *Utrecht*, 1692, ou *Amsterdam*, 1728, pet. in-8., et une autre avec des notes par Goujet, *Paris*, 1754, 2 tomes en 1 vol. in-12.

— De jure belli ac pacis lib. III. *Parisiis*, *Buon*, 1625, in-4. [2351]

Première et assez rare édit. de cet ouvrage: vend. 7 flor. Crevenna, et quelquefois moins.

— IDEM OPUS, cum annotationibus auctoris, necnon Joan-Frid. Gronovii notis. *Amstelodami*, 1712, in-8.

Belle édition, mais moins bonne que celles qui l'ont suivie.

— IDEM OPUS, cum notis, ex altera recens. Jo. Barbeyracii. *Amstelod.*, 1735, in-8.

Bonne édition, quelquefois reliée en 2 vol.: 8 à 10 fr. — Celle de 1720 est un peu moins chère. Il y en a une autre, *cum notis variorum*, donnée par Meynard Tydemann, à Utrecht, 1773, in-8.

— IDEM, cum commentar. Guil. van der Meulen. *Ultrajecti*, 1696-1704, 3 vol. in-8.

Commentaire assez estimé: 15 à 20 fr.

— GROTIUS illustratus, seu Henr. Cocceii commentarii ad Grotii de jure belli ac pacis libros III. *Vratislaviæ*, 1744-48, 3 vol. in-fol.

On ajoute à ces 3 vol. un 4e tome intitulé: *Sam. de Cocceii introductio ad H. de Cocceii Grotium illustratum*, Halæ, 1748, in-fol.: vend. 42 fr. les 4 vol. La Serna; 21 flor. Meerman.

Ce commentaire a été réimpr. à *Lausanne*, 1751, 5 vol. in-4. 24 à 30 fr.

— LE DROIT de la guerre et de la paix; trad. du latin de Grotius, avec des remarques par J. Barbeyrac. *Amsterdam*, 1724, 2 vol. in-4. 15 à 18 fr. — Gr. Pap. 20 à 24 fr.

Cette édition'est réputée la meilleure; cependant celle de *Leyde*, 1759, 2 vol. in-4., est également bonne, et se paye le même prix.

— MARE liberum, sive de jure quod Batavis competit ad indicana commercia dissertatio. *Lugduni-Batavor.*, *ex officina elzeviriana*, cIɔ. IɔI. IX (1609), pet. in-8. de 66 pp. (la dernière cotée 42), plus un addit. en petit caract. 2 pp. et un errata. [2389]

Première édition de cet ouvrage célèbre qui a été souvent réimpr. soit séparément, soit avec d'autres écrits de l'auteur. Il y en a deux de *Leyde*, *ex officina elzeviriana*, 1633, in-24, l'une de 308 pp., et l'autre de 267 seulement, y compris *P. Merula*

de *maribus*. Il y en a également une de 1635. Ça été pour réfuter le livre de Grotius que Jean Selden a publié son traité de *Mare clausum*, *seu de dominio maris libri II*. *Londini*, 1635, pet. in-fol. — Réimpr. en 1636, pet. in-8., et aussi, *juxta exemplar londinense...* 1636, pet. in-12, avec le *Non solus* des Elzevier de Leyde. [2389]

Théodore Graswinckel ayant publié une défense de Grotius, sous ce titre: *Vindiciæ Maris liberi*, à La Haye, en 1652, in-4., Selden y répliqua dans ses *Vindiciæ pro scripto Maris clausi contra vindicias Maris liberi*, impr. à Londres, en 1653, in-4.

— PHILOSOPHORUM sententiæ de fato, et de eo quod in nostra est potestate, collectæ partim, et de græco versæ, per H. Grotium. *Amstel.*, *L. Elzevirius*, 1648, pet. in-12. 5 à 6 fr. [3554]

— SYNTAGMA Arateorum: opus poeticæ et astronomiæ studiosis utilissim. (*Lugd.-Batav.*), *ex offic. plantiniana*, *apud Chr. Raphelengium*, 1600, in-4. fig. [12333]

Recueil rare et recherché: 12 à 18 fr.; vend. jusqu'à 32 fr. Larcher.

Ce volume contient ce qui suit: 1° six ff. prélimin. pour le titre, la dédicace, etc.; 2° le texte grec des deux poèmes d'Aratus, 42 pp.; 3° la version en vers latins des deux mêmes poèmes par Grotius, dans laque.le on a fait entrer les fragments qui nous restent de celle de Cicéron, 36 pp.; 4° les notes de Grotius sur ces deux poèmes, 34 pp.; 5° *Arati Phænomena Germanico Cæsare interprete*, 94 pp. y compris 42 gravures imprimées au recto du texte; il y a de plus deux autres gravures séparées, dont la première représente le zodiaque, et la seconde les quatre saisons; 6° une partie de 128 pp., qui renferme: *Grotii notæ ad Germanici Phænomena; notæ ad imagines; notæ in Ciceronis fragmenta; Arati Phænomena*, *Rufo Festo Avieno interprete*, etc.

Les gravures qui font partie de cet ouvrage ont ensuite été publiées séparément, sous le titre suivant:

JACOBI DE GHEYN aratea Phænomena, sive signa cœlestia XLIII, iconibus expressa. *Amstelod.*, 1621, in-fol.

— GROTII Poemata. *Amstelod.*, *Ravesteynius*, 1670, pet. in-12. [13043]

Les différentes édit. de ces poésies ont à peu près le même prix: 3 à 4 fr.

— PONTIFEX romanus, rex Galliarum, rex Hispaniarum, Albertus cardinalis, regina Angliæ, ordines fœderati. *Ex offic. plantin.*, 1598, in-4. [13044]

Vend. 7 flor. Meerman.

— MIRABILIUM anni cIɔ. Iɔ. C, quæ Belgas spectant semestre prius, ad Henr.-Feder. Nassovium. *Hagæ-Comit.*, 1600, in-4. [13045]

Ces deux vol. sont rares, sans être fort chers.

— EXCERPTA ex tragœdiis et comœdiis græcis, emendata et latinis versibus explicata ab Hug. Grotio, cum notis et indice. *Parisiis*, *Buon*, 1626, in-4. [16040]

Volume peu commun: 12 à 15 fr.; vend. 26 fr. m. r. Caillard; et avec les *Dicta poetarum*, les 2 vol. v. f. d. s. tr. 44 fr. F. Didot.

— SACRA, in quibus Adamus exul, tragœdia, aliorumque ejus generis carminum cumulus propter eximiam raritatem denuo recusa. *Dordrechti*, 1798, in-8. Vend. 2 flor. Meerman. Voir le n° 16178 de notre table.

— EPISTOLÆ quotquot reperiri potuerunt. *Amstel.*, 1687, in-fol. 6 à 8 fr., et plus en Gr. Pap. [18770]

Ebert, n° 8979, cite: *Clavis epistolarum Grotii* (absque anno, sed 1703), in-fol. qui, je le crois, n'a pas été publié.

— EPISTOLÆ ineditæ, ad Oxenstiernos patrem et filium aliosque e Gallia missæ, etc., ex museo meermaniano. *Harlemiæ*, 1806, in-8. 6 fr. [18771]

Les deux articles suivants doivent être réunis au recueil impr. en 1806:

H. GROTII epistolæ sex ineditæ; edente Adr. Stolker. *Lugd.-Batav.*, 1809, in-8.

EPISTOLÆ ad J. Oxenstiernum, ad Jo. Sabrium, etc. *Harlemiæ*, 1829, in-8., précédé d'une préface lat. de M. C.-A. Den Tex.

— ANNALES et histor. de rebus belgicis. *Amstelodami*, 1657, in-fol. [24999]

Édition originale, assez rare, mais peu recherchée : 6 à 9 fr. ; vend. 3 flor. 90 c. Meerman.

La traduction française par L'Héritier, *Amsterd.* (ou *Paris*), 1672, in-fol., est aussi à bas prix.

— PARALLELON rerum publicar. liber tertius, de moribus ingenioque populorum atheniensium, romanorum et batavorum. *Haarlem*, 1801-3, 4 vol. in-8. 15 flor. [21327]

Publié d'après le mss. original, avec une version hollandaise et des notes par M. J. Meerman.

— HISTORIA Gotthorum, Vandalorum et Longobardorum. *Amst.*, *Elzevir.*, 1655, in-8. 5 à 6 fr. [23002]

Vend. 7 flor. Meerman.

Nous indiquons dans notre table méthodique plusieurs autres ouvrages de Grotius, savoir : *De imperio summarum potestatum circa sacra commentarius*, 4009. — *Tragœdiæ*, 16178. — *De studiorum ratione*, 18115. — *Manes*, 30861. — Voy. aussi nos articles ANTHOLOGIA et STOBÆUS.

GROTO (*Luigi*), Cieco di Hadria. Emilie, comédie nouvelle de Loys Groto, traduite de l'italien en françois pour ceux qui desirent l'une et l'autre langue (avec le texte à côté de la traduction). *Paris, Guillemot*, 1609, pet. in-8. de 4 ff. prél. et 300 pp. chiffrées. 7 fr. 75 c. de Soleinne. [16694]

Le texte italien de cette pièce a été impr. pour la première fois à Venise, en 1579, in-8.

— La Dieromène, ou le repentir d'amour, pastorale imitée de l'italien de L. G. C. d'H. (Louis Groto, d'Hadria) par R. B. G. T. (Rolland Brisset, gentilhomme tourangeau). *Tours, Mathurin Le Mercier*, 1592, pet. in-8. de 164 pp. (la dernière mal chiffrée 134).

Vend. 12 fr. de Soleinne.

Réimpr. sous le titre de *Le repentir d'amour de Diéromène*, Paris, Drobet ou Abel l'Angelier (aussi Pierre Mettayer), 1595, in-12 de 108 ff. 9 fr. 25 c. de Soleinne.

L'original italien a pour titre *Il Pentimento amoroso*, Venet., 1576, in-12. Il a été réimpr. en 1585, et depuis.

Ce poëte aveugle est aussi l'auteur des pièces suivantes, impr. à Venise, de format pet. in-8. ou in-12, savoir : *La Dalida*, 1572 ; *La Hadriana*, 1578 ; *Lo Isaac*, 1586 ; *Il Thesoro*, 1583 ; *L'Alteria*, 1587 ; *La Calisto*, 1586, dont il y a eu plusieurs éditions.

— RIME di Luigi Groto, parti trè, di novo date in luce con la vita dell'autore. *Venetia, Ambr. Dei*, 1610, 3 vol. in-12.

Nous citerons encore :

LES HARANGUES de Louys Grotto aveugle d'Hadrie, trad. du latin et de l'italien en françois par Barth. de Viette. *Paris, Nic. Bessin*, 1628, pet. in-8. [12212]

— TROFEO della vittoria... Voy. à la fin de l'article PÉTRARQUE, parmi les ouvrages anciens relatifs à ce poëte.

GROUCHY (*Nic.* de). La Béatitude, ou les inimitables amours de Theoys (fils de Dieu) et de Carite (la Grâce), en dix

Grou (le P.). Réponse, 1378.

poëmes dramatiques de 5 actes. *Paris*, 1632, in-8. de 16 ff. et 894 pp. [16408]

L'auteur de la *Bibliothèque du théâtre françois*, tome II, page 331, a donné un long extrait de cet ouvrage bizarre, qu'il appelle le chef-d'œuvre de la déraison. 13 fr. de Soleinne.

GROUT (the rew. *Lewis*). The Isizulu-Grammar of the Zulu language. *Port Natal*, 1859, in-8. 21 sh. [11957]

GROVE-HILL. Voy. MAURICE.

GRUAU. Nouvelle invention de chasse pour prendre et oster les loups de la France... avec trois discours aux pastoureaux françois, par Louys Gruau, prestre. *Paris, P. Chevalier, ou L. Sonnius*, 1613 (aussi 1614), pet. in-8. de 6 et 83 ff., avec un errata et 6 pl. sur bois. [10440]

Traité peu commun. Vend. 20 fr. en 1833 ; 21 fr. m. r. en 1841 ; 24 fr. Nodier et Baudelocque ; 15 fr. Huzard ; 73 fr. de Jussieu.

GRUDIUS. Nic. Grudii epigrammata arcuum triumphalium in adventu Caroli V. imper. et Delphini Franciæ, ducisque Aureliæ atque aliorum procerum in urbem Valentianā. *Lovanii, apud Servantium Zassenum, anno* M. D. XL. *mense februario*, in-4. [13046]

Cette pièce, fort peu commune, se rattache aussi bien à l'histoire de France qu'à l'histoire d'Espagne. 42 fr. Borluut.

— Poemata et effigies trium fratrum belgarum, Nic. Grudii, Hadr. Marii et Joannis Secundi... *Væneunt Lugduni-Batavor., apud Ludovicum Elzevir., anno* 1612, pet. in-8. de 9 ff. prélim., 191, 96 et 37 pp., avec trois portraits, qui ne sont pas dans tous les exemplaires. [13046]

Vend. 12 fr. mar. bl. La Valliere ; 20 fr. mar. v. Courtois ; 11 fr. v. f. De Bure ; 44 fr. mar. citr. Borluut.

GRUEL (*Guill.*). Histoire d'Artus III, duc de Bretagne et connestable de France, contenant ses mémorables faictz depuis l'an 1413 jusqu'en l'an 1457 (par Guill. Gruel), de nouveau mise en lumière par Theod. Godefroy. *Paris, Abr. Pacard*, 1622, in-4. [23385]

Grouner. Glacières, 4630.

Grouvelle (*Phil.*). Collection de mémoires, 4414.

Grove (*Jos.*). Life of Wolsey, 26915.

Grove (*W.-Rob.*). The Correlation of the physical forces, 4372.

Grozez (*Et.*). Magdeleine de la Trinité, 21956.

Gruber (*J.-D.*). Origines Livoniæ, 27790.

Gruber (*J.-G.*). Mythologie, 22541.—Wieland, 30843.

Gruber (*Wenzel*). Abhandlungen aus dem Gebiete der Anatomie, 6671.

Grubissichius (*Clem.*). Alphabetum sclavonicum, 11392.

Vend. 19 fr. Pluquet; 19 fr. 50 c. en 1841.

— Voy. l'article Artus de Bretagne.

GRUGET (*Cl.*). Voyez Marguerite de Valois. — Plaisant jeu des Echecs. Voy. Damiano.

GRÜNENBERG. Des Conrad Grünenberg Wappenbuch. Vollbracht am nünden tag des Abrellen, do man zalt Tusend vier hundert drei und achtzig jar. *Halle, Graeger,* 1844-50, 4 cah. in-fol. 48 pl. lith. et col. 80 fr. [28820]

GRUNER (*Chr.-Got.*). Aphrodisiacus. Voy. Luisinus.

GRUNER (*L.*). Fresco decorations, stuccoes of churches and palace in Italy during the fifteenth and sixteenth centuries, taken from the principal works of the greater painters never before engraved and containing a store of exemples, patterns, etc., fitted for the use and adoption of architects, decorators, manufacturers and dilettanti in building, with english description, by Leuis Gruner. *London,* 1854, gr. in-fol. [9304 ou 10051]

56 grandes planches d'après les peintures de Raphaël, de Jules Romain, etc., en partie coloriées, avec un texte in-4. contenant la description des planches et un essai sur les arabesques des anciens comparées avec celles de Raphaël et de son école, par J.-J. Hittorf. Selon les annonces il n'en aurait été tiré que 150 exemplaires, au prix de 5 liv. 10 sh. chacun. Un exemplaire d'une première émission, sous la date de 1844, avec 45 pl. gr. in-fol. coloriées à la miniature, et la description in-4., le tout rel. en *mar. bl.* 1025 fr. Louis-Philippe, et le même exempl. 920 fr. de Martainville.

— Specimen of ornamental art, selected from the best models of the classical epochs. *London,* 1850, gr. in-fol. [10042]

80 planches en or et en couleur, avec un texte in-4. annoncé à 12 liv. 12 sh., et plus tard à 8 liv. 8 sh.

— The Decorations of the Great-Pavillon in the grounds of Buckingham Palace, engraved under the superintendence of L. Gruner; with introduction by M. Jameson. *London, Murray,* 1846, in-fol. avec 21 pl. color. [10051]

— Voy. Braun.

GRUNNIUS. Grunii Corocottæ M. Porcelli testamentum; Laur. Abstemii hecatomythium secundum; ejusdem libellus de verbis communibus. *Fani, Hier. Soncinus,* 1505, in-8. [17918]

Livre fort rare, mais dont la première pièce a été réimpr. plusieurs fois, et notamment dans les deux recueils dont les titres suivent :

Grunnius Sophista sive Pelagus humanæ miseriæ, Ottomari Luscinii quo docetur utrius natura ad virtutem et felicitatem propius accedat, hominis an bruti animantis. M. Grunnii Corocottæ testamentum.—*Argentinæ, apud Joan. Knoblouchum,* 1522, pet. in-8. 3 à 4 fr.

Le frontispice de ce volume peu commun représente un philosophe disputant avec le cochon Grunnius.

Proverbiorum symmicta. Pythagoræ symbola XVIII, et ipsa proverbialia, ex iambico latina facta et scholiis explicata, Joanne Alexandro Brassicano autore : accessit M. Grunnii Corocottæ porcelli testamentum, ex antiquo dominicalium patrum apud Moguntiam descriptum. *Parisiis, Christ. Wechel,* 1532, in-8.

Les *Proverbiorum symmicta* avaient déjà été impr. à Vienne en Autriche, en 1529, in-8.

Le recueil imprimé à Fano, en 1505, a été réimpr. à Venise, *per Joan.-Fr. et Joan.-Ant. de Rusconibus fratres,* 1520, pet. in-8.

Ebert a parlé inexactement du *Grunnius* sous le n° 8994 de son Dictionnaire, où il a donné cependant quelques détails bons à consulter.

GRUNPECK ou Gruenpeck (*Josephus*). Tractatus de pestilentiali scorra siue mala de Franczos, originem remediaque ejusdem continens; compilatus a venerabili viro magistro Josepho Grünpeck de Burckhausen super carmina quedam Sebastiani Brandt. (*absque nota*), in-4. goth. de 12 ff. à 39 lignes par page. [7257]

Comme cet opuscule contient une épitre dédicatoire de l'auteur à Bernhard de Waldkirch, chanoine d'Augsbourg, datée de la même ville, 15 *kal. novembris* 1496, et que les caractères qui ont servi à son impression sont ceux de Jean Froschauer, il est à croire qu'il a été exécuté par cet imprimeur d'Augsbourg, en 1497, au plus tard. La pièce de Séb. Brandt, qui fut l'occasion de cet écrit et qui le précède, est de 124 vers élégiaques, sous ce titre : *Eulogium Sebast. Brant... de scorra pestientiali sive mala de Franczos anni 96 ad Johannem Capnion...* Vendu 1 liv. 17 sh. Libri, en 1859.

Une autre édition sous le même titre porte cette souscription : *Finis hujus tractatus, Magdeburgi per Mauricium Brandisz impressus, anno xpi* 1498. C'est un pet. in-4. de 10 ff.

Il existe trois autres éditions de cet opuscule, in-4., goth., sans lieu d'impression : la première de 18 ff. à 29 lign. par page; la seconde de 12 ff. à 34 lign. par page, et la troisième aussi de 12 ff. à 36 et 37 lignes par page. Il en existe également une de Venise, *apud Scotum,* 1503, in-4. L'ouvrage a été réimpr. à Iena, 1787, in-8. Il a aussi été donné en allemand sous ce titre : *Ein hübscher Tractat von dem Ursprung des bösen Franzos,* 1496, in-4., deux éditions sous la même date, l'une de 12 ff. à 38 lign. (Panzer la croit imprimée à Nuremberg), l'autre (d'Augsbourg) de 21 ff. à 28 lign.

— Libellus Josephi Grünbeckii de Mentulagra alias morbo gallico. (*absque nota*), in-4. goth. de 14 ff. non chiffrés, sign. a—b, 31 à 33 lign. à la page. [7258]

Pièce impr. à Memmingen, vers le commencement du XVIᵉ siècle. On lit sur le titre : *Georii Gadii ad Josephū Epigramma;* au 2ᵉ f. : *Proœmium Josephi Gruenpeckii,* daté de 1503. Le verso du dernier f. est tout blanc.

— Pronosticon seu judicium ex conjunctione Saturni et Iouis decennalique revolutione Saturni, ortu et fine Antichristi ac aliis quibusdam interpositis prout ex

---

Grün (*Alph.*). Vie publique de Mich. Montaigne, 30587.

Gruner (*L.*). Description géologique du départ. de la Loire, 4604.

Gruner (*Chr.*). De Morbo gallico, 7251.

Grunert (*Joh.-Aug.*). Lehrbuch der Mathematik, 7840.

sequentibus claret preambulis hic inseritur. — *Per Joannem Winterburg in inclita wienensi ciuitate effigiatum... M.CCCC.LXXXXVI*, in-4. de 16 ff. [9022]

Opuscule fort rare. L'auteur en a composé plusieurs autres du même genre.

— Speculum naturalis cœlestis et propheticæ visionis : omnium calamitatum, tribulationum et anxietatum, quæ super omnes status, stirpes et nationes christianæ reipublicæ præsertim quæ cancro et septimo climati subjectæ sunt : proximis temporibus venturæ sunt. — *Impressum Nurnbergæ per me Georgium Stuchs... Anno M. D. VIII. septimo kalendas Novembris,* pet. in-fol. de 18 ff. [9022]

Ouvrage singulier et par le texte et par les figures sur bois qui l'accompagnent ; il s'y trouve une épître de l'auteur, Jos. Grünpeck à Bernard, cardinal légat, da. ée de Ratisbonne, 1508. Un exempl. rel. par Bauzonnet, 80 fr. Cailhava ; un autre sans reliure, 21 flor. 10 kr. Butsch.
Le même ouvrage, en allemand, *Nürnberg. G. Stuchs,* 1508, in-fol. avec 13 bois. 16 flor. 30 kr. Butsch.

— Comedie vtilissime. omnē latini sermonis elegantiā continentes. quibus quisℊ optimus latinus euadere potest. — Acta a xp̄i saluatoris nostri natalicijs dieb', anno M. cccc. xcvij. sexto kalendas decembris. *(absque nota)*, in-4. de 15 ff. à 29 ou 30 lignes par page. [16123]

Pièce impr. à Augsbourg, par Jean Froschauer, vers l'année 1497. — Voy. LUDUS DIANÆ.

GRUTERUS *(Janus).* Lampas, sive fax artium liberalium, hoc est thesaurus criticus, e bibliothecis erutus ; editio nova (cura J.-Fel. Palesii et Fr. Tamburini). *Florentiæ,* 1737-39, *Lucæ,* 1747, et *Neapoli,* 1751, 4 vol. in-fol. 40 à 50 fr. [18155]

Cette édition n'est point achevée. — La première édit. de *Francfort,* 1602-34, 7 vol. in-8., dont le septième, donné par J.-Ph. Parœus, n'est pas commun, contient plusieurs pièces que le nouvel éditeur n'a pas fait entrer dans la réimpression, qui de son côté renferme différents morceaux nouveaux, mais étrangers au sujet : 24 à 30 fr.

— Inscriptiones antiquæ totius orbis romani in absolutissimum corpus redactæ, curis secundis Jani Gruteri et notis Marq. Gudii emendatæ et cura Geor. Grævii recensitæ : acced. annotationum appendix et indices, ut et Tironis et Senecæ notæ (cum præfatione P. Burmanni). *Amstel.,* 1707, 4 vol. in-fol. [29917]

130 fr. Daunou ; 114 fr. Raoul Rochette ; 84 fr. Quatremère.

Bonne édition de cet ouvrage important, lequel fait partie de la Collection d'antiquités (voy. GRÆVIUS).
La première édit., *ex offic. commelin.,* 1602, in-fol., a peu de valeur. Ebert, n° 8999, indique les ouvrages où se trouvent des corrections et des additions pour ce recueil d'inscriptions.
— Voy. DELITIÆ poetarum. — Florilegium ethicopoliticum, 18452.

GRYNÆUS *(Sim.).* Voy. NOVUS orbis.

GUADAGNOLUS *(Philippus).* Breves arabicæ linguæ institutiones. *Romæ, typis congregat. de propaganda fide,* 1642, in-fol. 10 à 12 fr. [11590]

GUADALAJARA y Xavier *(Marco de).* Memorable expulsion y justissimo destierro de los Moriscos de España. *Pamplona, Nic. de Assiayn,* 1613, in-4. [26221]

1 liv. 4 sh. Libri en 1859.

— Prodicion y destierro de los Moriscos de Castilla hasta el valle de Ricota, con la disension de los dos hermanos Xerifes, y presa en Berberia de la fuerza y puerto de Alarache. *Pamplona,* 1614, in-4. [26222]

Deux ouvrages rares, et surtout le second, qui n'est pas, comme on l'a dit, une réimpr. du premier.

GUAINERIUS. Tractatus de febribus p̄ magistrū Anthoniū Guaynerium artium ac medicine doctorem egregiū papiensem feliciter incipit. — *Impressum est hoc presens opusculum per me magistᵷ. Conradū de paderborne. Anno domini* M° CCCC° lxxiii° xi° *die mensis Maii,* in-fol. goth. à 2 col. de 41 lignes, sans chiffres, récl. ni signat. [6614]

Ce volume renferme différents traités à la fin de chacun desquels est répétée la souscription ci-dessus. Ces traités sont, indépendamment du *De febribus,* de *fluxibus, De matricibus et morbis mulierum; de pleurisi; de orthetica et calculosa passione; de egritudinibus capitis* (Molini, p. 173, n° 245), et pour les opuscules séparés, Hain, 8102-8104.

— Antonii Guaynerii de medicina tractatus varii... (à la fin) : *Antonii de Carcano opera papie impressa an. a nat. do.* I. 4. LXXX.I., in-fol. goth. de 352 ff.

Réimpr. par le même Ant. de Carcano, en 1488, in-fol. goth. de 255 ff. à 2 col. de 48 à 51 lig. ; aussi en 1497, *per Bonetū Locatellū Bergomensem',* in-fol. goth. de 148 ff. à 2 col. de 66 lig., et plusieurs fois depuis. L'édition de Venise, *Luc.-Ant. Giunta,* 1517, in-fol. est une des dernières.

GUALTEROTTI *(Raffael).* Feste fatte in Fiorenza per le nozze di Franc. de'Medici, G. D. di Toscana, e de sua consorte Bianca Capello. *Fiorenza, Giunti,* 1579, in-4. de 60 et 24 pp. avec 15 grav. à l'eau-forte. [25542]

Vend. 1 liv. 1 sh. Pinelli, et quelquefois moins.

L'*Universo overo il Polemidore,* poëme héroïque du même auteur, *Firenze, Cosimo Giunti,* 1600, in-4., n'a été vendu que 5 sh. Hibbert. [14709]

GUALTERUS ou Gualtheus Mapes. Voy. MAPES.

GUALTERUZZI.V. CENTO novelle antike.

GUALTHERUS (*G.*). Siciliæ obiacentium insular. et Bruttiorum antiquæ tabulæ, cum animadversionibus Georgii Gualtheri. *Messanæ, apud Petrum Bream,* 1624, pet. in-4. de 4 ff., 108 et 184 pp., et deux index, 12 ff. [29993]

Volume rare, dont un exemplaire impr. sur VÉLIN est porté dans la *Biblioth. exquisitiss.,* vendue à La Haye, en 1732, part. II, n° 4456.

GUALTHERUS (*Rodolphus*). Anti-Christus, id est, homiliæ, quibus romanum pontificem verum et magnum Anti-Christum esse probatur. (*absque indicatione*), in-8. de 141 ff. [2105]

Vend. 8 fr. *m. bl.* Gaignat.

La traduction italienne, *Zurich,* 1546, in-8., 12 fr. *m. bl.* Gaignat.

GUALTHERUS (*Rodolph.*). De syllabarum et carminum ratione libri duo. *Londini, G. Williamson,* 1573, in-16. [12452]

Traité devenu fort rare, même en Angleterre. Vend. (avec le titre gâté) 12 sh. Heber.

GUALTHERUS (*Phil.*). Voy. GALTHERUS.

GUALTIERI. Voy. SPIRITO.

GUALTIERI (*G.*). Relazione della venuta degli ambasciatori Giaponesi a Roma, fino alla partita di Lisbona; con una descrizione de loro paesi e costumi e con le accoglienze fatte loro da tutti i principi christiani per dove sono passati. *Venezia, Giolito,* 1586, pet. in-8. [28316]

Relation curieuse à laquelle on peut joindre celle qui a paru en espagnol sous le titre suivant :

BREVE relacion del recibimiento que in España y en toda Italia se hizo a tres embaxadores de los reinos de Bungo, Arima y Omura del Japon de nuevo convertidos a nuestra santa fe catholica en que estan las cartas de sus reyes. *Sevilla, F. Maldonado,* 1586, pet. in-8. — Voy. SANDE.

GUALTIERUS. Index testarum conchyliorum quæ asservantur in museo Nic. Gualtieri, et method. exhibentur tabulis æneis CX. *Florentiæ,* 1742, gr. in-fol. fig. [6145]

Ouvrage assez estimé, mais dont les exemplaires sont communs : 20 à 30 fr.; avec les pl. color., 96 fr. *mar. r.* La Valliere, et moins depuis.

GUARANA. Oracoli, auguri, aruspici, sibille, indovini della religione pagana, tratti da antichissimi monumenti, o sulle traccie della storia... delineati da Jacopo Guarana. *Venezia,* 1792, gr. in-fol. 20 à 30 fr. [22615]

Volume composé de 42 figures, et d'autant de ff. de texte gravé; il est peu commun en France.

GUARIN (*Fr.*). Voy. GUERIN.

GUARIN (*Pet.*). Grammatica hebraica et chald. *Lutet.-Paris.,* 1724, 2 vol. in-4. 12 à 15 fr. [11511] *

— Lexicon hebraicum et chaldæo-biblicum. *Parisiis, Collombat,* 1746, 2 vol. in-4. 20 à 30 fr. [11538]

Ces deux ouvrages estimés se réunissent : 40 à 48 fr. — Gr. Pap. 76 fr. Soub:se; 61 fr. d'Ourches.

Dans le *Lexicon* le travail du P. Guarin ne s'étend que jusqu'à la lettre *Mem* inclusivement. Les sept lettres suivantes sont de D. Nicolas Le Tournois, et les deux dernières de D. Philibert Girardet. La préface est de D. Jacq. Martin (*Hist. littér. de la congrég. de Saint-Maur,* p. 498). Guarin est très-prononcé contre la méthode pour apprendre l'hébreu sans points, enseignée par l'abbé Masclef.

GUARINI (*Alfonso di Battista*). Lo Sposalizio, comedia. (sans lieu ni date, mais vers 1520), in-4. [16660]

Comédie facétieuse, recherchée et assez rare : vend. 6 sh. seulement Pinelli; 2 liv. 8 sh. Roscoe; 2 liv. 11 sh. Hibbert.

Nous avons vu de cette même pièce une édition in-4. de 26 ff. non chiffr., sign. A—G, texte en lettres ital., et frontispice gravé sur bois : elle ne porte pas non plus de date.

— Pratico, comedia di Alfonso di Battista Guarino. (*sans lieu ni date*), in-4. sign. A—Iiii. [16660]

Cette pièce est encore plus rare que la précédente; cependant les deux réunies n'ont été payées que 10 fr. à la vente de Soleinne.

GUARINI (*Battista*). Tutte le sue opere. *Verona, Tumermanni,* 1737-38, 4 vol. in-4. fig. 15 à 20 fr. [19211]

40 fr. *m. viol.* Randon de Boisset, et 154 fr. Labédoyère.

Bonne édition, donnée par les soins réunis de J.-André Barotti et Apostolo Zeno : elle devait être composée de 8 vol., mais il n'a paru que ceux-ci.

— Rime. *Roma, Ant. Landini,* 1640, in-24. [14570]

Petite édition, rare et recherchée, appréciée 11 fr. par B. Gamba : le *Pastor fido* n'est partie nécessaire, car les *rime,* bien qu'avec un frontispice particulier, commencent à la page 243. — On fait encore cas de celle de *Venise,* 1598, in-4. de 4 et 137 ff., plus 3 ff. pour la table. Il en a été tiré des exemplaires en Gr. Pap.

— Il Pastor fido, tragi-comedia pastorale. *Venezia, Gio.-Batista Bonfadino,* 1590, in-4., signat. A—Ll. [16709]

Édition curieuse et regardée comme la première de cette past.rale : elle est complète et présente quelques leçons meilleures que dans les éditions de Venise, 1602 et 1621. Cependant il n'est pas certain que celle de Ferrare, *Vittorio Baldini,* 1590, pet. in-12, ne soit pas la plus ancienne.

Guarini (*B.*). L'antica città di Eclano, 25771.
Guarini (P. Guarino). Architettura, 9755.

— IL PASTOR fido, tragi-comedia pastorale, con un compendio di poesia tratto dai due Verati. *Venetia, Ciotti*, 1602, in-4. figures.

Cette édition, estimée et peu commune, vaut 15 fr. en Italie; mais ici.elle n'a de valeur qu'en Gr. Pap. Vend. telle 25 fr. F. Didot.

Il y a une réimpression faite sous la même date, en plus petits caractères : on la reconnaît facilement, parce que le titre porte XXVII *impressione*, tandis que celui de l'original a seulement XX *impressione*.

L'édition de *Venise*, 1621, in-4. fig., qui contient de plus les *Rime* du même auteur, vaut de 5 à 6 fr. à peu près. — Celle de *Venezia, Giunti*, 1638, in-64. lettres rondes, nous est indiquée par Jos. Molini.

— IL PASTOR fido. *Amsterdamo, L. Elzevier*, 1640, in-24. fig. 3 à 4 fr.

Jolie édition en lettres italiques : vend. 10 fr. Mac-Carthy. Jos. Molini la dit in-64, et lui donne par erreur la date de 1690.

— IL PASTOR fido. *Amsterd., D. Elzevier*, 1678, in-32, fig. de Séb. Le Clerc. 3 à 5 fr.

Ce volume est le moins commun de ceux qui forment la collection des poëtes italiens imprimée par Dan. Elsevier. Il y en a cependant, selon M. Renouard, deux éditions sous la même date.

On fait encore cas de l'édition de *Leyde, Elzevier*, 1659, pet. in-12. 5 à 6 fr. Vend. 16 fr. *m. v.* en 1808; 20 fr. Mac-Carthy.

— LO STESSO, riveduto per l'abbate Antonini. *Parigi, Herrico*, 1729, pet. in-8. 2 à 3 fr.

Un exemplaire sur VÉLIN, vend. 24 fr. le baron d'Ileiss; 51 fr. Mac-Carthy; 42 fr. 50 c. Librairie De Bure; 34 fr. 50 c. en 1841.

— LO STESSO. *Glasgovia, Foulis*, 1763, pet. in-8. fig. 2 à 3 fr.

Il y a des exempl. en pap. de Holl. Vend. 10 fr. *m. citr.* Caillard.

— LO STESSO. *Venezia*, 1769, in-8.

Un exemplaire sur VÉLIN, 4 liv. 4 sh. Pinelli, et moins depuis.

— LO STESSO. *Parigi, nella stamp. di Fr.-Ambr. Didot, a spese di G.-C. Molini*, 1782, in-8. Gr. Pap. d'Annonay. 5 à 6 fr.

Des exemplaires sur VÉLIN ont été vend. 130 fr. Mac-Carthy; 60 fr. Librairie De Bure.

Outre cette édition in-8., tirée à un petit nombre d'exempl., Molini en a donné, dans la même année, une autre en pet. in-12.

— LO STESSO. *Venezia, Zatta*, 1788, in-12, figures.

Un exempl. impr. sur VÉLIN, 100 fr. Mac-Carthy.

— LO STESSO. *Crisopoli (Parma, Bodoni)*, 1793, in-4.

Les exemplaires de cette édition n'ont été tirés qu'à 175, et sont de cinq sortes : 1° gr. in-4. pap. commun, 5 à 6 fr.; 2° pap. fin, 8 à 10 fr.; 3° in-4. impérial, en pap. vél., tiré à six exempl.; 4° pet. in-fol.; 5° même format, pap. vél., tiré à 25 exemplaires; M. Lama dit ces derniers seulement en pap. fin. Vend. l'in-4. impér. 23 fr. salle Silvestre. en 1805; l'in-fol. 28 fr. même salle, et beaucoup moins depuis. Un exemplaire de l'in-fol. sur VÉLIN, 50 fr. seulement Renouard.

— LO STESSO. *Londra, Dulau*, 1800, 2 vol. in-8. pap. vél. 6 à 8 fr.

Belle édition, tirée à 250 exemplaires.

Nous citerons encore l'édition de *Londres, Pickard*, 1718, in-4. fig., donnée par P.-Ant. Rolli, et dont il y a du Gr. Pap.—Celle d'*Amsterd., Schouten*, 1732, in-4., *arrichita di utilissime annotazioni e riveduta e corretta da O. P. A.* : elle est belle et correcte. — *Paris, Prault*, 1768, pet. in-12. — Et parmi les éditions nouvelles, celles de *Milan, Soc. tipogr.*, 1807, in-8. — de *Paris, Lefèvre*, 1820, in-32, pap. vél. de la collection publ. par M. Buttura. — de *Pise*, 1819, in-18. — de *Milan*, 1822, in-32, pap. vél. portr.; et de *Florence, Borghi*, 1826, in-32, pap. vél. portr.

— Le Pasteur fidelle, tragi-comédie pastoralle de J.-B. Guarini, traduit par Ant. de Giraud, lyonnois. *Paris, en la boutique de l'Angelier, chez Claude Cramoisy*, 1623, in-12, frontisp. gravé. 3 à 4 fr.

20 fr. mar. bl. Coste.

— IL PASTOR fido de Guarini, traduit de l'italien en vers françois (par l'abbé de Torche). *Paris, Cl. Barbin (Hollande*, avec la Sphère), 1665, pet. in-12 de 8 ff. et 56 pp.

Édition rare, et assez jolie pour qu'on puisse l'attribuer aux presses elseviriennes. Vend. 5 fr. Chardin.

— LE BERGER fidèle, trad. en vers franç. (par l'abbé de Torche). *Cologne, P. Marteau (Hollande)*, 1671, pet. in-12, fig. 6 à 9 fr. vend. 10 fr. 50 c. vél. Renouard.

Cette édition s'annexe à la collection des Elseviers, ainsi que celle de Cologne, 1677, pet. in-12, fig., laquelle est moins belle que la première, mais dont les exemplaires sont de deux sortes, c'est-à-dire avec ou sans le texte italien. — L'édition d'Amsterdam, *A. Wolfgang*, 1689, pet. in-12, fig., titre à la Sphère, est assez jolie.

Il y a une autre traduction franç. de cette pastorale (par Pecquet). *Paris*, 1733 ou 1759, 2 vol. in-12, avec le texte.

— EL PASTOR fido, tragicomedia pastoral, traducida de Italiano en verso castellano por Christoval Suarez (de Figueroa). *Napoles, Longo*, 1602, pet. in-8.

Première édition d'une traduction au sujet de laquelle Cervantes fait dire par D. Quichotte (seconde part., chap. LXII) : « J'excepte encore de ces traducteurs le célèbre Christophe de Figueroa qui a traduit le *Pastor fido*, et D. Juan Xauregui qui a fait une version de l'*Aminte*, et qui ont tous deux si heureusement réussi, qu'on doute si leurs ouvrages sont les traductions ou les originaux. »

L'édition de *Valence, Mey*, 1609, pet. in-8., n'est guère moins rare que la première.

— LA IDROPICA, comedia. *Venezia, Ciotti*, 1613, pet. in-8. avec un frontisp. gravé et le portrait de l'auteur. [16709]

Édition originale, mais posthume, publ. par Greg. de' Monti.

M. Gaetano A. Ruggieri a fait impr. à Venise, en 1818, in-8., un ouvrage inédit de Guarini, intitulé : *Trattato della pubblica libertà*. En prose, 3 fr.

GUARINO (en latin Varinus). Voy. PHAVORINUS, et THESAURUS Cornucopiæ.

GUARINUS Capellus. Voy. CAPELLI Macharonea.

GUARINUS. Guarini veronensis clarissimi ac peritissimi viri fœliciter regulæ incipiunt. — *Finis* M. CCCC. LXX *die quinto mensis januarii*, in-4. [10792]

Première édition de cet ouvrage; elle est attribuée à Nic. Jenson, et regardée comme un des premiers essais typographiques de ce célèbre imprimeur : c'est un opuscule de 39 ff. Un exempl. sur VÉLIN, 281 fr. Mac-Carthy, acheté pour la Bibliothèque du roi.

— Idem opus. — M. CCCC. LXXI. *die quindecimo mensis julii (Venetiis)*, in-4. de 39 ff. à 24 lign. par page.

Autre édition rare, ainsi que celle de Venise, 1474, *die 20 junii*, sans nom d'imprimeur, in-4. de 45 ff. à 24 lignes par page.

Panzer, tome IV, p. 353, décrit une autre ancienne

édition in-4., sans date ni lieu d'impression, laquelle commence par cet intitulé, en capitales : *Clarissimi ad Peritissimi viri Guarini Veronensis regulæ fœliciter incipiunt*, et finit au verso du 33e f. Voir aussi Hain, 8105 et 8107.

— GUARINI veronensis... grammaticales Regulæ Incipiunt. — *Opus Guarini veronensis viri peritissimi hic fœliciter côpletû est Venetiis anno Christi. M. cccc. Lxxy die xyij. Augusti*, in-4. de 48 ff. non chiffrés, à 22 lignes par page, caract. ronds, signat. a—f; le 1er f. est bl.

Édition décrite pour la prem. fois dans le catal. Boutourlin, édition de Florence, n° 115 (vend. 12 fr.). Celle de Ferrare, 1475, in-4., sans nom d'imprimeur, n'est guère plus connue.

— GUARINI veronensis... grammaticales regulæ incipiunt. — *Opus... feliciter impressum per... Antonellum a Moneta aurificem* : M. CCCC. LXXVIII. *xxvij Junii*, in-4. de 40 ff. signat. a—e, caract. rom., 25 lign. par page. (*Ædes althorp.*, II, p. 141.) Cet orfèvre imprimait à Venise.

— GUARINI veronensis grammaticales regulæ. *Impressæ Pineroli, per Jacotinum Rubei*, 1479, in-4.

Édition peu connue : vend. exempl. rel. en *m. bl.* 79 fr. salle Silvestre, en octobre 1825.

— GRAMMATICALES regulæ incipiunt. — *Opus... completum est Troscolani* (sic) *per Magistrum Gabrielem Petri...* M. CCCC. LXXVIIII. *die xii januarii*, in-4. de 29 ff., avec des signat., caract. rom.

Édition non moins rare que la précédente, et qui est une des premières productions des presses de Tusculano. — Panzer cite une édition de cette grammaire : Florence, *Apud Sanctum Jacob. de Ripoli*, 1477, in-4., mais sous un titre italien.

— Guarini erotemata ; Libanii opusculum de modo epistolandi, græce, præcedit epistola Pontici Virunii. *Rhegii-Lingobardiæ impensis nobilis Simonis Bombasii : et sociorum Pontici Virunii, et presbytheri Dionysii Bertochi : Benedictus Manzius Carpensis impressit*, 1501, x *julii*, pet. in-4. [10613]

Édition fort rare. (Panzer, VIII, p. 243.)

Cet ouvrage est l'abrégé des *Erotemata* de Chrysoloras (voy. ce nom).

— Erotemata Guarini, cum multis additamentis et cum comment. lat. (Pontici Virunii, edente Jo.-Mar. Tricælio). *Ferrariæ, per Joan. Mazochum*, 1509, 2 part. en 1 vol. in-8.

Sans être connue, cette édition n'est pas fort rare : vend. 109 fr. La Vallière ; 2 liv. 5 sh. Pinelli ; 127 fr. Larcher ; 40 fr. 50 c. Librairie De Bure ; 1 liv. 14 sh. Libri, en 1859. Rich. Heber en avait réuni jusqu'à cinq exempl., lesquels sont annoncés de cette manière dans le catal. de ce grand bibliophile, VI, nos 1376 et suiv., et VII, 2621 : 1° *very bad copy*, 4 sh. 6 d.; 2° *moderate copy, m. r.* 10 sh.; 3° *good copy, m. bl.*, 17 sh.; 4° *very fine copy, from collection of Girardot de Prefond and Sykes, m. bl.* 3 liv. 13 sh. 6 d.; 5° *mar. by Lewis*, 1 liv. 1 sh.

Description : 2 ff. prélim. y compris le titre; le texte grec, 66 ff. (signat. A—R) ; 10 ff. impr. en ital., avec ce sommaire : *Ponticus Virunius Magnifico Antonio Vicecomiti Lod. Sfor. Subrorum ducis conciliario, ac oratori Ferrariæ salutem ; 3 ff. contenant *Vita Chrysoloræ*, ensuite 159 ff. dont le premier porte pour sommaire : *Pontici Virunii declarationes quædam ad magnificum Antonium vicecomitem... in erotemata Guarini tumultuariæ.* Toute cette partie latine, depuis le premier des 10 ff. en italique jusqu'à la fin du vol., est chiffrée dans le bas des ff., depuis 1 jusqu'à 172. Au recto du dern. f. se lit la souscription suivante : *Impressum Fer-*

rariæ p me Ioãnê Mazochû. Anno Domini M. D. IX. die XIII. Martii ; et au bas le registre.

— QUÆ hoc libro continentur : Georgii Simler observationes de arte grammatica ; de litteris græcis, ac diphthongis, et quemadmodum ad nos veniant ; erotemata Guarini, cum interpretatione latina ; isagogicum sive introductorium in litteras græcas. *Tubingæ, in ædibus Th. Anshelmi Badensis, mense martio*, M. D. XII, 2 tom. en 1 vol. in-4.

Collection rare. *Panzer*, VIII, page 322.

— GUARINI veronensis de infœlici amore Aldæ puellæ ferrariensis Elegia. *Basileæ apud Pamphilum G. (Gensbach), mense julio, anno* M. D. VII, in-4.

GUARINUS (*Bapt.*). Poema divo Herculi Ferrariensium duci dicatum. *Impressa a Dom. Rocociolo, Mutinæ*, 1496, in-4. [12713]

Édition rare : vend. 1 liv. 1 sh. Pinelli.

Un exemplaire sur VÉLIN, avec les armes peintes, se conserve à la Biblioth. impér. de Vienne.

GUARNA (*Andreas*). Grammatices opus novum, mira quadam arte compendiosa excussum (Grammaticæ Bellum nominis et verbi regum de principalitate orationis inter se condendentium. — editum a Rev. Dno Andrea Guarna Salernitano Patricio cremonensi). *Cremonæ*, MD. XI, in-4. [10845]

Nous transcrivons ici le titre donné par Panzer (IX, 453), de l'édition la plus ancienne que nous connaissions de cet opuscule célèbre, dont le succès s'est soutenu, dans toute l'Europe, pendant plus de deux siècles. Nous nous abstenons d'indiquer ici les nombreuses éditions qui existent de cet écrit pédantesque. Toutefois nous ne devons pas oublier celle dont voici le titre :

GRAMMATICOMACHIA, seu ut vulgus dicit, Bellum grammaticale, additis in margine vocabulorum multorum declamationibus : editum a rever. Andrea Salernitano. *Avenione, per Joannem de Chanei Calcographum*, 1526, pet. in-8. goth. de 24 ff. 11 fr. 50 c., quoique taché d'eau, Fr. Michel.

L'édition de *Paris, Rob. Stephanus*, 1526, pet. in-8. de 18 ff., est la première qu'en ait donnée ce savant imprimeur. Nous citerons encore celle d'*Amsterd., Jansson à Waesberg*, 1705, pet. in-12, *notis ad præcepta grammaticalia instigantibus illustrata;* enfin celle de *Poitiers, Catineau*, 1811, in-12 avec des notes par H. B. G. (Gibault), lequel a fait paraître en même temps une traduction française de cette. *Guerre grammaticale*, in-12; il en existait déjà une sous ce titre :

HISTOIRE mémorable de la guerre civile entre les deux rois des noms et des verbes, traduite du latin... par P. Roger, *Paris, J. Libert*, 1616, pet. in-8.

Le *Bellum grammaticale* a été traduit en anglais par Will. Haywarde, *London*, 1576, in-8.

C'est probablement d'après l'ouvrage d'André Guarna qu'a été composée la tragi-comédie intitulée :

BELLUM grammaticale, sive nominum verborumque discordia civilis, *Londini*, 1635, in-12.

Avant de paraître imprimée, cette pièce avait été jouée à Oxford, le 24 septembre 1592, devant la reine Elisabeth. On en cite des éditions de *Londres*, 1633, et d'*Edimbourg*, 1696. Celle de Londres, 1729, in-8. de 48 ff. non compris le titre ni le frontispice (vend. 12 fr. de Soleinne, 15 fr. Baudelocque), a été faite aux frais de Rich. Spencer, fils de Jean Spencer, antiquaire célèbre : on y attribue l'ouvrage à un Jean Spencer, qui ne peut être le même que l'antiquaire, né seulement en 1630. Wood pensait que cette même pièce était du Dr Léonard Hutten.

L'*Horrendum bellum grammaticale Teutonum an-*

tiquissimorum, Braunschweig, 1673, in-4., est une satire écrite en allemand par Juste-Geor. Schottel.

GUARNACCI (*Mario*). Origini italiche o sia le memorie istorico-etrusche sopra lo antich. regno d' Italia e lei primi abitatori d' Italia. *Lucca*, 1767-72, 3 vol. in-fol. fig. 30 à 36 fr. [25235]

Ouvrage estimé : 46 fr. Villoison. — Il faut y réunir *Esame critico delle origini italiche di Guarnacci.* Venet., 1773, in-4., par Marini.
Il y a une édition de *Rome*, 1785-7, 3 vol. in-4., augmentée : 25 fr. Hurtault.

— Voy. CIACONIUS.

GUARNIERI Ottoni (*Aurel.*). Dissertazione intorno al corso dell' antica via Claudia, dalla città di Altino sino al fiume Danubio. *Bassano*, 1789, in-4., avec 2 grandes pl. [29212]

Vendu 18 fr. Villoison, sans avoir cette valeur.

GUARRICUS. Voy. GUERRICUS.

GUASCO (*Franc.-Eug.*). Musæi capitolini antiquæ inscriptiones, nunc primum conjunctim editæ, notisque illustratæ. *Romæ*, 1775-78, 3 vol. gr. in-fol. fig. [29940]

Vend. 25 fr. et 77 fr. Librairie De Bure.
— Dello ornatrici, 29020.

GUASCO (*Octave* de). Voy. USAGE des statues.

— Dissertations, 18325.

GUATINI. Viaggio del regno del Congo, del P. Michaël Angelo de Guatini da Reggio, et del P. Dionigi de Carli da Piacenza, capuccini missionari... descritto per lettere contenuate fino alla morte, del porto di Genoua alla città di Loanda, dal susdetto P. Guatini. al suo padre, con una fedele narrativa delli paesi del Congo, del detto P. Dionigi, et col suo ritorno in Italia. *Venetia*, *Iseppo Prodocimo*, 1699, in-12. [28422]

C'est sur la première édition de cette relation, *Bologna, Longhi*, 1674, in-12, qu'a été faite la traduction française ayant pour titre : *Relation curieuse d'un voyage de Congo, fait les années 1666 et 1667, par les PP. de Guatini et Denis de Carli*, Lyon, Amaulry, 1680, in-12. — Réimpr. dans la *Relation de l'Ethiopie occidentale*, du P. Labat, p. 91 à 268.

GUATTANI (*Gius.-Ant.*). Roma descritta ed illustrata; 2ª edizione corretta ed accresciuta. *Roma, Pagliarini*, 1805, 2 vol. in-4. fig. 24 à 30 fr. [25529]

— Monumenti antichi inediti, ovvero notizie sulle antichità e belle arti di Roma. *Roma*, 1784-89 et 1805, 7 vol. in-4. [29260]

62 fr. Hurtault et 28 fr. Boutourlin; 29 fr. Tochon d'Annecy.

— MEMORIE enciclopediche sulle belle arti, antichità, ec., ann. 1805-17. *Roma, Salomoni, e de Romanis*, 1806-19, 7 vol. in-4. fig. 18 scudi (100 fr.).

Suite des *Monumenti antichi inediti.* Les deux derniers vol. coûtent chacun 22 fr.

— LA PITTURA comparata nelle opere principali di tutte le scuole, con incisioni a contorno eseguite da Stan. Morelli e il'ustrate da G.-A. Guattani. *Roma, Fr. Bourlie*, 1816, in-8. [9262]

Tome Ier contenant 54 pl. grav. au trait, avec une explication.

— QUADRI dell' appartamento Borgia nel Vaticano, disegnati ed incisi da Gius. Graffonara. *Roma, de Romanis*, 1820, in-fol. fig. [9404]

GUAYNERIUS. Voy. GUAINERUS.

GUAY-TROUIN (*René* du). Ses Mémoires, rédigés par lui-même (continués par M. de La Garde, son neveu, et publiés par Gaspard de Beauchamps). *Paris*, 1740, in-4. fig. 5 à 6 fr. [23827]

En Gr. Pap. 18 fr. m. r. Caillard.

GUAZZI ou Guazzo (*Marco* di). Belisardo fratello del Conte Orlando del strenvo milite Marco di Gvazzi Mantvano. — *Impresso in Venetia per Nicolo de Aristotile de Ferrara detto Zoppino...* MDXXV. *adi xviii Agosto*, in-4. à 2 col. caractères ronds, pages chiffrées de 1 à CLXVI. [14750]

Poëme divisé en trois livres composés de 29 chants, en stances de huit vers. Le titre, renfermé dans une bordure, est imprimé en rouge, et au verso se lit un privilège du pape, daté du 5 juin 1521.

— Belisardo. — *Stampata in Venetia per Alouixius de Tortis...* MDXXXIII. *Adi xxiiii. Zenaro*, in-4. de clxvj ff. à 2 col. caract. ronds.

Vend. 1 liv. 11 sh. Hibbert.
Édition non moins rare que la précédente, et la meilleure de ce poëme. On lit sur le titre la date MDXXXIIII, et à la fin, MDXXXIII, ce qui a fait annoncer mal à propos deux éditions au lieu d'une.
Un exemplaire ayant la première partie datée de *Venise, per Nicolo d'Aristotile detto Zoppino*, 1539, avec la 2e part., édit. de 1533, les 2 part. en 1 vol., 2 liv. Libri.

— Opera noua di Marco Guazzo de Antiqui Cauallieri d' Armi e d' Amore intitolata la Fede. — *Stampato nella inclita città di Vinegia, per Francesco di Alessandro Bindoni & Mapheo Pasini, compagni. Nel* .M. D. XXVIII. *Di Ottobrio;* in-8. de 148 ff. non chiffrés, signat. A—T. [14751]

Poëme en IX chants, en stances de huit vers, à peine connu et qui forme la suite du *Belisardo*, ainsi que le prouve le sommaire suivant placé devant le texte : *Libro qvarto et vltimo di Belisardo fratello di Orlando di Marco Gvazzo intitolato la Fede.* Le titre, entouré d'une bordure, est suivi d'un autre f. prélimin., contenant un sonnet, un avis au lecteur, etc.; malgré les mots *libro qvarto et vltimo* que porte le sommaire, l'ouvrage n'est pas terminé.

Guarnieri (*P.-E.*). Biblioteca dell' architettura militare, 31744.

Guattini. Voy. Gattine.

— Innamoramento di Lancilotto. Voyez AGOSTINI (*Nic.* degli).

— Astolfo borioso di Marco Guazzo, poema. *Venezia, Zoppino*, 1523, in-4. fig. [14803]

Ce poëme est en 2 part. de XIV chants chacune, et qui, selon Quadrio (VI, 577), auraient été imprimées l'une et l'autre en 1523. La première partie, au moins, a été réimpr. sous ce titre : *Astolfo borioso di Marco Guazzo tutto riformato. Et per l'auttore nouamente aggiunto, con somma diligentia ristampato, Et historiato* M. D. XXXII (et portant à la fin) : *Stampato in Vinegia per Guglielmo da Fontaneto di Monferra nel anno* M. D. XXXII. *a di quattro del mese de Aprile*, in-4. à 2 col., sign. A–P. Il existe une édition de la 2e partie, *ove contiensi le horribile battaglie della Fraza, & della Margiana... imprim. per Nicolo d' Aristotile detto Zoppino, del mese di Agosto*. MD XXXIII, in-4. de 59 ff. chiffr. à 2 col. (plus 2 ff. dont 1 bl.), contenant les chants XV à XXVIII ; et le même imprimeur a donné une édition de la première partie, sous la date de MDXXXIX, in-4. de 62 ff. à 2 col. Ces trois volumes sont décrits par M. Melzi, page 268 ; mais nous ignorons s'il existe réellement des exemplaires des deux parties sous une même date. Un exemplaire de la 1re partie, de 1539, et de la 2e, de 1533, a été vendu 3 liv. Heber ; 50 fr. Libri.

— Astolfo borioso, che segue alla morte di Ruggiero, ec. *In Vinegia per Pavolo Gherardo*, 1549, in-4. de 144 ff. à 2 col. caract. ital., avec fig. en bois.

Cette édition présente un texte retouché par l'auteur et divisé en 32 chants, sans que l'ouvrage soit encore terminé. Il y a des exemplaires dont le titre porte le nom de *Pavolo Gherardo*, tandis que d'autres ont pour adresse *a San Luca al segno de la cognitione;* mais dans tous on lit, au verso du dernier f. : *in Vinegia per Comin da Trino di Monferrato. L' anno.* M. D. XLIX. Vend. 24 fr. La Valliere ; 23 fr. en 1829; 2 liv. 9 sh. Hibbert.

Ce même poëme a été réimpr. à Venise, en 1607, et en 1623, in-8., d'après l'édition de Zoppino, en 28 chants seulement. Un exempl. de celle de 1607, en *mar. r.*, 1 liv. 1 sh. Libri, en 1859.

— Satira di Marco Guazzo intitulata Miracolo d' amore. MDXXX. (au recto de l'avant-dernier f.) : *Stampati in Vinegia per Nicolo d' Aristotile detto Zoppino.* M. D. XXX, pet. in-8. lettres ital. [16645]

Comédie en 5 actes et en vers, consistant en 40 ff. y compris le titre et 2 ff. non chiffrés, dont un contient le registre, la souscription et les interlocuteurs, et l'autre une petite gravure en bois.

Nous citerons du même auteur :

HISTORIE di messer Marco Guazzo, ove se contengono la venuta e partita d' Italia di Carlo ottavo rè di Franza et come acquistò et lasciò il regno di Napoli, et tutte le cose in quei tempi in mare et in terra successe, con le ragioni qual dicono Francesi haver la corona di Francia nel regno di Napoli et nel ducato di Milano. *Venetia, all' insegna di S. Bernardino* (1547), pet. in-8. [23422]

DISCORDIA d' amore, tragedia. *Venet., Zoppino,* 1528, in-8.

ERRORI d' amore, comedia. *Venet., Bindoni e Pasini,* 1526, in-8.

GUAZZO (*Stefano*). La civil conversatione del sig. Stefano Guazzo, gentilhuomo di Casale di Monferrato, divisa

in quattro libri. *Brescia, Tomaso Bozzola,* 1574, in-4. [3856]

Édition originale d'un ouvrage qui a été plusieurs fois réimprimé. Il en a paru simultanément deux traductions françaises : l'une par Fr. Belleforest, *Paris, P. Cavellat,* 1579, in-8., et l'autre par Gabr. Chappuys, *Lyon, J. Bernard,* même date et même format. La première a été réimpr. à Genève, en 1598, in-16, et la seconde à Lyon, B. Rigaud, 1592, in-16.

On a encore d'Est. Guazzo, des *Dialogi piacevoli...* impr. à Venise, en 1586, in-4. [18646] et des *Lettere,* impr. plusieurs fois de format in-8.

GUAZZONI (*Diomisso*), cremonese. Quintilia, tragi-comedia. *Mantova, Giacomo Ruffinello,* 1579, pet. in-8. de 120 ff. en tout. [16696]

Pièce déjà imprimée en 1567. Un des personnages y parle bergamasque et un autre le pédantesque : 4 fr. non rel. de Soleinne.

— ANDROMEDA, tragi-comedia boccareccia. *Venetia, Domenico Imberti,* 1599, in-12 de 190 pp. 3 fr. 75 c. de Soleinne.

GUBERNATIS (*Dominic.* de). Orbis seraphicus, seu historia de tribus ordinibus a S. Francisco institutis. *Romæ et Lugduni,* 1682-89, 5 vol. in-fol. [21817]

Ouvrage devenu rare et que les franciscains recherchent. C'est le 2e vol. qui a été imprimé à Lyon.

GUDII (*Marquardi*) Inscriptiones antiquæ, cum græcæ, tum latinæ, a Jo. Koolio digestæ, et a Fr. Hesselio editæ. *Leovardiæ,* 1731, in-fol. [29921]

Les savants font cas de cet ouvrage : 20 fr. Dutheil; 18 fr. Raoul Rochette.

— Marq. Gudii et virorum doctorum ad eundem epistolæ, curante Petro Burmanno. *Ultrajecti,* 1697, in-4. [18791]

Recueil intéressant que l'on peut réunir au *Sylloge* de Burman. Il y a des exemplaires avec de nouveaux titres, portant : *Lugd.-Batavor.,* 1711, ou *Hagæ-Comit.,* 1714. Les exemplaires de 1697, avec l'épitre dédicatoire, dans laquelle Grævius est nommé *princeps eruditorum,* sont rares. (Consultez Claror. Belgar. ad Magliab. epistolæ, 1, 311.)

GUEDRON (*Pierre*), compositeur en musique de la chambre du roy. Airs de court, mis à quatre parties. *Paris, Vc Ballard et Pierre Ballard fils,* 1602, 5 part. in-8. obl. [14313]

Chacune des 4 premières parties a 46 pp., y compris les prélim., et de plus un f. non chiffré. La 5e partie n'a que 12 ff. 26 fr. de Soleinne.

GUEGUEN (*Tangy*). Les Noëls anciens et devots en breton; le tout accommodé, corrigé et augmenté d'un grand nombre d'autres, tant bretons que françois. *Quimper-Caurentin, George Allienne,* 1650, in-8. [14358]

Peu commun.

GUELEN (*Aug.* de). Briefve relation de

Gudenus (*V.-Ferd.*). Codex diplomaticus, 26576.
Gudin (*P.-P.*). Conquête de Naples, 14152. — Contes, 14184. — Histoire des comices, 22942.

tiquissimorum, Braunschweig, 1673, in-4., est une satire écrite en allemand par Juste-Geor. Schottel.

GUARNACCI (*Mario*). Origini italiche o sia le memorie istorico-etrusche sopra lo antich. regno d' Italia e lei primi abitatori d' Italia. *Lucca*, 1767-72, 3 vol. in-fol. fig. 30 à 36 fr. [25235]

Ouvrage estimé : 46 fr. Villoison. — Il faut y réunir *Esame critico delle origini italiche di Guarnacci*. Venet., 1773, in-4., par Marini.

Il y a une édition de *Rome*, 1785-7, 3 vol. in-4., augmentée : 25 fr. Hurtault.

— Voy. CIACONIUS.

GUARNIERI Ottoni (*Aurel.*). Dissertazione intorno al corso dell' antica via Claudia, dalla città di Altino sino al fiume Danubio. *Bassano*, 1789, in-4., avec 2 grandes pl. [29212]

Vendu 18 fr. Villoison, sans avoir cette valeur.

GUARRICUS. Voy. GUERRICUS.

GUASCO (*Franc.-Eug.*). Musæi capitolini antiquæ inscriptiones, nunc primum conjunctim editæ, notisque illustratæ. *Romæ*, 1775-78, 3 vol. gr. in-fol. fig. [29940]

Vend. 25 fr. et 77 fr. Librairie De Bure.
— Dello ornatrici, 29020.

GUASCO (*Octave* de). Voy. USAGE des statues.
— Dissertations, 18325.

GUATINI. Viaggio del regno del Congo, del P. Michael Angelo de Guatini da Reggio, et del P. Dionigi de Carli da Piacenza, capuccini missionari... descritto per lettere contenuate fino alla morte, del porto di Genoua alla città di Loanda, dal susdetto P. Guatini. al suo padre, con una fedele narrativa delli paesi del Congo, del detto P. Dionigi, et col suo ritorno in Italia. *Venetia, Iseppo Prodocimo*, 1699, in-12. [28422]

C'est sur la première édition de cette relation, *Bologna, Longhi*, 1674, in-12, qu'a été faite la traduction française ayant pour titre : *Relation curieuse d'un voyage de Congo, fait ès années 1666 et 1667, par les PP. de Guatini et Denis de Carli*, Lyon, Amaulry, 1680, in-12. — Réimpr. dans la *Relation de l'Ethiopie occidentale*, du P. Labat, p. 91 à 268.

GUATTANI (*Gius.-Ant.*). Roma descritta ed illustrata; 2ª edizione corretta ed accresciuta. *Roma*, *Pagliarini*, 1805, 2 vol. in-4. fig. 24 à 30 fr. [25529]

— Monumenti antichi inediti, ovvero notizie sulle antichità e belle arti di Roma. *Roma*, 1784-89 et 1805, 7 vol. in-4. [29260]

62 fr. Hurtault et 28 fr. Boutourlin; 29 fr. Tochon d'Annecy.

— MEMORIE enciclopediche sulle belle arti, antichità, ec., ann. 1805-17. *Roma, Salomoni, e de Romanis*, 1806-19, 7 vol. in-4. fig. 18 scudi (100 fr.).

Suite des *Monumenti antichi inediti*. Les deux derniers vol. coûtent chacun 22 fr.

— LA PITTURA comparata nelle opere principali di tutte le scuole, con incisioni a contorno eseguite da Stan. Morelli e il'ustrate da G.-A. Guattani. *Roma, Fr. Bourlie*, 1816, in-8. [9262]

Tome Iᵉʳ contenant 54 pl. grav. au trait, avec une explication.

— QUADRI dell' appartamento Borgia nel Vaticano, disegnati ed incisi da Gius. Graffonara. *Roma, de Romanis*, 1820, in-fol. fig. [9404]

GUAYNERIUS. Voy. GUAINERUS.

GUAY-TROUIN (*René* du). Ses Mémoires, rédigés par lui-même (continués par M. de La Garde, son neveu, et publiés par Gaspard de Beauchamps). *Paris*, 1740, in-4. fig. 5 à 6 fr. [23827]

En Gr. Pap. 18 fr. m. r. Caillard.

GUAZZI ou Guazzo (*Marco* di). Belisardo fratello del Conte Orlando del strenvo milite Marco di Gvazzi Mantvano. — *Impresso in Venetia per Nicolo de Aristotile de Ferrara detto Zoppino...* MDXXV. *adi xviii Agosto*, in-4. à 2 col. caractères ronds, pages chiffrées de I à CLXVI. [14750]

Poëme divisé en trois livres composés de 29 chants, en stances de huit vers. Le titre, renfermé dans une bordure, est imprimé en rouge, au verso se lit un privilège du pape, daté du 5 juin 1521.

— Belisardo. — *Stampata in Venetia per Alouixius de Tortis...* MDXXXIII. *Adi xxiiii. Zenaro*, in-4. de clxvj ff. à 2 col. caract. ronds.

Vend. 1 liv. 11 sh. Hibbert.

Édition non moins rare que la précédente, et la meilleure de ce poëme. On lit sur le titre la date MDXXXIIII, et à la fin, MDXXXIII, ce qui a fait annoncer mal à propos deux éditions au lieu d'une.

Un exemplaire ayant la première partie datée de *Venise, per Nicolo d'Aristotile detto Zoppino*, 1539, avec la 2ᵉ part., édit. de 1533, les 2 part. en 1 vol., 2 liv. Libri.

— Opera noua di Marco Guazzo de Antiqui Cauallieri d' Armi e d' Amore intitolata la Fede. — *Stampato nella inclita citta di Vinegia, per Francesco di Alessandro Bindoni & Mapheo Pasini, compagni. Nel .M. D. XXVIII. Di Ottobrio*, in-8. de 148 ff. non chiffrés, signat. A—T. [14751]

Poëme en IX chants, en stances de huit vers, à peine connu et qui forme la suite du *Belisardo*, ainsi que le prouve le sommaire suivant placé devant le texte : *Libro qvarto et vltimo di Belisardo fratello di Orlando di Marco Gvazzo intitolato la Fede*. Le titre, entouré d'une bordure, est suivi d'un autre f. prélimin., contenant un sonnet, un avis au lecteur, etc.; malgré les mots *libro qvarto et vltimo* que porte le sommaire, l'ouvrage n'est pas terminé.

Guarnieri (*P.-E.*). Biblioteca dell' architettura militare, 31744.

Guattini. Voy. Gattine.

— Innamoramento di Lancilotto. Voyez AGOSTINI (*Nic.* degli).

— Astolfo borioso di Marco Guazzo, poema. *Venezia, Zoppino*, 1523, in-4. fig. [14803]

Ce poëme est en 2 part. de XIV chants chacune, et qui, selon Quadrio (VI, 577), auraient été imprimées l'une et l'autre en 1523. La première partie, au moins, a été réimpr. sous ce titre : *Astolfo borioso di Marco Guazzo tutto riformato. Et per l' auttore nouamente aggiunto, con somma diligentia ristampato, Et historiato* M. D. XXXII (et portant à la fin) : *Stampato in Vinegia per Guglielmo da Fontaneto di Monferra nel anno* M. D. XXXII. *a di quattro del mese de Aprile*, in-4. à 2 col., sign. A—P. Il existe une édition de la 2e partie, *ove contiensi le horribile battaglie della Fraza, ¿ della Margiana... imprim. per Nicolo d' Aristotile detto Zoppino, del mese di Agosto.* M D XXXIII, in-4. de 59 ff. chiffr. à 2 col. (plus 2 ff. dont 1 bl.), contenant les chants XV à XXVIII ; et le même imprimeur a donné une édition de la première partie, sous la date de MDXXXIX, in-4. de 62 ff. à 2 col. Ces trois volumes sont décrits par M. Melzi, page 268 ; mais nous ignorons s'il existe réellement des exemplaires des deux parties sous une même date. Un exemplaire de la 1re partie, de 1539, et de la 2e, de 1533, a été vendu 3 liv. Heber ; 50 fr. Libri.

— Astolfo borioso, che segue alla morte di Ruggiero, ec. *In Vinegia per Pavolo Gherardo*, 1549, in-4. de 144 ff. à 2 col. caract. ital., avec fig. en bois.

Cette édition présente un texte retouché par l'auteur et divisé en 32 chants, sans que l'ouvrage soit encore terminé. Il y a des exemplaires dont le titre porte le nom de *Pavolo Gherardo*, tandis que d'autres ont pour adresse *a San Luca al segno de la cognitione ;* mais dans tous on lit, au verso du dernier f. : *in Vinegia per Comin da Trino di Monferrato. L' anno.* M. D. XLIX. Vend. 24 fr. La Vallière ; 23 fr. en 1829 ; 2 liv. 9 sh. Hibbert.

Ce même poëme a été réimpr. à Venise, en 1607, et en 1623, in-8., d'après l'édition de Zoppino, en 28 chants seulement. Un exempl. de celle de 1607, en *mar. r.*, 1 liv. 1 sh. Libri, en 1859.

— Satira di Marco Guazzo intitulata Miracolo d' amore... MDXXX. (au recto de l'avant-dernier f.) : *Stampati in Vinegia per Nicolo d' Aristotile detto Zoppino.* M. D. XXX, pet. in-8. lettres ital. [16645]

Comédie en 5 actes et en vers, consistant en 40 ff. y compris le titre et 2 ff. non chiffrés. Un conticnt le registre, la souscription et les interlocuteurs, et l'autre une petite gravure en bois.

Nous citerons du même auteur :

    HISTORIE di messer Marco Guazzo, ove se contengono la venuta et partita d' Italia di Carlo ottavo rè di Franza et come acquistò et lasciò il regno di Napoli, et tutte le cose in quei tempi in mare et in terra successe, con le ragioni qual dicono Francesi haver la corona di Francia nel regno di Napoli et nel ducato di Milano. *Venetia, all' insegna di S. Bernardino* (1547), pet. in-8. [23422]

    DISCORDIA d' amore, tragedia. *Venet., Zoppino*, 1528, in-8.

    ERRORI d' amore, comedia. *Venet., Bindoni e Pasini*, 1526, in-8.

GUAZZO (*Stefano*). La civil conversatione del sig. Stefano Guazzo, gentilhuomo di Casale di Monferrato, divisa

in quattro libri. *Brescia, Tomaso Bozzola*, 1574, in-4. [3856]

Édition originale d'un ouvrage qui a été plusieurs fois réimprimé. Il en a paru simultanément deux traductions françaises : l'une par Fr. Belleforest, *Paris, P. Cavellat*, 1579, in-8., et l'autre par Gabr. Chappuys, *Lyon, J. Bernard*, même date et même format. La première a été réimpr. à Genève, en 1598, in-16, et la seconde à *Lyon, B. Rigaud*, 1592, in-16.

On a encore d'Est. Guazzo, des *Dialogi piacevoli...* impr. à Venise, en 1586, in-4. [18646] et des *Lettere*, impr. plusieurs fois de format in-8.

GUAZZONI (*Diomisso*), cremonese. Quintilia, tragi-comedia. *Mantova, Giacomo Ruffinello*, 1579, pet. in-8. de 120 ff. en tout. [16696]

Pièce déjà imprimée en 1567. Un des personnages y parle bergamasque et un autre le pédantesque : 4 fr. non rel. de Soleinne.

— ANDROMEDA, tragi-comedia boccareccia. *Venetia, Domenico Imberti*, 1599, in-12 de 190 pp. 3 fr. 75 c. de Soleinne.

GUBERNATIS (*Dominic.* de). Orbis seraphicus, seu historia de tribus ordinibus a S. Francisco institutis. *Romæ et Lugduni*, 1682-89, 5 vol. in-fol. [21817]

Ouvrage devenu rare et que les franciscains recherchent. C'est le 2e vol. qui a été imprimé à Lyon.

GUDII (*Marquardi*) Inscriptiones antiquæ, cum græcæ, tum latinæ, a Jo. Koolio digestæ, et a Fr. Hesselio editæ. *Leovardiæ*, 1731, in-fol. [29921]

Les savants font cas de cet ouvrage : 20 fr. Dutheil ; 18 fr. Raoul Rochette.

— Marq. Gudii et virorum doctorum ad eundem epistolæ, curante Petro Burmanno. *Ultrajecti*, 1697, in-4. [18791]

Recueil intéressant que l'on peut réunir au *Sylloge* de Burman. Il y a des exemplaires avec de nouveaux titres, portant : *Lugd.-Batavor.*, 1711, ou *Hagæ-Comit.*, 1714. Les exemplaires de 1697, avec l'épître dédicatoire, dans laquelle Grævius est nommé *princeps eruditorum*, sont rares. (Consultez Claror. Belgar. ad Magliab. epistolæ, 1, 311.)

GUEDRON (*Pierre*), compositeur en musique de la chambre du roy. Airs de court, mis à quatre parties. *Paris, Ve Ballard et Pierre Ballard fils*, 1602, 5 part. in-8. obl. [14313]

Chacune des 4 premières parties a 46 pp., y compris les prélim., et de plus un f. non chiffré. La 5e partie n'a que 12 ff. 26 fr. de Soleinne.

GUEGUEN (*Tangy*). Les Noëls anciens et devots en breton ; le tout accommodé, corrigé et augmenté d'un grand nombre d'autres, tant bretons que françois. *Quimper-Caurentin, George Allienne*, 1650, in-8. [14358]

Peu commun.

GUELEN (*Aug.* de). Briefve relation de

l'estat de Phernambucq, dédiée à l'assemblée des dix-neuf pour la très noble compagnie de West - Inde. *Amsterdam, Louis Elzevier,* 1640, in-4. de 22 ff. [28666]

Morceau rare, et que recommande autant le nom de l'imprimeur que le sujet : 39 fr. exemplaire broché, Rœtzel. Il y en a une traduction en hollandais, impr. à Amsterdam, en 1640, in-4. de 15 ff.

GUENEBAULT (*L.-J.*). Dictionnaire iconographique des monumens de l'antiquité chrétienne et du moyen âge depuis le Bas-Empire jusqu'à la fin du XVIe siècle, indiquant l'état de l'art et de la civilisation à ces différentes époques. *Paris, Leleux,* 1843-44, 2 vol. gr. in-8. 18 fr. [9174]

Renseignements curieux et utiles, mais qui pourraient être plus complets.

— DICTIONNAIRE iconographique des légendes, actes et attributs des saints. *Petit-Montrouge, Migne,* 1853, gr. in-8. à 2 col.

GUENEBAUT (*J.*). Voy. RÉVEIL de Chyndonax.

GUÉPIN (*A.*). Histoire de Nantes; seconde édition, avec dessins de M. Hawke et deux plans. *Nantes, Prosper Sebire,* 1839, gr. in-8. 20 fr. [24463]

Ouvrage curieux et bien exécuté. Il y en a des exemplaires en pap. vélin, avec fig. sur pap. de Chine.

— NANTES au XIXe siècle, statistique, topographique, industrielle et morale, faisant suite à l'Histoire des progrès de Nantes, par MM. A. Guépin et E. Bonamy. *Nantes, Prosper Sebire,* 1835, gr. in-8. fig.

GUER (*Jean-Ant.*). Mœurs et usages des Turcs, leur religion, leur gouvernement civil, etc., avec un abrégé de l'histoire ottomane. *Paris,* 1746, 2 vol. in-4. fig. 12 à 18 fr. — Gr. Pap. 18 à 24 fr. [27878]

Compilation à laquelle les gravures donnent quelque prix.

— Histoire de l'âme des bêtes, 3624.

GUÉRARD (*Benj.-Edme-Charles*). Collection des cartulaires de France. *Paris, Firm. Didot,* 1840-57, 9 vol. in-4. 108 fr. [23301]

Cette collection contient :

CARTULAIRE de l'abbaye de Saint-Père de Chartres, 1 vol. en 2 tom. dont le prem. a CCCLXXI pp. de prolégomènes qui ont été tirés et vendus à part.
— de l'abbaye de Saint-Bertin, 1 vol.
— de l'église de Nostre-Dame de Paris, 4 vol. Le premier a CCXXXVIII pp. de préliminaires.
Les Cartulaires de l'abbaye de Saint-Victor de Marseille, qui forment les tomes VIII et IX de cette collection, n'ont paru qu'en 1857, par les soins de MM. Marion et Delisle, collaborateurs de Guérard. Ceux des abbayes de Savigny et d'Ainay, en 2 vol. in-4., ont été publiés (avec d'excellentes tables) par

M. A. Bernard en 1853, et, comme les précédents, ils font partie des *Documents historiques* impr. par ordre du ministre de l'instruction publique.

—Polyptyque de l'abbé Irminon, ou dénombrement des manses, des serfs et des revenus de l'abbaye de Saint-Germain des Prés, sous le règne de Charlemagne, publié d'après le manuscrit de la Bibliothèque du roi, avec des prolégomènes pour servir à l'histoire de la condition des personnes et des terres depuis les invasions des barbares jusqu'à l'institution des communes. *Paris, impr. roy.,* 1836 et 1844, 2 vol. en 3 part. in-4. 45 fr. [21750]

C'est là le principal ouvrage de M. Guérard; M. Natalis de Wailly en a fait connaître toute l'importance dans trois articles insérés au *Journal des Savants,* ann. 1845, et réimpr. depuis dans le vol. publié par lui sous ce titre :
NOTICE sur M. Daunou, par M. B. Guérard, suivie d'une notice sur M. Guérard, par M. Nat. de Wailly. *Paris, Dumoulin,* 1855, in-8.
Le second vol. du Polyptyque d'Irminon, contenant le texte de ce cartulaire, a paru huit ans avant le premier, qui renferme le beau travail de M. Guérard. Ce savant a donné depuis le *Polyptyque de l'abbaye de Saint-Remi de Reims, Paris, impr. impér.,* 1853, in-4. de LII et 147 pp. Pour ses autres écrits, consultez la notice de M. de Wailly, et ajoutez ici l'article suivant :
ESSAI sur le système des divisions territoriales de la Gaule, depuis l'âge romain jusqu'à la fin de la dynastie carlovingienne, par Benj. Guérard. *Paris,* 1832, in-8.

GUERCIN (*Ant.*). Voy. l'article BOIARDO.

GUERCINO. Raccolta di alcuni disegni del Barbieri da Cento, detto il Guercino. *Roma,* 1764, in-fol. max. 23 pièces. [9455]

On a annoncé sous ce même titre un recueil de 28 pl., qui forme le 21e vol. de la collection de Piranesi : 24 fr. en 1825.

— Eighty-two prints, engraved by F. Bartolozzi, etc., from the original drawings of Guercino in the collection of his majesty : vol. I. *London, published by Boydell,* gr. in-fol. [9456]

Vend. 49 fr. en 1825.

Le second volume de cette belle collection est intitulé :

SEVENTY - THREE prints engraved by Bartolozzi, etc., from the original pictures and drawings of Michael Angelo, Dominichino, Annibal, Lodovico and Agostino Caracci, Guercino, P. da Cortona, Carlo Maratti, etc., in the collection of his majesty.
On trouve rarement les deux vol. réunis.

Un choix des planches contenues dans ces deux vol. a paru sous le titre suivant : *Italian school of design, containing 91 plates after Guercino and others; London,* 1842, g. in-4.

GUERIN, Guarin ou Garin (*Fr.*). Complaintes et enseignemens de François

Guenée (*Ant.*). Lettres de quelques Juifs, 1859.
Guénon (*F.*). Vaches laitières, 6428.
Guépratte (*C.*). Problèmes, 8536.
Gueranger (*Prosp.*). Institutions liturgiques, 656.
Guérard (*Fr.*). Église de S.-Germain d'Amiens, 21422.

Gueret (*Germ.*). Parnasse réformé et guerre des auteurs, 18296. — Carte de la cour, 23832.
Guerin (*J.*). Catalogue du M^{al} d'Estrées, 31465.
Guerin (*J.-M.-F.*). Astronomie indienne, 8193.

Guerin enuoyes a sou filz pour soy regir et gouuerner parmi le monde. — *Cy finissent les doctrines..... imprime a Paris P. Guillaume Mignart... le xxv iour de septembre, lan mil quatre cens quatre vingtz et quinze,* pet. in-4. goth. de 42 ff. signat. *a—f.* [13256]

Ouvrage singulier, divisé en 3 parties, dont les deux premières sont en strophes de huit vers, et la troisième en vers de huit syllabes, sans distinction de strophes. L'analyse détaillée d'un pareil livre pourrait ne pas être sans intérêt, mais elle ne doit point trouver place ici. Toutefois nous dirons qu'entre autres passages remarquables, il en est un où l'auteur dit qu'il serait nécessaire d'assembler un concile pour abolir le célibat des prêtres et les couvents de religieuses :

des religieuses tant conclus
grand bien sera quil nen soit plus.

Il y a une autre édition du même livre, in-4. goth. de 48 ff., sans lieu ni date, avec des signatures depuis *a* jusqu'à *g* inclusivement. Le premier f. porte le titre suivant :

la complainte et regime de frã
cois Guarin marchant de Lyon

et l'ouvrage se termine au recto du 4ᵉ f. du cah. *g*, sur lequel il n'y a que six vers et la formule *Deo gracias.* Vend. 80 fr. Morel-Vindé ; 52 fr. 50 c. en 1829 ; 50 fr. en 1833.

Du Verdier cite une autre édit. de cette complainte, impr. en 1512, dont il ne marque pas le format.

On a vu que, dans l'édition de 1495, le nom de l'auteur est écrit *Guerin,* et dans l'autre *Guarin* : eh bien, il n'est pas même certain que l'une de ces deux orthographes soit la véritable, puisque dans les premières lettres des 13 premiers vers du prologue de la 3ᵉ partie, notre poëte est nommé *Garin* sans *u.*

— COMPLAINTE et enseignements de François Garin. *Paris* (impr. *de Crapelet*), 1832, pet. in-4. de 6 ff. prélim. et XLII ff. y compris l'errata, caract. goth.

Belle édition, imprimée aux frais et par les soins d'un bibliophile (M. D. de L....), qui y a joint un avertissement. C'est une réimpression de celle de 1495, mais avec l'addition de deux vers qui y manquaient, et l'indication des principales variantes de l'édition sans date. Il n'a été tiré de ce livre que 100 exemplaires numérotés, savoir : un seul sur VÉLIN, 10 sur pap. vél. anglais, et 89 sur pap. de Holl.; ces derniers 18 fr. Dans les exempl. nᵒˢ 1 à 10, on a tiré en rouge la grande lettre du titre, les lettres tourneures et quelques passages du texte qui sont en noir dans les autres.

GUERIN de Bouscal (*Guyon*). Dom Quixote de la Manche, première et seconde parties, comédies. — Le Gouvernement de Sancho Pansa, comédie. *Paris, Touss. Quinet, et Ant. de Sommaville,* 1640 et 1642, 3 part. in-4. [16425]

Ces trois pièces, dont le roman de Cervantes a fourni le sujet, ont été vendues ensemble 33 fr. 50 c. de Soleinne, tandis qu'à la même vente le recueil de dix pièces in-4. de l'auteur a été donné pour 14 fr.; elles avaient été vendues 22 fr. Pompadour; 17 fr. 50 c. Méon. Ces pièces sont, indépendamment des trois précédentes : *L'Amant libéral,* 1637 ; *Le Prince rétably,* 1647 ; *Le Fils désavoué,* 1642 ;

Guerin (*V.*). Description de Pathmos et de Samos, 27936. — Voyage à l'île de Rhodes, 28024.
Guérin (*Léon*). Dernière guerre de Russie, 8796. — Hist. de la marine française, 24102.

Oroondate ou les amans discrets, 1645 ; *La Mort de Brute et de Porcie,* 1637 ; *Cléomène,* 1640 ; *La Mort d'Agis,* 1642. Il faut y ajouter : *La Doranise,* comédie pastorale en cinq actes, *Paris, Mabre-Cramoisy,* 1634, pet. in-8., qui est plus rare que les autres.

GUÉRIN-MÉNEVILLE (*Félix-Édouard*). Iconographie du règne animal de G. Cuvier, représentation, d'après nature, de l'une des espèces les plus remarquables et souvent non encore figurée de chaque genre d'animaux ; avec un texte descriptif mis au courant de la science... par F.-E. Guérin-Méneville. *Paris, J.-B. Baillière,* 1844, 2 vol. gr. in-8. [5569]

Les planches de cet ouvrage sont au nombre de 450 ; elles ont été publiées, de 1830 à 1838, en 45 livraisons. Le texte, formant les livrais. 46 à 50, a coûté 30 fr. et en gr. in-4. 40 fr. Chaque livraison de pl. coûtait : en noir, 6 fr.; fig. color., 15 fr.; — in-4., fig. color., 20 fr. L'ouvrage complet en 3 vol. a été annoncé depuis au prix de 160 fr., et avec fig. color., 360 fr.

—Dictionnaire d'histoire natur., 4460. — Magasin de zoologie et Revue zoologique, 5613. — Genera des insectes, 5944.

GUÉRIN Daronnière. La Panthée, ou l'Amour conjugal, tragédie (en 5 actes et en vers, avec des chœurs). *Angers, Ant. Hernault,* 1608, pet. in-8. [16378]

Une preuve de la rareté de cette pièce est que M. de Soleinne ne l'avait qu'en manuscrit.

GUERIN de Montglave. Icy est contenu les deux tres plaisantes hystoires de Guerin de Montglaue, et de Maugist daigremont, qui furent en leur temps tres nobles et vaillans cheualiers en armes, et si parle des terribles et merueilleux faictz que firent Robastre et Perdigon pour secourir ledit Guerin et ses enfãs, et aussi pareillement de ceulx du dict Maugist. Nouuellement imprime par Michel le noir, libraire iure de luniuersite de Paris. (au dernier f. recto) : *Cy fine les plaisãtes hystoires de Guerin de Mõtglaue ¿ de Maugist daigremõt, acheue dimprimer le xv iour de iuillet, mil v. c. xviij* (1518) *par Michel le noir libraire... demourant en la grant rue sainct iacques a la rose blãche couronnee. cum priuilegio,* pet. in-fol. de 6 et CXVI ff. à 2 col. caract. goth. [17038]

Édition la plus ancienne, la plus précieuse et aussi la plus rare de ce roman, au sujet duquel il faut consulter l'*Histoire littér. de la France,* tome XXII, pp. 447 et 460. Vend. 24 fr. La Vallière ; 30 fr. Méon. Elle a beaucoup plus de valeur maintenant.

Les pièces liminaires contiennent le titre avec une fig. en bois, le privilège de François Iᵉʳ, daté de Rouen, 12 août 1517, la table des chapitres et une fig. en bois.

—Sensuyt la tres plaisãte hystoire du preux

Guerin-du-Rocher. Histoire véritable des temps fabuleux, 22704.

et vaillant Guerin de Montglaue, lequel fist en son temps plusieurs nobles ꝛ illustres faictz en armes. Et aussi parle des terribles ꝛ merueilleux faictz que firent Robast ꝛ Perdigon pour secourir le dict Guerin ꝛ ses enfans. xxiij. On les vend a Paris en la rue neufue nostre Dame A Lenseigne de Lescu de France. (à la fin) : *Cy finist la plaisante hystoire de Guerin de Montglaue. Nouuellement imprimee a Paris par Alain Lotrian imprimeur et libraire demourant en la rue neufue Nostre dame a lenseigne de·lescu de France*, pet. in-4. goth. de 4 et xciiij ff. à longues lignes, fig. en bois.

Autre édition rare : vend. 20 fr. La Valliere.

— Histoire du preux et vaillant cheualier Guerin de Motglaue... xx ca.—*Imprime nouuellement a Paris pour Jehan Bonfons libraire demourant rue neufue nostre Dame a lenseigne sainct Nicolas*, in-4. goth. à 2 col. signat. ai—sij.

Le texte commence au verso du titre, et il n'est pas accompagné d'une table.

Cette édition, qui jadis ne valait pas 12 fr., a été vend. 15 liv. 10 sh. *mar.* Heber ; 170 fr. d'Essling ; 250 fr. Giraud.

GUERINO Meschino. In questo libro Vulgarmente setratta alcuna ystoria breue de re Karlo Imperatore poi del nascimēto & opere di quello magnifico caualieri nominato Guerino & prenominato Meschio per lo qualle se uade la naratiõe de le prouintie q̄si di tutto lo mõdo e de la diuersita de li homini e gēte... — *In Padua adi xxi. de Aurille.* M. cccc. *Lxxiii. Bartholomeus de Valdezochio ciuis Patauus Martinus de septem arboribus Prutenus.* F. F., in-fol. [17371]

Première et très-rare édition, qui vaut de 800 à 900 fr. On lit en tête du volume l'intitulé dont nous avons donné ci-dessus le commencement ; la souscription est au bas du 202ᵉ f. recto. La *Biblioth. spencer.* compte 203 ff. à 34 lig. par page.

— Guerino Meschino. — *Impꝫssa ĩ Bologna ĩ casa de balthasara degli azoquidi. Anno dñi. M. cccc. lxxv. adi noue de settembre*, in-fol. de 145 ff. non chiffrés, à 2 col. de 42 lig., caract. rom. (Melzi).

Édition non moins rare que la précédente. Elle commence de même par le sommaire : *In questo libro.* Après la souscription se trouve un f. séparé qui contient au recto le registre terminé ainsi :

FINIS
DEO GRATIAS AMEN.
Laus tibi Domine rex eterne glorie.

Le texte, qui dans l'édition de 1473 est divisé en CCLIII chapitres, a 282 chapitres dans celle-ci.

— Guerino Meschino, gr. in-4.

Édition sans lieu ni date, sans chiffres ni réclames, mais avec des signat. a—bb (dont ꝛ est répété). Elle se compose de 202 ff. à 36 lignes par page. Voici la première ligne du premier f. verso :

Al nome dello onnipotente dio patre e della sapientia e del-

et la première ligne du 2ᵉ f. recto :

n Aturalmente alli intellecti humani et gentili

le f. 202 recto finit à la 36ᵉ ligne par les mots *Deo gratias amen* (Bib'ioth. de Dresde). Ebert la place entre l'édition de 1473 et celle de 1477. — Une autre édition in-fol., sans indication de lieu ni date, est portée dans le *Repertorium* de Hain, n° 8137.

— In questo vulgarmente se tratta alcuna ystoria... di quello magnifico cavalieri nominato Guerino et prenominato Meschino, ec. *In Venexia. adi xxii de Nouembre* M CCCC LXXVII... *Gerardus de Flandria impressit*, in-fol. de 186 ff.

Édition encore précieuse ; on y trouve à la fin une table de 8 ff. qui n'est pas dans les précédentes : vend. 6 liv. 16 sh. 6 d. Pinelli ; 100 flor. Meerman : 25 liv. 14 sh. Hibbert ; le premier f. et la table refaits à la plume, 13 liv. 13 sh. White Knights ; et 4 ff. de la table manquant, 10 liv. 5 sh. Heber ; 480 fr. *mar. ol.* Libri.

— Guerino detto il Meschino. (in fine) : *El libro de lo infelice Guerino dicto Meschino Magnifico et Generoso Capitanio qui felicemente finisse. In Venetia.* M. CCCC. LXXX , in-fol. de 8 et CLXXI ff. à 36 lignes par page, signat. a—y, caract. ronds.

Édition décrite par M. Melzi, 278. Elle commence par la table en 8 ff. dont le verso du premier est blanc. Les ff. du corps du volume sont numérotés d'un seul côté en chiffres romains. Tous les cahiers sont de 8 ff., excepté les deux derniers, qui n'ont que 6 ff. chacun. Le texte est en 254 chapitres.

— Guerino Meschino. —*Impresso in Milano per magistro Pietro da Ello inell año del nostro signore Iesu Christo* M. CCCC. LXXX. *die xx di Mazo.* AMEN. in-fol. demi-goth. à 2 col. de 43 lignes.

Autre édition fort rare, avec des signat. de A—R. Tous les cah. sont *quaderni*, excepté le premier qui est *quinterno* et le dernier *terno.* Avant le f. Ai où commence le texte, il y en a un autre au verso duquel on lit 16 lign. contenant l'argument et la division de l'ouvrage, avec les mots : DEO GRATIAS AMEN (chez M. Trivulzio).

— Guerino Meschino. — *Impresso per li discreti impressori magistro Leonardo pachel et Uldarico scincenczeller compagni. Nella inclyta citta de Millano nelli anni del signore* M. cccc. *lxxxij. a di xiij mēsis Aprillis*, pet. in-4. à 2 col., 46 lign. à la page, caract. demi-goth. signat. *a—r.* (dans la biblioth. Magliabecchi).

— LO STESSO. — *Venezia, per Nicolo Girardengo*, 1482, in-fol.

Vendu 3 liv. (non relié) Heber.

— EL LIBRO de Guerino chiamato Meschino. — *Finisse el libro del infelice Guerino... Impresso nela cita de Venetia per maestro Cristophoro di*

Pensa da manaello nel anno del M cccc. lxxxxiii. a di xi de Setembrio, in-fol. de 79 ff. à 2 col. de 61 lign., avec des signatures.

Au verso du titre commence la table, laquelle se termine au recto du 4ᵉ f. dont le verso contient une grav. sur bois représentant un homme armé.

— EL LIBRO de Gverino chiamato Meschino. — *Impresso nela cita de Venetia per Io. Aluixio Milanesi de Varesi nel anno del M. ccccLxxxryiii*, in-fol. à 2 col. de 61 lig. sign. a—n. lettres rondes.

Le recto du premier f. porte une gravure sur bois qui représente Guérin, et au-dessus de laquelle se lit le titre ci-dessus en une seule ligne. La table commence au verso du même feuillet. Après la souscript. se trouve le registre, puis un dernier f. tout blanc. Vend. 49 fr. *mar. r.* La Vallière ; 9 liv. Hibbert.

— LO STESSO. — *Venezia, Bevilacqua*, 1503, in-4. fig. en bois.

Vend. 3 liv. 18 sh. *m. r.* Hibbert ; 2 liv. Heber.

— LO STESSO. *Venet., Alex. di Bindoni*, 1512, pet. in-4. à 2 col. fig. en bois.

Vend. 60 fr. en mars 1829 ; 1 liv. 11 sh. 6 d. Heber ; 205 fr. *mar. r.* Libri en 1847.

— LO STESSO. *Milano, in libraria Minutiana*, 1518 *adi .xvi. de Decembre*, in-4. fig., avec la marque typograph. des frères de Legnano à la fin. (M. Melzi.)

— LO STESSO. *Milano, Bernardino da Castello*, 1520, in-4. goth.

Vend. 18 fr. *m. r.* Jeliot.

— LO STESSO. *Venet., per Alex. di Bindoni, mille cinquecento e ventido* (1522), *a di xi del mese de Marzo*, in-4. caract. goth. fig. en bois. (Catal. Crofts, n° 4037.)

— LO STESSO. *Venet., Bindoni e Pasini*, 1525, in-4. fig. en bois.

— LO STESSO. *Venetia, Aless. Bindoni*, 1530, in-4. fig. en bois.

Un exempl. composé en partie de feuilles de l'édit. de 1530 (avec cette date sur le titre), et en partie de feuilles de celle de 1522, et avec cette dernière date dans la souscription finale, du reste offrant les mêmes caractères dans tout le corps du volume, a été vendu 2 liv. 15 sh. *m. r.* Hibbert.

Une édition de Venise, 1534, in-4., est citée par M. Melzi d'après le Catal. Rossi. — Une autre de Venise, 1555, in-8., est portée à 2 liv. 9 sh. (*m. v.*) dans la Biblioth. heber., VI, 1372.

Ce roman a été très-souvent réimpr. ; les dernières édit. sont celles de Venise, 1778, 1802 et 1816, in-8., qui se donnent à très-bas prix. — Pour la traduct. en vers ital., voyez TULLIA d'Aragona.

ISTORIA della vita di Guerrino detto il Meschino il qual fece molte battaglie contro Turchi e Saraceni, e come trovò suo padre e madre prigioni nella città di Durazzo. *Roma*, 1815, in-12.

Petit poëme en 93 octaves. — Une édit. de Venise, Andr. Beroni, 1689, in-8., portant à peu près le même titre que ci-dessus, est inscrite dans le Catal. de la Bibliothèque impériale, Y, 854.

— Guerino Mesquino. *Sevilla, en casa de Andres de Burgos*, M. D. XLVIII, *diez dias de Março*, in-fol. goth. de 128 ff.

Traduction de l'ouvrage italien ci-dessus : M. S. Sobolewski l'a fait connaître dans le *Journal de l'amateur de livres*, 1849, n° 6, p. 91.

— Le premier liure de Guerin Mesquin. la tres ioyeuse plaisante ɀ recreative hystoire des faitz, gestes, triumphes ɀ prouesses du tres preulx ɀ vaillāt cheualier Guerin par aduen nomme Mesquin filz de Millon de Bourgōgne, prince de Tarante, ɀ en son temps roy Dalbanye.

Lequel ce trouua en plusieurs prouuinces estrāges, ɀ en plusieurs grādes batailles, rencontres, ɀ assaulx, ou il fist de merueilleux faitz darmes Ainsi que recite ce present liure, leɋl a este traduyt de vulgaire italien en langue Francoyse, par hōneste personne Jehan Dechuchermoys en accōplissant le sainct voyage de Hierusalem. Item cōment le dict Guerin fut aux Arbres du Souleil ɀ de la Lune, ɀ les coniura. Itē cōment Mesquin alla au milieu des mōtagnes Dythalie, ou il trouua la belle Sibylle en vie ɀ cōment ilz eurent plusieurs propos ensemble. Item cōment Mesquin fut porte par les dyables en Purgatoyre, ou il vit choses merueilleuses. Auec le priuilege. On les vend a Lyon en la bouticque de Romain Morin librayre demourāt en la rue Merciere. (au verso du 100ᵉ f.) : *Cy finist le liure du noble ɀ victorieux cheualier Guerin Mesquin lequel fut acheue de Jmprimer le xvi. de Auril. M. cccc. et xxx. par Oliuler Arnoullet*, gr. in-4. goth. de 106 ff. à longues lignes, avec fig. en bois, signatures A—Niiii.

Édition fort rare et assez belle : le titre est impr. en rouge et noir dans une bordure grav. en bois. Au verso se lit : *A tous nobles lecteurs ou auditeurs de ceste presente oeuure Jehan De Cuchermoys humble salut.* Le roman est divisé en 8 livres et commence ainsi : *Apres lincarnation de Nostre seigneur jesucrist lan sept cens quatre vingtz et troys regnant en france charlemaigne.* Après le f. 100 il s'en trouve six autres non chiffrés, contenant la relation dont voici le titre : *Sensuyt aulcun brief traicte du voyage de Hierusalem de Rôme Et de mōsieur Sainct Nycolas de Bar en Poullie* (voy. POSSOT.) Cette relation commence de cette manière : « Regnant en france Charles huytiesme de ce nō. En lan de grace M. CCCC. iiij. xx ɀ x. Et le huytiesme iour de may, le Iehan De Charmoys natif de Lyon de leage de enuirō xxv ans ensemble Pierre filz de Femme, maistre de la mōnoye de Bourges natif dicelle ville par une tres meure deliberatiō ɀ entiere vou'lēte de aller veoir le Sainct Sepulcre de nostre Seigneur en Hierusalē despartimes de Bourges et arriuasmes a Lyon le ix iour de may. » Nos pèlerins y donnent, jour par jour, l'itinéraire de leur voyage, jusqu'à leur retour à Lyon, le 1ᵉʳ de l'an 1491, *environ midy*.

Vend. 19 fr. Gaignat ; 13 fr. (annoncé sans date) La Vallière ; 60 fr. bel exemplaire *mar. bl.* fig. color. Belin junior ; 7 liv. 10 sh. Lang ; 21 liv. 10 sh. Heber ; 225 fr. d'Essling, et 26 liv. 10 sh. Libri, en 1859 ; autre exempl. 100 fr. Giraud ; 400 fr. Solar.

— Lhystoire des faitz et prouesses du vaillant cheualier Guerin par auant nomme Mesquin... auec le voyage de hierusalem. traduit de ytalien en francoys. *Imprime a Paris par Nicolas Chrestien*, in-4. goth. sign. A—Hhiii, fig. en bois.

Édition moins belle, mais presque aussi rare que celle de 1530. — Celle de *Paris, Jean Janot*, sans date, in-4. goth., a encore de la valeur. — Il y en a aussi une de *Troyes, Oudot*, 1628, in-4. fig. en bois.

GUEROULT (*Guil.*). Premier livre des chansons spirituelles, nouuellement composées par Guillaume Gueroult, et mises en musique par Didier Lupi Second... *Lyon, Godefroy et Marcellin Beringen freres*, 1548, gr. in-8. de 111 pp. avec la musique imprimée. [14334]

Livre rare, vend. 1 liv. 5 sh. *m. bl.* Hibbert; 5 liv. 7 sh. Heber; 50 fr. Coste. La Croix du Maine en cite une édition de *Paris, Nic. Duchemin,* dont il ne marque ni la date ni le format.

— Hymnes du temps et de ses parties (en vers). *Lyon, Jean de Tournes,* 1560, pet. in-4. de 88 pp. y compris le frontispice. [13755]

Cet ouvrage est curieux, parce qu'il renferme des fig. gravées en bois par le Petit Bernard, artiste dont il est parlé en ces termes dans l'avis au lecteur placé en tête du livre qui nous occupe : *L'invention est de M. Bernard Salomon peintre autant excellent qu'il y ayt en nostre Hemisphere.*

—La Lyre chrestienne avec la monomachie de David et Goliath et plusieurs aultres chansons spirituelles, nouuellement mises en musique par A. de Hauuille. *Lyon, imprimerie de Simon Gorlier,* 1560, in-8. de 72 pp. en tout. [13754]

La musique notée qui se trouve dans ce volume lui donne de l'intérêt. Le texte est de G. Gueroult, nommé dans l'épître dédicatoire à Marguerite de France, duchesse de Savoie, imprimée au verso du frontispice, lequel présente une bordure en bois, historiée. La dern. page contient la table et un privilége daté de février 1557. Vend. 42 fr. avec le monologue de Providence (voy. MONOLOGUE), Librairie De Bure.

— Le premier livre des emblemes, composé par Guillaume Gueroult. *Lyon, par Balthazar Arnoullet,* M.D.XXXXX. (1550), pet. in-8. de 72 pp., avec fig. en bois. [18596]

Un bel exempl. en *mar. r.* 60 fr. Coste.

Ce petit ouvrage, dont il n'a paru, je crois, que ce premier livre, se trouve quelquefois réuni aux *Decades de la description... des animaux,* impr. à Lyon, par le même Balth. Arnoullet, 1549 et 1550, en 2 part. de 36 ff. chacune (voy. ANEAU). Les 3 part. en 1 vol. 60 fr. salle Silvestre, en 1842.

— Narrations fabuleuses. Voyez PALÆPHATUS.

— CHRONIQUES et gestes admirables des empereurs d'Occident, avec les effigies d'iceulx; mis en françois par Guill. Gueroult. *Lyon, Balthazar Arnoullet,* 1552, 2 part. en 1 vol. in-4. fig. en bois. [26381] 12 fr. Monmerqué.

Du Verdier a placé à la tête de son article Guillaume Gueroult l'ouvrage suivant de cet auteur :

PREMIER livre des figures et pourtraits des villes les plus célèbres d'Europe, avec les descriptions d'icelles. *Lyon, Baltasard Arnoullet,* 1552, in-fol.

Nous ne l'avons pas vû, non plus qu'un autre ouvrage dont le même bibliographe a donné un long extrait, et le titre ainsi conçu :

DISCOURS de la droite administration des royaumes et republiques, extrait de la Rapsodie du sieur I.-P. Cermenal, mylanois, contenant quarante-deux chapitres. *Lyon, Loys et Charles Penot,* 1561, in-4.

Le texte latin de ces discours porte pour titre :

RAPSODIA Jo. Petri Cermenati de recta regnorum ac rerum publicarum administratione deque principum moribus. *Lugduni, Ludov. et Car. Penot fratres,* 1561, in-8.

Pour les autres ouvrages du même auteur, consultez Du Verdier, II, 86, et pour ses huitains sur les figures de la Bible, voy. FIGURES de la Bible ; voy. aussi l'article DATUS (*Aug.*).

GUERRA. Comincia la guerra & el conquisto di Granata. — *Finito la guerra & el conquisto di Granata.* (senz' alcuna data), in-4. de 6 ff. à 2 col. de 32 lign. [14661]

Poëme en stances de huit vers, impr. en caract. rom. vers la fin du XVe siècle. Sur la prem. page l'intitulé ci-dessus, une vignette en bois et quatre octaves; deux jolies vignettes au verso du 3e et du 5e f. Le verso du dernier n'a que 4 octaves et les mots *Finito la guerra...* 130 fr. *mar. r.* Libri en 1847.

GUERRA (la) del Turco contro a Rhodio. *(senz' alcuna data)*, in-4. de 4 ff. à 2 col. de 40 lign., caract. rom. [14661]

Au recto du prem. f. le titre ; une vignette représentant la ville de Rhodes, plus cinq octaves (fin du XVe siècle). 24 fr. Libri.

Voici l'indication de deux autres petits poëmes italiens sur le siége de Rhodes :

EL SANGUINOLENTO et incendioso assedio del gran Turcho contra el christianissimo Rhodo... (*senza luogo ed anno*), in-4. de 4 ff. à 2 col. fig. en bois sur le titre (XVIe siècle). 20 fr. Libri.

EL LACHRIMOSO lamento che fa el gran mastro de Rodi, con li soi cavalieri... nella sua partita, con la presa di Rodi. *Vineggia, Agost. Bindoni* (circa 1540), in-4. de 4 ff. à 2 col. avec une fig. en bois. 20 fr. *m. v.* Libri.

Autre édition in-4. de 4 ff. à 2 col., avec une fig. en bois, sans lieu ni date, mais qui paraît avoir été impr. à Venise vers 1540 : vend. 21 fr. 50 c. *m. v.* Libri.

Le catal. Libri (de 1847), nos 1330 à 1332, nous fait connaître plusieurs autres pièces du même genre que les précédentes :

1° LA GUERRA del Turcho et la presa di Módone. *Venetia, Agost. Bindoni* (senz' anno), in-4. de 4 ff. à 2 col., avec une fig. en bois : 29 fr. 50 c.

2° LA GUERRA crudele fatta da Turchi alla citta di Negroponte... (*Venetia*), *Gio.-Andr. Valvassore detto Guadagnino,* in-4. de 4 ff. à 2 col. 20 fr.

3° LAMENTO di Negroponte... *Firenze, presso al Vescovado,* 1514, in-4. de 6 ff. à 2 col. de 40 lign., fig. en bois. 20 fr.

GUERRA (la) d'Attilla flagello di Dio tratta dallo archivio de' principi d'Esti divisa in quattro libri.—*Stampato in Ferrara per Francesco de' Rossi da Valenza,* 1568, in-4. de 127 ff. chiffrés et 4 non chiffrés. [17077]

Cet ouvrage est tout différent de l'*Attila flagellum Dei* de Rocco da gli Arimenesi (voy. ARIMENESI) et du *Libro di Attilla,* indiqué ci-après au mot LIBRO. Selon un avis qui se lit au commencement, il aurait été écrit en latin par Thomas d'Aquilée, ensuite traduit en provençal (ou selon d'autres en vieux français), par Nicolas Casola, bolonais; enfin mis en italien par Jean-Marc Barbieri, modenais (voy. l'*Index libr.* de *Laire,* tome I, p. 418, où cette édit. est portée à 37 fr.). Cependant Haym, *Bibliot. ital.,* édition de 1771, p. 46, dit que l'ouvrage est apocryphe, et que Jean-Bapt. Pigna l'a écrit sous un nom supposé. Le même livre a été réimpr. à Venise, 1569, in-8. de 103 ff.

GUERRE (la) des Singes et des Marmouzets, représentée par un discours véritable de ce qui s'est passé à la Rochelle, le 11 janvier 1613, sur le sanglant des-

sein des factieux contre leurs compatriotes. (*sans lieu d'impression*), 1613,
pet. in-8. [23682]

Pièce rare, contre les députés protestants qui s'étaient
réunis à la Rochelle.

GUERRE d'Orient. Siége de Sébastopol.
Historique du service de l'artillerie
(1854-56), publié par ordre de M. le ministre de la guerre. *Strasbourg et Paris*, Ve *Berger-Levrault*, 1859, 2 vol.
in-4. de XXIX et 1390 pp., et atlas in-fol.
de 148 pl. dont 138 dessins de batteries.
80 fr. [8796]

GUERRE (la) et la délivrance de la ville de
Genève (événements de 1532-34), fidellement faite et composee par un marchand demourant en icelle. *Geneve, Jean
Belot*, 1535, in-4. [25935]

Nous n'avons pas vu ce livre, et le titre que nous en
donnons est emprunté à l'*Histoire littér. de Genève*, par Senebier, I, 76 ; toutefois, comme en 1535
Jean Belot, qui y est nommé, avait dès longtemps
cessé d'exister, et que d'ailleurs M. Gaullieur n'a
pas parlé de l'ouvrage dans ses *Etudes sur la typogr. genevoise*, nous craignons qu'il n'y ait là
quelque chose d'inexact.

GUERRE (la) et le debat entre la Langue,
les membres et le vêtre, cest assauoir,
La langue, les yeulx, Les orcilles, Le
nez, les Mains, les piedz, quilz ne veul-
lent plus rien bailler ne administrer au
ventre, Et cessent chascun de besongner.
— *On les vend a Paris en la rue Neufue nostre Dame a lenseigne sainct
Nicolas*, in-4. goth. de 18 ff., avec grav.
en bois. [13515]

Vend. 83 fr. en mars 1815 ; 60 fr. 50 c. Saint-Mauris,
en 1840.
Ouvrage en vers, dont les exemplaires sont rares.
C'est une traduction d'un poëme latin de Jean de
Salisbury (voy. JOANNES Sarisberiensis), laquelle
finit par ce vers :

     Et pdŏnez a moy poure Jehānot.

Du Verdier, qui attribue cette pièce à J. d'Abundance,
en cite une édition de *Lyon, Jaques Moderne*,
in-4., sans date. J'en ai vu une autre de Paris, *par
Jean Trepperel, demourant en la rue Neufue
Nostre Dame a lenseigne de lescu de France*, in-4.
goth., également sans date, et de 18 ff., avec des
gravures en bois : vend. 3 liv. 18 sh. Ibea.
La Société des bibliophiles françois a fait autographier
cet ouvrage d'après l'édit. (*a lenseigne sainct Nicolas*) ici décrite, et en a fait tirer trente exempl.
sur Gr. Pap. vélin fort, avec un avertissement en
2 feuillets par M. Monmerqué ; cette même édit. a
aussi été suivie pour la réimpression publiée par
M. Silvestre (voy. COLLECTION de poésies).

GUERRE (la) séraphique, ou histoire des
périls qu'a courus la barbe des capucins,
contre les violentes attaques des cordeliers. *La Haye, Pierre de Hont*, 1740,
in-12. 4 à 6 fr. [21831]

Ce volume se joint à l'Alcoran des Cordeliers (voir
notre tome I, col. 151).

GUERRE horrende de Italia. Tutte le
guerre et fatti darme seguiti nella Italia.

Comenzando dalla venuta di Re Carlo
del mille cinquecento (*sic*, pour quattrocento) nonantaquattro, fin al M.D.XXIIII.
Nouamente stampate in octaua rima :
et co. diligētia corrette. (in fine) : *In Vineggia per Francesco Bindoni, et Mapheo Pasini, compagni, nel anno* 1524
del mese di nouebre, in-4. [14675]

Édition fort rare (Molini, *Operette*, I, 165, n° 203),
où on lit dans la souscription *nouataquattro* pour
nonantaquattro.

— Guerre orrende d'Italia, comenzando da
la venuta di Re Carlo del 1494, fin al
giorno presente ; in ottava rima. *Vinegia,
per Giovanni Ant. e Fratelli di Sabio*,
1534, pet. in-4. fig. en bois.

Poëme en vingt chants, dont il a été fait plusieurs
éditions. Celle de 1534 est rare ; mais après avoir été
vend. 7 liv. 2 sh. 6 d. chez Roscoe, elle a été donnée
pour 1 liv. 5 sh. *cuir de Russie*, Ileber. — L'édition
de Venise, *per Guillelmo de Fontaneto*, 1535, pet.
in-8. fig. en bois, est portée à 2 liv. 18 sh. Hibbert ;
1 liv. 6 sh. *m. r.* Heber.
— GUERRE horrende d'Italia : tutte le guerre d'Italia
comenzando da la venuta di Re Carlo, del mille
quattro cento nonanta quattro, sin al giorno presente. Nouamente stampate in ottaua rima. Et con
diligentia corrette M. D. XLIIII (au verso du dernier
f., 2ᵉ col.) : *Stampata nella... citta di Milano :
per Io. Antonio de Borgo...* nelli anni M. D. XLV,
pet. in-4. à 2 col. lettres demi-goth., avec fig. en
bois, sign. a—g par 8.
Autre édition rare. Vend. 10 fr. La Vallière, et 2 liv.
7 sh. Hibbert ; 74 fr. *mar. r.* Libri ; 60 fr. Coste.
— Nous citerons encore celle du Milan, *per Valer.
et Hier. fratelli de Mede*, 1565, pet. in-4. à 2 col.
sign. a—g, avec fig. en bois. Vend. 12 fr. Reina.
Voici le titre d'un poëme sur le même sujet, mais qui
est pourtant bien différent de celui dont nous venons
de parler.
  CRONICA delle guerre d' Italia, principiando dal
mille quattro cento e nonanta quattro, per fin al
mille cinque cento e disdotto, dove si dichiara
tutte le guerre del regno di Napoli, e di tutta Lombardia, ec. *Vinetia, Domen. de' Fraceschi*, 1565,
in-4. de 38 ff. à 2 col., en octaves et en 12 chants :
17 sh. Heber ; 59 fr. *mar. r.* Libri ; 43 fr. Costabili.

GUERREIRO (lo Padre *Fernand.*). Relaçam annual das cousas que fizeram os
padres da comp. de J. nas partes da
India oriental e em alguas outras da
conquista deste regno nos annos de 1604,
5, 6 e 7, e do processo da conversam
et christandade daquellas partes : tirada
das cartas dos mesmos padres que de la
vieram. *Lisboa, Craesbeek*, 1607 et
1609, 2 vol. pet. in-4. [21573]

Cette partie des relations annuelles des missionnaires
de la Comp. de Jésus dans l'Inde et au Japon, est
rare. Vend. 6 fr. Santander, et 99 fr. 95 c. Langlès.
Le même P. Fernand Guerreiro a donné des relations semblables pour les années 1600 et 1601, impr.
à *Evora, Em. de Luca*, 1603, in-4., et trad. en espagnol, par Ant. Colaço, *Valladolid*, 1604, pet.
in-4. 26 fr. 50 c. Langlès. Il a aussi donné la relation pour les années 1607 et 1608, *Lisboa*, 1611,
pet. in-4. Cette dernière, 101 fr. Langlès. Elle a été
traduite en espagnol par Christoval Suarez de Figueroa, *Madrid*, 1614, pet. in-4. 40 fr. Langlès.

GUERRERO (*Alfonso*). Palacio de la fama
y historia de las guerras de Ytalia : cõ la

posées par Guillaume Gueroult, et mises en musique par Didier Lupi Second... *Lyon, Godefroy et Marcellin Beringen freres,* 1548, gr. in-8. de 111 pp. avec la musique imprimée. [14334]

Livre rare, vend. 1 liv. 5 sh. *m. bl.* Hibbert; 5 liv. 7 sh. Heber; 50 fr. Coste. La Croix du Maine en cite une édition de *Paris, Nic. Duchemin,* dont il ne marque ni la date ni le format.

— Hymnes du temps et de ses parties (en vers). *Lyon, Jean de Tournes,* 1560, pet. in-4. de 88 pp. y compris le frontispice. [13755]

Cet ouvrage est curieux, parce qu'il renferme des fig. gravées en bois par le Petit Bernard, artiste dont il est parlé en ces termes dans l'avis au lecteur placé en tête du livre qui nous occupe : *L'invention est de M. Bernard Salomon peintre autant excellent qu'il y ayt en nostre Hemisphère.*

— La Lyre chrestienne avec la monomachie de David et Goliath et plusieurs aultres chansons spirituelles, nouuellement mises en musique par A. de Hauuille. *Lyon, imprimerie de Simon Gorlier,* 1560, in-8. de 72 pp. en tout. [13754]

La musique notée qui se trouve dans ce volume lui donne de l'intérêt. Le texte est de G. Gueroult, nommé dans l'épître dédicatoire à Marguerite de France, duchesse de Savoie, imprimée au verso du frontispice, lequel présente une bordure en bois, historiée. La dern. page contient la table et un privilége daté de février 1557. Vend. 42 fr. avec le monologue de Providence (voy. MONOLOGUE], Librairie De Bure.

— Le premier livre des emblemes, composé par Guillaume Gueroult. *Lyon, par Balthazar Arnoullet,* M.D.XXXXX. (1550), pet. in-8. de 72 pp., avec fig. en bois. [18596]

Un bel exempl. en *mar. r.* 60 fr. Coste.

Ce petit ouvrage, dont il n'a paru, je crois, que ce premier livre, se trouve quelquefois réuni aux *Decades de la description... des animaux,* impr. à Lyon, par le même Balth. Arnoullet, 1549 et 1550, en 2 part de 36 ff. chacune (voy. ANEAU]. Les 3 part. en 1 vol. 60 fr. salle Silvestre, en 1842.

— Narrations fabuleuses. Voyez PALÆPHATUS.

— CHRONIQUES et gestes admirables des empereurs d'Occident, avec les effigies d'iceulx; mis en françois par Guill. Gueroult. *Lyon, Balthazar Arnoullet,* 1552, 2 part. en 1 vol. in-4. fig. en bois. [26381] 12 fr. Monmerqué.

Du Verdier a placé à la tête de son article Guillaume Gueroult l'ouvrage suivant de cet auteur :

PREMIER livre des figures et pourtraits des villes les plus célèbres d'Europe, avec les descriptions d'icelles. *Lyon, Baltasard Arnoullet,* 1552, in-fol.

Nous ne l'avons pas vû, non plus qu'un autre ouvrage dont le même bibliographe a donné un long extrait, et le titre ainsi conçu :

DISCOURS de la droite administration des royaumes et republiques, extrait de la Rapsodie du sieur I.-P. Cermenati, mylanois, contenant quarante-deux chapitres. *Lyon, Loys et Charles Penot,* 1561, in-4.

Le texte latin de ces discours porte pour titre :

RAPSODIA Jo. Petri Cermenati de recta regnorum ac rerum publicarum administratione deque principum moribus. *Lugduni, Ludov. et Car. Penot fratres,* 1561, in-8.

Pour les autres ouvrages du même auteur, consultez Du Verdier, II, 86, et pour ses huitains sur les figures de la Bible, voy. FIGURES de la Bible; voy. aussi l'article DATUS (*Aug.*).

GUERRA. Comincia la guerra & el conquisto di Granata. — *Finito la guerra & el conquisto di Granata.* (senz' alcuna data), in-4. de 6 ff. à 2 col. de 32 lign. [14661]

Poëme en stances de huit vers, impr. en caract. rom. vers la fin du XVe siècle. Sur la prem. page l'intitulé ci-dessus, une vignette en bois et quatre octaves; deux jolies vignettes au verso du 3e et du 5e f. Le verso du dernier n'a que 4 octaves et les mots *Finito la guerra...* 130 fr. *mar. r.* Libri en 1847.

GUERRA (la) del Turco contro a Rhodio. (*senz' alcuna data*), in-4. de 4 ff. à 2 col. de 40 lign., caract. rom. [14661]

Au recto du prem. f. le titre ; une vignette représentant la ville de Rhodes, plus cinq octaves (fin du XVe siècle). 24 fr. Libri.

Voici l'indication de deux autres petits poëmes italiens sur le siége de Rhodes :

EL SANGUINOLENTO et incendioso assedio del gran Turcho contra el christianissimo Rodo... (*senza luogo ed anno*), in-4. de 4 ff. à 2 col. fig. en bois sur le titre (XVIe siècle). 20 fr. Libri.

EL LACHRIMOSO lamento che fa el gran mastro de Rodi, con li soi cavalieri... nella sua partita, con la presa di Rodi. *Vineggia, Agost. Bindoni* (circa 1540), in-4. de 4 ff. à 2 col. avec une fig. en bois. 20 fr. *m. v.* Libri.

Autre édition in-4. de 4 ff. à 2 col., avec une fig. en bois, sans lieu ni date, mais qui paraît avoir été impr. à Venise vers 1540 : vend. 21 fr. 50 c. *m. v.* Libri.

Le catal. Libri (de 1847), nos 1330 à 1332, nous fait connaître plusieurs autres pièces du même genre que les précédentes :

1° LA GUERRA del Turcho et la presa di Módone. *Venetia, Agost. Bindoni* (senz' anno), in-4. de 4 ff. à 2 col., avec une fig. en bois : 29 fr. 50 c.

2° LA GUERRA crudele fatta da Turchi alla citta di Negroponte... (*Venetia*), *Gio.-Andr. Valvassore detto Guadagnino,* in-4. de 4 ff. à 2 col. 20 fr.

3° LAMENTO di Negroponte... *Firenze, presso al Vescovado,* 1517, in-4. de 6 ff. à 2 col. de 40 lign., fig. en bois. 20 fr.

GUERRA (la) d'Attilla flagello di Dio tratta dallo archivio de' principi d'Esti divisa in quattro libri.—*Stampato in Ferrara per Francesco de' Rossi da Valenza,* 1568, in-4. de 127 ff. chiffrés et 4 non chiffrés. [17077]

Cet ouvrage est tout différent de l'*Attila flagellum Dei* de Rocco da gli Arimenesi (voy. ARIMENESI) et du *Libro di Attila,* indiqué ci-après au mot LIBRO. Selon un avis qui se lit au commencement, il aurait été écrit en latin par Thomas d'Aquilée, ensuite traduit en provençal (ou selon d'autres en vieux français), par Nicolas Casola, bolonais; enfin mis en italien par Jean-Marc Barbieri, modenais (voy. l'*Index libr.* de Laire, tome I, p. 418, où cette édit. est portée à 37 fr.). Cependant Haym, *Bibliot. ital.,* édition de 1771, p. 46, dit que l'ouvrage est apocryphe, et que Jean-Bapt. Pigna l'a écrit sous un nom supposé. Le même livre a été réimpr. à Venise, 1569, in-8. de 103 ff.

GUERRE (la) des Singes et des Marmouzets, représentée par un discours véritable de ce qui s'est passé à la Rochelle, le 11 janvier 1613, sur le sanglant des-

sein des factieux contre leurs compatriotes. (*sans lieu d'impression*), 1613,
pet. in-8. [23682]

Pièce rare, contre les députés protestants qui s'étaient
réunis à la Rochelle.

GUERRE d'Orient. Siége de Sébastopol.
Historique du service de l'artillerie
(1854-56), publié par ordre de M. le ministre de la guerre. *Strasbourg et Paris, Ve Berger-Levrault*, 1859, 2 vol.
in-4. de XXIX et 1390 pp., et atlas in-fol.
de 148 pl. dont 138 dessins de batteries.
80 fr. [8796]

GUERRE (la) et la délivrance de la ville de
Genève (événements de 1532-34), fidellement faite et composee par un marchand demourant en icelle. *Geneve, Jean
Belot*, 1535, in-4. [25935]

Nous n'avons pas vu ce livre, et le titre que nous en
donnons est emprunté à l'*Histoire littér. de Genève*, par Senebier, I, 76 ; toutefois, comme en 1535
Jean Belot, qui y est nommé, avait dès longtemps
cessé d'exister, et que d'ailleurs M. Gaullieur n'a
pas parlé de l'ouvrage dans ses *Etudes sur la typogr. genevoise*, nous craignons qu'il n'y ait là
quelque chose d'inexact.

GUERRE (la) et le debat entre la Langue,
les membres et le vêtre, cest assauoir,
La langue, les yeulx, Les oreilles, Le
nez, les Mains, les piedz, quilz ne veul-
lent plus rien bailler ne administrer au
ventre, Et cessent chascun de besongner.
— *On les vend a Paris en la rue Neufue nostre Dame a lenseigne sainct
Nicolas*, in-4. goth. de 18 ff., avec grav.
en bois. [13515]

Vend. 83 fr. en mars 1815 ; 60 fr. 50 c. Saint-Mauris,
en 1840.
Ouvrage en vers, dont les exemplaires sont rares.
C'est une traduction d'un poëme latin de Jean de
Salisbury (voy. JOANNES Sarisberiensis), laquelle
finit par ce vers :

     Et pdõnez a moy poure Jehãnot.

Du Verdier, qui attribue cette pièce à J. d'Abundance,
en cite une édition de *Lyon, Jaques Moderne*,
in-4., sans date. J'en ai vu une autre de Paris, *par
Jean Trepperel, demourant en la rue Neufue
Nostre Dame a lenseigne de lescu de France*, in-4.
goth., également sans date, et de 18 ff., avec des
gravures en bois : neuf. 3 liv. 18 sh. Lang.
La Société des bibliophiles françois a fait autographier
cet ouvrage d'après l'édit. (*a lenseigne sainct Nicolas*) ici décrite, et en a fait tirer trente exempl.
sur Gr. Pap. vélin fort, avec un avertissement en
2 feuillets par M. Monmerqué ; cette même édit. a
aussi été suivie pour la réimpression publiée par
M. Silvestre (voy. COLLECTION de poésies).

GUERRE (la) séraphique, ou histoire des
périls qu'a courus la barbe des capucins,
contre les violentes attaques des cordeliers. *La Haye, Pierre de Hont*, 1740,
in-12. 4 à 6 fr. [21831]

Ce volume se joint à l'Alcoran des Cordeliers (voir
notre tome I, col. 151).

GUERRE horrende de Italia. Tutte le
guerre et fatti darme seguiti nella Italia.

Comenzando dalla venuta di Re Carlo
del mille cinquecento (*sic*, pour quattrocento) nonantaquattro, fin al M.D.XXIIII.
Nouamente stampate in octaua rima :
et co. diligẽtia corrette. (in fine) : *In Vineggia per Francesco Bindoni, et Mapheo Pasini, compagni, nel anno* 1524
del mese di nouebre, in-4. [14675]

Édition fort rare (Molini, *Operette*, I, 165, n° 203),
où on lit dans la souscription *nouataquattro* pour
nonantaquattro.

— Guerre orrende d'Italia, comenzando da
la venuta di Re Carlo del 1494, fin al
giorno presente ; in ottava rima. *Vinegia,
per Giovanni Ant. e Fratelli di Sabio*,
1534, pet. in-4. fig. en bois.

Poëme en vingt chants, dont il a été fait plusieurs
éditions. Celle de 1534 est rare ; mais après avoir été
vend. 7 liv. 2 sh. 6 d. chez Roscoe, elle a été donnée
pour 1 liv. 5 sh. *cuir de Russie*, Heber. — L'édition
de Venise, *per Guillelmo de Fontaneto*, 1535, pet.
in-8. fig. en bois, est portée à 2 liv. 18 sh. Hibbert ;
1 liv. 6 sh. *m. r.* Heber.
— GUERRE horrende d'Italia : tutte le guerre d'Italia
comenzando da la venuta di Re Carlo, del mille
quattro cento nonanta quattro, sin al giorno presente. Nouamente stampate in ottaua rima. Et con
diligentia corrette M. D. XLIIII (au verso du dernier
f., 2e col.) : *Stampata nella... citta di Milano :
per Io. Antonio de Borgo... nelli anni* M. D. XLV,
pet. in-4. à 2 col. lettres demi-goth., avec fig. en
bois, sign. a—g par 8.
Autre édition rare. Vend. 10 fr. La Valliere, et 2 liv.
7 sh. Hibbert ; 74 fr. *mar. r.* Libri ; 60 fr. Coste.
— Nous citerons encore celle de Milan, *per Valer.
et Hier. fratelli de Mede*, 1565, pet. in-4. à 2 col.
sign. a—g, avec fig. en bois. Vend. 12 fr. Reina.
Voici le titre d'un poëme sur le même sujet, mais qui
est pourtant bien différent de celui dont nous venons
de parler.
CRONICA delle guerre d' Italia, principiando dal
mille quattro cento e nonanta quattro, per fin al
mille cinque cento e disdotto ; dove si dichiara
tutte le guerre del regno di Napoli, di tutta Lombardia, ec. *Vinetia, Domen. de' Fraceschi*, 1565,
in-4. de 38 ff. à 2 col., en octaves et en 12 chants :
17 sh. Heber ; 59 fr. *mar. r.* Libri ; 43 fr. Costabili.

GUERREIRO (lo Padre *Fernand.*). Relaçam annual das cousas que fizeram os
padres da comp. de J. nas partes da
India oriental e em algumas outras da
conquista deste regno nos annos de 1604,
5, 6 et 7, e do processo da conversam
e christandade daquellas partes : tirada
das cartas dos mesmos padres que de la
vieram. *Lisboa, Craesbeek*, 1607 et
1609, 2 vol. pet. in-4. [21573]

Cette partie des relations annuelles des missionnaires
de la Comp. de Jésus dans l'Inde et au Japon, est
rare. Vend. 6 fr. Santander, et 99 fr. 95 c. Langlès.
Le même P. Fernand Guerreiro a donné des relations semblables pour les années 1600 et 1601, impr.
à *Evora, Em. de Luca*, 1603, in-4., et trad. en espagnol, par Ant. Colaço, *Valladolid*, 1604, pet.
in-4. 26 fr. 50 c. Langlès. Il a aussi donné la relation pour les années 1607 et 1608, *Lisboa*, 1611,
pet. in-4. Cette dernière, 101 fr. Langlès. Elle a été
traduite en espagnol par Christoval Suarez de Figueroa, *Madrid*, 1614, pet. in-4. 40 fr. Langlès.

GUERRERO (*Alfonso*). Palacio de la fama
y historia de las guerras de Ytalia : cõ la

coronaciŏ de śu majestad (Carlos V), compuesto por el doctor Alfonso guerrero... *estampada en Boloña por Juan Baptista de Phaeli boloñes : a. xiij. de Marco.* M. D. XXX, gr. in-8. ou pet. in-4., lettres rondes. [15113]

Poëme très-rare, et que Nic. Antonio n'a point connu. Il y a huit ff. prélim., y compris le frontispice gravé en bois. Le texte n'est point chiffré, mais il porte des signatures de *a.—m.* iiij.

GUERRERO. Tractado de la forma que se ha de tener en la celebracion del general concilio : y a cerca de la reformacion de la yglesia (por el doctor Guerrero). *Impresso... en la ciudad de Valencia, por Francisco diaz Romano al moli de la Rovella. Acabose a xxix de Abril,* 1536, in-4. de 31 ff. sign. A—H.

Ce projet de réforme de l'Église d'Espagne est d'une insigne rareté, parce que les exemplaires ont été rigoureusement supprimés par l'Inquisition. (*Biblioth. grenvil.,* 289.)

GUERRERO (*Francisco*). Viage de Hierusalem. *Sevilla,* 1596, pet. in-8. ou *Alcala de Henares, Juan Gracian,* 1605, in-8. [20553]

Deux éditions rares de cette relation écrite par Vict. Jozé da Costa. La première est portée sous le n° 566 du catal. Van Voorst (*Amsterd.,* 1859), et la seconde dans la *Biblioth. Crofts*, n° 7836. Elles n'ont pas été connues de Nic. Antonio, qui cite celles de Cadix (ou Séville), 1620, et de Séville, 1645, in-8. Il y en a une plus récente sous ce titre : *Itinerario da viagem que fez a Jerusalem o padre Franc. Guerreiro, racioneiro e mestre de capella de santa Igreja de Sevilha, natural da cidade de Beja, Lisboa occid.,* 1734, in-4.

GUERRICUS. Sermons de Guerricus, abbé d'Igny, translatez de latin en langue vulgaire françoise, par Iehan de Gaigny. *Paris, Simon de Colines pour Estienne Roffet* (vers 1540), in-8., aussi *Paris, Estienne Roffet,* 1546, pet. in-8. [1128 ou 1413]

Le titre de l'édit. de 1540 porte la marque ci-dessous :

Avant de donner cette traduction des sermons de l'abbé d'Igny, contemporain de S. Bernard, Jean de

Gaigny en avait publié le texte latin sous le titre de *Sermones antiqui, eruditionis et consolationis pleni,* à Paris, chez Gervais Chanvallon, 1539 (ou chez Nic. Leriche, 1547), in-8. On a une édition des mêmes *Sermones, nunc multo quam antea castigatiores impressi,* Parisiis, Gabr. Buon, 1561, pet. in-8.; et une autre, *Antuerpiæ, apud Phil. Nutium,* 1576 (ou 1546, selon l'*Hist. littér. de la France,* XII, p. 451), pet. in-12, avec le nom de l'auteur écrit *Guarricus,* corrigée sur d'anciens manuscrits par Jean Coster; et enfin celle de Lyon, 1630, in-8., par les soins de D. Maur Raynaud. C'est le texte de l'édition d'Anvers qui a été adopté dans les différentes collections de SS. Pères, in-fol.

GUERRINO. Voy. GUERINO.

GUERSENS (de). Panthée, tragédie prise du grec de Xénophon, mise en ordre par Caye Jule de Guersens. *Poitiers, par les Bouchetz,* 1571, in-4. de 4 et 16 ff. Rare. [16295]

Quoiqu'elle ait été donnée sous le nom de mesdames Des Roches, cette pièce passe pour être de Guersens lui-même.

GUERTA. Voy. HUERTA.

GUERU (*Hugues*), dit Flechelles. Voyez GAULTIER Garguille.

GUESCLIN. Voy. DUGUESCLIN.

GUESDOU ou plutôt Gadou. Voy. ce nom.

GUETTARD (*J.-Ét.*). Atlas et description minéralogique de la France, entrepris par ordre du roi par MM. Guettard et Monnet, publié par ce dernier d'après ses nouveaux voyages. Première partie, contenant le Beauvoisis, la Picardie, le Boulonnais, la Flandre française, la Lorraine allemande, la Lorraine française, le Pays Messin et la Champagne. *Paris,* 1778-1780, in-fol. [4601]

Trente-deux cartes, auxquelles on en réunit huit autres qui devaient faire partie de la suite de cet atlas.
— MÉMOIRES sur différentes parties des sciences. *Paris,* 1768-83, 5 vol. in-4. fig. [6218]
Il y a des exemplaires des tomes IV et V de ces Mémoires sous ce titre : *Nouvelle collection de Mémoires,* Paris, Lamy, 1786. Ils sont partagés en 3 vol., parce que du premier on en a fait deux.
— MINÉRALOGIE du Dauphiné. *Paris,* 1779, 2 vol. in-4. [4718]

GUEUDEVILLE (*Pier.*). Atlas historique ou nouvelle introduction à l'histoire, etc. (par Chatelain, publié par Gueudeville et Gabrillon), avec un supplément (par H.-Ph. de Limiers). *Amsterdam,* 1721, 7 vol. gr. in-fol. [19506]

Ouvrage peu estimé : 36 à 48 fr. Il y a des exempl. dont les planches sont coloriées.

— Voy. GRAND théâtre historique.

GUEVARA (*Ant. de*). Libro aureo de Marco Aurelio, emperador y eloquētissimo orador. *Nuouamente impresso*, 1529, in-fol. goth. de 81 ff. chiffrés, plus 2 ff. pour la table. [3739]

Édition sans nom de ville ni d'imprimeur et où ne se trouve pas le *Relox de principes*. Le titre impr. en rouge est dans une bordure, et son verso présente une grande gravure sur bois. 20 fr. *mar*. De Bure l'aîné.

—Marco Aurelio con el Relox de principes. *Valladolid, Nic. Thierri*, 1529, in-fol. goth.

Ces deux éditions de 1529 sont les plus anciennes que nous connaissions de cet ouvrage qui eut un si grand succès pendant le xvıe siècle, et qui a été fréquemment réimpr. Cependant, selon M. Hallam (*Litterature of Europe*, édit. de Paris, IV, 377), l'édit. de Valladolid ne serait pas la première, car le *Marco Aurelio* aurait d'abord paru, sans le consentement de l'auteur, à Séville et aussi en Portugal; ce qui aurait déterminé Guevara à donner lui-même, en 1529, une édition fort augmentée, et contenant de plus le *Relox de principes*. Nous avons vu une édition de Barcelone, *por Carlos Amores prouensal*, 1532, in-4. goth., aussi rare que la précédente, mais qui n'a pas une grande valeur, non plus que celles de Séville, 1532 et 1537, in-fol., et que celle de *Salamanca a instancia d'Antonio Martin*, 1532, in-8. L'édit. du même ouvrage espagnol, impr. à Paris, *per Pedro Vidoveo por Galleot da Prado*, 1529, in-4., que cite Panzer, d'après la Bibliot. thott., VII, page 173, existe bien, quoique nous en ayons long-temps douté.

Le *Relox de principes* ne se trouve pas dans l'édit. d'Anvers, *Juan Steelsio*, 1539 (aussi 1540 impr. par Jean Graphæus), pet. in-8.

— Livre dore de Marc Aurele, empereur et eloquent orateur, traduit du vulgaire castillan en francoys par R. B. (Rene Bertaut) sieur de la Grise. *Paris, Galliot du Pre, Mil. v. c. XXXI*, pet. in-4. goth.

Première édition de cette traduction.
Vend. en *mar. viol.* 28 fr. en 1853, et en *v. br.* 28 fr. 50 c. Giraud.
— LE MÊME livre. *Acheue dimprimer le xe iour Dauril mil cinq cens xxxxiiii par Nicolas Cousteau... pour Galliot du pre*, in-4. goth. de six feuillets non chiffrés et clxiiii ff. chiffrés. 29 fr. Revoil, et même prix Pixérécourt.
— LIVRE dore de Marc Aurele... trad. du Castillan, par R. B. de la Grise; nouuellement reuu et corrige. *Paris, en la boutique de Jehan Andre*, 1537, pet. in-8. goth. de 10 ff. prélimin., ccxxiii ff. chiffrés, et un f. sur lequel est un fleuron.
— AUTRE édition, *Paris, Estienne Caveiller ou Ambroise Girault* (avec l'adresse de P. Vidoue), 1538, in-8. goth. de 6 ff. prélimin. et ccxxii ff. 17 fr. en 1842; 22 fr. 50 c. *mar. r.* Veinant, et 45 fr. *Bulletin du Bibliophile*, 1857, nº 449.
Réimprimé à Paris en 1542, pet. in-8.
— L'ORLOGE des princes a la serenite de tres haut et tres puissant seigneur Henry primogenit, Dauphin de France et duc de Bretagne, traduict despaignol en langaige francois. *On les vend a Paris en la grande sale du Palais par Galiot Du pre*, 1540, in-fol.
C'est la traduction de la Grise, revue sur une édition espagnole portant le titre de *Relox de principes*.
LE LIVRE doré de Marc Aurèle, empereur et éloquent orateur, traduit du vulgaire castillan en

francois, par R. B. de la Grise; reueu par Ant. Du Moulin. *Lyon, Iean de Tournes*, 1557, in-16 de 11 ff. prélimin., 520 pp. et 1 f. pour le fleuron de l'imprimeur. 12 fr. *mar. v.* Coste.
De Tournes avait déjà donné une édition de ce livre en 1544, in-16.
On a une autre traduction française du même ouvrage, sous ce titre :
L'HORLOGE des princes auec le tres renomme liure de Marc Aurele, recueilli par D. Ant. de Guevare, trad. en partie de castillan en francois par feu Nicolas d'Herberay (sieur des Essars), et en partie reueu et corrige nouuellement entre les precedentes editions. *Paris, Guill. Le Noir*, 1555, in-fol. de 379 ff. [3982]
D'Herberay n'a traduit qu'une partie du premier livre; pour le surplus de l'ouvrage l'éditeur a suivi l'ancienne traduction à laquelle il a été fait quelques corrections. On cite une édition de ce livre, *Paris, l'Angelier*, 1550, in-8., et une autre de *Paris, Le Mangnier*, 1565, in-8. dont un exempl. rel. en *mar. citr.* par Trautz a été vendu 40 fr. Solar. Il y en a plusieurs autres, savoir : *Paris, Pierre et Galliot du Pré*, 1565, in-fol., et aussi 1566, *Paris, Cl. Gautier*, 1569, in-8., et en 1580 et 1588, in-8. ou in-16.
C'est à cet ouvrage que La Fontaine a fait allusion en citant Marc-Aurèle dans la fable du *Paysan du Danube*, et non point aux Pensées de Marc-Aurèle. Au reste, bien avant notre fabuliste, trois versificateurs obscurs, savoir : Pierre Sorel, Chartrain, Nicolas Clément, de Vizélize (voyez SOREL et CLÉMENT), et un nommé Gabr. Fourmennois, avaient déjà traité le même sujet en vers français. L'ouvrage de ce dernier a pour titre :
HARANGVE descriptive au livre Dore de Marc-Avrèle, emperevr, d'vn paysant des riuages du Danube, appele Milène, laquelle il fit en plein senat dans Rome... nouuellement mis en vers par Gabriel Fourmennois, tournisien. *Vtrecht, par Salomon le Roy, imprimeur... 1601*, pet. in-4. de 40 pp.
L'exemplaire d'après lequel M. G. Duplessis a fait connaître cet opuscule, aussi rare que curieux (dans le Bulletin de Techener, 1re série, nº 13, p. 14-16), a été payé 48 fr. à la vente de ce regrettable bibliophile; il était rel. en *mar. r.*
Ainsi que l'a fait remarquer Ch. Nodier, dans ses *Mélanges tirés d'une petite bibliothèque*, pages 167 et suiv., P. Boaistuau (voyez ce nom) a consacré plusieurs pages de ses *Histoires prodigieuses* à l'histoire du Paysan du Danube; et il est constant qu'il existe un rapport frappant, soit pour les idées, soit pour les détails, entre certains passages de prosateur et les vers de La Fontaine; mais Boaistuau a bien pu puiser à la même source que notre fabuliste, puisque la traduction du livre de Guevara par d'Herberay était déjà imprimée en 1555, peut-être même dès 1550, et que les Histoires prodigieuses n'ont été mises au jour qu'en 1560. Cette dernière date, il est bon de la constater, parce qu'elle prouve, contre l'opinion du spirituel auteur des Mélanges, que J. de Marcouville qui, lui aussi, a parlé du Paysan du Danube, dans son *Recueil mémorable d'aucuns cas merveilleux*, imprimé à Paris, en 1564, in-8., n'est venu qu'après Boaistuau.

— Le Mépris de la cour, auec la vie rusticque, nouuellement traduict d'espagnol (d'Ant. de Guevare) par Antoine Alaigre) en françois. = L'Amye de cour (par de Borderie). = La parfaicte amye (par Ant. Heroet la Maison-Neuve). = L'Androgyne de Platon, etc.=La contre-amye de cour (par Ch. Fontaine). *Paris, en la boutique de Galiot du Pré*, 1544, in-16. [4022]

Guevara (*Fil.*). Commentarios de la pintura, 9251.

Première édition de ce petit recueil : vend. 14 fr. d'Heiss; 9 fr. Duquesnoy; 15 sh. Heber; 41 fr. Nodier; 36 fr. Baudelocque; 46 fr. Le Prevost, en 1857. J'en ai vu un exemplaire dont le titre était au nom de *Guill. Le Bret* (et un autre au nom de *Guillaume Thibout*), et sous la même date; outre les pièces indiquées ci-dessus, il contenait *L'expérience de Mᵉ Paul Angier*, en tout six pièces annoncées sur le titre.

Le Mépris de la court avec la vie rustique nouvellement traduit d'espagnol en françois (par Ant d'Alaigre). L'Amye de court par le seigneur de Borderie; la parfaite amye de court par Antoine Heroet dit la Maison neufve; la Contre-amye de court par Ch. Fontaine; l'Androgine de Platon par Ant. Heroet; l'Expérience de l'amye de court contre la contre-amye par Paul Angier carentennois; le nouvel amour inventé par le seigneur Papillon. *Paris, au clos Bruneau, par Guill. Le Bret*, ou *Maurice de La Porte*, 1549, in-16 de 184 ff. caract. italiques. 19 fr. Veinant.

Il n'y a que la première pièce qui soit en prose, les autres sont en vers. La dernière et une partie des autres avaient déjà été impr. à Lyon, en 1547, dans un volume in-8., intitulé : *Opuscules d'amour*, voyez Heroet.

Le même recueil a été réimpr. à Paris, *Th. Ruelle*, en 1550, en 1556, et chez *Rob. Le Magnier*, en 1568, in-16 (50 fr. *mar. r.* Veinant). Dans cette dernière édit., comme dans celle de 1549, se trouvent, après le *Nouvel amour*, une *Epistre en abhorant folle amour* (par Cl. Marot), et *plusieurs dizains a ce propos*, de Sainte-Marthe.

Le Mépris de la cour, et louange de la vie rustique, trad. par Ant. d'Alaigre, a d'abord été impr. à *Lyon, Pierre de Tours*, 1542, pet. in-8.; aussi *Lyon, Fr. Juste*, 1543, in-16; à *Lyon, Jean de Tournes*, 1551, in-16, et *Paris, Saulnier*, 1543, in-16.

Le texte original espagnol a pour titre : *Libro llamado menosprecio de la corte, y alabanza de la aldea* fait partie d'un recueil de divers ouvrages de Guevara impr. à Valladolid en 1539, in-fol., lequel contient : *Prologo solemne en que el autor toca muchas historias; una decada de las vidas de los x Cesares emperadores romanos, desde Trojano a Alexandro; De Monosprecio de la corte y alabanza de la Aldea, Aviso de privados, y doctrina de cortesanos; De los inventores del marear y de muchos trabajos que se passan en las galeras.*

Il existe une édition du même traité donnée par Jean de Tournes (à Genève), en 1591, in-16 à 2 col. sous ce titre :

Libro llamado menosprecio de corte... de nouveau mis en françois par L. T. L. (Louis Truquet, Lyonnois) auquel avons adjousté l'italien, pour l'utilité et soulagement de ceux qui prennent plaisir aux vulgaires, qui sont le plus en estime : pour plus grand enrichissement de cette œuvre, y ont esté adjoustés les vers françois des évesques de Meaux et de Cambray, et les latins de N. de Clemenges, docteur en théologie, sur la grande disparité de la vie rustique avec celle de cour.

Réimprimé, avec une version allemande (à *Genève*), *par I. de Tournes*, en 1605, in-16.

—Le Fauory de court, contenant plusieurs advertissemens et bonnes doctrines, pour les favoris des princes et autres signeurs (*sic*) et gentilshommes qui hantent la court : nouvellement traduict d'espagnol en francoys par maistre Jacques de Rochemore... *Lyon, Guillaume Roville*, 1556, pet. in-8. de 8 ff. et 376 pp.

Autre traduction du *Menospretio de la corte* (Bulletin du Bibliophile, 1857, p. 501); elle a été réim-

primée en *Anvers, chez Chr. Plantin*, 1557, pet. in-8. de 189 ff.

Le titre de cette dernière édition porte cette marque :

Citons encore :

Le Mespris de la cour, imité de l'espagnol de Guevarre, par Molière. *Paris, Toussainct du Bray*, 1621, pet. in-8. de 8 ff. et 299 pp. avec le portrait du traducteur.

C'est sans doute à cause du nom du traducteur et d'une reliure en *mar. r.* qu'un exemplaire de ce volume est porté à 60 fr. dans le *Bulletin du Bibliophile*, 1857, p. 227.

— Moyens légitimes pour parvenir à la faveur et pour s'y maintenir, ou le Réveil-matin des courtisans, trad. de l'espagnol d'Ant. de Guevarre, par Seb. Hardy. *Paris, de l'impr. de Rob. Estienne, pour Henry Sara, à l'enseigne de l'Alde*, 1623, pet. in-8. [4023]

Voir sur ce livre curieux l'*Analecta Biblion*, de M. Du Roure, I, 343. Un exempl. daté de 1622, et dont le titre commence par ces mots : *Le Réveil-matin des courtisans, moyens légitimes...* 14 fr. 50 c. *mar. bl.* St. M., en 1840; 18 fr. de Coislin. Il est à remarquer que, par une singulière faute d'impression, cet ouvrage est indiqué dans l'*Histoire de l'imprimerie* de La Caille, p. 187, sous ce titre : *Moyens légitimes pour parvenir à traduire d'espagnol en françois, par le Sr Hardy.*

— Libro llamado Monte Calvario. *Salamanca*, 1542, in-fol. goth. [1607]

Cet ouvrage ascétique a été plusieurs fois réimprimé. L'édit. de *Salamanque, Juan Perier*, 1582-83, 2 vol. in-8., présente un texte corrigé par le P. Alonso de Horozco. Voici le titre de la traduction française par Fr. de Belleforest, tel que le donne Niceron, XI, p. 103.

Livre du Mont de Calvaire divisé en deux parties, dont la première traite les mystères admirables mis à fin par le fils de Dieu, lorsque là il mourut pour le rachat de tout l'humain lignage : et la seconde contient l'exposition des sept paroles que N.-S. J.-C. proféra en l'arbre de la croix, le tout écrit premièrement en langue castillane, par D. Antoine de Guevare, évêque de Montdognet, et mis en françois. *Paris*, 1575, 2 vol. in-8.

— Libro llamado oratorio de religiosos : y exercicio de virtuosos. *Valladolid, Joan de Villaquiran*, 1542, pet. in-fol. goth. [1607]

Édition fort rare, ainsi que celle de Saragosse, 1543, pet. in-fol. goth. L'ouvrage a été réimprimé plusieurs fois dans le XVIᵉ siècle, et notamment à *Anvers, chez Martin Nucio* (sans date), pet. in-8.

L'Oratoire des religieux et l'exercice des vertueux : composé par le reverend et digne prelat don Ant. de Guevare, evesque de Mondognet, traduit d'italien en francoys, et conféré avec l'espagnol par N. Dany, abbé de S. Crespin le grand , de Soyssons. *Paris, Guil. Chaudiere*, 1572, pet. in-8.

Un exemplaire de ce volume rel. en *mar. r. à compart. , aux armes de Henri III , avec sa devise et la tête de mort*, a été porté à 299 fr. à la vente De Bure, et ensuite à 500 fr. dans le catal. de Techener, 1855, n° 318; autrement ce livre n'a pas de valeur. Du Verdier cite cette traduction sous la date de 1578 , et en nomme l'auteur Davy, ainsi que l'avait fait La Croix du Maine. Une édit. de *Paris, G. Chaudiere*, 1582, in-8., est portée dans l'ancien catal. de la Biblioth. du roi, D. 745. Nous trouvons dans la *Bibliogr. douaisienne*, 2ᵉ édit., p. 20 :

    L'Oratoire des religieux, et l'exercice des vertueux ; composé par D. Antoine de Guevare... traduit de Espaignol en françois par Paul du Mont, douysien, *Douay, Jean Bogard*, 1576, in-8. Réimprimé chez le même J. Bogard en 1583 et 1599, pet. in-8.

—Epistolas familiares, traducciones y razonamientos. *Madrid*, 1732, in-4.

Volume auquel on a joint :

    ○   Cartas censorias de Pedro Rhua sobre las epistolas y obras histor. de Ant. de Guevara. *Madrid*, 1736, in-4.

La première édition de ces lettres est de *Valladolid, Jo. de Villaquiran*, 1539 (et 1545 pour la seconde partie) , in-fol. Il en a été fait de nombreuses réimpressions avec des augmentations. Les plus communes sont celles d'Anvers, in-8.

—Les épîtres dorées, morales et familières d'Ant. de Guevare, trad. d'espagnol en franç. par le Sᵉʳ de Guttery. *Lyon, Macé Bonhomme*, 1558, in-4. [18898]

Cette édition n'est pas, comme on l'a cru, la première et la plus complète de cette traduction ; il y en a une plus ancienne, de *Lyon, Macé Bonhomme*, 1556, in-4.; et d'ailleurs elle ne renferme que le premier livre, tandis que les autres, de *Paris*, 1565, 1570, 1573, etc., pet. in-8., en contiennent trois dont le dernier est trad. de l'italien. Un quatrième livre a été traduit en français par Jean de Barraud, *Paris, Rob. Le Fizelier*, 1584, in-8., selon Du Verdier. L'indication de onze éditions des Epîtres dorées se trouve dans la préface de la première partie du catal. de La Vallière, xxvij et suiv., où l'on relève une erreur de l'abbé Rive relative à une lettre de Guevara, qui, suivant lui, ne se trouve que dans l'édit. de 1558 de la trad. française, tandis qu'elle fait partie de toutes les autres. Au reste, aucune de ces édit. ne conserve de valeur, et l'original même en a fort peu.

La traduction de la Décade des Empereurs de Guevara, par A. Allègre, *Paris*, 1567, in-8., se joint à celle des œuvres de Plutarque, édit. de Vascosan, in-8. (voy. à l'article Plutarchus).

Citons encore :

    L'Esprit de D. Antonio de Guevara en quatre cents maximes et traits d'histoire choisis dans ses lettres et dissertations, *Francfort-sur-le-Mein*, 1760, pet. in-8. en quatre langues (latin, ital., franç. et allem.), avec une épître dédicatoire signée *Amman*.

GUEVARA (*L.* Velez de). El diablo coivelo, novela de la otra vida, traduzida a esta. *Madrid, imprenta del Reyno*, 1641, pet. in-8. [17616]

Édition originale, et maintenant fort rare, d'un roman que notre Le Sage a naturalisé en France (voy. Le Sage). Elle a 8 ff. prélimin. et 135 ff. de texte.

Vend. 19 fr. 50 c. Nodier, en 1830. — L'ouvrage a été réimpr. à *Barcelone* , 1646, pet. in-8., et plusieurs fois depuis. Dans l'édition de *Madrid*, 1812, pet. in-8., sous le titre de *El Diablo coxuelo*, l'auteur est nommé *Perez de Guevara;* cependant le titre de la première édit. porte bien *Velez*. — Dans l'édit. de *Madrid*, 1733, in-8., se trouvent jointes : *Novela de los tres hermanos, y Novela del cavallero invisible*.

—Comedias famosas. *Sevilla*, 1730, in-4. [16787]

Pièces médiocres.

GUEYNIER (*F.*). Vocabulaer ofte Woordenboek in't duytschen ende maleys. *Batavia*, 1677, in-4. [11897]

Rare, sans être cher. L'édit. de *Batavia*, 1708, in-4., 3 flor. Meerman.

GUGLIELMINI (*Domenico*). Della natura de' fiumi, trattato fisico-matematico, con le annotazioni di Eustachio Manfredi. *Bologna, della Volpe*, 1739, in-4., avec 18 pl. 10 à 12 fr. [8131]

Ouvrage classique dans son genre. La première édition est de Bologne, 1697, in-4., fig., mais on préfère celle de 1739, à cause des notes. Cette dernière, dont il y a des exemplaires en Gr. Pap., est devenue rare, et se payait cher en Italie, avant la réimpression qui en a été faite à Milan, *tipogr. de' classici ital.*, 1821, 2 vol. in-8., fig., avec la vie de l'auteur par Gabr. Piola. 14 fr.

Le traité *Della natura de' fiumi* fait partie de toutes les éditions de la *Raccolta di autori che trattano del moto dell' acque* (voy. Raccolta). Il est donné en latin dans la collection intitulée : *Dom. Gulielmini opera mathematico-hydraulica, medica et physica*, Genevæ, 1719, 2 vol. in-4., laquelle, néanmoins, se trouve à bas prix.

GUI Barozai. Voy. La Monnoye.

GUIBELET (*Jourdain*). Discours philosophiques : le 1ᵉʳ de la comparaison de l'homme; le 2ᵉ du principe de la génération ; le 3ᵒ de l'humeur mélancolique, mis de nouveau en lumière. *Evreux, Ant. Le Marié*, 1603, pet. in-8. fig. [6865]

Livre peu commun : 9 fr. Veinant.

On a du même auteur *Examen de l'Examen des esprits* de J. Huarte (voy. Huarte). *Paris, Heucqueville*, 1631, in-8.

GUIBERT (le comte de). Ses œuvres militaires, publiées par sa veuve. *Paris, Magimel*, 1803, 5 vol. in-8. fig. [8608]

Collection recherchée et dont l'édit. est épuisée : 40 fr. le duc de Plaisance. Il y a du pap. vél.—Tactique, 8609.

Les *OEuvres dramatiques* du même, *publ. par sa veuve sur les manuscrits et d'après les correc-*

Gueymard (*E.*). Statistique minéralog. de l'Isère, 4608.

Guglielminus (*B.*). Sermones, 12714.

Guhl (*E.*). Die Frauen in der Kunstgeschichte, 9156.

Gui de La Grye [M. Regis de Chantelauze]. Portraits d'auteurs forésiens, 30566.

Guib (*J.-Fr.*). Hist. d'Orange, 24883.

Guibant. La maison de Condé, 23795.

Guibert (*Victor*). Nouveau médicament,

tions de l'auteur, Paris, Persan (ou Renouard), 1823, in-8., sont à très-bas prix.

— Le connétable de Bourbon, tragédie en 5 actes (par le comte de Guibert). *Paris (impr. de P. Didot l'aîné)*, 1785, in-18. [16522]

Édition tirée à cinquante exempl. seulement : vend. 24 fr. 50 c. Chateaugiron; 2 fr. Bignon; 10 fr. Pixerécourt.

L'éloge de Guibert, impr. à Paris en 1790, donne à cet écrivain les prénoms de François-Apolline, mais il est nommé *Jacq.-Ant.-Hippolyte* dans la *Biogr. univers.*, XIX, 60.

GUIBERTI (*V.*), abbatis Mariæ de Novigentio, Opera omnia nunc primum in lucem edita, cum appendice, additamentis, notis et observationibus D. Lucæ D'Achery. *Lutetiæ-Parisior., Joan. Billaine*, 1651, in-fol. 12 à 18 fr. [1110]

GUICCIARDINI (*Francesco*). Dell' istoria d'Italia libri XVI. *Fiorenza, Torrentino*, 1561, gr. in-fol. [25282]

Belle édition d'un des meilleurs ouvrages historiques qu'ait produits la littérature italienne. Elle n'est ni complète ni bien correcte; mais comme elle renferme quelques passages qui ont été supprimés dans plusieurs éditions anciennes, elle avait autrefois une grande valeur que sa réputation lui fait conserver encore en partie. Veud. 30 fr. La Serna; 26 fr. Caillard; (avec la suite impr. en 1564) 50 fr. Boutourlin.

Le même imprimeur (*Torrentino*) a donné également en 1561 une belle édition de cette histoire, en 2 vol. in-8. Il faut joindre à l'une et à l'autre (de même qu'à celle de Venise, *Bevilaqua*, 1563, in-4.), pour la compléter, les 17, 18, 19 et 20e livres imprimés séparément à *Parme*, 1564 ou 1567, in-4.

L'édition de *Venise, Giolito*, 1567, in-4., en 20 livres, dont plusieurs exempl. sont datés de 1568 ou 1569, est encore assez estimée : 8 à 12 fr. (un bel exempl. de celle de 1567, en *mar. v.* 2 liv. 8 sh. Libri).

Celle de *Genève, Stoer*, 1621, 2 vol. in-8., quoique peu correcte et en mauvais papier, était recherchée autrefois, parce qu'elle contient plusieurs passages des livres 3, 4 et 5 qui manquent dans les édit. précédentes. Celle-ci a été réimpr. à Genève, en 1636 et en 1645, in-4. avec les *Considerazioni* de J.-B. Leoni, lesquelles avaient été publiées séparément à Venise, en 1583, et avec des augmentations en 1600, in-4.

—Della istoria d'Italia libri XX, con varie annotazioni. *Venezia, Pasquali*, 1738, 2 vol. gr. in-fol. 20 à 24 fr.

Belle édition à laquelle on a joint la vie de l'auteur, par Dom.-Mar. Manni, et les *Considerazioni di Leoni*; il doit s'y trouver de plus un fragment de 12 pp., impr. à *Venise* sous la date de *la Haye*, 1740, qui renferme : *Due luoghi della storia di Guicciardini, l' uno mutilato, l' altro levato del tutto*.

—Della istoria di Fr. Guicciardini lib. XX. *Friburgo*, 1775-76, 4 vol. gr. in-4. 24 à 30 fr.

Édition la meilleure que jusqu'alors on eût encore donnée de cet historien. Elle a été impr. à *Florence*, par les soins du chanoine *Bonso Pio Bonsi*, qui a

complété ou restitué plusieurs passages d'après un manuscrit revu et corrigé par l'auteur. Le colonel Stanley en avait un exemplaire en Gr. Pap. que le rédacteur de son catalogue a mis au rang des livres modernes les plus rares : il a été vend. 22 liv. 1 sh.

L'exemplaire *non rogné* vendu 69 fr. Riva portait la date de 1774 au lieu de 1775, et il avait 56 pages préliminaires, tandis que les exemplaires ordinaires n'en ont que 22.

— LA STESSA. *Milano*, 1803, 10 vol. in-8. 30 à 40 fr.

Copie de l'édition précédente.

—STORIA d'Italia. *Firenze, Conti*, 1818, 8 vol. in-8. 30 fr.

Cette édition est une copie exacte du manuscrit de la Laurentiane, que l'on suppose autographe. Elle a été effacée par l'édition suivante :

— LA STESSA, alla miglior lezione ridotta, con brevi note illustrata, colla divisione dei libri in capitoli, i sommarii, una nuova ortografia, ed un saggio sulle azioni ed opere del Guicciardini, da Gio. Rosini. *Pisa, Nic. Capurro*, 1819-20, 10 vol. in-8. portrait.

Belle édition où sont corrigés environ 600 passages, 40 fr. — Pap. fin, avec les portr., 50 fr. — Pap. vél. portr. 60 fr. Il a été tiré des exemplaires de format in-4., ornés du portrait de l'auteur par Morghen, et de 60 portraits gravés au trait. Il existe même, en ce format, deux exempl. impr. sur VÉLIN. Un exempl. de l'in-8., également sur VÉLIN, n'a pas trouvé d'acquéreur au prix de 200 fr., à la seconde vente Quatremère.

Une édition de *Pise, Capurro*, 1822-24, 8 vol. in-4., avec 61 portr., est portée à 200 fr. dans le catalogue du libraire-éditeur; et dans celui de Boutourlin, il s'en trouve un exemplaire en pap. vél. nankin : vendu 40 fr.

L'édition de *Londres*, 1822, 10 vol. in-8., donnée par Guil. Rolandi, est regardée comme correcte par Lowndes, qui l'apprécie à 3 liv. 3 sh.

— STORIA d' Italia di Fr. Guicciardini; alla miglior lezione ridotta dal professor Giovanni Rosini, con una prefazione di Carlo Botta. *Parigi, Baudry (tipogr. di Crapelet)*, 1832, 6 vol. in-8. portr. 30 fr. et plus cher en pap. vél.

Bonne édition à laquelle se réunit une continuation de M. Botta, publiée chez le même libraire (voy. BOTTA). — Une édition faite sur celle de J. Rosini a été impr. à Florence chez Passigli, 1835, gr. in-8. à 2 col. avec vignettes, et une autre à Livourne, sous la rubrique de *Legnano*, 1836, gr. in-8. de 1030 pp. à 2 col.

Voici le titre d'une nouvelle continuation de cet historien :

STORIA d' Italia, continuata da quella del Guicciardini, con le note del conte Leopardi-Monaldo. *Palermo, stamp. d'Ant. Muratori*, 1835-36, 4 vol. gr. in-8. à 2 col. 30 fr.

L'ouvrage suivant trouve naturellement sa place ici :

CONSIDERATIONI civili sopra l' historie di Fr. Guicciardini, e di altri historici; trattate per modo di discorsi da M. Remigio (Nannini), fiorentino. *Venetia, appresso Damiano Zenaro*, 1582, in-4.

Ouvrage posthume, resté inachevé. Il a été réimpr. à Venise, en 1603, in-4.

— LEGAZIONE di Spagna, lettere, con tre discorsi di Paolo Paruta. *Pisa, Capurro*, 1825, in-8, 4 fr. Il y a des exemplaires in-4. et en pap. nankin.

Lettres mises au jour pour la première fois, d'après les archives des Guicciardini, par J. Rosini, qui se proposait d'en publier d'autres.

La traduction française de l'histoire de Guicciardini (par Favre, revue par Georgeon), *Lond. (Paris)*, 1738, 3 vol. in-4., est à très-bas prix. Vend. 48 fr. Gr. Pap. *m. r.* Caillard.

HISTOIRE d'Italie, de l'année 1492 à 1532, par Guicciardini, avec notice biographique par M. Buchon. *Paris, Desrez*, 1838, gr. in-8. 10 fr.

La première traduction française de cette même his-

Guibourt (*N.-G.-B.-C.*). Histoire des drogues, 7649.
— Pharmacopée, 7656.

toire, par Hierosme de Chomedy, *Paris*, *Jacq. Kerver*, 1567 ou 1577, in-fol., est justement oubliée, pourtant elle a été réimpr. avec des notes politiques de Denys de La Noue, à *Genève, chez Vignon*, 1593, en 2 vol. in-8.

Il existe une traduction espagnole de l'histoire de Guicciardini, par Ant. Florez de Benauides. *Baeça, Juan-Bapt. de Montoya*, 1581, pet. in-fol., qui était déjà si rare il y a 150 ans, qu'Antonio n'avait pu la voir. Salvá l'estime 6 liv. 6 sh.

— Voy. à l'article SANSOVINO.

GUICCIARDINI(*Luigi*). Il Sacco di Roma. *Parigi, Billaine e Piget, ovvero Jolly*, 1664, in-12. 4 à 5 fr. [26602]

Édition originale d'un ouvrage qui a été attribué au célèbre historien François Guicciardini, mais qui est de Louis, son frère. 20 fr. *non rogné*, Riva. Il y en a une réimpression, *Colonia (Lucca)*, 1758, in-8., à laquelle on a ajouté la capitulation du pape Clément V avec les agents de Charles-Quint.

Cette relation est presque mot pour mot la même que celle qui a paru plus tard sous le titre suivant :

RAGGUAGLIO storico di tutto l'occorso, giorno per giorno nel sacco di Roma dell' anno 1527, da Jacopo Buonaparte, gentilhomo samminiatese, che vi si trovò presente. *Colonia (Italia)*, 1756, pet. in-4. avec un errata à la fin.

Cette dernière a été traduite en français par M*** (Hamelin), *Paris, Warée*, 1809, in-8., avec le texte en regard, et sous le titre de *Tableau historique des événements survenus pendant le sac de Rome.* Une autre traduction, due au prince Napoléon-Louis Bonaparte, a été impr. à Florence, en 1830, in-8., sous le titre de *Sac de Rome, écrit en 1527, par Jacques Bonaparte;* elle est reproduite dans la collection de Chroniques nationales (faisant partie du *Panthéon littéraire*), avec un supplément du prince Louis-Napoléon-Charles Bonaparte, et une notice histor. de M. Buchon.

— L'hore di ricreatione. *Anversa, Silvio*, 1568, in-16. 5 à 6 fr. [17899]

Cette édition passe pour être la première de ce recueil de facéties et de bons mots : cependant Gamba, dans sa *Bibliografia delle novelle italiane*, édition de Florence, p. 127, en cite une de Venise, *Nicolini*, 1565, in-8., dédiée par Sansovino à Gabr. Urozzi, et avec une préface de L. Guicciardini lui-même.

— L'HORE di ricreatione, riveduta di nuovo, aumentate assai, e ripartite in tre libri... *Anversa, P. Bellero*, 1583, pet. in-8.

Dans l'épître dédicatoire (*al duca di Seminara*) qu'il a jointe à cette édition, Guicciardini se plaint des éditions de son recueil faites à Venise, et où l'on a changé le titre de l'ouvrage et le nom du patron de la dédicace. Ces éditions subreptices sont probablement celles dont le titre suit :

DETTI e fatti piacevoli e gravi di diversi principi, filosofi e cortigiani : raccolti dal Guicciardino e ridotti a moralità. *In Venetia, Dom. e Gio.-Batt. Guerra*, 1569, in-12. — *Venetia, i Giunti*, 1569, pet. in-8. — Réimprimé : *Venetia, Farri*, 1581, pet. in-8. — *Ibid., Ant. Zaltieri*, 1583, pet. in-8.

— Favole e motti di Lud. Guicciardini. *Venezia, tipogr. d'Alvisopoli*, 1830, in-8. [17453]

Édition tirée à 60 exempl. et 2 sur VÉLIN. M. Gamba, qui l'a publiée, y a fait insérer plusieurs petites nouvelles extraites du recueil des *Detti e fatti piacevoli*, d'après l'édition d'Anvers, 1583.

— Les heures de recréation et après dinés de Louys Guicciardin, trad. de l'italien par Fr. de Belleforest. *Paris, Jean, Ruelle*, 1571, 1573 et 1576, in-16. 6 à 9 fr.

Trois éditions rares, ainsi que celles de *Lyon*, *Ben. Rigaud*, 1578, in-16 : 9 fr. Mac-Carthy; — de *Rouen, Martin Le Megissier*, sans date, in-16 (vend. en m. r. 1 liv. 3 sh. Heber); — et *Anvers, Guislain-Janssens*, 1594 et aussi 1605, in-16. Cette dernière 32 fr. mar. jaune Veinant.

HEURES de recreation, ou les fleurs des apophthegmes ou des dits et faits notables, recueillies par Louys Guicciardin, et trad. de l'italien en françois par M. P. B. P. *Paris, Nic. Bonfons*, 1609, in-16.

— LES MÊMES, en italien et en français. *Paris, Mart. Guillemot*, 1610, in-12. — Réimpr. *Paris, Vᵉ Martin Guillemot*, 1624, et *Paris, Guillemot*, 1636, in-12.

CONTES et historiettes divertissantes, tirées du sieur Guicciardin et autres, avec plusieurs dialogues en italien et en françois par le sieur Pompe. *Paris, La Caille*, 1688, in-12.

— LES MÊMES, sous le titre d'*Historiettes divertissantes;* 2ᵉ édition, revue et augmentée, en italien et en français. *Paris, Gabr. Huart*, 1693, in-12.

— Description de tout le Païs-Bas... avec diverses cartes géographiques du dit païs, aussi le pourtraict d'aucunes villes principales selon leur vray naturel...... avec un ample discours sur le faict de la négociation et trafique des marchandises qui se fait au dit païs. *Anvers, Guil. Silvius*, 1567 (aussi 1568), pet. in-fol. [24949]

21 fr. Borluut.

Guil. Silvius a donné dans la même année deux édit. de cette description, l'une du texte italien qui est l'original (*Descrittione di M. Lodovico Guicciardini, di tutti i Paesi-Bassi*), l'autre de la traduction française par un anonyme. M. Van Hulthem regardait l'édition italienne de 1567 comme extrêmement rare, et de plus comme remarquable, parce qu'elle représente l'état des Pays-Bas en 1560, et que les plans, quoique gravés en bois, en sont très-fidèles : ce qui se remarque également dans l'édit. française. La carte des Pays-Bas, placée avant le frontispice, et l'hôtel de ville d'Anvers, sont gravés sur cuivre. Malgré ces avantages, je ne sache pas que ce livre (le texte italien de 1567) ait une grande valeur : 13 fr. 25 c. Borluut. Le texte italien de cette description a été impr., avec des augmentations et des fig. en taille-douce, au nombre de 55, au lieu de 15 que contient la première édition, à *Anvers, chez Christ. Plantin*, 1581, et aussi en 1588, in-fol. (vend. 2 flor. Meerman; 9 fr. Borluut). Le même imprimeur a donné, en 1582, une édit. in-fol. de la traduct. française, laquelle a été réimpr. à *Amsterdam*, en 1609, in-fol. et encore (éditions revues et augmentées par P. de Keere et P. Du Mont), *Arnheim*, 1617, in-4. obl. — *Amsterdam, Jo. Jansson*, 1625, in-fol. 12 fr. 25 c. Borluut.— *Amsterdam*, 1641, etc., in-4. obl., toujours avec des figures et des cartes.

La traduction latine (*Omnium Belgii regionum descriptio*) par Regnier Vitellius, vulgairement Telle, *Amstelod., Guil. Janssonius*, 1613, in-fol. fig., est bien écrite, et de plus contient des additions importantes qui la rendent préférable au texte original : elle a été réimpr. plusieurs fois chez les Jansson, soit de format in-fol., soit en pet. in-12. Enfin il existe un abrégé de cet ouvrage sous ce titre :

SOMMAIRE de la description générale de tous les Pays-Bas de L. Guicciardin, par B. Rohault. *Arras, Rob. Maudhuy*, 1596, in-8.

GUICHARD (*Claude*). Funérailles et di-

---

verses manières d'ensevelir des Romains, Grecs et autres nations, tant anciennes que modernes. *Lyon, I. De Tournes*, 1581, in-4. fig. sur bois. 6 à 9 fr. [28781]

Vend. 13 fr. 50 c. mar. r. Mac-Carthy.

—La Fleur de la poésie morale de ce temps consacrée à la fleur des rois, le roy des fleurs-de-lys, par Claude Guichard, conseiller d'estat de S. A. de Savoye. *Lyon, P. Rigaud*, 1614, in-8. de 64 pp. [13645]

24 fr. mar. fleurdelisé, Coste.

GUICHART (*Est.*). Harmonie étymologique des langues, où se démontre que toutes les langues sont descendues de l'hébraïque. *Paris, Guillaume Le Noir*, 1610, in-8. 6 à 9 fr. [10561]

Ce gros volume contient 8 ff. prélim., 985 pp. suivies de deux tables qui occupent 16 ff., au verso du dernier desquels on lit : *A Paris, de l'imprimerie de Denis Du Val*, achevé le 4 mars 1606. Il y a des exempl. dont le frontispice porte aussi cette dernière date. La même édition a été reproduite, en 1619, avec un nouveau titre un peu différent du premier, et portant : *seconde édition revue et corrigée, Paris, Victor Le Roy*, 1619. La seule différence qui existe entre les deux sortes d'exemplaires, c'est que pour les derniers on a réimpr. les ff. prélim. en intercalant après le frontispice deux nouveaux ff. qui contiennent une épître dédicat. à M. François Olivier, seigneur de Fontenay, etc., et un avertissement au lecteur, dans lequel il est dit que la première édition étant épuisée, on prend occasion de remettre l'ouvrage au jour après en avoir corrigé plusieurs fautes. Un exempl. en mar. r. 34 fr. Nodier ; en mar. v. 25 fr. Giraud.

GUICHENON (*Sam.*). Histoire de Bresse et de Bugey, Gex et Valromey, avec les preuves. *Lyon, J. Huguetan*, 1650, 4 part. en 1 vol. in-fol. fig. [24617]

Ouvrage estimé et dont les exemplaires sont rares : vend. jusqu'à 154 fr. Mac-Carthy ; 60 fr. en 1829 ; 50 fr. Crozet ; 91 fr. St-Maurice.
La dernière édition des *Usages des pays de Bresse, Bugey et Gex*, par Ch. Revel, *Bourg-en-Bresse*, 1775, 2 vol. in-fol., est augmentée des deux premières parties de l'histoire de Bresse de Guichenon.

BIBLIOTHECA sebusiana, sive variarum chartarum, diplomatum, fundationum, privilegiorum, donationum et immunitatum a summis pontificibus, imperatoribus, regibus, etc., ecclesiis, monasteriis, et aliis locis aut personis concessarum, nusquam antea editarum, miscellæ centuriæ II ; ex archivis regiis, etc., ad historiæ lucem collegit et notis illustravit S. Guichenon. *Lugduni, apud Guil. Barbier*, 1660, in-4. de 448 pp., sans les pièces prélim. [24617]

Recueil de chartes et de titres qui servent de preuves à l'histoire de Bresse et de Bugey. Il y a une seconde édition, ou plutôt, comme je le crois, des exemplaires de l'édition de 1660, avec un nouveau titre daté de 1666 et l'addition de quatorze diplômes, commençant une nouvelle centurie ; ce qui, selon Papillon, porte le volume à 454 pp. Ce recueil curieux a été réimpr. dans le prem. vol. de *Nova scriptorum rarissimorum collectio*, publié par Christ.-Godefr. Hofman, à Leipzig, 1731, in-4. Dav. Clément, IX, 302 et suiv., donne des détails intéres-

sants sur la *Bibliotheca sebusiana*, et les autres ouvrages de Guichenon.

—Histoire généalogique de la roy. maison de Savoye, avec les preuves. *Lyon, Guill. Barbier*, 1660, 2 vol. in-fol. [28903]

Ouvrage peu commun : vend. 36 fr. Dutheil ; 41 fr. Mac-Carthy ; 49 fr. 50 c. en 1841 ; 62 fr. Leprévost, en 1857. Il y a une nouvelle édition moins belle et qui ne va aussi que jusqu'en 1660, *Turin*, 1778-80, 5 tom. en 2 vol. in-fol.: vend. 71 fr. Crozet ; 75 fr. Libri, en 1857 ; 90 fr. en 1860.

GUICHENON (le fr. *Germain*). Histoire des révolutions du comté de Bresse, contenant ce qui s'est passé de plus remarquable dans ce comté pendant qu'il a été sous la puissance de différens souverains ; avec une description des familles illustres qui y ont pris naissance, et de celles qui ont fait alliance dans les duchés de Bourgogne et de Savoye (anonyme). *Chambéry, Martin Blondet*, 1709, pet. in-8. [24618]

Abrégé du grand ouvrage de S. Guichenon, oncle de Germain. Les exempl. en sont rares. Vend. 12 fr. Boulard, et plus cher depuis. Ce livre est cité par les bibliographes sous le titre d'*Histoire de Bresse, Lyon*, 1709 ; et il se peut qu'il en existe effectivement des exempl. avec le nom de cette dernière ville.

GUIDA da Milano a Ginevra pel Sempione. *Milano*, 1822, in-8., avec une carte. 6 fr. [25364]

Il y a des exemplaires de cet ouvrage en pap. vélin, avec 30 planch. in-4.: 25 fr.—en Gr. Pap. fig. color. 60 fr.

GUIDACERIUS (*Agathius*). Ad christianiss. regem et reginam Galliæ in verba Domini supra montem explanatio. *Parisiis, excudebat Christianus Wechelius*, anno M. D. XXXI, pet. in-8. [493]

Un exemplaire imprimé sur VÉLIN qui a été présenté à François Ier, 4 liv. 4 sh. Libri, en 1859.
On a du même auteur :

IN V PSALMOS secundum hæbream veritatem recens expositio. *Paris., excudebat Fr. Gryphius*, 1532, in-4.

COMMENTARIA in septem psalmos Davidios, qui pœnitentiales dicuntur. *Parisiis, apud Collegium Italorum*, 1536, in-8.

GUIDALOTTO. Tyrocinio de le cose vulgari de Diomede Guidalotto bolognese. cioe, sonetti, canzoni, ec. *nel alma città di Bologna per me Caligula di Bazaleri... del anno* M. D. IIII (1504) *a di xv. de aprile*, in-4. sign. A—X.5. [14491]

Cet ouvrage est mêlé de prose et de vers, de même que l'*Arcadia* de Sannazar.

GUIDE (la) des chemins de France. *Paris, chez Charles Estienne, jmprimeur* *du roy,* M. D. LII., pet. in-8. de 8 ff. prélim. et 207 pp. [23129]

6 fr. 50 c. Méon; 28 fr. 50 c. Coste ; 33 fr. *m. v.* Giraud ; 39 fr. Hebbelynck.

Cet itinéraire de la France indique les routes de ce pays, *telles qu'elles étaient il y a trois siècles, et* donne les noms des villes et bourgs suivant leur ancienne étymologie et comme on les écrivait alors, avant qu'ils eussent été altérés par corruption ; c'est pour cela seulement qu'on le recherche depuis qu'il n'a plus d'utilité pratique. Charles Estienne, auteur de l'ouvrage, dit, dans son avis au lecteur, qu'*il a laissé par exprès marge suffisante à chascun endroit d'iceluy (livre), pour ne t' oster la liberté d'y pouvoir adiouster ou diminuer partout ou bon te semblera...* il y annonce aussi la publication prochaine des Pellerinages des lieux saints, avec la description des fleuves de la France, livre qui parut bientôt après sous ce titre :

LES VOYAGES de plusieurs endroits de France : & encores de la Terre Saincte, d'Espaigne, d'Italie, et autres pays. Les Fleuves du royaume de France. *A Paris, chez Charles Estienne, imprimeur du roy,* M. D. LII , pet. in-8. de 113 pp. plus 6 pour la table.

Le second ouvrage ne doit pas être séparé du premier, auquel il renvoie assez fréquemment.

Il paraît qu'il existe deux éditions, ou tout au moins deux tirages de *la Guide,* sous la date de 1552, car j'en ai vu un exemplaire dans lequel se lisait, non pas sur le titre, mais au commencement du livre : *reueue et augmentee pour la seconde fois.* Ce même itinéraire a été réimprimé chez Ch. Estienne, en 1553, pet. in-8. avec cette autre note : *reueue et augmentee pour la troisième fois.* On cite aussi une édition des *Voyages* ci-dessus, impr. chez Ch. Estienne, en 1553, dans le même format que *la Guide.*

Les libraires de Lyon, ceux de Troyes et de Rouen, se sont emparés de ces deux ouvrages dont ils n'ont fait qu'un seul, en ajoutant au premier quelques additions et en retranchant du second ce qui faisait double emploi.

Voici le titre d'une édition qualifiée de troisième, comme celle de 1553 :

LA GUIDE des chemins de France, reueue et augmentee pour la troisiesme fois. Les Fleuves du royaume de France, aussi augmentez. *Paris, pour Estienne Groulleau,* 1560, in-16, lettres rondes.

Le nouveau Lelong cite, sous le n° 2292, *Nouvelle guide des chemins pour aller et venir par tous les pays et contrées de France.* Paris, 1588, in-8.

Nous ferons encore mention de l'édition suivante que nous avons eue sous les yeux :

LA GRANDE guide des chemins pour aller et venir partout le royaume de France ; auec les noms des fleuves et riuieres qui courent parmy les dicts pays. Augmenté du voyage de S. Iacques, de Rome, de Venise et Jerusalemm. *Troyes, Nicolas Oudot,* 1612, in-24 de 15 ff. prélim, 178 ff. chiffrés et 9 non chiffrés. L'avertissement a été changé.

L'ouvrage suivant paraît avoir beaucoup de rapport avec celui de Ch. Estienne :

SOMMAIRE de la description de la France, avec la guide des chemins pour aller par les provinces et aux villes plus renommées par Thed. Mayerne Turquet. *Geneve, Stoer,* 1591, in-16, aussi *Lyon,* 1596, in-12 (Lelong, 2293). Une édition de 1606, in-12, est portée dans le catalogue de Secousse, 678.

Il y en a un autre sous le titre de *Guide des chemins de France, d'Italie, d'Allemagne et d'Espagne. Rouen,* 1624, in-8.

GUIDE. The bengal agar guide and gazetteer; second edition. *Calcutta, printed for Will. Rushton,* 1841, 2 vol. in-8., cartes. [28196]

GUIDETTO. Canzone di M. Guidetto a PP. Clemente. *(sans lieu ni date),* pet. in-4. de 8 ff. dont le dernier est blanc, caract. cursifs.

Opuscule peu connu qui a dû être impr. vers 1530. M. Colomb de Batines en cite un exemplaire imprimé sur VÉLIN appartenant à la Riccardina de Florence.

GUIDI (*Ant.*). Voy. GUIDUS.

GUIDI (*Aless.*). Poesie non più raccolte, con la sua vita scritta da Gio.-Mar. Crescimbeni. *Verona, Tumermani,* 1726, in-12, portr. 4 fr. [14579]

Bonne édition qui réunit : les *Rime,* impr. à Rome, en 1704, in-4.; les *Sei omelie... esposte in versi,* impr. à Rome, 1712, in-4., avec fig.; l'*Endimione, dramma,* impr. à Rome, en 1692, in-12 (dont il y a des exemplaires avec un titre, portant : *Amsterdam, vedova Schippers*); le *Discorso* sur cette pièce, écrit par J. Vinc. Gravina, sous le nom de *Bione Crateo ;* et d'autres morceaux qui n'avaient pas été recueillis. —Une jolie édition des meilleures poésies de Guidi a paru à Milan, 1827, in-32, portr., dans la collection des *Poeti classici.*

GUIDICCIOLO (*Levanzio* da). Antidoto della Gelosia, distinto in doi libri, estratto dall' Ariosto, per Levantio Mantoano. *Brescia, Dam. Turlino,* 1565, pet. in-8. [17438]

Volume recherché à cause des nouvelles ital. qu'il contient : on doit y trouver 16 ff. non chiffrés, savoir : le frontispice, la dédicace, deux sonnets et la table; texte, 315 pp., dont le dernier porte le registre et la date; ensuite un f. contenant la marque de l'imprimeur. Il y a des exemplaires de la même édition, avec un titre daté de 1566, et dans lesquels, en place de l'épître dédicatoire de l'auteur à *Laura Martinenga Gonzaga,* qui occupe 14 pp. (dans l'exemplaire de 1565), on en a mis une autre adressée *Alla chiara fama,* et qui n'a que 3 pages. 38 ff. *mar. r.* Libri, et en *mar. citr.* 19 sh. le même. L'édition de Venise, *Fr. Rampazzetto,* 1565, in-8., renferme l'épître *Alla Martinenga.*

Chacun de ces trois différents exemplaires a été vend. 9 sh. 6 d. Borromeo.

Les nouvelles de Guidicciolo font partie du *Novelliero,* impr. à Venise, en 1754. Voy. NOVELLIERO.

GUIDICCIONI (*Giov.*). Opere. *Genova, stamp. Lerziana,* 1749, in-4. 6 à 8 fr. [14562]

Ce volume devait être suivi d'un second tome qui n'a jamais été publié ; c'est, selon Gamba, un excellent recueil, bien préférable aux éditions antérieures ; celle-ci a été publiée par Alex. Pompeo Berti, qui y a joint une vie de l'auteur.—Il y a une réimpression, *Genova, Bern. Tarigo,* 1767, in-4.

—RIME. *Bergamo, Lancelotti,* 1753, in-8.

Bonne édition donnée par J.-B. Rota.

L'*Orazione di Giov. Guidiccioni alla republica di Lucca, con alcune rime,* Firenze (Torrentino), 1557, in-8., publ. par Louis Domenichi, est un petit livre assez rare.

GUIDO de Cauliaco. Voy. CAULIACO. — de Columna. Voy. COLUMNA.— da Fontenayo. Voy. FONTENAY. — da Pisa. Voy. FIORE de Italia.

Guidelou. Notice sur Grandville, 24386.

GUIDO de Monte-Rocherii. Voy. MONTE-ROCHERII (de).

GUIDO-PAPA. Decisiones. (in fine) : *Hoc opus decisionŭ excellentissimi parlamēti dalph. fuit gracionopoli per stephanŭ foreti deo fauente ante ecclesiam sancte clare impressŭ et finitŭ die penultima mens' aprilis. Año dñi* MMº CCCC LXXXX, pet. in-fol. goth. de 400 ff. non chiffrés, sign. aiii, A—xiii et aa—ggiii, 34 lignes par page. [2659]

Voici, selon toute apparence, le plus ancien livre connu qu'ait produit la typographie de Grenoble. L'exemplaire appartenant à la biblioth. de cette capitale de l'ancien Dauphiné est décrit dans les *Mélanges de M. Colomb de Batines*, Valence, 1837, pp. 444 et suiv., ainsi qu'un Missel à l'usage de Grenoble, impr. dans la même ville, *per iohanē Belot Rothomagēs.*, en 1497, le 20 mai, in-4. goth. de ccij ff.

Ce Jean Belot, qu'il ne faut pas confondre avec Jean Belon, imprimeur à Valence, avait déjà mis au jour à Lausanne, en 1493, un Missel in-fol. (voy. MISSALE), et en 1498, il en fit paraître à Genève un autre à l'usage de cette ville où il finit par se fixer.

—Decisiones per... dominŭ guidonē pape olim composite nuperꝗ recensite et correcte : suisꝗ in locis oportunis perutilibus apostillis a domino Antonio Rambaudi... in margine vndiꝗ super additis. Venundantur *Lugduni ab Jacobo Huguetano... et parrhisius in vico sancti Jacobi sub diva virgine prope sanctum Benedictum.* (au recto du dernier f.) : *Lugduni feliciter impresse per magistrum Jacobum Sacon Anno dñi Millesimo ccccc iiIj. Die XV. mensis maij.* in-4. goth. à 2 col., 25 ff. prélim. pour le titre et la table, texte ff. i à ccxxxiij, titre rouge, avec la marque de J. Huguetan ; celle de Sacon est au bas de la souscription.

DECISIONES per... dominum Guidonem pape olim composite (ut supra) nec non cū additionibus..... Johannis de gradib'... in margine undiꝗ superadditis. *Venundantur Lugduni a Jacobo Huguetam... en la rue Merciere.* (au verso du dernier f.): *Lugduni feliciter impresse per Jacobum myt. Anno domini millesimo. cccccxi. die vero secunda* mensis augusti, in-4. goth. à 2 col. 19 ff. prélim. sign. a—c. et le texte ff. i à cLxxxiij.

DECISIONES domini Guidonis Pape. (au verso du titre): *Impresse in civitate Lugduni sūptibus..... Symonis Vincent... bibliopole, Anno* M.ccccxx, *de mense januarii,* gr. in-4. goth. 14 ff. prélim., texte, ff. i à cLxv, à 2 col.

La souscription suivante, qui se lit au bas de la deuxième col. du dernier f. verso, avant le registre, fait bien connaître les additions faites à cette édition.

Decisiones parlamēti dalphi. per do. Guidonem pape iurium monarcham compilate cū additionibus... Antonii Rambaudi et Johānis de Gradibus. novissime cum additionibus Henrici Ferrandar Niuern... cum repertorio et numeris s'm indicem alphabetica utiliter ordinato.

Les décisions de Guy-Pape ont été longtemps d'une grande autorité dans les pays de droit écrit, et la presse les a fréquemment reproduites. Nicolas Chorier les a données en français, sous ce titre :

LA JURISPRUDENCE du célèbre conseiller et jurisconsulte Guy-Pape dans ses décisions, avec plusieurs remarques importantes... *Lyon, Certe,* 1692, in-4. —Seconde édition, corrigée et augmentée par un avocat au Parlement, *Grenoble et Paris,* 1769, in-4.

Pour les *Novæ Decisiones parlamenti Delphini,* voy. MARCUS.

—CONSILIA singularia CCXLV et quorum materia quotidie in practica in omnibus curiis tam ecclesiasticis quam secularibus versatur per... dom. Guidonis Papæ II doctorem et parlamenti Delphinatus consiliarium, tempore quo ante adeptum officium annis trig. quinque practicaverat edita et ejus propriis typis sumpta, in quibus veræ iuris utriusque conclusiones et determinationes, quidquid dictꝫ parlamentum delphinale tot quoque tholosane questiones decidunt, late ventilatum reperiet lector. *Lugduni per fidelissimum in arte calcographica magistꝫ Stephanum Baland, anno post virgineum partum decimo quinto supra mille et quingentos,* 3 part. en 1 vol. in-4. goth. à 2 col.

55 fr. dans un des catal. de Durand, libraire.

Voici un autre ouvrage du même jurisconsulte qui mérite d'être décrit. Les bibliographes l'ont présenté sous deux titres différents, parce que les uns ont copié celui qui est en forme de sommaire au commencement de la prem. col. du texte et qui occupe neuf lignes imprimées en rouge, tandis que les autres ont donné pour titre la souscription finale imprimée au verso du dernier f.

C'est un gr. in-4. goth. à 2 col. de 42 lig. sign. a—h par 8, y compris le dernier qui est blanc. Au verso du premier f., dont le recto est blanc, se lit une épître latine de *Jo. Albonus Baccalarius Valentinus. ingenuo... viro dño Antonio Chaponasio,* à longues lignes. Le sommaire, en 7 lig., dont nous avons parlé, commence par ces mots, que nous donnons sans les abréviations: *Perutilia ac summa in practica necessaria excellentissimi juris utriusque consulti domini Guidonis pape... et super statuto si quis...*

La souscription finale placée au verso du dernier f. est ainsi conçue :

Cōmētaria ꝛ apparat' egregii ꝛ ‖ excellentissimi iuris vtriusꝗ cō ‖ sultissimi dñi Guidonis pape. su ‖ per statuto delphi. si quis per lit ‖ teras. Anno dñi M. cccc. xcvj ‖ Et die mensis ‖ Expliciunt ad laudem ꝛ gloriam omnipotentis dei...

Les caractères de ces commentaires sont les mêmes que ceux de l'ouvrage suivant impr. à Grenoble :

LIBERTATES per illustrissimos principes delphinos viennenses delphinalibus subditis concessæ... impensa Francisci Pichati et Bartoleti.... *Venales habentur huius modi libelli grationopoli in platea malii consilii apud Franciscum Pichatum et in vico parlamenti apud Bartoletum* (absque anno), gr. in-4. goth. à 2 col. de 45 lig. [2659]

Ce volume, non moins précieux que les précédents, doit contenir 4 ff. prélim. lxxxv et xxxvij ff. chiffrés, avec un f. blanc entre les deux parties, et de plus, soit au commencement, soit à la fin, deux ff. non chiffrés, mais signés A. qui donnent la lettre de Louis XII sur l'adjonction du comté d'Asti à la juridiction du parlement de Grenoble. Les derniers statuts de la seconde partie sont en français, ils ont *esté baillés par les gens des troys estats à Tours,* en 1483. Il se trouve à la fin une pièce datée du 4 mars 1508, et il est très-probable que ce livre aura paru dans le courant de la même année. Le frontispice est impr. en rouge et en noir, et porte les armes du Dauphin. Le titre courant en haut du texte est *Statuta Delphinatus.* Un exemplaire *non rel.* 45 fr. en 1861.

GUIDON. Le Guidŏ ꝛ gouuernement du monde vtile et necessaire a toutes gēs de quelque estat ꝗlz soyēt auquel sont

contenus plusieurs prouerbes et motz
dorez des philosophes & docteurs bien
authenticques Reduitz par les lettres
de lalphabet ou + de par Dieu. Auec
vng petit enseignemēt pour soy oster
de peche, selon maistre Jehan Gerson.
Nouuellement imprime a Paris (sans
nom de libraire et sans date), pet. in-8.
goth. de 20 ff., signat. A—E. [3855]

Petit livre rare, dont le frontispice porte un fleuron
gravé sur bois où sont représentés quatre hommes
et deux femmes. Au recto du 19e f. se lisent seize
vers *à la louange du liure*, et donnant en acrostiche les noms de *Gervais de La Fosse*, auteur du
Guidon.

GUIDON des praticiens. Voy. GUYDON.
— des notaires. Voy. PROTHOCOLLE. —
des secretaires. Voy. STILLE (grand).

GUIDON SALVAGGIO. Libro nouo doue
si contiene le battaglie dello innamoramento de Guidon Salvaggio che fu figlio
de Rinaldo de Mont' Albano. *Milano,
per Valerio & Hieronymo Frafelli da
Medea* (sans année, mais 1558), in-8.
[14778]

Roman de chevalerie, en octaves, lequel paraît être
tout à fait différent de celui dont nous avons parlé
à l'article *Dragonico*. L'exemplaire en *mar. citr.*
vend. 2 liv. 18 sh. Libri, en 1859, était annoncé
comme extrêmement rare.

GUIDOTTO de Bologna. Voy. plus haut,
col. 61, article CICERO, Rhetorique en
italien.

GUIDUS (*Antonius*). Oratio in funere
Mariæ Britanniæ reginæ ad cardinales
regumque et rerum publicarum lega-
tos, Romæ habitus VIII. Id. Martii.
M. D. LIX. *Romæ, ex officina Salviana*
(1559), in-4. de 16 ff. [12165]

Oraison funèbre qui exprime avec chaleur la douleur
ressentie par l'Église catholique à la mort de la
reine Marie. C'est une pièce fort recherchée en
Angleterre : 33 liv. 12 sh. comte de Guilford ; 8 liv.
18 sh. Hibbert ; 5 liv. 10 sh. Bliss. Lowndes en cite
une autre édition, *W. Martin*, 1559.

GUIFFARDIÈRE (de). Cours élémentaire
d'histoire ancienne, à l'usage de mesdames les princesses d'Angleterre, par
Ch. de Guiffardière, ministre de la chapelle françoise du roi. *Impr. à Windsor, chez C. Knight*, 1798, 2 vol. in-8.
[22700]

M. Martin a porté cet ouvrage dans son catalogue des
livres *privately printed*. Nous en faisons mention,
parce qu'il n'est pas connu en France. L'exemplaire
de la Biblioth. royale, au *British Museum*, contient une carte, *Veteris orbis climata ex Strabone*,
tracée par la princesse Sophie.

GUIGNES (*Jos.* de). Voy. DE GUIGNES.

GUIGONIS, prioris Carthusiæ, statuta et
privilegia ordinis carthusiensis. *Basileæ,*

Guignard (de). École de Mars, 24088.

Amorbachius, 1510, 5 part. en 1 vol.
in-fol. goth. [3260]

Ce volume, devenu rare, était autrefois recherché et
fort cher : vend. 105 fr. Gaignat ; 72 fr. Soubise ;
il l'est moins aujourd'hui ; 12 fr. et 19 fr. 50 c.
Librairie De Bure ; 20 fr. Bignon ; 40 fr. en mai
1860.
La cinquième partie, composée de 50 ff. contenant
les priviléges de cet ordre, manque quelquefois.
Voyez la vie de S. Bruno, par le P. de Tracy, *Paris*,
1785, in-12, p. 268, où sont relevées plusieurs fautes
dans lesquelles l'auteur de la Bibliographie instructive est tombé en parlant de ces statuts.

GUIJON. Jacobi, Joannis, Andreæ et
Hugonis Guijonium opera varia, ex bi-
bliotheca Philib. de La Mare. *Divione,
Philib. Chavance*, 1658, in-4. [19027]

Ce recueil des opuscules latins et français, en prose
et en vers, des frères Guijon, est assez recherchée,
et surtout en Bourgogne. On ne le trouve pas facilement.

GUILANDINI (*Melchioris*) Papyrus, hoc
est commentarius in tria C. Plinii majoris de papyro capita ; accessit Hier. Mer-
curialis repugnantia, qua pro Galeno
strenue pugnatur ; item Mel. Guilandini
assertio sententiæ in Galenum a se pro-
nunciatæ. *Venetiis, M.-Ant. Ulmus*,
1572, in-4. de 280 pp. sans les limin.
[5428]

Ouvrage curieux, et dont l'édition de 1572 est la plus
belle. Il a été réimpr. à Lausanne, chez Fr. Le
Preux, 1576, in-4. (vend. 5 sh. Hibbert), et *recensente et summariis atque indice rerum verborumque augente Henrico Salmuth*, Ambergæ,
typ. Schönfeld, 1613, in-8. Cette dernière édition
ne contient que le traité *De papyro*. — Voir, sur ce
livre, *Dav. Clément*, IX, 311-13.

GUILBERT (*Aristide*). Histoire des villes
de France, avec une introduction générale pour chaque province... par A.
Guilbert et une société de savants, etc.
Paris, Perrotin, 1844-49, 6 vol. gr. in-8.
[23142]

Ouvrage orné de 88 gravures, de 132 armoiries de
villes et d'une carte de la France par provinces.
90 fr. Il a été publié en 368 livraisons.

GUILELMO de Piacensa. Voy. SALICETO.

GUILEVILLE. Voy. GUILLEVILLE.

GUILHERMY (de). La Sainte-Chapelle de
Paris, d'après les restaurations commencées par M. Duban, terminées par
M. Lassus, ouvrage exécuté sous la direction de M. V. Calliat ; texte historique par M. de Guilhermy. *Paris, Bance*,
1857, in-fol., 77 pl. dont 65 gravées et .

Guilbert (*Adr.*). Dictionnaire géographique, 19516.
Guilbert (*P.*). Port-Royal, 21947.
Guilbert (l'abbé). Fontainebleau, 24179.
Guilbert (*V.*). Mémoires, 30483.
Guild (*Reuben A.*). The librarian Manuel, 31128 ou
31797.
Guilhe (*H.-Ch.*). Étude sur l'histoire de Bordeaux,
24671.

les autres lithogr., avec 6 pp. de texte à 2 col. [9927 ou 21419]
— Voy. Lassus.
— Description de Notre-Dame, 21418. — Monographie de l'église de S.-Denis, 21749.

GUILIELMI apuliensis rerum in Italia ac regno neapolitano normanicarum libri V. *Rhotomagi, Rich. Petit*, 1582, in-4. de 56 ff. [12715]

Poëme écrit à la fin du XIe siècle, et publié par Jean Tiremois, avocat général, d'après un manuscrit de l'abbaye du Bec. Il a été réimprimé dans plusieurs collections, mais la meilleure édition est celle qui se trouve dans le tome Ve des *Scriptores ital.* de Muratori.

GUILIELMUS tyrius. Historia belli sacri, in qua Hierosolyma et tota fere Syria per principes christianos occidentis, anno Christi 1099 recuperata, et regnum hierosolymitanum ad Balduinum IV, anno 1184 continuatur et describitur : accessit Joannis Herold, continuatio ejusdem historiæ usque ad ann. 1521, cum quibusdam aliis ejusdem argumenti : edente Henrico Pantaleone. *Basil., Brylenger*, 1564, in-fol. [23045]

Un des meilleurs historiens des croisades, et qui a été le témoin d'une partie des événements qu'il rapporte. Ce fut. Ph. Poissenot qui publia la première édition, *Basileæ, Oporinus*, 1549, in-fol., sans la continuation de Jean Herold, qui n'est pas non plus jointe à l'édition de Guillaume de Tyr, que Bongars a donnée dans le tome 1er des *Gesta Dei per Francos*. Cette continuation, au reste, est peu estimée. Il en existe une autre, bien préférable, écrite en français, à la fin du XIIIe siècle, par *Bernard. Thesaurarius*, et qui s'étend jusqu'en 1275 seulement. Ce morceau curieux a été inséré dans le 5e volume de l'*Amplissima collectio* de D. Martenne et de D. Durand, en 9 vol. in-fol.; et Muratori, sans connaître l'original, en a inséré une traduction latine dans le 7e vol. de sa collection des écrivains d'Italie. L'original latin et l'ancien texte françois de l'histoire de Guillaume de Tyr, forment deux volumes du Recueil des historiens des croisades, publié par l'Académie des inscriptions et belles-lettres, avec une préface par MM. Beugnot et Langlois. *Paris, Impr. roy.*, 1844-45, 2 vol. in-fol.
— Voyez Recueil des historiens.

—Histoire de la guerre sainte, dite proprement la Franciade orientale... faite latine par Guillaume, archevesque de Tyr, et trad. en françois par Gabr. du Préau. *Paris, Nic. Chesneau*, ou *Rob. Le Mangnier*, 1573 (nouveau titre 1574), in-fol. 15 à 20 fr.

Vend. 51 fr. salle Silvestre, en 1842.
Cette traduction se fait encore lire avec intérêt. Du Préau y a ajouté quelques chapitres de sa composition. Une autre traduction française de Guillaume de Tyr occupe les tom. XVI à XVIII de la *Collection des mémoires sur l'histoire de France, publiée par M. Guizot* (voy. Collection).

Historia della guerra sacra di Gerusalemme, della terra di promissione e di tutti la Soria ricuperata da christiani, da Guglielmo, arcivescovo di Tiro, tradotta da Giuseppe Horologgi. *Venetia, Valgrisi*, 1562, in-4.
Bonne édition de cette traduction estimée : 23 fr. Libri, en 1857. Celle de *Venise, Pinelli*, 1610, in-4., a moins de valeur.

GUILLAIN. Documents sur l'histoire, la géographie et le commerce de l'Afrique orientale, recueillis et rédigés par M. Guillain, publiés par ordre du gouvernement. Deuxième partie : Relation du voyage d'exploration à la côte d'Afrique exécuté pendant les années 1846, 47 et 48, par le brick le Ducouëdic. *Paris, Arth. Bertrand*, 1856-57, 3 vol. gr. in-8. et atlas in-fol. de 32 pl. 108 fr. [20919]

GUILLAUME, clerc de Normandie. Le Bestiaire divin de Guillaume, clerc de Normandie, trouvère du XIIIe siècle, publié d'après les manuscrits de la Bibliothèque nationale, avec une introduction sur les bestiaires, volucraires et lapidaires du moyen âge, considérés dans leurs rapports avec la symbolique chrétienne ; par M. C. Hippeau. *Caen, Hardel*, et *Paris, Derache*, 1852, in-8. 7 fr. [13212]

Ce volume est extrait des *Mémoires de la Société des antiquaires de Normandie.*

GUILLAUME (le Romant du duc). *Paris, (sans date)*, in-4. de 14 ff. goth. à 37 lignes par page. [13582]

Roman en vers, presque inconnu. La Bibliothèque impériale de Paris en possède un exemplaire incomplet, lequel est inscrit dans l'ancien catalogue imprimé, Belles-Lettres, II, Y₂, n° 204 A. Ce fragment se compose de deux cah. de 4 ff. chacun, sous la signature *a* et *b*. Chaque page est de 37 lignes. Le recto du premier f. porte un titre ainsi conçu :

Sensuit le Ro‖mant du Duc [] Guillaume le‖quel en son viuant fut ‖ Roy d'gleterre et aussi duc de normêdie ‖ dont il tint paisiblement son peuple. *Im*‖*prime nouuellement à Paris*, et au-dessous une vignette sur bois. Le verso présente une autre vignette représentant le couronnement d'un prince. Le texte commence par ces deux vers :

Pour recorder vng dict suis cy en droit venus,
Dieu gard tous ceulx et celles dont scray entendus.

et il finit, dans l'exemplaire incomplet que nous décrivons, par ces six autres vers :

Les marchans se auoient entre eulx contans eu
Pour lamour de la royne qui belle et doulce fu
Mais le seigneur vint la pour querir son tribut
Si bien vn des marchans eut lestrif entendu
Raultement (sic) *lun a dit ne nous combates pas*
La dame sesmoye parquoy vint maint debas...

la suite manque; mais dans un exemplaire complet en 14 ff. dont M. Richarme, de Lyon, a eu la complaisance de me donner la description, l'ouvrage est ainsi terminé : *Cy finist la vie du Roy Guillaume Roy Dangleterre et Duc de Normandie.*
Ce petit poëme paraît être du même genre et peut-être du même auteur que le *Romant de Richart*, fils de Robert le diable, que nous décrivons au mot Richard sans peur, et dont les pages portent également 37 vers chacune; il a dû paraître avant le milieu du XVIe siècle.

GUILLAUME d'Orange. Chansons de gestes des XIᵉ et XIIᵉ siècles, de Guillaume d'Orange, publiées pour la première fois par M. W.-J.-A. Jonckbloet. *La Haye, Nyhoff; Bruxelles, Aug. Deck*, 1854, 2 vol. in-8. 22 fr. [13182]

GUILLAUME de Palerme, etc. Lhystoire du noble et preulx vaillant cheualier Guillaume de Palerme et de la belle Melior, lequel Guillaume de Palerme fut filz du roy de Cecille, *ɼ* par fortune et merueilleuse aduenture deuint vacher Et finablement fut empereur de Romme soubz la conduicte dung Loup Garoux filz au roi Despaigne... On les vend a Lyon... chez Oliuier Arnoullet. (à la fin): *Jmprime a Lyon. Le viij de Juing Mille. cccc et lij. par Oliuier Arnoullet*, in-4. goth. de 61 ff. signat. a—h, avec fig. en bois. [17074]

La bibliothèque de l'Arsenal conserve un exempl. de cette édition rare.

— Lhistoire du noble preux *ɼ* vaillant cheualier Guillaume de Palerne. Et de la belle Melior. Lequel Guillaume de Palerne fut filz du roy de Cecille. Et par fortune *ɼ* merueilleuse auenture deuint vacher. Et finallement fut Empereur de Rome souz la conduite dun loupgaroux filz au Roy Despagne, XV. F. a Paris par Nicolas Bonfons libraire demeurant a la rue neuue nostre dame a lenseigne Sainct Nicolas. (à la fin): *A Paris, par Nicolas Bonfons...*, pet. in-4. goth. de 60 ff. à 2 col. y compris le titre, fig. en bois.

Cette édit. est moins ancienne que la précédente, mais presque aussi rare : 14 fr. La Vallière; 3 liv. White Knights; 20 liv. 10 sh. *m. r.* Heber; 200 fr. *mar. bl.* Crozet; 185 fr. d'Essling.

On lit dans le prologue... : « a ceste occasion par aucun mien amy, fut a moy humble translateur *ɼ* traducteur de la presente histoire presente lancié liure auquel elle estoit côtenue, quasi comme en friche en grand dangier destre perdue adnichilee et enrouillee doubly, et ce consïderant le langage qui estoit romant antique rimoye en sorte non intelligible ne lisible a plusieurs fauorisant a leur requeste comme de chose tres conuenable ai traduict et transfere le langage de ceste histoire en langage moderne frãcois pour a chacun qui lire le voudra estre plus intelligible... Lhistoire antique du noble cheualier Guillaume de Palerme nous raconte par le rapport du comte de Flandres et haynaut nomme baudouin qui si noblement fut empereur de constantinople lequel baudouin pour exaucer la foy catholique mourut et soufrit martire par les infideles. si fut la contesse yolant, pour et a lhonneur de laquelle et a la requeste fut la presente histoire premierement rimoyee escrite et dictee... » (à la fin) : « et a tant ferons fin a lhistoire rendant louange honneur et gloire a dieu qui nous a donne temps et espace de parachéuer ceste translation

Guillaume le Taciturne, prince d'Orange, 25035.
Guillaume de Saint-Pair. Le Romant du mont Saint-Michel, 13198.

jusques ici. et finablement dit lancien facteur du liure original que la comtesse yolant le fist dicter et escrire. »

L'édit. de *Rouen, veuve de Louis Coste*, vers 1634, in-4., est mal imprimée. — Voir sur ce Roman l'*Histoire littéraire de la France*, XXII, p. 829.

GUILLAUME, évêque. Voy. GUILLERMUS.

GUILLAUME (Mᵉ). Voyage de maistre Guillaume en l'autre monde, vers Henri le Grand. *Paris*, 1612, in-8. [23683]

Mᵉ Guillaume était un bouffon de cour, et il a même été le fou en titre de Henri IV. On a fait paraître sous son nom une infinité de pamphlets sur les affaires du temps, depuis 1605 jusqu'à l'époque de la Fronde : la liste en est beaucoup trop longue pour être placée ici. Celle qu'a donnée la *Bibliogr. univers.*, XIX, p. 155, est bien loin d'être complète, car on trouve sous les nᵒˢ 4272, 4278, 4288 et 4292 du catal. de M. Leber, nombre de pièces qui n'en font pas partie, et notamment la pièce ci-dessus, qui est une facétie politique pleine de verve et de gaîté. Plusieurs de ces pièces sont en vers : en voici une que M. L. qualifie de *satire de mœurs*, en vers libres et très-libres, par *un caton du Pont-Neuf*; elle a pour titre :

LES BIGARRURES de Maistre Guillaume, envoyées à Mᵐᵉ Mathurine, sur le temps qui court. (*sans lieu d'impression*), 1620, pet. in-8.

La collection de toutes les pièces qui portent le nom de Mᵉ Guillaume pourrait être d'un certain intérêt, mais, sans nul doute, elle serait fort difficile à former.

GUILLAUME Fillastre. Voy. FILLASTRE.

GUILLAUMET (*Tannequin*). Traicte de la maladie nouvellement appelée cristaline. *Lyon, P. Rigaud*, 1611, in-12. [7277]

Traité peu commun : vend. 10 fr. Bignon; 12 fr. Pixerécourt, et quelquefois moins. On a du même médecin :

QUESTIONÈRE des tumeurs contre nature, *Nîmes*, 1578, ou *Lyon, Ben. Rigaud*, 1579, in-16 de 38 ff. — Voy. VEYRAS.

GUILLEBERT de Metz. Description de la ville de Paris au XVᵉ siècle, publiée pour la première fois d'après le manuscrit unique, par M. Le Roux de Lincy. *Paris, Auguste Aubry*, 1855, pet. in-8. de L pages pour l'introduction, et 104 pp. 5 fr. [24143]

Tiré à 250 exempl., dont 15 sur pap. de Chine et 10 sur pap. de couleur. Ces derniers 15 fr. L'introduction est un morceau curieux composé par l'éditeur.

GUILLELMUS de S. Amore. Magistri Guillelmi de S. Amore sacræ facultatis theologiæ parisiensis, e celeberrimo domo sorbonica doctoris olim integrissimi opera omnia. *Constantiæ, apud Alithophilos*, 1632, in-4. [1179]

Les luttes acharnées que du temps de saint Louis ce savant docteur a soutenues contre les Dominicains, ont rendu son nom trop célèbre pour que nous ne donnions pas place ici à la seule édition qu'on ait de ses œuvres; on y distingue particulièrement le livre *De periculis novissimorum temporum*, qui a été vivement censuré par le pape Alexandre IV. Quoique l'édition que nous citons ait paru sous la rubrique de Constance, elle a été impr. à Paris par les soins de Valérien de Flavigny, qui, sous le nom de Jean Aléthophile, a placé en tête du recueil une histoire détaillée de l'auteur. Ce volume est devenu assez rare, non-seulement parce qu'il n'a pas été réimprimé, mais surtout parce que la vente des exemplaires a été prohibée, *à peine de vie*, par un arrêt du conseil privé de Louis XIII, en date du 14 juillet 1633. Au reste, il ne contient pas tous les ouvrages de Guillaume de Saint-Amour, car M. Victor Le Clerc, dans la notice fort curieuse qu'il a fournie au 21ᵉ vol. de l'*Histoire littér. de la France*, lui en attribue plusieurs qui sont restés inédits. La notice dont nous parlons sert de complément à celle que M. Petit-Radel a donnée sur Guillaume de Saint-Amour, dans le 19ᵉ vol. de la même Histoire littéraire.

GUILLELMUS alveranus. Voy. GUILLERMUS. — Brito. Voy. BRITONIS (*Guill.*) Philippidos libri. — malmesburensis. V. WILLIAM. — neubrigensis. Voy. NEUBRIGENSIS. — de Saliceto. Voy. à l'article HOMERUS les traductions latines de l'Iliade.

GUILLEMIN (*Ant.*). Floræ Senegambiæ tentamen, seu historia plantarum in diversis Senegambiæ regionibus a peregrinatoribus Perrottet et Leprieur detectarum : auctoribus Ant. Guillemin, S. Perrotet et A. Richard : accedunt tabulæ lapide aut ære incisæ. *Parisiis, Treuttel et Würtz*, 1831-33, gr. in-4., avec 72 pl. [5254]

Cet ouvrage devait être composé de 15 livraisons au moins ; mais il n'en a paru que 8 formant le tome I. Prix de chaque livraison de 8 à 10 pl. 12 fr. — Pap. vél. fig. color. 25 fr. Les huit 65 fr. de Jussieu.

GUILLEMOT ou Guillemeau (*Jacq.*). Tables anatomiques, avec les pourtraictz, et déclaration d'iceulx : Ensemble un dénombrement de cinq cens maladies diverses, au roy par Jac. Guillemeau d'Orleans. *Paris, Jean Charron,* 1586, in-fol., avec fig. en taille-douce. [6698]

Ces tables, devenues rares, n'ont d'intérêt que pour l'histoire de l'anatomie. La Croix du Maine en cite une première édition de 1571. L'auteur a écrit plusieurs autres ouvrages qui ont été rassemblés sous le titre d'*OEuvres de chirurgie de Jacq. Guillemot, chirurgien du roy*, Paris, Gabr. Buon, 1612, in-fol.; réimpr. à Rouen, en 1649, in-fol. [7471]

GUILLEN de Avila (*Diego*). Panegyrico en alabanza de la mas catolica... la reyna doña Isabel : obra compuesta en loor de D. Alonzo Carillo arzobispo de Toledo. *Valladolid, Diego Gumiel*, 1509, in-fol. goth. [15107]

Écrit en *coplas de arte mayor*, avant 1500 (Antonio, I, 288). Il n'est pas certain que les deux ouvrages doivent nécessairement se trouver ensemble.

GUILLERIE de Passebreve. Voy. PLAISANT devis.

GUILLERMIN (*Ant.*). Briefve & succinte

déclaration que signifie le soleil parmy les signes à la nativité de l'enfant, composé par maistre Ant. Guillermin, natif de Rhodes et professeur en médecine. *Lyon, par Fr. et Benoist Chaussard,* 1556, in-8. [9008]

Ce petit traité avait déjà paru à la suite d'un Almanach pour l'an 1546, que l'on a attribué à Rabelais. Il a été réimpr. plusieurs fois depuis, et notamment à Lyon, *prins sur la copie de Benoist Chaussard*, en 1580, in-8. de 8 ff.

GUILLERMUS seu Wilhelmus, episc. paris. Incipit liber dictus Rethorica diuina quo null' utilior dulcior ac deuotior est. Editus ab eleuate intelligentie et profunde speculationis viro magistro Guillermo episcopo parisiensi. — *Explicit Rethorica diuina doctoris uncti ꝛ ungentis magistri Guillermi parisiensis de sacra et sanctificatiua oratione aliqualiter abbreuiata. Impressa Gandaui ꝑ me Arnoldum cesaris Anno dñi M. cccc. lxxxxiij xi kal. sept.* Pet. in-4. goth. signat. a—q, à 29 lign. par page; chaque cahier est de 8 ff. excepté le dernier qui en a 10. [1685]

Ce volume rare (vendu 100 fr. Borluut) est le plus ancien livre impr. à Gand, avec date, que l'on connaisse : f. est blanc ; au second recto commence le prologue précédé du sommaire :

> *Commendatio prestantissimi et incomparabilis doctoris magistri guillermi parisiēsis actoris sequętis libri. qui Rethorica diuina pretitulatur...*

Ce prologue, avec la table qui le suit, occupe 3 ff. Le texte vient ensuite, portant l'intitulé *Incipit, etc.* (ci-dessus). La souscription de l'imprimeur est placée au recto du f. *qu*, lequel est suivi de cinq autres ff. Au verso du dernier sont deux vignettes en bois dont la première renferme les mots *Rethorica dinina*, en grosses lettres blanches sur fond noir. La seconde vignette ne se trouve pas dans tous les exemplaires ; nous la donnons ici :

Cet ouvrage n'est pas, comme son titre pourrait le faire croire, une Rhétorique des prédicateurs, mais c'est un traité de la prière, c'est-à-dire des oraisons adressées à Dieu. Nous citons ici l'édit. de Gand, la seule qui conserve de la valeur; toutefois, il en existe plusieurs autres également impr. dans le XVe siècle, ainsi que les différents écrits théologiques de l'auteur, dont on trouvera le catalogue dans le *Repertorium* de Hain, nos 8225 à 8323. Parmi les nombreuses productions de ce théologien du XIIIe siècle, il ne faut pas oublier son traité *De universo*, ouvrage qui mérite d'occuper une place dans l'histoire de la philosophie du moyen âge. Il a été d'abord impr. séparément en 1 vol. in-fol. de 151 ff. à 2 col. de 54 lig. (sans lieu ni date), sorti des presses d'Ant. Koburger, à Nuremberg, vers 1480; et ensuite réimpr. plusieurs fois dans les différentes collections des œuvres de l'auteur, et notamment dans le premier volume de celle qui a paru sous le titre suivant:

GUILLELMI Alverni, episcopi parisiensis, opera, ex codd. mss. emendata et aucta, curante Blasio Ferronio. *Aureliæ, Fr. Hotot*, 1674, 2 vol. in-fol. Pour plus de détails, consultez l'excellent article que M. Daunou a consacré à Guillaume d'Auvergne dans le 18e volume de l'*Histoire littéraire de la France*.

TRAITE touchant la doctrine et enseignement de prier Dieu, traduit du latin de Guillaume, euesque de Paris, en françois, par Nicolle Sellier, scribe du chapitre de Paris. *Paris, pour Antoine Verard*, 1511, in-8. de 11 feuilles.

Cité par La Croix du Maine, article *Nicole* Seellier (*sic*), et d'après lui par Du Verdier. Dans un mss. du XVe siècle décrit par M. Paris, *Manuscrits françois*, VII, 278, l'ouvrage est indiqué sous le titre de *Traité de l'oraison*.

La *Rhétorique divine* a aussi été traduite en français par Adrien Jumel, autrement Gemelli, *Paris, Mich. Le Noir*, 1520, in-8. goth.

Les *Postilla Guillielmi* ou *Guillermi super epistolas et evangelia*, ont été souvent imprimés, dans le XVe siècle et de format in-fol. La plus ancienne édit. a pour date celle d'Augsbourg, 1475, in-fol. goth. de 260 ff. Une autre de M.CCCC.LXXVI, in-fol. goth., sans lieu d'impression, paraît avoir été également impr. à Augsbourg, par Gunther Zainer; c'est celle qui est portée à 1 liv. 6 sh. dans le catal. Libri, de 1859, sous ce titre : *Gwillermi Postilla super Epistolas ↊ Evangelia de tempore et sanctis, in studio toto orbe famosissimo Parisiensi*, ce qui ne veut nullement dire que l'édition ait été imprimée à Paris.

GUILLET (*Pernette* du). Les rymes de gentille et vertueuse dame D. Pernette du Guillet, Lyonnoise. *Lyon, par Iean de Tournes*, 1545, pet. in-8. de 79 pp., y compris 4 ff. prélim. lettres italiques. [13648]

Édit. originale de ces poésies. On trouve au commencement une préface intitulée : *Antoine du Moulin*, l'éditeur, *aux dames lyonnoises*, datée de Lyon, 14 août 1545; et à la fin : *Epitaphes de la gentile et spirituelle dame Pernette du Guillet dicte cousine, trespassée le* M.D.XXXXV *le* 17 *juillet*. Elle n'a été vendue que 3 fr. chez La Vallière; mais on la payerait au moins cent fois plus aujourd'hui, et même nous pouvons ajouter qu'un exemplaire *non rogné* a été acheté 1005 fr. par M. Yéméniz dans une vente faite par M. Techener en 1850.

La seconde édition de ces poésies, également en italique, a pour titre :

RITHMES (*sic*) et poésies de gentile, et vertueuse dame... auecq le triumphe des muses sur amour : et autres nouuelles composicions. *A Paris*, 1546, *de l'imprimerie de Ieanne de Marnef*, in-16, lettr. ital. de 79 pp. non chiffrées. On y a conservé la préface d'Ant. du Moulin, à la fin de laquelle se trouvent ajoutées plusieurs pièces anonymes, trois épîtres en vers et une élégie du semi-dieu Janus par V. B. (Victor Brodeau).

— Rymes de Gentile, et vertvevse dame D. Pernette dv Gvillet lyonnoyze. de nouueae augmentees. *Lyon, par Iean de Tournes*, 1552, pet. in-8. de 84 pp. en tout, lettres italiques.

Cette troisième édition est plus complète que les deux premières. A la page 81 commence : *Momerie de cinq postes d'amour*, suivie de deux autres pièces. Le seul exemplaire que j'aie jamais vu de ce volume précieux n'a été vendu que 1 liv. 18 sh. chez Rich. Heber, parce qu'il n'était pas en bonne condition, mais depuis il a été relié élégamment en *maroquin* pour M. de Ganay qui en est l'heureux possesseur. C'est sur la première édit. de 1545 qu'a été faite celle de *Lyon, L. Perrin*, 1830, in-8. de 140 pp. en tout, laquelle reproduit en fac-similé le titre original. On y a ajouté une notice sur Pernette du Guillet, extraite des *Vies des poètes françois*, par Guillaume Colletet (ouvrage resté en manuscrit), des notes et un glossaire par M. Breghot du Lut, éditeur des *œuvres de Louise Labé*. Il n'en a été tiré que 100 exempl. numérotés (12 fr. en 1833 ; 15 fr. Pixérécourt), dont 10 en Gr. Pap. vél. (un de ces derniers s'est vendu 20 fr. en 1832, et 22 fr. 50 c. Labédoyère), plusieurs sur pap. de Hollande, et d'autres sur pap. de différentes couleurs. —Les additions de l'édition de 1552 ont été réimpr. récemment en 4 pp. in-8., pour compléter l'édit. de 1830, ci-dessus.

— RYMES de gentille et vertueuse dame D. Pernette du Guillet. *Lyon, impr. de Louis Perrin*, 1856, pet. in-8. 10 fr.

Édition complète publiée par M. Monfalcon, d'après les trois éditions originales ci-dessus. Il n'en a été tiré que 125 exempl., tous sur papier de Hollande légèrement teinté, plus deux sur VÉLIN.

GUILLETAT (*François*). Les propos du vray chrestien, régénéré par la parole et par l'esprit de Dieu. — Discours chrestien sur les conspirations dressées de Christ, fait en forme d'oraison. *Genève, Philibert Hamelin*, 1552, 2 part. en 1 vol. pet. in-8. [13660]

Deux discours en vers qui sont devenus fort rares, mais qui n'ont été vendus que 4 fr. La Vallière. Le premier a 20 ff. et 32 pp.; le second 47 pp., y compris 5 ff. prélim. Il est à remarquer que ni La Croix du Maine ni Du Verdier n'ont fait mention de ce poète protestant.

GUILLEVILLE (*Guillaume* de). Le romant des trois Pelerinaiges. Le premier pelerinaige est de lhomme durãt quest en vie. Le second de lame separee du corps. Le tiers est de nostre seigñr iesus, en forme de monotesseron : cest assauoir les quatre euãgiles mises en vne : et le tout magistralement, cointemẽt ↊ si vtilemẽt pour le salut de lame quon ne pourroit mieulx dire ne escẽre. fait et ꝓpose ꝑ frere guillaume ↊ deguileuille en son viuãt moyne de chaaliz de lordre de cisteaux.

. . . .
Ont ensemble a cõmun profit
Fait imprimer elegamment
Maistre Barthole et Jehan Petit.

(*à Paris*, vers 1500), pet. in-4. goth. de 10 ff. prélim. et ccvj ff. de texte à 2 col. [13222]

Ces trois pelerinaiges ont été composés de 1330 à 1358, mais l'édition que nous citons, la seule qui les réunisse tous les trois, n'offre pas ces poëmes tels qu'ils sont sortis de la plume de l'auteur : car, avant de les livrer à l'impression, le moine de Clairvaux, nommé Pierre Virgin, qui les publia, avait pris soin de les revoir, de les corriger, et y avait même ajouté un certain nombre de vers et un prologue. Ce volume assez rare a été vendu 30 fr. La Vallière; 15 fr. Brienne; 59 fr. *mar. r.* en 1816; 46 fr. Bignon; 81 fr. en 1840 ; 5 liv. 7 sh. 6 d. *mar. bl.* Heber ; 151 fr. Crozet; 155 fr. Louis-Philippe ; en *mar. r.* par Padeloup, 535 fr. Solar.

Un exemplaire imprimé sur VÉLIN, 300 fr. Gaignat; 201 fr. La Vallière; 461 fr. Mac-Carthy.

— Le pelerinage de lhomme. *Nouvelle-mēt imprime a paris le quatriesme iour dauril mil cinq cens et vnze deuãt pasques pour Antoine verard*, pet. in-fol. goth. à 2 col. de 49 lign. fig. en bois.

Ce livre, qui a 2 ff. prélim. et cvi ff. chiffrés pour le texte, contient seulement le premier des trois pèlerinages en vers que renferme le vol. in-4. ci-dessus. On lit au recto du dern. f.: *Cy fine le premier pelerinaige qui est de la vie humaine imprime nouuellemēt pour Anthoine verard libraire marchãt... deuant la rue neufue nostre dame.*—260 fr. *mar. citr.* Cailhava; en *mar. r.* 170 fr. d'Essling, et 176 fr. Giraud.

Un exemplaire imprimé sur VÉLIN, avec fig. color., n'a été payé que 100 fr. à la vente de Baluze, en 1719.

Le nom de l'auteur est écrit *d' deguileville* dans l'édition in-4., et *de Guilleville* dans celle-ci.

— Le pelerin de vie humaine. (au recto du dernier f.) : *Cy finist le quart et derrenier liure du pelerinaige de vie humaine Lequel a este imprime a lyon sur le Rosne Par discrete personne maistre Mathis husz Lan de grace mil quatre cens quatre vingtz et cinq*, gr. in-4. goth. de 146 ff. non chiffrés, à longues lignes, au nombre de 33 par page, avec signat. de *a—s*, et des fig. sur bois.

Traduction en prose de l'ouvrage précédent, faite à la requête de Jeanne de Laval, reine de Jérusalem et de Sicile, duchesse d'Anjou, etc., par Jean Gallopez, clerc serviteur et sujet de cette princesse, demeurant à Angers. L'édition, quoique fort rare, n'a été vend. que 9 fr. chez La Vallière, mais à la vente Coste on a payé 137 fr. un exempl. en *m. r.* Au commencement du vol. sont 5 ff. prélim. contenant le titre et le prologue du translateur.

Selon Panzer, tome IV, page 348, la Biblioth. roy. de Turin possède *Le Pelerin de la vie humaine*, volume in-fol. de 192 ff. et 42 lig. à la page, à la fin duquel se lit : *Cy finist le quart et dernier liure du pelerinaige de la vie humaine, lequel a este imprime a Lyon sur le rosne, par discrete personne maistre Mathis Husz. lan de grace mille quatre cens quatre vingtz et six.*

— Cy commence le tres proufitable et

vtile liure pour cognoistre soy mesme appelle le pelerin de vie humaine. — *Cy finist ce liure intitule le pelerin de vie humaine par messire pierre Virgin diligentement veu et corrige iouxte le style de celluy* (J. *Gallopez*) *qui la tourne de rime en prose a este imprime a Lyon par... maistre Mathieu Huss lan mil quatre cens quatrevingtz et dix-neuf*, in-fol. goth. à 2 col., fig. sur bois, signat. a —m iij, y compris, le titre. (*Biblioth. impériale*).

— LE PELERINAIGE de lame. — *Cy finist le pelerinaige de lame imprime a paris le xxvij iour Dauril. mil. cccc. iiij vings xix. Par anthoine verard libraire...* pet. in-fol. goth. fig. en bois.

Ce volume a 2 ff. prélim. pour le titre et la table, plus lxxxiiij ff. chiffrés, imprimés à longues lig., au nombre de 33 par page. Il contient la traduction en prose du second des trois Pèlerinages : vend. 70 fr. en 1815. Un exemplaire imprimé sur VÉLIN se conserve au Muséum britannique.

— LE PELERIN de vie humaine... *Imprime par Michel Le Noir libraire iure en luniuersite de Paris demourant a limaige nostre Dame, Deuant S. Denys de la Charte, le xv may lan mil cinq cens et six*, in-4. goth. (Panzer, VII, p. 517, d'après Maittaire)

— El peregrinage de la vida humana, compuesto por fray Guillermo de Guilleville, traduzido en vulgar Castellano, por frey Vincentio Mazuello. *En Tolosa, por Henrique* (*Meyer*) *Aleman*, 1490, in-fol. gothique.

Cette édition, très-rare, a été mal annoncée sous la date de 1480, dans la *Biblioth. hisp. vetus* d'Antonio, II, 311. Hain (7848) l'a placée sous le nom de *Gralleville*.

Will. Caxton a imprimé, à Westminster, en 1483, une traduction anglaise du Pèlerinage de l'âme, sous le titre de *The pylgremage of the sowle*, in-fol. Elle est divisée en cinq parties et mêlée de différentes pièces de poésie, lesquelles sont précédées d'une table en 3 ff. Le volume contient en tout 106 ff. chiffrés; le premier de la table et le premier du texte sont blancs. Vend., avec l'opuscule intitulé *Arte and crafte to knowe well to dye*, impr. par Caxton, en 1490, 152 liv. 5 sh. White Knights.

THE ANCIENT poem of Guillaume de Guilleville entitled le Pelerinage de l'homme compared with the Pilgrim's Progress of John Burryan, edited from notes collected by the late M. Nathaniel Hill, of the Society of literature, with illustrations and an appendice. *London, Pickering*, 1858, in-4. fig. Édition tirée à petit nombre et qui contient 17 planches, dont 4 coloriées, plus un portrait. 24 fr. Fr. Michel.

GUILLIAUD (*Claude*). Oraison funèbre. Voy. DORÉ (P.), et aussi à l'article PAULUS (S.).

GUILLIELMUS. Voy. GUILLERMUS.

GUILLIM (*John*). A Display of heraldry, by John Guillim ; the sixth edition, improved with large additions... by capt.

John Logan... illustrated with the arms, etc., with a dictionary explaining the several terms used by heralds, in english, latin and french. *London*, 1724, in-fol. fig. [28778]

Sixième édition, la meilleure et la plus complète de cet ouvrage estimé (la première est de *Lond.*, 1611, in-fol.) : 5 liv. 7 sh. 6 d. Sykes ; 4 liv. 14 sh. 6 d. Dent ; — Gr. Pap. *mar.* 146 fr. Mac-Carthy ; 9 liv. 9 sh. Willett ; 13 liv. Watson Taylor.

GUILLON (*Mar.-Nic.-Sylvestre*). Bibliothèque choisie des Pères de l'Eglise grecque et latine, ou cours d'éloquence sacrée. *Paris, Méquignon fils aîné,* 1822-29, 26 vol. in-8. 156 fr. — Pap. vél. 180 fr. [811]

Divisé en quatre classes, savoir : 1° *Pères apostoliques ;* 2° *Pères apologistes ;* 3" *Pères dogmatiques ;* 4° *Pères controversistes.* Le 26° volume contient la table générale. Il a été tiré quelques exemplaires sur pap. de Chine. Une nouvelle édition de cette importante et utile collection s'est publiée chez le même libraire, de 1828 à 1832, en 36 vol. in-12, y compris les tables : 126 fr.

— Histoire de la philosophie, 3304. — La Fontaine et tous les fabulistes, 14164.

GUILLORÉ (*Fr.*). OEuvres spirituelles. *Paris*, 1684, in-fol. 15 à 18 fr. [1569]

Collection recherchée, où sont réunis cinq ouvrages de l'auteur déjà publiés séparément à *Paris*, de 1673 à 1684, et formant ensemble 7 vol. in-12. *La retraite pour les dames*, impr. en 1684, in-12, n'en fait pas partie. Les éditions originales des ouvrages de piété du P. Guilloré sont rares, mais les réimpressions modernes se trouvent facilement.

GUIMPEL (*Friedr.*). Abbildungen der fremden in Deutschland ausdauernden Holzarten, für Forstmänner, Gartenbesitzer und für Freunde der Botanik, herausg. von Fr. Guimpel, mit Angabe der Cultur von Fr. Otto, beschrieben von F.-G. Hayne. *Berlin, Reimer,* 1810-1830, gr. in-4., avec 144 pl. color. [5552]

Publié en 24 cahiers de 6 pl. au prix de 1 thl. 12 gr. chacun.

— F. Guimpel und F.-L. von Schlechtendal. Abbildung und Beschreibung aller in der Pharmacopœa borussica aufgeführten Gewächse. *Berlin, L. Oehmigke,* 1830-37, 3 vol. in-4., avec 308 pl. 27 thl. [5553]

GUINET. Discours poëtique sur la diver-

sité du naturel des femmes avec la louange et le choix de la bonne, composé par Nicolas Guinet Charollois. *Au Pont-à-Mousson, Estienne Marchant,* 1588, pet. in-8. de 34 ff. non chiffrés, y compris le titre, et un f. blanc à la fin. [13867]

On trouve ordinairement avec cet opuscule une autre pièce du même auteur, sous ce titre :
HYMNE de la tres illustre... Maison de Lorraine, dédié à monseigneur de Metz, *au Pont-à-Mousson, Est. Marchant,* 1588, pet. in-8. de 16 ff. titre compris (Recherches de M. Beaupré, p. 206).

GUINTERIUS (*Joannes*). Constructio verborum, excerpta ex opere quod Schedam regiam vocant ; græce. Væniunt in ædibus Ægidii Gormontii. = Syntaxis græca nunc recens et nata et ædita, autore Guinterio Ioanne Andernaco. *Lutetiæ, apud Ægidium Gormontium, mense aprili,* anno 1527, in-8. sign. a—i par 8 ff. le dernier est blanc. [10626]

Livre rare, indiqué par Maittaire, *Index*, I, 445. Le second ouvrage est à la Bibliothèque impériale.
Le nom de Guinterius est la traduction latine de celui de Jean Gonthier, médecin auquel ses ouvrages d'anatomie et de médecine, aujourd'hui peu consultés, ont, dans le XVI° siècle, procuré une certaine célébrité. Nos deux grandes Biographies universelle et générale, article *Gonthier*, donnent les titres des ouvrages latins de ce médecin helléniste. Un seul, croyons-nous, a été traduit en français, sous ce titre, que nous a conservé La Croix du Maine :
INSTRUCTION tres-utile par laquelle un chacun se pourra maintenir en santé, tant au temps de peste, comme en autre temps. *Strasbourg, au Pelican,* 1547, in-8.
L'*Avis, regime et ordonnance pour connoitre la peste et les fieures*, par Gonthier. *Strasb.*, 1564, in-4., dont on donne le titre en français dans la Biographie universelle, est en allemand. Ce que l'on a écrit de mieux sur ce médecin est son *Eloge historique, avec un catalogue raisonné de ses ouvrages*, par L.-Ant.-Prosper Hérissant, *discours qui a remporté le prix proposé par la Faculté de médecine de Paris*, 1765, in-12.

GUIOT ou Kiot Parcival. Voy. Eschenbach.

GUISCARD (*Antoine* marquis de), abbé de Bonnecombe en Rouergue, connu sous le nom d'abbé de La Bourlie. Mémoires du marquis de Guiscard, dans lesquels est contenu le récit des entreprises qu'il a faites dans le royaume et hors du royaume pour le recouvrement de sa patrie. *Delft, Arnaud,* 1705, in-12. [23805]

Les entreprises de Guiscard avaient pour but de soulever le Rouergue en faveur des révoltés des Cévennes. Les mémoires où il les a fait connaître sont assez curieux, et ils ne se trouvent pas facilement.

GUISCHARD (*Charles*). Mémoires militaires sur les Grecs et les Romains, où l'on relève les erreurs du chevalier de Folard; avec la traduction d'Onosander et de la Tactique d'Arrien, etc. *La Haye*, 1758, 2 tom. en 1 vol. in-4. fig. 10 à 12 fr., et plus en Gr. Pap. [8549]

Cet ouvrage a été réimpr. à *Lyon*, 1760, in-4., et en 2 vol. in-8. fig. 8 à 10 fr.

— Mémoires critiques et historiques sur plusieurs points d'antiquités militaires. *Berlin*, 1773, 4 part. en 1 vol. in-4. fig. 10 à 12 fr. [8551]

Réimprimé à *Strasbourg*, 1774, 4 vol. in-8.

Réponse à l'ouvrage du chevalier de Lo-Looz, intitulé : *Recherches d'antiquités militaires, avec la Défense du chevalier Folard, etc.*, Paris, 1770, in-4. — De Lo-Looz a répliqué par un écrit intitulé : *Défense du chevalier Folard, etc., opposée aux Mémoires critiques de Guischard*, Bouillon, 1778, in-8. [5552]

GUISCHET (*Petr.*). Ars ratiocinandi lepida, totius logicæ fundamenta complectens, in cartiludium redacta. *Salmurii, Hernault*, 1650, in-4. fig. [3520]

Cet ouvrage singulier est très-peu de chose, et son auteur n'a pas eu même le mérite de l'invention, puisque cent cinquante ans avant lui Thom. Murner avait déjà donné un *Chartiludium logice* (voy. Murner).

GUISE. Mémoires de feu M. le duc (Henri) de Guise (rédigés par Phil. Goibaud, Sʳ Du Bois, et publiés par Saint-Yon). *Cologne, de La Place*, 1668, 2 part. pet. in-12. 10 à 15 fr. [23784]

Cette édit. se place dans la collection des Elseviers, et c'est ce qui la fait rechercher. Vend. 20 fr. *m. r.* Chenier; *m. v.* par Derome, 30 fr. Pixerécourt, et le même exempl. 3 liv. 18 sh. Libri, en 1859. L'édition originale, *Paris*, 1668, in-4., quoique assez belle, n'est point chère.

Ces mémoires ont encore été réimpr. à *Cologne, P. Marteau*, 1669, 2 tom. en 1 vol. pet. in-12. — à *Paris, Vᵉ d'Edme Martin*, 1681, in-12., à *Amsterdam*, 1703, 2 part. in-12. On peut y joindre :

Suite des Mémoires de H. de Lorraine, duc de Guise, ou relation de ce qui s'est passé au voyage de Naples, en 1654, *Paris, David*, 1687, in-12.

La publication de l'ouvrage suivant a précédé celle des Mémoires du duc de Guise.

Histoire des révolutions de Naples, depuis l'an 1647 jusqu'à la prison du duc de Guise, par le comte de Modène (Esprit Remond). *Paris*, 1666-68, 3 vol. in-12. [25746]

Voici l'indication d'un livre qui se rapporte à la même expédition :

L'Etat de la republique de Naples sous le gouvernement du duc de Guise, traduit de l'italien (du Père Capece), par Marie Turge-Loredan (Marguerite-Léonard, comtesse de San Majolo). *Paris, Fréd. Léonard*, 1679, ou *Amsterd., Brunet*, 1695, in-12.

GUISE (Mˡˡᵉ de). Advantures de la cour de Perse. Voy. Baudouin.—Les Amours du Grand Alcandre. Voy. Histoire des amours.

GUISE (*Jac.* de). Voy. Guyse.

GUISCARD et Sigismonde (Histoire de). Voy. Aretinus (*Leonardus*).

GUISIADE (la), à monseigneur Charles de Lorraine, duc de Mayenne... lieu-

tenant général de l'Estat royal et couronne de France. M.D.LXXXIX, pet. in-8. ou in-16 de 12 ff. chiffrés, lettres ital. [13962]

Petit poëme rare, écrit en vers alexandrins : vend. 22 fr. Gaignat; 9 fr. 50 c. La Valliere; 10 fr. Méon.

— Voy. Mathieu (*Pierre*).

GUITTONE d'Arezzo (*Fra*). Lettere, con le note (di Giov. Bottari) e la vita di fra Guittone (da Mario Flori). *Roma, Ant. Rossi*, 1745, in-4. 6 à 9 fr. [18865]

Ces lettres, au nombre de 40, sont des plus anciennes qui aient été écrites en italien; mais, quant au fond, elles ont peu d'intérêt. Le vocabulaire de La Crusca les cite. 15 fr. Libri, en 1857.

Les poésies italiennes de Guittone remplissent entièrement le 8ᵉ livre des *Rime antiche*, impr. en 1527 (voy. Rime). Ginguené en a parlé avec éloge; et M. L. Valeriani les a fait impr. séparément, *Firenze, Gaetano Morandi e figlio*, 1828, 2 vol. in-8.; elles appartiennent au xiiiᵉ siècle.

GUIZOT (*François*). Histoire générale de la civilisation en Europe et en France depuis la chute de l'empire romain jusqu'à la révolution française. 7ᵉ (et 8ᵉ) édition, revue et corrigée. *Paris, librairie Didier*, 1859 et 1860, 5 vol. in-8. (ou 5 vol. in-12), dont un pour la civilisation en Europe. 30 fr. [23101]

Cet ouvrage, impr. d'abord de 1828 à 1830 en 6 vol. in-8., sous le titre de *Cours d'histoire moderne* professé à la Faculté des lettres par M. Guizot, a reçu depuis le nouveau titre ci-dessus qui lui est resté. C'est un des écrits de l'auteur dont le succès s'est le mieux soutenu. On en peut dire autant de son *Essai sur l'histoire de France*, vol. in-8., qui parut d'abord en 1824 comme 4ᵉ vol. d'une édition des *Observations de Mably*, et qui, détaché de cet ancien ouvrage, est arrivé, en 1860, à sa 10ᵉ édition. 6 fr. [23272] On a aussi réimprimé plusieurs des ouvrages du même auteur relatifs à l'histoire de la révolution d'Angleterre sous Charles Iᵉʳ, et Cromwell jusqu'à la restauration, livre dont les huit vol. sont décrits sous le nº 26962 de notre table. Ses *Mémoires particuliers*, qui auront 6 volumes (dont 4 paraissent en 1861), ont d'avance leur place marquée dans toutes les bonnes bibliothèques. On trouvera encore dans notre table méthodique l'indication des principales autres productions de cet illustre académicien, savoir : *Méditations et études morales*, 3737; — *Études sur les beaux-arts*, 9737; — *Dictionnaire des synonymes*, 11025; — *Discours académiques et littéraires*, 1861, 12196; — *Histoire des origines du gouvernement représentatif et des institutions politiques de l'Europe, depuis la chute de l'empire romain jusqu'au xivᵉ siècle*, 23101; — *Sir Robert Peel*, 27036; — *Corneille et son temps*, 30606; — *Shakspeare et son temps*, 16879. — Pour ses deux grandes collections de mémoires sur l'histoire de France et l'histoire d'Angleterre, voir aux col. 136 et 143 du présent vol., et aussi aux articles Shakspeare et Washington. Enfin n'oublions pas de dire que dans le 2ᵉ vol. du journal qui porte son nom, M. Quérard a donné une liste complète des ouvrages de M. Guizot qui avaient paru jusqu'en 1856.

GULDINUS (*Paulus*). Centrobarytica, seu de centro gravitatis trium specierum quantitatis continuæ libri IV. *Viennæ-Austriæ*, 1635-42, 4 part. en 1 vol. in-fol. [7933]

Ouvrage important : 26 fr. Labey.

GUMBLE (*Th.*). La vie du général Monk duc d'Albemarle, etc. La restauration de S. M. Britannique, Charles second, trad. de l'angl. de Thomas Gumble (par Guy Miege). *Londres, Robert Scot (Hollande)*, 1672, pet. in-12 de 6 ff. prélim. et 406 pp. [26986]

Vend. 15 fr. mar. bl. Mazoyer; 9 fr. Bérard; 50 fr. non rogné, Renouard, en 1829. — L'original anglais a paru à Londres, 1670, in-8.

GUMILLA (el *P. Jos.*). El Orenoco ilustrado y defendido, historia de este gran rio. *Madrid*, 1745, 2 vol. in-4. 10 à 12 fr. [28712]

— HISTORIA natural, civil y geografica de las naciones situadas en las riveras del rio Orenoco, por el P. Jos. Gumilla, nueva impression mas correcta que las anteriores. *Barcelona*, 1791, 2 vol. in-4. fig. 18 fr.

Cet ouvrage estimé a été traduit en français par Eidous : *Avignon* et *Paris*, 1758, 3 vol. in-12, fig.

GUMPENBERG (*Guil.*). Atlas marianus, quo sanctæ Dei genitricis Mariæ imaginum miraculosarum origines duodecim historiarum centuriis explicantur. *Monachii*, 1672, 2 vol. in-fol. fig. [22350]

L'auteur a fait précéder ces deux in-fol. par deux petits volumes dont voici le titre :

ATLAS marianus, sive de imaginibus Deiparæ per orbem christianum miraculosis libri duo (quatuor). *Monachii, Jo. Jæcklin*, 1657, et *Ingolstadii, Luc. Straub*, 1659, 4 tom. en 2 vol. pet. in-8.

Ces deux volumes renferment cent planches représentant les figures les plus célèbres de la Vierge, avec leur description. L'ouvrage a été traduit en italien sous le titre d'*Atlante mariano, Verona*, 1839-40, 5 vol. in-12 avec de nombreuses augmentations tant dans les planches que dans le texte, en ce qui se rapporte à l'Italie.

GUNNER (*Jo.-Ern.*). Flora norvegica. *Nidrosiæ*, 1766-72, 2 part. en 1 vol. in-fol., avec 12 fig. [5199]

Vend. en mar. cttr. 50 fr. Camus de Limare ; mais ordinairement de 10 à 15 fr.

GUNTHER ou Guenther (*Fréd.-Chrét.*).

Collection de figures de nids et d'œufs de différents oiseaux, tirés des cabinets de Schmidel et de celui de l'auteur; gravée par Ad.-L. Wirsing, avec la description (trad. de l'allem., avec des remarques). *Nuremberg, Wirsing*, 1777, in-fol. fig. coloriées. [5744]

Le titre de ce volume porte *premier cahier*, mais il paraît que l'ouvrage n'a pas été continué. Il renferme 34 planches.

L'édition allemande, publiée à Nuremberg, en 1772, n'a pas été achevée non plus; il en a paru une première partie de 91 pp. de texte, avec 25 pl., et de plus 39 pl. sans texte. Cependant j'ai vu un exemplaire composé de 75 pl. en tout et fort bien colorié, et celui qui est décrit dans le catalogue du comte de Hane (*Gand*, 1843, in-8.), n° 680, avait 133 pp. de texte et 101 pl. color.

— Voy. VOGEL.

GUNTHERUS ou Gunthier. Ligurini de gestis Imp. Cæsaris Friderici I, Augusti libri X, carmine heroico conscripti, nuper apud Francones in Silva Hercynia et druydarum Eberacensi cœnobio a Chunrado Celte reperti postliminio restituti (edente C. Peutinger). *Decem libri... impressi per Erhardum Oeglin, civem augustensem*, 1507, in-fol. [12989]

Édition rare d'un poëme écrit au XIIIᵉ siècle, et qu'on dit être d'une assez bonne latinité : 6 sh. 6 d. seulement Heber, mais 7 liv. exempl. en mar. r. aux armes de Philippe II, roi d'Espagne, et avec une introduction manuscrite attribuée à C. Peutinger lui-même, Libri, en 1859. L'ouvrage a été réimpr. avec *Rich. Bartholini Austriados lib. XII.* Argentorati, 1531, in-fol. (voyez BARTHOLINUS), et plusieurs fois depuis, tant séparément que dans des collections historiques; mais nous devons citer la sixième édition, impr. à Tubingue, en 1598, in-8., comme étant meilleure et plus correcte que celles qui l'ont précédée. Elle a été donnée d'après un bon manuscrit par Conrad Ritthershusius qui y a joint une préface, des notes nombreuses et excellentes, ainsi qu'un index. L'édition impr. à Heidelberg, en 1811, in-8., avec des notes de D. C. G. Dumgé, in-8., n'a pas été achevée.

GÜNZROT (*J.-Ch.*). Die Wagen und Fuhrwerke der Griechen und Römer und anderer alten Völker, nebst der Bespannung, Zäumung und Verzierung ihrer Zug-, Reit- und Last-Thiere. *München*, 1817-1830, 4 vol. in-4. fig. 80 à 100 fr. [29032]

Ouvrage important dont il y a des exemplaires en papier vélin.

GURLT (*E.-F.*). Anatomische Abbildungen der Haussäugethiere. *Berlin, Reimer*, 1843-48, in-fol. [6739]

Seconde édition d'un ouvrage qui a commencé à paraître en 1824; elle contient 172 pl. lithogr. publiées en 16 cahiers. 120 fr. L'auteur avait déjà donné *Handbuch der vergleich. Anatomie der Haussäugethiere*, Berlin, Späthen, 1821-22 (3ᵉ édit. 1843), 2 vol. in-8. 18 fr. ; il a publié aussi : *Anatomie des Pferdes*, Berlin, 1831, in-8., avec 35 pl. in-fol. prix réduit à 20 fr. — *Pathol. Anatomie der Haussäugethiere*, 5581.

GURNEY (*Daniel*). The record of the house of Gournay; compiled from original documents. *London, printed by John Bowyer Nichols and John Gough Nichols*, 1848, in-4. de IV et 724 pp.— Supplement. *Printed by Thew and son*, 1858, in-4., p. 725 à 1096, plus VI et XI pp. pour la préface et la table. [28942]

Histoire généalogique de la famille des Hugues de Gournay, qui, après la conquête de Normandie par Philippe-Auguste, passèrent en Angleterre. C'est un livre fort bien imprimé et illustré de lithographies et de vignettes sur bois. Il n'a pas été mis dans le commerce. (Frère, Manuel, tome IIe, p. 58.)

GURZAROLI (*J.-B.*). Epitome vel synthesis quæstiuncularum de coitu, seu de opportunitate coitus. *Utini*, 1655, in-4. [6938]

Dissertation singulière et très-peu connue : 24 fr. 50 c. Hérisson.

GUSSEME (*Thom.-Andr.*). Diccionario numismatico general para la perfecta inteligencia de las medallas antiguas. *Madrid, Ibarra*, 1773-77, 6 vol. pet. in-4. [29683]

Ouvrage peu estimé : 40 fr. Millin, et quelquefois moins.

GUSSONE (*Jean*). Plantæ rariores, quas in itinere per oras Ionii et Adriatici maris et per regiones Samnii e Apruttii collegit Joan. Gussone. *Neapoli, ex regia typogr.*, 1826, in-4. de 401 et 11 pp. et 66 pl. [5098]

— Floræ siculæ synopsis, exhibens plantas vasculares in Sicilia insulisque adjacentibus hucusque detectas, secundum systema Linneanum dispositas. *Neapoli, typ. Tramater*, 1842-44, 2 vol. in-8. de 582, XXIV et 920 pp. 50 fr. [5117]

41 fr. de Jussieu.

L'auteur avait déjà donné un *Floræ siculæ prodromus, Napoli, ex regia typographia*, 1827-28, 2 vol. in-8. dont le second s'arrête à la classe XVII ; il y a joint un supplément pour les 17 premières classes, *même impr.* 1832-34, in-8. de VIII et 242 pp. : les 3 vol. 25 fr. de Jussieu ; il a aussi publié le premier cahier d'une *Flora sicula, Napoli, ex regia typogr.* 1829, in-fol. de 16 pp. avec 5 pl. color., mais ce bel ouvrage n'a pas été continué.

GUTENSOHN. Denkmale der christlichen Religion, oder Sammlung der ältesten christl. Kirchen oder Basiliken Roms, vom vierten bis zum dreizehnten Jahrhundert. Aufgenommen und herausgegeben von J.-G. Gutensohn und J.-M.

Knapp, Architecten. *Stuttgart und Rom*, 1822-27, gr. in-fol. [9851]

Cinq cahiers de 7 pl. chacun : 15 thl.

GUTIERREZ de Toledo (*Julian*). Este libro tracta de la cura de la piedra y dolor della yjada a causa della que es dicha colica renal. *Toledo, por Pedro Hagembach aleman*, 1498, in-fol. goth. [7761]

Nous pensons que le médecin nommé ici Julian Gutierrez de Toledo est le même que *Julianus Toletanus*, de qui Antonio (*Bibliotheca vetus*, II, p. 338, n° 832) cite les deux ouvrages suivants : *De Regimine potus in lapidis præservationem. — De Computatione dierum criticorum*, 1495 ; l'un et l'autre sortis des presses de Jean Tellez, à Tolède, in-fol.

ARTE BREUE y muy prouechoso, de cuenta castellana y arismetica, donde se muestran las cinco reglas de guarismo por la cuenta castellana y reglas de memoria ; compuesto por Juan Gutierrez.—*Fue impresso en la imperial ciudad de Toledo, por Fernando de Santa Catalina mercador e impresor de libros ; acabose à veynte dias del mes de Marzo, año de ... M. D. XXXI*, in-4. de 21 ff. non chiffrés. [7868]

Réimpr. à *Alcala, Sebast. Martinez*, 1570, in-8., et sous ce titre : *Arte breve de quenta castellano y guarismo*, à Séville, 1609, *por Alfonso Barrera*, in-8.

GUTTERY (*N.*). La Camilletta, all' illustrissimo signor d'Alincourt, etc. *Parigi, Gulielmo Giulano*, 1586, in-8. [17999]

Ce petit ouvrage facétieux est un entretien de plusieurs femmes sur l'amour et la galanterie : 22 fr. Mac-Carthy.

— La Priapeja, al mag. sign. L. D. M. M. D. C. (sans lieu d'impression), 1586, in-8.

Volume de 29 pp. seulement, plus rare et d'un style beaucoup plus libre que le précédent, à la suite duquel on le trouve quelquefois relié. Il contient une conversation entre quatre courtisanes vénitiennes, dans le goût des *Ragionamenti* de l'Arétin. Les deux opuscules, 36 fr. Librairie de Bure.

GUY le Borgne. Voy. LE BORGNE.

GUY de Tours. Ses premières œuvres poétiques et soupires amoureux. *Paris, Nic. de Louvain*, 1598, pet. in-12 de 6 ff. et 244 pp. chiffrés. [13884]

Goujet a consacré plusieurs pages de son 13e vol. à ce poète peu connu ; 76 fr. *mar. bl.* Duplessis ; 60 fr. Salmon ; 32 fr. Busche.

— LES AMOURS de Paris et de la nymphe Œnone (par Mich. Guy de Tours). *Paris, J. Corrozet*, 1611, in-12. [17151]

Roman peu commun, 16 fr. *parch.*, en mai 1860 ; une édit. de *Molin*, 1602, in-12, est portée dans le catalogue de La Valliere-Nyon, n° 8177.

GUY de Warvich. Cy commence Guy

---

de vvaruich cheualier Dãgleterre qui en son temps fit plusieurs prouesses et conquestes, en Allemaigne, ytalie et Dannemarche, Et aussi sur les infidelles ennemys de la chrestiente Comme pourrez veoir plus a plain en ce present liure Jmprime nouuellement a Paris. Cum priuilegio. (au verso du dern. f.) : *Cy fine ce present liure intitule Guy de waruich cheualier anglois. Nouuellement imprime a Paris par Anthoine couteau pour Francoys regnault libraire iure de Luniuersite demourant en la rue sainct Jacques a lenseigne de lelephant deuant les maturins Et a este acheue dimprimer le xii*e *iour de mars Mil cinq cẽs. xxv.*, pet. in-fol. goth. à 2 col. avec fig. en bois. [17101]

Édition fort rare. On trouve au commencement du volume 4 ff. prélim. contenant le titre, avec la marque de François Regnault, la table des chapitres et le prologue. Le texte a 90 ff. chiffrés de I—LXXXIX (pour XC), et commence par ces mots : *En icelle honnorable saison ɀ regne dudit roy Athelstã.* Le prologue qui le précède commence ainsi : *Au temps du roy Athelstã prince de noble memoire.*
Vend. 24 fr. La Vallière ; 33 liv. 12 sh. Roxburghe, et revend. 40 liv. 19 sh. Heber ; autre exempl. 17 liv. 7 sh. 6 d. Lang, et revend. 35 liv. Heber ; un 3e exempl. 401 fr. *mar. r.* de Nugent, en 1832, et revend. depuis 1000 fr. ; 1550 fr. *mar. doublé de mar.* d'Essling.

—Lhystoire de Guy de Waruich cheualier dãgleterre qui en son temps fist plusieurs prouesses et combas... et de la belle fille nommee Felix samye surmontant la beaulte de toutes dames et damoyselles et les grandes auentures ou il (*sic*) se trouuerent et des grandes trahysons ou il se trouua. *Paris, imprime pour Jehan Bonfons* (vers 1550), pet. in-4. goth. à 2 col. sign. a—v.

Édition peu commune et d'un certain prix, en *mar. r.* avec les armes du comte de Toulouse, 820 fr. Louis-Philippe.

—The booke of the moste victorious prince Guy of Warwick. *Imprynted at London by Wylliam Copland* (no date), in-4. goth. de 141 ff. [15748]

Roman en vers, très-rare de cette édition, dont un exemplaire, accompagné d'un glossaire ms., a été successivement vendu 5 liv. 10 sh. Steevens ; 43 liv. 1 sh. Roxburghe ; 25 liv. Heber.
— THE FAMOUS HISTORY of Guy earl of Warwick, in verse, by Sam. Rowlands. *London*, 1667, in-4.
C'est une version différente de celle que donne l'édit. précédente ; elle a été réimprimée à Londres, 1703, in-4., et dans la même ville, chez Whittingham, en 1821, in-8.
ROMANCES of sir Guy de Warwick and Rembrun his son ; now first edited from the Auchinleck ms. *Edinburgh*, 1840, in-4.
Édition tirée à cent exemplaires seulement et non destinée au commerce. Elle contient une introduction et des notices par W. B. D. D. Turnbull, esq. 22 fr. Bearzi.

GUYARD (*Jean*). De l'origine, vérité et usance de la loy salique fondamentale et conservatrice de la monarchie françoise, par J.-G. *Tours, Claude de Montr'œil et J. Richer*, 1590, in-4. de 4 ff. prélim. et 20 ff. de texte. [24048]

À la suite de cet opuscule, dédié à Henri IV par l'auteur, s'en trouve un second contenant 4 ff. prélim. et 13 ff. de texte, sous ce titre :
TRAITÉ de l'origine, ancienne noblesse et droits royaux de Hugues Capet, roy de France, souche de nos roys et de la maison de Bourbon... Extrait des Paradoxes de l'histoire françoise. I. G. *Tours*, 1590.
— Vend. 9 fr. 5 c. *mar. citr.* La Vallière.

GUYART (le P.). Voy. FATALITÉ de Saint-Cloud.

GUYART des Moulins. Voy. COMESTOR.

GUYDE dit Hégemon. La Colombière et Maison rustique de Philibert Guyde dit Hegemon de Chalon sur la Saone : l'abeille françoise ; fables morales et autres poesies du mesme auteur, et les louanges de la vie rustique, extraites des œuvres de G. de Salluste, sieur du Bartas. *Paris, Jamet Mettayer*, 1583, pet. in-8. de IV et 76 ff. [13845]

Recueil peu commun, dans lequel on remarque vingt-deux fables narrées avec un certain art, et écrites avec une simplicité qui n'est pas sans charme. Le surnom d'Hégemon qu'a pris Phil. Guyde est la traduction en grec de son nom propre. Il y a des exemplaires de ce petit volume avec un titre à l'adresse de *Rob. Le Fizelier*, et il s'en trouve d'autres à l'adresse de *Mettayer*, dans ce dernier. Dans ces derniers, dont les 4 ff. prélim. ont été changés, on a ajouté l'*Ostracisme*, et quelques autres poésies, feuillets 77 à 108. Le titre porte, après les mots *sur Saone* : « *contenant une description des douze moys et quatre saisons de l'année, avec enseignement de ce que le laboureur doit faire par chacun moys. Les épithètes poétiques des arbres, plantes, herbes, animaux terrestres et aquatiques, des pierres précieuses et métaux avec leurs propriétés. L'Ostracisme ou exil honorable ; l'Abeille françoise du mesme auteur, ses fables morales et autres poésies.* » Il n'y est plus fait mention des extraits de Du Bartas. Un exemplaire en 104 ff. *mar. bl.* 51 fr. Nodier ; 60 fr. Baudelocque ; un bel exempl. sous la date de 1583, *rel. en vélin*, 149 fr. en 1860.

GUYDON (le) des practiciens contenant tout le faict de praticque comme lon se doibt conduyre en exerceant icelle. Premierement imprime auec son repertoire et auec les allegations des droictz. M. D. XXX. VIII. *Il se vendent a Lyon, en rue merciere a lenseigne de la fontaine chez Scipion de Gabiano et freres*, in-8. de 65 ff. non chiffrés, sign. a—h. un f. bl. et le texte coté de II à ccclxij, car. goth. et le titre en romain. [2802]

LE GUIDON des Practiciens... nouuellement reueu et corrige oultre les precedentes impressions. M. D. XXXIX. *On les vẽnd a Paris en la rue sainct Jacques a l'enseigne de la fleur de lys d'or*, pet. in-8. goth. de 56 ff. non chiffrés, sign. a—g. et texte

Guyard de Berville. Histoire de du Guesclin, 23382.
— Histoire de Bayard, 23462.

ff. I à CCCCXXI, plus un f. pour la marque de Jean Petit. Derrière le titre : *Estienne Dolet, au lecteur, salut :*

Lecteur si tu as veu ce que desia est sorty de nos mains, tu ne peux ignorer laffection et voloir que auons au bien public et honneur litteraire. Ce q̃ ma meu de vouloir estre mis en lumiere ce present œuure a moy ennoye par vng mien amy. Donc apres auoir congneu le dit œuure estre vtile et prouffitable, jay donne ordre que il vinst entre tes mains en la sorte que tu vois. Adieu, lecteur.

— LE MÊME GUIDON. *Paris, Ch. l'Angelier*, 1552, pet. in-8.

Les deux éditions ci-dessus sont portées, l'une à 40 fr., et l'autre, à 30 fr. dans le catal. de Ch. Durand, libraire, pour 1856.

— LE MÊME GUIDON, sixième et dernière édition, revue et corrigée. *Lyon, Jean Ant. Huguetan*, 1605, in-16 de 1024 pp. et la table, sign. TT a EEe.

Une autre édit. de Lyon, 1610, in-16, a le même nombre de pages que celle-ci.

— Voy. PROTHOCOLLE.

GUYLFORDE (*Richard*). This is the begynnynge, and a contynuaunce of the Pylgrymage of sire Richarde Guylforde Knyght, and controuler vnto our late soueraygne lorde Kynge Henrie the VII. And howe he want wit his seruaunts. And company towardes Iherusalem. *London, by Richard Pynson*, 1511, in-4. de 60 ff. goth. sign. A—K, par six.

Le seul exemplaire connu de cette édition a été acheté 25 liv. à la vente Caldecott, en 1834, pour la collection de Th. Grenville, aujourd'hui au British Museum. Le dernier f. a été endommagé par le feu.

Cette relation des aventures de sir Richard Guilford et de ses compagnons de voyage pendant leur passage en France et en Savoie, à Venise, et de là en Palestine, a été écrite par un prêtre qui faisait partie de l'expédition. On y voit que Guilford mourut à Jérusalem le 6 octobre, et qu'il fut enterré le lendemain au Mont-Sion.

L'ouvrage a été réimprimé par la *Camden Society.*

GUYNAUD (*Balthasar*). La Concordance des prophéties de Nostradamus avec l'histoire, depuis Henri II jusqu'à Louis-le-Grand. *Paris*, 1693, in-12. 3 à 5 fr. [9015]

Il y a de cet ouvrage singulier une seconde édition de 1709, et une troisième de 1712, dont le titre annonce des augmentations, mais qui ne contiennent rien de plus que la première.

GUYON (*Louis*). Voyez DU VERDIER, et MEXIA.

GUYOT (*Pierre-J.-J. Guill.*). Traité des droits, fonctions, franchises, exemp-

---

Guyetus (*C.*). Heortologia, 660.

Guyon (*Simph.*). La Parthénie orléanaise, 23396. — Histoire d'Orléans, 24278.

Guyon (*Louis*). Diverses leçons, 19064.

Guyon (*Cl.-M.*). Histoire des empires, 22698. — Histoire des Amazones, 22769. — Empire d'Occident, 23027. — Histoire des Indes, 28131.

Guyot (*C.*) et R. F. Guyot. Catalogue de ce qui a été publié sur les sourds-muets, etc., 31737.

Guyot de Merville. Théâtre, 16510.

Guyot. Récréations mathématiques, 7851.

---

tions, prérogatives et priviléges annexés en France à chaque dignité, à chaque office et à chaque état. *Paris*, 1786-88, 4 vol. in-4. [24064]

Cet ouvrage, qui conserve un intérêt historique, se trouve difficilement, parce que les exemplaires qui n'étaient pas encore vendus en 1789 ont été détruits depuis. Le 4e vol. est plus rare que les trois premiers, lesquels ont été vendus 40 fr. 50 c. de Pressac.

— Traité des matières féodales, 2800. — RÉPERTOIRE de Jurisprudence, voy. MERLIN.

GUYS (*P.-Aug.*). Voyage littéraire de la Grèce ; 3e édition. *Paris, Ve Duchesne*, 1783, 2 vol. in-4. fig. 15 à 18 fr.—4 vol. in-8. fig. 12 à 15 fr. [20438]

— Marseille, 24818.

GUYSE (*Jacques* de). Histoire du Hainault, traduite en français, avec le texte latin en regard, et accompagnée de notes (par le marquis de Fortia d'Urban). *Paris, Sautelet*, 1826-38, 21 vol. in-8., dont le 5e est en 2 part. 80 à 100 fr. [24953]

La petite province du Hainault n'a été, pour Jacques de Guyse, que le centre d'un cercle dont la circonférence est fort étendue, car elle embrasse presque le monde entier, et plus particulièrement les Pays-Bas, la France, l'Angleterre et l'Allemagne. Les tomes XVI, XVII, XVIII et XIX de l'édition de 1826 contiennent les *Annales de Hainaut de Jean Lefevre, publiées pour la première fois, avec des notes pour servir de supplément aux Annales de Jacques de Guyse ;* et les deux derniers renferment la table alphabétique et analytique des matières contenues dans les quinze premiers volumes.

— Illustrations de la Gaulle belgique, antiquitez du pays de Haynnau, et de la grand cite de Belges : a present dicte Bavay... (jusqu'en 1258, extrait des livres latins de Jaques de Guise par Jean Lessabée). *Paris, Galliot du Pre* (ou dans d'autres exemplaires *François Regnault*), 1531-32, 3 tom. en 1 vol. pet. in-fol. goth. à 2 col.

Cette histoire n'est qu'un abrégé de l'original latin, qui n'avait pas encore été imprimé alors. Elle devait avoir quatre volumes, mais il n'en a paru que trois. Le premier a 8 ff. prélim. et cxlij ff. de texte ; le second, 4 ff. prélim. et lxxxij ff. de texte ; le troisième, 6 ff. prélim. et cvIII ff. de texte. Il y a des exemplaires dont le titre du premier volume porte : *le premier vol. des chroniques et annales de Haynnau et pays circonvoisins.* Vend. 4 liv. 15 sh. Sykes ; 44 fr. en 1841 ; 40 fr. en 1842 ; 45 fr. Borluut.

Un exemplaire des trois vol. impr. sur VÉLIN, avec les initiales peintes, 205 fr. au château d'Anet, en 1724, et 250 flor. Biblioth. Dubois, en 1725. Les deux premiers vol. également sur VÉLIN, 73 fr. La Valliere, 129 fr. 95 c. Mac-Carthy. Dans cette édition le nom de l'auteur est écrit par un *i* (*Guise*). Consultez Paquot, vol. IV, p. 225.

GUYSIADE (la). Voy. MATHIEU.

GUYSIEN (le). Voy. BELYARD.

Guys (*H.*). Séjour à Beyrouth et dans le Liban, 28028.

GUYTON Morveau, etc. Annales de chimie. Voy. article JOURNAUX, à la fin du 5ᵉ vol. de ce Manuel.

GUZMAN (*Fern. Perez* de). Las coplas de Fernan Perez de Guzman.—*Fueron impressas estas coplas en... Seuilla por maestro Menardo Ungut aleman e Lançalao polono compañeros a viii. dias del mes de Junio. año... de mill e quatrocientos e nouenta e dos años* (1492), in-4. goth. [15089]

Première édition, infiniment rare, d'un ouvrage qui a été réimprimé tant sous le titre de *Las sietecientas*, que sous celui de *Exemplo para bien bivir*. Elle commence ainsi :

Tu hombre que estas leyendo ‖ este mi simple tractado

(*Dictionn. de La Serna Santander*, III, p. 239.)

— Las sietecientas del docto et noble cavallero Fernan Perez de Guzman : las quales son bien scientificas y de grandes et diversas materias y muy provechosas : por las quales qualquier hombre pue de tomar reglar et doctrina y exemplo de bien bivir. *Sevilla, per Jacobo Cromberger*, 1516, in-4. goth.

Édition fort rare, qui a longtemps échappé aux recherches des bibliographes. Vend. (bel exempl. rel. en *mar.* à la Grolier, par Lewis), 4 liv. 4 sh. *Biblioth. heber.*, VI, nº 1658.

— LAS SIETECIENTAS del docto Fernan Perez de Guzman... *Impressas en Lisboa, por Luyz Rodriguez,* 1541, in-4. goth. de 48 ff.

Autre édition rare : 50 fr. La Serna ; même prix Lecouteulx.

— EXEMPLO para bien bivir. Las sietecientas. *Lixboa, viuda de Germ. Gallard,* 1564, in-4.

Vend. 30 fr. salle Silvestre, en mai 1826 ; 3 liv. 19 sh. *m. r.* Hanrott, et 1 liv. 4 sh. Heber.

Antonio cite une édition de Lisbonne, 1612, in-4.

— Coplas de Fernan Perez de Guzman, y de otros. (*sans lieu ni date, mais à la fin du* XVᵉ *siècle*), in-fol. goth. à 2 col. [15061]

Le livre décrit sous ce titre à la p. 383 de la *Typogr. españ.*, de Mendez, est un *Cancionero* recueilli par Ramon de Llabia, qui s'est nommé dans le prologue placé par lui au commencement de son recueil. La table qui suit ce prologue indique plusieurs pièces de Fernan Perez de Guzman, et d'autres d'Yñigo de Mendoza, de Jorge Manrique, de Juan Alvarez, de Joan de Mena, de Gomez Manrique, de Fernan Ruiz de Sevilla, de Gonzalo Martinez de Medina, de Fernan Sanchez Talvera ou Calavera, etc.

— Comiença la Cronica del serenissimo rey don Juan el segundo deste nõbre impressa en la... ciudad *de Logroño... por Arnao guillen de brocar...* (in fine) : *A .x. dias del mes de Otubre Año de mil. ccccxvij*, gr. in-fol. goth. fig. en bois. [26024]

Première édition, très-rare. Vend. 25 flor. Meerman ; 5 liv. 2 sh. 6 d. Hibbert. La Bibliothèque impér. en possède un exemplaire impr. sur VÉLIN. Un semblable, mais avec 2 ff. refaits à la plume, est porté à 130 liv. sterl. dans le catal. Salvá, et il n'a point trouvé d'acquéreur pour 1500 fr. à la vente Gohier. Le volume a 26 ff. prélim. et ccliiij ff. de texte, dont 240 pour la chronique, et le surplus contenant *Las generaciones semblanças z obras de los excelentes reyes de españa dõ Enrique el tercero z don Juan el segundo... ordenados por.... fernan perez de guzman.....* L'auteur n'est point nommé sur le titre, mais son nom se lit au commencement du texte de la chronique, laquelle, comme on le dit dans la souscription finale, a été *corregida por el doctor Lorenço galindez de caruajal.* Ce dernier a écrit la préface qui fait partie des pièces liminaires, et où il nous découvre les auteurs dont notre Guzman s'est servi pour la composition de cette chronique. De ce nombre est *Alvar Garcia de Santa Maria*, auteur du prologue qui suit immédiatement le titre. Nous sommes entré dans ces détails parce que l'ouvrage dont nous parlons a été attribué tantôt à Alvar Garcia, qui n'en a fait que le commencement, tantôt à Lorenço Galindez, qui n'en est que le réviseur, et plus exactement à Perez de Guzman, qui l'a terminé, coordonné et rédigé.

— COMIENCA la cronica del ser. rey don Juan el segundo deste nombre. fue impressa por mandado del catolico rey don Carlos su visnieto. en Seuilla año de M. D. xliij. — *acaba la coronica del rey don Juan el segundo, corregida por el doctor Lorenço Galindez de Caruajal... impressa en..... Seuilla en casa de Andres de Burgos ympressor de libros a costa de Pedro Ximenez y Diego Ximenez mercadores de libros. Acabo se a veynte dias del mes de Deziembre. Año de mil y quiniẽtos y quarenta y tres años*, in-fol. goth. à 2 col. ; 14 ff. prélim. non chiffr.; texte cccxlix ff. chiffr., et 11 ff. pour la table.

Édition moins belle que celle de 1517, dont elle est une copie, néanmoins précieuse par sa rareté : 2 liv. 15 sh. (avec 2 ff. défectueux) Heber.

La même chronique a été réimpr. *en Pamplona, Th. Porralis*, 1590, in-fol. Vend. 15 fr. Santander ; sous la date de 1591, vend. 1 liv. 9 sh. Heber.

— CRONICA del señor rey don Juan ; secundo de este nombre en Castilla y en Leon, por Fer.-P. de Guzman, con las generaciones y semblanzas de los señores reyes D. Enrique III y D. Juan II, etc., del mismo autor ; corregida, enmendada, y adicionada por Lorenzo Galindez de Carvajal. *Valencia*, 1779, in-fol. 20 à 25 fr.

Belle édition qui doit être accompagnée d'un supplément intitulé : *Apendice á la cronica del rey D. Juan II, en que se da noticia de todas las monedas, de sus valores y del precio que tuvieron varios generos de su reynado, por Liciniano Saez*, Madrid, Ibarra, 1786, in-fol. Il y a des exemplaires des deux parties en Gr. Pap.

Il existe un abrégé de cet ouvrage sous le titre d'*Epitome de la cronica del rey D. Juan el segundo de Castilla*, echo por D. Jos. Martinez de la Puente ; Madrid, 1678, in-fol. Vend. 11 fr. Santander.

— CENTO epistolario de Fernan Gomez ; Generaciones y semblanzas... por Fern. Perez de Guzman ; claros varones de Castilla y lettras de Fernando de Pulgar. *Madrid, en la impr. real de la Gazeta*, 1775, in-4. 8 à 10 fr.

— VALERIO de las hystorias scolasticas. Voy. VALERIO.

GUZMAN (Hernand Nuñes de). Voyez NUÑES.

GUZMAN (*Francisco* de). Triumphos morales. *Alcala de Henares, Andr. de Angulo*, 1565, pet. in-4. fig. en bois. . [15137]

Édition rare de ces Triomphes imités de ceux de Pétrarque : vend. 50 fr. exempl. rel. en *mar.*, mais avec le titre doublé, Gohier. Antonio en cite une d'*Anvers*, 1557, in-8. Il y en a d'autres de *Séville, en casa de And. Pescioni*, 1575 et 1581, pet. in-8. — De *Medina del Campo*, 1587, pet. in-8.

— Decreto de Sabios, compuesto por Francisco de Guzman. *Alcala, en casa de Andres d'Angulo*, 1565, pet. in-8., lettres rondes, 8 ff. prélim., 264 ff. chiffrés et 4 autres ff. [15138]

Autre ouvrage, en vers. Antonio en cite une édition de Lisbonne, 1598, pet. in-8. Nous n'avons pas pu vérifier si c'est le même que les *Sentencias generales*, Alcala, 1565, pet. in-8., offertes à 2 liv. 2 sh. dans le catal. de Payne et Foss, 1830.

GUZMAN (*Ant.* de Saavedra). El Peregrino Indiano. *Madrid, Pedro Madrigal*, 1599, pet. in-8. [15196]

Poëme en vingt chants, dont Fernand Cortez est le héros ; l'auteur en promettait une seconde partie qui n'a jamais paru. Celle que nous annonçons est devenue fort rare, mais elle a peu de mérite : 1 liv. 14 sh. *mar. r.* Heber ; 9 fr. 50 c. Rætzel.

GUZMAN (el P. *Luis* de). Historia de las missiones que han hecho los religiosos de la compañia de Jesus para predicar el sancto evangelio en la India oriental, y en los reynos de la China, y Japon. *Alcala, viuda de Juan Gracian*, 1601, 2 vol. in-fol. [21572]

Vend. 18 fr. 50 c. La Serna ; 37 fr. 50 c. Gohier ; 2 liv. 3 sh. Heber ; 3 liv. 10 sh. *mar.* Hanrott.

— Voy. GUERREIRO.

GUZMAN (D. *Feliciana Henriquez* de). Tragicomedia. Los Jardines, y Campos Sabeos, primera y secunda parte. *Coimbra, Jac. Carvalho*, 1624, in-4. [16787]

Ouvrage d'une dame de Séville. Il a été réimpr. à Lisbonne, 1627, in-4.

GUZMAN (*Diego* de Galdo). Arte mexicano, o grammatica de la lengua mexicana. *Mexico*, 1643, in-8. Rare. [11972]

GYLLENHALL (*L.*). Insecta suecica descripta, class. I. Coleoptera sive Eleuterata. *Hafniæ*, 1808-13, in-8., part. I à III, et *Lipsiæ*, 1827, part. IV. 50 fr. [6003]

Volume divisé en 4 parties ; dans la quatrième se trouve un appendice pour les trois premières.

GYRALDI ou Giraldi (*Lilii-Greg.*) Opera omnia, commentario Jo. Faes, ac animadvers. P. Colomesii illustrata, cura J. Jensii. *Lugduni-Batav.*, 1696, 2 tom. en 1 vol. in-fol. [18996]

Bonne édition : 10 à 15 fr.

La première édit. de ce recueil, Bâle, 1580, 2 vol. in-fol., a encore moins de valeur que celle-ci ; les ouvrages qui y sont réunis avaient d'abord été impr. séparément, mais on les recherche peu maintenant. Cependant en voici deux que nous croyons devoir citer :

LILII GREGORII GIR. FERR. (Giraldi Ferrariensis) libellus : quomodo quis ingrati crimen, et nomen possit effugere, in quo de gratiis pleraque cognitu digna exponuntur. Ad. Herc. Troctum sacr. Hieros. ordinis equitem. *Florentiæ (per L. Torrentinum)*, 1547, in-8. de 46 pp. non chiffrées. [3821]

Cet opuscule est le plus ancien livre connu qui soit sorti des presses de Laur. Torrentino, à Florence. Il ne porte pas le nom de ce célèbre imprimeur, mais on y reconnaît les caractères employés par lui, en 1548, pour un autre ouvrage de Giraldus (voir ci-dessous) à la suite duquel se trouve réimprimé le précédent, lequel a été vend. 1 liv. Libri, en 1859.

— LILII Gregorii Gyraldi Ferr. liber adversus ingratos, in quo multiplices ingrati criminis radices conuelluntur, variisque tum historiis, tum naturæ exemplis ingrati refelluntur ; ejusdem libellus quomodo quis ingrati nomen, et crimen effugere possit. *Florentiæ excudebat Laurentius Torrentinus* (à la fin la date) XII calen. Decemb. 1548, in-8. de 103 pp. en tout.

GYRALDI (*J.-B.*). Voy. GIRALDI.

GYRON le Courtoys. Auecques la deuise des armes de tous les cheualiers de la table ronde. — *Jmprime a paris pour Anthoine verard marchant libraire pres petit pont deuant la rue neufue nostre Dame* (sans date, mais vers 1501), gr. in-fol. goth. à 2 col. de 46 lignes, avec fig. en bois. [17021]

Ce roman a été écrit par Hélie de Borron au commencement du XIIIe siècle, mais c'est un texte rajeuni que présentent les éditions que nous en avons. Celle de Verard est la plus belle et la plus recherchée, et les exemplaires bien complets en sont fort rares. Elle commence par 8 ff. séparés, contenant l'intitulé, avec une planche au verso, la devise des armes, la table du roman et une figure ; vient ensuite le corps de l'ouvrage, dont les ff. sont chiffrés de I à CCC XXXIX (pour CCC XLII). Observez que, par une faute de chiffres, on ne trouve point de ff. cotés LXXII et LXXIII ; que les ff. c et CI sont marqués CIIII et CIII, et qu'enfin les chiffres sautent de CX à CCI sans qu'il ne manque rien, ce qui réduit le nombre réel des ff. du vol. à 257 y compris les 8 préliminaires.

Vend. 60 fr. Gaignat ; 37 fr. La Valliere ; 90 fr. *m. citr.* Méon ; 33 liv. 12 sh. Roxburghe ; 15 liv. 4 sh. 6 d. Hibbert ; et sans le f. du titre, 200 fr. en mai 1824 ; 8 liv. 5 sh. Heber ; 950 fr. bel exempl. d'Essling ; 630 fr. *mar. v.* avec plusieurs ff. raccommodés, Bertin. La Biblioth. impériale possède l'exemplaire impr. sur VÉLIN, décoré de miniatures, qui appartenait à l'abbaye Saint-Germain-des-Prés, et qui avait été acheté 471 fr. chez Gaignat. On conserve aussi dans ce même établissement deux exemplaires de l'édit. de ce roman donnée par Verard, dans l'un desquels les 8 premiers ff. du texte ainsi que les ff. 11 et 13 paraissent appartenir à une autre édition, et sont en caractères un peu moins forts que ceux du reste du volume. Dans l'un des exempl. dont nous parlons, le recto du premier f. du texte n'a que 3 lign. à chacune des col. qui sont au bas de la gravure, tandis qu'il y a 7 lignes dans l'autre exemplaire.

— Gyron le courtoys, auecques la deuise des armes de tous les cheualiers de la table ronde. (au recto du dernier f., 2e col.) : *Cy finent les faitz ꜩ prouesses de Gyron le courtois... nouuellement imprime pour Jehan petit et Michel le noir libraires iurez de luniuersite de Paris Demourant en la grant Rue sainct Jacques* (sans date), in-fol. goth. de 6 ff. prélim. pour le titre et la table, et ccxxxij ff. chiffrés, avec la marque de Le Noir.

Édition du commencement du XVIᵉ siècle, et que je crois un peu plus ancienne que celle qui suit. 13 liv. 5 sh. Utterson; avec un f. réimpr. 80 fr. d'Essling.

— GYRON le courtoys Auecques la devise des armes de tous les cheualiers de la table ronde nouuelle-ment imprime a Paris. (au recto du dernier f. 2ᵉ col.): *Cy finēt les faitz τ prouesses de Gyron le courtois... Jmprime a Paris le xviij. iour daoust lan mil .v. cēs xix. par Michel le noir libraire...* in-fol. goth. de 6 et ccxxj ff. à 2 col. de 48 lign.

Quoiqu'elles soient moins belles que celles de Verard, ces deux éditions de Mich. Le Noir ont encore une grande valeur, parce qu'il est fort difficile d'en trouver des exemplaires, et surtout en bon état. Vend. (édit. de 1519) 300 fr. bel exempl. en janvier 1835; 355 fr. *mar. viol.* d'Essling; 285 fr. exempl. piqué de vers, Louis-Philippe.

— Voy. ALAMANNI.

FIN DU SECOND VOLUME.

ADDITIONS A L'ARTICLE COUTUMES DE FRANCE.

Nous nous proposons de donner à la fin de notre cinquième volume les *additions et corrections* que nous aurons pu recueillir jusqu'au moment de sa publication, et qui seront le résultat, soit des observations qu'auront bien voulu nous adresser les personnes qui s'intéressent à notre ouvrage, soit celui d'une nouvelle révision de nos feuilles faite par nous-même. En attendant que nous puissions réaliser cette promesse, nous profiterons de la place qui reste à notre disposition à la fin du présent volume pour faire connaître quelques éditions anciennes de nos vieilles coutumes que nous avions entièrement omises ou imparfaitement décrites.

Col. 356 :

XV. — *Bordeaux.*

— CONSUETUDINUM burdigalensium commentarii Arnoldo Ferrono regio consiliario Burdigalensi autore. *Lugduni, apud Sebast. Gryphium*, 1536, in-4. (Panzer, IX, p. 529.)

Réimpr. à Lyon, en 1538 et 1540, in-4., et depuis dans la même ville en 1565 et en 1585, in-fol. en 2 livres.

APPENDIX ad commentarios in consuetudines Burdigalensium auctore Ant. Ferrono. *Lemovicis, apud Guliclmum Naualium*, 1546, in-4.

Col. 357 :

XIX. — *Bourgogne.*

COUSTUMES (Les) du pays de Bourgogne, redigees par escript, visitees, ordonnees et corrigees par les seigneurs tant des parlemens que lostel de trepuissant illustrissime prince Philippe iadis duc de Bourgongne conte de flandres, etc., par auctorite et cōmādemēt du dit seigneur. tāt a la riqueste τ postulation de ses subiects duđ pays de bourgonge. Auec les postilles de droit escript interpretāt lesđ coutumes. Selon la permission et commādement dudit prince trespuissant. *Venundantur Lugduni in vico mercuriali per Petrum Baleti ad intersignium sancti Johānis baptiste* (1516), gr. in-8. goth. de 36 ff. à 2 col., sign. *a-d* par 8, et *e* par 4.

Le titre de cette édition ne porte pas de date, mais au recto de l'avant-dernier f. se trouve un privilége de François Ier en date du xix mars 1516. Le verso du dernier f. est entièrement occupé par une vignette, avec la marque de Pierre Ballet. (Catal. d'une collection de livres rares et précieux, *Paris, L. Potier*, 1861, n° 73.)

Col. 369 :

XXVIII. — *Châteauneuf.*

— LES TROIS coustumes voisines, de Chateau-Neuf, Chartres et Dreux, avec les notes de M. Ch. Dumoulin. *A Chartres, Mich. George*, 1545 (in-8), 7 fr. (catal. de M. Léchaudé d'Anisy, 1861, n° 1068).

Col. 373 :

XLII. — *Meaux.*

Après l'édition de 1511 :

— COUSTUMES ‖ generalles gardees et ‖ obseruees au bailla ‖ ge De Meaulx. Nouuellement Jmprimees ‖ a Prouins. ‖ *On les vent a puins par Pierre Bondis, Jmprimeur et libraire* ‖ *demourant en la Rue hue* ‖ *le grand pres la queue* ‖ *de Regnard*, pet. in-8. goth., feuillets non chiffrés, signat. a—g par 4, avec encadrement au titre.

D'après un exemplaire, dans lequel manquait le dernier feuillet qui devait donner la date. L'imprimeur P. Bondis exerçait vers le milieu du xvie siècle.

Col. 375:

XLVI. — *Nivernais.*

COUSTU‖MES (Les) des pays de nyuernois ‖ et de douziois fait a neuers par assemblee des trois estatz ⁊ par auctorite‖ du prince des dictz pays. (*sans lieu d'impression ni date*), pet. in-4. goth. de 40 ff. non chiffrés, signatures A-h par 4 et i par 8, à 29 lignes par page pleine.

Édition la plus ancienne de cette coutume dont la rédaction a été enregistrée *là mil quatre cens quatre vintz et dix* ainsi qu'on le voit au recto du second f.; elle est terminée au recto du 40ᵉ feuillet par une attestation datée de Neuers, le xxviij jour de iuillet, lan Mil.cccc.lxxx et xiiij, et il est très-probable que l'impression du livre aura suivi de fort près cette date. On remarque sur le titre l'écusson aux trois fleurs de lis, et une L majuscule fleuronnée, gravée sur bois d'une manière délicate, comme le sont les autres majuscules placées dans le courant du livre. La ville de Nevers n'ayant pas encore d'imprimeur en 1494, notre coutume a dû être imprimée autre part, et nous présumons qu'elle est sortie d'une presse lyonnaise. Le seul exemplaire connu de ce livre précieux appartient à M. le comte de Soultrait, qui nous l'a gracieusement communiqué, ainsi que l'édition suivante presque aussi rare que celle-ci.

— LE COUSTUMIER des pays de ‖ Niueruernoys et Donzioys ‖ faict a Neuers par assem‖blce.des trois estatz, et par ‖ auctorite du prince desdictz pays. (au recto du dernier f.) : *Cy finit le coustumier du pays de niuernois et‖donzioys jmprime a pa-ris Par iehan De coulôces ‖ Jmprimeur, libraire, ⁊ marchant demourâ en la rue‖sainct iaques a lenseigne des chantres Lan mil cinq ‖ cens et trois le xxix. iour daurit*, in-4. goth., ff. chiffrés de 1 à xliiii, sig. a—d par 8, e par 6 et f. p. 4. Les chiffres XXXVII et XXXVIII manquent, ce qui réduit le total à 42.

Cette édition contient de plus que la précédente *les neuf articles discordez ⁊ nō enregistrez ou coustumier cy-deuant escript* (feuillet xlii verso jusqu'au commencement du xliiiiᵉ), mais on n'y a pas réimpr. *les noms et surnoms de ceulx qui ont signé de leurs signes manuels à la fin de ces présentes coutumes...* morceau qui occupe les quatre dernières pages de la première et terminé par la date rapportée ci-dessus. Le titre de l'édit. de 1503 porte aussi l'écusson ₍aux trois fleurs de lis, dans une bordure où figurent deux colonnes; il a également une L majuscule historiée; le C majuscule qui commence le 2ᵉ f. est aussi gracieusement historié, ainsi que plusieurs autres initiales placées à d'autres pages.

L'édition de 1518, in-4. goth. (et pas in-8), que nous n'avons fait qu'indiquer, est identique avec celle de 1503; elle a le même nombre de feuillets et présente également dans la pagination la lacune des nombres XXXVII et XXXVIII; seulement les quatre derniers feuillets offrent des différences dans les caractères, et les alinéas sont précédés des signes des paragraphes qui ne sont pas dans l'édition précédente, ce qui fait soupçonner que dans ce volume il n'y a de réimprimé que ces derniers feuillets, à la fin desquels on lit : *Cy finist le Coustumier du pays de Niuernoys et Donzioys imprime a Paris par maistre Nicole de la Barre pour Jehan le Comte marchant demourant a Neuers deuant leglise Sainct Cire. Lan mil cinq cent et dix huyt, le huytiesme iour de juillet*. Ces trois éditions et celles de 1535 et 1546 ont été exactement décrites par M. le comte de Soultrait dans ses *Notices pour une Bibliothèque niuernaise*, morceau extrait de l'*Annuaire de la Nièvre*, pour 1848. Nous ferons seulement remarquer que les quatre premières de ces éditions sont de format pet. in-4, et pas in-8, comme le marque l'auteur de ces curieuses notices.

Col. 391,

LXIV. — *Touraine.*

Avant l'édition de M. D. VII :

— Stilles du pays et duchie de tourainne, des ‖ ressors daniou ⁊ du maine rediges et mis par ‖ escript en la ville de langes p̄ nous Baudet ‖ berthelot conseillier du roy... — Coustumes et usaiges du pays et duchie de ‖ touraine des ressorts et exemptions daniou ‖ et du maine rediges et mis par escript en la ‖ ville de langes par nous Baudet berthelot‖... (A la fin) : *Et sic finiuntur rubrice consuetudinis turonie*, in-4. goth. 26 ff. non chiffr. le dernier blanc pour les stilles, et 34 ff. non chiffr. pour les Coustumes.

On suppose que ces deux volumes ont été imprimés vers 1483.

Même col. 391, avant l'édit. des Ordonnances roiaulx de 1523, supprimez les mots : 2ᵉ partie. — Remplacez le titre des *Consuetudines* par celui que nous donnons ci-dessous. C'est au recto du dernier feuillet des Ordonnances roiaulx de 1523 que se lit le nom de Jean Petit. Ces Ordonnăces roiaulx... ne font pas partie nécessaire du volume des *Consuetudines*, et c'est volontairement qu'on les avait insérées dans l'exemplaire que nous avons décrit.

— CONSUETUDINES totius presidatus seu ‖ Turonensis bailliuie iānūc supreme ‖ parlamenti curie stabilimento robo‖rate cum aureo multisq̄ legalium ‖ ac canonice discipline florum va‖rietatib' vbertim resperso glo ‖ semate siue commento iuris utriusq̄ cō-sultissimi viri ac ‖ practici dñi Iohannis ‖ sainxon bailliui‖eiusdē Tu‖ronēsis‖... (à la fin) : *Imprime a paris par Iacques poussin imprimeur pour hylaire malicam libraire... rue du change a blays a lenseigne de la fleur de lys pres la fontaine, et pour Iehan margerie... demourant a tours deuant la grant porte sainct gacien*. (sans date), in-4. de 18 ff. prélim. et ccxxxii ff. chiffr. goth.

Le cardinal René de Prie, auquel ce volume est dédié par Jean Sainxon, est mort en 1516 ; il avait été fait cardinal en janvier 1506 (1507), c'est donc entre ces deux dates que ce volume a dû être imprimé.

Cottereau (voir ci-dessus, col. 393) cite une édition de *Tours, Mathieu Latheron*, 1513, in-12.

Col. 392, après la ligne 15, ajoutez que la dédicace qui se trouve au verso du titre est de Ioan. Sainxon; elle est adressée *Iacobo de Baulne*. La souscription du f. 64 est terminée par la date de 1523.

LE COUSTUMIER et stilles du bailliage et Duche de touraine auecq̄s les ordonāces royaulx faictes sur l'abbreuiatiō des causes ⁊ proces dudict bailliage, de nouueau corrigees et imprimees a *Tours pour Martin Siffleau demourāt pres S. Gaciè*. M. V.c. xxxiiii (1534), pet. in-8. goth. de 88 ff. chiffrés et n f. non chiffrés pour le Coustumier, signat. a—f par 8, et g par 4 pour les Stilles, et 8 ff. pour les Ordonnances.

Même col., avant le titre de l'édition de M. D. XXXVI, lisez : Pour les *Consuetudines generales Bituri-cēñ. Turoneñ ac Aurelianeñ. prēsidatuum...* Paris, F. Regnault, 1529, in-4. Voy. col. 354 à l'article Berry et ajoutez qu'il en existe aussi des éditions de 1529, 1543, in-4., et de 1598, in-fol.

Même col., avant l'édition de M. D. LIII :

Le COUSTUMIER et Stille... lisez Stilles et ajoutez que ce volume, au dernier feuillet, porte la date de M. D. LII.

Col. 392, avant l'édition de 1561 :

— PROCES-VERBAL de messieurs de Thou president, Faie et Viole conseillers en la cour de parlement à Paris, commissaires du Roy en ceste partie. Sur la reformation des Coustumes de Touraine par eulx faicte en l'an 1559. *A Tours par Guillaume Bourgeat, Laurens Richard et Zacharie Grineau, marchants et libraires,* 1560, in-4. de 64 ff. chiffrés.

Dans l'avis au lecteur qui est au verso du titre on signale une contrefaçon des Coustumes de Touraine faite par Jean Dallier, et l'on prouve par quelques exemples que l'on y rencontre les fautes les plus grossières. Ce Procès-verbal se trouve à la suite d'une édition de la coutume de Tours publiée par Jean Bresche en 1560, et dont l'exemplaire qu'a bien voulu nous communiquer M. Taschereau, administrateur de la bibliothèque impériale et zélé bibliophile tourangeau, est incomplet du titre. On lit toutefois au dernier feuillet : *.....Acheué d'imprimer ce present Coustumier le dernier iour d'Aoust, l'an mil cinq cens soixante. A Tours,*

chez Guillaume Bourgeat, près S. Martin, 1560. - Au verso, grande marque de G. Bourgeat. Le volume a 6 ff. non chiffr. contenant *Aux trois estatz du Païs et Duché de Touraine, Iehan Bresche...* 8 ff. non chiffr. pour la table, 146 pp. et 3 pp. pour le privilége et la souscription. Il est à remarquer que si dans l'édition de 1560 les libraires de Tours traitent de contrefacteur Jean Dallier, celui-ci, de son côté, dans la préface adressée par lui à Maître Iehan de Bourgeau, président du siége présidial de Tours, datée du 20 novembre 1560, se plaint des libraires de Tours *qui ont osé entreprendre l'impression des Coustumes iusques à obtenir du roy vn priuilege pour ce faire, taisans celuy que i'auois aparauant obtenu du feu roy Henry.* Effectivement, Jean Dallier avait obtenu des priviléges spéciaux *pour toutes les coutumes qui ont esté et seront ci-après réformées,* priviléges datés l'un du 4 novembre 1556, l'autre du 17 décembre 1559.

Les différentes éditions des coutumes de Tours que nous décrivons dans cet article additionnel font partie de la bibliothèque particulière de M. Taschereau.

On vient de nous communiquer une reproduction *fac-simile,* par le procédé Pilinski, de l'opuscule intitulé : *Lexclamation des os sainct Jnnocent* (voir ci-dessus col. 1130). Ce parfait fac-simile, dont il a été tiré plusieurs exemplaires sur *parchemin,* nous permet de rectifier la description que nous avons donnée de l'original. L'opuscule a 8 feuillets et non pas 16 ; les pages sont de 29 lignes, et les stances se composent de 9 vers.